2020

中国人口普查年鉴

（上册）

CHINA POPULATION CENSUS YEARBOOK 2020

(BOOK 1)

国务院第七次全国人口普查领导小组办公室　编

Compiled by
Office of the Leading Group of the State Council
for the Seventh National Population Census

图书在版编目（CIP）数据

中国人口普查年鉴. 2020. 上册 = China Population Census Yearbook 2020(Book 1) / 国务院第七次全国人口普查领导小组办公室编. -- 北京 : 中国统计出版社, 2022.4
ISBN 978-7-5037-9771-2

Ⅰ. ①中… Ⅱ. ①国… Ⅲ. ①人口普查－中国－2020－年鉴 Ⅳ. ①C924.25-54

中国版本图书馆 CIP 数据核字(2022)第 067894 号

中国人口普查年鉴-2020（上册）
China Population Census Yearbook 2020 (Book 1)

作　　者/国务院第七次全国人口普查领导小组办公室
责任编辑/郭　栋　佘竞雄
封面设计/李雪燕
出版发行/中国统计出版社有限公司
通信地址/北京市丰台区西三环南路甲 6 号　邮政编码/100073
发行电话/邮购（010）63376909　书店（010）68783171
网　　址/http://www.zgtjcbs.com/
印　　刷/河北鑫兆源印刷有限公司
经　　销/新华书店
开　　本/880mm×1230mm　1/16
字　　数/1570 千字
印　　张/49
版　　别/2022 年 4 月第 1 版
版　　次/2022 年 4 月第 1 次印刷
定　　价/990.00 元（全三册附光盘）

《中国人口普查年鉴—2020》编委会和编辑工作人员

编 辑 说 明

在以习近平总书记为核心的党中央坚强领导下，按照国务院第七次全国人口普查领导小组统一部署，各地区各有关部门精心组织、协同推进，全体普查人员艰苦努力、无私奉献，亿万普查对象共同参与、积极配合，第七次全国人口普查取得了圆满成功，获得了丰富详实的资料。为了满足社会各界的需要，现将汇总的数据资料编辑出版。

为便于读者使用本资料，现将有关情况说明如下:

一、普查对象和标准时点

第七次全国人口普查的普查对象指普查标准时点在中华人民共和国境内的自然人以及在中华人民共和国境外但未定居的中国公民，不包括在中华人民共和国境内短期停留的境外人员。普查标准时点为 2020 年 11 月 1 日零时。

二、普查表式

第七次全国人口普查采用长、短两种普查表。普查短表包括反映人口基本状况的项目，由全部住户（不包括港澳台居民和外籍人员）填报；普查长表包括所有短表项目和人口的经济活动、婚姻生育和住房等情况的项目，在全部住户中抽取 10%的户（不包括港澳台居民和外籍人员）填报。

三、资料主要内容

本资料分为三部分。第一部分是全部人口数据，主要反映人口的基本状况，分为八卷，共 196 张表；第二部分是普查长表数据，主要反映人口的各种结构情况，分为九卷，共 218 张表；第三部分是附录，主要是普查的有关规定和技术文件等。

四、数据汇总口径及推算说明

本资料是普查实际登记直接汇总的数据，不包括漏登的人口（事后质量抽查表明，人口漏登率为 0. 05%），不包括 200 万现役军人。

资料中各项指标的汇总结果未做任何误差校正，读者在使用时应考虑不同指标登记误差因素的影响。

由于普查长表是按户抽样并进行登记，因此人口总数以及各种人口结构数据的抽样比会存在略微差异，请读者使用本资料推算总体时，对采用的方法予以注意。

五、城乡划分规定

本次人口普查关于城乡的划分，按照国家统计局《统计上划分城乡的规定》执行。

六、其他

本资料中部分相对数由于单位取舍问题而产生的计算误差，均未做机械调整。本资料中空项表示无数字或数字很小。

Editor's Notes

Under the strong leadership of the Communist Party of China (CPC) Central Committee with Comrade Xi Jinping at its core, and following the coordinated decisions and arrangements of the Leading Group of the State Council for the 7th National Population Census, all regions and relevant government departments spared no effort to ensure well-organized and coordinated implementation of census tasks. The dedication and hard work of all census workers, supported by the participation and cooperation of hundreds of millions of respondents, made the census a full success, resulting in rich and detailed information on the population. To meet the need of whole society, we compiled and published the tabulated census data.

Following explanations are given to facilitate the use of data in this publication.

1. Census respondents and reference time

The population census covers all natural persons residing in the territory of the People's Republic of China and the Chinese citizens residing outside but not permanently settled down in locations beyond the territory of the People's Republic of China at the census reference time, excluding non-residents temporarily staying in the territory of the People's Republic of China. The reference time of the 7th national population census is zero hour of November 1, 2020.

2. Census questionnaire

Long and short forms were used for the 7th population census. The short form contains items that reflect the basic situation of the population, filled in by all households (excluding Hong Kong, Macao and Taiwan residents and foreigners). The long form contains all short form items, as well as items on the economic activities, marriage and family, fertility and housing conditions of the population, filled in by 10 percent of all households (excluding Hong Kong, Macao, and Taiwan residents and foreigners) selected by a random sampling programme.

3. Main content of the publication

This publication consists of 3 parts. The first part, including 196 tabulations in 8 volumes, contains data from all households that reflects the basic situation of the population. The second part, including 218 tabulations in 9 volumes, contains data from the long forms which present various detailed compositions of the population. The third part is an appendix, containing relevant regulations and technical documents concerning the census.

4. Notes on data tabulation and estimation

Results in this publication are based on the processing of data directly from enumeration, excluding population not enumerated in the census (the post-enumeration survey indicates an undercount of 0.05% in the census enumeration) and the 2 million servicemen. Data are tabulated without any adjustment. Users should take into consideration of non-sampling errors for various items when using the data.

The sampling ratio for the total population and for various compositions of the population may differ slightly, as household is used as the ultimate sampling unit in the enumeration. Users should pay attention to the adopted method when using information in this publication to estimate the total population from the sample results.

5. Regulation in urban/rural classification

Regulation on the Classification of Urban/Rural Residence for Statistical Purpose prepared by the National Bureau of Statistics is used in urban/rural classification of the population in this census.

6. Others

Discrepancies on relative figures due to rounding are not adjusted in this publication. Empty cells in tables in this publication indicate that no data are available or the value is negligible.

目　　录

上　册

第一部分　全部数据资料

第一卷　概要

第二卷 民族

第三卷　年龄

第四卷　教育

第五卷　家庭

第六卷　死亡

第七卷 户口登记状况

第八卷 住房

中　册

第二部分　长表数据资料

第一卷　概要

第二卷　民族

第三卷　教育

第四卷　就业

第五卷　婚姻

下　册

第二部分　长表数据资料(续)

第六卷　生育

第七卷 迁移和户口登记地

第八卷 老年人口

第九卷 住房

第三部分　附　录

Contents

Book Ⅰ

Part Ⅰ　Data from All Households

Book II

Part II Data from Households Using Long Form

Volume 1 Summary

Volume 2 Nationality

Volume 3 Educational Attainment

Volume 4 Employment

Volume 5 Marriage

Book Ⅲ

Part Ⅱ Data from Households Using Long Form(continued)

Volume 6 Fertility

Volume 9 Housing

Part III Appendixes

第一部分　全部数据资料

第一卷　概要

1-1 各地区户数、

地区	户数			合计			
	合计	家庭户	集体户	合计	男	女	性别比(女=100)
全国	**522689264**	**494157423**	**28531841**	**1409778724**	**721416394**	**688362330**	**104.80**
北京	9137928	8230792	907136	21893095	11195390	10697705	104.65
天津	5464620	4867116	597504	13866009	7144949	6721060	106.31
河北	26355634	25429609	926025	74610235	37679003	36931232	102.02
山西	13384751	12746142	638609	34915616	17805148	17110468	104.06
内蒙古	9974153	9483957	490196	24049155	12275274	11773881	104.26
辽宁	18168393	17467111	701282	42591407	21263529	21327878	99.70
吉林	9961655	9426822	534833	24073453	12018319	12055134	99.69
黑龙江	13707216	13024687	682529	31850088	15952468	15897620	100.35
上海	10466847	9644628	822219	24870895	12875211	11995684	107.33
江苏	31922656	29910849	2011807	84748016	43031586	41716430	103.15
浙江	26880850	25008606	1872244	64567588	33680008	30887580	109.04
安徽	22888078	21910377	977701	61027171	31103394	29923777	103.94
福建	15306514	14371078	935436	41540086	21466757	20073329	106.94
江西	14791970	14072847	719123	45188635	23318533	21870102	106.62
山东	37045463	35184241	1861222	101527453	51432931	50094522	102.67
河南	33224985	31782693	1442292	99365519	49832349	49533170	100.60
湖北	21019329	19931045	1088284	57752557	29694718	28057839	105.83
湖南	23892020	22878336	1013684	66444864	33995673	32449191	104.77
广东	46691647	42469178	4222469	126012510	66873646	59138864	113.08
广西	16865333	16215014	650319	50126804	25916169	24210635	107.04
海南	3200027	2961646	238381	10081232	5345081	4736151	112.86
重庆	12627668	12040234	587434	32054159	16202133	15852026	102.21
四川	32205094	30756120	1448974	83674866	42289718	41385148	102.19
贵州	13265872	12696585	569287	38562148	19705293	18856855	104.50
云南	15861557	15146831	714726	47209277	24420924	22788353	107.16
西藏	1089496	1014090	75406	3648100	1913588	1734512	110.32
陕西	14975672	14211344	764328	39528999	20226490	19302509	104.79
甘肃	8769671	8422836	346835	25019831	12700948	12318883	103.10
青海	2079275	1965893	113382	5923957	3033846	2890111	104.97
宁夏	2661882	2535074	126808	7202654	3668938	3533716	103.83
新疆	8803008	8351642	451366	25852345	13354380	12497965	106.85

人口数和性别比

单位：户、人

人口数								平均家庭户规模（人/户）
家庭户				集体户				
小计	男	女	性别比（女=100）	小计	男	女	性别比（女=100）	
1292809300	**654052851**	**638756449**	**102.39**	**116969424**	**67363543**	**49605881**	**135.80**	**2.62**
19014338	9436296	9578042	98.52	2878757	1759094	1119663	157.11	2.31
11668540	5829455	5839085	99.84	2197469	1315494	881975	149.15	2.40
69871266	35078326	34792940	100.82	4738969	2600677	2138292	121.62	2.75
32138952	16184258	15954694	101.44	2776664	1620890	1155774	140.24	2.52
22296184	11229242	11066942	101.47	1752971	1046032	706939	147.97	2.35
39914651	19800387	20114264	98.44	2676756	1463142	1213614	120.56	2.29
22103381	10995039	11108342	98.98	1970072	1023280	946792	108.08	2.34
28934500	14424561	14509939	99.41	2915588	1527907	1387681	110.11	2.22
22347586	11244075	11103511	101.27	2523309	1631136	892173	182.83	2.32
77644026	38754626	38889400	99.65	7103990	4276960	2827030	151.29	2.60
58830838	30143079	28687759	105.07	5736750	3536929	2199821	160.78	2.35
57272157	28929853	28342304	102.07	3755014	2173541	1581473	137.44	2.61
38462277	19624877	18837400	104.18	3077809	1841880	1235929	149.03	2.68
41329294	21164113	20165181	104.95	3859341	2154420	1704921	126.36	2.94
94868062	47675937	47192125	101.03	6659391	3756994	2902397	129.44	2.70
90744073	45213105	45530968	99.30	8621446	4619244	4002202	115.42	2.86
52773775	26844608	25929167	103.53	4978782	2850110	2128672	133.89	2.65
61121055	31103853	30017202	103.62	5323809	2891820	2431989	118.91	2.67
111671837	58021641	53650196	108.15	14340673	8852005	5488668	161.28	2.63
46498718	23974087	22524631	106.43	3628086	1942082	1686004	115.19	2.87
9060930	4759294	4301636	110.64	1020302	585787	434515	134.81	3.06
29477069	14744701	14732368	100.08	2577090	1457432	1119658	130.17	2.45
77093057	38672981	38420076	100.66	6581809	3616737	2965072	121.98	2.51
35719520	18195997	17523523	103.84	2842628	1509296	1333332	113.20	2.81
43695762	22435081	21260681	105.52	3513515	1985843	1527672	129.99	2.88
3237287	1660644	1576643	105.33	410813	252944	157869	160.22	3.19
35975425	18199386	17776039	102.38	3553574	2027104	1526470	132.80	2.53
23345176	11746896	11598280	101.28	1674655	954052	720603	132.40	2.77
5493942	2777444	2716498	102.24	430015	256402	173613	147.69	2.79
6709343	3381503	3327840	101.61	493311	287435	205876	139.62	2.65
23496279	11807506	11688773	101.02	2356066	1546874	809192	191.16	2.81

1-1a 各地区户数、

地区	户数			合计			
	合计	家庭户	集体户	合计	男	女	性别比(女=100)
全国	**221320851**	**202764700**	**18556151**	**575170855**	**291791475**	**283379380**	**102.97**
北京	7439664	6690435	749229	17751681	8937161	8814520	101.39
天津	4376812	3849509	527303	10933092	5610161	5322931	105.40
河北	8007995	7513689	494306	22129595	11010407	11119188	99.02
山西	4981821	4616210	365611	13197637	6588788	6608849	99.70
内蒙古	3836659	3586072	250587	9446419	4714495	4731924	99.63
辽宁	11263547	10672010	591537	25572477	12626419	12946058	97.53
吉林	4381757	4088980	292777	10291703	5028946	5262757	95.56
黑龙江	6282686	5814838	467848	14439398	7113464	7325934	97.10
上海	8165874	7521925	643949	19873080	10113562	9759518	103.63
江苏	15073781	13771191	1302590	40269267	20382260	19887007	102.49
浙江	13813994	12575815	1238179	33083792	17165183	15918609	107.83
安徽	6125474	5663611	461863	16329087	8142601	8186486	99.46
福建	6519000	5951707	567293	17105023	8780310	8324713	105.47
江西	4414818	4042797	372021	13560075	6906564	6653511	103.80
山东	14217381	13073475	1143906	39456975	19843195	19613780	101.17
河南	8770708	8130055	640653	25973215	12913127	13060088	98.87
湖北	8973972	8206395	767577	24657421	12494860	12162561	102.73
湖南	6765698	6185217	580481	18916669	9472504	9444165	100.30
广东	30821964	27382359	3439605	76387659	40817255	35570404	114.75
广西	5129446	4744710	384736	14787980	7458144	7329836	101.75
海南	1290895	1148204	142691	3761478	1967828	1793650	109.71
重庆	6083611	5652181	431430	16343989	8083520	8260469	97.86
四川	11605081	10700636	904445	30431679	15030432	15401247	97.59
贵州	3522330	3252662	269668	10126125	5086734	5039391	100.94
云南	4761268	4342471	418797	12355559	6236029	6119530	101.90
西藏	328955	282848	46107	835302	447902	387400	115.62
陕西	6139042	5640394	498648	15656134	7925444	7730690	102.52
甘肃	2731953	2551450	180503	7095181	3565095	3530086	100.99
青海	837123	766028	71095	2124083	1081946	1042137	103.82
宁夏	1155063	1084791	70272	2988589	1488244	1500345	99.19
新疆	3502479	3262035	240444	9290491	4758895	4531596	105.02

人口数和性别比(城市)

单位：户、人

人口数								平均家庭户规模（人/户）
家庭户				集体户				
小计	男	女	性别比（女=100）	小计	男	女	性别比（女=100）	
504276519	**251510982**	**252765537**	**99.50**	**70894336**	**40280493**	**30613843**	**131.58**	**2.49**
15394356	7536552	7857804	95.91	2357325	1400609	956716	146.40	2.30
9011361	4465085	4546276	98.21	1921731	1145076	776655	147.44	2.34
19758196	9728026	10030170	96.99	2371399	1282381	1089018	117.76	2.63
11678197	5771407	5906790	97.71	1519440	817381	702059	116.43	2.53
8500366	4196041	4304325	97.48	946053	518454	427599	121.25	2.37
23359821	11419772	11940049	95.64	2212656	1206647	1006009	119.94	2.19
9214553	4464035	4750518	93.97	1077150	564911	512239	110.28	2.25
12381218	6049161	6332057	95.53	2058180	1064303	993877	107.09	2.13
17884745	8863108	9021637	98.24	1988335	1250454	737881	169.47	2.38
35793195	17715592	18077603	98.00	4476072	2666668	1809404	147.38	2.60
29377913	14950458	14427455	103.63	3705879	2214725	1491154	148.52	2.34
14638587	7210026	7428561	97.06	1690500	932575	757925	123.04	2.58
15270274	7711168	7559106	102.01	1834749	1069142	765607	139.65	2.57
11671059	5880515	5790544	101.55	1889016	1026049	862967	118.90	2.89
35429499	17610241	17819258	98.83	4027476	2232954	1794522	124.43	2.71
22621633	11147027	11474606	97.15	3351582	1766100	1585482	111.39	2.78
21345951	10622692	10723259	99.06	3311470	1872168	1439302	130.07	2.60
16098951	7964959	8133992	97.92	2817718	1507545	1310173	115.06	2.60
65293291	33952063	31341228	108.33	11094368	6865192	4229176	162.33	2.38
12779710	6415579	6364131	100.81	2008270	1042565	965705	107.96	2.69
3185994	1637928	1548066	105.80	575484	329900	245584	134.33	2.77
14465156	7048937	7416219	95.05	1878833	1034583	844250	122.54	2.56
26634361	12980496	13653865	95.07	3797318	2049936	1747382	117.31	2.49
8868313	4435200	4433113	100.05	1257812	651534	606278	107.46	2.73
10504649	5249393	5255256	99.89	1850910	986636	864274	114.16	2.42
581692	300225	281467	106.66	253610	147677	105933	139.41	2.06
13481831	6720981	6760850	99.41	2174303	1204463	969840	124.19	2.39
6302326	3132819	3169507	98.84	792855	432276	360579	119.88	2.47
1861075	928280	932795	99.52	263008	153666	109342	140.54	2.43
2716247	1342020	1374227	97.66	272342	146224	126118	115.94	2.50
8171999	4061196	4110803	98.79	1118492	697699	420793	165.81	2.51

1-1b 各地区户数、

地区	户数			合计			
	合计	家庭户	集体户	合计	男	女	性别比(女=100)
全 国	**114718215**	**107620004**	**7098211**	**324820307**	**165029877**	**159790430**	**103.28**
北 京	595906	496221	99685	1414752	769805	644947	119.36
天 津	291729	248142	43587	811348	436437	374911	116.41
河 北	7653230	7262915	390315	22686891	11461223	11225668	102.10
山 西	3169653	2997725	171928	8633857	4360787	4273070	102.05
内蒙古	2796670	2643180	153490	6781056	3424007	3357049	101.99
辽 宁	2211309	2136933	74376	5153499	2566297	2587202	99.19
吉 林	1997925	1838621	159304	4787311	2360236	2427075	97.25
黑龙江	2827794	2672230	155564	6458296	3198834	3259462	98.14
上 海	1000819	907718	93101	2336300	1252659	1083641	115.60
江 苏	8057821	7566565	491256	21973116	11138540	10834576	102.81
浙 江	5550929	5128200	422729	13514673	7069220	6445453	109.68
安 徽	6987883	6548174	439709	19266016	9752125	9513891	102.50
福 建	4021742	3775966	245776	11452224	5858483	5593741	104.73
江 西	4284947	4015256	269691	13750536	7045709	6704827	105.08
山 东	8559616	7935341	624275	24557279	12506091	12051188	103.77
河 南	9026588	8352717	673871	29105339	14716285	14389054	102.27
湖 北	4152899	3940726	212173	11662953	5908873	5754080	102.69
湖 南	7001071	6630584	370487	20129507	10242115	9887392	103.59
广 东	5529015	5096023	432992	17048413	8892530	8155883	109.03
广 西	3907751	3710344	197407	12382976	6338893	6044083	104.88
海 南	700154	645237	54917	2314503	1221821	1092682	111.82
重 庆	2259757	2157259	102498	5920039	2948837	2971202	99.25
四 川	6358727	6020073	338654	17034233	8388350	8645883	97.02
贵 州	3431251	3226651	204600	10369821	5220851	5148970	101.40
云 南	3758467	3547366	211101	11273005	5752439	5520566	104.20
西 藏	185736	171788	13948	468141	249208	218933	113.83
陕 西	3362373	3204020	158353	9113596	4622046	4491550	102.91
甘 肃	2041291	1925591	115700	5972151	2989421	2982730	100.22
青 海	515908	483732	32176	1435280	728786	706494	103.16
宁 夏	612772	580390	32382	1690065	857525	832540	103.00
新 疆	1866482	1754316	112166	5323131	2751444	2571687	106.99

人口数和性别比(镇)

单位：户、人

人口数								平均家庭户规模（人/户）
家庭户				集体户				
小计	男	女	性别比（女=100）	小计	男	女	性别比（女=100）	
292011047	**146536890**	**145474157**	**100.73**	**32809260**	**18492987**	**14316273**	**129.17**	**2.71**
1091296	559609	531687	105.25	323456	210196	113260	185.59	2.20
627451	320522	306929	104.43	183897	115915	67982	170.51	2.53
20575191	10299276	10275915	100.23	2111700	1161947	949753	122.34	2.83
7861300	3917547	3943753	99.34	772557	443240	329317	134.59	2.62
6264779	3118284	3146495	99.10	516277	305723	210554	145.20	2.37
4879792	2420009	2459783	98.38	273707	146288	127419	114.81	2.28
4211092	2069196	2141896	96.61	576219	291040	285179	102.06	2.29
5865120	2887083	2978037	96.95	593176	311751	281425	110.78	2.19
2073595	1076977	996618	108.06	262705	175682	87023	201.88	2.28
20140568	10050751	10089817	99.61	1832548	1087789	744759	146.06	2.66
12168256	6221677	5946579	104.63	1346417	847543	498874	169.89	2.37
17562037	8752635	8809402	99.36	1703979	999490	704489	141.87	2.68
10644969	5382647	5262322	102.29	807255	475836	331419	143.58	2.82
12222347	6191875	6030472	102.68	1528189	853834	674355	126.61	3.04
22302905	11224919	11077986	101.33	2254374	1281172	973202	131.65	2.81
24641515	12335105	12306410	100.23	4463824	2381180	2082644	114.33	2.95
10575155	5307828	5267327	100.77	1087798	601045	486753	123.48	2.68
17998746	9072729	8926017	101.64	2130761	1169386	961375	121.64	2.71
15243214	7816039	7427175	105.24	1805199	1076491	728708	147.73	2.99
11160030	5679915	5480115	103.65	1222946	658978	563968	116.85	3.01
2068412	1084462	983950	110.22	246091	137359	108732	126.33	3.21
5462267	2690373	2771894	97.06	457772	258464	199308	129.68	2.53
15297267	7465075	7832192	95.31	1736966	923275	813691	113.47	2.54
9301243	4673504	4627739	100.99	1068578	547347	521231	105.01	2.88
10125911	5109535	5016376	101.86	1147094	642904	504190	127.51	2.85
403792	207783	196009	106.01	64349	41425	22924	180.71	2.35
8288616	4153924	4134692	100.47	824980	468122	356858	131.18	2.59
5384338	2664251	2720087	97.95	587813	325170	262643	123.81	2.80
1310687	656645	654042	100.40	124593	72141	52452	137.54	2.71
1566315	785240	781075	100.53	123750	72285	51465	140.45	2.70
4692841	2341475	2351366	99.58	630290	409969	220321	186.08	2.68

1-1c 各地区户数、

地区	户数						
				合计			
	合计	家庭户	集体户	合计	男	女	性别比(女=100)
全国	**186650198**	**183772719**	**2877479**	**509787562**	**264595042**	**245192520**	**107.91**
北京	1102358	1044136	58222	2726662	1488424	1238238	120.21
天津	796079	769465	26614	2121569	1098351	1023218	107.34
河北	10694409	10653005	41404	29793749	15207373	14586376	104.26
山西	5233277	5132207	101070	13084122	6855573	6228549	110.07
内蒙古	3340824	3254705	86119	7821680	4136772	3684908	112.26
辽宁	4693537	4658168	35369	11865431	6070813	5794618	104.77
吉林	3581973	3499221	82752	8994439	4629137	4365302	106.04
黑龙江	4596736	4537619	59117	10952394	5640170	5312224	106.17
上海	1300154	1214985	85169	2661515	1508990	1152525	130.93
江苏	8791054	8573093	217961	22505633	11510786	10994847	104.69
浙江	7515927	7304591	211336	17969123	9445605	8523518	110.82
安徽	9774721	9698592	76129	25432068	13208668	12223400	108.06
福建	4765772	4643405	122367	12982839	6827964	6154875	110.94
江西	6092205	6014794	77411	17878024	9366260	8511764	110.04
山东	14268466	14175425	93041	37513199	19083645	18429554	103.55
河南	15427689	15299921	127768	44286965	22202937	22084028	100.54
湖北	7892458	7783924	108534	21432183	11290985	10141198	111.34
湖南	10125251	10062535	62716	27398688	14281054	13117634	108.87
广东	10340668	9990796	349872	32576438	17163861	15412577	111.36
广西	7828136	7759960	68176	22955848	12119132	10836716	111.83
海南	1208978	1168205	40773	4005251	2155432	1849819	116.52
重庆	4284300	4230794	53506	9790131	5169776	4620355	111.89
四川	14241286	14035411	205875	36208954	18870936	17338018	108.84
贵州	6312291	6217272	95019	18066202	9397708	8668494	108.41
云南	7341822	7256994	84828	23580713	12432456	11148257	111.52
西藏	574805	559454	15351	2344657	1216478	1128179	107.83
陕西	5474257	5366930	107327	14759269	7679000	7080269	108.46
甘肃	3996427	3945795	50632	11952499	6146432	5806067	105.86
青海	726244	716133	10111	2364594	1223114	1141480	107.15
宁夏	894047	869893	24154	2524000	1323169	1200831	110.19
新疆	3434047	3335291	98756	11238723	5844041	5394682	108.33

人口数和性别比(乡村)

单位：户、人

人口数								平均家庭户规模（人/户）
家庭户				集体户				
小计	男	女	性别比（女=100）	小计	男	女	性别比（女=100）	
496521734	**256004979**	**240516755**	**106.44**	**13265828**	**8590063**	**4675765**	**183.71**	**2.70**
2528686	1340135	1188551	112.75	197976	148289	49687	298.45	2.42
2029728	1043848	985880	105.88	91841	54503	37338	145.97	2.64
29537879	15051024	14486855	103.89	255870	156349	99521	157.10	2.77
12599455	6495304	6104151	106.41	484667	360269	124398	289.61	2.45
7531039	3914917	3616122	108.26	290641	221855	68786	322.53	2.31
11675038	5960606	5714432	104.31	190393	110207	80186	137.44	2.51
8677736	4461808	4215928	105.83	316703	167329	149374	112.02	2.48
10688162	5488317	5199845	105.55	264232	151853	112379	135.13	2.36
2389246	1303990	1085256	120.16	272269	205000	67269	304.75	1.97
21710263	10988283	10721980	102.48	795370	522503	272867	191.49	2.53
17284669	8970944	8313725	107.91	684454	474661	209793	226.25	2.37
25071533	12967192	12104341	107.13	360535	241476	119059	202.82	2.59
12547034	6531062	6015972	108.56	435805	296902	138903	213.75	2.70
17435888	9091723	8344165	108.96	442136	274537	167599	163.81	2.90
37135658	18840777	18294881	102.98	377541	242868	134673	180.34	2.62
43480925	21730973	21749952	99.91	806040	471964	334076	141.27	2.84
20852669	10914088	9938581	109.82	579514	376897	202617	186.01	2.68
27023358	14066165	12957193	108.56	375330	214889	160441	133.94	2.69
31135332	16253539	14881793	109.22	1441106	910322	530784	171.51	3.12
22558978	11878593	10680385	111.22	396870	240539	156331	153.87	2.91
3806524	2036904	1769620	115.10	198727	118528	80199	147.79	3.26
9549646	5005391	4544255	110.15	240485	164385	76100	216.01	2.26
35161429	18227410	16934019	107.64	1047525	643526	403999	159.29	2.51
17549964	9087293	8462671	107.38	516238	310415	205823	150.82	2.82
23065202	12076153	10989049	109.89	515511	356303	159208	223.80	3.18
2251803	1152636	1099167	104.86	92854	63842	29012	220.05	4.03
14204978	7324481	6880497	106.45	554291	354519	199772	177.46	2.65
11658512	5949826	5708686	104.22	293987	196606	97381	201.89	2.95
2322180	1192519	1129661	105.56	42414	30595	11819	258.86	3.24
2426781	1254243	1172538	106.97	97219	68926	28293	243.62	2.79
10631439	5404835	5226604	103.41	607284	439206	168078	261.31	3.19

1-2 各地区分性别、

地区	人口数			居住本乡、镇、街道，户口在本乡、镇、街道		
	合计	男	女	小计	男	女
全国	**1409778724**	**721416394**	**688362330**	**909355782**	**461560857**	**447794925**
北京	21893095	11195390	10697705	8277744	4118314	4159430
天津	13866009	7144949	6721060	7310748	3652601	3658147
河北	74610235	37679003	36931232	54629087	27644247	26984840
山西	34915616	17805148	17110468	21916766	11093415	10823351
内蒙古	24049155	12275274	11773881	12500329	6371165	6129164
辽宁	42591407	21263529	21327878	26642879	13367516	13275363
吉林	24073453	12018319	12055134	13265835	6756383	6509452
黑龙江	31850088	15952468	15897620	20048102	10106942	9941160
上海	24870895	12875211	11995684	9520384	4740065	4780319
江苏	84748016	43031586	41716430	54425819	27053201	27372618
浙江	64567588	33680008	30887580	33789547	16907513	16882034
安徽	61027171	31103394	29923777	42641509	21858266	20783243
福建	41540086	21466757	20073329	24314795	12260613	12054182
江西	45188635	23318533	21870102	31481837	16219487	15262350
山东	101527453	51432931	50094522	73129703	36813787	36315916
河南	99365519	49832349	49533170	73422951	36673897	36749054
湖北	57752557	29694718	28057839	39068462	20158777	18909685
湖南	66444864	33995673	32449191	48634947	25008720	23626227
广东	126012510	66873646	59138864	64370531	32652666	31717865
广西	50126804	25916169	24210635	36614566	19102481	17512085
海南	10081232	5345081	4736151	6531174	3470683	3060491
重庆	32054159	16202133	15852026	18879708	9613722	9265986
四川	83674866	42289718	41385148	55583401	28317964	27265437
贵州	38562148	19705293	18856855	26709127	13796512	12912615
云南	47209277	24420924	22788353	34771204	17955234	16815970
西藏	3648100	1913588	1734512	2597456	1311594	1285862
陕西	39528999	20226490	19302509	26145959	13248734	12897225
甘肃	25019831	12700948	12318883	17603083	8887928	8715155
青海	5923957	3033846	2890111	3827791	1928036	1899755
宁夏	7202654	3668938	3533716	3820865	1919323	1901542
新疆	25852345	13354380	12497965	16879473	8551071	8328402

户口登记状况的人口

单位：人

居住本乡、镇、街道，户口在外乡、镇、街道，离开户口登记地半年以上			居住本乡、镇、街道，户口待定			原住本乡、镇、街道，现在港澳台或国外工作学习		
小计	男	女	小计	男	女	小计	男	女
492762506	**255896268**	**236866238**	**4030308**	**2042663**	**1987645**	**3630128**	**1916606**	**1713522**
13409576	6977849	6431727	74458	38844	35614	131317	60383	70934
6479695	3455513	3024182	33553	17806	15747	42013	19029	22984
19775641	9923785	9851856	135403	67322	68081	70104	43649	26455
12891174	6655644	6235530	84391	42598	41793	23285	13491	9794
11462961	5858767	5604194	61321	32788	28533	24544	12554	11990
15670121	7760506	7909615	50940	26273	24667	227467	109234	118233
10350683	5033163	5317520	30954	16131	14823	425981	212642	213339
11549584	5721373	5828211	46767	24022	22745	205635	100131	105504
15134258	8036541	7097717	51385	26779	24606	164868	71826	93042
29979948	15793646	14186302	189316	95576	93740	152933	89163	63770
30107815	16424000	13683815	180655	93801	86854	489571	254694	234877
18099918	9098260	9001658	229538	114115	115423	56206	32753	23453
16464611	8798376	7666235	213777	110254	103523	546903	297514	249389
13520934	7004148	6516786	154915	76496	78419	30949	18402	12547
28026762	14417484	13609278	205941	104244	101697	165047	97416	67631
25639605	12993565	12646040	213066	105210	107856	89897	59677	30220
18476561	9425843	9050718	150219	78363	71856	57315	31735	25580
17575847	8865460	8710387	184557	92920	91637	49513	28573	20940
60635086	33711847	26923239	700586	359835	340751	306307	149298	157009
13238781	6678931	6559850	218258	104686	113572	55199	30071	25128
3498161	1849608	1648553	41684	20729	20955	10213	4061	6152
13096435	6549022	6547413	51718	25592	26126	26298	13797	12501
27823204	13828619	13994585	182133	90278	91855	86128	52857	33271
11694763	5828497	5866266	136087	66527	69560	22171	13757	8414
12209314	6342780	5866534	167066	84454	82612	61693	38456	23237
1031132	591209	439923	19289	10664	8625	223	121	102
13267095	6913899	6353196	84341	44829	39512	31604	19028	12576
7352465	3779111	3573354	48263	23953	24310	16020	9956	6064
2070660	1092431	978229	23004	11862	11142	2502	1517	985
3362670	1739397	1623273	13287	6909	6378	5832	3309	2523
8867046	4746994	4120052	53436	28803	24633	52390	27512	24878

1-2a 各地区分性别、

地区	人口数			居住本乡、镇、街道，户口在本乡、镇、街道		
	合计	男	女	小计	男	女
全国	**575170855**	**291791475**	**283379380**	**248426191**	**122739171**	**125687020**
北京	17751681	8937161	8814520	6275250	3098157	3177093
天津	10933092	5610161	5322931	5029950	2485716	2544234
河北	22129595	11010407	11119188	11210506	5536437	5674069
山西	13197637	6588788	6608849	5735049	2834874	2900175
内蒙古	9446419	4714495	4731924	3251673	1602456	1649217
辽宁	25572477	12626419	12946058	12753695	6251852	6501843
吉林	10291703	5028946	5262757	3868137	1900344	1967793
黑龙江	14439398	7113464	7325934	7393602	3613497	3780105
上海	19873080	10113562	9759518	7600736	3782215	3818521
江苏	40269267	20382260	19887007	20763164	10199462	10563702
浙江	33083792	17165183	15918609	13391204	6578120	6813084
安徽	16329087	8142601	8186486	7150743	3564700	3586043
福建	17105023	8780310	8324713	6666795	3256617	3410178
江西	13560075	6906564	6653511	6177541	3097643	3079898
山东	39456975	19843195	19613780	20662857	10223100	10439757
河南	25973215	12913127	13060088	12824633	6324303	6500330
湖北	24657421	12494860	12162561	11143394	5618676	5524718
湖南	18916669	9472504	9444165	8462242	4204243	4257999
广东	76387659	40817255	35570404	26193433	12984770	13208663
广西	14787980	7458144	7329836	6247394	3113150	3134244
海南	3761478	1967828	1793650	1413288	724720	688568
重庆	16343989	8083520	8260469	6254716	3060248	3194468
四川	30431679	15030432	15401247	12390184	6057352	6332832
贵州	10126125	5086734	5039391	3895407	1949858	1945549
云南	12355559	6236029	6119530	5208070	2566579	2641491
西藏	835302	447902	387400	266323	132034	134289
陕西	15656134	7925444	7730690	6979934	3433348	3546586
甘肃	7095181	3565095	3530086	3041512	1507874	1533638
青海	2124083	1081946	1042137	896868	436774	460094
宁夏	2988589	1488244	1500345	1207925	584104	623821
新疆	9290491	4758895	4531596	4069966	2015948	2054018

户口登记状况的人口(城市)

单位：人

居住本乡、镇、街道，户口在外乡、镇、街道，离开户口登记地半年以上			居住本乡、镇、街道，户口待定			原住本乡、镇、街道，现在港澳台或国外工作学习		
小计	男	女	小计	男	女	小计	男	女
323487793	**167434625**	**156053168**	**1727130**	**901971**	**825159**	**1529741**	**715708**	**814033**
11286299	5748420	5537879	62186	31672	30514	127946	58912	69034
5834438	3091170	2743268	29069	15567	13502	39635	17708	21927
10852189	5439074	5413115	42087	23029	19058	24813	11867	12946
7413064	3728882	3684182	36587	18825	17762	12937	6207	6730
6154293	3090865	3063428	31074	16840	14234	9379	4334	5045
12651030	6296748	6354282	31889	17201	14688	135863	60618	75245
6258092	3050432	3207660	15035	7876	7159	150439	70294	80145
6990445	3473151	3517294	26199	13511	12688	29152	13305	15847
12075336	6242148	5833188	39543	20688	18855	157465	68511	88954
19322446	10089794	9232652	100947	52429	48518	82710	40575	42135
19454456	10466564	8987892	101906	53294	48612	136226	67205	69021
9113788	4545344	4568444	43644	22425	21219	20912	10132	10780
10206105	5405660	4800445	78664	41798	36866	153459	76235	77224
7327320	3782878	3544442	44207	20864	23343	11007	5179	5828
18632571	9537089	9095482	88065	46438	41627	73482	36568	36914
13054477	6541805	6512672	62694	31403	31291	31411	15616	15795
13425245	6830865	6594380	56952	30546	26406	31830	14773	17057
10384897	5232988	5151909	54215	28235	25980	15315	7038	8277
49618272	27539974	22078298	415921	218575	197346	160033	73936	86097
8451951	4301682	4150269	69998	36188	33810	18637	7124	11513
2330637	1233943	1096694	15390	8325	7065	2163	840	1323
10053333	5006151	5047182	23354	11911	11443	12586	5210	7376
17952455	8928543	9023912	59905	30662	29243	29135	13875	15260
6179364	3111466	3067898	45131	22784	22347	6223	2626	3597
7090798	3640070	3450728	47515	25085	22430	9176	4295	4881
564530	313313	251217	4414	2541	1873	35	14	21
8617180	4461443	4155737	44920	24054	20866	14100	6599	7501
4027986	2044714	1983272	17869	8679	9190	7814	3828	3986
1217443	640006	577437	8743	4708	4035	1029	458	571
1771385	899390	871995	5738	3080	2658	3541	1670	1871
5175968	2720053	2455915	23269	12738	10531	21288	10156	11132

1-2b 各地区分性别、

地区	人口数			居住本乡、镇、街道，户口在本乡、镇、街道		
	合计	男	女	小计	男	女
全国	**324820307**	**165029877**	**159790430**	**204010098**	**103099230**	**100910868**
北京	1414752	769805	644947	449907	227062	222845
天津	811348	436437	374911	471345	240072	231273
河北	22686891	11461223	11225668	15257020	7699746	7557274
山西	8633857	4360787	4273070	4918266	2468937	2449329
内蒙古	6781056	3424007	3357049	3009784	1511700	1498084
辽宁	5153499	2566297	2587202	3383962	1704038	1679924
吉林	4787311	2360236	2427075	2262534	1131534	1131000
黑龙江	6458296	3198834	3259462	3849228	1921465	1927763
上海	2336300	1252659	1083641	814051	407609	406442
江苏	21973116	11138540	10834576	14387583	7165937	7221646
浙江	13514673	7069220	6445453	6783011	3381119	3401892
安徽	19266016	9752125	9513891	11603310	5884207	5719103
福建	11452224	5858483	5593741	6822926	3407113	3415813
江西	13750536	7045709	6704827	8447978	4318936	4129042
山东	24557279	12506091	12051188	16831327	8520461	8310866
河南	29105339	14716285	14389054	18207395	9174770	9032625
湖北	11662953	5908873	5754080	8255293	4204038	4051255
湖南	20129507	10242115	9887392	14020698	7152110	6868588
广东	17048413	8892530	8155883	10764945	5483794	5281151
广西	12382976	6338893	6044083	8738346	4525042	4213304
海南	2314503	1221821	1092682	1698806	899023	799783
重庆	5920039	2948837	2971202	3786984	1889623	1897361
四川	17034233	8388350	8645883	10730469	5331841	5398628
贵州	10369821	5220851	5148970	6482652	3306800	3175852
云南	11273005	5752439	5520566	7613993	3870553	3743440
西藏	468141	249208	218933	258451	129430	129021
陕西	9113596	4622046	4491550	5850172	2964141	2886031
甘肃	5972151	2989421	2982730	3637047	1821511	1815536
青海	1435280	728786	706494	756206	376104	380102
宁夏	1690065	857525	832540	691333	343244	348089
新疆	5323131	2751444	2571687	3225076	1637270	1587806

户口登记状况的人口(镇)

单位：人

居住本乡、镇、街道，户口在外乡、镇、街道，离开户口登记地半年以上			居住本乡、镇、街道，户口待定			原住本乡、镇、街道，现在港澳台或国外工作学习		
小计	男	女	小计	男	女	小计	男	女
119450766	**61218159**	**58232607**	**884390**	**449194**	**435196**	**475053**	**263294**	**211759**
958712	539769	418943	4577	2270	2307	1556	704	852
336920	194769	142151	2650	1377	1273	433	219	214
7371515	3730052	3641463	44222	22206	22016	14134	9219	4915
3691171	1879198	1811973	21590	10884	10706	2830	1768	1062
3750215	1901020	1849195	17787	9620	8167	3270	1667	1603
1748519	851374	897145	6071	3021	3050	14947	7864	7083
2462484	1197278	1265206	7141	3861	3280	55152	27563	27589
2578957	1262475	1316482	10450	5388	5062	19661	9506	10155
1512143	840082	672061	7004	3554	3450	3102	1414	1688
7509748	3930657	3579091	50288	25293	24995	25497	16653	8844
6593618	3617406	2976212	42064	22050	20014	95980	48645	47335
7585048	3827834	3757214	65830	33118	32712	11828	6966	4862
4471350	2367245	2104105	61948	31786	30162	96000	52339	43661
5257488	2703327	2554161	39557	20108	19449	5513	3338	2175
7647292	3941993	3705299	50176	25380	24796	28484	18257	10227
10819783	5499777	5320006	66249	33274	32975	11912	8464	3448
3369464	1684797	1684667	32607	16668	15939	5589	3370	2219
6052634	3060712	2991922	46336	23423	22913	9839	5870	3969
6173567	3352112	2821455	90417	46518	43899	19484	10106	9378
3591378	1787296	1804082	44177	21415	22762	9075	5140	3935
604933	317621	287312	8812	4418	4394	1952	759	1193
2120019	1052626	1067393	10291	5091	5200	2745	1497	1248
6262343	3034903	3227440	31753	15665	16088	9668	5941	3727
3849786	1895151	1954635	34078	16784	17294	3305	2116	1189
3613414	1857713	1755701	34881	17696	17185	10717	6477	4240
206973	118018	88955	2697	1753	944	20	7	13
3239827	1645100	1594727	19856	10280	9576	3741	2525	1216
2322295	1161078	1161217	10986	5614	5372	1823	1218	605
674036	349966	324070	4798	2572	2226	240	144	96
995085	512370	482715	3072	1569	1503	575	342	233
2080049	1104440	975609	12025	6538	5487	5981	3196	2785

1-2c 各地区分性别、

地区	人口数			居住本乡、镇、街道，户口在本乡、镇、街道		
	合计	男	女	小计	男	女
全国	**509787562**	**264595042**	**245192520**	**456919493**	**235722456**	**221197037**
北京	2726662	1488424	1238238	1552587	793095	759492
天津	2121569	1098351	1023218	1809453	926813	882640
河北	29793749	15207373	14586376	28161561	14408064	13753497
山西	13084122	6855573	6228549	11263451	5789604	5473847
内蒙古	7821680	4136772	3684908	6238872	3257009	2981863
辽宁	11865431	6070813	5794618	10505222	5411626	5093596
吉林	8994439	4629137	4365302	7135164	3724505	3410659
黑龙江	10952394	5640170	5312224	8805272	4571980	4233292
上海	2661515	1508990	1152525	1105597	550241	555356
江苏	22505633	11510786	10994847	19275072	9687802	9587270
浙江	17969123	9445605	8523518	13615332	6948274	6667058
安徽	25432068	13208668	12223400	23887456	12409359	11478097
福建	12982839	6827964	6154875	10825074	5596883	5228191
江西	17878024	9366260	8511764	16856318	8802908	8053410
山东	37513199	19083645	18429554	35635519	18070226	17565293
河南	44286965	22202937	22084028	42390923	21174824	21216099
湖北	21432183	11290985	10141198	19669775	10336063	9333712
湖南	27398688	14281054	13117634	26152007	13652367	12499640
广东	32576438	17163861	15412577	27412153	14184102	13228051
广西	22955848	12119132	10836716	21628826	11464289	10164537
海南	4005251	2155432	1849819	3419080	1846940	1572140
重庆	9790131	5169776	4620355	8838008	4663851	4174157
四川	36208954	18870936	17338018	32462748	16928771	15533977
贵州	18066202	9397708	8668494	16331068	8539854	7791214
云南	23580713	12432456	11148257	21949141	11518102	10431039
西藏	2344657	1216478	1128179	2072682	1050130	1022552
陕西	14759269	7679000	7080269	13315853	6851245	6464608
甘肃	11952499	6146432	5806067	10924524	5558543	5365981
青海	2364594	1223114	1141480	2174717	1115158	1059559
宁夏	2524000	1323169	1200831	1921607	991975	929632
新疆	11238723	5844041	5394682	9584431	4897853	4686578

户口登记状况的人口(乡村)

单位：人

居住本乡、镇、街道，户口在外乡、镇、街道，离开户口登记地半年以上			居住本乡、镇、街道，户口待定			原住本乡、镇、街道，现在港澳台或国外工作学习		
小计	男	女	小计	男	女	小计	男	女
49823947	**27243484**	**22580463**	**1418788**	**691498**	**727290**	**1625334**	**937604**	**687730**
1164565	689660	474905	7695	4902	2793	1815	767	1048
308337	169574	138763	1834	862	972	1945	1102	843
1551937	754659	797278	49094	22087	27007	31157	22563	8594
1786939	1047564	739375	26214	12889	13325	7518	5516	2002
1558453	866882	691571	12460	6328	6132	11895	6553	5342
1270572	612384	658188	12980	6051	6929	76657	40752	35905
1630107	785453	844654	8778	4394	4384	220390	114785	105605
1980182	985747	994435	10118	5123	4995	156822	77320	79502
1546779	954311	592468	4838	2537	2301	4301	1901	2400
3147754	1773195	1374559	38081	17854	20227	44726	31935	12791
4059741	2340030	1719711	36685	18457	18228	257365	138844	118521
1401082	725082	676000	120064	58572	61492	23466	15655	7811
1787156	1025471	761685	73165	36670	36495	297444	168940	128504
936126	517943	418183	71151	35524	35627	14429	9885	4544
1746899	938402	808497	67700	32426	35274	63081	42591	20490
1765345	951983	813362	84123	40533	43590	46574	35597	10977
1681852	910181	771671	60660	31149	29511	19896	13592	6304
1138316	571760	566556	84006	41262	42744	24359	15665	8694
4843247	2819761	2023486	194248	94742	99506	126790	65256	61534
1195452	589953	605499	104083	47083	57000	27487	17807	9680
562591	298044	264547	17482	7986	9496	6098	2462	3636
923083	490245	432838	18073	8590	9483	10967	7090	3877
3608406	1865173	1743233	90475	43951	46524	47325	33041	14284
1665613	821880	843733	56878	26959	29919	12643	9015	3628
1505102	844997	660105	84670	41673	42997	41800	27684	14116
259629	159878	99751	12178	6370	5808	168	100	68
1410088	807356	602732	19565	10495	9070	13763	9904	3859
1002184	573319	428865	19408	9660	9748	6383	4910	1473
179181	102459	76722	9463	4582	4881	1233	915	318
596200	327637	268563	4477	2260	2217	1716	1297	419
1611029	922501	688528	18142	9527	8615	25121	14160	10961

1-3 各地区分性别的户口登记地在外乡镇街道的人口状况

单位：人

地区	户口登记地					
	合计			本县(市、区)		
	合计	男	女	小计	男	女
全国	**492762506**	**255896268**	**236866238**	**188482738**	**92306229**	**96176509**
北京	13409576	6977849	6431727	2645576	1284195	1361381
天津	6479695	3455513	3024182	1394231	675575	718656
河北	19775641	9923785	9851856	9890013	4790490	5099523
山西	12891174	6655644	6235530	6608356	3280826	3327530
内蒙古	11462961	5858767	5604194	4777803	2342163	2435640
辽宁	15670121	7760506	7909615	6179523	2997112	3182411
吉林	10350683	5033163	5317520	4471973	2145764	2326209
黑龙江	11549584	5721373	5828211	4984589	2423734	2560855
上海	15134258	8036541	7097717	2407413	1160948	1246465
江苏	29979948	15793646	14186302	9497224	4568261	4928963
浙江	30107815	16424000	13683815	8144363	3964695	4179668
安徽	18099918	9098260	9001658	8752125	4232237	4519888
福建	16464611	8798376	7666235	5470570	2711061	2759509
江西	13520934	7004148	6516786	8146687	4104830	4041857
山东	28026762	14417484	13609278	13924684	6917532	7007152
河南	25639605	12993565	12646040	13947671	6916312	7031359
湖北	18476561	9425843	9050718	8353749	4136222	4217527
湖南	17575847	8865460	8710387	8710949	4304709	4406240
广东	60635086	33711847	26923239	9842695	4827451	5015244
广西	13238781	6678931	6559850	5746470	2788598	2957872
海南	3498161	1849608	1648553	1006606	494216	512390
重庆	13096435	6549022	6547413	6309328	3087032	3222296
四川	27823204	13828619	13994585	11693450	5624103	6069347
贵州	11694763	5828497	5866266	5672166	2754769	2917397
云南	12209314	6342780	5866534	4466572	2163588	2302984
西藏	1031132	591209	439923	253054	127121	125933
陕西	13267095	6913899	6353196	5970286	2971269	2999017
甘肃	7352465	3779111	3573354	3864201	1883927	1980274
青海	2070660	1092431	978229	831098	407452	423646
宁夏	3362670	1739397	1623273	1484809	735118	749691
新疆	8867046	4746994	4120052	3034504	1484919	1549585

1-3　续表　　　　单位：人

地　区	户口登记地					
	本省其他县(市、区)			省　外		
	小计	男	女	小计	男	女
全　国	**179442615**	**91900917**	**87541698**	**124837153**	**71689122**	**53148031**
北　京	2345582	1148174	1197408	8418418	4545480	3872938
天　津	1550648	757929	792719	3534816	2022009	1512807
河　北	6730356	3368368	3361988	3155272	1764927	1390345
山　西	4662300	2378104	2284196	1620518	996714	623804
内蒙古	4998738	2513708	2485030	1686420	1002896	683524
辽　宁	6643290	3248628	3394662	2847308	1514766	1332542
吉　林	4877239	2374099	2503140	1001471	513300	488171
黑龙江	5735819	2849420	2886399	829176	448219	380957
上　海	2247193	1086502	1160691	10479652	5789091	4690561
江　苏	10174114	5334244	4839870	10308610	5891141	4417469
浙　江	5776998	2989456	2787542	16186454	9469849	6716605
安　徽	7797284	3993526	3803758	1550509	872497	678012
福　建	6104165	3239196	2864969	4889876	2848119	2041757
江　西	4095233	2167783	1927450	1279014	731535	547479
山　东	9973071	5120476	4852595	4129007	2379476	1749531
河　南	10418288	5352011	5066277	1273646	725242	548404
湖　北	7873198	4066184	3807014	2249614	1223437	1026177
湖　南	7287335	3715317	3572018	1577563	845434	732129
广　东	21170281	11372715	9797566	29622110	17511681	12110429
广　西	6132927	3108714	3024213	1359384	781619	577765
海　南	1403412	711040	692372	1088143	644352	443791
重　庆	4593532	2291110	2302422	2193575	1170880	1022695
四　川	13539713	6791279	6748434	2590041	1413237	1176804
贵　州	4876051	2417274	2458777	1146546	656454	490092
云　南	5512348	2823353	2688995	2230394	1355839	874555
西　藏	370957	182547	188410	407121	281541	125580
陕　西	5363097	2811278	2551819	1933712	1131352	802360
甘　肃	2722616	1434808	1287808	765648	460376	305272
青　海	822258	422723	399535	417304	262256	155048
宁　夏	1202742	609520	593222	675119	394759	280360
新　疆	2441830	1221431	1220399	3390712	2040644	1350068

1-3a 各地区分性别的户口登记地在外乡镇街道的人口状况(城市)

单位：人

地区	户口登记地					
	合计			本县(市、区)		
	合计	男	女	小计	男	女
全国	**323487793**	**167434625**	**156053168**	**104277143**	**51053975**	**53223168**
北京	11286299	5748420	5537879	2410697	1173681	1237016
天津	5834438	3091170	2743268	1316014	640039	675975
河北	10852189	5439074	5413115	4884412	2387889	2496523
山西	7413064	3728882	3684182	3139613	1543713	1595900
内蒙古	6154293	3090865	3063428	2103158	1025797	1077361
辽宁	12651030	6296748	6354282	4657511	2273632	2383879
吉林	6258092	3050432	3207660	2903253	1398610	1504643
黑龙江	6990445	3473151	3517294	2681360	1312415	1368945
上海	12075336	6242148	5833188	2210469	1062009	1148460
江苏	19322446	10089794	9232652	6064771	2914524	3150247
浙江	19454456	10466564	8987892	5062559	2459185	2603374
安徽	9113788	4545344	4568444	3865139	1874523	1990616
福建	10206105	5405660	4800445	2549491	1254548	1294943
江西	7327320	3782878	3544442	3831396	1934753	1896643
山东	18632571	9537089	9095482	8542799	4223327	4319472
河南	13054477	6541805	6512672	6115172	3010695	3104477
湖北	13425245	6830865	6594380	5559461	2751191	2808270
湖南	10384897	5232988	5151909	4146296	2053597	2092699
广东	49618272	27539974	22078298	6908534	3387888	3520646
广西	8451951	4301682	4150269	2807712	1390355	1417357
海南	2330637	1233943	1096694	617328	309227	308101
重庆	10053333	5006151	5047182	4383704	2142898	2240806
四川	17952455	8928543	9023912	6038060	2910982	3127078
贵州	6179364	3111466	3067898	2216589	1087143	1129446
云南	7090798	3640070	3450728	1836984	887986	948998
西藏	564530	313313	251217	113110	56107	57003
陕西	8617180	4461443	4155737	3010673	1492019	1518654
甘肃	4027986	2044714	1983272	1826403	892251	934152
青海	1217443	640006	577437	332829	161644	171185
宁夏	1771385	899390	871995	753153	369451	383702
新疆	5175968	2720053	2455915	1388493	671896	716597

1-3a　续表

单位：人

地区	户口登记地					
	本省其他县(市、区)			省外		
	小计	男	女	小计	男	女
全　国	**130890566**	**66326251**	**64564315**	**88320084**	**50054399**	**38265685**
北　京	2095577	1019778	1075799	6780025	3554961	3225064
天　津	1483082	724015	759067	3035342	1727116	1308226
河　北	4306061	2134554	2171507	1661716	916631	745085
山　西	3278058	1606920	1671138	995393	578249	417144
内蒙古	3206711	1587113	1619598	844424	477955	366469
辽　宁	5614422	2751423	2862999	2379097	1271693	1107404
吉　林	2776522	1347701	1428821	578317	304121	274196
黑龙江	3713201	1834415	1878786	595884	326321	269563
上　海	2053136	984868	1068268	7811731	4195271	3616460
江　苏	7133954	3701031	3432923	6123721	3474239	2649482
浙　江	4509125	2293196	2215929	9882772	5714183	4168589
安　徽	4555390	2281272	2274118	693259	389549	303710
福　建	4614980	2422295	2192685	3041634	1728817	1312817
江　西	2804533	1459745	1344788	691391	388380	303011
山　东	7326000	3729438	3596562	2763772	1584324	1179448
河　南	6246994	3136562	3110432	692311	394548	297763
湖　北	6210231	3177198	3033033	1655553	902476	753077
湖　南	5251827	2640027	2611800	986774	539364	447410
广　东	17849756	9546476	8303280	24859982	14605610	10254372
广　西	4734648	2393317	2341331	909591	518010	391581
海　南	1015914	517204	498710	697395	407512	289883
重　庆	3918075	1930578	1987497	1751554	932675	818879
四　川	10121491	5032567	5088924	1792904	984994	807910
贵　州	3291273	1641577	1649696	671502	382746	288756
云　南	3772839	1878420	1894419	1480975	873664	607311
西　藏	221048	105707	115341	230372	151499	78873
陕　西	4123184	2126430	1996754	1483323	842994	640329
甘　肃	1786592	911364	875228	414991	241099	173892
青　海	579711	290661	289050	304903	187701	117202
宁　夏	645121	316780	328341	373111	213159	159952
新　疆	1651110	803619	847491	2136365	1244538	891827

1-3b 各地区分性别的户口登记地在外乡镇街道的人口状况(镇)

单位：人

地区	户口登记地					
	合计			本县(市、区)		
	合计	男	女	小计	男	女
全国	**119450766**	**61218159**	**58232607**	**70404312**	**34531869**	**35872443**
北京	958712	539769	418943	109246	53575	55671
天津	336920	194769	142151	43012	21511	21501
河北	7371515	3730052	3641463	4500390	2194045	2306345
山西	3691171	1879198	1811973	2665700	1312380	1353320
内蒙古	3750215	1901020	1849195	2146556	1050976	1095580
辽宁	1748519	851374	897145	1071776	516664	555112
吉林	2462484	1197278	1265206	959789	460607	499182
黑龙江	2578957	1262475	1316482	1467501	707396	760105
上海	1512143	840082	672061	143112	71614	71498
江苏	7509748	3930657	3579091	3020983	1464886	1556097
浙江	6593618	3617406	2976212	2478671	1219788	1258883
安徽	7585048	3827834	3757214	4428064	2139430	2288634
福建	4471350	2367245	2104105	2503251	1251207	1252044
江西	5257488	2703327	2554161	3956572	1984787	1971785
山东	7647292	3941993	3705299	4878647	2445222	2433425
河南	10819783	5499777	5320006	7343065	3660611	3682454
湖北	3369464	1684797	1684667	2265059	1116512	1148547
湖南	6052634	3060712	2991922	4209083	2074550	2134533
广东	6173567	3352112	2821455	2266671	1113942	1152729
广西	3591378	1787296	1804082	2548244	1227668	1320576
海南	604933	317621	287312	253583	124363	129220
重庆	2120019	1052626	1067393	1561300	761646	799654
四川	6262343	3034903	3227440	4468360	2140547	2327813
贵州	3849786	1895151	1954635	2727661	1328630	1399031
云南	3613414	1857713	1755701	2192346	1063322	1129024
西藏	206973	118018	88955	78239	38642	39597
陕西	3239827	1645100	1594727	2369841	1165264	1204577
甘肃	2322295	1161078	1161217	1630858	779302	851556
青海	674036	349966	324070	441977	216380	225597
宁夏	995085	512370	482715	560320	277614	282706
新疆	2080049	1104440	975609	1114435	548788	565647

1-3b　续表　　　　单位：人

地　区	户口登记地					
	本省其他县(市、区)			省　外		
	小计	男	女	小计	男	女
全　国	**29400529**	**15305368**	**14095161**	**19645925**	**11380922**	**8265003**
北　京	141303	72492	68811	708163	413702	294461
天　津	34708	17826	16882	259200	155432	103768
河　北	1858597	958697	899900	1012528	577310	435218
山　西	762710	400635	362075	262761	166183	96578
内蒙古	1123581	568356	555225	480078	281688	198390
辽　宁	484781	235569	249212	191962	99141	92821
吉　林	1261894	617344	644550	240801	119327	121474
黑龙江	982052	488731	493321	129404	66348	63056
上　海	143755	74702	69053	1225276	693766	531510
江　苏	2029933	1069140	960793	2458832	1396631	1062201
浙　江	724926	394781	330145	3390021	2002837	1387184
安　徽	2566552	1350049	1216503	590432	338355	252077
福　建	933090	503281	429809	1035009	612757	422252
江　西	892026	482944	409082	408890	235596	173294
山　东	1928979	1008654	920325	839666	488117	351549
河　南	3061085	1607248	1453837	415633	231918	183715
湖　北	819997	420625	399372	284408	147660	136748
湖　南	1443756	770144	673612	399795	216018	183777
广　东	1635389	885203	750186	2271507	1352967	918540
广　西	788506	407947	380559	254628	151681	102947
海　南	177574	90845	86729	173776	102413	71363
重　庆	328081	169437	158644	230638	121543	109095
四　川	1432870	708295	724575	361113	186061	175052
贵　州	846856	412181	434675	275269	154340	120929
云　南	988668	525260	463408	432400	269131	163269
西　藏	53910	27256	26654	74824	52120	22704
陕　西	658443	353381	305062	211543	126455	85088
甘　肃	491519	263169	228350	199918	118607	81311
青　海	160677	87454	73223	71382	46132	25250
宁　夏	270560	139426	131134	164205	95330	68875
新　疆	373751	194296	179455	591863	361356	230507

1-3c 各地区分性别的户口登记地在外乡镇街道的人口状况(乡村)

单位：人

地区	户口登记地					
	合计			本县(市、区)		
	合计	男	女	小计	男	女
全国	**49823947**	**27243484**	**22580463**	**13801283**	**6720385**	**7080898**
北京	1164565	689660	474905	125633	56939	68694
天津	308337	169574	138763	35205	14025	21180
河北	1551937	754659	797278	505211	208556	296655
山西	1786939	1047564	739375	803043	424733	378310
内蒙古	1558453	866882	691571	528089	265390	262699
辽宁	1270572	612384	658188	450236	206816	243420
吉林	1630107	785453	844654	608931	286547	322384
黑龙江	1980182	985747	994435	835728	403923	431805
上海	1546779	954311	592468	53832	27325	26507
江苏	3147754	1773195	1374559	411470	188851	222619
浙江	4059741	2340030	1719711	603133	285722	317411
安徽	1401082	725082	676000	458922	218284	240638
福建	1787156	1025471	761685	417828	205306	212522
江西	936126	517943	418183	358719	185290	173429
山东	1746899	938402	808497	503238	248983	254255
河南	1765345	951983	813362	489434	245006	244428
湖北	1681852	910181	771671	529229	268519	260710
湖南	1138316	571760	566556	355570	176562	179008
广东	4843247	2819761	2023486	667490	325621	341869
广西	1195452	589953	605499	390514	170575	219939
海南	562591	298044	264547	135695	60626	75069
重庆	923083	490245	432838	364324	182488	181836
四川	3608406	1865173	1743233	1187030	572574	614456
贵州	1665613	821880	843733	727916	338996	388920
云南	1505102	844997	660105	437242	212280	224962
西藏	259629	159878	99751	61705	32372	29333
陕西	1410088	807356	602732	589772	313986	275786
甘肃	1002184	573319	428865	406940	212374	194566
青海	179181	102459	76722	56292	29428	26864
宁夏	596200	327637	268563	171336	88053	83283
新疆	1611029	922501	688528	531576	264235	267341

1-3c　续表

单位：人

地区	户口登记地					
	本省其他县(市、区)			省　外		
	小计	男	女	小计	男	女
全　国	**19151520**	**10269298**	**8882222**	**16871144**	**10253801**	**6617343**
北　京	108702	55904	52798	930230	576817	353413
天　津	32858	16088	16770	240274	139461	100813
河　北	565698	275117	290581	481028	270986	210042
山　西	621532	370549	250983	362364	252282	110082
内蒙古	668446	358239	310207	361918	243253	118665
辽　宁	544087	261636	282451	276249	143932	132317
吉　林	838823	409054	429769	182353	89852	92501
黑龙江	1040566	526274	514292	103888	55550	48338
上　海	50302	26932	23370	1442645	900054	542591
江　苏	1010227	564073	446154	1726057	1020271	705786
浙　江	542947	301479	241468	2913661	1752829	1160832
安　徽	675342	362205	313137	266818	144593	122225
福　建	556095	313620	242475	813233	506545	306688
江　西	398674	225094	173580	178733	107559	71174
山　东	718092	382384	335708	525569	307035	218534
河　南	1110209	608201	502008	165702	98776	66926
湖　北	842970	468361	374609	309653	173301	136352
湖　南	591752	305146	286606	190994	90052	100942
广　东	1685136	941036	744100	2490621	1553104	937517
广　西	609773	307450	302323	195165	111928	83237
海　南	209924	102991	106933	216972	134427	82545
重　庆	347376	191095	156281	211383	116662	94721
四　川	1985352	1050417	934935	436024	242182	193842
贵　州	737922	363516	374406	199775	119368	80407
云　南	750841	419673	331168	317019	213044	103975
西　藏	95999	49584	46415	101925	77922	24003
陕　西	581470	331467	250003	238846	161903	76943
甘　肃	444505	260275	184230	150739	100670	50069
青　海	81870	44608	37262	41019	28423	12596
宁　夏	287061	153314	133747	137803	86270	51533
新　疆	416969	223516	193453	662484	434750	227734

1-4 各地区分性别、民族的人口

单位：人

地区	合计			汉族		
	合计	男	女	小计	男	女
全国	**1409778724**	**721416394**	**688362330**	**1284446389**	**657368603**	**627077786**
北京	21893095	11195390	10697705	20845166	10678298	10166868
天津	13866009	7144949	6721060	13422528	6922626	6499902
河北	74610235	37679003	36931232	71389092	36031624	35357468
山西	34915616	17805148	17110468	34793761	17743845	17049916
内蒙古	24049155	12275274	11773881	18935537	9727865	9207672
辽宁	42591407	21263529	21327878	36169617	18007012	18162605
吉林	24073453	12018319	12055134	21985839	10982522	11003317
黑龙江	31850088	15952468	15897620	30728612	15372449	15356163
上海	24870895	12875211	11995684	24471085	12671742	11799343
江苏	84748016	43031586	41716430	84126802	42720406	41406396
浙江	64567588	33680008	30887580	62349874	32459845	29890029
安徽	61027171	31103394	29923777	60594623	30895103	29699520
福建	41540086	21466757	20073329	40418616	20842446	19576170
江西	45188635	23318533	21870102	44969369	23202205	21767164
山东	101527453	51432931	50094522	100622494	50981231	49641263
河南	99365519	49832349	49533170	98210038	49250126	48959912
湖北	57752557	29694718	28057839	54981458	28280322	26701136
湖南	66444864	33995673	32449191	59759648	30546249	29213399
广东	126012510	66873646	59138864	121260372	64136835	57123537
广西	50126804	25916169	24210635	31318824	16298072	15020752
海南	10081232	5345081	4736151	8498241	4516722	3981519
重庆	32054159	16202133	15852026	29883369	15094389	14788980
四川	83674866	42289718	41385148	77986638	39449256	38537382
贵州	38562148	19705293	18856855	24511882	12533161	11978721
云南	47209277	24420924	22788353	31573245	16476357	15096888
西藏	3648100	1913588	1734512	443370	301303	142067
陕西	39528999	20226490	19302509	39306255	20114790	19191465
甘肃	25019831	12700948	12318883	22363438	11378609	10984829
青海	5923957	3033846	2890111	2993534	1564730	1428804
宁夏	7202654	3668938	3533716	4612964	2365052	2247912
新疆	25852345	13354380	12497965	10920098	5823411	5096687

1-4　续表 1

单位：人

地区	蒙古族			回族			藏族		
	小计	男	女	小计	男	女	小计	男	女
全　国	**6290204**	**3141714**	**3148490**	**11377914**	**5753371**	**5624543**	**7060731**	**3518532**	**3542199**
北　京	123340	60036	63304	274112	134701	139411	8698	4181	4517
天　津	41736	21204	20532	166920	82799	84121	4661	2274	2387
河　北	226047	115516	110531	567106	285361	281745	3831	1812	2019
山　西	9434	4891	4543	60803	30673	30130	1644	761	883
内蒙古	4247815	2110163	2137652	214918	108676	106242	4541	2357	2184
辽　宁	677760	338989	338771	216379	107576	108803	4104	1970	2134
吉　林	169449	81081	88368	104595	51410	53185	2121	896	1225
黑龙江	112210	55563	56647	75464	37675	37789	2880	1202	1678
上　海	21097	10297	10800	84925	42842	42083	5749	2438	3311
江　苏	21800	10999	10801	140119	71878	68241	12573	5948	6625
浙　江	20069	10645	9424	84882	46777	38105	6376	3061	3315
安　徽	5809	2911	2898	297740	152843	144897	3694	1391	2303
福　建	9154	4934	4220	128591	74461	54130	3600	1751	1849
江　西	5244	2673	2571	15923	8801	7122	4462	2133	2329
山　东	37654	19360	18294	552215	279413	272802	4352	1851	2501
河　南	68220	40264	27956	948553	475552	473001	3057	1205	1852
湖　北	13588	6908	6680	76423	39011	37412	7065	3041	4024
湖　南	5622	2899	2723	82786	44017	38769	6228	2799	3429
广　东	34319	18578	15741	88346	48853	39493	11347	5489	5858
广　西	6734	3540	3194	35347	17982	17365	1611	722	889
海　南	4488	2301	2187	17089	8785	8304	654	323	331
重　庆	6297	3315	2982	10032	4979	5053	5625	2483	3142
四　川	42993	21799	21194	111280	56045	55235	1604629	797174	807455
贵　州	49780	27024	22756	204962	104295	100667	2901	1360	1541
云　南	25239	13431	11808	737548	370594	366954	147935	73364	74571
西　藏	818	564	254	25487	16368	9119	3137901	1571211	1566690
陕　西	10453	5323	5130	140202	71226	68976	9200	3928	5272
甘　肃	11946	5923	6023	1342385	671003	671382	519927	257019	262908
青　海	102447	51547	50900	946273	475381	470892	1509608	753481	756127
宁　夏	9499	4535	4964	2523581	1270893	1252688	1481	722	759
新　疆	169143	84501	84642	1102928	562501	540427	18276	10185	8091

1-4 续表 2

单位：人

地区	维吾尔族			苗族			彝族		
	小计	男	女	小计	男	女	小计	男	女
全国	**11774538**	**5928453**	**5846085**	**11067929**	**5744282**	**5323647**	**9830327**	**4991137**	**4839190**
北京	8678	3973	4705	18054	9219	8835	9997	5488	4509
天津	6495	2963	3532	12975	6515	6460	7826	4274	3552
河北	2871	1642	1229	26976	13418	13558	12113	6041	6072
山西	1500	809	691	7507	4179	3328	5534	2647	2887
内蒙古	941	530	411	9406	4624	4782	4618	2368	2250
辽宁	6604	3383	3221	14378	7224	7154	4447	2447	2000
吉林	3733	1529	2204	5788	2831	2957	2072	1006	1066
黑龙江	3132	1434	1698	3852	1993	1859	2286	1182	1104
上海	10039	4738	5301	38916	21447	17469	21952	12388	9564
江苏	10500	5038	5462	87900	44443	43457	47316	24478	22838
浙江	9087	4475	4612	569407	318587	250820	155681	85255	70426
安徽	4026	1986	2040	24975	9609	15366	15844	6357	9487
福建	5502	2662	2840	168928	96884	72044	53930	30341	23589
江西	4637	2339	2298	25489	13072	12417	9335	4962	4373
山东	8931	3878	5053	29730	15264	14466	26888	13331	13557
河南	5546	2687	2859	12797	5845	6952	7352	3450	3902
湖北	12452	6046	6406	214062	112583	101479	11382	5205	6177
湖南	11076	5994	5082	2027034	1043884	983150	9797	4464	5333
广东	9905	5042	4863	612699	357156	255543	141942	80728	61214
广西	1193	620	573	578122	294644	283478	17162	8703	8459
海南	881	454	427	87733	45205	42528	4155	2184	1971
重庆	4913	2547	2366	512933	266771	246162	15901	7193	8708
四川	6117	3142	2975	182569	90571	91998	3191470	1604454	1587016
贵州	877	509	368	4506912	2290519	2216393	959302	486529	472773
云南	976	498	478	1253291	648704	604587	5071002	2573209	2497793
西藏	182	138	44	1307	871	436	3238	2443	795
陕西	4722	2342	2380	5837	2876	2961	4512	2345	2167
甘肃	3073	1374	1699	3913	2089	1824	2973	1637	1336
青海	312	176	136	1129	658	471	1137	678	459
宁夏	1380	623	757	11090	5944	5146	1411	731	680
新疆	11624257	5854882	5769375	12220	6653	5567	7752	4619	3133

1-4　续表 3

单位：人

地　区	壮　族			布依族			朝鲜族		
	小计	男	女	小计	男	女	小计	男	女
全　国	**19568546**	**10125270**	**9443276**	**3576752**	**1833800**	**1742952**	**1702479**	**830107**	**872372**
北　京	21288	9875	11413	4572	2143	2429	32984	14599	18385
天　津	15350	6441	8909	4401	1966	2435	16257	7874	8383
河　北	25552	8417	17135	12432	5663	6769	16184	7710	8474
山　西	2728	1029	1699	1111	467	644	1041	510	531
内蒙古	3124	1416	1708	4006	1916	2090	18216	8875	9341
辽　宁	7536	3516	4020	6794	3284	3510	229158	111425	117733
吉　林	3518	1486	2032	2553	1207	1346	940165	456614	483551
黑龙江	3890	1903	1987	1576	731	845	270123	133237	136886
上　海	27531	13182	14349	9914	5134	4780	25404	11559	13845
江　苏	31498	13523	17975	40073	19807	20266	17129	8634	8495
浙　江	122792	59975	62817	313023	174937	138086	12525	6390	6135
安　徽	12337	4140	8197	8052	2740	5312	1840	922	918
福　建	53350	27017	26333	48893	27469	21424	2963	1499	1464
江　西	15977	6271	9706	7519	3318	4201	679	340	339
山　东	12074	4831	7243	9627	4592	5035	62737	31468	31269
河　南	10758	3622	7136	4308	1758	2550	2109	988	1121
湖　北	24633	8981	15652	7982	3008	4974	2614	1399	1215
湖　南	45495	18373	27122	9578	3661	5917	2362	1268	1094
广　东	2017275	1167749	849526	229366	133778	95588	30666	15766	14900
广　西	15721956	8055014	7666942	31303	12592	18711	3277	1676	1601
海　南	61000	33187	27813	6800	3950	2850	1490	747	743
重　庆	10616	3976	6640	9558	4362	5196	1394	767	627
四　川	23631	9074	14557	16829	7464	9365	3293	1793	1500
贵　州	67845	31525	36320	2710606	1367517	1343089	931	478	453
云　南	1209837	622772	587065	68140	36338	31802	2014	1029	985
西　藏	468	331	137	406	297	109	43	25	18
陕　西	5429	2299	3130	1902	875	1027	2335	1258	1077
甘　肃	2720	1156	1564	1163	555	608	528	261	267
青　海	1028	508	520	285	167	118	363	174	189
宁　夏	1583	685	898	2480	1219	1261	518	254	264
新　疆	5727	2996	2731	1500	885	615	1137	568	569

1-4 续表 4

单位：人

地区	满族			侗族			瑶族		
	小计	男	女	小计	男	女	小计	男	女
全国	**10423303**	**5352343**	**5070960**	**3495993**	**1843875**	**1652118**	**3309341**	**1722586**	**1586755**
北京	469995	235738	234257	6325	3079	3246	4757	2242	2515
天津	128430	66580	61850	3357	1674	1683	2181	983	1198
河北	2269227	1172918	1096309	8568	4625	3943	3807	1641	2166
山西	17269	9039	8230	1033	560	473	486	200	286
内蒙古	469734	240191	229543	4351	2205	2146	608	281	327
辽宁	5085984	2589948	2496036	7606	3885	3721	1557	764	793
吉林	831418	427470	403948	2817	1354	1463	649	283	366
黑龙江	583807	313804	270003	1303	666	637	742	391	351
上海	43197	20733	22464	11870	6375	5495	6309	3144	3165
江苏	35520	18135	17385	24413	11438	12975	6415	2922	3493
浙江	32159	16970	15189	146773	85400	61373	19541	10236	9305
安徽	12067	6235	5832	6119	2352	3767	2390	854	1536
福建	14034	7482	6552	31784	18439	13345	10782	5773	5009
江西	6785	3529	3256	7353	3778	3575	5335	2596	2739
山东	79806	41850	37956	8722	4470	4252	2349	1065	1284
河南	58745	32712	26033	3291	1447	1844	2121	810	1311
湖北	15133	7993	7140	62725	32633	30092	5410	2130	3280
湖南	9449	4858	4591	865518	453795	411723	749872	395470	354402
广东	66722	34624	32098	241790	146855	94935	514447	289453	224994
广西	18361	9500	8861	362580	183287	179293	1683038	854696	828342
海南	9825	5027	4798	5398	3539	1859	10000	5435	4565
重庆	6396	3483	2913	7757	3716	4041	2408	931	1477
四川	24450	12993	11457	9211	4217	4994	5007	1994	3013
贵州	26817	13900	12917	1650871	856037	794834	46759	23801	22958
云南	19628	10672	8956	8341	4711	3630	218825	112813	106012
西藏	722	519	203	322	221	101	128	81	47
陕西	16486	8501	7985	1921	927	994	1176	453	723
甘肃	14291	7510	6781	1192	620	572	559	246	313
青海	7915	4092	3823	281	164	117	199	110	89
宁夏	28016	13892	14124	587	305	282	384	195	189
新疆	20915	11445	9470	1814	1101	713	1100	593	507

1-4 续表 5

单位：人

地区	白族			土家族			哈尼族		
	小计	男	女	小计	男	女	小计	男	女
全国	**2091543**	**1054892**	**1036651**	**9587732**	**4968899**	**4618833**	**1733166**	**892508**	**840658**
北京	5143	2533	2610	29580	14282	15298	1226	642	584
天津	1983	980	1003	12554	7038	5516	1009	436	573
河北	3317	1537	1780	18728	10033	8695	1352	634	718
山西	941	419	522	4845	2662	2183	389	107	282
内蒙古	895	429	466	6112	3168	2944	455	146	309
辽宁	2029	1020	1009	10080	5386	4694	480	194	286
吉林	901	422	479	4232	2132	2100	215	63	152
黑龙江	1013	470	543	3709	2114	1595	156	52	104
上海	7299	3780	3519	41807	21879	19928	8573	5037	3536
江苏	9905	4872	5033	63406	32059	31347	7143	3311	3832
浙江	27985	15277	12708	318881	179834	139047	13315	6701	6614
安徽	2156	834	1322	14981	7139	7842	2233	632	1601
福建	9612	5297	4315	142673	83766	58907	7074	3987	3087
江西	1888	826	1062	16527	8823	7704	1439	784	655
山东	5305	2055	3250	16532	9084	7448	4620	1302	3318
河南	2189	856	1333	12996	6471	6525	934	212	722
湖北	8384	4048	4336	2285834	1170690	1115144	1073	369	704
湖南	118638	60559	58079	2713005	1394700	1318305	1848	513	1335
广东	36675	21131	15544	430936	249122	181814	34250	20533	13717
广西	2787	1346	1441	19105	9885	9220	1445	643	802
海南	982	492	490	8273	4647	3626	774	392	382
重庆	3233	1446	1787	1546988	789758	757230	2072	582	1490
四川	13321	6243	7078	87912	44459	43453	4109	1224	2885
贵州	214802	112979	101823	1696664	865330	831334	2539	938	1601
云南	1603728	801541	802187	23811	13717	10094	1632981	842435	790546
西藏	2287	1431	856	2019	1424	595	149	91	58
陕西	1316	600	716	7537	3880	3657	343	132	211
甘肃	968	504	464	7403	3866	3537	218	95	123
青海	550	321	229	11891	5968	5923	64	20	44
宁夏	352	153	199	3215	1661	1554	124	47	77
新疆	959	491	468	25496	13922	11574	564	254	310

1-4 续表 6

单位：人

地区	哈萨克族			傣族			黎族		
	小计	男	女	小计	男	女	小计	男	女
全国	**1562518**	**781750**	**780768**	**1329985**	**659012**	**670973**	**1602104**	**830734**	**771370**
北京	2393	955	1438	1235	560	675	1472	659	813
天津	1002	411	591	729	279	450	1106	477	629
河北	233	124	109	972	335	637	1787	781	1006
山西	145	73	72	280	83	197	599	244	355
内蒙古	165	89	76	255	94	161	1384	618	766
辽宁	1041	485	556	395	155	240	2444	1168	1276
吉林	903	341	562	391	105	286	1145	445	700
黑龙江	636	292	344	175	62	113	616	283	333
上海	1695	671	1024	3445	1874	1571	3192	1386	1806
江苏	1385	565	820	4706	2229	2477	3032	1297	1735
浙江	808	322	486	7910	3727	4183	17703	9482	8221
安徽	288	134	154	1432	389	1043	1636	577	1059
福建	437	168	269	7622	4157	3465	5332	2592	2740
江西	229	101	128	887	374	513	2217	840	1377
山东	743	297	446	4049	1289	2760	1635	633	1002
河南	349	136	213	872	196	676	1191	452	739
湖北	1151	442	709	1012	348	664	3289	1423	1866
湖南	360	158	202	1542	460	1082	3169	1153	2016
广东	1022	466	556	16329	8881	7448	32382	16798	15584
广西	58	20	38	1356	453	903	6491	2764	3727
海南	93	47	46	486	222	264	1355074	707048	648026
重庆	775	413	362	1393	436	957	1458	644	814
四川	737	290	447	9924	4068	5856	2740	1045	1695
贵州	42	16	26	2097	792	1305	144558	74809	69749
云南	228	115	113	1259419	627000	632419	4652	2298	2354
西藏	14	9	5	126	65	61	40	27	13
陕西	817	382	435	309	108	201	618	261	357
甘肃	4249	2106	2143	165	54	111	431	200	231
青海	609	311	298	77	41	36	89	44	45
宁夏	275	119	156	74	29	45	226	91	135
新疆	1539636	771692	767944	321	147	174	396	195	201

1-4　续表 7

单位：人

地　区	傈僳族			佤　族			畲　族		
	小计	男	女	小计	男	女	小计	男	女
全　国	**762996**	**382280**	**380716**	**430977**	**216741**	**214236**	**746385**	**403516**	**342869**
北　京	528	275	253	836	540	296	1992	1050	942
天　津	498	213	285	670	268	402	736	435	301
河　北	2684	607	2077	737	333	404	989	609	380
山　西	323	78	245	409	55	354	334	220	114
内蒙古	691	203	488	590	183	407	365	234	131
辽　宁	704	203	501	252	111	141	429	237	192
吉　林	234	85	149	123	36	87	261	146	115
黑龙江	156	69	87	61	20	41	197	104	93
上　海	1619	909	710	2888	1801	1087	4476	2332	2144
江　苏	3084	1220	1864	2456	1299	1157	3179	1693	1486
浙　江	3932	1758	2174	5425	2489	2936	182507	94675	87832
安　徽	1242	366	876	1332	517	815	2141	1122	1019
福　建	1926	1000	926	2913	1607	1306	374663	201584	173079
江　西	533	216	317	454	197	257	74072	44238	29834
山　东	3914	1133	2781	8993	3503	5490	964	535	429
河　南	608	122	486	1206	244	962	603	309	294
湖　北	519	174	345	632	301	331	3748	2211	1537
湖　南	509	170	339	845	255	590	3800	2150	1650
广　东	7199	3981	3218	11743	6183	5560	42080	24055	18025
广　西	469	194	275	533	232	301	1724	964	760
海　南	191	100	91	234	132	102	846	496	350
重　庆	673	204	469	689	162	527	550	299	251
四　川	23477	11316	12161	1890	438	1452	1242	669	573
贵　州	961	350	611	883	326	557	41794	21557	20237
云　南	705203	356752	348451	383569	195228	188341	1437	845	592
西　藏	318	186	132	39	22	17	30	23	7
陕　西	156	67	89	202	102	100	462	255	207
甘　肃	144	53	91	94	21	73	243	153	90
青　海	44	19	25	27	8	19	107	72	35
宁　夏	46	15	31	23	13	10	129	71	58
新　疆	411	242	169	229	115	114	285	173	112

1-4 续表 8

单位：人

地区	高山族			拉祜族			水族		
	小计	男	女	小计	男	女	小计	男	女
全国	**3479**	**1835**	**1644**	**499167**	**251596**	**247571**	**495928**	**260442**	**235486**
北京	169	83	86	910	611	299	507	256	251
天津	27	14	13	844	228	616	481	229	252
河北	257	132	125	729	310	419	1799	859	940
山西	6	5	1	258	45	213	104	53	51
内蒙古	109	60	49	529	121	408	826	367	459
辽宁	231	108	123	118	40	78	1377	669	708
吉林	94	51	43	49	15	34	484	232	252
黑龙江	56	27	29	29	7	22	190	103	87
上海	89	37	52	1234	686	548	1215	636	579
江苏	92	44	48	2454	945	1509	17576	10069	7507
浙江	109	66	43	3989	1642	2347	35575	20091	15484
安徽	66	29	37	1213	348	865	1327	451	876
福建	417	234	183	1796	992	804	4838	2743	2095
江西	29	13	16	379	137	242	1128	587	541
山东	62	32	30	3522	1129	2393	1412	699	713
河南	201	105	96	1311	217	1094	330	142	188
湖北	118	71	47	303	105	198	1237	573	664
湖南	87	45	42	678	115	563	1318	567	751
广东	188	93	95	5710	3057	2653	23025	13848	9177
广西	300	160	140	370	145	225	16933	8449	8484
海南	121	55	66	371	235	136	453	236	217
重庆	32	21	11	684	151	533	690	279	411
四川	159	88	71	1269	287	982	1224	521	703
贵州	249	156	93	607	188	419	371367	192167	179200
云南	113	60	53	469301	239582	229719	9795	5232	4563
西藏				30	14	16	42	34	8
陕西	13	4	9	101	22	79	170	74	96
甘肃	33	18	15	59	16	43	176	92	84
青海	11	5	6	23	12	11	65	28	37
宁夏	8	6	2	20	11	9	80	34	46
新疆	33	13	20	277	183	94	184	122	62

1-4　续表 9　　　　单位：人

地　区	东乡族			纳西族			景颇族		
	小计	男	女	小计	男	女	小计	男	女
全　国	**774947**	**391337**	**383610**	**323767**	**160471**	**163296**	**160471**	**78234**	**82237**
北　京	1504	1019	485	805	389	416	220	94	126
天　津	862	472	390	198	89	109	319	128	191
河　北	1114	625	489	380	115	265	222	67	155
山　西	318	167	151	76	28	48	191	19	172
内蒙古	1026	565	461	76	34	42	52	14	38
辽　宁	820	452	368	158	69	89	109	36	73
吉　林	380	208	172	54	24	30	477	106	371
黑龙江	163	94	69	82	36	46	30	9	21
上　海	1078	709	369	532	270	262	598	324	274
江　苏	2209	1251	958	522	190	332	913	407	506
浙　江	2905	1693	1212	826	279	547	1825	812	1013
安　徽	1559	845	714	122	36	86	377	91	286
福　建	3106	1973	1133	269	117	152	1453	702	751
江　西	1281	803	478	172	65	107	186	69	117
山　东	1276	701	575	425	150	275	1524	475	1049
河　南	515	279	236	179	50	129	383	66	317
湖　北	330	185	145	383	143	240	176	61	115
湖　南	1350	889	461	182	68	114	283	55	228
广　东	4638	2994	1644	942	482	460	2862	1460	1402
广　西	166	106	60	196	76	120	136	49	87
海　南	159	93	66	86	33	53	40	30	10
重　庆	130	71	59	396	175	221	150	38	112
四　川	1216	760	456	10630	5158	5472	521	144	377
贵　州	1442	727	715	473	206	267	788	349	439
云　南	443	257	186	304198	151511	152687	146395	72525	73870
西　藏	3904	2593	1311	997	498	499	23	6	17
陕　西	1115	630	485	129	50	79	66	26	40
甘　肃	652119	323328	328791	84	38	46	32	14	18
青　海	14459	8112	6347	36	13	23	9	3	6
宁　夏	1324	723	601	47	17	30	16	7	9
新　疆	72036	38013	34023	112	62	50	95	48	47

1-4　续表 10　　　　单位：人

地　区	柯尔克孜族			土　族			达斡尔族		
	小计	男	女	小计	男	女	小计	男	女
全　国	**204402**	**103112**	**101290**	**281928**	**144133**	**137795**	**132299**	**64247**	**68052**
北　京	249	110	139	736	375	361	3519	1514	2005
天　津	153	48	105	403	208	195	1365	660	705
河　北	60	21	39	423	202	221	2104	955	1149
山　西	17	7	10	235	86	149	203	88	115
内蒙古	159	86	73	600	273	327	73523	35829	37694
辽　宁	238	105	133	293	159	134	3240	1415	1825
吉　林	82	27	55	151	72	79	1207	501	706
黑龙江	1186	617	569	113	64	49	33670	16718	16952
上　海	196	68	128	603	307	296	879	402	477
江　苏	382	188	194	1209	571	638	592	294	298
浙　江	146	61	85	3092	1664	1428	634	304	330
安　徽	52	28	24	327	137	190	145	69	76
福　建	350	189	161	1883	1035	848	189	94	95
江　西	123	40	83	438	234	204	103	43	60
山　东	162	58	104	543	268	275	2115	998	1117
河　南	57	19	38	426	190	236	217	94	123
湖　北	182	83	99	1950	981	969	162	77	85
湖　南	51	19	32	4212	2131	2081	99	49	50
广　东	495	256	239	5768	3286	2482	1038	492	546
广　西	11	4	7	470	224	246	251	118	133
海　南	16	11	5	302	160	142	215	102	113
重　庆	267	158	109	3497	1728	1769	104	55	49
四　川	103	55	48	1191	588	603	322	159	163
贵　州	18	9	9	7085	3754	3331	72	34	38
云　南	53	27	26	4061	2061	2000	447	228	219
西　藏	1	1		2732	1965	767	7	6	1
陕　西	166	92	74	844	457	387	184	88	96
甘　肃	119	49	70	33691	16643	17048	118	66	52
青　海	7		7	200362	101982	98380	27	17	10
宁　夏	37	13	24	461	245	216	101	55	46
新　疆	199264	100663	98601	3827	2083	1744	5447	2723	2724

1-4　续表 11　　　　单位：人

地　区	仫佬族			羌　族			布朗族		
	小计	男	女	小计	男	女	小计	男	女
全　国	**277233**	**142063**	**135170**	**312981**	**157600**	**155381**	**127345**	**64603**	**62742**
北　京	720	313	407	1041	519	522	126	58	68
天　津	339	154	185	365	224	141	90	37	53
河　北	593	231	362	459	227	232	149	54	95
山　西	58	20	38	413	292	121	35	6	29
内蒙古	103	52	51	197	107	90	19	7	12
辽　宁	263	140	123	218	125	93	32	11	21
吉　林	118	59	59	71	36	35	21	5	16
黑龙江	132	70	62	83	43	40	18	3	15
上　海	1140	573	567	821	404	417	315	186	129
江　苏	1521	756	765	1646	892	754	559	234	325
浙　江	7339	4063	3276	1661	941	720	963	468	495
安　徽	379	134	245	329	153	176	179	56	123
福　建	1891	999	892	575	328	247	581	306	275
江　西	518	230	288	218	97	121	76	24	52
山　东	442	201	241	491	258	233	713	266	447
河　南	258	112	146	274	160	114	153	34	119
湖　北	772	305	467	612	308	304	91	24	67
湖　南	1369	648	721	274	150	124	234	43	191
广　东	29190	16740	12450	1599	857	742	1767	938	829
广　西	180185	90568	89617	226	127	99	173	71	102
海　南	411	226	185	169	93	76	175	100	75
重　庆	802	329	473	1149	554	595	382	106	276
四　川	910	397	513	294664	147494	147170	349	96	253
贵　州	46066	23798	22268	2089	1128	961	268	86	182
云　南	1269	721	548	813	492	321	119769	61333	58436
西　藏	21	14	7	603	447	156	12	6	6
陕　西	150	67	83	428	243	185	31	13	18
甘　肃	68	31	37	246	125	121	19	10	9
青　海	23	10	13	187	120	67	6	2	4
宁　夏	50	25	25	107	63	44	3	2	1
新　疆	133	77	56	953	593	360	37	18	19

1-4 续表 12

单位：人

地区	撒拉族			毛南族			仡佬族		
	小计	男	女	小计	男	女	小计	男	女
全　国	**165159**	**83238**	**81921**	**124092**	**64842**	**59250**	**677521**	**359222**	**318299**
北　京	391	213	178	247	105	142	1802	1043	759
天　津	706	377	329	176	84	92	1173	661	512
河　北	517	277	240	360	191	169	1977	1305	672
山　西	332	178	154	21	6	15	342	216	126
内蒙古	211	104	107	92	42	50	526	324	202
辽　宁	251	144	107	167	76	91	1160	671	489
吉　林	242	134	108	67	25	42	469	251	218
黑龙江	82	47	35	43	14	29	543	310	233
上　海	1361	806	555	349	167	182	3138	1839	1299
江　苏	578	334	244	536	296	240	6160	3469	2691
浙　江	1083	612	471	3005	1713	1292	37476	21926	15550
安　徽	231	124	107	153	68	85	1355	684	671
福　建	331	192	139	701	371	330	8109	4847	3262
江　西	570	330	240	225	104	121	1599	910	689
山　东	2283	1247	1036	215	113	102	2193	1325	868
河　南	561	297	264	96	37	59	894	454	440
湖　北	550	297	253	229	92	137	2063	914	1149
湖　南	205	125	80	349	134	215	2531	1257	1274
广　东	2312	1310	1002	13150	7934	5216	28142	17222	10920
广　西	41	19	22	73199	37684	35515	6252	3324	2928
海　南	50	26	24	157	99	58	801	555	246
重　庆	139	77	62	145	72	73	7660	4016	3644
四　川	454	260	194	220	86	134	3972	1961	2011
贵　州	126	65	61	29766	15112	14654	550322	285682	264640
云　南	598	323	275	270	147	123	4933	2912	2021
西　藏	768	473	295	3	3		125	97	28
陕　西	937	511	426	57	24	33	687	383	304
甘　肃	15807	7988	7819	40	19	21	362	214	148
青　海	128779	63833	64946	1	1		64	46	18
宁　夏	138	67	71	30	11	19	165	88	77
新　疆	4525	2448	2077	23	12	11	526	316	210

1-4 续表 13

单位：人

地区	锡伯族			阿昌族			普米族		
	小计	男	女	小计	男	女	小计	男	女
全国	**191911**	**98506**	**93405**	**43775**	**21840**	**21935**	**45012**	**22372**	**22640**
北京	4277	2027	2250	44	20	24	87	37	50
天津	872	439	433	65	28	37	29	19	10
河北	1348	652	696	28	18	10	33	18	15
山西	238	134	104	16	5	11	15	8	7
内蒙古	3387	1762	1625	11	8	3	13	7	6
辽宁	127561	66274	61287	33	16	17	26	15	11
吉林	4238	2110	2128	20	3	17	9	4	5
黑龙江	6259	3379	2880	11	5	6	4	2	2
上海	1181	515	666	232	122	110	65	36	29
江苏	916	422	494	577	304	273	104	46	58
浙江	541	263	278	350	203	147	128	57	71
安徽	228	112	116	112	44	68	38	24	14
福建	263	115	148	379	224	155	158	95	63
江西	129	63	66	33	14	19	19	9	10
山东	1074	528	546	225	70	155	99	32	67
河南	375	190	185	69	16	53	14	5	9
湖北	241	116	125	46	22	24	57	16	41
湖南	171	86	85	63	24	39	18	9	9
广东	1607	812	795	1106	589	517	434	278	156
广西	294	147	147	55	21	34	36	14	22
海南	190	96	94	18	10	8	21	5	16
重庆	138	73	65	44	14	30	51	22	29
四川	624	306	318	123	46	77	287	129	158
贵州	265	131	134	76	28	48	71	36	35
云南	235	106	129	39984	19962	20022	43061	21371	21690
西藏	16	12	4	7	4	3	63	47	16
陕西	461	228	233	18	9	9	6	1	5
甘肃	308	151	157	9	3	6	9	3	6
青海	131	63	68	4	1	3	5	2	3
宁夏	238	132	106	3	1	2	24	7	17
新疆	34105	17062	17043	14	6	8	28	18	10

1-4 续表 14

单位：人

地区	塔吉克族			怒族			乌孜别克族		
	小计	男	女	小计	男	女	小计	男	女
全国	**50896**	**25679**	**25217**	**36575**	**18412**	**18163**	**12742**	**6744**	**5998**
北京	52	32	20	37	17	20	87	40	47
天津	27	11	16	24	5	19	31	10	21
河北	16	8	8	120	23	97	9	3	6
山西	3	1	2	19	6	13	1		1
内蒙古	2	1	1	12	4	8	7	4	3
辽宁	31	18	13	44	9	35	11	4	7
吉林	18	10	8	13	3	10	6	2	4
黑龙江	21	12	9	8	4	4	6	5	1
上海	48	24	24	44	22	22	50	21	29
江苏	30	12	18	129	39	90	23	14	9
浙江	30	15	15	168	60	108	38	24	14
安徽	6	1	5	48	11	37	3	2	1
福建	19	13	6	99	46	53	11	6	5
江西	7	3	4	9		9	7	3	4
山东	56	28	28	166	44	122	6	3	3
河南	22	8	14	23	2	21	4	2	2
湖北	24	16	8	51	14	37	18	10	8
湖南	7	5	2	25	5	20	7	3	4
广东	100	64	36	411	237	174	39	21	18
广西	10	3	7	28	8	20	5	2	3
海南	3	1	2	5	2	3	3		3
重庆	9	3	6	38	11	27	12	9	3
四川	12	5	7	163	35	128	11	3	8
贵州	10	8	2	69	28	41	9	7	2
云南	15	9	6	34314	17524	16790	6	3	3
西藏				483	244	239	1		1
陕西	57	45	12	12	4	8	13	7	6
甘肃	16	7	9	3		3	13	7	6
青海	1	1					1	1	
宁夏	6	4	2	4	2	2	3		3
新疆	50238	25311	24927	6	3	3	12301	6528	5773

1-4　续表 15　　单位：人

地　区	俄罗斯族			鄂温克族			德昂族		
	小计	男	女	小计	男	女	小计	男	女
全　国	**16136**	**7615**	**8521**	**34617**	**16597**	**18020**	**22354**	**11114**	**11240**
北　京	584	242	342	727	302	425	17	6	11
天　津	135	60	75	343	152	191	26	15	11
河　北	198	90	108	452	204	248	20	6	14
山　西	7	3	4	69	45	24	8	2	6
内蒙古	4633	2284	2349	27958	13550	14408	12	6	6
辽　宁	263	115	148	688	317	371	6	1	5
吉　林	104	45	59	230	97	133	12	8	4
黑龙江	334	169	165	2560	1209	1351	4	1	3
上　海	286	114	172	126	54	72	70	37	33
江　苏	182	78	104	125	55	70	47	18	29
浙　江	107	47	60	126	60	66	244	118	126
安　徽	44	23	21	25	6	19	65	17	48
福　建	50	22	28	30	9	21	181	99	82
江　西	15	7	8	18	9	9	11	1	10
山　东	185	78	107	414	189	225	131	32	99
河　南	84	39	45	56	28	28	26	2	24
湖　北	31	15	16	38	14	24	19	8	11
湖　南	27	12	15	28	11	17	30	10	20
广　东	277	116	161	215	104	111	455	223	232
广　西	35	20	15	86	37	49	17	7	10
海　南	71	29	42	42	16	26	8	2	6
重　庆	26	11	15	22	14	8	35	10	25
四　川	124	55	69	60	31	29	68	17	51
贵　州	39	20	19	6	2	4	40	18	22
云　南	53	24	29	43	20	23	20776	10435	10341
西　藏				1	1		9	9	
陕　西	92	34	58	48	24	24	2		2
甘　肃	62	25	37	19	10	9	4	2	2
青　海	35	23	12	8	2	6	2	1	1
宁　夏	29	12	17	18	7	11			
新　疆	8024	3803	4221	36	18	18	9	3	6

1-4 续表 16

单位：人

地区	保安族			裕固族			京族		
	小计	男	女	小计	男	女	小计	男	女
全国	**24434**	**12329**	**12105**	**14706**	**7343**	**7363**	**33112**	**17160**	**15952**
北京	47	27	20	153	81	72	46	18	28
天津	16	11	5	24	15	9	26	12	14
河北	36	15	21	29	13	16	51	16	35
山西	10	6	4	9	2	7	4	1	3
内蒙古	38	19	19	64	32	32	22	11	11
辽宁	13	5	8	19	7	12	28	14	14
吉林	12	6	6	7	6	1	23	10	13
黑龙江	15	8	7	33	20	13	30	14	16
上海	32	19	13	44	22	22	49	22	27
江苏	81	49	32	43	22	21	59	26	33
浙江	109	78	31	21	9	12	213	90	123
安徽	57	35	22	9	7	2	26	2	24
福建	188	125	63	14	6	8	144	44	100
江西	90	69	21	12	7	5	172	88	84
山东	40	23	17	55	21	34	65	18	47
河南	12	7	5	20	6	14	40	4	36
湖北	26	11	15	32	15	17	91	44	47
湖南	68	39	29	23	13	10	49	15	34
广东	192	113	79	70	37	33	545	235	310
广西	11	7	4	17	9	8	29326	15417	13909
海南	1	1		10	6	4	84	29	55
重庆	5	4	1	16	8	8	20	7	13
四川	81	51	30	61	29	32	48	19	29
贵州	9	7	2	4	2	2	1506	816	690
云南	18	12	6	24	14	10	418	174	244
西藏	134	92	42	15	5	10	1	1	
陕西	26	12	14	82	41	41	11	6	5
甘肃	20794	10251	10543	13053	6496	6557	6	3	3
青海	1425	738	687	205	98	107	1	1	
宁夏	27	12	15	93	50	43	2	1	1
新疆	821	477	344	445	244	201	6	2	4

1-4 续表 17

单位：人

地区	塔塔尔族			独龙族			鄂伦春族		
	小计	男	女	小计	男	女	小计	男	女
全国	**3544**	**1863**	**1681**	**7310**	**3562**	**3748**	**9168**	**4326**	**4842**
北京	38	13	25	15	6	9	247	103	144
天津	3	1	2	7	4	3	57	25	32
河北	7	4	3	10	1	9	185	81	104
山西	3		3	1		1	15	7	8
内蒙古	10	5	5	3	2	1	4219	1982	2237
辽宁	20	7	13	28	12	16	296	126	170
吉林	7	2	5	4	1	3	161	72	89
黑龙江	19	9	10	4	1	3	3236	1591	1645
上海	13	8	5	11	2	9	81	29	52
江苏	8	5	3	20	4	16	70	31	39
浙江	15	5	10	22	9	13	61	27	34
安徽	6	3	3	29	5	24	17	6	11
福建	6	3	3	10	6	4	17	10	7
江西	6	1	5	7	1	6	13	3	10
山东	6	2	4	27	7	20	180	84	96
河南	1	1		8	3	5	43	21	22
湖北	5		5	36	24	12	18	6	12
湖南	13	10	3	20	12	8	12	4	8
广东	13	9	4	73	38	35	59	32	27
广西	10	2	8	10	2	8	31	12	19
海南	6	2	4	2	2		15	6	9
重庆	2	2		16	5	11	6	3	3
四川	25	19	6	59	21	38	27	11	16
贵州	11	1	10	105	63	42	28	14	14
云南	11	5	6	6735	3307	3428	23	10	13
西藏				40	19	21			
陕西	9	7	2	1	1		23	11	12
甘肃	3		3	2	2		6	4	2
青海				1		1	2	1	1
宁夏	2		2	2	1	1	9	6	3
新疆	3266	1737	1529	2	1	1	11	8	3

1-4 续表 18 单位：人

地区	赫哲族			门巴族			珞巴族		
	小计	男	女	小计	男	女	小计	男	女
全国	**5373**	**2558**	**2815**	**11143**	**5548**	**5595**	**4237**	**2052**	**2185**
北京	295	118	177	41	21	20	9	3	6
天津	40	19	21	9	6	3	5	1	4
河北	98	43	55	17	5	12	5		5
山西	8	4	4	5	1	4	2		2
内蒙古	39	18	21	2	1	1	1	1	
辽宁	196	79	117	22	10	12	9	5	4
吉林	266	121	145	26	8	18	3	2	1
黑龙江	3805	1858	1947	13	5	8	5	2	3
上海	50	23	27	25	6	19	6	4	2
江苏	34	19	15	64	28	36	18	6	12
浙江	97	37	60	25	8	17	14	6	8
安徽	9	5	4	7	1	6	5	2	3
福建	24	9	15	27	11	16	5	1	4
江西	4	3	1	16	7	9	2		2
山东	84	36	48	14	6	8	10	6	4
河南	12	4	8	13	9	4	5	4	1
湖北	15	9	6	28	13	15	16	6	10
湖南	8	5	3	25	15	10	8	3	5
广东	119	51	68	23	12	11	12	6	6
广西	22	14	8	8	1	7	6	2	4
海南	27	15	12	2		2	1	1	
重庆	11	10	1	24	13	11	10	6	4
四川	19	13	6	87	38	49	22	9	13
贵州	8	4	4	6	2	4	113	57	56
云南	39	20	19	13	8	5	11	7	4
西藏				10510	5286	5224	3912	1903	2009
陕西	19	9	10	32	11	21	7	3	4
甘肃	7	4	3	34	9	25	10	3	7
青海	1	1		12	2	10	2	1	1
宁夏	7	3	4	5	3	2	1		1
新疆	10	4	6	8	2	6	2	2	

1-4　续表 19　　单位：人

地　区	基诺族			未定族称人口			入　籍		
	小计	男	女	小计	男	女	小计	男	女
全　国	**26025**	**13005**	**13020**	**836488**	**439083**	**397405**	**16595**	**7306**	**9289**
北　京	39	11	28	861	450	411	75	46	29
天　津	12	5	7	3313	1769	1544	40	19	21
河　北	16	5	11	1498	755	743	311	91	220
山　西	5	2	3	409	146	263	44	8	36
内蒙古	11	2	9	1840	913	927	96	46	50
辽　宁	17	6	11	3131	1642	1489	512	245	267
吉　林	29	19	10	1114	552	562	63	28	35
黑龙江	2		2	540	249	291	163	67	96
上　海	46	18	28	1775	928	847	131	83	48
江　苏	33	10	23	7867	4162	3705	283	102	181
浙　江	60	18	42	42606	25006	17600	1330	715	615
安　徽	13	6	7	1498	640	858	155	36	119
福　建	25	7	18	9131	5329	3802	437	139	298
江　西	13	4	9	2523	1158	1365	2131	981	1150
山　东	34	9	25	2608	1256	1352	262	104	158
河　南	15	6	9	755	240	515	224	32	192
湖　北	16	4	12	1591	687	904	431	183	248
湖　南	29	8	21	2523	1165	1358	307	75	232
广　东	95	39	56	13002	7289	5713	1025	316	709
广　西	17	5	12	3762	1673	2089	633	93	540
海　南	4		4	2411	1344	1067	75	25	50
重　庆	45	21	24	2069	1025	1044	303	176	127
四　川	92	23	69	1968	961	1007	232	115	117
贵　州	65	29	36	698234	363838	334396	5951	2969	2982
云　南	25268	12739	12529	23822	12944	10878	901	396	505
西　藏	1	1		4204	2147	2057	21	10	11
陕　西	11	4	7	431	247	184	370	172	198
甘　肃				449	253	196	28	10	18
青　海	1	1		82	51	31	10	4	6
宁　夏	3	1	2	145	77	68	8	3	5
新　疆	8	2	6	326	187	139	43	17	26

1-4a 各地区分性别、民族的人口(城市)

单位：人

地区	合计			汉族		
	合计	男	女	小计	男	女
全国	**575170855**	**291791475**	**283379380**	**542511128**	**275278865**	**267232263**
北京	17751681	8937161	8814520	16865317	8505182	8360135
天津	10933092	5610161	5322931	10555446	5420703	5134743
河北	22129595	11010407	11119188	21349753	10619345	10730408
山西	13197637	6588788	6608849	13112300	6545198	6567102
内蒙古	9446419	4714495	4731924	7895842	3965843	3929999
辽宁	25572477	12626419	12946058	23021453	11366970	11654483
吉林	10291703	5028946	5262757	9311734	4557753	4753981
黑龙江	14439398	7113464	7325934	13985673	6886519	7099154
上海	19873080	10113562	9759518	19565386	9960768	9604618
江苏	40269267	20382260	19887007	39923014	20205200	19717814
浙江	33083792	17165183	15918609	32017736	16576256	15441480
安徽	16329087	8142601	8186486	16168099	8063757	8104342
福建	17105023	8780310	8324713	16635233	8520370	8114863
江西	13560075	6906564	6653511	13483255	6866652	6616603
山东	39456975	19843195	19613780	38994350	19608654	19385696
河南	25973215	12913127	13060088	25525179	12692584	12832595
湖北	24657421	12494860	12162561	23958765	12157319	11801446
湖南	18916669	9472504	9444165	18027234	9037596	8989638
广东	76387659	40817255	35570404	72818684	38751391	34067293
广西	14787980	7458144	7329836	9785933	4970742	4815191
海南	3761478	1967828	1793650	3503496	1841742	1661754
重庆	16343989	8083520	8260469	15903870	7866649	8037221
四川	30431679	15030432	15401247	29743050	14696665	15046385
贵州	10126125	5086734	5039391	7755581	3902393	3853188
云南	12355559	6236029	6119530	9847708	5017977	4829731
西藏	835302	447902	387400	262181	168426	93755
陕西	15656134	7925444	7730690	15497328	7845548	7651780
甘肃	7095181	3565095	3530086	6603323	3319621	3283702
青海	2124083	1081946	1042137	1555099	797943	757156
宁夏	2988589	1488244	1500345	2272470	1137239	1135231
新疆	9290491	4758895	4531596	6566636	3405860	3160776

1-4a　续表 1　　　　单位：人

地　区	蒙古族			回　族			藏　族		
	小计	男	女	小计	男	女	小计	男	女
全　国	**2006108**	**974019**	**1032089**	**4539546**	**2261075**	**2278471**	**1065697**	**511918**	**553779**
北　京	105154	50745	54409	241407	117713	123694	8052	3833	4219
天　津	33622	17303	16319	155150	76732	78418	4215	2055	2160
河　北	57165	28564	28601	226871	112563	114308	2135	1166	969
山　西	6069	3101	2968	47244	23622	23622	1006	470	536
内蒙古	1154679	553287	601392	135907	67231	68676	1690	896	794
辽　宁	268506	131552	136954	168925	83082	85843	3387	1554	1833
吉　林	56931	26840	30091	65964	32070	33894	952	394	558
黑龙江	36159	17691	18468	55820	27452	28368	1985	854	1131
上　海	18146	8708	9438	75831	37835	37996	4703	1934	2769
江　苏	15597	7931	7666	103609	52929	50680	7576	3689	3887
浙　江	13760	7199	6561	56464	30779	25685	3820	1867	1953
安　徽	2892	1457	1435	114887	57526	57361	1524	649	875
福　建	5289	2750	2539	63730	36559	27171	2306	1123	1183
江　西	3478	1760	1718	9297	5027	4270	2916	1438	1478
山　东	24943	12751	12192	241282	120868	120414	3022	1331	1691
河　南	17180	8818	8362	373861	183026	190835	1192	588	604
湖　北	9758	4871	4887	49082	24492	24590	6000	2545	3455
湖　南	3912	1989	1923	27295	13625	13670	3674	1668	2006
广　东	30660	16450	14210	78771	43249	35522	8479	4291	4188
广　西	5340	2772	2568	25209	12508	12701	923	434	489
海　南	3150	1579	1571	14170	7238	6932	338	173	165
重　庆	4300	2196	2104	8037	3965	4072	4600	2053	2547
四　川	13150	6689	6461	54335	26435	27900	155292	72911	82381
贵　州	13522	7080	6442	51020	25158	25862	1159	526	633
云　南	10184	5267	4917	241438	117442	123996	32167	15724	16443
西　藏	422	273	149	15304	9684	5620	545384	262073	283311
陕　西	8034	4085	3949	98378	49246	49132	6319	2755	3564
甘　肃	4182	2084	2098	325668	162493	163175	54168	25575	28593
青　海	22931	11119	11812	278013	139509	138504	187847	92583	95264
宁　夏	7454	3528	3926	671338	329146	342192	1016	481	535
新　疆	49539	23580	25959	465239	231871	233368	7850	4285	3565

1-4a 续表 2

单位：人

地区	维吾尔族			苗族			彝族		
	小计	男	女	小计	男	女	小计	男	女
全国	**2002249**	**996984**	**1005265**	**2281738**	**1204285**	**1077453**	**1577772**	**790169**	**787603**
北京	8046	3667	4379	15242	7691	7551	7775	4122	3653
天津	6144	2790	3354	10599	5387	5212	6523	3584	2939
河北	1542	858	684	9774	5384	4390	4435	2534	1901
山西	1118	613	505	4583	2708	1875	2361	1371	990
内蒙古	612	325	287	3720	1875	1845	1855	1016	839
辽宁	5396	2795	2601	10131	5176	4955	3328	1831	1497
吉林	1655	670	985	2478	1283	1195	846	419	427
黑龙江	2658	1192	1466	2633	1337	1296	1644	835	809
上海	7810	3675	4135	23858	12816	11042	13352	7355	5997
江苏	8155	3852	4303	35794	18971	16823	20645	11381	9264
浙江	7826	3817	4009	270259	152512	117747	69950	38586	31364
安徽	1992	943	1049	6826	3125	3701	4590	1994	2596
福建	3992	2038	1954	75588	42973	32615	26205	14487	11718
江西	2755	1494	1261	8557	4521	4036	3722	2035	1687
山东	7518	3214	4304	15358	8686	6672	12641	7028	5613
河南	2884	1346	1538	4229	2347	1882	2465	1420	1045
湖北	9282	4581	4701	42397	20528	21869	7377	3462	3915
湖南	4743	2555	2188	215614	105108	110506	4076	2072	2004
广东	8759	4415	4344	448256	260762	187494	111355	63100	48255
广西	866	450	416	85961	43448	42513	5464	2781	2683
海南	666	323	343	11469	5936	5533	1792	928	864
重庆	4432	2262	2170	103473	52257	51216	9881	4747	5134
四川	4347	2229	2118	27352	13416	13936	265123	130312	134811
贵州	482	292	190	733636	367702	365934	180320	89089	91231
云南	759	350	409	99081	50316	48765	800959	388405	412554
西藏	82	58	24	637	399	238	1206	790	416
陕西	3752	1881	1871	3784	2008	1776	2448	1392	1056
甘肃	1420	682	738	1283	702	581	918	535	383
青海	226	128	98	742	428	314	628	341	287
宁夏	1251	569	682	2750	1483	1267	931	465	466
新疆	1891079	942920	948159	5674	3000	2674	2957	1752	1205

1-4a　续表 3　　　　单位：人

地　区	壮　族			布依族			朝鲜族		
	小计	男	女	小计	男	女	小计	男	女
全　国	**6428285**	**3328811**	**3099474**	**901109**	**470998**	**430111**	**989339**	**474361**	**514978**
北　京	17890	8508	9382	3789	1751	2038	30324	13333	16991
天　津	11683	5269	6414	3680	1637	2043	15384	7480	7904
河　北	7504	3225	4279	4266	2173	2093	10010	4799	5211
山　西	1533	709	824	572	279	293	781	386	395
内蒙古	1735	794	941	1574	759	815	8227	3873	4354
辽　宁	5977	2909	3068	4800	2349	2451	159813	76906	82907
吉　林	1685	776	909	1075	535	540	523860	248589	275271
黑龙江	2709	1294	1415	1179	552	627	94856	46034	48822
上　海	20340	9817	10523	6902	3534	3368	22743	10278	12465
江　苏	16998	7447	9551	14872	7715	7157	12126	6139	5987
浙　江	54338	26303	28035	150175	84548	65627	10868	5533	5335
安　徽	4119	1620	2499	2049	815	1234	1039	519	520
福　建	27007	13667	13340	23661	13195	10466	2413	1211	1202
江　西	6577	2827	3750	2681	1292	1389	450	227	223
山　东	6846	3002	3844	5055	2557	2498	48353	24290	24063
河　南	4300	1883	2417	1550	784	766	1478	705	773
湖　北	16272	6662	9610	4914	2049	2865	1559	811	748
湖　南	13168	5845	7323	3672	1628	2044	1872	1021	851
广　东	1541338	902660	638678	182383	106580	75803	28817	14776	14041
广　西	4430633	2206699	2223934	9422	4367	5055	2897	1480	1417
海　南	21496	12220	9276	3129	1824	1305	1114	555	559
重　庆	7090	2904	4186	6201	3154	3047	1189	647	542
四　川	13551	5972	7579	6725	3205	3520	2778	1511	1267
贵　州	19483	9349	10134	433954	211528	222426	647	315	332
云　南	164016	81527	82489	19176	10248	8928	1539	782	757
西　藏	232	157	75	199	138	61	28	14	14
陕　西	3447	1687	1760	1205	627	578	2141	1168	973
甘　肃	1012	462	550	345	169	176	398	194	204
青　海	774	374	400	185	104	81	297	146	151
宁　夏	1226	536	690	848	404	444	429	204	225
新　疆	3306	1707	1599	871	498	373	909	435	474

1-4a 续表 4

单位：人

地区	满族			侗族			瑶族		
	小计	男	女	小计	男	女	小计	男	女
全国	**3908758**	**1949725**	**1959033**	**725451**	**391949**	**333502**	**655692**	**346933**	**308759**
北京	382169	188762	193407	5621	2672	2949	4256	1994	2262
天津	98469	50871	47598	2832	1444	1388	1783	839	944
河北	431738	216755	214983	3387	1937	1450	1412	739	673
山西	12899	6613	6286	646	378	268	290	127	163
内蒙古	200036	99271	100765	1712	832	880	295	134	161
辽宁	1822763	902244	920519	5286	2709	2577	1177	606	571
吉林	314020	154575	159445	1181	591	590	293	144	149
黑龙江	225630	115862	109768	902	468	434	484	253	231
上海	38303	18105	20198	8608	4524	4084	4606	2243	2363
江苏	26911	13669	13242	11249	5854	5395	3715	1750	1965
浙江	24723	12758	11965	72222	42307	29915	11005	5769	5236
安徽	6432	3293	3139	1749	836	913	811	322	489
福建	9484	4813	4671	16190	9255	6935	5154	2678	2476
江西	4702	2383	2319	2887	1545	1342	1763	842	921
山东	57292	30051	27241	4614	2411	2203	1404	683	721
河南	24763	12360	12403	1424	742	682	745	373	372
湖北	12845	6725	6120	12251	5836	6415	3359	1457	1902
湖南	7025	3563	3462	56557	27738	28819	38736	19028	19708
广东	61893	31807	30086	189892	115056	74836	295455	170298	125157
广西	14985	7607	7378	59127	28717	30410	250392	122712	127680
海南	6966	3519	3447	3046	2000	1046	3365	1835	1530
重庆	5646	3038	2608	4317	2159	2158	1525	660	865
四川	20866	10967	9899	5578	2856	2722	2793	1267	1526
贵州	14592	7377	7215	245373	124213	121160	7139	3578	3561
云南	13276	6988	6288	5177	2876	2301	11605	5562	6043
西藏	397	265	132	153	94	59	66	35	31
陕西	13863	7048	6815	1288	686	602	772	345	427
甘肃	10862	5580	5282	455	239	216	241	111	130
青海	6941	3548	3393	220	121	99	147	82	65
宁夏	22581	11093	11488	453	226	227	253	133	120
新疆	15686	8215	7471	1054	627	427	651	334	317

1-4a　续表 5

单位：人

地　区	白族			土家族			哈尼族		
	小计	男	女	小计	男	女	小计	男	女
全　国	**584188**	**287596**	**296592**	**2393993**	**1229026**	**1164967**	**248503**	**126167**	**122336**
北　京	4486	2166	2320	26074	12459	13615	938	467	471
天　津	1746	874	872	10203	5784	4419	846	365	481
河　北	1345	712	633	8373	4617	3756	348	156	192
山　西	441	217	224	2818	1540	1278	144	58	86
内蒙古	419	208	211	2887	1517	1370	141	59	82
辽　宁	1525	785	740	7908	4284	3624	329	152	177
吉　林	446	223	223	2035	1043	992	72	23	49
黑龙江	692	321	371	2847	1628	1219	98	37	61
上　海	4106	2016	2090	28882	14635	14247	4009	2234	1775
江　苏	4903	2559	2344	31164	15901	15263	3194	1623	1571
浙　江	14284	7927	6357	172352	96928	75424	5348	2733	2615
安　徽	604	266	338	5305	2635	2670	457	150	307
福　建	4877	2626	2251	77085	44628	32457	3054	1717	1337
江　西	894	415	479	7726	4169	3557	505	303	202
山　东	2277	1058	1219	9856	5440	4416	1546	726	820
河　南	800	367	433	6371	3490	2881	234	73	161
湖　北	2717	1231	1486	506854	245962	260892	626	231	395
湖　南	14653	7000	7653	484506	237367	247139	610	219	391
广　东	30510	17513	12997	335802	191233	144569	27018	16305	10713
广　西	1660	807	853	10839	5580	5259	532	229	303
海　南	529	264	265	4982	2760	2222	262	131	131
重　庆	2278	1030	1248	262071	128456	133615	970	343	627
四　川	6139	2914	3225	36235	18349	17886	1651	603	1048
贵　州	56944	28683	28261	307162	155095	152067	902	378	524
云　南	421362	203505	217857	13896	7785	6111	193941	96535	97406
西　藏	1334	796	538	984	634	350	63	31	32
陕　西	891	438	453	5479	2905	2574	195	88	107
甘　肃	304	172	132	2860	1517	1343	68	36	32
青　海	227	130	97	5714	2934	2780	34	10	24
宁　夏	283	126	157	2583	1281	1302	100	38	62
新　疆	512	247	265	12140	6470	5670	268	114	154

1-4a 续表 6

单位：人

地区	哈萨克族			傣族			黎族		
	小计	男	女	小计	男	女	小计	男	女
全国	**213328**	**100164**	**113164**	**230156**	**106244**	**123912**	**265033**	**125673**	**139360**
北京	2214	875	1339	1027	467	560	1282	561	721
天津	962	388	574	605	225	380	962	415	547
河北	135	72	63	361	132	229	851	388	463
山西	125	59	66	121	51	70	394	162	232
内蒙古	41	19	22	117	54	63	657	305	352
辽宁	909	433	476	271	109	162	1717	822	895
吉林	355	125	230	125	38	87	473	190	283
黑龙江	583	264	319	97	35	62	410	189	221
上海	1278	503	775	2267	1250	1017	2601	1120	1481
江苏	1174	487	687	1775	865	910	1717	770	947
浙江	743	291	452	3670	1768	1902	8861	4722	4139
安徽	180	68	112	359	115	244	538	203	335
福建	340	129	211	3835	2108	1727	2690	1320	1370
江西	152	64	88	299	127	172	981	396	585
山东	600	237	363	1288	636	652	954	414	540
河南	247	105	142	223	83	140	553	245	308
湖北	1102	420	682	623	238	385	1811	728	1083
湖南	300	132	168	538	197	341	1290	486	804
广东	936	411	525	12921	7096	5825	26440	14001	12439
广西	39	13	26	666	257	409	3168	1373	1795
海南	45	18	27	230	101	129	177742	82664	95078
重庆	743	402	341	820	299	521	1072	508	564
四川	560	222	338	3407	1418	1989	1660	684	976
贵州	26	9	17	884	360	524	22952	11443	11509
云南	134	77	57	193078	87981	105097	2166	1075	1091
西藏	7	3	4	54	22	32	12	7	5
陕西	681	300	381	200	84	116	448	211	237
甘肃	370	209	161	52	21	31	154	63	91
青海	78	41	37	44	19	25	63	30	33
宁夏	237	113	124	57	27	30	165	65	100
新疆	198032	93675	104357	142	61	81	249	113	136

1-4a 续表 7

单位：人

地区	傈僳族			佤族			畲族		
	小计	男	女	小计	男	女	小计	男	女
全国	**79049**	**38116**	**40933**	**39243**	**19400**	**19843**	**198660**	**105131**	**93529**
北京	419	209	210	552	350	202	1794	943	851
天津	396	155	241	560	229	331	631	373	258
河北	397	131	266	219	121	98	492	302	190
山西	76	26	50	68	21	47	175	96	79
内蒙古	155	58	97	155	57	98	163	91	72
辽宁	232	98	134	176	86	90	335	185	150
吉林	60	25	35	30	8	22	127	76	51
黑龙江	76	29	47	29	13	16	148	76	72
上海	1023	570	453	1361	865	496	3792	1926	1866
江苏	1121	510	611	927	524	403	2080	1108	972
浙江	1803	862	941	2119	998	1121	43500	21859	21641
安徽	251	100	151	391	228	163	727	382	345
福建	800	415	385	1312	717	595	95169	50419	44750
江西	220	109	111	145	76	69	11717	6575	5142
山东	1133	474	659	3321	1832	1489	713	389	324
河南	115	39	76	149	67	82	290	150	140
湖北	263	95	168	361	198	163	1922	1043	879
湖南	175	75	100	226	102	124	818	443	375
广东	5940	3271	2669	9486	4982	4504	23199	13012	10187
广西	215	107	108	188	97	91	1143	653	490
海南	83	41	42	86	53	33	532	311	221
重庆	343	119	224	245	87	158	397	225	172
四川	2145	973	1172	553	184	369	810	445	365
贵州	308	129	179	213	84	129	6219	3031	3188
云南	60845	29258	31587	16091	7264	8827	893	522	371
西藏	93	48	45	16	9	7	16	10	6
陕西	89	49	40	116	74	42	364	203	161
甘肃	36	10	26	18	4	14	127	72	55
青海	30	13	17	9	1	8	94	60	34
宁夏	38	13	25	13	8	5	85	47	38
新疆	169	105	64	108	61	47	188	104	84

1-4a 续表 8

单位：人

地区	高山族			拉祜族			水族		
	小计	男	女	小计	男	女	小计	男	女
全国	**2020**	**1042**	**978**	**44720**	**20767**	**23953**	**90884**	**48588**	**42296**
北京	152	74	78	615	396	219	428	214	214
天津	26	13	13	683	171	512	414	194	220
河北	69	31	38	216	119	97	641	334	307
山西	6	5	1	54	25	29	59	34	25
内蒙古	52	29	23	70	21	49	290	139	151
辽宁	167	81	86	83	30	53	932	458	474
吉林	49	28	21	13	4	9	176	88	88
黑龙江	42	20	22	12	2	10	118	64	54
上海	79	35	44	698	375	323	834	421	413
江苏	62	29	33	854	412	442	5555	3204	2351
浙江	89	54	35	1511	697	814	12877	7273	5604
安徽	33	17	16	236	118	118	285	107	178
福建	226	132	94	760	414	346	2161	1208	953
江西	15	8	7	153	77	76	378	203	175
山东	47	25	22	1147	562	585	680	344	336
河南	162	86	76	166	70	96	149	86	63
湖北	58	32	26	128	50	78	568	254	314
湖南	23	12	11	159	33	126	483	256	227
广东	144	74	70	4473	2494	1979	18412	11112	7300
广西	168	85	83	169	69	100	5973	2905	3068
海南	76	31	45	137	88	49	225	115	110
重庆	26	18	8	277	86	191	458	208	250
四川	46	25	21	426	113	313	621	313	308
贵州	85	46	39	168	76	92	35782	17766	18016
云南	50	23	27	31259	14123	17136	2037	1082	955
西藏				10	1	9	21	15	6
陕西	10	3	7	52	13	39	95	50	45
甘肃	13	5	8	14	4	10	44	29	15
青海	11	5	6	6	4	2	29	15	14
宁夏	7	5	2	10	5	5	52	27	25
新疆	27	11	16	161	115	46	107	70	37

1-4a 续表 9

单位：人

地区	东乡族			纳西族			景颇族		
	小计	男	女	小计	男	女	小计	男	女
全国	**119774**	**64616**	**55158**	**112114**	**53763**	**58351**	**27456**	**12509**	**14947**
北京	1115	750	365	736	344	392	153	64	89
天津	770	416	354	176	78	98	251	95	156
河北	505	297	208	138	57	81	59	19	40
山西	227	117	110	46	19	27	24	10	14
内蒙古	571	311	260	38	18	20	18	5	13
辽宁	716	393	323	141	63	78	64	28	36
吉林	301	164	137	17	10	7	68	15	53
黑龙江	131	76	55	62	23	39	18	6	12
上海	923	619	304	444	222	222	364	199	165
江苏	1547	898	649	304	125	179	334	166	168
浙江	1918	1130	788	385	160	225	953	420	533
安徽	649	361	288	51	18	33	74	24	50
福建	1928	1238	690	157	59	98	611	281	330
江西	612	375	237	115	42	73	57	25	32
山东	726	404	322	206	103	103	521	243	278
河南	261	138	123	55	24	31	48	19	29
湖北	314	178	136	307	114	193	102	41	61
湖南	533	323	210	126	53	73	73	26	47
广东	4013	2580	1433	836	418	418	2199	1104	1095
广西	122	75	47	142	58	84	60	23	37
海南	112	69	43	40	16	24	27	20	7
重庆	93	52	41	307	144	163	72	23	49
四川	708	441	267	1807	783	1024	192	73	119
贵州	532	243	289	298	144	154	558	259	299
云南	320	178	142	104778	50486	54292	20459	9270	11189
西藏	2632	1739	893	159	82	77	5	2	3
陕西	830	448	382	102	39	63	38	22	16
甘肃	74217	38370	35847	31	15	16	6	4	2
青海	8256	4679	3577	22	9	13	4	1	3
宁夏	541	268	273	43	15	28	7	4	3
新疆	13651	7286	6365	45	22	23	37	18	19

1-4a 续表 10

单位：人

地区	柯尔克孜族			土族			达斡尔族		
	小计	男	女	小计	男	女	小计	男	女
全国	**20691**	**9466**	**11225**	**62859**	**31869**	**30990**	**50745**	**23542**	**27203**
北京	222	98	124	640	327	313	3136	1332	1804
天津	151	47	104	351	180	171	1145	552	593
河北	31	13	18	202	107	95	1132	519	613
山西	14	6	8	151	60	91	135	57	78
内蒙古	87	38	49	199	87	112	20311	9552	10759
辽宁	188	77	111	248	136	112	2684	1201	1483
吉林	38	7	31	86	44	42	699	296	403
黑龙江	287	130	157	93	57	36	11938	5515	6423
上海	149	52	97	447	232	215	776	347	429
江苏	263	119	144	699	352	347	407	200	207
浙江	133	53	80	1747	927	820	472	214	258
安徽	32	17	15	119	63	56	72	33	39
福建	330	176	154	1050	555	495	142	68	74
江西	47	15	32	247	135	112	67	26	41
山东	124	38	86	336	161	175	1357	647	710
河南	43	17	26	212	100	112	131	55	76
湖北	159	65	94	1017	496	521	140	70	70
湖南	45	18	27	1102	559	543	76	38	38
广东	211	87	124	4444	2520	1924	961	455	506
广西	8	2	6	288	142	146	220	99	121
海南	15	10	5	137	66	71	138	65	73
重庆	252	150	102	808	381	427	95	50	45
四川	76	42	34	844	400	444	271	133	138
贵州	5	2	3	2930	1550	1380	45	21	24
云南	29	14	15	1735	866	869	367	186	181
西藏				1424	968	456	3	3	
陕西	120	67	53	659	362	297	148	65	83
甘肃	33	16	17	4721	2264	2457	86	48	38
青海	3		3	34281	16886	17395	18	13	5
宁夏	29	9	20	351	189	162	83	45	38
新疆	17567	8081	9486	1291	697	594	3490	1637	1853

1-4a　续表 11　　　　单位：人

地　区	仫佬族			羌　族			布朗族		
	小计	男	女	小计	男	女	小计	男	女
全　国	**100474**	**50830**	**49644**	**63769**	**30786**	**32983**	**12368**	**5782**	**6586**
北　京	625	264	361	907	443	464	103	45	58
天　津	286	130	156	330	206	124	76	32	44
河　北	186	87	99	211	109	102	48	22	26
山　西	33	13	20	173	113	60	9	3	6
内蒙古	62	29	33	99	55	44	7	5	2
辽　宁	219	120	99	167	96	71	24	9	15
吉　林	58	25	33	45	25	20	11	4	7
黑龙江	100	52	48	61	34	27	9	2	7
上　海	789	398	391	618	297	321	237	142	95
江　苏	844	424	420	687	370	317	210	108	102
浙　江	3796	2097	1699	1039	573	466	455	224	231
安　徽	118	40	78	111	52	59	26	15	11
福　建	976	508	468	356	198	158	198	91	107
江　西	233	104	129	128	58	70	21	9	12
山　东	285	144	141	314	157	157	268	128	140
河　南	102	53	49	104	69	35	24	13	11
湖　北	548	229	319	339	153	186	55	18	37
湖　南	487	238	249	171	99	72	38	8	30
广　东	22815	13080	9735	1384	725	659	1380	737	643
广　西	49884	23557	26327	154	81	73	62	29	33
海　南	201	111	90	106	58	48	17	9	8
重　庆	470	203	267	903	423	480	157	58	99
四　川	571	282	289	52834	24935	27899	131	50	81
贵　州	15646	7993	7653	700	380	320	95	29	66
云　南	864	498	366	504	279	225	8661	3972	4689
西　藏	12	7	5	295	197	98	4	2	2
陕　西	100	52	48	272	152	120	15	5	10
甘　肃	20	10	10	104	53	51	7	5	2
青　海	15	9	6	87	51	36	3	1	2
宁　夏	49	25	24	63	38	25	3	2	1
新　疆	80	48	32	503	307	196	14	5	9

1-4a 续表 12

单位：人

地区	撒拉族			毛南族			仡佬族		
	小计	男	女	小计	男	女	小计	男	女
全国	**35618**	**18676**	**16942**	**35157**	**18266**	**16891**	**172210**	**93564**	**78646**
北京	355	187	168	221	94	127	1452	825	627
天津	599	327	272	133	71	62	998	555	443
河北	317	169	148	129	74	55	921	634	287
山西	229	125	104	14	5	9	222	151	71
内蒙古	123	62	61	39	15	24	235	155	80
辽宁	215	125	90	118	50	68	916	532	384
吉林	167	89	78	27	9	18	197	108	89
黑龙江	78	45	33	34	11	23	434	249	185
上海	1180	705	475	248	124	124	1960	1104	856
江苏	415	243	172	327	182	145	3289	1876	1413
浙江	866	484	382	1449	817	632	18483	11022	7461
安徽	130	64	66	56	29	27	498	258	240
福建	237	139	98	340	173	167	4404	2605	1799
江西	400	220	180	103	48	55	854	512	342
山东	1863	1024	839	117	63	54	1398	851	547
河南	395	210	185	34	16	18	390	238	152
湖北	474	262	212	140	62	78	1311	619	692
湖南	106	56	50	171	79	92	1145	621	524
广东	2179	1226	953	10545	6351	4194	21272	12976	8296
广西	29	15	14	18309	8776	9533	1997	1053	944
海南	31	16	15	84	60	24	431	302	129
重庆	110	60	50	98	51	47	4518	2477	2041
四川	265	146	119	128	62	66	2257	1211	1046
贵州	55	27	28	2047	919	1128	99149	50577	48572
云南	477	257	220	157	82	75	2361	1398	963
西藏	317	190	127	1	1		68	55	13
陕西	842	464	378	32	16	16	487	273	214
甘肃	1850	961	889	12	7	5	100	55	45
青海	20061	10119	9942	1	1		50	33	17
宁夏	104	51	53	25	8	17	138	71	67
新疆	1149	608	541	18	10	8	275	168	107

1-4a 续表 13 单位：人

地 区	锡伯族			阿昌族			普米族		
	小计	男	女	小计	男	女	小计	男	女
全 国	**101472**	**49896**	**51576**	**6969**	**3446**	**3523**	**6707**	**3194**	**3513**
北 京	3901	1837	2064	41	18	23	75	30	45
天 津	797	402	395	46	17	29	27	18	9
河 北	905	446	459	15	9	6	12	11	1
山 西	193	105	88	1		1	9	6	3
内蒙古	1600	824	776	8	8		4	2	2
辽 宁	67505	33560	33945	14	5	9	20	12	8
吉 林	2363	1168	1195	5	1	4	4	2	2
黑龙江	3490	1792	1698	7	3	4	3	2	1
上 海	1060	452	608	102	46	56	52	28	24
江 苏	706	324	382	266	149	117	54	30	24
浙 江	435	210	225	167	96	71	74	29	45
安 徽	159	80	79	39	22	17	7	5	2
福 建	208	91	117	92	45	47	68	36	32
江 西	92	45	47	10	4	6	10	6	4
山 东	787	388	399	70	30	40	35	17	18
河 南	284	146	138	15	6	9	4	2	2
湖 北	212	100	112	33	18	15	45	11	34
湖 南	139	69	70	25	11	14	13	7	6
广 东	1516	755	761	899	475	424	372	236	136
广 西	234	115	119	20	8	12	20	8	12
海 南	133	74	59	12	6	6	10	2	8
重 庆	117	62	55	21	9	12	35	16	19
四 川	522	243	279	43	19	24	97	48	49
贵 州	229	116	113	26	9	17	21	12	9
云 南	209	95	114	4965	2421	2544	5579	2594	2985
西 藏	8	5	3	3	1	2	18	12	6
陕 西	415	218	197	15	8	7	4		4
甘 肃	242	120	122	1		1	1		1
青 海	119	58	61	2	1	1	5	2	3
宁 夏	210	109	101	1		1	20	5	15
新 疆	12682	5887	6795	5	1	4	9	5	4

1-4a 续表 14　　单位：人

地区	塔吉克族			怒族			乌孜别克族		
	小计	男	女	小计	男	女	小计	男	女
全国	**2135**	**1035**	**1100**	**3545**	**1540**	**2005**	**6201**	**3161**	**3040**
北京	50	32	18	27	14	13	83	38	45
天津	26	10	16	23	5	18	31	10	21
河北	8	3	5	10	4	6	3	2	1
山西	2	1	1	8	3	5	1		1
内蒙古				5	2	3	5	3	2
辽宁	20	12	8	14	3	11	10	3	7
吉林	8	5	3	9	1	8	2		2
黑龙江	16	9	7	2	1	1	5	4	1
上海	33	15	18	31	15	16	44	16	28
江苏	26	8	18	45	17	28	18	12	6
浙江	22	11	11	65	29	36	35	22	13
安徽	1		1	7	4	3	2	1	1
福建	12	9	3	49	21	28	5	3	2
江西	3	2	1	4		4	6	2	4
山东	44	20	24	50	14	36	6	3	3
河南	12	4	8	6	1	5	2		2
湖北	22	15	7	32	9	23	16	9	7
湖南	5	3	2	7	2	5	5	1	4
广东	24	11	13	349	198	151	34	18	16
广西	9	3	6	16	4	12	5	2	3
海南	2	1	1	3	2	1	3		3
重庆	8	2	6	17	8	9	12	9	3
四川	10	5	5	22	5	17	9	3	6
贵州	3	2	1	23	11	12			
云南	9	6	3	2692	1154	1538	5	2	3
西藏				17	7	10			
陕西	42	32	10	7	3	4	12	6	6
甘肃	5	3	2				5	3	2
青海	1	1					1	1	
宁夏	5	4	1	4	2	2	3		3
新疆	1707	806	901	1	1		5833	2988	2845

1-4a　续表 15　　　　单位：人

地　区	俄罗斯族			鄂温克族			德昂族		
	小计	男	女	小计	男	女	小计	男	女
全　国	**12400**	**5689**	**6711**	**9263**	**4212**	**5051**	**3357**	**1597**	**1760**
北　京	546	222	324	623	254	369	13	3	10
天　津	131	58	73	247	109	138	21	12	9
河　北	122	57	65	242	110	132	4	3	1
山　西	2	2		31	15	16	1		1
内蒙古	3251	1547	1704	5021	2286	2735	7	4	3
辽　宁	225	94	131	576	268	308	3	1	2
吉　林	75	32	43	128	55	73	2	1	1
黑龙江	194	90	104	1226	572	654	3	1	2
上　海	262	103	159	110	47	63	57	28	29
江　苏	143	57	86	87	40	47	19	8	11
浙　江	90	40	50	81	38	43	124	59	65
安　徽	26	14	12	6	1	5	7	1	6
福　建	36	15	21	16	5	11	58	34	24
江　西	8	3	5	15	7	8	3	1	2
山　东	133	59	74	272	132	140	46	17	29
河　南	43	21	22	29	13	16	1	1	
湖　北	28	15	13	33	10	23	8	4	4
湖　南	20	10	10	22	9	13	6	1	5
广　东	259	109	150	200	97	103	355	173	182
广　西	33	19	14	59	30	29	7	3	4
海　南	49	20	29	36	13	23	5	1	4
重　庆	23	10	13	22	14	8	14	6	8
四　川	101	42	59	50	25	25	22	8	14
贵　州	25	11	14	2	2		7	3	4
云　南	46	20	26	38	18	20	2548	1213	1335
西　藏							8	8	
陕　西	86	32	54	37	17	20	1		1
甘　肃	55	23	32	7	5	2	4	2	2
青　海	31	20	11	6	1	5			
宁　夏	22	9	13	17	7	10			
新　疆	6335	2935	3400	24	12	12	3	1	2

1-4a 续表 16

单位：人

地区	保安族			裕固族			京族		
	小计	男	女	小计	男	女	小计	男	女
全国	**3546**	**1906**	**1640**	**4570**	**2202**	**2368**	**13985**	**6896**	**7089**
北京	37	22	15	143	73	70	42	18	24
天津	16	11	5	23	14	9	26	12	14
河北	12	7	5	20	8	12	15	7	8
山西	8	6	2	3	2	1	2	1	1
内蒙古	27	12	15	26	14	12	4	2	2
辽宁	8	3	5	18	6	12	22	12	10
吉林	7	4	3	6	5	1	3	1	2
黑龙江	11	5	6	28	18	10	11	5	6
上海	24	15	9	39	20	19	37	16	21
江苏	50	30	20	32	16	16	35	17	18
浙江	73	54	19	12	6	6	108	44	64
安徽	39	23	16	3	3		6	1	5
福建	169	118	51	13	6	7	53	24	29
江西	58	45	13	6	4	2	3	3	
山东	19	12	7	39	13	26	27	11	16
河南	9	5	4	13	3	10	9	3	6
湖北	19	8	11	29	15	14	39	15	24
湖南	28	12	16	18	9	9	17	10	7
广东	158	96	62	68	36	32	378	187	191
广西	8	6	2	9	4	5	12445	6176	6269
海南	1	1		8	6	2	9	8	1
重庆	5	4	1	15	7	8	15	6	9
四川	37	24	13	56	26	30	31	14	17
贵州	6	5	1	1	1		434	210	224
云南	16	11	5	20	11	9	200	86	114
西藏	91	64	27	9	4	5	1	1	
陕西	20	8	12	64	33	31	6	3	3
甘肃	1761	852	909	3435	1624	1811	1	1	
青海	566	287	279	90	48	42	1	1	
宁夏	24	12	12	76	41	35	1		1
新疆	239	144	95	248	126	122	4	1	3

1-4a 续表 17

单位：人

地区	塔塔尔族			独龙族			鄂伦春族		
	小计	男	女	小计	男	女	小计	男	女
全国	**1701**	**846**	**855**	**686**	**331**	**355**	**3145**	**1456**	**1689**
北京	37	13	24	12	5	7	223	93	130
天津	2	1	1	6	4	2	45	21	24
河北	2	1	1				101	44	57
山西	2		2				14	6	8
内蒙古	5	3	2	1		1	809	359	450
辽宁	15	5	10	14	8	6	222	99	123
吉林	2		2				64	33	31
黑龙江	16	7	9	1		1	1124	560	564
上海	10	6	4	5	1	4	78	28	50
江苏	6	4	2	10	4	6	52	21	31
浙江	12	5	7	9	3	6	40	22	18
安徽	3	2	1	3		3	8	3	5
福建	5	3	2	4	3	1	9	5	4
江西	2	1	1	2		2	10	3	7
山东	5	2	3	6	3	3	120	55	65
河南	1	1					23	9	14
湖北	4		4	15	11	4	13	6	7
湖南	7	6	1	6	2	4	7	3	4
广东	13	9	4	65	33	32	53	28	25
广西	5	2	3	4		4	28	10	18
海南	4	1	3	2	2		10	5	5
重庆	1	1		7	4	3	6	3	3
四川	5	3	2	24	10	14	24	9	15
贵州	2	1	1	32	16	16	8	2	6
云南	7	4	3	451	219	232	16	8	8
西藏				3	1	2			
陕西	9	7	2				19	8	11
甘肃							2	1	1
青海							2	1	1
宁夏	2		2	2	1	1	6	4	2
新疆	1517	758	759	2	1	1	9	7	2

1-4a 续表 18 单位：人

地区	赫哲族			门巴族			珞巴族		
	小计	男	女	小计	男	女	小计	男	女
全国	**3205**	**1470**	**1735**	**1302**	**540**	**762**	**430**	**179**	**251**
北京	275	113	162	33	17	16	8	3	5
天津	36	18	18	9	6	3	5	1	4
河北	56	25	31	7	1	6	3		3
山西	6	4	2	3	1	2	1		1
内蒙古	7	2	5	1	1				
辽宁	171	68	103	20	9	11	6	3	3
吉林	154	73	81	5		5	1		1
黑龙江	2012	943	1069	11	5	6	1		1
上海	47	21	26	20	5	15	4	3	1
江苏	23	11	12	46	20	26	12	4	8
浙江	81	32	49	23	8	15	9	4	5
安徽	1		1	3	1	2	1		1
福建	20	8	12	24	10	14	3	1	2
江西	3	2	1	12	6	6	1		1
山东	55	24	31	12	6	6	8	4	4
河南	8	3	5	8	5	3			
湖北	14	9	5	21	9	12	13	4	9
湖南	4	2	2	16	8	8	7	2	5
广东	102	41	61	17	8	9	10	5	5
广西	16	9	7	8	1	7	4	1	3
海南	21	13	8						
重庆	11	10	1	17	9	8	9	6	3
四川	17	11	6	53	25	28	11	4	7
贵州	4	2	2	5	2	3	28	12	16
云南	26	12	14	5	5		6	4	2
西藏				885	359	526	271	114	157
陕西	17	7	10	16	6	10	2	1	1
甘肃	3		3	8	2	6	2	1	1
青海	1	1		2		2	2	1	1
宁夏	6	3	3	4	3	1	1		1
新疆	8	3	5	8	2	6	1	1	

1-4a　续表 19

单位：人

地　区	基诺族			未定族称人口			入　籍		
	小计	男	女	小计	男	女	小计	男	女
全　国	**5110**	**2245**	**2865**	**179597**	**95109**	**84488**	**5645**	**2850**	**2795**
北　京	36	11	25	720	376	344	68	42	26
天　津	9	2	7	2697	1442	1255	39	19	20
河　北	8	3	5	596	339	257	136	63	73
山　西				176	85	91	14	3	11
内蒙古	4	1	3	776	382	394	38	18	20
辽　宁	12	3	9	2033	1044	989	323	165	158
吉　林	6	4	2	479	241	238	31	14	17
黑龙江	2		2	373	168	205	133	58	75
上　海	41	17	24	1300	660	640	71	37	34
江　苏	10	5	5	3411	1862	1549	103	39	64
浙　江	31	10	21	19603	11607	7996	699	387	312
安　徽	4	2	2	427	204	223	24	15	9
福　建	11	3	8	4757	2762	1995	121	65	56
江　西	2	1	1	675	279	396	41	16	25
山　东	17	6	11	1366	696	670	103	57	46
河　南	7	4	3	210	103	107	23	8	15
湖　北	11	2	9	963	441	522	51	22	29
湖　南	9	4	5	834	440	394	42	17	25
广　东	81	36	45	9928	5842	4086	516	264	252
广　西	7	1	6	1752	905	847	104	35	69
海　南	3		3	692	416	276	10	6	4
重　庆	23	16	7	1220	613	607	247	161	86
四　川	34	13	21	1155	618	537	79	41	38
贵　州	20	5	15	112696	57510	55186	1940	958	982
云　南	4706	2089	2617	9892	5594	4298	574	283	291
西　藏	1	1		154	91	63	12	6	6
陕　西	7	3	4	275	162	113	56	31	25
甘　肃				110	53	57	17	8	9
青　海	1	1		53	28	25	10	4	6
宁　夏	3	1	2	114	55	59	2	1	1
新　疆	4	1	3	160	91	69	18	7	11

1-4b 各地区分性别、民族的人口(镇)

单位：人

地区	合计			汉族		
	合计	男	女	小计	男	女
全国	**324820307**	**165029877**	**159790430**	**295833738**	**150484983**	**145348755**
北京	1414752	769805	644947	1352187	736692	615495
天津	811348	436437	374911	787750	424122	363628
河北	22686891	11461223	11225668	21543327	10881752	10661575
山西	8633857	4360787	4273070	8614892	4350921	4263971
内蒙古	6781056	3424007	3357049	5200595	2655896	2544699
辽宁	5153499	2566297	2587202	3939286	1965832	1973454
吉林	4787311	2360236	2427075	4387958	2165376	2222582
黑龙江	6458296	3198834	3259462	6297492	3116185	3181307
上海	2336300	1252659	1083641	2291928	1229403	1062525
江苏	21973116	11138540	10834576	21829747	11066550	10763197
浙江	13514673	7069220	6445453	12992151	6780723	6211428
安徽	19266016	9752125	9513891	19114422	9677151	9437271
福建	11452224	5858483	5593741	11178404	5707804	5470600
江西	13750536	7045709	6704827	13685838	7011459	6674379
山东	24557279	12506091	12051188	24334934	12392846	11942088
河南	29105339	14716285	14389054	28683235	14500364	14182871
湖北	11662953	5908873	5754080	10981487	5573819	5407668
湖南	20129507	10242115	9887392	17872914	9109856	8763058
广东	17048413	8892530	8155883	16586885	8629402	7957483
广西	12382976	6338893	6044083	8231227	4257365	3973862
海南	2314503	1221821	1092682	2043459	1084879	958580
重庆	5920039	2948837	2971202	5169824	2577003	2592821
四川	17034233	8388350	8645883	15840470	7800202	8040268
贵州	10369821	5220851	5148970	6341696	3199157	3142539
云南	11273005	5752439	5520566	7912368	4081666	3830702
西藏	468141	249208	218933	77319	54149	23170
陕西	9113596	4622046	4491550	9081605	4605839	4475766
甘肃	5972151	2989421	2982730	5365674	2688519	2677155
青海	1435280	728786	706494	604589	317859	286730
宁夏	1690065	857525	832540	1128117	577128	550989
新疆	5323131	2751444	2571687	2361958	1265064	1096894

1-4b 续表 1

单位：人

地区	蒙古族			回族			藏族		
	小计	男	女	小计	男	女	小计	男	女
全国	**1829941**	**890990**	**938951**	**2718526**	**1378390**	**1340136**	**1400971**	**687530**	**713441**
北京	8025	4128	3897	12826	6729	6097	351	181	170
天津	3421	1799	1622	5584	2912	2672	291	148	143
河北	80329	40324	40005	181419	92185	89234	995	408	587
山西	1966	1078	888	9298	4774	4524	279	144	135
内蒙古	1334425	645072	689353	48842	25194	23648	1785	919	866
辽宁	133678	65252	68426	28937	14858	14079	201	106	95
吉林	47447	22255	25192	17878	8800	9078	842	350	492
黑龙江	32087	15535	16552	10431	5289	5142	713	259	454
上海	1975	1006	969	5675	3001	2674	586	260	326
江苏	4280	2107	2173	21990	11495	10495	4235	1948	2287
浙江	3788	2081	1707	15531	8662	6869	1387	698	689
安徽	2033	1044	989	105522	54424	51098	820	339	481
福建	1662	914	748	29241	16804	12437	716	344	372
江西	1386	721	665	4371	2515	1856	1040	494	546
山东	7495	3886	3609	157377	80448	76929	668	305	363
河南	23137	13549	9588	358232	182621	175611	880	350	530
湖北	1505	756	749	12626	6684	5942	424	167	257
湖南	1050	575	475	22855	12305	10550	1076	524	552
广东	1890	1050	840	4729	2786	1943	885	442	443
广西	680	400	280	5694	3073	2621	272	117	155
海南	596	306	290	1496	774	722	123	49	74
重庆	764	394	370	1069	567	502	418	181	237
四川	11209	5591	5618	28776	14719	14057	393299	190129	203170
贵州	15617	8183	7434	55759	28432	27327	865	435	430
云南	5574	2956	2618	219733	110427	109306	19294	9428	9866
西藏	143	101	42	5729	3688	2041	376488	186446	190042
陕西	1244	629	615	23102	12006	11096	465	212	253
甘肃	5378	2593	2785	288295	144051	144244	157227	77926	79301
青海	35890	17314	18576	258290	128782	129508	429556	211588	217968
宁夏	1308	642	666	551957	275254	276703	265	129	136
新疆	59959	28749	31210	225262	114131	111131	4525	2504	2021

1-4b 续表 2

单位：人

地区	维吾尔族			苗族			彝族		
	小计	男	女	小计	男	女	小计	男	女
全国	**2199107**	**1110060**	**1089047**	**2723800**	**1383047**	**1340753**	**2010663**	**1004449**	**1006214**
北京	330	153	177	1267	730	537	1115	716	399
天津	247	115	132	895	481	414	615	328	287
河北	965	582	383	6678	3502	3176	3572	1893	1679
山西	223	113	110	1067	598	469	776	384	392
内蒙古	207	119	88	2164	1027	1137	1166	533	633
辽宁	428	180	248	983	504	479	506	302	204
吉林	1429	586	843	1280	588	692	571	289	282
黑龙江	304	156	148	747	402	345	360	178	182
上海	1571	714	857	4803	2670	2133	3126	1779	1347
江苏	2029	1038	991	23356	11792	11564	11513	5873	5640
浙江	942	510	432	133037	74049	58988	42089	22935	19154
安徽	1810	941	869	8622	3727	4895	5578	2436	3142
福建	931	422	509	45944	26178	19766	14451	8124	6327
江西	1517	675	842	9232	4900	4332	3194	1684	1510
山东	747	354	393	5429	2773	2656	6223	3215	3008
河南	2134	1129	1005	3981	1887	2094	2283	1088	1195
湖北	1475	673	802	60327	30222	30105	1364	606	758
湖南	3430	1774	1656	725456	362694	362762	2878	1350	1528
广东	755	408	347	61194	35962	25232	11551	6660	4891
广西	168	93	75	111777	55651	56126	5258	2736	2522
海南	51	26	25	13218	6483	6735	794	428	366
重庆	271	158	113	182820	92373	90447	2149	1001	1148
四川	976	517	459	25688	12022	13666	607688	305329	302359
贵州	288	160	128	1105405	554860	550545	200953	99561	101392
云南	140	96	44	180627	92738	87889	1076681	532611	544070
西藏	51	41	10	240	161	79	520	350	170
陕西	311	151	160	810	376	434	716	376	340
甘肃	1093	409	684	1448	791	657	952	482	470
青海	44	29	15	179	109	70	183	111	72
宁夏	66	30	36	2674	1455	1219	167	93	74
新疆	2174174	1097708	1076466	2452	1342	1110	1671	998	673

1-4b　续表 3　　　　单位：人

地　区	壮　族			布 依 族			朝 鲜 族		
	小计	男	女	小计	男	女	小计	男	女
全　国	**4026442**	**2027617**	**1998825**	**913640**	**457510**	**456130**	**213410**	**105351**	**108059**
北　京	1307	583	724	348	189	159	1566	732	834
天　津	1052	460	592	285	146	139	398	206	192
河　北	5784	2083	3701	2907	1357	1550	3866	1896	1970
山　西	383	163	220	175	78	97	141	69	72
内 蒙 古	770	325	445	859	409	450	4571	2292	2279
辽　宁	594	239	355	491	213	278	20294	10188	10106
吉　林	1037	398	639	528	207	321	133885	65593	68292
黑 龙 江	735	369	366	302	132	170	23763	11726	12037
上　海	3508	1611	1897	1363	690	673	2209	1053	1156
江　苏	7311	3174	4137	15003	7603	7400	4343	2158	2185
浙　江	29834	15437	14397	72685	40841	31844	1268	654	614
安　徽	4316	1509	2807	2681	1049	1632	582	304	278
福　建	13677	6903	6774	12999	7241	5758	370	190	180
江　西	5326	2196	3130	2724	1226	1498	165	84	81
山　东	2326	1068	1258	1626	827	799	11827	6006	5821
河　南	3315	1087	2228	1268	540	728	478	227	251
湖　北	3388	1066	2322	1115	376	739	494	238	256
湖　南	13560	5377	8183	2734	1077	1657	293	150	143
广　东	186772	106449	80323	18662	10780	7882	1374	728	646
广　西	3419461	1717437	1702024	9433	3937	5496	176	108	68
海　南	11874	6452	5422	1227	707	520	162	84	78
重　庆	1454	484	970	1219	454	765	133	88	45
四　川	3439	1122	2317	3261	1358	1903	217	134	83
贵　州	19746	8947	10799	741748	366846	374902	153	82	71
云　南	281724	141033	140691	16537	8496	8041	240	137	103
西　藏	82	58	24	67	50	17	6	5	1
陕　西	834	292	542	296	100	196	98	48	50
甘　肃	1301	551	750	375	177	198	89	46	43
青　海	150	77	73	43	27	16	45	18	27
宁　夏	198	83	115	428	223	205	66	34	32
新　疆	1184	584	600	251	154	97	138	73	65

1-4b 续表 4

单位：人

地 区	满 族			侗 族			瑶 族		
	小计	男	女	小计	男	女	小计	男	女
全 国	**2378244**	**1197308**	**1180936**	**1078204**	**549346**	**528858**	**719731**	**362963**	**356768**
北 京	30541	16227	14314	333	201	132	239	120	119
天 津	8029	4255	3774	194	100	94	144	62	82
河 北	841305	427183	414122	2284	1239	1045	928	409	519
山 西	2531	1371	1160	145	68	77	73	34	39
内蒙古	132245	66728	65517	912	462	450	179	91	88
辽 宁	1011654	500307	511347	555	280	275	125	52	73
吉 林	188949	93383	95566	573	260	313	192	75	117
黑龙江	79156	42468	36688	283	134	149	150	84	66
上 海	3522	1805	1717	1427	755	672	804	401	403
江 苏	6515	3345	3170	6243	2935	3308	1472	654	818
浙 江	4828	2692	2136	34783	20408	14375	3998	2119	1879
安 徽	4074	2184	1890	2159	892	1267	805	288	517
福 建	2104	1148	956	7984	4492	3492	3387	1801	1586
江 西	1697	927	770	2741	1457	1284	2015	1035	980
山 东	14031	7476	6555	1349	698	651	438	197	241
河 南	16662	9276	7386	1036	461	575	644	243	401
湖 北	1307	727	580	13822	6633	7189	816	297	519
湖 南	1719	937	782	331559	167934	163625	190835	97114	93721
广 东	2869	1595	1274	19586	11889	7697	79568	42568	37000
广 西	1868	1071	797	104182	51256	52926	383052	190516	192536
海 南	1247	660	587	897	573	324	2188	1189	999
重 庆	468	271	197	1433	642	791	331	106	225
四 川	1782	1018	764	1301	479	822	781	301	480
贵 州	5020	2600	2420	539521	273494	266027	10295	5208	5087
云 南	2411	1326	1085	1691	981	710	35604	17700	17904
西 藏	128	98	30	64	43	21	18	12	6
陕 西	1560	847	713	253	90	163	161	52	109
甘 肃	2481	1337	1144	424	220	204	212	89	123
青 海	782	422	360	34	20	14	22	13	9
宁 夏	3780	1912	1868	63	34	29	34	16	18
新 疆	2979	1712	1267	373	216	157	221	117	104

1-4b　续表 5

单位：人

地　区	白族			土家族			哈尼族		
	小计	男	女	小计	男	女	小计	男	女
全　国	**466233**	**233128**	**233105**	**2899874**	**1458353**	**1441521**	**375766**	**187860**	**187906**
北　京	418	233	185	1635	860	775	136	90	46
天　津	131	61	70	1046	575	471	88	46	42
河　北	983	482	501	5203	2840	2363	492	288	204
山　西	173	87	86	756	456	300	90	34	56
内蒙古	230	112	118	1536	766	770	151	45	106
辽　宁	152	69	83	693	347	346	47	13	34
吉　林	235	100	135	1139	528	611	42	18	24
黑龙江	170	83	87	571	315	256	29	8	21
上　海	2039	1128	911	6376	3447	2929	987	585	402
江　苏	2500	1253	1247	16588	8580	8008	1574	709	865
浙　江	6086	3365	2721	67797	38772	29025	3372	1728	1644
安　徽	768	326	442	5127	2559	2568	797	302	495
福　建	2620	1492	1128	36343	21392	14951	1978	1154	824
江　西	531	226	305	5400	2969	2431	703	419	284
山　东	1062	479	583	3129	1809	1320	732	227	505
河　南	636	271	365	3769	1850	1919	260	63	197
湖　北	1013	463	550	579063	284995	294068	154	50	104
湖　南	38330	18850	19480	911906	457539	454367	539	170	369
广　东	2628	1560	1068	43617	25970	17647	3608	2131	1477
广　西	579	293	286	3964	2120	1844	296	133	163
海　南	202	100	102	1278	687	591	145	79	66
重　庆	400	190	210	552697	272938	279759	330	91	239
四　川	3294	1592	1702	11154	5317	5837	660	207	453
贵　州	59413	30905	28508	621332	311120	310212	681	237	444
云　南	339996	168506	171490	4716	2724	1992	357554	178893	178661
西　藏	488	302	186	403	284	119	33	19	14
陕　西	174	75	99	940	460	480	66	18	48
甘　肃	495	253	242	2734	1428	1306	82	42	40
青　海	221	135	86	3530	1746	1784	19	7	12
宁　夏	38	13	25	379	216	163	10	5	5
新　疆	228	124	104	5053	2744	2309	111	49	62

1-4b 续表 6

单位：人

地区	哈萨克族			傣族			黎族		
	小计	男	女	小计	男	女	小计	男	女
全国	**405927**	**196651**	**209276**	**328892**	**159950**	**168942**	**300160**	**150373**	**149787**
北京	105	55	50	115	60	55	96	58	38
天津	36	21	15	57	27	30	72	36	36
河北	58	31	27	249	94	155	427	193	234
山西	7	3	4	46	9	37	74	32	42
内蒙古	27	14	13	57	20	37	327	121	206
辽宁	47	14	33	42	21	21	280	137	143
吉林	362	136	226	95	27	68	334	119	215
黑龙江	46	25	21	39	12	27	117	61	56
上海	297	116	181	401	192	209	312	129	183
江苏	157	56	101	1214	598	616	649	266	383
浙江	37	19	18	2175	1074	1101	3994	2134	1860
安徽	95	58	37	469	164	305	564	224	340
福建	69	27	42	1946	1043	903	1443	713	730
江西	61	32	29	296	132	164	773	308	465
山东	66	30	36	756	248	508	318	116	202
河南	79	27	52	216	51	165	391	146	245
湖北	18	7	11	142	45	97	554	253	301
湖南	30	13	17	496	167	329	917	335	582
广东	50	36	14	1193	655	538	2541	1225	1316
广西	14	6	8	319	114	205	1240	525	715
海南	9	9		116	65	51	234063	117527	116536
重庆	7	4	3	159	48	111	151	46	105
四川	116	48	68	1455	578	877	413	142	271
贵州	12	6	6	595	225	370	48615	24784	23831
云南	33	14	19	316001	154183	161818	1083	544	539
西藏	1	1		38	16	22	7	6	1
陕西	56	31	25	42	13	29	64	18	46
甘肃	3618	1747	1871	54	18	36	200	102	98
青海	40	21	19	13	8	5	15	7	8
宁夏	12	3	9	13	2	11	36	18	18
新疆	400362	194041	206321	83	41	42	90	48	42

1-4b　续表 7

单位：人

地　区	傈僳族			佤　族			畲　族		
	小计	男	女	小计	男	女	小计	男	女
全　国	**188898**	**94377**	**94521**	**98696**	**48291**	**50405**	**175159**	**91342**	**83817**
北　京	56	31	25	130	87	43	112	65	47
天　津	49	28	21	30	14	16	40	23	17
河　北	572	178	394	256	126	130	261	158	103
山　西	56	23	33	78	13	65	62	46	16
内蒙古	173	53	120	153	36	117	77	38	39
辽　宁	68	20	48	9	4	5	30	12	18
吉　林	48	15	33	24	7	17	80	41	39
黑龙江	38	16	22	7		7	35	20	15
上　海	173	92	81	587	337	250	439	265	174
江　苏	712	276	436	659	333	326	649	357	292
浙　江	941	411	530	1344	604	740	52376	26448	25928
安　徽	396	146	250	438	175	263	548	276	272
福　建	638	315	323	811	442	369	85195	44253	40942
江　西	155	55	100	121	52	69	17851	10378	7473
山　东	790	268	522	1606	732	874	132	76	56
河　南	152	33	119	244	85	159	199	97	102
湖　北	63	20	43	70	30	40	306	160	146
湖　南	131	48	83	288	105	183	1274	673	601
广　东	569	342	227	931	509	422	5151	2765	2386
广　西	96	30	66	132	65	67	339	183	156
海　南	51	27	24	36	16	20	112	66	46
重　庆	91	25	66	110	26	84	68	35	33
四　川	1994	848	1146	288	71	217	233	113	120
贵　州	254	87	167	256	105	151	9099	4491	4608
云　南	180424	90899	89525	89964	44269	45695	280	175	105
西　藏	63	29	34	9	4	5	6	6	
陕　西	25	8	17	18	3	15	53	25	28
甘　肃	39	17	22	29	10	19	75	48	27
青　海	5	1	4	9	2	7	4	3	1
宁　夏	4	2	2	6	1	5	25	11	14
新　疆	72	34	38	53	28	25	48	35	13

1-4b 续表 8

单位：人

地区	高山族			拉祜族			水族		
	小计	男	女	小计	男	女	小计	男	女
全国	**826**	**429**	**397**	**83249**	**39358**	**43891**	**145284**	**75258**	**70026**
北京	14	8	6	172	129	43	42	19	23
天津	1	1		64	26	38	22	11	11
河北	59	33	26	231	121	110	412	190	222
山西				41	5	36	16	8	8
内蒙古	39	20	19	247	56	191	178	75	103
辽宁	16	5	11	14	6	8	81	45	36
吉林	33	15	18	11	5	6	98	39	59
黑龙江	9	5	4	8	3	5	53	29	24
上海	8	2	6	180	102	78	171	98	73
江苏	17	8	9	670	247	423	3083	1723	1360
浙江	12	6	6	1022	420	602	12566	7204	5362
安徽	24	9	15	362	147	215	371	164	207
福建	147	76	71	545	297	248	1157	619	538
江西	12	5	7	105	44	61	407	218	189
山东	8	4	4	758	308	450	234	103	131
河南	24	14	10	258	43	215	96	37	59
湖北	7	5	2	55	22	33	226	99	127
湖南	46	25	21	221	49	172	385	157	228
广东	27	14	13	349	163	186	1730	1018	712
广西	76	42	34	90	49	41	4494	2218	2276
海南	17	7	10	55	30	25	85	43	42
重庆	4	3	1	129	24	105	70	20	50
四川	94	49	45	193	48	145	187	70	117
贵州	81	45	36	159	41	118	117117	60027	57090
云南	36	19	17	77201	36922	40279	1821	936	885
西藏				8	4	4	7	7	
陕西	2	1	1	14	3	11	33	13	20
甘肃	9	7	2	21	7	14	59	29	30
青海				5	4	1	28	8	20
宁夏	1	1		2		2	12	5	7
新疆	3		3	59	33	26	43	26	17

1-4b　续表 9　　　　单位：人

地　区	东乡族			纳西族			景颇族		
	小计	男	女	小计	男	女	小计	男	女
全　国	**138013**	**69152**	**68861**	**59473**	**28958**	**30515**	**28389**	**13730**	**14659**
北　京	221	153	68	36	21	15	33	18	15
天　津	45	25	20	17	8	9	23	12	11
河　北	386	204	182	84	28	56	59	20	39
山　西	50	28	22	9	5	4	31	1	30
内蒙古	267	140	127	20	10	10	20	5	15
辽　宁	48	28	20	8	2	6	13	4	9
吉　林	65	36	29	18	7	11	83	15	68
黑龙江	20	10	10	15	11	4	1		1
上　海	79	48	31	53	27	26	113	66	47
江　苏	484	251	233	120	45	75	262	127	135
浙　江	617	348	269	145	58	87	504	234	270
安　徽	659	358	301	39	14	25	96	32	64
福　建	782	499	283	60	29	31	495	265	230
江　西	459	290	169	42	18	24	65	28	37
山　东	389	212	177	47	16	31	281	75	206
河　南	198	107	91	49	16	33	128	17	111
湖　北	3	1	2	35	12	23	21	6	15
湖　南	683	491	192	28	11	17	82	17	65
广　东	276	195	81	51	30	21	288	165	123
广　西	33	24	9	25	7	18	20	6	14
海　南	17	9	8	11	4	7	4	2	2
重　庆	26	13	13	30	12	18	22	4	18
四　川	250	138	112	1980	964	1016	84	21	63
贵　州	98	47	51	79	29	50	123	49	74
云　南	46	30	16	56293	27476	28817	25473	12521	12952
西　藏	683	461	222	84	47	37	13	2	11
陕　西	148	91	57	14	9	5	10		10
甘　肃	113553	55736	57817	45	21	24	9	5	4
青　海	4507	2458	2049	1		1	4	2	2
宁　夏	199	101	98	2		2	8	3	5
新　疆	12722	6620	6102	33	21	12	21	8	13

1-4b 续表 10 单位：人

地区	柯尔克孜族			土族			达斡尔族		
	小计	男	女	小计	男	女	小计	男	女
全国	**39596**	**19458**	**20138**	**83033**	**41215**	**41818**	**40716**	**19737**	**20979**
北京	15	7	8	49	26	23	188	100	88
天津	1		1	23	12	11	110	55	55
河北	14	7	7	112	56	56	588	273	315
山西	2	1	1	35	15	20	36	21	15
内蒙古	49	33	16	250	104	146	31078	14975	16103
辽宁	22	14	8	13	10	3	246	108	138
吉林	30	13	17	38	15	23	311	139	172
黑龙江	499	263	236	16	6	10	6521	3251	3270
上海	29	7	22	79	31	48	76	38	38
江苏	115	68	47	285	134	151	119	58	61
浙江	9	7	2	754	423	331	100	57	43
安徽	19	11	8	116	44	72	56	27	29
福建	5	4	1	567	324	243	33	18	15
江西	74	25	49	130	67	63	30	14	16
山东	26	15	11	117	68	49	452	217	235
河南	12	2	10	145	68	77	68	31	37
湖北	16	12	4	243	113	130	9	4	5
湖南	2		2	1739	844	895	19	9	10
广东	217	124	93	612	335	277	55	24	31
广西	3	2	1	92	42	50	15	11	4
海南	1	1		50	25	25	31	14	17
重庆	1	1		1496	722	774	3	2	1
四川	11	5	6	155	86	69	22	10	12
贵州	5	3	2	2112	1137	975	14	8	6
云南	2	1	1	959	457	502	45	25	20
西藏				449	325	124	3	2	1
陕西	17	10	7	72	36	36	17	10	7
甘肃	62	22	40	14260	6894	7366	22	12	10
青海	3		3	56977	28218	28759	7	2	5
宁夏	5	3	2	66	31	35	16	10	6
新疆	38330	18797	19533	1022	547	475	426	212	214

1-4b 续表 11

单位：人

地区	仫佬族			羌族			布朗族		
	小计	男	女	小计	男	女	小计	男	女
全国	**83726**	**41853**	**41873**	**95071**	**46633**	**48438**	**25118**	**12468**	**12650**
北京	38	19	19	76	40	36	7	4	3
天津	23	13	10	12	6	6	6	2	4
河北	143	64	79	126	72	54	33	16	17
山西	7	3	4	119	88	31	4	1	3
内蒙古	14	9	5	49	26	23	8	2	6
辽宁	20	8	12	21	9	12	2		2
吉林	40	23	17	16	7	9	3		3
黑龙江	21	11	10	12	6	6	1		1
上海	138	67	71	102	53	49	35	19	16
江苏	367	189	178	509	283	226	147	59	88
浙江	2012	1140	872	330	197	133	214	111	103
安徽	121	56	65	129	70	59	58	23	35
福建	503	256	247	112	64	48	198	115	83
江西	170	91	79	58	31	27	28	12	16
山东	78	36	42	84	53	31	144	67	77
河南	81	36	45	128	76	52	34	4	30
湖北	88	32	56	60	28	32	12	1	11
湖南	291	118	173	58	29	29	66	19	47
广东	2324	1344	980	126	77	49	144	78	66
广西	66854	33235	33619	41	26	15	41	20	21
海南	69	45	24	17	11	6	25	16	9
重庆	95	39	56	115	58	57	77	15	62
四川	142	57	85	91241	44443	46798	56	17	39
贵州	9797	4808	4989	886	470	416	64	20	44
云南	203	117	86	152	99	53	23684	11831	11853
西藏	3	3		78	58	20	3	2	1
陕西	15	3	12	79	54	25	8	5	3
甘肃	37	16	21	73	36	37	6	4	2
青海	4	1	3	66	46	20	1	1	
宁夏	1		1	23	15	8			
新疆	27	14	13	173	102	71	9	4	5

1-4b 续表 12 单位：人

地区	撒拉族			毛南族			仡佬族		
	小计	男	女	小计	男	女	小计	男	女
全 国	**45814**	**22804**	**23010**	**34443**	**17640**	**16803**	**232941**	**118263**	**114678**
北 京	19	12	7	11	5	6	182	116	66
天 津	44	22	22	15	5	10	77	44	33
河 北	111	61	50	81	46	35	475	308	167
山 西	47	25	22	2	1	1	36	21	15
内蒙古	59	28	31	22	8	14	130	72	58
辽 宁	24	14	10	11	6	5	61	32	29
吉 林	43	24	19	22	8	14	119	58	61
黑龙江	2	2		6	1	5	67	39	28
上 海	114	63	51	48	20	28	490	308	182
江 苏	131	75	56	121	64	57	1478	823	655
浙 江	165	94	71	797	470	327	8914	5137	3777
安 徽	84	53	31	60	27	33	440	230	210
福 建	63	35	28	180	99	81	1932	1144	788
江 西	109	73	36	67	33	34	434	236	198
山 东	224	119	105	51	27	24	367	245	122
河 南	132	68	64	29	11	18	285	145	140
湖 北	26	12	14	32	11	21	272	108	164
湖 南	83	59	24	85	29	56	688	327	361
广 东	76	49	27	1012	633	379	2743	1658	1085
广 西	11	3	8	22917	11659	11258	1735	949	786
海 南	14	7	7	25	15	10	156	100	56
重 庆	20	12	8	14	4	10	1109	559	550
四 川	99	58	41	25	6	19	581	259	322
贵 州	52	27	25	8716	4404	4312	208924	104613	104311
云 南	38	19	19	58	35	23	875	507	368
西 藏	256	162	94	1	1		15	14	1
陕 西	31	14	17	7	1	6	91	61	30
甘 肃	3675	1838	1837	22	8	14	157	85	72
青 海	39251	19351	19900				4	3	1
宁 夏	14	5	9	5	3	2	13	8	5
新 疆	797	420	377	1		1	91	54	37

1-4b 续表 13 单位：人

地区	锡伯族			阿昌族			普米族		
	小计	男	女	小计	男	女	小计	男	女
全国	**29780**	**15068**	**14712**	**8223**	**4151**	**4072**	**13716**	**6714**	**7002**
北京	217	114	103				6	4	2
天津	49	27	22	4	2	2	1	1	
河北	328	161	167	6	3	3	3	2	1
山西	30	19	11	5	2	3	3	1	2
内蒙古	943	505	438				4	2	2
辽宁	13306	6807	6499	15	9	6			
吉林	978	464	514	3		3	1		1
黑龙江	1044	563	481	3	1	2	1		1
上海	96	50	46	26	14	12	6	5	1
江苏	163	76	87	166	88	78	33	9	24
浙江	68	36	32	78	48	30	23	15	8
安徽	57	26	31	25	11	14	19	13	6
福建	37	17	20	106	68	38	54	33	21
江西	34	16	18	3	1	2	8	3	5
山东	201	105	96	32	13	19	25	9	16
河南	77	38	39	16	3	13	8	3	5
湖北	17	9	8	3	1	2	5		5
湖南	23	14	9	16	7	9	2		2
广东	62	38	24	51	29	22	24	16	8
广西	39	23	16	8	4	4	6	1	5
海南	21	8	13	1		1	4	1	3
重庆	10	6	4	6		6	5	3	2
四川	39	24	15	24	9	15	76	40	36
贵州	26	11	15	17	7	10	21	12	9
云南	14	7	7	7603	3828	3775	13344	6517	6827
西藏	3	3					14	12	2
陕西	32	6	26				1	1	
甘肃	53	29	24	4	2	2	6	2	4
青海	9	5	4						
宁夏	13	11	2				1		1
新疆	11791	5850	5941	2	1	1	12	9	3

1-4b 续表 14 单位：人

地区	塔吉克族			怒族			乌孜别克族		
	小计	男	女	小计	男	女	小计	男	女
全国	**10184**	**5051**	**5133**	**7816**	**3772**	**4044**	**4152**	**2179**	**1973**
北京	1		1	7	2	5	2	1	1
天津	1	1		1		1			
河北	6	4	2	34	6	28	3		3
山西	1		1	1		1			
内蒙古				3	1	2			
辽宁	4	2	2	2		2			
吉林	4	2	2				2	1	1
黑龙江	5	3	2	4	2	2	1	1	
上海	9	6	3	4	2	2	3	2	1
江苏	3	3		32	7	25	5	2	3
浙江	4	2	2	40	16	24	2	2	
安徽	4	1	3	12	3	9	1	1	
福建	4	3	1	35	18	17	5	2	3
江西	4	1	3	4		4	1	1	
山东	8	5	3	23	8	15			
河南	6	3	3	4		4	2	2	
湖北	1		1	2		2	2	1	1
湖南				6	1	5	2	2	
广东	76	53	23	34	23	11	5	3	2
广西				3	1	2			
海南				2		2			
重庆	1	1		11	2	9			
四川	1		1	35	10	25	1		1
贵州	5	4	1	18	6	12	3	3	
云南	2	2		7426	3636	3790			
西藏				65	26	39			
陕西	6	6		5	1	4	1	1	
甘肃	9	2	7				7	3	4
青海									
宁夏									
新疆	10019	4947	5072	3	1	2	4104	2151	1953

1-4b　续表 15　　单位：人

地　区	俄罗斯族			鄂温克族			德昂族		
	小计	男	女	小计	男	女	小计	男	女
全　国	**2217**	**1116**	**1101**	**13650**	**6393**	**7257**	**4025**	**2017**	**2008**
北　京	20	11	9	52	26	26	1		1
天　津	2	1	1	56	26	30	2	1	1
河　北	54	26	28	109	50	59	8		8
山　西	2		2	23	18	5	2		2
内蒙古	662	334	328	12514	5873	6641	5	2	3
辽　宁	14	8	6	57	28	29			
吉　林	19	11	8	61	24	37	2	1	1
黑龙江	81	48	33	521	239	282	1		1
上　海	19	9	10	10	4	6	7	5	2
江　苏	32	17	15	27	11	16	5		5
浙　江	13	6	7	35	17	18	72	39	33
安　徽	13	6	7	15	3	12	28	9	19
福　建	7	4	3	7	1	6	93	51	42
江　西	6	3	3	3	2	1	4		4
山　东	27	13	14	80	32	48	21	3	18
河　南	25	12	13	23	13	10	7		7
湖　北	2		2	3	2	1	4	1	3
湖　南	6	2	4	5	2	3	14	7	7
广　东	11	5	6	9	5	4	28	14	14
广　西	1	1		8	3	5	6	2	4
海　南	6	3	3	5	3	2			
重　庆	2	1	1				3		3
四　川	18	10	8	6	4	2	10		10
贵　州	8	7	1	2		2	16	7	9
云　南							3682	1873	1809
西　藏							1	1	
陕　西	2	1	1	4	1	3	1		1
甘　肃	6	1	5	9	3	6			
青　海	4	3	1						
宁　夏	4	2	2	1		1			
新　疆	1151	571	580	5	3	2	2	1	1

1-4b 续表 16

单位：人

地区	保安族			裕固族			京族		
	小计	男	女	小计	男	女	小计	男	女
全国	**5064**	**2549**	**2515**	**3887**	**1882**	**2005**	**6346**	**3425**	**2921**
北京	2		2	5	4	1			
天津				1	1				
河北	19	8	11	6	3	3	6	1	5
山西	2		2	2		2			
内蒙古	7	6	1	29	13	16	8	2	6
辽宁	4	1	3						
吉林	5	2	3	1	1		8	5	3
黑龙江	1		1	2		2	7	3	4
上海	6	4	2	5	2	3	10	5	5
江苏	23	15	8	4	2	2	8	4	4
浙江	29	20	9	7	2	5	41	23	18
安徽	12	8	4	5	4	1	6		6
福建	9	2	7	1		1	34	7	27
江西	22	15	7	6	3	3	20	4	16
山东	11	4	7	12	5	7	11	2	9
河南	3	2	1	4	2	2	6		6
湖北	7	3	4	1		1	21	9	12
湖南	35	25	10	3	2	1	8	2	6
广东	12	6	6	2	1	1	40	12	28
广西	2	1	1	8	5	3	5427	2991	2436
海南				2		2	18	6	12
重庆				1	1		1	1	
四川	31	18	13	1	1		2	1	1
贵州	3	2	1	2	1	1	513	282	231
云南	1	1		2	1	1	147	63	84
西藏	21	15	6	2	1	1			
陕西	2	1	1	9	2	7	1	1	
甘肃	3988	1965	2023	3611	1748	1863	2		2
青海	656	341	315	74	32	42			
宁夏	2		2	9	7	2	1	1	
新疆	149	84	65	70	38	32			

1-4b 续表 17 单位：人

地区	塔塔尔族			独龙族			鄂伦春族		
	小计	男	女	小计	男	女	小计	男	女
全国	**751**	**392**	**359**	**2411**	**1172**	**1239**	**3800**	**1800**	**2000**
北京				2	1	1	13	4	9
天津	1		1				3	2	1
河北	2	2		3	1	2	59	32	27
山西							1	1	
内蒙古	1		1	1	1		2533	1209	1324
辽宁	1		1	3	1	2	36	14	22
吉林	3	1	2				52	18	34
黑龙江	1	1		1		1	985	464	521
上海	2	1	1	1		1	2	1	1
江苏	2	1	1	4		4	11	6	5
浙江				4	2	2	15	3	12
安徽	3	1	2	14	5	9	3	1	2
福建	1		1	3	1	2	7	4	3
江西	2		2	3	1	2	3		3
山东				4	1	3	37	20	17
河南				1	1		1		1
湖北				3	1	2	3		3
湖南	1	1		3	3		3		3
广东				2	2		3	2	1
广西	1		1				2	1	1
海南	2	1	1				1	1	
重庆	1	1		4		4			
四川	1		1	10	4	6			
贵州	4		4	7	4	3	13	7	6
云南				2331	1139	1192	3	2	1
西藏				4	2	2			
陕西				1	1		3	3	
甘肃	1		1	1	1		3	2	1
青海				1		1			
宁夏							3	2	1
新疆	721	382	339				2	1	1

1-4b 续表 18

单位：人

地区	赫哲族			门巴族			珞巴族		
	小计	男	女	小计	男	女	小计	男	女
全 国	**927**	**463**	**464**	**1860**	**869**	**991**	**554**	**242**	**312**
北 京	8	3	5	5	2	3			
天 津	1		1						
河 北	30	11	19	6	4	2	1		1
山 西	2		2						
内蒙古	8	3	5	1		1	1	1	
辽 宁	14	4	10	1		1			
吉 林	57	21	36	5	1	4	2	2	
黑龙江	724	376	348	2		2	2	1	1
上 海	1	1		4	1	3	2	1	1
江 苏	4	3	1	18	8	10	5	2	3
浙 江	9	3	6	1		1	2		2
安 徽	3	1	2	2		2	2	1	1
福 建	1		1	1	1		1		1
江 西				4	1	3	1		1
山 东	21	9	12	1		1	2	2	
河 南	4	1	3	2	1	1	1	1	
湖 北				5	2	3			
湖 南	2	1	1	6	5	1	1	1	
广 东	9	5	4	2	1	1	1	1	
广 西	5	4	1						
海 南	4	1	3						
重 庆				1		1	1		1
四 川	1	1		12	4	8	7	4	3
贵 州	3	2	1				12	6	6
云 南	9	7	2	4		4	5	3	2
西 藏				1762	833	929	501	215	286
陕 西	2	2		3	2	1			
甘 肃	3	3		9	2	7	3		3
青 海				2	1	1			
宁 夏				1		1			
新 疆	2	1	1				1	1	

1-4b　续表 19

单位：人

地　区	基诺族			未定族称人口			入　籍		
	小计	男	女	小计	男	女	小计	男	女
全　国	**2319**	**1058**	**1261**	**273430**	**141125**	**132305**	**3481**	**1614**	**1867**
北　京	1		1	68	35	33	1	1	
天　津	2	2		287	166	121			
河　北	3		3	374	188	186	57	19	38
山　西	3	1	2	48	21	27	6	3	3
内蒙古	6	1	5	430	210	220	19	9	10
辽　宁	2	2		296	165	131	44	15	29
吉　林	6	4	2	228	116	112	16	7	9
黑龙江				75	35	40	9	3	6
上　海	1		1	213	118	95	50	40	10
江　苏	8	4	4	1838	992	846	78	36	42
浙　江	15	6	9	11286	6540	4746	325	170	155
安　徽	3	2	1	499	238	261	30	8	22
福　建	7	2	5	2019	1199	820	100	30	70
江　西	7	3	4	1001	511	490	73	15	58
山　东	2	1	1	411	201	210	29	9	20
河　南	1	1		223	77	146	27	5	22
湖　北	1		1	205	86	119	30	5	25
湖　南	10	3	7	549	262	287	66	24	42
广　东	8	2	6	908	473	435	88	20	68
广　西	4	2	2	655	309	346	127	23	104
海　南				485	269	216	31	13	18
重　庆	10	3	7	394	200	194	11	5	6
四　川	8	4	4	306	139	167	30	9	21
贵　州	7	5	2	241520	123758	117762	2071	1074	997
云　南	2201	1010	1191	6544	3495	3049	126	58	68
西　藏				2257	1142	1115	5	1	4
陕　西	2		2	60	33	27	10	4	6
甘　肃				149	82	67	2		2
青　海				13	11	2			
宁　夏				16	13	3	1		1
新　疆	1		1	73	41	32	19	8	11

1-4c 各地区分性别、民族的人口(乡村)

单位：人

地区	合计			汉族		
	合计	男	女	小计	男	女
全国	**509787562**	**264595042**	**245192520**	**446101523**	**231604755**	**214496768**
北京	2726662	1488424	1238238	2627662	1436424	1191238
天津	2121569	1098351	1023218	2079332	1077801	1001531
河北	29793749	15207373	14586376	28496012	14530527	13965485
山西	13084122	6855573	6228549	13066569	6847726	6218843
内蒙古	7821680	4136772	3684908	5839100	3106126	2732974
辽宁	11865431	6070813	5794618	9208878	4674210	4534668
吉林	8994439	4629137	4365302	8286147	4259393	4026754
黑龙江	10952394	5640170	5312224	10445447	5369745	5075702
上海	2661515	1508990	1152525	2613771	1481571	1132200
江苏	22505633	11510786	10994847	22374041	11448656	10925385
浙江	17969123	9445605	8523518	17339987	9102866	8237121
安徽	25432068	13208668	12223400	25312102	13154195	12157907
福建	12982839	6827964	6154875	12604979	6614272	5990707
江西	17878024	9366260	8511764	17800276	9324094	8476182
山东	37513199	19083645	18429554	37293210	18979731	18313479
河南	44286965	22202937	22084028	44001624	22057178	21944446
湖北	21432183	11290985	10141198	20041206	10549184	9492022
湖南	27398688	14281054	13117634	23859500	12398797	11460703
广东	32576438	17163861	15412577	31854803	16756042	15098761
广西	22955848	12119132	10836716	13301664	7069965	6231699
海南	4005251	2155432	1849819	2951286	1590101	1361185
重庆	9790131	5169776	4620355	8809675	4650737	4158938
四川	36208954	18870936	17338018	32403118	16952389	15450729
贵州	18066202	9397708	8668494	10414605	5431611	4982994
云南	23580713	12432456	11148257	13813169	7376714	6436455
西藏	2344657	1216478	1128179	103870	78728	25142
陕西	14759269	7679000	7080269	14727322	7663403	7063919
甘肃	11952499	6146432	5806067	10394441	5370469	5023972
青海	2364594	1223114	1141480	833846	448928	384918
宁夏	2524000	1323169	1200831	1212377	650685	561692
新疆	11238723	5844041	5394682	1991504	1152487	839017

1-4c　续表 1

单位：人

地区	蒙古族			回族			藏族		
	小计	男	女	小计	男	女	小计	男	女
全　国	**2454155**	**1276705**	**1177450**	**4119842**	**2113906**	**2005936**	**4594063**	**2319084**	**2274979**
北　京	10161	5163	4998	19879	10259	9620	295	167	128
天　津	4693	2102	2591	6186	3155	3031	155	71	84
河　北	88553	46628	41925	158816	80613	78203	701	238	463
山　西	1399	712	687	4261	2277	1984	359	147	212
内蒙古	1758711	911804	846907	30169	16251	13918	1066	542	524
辽　宁	275576	142185	133391	18517	9636	8881	516	310	206
吉　林	65071	31986	33085	20753	10540	10213	327	152	175
黑龙江	43964	22337	21627	9213	4934	4279	182	89	93
上　海	976	583	393	3419	2006	1413	460	244	216
江　苏	1923	961	962	14520	7454	7066	762	311	451
浙　江	2521	1365	1156	12887	7336	5551	1169	496	673
安　徽	884	410	474	77331	40893	36438	1350	403	947
福　建	2203	1270	933	35620	21098	14522	578	284	294
江　西	380	192	188	2255	1259	996	506	201	305
山　东	5216	2723	2493	153556	78097	75459	662	215	447
河　南	27903	17897	10006	216460	109905	106555	985	267	718
湖　北	2325	1281	1044	14715	7835	6880	641	329	312
湖　南	660	335	325	32636	18087	14549	1478	607	871
广　东	1769	1078	691	4846	2818	2028	1983	756	1227
广　西	714	368	346	4444	2401	2043	416	171	245
海　南	742	416	326	1423	773	650	193	101	92
重　庆	1233	725	508	926	447	479	607	249	358
四　川	18634	9519	9115	28169	14891	13278	1056038	534134	521904
贵　州	20641	11761	8880	98183	50705	47478	877	399	478
云　南	9481	5208	4273	276377	142725	133652	96474	48212	48262
西　藏	253	190	63	4454	2996	1458	2216029	1122692	1093337
陕　西	1175	609	566	18722	9974	8748	2416	961	1455
甘　肃	2386	1246	1140	728422	364459	363963	308532	153518	155014
青　海	43626	23114	20512	409970	207090	202880	892205	449310	442895
宁　夏	737	365	372	1300286	666493	633793	200	112	88
新　疆	59645	32172	27473	412427	216499	195928	5901	3396	2505

1-4c 续表 2

单位：人

地区	维吾尔族			苗族			彝族		
	小计	男	女	小计	男	女	小计	男	女
全国	**7573182**	**3821409**	**3751773**	**6062391**	**3156950**	**2905441**	**6241892**	**3196519**	**3045373**
北京	302	153	149	1545	798	747	1107	650	457
天津	104	58	46	1481	647	834	688	362	326
河北	364	202	162	10524	4532	5992	4106	1614	2492
山西	159	83	76	1857	873	984	2397	892	1505
内蒙古	122	86	36	3522	1722	1800	1597	819	778
辽宁	780	408	372	3264	1544	1720	613	314	299
吉林	649	273	376	2030	960	1070	655	298	357
黑龙江	170	86	84	472	254	218	282	169	113
上海	658	349	309	10255	5961	4294	5474	3254	2220
江苏	316	148	168	28750	13680	15070	15158	7224	7934
浙江	319	148	171	166111	92026	74085	43642	23734	19908
安徽	224	102	122	9527	2757	6770	5676	1927	3749
福建	579	202	377	47396	27733	19663	13274	7730	5544
江西	365	170	195	7700	3651	4049	2419	1243	1176
山东	666	310	356	8943	3805	5138	8024	3088	4936
河南	528	212	316	4587	1611	2976	2604	942	1662
湖北	1695	792	903	111338	61833	49505	2641	1137	1504
湖南	2903	1665	1238	1085964	576082	509882	2843	1042	1801
广东	391	219	172	103249	60432	42817	19036	10968	8068
广西	159	77	82	380384	195545	184839	6440	3186	3254
海南	164	105	59	63046	32786	30260	1569	828	741
重庆	210	127	83	226640	122141	104499	3871	1445	2426
四川	794	396	398	129529	65133	64396	2318659	1168813	1149846
贵州	107	57	50	2667871	1367957	1299914	578029	297879	280150
云南	77	52	25	973583	505650	467933	3193362	1652193	1541169
西藏	49	39	10	430	311	119	1512	1303	209
陕西	659	310	349	1243	492	751	1348	577	771
甘肃	560	283	277	1182	596	586	1103	620	483
青海	42	19	23	208	121	87	326	226	100
宁夏	63	24	39	5666	3006	2660	313	173	140
新疆	7559004	3814254	3744750	4094	2311	1783	3124	1869	1255

1-4c　续表 3　　单位：人

地　区	壮族			布依族			朝鲜族		
	小计	男	女	小计	男	女	小计	男	女
全　国	**9113819**	**4768842**	**4344977**	**1762003**	**905292**	**856711**	**499730**	**250395**	**249335**
北　京	2091	784	1307	435	203	232	1094	534	560
天　津	2615	712	1903	436	183	253	475	188	287
河　北	12264	3109	9155	5259	2133	3126	2308	1015	1293
山　西	812	157	655	364	110	254	119	55	64
内蒙古	619	297	322	1573	748	825	5418	2710	2708
辽　宁	965	368	597	1503	722	781	49051	24331	24720
吉　林	796	312	484	950	465	485	282420	142432	139988
黑龙江	446	240	206	95	47	48	151504	75477	76027
上　海	3683	1754	1929	1649	910	739	452	228	224
江　苏	7189	2902	4287	10198	4489	5709	660	337	323
浙　江	38620	18235	20385	90163	49548	40615	389	203	186
安　徽	3902	1011	2891	3322	876	2446	219	99	120
福　建	12666	6447	6219	12233	7033	5200	180	98	82
江　西	4074	1248	2826	2114	800	1314	64	29	35
山　东	2902	761	2141	2946	1208	1738	2557	1172	1385
河　南	3143	652	2491	1490	434	1056	153	56	97
湖　北	4973	1253	3720	1953	583	1370	561	350	211
湖　南	18767	7151	11616	3172	956	2216	197	97	100
广　东	289165	158640	130525	28321	16418	11903	475	262	213
广　西	7871862	4130878	3740984	12448	4288	8160	204	88	116
海　南	27630	14515	13115	2444	1419	1025	214	108	106
重　庆	2072	588	1484	2138	754	1384	72	32	40
四　川	6641	1980	4661	6843	2901	3942	298	148	150
贵　州	28616	13229	15387	1534904	789143	745761	131	81	50
云　南	764097	400212	363885	32427	17594	14833	235	110	125
西　藏	154	116	38	140	109	31	9	6	3
陕　西	1148	320	828	401	148	253	96	42	54
甘　肃	407	143	264	443	209	234	41	21	20
青　海	104	57	47	57	36	21	21	10	11
宁　夏	159	66	93	1204	592	612	23	16	7
新　疆	1237	705	532	378	233	145	90	60	30

1-4c 续表 4

单位：人

地区	满族			侗族			瑶族		
	小计	男	女	小计	男	女	小计	男	女
全国	**4136301**	**2205310**	**1930991**	**1692338**	**902580**	**789758**	**1933918**	**1012690**	**921228**
北京	57285	30749	26536	371	206	165	262	128	134
天津	21932	11454	10478	331	130	201	254	82	172
河北	996184	528980	467204	2897	1449	1448	1467	493	974
山西	1839	1055	784	242	114	128	123	39	84
内蒙古	137453	74192	63261	1727	911	816	134	56	78
辽宁	2251567	1187397	1064170	1765	896	869	255	106	149
吉林	328449	179512	148937	1063	503	560	164	64	100
黑龙江	279021	155474	123547	118	64	54	108	54	54
上海	1372	823	549	1835	1096	739	899	500	399
江苏	2094	1121	973	6921	2649	4272	1228	518	710
浙江	2608	1520	1088	39768	22685	17083	4538	2348	2190
安徽	1561	758	803	2211	624	1587	774	244	530
福建	2446	1521	925	7610	4692	2918	2241	1294	947
江西	386	219	167	1725	776	949	1557	719	838
山东	8483	4323	4160	2759	1361	1398	507	185	322
河南	17320	11076	6244	831	244	587	732	194	538
湖北	981	541	440	36652	20164	16488	1235	376	859
湖南	705	358	347	477402	258123	219279	520301	279328	240973
广东	1960	1222	738	32312	19910	12402	139424	76587	62837
广西	1508	822	686	199271	103314	95957	1049594	541468	508126
海南	1612	848	764	1455	966	489	4447	2411	2036
重庆	282	174	108	2007	915	1092	552	165	387
四川	1802	1008	794	2332	882	1450	1433	426	1007
贵州	7205	3923	3282	865977	458330	407647	29325	15015	14310
云南	3941	2358	1583	1473	854	619	171616	89551	82065
西藏	197	156	41	105	84	21	44	34	10
陕西	1063	606	457	380	151	229	243	56	187
甘肃	948	593	355	313	161	152	106	46	60
青海	192	122	70	27	23	4	30	15	15
宁夏	1655	887	768	71	45	26	97	46	51
新疆	2250	1518	732	387	258	129	228	142	86

1-4c　续表 5

单位：人

地区	白族			土家族			哈尼族		
	小计	男	女	小计	男	女	小计	男	女
全　国	**1041122**	**534168**	**506954**	**4293865**	**2281520**	**2012345**	**1108897**	**578481**	**530416**
北　京	239	134	105	1871	963	908	152	85	67
天　津	106	45	61	1305	679	626	75	25	50
河　北	989	343	646	5152	2576	2576	512	190	322
山　西	327	115	212	1271	666	605	155	15	140
内蒙古	246	109	137	1689	885	804	163	42	121
辽　宁	352	166	186	1479	755	724	104	29	75
吉　林	220	99	121	1058	561	497	101	22	79
黑龙江	151	66	85	291	171	120	29	7	22
上　海	1154	636	518	6549	3797	2752	3577	2218	1359
江　苏	2502	1060	1442	15654	7578	8076	2375	979	1396
浙　江	7615	3985	3630	78732	44134	34598	4595	2240	2355
安　徽	784	242	542	4549	1945	2604	979	180	799
福　建	2115	1179	936	29245	17746	11499	2042	1116	926
江　西	463	185	278	3401	1685	1716	231	62	169
山　东	1966	518	1448	3547	1835	1712	2342	349	1993
河　南	753	218	535	2856	1131	1725	440	76	364
湖　北	4654	2354	2300	1199917	639733	560184	293	88	205
湖　南	65655	34709	30946	1316593	699794	616799	699	124	575
广　东	3537	2058	1479	51517	31919	19598	3624	2097	1527
广　西	548	246	302	4302	2185	2117	617	281	336
海　南	251	128	123	2013	1200	813	367	182	185
重　庆	555	226	329	732220	388364	343856	772	148	624
四　川	3888	1737	2151	40523	20793	19730	1798	414	1384
贵　州	98445	53391	45054	768170	399115	369055	956	323	633
云　南	842370	429530	412840	5199	3208	1991	1081486	567007	514479
西　藏	465	333	132	632	506	126	53	41	12
陕　西	251	87	164	1118	515	603	82	26	56
甘　肃	169	79	90	1809	921	888	68	17	51
青　海	102	56	46	2647	1288	1359	11	3	8
宁　夏	31	14	17	253	164	89	14	4	10
新　疆	219	120	99	8303	4708	3595	185	91	94

1-4c 续表 6

单位：人

地区	哈萨克族			傣族			黎族		
	小计	男	女	小计	男	女	小计	男	女
全国	**943263**	**484935**	**458328**	**770937**	**392818**	**378119**	**1036911**	**554688**	**482223**
北京	74	25	49	93	33	60	94	40	54
天津	4	2	2	67	27	40	72	26	46
河北	40	21	19	362	109	253	509	200	309
山西	13	11	2	113	23	90	131	50	81
内蒙古	97	56	41	81	20	61	400	192	208
辽宁	85	38	47	82	25	57	447	209	238
吉林	186	80	106	171	40	131	338	136	202
黑龙江	7	3	4	39	15	24	89	33	56
上海	120	52	68	777	432	345	279	137	142
江苏	54	22	32	1717	766	951	666	261	405
浙江	28	12	16	2065	885	1180	4848	2626	2222
安徽	13	8	5	604	110	494	534	150	384
福建	28	12	16	1841	1006	835	1199	559	640
江西	16	5	11	292	115	177	463	136	327
山东	77	30	47	2005	405	1600	363	103	260
河南	23	4	19	433	62	371	247	61	186
湖北	31	15	16	247	65	182	924	442	482
湖南	30	13	17	508	96	412	962	332	630
广东	36	19	17	2215	1130	1085	3401	1572	1829
广西	5	1	4	371	82	289	2083	866	1217
海南	39	20	19	140	56	84	943269	506857	436412
重庆	25	7	18	414	89	325	235	90	145
四川	61	20	41	5062	2072	2990	667	219	448
贵州	4	1	3	618	207	411	72991	38582	34409
云南	61	24	37	750340	384836	365504	1403	679	724
西藏	6	5	1	34	27	7	21	14	7
陕西	80	51	29	67	11	56	106	32	74
甘肃	261	150	111	59	15	44	77	35	42
青海	491	249	242	20	14	6	11	7	4
宁夏	26	3	23	4		4	25	8	17
新疆	941242	483976	457266	96	45	51	57	34	23

1-4c　续表 7

单位：人

地　区	傈僳族			佤族			畲族		
	小计	男	女	小计	男	女	小计	男	女
全　国	**495049**	**249787**	**245262**	**293038**	**149050**	**143988**	**372566**	**207043**	**165523**
北　京	53	35	18	154	103	51	86	42	44
天　津	53	30	23	80	25	55	65	39	26
河　北	1715	298	1417	262	86	176	236	149	87
山　西	191	29	162	263	21	242	97	78	19
内蒙古	363	92	271	282	90	192	125	105	20
辽　宁	404	85	319	67	21	46	64	40	24
吉　林	126	45	81	69	21	48	54	29	25
黑龙江	42	24	18	25	7	18	14	8	6
上　海	423	247	176	940	599	341	245	141	104
江　苏	1251	434	817	870	442	428	450	228	222
浙　江	1188	485	703	1962	887	1075	86631	46368	40263
安　徽	595	120	475	503	114	389	866	464	402
福　建	488	270	218	790	448	342	194299	106912	87387
江　西	158	52	106	188	69	119	44504	27285	17219
山　东	1991	391	1600	4066	939	3127	119	70	49
河　南	341	50	291	813	92	721	114	62	52
湖　北	193	59	134	201	73	128	1520	1008	512
湖　南	203	47	156	331	48	283	1708	1034	674
广　东	690	368	322	1326	692	634	13730	8278	5452
广　西	158	57	101	213	70	143	242	128	114
海　南	57	32	25	112	63	49	202	119	83
重　庆	239	60	179	334	49	285	85	39	46
四　川	19338	9495	9843	1049	183	866	199	111	88
贵　州	399	134	265	414	137	277	26476	14035	12441
云　南	463934	236595	227339	277514	143695	133819	264	148	116
西　藏	162	109	53	14	9	5	8	7	1
陕　西	42	10	32	68	25	43	45	27	18
甘　肃	69	26	43	47	7	40	41	33	8
青　海	9	5	4	9	5	4	9	9	
宁　夏	4		4	4	4		19	13	6
新　疆	170	103	67	68	26	42	49	34	15

1-4c 续表 8 单位：人

地区	高山族			拉祜族			水族		
	小计	男	女	小计	男	女	小计	男	女
全国	**633**	**364**	**269**	**371198**	**191471**	**179727**	**259760**	**136596**	**123164**
北京	3	1	2	123	86	37	37	23	14
天津				97	31	66	45	24	21
河北	129	68	61	282	70	212	746	335	411
山西				163	15	148	29	11	18
内蒙古	18	11	7	212	44	168	358	153	205
辽宁	48	22	26	21	4	17	364	166	198
吉林	12	8	4	25	6	19	210	105	105
黑龙江	5	2	3	9	2	7	19	10	9
上海	2		2	356	209	147	210	117	93
江苏	13	7	6	930	286	644	8938	5142	3796
浙江	8	6	2	1456	525	931	10132	5614	4518
安徽	9	3	6	615	83	532	671	180	491
福建	44	26	18	491	281	210	1520	916	604
江西	2		2	121	16	105	343	166	177
山东	7	3	4	1617	259	1358	498	252	246
河南	15	5	10	887	104	783	85	19	66
湖北	53	34	19	120	33	87	443	220	223
湖南	18	8	10	298	33	265	450	154	296
广东	17	5	12	888	400	488	2883	1718	1165
广西	56	33	23	111	27	84	6466	3326	3140
海南	28	17	11	179	117	62	143	78	65
重庆	2		2	278	41	237	162	51	111
四川	19	14	5	650	126	524	416	138	278
贵州	83	65	18	280	71	209	218468	114374	104094
云南	27	18	9	360841	188537	172304	5937	3214	2723
西藏				12	9	3	14	12	2
陕西	1		1	35	6	29	42	11	31
甘肃	11	6	5	24	5	19	73	34	39
青海				12	4	8	8	5	3
宁夏				8	6	2	16	2	14
新疆	3	2	1	57	35	22	34	26	8

1-4c 续表 9 单位：人

地区	东乡族			纳西族			景颇族		
	小计	男	女	小计	男	女	小计	男	女
全国	**517160**	**257569**	**259591**	**152180**	**77750**	**74430**	**104626**	**51995**	**52631**
北京	168	116	52	33	24	9	34	12	22
天津	47	31	16	5	3	2	45	21	24
河北	223	124	99	158	30	128	104	28	76
山西	41	22	19	21	4	17	136	8	128
内蒙古	188	114	74	18	6	12	14	4	10
辽宁	56	31	25	9	4	5	32	4	28
吉林	14	8	6	19	7	12	326	76	250
黑龙江	12	8	4	5	2	3	11	3	8
上海	76	42	34	35	21	14	121	59	62
江苏	178	102	76	98	20	78	317	114	203
浙江	370	215	155	296	61	235	368	158	210
安徽	251	126	125	32	4	28	207	35	172
福建	396	236	160	52	29	23	347	156	191
江西	210	138	72	15	5	10	64	16	48
山东	161	85	76	172	31	141	722	157	565
河南	56	34	22	75	10	65	207	30	177
湖北	13	6	7	41	17	24	53	14	39
湖南	134	75	59	28	4	24	128	12	116
广东	349	219	130	55	34	21	375	191	184
广西	11	7	4	29	11	18	56	20	36
海南	30	15	15	35	13	22	9	8	1
重庆	11	6	5	59	19	40	56	11	45
四川	258	181	77	6843	3411	3432	245	50	195
贵州	812	437	375	96	33	63	107	41	66
云南	77	49	28	143127	73549	69578	100463	50734	49729
西藏	589	393	196	754	369	385	5	2	3
陕西	137	91	46	13	2	11	18	4	14
甘肃	464349	229222	235127	8	2	6	17	5	12
青海	1696	975	721	13	4	9	1		1
宁夏	584	354	230	2	2		1		1
新疆	45663	24107	21556	34	19	15	37	22	15

1-4c 续表 10 单位：人

地区	柯尔克孜族			土族			达斡尔族		
	小计	男	女	小计	男	女	小计	男	女
全国	**144115**	**74188**	**69927**	**136036**	**71049**	**64987**	**40838**	**20968**	**19870**
北京	12	5	7	47	22	25	195	82	113
天津	1	1		29	16	13	110	53	57
河北	15	1	14	109	39	70	384	163	221
山西	1		1	49	11	38	32	10	22
内蒙古	23	15	8	151	82	69	22134	11302	10832
辽宁	28	14	14	32	13	19	310	106	204
吉林	14	7	7	27	13	14	197	66	131
黑龙江	400	224	176	4	1	3	15211	7952	7259
上海	18	9	9	77	44	33	27	17	10
江苏	4	1	3	225	85	140	66	36	30
浙江	4	1	3	591	314	277	62	33	29
安徽	1		1	92	30	62	17	9	8
福建	15	9	6	266	156	110	14	8	6
江西	2		2	61	32	29	6	3	3
山东	12	5	7	90	39	51	306	134	172
河南	2		2	69	22	47	18	8	10
湖北	7	6	1	690	372	318	13	3	10
湖南	4	1	3	1371	728	643	4	2	2
广东	67	45	22	712	431	281	22	13	9
广西				90	40	50	16	8	8
海南				115	69	46	46	23	23
重庆	14	7	7	1193	625	568	6	3	3
四川	16	8	8	192	102	90	29	16	13
贵州	8	4	4	2043	1067	976	13	5	8
云南	22	12	10	1367	738	629	35	17	18
西藏	1	1		859	672	187	1	1	
陕西	29	15	14	113	59	54	19	13	6
甘肃	24	11	13	14710	7485	7225	10	6	4
青海	1		1	109104	56878	52226	2	2	
宁夏	3	1	2	44	25	19	2		2
新疆	143367	73785	69582	1514	839	675	1531	874	657

1-4c 续表 11

单位：人

地 区	仫佬族			羌 族			布朗族		
	小计	男	女	小计	男	女	小计	男	女
全 国	**93033**	**49380**	**43653**	**154141**	**80181**	**73960**	**89859**	**46353**	**43506**
北 京	57	30	27	58	36	22	16	9	7
天 津	30	11	19	23	12	11	8	3	5
河 北	264	80	184	122	46	76	68	16	52
山 西	18	4	14	121	91	30	22	2	20
内蒙古	27	14	13	49	26	23	4		4
辽 宁	24	12	12	30	20	10	6	2	4
吉 林	20	11	9	10	4	6	7	1	6
黑龙江	11	7	4	10	3	7	8	1	7
上 海	213	108	105	101	54	47	43	25	18
江 苏	310	143	167	450	239	211	202	67	135
浙 江	1531	826	705	292	171	121	294	133	161
安 徽	140	38	102	89	31	58	95	18	77
福 建	412	235	177	107	66	41	185	100	85
江 西	115	35	80	32	8	24	27	3	24
山 东	79	21	58	93	48	45	301	71	230
河 南	75	23	52	42	15	27	95	17	78
湖 北	136	44	92	213	127	86	24	5	19
湖 南	591	292	299	45	22	23	130	16	114
广 东	4051	2316	1735	89	55	34	243	123	120
广 西	63447	33776	29671	31	20	11	70	22	48
海 南	141	70	71	46	24	22	133	75	58
重 庆	237	87	150	131	73	58	148	33	115
四 川	197	58	139	150589	78116	72473	162	29	133
贵 州	20623	10997	9626	503	278	225	109	37	72
云 南	202	106	96	157	114	43	87424	45530	41894
西 藏	6	4	2	230	192	38	5	2	3
陕 西	35	12	23	77	37	40	8	3	5
甘 肃	11	5	6	69	36	33	6	1	5
青 海	4		4	34	23	11	2		2
宁 夏				21	10	11			
新 疆	26	15	11	277	184	93	14	9	5

1-4c 续表 12

单位：人

地区	撒拉族			毛南族			仡佬族		
	小计	男	女	小计	男	女	小计	男	女
全国	**83727**	**41758**	**41969**	**54492**	**28936**	**25556**	**272370**	**147395**	**124975**
北京	17	14	3	15	6	9	168	102	66
天津	63	28	35	28	8	20	98	62	36
河北	89	47	42	150	71	79	581	363	218
山西	56	28	28	5		5	84	44	40
内蒙古	29	14	15	31	19	12	161	97	64
辽宁	12	5	7	38	20	18	183	107	76
吉林	32	21	11	18	8	10	153	85	68
黑龙江	2		2	3	2	1	42	22	20
上海	67	38	29	53	23	30	688	427	261
江苏	32	16	16	88	50	38	1393	770	623
浙江	52	34	18	759	426	333	10079	5767	4312
安徽	17	7	10	37	12	25	417	196	221
福建	31	18	13	181	99	82	1773	1098	675
江西	61	37	24	55	23	32	311	162	149
山东	196	104	92	47	23	24	428	229	199
河南	34	19	15	33	10	23	219	71	148
湖北	50	23	27	57	19	38	480	187	293
湖南	16	10	6	93	26	67	698	309	389
广东	57	35	22	1593	950	643	4127	2588	1539
广西	1	1		31973	17249	14724	2520	1322	1198
海南	5	3	2	48	24	24	214	153	61
重庆	9	5	4	33	17	16	2033	980	1053
四川	90	56	34	67	18	49	1134	491	643
贵州	19	11	8	19003	9789	9214	242249	130492	111757
云南	83	47	36	55	30	25	1697	1007	690
西藏	195	121	74	1	1		42	28	14
陕西	64	33	31	18	7	11	109	49	60
甘肃	10282	5189	5093	6	4	2	105	74	31
青海	69467	34363	35104				10	10	
宁夏	20	11	9				14	9	5
新疆	2579	1420	1159	4	2	2	160	94	66

1-4c　续表 13　　　　单位：人

地　区	锡伯族			阿昌族			普米族		
	小计	男	女	小计	男	女	小计	男	女
全　国	**60659**	**33542**	**27117**	**28583**	**14243**	**14340**	**24589**	**12464**	**12125**
北　京	159	76	83	3	2	1	6	3	3
天　津	26	10	16	15	9	6	1		1
河　北	115	45	70	7	6	1	18	5	13
山　西	15	10	5	10	3	7	3	1	2
内蒙古	844	433	411	3		3	5	3	2
辽　宁	46750	25907	20843	4	2	2	6	3	3
吉　林	897	478	419	12	2	10	4	2	2
黑龙江	1725	1024	701	1	1				
上　海	25	13	12	104	62	42	7	3	4
江　苏	47	22	25	145	67	78	17	7	10
浙　江	38	17	21	105	59	46	31	13	18
安　徽	12	6	6	48	11	37	12	6	6
福　建	18	7	11	181	111	70	36	26	10
江　西	3	2	1	20	9	11	1		1
山　东	86	35	51	123	27	96	39	6	33
河　南	14	6	8	38	7	31	2		2
湖　北	12	7	5	10	3	7	7	5	2
湖　南	9	3	6	22	6	16	3	2	1
广　东	29	19	10	156	85	71	38	26	12
广　西	21	9	12	27	9	18	10	5	5
海　南	36	14	22	5	4	1	7	2	5
重　庆	11	5	6	17	5	12	11	3	8
四　川	63	39	24	56	18	38	114	41	73
贵　州	10	4	6	33	12	21	29	12	17
云　南	12	4	8	27416	13713	13703	24138	12260	11878
西　藏	5	4	1	4	3	1	31	23	8
陕　西	14	4	10	3	1	2	1		1
甘　肃	13	2	11	4	1	3	2	1	1
青　海	3		3	2		2			
宁　夏	15	12	3	2	1	1	3	2	1
新　疆	9632	5325	4307	7	4	3	7	4	3

1-4c 续表 14　　单位：人

地　区	塔吉克族			怒　族			乌孜别克族		
	小计	男	女	小计	男	女	小计	男	女
全　国	**38577**	**19593**	**18984**	**25214**	**13100**	**12114**	**2389**	**1404**	**985**
北　京	1		1	3	1	2	2	1	1
天　津									
河　北	2	1	1	76	13	63	3	1	2
山　西				10	3	7			
内蒙古	2	1	1	4	1	3	2	1	1
辽　宁	7	4	3	28	6	22	1	1	
吉　林	6	3	3	4	2	2	2	1	1
黑龙江				2	1	1			
上　海	6	3	3	9	5	4	3	3	
江　苏	1	1		52	15	37			
浙　江	4	2	2	63	15	48	1		1
安　徽	1		1	29	4	25			
福　建	3	1	2	15	7	8	1	1	
江　西				1		1			
山　东	4	3	1	93	22	71			
河　南	4	1	3	13	1	12			
湖　北	1	1		17	5	12			
湖　南	2	2		12	2	10			
广　东				28	16	12			
广　西	1		1	9	3	6			
海　南	1		1						
重　庆				10	1	9			
四　川	1		1	106	20	86	1		1
贵　州	2	2		28	11	17	6	4	2
云　南	4	1	3	24196	12734	11462	1	1	
西　藏				401	211	190	1		1
陕　西	9	7	2						
甘　肃	2	2		3		3	1	1	
青　海									
宁　夏	1		1						
新　疆	38512	19558	18954	2	1	1	2364	1389	975

1-4c 续表 15

单位：人

地区	俄罗斯族			鄂温克族			德昂族		
	小计	男	女	小计	男	女	小计	男	女
全国	**1519**	**810**	**709**	**11704**	**5992**	**5712**	**14972**	**7500**	**7472**
北京	18	9	9	52	22	30	3	3	
天津	2	1	1	40	17	23	3	2	1
河北	22	7	15	101	44	57	8	3	5
山西	3	1	2	15	12	3	5	2	3
内蒙古	720	403	317	10423	5391	5032			
辽宁	24	13	11	55	21	34	3		3
吉林	10	2	8	41	18	23	8	6	2
黑龙江	59	31	28	813	398	415			
上海	5	2	3	6	3	3	6	4	2
江苏	7	4	3	11	4	7	23	10	13
浙江	4	1	3	10	5	5	48	20	28
安徽	5	3	2	4	2	2	30	7	23
福建	7	3	4	7	3	4	30	14	16
江西	1	1					4		4
山东	25	6	19	62	25	37	64	12	52
河南	16	6	10	4	2	2	18	1	17
湖北	1		1	2	2		7	3	4
湖南	1		1	1		1	10	2	8
广东	7	2	5	6	2	4	72	36	36
广西	1		1	19	4	15	4	2	2
海南	16	6	10	1		1	3	1	2
重庆	1		1				18	4	14
四川	5	3	2	4	2	2	36	9	27
贵州	6	2	4	2		2	17	8	9
云南	7	4	3	5	2	3	14546	7349	7197
西藏				1	1				
陕西	4	1	3	7	6	1			
甘肃	1	1		3	2	1			
青海				2	1	1	2	1	1
宁夏	3	1	2						
新疆	538	297	241	7	3	4	4	1	3

1-4c 续表 16 单位：人

地区	保安族			裕固族			京族		
	小计	男	女	小计	男	女	小计	男	女
全国	**15824**	**7874**	**7950**	**6249**	**3259**	**2990**	**12781**	**6839**	**5942**
北京	8	5	3	5	4	1	4		4
天津									
河北	5		5	3	2	1	30	8	22
山西				4		4	2		2
内蒙古	4	1	3	9	5	4	10	7	3
辽宁	1	1		1	1		6	2	4
吉林							12	4	8
黑龙江	3	3		3	2	1	12	6	6
上海	2		2				2	1	1
江苏	8	4	4	7	4	3	16	5	11
浙江	7	4	3	2	1	1	64	23	41
安徽	6	4	2	1		1	14	1	13
福建	10	5	5				57	13	44
江西	10	9	1				149	81	68
山东	10	7	3	4	3	1	27	5	22
河南				3	1	2	25	1	24
湖北				2		2	31	20	11
湖南	5	2	3	2	2		24	3	21
广东	22	11	11				127	36	91
广西	1		1				11454	6250	5204
海南							57	15	42
重庆							4		4
四川	13	9	4	4	2	2	15	4	11
贵州				1		1	559	324	235
云南	1		1	2	2		71	25	46
西藏	22	13	9	4		4			
陕西	4	3	1	9	6	3	4	2	2
甘肃	15045	7434	7611	6007	3124	2883	3	2	1
青海	203	110	93	41	18	23			
宁夏	1		1	8	2	6			
新疆	433	249	184	127	80	47	2	1	1

1-4c 续表 17 单位：人

地区	塔塔尔族			独龙族			鄂伦春族		
	小计	男	女	小计	男	女	小计	男	女
全国	**1092**	**625**	**467**	**4213**	**2059**	**2154**	**2223**	**1070**	**1153**
北京	1		1	1		1	11	6	5
天津				1		1	9	2	7
河北	3	1	2	7		7	25	5	20
山西	1		1	1		1			
内蒙古	4	2	2	1	1		877	414	463
辽宁	4	2	2	11	3	8	38	13	25
吉林	2	1	1	4	1	3	45	21	24
黑龙江	2	1	1	2	1	1	1127	567	560
上海	1	1		5	1	4	1		1
江苏				6		6	7	4	3
浙江	3		3	9	4	5	6	2	4
安徽				12		12	6	2	4
福建				3	2	1	1	1	
江西	2		2	2		2			
山东	1		1	17	3	14	23	9	14
河南				7	2	5	19	12	7
湖北	1		1	18	12	6	2		2
湖南	5	3	2	11	7	4	2	1	1
广东				6	3	3	3	2	1
广西	4		4	6	2	4	1	1	
海南							4		4
重庆				5	1	4			
四川	19	16	3	25	7	18	3	2	1
贵州	5		5	66	43	23	7	5	2
云南	4	1	3	3953	1949	2004	4		4
西藏				33	16	17			
陕西							1		1
甘肃	2		2	1	1		1	1	
青海									
宁夏									
新疆	1028	597	431						

1-4c 续表 18 单位：人

地区	赫哲族			门巴族			珞巴族		
	小计	男	女	小计	男	女	小计	男	女
全国	**1241**	**625**	**616**	**7981**	**4139**	**3842**	**3253**	**1631**	**1622**
北京	12	2	10	3	2	1	1		1
天津	3	1	2						
河北	12	7	5	4		4	1		1
山西				2		2	1		1
内蒙古	24	13	11						
辽宁	11	7	4	1	1		3	2	1
吉林	55	27	28	16	7	9			
黑龙江	1069	539	530				2	1	1
上海	2	1	1	1		1			
江苏	7	5	2				1		1
浙江	7	2	5	1		1	3	2	1
安徽	5	4	1	2		2	2	1	1
福建	3	1	2	2		2	1		1
江西	1	1							
山东	8	3	5	1		1			
河南				3	3		4	3	1
湖北	1		1	2	2		3	2	1
湖南	2	2		3	2	1			
广东	8	5	3	4	3	1	1		1
广西	1	1					2	1	1
海南	2	1	1	2		2	1	1	
重庆				6	4	2			
四川	1	1		22	9	13	4	1	3
贵州	1		1	1		1	73	39	34
云南	4	1	3	4	3	1			
西藏				7863	4094	3769	3140	1574	1566
陕西				13	3	10	5	2	3
甘肃	1	1		17	5	12	5	2	3
青海				8	1	7			
宁夏	1		1						
新疆									

1-4c　续表 19　　　　单位：人

地　区	基诺族			未定族称人口			入　籍		
	小计	男	女	小计	男	女	小计	男	女
全　国	**18596**	**9702**	**8894**	**383461**	**202849**	**180612**	**7469**	**2842**	**4627**
北　京	2		2	73	39	34	6	3	3
天　津	1	1		329	161	168	1		1
河　北	5	2	3	528	228	300	118	9	109
山　西	2	1	1	185	40	145	24	2	22
内蒙古	1		1	634	321	313	39	19	20
辽　宁	3	1	2	802	433	369	145	65	80
吉　林	17	11	6	407	195	212	16	7	9
黑龙江				92	46	46	21	6	15
上　海	4	1	3	262	150	112	10	6	4
江　苏	15	1	14	2618	1308	1310	102	27	75
浙　江	14	2	12	11717	6859	4858	306	158	148
安　徽	6	2	4	572	198	374	101	13	88
福　建	7	2	5	2355	1368	987	216	44	172
江　西	4		4	847	368	479	2017	950	1067
山　东	15	2	13	831	359	472	130	38	92
河　南	7	1	6	322	60	262	174	19	155
湖　北	4	2	2	423	160	263	350	156	194
湖　南	10	1	9	1140	463	677	199	34	165
广　东	6	1	5	2166	974	1192	421	32	389
广　西	6	2	4	1355	459	896	402	35	367
海　南	1		1	1234	659	575	34	6	28
重　庆	12	2	10	455	212	243	45	10	35
四　川	50	6	44	507	204	303	123	65	58
贵　州	38	19	19	344018	182570	161448	1940	937	1003
云　南	18361	9640	8721	7386	3855	3531	201	55	146
西　藏				1793	914	879	4	3	1
陕　西	2	1	1	96	52	44	304	137	167
甘　肃				190	118	72	9	2	7
青　海				16	12	4			
宁　夏				15	9	6	5	2	3
新　疆	3	1	2	93	55	38	6	2	4

1-5 各地区分年龄、性别的人口

单位：人

地区	合计			0岁		
	合计	男	女	小计	男	女
全国	**1409778724**	**721416394**	**688362330**	**11988057**	**6312409**	**5675648**
北京	21893095	11195390	10697705	152730	79388	73342
天津	13866009	7144949	6721060	83049	43247	39802
河北	74610235	37679003	36931232	607434	316473	290961
山西	34915616	17805148	17110468	287747	147446	140301
内蒙古	24049155	12275274	11773881	172951	89403	83548
辽宁	42591407	21263529	21327878	220080	113136	106944
吉林	24073453	12018319	12055134	116439	60272	56167
黑龙江	31850088	15952468	15897620	119693	61632	58061
上海	24870895	12875211	11995684	124666	64748	59918
江苏	84748016	43031586	41716430	563212	293718	269494
浙江	64567588	33680008	30887580	459109	240618	218491
安徽	61027171	31103394	29923777	574882	305006	269876
福建	41540086	21466757	20073329	380993	206764	174229
江西	45188635	23318533	21870102	426822	233082	193740
山东	101527453	51432931	50094522	867809	458336	409473
河南	99365519	49832349	49533170	916045	476347	439698
湖北	57752557	29694718	28057839	476780	254264	222516
湖南	66444864	33995673	32449191	565517	301447	264070
广东	126012510	66873646	59138864	1290748	691738	599010
广西	50126804	25916169	24210635	567378	302822	264556
海南	10081232	5345081	4736151	104030	57250	46780
重庆	32054159	16202133	15852026	239426	124283	115143
四川	83674866	42289718	41385148	634562	329691	304871
贵州	38562148	19705293	18856855	525380	278841	246539
云南	47209277	24420924	22788353	515178	266844	248334
西藏	3648100	1913588	1734512	50388	25855	24533
陕西	39528999	20226490	19302509	352993	183540	169453
甘肃	25019831	12700948	12318883	263011	136254	126757
青海	5923957	3033846	2890111	67254	34706	32548
宁夏	7202654	3668938	3533716	83027	42661	40366
新疆	25852345	13354380	12497965	178724	92597	86127

1-5　续表 1　　　　单位：人

地　区	1-4岁			5-9岁			10-14岁		
	小计	男	女	小计	男	女	小计	男	女
全　国	**65895831**	**34656922**	**31238909**	**90244056**	**48017458**	**42226598**	**85255994**	**45606790**	**39649204**
北　京	863520	447165	416355	932953	485161	447792	642304	335714	306590
天　津	525966	272661	253305	664986	350320	314666	594055	316570	277485
河　北	3585183	1869601	1715582	5589288	2975262	2614026	5307063	2826356	2480707
山　西	1497313	767699	729614	1949428	1009444	939984	1975407	1023296	952111
内蒙古	882705	456610	426095	1184065	616732	567333	1137952	592970	544982
辽　宁	1216563	627520	589043	1660365	862850	797515	1640931	858999	781932
吉　林	652700	336270	316430	960287	498408	461879	1089297	567346	521951
黑龙江	708902	366042	342860	1087888	562089	525799	1369983	708824	661159
上　海	732833	381130	351703	914022	480179	433843	664775	348491	316284
江　苏	3255415	1702238	1553177	4712756	2518917	2193839	4360565	2360131	2000434
浙　江	2492380	1309773	1182607	3025007	1612841	1412166	2705285	1446894	1258391
安　徽	3049332	1615120	1434212	4154829	2246453	1908376	3963639	2161728	1801911
福　建	2168351	1173993	994358	2993870	1627920	1365950	2482011	1342664	1139347
江　西	2279401	1232031	1047370	3451015	1876684	1574331	3765126	2068265	1696861
山　东	5654507	2993437	2661070	6449085	3516229	2932856	6091237	3322812	2768425
河　南	5299337	2759721	2539616	8361425	4444479	3916946	8412147	4569462	3842685
湖　北	2510870	1336323	1174547	3338298	1812285	1526013	3094529	1690411	1404118
湖　南	3135571	1664289	1471282	4648890	2483847	2165043	4619544	2474466	2145078
广　东	6701847	3575143	3126704	8562360	4597464	3964896	7194927	3884271	3310656
广　西	3016790	1602251	1414539	4335621	2318348	2017273	3922712	2097576	1825136
海　南	525021	284862	240159	717973	392089	325884	666701	366361	300340
重　庆	1286191	667693	618498	1695238	884840	810398	1877508	984260	893248
四　川	3428595	1777510	1651085	4604374	2387321	2217053	4803581	2497084	2306497
贵　州	2480182	1318228	1161954	3205476	1717039	1488437	3031000	1618227	1412773
云　南	2550387	1326888	1223499	3101137	1616275	1484862	3070772	1609766	1461006
西　藏	253970	129722	124248	315353	160538	154815	275154	140080	135074
陕　西	1905305	989713	915592	2474456	1299247	1175209	2119451	1121153	998298
甘　肃	1349008	699511	649497	1679652	876391	803261	1561872	819837	742035
青　海	324437	167337	157100	434439	223488	210951	406826	209675	197151
宁　夏	406356	210223	196133	495900	258040	237860	482721	251659	231062
新　疆	1156893	596218	560675	2543620	1306278	1237342	1926919	991442	935477

1-5 续表 2

单位：人

地 区	15-19岁			20-24岁			25-29岁		
	小计	男	女	小计	男	女	小计	男	女
全 国	**72684140**	**39053343**	**33630797**	**74941675**	**39675995**	**35265680**	**91847332**	**48162270**	**43685062**
北 京	633557	345715	287842	1350502	715999	634503	1904688	995896	908792
天 津	619767	338953	280814	830196	451443	378753	938851	501735	437116
河 北	4022501	2129632	1892869	2940931	1524951	1415980	4140048	2110703	2029345
山 西	1731138	896160	834978	1956458	991053	965405	2560006	1311592	1248414
内蒙古	1005267	523910	481357	1063742	552501	511241	1450355	757769	692586
辽 宁	1685551	887252	798299	1848330	963247	885083	2237992	1149681	1088311
吉 林	1056911	546207	510704	1017679	512979	504700	1259773	640509	619264
黑龙江	1388811	720078	668733	1407391	727651	679740	1584889	817187	767702
上 海	710184	391803	318381	1514156	824363	689793	2205834	1179905	1025929
江 苏	3547458	1941316	1606142	3960507	2156767	1803740	5651518	2996605	2654913
浙 江	2809150	1519440	1289710	3689026	2023475	1665551	4842431	2628336	2214095
安 徽	3243833	1777277	1466556	2978515	1583913	1394602	4095570	2108084	1987486
福 建	2012096	1081131	930965	2039363	1098046	941317	2863711	1528514	1335197
江 西	3102178	1719313	1382865	2548801	1369289	1179512	2499149	1308333	1190816
山 东	5095239	2712478	2382761	4597108	2381018	2216090	4477580	2339651	2137929
河 南	6323734	3466004	2857730	4893729	2544846	2348883	5468964	2723249	2745715
湖 北	2568863	1399553	1169310	2555132	1382378	1172754	3859173	2049815	1809358
湖 南	3842701	2085474	1757227	3078557	1616275	1462282	3221455	1664755	1556700
广 东	6335235	3556607	2778628	9399562	5260488	4139074	11901905	6549206	5352699
广 西	3191441	1680169	1511272	2464195	1287023	1177172	2713273	1432926	1280347
海 南	550785	306260	244525	596003	332069	263934	824566	446327	378239
重 庆	1767082	939652	827430	1880221	963154	917067	2130057	1088538	1041519
四 川	4319402	2255617	2063785	4741386	2433508	2307878	5390889	2767100	2623789
贵 州	2561363	1339162	1222201	2551037	1267001	1284036	2493525	1260744	1232781
云 南	2992872	1562570	1430302	3087069	1606057	1481012	3159899	1682482	1477417
西 藏	234502	121834	112668	256509	137997	118512	340119	184231	155888
陕 西	1785863	962535	823328	2031785	1071427	960358	2912000	1509945	1402055
甘 肃	1323412	692101	631311	1308457	663988	644469	1706571	854915	851656
青 海	356682	183962	172720	365049	188187	176862	454114	234383	219731
宁 夏	433094	224272	208822	444510	224475	220035	547857	278487	269370
新 疆	1433468	746906	686562	1545769	820427	725342	2010570	1060667	949903

1-5　续表 3　　　　单位：人

地　区	30-34岁			35-39岁			40-44岁		
	小计	男	女	小计	男	女	小计	男	女
全　国	**124145190**	**63871808**	**60273382**	**99012932**	**50932037**	**48080895**	**92955330**	**47632694**	**45322636**
北　京	2503029	1309189	1193840	2143185	1108136	1035049	1602133	838444	763689
天　津	1385308	727170	658138	1191700	622573	569127	940846	488901	451945
河　北	6887105	3455469	3431636	5672294	2864982	2807312	4595890	2337512	2258378
山　西	2990263	1538222	1452041	2526668	1307943	1218725	2248057	1162056	1086001
内蒙古	2042455	1054898	987557	1923895	1003174	920721	1780481	924262	856219
辽　宁	3432844	1736758	1696086	2965212	1499850	1465362	3122536	1581981	1540555
吉　林	1984461	1007169	977292	1637765	834784	802981	1812578	920927	891651
黑龙江	2444537	1248438	1196099	2260047	1152822	1107225	2463581	1256762	1206819
上　海	2741293	1462804	1278489	2295810	1207124	1088686	1857512	977109	880403
江　苏	8056248	4114085	3942163	5782058	2917712	2864346	5515497	2764099	2751398
浙　江	6138589	3271221	2867368	5108402	2689753	2418649	4886328	2548248	2338080
安　徽	4874396	2413901	2460495	3551994	1772207	1779787	3789431	1913653	1875778
福　建	4001865	2049194	1952671	3325154	1704483	1620671	3011449	1544982	1466467
江　西	3323920	1671282	1652638	2710458	1350321	1360137	3238150	1626712	1611438
山　东	9135499	4650150	4485349	6889470	3500343	3389127	6363630	3213370	3150260
河　南	8576206	4174801	4401405	5742659	2807864	2934795	5648434	2778430	2870004
湖　北	5170795	2648622	2522173	3867366	1980079	1887287	3676293	1883293	1793000
湖　南	5448110	2752660	2695450	4301609	2177206	2124403	3897897	1981518	1916379
广　东	13183618	7173902	6009716	11079219	5950175	5129044	9023058	4785408	4237650
广　西	3865035	2011388	1853647	3694887	1936562	1758325	3401483	1784416	1617067
海　南	922158	494216	427942	851057	454656	396401	703273	374755	328518
重　庆	2426151	1231145	1195006	1772452	899256	873196	1560353	774008	786345
四　川	6353288	3262890	3090398	4528132	2307155	2220977	4745388	2380790	2364598
贵　州	2757831	1410885	1346946	2296590	1193618	1102972	2497952	1292129	1205823
云　南	3754291	1997876	1756415	3263126	1745094	1518032	3585306	1902700	1682606
西　藏	371616	202750	168866	317321	170418	146903	258249	139126	119123
陕　西	3791478	1933488	1857990	2863591	1476230	1387361	2440524	1252007	1188517
甘　肃	1992464	1000155	992309	1542995	784233	758762	1452292	740749	711543
青　海	495018	256276	238742	409914	212330	197584	458098	237257	220841
宁　夏	635014	323478	311536	541665	278748	262917	547016	280284	266732
新　疆	2460305	1287326	1172979	1956237	1022206	934031	1831615	946806	884809

1-5 续表 4 单位：人

地 区	45-49岁			50-54岁			55-59岁		
	小计	男	女	小计	男	女	小计	男	女
全 国	**114224887**	**58191686**	**56033201**	**121164296**	**61105470**	**60058826**	**101400786**	**50816026**	**50584760**
北 京	1618574	842337	776237	1619791	842484	777307	1627539	828013	799526
天 津	998788	518140	480648	1027939	531414	496525	1061870	537786	524084
河 北	5060556	2522393	2538163	6048158	3010800	3037358	5341736	2621243	2720493
山 西	3004673	1533529	1471144	2961796	1519980	1441816	2619637	1333902	1285735
内蒙古	2320088	1187721	1132367	2297399	1181252	1116147	2030567	1030880	999687
辽 宁	3579319	1797709	1781610	3984324	1986758	1997566	4042893	2001325	2041568
吉 林	2198875	1105529	1093346	2490028	1250768	1239260	2245495	1115110	1130385
黑龙江	3264566	1662108	1602458	3320498	1682679	1637819	3033612	1513188	1520424
上 海	1776273	931765	844508	1785693	940004	845689	1732382	890810	841572
江 苏	6414218	3195796	3218422	7959964	3926760	4033204	6463255	3207812	3255443
浙 江	5669138	2930421	2738717	5809583	3006857	2802726	4860476	2503105	2357371
安 徽	4913582	2476430	2437152	5783366	2842607	2940759	4584566	2265681	2318885
福 建	3557534	1818519	1739015	3362556	1711798	1650758	2703264	1363368	1339896
江 西	3715779	1883843	1831936	3599176	1813375	1785801	2903879	1464299	1439580
山 东	7775207	3917828	3857379	9144577	4570021	4574556	7765699	3813562	3952137
河 南	7086214	3521070	3565144	8091375	3899778	4191597	6581202	3149276	3431926
湖 北	4592145	2334627	2257518	5393609	2724100	2669509	4853709	2456122	2397587
湖 南	5240218	2690595	2549623	6108513	3054992	3053521	5125001	2564334	2560667
广 东	9820206	5096764	4723442	8966587	4653924	4312663	6988172	3605405	3382767
广 西	3628878	1904383	1724495	3727832	1936905	1790927	3233500	1650453	1583047
海 南	738400	392037	346363	746262	393118	353144	658404	342351	316053
重 庆	3072008	1537647	1534361	2978260	1476616	1501644	2358772	1167368	1191404
四 川	8008855	4023685	3985170	7947853	3963543	3984310	6004757	2993893	3010864
贵 州	3061958	1586586	1475372	2922288	1477676	1444612	2246209	1120672	1125537
云 南	4079303	2149986	1929317	3856248	1991175	1865073	3155659	1601019	1554640
西 藏	262158	143881	118277	229364	125030	104334	172413	90787	81626
陕 西	3155991	1605272	1550719	3265686	1658050	1607636	2838674	1441456	1397218
甘 肃	2228576	1126475	1102101	2483431	1254882	1228549	1867099	949220	917879
青 海	533670	278338	255332	519895	269394	250501	379159	195057	184102
宁 夏	595400	305580	289820	576630	291504	285126	439322	223885	215437
新 疆	2253737	1170692	1083045	2155615	1117226	1038389	1481864	774644	707220

1-5　续表 5　　　　　　　　　　　　　　　　　　　　　　　　　　　　单位：人

地　区	60-64岁			65-69岁			70-74岁		
	小计	男	女	小计	男	女	小计	男	女
全　国	**73382938**	**36871125**	**36511813**	**74005560**	**36337923**	**37667637**	**49590036**	**24162733**	**25427303**
北　京	1386530	677025	709505	1194671	568385	626286	668541	314838	353703
天　津	956996	474335	482661	860732	417479	443253	520568	251367	269201
河　北	4424111	2209545	2214566	4334423	2118493	2215930	2865625	1369966	1495659
山　西	2102351	1076063	1026288	1823687	914113	909574	1179828	581441	598387
内蒙古	1618315	811291	807024	1324263	645995	678268	786180	376914	409266
辽　宁	3536986	1731601	1805385	3123673	1505700	1617973	1852831	873679	979152
吉　林	1793941	878744	915197	1624571	777856	846715	983490	457389	526101
黑龙江	2422822	1188146	1234676	2095306	996038	1099268	1293691	596366	697325
上　海	1766450	876308	890142	1647560	810242	837318	1013974	504706	509268
江　苏	4778814	2412689	2366125	5109879	2537937	2571942	3546676	1739491	1807185
浙　江	3506335	1794345	1711990	3249015	1615125	1633890	2283757	1125829	1157928
安　徽	2309825	1187345	1122480	3269243	1625526	1643717	2407317	1203061	1204256
福　建	2027870	1021219	1006651	1819219	887915	931304	1133619	562879	570740
江　西	2253760	1138994	1114766	2050406	1017426	1032980	1433263	704795	728468
山　东	5856728	2906664	2950064	6064768	2958267	3106501	4032222	1915118	2117104
河　南	4562144	2250693	2311451	5293523	2578866	2714657	3535077	1722549	1812528
湖　北	3370656	1703279	1667377	3267378	1622862	1644516	2295608	1130865	1164743
湖　南	3369214	1718897	1650317	3673078	1830422	1842656	2642339	1314119	1328220
广　东	4752066	2393321	2358745	4144845	2028352	2116493	2653440	1313194	1340246
广　西	2249662	1131205	1118457	2197336	1083074	1114262	1513475	736337	777138
海　南	425099	216993	208106	376451	186885	189566	249109	124563	124546
重　庆	1536835	794854	741981	2071875	1029177	1042698	1415203	710033	705170
四　川	3996204	2042844	1953360	5309368	2611050	2698318	3671628	1829916	1841712
贵　州	1474902	735777	739125	1631217	792295	838922	1183292	567595	615697
云　南	1964771	978342	986429	1919944	935570	984374	1301363	626130	675233
西　藏	104021	50689	53332	79618	37648	41970	57748	25731	32017
陕　西	2324605	1181274	1143331	2070117	1026429	1043688	1365357	671797	693560
甘　肃	1113174	574822	538352	1189229	594888	594341	863675	420476	443199
青　海	205309	104827	100482	195180	95089	100091	135702	62885	72817
宁　夏	281318	142454	138864	276001	136133	139868	180377	86579	93798
新　疆	911124	466540	444584	718984	352686	366298	525061	242125	282936

1-5 续表 6

单位：人

地区	75-79岁			80-84岁			85-89岁		
	小计	男	女	小计	男	女	小计	男	女
全国	**31238849**	**14752433**	**16486416**	**20382878**	**9157003**	**11225875**	**10826530**	**4426091**	**6400439**
北京	415173	184665	230508	348786	152087	196699	201947	89400	112547
天津	301655	140779	160876	197896	88866	109030	112326	49471	62855
河北	1547251	721592	825659	955936	428901	527035	490515	195880	294635
山西	705970	339271	366699	469201	215588	253613	241940	103375	138565
内蒙古	481258	220192	261066	339491	154556	184935	153019	68893	84126
辽宁	1128789	519826	608963	746549	327298	419251	388314	164040	224274
吉林	544694	243880	300814	354808	157719	197089	167536	71360	96176
黑龙江	732803	321733	411070	506336	219219	287117	235526	103395	132131
上海	551577	265538	286039	377773	167022	210751	308330	120809	187521
江苏	2317239	1102639	1214600	1520000	680452	839548	856090	338292	517798
浙江	1280523	627673	652850	920175	435724	484451	596246	258878	337368
安徽	1680903	824152	856751	1019412	473816	545596	551713	227850	323863
福建	719402	349835	369567	517361	232858	284503	288234	115090	173144
江西	864103	409203	454900	604926	267214	337712	297653	119510	178143
山东	2436617	1125752	1310865	1556244	679355	876889	889340	338605	550735
河南	2184668	1014076	1170592	1317703	571164	746539	747224	280227	466997
湖北	1418203	674077	744126	841919	374137	467782	440057	178475	261582
湖南	1592623	776559	816064	1147496	526151	621345	565567	235241	330326
广东	1688428	803478	884950	1238268	550340	687928	735563	285721	449842
广西	1078747	490366	588381	734848	315122	419726	403192	153748	249444
海南	157925	72360	85565	138306	59265	79041	82652	32906	49746
重庆	982606	483690	498916	581848	270922	310926	293260	124207	169053
四川	2548930	1239306	1309624	1539955	718779	821176	747805	324968	422837
贵州	822323	379584	442739	519398	227533	291865	221565	91509	130056
云南	896004	412955	483049	577970	256159	321811	275016	113716	161300
西藏	38000	15665	22335	19779	7587	12192	8293	2911	5382
陕西	924035	437524	486511	573175	259140	314035	251143	110436	140707
甘肃	592287	282403	309884	338727	156335	182392	130539	58407	72132
青海	96614	42377	54237	57214	25414	31800	22501	9892	12609
宁夏	124195	57830	66365	74159	34623	39536	29357	13855	15502
新疆	385304	173453	211851	247219	123657	123562	94067	45024	49043

1-5　续表 7　　　单位：人

地区	90-94岁			95-99岁			100岁及以上		
	小计	男	女	小计	男	女	小计	男	女
全　国	**3652749**	**1367594**	**2285155**	**819812**	**271455**	**548357**	**118866**	**35129**	**83737**
北　京	66260	28609	37651	13889	5637	8252	2793	1103	1690
天　津	40898	17171	23727	9685	3838	5847	1932	730	1202
河　北	156784	56769	100015	32938	10887	22051	4465	1593	2872
山　西	68972	27593	41379	13550	4908	8642	1526	474	1052
内蒙古	42650	19951	22699	9916	4519	5397	2141	881	1260
辽　宁	140222	59142	81080	31316	12776	18540	5787	2401	3386
吉　林	61727	26451	35276	17835	7517	10318	2563	1125	1438
黑龙江	81348	36139	45209	21731	9305	12426	6127	2627	3500
上　海	119017	41416	77601	27535	8047	19488	3246	888	2358
江　苏	301424	102465	198959	67131	19516	47615	8092	2149	5943
浙　江	195271	77190	118081	37885	13212	24673	3477	1050	2427
安　徽	184226	65897	118329	41071	12428	28643	5526	1259	4267
福　建	106738	38043	68695	22403	6787	15616	3023	755	2268
江　西	95644	36138	59506	22503	7681	14822	2523	743	1780
山　东	312269	101247	211022	64374	16997	47377	8244	1691	6553
河　南	251702	81421	170281	62162	16088	46074	9845	1938	7907
湖　北	125524	47459	78065	31449	10421	21028	4201	1271	2930
湖　南	182650	69995	112655	34956	11572	23384	3358	859	2499
广　东	273732	95240	178492	69345	21180	48165	9379	2325	7054
广　西	143622	49102	94520	35972	10454	25518	6925	1539	5386
海　南	33854	11922	21932	10461	3197	7264	2742	639	2103
重　庆	104384	41694	62690	22079	8342	13737	2350	754	1596
四　川	278725	116432	162293	62635	23801	38834	8554	2835	5719
贵　州	64332	25234	39098	11815	4105	7710	2513	853	1660
云　南	84724	32838	51886	15809	5702	10107	2429	780	1649
西　藏	2676	848	1828	702	219	483	147	41	106
陕　西	65744	29024	36720	14465	5899	8566	2561	904	1657
甘　肃	27183	12332	14851	5459	2337	3122	718	237	481
青　海	5538	2443	3095	1169	462	707	175	67	108
宁　夏	7251	3505	3746	1337	616	721	147	47	100
新　疆	27658	13884	13774	6235	3005	3230	1357	571	786

1-5a 各地区分年龄、性别的人口(城市)

单位：人

地区	合计			0岁		
	合计	男	女	小计	男	女
全国	**575170855**	**291791475**	**283379380**	**4497029**	**2361683**	**2135346**
北京	17751681	8937161	8814520	122741	63877	58864
天津	10933092	5610161	5322931	65683	34228	31455
河北	22129595	11010407	11119188	177519	92182	85337
山西	13197637	6588788	6608849	109441	56510	52931
内蒙古	9446419	4714495	4731924	74564	38532	36032
辽宁	25572477	12626419	12946058	144518	74257	70261
吉林	10291703	5028946	5262757	54782	28373	26409
黑龙江	14439398	7113464	7325934	59869	30881	28988
上海	19873080	10113562	9759518	100657	52316	48341
江苏	40269267	20382260	19887007	280445	146222	134223
浙江	33083792	17165183	15918609	241046	126196	114850
安徽	16329087	8142601	8186486	141065	74314	66751
福建	17105023	8780310	8324713	151777	81500	70277
江西	13560075	6906564	6653511	109838	59797	50041
山东	39456975	19843195	19613780	338509	177493	161016
河南	25973215	12913127	13060088	214526	111280	103246
湖北	24657421	12494860	12162561	182940	97438	85502
湖南	18916669	9472504	9444165	140652	74709	65943
广东	76387659	40817255	35570404	677736	362401	315335
广西	14787980	7458144	7329836	153134	81718	71416
海南	3761478	1967828	1793650	37218	20572	16646
重庆	16343989	8083520	8260469	124326	64224	60102
四川	30431679	15030432	15401247	223669	115833	107836
贵州	10126125	5086734	5039391	125418	66493	58925
云南	12355559	6236029	6119530	119106	61646	57460
西藏	835302	447902	387400	4850	2496	2354
陕西	15656134	7925444	7730690	134878	70069	64809
甘肃	7095181	3565095	3530086	66959	34577	32382
青海	2124083	1081946	1042137	18869	9749	9120
宁夏	2988589	1488244	1500345	31538	16190	15348
新疆	9290491	4758895	4531596	68756	35610	33146

1-5a　续表 1　　　　单位：人

地　区	1-4岁			5-9岁			10-14岁		
	小计	男	女	小计	男	女	小计	男	女
全　国	**26104508**	**13716841**	**12387667**	**32260730**	**17172999**	**15087731**	**27347422**	**14619691**	**12727731**
北　京	699762	362460	337302	790307	411049	379258	540126	282380	257746
天　津	422052	219053	202999	517721	272581	245140	431225	229504	201721
河　北	1106264	575775	530489	1461636	773524	688112	1242861	657420	585441
山　西	619392	318720	300672	770773	399525	371248	717473	371205	346268
内蒙古	380750	197008	183742	479371	249178	230193	423332	219232	204100
辽　宁	828508	427334	401174	1057931	549097	508834	904619	472638	431981
吉　林	314497	162141	152356	424516	220604	203912	421679	219817	201862
黑龙江	357375	184737	172638	507417	262110	245307	542203	280213	261990
上　海	599835	311581	288254	774065	405448	368617	568380	297408	270972
江　苏	1642058	857292	784766	2220377	1186781	1033596	1829701	988524	841177
浙　江	1359980	714219	645761	1642869	876415	766454	1336909	716425	620484
安　徽	802052	422319	379733	972383	526172	446211	842803	457762	385041
福　建	885515	478215	407300	1163198	631141	532057	923055	498368	424687
江　西	660795	358541	302254	933060	509096	423964	937190	513298	423892
山　东	2371158	1245387	1125771	2470700	1329323	1141377	2079821	1118953	960868
河　南	1344337	701029	643308	1829509	978179	851330	1708661	933950	774711
湖　北	1042703	554043	488660	1306766	707199	599567	1137675	619515	518160
湖　南	898881	476459	422422	1200601	640137	560464	1060247	566320	493927
广　东	3687916	1971550	1716366	4424057	2394380	2029677	3535009	1930558	1604451
广　西	836665	446970	389695	1085088	586107	498981	866212	466933	399279
海　南	201724	110170	91554	255665	141321	114344	214071	119980	94091
重　庆	703635	364047	339588	849199	440650	408549	769537	399910	369627
四　川	1277348	661025	616323	1506870	781691	725179	1290946	668051	622895
贵　州	620698	330971	289727	697917	374815	323102	585219	312547	272672
云　南	622032	322852	299180	657615	342494	315121	544567	283376	261191
西　藏	33374	17170	16204	42812	22022	20790	37700	19167	18533
陕　西	775448	402648	372800	941007	495491	445516	735006	389697	345309
甘　肃	360327	187338	172989	398717	210179	188538	358432	189920	168512
青　海	96153	49624	46529	114245	59189	55056	105325	54773	50552
宁　夏	159710	82946	76764	184775	96871	87904	172261	90390	81871
新　疆	393564	203217	190347	579563	300230	279333	485177	251457	233720

1-5a 续表 2

单位：人

地区	15-19岁			20-24岁			25-29岁		
	小计	男	女	小计	男	女	小计	男	女
全国	**32654045**	**17249362**	**15404683**	**38258137**	**19776472**	**18481665**	**44415879**	**22937131**	**21478748**
北京	537402	288990	248412	1119524	580903	538621	1576537	806791	769746
天津	503589	274845	228744	689067	370775	318292	756562	400615	355947
河北	1502966	778140	724826	1182852	593843	589009	1359417	676136	683281
山西	812192	407708	404484	852034	409114	442920	1005396	493053	512343
内蒙古	482798	246792	236006	563572	281242	282330	665567	334529	331038
辽宁	1056726	552336	504390	1250867	645348	605519	1486272	748498	737774
吉林	467766	240128	227638	472232	236724	235508	622041	305894	316147
黑龙江	682190	346443	335747	783455	395468	387987	791486	399462	392024
上海	561375	306775	254600	1205810	642777	563033	1798584	939077	859507
江苏	1987332	1075374	911958	2373213	1272851	1100362	3077044	1610267	1466777
浙江	1689547	901069	788478	2328085	1241320	1086765	2858028	1526002	1332026
安徽	991760	518798	472962	1022028	516592	505436	1252610	622462	630148
福建	971778	519434	452344	1103827	577765	526062	1399010	735220	663790
江西	1196378	636166	560212	1015185	526864	488321	859228	436136	423092
山东	2260545	1176677	1083868	2244767	1131294	1113473	2123684	1087437	1036247
河南	2078637	1096473	982164	1648221	809837	838384	1621541	792201	829340
湖北	1496074	796625	699449	1512060	793229	718831	1827256	939251	888005
湖南	1392009	717970	674039	1229607	610352	619255	1089751	538189	551562
广东	3944352	2224885	1719467	6419491	3575182	2844309	8141872	4485031	3656841
广西	1252254	643843	608411	996425	486923	509502	969520	492012	477508
海南	225739	122286	103453	249931	133505	116426	350189	181840	168349
重庆	1033527	536918	496609	1211936	595634	616302	1283230	632411	650819
四川	1723909	873498	850411	2248650	1099193	1149457	2461942	1210659	1251283
贵州	725783	376383	349400	870730	414140	456590	832470	407817	424653
云南	937471	469200	468271	1086539	522737	563802	1019200	519044	500156
西藏	73657	36673	36984	65858	36181	29677	84178	45922	38256
陕西	843468	450963	392505	1094779	561046	533733	1364574	687270	677304
甘肃	401320	210989	190331	468659	230471	238188	566885	278860	288025
青海	113194	59035	54159	141958	72218	69740	178697	91883	86814
宁夏	192978	97856	95122	205570	97984	107586	242857	118484	124373
新疆	515329	266090	249239	601205	314960	286245	750251	394678	355573

1-5a 续表 3

单位：人

地区	30-34岁			35-39岁			40-44岁		
	小计	男	女	小计	男	女	小计	男	女
全国	**60075584**	**30519381**	**29556203**	**48129615**	**24437714**	**23691901**	**42221092**	**21424853**	**20796239**
北京	2015815	1030649	985166	1791251	905265	885986	1333822	684422	649400
天津	1128253	587522	540731	1000160	518404	481756	753371	388918	364453
河北	2296413	1123115	1173298	1942104	957633	984471	1575822	785963	789859
山西	1307705	646948	660757	1107145	554050	553095	930042	465308	464734
内蒙古	919103	461096	458007	816959	412357	404602	707309	355701	351608
辽宁	2381197	1186944	1194253	2068446	1032851	1035595	1957912	975059	982853
吉林	955555	471708	483847	802732	399019	403713	834250	413470	420780
黑龙江	1222867	611889	610978	1110496	556799	553697	1124662	564083	560579
上海	2183567	1136258	1047309	1876164	960366	915798	1483526	761425	722101
江苏	4392624	2208441	2184183	3225114	1607420	1617694	2949239	1469568	1479671
浙江	3609825	1893564	1716261	2944127	1530085	1414042	2635225	1372531	1262694
安徽	1584807	762732	822075	1174668	568803	605865	1177192	577557	599635
福建	1911430	970234	941196	1574058	796719	777339	1328105	679964	648141
江西	1156510	564022	592488	925172	451029	474143	1021907	504025	517882
山东	4192684	2104176	2088508	3245555	1630898	1614657	2885283	1452187	1433096
河南	2656473	1273691	1382782	1858164	900009	958155	1772843	863478	909365
湖北	2474800	1230684	1244116	1905129	952761	952368	1787940	895906	892034
湖南	1858281	895615	962666	1486095	726236	759859	1283208	638106	645102
广东	9269864	5071621	4198243	7614793	4106133	3508660	6086271	3250003	2836268
广西	1421741	704590	717151	1310654	654257	656397	1145160	578550	566610
海南	400384	206030	194354	344629	176267	168362	277103	142880	134223
重庆	1541004	761814	779190	1121715	560995	560720	891803	437793	454010
四川	2991844	1482091	1509753	2097623	1039734	1057889	1929625	951515	978110
贵州	959886	477512	482374	734481	373297	361184	705568	358586	346982
云南	1208142	617138	591004	959489	493391	466098	957773	492499	465274
西藏	97310	53245	44065	79910	42965	36945	68762	37348	31414
陕西	1813909	904983	908926	1381900	700209	681691	1062569	538651	523918
甘肃	703629	348808	354821	540000	269502	270498	476100	240031	236069
青海	204219	105661	98558	150237	77480	72757	162320	83189	79131
宁夏	295893	146146	149747	244247	122721	121526	234210	117651	116559
新疆	919850	480454	439396	696398	360059	336339	682170	348486	333684

1-5a 续表 4

单位：人

地区	45-49岁			50-54岁			55-59岁		
	小计	男	女	小计	男	女	小计	男	女
全国	**47056463**	**23879328**	**23177135**	**44885021**	**22560304**	**22324717**	**37888257**	**18844970**	**19043287**
北京	1285488	656305	629183	1238499	631116	607383	1260665	632336	628329
天津	765570	396920	368650	755904	391526	364378	813885	413375	400510
河北	1610930	794340	816590	1582569	779588	802981	1396929	685774	711155
山西	1108833	551292	557541	1016595	512740	503855	876990	446684	430306
内蒙古	863469	429140	434329	810420	405766	404654	706278	354527	351751
辽宁	2086336	1032648	1053688	2135402	1050861	1084541	2266350	1118628	1147722
吉林	909403	446499	462904	944290	461826	482464	881576	430316	451260
黑龙江	1394136	697692	696444	1372504	683597	688907	1326929	656965	669964
上海	1354845	694304	660541	1334641	684162	650479	1347156	677235	669921
江苏	3074913	1544891	1530022	3432483	1694765	1737718	2824903	1388871	1436032
浙江	2845073	1477212	1367861	2684496	1383317	1301179	2174143	1102646	1071497
安徽	1345770	670021	675749	1454975	708994	745981	1169495	568860	600635
福建	1417327	724315	693012	1223239	614485	608754	977277	483478	493799
江西	1082905	544491	538414	987485	494945	492540	811961	407009	404952
山东	3152316	1591113	1561203	3087494	1538149	1549345	2636294	1300320	1335974
河南	1998940	989558	1009382	1956459	963776	992683	1564430	765238	799192
湖北	1979008	1002898	976110	2072364	1039799	1032565	1826660	912642	914018
湖南	1532939	773466	759473	1583785	788058	795727	1320195	655815	664380
广东	6295412	3314638	2980774	5209093	2740843	2468250	3775337	1938767	1836570
广西	1101523	563757	537766	979437	489800	489637	828034	400441	427593
海南	291189	152510	138679	264788	139742	125046	216260	111043	105217
重庆	1561145	770046	791099	1426314	694728	731586	1129225	544593	584632
四川	2904381	1442501	1461880	2670726	1306020	1364706	2062783	998480	1064303
贵州	820300	419357	400943	709584	352960	356624	552232	269272	282960
云南	1034263	538914	495349	885120	449028	436092	735821	363767	372054
西藏	76596	43264	33332	63896	36467	27429	41524	22993	18531
陕西	1172381	594884	577497	1082649	544745	537904	940654	473583	467071
甘肃	615189	313547	301642	612137	309487	302650	483463	240803	242660
青海	199425	103304	96121	204580	104650	99930	154792	79080	75712
宁夏	249288	125771	123517	228102	112902	115200	172111	85103	87008
新疆	927170	479730	447440	874991	451462	423529	613905	316326	297579

1-5a　续表 5　　　　单位：人

地　　区	60-64岁			65-69岁			70-74岁		
	小计	男	女	小计	男	女	小计	男	女
全　　国	**27440811**	**13477770**	**13963041**	**24764064**	**11839355**	**12924709**	**15504914**	**7363010**	**8141904**
北　　京	1106124	532970	573154	955109	449515	505594	522169	244145	278024
天　　津	761694	376217	385477	659783	317250	342533	390657	188033	202624
河　　北	1136951	557067	579884	1051596	501433	550163	661701	307486	354215
山　　西	665414	339489	325925	515297	254470	260827	310040	148171	161869
内 蒙 古	525105	260714	264391	398184	188884	209300	246046	109630	136416
辽　　宁	1982379	961846	1020533	1645547	779090	866457	923964	426864	497100
吉　　林	709824	338918	370906	615459	284142	331317	366804	162949	203855
黑 龙 江	1037109	500982	536127	861067	401624	459443	520978	231634	289344
上　　海	1457747	712666	745081	1340887	655021	685866	806096	402771	403325
江　　苏	1973554	976253	997301	1914598	931209	983389	1283452	623680	659772
浙　　江	1498332	750896	747436	1275890	625628	650262	848182	413239	434943
安　　徽	614557	309688	304869	674590	324538	350052	436467	210370	226097
福　　建	685146	335442	349704	570308	272419	297889	346994	167960	179034
江　　西	593627	296038	297589	502088	244273	257815	327479	161480	165999
山　　东	1963182	956893	1006289	1803259	851522	951737	1106920	507307	599613
河　　南	1084459	527953	556506	1036166	491385	544781	662650	310540	352110
湖　　北	1258630	617868	640762	1144971	549500	595471	771140	370121	401019
湖　　南	820912	406349	414563	802472	389141	413331	530285	258871	271414
广　　东	2399126	1176107	1223019	2012454	952748	1059706	1243897	596099	647798
广　　西	565594	270505	295089	512611	244387	268224	322795	156216	166579
海　　南	136292	68558	67734	115653	56376	59277	71345	35634	35711
重　　庆	722320	358373	363947	816079	389838	426241	482379	230433	251946
四　　川	1306945	640922	666023	1444281	678705	765576	937248	447272	489976
贵　　州	346508	168574	177934	307372	141338	166034	220512	103743	116769
云　　南	459892	223841	236051	439134	211265	227869	281634	136254	145380
西　　藏	23559	12145	11414	16980	8965	8015	11118	5452	5666
陕　　西	744423	367714	376709	606792	292528	314264	386111	188497	197614
甘　　肃	300675	149442	151233	280906	138351	142555	182371	86862	95509
青　　海	84627	42938	41689	69079	33604	35475	46096	20548	25548
宁　　夏	112281	55336	56945	102254	48554	53700	64599	30170	34429
新　　疆	363823	185066	178757	273198	131652	141546	192785	80579	112206

1-5a 续表 6

单位：人

地区	75-79岁			80-84岁			85-89岁		
	小计	男	女	小计	男	女	小计	男	女
全国	**9606840**	**4398180**	**5208660**	**6800356**	**3011252**	**3789104**	**3687465**	**1567370**	**2120095**
北京	327724	143815	183909	291184	125055	166129	168570	75233	93337
天津	229864	105903	123961	156161	67741	88420	89793	39153	50640
河北	385028	174696	210332	270334	118378	151956	133400	56175	77225
山西	204775	93848	110927	158408	70239	88169	80657	36662	43995
内蒙古	174628	74816	99812	130134	58383	71751	57503	26325	31178
辽宁	595575	261374	334201	447009	183053	263956	245747	102077	143670
吉林	227022	95023	131999	157456	65440	92016	75664	31082	44582
黑龙江	325393	132928	192465	250176	102309	147867	118937	51360	67577
上海	418862	203488	215374	292620	130561	162059	246697	97843	148854
江苏	795531	375883	419648	544358	245536	298822	308985	127819	181166
浙江	470249	226648	243601	329523	153238	176285	221756	98300	123456
安徽	310433	144026	166407	205806	92727	113079	110820	47597	63223
福建	207668	99298	108370	147098	66925	80173	81857	33837	48020
江西	197553	93471	104082	139419	62585	76834	71907	30879	41028
山东	683406	306359	377047	461610	201880	259730	244410	98260	146150
河南	422627	188314	234313	297158	127839	169319	153672	63736	89936
湖北	439530	203771	235759	282236	123731	158505	151072	64060	87012
湖南	307514	146895	160619	226842	103700	123142	109230	48135	61095
广东	713048	331010	382038	518729	231106	287623	289754	117406	172348
广西	197134	88927	108207	140275	61141	79134	73010	29558	43452
海南	43944	20599	23345	36456	16713	19743	19108	8263	10845
重庆	314575	148656	165919	200547	88244	112303	110036	43852	66184
四川	630621	301669	328952	411867	191764	220103	208961	94027	114934
贵州	147539	67853	79686	101151	43613	57538	45687	19738	25949
云南	186039	86114	99925	131274	61234	70040	64558	29563	34995
西藏	7264	3035	4229	3804	1576	2228	1489	566	923
陕西	256621	118270	138351	190968	84612	106356	94249	43405	50844
甘肃	132602	57286	75316	94930	43470	51460	40177	19227	20950
青海	38629	15407	23222	27832	12909	14923	10708	5145	5563
宁夏	47084	20431	26653	31720	14535	17185	13122	6166	6956
新疆	168358	68367	99991	123271	61015	62256	45929	21921	24008

1-5a　续表 7　　　　单位：人

地　区	90-94岁			95-99岁			100岁及以上		
	小计	男	女	小计	男	女	小计	男	女
全　国	**1252811**	**516410**	**736401**	**279430**	**103671**	**175759**	**40382**	**13728**	**26654**
北　京	55214	24265	30949	11507	4776	6731	2141	844	1297
天　津	32635	13869	18766	7889	3156	4733	1574	573	1001
河　北	42132	17686	24446	8963	3551	5412	1208	502	706
山　西	23725	10770	12955	4793	2082	2711	517	200	317
内蒙古	16909	8521	8388	3741	1842	1899	677	280	397
辽　宁	85353	36690	48663	18382	7528	10854	3437	1398	2039
吉　林	26564	11574	14990	6651	2883	3768	940	416	524
黑龙江	38080	17031	21049	9457	4142	5315	2612	1115	1497
上　海	96583	34519	62064	22314	6795	15519	2669	766	1903
江　苏	111489	41531	69958	24723	8156	16567	3131	926	2205
浙　江	74269	30450	43819	14803	5326	9477	1435	457	978
安　徽	36461	15220	21241	7423	2762	4661	922	287	635
福　建	29404	11415	17989	6126	1982	4144	826	194	632
江　西	23848	10061	13787	5815	2153	3662	725	205	520
山　东	85779	31785	53994	17403	5249	12154	2196	533	1663
河　南	50304	20231	30073	11705	3973	7732	1733	457	1276
湖　北	45090	19035	26055	11744	4244	7500	1633	540	1093
湖　南	35877	15393	20484	6679	2435	4244	607	153	454
广　东	101448	37924	63524	24735	8020	16715	3265	843	2422
广　西	23763	9185	14578	5894	2026	3868	1057	298	759
海　南	7123	2717	4406	2148	690	1458	519	132	387
重　庆	41114	16342	24772	9381	3676	5705	962	343	619
四　川	79675	36594	43081	18999	8068	10931	2766	1120	1646
贵　州	13914	6425	7489	2630	1077	1553	526	223	303
云　南	21149	9673	11476	4147	1751	2396	594	248	346
西　藏	491	184	307	144	55	89	26	11	15
陕　西	26585	12991	13594	6047	2747	3300	1116	441	675
甘　肃	9706	4972	4734	1839	910	929	158	63	95
青　海	2575	1316	1259	464	218	246	59	26	33
宁　夏	3367	1746	1621	577	279	298	45	12	33
新　疆	12185	6295	5890	2307	1119	1188	306	122	184

1-5b 各地区分年龄、性别的人口(镇)

单位：人

地区	合计			0岁		
	合计	男	女	小计	男	女
全国	**324820307**	**165029877**	**159790430**	**2799024**	**1476874**	**1322150**
北京	1414752	769805	644947	10122	5222	4900
天津	811348	436437	374911	4591	2350	2241
河北	22686891	11461223	11225668	190391	99262	91129
山西	8633857	4360787	4273070	73659	37705	35954
内蒙古	6781056	3424007	3357049	55714	28720	26994
辽宁	5153499	2566297	2587202	26375	13624	12751
吉林	4787311	2360236	2427075	28677	14741	13936
黑龙江	6458296	3198834	3259462	25496	13101	12395
上海	2336300	1252659	1083641	14293	7350	6943
江苏	21973116	11138540	10834576	148109	77097	71012
浙江	13514673	7069220	6445453	94022	49495	44527
安徽	19266016	9752125	9513891	180685	95787	84898
福建	11452224	5858483	5593741	105351	57561	47790
江西	13750536	7045709	6704827	119370	65386	53984
山东	24557279	12506091	12051188	216427	114743	101684
河南	29105339	14716285	14389054	245024	127407	117617
湖北	11662953	5908873	5754080	98904	52984	45920
湖南	20129507	10242115	9887392	161899	86401	75498
广东	17048413	8892530	8155883	188472	101459	87013
广西	12382976	6338893	6044083	135218	72555	62663
海南	2314503	1221821	1092682	23605	13136	10469
重庆	5920039	2948837	2971202	44684	23348	21336
四川	17034233	8388350	8645883	124165	64597	59568
贵州	10369821	5220851	5148970	137280	73261	64019
云南	11273005	5752439	5520566	124006	64122	59884
西藏	468141	249208	218933	5171	2682	2489
陕西	9113596	4622046	4491550	79080	41220	37860
甘肃	5972151	2989421	2982730	64960	33636	31324
青海	1435280	728786	706494	14871	7668	7203
宁夏	1690065	857525	832540	20036	10284	9752
新疆	5323131	2751444	2571687	38367	19970	18397

1-5b　续表 1　　　　单位：人

地区	1-4岁			5-9岁			10-14岁		
	小计	男	女	小计	男	女	小计	男	女
全　国	**16460116**	**8677096**	**7783020**	**23278035**	**12439629**	**10838406**	**22411117**	**12010832**	**10400285**
北　京	57255	29562	27693	51680	26916	24764	34281	17904	16377
天　津	28223	14639	13584	38647	20481	18166	39051	20989	18062
河　北	1153200	602385	550815	1797583	960637	836946	1715055	915484	799571
山　西	415862	212613	203249	573425	296877	276548	585116	303107	282009
内蒙古	300800	155496	145304	400789	207601	193188	362082	187307	174775
辽　宁	149181	77044	72137	212061	110814	101247	226491	119321	107170
吉　林	161499	83172	78327	217196	112576	104620	216380	111469	104911
黑龙江	154699	79945	74754	244537	126220	118317	312413	159915	152498
上　海	83075	43306	39769	88965	47542	41423	57316	30317	26999
江　苏	902918	472966	429952	1392571	747091	645480	1331094	724910	606184
浙　江	537238	283079	254159	678631	361811	316820	638052	340190	297862
安　徽	1017902	540177	477725	1362232	740752	621480	1303285	711928	591357
福　建	646465	351181	295284	929371	507546	421825	768997	416904	352093
江　西	705199	382348	322851	1101853	602363	499490	1231026	678854	552172
山　东	1502398	799035	703363	1741434	960475	780959	1652832	913344	739488
河　南	1527241	797079	730162	2424123	1296836	1127287	2434880	1323727	1111153
湖　北	560284	298236	262048	778258	421715	356543	737339	401106	336233
湖　南	966610	514193	452417	1464961	784304	680657	1476550	789507	687043
广　东	1013216	541424	471792	1406547	752599	653948	1230117	658504	571613
广　西	778535	414130	364405	1130400	606429	523971	996849	534346	462503
海　南	123709	67571	56138	173222	94822	78400	163207	89852	73355
重　庆	264546	137657	126889	384599	201390	183209	447172	234272	212900
四　川	759203	393243	365960	1115626	578156	537470	1174490	606599	567891
贵　州	703185	375600	327585	920284	493302	426982	879355	467551	411804
云　南	656368	341257	315111	757313	394499	362814	726769	379415	347354
西　藏	30295	15403	14892	39399	20227	19172	32178	16502	15676
陕　西	472527	246162	226365	660665	347102	313563	596806	314308	282498
甘　肃	369484	191843	177641	470802	247516	223286	430925	227981	202944
青　海	78095	40211	37884	115454	59302	56152	107352	54982	52370
宁　夏	102622	53263	49359	130552	68120	62432	125985	65826	60159
新　疆	238282	122876	115406	474855	243608	231247	377672	194411	183261

1-5b 续表 2

单位：人

地区	15-19岁			20-24岁			25-29岁		
	小计	男	女	小计	男	女	小计	男	女
全国	**20519304**	**10916999**	**9602305**	**15185202**	**8037872**	**7147330**	**20079963**	**10256896**	**9823067**
北京	40987	23558	17429	106136	60330	45806	135399	76764	58635
天津	50731	28026	22705	63064	36463	26601	59772	33765	26007
河北	1553118	807843	745275	870922	453700	417222	1331646	674189	657457
山西	494901	254706	240195	437124	222446	214678	640954	317586	323368
内蒙古	315341	162389	152952	247888	128186	119702	436077	221396	214681
辽宁	245802	126443	119359	182603	92225	90378	273040	138672	134368
吉林	264335	132882	131453	235377	114037	121340	282949	140950	141999
黑龙江	292357	150132	142225	231370	117889	113481	317696	159867	157829
上海	79530	43685	35845	164084	93434	70650	204384	115637	88747
江苏	1001985	551448	450537	889315	486112	403203	1435907	755170	680737
浙江	649657	353767	295890	646476	369893	276583	968317	529977	438340
安徽	1259212	693472	565740	948822	507608	441214	1365636	691440	674196
福建	608035	318316	289719	477441	255792	221649	716672	373904	342768
江西	1057297	590091	467206	706735	374019	332716	741572	374689	366883
山东	1406663	758873	647790	1065637	558810	506827	1102142	571060	531082
河南	2466332	1336996	1129336	1546102	824934	721168	1763721	887562	876159
湖北	558495	301615	256880	398066	212530	185536	728585	371386	357199
湖南	1350705	741982	608723	817820	436984	380836	958559	482281	476278
广东	960089	524051	436038	1020023	569221	450802	1293038	693632	599406
广西	922700	469322	453378	521276	278978	242298	660308	337547	322761
海南	133571	74509	59062	126030	71025	55005	173477	93704	79773
重庆	366025	197710	168315	242851	126390	116461	354085	174969	179116
四川	1144402	589868	554534	780979	391147	389832	991139	476043	515096
贵州	857415	435663	421752	675978	328263	347715	688884	329917	358967
云南	916578	465114	451464	661508	343479	318029	749652	380598	369054
西藏	19724	10401	9323	30259	16329	13930	56675	30410	26265
陕西	479013	253131	225882	342637	181919	160718	596015	296703	299312
甘肃	426008	218320	207688	293435	147410	146025	401152	189072	212080
青海	114071	57076	56995	81584	41862	39722	110865	55614	55251
宁夏	113573	58390	55183	92152	46372	45780	135070	66331	68739
新疆	370652	187220	183432	281508	150085	131423	406575	216061	190514

1-5b 续表 3

单位：人

地 区	30-34岁			35-39岁			40-44岁		
	小计	男	女	小计	男	女	小计	男	女
全 国	**28927650**	**14418673**	**14508977**	**23078298**	**11575785**	**11502513**	**22201769**	**11161095**	**11040674**
北 京	182552	103133	79419	134449	76247	58202	95773	54765	41008
天 津	81390	45147	36243	60574	33794	26780	56085	30752	25333
河 北	2221605	1104034	1117571	1798731	905230	893501	1458744	742905	715839
山 西	803458	397776	405682	704803	354850	349953	619700	314868	304832
内蒙古	652705	327891	324814	599896	306321	293575	534842	274517	260325
辽 宁	415319	208909	206410	344407	174560	169847	407567	206800	200767
吉 林	461226	229712	231514	362475	182102	180373	368999	186004	182995
黑龙江	508969	253188	255781	471977	234497	237480	524874	264677	260197
上 海	282415	156598	125817	211934	119043	92891	170586	94975	75611
江 苏	2105522	1063262	1042260	1513018	754626	758392	1446875	716980	729895
浙 江	1282700	682198	600502	1093135	569919	523216	1099279	564195	535084
安 徽	1685851	816979	868872	1234238	601626	632612	1293747	634637	659110
福 建	1057669	523078	534591	897030	444773	452257	856205	426826	429379
江 西	1057954	511504	546450	898661	431188	467473	1080711	527294	553417
山 东	2366338	1191575	1174763	1740341	885218	855123	1594307	805543	788764
河 南	2785482	1353863	1431619	1854118	904623	949495	1795034	881560	913474
湖 北	1040798	507033	533765	798522	391397	407125	784116	389515	394601
湖 南	1681216	820969	860247	1371761	674902	696859	1274877	635432	639445
广 东	1460918	761631	699287	1347938	698376	649562	1143091	591569	551522
广 西	980832	494807	486025	935071	476465	458606	867218	444909	422309
海 南	198568	105608	92960	191147	101274	89873	158671	83493	75178
重 庆	404044	196287	207757	304772	147361	157411	298135	141226	156909
四 川	1244433	599931	644502	924880	447602	477278	1019309	488089	531220
贵 州	795296	386209	409087	665557	333700	331857	702547	356764	345783
云 南	918150	467094	451056	795413	409761	385652	876327	453793	422534
西 藏	61279	33148	28131	47008	25349	21659	35096	19400	15696
陕 西	852098	413143	438955	688103	340924	347179	618082	308751	309331
甘 肃	544670	255768	288902	432182	212184	219998	370701	185760	184941
青 海	121355	61045	60310	103324	52035	51289	115952	59292	56660
宁 夏	164911	81704	83207	140755	71934	68821	136436	70088	66348
新 疆	507927	265449	242478	412078	213904	198174	397883	205716	192167

1-5b 续表 4

单位：人

地区	45-49岁			50-54岁			55-59岁		
	小计	男	女	小计	男	女	小计	男	女
全国	**26787369**	**13499304**	**13288065**	**27698456**	**13898540**	**13799916**	**22109153**	**11020484**	**11088669**
北京	108288	60308	47980	116221	64608	51613	106123	56442	49681
天津	65464	35245	30219	67858	36666	31192	56606	29536	27070
河北	1535702	769752	765950	1755564	881246	874318	1473818	721561	752257
山西	773076	390315	382761	689097	352774	336323	555113	282451	272662
内蒙古	649830	331298	318532	607988	312536	295452	504409	255975	248434
辽宁	459796	230981	228815	501437	248689	252748	476625	236252	240373
吉林	409943	203708	206235	443750	220455	223295	394610	194476	200134
黑龙江	680154	343632	336522	672902	338358	334544	599324	298962	300362
上海	173603	94387	79216	187018	100295	86723	168345	87370	80975
江苏	1700226	839431	860795	2102945	1031765	1071180	1616622	802133	814489
浙江	1278754	656748	622006	1272114	659746	612368	1018359	528924	489435
安徽	1590400	786737	803663	1757287	857457	899830	1345236	656795	688441
福建	1025323	517907	507416	951660	484654	467006	736611	373379	363232
江西	1175060	588858	586202	1067894	539574	528320	831364	417797	413567
山东	1889080	952535	936545	2148258	1079011	1069247	1698057	828533	869524
河南	2107203	1055615	1051588	2237489	1097396	1140093	1728629	832680	895949
湖北	983798	490715	493083	1113780	555127	558653	965435	482800	482635
湖南	1659067	840458	818609	1835475	915107	920368	1503495	749969	753526
广东	1299379	662825	636554	1262669	646711	615958	1031744	528256	503488
广西	905728	467988	437740	908531	466404	442127	775520	391490	384030
海南	164790	86670	78120	172157	89008	83149	155485	79840	75645
重庆	611141	296504	314637	571701	278329	293372	432560	211331	221229
四川	1698001	822773	875228	1627295	787546	839749	1200397	583240	617157
贵州	812055	415197	396858	729667	366319	363348	538424	265798	272626
云南	970173	504789	465384	897723	462457	435266	714474	363650	350824
西藏	34284	19550	14734	27111	15316	11795	18271	9906	8365
陕西	778560	391790	386770	756848	386423	370425	616132	315262	300870
甘肃	496542	250684	245858	513686	258597	255089	374208	186452	187756
青海	127073	66217	60856	116439	60926	55513	80576	41292	39284
宁夏	138556	71484	67072	121892	61981	59911	87310	44684	42626
新疆	486320	254203	232117	464000	243059	220941	305271	163248	142023

1-5b　续表 5

单位：人

地　区	60-64岁			65-69岁			70-74岁		
	小计	男	女	小计	男	女	小计	男	女
全　国	**14938709**	**7469262**	**7469447**	**14963434**	**7299792**	**7663642**	**9989579**	**4849995**	**5139584**
北　京	80584	40706	39878	65953	32488	33465	37373	17904	19469
天　津	42946	21596	21350	41184	20438	20746	26468	12905	13563
河　北	1163521	574041	589480	1123485	541946	581539	736560	347880	388680
山　西	412781	208942	203839	349177	172767	176410	225574	109786	115788
内蒙古	378628	186185	192443	306931	144572	162359	185850	85395	100455
辽　宁	391316	190538	200778	353140	167942	185198	218581	101321	117260
吉　林	303518	146202	157316	268119	125805	142314	162455	72662	89793
黑龙江	459323	224230	235093	389394	182056	207338	252327	111014	141313
上　海	136549	69714	66835	125127	62644	62483	78478	38696	39782
江　苏	1162572	586803	575769	1220209	604055	616154	824955	403762	421193
浙　江	683187	354006	329181	610706	304062	306644	418977	206809	212168
安　徽	639961	324967	314994	847722	414007	433715	589142	291463	297679
福　建	526824	265967	260857	455707	221148	234559	281625	138684	142941
江　西	614285	306926	307359	537649	266459	271190	360915	179101	181814
山　东	1210476	596749	613727	1267251	614945	652306	852998	402577	450421
河　南	1118832	549590	569242	1246110	605582	640528	800758	393128	407630
湖　北	625530	313688	311842	587896	292843	295053	401103	198059	203044
湖　南	950968	481575	469393	1011485	501375	510110	714744	356612	358132
广　东	722885	364557	358328	632342	310127	322215	407803	205690	202113
广　西	517661	257303	260358	495410	241468	253942	332086	162967	169119
海　南	101654	51644	50010	91617	45648	45969	60030	30222	29808
重　庆	247151	127500	119651	341615	165790	175825	244619	119700	124919
四　川	735270	363731	371539	936885	449995	486890	636155	314221	321934
贵　州	322105	159548	162557	348955	166756	182199	248265	116981	131284
云　南	415616	207013	208603	417803	203051	214752	280272	135172	145100
西　藏	10618	5354	5264	8030	3901	4129	5743	2605	3138
陕　西	482212	244956	237256	432951	217138	215813	285732	144047	141685
甘　肃	214770	108328	106442	220356	109840	110516	155701	75214	80487
青　海	42327	21576	20751	42219	20373	21846	29747	14139	15608
宁　夏	52740	26332	26408	51576	24956	26620	33922	15989	17933
新　疆	171899	88995	82904	136430	65615	70815	100621	45290	55331

1-5b 续表 6 单位：人

地区	75-79岁			80-84岁			85-89岁		
	小计	男	女	小计	男	女	小计	男	女
全国	**6324210**	**2991818**	**3332392**	**4055223**	**1830285**	**2224938**	**2111449**	**866091**	**1245358**
北京	22256	10048	12208	15878	7180	8698	9265	4002	5263
天津	14266	6813	7453	8377	4160	4217	4130	1916	2214
河北	396598	185100	211498	239430	107784	131646	122047	48616	73431
山西	135985	65968	70017	86078	40509	45569	42921	18811	24110
内蒙古	115431	51672	63759	80068	35645	44423	34367	15590	18777
辽宁	133258	61170	72088	80001	36719	43282	37644	16222	21422
吉林	97854	42196	55658	65027	28288	36739	29216	12818	16398
黑龙江	151418	65611	85807	103353	45103	58250	45449	20812	24637
上海	47967	22717	25250	29920	13201	16719	22154	8454	13700
江苏	549203	260717	288486	350680	156805	193875	193321	75776	117545
浙江	233208	114943	118265	165290	77808	87482	104689	45437	59252
安徽	406283	196650	209633	245612	112990	132622	135152	55995	79157
福建	179908	86502	93406	128296	56440	71856	70784	27268	43516
江西	212178	101805	110373	147055	65524	81531	72699	29577	43122
山东	514101	237606	276495	322608	140545	182063	185326	69902	115424
河南	487785	229427	258358	294391	129916	164475	167291	64174	103117
湖北	249905	119933	129972	144992	64888	80104	76707	31657	45050
湖南	423627	208082	215545	298804	137430	161374	147772	61771	86001
广东	264633	128993	135640	192639	87209	105430	114245	45358	68887
广西	233343	106268	127075	158518	68649	89869	86966	33409	53557
海南	37581	17233	20348	33564	14406	19158	20170	8076	12094
重庆	179138	86675	92463	106804	49890	56914	52281	23138	29143
四川	450089	216774	233315	275947	128759	147188	132596	59018	73578
贵州	171781	77815	93966	108782	46698	62084	47116	19138	27978
云南	191669	89313	102356	122836	55139	67697	58760	24469	34291
西藏	3902	1601	2301	1983	741	1242	774	266	508
陕西	195825	95496	100329	116546	54833	61713	48078	21686	26392
甘肃	105317	50372	54945	58964	27723	31241	22450	10064	12386
青海	19115	8828	10287	9784	4225	5559	3837	1605	2232
宁夏	22751	10735	12016	13075	6106	6969	4824	2321	2503
新疆	77835	34755	43080	49921	24972	24949	18418	8745	9673

1-5b　续表 7

单位：人

地　　区	90-94岁			95-99岁			100岁及以上		
	小计	男	女	小计	男	女	小计	男	女
全　　国	**714885**	**270745**	**444140**	**164438**	**55073**	**109365**	**22924**	**6737**	**16187**
北　　京	3175	1323	1852	728	276	452	274	119	155
天　　津	1515	607	908	333	123	210	73	26	47
河　　北	39218	14147	25071	8681	2981	5700	1272	500	772
山　　西	12256	4925	7331	2552	936	1616	245	69	176
内 蒙 古	9069	4293	4776	1945	858	1087	406	164	242
辽　　宁	14568	6200	8368	3571	1510	2061	716	341	375
吉　　林	10366	4590	5776	2944	1234	1710	396	157	239
黑 龙 江	15379	7458	7921	3905	1748	2157	980	419	561
上　　海	8484	2798	5686	1883	454	1429	190	42	148
江　　苏	67675	22643	45032	15537	4487	11050	1857	501	1356
浙　　江	34537	13686	20851	6691	2328	4363	654	199	455
安　　徽	45906	16975	28931	10441	3376	7065	1264	307	957
福　　建	26144	8937	17207	5413	1540	3873	693	176	517
江　　西	24238	9887	14351	6154	2260	3894	667	205	462
山　　东	64712	20837	43875	14025	3799	10226	1868	376	1492
河　　南	57796	19596	38200	14790	4108	10682	2208	486	1722
湖　　北	23144	9082	14062	6396	2266	4130	900	298	602
湖　　南	48740	19337	29403	9545	3246	6299	827	198	629
广　　东	43608	16067	27541	11617	3882	7735	1400	389	1011
广　　西	31244	10748	20496	8029	2383	5646	1533	328	1205
海　　南	8446	2950	5496	2923	915	2008	879	215	664
重　　庆	18011	7717	10294	3713	1518	2195	392	135	257
四　　川	50195	22108	28087	11387	4457	6930	1390	453	937
贵　　州	13685	5278	8407	2618	894	1724	587	199	388
云　　南	17863	6942	10921	3275	1161	2114	457	151	306
西　　藏	278	89	189	58	26	32	5	2	3
陕　　西	12562	5776	6786	2729	1147	1582	395	129	266
甘　　肃	4752	2186	2566	951	426	525	135	45	90
青　　海	957	405	552	240	94	146	43	19	24
宁　　夏	1114	534	580	187	81	106	26	10	16
新　　疆	5248	2624	2624	1177	559	618	192	79	113

1-5c 各地区分年龄、性别的人口(乡村)

单位：人

地区	合计			0岁		
	合计	男	女	小计	男	女
全国	**509787562**	**264595042**	**245192520**	**4692004**	**2473852**	**2218152**
北京	2726662	1488424	1238238	19867	10289	9578
天津	2121569	1098351	1023218	12775	6669	6106
河北	29793749	15207373	14586376	239524	125029	114495
山西	13084122	6855573	6228549	104647	53231	51416
内蒙古	7821680	4136772	3684908	42673	22151	20522
辽宁	11865431	6070813	5794618	49187	25255	23932
吉林	8994439	4629137	4365302	32980	17158	15822
黑龙江	10952394	5640170	5312224	34328	17650	16678
上海	2661515	1508990	1152525	9716	5082	4634
江苏	22505633	11510786	10994847	134658	70399	64259
浙江	17969123	9445605	8523518	124041	64927	59114
安徽	25432068	13208668	12223400	253132	134905	118227
福建	12982839	6827964	6154875	123865	67703	56162
江西	17878024	9366260	8511764	197614	107899	89715
山东	37513199	19083645	18429554	312873	166100	146773
河南	44286965	22202937	22084028	456495	237660	218835
湖北	21432183	11290985	10141198	194936	103842	91094
湖南	27398688	14281054	13117634	262966	140337	122629
广东	32576438	17163861	15412577	424540	227878	196662
广西	22955848	12119132	10836716	279026	148549	130477
海南	4005251	2155432	1849819	43207	23542	19665
重庆	9790131	5169776	4620355	70416	36711	33705
四川	36208954	18870936	17338018	286728	149261	137467
贵州	18066202	9397708	8668494	262682	139087	123595
云南	23580713	12432456	11148257	272066	141076	130990
西藏	2344657	1216478	1128179	40367	20677	19690
陕西	14759269	7679000	7080269	139035	72251	66784
甘肃	11952499	6146432	5806067	131092	68041	63051
青海	2364594	1223114	1141480	33514	17289	16225
宁夏	2524000	1323169	1200831	31453	16187	15266
新疆	11238723	5844041	5394682	71601	37017	34584

1-5c 续表 1

单位：人

地区	1-4岁			5-9岁			10-14岁		
	小计	男	女	小计	男	女	小计	男	女
全国	**23331207**	**12262985**	**11068222**	**34705291**	**18404830**	**16300461**	**35497455**	**18976267**	**16521188**
北京	106503	55143	51360	90966	47196	43770	67897	35430	32467
天津	75691	38969	36722	108618	57258	51360	123779	66077	57702
河北	1325719	691441	634278	2330069	1241101	1088968	2349147	1253452	1095695
山西	462059	236366	225693	605230	313042	292188	672818	348984	323834
内蒙古	201155	104106	97049	303905	159953	143952	352538	186431	166107
辽宁	238874	123142	115732	390373	202939	187434	509821	267040	242781
吉林	176704	90957	85747	318575	165228	153347	451238	236060	215178
黑龙江	196828	101360	95468	335934	173759	162175	515367	268696	246671
上海	49923	26243	23680	50992	27189	23803	39079	20766	18313
江苏	710439	371980	338459	1099808	585045	514763	1199770	646697	553073
浙江	595162	312475	282687	703507	374615	328892	730324	390279	340045
安徽	1229378	652624	576754	1820214	979529	840685	1817551	992038	825513
福建	636371	344597	291774	901301	489233	412068	789959	427392	362567
江西	913407	491142	422265	1416102	765225	650877	1596910	876113	720797
山东	1780951	949015	831936	2236951	1226431	1010520	2358584	1290515	1068069
河南	2427759	1261613	1166146	4107793	2169464	1938329	4268606	2311785	1956821
湖北	907883	484044	423839	1253274	683371	569903	1219515	669790	549725
湖南	1270080	673637	596443	1983328	1059406	923922	2082747	1118639	964108
广东	2000715	1062169	938546	2731756	1450485	1281271	2429801	1295209	1134592
广西	1401590	741151	660439	2120133	1125812	994321	2059651	1096297	963354
海南	199588	107121	92467	289086	155946	133140	289423	156529	132894
重庆	318010	165989	152021	461440	242800	218640	660799	350078	310721
四川	1392044	723242	668802	1981878	1027474	954404	2338145	1222434	1115711
贵州	1156299	611657	544642	1587275	848922	738353	1566426	838129	728297
云南	1271987	662779	609208	1686209	879282	806927	1799436	946975	852461
西藏	190301	97149	93152	233142	118289	114853	205276	104411	100865
陕西	657330	340903	316427	872784	456654	416130	787639	417148	370491
甘肃	619197	320330	298867	810133	418696	391437	772515	401936	370579
青海	150189	77502	72687	204740	104997	99743	194149	99920	94229
宁夏	144024	74014	70010	180573	93049	87524	184475	95443	89032
新疆	525047	270125	254922	1489202	762440	726762	1064070	545574	518496

1-5c 续表 2

单位：人

地区	15-19岁			20-24岁			25-29岁		
	小计	男	女	小计	男	女	小计	男	女
全国	**19510791**	**10886982**	**8623809**	**21498336**	**11861651**	**9636685**	**27351490**	**14968243**	**12383247**
北京	55168	33167	22001	124842	74766	50076	192752	112341	80411
天津	65447	36082	29365	78065	44205	33860	122517	67355	55162
河北	966417	543649	422768	887157	477408	409749	1448985	760378	688607
山西	424045	233746	190299	667300	359493	307807	913656	500953	412703
内蒙古	207128	114729	92399	252282	143073	109209	348711	201844	146867
辽宁	383023	208473	174550	414860	225674	189186	478680	262511	216169
吉林	324810	173197	151613	310070	162218	147852	354783	193665	161118
黑龙江	414264	223503	190761	392566	214294	178272	475707	257858	217849
上海	69279	41343	27936	144262	88152	56110	202866	125191	77675
江苏	558141	314494	243647	697979	397804	300175	1138567	631168	507399
浙江	469946	264604	205342	714465	412262	302203	1016086	572357	443729
安徽	992861	565007	427854	1007665	559713	447952	1477324	794182	683142
福建	432283	243381	188902	458095	264489	193606	748029	419390	328639
江西	848503	493056	355447	826881	468406	358475	898349	497508	400841
山东	1428031	776928	651103	1286704	690914	595790	1251754	681154	570600
河南	1778765	1032535	746230	1699406	910075	789331	2083702	1043486	1040216
湖北	514294	301313	212981	645006	376619	268387	1303332	739178	564154
湖南	1099987	625522	474465	1031130	568939	462191	1173145	644285	528860
广东	1430794	807671	623123	1960048	1116085	843963	2466995	1370543	1096452
广西	1016487	567004	449483	946494	521122	425372	1083445	603367	480078
海南	191475	109465	82010	220042	127539	92503	300900	170783	130117
重庆	367530	205024	162506	425434	241130	184304	492742	281158	211584
四川	1451091	792251	658840	1711757	943168	768589	1937808	1080398	857410
贵州	978165	527116	451049	1004329	524598	479731	972171	523010	449161
云南	1138823	628256	510567	1339022	739841	599181	1391047	782840	608207
西藏	141121	74760	66361	160392	85487	74905	199266	107899	91367
陕西	463382	258441	204941	594369	328462	265907	951411	525972	425439
甘肃	496084	262792	233292	546363	286107	260256	738534	386983	351551
青海	129417	67851	61566	141507	74107	67400	164552	86886	77666
宁夏	126543	68026	58517	146788	80119	66669	169930	93672	76258
新疆	547487	293596	253891	663056	355382	307674	853744	449928	403816

1-5c　续表 3　　　　单位：人

地　区	30-34岁			35-39岁			40-44岁		
	小计	男	女	小计	男	女	小计	男	女
全　国	**35141956**	**18933754**	**16208202**	**27805019**	**14918538**	**12886481**	**28532469**	**15046746**	**13485723**
北　京	304662	175407	129255	217485	126624	90861	172538	99257	73281
天　津	175665	94501	81164	130966	70375	60591	131390	69231	62159
河　北	2369087	1228320	1140767	1931459	1002119	929340	1561324	808644	752680
山　西	879100	493498	385602	714720	399043	315677	698315	381880	316435
内蒙古	470647	265911	204736	507040	284496	222544	538330	294044	244286
辽　宁	636328	340905	295423	552359	292439	259920	757057	400122	356935
吉　林	567680	305749	261931	472558	253663	218895	609329	321453	287876
黑龙江	712701	383361	329340	677574	361526	316048	814045	428002	386043
上　海	275311	169948	105363	207712	127715	79997	203400	120709	82691
江　苏	1558102	842382	715720	1043926	555666	488260	1119383	577551	541832
浙　江	1246064	695459	550605	1071140	589749	481391	1151824	611522	540302
安　徽	1603738	834190	769548	1143088	601778	541310	1318492	701459	617033
福　建	1032766	555882	476884	854066	462991	391075	827139	438192	388947
江　西	1109456	595756	513700	886625	468104	418521	1135532	595393	540139
山　东	2576477	1354399	1222078	1903574	984227	919347	1884040	955640	928400
河　南	3134251	1547247	1587004	2030377	1003232	1027145	2080557	1033392	1047165
湖　北	1655197	910905	744292	1163715	635921	527794	1104237	597872	506365
湖　南	1908613	1036076	872537	1443753	776068	667685	1339812	707980	631832
广　东	2452836	1340650	1112186	2116488	1145666	970822	1793696	943836	849860
广　西	1462462	811991	650471	1449162	805840	643322	1389105	760957	628148
海　南	323206	182578	140628	315281	177115	138166	267499	148382	119117
重　庆	481103	273044	208059	345965	190900	155065	370415	194989	175426
四　川	2117011	1180868	936143	1505629	819819	685810	1796454	941186	855268
贵　州	1002649	547164	455485	896552	486621	409931	1089837	576779	513058
云　南	1627999	913644	714355	1508224	841942	666282	1751206	956408	794798
西　藏	213027	116357	96670	190403	102104	88299	154391	82378	72013
陕　西	1125471	615362	510109	793588	435097	358491	759873	404605	355268
甘　肃	744165	395579	348586	570813	302547	268266	605491	314958	290533
青　海	169444	89570	79874	156353	82815	73538	179826	94776	85050
宁　夏	174210	95628	78582	156663	84093	72570	176370	92545	83825
新　疆	1032528	541423	491105	847761	448243	399518	751562	392604	358958

1-5c 续表 4

单位：人

地区	45-49岁			50-54岁			55-59岁		
	小计	男	女	小计	男	女	小计	男	女
全国	**40381055**	**20813054**	**19568001**	**48580819**	**24646626**	**23934193**	**41403376**	**20950572**	**20452804**
北京	224798	125724	99074	265071	146760	118311	260751	139235	121516
天津	167754	85975	81779	204177	103222	100955	191379	94875	96504
河北	1913924	958301	955623	2710025	1349966	1360059	2470989	1213908	1257081
山西	1122764	591922	530842	1256104	654466	601638	1187534	604767	582767
内蒙古	806789	427283	379506	878991	462950	416041	819880	420378	399502
辽宁	1033187	534080	499107	1347485	687208	660277	1299918	646445	653473
吉林	879529	455322	424207	1101988	568487	533501	969309	490318	478991
黑龙江	1190276	620784	569492	1275092	660724	614368	1107359	557261	550098
上海	247825	143074	104751	264034	155547	108487	216881	126205	90676
江苏	1639079	811474	827605	2424536	1200230	1224306	2021730	1016808	1004922
浙江	1545311	796461	748850	1852973	963794	889179	1667974	871535	796439
安徽	1977412	1019672	957740	2571104	1276156	1294948	2069835	1040026	1029809
福建	1114884	576297	538587	1187657	612659	574998	989376	506511	482865
江西	1457814	750494	707320	1543797	778856	764941	1260554	639493	621061
山东	2733811	1374180	1359631	3908825	1952861	1955964	3431348	1684709	1746639
河南	2980071	1475897	1504174	3897427	1838606	2058821	3288143	1551358	1736785
湖北	1629339	841014	788325	2207465	1129174	1078291	2061614	1060680	1000934
湖南	2048212	1076671	971541	2689253	1351827	1337426	2301311	1158550	1142761
广东	2225415	1119301	1106114	2494825	1266370	1228455	2181091	1138382	1042709
广西	1621627	872638	748989	1839864	980701	859163	1629946	858522	771424
海南	282421	152857	129564	309317	164368	144949	286659	151468	135191
重庆	899722	471097	428625	980245	503559	476686	796987	411444	385543
四川	3406473	1758411	1648062	3649832	1869977	1779855	2741577	1412173	1329404
贵州	1429603	752032	677571	1483037	758397	724640	1155553	585602	569951
云南	2074867	1106283	968584	2073405	1079690	993715	1705364	873602	831762
西藏	151278	81067	70211	138357	73247	65110	112618	57888	54730
陕西	1205050	618598	586452	1426189	726882	699307	1281888	652611	629277
甘肃	1116845	562244	554601	1357608	686798	670810	1009428	521965	487463
青海	207172	108817	98355	198876	103818	95058	143791	74685	69106
宁夏	207556	108325	99231	226636	116621	110015	179901	94098	85803
新疆	840247	436759	403488	816624	422705	393919	562688	295070	267618

1-5c 续表 5

单位：人

地　区	60-64岁			65-69岁			70-74岁		
	小计	男	女	小计	男	女	小计	男	女
全　国	**31003418**	**15924093**	**15079325**	**34278062**	**17198776**	**17079286**	**24095543**	**11949728**	**12145815**
北　京	199822	103349	96473	173609	86382	87227	108999	52789	56210
天　津	152356	76522	75834	159765	79791	79974	103443	50429	53014
河　北	2123639	1078437	1045202	2159342	1075114	1084228	1467364	714600	752764
山　西	1024156	527632	496524	959213	486876	472337	644214	323484	320730
内蒙古	714582	364392	350190	619148	312539	306609	354284	181889	172395
辽　宁	1163291	579217	584074	1124986	558668	566318	710286	345494	364792
吉　林	780599	393624	386975	740993	367909	373084	454231	221778	232453
黑龙江	926390	462934	463456	844845	412358	432487	520386	253718	266668
上　海	172154	93928	78226	181546	92577	88969	129400	63239	66161
江　苏	1642688	849633	793055	1975072	1002673	972399	1438269	712049	726220
浙　江	1324816	689443	635373	1362419	685435	676984	1016598	505781	510817
安　徽	1055307	552690	502617	1746931	886981	859950	1381708	701228	680480
福　建	815900	419810	396090	793204	394348	398856	505000	256235	248765
江　西	1045848	536030	509818	1010669	506694	503975	744869	364214	380655
山　东	2683070	1353022	1330048	2994258	1491800	1502458	2072304	1005234	1067070
河　南	2358853	1173150	1185703	3011247	1481899	1529348	2071669	1018881	1052788
湖　北	1486496	771723	714773	1534511	780519	753992	1123365	562685	560680
湖　南	1597334	830973	766361	1859121	939906	919215	1397310	698636	698674
广　东	1630055	852657	777398	1500049	765477	734572	1001740	511405	490335
广　西	1166407	603397	563010	1189315	597219	592096	858594	417154	441440
海　南	187153	96791	90362	169181	84861	84320	117734	58707	59027
重　庆	567364	308981	258383	914181	473549	440632	688205	359900	328305
四　川	1953989	1038191	915798	2928202	1482350	1445852	2098225	1068423	1029802
贵　州	806289	407655	398634	974890	484201	490689	714515	346871	367644
云　南	1089263	547488	541775	1063007	521254	541753	739457	354704	384753
西　藏	69844	33190	36654	54608	24782	29826	40887	17674	23213
陕　西	1097970	568604	529366	1030374	516763	513611	693514	339253	354261
甘　肃	597729	317052	280677	687967	346697	341270	525603	258400	267203
青　海	78355	40313	38042	83882	41112	42770	59859	28198	31661
宁　夏	116297	60786	55511	122171	62623	59548	81856	40420	41436
新　疆	375402	192479	182923	309356	155419	153937	231655	116256	115399

1-5c 续表 6

单位：人

地区	75-79岁			80-84岁			85-89岁		
	小计	男	女	小计	男	女	小计	男	女
全国	**15307799**	**7362435**	**7945364**	**9527299**	**4315466**	**5211833**	**5027616**	**1992630**	**3034986**
北京	65193	30802	34391	41724	19852	21872	24112	10165	13947
天津	57525	28063	29462	33358	16965	16393	18403	8402	10001
河北	765625	361796	403829	446172	202739	243433	235068	91089	143979
山西	365210	179455	185755	224715	104840	119875	118362	47902	70460
内蒙古	191199	93704	97495	129289	60528	68761	61149	26978	34171
辽宁	399956	197282	202674	219539	107526	112013	104923	45741	59182
吉林	219818	106661	113157	132325	63991	68334	62656	27460	35196
黑龙江	255992	123194	132798	152807	71807	81000	71140	31223	39917
上海	84748	39333	45415	55233	23260	31973	39479	14512	24967
江苏	972505	466039	506466	624962	278111	346851	353784	134697	219087
浙江	577066	286082	290984	425362	204678	220684	269801	115141	154660
安徽	964187	483476	480711	567994	268099	299895	305741	124258	181483
福建	331826	164035	167791	241967	109493	132474	135593	53985	81608
江西	454372	213927	240445	318452	139105	179347	153047	59054	93993
山东	1239110	581787	657323	772026	336930	435096	459604	170443	289161
河南	1274256	596335	677921	726154	313409	412745	426261	152317	273944
湖北	728768	350373	378395	414691	185518	229173	212278	82758	129520
湖南	861482	421582	439900	621850	285021	336829	308565	125335	183230
广东	710747	343475	367272	526900	232025	294875	331564	122957	208607
广西	648270	295171	353099	436055	185332	250723	243216	90781	152435
海南	76400	34528	41872	68286	28146	40140	43374	16567	26807
重庆	488893	248359	240534	274497	132788	141709	130943	57217	73726
四川	1468220	720863	747357	852141	398256	453885	406248	171923	234325
贵州	503003	233916	269087	309465	137222	172243	128762	52633	76129
云南	518296	237528	280768	323860	139786	184074	151698	59684	92014
西藏	26834	11029	15805	13992	5270	8722	6030	2079	3951
陕西	471589	223758	247831	265661	119695	145966	108816	45345	63471
甘肃	354368	174745	179623	184833	85142	99691	67912	29116	38796
青海	38870	18142	20728	19598	8280	11318	7956	3142	4814
宁夏	54360	26664	27696	29364	13982	15382	11411	5368	6043
新疆	139111	70331	68780	74027	37670	36357	29720	14358	15362

1-5c　续表 7

单位：人

地　区	90-94岁			95-99岁			100岁及以上		
	小计	男	女	小计	男	女	小计	男	女
全　国	**1685053**	**580439**	**1104614**	**375944**	**112711**	**263233**	**55560**	**14664**	**40896**
北　京	7871	3021	4850	1654	585	1069	378	140	238
天　津	6748	2695	4053	1463	559	904	285	131	154
河　北	75434	24936	50498	15294	4355	10939	1985	591	1394
山　西	32991	11898	21093	6205	1890	4315	764	205	559
内蒙古	16672	7137	9535	4230	1819	2411	1058	437	621
辽　宁	40301	16252	24049	9363	3738	5625	1634	662	972
吉　林	24797	10287	14510	8240	3400	4840	1227	552	675
黑龙江	27889	11650	16239	8369	3415	4954	2535	1093	1442
上　海	13950	4099	9851	3338	798	2540	387	80	307
江　苏	122260	38291	83969	26871	6873	19998	3104	722	2382
浙　江	86465	33054	53411	16391	5558	10833	1388	394	994
安　徽	101859	33702	68157	23207	6290	16917	3340	665	2675
福　建	51190	17691	33499	10864	3265	7599	1504	385	1119
江　西	47558	16190	31368	10534	3268	7266	1131	333	798
山　东	161778	48625	113153	32946	7949	24997	4180	782	3398
河　南	143602	41594	102008	35667	8007	27660	5904	995	4909
湖　北	57290	19342	37948	13309	3911	9398	1668	433	1235
湖　南	98033	35265	62768	18732	5891	12841	1924	508	1416
广　东	128676	41249	87427	32993	9278	23715	4714	1093	3621
广　西	88615	29169	59446	22049	6045	16004	4335	913	3422
海　南	18285	6255	12030	5390	1592	3798	1344	292	1052
重　庆	45259	17635	27624	8985	3148	5837	996	276	720
四　川	148855	57730	91125	32249	11276	20973	4398	1262	3136
贵　州	36733	13531	23202	6567	2134	4433	1400	431	969
云　南	45712	16223	29489	8387	2790	5597	1378	381	997
西　藏	1907	575	1332	500	138	362	116	28	88
陕　西	26597	10257	16340	5689	2005	3684	1050	334	716
甘　肃	12725	5174	7551	2669	1001	1668	425	129	296
青　海	2006	722	1284	465	150	315	73	22	51
宁　夏	2770	1225	1545	573	256	317	76	25	51
新　疆	10225	4965	5260	2751	1327	1424	859	370	489

1-6 各地区分性别、受教育程度的3岁及以上人口

单位：人

地区	3岁及以上人口			未上过学		
	合计	男	女	小计	男	女
全国	**1368140098**	**699523581**	**668616517**	**48595937**	**14455827**	**34140110**
北京	21344070	10910612	10433458	300020	99043	200977
天津	13545797	6978815	6566982	245381	77563	167818
河北	72439512	36549023	35890489	1585439	477744	1107695
山西	33928649	17299832	16628817	558245	192641	365604
内蒙古	23464323	11972857	11491466	901203	269547	631656
辽宁	41815183	20863428	20951755	637161	229275	407886
吉林	23662578	11806463	11856115	452548	161207	291341
黑龙江	31410630	15725907	15684723	607114	216081	391033
上海	24416307	12639360	11776947	501040	125256	375784
江苏	82756266	41994185	40762081	2803412	686569	2116843
浙江	62972305	32843540	30128765	2466512	721329	1745183
安徽	59069275	30067357	29001918	3428334	922536	2505798
福建	40214295	20748300	19465995	1525902	385462	1140440
江西	43742550	22532222	21210328	1181506	318658	862848
山东	98260916	49707655	48553261	4360428	1193301	3167127
河南	96118610	48144091	47974519	3055491	896451	2159040
湖北	56130945	28832105	27298840	1729266	457794	1271472
湖南	64488195	32954892	31533303	1584362	519688	1064674
广东	121623816	64529347	57094469	2904977	968789	1936188
广西	48203362	24893417	23309945	1527549	448916	1078633
海南	9729218	5152846	4576372	304077	82475	221602
重庆	31224389	15771655	15452734	702972	216050	486922
四川	81483925	41152443	40331482	3817982	1170589	2647393
贵州	36839875	18792138	18047737	2951819	789029	2162790
云南	45486128	23525719	21960409	2645972	851209	1794763
西藏	3477047	1826108	1650939	900978	371034	529944
陕西	38294926	19586107	18708819	1358780	434741	924039
甘肃	24129001	12239650	11889351	1936220	586554	1349666
青海	5703979	2920497	2783482	578699	202266	376433
宁夏	6927596	3526853	3400743	422737	133717	289020
新疆	25236430	13036157	12200273	619811	250313	369498

1-6　续表 1

单位：人

地　区	学前教育			小　学		
	小计	男	女	小计	男	女
全　国	**53355845**	**27868882**	**25486963**	**349658733**	**164893183**	**184765550**
北　京	603292	311609	291683	2299436	1083828	1215608
天　津	394532	204887	189645	2235598	1071316	1164282
河　北	3038704	1589403	1449301	18402004	8581062	9820942
山　西	1143970	586288	557682	6810494	3135342	3675152
内蒙古	680780	353091	327689	5682035	2660207	3021828
辽　宁	898066	463414	434652	8044767	3715818	4328949
吉　林	491573	252719	238854	5372822	2518160	2854662
黑龙江	554536	283318	271218	6963286	3256487	3706799
上　海	597428	309463	287965	2966844	1369563	1597281
江　苏	2912866	1502630	1410236	19273379	8702944	10570435
浙　江	1984851	1025744	959107	17035698	8229110	8806588
安　徽	2440991	1278903	1162088	16401020	7651045	8749975
福　建	1880298	1000943	879355	11643957	5335122	6308835
江　西	1865887	992537	873350	12433186	5670601	6762585
山　东	4365487	2314673	2050814	24054559	11034528	13020031
河　南	4570184	2372328	2197856	24400942	11418873	12982069
湖　北	2003290	1055261	948029	13583374	6302894	7280480
湖　南	2529385	1322377	1207008	16753085	7926050	8827035
广　东	5202168	2758368	2443800	26054418	12294766	13759652
广　西	2558356	1358632	1199724	13963013	6663885	7299128
海　南	417084	225445	191639	1986102	943931	1042171
重　庆	1081465	557131	524334	9582173	4544916	5037257
四　川	2921011	1484995	1436016	26204828	12638740	13566088
贵　州	1770475	941148	829327	12309291	6121540	6187751
云　南	1840396	950328	890068	16838243	8351242	8487001
西　藏	170697	87282	83415	1171335	649009	522326
陕　西	1501065	774383	726682	8572159	4022853	4549306
甘　肃	1007385	519296	488089	7457905	3541271	3916634
青　海	236973	121957	115016	1938626	960145	978481
宁　夏	267417	137968	129449	1880672	889341	991331
新　疆	1425233	732361	692872	7343482	3608594	3734888

1-6 续表 2

单位：人

地区	初中			高中			大学专科		
	小计	男	女	小计	男	女	小计	男	女
全国	**487095010**	**263448804**	**223646206**	**212209922**	**116996970**	**95212952**	**112303002**	**58727560**	**53575442**
北京	5098789	2835520	2263269	3851750	1998990	1852760	2928407	1473704	1454703
天津	4477871	2441338	2036533	2456872	1283238	1173634	1521915	799341	722574
河北	29806993	15793154	14013839	10341463	5555492	4785971	5270623	2649100	2621523
山西	13599508	7211213	6388295	5755952	3138030	2617922	3263029	1692381	1570648
内蒙古	8143252	4453870	3689382	3562745	1932094	1630651	2399015	1288416	1110599
辽宁	18228529	9332828	8895701	6248324	3216122	3032202	3769813	1922438	1847375
吉林	9204361	4746766	4457595	4111787	2114922	1996865	1813601	936634	876967
黑龙江	13629637	7042829	6586808	4944614	2544418	2400196	2334507	1217073	1117434
上海	7196422	3940356	3256066	4730359	2543192	2187167	3071823	1630768	1441055
江苏	28227982	15058047	13169935	13721862	7673049	6048813	8187482	4412757	3774725
浙江	21117295	11865837	9251458	9397637	5366119	4031518	5475328	2877746	2597582
安徽	20581055	11211154	9369901	8113247	4622745	3490502	4411306	2353427	2057879
福建	13383222	7585075	5798147	5903843	3372383	2531460	2900588	1520534	1380054
江西	16042444	8695411	7347033	6843632	3930875	2912757	3038109	1652911	1385198
山东	36324213	19499036	16825177	14552759	8064406	6488353	7848001	4151742	3696259
河南	37279869	19423408	17856461	15142250	8189929	6952321	6803340	3474543	3328797
湖北	19797523	10615140	9182383	10064948	5597853	4467095	4697717	2551279	2146438
湖南	23678161	12491345	11186816	11810957	6513011	5297946	4717827	2447913	2269914
广东	44714248	24895602	19818646	22965096	13224360	9740736	10824882	5690177	5134705
广西	18240352	10106028	8134324	6497534	3593806	2903728	3037733	1574358	1463375
海南	4050000	2227745	1822255	1568761	911574	657187	736645	409354	327291
重庆	9802882	5201319	4601563	5114680	2756774	2357906	2614730	1337036	1277694
四川	26309511	14188760	12120751	11129746	6035213	5094533	6046102	3067955	2978147
贵州	11747605	6680427	5067178	3837415	2091886	1745529	2150649	1119230	1031419
云南	13804371	7979378	5824993	4880416	2662907	2217509	2874410	1473842	1400568
西藏	574831	355820	219011	257226	147301	109925	188989	104041	84948
陕西	13431688	7214803	6216885	6159204	3365801	2793403	3805304	2009046	1796258
甘肃	6861224	3839670	3021554	3236918	1824369	1412549	1931242	1037137	894105
青海	1442149	838949	603200	626038	338930	287108	462335	247576	214759
宁夏	2140403	1208827	931576	967429	528316	439113	645523	331865	313658
新疆	8158620	4469149	3689471	3414458	1858865	1555593	2532027	1273236	1258791

1-6　续表 3　　　　单位：人

地　区	大学本科			硕士研究生			博士研究生		
	小计	男	女	小计	男	女	小计	男	女
全　国	**94156072**	**47637012**	**46519060**	**9488228**	**4721323**	**4766905**	**1277349**	**774020**	**503329**
北　京	4771495	2353594	2417901	1263015	616649	646366	227866	137675	90191
天　津	1949699	974316	975383	233528	109833	123695	30401	16983	13418
河　北	3709065	1773591	1935474	260950	116564	144386	24271	12913	11358
山　西	2569948	1245712	1324236	206423	87607	118816	21080	10618	10462
内蒙古	1943502	950199	993303	140526	59877	80649	11265	5556	5709
辽　宁	3631684	1814004	1817680	321626	149734	171892	35213	19795	15418
吉　林	2025967	988951	1037016	165758	74468	91290	24161	12636	11525
黑龙江	2193435	1077875	1115560	158052	73108	84944	25449	14718	10731
上　海	4280759	2167527	2113232	937544	471285	466259	134088	81950	52138
江　苏	6806564	3510224	3296340	727164	386818	340346	95555	61147	34408
浙　江	4951134	2467073	2484061	482619	251993	230626	61231	38589	22642
安　徽	3351127	1834059	1517068	305815	168767	137048	36380	24721	11659
福　建	2754214	1432220	1321994	196032	100063	95969	26239	16498	9741
江　西	2170366	1179874	990492	151104	80273	70831	16316	11082	5234
山　东	6082292	3119051	2963241	601775	290012	311763	71402	40906	30496
河　南	4500926	2193216	2307710	326194	152344	173850	39414	22999	16415
湖　北	3775459	1995037	1780422	413937	215858	198079	65431	40989	24442
湖　南	3141800	1594082	1547718	237867	118650	119217	34751	21776	12975
广　东	8075009	4213472	3861537	789146	423599	365547	93872	60214	33658
广　西	2235496	1075565	1159931	130282	64160	66122	13047	8067	4980
海　南	625359	331459	293900	36754	18190	18564	4436	2673	1763
重　庆	2119899	1053865	1066034	182622	90420	92202	22966	14144	8822
四　川	4578724	2315609	2263115	420793	216004	204789	55228	34578	20650
贵　州	1976937	1002236	974701	86551	41087	45464	9133	5555	3578
云　南	2442457	1180513	1261944	142565	66535	76030	17298	9765	7533
西　藏	204734	106716	98018	7641	4472	3169	616	433	183
陕　西	3088054	1572133	1515921	324257	160430	163827	54415	31917	22498
甘　肃	1578442	831116	747326	105868	51656	54212	13797	8581	5216
青　海	398133	200337	197796	19070	9201	9869	1956	1136	820
宁　夏	565068	279437	285631	35218	15728	19490	3129	1654	1475
新　疆	1658324	803949	854375	77532	35938	41594	6943	3752	3191

1-6a　各地区分性别、受教育程度的3岁及以上人口(城市)

单位：人

地区	3岁及以上人口			未上过学		
	合计	男	女	小计	男	女
全　国	**558923862**	**283263184**	**275660678**	**9582651**	**3034695**	**6547956**
北　京	17312628	8709277	8603351	199060	68061	130999
天　津	10677398	5477359	5200039	155431	51959	103472
河　北	21462039	10663696	10798343	257062	89476	167586
山　西	12804044	6386449	6417595	131620	48532	83088
内蒙古	9191347	4582539	4608808	173408	55364	118044
辽　宁	25050447	12357257	12693190	275313	106939	168374
吉　林	10093960	4927003	5166957	116258	43837	72421
黑龙江	14218178	6999199	7218979	186782	69484	117298
上　海	19506421	9923361	9583060	290031	72347	217684
江　苏	39272262	19863513	19408749	835451	214131	621320
浙　江	32232164	16719136	15513028	843651	256897	586754
安　徽	15821764	7875512	7946252	491682	128112	363570
福　建	16568138	8491007	8077131	364974	97693	267281
江　西	13159173	6688362	6470811	190549	59710	130839
山　东	38086823	19124876	18961947	799099	244164	554935
河　南	25166687	12493989	12672698	342481	117183	225298
湖　北	24000890	12146527	11854363	367492	106346	261146
湖　南	18382669	9189191	9193478	194037	79262	114775
广　东	74018406	39551247	34467159	1025723	370982	654741
广　西	14258718	7176126	7082592	176503	63228	113275
海　南	3630503	1896085	1734418	53637	17430	36207
重　庆	15898340	7853227	8045113	204596	66376	138220
四　川	29628594	14614672	15013922	537578	163922	373656
贵　州	9703128	4861875	4841253	268273	80800	187473
云　南	11945903	6023379	5922524	304676	94732	209944
西　藏	815578	437680	377898	89280	36948	52332
陕　西	15164561	7670371	7494190	214246	73561	140685
甘　肃	6860928	3443795	3417133	172606	50903	121703
青　海	2059884	1048764	1011120	84492	26901	57591
宁　夏	2882226	1433290	1448936	89249	26253	62996
新　疆	9050061	4634420	4415641	147411	53162	94249

1-6a 续表 1 单位：人

地区	学前教育			小学		
	小计	男	女	小计	男	女
全国	**20486972**	**10762761**	**9724211**	**92077817**	**43013276**	**49064541**
北京	496110	256441	239669	1660716	775261	885455
天津	311783	162273	149510	1455412	705598	749814
河北	864406	451747	412659	3475010	1636736	1838274
山西	464386	239306	225080	1795519	847182	948337
内蒙古	284087	147925	136162	1417561	648566	768995
辽宁	593376	306239	287137	3120335	1419160	1701175
吉林	231371	119285	112086	1313922	590308	723614
黑龙江	268060	137558	130502	1958197	893237	1064960
上海	496426	257156	239270	2007803	898956	1108847
江苏	1426684	743636	683048	6626887	3019661	3607226
浙江	1070815	559488	511327	6863089	3295054	3568035
安徽	614692	323208	291484	2921905	1317519	1604386
福建	748588	402581	346007	3437469	1576944	1860525
江西	534011	287441	246570	2528303	1175509	1352794
山东	1754733	925698	829035	6234929	2853903	3381026
河南	1106031	579562	526469	3912318	1865611	2046707
湖北	801314	425554	375760	3622705	1664620	1958085
湖南	717574	378886	338688	2941164	1406595	1534569
广东	2900892	1549720	1351172	12064444	5770132	6294312
广西	698085	375596	322489	2500416	1184723	1315693
海南	160028	87588	72440	552216	270865	281351
重庆	577264	297413	279851	3188403	1452234	1736169
四川	1030318	530783	499535	5910422	2709948	3200474
贵州	444466	237401	207065	2035430	963764	1071666
云南	464892	240608	224284	2467562	1193084	1274478
西藏	27432	14104	13328	213755	113852	99903
陕西	587725	304927	282798	2074180	982165	1092015
甘肃	256636	133632	123004	1145424	522996	622428
青海	71159	36718	34441	423099	201022	222077
宁夏	109750	57076	52674	497759	230077	267682
新疆	373878	193211	180667	1711463	827994	883469

1-6a 续表 2 单位：人

地区	初中			高中			大学专科		
	小计	男	女	小计	男	女	小计	男	女
全国	**169796464**	**88429852**	**81366612**	**115378689**	**60939909**	**54438780**	**72771281**	**37360074**	**35411207**
北京	3485800	1889581	1596219	3135889	1586202	1549687	2492465	1240546	1251919
天津	3140894	1696113	1444781	2154417	1107283	1047134	1384464	723847	660617
河北	6640647	3371442	3269205	4631479	2367703	2263776	3019961	1509870	1510091
山西	3992970	2040017	1952953	2741921	1407650	1334271	1799176	907415	891761
内蒙古	2787736	1442957	1344779	1813584	927557	886027	1376713	716513	660200
辽宁	9552557	4724369	4828188	4867158	2458127	2409031	3075020	1563710	1511310
吉林	3457142	1686051	1771091	2528875	1264097	1264778	1097458	557348	540110
黑龙江	5465155	2726045	2739110	3020221	1507183	1513038	1553571	798657	754914
上海	5142461	2720336	2422125	4005526	2099209	1906317	2679750	1406606	1273144
江苏	11492455	5914979	5577476	7561970	4042695	3519275	5457423	2894722	2562701
浙江	10113514	5588699	4524815	5334120	2947957	2386163	3681568	1909162	1772406
安徽	4761119	2393502	2367617	2931797	1567897	1363900	2078602	1064438	1014164
福建	5016358	2731276	2285082	3077986	1674517	1403469	1816636	925278	891358
江西	4065527	2058615	2006912	2832718	1518573	1314145	1557550	816763	740787
山东	11518959	5859657	5659302	7829789	4124653	3705136	5048861	2631903	2416958
河南	7234281	3609089	3625192	5921384	3043112	2878272	3676418	1845661	1830757
湖北	6885199	3472896	3412303	5664188	2972529	2691659	3245299	1716953	1528346
湖南	5191264	2574936	2616328	4549768	2347807	2201961	2493822	1253051	1240771
广东	24947323	13879919	11067404	16555876	9362363	7193513	8692979	4513163	4179816
广西	4406791	2269683	2137108	3067144	1600214	1466930	1807571	918324	889247
海南	1148895	601918	546977	822663	444984	377679	437934	234752	203182
重庆	4591718	2307398	2284320	3324611	1726555	1598056	2044702	1030449	1014253
四川	8465668	4243728	4221940	5815814	3008282	2807532	3989278	1985663	2003615
贵州	2964729	1547306	1417423	1666983	872420	794563	1108359	555579	552780
云南	3408361	1847412	1560949	2162451	1125221	1037230	1499858	740241	759617
西藏	166471	100605	65866	139664	76548	63116	81925	44621	37304
陕西	4017311	2066928	1950383	3195177	1649605	1545572	2450714	1263887	1186827
甘肃	1839813	941984	897829	1453565	758613	694952	992444	520117	472327
青海	560095	306986	253109	345708	181562	164146	281655	148317	133338
宁夏	841008	443323	397685	525966	272723	253243	395997	199462	196535
新疆	2494243	1372102	1122141	1700277	896068	804209	1453108	723056	730052

1-6a　续表 3　　　　单位：人

地　区	大学本科			硕士研究生			博士研究生		
	小计	男	女	小计	男	女	小计	男	女
全　国	**69536886**	**34975243**	**34561643**	**8167438**	**4063778**	**4103660**	**1125664**	**683596**	**442068**
北　京	4416745	2172620	2244125	1206254	588068	618186	219589	132497	87092
天　津	1822097	908624	913473	223678	105269	118409	29222	16393	12829
河　北	2365823	1141785	1224038	189726	85254	104472	17925	9683	8242
山　西	1707972	821445	886527	153743	66365	87378	16737	8537	8200
内蒙古	1222927	593310	629617	106703	46030	60673	8628	4317	4311
辽　宁	3234402	1619294	1615108	299795	140886	158909	32491	18533	13958
吉　林	1228873	610329	618544	104160	47377	56783	15901	8371	7530
黑龙江	1613887	793279	820608	129934	60641	69293	22371	13115	9256
上　海	3882199	1954292	1927907	876506	437832	438674	125719	76627	49092
江　苏	5178259	2656812	2521447	610164	323626	286538	82969	53251	29718
浙　江	3839704	1902383	1937321	429992	224451	205541	55711	35045	20666
安　徽	1808386	961379	847007	188784	102544	86240	24797	16913	7884
福　建	1929239	990866	938373	156740	79214	77526	20148	12638	7510
江　西	1331140	707590	623550	107558	56195	51363	11817	7966	3851
山　东	4377274	2228302	2148972	467039	224580	242459	56140	32016	24124
河　南	2713194	1309241	1403953	234557	109346	125211	26023	15184	10839
湖　北	2984618	1558565	1426053	369933	191529	178404	60142	37535	22607
湖　南	2079840	1037821	1042019	187245	93210	94035	27955	17623	10332
广　东	6987644	3642775	3344869	753799	404689	349110	89726	57504	32222
广　西	1482005	703568	778437	108988	53786	55202	11215	7004	4211
海　南	421547	221455	200092	29910	14850	15060	3673	2243	1430
重　庆	1776218	875558	900660	169446	84001	85445	21382	13243	8139
四　川	3455854	1748246	1707608	373731	192771	180960	49931	31329	18602
贵　州	1136731	565935	570796	70609	34088	36521	7548	4582	2966
云　南	1497989	715313	782676	124647	58024	66623	15467	8744	6723
西　藏	91138	47630	43508	5409	3030	2379	504	342	162
陕　西	2283502	1155391	1128111	291963	144552	147411	49743	29355	20388
甘　肃	903709	467520	436189	84750	40569	44181	11981	7461	4520
青　海	275581	138541	137040	16378	7727	8651	1717	990	727
宁　夏	390576	189960	200616	29245	13005	16240	2676	1411	1265
新　疆	1097813	535414	562399	66052	30269	35783	5816	3144	2672

1-6b 各地区分性别、受教育程度的3岁及以上人口(镇)

单位：人

地区	3岁及以上人口			未上过学		
	合计	男	女	小计	男	女
全国	**314718812**	**159707289**	**155011523**	**9625129**	**2890473**	**6734656**
北京	1377158	750400	626758	23898	7885	16013
天津	793794	427310	366484	19254	6157	13097
河北	21991663	11098693	10892970	415818	130436	285382
山西	8370227	4226203	4144024	99969	36895	63074
内蒙古	6586259	3323596	3262663	200368	59670	140698
辽宁	5059153	2517612	2541541	70819	26941	43878
吉林	4685220	2307674	2377546	74621	26797	47824
黑龙江	6363236	3149777	3213459	112869	38330	74539
上海	2283075	1225168	1057907	71397	18573	52824
江苏	21433837	10857819	10576018	678423	169905	508518
浙江	13178618	6892498	6286120	466792	139458	327334
安徽	18624592	9412529	9212063	789525	209397	580128
福建	11071164	5651095	5420069	365083	93415	271668
江西	13323015	6812663	6510352	278869	77342	201527
山东	23709668	12056688	11652980	988911	277138	711773
河南	28191276	14240209	13951067	619414	193211	426203
湖北	11314209	5722672	5591537	283405	78380	205025
湖南	19546496	9931151	9615345	382357	132820	249537
广东	16396458	8543077	7853381	495972	169993	325979
广西	11902189	6082643	5819546	277204	88680	188524
海南	2232854	1176709	1056145	75185	20081	55104
重庆	5757136	2863731	2893405	118287	37263	81024
四川	16578213	8151764	8426449	609091	192842	416249
贵州	9897130	4968829	4928301	603033	165298	437735
云南	10840566	5527751	5312815	500521	157123	343398
西藏	448712	239323	209389	90564	36261	54303
陕西	8823492	4471333	4352159	282784	92570	190214
甘肃	5741803	2870143	2871660	298915	87702	211213
青海	1384379	702570	681809	139038	49069	89969
宁夏	1622455	822512	799943	77575	24682	52893
新疆	5190765	2683147	2507618	115168	46159	69009

1-6b　续表 1　　　　单位：人

地　区	学前教育			小　学		
	小计	男	女	小计	男	女
全　国	**13562084**	**7121378**	**6440706**	**79344067**	**36980721**	**42363346**
北　京	38642	19981	18661	177848	86999	90849
天　津	22185	11410	10775	173572	84562	89010
河　北	978687	513687	465000	5304329	2497123	2807206
山　西	325302	166977	158325	1529546	707150	822396
内蒙古	240172	124816	115356	1430099	649297	780802
辽　宁	117319	60763	56556	962581	439654	522927
吉　林	117244	60203	57041	784157	354119	430038
黑龙江	123978	63403	60575	1245040	562241	682799
上　海	63778	33248	30530	350502	165147	185355
江　苏	820270	425866	394404	5192668	2341557	2851111
浙　江	430973	224247	206726	3587030	1719186	1867844
安　徽	804328	424625	379703	4682030	2130645	2551385
福　建	572258	306823	265435	3308190	1485300	1822890
江　西	590882	316904	273978	3470355	1584704	1885651
山　东	1164009	622449	541560	5700788	2649312	3051476
河　南	1325688	691671	634017	6291475	2999775	3291700
湖　北	458081	241527	216554	2771475	1270287	1501188
湖　南	792210	417163	375047	4729842	2222499	2507343
广　东	795552	421810	373742	4273056	2000052	2273004
广　西	674518	359635	314883	3190769	1506041	1684728
海　南	100765	54430	46335	463968	217749	246219
重　庆	233395	120620	112775	1922885	883924	1038961
四　川	662636	339700	322936	5138832	2370900	2767932
贵　州	521961	278603	243358	3056895	1471914	1584981
云　南	485780	250829	234951	3538673	1715163	1823510
西　藏	21912	11244	10668	129515	70359	59156
陕　西	386492	200246	186246	2119044	989305	1129739
甘　肃	286219	148774	137445	1586064	727757	858307
青　海	60024	30860	29164	478049	233436	244613
宁　夏	70049	36300	33749	413339	189979	223360
新　疆	276775	142564	134211	1341451	654585	686866

1-6b 续表 2

单位：人

地区	初中			高中			大学专科		
	小计	男	女	小计	男	女	小计	男	女
全国	**116946109**	**61371767**	**55574342**	**53139639**	**29237449**	**23902190**	**24155960**	**12923701**	**11232259**
北京	462708	273293	189415	251886	142482	109404	182480	96023	86457
天津	335961	190077	145884	107434	61930	45504	54923	31104	23819
河北	9036931	4728821	4308110	3552231	1898025	1654206	1601237	812812	788425
山西	3346770	1707112	1639658	1597896	864544	733352	866781	454048	412733
内蒙古	2316454	1224202	1092252	1108940	598064	510876	721574	393308	328266
辽宁	2566554	1298863	1267691	721707	377579	344128	364986	190440	174546
吉林	1754607	878738	875869	895596	461551	434045	461622	241768	219854
黑龙江	2948283	1486712	1461571	1064865	552895	511970	469675	251380	218295
上海	813709	459264	354445	382896	221975	160921	251049	138888	112161
江苏	7973118	4181534	3791584	3655380	2070058	1585322	1777560	970174	807386
浙江	4777058	2650602	2126456	2139573	1224402	915171	1003106	538626	464480
安徽	6525120	3403906	3121214	3031853	1708311	1323542	1559366	847600	711766
福建	3911016	2148461	1762555	1635130	934716	700414	669877	359654	310223
江西	4974823	2582556	2392267	2377137	1353365	1023772	983076	540714	442362
山东	8939009	4725231	4213778	3666966	2049533	1617433	1862644	1010598	852046
河南	10857740	5563108	5294632	5600056	3009924	2590132	2067094	1074346	992748
湖北	4294114	2196770	2097344	2187107	1210608	976499	795042	443953	351089
湖南	7278076	3713328	3564748	4098843	2235923	1862920	1466949	789460	677489
广东	6379030	3435115	2943915	2763036	1599125	1163911	1046919	576116	470803
广西	4644052	2470152	2173900	1893116	1025000	868116	722920	385273	337647
海南	981476	527463	454013	351658	210542	141116	144312	84736	59576
重庆	2010959	1027438	983521	944688	515610	429078	312597	167297	145300
四川	5745867	2914019	2831848	2628057	1407004	1221053	1094560	573718	520842
贵州	3238651	1747228	1491423	1240662	660228	580434	636853	340860	295993
云南	3368241	1864358	1503883	1501847	800060	701787	809123	428840	380283
西藏	77223	47716	29507	34088	21066	13022	42238	24639	17599
陕西	3222873	1673831	1549042	1524967	830347	694620	765401	415179	350222
甘肃	1647078	863895	783183	910649	501487	409162	534601	285196	249405
青海	329654	187820	141834	175393	94800	80593	113681	62688	50993
宁夏	534393	293289	241104	257260	140449	116811	150443	78266	72177
新疆	1654561	906865	747696	838722	455846	382876	623271	315997	307274

1-6b　续表 3　　　　单位：人

地　区	大学本科			硕士研究生			博士研究生		
	小计	男	女	小计	男	女	小计	男	女
全　国	**16952395**	**8678289**	**8274106**	**897608**	**446426**	**451182**	**95821**	**57085**	**38736**
北　京	192781	98854	93927	40770	20948	19822	6145	3935	2210
天　津	71670	37912	33758	7884	3704	4180	911	454	457
河　北	1048625	493678	554947	49946	22140	27806	3859	1971	1888
山　西	575841	278232	297609	26178	10327	15851	1944	918	1026
内蒙古	541573	263033	278540	25408	10396	15012	1671	810	861
辽　宁	243254	118322	124932	11010	4616	6394	923	434	489
吉　林	543328	260034	283294	47432	21068	26364	6613	3396	3217
黑龙江	376760	184684	192076	19572	8960	10612	2194	1172	1022
上　海	291733	155562	136171	50830	27945	22885	7181	4566	2615
江　苏	1233947	642857	591090	92974	49971	43003	9497	5897	3600
浙　江	737737	376476	361261	33537	17717	15820	2812	1784	1028
安　徽	1141328	636972	504356	83434	46059	37375	7608	5014	2594
福　建	579443	306340	273103	26825	14292	12533	3342	2094	1248
江　西	615712	339968	275744	29376	15241	14135	2785	1869	916
山　东	1284210	671619	612591	94160	45607	48553	8971	5201	3770
河　南	1351602	670456	681146	68204	31869	36335	10003	5849	4154
湖　北	498409	266678	231731	24086	12873	11213	2490	1596	894
湖　南	758754	399594	359160	34996	17594	17402	4469	2770	1699
广　东	621441	329064	292377	19438	10472	8966	2014	1330	684
广　西	485630	241034	244596	13123	6331	6792	857	497	360
海　南	111811	59864	51947	3331	1654	1677	348	190	158
重　庆	207073	107803	99270	6541	3361	3180	711	415	296
四　川	674360	340854	333506	22398	11261	11137	2412	1466	946
贵　州	586310	299079	287231	11636	4923	6713	1129	696	433
云　南	623851	305413	318438	11614	5461	6153	916	504	412
西　藏	52081	27326	24755	1045	673	372	46	39	7
陕　西	501350	259555	241795	18367	9092	9275	2214	1208	1006
甘　肃	465167	248399	216768	12245	6395	5850	865	538	327
青　海	86510	42803	43707	1910	1024	886	120	70	50
宁　夏	115819	57941	57878	3347	1488	1859	230	118	112
新　疆	334285	157883	176402	5991	2964	3027	541	284	257

1-6c 各地区分性别、受教育程度的3岁及以上人口(乡村)

单位：人

地区	3岁及以上人口			未上过学		
	合计	男	女	小计	男	女
全国	**494497424**	**256553108**	**237944316**	**29388157**	**8530659**	**20857498**
北京	2654284	1450935	1203349	77062	23097	53965
天津	2074605	1074146	1000459	70696	19447	51249
河北	28985810	14786634	14199176	912559	257832	654727
山西	12754378	6687180	6067198	326656	107214	219442
内蒙古	7686717	4066722	3619995	527427	154513	372914
辽宁	11705583	5988559	5717024	291029	95395	195634
吉林	8883398	4571786	4311612	261669	90573	171096
黑龙江	10829216	5576931	5252285	307463	108267	199196
上海	2626811	1490831	1135980	139612	34336	105276
江苏	22050167	11272853	10777314	1289538	302533	987005
浙江	17561523	9231906	8329617	1156069	324974	831095
安徽	24622919	12779316	11843603	2147127	585027	1562100
福建	12574993	6606198	5968795	795845	194354	601491
江西	17260362	9031197	8229165	712088	181606	530482
山东	36464425	18526091	17938334	2572418	671999	1900419
河南	42760647	21409893	21350754	2093596	586057	1507539
湖北	20815846	10962906	9852940	1078369	273068	805301
湖南	26559030	13834550	12724480	1007968	307606	700362
广东	31208952	16435023	14773929	1383282	427814	955468
广西	22042455	11634648	10407807	1073842	297008	776834
海南	3865861	2080052	1785809	175255	44964	130291
重庆	9568913	5054697	4514216	380089	112411	267678
四川	35277118	18386007	16891111	2671313	813825	1857488
贵州	17239617	8961434	8278183	2080513	542931	1537582
云南	22699659	11974589	10725070	1840775	599354	1241421
西藏	2212757	1149105	1063652	721134	297825	423309
陕西	14306873	7444403	6862470	861750	268610	593140
甘肃	11526270	5925712	5600558	1464699	447949	1016750
青海	2259716	1169163	1090553	355169	126296	228873
宁夏	2422915	1271051	1151864	255913	82782	173131
新疆	10995604	5718590	5277014	357232	150992	206240

1-6c 续表 1

单位：人

地区	学前教育			小学		
	小计	男	女	小计	男	女
全国	**19306789**	**9984743**	**9322046**	**178236849**	**84899186**	**93337663**
北京	68540	35187	33353	460872	221568	239304
天津	60564	31204	29360	606614	281156	325458
河北	1195611	623969	571642	9622665	4447203	5175462
山西	354282	180005	174277	3485429	1581010	1904419
内蒙古	156521	80350	76171	2834375	1362344	1472031
辽宁	187371	96412	90959	3961851	1857004	2104847
吉林	142958	73231	69727	3274743	1573733	1701010
黑龙江	162498	82357	80141	3760049	1801009	1959040
上海	37224	19059	18165	608539	305460	303079
江苏	665912	333128	332784	7453824	3341726	4112098
浙江	483063	242009	241054	6585579	3214870	3370709
安徽	1021971	531070	490901	8797085	4202881	4594204
福建	559452	291539	267913	4898298	2272878	2625420
江西	740994	388192	352802	6434528	2910388	3524140
山东	1446745	766526	680219	12118842	5531313	6587529
河南	2138465	1101095	1037370	14197149	6553487	7643662
湖北	743895	388180	355715	7189194	3367987	3821207
湖南	1019601	526328	493273	9082079	4296956	4785123
广东	1505724	786838	718886	9716918	4524582	5192336
广西	1185753	623401	562352	8271828	3973121	4298707
海南	156291	83427	72864	969918	455317	514601
重庆	270806	139098	131708	4470885	2208758	2262127
四川	1228057	614512	613545	15155574	7557892	7597682
贵州	804048	425144	378904	7216966	3685862	3531104
云南	889724	458891	430833	10832008	5442995	5389013
西藏	121353	61934	59419	828065	464798	363267
陕西	526848	269210	257638	4378935	2051383	2327552
甘肃	464530	236890	227640	4726417	2290518	2435899
青海	105790	54379	51411	1037478	525687	511791
宁夏	87618	44592	43026	969574	469285	500289
新疆	774580	396586	377994	4290568	2126015	2164553

1-6c 续表 2 单位：人

地区	初中			高中			大学专科		
	小计	男	女	小计	男	女	小计	男	女
全国	**200352437**	**113647185**	**86705252**	**43691594**	**26819612**	**16871982**	**15375761**	**8443785**	**6931976**
北京	1150281	672646	477635	463975	270306	193669	253462	137135	116327
天津	1001016	555148	445868	195021	114025	80996	82528	44390	38138
河北	14129415	7692891	6436524	2157753	1289764	867989	649425	326418	323007
山西	6259768	3464084	2795684	1416135	865836	550299	597072	330918	266154
内蒙古	3039062	1786711	1252351	640221	406473	233748	300728	178595	122133
辽宁	6109418	3309596	2799822	659459	380416	279043	329807	168288	161519
吉林	3992612	2181977	1810635	687316	389274	298042	254521	137518	117003
黑龙江	5216199	2830072	2386127	859528	484340	375188	311261	167036	144225
上海	1240252	760756	479496	341937	222008	119929	141024	85274	55750
江苏	8762409	4961534	3800875	2504512	1560296	944216	952499	547861	404638
浙江	6226723	3626536	2600187	1923944	1193760	730184	790654	429958	360696
安徽	9294816	5413746	3881070	2149597	1346537	803060	773338	441389	331949
福建	4455848	2705338	1750510	1190727	763150	427577	414075	235602	178473
江西	7002094	4054240	2947854	1633777	1058937	574840	497483	295434	202049
山东	15866245	8914148	6952097	3056004	1890220	1165784	936496	509241	427255
河南	19187848	10251211	8936637	3620810	2136893	1483917	1059828	554536	505292
湖北	8618210	4945474	3672736	2213653	1414716	798937	657376	390373	267003
湖南	11208821	6203081	5005740	3162346	1929281	1233065	757056	405402	351654
广东	13387895	7580568	5807327	3646184	2262872	1383312	1084984	600898	484086
广西	9189509	5366193	3823316	1537274	968592	568682	507242	270761	236481
海南	1919629	1098364	821265	394440	256048	138392	154399	89866	64533
重庆	3200205	1866483	1333722	845381	514609	330772	257431	139290	118141
四川	12097976	7031013	5066963	2685875	1619927	1065948	962264	508574	453690
贵州	5544225	3385893	2158332	929770	559238	370532	405437	222791	182646
云南	7027769	4267608	2760161	1216118	737626	478492	565429	304761	260668
西藏	331137	207499	123638	83474	49687	33787	64826	34781	30045
陕西	6191504	3474044	2717460	1439060	885849	553211	589189	329980	259209
甘肃	3374333	2033791	1340542	872704	564269	308435	404197	231824	172373
青海	552400	344143	208257	104937	62568	42369	66999	36571	30428
宁夏	765002	472215	292787	184203	115144	69059	99083	54137	44946
新疆	4009816	2190182	1819634	875459	506951	368508	455648	234183	221465

1-6c 续表 3

单位：人

地区	大学本科			硕士研究生			博士研究生		
	小计	男	女	小计	男	女	小计	男	女
全国	**7666791**	**3983480**	**3683311**	**423182**	**211119**	**212063**	**55864**	**33339**	**22525**
北京	161969	82120	79849	15991	7633	8358	2132	1243	889
天津	55932	27780	28152	1966	860	1106	268	136	132
河北	294617	138128	156489	21278	9170	12108	2487	1259	1228
山西	286135	146035	140100	26502	10915	15587	2399	1163	1236
内蒙古	179002	93856	85146	8415	3451	4964	966	429	537
辽宁	154028	76388	77640	10821	4232	6589	1799	828	971
吉林	253766	118588	135178	14166	6023	8143	1647	869	778
黑龙江	202788	99912	102876	8546	3507	5039	884	431	453
上海	106827	57673	49154	10208	5508	4700	1188	757	431
江苏	394358	210555	183803	24026	13221	10805	3089	1999	1090
浙江	373693	188214	185479	19090	9825	9265	2708	1760	948
安徽	401413	235708	165705	33597	20164	13433	3975	2794	1181
福建	245532	135014	110518	12467	6557	5910	2749	1766	983
江西	223514	132316	91198	14170	8837	5333	1714	1247	467
山东	420808	219130	201678	40576	19825	20751	6291	3689	2602
河南	436130	213519	222611	23433	11129	12304	3388	1966	1422
湖北	292432	169794	122638	19918	11456	8462	2799	1858	941
湖南	303206	156667	146539	15626	7846	7780	2327	1383	944
广东	465924	241633	224291	15909	8438	7471	2132	1380	752
广西	267861	130963	136898	8171	4043	4128	975	566	409
海南	92001	50140	41861	3513	1686	1827	415	240	175
重庆	136608	70504	66104	6635	3058	3577	873	486	387
四川	448510	226509	222001	24664	11972	12692	2885	1783	1102
贵州	253896	137222	116674	4306	2076	2230	456	277	179
云南	320617	159787	160830	6304	3050	3254	915	517	398
西藏	61515	31760	29755	1187	769	418	66	52	14
陕西	303202	157187	146015	13927	6786	7141	2458	1354	1104
甘肃	209566	115197	94369	8873	4692	4181	951	582	369
青海	36042	18993	17049	782	450	332	119	76	43
宁夏	58673	31536	27137	2626	1235	1391	223	125	98
新疆	226226	110652	115574	5489	2705	2784	586	324	262

1-7 各地区分性别的15岁及以上文盲人口

单位：人、%

地区	15岁及以上人口			文盲人口			文盲人口占15岁及以上人口比重		
	合计	男	女	合计	男	女	合计	男	女
全国	**1156394786**	**586822815**	**569571971**	**37704017**	**9499681**	**28204336**	**3.26**	**1.62**	**4.95**
北京	19301588	9847962	9453626	172141	38227	133914	0.89	0.39	1.42
天津	11997953	6162151	5835802	169807	41581	128226	1.42	0.67	2.20
河北	59521267	29691311	29829956	1127792	260624	867168	1.89	0.88	2.91
山西	29205721	14857263	14348458	422024	123585	298439	1.45	0.83	2.08
内蒙古	20671482	10519559	10151923	792204	216205	575999	3.83	2.06	5.67
辽宁	37853468	18801024	19052444	381928	105570	276358	1.01	0.56	1.45
吉林	21254730	10556023	10698707	320865	95838	225027	1.51	0.91	2.10
黑龙江	28563622	14253881	14309741	436127	131375	304752	1.53	0.92	2.13
上海	22434599	11600663	10833936	401232	80974	320258	1.79	0.70	2.96
江苏	71856068	36156582	35699486	2210138	460255	1749883	3.08	1.27	4.90
浙江	55885807	29069882	26815925	1753644	437643	1316001	3.14	1.51	4.91
安徽	49284489	24775087	24509402	2731931	665356	2066575	5.54	2.69	8.43
福建	33514861	17115416	16399445	969613	174329	795284	2.89	1.02	4.85
江西	35266271	17908471	17357800	875063	178545	696518	2.48	1.00	4.01
山东	82464815	41142117	41322698	3306469	734437	2572032	4.01	1.79	6.22
河南	76376565	37582340	38794225	2225359	542902	1682457	2.91	1.44	4.34
湖北	48332080	24601435	23730645	1339445	293761	1045684	2.77	1.19	4.41
湖南	53475342	27071624	26403718	1134692	286274	848418	2.12	1.06	3.21
广东	102262628	54125030	48137598	1825257	393622	1431635	1.78	0.73	2.97
广西	38284303	19595172	18689131	1186492	248225	938267	3.10	1.27	5.02
海南	8067507	4244519	3822988	326988	77798	249190	4.05	1.83	6.52
重庆	26955796	13541057	13414739	520698	138679	382019	1.93	1.02	2.85
四川	70203754	35298112	34905642	3326403	952948	2373455	4.74	2.70	6.80
贵州	29320110	14772958	14547152	2570789	602982	1967807	8.77	4.08	13.53
云南	37971803	19601151	18370652	2191341	641120	1550221	5.77	3.27	8.44
西藏	2753235	1457393	1295842	773184	297847	475337	28.08	20.44	36.68
陕西	32676794	16632837	16043957	1087779	312607	775172	3.33	1.88	4.83
甘肃	20166288	10168955	9997333	1677613	473738	1203875	8.32	4.66	12.04
青海	4691001	2398640	2292361	469499	147262	322237	10.01	6.14	14.06
宁夏	5734650	2906355	2828295	290889	76950	213939	5.07	2.65	7.56
新疆	20046189	10367845	9678344	686611	268422	418189	3.43	2.59	4.32

1-7a　各地区分性别的15岁及以上文盲人口(城市)

单位：人、%

地　区	15岁及以上人口			文盲人口			文盲人口占15岁及以上人口比重		
	合计	男	女	合计	男	女	合计	男	女
全　国	**484961166**	**243920261**	**241040905**	**6125384**	**1396532**	**4728852**	**1.26**	**0.57**	**1.96**
北　京	15598745	7817395	7781350	94740	17971	76769	0.61	0.23	0.99
天　津	9496411	4854795	4641616	93696	22702	70994	0.99	0.47	1.53
河　北	18141315	8911506	9229809	133815	29140	104675	0.74	0.33	1.13
山　西	10980558	5442828	5537730	70870	18327	52543	0.65	0.34	0.95
内蒙古	8088402	4010545	4077857	119921	28825	91096	1.48	0.72	2.23
辽　宁	22636901	11103093	11533808	117135	30035	87100	0.52	0.27	0.76
吉　林	9076229	4398011	4678218	59750	15885	43865	0.66	0.36	0.94
黑龙江	12972534	6355523	6617011	104547	28910	75637	0.81	0.45	1.14
上　海	17830143	9046809	8783334	214777	38474	176303	1.20	0.43	2.01
江　苏	34296686	17203441	17093245	609919	123545	486374	1.78	0.72	2.85
浙　江	28502988	14731928	13771060	555632	134440	421192	1.95	0.91	3.06
安　徽	13570784	6662034	6908750	373923	81262	292661	2.76	1.22	4.24
福　建	13981478	7091086	6890392	228572	39038	189534	1.63	0.55	2.75
江　西	10919192	5465832	5453360	121052	25328	95724	1.11	0.46	1.76
山　东	32196787	15972039	16224748	469874	90876	378998	1.46	0.57	2.34
河　南	20876182	10188689	10687493	174893	39307	135586	0.84	0.39	1.27
湖　北	20987337	10516665	10470672	235516	46250	189266	1.12	0.44	1.81
湖　南	15616288	7714879	7901409	86706	24133	62573	0.56	0.31	0.79
广　东	64062941	34158366	29904575	573435	127171	446264	0.90	0.37	1.49
广　西	11846881	5876416	5970465	95061	19690	75371	0.80	0.34	1.26
海　南	3052800	1575785	1477015	44251	10024	34227	1.45	0.64	2.32
重　庆	13897292	6814689	7082603	131068	32842	98226	0.94	0.48	1.39
四　川	26132846	12803832	13329014	415379	108244	307135	1.59	0.85	2.30
贵　州	8096873	4001908	4094965	198509	44269	154240	2.45	1.11	3.77
云　南	10412239	5225661	5186578	230494	60320	170174	2.21	1.15	3.28
西　藏	716566	387047	329519	84076	34070	50006	11.73	8.80	15.18
陕　西	13069795	6567539	6502256	118169	28467	89702	0.90	0.43	1.38
甘　肃	5910746	2943081	2967665	120917	26433	94484	2.05	0.90	3.18
青　海	1789491	908611	880880	64254	17171	47083	3.59	1.89	5.34
宁　夏	2440305	1201847	1238458	61481	13545	47936	2.52	1.13	3.87
新　疆	7763431	3968381	3795050	122952	39838	83114	1.58	1.00	2.19

1-7b 各地区分性别的15岁及以上文盲人口(镇)

单位：人、%

地区	15岁及以上人口			文盲人口			文盲人口占15岁及以上人口比重		
	合计	男	女	合计	男	女	合计	男	女
全国	**259872015**	**130425446**	**129446569**	**7175092**	**1765885**	**5409207**	**2.76**	**1.35**	**4.18**
北京	1261414	690201	571213	16657	4444	12213	1.32	0.64	2.14
天津	700836	377978	322858	14461	3811	10650	2.06	1.01	3.30
河北	17830662	8883455	8947207	277239	63564	213675	1.55	0.72	2.39
山西	6985795	3510485	3475310	63422	18408	45014	0.91	0.52	1.30
内蒙古	5661671	2844883	2816788	162158	40611	121547	2.86	1.43	4.32
辽宁	4539391	2245494	2293897	39658	11380	28278	0.87	0.51	1.23
吉林	4163559	2038278	2125281	44275	11681	32594	1.06	0.57	1.53
黑龙江	5721151	2819653	2901498	78898	21636	57262	1.38	0.77	1.97
上海	2092651	1124144	968507	59671	13348	46323	2.85	1.19	4.78
江苏	18198424	9116476	9081948	527968	110212	417756	2.90	1.21	4.60
浙江	11566730	6034645	5532085	324487	81756	242731	2.81	1.35	4.39
安徽	15401912	7663481	7738431	612707	141681	471026	3.98	1.85	6.09
福建	9002040	4525291	4476749	222463	38060	184403	2.47	0.84	4.12
江西	10593088	5316758	5276330	199148	40737	158411	1.88	0.77	3.00
山东	19444188	9718494	9725694	735658	164132	571526	3.78	1.69	5.88
河南	22474071	11171236	11302835	421647	104761	316886	1.88	0.94	2.80
湖北	9488168	4734832	4753336	210850	46955	163895	2.22	0.99	3.45
湖南	16059487	8067710	7991777	255519	66620	188899	1.59	0.83	2.36
广东	13210061	6838544	6371517	299165	66215	232950	2.26	0.97	3.66
广西	9341974	4711433	4630541	193761	41104	152657	2.07	0.87	3.30
海南	1830760	956440	874320	80547	18655	61892	4.40	1.95	7.08
重庆	4779038	2352170	2426868	84558	23014	61544	1.77	0.98	2.54
四川	13860749	6745755	7114994	512484	150087	362397	3.70	2.22	5.09
贵州	7729717	3811137	3918580	513175	121049	392126	6.64	3.18	10.01
云南	9008549	4573146	4435403	409052	115450	293602	4.54	2.52	6.62
西藏	361098	194394	166704	75227	27926	47301	20.83	14.37	28.37
陕西	7304518	3673254	3631264	218576	63066	155510	2.99	1.72	4.28
甘肃	4635980	2288445	2347535	243509	63812	179697	5.25	2.79	7.65
青海	1119508	566623	552885	108391	33850	74541	9.68	5.97	13.48
宁夏	1310870	660032	650838	48953	11923	37030	3.73	1.81	5.69
新疆	4193955	2170579	2023376	120808	45937	74871	2.88	2.12	3.70

1-7c　各地区分性别的15岁及以上文盲人口(乡村)

单位：人、%

地区	15岁及以上人口			文盲人口			文盲人口占15岁及以上人口比重		
	合计	男	女	合计	男	女	合计	男	女
全国	**411561605**	**212477108**	**199084497**	**24403541**	**6337264**	**18066277**	**5.93**	**2.98**	**9.07**
北京	2441429	1340366	1101063	60744	15812	44932	2.49	1.18	4.08
天津	1800706	929378	871328	61650	15068	46582	3.42	1.62	5.35
河北	23549290	11896350	11652940	716738	167920	548818	3.04	1.41	4.71
山西	11239368	5903950	5335418	287732	86850	200882	2.56	1.47	3.77
内蒙古	6921409	3664131	3257278	510125	146769	363356	7.37	4.01	11.16
辽宁	10677176	5452437	5224739	225135	64155	160980	2.11	1.18	3.08
吉林	8014942	4119734	3895208	216840	68272	148568	2.71	1.66	3.81
黑龙江	9869937	5078705	4791232	252682	80829	171853	2.56	1.59	3.59
上海	2511805	1429710	1082095	126784	29152	97632	5.05	2.04	9.02
江苏	19360958	9836665	9524293	1072251	226498	845753	5.54	2.30	8.88
浙江	15816089	8303309	7512780	873525	221447	652078	5.52	2.67	8.68
安徽	20311793	10449572	9862221	1745301	442413	1302888	8.59	4.23	13.21
福建	10531343	5499039	5032304	518578	97231	421347	4.92	1.77	8.37
江西	13753991	7125881	6628110	554863	112480	442383	4.03	1.58	6.67
山东	30823840	15451584	15372256	2100937	479429	1621508	6.82	3.10	10.55
河南	33026312	16222415	16803897	1628819	398834	1229985	4.93	2.46	7.32
湖北	17856575	9349938	8506637	893079	200556	692523	5.00	2.14	8.14
湖南	21799567	11289035	10510532	792467	195521	596946	3.64	1.73	5.68
广东	24989626	13128120	11861506	952657	200236	752421	3.81	1.53	6.34
广西	17095448	9007323	8088125	897670	187431	710239	5.25	2.08	8.78
海南	3183947	1712294	1471653	202190	49119	153071	6.35	2.87	10.40
重庆	8279466	4374198	3905268	305072	82823	222249	3.68	1.89	5.69
四川	30210159	15748525	14461634	2398540	694617	1703923	7.94	4.41	11.78
贵州	13493520	6959913	6533607	1859105	437664	1421441	13.78	6.29	21.76
云南	18551015	9802344	8748671	1551795	465350	1086445	8.37	4.75	12.42
西藏	1675571	875952	799619	613881	235851	378030	36.64	26.93	47.28
陕西	12302481	6392044	5910437	751034	221074	529960	6.10	3.46	8.97
甘肃	9619562	4937429	4682133	1313187	383493	929694	13.65	7.77	19.86
青海	1782002	923406	858596	296854	96241	200613	16.66	10.42	23.37
宁夏	1983475	1044476	938999	180455	51482	128973	9.10	4.93	13.74
新疆	8088803	4228885	3859918	442851	182647	260204	5.47	4.32	6.74

1-8 各地区家庭户规模

单位：户、%

地区	家庭户户数	一人户		二人户		三人户	
		户数	比重	户数	比重	户数	比重
全国	**494157423**	**125490007**	**25.39**	**146690059**	**29.68**	**103700982**	**20.99**
北京	8230792	2463325	29.93	2727924	33.14	1787020	21.71
天津	4867116	1167393	23.99	1727332	35.49	1209181	24.84
河北	25429609	5082767	19.99	7970304	31.34	5515397	21.69
山西	12746142	3057920	23.99	4052452	31.79	2966829	23.28
内蒙古	9483957	2209731	23.30	3565544	37.60	2389562	25.20
辽宁	17467111	4647274	26.61	6444633	36.90	4180433	23.93
吉林	9426822	2313775	24.54	3496744	37.09	2292234	24.32
黑龙江	13024687	3806499	29.23	4721066	36.25	2969241	22.80
上海	9644628	2736214	28.37	3332304	34.55	2159011	22.39
江苏	29910849	6975663	23.32	9635959	32.22	6499826	21.73
浙江	25008606	7713848	30.84	8098038	32.38	4783169	19.13
安徽	21910377	5183087	23.66	6790657	30.99	4768002	21.76
福建	14371078	3925247	27.31	3776762	26.28	2794833	19.45
江西	14072847	3071115	21.82	3564176	25.33	2841228	20.19
山东	35184241	7056119	20.05	11230306	31.92	7673801	21.81
河南	31782693	6985186	21.98	8496727	26.73	6502612	20.46
湖北	19931045	4706405	23.61	5840677	29.30	4589950	23.03
湖南	22878336	5796689	25.34	6332392	27.68	4767652	20.84
广东	42469178	14109849	33.22	10298011	24.25	6999483	16.48
广西	16215014	4075139	25.13	3845306	23.71	3263580	20.13
海南	2961646	663799	22.41	648854	21.91	589414	19.90
重庆	12040234	3526142	29.29	3644792	30.27	2437753	20.25
四川	30756120	8836045	28.73	9159406	29.78	6087228	19.79
贵州	12696585	3032510	23.88	3313502	26.10	2580003	20.32
云南	15146831	3456738	22.82	3743328	24.71	3161675	20.87
西藏	1014090	336840	33.22	180079	17.76	139821	13.79
陕西	14211344	3863271	27.18	4126025	29.03	3047409	21.44
甘肃	8422836	1909342	22.67	2390297	28.38	1808686	21.47
青海	1965893	498970	25.38	492672	25.06	410938	20.90
宁夏	2535074	537492	21.20	791806	31.23	593704	23.42
新疆	8351642	1745613	20.90	2251984	26.96	1891307	22.65

1-8 续表 1

单位：户、%

地区	四人户		五人户		六人户	
	户数	比重	户数	比重	户数	比重
全国	**65100986**	**13.17**	**30513352**	**6.17**	**15125667**	**3.06**
北京	736163	8.94	362811	4.41	122068	1.48
天津	511932	10.52	167772	3.45	65668	1.35
河北	3942333	15.50	1612428	6.34	921110	3.62
山西	1766944	13.86	562979	4.42	253691	1.99
内蒙古	950775	10.03	257424	2.71	91271	0.96
辽宁	1438393	8.23	535394	3.07	175193	1.00
吉林	866072	9.19	329271	3.49	103878	1.10
黑龙江	1054009	8.09	349169	2.68	92959	0.71
上海	815316	8.45	449473	4.66	121950	1.26
江苏	3718062	12.43	1957228	6.54	837511	2.80
浙江	2484481	9.93	1203164	4.81	563053	2.25
安徽	2972819	13.57	1290366	5.89	643354	2.94
福建	2047208	14.25	997876	6.94	568885	3.96
江西	2277494	16.18	1199459	8.52	692355	4.92
山东	5790216	16.46	2035963	5.79	1057955	3.01
河南	5109476	16.08	2550635	8.03	1424419	4.48
湖北	2625213	13.17	1323054	6.64	602406	3.02
湖南	3308914	14.46	1570332	6.86	744743	3.26
广东	5189548	12.22	2872342	6.76	1632082	3.84
广西	2462519	15.19	1341827	8.28	702577	4.33
海南	521817	17.62	260663	8.80	144126	4.87
重庆	1370388	11.38	670554	5.57	293837	2.44
四川	3570933	11.61	1877152	6.10	859836	2.80
贵州	1942394	15.30	998508	7.86	507951	4.00
云南	2366552	15.62	1310492	8.65	740959	4.89
西藏	120796	11.91	77418	7.63	53322	5.26
陕西	1892842	13.32	799508	5.63	359857	2.53
甘肃	1194718	14.18	593173	7.04	342791	4.07
青海	275803	14.03	149242	7.59	84795	4.31
宁夏	384377	15.16	139732	5.51	59356	2.34
新疆	1392479	16.67	667943	8.00	261709	3.13

1-8 续表 2

单位：户、%

地区	七人户		八人户		九人户		十人及以上户	
	户数	比重	户数	比重	户数	比重	户数	比重
全国	**4589308**	**0.93**	**1557638**	**0.32**	**655060**	**0.13**	**734364**	**0.15**
北京	20084	0.24	6721	0.08	2426	0.03	2250	0.03
天津	11920	0.24	3353	0.07	1165	0.02	1400	0.03
河北	262348	1.03	71919	0.28	25660	0.10	25343	0.10
山西	54906	0.43	16458	0.13	6177	0.05	7786	0.06
内蒙古	14473	0.15	3070	0.03	955	0.01	1152	0.01
辽宁	32067	0.18	7723	0.04	2508	0.01	3493	0.02
吉林	18584	0.20	4171	0.04	1137	0.01	956	0.01
黑龙江	19285	0.15	6154	0.05	2084	0.02	4221	0.03
上海	21041	0.22	5870	0.06	1858	0.02	1591	0.02
江苏	191310	0.64	54635	0.18	19086	0.06	21569	0.07
浙江	110538	0.44	30637	0.12	11563	0.05	10115	0.04
安徽	172899	0.79	52268	0.24	20103	0.09	16822	0.08
福建	162312	1.13	52431	0.36	24113	0.17	21411	0.15
江西	259897	1.85	87974	0.63	37171	0.26	41978	0.30
山东	229065	0.65	61259	0.17	22119	0.06	27438	0.08
河南	476958	1.50	134122	0.42	48036	0.15	54522	0.17
湖北	154397	0.77	50151	0.25	20675	0.10	18117	0.09
湖南	224425	0.98	72339	0.32	28622	0.13	32228	0.14
广东	699877	1.65	313946	0.74	158737	0.37	195303	0.46
广西	289204	1.78	117128	0.72	54923	0.34	62811	0.39
海南	67554	2.28	30363	1.03	15807	0.53	19249	0.65
重庆	64913	0.54	18295	0.15	6151	0.05	7409	0.06
四川	233376	0.76	74507	0.24	27556	0.09	30081	0.10
贵州	192247	1.51	71429	0.56	29649	0.23	28392	0.22
云南	237507	1.57	78082	0.52	28876	0.19	22622	0.15
西藏	36433	3.59	24565	2.42	16241	1.60	28575	2.82
陕西	77879	0.55	21851	0.15	8248	0.06	14454	0.10
甘肃	115902	1.38	38647	0.46	14782	0.18	14498	0.17
青海	31175	1.59	11818	0.60	5205	0.26	5275	0.27
宁夏	19521	0.77	6011	0.24	1818	0.07	1257	0.05
新疆	87211	1.04	29741	0.36	11609	0.14	12046	0.14

1-8a 各地区家庭户规模(城市)

单位：户、%

地区	家庭户户数	一人户		二人户		三人户	
		户数	比重	户数	比重	户数	比重
全国	**202764700**	**55830333**	**27.53**	**60297841**	**29.74**	**45309073**	**22.35**
北京	6690435	1984729	29.67	2207884	33.00	1516511	22.67
天津	3849509	965605	25.08	1369562	35.58	980544	25.47
河北	7513689	1624247	21.62	2325134	30.95	1831788	24.38
山西	4616210	1062609	23.02	1413763	30.63	1209283	26.20
内蒙古	3586072	810368	22.60	1259670	35.13	1044616	29.13
辽宁	10672010	3145194	29.47	3835491	35.94	2640844	24.75
吉林	4088980	1094495	26.77	1487409	36.38	1056014	25.83
黑龙江	5814838	1884249	32.40	2051316	35.28	1350961	23.23
上海	7521925	2015302	26.79	2490774	33.11	1835700	24.40
江苏	13771191	3067551	22.28	4276759	31.06	3400163	24.69
浙江	12575815	3996925	31.78	3891487	30.94	2510069	19.96
安徽	5663611	1229333	21.71	1758586	31.05	1459465	25.77
福建	5951707	1814201	30.48	1494653	25.11	1156565	19.43
江西	4042797	900373	22.27	1005880	24.88	853987	21.12
山东	13073475	2616506	20.01	3741613	28.62	3339806	25.55
河南	8130055	1816949	22.35	2128519	26.18	1839688	22.63
湖北	8206395	1908641	23.26	2409434	29.36	2070816	25.23
湖南	6185217	1641080	26.53	1683988	27.23	1356710	21.93
广东	27382359	10256757	37.46	7006726	25.59	4356361	15.91
广西	4744710	1364068	28.75	1100490	23.19	974678	20.54
海南	1148204	318824	27.77	264608	23.05	225470	19.64
重庆	5652181	1444217	25.55	1654690	29.28	1291442	22.85
四川	10700636	2924056	27.33	3249613	30.37	2312101	21.61
贵州	3252662	798364	24.54	849998	26.13	705806	21.70
云南	4342471	1381118	31.80	1217562	28.04	864631	19.91
西藏	282848	137679	48.68	72742	25.72	36856	13.03
陕西	5640394	1724395	30.57	1633751	28.97	1228239	21.78
甘肃	2551450	672109	26.34	778687	30.52	607120	23.80
青海	766028	217302	28.37	238418	31.12	168937	22.05
宁夏	1084791	241736	22.28	347297	32.02	280871	25.89
新疆	3262035	771351	23.65	1051337	32.23	803031	24.62

1-8a 续表 1

单位：户、%

地区	四人户		五人户		六人户	
	户数	比重	户数	比重	户数	比重
全国	**24517009**	**12.09**	**10492876**	**5.17**	**4534910**	**2.24**
北京	596439	8.91	280220	4.19	86953	1.30
天津	371537	9.65	114169	2.97	37941	0.99
河北	1072861	14.28	396018	5.27	193606	2.58
山西	645492	13.98	186946	4.05	73295	1.59
内蒙古	356556	9.94	86115	2.40	24487	0.68
辽宁	743437	6.97	233379	2.19	57280	0.54
吉林	315411	7.71	106057	2.59	24893	0.61
黑龙江	368506	6.34	122696	2.11	26032	0.45
上海	680786	9.05	375482	4.99	99990	1.33
江苏	1723277	12.51	887297	6.44	333330	2.42
浙江	1260197	10.02	582754	4.63	265813	2.11
安徽	771368	13.62	293924	5.19	120134	2.12
福建	831404	13.97	383708	6.45	197680	3.32
江西	682996	16.89	324356	8.02	178686	4.42
山东	2197037	16.81	731931	5.60	354953	2.72
河南	1350295	16.61	571626	7.03	299786	3.69
湖北	1057743	12.89	503402	6.13	193478	2.36
湖南	888923	14.37	377003	6.10	166881	2.70
广东	3036779	11.09	1487143	5.43	764465	2.79
广西	711060	14.99	336430	7.09	155753	3.28
海南	182125	15.86	82859	7.22	41083	3.58
重庆	715407	12.66	362481	6.41	149922	2.65
四川	1248799	11.67	640192	5.98	258397	2.41
贵州	511894	15.74	224983	6.92	104785	3.22
云南	517119	11.91	223458	5.15	97694	2.25
西藏	19258	6.81	7959	2.81	3444	1.22
陕西	682153	12.09	243222	4.31	95475	1.69
甘肃	320502	12.56	108753	4.26	46512	1.82
青海	83466	10.90	34769	4.54	15819	2.07
宁夏	158439	14.61	39984	3.69	13231	1.22
新疆	415743	12.74	143560	4.40	53112	1.63

1-8a　续表 2　　　　单位：户、%

地　区	七人户		八人户		九人户		十人及以上户	
	户数	比重	户数	比重	户数	比重	户数	比重
全　国	**1066542**	**0.53**	**356962**	**0.18**	**158159**	**0.08**	**200995**	**0.10**
北　京	11891	0.18	3456	0.05	1168	0.02	1184	0.02
天　津	6433	0.17	1946	0.05	748	0.02	1024	0.03
河　北	44370	0.59	13208	0.18	5415	0.07	7042	0.09
山　西	14422	0.31	5128	0.11	2030	0.04	3242	0.07
内蒙古	3002	0.08	676	0.02	221	0.01	361	0.01
辽　宁	9647	0.09	2882	0.03	1295	0.01	2561	0.02
吉　林	3375	0.08	748	0.02	269	0.01	309	0.01
黑龙江	5289	0.09	2283	0.04	939	0.02	2567	0.04
上　海	16523	0.22	4683	0.06	1491	0.02	1194	0.02
江　苏	55989	0.41	15124	0.11	5073	0.04	6628	0.05
浙　江	47457	0.38	12735	0.10	4642	0.04	3736	0.03
安　徽	20558	0.36	5685	0.10	2306	0.04	2252	0.04
福　建	45895	0.77	14673	0.25	6989	0.12	5939	0.10
江　西	57528	1.42	18691	0.46	8251	0.20	12049	0.30
山　东	58563	0.45	16883	0.13	6518	0.05	9665	0.07
河　南	79200	0.97	23155	0.28	9068	0.11	11769	0.14
湖　北	38707	0.47	12657	0.15	5506	0.07	6011	0.07
湖　南	40877	0.66	13728	0.22	6294	0.10	9733	0.16
广　东	258886	0.95	104580	0.38	51433	0.19	59229	0.22
广　西	53682	1.13	21874	0.46	11455	0.24	15220	0.32
海　南	16372	1.43	7410	0.65	4086	0.36	5367	0.47
重　庆	23995	0.42	5626	0.10	1790	0.03	2611	0.05
四　川	45635	0.43	11734	0.11	4198	0.04	5911	0.06
贵　州	32687	1.00	11976	0.37	5727	0.18	6442	0.20
云　南	24614	0.57	8393	0.19	3721	0.09	4161	0.10
西　藏	1594	0.56	899	0.32	519	0.18	1898	0.67
陕　西	17944	0.32	5886	0.10	2716	0.05	6613	0.12
甘　肃	10390	0.41	3210	0.13	1402	0.05	2765	0.11
青　海	4421	0.58	1527	0.20	651	0.08	718	0.09
宁　夏	2377	0.22	523	0.05	162	0.01	171	0.02
新　疆	14219	0.44	4983	0.15	2076	0.06	2623	0.08

1-8b 各地区家庭户规模(镇)

单位：户、%

地区	家庭户户数	一人户		二人户		三人户	
		户数	比重	户数	比重	户数	比重
全国	**107620004**	**25623601**	**23.81**	**30591464**	**28.43**	**22659664**	**21.06**
北京	496221	170086	34.28	171652	34.59	85302	17.19
天津	248142	57141	23.03	84474	34.04	55013	22.17
河北	7262915	1388227	19.11	2144726	29.53	1582877	21.79
山西	2997725	644971	21.52	895652	29.88	741225	24.73
内蒙古	2643180	606031	22.93	957134	36.21	694976	26.29
辽宁	2136933	558102	26.12	808698	37.84	499754	23.39
吉林	1838621	467315	25.42	682806	37.14	466106	25.35
黑龙江	2672230	737022	27.58	1036817	38.80	635872	23.80
上海	907718	270669	29.82	326673	35.99	174235	19.19
江苏	7566565	1725822	22.81	2373782	31.37	1569985	20.75
浙江	5128200	1554680	30.32	1662221	32.41	977251	19.06
安徽	6548174	1464791	22.37	1947458	29.74	1468906	22.43
福建	3775966	911687	24.14	962211	25.48	753148	19.95
江西	4015256	806837	20.09	950858	23.68	827204	20.60
山东	7935341	1474537	18.58	2376884	29.95	1692030	21.32
河南	8352717	1816534	21.75	2014019	24.11	1698232	20.33
湖北	3940726	932820	23.67	1126876	28.60	877921	22.28
湖南	6630584	1691967	25.52	1758765	26.53	1348302	20.33
广东	5096023	1399247	27.46	1118250	21.94	849346	16.67
广西	3710344	869402	23.43	835773	22.53	735813	19.83
海南	645237	136918	21.22	136788	21.20	122389	18.97
重庆	2157259	599586	27.79	643107	29.81	433234	20.08
四川	6020073	1722428	28.61	1729563	28.73	1192643	19.81
贵州	3226651	764233	23.69	763174	23.65	665076	20.61
云南	3547366	839130	23.66	866700	24.43	739268	20.84
西藏	171788	79635	46.36	34234	19.93	22228	12.94
陕西	3204020	836897	26.12	902935	28.18	689938	21.53
甘肃	1925591	443417	23.03	501913	26.07	419881	21.81
青海	483732	141895	29.33	112462	23.25	94148	19.46
宁夏	580390	115758	19.94	169500	29.20	142410	24.54
新疆	1754316	395816	22.56	495359	28.24	404951	23.08

1-8b　续表 1　　　　单位：户、%

地　区	四人户		五人户		六人户	
	户数	比重	户数	比重	户数	比重
全　国	**15925082**	**14.80**	**7163393**	**6.66**	**3708192**	**3.45**
北　京	38551	7.77	20244	4.08	7935	1.60
天　津	32134	12.95	11829	4.77	5758	2.32
河　北	1231661	16.96	494159	6.80	290133	3.99
山　西	497727	16.60	138044	4.60	60019	2.00
内蒙古	296707	11.23	64022	2.42	20156	0.76
辽　宁	182212	8.53	61790	2.89	21047	0.98
吉　林	153415	8.34	52092	2.83	14129	0.77
黑龙江	189750	7.10	56110	2.10	13365	0.50
上　海	76173	8.39	43011	4.74	13424	1.48
江　苏	1031821	13.64	525472	6.94	248184	3.28
浙　江	532623	10.39	246784	4.81	117069	2.28
安　徽	970896	14.83	407901	6.23	205176	3.13
福　建	602360	15.95	289581	7.67	171980	4.55
江　西	717083	17.86	368015	9.17	213313	5.31
山　东	1521416	19.17	502484	6.33	268002	3.38
河　南	1471589	17.62	719668	8.62	410589	4.92
湖　北	549230	13.94	268198	6.81	130330	3.31
湖　南	1001349	15.10	476281	7.18	233529	3.52
广　东	724233	14.21	455857	8.95	277887	5.45
广　西	594810	16.03	335427	9.04	185344	5.00
海　南	114018	17.67	61028	9.46	36001	5.58
重　庆	269103	12.47	124691	5.78	60770	2.82
四　川	748526	12.43	372133	6.18	177474	2.95
贵　州	542667	16.82	269998	8.37	135415	4.20
云　南	564451	15.91	294658	8.31	159866	4.51
西　藏	16118	9.38	8519	4.96	4756	2.77
陕　西	475638	14.85	185625	5.79	82118	2.56
甘　肃	312961	16.25	135544	7.04	74147	3.85
青　海	68414	14.14	35637	7.37	19340	4.00
宁　夏	102643	17.69	33403	5.76	12183	2.10
新　疆	294803	16.80	105188	6.00	38753	2.21

1-8b 续表 2

单位：户、%

地区	七人户		八人户		九人户		十人及以上户	
	户数	比重	户数	比重	户数	比重	户数	比重
全国	**1161557**	**1.08**	**398508**	**0.37**	**173606**	**0.16**	**214937**	**0.20**
北京	1522	0.31	527	0.11	237	0.05	165	0.03
天津	1201	0.48	314	0.13	120	0.05	158	0.06
河北	86166	1.19	25179	0.35	9676	0.13	10111	0.14
山西	12638	0.42	3776	0.13	1513	0.05	2160	0.07
内蒙古	3020	0.11	637	0.02	212	0.01	285	0.01
辽宁	3779	0.18	925	0.04	274	0.01	352	0.02
吉林	1976	0.11	502	0.03	126	0.01	154	0.01
黑龙江	2150	0.08	559	0.02	173	0.01	412	0.02
上海	2486	0.27	659	0.07	206	0.02	182	0.02
江苏	59986	0.79	17223	0.23	6402	0.08	7888	0.10
浙江	24221	0.47	7328	0.14	3057	0.06	2966	0.06
安徽	53146	0.81	16619	0.25	6788	0.10	6493	0.10
福建	51675	1.37	17394	0.46	8169	0.22	7761	0.21
江西	78821	1.96	26794	0.67	11889	0.30	14442	0.36
山东	64110	0.81	18452	0.23	6975	0.09	10451	0.13
河南	142803	1.71	41153	0.49	16232	0.19	21898	0.26
湖北	34468	0.87	11174	0.28	4914	0.12	4795	0.12
湖南	72988	1.10	24474	0.37	10004	0.15	12925	0.19
广东	133708	2.62	62171	1.22	32260	0.63	43064	0.85
广西	80492	2.17	34282	0.92	17121	0.46	21880	0.59
海南	18163	2.81	8761	1.36	4711	0.73	6460	1.00
重庆	16711	0.77	5563	0.26	1863	0.09	2631	0.12
四川	47969	0.80	15326	0.25	5783	0.10	8228	0.14
贵州	49965	1.55	18850	0.58	8097	0.25	9176	0.28
云南	51545	1.45	17809	0.50	7393	0.21	6546	0.18
西藏	2660	1.55	1480	0.86	875	0.51	1283	0.75
陕西	18945	0.59	5609	0.18	2250	0.07	4065	0.13
甘肃	22619	1.17	7489	0.39	3184	0.17	4436	0.23
青海	6723	1.39	2591	0.54	1192	0.25	1330	0.27
宁夏	3210	0.55	825	0.14	249	0.04	209	0.04
新疆	11691	0.67	4063	0.23	1661	0.09	2031	0.12

1-8c　各地区家庭户规模(乡村)

单位：户、%

地　区	家庭户户　数	一人户		二人户		三人户	
		户数	比重	户数	比重	户数	比重
全　国	**183772719**	**44036073**	**23.96**	**55800754**	**30.36**	**35732245**	**19.44**
北　京	1044136	308510	29.55	348388	33.37	185207	17.74
天　津	769465	144647	18.80	273296	35.52	173624	22.56
河　北	10653005	2070293	19.43	3500444	32.86	2100732	19.72
山　西	5132207	1350340	26.31	1743037	33.96	1016321	19.80
内蒙古	3254705	793332	24.37	1348740	41.44	649970	19.97
辽　宁	4658168	943978	20.27	1800444	38.65	1039835	22.32
吉　林	3499221	751965	21.49	1326529	37.91	770114	22.01
黑龙江	4537619	1185228	26.12	1632933	35.99	982408	21.65
上　海	1214985	450243	37.06	514857	42.38	149076	12.27
江　苏	8573093	2182290	25.46	2985418	34.82	1529678	17.84
浙　江	7304591	2162243	29.60	2544330	34.83	1295849	17.74
安　徽	9698592	2488963	25.66	3084613	31.80	1839631	18.97
福　建	4643405	1199359	25.83	1319898	28.43	885120	19.06
江　西	6014794	1363905	22.68	1607438	26.72	1160037	19.29
山　东	14175425	2965076	20.92	5111809	36.06	2641965	18.64
河　南	15299921	3351703	21.91	4354189	28.46	2964692	19.38
湖　北	7783924	1864944	23.96	2304367	29.60	1641213	21.08
湖　南	10062535	2463642	24.48	2889639	28.72	2062640	20.50
广　东	9990796	2453845	24.56	2173035	21.75	1793776	17.95
广　西	7759960	1841669	23.73	1909043	24.60	1553089	20.01
海　南	1168205	208057	17.81	247458	21.18	241555	20.68
重　庆	4230794	1482339	35.04	1346995	31.84	713077	16.85
四　川	14035411	4189561	29.85	4180230	29.78	2582484	18.40
贵　州	6217272	1469913	23.64	1700330	27.35	1209121	19.45
云　南	7256994	1236490	17.04	1659066	22.86	1557776	21.47
西　藏	559454	119526	21.36	73103	13.07	80737	14.43
陕　西	5366930	1301979	24.26	1589339	29.61	1129232	21.04
甘　肃	3945795	793816	20.12	1109697	28.12	781685	19.81
青　海	716133	139773	19.52	141792	19.80	147853	20.65
宁　夏	869893	179998	20.69	275009	31.61	170423	19.59
新　疆	3335291	578446	17.34	705288	21.15	683325	20.49

1-8c 续表 1

单位：户、%

地区	四人户		五人户		六人户	
	户数	比重	户数	比重	户数	比重
全国	**24658895**	**13.42**	**12857083**	**7.00**	**6882565**	**3.75**
北京	101173	9.69	62347	5.97	27180	2.60
天津	108261	14.07	41774	5.43	21969	2.86
河北	1637811	15.37	722251	6.78	437371	4.11
山西	623725	12.15	237989	4.64	120377	2.35
内蒙古	297512	9.14	107287	3.30	46628	1.43
辽宁	512744	11.01	240225	5.16	96866	2.08
吉林	397246	11.35	171122	4.89	64856	1.85
黑龙江	495753	10.93	170363	3.75	53562	1.18
上海	58357	4.80	30980	2.55	8536	0.70
江苏	962964	11.23	544459	6.35	255997	2.99
浙江	691661	9.47	373626	5.11	180171	2.47
安徽	1230555	12.69	588541	6.07	318044	3.28
福建	613444	13.21	324587	6.99	199225	4.29
江西	877415	14.59	507088	8.43	300356	4.99
山东	2071763	14.62	801548	5.65	435000	3.07
河南	2287592	14.95	1259341	8.23	714044	4.67
湖北	1018240	13.08	551454	7.08	278598	3.58
湖南	1418642	14.10	717048	7.13	344333	3.42
广东	1428536	14.30	929342	9.30	589730	5.90
广西	1156649	14.91	669970	8.63	361480	4.66
海南	225674	19.32	116776	10.00	67042	5.74
重庆	385878	9.12	183382	4.33	83145	1.97
四川	1573608	11.21	864827	6.16	423965	3.02
贵州	887833	14.28	503527	8.10	267751	4.31
云南	1284982	17.71	792376	10.92	483399	6.66
西藏	85420	15.27	60940	10.89	45122	8.07
陕西	735051	13.70	370661	6.91	182264	3.40
甘肃	561255	14.22	348876	8.84	222132	5.63
青海	123923	17.30	78836	11.01	49636	6.93
宁夏	123295	14.17	66345	7.63	33942	3.90
新疆	681933	20.45	419195	12.57	169844	5.09

1-8c　续表 2　　　　单位：户、%

地　区	七人户		八人户		九人户		十人及以上户	
	户数	比重	户数	比重	户数	比重	户数	比重
全　国	**2361209**	**1.28**	**802168**	**0.44**	**323295**	**0.18**	**318432**	**0.17**
北　京	6671	0.64	2738	0.26	1021	0.10	901	0.09
天　津	4286	0.56	1093	0.14	297	0.04	218	0.03
河　北	131812	1.24	33532	0.31	10569	0.10	8190	0.08
山　西	27846	0.54	7554	0.15	2634	0.05	2384	0.05
内蒙古	8451	0.26	1757	0.05	522	0.02	506	0.02
辽　宁	18641	0.40	3916	0.08	939	0.02	580	0.01
吉　林	13233	0.38	2921	0.08	742	0.02	493	0.01
黑龙江	11846	0.26	3312	0.07	972	0.02	1242	0.03
上　海	2032	0.17	528	0.04	161	0.01	215	0.02
江　苏	75335	0.88	22288	0.26	7611	0.09	7053	0.08
浙　江	38860	0.53	10574	0.14	3864	0.05	3413	0.05
安　徽	99195	1.02	29964	0.31	11009	0.11	8077	0.08
福　建	64742	1.39	20364	0.44	8955	0.19	7711	0.17
江　西	123548	2.05	42489	0.71	17031	0.28	15487	0.26
山　东	106392	0.75	25924	0.18	8626	0.06	7322	0.05
河　南	254955	1.67	69814	0.46	22736	0.15	20855	0.14
湖　北	81222	1.04	26320	0.34	10255	0.13	7311	0.09
湖　南	110560	1.10	34137	0.34	12324	0.12	9570	0.10
广　东	307283	3.08	147195	1.47	75044	0.75	93010	0.93
广　西	155030	2.00	60972	0.79	26347	0.34	25711	0.33
海　南	33019	2.83	14192	1.21	7010	0.60	7422	0.64
重　庆	24207	0.57	7106	0.17	2498	0.06	2167	0.05
四　川	139772	1.00	47447	0.34	17575	0.13	15942	0.11
贵　州	109595	1.76	40603	0.65	15825	0.25	12774	0.21
云　南	161348	2.22	51880	0.71	17762	0.24	11915	0.16
西　藏	32179	5.75	22186	3.97	14847	2.65	25394	4.54
陕　西	40990	0.76	10356	0.19	3282	0.06	3776	0.07
甘　肃	82893	2.10	27948	0.71	10196	0.26	7297	0.18
青　海	20031	2.80	7700	1.08	3362	0.47	3227	0.45
宁　夏	13934	1.60	4663	0.54	1407	0.16	877	0.10
新　疆	61301	1.84	20695	0.62	7872	0.24	7392	0.22

1-9 各地区家庭户类别

单位：户、%

地　区	家庭户户　数	一代户		二代户	
		户数	比重	户数	比重
全　国	**494157423**	**244615023**	**49.50**	**181471659**	**36.72**
北　京	8230792	4842948	58.84	2532522	30.77
天　津	4867116	2627276	53.98	1826511	37.53
河　北	25429609	11841204	46.56	10124450	39.81
山　西	12746142	6415068	50.33	5154387	40.44
内蒙古	9483957	5342168	56.33	3551257	37.44
辽　宁	17467111	9986900	57.18	6033090	34.54
吉　林	9426822	5289361	56.11	3281969	34.82
黑龙江	13024687	7768696	59.65	4343411	33.35
上　海	9644628	5724125	59.35	2922514	30.30
江　苏	29910849	15025242	50.23	10302199	34.44
浙　江	25008606	14720779	58.86	7524177	30.09
安　徽	21910377	10485076	47.85	8415966	38.41
福　建	14371078	6904602	48.05	5193171	36.14
江　西	14072847	5807051	41.26	5675773	40.33
山　东	35184241	16850888	47.89	14276272	40.58
河　南	31782693	13662758	42.99	12696589	39.95
湖　北	19931045	9140388	45.86	7438231	37.32
湖　南	22878336	10404799	45.48	8752996	38.26
广　东	42469178	22913634	53.95	13585529	31.99
广　西	16215014	6797321	41.92	6575668	40.55
海　南	2961646	1197762	40.44	1255462	42.39
重　庆	12040234	6294089	52.28	4046138	33.61
四　川	30756120	15828732	51.47	10186787	33.12
贵　州	12696585	5605224	44.15	5153180	40.59
云　南	15146831	6197184	40.91	5886076	38.86
西　藏	1014090	490418	48.36	339413	33.47
陕　西	14211344	7016397	49.37	5293797	37.25
甘　肃	8422836	3798856	45.10	3218727	38.21
青　海	1965893	871172	44.31	783279	39.84
宁　夏	2535074	1195081	47.14	1125665	44.40
新　疆	8351642	3569824	42.74	3976453	47.61

1-9　续表　　　　　　　　　　　　　　　　　　　　　　　　　　　　　　　　　　单位：户、%

地　　区	三代户		四代户		五代及以上户	
	户数	比重	户数	比重	户数	比重
全　　国	**65528182**	**13.26**	**2540015**	**0.51**	**2544**	
北　　京	839474	10.20	15839	0.19	9	
天　　津	403160	8.28	10163	0.21	6	
河　　北	3325910	13.08	137953	0.54	92	
山　　西	1134834	8.90	41819	0.33	34	
内 蒙 古	577594	6.09	12931	0.14	7	
辽　　宁	1418474	8.12	28641	0.16	6	
吉　　林	832788	8.83	22690	0.24	14	
黑 龙 江	892050	6.85	20516	0.16	14	
上　　海	975837	10.12	22120	0.23	32	
江　　苏	4378053	14.64	205124	0.69	231	
浙　　江	2651582	10.60	111958	0.45	110	
安　　徽	2905658	13.26	103600	0.47	77	
福　　建	2196570	15.28	76661	0.53	74	
江　　西	2495443	17.73	94492	0.67	88	
山　　东	3943407	11.21	113582	0.32	92	
河　　南	5217873	16.42	205270	0.65	203	
湖　　北	3225348	16.18	126990	0.64	88	
湖　　南	3563064	15.57	157377	0.69	100	
广　　东	5786238	13.62	183612	0.43	165	
广　　西	2740198	16.90	101718	0.63	109	
海　　南	490557	16.56	17848	0.60	17	
重　　庆	1637662	13.60	62299	0.52	46	
四　　川	4502509	14.64	237833	0.77	259	
贵　　州	1857870	14.63	80205	0.63	106	
云　　南	2887764	19.07	175479	1.16	328	
西　　藏	174747	17.23	9466	0.93	46	
陕　　西	1833268	12.90	67841	0.48	41	
甘　　肃	1332582	15.82	72554	0.86	117	
青　　海	301150	15.32	10269	0.52	23	
宁　　夏	209813	8.28	4514	0.18	1	
新　　疆	796705	9.54	8651	0.10	9	

1-9a 各地区家庭户类别(城市)

单位：户、%

地 区	家庭户	一代户		二代户	
	户 数	户数	比重	户数	比重
全 国	**202764700**	**105777325**	**52.17**	**74059655**	**36.52**
北 京	6690435	3861582	57.72	2157277	32.24
天 津	3849509	2099275	54.53	1461907	37.98
河 北	7513689	3578435	47.63	3078772	40.98
山 西	4616210	2231950	48.35	2010932	43.56
内蒙古	3586072	1865320	52.02	1518548	42.35
辽 宁	10672010	6221770	58.30	3791421	35.53
吉 林	4088980	2280829	55.78	1511790	36.97
黑龙江	5814838	3527379	60.66	1954321	33.61
上 海	7521925	4211358	55.99	2471538	32.86
江 苏	13771191	6631282	48.15	5142568	37.34
浙 江	12575815	7394945	58.80	3899917	31.01
安 徽	5663611	2630308	46.44	2362102	41.71
福 建	5951707	3014135	50.64	2120030	35.62
江 西	4042797	1701232	42.08	1702435	42.11
山 东	13073475	5785426	44.25	5755232	44.02
河 南	8130055	3523512	43.34	3421649	42.09
湖 北	8206395	3821690	46.57	3209435	39.11
湖 南	6185217	2944039	47.60	2428713	39.27
广 东	27382359	16424203	59.98	8057561	29.43
广 西	4744710	2192093	46.20	1871014	39.43
海 南	1148204	539450	46.98	456106	39.72
重 庆	5652181	2735294	48.39	2038468	36.07
四 川	10700636	5644065	52.75	3506160	32.77
贵 州	3252662	1481260	45.54	1337854	41.13
云 南	4342471	2338190	53.84	1488220	34.27
西 藏	282848	201779	71.34	66761	23.60
陕 西	5640394	3028655	53.70	2089181	37.04
甘 肃	2551450	1305734	51.18	1007605	39.49
青 海	766028	402229	52.51	286687	37.43
宁 夏	1084791	520726	48.00	491147	45.28
新 疆	3262035	1639180	50.25	1364304	41.82

1-9a　续表　　单位：户、%

地　区	三代户		四代户		五代及以上户	
	户数	比重	户数	比重	户数	比重
全　国	**22382146**	**11.04**	**545117**	**0.27**	**457**	
北　京	662953	9.91	8618	0.13	5	
天　津	283670	7.37	4656	0.12	1	
河　北	833540	11.09	22923	0.31	19	
山　西	365965	7.93	7360	0.16	3	
内蒙古	199607	5.57	2597	0.07		
辽　宁	651421	6.10	7397	0.07	1	
吉　林	291785	7.14	4574	0.11	2	
黑龙江	328195	5.64	4939	0.08	4	
上　海	822710	10.94	16300	0.22	19	
江　苏	1931843	14.03	65431	0.48	67	
浙　江	1240561	9.86	40358	0.32	34	
安　徽	658742	11.63	12452	0.22	7	
福　建	797654	13.40	19866	0.33	22	
江　西	623856	15.43	15259	0.38	15	
山　东	1504566	11.51	28235	0.22	16	
河　南	1156655	14.23	28212	0.35	27	
湖　北	1150374	14.02	24881	0.30	15	
湖　南	792034	12.81	20418	0.33	13	
广　东	2836970	10.36	63562	0.23	63	
广　西	666572	14.05	15002	0.32	29	
海　南	148954	12.97	3693	0.32	1	
重　庆	852234	15.08	26172	0.46	13	
四　川	1497118	13.99	53259	0.50	34	
贵　州	421708	12.97	11825	0.36	15	
云　南	498856	11.49	17185	0.40	20	
西　藏	13943	4.93	364	0.13	1	
陕　西	512887	9.09	9667	0.17	4	
甘　肃	233566	9.15	4542	0.18	3	
青　海	75533	9.86	1578	0.21	1	
宁　夏	71999	6.64	918	0.08	1	
新　疆	255675	7.84	2874	0.09	2	

1-9b 各地区家庭户类别(镇)

单位：户、%

地区	家庭户户数	一代户		二代户	
		户数	比重	户数	比重
全国	**107620004**	**49608594**	**46.10**	**42543707**	**39.53**
北京	496221	320578	64.60	128471	25.89
天津	248142	129286	52.10	91786	36.99
河北	7262915	3167795	43.62	3054371	42.05
山西	2997725	1359755	45.36	1372757	45.79
内蒙古	2643180	1408996	53.31	1091261	41.29
辽宁	2136933	1223967	57.28	747324	34.97
吉林	1838621	1023358	55.66	677671	36.86
黑龙江	2672230	1569294	58.73	945605	35.39
上海	907718	572382	63.06	243539	26.83
江苏	7566565	3664305	48.43	2693879	35.60
浙江	5128200	2971481	57.94	1601876	31.24
安徽	6548174	2934535	44.81	2695144	41.16
福建	3775966	1648515	43.66	1478232	39.15
江西	4015256	1538725	38.32	1731729	43.13
山东	7935341	3532542	44.52	3472506	43.76
河南	8352717	3380992	40.48	3516510	42.10
湖北	3940726	1744368	44.27	1528413	38.79
湖南	6630584	2954722	44.56	2589779	39.06
广东	5096023	2276509	44.67	1853822	36.38
广西	3710344	1458604	39.31	1540498	41.52
海南	645237	243032	37.67	275181	42.65
重庆	2157259	1069891	49.59	781785	36.24
四川	6020073	2968379	49.31	2132438	35.42
贵州	3226651	1320350	40.92	1402889	43.48
云南	3547366	1456386	41.06	1421563	40.07
西藏	171788	105998	61.70	51194	29.80
陕西	3204020	1492090	46.57	1294605	40.41
甘肃	1925591	814287	42.29	819893	42.58
青海	483732	220393	45.56	195265	40.37
宁夏	580390	251421	43.32	283940	48.92
新疆	1754316	785658	44.78	829781	47.30

1-9b　续表

单位：户、%

地区	三代户		四代户		五代及以上户	
	户数	比重	户数	比重	户数	比重
全　国	**14889050**	**13.83**	**578101**	**0.54**	**552**	
北　京	45895	9.25	1275	0.26	2	
天　津	26062	10.50	1005	0.41	3	
河　北	997564	13.74	43159	0.59	26	
山　西	256407	8.55	8802	0.29	4	
内蒙古	140224	5.31	2698	0.10	1	
辽　宁	162421	7.60	3219	0.15	2	
吉　林	134952	7.34	2638	0.14	2	
黑龙江	154428	5.78	2901	0.11	2	
上　海	89400	9.85	2391	0.26	6	
江　苏	1153326	15.24	54995	0.73	60	
浙　江	532613	10.39	22206	0.43	24	
安　徽	889592	13.59	28883	0.44	20	
福　建	627072	16.61	22123	0.59	24	
江　西	719907	17.93	24873	0.62	22	
山　东	902290	11.37	27981	0.35	22	
河　南	1403373	16.80	51781	0.62	61	
湖　北	642995	16.32	24934	0.63	16	
湖　南	1040621	15.69	45436	0.69	26	
广　东	930879	18.27	34787	0.68	26	
广　西	685641	18.48	25580	0.69	21	
海　南	122131	18.93	4886	0.76	7	
重　庆	293145	13.59	12427	0.58	11	
四　川	874831	14.53	44370	0.74	55	
贵　州	484018	15.00	19372	0.60	22	
云　南	635052	17.90	34317	0.97	48	
西　藏	14088	8.20	505	0.29	3	
陕　西	402688	12.57	14630	0.46	7	
甘　肃	279758	14.53	11632	0.60	21	
青　海	66094	13.66	1973	0.41	7	
宁　夏	44254	7.62	775	0.13		
新　疆	137329	7.83	1547	0.09	1	

1-9c 各地区家庭户类别(乡村)

单位：户、%

地区	家庭户户数	一代户		二代户	
		户数	比重	户数	比重
全国	**183772719**	**89229104**	**48.55**	**64868297**	**35.30**
北京	1044136	660788	63.29	246774	23.63
天津	769465	398715	51.82	272818	35.46
河北	10653005	5094974	47.83	3991307	37.47
山西	5132207	2823363	55.01	1770698	34.50
内蒙古	3254705	2067852	63.53	941448	28.93
辽宁	4658168	2541163	54.55	1494345	32.08
吉林	3499221	1985174	56.73	1092508	31.22
黑龙江	4537619	2672023	58.89	1443485	31.81
上海	1214985	940385	77.40	207437	17.07
江苏	8573093	4729655	55.17	2465752	28.76
浙江	7304591	4354353	59.61	2022384	27.69
安徽	9698592	4920233	50.73	3358720	34.63
福建	4643405	2241952	48.28	1594909	34.35
江西	6014794	2567094	42.68	2241609	37.27
山东	14175425	7532920	53.14	5048534	35.61
河南	15299921	6758254	44.17	5758430	37.64
湖北	7783924	3574330	45.92	2700383	34.69
湖南	10062535	4506038	44.78	3734504	37.11
广东	9990796	4212922	42.17	3674146	36.78
广西	7759960	3146624	40.55	3164156	40.78
海南	1168205	415280	35.55	524175	44.87
重庆	4230794	2488904	58.83	1225885	28.98
四川	14035411	7216288	51.41	4548189	32.41
贵州	6217272	2803614	45.09	2412437	38.80
云南	7256994	2402608	33.11	2976293	41.01
西藏	559454	182641	32.65	221458	39.58
陕西	5366930	2495652	46.50	1910011	35.59
甘肃	3945795	1678835	42.55	1391229	35.26
青海	716133	248550	34.71	301327	42.08
宁夏	869893	422934	48.62	350578	40.30
新疆	3335291	1144986	34.33	1782368	53.44

1-9c 续表

单位：户、%

地 区	三代户		四代户		五代及以上户	
	户数	比重	户数	比重	户数	比重
全 国	**28256986**	**15.38**	**1416797**	**0.77**	**1535**	
北 京	130626	12.51	5946	0.57	2	
天 津	93428	12.14	4502	0.59	2	
河 北	1494806	14.03	71871	0.67	47	
山 西	512462	9.99	25657	0.50	27	
内 蒙 古	237763	7.31	7636	0.23	6	
辽 宁	604632	12.98	18025	0.39	3	
吉 林	406051	11.60	15478	0.44	10	
黑 龙 江	409427	9.02	12676	0.28	8	
上 海	63727	5.25	3429	0.28	7	
江 苏	1292884	15.08	84698	0.99	104	
浙 江	878408	12.03	49394	0.68	52	
安 徽	1357324	14.00	62265	0.64	50	
福 建	771844	16.62	34672	0.75	28	
江 西	1151680	19.15	54360	0.90	51	
山 东	1536551	10.84	57366	0.40	54	
河 南	2657845	17.37	125277	0.82	115	
湖 北	1431979	18.40	77175	0.99	57	
湖 南	1730409	17.20	91523	0.91	61	
广 东	2018389	20.20	85263	0.85	76	
广 西	1387985	17.89	61136	0.79	59	
海 南	219472	18.79	9269	0.79	9	
重 庆	492283	11.64	23700	0.56	22	
四 川	2130560	15.18	140204	1.00	170	
贵 州	952144	15.31	49008	0.79	69	
云 南	1753856	24.17	123977	1.71	260	
西 藏	146716	26.22	8597	1.54	42	0.01
陕 西	917693	17.10	43544	0.81	30	
甘 肃	819258	20.76	56380	1.43	93	
青 海	159523	22.28	6718	0.94	15	
宁 夏	93560	10.76	2821	0.32		
新 疆	403701	12.10	4230	0.13	6	

1-10 各地区分性别、月份的出生人口
(2019.11.1-2020.10.31)

单位：人

地区	出生人口			2019年11月		
	合计	男	女	小计	男	女
全国	**12004692**	**6322003**	**5682689**	**1295505**	**677355**	**618150**
北京	152864	79479	73385	17106	8812	8294
天津	83097	43276	39821	9460	4981	4479
河北	608070	316857	291213	65402	34042	31360
山西	288046	147611	140435	30901	15952	14949
内蒙古	173255	89566	83689	17601	9130	8471
辽宁	220318	113266	107052	23014	11809	11205
吉林	116554	60343	56211	11570	5978	5592
黑龙江	119821	61707	58114	13011	6747	6264
上海	124777	64801	59976	13836	7230	6606
江苏	563733	294029	269704	60724	31527	29197
浙江	459658	240940	218718	48703	25516	23187
安徽	575917	305604	270313	61827	32708	29119
福建	381804	207241	174563	42005	22640	19365
江西	427441	233443	193998	46570	24987	21583
山东	868496	458738	409758	96747	50715	46032
河南	916791	476784	440007	102431	52550	49881
湖北	477594	254740	222854	50044	26405	23639
湖南	566431	301995	264436	58378	30819	27559
广东	1292000	692476	599524	144603	76793	67810
广西	568245	303315	264930	60450	31895	28555
海南	104128	57303	46825	10783	5925	4858
重庆	239633	124411	115222	26789	13809	12980
四川	635353	330146	305207	71036	36496	34540
贵州	526610	279552	247058	51866	27349	24517
云南	516555	267614	248941	54108	27736	26372
西藏	50723	26030	24693	4987	2474	2513
陕西	353175	183652	169523	40040	20647	19393
甘肃	263513	136530	126983	28714	14727	13987
青海	67506	34863	32643	6744	3470	3274
宁夏	83255	42773	40482	9113	4674	4439
新疆	179329	92918	86411	16942	8812	8130

1-10　续表 1

单位：人

地　区	2019年12月			2020年1月		
	小计	男	女	小计	男	女
全　国	**1186333**	**622823**	**563510**	**1121243**	**588342**	**532901**
北　京	16054	8340	7714	14572	7673	6899
天　津	8993	4633	4360	8420	4362	4058
河　北	60622	31430	29192	58098	30177	27921
山　西	28167	14309	13858	27214	13998	13216
内蒙古	16919	8628	8291	16268	8367	7901
辽　宁	21076	10866	10210	20507	10625	9882
吉　林	10965	5732	5233	10939	5660	5279
黑龙江	12120	6188	5932	11676	6016	5660
上　海	13424	6923	6501	11985	6235	5750
江　苏	56321	29164	27157	53643	27818	25825
浙　江	46314	24216	22098	43752	22995	20757
安　徽	54975	29100	25875	53320	28221	25099
福　建	37658	20253	17405	35085	18863	16222
江　西	42030	22907	19123	40039	21686	18353
山　东	91014	48049	42965	86874	45793	41081
河　南	88990	46043	42947	86580	44979	41601
湖　北	45275	24069	21206	43561	23260	20301
湖　南	54205	28883	25322	51271	27262	24009
广　东	130675	69633	61042	117334	62489	54845
广　西	54806	29125	25681	50724	26659	24065
海　南	9998	5455	4543	9253	5113	4140
重　庆	24177	12601	11576	22379	11439	10940
四　川	64104	33126	30978	59424	30922	28502
贵　州	48534	25731	22803	47250	24869	22381
云　南	50588	26351	24237	46922	24172	22750
西　藏	4678	2392	2286	4690	2440	2250
陕　西	36029	18752	17277	35060	18123	16937
甘　肃	26082	13501	12581	24641	12796	11845
青　海	6411	3312	3099	6034	3132	2902
宁　夏	8605	4410	4195	7713	3935	3778
新　疆	16524	8701	7823	16015	8263	7752

1-10 续表 2

单位：人

地区	2020年2月			2020年3月			2020年4月		
	小计	男	女	小计	男	女	小计	男	女
全国	**1000718**	**525702**	**475016**	**1030104**	**541719**	**488385**	**953793**	**502109**	**451684**
北京	13073	6723	6350	13431	7028	6403	12239	6279	5960
天津	7494	3914	3580	7669	4001	3668	6798	3520	3278
河北	52210	27173	25037	53668	27780	25888	48740	25480	23260
山西	25355	12772	12583	24780	12643	12137	23230	11955	11275
内蒙古	14689	7540	7149	14847	7644	7203	13676	7098	6578
辽宁	19196	9859	9337	20151	10349	9802	17939	9185	8754
吉林	10271	5347	4924	10855	5570	5285	9779	5072	4707
黑龙江	11020	5641	5379	11715	6151	5564	10375	5392	4983
上海	10742	5588	5154	10750	5545	5205	9455	4911	4544
江苏	47739	24857	22882	49931	25901	24030	44978	23264	21714
浙江	38471	20156	18315	38770	20166	18604	35028	18327	16701
安徽	48089	25565	22524	49736	26410	23326	45527	24235	21292
福建	30836	16650	14186	31813	17219	14594	29495	16062	13433
江西	35358	19226	16132	36461	20023	16438	33585	18372	15213
山东	75901	39980	35921	77413	40769	36644	70140	37125	33015
河南	79006	41078	37928	82711	43182	39529	75658	39128	36530
湖北	38668	20466	18202	40685	21621	19064	38222	20468	17754
湖南	45914	24408	21506	47690	25455	22235	45112	24238	20874
广东	103970	55672	48298	105905	56781	49124	99669	53151	46518
广西	44203	23605	20598	45203	24079	21124	43051	23040	20011
海南	8376	4679	3697	8405	4631	3774	8362	4570	3792
重庆	19699	10186	9513	20646	10760	9886	19335	10105	9230
四川	52558	27216	25342	54061	28029	26032	50664	26404	24260
贵州	42686	22482	20204	43910	23379	20531	41487	22103	19384
云南	41741	21610	20131	43071	22170	20901	40142	20795	19347
西藏	4308	2226	2082	4736	2463	2273	4504	2273	2231
陕西	31100	16202	14898	30951	16167	14784	29341	15222	14119
甘肃	21409	11059	10350	22208	11434	10774	20900	10843	10057
青海	5308	2747	2561	5831	2961	2870	5610	2848	2762
宁夏	6684	3502	3182	6840	3539	3301	6341	3235	3106
新疆	14644	7573	7071	15261	7869	7392	14411	7409	7002

1-10　续表 3

单位：人

地　区	2020年5月			2020年6月			2020年7月		
	小计	男	女	小计	男	女	小计	男	女
全　国	**932436**	**492401**	**440035**	**947069**	**500091**	**446978**	**948681**	**500365**	**448316**
北　京	11390	5907	5483	11603	6036	5567	11998	6255	5743
天　津	6300	3266	3034	6538	3406	3132	6816	3593	3223
河　北	47075	24439	22636	48101	25111	22990	48320	25291	23029
山　西	22180	11350	10830	22872	11795	11077	23272	11958	11314
内蒙古	13215	6821	6394	13180	6877	6303	13320	6831	6489
辽　宁	17007	8652	8355	18040	9400	8640	17862	9059	8803
吉　林	9564	4966	4598	9706	5022	4684	9397	4883	4514
黑龙江	10089	5027	5062	9622	4923	4699	8659	4414	4245
上　海	9262	4930	4332	9426	4711	4715	9843	5154	4689
江　苏	43179	22684	20495	44820	23488	21332	45285	23758	21527
浙　江	35156	18458	16698	35544	18672	16872	36554	19071	17483
安　徽	42283	22443	19840	44247	23719	20528	44681	23720	20961
福　建	28856	15803	13053	29307	15963	13344	29630	16251	13379
江　西	32192	17523	14669	33564	18496	15068	33352	18301	15051
山　东	67205	35722	31483	67923	35897	32026	66535	35055	31480
河　南	72912	37931	34981	74080	38806	35274	71580	37249	34331
湖　北	36566	19755	16811	38332	20573	17759	38591	20528	18063
湖　南	43463	23287	20176	45175	24090	21085	45490	24237	21253
广　东	103646	55933	47713	104506	56003	48503	103325	55507	47818
广　西	43821	23445	20376	45480	24443	21037	46417	24928	21489
海　南	8620	4749	3871	8293	4459	3834	8755	4778	3977
重　庆	18690	9725	8965	18452	9628	8824	18999	9954	9045
四　川	48081	25132	22949	48060	25098	22962	49016	25748	23268
贵　州	42263	22485	19778	42238	22402	19836	42058	22271	19787
云　南	40162	20848	19314	40193	20862	19331	40449	20863	19586
西　藏	4396	2275	2121	4100	2136	1964	4125	2118	2007
陕　西	28040	14565	13475	27897	14470	13427	27493	14276	13217
甘　肃	20099	10422	9677	19819	10222	9597	19829	10355	9474
青　海	5468	2814	2654	5242	2738	2504	5373	2778	2595
宁　夏	6042	3057	2985	5994	3088	2906	6294	3222	3072
新　疆	15214	7987	7227	14715	7557	7158	15363	7959	7404

1-10 续表 4

单位：人

地　区	2020年8月			2020年9月			2020年10月		
	小计	男	女	小计	男	女	小计	男	女
全　国	**951704**	**502461**	**449243**	**837294**	**443084**	**394210**	**799812**	**425551**	**374261**
北　京	11528	5938	5590	10815	5641	5174	9055	4847	4208
天　津	6266	3229	3037	4842	2548	2294	3501	1823	1678
河　北	47665	24986	22679	39231	20495	18736	38938	20453	18485
山　西	22872	11675	11197	19987	10251	9736	17216	8953	8263
内蒙古	13383	6889	6494	13075	6887	6188	13082	6854	6228
辽　宁	17458	8962	8496	14975	7725	7250	13093	6775	6318
吉　林	8983	4643	4340	8077	4161	3916	6448	3309	3139
黑龙江	8538	4443	4095	7394	3884	3510	5602	2881	2721
上　海	9582	4951	4631	9333	4880	4453	7139	3743	3396
江　苏	45414	23815	21599	38853	20436	18417	32846	17317	15529
浙　江	37124	19473	17651	34827	18272	16555	29415	15618	13797
安　徽	45068	23759	21309	39841	21129	18712	46323	24595	21728
福　建	30630	16609	14021	28018	15318	12700	28471	15610	12861
江　西	33594	18392	15202	28285	15567	12718	32411	17963	14448
山　东	65574	34784	30790	55679	29460	26219	47491	25389	22102
河　南	69668	36452	33216	56450	29484	26966	56725	29902	26823
湖　北	40475	21560	18915	33664	17971	15693	33511	18064	15447
湖　南	47263	25102	22161	40899	21852	19047	41571	22362	19209
广　东	103946	56089	47857	90626	48866	41760	83795	45559	38236
广　西	47295	25256	22039	43871	23703	20168	42924	23137	19787
海　南	8735	4852	3883	7424	4118	3306	7124	3974	3150
重　庆	19291	10069	9222	15870	8193	7677	15306	7942	7364
四　川	51183	26615	24568	45677	23795	21882	41489	21565	19924
贵　州	41820	22315	19505	39588	21124	18464	42910	23042	19868
云　南	41244	21418	19826	38821	20330	18491	39114	20459	18655
西　藏	3825	1994	1831	3370	1715	1655	3004	1524	1480
陕　西	27059	14172	12887	23200	12151	11049	16965	8905	8060
甘　肃	19773	10417	9356	19304	9999	9305	20735	10755	9980
青　海	5256	2742	2514	5008	2636	2372	5221	2685	2536
宁　夏	6440	3270	3170	6487	3374	3113	6702	3467	3235
新　疆	14752	7590	7162	13803	7119	6684	11685	6079	5606

1-10a　各地区分性别、月份的出生人口
(2019.11.1-2020.10.31)(城市)

单位：人

地区	出生人口			2019年11月		
	合计	男	女	小计	男	女
全　国	**4500936**	**2363872**	**2137064**	**504584**	**263978**	**240606**
北　京	122839	63942	58897	13844	7173	6671
天　津	65717	34249	31468	7705	4066	3639
河　北	177637	92253	85384	20164	10506	9658
山　西	109501	56541	52960	12272	6447	5825
内蒙古	74673	38585	36088	7850	4106	3744
辽　宁	144655	74333	70322	15649	7991	7658
吉　林	54828	28398	26430	5635	2934	2701
黑龙江	59914	30906	29008	6623	3472	3151
上　海	100748	52361	48387	11163	5845	5318
江　苏	280664	146343	134321	30800	15978	14822
浙　江	241243	126306	114937	26170	13655	12515
安　徽	141202	74388	66814	15035	7863	7172
福　建	151977	81615	70362	17227	9257	7970
江　西	109909	59831	50078	12145	6558	5587
山　东	338692	177607	161085	42607	22244	20363
河　南	214670	111361	103309	24482	12641	11841
湖　北	183139	97553	85586	19720	10477	9243
湖　南	140811	74802	66009	15118	7999	7119
广　东	678312	362718	315594	76689	40928	35761
广　西	153291	81811	71480	16876	8886	7990
海　南	37243	20584	16659	3970	2180	1790
重　庆	124391	64268	60123	14212	7322	6890
四　川	223860	115936	107924	25691	13015	12676
贵　州	125598	66601	58997	12530	6619	5911
云　南	119260	61727	57533	13337	6759	6578
西　藏	4853	2498	2355	576	280	296
陕　西	134907	70085	64822	15998	8276	7722
甘　肃	67045	34626	32419	7693	3906	3787
青　海	18903	9769	9134	1974	1010	964
宁　夏	31584	16213	15371	3554	1807	1747
新　疆	68870	35662	33208	7275	3778	3497

1-10a 续表 1

单位：人

地区	2019年12月			2020年1月		
	小计	男	女	小计	男	女
全　国	**470269**	**246841**	**223428**	**433805**	**227233**	**206572**
北　京	12986	6726	6260	11720	6164	5556
天　津	7315	3772	3543	6651	3468	3183
河　北	19198	9815	9383	17817	9225	8592
山　西	11673	5974	5699	10679	5545	5134
内蒙古	7533	3860	3673	7153	3690	3463
辽　宁	14451	7514	6937	13675	7073	6602
吉　林	5277	2769	2508	5162	2703	2459
黑龙江	6111	3205	2906	5901	3073	2828
上　海	10799	5583	5216	9692	5059	4633
江　苏	28686	14835	13851	26711	13837	12874
浙　江	24848	13008	11840	23131	12114	11017
安　徽	14040	7397	6643	13209	6956	6253
福　建	15569	8357	7212	14185	7503	6682
江　西	10961	6015	4946	10395	5540	4855
山　东	40324	21246	19078	37156	19483	17673
河　南	22155	11477	10678	20903	10822	10081
湖　北	18183	9678	8505	17476	9310	8166
湖　南	14591	7747	6844	13357	7067	6290
广　东	70267	37409	32858	62453	33326	29127
广　西	15617	8449	7168	14000	7403	6597
海　南	3663	1978	1685	3463	1920	1543
重　庆	12913	6754	6159	11763	5971	5792
四　川	24151	12416	11735	22329	11614	10715
贵　州	12179	6461	5718	11597	6139	5458
云　南	12537	6573	5964	11387	5794	5593
西　藏	548	285	263	507	257	250
陕　西	14684	7647	7037	14028	7168	6860
甘　肃	7028	3657	3371	6408	3393	3015
青　海	1874	938	936	1712	891	821
宁　夏	3374	1740	1634	2928	1490	1438
新　疆	6734	3556	3178	6257	3235	3022

1-10a　续表 2

单位：人

地　区	2020年2月			2020年3月			2020年4月		
	小计	男	女	小计	男	女	小计	男	女
全　国	**382029**	**200225**	**181804**	**388496**	**203951**	**184545**	**353552**	**185304**	**168248**
北　京	10467	5373	5094	10728	5612	5116	9870	5111	4759
天　津	5983	3115	2868	6093	3195	2898	5345	2780	2565
河　北	15642	8036	7606	15855	8222	7633	13870	7293	6577
山　西	9884	5037	4847	9467	4844	4623	8669	4466	4203
内蒙古	6212	3154	3058	6284	3273	3011	5697	2936	2761
辽　宁	12644	6498	6146	13205	6805	6400	11490	5838	5652
吉　林	4888	2563	2325	5113	2639	2474	4597	2377	2220
黑龙江	5496	2816	2680	5780	3028	2752	5104	2656	2448
上　海	8611	4458	4153	8666	4506	4160	7687	4002	3685
江　苏	23706	12351	11355	24524	12712	11812	22091	11429	10662
浙　江	20371	10680	9691	20393	10599	9794	18098	9400	8698
安　徽	11825	6305	5520	11962	6320	5642	11028	5782	5246
福　建	12143	6560	5583	12698	6827	5871	11555	6208	5347
江　西	9071	4893	4178	9425	5165	4260	8638	4734	3904
山　东	31983	16860	15123	32009	16647	15362	28378	14958	13420
河　南	18997	9860	9137	19414	10203	9211	17722	9066	8656
湖　北	15292	8024	7268	15710	8311	7399	14666	7781	6885
湖　南	11729	6116	5613	12058	6486	5572	11036	5825	5211
广　东	54549	29086	25463	55228	29687	25541	51602	27396	24206
广　西	12221	6489	5732	12402	6598	5804	11516	6157	5359
海　南	3057	1717	1340	3063	1691	1372	2886	1585	1301
重　庆	10155	5191	4964	10443	5358	5085	9561	4956	4605
四　川	19115	9866	9249	19474	9985	9489	17635	9209	8426
贵　州	10338	5489	4849	10418	5618	4800	9952	5327	4625
云　南	9928	5163	4765	10013	5171	4842	9025	4670	4355
西　藏	482	251	231	487	259	228	511	277	234
陕　西	11966	6371	5595	11919	6163	5756	10937	5643	5294
甘　肃	5480	2842	2638	5665	2882	2783	5161	2726	2435
青　海	1551	815	736	1552	783	769	1544	782	762
宁　夏	2523	1294	1229	2555	1307	1248	2325	1178	1147
新　疆	5720	2952	2768	5893	3055	2838	5356	2756	2600

1-10a 续表 3

单位：人

地区	2020年5月			2020年6月			2020年7月		
	小计	男	女	小计	男	女	小计	男	女
全国	**343837**	**180952**	**162885**	**350477**	**184748**	**165729**	**354138**	**186067**	**168071**
北京	9104	4751	4353	9350	4852	4498	9526	4981	4545
天津	4957	2568	2389	5166	2684	2482	5329	2819	2510
河北	13470	6944	6526	13657	7118	6539	13915	7253	6662
山西	8418	4398	4020	8425	4406	4019	8638	4433	4205
内蒙古	5701	2909	2792	5656	2972	2684	5734	2939	2795
辽宁	11062	5621	5441	11794	6194	5600	11674	5939	5735
吉林	4384	2247	2137	4438	2273	2165	4463	2272	2191
黑龙江	5046	2502	2544	4791	2441	2350	4525	2292	2233
上海	7477	3933	3544	7633	3845	3788	7931	4132	3799
江苏	21361	11208	10153	21913	11474	10439	22569	11906	10663
浙江	18598	9808	8790	18726	9888	8838	19195	10030	9165
安徽	10639	5602	5037	11102	5894	5208	11319	5910	5409
福建	11234	6102	5132	11629	6296	5333	11601	6185	5416
江西	8305	4483	3822	8734	4762	3972	8911	4926	3985
山东	22020	11396	10624	22536	11861	10675	22488	11713	10775
河南	16543	8555	7988	16839	8865	7974	16759	8696	8063
湖北	14297	7692	6605	15193	8239	6954	15217	8159	7058
湖南	10881	5834	5047	11179	6002	5177	11380	6127	5253
广东	53822	28922	24900	54619	29214	25405	54507	29138	25369
广西	11935	6372	5563	12137	6528	5609	12777	6825	5952
海南	3002	1667	1335	2927	1553	1374	3108	1740	1368
重庆	9916	5139	4777	9794	5079	4715	10058	5263	4795
四川	17048	8964	8084	17302	9018	8284	17376	9103	8273
贵州	9967	5322	4645	10009	5252	4757	10316	5356	4960
云南	9166	4816	4350	9320	4823	4497	9309	4754	4555
西藏	421	231	190	354	180	174	315	146	169
陕西	10745	5587	5158	10763	5563	5200	10553	5473	5080
甘肃	4972	2565	2407	5244	2691	2553	5016	2558	2458
青海	1475	737	738	1426	780	646	1482	784	698
宁夏	2300	1152	1148	2408	1232	1176	2451	1289	1162
新疆	5571	2925	2646	5413	2769	2644	5696	2926	2770

1-10a　续表 4

单位：人

地　区	2020年8月			2020年9月			2020年10月		
	小计	男	女	小计	男	女	小计	男	女
全　国	**355596**	**186980**	**168616**	**307354**	**161695**	**145659**	**256799**	**135898**	**120901**
北　京	9173	4730	4443	8716	4562	4154	7355	3907	3448
天　津	4867	2499	2368	3729	1948	1781	2577	1335	1242
河　北	13651	7175	6476	10963	5699	5264	9435	4967	4468
山　西	8418	4306	4112	7387	3790	3597	5571	2895	2676
内蒙古	5725	2940	2785	5610	2947	2663	5518	2859	2659
辽　宁	11383	5807	5576	9632	4914	4718	7996	4139	3857
吉　林	4248	2208	2040	3745	1926	1819	2878	1487	1391
黑龙江	4290	2193	2097	3681	1891	1790	2566	1337	1229
上　海	7765	4043	3722	7575	3936	3639	5749	3019	2730
江　苏	22562	11787	10775	19715	10368	9347	16026	8458	7568
浙　江	19228	10025	9203	18040	9460	8580	14445	7639	6806
安　徽	11700	6126	5574	9974	5314	4660	9369	4919	4450
福　建	12346	6718	5628	11212	5969	5243	10578	5633	4945
江　西	8936	4892	4044	7313	3947	3366	7075	3916	3159
山　东	22984	12082	10902	20390	10765	9625	15817	8352	7465
河　南	16538	8571	7967	13150	6834	6316	11168	5771	5397
湖　北	15837	8367	7470	11897	6301	5596	9651	5214	4437
湖　南	11728	6199	5529	9561	5019	4542	8193	4381	3812
广　东	55478	29832	25646	48730	26038	22692	40368	21742	18626
广　西	12936	6854	6082	11264	6080	5184	9610	5170	4440
海　南	3110	1760	1350	2635	1436	1199	2359	1357	1002
重　庆	10244	5347	4897	8088	4147	3941	7244	3741	3503
四　川	17880	9274	8606	14771	7694	7077	11088	5778	5310
贵　州	10267	5445	4822	9149	4815	4334	8876	4758	4118
云　南	9378	4877	4501	8323	4320	4003	7537	4007	3530
西　藏	254	128	126	167	84	83	231	120	111
陕　西	10092	5284	4808	8294	4344	3950	4928	2566	2362
甘　肃	5033	2598	2435	4762	2491	2271	4583	2317	2266
青　海	1491	795	696	1426	765	661	1396	689	707
宁　夏	2504	1282	1222	2362	1233	1129	2300	1209	1091
新　疆	5550	2836	2714	5093	2658	2435	4312	2216	2096

1-10b 各地区分性别、月份的出生人口(2019.11.1-2020.10.31)(镇)

单位：人

地区	出生人口			2019年11月		
	合计	男	女	小计	男	女
全国	**2802367**	**1478837**	**1323530**	**310093**	**162637**	**147456**
北京	10132	5230	4902	1169	597	572
天津	4595	2354	2241	454	226	228
河北	190525	99337	91188	21162	11069	10093
山西	73719	37743	35976	8319	4280	4039
内蒙古	55803	28766	27037	5882	3013	2869
辽宁	26400	13641	12759	2784	1469	1315
吉林	28688	14750	13938	2855	1441	1414
黑龙江	25534	13121	12413	2779	1451	1328
上海	14305	7355	6950	1589	809	780
江苏	148232	77181	71051	16188	8371	7817
浙江	94150	49570	44580	10131	5346	4785
安徽	180935	95924	85011	19781	10481	9300
福建	105561	57680	47881	11800	6333	5467
江西	119554	65501	54053	13328	7198	6130
山东	216553	114820	101733	24928	13022	11906
河南	245172	127491	117681	28657	14699	13958
湖北	99057	53070	45987	10753	5670	5083
湖南	162166	86558	75608	17151	9078	8073
广东	188660	101582	87078	21611	11585	10026
广西	135369	72640	62729	14845	7946	6899
海南	23620	13146	10474	2415	1349	1066
重庆	44710	23363	21347	5246	2738	2508
四川	124302	64678	59624	14839	7727	7112
贵州	137577	73429	64148	13762	7294	6468
云南	124222	64245	59977	13123	6792	6331
西藏	5191	2696	2495	523	260	263
陕西	79127	41250	37877	9280	4732	4548
甘肃	65055	33695	31360	7245	3739	3506
青海	14906	7683	7223	1557	802	755
宁夏	20090	10313	9777	2219	1139	1080
新疆	38457	20025	18432	3718	1981	1737

1-10b 续表 1

单位：人

地区	2019年12月			2020年1月		
	小计	男	女	小计	男	女
全国	**283773**	**149278**	**134495**	**267069**	**140202**	**126867**
北京	1086	558	528	981	529	452
天津	442	221	221	502	248	254
河北	19444	10129	9315	18331	9523	8808
山西	7252	3737	3515	7181	3638	3543
内蒙古	5664	2890	2774	5292	2709	2583
辽宁	2525	1295	1230	2573	1323	1250
吉林	2847	1491	1356	2774	1376	1398
黑龙江	2578	1270	1308	2399	1247	1152
上海	1627	821	806	1367	684	683
江苏	14967	7790	7177	14369	7437	6932
浙江	9739	5090	4649	9143	4931	4212
安徽	17678	9317	8361	16851	8950	7901
福建	10370	5559	4811	9821	5330	4491
江西	11986	6527	5459	11283	6116	5167
山东	23553	12506	11047	22548	11924	10624
河南	25286	13049	12237	23981	12529	11452
湖北	9626	5190	4436	9126	4862	4264
湖南	15862	8501	7361	14881	7907	6974
广东	19416	10367	9049	17542	9331	8211
广西	13533	7230	6303	12386	6451	5935
海南	2320	1288	1032	2117	1204	913
重庆	4663	2428	2235	4283	2194	2089
四川	13159	6796	6363	11780	6210	5570
贵州	13030	6875	6155	12672	6650	6022
云南	12357	6460	5897	11420	5810	5610
西藏	495	225	270	486	269	217
陕西	8180	4271	3909	7902	4126	3776
甘肃	6812	3554	3258	6355	3238	3117
青海	1489	777	712	1347	690	657
宁夏	2085	1091	994	1912	975	937
新疆	3702	1975	1727	3464	1791	1673

1-10b 续表 2

单位：人

地区	2020年2月			2020年3月			2020年4月		
	小计	男	女	小计	男	女	小计	男	女
全国	**237503**	**124730**	**112773**	**242869**	**128021**	**114848**	**222316**	**117647**	**104669**
北京	838	434	404	937	484	453	816	404	412
天津	440	221	219	441	235	206	409	213	196
河北	16623	8660	7963	16877	8688	8189	15209	7826	7383
山西	6412	3179	3233	6343	3274	3069	5901	3025	2876
内蒙古	4832	2473	2359	4752	2406	2346	4243	2192	2051
辽宁	2358	1222	1136	2483	1278	1205	2101	1089	1012
吉林	2548	1325	1223	2619	1357	1262	2319	1193	1126
黑龙江	2318	1161	1157	2533	1293	1240	2091	1081	1010
上海	1232	671	561	1203	600	603	1069	545	524
江苏	12719	6628	6091	13217	6820	6397	11702	6028	5674
浙江	7821	4109	3712	7943	4098	3845	7105	3827	3278
安徽	15187	8004	7183	15489	8166	7323	13925	7482	6443
福建	8638	4663	3975	8893	4909	3984	8109	4487	3622
江西	9967	5486	4481	10112	5589	4523	9469	5216	4253
山东	19366	10206	9160	19904	10549	9355	17823	9534	8289
河南	21778	11258	10520	22634	11874	10760	20400	10571	9829
湖北	8164	4342	3822	8635	4644	3991	7945	4366	3579
湖南	13392	7067	6325	13731	7317	6414	13082	7043	6039
广东	15338	8298	7040	15695	8443	7252	14705	7877	6828
广西	10776	5804	4972	10790	5747	5043	10133	5494	4639
海南	1949	1088	861	1881	1052	829	1957	1074	883
重庆	3741	1958	1783	3943	2094	1849	3606	1897	1709
四川	10518	5419	5099	10627	5539	5088	9855	5131	4724
贵州	11430	6058	5372	11575	6145	5430	10956	5881	5075
云南	10216	5253	4963	10427	5371	5056	9643	5047	4596
西藏	460	242	218	524	261	263	447	241	206
陕西	7040	3623	3417	6917	3674	3243	6549	3379	3170
甘肃	5449	2779	2670	5472	2878	2594	5091	2595	2496
青海	1158	589	569	1338	687	651	1200	582	618
宁夏	1599	834	765	1614	868	746	1396	723	673
新疆	3196	1676	1520	3320	1681	1639	3060	1604	1456

1-10b　续表 3　　　　单位：人

地　区	2020年5月			2020年6月			2020年7月		
	小计	男	女	小计	男	女	小计	男	女
全　国	**216716**	**114662**	**102054**	**219229**	**115652**	**103577**	**218242**	**115890**	**102352**
北　京	739	359	380	746	398	348	786	403	383
天　津	364	194	170	351	175	176	394	201	193
河　北	14713	7673	7040	14908	7806	7102	14902	7844	7058
山　西	5498	2802	2696	5856	2978	2878	5818	2999	2819
内蒙古	4181	2201	1980	4206	2193	2013	4156	2150	2006
辽　宁	2018	1013	1005	2180	1096	1084	2143	1099	1044
吉　林	2384	1255	1129	2379	1254	1125	2269	1189	1080
黑龙江	2096	1032	1064	2065	1071	994	1847	960	887
上　海	1079	576	503	1053	506	547	1153	613	540
江　苏	11373	5931	5442	11963	6227	5736	11820	6219	5601
浙　江	7159	3741	3418	7233	3748	3485	7556	3934	3622
安　徽	13570	7261	6309	14157	7531	6626	14208	7616	6592
福　建	8223	4453	3770	8131	4473	3658	8147	4596	3551
江　西	9001	5011	3990	9422	5167	4255	9218	5035	4183
山　东	16290	8694	7596	16144	8429	7715	15797	8460	7337
河　南	19248	10012	9236	19376	10060	9316	18599	9681	8918
湖　北	7686	4135	3551	7746	4187	3559	7832	4173	3659
湖　南	12488	6631	5857	12915	6900	6015	13068	6945	6123
广　东	15290	8307	6983	15238	8137	7101	14867	8104	6763
广　西	10362	5588	4774	10927	5975	4952	10701	5802	4899
海　南	2031	1140	891	1893	1030	863	1961	1083	878
重　庆	3388	1788	1600	3349	1765	1584	3411	1796	1615
四　川	9529	4991	4538	9418	4871	4547	9462	4985	4477
贵　州	10859	5747	5112	10986	5908	5078	10953	5922	5031
云　南	9771	5075	4696	9487	4890	4597	9770	5019	4751
西　藏	410	219	191	400	210	190	446	240	206
陕　西	6050	3131	2919	6025	3197	2828	6042	3162	2880
甘　肃	4947	2555	2392	4815	2478	2337	4894	2570	2324
青　海	1165	640	525	1180	581	599	1184	612	572
宁　夏	1508	756	752	1501	774	727	1514	742	772
新　疆	3296	1751	1545	3179	1637	1542	3324	1736	1588

1-10b 续表 4

单位：人

地区	2020年8月			2020年9月			2020年10月		
	小计	男	女	小计	男	女	小计	男	女
全国	**218104**	**115282**	**102822**	**188614**	**100167**	**88447**	**177839**	**94669**	**83170**
北京	783	403	380	700	355	345	551	306	245
天津	347	169	178	260	152	108	191	99	92
河北	14831	7755	7076	12028	6314	5714	11497	6050	5447
山西	5896	3033	2863	4974	2560	2414	4269	2238	2031
内蒙古	4286	2219	2067	4127	2161	1966	4182	2159	2023
辽宁	2040	1069	971	1675	881	794	1520	807	713
吉林	2143	1097	1046	2036	1024	1012	1515	748	767
黑龙江	1874	992	882	1683	912	771	1271	651	620
上海	1096	550	546	1039	571	468	798	409	389
江苏	11974	6304	5670	9906	5233	4673	8034	4193	3841
浙江	7549	3972	3577	7048	3704	3344	5723	3070	2653
安徽	14136	7426	6710	12529	6616	5913	13424	7074	6350
福建	8257	4481	3776	7619	4224	3395	7553	4172	3381
江西	9402	5109	4293	7707	4248	3459	8659	4799	3860
山东	15507	8275	7232	13257	7103	6154	11436	6118	5318
河南	18201	9524	8677	13970	7297	6673	13042	6937	6105
湖北	7992	4268	3724	6708	3587	3121	6844	3646	3198
湖南	13343	7080	6263	11254	6077	5177	10999	6012	4987
广东	14690	7975	6715	12336	6692	5644	11932	6466	5466
广西	11141	5930	5211	10279	5540	4739	9496	5133	4363
海南	1909	1063	846	1624	924	700	1563	851	712
重庆	3438	1778	1660	2784	1449	1335	2858	1478	1380
四川	9522	4950	4572	8451	4328	4123	7142	3731	3411
贵州	10760	5879	4881	10020	5431	4589	10574	5639	4935
云南	9985	5123	4862	9150	4809	4341	8873	4596	4277
西藏	395	220	175	330	166	164	275	143	132
陕西	6110	3219	2891	5128	2633	2495	3904	2103	1801
甘肃	4804	2547	2257	4478	2320	2158	4693	2442	2251
青海	1107	564	543	1050	563	487	1131	596	535
宁夏	1560	761	799	1584	833	751	1598	817	781
新疆	3026	1547	1479	2880	1460	1420	2292	1186	1106

1-10c　各地区分性别、月份的出生人口
(2019.11.1-2020.10.31)(乡村)

单位：人

地　区	出生人口			2019年11月		
	合计	男	女	小计	男	女
全　国	**4701389**	**2479294**	**2222095**	**480828**	**250740**	**230088**
北　京	19893	10307	9586	2093	1042	1051
天　津	12785	6673	6112	1301	689	612
河　北	239908	125267	114641	24076	12467	11609
山　西	104826	53327	51499	10310	5225	5085
内蒙古	42779	22215	20564	3869	2011	1858
辽　宁	49263	25292	23971	4581	2349	2232
吉　林	33038	17195	15843	3080	1603	1477
黑龙江	34373	17680	16693	3609	1824	1785
上　海	9724	5085	4639	1084	576	508
江　苏	134837	70505	64332	13736	7178	6558
浙　江	124265	65064	59201	12402	6515	5887
安　徽	253780	135292	118488	27011	14364	12647
福　建	124266	67946	56320	12978	7050	5928
江　西	197978	108111	89867	21097	11231	9866
山　东	313251	166311	146940	29212	15449	13763
河　南	456949	237932	219017	49292	25210	24082
湖　北	195398	104117	91281	19571	10258	9313
湖　南	263454	140635	122819	26109	13742	12367
广　东	425028	228176	196852	46303	24280	22023
广　西	279585	148864	130721	28729	15063	13666
海　南	43265	23573	19692	4398	2396	2002
重　庆	70532	36780	33752	7331	3749	3582
四　川	287191	149532	137659	30506	15754	14752
贵　州	263435	139522	123913	25574	13436	12138
云　南	273073	141642	131431	27648	14185	13463
西　藏	40679	20836	19843	3888	1934	1954
陕　西	139141	72317	66824	14762	7639	7123
甘　肃	131413	68209	63204	13776	7082	6694
青　海	33697	17411	16286	3213	1658	1555
宁　夏	31581	16247	15334	3340	1728	1612
新　疆	72002	37231	34771	5949	3053	2896

1-10c 续表 1

单位：人

地区	2019年12月			2020年1月		
	小计	男	女	小计	男	女
全国	**432291**	**226704**	**205587**	**420369**	**220907**	**199462**
北京	1982	1056	926	1871	980	891
天津	1236	640	596	1267	646	621
河北	21980	11486	10494	21950	11429	10521
山西	9242	4598	4644	9354	4815	4539
内蒙古	3722	1878	1844	3823	1968	1855
辽宁	4100	2057	2043	4259	2229	2030
吉林	2841	1472	1369	3003	1581	1422
黑龙江	3431	1713	1718	3376	1696	1680
上海	998	519	479	926	492	434
江苏	12668	6539	6129	12563	6544	6019
浙江	11727	6118	5609	11478	5950	5528
安徽	23257	12386	10871	23260	12315	10945
福建	11719	6337	5382	11079	6030	5049
江西	19083	10365	8718	18361	10030	8331
山东	27137	14297	12840	27170	14386	12784
河南	41549	21517	20032	41696	21628	20068
湖北	17466	9201	8265	16959	9088	7871
湖南	23752	12635	11117	23033	12288	10745
广东	40992	21857	19135	37339	19832	17507
广西	25656	13446	12210	24338	12805	11533
海南	4015	2189	1826	3673	1989	1684
重庆	6601	3419	3182	6333	3274	3059
四川	26794	13914	12880	25315	13098	12217
贵州	23325	12395	10930	22981	12080	10901
云南	25694	13318	12376	24115	12568	11547
西藏	3635	1882	1753	3697	1914	1783
陕西	13165	6834	6331	13130	6829	6301
甘肃	12242	6290	5952	11878	6165	5713
青海	3048	1597	1451	2975	1551	1424
宁夏	3146	1579	1567	2873	1470	1403
新疆	6088	3170	2918	6294	3237	3057

1-10c　续表 2

单位：人

地　区	2020年2月			2020年3月			2020年4月		
	小计	男	女	小计	男	女	小计	男	女
全　国	**381186**	**200747**	**180439**	**398739**	**209747**	**188992**	**377925**	**199158**	**178767**
北　京	1768	916	852	1766	932	834	1553	764	789
天　津	1071	578	493	1135	571	564	1044	527	517
河　北	19945	10477	9468	20936	10870	10066	19661	10361	9300
山　西	9059	4556	4503	8970	4525	4445	8660	4464	4196
内蒙古	3645	1913	1732	3811	1965	1846	3736	1970	1766
辽　宁	4194	2139	2055	4463	2266	2197	4348	2258	2090
吉　林	2835	1459	1376	3123	1574	1549	2863	1502	1361
黑龙江	3206	1664	1542	3402	1830	1572	3180	1655	1525
上　海	899	459	440	881	439	442	699	364	335
江　苏	11314	5878	5436	12190	6369	5821	11185	5807	5378
浙　江	10279	5367	4912	10434	5469	4965	9825	5100	4725
安　徽	21077	11256	9821	22285	11924	10361	20574	10971	9603
福　建	10055	5427	4628	10222	5483	4739	9831	5367	4464
江　西	16320	8847	7473	16924	9269	7655	15478	8422	7056
山　东	24552	12914	11638	25500	13573	11927	23939	12633	11306
河　南	38231	19960	18271	40663	21105	19558	37536	19491	18045
湖　北	15212	8100	7112	16340	8666	7674	15611	8321	7290
湖　南	20793	11225	9568	21901	11652	10249	20994	11370	9624
广　东	34083	18288	15795	34982	18651	16331	33362	17878	15484
广　西	21206	11312	9894	22011	11734	10277	21402	11389	10013
海　南	3370	1874	1496	3461	1888	1573	3519	1911	1608
重　庆	5803	3037	2766	6260	3308	2952	6168	3252	2916
四　川	22925	11931	10994	23960	12505	11455	23174	12064	11110
贵　州	20918	10935	9983	21917	11616	10301	20579	10895	9684
云　南	21597	11194	10403	22631	11628	11003	21474	11078	10396
西　藏	3366	1733	1633	3725	1943	1782	3546	1755	1791
陕　西	12094	6208	5886	12115	6330	5785	11855	6200	5655
甘　肃	10480	5438	5042	11071	5674	5397	10648	5522	5126
青　海	2599	1343	1256	2941	1491	1450	2866	1484	1382
宁　夏	2562	1374	1188	2671	1364	1307	2620	1334	1286
新　疆	5728	2945	2783	6048	3133	2915	5995	3049	2946

1-10c 续表 3

单位：人

地区	2020年5月			2020年6月			2020年7月		
	小计	男	女	小计	男	女	小计	男	女
全国	**371883**	**196787**	**175096**	**377363**	**199691**	**177672**	**376301**	**198408**	**177893**
北京	1547	797	750	1507	786	721	1686	871	815
天津	979	504	475	1021	547	474	1093	573	520
河北	18892	9822	9070	19536	10187	9349	19503	10194	9309
山西	8264	4150	4114	8591	4411	4180	8816	4526	4290
内蒙古	3333	1711	1622	3318	1712	1606	3430	1742	1688
辽宁	3927	2018	1909	4066	2110	1956	4045	2021	2024
吉林	2796	1464	1332	2889	1495	1394	2665	1422	1243
黑龙江	2947	1493	1454	2766	1411	1355	2287	1162	1125
上海	706	421	285	740	360	380	759	409	350
江苏	10445	5545	4900	10944	5787	5157	10896	5633	5263
浙江	9399	4909	4490	9585	5036	4549	9803	5107	4696
安徽	18074	9580	8494	18988	10294	8694	19154	10194	8960
福建	9399	5248	4151	9547	5194	4353	9882	5470	4412
江西	14886	8029	6857	15408	8567	6841	15223	8340	6883
山东	28895	15632	13263	29243	15607	13636	28250	14882	13368
河南	37121	19364	17757	37865	19881	17984	36222	18872	17350
湖北	14583	7928	6655	15393	8147	7246	15542	8196	7346
湖南	20094	10822	9272	21081	11188	9893	21042	11165	9877
广东	34534	18704	15830	34649	18652	15997	33951	18265	15686
广西	21524	11485	10039	22416	11940	10476	22939	12301	10638
海南	3587	1942	1645	3473	1876	1597	3686	1955	1731
重庆	5386	2798	2588	5309	2784	2525	5530	2895	2635
四川	21504	11177	10327	21340	11209	10131	22178	11660	10518
贵州	21437	11416	10021	21243	11242	10001	20789	10993	9796
云南	21225	10957	10268	21386	11149	10237	21370	11090	10280
西藏	3565	1825	1740	3346	1746	1600	3364	1732	1632
陕西	11245	5847	5398	11109	5710	5399	10898	5641	5257
甘肃	10180	5302	4878	9760	5053	4707	9919	5227	4692
青海	2828	1437	1391	2636	1377	1259	2707	1382	1325
宁夏	2234	1149	1085	2085	1082	1003	2329	1191	1138
新疆	6347	3311	3036	6123	3151	2972	6343	3297	3046

1-10c 续表 4

单位：人

地 区	2020年8月			2020年9月			2020年10月		
	小计	男	女	小计	男	女	小计	男	女
全 国	**378004**	**200199**	**177805**	**341326**	**181222**	**160104**	**365174**	**194984**	**170190**
北 京	1572	805	767	1399	724	675	1149	634	515
天 津	1052	561	491	853	448	405	733	389	344
河 北	19183	10056	9127	16240	8482	7758	18006	9436	8570
山 西	8558	4336	4222	7626	3901	3725	7376	3820	3556
内蒙古	3372	1730	1642	3338	1779	1559	3382	1836	1546
辽 宁	4035	2086	1949	3668	1930	1738	3577	1829	1748
吉 林	2592	1338	1254	2296	1211	1085	2055	1074	981
黑龙江	2374	1258	1116	2030	1081	949	1765	893	872
上 海	721	358	363	719	373	346	592	315	277
江 苏	10878	5724	5154	9232	4835	4397	8786	4666	4120
浙 江	10347	5476	4871	9739	5108	4631	9247	4909	4338
安 徽	19232	10207	9025	17338	9199	8139	23530	12602	10928
福 建	10027	5410	4617	9187	5125	4062	10340	5805	4535
江 西	15256	8391	6865	13265	7372	5893	16677	9248	7429
山 东	27083	14427	12656	22032	11592	10440	20238	10919	9319
河 南	34929	18357	16572	29330	15353	13977	32515	17194	15321
湖 北	16646	8925	7721	15059	8083	6976	17016	9204	7812
湖 南	22192	11823	10369	20084	10756	9328	22379	11969	10410
广 东	33778	18282	15496	29560	16136	13424	31495	17351	14144
广 西	23218	12472	10746	22328	12083	10245	23818	12834	10984
海 南	3716	2029	1687	3165	1758	1407	3202	1766	1436
重 庆	5609	2944	2665	4998	2597	2401	5204	2723	2481
四 川	23781	12391	11390	22455	11773	10682	23259	12056	11203
贵 州	20793	10991	9802	20419	10878	9541	23460	12645	10815
云 南	21881	11418	10463	21348	11201	10147	22704	11856	10848
西 藏	3176	1646	1530	2873	1465	1408	2498	1261	1237
陕 西	10857	5669	5188	9778	5174	4604	8133	4236	3897
甘 肃	9936	5272	4664	10064	5188	4876	11459	5996	5463
青 海	2658	1383	1275	2532	1308	1224	2694	1400	1294
宁 夏	2376	1227	1149	2541	1308	1233	2804	1441	1363
新 疆	6176	3207	2969	5830	3001	2829	5081	2677	2404

1-11 各地区分性别、月份的死亡人口
(2019.11.1-2020.10.31)

单位：人

地区	死亡人口			2019年11月		
	合计	男	女	小计	男	女
全国	**7965772**	**4617095**	**3348677**	**616328**	**359204**	**257124**
北京	100439	56645	43794	7607	4340	3267
天津	64170	36774	27396	4894	2863	2031
河北	421990	243428	178562	33854	19533	14321
山西	165863	96062	69801	11577	6637	4940
内蒙古	143757	87376	56381	9700	5903	3797
辽宁	326235	191238	134997	24556	14490	10066
吉林	148130	88187	59943	9456	5697	3759
黑龙江	216231	129848	86383	14290	8560	5730
上海	129033	70426	58607	9785	5282	4503
江苏	513741	284791	228950	40421	22591	17830
浙江	306953	176936	130017	23631	13825	9806
安徽	362289	207987	154302	28134	16374	11760
福建	212654	124528	88126	16970	10007	6963
江西	232592	135084	97508	18487	10935	7552
山东	633421	360280	273141	50679	28953	21726
河南	530210	304058	226152	44409	25693	18716
湖北	382875	219503	163372	27117	15665	11452
湖南	493692	286574	207118	42201	24522	17679
广东	457665	264692	192973	36104	20943	15161
广西	293228	175735	117493	22179	13302	8877
海南	34530	20576	13954	2321	1356	965
重庆	226147	134821	91326	17596	10516	7080
四川	524988	311326	213662	39797	23806	15991
贵州	229156	135949	93207	16852	10108	6744
云南	288586	170665	117921	23076	13773	9303
西藏	13116	6976	6140	982	522	460
陕西	184265	105646	78619	14416	8273	6143
甘肃	154468	87869	66599	12368	7124	5244
青海	27958	16151	11807	2058	1227	831
宁夏	36387	20955	15432	2999	1694	1305
新疆	111003	66009	44994	7812	4690	3122

1-11　续表 1　　　　单位：人

地　　区	2019年12月			2020年1月		
	小计	男	女	小计	男	女
全　　国	**658767**	**379964**	**278803**	**665880**	**382149**	**283731**
北　　京	7497	4271	3226	9023	4959	4064
天　　津	4783	2763	2020	5498	3127	2371
河　　北	33704	19371	14333	35338	20338	15000
山　　西	12049	6990	5059	12723	7326	5397
内 蒙 古	9913	6058	3855	10619	6400	4219
辽　　宁	26615	15504	11111	27970	16299	11671
吉　　林	9936	5955	3981	10438	6201	4237
黑 龙 江	15401	9205	6196	16252	9639	6613
上　　海	11294	6171	5123	12110	6566	5544
江　　苏	43380	23845	19535	46245	25174	21071
浙　　江	26661	15114	11547	26996	15362	11634
安　　徽	28976	16682	12294	30763	17553	13210
福　　建	18707	10882	7825	17794	10367	7427
江　　西	19965	11454	8511	19018	11015	8003
山　　东	53608	30309	23299	59184	32998	26186
河　　南	44394	25534	18860	38192	21735	16457
湖　　北	30561	17351	13210	35060	19902	15158
湖　　南	45978	26301	19677	40354	23396	16958
广　　东	39749	22919	16830	38092	21957	16135
广　　西	24293	14487	9806	22520	13433	9087
海　　南	2540	1482	1058	2227	1321	906
重　　庆	19400	11521	7879	20694	12207	8487
四　　川	45114	26589	18525	44486	26032	18454
贵　　州	18141	10814	7327	18035	10660	7375
云　　南	26064	15432	10632	24815	14600	10215
西　　藏	946	496	450	857	458	399
陕　　西	15034	8559	6475	14789	8350	6439
甘　　肃	11237	6378	4859	11680	6549	5131
青　　海	2029	1123	906	2187	1278	909
宁　　夏	2679	1570	1109	2982	1686	1296
新　　疆	8119	4834	3285	8939	5261	3678

1-11 续表 2

单位：人

地区	2020年2月			2020年3月			2020年4月		
	小计	男	女	小计	男	女	小计	男	女
全国	**693421**	**393763**	**299658**	**697567**	**399258**	**298309**	**645091**	**373336**	**271755**
北京	8096	4550	3546	8257	4596	3661	7587	4262	3325
天津	5068	2905	2163	5443	3117	2326	5178	3008	2170
河北	36492	20661	15831	37158	21224	15934	34169	19697	14472
山西	14125	8114	6011	14703	8535	6168	13959	8038	5921
内蒙古	11558	6935	4623	12601	7589	5012	11940	7327	4613
辽宁	27075	15741	11334	27621	16051	11570	26845	15711	11134
吉林	11559	6758	4801	12555	7443	5112	12499	7403	5096
黑龙江	17231	10263	6968	19046	11158	7888	18174	10999	7175
上海	11559	6196	5363	10924	6017	4907	10198	5545	4653
江苏	44564	24247	20317	43875	24109	19766	40641	22393	18248
浙江	27566	15440	12126	26710	15285	11425	25158	14383	10775
安徽	32462	18162	14300	31329	17638	13691	28547	16329	12218
福建	18691	10624	8067	18293	10727	7566	17796	10354	7442
江西	20988	11822	9166	19831	11387	8444	18845	10949	7896
山东	57768	31936	25832	56243	31531	24712	50408	28606	21802
河南	45655	25641	20014	51301	28626	22675	44057	25273	18784
湖北	39828	22684	17144	35990	20422	15568	31143	17733	13410
湖南	41052	23290	17762	41873	23903	17970	37719	22082	15637
广东	40732	23024	17708	38970	22312	16658	38281	21988	16293
广西	24838	14574	10264	25144	14848	10296	24768	14833	9935
海南	2795	1631	1164	2959	1743	1216	2711	1605	1106
重庆	19569	11352	8217	20083	11850	8233	17675	10495	7180
四川	46290	26957	19333	46440	27038	19402	41995	24909	17086
贵州	19635	11365	8270	19280	11314	7966	18482	11002	7480
云南	25489	14720	10769	24373	14313	10060	23061	13633	9428
西藏	943	530	413	1103	591	512	981	513	468
陕西	15663	8886	6777	16466	9326	7140	15061	8580	6481
甘肃	12950	7160	5790	14412	8078	6334	13000	7346	5654
青海	2140	1212	928	2443	1417	1026	2256	1260	996
宁夏	3013	1696	1317	3314	1908	1406	3002	1741	1261
新疆	8027	4687	3340	8827	5162	3665	8955	5339	3616

1-11　续表 3

单位：人

地　区	2020年5月			2020年6月			2020年7月		
	小计	男	女	小计	男	女	小计	男	女
全　国	**682766**	**395269**	**287497**	**636886**	**370591**	**266295**	**612805**	**359918**	**252887**
北　京	8094	4556	3538	8380	4651	3729	7968	4493	3475
天　津	5384	3083	2301	5238	2988	2250	5269	3086	2183
河　北	36545	20984	15561	34512	19862	14650	31931	18583	13348
山　西	14782	8588	6194	13514	7659	5855	13132	7676	5456
内蒙古	12882	7809	5073	11801	7230	4571	12156	7445	4711
辽　宁	26965	15897	11068	26115	15393	10722	25985	15338	10647
吉　林	13302	7992	5310	12315	7341	4974	12744	7586	5158
黑龙江	20030	12063	7967	18355	11079	7276	19407	11763	7644
上　海	10465	5646	4819	9853	5451	4402	10090	5517	4573
江　苏	42789	23636	19153	40094	22588	17506	39471	22203	17268
浙　江	24641	14264	10377	23159	13492	9667	23238	13725	9513
安　徽	29949	17228	12721	28102	16174	11928	28175	16431	11744
福　建	17498	10267	7231	16975	9891	7084	16682	9904	6778
江　西	19921	11532	8389	18849	10880	7969	17597	10464	7133
山　东	52376	29891	22485	49393	28152	21241	47106	27384	19722
河　南	48586	27541	21045	44972	26025	18947	38350	22320	16030
湖　北	31333	17934	13399	28233	16280	11953	28905	16730	12175
湖　南	42272	24407	17865	41587	24246	17341	35027	20729	14298
广　东	38602	22391	16211	36685	21243	15442	37115	21357	15758
广　西	26301	15621	10680	23570	14292	9278	22792	13829	8963
海　南	3183	1882	1301	3072	1833	1239	2639	1621	1018
重　庆	19438	11569	7869	17286	10357	6929	16731	10193	6538
四　川	46564	27405	19159	41958	25019	16939	39732	23950	15782
贵　州	20120	11918	8202	18446	10898	7548	17526	10530	6996
云　南	24407	14426	9981	22997	13684	9313	21958	13156	8802
西　藏	1139	600	539	1196	632	564	1170	606	564
陕　西	15898	9092	6806	14217	8211	6006	13746	7982	5764
甘　肃	13987	7970	6017	11923	6802	5121	11290	6460	4830
青　海	2494	1442	1052	2370	1344	1026	2291	1322	969
宁　夏	3164	1817	1347	2863	1672	1191	2851	1681	1170
新　疆	9655	5818	3837	8856	5222	3634	9731	5854	3877

1-11 续表 4

单位：人

地区	2020年8月			2020年9月			2020年10月		
	小计	男	女	小计	男	女	小计	男	女
全国	**650952**	**381785**	**269167**	**641606**	**376804**	**264802**	**763703**	**445054**	**318649**
北京	8478	4816	3662	9075	5223	3852	10377	5928	4449
天津	5318	3095	2223	5342	2974	2368	6755	3765	2990
河北	33215	19593	13622	33613	19490	14123	41459	24092	17367
山西	13988	8181	5807	13950	8174	5776	17361	10144	7217
内蒙古	12443	7676	4767	12419	7553	4866	15725	9451	6274
辽宁	27117	15930	11187	27730	16355	11375	31641	18529	13112
吉林	13317	8042	5275	13566	8086	5480	16443	9683	6760
黑龙江	19341	11777	7564	18811	11339	7472	19893	12003	7890
上海	10462	5759	4703	10488	5848	4640	11805	6428	5377
江苏	43298	24161	19137	41911	23482	18429	47052	26362	20690
浙江	24744	14325	10419	25072	14666	10406	29377	17055	12322
安徽	30273	17561	12712	29626	17219	12407	35953	20636	15317
福建	16813	9971	6842	16572	9873	6699	19863	11661	8202
江西	18261	10733	7528	18131	10676	7455	22699	13237	9462
山东	49869	29006	20863	48714	28158	20556	58073	33356	24717
河南	41495	24265	17230	39882	23175	16707	48917	28230	20687
湖北	31170	18100	13070	29940	17333	12607	33595	19369	14226
湖南	40033	23293	16740	39765	23548	16217	45831	26857	18974
广东	37488	22071	15417	36083	21273	14810	39764	23214	16550
广西	23799	14421	9378	23753	14469	9284	29271	17626	11645
海南	3073	1850	1223	3196	1950	1246	3814	2302	1512
重庆	18747	11173	7574	17213	10392	6821	21715	13196	8519
四川	43671	26234	17437	41513	25134	16379	47428	28253	19175
贵州	18378	11020	7358	18565	11114	7451	25696	15206	10490
云南	22843	13536	9307	22643	13481	9162	26860	15911	10949
西藏	1207	662	545	1302	700	602	1290	666	624
陕西	14959	8659	6300	15358	8997	6361	18658	10731	7927
甘肃	12138	7049	5089	12455	7240	5215	17028	9713	7315
青海	2367	1420	947	2392	1398	994	2931	1708	1223
宁夏	2894	1647	1247	2908	1718	1190	3718	2125	1593
新疆	9753	5759	3994	9618	5766	3852	12711	7617	5094

1-11a　各地区分性别、月份的死亡人口
(2019.11.1-2020.10.31)(城市)

单位：人

地　区	死亡人口			2019年11月		
	合计	男	女	小计	男	女
全　国	**2076658**	**1209317**	**867341**	**157612**	**92288**	**65324**
北　京	75639	42533	33106	5608	3177	2431
天　津	44992	25947	19045	3180	1877	1303
河　北	77773	45190	32583	6292	3675	2617
山　西	35765	21070	14695	2730	1594	1136
内蒙古	38410	23224	15186	2698	1627	1071
辽　宁	158596	92643	65953	11978	6948	5030
吉　林	46987	28020	18967	3000	1834	1166
黑龙江	73876	43697	30179	4937	2888	2049
上　海	104408	57075	47333	7898	4249	3649
江　苏	167557	94011	73546	12778	7253	5525
浙　江	97677	55745	41932	7344	4247	3097
安　徽	55076	32329	22747	4180	2484	1696
福　建	50167	29231	20936	3777	2248	1529
江　西	44001	25937	18064	3394	2032	1362
山　东	140327	81092	59235	10940	6402	4538
河　南	82147	48403	33744	6836	4009	2827
湖　北	115764	67830	47934	7502	4428	3074
湖　南	90784	54635	36149	8100	4885	3215
广　东	175310	101621	73689	13594	7883	5711
广　西	45615	27542	18073	3586	2175	1411
海　南	5925	3608	2317	413	255	158
重　庆	56884	33773	23111	4361	2634	1727
四　川	104937	62253	42684	8043	4847	3196
贵　州	37896	22728	15168	2941	1780	1161
云　南	39993	23828	16165	3206	1943	1263
西　藏	513	286	227	33	19	14
陕　西	35374	20495	14879	2784	1594	1190
甘　肃	24976	14847	10129	2042	1204	838
青　海	6810	4043	2767	501	305	196
宁　夏	11894	7055	4839	991	583	408
新　疆	30585	18626	11959	1945	1209	736

1-11a 续表 1 单位：人

地　区	2019年12月			2020年1月		
	小计	男	女	小计	男	女
全　国	**170935**	**99518**	**71417**	**181591**	**104975**	**76616**
北　京	5528	3167	2361	6738	3691	3047
天　津	3158	1842	1316	3883	2252	1631
河　北	6187	3552	2635	6708	3912	2796
山　西	2810	1694	1116	2752	1590	1162
内蒙古	2880	1758	1122	3159	1912	1247
辽　宁	12901	7463	5438	13458	7934	5524
吉　林	3152	1921	1231	3455	2061	1394
黑龙江	5345	3136	2209	6090	3550	2540
上　海	9237	5082	4155	9885	5390	4495
江　苏	14066	7905	6161	15028	8292	6736
浙　江	8191	4543	3648	8533	4811	3722
安　徽	4311	2578	1733	4614	2697	1917
福　建	4274	2444	1830	4335	2527	1808
江　西	3634	2101	1533	3739	2227	1512
山　东	11377	6599	4778	12845	7299	5546
河　南	6890	4096	2794	6950	4035	2915
湖　北	8679	5089	3590	11354	6561	4793
湖　南	8807	5228	3579	7784	4687	3097
广　东	15385	8863	6522	15122	8732	6390
广　西	4022	2439	1583	3875	2331	1544
海　南	494	282	212	423	275	148
重　庆	4925	2953	1972	5170	3006	2164
四　川	9142	5418	3724	9735	5761	3974
贵　州	3216	1971	1245	3223	1916	1307
云　南	3814	2304	1510	3705	2219	1486
西　藏	42	16	26	38	14	24
陕　西	2945	1712	1233	2973	1676	1297
甘　肃	1972	1185	787	2074	1232	842
青　海	479	279	200	535	334	201
宁　夏	891	540	351	1027	611	416
新　疆	2181	1358	823	2381	1440	941

1-11a 续表 2

单位：人

地 区	2020年2月			2020年3月			2020年4月		
	小计	男	女	小计	男	女	小计	男	女
全 国	**179878**	**103499**	**76379**	**178241**	**103463**	**74778**	**168574**	**98178**	**70396**
北 京	6064	3390	2674	6225	3426	2799	5647	3129	2518
天 津	3499	2033	1466	3787	2202	1585	3680	2160	1520
河 北	6244	3656	2588	6685	3884	2801	6339	3659	2680
山 西	2664	1560	1104	3140	1894	1246	3002	1772	1230
内蒙古	3079	1852	1227	3161	1926	1235	3136	1922	1214
辽 宁	12922	7516	5406	13037	7551	5486	12962	7574	5388
吉 林	3473	2037	1436	3843	2253	1590	3889	2324	1565
黑龙江	5883	3455	2428	6249	3637	2612	6190	3704	2486
上 海	9311	5020	4291	8863	4880	3983	8248	4495	3753
江 苏	14433	7937	6496	14275	7976	6299	13463	7502	5961
浙 江	8460	4705	3755	8638	4932	3706	8229	4677	3552
安 徽	4815	2776	2039	4616	2697	1919	4490	2648	1842
福 建	4457	2550	1907	4343	2536	1807	4189	2425	1764
江 西	4014	2277	1737	3835	2279	1556	3485	2058	1427
山 东	12013	6861	5152	12043	6944	5099	11458	6589	4869
河 南	6782	4040	2742	7465	4323	3142	7006	4116	2890
湖 北	15394	9071	6323	11453	6706	4747	9404	5463	3941
湖 南	6928	4121	2807	7199	4305	2894	6963	4248	2715
广 东	15724	8893	6831	14950	8713	6237	14577	8463	6114
广 西	3987	2352	1635	3731	2240	1491	3927	2400	1527
海 南	460	249	211	526	324	202	462	273	189
重 庆	4823	2763	2060	5173	3063	2110	4586	2748	1838
四 川	9248	5431	3817	9234	5453	3781	8369	4984	3385
贵 州	3115	1801	1314	3188	1924	1264	2980	1811	1169
云 南	3535	2054	1481	3319	1923	1396	3038	1831	1207
西 藏	52	31	21	43	24	19	33	21	12
陕 西	2860	1678	1182	3073	1796	1277	2947	1668	1279
甘 肃	1963	1187	776	2177	1272	905	2025	1161	864
青 海	506	293	213	557	328	229	495	297	198
宁 夏	931	563	368	1069	645	424	958	577	381
新 疆	2239	1347	892	2344	1407	937	2397	1479	918

1-11a 续表 3 单位：人

地区	2020年5月			2020年6月			2020年7月		
	小计	男	女	小计	男	女	小计	男	女
全国	**175175**	**101865**	**73310**	**164631**	**96215**	**68416**	**164379**	**96617**	**67762**
北京	6067	3426	2641	6296	3495	2801	6065	3420	2645
天津	3863	2228	1635	3781	2152	1629	3811	2227	1584
河北	6854	3975	2879	6520	3776	2744	5974	3504	2470
山西	3143	1830	1313	2923	1705	1218	2905	1721	1184
内蒙古	3383	2031	1352	3052	1855	1197	3245	1967	1278
辽宁	13109	7736	5373	12891	7581	5310	12881	7520	5361
吉林	4343	2665	1678	3946	2379	1567	4141	2441	1700
黑龙江	6741	3962	2779	6101	3682	2419	6930	4143	2787
上海	8544	4613	3931	8028	4419	3609	8161	4454	3707
江苏	14239	7947	6292	13024	7404	5620	12898	7405	5493
浙江	7872	4555	3317	7227	4145	3082	7623	4460	3163
安徽	4447	2612	1835	4199	2494	1705	4330	2605	1725
福建	4142	2444	1698	3916	2255	1661	4055	2348	1707
江西	3799	2184	1615	3386	1997	1389	3429	2079	1350
山东	11830	6876	4954	11104	6375	4729	10909	6401	4508
河南	7375	4258	3117	6620	3923	2697	5978	3604	2374
湖北	8891	5153	3738	7976	4715	3261	8236	4860	3376
湖南	7438	4392	3046	8271	4999	3272	6263	3886	2377
广东	14466	8424	6042	13729	8014	5715	14601	8436	6165
广西	4041	2394	1647	3572	2106	1466	3665	2243	1422
海南	564	353	211	478	295	183	457	276	181
重庆	4966	2958	2008	4401	2642	1759	4414	2617	1797
四川	9037	5298	3739	8236	4876	3360	8095	4809	3286
贵州	3278	1931	1347	2972	1808	1164	2966	1839	1127
云南	3305	1966	1339	3208	1937	1271	3266	1953	1313
西藏	40	18	22	47	28	19	28	18	10
陕西	3039	1789	1250	2755	1588	1167	2760	1595	1165
甘肃	2121	1239	882	1949	1164	785	1956	1169	787
青海	595	345	250	583	355	228	593	345	248
宁夏	1016	603	413	943	539	404	958	574	384
新疆	2627	1660	967	2497	1512	985	2786	1698	1088

1-11a 续表 4

单位：人

地区	2020年8月			2020年9月			2020年10月		
	小计	男	女	小计	男	女	小计	男	女
全国	**173543**	**101590**	**71953**	**170821**	**100069**	**70752**	**191278**	**111040**	**80238**
北京	6467	3676	2791	7070	4081	2989	7864	4455	3409
天津	3868	2266	1602	3813	2126	1687	4669	2582	2087
河北	6448	3796	2652	6100	3505	2595	7422	4296	3126
山西	3010	1798	1212	3066	1769	1297	3620	2143	1477
内蒙古	3416	2057	1359	3261	1957	1304	3940	2360	1580
辽宁	13464	7862	5602	13621	8003	5618	15372	8955	6417
吉林	4415	2670	1745	4469	2652	1817	4861	2783	2078
黑龙江	6589	3935	2654	6361	3783	2578	6460	3822	2638
上海	8357	4612	3745	8400	4692	3708	9476	5169	4307
江苏	14041	7892	6149	14076	7992	6084	15236	8506	6730
浙江	8097	4606	3491	8139	4694	3445	9324	5370	3954
安徽	4667	2686	1981	4833	2808	2025	5574	3244	2330
福建	4157	2455	1702	4025	2401	1624	4497	2598	1899
江西	3569	2116	1453	3588	2146	1442	4129	2441	1688
山东	11643	6786	4857	11374	6543	4831	12791	7417	5374
河南	6202	3716	2486	6391	3795	2596	7652	4488	3164
湖北	9139	5412	3727	8690	5112	3578	9046	5260	3786
湖南	7349	4411	2938	7655	4671	2984	8027	4802	3225
广东	14664	8574	6090	13851	8074	5777	14647	8552	6095
广西	3747	2299	1448	3577	2184	1393	3885	2379	1506
海南	542	327	215	520	334	186	586	365	221
重庆	5034	2986	2048	4231	2541	1690	4800	2862	1938
四川	8867	5252	3615	8078	4923	3155	8853	5201	3652
贵州	3123	1879	1244	3157	1862	1295	3737	2206	1531
云南	3149	1881	1268	3028	1779	1249	3420	2038	1382
西藏	38	28	10	40	22	18	79	47	32
陕西	2946	1739	1207	2949	1732	1217	3343	1928	1415
甘肃	2082	1272	810	2107	1277	830	2508	1485	1023
青海	634	384	250	608	355	253	724	423	301
宁夏	977	536	441	947	578	369	1186	706	480
新疆	2842	1681	1161	2796	1678	1118	3550	2157	1393

1-11b 各地区分性别、月份的死亡人口 (2019.11.1-2020.10.31)(镇)

单位：人

地区	死亡人口			2019年11月		
	合计	男	女	小计	男	女
全国	**1631378**	**955250**	**676128**	**126770**	**74604**	**52166**
北京	5756	3242	2514	468	259	209
天津	4645	2613	2032	422	245	177
河北	96261	55600	40661	7779	4513	3266
山西	27507	16265	11242	1921	1118	803
内蒙古	31986	19551	12435	2192	1310	882
辽宁	36605	21898	14707	2714	1674	1040
吉林	24937	14827	10110	1519	906	613
黑龙江	45403	27669	17734	2938	1843	1095
上海	10147	5537	4610	761	426	335
江苏	138675	77270	61405	10984	6065	4919
浙江	57867	33855	24012	4356	2572	1784
安徽	86244	49969	36275	6593	3907	2686
福建	54231	31817	22414	4339	2531	1808
江西	58286	34585	23701	4448	2699	1749
山东	131950	75834	56116	10611	6090	4521
河南	112621	65009	47612	9644	5632	4012
湖北	68118	39479	28639	4930	2861	2069
湖南	137516	81067	56449	11600	6819	4781
广东	86505	51681	34824	6802	4057	2745
广西	57575	34818	22757	4322	2636	1686
海南	6379	3701	2678	421	225	196
重庆	37996	23058	14938	3029	1841	1188
四川	93622	56430	37192	7146	4350	2796
贵州	58469	34696	23773	4280	2578	1702
云南	51439	30360	21079	4129	2462	1667
西藏	909	477	432	56	31	25
陕西	45146	26088	19058	3572	2085	1487
甘肃	29149	16867	12282	2345	1380	965
青海	5156	3046	2110	368	226	142
宁夏	7445	4295	3150	556	313	243
新疆	22833	13646	9187	1525	950	575

1-11b 续表 1

单位：人

地区	2019年12月			2020年1月		
	小计	男	女	小计	男	女
全　国	**136213**	**79545**	**56668**	**135818**	**78840**	**56978**
北　京	458	262	196	525	276	249
天　津	409	225	184	403	223	180
河　北	7586	4298	3288	7900	4571	3329
山　西	1885	1109	776	2060	1213	847
内蒙古	2124	1318	806	2346	1438	908
辽　宁	2923	1785	1138	3113	1805	1308
吉　林	1720	1031	689	1791	1079	712
黑龙江	3209	1998	1211	3320	1984	1336
上　海	802	410	392	866	469	397
江　苏	11727	6477	5250	12456	6867	5589
浙　江	5068	2922	2146	4940	2822	2118
安　徽	6969	4037	2932	7436	4278	3158
福　建	4786	2822	1964	4567	2666	1901
江　西	4963	2928	2035	4882	2914	1968
山　东	11260	6448	4812	12386	7043	5343
河　南	10024	5887	4137	8009	4578	3431
湖　北	5569	3195	2374	5924	3374	2550
湖　南	13379	7800	5579	11580	6781	4799
广　东	7484	4454	3030	7100	4294	2806
广　西	4710	2848	1862	4468	2711	1757
海　南	482	294	188	392	208	184
重　庆	3221	1951	1270	3432	2085	1347
四　川	8014	4759	3255	8118	4824	3294
贵　州	4513	2704	1809	4550	2701	1849
云　南	4629	2750	1879	4579	2609	1970
西　藏	67	42	25	71	34	37
陕　西	3684	2108	1576	3632	2065	1567
甘　肃	2080	1213	867	2164	1236	928
青　海	399	232	167	416	254	162
宁　夏	554	324	230	606	341	265
新　疆	1515	914	601	1786	1097	689

1-11b 续表 2

单位：人

地区	2020年2月			2020年3月			2020年4月		
	小计	男	女	小计	男	女	小计	男	女
全国	**139605**	**80086**	**59519**	**142043**	**81575**	**60468**	**131993**	**77312**	**54681**
北京	450	243	207	469	285	184	440	256	184
天津	379	191	188	366	190	176	366	196	170
河北	8124	4623	3501	8444	4773	3671	7872	4570	3302
山西	2300	1351	949	2372	1390	982	2310	1378	932
内蒙古	2534	1524	1010	2750	1666	1084	2602	1553	1049
辽宁	3121	1877	1244	3113	1811	1302	3019	1817	1202
吉林	1943	1159	784	2083	1255	828	2102	1234	868
黑龙江	3581	2152	1429	3869	2296	1573	3768	2324	1444
上海	927	490	437	872	502	370	812	442	370
江苏	12029	6539	5490	11960	6610	5350	10944	6113	4831
浙江	5107	2924	2183	4995	2866	2129	4853	2835	2018
安徽	7468	4210	3258	7377	4164	3213	6937	3988	2949
福建	4731	2675	2056	4648	2698	1950	4546	2642	1904
江西	5171	2982	2189	4995	2919	2076	4663	2766	1897
山东	11926	6600	5326	11613	6502	5111	10526	6064	4462
河南	9417	5348	4069	10613	5931	4682	9472	5440	4032
湖北	6465	3704	2761	6350	3625	2725	5475	3198	2277
湖南	11240	6540	4700	11737	6828	4909	10429	6262	4167
广东	7758	4517	3241	7459	4354	3105	7211	4293	2918
广西	4757	2872	1885	4948	2926	2022	4925	2957	1968
海南	494	287	207	495	267	228	490	306	184
重庆	3211	1941	1270	3321	1991	1330	2962	1731	1231
四川	8280	4942	3338	8290	4893	3397	7517	4528	2989
贵州	4920	2836	2084	5012	2933	2079	4683	2775	1908
云南	4530	2618	1912	4303	2465	1838	4020	2404	1616
西藏	59	30	29	66	28	38	58	28	30
陕西	3798	2165	1633	4030	2276	1754	3678	2113	1565
甘肃	2336	1274	1062	2642	1482	1160	2414	1397	1017
青海	356	210	146	439	255	184	408	227	181
宁夏	567	314	253	650	373	277	618	351	267
新疆	1626	948	678	1762	1021	741	1873	1124	749

1-11b 续表 3

单位：人

地区	2020年5月			2020年6月			2020年7月		
	小计	男	女	小计	男	女	小计	男	女
全国	**139709**	**81667**	**58042**	**130384**	**76698**	**53686**	**125144**	**74266**	**50878**
北京	483	272	211	537	283	254	453	265	188
天津	365	211	154	385	230	155	327	194	133
河北	8303	4780	3523	7990	4628	3362	7195	4204	2991
山西	2456	1486	970	2224	1290	934	2200	1296	904
内蒙古	2831	1703	1128	2642	1663	979	2694	1674	1020
辽宁	3103	1845	1258	2973	1772	1201	2887	1764	1123
吉林	2181	1303	878	2098	1237	861	2167	1299	868
黑龙江	4197	2568	1629	3815	2322	1493	4137	2505	1632
上海	825	454	371	752	429	323	800	452	348
江苏	11517	6416	5101	10799	6143	4656	10636	5994	4642
浙江	4669	2715	1954	4478	2680	1798	4425	2633	1792
安徽	7042	4042	3000	6570	3801	2769	6783	3966	2817
福建	4335	2549	1786	4357	2562	1795	4348	2600	1748
江西	4841	2876	1965	4716	2813	1903	4488	2709	1779
山东	10862	6266	4596	10265	5864	4401	9769	5737	4032
河南	10299	5894	4405	9705	5618	4087	7927	4673	3254
湖北	5827	3349	2478	5137	3009	2128	5199	3026	2173
湖南	11808	6948	4860	11253	6624	4629	10099	6044	4055
广东	7420	4396	3024	6970	4185	2785	6895	4064	2831
广西	5248	3149	2099	4593	2827	1766	4418	2710	1708
海南	574	342	232	607	339	268	525	326	199
重庆	3207	1900	1307	2930	1793	1137	2774	1752	1022
四川	8139	4912	3227	7266	4413	2853	7111	4329	2782
贵州	5145	3069	2076	4691	2782	1909	4442	2640	1802
云南	4356	2588	1768	4094	2417	1677	3874	2331	1543
西藏	76	33	43	61	32	29	81	42	39
陕西	3925	2244	1681	3418	1959	1459	3336	1986	1350
甘肃	2538	1490	1048	2288	1355	933	2176	1263	913
青海	490	300	190	381	212	169	409	249	160
宁夏	651	373	278	628	388	240	556	343	213
新疆	1996	1194	802	1761	1028	733	2013	1196	817

1-11b 续表 4

单位：人

地区	2020年8月			2020年9月			2020年10月		
	小计	男	女	小计	男	女	小计	男	女
全国	**133373**	**79016**	**54357**	**132106**	**78433**	**53673**	**158220**	**93208**	**65012**
北京	451	243	208	464	275	189	558	323	235
天津	363	212	151	379	213	166	481	283	198
河北	7649	4527	3122	7747	4511	3236	9672	5602	4070
山西	2325	1409	916	2405	1436	969	3049	1789	1260
内蒙古	2735	1701	1034	2839	1770	1069	3697	2231	1466
辽宁	2960	1744	1216	3110	1909	1201	3569	2095	1474
吉林	2258	1315	943	2265	1348	917	2810	1661	1149
黑龙江	4116	2557	1559	4133	2511	1622	4320	2609	1711
上海	877	467	410	862	480	382	991	516	475
江苏	11604	6499	5105	11251	6309	4942	12768	7238	5530
浙江	4635	2765	1870	4711	2759	1952	5630	3362	2268
安徽	7269	4311	2958	7075	4229	2846	8725	5036	3689
福建	4195	2527	1668	4252	2520	1732	5127	3025	2102
江西	4617	2768	1849	4664	2777	1887	5838	3434	2404
山东	10246	6083	4163	10286	6058	4228	12200	7079	5121
河南	8746	5148	3598	8375	4839	3536	10390	6021	4369
湖北	5650	3272	2378	5425	3194	2231	6167	3672	2495
湖南	11509	6753	4756	10888	6455	4433	11994	7213	4781
广东	7234	4427	2807	6833	4233	2600	7339	4407	2932
广西	4612	2770	1842	4704	2877	1827	5870	3535	2335
海南	568	324	244	597	353	244	734	430	304
重庆	3192	1917	1275	2956	1844	1112	3761	2312	1449
四川	7733	4712	3021	7404	4506	2898	8604	5262	3342
贵州	4639	2748	1891	4806	2879	1927	6788	4051	2737
云南	4022	2397	1625	4103	2467	1636	4800	2852	1948
西藏	83	49	34	107	54	53	124	74	50
陕西	3615	2071	1544	3776	2268	1508	4682	2748	1934
甘肃	2301	1408	893	2444	1431	1013	3421	1938	1483
青海	427	262	165	466	277	189	597	342	255
宁夏	625	367	258	661	378	283	773	430	343
新疆	2117	1263	854	2118	1273	845	2741	1638	1103

1-11c　各地区分性别、月份的死亡人口 (2019.11.1-2020.10.31)(乡村)

单位：人

地区	死亡人口			2019年11月		
	合计	男	女	小计	男	女
全国	**4257736**	**2452528**	**1805208**	**331946**	**192312**	**139634**
北京	19044	10870	8174	1531	904	627
天津	14533	8214	6319	1292	741	551
河北	247956	142638	105318	19783	11345	8438
山西	102591	58727	43864	6926	3925	3001
内蒙古	73361	44601	28760	4810	2966	1844
辽宁	131034	76697	54337	9864	5868	3996
吉林	76206	45340	30866	4937	2957	1980
黑龙江	96952	58482	38470	6415	3829	2586
上海	14478	7814	6664	1126	607	519
江苏	207509	113510	93999	16659	9273	7386
浙江	151409	87336	64073	11931	7006	4925
安徽	220969	125689	95280	17361	9983	7378
福建	108256	63480	44776	8854	5228	3626
江西	130305	74562	55743	10645	6204	4441
山东	361144	203354	157790	29128	16461	12667
河南	335442	190646	144796	27929	16052	11877
湖北	198993	112194	86799	14685	8376	6309
湖南	265392	150872	114520	22501	12818	9683
广东	195850	111390	84460	15708	9003	6705
广西	190038	113375	76663	14271	8491	5780
海南	22226	13267	8959	1487	876	611
重庆	131267	77990	53277	10206	6041	4165
四川	326429	192643	133786	24608	14609	9999
贵州	132791	78525	54266	9631	5750	3881
云南	197154	116477	80677	15741	9368	6373
西藏	11694	6213	5481	893	472	421
陕西	103745	59063	44682	8060	4594	3466
甘肃	100343	56155	44188	7981	4540	3441
青海	15992	9062	6930	1189	696	493
宁夏	17048	9605	7443	1452	798	654
新疆	57585	33737	23848	4342	2531	1811

1-11c 续表 1

单位：人

地区	2019年12月			2020年1月		
	小计	男	女	小计	男	女
全国	**351619**	**200901**	**150718**	**348471**	**198334**	**150137**
北京	1511	842	669	1760	992	768
天津	1216	696	520	1212	652	560
河北	19931	11521	8410	20730	11855	8875
山西	7354	4187	3167	7911	4523	3388
内蒙古	4909	2982	1927	5114	3050	2064
辽宁	10791	6256	4535	11399	6560	4839
吉林	5064	3003	2061	5192	3061	2131
黑龙江	6847	4071	2776	6842	4105	2737
上海	1255	679	576	1359	707	652
江苏	17587	9463	8124	18761	10015	8746
浙江	13402	7649	5753	13523	7729	5794
安徽	17696	10067	7629	18713	10578	8135
福建	9647	5616	4031	8892	5174	3718
江西	11368	6425	4943	10397	5874	4523
山东	30971	17262	13709	33953	18656	15297
河南	27480	15551	11929	23233	13122	10111
湖北	16313	9067	7246	17782	9967	7815
湖南	23792	13273	10519	20990	11928	9062
广东	16880	9602	7278	15870	8931	6939
广西	15561	9200	6361	14177	8391	5786
海南	1564	906	658	1412	838	574
重庆	11254	6617	4637	12092	7116	4976
四川	27958	16412	11546	26633	15447	11186
贵州	10412	6139	4273	10262	6043	4219
云南	17621	10378	7243	16531	9772	6759
西藏	837	438	399	748	410	338
陕西	8405	4739	3666	8184	4609	3575
甘肃	7185	3980	3205	7442	4081	3361
青海	1151	612	539	1236	690	546
宁夏	1234	706	528	1349	734	615
新疆	4423	2562	1861	4772	2724	2048

1-11c　续表 2

单位：人

地区	2020年2月			2020年3月			2020年4月		
	小计	男	女	小计	男	女	小计	男	女
全国	**373938**	**210178**	**163760**	**377283**	**214220**	**163063**	**344524**	**197846**	**146678**
北京	1582	917	665	1563	885	678	1500	877	623
天津	1190	681	509	1290	725	565	1132	652	480
河北	22124	12382	9742	22029	12567	9462	19958	11468	8490
山西	9161	5203	3958	9191	5251	3940	8647	4888	3759
内蒙古	5945	3559	2386	6690	3997	2693	6202	3852	2350
辽宁	11032	6348	4684	11471	6689	4782	10864	6320	4544
吉林	6143	3562	2581	6629	3935	2694	6508	3845	2663
黑龙江	7767	4656	3111	8928	5225	3703	8216	4971	3245
上海	1321	686	635	1189	635	554	1138	608	530
江苏	18102	9771	8331	17640	9523	8117	16234	8778	7456
浙江	13999	7811	6188	13077	7487	5590	12076	6871	5205
安徽	20179	11176	9003	19336	10777	8559	17120	9693	7427
福建	9503	5399	4104	9302	5493	3809	9061	5287	3774
江西	11803	6563	5240	11001	6189	4812	10697	6125	4572
山东	33829	18475	15354	32587	18085	14502	28424	15953	12471
河南	29456	16253	13203	33223	18372	14851	27579	15717	11862
湖北	17969	9909	8060	18187	10091	8096	16264	9072	7192
湖南	22884	12629	10255	22937	12770	10167	20327	11572	8755
广东	17250	9614	7636	16561	9245	7316	16493	9232	7261
广西	16094	9350	6744	16465	9682	6783	15916	9476	6440
海南	1841	1095	746	1938	1152	786	1759	1026	733
重庆	11535	6648	4887	11589	6796	4793	10127	6016	4111
四川	28762	16584	12178	28916	16692	12224	26109	15397	10712
贵州	11600	6728	4872	11080	6457	4623	10819	6416	4403
云南	17424	10048	7376	16751	9925	6826	16003	9398	6605
西藏	832	469	363	994	539	455	890	464	426
陕西	9005	5043	3962	9363	5254	4109	8436	4799	3637
甘肃	8651	4699	3952	9593	5324	4269	8561	4788	3773
青海	1278	709	569	1447	834	613	1353	736	617
宁夏	1515	819	696	1595	890	705	1426	813	613
新疆	4162	2392	1770	4721	2734	1987	4685	2736	1949

1-11c 续表 3 单位：人

地区	2020年5月			2020年6月			2020年7月		
	小计	男	女	小计	男	女	小计	男	女
全　国	**367882**	**211737**	**156145**	**341871**	**197678**	**144193**	**323282**	**189035**	**134247**
北　京	1544	858	686	1547	873	674	1450	808	642
天　津	1156	644	512	1072	606	466	1131	665	466
河　北	21388	12229	9159	20002	11458	8544	18762	10875	7887
山　西	9183	5272	3911	8367	4664	3703	8027	4659	3368
内蒙古	6668	4075	2593	6107	3712	2395	6217	3804	2413
辽　宁	10753	6316	4437	10251	6040	4211	10217	6054	4163
吉　林	6778	4024	2754	6271	3725	2546	6436	3846	2590
黑龙江	9092	5533	3559	8439	5075	3364	8340	5115	3225
上　海	1096	579	517	1073	603	470	1129	611	518
江　苏	17033	9273	7760	16271	9041	7230	15937	8804	7133
浙　江	12100	6994	5106	11454	6667	4787	11190	6632	4558
安　徽	18460	10574	7886	17333	9879	7454	17062	9860	7202
福　建	9021	5274	3747	8702	5074	3628	8279	4956	3323
江　西	11281	6472	4809	10747	6070	4677	9680	5676	4004
山　东	29684	16749	12935	28024	15913	12111	26428	15246	11182
河　南	30912	17389	13523	28647	16484	12163	24445	14043	10402
湖　北	16615	9432	7183	15120	8556	6564	15470	8844	6626
湖　南	23026	13067	9959	22063	12623	9440	18665	10799	7866
广　东	16716	9571	7145	15986	9044	6942	15619	8857	6762
广　西	17012	10078	6934	15405	9359	6046	14709	8876	5833
海　南	2045	1187	858	1987	1199	788	1657	1019	638
重　庆	11265	6711	4554	9955	5922	4033	9543	5824	3719
四　川	29388	17195	12193	26456	15730	10726	24526	14812	9714
贵　州	11697	6918	4779	10783	6308	4475	10118	6051	4067
云　南	16746	9872	6874	15695	9330	6365	14818	8872	5946
西　藏	1023	549	474	1088	572	516	1061	546	515
陕　西	8934	5059	3875	8044	4664	3380	7650	4401	3249
甘　肃	9328	5241	4087	7686	4283	3403	7158	4028	3130
青　海	1409	797	612	1406	777	629	1289	728	561
宁　夏	1497	841	656	1292	745	547	1337	764	573
新　疆	5032	2964	2068	4598	2682	1916	4932	2960	1972

1-11c　续表 4　　　　单位：人

地区	2020年8月			2020年9月			2020年10月		
	小计	男	女	小计	男	女	小计	男	女
全国	**344036**	**201179**	**142857**	**338679**	**198302**	**140377**	**414205**	**240806**	**173399**
北京	1560	897	663	1541	867	674	1955	1150	805
天津	1087	617	470	1150	635	515	1605	900	705
河北	19118	11270	7848	19766	11474	8292	24365	14194	10171
山西	8653	4974	3679	8479	4969	3510	10692	6212	4480
内蒙古	6292	3918	2374	6319	3826	2493	8088	4860	3228
辽宁	10693	6324	4369	10999	6443	4556	12700	7479	5221
吉林	6644	4057	2587	6832	4086	2746	8772	5239	3533
黑龙江	8636	5285	3351	8317	5045	3272	9113	5572	3541
上海	1228	680	548	1226	676	550	1338	743	595
江苏	17653	9770	7883	16584	9181	7403	19048	10618	8430
浙江	12012	6954	5058	12222	7213	5009	14423	8323	6100
安徽	18337	10564	7773	17718	10182	7536	21654	12356	9298
福建	8461	4989	3472	8295	4952	3343	10239	6038	4201
江西	10075	5849	4226	9879	5753	4126	12732	7362	5370
山东	27980	16137	11843	27054	15557	11497	33082	18860	14222
河南	26547	15401	11146	25116	14541	10575	30875	17721	13154
湖北	16381	9416	6965	15825	9027	6798	18382	10437	7945
湖南	21175	12129	9046	21222	12422	8800	25810	14842	10968
广东	15590	9070	6520	15399	8966	6433	17778	10255	7523
广西	15440	9352	6088	15472	9408	6064	19516	11712	7804
海南	1963	1199	764	2079	1263	816	2494	1507	987
重庆	10521	6270	4251	10026	6007	4019	13154	8022	5132
四川	27071	16270	10801	26031	15705	10326	29971	17790	12181
贵州	10616	6393	4223	10602	6373	4229	15171	8949	6222
云南	15672	9258	6414	15512	9235	6277	18640	11021	7619
西藏	1086	585	501	1155	624	531	1087	545	542
陕西	8398	4849	3549	8633	4997	3636	10633	6055	4578
甘肃	7755	4369	3386	7904	4532	3372	11099	6290	4809
青海	1306	774	532	1318	766	552	1610	943	667
宁夏	1292	744	548	1300	762	538	1759	989	770
新疆	4794	2815	1979	4704	2815	1889	6420	3822	2598

1-12 各地区家庭户的住房间数和面积

地　　区	家庭户 户　数 (户)	家庭户 人　数 (人)	平均每户住 房建筑面积 (平方米/户)	平均每户 住房间数 (间/户)	人均住房 建筑面积 (平方米/人)	人　　均 住房间数 (间/人)
全　　国	**465241711**	**1238552246**	**111.18**	**3.20**	**41.76**	**1.20**
北　　京	7770769	18102211	81.28	2.30	34.89	0.99
天　　津	4587490	11069740	85.54	2.38	35.45	0.98
河　　北	24554501	68088601	105.60	3.32	38.08	1.20
山　　西	12064669	30883721	92.57	2.91	36.16	1.14
内 蒙 古	8817048	21081773	83.58	2.23	34.96	0.93
辽　　宁	16571689	38339479	80.28	2.29	34.70	0.99
吉　　林	8724943	20787478	80.63	2.22	33.84	0.93
黑 龙 江	11685918	26455448	76.86	2.14	33.95	0.95
上　　海	9095041	21402382	75.96	2.04	32.28	0.87
江　　苏	28069197	74167282	123.67	3.10	46.80	1.17
浙　　江	22921213	55252198	111.27	2.73	46.16	1.13
安　　徽	20750408	55125661	122.42	3.25	46.08	1.22
福　　建	13350262	36614006	133.63	3.46	48.72	1.26
江　　西	13331484	39896314	164.48	4.18	54.96	1.40
山　　东	33915789	92192894	106.36	3.31	39.13	1.22
河　　南	30557811	88228166	134.26	4.21	46.50	1.46
湖　　北	18760549	50668219	127.77	3.35	47.31	1.24
湖　　南	21561143	58609484	129.18	3.82	47.52	1.40
广　　东	38953156	104999009	91.21	2.81	33.84	1.04
广　　西	15517021	45197752	136.56	4.01	46.88	1.38
海　　南	2747332	8571760	106.01	2.87	33.98	0.92
重　　庆	11415050	28406859	104.43	3.09	41.96	1.24
四　　川	29098226	74210524	111.28	3.25	43.63	1.27
贵　　州	12004270	34394601	123.49	3.97	43.10	1.38
云　　南	14304259	42141148	125.53	3.57	42.61	1.21
西　　藏	793704	2814919	159.16	4.04	44.88	1.14
陕　　西	13350429	34324885	111.69	3.02	43.44	1.17
甘　　肃	7936539	22421260	96.48	3.78	34.15	1.34
青　　海	1791200	5173085	102.85	3.15	35.61	1.09
宁　　夏	2361757	6371085	97.38	2.66	36.10	0.98
新　　疆	7878844	22560302	93.11	2.93	32.52	1.02

注：本表数据为居住在普通住宅的家庭户。

1-12a 各地区家庭户的住房间数和面积(城市)

地区	家庭户户数(户)	家庭户人数(人)	平均每户住房建筑面积(平方米/户)	平均每户住房间数(间/户)	人均住房建筑面积(平方米/人)	人均住房间数(间/人)
全国	**192180772**	**485050419**	**92.17**	**2.50**	**36.52**	**0.99**
北京	6373968	14812709	77.64	2.11	33.41	0.91
天津	3637698	8571932	82.41	2.08	34.97	0.88
河北	7288313	19288833	100.77	2.70	38.08	1.02
山西	4406419	11284139	93.75	2.51	36.61	0.98
内蒙古	3422193	8214605	88.25	2.19	36.76	0.91
辽宁	10246924	22654246	77.90	2.09	35.24	0.95
吉林	3888579	8901799	78.58	2.03	34.33	0.89
黑龙江	5441070	11799945	76.97	2.06	35.49	0.95
上海	7124375	17203887	73.86	1.98	30.58	0.82
江苏	13068320	34518638	107.65	2.72	40.75	1.03
浙江	11614658	27772192	88.37	2.34	36.96	0.98
安徽	5395240	14149211	98.88	2.64	37.70	1.01
福建	5567356	14582638	93.93	2.57	35.86	0.98
江西	3850395	11296528	115.46	2.97	39.36	1.01
山东	12567511	34374871	103.07	2.79	37.68	1.02
河南	7839422	22013142	117.41	3.14	41.81	1.12
湖北	7796665	20634871	109.00	2.77	41.18	1.05
湖南	5876676	15497256	110.15	2.99	41.77	1.14
广东	25244435	61465970	72.06	2.22	29.59	0.91
广西	4553520	12409600	103.78	2.92	38.08	1.07
海南	1073785	3023662	90.19	2.47	32.03	0.88
重庆	5492476	14196636	89.91	2.53	34.79	0.98
四川	10317119	25976480	93.19	2.58	37.01	1.02
贵州	3129186	8632762	100.03	2.87	36.26	1.04
云南	4091447	10029038	100.68	2.82	41.08	1.15
西藏	208932	436616	107.26	3.31	51.33	1.58
陕西	5338767	12888549	95.90	2.44	39.72	1.01
甘肃	2434669	6097598	87.13	2.38	34.79	0.95
青海	716283	1769941	100.79	2.55	40.79	1.03
宁夏	1030336	2613804	96.16	2.44	37.90	0.96
新疆	3144035	7938321	91.07	2.58	36.07	1.02

注：本表数据为居住在普通住宅的家庭户。

1-12b 各地区家庭户的住房间数和面积(镇)

地 区	家庭户户 数(户)	家庭户人 数(人)	平均每户住房建筑面积(平方米/户)	平均每户住房间数(间/户)	人均住房建筑面积(平方米/人)	人 均住房间数(间/人)
全 国	**99734537**	**277661566**	**117.74**	**3.27**	**42.29**	**1.18**
北 京	445637	995859	85.19	2.45	38.12	1.10
天 津	226487	584949	96.18	3.11	37.24	1.20
河 北	6952842	19967676	109.51	3.31	38.13	1.15
山 西	2808961	7544954	95.38	2.83	35.51	1.06
内蒙古	2434059	5907950	87.83	2.19	36.18	0.90
辽 宁	1973283	4621698	81.53	2.28	34.81	0.98
吉 林	1708557	4006195	82.08	2.15	35.00	0.92
黑龙江	2422863	5478567	75.74	2.05	33.49	0.91
上 海	857578	1988486	82.92	2.17	35.76	0.94
江 苏	7018112	19120380	127.75	3.17	46.89	1.16
浙 江	4567655	11235375	112.93	2.80	45.91	1.14
安 徽	6101712	16767368	116.15	3.05	42.27	1.11
福 建	3469319	10107671	142.21	3.57	48.81	1.23
江 西	3751140	11727995	154.96	3.89	49.56	1.24
山 东	7565109	21499826	109.89	3.33	38.67	1.17
河 南	7900588	23690092	136.73	3.99	45.60	1.33
湖 北	3626248	10039481	134.60	3.39	48.62	1.23
湖 南	6082107	16998717	132.44	3.77	47.39	1.35
广 东	4521015	14141180	114.81	3.35	36.71	1.07
广 西	3472713	10703116	150.94	4.16	48.97	1.35
海 南	591118	1951148	122.22	3.09	37.03	0.94
重 庆	2006245	5214862	106.14	3.13	40.83	1.21
四 川	5565652	14536800	110.29	3.16	42.23	1.21
贵 州	2967906	8820378	122.31	3.80	41.15	1.28
云 南	3288869	9639978	128.51	3.52	43.85	1.20
西 藏	113941	305844	120.34	3.36	44.83	1.25
陕 西	2950818	7844422	110.64	3.03	41.62	1.14
甘 肃	1747353	5046152	99.24	3.39	34.36	1.17
青 海	417338	1203040	99.52	2.97	34.52	1.03
宁 夏	533038	1472005	95.43	2.51	34.56	0.91
新 疆	1646274	4499402	90.86	2.76	33.24	1.01

注：本表数据为居住在普通住宅的家庭户。

1-12c　各地区家庭户的住房间数和面积(乡村)

地　区	家庭户 户　数 (户)	家庭户 人　数 (人)	平均每户住 房建筑面积 (平方米/户)	平均每户 住房间数 (间/户)	人均住房 建筑面积 (平方米/人)	人　均 住房间数 (间/人)
全　国	**173326402**	**475840261**	**128.49**	**3.93**	**46.80**	**1.43**
北　京	951164	2293643	103.91	3.53	43.09	1.46
天　津	723305	1912859	97.97	3.61	37.05	1.37
河　北	10313346	28832092	106.38	3.76	38.05	1.35
山　西	4849289	12054628	89.87	3.32	36.15	1.34
内蒙古	2960796	6959218	74.69	2.32	31.78	0.99
辽　宁	4351482	11063535	85.33	2.77	33.56	1.09
吉　林	3127807	7879484	82.39	2.49	32.71	0.99
黑龙江	3821985	9176936	77.42	2.32	32.25	0.97
上　海	1113088	2210009	84.03	2.35	42.32	1.18
江　苏	7982765	20528264	146.29	3.66	56.89	1.42
浙　江	6738900	16244631	149.60	3.35	62.06	1.39
安　徽	9253456	24209082	140.28	3.73	53.62	1.42
福　建	4313587	11923697	177.96	4.52	64.38	1.63
江　西	5729949	16871791	203.65	5.18	69.16	1.76
山　东	13783169	36318197	107.42	3.77	40.77	1.43
河　南	14817801	42524932	141.87	4.89	49.43	1.70
湖　北	7337636	19993867	144.34	3.93	52.97	1.44
湖　南	9602360	26113511	138.77	4.35	51.03	1.60
广　东	9187706	29391859	132.23	4.16	41.33	1.30
广　西	7490788	22085036	149.82	4.60	50.82	1.56
海　南	1082429	3596950	112.86	3.14	33.96	0.95
重　庆	3916329	8995361	123.91	3.85	53.95	1.67
四　川	13215455	33697244	125.82	3.80	49.35	1.49
贵　州	5907178	16941461	136.51	4.63	47.60	1.62
云　南	6923943	22472132	138.80	4.03	42.76	1.24
西　藏	470831	2072459	191.58	4.54	43.52	1.03
陕　西	5060844	13591914	128.96	3.62	48.02	1.35
甘　肃	3754517	11277510	101.26	4.88	33.71	1.62
青　海	657579	2200104	107.22	3.93	32.05	1.17
宁　夏	798383	2285276	100.26	3.03	35.03	1.06
新　疆	3088535	10122579	96.37	3.37	29.40	1.03

注：本表数据为居住在普通住宅的家庭户。

第一部分　全部数据资料

第二卷　民族

2-1　全国各民族人口及比重

单位：人、%

民　族	人口数	男	女	各民族人口占总人口的比重
总　计	**1409778724**	**721416394**	**688362330**	**100.00**
汉　族	1284446389	657368603	627077786	91.11
蒙古族	6290204	3141714	3148490	0.45
回　族	11377914	5753371	5624543	0.81
藏　族	7060731	3518532	3542199	0.50
维吾尔族	11774538	5928453	5846085	0.84
苗　族	11067929	5744282	5323647	0.79
彝　族	9830327	4991137	4839190	0.70
壮　族	19568546	10125270	9443276	1.39
布依族	3576752	1833800	1742952	0.25
朝鲜族	1702479	830107	872372	0.12
满　族	10423303	5352343	5070960	0.74
侗　族	3495993	1843875	1652118	0.25
瑶　族	3309341	1722586	1586755	0.23
白　族	2091543	1054892	1036651	0.15
土家族	9587732	4968899	4618833	0.68
哈尼族	1733166	892508	840658	0.12
哈萨克族	1562518	781750	780768	0.11
傣　族	1329985	659012	670973	0.09
黎　族	1602104	830734	771370	0.11
傈僳族	762996	382280	380716	0.05
佤　族	430977	216741	214236	0.03
畲　族	746385	403516	342869	0.05
高山族	3479	1835	1644	
拉祜族	499167	251596	247571	0.04
水　族	495928	260442	235486	0.04
东乡族	774947	391337	383610	0.05
纳西族	323767	160471	163296	0.02
景颇族	160471	78234	82237	0.01
柯尔克孜族	204402	103112	101290	0.01
土　族	281928	144133	137795	0.02
达斡尔族	132299	64247	68052	0.01
仫佬族	277233	142063	135170	0.02
羌　族	312981	157600	155381	0.02
布朗族	127345	64603	62742	0.01
撒拉族	165159	83238	81921	0.01
毛南族	124092	64842	59250	0.01
仡佬族	677521	359222	318299	0.05
锡伯族	191911	98506	93405	0.01
阿昌族	43775	21840	21935	
普米族	45012	22372	22640	
塔吉克族	50896	25679	25217	
怒　族	36575	18412	18163	
乌孜别克族	12742	6744	5998	
俄罗斯族	16136	7615	8521	
鄂温克族	34617	16597	18020	
德昂族	22354	11114	11240	
保安族	24434	12329	12105	
裕固族	14706	7343	7363	
京　族	33112	17160	15952	
塔塔尔族	3544	1863	1681	
独龙族	7310	3562	3748	
鄂伦春族	9168	4326	4842	
赫哲族	5373	2558	2815	
门巴族	11143	5548	5595	
珞巴族	4237	2052	2185	
基诺族	26025	13005	13020	
未定族称人口	836488	439083	397405	0.06
入　籍	16595	7306	9289	

2-1a 全国各民族人口及比重(城市)

单位：人、%

民族	人口数	男	女	各民族人口占总人口的比重
总计	**575170855**	**291791475**	**283379380**	**100.00**
汉族	542511128	275278865	267232263	94.32
蒙古族	2006108	974019	1032089	0.35
回族	4539546	2261075	2278471	0.79
藏族	1065697	511918	553779	0.19
维吾尔族	2002249	996984	1005265	0.35
苗族	2281738	1204285	1077453	0.40
彝族	1577772	790169	787603	0.27
壮族	6428285	3328811	3099474	1.12
布依族	901109	470998	430111	0.16
朝鲜族	989339	474361	514978	0.17
满族	3908758	1949725	1959033	0.68
侗族	725451	391949	333502	0.13
瑶族	655692	346933	308759	0.11
白族	584188	287596	296592	0.10
土家族	2393993	1229026	1164967	0.42
哈尼族	248503	126167	122336	0.04
哈萨克族	213328	100164	113164	0.04
傣族	230156	106244	123912	0.04
黎族	265033	125673	139360	0.05
傈僳族	79049	38116	40933	0.01
佤族	39243	19400	19843	0.01
畲族	198660	105131	93529	0.03
高山族	2020	1042	978	
拉祜族	44720	20767	23953	0.01
水族	90884	48588	42296	0.02
东乡族	119774	64616	55158	0.02
纳西族	112114	53763	58351	0.02
景颇族	27456	12509	14947	
柯尔克孜族	20691	9466	11225	
土族	62859	31869	30990	0.01
达斡尔族	50745	23542	27203	0.01
仫佬族	100474	50830	49644	0.02
羌族	63769	30786	32983	0.01
布朗族	12368	5782	6586	
撒拉族	35618	18676	16942	0.01
毛南族	35157	18266	16891	0.01
仡佬族	172210	93564	78646	0.03
锡伯族	101472	49896	51576	0.02
阿昌族	6969	3446	3523	
普米族	6707	3194	3513	
塔吉克族	2135	1035	1100	
怒族	3545	1540	2005	
乌孜别克族	6201	3161	3040	
俄罗斯族	12400	5689	6711	
鄂温克族	9263	4212	5051	
德昂族	3357	1597	1760	
保安族	3546	1906	1640	
裕固族	4570	2202	2368	
京族	13985	6896	7089	
塔塔尔族	1701	846	855	
独龙族	686	331	355	
鄂伦春族	3145	1456	1689	
赫哲族	3205	1470	1735	
门巴族	1302	540	762	
珞巴族	430	179	251	
基诺族	5110	2245	2865	
未定族称人口	179597	95109	84488	0.03
入籍	5645	2850	2795	

2-1b　全国各民族人口及比重(镇)

单位：人、%

民　族	人口数	男	女	各民族人口占总人口的比重
总　计	**324820307**	**165029877**	**159790430**	**100.00**
汉　族	295833738	150484983	145348755	91.08
蒙古族	1829941	890990	938951	0.56
回　族	2718526	1378390	1340136	0.84
藏　族	1400971	687530	713441	0.43
维吾尔族	2199107	1110060	1089047	0.68
苗　族	2723800	1383047	1340753	0.84
彝　族	2010663	1004449	1006214	0.62
壮　族	4026442	2027617	1998825	1.24
布依族	913640	457510	456130	0.28
朝鲜族	213410	105351	108059	0.07
满　族	2378244	1197308	1180936	0.73
侗　族	1078204	549346	528858	0.33
瑶　族	719731	362963	356768	0.22
白　族	466233	233128	233105	0.14
土家族	2899874	1458353	1441521	0.89
哈尼族	375766	187860	187906	0.12
哈萨克族	405927	196651	209276	0.12
傣　族	328892	159950	168942	0.10
黎　族	300160	150373	149787	0.09
傈僳族	188898	94377	94521	0.06
佤　族	98696	48291	50405	0.03
畲　族	175159	91342	83817	0.05
高山族	826	429	397	
拉祜族	83249	39358	43891	0.03
水　族	145284	75258	70026	0.04
东乡族	138013	69152	68861	0.04
纳西族	59473	28958	30515	0.02
景颇族	28389	13730	14659	0.01
柯尔克孜族	39596	19458	20138	0.01
土　族	83033	41215	41818	0.03
达斡尔族	40716	19737	20979	0.01
仫佬族	83726	41853	41873	0.03
羌　族	95071	46633	48438	0.03
布朗族	25118	12468	12650	0.01
撒拉族	45814	22804	23010	0.01
毛南族	34443	17640	16803	0.01
仡佬族	232941	118263	114678	0.07
锡伯族	29780	15068	14712	0.01
阿昌族	8223	4151	4072	
普米族	13716	6714	7002	
塔吉克族	10184	5051	5133	
怒　族	7816	3772	4044	
乌孜别克族	4152	2179	1973	
俄罗斯族	2217	1116	1101	
鄂温克族	13650	6393	7257	
德昂族	4025	2017	2008	
保安族	5064	2549	2515	
裕固族	3887	1882	2005	
京　族	6346	3425	2921	
塔塔尔族	751	392	359	
独龙族	2411	1172	1239	
鄂伦春族	3800	1800	2000	
赫哲族	927	463	464	
门巴族	1860	869	991	
珞巴族	554	242	312	
基诺族	2319	1058	1261	
未定族称人口	273430	141125	132305	0.08
入　籍	3481	1614	1867	

2-1c 全国各民族人口及比重(乡村)

单位：人、%

民 族	人口数	男	女	各民族人口占总人口的比重
总 计	**509787562**	**264595042**	**245192520**	**100.00**
汉 族	446101523	231604755	214496768	87.51
蒙古族	2454155	1276705	1177450	0.48
回 族	4119842	2113906	2005936	0.81
藏 族	4594063	2319084	2274979	0.90
维吾尔族	7573182	3821409	3751773	1.49
苗 族	6062391	3156950	2905441	1.19
彝 族	6241892	3196519	3045373	1.22
壮 族	9113819	4768842	4344977	1.79
布依族	1762003	905292	856711	0.35
朝鲜族	499730	250395	249335	0.10
满 族	4136301	2205310	1930991	0.81
侗 族	1692338	902580	789758	0.33
瑶 族	1933918	1012690	921228	0.38
白 族	1041122	534168	506954	0.20
土家族	4293865	2281520	2012345	0.84
哈尼族	1108897	578481	530416	0.22
哈萨克族	943263	484935	458328	0.19
傣 族	770937	392818	378119	0.15
黎 族	1036911	554688	482223	0.20
傈僳族	495049	249787	245262	0.10
佤 族	293038	149050	143988	0.06
畲 族	372566	207043	165523	0.07
高山族	633	364	269	
拉祜族	371198	191471	179727	0.07
水 族	259760	136596	123164	0.05
东乡族	517160	257569	259591	0.10
纳西族	152180	77750	74430	0.03
景颇族	104626	51995	52631	0.02
柯尔克孜族	144115	74188	69927	0.03
土 族	136036	71049	64987	0.03
达斡尔族	40838	20968	19870	0.01
仫佬族	93033	49380	43653	0.02
羌 族	154141	80181	73960	0.03
布朗族	89859	46353	43506	0.02
撒拉族	83727	41758	41969	0.02
毛南族	54492	28936	25556	0.01
仡佬族	272370	147395	124975	0.05
锡伯族	60659	33542	27117	0.01
阿昌族	28583	14243	14340	0.01
普米族	24589	12464	12125	
塔吉克族	38577	19593	18984	0.01
怒 族	25214	13100	12114	
乌孜别克族	2389	1404	985	
俄罗斯族	1519	810	709	
鄂温克族	11704	5992	5712	
德昂族	14972	7500	7472	
保安族	15824	7874	7950	
裕固族	6249	3259	2990	
京 族	12781	6839	5942	
塔塔尔族	1092	625	467	
独龙族	4213	2059	2154	
鄂伦春族	2223	1070	1153	
赫哲族	1241	625	616	
门巴族	7981	4139	3842	
珞巴族	3253	1631	1622	
基诺族	18596	9702	8894	
未定族称人口	383461	202849	180612	0.08
入 籍	7469	2842	4627	

2-2　全国各民族分年龄、性别的人口

单位：人

年龄组	合计			汉族		
	合计	男	女	小计	男	女
总　计	**1409778724**	**721416394**	**688362330**	**1284446389**	**657368603**	**627077786**
0-4岁	77883888	40969331	36914557	69090715	36378608	32712107
5-9岁	90244056	48017458	42226598	79275848	42274083	37001765
10-14岁	85255994	45606790	39649204	75494948	40491799	35003149
15-19岁	72684140	39053343	33630797	64327584	34689319	29638265
20-24岁	74941675	39675995	35265680	66765905	35456868	31309037
25-29岁	91847332	48162270	43685062	83275581	43703395	39572186
30-34岁	124145190	63871808	60273382	113497216	58360651	55136565
35-39岁	99012932	50932037	48080895	89537297	46025562	43511735
40-44岁	92955330	47632694	45322636	84184258	43118749	41065509
45-49岁	114224887	58191686	56033201	104852975	53396277	51456698
50-54岁	121164296	61105470	60058826	112216639	56597223	55619416
55-59岁	101400786	50816026	50584760	94327524	47285667	47041857
60-64岁	73382938	36871125	36511813	68595823	34502184	34093639
65-69岁	74005560	36337923	37667637	69520879	34147939	35372940
70-74岁	49590036	24162733	25427303	46493905	22687559	23806346
75-79岁	31238849	14752433	16486416	29217625	13835106	15382519
80-84岁	20382878	9157003	11225875	19149035	8623369	10525666
85-89岁	10826530	4426091	6400439	10260023	4200928	6059095
90-94岁	3652749	1367594	2285155	3471547	1301849	2169698
95-99岁	819812	271455	548357	779801	258522	521279
100岁及以上	118866	35129	83737	111261	32946	78315

2-2　续表 1

单位：人

年龄组	蒙古族			回族			藏族		
	小计	男	女	小计	男	女	小计	男	女
总　计	**6290204**	**3141714**	**3148490**	**11377914**	**5753371**	**5624543**	**7060731**	**3518532**	**3542199**
0-4岁	414142	214659	199483	838309	434427	403882	584837	298847	285990
5-9岁	460868	239474	221394	960294	500745	459549	648105	330372	317733
10-14岁	423319	220259	203060	857953	447377	410576	593052	301058	291994
15-19岁	364101	188138	175963	716015	371089	344926	544815	274616	270199
20-24岁	371308	187586	183722	743823	378399	365424	551185	276954	274231
25-29岁	442201	225977	216224	813240	414048	399192	572840	289628	283212
30-34岁	596822	302965	293857	975769	493728	482041	601064	302904	298160
35-39岁	573865	289243	284622	798636	406649	391987	550039	275928	274111
40-44岁	450437	225229	225208	748494	377288	371206	494592	248798	245794
45-49岁	515122	253226	261896	808421	406749	401672	483951	242587	241364
50-54岁	477538	232157	245381	817841	406388	411453	425332	210886	214446
55-59岁	405405	194201	211204	667626	331898	335728	318008	156612	161396
60-64岁	307957	146950	161007	455799	224568	231231	196431	94156	102275
65-69岁	227471	106757	120714	455801	222244	233557	179334	84123	95211
70-74岁	123845	56633	67212	313788	151563	162225	138620	61776	76844
75-79岁	67776	29615	38161	204824	96660	108164	95854	39959	55895
80-84岁	44225	18725	25500	122076	56275	65801	52334	19570	32764
85-89岁	17621	7220	10401	56305	24304	32001	21514	7200	14314
90-94岁	5090	2242	2848	18099	7300	10799	6745	1985	4760
95-99岁	930	391	539	4049	1432	2617	1767	494	1273
100岁及以上	161	67	94	752	240	512	312	79	233

2-2 续表 2 单位：人

年龄组	维吾尔族			苗族			彝族		
	小计	男	女	小计	男	女	小计	男	女
总　计	**11774538**	**5928453**	**5846085**	**11067929**	**5744282**	**5323647**	**9830327**	**4991137**	**4839190**
0-4岁	627281	320584	306697	868775	458337	410438	812427	425099	387328
5-9岁	1749178	891694	857484	981791	523630	458161	934887	484170	450717
10-14岁	1182769	602095	580674	925984	494322	431662	882215	458831	423384
15-19岁	829915	420815	409100	817673	435565	382108	803487	419028	384459
20-24岁	825100	415207	409893	834122	437012	397110	784129	407292	376837
25-29岁	920105	462520	457585	777804	412215	365589	684516	358112	326404
30-34岁	1116574	561050	555524	885323	468455	416868	746360	385434	360926
35-39岁	935388	474935	460453	763491	404828	358663	670600	343204	327396
40-44岁	769850	385041	384809	738642	385304	353338	695162	352712	342450
45-49岁	741089	369034	372055	846070	438826	407244	711324	358345	352979
50-54岁	639244	312742	326502	766701	385435	381266	636281	315336	320945
55-59岁	441826	217950	223876	545288	273070	272218	468653	228476	240177
60-64岁	338127	166006	172121	323509	160315	163194	278443	133849	144594
65-69岁	258595	127397	131198	365022	178511	186511	273695	128540	145155
70-74岁	206785	102821	103964	268835	129433	139402	193811	88479	105332
75-79岁	111273	56165	55108	177744	82530	95214	136071	58562	77509
80-84岁	53019	27709	25310	112126	49216	62910	76665	30953	45712
85-89岁	18928	9866	9062	50549	20678	29871	31490	11516	19974
90-94岁	6871	3526	3345	14951	5483	9468	8432	2706	5726
95-99岁	1848	957	891	2986	951	2035	1483	445	1038
100岁及以上	773	339	434	543	166	377	196	48	148

2-2 续表 3 单位：人

年龄组	壮族			布依族			朝鲜族		
	小计	男	女	小计	男	女	小计	男	女
总　计	**19568546**	**10125270**	**9443276**	**3576752**	**1833800**	**1742952**	**1702479**	**830107**	**872372**
0-4岁	1319848	699545	620303	282662	150370	132292	60930	31099	29831
5-9岁	1522051	819114	702937	304420	164740	139680	69191	35190	34001
10-14岁	1394348	748433	645915	270007	145571	124436	61530	31521	30009
15-19岁	1205459	641403	564056	250905	133712	117193	46018	23283	22735
20-24岁	1048095	556743	491352	288660	150535	138125	47801	24100	23701
25-29岁	1158183	623701	534482	266650	140359	126291	73820	37560	36260
30-34岁	1632145	864643	767502	278085	146073	132012	142470	72707	69763
35-39岁	1664577	880360	784217	246657	129956	116701	141068	71886	69182
40-44岁	1552919	821028	731891	257226	133264	123962	123865	63734	60131
45-49岁	1536497	807167	729330	270718	137343	133375	139669	72381	67288
50-54岁	1469375	760831	708544	244387	122215	122172	155585	77940	77645
55-59岁	1175987	596488	579499	168993	83776	85217	174290	85020	89270
60-64岁	778982	383082	395900	118831	56809	62022	157369	74496	82873
65-69岁	745548	355750	389798	117225	53756	63469	126170	57692	68478
70-74岁	535236	242520	292716	87071	38079	48992	80152	34756	45396
75-79岁	389865	163207	226658	64483	26257	38226	47993	18809	29184
80-84岁	250318	98931	151387	37813	13944	23869	34050	12005	22045
85-89岁	130344	45213	85131	16047	5451	10596	14757	4514	10243
90-94岁	45333	13830	31503	4810	1328	3482	4409	1093	3316
95-99岁	11099	2842	8257	922	213	709	1174	275	899
100岁及以上	2337	439	1898	180	49	131	168	46	122

2-2　续表 4

单位：人

年龄组	满族			侗族			瑶族		
	小计	男	女	小计	男	女	小计	男	女
总　计	**10423303**	**5352343**	**5070960**	**3495993**	**1843875**	**1652118**	**3309341**	**1722586**	**1586755**
0-4岁	598531	308046	290485	255927	136476	119451	263116	138399	124717
5-9岁	668616	348717	319899	283289	153466	129823	318052	168629	149423
10-14岁	639000	333264	305736	256799	139181	117618	297260	156637	140623
15-19岁	576325	299471	276854	219148	120525	98623	235542	123424	112118
20-24岁	516571	264725	251846	221382	118667	102715	192484	100420	92064
25-29岁	622343	322745	299598	226172	123213	102959	205424	110204	95220
30-34岁	952728	491967	460761	290590	156871	133719	281607	150764	130843
35-39岁	759954	387532	372422	247691	132923	114768	265631	142061	123570
40-44岁	703593	361298	342295	223749	118756	104993	225435	121143	104292
45-49岁	768167	390807	377360	285166	148854	136312	225276	119721	105555
50-54岁	883161	446202	436959	275923	141320	134603	221100	114521	106579
55-59岁	829339	415861	413478	216056	109879	106177	174786	88027	86759
60-64岁	681957	352459	329498	124025	63594	60431	118781	59017	59764
65-69岁	563682	295911	267771	132827	67159	65668	107094	52135	54959
70-74岁	308456	159943	148513	100215	50111	50104	72035	34078	37957
75-79岁	173710	87761	85949	65224	31204	34020	49316	21563	27753
80-84岁	104426	51929	52497	44971	20585	24386	32698	13483	19215
85-89岁	50195	23558	26637	20376	8678	11698	16534	6121	10413
90-94岁	18076	8184	9892	5395	2031	3364	5532	1823	3709
95-99岁	3936	1699	2237	931	338	593	1380	360	1020
100岁及以上	537	264	273	137	44	93	258	56	202

2-2　续表 5

单位：人

年龄组	白族			土家族			哈尼族		
	小计	男	女	小计	男	女	小计	男	女
总　计	**2091543**	**1054892**	**1036651**	**9587732**	**4968899**	**4618833**	**1733166**	**892508**	**840658**
0-4岁	146521	75405	71116	615491	324107	291384	129911	67719	62192
5-9岁	139360	71722	67638	691194	365831	325363	149185	77926	71259
10-14岁	131856	67866	63990	714544	377982	336562	140656	75168	65488
15-19岁	136469	69493	66976	661563	349387	312176	114978	62688	52290
20-24岁	142355	71470	70885	641171	331397	309774	114272	62426	51846
25-29岁	139839	70729	69110	649750	338597	311153	115834	63383	52451
30-34岁	179518	91131	88387	736968	383658	353310	145254	76715	68539
35-39岁	140443	72100	68343	607765	317489	290276	135258	71002	64256
40-44岁	161719	82495	79224	573158	296448	276710	137748	70748	67000
45-49岁	178729	91923	86806	798205	415848	382357	133772	67800	65972
50-54岁	164983	83823	81160	792516	408127	384389	122318	61099	61219
55-59岁	130580	65317	65263	604958	309836	295122	93670	46052	47618
60-64岁	79218	39017	40201	331893	171947	159946	62726	30184	32542
65-69岁	85583	41422	44161	433402	219563	213839	49755	23409	26346
70-74岁	55321	26449	28872	319887	161685	158202	38019	17098	20921
75-79岁	38597	17689	20908	209125	102803	106322	24758	10314	14444
80-84岁	24369	10530	13839	126826	60067	66759	15840	5917	9923
85-89岁	12066	4811	7255	58334	25903	32431	6478	2121	4357
90-94岁	3440	1291	2149	17369	6944	10425	2182	615	1567
95-99岁	533	197	336	3191	1153	2038	467	106	361
100岁及以上	44	12	32	422	127	295	85	18	67

2-2 续表 6

单位：人

年龄组	哈萨克族			傣族			黎族		
	小计	男	女	小计	男	女	小计	男	女
总 计	**1562518**	**781750**	**780768**	**1329985**	**659012**	**670973**	**1602104**	**830734**	**771370**
0-4岁	99338	52210	47128	92291	47281	45010	107822	57457	50365
5-9岁	152390	79814	72576	96814	49194	47620	132893	70872	62021
10-14岁	147655	76323	71332	90425	45910	44515	129658	68782	60876
15-19岁	114361	58708	55653	77263	39383	37880	101430	53714	47716
20-24岁	99626	50100	49526	80885	40836	40049	104502	55516	48986
25-29岁	106534	53600	52934	91611	46343	45268	137613	72346	65267
30-34岁	150461	75408	75053	122006	61730	60276	143588	76173	67415
35-39岁	140574	70181	70393	106749	54075	52674	143568	76641	66927
40-44岁	131550	65061	66489	95810	47870	47940	121702	64830	56872
45-49岁	120138	58579	61559	102930	51162	51768	117053	61694	55359
50-54岁	98313	47565	50748	107507	52211	55296	109023	55676	53347
55-59岁	72394	35156	37238	93649	45172	48477	86092	43292	42800
60-64岁	50282	23675	26607	64212	30749	33463	52843	25408	27435
65-69岁	34765	15785	18980	42048	19621	22427	41004	19192	21812
70-74岁	21411	9705	11706	29135	12986	16149	28999	12663	16336
75-79岁	13014	5710	7304	17902	7518	10384	18935	7570	11365
80-84岁	6569	2870	3699	11276	4372	6904	14282	5240	9042
85-89岁	2354	970	1384	5392	1932	3460	7341	2531	4810
90-94岁	628	271	357	1664	558	1106	2816	885	1931
95-99岁	142	56	86	334	90	244	781	222	559
100岁及以上	19	3	16	82	19	63	159	30	129

2-2 续表 7

单位：人

年龄组	傈僳族			佤族			畲族		
	小计	男	女	小计	男	女	小计	男	女
总 计	**762996**	**382280**	**380716**	**430977**	**216741**	**214236**	**746385**	**403516**	**342869**
0-4岁	60667	30994	29673	33917	17724	16193	55163	29000	26163
5-9岁	57652	29548	28104	30325	15605	14720	65131	34169	30962
10-14岁	56710	28702	28008	26565	13422	13143	56780	29829	26951
15-19岁	54882	27695	27187	25934	12919	13015	42416	21992	20424
20-24岁	53909	27210	26699	29525	14829	14696	39102	20433	18669
25-29岁	53854	27278	26576	33228	16973	16255	48759	26474	22285
30-34岁	67734	34742	32992	42074	21700	20374	60003	32772	27231
35-39岁	63885	33134	30751	38461	20059	18402	51670	28679	22991
40-44岁	61205	31095	30110	34547	17934	16613	51584	28868	22716
45-49岁	57553	29104	28449	32550	16611	15939	59011	32925	26086
50-54岁	51795	25608	26187	31320	15383	15937	56953	31480	25473
55-59岁	39426	19159	20267	23690	11560	12130	45678	25135	20543
60-64岁	26272	12503	13769	17254	8082	9172	34015	19084	14931
65-69岁	22727	10460	12267	11532	5323	6209	32048	17465	14583
70-74岁	15705	7149	8556	9509	4253	5256	19972	10989	8983
75-79岁	9869	4266	5603	5580	2374	3206	12341	6687	5654
80-84岁	5575	2282	3293	3177	1326	1851	8934	4590	4344
85-89岁	2572	982	1590	1275	499	776	4756	2121	2635
90-94岁	774	295	479	389	129	260	1692	680	1012
95-99岁	180	61	119	98	29	69	336	128	208
100岁及以上	50	13	37	27	7	20	41	16	25

2-2　续表 8

单位：人

年龄组	高山族			拉祜族			水族		
	小计	男	女	小计	男	女	小计	男	女
总　计	**3479**	**1835**	**1644**	**499167**	**251596**	**247571**	**495928**	**260442**	**235486**
0-4岁	288	154	134	39475	20113	19362	39308	21379	17929
5-9岁	300	176	124	36874	18855	18019	46316	25550	20766
10-14岁	205	110	95	33553	16998	16555	41634	22828	18806
15-19岁	200	99	101	29141	14782	14359	36780	19967	16813
20-24岁	215	109	106	30760	15741	15019	39741	20900	18841
25-29岁	255	148	107	34185	17747	16438	36653	19389	17264
30-34岁	346	169	177	48678	25242	23436	41432	22362	19070
35-39岁	307	156	151	44123	22943	21180	37673	20016	17657
40-44岁	184	92	92	40333	21020	19313	36034	18893	17141
45-49岁	242	126	116	38922	19884	19038	34805	17981	16824
50-54岁	250	137	113	37847	18701	19146	31034	15781	15253
55-59岁	260	125	135	29010	14072	14938	22538	11294	11244
60-64岁	183	94	89	20623	9912	10711	13201	6458	6743
65-69岁	97	59	38	13200	6249	6951	13746	6713	7033
70-74岁	55	32	23	10739	4687	6052	10239	4837	5402
75-79岁	39	24	15	6188	2560	3628	7133	3144	3989
80-84岁	26	12	14	3470	1354	2116	4809	1913	2896
85-89岁	9	3	6	1400	526	874	2177	818	1359
90-94岁	16	9	7	481	166	315	554	179	375
95-99岁	2	1	1	134	38	96	99	35	64
100岁及以上				31	6	25	22	5	17

2-2　续表 9

单位：人

年龄组	东乡族			纳西族			景颇族		
	小计	男	女	小计	男	女	小计	男	女
总　计	**774947**	**391337**	**383610**	**323767**	**160471**	**163296**	**160471**	**78234**	**82237**
0-4岁	97063	49699	47364	20948	10616	10332	15384	7977	7407
5-9岁	103236	52940	50296	17559	8938	8621	13795	7081	6714
10-14岁	75631	39098	36533	15296	7894	7402	13129	6829	6300
15-19岁	53401	27326	26075	16465	8340	8125	11134	5724	5410
20-24岁	57305	29006	28299	21083	10337	10746	11184	5666	5518
25-29岁	58473	29578	28895	22892	11464	11428	10966	5673	5293
30-34岁	57107	28834	28273	27268	13681	13587	15241	7903	7338
35-39岁	47491	23924	23567	21633	11073	10560	13416	6702	6714
40-44岁	42978	21076	21902	25310	12598	12712	12175	5782	6393
45-49岁	44672	21753	22919	30946	15645	15301	11351	5144	6207
50-54岁	43025	21056	21969	28388	14233	14155	10017	4396	5621
55-59岁	30331	15582	14749	23213	11487	11726	7306	3193	4113
60-64岁	15263	7592	7671	12913	6359	6554	5933	2520	3413
65-69岁	14903	7237	7666	13793	6460	7333	3530	1487	2043
70-74岁	13933	6704	7229	10109	4643	5466	2825	1105	1720
75-79岁	10489	5202	5287	7624	3383	4241	1634	568	1066
80-84岁	6227	3087	3140	5409	2272	3137	931	315	616
85-89岁	2452	1209	1243	2171	811	1360	348	119	229
90-94岁	730	337	393	642	212	430	115	38	77
95-99岁	184	81	103	96	22	74	45	8	37
100岁及以上	53	16	37	9	3	6	12	4	8

2-2 续表 10

单位：人

年龄组	柯尔克孜族			土族			达斡尔族		
	小计	男	女	小计	男	女	小计	男	女
总　计	**204402**	**103112**	**101290**	**281928**	**144133**	**137795**	**132299**	**64247**	**68052**
0-4岁	12773	6667	6106	21654	11068	10586	8373	4185	4188
5-9岁	22857	11652	11205	22243	11604	10639	9435	4868	4567
10-14岁	18712	9520	9192	19986	10587	9399	8392	4312	4080
15-19岁	15765	7945	7820	19399	10091	9308	6707	3401	3306
20-24岁	13442	6700	6742	20184	10326	9858	7310	3623	3687
25-29岁	14914	7580	7334	22186	11575	10611	9586	4796	4790
30-34岁	22328	11114	11214	23858	12322	11536	13563	6794	6769
35-39岁	18535	9559	8976	19784	10228	9556	12771	6405	6366
40-44岁	15112	7676	7436	21329	11031	10298	9812	4887	4925
45-49岁	13385	6708	6677	23869	12174	11695	10598	5055	5543
50-54岁	11229	5467	5762	22272	11172	11100	9908	4635	5273
55-59岁	7884	3844	4040	16300	8095	8205	8864	4036	4828
60-64岁	5320	2557	2763	8934	4444	4490	6998	3078	3920
65-69岁	4693	2303	2390	8720	4246	4474	5059	2144	2915
70-74岁	3477	1762	1715	5480	2610	2870	2430	1039	1391
75-79岁	2208	1132	1076	3302	1520	1782	1194	468	726
80-84岁	1089	577	512	1630	696	934	880	346	534
85-89岁	478	237	241	625	264	361	313	135	178
90-94岁	152	92	60	143	65	78	78	32	46
95-99岁	40	18	22	27	14	13	23	7	16
100岁及以上	9	2	7	3	1	2	5	1	4

2-2 续表 11

单位：人

年龄组	仫佬族			羌族			布朗族		
	小计	男	女	小计	男	女	小计	男	女
总　计	**277233**	**142063**	**135170**	**312981**	**157600**	**155381**	**127345**	**64603**	**62742**
0-4岁	22920	12009	10911	20277	10288	9989	10906	5569	5337
5-9岁	25570	13462	12108	20336	10410	9926	10442	5392	5050
10-14岁	21276	11075	10201	18189	9230	8959	9940	5113	4827
15-19岁	16859	8798	8061	17009	8597	8412	8737	4365	4372
20-24岁	17378	8789	8589	22179	11036	11143	9202	4633	4569
25-29岁	17381	8963	8418	24640	12503	12137	9803	4923	4880
30-34岁	24921	12811	12110	26899	13682	13217	12012	6210	5802
35-39岁	23712	12266	11446	20592	10528	10064	10334	5399	4935
40-44岁	19657	10235	9422	22288	11377	10911	9380	4889	4491
45-49岁	19813	10362	9451	29284	14695	14589	8900	4596	4304
50-54岁	19012	9809	9203	26000	13052	12948	8103	4153	3950
55-59岁	15008	7597	7411	17816	9130	8686	6596	3343	3253
60-64岁	9004	4633	4371	11839	5985	5854	4569	2200	2369
65-69岁	9420	4621	4799	13760	6721	7039	3362	1592	1770
70-74岁	6035	2868	3167	9342	4647	4695	2389	1113	1276
75-79岁	4250	1846	2404	7195	3353	3842	1316	577	739
80-84岁	2849	1165	1684	3764	1688	2076	790	346	444
85-89岁	1541	563	978	1014	458	556	387	142	245
90-94岁	505	166	339	459	180	279	134	39	95
95-99岁	106	21	85	93	37	56	37	8	29
100岁及以上	16	4	12	6	3	3	6	1	5

2-2　续表 12　　　　单位：人

年龄组	撒拉族			毛南族			仡佬族		
	小计	男	女	小计	男	女	小计	男	女
总　计	**165159**	**83238**	**81921**	**124092**	**64842**	**59250**	**677521**	**359222**	**318299**
0-4岁	17674	9124	8550	9711	5108	4603	58051	30741	27310
5-9岁	19653	10117	9536	10439	5580	4859	57095	30092	27003
10-14岁	18403	9364	9039	8931	4712	4219	54156	29079	25077
15-19岁	12746	6437	6309	7577	4023	3554	52547	28298	24249
20-24岁	11474	5712	5762	7579	3948	3631	59889	31243	28646
25-29岁	12198	6078	6120	7606	4007	3599	50221	26692	23529
30-34岁	13027	6579	6448	9600	5043	4557	47815	25474	22341
35-39岁	11601	5822	5779	10104	5377	4727	40355	21960	18395
40-44岁	10875	5392	5483	9601	5081	4520	46019	24763	21256
45-49岁	9801	4772	5029	10146	5510	4636	55416	29538	25878
50-54岁	8387	4220	4167	9347	5050	4297	46032	24229	21803
55-59岁	5719	2915	2804	7117	3754	3363	32005	16731	15274
60-64岁	3657	1801	1856	4310	2215	2095	17218	9183	8035
65-69岁	3482	1790	1692	4234	2115	2119	22797	11975	10822
70-74岁	2901	1418	1483	3119	1442	1677	17187	8938	8249
75-79岁	1892	915	977	2360	984	1376	11579	5863	5716
80-84岁	1052	500	552	1377	547	830	6199	3028	3171
85-89岁	429	203	226	672	244	428	2334	1115	1219
90-94岁	148	67	81	203	86	117	530	245	285
95-99岁	38	12	26	49	13	36	60	29	31
100岁及以上	2		2	10	3	7	16	6	10

2-2　续表 13　　　　单位：人

年龄组	锡伯族			阿昌族			普米族		
	小计	男	女	小计	男	女	小计	男	女
总　计	**191911**	**98506**	**93405**	**43775**	**21840**	**21935**	**45012**	**22372**	**22640**
0-4岁	11793	6088	5705	4121	2164	1957	3871	2000	1871
5-9岁	12872	6544	6328	4298	2184	2114	3645	1876	1769
10-14岁	11788	6027	5761	3872	1926	1946	3222	1669	1553
15-19岁	10931	5579	5352	3198	1660	1538	3231	1621	1610
20-24岁	10623	5285	5338	3278	1683	1595	3351	1653	1698
25-29岁	12775	6568	6207	3128	1567	1561	3531	1757	1774
30-34岁	18792	9744	9048	4011	2068	1943	4095	2042	2053
35-39岁	14659	7431	7228	3349	1681	1668	3412	1776	1636
40-44岁	13912	7090	6822	2823	1420	1403	3325	1661	1664
45-49岁	14237	7264	6973	2710	1317	1393	3475	1743	1732
50-54岁	14990	7731	7259	2591	1277	1314	3013	1475	1538
55-59岁	13419	6764	6655	2062	981	1081	2281	1126	1155
60-64岁	10923	5591	5332	1684	771	913	1204	590	614
65-69岁	9283	4910	4373	1040	494	546	1166	526	640
70-74岁	5198	2860	2338	701	302	399	873	365	508
75-79岁	2925	1540	1385	503	199	304	656	266	390
80-84岁	1732	915	817	245	97	148	413	156	257
85-89岁	754	407	347	130	37	93	190	60	130
90-94岁	246	135	111	29	10	19	54	10	44
95-99岁	56	32	24	2	2		3		3
100岁及以上	3	1	2				1		1

2-2 续表 14 单位：人

年龄组	塔吉克族			怒族			乌孜别克族		
	小计	男	女	小计	男	女	小计	男	女
总 计	**50896**	**25679**	**25217**	**36575**	**18412**	**18163**	**12742**	**6744**	**5998**
0-4岁	3441	1777	1664	4181	2104	2077	758	408	350
5-9岁	5062	2606	2456	3162	1640	1522	1528	778	750
10-14岁	4221	2157	2064	2756	1368	1388	1154	608	546
15-19岁	4002	1958	2044	2700	1348	1352	894	478	416
20-24岁	3903	1985	1918	2511	1239	1272	936	489	447
25-29岁	4404	2208	2196	2593	1332	1261	828	445	383
30-34岁	5344	2709	2635	3309	1756	1553	1124	595	529
35-39岁	4544	2298	2246	3204	1669	1535	932	507	425
40-44岁	3686	1859	1827	2648	1319	1329	871	475	396
45-49岁	3179	1582	1597	2168	1095	1073	903	466	437
50-54岁	2478	1226	1252	2081	1036	1045	738	411	327
55-59岁	1895	924	971	1578	762	816	645	351	294
60-64岁	1606	805	801	1194	583	611	489	253	236
65-69岁	1120	580	540	846	409	437	384	197	187
70-74岁	922	475	447	719	339	380	259	127	132
75-79岁	605	292	313	436	192	244	175	95	80
80-84岁	293	139	154	280	128	152	96	46	50
85-89岁	126	61	65	131	58	73	16	7	9
90-94岁	48	28	20	54	25	29	10	6	4
95-99岁	13	8	5	19	7	12	2	2	
100岁及以上	4	2	2	5	3	2			

2-2 续表 15 单位：人

年龄组	俄罗斯族			鄂温克族			德昂族		
	小计	男	女	小计	男	女	小计	男	女
总 计	**16136**	**7615**	**8521**	**34617**	**16597**	**18020**	**22354**	**11114**	**11240**
0-4岁	1095	561	534	2565	1304	1261	2158	1115	1043
5-9岁	1093	527	566	2857	1454	1403	2176	1107	1069
10-14岁	803	401	402	2400	1222	1178	1910	911	999
15-19岁	754	365	389	1837	923	914	1626	799	827
20-24岁	910	451	459	2055	988	1067	1443	737	706
25-29岁	1097	539	558	3175	1616	1559	1474	794	680
30-34岁	1610	764	846	3780	1889	1891	2091	1096	995
35-39岁	1166	554	612	3334	1631	1703	1844	947	897
40-44岁	1070	518	552	2432	1165	1267	1573	805	768
45-49岁	1351	638	713	2689	1228	1461	1330	629	701
50-54岁	1243	600	643	2478	1131	1347	1394	655	739
55-59岁	1201	543	658	1989	858	1131	1123	559	564
60-64岁	1015	450	565	1423	597	826	889	413	476
65-69岁	672	310	362	800	331	469	515	223	292
70-74岁	419	179	240	406	137	269	381	165	216
75-79岁	306	120	186	177	56	121	197	73	124
80-84岁	205	57	148	147	43	104	151	58	93
85-89岁	92	30	62	67	22	45	53	17	36
90-94岁	25	7	18	5	2	3	19	8	11
95-99岁	9	1	8	1		1	7	3	4
100岁及以上									

2-2 续表 16 单位：人

年龄组	保安族			裕固族			京族		
	小计	男	女	小计	男	女	小计	男	女
总 计	**24434**	**12329**	**12105**	**14706**	**7343**	**7363**	**33112**	**17160**	**15952**
0-4岁	2892	1526	1366	955	462	493	3810	2068	1742
5-9岁	3294	1672	1622	935	474	461	4147	2210	1937
10-14岁	2482	1298	1184	794	405	389	2918	1603	1315
15-19岁	1771	921	850	847	421	426	2380	1326	1054
20-24岁	1742	831	911	956	481	475	1974	1093	881
25-29岁	1847	930	917	964	490	474	2132	1160	972
30-34岁	1791	914	877	1282	609	673	2677	1387	1290
35-39岁	1323	669	654	1048	557	491	2136	1098	1038
40-44岁	1220	565	655	1111	566	545	1831	932	899
45-49岁	1465	711	754	1368	694	674	1798	911	887
50-54岁	1479	771	708	1488	754	734	1814	837	977
55-59岁	904	443	461	1057	511	546	1722	815	907
60-64岁	615	316	299	535	276	259	1001	471	530
65-69岁	542	258	284	595	286	309	975	484	491
70-74岁	456	227	229	355	178	177	662	287	375
75-79岁	350	151	199	245	107	138	477	202	275
80-84岁	172	76	96	117	54	63	341	151	190
85-89岁	65	36	29	44	13	31	203	91	112
90-94岁	17	12	5	9	4	5	86	29	57
95-99岁	3	1	2	1	1		24	3	21
100岁及以上	4	1	3				4	2	2

2-2 续表 17 单位：人

年龄组	塔塔尔族			独龙族			鄂伦春族		
	小计	男	女	小计	男	女	小计	男	女
总 计	**3544**	**1863**	**1681**	**7310**	**3562**	**3748**	**9168**	**4326**	**4842**
0-4岁	204	109	95	745	379	366	806	393	413
5-9岁	311	163	148	628	325	303	803	386	417
10-14岁	259	133	126	588	310	278	623	311	312
15-19岁	207	115	92	548	278	270	557	291	266
20-24岁	239	123	116	544	266	278	620	307	313
25-29岁	225	111	114	554	257	297	780	384	396
30-34岁	327	181	146	725	376	349	1052	543	509
35-39岁	305	169	136	672	285	387	886	430	456
40-44岁	266	141	125	512	255	257	637	297	340
45-49岁	276	147	129	430	208	222	660	283	377
50-54岁	238	124	114	393	185	208	553	225	328
55-59岁	202	108	94	304	151	153	484	177	307
60-64岁	172	90	82	215	87	128	310	131	179
65-69岁	127	64	63	152	74	78	197	89	108
70-74岁	76	39	37	118	53	65	107	40	67
75-79岁	68	24	44	75	27	48	58	24	34
80-84岁	29	13	16	64	25	39	27	12	15
85-89岁	10	8	2	29	18	11	4		4
90-94岁	2	1	1	8	2	6	4	3	1
95-99岁	1		1	4		4			
100岁及以上				2	1	1			

2-2 续表 18 单位：人

年龄组	赫哲族			门巴族			珞巴族		
	小计	男	女	小计	男	女	小计	男	女
总　计	**5373**	**2558**	**2815**	**11143**	**5548**	**5595**	**4237**	**2052**	**2185**
0-4岁	460	222	238	974	494	480	475	238	237
5-9岁	454	228	226	1171	601	570	503	239	264
10-14岁	403	218	185	890	473	417	415	214	201
15-19岁	293	149	144	874	448	426	329	157	172
20-24岁	328	162	166	1001	505	496	369	167	202
25-29岁	349	155	194	1079	515	564	399	209	190
30-34岁	633	256	377	1044	519	525	357	169	188
35-39岁	494	235	259	871	451	420	301	152	149
40-44岁	384	176	208	712	353	359	220	107	113
45-49岁	367	200	167	655	324	331	257	129	128
50-54岁	354	161	193	545	274	271	188	85	103
55-59岁	289	128	161	445	197	248	153	69	84
60-64岁	231	111	120	341	157	184	88	43	45
65-69岁	188	95	93	207	94	113	67	30	37
70-74岁	83	38	45	145	61	84	50	19	31
75-79岁	25	12	13	112	52	60	35	14	21
80-84岁	25	7	18	51	25	26	22	10	12
85-89岁	11	5	6	21	5	16	5		5
90-94岁	2		2	2		2	3	1	2
95-99岁				3		3	1		1
100岁及以上									

2-2 续表 19 单位：人

年龄组	基诺族			未定族称人口			入　籍		
	小计	男	女	小计	男	女	小计	男	女
总　计	**26025**	**13005**	**13020**	**836488**	**439083**	**397405**	**16595**	**7306**	**9289**
0-4岁	1997	1032	965	81637	43049	38588	1524	748	776
5-9岁	2083	1070	1013	84206	45333	38873	1144	619	525
10-14岁	1887	960	927	80098	42938	37160	1045	557	488
15-19岁	1295	618	677	73877	38665	35212	1239	663	576
20-24岁	1551	748	803	76566	39506	37060	1938	802	1136
25-29岁	1898	989	909	54665	29164	25501	1575	564	1011
30-34岁	2571	1304	1267	58466	31842	26624	1655	584	1071
35-39岁	2017	1040	977	49507	27140	22367	1230	532	698
40-44岁	1745	889	856	54977	29171	25806	1043	445	598
45-49岁	2172	1092	1080	55771	29653	26118	1090	466	624
50-54岁	2121	1013	1108	48451	24823	23628	980	417	563
55-59岁	1479	720	759	32986	16757	16229	683	280	403
60-64岁	1101	513	588	22699	11510	11189	489	202	287
65-69岁	706	345	361	24573	12071	12502	402	187	215
70-74岁	666	332	334	16187	7806	8381	281	131	150
75-79岁	319	148	171	10703	4918	5785	120	53	67
80-84岁	221	102	119	7073	3129	3944	68	26	42
85-89岁	130	64	66	2791	1167	1624	57	21	36
90-94岁	55	22	33	918	324	594	19	4	15
95-99岁	10	4	6	245	84	161	7	2	5
100岁及以上	1		1	92	33	59	6	3	3

2-2a　全国各民族分年龄、性别的人口(城市)

单位：人

年龄组	合计			汉族		
	合计	男	女	小计	男	女
总　计	**575170855**	**291791475**	**283379380**	**542511128**	**275278865**	**267232263**
0-4岁	30601537	16078524	14523013	28438551	14951961	13486590
5-9岁	32260730	17172999	15087731	29966493	15966723	13999770
10-14岁	27347422	14619691	12727731	25540033	13672270	11867763
15-19岁	32654045	17249362	15404683	29893697	15840479	14053218
20-24岁	38258137	19776472	18481665	35103214	18201398	16901816
25-29岁	44415879	22937131	21478748	41612807	21493602	20119205
30-34岁	60075584	30519381	29556203	56552914	28720711	27832203
35-39岁	48129615	24437714	23691901	45177446	22935558	22241888
40-44岁	42221092	21424853	20796239	39768969	20183333	19585636
45-49岁	47056463	23879328	23177135	44711702	22693350	22018352
50-54岁	44885021	22560304	22324717	42940098	21595210	21344888
55-59岁	37888257	18844970	19043287	36396496	18122061	18274435
60-64岁	27440811	13477770	13963041	26457203	13005118	13452085
65-69岁	24764064	11839355	12924709	23935021	11445179	12489842
70-74岁	15504914	7363010	8141904	14994895	7124070	7870825
75-79岁	9606840	4398180	5208660	9292699	4259035	5033664
80-84岁	6800356	3011252	3789104	6596965	2921477	3675488
85-89岁	3687465	1567370	2120095	3595765	1528246	2067519
90-94岁	1252811	516410	736401	1223944	504563	719381
95-99岁	279430	103671	175759	273017	101225	171792
100岁及以上	40382	13728	26654	39199	13296	25903

2-2a　续表 1

单位：人

年龄组	蒙古族			回族			藏族		
	小计	男	女	小计	男	女	小计	男	女
总　计	**2006108**	**974019**	**1032089**	**4539546**	**2261075**	**2278471**	**1065697**	**511918**	**553779**
0-4岁	158546	82016	76530	290355	150563	139792	57735	29577	28158
5-9岁	157812	81900	75912	319044	166871	152173	66691	34079	32612
10-14岁	116223	60281	55942	268973	140486	128487	61438	30849	30589
15-19岁	153253	76854	76399	299519	153342	146177	140309	65307	75002
20-24岁	185009	89738	95271	335428	166919	168509	130783	60478	70305
25-29岁	173671	85204	88467	338025	169675	168350	87411	42177	45234
30-34岁	225587	109812	115775	431703	215707	215996	92959	44063	48896
35-39岁	193919	92454	101465	351234	175966	175268	82216	38990	43226
40-44岁	130328	61555	68773	307500	153622	153878	70990	34199	36791
45-49岁	130975	60956	70019	319886	159359	160527	68602	33424	35178
50-54岁	109712	50735	58977	307087	151280	155807	60032	28757	31275
55-59岁	94934	43478	51456	273793	133234	140559	48091	23142	24949
60-64岁	70223	32274	37949	208558	100744	107814	32129	15809	16320
65-69岁	47900	21422	26478	194475	92410	102065	26424	13445	12979
70-74岁	24305	10733	13572	127610	59258	68352	17949	8709	9240
75-79岁	15744	6617	9127	80859	35452	45407	11779	4930	6849
80-84岁	11549	4961	6588	51625	22348	29277	6584	2644	3940
85-89岁	4613	2089	2524	24227	10084	14143	2526	963	1563
90-94岁	1493	786	707	7671	3079	4592	793	287	506
95-99岁	277	138	139	1674	579	1095	221	76	145
100岁及以上	35	16	19	300	97	203	35	13	22

2-2a 续表 2　　单位：人

年龄组	维吾尔族			苗族			彝族		
	小计	男	女	小计	男	女	小计	男	女
总　计	**2002249**	**996984**	**1005265**	**2281738**	**1204285**	**1077453**	**1577772**	**790169**	**787603**
0-4岁	90646	46246	44400	152013	79797	72216	114767	60036	54731
5-9岁	207557	105767	101790	141909	76107	65802	105944	55596	50348
10-14岁	151370	76279	75091	110616	59103	51513	83965	43896	40069
15-19岁	190908	90327	100581	221938	118658	103280	193884	98395	95489
20-24岁	215114	103368	111746	300505	156939	143566	230166	112976	117190
25-29岁	162780	85100	77680	240037	128598	111439	157840	80036	77804
30-34岁	188883	97404	91479	260459	139305	121154	164131	81660	82471
35-39岁	160943	81504	79439	207462	111623	95839	124703	61972	62731
40-44岁	135902	67419	68483	174486	92088	82398	108585	53643	54942
45-49岁	139848	69462	70386	174744	92423	82321	94478	47202	47276
50-54岁	118527	58813	59714	124776	64580	60196	70584	34252	36332
55-59岁	84031	41815	42216	72629	36952	35677	48754	22847	25907
60-64岁	59354	29019	30335	31068	15213	15855	26174	12474	13700
65-69岁	39267	18562	20705	28511	13563	14948	22866	10994	11872
70-74岁	27935	12500	15435	18395	8977	9418	13759	6590	7169
75-79岁	16380	7068	9312	11029	5339	5690	8592	3869	4723
80-84岁	9142	4484	4658	6827	3146	3681	5441	2399	3042
85-89岁	2712	1370	1342	3141	1388	1753	2353	1006	1347
90-94岁	732	365	367	930	380	550	652	271	381
95-99岁	163	87	76	212	84	128	117	47	70
100岁及以上	55	25	30	51	22	29	17	8	9

2-2a 续表 3　　单位：人

年龄组	壮族			布依族			朝鲜族		
	小计	男	女	小计	男	女	小计	男	女
总　计	**6428285**	**3328811**	**3099474**	**901109**	**470998**	**430111**	**989339**	**474361**	**514978**
0-4岁	418910	221992	196918	60869	32228	28641	39687	20265	19422
5-9岁	444036	240522	203514	55839	30322	25517	47634	24167	23467
10-14岁	348488	188848	159640	41999	22562	19437	43326	22116	21210
15-19岁	531575	278391	253184	81095	43451	37644	32231	16146	16085
20-24岁	520380	267998	252382	124298	64470	59828	32042	15816	16226
25-29岁	526550	280820	245730	101442	54723	46719	45547	22656	22891
30-34岁	733617	384331	349286	102007	54799	47208	83680	41590	42090
35-39岁	700563	366846	333717	80656	43163	37493	84192	41472	42720
40-44岁	589009	306930	282079	72440	37343	35097	73241	36467	36774
45-49岁	496864	256898	239966	66980	33749	33231	80898	41219	39679
50-54岁	383012	192857	190155	46503	22947	23556	82516	40542	41974
55-59岁	264804	127268	137536	26155	12766	13389	89357	42880	46477
60-64岁	150992	70539	80453	13402	6226	7176	80545	37261	43284
65-69岁	132431	61753	70678	10405	4596	5809	68957	30681	38276
70-74岁	83760	38705	45055	7406	3494	3912	45262	19253	26009
75-79岁	49493	21432	28061	4860	2209	2651	28332	11081	17251
80-84岁	31930	14182	17748	2881	1190	1691	20285	7201	13084
85-89岁	15320	6197	9123	1374	591	783	8722	2761	5961
90-94岁	5026	1802	3224	394	139	255	2319	637	1682
95-99岁	1266	432	834	89	26	63	483	124	359
100岁及以上	259	68	191	15	4	11	83	26	57

2-2a　续表 4　　单位：人

年龄组	满族			侗族			瑶族		
	小计	男	女	小计	男	女	小计	男	女
总　计	**3908758**	**1949725**	**1959033**	**725451**	**391949**	**333502**	**655692**	**346933**	**308759**
0-4岁	285060	145992	139068	49195	26019	23176	45759	24031	21728
5-9岁	283927	146579	137348	44895	24337	20558	43769	23127	20642
10-14岁	214611	110452	104159	33025	17768	15257	30551	16299	14252
15-19岁	250776	127612	123164	60986	33074	27912	62073	32242	29831
20-24岁	261947	129559	132388	87880	46860	41020	74477	38010	36467
25-29岁	292346	145791	146555	74902	42056	32846	68546	37425	31121
30-34岁	450900	225577	225323	92030	50892	41138	90895	49679	41216
35-39岁	349612	171680	177932	72143	39974	32169	76238	40902	35336
40-44岁	287660	142209	145451	55326	30348	24978	52564	28350	24214
45-49岁	268515	132202	136313	57116	30634	26482	39894	21394	18500
50-54岁	251829	122309	129520	40965	21534	19431	28315	14729	13586
55-59岁	224300	108580	115720	25492	12771	12721	17726	8608	9118
60-64岁	175908	87413	88495	10784	5223	5561	9802	4583	5219
65-69岁	141759	70894	70865	8522	4157	4365	7695	3863	3832
70-74岁	73241	36483	36758	5533	2933	2600	3789	1965	1824
75-79岁	44868	21469	23399	3114	1625	1489	1792	868	924
80-84岁	30109	14560	15549	2228	1095	1133	1095	526	569
85-89岁	14657	7117	7540	1015	505	510	506	246	260
90-94岁	5371	2601	2770	240	114	126	158	67	91
95-99岁	1156	539	617	49	27	22	40	16	24
100岁及以上	206	107	99	11	3	8	8	3	5

2-2a　续表 5　　单位：人

年龄组	白族			土家族			哈尼族		
	小计	男	女	小计	男	女	小计	男	女
总　计	**584188**	**287596**	**296592**	**2393993**	**1229026**	**1164967**	**248503**	**126167**	**122336**
0-4岁	43857	22495	21362	165111	86216	78895	16594	8534	8060
5-9岁	35520	18331	17189	155499	82107	73392	16112	8360	7752
10-14岁	27967	14398	13569	129401	68225	61176	12939	6784	6155
15-19岁	50351	25073	25278	228196	116601	111595	29211	15439	13772
20-24岁	61903	29150	32753	272847	136070	136777	34923	17696	17227
25-29岁	51261	24917	26344	222034	113477	108557	28690	15061	13629
30-34岁	63740	31150	32590	255876	130514	125362	31475	15885	15590
35-39岁	44060	21610	22450	198321	103129	95192	24173	12051	12122
40-44岁	44853	22239	22614	163426	84761	78665	18680	9164	9516
45-49岁	44020	22209	21811	196094	102846	93248	13395	6676	6719
50-54岁	35803	17779	18024	159312	82694	76618	8514	4093	4421
55-59岁	27256	13102	14154	103063	51998	51065	5705	2539	3166
60-64岁	15843	7489	8354	44268	22240	22028	3206	1531	1675
65-69岁	14971	6983	7988	43420	20946	22474	2070	1011	1059
70-74岁	9445	4468	4977	26390	12856	13534	1359	698	661
75-79岁	6396	2939	3457	15543	7336	8207	737	341	396
80-84岁	4304	2069	2235	9293	4330	4963	462	196	266
85-89岁	2036	931	1105	4290	1970	2320	184	75	109
90-94岁	508	225	283	1292	566	726	52	23	29
95-99岁	93	39	54	274	125	149	18	6	12
100岁及以上	1		1	43	19	24	4	4	

2-2a 续表 6

单位：人

年龄组	哈萨克族			傣族			黎族		
	小计	男	女	小计	男	女	小计	男	女
总　计	**213328**	**100164**	**113164**	**230156**	**106244**	**123912**	**265033**	**125673**	**139360**
0-4岁	11454	5815	5639	16654	8595	8059	17176	9244	7932
5-9岁	13661	7129	6532	15163	7672	7491	18715	10027	8688
10-14岁	13162	6716	6446	11856	5909	5947	15572	8287	7285
15-19岁	27508	13428	14080	24894	11904	12990	28003	14165	13838
20-24岁	29446	12889	16557	25993	11905	14088	31632	15313	16319
25-29岁	17079	7990	9089	21852	10085	11767	32490	14992	17498
30-34岁	18202	8429	9773	26240	11771	14469	28895	13138	15757
35-39岁	15301	7033	8268	21011	9123	11888	24572	10663	13909
40-44岁	15117	6892	8225	15948	6917	9031	18383	7871	10512
45-49岁	15177	7040	8137	14020	6305	7715	15650	6881	8769
50-54岁	12427	5743	6684	11275	5066	6209	11718	5211	6507
55-59岁	9827	4548	5279	9408	4081	5327	8504	3885	4619
60-64岁	5897	2712	3185	6335	2839	3496	5088	2274	2814
65-69岁	3838	1665	2173	4019	1843	2176	3561	1592	1969
70-74岁	2348	951	1397	2653	1166	1487	2172	998	1174
75-79岁	1673	641	1032	1368	542	826	1338	522	816
80-84岁	896	406	490	937	347	590	977	393	584
85-89岁	245	111	134	385	123	262	405	159	246
90-94岁	59	24	35	124	47	77	137	47	90
95-99岁	10	2	8	16	4	12	39	10	29
100岁及以上	1		1	5		5	6	1	5

2-2a 续表 7

单位：人

年龄组	傈僳族			佤族			畲族		
	小计	男	女	小计	男	女	小计	男	女
总　计	**79049**	**38116**	**40933**	**39243**	**19400**	**19843**	**198660**	**105131**	**93529**
0-4岁	5191	2600	2591	1360	694	666	16515	8749	7766
5-9岁	4240	2185	2055	1126	572	554	18101	9503	8598
10-14岁	3295	1657	1638	848	419	429	13444	7012	6432
15-19岁	11759	5596	6163	5258	2564	2694	16491	8310	8181
20-24岁	12011	5610	6401	6945	3375	3570	17454	8596	8858
25-29岁	8426	4070	4356	5852	3019	2833	18235	9645	8590
30-34岁	9075	4465	4610	6168	3141	3027	22146	11778	10368
35-39岁	6928	3379	3549	4511	2310	2201	17944	9588	8356
40-44岁	5378	2474	2904	2902	1361	1541	14900	8109	6791
45-49岁	4104	1935	2169	1838	857	981	13550	7515	6035
50-54岁	2975	1403	1572	1092	466	626	10256	5548	4708
55-59岁	1967	916	1051	621	262	359	7426	3948	3478
60-64岁	1373	699	674	302	147	155	4779	2682	2097
65-69岁	1077	544	533	192	93	99	3489	1940	1549
70-74岁	588	305	283	115	68	47	1783	1018	765
75-79岁	312	138	174	55	25	30	982	557	425
80-84岁	193	78	115	34	16	18	687	384	303
85-89岁	119	46	73	19	8	11	324	179	145
90-94岁	26	12	14	4	3	1	122	53	69
95-99岁	10	3	7	1		1	29	16	13
100岁及以上	2	1	1				3	1	2

2-2a　续表 8　　单位：人

年龄组	高山族			拉祜族			水族		
	小计	男	女	小计	男	女	小计	男	女
总　计	**2020**	**1042**	**978**	**44720**	**20767**	**23953**	**90884**	**48588**	**42296**
0-4岁	187	103	84	2922	1545	1377	5853	3137	2716
5-9岁	185	110	75	2343	1154	1189	5251	2926	2325
10-14岁	109	54	55	1742	871	871	3699	2050	1649
15-19岁	115	54	61	5580	2732	2848	8725	4643	4082
20-24岁	131	65	66	6150	3027	3123	14997	7780	7217
25-29岁	143	76	67	5060	2521	2539	10877	6009	4868
30-34岁	212	98	114	6187	2798	3389	11244	6330	4914
35-39岁	204	101	103	4373	1860	2513	8570	4704	3866
40-44岁	106	57	49	3129	1308	1821	6764	3596	3168
45-49岁	124	69	55	2262	944	1318	5564	2833	2731
50-54岁	124	65	59	1798	686	1112	3898	1935	1963
55-59岁	135	65	70	1410	555	855	2305	1106	1199
60-64岁	109	48	61	727	310	417	1005	485	520
65-69岁	55	29	26	434	218	216	868	398	470
70-74岁	34	23	11	270	118	152	531	281	250
75-79岁	22	11	11	144	50	94	330	176	154
80-84岁	12	6	6	115	40	75	251	130	121
85-89岁	4	2	2	50	20	30	106	53	53
90-94岁	9	6	3	15	6	9	38	12	26
95-99岁				8	4	4	8	4	4
100岁及以上				1		1			

2-2a　续表 9　　单位：人

年龄组	东乡族			纳西族			景颇族		
	小计	男	女	小计	男	女	小计	男	女
总　计	**119774**	**64616**	**55158**	**112114**	**53763**	**58351**	**27456**	**12509**	**14947**
0-4岁	10183	5200	4983	7343	3717	3626	1779	951	828
5-9岁	11870	6328	5542	6007	3032	2975	1468	762	706
10-14岁	9618	5079	4539	5018	2570	2448	1076	541	535
15-19岁	11072	6427	4645	7884	3869	4015	3181	1585	1596
20-24岁	13181	7376	5805	9890	4485	5405	3839	1796	2043
25-29岁	12783	6955	5828	8893	4262	4631	2818	1354	1464
30-34岁	12064	6515	5549	10474	4961	5513	3553	1621	1932
35-39岁	9532	5129	4403	8080	3842	4238	2700	1177	1523
40-44岁	7927	4180	3747	8926	4124	4802	2089	827	1262
45-49岁	6989	3711	3278	9832	4810	5022	1708	640	1068
50-54岁	5529	2972	2557	7925	3855	4070	1241	464	777
55-59岁	3500	1911	1589	6513	3147	3366	822	316	506
60-64岁	1621	873	748	3766	1796	1970	522	224	298
65-69岁	1430	745	685	3886	1845	2041	279	114	165
70-74岁	1104	548	556	2972	1318	1654	200	80	120
75-79岁	737	369	368	2175	990	1185	85	25	60
80-84岁	426	209	217	1611	778	833	61	13	48
85-89岁	168	70	98	689	282	407	26	12	14
90-94岁	31	17	14	201	73	128	5	4	1
95-99岁	6	2	4	25	6	19	4	3	1
100岁及以上	3		3	4	1	3			

2-2a 续表 10

单位：人

年龄组	柯尔克孜族			土族			达斡尔族		
	小计	男	女	小计	男	女	小计	男	女
总 计	**20691**	**9466**	**11225**	**62859**	**31869**	**30990**	**50745**	**23542**	**27203**
0-4岁	923	481	442	5096	2575	2521	3837	1884	1953
5-9岁	1252	621	631	4133	2091	2042	3922	2035	1887
10-14岁	1018	497	521	2850	1491	1359	2846	1437	1409
15-19岁	4793	2063	2730	5033	2610	2423	3146	1501	1645
20-24岁	3630	1584	2046	8447	4166	4281	3754	1755	1999
25-29岁	1561	746	815	7180	3596	3584	4015	1897	2118
30-34岁	1651	756	895	7369	3682	3687	5830	2716	3114
35-39岁	1226	548	678	4935	2509	2426	5239	2407	2832
40-44岁	1057	466	591	4060	2135	1925	3318	1487	1831
45-49岁	959	482	477	4176	2186	1990	3364	1532	1832
50-54岁	757	336	421	3572	1786	1786	2905	1249	1656
55-59岁	646	307	339	2606	1301	1305	2781	1233	1548
60-64岁	414	205	209	1291	647	644	2307	961	1346
65-69岁	349	145	204	982	539	443	1662	704	958
70-74岁	207	93	114	544	272	272	778	331	447
75-79岁	140	70	70	316	143	173	457	165	292
80-84岁	83	52	31	164	87	77	379	156	223
85-89岁	19	11	8	73	33	40	151	71	80
90-94岁	6	3	3	26	15	11	45	17	28
95-99岁				6	5	1	6	3	3
100岁及以上							3	1	2

2-2a 续表 11

单位：人

年龄组	仫佬族			羌族			布朗族		
	小计	男	女	小计	男	女	小计	男	女
总 计	**100474**	**50830**	**49644**	**63769**	**30786**	**32983**	**12368**	**5782**	**6586**
0-4岁	8429	4417	4012	5369	2741	2628	928	486	442
5-9岁	8268	4436	3832	4830	2427	2403	599	308	291
10-14岁	5813	3068	2745	3140	1554	1586	417	219	198
15-19岁	7709	3992	3717	5403	2508	2895	1941	914	1027
20-24岁	9334	4618	4716	8405	3739	4666	2072	948	1124
25-29岁	8471	4350	4121	6601	3135	3466	1563	750	813
30-34岁	12118	6128	5990	7680	3675	4005	1593	744	849
35-39岁	10948	5506	5442	5003	2424	2579	1009	446	563
40-44岁	7923	3924	3999	3824	1913	1911	676	281	395
45-49岁	6674	3392	3282	4071	2056	2015	498	212	286
50-54岁	5266	2583	2683	2972	1420	1552	414	149	265
55-59岁	3672	1718	1954	2192	1028	1164	324	151	173
60-64岁	2042	946	1096	1442	728	714	155	82	73
65-69岁	1865	870	995	1419	731	688	86	47	39
70-74岁	908	438	470	685	339	346	53	23	30
75-79岁	498	213	285	403	195	208	18	11	7
80-84岁	319	144	175	231	116	115	8	5	3
85-89岁	170	68	102	67	42	25	10	5	5
90-94岁	40	18	22	25	11	14	2		2
95-99岁	6	1	5	6	4	2	2	1	1
100岁及以上	1		1	1		1			

2-2a　续表 12　　　　单位：人

年龄组	撒拉族			毛南族			仡佬族		
	小计	男	女	小计	男	女	小计	男	女
总　计	**35618**	**18676**	**16942**	**35157**	**18266**	**16891**	**172210**	**93564**	**78646**
0-4岁	3037	1588	1449	2606	1381	1225	14294	7504	6790
5-9岁	3497	1886	1611	2352	1285	1067	11571	6117	5454
10-14岁	3352	1756	1596	1606	873	733	8904	4730	4174
15-19岁	3042	1604	1438	2568	1400	1168	15103	8161	6942
20-24岁	3461	1788	1673	3601	1818	1783	26605	13774	12831
25-29岁	3430	1748	1682	3238	1700	1538	18248	9919	8329
30-34岁	3808	1981	1827	4214	2239	1975	17075	9453	7622
35-39岁	2990	1579	1411	4004	2122	1882	13052	7462	5590
40-44岁	2564	1330	1234	3247	1646	1601	12846	7430	5416
45-49岁	2139	1094	1045	2733	1387	1346	13376	7609	5767
50-54岁	1627	882	745	1972	1014	958	9117	5170	3947
55-59岁	1052	584	468	1321	616	705	5379	2865	2514
60-64岁	512	281	231	647	280	367	2130	1113	1017
65-69岁	410	223	187	521	249	272	2015	984	1031
70-74岁	301	143	158	277	137	140	1248	636	612
75-79岁	207	102	105	127	56	71	719	378	341
80-84岁	119	62	57	72	37	35	369	183	186
85-89岁	52	32	20	41	21	20	128	61	67
90-94岁	15	12	3	10	5	5	24	12	12
95-99岁	3	1	2				6	3	3
100岁及以上							1		1

2-2a　续表 13　　　　单位：人

年龄组	锡伯族			阿昌族			普米族		
	小计	男	女	小计	男	女	小计	男	女
总　计	**101472**	**49896**	**51576**	**6969**	**3446**	**3523**	**6707**	**3194**	**3513**
0-4岁	7481	3877	3604	542	278	264	605	301	304
5-9岁	7699	3914	3785	419	214	205	414	210	204
10-14岁	6231	3141	3090	320	157	163	263	128	135
15-19岁	6679	3357	3322	845	426	419	892	416	476
20-24岁	6648	3178	3470	1175	574	601	1165	492	673
25-29岁	7562	3708	3854	760	378	382	767	381	386
30-34岁	11546	5725	5821	910	424	486	791	370	421
35-39岁	8795	4170	4625	617	319	298	536	268	268
40-44岁	7716	3681	4035	403	179	224	367	159	208
45-49岁	6914	3308	3606	330	144	186	287	157	130
50-54岁	6528	3126	3402	247	136	111	201	105	96
55-59岁	5505	2619	2886	153	79	74	164	78	86
60-64岁	4205	2045	2160	118	72	46	92	45	47
65-69岁	3512	1739	1773	58	28	30	79	47	32
70-74岁	1967	1008	959	40	24	16	34	13	21
75-79岁	1214	593	621	19	9	10	24	10	14
80-84岁	802	423	379	8	4	4	19	11	8
85-89岁	355	218	137	4	1	3	5	3	2
90-94岁	96	55	41	1		1	2		2
95-99岁	17	11	6						
100岁及以上									

2-2a 续表 14

单位：人

年龄组	塔吉克族			怒族			乌孜别克族		
	小计	男	女	小计	男	女	小计	男	女
总计	**2135**	**1035**	**1100**	**3545**	**1540**	**2005**	**6201**	**3161**	**3040**
0-4岁	67	30	37	304	157	147	400	215	185
5-9岁	105	51	54	221	113	108	673	327	346
10-14岁	89	41	48	138	69	69	494	248	246
15-19岁	476	224	252	516	221	295	452	249	203
20-24岁	536	252	284	546	243	303	470	233	237
25-29岁	160	89	71	351	161	190	394	215	179
30-34岁	112	57	55	412	185	227	529	266	263
35-39岁	109	49	60	308	121	187	430	228	202
40-44岁	96	41	55	223	68	155	418	223	195
45-49岁	97	48	49	148	46	102	427	203	224
50-54岁	67	34	33	111	48	63	347	178	169
55-59岁	50	23	27	87	27	60	356	182	174
60-64岁	51	23	28	74	30	44	288	148	140
65-69岁	47	30	17	53	30	23	203	96	107
70-74岁	39	20	19	26	9	17	140	63	77
75-79岁	22	14	8	15	8	7	103	50	53
80-84岁	8	5	3	5	1	4	61	28	33
85-89岁	2	2		6	3	3	10	6	4
90-94岁	2	2					6	3	3
95-99岁				1		1			
100岁及以上									

2-2a 续表 15

单位：人

年龄组	俄罗斯族			鄂温克族			德昂族		
	小计	男	女	小计	男	女	小计	男	女
总计	**12400**	**5689**	**6711**	**9263**	**4212**	**5051**	**3357**	**1597**	**1760**
0-4岁	848	423	425	753	386	367	257	135	122
5-9岁	883	424	459	738	369	369	225	127	98
10-14岁	637	311	326	530	259	271	138	71	67
15-19岁	596	281	315	822	403	419	497	229	268
20-24岁	711	339	372	938	411	527	481	231	250
25-29岁	826	372	454	892	435	457	384	190	194
30-34岁	1252	579	673	1118	511	607	432	203	229
35-39岁	944	445	499	988	427	561	316	142	174
40-44岁	846	392	454	499	202	297	204	87	117
45-49岁	1002	459	543	520	226	294	128	53	75
50-54岁	858	412	446	469	194	275	110	43	67
55-59岁	857	374	483	409	156	253	83	38	45
60-64岁	751	323	428	293	120	173	57	29	28
65-69岁	539	243	296	137	62	75	20	10	10
70-74岁	344	146	198	70	25	45	14	6	8
75-79岁	239	90	149	31	8	23	5	2	3
80-84岁	165	44	121	43	12	31	3	1	2
85-89岁	74	25	49	9	6	3	3		3
90-94岁	21	6	15	3		3			
95-99岁	7	1	6	1		1			
100岁及以上									

2-2a 续表 16

单位：人

年龄组	保安族			裕固族			京族		
	小计	男	女	小计	男	女	小计	男	女
总 计	**3546**	**1906**	**1640**	**4570**	**2202**	**2368**	**13985**	**6896**	**7089**
0-4岁	260	144	116	385	189	196	1672	912	760
5-9岁	273	123	150	359	184	175	1752	925	827
10-14岁	247	131	116	264	142	122	1177	644	533
15-19岁	444	250	194	366	184	182	1449	745	704
20-24岁	478	248	230	498	251	247	997	523	474
25-29岁	409	226	183	376	180	196	905	446	459
30-34岁	349	211	138	455	197	258	1253	566	687
35-39岁	231	128	103	364	182	182	951	421	530
40-44岁	206	104	102	302	135	167	842	379	463
45-49岁	217	109	108	335	155	180	731	338	393
50-54岁	165	86	79	301	150	151	614	261	353
55-59岁	113	62	51	210	91	119	624	280	344
60-64岁	46	23	23	110	51	59	326	148	178
65-69岁	45	25	20	104	50	54	279	127	152
70-74岁	29	18	11	66	33	33	190	82	108
75-79岁	17	8	9	47	13	34	96	47	49
80-84岁	11	6	5	24	12	12	69	31	38
85-89岁	3	3		3	2	1	42	21	21
90-94岁	2	1	1				13		13
95-99岁				1	1		3		3
100岁及以上	1		1						

2-2a 续表 17

单位：人

年龄组	塔塔尔族			独龙族			鄂伦春族		
	小计	男	女	小计	男	女	小计	男	女
总 计	**1701**	**846**	**855**	**686**	**331**	**355**	**3145**	**1456**	**1689**
0-4岁	103	57	46	54	25	29	259	138	121
5-9岁	128	65	63	41	26	15	259	124	135
10-14岁	110	63	47	26	12	14	219	117	102
15-19岁	101	54	47	119	55	64	219	105	114
20-24岁	123	61	62	111	57	54	315	145	170
25-29岁	109	55	54	55	25	30	262	106	156
30-34岁	163	84	79	63	31	32	374	175	199
35-39岁	133	71	62	53	20	33	307	134	173
40-44岁	116	55	61	28	14	14	204	86	118
45-49岁	134	63	71	41	22	19	191	88	103
50-54岁	115	55	60	35	21	14	172	73	99
55-59岁	102	46	56	28	14	14	140	61	79
60-64岁	102	47	55	10	2	8	85	34	51
65-69岁	56	28	28	9	3	6	73	35	38
70-74岁	37	15	22	3	1	2	30	14	16
75-79岁	44	14	30	3		3	18	13	5
80-84岁	19	8	11	5	2	3	14	6	8
85-89岁	4	4		2	1	1	1		1
90-94岁	2	1	1				3	2	1
95-99岁									
100岁及以上									

2-2a 续表 18

单位：人

年龄组	赫哲族			门巴族			珞巴族		
	小计	男	女	小计	男	女	小计	男	女
总　计	**3205**	**1470**	**1735**	**1302**	**540**	**762**	**430**	**179**	**251**
0-4岁	318	157	161	83	42	41	25	17	8
5-9岁	297	153	144	90	42	48	26	12	14
10-14岁	223	116	107	71	31	40	21	9	12
15-19岁	178	86	92	282	110	172	96	39	57
20-24岁	229	106	123	247	113	134	97	37	60
25-29岁	218	88	130	89	37	52	36	14	22
30-34岁	427	173	254	103	31	72	34	15	19
35-39岁	298	132	166	86	37	49	19	8	11
40-44岁	231	102	129	49	18	31	16	3	13
45-49岁	189	96	93	54	19	35	17	6	11
50-54岁	171	73	98	38	13	25	8	2	6
55-59岁	128	54	74	27	13	14	9	3	6
60-64岁	124	56	68	30	15	15	6	4	2
65-69岁	102	50	52	25	12	13	11	4	7
70-74岁	41	18	23	17	6	11	5	4	1
75-79岁	9	4	5	7	1	6	1		1
80-84岁	14	2	12	4		4	3	2	1
85-89岁	6	4	2						
90-94岁	2		2						
95-99岁									
100岁及以上									

2-2a 续表 19

单位：人

年龄组	基诺族			未定族称人口			入　籍		
	小计	男	女	小计	男	女	小计	男	女
总　计	**5110**	**2245**	**2865**	**179597**	**95109**	**84488**	**5645**	**2850**	**2795**
0-4岁	429	214	215	17414	9212	8202	487	240	247
5-9岁	388	195	193	14149	7716	6433	356	184	172
10-14岁	298	162	136	11334	6285	5049	282	148	134
15-19岁	525	237	288	18630	9899	8731	651	371	280
20-24岁	600	244	356	28934	14437	14497	944	445	499
25-29岁	501	218	283	17508	9372	8136	611	298	313
30-34岁	586	242	344	17453	9582	7871	568	256	312
35-39岁	406	146	260	13283	7236	6047	428	224	204
40-44岁	317	127	190	12612	6633	5979	354	167	187
45-49岁	336	141	195	11224	5974	5250	322	180	142
50-54岁	270	108	162	7509	3938	3571	240	134	106
55-59岁	140	70	70	3945	2052	1893	130	64	66
60-64岁	136	62	74	1897	961	936	87	44	43
65-69岁	88	45	43	1416	673	743	77	41	36
70-74岁	61	24	37	915	477	438	42	26	16
75-79岁	20	8	12	564	289	275	19	10	9
80-84岁	3	1	2	394	195	199	18	8	10
85-89岁	4	1	3	222	114	108	18	8	10
90-94岁	2		2	111	38	73	6		6
95-99岁				57	15	42	3	1	2
100岁及以上				26	11	15	2	1	1

2-2b　全国各民族分年龄、性别的人口(镇)

单位：人

年龄组	合计			汉族		
	合计	男	女	小计	男	女
总　计	**324820307**	**165029877**	**159790430**	**295833738**	**150484983**	**145348755**
0-4岁	19259140	10153970	9105170	17088363	9015528	8072835
5-9岁	23278035	12439629	10838406	20635306	11048252	9587054
10-14岁	22411117	12010832	10400285	20061448	10778060	9283388
15-19岁	20519304	10916999	9602305	18134924	9706739	8428185
20-24岁	15185202	8037872	7147330	13544267	7206086	6338181
25-29岁	20079963	10256896	9823067	18119923	9289021	8830902
30-34岁	28927650	14418673	14508977	26392031	13170668	13221363
35-39岁	23078298	11575785	11502513	20829011	10460638	10368373
40-44岁	22201769	11161095	11040674	20121390	10119878	10001512
45-49岁	26787369	13499304	13288065	24610047	12403290	12206757
50-54岁	27698456	13898540	13799916	25704940	12909304	12795636
55-59岁	22109153	11020484	11088669	20571543	10264674	10306869
60-64岁	14938709	7469262	7469447	13954899	6992010	6962889
65-69岁	14963434	7299792	7663642	14060643	6868152	7192491
70-74岁	9989579	4849995	5139584	9388723	4567026	4821697
75-79岁	6324210	2991818	3332392	5938860	2818978	3119882
80-84岁	4055223	1830285	2224938	3817706	1728010	2089696
85-89岁	2111449	866091	1245358	2001861	822136	1179725
90-94岁	714885	270745	444140	679744	257691	422053
95-99岁	164438	55073	109365	156624	52513	104111
100岁及以上	22924	6737	16187	21485	6329	15156

2-2b　续表 1

单位：人

年龄组	蒙古族			回族			藏族		
	小计	男	女	小计	男	女	小计	男	女
总　计	**1829941**	**890990**	**938951**	**2718526**	**1378390**	**1340136**	**1400971**	**687530**	**713441**
0-4岁	134368	69728	64640	207802	108036	99766	105734	53995	51739
5-9岁	149695	77558	72137	247609	130397	117212	129157	66165	62992
10-14岁	127864	65910	61954	223924	117700	106224	114149	57895	56254
15-19岁	123706	62840	60866	194696	99943	94753	113259	54981	58278
20-24岁	82950	40776	42174	162945	82831	80114	102414	50395	52019
25-29岁	129277	62998	66279	199182	99471	99711	127434	61221	66213
30-34岁	183846	89637	94209	243392	121685	121707	135098	65108	69990
35-39岁	169127	82147	86980	195096	99831	95265	115003	55364	59639
40-44岁	130615	63019	67596	182520	92526	89994	101804	50324	51480
45-49岁	144402	69065	75337	191977	97594	94383	96912	48452	48460
50-54岁	130012	61369	68643	190644	95263	95381	80560	39691	40869
55-59岁	108991	50734	58257	146562	73199	73363	57191	28238	28953
60-64岁	82586	37796	44790	93617	46217	47400	33938	16473	17465
65-69岁	60671	26928	33743	94133	45712	48421	32287	15364	16923
70-74岁	34242	14805	19437	63582	30706	32876	24722	11433	13289
75-79岁	19242	8124	11118	40993	19646	21347	16913	7177	9736
80-84岁	12303	5112	7191	23905	11107	12798	9266	3533	5733
85-89岁	4520	1794	2726	11254	4772	6482	3637	1229	2408
90-94岁	1253	543	710	3672	1405	2267	1151	373	778
95-99岁	231	92	139	852	291	561	297	102	195
100岁及以上	40	15	25	169	58	111	45	17	28

2-2b 续表 2

单位：人

年龄组	维吾尔族			苗族			彝族		
	小计	男	女	小计	男	女	小计	男	女
总计	**2199107**	**1110060**	**1089047**	**2723800**	**1383047**	**1340753**	**2010663**	**1004449**	**1006214**
0-4岁	110467	56470	53997	221695	117750	103945	174728	91754	82974
5-9岁	284441	144798	139643	251407	134646	116761	197647	103274	94373
10-14岁	198750	100964	97786	235809	125696	110113	179805	93978	85827
15-19岁	237903	117873	120030	240512	124871	115641	212460	105863	106597
20-24岁	141420	71349	70071	181537	92280	89257	148103	75159	72944
25-29岁	167268	84672	82596	187439	92985	94454	145382	71383	73999
30-34岁	214810	108465	106345	224850	111091	113759	165255	80143	85112
35-39岁	187585	94447	93138	195368	97537	97831	146374	71801	74573
40-44岁	154544	78158	76386	185127	93326	91801	145050	72082	72968
45-49岁	144231	73854	70377	210888	107639	103249	138137	69182	68955
50-54岁	115986	58514	57472	184193	91512	92681	115494	56938	58556
55-59岁	79602	40470	39132	129772	63870	65902	81639	39480	42159
60-64岁	58243	28903	29340	71282	34793	36489	45734	21669	24065
65-69岁	42454	20581	21873	77734	37295	40439	44050	20615	23435
70-74岁	31898	15734	16164	54565	26068	28497	30877	14202	16675
75-79岁	17252	8480	8772	35067	16101	18966	21124	9289	11835
80-84岁	8191	4274	3917	22403	9845	12558	12221	5088	7133
85-89岁	2815	1452	1363	10304	4303	6001	4929	1953	2976
90-94岁	945	464	481	3168	1218	1950	1375	506	869
95-99岁	234	110	124	566	187	379	240	78	162
100岁及以上	68	28	40	114	34	80	39	12	27

2-2b 续表 3

单位：人

年龄组	壮族			布依族			朝鲜族		
	小计	男	女	小计	男	女	小计	男	女
总计	**4026442**	**2027617**	**1998825**	**913640**	**457510**	**456130**	**213410**	**105351**	**108059**
0-4岁	299199	158933	140266	80817	43295	37522	7913	4108	3805
5-9岁	348927	187826	161101	86063	46568	39495	8739	4454	4285
10-14岁	305924	163738	142186	76443	41045	35398	7680	3944	3736
15-19岁	294322	148548	145774	75933	39041	36892	5931	3083	2848
20-24岁	169424	88816	80608	65874	33014	32860	5759	3010	2749
25-29岁	218048	109018	109030	67295	32882	34413	8681	4545	4136
30-34岁	325450	159596	165854	73051	35619	37432	17065	8949	8116
35-39岁	339513	167810	171703	65892	32929	32963	16413	8556	7857
40-44岁	324217	164016	160201	67093	33994	33099	14774	7953	6821
45-49岁	317375	163064	154311	66041	32820	33221	17383	9154	8229
50-54岁	299235	151547	147688	57331	27914	29417	20026	10087	9939
55-59岁	237701	118537	119164	39016	18820	20196	22877	11250	11627
60-64岁	155554	74966	80588	25378	11779	13599	20464	9742	10722
65-69岁	143938	67941	75997	24540	10915	13625	16042	7268	8774
70-74岁	99165	45065	54100	17870	7558	10312	10500	4519	5981
75-79岁	69760	29001	40759	13052	5181	7871	6144	2394	3750
80-84岁	44666	17842	26824	7462	2665	4797	4339	1507	2832
85-89岁	23360	8229	15131	3241	1111	2130	1919	610	1309
90-94岁	8120	2502	5618	1001	300	701	562	160	402
95-99岁	2081	546	1535	204	45	159	166	50	116
100岁及以上	463	76	387	43	15	28	33	8	25

2-2b 续表 4

单位：人

年龄组	满族			侗族			瑶族		
	小计	男	女	小计	男	女	小计	男	女
总 计	**2378244**	**1197308**	**1180936**	**1078204**	**549346**	**528858**	**719731**	**362963**	**356768**
0-4岁	150786	77983	72803	87335	46907	40428	62705	33153	29552
5-9岁	172077	90513	81564	98803	53469	45334	76133	40845	35288
10-14岁	161296	84840	76456	88120	47219	40901	68183	36082	32101
15-19岁	161630	82773	78857	82263	43691	38572	71803	35611	36192
20-24岁	99045	50379	48666	56760	29190	27570	33512	17111	16401
25-29岁	142887	72024	70863	65519	32646	32873	40955	20173	20782
30-34岁	233089	117372	115717	91999	45217	46782	59770	29094	30676
35-39岁	185248	92587	92661	80541	40084	40457	57507	28412	29095
40-44岁	168744	84462	84282	73446	36950	36496	50602	25536	25066
45-49岁	175549	86922	88627	88485	44742	43743	48014	24513	23501
50-54岁	190411	93232	97179	80467	40162	40305	44420	22256	22164
55-59岁	174655	85192	89463	62299	30773	31526	35085	17089	17996
60-64岁	135696	67439	68257	33676	16599	17077	22971	11028	11943
65-69岁	105674	53094	52580	33091	16057	17034	19507	9377	10130
70-74岁	55301	27406	27895	23545	11496	12049	12028	5808	6220
75-79岁	32291	15449	16842	14975	6970	8005	7515	3289	4226
80-84岁	19781	9265	10516	10506	4599	5907	5219	2159	3060
85-89岁	9661	4351	5310	4807	2008	2799	2619	1019	1600
90-94岁	3509	1624	1885	1310	485	825	920	326	594
95-99岁	810	342	468	220	70	150	234	76	158
100岁及以上	104	59	45	37	12	25	29	6	23

2-2b 续表 5

单位：人

年龄组	白族			土家族			哈尼族		
	小计	男	女	小计	男	女	小计	男	女
总 计	**466233**	**233128**	**233105**	**2899874**	**1458353**	**1441521**	**375766**	**187860**	**187906**
0-4岁	35407	18311	17096	206616	109332	97284	30180	15693	14487
5-9岁	32588	16775	15813	243521	128843	114678	32291	16807	15484
10-14岁	30394	15648	14746	248113	130587	117526	29634	15642	13992
15-19岁	41960	20579	21381	243792	127636	116156	33508	16970	16538
20-24岁	28011	14327	13684	155816	78686	77130	22300	11725	10575
25-29岁	30181	14787	15394	189005	91472	97533	26303	13040	13263
30-34岁	40301	19547	20754	224967	108477	116490	34302	16453	17849
35-39岁	32587	16131	16456	192527	93422	99105	31649	15354	16295
40-44岁	37016	18647	18369	186110	91381	94729	31934	15852	16082
45-49岁	39684	20215	19469	246666	123680	122986	28965	14561	14404
50-54岁	35528	18106	17422	229670	114715	114955	24183	12123	12060
55-59岁	26409	13373	13036	171822	85044	86778	17348	8451	8897
60-64岁	15018	7400	7618	86267	43087	43180	10799	5275	5524
65-69岁	15949	7828	8121	106182	51883	54299	8616	4106	4510
70-74岁	10258	4844	5414	73370	36151	37219	6154	2800	3354
75-79岁	7206	3355	3851	46447	22061	24386	3773	1580	2193
80-84岁	4607	2034	2573	29563	13600	15963	2442	967	1475
85-89岁	2266	896	1370	14176	6220	7956	1016	364	652
90-94岁	752	289	463	4258	1730	2528	296	77	219
95-99岁	102	34	68	882	319	563	61	17	44
100岁及以上	9	2	7	104	27	77	12	3	9

2-2b 续表 6 单位：人

年龄组	哈萨克族			傣 族			黎 族		
	小计	男	女	小计	男	女	小计	男	女
总 计	**405927**	**196651**	**209276**	**328892**	**159950**	**168942**	**300160**	**150373**	**149787**
0-4岁	27130	14126	13004	25488	13000	12488	22922	12317	10605
5-9岁	40279	20963	19316	24322	12359	11963	27590	14848	12742
10-14岁	38923	20093	18830	21543	10985	10558	25718	13593	12125
15-19岁	33082	16145	16937	22740	11152	11588	23948	12166	11782
20-24岁	20424	10069	10355	18925	9361	9564	17885	9383	8502
25-29岁	27819	13084	14735	22842	10889	11953	23767	11940	11827
30-34岁	39732	18872	20860	31000	15081	15919	26302	13047	13255
35-39岁	36941	17488	19453	26428	12948	13480	26022	12920	13102
40-44岁	36447	17337	19110	24054	11631	12423	21990	10734	11256
45-49岁	32210	15342	16868	25185	12139	13046	20775	10249	10526
50-54岁	24191	11467	12724	25597	12243	13354	19549	9504	10045
55-59岁	17352	8221	9131	22147	10658	11489	15381	7297	8084
60-64岁	11552	5064	6488	14602	6902	7700	9450	4392	5058
65-69岁	8333	3562	4771	9715	4633	5082	7253	3342	3911
70-74岁	5512	2298	3214	6349	2827	3522	4725	2083	2642
75-79岁	3493	1448	2045	3885	1599	2286	2966	1163	1803
80-84岁	1733	734	999	2469	976	1493	2176	818	1358
85-89岁	595	255	340	1145	435	710	1164	402	762
90-94岁	147	68	79	361	110	251	424	131	293
95-99岁	31	15	16	81	18	63	127	39	88
100岁及以上	1		1	14	4	10	26	5	21

2-2b 续表 7 单位：人

年龄组	傈 僳 族			佤 族			畲 族		
	小计	男	女	小计	男	女	小计	男	女
总 计	**188898**	**94377**	**94521**	**98696**	**48291**	**50405**	**175159**	**91342**	**83817**
0-4岁	16744	8566	8178	8113	4217	3896	13972	7351	6621
5-9岁	15179	7807	7372	6914	3589	3325	17331	9088	8243
10-14岁	14681	7419	7262	5671	2822	2849	14926	7753	7173
15-19岁	16711	8226	8485	9013	4349	4664	12512	6296	6216
20-24岁	12746	6312	6434	6874	3338	3536	7965	4091	3874
25-29岁	13365	6494	6871	8067	3961	4106	10840	5522	5318
30-34岁	16776	8483	8293	10126	4959	5167	14737	7411	7326
35-39岁	16149	8278	7871	8606	4183	4423	13344	6889	6455
40-44岁	14785	7622	7163	7362	3670	3692	13370	6999	6371
45-49岁	12808	6612	6196	6866	3386	3480	14507	7732	6775
50-54岁	11489	5734	5755	6460	3067	3393	12710	6750	5960
55-59岁	8755	4321	4434	4899	2396	2503	9507	5091	4416
60-64岁	5932	2759	3173	3372	1497	1875	6385	3492	2893
65-69岁	5083	2361	2722	2398	1106	1292	5527	2915	2612
70-74岁	3459	1591	1868	1933	904	1029	3223	1746	1477
75-79岁	2116	904	1212	1020	434	586	1937	1048	889
80-84岁	1250	540	710	614	261	353	1381	713	668
85-89岁	589	234	355	271	114	157	710	343	367
90-94岁	221	94	127	96	33	63	225	93	132
95-99岁	39	13	26	17	3	14	46	17	29
100岁及以上	21	7	14	4	2	2	4	2	2

2-2b　续表 8　　　　单位：人

年龄组	高山族			拉祜族			水族		
	小计	男	女	小计	男	女	小计	男	女
总　计	**826**	**429**	**397**	**83249**	**39358**	**43891**	**145284**	**75258**	**70026**
0-4岁	76	40	36	6994	3564	3430	12702	6903	5799
5-9岁	74	42	32	6359	3245	3114	14607	8023	6584
10-14岁	54	31	23	5479	2716	2763	12406	6801	5605
15-19岁	59	30	29	6950	3326	3624	13734	7143	6591
20-24岁	50	27	23	5560	2675	2885	10290	5205	5085
25-29岁	65	40	25	6511	3115	3396	10975	5380	5595
30-34岁	72	34	38	8763	4040	4723	12797	6524	6273
35-39岁	63	33	30	7696	3562	4134	11470	6055	5415
40-44岁	43	17	26	6587	3069	3518	10560	5571	4989
45-49岁	61	24	37	5979	2797	3182	9729	5102	4627
50-54岁	59	34	25	5334	2437	2897	8520	4348	4172
55-59岁	59	29	30	4009	1792	2217	5946	2948	2998
60-64岁	45	24	21	2614	1196	1418	3106	1501	1605
65-69岁	21	15	6	1682	726	956	3055	1450	1605
70-74岁	7	2	5	1288	554	734	2260	1029	1231
75-79岁	5	2	3	730	279	451	1504	662	842
80-84岁	5		5	450	165	285	1027	405	622
85-89岁	1	1		186	72	114	451	163	288
90-94岁	5	3	2	53	21	32	116	36	80
95-99岁	2	1	1	19	6	13	23	7	16
100岁及以上				6	1	5	6	2	4

2-2b　续表 9　　　　单位：人

年龄组	东乡族			纳西族			景颇族		
	小计	男	女	小计	男	女	小计	男	女
总　计	**138013**	**69152**	**68861**	**59473**	**28958**	**30515**	**28389**	**13730**	**14659**
0-4岁	16538	8447	8091	4444	2241	2203	2634	1376	1258
5-9岁	18980	9773	9207	3551	1805	1746	2322	1187	1135
10-14岁	13652	6923	6729	2750	1459	1291	2146	1110	1036
15-19岁	9977	5094	4883	4183	2097	2086	2831	1422	1409
20-24岁	10183	4997	5186	3443	1729	1714	2100	1092	1008
25-29岁	10853	5236	5617	4375	2081	2294	2138	1073	1065
30-34岁	11075	5477	5598	5588	2661	2927	2889	1442	1447
35-39岁	9327	4786	4541	4326	2135	2191	2544	1188	1356
40-44岁	8278	4103	4175	4718	2327	2391	2126	996	1130
45-49岁	7595	3729	3866	5191	2559	2632	1909	802	1107
50-54岁	6953	3427	3526	4751	2346	2405	1549	684	865
55-59岁	4857	2445	2412	3813	1803	2010	1115	493	622
60-64岁	2472	1226	1246	2089	986	1103	850	371	479
65-69岁	2335	1156	1179	2173	964	1209	457	212	245
70-74岁	2060	963	1097	1674	783	891	366	139	227
75-79岁	1474	712	762	1118	499	619	235	89	146
80-84岁	872	416	456	810	315	495	109	33	76
85-89岁	386	174	212	327	122	205	44	14	30
90-94岁	112	55	57	123	40	83	19	7	12
95-99岁	24	11	13	26	6	20	4		4
100岁及以上	10	2	8				2		2

2-2b 续表 10

单位：人

年龄组	柯尔克孜族			土　族			达斡尔族		
	小计	男	女	小计	男	女	小计	男	女
总　计	**39596**	**19458**	**20138**	**83033**	**41215**	**41818**	**40716**	**19737**	**20979**
0-4岁	2535	1297	1238	7049	3502	3547	2525	1285	1240
5-9岁	4535	2315	2220	7466	3884	3582	2896	1473	1423
10-14岁	3713	1903	1810	6385	3328	3057	2599	1349	1250
15-19岁	3270	1677	1593	7894	3980	3914	1512	774	738
20-24岁	2059	1051	1008	4494	2318	2176	1799	924	875
25-29岁	2745	1311	1434	6095	2997	3098	2999	1507	1492
30-34岁	4477	2069	2408	7219	3510	3709	3985	1970	2015
35-39岁	3740	1814	1926	6176	3082	3094	3754	1890	1864
40-44岁	3066	1461	1605	6326	3153	3173	3135	1610	1525
45-49岁	2709	1311	1398	6602	3263	3339	3408	1589	1819
50-54岁	2038	994	1044	5911	2854	3057	3277	1564	1713
55-59岁	1412	658	754	4141	1951	2190	3014	1374	1640
60-64岁	1008	472	536	2226	1071	1155	2372	1038	1334
65-69岁	932	445	487	2147	997	1150	1756	713	1043
70-74岁	666	332	334	1363	627	736	877	370	507
75-79岁	406	200	206	838	402	436	403	158	245
80-84岁	181	101	80	467	195	272	295	104	191
85-89岁	72	29	43	182	82	100	87	37	50
90-94岁	23	16	7	41	15	26	17	8	9
95-99岁	6	2	4	9	3	6	5		5
100岁及以上	3		3	2	1	1	1		1

2-2b 续表 11

单位：人

年龄组	仫佬族			羌　族			布朗族		
	小计	男	女	小计	男	女	小计	男	女
总　计	**83726**	**41853**	**41873**	**95071**	**46633**	**48438**	**25118**	**12468**	**12650**
0-4岁	7306	3858	3448	6935	3570	3365	2345	1196	1149
5-9岁	8378	4365	4013	7538	3817	3721	2128	1097	1031
10-14岁	7135	3632	3503	5979	3022	2957	1835	997	838
15-19岁	5524	2763	2761	6856	3452	3404	2526	1201	1325
20-24岁	3892	1956	1936	4930	2473	2457	1825	853	972
25-29岁	4330	2132	2198	7715	3630	4085	2035	961	1074
30-34岁	6959	3478	3481	8776	4157	4619	2351	1155	1196
35-39岁	6687	3387	3300	6743	3339	3404	1895	935	960
40-44岁	5958	3064	2894	7044	3521	3523	1806	900	906
45-49岁	6072	3094	2978	8576	4217	4359	1723	848	875
50-54岁	6079	3030	3049	7472	3616	3856	1499	766	733
55-59岁	4888	2396	2492	4825	2362	2463	1144	575	569
60-64岁	2790	1393	1397	3033	1479	1554	671	341	330
65-69岁	2917	1362	1555	3352	1573	1779	529	254	275
70-74岁	1917	867	1050	2262	1092	1170	413	213	200
75-79岁	1316	541	775	1676	737	939	200	100	100
80-84岁	889	331	558	919	390	529	121	52	69
85-89岁	489	161	328	270	118	152	46	19	27
90-94岁	160	37	123	137	53	84	21	4	17
95-99岁	37	6	31	30	13	17	5	1	4
100岁及以上	3		3	3	2	1			

2-2b　续表 12

单位：人

年龄组	撒拉族			毛南族			仡佬族		
	小计	男	女	小计	男	女	小计	男	女
总　计	**45814**	**22804**	**23010**	**34443**	**17640**	**16803**	**232941**	**118263**	**114678**
0-4岁	4639	2425	2214	3148	1657	1491	22488	11838	10650
5-9岁	5250	2705	2545	3509	1887	1622	22920	12002	10918
10-14岁	4995	2543	2452	2855	1503	1352	22178	11787	10391
15-19岁	4158	2164	1994	2571	1313	1258	22166	11790	10376
20-24岁	2863	1380	1483	1729	851	878	16160	8010	8150
25-29岁	3326	1585	1741	2013	1027	986	15882	7556	8326
30-34岁	3591	1731	1860	2565	1233	1332	16822	8137	8685
35-39岁	3412	1661	1751	2715	1341	1374	14472	7215	7257
40-44岁	3236	1561	1675	2725	1427	1298	16464	8317	8147
45-49岁	2754	1326	1428	2730	1479	1251	18718	9407	9311
50-54岁	2318	1144	1174	2454	1300	1154	14478	7245	7233
55-59岁	1558	775	783	1777	942	835	9802	4834	4968
60-64岁	1016	513	503	1033	519	514	4789	2457	2332
65-69岁	936	481	455	993	507	486	5977	2965	3012
70-74岁	786	381	405	671	283	388	4309	2176	2133
75-79岁	524	243	281	478	192	286	2935	1422	1513
80-84岁	283	121	162	280	103	177	1570	720	850
85-89岁	116	46	70	144	55	89	632	303	329
90-94岁	38	17	21	42	19	23	157	70	87
95-99岁	14	2	12	10	2	8	19	11	8
100岁及以上	1		1	1		1	3	1	2

2-2b　续表 13

单位：人

年龄组	锡伯族			阿昌族			普米族		
	小计	男	女	小计	男	女	小计	男	女
总　计	**29780**	**15068**	**14712**	**8223**	**4151**	**4072**	**13716**	**6714**	**7002**
0-4岁	1822	912	910	844	453	391	1320	698	622
5-9岁	2055	1027	1028	697	378	319	1243	629	614
10-14岁	1875	969	906	631	310	321	1025	519	506
15-19岁	1783	894	889	1082	546	536	1232	602	630
20-24岁	1357	666	691	552	271	281	826	427	399
25-29岁	1927	989	938	663	303	360	1060	476	584
30-34岁	2819	1480	1339	829	416	413	1351	644	707
35-39岁	2314	1168	1146	619	304	315	1088	556	532
40-44岁	2316	1198	1118	571	285	286	1016	504	512
45-49岁	2574	1300	1274	531	258	273	952	463	489
50-54岁	2370	1217	1153	445	233	212	825	400	425
55-59岁	1967	974	993	278	149	129	607	299	308
60-64岁	1635	777	858	172	94	78	332	151	181
65-69岁	1291	657	634	136	74	62	295	125	170
70-74岁	796	411	385	69	28	41	236	104	132
75-79岁	462	225	237	55	25	30	160	73	87
80-84岁	268	132	136	27	13	14	83	25	58
85-89岁	101	47	54	20	9	11	54	19	35
90-94岁	41	22	19	2	2		9		9
95-99岁	6	3	3				1		1
100岁及以上	1		1				1		1

2-2b 续表 14

单位：人

年龄组	塔吉克族			怒族			乌孜别克族		
	小计	男	女	小计	男	女	小计	男	女
总计	**10184**	**5051**	**5133**	**7816**	**3772**	**4044**	**4152**	**2179**	**1973**
0-4岁	638	338	300	980	489	491	232	124	108
5-9岁	928	510	418	691	385	306	614	319	295
10-14岁	702	362	340	493	233	260	437	241	196
15-19岁	1518	649	869	747	362	385	308	151	157
20-24岁	643	315	328	513	230	283	307	164	143
25-29岁	897	443	454	594	255	339	263	133	130
30-34岁	1133	552	581	789	372	417	366	196	170
35-39岁	936	435	501	716	344	372	295	154	141
40-44岁	758	373	385	574	284	290	262	136	126
45-49岁	588	324	264	458	229	229	300	156	144
50-54岁	399	205	194	373	180	193	247	137	110
55-59岁	298	150	148	285	133	152	175	97	78
60-64岁	300	152	148	220	105	115	120	50	70
65-69岁	180	98	82	140	60	80	106	58	48
70-74岁	136	69	67	109	49	60	62	33	29
75-79岁	86	49	37	70	34	36	34	16	18
80-84岁	33	18	15	38	14	24	21	13	8
85-89岁	8	6	2	17	10	7	2		2
90-94岁	2	2		7	3	4			
95-99岁	1	1		1		1	1	1	
100岁及以上				1	1				

2-2b 续表 15

单位：人

年龄组	俄罗斯族			鄂温克族			德昂族		
	小计	男	女	小计	男	女	小计	男	女
总计	**2217**	**1116**	**1101**	**13650**	**6393**	**7257**	**4025**	**2017**	**2008**
0-4岁	158	89	69	1053	539	514	420	215	205
5-9岁	141	74	67	1240	624	616	430	213	217
10-14岁	100	52	48	1002	503	499	335	153	182
15-19岁	92	47	45	534	274	260	354	187	167
20-24岁	114	63	51	582	292	290	264	147	117
25-29岁	144	84	60	1239	580	659	274	148	126
30-34岁	222	107	115	1522	745	777	352	185	167
35-39岁	145	76	69	1229	586	643	326	166	160
40-44岁	140	78	62	982	477	505	261	132	129
45-49岁	187	95	92	1095	468	627	233	104	129
50-54岁	215	100	115	932	411	521	242	118	124
55-59岁	209	96	113	816	344	472	175	90	85
60-64岁	157	72	85	652	276	376	138	70	68
65-69岁	69	36	33	390	147	243	93	35	58
70-74岁	42	18	24	198	60	138	70	34	36
75-79岁	42	19	23	98	33	65	24	12	12
80-84岁	25	6	19	53	20	33	22	4	18
85-89岁	12	3	9	32	13	19	10	3	7
90-94岁	3	1	2	1	1		2	1	1
95-99岁									
100岁及以上									

2-2b 续表 16

单位：人

年龄组	保安族			裕固族			京族		
	小计	男	女	小计	男	女	小计	男	女
总计	**5064**	**2549**	**2515**	**3887**	**1882**	**2005**	**6346**	**3425**	**2921**
0-4岁	564	285	279	221	109	112	742	401	341
5-9岁	723	364	359	260	127	133	816	432	384
10-14岁	540	295	245	227	119	108	586	344	242
15-19岁	440	222	218	232	114	118	323	188	135
20-24岁	352	158	194	192	94	98	357	209	148
25-29岁	406	188	218	215	103	112	390	223	167
30-34岁	407	184	223	349	151	198	528	292	236
35-39岁	366	188	178	286	142	144	394	237	157
40-44岁	321	157	164	317	158	159	334	201	133
45-49岁	295	159	136	388	191	197	343	188	155
50-54岁	267	150	117	381	188	193	369	185	184
55-59岁	135	70	65	295	142	153	346	159	187
60-64岁	80	46	34	122	60	62	228	111	117
65-69岁	54	29	25	150	71	79	212	107	105
70-74岁	48	22	26	96	49	47	132	55	77
75-79岁	40	20	20	87	43	44	120	47	73
80-84岁	20	9	11	48	17	31	64	28	36
85-89岁	3	1	2	16	3	13	40	13	27
90-94岁	2	2		5	1	4	14	4	10
95-99岁							6		6
100岁及以上	1		1				2	1	1

2-2b 续表 17

单位：人

年龄组	塔塔尔族			独龙族			鄂伦春族		
	小计	男	女	小计	男	女	小计	男	女
总计	**751**	**392**	**359**	**2411**	**1172**	**1239**	**3800**	**1800**	**2000**
0-4岁	47	26	21	238	123	115	401	194	207
5-9岁	65	34	31	195	107	88	389	193	196
10-14岁	49	25	24	187	103	84	265	127	138
15-19岁	56	26	30	222	119	103	221	120	101
20-24岁	48	22	26	182	87	95	193	97	96
25-29岁	61	27	34	180	82	98	337	170	167
30-34岁	62	32	30	247	130	117	471	238	233
35-39岁	39	20	19	244	101	143	368	173	195
40-44岁	70	37	33	165	76	89	262	134	128
45-49岁	72	41	31	135	63	72	257	112	145
50-54岁	51	26	25	117	50	67	216	81	135
55-59岁	42	27	15	99	42	57	184	67	117
60-64岁	26	16	10	66	32	34	115	53	62
65-69岁	28	14	14	49	25	24	56	20	36
70-74岁	14	8	6	33	11	22	38	10	28
75-79岁	13	6	7	24	9	15	17	6	11
80-84岁	4	2	2	15	4	11	8	4	4
85-89岁	4	3	1	10	7	3	1		1
90-94岁				2	1	1	1	1	
95-99岁				1		1			
100岁及以上									

2-2b 续表 18

单位：人

年龄组	赫哲族			门巴族			珞巴族		
	小计	男	女	小计	男	女	小计	男	女
总　计	**927**	**463**	**464**	**1860**	**869**	**991**	**554**	**242**	**312**
0-4岁	74	40	34	180	84	96	67	35	32
5-9岁	67	30	37	207	108	99	48	21	27
10-14岁	86	53	33	137	66	71	55	28	27
15-19岁	46	30	16	85	43	42	35	16	19
20-24岁	47	27	20	168	87	81	44	18	26
25-29岁	58	28	30	207	91	116	66	25	41
30-34岁	98	38	60	228	100	128	58	25	33
35-39岁	93	46	47	173	82	91	47	23	24
40-44岁	66	28	38	125	61	64	28	12	16
45-49岁	66	38	28	113	53	60	35	17	18
50-54岁	67	31	36	66	33	33	18	9	9
55-59岁	60	28	32	57	17	40	15	7	8
60-64岁	41	22	19	44	17	27	11	1	10
65-69岁	31	13	18	32	12	20	9	2	7
70-74岁	17	6	11	17	9	8	4	1	3
75-79岁	5	3	2	16	4	12	8	2	6
80-84岁	2	1	1	4	2	2	3		3
85-89岁	3	1	2	1		1	2		2
90-94岁							1		1
95-99岁									
100岁及以上									

2-2b 续表 19

单位：人

年龄组	基诺族			未定族称人口			入籍		
	小计	男	女	小计	男	女	小计	男	女
总　计	**2319**	**1058**	**1261**	**273430**	**141125**	**132305**	**3481**	**1614**	**1867**
0-4岁	216	119	97	27694	14745	12949	387	200	187
5-9岁	225	115	110	30154	16307	13847	315	168	147
10-14岁	185	93	92	28772	15372	13400	269	148	121
15-19岁	238	129	109	28664	14525	14139	273	153	120
20-24岁	173	76	97	21564	11011	10553	391	182	209
25-29岁	188	75	113	16920	8494	8426	338	120	218
30-34岁	216	83	133	19358	9972	9386	367	139	228
35-39岁	183	73	110	16232	8618	7614	254	114	140
40-44岁	159	71	88	17782	9404	8378	194	95	99
45-49岁	175	64	111	17510	9139	8371	199	88	111
50-54岁	132	53	79	14751	7377	7374	185	69	116
55-59岁	80	30	50	10025	4958	5067	92	50	42
60-64岁	52	26	26	6610	3238	3372	59	24	35
65-69岁	42	25	17	6925	3301	3624	64	28	36
70-74岁	27	14	13	4472	2104	2368	43	19	24
75-79岁	13	7	6	2940	1266	1674	23	10	13
80-84岁	7	3	4	1980	865	1115	17	5	12
85-89岁	8	2	6	807	324	483	6	1	5
90-94岁				215	81	134	4		4
95-99岁				43	20	23			
100岁及以上				12	4	8	1	1	

2-2c　全国各民族分年龄、性别的人口(乡村)

单位：人

年龄组	合计			汉族		
	合计	男	女	小计	男	女
总　计	**509787562**	**264595042**	**245192520**	**446101523**	**231604755**	**214496768**
0-4岁	28023211	14736837	13286374	23563801	12411119	11152682
5-9岁	34705291	18404830	16300461	28674049	15259108	13414941
10-14岁	35497455	18976267	16521188	29893467	16041469	13851998
15-19岁	19510791	10886982	8623809	16298963	9142101	7156862
20-24岁	21498336	11861651	9636685	18118424	10049384	8069040
25-29岁	27351490	14968243	12383247	23542851	12920772	10622079
30-34岁	35141956	18933754	16208202	30552271	16469272	14082999
35-39岁	27805019	14918538	12886481	23530840	12629366	10901474
40-44岁	28532469	15046746	13485723	24293899	12815538	11478361
45-49岁	40381055	20813054	19568001	35531226	18299637	17231589
50-54岁	48580819	24646626	23934193	43571601	22092709	21478892
55-59岁	41403376	20950572	20452804	37359485	18898932	18460553
60-64岁	31003418	15924093	15079325	28183721	14505056	13678665
65-69岁	34278062	17198776	17079286	31525215	15834608	15690607
70-74岁	24095543	11949728	12145815	22110287	10996463	11113824
75-79岁	15307799	7362435	7945364	13986066	6757093	7228973
80-84岁	9527299	4315466	5211833	8734364	3973882	4760482
85-89岁	5027616	1992630	3034986	4662397	1850546	2811851
90-94岁	1685053	580439	1104614	1567859	539595	1028264
95-99岁	375944	112711	263233	350160	104784	245376
100岁及以上	55560	14664	40896	50577	13321	37256

2-2c　续表 1　　单位：人

年龄组	蒙古族			回族			藏族		
	小计	男	女	小计	男	女	小计	男	女
总　计	**2454155**	**1276705**	**1177450**	**4119842**	**2113906**	**2005936**	**4594063**	**2319084**	**2274979**
0-4岁	121228	62915	58313	340152	175828	164324	421368	215275	206093
5-9岁	153361	80016	73345	393641	203477	190164	452257	230128	222129
10-14岁	179232	94068	85164	365056	189191	175865	417465	212314	205151
15-19岁	87142	48444	38698	221800	117804	103996	291247	154328	136919
20-24岁	103349	57072	46277	245450	128649	116801	317988	166081	151907
25-29岁	139253	77775	61478	276033	144902	131131	357995	186230	171765
30-34岁	187389	103516	83873	300674	156336	144338	373007	193733	179274
35-39岁	210819	114642	96177	252306	130852	121454	352820	181574	171246
40-44岁	189494	100655	88839	258474	131140	127334	321798	164275	157523
45-49岁	239745	123205	116540	296558	149796	146762	318437	160711	157726
50-54岁	237814	120053	117761	320110	159845	160265	284740	142438	142302
55-59岁	201480	99989	101491	247271	125465	121806	212726	105232	107494
60-64岁	155148	76880	78268	153624	77607	76017	130364	61874	68490
65-69岁	118900	58407	60493	167193	84122	83071	120623	55314	65309
70-74岁	65298	31095	34203	122596	61599	60997	95949	41634	54315
75-79岁	32790	14874	17916	82972	41562	41410	67162	27852	39310
80-84岁	20373	8652	11721	46546	22820	23726	36484	13393	23091
85-89岁	8488	3337	5151	20824	9448	11376	15351	5008	10343
90-94岁	2344	913	1431	6756	2816	3940	4801	1325	3476
95-99岁	422	161	261	1523	562	961	1249	316	933
100岁及以上	86	36	50	283	85	198	232	49	183

2-2c 续表 2 单位：人

年龄组	维吾尔族			苗族			彝族		
	小计	男	女	小计	男	女	小计	男	女
总 计	**7573182**	**3821409**	**3751773**	**6062391**	**3156950**	**2905441**	**6241892**	**3196519**	**3045373**
0-4岁	426168	217868	208300	495067	260790	234277	522932	273309	249623
5-9岁	1257180	641129	616051	588475	312877	275598	631296	325300	305996
10-14岁	832649	424852	407797	579559	309523	270036	618445	320957	297488
15-19岁	401104	212615	188489	355223	192036	163187	397143	214770	182373
20-24岁	468566	240490	228076	352080	187793	164287	405860	219157	186703
25-29岁	590057	292748	297309	350328	190632	159696	381294	206693	174601
30-34岁	712881	355181	357700	400014	218059	181955	416974	223631	193343
35-39岁	586860	298984	287876	360661	195668	164993	399523	209431	190092
40-44岁	479404	239464	239940	379029	199890	179139	441527	226987	214540
45-49岁	457010	225718	231292	460438	238764	221674	478709	241961	236748
50-54岁	404731	195415	209316	457732	229343	228389	450203	224146	226057
55-59岁	278193	135665	142528	342887	172248	170639	338260	166149	172111
60-64岁	220530	108084	112446	221159	110309	110850	206535	99706	106829
65-69岁	176874	88254	88620	258777	127653	131124	206779	96931	109848
70-74岁	146952	74587	72365	195875	94388	101487	149175	67687	81488
75-79岁	77641	40617	37024	131648	61090	70558	106355	45404	60951
80-84岁	35686	18951	16735	82896	36225	46671	59003	23466	35537
85-89岁	13401	7044	6357	37104	14987	22117	24208	8557	15651
90-94岁	5194	2697	2497	10853	3885	6968	6405	1929	4476
95-99岁	1451	760	691	2208	680	1528	1126	320	806
100岁及以上	650	286	364	378	110	268	140	28	112

2-2c 续表 3 单位：人

年龄组	壮族			布依族			朝鲜族		
	小计	男	女	小计	男	女	小计	男	女
总 计	**9113819**	**4768842**	**4344977**	**1762003**	**905292**	**856711**	**499730**	**250395**	**249335**
0-4岁	601739	318620	283119	140976	74847	66129	13330	6726	6604
5-9岁	729088	390766	338322	162518	87850	74668	12818	6569	6249
10-14岁	739936	395847	344089	151565	81964	69601	10524	5461	5063
15-19岁	379562	214464	165098	93877	51220	42657	7856	4054	3802
20-24岁	358291	199929	158362	98488	53051	45437	10000	5274	4726
25-29岁	413585	233863	179722	97913	52754	45159	19592	10359	9233
30-34岁	573078	320716	252362	103027	55655	47372	41725	22168	19557
35-39岁	624501	345704	278797	100109	53864	46245	40463	21858	18605
40-44岁	639693	350082	289611	117693	61927	55766	35850	19314	16536
45-49岁	722258	387205	335053	137697	70774	66923	41388	22008	19380
50-54岁	787128	416427	370701	140553	71354	69199	53043	27311	25732
55-59岁	673482	350683	322799	103822	52190	51632	62056	30890	31166
60-64岁	472436	237577	234859	80051	38804	41247	56360	27493	28867
65-69岁	469179	226056	243123	82280	38245	44035	41171	19743	21428
70-74岁	352311	158750	193561	61795	27027	34768	24390	10984	13406
75-79岁	270612	112774	157838	46571	18867	27704	13517	5334	8183
80-84岁	173722	66907	106815	27470	10089	17381	9426	3297	6129
85-89岁	91664	30787	60877	11432	3749	7683	4116	1143	2973
90-94岁	32187	9526	22661	3415	889	2526	1528	296	1232
95-99岁	7752	1864	5888	629	142	487	525	101	424
100岁及以上	1615	295	1320	122	30	92	52	12	40

2-2c 续表 4

单位：人

年龄组	满族			侗族			瑶族		
	小计	男	女	小计	男	女	小计	男	女
总　计	**4136301**	**2205310**	**1930991**	**1692338**	**902580**	**789758**	**1933918**	**1012690**	**921228**
0-4岁	162685	84071	78614	119397	63550	55847	154652	81215	73437
5-9岁	212612	111625	100987	139591	75660	63931	198150	104657	93493
10-14岁	263093	137972	125121	135654	74194	61460	198526	104256	94270
15-19岁	163919	89086	74833	75899	43760	32139	101666	55571	46095
20-24岁	155579	84787	70792	76742	42617	34125	84495	45299	39196
25-29岁	187110	104930	82180	85751	48511	37240	95923	52606	43317
30-34岁	268739	149018	119721	106561	60762	45799	130942	71991	58951
35-39岁	225094	123265	101829	95007	52865	42142	131886	72747	59139
40-44岁	247189	134627	112562	94977	51458	43519	122269	67257	55012
45-49岁	324103	171683	152420	139565	73478	66087	137368	73814	63554
50-54岁	440921	230661	210260	154491	79624	74867	148365	77536	70829
55-59岁	430384	222089	208295	128265	66335	61930	121975	62330	59645
60-64岁	370353	197607	172746	79565	41772	37793	86008	43406	42602
65-69岁	316249	171923	144326	91214	46945	44269	79892	38895	40997
70-74岁	179914	96054	83860	71137	35682	35455	56218	26305	29913
75-79岁	96551	50843	45708	47135	22609	24526	40009	17406	22603
80-84岁	54536	28104	26432	32237	14891	17346	26384	10798	15586
85-89岁	25877	12090	13787	14554	6165	8389	13409	4856	8553
90-94岁	9196	3959	5237	3845	1432	2413	4454	1430	3024
95-99岁	1970	818	1152	662	241	421	1106	268	838
100岁及以上	227	98	129	89	29	60	221	47	174

2-2c 续表 5

单位：人

年龄组	白族			土家族			哈尼族		
	小计	男	女	小计	男	女	小计	男	女
总　计	**1041122**	**534168**	**506954**	**4293865**	**2281520**	**2012345**	**1108897**	**578481**	**530416**
0-4岁	67257	34599	32658	243764	128559	115205	83137	43492	39645
5-9岁	71252	36616	34636	292174	154881	137293	100782	52759	48023
10-14岁	73495	37820	35675	337030	179170	157860	98083	52742	45341
15-19岁	44158	23841	20317	189575	105150	84425	52259	30279	21980
20-24岁	52441	27993	24448	212508	116641	95867	57049	33005	24044
25-29岁	58397	31025	27372	238711	133648	105063	60841	35282	25559
30-34岁	75477	40434	35043	256125	144667	111458	79477	44377	35100
35-39岁	63796	34359	29437	216917	120938	95979	79436	43597	35839
40-44岁	79850	41609	38241	223622	120306	103316	87134	45732	41402
45-49岁	95025	49499	45526	355445	189322	166123	91412	46563	44849
50-54岁	93652	47938	45714	403534	210718	192816	89621	44883	44738
55-59岁	76915	38842	38073	330073	172794	157279	70617	35062	35555
60-64岁	48357	24128	24229	201358	106620	94738	48721	23378	25343
65-69岁	54663	26611	28052	283800	146734	137066	39069	18292	20777
70-74岁	35618	17137	18481	220127	112678	107449	30506	13600	16906
75-79岁	24995	11395	13600	147135	73406	73729	20248	8393	11855
80-84岁	15458	6427	9031	87970	42137	45833	12936	4754	8182
85-89岁	7764	2984	4780	39868	17713	22155	5278	1682	3596
90-94岁	2180	777	1403	11819	4648	7171	1834	515	1319
95-99岁	338	124	214	2035	709	1326	388	83	305
100岁及以上	34	10	24	275	81	194	69	11	58

2-2c 续表 6 单位：人

年龄组	哈萨克族			傣族			黎族		
	小计	男	女	小计	男	女	小计	男	女
总计	**943263**	**484935**	**458328**	**770937**	**392818**	**378119**	**1036911**	**554688**	**482223**
0-4岁	60754	32269	28485	50149	25686	24463	67724	35896	31828
5-9岁	98450	51722	46728	57329	29163	28166	86588	45997	40591
10-14岁	95570	49514	46056	57026	29016	28010	88368	46902	41466
15-19岁	53771	29135	24636	29629	16327	13302	49479	27383	22096
20-24岁	49756	27142	22614	35967	19570	16397	54985	30820	24165
25-29岁	61636	32526	29110	46917	25369	21548	81356	45414	35942
30-34岁	92527	48107	44420	64766	34878	29888	88391	49988	38403
35-39岁	88332	45660	42672	59310	32004	27306	92974	53058	39916
40-44岁	79986	40832	39154	55808	29322	26486	81329	46225	35104
45-49岁	72751	36197	36554	63725	32718	31007	80628	44564	36064
50-54岁	61695	30355	31340	70635	34902	35733	77756	40961	36795
55-59岁	45215	22387	22828	62094	30433	31661	62207	32110	30097
60-64岁	32833	15899	16934	43275	21008	22267	38305	18742	19563
65-69岁	22594	10558	12036	28314	13145	15169	30190	14258	15932
70-74岁	13551	6456	7095	20133	8993	11140	22102	9582	12520
75-79岁	7848	3621	4227	12649	5377	7272	14631	5885	8746
80-84岁	3940	1730	2210	7870	3049	4821	11129	4029	7100
85-89岁	1514	604	910	3862	1374	2488	5772	1970	3802
90-94岁	422	179	243	1179	401	778	2255	707	1548
95-99岁	101	39	62	237	68	169	615	173	442
100岁及以上	17	3	14	63	15	48	127	24	103

2-2c 续表 7 单位：人

年龄组	傈僳族			佤族			畲族		
	小计	男	女	小计	男	女	小计	男	女
总计	**495049**	**249787**	**245262**	**293038**	**149050**	**143988**	**372566**	**207043**	**165523**
0-4岁	38732	19828	18904	24444	12813	11631	24676	12900	11776
5-9岁	38233	19556	18677	22285	11444	10841	29699	15578	14121
10-14岁	38734	19626	19108	20046	10181	9865	28410	15064	13346
15-19岁	26412	13873	12539	11663	6006	5657	13413	7386	6027
20-24岁	29152	15288	13864	15706	8116	7590	13683	7746	5937
25-29岁	32063	16714	15349	19309	9993	9316	19684	11307	8377
30-34岁	41883	21794	20089	25780	13600	12180	23120	13583	9537
35-39岁	40808	21477	19331	25344	13566	11778	20382	12202	8180
40-44岁	41042	20999	20043	24283	12903	11380	23314	13760	9554
45-49岁	40641	20557	20084	23846	12368	11478	30954	17678	13276
50-54岁	37331	18471	18860	23768	11850	11918	33987	19182	14805
55-59岁	28704	13922	14782	18170	8902	9268	28745	16096	12649
60-64岁	18967	9045	9922	13580	6438	7142	22851	12910	9941
65-69岁	16567	7555	9012	8942	4124	4818	23032	12610	10422
70-74岁	11658	5253	6405	7461	3281	4180	14966	8225	6741
75-79岁	7441	3224	4217	4505	1915	2590	9422	5082	4340
80-84岁	4132	1664	2468	2529	1049	1480	6866	3493	3373
85-89岁	1864	702	1162	985	377	608	3722	1599	2123
90-94岁	527	189	338	289	93	196	1345	534	811
95-99岁	131	45	86	80	26	54	261	95	166
100岁及以上	27	5	22	23	5	18	34	13	21

2-2c　续表 8

单位：人

年龄组	高山族			拉祜族			水族		
	小计	男	女	小计	男	女	小计	男	女
总　计	**633**	**364**	**269**	**371198**	**191471**	**179727**	**259760**	**136596**	**123164**
0-4岁	25	11	14	29559	15004	14555	20753	11339	9414
5-9岁	41	24	17	28172	14456	13716	26458	14601	11857
10-14岁	42	25	17	26332	13411	12921	25529	13977	11552
15-19岁	26	15	11	16611	8724	7887	14321	8181	6140
20-24岁	34	17	17	19050	10039	9011	14454	7915	6539
25-29岁	47	32	15	22614	12111	10503	14801	8000	6801
30-34岁	62	37	25	33728	18404	15324	17391	9508	7883
35-39岁	40	22	18	32054	17521	14533	17633	9257	8376
40-44岁	35	18	17	30617	16643	13974	18710	9726	8984
45-49岁	57	33	24	30681	16143	14538	19512	10046	9466
50-54岁	67	38	29	30715	15578	15137	18616	9498	9118
55-59岁	66	31	35	23591	11725	11866	14287	7240	7047
60-64岁	29	22	7	17282	8406	8876	9090	4472	4618
65-69岁	21	15	6	11084	5305	5779	9823	4865	4958
70-74岁	14	7	7	9181	4015	5166	7448	3527	3921
75-79岁	12	11	1	5314	2231	3083	5299	2306	2993
80-84岁	9	6	3	2905	1149	1756	3531	1378	2153
85-89岁	4		4	1164	434	730	1620	602	1018
90-94岁	2		2	413	139	274	400	131	269
95-99岁				107	28	79	68	24	44
100岁及以上				24	5	19	16	3	13

2-2c　续表 9

单位：人

年龄组	东乡族			纳西族			景颇族		
	小计	男	女	小计	男	女	小计	男	女
总　计	**517160**	**257569**	**259591**	**152180**	**77750**	**74430**	**104626**	**51995**	**52631**
0-4岁	70342	36052	34290	9161	4658	4503	10971	5650	5321
5-9岁	72386	36839	35547	8001	4101	3900	10005	5132	4873
10-14岁	52361	27096	25265	7528	3865	3663	9907	5178	4729
15-19岁	32352	15805	16547	4398	2374	2024	5122	2717	2405
20-24岁	33941	16633	17308	7750	4123	3627	5245	2778	2467
25-29岁	34837	17387	17450	9624	5121	4503	6010	3246	2764
30-34岁	33968	16842	17126	11206	6059	5147	8799	4840	3959
35-39岁	28632	14009	14623	9227	5096	4131	8172	4337	3835
40-44岁	26773	12793	13980	11666	6147	5519	7960	3959	4001
45-49岁	30088	14313	15775	15923	8276	7647	7734	3702	4032
50-54岁	30543	14657	15886	15712	8032	7680	7227	3248	3979
55-59岁	21974	11226	10748	12887	6537	6350	5369	2384	2985
60-64岁	11170	5493	5677	7058	3577	3481	4561	1925	2636
65-69岁	11138	5336	5802	7734	3651	4083	2794	1161	1633
70-74岁	10769	5193	5576	5463	2542	2921	2259	886	1373
75-79岁	8278	4121	4157	4331	1894	2437	1314	454	860
80-84岁	4929	2462	2467	2988	1179	1809	761	269	492
85-89岁	1898	965	933	1155	407	748	278	93	185
90-94岁	587	265	322	318	99	219	91	27	64
95-99岁	154	68	86	45	10	35	37	5	32
100岁及以上	40	14	26	5	2	3	10	4	6

2-2c 续表 10

单位：人

年龄组	柯尔克孜族			土族			达斡尔族		
	小计	男	女	小计	男	女	小计	男	女
总　计	**144115**	**74188**	**69927**	**136036**	**71049**	**64987**	**40838**	**20968**	**19870**
0-4岁	9315	4889	4426	9509	4991	4518	2011	1016	995
5-9岁	17070	8716	8354	10644	5629	5015	2617	1360	1257
10-14岁	13981	7120	6861	10751	5768	4983	2947	1526	1421
15-19岁	7702	4205	3497	6472	3501	2971	2049	1126	923
20-24岁	7753	4065	3688	7243	3842	3401	1757	944	813
25-29岁	10608	5523	5085	8911	4982	3929	2572	1392	1180
30-34岁	16200	8289	7911	9270	5130	4140	3748	2108	1640
35-39岁	13569	7197	6372	8673	4637	4036	3778	2108	1670
40-44岁	10989	5749	5240	10943	5743	5200	3359	1790	1569
45-49岁	9717	4915	4802	13091	6725	6366	3826	1934	1892
50-54岁	8434	4137	4297	12789	6532	6257	3726	1822	1904
55-59岁	5826	2879	2947	9553	4843	4710	3069	1429	1640
60-64岁	3898	1880	2018	5417	2726	2691	2319	1079	1240
65-69岁	3412	1713	1699	5591	2710	2881	1641	727	914
70-74岁	2604	1337	1267	3573	1711	1862	775	338	437
75-79岁	1662	862	800	2148	975	1173	334	145	189
80-84岁	825	424	401	999	414	585	206	86	120
85-89岁	387	197	190	370	149	221	75	27	48
90-94岁	123	73	50	76	35	41	16	7	9
95-99岁	34	16	18	12	6	6	12	4	8
100岁及以上	6	2	4	1		1	1		1

2-2c 续表 11

单位：人

年龄组	仫佬族			羌族			布朗族		
	小计	男	女	小计	男	女	小计	男	女
总　计	**93033**	**49380**	**43653**	**154141**	**80181**	**73960**	**89859**	**46353**	**43506**
0-4岁	7185	3734	3451	7973	3977	3996	7633	3887	3746
5-9岁	8924	4661	4263	7968	4166	3802	7715	3987	3728
10-14岁	8328	4375	3953	9070	4654	4416	7688	3897	3791
15-19岁	3626	2043	1583	4750	2637	2113	4270	2250	2020
20-24岁	4152	2215	1937	8844	4824	4020	5305	2832	2473
25-29岁	4580	2481	2099	10324	5738	4586	6205	3212	2993
30-34岁	5844	3205	2639	10443	5850	4593	8068	4311	3757
35-39岁	6077	3373	2704	8846	4765	4081	7430	4018	3412
40-44岁	5776	3247	2529	11420	5943	5477	6898	3708	3190
45-49岁	7067	3876	3191	16637	8422	8215	6679	3536	3143
50-54岁	7667	4196	3471	15556	8016	7540	6190	3238	2952
55-59岁	6448	3483	2965	10799	5740	5059	5128	2617	2511
60-64岁	4172	2294	1878	7364	3778	3586	3743	1777	1966
65-69岁	4638	2389	2249	8989	4417	4572	2747	1291	1456
70-74岁	3210	1563	1647	6395	3216	3179	1923	877	1046
75-79岁	2436	1092	1344	5116	2421	2695	1098	466	632
80-84岁	1641	690	951	2614	1182	1432	661	289	372
85-89岁	882	334	548	677	298	379	331	118	213
90-94岁	305	111	194	297	116	181	111	35	76
95-99岁	63	14	49	57	20	37	30	6	24
100岁及以上	12	4	8	2	1	1	6	1	5

2-2c　续表 12

单位：人

年龄组	撒拉族			毛南族			仡佬族		
	小计	男	女	小计	男	女	小计	男	女
总　计	**83727**	**41758**	**41969**	**54492**	**28936**	**25556**	**272370**	**147395**	**124975**
0-4岁	9998	5111	4887	3957	2070	1887	21269	11399	9870
5-9岁	10906	5526	5380	4578	2408	2170	22604	11973	10631
10-14岁	10056	5065	4991	4470	2336	2134	23074	12562	10512
15-19岁	5546	2669	2877	2438	1310	1128	15278	8347	6931
20-24岁	5150	2544	2606	2249	1279	970	17124	9459	7665
25-29岁	5442	2745	2697	2355	1280	1075	16091	9217	6874
30-34岁	5628	2867	2761	2821	1571	1250	13918	7884	6034
35-39岁	5199	2582	2617	3385	1914	1471	12831	7283	5548
40-44岁	5075	2501	2574	3629	2008	1621	16709	9016	7693
45-49岁	4908	2352	2556	4683	2644	2039	23322	12522	10800
50-54岁	4442	2194	2248	4921	2736	2185	22437	11814	10623
55-59岁	3109	1556	1553	4019	2196	1823	16824	9032	7792
60-64岁	2129	1007	1122	2630	1416	1214	10299	5613	4686
65-69岁	2136	1086	1050	2720	1359	1361	14805	8026	6779
70-74岁	1814	894	920	2171	1022	1149	11630	6126	5504
75-79岁	1161	570	591	1755	736	1019	7925	4063	3862
80-84岁	650	317	333	1025	407	618	4260	2125	2135
85-89岁	261	125	136	487	168	319	1574	751	823
90-94岁	95	38	57	151	62	89	349	163	186
95-99岁	21	9	12	39	11	28	35	15	20
100岁及以上	1		1	9	3	6	12	5	7

2-2c　续表 13

单位：人

年龄组	锡伯族			阿昌族			普米族		
	小计	男	女	小计	男	女	小计	男	女
总　计	**60659**	**33542**	**27117**	**28583**	**14243**	**14340**	**24589**	**12464**	**12125**
0-4岁	2490	1299	1191	2735	1433	1302	1946	1001	945
5-9岁	3118	1603	1515	3182	1592	1590	1988	1037	951
10-14岁	3682	1917	1765	2921	1459	1462	1934	1022	912
15-19岁	2469	1328	1141	1271	688	583	1107	603	504
20-24岁	2618	1441	1177	1551	838	713	1360	734	626
25-29岁	3286	1871	1415	1705	886	819	1704	900	804
30-34岁	4427	2539	1888	2272	1228	1044	1953	1028	925
35-39岁	3550	2093	1457	2113	1058	1055	1788	952	836
40-44岁	3880	2211	1669	1849	956	893	1942	998	944
45-49岁	4749	2656	2093	1849	915	934	2236	1123	1113
50-54岁	6092	3388	2704	1899	908	991	1987	970	1017
55-59岁	5947	3171	2776	1631	753	878	1510	749	761
60-64岁	5083	2769	2314	1394	605	789	780	394	386
65-69岁	4480	2514	1966	846	392	454	792	354	438
70-74岁	2435	1441	994	592	250	342	603	248	355
75-79岁	1249	722	527	429	165	264	472	183	289
80-84岁	662	360	302	210	80	130	311	120	191
85-89岁	298	142	156	106	27	79	131	38	93
90-94岁	109	58	51	26	8	18	43	10	33
95-99岁	33	18	15	2	2		2		2
100岁及以上	2	1	1						

2-2c 续表 14

单位：人

年龄组	塔吉克族			怒　族			乌孜别克族		
	小计	男	女	小计	男	女	小计	男	女
总　计	**38577**	**19593**	**18984**	**25214**	**13100**	**12114**	**2389**	**1404**	**985**
0-4岁	2736	1409	1327	2897	1458	1439	126	69	57
5-9岁	4029	2045	1984	2250	1142	1108	241	132	109
10-14岁	3430	1754	1676	2125	1066	1059	223	119	104
15-19岁	2008	1085	923	1437	765	672	134	78	56
20-24岁	2724	1418	1306	1452	766	686	159	92	67
25-29岁	3347	1676	1671	1648	916	732	171	97	74
30-34岁	4099	2100	1999	2108	1199	909	229	133	96
35-39岁	3499	1814	1685	2180	1204	976	207	125	82
40-44岁	2832	1445	1387	1851	967	884	191	116	75
45-49岁	2494	1210	1284	1562	820	742	176	107	69
50-54岁	2012	987	1025	1597	808	789	144	96	48
55-59岁	1547	751	796	1206	602	604	114	72	42
60-64岁	1255	630	625	900	448	452	81	55	26
65-69岁	893	452	441	653	319	334	75	43	32
70-74岁	747	386	361	584	281	303	57	31	26
75-79岁	497	229	268	351	150	201	38	29	9
80-84岁	252	116	136	237	113	124	14	5	9
85-89岁	116	53	63	108	45	63	4	1	3
90-94岁	44	24	20	47	22	25	4	3	1
95-99岁	12	7	5	17	7	10	1	1	
100岁及以上	4	2	2	4	2	2			

2-2c 续表 15

单位：人

年龄组	俄罗斯族			鄂温克族			德 昂 族		
	小计	男	女	小计	男	女	小计	男	女
总　计	**1519**	**810**	**709**	**11704**	**5992**	**5712**	**14972**	**7500**	**7472**
0-4岁	89	49	40	759	379	380	1481	765	716
5-9岁	69	29	40	879	461	418	1521	767	754
10-14岁	66	38	28	868	460	408	1437	687	750
15-19岁	66	37	29	481	246	235	775	383	392
20-24岁	85	49	36	535	285	250	698	359	339
25-29岁	127	83	44	1044	601	443	816	456	360
30-34岁	136	78	58	1140	633	507	1307	708	599
35-39岁	77	33	44	1117	618	499	1202	639	563
40-44岁	84	48	36	951	486	465	1108	586	522
45-49岁	162	84	78	1074	534	540	969	472	497
50-54岁	170	88	82	1077	526	551	1042	494	548
55-59岁	135	73	62	764	358	406	865	431	434
60-64岁	107	55	52	478	201	277	694	314	380
65-69岁	64	31	33	273	122	151	402	178	224
70-74岁	33	15	18	138	52	86	297	125	172
75-79岁	25	11	14	48	15	33	168	59	109
80-84岁	15	7	8	51	11	40	126	53	73
85-89岁	6	2	4	26	3	23	40	14	26
90-94岁	1		1	1	1		17	7	10
95-99岁	2		2				7	3	4
100岁及以上									

2-2c　续表 16　　　　单位：人

年龄组	保安族			裕固族			京族		
	小计	男	女	小计	男	女	小计	男	女
总　计	**15824**	**7874**	**7950**	**6249**	**3259**	**2990**	**12781**	**6839**	**5942**
0-4岁	2068	1097	971	349	164	185	1396	755	641
5-9岁	2298	1185	1113	316	163	153	1579	853	726
10-14岁	1695	872	823	303	144	159	1155	615	540
15-19岁	887	449	438	249	123	126	608	393	215
20-24岁	912	425	487	266	136	130	620	361	259
25-29岁	1032	516	516	373	207	166	837	491	346
30-34岁	1035	519	516	478	261	217	896	529	367
35-39岁	726	353	373	398	233	165	791	440	351
40-44岁	693	304	389	492	273	219	655	352	303
45-49岁	953	443	510	645	348	297	724	385	339
50-54岁	1047	535	512	806	416	390	831	391	440
55-59岁	656	311	345	552	278	274	752	376	376
60-64岁	489	247	242	303	165	138	447	212	235
65-69岁	443	204	239	341	165	176	484	250	234
70-74岁	379	187	192	193	96	97	340	150	190
75-79岁	293	123	170	111	51	60	261	108	153
80-84岁	141	61	80	45	25	20	208	92	116
85-89岁	59	32	27	25	8	17	121	57	64
90-94岁	13	9	4	4	3	1	59	25	34
95-99岁	3	1	2				15	3	12
100岁及以上	2	1	1				2	1	1

2-2c　续表 17　　　　单位：人

年龄组	塔塔尔族			独龙族			鄂伦春族		
	小计	男	女	小计	男	女	小计	男	女
总　计	**1092**	**625**	**467**	**4213**	**2059**	**2154**	**2223**	**1070**	**1153**
0-4岁	54	26	28	453	231	222	146	61	85
5-9岁	118	64	54	392	192	200	155	69	86
10-14岁	100	45	55	375	195	180	139	67	72
15-19岁	50	35	15	207	104	103	117	66	51
20-24岁	68	40	28	251	122	129	112	65	47
25-29岁	55	29	26	319	150	169	181	108	73
30-34岁	102	65	37	415	215	200	207	130	77
35-39岁	133	78	55	375	164	211	211	123	88
40-44岁	80	49	31	319	165	154	171	77	94
45-49岁	70	43	27	254	123	131	212	83	129
50-54岁	72	43	29	241	114	127	165	71	94
55-59岁	58	35	23	177	95	82	160	49	111
60-64岁	44	27	17	139	53	86	110	44	66
65-69岁	43	22	21	94	46	48	68	34	34
70-74岁	25	16	9	82	41	41	39	16	23
75-79岁	11	4	7	48	18	30	23	5	18
80-84岁	6	3	3	44	19	25	5	2	3
85-89岁	2	1	1	17	10	7	2		2
90-94岁				6	1	5			
95-99岁	1		1	3		3			
100岁及以上				2	1	1			

2-2c 续表 18

单位：人

年龄组	赫哲族			门巴族			珞巴族		
	小计	男	女	小计	男	女	小计	男	女
总 计	**1241**	**625**	**616**	**7981**	**4139**	**3842**	**3253**	**1631**	**1622**
0-4岁	68	25	43	711	368	343	383	186	197
5-9岁	90	45	45	874	451	423	429	206	223
10-14岁	94	49	45	682	376	306	339	177	162
15-19岁	69	33	36	507	295	212	198	102	96
20-24岁	52	29	23	586	305	281	228	112	116
25-29岁	73	39	34	783	387	396	297	170	127
30-34岁	108	45	63	713	388	325	265	129	136
35-39岁	103	57	46	612	332	280	235	121	114
40-44岁	87	46	41	538	274	264	176	92	84
45-49岁	112	66	46	488	252	236	205	106	99
50-54岁	116	57	59	441	228	213	162	74	88
55-59岁	101	46	55	361	167	194	129	59	70
60-64岁	66	33	33	267	125	142	71	38	33
65-69岁	55	32	23	150	70	80	47	24	23
70-74岁	25	14	11	111	46	65	41	14	27
75-79岁	11	5	6	89	47	42	26	12	14
80-84岁	9	4	5	43	23	20	16	8	8
85-89岁	2		2	20	5	15	3		3
90-94岁				2		2	2	1	1
95-99岁				3		3	1		1
100岁及以上									

2-2c 续表 19

单位：人

年龄组	基诺族			未定族称人口			入籍		
	小计	男	女	小计	男	女	小计	男	女
总 计	**18596**	**9702**	**8894**	**383461**	**202849**	**180612**	**7469**	**2842**	**4627**
0-4岁	1352	699	653	36529	19092	17437	650	308	342
5-9岁	1470	760	710	39903	21310	18593	473	267	206
10-14岁	1404	705	699	39992	21281	18711	494	261	233
15-19岁	532	252	280	26583	14241	12342	315	139	176
20-24岁	778	428	350	26068	14058	12010	603	175	428
25-29岁	1209	696	513	20237	11298	8939	626	146	480
30-34岁	1769	979	790	21655	12288	9367	720	189	531
35-39岁	1428	821	607	19992	11286	8706	548	194	354
40-44岁	1269	691	578	24583	13134	11449	495	183	312
45-49岁	1661	887	774	27037	14540	12497	569	198	371
50-54岁	1719	852	867	26191	13508	12683	555	214	341
55-59岁	1259	620	639	19016	9747	9269	461	166	295
60-64岁	913	425	488	14192	7311	6881	343	134	209
65-69岁	576	275	301	16232	8097	8135	261	118	143
70-74岁	578	294	284	10800	5225	5575	196	86	110
75-79岁	286	133	153	7199	3363	3836	78	33	45
80-84岁	211	98	113	4699	2069	2630	33	13	20
85-89岁	118	61	57	1762	729	1033	33	12	21
90-94岁	53	22	31	592	205	387	9	4	5
95-99岁	10	4	6	145	49	96	4	1	3
100岁及以上	1		1	54	18	36	3	1	2

2-3　全国各民族分性别、受教育程度的3岁及以上人口

单位：人

民　族	3岁及以上人口			未上过学		
	合计	男	女	小计	男	女
总　计	**1368140098**	**699523581**	**668616517**	**48595937**	**14455827**	**34140110**
汉　族	1247564630	637961090	609603540	41214914	11961496	29253418
蒙古族	6061485	3023152	3038333	167703	64372	103331
回　族	10921051	5516262	5404789	751600	256562	495038
藏　族	6735027	3352027	3383000	1554466	629795	924671
维吾尔族	11539014	5807636	5731378	309675	145813	163862
苗　族	10575558	5484995	5090563	802793	226086	576707
彝　族	9382692	4756032	4626660	881172	296767	584405
壮　族	18854018	9746960	9107058	647992	167446	480546
布依族	3414048	1747666	1666382	272440	63311	209129
朝鲜族	1671001	813977	857024	18509	7134	11375
满　族	10095800	5183857	4911943	178046	69288	108758
侗　族	3351259	1766843	1584416	175329	45489	129840
瑶　族	3166665	1647476	1519189	172240	50512	121728
白　族	2007596	1011687	995909	86266	22464	63802
土家族	9243956	4787807	4456149	322507	93227	229280
哈尼族	1660698	854534	806164	160389	52017	108372
哈萨克族	1513168	755958	757210	25782	11668	14114
傣　族	1277919	632353	645566	121003	47082	73921
黎　族	1541070	798125	742945	62879	18442	44437
傈僳族	728268	364530	363738	92115	34549	57566
佤　族	410857	206133	204724	41895	15184	26711
畲　族	716602	387850	328752	35148	10499	24649
高山族	3325	1749	1576	70	25	45
拉祜族	476376	239918	236458	61142	25540	35602
水　族	473453	248306	225147	35866	8826	27040
东乡族	720886	363619	357267	125516	46252	79264
纳西族	311635	154344	157291	16213	4829	11384
景颇族	151668	73736	77932	14582	5410	9172
柯尔克孜族	198714	100170	98544	5272	2362	2910
土　族	269542	137759	131783	22764	6823	15941
达斡尔族	127764	61986	65778	1862	862	1000
仫佬族	264651	135415	129236	9058	2583	6475
羌　族	301508	151841	149667	17928	4677	13251
布朗族	120968	61327	59641	15676	6204	9472
撒拉族	155256	78015	77241	24678	7950	16728
毛南族	118709	62074	56635	3921	1100	2821
仡佬族	644185	341604	302581	34553	9224	25329
锡伯族	185452	95143	90309	2031	942	1089
阿昌族	41457	20630	20827	3171	1027	2144
普米族	42752	21206	21546	3714	1090	2624
塔吉克族	49186	24813	24373	999	360	639
怒　族	34145	17160	16985	3929	1576	2353
乌孜别克族	12405	6573	5832	183	84	99
俄罗斯族	15580	7341	8239	190	76	114
鄂温克族	33177	15868	17309	544	265	279
德昂族	21150	10505	10645	2437	889	1548
保安族	22820	11474	11346	2862	1034	1828
裕固族	14165	7080	7085	461	134	327
京　族	30976	16031	14945	972	261	711
塔塔尔族	3444	1809	1635	53	24	29
独龙族	6865	3348	3517	629	216	413
鄂伦春族	8700	4104	4596	143	68	75
赫哲族	5121	2429	2692	61	27	34
门巴族	10582	5257	5325	2884	1259	1625
珞巴族	3978	1926	2052	807	343	464
基诺族	24909	12415	12494	1805	685	1120
未定族称人口	786626	412828	373798	82446	23215	59231
入　籍	15586	6828	8758	1652	382	1270

2-3 续表 1

单位：人

民族	学前教育			小学		
	小计	男	女	小计	男	女
总计	**53355845**	**27868882**	**25486963**	**349658733**	**164893183**	**184765550**
汉族	47214747	24674777	22539970	310225809	145551613	164674196
蒙古族	265851	137848	128003	1482660	713399	769261
回族	529002	273828	255174	3407936	1673020	1734916
藏族	338601	172699	165902	2633530	1379755	1253775
维吾尔族	901738	459614	442124	4252498	2113611	2138887
苗族	523221	276252	246969	3799786	1896128	1903658
彝族	519229	267194	252035	3993174	1976113	2017061
壮族	945393	502308	443085	5499047	2561259	2937788
布依族	177261	94616	82645	1174992	580835	594157
朝鲜族	41143	20829	20314	225441	95323	130118
满族	377155	194930	182225	2401071	1171110	1229961
侗族	161670	85799	75871	1044036	511543	532493
瑶族	174320	91479	82841	1111716	542267	569449
白族	86846	44233	42613	615933	281201	334732
土家族	406359	212600	193759	2780353	1334351	1446002
哈尼族	71852	36874	34978	733246	368340	364906
哈萨克族	85803	45128	40675	486640	238859	247781
傣族	55976	28403	27573	533706	267817	265889
黎族	70284	37312	32972	399822	200741	199081
傈僳族	34873	17689	17184	338630	169474	169156
佤族	17189	8756	8433	190167	95750	94417
畲族	39533	20496	19037	251367	128348	123019
高山族	199	112	87	597	289	308
拉祜族	20263	10335	9928	242003	125172	116831
水族	25863	14137	11726	173785	87117	86668
东乡族	59821	30433	29388	350646	177275	173371
纳西族	12731	6397	6334	84786	38784	46002
景颇族	7223	3787	3436	57923	28314	29609
柯尔克孜族	13864	7162	6702	76547	37139	39408
土族	13415	6926	6489	92726	45727	46999
达斡尔族	5359	2709	2650	23796	11595	12201
仫佬族	16113	8435	7678	80870	39526	41344
羌族	13524	6878	6646	103631	50473	53158
布朗族	5667	2896	2771	53610	27896	25714
撒拉族	9451	4816	4635	69408	34559	34849
毛南族	6773	3627	3146	35758	17348	18410
仡佬族	34644	18261	16383	199793	99271	100522
锡伯族	7662	3893	3769	32770	16786	15984
阿昌族	2308	1178	1130	15397	7390	8007
普米族	2376	1203	1173	14360	6690	7670
塔吉克族	2911	1525	1386	20176	9037	11139
怒族	2487	1257	1230	13367	6797	6570
乌孜别克族	814	430	384	3331	1785	1546
俄罗斯族	760	410	350	1895	890	1005
鄂温克族	1557	810	747	6578	3167	3411
德昂族	1186	613	573	9732	4961	4771
保安族	1929	1009	920	9466	4501	4965
裕固族	607	295	312	4312	2013	2299
京族	2677	1452	1225	7892	3750	4142
塔塔尔族	167	91	76	726	386	340
独龙族	411	220	191	2398	1137	1261
鄂伦春族	497	252	245	1388	639	749
赫哲族	283	133	150	776	389	387
门巴族	680	353	327	2985	1636	1349
珞巴族	276	136	140	1545	810	735
基诺族	1043	520	523	8176	4172	4004
未定族称人口	41601	22186	19415	269694	143153	126541
入籍	657	341	316	4330	1752	2578

2-3 续表 2

单位：人

民 族	初 中			高 中			大学专科		
	小计	男	女	小计	男	女	小计	男	女
总 计	**487095010**	**263448804**	**223646206**	**212209922**	**116996970**	**95212952**	**112303002**	**58727560**	**53575442**
汉 族	447493408	241354584	206138824	198724224	109652416	89071808	104803905	54945166	49858739
蒙古族	1900875	994529	906346	846113	439052	407061	615544	316355	299189
回 族	3280868	1812647	1468221	1370529	729539	640990	758180	380977	377203
藏 族	962699	550383	412316	465713	241202	224511	432043	217004	215039
维吾尔族	3816240	2010641	1805599	1156307	599878	556429	693918	305872	388046
苗 族	3528907	2037576	1491331	1015212	578533	436679	483596	256772	226824
彝 族	2475854	1431149	1044705	749177	408008	341169	428899	219705	209194
壮 族	7510157	4254165	3255992	2333390	1319250	1014140	1101580	565607	535973
布依族	1165678	685303	480375	305044	168073	136971	154733	79086	75647
朝鲜族	666448	329431	337017	388081	195231	192850	132255	68167	64088
满 族	4021325	2162130	1859195	1275240	677229	598011	839596	429912	409684
侗 族	1212208	707964	504244	373496	216783	156713	196266	104808	91458
瑶 族	1075008	624474	450534	347414	197640	149774	154382	79113	75269
白 族	675541	386917	288624	237517	129732	107785	148249	74888	73361
土家族	3212464	1799789	1412675	1328716	745324	583392	602756	308625	294131
哈尼族	447530	269174	178356	130574	72040	58534	70874	34800	36074
哈萨克族	494909	260477	234432	188223	95751	92472	133005	63275	69730
傣 族	362297	194811	167486	102919	50950	51969	58205	25489	32716
黎 族	706932	384454	322478	173614	95247	78367	75147	37341	37806
傈僳族	177350	99086	78264	43336	23079	20257	24054	12414	11640
佤 族	111988	61243	50745	26774	14233	12541	14254	6989	7265
畲 族	217476	132403	85073	86526	51493	35033	43024	22763	20261
高山族	842	462	380	582	323	259	414	220	194
拉祜族	106022	56699	49323	22792	11312	11480	13274	6162	7112
水 族	150007	90094	59913	43281	24844	18437	21024	11394	9630
东乡族	127452	76290	51162	31220	18935	12285	13478	7480	5998
纳西族	96776	53483	43293	41953	22964	18989	30122	15059	15063
景颇族	45970	23436	22534	13747	7144	6603	7544	3614	3930
柯尔克孜族	50603	27304	23299	23606	12648	10958	17789	8622	9167
土 族	65154	38980	26174	27637	15162	12475	20874	10836	10038
达斡尔族	44164	22200	21964	19471	9424	10047	15282	7524	7758
仫佬族	87196	49338	37858	32990	17669	15321	19105	9127	9978
羌 族	80599	47218	33381	33325	18113	15212	28056	13731	14325
布朗族	29547	16538	13009	7811	3931	3880	4458	2045	2413
撒拉族	31003	18429	12574	9966	6112	3854	4825	2834	1991
毛南族	43760	25502	18258	13627	7499	6128	7363	3754	3609
仡佬族	204236	121143	83093	72810	41763	31047	42847	22877	19970
锡伯族	68011	36815	31196	28301	14499	13802	20961	10479	10482
阿昌族	12720	7046	5674	3786	2020	1766	2047	1038	1009
普米族	11221	6554	4667	4478	2455	2023	3430	1777	1653
塔吉克族	11746	6379	5367	7117	4181	2936	4996	2696	2300
怒 族	8670	4675	3995	2410	1266	1144	1875	965	910
乌孜别克族	3130	1741	1389	1902	1061	841	1438	729	709
俄罗斯族	3669	1877	1792	2868	1381	1487	2706	1255	1451
鄂温克族	10233	5102	5131	5369	2595	2774	4384	2149	2235
德昂族	5317	2867	2450	1404	712	692	644	273	371
保安族	4704	2779	1925	1963	1151	812	1027	549	478
裕固族	3225	1737	1488	1802	951	851	1603	874	729
京 族	9932	5505	4427	4536	2483	2053	2476	1339	1137
塔塔尔族	756	450	306	550	297	253	532	277	255
独龙族	2067	1090	977	582	289	293	486	256	230
鄂伦春族	2358	1161	1197	1311	656	655	1426	675	751
赫哲族	1440	741	699	746	360	386	669	307	362
门巴族	1242	703	539	1013	539	474	890	412	478
珞巴族	475	273	202	278	129	149	220	107	113
基诺族	8498	4529	3969	2500	1255	1245	1760	802	958
未定族称人口	241131	143983	97148	72564	39444	33120	37300	19552	17748
入 籍	4972	2351	2621	1485	720	765	1212	642	570

2-3 续表 3

单位：人

民族	大学本科			硕士研究生			博士研究生		
	小计	男	女	小计	男	女	小计	男	女
总　计	**94156072**	**47637012**	**46519060**	**9488228**	**4721323**	**4766905**	**1277349**	**774020**	**503329**
汉　族	87633137	44552887	43080250	9034841	4525120	4509721	1219645	743031	476614
蒙古族	702036	326084	375952	71848	27442	44406	8855	4071	4784
回　族	745902	354487	391415	68302	30412	37890	8732	4790	3942
藏　族	334922	154600	180322	11658	5737	5921	1395	852	543
维吾尔族	397206	167353	229853	9899	4082	5817	1533	772	761
苗　族	399476	202760	196716	20088	9338	10750	2479	1550	929
彝　族	320654	150687	169967	13042	5628	7414	1491	781	710
壮　族	775115	357617	417498	37346	17047	20299	3998	2261	1737
布依族	157647	73853	83794	5647	2260	3387	606	329	277
朝鲜族	177439	88219	89220	17958	7696	10262	3727	1947	1780
满　族	890715	429074	461641	100251	43694	56557	12401	6490	5911
侗　族	178910	90138	88772	8363	3729	4634	981	590	391
瑶　族	122730	57881	64849	7848	3543	4305	1007	567	440
白　族	146206	67538	78668	9680	3969	5711	1358	745	613
土家族	543017	271178	271839	42117	19275	22842	5667	3438	2229
哈尼族	44408	20524	23884	1637	673	964	188	92	96
哈萨克族	96269	39924	56345	2295	767	1528	242	109	133
傣　族	41884	17037	24847	1748	668	1080	181	96	85
黎　族	50742	23840	26902	1506	672	834	144	76	68
傈僳族	17251	7949	9302	608	262	346	51	28	23
佤　族	8343	3882	4461	229	85	144	18	11	7
畲　族	40199	20082	20117	2972	1538	1434	357	228	129
高山族	530	272	258	82	40	42	9	6	3
拉祜族	10343	4486	5857	495	188	307	42	24	18
水　族	22822	11533	11289	736	322	414	69	39	30
东乡族	12246	6684	5562	467	248	219	40	22	18
纳西族	26934	12024	14910	1871	686	1185	249	118	131
景颇族	4462	1937	2525	203	88	115	14	6	8
柯尔克孜族	10775	4829	5946	226	91	135	32	13	19
土　族	25673	12734	12939	1141	488	653	158	83	75
达斡尔族	15844	6925	8919	1743	646	1097	243	101	142
仫佬族	17999	8170	9829	1200	520	680	120	47	73
羌　族	22791	10053	12738	1464	593	871	190	105	85
布朗族	3984	1724	2260	182	76	106	33	17	16
撒拉族	5699	3184	2515	201	112	89	25	19	6
毛南族	7103	3082	4021	366	145	221	38	17	21
仡佬族	52793	27845	24948	2275	1090	1185	234	130	104
锡伯族	22857	10543	12314	2497	1001	1496	362	185	177
阿昌族	1956	892	1064	68	38	30	4	1	3
普米族	3020	1383	1637	138	47	91	15	7	8
塔吉克族	1221	619	602	20	16	4			
怒　族	1367	603	764	38	21	17	2		2
乌孜别克族	1520	706	814	70	28	42	17	9	8
俄罗斯族	3148	1325	1823	303	112	191	41	15	26
鄂温克族	4113	1669	2444	355	98	257	44	13	31
德昂族	418	185	233	10	4	6	2	1	1
保安族	844	438	406	23	12	11	2	1	1
裕固族	1977	1006	971	158	58	100	20	12	8
京　族	2339	1175	1164	144	62	82	8	4	4
塔塔尔族	590	246	344	59	33	26	11	5	6
独龙族	272	129	143	14	7	7	6	4	2
鄂伦春族	1417	599	818	140	49	91	20	5	15
赫哲族	977	416	561	144	43	101	25	13	12
门巴族	860	343	517	27	11	16	1	1	
珞巴族	371	125	246	5	3	2	1		1
基诺族	1067	424	643	55	24	31	5	4	1
未定族称人口	40376	20549	19827	1334	630	704	180	116	64
入　籍	1156	561	595	91	56	35	31	23	8

2-3a　全国各民族分性别、受教育程度的3岁及以上人口(城市)

单位：人

民　族	3岁及以上人口			未上过学		
	合计	男	女	小计	男	女
总　计	**558923862**	**283263184**	**275660678**	**9582651**	**3034695**	**6547956**
汉　族	527437420	267362296	260075124	8902746	2784930	6117816
蒙古族	1917784	928135	989649	24477	10640	13837
回　族	4384650	2180486	2204164	131187	43834	87353
藏　族	1035347	496316	539031	110383	44295	66088
维吾尔族	1965649	978124	987525	30650	15740	14910
苗　族	2195194	1158895	1036299	60182	17893	42289
彝　族	1514163	756747	757416	50105	16761	33344
壮　族	6202138	3209253	2992885	71880	25806	46074
布依族	866463	452714	413749	20789	6117	14672
朝鲜族	968897	463859	505038	8836	3653	5183
满　族	3753725	1870276	1883449	41344	18801	22543
侗　族	697655	377264	320391	10710	3783	6927
瑶　族	630851	333887	296964	8116	3142	4974
白　族	559276	274789	284487	11710	3233	8477
土家族	2302025	1181011	1121014	32541	11181	21360
哈尼族	239194	121333	117861	7179	2434	4745
哈萨克族	207270	97131	110139	1910	897	1013
傣　族	220903	101482	119421	10343	4211	6132
黎　族	255346	120450	134896	3405	1189	2216
傈僳族	76053	36641	39412	4049	1494	2555
佤　族	38450	19007	19443	828	350	478
畲　族	189892	100496	89396	3696	1209	2487
高山族	1923	987	936	35	18	17
拉祜族	43096	19897	23199	1519	549	970
水　族	87486	46793	40693	1883	578	1305
东乡族	114345	61866	52479	9849	4262	5587
纳西族	108006	51703	56303	1595	431	1164
景颇族	26487	11982	14505	942	392	550
柯尔克孜族	20203	9205	10998	235	100	135
土　族	59885	30384	29501	1808	566	1242
达斡尔族	48702	22546	26156	553	253	300
仫佬族	95796	48342	47454	1332	492	840
羌　族	60818	29327	31491	809	259	550
布朗族	11827	5485	6342	302	111	191
撒拉族	34040	17832	16208	2691	854	1837
毛南族	33689	17513	16176	309	145	164
仡佬族	164022	89278	74744	3102	1016	2086
锡伯族	97403	47777	49626	920	446	474
阿昌族	6668	3285	3383	153	55	98
普米族	6363	3025	3338	114	35	79
塔吉克族	2101	1023	1078	23	5	18
怒　族	3382	1450	1932	106	43	63
乌孜别克族	6023	3068	2955	83	43	40
俄罗斯族	11979	5490	6489	134	58	76
鄂温克族	8829	3997	4832	107	55	52
德昂族	3209	1520	1689	128	46	82
保安族	3403	1828	1575	127	52	75
裕固族	4350	2094	2256	63	18	45
京　族	13064	6396	6668	210	79	131
塔塔尔族	1646	815	831	20	10	10
独龙族	656	321	335	14	5	9
鄂伦春族	2983	1368	1615	35	16	19
赫哲族	3030	1380	1650	27	12	15
门巴族	1263	519	744	51	13	38
珞巴族	419	172	247	16	7	9
基诺族	4874	2124	2750	103	35	68
未定族称人口	168220	89104	79116	5806	1877	3929
入　籍	5327	2696	2631	381	166	215

2-3a 续表 1

单位：人

民 族	学前教育			小 学		
	小计	男	女	小计	男	女
总 计	**20486972**	**10762761**	**9724211**	**92077817**	**43013276**	**49064541**
汉 族	19038628	10006115	9032513	86107014	40115484	45991530
蒙古族	98500	51010	47490	267200	130299	136901
回 族	192187	99770	92417	890265	430395	459870
藏 族	40117	20462	19655	256555	125612	130943
维吾尔族	113979	57972	56007	500856	256833	244023
苗 族	91814	48680	43134	488239	240604	247635
彝 族	70882	36727	34155	346901	167829	179072
壮 族	293336	157035	136301	1136785	539799	596986
布依族	36700	19575	17125	192066	92548	99518
朝鲜族	27248	13730	13518	106219	44671	61548
满 族	173408	89152	84256	534618	261061	273557
侗 族	30164	16026	14138	124450	61681	62769
瑶 族	30169	15930	14239	109863	54135	55728
白 族	25554	13121	12433	98552	45287	53265
土家族	104559	54851	49708	411456	198148	213308
哈尼族	10120	5214	4906	58159	29050	29109
哈萨克族	9041	4698	4343	30163	14514	15649
傣 族	10500	5370	5130	50928	24660	26268
黎 族	11243	6071	5172	38573	18526	20047
傈僳族	2977	1542	1435	16288	7713	8575
佤 族	845	433	412	8610	4253	4357
畲 族	11729	6178	5551	41516	20542	20974
高山族	123	71	52	263	130	133
拉祜族	1739	897	842	10353	4729	5624
水 族	3477	1895	1582	17766	8656	9110
东乡族	6675	3504	3171	45112	23476	21636
纳西族	4566	2349	2217	16632	6986	9646
景颇族	1072	563	509	5110	2336	2774
柯尔克孜族	829	408	421	2361	1077	1284
土 族	2914	1509	1405	10892	5251	5641
达斡尔族	2417	1216	1201	6193	2991	3202
仫佬族	5545	2889	2656	18281	9114	9167
羌 族	3496	1813	1683	10273	4773	5500
布朗族	510	261	249	1888	909	979
撒拉族	1944	1013	931	12919	6435	6484
毛南族	1667	921	746	5822	2845	2977
仡佬族	8337	4398	3939	31573	16103	15470
锡伯族	4714	2404	2310	12502	6174	6328
阿昌族	314	153	161	1200	595	605
普米族	356	173	183	829	363	466
塔吉克族	65	35	30	232	100	132
怒 族	193	97	96	512	225	287
乌孜别克族	404	204	200	1134	581	553
俄罗斯族	588	310	278	1339	625	714
鄂温克族	428	223	205	1069	514	555
德昂族	146	77	69	705	309	396
保安族	187	94	93	923	452	471
裕固族	221	107	114	658	287	371
京 族	1176	636	540	2460	1189	1271
塔塔尔族	65	34	31	224	121	103
独龙族	34	22	12	99	45	54
鄂伦春族	151	74	77	364	173	191
赫哲族	191	89	102	416	213	203
门巴族	63	33	30	201	69	132
珞巴族	17	11	6	56	22	34
基诺族	280	137	143	653	291	362
未定族称人口	8157	4370	3787	40567	21005	19562
入 籍	211	109	102	960	468	492

2-3a 续表 2

单位：人

民 族	初 中			高 中			大学专科		
	小计	男	女	小计	男	女	小计	男	女
总 计	**169796464**	**88429852**	**81366612**	**115378689**	**60939909**	**54438780**	**72771281**	**37360074**	**35411207**
汉 族	160066259	83184515	76881744	109795898	58034058	51761840	69110278	35565420	33544858
蒙古族	412328	202826	209502	338881	165294	173587	301802	150957	150845
回 族	1261487	664703	596784	798115	409061	389054	494575	244112	250463
藏 族	144942	74851	70091	172405	84027	88378	150034	73526	76508
维吾尔族	530937	290635	240302	309852	151214	158638	258780	112311	146469
苗 族	785044	450682	334362	334939	186480	148459	199844	100010	99834
彝 族	438890	239419	199471	255610	133672	121938	173411	82174	91237
壮 族	2370272	1299608	1070664	1153074	623531	529543	631290	316257	315033
布依族	338402	195137	143265	121906	66132	55774	67407	32634	34773
朝鲜族	291051	136243	154808	265343	130812	134531	102451	52458	49993
满 族	1119998	568802	551196	647976	329054	318922	504437	254604	249833
侗 族	246793	146667	100126	114095	64587	49508	73865	37385	36480
瑶 族	226324	130412	95912	113080	62689	50391	66819	32565	34254
白 族	158317	84870	73447	95895	49129	46766	71174	34401	36773
土家族	689466	377568	311898	436412	233075	203337	270344	132803	137541
哈尼族	76325	42986	33339	40243	21526	18717	25540	10976	14564
哈萨克族	39185	19395	19790	42738	20646	22092	37877	17737	20140
傣 族	63106	30783	32323	37431	17025	20406	24352	9832	14520
黎 族	94037	44564	49473	54020	25892	28128	26657	11716	14941
傈僳族	21036	11030	10006	14199	6944	7255	8543	3994	4549
佤 族	16120	8427	7693	5876	2886	2990	3060	1306	1754
畲 族	50321	28731	21590	32841	18716	14125	21835	11222	10613
高山族	342	169	173	337	163	174	301	166	135
拉祜族	13109	6573	6536	6901	3234	3667	4326	1817	2509
水 族	32341	19065	13276	12928	7166	5762	7769	4021	3748
东乡族	26872	16274	10598	12499	7370	5129	5959	3133	2826
纳西族	28963	14868	14095	20277	10415	9862	16325	7970	8355
景颇族	8660	3906	4754	4922	2371	2551	3147	1356	1791
柯尔克孜族	3138	1514	1624	5075	2290	2785	3961	1843	2118
土 族	12391	6962	5429	8370	4432	3938	8617	4389	4228
达斡尔族	11662	5510	6152	8458	3948	4510	7553	3597	3956
仫佬族	30553	16774	13779	16200	8312	7888	10795	4960	5835
羌 族	11831	6297	5534	10171	5117	5054	10674	5092	5582
布朗族	3564	1798	1766	2168	1007	1161	1420	574	846
撒拉族	7787	4556	3231	3337	2008	1329	1971	1137	834
毛南族	12361	7120	5241	5561	2918	2643	3584	1741	1843
仡佬族	49984	30068	19916	24040	13666	10374	17717	9003	8714
锡伯族	26650	13435	13215	17296	8594	8702	14245	7048	7197
阿昌族	2123	1096	1027	1101	580	521	768	349	419
普米族	1338	734	604	1223	603	620	1059	484	575
塔吉克族	343	177	166	378	198	180	669	310	359
怒 族	805	352	453	664	291	373	501	215	286
乌孜别克族	1172	633	539	1067	583	484	903	452	451
俄罗斯族	2366	1155	1211	2287	1077	1210	2241	1017	1224
鄂温克族	1938	913	1025	1601	748	853	1477	684	793
德昂族	1026	521	505	655	335	320	287	119	168
保安族	786	492	294	582	329	253	334	184	150
裕固族	795	375	420	749	384	365	690	344	346
京 族	2739	1262	1477	2678	1291	1387	1742	923	819
塔塔尔族	223	121	102	281	138	143	327	164	163
独龙族	120	68	52	152	63	89	112	53	59
鄂伦春族	608	293	315	477	237	240	495	228	267
赫哲族	599	302	297	447	212	235	441	191	250
门巴族	121	52	69	281	109	172	217	103	114
珞巴族	42	24	18	96	39	57	60	23	37
基诺族	1215	516	699	1010	453	557	853	387	466
未定族称人口	55887	32326	23561	22835	12386	10449	14614	7185	7429
入 籍	1370	697	673	756	392	364	752	412	340

2-3a 续表 3 单位：人

民 族	大学本科			硕士研究生			博士研究生		
	小计	男	女	小计	男	女	小计	男	女
总 计	**69536886**	**34975243**	**34561643**	**8167438**	**4063778**	**4103660**	**1125664**	**683596**	**442068**
汉 族	65548781	33113718	32435063	7791582	3901170	3890412	1076234	656886	419348
蒙古族	410937	191725	219212	56279	21928	34351	7380	3456	3924
回 族	548506	257516	290990	60414	26763	33651	7914	4332	3582
藏 族	151801	69203	82598	8090	3747	4343	1020	593	427
维吾尔族	211416	89554	121862	7974	3260	4714	1205	605	600
苗 族	216978	105854	111124	16139	7416	8723	2015	1276	739
彝 族	166931	75195	91736	10184	4305	5879	1249	665	584
壮 族	510418	230863	279555	31652	14403	17249	3431	1951	1480
布依族	84110	38489	45621	4569	1804	2765	514	278	236
朝鲜族	148411	73677	74734	16011	6871	9140	3327	1744	1583
满 族	635601	305680	329921	85502	37384	48118	10841	5738	5103
侗 族	89992	43666	46326	6774	2982	3792	812	487	325
瑶 族	69263	31687	37576	6357	2840	3517	860	487	373
白 族	88511	40596	47915	8352	3484	4868	1211	668	543
土家族	318549	154859	163690	33979	15631	18348	4719	2895	1824
哈尼族	20232	8592	11640	1248	479	769	148	76	72
哈萨克族	44449	18595	25854	1719	568	1151	188	81	107
傣 族	22694	8992	13702	1405	532	873	144	77	67
黎 族	26151	11929	14222	1142	501	641	118	62	56
傈僳族	8476	3724	4752	444	176	268	41	24	17
佤 族	2919	1281	1638	178	63	115	14	8	6
畲 族	25276	12471	12805	2394	1245	1149	284	182	102
高山族	441	228	213	72	36	36	9	6	3
拉祜族	4727	1937	2790	389	142	247	33	19	14
水 族	10669	5124	5545	590	252	338	63	36	27
东乡族	6958	3631	3327	385	197	188	36	19	17
纳西族	17816	7982	9834	1607	595	1012	225	107	118
景颇族	2462	988	1474	161	65	96	11	5	6
柯尔克孜族	4413	1905	2508	165	58	107	26	10	16
土 族	13843	6803	7040	908	396	512	142	76	66
达斡尔族	10226	4403	5823	1429	538	891	211	90	121
仫佬族	11936	5323	6613	1049	437	612	105	41	64
羌 族	12264	5420	6844	1147	466	681	153	90	63
布朗族	1814	754	1060	134	59	75	27	12	15
撒拉族	3195	1719	1476	172	92	80	24	18	6
毛南族	4033	1682	2351	319	126	193	33	15	18
仡佬族	27219	14040	13179	1839	869	970	211	115	96
锡伯族	18520	8608	9912	2224	896	1328	332	172	160
阿昌族	955	428	527	50	28	22	4	1	3
普米族	1324	595	729	109	34	75	11	4	7
塔吉克族	380	190	190	11	8	3			
怒 族	573	214	359	26	13	13	2		2
乌孜别克族	1177	538	639	66	25	41	17	9	8
俄罗斯族	2706	1135	1571	278	99	179	40	14	26
鄂温克族	1942	787	1155	236	63	173	31	10	21
德昂族	251	108	143	9	4	5	2	1	1
保安族	450	219	231	13	6	7	1		1
裕固族	1041	532	509	115	36	79	18	11	7
京 族	1918	955	963	134	57	77	7	4	3
塔塔尔族	440	192	248	55	30	25	11	5	6
独龙族	112	56	56	8	5	3	5	4	1
鄂伦春族	742	313	429	97	30	67	14	4	10
赫哲族	760	313	447	127	36	91	22	12	10
门巴族	307	133	174	22	7	15			
珞巴族	128	45	83	3	1	2	1		1
基诺族	712	285	427	46	19	27	2	1	1
未定族称人口	19236	9409	9827	980	453	527	138	93	45
入 籍	794	383	411	75	48	27	28	21	7

2-3b　全国各民族分性别、受教育程度的3岁及以上人口(镇)

单位：人

民　族	3岁及以上人口			未上过学		
	合计	男	女	小计	男	女
总　计	**314718812**	**159707289**	**155011523**	**9625129**	**2890473**	**6734656**
汉　族	286895939	145772720	141123219	8407940	2479421	5928519
蒙古族	1756313	852892	903421	39881	15173	24708
回　族	2606734	1320306	1286428	150526	50245	100281
藏　族	1344296	658571	685725	223269	88854	134415
维吾尔族	2155109	1087535	1067574	43369	22695	20674
苗　族	2601143	1318084	1283059	122507	35413	87094
彝　族	1915943	954519	961424	131046	43758	87288
壮　族	3868258	1943778	1924480	97009	26733	70276
布依族	867874	433216	434658	52642	12197	40445
朝鲜族	209277	103203	106074	2359	904	1455
满　族	2296377	1155023	1141354	33909	13739	20170
侗　族	1029747	523252	506495	34178	9159	25019
瑶　族	686730	345493	341237	20748	6606	14142
白　族	446251	222738	223513	13576	3956	9620
土家族	2788434	1399213	1389221	67701	20805	46896
哈尼族	359249	179241	180008	21765	6552	15213
哈萨克族	392354	189627	202727	5137	2314	2823
傣　族	314612	152653	161959	23200	8802	14398
黎　族	287324	143454	143870	9206	2589	6617
傈僳族	179319	89506	89813	17887	7042	10845
佤　族	93945	45804	48141	7499	2747	4752
畲　族	168031	87586	80445	5820	1791	4029
高山族	782	405	377	20	6	14
拉祜族	79294	37329	41965	5241	1966	3275
水　族	138156	71396	66760	7333	1912	5421
东乡族	128905	64454	64451	20267	7166	13101
纳西族	56978	27700	29278	2132	584	1548
景颇族	26911	12974	13937	1975	822	1153
柯尔克孜族	38419	18867	19552	641	278	363
土　族	79125	39230	39895	4987	1424	3563
达斡尔族	39315	19028	20287	525	262	263
仫佬族	79822	39759	40063	2292	640	1652
羌　族	91291	44715	46576	3908	935	2973
布朗族	23791	11794	11997	1652	617	1035
撒拉族	43248	21444	21804	5513	1621	3892
毛南族	32758	16782	15976	803	262	541
仡佬族	220328	111638	108690	8728	2302	6426
锡伯族	28794	14563	14231	278	121	157
阿昌族	7744	3897	3847	180	78	102
普米族	12963	6311	6652	721	192	529
塔吉克族	9856	4887	4969	128	41	87
怒　族	7265	3483	3782	455	176	279
乌孜别克族	4049	2128	1921	50	18	32
俄罗斯族	2130	1066	1064	24	8	16
鄂温克族	13076	6098	6978	201	96	105
德昂族	3786	1899	1887	370	147	223
保安族	4746	2394	2352	249	84	165
裕固族	3762	1815	1947	129	33	96
京　族	5927	3209	2718	194	56	138
塔塔尔族	727	377	350	9	3	6
独龙族	2270	1108	1162	161	57	104
鄂伦春族	3568	1697	1871	68	37	31
赫哲族	884	439	445	15	8	7
门巴族	1763	827	936	325	118	207
珞巴族	519	225	294	39	13	26
基诺族	2205	994	1211	94	48	46
未定族称人口	257174	132457	124717	23998	6795	17203
入　籍	3222	1486	1736	250	52	198

2-3b 续表 1

单位：人

民族	学前教育			小学		
	小计	男	女	小计	男	女
总 计	**13562084**	**7121378**	**6440706**	**79344067**	**36980721**	**42363346**
汉 族	12023055	6314919	5708136	71415775	33202403	38213372
蒙古族	90331	47139	43192	362189	167302	194887
回 族	136274	71008	65266	811212	392923	418289
藏 族	68523	35110	33413	467698	233881	233817
维吾尔族	150935	76957	73978	651520	327648	323872
苗 族	144156	76723	67433	785028	376503	408525
彝 族	115088	59969	55119	676698	325108	351590
壮 族	220605	117664	102941	1035296	470476	564820
布依族	52669	28468	24201	274364	130996	143368
朝鲜族	5268	2702	2566	28138	11526	16612
满 族	98099	51130	46969	460795	218624	242171
侗 族	57025	30317	26708	279973	130885	149088
瑶 族	45131	23783	21348	193028	91467	101561
白 族	21855	11133	10722	117317	52959	64358
土家族	145308	76431	68877	749832	346747	403085
哈尼族	18253	9402	8851	129872	62439	67433
哈萨克族	23617	12387	11230	98453	46642	51811
傣 族	15680	7998	7682	112289	55162	57127
黎 族	15452	8234	7218	67199	32825	34374
傈僳族	10152	5187	4965	82135	40546	41589
佤 族	4280	2180	2100	34290	16631	17659
畲 族	10436	5476	4960	53758	26167	27591
高山族	53	27	26	169	81	88
拉祜族	4048	2065	1983	30097	14160	15937
水 族	8771	4769	4002	46930	22940	23990
东乡族	11029	5636	5393	57379	28381	28998
纳西族	2693	1356	1337	12509	5451	7058
景颇族	1424	736	688	8207	3862	4345
柯尔克孜族	2699	1393	1306	11154	5160	5994
土 族	4540	2288	2252	23259	11029	12230
达斡尔族	1607	811	796	6291	3000	3291
仫佬族	5506	2876	2630	24769	11445	13324
羌 族	5023	2606	2417	26125	12111	14014
布朗族	1353	710	643	8136	4084	4052
撒拉族	2602	1343	1259	18040	8503	9537
毛南族	2268	1233	1035	8920	4324	4596
仡佬族	13947	7356	6591	63446	29699	33747
锡伯族	1250	629	621	4696	2332	2364
阿昌族	490	262	228	1990	912	1078
普米族	839	434	405	3978	1761	2217
塔吉克族	519	285	234	2502	1057	1445
怒 族	626	309	317	2109	1017	1092
乌孜别克族	276	148	128	1318	679	639
俄罗斯族	113	65	48	273	127	146
鄂温克族	683	356	327	2224	1033	1191
德昂族	234	121	113	1833	976	857
保安族	425	222	203	1550	725	825
裕固族	164	76	88	1116	514	602
京 族	508	272	236	1594	788	806
塔塔尔族	40	21	19	142	71	71
独龙族	135	77	58	659	300	359
鄂伦春族	248	134	114	551	262	289
赫哲族	41	24	17	133	60	73
门巴族	128	65	63	444	222	222
珞巴族	36	16	20	162	70	92
基诺族	125	62	63	485	236	249
未定族称人口	15275	8180	7095	83063	43063	40000
入 籍	174	98	76	955	426	529

2-3b 续表 2

单位：人

民族	初中			高中			大学专科		
	小计	男	女	小计	男	女	小计	男	女
总计	**116946109**	**61371767**	**55574342**	**53139639**	**29237449**	**23902190**	**24155960**	**12923701**	**11232259**
汉族	107994454	56642712	51351742	48956847	27032008	21924839	21916712	11767841	10148871
蒙古族	510680	252176	258504	311811	158517	153294	214965	110760	104205
回族	843012	458723	384289	352502	190029	162473	169435	87462	81973
藏族	195836	106484	89352	136783	69736	67047	144264	74248	70016
维吾尔族	623002	331716	291286	358266	183263	175003	224499	101442	123057
苗族	879789	470238	409551	371032	199582	171450	168787	91523	77264
彝族	505842	274832	231010	251713	130250	121463	132547	70529	62018
壮族	1482942	785539	697403	592879	320089	272790	262312	137874	124438
布依族	284998	157507	127491	97555	51207	46348	52845	27669	25176
朝鲜族	86284	42832	43452	49841	25768	24073	16909	9076	7833
满族	933690	477044	456646	366485	191880	174605	208458	109121	99337
侗族	358607	189814	168793	153062	84312	68750	80358	43949	36409
瑶族	216678	114313	102365	122914	63897	59017	50530	26798	23732
白族	143319	77889	65430	69731	36473	33258	42489	22462	20027
土家族	947432	490640	456792	505900	270625	235275	209482	110057	99425
哈尼族	98226	54103	44123	48509	25253	23256	25108	13007	12101
哈萨克族	114025	56909	57116	67180	33175	34005	54059	25871	28188
傣族	91902	47329	44573	36481	17769	18712	20875	9651	11224
黎族	113335	57238	56097	46462	24196	22266	20551	10901	9650
傈僳族	41587	22590	18997	14121	7327	6794	7848	4150	3698
佤族	25493	13045	12448	11715	6000	5715	6794	3377	3417
畲族	52031	29072	22959	25247	14285	10962	10759	5738	5021
高山族	241	136	105	129	70	59	93	48	45
拉祜族	20380	10048	10332	9395	4425	4970	5841	2761	3080
水族	41330	23585	17745	17586	9480	8106	7633	4194	3439
东乡族	23731	13940	9791	9005	5229	3776	4279	2318	1961
纳西族	16550	8607	7943	9995	5343	4652	7381	3789	3592
景颇族	7952	3892	4060	3864	1940	1924	2137	1073	1064
柯尔克孜族	8182	4076	4106	6506	3475	3031	6443	3184	3259
土族	17849	9839	8010	11977	6263	5714	7640	3996	3644
达斡尔族	13452	6593	6859	7014	3369	3645	5779	2944	2835
仫佬族	25312	13613	11699	11142	5851	5291	6004	3046	2958
羌族	24828	13502	11326	13190	6941	6249	10424	5216	5208
布朗族	6148	3314	2834	3085	1507	1578	1817	853	964
撒拉族	8802	5082	3720	4278	2597	1681	2068	1181	887
毛南族	11344	6123	5221	4661	2475	2186	2524	1339	1185
仡佬族	67753	36086	31667	30596	16897	13699	16529	9009	7520
锡伯族	10254	5365	4889	5379	2791	2588	3894	1963	1931
阿昌族	2338	1264	1074	1399	703	696	674	364	310
普米族	3078	1703	1375	1856	970	886	1335	715	620
塔吉克族	1718	847	871	2645	1354	1291	1907	1079	828
怒族	1970	939	1031	750	371	379	795	411	384
乌孜别克族	1202	640	562	588	339	249	370	183	187
俄罗斯族	685	363	322	373	187	186	315	162	153
鄂温克族	3637	1708	1929	2380	1124	1256	2137	1057	1080
德昂族	810	410	400	308	137	171	131	60	71
保安族	938	518	420	770	427	343	498	243	255
裕固族	782	383	399	464	225	239	498	279	219
京族	2252	1298	954	758	470	288	348	192	156
塔塔尔族	146	93	53	149	78	71	138	76	62
独龙族	679	358	321	259	133	126	249	128	121
鄂伦春族	806	379	427	570	273	297	714	361	353
赫哲族	296	148	148	150	69	81	113	61	52
门巴族	192	100	92	179	103	76	242	118	124
珞巴族	61	32	29	53	28	25	62	34	28
基诺族	591	229	362	381	181	200	330	161	169
未定族称人口	75712	43364	32348	30432	15822	14610	13763	7446	6317
入籍	944	445	499	337	161	176	269	151	118

2-3b 续表 3

单位：人

民族	大学本科			硕士研究生			博士研究生		
	小计	男	女	小计	男	女	小计	男	女
总　计	**16952395**	**8678289**	**8274106**	**897608**	**446426**	**451182**	**95821**	**57085**	**38736**
汉　族	15245554	7855325	7390229	844773	423548	421225	90829	54543	36286
蒙古族	213669	97149	116520	11830	4267	7563	957	409	548
回　族	137677	67048	70629	5537	2550	2987	559	318	241
藏　族	105529	48938	56591	2235	1221	1014	159	99	60
维吾尔族	102435	43383	59052	944	369	575	139	62	77
苗　族	126936	66676	60260	2619	1260	1359	289	166	123
彝　族	101003	49123	51880	1875	881	994	131	69	62
壮　族	173437	83548	89889	3493	1701	1792	285	154	131
布依族	52011	24833	27178	732	304	428	58	35	23
朝鲜族	18767	9643	9124	1427	611	816	284	141	143
满　族	183586	88522	95064	10353	4480	5873	1002	483	519
侗　族	65343	34227	31116	1088	521	567	113	68	45
瑶　族	36629	18102	18527	983	483	500	89	44	45
白　族	37022	17502	19520	872	328	544	70	36	34
土家族	157236	81406	75830	4996	2195	2801	547	307	240
哈尼族	17219	8342	8877	273	134	139	24	9	15
哈萨克族	29522	12203	17319	331	114	217	30	12	18
傣　族	13915	5826	8089	248	106	142	22	10	12
黎　族	14896	7367	7529	205	95	110	18	9	9
傈僳族	5475	2600	2875	111	62	49	3	2	1
佤　族	3835	1809	2026	37	14	23	2	1	1
畲　族	9619	4861	4758	331	172	159	30	24	6
高山族	70	34	36	7	3	4			
拉祜族	4202	1868	2334	87	35	52	3	1	2
水　族	8472	4469	4003	99	46	53	2	1	1
东乡族	3175	1760	1415	38	23	15	2	1	1
纳西族	5543	2503	3040	163	62	101	12	5	7
景颇族	1321	632	689	29	17	12	2		2
柯尔克孜族	2759	1284	1475	33	15	18	2	2	
土　族	8673	4312	4361	187	74	113	13	5	8
达斡尔族	4369	1960	2409	251	79	172	27	10	17
仫佬族	4667	2221	2446	119	62	57	11	5	6
羌　族	7587	3315	4272	184	80	104	22	9	13
布朗族	1560	694	866	35	11	24	5	4	1
撒拉族	1920	1100	820	24	16	8	1	1	
毛南族	2200	1011	1189	35	14	21	3	1	2
仡佬族	18991	10122	8869	323	158	165	15	9	6
锡伯族	2861	1292	1569	166	63	103	16	7	9
阿昌族	662	308	354	11	6	5			
普米族	1133	523	610	19	10	9	4	3	1
塔吉克族	432	220	212	5	4	1			
怒　族	551	255	296	9	5	4			
乌孜别克族	241	118	123	4	3	1			
俄罗斯族	330	146	184	17	8	9			
鄂温克族	1714	692	1022	93	31	62	7	1	6
德昂族	99	48	51	1		1			
保安族	309	170	139	6	4	2	1	1	
裕固族	581	291	290	27	13	14	1	1	
京　族	266	129	137	6	4	2	1		1
塔塔尔族	99	32	67	4	3	1			
独龙族	124	54	70	4	1	3			
鄂伦春族	567	233	334	38	17	21	6	1	5
赫哲族	124	64	60	11	5	6	1		1
门巴族	248	97	151	5	4	1			
珞巴族	106	32	74						
基诺族	195	74	121	3	2	1	1	1	
未定族称人口	14653	7648	7005	257	125	132	21	14	7
入　籍	276	145	131	15	7	8	2	1	1

2-3c 全国各民族分性别、受教育程度的3岁及以上人口(乡村)

单位：人

民族	3岁及以上人口			未上过学		
	合计	男	女	小计	男	女
总计	**494497424**	**256553108**	**237944316**	**29388157**	**8530659**	**20857498**
汉族	433231271	224826074	208405197	23904228	6697145	17207083
蒙古族	2387388	1242125	1145263	103345	38559	64786
回族	3929667	2015470	1914197	469887	162483	307404
藏族	4355384	2197140	2158244	1220814	496646	724168
维吾尔族	7418256	3741977	3676279	235656	107378	128278
苗族	5779221	3008016	2771205	620104	172780	447324
彝族	5952586	3044766	2907820	700021	236248	463773
壮族	8783622	4593929	4189693	479103	114907	364196
布依族	1679711	861736	817975	199009	44997	154012
朝鲜族	492827	246915	245912	7314	2577	4737
满族	4045698	2158558	1887140	102793	36748	66045
侗族	1623857	866327	757530	130441	32547	97894
瑶族	1849084	968096	880988	143376	40764	102612
白族	1002069	514160	487909	60980	15275	45705
土家族	4153497	2207583	1945914	222265	61241	161024
哈尼族	1062255	553960	508295	131445	43031	88414
哈萨克族	913544	469200	444344	18735	8457	10278
傣族	742404	378218	364186	87460	34069	53391
黎族	998400	534221	464179	50268	14664	35604
傈僳族	472896	238383	234513	70179	26013	44166
佤族	278462	141322	137140	33568	12087	21481
畲族	358679	199768	158911	25632	7499	18133
高山族	620	357	263	15	1	14
拉祜族	353986	182692	171294	54382	23025	31357
水族	247811	130117	117694	26650	6336	20314
东乡族	477636	237299	240337	95400	34824	60576
纳西族	146651	74941	71710	12486	3814	8672
景颇族	98270	48780	49490	11665	4196	7469
柯尔克孜族	140092	72098	67994	4396	1984	2412
土族	130532	68145	62387	15969	4833	11136
达斡尔族	39747	20412	19335	784	347	437
仫佬族	89033	47314	41719	5434	1451	3983
羌族	149399	77799	71600	13211	3483	9728
布朗族	85350	44048	41302	13722	5476	8246
撒拉族	77968	38739	39229	16474	5475	10999
毛南族	52262	27779	24483	2809	693	2116
仡佬族	259835	140688	119147	22723	5906	16817
锡伯族	59255	32803	26452	833	375	458
阿昌族	27045	13448	13597	2838	894	1944
普米族	23426	11870	11556	2879	863	2016
塔吉克族	37229	18903	18326	848	314	534
怒族	23498	12227	11271	3368	1357	2011
乌孜别克族	2333	1377	956	50	23	27
俄罗斯族	1471	785	686	32	10	22
鄂温克族	11272	5773	5499	236	114	122
德昂族	14155	7086	7069	1939	696	1243
保安族	14671	7252	7419	2486	898	1588
裕固族	6053	3171	2882	269	83	186
京族	11985	6426	5559	568	126	442
塔塔尔族	1071	617	454	24	11	13
独龙族	3939	1919	2020	454	154	300
鄂伦春族	2149	1039	1110	40	15	25
赫哲族	1207	610	597	19	7	12
门巴族	7556	3911	3645	2508	1128	1380
珞巴族	3040	1529	1511	752	323	429
基诺族	17830	9297	8533	1608	602	1006
未定族称人口	361232	191267	169965	52642	14543	38099
入籍	7037	2646	4391	1021	164	857

2-3c 续表 1

单位：人

民 族	学前教育			小 学		
	小计	男	女	小计	男	女
总 计	**19306789**	**9984743**	**9322046**	**178236849**	**84899186**	**93337663**
汉 族	16153064	8353743	7799321	152703020	72233726	80469294
蒙古族	77020	39699	37321	853271	415798	437473
回 族	200541	103050	97491	1706459	849702	856757
藏 族	229961	117127	112834	1909277	1020262	889015
维吾尔族	636824	324685	312139	3100122	1529130	1570992
苗 族	287251	150849	136402	2526519	1279021	1247498
彝 族	333259	170498	162761	2969575	1483176	1486399
壮 族	431452	227609	203843	3326966	1550984	1775982
布依族	87892	46573	41319	708562	357291	351271
朝鲜族	8627	4397	4230	91084	39126	51958
满 族	105648	54648	51000	1405658	691425	714233
侗 族	74481	39456	35025	639613	318977	320636
瑶 族	99020	51766	47254	808825	396665	412160
白 族	39437	19979	19458	400064	182955	217109
土家族	156492	81318	75174	1619065	789456	829609
哈尼族	43479	22258	21221	545215	276851	268364
哈萨克族	53145	28043	25102	358024	177703	180321
傣 族	29796	15035	14761	370489	187995	182494
黎 族	43589	23007	20582	294050	149390	144660
傈僳族	21744	10960	10784	240207	121215	118992
佤 族	12064	6143	5921	147267	74866	72401
畲 族	17368	8842	8526	156093	81639	74454
高山族	23	14	9	165	78	87
拉祜族	14476	7373	7103	201553	106283	95270
水 族	13615	7473	6142	109089	55521	53568
东乡族	42117	21293	20824	248155	125418	122737
纳西族	5472	2692	2780	55645	26347	29298
景颇族	4727	2488	2239	44606	22116	22490
柯尔克孜族	10336	5361	4975	63032	30902	32130
土 族	5961	3129	2832	58575	29447	29128
达斡尔族	1335	682	653	11312	5604	5708
仫佬族	5062	2670	2392	37820	18967	18853
羌 族	5005	2459	2546	67233	33589	33644
布朗族	3804	1925	1879	43586	22903	20683
撒拉族	4905	2460	2445	38449	19621	18828
毛南族	2838	1473	1365	21016	10179	10837
仡佬族	12360	6507	5853	104774	53469	51305
锡伯族	1698	860	838	15572	8280	7292
阿昌族	1504	763	741	12207	5883	6324
普米族	1181	596	585	9553	4566	4987
塔吉克族	2327	1205	1122	17442	7880	9562
怒 族	1668	851	817	10746	5555	5191
乌孜别克族	134	78	56	879	525	354
俄罗斯族	59	35	24	283	138	145
鄂温克族	446	231	215	3285	1620	1665
德昂族	806	415	391	7194	3676	3518
保安族	1317	693	624	6993	3324	3669
裕固族	222	112	110	2538	1212	1326
京 族	993	544	449	3838	1773	2065
塔塔尔族	62	36	26	360	194	166
独龙族	242	121	121	1640	792	848
鄂伦春族	98	44	54	473	204	269
赫哲族	51	20	31	227	116	111
门巴族	489	255	234	2340	1345	995
珞巴族	223	109	114	1327	718	609
基诺族	638	321	317	7038	3645	3393
未定族称人口	18169	9636	8533	146064	79085	66979
入 籍	272	134	138	2415	858	1557

2-3c　续表 2　　　　单位：人

民　族	初　中			高　中			大学专科		
	小计	男	女	小计	男	女	小计	男	女
总　计	**200352437**	**113647185**	**86705252**	**43691594**	**26819612**	**16871982**	**15375761**	**8443785**	**6931976**
汉　族	179432695	101527357	77905338	39971479	24586350	15385129	13776915	7611905	6165010
蒙古族	977867	539527	438340	195421	115241	80180	98777	54638	44139
回　族	1176369	689221	487148	219912	130449	89463	94170	49403	44767
藏　族	621921	369048	252873	156525	87439	69086	137745	69230	68515
维吾尔族	2662301	1388290	1274011	488189	265401	222788	210639	92119	118520
苗　族	1864074	1116656	747418	309241	192471	116770	114965	65239	49726
彝　族	1531122	916898	614224	241854	144086	97768	122941	67002	55939
壮　族	3656943	2169018	1487925	587437	375630	211807	207978	111476	96502
布依族	542278	332659	209619	85583	50734	34849	34481	18783	15698
朝鲜族	289113	150356	138757	72897	38651	34246	12895	6633	6262
满　族	1967637	1116284	851353	260779	156295	104484	126701	66187	60514
侗　族	606808	371483	235325	106339	67884	38455	42043	23474	18569
瑶　族	632006	379749	252257	111420	71054	40366	37033	19750	17283
白　族	373905	224158	149747	71891	44130	27761	34586	18025	16561
土家族	1575566	931581	643985	386404	241624	144780	122930	65765	57165
哈尼族	272979	172085	100894	41822	25261	16561	20226	10817	9409
哈萨克族	341699	184173	157526	78305	41930	36375	41069	19667	21402
傣　族	207289	116699	90590	29007	16156	12851	12978	6006	6972
黎　族	499560	282652	216908	73132	45159	27973	27939	14724	13215
傈僳族	114727	65466	49261	15016	8808	6208	7663	4270	3393
佤　族	70375	39771	30604	9183	5347	3836	4400	2306	2094
畲　族	115124	74600	40524	28438	18492	9946	10430	5803	4627
高山族	259	157	102	116	90	26	20	6	14
拉祜族	72533	40078	32455	6496	3653	2843	3107	1584	1523
水　族	76336	47444	28892	12767	8198	4569	5622	3179	2443
东乡族	76849	46076	30773	9716	6336	3380	3240	2029	1211
纳西族	51263	30008	21255	11681	7206	4475	6416	3300	3116
景颇族	29358	15638	13720	4961	2833	2128	2260	1185	1075
柯尔克孜族	39283	21714	17569	12025	6883	5142	7385	3595	3790
土　族	34914	22179	12735	7290	4467	2823	4617	2451	2166
达斡尔族	19050	10097	8953	3999	2107	1892	1950	983	967
仫佬族	31331	18951	12380	5648	3506	2142	2306	1121	1185
羌　族	43940	27419	16521	9964	6055	3909	6958	3423	3535
布朗族	19835	11426	8409	2558	1417	1141	1221	618	603
撒拉族	14414	8791	5623	2351	1507	844	786	516	270
毛南族	20055	12259	7796	3405	2106	1299	1255	674	581
仡佬族	86499	54989	31510	18174	11200	6974	8601	4865	3736
锡伯族	31107	18015	13092	5626	3114	2512	2822	1468	1354
阿昌族	8259	4686	3573	1286	737	549	605	325	280
普米族	6805	4117	2688	1399	882	517	1036	578	458
塔吉克族	9685	5355	4330	4094	2629	1465	2420	1307	1113
怒　族	5895	3384	2511	996	604	392	579	339	240
乌孜别克族	756	468	288	247	139	108	165	94	71
俄罗斯族	618	359	259	208	117	91	150	76	74
鄂温克族	4658	2481	2177	1388	723	665	770	408	362
德昂族	3481	1936	1545	441	240	201	226	94	132
保安族	2980	1769	1211	611	395	216	195	122	73
裕固族	1648	979	669	589	342	247	415	251	164
京　族	4941	2945	1996	1100	722	378	386	224	162
塔塔尔族	387	236	151	120	81	39	67	37	30
独龙族	1268	664	604	171	93	78	125	75	50
鄂伦春族	944	489	455	264	146	118	217	86	131
赫哲族	545	291	254	149	79	70	115	55	60
门巴族	929	551	378	553	327	226	431	191	240
珞巴族	372	217	155	129	62	67	98	50	48
基诺族	6692	3784	2908	1109	621	488	577	254	323
未定族称人口	109532	68293	41239	19297	11236	8061	8923	4921	4002
入　籍	2658	1209	1449	392	167	225	191	79	112

2-3c 续表 3

单位：人

民 族	大学本科			硕士研究生			博士研究生		
	小计	男	女	小计	男	女	小计	男	女
总 计	**7666791**	**3983480**	**3683311**	**423182**	**211119**	**212063**	**55864**	**33339**	**22525**
汉 族	6838802	3583844	3254958	398486	200402	198084	52582	31602	20980
蒙古族	77430	37210	40220	3739	1247	2492	518	206	312
回 族	59719	29923	29796	2351	1099	1252	259	140	119
藏 族	77592	36459	41133	1333	769	564	216	160	56
维吾尔族	83355	34416	48939	981	453	528	189	105	84
苗 族	55562	30230	25332	1330	662	668	175	108	67
彝 族	52720	26369	26351	983	442	541	111	47	64
壮 族	91260	43206	48054	2201	943	1258	282	156	126
布依族	21526	10531	10995	346	152	194	34	16	18
朝鲜族	10261	4899	5362	520	214	306	116	62	54
满 族	71528	34872	36656	4396	1830	2566	558	269	289
侗 族	23575	12245	11330	501	226	275	56	35	21
瑶 族	16838	8092	8746	508	220	288	58	36	22
白 族	20673	9440	11233	456	157	299	77	41	36
土家族	67232	34913	32319	3142	1449	1693	401	236	165
哈尼族	6957	3590	3367	116	60	56	16	7	9
哈萨克族	22298	9126	13172	245	85	160	24	16	8
傣 族	5275	2219	3056	95	30	65	15	9	6
黎 族	9695	4544	5151	159	76	83	8	5	3
傈僳族	3300	1625	1675	53	24	29	7	2	5
佤 族	1589	792	797	14	8	6	2	2	
畲 族	5304	2750	2554	247	121	126	43	22	21
高山族	19	10	9	3	1	2			
拉祜族	1414	681	733	19	11	8	6	4	2
水 族	3681	1940	1741	47	24	23	4	2	2
东乡族	2113	1293	820	44	28	16	2	2	
纳西族	3575	1539	2036	101	29	72	12	6	6
景颇族	679	317	362	13	6	7	1	1	
柯尔克孜族	3603	1640	1963	28	18	10	4	1	3
土 族	3157	1619	1538	46	18	28	3	2	1
达斡尔族	1249	562	687	63	29	34	5	1	4
仫佬族	1396	626	770	32	21	11	4	1	3
羌 族	2940	1318	1622	133	47	86	15	6	9
布朗族	610	276	334	13	6	7	1	1	
撒拉族	584	365	219	5	4	1			
毛南族	870	389	481	12	5	7	2	1	1
仡佬族	6583	3683	2900	113	63	50	8	6	2
锡伯族	1476	643	833	107	42	65	14	6	8
阿昌族	339	156	183	7	4	3			
普米族	563	265	298	10	3	7			
塔吉克族	409	209	200	4	4				
怒 族	243	134	109	3	3				
乌孜别克族	102	50	52						
俄罗斯族	112	44	68	8	5	3	1	1	
鄂温克族	457	190	267	26	4	22	6	2	4
德昂族	68	29	39						
保安族	85	49	36	4	2	2			
裕固族	355	183	172	16	9	7	1		1
京 族	155	91	64	4	1	3			
塔塔尔族	51	22	29						
独龙族	36	19	17	2	1	1	1		1
鄂伦春族	108	53	55	5	2	3			
赫哲族	93	39	54	6	2	4	2	1	1
门巴族	305	113	192				1	1	
珞巴族	137	48	89	2	2				
基诺族	160	65	95	6	3	3	2	2	
未定族称人口	6487	3492	2995	97	52	45	21	9	12
入 籍	86	33	53	1	1		1	1	

2-4 全国各民族按户口登记地、性别分的户口登记地在外乡镇街道的人口

单位：人

民族	户口登记地					
	合计			省内		
	合计	男	女	小计	男	女
总　计	**492762506**	**255896268**	**236866238**	**367925353**	**184207146**	**183718207**
汉　族	453741239	236090830	217650409	339621562	170423840	169197722
蒙古族	2541959	1234041	1307918	2136178	1023272	1112906
回　族	3959216	1995643	1963573	3155508	1552247	1603261
藏　族	1633574	798815	834759	1456349	709202	747147
维吾尔族	1873597	910873	962724	1746206	847687	898519
苗　族	3778521	1977413	1801108	2043606	990200	1053406
彝　族	2787228	1403516	1383712	2205572	1078596	1126976
壮　族	6779584	3534945	3244639	4532726	2236884	2295842
布依族	1347802	700058	647744	618415	289804	328611
朝鲜族	615595	296140	319455	465626	221237	244389
满　族	3737139	1863926	1873213	3085255	1513843	1571412
侗　族	1259110	673516	585594	733930	362046	371884
瑶　族	982663	513840	468823	590053	288014	302039
白　族	548721	274406	274315	428719	208461	220258
土家族	3381575	1744779	1636796	2211870	1072840	1139030
哈尼族	443644	225090	218554	359156	178953	180203
哈萨克族	400124	188229	211895	384215	181234	202981
傣　族	229056	102946	126110	176733	76800	99933
黎　族	309833	138885	170948	233469	100815	132654
傈僳族	161883	77391	84492	134279	64655	69624
佤　族	82738	39578	43160	44373	19532	24841
畲　族	251022	133585	117437	210081	109430	100651
高山族	1506	790	716	1037	515	522
拉祜族	92079	41246	50833	69022	30468	38554
水　族	186916	99953	86963	93071	46031	47040
东乡族	195427	104502	90925	141749	72456	69293
纳西族	90942	43666	47276	84996	40984	44012
景颇族	38605	17049	21556	27705	12089	15616
柯尔克孜族	47354	22494	24860	44026	20916	23110
土　族	91773	47296	44477	67897	33570	34327
达斡尔族	51562	24101	27461	39229	18281	20948
仫佬族	104920	53834	51086	61129	28959	32170
羌　族	104730	50947	53783	92011	43540	48471
布朗族	22811	10686	12125	16952	7779	9173
撒拉族	52856	27597	25259	36014	18117	17897
毛南族	49788	26178	23610	30345	14682	15663
仡佬族	287517	154412	133105	179841	89657	90184
锡伯族	75490	37127	38363	66741	32719	34022
阿昌族	11227	5493	5734	7937	3753	4184
普米族	13380	6518	6862	11915	5715	6200
塔吉克族	9199	4519	4680	8640	4200	4440
怒　族	6526	2854	3672	5215	2338	2877
乌孜别克族	3185	1602	1583	2944	1492	1452
俄罗斯族	6585	3082	3503	5346	2522	2824
鄂温克族	14403	6580	7823	11539	5251	6288
德昂族	4110	1851	2259	2782	1237	1545
保安族	5932	3192	2740	3655	1779	1876
裕固族	6336	3026	3310	5655	2671	2984
京　族	8925	4290	4635	8046	3846	4200
塔塔尔族	1094	560	534	977	500	477
独龙族	1137	501	636	907	418	489
鄂伦春族	3857	1785	2072	2952	1389	1563
赫哲族	2423	1137	1286	1920	895	1025
门巴族	2075	897	1178	1602	696	906
珞巴族	638	269	369	477	203	274
基诺族	5087	2115	2972	4639	1958	2681
未定族称人口	309628	162155	147473	208677	104006	104671
入　籍	6660	3519	3141	3882	1922	1960

2-4 续表

单位：人

民族	户口登记地					
	省内			省外		
	其中市辖区内人户分离					
	小计	男	女	小计	男	女
总　计	**116945747**	**57200933**	**59744814**	**124837153**	**71689122**	**53148031**
汉　族	111637440	54621608	57015832	114119677	65666990	48452687
蒙古族	432307	206423	225884	405781	210769	195012
回　族	1054332	507995	546337	803708	443396	360312
藏　族	150554	72092	78462	177225	89613	87612
维吾尔族	141785	66622	75163	127391	63186	64205
苗　族	163678	76863	86815	1734915	987213	747702
彝　族	126576	60559	66017	581656	324920	256736
壮　族	1500733	749956	750777	2246858	1298061	948797
布依族	67970	30996	36974	729387	410254	319133
朝鲜族	83345	39644	43701	149969	74903	75066
满　族	820621	399301	421320	651884	350083	301801
侗　族	69740	34503	35237	525180	311470	213710
瑶　族	67225	31837	35388	392610	225826	166784
白　族	44928	21597	23331	120002	65945	54057
土家族	332027	161712	170315	1169705	671939	497766
哈尼族	12803	5920	6883	84488	46137	38351
哈萨克族	16522	7804	8718	15909	6995	8914
傣　族	10498	4594	5904	52323	26146	26177
黎　族	32669	14092	18577	76364	38070	38294
傈僳族	3132	1432	1700	27604	12736	14868
佤　族	1735	740	995	38365	20046	18319
畲　族	30260	15363	14897	40941	24155	16786
高山族	392	202	190	469	275	194
拉祜族	4174	1787	2387	23057	10778	12279
水　族	3594	1671	1923	93845	53922	39923
东乡族	2695	1314	1381	53678	32046	21632
纳西族	23188	11231	11957	5946	2682	3264
景颇族	361	141	220	10900	4960	5940
柯尔克孜族	530	236	294	3328	1578	1750
土　族	8018	3833	4185	23876	13726	10150
达斡尔族	9130	4148	4982	12333	5820	6513
仫佬族	11631	5285	6346	43791	24875	18916
羌　族	4977	2311	2666	12719	7407	5312
布朗族	1296	592	704	5859	2907	2952
撒拉族	2121	1045	1076	16842	9480	7362
毛南族	3079	1374	1705	19443	11496	7947
仡佬族	16577	7981	8596	107676	64755	42921
锡伯族	26766	13308	13458	8749	4408	4341
阿昌族	150	63	87	3290	1740	1550
普米族	534	261	273	1465	803	662
塔吉克族	70	39	31	559	319	240
怒　族	99	49	50	1311	516	795
乌孜别克族	467	241	226	241	110	131
俄罗斯族	1875	863	1012	1239	560	679
鄂温克族	1261	536	725	2864	1329	1535
德昂族	74	30	44	1328	614	714
保安族	107	56	51	2277	1413	864
裕固族	1339	668	671	681	355	326
京　族	2160	1026	1134	879	444	435
塔塔尔族	215	108	107	117	60	57
独龙族	64	30	34	230	83	147
鄂伦春族	511	231	280	905	396	509
赫哲族	575	267	308	503	242	261
门巴族	102	47	55	473	201	272
珞巴族	32	13	19	161	66	95
基诺族	105	41	64	448	157	291
未定族称人口	16071	8004	8067	100951	58149	42802
入　籍	527	248	279	2778	1597	1181

2-4a　全国各民族按户口登记地、性别分的户口登记地在外乡镇街道的人口(城市)

单位：人

民　族	户口登记地					
	合　计			省　内		
	合计	男	女	小计	男	女
总　计	**323487793**	**167434625**	**156053168**	**235167709**	**117380226**	**117787483**
汉　族	302206181	156542655	145663526	220841632	110398952	110442680
蒙古族	1322108	643756	678352	1039900	497837	542063
回　族	2395560	1199480	1196080	1868135	910863	957272
藏　族	699903	335844	364059	591572	282071	309501
维吾尔族	826433	394913	431520	733595	349564	384031
苗　族	1816293	971733	844560	844715	414886	429829
彝　族	1162196	586773	575423	837823	406529	431294
壮　族	4576258	2418566	2157692	2911771	1448508	1463263
布依族	690606	366148	324458	264996	125161	139835
朝鲜族	450430	216272	234158	323189	153080	170109
满　族	2353116	1176755	1176361	1880340	927075	953265
侗　族	575068	317658	257410	246635	121363	125272
瑶　族	529712	285291	244421	243475	119730	123745
白　族	316721	155908	160813	240894	114369	126525
土家族	1771852	920920	850932	1045417	507269	538148
哈尼族	203646	104859	98787	154292	77340	76952
哈萨克族	132713	61791	70922	120450	56534	63916
傣　族	120055	53669	66386	88927	37768	51159
黎　族	159939	73512	86427	109426	47970	61456
傈僳族	52464	24863	27601	37710	17491	20219
佤　族	34192	17102	17090	12826	5522	7304
畲　族	137849	73914	63935	109935	57632	52303
高山族	997	508	489	706	358	348
拉祜族	33726	15659	18067	21653	9517	12136
水　族	74247	40181	34066	28455	13734	14721
东乡族	98376	53554	44822	65804	33984	31820
纳西族	55993	26568	29425	51855	24730	27125
景颇族	18816	8447	10369	12774	5579	7195
柯尔克孜族	13967	6230	7737	11639	5182	6457
土　族	45091	23162	21929	30527	14985	15542
达斡尔族	28964	13408	15556	20226	9330	10896
仫佬族	67793	34914	32879	37109	17509	19600
羌　族	49473	24022	25451	41595	19630	21965
布朗族	9387	4412	4975	6099	2742	3357
撒拉族	30610	16170	14440	17911	9088	8823
毛南族	26881	14329	12552	13191	6217	6974
仡佬族	136763	75698	61065	72364	36874	35490
锡伯族	56788	27933	28855	50029	24583	25446
阿昌族	5150	2492	2658	3275	1523	1752
普米族	4926	2314	2612	3970	1799	2171
塔吉克族	1702	823	879	1349	639	710
怒　族	2252	971	1281	1547	651	896
乌孜别克族	2008	986	1022	1803	896	907
俄罗斯族	5276	2460	2816	4258	1995	2263
鄂温克族	6174	2820	3354	4130	1875	2255
德昂族	2508	1189	1319	1761	826	935
保安族	2860	1579	1281	1535	736	799
裕固族	3194	1529	1665	2701	1278	1423
京　族	7117	3401	3716	6542	3115	3427
塔塔尔族	668	346	322	583	308	275
独龙族	448	218	230	318	158	160
鄂伦春族	1928	880	1048	1274	577	697
赫哲族	1575	738	837	1180	551	629
门巴族	982	399	583	650	253	397
珞巴族	312	126	186	205	84	121
基诺族	2991	1251	1740	2695	1139	1556
未定族称人口	150654	80463	70191	96132	49154	46978
入　籍	3901	2063	1838	2209	1113	1096

2-4a 续表

单位：人

民族	户口登记地					
	省内			省外		
	其中市辖区内人户分离					
	小计	男	女	小计	男	女
总　计	**107113745**	**52309728**	**54804017**	**88320084**	**50054399**	**38265685**
汉　族	102296751	49967089	52329662	81364549	46143703	35220846
蒙古族	399617	190510	209107	282208	145919	136289
回　族	951626	457888	493738	527425	288617	238808
藏　族	132420	63105	69315	108331	53773	54558
维吾尔族	127715	59923	67792	92838	45349	47489
苗　族	141118	67303	73815	971578	556847	414731
彝　族	113067	53981	59086	324373	180244	144129
壮　族	1375591	688963	686628	1664487	970058	694429
布依族	58864	27129	31735	425610	240987	184623
朝鲜族	78445	37290	41155	127241	63192	64049
满　族	749544	364325	385219	472776	249680	223096
侗　族	63727	31575	32152	328433	196295	132138
瑶　族	60272	28558	31714	286237	165561	120676
白　族	42295	20341	21954	75827	41539	34288
土家族	299045	145642	153403	726435	413651	312784
哈尼族	11856	5490	6366	49354	27519	21835
哈萨克族	13381	6270	7111	12263	5257	7006
傣　族	9652	4217	5435	31128	15901	15227
黎　族	24445	10855	13590	50513	25542	24971
傈僳族	2679	1244	1435	14754	7372	7382
佤　族	1543	659	884	21366	11580	9786
畲　族	26502	13425	13077	27914	16282	11632
高山族	371	192	179	291	150	141
拉祜族	3647	1584	2063	12073	6142	5931
水　族	3271	1530	1741	45792	26447	19345
东乡族	2415	1160	1255	32572	19570	13002
纳西族	22032	10656	11376	4138	1838	2300
景颇族	323	129	194	6042	2868	3174
柯尔克孜族	502	221	281	2328	1048	1280
土　族	7575	3639	3936	14564	8177	6387
达斡尔族	8504	3882	4622	8738	4078	4660
仫佬族	10886	4957	5929	30684	17405	13279
羌　族	4439	2082	2357	7878	4392	3486
布朗族	977	434	543	3288	1670	1618
撒拉族	2104	1039	1065	12699	7082	5617
毛南族	2907	1296	1611	13690	8112	5578
仡佬族	15399	7456	7943	64399	38824	25575
锡伯族	24205	11940	12265	6759	3350	3409
阿昌族	132	56	76	1875	969	906
普米族	509	248	261	956	515	441
塔吉克族	68	38	30	353	184	169
怒　族	91	47	44	705	320	385
乌孜别克族	454	236	218	205	90	115
俄罗斯族	1807	834	973	1018	465	553
鄂温克族	1213	517	696	2044	945	1099
德昂族	58	24	34	747	363	384
保安族	101	51	50	1325	843	482
裕固族	1129	562	567	493	251	242
京　族	2034	970	1064	575	286	289
塔塔尔族	209	105	104	85	38	47
独龙族	58	29	29	130	60	70
鄂伦春族	487	218	269	654	303	351
赫哲族	533	247	286	395	187	208
门巴族	88	39	49	332	146	186
珞巴族	29	13	16	107	42	65
基诺族	96	36	60	296	112	184
未定族称人口	14462	7255	7207	54522	31309	23213
入　籍	475	224	251	1692	950	742

2-4b　全国各民族按户口登记地、性别分的户口登记地在外乡镇街道的人口(镇)

单位：人

民　族	户口登记地					
	合　计			省　内		
	合计	男	女	小计	男	女
总　计	**119450766**	**61218159**	**58232607**	**99804841**	**49837237**	**49967604**
汉　族	107676779	55369956	52306823	89826672	44986948	44839724
蒙古族	942341	452238	490103	871672	415561	456111
回　族	1001909	506866	495043	845126	419618	425508
藏　族	604963	293057	311906	568785	274577	294208
维吾尔族	624406	309165	315241	601747	297727	304020
苗　族	1219331	619388	599943	886535	432366	454169
彝　族	933998	462753	471245	814153	396409	417744
壮　族	1518227	753770	764457	1268219	614529	653690
布依族	389711	195442	194269	249574	117668	131906
朝鲜族	85619	41775	43844	69539	33483	36056
满　族	999315	497215	502100	899285	442102	457183
侗　族	481402	245085	236317	391292	193046	198246
瑶　族	314803	156523	158280	267221	130011	137210
白　族	165943	82686	83257	143216	70082	73134
土家族	1171120	584825	586295	951768	458886	492882
哈尼族	159847	79280	80567	144386	71011	73375
哈萨克族	163760	77300	86460	161525	76299	85226
傣　族	72012	32211	39801	62250	27421	34829
黎　族	81604	36983	44621	69224	31127	38097
傈僳族	83123	41047	42076	77817	38705	39112
佤　族	30362	13998	16364	23145	10315	12830
畲　族	82854	43246	39608	75533	38931	36602
高山族	336	166	170	258	120	138
拉祜族	32760	14656	18104	28081	12506	15575
水　族	71098	37170	33928	49796	25093	24703
东乡族	62382	32497	29885	49846	25150	24696
纳西族	25465	12239	13226	24523	11797	12726
景颇族	11297	5098	6199	8987	4021	4966
柯尔克孜族	19284	9359	9925	18573	8992	9581
土　族	37410	18793	18617	32537	16001	16536
达斡尔族	14967	7127	7840	12846	6090	6756
仫佬族	25804	12909	12895	19678	9430	10248
羌　族	35573	16967	18606	33156	15495	17661
布朗族	8798	4143	4655	7724	3597	4127
撒拉族	17553	8985	8568	15124	7582	7542
毛南族	16249	8216	8033	13631	6695	6936
仡佬族	108478	55168	53310	88208	43149	45059
锡伯族	12557	6137	6420	11296	5458	5838
阿昌族	3577	1758	1819	3052	1464	1588
普米族	6953	3398	3555	6703	3255	3448
塔吉克族	6124	2961	3163	5976	2864	3112
怒　族	3220	1475	1745	2979	1386	1593
乌孜别克族	789	408	381	760	392	368
俄罗斯族	854	402	452	714	338	376
鄂温克族	6463	2961	3502	5955	2724	3231
德昂族	691	289	402	405	160	245
保安族	2219	1143	1076	1657	816	841
裕固族	1787	839	948	1679	784	895
京　族	914	473	441	785	402	383
塔塔尔族	271	129	142	262	125	137
独龙族	465	210	255	431	200	231
鄂伦春族	1487	695	792	1328	636	692
赫哲族	363	179	184	297	143	154
门巴族	486	209	277	411	179	232
珞巴族	138	55	83	113	44	69
基诺族	1132	478	654	1059	449	610
未定族称人口	107741	54759	52982	86214	42308	43906
入　籍	1652	899	753	1113	570	543

2-4b 续表

单位：人

民族	户口登记地					
	省内			省外		
	其中市辖区内人户分离					
	小计	男	女	小计	男	女
总　计	**4652659**	**2321347**	**2331312**	**19645925**	**11380922**	**8265003**
汉　族	4460586	2226342	2234244	17850107	10383008	7467099
蒙古族	7976	3958	4018	70669	36677	33992
回　族	36629	18098	18531	156783	87248	69535
藏　族	2611	1265	1346	36178	18480	17698
维吾尔族	4704	2380	2324	22659	11438	11221
苗　族	6961	3142	3819	332796	187022	145774
彝　族	4658	2241	2417	119845	66344	53501
壮　族	75152	38073	37079	250008	139241	110767
布依族	2575	1120	1455	140137	77774	62363
朝鲜族	1975	943	1032	16080	8292	7788
满　族	27430	13478	13952	100030	55113	44917
侗　族	1027	482	545	90110	52039	38071
瑶　族	3500	1698	1802	47582	26512	21070
白　族	735	359	376	22727	12604	10123
土家族	7312	3555	3757	219352	125939	93413
哈尼族	405	193	212	15461	8269	7192
哈萨克族	1343	674	669	2235	1001	1234
傣　族	247	106	141	9762	4790	4972
黎　族	1593	679	914	12380	5856	6524
傈僳族	131	62	69	5306	2342	2964
佤　族	45	23	22	7217	3683	3534
畲　族	890	460	430	7321	4315	3006
高山族	13	6	7	78	46	32
拉祜族	111	50	61	4679	2150	2529
水　族	163	72	91	21302	12077	9225
东乡族	101	47	54	12536	7347	5189
纳西族	105	61	44	942	442	500
景颇族	15	3	12	2310	1077	1233
柯尔克孜族	20	9	11	711	367	344
土　族	199	80	119	4873	2792	2081
达斡尔族	277	128	149	2121	1037	1084
仫佬族	437	197	240	6126	3479	2647
羌　族	167	79	88	2417	1472	945
布朗族	57	27	30	1074	546	528
撒拉族	10	3	7	2429	1403	1026
毛南族	95	43	52	2618	1521	1097
仡佬族	544	253	291	20270	12019	8251
锡伯族	1077	582	495	1261	679	582
阿昌族	7	3	4	525	294	231
普米族	7	4	3	250	143	107
塔吉克族	2	1	1	148	97	51
怒　族	5	1	4	241	89	152
乌孜别克族	8	3	5	29	16	13
俄罗斯族	39	18	21	140	64	76
鄂温克族	26	10	16	508	237	271
德昂族	1	1		286	129	157
保安族	3	3		562	327	235
裕固族	7	4	3	108	55	53
京　族	62	26	36	129	71	58
塔塔尔族	5	3	2	9	4	5
独龙族	3	1	2	34	10	24
鄂伦春族	15	10	5	159	59	100
赫哲族	15	7	8	66	36	30
门巴族	3	2	1	75	30	45
珞巴族				25	11	14
基诺族	4	3	1	73	29	44
未定族称人口	556	267	289	21527	12451	9076
入　籍	15	9	6	539	329	210

2-4c 全国各民族按户口登记地、性别分的户口登记地在外乡镇街道的人口(乡村)

单位：人

民族	户口登记地					
	合计			省内		
	合计	男	女	小计	男	女
总计	**49823947**	**27243484**	**22580463**	**32952803**	**16989683**	**15963120**
汉族	43858279	24178219	19680060	28953258	15037940	13915318
蒙古族	277510	138047	139463	224606	109874	114732
回族	561747	289297	272450	442247	221766	220481
藏族	328708	169914	158794	295992	152554	143438
维吾尔族	422758	206795	215963	410864	200396	210468
苗族	742897	386292	356605	312356	142948	169408
彝族	691034	353990	337044	553596	275658	277938
壮族	685099	362609	322490	352736	173847	178889
布依族	267485	138468	129017	103845	46975	56870
朝鲜族	79546	38093	41453	72898	34674	38224
满族	384708	189956	194752	305630	144666	160964
侗族	202640	110773	91867	96003	47637	48366
瑶族	138148	72026	66122	79357	38273	41084
白族	66057	35812	30245	44609	24010	20599
土家族	438603	239034	199569	214685	106685	108000
哈尼族	80151	40951	39200	60478	30602	29876
哈萨克族	103651	49138	54513	102240	48401	53839
傣族	36989	17066	19923	25556	11611	13945
黎族	68290	28390	39900	54819	21718	33101
傈僳族	26296	11481	14815	18752	8459	10293
佤族	18184	8478	9706	8402	3695	4707
畲族	30319	16425	13894	24613	12867	11746
高山族	173	116	57	73	37	36
拉祜族	25593	10931	14662	19288	8445	10843
水族	41571	22602	18969	14820	7204	7616
东乡族	34669	18451	16218	26099	13322	12777
纳西族	9484	4859	4625	8618	4457	4161
景颇族	8492	3504	4988	5944	2489	3455
柯尔克孜族	14103	6905	7198	13814	6742	7072
土族	9272	5341	3931	4833	2584	2249
达斡尔族	7631	3566	4065	6157	2861	3296
仫佬族	11323	6011	5312	4342	2020	2322
羌族	19684	9958	9726	17260	8415	8845
布朗族	4626	2131	2495	3129	1440	1689
撒拉族	4693	2442	2251	2979	1447	1532
毛南族	6658	3633	3025	3523	1770	1753
仡佬族	42276	23546	18730	19269	9634	9635
锡伯族	6145	3057	3088	5416	2678	2738
阿昌族	2500	1243	1257	1610	766	844
普米族	1501	806	695	1242	661	581
塔吉克族	1373	735	638	1315	697	618
怒族	1054	408	646	689	301	388
乌孜别克族	388	208	180	381	204	177
俄罗斯族	455	220	235	374	189	185
鄂温克族	1766	799	967	1454	652	802
德昂族	911	373	538	616	251	365
保安族	853	470	383	463	227	236
裕固族	1355	658	697	1275	609	666
京族	894	416	478	719	329	390
塔塔尔族	155	85	70	132	67	65
独龙族	224	73	151	158	60	98
鄂伦春族	442	210	232	350	176	174
赫哲族	485	220	265	443	201	242
门巴族	607	289	318	541	264	277
珞巴族	188	88	100	159	75	84
基诺族	964	386	578	885	370	515
未定族称人口	51233	26933	24300	26331	12544	13787
入籍	1107	557	550	560	239	321

2-4c 续表

单位：人

民　族	户口登记地					
	省　内			省　外		
	其中市辖区内人户分离					
	小计	男	女	小计	男	女
总　计	**5179343**	**2569858**	**2609485**	**16871144**	**10253801**	**6617343**
汉　族	4880103	2428177	2451926	14905021	9140279	5764742
蒙古族	24714	11955	12759	52904	28173	24731
回　族	66077	32009	34068	119500	67531	51969
藏　族	15523	7722	7801	32716	17360	15356
维吾尔族	9366	4319	5047	11894	6399	5495
苗　族	15599	6418	9181	430541	243344	187197
彝　族	8851	4337	4514	137438	78332	59106
壮　族	49990	22920	27070	332363	188762	143601
布依族	6531	2747	3784	163640	91493	72147
朝鲜族	2925	1411	1514	6648	3419	3229
满　族	43647	21498	22149	79078	45290	33788
侗　族	4986	2446	2540	106637	63136	43501
瑶　族	3453	1581	1872	58791	33753	25038
白　族	1898	897	1001	21448	11802	9646
土家族	25670	12515	13155	223918	132349	91569
哈尼族	542	237	305	19673	10349	9324
哈萨克族	1798	860	938	1411	737	674
傣　族	599	271	328	11433	5455	5978
黎　族	6631	2558	4073	13471	6672	6799
傈僳族	322	126	196	7544	3022	4522
佤　族	147	58	89	9782	4783	4999
畲　族	2868	1478	1390	5706	3558	2148
高山族	8	4	4	100	79	21
拉祜族	416	153	263	6305	2486	3819
水　族	160	69	91	26751	15398	11353
东乡族	179	107	72	8570	5129	3441
纳西族	1051	514	537	866	402	464
景颇族	23	9	14	2548	1015	1533
柯尔克孜族	8	6	2	289	163	126
土　族	244	114	130	4439	2757	1682
达斡尔族	349	138	211	1474	705	769
仫佬族	308	131	177	6981	3991	2990
羌　族	371	150	221	2424	1543	881
布朗族	262	131	131	1497	691	806
撒拉族	7	3	4	1714	995	719
毛南族	77	35	42	3135	1863	1272
仡佬族	634	272	362	23007	13912	9095
锡伯族	1484	786	698	729	379	350
阿昌族	11	4	7	890	477	413
普米族	18	9	9	259	145	114
塔吉克族				58	38	20
怒　族	3	1	2	365	107	258
乌孜别克族	5	2	3	7	4	3
俄罗斯族	29	11	18	81	31	50
鄂温克族	22	9	13	312	147	165
德昂族	15	5	10	295	122	173
保安族	3	2	1	390	243	147
裕固族	203	102	101	80	49	31
京　族	64	30	34	175	87	88
塔塔尔族	1		1	23	18	5
独龙族	3		3	66	13	53
鄂伦春族	9	3	6	92	34	58
赫哲族	27	13	14	42	19	23
门巴族	11	6	5	66	25	41
珞巴族	3		3	29	13	16
基诺族	5	2	3	79	16	63
未定族称人口	1053	482	571	24902	14389	10513
入　籍	37	15	22	547	318	229

第一部分　全部数据资料

第三卷　年龄

3-1　全国分年龄、性别的人口

单位：人、%

年　龄	人口数			占总人口比重			性别比
	合计	男	女	合计	男	女	(女=100)
总　计	**1409778724**	**721416394**	**688362330**	**100.00**	**51.17**	**48.83**	**104.80**
0-4岁	**77883888**	**40969331**	**36914557**	**5.52**	**2.91**	**2.62**	**110.98**
0	11988057	6312409	5675648	0.85	0.45	0.40	111.22
1	14383791	7559981	6823810	1.02	0.54	0.48	110.79
2	15266778	8020423	7246355	1.08	0.57	0.51	110.68
3	18418078	9670005	8748073	1.31	0.69	0.62	110.54
4	17827184	9406513	8420671	1.26	0.67	0.60	111.71
5-9岁	**90244056**	**48017458**	**42226598**	**6.40**	**3.41**	**3.00**	**113.71**
5	16547271	8765848	7781423	1.17	0.62	0.55	112.65
6	18591806	9881523	8710283	1.32	0.70	0.62	113.45
7	17963157	9548981	8414176	1.27	0.68	0.60	113.49
8	19353752	10317678	9036074	1.37	0.73	0.64	114.18
9	17788070	9503428	8284642	1.26	0.67	0.59	114.71
10-14岁	**85255994**	**45606790**	**39649204**	**6.05**	**3.24**	**2.81**	**115.03**
10	17347565	9285412	8062153	1.23	0.66	0.57	115.17
11	17695044	9462024	8233020	1.26	0.67	0.58	114.93
12	17356919	9279079	8077840	1.23	0.66	0.57	114.87
13	16677054	8920655	7756399	1.18	0.63	0.55	115.01
14	16179412	8659620	7519792	1.15	0.61	0.53	115.16
15-19岁	**72684140**	**39053343**	**33630797**	**5.16**	**2.77**	**2.39**	**116.12**
15	15323224	8225995	7097229	1.09	0.58	0.50	115.90
16	15218156	8195908	7022248	1.08	0.58	0.50	116.71
17	13730626	7401041	6329585	0.97	0.52	0.45	116.93
18	14043179	7560195	6482984	1.00	0.54	0.46	116.62
19	14368955	7670204	6698751	1.02	0.54	0.48	114.50
20-24岁	**74941675**	**39675995**	**35265680**	**5.32**	**2.81**	**2.50**	**112.51**
20	14563347	7742857	6820490	1.03	0.55	0.48	113.52
21	13935509	7389412	6546097	0.99	0.52	0.46	112.88
22	15249809	8078183	7171626	1.08	0.57	0.51	112.64
23	15325970	8103460	7222510	1.09	0.57	0.51	112.20
24	15867040	8362083	7504957	1.13	0.59	0.53	111.42
25-29岁	**91847332**	**48162270**	**43685062**	**6.52**	**3.42**	**3.10**	**110.25**
25	17146447	9042474	8103973	1.22	0.64	0.57	111.58
26	16826988	8845171	7981817	1.19	0.63	0.57	110.82
27	18298935	9588428	8710507	1.30	0.68	0.62	110.08
28	19060645	9975395	9085250	1.35	0.71	0.64	109.80
29	20514317	10710802	9803515	1.46	0.76	0.70	109.25

3-1 续表 1

单位：人、%

年 龄	人 口 数			占总人口比重			性别比
	合计	男	女	合计	男	女	(女=100)
30-34岁	**124145190**	**63871808**	**60273382**	**8.81**	**4.53**	**4.28**	**105.97**
30	25973082	13463923	12509159	1.84	0.96	0.89	107.63
31	25451203	13094627	12356576	1.81	0.93	0.88	105.97
32	24037711	12335076	11702635	1.71	0.87	0.83	105.40
33	25946853	13315974	12630879	1.84	0.94	0.90	105.42
34	22736341	11662208	11074133	1.61	0.83	0.79	105.31
35-39岁	**99012932**	**50932037**	**48080895**	**7.02**	**3.61**	**3.41**	**105.93**
35	19586332	10077433	9508899	1.39	0.71	0.67	105.98
36	19499941	10034259	9465682	1.38	0.71	0.67	106.01
37	19063741	9815714	9248027	1.35	0.70	0.66	106.14
38	21799284	11217120	10582164	1.55	0.80	0.75	106.00
39	19063634	9787511	9276123	1.35	0.69	0.66	105.51
40-44岁	**92955330**	**47632694**	**45322636**	**6.59**	**3.38**	**3.21**	**105.10**
40	17540717	8997291	8543426	1.24	0.64	0.61	105.31
41	19339617	9934985	9404632	1.37	0.70	0.67	105.64
42	18564211	9492205	9072006	1.32	0.67	0.64	104.63
43	17758286	9097039	8661247	1.26	0.65	0.61	105.03
44	19752499	10111174	9641325	1.40	0.72	0.68	104.87
45-49岁	**114224887**	**58191686**	**56033201**	**8.10**	**4.13**	**3.97**	**103.85**
45	20259918	10335133	9924785	1.44	0.73	0.70	104.13
46	22208985	11305313	10903672	1.58	0.80	0.77	103.68
47	23233417	11844299	11389118	1.65	0.84	0.81	104.00
48	23862010	12147117	11714893	1.69	0.86	0.83	103.69
49	24660557	12559824	12100733	1.75	0.89	0.86	103.79
50-54岁	**121164296**	**61105470**	**60058826**	**8.59**	**4.33**	**4.26**	**101.74**
50	26062036	13149971	12912065	1.85	0.93	0.92	101.84
51	24444570	12342864	12101706	1.73	0.88	0.86	101.99
52	26105080	13149508	12955572	1.85	0.93	0.92	101.50
53	20959668	10539231	10420437	1.49	0.75	0.74	101.14
54	23592942	11923896	11669046	1.67	0.85	0.83	102.18
55-59岁	**101400786**	**50816026**	**50584760**	**7.19**	**3.60**	**3.59**	**100.46**
55	23106155	11648724	11457431	1.64	0.83	0.81	101.67
56	22559346	11301683	11257663	1.60	0.80	0.80	100.39
57	26044142	13130492	12913650	1.85	0.93	0.92	101.68
58	19132096	9562232	9569864	1.36	0.68	0.68	99.92
59	10559047	5172895	5386152	0.75	0.37	0.38	96.04
60-64岁	**73382938**	**36871125**	**36511813**	**5.21**	**2.62**	**2.59**	**100.98**
60	12899885	6442344	6457541	0.92	0.46	0.46	99.76
61	12135959	6148108	5987851	0.86	0.44	0.42	102.68
62	15464277	7832019	7632258	1.10	0.56	0.54	102.62
63	17232007	8678055	8553952	1.22	0.62	0.61	101.45
64	15650810	7770599	7880211	1.11	0.55	0.56	98.61

3-1　续表 2

单位：人、%

年　龄	人　口　数			占总人口比重			性别比
	合计	男	女	合计	男	女	(女=100)
65-69岁	**74005560**	**36337923**	**37667637**	**5.25**	**2.58**	**2.67**	**96.47**
65	16295105	8101750	8193355	1.16	0.57	0.58	98.88
66	16248455	8003803	8244652	1.15	0.57	0.58	97.08
67	14620318	7147712	7472606	1.04	0.51	0.53	95.65
68	14550479	7115265	7435214	1.03	0.50	0.53	95.70
69	12291203	5969393	6321810	0.87	0.42	0.45	94.43
70-74岁	**49590036**	**24162733**	**25427303**	**3.52**	**1.71**	**1.80**	**95.03**
70	11600773	5667080	5933693	0.82	0.40	0.42	95.51
71	11228645	5539299	5689346	0.80	0.39	0.40	97.36
72	9552234	4640378	4911856	0.68	0.33	0.35	94.47
73	9046226	4399581	4646645	0.64	0.31	0.33	94.68
74	8162158	3916395	4245763	0.58	0.28	0.30	92.24
75-79岁	**31238849**	**14752433**	**16486416**	**2.22**	**1.05**	**1.17**	**89.48**
75	7179399	3414021	3765378	0.51	0.24	0.27	90.67
76	6818961	3265307	3553654	0.48	0.23	0.25	91.89
77	6019552	2835339	3184213	0.43	0.20	0.23	89.04
78	5672036	2657484	3014552	0.40	0.19	0.21	88.16
79	5548901	2580282	2968619	0.39	0.18	0.21	86.92
80-84岁	**20382878**	**9157003**	**11225875**	**1.45**	**0.65**	**0.80**	**81.57**
80	4919088	2271741	2647347	0.35	0.16	0.19	85.81
81	4139582	1869035	2270547	0.29	0.13	0.16	82.32
82	4242478	1914824	2327654	0.30	0.14	0.17	82.26
83	3711083	1645840	2065243	0.26	0.12	0.15	79.69
84	3370647	1455563	1915084	0.24	0.10	0.14	76.01
85-89岁	**10826530**	**4426091**	**6400439**	**0.77**	**0.31**	**0.45**	**69.15**
85	2909233	1213783	1695450	0.21	0.09	0.12	71.59
86	2518664	1034635	1484029	0.18	0.07	0.11	69.72
87	2285081	935469	1349612	0.16	0.07	0.10	69.31
88	1724439	687799	1036640	0.12	0.05	0.07	66.35
89	1389113	554405	834708	0.10	0.04	0.06	66.42
90-94岁	**3652749**	**1367594**	**2285155**	**0.26**	**0.10**	**0.16**	**59.85**
90	1216116	476404	739712	0.09	0.03	0.05	64.40
91	843235	315634	527601	0.06	0.02	0.04	59.82
92	712963	262078	450885	0.05	0.02	0.03	58.13
93	511539	183520	328019	0.04	0.01	0.02	55.95
94	368896	129958	238938	0.03	0.01	0.02	54.39
95-99岁	**819812**	**271455**	**548357**	**0.06**	**0.02**	**0.04**	**49.50**
95	289772	98355	191417	0.02	0.01	0.01	51.38
96	206218	68067	138151	0.01		0.01	49.27
97	143736	46250	97486	0.01		0.01	47.44
98	100616	32835	67781	0.01			48.44
99	79470	25948	53522	0.01			48.48
100岁及以上	**118866**	**35129**	**83737**	**0.01**		**0.01**	**41.95**

3-1a 全国分年龄、性别的人口(城市)

单位：人、%

年 龄	人口数			占总人口比重			性别比
	合计	男	女	合计	男	女	(女=100)
总 计	**575170855**	**291791475**	**283379380**	**100.00**	**50.73**	**49.27**	**102.97**
0-4岁	**30601537**	**16078524**	**14523013**	**5.32**	**2.80**	**2.52**	**110.71**
0	4497029	2361683	2135346	0.78	0.41	0.37	110.60
1	5738580	3012237	2726343	1.00	0.52	0.47	110.49
2	6011384	3154371	2857013	1.05	0.55	0.50	110.41
3	7349963	3856052	3493911	1.28	0.67	0.61	110.36
4	7004581	3694181	3310400	1.22	0.64	0.58	111.59
5-9岁	**32260730**	**17172999**	**15087731**	**5.61**	**2.99**	**2.62**	**113.82**
5	6079800	3221353	2858447	1.06	0.56	0.50	112.70
6	6929798	3682193	3247605	1.20	0.64	0.56	113.38
7	6433949	3424276	3009673	1.12	0.60	0.52	113.78
8	6855720	3657590	3198130	1.19	0.64	0.56	114.37
9	5961463	3187587	2773876	1.04	0.55	0.48	114.91
10-14岁	**27347422**	**14619691**	**12727731**	**4.75**	**2.54**	**2.21**	**114.86**
10	5691818	3052007	2639811	0.99	0.53	0.46	115.61
11	5610133	3003738	2606395	0.98	0.52	0.45	115.24
12	5565782	2973489	2592293	0.97	0.52	0.45	114.70
13	5416181	2889991	2526190	0.94	0.50	0.44	114.40
14	5063508	2700466	2363042	0.88	0.47	0.41	114.28
15-19岁	**32654045**	**17249362**	**15404683**	**5.68**	**3.00**	**2.68**	**111.97**
15	5750149	3057264	2692885	1.00	0.53	0.47	113.53
16	6519084	3479730	3039354	1.13	0.60	0.53	114.49
17	6088485	3250249	2838236	1.06	0.57	0.49	114.52
18	6722026	3545418	3176608	1.17	0.62	0.55	111.61
19	7574301	3916701	3657600	1.32	0.68	0.64	107.08
20-24岁	**38258137**	**19776472**	**18481665**	**6.65**	**3.44**	**3.21**	**107.01**
20	7945812	4088343	3857469	1.38	0.71	0.67	105.99
21	7368955	3799988	3568967	1.28	0.66	0.62	106.47
22	7630775	3956286	3674489	1.33	0.69	0.64	107.67
23	7529768	3906465	3623303	1.31	0.68	0.63	107.82
24	7782827	4025390	3757437	1.35	0.70	0.65	107.13
25-29岁	**44415879**	**22937131**	**21478748**	**7.72**	**3.99**	**3.73**	**106.79**
25	8364734	4332574	4032160	1.45	0.75	0.70	107.45
26	8240736	4258959	3981777	1.43	0.74	0.69	106.96
27	8855883	4567904	4287979	1.54	0.79	0.75	106.53
28	9169737	4732680	4437057	1.59	0.82	0.77	106.66
29	9784789	5045014	4739775	1.70	0.88	0.82	106.44

3-1a　续表 1　　　　单位：人、%

年　龄	人　口　数			占总人口比重			性别比
	合计	男	女	合计	男	女	(女=100)
30-34岁	**60075584**	**30519381**	**29556203**	**10.44**	**5.31**	**5.14**	**103.26**
30	12298468	6297664	6000804	2.14	1.09	1.04	104.95
31	12246291	6226709	6019582	2.13	1.08	1.05	103.44
32	11692599	5930008	5762591	2.03	1.03	1.00	102.91
33	12686287	6423503	6262784	2.21	1.12	1.09	102.57
34	11151939	5641497	5510442	1.94	0.98	0.96	102.38
35-39岁	**48129615**	**24437714**	**23691901**	**8.37**	**4.25**	**4.12**	**103.15**
35	9496273	4822865	4673408	1.65	0.84	0.81	103.20
36	9455642	4807258	4648384	1.64	0.84	0.81	103.42
37	9369040	4761690	4607350	1.63	0.83	0.80	103.35
38	10713665	5434717	5278948	1.86	0.94	0.92	102.95
39	9094995	4611184	4483811	1.58	0.80	0.78	102.84
40-44岁	**42221092**	**21424853**	**20796239**	**7.34**	**3.72**	**3.62**	**103.02**
40	8184772	4157584	4027188	1.42	0.72	0.70	103.24
41	9000311	4572779	4427532	1.56	0.80	0.77	103.28
42	8474758	4291975	4182783	1.47	0.75	0.73	102.61
43	7956899	4034419	3922480	1.38	0.70	0.68	102.85
44	8604352	4368096	4236256	1.50	0.76	0.74	103.11
45-49岁	**47056463**	**23879328**	**23177135**	**8.18**	**4.15**	**4.03**	**103.03**
45	8680363	4396217	4284146	1.51	0.76	0.74	102.62
46	9250889	4685232	4565657	1.61	0.81	0.79	102.62
47	9619347	4886582	4732765	1.67	0.85	0.82	103.25
48	9666497	4915967	4750530	1.68	0.85	0.83	103.48
49	9839367	4995330	4844037	1.71	0.87	0.84	103.12
50-54岁	**44885021**	**22560304**	**22324717**	**7.80**	**3.92**	**3.88**	**101.06**
50	10132139	5107867	5024272	1.76	0.89	0.87	101.66
51	9343450	4701969	4641481	1.62	0.82	0.81	101.30
52	9691305	4870588	4820717	1.68	0.85	0.84	101.03
53	7388157	3701176	3686981	1.28	0.64	0.64	100.39
54	8329970	4178704	4151266	1.45	0.73	0.72	100.66
55-59岁	**37888257**	**18844970**	**19043287**	**6.59**	**3.28**	**3.31**	**98.96**
55	8404231	4211072	4193159	1.46	0.73	0.73	100.43
56	8478783	4227203	4251580	1.47	0.73	0.74	99.43
57	10005668	4987409	5018259	1.74	0.87	0.87	99.39
58	6953544	3447413	3506131	1.21	0.60	0.61	98.33
59	4046031	1971873	2074158	0.70	0.34	0.36	95.07
60-64岁	**27440811**	**13477770**	**13963041**	**4.77**	**2.34**	**2.43**	**96.52**
60	5095525	2508447	2587078	0.89	0.44	0.45	96.96
61	4692390	2326784	2365606	0.82	0.40	0.41	98.36
62	5824599	2883944	2940655	1.01	0.50	0.51	98.07
63	6254652	3058944	3195708	1.09	0.53	0.56	95.72
64	5573645	2699651	2873994	0.97	0.47	0.50	93.93

3-1a 续表 2

单位：人、%

年 龄	人口数			占总人口比重			性别比
	合计	男	女	合计	男	女	(女=100)
65-69岁	**24764064**	**11839355**	**12924709**	**4.31**	**2.06**	**2.25**	**91.60**
65	5666606	2741937	2924669	0.99	0.48	0.51	93.75
66	5599470	2688000	2911470	0.97	0.47	0.51	92.32
67	4831514	2295297	2536217	0.84	0.40	0.44	90.50
68	4691175	2228781	2462394	0.82	0.39	0.43	90.51
69	3975299	1885340	2089959	0.69	0.33	0.36	90.21
70-74岁	**15504914**	**7363010**	**8141904**	**2.70**	**1.28**	**1.42**	**90.43**
70	3735386	1786597	1948789	0.65	0.31	0.34	91.68
71	3507544	1673908	1833636	0.61	0.29	0.32	91.29
72	2946341	1387221	1559120	0.51	0.24	0.27	88.97
73	2801600	1329311	1472289	0.49	0.23	0.26	90.29
74	2514043	1185973	1328070	0.44	0.21	0.23	89.30
75-79岁	**9606840**	**4398180**	**5208660**	**1.67**	**0.76**	**0.91**	**84.44**
75	2172634	1008687	1163947	0.38	0.18	0.20	86.66
76	2055030	950735	1104295	0.36	0.17	0.19	86.09
77	1833023	835847	997176	0.32	0.15	0.17	83.82
78	1790856	810842	980014	0.31	0.14	0.17	82.74
79	1755297	792069	963228	0.31	0.14	0.17	82.23
80-84岁	**6800356**	**3011252**	**3789104**	**1.18**	**0.52**	**0.66**	**79.47**
80	1607754	725920	881834	0.28	0.13	0.15	82.32
81	1395399	612992	782407	0.24	0.11	0.14	78.35
82	1411766	625049	786717	0.25	0.11	0.14	79.45
83	1242150	550568	691582	0.22	0.10	0.12	79.61
84	1143287	496723	646564	0.20	0.09	0.11	76.83
85-89岁	**3687465**	**1567370**	**2120095**	**0.64**	**0.27**	**0.37**	**73.93**
85	997259	421619	575640	0.17	0.07	0.10	73.24
86	857462	361614	495848	0.15	0.06	0.09	72.93
87	773940	331008	442932	0.13	0.06	0.08	74.73
88	587763	249065	338698	0.10	0.04	0.06	73.54
89	471041	204064	266977	0.08	0.04	0.05	76.44
90-94岁	**1252811**	**516410**	**736401**	**0.22**	**0.09**	**0.13**	**70.13**
90	415191	178408	236783	0.07	0.03	0.04	75.35
91	292931	120673	172258	0.05	0.02	0.03	70.05
92	243472	98459	145013	0.04	0.02	0.03	67.90
93	174288	69078	105210	0.03	0.01	0.02	65.66
94	126929	49792	77137	0.02	0.01	0.01	64.55
95-99岁	**279430**	**103671**	**175759**	**0.05**	**0.02**	**0.03**	**58.98**
95	98505	37584	60921	0.02	0.01	0.01	61.69
96	70562	26036	44526	0.01		0.01	58.47
97	48419	17553	30866	0.01		0.01	56.87
98	34959	12658	22301	0.01			56.76
99	26985	9840	17145				57.39
100岁及以上	**40382**	**13728**	**26654**	**0.01**			**51.50**

3-1b 全国分年龄、性别的人口(镇)

单位：人、%

年 龄	人口数			占总人口比重			性别比
	合计	男	女	合计	男	女	(女=100)
总 计	**324820307**	**165029877**	**159790430**	**100.00**	**50.81**	**49.19**	**103.28**
0-4岁	**19259140**	**10153970**	**9105170**	**5.93**	**3.13**	**2.80**	**111.52**
0	2799024	1476874	1322150	0.86	0.45	0.41	111.70
1	3514054	1851201	1662853	1.08	0.57	0.51	111.33
2	3788417	1994513	1793904	1.17	0.61	0.55	111.18
3	4670827	2456446	2214381	1.44	0.76	0.68	110.93
4	4486818	2374936	2111882	1.38	0.73	0.65	112.46
5-9岁	**23278035**	**12439629**	**10838406**	**7.17**	**3.83**	**3.34**	**114.77**
5	4185924	2225169	1960755	1.29	0.69	0.60	113.49
6	4752725	2536893	2215832	1.46	0.78	0.68	114.49
7	4651865	2484337	2167528	1.43	0.76	0.67	114.62
8	5022306	2688418	2333888	1.55	0.83	0.72	115.19
9	4665215	2504812	2160403	1.44	0.77	0.67	115.94
10-14岁	**22411117**	**12010832**	**10400285**	**6.90**	**3.70**	**3.20**	**115.49**
10	4553392	2447080	2106312	1.40	0.75	0.65	116.18
11	4654081	2499775	2154306	1.43	0.77	0.66	116.04
12	4545933	2435916	2110017	1.40	0.75	0.65	115.45
13	4337667	2322757	2014910	1.34	0.72	0.62	115.28
14	4320044	2305304	2014740	1.33	0.71	0.62	114.42
15-19岁	**20519304**	**10916999**	**9602305**	**6.32**	**3.36**	**2.96**	**113.69**
15	4549730	2412547	2137183	1.40	0.74	0.66	112.88
16	4927394	2604242	2323152	1.52	0.80	0.72	112.10
17	4350531	2298134	2052397	1.34	0.71	0.63	111.97
18	3618194	1943119	1675075	1.11	0.60	0.52	116.00
19	3073455	1658957	1414498	0.95	0.51	0.44	117.28
20-24岁	**15185202**	**8037872**	**7147330**	**4.67**	**2.47**	**2.20**	**112.46**
20	2909277	1567746	1341531	0.90	0.48	0.41	116.86
21	2770561	1481615	1288946	0.85	0.46	0.40	114.95
22	3108414	1645892	1462522	0.96	0.51	0.45	112.54
23	3136738	1645484	1491254	0.97	0.51	0.46	110.34
24	3260212	1697135	1563077	1.00	0.52	0.48	108.58
25-29岁	**20079963**	**10256896**	**9823067**	**6.18**	**3.16**	**3.02**	**104.42**
25	3586032	1857532	1728500	1.10	0.57	0.53	107.46
26	3580063	1841305	1738758	1.10	0.57	0.54	105.90
27	3991645	2036601	1955044	1.23	0.63	0.60	104.17
28	4236090	2152018	2084072	1.30	0.66	0.64	103.26
29	4686133	2369440	2316693	1.44	0.73	0.71	102.28

3-1b 续表 1

单位：人、%

年 龄	人 口 数			占总人口比重			性别比
	合计	男	女	合计	男	女	(女=100)
30-34岁	**28927650**	**14418673**	**14508977**	**8.91**	**4.44**	**4.47**	**99.38**
30	6065689	3037153	3028536	1.87	0.94	0.93	100.28
31	5937127	2954949	2982178	1.83	0.91	0.92	99.09
32	5610365	2789673	2820692	1.73	0.86	0.87	98.90
33	6038526	3004787	3033739	1.86	0.93	0.93	99.05
34	5275943	2632111	2643832	1.62	0.81	0.81	99.56
35-39岁	**23078298**	**11575785**	**11502513**	**7.10**	**3.56**	**3.54**	**100.64**
35	4581036	2297324	2283712	1.41	0.71	0.70	100.60
36	4565671	2290183	2275488	1.41	0.71	0.70	100.65
37	4412320	2216332	2195988	1.36	0.68	0.68	100.93
38	5045058	2532830	2512228	1.55	0.78	0.77	100.82
39	4474213	2239116	2235097	1.38	0.69	0.69	100.18
40-44岁	**22201769**	**11161095**	**11040674**	**6.84**	**3.44**	**3.40**	**101.09**
40	4153506	2081779	2071727	1.28	0.64	0.64	100.49
41	4604834	2311869	2292965	1.42	0.71	0.71	100.82
42	4439005	2227325	2211680	1.37	0.69	0.68	100.71
43	4252545	2141608	2110937	1.31	0.66	0.65	101.45
44	4751879	2398514	2353365	1.46	0.74	0.72	101.92
45-49岁	**26787369**	**13499304**	**13288065**	**8.25**	**4.16**	**4.09**	**101.59**
45	4827159	2428318	2398841	1.49	0.75	0.74	101.23
46	5269466	2648428	2621038	1.62	0.82	0.81	101.05
47	5438984	2740994	2697990	1.67	0.84	0.83	101.59
48	5565012	2805302	2759710	1.71	0.86	0.85	101.65
49	5686748	2876262	2810486	1.75	0.89	0.87	102.34
50-54岁	**27698456**	**13898540**	**13799916**	**8.53**	**4.28**	**4.25**	**100.71**
50	6003291	3012652	2990639	1.85	0.93	0.92	100.74
51	5591272	2809921	2781351	1.72	0.87	0.86	101.03
52	5962676	2990197	2972479	1.84	0.92	0.92	100.60
53	4785269	2394254	2391015	1.47	0.74	0.74	100.14
54	5355948	2691516	2664432	1.65	0.83	0.82	101.02
55-59岁	**22109153**	**11020484**	**11088669**	**6.81**	**3.39**	**3.41**	**99.39**
55	5167390	2591119	2576271	1.59	0.80	0.79	100.58
56	4946933	2465495	2481438	1.52	0.76	0.76	99.36
57	5633657	2828216	2805441	1.73	0.87	0.86	100.81
58	4173863	2071620	2102243	1.28	0.64	0.65	98.54
59	2187310	1064034	1123276	0.67	0.33	0.35	94.73
60-64岁	**14938709**	**7469262**	**7469447**	**4.60**	**2.30**	**2.30**	**100.00**
60	2604817	1295802	1309015	0.80	0.40	0.40	98.99
61	2469494	1247623	1221871	0.76	0.38	0.38	102.11
62	3150818	1590167	1560651	0.97	0.49	0.48	101.89
63	3524522	1764849	1759673	1.09	0.54	0.54	100.29
64	3189058	1570821	1618237	0.98	0.48	0.50	97.07

3-1b　续表 2　　　　　　　　　　　　　　　　　　　　单位：人、%

年　龄	人　口　数			占总人口比重			性别比
	合计	男	女	合计	男	女	(女=100)
65-69岁	**14963434**	**7299792**	**7663642**	**4.61**	**2.25**	**2.36**	**95.25**
65	3308160	1632523	1675637	1.02	0.50	0.52	97.43
66	3285337	1606037	1679300	1.01	0.49	0.52	95.64
67	2961224	1437434	1523790	0.91	0.44	0.47	94.33
68	2943608	1433198	1510410	0.91	0.44	0.46	94.89
69	2465105	1190600	1274505	0.76	0.37	0.39	93.42
70-74岁	**9989579**	**4849995**	**5139584**	**3.08**	**1.49**	**1.58**	**94.37**
70	2328047	1132821	1195226	0.72	0.35	0.37	94.78
71	2268269	1113399	1154870	0.70	0.34	0.36	96.41
72	1928452	933736	994716	0.59	0.29	0.31	93.87
73	1816361	880809	935552	0.56	0.27	0.29	94.15
74	1648450	789230	859220	0.51	0.24	0.26	91.85
75-79岁	**6324210**	**2991818**	**3332392**	**1.95**	**0.92**	**1.03**	**89.78**
75	1456091	693130	762961	0.45	0.21	0.23	90.85
76	1380832	661651	719181	0.43	0.20	0.22	92.00
77	1214907	572818	642089	0.37	0.18	0.20	89.21
78	1150970	541373	609597	0.35	0.17	0.19	88.81
79	1121410	522846	598564	0.35	0.16	0.18	87.35
80-84岁	**4055223**	**1830285**	**2224938**	**1.25**	**0.56**	**0.68**	**82.26**
80	992687	461457	531230	0.31	0.14	0.16	86.87
81	819466	372467	446999	0.25	0.11	0.14	83.33
82	845570	383512	462058	0.26	0.12	0.14	83.00
83	735741	326622	409119	0.23	0.10	0.13	79.84
84	661759	286227	375532	0.20	0.09	0.12	76.22
85-89岁	**2111449**	**866091**	**1245358**	**0.65**	**0.27**	**0.38**	**69.55**
85	566291	236178	330113	0.17	0.07	0.10	71.54
86	491615	201929	289686	0.15	0.06	0.09	69.71
87	447537	184552	262985	0.14	0.06	0.08	70.18
88	333988	133691	200297	0.10	0.04	0.06	66.75
89	272018	109741	162277	0.08	0.03	0.05	67.63
90-94岁	**714885**	**270745**	**444140**	**0.22**	**0.08**	**0.14**	**60.96**
90	238848	94610	144238	0.07	0.03	0.04	65.59
91	163746	61629	102117	0.05	0.02	0.03	60.35
92	139130	51618	87512	0.04	0.02	0.03	58.98
93	100679	36720	63959	0.03	0.01	0.02	57.41
94	72482	26168	46314	0.02	0.01	0.01	56.50
95-99岁	**164438**	**55073**	**109365**	**0.05**	**0.02**	**0.03**	**50.36**
95	57336	19672	37664	0.02	0.01	0.01	52.23
96	41261	13792	27469	0.01		0.01	50.21
97	29032	9297	19735	0.01		0.01	47.11
98	20128	6688	13440	0.01			49.76
99	16681	5624	11057	0.01			50.86
100岁及以上	**22924**	**6737**	**16187**	**0.01**			**41.62**

3-1c 全国分年龄、性别的人口(乡村)

单位：人、%

年龄	人口数			占总人口比重			性别比
	合计	男	女	合计	男	女	(女=100)
总计	**509787562**	**264595042**	**245192520**	**100.00**	**51.90**	**48.10**	**107.91**
0-4岁	**28023211**	**14736837**	**13286374**	**5.50**	**2.89**	**2.61**	**110.92**
0	4692004	2473852	2218152	0.92	0.49	0.44	111.53
1	5131157	2696543	2434614	1.01	0.53	0.48	110.76
2	5466977	2871539	2595438	1.07	0.56	0.51	110.64
3	6397288	3357507	3039781	1.25	0.66	0.60	110.45
4	6335785	3337396	2998389	1.24	0.65	0.59	111.31
5-9岁	**34705291**	**18404830**	**16300461**	**6.81**	**3.61**	**3.20**	**112.91**
5	6281547	3319326	2962221	1.23	0.65	0.58	112.06
6	6909283	3662437	3246846	1.36	0.72	0.64	112.80
7	6877343	3640368	3236975	1.35	0.71	0.63	112.46
8	7475726	3971670	3504056	1.47	0.78	0.69	113.34
9	7161392	3811029	3350363	1.40	0.75	0.66	113.75
10-14岁	**35497455**	**18976267**	**16521188**	**6.96**	**3.72**	**3.24**	**114.86**
10	7102355	3786325	3316030	1.39	0.74	0.65	114.18
11	7430830	3958511	3472319	1.46	0.78	0.68	114.00
12	7245204	3869674	3375530	1.42	0.76	0.66	114.64
13	6923206	3707907	3215299	1.36	0.73	0.63	115.32
14	6795860	3653850	3142010	1.33	0.72	0.62	116.29
15-19岁	**19510791**	**10886982**	**8623809**	**3.83**	**2.14**	**1.69**	**126.24**
15	5023345	2756184	2267161	0.99	0.54	0.44	121.57
16	3771678	2111936	1659742	0.74	0.41	0.33	127.24
17	3291610	1852658	1438952	0.65	0.36	0.28	128.75
18	3702959	2071658	1631301	0.73	0.41	0.32	126.99
19	3721199	2094546	1626653	0.73	0.41	0.32	128.76
20-24岁	**21498336**	**11861651**	**9636685**	**4.22**	**2.33**	**1.89**	**123.09**
20	3708258	2086768	1621490	0.73	0.41	0.32	128.69
21	3795993	2107809	1688184	0.74	0.41	0.33	124.86
22	4510620	2476005	2034615	0.88	0.49	0.40	121.69
23	4659464	2551511	2107953	0.91	0.50	0.41	121.04
24	4824001	2639558	2184443	0.95	0.52	0.43	120.83
25-29岁	**27351490**	**14968243**	**12383247**	**5.37**	**2.94**	**2.43**	**120.87**
25	5195681	2852368	2343313	1.02	0.56	0.46	121.72
26	5006189	2744907	2261282	0.98	0.54	0.44	121.39
27	5451407	2983923	2467484	1.07	0.59	0.48	120.93
28	5654818	3090697	2564121	1.11	0.61	0.50	120.54
29	6043395	3296348	2747047	1.19	0.65	0.54	120.00

3-1c　续表 1　　　　　　　　　　　　　　　　　　　　单位：人、%

年　龄	人　口　数			占总人口比重			性别比
	合计	男	女	合计	男	女	(女=100)
30-34岁	**35141956**	**18933754**	**16208202**	**6.89**	**3.71**	**3.18**	**116.82**
30	7608925	4129106	3479819	1.49	0.81	0.68	118.66
31	7267785	3912969	3354816	1.43	0.77	0.66	116.64
32	6734747	3615395	3119352	1.32	0.71	0.61	115.90
33	7222040	3887684	3334356	1.42	0.76	0.65	116.59
34	6308459	3388600	2919859	1.24	0.66	0.57	116.05
35-39岁	**27805019**	**14918538**	**12886481**	**5.45**	**2.93**	**2.53**	**115.77**
35	5509023	2957244	2551779	1.08	0.58	0.50	115.89
36	5478628	2936818	2541810	1.07	0.58	0.50	115.54
37	5282381	2837692	2444689	1.04	0.56	0.48	116.08
38	6040561	3249573	2790988	1.18	0.64	0.55	116.43
39	5494426	2937211	2557215	1.08	0.58	0.50	114.86
40-44岁	**28532469**	**15046746**	**13485723**	**5.60**	**2.95**	**2.65**	**111.58**
40	5202439	2757928	2444511	1.02	0.54	0.48	112.82
41	5734472	3050337	2684135	1.12	0.60	0.53	113.64
42	5650448	2972905	2677543	1.11	0.58	0.53	111.03
43	5548842	2921012	2627830	1.09	0.57	0.52	111.16
44	6396268	3344564	3051704	1.25	0.66	0.60	109.60
45-49岁	**40381055**	**20813054**	**19568001**	**7.92**	**4.08**	**3.84**	**106.36**
45	6752396	3510598	3241798	1.32	0.69	0.64	108.29
46	7688630	3971653	3716977	1.51	0.78	0.73	106.85
47	8175086	4216723	3958363	1.60	0.83	0.78	106.53
48	8630501	4425848	4204653	1.69	0.87	0.82	105.26
49	9134442	4688232	4446210	1.79	0.92	0.87	105.44
50-54岁	**48580819**	**24646626**	**23934193**	**9.53**	**4.83**	**4.69**	**102.98**
50	9926606	5029452	4897154	1.95	0.99	0.96	102.70
51	9509848	4830974	4678874	1.87	0.95	0.92	103.25
52	10451099	5288723	5162376	2.05	1.04	1.01	102.45
53	8786242	4443801	4342441	1.72	0.87	0.85	102.33
54	9907024	5053676	4853348	1.94	0.99	0.95	104.13
55-59岁	**41403376**	**20950572**	**20452804**	**8.12**	**4.11**	**4.01**	**102.43**
55	9534534	4846533	4688001	1.87	0.95	0.92	103.38
56	9133630	4608985	4524645	1.79	0.90	0.89	101.86
57	10404817	5314867	5089950	2.04	1.04	1.00	104.42
58	8004689	4043199	3961490	1.57	0.79	0.78	102.06
59	4325706	2136988	2188718	0.85	0.42	0.43	97.64
60-64岁	**31003418**	**15924093**	**15079325**	**6.08**	**3.12**	**2.96**	**105.60**
60	5199543	2638095	2561448	1.02	0.52	0.50	102.99
61	4974075	2573701	2400374	0.98	0.50	0.47	107.22
62	6488860	3357908	3130952	1.27	0.66	0.61	107.25
63	7452833	3854262	3598571	1.46	0.76	0.71	107.11
64	6888107	3500127	3387980	1.35	0.69	0.66	103.31

3-1c 续表 2

单位：人、%

年 龄	人口数			占总人口比重			性别比
	合计	男	女	合计	男	女	(女=100)
65-69岁	**34278062**	**17198776**	**17079286**	**6.72**	**3.37**	**3.35**	**100.70**
65	7320339	3727290	3593049	1.44	0.73	0.70	103.74
66	7363648	3709766	3653882	1.44	0.73	0.72	101.53
67	6827580	3414981	3412599	1.34	0.67	0.67	100.07
68	6915696	3453286	3462410	1.36	0.68	0.68	99.74
69	5850799	2893453	2957346	1.15	0.57	0.58	97.84
70-74岁	**24095543**	**11949728**	**12145815**	**4.73**	**2.34**	**2.38**	**98.39**
70	5537340	2747662	2789678	1.09	0.54	0.55	98.49
71	5452832	2751992	2700840	1.07	0.54	0.53	101.89
72	4677441	2319421	2358020	0.92	0.45	0.46	98.36
73	4428265	2189461	2238804	0.87	0.43	0.44	97.80
74	3999665	1941192	2058473	0.78	0.38	0.40	94.30
75-79岁	**15307799**	**7362435**	**7945364**	**3.00**	**1.44**	**1.56**	**92.66**
75	3550674	1712204	1838470	0.70	0.34	0.36	93.13
76	3383099	1652921	1730178	0.66	0.32	0.34	95.53
77	2971622	1426674	1544948	0.58	0.28	0.30	92.34
78	2730210	1305269	1424941	0.54	0.26	0.28	91.60
79	2672194	1265367	1406827	0.52	0.25	0.28	89.94
80-84岁	**9527299**	**4315466**	**5211833**	**1.87**	**0.85**	**1.02**	**82.80**
80	2318647	1084364	1234283	0.45	0.21	0.24	87.85
81	1924717	883576	1041141	0.38	0.17	0.20	84.87
82	1985142	906263	1078879	0.39	0.18	0.21	84.00
83	1733192	768650	964542	0.34	0.15	0.19	79.69
84	1565601	672613	892988	0.31	0.13	0.18	75.32
85-89岁	**5027616**	**1992630**	**3034986**	**0.99**	**0.39**	**0.60**	**65.66**
85	1345683	555986	789697	0.26	0.11	0.15	70.40
86	1169587	471092	698495	0.23	0.09	0.14	67.44
87	1063604	419909	643695	0.21	0.08	0.13	65.23
88	802688	305043	497645	0.16	0.06	0.10	61.30
89	646054	240600	405454	0.13	0.05	0.08	59.34
90-94岁	**1685053**	**580439**	**1104614**	**0.33**	**0.11**	**0.22**	**52.55**
90	562077	203386	358691	0.11	0.04	0.07	56.70
91	386558	133332	253226	0.08	0.03	0.05	52.65
92	330361	112001	218360	0.06	0.02	0.04	51.29
93	236572	77722	158850	0.05	0.02	0.03	48.93
94	169485	53998	115487	0.03	0.01	0.02	46.76
95-99岁	**375944**	**112711**	**263233**	**0.07**	**0.02**	**0.05**	**42.82**
95	133931	41099	92832	0.03	0.01	0.02	44.27
96	94395	28239	66156	0.02	0.01	0.01	42.69
97	66285	19400	46885	0.01		0.01	41.38
98	45529	13489	32040	0.01		0.01	42.10
99	35804	10484	25320	0.01			41.41
100岁及以上	**55560**	**14664**	**40896**	**0.01**		**0.01**	**35.86**

3-2　各地区人口年龄构成(一)

单位：人、%

地　区	人口数				比重			
	合计	0-14岁	15-64岁	65岁及以上	合计	0-14岁	15-64岁	65岁及以上
全　国	**1409778724**	**253383938**	**965759506**	**190635280**	**100.00**	**17.97**	**68.50**	**13.52**
北　京	21893095	2591507	16389528	2912060	100.00	11.84	74.86	13.30
天　津	13866009	1868056	9952261	2045692	100.00	13.47	71.77	14.75
河　北	74610235	15088968	49133330	10387937	100.00	20.22	65.85	13.92
山　西	34915616	5709895	24701047	4504674	100.00	16.35	70.74	12.90
内蒙古	24049155	3377673	17532564	3138918	100.00	14.04	72.90	13.05
辽　宁	42591407	4737939	30435987	7417481	100.00	11.12	71.46	17.42
吉　林	24073453	2818723	17497506	3757224	100.00	11.71	72.68	15.61
黑龙江	31850088	3286466	23590754	4972868	100.00	10.32	74.07	15.61
上　海	24870895	2436296	18385587	4049012	100.00	9.80	73.92	16.28
江　苏	84748016	12891948	58129537	13726531	100.00	15.21	68.59	16.20
浙　江	64567588	8681781	47319458	8566349	100.00	13.45	73.29	13.27
安　徽	61027171	11742682	40125078	9159411	100.00	19.24	65.75	15.01
福　建	41540086	8025225	28904862	4609999	100.00	19.32	69.58	11.10
江　西	45188635	9922364	29895250	5371021	100.00	21.96	66.16	11.89
山　东	101527453	19062638	67100737	15364078	100.00	18.78	66.09	15.13
河　南	99365519	22988954	62974661	13401904	100.00	23.14	63.38	13.49
湖　北	57752557	9420477	39907741	8424339	100.00	16.31	69.10	14.59
湖　南	66444864	12969522	43633275	9842067	100.00	19.52	65.67	14.81
广　东	126012510	23749882	91449628	10813000	100.00	18.85	72.57	8.58
广　西	50126804	11842501	32170186	6114117	100.00	23.63	64.18	12.20
海　南	10081232	2013725	7016007	1051500	100.00	19.97	69.59	10.43
重　庆	32054159	5098363	21482191	5473605	100.00	15.91	67.02	17.08
四　川	83674866	13471112	56036154	14167600	100.00	16.10	66.97	16.93
贵　州	38562148	9242038	24863655	4456455	100.00	23.97	64.48	11.56
云　南	47209277	9237474	32898544	5073259	100.00	19.57	69.69	10.75
西　藏	3648100	894865	2546272	206963	100.00	24.53	69.80	5.67
陕　西	39528999	6852205	27410197	5266597	100.00	17.33	69.34	13.32
甘　肃	25019831	4853543	17018471	3147817	100.00	19.40	68.02	12.58
青　海	5923957	1232956	4176908	514093	100.00	20.81	70.51	8.68
宁　夏	7202654	1468004	5041826	692824	100.00	20.38	70.00	9.62
新　疆	25852345	5806156	18040304	2005885	100.00	22.46	69.78	7.76

3-2a 各地区人口年龄构成(一)(城市)

单位：人、%

地区	人口数				比重			
	合计	0-14岁	15-64岁	65岁及以上	合计	0-14岁	15-64岁	65岁及以上
全国	**575170855**	**90209689**	**423024904**	**61936262**	**100.00**	**15.68**	**73.55**	**10.77**
北京	17751681	2152936	13265127	2333618	100.00	12.13	74.73	13.15
天津	10933092	1436681	7928055	1568356	100.00	13.14	72.51	14.35
河北	22129595	3988280	15586953	2554362	100.00	18.02	70.43	11.54
山西	13197637	2217079	9682346	1298212	100.00	16.80	73.36	9.84
内蒙古	9446419	1358017	7060580	1027822	100.00	14.38	74.74	10.88
辽宁	25572477	2935576	18671887	3965014	100.00	11.48	73.02	15.51
吉林	10291703	1215474	7599669	1476560	100.00	11.81	73.84	14.35
黑龙江	14439398	1466864	10845834	2126700	100.00	10.16	75.11	14.73
上海	19873080	2042937	14603415	3226728	100.00	10.28	73.48	16.24
江苏	40269267	5972581	29310419	4986267	100.00	14.83	72.79	12.38
浙江	33083792	4580804	25266881	3236107	100.00	13.85	76.37	9.78
安徽	16329087	2758303	11787862	1782922	100.00	16.89	72.19	10.92
福建	17105023	3123545	12591197	1390281	100.00	18.26	73.61	8.13
江西	13560075	2640883	9650358	1268834	100.00	19.48	71.17	9.36
山东	39456975	7260188	27791804	4404983	100.00	18.40	70.44	11.16
河南	25973215	5097033	18240167	2636015	100.00	19.62	70.23	10.15
湖北	24657421	3670084	18139921	2847416	100.00	14.88	73.57	11.55
湖南	18916669	3300381	13596782	2019506	100.00	17.45	71.88	10.68
广东	76387659	12324718	59155611	4907330	100.00	16.13	77.44	6.42
广西	14787980	2941099	10570342	1276539	100.00	19.89	71.48	8.63
海南	3761478	708678	2756504	296296	100.00	18.84	73.28	7.88
重庆	16343989	2446697	11922219	1975073	100.00	14.97	72.95	12.08
四川	30431679	4298833	22398428	3734418	100.00	14.13	73.60	12.27
贵州	10126125	2029252	7257542	839331	100.00	20.04	71.67	8.29
云南	12355559	1943320	9283710	1128529	100.00	15.73	75.14	9.13
西藏	835302	118736	675250	41316	100.00	14.21	80.84	4.95
陕西	15656134	2586339	11501306	1568489	100.00	16.52	73.46	10.02
甘肃	7095181	1184435	5168057	742689	100.00	16.69	72.84	10.47
青海	2124083	334592	1594049	195442	100.00	15.75	75.05	9.20
宁夏	2988589	548284	2177537	262768	100.00	18.35	72.86	8.79
新疆	9290491	1527060	6945092	818339	100.00	16.44	74.75	8.81

3-2b　各地区人口年龄构成(一)(镇)

单位：人、%

地　区	人　口　数				比　重			
	合计	0-14岁	15-64岁	65岁及以上	合计	0-14岁	15-64岁	65岁及以上
全　国	**324820307**	**64948292**	**221525873**	**38346142**	**100.00**	**20.00**	**68.20**	**11.81**
北　京	1414752	153338	1106512	154902	100.00	10.84	78.21	10.95
天　津	811348	110512	604490	96346	100.00	13.62	74.50	11.87
河　北	22686891	4856229	15163371	2667291	100.00	21.41	66.84	11.76
山　西	8633857	1648062	6131007	854788	100.00	19.09	71.01	9.90
内蒙古	6781056	1119385	4927604	734067	100.00	16.51	72.67	10.83
辽　宁	5153499	614108	3697912	841479	100.00	11.92	71.76	16.33
吉　林	4787311	623752	3527182	636377	100.00	13.03	73.68	13.29
黑龙江	6458296	737145	4758946	962205	100.00	11.41	73.69	14.90
上　海	2336300	243649	1778448	314203	100.00	10.43	76.12	13.45
江　苏	21973116	3774692	14974987	3223437	100.00	17.18	68.15	14.67
浙　江	13514673	1947943	9991978	1574752	100.00	14.41	73.93	11.65
安　徽	19266016	3864104	13120390	2281522	100.00	20.06	68.10	11.84
福　建	11452224	2450184	7853470	1148570	100.00	21.39	68.58	10.03
江　西	13750536	3157448	9231533	1361555	100.00	22.96	67.14	9.90
山　东	24557279	5113091	16221299	3222889	100.00	20.82	66.05	13.12
河　南	29105339	6631268	19402942	3071129	100.00	22.78	66.66	10.55
湖　北	11662953	2174785	7997125	1491043	100.00	18.65	68.57	12.78
湖　南	20129507	4070020	13403943	2655544	100.00	20.22	66.59	13.19
广　东	17048413	3838352	11541774	1668287	100.00	22.51	67.70	9.79
广　西	12382976	3041002	7994845	1347129	100.00	24.56	64.56	10.88
海　南	2314503	483743	1575550	255210	100.00	20.90	68.07	11.03
重　庆	5920039	1141001	3832465	946573	100.00	19.27	64.74	15.99
四　川	17034233	3173484	11366105	2494644	100.00	18.63	66.73	14.64
贵　州	10369821	2640104	6787928	941789	100.00	25.46	65.46	9.08
云　南	11273005	2264456	7915614	1092935	100.00	20.09	70.22	9.70
西　藏	468141	107043	340325	20773	100.00	22.87	72.70	4.44
陕　西	9113596	1809078	6209700	1094818	100.00	19.85	68.14	12.01
甘　肃	5972151	1336171	4067354	568626	100.00	22.37	68.11	9.52
青　海	1435280	315772	1013566	105942	100.00	22.00	70.62	7.38
宁　夏	1690065	379195	1183395	127475	100.00	22.44	70.02	7.54
新　疆	5323131	1129176	3804113	389842	100.00	21.21	71.46	7.32

3-2c 各地区人口年龄构成(一)(乡村)

单位：人、%

地区	人口数				比重			
	合计	0-14岁	15-64岁	65岁及以上	合计	0-14岁	15-64岁	65岁及以上
全国	**509787562**	**98225957**	**321208729**	**90352876**	**100.00**	**19.27**	**63.01**	**17.72**
北京	2726662	285233	2017889	423540	100.00	10.46	74.01	15.53
天津	2121569	320863	1419716	380990	100.00	15.12	66.92	17.96
河北	29793749	6244459	18383006	5166284	100.00	20.96	61.70	17.34
山西	13084122	1844754	8887694	2351674	100.00	14.10	67.93	17.97
内蒙古	7821680	900271	5544380	1377029	100.00	11.51	70.88	17.61
辽宁	11865431	1188255	8066188	2610988	100.00	10.01	67.98	22.00
吉林	8994439	979497	6370655	1644287	100.00	10.89	70.83	18.28
黑龙江	10952394	1082457	7985974	1883963	100.00	9.88	72.92	17.20
上海	2661515	149710	2003724	508081	100.00	5.62	75.29	19.09
江苏	22505633	3144675	13844131	5516827	100.00	13.97	61.51	24.51
浙江	17969123	2153034	12060599	3755490	100.00	11.98	67.12	20.90
安徽	25432068	5120275	15216826	5094967	100.00	20.13	59.83	20.03
福建	12982839	2451496	8460195	2071148	100.00	18.88	65.16	15.95
江西	17878024	4124033	11013359	2740632	100.00	23.07	61.60	15.33
山东	37513199	6689359	23087634	7736206	100.00	17.83	61.55	20.62
河南	44286965	11260653	25331552	7694760	100.00	25.43	57.20	17.37
湖北	21432183	3575608	13770695	4085880	100.00	16.68	64.25	19.06
湖南	27398688	5599121	16632550	5167017	100.00	20.44	60.71	18.86
广东	32576438	7586812	20752243	4237383	100.00	23.29	63.70	13.01
广西	22955848	5860400	13604999	3490449	100.00	25.53	59.27	15.21
海南	4005251	821304	2683953	499994	100.00	20.51	67.01	12.48
重庆	9790131	1510665	5727507	2551959	100.00	15.43	58.50	26.07
四川	36208954	5998795	22271621	7938538	100.00	16.57	61.51	21.92
贵州	18066202	4572682	10818185	2675335	100.00	25.31	59.88	14.81
云南	23580713	5029698	15699220	2851795	100.00	21.33	66.58	12.09
西藏	2344657	669086	1530697	144874	100.00	28.54	65.28	6.18
陕西	14759269	2456788	9699191	2603290	100.00	16.65	65.72	17.64
甘肃	11952499	2332937	7783060	1836502	100.00	19.52	65.12	15.37
青海	2364594	582592	1569293	212709	100.00	24.64	66.37	9.00
宁夏	2524000	540525	1680894	302581	100.00	21.42	66.60	11.99
新疆	11238723	3149920	7291099	797704	100.00	28.03	64.87	7.10

3-3 各地区人口年龄构成(二)

单位：人、%

地区	人口数				比重			
	合计	0-15岁	16-59岁	60岁及以上	合计	0-15岁	16-59岁	60岁及以上
全国	**1409778724**	**268707162**	**877053344**	**264018218**	**100.00**	**19.06**	**62.21**	**18.73**
北京	21893095	2687643	14906862	4298590	100.00	12.28	68.09	19.63
天津	13866009	1972953	8890368	3002688	100.00	14.23	64.12	21.66
河北	74610235	16044637	43753550	14812048	100.00	21.50	58.64	19.85
山西	34915616	6072949	22235642	6607025	100.00	17.39	63.68	18.92
内蒙古	24049155	3595203	15696719	4757233	100.00	14.95	65.27	19.78
辽宁	42591407	5081142	26555798	10954467	100.00	11.93	62.35	25.72
吉林	24073453	3046210	15476078	5551165	100.00	12.65	64.29	23.06
黑龙江	31850088	3578597	20875801	7395690	100.00	11.24	65.54	23.22
上海	24870895	2545325	16510108	5815462	100.00	10.23	66.38	23.38
江苏	84748016	13663748	52578923	18505345	100.00	16.12	62.04	21.84
浙江	64567588	9229598	43265306	12072684	100.00	14.29	67.01	18.70
安徽	61027171	12471376	37086559	11469236	100.00	20.44	60.77	18.79
福建	41540086	8453900	26448317	6637869	100.00	20.35	63.67	15.98
江西	45188635	10613797	26950057	7624781	100.00	23.49	59.64	16.87
山东	101527453	20211188	60095459	21220806	100.00	19.91	59.19	20.90
河南	99365519	24405618	56995853	17964048	100.00	24.56	57.36	18.08
湖北	57752557	9950101	36007461	11794995	100.00	17.23	62.35	20.42
湖南	66444864	13783681	39449902	13211281	100.00	20.74	59.37	19.88
广东	126012510	24937244	85510200	15565066	100.00	19.79	67.86	12.35
广西	50126804	12542564	29220461	8363779	100.00	25.02	58.29	16.69
海南	10081232	2137688	6466945	1476599	100.00	21.20	64.15	14.65
重庆	32054159	5460215	19583504	7010440	100.00	17.03	61.10	21.87
四川	83674866	14370498	51140564	18163804	100.00	17.17	61.12	21.71
贵州	38562148	9768837	22861954	5931357	100.00	25.33	59.29	15.38
云南	47209277	9818670	30352577	7038030	100.00	20.80	64.29	14.91
西藏	3648100	944880	2392236	310984	100.00	25.90	65.57	8.52
陕西	39528999	7210220	24727577	7591202	100.00	18.24	62.56	19.20
甘肃	25019831	5124793	15634047	4260991	100.00	20.48	62.49	17.03
青海	5923957	1306676	3897879	719402	100.00	22.06	65.80	12.14
宁夏	7202654	1558823	4669689	974142	100.00	21.64	64.83	13.52
新疆	25852345	6118388	16816948	2917009	100.00	23.67	65.05	11.28

3-3a 各地区人口年龄构成(二)(城市)

单位：人、%

地区	人口数				比重			
	合计	0-15岁	16-59岁	60岁及以上	合计	0-15岁	16-59岁	60岁及以上
全国	**575170855**	**95959838**	**389833944**	**89377073**	**100.00**	**16.68**	**67.78**	**15.54**
北京	17751681	2234431	12077508	3439742	100.00	12.59	68.04	19.38
天津	10933092	1513696	7089346	2330050	100.00	13.85	64.84	21.31
河北	22129595	4284153	14154129	3691313	100.00	19.36	63.96	16.68
山西	13197637	2371027	8862984	1963626	100.00	17.97	67.16	14.88
内蒙古	9446419	1443918	6449574	1552927	100.00	15.29	68.28	16.44
辽宁	25572477	3129134	16495950	5947393	100.00	12.24	64.51	23.26
吉林	10291703	1315186	6790133	2186384	100.00	12.78	65.98	21.24
黑龙江	14439398	1586864	9688725	3163809	100.00	10.99	67.10	21.91
上海	19873080	2134558	13054047	4684475	100.00	10.74	65.69	23.57
江苏	40269267	6336913	26972533	6959821	100.00	15.74	66.98	17.28
浙江	33083792	4867890	23481463	4734439	100.00	14.71	70.98	14.31
安徽	16329087	2946149	10985459	2397479	100.00	18.04	67.28	14.68
福建	17105023	3304724	11724872	2075427	100.00	19.32	68.55	12.13
江西	13560075	2864012	8833602	1862461	100.00	21.12	65.14	13.73
山东	39456975	7694874	25393936	6368165	100.00	19.50	64.36	16.14
河南	25973215	5484741	16768000	3720474	100.00	21.12	64.56	14.32
湖北	24657421	3921505	16629870	4106046	100.00	15.90	67.44	16.65
湖南	18916669	3542727	12533524	2840418	100.00	18.73	66.26	15.02
广东	76387659	12974667	56106536	7306456	100.00	16.99	73.45	9.56
广西	14787980	3146259	9799588	1842133	100.00	21.28	66.27	12.46
海南	3761478	753816	2575074	432588	100.00	20.04	68.46	11.50
重庆	16343989	2619889	11026707	2697393	100.00	16.03	67.47	16.50
四川	30431679	4593396	20796920	5041363	100.00	15.09	68.34	16.57
贵州	10126125	2147549	6792737	1185839	100.00	21.21	67.08	11.71
云南	12355559	2076606	8690532	1588421	100.00	16.81	70.34	12.86
西藏	835302	128926	641501	64875	100.00	15.43	76.80	7.77
陕西	15656134	2726402	10616820	2312912	100.00	17.41	67.81	14.77
甘肃	7095181	1256566	4795251	1043364	100.00	17.71	67.58	14.71
青海	2124083	354671	1489343	280069	100.00	16.70	70.12	13.19
宁夏	2988589	584461	2029079	375049	100.00	19.56	67.89	12.55
新疆	9290491	1620128	6488201	1182162	100.00	17.44	69.84	12.72

3-3b　各地区人口年龄构成(二)(镇)

单位：人、%

地　区	人口数				比重			
	合计	0-15岁	16-59岁	60岁及以上	合计	0-15岁	16-59岁	60岁及以上
全　国	**324820307**	**69498022**	**202037434**	**53284851**	**100.00**	**21.40**	**62.20**	**16.40**
北　京	1414752	158190	1021076	235486	100.00	11.18	72.17	16.65
天　津	811348	118400	553656	139292	100.00	14.59	68.24	17.17
河　北	22686891	5220930	13635149	3830812	100.00	23.01	60.10	16.89
山　西	8633857	1762917	5603371	1267569	100.00	20.42	64.90	14.68
内蒙古	6781056	1195519	4472842	1112695	100.00	17.63	65.96	16.41
辽　宁	5153499	668725	3251979	1232795	100.00	12.98	63.10	23.92
吉　林	4787311	676190	3171226	939895	100.00	14.12	66.24	19.63
黑龙江	6458296	806781	4229987	1421528	100.00	12.49	65.50	22.01
上　海	2336300	252844	1632704	450752	100.00	10.82	69.88	19.29
江　苏	21973116	4024845	13562262	4386009	100.00	18.32	61.72	19.96
浙　江	13514673	2095804	9160930	2257939	100.00	15.51	67.79	16.71
安　徽	19266016	4145501	12199032	2921483	100.00	21.52	63.32	15.16
福　建	11452224	2589533	7187297	1675394	100.00	22.61	62.76	14.63
江　西	13750536	3401879	8372817	1975840	100.00	24.74	60.89	14.37
山　东	24557279	5440926	14682988	4433365	100.00	22.16	59.79	18.05
河　南	29105339	7162294	17753084	4189961	100.00	24.61	61.00	14.40
湖　北	11662953	2312231	7234149	2116573	100.00	19.83	62.03	18.15
湖　南	20129507	4388696	12134299	3606512	100.00	21.80	60.28	17.92
广　东	17048413	4040234	10617007	2391172	100.00	23.70	62.28	14.03
广　西	12382976	3236532	7281654	1864790	100.00	26.14	58.80	15.06
海　南	2314503	514941	1442698	356864	100.00	22.25	62.33	15.42
重　庆	5920039	1230816	3495499	1193724	100.00	20.79	59.05	20.16
四　川	17034233	3425661	10378658	3229914	100.00	20.11	60.93	18.96
贵　州	10369821	2801737	6304190	1263894	100.00	27.02	60.79	12.19
云　南	11273005	2424261	7340193	1508551	100.00	21.51	65.11	13.38
西　藏	468141	111882	324868	31391	100.00	23.90	69.40	6.71
陕　西	9113596	1922384	5614182	1577030	100.00	21.09	61.60	17.30
甘　肃	5972151	1421968	3766787	783396	100.00	23.81	63.07	13.12
青　海	1435280	337737	949274	148269	100.00	23.53	66.14	10.33
宁　夏	1690065	403356	1106494	180215	100.00	23.87	65.47	10.66
新　疆	5323131	1204308	3557082	561741	100.00	22.62	66.82	10.55

3-3c 各地区人口年龄构成(二)(乡村)

单位：人、%

地区	人口数				比重			
	合计	0-15岁	16-59岁	60岁及以上	合计	0-15岁	16-59岁	60岁及以上
全国	**509787562**	**103249302**	**285181966**	**121356294**	**100.00**	**20.25**	**55.94**	**23.81**
北京	2726662	295022	1808278	623362	100.00	10.82	66.32	22.86
天津	2121569	340857	1247366	533346	100.00	16.07	58.79	25.14
河北	29793749	6539554	15964272	7289923	100.00	21.95	53.58	24.47
山西	13084122	1939005	7769287	3375830	100.00	14.82	59.38	25.80
内蒙古	7821680	955766	4774303	2091611	100.00	12.22	61.04	26.74
辽宁	11865431	1283283	6807869	3774279	100.00	10.82	57.38	31.81
吉林	8994439	1054834	5514719	2424886	100.00	11.73	61.31	26.96
黑龙江	10952394	1184952	6957089	2810353	100.00	10.82	63.52	25.66
上海	2661515	157923	1823357	680235	100.00	5.93	68.51	25.56
江苏	22505633	3301990	12044128	7159515	100.00	14.67	53.52	31.81
浙江	17969123	2265904	10622913	5080306	100.00	12.61	59.12	28.27
安徽	25432068	5379726	13902068	6150274	100.00	21.15	54.66	24.18
福建	12982839	2559643	7536148	2887048	100.00	19.72	58.05	22.24
江西	17878024	4347906	9743638	3786480	100.00	24.32	54.50	21.18
山东	37513199	7075388	20018535	10419276	100.00	18.86	53.36	27.77
河南	44286965	11758583	22474769	10053613	100.00	26.55	50.75	22.70
湖北	21432183	3716365	12143442	5572376	100.00	17.34	56.66	26.00
湖南	27398688	5852258	14782079	6764351	100.00	21.36	53.95	24.69
广东	32576438	7922343	18786657	5867438	100.00	24.32	57.67	18.01
广西	22955848	6159773	12139219	4656856	100.00	26.83	52.88	20.29
海南	4005251	868931	2449173	687147	100.00	21.69	61.15	17.16
重庆	9790131	1609510	5061298	3119323	100.00	16.44	51.70	31.86
四川	36208954	6351441	19964986	9892527	100.00	17.54	55.14	27.32
贵州	18066202	4819551	9765027	3481624	100.00	26.68	54.05	19.27
云南	23580713	5317803	14321852	3941058	100.00	22.55	60.74	16.71
西藏	2344657	704072	1425867	214718	100.00	30.03	60.81	9.16
陕西	14759269	2561434	8496575	3701260	100.00	17.35	57.57	25.08
甘肃	11952499	2446259	7072009	2434231	100.00	20.47	59.17	20.37
青海	2364594	614268	1459262	291064	100.00	25.98	61.71	12.31
宁夏	2524000	571006	1534116	418878	100.00	22.62	60.78	16.60
新疆	11238723	3293952	6771665	1173106	100.00	29.31	60.25	10.44

第一部分　全部数据资料

第四卷　教育

4-1　全国分年龄、性别、受教育程度的3岁及以上人口

单位：人

年　龄	3岁及以上人口			未上过学		
	合计	男	女	小计	男	女
总　计	**1368140098**	**699523581**	**668616517**	**48595937**	**14455827**	**34140110**
3	18418078	9670005	8748073	4783770	2530337	2253433
4	17827184	9406513	8420671	1617502	851980	765522
5-9岁	**90244056**	**48017458**	**42226598**	**1102744**	**582092**	**520652**
5	16547271	8765848	7781423	650680	342593	308087
6	18591806	9881523	8710283	246293	130100	116193
7	17963157	9548981	8414176	83987	44252	39735
8	19353752	10317678	9036074	67016	35609	31407
9	17788070	9503428	8284642	54768	29538	25230
10-14岁	**85255994**	**45606790**	**39649204**	**287250**	**155024**	**132226**
10	17347565	9285412	8062153	56442	30542	25900
11	17695044	9462024	8233020	64082	34219	29863
12	17356919	9279079	8077840	64424	34475	29949
13	16677054	8920655	7756399	55772	30160	25612
14	16179412	8659620	7519792	46530	25628	20902
15-19岁	**72684140**	**39053343**	**33630797**	**159386**	**91198**	**68188**
15	15323224	8225995	7097229	32108	18435	13673
16	15218156	8195908	7022248	29648	17106	12542
17	13730626	7401041	6329585	29188	16815	12373
18	14043179	7560195	6482984	33875	19316	14559
19	14368955	7670204	6698751	34567	19526	15041
20-24岁	**74941675**	**39675995**	**35265680**	**223092**	**118519**	**104573**
20	14563347	7742857	6820490	42117	23248	18869
21	13935509	7389412	6546097	41244	22136	19108
22	15249809	8078183	7171626	44792	23796	20996
23	15325970	8103460	7222510	46340	24380	21960
24	15867040	8362083	7504957	48599	24959	23640
25-29岁	**91847332**	**48162270**	**43685062**	**308268**	**151299**	**156969**
25	17146447	9042474	8103973	53167	26850	26317
26	16826988	8845171	7981817	55215	27499	27716
27	18298935	9588428	8710507	60725	30036	30689
28	19060645	9975395	9085250	66198	32127	34071
29	20514317	10710802	9803515	72963	34787	38176
30-34岁	**124145190**	**63871808**	**60273382**	**528841**	**238959**	**289882**
30	25973082	13463923	12509159	94112	44595	49517
31	25451203	13094627	12356576	102743	47320	55423
32	24037711	12335076	11702635	103311	46510	56801
33	25946853	13315974	12630879	115835	51432	64403
34	22736341	11662208	11074133	112840	49102	63738
35-39岁	**99012932**	**50932037**	**48080895**	**637852**	**259702**	**378150**
35	19586332	10077433	9508899	111238	47011	64227
36	19499941	10034259	9465682	117599	48559	69040
37	19063741	9815714	9248027	121972	49836	72136
38	21799284	11217120	10582164	143319	57747	85572
39	19063634	9787511	9276123	143724	56549	87175
40-44岁	**92955330**	**47632694**	**45322636**	**928749**	**331897**	**596852**
40	17540717	8997291	8543426	152203	56778	95425
41	19339617	9934985	9404632	171858	64002	107856
42	18564211	9492205	9072006	185277	65849	119428
43	17758286	9097039	8661247	192281	68037	124244
44	19752499	10111174	9641325	227130	77231	149899

4-1 续表 1

单位：人

年 龄	3岁及以上人口			未上过学		
	合计	男	女	小计	男	女
45-49岁	**114224887**	**58191686**	**56033201**	**1650595**	**519934**	**1130661**
45	20259918	10335133	9924785	252355	83704	168651
46	22208985	11305313	10903672	297594	96347	201247
47	23233417	11844299	11389118	333056	105495	227561
48	23862010	12147117	11714893	369784	113270	256514
49	24660557	12559824	12100733	397806	121118	276688
50-54岁	**121164296**	**61105470**	**60058826**	**2547944**	**697946**	**1849998**
50	26062036	13149971	12912065	464280	133361	330919
51	24444570	12342864	12101706	480652	136600	344052
52	26105080	13149508	12955572	548517	149102	399415
53	20959668	10539231	10420437	488801	130368	358433
54	23592942	11923896	11669046	565694	148515	417179
55-59岁	**101400786**	**50816026**	**50584760**	**2827904**	**650117**	**2177787**
55	23106155	11648724	11457431	571321	144456	426865
56	22559346	11301683	11257663	586298	142011	444287
57	26044142	13130492	12913650	676491	155727	520764
58	19132096	9562232	9569864	608155	128148	480007
59	10559047	5172895	5386152	385639	79775	305864
60-64岁	**73382938**	**36871125**	**36511813**	**3915833**	**911123**	**3004710**
60	12899885	6442344	6457541	501567	111973	389594
61	12135959	6148108	5987851	561781	132570	429211
62	15464277	7832019	7632258	821210	197757	623453
63	17232007	8678055	8553952	1014977	236936	778041
64	15650810	7770599	7880211	1016298	231887	784411
65-69岁	**74005560**	**36337923**	**37667637**	**6183400**	**1432315**	**4751085**
65	16295105	8101750	8193355	1148703	262989	885714
66	16248455	8003803	8244652	1249625	284316	965309
67	14620318	7147712	7472606	1251630	288096	963534
68	14550479	7115265	7435214	1344636	315843	1028793
69	12291203	5969393	6321810	1188806	281071	907735
70-74岁	**49590036**	**24162733**	**25427303**	**5869242**	**1451007**	**4418235**
70	11600773	5667080	5933693	1197813	294560	903253
71	11228645	5539299	5689346	1278425	328041	950384
72	9552234	4640378	4911856	1164476	289497	874979
73	9046226	4399581	4646645	1140460	281234	859226
74	8162158	3916395	4245763	1088068	257675	830393
75-79岁	**31238849**	**14752433**	**16486416**	**5166793**	**1245899**	**3920894**
75	7179399	3414021	3765378	1035583	243840	791743
76	6818961	3265307	3553654	1073192	261301	811891
77	6019552	2835339	3184213	1013861	244456	769405
78	5672036	2657484	3014552	995790	241448	754342
79	5548901	2580282	2968619	1048367	254854	793513
80-84岁	**20382878**	**9157003**	**11225875**	**4775857**	**1157392**	**3618465**
80	4919088	2271741	2647347	1001649	245044	756605
81	4139582	1869035	2270547	930376	228918	701458
82	4242478	1914824	2327654	1015219	250606	764613
83	3711083	1645840	2065243	935504	225232	710272
84	3370647	1455563	1915084	893109	207592	685517
85岁及以上	**15417957**	**6100269**	**9317688**	**5080915**	**1079087**	**4001828**

4-1 续表 2 单位：人

年 龄	学前教育			小 学		
	小计	男	女	小计	男	女
总 计	**53355845**	**27868882**	**25486963**	**349658733**	**164893183**	**184765550**
3	13634308	7139668	6494640			
4	16209682	8554533	7655149			
5-9岁	**20913817**	**11107051**	**9806766**	**66853737**	**35569996**	**31283741**
5	13648361	7226712	6421649	2248230	1196543	1051687
6	5718411	3072790	2645621	12372778	6538686	5834092
7	852355	446868	405487	16736111	8897786	7838325
8	421678	218854	202824	18479074	9849519	8629555
9	273012	141827	131185	17017544	9087462	7930082
10-14岁	**819076**	**424859**	**394217**	**42559756**	**22855180**	**19704576**
10	215081	112268	102813	16372613	8758988	7613625
11	174947	91243	83704	15327382	8215496	7111886
12	138500	72312	66188	7413472	4034648	3378824
13	138219	70863	67356	2412651	1297117	1115534
14	152329	78173	74156	1033638	548931	484707
15-19岁	**187779**	**98112**	**89667**	**1785614**	**976917**	**808697**
15	89790	46428	43362	452084	242653	209431
16	44307	23263	21044	328059	178540	149519
17	21249	11167	10082	308627	168746	139881
18	18186	9670	8516	338992	187424	151568
19	14247	7584	6663	357852	199554	158298
20-24岁	**49442**	**25366**	**24076**	**2004751**	**1097406**	**907345**
20	13292	6979	6313	345686	193291	152395
21	8815	4524	4291	339868	188569	151299
22	8527	4392	4135	403997	221713	182284
23	9262	4653	4609	434898	235873	199025
24	9546	4818	4728	480302	257960	222342
25-29岁	**38788**	**18336**	**20452**	**3433511**	**1795841**	**1637670**
25	9794	4900	4894	546003	292617	253386
26	7602	3628	3974	579631	306543	273088
27	6860	3175	3685	680902	357048	323854
28	7008	3201	3807	759235	393248	365987
29	7524	3432	4092	867740	446385	421355
30-34岁	**42379**	**19489**	**22890**	**6610091**	**3250697**	**3359394**
30	9306	4214	5092	1172933	593076	579857
31	8858	4010	4848	1267937	630765	637172
32	8240	3729	4511	1284071	631646	652425
33	8521	4015	4506	1483240	721078	762162
34	7454	3521	3933	1401910	674132	727778
35-39岁	**31798**	**14904**	**16894**	**7476875**	**3475442**	**4001433**
35	6498	3044	3454	1325552	629241	696311
36	6242	2955	3287	1381849	645674	736175
37	6021	2888	3133	1403535	654210	749325
38	6932	3206	3726	1690058	781445	908613
39	6105	2811	3294	1675881	764872	911009
40-44岁	**36867**	**15956**	**20911**	**11887211**	**5296705**	**6590506**
40	6075	2730	3345	1765751	792923	972828
41	7125	3123	4002	2196111	995652	1200459
42	7349	3234	4115	2347717	1041926	1305791
43	7452	3178	4274	2505744	1115076	1390668
44	8866	3691	5175	3071888	1351128	1720760

4-1 续表 3

单位：人

年 龄	学前教育			小 学		
	小计	男	女	小计	男	女
45-49岁	**63011**	**24440**	**38571**	**22169511**	**9532602**	**12636909**
45	9687	3968	5719	3444525	1507214	1937311
46	11320	4548	6772	4073616	1767297	2306319
47	12492	4893	7599	4456445	1922089	2534356
48	14086	5310	8776	4853168	2065886	2787282
49	15426	5721	9705	5341757	2270116	3071641
50-54岁	**107692**	**37723**	**69969**	**33076193**	**14017560**	**19058633**
50	18286	6597	11689	6120441	2571017	3549424
51	20156	7218	12938	6481219	2773597	3707622
52	23388	8202	15186	7265993	3081536	4184457
53	20792	7064	13728	6184690	2609976	3574714
54	25070	8642	16428	7023850	2981434	4042416
55-59岁	**120910**	**37734**	**83176**	**29072679**	**11858155**	**17214524**
55	24873	8372	16501	6699146	2806777	3892369
56	25493	8206	17287	6390343	2630201	3760142
57	30279	9414	20865	7196042	2954083	4241959
58	25563	7577	17986	5625984	2236361	3389623
59	14702	4165	10537	3161164	1230733	1930431
60-64岁	**152645**	**47616**	**105029**	**27021583**	**11560703**	**15460880**
60	19450	5922	13528	3983442	1629725	2353717
61	22115	7005	15110	4134007	1763170	2370837
62	32440	10307	22133	5691444	2461252	3230192
63	39697	12390	27307	6749401	2925524	3823877
64	38943	11992	26951	6463289	2781032	3682257
65-69岁	**239348**	**73725**	**165623**	**35121021**	**15611992**	**19509029**
65	44582	13842	30740	7119048	3116128	4002920
66	48495	15003	33492	7446724	3287034	4159690
67	48364	14802	33562	7062402	3144858	3917544
68	51890	15962	35928	7273031	3275614	3997417
69	46017	14116	31901	6219816	2788358	3431458
70-74岁	**230339**	**75768**	**154571**	**26539917**	**12347369**	**14192548**
70	46558	14815	31743	5987996	2722253	3265743
71	51343	17434	33909	6040069	2838545	3201524
72	46318	15245	31073	5216869	2441874	2774995
73	44459	14771	29688	4922634	2315110	2607524
74	41661	13503	28158	4372349	2029587	2342762
75-79岁	**184366**	**60188**	**124178**	**16271899**	**7616629**	**8655270**
75	38654	12326	26328	3794430	1756073	2038357
76	39513	13072	26441	3588036	1698609	1889427
77	35981	11739	24242	3123423	1463233	1660190
78	34319	11255	23064	2904935	1359175	1545760
79	35899	11796	24103	2861075	1339539	1521536
80-84岁	**153122**	**50721**	**102401**	**10395531**	**4818156**	**5577375**
80	33107	11140	21967	2509542	1173065	1336477
81	30297	10053	20244	2117320	982286	1135034
82	32846	11011	21835	2171267	1014470	1156797
83	29282	9680	19602	1889446	873215	1016231
84	27590	8837	18753	1707956	775120	932836
85岁及以上	**140476**	**42693**	**97783**	**7378853**	**3211833**	**4167020**

4-1 续表 4

单位：人

年 龄	初 中			高 中			大学专科		
	小计	男	女	小计	男	女	小计	男	女
总 计	**487095010**	**263448804**	**223646206**	**212209922**	**116996970**	**95212952**	**112303002**	**58727560**	**53575442**
3									
4									
5-9岁	**1370880**	**756701**	**614179**	**2878**	**1618**	**1260**			
5									
6	254324	139947	114377						
7	290704	160075	130629						
8	384584	212910	171674	1400	786	614			
9	441268	243769	197499	1478	832	646			
10-14岁	**39918118**	**21335253**	**18582865**	**1658078**	**829941**	**828137**	**10573**	**4943**	**5630**
10	700610	382067	318543	1853	1003	850	493	291	202
11	2124576	1118991	1005585	3042	1568	1474	601	300	301
12	9732719	5133962	4598757	6601	3108	3493	667	309	358
13	13740052	7348939	6391113	328456	172636	155820	1265	599	666
14	13620161	7351294	6268867	1318126	651626	666500	7547	3444	4103
15-19岁	**17212309**	**10055548**	**7156761**	**37653292**	**20155739**	**17497553**	**8649946**	**4411279**	**4238667**
15	6713369	3760010	2953359	7776332	4021663	3754669	231767	122419	109348
16	3292590	1902280	1390310	11038032	5818254	5219778	428045	228215	199830
17	2358374	1409099	949275	9678097	5146358	4531739	898401	459409	438992
18	2333759	1430795	902964	5804790	3230057	2574733	2916350	1481073	1435277
19	2514217	1553364	960853	3356041	1939407	1416634	4175383	2120163	2055220
20-24岁	**18727352**	**10972323**	**7755029**	**15043693**	**8722260**	**6321433**	**18459023**	**9260026**	**9198997**
20	2825545	1728008	1097537	2817970	1647551	1170419	4108835	2088756	2020079
21	3148119	1884050	1264069	2689912	1570142	1119770	3455154	1747441	1707713
22	3891403	2282837	1608566	3064932	1780268	1284664	3635179	1812826	1822353
23	4204697	2428230	1776467	3151234	1822284	1328950	3625315	1803000	1822315
24	4657588	2649198	2008390	3319645	1902015	1417630	3634540	1808003	1826537
25-29岁	**31158384**	**17106885**	**14051499**	**19824101**	**11071119**	**8752982**	**18407431**	**9264429**	**9143002**
25	5289606	2981874	2307732	3636786	2071674	1565112	3775525	1888867	1886658
26	5408790	3010291	2398499	3582347	2021682	1560665	3539259	1780170	1759089
27	6181557	3393806	2787751	3942327	2200436	1741891	3668005	1848480	1819525
28	6717804	3653264	3064540	4147540	2297711	1849829	3648555	1841166	1807389
29	7560627	4067650	3492977	4515101	2479616	2035485	3776087	1905746	1870341
30-34岁	**50489061**	**26384934**	**24104127**	**26214083**	**14095804**	**12118279**	**20431473**	**10236402**	**10195071**
30	10042896	5332623	4710273	5692746	3090164	2602582	4581541	2297790	2283751
31	10121237	5310007	4811230	5480696	2951411	2529285	4326115	2158830	2167285
32	9747545	5077374	4670171	5086906	2730092	2356814	3965430	1981931	1983499
33	10845684	5633059	5212625	5395818	2887359	2508459	4112686	2061671	2051015
34	9731699	5031871	4699828	4557917	2436778	2121139	3445701	1736180	1709521
35-39岁	**45043476**	**23361887**	**21681589**	**18899618**	**10071850**	**8827768**	**12905024**	**6566555**	**6338469**
35	8689121	4495537	4193584	3762345	2015549	1746796	2761283	1405792	1355491
36	8820494	4561076	4259418	3656307	1953671	1702636	2617755	1339939	1277816
37	8634601	4486372	4148229	3585273	1910762	1674511	2497223	1269428	1227795
38	9962680	5184682	4777998	4190080	2224746	1965334	2770838	1403874	1366964
39	8936580	4634220	4302360	3705613	1967122	1738491	2257925	1147522	1110403
40-44岁	**45607619**	**23686797**	**21920822**	**17190163**	**9187866**	**8002297**	**9066178**	**4709339**	**4356839**
40	8317533	4314828	4002705	3405605	1813635	1591970	1960755	1004401	956354
41	9364928	4864506	4500422	3733615	1990005	1743610	1996503	1028075	968428
42	9075943	4704537	4371406	3475904	1853984	1621920	1827912	946913	880999
43	8842516	4598549	4243967	3186941	1707311	1479630	1620059	847440	772619
44	10006699	5204377	4802322	3388098	1822931	1565167	1660949	882510	778439

4-1 续表 5

单位：人

年 龄	初 中			高 中			大学专科		
	小计	男	女	小计	男	女	小计	男	女
45-49岁	**58758715**	**30712995**	**28045720**	**17774101**	**9703008**	**8071093**	**7753040**	**4213823**	**3539217**
45	10358000	5379965	4978035	3343352	1801724	1541628	1577675	843558	734117
46	11458925	5951665	5507260	3523353	1908830	1614523	1592650	860616	732034
47	11972922	6254762	5718160	3625243	1976609	1648634	1589157	863887	725270
48	12296865	6442537	5854328	3630989	1997888	1633101	1527504	838966	688538
49	12672003	6684066	5987937	3651164	2017957	1633207	1466054	806796	659258
50-54岁	**60391565**	**32123231**	**28268334**	**15334234**	**8537761**	**6796473**	**5500117**	**3112330**	**2387787**
50	13263655	6973899	6289756	3709595	2048426	1661169	1423796	787914	635882
51	12154428	6435306	5719122	3211279	1779366	1431913	1186592	662514	524078
52	12925637	6875117	6050520	3266690	1819244	1447446	1169614	661558	508056
53	10408482	5571343	4837139	2410176	1351418	1058758	817036	472313	344723
54	11639363	6267566	5371797	2736494	1539307	1197187	903079	528031	375048
55-59岁	**45906947**	**24714621**	**21192326**	**16436010**	**9151281**	**7284729**	**4229518**	**2518550**	**1710968**
55	11223704	6019859	5203845	2977201	1671175	1306026	923217	543899	379318
56	10557291	5634510	4922781	3356828	1864806	1492022	970513	572678	397835
57	11779281	6352281	5427000	4476130	2477391	1998739	1141927	678631	463296
58	8154574	4443584	3710990	3487636	1962539	1525097	768358	467380	300978
59	4192097	2264387	1927710	2138215	1175370	962845	425503	255962	169541
60-64岁	**26441590**	**15054772**	**11386818**	**12294138**	**7012393**	**5281745**	**2427938**	**1519954**	**907984**
60	4994081	2747104	2246977	2664081	1479853	1184228	485680	297283	188397
61	4492171	2541311	1950860	2320728	1316027	1004701	410800	256336	154464
62	5567609	3192487	2375122	2630427	1503343	1127084	499059	315154	183905
63	6049930	3502372	2547558	2593624	1495313	1098311	542344	341490	200854
64	5337799	3071498	2266301	2085278	1217857	867421	490055	309691	180364
65-69岁	**23097872**	**13447948**	**9649924**	**6593751**	**3995851**	**2597900**	**1943986**	**1234553**	**709433**
65	5402027	3132663	2269364	1880601	1127247	753354	485501	307134	178367
66	5226052	3021351	2204701	1615354	975602	639752	463698	291375	172323
67	4521067	2628339	1892728	1214611	739401	475210	367527	232042	135485
68	4352649	2555258	1797391	1048972	642700	406272	339525	217902	121623
69	3596077	2110337	1485740	834213	510901	323312	287735	186100	101635
70-74岁	**11949433**	**7133071**	**4816362**	**3339792**	**2040620**	**1299172**	**1157663**	**769887**	**387776**
70	3203123	1894362	1308761	773925	479429	294496	278108	184774	93334
71	2729858	1639803	1090055	759946	466044	293902	264781	177080	87701
72	2155222	1285493	869729	658823	398929	259894	225664	149836	75828
73	2020322	1210924	809398	618353	375499	242854	211172	140818	70354
74	1840908	1102489	738419	528745	320719	208026	177938	117379	60559
75-79岁	**6320668**	**3785337**	**2535331**	**2124672**	**1273870**	**850802**	**677735**	**438861**	**238874**
75	1594218	957317	636901	458853	274421	184432	150191	97695	52496
76	1430054	865742	564312	447746	268138	179608	141369	91392	49977
77	1202003	718475	483528	422282	251804	170478	131565	84731	46834
78	1097434	650440	446994	414955	248223	166732	130845	84350	46495
79	996959	593363	403596	380836	231284	149552	123765	80693	43072
80-84岁	**2983179**	**1781727**	**1201452**	**1184166**	**732512**	**451654**	**453123**	**306683**	**146440**
80	835062	498894	336168	325140	198820	126320	112937	74791	38146
81	619714	366079	253635	251210	152051	99159	95433	63241	32192
82	595776	357043	238733	238614	149020	89594	94657	64709	29948
83	496700	298950	197750	199195	125305	73890	80716	55819	24897
84	435927	260761	175166	170007	107316	62691	69380	48123	21257
85岁及以上	**1717842**	**1034774**	**683068**	**643152**	**413477**	**229675**	**230234**	**159946**	**70288**

4-1 续表 6

单位：人

年 龄	大学本科			硕士研究生			博士研究生		
	小计	男	女	小计	男	女	小计	男	女
总 计	**94156072**	**47637012**	**46519060**	**9488228**	**4721323**	**4766905**	**1277349**	**774020**	**503329**
3									
4									
5-9岁									
5									
6									
7									
8									
9									
10-14岁	**2892**	**1454**	**1438**	**221**	**117**	**104**	**30**	**19**	**11**
10	473	253	220						
11	414	207	207						
12	466	234	232	70	31	39			
13	568	300	268	71	41	30			
14	971	460	511	80	45	35	30	19	11
15-19岁	**7026288**	**3259156**	**3767132**	**8142**	**4368**	**3774**	**1384**	**1026**	**358**
15	27685	14323	13362	39	20	19	50	44	6
16	57300	28100	29200	49	37	12	126	113	13
17	435522	188749	246773	992	549	443	176	149	27
18	2594245	1200184	1394061	2765	1504	1261	217	172	45
19	3911536	1827800	2083736	4297	2258	2039	815	548	267
20-24岁	**18887047**	**8794574**	**10092473**	**1479665**	**648123**	**831542**	**67610**	**37398**	**30212**
20	4398833	2049637	2349196	9844	4633	5211	1225	754	471
21	4181742	1942549	2239193	67261	28073	39188	3394	1928	1466
22	3858873	1800590	2058283	329645	144688	184957	12461	7073	5388
23	3316938	1547604	1769334	517923	226795	291128	19363	10641	8722
24	3130661	1454194	1676467	554992	243934	311058	31167	17002	14165
25-29岁	**16179914**	**7630408**	**8549506**	**2213405**	**967539**	**1245866**	**283530**	**156414**	**127116**
25	3255567	1515303	1740264	531633	234101	297532	48366	26288	22078
26	3143163	1467380	1675783	453924	197127	256797	57057	30851	26206
27	3268838	1536399	1732439	428147	185290	242857	61574	33758	27816
28	3249955	1545193	1704762	404920	176299	228621	59430	33186	26244
29	3262391	1566133	1696258	394781	174722	220059	57103	32331	24772
30-34岁	**17396273**	**8491178**	**8905095**	**2147864**	**988419**	**1159445**	**285125**	**165926**	**119199**
30	3840266	1852089	1988177	473475	211668	261807	65807	37704	28103
31	3623974	1750035	1873939	458505	207068	251437	61138	35181	25957
32	3365450	1638607	1726843	421560	192942	228618	55198	32245	22953
33	3506553	1726046	1780507	423926	199217	224709	54590	32097	22493
34	3060030	1524401	1535629	370398	177524	192874	48392	28699	19693
35-39岁	**12219512**	**6247528**	**5971984**	**1577819**	**802677**	**775142**	**220958**	**131492**	**89466**
35	2571697	1300944	1270753	316568	155431	161137	42030	24884	17146
36	2534112	1295006	1239106	322105	161492	160613	43478	25887	17591
37	2450499	1252983	1197516	320890	163160	157730	43727	26075	17652
38	2636198	1351779	1284419	349371	180014	169357	49808	29627	20181
39	2027006	1046816	980190	268885	142580	126305	41915	25019	16896
40-44岁	**7221752**	**3818064**	**3403688**	**856420**	**487773**	**368647**	**160371**	**98297**	**62074**
40	1678040	871706	806334	217879	118175	99704	36876	22115	14761
41	1626100	851285	774815	205732	115512	90220	37645	22825	14820
42	1441583	758429	683154	169803	97332	72471	32723	20001	12722
43	1239330	660452	578878	136641	80096	56545	27322	16900	10422
44	1236699	676192	560507	126365	76658	49707	25805	16456	9349

4-1 续表 7

单位：人

年 龄	大学本科			硕士研究生			博士研究生		
	小计	男	女	小计	男	女	小计	男	女
45-49岁	**5437265**	**3090471**	**2346794**	**512166**	**324880**	**187286**	**106483**	**69533**	**36950**
45	1139879	631245	508634	111642	69175	42467	22803	14580	8223
46	1122553	634143	488410	106530	67249	39281	22444	14618	7826
47	1113939	633917	480022	107525	67986	39539	22638	14661	7977
48	1052699	607573	445126	96726	62363	34363	20189	13324	6865
49	1008195	583593	424602	89743	58107	31636	18409	12350	6059
50-54岁	**3820404**	**2315662**	**1504742**	**319039**	**215723**	**103316**	**67108**	**47534**	**19574**
50	963622	563837	399785	81787	53554	28233	16574	11366	5208
51	826876	492270	334606	69235	46128	23107	14133	9865	4268
52	822580	498992	323588	68552	45951	22601	14109	9806	4303
53	573697	357644	216053	46172	31995	14177	9822	7110	2712
54	633629	402919	230710	53293	38095	15198	12470	9387	3083
55-59岁	**2529750**	**1675805**	**853945**	**223403**	**167511**	**55892**	**53665**	**42252**	**11413**
55	617649	403056	214593	55638	40876	14762	13406	10254	3152
56	603862	397564	206298	55344	41281	14063	13374	10426	2948
57	668480	445156	223324	60701	45904	14797	14811	11905	2906
58	418585	283182	135403	34958	26805	8153	8283	6656	1627
59	221174	146847	74327	16762	12645	4117	3791	3011	780
60-64岁	**1039046**	**694864**	**344182**	**73998**	**56725**	**17273**	**16167**	**12975**	**3192**
60	231395	154888	76507	16712	12761	3951	3477	2835	642
61	178609	119503	59106	13012	10031	2981	2736	2155	581
62	203994	137703	66291	14823	11407	3416	3271	2609	662
63	222098	148622	73476	16131	12322	3809	3805	3086	719
64	202950	134148	68802	13320	10204	3116	2878	2290	588
65-69岁	**779608**	**506472**	**273136**	**39382**	**29565**	**9817**	**7192**	**5502**	**1690**
65	200072	130647	69425	12190	9196	2994	2381	1904	477
66	186588	120249	66339	10156	7567	2589	1763	1306	457
67	146478	93992	52486	7021	5264	1757	1218	918	300
68	133086	86932	46154	5670	4283	1387	1020	771	249
69	113384	74652	38732	4345	3255	1090	810	603	207
70-74岁	**485928**	**331324**	**154604**	**14980**	**11609**	**3371**	**2742**	**2078**	**664**
70	108576	73332	35244	4030	3074	956	644	481	163
71	100182	69239	30943	3411	2642	769	630	471	159
72	81860	57196	24664	2492	1912	580	510	396	114
73	85976	58989	26987	2376	1875	501	474	361	113
74	109334	72568	36766	2671	2106	565	484	369	115
75-79岁	**481525**	**322931**	**158594**	**9410**	**7401**	**2009**	**1781**	**1317**	**464**
75	104547	70006	34541	2440	1969	471	483	374	109
76	96461	64994	31467	2188	1754	434	402	305	97
77	88398	59287	29111	1746	1390	356	293	224	69
78	91878	61184	30694	1574	1201	373	306	208	98
79	100241	67460	32781	1462	1087	375	297	206	91
80-84岁	**430070**	**304036**	**126034**	**6320**	**4708**	**1612**	**1510**	**1068**	**442**
80	100011	68713	31298	1332	1042	290	308	232	76
81	93697	65260	28437	1220	920	300	315	227	88
82	92404	66736	25668	1355	998	357	340	231	109
83	78706	56536	22170	1248	913	335	286	190	96
84	65252	46791	18461	1165	835	330	261	188	73
85岁及以上	**218798**	**153085**	**65713**	**5994**	**4185**	**1809**	**1693**	**1189**	**504**

4-1a　全国分年龄、性别、受教育程度的3岁及以上人口(城市)

单位：人

年　龄	3岁及以上人口			未上过学		
	合计	男	女	小计	男	女
总　计	**558923862**	**283263184**	**275660678**	**9582651**	**3034695**	**6547956**
3	7349963	3856052	3493911	1622833	858836	763997
4	7004581	3694181	3310400	551716	291648	260068
5-9岁	**32260730**	**17172999**	**15087731**	**393945**	**209960**	**183985**
5	6079800	3221353	2858447	237269	125876	111393
6	6929798	3682193	3247605	89742	48098	41644
7	6433949	3424276	3009673	27317	14648	12669
8	6855720	3657590	3198130	22126	11941	10185
9	5961463	3187587	2773876	17491	9397	8094
10-14岁	**27347422**	**14619691**	**12727731**	**90024**	**48625**	**41399**
10	5691818	3052007	2639811	18755	10122	8633
11	5610133	3003738	2606395	20551	10987	9564
12	5565782	2973489	2592293	20470	11000	9470
13	5416181	2889991	2526190	17022	9239	7783
14	5063508	2700466	2363042	13226	7277	5949
15-19岁	**32654045**	**17249362**	**15404683**	**39790**	**23245**	**16545**
15	5750149	3057264	2692885	8678	4980	3698
16	6519084	3479730	3039354	7584	4373	3211
17	6088485	3250249	2838236	7040	4113	2927
18	6722026	3545418	3176608	8501	4979	3522
19	7574301	3916701	3657600	7987	4800	3187
20-24岁	**38258137**	**19776472**	**18481665**	**51954**	**29552**	**22402**
20	7945812	4088343	3857469	10745	6149	4596
21	7368955	3799988	3568967	9829	5549	4280
22	7630775	3956286	3674489	10197	5764	4433
23	7529768	3906465	3623303	10591	6122	4469
24	7782827	4025390	3757437	10592	5968	4624
25-29岁	**44415879**	**22937131**	**21478748**	**61493**	**33493**	**28000**
25	8364734	4332574	4032160	11154	6185	4969
26	8240736	4258959	3981777	11424	6366	5058
27	8855883	4567904	4287979	12248	6704	5544
28	9169737	4732680	4437057	12917	6947	5970
29	9784789	5045014	4739775	13750	7291	6459
30-34岁	**60075584**	**30519381**	**29556203**	**94274**	**47745**	**46529**
30	12298468	6297664	6000804	17439	9156	8283
31	12246291	6226709	6019582	18741	9621	9120
32	11692599	5930008	5762591	18514	9411	9103
33	12686287	6423503	6262784	20533	10276	10257
34	11151939	5641497	5510442	19047	9281	9766
35-39岁	**48129615**	**24437714**	**23691901**	**101422**	**45732**	**55690**
35	9496273	4822865	4673408	18012	8552	9460
36	9455642	4807258	4648384	18785	8602	10183
37	9369040	4761690	4607350	19336	8783	10553
38	10713665	5434717	5278948	22959	10314	12645
39	9094995	4611184	4483811	22330	9481	12849
40-44岁	**42221092**	**21424853**	**20796239**	**146156**	**54605**	**91551**
40	8184772	4157584	4027188	23067	9146	13921
41	9000311	4572779	4427532	27161	10773	16388
42	8474758	4291975	4182783	29023	10828	18195
43	7956899	4034419	3922480	30732	11154	19578
44	8604352	4368096	4236256	36173	12704	23469

4-1a 续表 1

单位：人

年 龄	3岁及以上人口			未上过学		
	合计	男	女	小计	男	女
45-49岁	**47056463**	**23879328**	**23177135**	**276399**	**87062**	**189337**
45	8680363	4396217	4284146	40714	13827	26887
46	9250889	4685232	4565657	49039	16044	32995
47	9619347	4886582	4732765	55726	17643	38083
48	9666497	4915967	4750530	62744	19081	43663
49	9839367	4995330	4844037	68176	20467	47709
50-54岁	**44885021**	**22560304**	**22324717**	**437620**	**120546**	**317074**
50	10132139	5107867	5024272	79106	22941	56165
51	9343450	4701969	4641481	83402	23950	59452
52	9691305	4870588	4820717	94922	26179	68743
53	7388157	3701176	3686981	82868	22052	60816
54	8329970	4178704	4151266	97322	25424	71898
55-59岁	**37888257**	**18844970**	**19043287**	**485952**	**108484**	**377468**
55	8404231	4211072	4193159	97640	24299	73341
56	8478783	4227203	4251580	99248	23899	75349
57	10005668	4987409	5018259	117811	26532	91279
58	6953544	3447413	3506131	104824	20764	84060
59	4046031	1971873	2074158	66429	12990	53439
60-64岁	**27440811**	**13477770**	**13963041**	**697239**	**147033**	**550206**
60	5095525	2508447	2587078	88956	18879	70077
61	4692390	2326784	2365606	102677	22402	80275
62	5824599	2883944	2940655	147946	32021	115925
63	6254652	3058944	3195708	181699	37852	143847
64	5573645	2699651	2873994	175961	35879	140082
65-69岁	**24764064**	**11839355**	**12924709**	**988671**	**203986**	**784685**
65	5666606	2741937	2924669	194078	39329	154749
66	5599470	2688000	2911470	206924	41691	165233
67	4831514	2295297	2536217	198414	40617	157797
68	4691175	2228781	2462394	209620	44123	165497
69	3975299	1885340	2089959	179635	38226	141409
70-74岁	**15504914**	**7363010**	**8141904**	**825291**	**186893**	**638398**
70	3735386	1786597	1948789	174679	39280	135399
71	3507544	1673908	1833636	183400	43109	140291
72	2946341	1387221	1559120	162932	37075	125857
73	2801600	1329311	1472289	156761	35549	121212
74	2514043	1185973	1328070	147519	31880	115639
75-79岁	**9606840**	**4398180**	**5208660**	**742142**	**154591**	**587551**
75	2172634	1008687	1163947	141601	29770	111831
76	2055030	950735	1104295	150841	32375	118466
77	1833023	835847	997176	142483	29670	112813
78	1790856	810842	980014	145703	29889	115814
79	1755297	792069	963228	161514	32887	128627
80-84岁	**6800356**	**3011252**	**3789104**	**854819**	**173526**	**681293**
80	1607754	725920	881834	161718	33055	128663
81	1395399	612992	782407	164147	33990	130157
82	1411766	625049	786717	183050	38007	145043
83	1242150	550568	691582	172843	35019	137824
84	1143287	496723	646564	173061	33455	139606
85岁及以上	**5260088**	**2201179**	**3058909**	**1120911**	**209133**	**911778**

4-1a　续表 2

单位：人

年龄	学前教育			小学		
	小计	男	女	小计	男	女
总　计	**20486972**	**10762761**	**9724211**	**92077817**	**43013276**	**49064541**
3	5727130	2997216	2729914			
4	6452865	3402533	3050332			
5-9岁	**7615270**	**4053593**	**3561677**	**23761586**	**12641917**	**11119669**
5	5182402	2743761	2438641	660129	351716	308413
6	1930475	1045526	884949	4818237	2538927	2279310
7	259054	136760	122294	6043203	3215851	2827352
8	146732	76976	69756	6545729	3491393	3054336
9	96607	50570	46037	5694288	3044030	2650258
10-14岁	**286098**	**150581**	**135517**	**12931295**	**6955085**	**5976210**
10	77935	41282	36653	5361637	2873249	2488388
11	61838	32660	29178	4803699	2579192	2224507
12	47013	24710	22303	1961761	1073643	888118
13	47691	24881	22810	561545	299962	261583
14	51621	27048	24573	242653	129039	113614
15-19岁	**72627**	**38406**	**34221**	**504886**	**281809**	**223077**
15	33266	17644	15622	110866	59676	51190
16	17508	9251	8257	93562	51192	42370
17	8281	4342	3939	93871	52332	41539
18	7432	3942	3490	103583	58651	44932
19	6140	3227	2913	103004	59958	43046
20-24岁	**21480**	**11012**	**10468**	**515086**	**303515**	**211571**
20	6052	3111	2941	95242	56419	38823
21	3835	2002	1833	85936	50959	34977
22	3565	1850	1715	101604	60322	41282
23	3974	2000	1974	109584	64422	45162
24	4054	2049	2005	122720	71393	51327
25-29岁	**15236**	**7227**	**8009**	**865911**	**488273**	**377638**
25	4067	2061	2006	138843	80325	58518
26	3025	1427	1598	145935	83701	62234
27	2562	1224	1338	171323	96942	74381
28	2689	1211	1478	190707	106509	84198
29	2893	1304	1589	219103	120796	98307
30-34岁	**17094**	**7651**	**9443**	**1681607**	**870834**	**810773**
30	3645	1579	2066	296604	159709	136895
31	3596	1566	2030	321506	169491	152015
32	3350	1481	1869	327760	169472	158288
33	3442	1602	1840	381594	194752	186842
34	3061	1423	1638	354143	177410	176733
35-39岁	**11244**	**5352**	**5892**	**1773469**	**849844**	**923625**
35	2405	1131	1274	324972	160424	164548
36	2299	1092	1207	331392	160277	171115
37	2116	992	1124	330504	159252	171252
38	2424	1168	1256	397529	189269	208260
39	2000	969	1031	389072	180622	208450
40-44岁	**10879**	**4930**	**5949**	**2819662**	**1270955**	**1548707**
40	1851	840	1011	405214	185430	219784
41	2221	1016	1205	526191	241366	284825
42	2157	988	1169	554219	249023	305196
43	2147	972	1175	598949	269091	329858
44	2503	1114	1389	735089	326045	409044

4-1a 续表 3

单位：人

年 龄	学前教育			小 学		
	小计	男	女	小计	男	女
45-49岁	**16612**	**6958**	**9654**	**5259087**	**2276596**	**2982491**
45	2712	1203	1509	832991	367240	465751
46	3095	1282	1813	975787	426171	549616
47	3230	1366	1864	1059993	461437	598556
48	3615	1495	2120	1139460	488920	650540
49	3960	1612	2348	1250856	532828	718028
50-54岁	**25674**	**9857**	**15817**	**7619603**	**3246420**	**4373183**
50	4516	1772	2744	1426862	603531	823331
51	5018	1970	3048	1544356	665842	878514
52	5539	2126	3413	1688977	721484	967493
53	4741	1775	2966	1391405	588861	802544
54	5860	2214	3646	1568003	666702	901301
55-59岁	**26000**	**9022**	**16978**	**6229569**	**2537403**	**3692166**
55	5687	2109	3578	1478761	621700	857061
56	5626	2012	3614	1385414	571758	813656
57	6541	2254	4287	1557768	637874	919894
58	5201	1721	3480	1157025	456556	700469
59	2945	926	2019	650601	249515	401086
60-64岁	**28715**	**9379**	**19336**	**5804555**	**2338177**	**3466378**
60	4020	1326	2694	855000	339077	515923
61	4393	1477	2916	914417	374536	539881
62	6295	2099	4196	1236098	506072	730026
63	7129	2258	4871	1432626	576549	856077
64	6878	2219	4659	1366414	541943	824471
65-69岁	**37794**	**11632**	**26162**	**7445733**	**2993964**	**4451769**
65	7549	2401	5148	1503738	600743	902995
66	7904	2523	5381	1586217	638720	947497
67	7599	2272	5327	1496648	603064	893584
68	7901	2388	5513	1534230	620818	913412
69	6841	2048	4793	1324900	530619	794281
70-74岁	**34708**	**11250**	**23458**	**5905628**	**2427227**	**3478401**
70	7054	2186	4868	1302931	527303	775628
71	7957	2667	5290	1341693	554613	787080
72	7029	2239	4790	1170270	481933	688337
73	6563	2146	4417	1111547	461050	650497
74	6105	2012	4093	979187	402328	576859
75-79岁	**27844**	**8690**	**19154**	**3724614**	**1489187**	**2235427**
75	5756	1825	3931	836136	337764	498372
76	5799	1835	3964	797347	324378	472969
77	5268	1611	3657	705537	281194	424343
78	5353	1652	3701	689429	272211	417218
79	5668	1767	3901	696165	273640	422525
80-84岁	**28201**	**8385**	**19816**	**2894223**	**1118333**	**1775890**
80	5566	1712	3854	652811	256250	396561
81	5480	1648	3832	589561	225809	363752
82	6171	1908	4263	608863	234518	374345
83	5483	1583	3900	539231	208639	330592
84	5501	1534	3967	503757	193117	310640
85岁及以上	**31501**	**9087**	**22414**	**2341303**	**923737**	**1417566**

4-1a　续表 4

单位：人

年龄	初中			高中			大学专科		
	小计	男	女	小计	男	女	小计	男	女
总　计	**169796464**	**88429852**	**81366612**	**115378689**	**60939909**	**54438780**	**72771281**	**37360074**	**35411207**
3									
4									
5-9岁	**488456**	**266687**	**221769**	**1473**	**842**	**631**			
5									
6	91344	49642	41702						
7	104375	57017	47358						
8	140414	76857	63557	719	423	296			
9	152323	83171	69152	754	419	335			
10-14岁	**13376086**	**7134939**	**6241147**	**655266**	**326438**	**328828**	**6466**	**2921**	**3545**
10	231903	126465	105438	897	490	407	314	194	120
11	721867	379767	342100	1497	793	704	380	193	187
12	3532891	1862366	1670525	2889	1408	1481	384	178	206
13	4650883	2482556	2168327	137859	72761	65098	751	362	389
14	4238542	2283785	1954757	512124	250986	261138	4637	1994	2643
15-19岁	**4982215**	**2947914**	**2034301**	**17194087**	**9187642**	**8006445**	**5033045**	**2546278**	**2486767**
15	1829492	1027775	801717	3623573	1872346	1751227	126974	65830	61144
16	927491	536565	390926	5197945	2736402	2461543	239983	124782	115201
17	727350	440576	286774	4491458	2387200	2104258	490004	246833	243171
18	719059	450011	269048	2483122	1388919	1094203	1664545	841961	822584
19	778823	492987	285836	1397989	802775	595214	2511539	1266872	1244667
20-24岁	**5911908**	**3557871**	**2354037**	**6867005**	**3948288**	**2918717**	**10570844**	**5312159**	**5258685**
20	886509	555653	330856	1243117	716039	527078	2483081	1257488	1225593
21	992561	610336	382225	1217517	702730	514787	1973973	1002264	971709
22	1224996	738025	486971	1394656	804510	590146	2010136	1008552	1001584
23	1328753	788849	539904	1452659	835955	616704	2029038	1012739	1016299
24	1479089	865008	614081	1559056	889054	670002	2074616	1031116	1043500
25-29岁	**9730348**	**5485373**	**4244975**	**9575341**	**5316580**	**4258761**	**10948878**	**5465980**	**5482898**
25	1671651	969026	702625	1722939	975908	747031	2180475	1088207	1092268
26	1704328	973935	730393	1727842	970958	756884	2087978	1044526	1043452
27	1925803	1085522	840281	1904124	1057638	846486	2181890	1090563	1091327
28	2083219	1164154	919065	2014800	1109010	905790	2196986	1096834	1100152
29	2345347	1292736	1052611	2205636	1203066	1002570	2301549	1145850	1155699
30-34岁	**16288468**	**8620624**	**7667844**	**13623730**	**7206359**	**6417371**	**13276419**	**6510967**	**6765452**
30	3118600	1691036	1427564	2805517	1508147	1297370	2832010	1397736	1434274
31	3213224	1715113	1498111	2797919	1488315	1309604	2765990	1355446	1410544
32	3144249	1662074	1482175	2659538	1406513	1253025	2595912	1270542	1325370
33	3571785	1870278	1701507	2884097	1511793	1372304	2745146	1341997	1403149
34	3240610	1682123	1558487	2476659	1291591	1185068	2337361	1145246	1192115
35-39岁	**15150870**	**7809556**	**7341314**	**10717165**	**5526043**	**5191122**	**9086134**	**4491536**	**4594598**
35	2886964	1494323	1392641	2058445	1071134	987311	1891220	934544	956676
36	2934624	1513591	1421033	2029985	1052133	977852	1819448	903828	915620
37	2911992	1506137	1405855	2042418	1053307	989111	1776510	877848	898662
38	3392595	1747842	1644753	2433264	1247561	1185703	1990470	980560	1009910
39	3024695	1547663	1477032	2153053	1101908	1051145	1608486	794756	813730
40-44岁	**15944270**	**8091414**	**7852856**	**10340856**	**5304080**	**5036776**	**6405320**	**3227568**	**3177752**
40	2819562	1441660	1377902	1994378	1022586	971792	1386635	690859	695776
41	3284386	1673131	1611255	2248643	1152204	1096439	1416018	707971	708047
42	3183178	1613280	1569898	2102435	1076560	1025875	1294927	650583	644344
43	3125851	1582537	1543314	1942690	996775	945915	1146338	580980	565358
44	3531293	1780806	1750487	2052710	1055955	996755	1161402	597175	564227

4-1a 续表 5 单位：人

年 龄	初 中			高 中			大学专科		
	小计	男	女	小计	男	女	小计	男	女
45-49岁	**20510417**	**10323703**	**10186714**	**10801423**	**5627660**	**5173763**	**5432670**	**2856174**	**2576496**
45	3666036	1841546	1824490	2036824	1049297	987527	1107152	572248	534904
46	4008223	2009367	1998856	2130343	1102754	1027589	1109742	579700	530042
47	4188683	2108090	2080593	2211535	1151896	1059639	1117558	588400	529158
48	4265946	2150299	2115647	2204373	1156909	1047464	1067828	567873	499955
49	4381529	2214401	2167128	2218348	1166804	1051544	1030390	547953	482437
50-54岁	**20534850**	**10355201**	**10179649**	**9194081**	**4801305**	**4392776**	**3766691**	**2041798**	**1724893**
50	4545042	2287258	2257784	2248254	1176807	1071447	992476	529338	463138
51	4214090	2123782	2090308	1957171	1022755	934416	822393	440799	381594
52	4415649	2229640	2186009	1968868	1028272	940596	803543	434786	368757
53	3457223	1746690	1710533	1414551	738270	676281	546277	301175	245102
54	3902846	1967831	1935015	1605237	835201	770036	602002	335700	266302
55-59岁	**16039749**	**8041584**	**7998165**	**9829873**	**4960747**	**4869126**	**2981548**	**1678343**	**1303205**
55	3873624	1941413	1932211	1772329	914956	857373	627335	350923	276412
56	3728451	1859884	1868567	2034702	1033239	1001463	678074	378468	299606
57	4193635	2105852	2087783	2698565	1350358	1348207	817671	459002	358669
58	2745786	1386697	1359089	2014375	1014591	999784	544925	311556	233369
59	1498253	747738	750515	1309902	647603	662299	313543	178394	135149
60-64岁	**10423842**	**5327860**	**5095982**	**7697352**	**3924584**	**3772768**	**1822277**	**1086910**	**735367**
60	1910516	963451	947065	1659610	830897	828713	362829	211728	151101
61	1756564	901681	854883	1441937	733609	708328	306773	182644	124129
62	2213767	1142538	1071229	1656603	847856	808747	374107	225809	148298
63	2386536	1225700	1160836	1631074	834365	796709	407851	243868	163983
64	2156459	1094490	1061969	1308128	677857	630271	370717	222861	147856
65-69岁	**10012881**	**5088906**	**4923975**	**4060287**	**2168235**	**1892052**	**1500474**	**909550**	**590924**
65	2245625	1143028	1102597	1160118	613403	546715	369799	222511	147288
66	2272660	1151070	1121590	995652	529560	466092	357577	214077	143500
67	1968996	996085	972911	740757	396078	344679	284542	171489	113053
68	1912001	974321	937680	642843	346828	296015	262926	161531	101395
69	1613599	824402	789197	520917	282366	238551	225630	139942	85688
70-74岁	**5228858**	**2689845**	**2539013**	**2175823**	**1183705**	**992118**	**895648**	**568475**	**327173**
70	1451341	747902	703439	484215	265805	218410	216587	138184	78403
71	1188344	614363	573981	491451	266844	224607	204602	130792	73810
72	920660	468831	451829	438235	236688	201547	174348	110181	64167
73	871232	448654	422578	414697	225728	188969	163455	103821	59634
74	797281	410095	387186	347225	188640	158585	136656	85497	51159
75-79岁	**2775447**	**1407037**	**1368410**	**1383060**	**732965**	**650095**	**515030**	**315381**	**199649**
75	680684	347946	332738	297828	157295	140533	115117	70932	44185
76	613956	313706	300250	291124	153951	137173	108312	66159	42153
77	523934	263964	259970	275375	145110	130265	100095	61094	39001
78	496520	248430	248090	271300	143579	127721	98858	60153	38705
79	460353	232991	227362	247433	133030	114403	92648	57043	35605
80-84岁	**1475777**	**762126**	**713651**	**805377**	**449654**	**355723**	**346940**	**223132**	**123808**
80	398209	204109	194100	213299	115889	97410	84605	52758	31847
81	306560	154187	152373	170317	92030	78287	73209	45999	27210
82	294071	151213	142858	162561	91809	70752	72414	47128	25286
83	250477	132534	117943	139058	80060	58998	62633	41330	21303
84	226460	120083	106377	120142	69866	50276	54079	35917	18162
85岁及以上	**922022**	**519212**	**402810**	**456490**	**274782**	**181708**	**182897**	**122902**	**59995**

4-1a　续表 6　　　　单位：人

年　龄	大学本科			硕士研究生			博士研究生		
	小计	男	女	小计	男	女	小计	男	女
总　计	**69536886**	**34975243**	**34561643**	**8167438**	**4063778**	**4103660**	**1125664**	**683596**	**442068**
3									
4									
5-9岁									
5									
6									
7									
8									
9									
10-14岁	**2062**	**1030**	**1032**	**106**	**61**	**45**	**19**	**11**	**8**
10	377	205	172						
11	301	146	155						
12	339	166	173	35	18	17			
13	399	214	185	31	16	15			
14	646	299	347	40	27	13	19	11	8
15-19岁	**4820639**	**2220300**	**2600339**	**5788**	**3061**	**2727**	**968**	**707**	**261**
15	17228	8963	8265	32	16	16	40	34	6
16	34885	17058	17827	37	26	11	89	81	8
17	269709	114390	155319	640	354	286	132	109	23
18	1733611	795773	937838	2024	1074	950	149	108	41
19	2765206	1284116	1481090	3055	1591	1464	558	375	183
20-24岁	**13098044**	**6077875**	**7020169**	**1168339**	**506335**	**662004**	**53477**	**29865**	**23612**
20	3213269	1489735	1723534	6943	3224	3719	854	525	329
21	3034159	1404910	1629249	48771	19861	28910	2374	1377	997
22	2626531	1223757	1402774	249803	108146	141657	9287	5360	3927
23	2168210	1009649	1158561	411606	178207	233399	15353	8522	6831
24	2055875	949824	1106051	451216	196897	254319	25609	14081	11528
25-29岁	**11169520**	**5223352**	**5946168**	**1813071**	**786480**	**1026591**	**236081**	**130373**	**105708**
25	2166821	1001144	1165677	428933	187874	241059	39851	21844	18007
26	2145573	993844	1151729	367159	158542	208617	47472	25660	21812
27	2257720	1051416	1206304	349143	149844	199299	51070	28051	23019
28	2282375	1075357	1207018	336257	144941	191316	49787	27717	22070
29	2317031	1101591	1215440	331579	145279	186300	47901	27101	20800
30-34岁	**12983721**	**6258902**	**6724819**	**1862925**	**852822**	**1010103**	**247346**	**143477**	**103869**
30	2766417	1319894	1446523	402461	178575	223886	55775	31832	23943
31	2676822	1279132	1397690	395843	177799	218044	52650	30226	22424
32	2528366	1215521	1312845	366888	167101	199787	48022	27893	20129
33	2661067	1291410	1369657	370671	173270	197401	47952	28125	19827
34	2351049	1152945	1198104	327062	156077	170985	42947	25401	17546
35-39岁	**9660545**	**4869122**	**4791423**	**1427529**	**721276**	**706253**	**201237**	**119253**	**81984**
35	1994688	992875	1001813	281852	137622	144230	37715	22260	15455
36	1989929	1000170	989759	289788	144197	145591	39392	23368	16024
37	1954907	984715	970192	291380	146995	144385	39877	23661	16216
38	2110223	1067968	1042255	318562	163014	155548	45639	27021	18618
39	1610798	823394	787404	245947	129448	116499	38614	22943	15671
40-44岁	**5616451**	**2934411**	**2682040**	**788836**	**446088**	**342748**	**148662**	**90802**	**57860**
40	1319998	678958	641040	200128	107806	92322	33939	20299	13640
41	1271294	659568	611726	189560	105712	83848	34837	21038	13799
42	1121800	583087	538713	156603	89103	67500	30416	18523	11893
43	958461	503665	454796	126241	73513	52728	25490	15732	9758
44	944898	509133	435765	116304	69954	46350	23980	15210	8770

4-1a 续表 7 单位：人

年 龄	大学本科			硕士研究生			博士研究生		
	小计	男	女	小计	男	女	小计	男	女
45-49岁	**4191206**	**2340761**	**1850445**	**469745**	**295924**	**173821**	**98904**	**64490**	**34414**
45	870209	474310	395899	102508	63025	39483	21217	13521	7696
46	855988	475025	380963	97838	61328	36510	20834	13561	7273
47	862732	482095	380637	98800	62045	36755	21090	13610	7480
48	815402	462372	353030	88421	56669	31752	18708	12349	6359
49	786875	446959	339916	82178	52857	29321	17055	11449	5606
50-54岁	**2955294**	**1747111**	**1208183**	**289332**	**194183**	**95149**	**61876**	**43883**	**17993**
50	746289	427394	318895	74286	48298	25988	15308	10528	4780
51	641121	372297	268824	62835	41458	21377	13064	9116	3948
52	638613	377677	260936	62239	41408	20831	12955	9016	3939
53	440305	267020	173285	41722	28758	12964	9065	6575	2490
54	488966	302723	186243	48250	34261	13989	11484	8648	2836
55-59岁	**2041906**	**1317778**	**724128**	**204241**	**152601**	**51640**	**49419**	**39008**	**10411**
55	485836	309126	176710	50691	37089	13602	12328	9457	2871
56	484337	310695	173642	50576	37582	12994	12355	9666	2689
57	544517	352687	191830	55528	41871	13657	13632	10979	2653
58	341794	224966	116828	31986	24421	7565	7628	6141	1487
59	185422	120304	65118	15460	11638	3822	3476	2765	711
60-64岁	**884059**	**579814**	**304245**	**68034**	**52145**	**15889**	**14738**	**11868**	**2870**
60	196126	128838	67288	15285	11652	3633	3183	2599	584
61	151211	99266	51945	11934	9205	2729	2484	1964	520
62	173176	114669	58507	13635	10491	3144	2972	2389	583
63	189374	124151	65223	14896	11386	3510	3467	2815	652
64	174172	112890	61282	12284	9411	2873	2632	2101	531
65-69岁	**675474**	**430798**	**244676**	**36340**	**27323**	**9017**	**6410**	**4961**	**1449**
65	172291	110291	62000	11260	8502	2758	2148	1729	419
66	161550	102150	59400	9395	7016	2379	1591	1193	398
67	127029	80034	46995	6448	4836	1612	1081	822	259
68	115523	74118	41405	5226	3958	1268	905	696	209
69	99081	64205	34876	4011	3011	1000	685	521	164
70-74岁	**422976**	**283138**	**139838**	**13621**	**10642**	**2979**	**2361**	**1835**	**526**
70	94367	62692	31675	3646	2812	834	566	433	133
71	86400	58649	27751	3149	2451	698	548	420	128
72	70197	48200	21997	2239	1733	506	431	341	90
73	74826	50368	24458	2124	1685	439	395	310	85
74	97186	63229	33957	2463	1961	502	421	331	90
75-79岁	**428709**	**282415**	**146294**	**8502**	**6785**	**1717**	**1492**	**1129**	**363**
75	92875	61015	31860	2232	1819	413	405	321	84
76	85332	56450	28882	1978	1619	359	341	262	79
77	78510	51744	26766	1571	1266	305	250	194	56
78	82034	53662	28372	1414	1094	320	245	172	73
79	89958	59544	30414	1307	987	320	251	180	71
80-84岁	**388187**	**270961**	**117226**	**5589**	**4217**	**1372**	**1243**	**918**	**325**
80	90138	61028	29110	1160	920	240	248	199	49
81	84798	58326	26472	1066	812	254	261	191	70
82	83166	59374	23792	1190	891	299	280	201	79
83	71067	50406	20661	1127	837	290	231	160	71
84	59018	41827	17191	1046	757	289	223	167	56
85岁及以上	**198093**	**137475**	**60618**	**5440**	**3835**	**1605**	**1431**	**1016**	**415**

4-1b 全国分年龄、性别、受教育程度的3岁及以上人口(镇)

单位：人

年 龄	3岁及以上人口			未上过学		
	合计	男	女	小计	男	女
总 计	**314718812**	**159707289**	**155011523**	**9625129**	**2890473**	**6734656**
3	4670827	2456446	2214381	1119088	593600	525488
4	4486818	2374936	2111882	341839	180573	161266
5-9岁	**23278035**	**12439629**	**10838406**	**233165**	**123856**	**109309**
5	4185924	2225169	1960755	135045	71603	63442
6	4752725	2536893	2215832	51369	27333	24036
7	4651865	2484337	2167528	18623	9826	8797
8	5022306	2688418	2333888	15392	8171	7221
9	4665215	2504812	2160403	12736	6923	5813
10-14岁	**22411117**	**12010832**	**10400285**	**70664**	**37805**	**32859**
10	4553392	2447080	2106312	13534	7333	6201
11	4654081	2499775	2154306	15816	8398	7418
12	4545933	2435916	2110017	16223	8587	7636
13	4337667	2322757	2014910	13722	7369	6353
14	4320044	2305304	2014740	11369	6118	5251
15-19岁	**20519304**	**10916999**	**9602305**	**32639**	**18986**	**13653**
15	4549730	2412547	2137183	6999	4028	2971
16	4927394	2604242	2323152	6473	3727	2746
17	4350531	2298134	2052397	6093	3597	2496
18	3618194	1943119	1675075	6623	3903	2720
19	3073455	1658957	1414498	6451	3731	2720
20-24岁	**15185202**	**8037872**	**7147330**	**40612**	**22095**	**18517**
20	2909277	1567746	1341531	8005	4607	3398
21	2770561	1481615	1288946	7708	4215	3493
22	3108414	1645892	1462522	7954	4327	3627
23	3136738	1645484	1491254	8217	4363	3854
24	3260212	1697135	1563077	8728	4583	4145
25-29岁	**20079963**	**10256896**	**9823067**	**55938**	**27802**	**28136**
25	3586032	1857532	1728500	9621	4981	4640
26	3580063	1841305	1738758	9764	4870	4894
27	3991645	2036601	1955044	11023	5492	5531
28	4236090	2152018	2084072	12062	5977	6085
29	4686133	2369440	2316693	13468	6482	6986
30-34岁	**28927650**	**14418673**	**14508977**	**97198**	**43988**	**53210**
30	6065689	3037153	3028536	17393	8253	9140
31	5937127	2954949	2982178	18773	8684	10089
32	5610365	2789673	2820692	19137	8531	10606
33	6038526	3004787	3033739	21298	9538	11760
34	5275943	2632111	2643832	20597	8982	11615
35-39岁	**23078298**	**11575785**	**11502513**	**115226**	**46593**	**68633**
35	4581036	2297324	2283712	20069	8477	11592
36	4565671	2290183	2275488	21177	8751	12426
37	4412320	2216332	2195988	21950	8926	13024
38	5045058	2532830	2512228	25924	10202	15722
39	4474213	2239116	2235097	26106	10237	15869
40-44岁	**22201769**	**11161095**	**11040674**	**169655**	**59622**	**110033**
40	4153506	2081779	2071727	27078	10022	17056
41	4604834	2311869	2292965	31968	11612	20356
42	4439005	2227325	2211680	33762	11819	21943
43	4252545	2141608	2110937	35217	12183	23034
44	4751879	2398514	2353365	41630	13986	27644

4-1b 续表 1

单位：人

年 龄	3岁及以上人口			未上过学		
	合计	男	女	小计	男	女
45-49岁	**26787369**	**13499304**	**13288065**	**304332**	**93572**	**210760**
45	4827159	2428318	2398841	46186	15028	31158
46	5269466	2648428	2621038	54614	17351	37263
47	5438984	2740994	2697990	61478	19025	42453
48	5565012	2805302	2759710	68188	20241	47947
49	5686748	2876262	2810486	73866	21927	51939
50-54岁	**27698456**	**13898540**	**13799916**	**480179**	**127907**	**352272**
50	6003291	3012652	2990639	85024	23893	61131
51	5591272	2809921	2781351	90878	25205	65673
52	5962676	2990197	2972479	103835	27586	76249
53	4785269	2394254	2391015	92344	23718	68626
54	5355948	2691516	2664432	108098	27505	80593
55-59岁	**22109153**	**11020484**	**11088669**	**547514**	**118421**	**429093**
55	5167390	2591119	2576271	109007	26234	82773
56	4946933	2465495	2481438	112356	25623	86733
57	5633657	2828216	2805441	131902	28859	103043
58	4173863	2071620	2102243	119708	23462	96246
59	2187310	1064034	1123276	74541	14243	60298
60-64岁	**14938709**	**7469262**	**7469447**	**776575**	**172320**	**604255**
60	2604817	1295802	1309015	97622	20561	77061
61	2469494	1247623	1221871	110837	24738	86099
62	3150818	1590167	1560651	163040	37571	125469
63	3524522	1764849	1759673	203060	45544	157516
64	3189058	1570821	1618237	202016	43906	158110
65-69岁	**14963434**	**7299792**	**7663642**	**1204354**	**270395**	**933959**
65	3308160	1632523	1675637	227634	50386	177248
66	3285337	1606037	1679300	246634	54148	192486
67	2961224	1437434	1523790	244028	54462	189566
68	2943608	1433198	1510410	258823	59206	199617
69	2465105	1190600	1274505	227235	52193	175042
70-74岁	**9989579**	**4849995**	**5139584**	**1119385**	**272743**	**846642**
70	2328047	1132821	1195226	228280	54633	173647
71	2268269	1113399	1154870	245262	61987	183275
72	1928452	933736	994716	222913	54987	167926
73	1816361	880809	935552	215745	52682	163063
74	1648450	789230	859220	207185	48454	158731
75-79岁	**6324210**	**2991818**	**3332392**	**990593**	**236659**	**753934**
75	1456091	693130	762961	197538	46434	151104
76	1380832	661651	719181	205648	49537	156111
77	1214907	572818	642089	193392	46280	147112
78	1150970	541373	609597	191624	45708	145916
79	1121410	522846	598564	202391	48700	153691
80-84岁	**4055223**	**1830285**	**2224938**	**935912**	**227419**	**708493**
80	992687	461457	531230	194661	47287	147374
81	819466	372467	446999	182776	45196	137580
82	845570	383512	462058	200248	49863	150385
83	735741	326622	409119	184095	44413	139682
84	661759	286227	375532	174132	40660	133472
85岁及以上	**3013696**	**1198646**	**1815050**	**990261**	**216117**	**774144**

4-1b　续表 2　　单位：人

年　龄	学前教育			小　学		
	小计	男	女	小计	男	女
总　计	**13562084**	**7121378**	**6440706**	**79344067**	**36980721**	**42363346**
3	3551739	1862846	1688893			
4	4144979	2194363	1950616			
5-9岁	**5282487**	**2816959**	**2465528**	**17365560**	**9278209**	**8087351**
5	3476964	1847598	1629366	573915	305968	267947
6	1434238	775537	658701	3193220	1693207	1500013
7	203334	106664	96670	4344904	2320746	2024158
8	100754	52190	48564	4794883	2566098	2228785
9	67197	34970	32227	4458638	2392190	2066448
10-14岁	**213958**	**111176**	**102782**	**11004627**	**5927096**	**5077531**
10	53442	27851	25591	4290967	2304644	1986323
11	44143	23256	20887	4020151	2163305	1856846
12	36343	19043	17300	1864098	1016278	847820
13	37861	19390	18471	578435	309968	268467
14	42169	21636	20533	250976	132901	118075
15-19岁	**51420**	**26673**	**24747**	**416357**	**228370**	**187987**
15	24497	12624	11873	107024	57484	49540
16	12366	6430	5936	78031	42513	35518
17	6164	3195	2969	73244	39907	33337
18	5003	2620	2383	78035	43444	34591
19	3390	1804	1586	80023	45022	35001
20-24岁	**11891**	**6092**	**5799**	**419746**	**228702**	**191044**
20	3075	1655	1420	72391	40864	31527
21	2051	1063	988	70246	39106	31140
22	2062	1046	1016	83934	45984	37950
23	2289	1124	1165	91595	49083	42512
24	2414	1204	1210	101580	53665	47915
25-29岁	**9639**	**4429**	**5210**	**776562**	**393320**	**383242**
25	2476	1245	1231	117580	61627	55953
26	1838	836	1002	127711	65691	62020
27	1764	766	998	153869	78048	75821
28	1694	746	948	173889	86857	87032
29	1867	836	1031	203513	101097	102416
30-34岁	**9767**	**4328**	**5439**	**1562614**	**731899**	**830715**
30	2281	1020	1261	277146	134397	142749
31	2052	867	1185	301571	143334	158237
32	1896	819	1077	304972	142692	162280
33	1913	855	1058	351317	162116	189201
34	1625	767	858	327608	149360	178248
35-39岁	**6861**	**3188**	**3673**	**1713875**	**753538**	**960337**
35	1482	721	761	306659	138239	168420
36	1355	634	721	319148	141349	177799
37	1274	589	685	321220	141315	179905
38	1480	681	799	386782	168834	217948
39	1270	563	707	380066	163801	216265
40-44岁	**7808**	**3396**	**4412**	**2682915**	**1138465**	**1544450**
40	1258	586	672	395959	168293	227666
41	1501	649	852	502960	215996	286964
42	1504	660	844	532689	225046	307643
43	1636	687	949	565485	239744	325741
44	1909	814	1095	685822	289386	396436

4-1b 续表 3

单位：人

年 龄	学前教育			小　学		
	小计	男	女	小计	男	女
45-49岁	**12704**	**4848**	**7856**	**4760923**	**1969495**	**2791428**
45	1938	766	1172	757008	317555	439453
46	2346	931	1415	882369	367695	514674
47	2558	1011	1547	957920	397168	560752
48	2857	1078	1779	1033039	423749	609290
49	3005	1062	1943	1130587	463328	667259
50-54岁	**21634**	**7651**	**13983**	**7056669**	**2894517**	**4162152**
50	3690	1361	2329	1294815	526999	767816
51	4043	1435	2608	1395848	579647	816201
52	4741	1664	3077	1558078	639339	918739
53	4126	1427	2699	1314506	536383	778123
54	5034	1764	3270	1493422	612149	881273
55-59岁	**24305**	**7606**	**16699**	**6152780**	**2406008**	**3746772**
55	5098	1737	3361	1419884	572143	847741
56	5130	1671	3459	1349270	533464	815806
57	6142	1902	4240	1528125	600791	927334
58	5070	1487	3583	1199067	455075	743992
59	2865	809	2056	656434	244535	411899
60-64岁	**29903**	**9213**	**20690**	**5663063**	**2328063**	**3335000**
60	3723	1069	2654	819758	322208	497550
61	4389	1369	3020	866825	355833	510992
62	6311	2020	4291	1195852	498082	697770
63	7833	2470	5363	1425065	592971	832094
64	7647	2285	5362	1355563	558969	796594
65-69岁	**45746**	**14140**	**31606**	**7298109**	**3117892**	**4180217**
65	8671	2640	6031	1491737	626751	864986
66	9235	2853	6382	1555103	658839	896264
67	9383	2896	6487	1466296	627464	838832
68	9694	3053	6641	1503924	651912	852012
69	8763	2698	6065	1281049	552926	728123
70-74岁	**44054**	**14625**	**29429**	**5461591**	**2447392**	**3014199**
70	9011	2915	6096	1230111	539172	690939
71	9876	3400	6476	1246232	563985	682247
72	8896	2972	5924	1075259	485215	590044
73	8353	2769	5584	1008753	456446	552307
74	7918	2569	5349	901236	402574	498662
75-79岁	**35401**	**11415**	**23986**	**3370590**	**1521223**	**1849367**
75	7299	2271	5028	785528	350255	435273
76	7627	2532	5095	740115	337354	402761
77	6933	2223	4710	644410	290662	353748
78	6604	2138	4466	605459	273833	331626
79	6938	2251	4687	595078	269119	325959
80-84岁	**30114**	**9910**	**20204**	**2140400**	**971632**	**1168768**
80	6570	2227	4343	522426	237742	284684
81	5864	1941	3923	433933	197462	236471
82	6396	2085	4311	447428	205133	242295
83	5867	1930	3937	388452	176187	212265
84	5417	1727	3690	348161	155108	193053
85岁及以上	**27674**	**8520**	**19154**	**1497686**	**644900**	**852786**

4-1b 续表 4

单位：人

年 龄	初 中			高 中			大学专科		
	小计	男	女	小计	男	女	小计	男	女
总 计	**116946109**	**61371767**	**55574342**	**53139639**	**29237449**	**23902190**	**24155960**	**12923701**	**11232259**
3									
4									
5-9岁	**396071**	**220193**	**175878**	**752**	**412**	**340**			
5									
6	73898	40816	33082						
7	85004	47101	37903						
8	110913	61775	49138	364	184	180			
9	126256	70501	55755	388	228	160			
10-14岁	**10542304**	**5651048**	**4891256**	**576432**	**282129**	**294303**	**2592**	**1295**	**1297**
10	194755	106881	87874	522	289	233	104	50	54
11	572944	304324	268620	822	387	435	132	65	67
12	2626721	1390880	1235841	2297	1006	1291	170	77	93
13	3609721	1935342	1674379	97537	50500	47037	286	133	153
14	3538163	1913621	1624542	475254	229947	245307	1900	970	930
15-19岁	**3967258**	**2291630**	**1675628**	**12846061**	**6749276**	**6096785**	**1870903**	**970666**	**900237**
15	1660563	930128	730435	2691346	1376149	1315197	53251	29036	24215
16	770303	441337	328966	3951001	2050989	1900012	96781	53154	43627
17	522170	305932	216238	3439018	1794807	1644211	209256	108798	100458
18	497759	299500	198259	1890578	1028020	862558	642689	330563	312126
19	516463	314733	201730	874118	499311	374807	868926	449115	419811
20-24岁	**3945752**	**2237279**	**1708473**	**3320613**	**1910414**	**1410199**	**3779698**	**1910389**	**1869309**
20	578814	347990	230824	631014	369770	261244	825223	426590	398633
21	651706	380908	270798	581539	339926	241613	700956	358295	342661
22	819092	465946	353146	672204	387868	284336	751516	377075	374441
23	894853	497221	397632	696047	396898	299149	748430	373106	375324
24	1001287	545214	456073	739809	415952	323857	753573	375323	378250
25-29岁	**7234995**	**3756031**	**3478964**	**4716861**	**2555457**	**2161404**	**4012674**	**2004196**	**2008478**
25	1163570	624878	538692	825385	459848	365537	795755	396498	399257
26	1219353	644307	575046	829405	455585	373820	756514	378226	378288
27	1432408	743335	689073	936162	506670	429492	798727	399398	399329
28	1586007	813808	772199	1004155	538628	465527	808168	403472	404696
29	1833657	929703	903954	1121754	594726	527028	853510	426602	426908
30-34岁	**12758952**	**6278310**	**6480642**	**6602316**	**3450887**	**3151429**	**4504661**	**2259407**	**2245254**
30	2493843	1244597	1249246	1448284	758787	689497	1047747	520039	527708
31	2546848	1257444	1289404	1387877	724078	663799	965801	479906	485895
32	2476936	1214720	1262216	1285092	670205	614887	870191	435746	434445
33	2758433	1349727	1408706	1346994	702500	644494	887351	448210	439141
34	2482892	1211822	1271070	1134069	595317	538752	733571	375506	358065
35-39岁	**11714679**	**5768086**	**5946593**	**4680629**	**2474539**	**2206090**	**2664693**	**1389759**	**1274934**
35	2243503	1099229	1144274	944410	499456	444954	588237	305679	282558
36	2299719	1127271	1172448	916711	483671	433040	549501	288394	261107
37	2253858	1111496	1142362	884943	468222	416721	504310	262815	241495
38	2595730	1283735	1311995	1022614	540419	482195	555225	289016	266209
39	2321869	1146355	1175514	911951	482771	429180	467420	243855	223565
40-44岁	**11748996**	**5868359**	**5880637**	**4169479**	**2248446**	**1921033**	**1996490**	**1070663**	**925827**
40	2153484	1068202	1085282	839908	447573	392335	420027	220681	199346
41	2424103	1206354	1217749	897900	481710	416190	430934	228396	202538
42	2345612	1169229	1176383	839848	452475	387373	400777	214354	186423
43	2273189	1139595	1133594	766254	416277	349977	360700	195573	165127
44	2552608	1284979	1267629	825569	450411	375158	384052	211659	172393

4-1b 续表 5

单位：人

年 龄	初中			高中			大学专科		
	小计	男	女	小计	男	女	小计	男	女
45-49岁	**14510561**	**7376511**	**7134050**	**4284321**	**2374326**	**1909995**	**1804747**	**1018985**	**785762**
45	2609002	1312293	1296709	809821	442429	367392	363053	201911	161142
46	2859065	1441066	1417999	860206	471652	388554	373839	209670	164169
47	2955288	1500866	1454422	870509	481796	388713	367396	207105	160291
48	3014356	1537459	1476897	875472	489757	385715	359460	204626	154834
49	3072850	1584827	1488023	868313	488692	379621	340999	195673	145326
50-54岁	**14413242**	**7500138**	**6913104**	**3592802**	**2049323**	**1543479**	**1360091**	**812770**	**547321**
50	3208421	1649230	1559191	879519	494656	384863	337751	195504	142247
51	2904890	1506888	1398002	742394	421127	321267	286774	168612	118162
52	3084055	1606667	1477388	760169	434841	325328	287259	172155	115104
53	2472488	1293747	1178741	570571	328221	242350	212046	130115	81931
54	2743388	1443606	1299782	640149	370478	269671	236261	146384	89877
55-59岁	**10514933**	**5518754**	**4996179**	**3465108**	**2015050**	**1450058**	**972783**	**637601**	**335182**
55	2611773	1369695	1242078	671636	390364	281272	232175	147080	85095
56	2424009	1260858	1163151	719491	417395	302096	230078	148886	81192
57	2677810	1409047	1268763	926941	538703	388238	252935	166872	86063
58	1875971	992932	883039	735405	431069	304336	171864	116919	54945
59	925370	486222	439148	411635	237519	174116	85731	57844	27887
60-64岁	**5603054**	**3161013**	**2442041**	**2279921**	**1384940**	**894981**	**455370**	**316569**	**138801**
60	1062575	574669	487906	497204	291235	205969	93767	63698	30069
61	952207	533389	418818	432604	260047	172557	79286	54926	24360
62	1179880	671678	508202	485093	295518	189575	94542	65848	28694
63	1285394	738919	546475	476120	294507	181613	99634	69985	29649
64	1122998	642358	480640	388900	243633	145267	88141	62112	26029
65-69岁	**4738366**	**2779076**	**1959290**	**1267719**	**828381**	**439338**	**324536**	**228987**	**95549**
65	1115696	646068	469628	356612	230167	126445	84945	59914	25031
66	1066979	620149	446830	309269	200954	108315	77739	54489	23250
67	927933	543716	384217	236971	155022	81949	60869	42675	18194
68	896114	533352	362762	204979	135836	69143	55880	39596	16284
69	731644	435791	295853	159888	106402	53486	45103	32313	12790
70-74岁	**2511266**	**1520999**	**990267**	**617377**	**418442**	**198935**	**186557**	**138378**	**48179**
70	654936	393914	261022	150198	101576	48622	44208	32259	11949
71	572750	348731	224019	140387	95234	45153	42996	31854	11142
72	458042	276664	181378	117781	79739	38042	36495	27235	9260
73	430054	261276	168778	111011	75668	35343	33817	25357	8460
74	395484	240414	155070	98000	66225	31775	29041	21673	7368
75-79岁	**1372684**	**838227**	**534457**	**399890**	**269872**	**130018**	**113063**	**82294**	**30769**
75	346301	211172	135129	85686	57877	27809	24356	17897	6459
76	311655	191914	119741	83838	56603	27235	22961	16852	6109
77	261223	158759	102464	79212	53152	26060	21839	15701	6138
78	238435	144686	93749	78766	52940	25826	22374	16211	6163
79	215070	131696	83374	72388	49300	23088	21533	15633	5900
80-84岁	**627589**	**389447**	**238142**	**213718**	**149180**	**64538**	**74918**	**56979**	**17939**
80	180034	111189	68845	61652	42357	19295	19671	14695	4976
81	128776	79408	49368	45496	31351	14145	15694	11733	3961
82	125402	78348	47054	43036	30237	12799	15827	12092	3735
83	103891	64771	39120	34582	24513	10069	12888	10034	2854
84	89486	55731	33755	28952	20722	8230	10838	8425	2413
85岁及以上	**345407**	**216666**	**128741**	**105640**	**76375**	**29265**	**32184**	**24763**	**7421**

4-1b 续表 6

单位：人

年龄	大学本科			硕士研究生			博士研究生		
	小计	男	女	小计	男	女	小计	男	女
总计	**16952395**	**8678289**	**8274106**	**897608**	**446426**	**451182**	**95821**	**57085**	**38736**
3									
4									
5-9岁									
5									
6									
7									
8									
9									
10-14岁	**489**	**254**	**235**	**46**	**25**	**21**	**5**	**4**	**1**
10	68	32	36						
11	73	40	33						
12	68	39	29	13	6	7			
13	94	45	49	11	10	1			
14	186	98	88	22	9	13	5	4	1
15-19岁	**1333191**	**630542**	**702649**	**1275**	**702**	**573**	**200**	**154**	**46**
15	6039	3089	2950	5	3	2	6	6	
16	12412	6068	6344	5	5		22	19	3
17	94379	41784	52595	185	93	92	22	21	1
18	497066	234800	262266	409	239	170	32	30	2
19	723295	344801	378494	671	362	309	118	78	40
20-24岁	**3475916**	**1636423**	**1839493**	**183173**	**82312**	**100861**	**7801**	**4166**	**3635**
20	788973	375376	413597	1577	769	808	205	125	80
21	744958	353044	391914	10807	4744	6063	590	314	276
22	723381	341583	381798	46394	21042	25352	1877	1021	856
23	630778	294370	336408	62375	28184	34191	2154	1135	1019
24	587826	272050	315776	62020	27573	34447	2975	1571	1404
25-29岁	**3010607**	**1398110**	**1612497**	**237862**	**104289**	**133573**	**24825**	**13262**	**11563**
25	608167	280219	327948	59009	25929	33080	4469	2307	2162
26	580466	267460	313006	50016	21698	28318	4996	2632	2364
27	606037	279999	326038	46231	20021	26210	5424	2872	2552
28	603094	281314	321780	42042	18439	23603	4979	2777	2202
29	612843	289118	323725	40564	18202	22362	4957	2674	2283
30-34岁	**3158582**	**1539277**	**1619305**	**210391**	**97195**	**113196**	**23169**	**13382**	**9787**
30	725200	345288	379912	48278	21615	26663	5517	3157	2360
31	663993	317523	346470	45236	20334	24902	4976	2779	2197
32	606421	295342	311079	41209	18971	22238	4511	2647	1864
33	625680	309799	315881	41269	19567	21702	4271	2475	1796
34	537288	271325	265963	34399	16708	17691	3894	2324	1570
35-39岁	**2043949**	**1065160**	**978789**	**123615**	**65839**	**57776**	**14771**	**9083**	**5688**
35	445726	229732	215994	27934	13982	13952	3016	1809	1207
36	428625	224355	204270	26410	13905	12505	3025	1853	1172
37	397466	207978	189488	24376	13183	11193	2923	1808	1115
38	428389	223997	204392	25706	13946	11760	3208	2000	1208
39	343743	179098	164645	19189	10823	8366	2599	1613	986
40-44岁	**1360262**	**731334**	**628928**	**56738**	**34797**	**21941**	**9426**	**6013**	**3413**
40	298543	156363	142180	14896	8623	6273	2353	1436	917
41	299658	157593	142065	13571	8135	5436	2239	1424	815
42	271829	145632	126197	11073	6885	4188	1911	1225	686
43	239862	131105	108757	8730	5497	3233	1472	947	525
44	250370	140641	109729	8468	5657	2811	1451	981	470

4-1b 续表 7 单位：人

年 龄	大学本科			硕士研究生			博士研究生		
	小计	男	女	小计	男	女	小计	男	女
45-49岁	**1068493**	**633419**	**435074**	**35307**	**24179**	**11128**	**5981**	**3969**	**2012**
45	231265	132362	98903	7618	5130	2488	1268	844	424
46	228453	134260	94193	7284	4964	2320	1290	839	451
47	215345	128226	87119	7268	4970	2298	1222	827	395
48	203608	122883	80725	6899	4758	2141	1133	751	382
49	189822	115688	74134	6238	4357	1881	1068	708	360
50-54岁	**745023**	**485288**	**259735**	**24713**	**18070**	**6643**	**4103**	**2876**	**1227**
50	186834	115957	70877	6264	4403	1861	973	649	324
51	160298	102521	57777	5316	3907	1409	831	579	252
52	158364	103491	54873	5267	3824	1443	908	630	278
53	114843	77458	37385	3730	2749	981	615	436	179
54	124684	85861	38823	4136	3187	949	776	582	194
55-59岁	**412958**	**302301**	**110657**	**15492**	**12201**	**3291**	**3280**	**2542**	**738**
55	112905	80091	32814	4061	3137	924	851	638	213
56	101943	73970	27973	3857	3022	835	799	606	193
57	104701	78006	26695	4181	3305	876	920	731	189
58	63934	48376	15558	2355	1913	442	489	387	102
59	29475	21858	7617	1038	824	214	221	180	41
60-64岁	**125264**	**92782**	**32482**	**4538**	**3555**	**983**	**1021**	**807**	**214**
60	28850	21307	7543	1098	871	227	220	184	36
61	22347	16536	5811	824	648	176	175	137	38
62	24985	18589	6396	905	708	197	210	153	57
63	26228	19531	6697	934	720	214	254	202	52
64	22854	16819	6035	777	608	169	162	131	31
65-69岁	**81886**	**58899**	**22987**	**2210**	**1669**	**541**	**508**	**353**	**155**
65	21999	15955	6044	714	531	183	152	111	41
66	19718	14118	5600	548	411	137	112	76	36
67	15253	10823	4430	405	317	88	86	59	27
68	13808	9959	3849	307	232	75	79	52	27
69	11108	8044	3064	236	178	58	79	55	24
70-74岁	**48245**	**36623**	**11622**	**869**	**635**	**234**	**235**	**158**	**77**
70	10997	8146	2851	250	171	79	56	35	21
71	10552	8051	2501	170	127	43	44	30	14
72	8853	6765	2088	163	117	46	50	42	8
73	8425	6459	1966	155	121	34	48	31	17
74	9418	7202	2216	131	99	32	37	20	17
75-79岁	**41243**	**31610**	**9633**	**573**	**405**	**168**	**173**	**113**	**60**
75	9205	7097	2108	132	93	39	46	34	12
76	8817	6739	2078	128	90	38	43	30	13
77	7755	5935	1820	118	90	28	25	16	9
78	7571	5764	1807	102	72	30	35	21	14
79	7895	6075	1820	93	60	33	24	12	12
80-84岁	**31961**	**25306**	**6655**	**454**	**320**	**134**	**157**	**92**	**65**
80	7523	5853	1670	112	85	27	38	22	16
81	6806	5284	1522	89	69	20	32	23	9
82	7090	5667	1423	101	66	35	42	21	21
83	5863	4712	1151	78	49	29	25	13	12
84	4679	3790	889	74	51	23	20	13	7
85岁及以上	**14326**	**10961**	**3365**	**352**	**233**	**119**	**166**	**111**	**55**

4-1c 全国分年龄、性别、受教育程度的3岁及以上人口(乡村)

单位：人

年 龄	3岁及以上人口			未上过学		
	合计	男	女	小计	男	女
总 计	**494497424**	**256553108**	**237944316**	**29388157**	**8530659**	**20857498**
3	6397288	3357507	3039781	2041849	1077901	963948
4	6335785	3337396	2998389	723947	379759	344188
5-9岁	**34705291**	**18404830**	**16300461**	**475634**	**248276**	**227358**
5	6281547	3319326	2962221	278366	145114	133252
6	6909283	3662437	3246846	105182	54669	50513
7	6877343	3640368	3236975	38047	19778	18269
8	7475726	3971670	3504056	29498	15497	14001
9	7161392	3811029	3350363	24541	13218	11323
10-14岁	**35497455**	**18976267**	**16521188**	**126562**	**68594**	**57968**
10	7102355	3786325	3316030	24153	13087	11066
11	7430830	3958511	3472319	27715	14834	12881
12	7245204	3869674	3375530	27731	14888	12843
13	6923206	3707907	3215299	25028	13552	11476
14	6795860	3653850	3142010	21935	12233	9702
15-19岁	**19510791**	**10886982**	**8623809**	**86957**	**48967**	**37990**
15	5023345	2756184	2267161	16431	9427	7004
16	3771678	2111936	1659742	15591	9006	6585
17	3291610	1852658	1438952	16055	9105	6950
18	3702959	2071658	1631301	18751	10434	8317
19	3721199	2094546	1626653	20129	10995	9134
20-24岁	**21498336**	**11861651**	**9636685**	**130526**	**66872**	**63654**
20	3708258	2086768	1621490	23367	12492	10875
21	3795993	2107809	1688184	23707	12372	11335
22	4510620	2476005	2034615	26641	13705	12936
23	4659464	2551511	2107953	27532	13895	13637
24	4824001	2639558	2184443	29279	14408	14871
25-29岁	**27351490**	**14968243**	**12383247**	**190837**	**90004**	**100833**
25	5195681	2852368	2343313	32392	15684	16708
26	5006189	2744907	2261282	34027	16263	17764
27	5451407	2983923	2467484	37454	17840	19614
28	5654818	3090697	2564121	41219	19203	22016
29	6043395	3296348	2747047	45745	21014	24731
30-34岁	**35141956**	**18933754**	**16208202**	**337369**	**147226**	**190143**
30	7608925	4129106	3479819	59280	27186	32094
31	7267785	3912969	3354816	65229	29015	36214
32	6734747	3615395	3119352	65660	28568	37092
33	7222040	3887684	3334356	74004	31618	42386
34	6308459	3388600	2919859	73196	30839	42357
35-39岁	**27805019**	**14918538**	**12886481**	**421204**	**167377**	**253827**
35	5509023	2957244	2551779	73157	29982	43175
36	5478628	2936818	2541810	77637	31206	46431
37	5282381	2837692	2444689	80686	32127	48559
38	6040561	3249573	2790988	94436	37231	57205
39	5494426	2937211	2557215	95288	36831	58457
40-44岁	**28532469**	**15046746**	**13485723**	**612938**	**217670**	**395268**
40	5202439	2757928	2444511	102058	37610	64448
41	5734472	3050337	2684135	112729	41617	71112
42	5650448	2972905	2677543	122492	43202	79290
43	5548842	2921012	2627830	126332	44700	81632
44	6396268	3344564	3051704	149327	50541	98786

4-1c 续表 1

单位：人

年 龄	3岁及以上人口			未上过学		
	合计	男	女	小计	男	女
45-49岁	**40381055**	**20813054**	**19568001**	**1069864**	**339300**	**730564**
45	6752396	3510598	3241798	165455	54849	110606
46	7688630	3971653	3716977	193941	62952	130989
47	8175086	4216723	3958363	215852	68827	147025
48	8630501	4425848	4204653	238852	73948	164904
49	9134442	4688232	4446210	255764	78724	177040
50-54岁	**48580819**	**24646626**	**23934193**	**1630145**	**449493**	**1180652**
50	9926606	5029452	4897154	300150	86527	213623
51	9509848	4830974	4678874	306372	87445	218927
52	10451099	5288723	5162376	349760	95337	254423
53	8786242	4443801	4342441	313589	84598	228991
54	9907024	5053676	4853348	360274	95586	264688
55-59岁	**41403376**	**20950572**	**20452804**	**1794438**	**423212**	**1371226**
55	9534534	4846533	4688001	364674	93923	270751
56	9133630	4608985	4524645	374694	92489	282205
57	10404817	5314867	5089950	426778	100336	326442
58	8004689	4043199	3961490	383623	83922	299701
59	4325706	2136988	2188718	244669	52542	192127
60-64岁	**31003418**	**15924093**	**15079325**	**2442019**	**591770**	**1850249**
60	5199543	2638095	2561448	314989	72533	242456
61	4974075	2573701	2400374	348267	85430	262837
62	6488860	3357908	3130952	510224	128165	382059
63	7452833	3854262	3598571	630218	153540	476678
64	6888107	3500127	3387980	638321	152102	486219
65-69岁	**34278062**	**17198776**	**17079286**	**3990375**	**957934**	**3032441**
65	7320339	3727290	3593049	726991	173274	553717
66	7363648	3709766	3653882	796067	188477	607590
67	6827580	3414981	3412599	809188	193017	616171
68	6915696	3453286	3462410	876193	212514	663679
69	5850799	2893453	2957346	781936	190652	591284
70-74岁	**24095543**	**11949728**	**12145815**	**3924566**	**991371**	**2933195**
70	5537340	2747662	2789678	794854	200647	594207
71	5452832	2751992	2700840	849763	222945	626818
72	4677441	2319421	2358020	778631	197435	581196
73	4428265	2189461	2238804	767954	193003	574951
74	3999665	1941192	2058473	733364	177341	556023
75-79岁	**15307799**	**7362435**	**7945364**	**3434058**	**854649**	**2579409**
75	3550674	1712204	1838470	696444	167636	528808
76	3383099	1652921	1730178	716703	179389	537314
77	2971622	1426674	1544948	677986	168506	509480
78	2730210	1305269	1424941	658463	165851	492612
79	2672194	1265367	1406827	684462	173267	511195
80-84岁	**9527299**	**4315466**	**5211833**	**2985126**	**756447**	**2228679**
80	2318647	1084364	1234283	645270	164702	480568
81	1924717	883576	1041141	583453	149732	433721
82	1985142	906263	1078879	631921	162736	469185
83	1733192	768650	964542	578566	145800	432766
84	1565601	672613	892988	545916	133477	412439
85岁及以上	**7144173**	**2700444**	**4443729**	**2969743**	**653837**	**2315906**

4-1c　续表 2

单位：人

年　龄	学前教育			小　学		
	小计	男	女	小计	男	女
总　计	**19306789**	**9984743**	**9322046**	**178236849**	**84899186**	**93337663**
3	4355439	2279606	2075833			
4	5611838	2957637	2654201			
5-9岁	**8016060**	**4236499**	**3779561**	**25726591**	**13649870**	**12076721**
5	4988995	2635353	2353642	1014186	538859	475327
6	2353698	1251727	1101971	4361321	2306552	2054769
7	389967	203444	186523	6348004	3361189	2986815
8	174192	89688	84504	7138462	3792028	3346434
9	109208	56287	52921	6864618	3651242	3213376
10-14岁	**319020**	**163102**	**155918**	**18623834**	**9972999**	**8650835**
10	83704	43135	40569	6720009	3581095	3138914
11	68966	35327	33639	6503532	3472999	3030533
12	55144	28559	26585	3587613	1944727	1642886
13	52667	26592	26075	1272671	687187	585484
14	58539	29489	29050	540009	286991	253018
15-19岁	**63732**	**33033**	**30699**	**864371**	**466738**	**397633**
15	32027	16160	15867	234194	125493	108701
16	14433	7582	6851	156466	84835	71631
17	6804	3630	3174	141512	76507	65005
18	5751	3108	2643	157374	85329	72045
19	4717	2553	2164	174825	94574	80251
20-24岁	**16071**	**8262**	**7809**	**1069919**	**565189**	**504730**
20	4165	2213	1952	178053	96008	82045
21	2929	1459	1470	183686	98504	85182
22	2900	1496	1404	218459	115407	103052
23	2999	1529	1470	233719	122368	111351
24	3078	1565	1513	256002	132902	123100
25-29岁	**13913**	**6680**	**7233**	**1791038**	**914248**	**876790**
25	3251	1594	1657	289580	150665	138915
26	2739	1365	1374	305985	157151	148834
27	2534	1185	1349	355710	182058	173652
28	2625	1244	1381	394639	199882	194757
29	2764	1292	1472	445124	224492	220632
30-34岁	**15518**	**7510**	**8008**	**3365870**	**1647964**	**1717906**
30	3380	1615	1765	599183	298970	300213
31	3210	1577	1633	644860	317940	326920
32	2994	1429	1565	651339	319482	331857
33	3166	1558	1608	750329	364210	386119
34	2768	1331	1437	720159	347362	372797
35-39岁	**13693**	**6364**	**7329**	**3989531**	**1872060**	**2117471**
35	2611	1192	1419	693921	330578	363343
36	2588	1229	1359	731309	344048	387261
37	2631	1307	1324	751811	353643	398168
38	3028	1357	1671	905747	423342	482405
39	2835	1279	1556	906743	420449	486294
40-44岁	**18180**	**7630**	**10550**	**6384634**	**2887285**	**3497349**
40	2966	1304	1662	964578	439200	525378
41	3403	1458	1945	1166960	538290	628670
42	3688	1586	2102	1260809	567857	692952
43	3669	1519	2150	1341310	606241	735069
44	4454	1763	2691	1650977	735697	915280

4-1c 续表 3

单位：人

年龄	学前教育			小学		
	小计	男	女	小计	男	女
45-49岁	**33695**	**12634**	**21061**	**12149501**	**5286511**	**6862990**
45	5037	1999	3038	1854526	822419	1032107
46	5879	2335	3544	2215460	973431	1242029
47	6704	2516	4188	2438532	1063484	1375048
48	7614	2737	4877	2680669	1153217	1527452
49	8461	3047	5414	2960314	1273960	1686354
50-54岁	**60384**	**20215**	**40169**	**18399921**	**7876623**	**10523298**
50	10080	3464	6616	3398764	1440487	1958277
51	11095	3813	7282	3541015	1528108	2012907
52	13108	4412	8696	4018938	1720713	2298225
53	11925	3862	8063	3478779	1484732	1994047
54	14176	4664	9512	3962425	1702583	2259842
55-59岁	**70605**	**21106**	**49499**	**16690330**	**6914744**	**9775586**
55	14088	4526	9562	3800501	1612934	2187567
56	14737	4523	10214	3655659	1524979	2130680
57	17596	5258	12338	4110149	1715418	2394731
58	15292	4369	10923	3269892	1324730	1945162
59	8892	2430	6462	1854129	736683	1117446
60-64岁	**94027**	**29024**	**65003**	**15553965**	**6894463**	**8659502**
60	11707	3527	8180	2308684	968440	1340244
61	13333	4159	9174	2352765	1032801	1319964
62	19834	6188	13646	3259494	1457098	1802396
63	24735	7662	17073	3891710	1756004	2135706
64	24418	7488	16930	3741312	1680120	2061192
65-69岁	**155808**	**47953**	**107855**	**20377179**	**9500136**	**10877043**
65	28362	8801	19561	4123573	1888634	2234939
66	31356	9627	21729	4305404	1989475	2315929
67	31382	9634	21748	4099458	1914330	2185128
68	34295	10521	23774	4234877	2002884	2231993
69	30413	9370	21043	3613867	1704813	1909054
70-74岁	**151577**	**49893**	**101684**	**15172698**	**7472750**	**7699948**
70	30493	9714	20779	3454954	1655778	1799176
71	33510	11367	22143	3452144	1719947	1732197
72	30393	10034	20359	2971340	1474726	1496614
73	29543	9856	19687	2802334	1397614	1404720
74	27638	8922	18716	2491926	1224685	1267241
75-79岁	**121121**	**40083**	**81038**	**9176695**	**4606219**	**4570476**
75	25599	8230	17369	2172766	1068054	1104712
76	26087	8705	17382	2050574	1036877	1013697
77	23780	7905	15875	1773476	891377	882099
78	22362	7465	14897	1610047	813131	796916
79	23293	7778	15515	1569832	796780	773052
80-84岁	**94807**	**32426**	**62381**	**5360908**	**2728191**	**2632717**
80	20971	7201	13770	1334305	679073	655232
81	18953	6464	12489	1093826	559015	534811
82	20279	7018	13261	1114976	574819	540157
83	17932	6167	11765	961763	488389	473374
84	16672	5576	11096	856038	426895	429143
85岁及以上	**81301**	**25086**	**56215**	**3539864**	**1643196**	**1896668**

4-1c　续表 4　　　　　　　　　　　　　　　　　　　　　　　　　　　　　　　　　　　单位：人

年　龄	初　中			高　中			大学专科		
	小计	男	女	小计	男	女	小计	男	女
总　计	**200352437**	**113647185**	**86705252**	**43691594**	**26819612**	**16871982**	**15375761**	**8443785**	**6931976**
3									
4									
5-9岁	**486353**	**269821**	**216532**	**653**	**364**	**289**			
5									
6	89082	49489	39593						
7	101325	55957	45368						
8	133257	74278	58979	317	179	138			
9	162689	90097	72592	336	185	151			
10-14岁	**15999728**	**8549266**	**7450462**	**426380**	**221374**	**205006**	**1515**	**727**	**788**
10	273952	148721	125231	434	224	210	75	47	28
11	829765	434900	394865	723	388	335	89	42	47
12	3573107	1880716	1692391	1415	694	721	113	54	59
13	5479448	2931041	2548407	93060	49375	43685	228	104	124
14	5843456	3153888	2689568	330748	170693	160055	1010	480	530
15-19岁	**8262836**	**4816004**	**3446832**	**7613144**	**4218821**	**3394323**	**1745998**	**894335**	**851663**
15	3223314	1802107	1421207	1461413	773168	688245	51542	27553	23989
16	1594796	924378	670418	1889086	1030863	858223	91281	50279	41002
17	1108854	662591	446263	1747621	964351	783270	199141	103778	95363
18	1116941	681284	435657	1431090	813118	617972	609116	308549	300567
19	1218931	745644	473287	1083934	637321	446613	794918	404176	390742
20-24岁	**8869692**	**5177173**	**3692519**	**4856075**	**2863558**	**1992517**	**4108481**	**2037478**	**2071003**
20	1360222	824365	535857	943839	561742	382097	800531	404678	395853
21	1503852	892806	611046	890856	527486	363370	780225	386882	393343
22	1847315	1078866	768449	998072	587890	410182	873527	427199	446328
23	1981091	1142160	838931	1002528	589431	413097	847847	417155	430692
24	2177212	1238976	938236	1020780	597009	423771	806351	401564	404787
25-29岁	**14193041**	**7865481**	**6327560**	**5531899**	**3199082**	**2332817**	**3445879**	**1794253**	**1651626**
25	2454385	1387970	1066415	1088462	635918	452544	799295	404162	395133
26	2485109	1392049	1093060	1025100	595139	429961	694767	357418	337349
27	2823346	1564949	1258397	1102041	636128	465913	687388	358519	328869
28	3048578	1675302	1373276	1128585	650073	478512	643401	340860	302541
29	3381623	1845211	1536412	1187711	681824	505887	621028	333294	287734
30-34岁	**21441641**	**11486000**	**9955641**	**5988037**	**3438558**	**2549479**	**2650393**	**1466028**	**1184365**
30	4430453	2396990	2033463	1438945	823230	615715	701784	380015	321769
31	4361165	2337450	2023715	1294900	739018	555882	594324	323478	270846
32	4126360	2200580	1925780	1142276	653374	488902	499327	275643	223684
33	4515466	2413054	2102412	1164727	673066	491661	480189	271464	208725
34	4008197	2137926	1870271	947189	549870	397319	374769	215428	159341
35-39岁	**18177927**	**9784245**	**8393682**	**3501824**	**2071268**	**1430556**	**1154197**	**685260**	**468937**
35	3558654	1901985	1656669	759490	444959	314531	281826	165569	116257
36	3586151	1920214	1665937	709611	417867	291744	248806	147717	101089
37	3468751	1868739	1600012	657912	389233	268679	216403	128765	87638
38	3974355	2153105	1821250	734202	436766	297436	225143	134298	90845
39	3590016	1940202	1649814	640609	382443	258166	182019	108911	73108
40-44岁	**17914353**	**9727024**	**8187329**	**2679828**	**1635340**	**1044488**	**664368**	**411108**	**253260**
40	3344487	1804966	1539521	571319	343476	227843	154093	92861	61232
41	3656439	1985021	1671418	587072	356091	230981	149551	91708	57843
42	3547153	1922028	1625125	533621	324949	208672	132208	81976	50232
43	3443476	1876417	1567059	477997	294259	183738	113021	70887	42134
44	3922798	2138592	1784206	509819	316565	193254	115495	73676	41819

4-1c 续表 5

单位：人

年 龄	初中			高中			大学专科		
	小计	男	女	小计	男	女	小计	男	女
45-49岁	**23737737**	**13012781**	**10724956**	**2688357**	**1701022**	**987335**	**515623**	**338664**	**176959**
45	4082962	2226126	1856836	496707	309998	186709	107470	69399	38071
46	4591637	2501232	2090405	532804	334424	198380	109069	71246	37823
47	4828951	2645806	2183145	543199	342917	200282	104203	68382	35821
48	5016563	2754779	2261784	551144	351222	199922	100216	66467	33749
49	5217624	2884838	2332786	564503	362461	202042	94665	63170	31495
50-54岁	**25443473**	**14267892**	**11175581**	**2547351**	**1687133**	**860218**	**373335**	**257762**	**115573**
50	5510192	3037411	2472781	581822	376963	204859	93569	63072	30497
51	5035448	2804636	2230812	511714	335484	176230	77425	53103	24322
52	5425933	3038810	2387123	537653	356131	181522	78812	54617	24195
53	4478771	2530906	1947865	425054	284927	140127	58713	41023	17690
54	4993129	2856129	2137000	491108	333628	157480	64816	45947	18869
55-59岁	**19352265**	**11154283**	**8197982**	**3141029**	**2175484**	**965545**	**275187**	**202606**	**72581**
55	4738307	2708751	2029556	533236	365855	167381	63707	45896	17811
56	4404831	2513768	1891063	602635	414172	188463	62361	45324	17037
57	4907836	2837382	2070454	850624	588330	262294	71321	52757	18564
58	3532817	2063955	1468862	737856	516879	220977	51569	38905	12664
59	1768474	1030427	738047	416678	290248	126430	26229	19724	6505
60-64岁	**10414694**	**6565899**	**3848795**	**2316865**	**1702869**	**613996**	**150291**	**116475**	**33816**
60	2020990	1208984	812006	507267	357721	149546	29084	21857	7227
61	1783400	1106241	677159	446187	322371	123816	24741	18766	5975
62	2173962	1378271	795691	488731	359969	128762	30410	23497	6913
63	2378000	1537753	840247	486430	366441	119989	34859	27637	7222
64	2058342	1334650	723692	388250	296367	91883	31197	24718	6479
65-69岁	**8346625**	**5579966**	**2766659**	**1265745**	**999235**	**266510**	**118976**	**96016**	**22960**
65	2040706	1343567	697139	363871	283677	80194	30757	24709	6048
66	1886413	1250132	636281	310433	245088	65345	28382	22809	5573
67	1624138	1088538	535600	236883	188301	48582	22116	17878	4238
68	1544534	1047585	496949	201150	160036	41114	20719	16775	3944
69	1250834	850144	400690	153408	122133	31275	17002	13845	3157
70-74岁	**4209309**	**2922227**	**1287082**	**546592**	**438473**	**108119**	**75458**	**63034**	**12424**
70	1096846	752546	344300	139512	112048	27464	17313	14331	2982
71	968764	676709	292055	128108	103966	24142	17183	14434	2749
72	776520	539998	236522	102807	82502	20305	14821	12420	2401
73	719036	500994	218042	92645	74103	18542	13900	11640	2260
74	648143	451980	196163	83520	65854	17666	12241	10209	2032
75-79岁	**2172537**	**1540073**	**632464**	**341722**	**271033**	**70689**	**49642**	**41186**	**8456**
75	567233	398199	169034	75339	59249	16090	10718	8866	1852
76	504443	360122	144321	72784	57584	15200	10096	8381	1715
77	416846	295752	121094	67695	53542	14153	9631	7936	1695
78	362479	257324	105155	64889	51704	13185	9613	7986	1627
79	321536	228676	92860	61015	48954	12061	9584	8017	1567
80-84岁	**879813**	**630154**	**249659**	**165071**	**133678**	**31393**	**31265**	**26572**	**4693**
80	256819	183596	73223	50189	40574	9615	8661	7338	1323
81	184378	132484	51894	35397	28670	6727	6530	5509	1021
82	176303	127482	48821	33017	26974	6043	6416	5489	927
83	142332	101645	40687	25555	20732	4823	5195	4455	740
84	119981	84947	35034	20913	16728	4185	4463	3781	682
85岁及以上	**450413**	**298896**	**151517**	**81022**	**62320**	**18702**	**15153**	**12281**	**2872**

4-1c　续表 6

单位：人

年　龄	大学本科			硕士研究生			博士研究生		
	小计	男	女	小计	男	女	小计	男	女
总　计	**7666791**	**3983480**	**3683311**	**423182**	**211119**	**212063**	**55864**	**33339**	**22525**
3									
4									
5-9岁									
5									
6									
7									
8									
9									
10-14岁	**341**	**170**	**171**	**69**	**31**	**38**	**6**	**4**	**2**
10	28	16	12						
11	40	21	19						
12	59	29	30	22	7	15			
13	75	41	34	29	15	14			
14	139	63	76	18	9	9	6	4	2
15-19岁	**872458**	**408314**	**464144**	**1079**	**605**	**474**	**216**	**165**	**51**
15	4418	2271	2147	2	1	1	4	4	
16	10003	4974	5029	7	6	1	15	13	2
17	71434	32575	38859	167	102	65	22	19	3
18	363568	169611	193957	332	191	141	36	34	2
19	423035	198883	224152	571	305	266	139	95	44
20-24岁	**2313087**	**1080276**	**1232811**	**128153**	**59476**	**68677**	**6332**	**3367**	**2965**
20	396591	184526	212065	1324	640	684	166	104	62
21	402625	184595	218030	7683	3468	4215	430	237	193
22	508961	235250	273711	33448	15500	17948	1297	692	605
23	517950	243585	274365	43942	20404	23538	1856	984	872
24	486960	232320	254640	41756	19464	22292	2583	1350	1233
25-29岁	**1999787**	**1008946**	**990841**	**162472**	**76770**	**85702**	**22624**	**12779**	**9845**
25	480579	233940	246639	43691	20298	23393	4046	2137	1909
26	417124	206076	211048	36749	16887	19862	4589	2559	2030
27	405081	204984	200097	32773	15425	17348	5080	2835	2245
28	364486	188522	175964	26621	12919	13702	4664	2692	1972
29	332517	175424	157093	22638	11241	11397	4245	2556	1689
30-34岁	**1253970**	**692999**	**560971**	**74548**	**38402**	**36146**	**14610**	**9067**	**5543**
30	348649	186907	161742	22736	11478	11258	4515	2715	1800
31	283159	153380	129779	17426	8935	8491	3512	2176	1336
32	230663	127744	102919	13463	6870	6593	2665	1705	960
33	219806	124837	94969	11986	6380	5606	2367	1497	870
34	171693	100131	71562	8937	4739	4198	1551	974	577
35-39岁	**515018**	**313246**	**201772**	**26675**	**15562**	**11113**	**4950**	**3156**	**1794**
35	131283	78337	52946	6782	3827	2955	1299	815	484
36	115558	70481	45077	5907	3390	2517	1061	666	395
37	98126	60290	37836	5134	2982	2152	927	606	321
38	97586	59814	37772	5103	3054	2049	961	606	355
39	72465	44324	28141	3749	2309	1440	702	463	239
40-44岁	**245039**	**152319**	**92720**	**10846**	**6888**	**3958**	**2283**	**1482**	**801**
40	59499	36385	23114	2855	1746	1109	584	380	204
41	55148	34124	21024	2601	1665	936	569	363	206
42	47954	29710	18244	2127	1344	783	396	253	143
43	41007	25682	15325	1670	1086	584	360	221	139
44	41431	26418	15013	1593	1047	546	374	265	109

4-1c 续表 7

单位：人

年　龄	大学本科			硕士研究生			博士研究生		
	小计	男	女	小计	男	女	小计	男	女
45-49岁	**177566**	**116291**	**61275**	**7114**	**4777**	**2337**	**1598**	**1074**	**524**
45	38405	24573	13832	1516	1020	496	318	215	103
46	38112	24858	13254	1408	957	451	320	218	102
47	35862	23596	12266	1457	971	486	326	224	102
48	33689	22318	11371	1406	936	470	348	224	124
49	31498	20946	10552	1327	893	434	286	193	93
50-54岁	**120087**	**83263**	**36824**	**4994**	**3470**	**1524**	**1129**	**775**	**354**
50	30499	20486	10013	1237	853	384	293	189	104
51	25457	17452	8005	1084	763	321	238	170	68
52	25603	17824	7779	1046	719	327	246	160	86
53	18549	13166	5383	720	488	232	142	99	43
54	19979	14335	5644	907	647	260	210	157	53
55-59岁	**74886**	**55726**	**19160**	**3670**	**2709**	**961**	**966**	**702**	**264**
55	18908	13839	5069	886	650	236	227	159	68
56	17582	12899	4683	911	677	234	220	154	66
57	19262	14463	4799	992	728	264	259	195	64
58	12857	9840	3017	617	471	146	166	128	38
59	6277	4685	1592	264	183	81	94	66	28
60-64岁	**29723**	**22268**	**7455**	**1426**	**1025**	**401**	**408**	**300**	**108**
60	6419	4743	1676	329	238	91	74	52	22
61	5051	3701	1350	254	178	76	77	54	23
62	5833	4445	1388	283	208	75	89	67	22
63	6496	4940	1556	301	216	85	84	69	15
64	5924	4439	1485	259	185	74	84	58	26
65-69岁	**22248**	**16775**	**5473**	**832**	**573**	**259**	**274**	**188**	**86**
65	5782	4401	1381	216	163	53	81	64	17
66	5320	3981	1339	213	140	73	60	37	23
67	4196	3135	1061	168	111	57	51	37	14
68	3755	2855	900	137	93	44	36	23	13
69	3195	2403	792	98	66	32	46	27	19
70-74岁	**14707**	**11563**	**3144**	**490**	**332**	**158**	**146**	**85**	**61**
70	3212	2494	718	134	91	43	22	13	9
71	3230	2539	691	92	64	28	38	21	17
72	2810	2231	579	90	62	28	29	13	16
73	2725	2162	563	97	69	28	31	20	11
74	2730	2137	593	77	46	31	26	18	8
75-79岁	**11573**	**8906**	**2667**	**335**	**211**	**124**	**116**	**75**	**41**
75	2467	1894	573	76	57	19	32	19	13
76	2312	1805	507	82	45	37	18	13	5
77	2133	1608	525	57	34	23	18	14	4
78	2273	1758	515	58	35	23	26	15	11
79	2388	1841	547	62	40	22	22	14	8
80-84岁	**9922**	**7769**	**2153**	**277**	**171**	**106**	**110**	**58**	**52**
80	2350	1832	518	60	37	23	22	11	11
81	2093	1650	443	65	39	26	22	13	9
82	2148	1695	453	64	41	23	18	9	9
83	1776	1418	358	43	27	16	30	17	13
84	1555	1174	381	45	27	18	18	8	10
85岁及以上	**6379**	**4649**	**1730**	**202**	**117**	**85**	**96**	**62**	**34**

4-2　各地区分性别、受教育程度的15岁及以上人口

单位：人

地　区	15岁及以上人口			未上过学		
	合计	男	女	小计	男	女
全　国	**1156394786**	**586822815**	**569571971**	**40804671**	**10336394**	**30468277**
北　京	19301588	9847962	9453626	196838	44953	151885
天　津	11997953	6162151	5835802	187243	47148	140095
河　北	59521267	29691311	29829956	1237244	293528	943716
山　西	29205721	14857263	14348458	432551	127444	305107
内蒙古	20671482	10519559	10151923	775137	203414	571723
辽　宁	37853468	18801024	19052444	428097	120266	307831
吉　林	21254730	10556023	10698707	339426	101887	237539
黑龙江	28563622	14253881	14309741	468885	143799	325086
上　海	22434599	11600663	10833936	428223	86998	341225
江　苏	71856068	36156582	35699486	2543054	549214	1993840
浙　江	55885807	29069882	26815925	2137407	546647	1590760
安　徽	49284489	24775087	24509402	3172328	785482	2386846
福　建	33514861	17115416	16399445	1265744	244237	1021507
江　西	35266271	17908471	17357800	961619	200617	761002
山　东	82464815	41142117	41322698	3692289	836082	2856207
河　南	76376565	37582340	38794225	2601450	659054	1942396
湖　北	48332080	24601435	23730645	1522098	345878	1176220
湖　南	53475342	27071624	26403718	1191493	309554	881939
广　东	102262628	54125030	48137598	1845695	405710	1439985
广　西	38284303	19595172	18689131	1110152	227209	882943
海　南	8067507	4244519	3822988	247432	51978	195454
重　庆	26955796	13541057	13414739	602160	162915	439245
四　川	70203754	35298112	34905642	3483482	996112	2487370
贵　州	29320110	14772958	14547152	2564655	584383	1980272
云　南	37971803	19601151	18370652	2281927	661547	1620380
西　藏	2753235	1457393	1295842	802988	321382	481606
陕　西	32676794	16632837	16043957	1188503	345563	842940
甘　肃	20166288	10168955	9997333	1776668	503665	1273003
青　海	4691001	2398640	2292361	494144	158767	335377
宁　夏	5734650	2906355	2828295	349091	95386	253705
新　疆	20046189	10367845	9678344	476648	175575	301073

4-2 续表 1

单位：人

地区	学前教育			小学		
	小计	男	女	小计	男	女
全国	**1778962**	**642771**	**1136191**	**240245240**	**106468007**	**133777233**
北京	7260	2886	4374	1282027	553808	728219
天津	5564	2380	3184	1440007	649603	790404
河北	54872	22669	32203	11385355	4831423	6553932
山西	20872	7988	12884	4411283	1892217	2519066
内蒙古	10732	4234	6498	4248740	1912268	2336472
辽宁	18651	7344	11307	6033197	2665055	3368142
吉林	10388	4365	6023	4136396	1874973	2261423
黑龙江	25555	10404	15151	5574464	2537273	3037191
上海	15115	5466	9649	2065624	895032	1170592
江苏	150675	47810	102865	13601628	5654372	7947256
浙江	114486	39324	75162	13494716	6332071	7162645
安徽	109717	36525	73192	11311764	4887742	6424022
福建	68165	19646	48519	8216854	3472739	4744115
江西	54764	18323	36441	8061229	3281907	4779322
山东	113957	40178	73779	16440080	6860991	9579089
河南	124583	48118	76465	13981319	5832218	8149101
湖北	84367	28360	56007	9564447	4110697	5453750
湖南	131244	48399	82845	11046940	4868832	6178108
广东	160988	60564	100424	16043104	6909094	9134010
广西	53962	19350	34612	8752282	3874408	4877874
海南	7832	3181	4651	1118528	467502	651026
重庆	39680	15540	24140	7451692	3428722	4022970
四川	193742	70754	122988	20405542	9624162	10781380
贵州	31467	11117	20350	8266402	3960186	4306216
云南	55041	21022	34019	12875226	6278142	6597084
西藏	12571	6429	6142	806843	463126	343717
陕西	49076	18765	30311	5677957	2496453	3181504
甘肃	23726	8378	15348	5386692	2457715	2928977
青海	8103	3530	4573	1404208	684958	719250
宁夏	4865	1684	3181	1271443	572265	699178
新疆	16942	8038	8904	4489251	2138053	2351198

4-2　续表 2

单位：人

地　区	初　中			高　中			大学专科		
	小计	男	女	小计	男	女	小计	男	女
全　国	**445806012**	**241356850**	**204449162**	**210548966**	**116165411**	**94383555**	**112292429**	**58722617**	**53569812**
北　京	4782156	2670422	2111734	3842637	1994329	1848308	2928368	1473686	1454682
天　津	4180887	2283623	1897264	2448861	1279001	1169860	1521849	799307	722542
河　北	27343391	14487038	12856353	10235808	5504624	4731184	5270408	2649009	2621399
山　西	12579847	6682355	5897492	5700925	3111053	2589872	3262869	1692313	1570556
内蒙古	7598402	4172575	3425827	3544291	1923089	1621202	2398929	1288368	1110561
辽　宁	17400367	8902370	8497997	6214961	3200080	3014881	3769714	1922401	1847313
吉　林	8656974	4461493	4195481	4082502	2100805	1981697	1813238	936478	876760
黑龙江	12873602	6652074	6221528	4909982	2527708	2382274	2334307	1216971	1117336
上　海	6778482	3722332	3056150	4723096	2539390	2183706	3071764	1630736	1441028
江　苏	26090697	13898324	12192373	13653946	7636237	6017709	8186916	4412505	3774411
浙　江	19803141	11167147	8635994	9366005	5349427	4016578	5475202	2877678	2597524
安　徽	18567308	10110750	8456558	8019396	4573804	3445592	4410729	2353271	2057458
福　建	12211961	6952064	5259897	5875156	3357455	2517701	2900523	1520508	1380015
江　西	14066543	7604419	6462124	6747015	3879382	2867633	3037385	1652629	1384756
山　东	33147938	17783538	15364400	14467640	8019940	6447700	7847573	4151494	3696079
河　南	33075770	17118823	15956947	14925330	8081813	6843517	6801828	3473854	3327974
湖　北	18232830	9760473	8472357	9975931	5552933	4422998	4697622	2551230	2146392
湖　南	21323042	11227649	10095393	11651445	6435270	5216175	4716937	2447492	2269445
广　东	41576825	23196248	18380577	22854771	13166859	9687912	10823859	5689610	5134249
广　西	16498719	9180158	7318561	6452863	3572012	2880851	3037578	1574281	1463297
海　南	3731451	2053507	1677944	1559099	906693	652406	736629	409345	327284
重　庆	8845375	4700290	4145085	5076820	2738209	2338611	2614618	1336967	1277651
四　川	23981262	12980407	11000855	11039965	5993028	5046937	6045266	3067583	2977683
贵　州	10428884	5973291	4455593	3805596	2075958	1729638	2150545	1119178	1031367
云　南	12440395	7264999	5175396	4843133	2645078	2198055	2873813	1473581	1400232
西　藏	476397	305732	170665	252482	145074	107408	188974	104035	84939
陕　西	12384553	6659911	5724642	6105914	3339304	2766610	3804210	2008452	1795758
甘　肃	6145126	3461700	2683426	3204957	1809111	1395846	1931075	1037066	894009
青　海	1282878	757029	525849	620214	336128	284086	462308	247560	214748
宁　夏	1900366	1083467	816899	960017	524893	435124	645471	331845	313626
新　疆	7400443	4082642	3317801	3388208	1846724	1541484	2531922	1273184	1258738

4-2 续表 3

单位：人

地区	大学本科			硕士研究生			博士研究生		
	小计	男	女	小计	男	女	小计	男	女
全国	**94153180**	**47635558**	**46517622**	**9488007**	**4721206**	**4766801**	**1277319**	**774001**	**503318**
北京	4771427	2353557	2417870	1263009	616646	646363	227866	137675	90191
天津	1949613	974273	975340	233528	109833	123695	30401	16983	13418
河北	3708978	1773548	1935430	260942	116560	144382	24269	12912	11357
山西	2569877	1245673	1324204	206419	87604	118815	21078	10616	10462
内蒙古	1943462	950179	993283	140524	59876	80648	11265	5556	5709
辽宁	3631643	1813980	1817663	321625	149733	171892	35213	19795	15418
吉林	2025888	988919	1036969	165757	74467	91290	24161	12636	11525
黑龙江	2193334	1077829	1115505	158046	73105	84941	25447	14718	10729
上海	4280675	2167482	2113193	937533	471277	466256	134087	81950	52137
江苏	6806440	3510161	3296279	727157	386812	340345	95555	61147	34408
浙江	4951014	2467014	2484000	482607	251986	230621	61229	38588	22641
安徽	3351065	1834029	1517036	305802	168763	137039	36380	24721	11659
福建	2754193	1432211	1321982	196027	100059	95968	26238	16497	9741
江西	2170299	1179841	990458	151101	80271	70830	16316	11082	5234
山东	6082177	3118983	2963194	601760	290006	311754	71401	40905	30496
河南	4500699	2193128	2307571	326175	152336	173839	39411	22996	16415
湖北	3775422	1995019	1780403	413932	215856	198076	65431	40989	24442
湖南	3141633	1594006	1547627	237858	118647	119211	34750	21775	12975
广东	8074412	4213158	3861254	789113	423580	365533	93861	60207	33654
广西	2235429	1075533	1159896	130271	64154	66117	13047	8067	4980
海南	625347	331451	293896	36753	18189	18564	4436	2673	1763
重庆	2119865	1053850	1066015	182621	90420	92201	22965	14144	8821
四川	4578490	2315492	2262998	420779	215998	204781	55226	34576	20650
贵州	1976883	1002206	974677	86546	41084	45462	9132	5555	3577
云南	2442409	1180485	1261924	142561	66532	76029	17298	9765	7533
西藏	204725	106710	98015	7639	4472	3167	616	433	183
陕西	3087923	1572050	1515873	324243	160422	163821	54415	31917	22498
甘肃	1578383	831087	747296	105864	51652	54212	13797	8581	5216
青海	398121	200331	197790	19069	9201	9868	1956	1136	820
宁夏	565051	279433	285618	35217	15728	19489	3129	1654	1475
新疆	1658303	803940	854363	77529	35937	41592	6943	3752	3191

4-2a　各地区分性别、受教育程度的15岁及以上人口(城市)

单位：人

地　区	15岁及以上人口			未上过学		
	合计	男	女	小计	男	女
全　国	**484961166**	**243920261**	**241040905**	**6924133**	**1625626**	**5298507**
北　京	15598745	7817395	7781350	111860	22414	89446
天　津	9496411	4854795	4641616	108009	27269	80740
河　北	18141315	8911506	9229809	156423	36481	119942
山　西	10980558	5442828	5537730	78333	20857	57476
内蒙古	8088402	4010545	4077857	124419	29651	94768
辽　宁	22636901	11103093	11533808	144294	38854	105440
吉　林	9076229	4398011	4678218	66259	17723	48536
黑龙江	12972534	6355523	6617011	119962	34611	85351
上　海	17830143	9046809	8783334	233835	42908	190927
江　苏	34296686	17203441	17093245	718775	152790	565985
浙　江	28502988	14731928	13771060	676399	168148	508251
安　徽	13570784	6662034	6908750	431013	95715	335298
福　建	13981478	7091086	6890392	279424	51068	228356
江　西	10919192	5465832	5453360	134092	29147	104945
山　东	32196787	15972039	16224748	549629	111729	437900
河　南	20876182	10188689	10687493	224779	55227	169552
湖　北	20987337	10516665	10470672	276630	57430	219200
湖　南	15616288	7714879	7901409	107389	32766	74623
广　东	64062941	34158366	29904575	593824	139413	454411
广　西	11846881	5876416	5970465	98129	20876	77253
海　南	3052800	1575785	1477015	35648	7591	28057
重　庆	13897292	6814689	7082603	153189	39343	113846
四　川	26132846	12803832	13329014	450941	118401	332540
贵　州	8096873	4001908	4094965	197057	42724	154333
云　南	10412239	5225661	5186578	248803	65569	183234
西　藏	716566	387047	329519	82058	33331	48727
陕　西	13069795	6567539	6502256	146019	37807	108212
甘　肃	5910746	2943081	2967665	132570	29791	102779
青　海	1789491	908611	880880	67997	18383	49614
宁　夏	2440305	1201847	1238458	69013	15539	53474
新　疆	7763431	3968381	3795050	107361	32070	75291

4-2a 续表 1

单位：人

地区	学前教育			小学		
	小计	男	女	小计	男	女
全国	**405609**	**158838**	**246771**	**55384936**	**23416274**	**31968662**
北京	5060	1952	3108	799090	326418	472672
天津	3865	1779	2086	850922	385474	465448
河北	11149	4837	6312	1758232	726377	1031855
山西	4859	2032	2827	877431	371195	506236
内蒙古	3012	1264	1748	857809	358306	499503
辽宁	9165	3828	5337	1920384	794350	1126034
吉林	3051	1324	1727	805531	325603	479928
黑龙江	8353	3520	4833	1376788	592731	784057
上海	8923	3165	5758	1244841	498476	746365
江苏	39468	13925	25543	4110438	1667040	2443398
浙江	33359	12247	21112	5006618	2300159	2706459
安徽	15083	5140	9943	1809881	713508	1096373
福建	10790	3549	7241	2137016	871984	1265032
江西	10455	4208	6247	1406764	561869	844895
山东	26103	9846	16257	3521086	1388946	2132140
河南	16965	6928	10037	1775765	713231	1062534
湖北	15901	5870	10031	2114275	844101	1270174
湖南	18603	7912	10691	1563717	669786	893931
广东	67888	27696	40192	7071390	3055982	4015408
广西	9654	4096	5558	1276208	523133	753075
海南	2076	920	1156	258609	107263	151346
重庆	12398	4943	7455	2211268	943898	1267370
四川	26719	10401	16318	4208236	1825465	2382771
贵州	5857	2284	3573	1220759	526696	694063
云南	9951	3911	6040	1719688	802771	916917
西藏	2474	1256	1218	165179	88784	76395
陕西	12562	5282	7280	1022588	426321	596267
甘肃	4324	1566	2758	675797	275029	400768
青海	1607	676	931	289567	131609	157958
宁夏	1066	370	696	277851	114561	163290
新疆	4869	2111	2758	1051208	485208	566000

4-2a 续表 2

单位：人

地区	初中			高中			大学专科		
	小计	男	女	小计	男	女	小计	男	女
全国	**155931922**	**81028226**	**74903696**	**114721950**	**60612629**	**54109321**	**72764815**	**37357153**	**35407662**
北京	3219731	1750741	1468990	3128057	1582196	1545861	2492430	1240528	1251902
天津	2926640	1582518	1344122	2147637	1103680	1043957	1384414	723826	660588
河北	6028458	3048144	2980314	4593754	2349141	2244613	3019877	1509830	1510047
山西	3624076	1848930	1775146	2718390	1396118	1322272	1799068	907377	891691
内蒙古	2582494	1337507	1244987	1805771	923682	882089	1376670	716491	660179
辽宁	9076953	4476563	4600390	4844493	2447123	2397370	3074961	1563683	1511278
吉林	3240746	1572864	1667882	2514523	1257183	1257340	1097235	557257	539978
黑龙江	5144596	2560154	2584442	3003247	1498904	1504343	1553467	798601	754866
上海	4779085	2530995	2248090	3999421	2095983	1903438	2679703	1406582	1273121
江苏	10568788	5415439	5153349	7530898	4026049	3504849	5457015	2894552	2562463
浙江	9460656	5240374	4220282	5319152	2940040	2379112	3681501	1909135	1772366
安徽	4310836	2148710	2162126	2903747	1553777	1349970	2078280	1064356	1013924
福建	4565450	2488140	2077310	3066087	1668370	1397717	1816596	925263	891333
江西	3562736	1781865	1780871	2797685	1500471	1297214	1556999	816548	740451
山东	10356493	5238668	5117825	7794387	4106163	3688224	5048707	2631829	2416878
河南	6348940	3121251	3227689	5860592	3013091	2847501	3675518	1845246	1830272
湖北	6298953	3153288	3145665	5621668	2951435	2670233	3245251	1716926	1528325
湖南	4639032	2279365	2359667	4499116	2323514	2175602	2493496	1252921	1240575
广东	23317134	12989557	10327577	16489886	9328321	7161565	8692206	4512726	4179480
广西	4002034	2053469	1948565	3051216	1592225	1458991	1807471	918274	889197
海南	1045169	543933	501236	818250	442789	375461	437928	234749	203179
重庆	4203009	2105857	2097152	3305790	1717461	1588329	2044618	1030396	1014222
四川	7795049	3897957	3897092	5783739	2993855	2789884	3988777	1985473	2003304
贵州	2693048	1402626	1290422	1656997	867444	789553	1108300	555547	552753
云南	3144467	1711125	1433342	2151741	1120105	1031636	1499520	740118	759402
西藏	150165	92371	57794	137726	75690	62036	81919	44618	37301
陕西	3638235	1865647	1772588	3175470	1639835	1535635	2449835	1263427	1186408
甘肃	1660428	846698	813730	1444833	754371	690462	992383	520091	472292
青海	511066	281693	229373	343941	180687	163254	281646	148311	133335
宁夏	751261	396364	354897	522647	271187	251460	395982	199454	196528
新疆	2286194	1265413	1020781	1691089	891739	799350	1453042	723018	730024

4-2a 续表 3

单位：人

地区	大学本科			硕士研究生			博士研究生		
	小计	男	女	小计	男	女	小计	男	女
全国	**69534824**	**34974213**	**34560611**	**8167332**	**4063717**	**4103615**	**1125645**	**683585**	**442060**
北京	4416679	2172584	2244095	1206249	588065	618184	219589	132497	87092
天津	1822024	908587	913437	223678	105269	118409	29222	16393	12829
河北	2365775	1141761	1224014	189723	85253	104470	17924	9682	8242
山西	1707924	821420	886504	153741	66363	87378	16736	8536	8200
内蒙古	1222896	593297	629599	106703	46030	60673	8628	4317	4311
辽宁	3234365	1619273	1615092	299795	140886	158909	32491	18533	13958
吉林	1228823	610309	618514	104160	47377	56783	15901	8371	7530
黑龙江	1613821	793247	820574	129931	60640	69291	22369	13115	9254
上海	3882121	1954248	1927873	876496	437825	438671	125718	76627	49091
江苏	5178174	2656771	2521403	610161	323624	286537	82969	53251	29718
浙江	3839610	1902334	1937276	429983	224447	205536	55710	35044	20666
安徽	1808364	961372	846992	188783	102543	86240	24797	16913	7884
福建	1929229	990861	938368	156738	79213	77525	20148	12638	7510
江西	1331088	707565	623523	107556	56193	51363	11817	7966	3851
山东	4377207	2228265	2148942	467036	224578	242458	56139	32015	24124
河南	2713048	1309188	1403860	234553	109344	125209	26022	15183	10839
湖北	2984586	1558551	1426035	369931	191529	178402	60142	37535	22607
湖南	2079738	1037784	1041954	187242	93208	94034	27955	17623	10332
广东	6987125	3642500	3344625	753770	404672	349098	89718	57499	32219
广西	1481968	703554	778414	108986	53785	55201	11215	7004	4211
海南	421538	221448	200090	29909	14849	15060	3673	2243	1430
重庆	1776193	875547	900646	169446	84001	85445	21381	13243	8138
四川	3455731	1748184	1707547	373724	192768	180956	49930	31328	18602
贵州	1136701	565918	570783	70607	34087	36520	7547	4582	2965
云南	1497958	715296	782662	124644	58022	66622	15467	8744	6723
西藏	91132	47625	43507	5409	3030	2379	504	342	162
陕西	2283389	1155318	1128071	291954	144547	147407	49743	29355	20388
甘肃	903680	467505	436175	84750	40569	44181	11981	7461	4520
青海	275572	138535	137037	16378	7727	8651	1717	990	727
宁夏	390564	189956	200608	29245	13005	16240	2676	1411	1265
新疆	1097801	535410	562391	66051	30268	35783	5816	3144	2672

4-2b 各地区分性别、受教育程度的15岁及以上人口(镇)

单位：人

地区	15岁及以上人口			未上过学		
	合计	男	女	小计	男	女
全 国	**259872015**	**130425446**	**129446569**	**7860373**	**1954639**	**5905734**
北 京	1261414	690201	571213	18497	5040	13457
天 津	700836	377978	322858	16295	4575	11720
河 北	17830662	8883455	8947207	306942	72688	234254
山 西	6985795	3510485	3475310	67333	19888	47445
内蒙古	5661671	2844883	2816788	161194	39253	121941
辽 宁	4539391	2245494	2293897	43674	12707	30967
吉 林	4163559	2038278	2125281	48074	12876	35198
黑龙江	5721151	2819653	2901498	84896	23730	61166
上 海	2092651	1124144	968507	62818	14057	48761
江 苏	18198424	9116476	9081948	603755	130533	473222
浙 江	11566730	6034645	5532085	395811	101780	294031
安 徽	15401912	7663481	7738431	712896	168295	544601
福 建	9002040	4525291	4476749	289953	52740	237213
江 西	10593088	5316758	5276330	220966	46157	174809
山 东	19444188	9718494	9725694	821312	187082	634230
河 南	22474071	11171236	11302835	502782	132140	370642
湖 北	9488168	4734832	4753336	244199	57145	187054
湖 南	16059487	8067710	7991777	270290	72979	197311
广 东	13210061	6838544	6371517	306220	69192	237028
广 西	9341974	4711433	4630541	182995	38564	144431
海 南	1830760	956440	874320	62698	13250	49448
重 庆	4779038	2352170	2426868	99523	27458	72065
四 川	13860749	6745755	7114994	543742	158795	384947
贵 州	7729717	3811137	3918580	511127	116146	394981
云 南	9008549	4573146	4435403	429303	119767	309536
西 藏	361098	194394	166704	81620	31695	49925
陕 西	7304518	3673254	3631264	240207	70175	170032
甘 肃	4635980	2288445	2347535	262964	69048	193916
青 海	1119508	566623	552885	118113	38395	79718
宁 夏	1310870	660032	650838	59142	14943	44199
新 疆	4193955	2170579	2023376	91032	33546	57486

4-2b 续表 1

单位：人

地区	学前教育			小学		
	小计	男	女	小计	男	女
全国	**368921**	**136034**	**232887**	**50973880**	**21775416**	**29198464**
北京	679	340	339	122745	58321	64424
天津	354	171	183	125450	58842	66608
河北	16897	7355	9542	3053406	1290384	1763022
山西	3705	1496	2209	823385	341509	481876
内蒙古	2683	1052	1631	957986	404727	553259
辽宁	2318	821	1497	702223	302529	399694
吉林	1654	699	955	521529	218137	303392
黑龙江	4480	1729	2751	931091	400667	530424
上海	1939	718	1221	264851	119192	145659
江苏	37060	11746	25314	3489972	1422647	2067325
浙江	20720	7346	13374	2778128	1286285	1491843
安徽	26189	8455	17734	3032187	1230383	1801804
福建	15589	4431	11158	2243396	903716	1339680
江西	13379	4873	8506	2074481	817993	1256488
山东	25115	8940	16175	3628746	1499769	2128977
河南	33107	13196	19911	3316560	1397099	1919461
湖北	15650	5301	10349	1830845	758645	1072200
湖南	32050	12508	19542	2935627	1259680	1675947
广东	24965	9648	15317	2585485	1097464	1488021
广西	11359	4316	7043	1839841	780186	1059655
海南	2103	896	1207	253962	102258	151704
重庆	7313	2770	4543	1426150	623262	802888
四川	26930	10075	16855	3730528	1640296	2090232
贵州	7373	2744	4629	1894980	851196	1043784
云南	12660	4966	7694	2594635	1222151	1372484
西藏	814	396	418	84805	47554	37251
陕西	10778	4379	6399	1328454	572515	755939
甘肃	4873	1829	3044	1011512	424753	586759
青海	1828	793	1035	337583	161257	176326
宁夏	992	386	606	253668	106510	147158
新疆	3365	1659	1706	799669	375489	424180

4-2b　续表 2

单位：人

地　区	初中			高中			大学专科		
	小计	男	女	小计	男	女	小计	男	女
全　国	**106007734**	**55500526**	**50507208**	**52562455**	**28954908**	**23607547**	**24153368**	**12922406**	**11230962**
北　京	445930	264525	181405	251388	142215	109173	182479	96023	86456
天　津	316260	179464	136796	107099	61757	45342	54917	31100	23817
河　北	8242530	4305299	3937231	3507335	1877173	1630162	1601153	812784	788369
山　西	3041291	1548431	1492860	1579385	855661	723724	866752	454032	412720
内蒙古	2146798	1137164	1009634	1102815	595159	507656	721549	393293	328256
辽　宁	2453833	1240203	1213630	717192	375428	341764	364967	190437	174530
吉　林	1644961	822252	822709	888433	458093	430340	461554	241731	219823
黑龙江	2776165	1398429	1377736	1056380	548930	507450	469632	251362	218270
上　海	779968	441558	338410	382297	221666	160631	251040	138882	112158
江　苏	7321196	3825052	3496144	3632617	2057676	1574941	1777432	970111	807321
浙　江	4463774	2484647	1979127	2131160	1220019	911141	1003071	538600	464471
安　徽	5847882	3033404	2814478	2991184	1687368	1303816	1559231	847545	711686
福　建	3548421	1952383	1596038	1625217	929652	695565	669862	359646	310216
江　西	4314260	2216731	2097529	2339175	1333264	1005911	982962	540669	442293
山　东	8079484	4254482	3825002	3639782	2035349	1604433	1862429	1010454	851975
河　南	9626439	4885157	4741282	5498834	2961364	2537470	2066604	1074137	992467
湖　北	3917151	1991294	1925857	2160315	1197355	962960	795025	443945	351080
湖　南	6525470	3309682	3215788	4031392	2203718	1827674	1466487	789214	677273
广　东	5858767	3155559	2703208	2744943	1589767	1155176	1046830	576067	470763
广　西	4206943	2237198	1969745	1878357	1018064	860293	722893	385259	337634
海　南	903222	484472	418750	348982	209124	139858	144305	84732	59573
重　庆	1784395	909100	875295	934745	510710	424035	312588	167291	145297
四　川	5168131	2616298	2551833	2597911	1393111	1204800	1094409	573641	520768
贵　州	2851129	1540799	1310330	1229225	654712	574513	636826	340850	295976
云　南	3038220	1692281	1345939	1488451	793883	694568	808914	428730	380184
西　藏	64838	41246	23592	33613	20826	12787	42237	24639	17598
陕　西	2931424	1519812	1411612	1506428	821414	685014	765305	415109	350196
甘　肃	1445361	756474	688887	898459	495836	402623	534552	285185	249367
青　海	286812	165893	120919	172961	93705	79256	113672	62683	50989
宁　夏	472213	260898	211315	255024	139484	115540	150438	78264	72174
新　疆	1504466	830339	674127	831356	452425	378931	623253	315991	307262

4-2b 续表 3

单位：人

地区	大学本科			硕士研究生			博士研究生		
	小计	男	女	小计	男	女	小计	男	女
全国	**16951906**	**8678035**	**8273871**	**897562**	**446401**	**451161**	**95816**	**57081**	**38735**
北京	192781	98854	93927	40770	20948	19822	6145	3935	2210
天津	71666	37911	33755	7884	3704	4180	911	454	457
河北	1048598	493664	554934	49942	22137	27805	3859	1971	1888
山西	575825	278225	297600	26176	10326	15850	1943	917	1026
内蒙古	541569	263030	278539	25406	10395	15011	1671	810	861
辽宁	243252	118320	124932	11009	4615	6394	923	434	489
吉林	543310	260027	283283	47431	21067	26364	6613	3396	3217
黑龙江	376742	184675	192067	19571	8959	10612	2194	1172	1022
上海	291728	155561	136167	50829	27944	22885	7181	4566	2615
江苏	1233922	642844	591078	92973	49970	43003	9497	5897	3600
浙江	737719	376468	361251	33536	17716	15820	2811	1784	1027
安徽	1141306	636960	504346	83429	46057	37372	7608	5014	2594
福建	579436	306338	273098	26825	14292	12533	3341	2093	1248
江西	615704	339961	275743	29376	15241	14135	2785	1869	916
山东	1284193	671610	612583	94156	45607	48549	8971	5201	3770
河南	1351546	670429	681117	68197	31866	36331	10002	5848	4154
湖北	498408	266678	231730	24085	12873	11212	2490	1596	894
湖南	758709	399567	359142	34994	17593	17401	4468	2769	1699
广东	621400	329045	292355	19437	10472	8965	2014	1330	684
广西	485610	241022	244588	13119	6327	6792	857	497	360
海南	111809	59864	51945	3331	1654	1677	348	190	158
重庆	207072	107803	99269	6541	3361	3180	711	415	296
四川	674291	340813	333478	22395	11260	11135	2412	1466	946
贵州	586293	299071	287222	11635	4923	6712	1129	696	433
云南	623837	305404	318433	11613	5460	6153	916	504	412
西藏	52080	27326	24754	1045	673	372	46	39	7
陕西	501343	259551	241792	18365	9091	9274	2214	1208	1006
甘肃	465150	248388	216762	12244	6394	5850	865	538	327
青海	86509	42803	43706	1910	1024	886	120	70	50
宁夏	115816	57941	57875	3347	1488	1859	230	118	112
新疆	334282	157882	176400	5991	2964	3027	541	284	257

4-2c 各地区分性别、受教育程度的15岁及以上人口(乡村)

单位：人

地区	15岁及以上人口			未上过学		
	合计	男	女	小计	男	女
全国	**411561605**	**212477108**	**199084497**	**26020165**	**6756129**	**19264036**
北京	2441429	1340366	1101063	66481	17499	48982
天津	1800706	929378	871328	62939	15304	47635
河北	23549290	11896350	11652940	773879	184359	589520
山西	11239368	5903950	5335418	286885	86699	200186
内蒙古	6921409	3664131	3257278	489524	134510	355014
辽宁	10677176	5452437	5224739	240129	68705	171424
吉林	8014942	4119734	3895208	225093	71288	153805
黑龙江	9869937	5078705	4791232	264027	85458	178569
上海	2511805	1429710	1082095	131570	30033	101537
江苏	19360958	9836665	9524293	1220524	265891	954633
浙江	15816089	8303309	7512780	1065197	276719	788478
安徽	20311793	10449572	9862221	2028419	521472	1506947
福建	10531343	5499039	5032304	696367	140429	555938
江西	13753991	7125881	6628110	606561	125313	481248
山东	30823840	15451584	15372256	2321348	537271	1784077
河南	33026312	16222415	16803897	1873889	471687	1402202
湖北	17856575	9349938	8506637	1001269	231303	769966
湖南	21799567	11289035	10510532	813814	203809	610005
广东	24989626	13128120	11861506	945651	197105	748546
广西	17095448	9007323	8088125	829028	167769	661259
海南	3183947	1712294	1471653	149086	31137	117949
重庆	8279466	4374198	3905268	349448	96114	253334
四川	30210159	15748525	14461634	2488799	718916	1769883
贵州	13493520	6959913	6533607	1856471	425513	1430958
云南	18551015	9802344	8748671	1603821	476211	1127610
西藏	1675571	875952	799619	639310	256356	382954
陕西	12302481	6392044	5910437	802277	237581	564696
甘肃	9619562	4937429	4682133	1381134	404826	976308
青海	1782002	923406	858596	308034	101989	206045
宁夏	1983475	1044476	938999	220936	64904	156032
新疆	8088803	4228885	3859918	278255	109959	168296

4-2c 续表 1

单位：人

地区	学前教育			小学		
	小计	男	女	小计	男	女
全国	**1004432**	**347899**	**656533**	**133886424**	**61276317**	**72610107**
北京	1521	594	927	360192	169069	191123
天津	1345	430	915	463635	205287	258348
河北	26826	10477	16349	6573717	2814662	3759055
山西	12308	4460	7848	2710467	1179513	1530954
内蒙古	5037	1918	3119	2432945	1149235	1283710
辽宁	7168	2695	4473	3410590	1568176	1842414
吉林	5683	2342	3341	2809336	1331233	1478103
黑龙江	12722	5155	7567	3266585	1543875	1722710
上海	4253	1583	2670	555932	277364	278568
江苏	74147	22139	52008	6001218	2564685	3436533
浙江	60407	19731	40676	5709970	2745627	2964343
安徽	68445	22930	45515	6469696	2943851	3525845
福建	41786	11666	30120	3836442	1697039	2139403
江西	30930	9242	21688	4579984	1902045	2677939
山东	62739	21392	41347	9290248	3972276	5317972
河南	74511	27994	46517	8888994	3721888	5167106
湖北	52816	17189	35627	5619327	2507951	3111376
湖南	80591	27979	52612	6547596	2939366	3608230
广东	68135	23220	44915	6386229	2755648	3630581
广西	32949	10938	22011	5636233	2571089	3065144
海南	3653	1365	2288	605957	257981	347976
重庆	19969	7827	12142	3814274	1861562	1952712
四川	140093	50278	89815	12466778	6158401	6308377
贵州	18237	6089	12148	5150663	2582294	2568369
云南	32430	12145	20285	8560903	4253220	4307683
西藏	9283	4777	4506	556859	326788	230071
陕西	25736	9104	16632	3326915	1497617	1829298
甘肃	14529	4983	9546	3699383	1757933	1941450
青海	4668	2061	2607	777058	392092	384966
宁夏	2807	928	1879	739924	351194	388730
新疆	8708	4268	4440	2638374	1277356	1361018

4-2c　续表 2　　　　单位：人

地区	初中			高中			大学专科		
	小计	男	女	小计	男	女	小计	男	女
全　国	**183866356**	**104828098**	**79038258**	**43264561**	**26597874**	**16666687**	**15374246**	**8443058**	**6931188**
北　京	1116495	655156	461339	463192	269918	193274	253459	137135	116324
天　津	937987	521641	416346	194125	113564	80561	82518	44381	38137
河　北	13072403	7133595	5938808	2134719	1278310	856409	649378	326395	322983
山　西	5914480	3284994	2629486	1403150	859274	543876	597049	330904	266145
内蒙古	2869110	1697904	1171206	635705	404248	231457	300710	178584	122126
辽　宁	5869581	3185604	2683977	653276	377529	275747	329786	168281	161505
吉　林	3771267	2066377	1704890	679546	385529	294017	254449	137490	116959
黑龙江	4952841	2693491	2259350	850355	479874	370481	311208	167008	144200
上　海	1219429	749779	469650	341378	221741	119637	141021	85272	55749
江　苏	8200713	4657833	3542880	2490431	1552512	937919	952469	547842	404627
浙　江	5878711	3442126	2436585	1915693	1189368	726325	790630	429943	360687
安　徽	8408590	4928636	3479954	2124465	1332659	791806	773218	441370	331848
福　建	4098090	2511541	1586549	1183852	759433	424419	414065	235599	178466
江　西	6189547	3605823	2583724	1610155	1045647	564508	497424	295412	202012
山　东	14711961	8290388	6421573	3033471	1878428	1155043	936437	509211	427226
河　南	17100391	9112415	7987976	3565904	2107358	1458546	1059706	554471	505235
湖　北	8016726	4615891	3400835	2193948	1404143	789805	657346	390359	266987
湖　南	10158540	5638602	4519938	3120937	1908038	1212899	756954	405357	351597
广　东	12400924	7051132	5349792	3619942	2248771	1371171	1084823	600817	484006
广　西	8289742	4889491	3400251	1523290	961723	561567	507214	270748	236466
海　南	1783060	1025102	757958	391867	254780	137087	154396	89864	64532
重　庆	2857971	1685333	1172638	836285	510038	326247	257412	139280	118132
四　川	11018082	6466152	4551930	2658315	1606062	1052253	962080	508469	453611
贵　州	4884707	3029866	1854841	919374	553802	365572	405419	222781	182638
云　南	6257708	3861593	2396115	1202941	731090	471851	565379	304733	260646
西　藏	261394	172115	89279	81143	48558	32585	64818	34778	30040
陕　西	5814894	3274452	2540442	1424016	878055	545961	589070	329916	259154
甘　肃	3039337	1858528	1180809	861665	558904	302761	404140	231790	172350
青　海	485000	309443	175557	103312	61736	41576	66990	36566	30424
宁　夏	676892	426205	250687	182346	114222	68124	99051	54127	44924
新　疆	3609783	1986890	1622893	865763	502560	363203	455627	234175	221452

4-2c　续表 3　　　　单位：人

地　区	大学本科			硕士研究生			博士研究生		
	小计	男	女	小计	男	女	小计	男	女
全　国	**7666450**	**3983310**	**3683140**	**423113**	**211088**	**212025**	**55858**	**33335**	**22523**
北　京	161967	82119	79848	15990	7633	8357	2132	1243	889
天　津	55923	27775	28148	1966	860	1106	268	136	132
河　北	294605	138123	156482	21277	9170	12107	2486	1259	1227
山　西	286128	146028	140100	26502	10915	15587	2399	1163	1236
内蒙古	178997	93852	85145	8415	3451	4964	966	429	537
辽　宁	154026	76387	77639	10821	4232	6589	1799	828	971
吉　林	253755	118583	135172	14166	6023	8143	1647	869	778
黑龙江	202771	99907	102864	8544	3506	5038	884	431	453
上　海	106826	57673	49153	10208	5508	4700	1188	757	431
江　苏	394344	210546	183798	24023	13218	10805	3089	1999	1090
浙　江	373685	188212	185473	19088	9823	9265	2708	1760	948
安　徽	401395	235697	165698	33590	20163	13427	3975	2794	1181
福　建	245528	135012	110516	12464	6554	5910	2749	1766	983
江　西	223507	132315	91192	14169	8837	5332	1714	1247	467
山　东	420777	219108	201669	40568	19821	20747	6291	3689	2602
河　南	436105	213511	222594	23425	11126	12299	3387	1965	1422
湖　北	292428	169790	122638	19916	11454	8462	2799	1858	941
湖　南	303186	156655	146531	15622	7846	7776	2327	1383	944
广　东	465887	241613	224274	15906	8436	7470	2129	1378	751
广　西	267851	130957	136894	8166	4042	4124	975	566	409
海　南	92000	50139	41861	3513	1686	1827	415	240	175
重　庆	136600	70500	66100	6634	3058	3576	873	486	387
四　川	448468	226495	221973	24660	11970	12690	2884	1782	1102
贵　州	253889	137217	116672	4304	2074	2230	456	277	179
云　南	320614	159785	160829	6304	3050	3254	915	517	398
西　藏	61513	31759	29754	1185	769	416	66	52	14
陕　西	303191	157181	146010	13924	6784	7140	2458	1354	1104
甘　肃	209553	115194	94359	8870	4689	4181	951	582	369
青　海	36040	18993	17047	781	450	331	119	76	43
宁　夏	58671	31536	27135	2625	1235	1390	223	125	98
新　疆	226220	110648	115572	5487	2705	2782	586	324	262

4-3 各地区分性别、受教育程度的16-59岁人口

单位：人

地区	16-59岁人口			未上过学		
	合计	男	女	小计	男	女
全 国	**877053344**	**451215334**	**425838010**	**9780523**	**3041136**	**6739387**
北 京	14906862	7775199	7131663	39972	15247	24725
天 津	8890368	4661794	4228574	41206	16952	24254
河 北	43753550	22072441	21681109	229261	85743	143518
山 西	22235642	11405888	10829754	101762	46487	55275
内蒙古	15696719	8103375	7593344	177222	60879	116343
辽 宁	26555798	13424179	13131619	85559	42521	43038
吉 林	15476078	7815455	7660623	73508	33975	39533
黑龙江	20875801	10629406	10246395	101719	46643	55076
上 海	16510108	8747602	7762506	83395	24612	58783
江 苏	52578923	26799700	25779223	356473	98670	257803
浙 江	43265306	22829702	20435604	412793	113659	299134
安 徽	37086559	18751211	18335348	642557	139615	502942
福 建	26448317	13669684	12778633	299609	63233	236376
江 西	26950057	13823494	13126563	178441	45248	133193
山 东	60095459	30480592	29614867	606410	163240	443170
河 南	56995853	28282045	28713808	463983	146039	317944
湖 北	36007461	18570267	17437194	202561	69272	133289
湖 南	39449902	20146777	19303125	188983	77035	111948
广 东	85510200	45983459	39526741	441925	137638	304287
广 西	29220461	15251034	13969427	225567	71340	154227
海 南	6466945	3467940	2999005	70280	19870	50410
重 庆	19583504	9885623	9697881	83022	29759	53263
四 川	51140564	25918240	25222324	868182	318649	549533
贵 州	22861954	11667067	11194887	869509	193427	676082
云 南	30352577	15933618	14418959	777103	242127	534976
西 藏	2392236	1290418	1101818	614291	252373	361918
陕 西	24727577	12718680	12008897	269333	95427	173906
甘 肃	15634047	7923614	7710433	672710	182725	489985
青 海	3897879	2017147	1880732	290324	97694	192630
宁 夏	4669689	2383365	2286324	130848	35292	95556
新 疆	16816948	8786318	8030630	182015	75745	106270

4-3 续表 1

单位：人

地区	学前教育			小学		
	小计	男	女	小计	男	女
全国	**588876**	**245632**	**343244**	**117064352**	**51058672**	**66005680**
北京	2945	1454	1491	509888	260503	249385
天津	2485	1292	1193	615433	302979	312454
河北	24737	11877	12860	4510677	1967204	2543473
山西	7942	3691	4251	1795000	836250	958750
内蒙古	4400	1981	2419	2216690	1020420	1196270
辽宁	7454	3613	3841	2225310	1080791	1144519
吉林	4458	2151	2307	1962251	949565	1012686
黑龙江	10050	4722	5328	2623916	1280761	1343155
上海	5421	2500	2921	922469	434156	488313
江苏	34453	13487	20966	5052053	1929093	3122960
浙江	29150	11686	17464	6702121	3028600	3673521
安徽	27553	8509	19044	5689301	2105781	3583520
福建	23034	6894	16140	4591247	1797150	2794097
江西	18072	6810	11262	3944921	1470604	2474317
山东	37181	15197	21984	6619727	2584507	4035220
河南	45274	19429	25845	5879081	2391138	3487943
湖北	20497	8070	12427	4031516	1621811	2409705
湖南	33525	14879	18646	4048842	1722905	2325937
广东	71431	31152	40279	8768523	3843721	4924802
广西	19696	8631	11065	4519206	2071820	2447386
海南	3926	1889	2037	641483	290566	350917
重庆	10872	4817	6055	3096028	1337959	1758069
四川	43930	18166	25764	9878025	4431365	5446660
贵州	14615	5285	9330	5370611	2415544	2955067
云南	27406	11131	16275	8997313	4391501	4605812
西藏	10459	5388	5071	708348	406526	301822
陕西	19542	8668	10874	2751408	1227008	1524400
甘肃	10053	3646	6407	3486068	1512835	1973233
青海	5566	2487	3079	1085267	527898	557369
宁夏	2297	791	1506	856077	374051	482026
新疆	10452	5339	5113	2965552	1443660	1521892

4-3　续表 2

单位：人

地区	初中			高中			大学专科		
	小计	男	女	小计	男	女	小计	男	女
全国	**366582059**	**195359211**	**171222848**	**176592963**	**96675025**	**79917938**	**105169983**	**54170314**	**50999669**
北京	3306109	1934187	1371922	2746402	1478242	1268160	2492092	1244892	1247200
天津	3004195	1668834	1335361	1781396	943082	838314	1341780	695829	645951
河北	21931736	11398065	10533671	8215907	4332685	3883222	4968170	2454838	2513332
山西	9832302	5131246	4701056	4723157	2541039	2182118	3058977	1559528	1499449
内蒙古	6140116	3317610	2822506	2896478	1550513	1345965	2231620	1180734	1050886
辽宁	12399079	6365080	6033999	4728636	2424484	2304152	3339165	1667747	1671418
吉林	6622133	3421095	3201038	3094471	1585711	1508760	1620473	822332	798141
黑龙江	9894502	5133922	4760580	3859343	1976512	1882831	2104236	1081715	1022521
上海	4666029	2660809	2005220	3166681	1754968	1411713	2638158	1367015	1271143
江苏	20682940	10623017	10059923	11346756	6245789	5100967	7707860	4094388	3613472
浙江	17256087	9581789	7674298	8271099	4718319	3552780	5228494	2711308	2517186
安徽	16145334	8528369	7616965	6819288	3829964	2989324	4173066	2188531	1984535
福建	10785680	6014880	4770800	5090177	2875563	2214614	2761737	1422292	1339445
江西	11905303	6265407	5639896	5742241	3262018	2480223	2882434	1546266	1336168
山东	26872121	14025845	12846276	12044033	6561256	5482777	7366273	3826205	3540068
河南	26760289	13458218	13302071	12667636	6745781	5921855	6437004	3238356	3198648
湖北	14842283	7732050	7110233	8371977	4615461	3756516	4418715	2365415	2053300
湖南	17367775	8899429	8468346	10026358	5479830	4546528	4466744	2285748	2180996
广东	36634520	20293912	16340608	20421140	11691893	8729247	10430154	5435492	4994662
广西	13882636	7610161	6272475	5387186	2927778	2459408	2873477	1461086	1412391
海南	3137281	1713394	1423887	1288464	735058	553406	685254	373553	311701
重庆	7198999	3744794	3454205	4439906	2393581	2046325	2491517	1258783	1232734
四川	20170434	10662427	9508007	9580206	5185732	4394474	5711359	2851034	2860325
贵州	9196279	5182536	4013743	3349800	1811660	1538140	2039516	1045226	994290
云南	11053251	6407571	4645680	4249029	2305570	1943459	2714479	1366608	1347871
西藏	434077	281746	152331	231153	133651	97502	183248	100520	82728
陕西	9811407	5169875	4641532	4983339	2694950	2288389	3552737	1846221	1706516
甘肃	5295601	2913830	2381771	2685601	1486443	1199158	1828074	963831	864243
青海	1120504	658947	461557	547482	294796	252686	437817	230768	207049
宁夏	1653743	931398	722345	830668	450645	380023	608473	305973	302500
新疆	6579314	3628768	2950546	3006953	1642051	1364902	2376880	1178080	1198800

4-3 续表 3

单位：人

地区	大学本科			硕士研究生			博士研究生		
	小计	男	女	小计	男	女	小计	男	女
全国	**90690520**	**45308523**	**45381997**	**9337884**	**4606993**	**4730891**	**1246184**	**749828**	**496356**
北京	4355779	2113184	2242595	1232445	595023	637422	221230	132467	88763
天津	1844616	909538	935078	229500	106818	122682	29757	16470	13287
河北	3591445	1695257	1896188	257928	114301	143627	23689	12471	11218
山西	2491592	1191407	1300185	204319	85980	118339	20591	10260	10331
内蒙古	1880186	907177	973009	138973	58689	80284	11034	5372	5662
辽宁	3421681	1676500	1745181	314692	144408	170284	34222	19035	15187
吉林	1912660	916401	996259	162608	72056	90552	23516	12169	11347
黑龙江	2101625	1019560	1082065	155478	71209	84269	24932	14362	10570
上海	3976355	1966043	2010312	921094	458476	462618	130506	79023	51483
江苏	6587311	3356446	3230865	717682	379346	338336	93395	59464	33931
浙江	4828003	2378827	2449176	477397	247817	229580	60162	37697	22465
安徽	3250643	1759671	1490972	302887	166425	136462	35930	24346	11584
福建	2677521	1375522	1301999	193659	98126	95533	25653	16024	9629
江西	2112959	1137185	975774	149635	79075	70560	16051	10881	5170
山东	5884568	2979722	2904846	595060	284712	310348	70086	39908	30178
河南	4381675	2111281	2270394	322346	149434	172912	38565	22369	16196
湖北	3647828	1907106	1740722	407858	211071	196787	64226	40011	24215
湖南	3049411	1529816	1519595	234435	116045	118390	33829	21090	12739
广东	7874286	4077336	3796950	776848	414096	362752	91373	58219	33154
广西	2172326	1030295	1142031	127722	62182	65540	12645	7741	4904
海南	600499	313867	286632	35521	17231	18290	4237	2512	1725
重庆	2060378	1013507	1046871	180252	88618	91634	22530	13805	8725
四川	4420047	2206243	2213804	414423	211017	203406	53958	33607	20351
贵州	1927132	967692	959440	85531	40278	45253	8961	5419	3542
云南	2377351	1135266	1242085	139829	64459	75370	16816	9385	7431
西藏	202481	105364	97117	7577	4428	3149	602	422	180
陕西	2969369	1489909	1479460	318151	156113	162038	52291	30509	21782
甘肃	1537548	801139	736409	104768	50729	54039	13624	8436	5188
青海	390208	194478	195730	18780	8964	9816	1931	1115	816
宁夏	549668	268184	281484	34833	15416	19417	3082	1615	1467
新疆	1613369	774600	838769	75653	34451	41202	6760	3624	3136

4-3a 各地区分性别、受教育程度的16-59岁人口(城市)

单位: 人

地区	16-59岁人口			未上过学		
	合计	男	女	小计	男	女
全国	**389833944**	**198572251**	**191261693**	**1686382**	**545484**	**1140898**
北京	12077508	6173783	5903725	24854	8676	16178
天津	7089346	3701535	3387811	26526	10880	15646
河北	14154129	7019170	7134959	30169	12940	17229
山西	8862984	4407607	4455377	19022	8627	10395
内蒙古	6449574	3236858	3212716	29483	9970	19513
辽宁	16495950	8242328	8253622	31852	15969	15883
吉林	6790133	3354951	3435182	13439	6782	6657
黑龙江	9688725	4851214	4837511	24317	11866	12451
上海	13054047	6754006	6300041	51730	14017	37713
江苏	26972533	13675217	13297316	124529	35176	89353
浙江	23481463	12275140	11206323	162197	44397	117800
安徽	10985459	5413532	5571927	100666	21618	79048
福建	11724872	6003965	5720907	88562	18795	69767
江西	8833602	4444147	4389455	30411	8043	22368
山东	25393936	12781454	12612482	89072	29313	59759
河南	16768000	8243489	8524511	43490	17573	25917
湖北	16629870	8428714	8201156	42397	14916	27481
湖南	12533524	6213983	6319541	26723	12072	14651
广东	56106536	30350841	25755695	181301	60018	121283
广西	9799588	4905238	4894350	23437	9047	14390
海南	2575074	1341717	1233357	11991	3468	8523
重庆	11026707	5444410	5582297	25322	8910	16412
四川	20796920	10253552	10543368	83597	30825	52772
贵州	6792737	3386489	3406248	73915	18374	55541
云南	8690532	4396500	4294032	91352	29015	62337
西藏	641501	350007	291494	59986	24793	35193
陕西	10616820	5381348	5235472	46176	16904	29272
甘肃	4795251	2404489	2390762	38489	11423	27066
青海	1489343	766004	723339	30216	9960	20256
宁夏	2029079	1006021	1023058	21150	5363	15787
新疆	6488201	3364542	3123659	40011	15754	24257

4-3a 续表 1 单位：人

地 区	学前教育			小 学		
	小计	男	女	小计	男	女
全 国	**183580**	**82771**	**100809**	**27158014**	**12065973**	**15092041**
北 京	2196	1032	1164	328248	162408	165840
天 津	1962	1053	909	372390	192624	179766
河 北	5591	2677	2914	630321	293516	336805
山 西	2622	1202	1420	369478	179225	190253
内 蒙 古	1484	706	778	418109	192078	226031
辽 宁	4505	2189	2316	668737	329590	339147
吉 林	1565	769	796	337592	161500	176092
黑 龙 江	3810	1830	1980	585016	290647	294369
上 海	3804	1731	2073	560651	249861	310790
江 苏	13789	5939	7850	1679980	669643	1010337
浙 江	12644	5585	7059	2777940	1271564	1506376
安 徽	5068	1869	3199	959990	348507	611483
福 建	5197	1869	3328	1292228	525040	767188
江 西	4706	2063	2643	710904	278363	432541
山 东	11029	4831	6198	1288330	538392	749938
河 南	8039	3725	4314	672558	302158	370400
湖 北	5647	2584	3063	854730	354152	500578
湖 南	7918	3790	4128	592318	265803	326515
广 东	36636	16832	19804	4209751	1929130	2280621
广 西	5077	2420	2657	693476	312524	380952
海 南	1201	584	617	155732	71614	84118
重 庆	5028	2286	2742	1019548	428389	591159
四 川	9634	4304	5330	2081843	896085	1185758
贵 州	3326	1359	1967	804940	352691	452249
云 南	5421	2289	3132	1106855	532820	574035
西 藏	2062	1071	991	141545	76633	64912
陕 西	7039	3288	3751	513447	236666	276781
甘 肃	2152	828	1324	360636	151921	208715
青 海	882	406	476	190892	90607	100285
宁 夏	518	201	317	160026	68269	91757
新 疆	3028	1459	1569	619803	313553	306250

4-3a　续表 2

单位：人

地　区	初　中			高　中			大学专科		
	小计	男	女	小计	男	女	小计	男	女
全　国	**123263603**	**64205465**	**59058138**	**94519988**	**50006358**	**44513630**	**67374575**	**34064973**	**33309602**
北　京	2100474	1217183	883291	2137328	1123648	1013680	2077985	1024797	1053188
天　津	1970629	1102960	867669	1539891	805881	734010	1210269	624575	585694
河　北	4489717	2267649	2222068	3693860	1877419	1816441	2825882	1390486	1435396
山　西	2771530	1408480	1363050	2222686	1134154	1088532	1665970	824944	841026
内蒙古	1972267	1022951	949316	1471279	749714	721565	1269357	651368	617989
辽　宁	6034689	3029958	3004731	3693103	1872211	1820892	2700633	1347391	1353242
吉　林	2316108	1146548	1169560	1889632	945505	944127	966458	481519	484939
黑龙江	3682617	1866403	1816214	2323639	1161597	1162042	1383542	702460	681082
上　海	3027738	1683830	1343908	2569791	1386413	1183378	2267946	1157725	1110221
江　苏	8240357	4148872	4091485	6151085	3262521	2888564	5089237	2657670	2431567
浙　江	8182190	4513033	3669157	4638014	2570574	2067440	3493639	1786546	1707093
安　徽	3615789	1756676	1859113	2409054	1278327	1130727	1946854	979102	967752
福　建	3959112	2143452	1815660	2620376	1420046	1200330	1720334	860752	859582
江　西	2882295	1416196	1466099	2335679	1243711	1091968	1463811	756510	707301
山　东	8096274	4049007	4047267	6465039	3379286	3085753	4709571	2411615	2297956
河　南	4818118	2347795	2470323	4901408	2499235	2402173	3443316	1702226	1741090
湖　北	4833676	2384940	2448736	4583982	2397700	2186282	3016835	1570462	1446373
湖　南	3547229	1721139	1826090	3802223	1955066	1847157	2337340	1158820	1178520
广　东	20898805	11690626	9208179	14792445	8380615	6411830	8357114	4304906	4052208
广　西	3285030	1682192	1602838	2548121	1325830	1222291	1697657	847792	849865
海　南	877987	458485	419502	686958	369407	317551	405688	213438	192250
重　庆	3283738	1625264	1658474	2845273	1480670	1364603	1938455	965160	973295
四　川	6264745	3089244	3175501	4900056	2540164	2359892	3727214	1823217	1903997
贵　州	2278773	1181082	1097691	1426398	747491	678907	1034325	510598	523727
云　南	2666937	1454461	1212476	1850492	963896	886596	1390359	672116	718243
西　藏	139607	86244	53363	125575	69349	56226	77565	42050	35515
陕　西	2760183	1425008	1335175	2514824	1298322	1216502	2261598	1148017	1113581
甘　肃	1327317	666274	661043	1179294	610048	569246	922321	473906	448415
青　海	421160	231899	189261	297385	155530	141855	262375	135686	126689
宁　夏	625415	326912	298503	443242	228487	214755	369259	181724	187535
新　疆	1893097	1060702	832395	1461856	773541	688315	1341666	657395	684271

4-3a 续表 3

单位：人

地　区	大学本科			硕士研究生			博士研究生		
	小计	男	女	小计	男	女	小计	男	女
全　国	**66520098**	**32980649**	**33539449**	**8029774**	**3958754**	**4071020**	**1097930**	**661824**	**436106**
北　京	4016409	1941355	2075054	1176812	567207	609605	213202	127477	85725
天　津	1719338	845343	873995	219731	102312	117419	28610	15907	12703
河　北	2273722	1081681	1192041	187385	83466	103919	17482	9336	8146
山　西	1643498	777849	865649	151874	64915	86959	16304	8211	8093
内蒙古	1173793	560892	612901	105369	45015	60354	8433	4164	4269
辽　宁	3037655	1491385	1546270	293183	135807	157376	31593	17828	13765
吉　林	1147730	558461	589269	102099	45799	56300	15510	8068	7442
黑龙江	1536247	744668	791579	127623	58941	68682	21914	12802	9112
上　海	3589486	1761148	1828338	860613	425451	435162	122288	73830	48458
江　苏	4990665	2526633	2464032	601748	316954	284794	81143	51809	29334
浙　江	3734935	1828618	1906317	425164	220595	204569	54740	34228	20512
安　徽	1737052	910099	826953	186530	100710	85820	24456	16624	7832
福　建	1864818	944328	920490	154595	77447	77148	19650	12236	7414
江　西	1287821	676246	611575	106345	55198	51147	11630	7817	3813
山　东	4218131	2117739	2100392	461389	220065	241324	55101	31206	23895
河　南	2624148	1249033	1375115	231465	106975	124490	25458	14769	10689
湖　北	2869375	1480345	1389030	364199	187003	177196	59029	36612	22417
湖　南	2008174	989226	1018948	184400	91025	93375	27199	17042	10157
广　东	6801015	3517481	3283534	742074	395596	346478	87395	55637	31758
广　西	1429299	666767	762532	106627	51954	54673	10864	6712	4152
海　南	402969	208492	194477	29020	14109	14911	3528	2120	1408
重　庆	1721184	838528	882656	167192	82283	84909	20967	12920	8047
四　川	3313165	1651109	1662056	367868	188148	179720	48798	30456	18342
贵　州	1093985	537085	556900	69671	33344	36327	7404	4465	2939
云　南	1442010	677426	764584	122074	56076	65998	15032	8401	6631
西　藏	89308	46538	42770	5360	2995	2365	493	334	159
陕　西	2179363	1084518	1094845	286292	140516	145776	47898	28109	19789
甘　肃	869473	443047	426426	83750	39719	44031	11819	7323	4496
青　海	268629	133436	135193	16107	7507	8600	1697	973	724
宁　夏	377929	180961	196968	28904	12725	16179	2636	1379	1257
新　疆	1058772	510212	548560	64311	28897	35414	5657	3029	2628

4-3b　各地区分性别、受教育程度的16-59岁人口(镇)

单位：人

地　　区	16-59岁人口			未上过学		
	合计	男	女	小计	男	女
全　　国	**202037434**	**102373101**	**99664333**	**1836294**	**554958**	**1281336**
北　　京	1021076	573509	447567	3975	1851	2124
天　　津	553656	305185	248471	3747	1683	2064
河　　北	13635149	6871617	6763532	55508	21190	34318
山　　西	5603371	2829026	2774345	17640	7832	9808
内 蒙 古	4472842	2281708	2191134	37008	12088	24920
辽　　宁	3251979	1635028	1616951	8541	4568	3973
吉　　林	3171226	1577148	1594078	8794	4136	4658
黑 龙 江	4229987	2125768	2104219	15302	6965	8337
上　　海	1632704	900410	732294	11454	3374	8080
江　　苏	13562262	6863785	6698477	83464	22728	60736
浙　　江	9160930	4837445	4323485	85255	23529	61726
安　　徽	12199032	6091768	6107264	160031	33039	126992
福　　建	7187297	3645351	3541946	69912	14209	55703
江　　西	8372817	4219060	4153757	45011	10812	34199
山　　东	14682988	7453466	7229522	134700	36917	97783
河　　南	17753084	8889955	8863129	94990	32477	62513
湖　　北	7234149	3628410	3605739	31741	10516	21225
湖　　南	12134299	6127920	6006379	42262	18067	24195
广　　东	10617007	5568183	5048824	66218	20085	46133
广　　西	7281654	3727139	3554515	35101	12442	22659
海　　南	1442698	767960	674738	18435	4925	13510
重　　庆	3495499	1722798	1772701	13618	4833	8785
四　　川	10378658	5056868	5321790	135848	49895	85953
贵　　州	6304190	3133088	3171102	176761	39901	136860
云　　南	7340193	3769005	3571188	140868	43427	97441
西　　藏	324868	177289	147579	62631	24725	37906
陕　　西	5614182	2829312	2784870	56201	19029	37172
甘　　肃	3766787	1859513	1907274	92391	23735	68656
青　　海	949274	484343	464931	71747	24417	47330
宁　　夏	1106494	560278	546216	22300	5676	16624
新　　疆	3557082	1860766	1696316	34840	15887	18953

4-3b 续表 1

单位：人

地区	学前教育			小学		
	小计	男	女	小计	男	女
全国	**131532**	**55587**	**75945**	**25435417**	**10686830**	**14748587**
北京	379	227	152	54623	30179	24444
天津	183	101	82	59560	29308	30252
河北	8306	4175	4131	1291164	573280	717884
山西	1742	799	943	378953	171865	207088
内蒙古	1194	528	666	517278	231342	285936
辽宁	875	395	480	260606	125954	134652
吉林	763	347	416	230458	107589	122869
黑龙江	1789	808	981	408700	193799	214901
上海	641	276	365	117725	55250	62475
江苏	8698	3324	5374	1359796	508842	850954
浙江	6239	2514	3725	1498918	672874	826044
安徽	7696	2388	5308	1615472	571183	1044289
福建	5667	1828	3839	1285955	482508	803447
江西	5133	2062	3071	1055630	385199	670431
山东	8741	3546	5195	1572645	617202	955443
河南	14595	6406	8189	1507098	641398	865700
湖北	4093	1576	2517	795819	308696	487123
湖南	8761	4091	4670	1081720	452118	629602
广东	11004	4922	6082	1405009	601846	803163
广西	4311	1994	2317	922046	412818	509228
海南	1063	520	543	140208	60177	80031
重庆	1970	866	1104	628597	255430	373167
四川	6981	2893	4088	1863381	779579	1083802
贵州	3727	1441	2286	1266206	540962	725244
云南	6384	2718	3666	1765036	834501	930535
西藏	674	327	347	75281	42053	33228
陕西	3985	1790	2195	677553	292982	384571
甘肃	2091	832	1259	647088	259545	387543
青海	1304	586	718	265554	126108	139446
宁夏	511	207	304	174701	72100	102601
新疆	2032	1100	932	512637	250143	262494

4-3b　续表 2　　　　单位：人

地区	初中			高中			大学专科		
	小计	男	女	小计	男	女	小计	男	女
全　国	**89148805**	**45664970**	**43483835**	**44986844**	**24451569**	**20535275**	**22913489**	**12045400**	**10868089**
北　京	351980	213214	138766	211127	121601	89526	170265	89180	81085
天　津	268045	151251	116794	90478	52058	38420	52501	29533	22968
河　北	6812206	3499797	3312409	2868355	1512614	1355741	1519187	758302	760885
山　西	2460758	1234365	1226393	1335082	713896	621186	815960	419061	396899
内蒙古	1774628	927156	847472	913627	485863	427764	672821	359703	313118
辽　宁	1854110	935153	918957	553891	286142	267749	328595	166559	162036
吉　林	1265969	634937	631032	678576	348738	329838	415971	214105	201866
黑龙江	2150615	1082625	1067990	840070	430981	409089	425943	223311	202632
上　海	621178	352391	268787	306316	179351	126965	235104	128414	106690
江　苏	5996706	3010929	2985777	3105077	1725051	1380026	1698426	913823	784603
浙　江	3956672	2165765	1790907	1893530	1080179	813351	961186	508380	452806
安　徽	5155084	2592833	2562251	2570325	1431444	1138881	1483367	792750	690617
福　建	3167028	1698030	1468998	1418859	797662	621197	639921	336352	303569
江　西	3685106	1836692	1848414	2008044	1129166	878878	937671	507416	430255
山　东	6773862	3470716	3303146	3082735	1692322	1390413	1756460	935037	821423
河　南	8021731	3985267	4036464	4741153	2525242	2215911	1969345	1009216	960129
湖　北	3256176	1598631	1657545	1872213	1019340	852873	758575	415988	342587
湖　南	5352331	2633656	2718675	3475285	1875741	1599544	1393530	737681	655849
广　东	5071872	2685885	2385987	2421998	1376847	1045151	1008164	545624	462540
广　西	3558140	1860157	1697983	1586412	842946	743466	684321	355651	328670
海　南	751815	399066	352749	285676	167503	118173	133547	76668	56879
重　庆	1505987	742459	763528	834308	452340	381968	300132	157881	142251
四　川	4365436	2136914	2228522	2274819	1206557	1068262	1044221	536270	507951
贵　州	2549723	1348198	1201525	1103013	580547	522466	611147	321730	289417
云　南	2707446	1485882	1221564	1316920	694390	622530	774125	402368	371757
西　藏	60107	38427	21680	31525	19597	11928	41595	24200	17395
陕　西	2374159	1192899	1181260	1269877	678135	591742	721605	383317	338288
甘　肃	1269758	642568	627190	769410	413861	355549	512801	267798	245003
青　海	257126	146608	110518	156158	83852	72306	109625	59479	50146
宁　夏	422202	229414	192788	225780	122032	103748	143645	72946	70699
新　疆	1330849	733085	597764	746205	405571	340634	593733	296657	297076

4-3b 续表 3 单位：人

地区	大学本科			硕士研究生			博士研究生		
	小计	男	女	小计	男	女	小计	男	女
全国	**16602942**	**8418765**	**8184177**	**888561**	**439581**	**448980**	**93550**	**55441**	**38109**
北京	182849	93076	89773	39920	20391	19529	5958	3790	2168
天津	70429	37159	33270	7826	3658	4168	887	434	453
河北	1027223	478593	548630	49440	21765	27675	3760	1901	1859
山西	565294	270098	295196	26034	10212	15822	1908	898	1010
内蒙古	529424	253996	275428	25219	10246	14973	1643	786	857
辽宁	233661	111387	122274	10801	4451	6350	899	419	480
吉林	517677	243604	274073	46603	20422	26181	6415	3270	3145
黑龙江	366033	177323	188710	19379	8811	10568	2156	1145	1011
上海	282831	149288	133543	50399	27608	22791	7056	4458	2598
江苏	1208735	624067	584668	92108	49305	42803	9252	5716	3536
浙江	723131	364991	358140	33246	17473	15773	2753	1740	1013
安徽	1116656	617554	499102	82877	45631	37246	7524	4946	2578
福建	570012	298547	271465	26669	14179	12490	3274	2036	1238
江西	604314	330795	273519	29183	15089	14094	2725	1829	896
山东	1251853	647750	604103	93258	44936	48322	8734	5040	3694
河南	1326748	652827	673921	67639	31444	36195	9785	5678	4107
湖北	489224	259393	229831	23865	12704	11161	2443	1566	877
湖南	741471	386586	354885	34587	17286	17301	4352	2694	1658
广东	611710	321500	290210	19106	10219	8887	1926	1255	671
广西	477495	234420	243075	12994	6231	6763	834	480	354
海南	108454	57379	51075	3177	1546	1631	323	176	147
重庆	203725	105284	98441	6461	3299	3162	701	406	295
四川	663457	332250	331207	22164	11088	11076	2351	1422	929
贵州	580919	294743	286176	11586	4885	6701	1108	681	427
云南	617032	299873	317159	11493	5363	6130	889	483	406
西藏	51966	27250	24716	1043	671	372	46	39	7
陕西	490520	251058	239462	18172	8944	9228	2110	1158	952
甘肃	460199	244291	215908	12188	6349	5839	861	534	327
青海	85742	42210	43532	1898	1013	885	120	70	50
宁夏	113814	56323	57491	3315	1466	1849	226	114	112
新疆	330344	155150	175194	5911	2896	3015	531	277	254

4-3c　各地区分性别、受教育程度的16-59岁人口(乡村)

单位：人

地区	16-59岁人口			未上过学		
	合计	男	女	小计	男	女
全　国	**285181966**	**150269982**	**134911984**	**6257847**	**1940694**	**4317153**
北　京	1808278	1027907	780371	11143	4720	6423
天　津	1247366	655074	592292	10933	4389	6544
河　北	15964272	8181654	7782618	143584	51613	91971
山　西	7769287	4169255	3600032	65100	30028	35072
内蒙古	4774303	2584809	2189494	110731	38821	71910
辽　宁	6807869	3546823	3261046	45166	21984	23182
吉　林	5514719	2883356	2631363	51275	23057	28218
黑龙江	6957089	3652424	3304665	62100	27812	34288
上　海	1823357	1093186	730171	20211	7221	12990
江　苏	12044128	6260698	5783430	148480	40766	107714
浙　江	10622913	5717117	4905796	165341	45733	119608
安　徽	13902068	7245911	6656157	381860	84958	296902
福　建	7536148	4020368	3515780	141135	30229	110906
江　西	9743638	5160287	4583351	103019	26393	76626
山　东	20018535	10245672	9772863	382638	97010	285628
河　南	22474769	11148601	11326168	325503	95989	229514
湖　北	12143442	6513143	5630299	128423	43840	84583
湖　南	14782079	7804874	6977205	119998	46896	73102
广　东	18786657	10064435	8722222	194406	57535	136871
广　西	12139219	6618657	5520562	167029	49851	117178
海　南	2449173	1358263	1090910	39854	11477	28377
重　庆	5061298	2718415	2342883	44082	16016	28066
四　川	19964986	10607820	9357166	648737	237929	410808
贵　州	9765027	5147490	4617537	618833	135152	483681
云　南	14321852	7768113	6553739	544883	169685	375198
西　藏	1425867	763122	662745	491674	202855	288819
陕　西	8496575	4508020	3988555	166956	59494	107462
甘　肃	7072009	3659612	3412397	541830	147567	394263
青　海	1459262	766800	692462	188361	63317	125044
宁　夏	1534116	817066	717050	87398	24253	63145
新　疆	6771665	3561010	3210655	107164	44104	63060

4-3c 续表 1

单位：人

地区	学前教育			小学		
	小计	男	女	小计	男	女
全国	**273764**	**107274**	**166490**	**64470921**	**28305869**	**36165052**
北京	370	195	175	127017	67916	59101
天津	340	138	202	183483	81047	102436
河北	10840	5025	5815	2589192	1100408	1488784
山西	3578	1690	1888	1046569	485160	561409
内蒙古	1722	747	975	1281303	597000	684303
辽宁	2074	1029	1045	1295967	625247	670720
吉林	2130	1035	1095	1394201	680476	713725
黑龙江	4451	2084	2367	1630200	796315	833885
上海	976	493	483	244093	129045	115048
江苏	11966	4224	7742	2012277	750608	1261669
浙江	10267	3587	6680	2425263	1084162	1341101
安徽	14789	4252	10537	3113839	1186091	1927748
福建	12170	3197	8973	2013064	789602	1223462
江西	8233	2685	5548	2178387	807042	1371345
山东	17411	6820	10591	3758752	1428913	2329839
河南	22640	9298	13342	3699425	1447582	2251843
湖北	10757	3910	6847	2380967	958963	1422004
湖南	16846	6998	9848	2374804	1004984	1369820
广东	23791	9398	14393	3153763	1312745	1841018
广西	10308	4217	6091	2903684	1346478	1557206
海南	1662	785	877	345543	158775	186768
重庆	3874	1665	2209	1447883	654140	793743
四川	27315	10969	16346	5932801	2755701	3177100
贵州	7562	2485	5077	3299465	1521891	1777574
云南	15601	6124	9477	6125422	3024180	3101242
西藏	7723	3990	3733	491522	287840	203682
陕西	8518	3590	4928	1560408	697360	863048
甘肃	5810	1986	3824	2478344	1101369	1376975
青海	3380	1495	1885	628821	311183	317638
宁夏	1268	383	885	521350	233682	287668
新疆	5392	2780	2612	1833112	879964	953148

4-3c 续表 2

单位：人

地区	初中			高中			大学专科		
	小计	男	女	小计	男	女	小计	男	女
全 国	**154169651**	**85488776**	**68680875**	**37086131**	**22217098**	**14869033**	**14881919**	**8059941**	**6821978**
北 京	853655	503790	349865	397947	232993	164954	243842	130915	112927
天 津	765521	414623	350898	151027	85143	65884	79010	41721	37289
河 北	10629813	5630619	4999194	1653692	942652	711040	623101	306050	317051
山 西	4600014	2488401	2111613	1165389	692989	472400	577047	315523	261524
内蒙古	2393221	1367503	1025718	511572	314936	196636	289442	169663	119779
辽 宁	4510280	2399969	2110311	481642	266131	215511	309937	153797	156140
吉 林	3040056	1639610	1400446	526263	291468	234795	238044	126708	111336
黑龙江	4061270	2184894	1876376	695634	383934	311700	294751	155944	138807
上 海	1017113	624588	392525	290574	189204	101370	135108	80876	54232
江 苏	6445877	3463216	2982661	2090594	1258217	832377	920197	522895	397302
浙 江	5117225	2902991	2214234	1739555	1067566	671989	773669	416382	357287
安 徽	7374461	4178860	3195601	1839909	1120193	719716	742845	416679	326166
福 建	3659540	2173398	1486142	1050942	657855	393087	401482	225188	176294
江 西	5337902	3012519	2325383	1398518	889141	509377	480952	282340	198612
山 东	12001985	6506122	5495863	2496259	1489648	1006611	900242	479553	420689
河 南	13920440	7125156	6795284	3025075	1721304	1303771	1024343	526914	497429
湖 北	6752431	3748479	3003952	1915782	1198421	717361	643305	378965	264340
湖 南	8468215	4544634	3923581	2748850	1649023	1099827	735874	389247	346627
广 东	10663843	5917401	4746442	3206697	1934431	1272266	1064876	584962	479914
广 西	7039466	4067812	2971654	1252653	759002	493651	491499	257643	233856
海 南	1507479	855843	651636	315830	198148	117682	146019	83447	62572
重 庆	2409274	1377071	1032203	760325	460571	299754	252930	135742	117188
四 川	9540253	5436269	4103984	2405331	1439011	966320	939924	491547	448377
贵 州	4367783	2653256	1714527	820389	483622	336767	394044	212898	181146
云 南	5678868	3467228	2211640	1081617	647284	434333	549995	292124	257871
西 藏	234363	157075	77288	74053	44705	29348	64088	34270	29818
陕 西	4677065	2551968	2125097	1198638	718493	480145	569534	314887	254647
甘 肃	2698526	1604988	1093538	736897	462534	274363	392952	222127	170825
青 海	442218	280440	161778	93939	55414	38525	65817	35603	30214
宁 夏	606126	375072	231054	161646	100126	61520	95569	51303	44266
新 疆	3355368	1834981	1520387	798892	462939	335953	441481	224028	217453

4-3c 续表 3

单位：人

地区	大学本科			硕士研究生			博士研究生		
	小计	男	女	小计	男	女	小计	男	女
全国	**7567480**	**3909109**	**3658371**	**419549**	**208658**	**210891**	**54704**	**32563**	**22141**
北京	156521	78753	77768	15713	7425	8288	2070	1200	870
天津	54849	27036	27813	1943	848	1095	260	129	131
河北	290500	134983	155517	21103	9070	12033	2447	1234	1213
山西	282800	143460	139340	26411	10853	15558	2379	1151	1228
内蒙古	176969	92289	84680	8385	3428	4957	958	422	536
辽宁	150365	73728	76637	10708	4150	6558	1730	788	942
吉林	247253	114336	132917	13906	5835	8071	1591	831	760
黑龙江	199345	97569	101776	8476	3457	5019	862	415	447
上海	104038	55607	48431	10082	5417	4665	1162	735	427
江苏	387911	205746	182165	23826	13087	10739	3000	1939	1061
浙江	369937	185218	184719	18987	9749	9238	2669	1729	940
安徽	396935	232018	164917	33480	20084	13396	3950	2776	1174
福建	242691	132647	110044	12395	6500	5895	2729	1752	977
江西	220824	130144	90680	14107	8788	5319	1696	1235	461
山东	414584	214233	200351	40413	19711	20702	6251	3662	2589
河南	430779	209421	221358	23242	11015	12227	3322	1922	1400
湖北	289229	167368	121861	19794	11364	8430	2754	1833	921
湖南	299766	154004	145762	15448	7734	7714	2278	1354	924
广东	461561	238355	223206	15668	8281	7387	2052	1327	725
广西	265532	129108	136424	8101	3997	4104	947	549	398
海南	89076	47996	41080	3324	1576	1748	386	216	170
重庆	135469	69695	65774	6599	3036	3563	862	479	383
四川	443425	222884	220541	24391	11781	12610	2809	1729	1080
贵州	252228	135864	116364	4274	2049	2225	449	273	176
云南	318309	157967	160342	6262	3020	3242	895	501	394
西藏	61207	31576	29631	1174	762	412	63	49	14
陕西	299486	154333	145153	13687	6653	7034	2283	1242	1041
甘肃	207876	113801	94075	8830	4661	4169	944	579	365
青海	35837	18832	17005	775	444	331	114	72	42
宁夏	57925	30900	27025	2614	1225	1389	220	122	98
新疆	224253	109238	115015	5431	2658	2773	572	318	254

4-4　各地区分性别、受教育程度的25岁及以上人口

单位：人

地　区	25岁及以上人口			未上过学		
	合计	男	女	小计	男	女
全　国	**1008768971**	**508093477**	**500675494**	**40422193**	**10126677**	**30295516**
北　京	17317529	8786248	8531281	194426	43427	150999
天　津	10547990	5371755	5176235	184706	45555	139151
河　北	52557835	26036728	26521107	1221674	284439	937235
山　西	25518125	12970050	12548075	424364	122755	301609
内蒙古	18602473	9443148	9159325	769337	200023	569314
辽　宁	34319587	16950525	17369062	418464	114445	304019
吉　林	19180140	9496837	9683303	333373	98215	235158
黑龙江	25767420	12806152	12961268	460951	139116	321835
上　海	20210259	10384497	9825762	425255	85165	340090
江　苏	64348103	32058499	32289604	2530746	541950	1988796
浙　江	49387631	25526967	23860664	2128111	541204	1586907
安　徽	43062141	21413897	21648244	3160544	778647	2381897
福　建	29463402	14936239	14527163	1259961	240712	1019249
江　西	29615292	14819869	14795423	953878	196074	757804
山　东	72772468	36048621	36723847	3668401	822468	2845933
河　南	65159102	31571490	33587612	2576449	644509	1931940
湖　北	43208085	21819504	21388581	1513549	340708	1172841
湖　南	46554084	23369875	23184209	1177591	301546	876045
广　东	86527831	45307935	41219896	1815836	387986	1427850
广　西	32628667	16627980	16000687	1097169	219592	877577
海　南	6920719	3606190	3314529	244372	50133	194239
重　庆	23308493	11638251	11670242	597299	160140	437159
四　川	61142966	30608987	30533979	3446327	977512	2468815
贵　州	24207710	12166795	12040915	2548101	575826	1972275
云　南	31891862	16432524	15459338	2268274	654337	1613937
西　藏	2262224	1197562	1064662	760105	302662	457443
陕　西	28859146	14598875	14260271	1179962	340640	839322
甘　肃	17534419	8812866	8721553	1766678	499044	1267634
青　海	3969270	2026491	1942779	482115	153388	328727
宁　夏	4857046	2457608	2399438	346643	94095	252548
新　疆	17066952	8800512	8266440	467532	170364	297168

4-4 续表 1

单位：人

地 区	学前教育			小 学		
	小计	男	女	小计	男	女
全 国	**1541741**	**519293**	**1022448**	**236454875**	**104393684**	**132061191**
北 京	5842	2136	3706	1264351	542595	721756
天 津	4178	1628	2550	1416090	635264	780826
河 北	39170	14165	25005	11218886	4738111	6480775
山 西	16959	6010	10949	4350781	1858709	2492072
内 蒙 古	8374	3026	5348	4206147	1888139	2318008
辽 宁	13655	4874	8781	5954076	2620253	3333823
吉 林	7462	2844	4618	4081336	1844223	2237113
黑 龙 江	20484	7932	12552	5476548	2483628	2992920
上 海	13035	4342	8693	2044389	881791	1162598
江 苏	138385	41194	97191	13469083	5580262	7888821
浙 江	107361	35557	71804	13354521	6250352	7104169
安 徽	102032	32465	69567	11216665	4836765	6379900
福 建	62699	16826	45873	8158643	3439830	4718813
江 西	46485	13921	32564	7963726	3229854	4733872
山 东	97388	31683	65705	16229920	6749479	9480441
河 南	100948	36555	64393	13731263	5694144	8037119
湖 北	78147	25090	53057	9491915	4069759	5422156
湖 南	117773	41186	76587	10925798	4801719	6124079
广 东	131925	44652	87273	15619417	6664925	8954492
广 西	43119	13458	29661	8587824	3780983	4806841
海 南	5663	1959	3704	1087300	448528	638772
重 庆	34424	12880	21544	7392873	3396209	3996664
四 川	178845	63244	115601	20029051	9425669	10603382
贵 州	24829	7756	17073	8093954	3873600	4220354
云 南	47466	17257	30209	12568210	6109162	6459048
西 藏	11025	5648	5377	727966	421424	306542
陕 西	41768	14949	26819	5591213	2449080	3142133
甘 肃	19665	6453	13212	5250012	2394561	2855451
青 海	6588	2786	3802	1315494	641843	673651
宁 夏	3975	1286	2689	1240010	557633	682377
新 疆	12072	5531	6541	4397413	2085190	2312223

4-4　续表 2

单位：人

地　区	初中			高中			大学专科		
	小计	男	女	小计	男	女	小计	男	女
全　国	**409866351**	**220328979**	**189537372**	**157851981**	**87287412**	**70564569**	**85183460**	**45051312**	**40132148**
北　京	4533347	2501885	2031462	3374034	1727109	1646925	2573477	1289200	1284277
天　津	3953996	2140765	1813231	2069338	1062892	1006446	1226867	633469	593398
河　北	25636813	13497883	12138930	7531212	4063680	3467532	4086668	2062110	2024558
山　西	11960829	6325561	5635268	4279541	2353300	1926241	2555074	1345453	1209621
内蒙古	7260637	3976229	3284408	2835599	1541646	1293953	1930708	1039952	890756
辽　宁	16610084	8445434	8164650	5147028	2631069	2515959	3119616	1597279	1522337
吉　林	8257633	4234433	4023200	3425539	1753845	1671694	1471920	761962	709958
黑龙江	12178331	6265959	5912372	4073896	2092573	1981323	1907317	992661	914656
上　海	6380444	3463390	2917054	4142107	2199018	1943089	2641298	1400653	1240645
江　苏	24680697	13061149	11619548	11233783	6261920	4971863	6483602	3492149	2991453
浙　江	18284431	10242139	8042292	7076156	4059550	3016606	4165143	2197598	1967545
安　徽	17170432	9317617	7852815	5679701	3258719	2420982	3235034	1769913	1465121
福　建	11214552	6355045	4859507	4368680	2526426	1842254	2229647	1184131	1045516
江　西	12726013	6843642	5882371	4508539	2612945	1895594	1982174	1107740	874434
山　东	30884431	16497868	14386563	11051815	6157511	4894304	5879792	3175470	2704322
河　南	30136264	15409328	14726936	10499198	5649439	4849759	4867924	2496201	2371723
湖　北	17486309	9318818	8167491	8189074	4540500	3648574	3586745	1958713	1628032
湖　南	19934886	10412934	9521952	8800514	4841289	3959225	3335683	1761655	1574028
广　东	36506200	20128411	16377789	17261664	9991591	7270073	8182779	4327703	3855076
广　西	14768435	8164357	6604078	4340671	2473061	1867610	2160009	1138574	1021435
海　南	3351488	1823086	1528402	1178754	692394	486360	569803	322936	246867
重　庆	8241642	4351945	3889697	3595210	1921275	1673935	1876455	972404	904051
四　川	21941969	11806741	10135228	7646463	4174733	3471730	4304932	2252014	2052918
贵　州	8622422	4971461	3650961	2039630	1163025	876605	1439078	794200	644878
云　南	10317390	6015741	4301649	2885598	1629185	1256413	1938677	1048907	889770
西　藏	340192	223819	116373	126175	78427	47748	133211	76965	56246
陕　西	11667446	6239406	5428040	4868450	2660672	2207778	3000577	1578619	1421958
甘　肃	5505190	3105267	2399923	2306152	1338288	967864	1456492	800555	655937
青　海	1074656	637730	436926	412683	229336	183347	352249	192557	159692
宁　夏	1672466	948038	724428	643381	361351	282030	495721	262254	233467
新　疆	6566726	3602898	2963828	2261396	1240643	1020753	1994788	1017315	977473

4-4 续表 3

单位：人

地区	大学本科			硕士研究生			博士研究生		
	小计	男	女	小计	男	女	小计	男	女
全　国	**68239845**	**35581828**	**32658017**	**8000200**	**4068715**	**3931485**	**1208325**	**735577**	**472748**
北　京	4029479	1993668	2035811	1128508	556987	571521	214065	129241	84824
天　津	1467255	741784	725471	196409	94035	102374	29151	16363	12788
河　北	2583184	1265311	1317873	217205	98712	118493	23023	12317	10706
山　西	1749323	878635	870688	161531	69597	91934	19723	10030	9693
内蒙古	1461082	736205	724877	119898	52603	67295	10691	5325	5366
辽　宁	2758625	1393583	1365042	264377	124592	139785	33662	18996	14666
吉　林	1444641	726286	718355	135046	62842	72204	23190	12187	11003
黑龙江	1507521	755245	752276	118974	55552	63422	23398	13486	9912
上　海	3590958	1839272	1751686	845593	432687	412906	127180	78179	49001
江　苏	5114718	2693827	2420891	606007	327516	278491	91082	58532	32550
浙　江	3801976	1944738	1857238	413270	219788	193482	56662	36041	20621
安　徽	2224986	1262070	962916	239384	134819	104565	33363	22882	10481
福　建	1985280	1073777	911503	158828	83594	75234	25112	15898	9214
江　西	1306558	743710	562848	112848	61654	51194	15071	10329	4742
山　东	4400425	2332434	2067991	492567	242660	249907	67729	39048	28681
河　南	2929523	1485605	1443918	279942	133604	146338	37591	22105	15486
湖　北	2483270	1355984	1127286	317673	171347	146326	61403	38585	22818
湖　南	2040165	1090045	950120	189075	98798	90277	32599	20703	11896
广　东	6217116	3320550	2896566	703354	384516	318838	89540	57601	31939
广　西	1509295	774322	734973	109581	55827	53754	12564	7806	4758
海　南	446889	248259	198630	32120	16292	15828	4330	2603	1727
重　庆	1407087	735751	671336	141537	73982	67555	21966	13665	8301
四　川	3193012	1690780	1502232	350042	185206	164836	52325	33088	19237
贵　州	1357740	739079	618661	73174	36445	36729	8782	5403	3379
云　南	1730162	890814	839348	119440	57664	61776	16645	9457	7188
西　藏	155897	83966	71931	7051	4228	2823	602	423	179
陕　西	2191033	1149459	1041574	266607	135374	131233	52090	30676	21414
甘　肃	1132525	617913	514612	84466	42511	41955	13239	8274	4965
青　海	306970	159377	147593	16644	8374	8270	1871	1100	771
宁　夏	421790	217451	204339	30077	13912	16165	2983	1588	1395
新　疆	1291360	641928	649432	68972	32997	35975	6693	3646	3047

4-4a　各地区分性别、受教育程度的25岁及以上人口(城市)

单位：人

地区	25岁及以上人口			未上过学		
	合计	男	女	小计	男	女
全　国	**414048984**	**206894427**	**207154557**	**6832389**	**1572829**	**5259560**
北　京	13941819	6947502	6994317	110500	21575	88925
天　津	8303755	4209175	4094580	106365	26249	80116
河　北	15455497	7539523	7915974	153460	34773	118687
山　西	9316332	4626006	4690326	76327	19709	56618
内蒙古	7042032	3482511	3559521	122948	28792	94156
辽　宁	20329308	9905409	10423899	140327	36505	103822
吉　林	8136231	3921159	4215072	64646	16759	47887
黑龙江	11506889	5613612	5893277	117344	33072	84272
上　海	16062958	8097257	7965701	231934	41675	190259
江　苏	29936141	14855216	15080925	713728	149971	563757
浙　江	24485356	12589539	11895817	672443	165853	506590
安　徽	11556996	5626644	5930352	428593	94336	334257
福　建	11905873	5993887	5911986	277633	49993	227640
江　西	8707629	4302802	4404827	132274	28067	104207
山　东	27691475	13664068	14027407	543255	108108	435147
河　南	17149324	8282379	8866945	220201	52559	167642
湖　北	17979203	8926811	9052392	273714	55691	218023
湖　南	12994672	6386557	6608115	104262	31052	73210
广　东	53699098	28358299	25340799	580148	131178	448970
广　西	9598202	4745650	4852552	95687	19456	76231
海　南	2577130	1319994	1257136	34804	7050	27754
重　庆	11651829	5682137	5969692	151299	38311	112988
四　川	22160287	10831141	11329146	446181	115811	330370
贵　州	6500360	3211385	3288975	194128	41129	152999
云　南	8388229	4233724	4154505	246266	64198	182068
西　藏	577051	314193	262858	79187	32023	47164
陕　西	11131548	5555530	5576018	142956	36036	106920
甘　肃	5040767	2501621	2539146	131171	29007	102164
青　海	1534339	777358	756981	66912	17822	49090
宁　夏	2041757	1006007	1035750	68473	15245	53228
新　疆	6646897	3387331	3259566	105223	30824	74399

4-4a 续表 1

单位：人

地区	学前教育			小学		
	小计	男	女	小计	男	女
全国	**311502**	**109420**	**202082**	**54364964**	**22830950**	**31534014**
北京	3881	1331	2550	785700	318056	467644
天津	2787	1190	1597	834208	375390	458818
河北	6768	2478	4290	1726695	708816	1017879
山西	3035	1113	1922	859823	361417	498406
内蒙古	1910	694	1216	843907	350447	493460
辽宁	5888	2216	3672	1887466	776069	1111397
吉林	1664	593	1071	788979	316526	472453
黑龙江	5843	2264	3579	1345065	575537	769528
上海	7300	2302	4998	1229982	489161	740821
江苏	33392	10696	22696	4059347	1637806	2421541
浙江	29890	10397	19493	4938302	2259809	2678493
安徽	12685	3845	8840	1792244	703787	1088457
福建	8708	2484	6224	2114166	858716	1255450
江西	7495	2594	4901	1379672	546870	832802
山东	19861	6581	13280	3465335	1358619	2106716
河南	10913	3890	7023	1734573	689878	1044695
湖北	12967	4357	8610	2087462	828988	1258474
湖南	14404	5659	8745	1534897	653757	881140
广东	52727	19255	33472	6871486	2934678	3936808
广西	6084	2117	3967	1244327	504531	739796
海南	1246	453	793	248966	101348	147618
重庆	9197	3360	5837	2186916	930579	1256337
四川	22047	8089	13958	4156698	1797201	2359497
贵州	3776	1229	2547	1190355	509590	680765
云南	7616	2742	4874	1678147	778296	899851
西藏	2061	1037	1024	155118	83294	71824
陕西	9454	3627	5827	995284	411355	583929
甘肃	2760	870	1890	657056	265148	391908
青海	1195	461	734	277736	125680	152056
宁夏	694	211	483	272741	111726	161015
新疆	3254	1285	1969	1022311	467875	554436

4-4a　续表 2　　　　单位：人

地　区	初　中			高　中			大学专科		
	小计	男	女	小计	男	女	小计	男	女
全　国	**145037799**	**74522441**	**70515358**	**90660858**	**47476699**	**43184159**	**57160926**	**29498716**	**27662210**
北　京	3033988	1626331	1407657	2746828	1368585	1378243	2215104	1098463	1116641
天　津	2768182	1481365	1286817	1843438	930002	913436	1133937	583135	550802
河　北	5725617	2872374	2853243	3558529	1796944	1761585	2427713	1212348	1215365
山　西	3460102	1754610	1705492	2118772	1083003	1035769	1477332	752774	724558
内蒙古	2468133	1271399	1196734	1485248	754129	731119	1105702	574532	531170
辽　宁	8751212	4291363	4459849	4147490	2075298	2072192	2637525	1337844	1299681
吉　林	3106605	1499548	1607057	2180144	1083736	1096408	943630	480692	462938
黑龙江	4910472	2433064	2477408	2597697	1290704	1306993	1306575	667300	639275
上　海	4502400	2352348	2150052	3529045	1823641	1705404	2330265	1221920	1108345
江　苏	10000132	5067911	4932221	6264721	3311074	2953647	4370159	2307362	2062797
浙　江	8645427	4746175	3899252	4035801	2226842	1808959	2798446	1452544	1345902
安　徽	4113664	2037789	2075875	2196418	1165760	1030658	1590088	831948	758140
福　建	4159305	2243943	1915362	2340573	1267090	1073483	1412039	723994	688045
江　西	3281142	1625583	1655559	1963149	1044699	918450	1044181	557302	486879
山　东	9792600	4913005	4879595	6266078	3277267	2988811	3957211	2091525	1865686
河　南	5952906	2888478	3064428	4415467	2229190	2186277	2736348	1373837	1362511
湖　北	6075576	3021463	3054113	4703310	2437685	2265625	2515801	1334751	1181050
湖　南	4401346	2142115	2259231	3601238	1828533	1772705	1835288	934036	901252
广　东	20479038	11226545	9252493	12714034	7180946	5533088	6747119	3519483	3227636
广　西	3660585	1851389	1809196	2157321	1124494	1032827	1297321	663085	634236
海　南	951627	487606	464021	629772	339110	290662	357157	192757	164400
重　庆	3977577	1977774	1999803	2494885	1277455	1217430	1499577	760737	738840
四　川	7367774	3655197	3712577	4343478	2235050	2108428	2980105	1515768	1464337
贵　州	2371010	1222742	1148268	1066252	557714	508538	789929	411343	378586
云　南	2769293	1488442	1280851	1431903	745682	686221	1076956	555924	521032
西　藏	131551	81011	50540	74604	43453	31151	61770	34301	27469
陕　西	3428391	1741545	1686846	2652673	1354152	1298521	1969809	1003743	966066
甘　肃	1533055	774686	758369	1160701	605076	555625	797012	420596	376416
青　海	459933	251509	208424	268342	140474	127868	229654	122033	107621
宁　夏	688183	358886	329297	372977	195130	177847	315186	161636	153550
新　疆	2070973	1136245	934728	1299970	683781	616189	1201987	601003	600984

4-4a 续表 3

单位：人

地区	大学本科			硕士研究生			博士研究生		
	小计	男	女	小计	男	女	小计	男	女
全国	**51616141**	**26676038**	**24940103**	**6993205**	**3554321**	**3438884**	**1071200**	**653013**	**418187**
北京	3755181	1853641	1901540	1083471	534551	548920	207166	124969	82197
天津	1396727	704932	691795	190073	91102	98971	28038	15810	12228
河北	1677683	828342	849341	161748	74080	87668	17284	9368	7916
山西	1178720	589934	588786	126161	55191	70970	16060	8255	7805
内蒙古	913571	457459	456112	92254	40845	51409	8359	4214	4145
辽宁	2479952	1250765	1229187	248282	117530	130752	31166	17819	13347
吉林	949036	475114	473922	86225	40119	46106	15302	8072	7230
黑龙江	1106286	554106	552180	97066	45597	51469	20541	11968	8573
上海	3314674	1686872	1627802	798096	406231	391865	119262	73107	46155
江苏	3906774	2044896	1861878	508655	274464	234191	79233	51036	28197
浙江	2941581	1497566	1444015	371699	197488	174211	51767	32865	18902
安徽	1245925	687663	558262	154374	85683	68691	23005	15833	7172
福建	1440565	765531	675034	133435	69878	63557	19449	12258	7191
江西	803242	444363	358879	85269	45719	39550	11205	7605	3600
山东	3201718	1685447	1516271	391468	192587	198881	53949	30929	23020
河南	1848467	931498	916969	205334	98284	107050	25115	14765	10350
湖北	1969796	1056419	913377	283935	152021	131914	56642	35436	21206
湖南	1325029	695414	629615	151576	79017	72559	26632	16974	9658
广东	5494702	2922708	2571994	674047	368358	305689	85797	55148	30649
广西	1031085	525663	505422	94838	48060	46778	10954	6855	4099
海南	323930	176239	147691	26025	13234	12791	3603	2197	1406
重庆	1179351	611849	567502	132411	69196	63215	20616	12876	7740
四川	2480145	1306218	1173927	316119	167597	148522	47740	30210	17530
贵州	815897	432393	383504	61685	30756	30929	7328	4489	2839
云南	1058255	539533	518722	104741	50352	54389	15052	8555	6497
西藏	67383	35931	31452	4883	2809	2074	494	334	160
陕西	1643362	853927	789435	241748	122783	118965	47871	28362	19509
甘肃	678546	364728	313818	68828	34229	34599	11638	7281	4357
青海	214556	111357	103199	14346	7053	7293	1665	969	696
宁夏	295606	150116	145490	25302	11682	13620	2595	1375	1220
新疆	878396	435414	442982	59111	27825	31286	5672	3079	2593

4-4b　各地区分性别、受教育程度的25岁及以上人口(镇)

单位：人

地　区	25岁及以上人口			未上过学		
	合计	男	女	小计	男	女
全　国	**224167509**	**111470575**	**112696934**	**7787122**	**1913558**	**5873564**
北　京	1114291	606313	507978	18137	4772	13365
天　津	587041	313489	273552	16038	4420	11618
河　北	15406622	7621912	7784710	302720	70219	232501
山　西	6053770	3033333	3020437	65727	18977	46750
内蒙古	5098442	2554308	2544134	159838	38495	121343
辽　宁	4110986	2026826	2084160	42508	12012	30496
吉　林	3663847	1791359	1872488	47123	12321	34802
黑龙江	5197424	2551632	2645792	83500	22926	60574
上　海	1849037	987025	862012	62152	13707	48445
江　苏	16307124	8078916	8228208	600775	128699	472076
浙　江	10270597	5310985	4959612	393772	100576	293196
安　徽	13193878	6462401	6731477	709831	166550	543281
福　建	7916564	3951183	3965381	288424	51828	236596
江　西	8829056	4352648	4476408	218893	44976	173917
山　东	16971888	8400811	8571077	815691	183879	631812
河　南	18461637	9009306	9452331	496393	128495	367898
湖　北	8531607	4220687	4310920	242785	56307	186478
湖　南	13890962	6888744	7002218	266556	70820	195736
广　东	11229949	5745272	5484677	301848	66683	235165
广　西	7897998	3963133	3934865	180309	36932	143377
海　南	1571159	810906	760253	62004	12831	49173
重　庆	4170162	2028070	2142092	98657	26945	71712
四　川	11935368	5764740	6170628	537886	155659	382227
贵　州	6196324	3047211	3149113	506953	113904	393049
云　南	7430463	3764553	3665910	426463	118218	308245
西　藏	311115	167664	143451	78898	30495	48403
陕　西	6482868	3238204	3244664	238584	69244	169340
甘　肃	3916537	1922715	1993822	261295	68228	193067
青　海	923853	467685	456168	115292	37144	78148
宁　夏	1105145	555270	549875	58727	14723	44004
新　疆	3541795	1833274	1708521	89343	32573	56770

4-4b 续表 1

单位：人

地区	学前教育			小学		
	小计	男	女	小计	男	女
全国	**305610**	**103269**	**202341**	**50137777**	**21318344**	**28819433**
北京	563	279	284	120988	57146	63842
天津	264	119	145	123403	57584	65819
河北	11580	4436	7144	3002429	1261796	1740633
山西	2694	981	1713	810314	334461	475853
内蒙古	1913	655	1258	946684	398501	548183
辽宁	1506	432	1074	691811	296634	395177
吉林	1015	369	646	513248	213706	299542
黑龙江	3404	1225	2179	914911	391982	522929
上海	1700	574	1126	262483	117739	144744
江苏	33500	9808	23692	3451389	1401208	2050181
浙江	18680	6278	12402	2745626	1267585	1478041
安徽	23555	7084	16471	3005532	1215908	1789624
福建	13757	3479	10278	2227924	895112	1332812
江西	10839	3504	7335	2046003	802565	1243438
山东	21007	6829	14178	3571953	1469578	2102375
河南	25053	9494	15559	3245467	1357507	1887960
湖北	14077	4493	9584	1815336	749985	1065351
湖南	27400	10018	17382	2897713	1238744	1658969
广东	19911	6848	13063	2515009	1057885	1457124
广西	8570	2820	5750	1802410	758578	1043832
海南	1489	543	946	246400	97713	148687
重庆	6167	2166	4001	1412788	616031	796757
四川	23293	8251	15042	3666331	1606704	2059627
贵州	5221	1660	3561	1851226	828419	1022807
云南	10404	3808	6596	2532171	1187093	1345078
西藏	713	346	367	79048	44575	34473
陕西	8888	3408	5480	1305684	560312	745372
甘肃	3833	1304	2529	986069	412560	573509
青海	1425	595	830	317140	151229	165911
宁夏	752	271	481	247998	103841	144157
新疆	2437	1192	1245	782289	365663	416626

4-4b　续表 2

单位：人

地　区	初　中			高　中			大学专科		
	小计	男	女	小计	男	女	小计	男	女
全　国	**98094724**	**50971617**	**47123107**	**36395781**	**20295218**	**16100563**	**18502767**	**10041351**	**8461416**
北　京	422078	247908	174170	216144	121307	94837	150933	79337	71596
天　津	295808	166712	129096	76378	43993	32385	37299	20557	16742
河　北	7718252	4003430	3714822	2337364	1267269	1070095	1250323	638551	611772
山　西	2908148	1474288	1433860	1130783	618574	512209	705038	375716	329322
内蒙古	2050585	1083565	967020	852758	463705	389053	619934	339075	280859
辽　宁	2338366	1175568	1162798	539894	283535	256359	295775	157252	138523
吉　林	1578416	785406	793010	726635	371747	354888	371510	194673	176837
黑龙江	2648470	1330445	1318025	855332	445594	409738	394885	211899	182986
上　海	735254	412535	322719	328884	190089	138795	205540	114066	91474
江　苏	6923313	3593734	3329579	2876360	1631202	1245158	1402851	770068	632783
浙　江	4118569	2273985	1844584	1546666	893459	653207	810078	437129	372949
安　徽	5466386	2817980	2648406	1990715	1129699	861016	1167130	646276	520854
福　建	3283987	1797733	1486254	1157803	680551	477252	535530	294038	241492
江　西	3965888	2020535	1945353	1516488	869064	647424	662195	375258	286937
山　东	7493032	3925162	3567870	2637968	1490486	1147482	1383366	766857	616509
河　南	8788758	4394267	4394491	3511767	1883755	1628012	1498950	780832	718118
湖　北	3766424	1904930	1861494	1708286	947305	760981	636006	358749	277257
湖　南	6133973	3081019	3052954	2933287	1601225	1332062	1057132	572115	485017
广　东	5201249	2776144	2425105	1973757	1164647	809110	764320	424703	339617
广　西	3819869	2014641	1805228	1155613	658603	497010	568026	305566	262460
海　南	815149	431400	383749	257683	157203	100480	113435	67929	45506
重　庆	1661189	841470	819719	592083	324388	267695	238187	130577	107610
四　川	4783883	2407157	2376726	1626291	888986	737305	802459	436393	366066
贵　州	2408296	1300459	1107837	571572	326687	244885	444432	251165	193267
云　南	2599625	1439102	1160523	793571	447699	345872	570647	314229	256418
西　藏	51118	33088	18030	20962	13818	7144	33624	20251	13373
陕　西	2770142	1428820	1341322	1124686	620002	504684	639712	347747	291965
甘　肃	1318550	686570	631980	576586	331371	245215	419685	231653	188032
青　海	239484	139699	99785	88992	51988	37004	87395	49542	37853
宁　夏	424431	232706	191725	159626	91328	68298	121754	65240	56514
新　疆	1366032	751159	614873	510847	285939	224908	514616	263908	250708

4-4b 续表 3

单位：人

地区	大学本科			硕士研究生			博士研究生		
	小计	男	女	小计	男	女	小计	男	女
全国	**12142799**	**6411070**	**5731729**	**713114**	**363387**	**349727**	**87815**	**52761**	**35054**
北京	150273	77216	73057	30337	15280	15057	4838	3068	1770
天津	32264	17433	14831	4720	2241	2479	867	430	437
河北	739082	355927	383155	41322	18460	22862	3550	1824	1726
山西	409805	201771	208034	19595	7768	11827	1666	797	869
内蒙古	443036	220185	222851	22165	9386	12779	1529	741	788
辽宁	191331	96970	94361	8932	4012	4920	863	411	452
吉林	380420	191572	188848	39123	18265	20858	6357	3300	3057
黑龙江	278933	138999	139934	15897	7433	8464	2092	1129	963
上海	206926	112093	94833	39294	21856	17438	6804	4366	2438
江苏	931062	495660	435402	78873	42897	35976	9001	5640	3361
浙江	606125	314877	291248	28569	15486	13083	2512	1610	902
安徽	759113	437509	321604	64636	36760	27876	6980	4635	2345
福建	388735	217243	171492	17237	9191	8046	3167	2008	1159
江西	386679	224237	162442	19594	10820	8774	2477	1689	788
山东	964340	515466	448874	76334	37743	38591	8197	4811	3386
河南	830289	423236	407053	55539	26162	29377	9421	5558	3863
湖北	327440	186847	140593	18978	10597	8381	2275	1474	801
湖南	543700	297889	245811	27183	14368	12815	4018	2546	1472
广东	435111	237825	197286	16896	9318	7578	1848	1219	629
广西	352904	180453	172451	9532	5086	4446	765	454	311
海南	71723	41608	30115	2947	1500	1447	329	179	150
重庆	155360	83339	72021	5105	2782	2323	626	372	254
四川	476507	251590	224917	16581	8669	7912	2137	1331	806
贵州	399349	220255	179094	8211	3994	4217	1064	668	396
云南	486680	248999	237681	10088	4949	5139	814	456	358
西藏	45677	24386	21291	1030	667	363	45	38	7
陕西	378422	200034	178388	14772	7560	7212	1978	1077	901
甘肃	339990	185419	154571	9742	5117	4625	787	493	294
青海	72290	36467	35823	1732	959	773	103	62	41
宁夏	88791	45744	43047	2858	1307	1551	208	110	98
新疆	270442	129821	140621	5292	2754	2538	497	265	232

4-4c　各地区分性别、受教育程度的25岁及以上人口(乡村)

单位：人

地　区	25岁及以上人口			未上过学		
	合计	男	女	小计	男	女
全　国	**370552478**	**189728475**	**180824003**	**25802682**	**6640290**	**19162392**
北　京	2261419	1232433	1028986	65789	17080	48709
天　津	1657194	849091	808103	62303	14886	47417
河　北	21695716	10875293	10820423	765494	179447	586047
山　西	10148023	5310711	4837312	282310	84069	198241
内蒙古	6461999	3406329	3055670	486551	132736	353815
辽　宁	9879293	5018290	4861003	235629	65928	169701
吉　林	7380062	3784319	3595743	221604	69135	152469
黑龙江	9063107	4640908	4422199	260107	83118	176989
上　海	2298264	1300215	998049	131169	29783	101386
江　苏	18104838	9124367	8980471	1216243	263280	952963
浙　江	14631678	7626443	7005235	1061896	274775	787121
安　徽	18311267	9324852	8986415	2022120	517761	1504359
福　建	9640965	4991169	4649796	693904	138891	555013
江　西	12078607	6164419	5914188	602711	123031	479680
山　东	28109105	13983742	14125363	2309455	530481	1778974
河　南	29548141	14279805	15268336	1859855	463455	1396400
湖　北	16697275	8672006	8025269	997050	228710	768340
湖　南	19668450	10094574	9573876	806773	199674	607099
广　东	21598784	11204364	10394420	933840	190125	743715
广　西	15132467	7919197	7213270	821173	163204	657969
海　南	2772430	1475290	1297140	147564	30252	117312
重　庆	7486502	3928044	3558458	347343	94884	252459
四　川	27047311	14013106	13034205	2462260	706042	1756218
贵　州	11511026	5908199	5602827	1847020	420793	1426227
云　南	16073170	8434247	7638923	1595545	471921	1123624
西　藏	1374058	715705	658353	602020	240144	361876
陕　西	11244730	5805141	5439589	798422	235360	563062
甘　肃	8577115	4388530	4188585	1374212	401809	972403
青　海	1511078	781448	729630	299911	98422	201489
宁　夏	1710144	896331	813813	219443	64127	155316
新　疆	6878260	3579907	3298353	272966	106967	165999

4-4c 续表 1

单位：人

地区	学前教育			小学		
	小计	男	女	小计	男	女
全国	**924629**	**306604**	**618025**	**131952134**	**60244390**	**71707744**
北京	1398	526	872	357663	167393	190270
天津	1127	319	808	458479	202290	256189
河北	20822	7251	13571	6489762	2767499	3722263
山西	11230	3916	7314	2680644	1162831	1517813
内蒙古	4551	1677	2874	2415556	1139191	1276365
辽宁	6261	2226	4035	3374799	1547550	1827249
吉林	4783	1882	2901	2779109	1313991	1465118
黑龙江	11237	4443	6794	3216572	1516109	1700463
上海	4035	1466	2569	551924	274891	277033
江苏	71493	20690	50803	5958347	2541248	3417099
浙江	58791	18882	39909	5670593	2722958	2947635
安徽	65792	21536	44256	6418889	2917070	3501819
福建	40234	10863	29371	3816553	1686002	2130551
江西	28151	7823	20328	4538051	1880419	2657632
山东	56520	18273	38247	9192632	3921282	5271350
河南	64982	23171	41811	8751223	3646759	5104464
湖北	51103	16240	34863	5589117	2490786	3098331
湖南	75969	25509	50460	6493188	2909218	3583970
广东	59287	18549	40738	6232922	2672362	3560560
广西	28465	8521	19944	5541087	2517874	3023213
海南	2928	963	1965	591934	249467	342467
重庆	19060	7354	11706	3793169	1849599	1943570
四川	133505	46904	86601	12206022	6021764	6184258
贵州	15832	4867	10965	5052373	2535591	2516782
云南	29446	10707	18739	8357892	4143773	4214119
西藏	8251	4265	3986	493800	293555	200245
陕西	23426	7914	15512	3290245	1477413	1812832
甘肃	13072	4279	8793	3606887	1716853	1890034
青海	3968	1730	2238	720618	364934	355684
宁夏	2529	804	1725	719271	342066	377205
新疆	6381	3054	3327	2592813	1251652	1341161

4-4c 续表 2

单位：人

地区	初中			高中			大学专科		
	小计	男	女	小计	男	女	小计	男	女
全国	**166733828**	**94834921**	**71898907**	**30795342**	**19515495**	**11279847**	**9519767**	**5511245**	**4008522**
北京	1077281	627646	449635	411062	237217	173845	207440	111400	96040
天津	890006	492688	397318	149522	88897	60625	55631	29777	25854
河北	12192944	6622079	5570865	1635319	999467	635852	408632	211211	197421
山西	5592579	3096663	2495916	1029986	651723	378263	372704	216963	155741
内蒙古	2741919	1621265	1120654	497593	323812	173781	205072	126345	78727
辽宁	5520506	2978503	2542003	459644	272236	187408	186316	102183	84133
吉林	3572612	1949479	1623133	518760	298362	220398	156780	86597	70183
黑龙江	4619389	2502450	2116939	620867	356275	264592	205857	113462	92395
上海	1142790	698507	444283	284178	185288	98890	105493	64667	40826
江苏	7757252	4399504	3357748	2092702	1319644	773058	710592	414719	295873
浙江	5520435	3221979	2298456	1493689	939249	554440	556619	307925	248694
安徽	7590382	4461848	3128534	1492568	963260	529308	477816	291689	186127
福建	3771260	2313369	1457891	870304	578785	291519	282078	166099	115979
江西	5478983	3197524	2281459	1028902	699182	329720	275798	175180	100618
山东	13598799	7659701	5939098	2147769	1389758	758011	539215	317088	222127
河南	15394600	8126583	7268017	2571964	1536494	1035470	632626	341532	291094
湖北	7644309	4392425	3251884	1777478	1155510	621968	434938	265213	169725
湖南	9399567	5189800	4209767	2265989	1411531	854458	443263	255504	187759
广东	10825913	6125722	4700191	2573873	1645998	927875	671340	383517	287823
广西	7287981	4298327	2989654	1027737	689964	337773	294662	169923	124739
海南	1584712	904080	680632	291299	196081	95218	99211	62250	36961
重庆	2602876	1532701	1070175	508242	319432	188810	138691	81090	57601
四川	9790312	5744387	4045925	1676694	1050697	625997	522368	299853	222515
贵州	3843116	2448260	1394856	401806	278624	123182	204717	131692	73025
云南	4948472	3088197	1860275	660124	435804	224320	291074	178754	112320
西藏	157523	109720	47803	30609	21156	9453	37817	22413	15404
陕西	5468913	3069041	2399872	1091091	686518	404573	391056	227129	163927
甘肃	2653585	1644011	1009574	568865	401841	167024	239795	148306	91489
青海	375239	246522	128717	55349	36874	18475	35200	20982	14218
宁夏	559852	356446	203406	110778	74893	35885	58781	35378	23403
新疆	3129721	1715494	1414227	450579	270923	179656	278185	152404	125781

4-4c 续表 3

单位：人

地区	大学本科			硕士研究生			博士研究生		
	小计	男	女	小计	男	女	小计	男	女
全国	**4480905**	**2494720**	**1986185**	**293881**	**151007**	**142874**	**49310**	**29803**	**19507**
北京	124025	62811	61214	14700	7156	7544	2061	1204	857
天津	38264	19419	18845	1616	692	924	246	123	123
河北	166419	81042	85377	14135	6172	7963	2189	1125	1064
山西	160798	86930	73868	15775	6638	9137	1997	978	1019
内蒙古	104475	58561	45914	5479	2372	3107	803	370	433
辽宁	87342	45848	41494	7163	3050	4113	1633	766	867
吉林	115185	59600	55585	9698	4458	5240	1531	815	716
黑龙江	122302	62140	60162	6011	2522	3489	765	389	376
上海	69358	40307	29051	8203	4600	3603	1114	706	408
江苏	276882	153271	123611	18479	10155	8324	2848	1856	992
浙江	254270	132295	121975	13002	6814	6188	2383	1566	817
安徽	219948	136898	83050	20374	12376	7998	3378	2414	964
福建	155980	91003	64977	8156	4525	3631	2496	1632	864
江西	116637	75110	41527	7985	5115	2870	1389	1035	354
山东	234367	131521	102846	24765	12330	12435	5583	3308	2275
河南	250767	130871	119896	19069	9158	9911	3055	1782	1273
湖北	186034	112718	73316	14760	8729	6031	2486	1675	811
湖南	171436	96742	74694	10316	5413	4903	1949	1183	766
广东	287303	160017	127286	12411	6840	5571	1895	1234	661
广西	125306	68206	57100	5211	2681	2530	845	497	348
海南	51236	30412	20824	3148	1558	1590	398	227	171
重庆	72376	40563	31813	4021	2004	2017	724	417	307
四川	236360	132972	103388	17342	8940	8402	2448	1547	901
贵州	142494	86431	56063	3278	1695	1583	390	246	144
云南	185227	102282	82945	4611	2363	2248	779	446	333
西藏	42837	23649	19188	1138	752	386	63	51	12
陕西	169249	95498	73751	10087	5031	5056	2241	1237	1004
甘肃	113989	67766	46223	5896	3165	2731	814	500	314
青海	20124	11553	8571	566	362	204	103	69	34
宁夏	37393	21591	15802	1917	923	994	180	103	77
新疆	142522	76693	65829	4569	2418	2151	524	302	222

4-5 全国分年龄、性别的15岁及以上文盲人口

单位：人、%

年龄	15岁及以上人口			文盲人口			文盲人口占15岁及以上人口比重		
	合计	男	女	合计	男	女	合计	男	女
总 计	**1156394786**	**586822815**	**569571971**	**37704017**	**9499681**	**28204336**	**3.26**	**1.62**	**4.95**
15-19岁	**72684140**	**39053343**	**33630797**	**160964**	**90953**	**70011**	**0.22**	**0.23**	**0.21**
15	15323224	8225995	7097229	40338	22373	17965	0.26	0.27	0.25
16	15218156	8195908	7022248	31005	17699	13306	0.20	0.22	0.19
17	13730626	7401041	6329585	27371	15676	11695	0.20	0.21	0.18
18	14043179	7560195	6482984	30845	17526	13319	0.22	0.23	0.21
19	14368955	7670204	6698751	31405	17679	13726	0.22	0.23	0.20
20-24岁	**74941675**	**39675995**	**35265680**	**197285**	**103921**	**93364**	**0.26**	**0.26**	**0.26**
20	14563347	7742857	6820490	37600	20534	17066	0.26	0.27	0.25
21	13935509	7389412	6546097	36330	19363	16967	0.26	0.26	0.26
22	15249809	8078183	7171626	39315	20816	18499	0.26	0.26	0.26
23	15325970	8103460	7222510	40987	21306	19681	0.27	0.26	0.27
24	15867040	8362083	7504957	43053	21902	21151	0.27	0.26	0.28
25-29岁	**91847332**	**48162270**	**43685062**	**274165**	**132269**	**141896**	**0.30**	**0.27**	**0.32**
25	17146447	9042474	8103973	47253	23581	23672	0.28	0.26	0.29
26	16826988	8845171	7981817	48975	24003	24972	0.29	0.27	0.31
27	18298935	9588428	8710507	53741	26127	27614	0.29	0.27	0.32
28	19060645	9975395	9085250	58962	27984	30978	0.31	0.28	0.34
29	20514317	10710802	9803515	65234	30574	34660	0.32	0.29	0.35
30-34岁	**124145190**	**63871808**	**60273382**	**486953**	**215308**	**271645**	**0.39**	**0.34**	**0.45**
30	25973082	13463923	12509159	84455	39240	45215	0.33	0.29	0.36
31	25451203	13094627	12356576	93435	42013	51422	0.37	0.32	0.42
32	24037711	12335076	11702635	95379	42118	53261	0.40	0.34	0.46
33	25946853	13315974	12630879	107471	46689	60782	0.41	0.35	0.48
34	22736341	11662208	11074133	106213	45248	60965	0.47	0.39	0.55
35-39岁	**99012932**	**50932037**	**48080895**	**611016**	**244516**	**366500**	**0.62**	**0.48**	**0.76**
35	19586332	10077433	9508899	105535	43834	61701	0.54	0.43	0.65
36	19499941	10034259	9465682	112622	45554	67068	0.58	0.45	0.71
37	19063741	9815714	9248027	116890	46866	70024	0.61	0.48	0.76
38	21799284	11217120	10582164	137476	54340	83136	0.63	0.48	0.79
39	19063634	9787511	9276123	138493	53922	84571	0.73	0.55	0.91
40-44岁	**92955330**	**47632694**	**45322636**	**911133**	**322815**	**588318**	**0.98**	**0.68**	**1.30**
40	17540717	8997291	8543426	148836	54907	93929	0.85	0.61	1.10
41	19339617	9934985	9404632	167726	61871	105855	0.87	0.62	1.13
42	18564211	9492205	9072006	181706	64060	117646	0.98	0.67	1.30
43	17758286	9097039	8661247	188792	66280	122512	1.06	0.73	1.41
44	19752499	10111174	9641325	224073	75697	148376	1.13	0.75	1.54

4-5 续表

单位：人、%

年 龄	15岁及以上人口			文盲人口			文盲人口占15岁及以上人口比重		
	合计	男	女	合计	男	女	合计	男	女
45-49岁	**114224887**	**58191686**	**56033201**	**1616601**	**508807**	**1107794**	**1.42**	**0.87**	**1.98**
45	20259918	10335133	9924785	248993	82186	166807	1.23	0.80	1.68
46	22208985	11305313	10903672	292934	94620	198314	1.32	0.84	1.82
47	23233417	11844299	11389118	325638	103057	222581	1.40	0.87	1.95
48	23862010	12147117	11714893	361381	110731	250650	1.51	0.91	2.14
49	24660557	12559824	12100733	387655	118213	269442	1.57	0.94	2.23
50-54岁	**121164296**	**61105470**	**60058826**	**2486802**	**684860**	**1801942**	**2.05**	**1.12**	**3.00**
50	26062036	13149971	12912065	454287	130852	323435	1.74	1.00	2.50
51	24444570	12342864	12101706	470137	133946	336191	1.92	1.09	2.78
52	26105080	13149508	12955572	536627	146846	389781	2.06	1.12	3.01
53	20959668	10539231	10420437	476945	128053	348892	2.28	1.22	3.35
54	23592942	11923896	11669046	548806	145163	403643	2.33	1.22	3.46
55-59岁	**101400786**	**50816026**	**50584760**	**2709753**	**627728**	**2082025**	**2.67**	**1.24**	**4.12**
55	23106155	11648724	11457431	553513	140535	412978	2.40	1.21	3.60
56	22559346	11301683	11257663	565808	137611	428197	2.51	1.22	3.80
57	26044142	13130492	12913650	644999	149350	495649	2.48	1.14	3.84
58	19132096	9562232	9569864	577792	123143	454649	3.02	1.29	4.75
59	10559047	5172895	5386152	367641	77089	290552	3.48	1.49	5.39
60-64岁	**73382938**	**36871125**	**36511813**	**3674128**	**855095**	**2819033**	**5.01**	**2.32**	**7.72**
60	12899885	6442344	6457541	477722	107330	370392	3.70	1.67	5.74
61	12135959	6148108	5987851	532335	125928	406407	4.39	2.05	6.79
62	15464277	7832019	7632258	772315	185818	586497	4.99	2.37	7.68
63	17232007	8678055	8553952	945872	220447	725425	5.49	2.54	8.48
64	15650810	7770599	7880211	945884	215572	730312	6.04	2.77	9.27
65-69岁	**74005560**	**36337923**	**37667637**	**5709805**	**1316922**	**4392883**	**7.72**	**3.62**	**11.66**
65	16295105	8101750	8193355	1065356	243016	822340	6.54	3.00	10.04
66	16248455	8003803	8244652	1157139	262520	894619	7.12	3.28	10.85
67	14620318	7147712	7472606	1156562	265319	891243	7.91	3.71	11.93
68	14550479	7115265	7435214	1237029	289077	947952	8.50	4.06	12.75
69	12291203	5969393	6321810	1093719	256990	836729	8.90	4.31	13.24
70-74岁	**49590036**	**24162733**	**25427303**	**5370160**	**1313312**	**4056848**	**10.83**	**5.44**	**15.95**
70	11600773	5667080	5933693	1104048	269387	834661	9.52	4.75	14.07
71	11228645	5539299	5689346	1170906	297035	873871	10.43	5.36	15.36
72	9552234	4640378	4911856	1063728	261166	802562	11.14	5.63	16.34
73	9046226	4399581	4646645	1041161	253744	787417	11.51	5.77	16.95
74	8162158	3916395	4245763	990317	231980	758337	12.13	5.92	17.86
75-79岁	**31238849**	**14752433**	**16486416**	**4682584**	**1115236**	**3567348**	**14.99**	**7.56**	**21.64**
75	7179399	3414021	3765378	942015	219006	723009	13.12	6.41	19.20
76	6818961	3265307	3553654	973335	233677	739658	14.27	7.16	20.81
77	6019552	2835339	3184213	920192	219567	700625	15.29	7.74	22.00
78	5672036	2657484	3014552	901166	216003	685163	15.89	8.13	22.73
79	5548901	2580282	2968619	945876	226983	718893	17.05	8.80	24.22
80-84岁	**20382878**	**9157003**	**11225875**	**4285400**	**1023190**	**3262210**	**21.02**	**11.17**	**29.06**
80	4919088	2271741	2647347	902844	217945	684899	18.35	9.59	25.87
81	4139582	1869035	2270547	836814	203040	633774	20.21	10.86	27.91
82	4242478	1914824	2327654	909420	221028	688392	21.44	11.54	29.57
83	3711083	1645840	2065243	837494	198295	639199	22.57	12.05	30.95
84	3370647	1455563	1915084	798828	182882	615946	23.70	12.56	32.16
85岁及以上	**15417957**	**6100269**	**9317688**	**4527268**	**944749**	**3582519**	**29.36**	**15.49**	**38.45**

4-5a　全国分年龄、性别的15岁及以上文盲人口(城市)

单位：人、%

年　龄	15岁及以上人口			文盲人口			文盲人口占15岁及以上人口比重		
	合计	男	女	合计	男	女	合计	男	女
总　计	**484961166**	**243920261**	**241040905**	**6125384**	**1396532**	**4728852**	**1.26**	**0.57**	**1.96**
15-19岁	**32654045**	**17249362**	**15404683**	**38589**	**22256**	**16333**	**0.12**	**0.13**	**0.11**
15	5750149	3057264	2692885	11190	6296	4894	0.19	0.21	0.18
16	6519084	3479730	3039354	7920	4488	3432	0.12	0.13	0.11
17	6088485	3250249	2838236	6133	3551	2582	0.10	0.11	0.09
18	6722026	3545418	3176608	6986	4082	2904	0.10	0.12	0.09
19	7574301	3916701	3657600	6360	3839	2521	0.08	0.10	0.07
20-24岁	**38258137**	**19776472**	**18481665**	**38404**	**21886**	**16518**	**0.10**	**0.11**	**0.09**
20	7945812	4088343	3857469	8469	4821	3648	0.11	0.12	0.09
21	7368955	3799988	3568967	7376	4154	3222	0.10	0.11	0.09
22	7630775	3956286	3674489	7395	4237	3158	0.10	0.11	0.09
23	7529768	3906465	3623303	7611	4377	3234	0.10	0.11	0.09
24	7782827	4025390	3757437	7553	4297	3256	0.10	0.11	0.09
25-29岁	**44415879**	**22937131**	**21478748**	**42508**	**23158**	**19350**	**0.10**	**0.10**	**0.09**
25	8364734	4332574	4032160	7916	4383	3533	0.09	0.10	0.09
26	8240736	4258959	3981777	7881	4418	3463	0.10	0.10	0.09
27	8855883	4567904	4287979	8346	4574	3772	0.09	0.10	0.09
28	9169737	4732680	4437057	8833	4742	4091	0.10	0.10	0.09
29	9784789	5045014	4739775	9532	5041	4491	0.10	0.10	0.09
30-34岁	**60075584**	**30519381**	**29556203**	**67947**	**33768**	**34179**	**0.11**	**0.11**	**0.12**
30	12298468	6297664	6000804	12036	6284	5752	0.10	0.10	0.10
31	12246291	6226709	6019582	13260	6626	6634	0.11	0.11	0.11
32	11692599	5930008	5762591	13418	6791	6627	0.11	0.11	0.12
33	12686287	6423503	6262784	14986	7342	7644	0.12	0.11	0.12
34	11151939	5641497	5510442	14247	6725	7522	0.13	0.12	0.14
35-39岁	**48129615**	**24437714**	**23691901**	**79235**	**34351**	**44884**	**0.16**	**0.14**	**0.19**
35	9496273	4822865	4673408	13642	6252	7390	0.14	0.13	0.16
36	9455642	4807258	4648384	14614	6391	8223	0.15	0.13	0.18
37	9369040	4761690	4607350	15014	6575	8439	0.16	0.14	0.18
38	10713665	5434717	5278948	18059	7776	10283	0.17	0.14	0.19
39	9094995	4611184	4483811	17906	7357	10549	0.20	0.16	0.24
40-44岁	**42221092**	**21424853**	**20796239**	**125530**	**44767**	**80763**	**0.30**	**0.21**	**0.39**
40	8184772	4157584	4027188	19221	7303	11918	0.23	0.18	0.30
41	9000311	4572779	4427532	22920	8615	14305	0.25	0.19	0.32
42	8474758	4291975	4182783	25021	8905	16116	0.30	0.21	0.39
43	7956899	4034419	3922480	26640	9186	17454	0.33	0.23	0.44
44	8604352	4368096	4236256	31728	10758	20970	0.37	0.25	0.50

4-5a 续表

单位：人、%

年 龄	15岁及以上人口			文盲人口			文盲人口占15岁及以上人口比重		
	合计	男	女	合计	男	女	合计	男	女
45-49岁	**47056463**	**23879328**	**23177135**	**246827**	**75204**	**171623**	**0.52**	**0.31**	**0.74**
45	8680363	4396217	4284146	36185	11751	24434	0.42	0.27	0.57
46	9250889	4685232	4565657	43534	13698	29836	0.47	0.29	0.65
47	9619347	4886582	4732765	49562	15269	34293	0.52	0.31	0.72
48	9666497	4915967	4750530	56386	16713	39673	0.58	0.34	0.84
49	9839367	4995330	4844037	61160	17773	43387	0.62	0.36	0.90
50-54岁	**44885021**	**22560304**	**22324717**	**403613**	**108764**	**294849**	**0.90**	**0.48**	**1.32**
50	10132139	5107867	5024272	71768	20204	51564	0.71	0.40	1.03
51	9343450	4701969	4641481	76764	21514	55250	0.82	0.46	1.19
52	9691305	4870588	4820717	88094	23786	64308	0.91	0.49	1.33
53	7388157	3701176	3686981	77116	20101	57015	1.04	0.54	1.55
54	8329970	4178704	4151266	89871	23159	66712	1.08	0.55	1.61
55-59岁	**37888257**	**18844970**	**19043287**	**445237**	**97546**	**347691**	**1.18**	**0.52**	**1.83**
55	8404231	4211072	4193159	90369	22004	68365	1.08	0.52	1.63
56	8478783	4227203	4251580	91163	21402	69761	1.08	0.51	1.64
57	10005668	4987409	5018259	107659	23574	84085	1.08	0.47	1.68
58	6953544	3447413	3506131	95449	18753	76696	1.37	0.54	2.19
59	4046031	1971873	2074158	60597	11813	48784	1.50	0.60	2.35
60-64岁	**27440811**	**13477770**	**13963041**	**632726**	**131440**	**501286**	**2.31**	**0.98**	**3.59**
60	5095525	2508447	2587078	81098	16842	64256	1.59	0.67	2.48
61	4692390	2326784	2365606	93771	20259	73512	2.00	0.87	3.11
62	5824599	2883944	2940655	134723	28736	105987	2.31	1.00	3.60
63	6254652	3058944	3195708	164446	33792	130654	2.63	1.10	4.09
64	5573645	2699651	2873994	158688	31811	126877	2.85	1.18	4.41
65-69岁	**24764064**	**11839355**	**12924709**	**888654**	**180397**	**708257**	**3.59**	**1.52**	**5.48**
65	5666606	2741937	2924669	174658	34723	139935	3.08	1.27	4.78
66	5599470	2688000	2911470	185696	36710	148986	3.32	1.37	5.12
67	4831514	2295297	2536217	178278	36052	142226	3.69	1.57	5.61
68	4691175	2228781	2462394	188302	39032	149270	4.01	1.75	6.06
69	3975299	1885340	2089959	161720	33880	127840	4.07	1.80	6.12
70-74岁	**15504914**	**7363010**	**8141904**	**739749**	**164257**	**575492**	**4.77**	**2.23**	**7.07**
70	3735386	1786597	1948789	157251	34735	122516	4.21	1.94	6.29
71	3507544	1673908	1833636	164382	37850	126532	4.69	2.26	6.90
72	2946341	1387221	1559120	145904	32490	113414	4.95	2.34	7.27
73	2801600	1329311	1472289	140622	31258	109364	5.02	2.35	7.43
74	2514043	1185973	1328070	131590	27924	103666	5.23	2.35	7.81
75-79岁	**9606840**	**4398180**	**5208660**	**658426**	**134196**	**524230**	**6.85**	**3.05**	**10.06**
75	2172634	1008687	1163947	126065	25877	100188	5.80	2.57	8.61
76	2055030	950735	1104295	134020	28096	105924	6.52	2.96	9.59
77	1833023	835847	997176	126930	25946	100984	6.92	3.10	10.13
78	1790856	810842	980014	128975	25961	103014	7.20	3.20	10.51
79	1755297	792069	963228	142436	28316	114120	8.11	3.57	11.85
80-84岁	**6800356**	**3011252**	**3789104**	**746664**	**148370**	**598294**	**10.98**	**4.93**	**15.79**
80	1607754	725920	881834	142178	28579	113599	8.84	3.94	12.88
81	1395399	612992	782407	143681	29247	114434	10.30	4.77	14.63
82	1411766	625049	786717	159762	32399	127363	11.32	5.18	16.19
83	1242150	550568	691582	150446	29672	120774	12.11	5.39	17.46
84	1143287	496723	646564	150597	28473	122124	13.17	5.73	18.89
85岁及以上	**5260088**	**2201179**	**3058909**	**971275**	**176172**	**795103**	**18.46**	**8.00**	**25.99**

4-5b　全国分年龄、性别的15岁及以上文盲人口(镇)

单位：人、%

年　龄	15岁及以上人口			文盲人口			文盲人口占15岁及以上人口比重		
	合计	男	女	合计	男	女	合计	男	女
总　计	**259872015**	**130425446**	**129446569**	**7175092**	**1765885**	**5409207**	**2.76**	**1.35**	**4.18**
15-19岁	**20519304**	**10916999**	**9602305**	**31921**	**18259**	**13662**	**0.16**	**0.17**	**0.14**
15	4549730	2412547	2137183	8918	4887	4031	0.20	0.20	0.19
16	4927394	2604242	2323152	6293	3577	2716	0.13	0.14	0.12
17	4350531	2298134	2052397	5279	3113	2166	0.12	0.14	0.11
18	3618194	1943119	1675075	5721	3369	2352	0.16	0.17	0.14
19	3073455	1658957	1414498	5710	3313	2397	0.19	0.20	0.17
20-24岁	**15185202**	**8037872**	**7147330**	**34323**	**18768**	**15555**	**0.23**	**0.23**	**0.22**
20	2909277	1567746	1341531	6853	3946	2907	0.24	0.25	0.22
21	2770561	1481615	1288946	6519	3592	2927	0.24	0.24	0.23
22	3108414	1645892	1462522	6715	3669	3046	0.22	0.22	0.21
23	3136738	1645484	1491254	6921	3691	3230	0.22	0.22	0.22
24	3260212	1697135	1563077	7315	3870	3445	0.22	0.23	0.22
25-29岁	**20079963**	**10256896**	**9823067**	**46985**	**23136**	**23849**	**0.23**	**0.23**	**0.24**
25	3586032	1857532	1728500	8076	4152	3924	0.23	0.22	0.23
26	3580063	1841305	1738758	8154	4043	4111	0.23	0.22	0.24
27	3991645	2036601	1955044	9255	4569	4686	0.23	0.22	0.24
28	4236090	2152018	2084072	10086	4914	5172	0.24	0.23	0.25
29	4686133	2369440	2316693	11414	5458	5956	0.24	0.23	0.26
30-34岁	**28927650**	**14418673**	**14508977**	**84745**	**37550**	**47195**	**0.29**	**0.26**	**0.33**
30	6065689	3037153	3028536	14662	6854	7808	0.24	0.23	0.26
31	5937127	2954949	2982178	16188	7332	8856	0.27	0.25	0.30
32	5610365	2789673	2820692	16734	7307	9427	0.30	0.26	0.33
33	6038526	3004787	3033739	18718	8188	10530	0.31	0.27	0.35
34	5275943	2632111	2643832	18443	7869	10574	0.35	0.30	0.40
35-39岁	**23078298**	**11575785**	**11502513**	**105659**	**41825**	**63834**	**0.46**	**0.36**	**0.55**
35	4581036	2297324	2283712	18128	7518	10610	0.40	0.33	0.46
36	4565671	2290183	2275488	19335	7801	11534	0.42	0.34	0.51
37	4412320	2216332	2195988	20107	7939	12168	0.46	0.36	0.55
38	5045058	2532830	2512228	23899	9243	14656	0.47	0.36	0.58
39	4474213	2239116	2235097	24190	9324	14866	0.54	0.42	0.67
40-44岁	**22201769**	**11161095**	**11040674**	**159984**	**55508**	**104476**	**0.72**	**0.50**	**0.95**
40	4153506	2081779	2071727	25308	9144	16164	0.61	0.44	0.78
41	4604834	2311869	2292965	29753	10661	19092	0.65	0.46	0.83
42	4439005	2227325	2211680	31761	11048	20713	0.72	0.50	0.94
43	4252545	2141608	2110937	33452	11542	21910	0.79	0.54	1.04
44	4751879	2398514	2353365	39710	13113	26597	0.84	0.55	1.13

4-5b 续表

单位：人、%

年 龄	15岁及以上人口			文盲人口			文盲人口占15岁及以上人口比重		
	合计	男	女	合计	男	女	合计	男	女
45-49岁	**26787369**	**13499304**	**13288065**	**289684**	**88329**	**201355**	**1.08**	**0.65**	**1.52**
45	4827159	2428318	2398841	44021	14161	29860	0.91	0.58	1.24
46	5269466	2648428	2621038	52277	16383	35894	0.99	0.62	1.37
47	5438984	2740994	2697990	58498	17865	40633	1.08	0.65	1.51
48	5565012	2805302	2759710	64731	19201	45530	1.16	0.68	1.65
49	5686748	2876262	2810486	70157	20719	49438	1.23	0.72	1.76
50-54岁	**27698456**	**13898540**	**13799916**	**459924**	**122513**	**337411**	**1.66**	**0.88**	**2.45**
50	6003291	3012652	2990639	81135	22771	58364	1.35	0.76	1.95
51	5591272	2809921	2781351	87300	24138	63162	1.56	0.86	2.27
52	5962676	2990197	2972479	99821	26594	73227	1.67	0.89	2.46
53	4785269	2394254	2391015	88655	22802	65853	1.85	0.95	2.75
54	5355948	2691516	2664432	103013	26208	76805	1.92	0.97	2.88
55-59岁	**22109153**	**11020484**	**11088669**	**517803**	**112787**	**405016**	**2.34**	**1.02**	**3.65**
55	5167390	2591119	2576271	104144	25201	78943	2.02	0.97	3.06
56	4946933	2465495	2481438	106839	24504	82335	2.16	0.99	3.32
57	5633657	2828216	2805441	124400	27427	96973	2.21	0.97	3.46
58	4173863	2071620	2102243	112507	22202	90305	2.70	1.07	4.30
59	2187310	1064034	1123276	69913	13453	56460	3.20	1.26	5.03
60-64岁	**14938709**	**7469262**	**7469447**	**720570**	**159628**	**560942**	**4.82**	**2.14**	**7.51**
60	2604817	1295802	1309015	91447	19436	72011	3.51	1.50	5.50
61	2469494	1247623	1221871	103732	23240	80492	4.20	1.86	6.59
62	3150818	1590167	1560651	151704	34915	116789	4.81	2.20	7.48
63	3524522	1764849	1759673	187443	41738	145705	5.32	2.36	8.28
64	3189058	1570821	1618237	186244	40299	145945	5.84	2.57	9.02
65-69岁	**14963434**	**7299792**	**7663642**	**1103972**	**246697**	**857275**	**7.38**	**3.38**	**11.19**
65	3308160	1632523	1675637	209252	46221	163031	6.33	2.83	9.73
66	3285337	1606037	1679300	226356	49471	176885	6.89	3.08	10.53
67	2961224	1437434	1523790	223943	49764	174179	7.56	3.46	11.43
68	2943608	1433198	1510410	236714	53920	182794	8.04	3.76	12.10
69	2465105	1190600	1274505	207707	47321	160386	8.43	3.97	12.58
70-74岁	**9989579**	**4849995**	**5139584**	**1016484**	**244378**	**772106**	**10.18**	**5.04**	**15.02**
70	2328047	1132821	1195226	208399	49369	159030	8.95	4.36	13.31
71	2268269	1113399	1154870	223040	55528	167512	9.83	4.99	14.50
72	1928452	933736	994716	202043	49187	152856	10.48	5.27	15.37
73	1816361	880809	935552	195559	47002	148557	10.77	5.34	15.88
74	1648450	789230	859220	187443	43292	144151	11.37	5.49	16.78
75-79岁	**6324210**	**2991818**	**3332392**	**891008**	**209782**	**681226**	**14.09**	**7.01**	**20.44**
75	1456091	693130	762961	178404	41313	137091	12.25	5.96	17.97
76	1380832	661651	719181	185121	43753	141368	13.41	6.61	19.66
77	1214907	572818	642089	174038	41274	132764	14.33	7.21	20.68
78	1150970	541373	609597	172447	40650	131797	14.98	7.51	21.62
79	1121410	522846	598564	180998	42792	138206	16.14	8.18	23.09
80-84岁	**4055223**	**1830285**	**2224938**	**834359**	**199252**	**635107**	**20.57**	**10.89**	**28.54**
80	992687	461457	531230	174361	41642	132719	17.56	9.02	24.98
81	819466	372467	446999	163063	39750	123313	19.90	10.67	27.59
82	845570	383512	462058	178182	43438	134744	21.07	11.33	29.16
83	735741	326622	409119	164092	38971	125121	22.30	11.93	30.58
84	661759	286227	375532	154661	35451	119210	23.37	12.39	31.74
85岁及以上	**3013696**	**1198646**	**1815050**	**877671**	**187473**	**690198**	**29.12**	**15.64**	**38.03**

4-5c　全国分年龄、性别的15岁及以上文盲人口(乡村)

单位：人、%

年　龄	15岁及以上人口			文盲人口			文盲人口占15岁及以上人口比重		
	合计	男	女	合计	男	女	合计	男	女
总　计	**411561605**	**212477108**	**199084497**	**24403541**	**6337264**	**18066277**	**5.93**	**2.98**	**9.07**
15-19岁	**19510791**	**10886982**	**8623809**	**90454**	**50438**	**40016**	**0.46**	**0.46**	**0.46**
15	5023345	2756184	2267161	20230	11190	9040	0.40	0.41	0.40
16	3771678	2111936	1659742	16792	9634	7158	0.45	0.46	0.43
17	3291610	1852658	1438952	15959	9012	6947	0.48	0.49	0.48
18	3702959	2071658	1631301	18138	10075	8063	0.49	0.49	0.49
19	3721199	2094546	1626653	19335	10527	8808	0.52	0.50	0.54
20-24岁	**21498336**	**11861651**	**9636685**	**124558**	**63267**	**61291**	**0.58**	**0.53**	**0.64**
20	3708258	2086768	1621490	22278	11767	10511	0.60	0.56	0.65
21	3795993	2107809	1688184	22435	11617	10818	0.59	0.55	0.64
22	4510620	2476005	2034615	25205	12910	12295	0.56	0.52	0.60
23	4659464	2551511	2107953	26455	13238	13217	0.57	0.52	0.63
24	4824001	2639558	2184443	28185	13735	14450	0.58	0.52	0.66
25-29岁	**27351490**	**14968243**	**12383247**	**184672**	**85975**	**98697**	**0.68**	**0.57**	**0.80**
25	5195681	2852368	2343313	31261	15046	16215	0.60	0.53	0.69
26	5006189	2744907	2261282	32940	15542	17398	0.66	0.57	0.77
27	5451407	2983923	2467484	36140	16984	19156	0.66	0.57	0.78
28	5654818	3090697	2564121	40043	18328	21715	0.71	0.59	0.85
29	6043395	3296348	2747047	44288	20075	24213	0.73	0.61	0.88
30-34岁	**35141956**	**18933754**	**16208202**	**334261**	**143990**	**190271**	**0.95**	**0.76**	**1.17**
30	7608925	4129106	3479819	57757	26102	31655	0.76	0.63	0.91
31	7267785	3912969	3354816	63987	28055	35932	0.88	0.72	1.07
32	6734747	3615395	3119352	65227	28020	37207	0.97	0.78	1.19
33	7222040	3887684	3334356	73767	31159	42608	1.02	0.80	1.28
34	6308459	3388600	2919859	73523	30654	42869	1.17	0.90	1.47
35-39岁	**27805019**	**14918538**	**12886481**	**426122**	**168340**	**257782**	**1.53**	**1.13**	**2.00**
35	5509023	2957244	2551779	73765	30064	43701	1.34	1.02	1.71
36	5478628	2936818	2541810	78673	31362	47311	1.44	1.07	1.86
37	5282381	2837692	2444689	81769	32352	49417	1.55	1.14	2.02
38	6040561	3249573	2790988	95518	37321	58197	1.58	1.15	2.09
39	5494426	2937211	2557215	96397	37241	59156	1.75	1.27	2.31
40-44岁	**28532469**	**15046746**	**13485723**	**625619**	**222540**	**403079**	**2.19**	**1.48**	**2.99**
40	5202439	2757928	2444511	104307	38460	65847	2.00	1.39	2.69
41	5734472	3050337	2684135	115053	42595	72458	2.01	1.40	2.70
42	5650448	2972905	2677543	124924	44107	80817	2.21	1.48	3.02
43	5548842	2921012	2627830	128700	45552	83148	2.32	1.56	3.16
44	6396268	3344564	3051704	152635	51826	100809	2.39	1.55	3.30

4-5c 续表

单位：人、%

年 龄	15岁及以上人口			文盲人口			文盲人口占15岁及以上人口比重		
	合计	男	女	合计	男	女	合计	男	女
45-49岁	**40381055**	**20813054**	**19568001**	**1080090**	**345274**	**734816**	**2.67**	**1.66**	**3.76**
45	6752396	3510598	3241798	168787	56274	112513	2.50	1.60	3.47
46	7688630	3971653	3716977	197123	64539	132584	2.56	1.62	3.57
47	8175086	4216723	3958363	217578	69923	147655	2.66	1.66	3.73
48	8630501	4425848	4204653	240264	74817	165447	2.78	1.69	3.93
49	9134442	4688232	4446210	256338	79721	176617	2.81	1.70	3.97
50-54岁	**48580819**	**24646626**	**23934193**	**1623265**	**453583**	**1169682**	**3.34**	**1.84**	**4.89**
50	9926606	5029452	4897154	301384	87877	213507	3.04	1.75	4.36
51	9509848	4830974	4678874	306073	88294	217779	3.22	1.83	4.65
52	10451099	5288723	5162376	348712	96466	252246	3.34	1.82	4.89
53	8786242	4443801	4342441	311174	85150	226024	3.54	1.92	5.20
54	9907024	5053676	4853348	355922	95796	260126	3.59	1.90	5.36
55-59岁	**41403376**	**20950572**	**20452804**	**1746713**	**417395**	**1329318**	**4.22**	**1.99**	**6.50**
55	9534534	4846533	4688001	359000	93330	265670	3.77	1.93	5.67
56	9133630	4608985	4524645	367806	91705	276101	4.03	1.99	6.10
57	10404817	5314867	5089950	412940	98349	314591	3.97	1.85	6.18
58	8004689	4043199	3961490	369836	82188	287648	4.62	2.03	7.26
59	4325706	2136988	2188718	237131	51823	185308	5.48	2.43	8.47
60-64岁	**31003418**	**15924093**	**15079325**	**2320832**	**564027**	**1756805**	**7.49**	**3.54**	**11.65**
60	5199543	2638095	2561448	305177	71052	234125	5.87	2.69	9.14
61	4974075	2573701	2400374	334832	82429	252403	6.73	3.20	10.52
62	6488860	3357908	3130952	485888	122167	363721	7.49	3.64	11.62
63	7452833	3854262	3598571	593983	144917	449066	7.97	3.76	12.48
64	6888107	3500127	3387980	600952	143462	457490	8.72	4.10	13.50
65-69岁	**34278062**	**17198776**	**17079286**	**3717179**	**889828**	**2827351**	**10.84**	**5.17**	**16.55**
65	7320339	3727290	3593049	681446	162072	519374	9.31	4.35	14.45
66	7363648	3709766	3653882	745087	176339	568748	10.12	4.75	15.57
67	6827580	3414981	3412599	754341	179503	574838	11.05	5.26	16.84
68	6915696	3453286	3462410	812013	196125	615888	11.74	5.68	17.79
69	5850799	2893453	2957346	724292	175789	548503	12.38	6.08	18.55
70-74岁	**24095543**	**11949728**	**12145815**	**3613927**	**904677**	**2709250**	**15.00**	**7.57**	**22.31**
70	5537340	2747662	2789678	738398	185283	553115	13.33	6.74	19.83
71	5452832	2751992	2700840	783484	203657	579827	14.37	7.40	21.47
72	4677441	2319421	2358020	715781	179489	536292	15.30	7.74	22.74
73	4428265	2189461	2238804	704980	175484	529496	15.92	8.01	23.65
74	3999665	1941192	2058473	671284	160764	510520	16.78	8.28	24.80
75-79岁	**15307799**	**7362435**	**7945364**	**3133150**	**771258**	**2361892**	**20.47**	**10.48**	**29.73**
75	3550674	1712204	1838470	637546	151816	485730	17.96	8.87	26.42
76	3383099	1652921	1730178	654194	161828	492366	19.34	9.79	28.46
77	2971622	1426674	1544948	619224	152347	466877	20.84	10.68	30.22
78	2730210	1305269	1424941	599744	149392	450352	21.97	11.45	31.60
79	2672194	1265367	1406827	622442	155875	466567	23.29	12.32	33.16
80-84岁	**9527299**	**4315466**	**5211833**	**2704377**	**675568**	**2028809**	**28.39**	**15.65**	**38.93**
80	2318647	1084364	1234283	586305	147724	438581	25.29	13.62	35.53
81	1924717	883576	1041141	530070	134043	396027	27.54	15.17	38.04
82	1985142	906263	1078879	571476	145191	426285	28.79	16.02	39.51
83	1733192	768650	964542	522956	129652	393304	30.17	16.87	40.78
84	1565601	672613	892988	493570	118958	374612	31.53	17.69	41.95
85岁及以上	**7144173**	**2700444**	**4443729**	**2678322**	**581104**	**2097218**	**37.49**	**21.52**	**47.20**

第一部分　全部数据资料

第五卷　家庭

5-1　全国不同规模的家庭户类别

单位：户

家庭户规模	家庭户户数	一代户	二代户	三代户	四代户	五代及以上户
总　计	**494157423**	**244615023**	**181471659**	**65528182**	**2540015**	**2544**
一人户	125490007	125490007				
二人户	146690059	110685779	36004280			
三人户	103700982	5134646	93163291	5403045		
四人户	65100986	1834602	42919633	20215417	131334	
五人户	30513352	701437	7315318	21906684	589759	154
六人户	15125667	293766	1453830	12552955	824670	446
七人户	4589308	139356	386946	3439349	622936	721
八人户	1557638	89363	130530	1102904	234231	610
九人户	655060	53700	48137	476038	76840	345
十人及以上户	734364	192367	49694	431790	60245	268

5-1a　全国不同规模的家庭户类别(城市)

单位：户

家庭户规模	家庭户户数	一代户	二代户	三代户	四代户	五代及以上户
总　计	**202764700**	**105777325**	**74059655**	**22382146**	**545117**	**457**
一人户	55830333	55830333				
二人户	60297841	46205451	14092390			
三人户	45309073	2178838	41291427	1838808		
四人户	24517009	809278	16103330	7574175	30226	
五人户	10492876	377563	2040868	7942356	132049	40
六人户	4534910	160954	373011	3808826	192039	80
七人户	1066542	68385	97955	772445	127620	137
八人户	356962	42556	34215	240622	39468	101
九人户	158159	23967	12605	109060	12480	47
十人及以上户	200995	80000	13854	95854	11235	52

5-1b 全国不同规模的家庭户类别(镇)

单位：户

家庭户规模	家庭户户数	一代户	二代户	三代户	四代户	五代及以上户
总计	**107620004**	**49608594**	**42543707**	**14889050**	**578101**	**552**
一人户	25623601	25623601				
二人户	30591464	22545223	8046241			
三人户	22659664	738381	20777049	1144234		
四人户	15925082	287335	11344491	4267166	26090	
五人户	7163393	170179	1882294	4986494	124392	34
六人户	3708192	82075	343522	3098130	184362	103
七人户	1161557	44392	90930	876537	149547	151
八人户	398508	29365	31877	278647	58491	128
九人户	173606	18263	12352	123420	19499	72
十人及以上户	214937	69780	14951	114422	15720	64

5-1c 全国不同规模的家庭户类别(乡村)

单位：户

家庭户规模	家庭户户数	一代户	二代户	三代户	四代户	五代及以上户
总计	**183772719**	**89229104**	**64868297**	**28256986**	**1416797**	**1535**
一人户	44036073	44036073				
二人户	55800754	41935105	13865649			
三人户	35732245	2217427	31094815	2420003		
四人户	24658895	737989	15471812	8374076	75018	
五人户	12857083	153695	3392156	8977834	333318	80
六人户	6882565	50737	737297	5645999	448269	263
七人户	2361209	26579	198061	1790367	345769	433
八人户	802168	17442	64438	583635	136272	381
九人户	323295	11470	23180	243558	44861	226
十人及以上户	318432	42587	20889	221514	33290	152

5-2　各地区分年龄、性别的一人户

单位：户

地　区	合　计			14岁及以下		
	合计	男	女	小计	男	女
全　国	**125490007**	**68014055**	**57475952**	**5401483**	**2996845**	**2404638**
北　京	2463325	1352821	1110504	47453	24872	22581
天　津	1167393	608157	559236	38416	20676	17740
河　北	5082767	2635598	2447169	246815	138251	108564
山　西	3057920	1578405	1479515	139441	74712	64729
内蒙古	2209731	1182025	1027706	68698	36500	32198
辽　宁	4647274	2309818	2337456	118250	62581	55669
吉　林	2313775	1177989	1135786	53574	28782	24792
黑龙江	3806499	1932857	1873642	136547	72055	64492
上　海	2736214	1562908	1173306	25970	13763	12207
江　苏	6975663	3677613	3298050	225856	125831	100025
浙　江	7713848	4448698	3265150	171378	93959	77419
安　徽	5183087	2834389	2348698	314381	184585	129796
福　建	3925247	2244976	1680271	133961	74307	59654
江　西	3071115	1630895	1440220	218660	123898	94762
山　东	7056119	3527685	3528434	244535	138370	106165
河　南	6985186	3560270	3424916	516202	298187	218015
湖　北	4706405	2524930	2181475	216416	122576	93840
湖　南	5796689	3047532	2749157	400873	224480	176393
广　东	14109849	8473402	5636447	409901	224521	185380
广　西	4075139	2265957	1809182	253927	144018	109909
海　南	663799	368737	295062	24608	13735	10873
重　庆	3526142	1882219	1643923	165848	89683	76165
四　川	8836045	4734096	4101949	419503	224098	195405
贵　州	3032510	1627723	1404787	232379	133038	99341
云　南	3456738	1919722	1537016	162091	87086	75005
西　藏	336840	191471	145369	16280	8326	7954
陕　西	3863271	2120905	1742366	200918	108401	92517
甘　肃	1909342	1055214	854128	86802	47001	39801
青　海	498970	284986	213984	26791	13934	12857
宁　夏	537492	288279	249213	19736	10515	9221
新　疆	1745613	963778	781835	65273	34104	31169

5-2 续表 1

单位：户

地　区	15-19岁			20-24岁		
	小计	男	女	小计	男	女
全　国	**3001434**	**1773546**	**1227888**	**8007557**	**4602628**	**3404929**
北　京	26997	16285	10712	161413	89791	71622
天　津	15465	9354	6111	61671	36200	25471
河　北	105321	64215	41106	211730	129277	82453
山　西	78399	44019	34380	171957	95863	76094
内蒙古	49605	27607	21998	123867	71219	52648
辽　宁	70463	39025	31438	193495	109734	83761
吉　林	45508	24938	20570	106413	59320	47093
黑龙江	77959	43202	34757	146578	82496	64082
上　海	33801	20235	13566	219151	125218	93933
江　苏	119006	71721	47285	353737	210912	142825
浙　江	180473	109479	70994	671925	402142	269783
安　徽	185515	114919	70596	305238	184084	121154
福　建	109122	64781	44341	313909	185090	128819
江　西	109734	67058	42676	190977	112399	78578
山　东	122007	73154	48853	330077	194237	135840
河　南	188198	118744	69454	326961	191332	135629
湖　北	74606	44878	29728	201338	116273	85065
湖　南	145462	86499	58963	260498	144002	116496
广　东	344377	206885	137492	1487562	877006	610556
广　西	128689	76622	52067	265741	142567	123174
海　南	17303	9968	7335	47000	25447	21553
重　庆	86872	48048	38824	231292	122899	108393
四　川	225434	127473	97961	559735	304409	255326
贵　州	125273	73693	51580	228140	121233	106907
云　南	118636	67476	51160	299116	161171	137945
西　藏	8508	4361	4147	25655	12700	12955
陕　西	74072	43536	30536	214265	121277	92988
甘　肃	60036	33202	26834	109174	62517	46657
青　海	18171	10341	7830	34158	19671	14487
宁　夏	19552	11260	8292	42200	24684	17516
新　疆	36870	20568	16302	112584	67458	45126

5-2　续表 2

单位：户

地　区	25-29岁			30-34岁			35-39岁		
	小计	男	女	小计	男	女	小计	男	女
全　国	**11800920**	**7084802**	**4716118**	**12069228**	**7526381**	**4542847**	**8340048**	**5133846**	**3206202**
北　京	362011	203189	158822	379981	231047	148934	258269	159442	98827
天　津	113451	67958	45493	128999	80137	48862	100533	62169	38364
河　北	341809	213671	128138	416648	257725	158923	299851	176427	123424
山　西	251332	149503	101829	229755	144416	85339	170975	105709	65266
内蒙古	190753	119223	71530	175694	115894	59800	137630	90645	46985
辽　宁	337917	203283	134634	405595	245352	160243	297407	171674	125733
吉　林	169581	101344	68237	185977	112106	73871	132413	77231	55182
黑龙江	225993	132272	93721	289964	170882	119082	244759	140833	103926
上　海	421632	246940	174692	390708	249275	141433	259019	169044	89975
江　苏	616143	378519	237624	643521	395493	248028	398897	238543	160354
浙　江	915342	575028	340314	895813	590726	305087	628478	415779	212699
安　徽	417268	255386	161882	350128	216743	133385	223292	138464	84828
福　建	453280	282232	171048	458641	297127	161514	307348	199991	107357
江　西	209863	124612	85251	223838	130739	93099	162593	93895	68698
山　东	425609	259679	165930	563074	354457	208617	315743	196545	119198
河　南	442306	251574	190732	549657	312257	237400	338158	188346	149812
湖　北	393559	236707	156852	402897	245200	157697	269139	154980	114159
湖　南	330229	186702	143527	444992	253524	191468	327601	180796	146805
广　东	2160185	1353417	806768	2113717	1394331	719386	1509152	980533	528619
广　西	328983	185819	143164	347940	209954	137986	289263	177599	111664
海　南	81214	45790	35424	76707	46057	30650	56742	34288	22454
重　庆	322797	180830	141967	270710	158355	112355	170670	96847	73823
四　川	739797	420407	319390	686739	408627	278112	433216	247191	186025
贵　州	258289	144010	114279	224836	135255	89581	167819	101237	66582
云　南	357702	203379	154323	326614	203327	123287	245662	156491	89171
西　藏	57825	31549	26276	54710	32358	22352	38251	23700	14551
陕　西	396828	235432	161396	390996	244727	146269	261393	160660	100733
甘　肃	173187	104329	68858	160910	103393	57517	104680	67553	37127
青　海	55354	32214	23140	51384	32454	18930	37360	24112	13248
宁　夏	59418	37026	22392	49451	32679	16772	34501	22267	12234
新　疆	191263	122778	68485	178632	121764	56868	119234	80855	38379

5-2 续表 3

单位：户

地区	40-44岁			45-49岁			50-54岁		
	小计	男	女	小计	男	女	小计	男	女
全国	**8120379**	**4724629**	**3395750**	**10627013**	**5992456**	**4634557**	**11162819**	**6375712**	**4787107**
北京	185252	112705	72547	190080	110244	79836	181774	106911	74863
天津	74391	43562	30829	79457	43967	35490	82257	45285	36972
河北	284231	155562	128669	346691	182166	164525	423885	229803	194082
山西	169755	99719	70036	242126	139654	102472	250787	145337	105450
内蒙古	140810	88014	52796	198022	117607	80415	209831	123741	86090
辽宁	303610	164081	139529	368854	191705	177149	432989	223895	209094
吉林	155451	85245	70206	207610	110184	97426	258019	138713	119306
黑龙江	277621	154300	123321	387583	210635	176948	416877	224711	192166
上海	198440	128371	70069	189645	118981	70664	178493	114973	63520
江苏	410287	226127	184160	507592	270710	236882	654421	362170	292251
浙江	590482	372732	217750	681460	416641	264819	639827	400975	238852
安徽	272070	159909	112161	396428	224288	172140	482912	274847	208065
福建	284455	175063	109392	366463	213392	153071	341754	206734	135020
江西	210850	119499	91351	264117	148929	115188	264789	151596	113193
山东	281886	168928	112958	383514	217336	166178	523921	297896	226025
河南	380932	202170	178762	541960	278254	263706	650397	322380	328017
湖北	297019	159883	137136	396716	215757	180959	461866	260605	201261
湖南	333085	180273	152812	494656	279167	215489	571486	326407	245079
广东	1214717	746442	468275	1309230	763693	545537	1051525	642088	409437
广西	282914	168112	114802	341988	199875	142113	349962	212103	137859
海南	46926	27654	19272	53915	32257	21658	53948	33242	20706
重庆	161602	85723	75879	336899	182143	154756	335609	186246	149363
四川	492883	265127	227756	880482	481158	399324	889675	502210	387465
贵州	202806	114705	88101	282558	159313	123245	273220	156457	116763
云南	282740	170122	112618	343034	203873	139161	310193	184680	125513
西藏	31625	19386	12239	32538	20150	12388	24699	15039	9660
陕西	244886	141132	103754	335926	190013	145913	341800	196109	145691
甘肃	104642	63164	41478	178787	102866	75921	209037	122213	86824
青海	43160	26989	16171	55729	33921	21808	54312	33340	20972
宁夏	38972	22590	16382	49332	26987	22345	50607	27403	23204
新疆	121879	77340	44539	183621	106590	77031	191947	107603	84344

5-2 续表 4

单位：户

地 区	55-59岁			60-64岁			65岁及以上		
	小计	男	女	小计	男	女	小计	男	女
全 国	**9669097**	**5546378**	**4122719**	**7351481**	**4070212**	**3281269**	**29938548**	**12186620**	**17751928**
北 京	169900	96024	73876	130990	66362	64628	369205	135949	233256
天 津	92816	49030	43786	86787	41265	45522	293150	108554	184596
河 北	411142	223335	187807	382256	205325	176931	1612388	659841	952547
山 西	242853	135529	107324	222572	116451	106121	887968	327493	560475
内蒙古	195362	110435	84927	165424	85143	80281	554035	195997	358038
辽 宁	479895	241459	238436	420971	198715	222256	1217828	458314	759514
吉 林	251750	132598	119152	200758	98317	102441	546721	209211	337510
黑龙江	412005	215096	196909	324818	156440	168378	865795	329935	535860
上 海	161171	103013	58158	152715	86950	65765	505469	186145	319324
江 苏	574334	331616	242718	449487	258291	191196	2022382	807680	1214702
浙 江	506659	321302	185357	356817	212952	143865	1475194	536983	938211
安 徽	415658	245782	169876	242380	146695	95685	1577817	688687	889130
福 建	269097	166256	102841	193908	113185	80723	693309	266818	426491
江 西	233311	135628	97683	199883	112033	87850	782500	310609	471891
山 东	555735	311394	244341	521562	277464	244098	2788456	1038225	1750231
河 南	546770	280901	265869	416610	227347	189263	2087035	888778	1198257
湖 北	431551	254512	177039	318296	183290	135006	1243002	530269	712733
湖 南	496208	281981	214227	370990	211962	159028	1620609	691739	928870
广 东	701811	443758	258053	413365	249056	164309	1394307	591672	802635
广 西	302682	184656	118026	225929	135086	90843	957121	429546	527575
海 南	47221	28491	18730	32082	18960	13122	126133	52848	73285
重 庆	281507	161397	120110	201223	123427	77796	961113	446621	514492
四 川	698834	405555	293279	494208	297632	196576	2315539	1050209	1265330
贵 州	220268	126397	93871	151006	82753	68253	665916	279632	386284
云 南	256070	148871	107199	158711	84890	73821	596169	248356	347813
西 藏	16651	9695	6956	9394	4911	4483	20704	9296	11408
陕 西	303210	176178	127032	256662	143799	112863	842315	359641	482674
甘 肃	176394	103677	72717	113286	63798	49488	432407	181501	250906
青 海	37244	22093	15151	19812	10606	9206	65495	25311	40184
宁 夏	41564	22775	18789	27667	13879	13788	104492	36214	68278
新 疆	139424	76944	62480	90912	43228	47684	313974	104546	209428

5-2a 各地区分年龄、性别的一人户(城市)

单位：户

地区	合计			14岁及以下		
	合计	男	女	小计	男	女
全国	**55830333**	**29939567**	**25890766**	**1410508**	**757302**	**653206**
北京	1984729	1050103	934626	39628	20695	18933
天津	965605	493320	472285	30813	16384	14429
河北	1624247	806014	818233	60345	32425	27920
山西	1062609	533900	528709	38707	20475	18232
内蒙古	810368	409210	401158	18693	9880	8813
辽宁	3145194	1534199	1610995	76628	40330	36298
吉林	1094495	522673	571822	17372	9228	8144
黑龙江	1884249	925769	958480	58474	30694	27780
上海	2015302	1094972	920330	20175	10686	9489
江苏	3067551	1606626	1460925	82440	44861	37579
浙江	3996925	2305763	1691162	64599	34835	29764
安徽	1229333	620792	608541	33157	18286	14871
福建	1814201	1052854	761347	35754	19827	15927
江西	900373	458482	441891	39514	21300	18214
山东	2616506	1311332	1305174	72400	39371	33029
河南	1816949	894299	922650	66797	35872	30925
湖北	1908641	973254	935387	54793	30130	24663
湖南	1641080	806568	834512	72833	39584	33249
广东	10256757	6222203	4034554	189037	103565	85472
广西	1364068	728366	635702	43301	23590	19711
海南	318824	176778	142046	7188	3897	3291
重庆	1444217	728020	716197	42834	22547	20287
四川	2924056	1497053	1427003	76348	40028	36320
贵州	798364	412841	385523	25407	13534	11873
云南	1381118	753400	627718	32919	17022	15897
西藏	137679	78033	59646	4230	2173	2057
陕西	1724395	931285	793110	61876	32917	28959
甘肃	672109	357565	314544	17518	9359	8159
青海	217302	119325	97977	5328	2715	2613
宁夏	241736	122292	119444	5141	2734	2407
新疆	771351	412276	359075	16259	8358	7901

5-2a 续表 1

单位：户

地区	15-19岁			20-24岁		
	小计	男	女	小计	男	女
全国	**1115747**	**636893**	**478854**	**4680764**	**2594174**	**2086590**
北京	21073	12425	8648	130328	70173	60155
天津	12472	7392	5080	52077	29240	22837
河北	30154	17181	12973	89375	50764	38611
山西	24957	13419	11538	75654	40530	35124
内蒙古	16988	9378	7610	58926	32437	26489
辽宁	41960	23000	18960	145420	81368	64052
吉林	18408	9666	8742	58053	31004	27049
黑龙江	28965	15916	13049	73815	41137	32678
上海	22828	13188	9640	172487	93629	78858
江苏	52687	30956	21731	214489	122524	91965
浙江	98064	58580	39484	452835	260861	191974
安徽	30930	17473	13457	92315	50389	41926
福建	51376	30201	21175	201600	114931	86669
江西	26336	14760	11576	68807	37718	31089
山东	49443	28179	21264	193983	107047	86936
河南	38822	21958	16864	112473	59960	52513
湖北	28282	15925	12357	108493	58607	49886
湖南	32229	17550	14679	100552	50395	50157
广东	237301	141096	96205	1216857	708231	508626
广西	32447	17994	14453	133834	69151	64683
海南	7755	4272	3483	31623	16364	15259
重庆	28155	14165	13990	126462	62641	63821
四川	55011	29920	25091	261477	133694	127783
贵州	21217	11692	9525	82278	42232	40046
云南	40594	22494	18100	159031	83271	75760
西藏	2825	1377	1448	9724	4997	4727
陕西	28496	16484	12012	128841	69221	59620
甘肃	14245	8052	6193	48042	26586	21456
青海	3695	2083	1612	12871	7220	5651
宁夏	6116	3473	2643	19608	10802	8806
新疆	11916	6644	5272	48434	27050	21384

5-2a 续表 2

单位：户

地区	25-29岁			30-34岁			35-39岁		
	小计	男	女	小计	男	女	小计	男	女
全国	**7441667**	**4390252**	**3051415**	**7382299**	**4539500**	**2842799**	**4878021**	**2944645**	**1933376**
北京	306596	165760	140836	312348	182157	130191	210981	125042	85939
天津	98601	57244	41357	112902	68802	44100	89401	54694	34707
河北	156814	93114	63700	188687	109638	79049	136999	75334	61665
山西	124941	73839	51102	111898	67642	44256	78320	44851	33469
内蒙古	95504	58031	37473	80753	51581	29172	54655	33999	20656
辽宁	269556	161761	107795	326342	197776	128566	235108	135173	99935
吉林	96646	56054	40592	103110	60882	42228	71140	40333	30807
黑龙江	129549	75855	53694	167774	98038	69736	133599	74925	58674
上海	344683	191497	153186	294739	176989	117750	188946	115888	73058
江苏	383616	230980	152636	373264	225104	148160	224248	131103	93145
浙江	621415	377882	243533	572113	366413	205700	374863	242221	132642
安徽	148071	86022	62049	127323	74470	52853	74971	42867	32104
福建	290720	178101	112619	279021	178730	100291	174482	111649	62833
江西	90014	51996	38018	93608	53068	40540	63163	34144	29019
山东	274128	162114	112014	342973	207677	135296	187913	110859	77054
河南	184574	100162	84412	227668	123084	104584	133733	70305	63428
湖北	219730	128576	91154	218540	131301	87239	138063	77001	61062
湖南	145624	77972	67652	189168	102508	86660	129959	67255	62704
广东	1814053	1131866	682187	1763635	1164573	599062	1218622	793478	425144
广西	185044	104406	80638	189882	112915	76967	140358	82300	58058
海南	57158	31940	25218	50224	29827	20397	32976	19238	13738
重庆	196731	107342	89389	168155	96325	71830	103276	57086	46190
四川	385297	213324	171973	345847	201173	144674	207785	115444	92341
贵州	108141	59749	48392	92611	54664	37947	59837	34930	24907
云南	199808	112239	87569	173699	106241	67458	115088	70944	44144
西藏	19973	10818	9155	21808	12499	9309	16624	9659	6965
陕西	257199	148690	108509	239343	146938	92405	149367	89013	60354
甘肃	87226	52674	34552	75528	48481	27047	45633	28539	17094
青海	26156	15239	10917	25240	15949	9291	16575	10576	5999
宁夏	31890	19024	12866	25625	16236	9389	16435	9954	6481
新疆	92209	55981	36228	88471	57819	30652	54901	35841	19060

5-2a　续表 3

单位：户

地　区	40-44岁			45-49岁			50-54岁		
	小计	男	女	小计	男	女	小计	男	女
全　国	**4234281**	**2384556**	**1849725**	**4965063**	**2658688**	**2306375**	**4574915**	**2485559**	**2089356**
北　京	148086	86800	61286	147848	81983	65865	138681	78126	60555
天　津	63704	36731	26973	66703	36198	30505	66481	35686	30795
河　北	122063	61493	60570	136404	64658	71746	132590	64997	67593
山　西	71568	37707	33861	92904	47067	45837	88947	46024	42923
内蒙古	50172	28799	21373	70174	37457	32717	72571	38276	34295
辽　宁	216713	113895	102818	252440	124767	127673	279574	136808	142766
吉　林	75613	38559	37054	97650	46606	51044	115112	55320	59792
黑龙江	136887	72203	64684	189268	96325	92943	200819	101268	99551
上　海	137301	83623	53678	124416	73778	50638	115436	70086	45350
江　苏	215838	114754	101084	239981	123207	116774	258568	138524	120044
浙　江	326245	202312	123933	353110	210767	142343	298446	182091	116355
安　徽	81783	42697	39086	104052	52048	52004	114195	58602	55593
福　建	146306	88228	58078	168989	95627	73362	139372	81555	57817
江　西	72626	37099	35527	83232	42307	40925	77098	40619	36479
山　东	152800	86175	66625	182362	95869	86493	187613	98934	88679
河　南	136048	67045	69003	171763	82994	88769	168420	83809	84611
湖　北	142150	71467	70683	169342	83979	85363	174917	89937	84980
湖　南	119423	58976	60447	157178	78185	78993	160902	82025	78877
广　东	942958	579498	363460	964973	560314	404659	715824	432611	283213
广　西	118453	64371	54082	124686	64237	60449	107297	56109	51188
海　南	24811	13806	11005	27211	15312	11899	24265	14100	10165
重　庆	83989	41861	42128	149141	72566	76575	130507	65789	64718
四　川	200712	101890	98822	312977	157156	155821	273637	142365	131272
贵　州	61589	32892	28697	80146	41616	38530	69497	36938	32559
云　南	114975	65730	49245	132220	73794	58426	109032	60838	48194
西　藏	14647	8649	5998	16218	9870	6348	12380	7638	4742
陕　西	123303	68284	55019	149182	80058	69124	138852	75528	63324
甘　肃	41911	24402	17509	63284	34527	28757	66130	36069	30061
青　海	18278	11053	7225	25026	14260	10766	25739	14827	10912
宁　夏	18113	9694	8419	23421	11721	11700	23209	11586	11623
新　疆	55216	33863	21353	88762	49435	39327	88804	48474	40330

5-2a 续表 4

单位：户

地区	55-59岁			60-64岁			65岁及以上		
	小计	男	女	小计	男	女	小计	男	女
全国	**3852754**	**2078480**	**1774274**	**2694969**	**1354229**	**1340740**	**8599345**	**3115289**	**5484056**
北京	134070	72825	61245	105358	51013	54345	289732	103104	186628
天津	76576	39497	37079	71888	33217	38671	223987	78235	145752
河北	121528	60692	60836	98176	47517	50659	351112	128201	222911
山西	80712	41340	39372	63317	31105	32212	210684	69901	140783
内蒙古	67991	34285	33706	51131	23252	27879	172810	51835	120975
辽宁	321869	154810	167059	276484	123561	152923	703100	240950	462150
吉林	118108	56721	61387	93162	41538	51624	230121	76762	153359
黑龙江	213730	105805	107925	163531	74852	88679	387838	138751	249087
上海	111599	67559	44040	117292	63611	53681	365400	134438	230962
江苏	221346	121368	99978	160187	84748	75439	640887	238497	402390
浙江	215998	131237	84761	132863	73605	59258	486374	164959	321415
安徽	98471	52216	46255	56662	29804	26858	267403	95918	171485
福建	100440	59754	40686	59085	33085	26000	167056	61166	105890
江西	67593	36319	31274	50399	26239	24160	167983	62913	105070
山东	179307	92809	86498	148412	70117	78295	645172	212181	432991
河南	137147	70135	67012	94899	47625	47274	344605	131350	213255
湖北	162055	86362	75693	114322	58696	55626	377954	141273	236681
湖南	138689	71266	67423	89609	44875	44734	304914	115977	188937
广东	435193	269309	165884	212721	121969	90752	545583	215693	329890
广西	86929	45567	41362	54258	27643	26615	147579	60083	87496
海南	18602	10678	7924	10663	5970	4693	26348	11374	14974
重庆	108421	56443	51978	72177	38085	34092	234369	93170	141199
四川	211809	112675	99134	128956	67081	61875	464200	182303	281897
贵州	55954	29064	26890	35089	17181	17908	106598	38349	68249
云南	87708	47970	39738	51283	26437	24846	164761	66420	98341
西藏	7771	4707	3064	4079	2161	1918	7400	3485	3915
陕西	119001	64516	54485	88502	45566	42936	240433	94070	146363
甘肃	54895	29182	25713	32717	16087	16630	124980	43607	81373
青海	18413	10347	8066	9644	4938	4706	30337	10118	20219
宁夏	18040	9048	8992	11426	5231	6195	42712	12789	29923
新疆	62789	33974	28815	36677	17420	19257	126913	37417	89496

5-2b 各地区分年龄、性别的一人户(镇)

单位：户

地区	合计			14岁及以下		
	合计	男	女	小计	男	女
全国	**25623601**	**13563400**	**12060201**	**1169978**	**645276**	**524702**
北京	170086	101755	68331	2873	1518	1355
天津	57141	32146	24995	2363	1306	1057
河北	1388227	712690	675537	69272	38523	30749
山西	644971	324964	320007	30989	16356	14633
内蒙古	606031	314683	291348	17056	8930	8126
辽宁	558102	272478	285624	13684	7291	6393
吉林	467315	234847	232468	9920	5215	4705
黑龙江	737022	362763	374259	22517	11892	10625
上海	270669	168090	102579	2471	1295	1176
江苏	1725822	915529	810293	64190	36308	27882
浙江	1554680	900172	654508	35831	19627	16204
安徽	1464791	787318	677473	70859	40546	30313
福建	911687	509784	401903	32236	17877	14359
江西	806837	419362	387475	52659	29598	23061
山东	1474537	733220	741317	55441	31302	24139
河南	1816534	943668	872866	113298	63821	49477
湖北	932820	487806	445014	44218	25013	19205
湖南	1691967	878603	813364	108919	60713	48206
广东	1399247	810831	588416	60057	32820	27237
广西	869402	463274	406128	49112	27649	21463
海南	136918	74301	62617	5949	3339	2610
重庆	599586	307723	291863	30059	16235	13824
四川	1722428	869605	852823	83157	43827	39330
贵州	764233	393857	370376	57532	32421	25111
云南	839130	446665	392465	37645	19891	17754
西藏	79635	46966	32669	3047	1543	1504
陕西	836897	452607	384290	46952	25278	21674
甘肃	443417	238346	205071	23998	12814	11184
青海	141895	80598	61297	6885	3577	3308
宁夏	115758	63255	52503	3491	1862	1629
新疆	395816	215494	180322	13298	6889	6409

5-2b 续表 1

单位：户

地区	15-19岁			20-24岁		
	小计	男	女	小计	男	女
全国	**663731**	**386830**	**276901**	**1398515**	**809063**	**589452**
北京	2008	1212	796	13663	7933	5730
天津	1054	654	400	3413	2294	1119
河北	30590	18564	12026	61868	38063	23805
山西	17186	9759	7427	35582	20203	15379
内蒙古	12975	7214	5761	33158	19415	13743
辽宁	12323	6698	5625	22015	12857	9158
吉林	10933	6054	4879	25318	14623	10695
黑龙江	15723	8764	6959	26906	15248	11658
上海	4246	2581	1665	22385	14170	8215
江苏	34430	20550	13880	76183	46928	29255
浙江	36972	22698	14274	115358	72260	43098
安徽	56691	33835	22856	87908	53047	34861
福建	25138	14826	10312	57787	35397	22390
江西	28403	17229	11174	46638	26853	19785
山东	29803	17405	12398	69516	41572	27944
河南	49040	30155	18885	91606	54686	36920
湖北	14763	8969	5794	32671	19146	13525
湖南	40382	23805	16577	68516	37670	30846
广东	34933	21271	13662	102790	62808	39982
广西	23173	13595	9578	49254	24789	24465
海南	3307	1969	1338	6791	3860	2931
重庆	14887	8463	6424	30177	16523	13654
四川	44949	25057	19892	87018	45141	41877
贵州	33869	18963	14906	57354	28741	28613
云南	27933	14897	13036	64599	32641	31958
西藏	1278	711	567	6601	3352	3249
陕西	17277	9975	7302	33596	19112	14484
甘肃	20905	10707	10198	24578	13406	11172
青海	6935	3733	3202	10675	6026	4649
宁夏	3771	2170	1601	9087	5515	3572
新疆	7854	4347	3507	25504	14784	10720

5-2b 续表 2

单位：户

地区	25-29岁			30-34岁			35-39岁		
	小计	男	女	小计	男	女	小计	男	女
全国	**2117065**	**1255791**	**861274**	**2309956**	**1388528**	**921428**	**1676988**	**975175**	**701813**
北京	24389	15231	9158	27454	18359	9095	18569	12431	6138
天津	5421	3568	1853	6224	4054	2170	4514	2842	1672
河北	102959	63418	39541	127636	75948	51688	93171	52296	40875
山西	56300	33090	23210	53588	32253	21335	40486	23200	17286
内蒙古	57569	35893	21676	53832	34589	19243	41827	25940	15887
辽宁	37208	22494	14714	43334	25224	18110	31777	17547	14230
吉林	42875	26770	16105	43421	26632	16789	28465	16220	12245
黑龙江	42616	25087	17529	50732	29596	21136	42611	23633	18978
上海	36485	24800	11685	39100	27807	11293	26443	18843	7600
江苏	136371	84607	51764	158086	96128	61958	104345	60345	44000
浙江	161878	105786	56092	176870	118253	58617	133130	86914	46216
安徽	134721	82708	52013	116257	70641	45616	75750	44452	31298
福建	88205	55359	32846	96848	61998	34850	69509	43536	25973
江西	53539	30652	22887	61371	34203	27168	47692	25643	22049
山东	89421	54426	34995	123228	75695	47533	68086	41611	26475
河南	135504	78212	57292	181209	101367	79842	116133	62099	54034
湖北	66894	39878	27016	74991	43805	31186	55741	29849	25892
湖南	89430	49636	39794	128149	70662	57487	103493	54193	49300
广东	144938	90515	54423	155009	98042	56967	129687	78865	50822
广西	66291	34095	32196	71711	40038	31673	63566	35880	27686
海南	12163	6675	5488	13388	7730	5658	11148	6548	4600
重庆	42106	23400	18706	37308	21243	16065	26994	14393	12601
四川	125895	66164	59731	124110	68519	55591	88853	46672	42181
贵州	74582	38658	35924	66200	36773	29427	49739	27612	22127
云南	84325	44445	39880	79100	45943	33157	62116	36721	25395
西藏	18381	10231	8150	15729	9419	6310	9440	6069	3371
陕西	64497	37287	27210	72815	43034	29781	56812	32795	24017
甘肃	42744	23967	18777	42767	25306	17461	28744	17143	11601
青海	18137	10033	8104	15887	9484	6403	11532	7113	4419
宁夏	14077	9052	5025	12069	7999	4070	8624	5488	3136
新疆	47144	29654	17490	41533	27784	13749	27991	18282	9709

5-2b 续表 3

单位：户

地区	40-44岁			45-49岁			50-54岁		
	小计	男	女	小计	男	女	小计	男	女
全国	**1830201**	**991437**	**838764**	**2428234**	**1292077**	**1136157**	**2499157**	**1376710**	**1122447**
北京	13367	8609	4758	14048	8745	5303	13627	8494	5133
天津	4119	2512	1607	4622	2634	1988	4708	2859	1849
河北	90412	47061	43351	102655	51994	50661	117766	62441	55325
山西	42191	22489	19702	58483	30811	27672	55693	29984	25709
内蒙古	44304	25772	18532	59927	33027	26900	60800	33938	26862
辽宁	40780	20863	19917	48975	24630	24345	56779	28358	28421
吉林	33204	17285	15919	42240	21161	21079	50341	25913	24428
黑龙江	55747	29989	25758	80365	42110	38255	85950	45091	40859
上海	21506	14791	6715	20684	13301	7383	19896	12917	6979
江苏	113153	60130	53023	139489	72732	66757	178094	97090	81004
浙江	134317	80899	53418	157581	91955	65626	146413	88059	58354
安徽	92907	50090	42817	127651	67047	60604	142090	78035	64055
福建	71148	41430	29718	97010	53564	43446	91045	53606	37439
江西	64636	33194	31442	78367	40748	37619	74178	40645	33533
山东	64783	37877	26906	85865	47359	38506	113433	63464	49969
河南	129851	66855	62996	162245	84163	78082	171361	89108	82253
湖北	69549	34158	35391	92782	47014	45768	102110	54260	47850
湖南	113832	57717	56115	162625	86533	76092	176038	96600	79438
广东	122176	70826	51350	147640	82152	65488	130360	77144	53216
广西	68320	36944	31376	83528	44883	38645	81713	46534	35179
海南	9883	5574	4309	11481	6645	4836	12016	7224	4792
重庆	31452	15348	16104	69448	34707	34741	65971	34775	31196
四川	114543	55161	59382	204432	99693	104739	196836	102120	94716
贵州	59853	30767	29086	78200	40478	37722	69309	37456	31853
云南	75511	41444	34067	89951	49830	40121	78840	45191	33649
西藏	6882	4479	2403	6338	4153	2185	4203	2740	1463
陕西	61831	32918	28913	88106	47022	41084	84320	47526	36794
甘肃	28317	15658	12659	44316	23869	20447	46371	26262	20109
青海	13044	7817	5227	15798	9423	6375	14334	8847	5487
宁夏	9514	5274	4240	11410	6045	5365	10966	5927	5039
新疆	29069	17506	11563	41972	23649	18323	43596	24102	19494

5-2b 续表 4

单位：户

地区	55-59岁			60-64岁			65岁及以上		
	小计	男	女	小计	男	女	小计	男	女
全国	**2062332**	**1174769**	**887563**	**1461545**	**803118**	**658427**	**6005899**	**2464626**	**3541273**
北京	11164	6701	4463	7768	4236	3532	21156	8286	12870
天津	4153	2408	1745	3248	1668	1580	13302	5347	7955
河北	105472	56598	48874	93470	48710	44760	392956	159074	233882
山西	49241	26418	22823	41771	20751	21020	163461	59650	103811
内蒙古	52578	28701	23877	40317	19242	21075	131688	42022	89666
辽宁	57527	28800	28727	46884	21902	24982	146816	55814	91002
吉林	47371	24367	23004	34678	16331	18347	98549	34276	64273
黑龙江	81125	42244	38881	60143	28442	31701	172587	60667	111920
上海	17256	11295	5961	13572	8338	5234	46625	17952	28673
江苏	146232	86373	59859	108597	63762	44835	466652	190576	276076
浙江	112067	69952	42115	72961	43520	29441	271302	100249	171053
安徽	116774	68491	48283	63291	37551	25740	379892	160875	219017
福建	70005	43144	26861	47592	27850	19742	165164	61197	103967
江西	62272	35621	26651	49965	27645	22320	187117	77331	109786
山东	113712	63199	50513	101261	53146	48115	559988	206164	353824
河南	134417	71282	63135	95382	51877	43505	436488	190043	246445
湖北	89639	51541	38098	60602	34156	26446	228860	100017	128843
湖南	148369	83151	65218	105800	59383	46417	446414	198540	247874
广东	94787	60177	34610	61041	37481	23560	215829	98730	117099
广西	67569	40334	27235	47031	27809	19222	198134	90724	107410
海南	11163	6622	4541	7799	4561	3238	31830	13554	18276
重庆	51319	28748	22571	31216	18624	12592	168649	75264	93385
四川	148042	81655	66387	92689	50869	41820	411904	184727	227177
贵州	51908	29368	22540	31415	16993	14422	134272	55627	78645
云南	62897	36631	26266	35759	19354	16405	140454	59677	80777
西藏	2611	1600	1011	1557	903	654	3568	1766	1802
陕西	68425	40586	27839	54975	31346	23629	187291	85728	101563
甘肃	36302	21295	15007	21975	12331	9644	82400	35588	46812
青海	8869	5451	3418	4634	2596	2038	15165	6498	8667
宁夏	8397	4795	3602	5158	2572	2586	19194	6556	12638
新疆	30669	17221	13448	18994	9169	9825	68192	22107	46085

5-2c 各地区分年龄、性别的一人户(乡村)

单位：户

地区	合计			14岁及以下		
	合计	男	女	小计	男	女
全国	**44036073**	**24511088**	**19524985**	**2820997**	**1594267**	**1226730**
北京	308510	200963	107547	4952	2659	2293
天津	144647	82691	61956	5240	2986	2254
河北	2070293	1116894	953399	117198	67303	49895
山西	1350340	719541	630799	69745	37881	31864
内蒙古	793332	458132	335200	32949	17690	15259
辽宁	943978	503141	440837	27938	14960	12978
吉林	751965	420469	331496	26282	14339	11943
黑龙江	1185228	644325	540903	55556	29469	26087
上海	450243	299846	150397	3324	1782	1542
江苏	2182290	1155458	1026832	79226	44662	34564
浙江	2162243	1242763	919480	70948	39497	31451
安徽	2488963	1426279	1062684	210365	125753	84612
福建	1199359	682338	517021	65971	36603	29368
江西	1363905	753051	610854	126487	73000	53487
山东	2965076	1483133	1481943	116694	67697	48997
河南	3351703	1722303	1629400	336107	198494	137613
湖北	1864944	1063870	801074	117405	67433	49972
湖南	2463642	1362361	1101281	219121	124183	94938
广东	2453845	1440368	1013477	160807	88136	72671
广西	1841669	1074317	767352	161514	92779	68735
海南	208057	117658	90399	11471	6499	4972
重庆	1482339	846476	635863	92955	50901	42054
四川	4189561	2367438	1822123	259998	140243	119755
贵州	1469913	821025	648888	149440	87083	62357
云南	1236490	719657	516833	91527	50173	41354
西藏	119526	66472	53054	9003	4610	4393
陕西	1301979	737013	564966	92090	50206	41884
甘肃	793816	459303	334513	45286	24828	20458
青海	139773	85063	54710	14578	7642	6936
宁夏	179998	102732	77266	11104	5919	5185
新疆	578446	336008	242438	35716	18857	16859

5-2c 续表 1

单位：户

地区	15-19岁			20-24岁		
	小计	男	女	小计	男	女
全国	**1221956**	**749823**	**472133**	**1928278**	**1199391**	**728887**
北京	3916	2648	1268	17422	11685	5737
天津	1939	1308	631	6181	4666	1515
河北	44577	28470	16107	60487	40450	20037
山西	36256	20841	15415	60721	35130	25591
内蒙古	19642	11015	8627	31783	19367	12416
辽宁	16180	9327	6853	26060	15509	10551
吉林	16167	9218	6949	23042	13693	9349
黑龙江	33271	18522	14749	45857	26111	19746
上海	6727	4466	2261	24279	17419	6860
江苏	31889	20215	11674	63065	41460	21605
浙江	45437	28201	17236	103732	69021	34711
安徽	97894	63611	34283	125015	80648	44367
福建	32608	19754	12854	54522	34762	19760
江西	54995	35069	19926	75532	47828	27704
山东	42761	27570	15191	66578	45618	20960
河南	100336	66631	33705	122882	76686	46196
湖北	31561	19984	11577	60174	38520	21654
湖南	72851	45144	27707	91430	55937	35493
广东	72143	44518	27625	167915	105967	61948
广西	73069	45033	28036	82653	48627	34026
海南	6241	3727	2514	8586	5223	3363
重庆	43830	25420	18410	74653	43735	30918
四川	125474	72496	52978	211240	125574	85666
贵州	70187	43038	27149	88508	50260	38248
云南	50109	30085	20024	75486	45259	30227
西藏	4405	2273	2132	9330	4351	4979
陕西	28299	17077	11222	51828	32944	18884
甘肃	24886	14443	10443	36554	22525	14029
青海	7541	4525	3016	10612	6425	4187
宁夏	9665	5617	4048	13505	8367	5138
新疆	17100	9577	7523	38646	25624	13022

5-2c 续表 2

单位：户

地区	25-29岁			30-34岁			35-39岁		
	小计	男	女	小计	男	女	小计	男	女
全国	**2242188**	**1438759**	**803429**	**2376973**	**1598353**	**778620**	**1785039**	**1214026**	**571013**
北京	31026	22198	8828	40179	30531	9648	28719	21969	6750
天津	9429	7146	2283	9873	7281	2592	6618	4633	1985
河北	82036	57139	24897	100325	72139	28186	69681	48797	20884
山西	70091	42574	27517	64269	44521	19748	52169	37658	14511
内蒙古	37680	25299	12381	41109	29724	11385	41148	30706	10442
辽宁	31153	19028	12125	35919	22352	13567	30522	18954	11568
吉林	30060	18520	11540	39446	24592	14854	32808	20678	12130
黑龙江	53828	31330	22498	71458	43248	28210	68549	42275	26274
上海	40464	30643	9821	56869	44479	12390	43630	34313	9317
江苏	96156	62932	33224	112171	74261	37910	70304	47095	23209
浙江	132049	91360	40689	146830	106060	40770	120485	86644	33841
安徽	134476	86656	47820	106548	71632	34916	72571	51145	21426
福建	74355	48772	25583	82772	56399	26373	63357	44806	18551
江西	66310	41964	24346	68859	43468	25391	51738	34108	17630
山东	62060	43139	18921	96873	71085	25788	59744	44075	15669
河南	122228	73200	49028	140780	87806	52974	88292	55942	32350
湖北	106935	68253	38682	109366	70094	39272	75335	48130	27205
湖南	95175	59094	36081	127675	80354	47321	94149	59348	34801
广东	201194	131036	70158	195073	131716	63357	160843	108190	52653
广西	77648	47318	30330	86347	57001	29346	85339	59419	25920
海南	11893	7175	4718	13095	8500	4595	12618	8502	4116
重庆	83960	50088	33872	65247	40787	24460	40400	25368	15032
四川	228605	140919	87686	216782	138935	77847	136578	85075	51503
贵州	75566	45603	29963	66025	43818	22207	58243	38695	19548
云南	73569	46695	26874	73815	51143	22672	68458	48826	19632
西藏	19471	10500	8971	17173	10440	6733	12187	7972	4215
陕西	75132	49455	25677	78838	54755	24083	55214	38852	16362
甘肃	43217	27688	15529	42615	29606	13009	30303	21871	8432
青海	11061	6942	4119	10257	7021	3236	9253	6423	2830
宁夏	13451	8950	4501	11757	8444	3313	9442	6825	2617
新疆	51910	37143	14767	48628	36161	12467	36342	26732	9610

5-2c　续表 3　　　　单位：户

地　区	40-44岁			45-49岁			50-54岁		
	小计	男	女	小计	男	女	小计	男	女
全　国	**2055897**	**1348636**	**707261**	**3233716**	**2041691**	**1192025**	**4088747**	**2513443**	**1575304**
北　京	23799	17296	6503	28184	19516	8668	29466	20291	9175
天　津	6568	4319	2249	8132	5135	2997	11068	6740	4328
河　北	71756	47008	24748	107632	65514	42118	173529	102365	71164
山　西	55996	39523	16473	90739	61776	28963	106147	69329	36818
内蒙古	46334	33443	12891	67921	47123	20798	76460	51527	24933
辽　宁	46117	29323	16794	67439	42308	25131	96636	58729	37907
吉　林	46634	29401	17233	67720	42417	25303	92566	57480	35086
黑龙江	84987	52108	32879	117950	72200	45750	130108	78352	51756
上　海	39633	29957	9676	44545	31902	12643	43161	31970	11191
江　苏	81296	51243	30053	128122	74771	53351	217759	126556	91203
浙　江	129920	89521	40399	170769	113919	56850	194968	130825	64143
安　徽	97380	67122	30258	164725	105193	59532	226627	138210	88417
福　建	67001	45405	21596	100464	64201	36263	111337	71573	39764
江　西	73588	49206	24382	102518	65874	36644	113513	70332	43181
山　东	64303	44876	19427	115287	74108	41179	222875	135498	87377
河　南	115033	68270	46763	207952	111097	96855	310616	149463	161153
湖　北	85320	54258	31062	134592	84764	49828	184839	116408	68431
湖　南	99830	63580	36250	174853	114449	60404	234546	147782	86764
广　东	149583	96118	53465	196617	121227	75390	205341	132333	73008
广　西	96141	66797	29344	133774	90755	43019	160952	109460	51492
海　南	12232	8274	3958	15223	10300	4923	17667	11918	5749
重　庆	46161	28514	17647	118310	74870	43440	139131	85682	53449
四　川	177628	108076	69552	363073	224309	138764	419202	257725	161477
贵　州	81364	51046	30318	124212	77219	46993	134414	82063	52351
云　南	92254	62948	29306	120863	80249	40614	122321	78651	43670
西　藏	10096	6258	3838	9982	6127	3855	8116	4661	3455
陕　西	59752	39930	19822	98638	62933	35705	118628	73055	45573
甘　肃	34414	23104	11310	71187	44470	26717	96536	59882	36654
青　海	11838	8119	3719	14905	10238	4667	14239	9666	4573
宁　夏	11345	7622	3723	14501	9221	5280	16432	9890	6542
新　疆	37594	25971	11623	52887	33506	19381	59547	35027	24520

5-2c 续表 4

单位：户

地区	55-59岁			60-64岁			65岁及以上		
	小计	男	女	小计	男	女	小计	男	女
全国	**3754011**	**2293129**	**1460882**	**3194967**	**1912865**	**1282102**	**15333304**	**6606705**	**8726599**
北京	24666	16498	8168	17864	11113	6751	58317	24559	33758
天津	12087	7125	4962	11651	6380	5271	55861	24972	30889
河北	184142	106045	78097	190610	109098	81512	868320	372566	495754
山西	112900	67771	45129	117484	64595	52889	513823	197942	315881
内蒙古	74793	47449	27344	73976	42649	31327	249537	102140	147397
辽宁	100499	57849	42650	97603	53252	44351	367912	161550	206362
吉林	86271	51510	34761	72918	40448	32470	218051	98173	119878
黑龙江	117150	67047	50103	101144	53146	47998	305370	130517	174853
上海	32316	24159	8157	21851	15001	6850	93444	33755	59689
江苏	206756	123875	82881	180703	109781	70922	914843	378607	536236
浙江	178594	120113	58481	150993	95827	55166	717518	271775	445743
安徽	200413	125075	75338	122427	79340	43087	930522	431894	498628
福建	98652	63358	35294	87231	52250	34981	361089	144455	216634
江西	103446	63688	39758	99519	58149	41370	427400	170365	257035
山东	262716	155386	107330	271889	154201	117688	1583296	619880	963416
河南	275206	139484	135722	226329	127845	98484	1305942	567385	738557
湖北	179857	116609	63248	143372	90438	52934	636188	288979	347209
湖南	209150	127564	81586	175581	107704	67877	869281	377222	492059
广东	171831	114272	57559	139603	89606	49997	632895	277249	355646
广西	148184	98755	49429	124640	79634	45006	611408	278739	332669
海南	17456	11191	6265	13620	8429	5191	67955	27920	40035
重庆	121767	76206	45561	97830	66718	31112	558095	278187	279908
四川	338983	211225	127758	272563	179682	92881	1439435	683179	756256
贵州	112406	67965	44441	84502	48579	35923	425046	185656	239390
云南	105465	64270	41195	71669	39099	32570	290954	122259	168695
西藏	6269	3388	2881	3758	1847	1911	9736	4045	5691
陕西	115784	71076	44708	113185	66887	46298	414591	179843	234748
甘肃	85197	53200	31997	58594	35380	23214	225027	102306	122721
青海	9962	6295	3667	5534	3072	2462	19993	8695	11298
宁夏	15127	8932	6195	11083	6076	5007	42586	16869	25717
新疆	45966	25749	20217	35241	16639	18602	118869	45022	73847

5-3　各地区家庭户中民族混合户户数

单位：户、%

地　区	家庭户户数	单一民族户		二个民族户		三个民族户		四个及以上民族户	
		户数	占家庭户比重	户数	占家庭户比重	户数	占家庭户比重	户数	占家庭户比重
全　国	**494157423**	**479763277**	**97.09**	**14040196**	**2.84**	**340836**	**0.07**	**13114**	
北　京	8230792	7895168	95.92	332294	4.04	3283	0.04	47	
天　津	4867116	4771229	98.03	94850	1.95	982	0.02	55	
河　北	25429609	24827972	97.63	593805	2.34	7736	0.03	96	
山　西	12746142	12717491	99.78	28475	0.22	163		13	
内蒙古	9483957	8373697	88.29	1093463	11.53	16591	0.17	206	
辽　宁	17467111	15983981	91.51	1470005	8.42	12958	0.07	167	
吉　林	9426822	8935454	94.79	486459	5.16	4837	0.05	72	
黑龙江	13024687	12727295	97.72	295766	2.27	1598	0.01	28	
上　海	9644628	9539755	98.91	103734	1.08	1099	0.01	40	
江　苏	29910849	29748998	99.46	160078	0.54	1656	0.01	117	
浙　江	25008606	24603008	98.38	397474	1.59	7634	0.03	490	
安　徽	21910377	21795592	99.48	114341	0.52	419		25	
福　建	14371078	14126718	98.30	241158	1.68	3019	0.02	183	
江　西	14072847	14009806	99.55	62048	0.44	843	0.01	150	
山　东	35184241	35039612	99.59	143177	0.41	1399		53	
河　南	31782693	31616628	99.48	165396	0.52	612		57	
湖　北	19931045	19480230	97.74	440412	2.21	10228	0.05	175	
湖　南	22878336	22137332	96.76	718822	3.14	21808	0.10	374	
广　东	42469178	41675124	98.13	775395	1.83	17461	0.04	1198	
广　西	16215014	14578426	89.91	1602476	9.88	33295	0.21	817	0.01
海　南	2961646	2818348	95.16	140994	4.76	2206	0.07	98	
重　庆	12040234	11745054	97.55	282682	2.35	12363	0.10	135	
四　川	30756120	30387645	98.80	361379	1.17	6876	0.02	220	
贵　州	12696585	10898621	85.84	1704726	13.43	88651	0.70	4587	0.04
云　南	15146831	13466436	88.91	1613730	10.65	63898	0.42	2767	0.02
西　藏	1014090	988773	97.50	23471	2.31	1718	0.17	128	0.01
陕　西	14211344	14172704	99.73	38354	0.27	266		20	
甘　肃	8422836	8265160	98.13	154415	1.83	3143	0.04	118	
青　海	1965893	1827913	92.98	132497	6.74	5294	0.27	189	0.01
宁　夏	2535074	2465995	97.28	68506	2.70	568	0.02	5	
新　疆	8351642	8143112	97.50	199814	2.39	8232	0.10	484	0.01

5-3a 各地区家庭户中民族混合户户数(城市)

单位：户、%

地区	家庭户户数	单一民族户		二个民族户		三个民族户		四个及以上民族户	
		户数	占家庭户比重	户数	占家庭户比重	户数	占家庭户比重	户数	占家庭户比重
全国	**202764700**	**196974141**	**97.14**	**5691203**	**2.81**	**94441**	**0.05**	**4915**	
北京	6690435	6409965	95.81	277947	4.15	2487	0.04	36	
天津	3849509	3774928	98.06	73862	1.92	673	0.02	46	
河北	7513689	7336993	97.65	175424	2.33	1253	0.02	19	
山西	4616210	4600162	99.65	15968	0.35	73		7	
内蒙古	3586072	3152612	87.91	428886	11.96	4543	0.13	31	
辽宁	10672010	9915515	92.91	752172	7.05	4280	0.04	43	
吉林	4088980	3894957	95.25	193123	4.72	898	0.02	2	
黑龙江	5814838	5688064	97.82	126148	2.17	604	0.01	22	
上海	7521925	7436638	98.87	84367	1.12	883	0.01	37	
江苏	13771191	13683167	99.36	87165	0.63	796	0.01	63	
浙江	12575815	12397461	98.58	175947	1.40	2271	0.02	136	
安徽	5663611	5619782	99.23	43687	0.77	132		10	
福建	5951707	5854531	98.37	96278	1.62	828	0.01	70	
江西	4042797	4026636	99.60	15674	0.39	406	0.01	81	
山东	13073475	12997641	99.42	75270	0.58	541		23	
河南	8130055	8053996	99.06	75711	0.93	322		26	
湖北	8206395	8071237	98.35	132929	1.62	2170	0.03	59	
湖南	6185217	6053102	97.86	128548	2.08	3463	0.06	104	
广东	27382359	26793247	97.85	580954	2.12	7647	0.03	511	
广西	4744710	4057303	85.51	674748	14.22	12338	0.26	321	0.01
海南	1148204	1103617	96.12	44066	3.84	493	0.04	28	
重庆	5652181	5573619	98.61	75903	1.34	2611	0.05	48	
四川	10700636	10576139	98.84	122560	1.15	1832	0.02	105	
贵州	3252662	2737326	84.16	489683	15.05	23884	0.73	1769	0.05
云南	4342471	3842743	88.49	483118	11.13	15589	0.36	1021	0.02
西藏	282848	275277	97.32	7306	2.58	211	0.07	54	0.02
陕西	5640394	5615085	99.55	25091	0.44	206		12	
甘肃	2551450	2510738	98.40	40137	1.57	536	0.02	39	
青海	766028	716934	93.59	48246	6.30	810	0.11	38	
宁夏	1084791	1040642	95.93	43950	4.05	194	0.02	5	
新疆	3262035	3164084	97.00	96335	2.95	1467	0.04	149	

5-3b　各地区家庭户中民族混合户户数(镇)

单位：户、%

地　　区	家庭户户　数	单一民族户		二个民族户		三个民族户		四个及以上民族户	
		户数	占家庭户比重	户数	占家庭户比重	户数	占家庭户比重	户数	占家庭户比重
全　　国	**107620004**	**104185405**	**96.81**	**3340594**	**3.10**	**90299**	**0.08**	**3706**	
北　　京	496221	480131	96.76	15931	3.21	157	0.03	2	
天　　津	248142	243727	98.22	4377	1.76	35	0.01	3	
河　　北	7262915	7082647	97.52	177873	2.45	2350	0.03	45	
山　　西	2997725	2993591	99.86	4104	0.14	28		2	
内 蒙 古	2643180	2312370	87.48	327388	12.39	3403	0.13	19	
辽　　宁	2136933	1898299	88.83	237249	11.10	1377	0.06	8	
吉　　林	1838621	1736362	94.44	101853	5.54	404	0.02	2	
黑 龙 江	2672230	2618363	97.98	53670	2.01	197	0.01		
上　　海	907718	898468	98.98	9143	1.01	106	0.01	1	
江　　苏	7566565	7535506	99.59	30700	0.41	333		26	
浙　　江	5128200	5040801	98.30	86005	1.68	1269	0.02	125	
安　　徽	6548174	6511870	99.45	36161	0.55	137		6	
福　　建	3775966	3718037	98.47	57405	1.52	495	0.01	29	
江　　西	4015256	3998705	99.59	16265	0.41	237	0.01	49	
山　　东	7935341	7910753	99.69	24367	0.31	200		21	
河　　南	8352717	8306960	99.45	45544	0.55	187		26	
湖　　北	3940726	3827273	97.12	110310	2.80	3089	0.08	54	
湖　　南	6630584	6351014	95.78	270394	4.08	9027	0.14	149	
广　　东	5096023	5034611	98.79	60109	1.18	1191	0.02	112	
广　　西	3710344	3330526	89.76	370328	9.98	9166	0.25	324	0.01
海　　南	645237	610942	94.68	33868	5.25	394	0.06	33	0.01
重　　庆	2157259	2061054	95.54	91324	4.23	4837	0.22	44	
四　　川	6020073	5946510	98.78	72182	1.20	1332	0.02	49	
贵　　州	3226651	2679444	83.04	517382	16.03	28333	0.88	1492	0.05
云　　南	3547366	3074155	86.66	452325	12.75	19950	0.56	936	0.03
西　　藏	171788	168744	98.23	2966	1.73	73	0.04	5	
陕　　西	3204020	3197885	99.81	6096	0.19	33		6	
甘　　肃	1925591	1886492	97.97	38396	1.99	665	0.03	38	
青　　海	483732	445610	92.12	37382	7.73	719	0.15	21	
宁　　夏	580390	570281	98.26	10082	1.74	27			
新　　疆	1754316	1714274	97.72	39415	2.25	548	0.03	79	

5-3c 各地区家庭户中民族混合户户数(乡村)

单位：户、%

地区	家庭户户数	单一民族户		二个民族户		三个民族户		四个及以上民族户	
		户数	占家庭户比重	户数	占家庭户比重	户数	占家庭户比重	户数	占家庭户比重
全　国	**183772719**	**178603731**	**97.19**	**5008399**	**2.73**	**156096**	**0.08**	**4493**	
北　京	1044136	1005072	96.26	38416	3.68	639	0.06	9	
天　津	769465	752574	97.80	16611	2.16	274	0.04	6	
河　北	10653005	10408332	97.70	240508	2.26	4133	0.04	32	
山　西	5132207	5123738	99.83	8403	0.16	62		4	
内蒙古	3254705	2908715	89.37	337189	10.36	8645	0.27	156	
辽　宁	4658168	4170167	89.52	480584	10.32	7301	0.16	116	
吉　林	3499221	3304135	94.42	191483	5.47	3535	0.10	68	
黑龙江	4537619	4420868	97.43	115948	2.56	797	0.02	6	
上　海	1214985	1204649	99.15	10224	0.84	110	0.01	2	
江　苏	8573093	8530325	99.50	42213	0.49	527	0.01	28	
浙　江	7304591	7164746	98.09	135522	1.86	4094	0.06	229	
安　徽	9698592	9663940	99.64	34493	0.36	150		9	
福　建	4643405	4554150	98.08	87475	1.88	1696	0.04	84	
江　西	6014794	5984465	99.50	30109	0.50	200		20	
山　东	14175425	14131218	99.69	43540	0.31	658		9	
河　南	15299921	15255672	99.71	44141	0.29	103		5	
湖　北	7783924	7581720	97.40	197173	2.53	4969	0.06	62	
湖　南	10062535	9733216	96.73	319880	3.18	9318	0.09	121	
广　东	9990796	9847266	98.56	134332	1.34	8623	0.09	575	0.01
广　西	7759960	7190597	92.66	557400	7.18	11791	0.15	172	
海　南	1168205	1103789	94.49	63060	5.40	1319	0.11	37	
重　庆	4230794	4110381	97.15	115455	2.73	4915	0.12	43	
四　川	14035411	13864996	98.79	166637	1.19	3712	0.03	66	
贵　州	6217272	5481851	88.17	697661	11.22	36434	0.59	1326	0.02
云　南	7256994	6549538	90.25	678287	9.35	28359	0.39	810	0.01
西　藏	559454	544752	97.37	13199	2.36	1434	0.26	69	0.01
陕　西	5366930	5359734	99.87	7167	0.13	27		2	
甘　肃	3945795	3867930	98.03	75882	1.92	1942	0.05	41	
青　海	716133	665369	92.91	46869	6.54	3765	0.53	130	0.02
宁　夏	869893	855072	98.30	14474	1.66	347	0.04		
新　疆	3335291	3264754	97.89	64064	1.92	6217	0.19	256	0.01

5-4　各地区有60岁及以上人口的家庭户户数

单位：户

地　　区	合　计	有一个60岁及以上人口的户				有二个60岁及以上人口的户				有三个60岁及以上人口的户
		小计	独自居住	只与未成年人口共同居住	其他	小计	只有一对60岁及以上夫妇居住	只有一对60岁及以上夫妇与未成年人口共同居住	其他	
全　　国	**174447507**	**95611905**	**37290029**	**2059380**	**56262496**	**76879788**	**40903152**	**2830474**	**33146162**	**1955814**
北　　京	2715249	1333104	500195	15865	817044	1341847	695129	28806	617912	40298
天　　津	1794127	825618	379937	10517	435164	948119	608781	23640	315698	20390
河　　北	9519224	4689962	1994644	66707	2628611	4712097	2855284	124452	1732361	117165
山　　西	4335962	2311043	1110540	26095	1174408	1989392	1292413	41849	655130	35527
内 蒙 古	3087872	1601638	719459	15013	867166	1463300	1074057	27508	361735	22934
辽　　宁	7014317	3511415	1638799	32951	1839665	3425883	2192812	65886	1167185	77019
吉　　林	3534665	1859288	747479	19440	1092369	1641156	1034717	36402	570037	34221
黑 龙 江	4718063	2605332	1190613	29477	1385242	2062240	1330239	39797	692204	50491
上　　海	3553631	1581383	658184	11971	911228	1889916	1044692	34783	810441	82332
江　　苏	11791927	5876812	2471869	84269	3320674	5714410	3167276	142624	2404510	200705
浙　　江	7957768	4198581	1832011	44915	2321655	3667933	2102553	78562	1486818	91254
安　　徽	7655538	4193819	1820197	107581	2266041	3388897	1994220	160448	1234229	72822
福　　建	4569393	2673488	887217	52737	1733534	1850530	809882	66220	974428	45375
江　　西	5156449	3007129	982383	104415	1920331	2096330	902268	132795	1061267	52990
山　　东	13515421	6591660	3310018	57757	3223885	6777425	4622050	113226	2042149	146336
河　　南	11678865	6214628	2503645	220484	3490499	5303461	2558395	323346	2421720	160776
湖　　北	7769762	4256994	1561298	103263	2592433	3432477	1604361	160332	1667784	80291
湖　　南	9008175	5338218	1991599	155022	3191597	3580679	1684536	182650	1713493	89278
广　　东	10711431	6532256	1807672	141867	4582717	4066754	1227315	162749	2676690	112421
广　　西	5906466	3680314	1183050	141856	2355408	2174942	763545	145870	1265527	51210
海　　南	968357	565068	158215	6971	399882	391513	135329	9266	246918	11776
重　　庆	4751409	2759315	1162336	83377	1513602	1935735	1002561	97648	835526	56359
四　　川	12249457	7181497	2809747	210730	4161020	4922170	2433548	237833	2250789	145790
贵　　州	4132065	2472720	816922	113050	1542748	1632288	758085	125740	748463	27057
云　　南	4929754	3008806	754880	65642	2188284	1879810	678132	75291	1126387	41138
西　　藏	228913	170211	30098	2840	137273	53693	6156	1225	46312	5009
陕　　西	5041121	2847216	1098977	64172	1684067	2143733	1076703	92417	974613	50172
甘　　肃	2946888	1755246	545693	37258	1172295	1172517	558135	53914	560468	19125
青　　海	511099	329252	85307	7139	236806	179681	70744	9303	99634	2166
宁　　夏	650246	348704	132159	4859	211686	298167	202915	9714	85538	3375
新　　疆	2043893	1291188	404886	21140	865162	742693	416319	26178	300196	10012

5-4a 各地区有60岁及以上人口的家庭户户数(城市)

单位：户

地区	合计	有一个60岁及以上人口的户				有二个60岁及以上人口的户				有三个60岁及以上人口的户
		小计	独自居住	只与未成年人口共同居住	其他	小计	只有一对60岁及以上夫妇居住	只有一对60岁及以上夫妇与未成年人口共同居住	其他	
全国	**57034615**	**30141960**	**11294314**	**393784**	**18453862**	**26192555**	**14061192**	**599306**	**11532057**	**700100**
北京	2175949	1066315	395090	13567	657658	1077090	548080	23999	505011	32544
天津	1375822	630792	295875	9051	325866	729654	468428	20166	241060	15376
河北	2309492	1112737	449288	15552	647897	1168279	681622	29035	457622	28476
山西	1233426	630050	274001	7363	348686	591842	370660	12368	208814	11534
内蒙古	977747	496315	223941	4360	268014	474151	341817	8951	123383	7281
辽宁	3778474	1950685	979584	18514	952587	1783847	1191613	31250	560984	43942
吉林	1358282	728201	323283	7810	397108	617152	414079	12714	190359	12929
黑龙江	1963357	1128233	551369	13354	563510	810661	522414	15291	272956	24463
上海	2859680	1266613	482692	10528	773393	1524213	784651	31752	707810	68854
江苏	4336620	2119138	801074	18887	1299177	2149110	1191061	33150	924899	68372
浙江	3055669	1559680	619237	12969	927474	1460057	820472	24346	615239	35932
安徽	1547961	821156	324065	12267	484824	712391	441064	19507	251820	14414
福建	1390280	789972	226141	9986	553845	584769	233833	12938	337998	15539
江西	1214865	683343	218382	14718	450243	517797	229986	19229	268582	13725
山东	3944776	1878331	793584	13743	1071004	2023319	1258870	28405	736044	43126
河南	2361018	1231092	439504	20295	771293	1097985	515791	28303	553891	31941
湖北	2610950	1366424	492276	21062	853086	1217160	608421	34104	574635	27366
湖南	1844183	1067104	394523	19287	653294	756124	371479	23102	361543	20955
广东	4902845	2923396	758304	39544	2125548	1928081	592593	38785	1296703	51368
广西	1251351	760937	201837	13408	545692	477899	162709	13456	301734	12515
海南	267312	153532	37011	1906	114615	110212	36607	1999	71606	3568
重庆	1765150	980359	306546	17697	656116	758670	350932	24599	383139	26121
四川	3215722	1764324	593156	29993	1141175	1406279	705426	43275	657578	45119
贵州	804400	479719	141687	10055	327977	317996	147508	11720	158768	6685
云南	1063604	626217	216044	8372	401801	427822	202762	10488	214572	9565
西藏	42860	32887	11479	1064	20344	9317	2855	517	5945	656
陕西	1469580	803041	328935	13595	460511	651120	358488	18827	273805	15419
甘肃	690056	391515	157697	5776	228042	294075	181399	10389	102287	4466
青海	187611	113237	39981	1824	71432	73432	40597	3045	29790	942
宁夏	247137	130452	54138	1707	74607	115332	80983	3825	30524	1353
新疆	788436	456163	163590	5530	287043	326719	203992	9771	112956	5554

5-4b 各地区有60岁及以上人口的家庭户户数(镇)

单位：户

地区	合计	有一个60岁及以上人口的户				有二个60岁及以上人口的户				有三个60岁及以上人口的户
		小计	独自居住	只与未成年人口共同居住	其他	小计	只有一对60岁及以上夫妇居住	只有一对60岁及以上夫妇与未成年人口共同居住	其他	
全国	**34757655**	**19365216**	**7467444**	**521467**	**11376305**	**14996466**	**7835533**	**605697**	**6555236**	**395973**
北京	140619	69805	28924	727	40154	69031	40272	1272	27487	1783
天津	82373	38457	16550	341	21566	43025	27614	750	14661	891
河北	2417829	1186361	486426	17436	682499	1201062	701827	32207	467028	30406
山西	819244	436806	205232	6634	224940	375568	241644	8935	124989	6870
内蒙古	714163	371702	172005	5800	193897	337421	253418	8540	75463	5040
辽宁	791652	395622	193700	4132	197790	388311	260773	7539	119999	7719
吉林	578090	302395	133227	3846	165322	270778	185384	6250	79144	4917
黑龙江	885587	475578	232730	6586	236262	402339	287096	9235	106008	7670
上海	275605	126821	60197	706	65918	143607	95078	1483	47046	5177
江苏	2779770	1390401	575249	24805	790347	1341525	719154	38665	583706	47844
浙江	1489158	802767	344263	10438	448066	669242	376945	16568	275729	17149
安徽	1932866	1077214	443183	34595	599436	836984	477854	41102	318028	18668
福建	1153339	679318	212756	16048	450514	462513	190715	18944	252854	11508
江西	1308976	768654	237082	30225	501347	525232	207281	35826	282125	15090
山东	2738222	1335559	661249	12121	662189	1370551	932411	23137	415003	32112
河南	2606402	1410814	531870	42071	836873	1157508	514594	56264	586650	38080
湖北	1376302	777977	289462	25645	462870	584576	264232	32374	287970	13749
湖南	2419840	1451596	552214	43424	855958	942608	433423	46928	462257	25636
广东	1622125	995968	276870	28387	690711	607238	172394	31714	403130	18919
广西	1293336	804438	245165	30895	528378	476167	153458	30064	292645	12731
海南	229841	133407	39629	1787	91991	93317	31394	2320	59603	3117
重庆	802156	479244	199865	25456	253923	311910	159996	21764	130150	11002
四川	2139911	1307340	504593	63851	738896	804294	382314	50295	371685	28277
贵州	887931	556764	165687	32808	358269	325245	135624	25683	163938	5922
云南	1052253	650833	176213	15903	458717	392959	146545	15442	230972	8461
西藏	23225	18288	5125	502	12661	4627	861	193	3573	310
陕西	1041115	607637	242266	17585	347786	422829	209914	20909	192006	10649
甘肃	537793	329245	104375	10840	214030	205013	94989	11683	98341	3535
青海	106939	71400	19799	2273	49328	35129	12992	2349	19788	410
宁夏	120149	65429	24352	1231	39846	54194	37801	2090	14303	526
新疆	390844	247376	87186	4369	155821	141663	87536	5172	48955	1805

5-4c 各地区有60岁及以上人口的家庭户户数(乡村)

单位：户

地区	合计	有一个60岁及以上人口的户				有二个60岁及以上人口的户				有三个60岁及以上人口的户
		小计	独自居住	只与未成年人口共同居住	其他	小计	只有一对60岁及以上夫妇居住	只有一对60岁及以上夫妇与未成年人口共同居住	其他	
全国	**82655237**	**46104729**	**18528271**	**1144129**	**26432329**	**35690767**	**19006427**	**1625471**	**15058869**	**859741**
北京	398681	196984	76181	1571	119232	195726	106777	3535	85414	5971
天津	335932	156369	67512	1125	87732	175440	112739	2724	59977	4123
河北	4791903	2390864	1058930	33719	1298215	2342756	1471835	63210	807711	58283
山西	2283292	1244187	631307	12098	600782	1021982	680109	20546	321327	17123
内蒙古	1395962	733621	323513	4853	405255	651728	478822	10017	162889	10613
辽宁	2444191	1165108	465515	10305	689288	1253725	740426	27097	486202	25358
吉林	1598293	828692	290969	7784	529939	753226	435254	17438	300534	16375
黑龙江	1869119	1001521	406514	9537	585470	849240	520729	15271	313240	18358
上海	418346	187949	115295	737	71917	222096	164963	1548	55585	8301
江苏	4675537	2367273	1095546	40577	1231150	2223775	1257061	70809	895905	84489
浙江	3412941	1836134	868511	21508	946115	1538634	905136	37648	595850	38173
安徽	4174711	2295449	1052949	60719	1181781	1839522	1075302	99839	664381	39740
福建	2025774	1204198	448320	26703	729175	803248	385334	34338	383576	18328
江西	2632608	1555132	526919	59472	968741	1053301	465001	77740	510560	24175
山东	6832423	3377770	1855185	31893	1490692	3383555	2430769	61684	891102	71098
河南	6711445	3572722	1532271	158118	1882333	3047968	1528010	238779	1281179	90755
湖北	3782510	2112593	779560	56556	1276477	1630741	731708	93854	805179	39176
湖南	4744152	2819518	1044862	92311	1682345	1881947	879634	112620	889693	42687
广东	4186461	2612892	772498	73936	1766458	1531435	462328	92250	976857	42134
广西	3361779	2114939	736048	97553	1281338	1220876	447378	102350	671148	25964
海南	471204	278129	81575	3278	193276	187984	67328	4947	115709	5091
重庆	2184103	1299712	655925	40224	603563	865155	491633	51285	322237	19236
四川	6893824	4109833	1711998	116886	2280949	2711597	1345808	144263	1221526	72394
贵州	2439734	1436237	509548	70187	856502	989047	474953	88337	425757	14450
云南	2813897	1731756	362623	41367	1327766	1059029	328825	49361	680843	23112
西藏	162828	119036	13494	1274	104268	39749	2440	515	36794	4043
陕西	2530426	1436538	527776	32992	875770	1069784	508301	52681	508802	24104
甘肃	1719039	1034486	283621	20642	730223	673429	281747	31842	359840	11124
青海	216549	144615	25527	3042	116046	71120	17155	3909	50056	814
宁夏	282960	152823	53669	1921	97233	128641	84131	3799	40711	1496
新疆	864613	587649	154110	11241	422298	274311	124791	11235	138285	2653

5-5 各地区有65岁及以上人口的家庭户户数

单位：户

地区	合计	有一个65岁及以上人口的户				有二个65岁及以上人口的户				有三个65岁及以上人口的户
		小计	独自居住	只与未成年人口共同居住	其他	小计	只有一对65岁及以上夫妇居住	只有一对65岁及以上夫妇与未成年人口共同居住	其他	
全国	**132865245**	**82164801**	**29938548**	**1364913**	**50861340**	**49912336**	**27932889**	**1401748**	**20577699**	**788108**
北京	1945261	1087021	369205	9970	707846	845238	460665	15159	369414	13002
天津	1288864	697074	293150	6526	397398	584952	391766	11295	181891	6838
河北	7107051	4127099	1612388	41926	2472785	2935104	1862125	55707	1017272	44848
山西	3136789	1927074	887968	15436	1023670	1197545	816173	17246	364126	12170
内蒙古	2171406	1320330	554035	8195	758100	844349	636338	10299	197712	6727
辽宁	5033822	2922269	1217828	18559	1685882	2086342	1365638	27070	693634	25211
吉林	2531072	1534081	546721	10505	976855	986347	630588	14450	341309	10644
黑龙江	3349064	2102660	865795	16105	1220760	1229185	809243	15860	404082	17219
上海	2618473	1364339	505469	7395	851475	1223613	713344	18016	492253	30521
江苏	9214389	5209943	2022382	52252	3135309	3920320	2262011	67196	1591113	84126
浙江	5965869	3574288	1475194	27125	2071969	2358799	1445890	33826	879083	32782
安徽	6355102	3807395	1577817	77051	2152527	2509631	1542228	93652	873751	38076
福建	3368771	2225049	693309	32727	1499013	1128191	538833	29813	559545	15531
江西	3846916	2530227	782500	66449	1681278	1296246	604340	59793	632113	20443
山东	10367212	5880754	2788456	37535	3054763	4423344	3160445	53214	1209685	63114
河南	9184677	5544839	2087035	153051	3304753	3559932	1847850	172891	1539191	79906
湖北	5852791	3627771	1243002	64318	2320451	2194903	1104886	73418	1016599	30117
湖南	7045763	4615934	1620609	104724	2890601	2391403	1193278	92900	1105225	38426
广东	7872427	5343882	1394307	93698	3855877	2489400	838218	82023	1569159	39145
广西	4551930	3139410	957121	101046	2081243	1393647	535009	77988	780650	18873
海南	726707	475525	126133	4754	344638	246495	93695	4814	147986	4687
重庆	3859977	2437610	961113	59732	1416765	1394716	755988	56636	582092	27651
四川	9972689	6394256	2315539	146887	3931830	3507031	1808786	129614	1568631	71402
贵州	3259047	2154650	665916	80218	1408516	1094049	533885	67788	492376	10348
云南	3755714	2556220	596169	42199	1917852	1185119	453164	34797	697158	14375
西藏	161896	130495	20704	1683	108108	29407	3269	459	25679	1994
陕西	3689147	2345696	842315	39220	1464161	1325884	701309	40481	584094	17567
甘肃	2284082	1501327	432407	23910	1045010	775756	373451	24649	377656	6999
青海	383311	270649	65495	4770	200384	111909	45167	4309	62433	753
宁夏	486507	293887	104492	3124	186271	191505	133148	4490	53867	1115
新疆	1478519	1023047	313974	13823	695250	451974	272159	11895	167920	3498

5-5a 各地区有65岁及以上人口的家庭户户数(城市)

单位：户

地区	合计	有一个65岁及以上人口的户				有二个65岁及以上人口的户				有三个65岁及以上人口的户
		小计	独自居住	只与未成年人口共同居住	其他	小计	只有一对65岁及以上夫妇居住	只有一对65岁及以上夫妇与未成年人口共同居住	其他	
全国	**41500558**	**24669621**	**8599345**	**239198**	**15831078**	**16570850**	**9411505**	**290703**	**6868642**	**260087**
北京	1557473	863386	289732	8600	565054	683682	366521	13160	304001	10405
天津	972357	520458	223987	5593	290878	446971	299686	9879	137406	4928
河北	1684149	940872	351112	9400	580360	732404	450900	13422	268082	10873
山西	857829	501727	210684	4260	286783	352141	233937	5323	112881	3961
内蒙古	681183	396568	172810	2427	221331	282493	211368	3719	67406	2122
辽宁	2648072	1549478	703100	10417	835961	1084751	743162	13917	327672	13843
吉林	959603	578715	230121	4195	344399	377024	257760	5490	113774	3864
黑龙江	1379760	878949	387838	7359	483752	492343	323059	6573	162711	8468
上海	2089921	1092826	365400	6559	720867	971871	530420	16694	424757	25224
江苏	3260224	1801190	640887	10876	1149427	1432152	837698	15020	579434	26882
浙江	2199080	1271382	486374	7389	777619	915122	559426	10470	345226	12576
安徽	1200675	707123	267403	7736	431984	487503	317012	9728	160763	6049
福建	984486	628285	167056	5795	455434	351065	154509	5902	190654	5136
江西	871702	550654	167983	8444	374227	316004	153578	8680	153746	5044
山东	2883703	1591204	645172	8503	937529	1275866	844188	13457	418221	16633
河南	1754325	1032917	344605	13079	675233	707519	357942	14912	334665	13889
湖北	1898352	1119418	377954	12257	729207	769169	414303	16160	338706	9765
湖南	1370198	873786	304914	12036	556836	487214	255201	11689	220324	9198
广东	3459381	2272175	545583	24538	1702054	1169808	396439	20234	753135	17398
广西	909709	610460	147579	8730	454151	294957	107107	7319	180531	4292
海南	190849	121941	26348	1198	94395	67579	24365	984	42230	1329
重庆	1349532	827597	234369	11546	581682	510520	248549	13111	248860	11415
四川	2480516	1500916	464200	18984	1017732	958415	507508	22170	428737	21185
贵州	595782	391261	106598	6414	278249	202289	99648	5980	96661	2232
云南	791039	512601	164761	5117	342723	275092	138190	5172	131730	3346
西藏	28550	23296	7400	589	15307	4942	1490	166	3286	312
陕西	1036895	624040	240433	8061	375546	407295	237905	9177	160213	5560
甘肃	515133	325510	124980	3619	196911	188013	121725	4842	61446	1610
青海	137097	91414	30337	1146	59931	45415	25967	1353	18095	268
宁夏	181876	108160	42712	1024	64424	73261	53795	1699	17767	455
新疆	571107	361312	126913	3307	231092	207970	138147	4301	65522	1825

5-5b　各地区有65岁及以上人口的家庭户户数(镇)

单位：户

地　区	合　计	有一个65岁及以上人口的户				有二个65岁及以上人口的户				有三个65岁及以上人口的户
		小计	独自居住	只与未成年人口共同居住	其他	小计	只有一对65岁及以上夫妇居住	只有一对65岁及以上夫妇与未成年人口共同居住	其他	
全　国	**26347207**	**16530852**	**6005899**	**330437**	**10194516**	**9645067**	**5336367**	**290336**	**4018364**	**171288**
北　京	98347	56185	21156	427	34602	41590	25560	539	15491	572
天　津	61039	33991	13302	201	20488	26723	17939	291	8493	325
河　北	1792935	1042138	392956	10851	638331	739055	456068	14272	268715	11742
山　西	583916	357538	163461	3706	190371	223770	153052	3739	66979	2608
内蒙古	498931	300932	131688	3059	166185	196470	152606	3235	40629	1529
辽　宁	573344	332591	146816	2233	183542	238079	162900	2931	72248	2674
吉　林	411670	245709	98549	1992	145168	164406	115392	2546	46468	1555
黑龙江	629343	383271	172587	3336	207348	243551	177319	3507	62725	2521
上　海	200673	104818	46625	382	57811	93833	64734	650	28449	2022
江　苏	2153083	1224533	466652	14555	743326	907913	508916	17507	381490	20637
浙　江	1096345	667736	271302	5966	390468	422233	253229	6796	162208	6376
安　徽	1569967	957276	379892	23121	554263	602911	363081	22823	217007	9780
福　建	839161	558602	165164	9408	384030	276602	125724	8154	142724	3957
江　西	955888	634065	187117	17942	429006	315567	136959	15523	163085	6256
山　东	2106775	1195697	559988	7734	627975	896276	639975	10929	245372	14802
河　南	2012167	1237183	436488	27879	772816	755184	365161	28842	361181	19800
湖　北	1019565	649791	228860	14746	406185	364193	179434	14133	170626	5581
湖　南	1870180	1240474	446414	28105	765955	618444	302249	23061	293134	11262
广　东	1200850	827952	215829	18214	593909	365837	116453	15258	234126	7061
广　西	986053	682196	198134	21046	463016	298845	106566	15665	176614	5012
海　南	173257	113207	31830	1168	80209	58720	21747	1201	35772	1330
重　庆	658969	424269	168649	17712	237908	228386	123085	12448	92853	6314
四　川	1719677	1141154	411904	42343	686907	563443	280829	26722	255892	15080
贵　州	693096	475793	134272	22346	319175	214844	94883	13663	106298	2459
云　南	802750	549830	140454	9823	399553	249756	99371	7204	143181	3164
西　藏	16062	13414	3568	301	9545	2520	465	79	1976	128
陕　西	760716	497618	187291	10173	300154	258807	136732	8891	113184	4291
甘　肃	408865	275079	82400	6592	186087	132351	64030	5344	62977	1435
青　海	79957	57970	15165	1467	41338	21817	8406	1128	12283	170
宁　夏	89194	54386	19194	790	34402	34636	24954	964	8718	172
新　疆	284432	195454	68192	2819	124443	88305	58548	2291	27466	673

5-5c 各地区有65岁及以上人口的家庭户户数(乡村)

单位：户

地区	合计	有一个65岁及以上人口的户				有二个65岁及以上人口的户				有三个65岁及以上人口的户
		小计	独自居住	只与未成年人口共同居住	其他	小计	只有一对65岁及以上夫妇居住	只有一对65岁及以上夫妇与未成年人口共同居住	其他	
全国	**65017480**	**40964328**	**15333304**	**795278**	**24835746**	**23696419**	**13185017**	**820709**	**9690693**	**356733**
北京	289441	167450	58317	943	108190	119966	68584	1460	49922	2025
天津	255468	142625	55861	732	86032	111258	74141	1125	35992	1585
河北	3629967	2144089	868320	21675	1254094	1463645	955157	28013	480475	22233
山西	1695044	1067809	513823	7470	546516	621634	429184	8184	184266	5601
内蒙古	991292	622830	249537	2709	370584	365386	272364	3345	89677	3076
辽宁	1812406	1040200	367912	5909	666379	763512	459576	10222	293714	8694
吉林	1159799	709657	218051	4318	487288	444917	257436	6414	181067	5225
黑龙江	1339961	840440	305370	5410	529660	493291	308865	5780	178646	6230
上海	327879	166695	93444	454	72797	157909	118190	672	39047	3275
江苏	3801082	2184220	914843	26821	1242556	1580255	915397	34669	630189	36607
浙江	2670444	1635170	717518	13770	903882	1021444	633235	16560	371649	13830
安徽	3584460	2142996	930522	46194	1166280	1419217	862135	61101	495981	22247
福建	1545124	1038162	361089	17524	659549	500524	258600	15757	226167	6438
江西	2019326	1345508	427400	40063	878045	664675	313803	35590	315282	9143
山东	5376734	3093853	1583296	21298	1489259	2251202	1676282	28828	546092	31679
河南	5418185	3274739	1305942	112093	1856704	2097229	1124747	129137	843345	46217
湖北	2934874	1858562	636188	37315	1185059	1061541	511149	43125	507267	14771
湖南	3805385	2501674	869281	64583	1567810	1285745	635828	58150	591767	17966
广东	3212196	2243755	632895	50946	1559914	953755	325326	46531	581898	14686
广西	2656168	1846754	611408	71270	1164076	799845	321336	55004	423505	9569
海南	362601	240377	67955	2388	170034	120196	47583	2629	69984	2028
重庆	1851476	1185744	558095	30474	597175	655810	384354	31077	240379	9922
四川	5772496	3752186	1439435	85560	2227191	1985173	1020449	80722	884002	35137
贵州	1970169	1287596	425046	51458	811092	676916	339354	48145	289417	5657
云南	2161925	1493789	290954	27259	1175576	660271	215603	22421	422247	7865
西藏	117284	93785	9736	793	83256	21945	1314	214	20417	1554
陕西	1891536	1224038	414591	20986	788461	659782	326672	22413	310697	7716
甘肃	1360084	900738	225027	13699	662012	455392	187696	14463	253233	3954
青海	166257	121265	19993	2157	99115	44677	10794	1828	32055	315
宁夏	215437	131341	42586	1310	87445	83608	54399	1827	27382	488
新疆	622980	466281	118869	7697	339715	155699	75464	5303	74932	1000

5-6 各地区有80岁及以上人口的家庭户户数

单位：户

地区	合计	有一个80岁及以上人口的户				有二个80岁及以上人口的户				有三个80岁及以上人口的户
		小计	独自居住	只与未成年人口共同居住	其他	小计	只有一对80岁及以上夫妇居住	只有一对80岁及以上夫妇与未成年人口共同居住	其他	
全国	**30205690**	**26508602**	**8759876**	**170538**	**17578188**	**3672109**	**2172349**	**26667**	**1473093**	**24979**
北京	508449	414517	121946	1511	291060	93674	50882	463	42329	258
天津	271399	232176	88210	907	143059	39109	25778	186	13145	114
河北	1391335	1220702	432344	4993	783365	169500	109878	836	58786	1133
山西	674212	596080	258437	2095	335548	77756	53631	338	23787	376
内蒙古	459081	406461	157420	625	248416	52435	38844	105	13486	185
辽宁	1083325	931645	339979	2117	589549	150929	97473	399	53057	751
吉林	481933	429016	121670	672	306674	52687	31593	96	20998	230
黑龙江	676317	600465	207608	1678	391179	75229	47613	208	27408	623
上海	637284	516462	178406	891	337165	120059	75058	289	44712	763
江苏	2273349	1927226	667907	8218	1251101	344133	208478	1648	134007	1990
浙江	1497561	1310903	521366	3687	785850	185937	127720	583	57634	721
安徽	1529950	1327971	487517	9898	830556	201077	132374	1936	66767	902
福建	826811	742176	224879	4291	513006	84397	47184	589	36624	238
江西	882233	793611	228804	9107	555700	87742	45772	1240	40730	880
山东	2366388	2023525	932295	5489	1085741	341108	252703	982	87423	1755
河南	2004402	1752291	592026	20293	1139972	248743	142335	2942	103466	3368
湖北	1208827	1069030	324780	6653	737597	138800	75798	1015	61987	997
湖南	1667782	1490359	466795	14140	1009424	175738	93627	1874	80237	1685
广东	1995840	1783916	472500	13644	1297772	210336	90410	2398	117528	1588
广西	1161041	1036357	303539	14011	718807	124179	58611	2177	63391	505
海南	213167	183984	47967	946	135071	28922	13039	206	15677	261
重庆	856128	760553	241248	6567	512738	94649	52599	965	41085	926
四川	2237917	1998786	582849	16376	1399561	236196	126685	2142	107369	2935
贵州	721556	645542	173040	8431	464071	75759	38071	1236	36452	255
云南	845739	764894	155488	4603	604803	80553	32295	685	47573	292
西藏	28105	26849	3544	191	23114	1205	115	7	1083	51
陕西	766163	678764	208962	4096	465706	86530	49700	524	36306	869
甘肃	441935	398834	94334	2172	302328	42949	20587	313	22049	152
青海	75118	68744	15722	518	52504	6355	3222	63	3070	19
宁夏	97889	86912	25356	281	61275	10953	7185	50	3718	24
新疆	324454	289851	82938	1437	205476	34470	23089	172	11209	133

5-6a 各地区有80岁及以上人口的家庭户户数(城市)

单位：户

地区	合计	有一个80岁及以上人口的户				有二个80岁及以上人口的户				有三个80岁及以上人口的户
		小计	独自居住	只与未成年人口共同居住	其他	小计	只有一对80岁及以上夫妇居住	只有一对80岁及以上夫妇与未成年人口共同居住	其他	
全国	**9593424**	**8176100**	**2659474**	**25786**	**5490840**	**1407649**	**858870**	**5243**	**543536**	**9675**
北京	422576	339973	98910	1321	239742	82394	44272	429	37693	209
天津	210202	177866	70821	764	106281	32230	21613	164	10453	106
河北	362850	305175	109893	1295	193987	57193	37486	292	19415	482
山西	212186	180117	71273	673	108171	31899	21680	157	10062	170
内蒙古	164372	140684	55919	229	84536	23613	17708	50	5855	75
辽宁	635216	535341	214484	1292	319565	99373	66191	275	32907	502
吉林	198495	172306	56509	265	115532	26091	16631	42	9418	98
黑龙江	311712	270656	100208	845	169603	40679	25167	114	15398	377
上海	503664	407711	125433	746	281532	95345	56803	250	38292	608
江苏	781951	650554	216507	1405	432642	130686	82027	320	48339	711
浙江	527683	452001	172984	767	278250	75394	52505	175	22714	288
安徽	291379	248021	86834	605	160582	43173	29862	128	13183	185
福建	224079	197010	52882	509	143619	26993	15002	80	11911	76
江西	197117	173098	51836	948	120314	23802	13660	144	9998	217
山东	647688	540998	220081	1083	319834	106076	74840	268	30968	614
河南	409680	345593	108054	1727	235812	63320	36688	343	26289	767
湖北	388440	334268	106692	886	226690	53751	32423	182	21146	421
湖南	303168	265462	86072	1252	178138	37226	22113	172	14941	480
广东	769082	678323	171340	2762	504221	90012	38807	444	50761	747
广西	202191	178412	42608	873	134931	23643	10339	158	13146	136
海南	46992	40468	7753	200	32515	6465	2564	30	3871	59
重庆	293456	256174	58466	856	196852	36899	18958	189	17752	383
四川	566675	489250	126686	1496	361068	76281	43459	276	32546	1144
贵州	137367	120700	29926	520	90254	16603	9268	100	7235	64
云南	182373	159948	45330	562	114056	22299	11948	93	10258	126
西藏	4456	4242	1109	69	3064	208	33		175	6
陕西	249005	208880	72277	957	135646	39656	24775	187	14694	469
甘肃	121562	105729	37891	374	67464	15761	10859	68	4834	72
青海	33770	29706	8908	124	20674	4060	2588	24	1448	4
宁夏	41279	35674	12312	61	23301	5593	4072	19	1502	12
新疆	152758	131760	39476	320	91964	20931	14529	70	6332	67

5-6b　各地区有80岁及以上人口的家庭户户数(镇)

单位：户

地　区	合　计	有一个80岁及以上人口的户				有二个80岁及以上人口的户				有三个80岁及以上人口的户
		小计	独自居住	只与未成年人口共同居住	其他	小计	只有一对80岁及以上夫妇居住	只有一对80岁及以上夫妇与未成年人口共同居住	其他	
全　国	**5817966**	**5137524**	**1727684**	**31112**	**3378728**	**672953**	**400453**	**4604**	**267896**	**7489**
北　京	21511	18208	6155	55	11998	3287	2155	8	1124	16
天　津	10895	9638	3242	18	6378	1256	812	1	443	1
河　北	336490	296560	102867	1191	192502	39604	25605	181	13818	326
山　西	118698	105541	45930	410	59201	13036	9438	52	3546	121
内蒙古	103491	91375	36753	135	54487	12055	9292	25	2738	61
辽　宁	114059	99288	38961	212	60115	14608	10063	18	4527	163
吉　林	79966	69851	23844	95	45912	10065	6711	14	3340	50
黑龙江	130710	114660	44968	245	69447	15957	11315	39	4603	93
上　海	45716	37339	16178	44	21117	8276	6065	11	2200	101
江　苏	517903	440442	152738	1848	285856	76840	46292	348	30200	621
浙　江	264492	232686	90709	574	141403	31599	21187	85	10327	207
安　徽	363519	317449	117124	1807	198518	45710	30137	347	15226	360
福　建	202910	182890	54015	885	127990	19938	10887	127	8924	82
江　西	208733	187920	54078	1825	132017	20451	10240	254	9957	362
山　东	470285	402569	184910	1124	216535	67163	50424	197	16542	553
河　南	418307	367665	120057	3289	244319	49592	27044	473	22075	1050
湖　北	202425	180624	59558	1045	120021	21541	11896	144	9501	260
湖　南	424403	381197	124384	2948	253865	42670	22393	393	19884	536
广　东	306892	277012	72248	2215	202549	29502	12028	339	17135	378
广　西	244792	219363	63361	2236	153766	25219	11340	367	13512	210
海　南	51147	44129	12227	202	31700	6900	3078	45	3777	118
重　庆	150731	133835	43783	1330	88722	16575	9258	201	7116	321
四　川	380610	340322	100203	3045	237074	39309	20709	368	18232	979
贵　州	150803	136388	35073	1828	99487	14320	6655	242	7423	95
云　南	177689	161390	36368	827	124195	16227	6798	119	9310	72
西　藏	2642	2541	628	26	1887	93	19		74	8
陕　西	149192	133947	44365	854	88728	14999	8758	96	6145	246
甘　肃	75060	68251	17709	376	50166	6760	3423	64	3273	49
青　海	13008	12167	2965	116	9086	831	334	14	483	10
宁　夏	16684	14951	4274	54	10623	1729	1180	9	540	4
新　疆	64203	57326	18009	253	39064	6841	4917	23	1901	36

5-6c 各地区有80岁及以上人口的家庭户户数(乡村)

单位：户

地区	合计	有一个80岁及以上人口的户				有二个80岁及以上人口的户				有三个80岁及以上人口的户
		小计	独自居住	只与未成年人口共同居住	其他	小计	只有一对80岁及以上夫妇居住	只有一对80岁及以上夫妇与未成年人口共同居住	其他	
全国	**14794300**	**13194978**	**4372718**	**113640**	**8708620**	**1591507**	**913026**	**16820**	**661661**	**7815**
北京	64362	56336	16881	135	39320	7993	4455	26	3512	33
天津	50302	44672	14147	125	30400	5623	3353	21	2249	7
河北	691995	618967	219584	2507	396876	72703	46787	363	25553	325
山西	343328	310422	141234	1012	168176	32821	22513	129	10179	85
内蒙古	191218	174402	64748	261	109393	16767	11844	30	4893	49
辽宁	334050	297016	86534	613	209869	36948	21219	106	15623	86
吉林	203472	186859	41317	312	145230	16531	8251	40	8240	82
黑龙江	233895	215149	62432	588	152129	18593	11131	55	7407	153
上海	87904	71412	36795	101	34516	16438	12190	28	4220	54
江苏	973495	836230	298662	4965	532603	136607	80159	980	55468	658
浙江	705386	626216	257673	2346	366197	78944	54028	323	24593	226
安徽	875052	762501	283559	7486	471456	112194	72375	1461	38358	357
福建	399822	362276	117982	2897	241397	37466	21295	382	15789	80
江西	476383	432593	122890	6334	303369	43489	21872	842	20775	301
山东	1248415	1079958	527304	3282	549372	167869	127439	517	39913	588
河南	1176415	1039033	363915	15277	659841	135831	78603	2126	55102	1551
湖北	617962	554138	158530	4722	390886	63508	31479	689	31340	316
湖南	940211	843700	256339	9940	577421	95842	49121	1309	45412	669
广东	919866	828581	228912	8667	591002	90822	39575	1615	49632	463
广西	714058	638582	197570	10902	430110	75317	36932	1652	36733	159
海南	115028	99387	27987	544	70856	15557	7397	131	8029	84
重庆	411941	370544	138999	4381	227164	41175	24383	575	16217	222
四川	1290632	1169214	355960	11835	801419	120606	62517	1498	56591	812
贵州	433386	388454	108041	6083	274330	44836	22148	894	21794	96
云南	485677	443556	73790	3214	366552	42027	13549	473	28005	94
西藏	21007	20066	1807	96	18163	904	63	7	834	37
陕西	367966	335937	92320	2285	241332	31875	16167	241	15467	154
甘肃	245313	224854	38734	1422	184698	20428	6305	181	13942	31
青海	28340	26871	3849	278	22744	1464	300	25	1139	5
宁夏	39926	36287	8770	166	27351	3631	1933	22	1676	8
新疆	107493	100765	25453	864	74448	6698	3643	79	2976	30

第一部分　全部数据资料

第六卷　死亡

6-1 各地区分年龄、性别的死亡人口

(2019.11.1-2020.10.31)

单位：人

地区	死亡人口			0岁		
	合计	男	女	小计	男	女
全国	**7965772**	**4617095**	**3348677**	**20822**	**11906**	**8916**
北京	100439	56645	43794	165	113	52
天津	64170	36774	27396	65	41	24
河北	421990	243428	178562	786	464	322
山西	165863	96062	69801	376	209	167
内蒙古	143757	87376	56381	358	186	172
辽宁	326235	191238	134997	280	158	122
吉林	148130	88187	59943	142	89	53
黑龙江	216231	129848	86383	158	89	69
上海	129033	70426	58607	139	64	75
江苏	513741	284791	228950	636	379	257
浙江	306953	176936	130017	644	361	283
安徽	362289	207987	154302	1228	708	520
福建	212654	124528	88126	943	557	386
江西	232592	135084	97508	727	421	306
山东	633421	360280	273141	857	495	362
河南	530210	304058	226152	974	561	413
湖北	382875	219503	163372	974	553	421
湖南	493692	286574	207118	1196	696	500
广东	457665	264692	192973	1572	918	654
广西	293228	175735	117493	1079	619	460
海南	34530	20576	13954	120	67	53
重庆	226147	134821	91326	300	183	117
四川	524988	311326	213662	1036	586	450
贵州	229156	135949	93207	1635	919	716
云南	288586	170665	117921	1763	991	772
西藏	13116	6976	6140	481	269	212
陕西	184265	105646	78619	232	144	88
甘肃	154468	87869	66599	637	352	285
青海	27958	16151	11807	322	193	129
宁夏	36387	20955	15432	281	143	138
新疆	111003	66009	44994	716	378	338

6-1 续表 1

单位：人

地区	1-4岁			5-9岁			10-14岁		
	小计	男	女	小计	男	女	小计	男	女
全国	**16807**	**9806**	**7001**	**12629**	**7561**	**5068**	**15526**	**9606**	**5920**
北京	77	52	25	61	29	32	63	39	24
天津	40	23	17	34	18	16	56	30	26
河北	578	341	237	579	352	227	817	517	300
山西	270	159	111	214	118	96	266	152	114
内蒙古	161	97	64	122	62	60	187	112	75
辽宁	168	101	67	161	93	68	237	147	90
吉林	103	59	44	93	50	43	170	97	73
黑龙江	98	55	43	101	64	37	204	117	87
上海	67	38	29	44	29	15	77	40	37
江苏	517	299	218	418	245	173	650	381	269
浙江	433	238	195	267	172	95	348	209	139
安徽	726	431	295	595	364	231	745	446	299
福建	450	259	191	376	223	153	387	231	156
江西	698	430	268	469	296	173	776	506	270
山东	867	530	337	714	445	269	953	642	311
河南	981	573	408	984	606	378	1238	789	449
湖北	645	411	234	515	312	203	650	405	245
湖南	1259	764	495	833	503	330	1058	663	395
广东	1085	622	463	823	503	320	892	563	329
广西	929	544	385	683	397	286	737	464	273
海南	77	47	30	66	43	23	84	58	26
重庆	394	224	170	287	177	110	458	272	186
四川	1174	675	499	881	520	361	1178	705	473
贵州	1353	778	575	926	532	394	929	574	355
云南	1253	710	543	779	450	329	921	585	336
西藏	398	210	188	160	87	73	110	61	49
陕西	286	177	109	244	162	82	255	159	96
甘肃	527	301	226	366	209	157	353	215	138
青海	202	116	86	147	82	65	143	80	63
宁夏	212	105	107	117	70	47	167	105	62
新疆	779	437	342	570	348	222	417	242	175

6-1　续表 2

单位：人

地　区	15-19岁			20-24岁			25-29岁		
	小计	男	女	小计	男	女	小计	男	女
全　国	**20613**	**13974**	**6639**	**25224**	**17680**	**7544**	**37390**	**26820**	**10570**
北　京	67	41	26	124	75	49	181	128	53
天　津	74	49	25	113	77	36	196	133	63
河　北	955	697	258	906	662	244	1866	1385	481
山　西	383	254	129	545	360	185	909	659	250
内蒙古	234	147	87	355	236	119	613	428	185
辽　宁	438	300	138	581	395	186	935	653	282
吉　林	205	138	67	267	180	87	509	367	142
黑龙江	324	230	94	391	250	141	623	438	185
上　海	95	52	43	115	79	36	171	108	63
江　苏	721	459	262	929	631	298	1680	1134	546
浙　江	519	340	179	779	522	257	988	679	309
安　徽	908	627	281	1057	735	322	1825	1278	547
福　建	485	329	156	601	429	172	1096	793	303
江　西	931	675	256	931	656	275	1142	800	342
山　东	1230	837	393	1327	922	405	1789	1244	545
河　南	1573	1108	465	1665	1234	431	2690	2040	650
湖　北	684	449	235	869	601	268	1833	1318	515
湖　南	1444	987	457	1275	906	369	1869	1329	540
广　东	1387	954	433	2118	1495	623	3059	2209	850
广　西	1066	719	347	1150	862	288	1523	1139	384
海　南	132	93	39	140	113	27	261	199	62
重　庆	592	393	199	744	527	217	917	647	270
四　川	1397	901	496	1838	1294	544	2498	1784	714
贵　州	1405	960	445	1853	1259	594	1905	1382	523
云　南	1479	980	499	1924	1419	505	2310	1714	596
西　藏	153	95	58	218	128	90	241	144	97
陕　西	372	253	119	483	359	124	978	711	267
甘　肃	475	320	155	691	464	227	1010	727	283
青　海	202	125	77	226	135	91	272	181	91
宁　夏	179	129	50	207	127	80	308	222	86
新　疆	504	333	171	802	548	254	1193	847	346

6-1 续表 3

单位：人

地区	30-34岁			35-39岁			40-44岁		
	小计	男	女	小计	男	女	小计	男	女
全国	**61721**	**44129**	**17592**	**75743**	**55129**	**20614**	**117774**	**85970**	**31804**
北京	403	265	138	729	492	237	805	550	255
天津	354	240	114	480	340	140	645	460	185
河北	3603	2716	887	4278	3159	1119	5292	3934	1358
山西	1338	988	350	1654	1252	402	2347	1729	618
内蒙古	1076	757	319	1631	1234	397	2585	1933	652
辽宁	1822	1305	517	2446	1793	653	4186	3064	1122
吉林	957	662	295	1274	944	330	2219	1657	562
黑龙江	1329	972	357	1927	1466	461	3547	2680	867
上海	366	237	129	643	409	234	817	538	279
江苏	2597	1799	798	2948	2014	934	4732	3253	1479
浙江	1444	987	457	1928	1337	591	3225	2212	1013
安徽	2591	1789	802	2785	1880	905	4550	3199	1351
福建	1854	1289	565	2208	1554	654	3466	2448	1018
江西	1847	1296	551	2198	1578	620	4365	3119	1246
山东	4343	3090	1253	4965	3577	1388	7575	5504	2071
河南	4900	3683	1217	5183	3834	1349	7937	5886	2051
湖北	2893	1986	907	3104	2201	903	4680	3380	1300
湖南	3456	2369	1087	3941	2810	1131	6122	4325	1797
广东	3847	2694	1153	5339	3753	1586	7187	5159	2028
广西	3077	2348	729	4595	3595	1000	6940	5441	1499
海南	369	288	81	583	481	102	786	641	145
重庆	1211	828	383	1434	1001	433	2279	1578	701
四川	3553	2504	1049	3810	2713	1097	7040	4961	2079
贵州	2770	2026	744	3716	2819	897	6318	4757	1561
云南	3778	2908	870	5214	4141	1073	8512	6682	1830
西藏	298	184	114	354	214	140	426	267	159
陕西	1647	1157	490	1774	1333	441	2490	1838	652
甘肃	1321	936	385	1406	971	435	1960	1407	553
青海	341	232	109	443	317	126	711	505	206
宁夏	453	305	148	501	338	163	791	561	230
新疆	1883	1289	594	2252	1579	673	3239	2302	937

6-1　续表 4　　　　单位：人

地　区	45-49岁			50-54岁			55-59岁		
	小计	男	女	小计	男	女	小计	男	女
全　国	**227493**	**161922**	**65571**	**358779**	**250025**	**108754**	**435151**	**303598**	**131553**
北　京	1714	1221	493	2755	1923	832	4994	3611	1383
天　津	1185	834	351	1818	1250	568	3420	2400	1020
河　北	10236	7225	3011	17670	12310	5360	23084	15775	7309
山　西	4845	3406	1439	7226	5029	2197	9566	6620	2946
内蒙古	5304	3943	1361	7845	5785	2060	10225	7446	2779
辽　宁	8141	5860	2281	14307	10318	3989	21639	15601	6038
吉　林	4721	3489	1232	8159	5880	2279	11214	7949	3265
黑龙江	8068	6026	2042	12533	9238	3295	16935	12143	4792
上　海	1192	777	415	1911	1261	650	4212	3007	1205
江　苏	9012	5966	3046	17507	11445	6062	20773	14015	6758
浙　江	5681	3885	1796	9815	6727	3088	13398	9344	4054
安　徽	9982	6758	3224	16061	10673	5388	16946	11273	5673
福　建	6409	4465	1944	9438	6644	2794	11506	8159	3347
江　西	6954	4760	2194	10180	7020	3160	11563	8045	3518
山　东	15146	10595	4551	26640	18330	8310	33124	22859	10265
河　南	16059	11525	4534	26075	17796	8279	29690	19890	9800
湖　北	9190	6345	2845	16295	10876	5419	21807	14950	6857
湖　南	12741	8941	3800	21569	14614	6955	25229	17466	7763
广　东	13291	9259	4032	20116	14119	5997	25451	18044	7407
广　西	10990	8493	2497	16251	12203	4048	17997	13386	4611
海　南	1247	1000	247	1708	1308	400	2033	1527	506
重　庆	7187	5002	2185	10477	7396	3081	11561	8247	3314
四　川	16862	11920	4942	25319	17940	7379	25741	18349	7392
贵　州	10496	7857	2639	13618	9837	3781	13287	9397	3890
云　南	12312	9414	2898	16322	11978	4344	18179	13049	5130
西　藏	579	349	230	863	516	347	1026	638	388
陕　西	5271	3734	1537	8119	5505	2614	10547	7125	3422
甘　肃	4753	3326	1427	7701	5033	2668	8392	5577	2815
青　海	1211	853	358	1592	1121	471	1718	1189	529
宁　夏	1214	842	372	1594	1097	497	1858	1238	620
新　疆	5500	3852	1648	7295	4853	2442	8036	5279	2757

6-1 续表 5 单位：人

地区	60-64岁			65-69岁			70-74岁		
	小计	男	女	小计	男	女	小计	男	女
全国	**563353**	**387660**	**175693**	**849997**	**554957**	**295040**	**970861**	**602909**	**367952**
北京	7081	4979	2102	9602	6222	3380	9621	5820	3801
天津	5239	3596	1643	7269	4664	2605	8290	5022	3268
河北	34294	23191	11103	52626	33933	18693	61320	37150	24170
山西	13361	9137	4224	18862	11931	6931	21534	13034	8500
内蒙古	13357	9144	4213	16917	10884	6033	17625	10586	7039
辽宁	30329	21179	9150	39730	25905	13825	38770	23323	15447
吉林	14926	10069	4857	21241	13186	8055	20649	11886	8763
黑龙江	21775	14787	6988	29171	18143	11028	29224	16794	12430
上海	8238	5857	2381	11603	8059	3544	12702	8600	4102
江苏	29811	20457	9354	47663	31657	16006	58475	37462	21013
浙江	18446	12999	5447	26325	17939	8386	32363	21091	11272
安徽	16944	11446	5498	34409	22431	11978	43771	27990	15781
福建	15350	10888	4462	20542	14155	6387	22189	14577	7612
江西	15976	11081	4895	22799	15262	7537	27263	17407	9856
山东	45734	31678	14056	70266	46387	23879	78660	49158	29502
河南	37628	24887	12741	63074	40005	23069	70725	43944	26781
湖北	28289	19248	9041	42298	27566	14732	52186	31899	20287
湖南	31763	22037	9726	51123	33802	17321	60531	38188	22343
广东	32778	23143	9635	43415	29535	13880	47722	31361	16361
广西	20567	14745	5822	28259	19312	8947	31577	20469	11108
海南	2211	1601	610	2952	2045	907	3106	2033	1073
重庆	14162	10465	3697	25468	17306	8162	27698	17942	9756
四川	33176	23683	9493	59314	39266	20048	66492	42152	24340
贵州	14525	10071	4454	22123	14138	7985	26566	15994	10572
云南	19183	12828	6355	26812	17146	9666	32320	19409	12911
西藏	954	564	390	1213	684	529	1544	816	728
陕西	14257	9303	4954	20618	12853	7765	24346	14299	10047
甘肃	9836	6487	3349	16413	9977	6436	21989	12665	9324
青海	1946	1265	681	2840	1792	1048	3716	2051	1665
宁夏	2226	1445	781	3561	2186	1375	4233	2402	1831
新疆	8991	5400	3591	11489	6586	4903	13654	7385	6269

6-1 续表 6

单位：人

地区	75-79岁			80-84岁			85-89岁		
	小计	男	女	小计	男	女	小计	男	女
全国	**1088174**	**631271**	**456903**	**1256049**	**663470**	**592579**	**1077086**	**501468**	**575618**
北京	11409	6388	5021	18557	9416	9141	18743	9222	9521
天津	8686	4863	3823	10436	5332	5104	9480	4698	4782
河北	56685	32003	24682	64279	33714	30565	51397	22951	28446
山西	22199	12691	9508	26615	13824	12791	21803	10042	11761
内蒙古	18812	10598	8214	23190	12233	10957	15980	8128	7852
辽宁	43295	24318	18977	48838	24940	23898	41306	19211	22095
吉林	19594	10666	8928	20133	10518	9615	13386	6536	6850
黑龙江	27651	14950	12701	30413	15649	14764	20067	10228	9839
上海	12989	8133	4856	18601	10185	8416	27855	12953	14902
江苏	72888	43287	29601	89022	47628	41394	85287	38735	46552
浙江	35275	21833	13442	52302	29385	22917	57984	28490	29494
安徽	55948	33849	22099	60816	33361	27455	54164	25667	28497
福建	25296	15445	9851	33842	18578	15264	31208	14557	16651
江西	31536	18588	12948	40257	21169	19088	31295	14254	17041
山东	82777	48374	34403	98427	52019	46408	92077	41323	50754
河南	71996	41991	30005	75251	39758	35493	65552	28987	36565
湖北	57168	32530	24638	60898	31575	29323	50381	22811	27570
湖南	67870	40302	27568	86229	45894	40335	70792	33329	37463
广东	54390	32949	21441	70762	38035	32727	67566	30407	37159
广西	38429	22286	16143	43046	22196	20850	36984	16814	20170
海南	3677	2197	1480	5551	2950	2601	4983	2367	2616
重庆	33931	20299	13632	34561	18838	15723	30659	14685	15974
四川	78994	46755	32239	80419	42864	37555	66203	32207	33996
贵州	33019	18327	14692	35192	17802	17390	24649	11400	13249
云南	38804	21356	17448	44020	22038	21982	33513	15355	18158
西藏	1526	769	757	1362	572	790	782	286	496
陕西	29909	16371	13538	30896	15767	15129	21148	9890	11258
甘肃	27818	15197	12621	27011	13590	13421	16332	7703	8629
青海	4422	2322	2100	4052	2010	2042	2496	1173	1323
宁夏	5849	3212	2637	6443	3282	3161	4277	2186	2091
新疆	15332	8422	6910	14628	8348	6280	8737	4873	3864

6-1 续表 7

单位：人

地区	90-94岁			95-99岁			100岁及以上		
	小计	男	女	小计	男	女	小计	男	女
全国	**548871**	**217924**	**330947**	**157606**	**51882**	**105724**	**28103**	**7428**	**20675**
北京	9929	4673	5256	2776	1180	1596	583	206	377
天津	4869	2156	2713	1222	472	750	199	76	123
河北	23598	8749	14849	6228	1969	4259	913	231	682
山西	9064	3629	5435	2156	748	1408	330	91	239
内蒙古	5780	2819	2961	1205	543	662	195	75	120
辽宁	22023	9823	12200	5728	2420	3308	875	331	544
吉林	6364	2960	3404	1534	688	846	270	117	153
黑龙江	8994	4379	4615	2203	957	1246	495	193	302
上海	19147	7397	11750	6859	2296	4563	1190	307	883
江苏	49353	18330	31023	15577	4610	10967	2545	605	1940
浙江	33868	14356	19512	9670	3452	6218	1251	378	873
安徽	27261	10476	16785	7705	2319	5386	1272	287	985
福建	18739	7124	11615	5345	1627	3718	924	197	727
江西	15517	6086	9431	4488	1455	3033	680	180	500
山东	49108	17613	31495	14427	4147	10280	2415	511	1904
河南	33332	11815	21517	10428	2752	7676	2275	394	1881
湖北	20723	8040	12683	5696	1750	3946	1097	297	800
湖南	33900	13567	20333	8354	2776	5578	1138	306	832
广东	39390	14637	24753	12791	3714	9077	2684	619	2065
广西	19130	7275	11855	6510	2012	4498	1709	416	1293
海南	3033	1110	1923	1054	320	734	357	88	269
重庆	16334	6781	9553	4683	1761	2922	810	269	541
四川	35888	15163	20725	10279	3813	6466	1896	571	1325
贵州	10110	4168	5942	2279	798	1481	482	154	328
云南	14957	6062	8895	3635	1269	2366	596	181	415
西藏	331	93	238	74	26	48	23	4	19
陕西	7945	3579	4366	2070	799	1271	378	128	250
甘肃	4251	1945	2306	1069	400	669	157	67	90
青海	767	328	439	160	65	95	29	16	13
宁夏	1513	755	758	344	181	163	59	24	35
新疆	3653	2036	1617	1057	563	494	276	109	167

6-1a　各地区分年龄、性别的死亡人口
(2019.11.1-2020.10.31)(城市)

单位：人

地　区	死亡人口			0岁		
	合计	男	女	小计	男	女
全　国	**2076658**	**1209317**	**867341**	**4781**	**2672**	**2109**
北　京	75639	42533	33106	120	79	41
天　津	44992	25947	19045	45	30	15
河　北	77773	45190	32583	148	89	59
山　西	35765	21070	14695	79	44	35
内蒙古	38410	23224	15186	129	62	67
辽　宁	158596	92643	65953	160	90	70
吉　林	46987	28020	18967	52	29	23
黑龙江	73876	43697	30179	54	30	24
上　海	104408	57075	47333	113	55	58
江　苏	167557	94011	73546	266	154	112
浙　江	97677	55745	41932	227	122	105
安　徽	55076	32329	22747	165	85	80
福　建	50167	29231	20936	225	131	94
江　西	44001	25937	18064	92	46	46
山　东	140327	81092	59235	225	134	91
河　南	82147	48403	33744	179	96	83
湖　北	115764	67830	47934	255	143	112
湖　南	90784	54635	36149	208	116	92
广　东	175310	101621	73689	725	400	325
广　西	45615	27542	18073	188	114	74
海　南	5925	3608	2317	29	14	15
重　庆	56884	33773	23111	89	56	33
四　川	104937	62253	42684	237	128	109
贵　州	37896	22728	15168	220	132	88
云　南	39993	23828	16165	185	95	90
西　藏	513	286	227	3	2	1
陕　西	35374	20495	14879	39	23	16
甘　肃	24976	14847	10129	104	60	44
青　海	6810	4043	2767	42	25	17
宁　夏	11894	7055	4839	53	28	25
新　疆	30585	18626	11959	125	60	65

6-1a 续表 1

单位：人

地区	1-4岁			5-9岁			10-14岁		
	小计	男	女	小计	男	女	小计	男	女
全 国	**2957**	**1662**	**1295**	**2196**	**1261**	**935**	**2657**	**1563**	**1094**
北 京	59	42	17	43	24	19	48	29	19
天 津	20	11	9	25	13	12	30	14	16
河 北	91	60	31	78	40	38	90	55	35
山 西	60	31	29	40	17	23	36	15	21
内蒙古	32	19	13	26	18	8	31	17	14
辽 宁	72	46	26	69	30	39	80	48	32
吉 林	26	11	15	25	12	13	29	16	13
黑龙江	43	20	23	27	17	10	39	23	16
上 海	50	26	24	37	25	12	63	34	29
江 苏	163	78	85	140	77	63	199	106	93
浙 江	140	68	72	103	64	39	115	65	50
安 徽	80	40	40	63	39	24	78	54	24
福 建	118	67	51	81	45	36	89	56	33
江 西	97	64	33	64	34	30	103	66	37
山 东	185	106	79	150	89	61	171	113	58
河 南	138	80	58	106	67	39	123	71	52
湖 北	153	105	48	99	66	33	151	95	56
湖 南	200	113	87	116	70	46	132	83	49
广 东	444	247	197	312	179	133	346	200	146
广 西	112	59	53	80	44	36	77	48	29
海 南	9	5	4	13	6	7	10	6	4
重 庆	91	44	47	69	43	26	89	46	43
四 川	138	65	73	93	46	47	161	87	74
贵 州	139	81	58	91	57	34	99	56	43
云 南	87	48	39	56	29	27	65	40	25
西 藏	5	1	4	2	2		2	1	1
陕 西	32	24	8	38	22	16	42	29	13
甘 肃	51	32	19	30	14	16	38	22	16
青 海	15	11	4	11	5	6	19	14	5
宁 夏	35	21	14	25	17	8	37	22	15
新 疆	72	37	35	84	50	34	65	32	33

6-1a 续表 2

单位：人

地区	15-19岁			20-24岁			25-29岁		
	小计	男	女	小计	男	女	小计	男	女
全国	**3698**	**2383**	**1315**	**4869**	**3270**	**1599**	**7413**	**5135**	**2278**
北京	45	24	21	83	51	32	116	88	28
天津	40	25	15	63	40	23	104	66	38
河北	106	72	34	142	103	39	294	214	80
山西	56	30	26	87	61	26	143	104	39
内蒙古	50	29	21	84	57	27	127	80	47
辽宁	147	100	47	217	144	73	380	252	128
吉林	42	26	16	52	34	18	121	91	30
黑龙江	76	57	19	98	59	39	175	117	58
上海	66	37	29	79	52	27	135	84	51
江苏	264	168	96	310	204	106	476	304	172
浙江	198	123	75	283	176	107	357	237	120
安徽	92	60	32	106	70	36	215	152	63
福建	117	75	42	144	102	42	239	162	77
江西	139	103	36	171	115	56	183	125	58
山东	227	132	95	284	172	112	352	226	126
河南	159	103	56	178	125	53	317	239	78
湖北	170	105	65	246	161	85	427	296	131
湖南	235	164	71	231	166	65	321	219	102
广东	540	361	179	841	587	254	1259	906	353
广西	107	64	43	119	82	37	188	139	49
海南	17	10	7	20	12	8	48	37	11
重庆	102	63	39	152	99	53	203	141	62
四川	176	118	58	213	145	68	361	253	108
贵州	159	99	60	179	120	59	237	167	70
云南	110	61	49	158	119	39	173	122	51
西藏	12	3	9	12	5	7	4	1	3
陕西	55	37	18	79	59	20	122	79	43
甘肃	47	37	10	56	40	16	71	47	24
青海	32	19	13	17	8	9	27	18	9
宁夏	41	28	13	38	21	17	56	40	16
新疆	71	50	21	127	81	46	182	129	53

6-1a 续表 3 单位：人

地区	30-34岁			35-39岁			40-44岁		
	小计	男	女	小计	男	女	小计	男	女
全国	**13011**	**8769**	**4242**	**17816**	**12296**	**5520**	**27594**	**19498**	**8096**
北京	274	167	107	537	355	182	569	366	203
天津	223	145	78	350	246	104	429	304	125
河北	531	388	143	724	518	206	1035	789	246
山西	236	156	80	333	243	90	500	362	138
内蒙古	239	163	76	350	265	85	573	425	148
辽宁	790	546	244	1175	843	332	1879	1373	506
吉林	230	156	74	376	267	109	606	449	157
黑龙江	376	269	107	579	443	136	1018	743	275
上海	291	181	110	511	324	187	669	435	234
江苏	827	543	284	1081	712	369	1657	1100	557
浙江	524	348	176	713	473	240	1061	710	351
安徽	346	231	115	394	241	153	655	431	224
福建	433	301	132	504	339	165	793	525	268
江西	324	213	111	408	270	138	765	512	253
山东	882	602	280	1235	865	370	1963	1426	537
河南	586	426	160	782	575	207	1245	918	327
湖北	751	498	253	1002	706	296	1498	1045	453
湖南	607	387	220	757	515	242	1304	901	403
广东	1711	1199	512	2201	1444	757	3129	2210	919
广西	357	242	115	494	338	156	998	745	253
海南	49	35	14	81	67	14	97	75	22
重庆	308	195	113	461	314	147	564	376	188
四川	597	366	231	676	442	234	1209	821	388
贵州	364	259	105	513	371	142	792	558	234
云南	305	208	97	422	326	96	857	651	206
西藏	11	7	4	13	8	5	15	11	4
陕西	215	131	84	344	246	98	376	251	125
甘肃	135	82	53	192	125	67	287	211	76
青海	48	29	19	86	61	25	123	93	30
宁夏	120	86	34	128	83	45	238	179	59
新疆	321	210	111	394	271	123	690	503	187

6-1a 续表 4

单位：人

地区	45-49岁			50-54岁			55-59岁		
	小计	男	女	小计	男	女	小计	男	女
全国	**53292**	**37254**	**16038**	**81386**	**56773**	**24613**	**113932**	**81694**	**32238**
北京	1199	828	371	1867	1289	578	3593	2615	978
天津	722	521	201	1129	795	334	2431	1758	673
河北	1944	1369	575	2835	1994	841	4171	2962	1209
山西	1035	715	320	1558	1102	456	2116	1521	595
内蒙古	1200	876	324	1906	1386	520	2638	2015	623
辽宁	3563	2571	992	6177	4428	1749	10686	7851	2835
吉林	1323	991	332	2143	1562	581	3438	2556	882
黑龙江	2360	1739	621	3964	2924	1040	5708	4156	1552
上海	902	578	324	1414	924	490	3404	2471	933
江苏	2927	1893	1034	5349	3483	1866	6964	4798	2166
浙江	1777	1200	577	2846	1858	988	4306	3000	1306
安徽	1481	1005	476	2555	1765	790	2817	1915	902
福建	1360	922	438	2001	1383	618	2773	1947	826
江西	1195	794	401	1754	1193	561	2274	1568	706
山东	3948	2756	1192	5746	3994	1752	7672	5516	2156
河南	2517	1838	679	3766	2744	1022	4766	3483	1283
湖北	2706	1866	840	4541	3055	1486	6495	4626	1869
湖南	2519	1777	742	4015	2771	1244	5278	3811	1467
广东	5619	3857	1762	7695	5366	2329	10183	7154	3029
广西	1607	1158	449	2204	1570	634	2892	2170	722
海南	210	160	50	292	226	66	408	293	115
重庆	1660	1124	536	2283	1577	706	2996	2164	832
四川	2986	2015	971	4357	3097	1260	5107	3721	1386
贵州	1509	1085	424	2086	1463	623	2336	1633	703
云南	1375	1012	363	1743	1244	499	2272	1599	673
西藏	23	13	10	41	18	23	33	23	10
陕西	838	612	226	1263	857	406	1901	1315	586
甘肃	694	480	214	1085	762	323	1337	928	409
青海	269	195	74	335	227	108	376	274	102
宁夏	401	283	118	575	406	169	620	450	170
新疆	1423	1021	402	1861	1310	551	1941	1401	540

6-1a 续表 5

单位：人

地区	60-64岁			65-69岁			70-74岁		
	小计	男	女	小计	男	女	小计	男	女
全国	**149839**	**105750**	**44089**	**209066**	**139653**	**69413**	**230786**	**146281**	**84505**
北京	5271	3757	1514	6946	4548	2398	6675	4100	2575
天津	3904	2724	1180	4999	3298	1701	5541	3443	2098
河北	5993	4155	1838	8654	5731	2923	9906	6134	3772
山西	2675	1894	781	3444	2225	1219	3773	2350	1423
内蒙古	3022	2147	875	3649	2410	1239	4056	2415	1641
辽宁	14734	10693	4041	17702	12037	5665	16181	10125	6056
吉林	4508	3228	1280	6063	3928	2135	5833	3504	2329
黑龙江	6987	4980	2007	8639	5663	2976	8410	5003	3407
上海	6963	4983	1980	9546	6670	2876	10157	6929	3228
江苏	9624	6673	2951	14886	9982	4904	18461	12069	6392
浙江	5820	4063	1757	7883	5341	2542	9770	6284	3486
安徽	2929	2049	880	4919	3248	1671	5863	3796	2067
福建	3494	2499	995	4543	3050	1493	5232	3421	1811
江西	2962	2069	893	4202	2886	1316	4872	3211	1661
山东	10502	7468	3034	15037	10070	4967	16082	10142	5940
河南	5958	4110	1848	8602	5562	3040	9632	5975	3657
湖北	8914	6196	2718	12920	8552	4368	15280	9595	5685
湖南	6240	4443	1797	9536	6501	3035	10985	7129	3856
广东	12707	8809	3898	16541	11037	5504	18492	11967	6525
广西	3495	2498	997	4873	3415	1458	5070	3325	1745
海南	378	264	114	552	395	157	545	352	193
重庆	3983	3005	978	6536	4553	1983	6508	4381	2127
四川	6430	4601	1829	11127	7343	3784	12579	7990	4589
贵州	2544	1781	763	3340	2128	1212	4281	2725	1556
云南	2489	1695	794	3933	2617	1316	4508	2808	1700
西藏	45	29	16	65	43	22	63	41	22
陕西	2468	1676	792	3356	2147	1209	4152	2555	1597
甘肃	1628	1135	493	2480	1657	823	2908	1750	1158
青海	469	310	159	560	363	197	751	433	318
宁夏	738	490	248	1072	680	392	1261	740	521
新疆	1965	1326	639	2461	1573	888	2959	1589	1370

6-1a　续表 6　　单位：人

地　区	75-79岁			80-84岁			85-89岁		
	小计	男	女	小计	男	女	小计	男	女
全　国	**263633**	**154010**	**109623**	**342811**	**181574**	**161237**	**316334**	**153507**	**162827**
北　京	8132	4520	3612	14299	7125	7174	14844	7375	7469
天　津	5857	3305	2552	7342	3666	3676	6978	3447	3531
河　北	10098	5745	4353	13415	6924	6491	10738	5015	5723
山　西	4648	2604	2044	6421	3364	3057	5430	2752	2678
内蒙古	5361	2957	2404	7146	3775	3371	5150	2718	2432
辽　宁	19287	10820	8467	25827	12535	13292	23577	10965	12612
吉　林	6351	3492	2859	7408	3710	3698	5171	2494	2677
黑龙江	9359	4881	4478	12391	5975	6416	8585	4194	4391
上　海	9895	6233	3662	14540	7922	6618	22779	10595	12184
江　苏	22551	13558	8993	28751	15570	13181	28797	13548	15249
浙　江	10780	6624	4156	16061	8954	7107	18905	9484	9421
安　徽	7974	4866	3108	9659	5315	4344	8753	4436	4317
福　建	5727	3499	2228	8024	4466	3558	8008	3918	4090
江　西	5753	3484	2269	7598	4179	3419	6510	3176	3334
山　东	18029	10395	7634	22291	11788	10503	20169	9368	10801
河　南	10606	6218	4388	13365	7113	6252	11329	5627	5702
湖　北	15903	9240	6663	18568	9808	8760	16193	7804	8389
湖　南	12021	7414	4607	15366	8347	7019	12826	6412	6414
广　东	19663	11656	8007	26996	14711	12285	25890	12055	13835
广　西	5613	3307	2306	7177	3803	3374	5986	2815	3171
海　南	673	421	252	1029	569	460	812	418	394
重　庆	7364	4513	2851	8263	4429	3834	8473	3938	4535
四　川	14633	8843	5790	16847	9152	7695	15334	7842	7492
贵　州	5363	3142	2221	6304	3328	2976	4593	2271	2322
云　南	5173	3003	2170	6819	3701	3118	5742	2912	2830
西　藏	63	34	29	48	18	30	30	18	12
陕　西	5073	2858	2215	6631	3401	3230	5335	2692	2643
甘　肃	4091	2260	1831	4900	2645	2255	3394	1834	1560
青　海	1122	590	532	1305	716	589	853	475	378
宁　夏	1787	979	808	2280	1223	1057	1600	856	744
新　疆	4683	2549	2134	5740	3342	2398	3550	2053	1497

6-1a 续表 7

单位：人

地区	90-94岁			95-99岁			100岁及以上		
	小计	男	女	小计	男	女	小计	男	女
全国	**169769**	**73251**	**96518**	**49437**	**18238**	**31199**	**9381**	**2823**	**6558**
北京	8082	3928	4154	2321	1032	1289	516	191	325
天津	3658	1651	2007	940	379	561	162	66	96
河北	5173	2217	2956	1375	537	838	232	79	153
山西	2387	1160	1227	602	288	314	106	32	74
内蒙古	2109	1128	981	451	229	222	81	33	48
辽宁	12305	5645	6660	3083	1317	1766	505	184	321
吉林	2500	1172	1328	582	251	331	108	41	67
黑龙江	3841	1929	1912	883	383	500	264	92	172
上海	16001	6266	9735	5776	1979	3797	1017	272	745
江苏	17382	6916	10466	5546	1816	3730	936	259	677
浙江	11781	5121	6660	3517	1282	2235	510	148	362
安徽	4509	2004	2505	1212	463	749	211	64	147
福建	4691	1857	2834	1336	415	921	235	51	184
江西	3395	1445	1950	946	329	617	194	55	139
山东	11223	4515	6708	3383	1093	2290	571	122	449
河南	5836	2438	3398	1589	518	1071	368	77	291
湖北	7021	3021	4000	1915	649	1266	556	198	358
湖南	6180	2675	3505	1477	561	916	230	60	170
广东	14448	5635	8813	4614	1429	3185	954	212	742
广西	2816	1211	1605	918	325	593	244	70	174
海南	458	188	270	140	42	98	55	13	42
重庆	4823	1987	2836	1574	622	952	293	103	190
四川	8617	3929	4688	2533	1061	1472	526	188	338
贵州	2103	998	1105	541	231	310	103	43	60
云南	2706	1215	1491	680	265	415	135	58	77
西藏	17	5	12	4	3	1	2		2
陕西	2281	1149	1132	606	276	330	128	56	72
甘肃	1128	578	550	286	128	158	34	20	14
青海	283	141	142	52	26	26	15	10	5
宁夏	632	338	294	136	79	57	21	6	15
新疆	1383	789	594	419	230	189	69	20	49

6-1b　各地区分年龄、性别的死亡人口
(2019.11.1-2020.10.31)(镇)

单位：人

地　区	死亡人口			0岁		
	合计	男	女	小计	男	女
全　国	**1631378**	**955250**	**676128**	**4142**	**2363**	**1779**
北　京	5756	3242	2514	12	10	2
天　津	4645	2613	2032	4	4	
河　北	96261	55600	40661	170	91	79
山　西	27507	16265	11242	78	48	30
内蒙古	31986	19551	12435	103	53	50
辽　宁	36605	21898	14707	29	18	11
吉　林	24937	14827	10110	16	13	3
黑龙江	45403	27669	17734	41	21	20
上　海	10147	5537	4610	13	5	8
江　苏	138675	77270	61405	148	99	49
浙　江	57867	33855	24012	152	86	66
安　徽	86244	49969	36275	294	161	133
福　建	54231	31817	22414	250	142	108
江　西	58286	34585	23701	215	134	81
山　东	131950	75834	56116	160	95	65
河　南	112621	65009	47612	200	114	86
湖　北	68118	39479	28639	187	102	85
湖　南	137516	81067	56449	351	194	157
广　东	86505	51681	34824	228	146	82
广　西	57575	34818	22757	183	97	86
海　南	6379	3701	2678	18	12	6
重　庆	37996	23058	14938	41	23	18
四　川	93622	56430	37192	165	94	71
贵　州	58469	34696	23773	400	213	187
云　南	51439	30360	21079	262	146	116
西　藏	909	477	432	24	18	6
陕　西	45146	26088	19058	59	38	21
甘　肃	29149	16867	12282	123	77	46
青　海	5156	3046	2110	42	18	24
宁　夏	7445	4295	3150	66	33	33
新　疆	22833	13646	9187	108	58	50

6-1b 续表 1 单位：人

地区	1-4岁			5-9岁			10-14岁		
	小计	男	女	小计	男	女	小计	男	女
全　国	**3470**	**2011**	**1459**	**2576**	**1524**	**1052**	**3333**	**2039**	**1294**
北　京	2	1	1	5		5	4	2	2
天　津	2	1	1	2	1	1	1		1
河　北	132	75	57	138	84	54	227	142	85
山　西	46	29	17	43	23	20	51	34	17
内蒙古	44	21	23	23	8	15	58	35	23
辽　宁	17	11	6	13	11	2	29	17	12
吉　林	13	9	4	15	4	11	32	16	16
黑龙江	17	10	7	19	12	7	29	16	13
上　海	8	6	2	3	1	2	11	4	7
江　苏	164	99	65	114	66	48	154	97	57
浙　江	94	53	41	43	29	14	77	49	28
安　徽	175	107	68	117	64	53	177	102	75
福　建	111	71	40	81	44	37	81	49	32
江　西	162	95	67	116	67	49	207	130	77
山　东	201	121	80	146	95	51	216	134	82
河　南	197	106	91	187	110	77	263	164	99
湖　北	97	59	38	92	64	28	151	96	55
湖　南	353	217	136	263	150	113	322	196	126
广　东	176	96	80	141	90	51	145	91	54
广　西	202	117	85	115	65	50	127	79	48
海　南	19	10	9	6	5	1	18	14	4
重　庆	68	34	34	50	34	16	87	53	34
四　川	188	117	71	167	101	66	202	123	79
贵　州	388	218	170	250	143	107	242	138	104
云　南	194	108	86	124	71	53	165	102	63
西　藏	20	8	12	10	5	5	10	7	3
陕　西	78	48	30	74	52	22	61	44	17
甘　肃	84	46	38	73	36	37	63	39	24
青　海	39	26	13	25	18	7	26	14	12
宁　夏	38	16	22	32	14	18	26	14	12
新　疆	141	76	65	89	57	32	71	38	33

6-1b 续表 2

单位：人

地区	15-19岁			20-24岁			25-29岁		
	小计	男	女	小计	男	女	小计	男	女
全国	**4478**	**3032**	**1446**	**5174**	**3615**	**1559**	**7868**	**5617**	**2251**
北京	7	6	1	9	4	5	13	10	3
天津	9	5	4	14	10	4	30	21	9
河北	249	177	72	235	168	67	439	326	113
山西	91	69	22	87	56	31	181	128	53
内蒙古	53	30	23	80	52	28	141	103	38
辽宁	54	39	15	73	50	23	107	72	35
吉林	23	15	8	53	33	20	82	55	27
黑龙江	67	46	21	85	56	29	129	93	36
上海	20	9	11	20	15	5	12	7	5
江苏	195	120	75	257	177	80	497	331	166
浙江	124	83	41	173	127	46	219	148	71
安徽	207	144	63	254	163	91	448	300	148
福建	138	98	40	142	99	43	288	213	75
江西	230	169	61	220	159	61	277	196	81
山东	296	203	93	275	206	69	416	308	108
河南	339	231	108	323	239	84	615	454	161
湖北	133	79	54	170	112	58	356	255	101
湖南	437	285	152	357	252	105	510	366	144
广东	232	166	66	360	244	116	488	360	128
广西	196	131	65	206	153	53	295	223	72
海南	28	20	8	17	15	2	50	38	12
重庆	98	60	38	130	90	40	138	85	53
四川	257	158	99	334	236	98	432	298	134
贵州	364	263	101	514	358	156	540	398	142
云南	243	171	72	306	221	85	389	288	101
西藏	11	9	2	8	6	2	12	8	4
陕西	97	63	34	103	71	32	240	175	65
甘肃	87	54	33	120	90	30	196	140	56
青海	29	18	11	51	30	21	51	29	22
宁夏	40	31	9	45	28	17	62	47	15
新疆	124	80	44	153	95	58	215	142	73

6-1b 续表 3

单位：人

地　区	30-34岁			35-39岁			40-44岁		
	小计	男	女	小计	男	女	小计	男	女
全　国	**13287**	**9589**	**3698**	**16053**	**11810**	**4243**	**25112**	**18339**	**6773**
北　京	28	22	6	42	30	12	69	51	18
天　津	35	23	12	40	32	8	57	41	16
河　北	893	676	217	1023	765	258	1260	970	290
山　西	266	212	54	307	243	64	478	356	122
内蒙古	255	171	84	388	288	100	640	475	165
辽　宁	222	166	56	290	219	71	528	385	143
吉　林	182	121	61	236	171	65	397	300	97
黑龙江	239	166	73	402	300	102	820	624	196
上　海	34	26	8	65	42	23	55	39	16
江　苏	772	547	225	801	552	249	1329	940	389
浙　江	341	232	109	377	272	105	672	466	206
安　徽	612	428	184	670	468	202	1122	787	335
福　建	478	335	143	577	408	169	904	613	291
江　西	475	341	134	611	447	164	1113	792	321
山　东	998	704	294	1129	824	305	1737	1269	468
河　南	1171	893	278	1191	883	308	1824	1363	461
湖　北	561	387	174	585	419	166	881	631	250
湖　南	990	695	295	1151	847	304	1723	1245	478
广　东	633	465	168	929	670	259	1229	888	341
广　西	580	447	133	932	747	185	1273	994	279
海　南	57	46	11	112	89	23	142	111	31
重　庆	184	121	63	251	190	61	377	269	108
四　川	680	477	203	686	481	205	1325	917	408
贵　州	725	531	194	963	718	245	1617	1180	437
云　南	648	485	163	844	666	178	1411	1087	324
西　藏	18	13	5	27	22	5	32	20	12
陕　西	433	313	120	464	344	120	675	511	164
甘　肃	257	191	66	311	218	93	425	311	114
青　海	69	47	22	65	45	20	126	89	37
宁　夏	97	66	31	123	85	38	189	128	61
新　疆	354	242	112	461	325	136	682	487	195

6-1b 续表 4

单位：人

地区	45-49岁			50-54岁			55-59岁		
	小计	男	女	小计	男	女	小计	男	女
全国	**48575**	**34604**	**13971**	**76378**	**53398**	**22980**	**90058**	**62675**	**27383**
北京	115	86	29	212	160	52	350	235	115
天津	111	72	39	179	112	67	257	173	84
河北	2403	1712	691	4174	2927	1247	5350	3654	1696
山西	944	664	280	1349	956	393	1646	1159	487
内蒙古	1295	969	326	1900	1392	508	2320	1691	629
辽宁	960	707	253	1764	1296	468	2462	1787	675
吉林	806	575	231	1357	991	366	1944	1391	553
黑龙江	1796	1348	448	2718	2031	687	3730	2750	980
上海	130	83	47	219	148	71	312	203	109
江苏	2561	1725	836	4944	3255	1689	5758	3858	1900
浙江	1108	754	354	1939	1345	594	2548	1779	769
安徽	2435	1645	790	3905	2579	1326	4252	2795	1457
福建	1702	1182	520	2513	1766	747	3069	2221	848
江西	1775	1227	548	2544	1781	763	2869	1997	872
山东	3283	2303	980	5627	3929	1698	6809	4665	2144
河南	3494	2543	951	5675	3907	1768	6423	4337	2086
湖北	1820	1247	573	3135	2103	1032	3964	2719	1245
湖南	3651	2599	1052	6071	4102	1969	7032	4878	2154
广东	2402	1694	708	3851	2745	1106	4659	3303	1356
广西	2104	1621	483	3199	2386	813	3747	2733	1014
海南	214	168	46	274	212	62	376	263	113
重庆	1196	815	381	1712	1229	483	1848	1347	501
四川	3085	2173	912	4726	3360	1366	4676	3294	1382
贵州	2784	2061	723	3551	2550	1001	3454	2438	1016
云南	2273	1684	589	2890	2084	806	3329	2382	947
西藏	47	29	18	71	40	31	73	40	33
陕西	1405	998	407	2120	1463	657	2638	1784	854
甘肃	933	679	254	1478	978	500	1658	1125	533
青海	248	182	66	298	209	89	298	219	79
宁夏	276	191	85	329	227	102	389	237	152
新疆	1219	868	351	1654	1135	519	1818	1218	600

6-1b 续表 5

单位：人

地区	60-64岁			65-69岁			70-74岁		
	小计	男	女	小计	男	女	小计	男	女
全 国	**114268**	**78400**	**35868**	**175223**	**115116**	**60107**	**201755**	**126207**	**75548**
北 京	425	276	149	630	408	222	674	390	284
天 津	332	218	114	571	337	234	678	384	294
河 北	7847	5267	2580	12139	7849	4290	14397	8668	5729
山 西	2303	1546	757	3272	2079	1193	3729	2259	1470
内蒙古	2924	1999	925	3673	2358	1315	3904	2273	1631
辽 宁	3441	2343	1098	4656	3004	1652	4697	2802	1895
吉 林	2446	1662	784	3527	2242	1285	3296	1875	1421
黑龙江	4444	3073	1371	5708	3610	2098	6015	3431	2584
上 海	577	395	182	875	583	292	1065	698	367
江 苏	8171	5597	2574	12794	8510	4284	15735	10018	5717
浙 江	3479	2452	1027	4904	3349	1555	6246	4083	2163
安 徽	4242	2886	1356	8248	5397	2851	10252	6607	3645
福 建	4007	2865	1142	5378	3742	1636	5600	3704	1896
江 西	4047	2829	1218	5849	3995	1854	6966	4503	2463
山 东	9244	6397	2847	14796	9790	5006	16755	10523	6232
河 南	8354	5529	2825	13655	8716	4939	14911	9316	5595
湖 北	5070	3469	1601	7586	5017	2569	9292	5687	3605
湖 南	8809	6077	2732	14536	9675	4861	17251	11115	6136
广 东	6187	4426	1761	8608	5967	2641	9349	6285	3064
广 西	4081	2877	1204	5899	4028	1871	6396	4214	2182
海 南	427	305	122	548	368	180	602	390	212
重 庆	2199	1623	576	4110	2816	1294	4928	3219	1709
四 川	5870	4174	1696	10441	6983	3458	11707	7618	4089
贵 州	3736	2604	1132	5865	3780	2085	6698	4069	2629
云 南	3394	2243	1151	4891	3079	1812	5799	3500	2299
西 藏	80	43	37	81	46	35	91	47	44
陕 西	3558	2271	1287	5257	3330	1927	6145	3641	2504
甘 肃	1900	1282	618	3110	1902	1208	4205	2471	1734
青 海	365	240	125	598	393	205	748	428	320
宁 夏	455	323	132	780	477	303	919	547	372
新 疆	1854	1109	745	2238	1286	952	2705	1442	1263

6-1b 续表 6

单位：人

地区	75-79岁			80-84岁			85-89岁		
	小计	男	女	小计	男	女	小计	男	女
全国	**226652**	**133689**	**92963**	**255209**	**136917**	**118292**	**213670**	**100190**	**113480**
北京	780	428	352	958	496	462	870	402	468
天津	683	393	290	719	375	344	554	267	287
河北	13035	7483	5552	14128	7360	6768	11185	4865	6320
山西	3740	2199	1541	4151	2145	2006	3072	1457	1615
内蒙古	4207	2362	1845	5119	2760	2359	3374	1789	1585
辽宁	5238	3027	2211	5157	2768	2389	4054	1919	2135
吉林	3379	1796	1583	3450	1766	1684	2317	1131	1186
黑龙江	6053	3278	2775	6447	3352	3095	4266	2255	2011
上海	1317	798	519	1599	907	692	2047	950	1097
江苏	20052	11937	8115	24063	13061	11002	22519	10225	12294
浙江	6710	4217	2493	9841	5656	4185	10738	5347	5391
安徽	13262	8130	5132	14294	7925	6369	12742	6140	6602
福建	6525	3982	2543	8544	4673	3871	7638	3494	4144
江西	8047	4927	3120	10123	5366	4757	7436	3471	3965
山东	17595	10462	7133	20379	10904	9475	18788	8488	10300
河南	15095	8827	6268	15613	8225	7388	13453	5935	7518
湖北	10130	5837	4293	10427	5481	4946	8820	3989	4831
湖南	18951	11408	7543	23452	12820	10632	19190	9224	9966
广东	10816	6792	4024	13626	7633	5993	12657	5985	6672
广西	7498	4435	3063	8269	4421	3848	7054	3240	3814
海南	678	400	278	968	525	443	931	436	495
重庆	5843	3600	2243	5953	3333	2620	5100	2519	2581
四川	14012	8535	5477	14292	7801	6491	11753	5822	5931
贵州	8236	4668	3568	8780	4364	4416	6174	2789	3385
云南	6825	3843	2982	7840	3989	3851	6100	2860	3240
西藏	109	53	56	93	35	58	58	19	39
陕西	7415	4074	3341	7172	3670	3502	4793	2239	2554
甘肃	5190	2887	2303	4873	2474	2399	3021	1415	1606
青海	809	432	377	730	356	374	390	181	209
宁夏	1202	665	537	1223	598	625	808	400	408
新疆	3220	1814	1406	2926	1678	1248	1768	937	831

6-1b 续表 7 单位：人

地区	90-94岁			95-99岁			100岁及以上		
	小计	男	女	小计	男	女	小计	男	女
全国	**107827**	**42747**	**65080**	**30711**	**9924**	**20787**	**5559**	**1444**	**4115**
北京	431	186	245	96	34	62	24	5	19
天津	289	124	165	70	19	51	8	1	7
河北	5197	1845	3352	1417	446	971	223	50	173
山西	1330	508	822	290	79	211	53	16	37
内蒙古	1175	589	586	262	114	148	48	19	29
辽宁	2153	971	1182	573	249	324	88	37	51
吉林	1046	503	543	255	125	130	65	33	32
黑龙江	1865	957	908	441	211	230	72	29	43
上海	1259	464	795	421	134	287	85	20	65
江苏	12940	4763	8177	4033	1148	2885	674	145	529
浙江	6165	2654	3511	1708	618	1090	209	56	153
安徽	6367	2503	3864	1861	566	1295	308	72	236
福建	4643	1698	2945	1311	379	932	251	39	212
江西	3774	1566	2208	1082	355	727	148	38	110
山东	9781	3509	6272	2832	793	2039	487	112	375
河南	6915	2458	4457	2223	570	1653	500	89	411
湖北	3502	1372	2130	1002	316	686	157	38	119
湖南	9511	3885	5626	2297	759	1538	308	78	230
广东	6990	2783	4207	2279	705	1574	520	147	373
广西	3675	1352	2323	1198	362	836	346	96	250
海南	609	202	407	221	55	166	64	17	47
重庆	2739	1222	1517	782	316	466	162	60	102
四川	6436	2820	3616	1856	740	1116	332	108	224
贵州	2496	986	1510	567	187	380	125	40	85
云南	2754	1092	1662	659	236	423	99	23	76
西藏	30	8	22	3	1	2	1		1
陕西	1793	753	1040	475	178	297	91	28	63
甘肃	801	356	445	195	74	121	46	22	24
青海	119	55	64	27	14	13	3	3	
宁夏	275	134	141	62	30	32	9	4	5
新疆	767	429	338	213	111	102	53	19	34

6-1c　各地区分年龄、性别的死亡人口
(2019.11.1-2020.10.31)(乡村)

单位：人

地　区	死亡人口			0岁		
	合计	男	女	小计	男	女
全　国	**4257736**	**2452528**	**1805208**	**11899**	**6871**	**5028**
北　京	19044	10870	8174	33	24	9
天　津	14533	8214	6319	16	7	9
河　北	247956	142638	105318	468	284	184
山　西	102591	58727	43864	219	117	102
内蒙古	73361	44601	28760	126	71	55
辽　宁	131034	76697	54337	91	50	41
吉　林	76206	45340	30866	74	47	27
黑龙江	96952	58482	38470	63	38	25
上　海	14478	7814	6664	13	4	9
江　苏	207509	113510	93999	222	126	96
浙　江	151409	87336	64073	265	153	112
安　徽	220969	125689	95280	769	462	307
福　建	108256	63480	44776	468	284	184
江　西	130305	74562	55743	420	241	179
山　东	361144	203354	157790	472	266	206
河　南	335442	190646	144796	595	351	244
湖　北	198993	112194	86799	532	308	224
湖　南	265392	150872	114520	637	386	251
广　东	195850	111390	84460	619	372	247
广　西	190038	113375	76663	708	408	300
海　南	22226	13267	8959	73	41	32
重　庆	131267	77990	53277	170	104	66
四　川	326429	192643	133786	634	364	270
贵　州	132791	78525	54266	1015	574	441
云　南	197154	116477	80677	1316	750	566
西　藏	11694	6213	5481	454	249	205
陕　西	103745	59063	44682	134	83	51
甘　肃	100343	56155	44188	410	215	195
青　海	15992	9062	6930	238	150	88
宁　夏	17048	9605	7443	162	82	80
新　疆	57585	33737	23848	483	260	223

6-1c 续表 1

单位：人

地区	1-4岁			5-9岁			10-14岁		
	小计	男	女	小计	男	女	小计	男	女
全国	**10380**	**6133**	**4247**	**7857**	**4776**	**3081**	**9536**	**6004**	**3532**
北京	16	9	7	13	5	8	11	8	3
天津	18	11	7	7	4	3	25	16	9
河北	355	206	149	363	228	135	500	320	180
山西	164	99	65	131	78	53	179	103	76
内蒙古	85	57	28	73	36	37	98	60	38
辽宁	79	44	35	79	52	27	128	82	46
吉林	64	39	25	53	34	19	109	65	44
黑龙江	38	25	13	55	35	20	136	78	58
上海	9	6	3	4	3	1	3	2	1
江苏	190	122	68	164	102	62	297	178	119
浙江	199	117	82	121	79	42	156	95	61
安徽	471	284	187	415	261	154	490	290	200
福建	221	121	100	214	134	80	217	126	91
江西	439	271	168	289	195	94	466	310	156
山东	481	303	178	418	261	157	566	395	171
河南	646	387	259	691	429	262	852	554	298
湖北	395	247	148	324	182	142	348	214	134
湖南	706	434	272	454	283	171	604	384	220
广东	465	279	186	370	234	136	401	272	129
广西	615	368	247	488	288	200	533	337	196
海南	49	32	17	47	32	15	56	38	18
重庆	235	146	89	168	100	68	282	173	109
四川	848	493	355	621	373	248	815	495	320
贵州	826	479	347	585	332	253	588	380	208
云南	972	554	418	599	350	249	691	443	248
西藏	373	201	172	148	80	68	98	53	45
陕西	176	105	71	132	88	44	152	86	66
甘肃	392	223	169	263	159	104	252	154	98
青海	148	79	69	111	59	52	98	52	46
宁夏	139	68	71	60	39	21	104	69	35
新疆	566	324	242	397	241	156	281	172	109

6-1c　续表 2　　　　单位：人

地　区	15-19岁			20-24岁			25-29岁		
	小计	男	女	小计	男	女	小计	男	女
全　国	**12437**	**8559**	**3878**	**15181**	**10795**	**4386**	**22109**	**16068**	**6041**
北　京	15	11	4	32	20	12	52	30	22
天　津	25	19	6	36	27	9	62	46	16
河　北	600	448	152	529	391	138	1133	845	288
山　西	236	155	81	371	243	128	585	427	158
内蒙古	131	88	43	191	127	64	345	245	100
辽　宁	237	161	76	291	201	90	448	329	119
吉　林	140	97	43	162	113	49	306	221	85
黑龙江	181	127	54	208	135	73	319	228	91
上　海	9	6	3	16	12	4	24	17	7
江　苏	262	171	91	362	250	112	707	499	208
浙　江	197	134	63	323	219	104	412	294	118
安　徽	609	423	186	697	502	195	1162	826	336
福　建	230	156	74	315	228	87	569	418	151
江　西	562	403	159	540	382	158	682	479	203
山　东	707	502	205	768	544	224	1021	710	311
河　南	1075	774	301	1164	870	294	1758	1347	411
湖　北	381	265	116	453	328	125	1050	767	283
湖　南	772	538	234	687	488	199	1038	744	294
广　东	615	427	188	917	664	253	1312	943	369
广　西	763	524	239	825	627	198	1040	777	263
海　南	87	63	24	103	86	17	163	124	39
重　庆	392	270	122	462	338	124	576	421	155
四　川	964	625	339	1291	913	378	1705	1233	472
贵　州	882	598	284	1160	781	379	1128	817	311
云　南	1126	748	378	1460	1079	381	1748	1304	444
西　藏	130	83	47	198	117	81	225	135	90
陕　西	220	153	67	301	229	72	616	457	159
甘　肃	341	229	112	515	334	181	743	540	203
青　海	141	88	53	158	97	61	194	134	60
宁　夏	98	70	28	124	78	46	190	135	55
新　疆	309	203	106	522	372	150	796	576	220

6-1c 续表 3

单位：人

地区	30-34岁			35-39岁			40-44岁		
	小计	男	女	小计	男	女	小计	男	女
全国	**35423**	**25771**	**9652**	**41874**	**31023**	**10851**	**65068**	**48133**	**16935**
北京	101	76	25	150	107	43	167	133	34
天津	96	72	24	90	62	28	159	115	44
河北	2179	1652	527	2531	1876	655	2997	2175	822
山西	836	620	216	1014	766	248	1369	1011	358
内蒙古	582	423	159	893	681	212	1372	1033	339
辽宁	810	593	217	981	731	250	1779	1306	473
吉林	545	385	160	662	506	156	1216	908	308
黑龙江	714	537	177	946	723	223	1709	1313	396
上海	41	30	11	67	43	24	93	64	29
江苏	998	709	289	1066	750	316	1746	1213	533
浙江	579	407	172	838	592	246	1492	1036	456
安徽	1633	1130	503	1721	1171	550	2773	1981	792
福建	943	653	290	1127	807	320	1769	1310	459
江西	1048	742	306	1179	861	318	2487	1815	672
山东	2463	1784	679	2601	1888	713	3875	2809	1066
河南	3143	2364	779	3210	2376	834	4868	3605	1263
湖北	1581	1101	480	1517	1076	441	2301	1704	597
湖南	1859	1287	572	2033	1448	585	3095	2179	916
广东	1503	1030	473	2209	1639	570	2829	2061	768
广西	2140	1659	481	3169	2510	659	4669	3702	967
海南	263	207	56	390	325	65	547	455	92
重庆	719	512	207	722	497	225	1338	933	405
四川	2276	1661	615	2448	1790	658	4506	3223	1283
贵州	1681	1236	445	2240	1730	510	3909	3019	890
云南	2825	2215	610	3948	3149	799	6244	4944	1300
西藏	269	164	105	314	184	130	379	236	143
陕西	999	713	286	966	743	223	1439	1076	363
甘肃	929	663	266	903	628	275	1248	885	363
青海	224	156	68	292	211	81	462	323	139
宁夏	236	153	83	250	170	80	364	254	110
新疆	1208	837	371	1397	983	414	1867	1312	555

6-1c 续表 4

单位：人

地区	45-49岁			50-54岁			55-59岁		
	小计	男	女	小计	男	女	小计	男	女
全国	**125626**	**90064**	**35562**	**201015**	**139854**	**61161**	**231161**	**159229**	**71932**
北京	400	307	93	676	474	202	1051	761	290
天津	352	241	111	510	343	167	732	469	263
河北	5889	4144	1745	10661	7389	3272	13563	9159	4404
山西	2866	2027	839	4319	2971	1348	5804	3940	1864
内蒙古	2809	2098	711	4039	3007	1032	5267	3740	1527
辽宁	3618	2582	1036	6366	4594	1772	8491	5963	2528
吉林	2592	1923	669	4659	3327	1332	5832	4002	1830
黑龙江	3912	2939	973	5851	4283	1568	7497	5237	2260
上海	160	116	44	278	189	89	496	333	163
江苏	3524	2348	1176	7214	4707	2507	8051	5359	2692
浙江	2796	1931	865	5030	3524	1506	6544	4565	1979
安徽	6066	4108	1958	9601	6329	3272	9877	6563	3314
福建	3347	2361	986	4924	3495	1429	5664	3991	1673
江西	3984	2739	1245	5882	4046	1836	6420	4480	1940
山东	7915	5536	2379	15267	10407	4860	18643	12678	5965
河南	10048	7144	2904	16634	11145	5489	18501	12070	6431
湖北	4664	3232	1432	8619	5718	2901	11348	7605	3743
湖南	6571	4565	2006	11483	7741	3742	12919	8777	4142
广东	5270	3708	1562	8570	6008	2562	10609	7587	3022
广西	7279	5714	1565	10848	8247	2601	11358	8483	2875
海南	823	672	151	1142	870	272	1249	971	278
重庆	4331	3063	1268	6482	4590	1892	6717	4736	1981
四川	10791	7732	3059	16236	11483	4753	15958	11334	4624
贵州	6203	4711	1492	7981	5824	2157	7497	5326	2171
云南	8664	6718	1946	11689	8650	3039	12578	9068	3510
西藏	509	307	202	751	458	293	920	575	345
陕西	3028	2124	904	4736	3185	1551	6008	4026	1982
甘肃	3126	2167	959	5138	3293	1845	5397	3524	1873
青海	694	476	218	959	685	274	1044	696	348
宁夏	537	368	169	690	464	226	849	551	298
新疆	2858	1963	895	3780	2408	1372	4277	2660	1617

6-1c 续表 5

单位：人

地区	60-64岁			65-69岁			70-74岁		
	小计	男	女	小计	男	女	小计	男	女
全国	**299246**	**203510**	**95736**	**465708**	**300188**	**165520**	**538320**	**330421**	**207899**
北京	1385	946	439	2026	1266	760	2272	1330	942
天津	1003	654	349	1699	1029	670	2071	1195	876
河北	20454	13769	6685	31833	20353	11480	37017	22348	14669
山西	8383	5697	2686	12146	7627	4519	14032	8425	5607
内蒙古	7411	4998	2413	9595	6116	3479	9665	5898	3767
辽宁	12154	8143	4011	17372	10864	6508	17892	10396	7496
吉林	7972	5179	2793	11651	7016	4635	11520	6507	5013
黑龙江	10344	6734	3610	14824	8870	5954	14799	8360	6439
上海	698	479	219	1182	806	376	1480	973	507
江苏	12016	8187	3829	19983	13165	6818	24279	15375	8904
浙江	9147	6484	2663	13538	9249	4289	16347	10724	5623
安徽	9773	6511	3262	21242	13786	7456	27656	17587	10069
福建	7849	5524	2325	10621	7363	3258	11357	7452	3905
江西	8967	6183	2784	12748	8381	4367	15425	9693	5732
山东	25988	17813	8175	40433	26527	13906	45823	28493	17330
河南	23316	15248	8068	40817	25727	15090	46182	28653	17529
湖北	14305	9583	4722	21792	13997	7795	27614	16617	10997
湖南	16714	11517	5197	27051	17626	9425	32295	19944	12351
广东	13884	9908	3976	18266	12531	5735	19881	13109	6772
广西	12991	9370	3621	17487	11869	5618	20111	12930	7181
海南	1406	1032	374	1852	1282	570	1959	1291	668
重庆	7980	5837	2143	14822	9937	4885	16262	10342	5920
四川	20876	14908	5968	37746	24940	12806	42206	26544	15662
贵州	8245	5686	2559	12918	8230	4688	15587	9200	6387
云南	13300	8890	4410	17988	11450	6538	22013	13101	8912
西藏	829	492	337	1067	595	472	1390	728	662
陕西	8231	5356	2875	12005	7376	4629	14049	8103	5946
甘肃	6308	4070	2238	10823	6418	4405	14876	8444	6432
青海	1112	715	397	1682	1036	646	2217	1190	1027
宁夏	1033	632	401	1709	1029	680	2053	1115	938
新疆	5172	2965	2207	6790	3727	3063	7990	4354	3636

6-1c　续表 6

单位：人

地　区	75-79岁			80-84岁			85-89岁		
	小计	男	女	小计	男	女	小计	男	女
全　国	**597889**	**343572**	**254317**	**658029**	**344979**	**313050**	**547082**	**247771**	**299311**
北　京	2497	1440	1057	3300	1795	1505	3029	1445	1584
天　津	2146	1165	981	2375	1291	1084	1948	984	964
河　北	33552	18775	14777	36736	19430	17306	29474	13071	16403
山　西	13811	7888	5923	16043	8315	7728	13301	5833	7468
内蒙古	9244	5279	3965	10925	5698	5227	7456	3621	3835
辽　宁	18770	10471	8299	17854	9637	8217	13675	6327	7348
吉　林	9864	5378	4486	9275	5042	4233	5898	2911	2987
黑龙江	12239	6791	5448	11575	6322	5253	7216	3779	3437
上　海	1777	1102	675	2462	1356	1106	3029	1408	1621
江　苏	30285	17792	12493	36208	18997	17211	33971	14962	19009
浙　江	17785	10992	6793	26400	14775	11625	28341	13659	14682
安　徽	34712	20853	13859	36863	20121	16742	32669	15091	17578
福　建	13044	7964	5080	17274	9439	7835	15562	7145	8417
江　西	17736	10177	7559	22536	11624	10912	17349	7607	9742
山　东	47153	27517	19636	55757	29327	26430	53120	23467	29653
河　南	46295	26946	19349	46273	24420	21853	40770	17425	23345
湖　北	31135	17453	13682	31903	16286	15617	25368	11018	14350
湖　南	36898	21480	15418	47411	24727	22684	38776	17693	21083
广　东	23911	14501	9410	30140	15691	14449	29019	12367	16652
广　西	25318	14544	10774	27600	13972	13628	23944	10759	13185
海　南	2326	1376	950	3554	1856	1698	3240	1513	1727
重　庆	20724	12186	8538	20345	11076	9269	17086	8228	8858
四　川	50349	29377	20972	49280	25911	23369	39116	18543	20573
贵　州	19420	10517	8903	20108	10110	9998	13882	6340	7542
云　南	26806	14510	12296	29361	14348	15013	21671	9583	12088
西　藏	1354	682	672	1221	519	702	694	249	445
陕　西	17421	9439	7982	17093	8696	8397	11020	4959	6061
甘　肃	18537	10050	8487	17238	8471	8767	9917	4454	5463
青　海	2491	1300	1191	2017	938	1079	1253	517	736
宁　夏	2860	1568	1292	2940	1461	1479	1869	930	939
新　疆	7429	4059	3370	5962	3328	2634	3419	1883	1536

6-1c 续表 7

单位：人

地区	90-94岁			95-99岁			100岁及以上		
	小计	男	女	小计	男	女	小计	男	女
全国	**271275**	**101926**	**169349**	**77458**	**23720**	**53738**	**13163**	**3161**	**10002**
北京	1416	559	857	359	114	245	43	10	33
天津	922	381	541	212	74	138	29	9	20
河北	13228	4687	8541	3436	986	2450	458	102	356
山西	5347	1961	3386	1264	381	883	171	43	128
内蒙古	2496	1102	1394	492	200	292	66	23	43
辽宁	7565	3207	4358	2072	854	1218	282	110	172
吉林	2818	1285	1533	697	312	385	97	43	54
黑龙江	3288	1493	1795	879	363	516	159	72	87
上海	1887	667	1220	662	183	479	88	15	73
江苏	19031	6651	12380	5998	1646	4352	935	201	734
浙江	15922	6581	9341	4445	1552	2893	532	174	358
安徽	16385	5969	10416	4632	1290	3342	753	151	602
福建	9405	3569	5836	2698	833	1865	438	107	331
江西	8348	3075	5273	2460	771	1689	338	87	251
山东	28104	9589	18515	8212	2261	5951	1357	277	1080
河南	20581	6919	13662	6616	1664	4952	1407	228	1179
湖北	10200	3647	6553	2779	785	1994	384	61	323
湖南	18209	7007	11202	4580	1456	3124	600	168	432
广东	17952	6219	11733	5898	1580	4318	1210	260	950
广西	12639	4712	7927	4394	1325	3069	1119	250	869
海南	1966	720	1246	693	223	470	238	58	180
重庆	8772	3572	5200	2327	823	1504	355	106	249
四川	20835	8414	12421	5890	2012	3878	1038	275	763
贵州	5511	2184	3327	1171	380	791	254	71	183
云南	9497	3755	5742	2296	768	1528	362	100	262
西藏	284	80	204	67	22	45	20	4	16
陕西	3871	1677	2194	989	345	644	159	44	115
甘肃	2322	1011	1311	588	198	390	77	25	52
青海	365	132	233	81	25	56	11	3	8
宁夏	606	283	323	146	72	74	29	14	15
新疆	1503	818	685	425	222	203	154	70	84

6-2 各地区分性别、受教育程度的3岁及以上死亡人口
(2019.11.1-2020.10.31)

单位：人

地区	3岁及以上死亡人口			未上过学		
	合计	男	女	小计	男	女
全国	**7934885**	**4599354**	**3335531**	**1693686**	**588948**	**1104738**
北京	100229	56502	43727	10923	2951	7972
天津	64081	36719	27362	7393	1936	5457
河北	420865	242760	178105	68062	21843	46219
山西	165323	95752	69571	21937	7059	14878
内蒙古	143294	87126	56168	28840	11279	17561
辽宁	325858	191024	134834	27826	8299	19527
吉林	147921	88060	59861	16087	5861	10226
黑龙江	216013	129727	86286	21259	8012	13247
上海	128862	70343	58519	20323	5246	15077
江苏	512829	284255	228574	117440	36921	80519
浙江	306076	176440	129636	83889	31163	52726
安徽	360598	207004	153594	119520	43934	75586
福建	211460	123828	87632	57902	19049	38853
江西	231443	134406	97037	42987	13246	29741
山东	632093	359505	272588	175884	60448	115436
河南	528657	303176	225481	112474	40119	72355
湖北	381532	218719	162813	80419	25821	54598
湖南	491741	285433	206308	75076	26759	48317
广东	455440	263395	192045	78381	23184	55197
广西	291549	174762	116787	51548	14991	36557
海南	34363	20482	13881	7821	2353	5468
重庆	225616	134508	91108	29236	10199	19037
四川	523257	310339	212918	127969	46641	81328
贵州	226686	134556	92130	78623	29148	49475
云南	286012	169220	116792	85350	33638	51712
西藏	12350	6556	5794	8905	4184	4721
陕西	183875	105406	78469	43564	16280	27284
甘肃	153522	87339	66183	56152	22528	33624
青海	27496	15879	11617	9698	3955	5743
宁夏	35969	20743	15226	10859	4258	6601
新疆	109875	65390	44485	17339	7643	9696

6-2 续表 1

单位：人

地区	学前教育			小学		
	小计	男	女	小计	男	女
全国	**48384**	**22261**	**26123**	**3958210**	**2319419**	**1638791**
北京	249	103	146	33627	16357	17270
天津	85	26	59	24462	12642	11820
河北	1204	542	662	221645	123047	98598
山西	552	241	311	80609	42668	37941
内蒙古	206	99	107	65713	39093	26620
辽宁	634	270	364	150238	79433	70805
吉林	198	93	105	71548	39583	31965
黑龙江	528	255	273	106148	59065	47083
上海	479	194	285	44708	21172	23536
江苏	4646	1932	2714	260437	147646	112791
浙江	3111	1439	1672	162283	100920	61363
安徽	2550	1194	1356	162620	101963	60657
福建	1533	674	859	101617	63895	37722
江西	1465	661	804	126952	73541	53411
山东	2946	1339	1607	295408	176525	118883
河南	2836	1353	1483	256507	144570	111937
湖北	3251	1512	1739	187672	109453	78219
湖南	5751	2753	2998	279605	159608	119997
广东	3493	1479	2014	230590	131001	99589
广西	1517	720	797	153410	92222	61188
海南	107	37	70	13134	7399	5735
重庆	1231	584	647	149032	89193	59839
四川	5390	2572	2818	292558	186884	105674
贵州	883	439	444	101717	68609	33108
云南	1281	632	649	147744	94279	53465
西藏	105	63	42	2747	1890	857
陕西	760	348	412	82547	46314	36233
甘肃	573	256	317	66708	40684	26024
青海	94	50	44	11900	7306	4594
宁夏	135	67	68	15066	8929	6137
新疆	591	334	257	59258	33528	25730

6-2　续表 2

单位：人

地　区	初　中			高　中			大学专科		
	小计	男	女	小计	男	女	小计	男	女
全　国	**1688698**	**1253159**	**435539**	**389919**	**297136**	**92783**	**96177**	**72971**	**23206**
北　京	28425	18748	9677	15218	10109	5109	5050	3507	1543
天　津	19529	13203	6326	8170	5623	2547	2334	1720	614
河　北	105677	78658	27019	18719	14458	4261	3740	2822	918
山　西	49239	35883	13356	9425	7180	2245	2329	1775	554
内蒙古	35193	26346	8847	9196	7075	2121	2881	2244	637
辽　宁	115765	79998	35767	21581	15583	5998	6046	4541	1505
吉　林	43628	30284	13344	11949	8777	3172	2657	2005	652
黑龙江	69245	48492	20753	13854	10094	3760	3367	2545	822
上　海	36233	24229	12004	17486	12390	5096	4407	3206	1201
江　苏	98030	73000	25030	23329	18014	5315	5513	4143	1370
浙　江	40943	30957	9986	10900	8307	2593	2945	2162	783
安　徽	57990	45564	12426	12766	10212	2554	3268	2605	663
福　建	35677	28374	7303	10357	8353	2004	2619	2070	549
江　西	47021	36512	10509	10000	8021	1979	2012	1618	394
山　东	124375	94956	29419	25320	19921	5399	5537	4280	1257
河　南	129254	95339	33915	21788	17256	4532	4086	3204	882
湖　北	80910	59527	21383	22134	16935	5199	4465	3400	1065
湖　南	105331	76446	28885	20591	15778	4813	3844	2908	936
广　东	103953	77972	25981	28587	22033	6554	6310	4644	1666
广　西	67053	52449	14604	13657	10925	2732	2983	2362	621
海　南	10210	8055	2155	2387	2039	348	479	409	70
重　庆	36956	27675	9281	6845	5163	1682	1482	1090	392
四　川	77004	59051	17953	14375	10755	3620	3804	2836	968
贵　州	35698	28666	7032	6533	5172	1361	2040	1599	441
云　南	39002	30774	8228	8266	6473	1793	2887	2267	620
西　藏	372	276	96	93	60	33	85	51	34
陕　西	43646	32079	11567	10007	7777	2230	2153	1675	478
甘　肃	20717	16369	4348	6627	5331	1296	1820	1439	381
青　海	3900	3073	827	1120	872	248	529	433	96
宁　夏	6608	4969	1639	2097	1599	498	773	592	181
新　疆	21114	15235	5879	6542	4851	1691	3732	2819	913

6-2 续表 3

单位：人

地 区	大学本科			硕士研究生			博士研究生		
	小计	男	女	小计	男	女	小计	男	女
全 国	**57193**	**43536**	**13657**	**2164**	**1573**	**591**	**454**	**351**	**103**
北 京	6311	4412	1899	354	258	96	72	57	15
天 津	2037	1513	524	60	47	13	11	9	2
河 北	1758	1361	397	50	25	25	10	4	6
山 西	1200	925	275	25	15	10	7	6	1
内蒙古	1229	966	263	32	22	10	4	2	2
辽 宁	3652	2821	831	107	72	35	9	7	2
吉 林	1786	1397	389	56	49	7	12	11	1
黑龙江	1554	1218	336	47	36	11	11	10	1
上 海	4959	3713	1246	223	159	64	44	34	10
江 苏	3273	2475	798	136	102	34	25	22	3
浙 江	1915	1431	484	71	45	26	19	16	3
安 徽	1803	1461	342	69	61	8	12	10	2
福 建	1699	1379	320	43	26	17	13	8	5
江 西	971	779	192	27	21	6	8	7	1
山 东	2494	1942	552	103	73	30	26	21	5
河 南	1640	1280	360	55	45	10	17	10	7
湖 北	2544	1967	577	109	80	29	28	24	4
湖 南	1474	1133	341	61	41	20	8	7	1
广 东	3903	2923	980	175	126	49	48	33	15
广 西	1327	1055	272	44	31	13	10	7	3
海 南	215	181	34	8	7	1	2	2	
重 庆	805	583	222	25	18	7	4	3	1
四 川	2051	1523	528	89	64	25	17	13	4
贵 州	1181	915	266	10	7	3	1	1	
云 南	1425	1108	317	48	41	7	9	8	1
西 藏	41	30	11	1	1		1	1	
陕 西	1126	880	246	54	39	15	18	14	4
甘 肃	898	709	189	23	21	2	4	2	2
青 海	247	185	62	7	4	3	1	1	
宁 夏	421	322	99	10	7	3			
新 疆	1254	949	305	42	30	12	3	1	2

6-2a 各地区分性别、受教育程度的3岁及以上死亡人口(2019.11.1-2020.10.31)(城市)

单位：人

地区	3岁及以上死亡人口			未上过学		
	合计	男	女	小计	男	女
全国	**2070157**	**1205695**	**864462**	**243949**	**75243**	**168706**
北京	75484	42432	33052	5604	1295	4309
天津	44936	25911	19025	3792	859	2933
河北	77569	45063	32506	6796	1822	4974
山西	35649	21006	14643	2669	734	1935
内蒙古	38256	23146	15110	3354	1144	2210
辽宁	158392	92525	65867	7849	1957	5892
吉林	46922	27986	18936	2276	658	1618
黑龙江	73797	43655	30142	4145	1374	2771
上海	104277	57011	47266	11813	2593	9220
江苏	167195	93813	73382	28882	8833	20049
浙江	97378	55587	41791	21152	7316	13836
安徽	54864	32222	22642	11743	3997	7746
福建	49877	29067	20810	8033	2195	5838
江西	43851	25853	17998	5147	1592	3555
山东	140004	80905	59099	22592	6654	15938
河南	81887	48262	33625	8612	2671	5941
湖北	115420	67626	47794	13506	4171	9335
湖南	90457	54456	36001	7627	3102	4525
广东	174327	101078	73249	19514	5858	13656
广西	45353	27387	17966	3413	922	2491
海南	5893	3593	2300	601	133	468
重庆	56743	33691	23052	5102	1757	3345
四川	104617	62088	42529	15040	5274	9766
贵州	37597	22549	15048	6159	2173	3986
云南	39751	23705	16046	6128	2058	4070
西藏	507	283	224	233	108	125
陕西	35314	20457	14857	3027	835	2192
甘肃	24844	14769	10075	3609	1213	2396
青海	6758	4011	2747	1006	306	700
宁夏	11815	7011	4804	1858	632	1226
新疆	30423	18547	11876	2667	1007	1660

6-2a 续表 1 单位：人

地区	学前教育			小学		
	小计	男	女	小计	男	女
全国	**9236**	**4124**	**5112**	**862989**	**456316**	**406673**
北京	175	71	104	23078	10502	12576
天津	49	18	31	13985	6677	7308
河北	187	76	111	34015	17247	16768
山西	66	33	33	13629	6636	6993
内蒙古	52	28	24	14546	7519	7027
辽宁	316	137	179	55193	25933	29260
吉林	38	16	22	14539	6794	7745
黑龙江	145	67	78	26477	13238	13239
上海	339	125	214	34434	14870	19564
江苏	1043	433	610	76213	41136	35077
浙江	702	315	387	48848	28718	20130
安徽	298	139	159	21969	12695	9274
福建	225	98	127	21927	12184	9743
江西	222	94	128	20294	10968	9326
山东	611	246	365	63063	34710	28353
河南	351	175	176	33212	17057	16155
湖北	890	434	456	45919	24206	21713
湖南	755	400	355	42048	22945	19103
广东	1140	501	639	80240	42908	37332
广西	160	79	81	17993	9291	8702
海南	12	4	8	1859	880	979
重庆	235	102	133	30313	16837	13476
四川	585	257	328	52778	30972	21806
贵州	122	57	65	15648	8893	6755
云南	197	86	111	17859	10243	7616
西藏	6	3	3	152	101	51
陕西	100	40	60	12487	5860	6627
甘肃	81	30	51	9639	5093	4546
青海	17	6	11	2889	1578	1311
宁夏	26	13	13	4578	2499	2079
新疆	91	41	50	13165	7126	6039

6-2a　续表 2　　　　单位：人

地　区	初　中			高　中			大学专科		
	小计	男	女	小计	男	女	小计	男	女
全　国	**607962**	**417591**	**190371**	**231078**	**166543**	**64535**	**65655**	**48511**	**17144**
北　京	21390	13530	7860	13933	9162	4771	4734	3266	1468
天　津	15226	10007	5219	7582	5166	2416	2239	1645	594
河　北	24902	17333	7569	8107	5891	2216	2235	1652	583
山　西	12351	8556	3795	4549	3234	1315	1412	1054	358
内蒙古	13019	9011	4008	4809	3534	1275	1611	1228	383
辽　宁	69172	45883	23289	17285	12168	5117	5111	3779	1332
吉　林	18765	12188	6577	8110	5874	2236	1788	1346	442
黑龙江	30562	20062	10500	8894	6214	2680	2274	1680	594
上　海	31920	20988	10932	16539	11633	4906	4174	3033	1141
江　苏	40286	28086	12200	14020	10318	3702	3956	2916	1040
浙　江	17224	12334	4890	5959	4368	1591	1926	1370	556
安　徽	13106	9557	3549	5013	3705	1308	1567	1184	383
福　建	11742	8585	3157	5171	3851	1320	1460	1100	360
江　西	12134	8636	3498	4419	3285	1134	1007	779	228
山　东	35828	25844	9984	12669	9451	3218	3382	2550	832
河　南	26403	18268	8135	9583	7194	2389	2498	1929	569
湖　北	34445	23525	10920	14800	10850	3950	3513	2632	881
湖　南	27557	18858	8699	9224	6711	2513	2205	1627	578
广　东	45002	31117	13885	19465	14145	5320	5171	3724	1447
广　西	14839	10419	4420	6210	4558	1652	1722	1320	402
海　南	2028	1465	563	956	747	209	270	220	50
重　庆	14967	10540	4427	4433	3233	1200	1031	737	294
四　川	23953	16846	7107	7986	5609	2377	2505	1806	699
贵　州	10377	7458	2919	3376	2521	855	1105	822	283
云　南	9598	6914	2684	3573	2550	1023	1409	1073	336
西　藏	50	33	17	17	12	5	31	13	18
陕　西	12095	8080	4015	5288	3870	1418	1373	1039	334
甘　肃	6585	4707	1878	3296	2464	832	985	747	238
青　海	1689	1234	455	676	499	177	311	260	51
宁　夏	3143	2216	927	1360	1007	353	527	401	126
新　疆	7604	5311	2293	3776	2719	1057	2123	1579	544

6-2a 续表 3 单位：人

地　区	大学本科			硕士研究生			博士研究生		
	小计	男	女	小计	男	女	小计	男	女
全　国	**47072**	**35724**	**11348**	**1848**	**1355**	**493**	**368**	**288**	**80**
北　京	6148	4293	1855	350	256	94	72	57	15
天　津	1993	1484	509	59	46	13	11	9	2
河　北	1292	1023	269	29	17	12	6	2	4
山　西	950	743	207	18	12	6	5	4	1
内蒙古	837	665	172	26	16	10	2	1	1
辽　宁	3356	2591	765	103	71	32	7	6	1
吉　林	1355	1066	289	41	35	6	10	9	1
黑龙江	1255	984	271	37	28	9	8	8	
上　海	4800	3584	1216	214	151	63	44	34	10
江　苏	2660	1989	671	117	87	30	18	15	3
浙　江	1490	1113	377	59	38	21	18	15	3
安　徽	1117	898	219	42	38	4	9	9	
福　建	1271	1024	247	36	23	13	12	7	5
江　西	610	484	126	13	10	3	5	5	
山　东	1775	1386	389	71	52	19	13	12	1
河　南	1185	933	252	36	29	7	7	6	1
湖　北	2233	1720	513	92	69	23	22	19	3
湖　南	997	781	216	42	30	12	2	2	
广　东	3586	2679	907	169	121	48	40	25	15
广　西	969	766	203	39	27	12	8	5	3
海　南	159	136	23	6	6		2	2	
重　庆	637	467	170	22	16	6	3	2	1
四　川	1679	1255	424	74	56	18	17	13	4
贵　州	801	618	183	9	7	2			
云　南	944	743	201	38	33	5	5	5	
西　藏	17	12	5				1	1	
陕　西	880	684	196	49	36	13	15	13	2
甘　肃	632	501	131	13	12	1	4	2	2
青　海	166	127	39	4	1	3			
宁　夏	315	236	79	8	7	1			
新　疆	963	739	224	32	25	7	2		2

6-2b 各地区分性别、受教育程度的3岁及以上死亡人口(2019.11.1-2020.10.31)(镇)

单位：人

地区	3岁及以上死亡人口			未上过学		
	合计	男	女	小计	男	女
全国	**1625148**	**951674**	**673474**	**333057**	**116663**	**216394**
北京	5743	3231	2512	975	279	696
天津	4640	2608	2032	834	279	555
河北	96018	55464	40554	15004	4813	10191
山西	27398	16198	11200	2828	864	1964
内蒙古	31853	19485	12368	5305	2056	3249
辽宁	36566	21874	14692	3020	959	2061
吉林	24912	14808	10104	2358	798	1560
黑龙江	45351	27641	17710	3971	1437	2534
上海	10128	5528	4600	3082	965	2117
江苏	138442	77119	61323	31502	10065	21437
浙江	57658	33737	23921	14900	5681	9219
安徽	85831	49737	36094	25052	9124	15928
福建	53920	31632	22288	13596	4226	9370
江西	57973	34390	23583	9558	3049	6509
山东	131683	75679	56004	36778	12757	24021
河南	112304	64833	47471	21444	7644	13800
湖北	67874	39342	28532	13889	4569	9320
湖南	136949	80744	56205	19152	7406	11746
广东	86175	51478	34697	15419	4851	10568
广西	57267	34652	22615	8183	2322	5861
海南	6347	3682	2665	1491	434	1057
重庆	37911	23014	14897	4719	1775	2944
四川	93339	56262	37077	20271	7605	12666
贵州	57830	34345	23485	19240	7088	12152
云南	51048	30144	20904	13014	4832	8182
西藏	870	454	416	591	268	323
陕西	45041	26020	19021	10311	3891	6420
甘肃	28983	16769	12214	9390	3640	5750
青海	5085	3010	2075	1700	723	977
宁夏	7357	4252	3105	2119	800	1319
新疆	22652	13542	9110	3361	1463	1898

6-2b 续表 1

单位：人

地区	学前教育			小学		
	小计	男	女	小计	男	女
全国	**9646**	**4462**	**5184**	**823023**	**480513**	**342510**
北京	8	1	7	2395	1260	1135
天津	5	2	3	2512	1399	1113
河北	293	131	162	50303	27604	22699
山西	74	33	41	12546	6521	6025
内蒙古	38	17	21	13625	7688	5937
辽宁	73	34	39	17397	9278	8119
吉林	18	7	11	10611	5622	4989
黑龙江	103	57	46	20331	11032	9299
上海	45	24	21	4154	2453	1701
江苏	1290	557	733	73453	41832	31621
浙江	468	233	235	31261	19326	11935
安徽	593	274	319	39535	24087	15448
福建	333	132	201	26611	16366	10245
江西	335	152	183	31807	18425	13382
山东	653	316	337	60869	36790	24079
河南	563	250	313	55089	30733	24356
湖北	532	240	292	35011	20517	14494
湖南	1451	715	736	77548	44153	33395
广东	627	286	341	44790	26149	18641
广西	300	151	149	29732	17202	12530
海南	17	6	11	2290	1213	1077
重庆	202	86	116	25290	15246	10044
四川	732	344	388	52289	32852	19437
贵州	248	122	126	26175	17205	8970
云南	210	89	121	25613	15711	9902
西藏	5		5	196	129	67
陕西	175	71	104	21313	12014	9299
甘肃	103	52	51	13109	7879	5230
青海	14	10	4	2239	1374	865
宁夏	29	16	13	3121	1824	1297
新疆	109	54	55	11808	6629	5179

6-2b 续表 2

单位：人

地区	初中			高中			大学专科		
	小计	男	女	小计	男	女	小计	男	女
全国	**359709**	**270304**	**89405**	**74634**	**59719**	**14915**	**18442**	**14761**	**3681**
北京	1733	1231	502	414	300	114	129	96	33
天津	1089	778	311	149	113	36	33	27	6
河北	24919	18607	6312	4336	3422	914	874	676	198
山西	9301	6706	2595	1948	1516	432	539	435	104
内蒙古	9105	6742	2363	2574	2009	565	908	739	169
辽宁	13593	9671	3922	1843	1404	439	473	396	77
吉林	8607	5942	2665	2342	1715	627	607	440	167
黑龙江	16676	11834	4842	3206	2441	765	822	650	172
上海	2004	1430	574	582	459	123	148	104	44
江苏	25892	19590	6302	4880	3948	932	969	753	216
浙江	8059	6205	1854	2141	1651	490	548	422	126
安徽	15316	11874	3442	3787	3087	700	1058	875	183
福建	9731	7825	1906	2688	2292	396	706	582	124
江西	12751	9872	2879	2700	2209	491	593	489	104
山东	26099	19957	6142	5528	4444	1084	1279	1035	244
河南	29406	21535	7871	4734	3823	911	809	653	156
湖北	14508	10848	3660	3182	2552	630	574	472	102
湖南	31390	22640	8750	6023	4740	1283	1076	851	225
广东	20207	15850	4357	4241	3612	629	698	575	123
广西	14898	11563	3335	3163	2589	574	756	627	129
海南	1986	1534	452	448	395	53	92	79	13
重庆	6337	4839	1498	1031	806	225	247	204	43
四川	15896	12183	3713	3156	2489	667	773	623	150
贵州	9664	7870	1794	1645	1363	282	607	502	105
云南	8919	6859	2060	2148	1737	411	855	684	171
西藏	38	31	7	16	9	7	18	12	6
陕西	10478	7811	2667	2168	1759	409	440	349	91
甘肃	4288	3449	839	1449	1210	239	482	404	78
青海	717	571	146	220	180	40	138	110	28
宁夏	1445	1109	336	406	316	90	161	129	32
新疆	4657	3348	1309	1486	1129	357	1030	768	262

6-2b 续表 3

单位：人

地 区	大学本科			硕士研究生			博士研究生		
	小计	男	女	小计	男	女	小计	男	女
全 国	**6441**	**5104**	**1337**	**170**	**128**	**42**	**26**	**20**	**6**
北 京	86	63	23	3	1	2			
天 津	17	9	8	1	1				
河 北	281	207	74	8	4	4			
山 西	156	119	37	5	3	2	1	1	
内蒙古	291	228	63	5	5		2	1	1
辽 宁	165	131	34	2	1	1			
吉 林	355	271	84	13	12	1	1	1	
黑龙江	235	185	50	6	5	1	1		1
上 海	105	86	19	8	7	1			
江 苏	440	360	80	13	11	2	3	3	
浙 江	275	215	60	6	4	2			
安 徽	478	404	74	12	12				
福 建	252	207	45	3	2	1			
江 西	219	186	33	9	7	2	1	1	
山 东	463	368	95	12	10	2	2	2	
河 南	252	191	61	5	4	1	2		2
湖 北	171	138	33	6	5	1	1	1	
湖 南	293	230	63	13	7	6	3	2	1
广 东	186	149	37	3	2	1	4	4	
广 西	230	194	36	4	3	1	1	1	
海 南	23	21	2						
重 庆	83	57	26	2	1	1			
四 川	213	162	51	9	4	5			
贵 州	249	194	55	1		1	1	1	
云 南	283	226	57	5	5		1	1	
西 藏	5	4	1	1	1				
陕 西	151	122	29	4	3	1	1		1
甘 肃	156	130	26	6	5	1			
青 海	57	42	15						
宁 夏	75	58	17	1		1			
新 疆	196	147	49	4	3	1	1	1	

6-2c 各地区分性别、受教育程度的3岁及以上死亡人口 (2019.11.1-2020.10.31)(乡村)

单位：人

地区	3岁及以上死亡人口			未上过学		
	合计	男	女	小计	男	女
全国	**4239580**	**2441985**	**1797595**	**1116680**	**397042**	**719638**
北京	19002	10839	8163	4344	1377	2967
天津	14505	8200	6305	2767	798	1969
河北	247278	142233	105045	46262	15208	31054
山西	102276	58548	43728	16440	5461	10979
内蒙古	73185	44495	28690	20181	8079	12102
辽宁	130900	76625	54275	16957	5383	11574
吉林	76087	45266	30821	11453	4405	7048
黑龙江	96865	58431	38434	13143	5201	7942
上海	14457	7804	6653	5428	1688	3740
江苏	207192	113323	93869	57056	18023	39033
浙江	151040	87116	63924	47837	18166	29671
安徽	219903	125045	94858	82725	30813	51912
福建	107663	63129	44534	36273	12628	23645
江西	129619	74163	55456	28282	8605	19677
山东	360406	202921	157485	116514	41037	75477
河南	334466	190081	144385	82418	29804	52614
湖北	198238	111751	86487	53024	17081	35943
湖南	264335	150233	114102	48297	16251	32046
广东	194938	110839	84099	43448	12475	30973
广西	188929	112723	76206	39952	11747	28205
海南	22123	13207	8916	5729	1786	3943
重庆	130962	77803	53159	19415	6667	12748
四川	325301	191989	133312	92658	33762	58896
贵州	131259	77662	53597	53224	19887	33337
云南	195213	115371	79842	66208	26748	39460
西藏	10973	5819	5154	8081	3808	4273
陕西	103520	58929	44591	30226	11554	18672
甘肃	99695	55801	43894	43153	17675	25478
青海	15653	8858	6795	6992	2926	4066
宁夏	16797	9480	7317	6882	2826	4056
新疆	56800	33301	23499	11311	5173	6138

6-2c 续表 1 单位：人

地区	学前教育			小学		
	小计	男	女	小计	男	女
全国	**29502**	**13675**	**15827**	**2272198**	**1382590**	**889608**
北京	66	31	35	8154	4595	3559
天津	31	6	25	7965	4566	3399
河北	724	335	389	137327	78196	59131
山西	412	175	237	54434	29511	24923
内蒙古	116	54	62	37542	23886	13656
辽宁	245	99	146	77648	44222	33426
吉林	142	70	72	46398	27167	19231
黑龙江	280	131	149	59340	34795	24545
上海	95	45	50	6120	3849	2271
江苏	2313	942	1371	110771	64678	46093
浙江	1941	891	1050	82174	52876	29298
安徽	1659	781	878	101116	65181	35935
福建	975	444	531	53079	35345	17734
江西	908	415	493	74851	44148	30703
山东	1682	777	905	171476	105025	66451
河南	1922	928	994	168206	96780	71426
湖北	1829	838	991	106742	64730	42012
湖南	3545	1638	1907	160009	92510	67499
广东	1726	692	1034	105560	61944	43616
广西	1057	490	567	105685	65729	39956
海南	78	27	51	8985	5306	3679
重庆	794	396	398	93429	57110	36319
四川	4073	1971	2102	187491	123060	64431
贵州	513	260	253	59894	42511	17383
云南	874	457	417	104272	68325	35947
西藏	94	60	34	2399	1660	739
陕西	485	237	248	48747	28440	20307
甘肃	389	174	215	43960	27712	16248
青海	63	34	29	6772	4354	2418
宁夏	80	38	42	7367	4606	2761
新疆	391	239	152	34285	19773	14512

6-2c　续表 2　　单位：人

地区	初中			高中			大学专科		
	小计	男	女	小计	男	女	小计	男	女
全　国	**721027**	**565264**	**155763**	**84207**	**70874**	**13333**	**12080**	**9699**	**2381**
北　京	5302	3987	1315	871	647	224	187	145	42
天　津	3214	2418	796	439	344	95	62	48	14
河　北	55856	42718	13138	6276	5145	1131	631	494	137
山　西	27587	20621	6966	2928	2430	498	378	286	92
内蒙古	13069	10593	2476	1813	1532	281	362	277	85
辽　宁	33000	24444	8556	2453	2011	442	462	366	96
吉　林	16256	12154	4102	1497	1188	309	262	219	43
黑龙江	22007	16596	5411	1754	1439	315	271	215	56
上　海	2309	1811	498	365	298	67	85	69	16
江　苏	31852	25324	6528	4429	3748	681	588	474	114
浙　江	15660	12418	3242	2800	2288	512	471	370	101
安　徽	29568	24133	5435	3966	3420	546	643	546	97
福　建	14204	11964	2240	2498	2210	288	453	388	65
江　西	22136	18004	4132	2881	2527	354	412	350	62
山　东	62448	49155	13293	7123	6026	1097	876	695	181
河　南	73445	55536	17909	7471	6239	1232	779	622	157
湖　北	31957	25154	6803	4152	3533	619	378	296	82
湖　南	46384	34948	11436	5344	4327	1017	563	430	133
广　东	38744	31005	7739	4881	4276	605	441	345	96
广　西	37316	30467	6849	4284	3778	506	505	415	90
海　南	6196	5056	1140	983	897	86	117	110	7
重　庆	15652	12296	3356	1381	1124	257	204	149	55
四　川	37155	30022	7133	3233	2657	576	526	407	119
贵　州	15657	13338	2319	1512	1288	224	328	275	53
云　南	20485	17001	3484	2545	2186	359	623	510	113
西　藏	284	212	72	60	39	21	36	26	10
陕　西	21073	16188	4885	2551	2148	403	340	287	53
甘　肃	9844	8213	1631	1882	1657	225	353	288	65
青　海	1494	1268	226	224	193	31	80	63	17
宁　夏	2020	1644	376	331	276	55	85	62	23
新　疆	8853	6576	2277	1280	1003	277	579	472	107

6-2c 续表 3　　　　单位：人

地区	大学本科			硕士研究生			博士研究生		
	小计	男	女	小计	男	女	小计	男	女
全　国	**3680**	**2708**	**972**	**146**	**90**	**56**	**60**	**43**	**17**
北　京	77	56	21	1	1				
天　津	27	20	7						
河　北	185	131	54	13	4	9	4	2	2
山　西	94	63	31	2		2	1	1	
内蒙古	101	73	28	1	1				
辽　宁	131	99	32	2		2	2	1	1
吉　林	76	60	16	2	2		1	1	
黑龙江	64	49	15	4	3	1	2	2	
上　海	54	43	11	1	1				
江　苏	173	126	47	6	4	2	4	4	
浙　江	150	103	47	6	3	3	1	1	
安　徽	208	159	49	15	11	4	3	1	2
福　建	176	148	28	4	1	3	1	1	
江　西	142	109	33	5	4	1	2	1	1
山　东	256	188	68	20	11	9	11	7	4
河　南	203	156	47	14	12	2	8	4	4
湖　北	140	109	31	11	6	5	5	4	1
湖　南	184	122	62	6	4	2	3	3	
广　东	131	95	36	3	3		4	4	
广　西	128	95	33	1	1		1	1	
海　南	33	24	9	2	1	1			
重　庆	85	59	26	1	1		1	1	
四　川	159	106	53	6	4	2			
贵　州	131	103	28						
云　南	198	139	59	5	3	2	3	2	1
西　藏	19	14	5						
陕　西	95	74	21	1		1	2	1	1
甘　肃	110	78	32	4	4				
青　海	24	16	8	3	3		1	1	
宁　夏	31	28	3	1		1			
新　疆	95	63	32	6	2	4			

6-3　各地区分性别、婚姻状况的15岁及以上死亡人口
(2019.11.1-2020.10.31)

单位：人

地区	15岁及以上死亡人口			未婚		
	合计	男	女	小计	男	女
全　国	**7899988**	**4578216**	**3321772**	**354377**	**314616**	**39761**
北　京	100073	56412	43661	2279	1825	454
天　津	63975	36662	27313	1775	1424	351
河　北	419230	241754	177476	19270	18004	1266
山　西	164737	95424	69313	7412	6763	649
内蒙古	142929	86919	56010	6516	5996	520
辽　宁	325389	190739	134650	11399	9881	1518
吉　林	147622	87892	59730	5007	4432	575
黑龙江	215670	129523	86147	7109	6068	1041
上　海	128706	70255	58451	3269	2505	764
江　苏	511520	283487	228033	17084	15129	1955
浙　江	305261	175956	129305	11718	10374	1344
安　徽	358995	206038	152957	19699	18288	1411
福　建	210498	123258	87240	8345	7330	1015
江　西	229922	133431	96491	8665	7603	1062
山　东	630030	358168	271862	25522	23434	2088
河　南	526033	301529	224504	26757	24327	2430
湖　北	380091	217822	162269	14521	12810	1711
湖　南	489346	283948	205398	19355	16745	2610
广　东	453293	262086	191207	25090	21076	4014
广　西	289800	173711	116089	19810	18120	1690
海　南	34183	20361	13822	2400	2186	214
重　庆	224708	133965	90743	12253	11233	1020
四　川	520719	308840	211879	27820	25187	2633
贵　州	224313	133146	91167	11988	10746	1242
云　南	283870	167929	115941	15759	13756	2003
西　藏	11967	6349	5618	1788	1019	769
陕　西	183248	105004	78244	7935	7190	745
甘　肃	152585	86792	65793	6265	5485	780
青　海	27144	15680	11464	1642	1177	465
宁　夏	35610	20532	15078	1104	880	224
新　疆	108521	64604	43917	4821	3623	1198

6-3 续表

单位：人

地区	有配偶			离婚			丧偶		
	小计	男	女	小计	男	女	小计	男	女
全　国	**4327168**	**2953836**	**1373332**	**157189**	**125604**	**31585**	**3061254**	**1184160**	**1877094**
北　京	57966	38996	18970	2236	1589	647	37592	14002	23590
天　津	36435	24686	11749	1450	1075	375	24315	9477	14838
河　北	235345	156725	78620	6550	5601	949	158065	61424	96641
山　西	91857	63149	28708	2982	2584	398	62486	22928	39558
内蒙古	82058	57693	24365	3841	3213	628	50514	20017	30497
辽　宁	179603	121760	57843	11905	9210	2695	122482	49888	72594
吉　林	84239	56834	27405	5836	4730	1106	52540	21896	30644
黑龙江	117520	80179	37341	10175	7856	2319	80866	35420	45446
上　海	69924	48202	21722	2782	2034	748	52731	17514	35217
江　苏	274710	183887	90823	6150	4799	1351	213576	79672	133904
浙　江	165030	118362	46668	5346	4416	930	123167	42804	80363
安　徽	193306	129816	63490	5407	4459	948	140583	53475	87108
福　建	117699	85600	32099	3642	3003	639	80812	27325	53487
江　西	127175	89992	37183	3401	2815	586	90681	33021	57660
山　东	343709	228719	114990	7706	6412	1294	253093	99603	153490
河　南	290405	190043	100362	7300	5974	1326	201571	81185	120386
湖　北	210253	140942	69311	6446	5037	1409	148871	59033	89838
湖　南	247571	169878	77693	8741	6831	1910	213679	90494	123185
广　东	253054	178468	74586	7238	5490	1748	167911	57052	110859
广　西	158466	111578	46888	5509	4621	888	106015	39392	66623
海　南	19215	13794	5421	424	362	62	12144	4019	8125
重　庆	120928	83136	37792	6144	4874	1270	85383	34722	50661
四　川	281579	192783	88796	12090	9835	2255	199230	81035	118195
贵　州	122381	83684	38697	5936	4878	1058	84008	33838	50170
云　南	157603	108532	49071	6715	5554	1161	103793	40087	63706
西　藏	5873	3727	2146	231	93	138	4075	1510	2565
陕　西	102404	68277	34127	2681	2242	439	70228	27295	42933
甘　肃	83696	56162	27534	1905	1545	360	60719	23600	37119
青　海	14091	9728	4363	829	607	222	10582	4168	6414
宁　夏	20593	14149	6444	776	577	199	13137	4926	8211
新　疆	62480	44355	18125	4815	3288	1527	36405	13338	23067

6-3a 各地区分性别、婚姻状况的15岁及以上死亡人口 (2019.11.1-2020.10.31)(城市)

单位：人

地区	15岁及以上死亡人口			未婚		
	合计	男	女	小计	男	女
全国	**2064067**	**1202159**	**861908**	**56766**	**44461**	**12305**
北京	75369	42359	33010	1417	1033	384
天津	44872	25879	18993	990	711	279
河北	77366	44946	32420	1797	1520	277
山西	35550	20963	14587	779	627	152
内蒙古	38192	23108	15084	805	663	142
辽宁	158215	92429	65786	3892	2995	897
吉林	46855	27952	18903	1107	860	247
黑龙江	73713	43607	30106	1884	1445	439
上海	104145	56935	47210	2837	2156	681
江苏	166789	93596	73193	4086	3287	799
浙江	97092	55426	41666	3017	2380	637
安徽	54690	32111	22579	1524	1286	238
福建	49654	28932	20722	1515	1184	331
江西	43645	25727	17918	1313	1057	256
山东	139596	80650	58946	3297	2732	565
河南	81601	48089	33512	1790	1461	329
湖北	115106	67421	47685	2682	2066	616
湖南	90128	54253	35875	2423	1870	553
广东	173483	100595	72888	8072	5902	2170
广西	45158	27277	17881	1575	1174	401
海南	5864	3577	2287	218	168	50
重庆	56546	33584	22962	1739	1459	280
四川	104308	61927	42381	2899	2443	456
贵州	37347	22402	14945	1285	1033	252
云南	39600	23616	15984	1262	1006	256
西藏	501	280	221	65	36	29
陕西	35223	20397	14826	681	526	155
甘肃	24753	14719	10034	500	412	88
青海	6723	3988	2735	189	134	55
宁夏	11744	6967	4777	279	211	68
新疆	30239	18447	11792	847	624	223

6-3a 续表

单位：人

地区	有配偶			离婚			丧偶		
	小计	男	女	小计	男	女	小计	男	女
全国	**1195096**	**832805**	**362291**	**57786**	**42308**	**15478**	**754419**	**282585**	**471834**
北京	44584	29874	14710	1703	1176	527	27665	10276	17389
天津	25917	17912	8005	1161	843	318	16804	6413	10391
河北	45616	31432	14184	1425	1075	350	28528	10919	17609
山西	21402	15126	6276	763	598	165	12606	4612	7994
内蒙古	23178	16570	6608	1115	858	257	13094	5017	8077
辽宁	87661	60924	26737	7277	5366	1911	59385	23144	36241
吉林	27064	19080	7984	2380	1805	575	16304	6207	10097
黑龙江	37828	26405	11423	4683	3355	1328	29318	12402	16916
上海	56609	39086	17523	2399	1745	654	42300	13948	28352
江苏	94879	64399	30480	2722	1983	739	65102	23927	41175
浙江	55263	39512	15751	1717	1293	424	37095	12241	24854
安徽	32335	22751	9584	1283	952	331	19548	7122	12426
福建	29021	21233	7788	1009	724	285	18109	5791	12318
江西	25123	18039	7084	962	726	236	16247	5905	10342
山东	81601	55585	26016	2175	1642	533	52523	20691	31832
河南	48932	33696	15236	1798	1314	484	29081	11618	17463
湖北	68618	47063	21555	2924	2190	734	40882	16102	24780
湖南	47963	33739	14224	2872	2083	789	36870	16561	20309
广东	104422	72981	31441	3895	2670	1225	57094	19042	38052
广西	27368	19775	7593	1391	1000	391	14824	5328	9496
海南	3765	2736	1029	78	60	18	1803	613	1190
重庆	32574	23075	9499	2627	1969	658	19606	7081	12525
四川	61602	42865	18737	3238	2393	845	36569	14226	22343
贵州	21672	15538	6134	1712	1239	473	12678	4592	8086
云南	24558	17044	7514	1331	960	371	12449	4606	7843
西藏	293	191	102	12	2	10	131	51	80
陕西	21551	14786	6765	651	512	139	12340	4573	7767
甘肃	14642	10369	4273	562	417	145	9049	3521	5528
青海	3690	2624	1066	282	207	75	2562	1023	1539
宁夏	7000	5008	1992	348	253	95	4117	1495	2622
新疆	18365	13387	4978	1291	898	393	9736	3538	6198

6-3b　各地区分性别、婚姻状况的15岁及以上死亡人口 (2019.11.1-2020.10.31)(镇)

单位：人

地区	15岁及以上死亡人口			未婚		
	合计	男	女	小计	男	女
全国	**1617857**	**947313**	**670544**	**66699**	**58631**	**8068**
北京	5733	3229	2504	171	154	17
天津	4636	2607	2029	182	151	31
河北	95594	55208	40386	4040	3716	324
山西	27289	16131	11158	1021	919	102
内蒙古	31758	19434	12324	1217	1098	119
辽宁	36517	21841	14676	1189	1051	138
吉林	24861	14785	10076	747	641	106
黑龙江	45297	27610	17687	1339	1129	210
上海	10112	5521	4591	184	140	44
江苏	138095	76909	61186	4510	4008	502
浙江	57501	33638	23863	2037	1812	225
安徽	85481	49535	35946	4389	3992	397
福建	53708	31511	22197	1903	1647	256
江西	57586	34159	23427	2020	1757	263
山东	131227	75389	55838	5011	4571	440
河南	111774	64515	47259	5156	4562	594
湖北	67591	39158	28433	2317	1979	338
湖南	136227	80310	55917	4620	3854	766
广东	85815	51258	34557	4401	3752	649
广西	56948	34460	22488	3293	2965	328
海南	6318	3660	2658	380	349	31
重庆	37750	22914	14836	2061	1855	206
四川	92900	55995	36905	4917	4365	552
贵州	57189	33984	23205	2725	2420	305
云南	50694	29933	20761	2259	1882	377
西藏	845	439	406	112	70	42
陕西	44874	25906	18968	1994	1796	198
甘肃	28806	16669	12137	1080	918	162
青海	5024	2970	2054	243	180	63
宁夏	7283	4218	3065	237	188	49
新疆	22424	13417	9007	944	710	234

6-3b 续表 单位：人

地区	有配偶			离婚			丧偶		
	小计	男	女	小计	男	女	小计	男	女
全国	**893498**	**616321**	**277177**	**29575**	**23721**	**5854**	**628085**	**248640**	**379445**
北京	3172	2192	980	124	87	37	2266	796	1470
天津	2569	1689	880	64	50	14	1821	717	1104
河北	54607	36632	17975	1293	1097	196	35654	13763	21891
山西	16282	11349	4933	432	371	61	9554	3492	6062
内蒙古	18952	13427	5525	901	727	174	10688	4182	6506
辽宁	20414	13972	6442	1208	959	249	13706	5859	7847
吉林	14467	9839	4628	1000	790	210	8647	3515	5132
黑龙江	25723	17878	7845	2281	1798	483	15954	6805	9149
上海	5568	3831	1737	176	129	47	4184	1421	2763
江苏	73575	49371	24204	1478	1188	290	58532	22342	36190
浙江	31330	22476	8854	997	835	162	23137	8515	14622
安徽	46874	31943	14931	1253	1016	237	32965	12584	20381
福建	30525	22434	8091	831	686	145	20449	6744	13705
江西	32421	23224	9197	857	695	162	22288	8483	13805
山东	72353	48499	23854	1465	1210	255	52398	21109	31289
河南	61749	40876	20873	1473	1184	289	43396	17893	25503
湖北	37497	25463	12034	958	744	214	26819	10972	15847
湖南	67832	46971	20861	2265	1751	514	61510	27734	33776
广东	48066	34719	13347	925	753	172	32423	12034	20389
广西	32037	22957	9080	1014	865	149	20604	7673	12931
海南	3598	2513	1085	79	66	13	2261	732	1529
重庆	20609	14395	6214	963	754	209	14117	5910	8207
四川	50337	34892	15445	2494	1978	516	35152	14760	20392
贵州	31949	21978	9971	1429	1197	232	21086	8389	12697
云南	28933	20155	8778	1394	1114	280	18108	6782	11326
西藏	429	269	160	17	11	6	287	89	198
陕西	25181	16887	8294	618	513	105	17081	6710	10371
甘肃	16297	11233	5064	340	284	56	11089	4234	6855
青海	2717	1932	785	132	95	37	1932	763	1169
宁夏	4343	2985	1358	152	113	39	2551	932	1619
新疆	13092	9340	3752	962	661	301	7426	2706	4720

6-3c 各地区分性别、婚姻状况的15岁及以上死亡人口(2019.11.1-2020.10.31)(乡村)

单位：人

地区	15岁及以上死亡人口			未婚		
	合计	男	女	小计	男	女
全国	**4218064**	**2428744**	**1789320**	**230912**	**211524**	**19388**
北京	18971	10824	8147	691	638	53
天津	14467	8176	6291	603	562	41
河北	246270	141600	104670	13433	12768	665
山西	101898	58330	43568	5612	5217	395
内蒙古	72979	44377	28602	4494	4235	259
辽宁	130657	76469	54188	6318	5835	483
吉林	75906	45155	30751	3153	2931	222
黑龙江	96660	58306	38354	3886	3494	392
上海	14449	7799	6650	248	209	39
江苏	206636	112982	93654	8488	7834	654
浙江	150668	86892	63776	6664	6182	482
安徽	218824	124392	94432	13786	13010	776
福建	107136	62815	44321	4927	4499	428
江西	128691	73545	55146	5332	4789	543
山东	359207	202129	157078	17214	16131	1083
河南	332658	188925	143733	19811	18304	1507
湖北	197394	111243	86151	9522	8765	757
湖南	262991	149385	113606	12312	11021	1291
广东	193995	110233	83762	12617	11422	1195
广西	187694	111974	75720	14942	13981	961
海南	22001	13124	8877	1802	1669	133
重庆	130412	77467	52945	8453	7919	534
四川	323511	190918	132593	20004	18379	1625
贵州	129777	76760	53017	7978	7293	685
云南	193576	114380	79196	12238	10868	1370
西藏	10621	5630	4991	1611	913	698
陕西	103151	58701	44450	5260	4868	392
甘肃	99026	55404	43622	4685	4155	530
青海	15397	8722	6675	1210	863	347
宁夏	16583	9347	7236	588	481	107
新疆	55858	32740	23118	3030	2289	741

6-3c 续表

单位：人

地区	有配偶			离婚			丧偶		
	小计	男	女	小计	男	女	小计	男	女
全国	**2238574**	**1504710**	**733864**	**69828**	**59575**	**10253**	**1678750**	**652935**	**1025815**
北京	10210	6930	3280	409	326	83	7661	2930	4731
天津	7949	5085	2864	225	182	43	5690	2347	3343
河北	135122	88661	46461	3832	3429	403	93883	36742	57141
山西	54173	36674	17499	1787	1615	172	40326	14824	25502
内蒙古	39928	27696	12232	1825	1628	197	26732	10818	15914
辽宁	71528	46864	24664	3420	2885	535	49391	20885	28506
吉林	42708	27915	14793	2456	2135	321	27589	12174	15415
黑龙江	53969	35896	18073	3211	2703	508	35594	16213	19381
上海	7747	5285	2462	207	160	47	6247	2145	4102
江苏	106256	70117	36139	1950	1628	322	89942	33403	56539
浙江	78437	56374	22063	2632	2288	344	62935	22048	40887
安徽	114097	75122	38975	2871	2491	380	88070	33769	54301
福建	58153	41933	16220	1802	1593	209	42254	14790	27464
江西	69631	48729	20902	1582	1394	188	52146	18633	33513
山东	189755	124635	65120	4066	3560	506	148172	57803	90369
河南	179724	115471	64253	4029	3476	553	129094	51674	77420
湖北	104138	68416	35722	2564	2103	461	81170	31959	49211
湖南	131776	89168	42608	3604	2997	607	115299	46199	69100
广东	100566	70768	29798	2418	2067	351	78394	25976	52418
广西	99061	68846	30215	3104	2756	348	70587	26391	44196
海南	11852	8545	3307	267	236	31	8080	2674	5406
重庆	67745	45666	22079	2554	2151	403	51660	21731	29929
四川	169640	115026	54614	6358	5464	894	127509	52049	75460
贵州	68760	46168	22592	2795	2442	353	50244	20857	29387
云南	104112	71333	32779	3990	3480	510	73236	28699	44537
西藏	5151	3267	1884	202	80	122	3657	1370	2287
陕西	55672	36604	19068	1412	1217	195	40807	16012	24795
甘肃	52757	34560	18197	1003	844	159	40581	15845	24736
青海	7684	5172	2512	415	305	110	6088	2382	3706
宁夏	9250	6156	3094	276	211	65	6469	2499	3970
新疆	31023	21628	9395	2562	1729	833	19243	7094	12149

6-4　全国分年龄、性别的死亡人口状况
(2019.11.1-2020.10.31)

单位：人、‰

年　龄	平均人口			死亡人口			死亡率		
	合计	男	女	合计	男	女	合计	男	女
总　计	**1408350446**	**720881862**	**687468584**	**7965772**	**4617095**	**3348677**	**5.66**	**6.40**	**4.87**
0-4岁	**80113070**	**42163898**	**37949172**	**37629**	**21712**	**15917**	**0.47**	**0.51**	**0.42**
0	13629879	7164434	6465445	20822	11906	8916	1.53	1.66	1.38
1	14644039	7698582	6945457	5682	3251	2431	0.39	0.42	0.35
2	16630267	8734234	7896033	4383	2584	1799	0.26	0.30	0.23
3	19182135	10084828	9097307	3841	2249	1592	0.20	0.22	0.17
4	16026750	8481820	7544930	2901	1722	1179	0.18	0.20	0.16
5-9岁	**91228790**	**48588840**	**42639950**	**12629**	**7561**	**5068**	**0.14**	**0.16**	**0.12**
5	18446977	9793877	8653100	2874	1692	1182	0.16	0.17	0.14
6	17821500	9467763	8353737	2566	1513	1053	0.14	0.16	0.13
7	19169898	10207275	8962623	2554	1544	1010	0.13	0.15	0.11
8	18239913	9732482	8507431	2391	1416	975	0.13	0.15	0.11
9	17550502	9387443	8163059	2244	1396	848	0.13	0.15	0.10
10-14岁	**84373368**	**45140220**	**39233148**	**15526**	**9606**	**5920**	**0.18**	**0.21**	**0.15**
10	17632068	9434390	8197678	2515	1542	973	0.14	0.16	0.12
11	17389521	9296348	8093173	2652	1590	1062	0.15	0.17	0.13
12	17249919	9219112	8030807	2994	1780	1214	0.17	0.19	0.15
13	16468441	8812717	7655724	3554	2209	1345	0.22	0.25	0.18
14	15633419	8377653	7255766	3811	2485	1326	0.24	0.30	0.18
15-19岁	**72183066**	**38760979**	**33422087**	**20613**	**13974**	**6639**	**0.29**	**0.36**	**0.20**
15	15508355	8338564	7169791	4153	2779	1374	0.27	0.33	0.19
16	14000569	7554245	6446324	3927	2624	1303	0.28	0.35	0.20
17	14243352	7670727	6572625	4010	2728	1282	0.28	0.36	0.20
18	13944452	7478815	6465637	4282	2938	1344	0.31	0.39	0.21
19	14486338	7718628	6767710	4241	2905	1336	0.29	0.38	0.20
20-24岁	**76641203**	**40541059**	**36100144**	**25224**	**17680**	**7544**	**0.33**	**0.44**	**0.21**
20	14400615	7642046	6758569	4532	3177	1355	0.31	0.42	0.20
21	14687059	7785803	6901256	4673	3307	1366	0.32	0.42	0.20
22	15042526	7958002	7084524	4961	3421	1540	0.33	0.43	0.22
23	15713815	8298041	7415774	5256	3712	1544	0.33	0.45	0.21
24	16797188	8857167	7940021	5802	4063	1739	0.35	0.46	0.22
25-29岁	**95744867**	**50127527**	**45617340**	**37390**	**26820**	**10570**	**0.39**	**0.54**	**0.23**
25	16856809	8877552	7979257	6162	4384	1778	0.37	0.49	0.22
26	17272911	9060252	8212659	6474	4660	1814	0.37	0.51	0.22
27	18652195	9772606	8879589	7286	5202	2084	0.39	0.53	0.23
28	19735216	10326740	9408476	8051	5798	2253	0.41	0.56	0.24
29	23227736	12090377	11137359	9417	6776	2641	0.41	0.56	0.24

6-4 续表 1

单位：人、‰

年 龄	平均人口			死亡人口			死亡率		
	合计	男	女	合计	男	女	合计	男	女
30-34岁	**121554296**	**62465774**	**59088522**	**61721**	**44129**	**17592**	**0.51**	**0.71**	**0.30**
30	26223230	13532638	12690592	11587	8264	3323	0.44	0.61	0.26
31	24728518	12698739	12029779	11625	8266	3359	0.47	0.65	0.28
32	25491507	13083150	12408357	12541	9005	3536	0.49	0.69	0.28
33	24032294	12324372	11707922	13400	9574	3826	0.56	0.78	0.33
34	21078747	10826875	10251872	12568	9020	3548	0.60	0.83	0.35
35-39岁	**97475003**	**50138332**	**47336671**	**75743**	**55129**	**20614**	**0.78**	**1.10**	**0.44**
35	19532757	10058270	9474487	12615	9067	3548	0.65	0.90	0.37
36	19026132	9787116	9239016	13318	9644	3674	0.70	0.99	0.40
37	20215704	10424056	9791648	15585	11333	4252	0.77	1.09	0.43
38	21184257	10882507	10301750	17587	12888	4699	0.83	1.18	0.46
39	17516153	8986383	8529770	16638	12197	4441	0.95	1.36	0.52
40-44岁	**94527087**	**48412287**	**46114800**	**117774**	**85970**	**31804**	**1.25**	**1.78**	**0.69**
40	19033867	9785394	9248473	19080	14007	5073	1.00	1.43	0.55
41	18679056	9562146	9116910	21276	15547	5729	1.14	1.63	0.63
42	18041842	9227615	8814227	22392	16373	6019	1.24	1.77	0.68
43	18786442	9630365	9156077	25457	18604	6853	1.36	1.93	0.75
44	19985880	10206767	9779113	29569	21439	8130	1.48	2.10	0.83
45-49岁	**117255778**	**59684346**	**57571432**	**227493**	**161922**	**65571**	**1.94**	**2.71**	**1.14**
45	21048981	10715867	10333114	34294	24642	9652	1.63	2.30	0.93
46	22719468	11574841	11144627	39877	28604	11273	1.76	2.47	1.01
47	23963889	12217061	11746828	45797	32813	12984	1.91	2.69	1.11
48	24197577	12336912	11860665	49924	35265	14659	2.06	2.86	1.24
49	25325863	12839665	12486198	57601	40598	17003	2.27	3.16	1.36
50-54岁	**119820605**	**60425706**	**59394899**	**358779**	**250025**	**108754**	**2.99**	**4.14**	**1.83**
50	25054621	12640735	12413886	62749	44028	18721	2.50	3.48	1.51
51	26565632	13407946	13157686	70971	49513	21458	2.67	3.69	1.63
52	22707804	11413383	11294421	69809	48443	21366	3.07	4.24	1.89
53	21914071	11042195	10871876	72152	50234	21918	3.29	4.55	2.02
54	23578477	11921447	11657030	83098	57807	25291	3.52	4.85	2.17
55-59岁	**96381670**	**48310118**	**48071552**	**435151**	**303598**	**131553**	**4.51**	**6.28**	**2.74**
55	22867088	11499210	11367878	88514	61759	26755	3.87	5.37	2.35
56	24454888	12302287	12152601	103103	72041	31062	4.22	5.86	2.56
57	24416345	12335537	12080808	110096	77114	32982	4.51	6.25	2.73
58	13372820	6622624	6750196	71121	49347	21774	5.32	7.45	3.23
59	11270529	5550460	5720069	62317	43337	18980	5.53	7.81	3.32
60-64岁	**75325807**	**37880108**	**37445699**	**563353**	**387660**	**175693**	**7.48**	**10.23**	**4.69**
60	12673621	6396428	6277193	78766	55296	23470	6.21	8.64	3.74
61	13827826	7011013	6816813	93292	64977	28315	6.75	9.27	4.15
62	17053438	8637868	8415570	123048	85058	37990	7.22	9.85	4.51
63	16293105	8149717	8143388	131239	89782	41457	8.05	11.02	5.09
64	15477817	7685082	7792735	137008	92547	44461	8.85	12.04	5.71

6-4　续表 2

单位：人、‰

年　龄	平均人口			死亡人口			死亡率		
	合计	男	女	合计	男	女	合计	男	女
65-69岁	**72524232**	**35632705**	**36891527**	**849997**	**554957**	**295040**	**11.72**	**15.57**	**8.00**
65	16802044	8348019	8454025	159453	106711	52742	9.49	12.78	6.24
66	15620860	7688500	7932360	165930	109773	56157	10.62	14.28	7.08
67	14966943	7345121	7621822	174855	114246	60609	11.68	15.55	7.95
68	13252260	6455712	6796548	176874	113935	62939	13.35	17.65	9.26
69	11882125	5795353	6086772	172885	110292	62593	14.55	19.03	10.28
70-74岁	**47918876**	**23376167**	**24542709**	**970861**	**602909**	**367952**	**20.26**	**25.79**	**14.99**
70	11901096	5882201	6018895	192664	122842	69822	16.19	20.88	11.60
71	10109453	4942769	5166684	188914	119383	69531	18.69	24.15	13.46
72	9330892	4556548	4774344	191850	119383	72467	20.56	26.20	15.18
73	8745170	4248195	4496975	199329	122242	77087	22.79	28.78	17.14
74	7832265	3746454	4085811	198104	119059	79045	25.29	31.78	19.35
75-79岁	**30544257**	**14457188**	**16087069**	**1088174**	**631271**	**456903**	**35.63**	**43.66**	**28.40**
75	7032108	3370131	3661977	203146	120995	82151	28.89	35.90	22.43
76	6489823	3093620	3396203	205431	120988	84443	31.65	39.11	24.86
77	6006271	2845496	3160775	213115	124155	88960	35.48	43.63	28.14
78	5753958	2691521	3062437	228277	130785	97492	39.67	48.59	31.83
79	5262097	2456420	2805677	238205	134348	103857	45.27	54.69	37.02
80-84岁	**19981919**	**8939542**	**11042377**	**1256049**	**663470**	**592579**	**62.86**	**74.22**	**53.66**
80	4628334	2119412	2508922	234224	128843	105381	50.61	60.79	42.00
81	4364117	1983793	2380324	246624	133789	112835	56.51	67.44	47.40
82	4075444	1836385	2239059	261322	138870	122452	64.12	75.62	54.69
83	3634018	1600087	2033931	259104	134392	124712	71.30	83.99	61.32
84	3280006	1399865	1880141	254775	127576	127199	77.68	91.13	67.65
85-89岁	**10481122**	**4289001**	**6192121**	**1077086**	**501468**	**575618**	**102.76**	**116.92**	**92.96**
85	2823086	1174854	1648232	245846	119552	126294	87.08	101.76	76.62
86	2567949	1064904	1503045	242755	116017	126738	94.53	108.95	84.32
87	2030250	823931	1206319	220492	102163	118329	108.60	123.99	98.09
88	1658755	666860	991895	191141	85899	105242	115.23	128.81	106.10
89	1401082	558452	842630	176852	77837	99015	126.23	139.38	117.51
90-94岁	**3395486**	**1261378**	**2134108**	**548871**	**217924**	**330947**	**161.65**	**172.77**	**155.08**
90	1071492	413714	657778	154184	65077	89107	143.90	157.30	135.47
91	835038	311492	523546	130255	52619	77636	155.99	168.93	148.29
92	662260	243346	418914	111174	43710	67464	167.87	179.62	161.04
93	471661	169448	302213	85224	32094	53130	180.69	189.40	175.80
94	355035	123378	231657	68034	24424	43610	191.63	197.96	188.25
95-99岁	**761579**	**250566**	**511013**	**157606**	**51882**	**105724**	**206.95**	**207.06**	**206.89**
95	267565	90631	176934	53653	18981	34672	200.52	209.43	195.96
96	195473	63614	131859	40409	13322	27087	206.72	209.42	205.42
97	130239	42163	88076	27669	8659	19010	212.45	205.37	215.84
98	96103	31206	64897	20857	6368	14489	217.03	204.06	223.26
99	72199	22952	49247	15018	4552	10466	208.01	198.33	212.52
100岁及以上	**118365**	**36121**	**82244**	**28103**	**7428**	**20675**	**237.43**	**205.64**	**251.39**

6-4a 全国分年龄、性别的死亡人口状况
(2019.11.1-2020.10.31)(城市)

单位：人、‰

年 龄	平均人口			死亡人口			死亡率		
	合计	男	女	合计	男	女	合计	男	女
总 计	**574242481**	**291362531**	**282879950**	**2076658**	**1209317**	**867341**	**3.62**	**4.15**	**3.07**
0-4岁	**31425046**	**16523132**	**14901914**	**7738**	**4334**	**3404**	**0.25**	**0.26**	**0.23**
0	5391378	2829014	2562364	4781	2672	2109	0.89	0.94	0.82
1	5769430	3030464	2738966	987	528	459	0.17	0.17	0.17
2	6560723	3440367	3120356	733	422	311	0.11	0.12	0.10
3	7766943	4081326	3685617	761	425	336	0.10	0.10	0.09
4	5936572	3141961	2794611	476	287	189	0.08	0.09	0.07
5-9岁	**32344139**	**17236543**	**15107596**	**2196**	**1261**	**935**	**0.07**	**0.07**	**0.06**
5	6917469	3671293	3246176	532	298	234	0.08	0.08	0.07
6	6468292	3438183	3030109	394	225	169	0.06	0.07	0.06
7	6884288	3669856	3214432	457	270	187	0.07	0.07	0.06
8	6246703	3334382	2912321	457	268	189	0.07	0.08	0.06
9	5827387	3122829	2704558	356	200	156	0.06	0.06	0.06
10-14岁	**27234848**	**14543823**	**12691025**	**2657**	**1563**	**1094**	**0.10**	**0.11**	**0.09**
10	5644562	3024546	2620016	407	234	173	0.07	0.08	0.07
11	5550544	2968967	2581577	451	276	175	0.08	0.09	0.07
12	5623509	2999577	2623932	554	308	246	0.10	0.10	0.09
13	5140918	2745372	2395546	592	345	247	0.12	0.13	0.10
14	5275315	2805361	2469954	653	400	253	0.12	0.14	0.10
15-19岁	**33870744**	**17834435**	**16036309**	**3698**	**2383**	**1315**	**0.11**	**0.13**	**0.08**
15	6374688	3395744	2978944	710	463	247	0.11	0.14	0.08
16	6055583	3241468	2814115	700	432	268	0.12	0.13	0.10
17	6566476	3485368	3081108	705	451	254	0.11	0.13	0.08
18	7001064	3653722	3347342	786	513	273	0.11	0.14	0.08
19	7872933	4058133	3814800	797	524	273	0.10	0.13	0.07
20-24岁	**38612173**	**19973009**	**18639164**	**4869**	**3270**	**1599**	**0.13**	**0.16**	**0.09**
20	7752303	3988720	3763583	876	585	291	0.11	0.15	0.08
21	7536485	3898963	3637522	925	627	298	0.12	0.16	0.08
22	7423302	3850250	3573052	922	615	307	0.12	0.16	0.09
23	7703722	3991800	3711922	973	658	315	0.13	0.16	0.08
24	8196361	4243276	3953085	1173	785	388	0.14	0.18	0.10
25-29岁	**46167982**	**23817185**	**22350797**	**7413**	**5135**	**2278**	**0.16**	**0.22**	**0.10**
25	8269909	4279498	3990411	1210	841	369	0.15	0.20	0.09
26	8428170	4348605	4079565	1264	880	384	0.15	0.20	0.09
27	8993223	4642378	4350845	1470	1019	451	0.16	0.22	0.10
28	9436490	4873673	4562817	1580	1087	493	0.17	0.22	0.11
29	11040190	5673031	5367159	1889	1308	581	0.17	0.23	0.11

6-4a　续表 1　　　　单位：人、‰

年　龄	平均人口			死亡人口			死亡率		
	合计	男	女	合计	男	女	合计	男	女
30-34岁	**58941559**	**29907836**	**29033723**	**13011**	**8769**	**4242**	**0.22**	**0.29**	**0.15**
30	12484451	6367993	6116458	2223	1500	723	0.18	0.24	0.12
31	11968526	6074329	5894197	2423	1643	780	0.20	0.27	0.13
32	12404296	6287937	6116359	2677	1818	859	0.22	0.29	0.14
33	11808322	5971736	5836586	2887	1934	953	0.24	0.32	0.16
34	10275964	5205841	5070123	2801	1874	927	0.27	0.36	0.18
35-39岁	**47180443**	**23960777**	**23219666**	**17816**	**12296**	**5520**	**0.38**	**0.51**	**0.24**
35	9430743	4796144	4634599	2773	1883	890	0.29	0.39	0.19
36	9285326	4719611	4565715	3072	2131	941	0.33	0.45	0.21
37	9986287	5076235	4910052	3760	2548	1212	0.38	0.50	0.25
38	10302561	5219487	5083074	4309	3026	1283	0.42	0.58	0.25
39	8175526	4149300	4026226	3902	2708	1194	0.48	0.65	0.30
40-44岁	**42606327**	**21613363**	**20992964**	**27594**	**19498**	**8096**	**0.65**	**0.90**	**0.39**
40	8880675	4518736	4361939	4466	3157	1309	0.50	0.70	0.30
41	8621822	4369074	4252748	5062	3589	1473	0.59	0.82	0.35
42	8158812	4129906	4028906	5319	3744	1575	0.65	0.91	0.39
43	8275400	4204087	4071313	5886	4164	1722	0.71	0.99	0.42
44	8669618	4391560	4278058	6861	4844	2017	0.79	1.10	0.47
45-49岁	**47800933**	**24249119**	**23551814**	**53292**	**37254**	**16038**	**1.11**	**1.54**	**0.68**
45	8883464	4496751	4386713	7844	5436	2408	0.88	1.21	0.55
46	9420797	4777863	4642934	9234	6459	2775	0.98	1.35	0.60
47	9799672	4985721	4813951	10766	7602	3164	1.10	1.52	0.66
48	9726961	4945998	4780963	11863	8237	3626	1.22	1.67	0.76
49	9970039	5042786	4927253	13585	9520	4065	1.36	1.89	0.83
50-54岁	**43993497**	**22100970**	**21892527**	**81386**	**56773**	**24613**	**1.85**	**2.57**	**1.12**
50	9624247	4848761	4775486	14720	10224	4496	1.53	2.11	0.94
51	10034282	5049253	4985029	16739	11627	5112	1.67	2.30	1.03
52	8233950	4128209	4105741	15531	10807	4724	1.89	2.62	1.15
53	7684017	3850828	3833189	15604	10906	4698	2.03	2.83	1.23
54	8417001	4223919	4193082	18792	13209	5583	2.23	3.13	1.33
55-59岁	**36239921**	**18009064**	**18230857**	**113932**	**81694**	**32238**	**3.14**	**4.54**	**1.77**
55	8393997	4201316	4192681	21747	15514	6233	2.59	3.69	1.49
56	9381160	4677050	4704110	27049	19284	7765	2.88	4.12	1.65
57	9117585	4548306	4569279	29002	20851	8151	3.18	4.58	1.78
58	4867513	2393018	2474495	18098	13065	5033	3.72	5.46	2.03
59	4479666	2189374	2290292	18036	12980	5056	4.03	5.93	2.21
60-64岁	**27819937**	**13662863**	**14157074**	**149839**	**105750**	**44089**	**5.39**	**7.74**	**3.11**
60	5006843	2481053	2525790	22329	16032	6297	4.46	6.46	2.49
61	5229683	2595669	2634014	25804	18419	7385	4.93	7.10	2.80
62	6287819	3098858	3188961	32778	23147	9631	5.21	7.47	3.02
63	5811937	2829617	2982320	33895	23861	10034	5.83	8.43	3.36
64	5483655	2657666	2825989	35033	24291	10742	6.39	9.14	3.80

6-4a 续表 2 单位：人、‰

年 龄	平均人口			死亡人口			死亡率		
	合计	男	女	合计	男	女	合计	男	女
65-69岁	**24035948**	**11494527**	**12541421**	**209066**	**139653**	**69413**	**8.70**	**12.15**	**5.53**
65	5806884	2805037	3001847	40122	27426	12696	6.91	9.78	4.23
66	5272521	2522740	2749781	41537	28081	13456	7.88	11.13	4.89
67	4853448	2311293	2542155	42101	28179	13922	8.67	12.19	5.48
68	4275539	2028932	2246607	42958	28206	14752	10.05	13.90	6.57
69	3827556	1826525	2001031	42348	27761	14587	11.06	15.20	7.29
70-74岁	**14869070**	**7065188**	**7803882**	**230786**	**146281**	**84505**	**15.52**	**20.70**	**10.83**
70	3783023	1818621	1964402	46492	30309	16183	12.29	16.67	8.24
71	3124600	1477958	1646642	44637	28586	16051	14.29	19.34	9.75
72	2881060	1367615	1513445	45506	28754	16752	15.79	21.02	11.07
73	2704645	1286090	1418555	47566	29907	17659	17.59	23.25	12.45
74	2375742	1114904	1260838	46585	28725	17860	19.61	25.76	14.17
75-79岁	**9416998**	**4318405**	**5098593**	**263633**	**154010**	**109623**	**28.00**	**35.66**	**21.50**
75	2115729	982815	1132914	47688	28775	18913	22.54	29.28	16.69
76	1949975	899217	1050758	48061	28632	19429	24.65	31.84	18.49
77	1860605	851688	1008917	51435	30151	21284	27.64	35.40	21.10
78	1803029	815323	987706	56118	32204	23914	31.12	39.50	24.21
79	1687660	769362	918298	60331	34248	26083	35.75	44.51	28.40
80-84岁	**6669536**	**2947421**	**3722115**	**342811**	**181574**	**161237**	**51.40**	**61.60**	**43.32**
80	1535828	684497	851331	62465	34252	28213	40.67	50.04	33.14
81	1449557	642623	806934	65897	35474	30423	45.46	55.20	37.70
82	1353463	603412	750051	70871	37910	32961	52.36	62.83	43.95
83	1217539	538276	679263	71565	37451	34114	58.78	69.58	50.22
84	1113149	478613	634536	72013	36487	35526	64.69	76.23	55.99
85-89岁	**3548820**	**1518840**	**2029980**	**316334**	**153507**	**162827**	**89.14**	**101.07**	**80.21**
85	959914	406510	553404	71162	35144	36018	74.13	86.45	65.08
86	865210	370834	494376	70620	34731	35889	81.62	93.66	72.59
87	689628	293795	395833	64951	31291	33660	94.18	106.51	85.04
88	561018	242240	318778	56811	27189	29622	101.26	112.24	92.92
89	473050	205461	267589	52790	25152	27638	111.59	122.42	103.29
90-94岁	**1163172**	**475875**	**687297**	**169769**	**73251**	**96518**	**145.95**	**153.93**	**140.43**
90	370546	156697	213849	47208	21547	25661	127.40	137.51	120.00
91	285560	116855	168705	40161	17553	22608	140.64	150.21	134.01
92	225274	91254	134020	34554	14823	19731	153.39	162.44	147.22
93	160201	63743	96458	26510	10851	15659	165.48	170.23	162.34
94	121591	47326	74265	21336	8477	12859	175.47	179.12	173.15
95-99岁	**259003**	**95133**	**163870**	**49437**	**18238**	**31199**	**190.87**	**191.71**	**190.39**
95	91027	34519	56508	16879	6759	10120	185.43	195.81	179.09
96	66124	23974	42150	12678	4643	8035	191.73	193.67	190.63
97	44679	16202	28477	8620	3056	5564	192.93	188.62	195.39
98	32886	11888	20998	6643	2221	4422	202.00	186.83	210.59
99	24287	8550	15737	4617	1559	3058	190.10	182.34	194.32
100岁及以上	**42385**	**15023**	**27362**	**9381**	**2823**	**6558**	**221.33**	**187.91**	**239.68**

6-4b　全国分年龄、性别的死亡人口状况
(2019.11.1-2020.10.31)(镇)

单位：人、‰

年　龄	平均人口			死亡人口			死亡率		
	合计	男	女	合计	男	女	合计	男	女
总　计	**324400499**	**164856843**	**159543656**	**1631378**	**955250**	**676128**	**5.03**	**5.79**	**4.24**
0-4岁	**19953398**	**10527797**	**9425601**	**7612**	**4374**	**3238**	**0.38**	**0.42**	**0.34**
0	3271751	1724193	1547558	4142	2363	1779	1.27	1.37	1.15
1	3614041	1903438	1710603	1145	670	475	0.32	0.35	0.28
2	4166915	2194140	1972775	943	543	400	0.23	0.25	0.20
3	4849167	2554044	2295123	805	473	332	0.17	0.19	0.14
4	4051524	2151982	1899542	577	325	252	0.14	0.15	0.13
5-9岁	**23607898**	**12627741**	**10980157**	**2576**	**1524**	**1052**	**0.11**	**0.12**	**0.10**
5	4676475	2491950	2184525	582	333	249	0.12	0.13	0.11
6	4597178	2453201	2143977	527	315	212	0.11	0.13	0.10
7	4965046	2654612	2310434	516	299	217	0.10	0.11	0.09
8	4761937	2552832	2209105	489	287	202	0.10	0.11	0.09
9	4607262	2475146	2132116	462	290	172	0.10	0.12	0.08
10-14岁	**22386801**	**11982184**	**10404617**	**3333**	**2039**	**1294**	**0.15**	**0.17**	**0.12**
10	4638965	2493613	2145352	550	331	219	0.12	0.13	0.10
11	4560798	2446140	2114658	554	339	215	0.12	0.14	0.10
12	4486028	2401911	2084117	654	374	280	0.15	0.16	0.13
13	4329291	2316340	2012951	813	504	309	0.19	0.22	0.15
14	4371719	2324180	2047539	762	491	271	0.17	0.21	0.13
15-19岁	**19727958**	**10511305**	**9216653**	**4478**	**3032**	**1446**	**0.23**	**0.29**	**0.16**
15	4828038	2556795	2271243	877	579	298	0.18	0.23	0.13
16	4596396	2425794	2170602	816	549	267	0.18	0.23	0.12
17	4120327	2191408	1928919	935	634	301	0.23	0.29	0.16
18	3226189	1741648	1484541	930	649	281	0.29	0.37	0.19
19	2957008	1595660	1361348	920	621	299	0.31	0.39	0.22
20-24岁	**15603200**	**8223889**	**7379311**	**5174**	**3615**	**1559**	**0.33**	**0.44**	**0.21**
20	2861506	1536365	1325141	918	649	269	0.32	0.42	0.20
21	2961345	1575869	1385476	994	700	294	0.34	0.44	0.21
22	3078057	1621120	1456937	1035	711	324	0.34	0.44	0.22
23	3219042	1682502	1536540	1076	758	318	0.33	0.45	0.21
24	3483250	1808033	1675217	1151	797	354	0.33	0.44	0.21
25-29岁	**21209614**	**10797368**	**10412246**	**7868**	**5617**	**2251**	**0.37**	**0.52**	**0.22**
25	3553362	1835514	1717848	1278	911	367	0.36	0.50	0.21
26	3718293	1904023	1814270	1332	933	399	0.36	0.49	0.22
27	4109443	2092746	2016697	1538	1097	441	0.37	0.52	0.22
28	4448905	2256524	2192381	1707	1231	476	0.38	0.55	0.22
29	5379611	2708561	2671050	2013	1445	568	0.37	0.53	0.21

6-4b 续表 1

单位：人、‰

年 龄	平均人口			死亡人口			死亡率		
	合计	男	女	合计	男	女	合计	男	女
30-34岁	**28328213**	**14112683**	**14215530**	**13287**	**9589**	**3698**	**0.47**	**0.68**	**0.26**
30	6121434	3051442	3069992	2556	1830	726	0.42	0.60	0.24
31	5773049	2870444	2902605	2415	1757	658	0.42	0.61	0.23
32	5953223	2959535	2993688	2722	1981	741	0.46	0.67	0.25
33	5565615	2773072	2792543	2895	2056	839	0.52	0.74	0.30
34	4914892	2458190	2456702	2699	1965	734	0.55	0.80	0.30
35-39岁	**22761224**	**11417590**	**11343634**	**16053**	**11810**	**4243**	**0.71**	**1.03**	**0.37**
35	4583474	2300629	2282845	2698	1947	751	0.59	0.85	0.33
36	4434090	2223771	2210319	2844	2070	774	0.64	0.93	0.35
37	4664002	2348382	2315620	3351	2514	837	0.72	1.07	0.36
38	4923858	2466952	2456906	3645	2685	960	0.74	1.09	0.39
39	4155800	2077856	2077944	3515	2594	921	0.85	1.25	0.44
40-44岁	**22581465**	**11357649**	**11223816**	**25112**	**18339**	**6773**	**1.11**	**1.61**	**0.60**
40	4514182	2268257	2245925	4073	2989	1084	0.90	1.32	0.48
41	4456620	2234988	2221632	4515	3328	1187	1.01	1.49	0.53
42	4312491	2166567	2145924	4752	3474	1278	1.10	1.60	0.60
43	4524434	2283375	2241059	5490	4008	1482	1.21	1.76	0.66
44	4773738	2404462	2369276	6282	4540	1742	1.32	1.89	0.74
45-49岁	**27405941**	**13810987**	**13594954**	**48575**	**34604**	**13971**	**1.77**	**2.51**	**1.03**
45	5010786	2517669	2493117	7343	5265	2078	1.47	2.09	0.83
46	5353366	2694149	2659217	8462	6074	2388	1.58	2.25	0.90
47	5608275	2827643	2780632	9858	7020	2838	1.76	2.48	1.02
48	5597460	2829400	2768060	10542	7506	3036	1.88	2.65	1.10
49	5836054	2942126	2893928	12370	8739	3631	2.12	2.97	1.25
50-54岁	**27317123**	**13707194**	**13609929**	**76378**	**53398**	**22980**	**2.80**	**3.90**	**1.69**
50	5762222	2892443	2869779	13531	9559	3972	2.35	3.30	1.38
51	6069871	3050336	3019535	15070	10582	4488	2.48	3.47	1.49
52	5167180	2585024	2582156	14781	10306	4475	2.86	3.99	1.73
53	5000148	2506145	2494003	15287	10596	4691	3.06	4.23	1.88
54	5317702	2673246	2644456	17709	12355	5354	3.33	4.62	2.02
55-59岁	**20841794**	**10392625**	**10449169**	**90058**	**62675**	**27383**	**4.32**	**6.03**	**2.62**
55	5080528	2541507	2539021	18560	12965	5595	3.65	5.10	2.20
56	5302122	2653678	2648444	21266	14852	6414	4.01	5.60	2.42
57	5302230	2665188	2637042	23316	16308	7008	4.40	6.12	2.66
58	2873729	1412926	1460803	14630	10068	4562	5.09	7.13	3.12
59	2283185	1119326	1163859	12286	8482	3804	5.38	7.58	3.27
60-64岁	**15331680**	**7668098**	**7663582**	**114268**	**78400**	**35868**	**7.45**	**10.22**	**4.68**
60	2559690	1287377	1272313	15691	11058	4633	6.13	8.59	3.64
61	2824471	1427612	1396859	18734	12982	5752	6.63	9.09	4.12
62	3479632	1754400	1725232	25059	17302	7757	7.20	9.86	4.50
63	3335981	1656821	1679160	26803	18282	8521	8.03	11.03	5.07
64	3131906	1541888	1590018	27981	18776	9205	8.93	12.18	5.79

6-4b　续表 2

单位：人、‰

年　龄	平均人口			死亡人口			死亡率		
	合计	男	女	合计	男	女	合计	男	女
65-69岁	**14651327**	**7156440**	**7494887**	**175223**	**115116**	**60107**	**11.96**	**16.09**	**8.02**
65	3410542	1682438	1728104	32923	22117	10806	9.65	13.15	6.25
66	3156234	1542863	1613371	33896	22543	11353	10.74	14.61	7.04
67	3034334	1481796	1552538	36352	23975	12377	11.98	16.18	7.97
68	2664063	1291043	1373020	36495	23575	12920	13.70	18.26	9.41
69	2386154	1158300	1227854	35557	22906	12651	14.90	19.78	10.30
70-74岁	**9661370**	**4699515**	**4961855**	**201755**	**126207**	**75548**	**20.88**	**26.86**	**15.23**
70	2394089	1178644	1215445	39931	25629	14302	16.68	21.74	11.77
71	2043076	994593	1048483	39201	24934	14267	19.19	25.07	13.61
72	1875269	913326	961943	39825	25047	14778	21.24	27.42	15.36
73	1761582	854354	907228	41605	25752	15853	23.62	30.14	17.47
74	1587354	758598	828756	41193	24845	16348	25.95	32.75	19.73
75-79岁	**6185566**	**2935594**	**3249972**	**226652**	**133689**	**92963**	**36.64**	**45.54**	**28.60**
75	1427311	685538	741773	42360	25692	16568	29.68	37.48	22.47
76	1309108	624521	684587	42802	25598	17204	32.70	40.99	25.13
77	1217973	578705	639268	44673	26532	18141	36.68	45.85	28.38
78	1165952	547315	618637	47566	27710	19856	40.80	50.63	32.10
79	1065222	499515	565707	49251	28157	21094	46.24	56.37	37.29
80-84岁	**3960707**	**1780220**	**2180487**	**255209**	**136917**	**118292**	**64.44**	**76.91**	**54.25**
80	922787	425684	497103	48021	26941	21080	52.04	63.29	42.41
81	869320	397672	471648	50399	27874	22525	57.98	70.09	47.76
82	809196	366048	443148	53244	28768	24476	65.80	78.59	55.23
83	719022	317438	401584	52059	27295	24764	72.40	85.99	61.67
84	640382	273378	367004	51486	26039	25447	80.40	95.25	69.34
85-89岁	**2045657**	**841021**	**1204636**	**213670**	**100190**	**113480**	**104.45**	**119.13**	**94.20**
85	549482	228498	320984	48984	24101	24883	89.15	105.48	77.52
86	503686	210018	293668	48467	23433	25034	96.22	111.58	85.25
87	393952	160742	233210	43241	20149	23092	109.76	125.35	99.02
88	323184	130853	192331	37665	16960	20705	116.54	129.61	107.65
89	275353	110910	164443	35313	15547	19766	128.25	140.18	120.20
90-94岁	**663345**	**249067**	**414278**	**107827**	**42747**	**65080**	**162.55**	**171.63**	**157.09**
90	208282	81010	127272	30349	12800	17549	145.71	158.01	137.89
91	163041	61511	101530	25653	10310	15343	157.34	167.61	151.12
92	129760	48067	81693	21936	8639	13297	169.05	179.73	162.77
93	92522	33968	58554	16609	6289	10320	179.51	185.14	176.25
94	69740	24511	45229	13280	4709	8571	190.42	192.12	189.50
95-99岁	**152978**	**50848**	**102130**	**30711**	**9924**	**20787**	**200.75**	**195.17**	**203.53**
95	53138	18162	34976	10426	3632	6794	196.21	199.98	194.25
96	39141	12847	26294	7988	2549	5439	204.08	198.41	206.85
97	26059	8422	17637	5311	1641	3670	203.81	194.85	208.09
98	19331	6426	12905	4058	1220	2838	209.92	189.85	219.91
99	15309	4991	10318	2928	882	2046	191.26	176.72	198.29
100岁及以上	**23240**	**7028**	**16212**	**5559**	**1444**	**4115**	**239.20**	**205.46**	**253.82**

6-4c 全国分年龄、性别的死亡人口状况
(2019.11.1-2020.10.31)(乡村)

单位：人、‰

年龄	平均人口			死亡人口			死亡率		
	合计	男	女	合计	男	女	合计	男	女
总　计	**509707466**	**264662488**	**245044978**	**4257736**	**2452528**	**1805208**	**8.35**	**9.27**	**7.37**
0-4岁	**28734626**	**15112969**	**13621657**	**22279**	**13004**	**9275**	**0.78**	**0.86**	**0.68**
0	4966750	2611227	2355523	11899	6871	5028	2.40	2.63	2.13
1	5260568	2764680	2495888	3550	2053	1497	0.67	0.74	0.60
2	5902629	3099727	2802902	2707	1619	1088	0.46	0.52	0.39
3	6566025	3449458	3116567	2275	1351	924	0.35	0.39	0.30
4	6038654	3187877	2850777	1848	1110	738	0.31	0.35	0.26
5-9岁	**35276753**	**18724556**	**16552197**	**7857**	**4776**	**3081**	**0.22**	**0.26**	**0.19**
5	6853033	3630634	3222399	1760	1061	699	0.26	0.29	0.22
6	6756030	3576379	3179651	1645	973	672	0.24	0.27	0.21
7	7320564	3882807	3437757	1581	975	606	0.22	0.25	0.18
8	7231273	3845268	3386005	1445	861	584	0.20	0.22	0.17
9	7115853	3789468	3326385	1426	906	520	0.20	0.24	0.16
10-14岁	**34751719**	**18614213**	**16137506**	**9536**	**6004**	**3532**	**0.27**	**0.32**	**0.22**
10	7348541	3916231	3432310	1558	977	581	0.21	0.25	0.17
11	7278179	3881241	3396938	1647	975	672	0.23	0.25	0.20
12	7140382	3817624	3322758	1786	1098	688	0.25	0.29	0.21
13	6998232	3751005	3247227	2149	1360	789	0.31	0.36	0.24
14	5986385	3248112	2738273	2396	1594	802	0.40	0.49	0.29
15-19岁	**18584364**	**10415239**	**8169125**	**12437**	**8559**	**3878**	**0.67**	**0.82**	**0.47**
15	4305629	2386025	1919604	2566	1737	829	0.60	0.73	0.43
16	3348590	1886983	1461607	2411	1643	768	0.72	0.87	0.53
17	3556549	1993951	1562598	2370	1643	727	0.67	0.82	0.47
18	3717199	2083445	1633754	2566	1776	790	0.69	0.85	0.48
19	3656397	2064835	1591562	2524	1760	764	0.69	0.85	0.48
20-24岁	**22425830**	**12344161**	**10081669**	**15181**	**10795**	**4386**	**0.68**	**0.87**	**0.44**
20	3786806	2116961	1669845	2738	1943	795	0.72	0.92	0.48
21	4189229	2310971	1878258	2754	1980	774	0.66	0.86	0.41
22	4541167	2486632	2054535	3004	2095	909	0.66	0.84	0.44
23	4791051	2623739	2167312	3207	2296	911	0.67	0.88	0.42
24	5117577	2805858	2311719	3478	2481	997	0.68	0.88	0.43
25-29岁	**28367271**	**15512974**	**12854297**	**22109**	**16068**	**6041**	**0.78**	**1.04**	**0.47**
25	5033538	2762540	2270998	3674	2632	1042	0.73	0.95	0.46
26	5126448	2807624	2318824	3878	2847	1031	0.76	1.01	0.44
27	5549529	3037482	2512047	4278	3086	1192	0.77	1.02	0.47
28	5849821	3196543	2653278	4764	3480	1284	0.81	1.09	0.48
29	6807935	3708785	3099150	5515	4023	1492	0.81	1.08	0.48

6-4c　续表 1

单位：人、‰

年　龄	平均人口			死亡人口			死亡率		
	合计	男	女	合计	男	女	合计	男	女
30-34岁	**34284524**	**18445255**	**15839269**	**35423**	**25771**	**9652**	**1.03**	**1.40**	**0.61**
30	7617345	4113203	3504142	6808	4934	1874	0.89	1.20	0.53
31	6986943	3753966	3232977	6787	4866	1921	0.97	1.30	0.59
32	7133988	3835678	3298310	7142	5206	1936	1.00	1.36	0.59
33	6658357	3579564	3078793	7618	5584	2034	1.14	1.56	0.66
34	5887891	3162844	2725047	7068	5181	1887	1.20	1.64	0.69
35-39岁	**27533336**	**14759965**	**12773371**	**41874**	**31023**	**10851**	**1.52**	**2.10**	**0.85**
35	5518540	2961497	2557043	7144	5237	1907	1.29	1.77	0.75
36	5306716	2843734	2462982	7402	5443	1959	1.39	1.91	0.80
37	5565415	2999439	2565976	8474	6271	2203	1.52	2.09	0.86
38	5957838	3196068	2761770	9633	7177	2456	1.62	2.25	0.89
39	5184827	2759227	2425600	9221	6895	2326	1.78	2.50	0.96
40-44岁	**29339295**	**15441275**	**13898020**	**65068**	**48133**	**16935**	**2.22**	**3.12**	**1.22**
40	5639010	2998401	2640609	10541	7861	2680	1.87	2.62	1.01
41	5600614	2958084	2642530	11699	8630	3069	2.09	2.92	1.16
42	5570539	2931142	2639397	12321	9155	3166	2.21	3.12	1.20
43	5986608	3142903	2843705	14081	10432	3649	2.35	3.32	1.28
44	6542524	3410745	3131779	16426	12055	4371	2.51	3.53	1.40
45-49岁	**42048904**	**21624240**	**20424664**	**125626**	**90064**	**35562**	**2.99**	**4.16**	**1.74**
45	7154731	3701447	3453284	19107	13941	5166	2.67	3.77	1.50
46	7945305	4102829	3842476	22181	16071	6110	2.79	3.92	1.59
47	8555942	4403697	4152245	25173	18191	6982	2.94	4.13	1.68
48	8873156	4561514	4311642	27519	19522	7997	3.10	4.28	1.85
49	9519770	4854753	4665017	31646	22339	9307	3.32	4.60	2.00
50-54岁	**48509985**	**24617542**	**23892443**	**201015**	**139854**	**61161**	**4.14**	**5.68**	**2.56**
50	9668152	4899531	4768621	34498	24245	10253	3.57	4.95	2.15
51	10461479	5308357	5153122	39162	27304	11858	3.74	5.14	2.30
52	9306674	4700150	4606524	39497	27330	12167	4.24	5.81	2.64
53	9229906	4685222	4544684	41261	28732	12529	4.47	6.13	2.76
54	9843774	5024282	4819492	46597	32243	14354	4.73	6.42	2.98
55-59岁	**39299955**	**19908429**	**19391526**	**231161**	**159229**	**71932**	**5.88**	**8.00**	**3.71**
55	9392563	4756387	4636176	48207	33280	14927	5.13	7.00	3.22
56	9771606	4971559	4800047	54788	37905	16883	5.61	7.62	3.52
57	9996530	5122043	4874487	57778	39955	17823	5.78	7.80	3.66
58	5631578	2816680	2814898	38393	26214	12179	6.82	9.31	4.33
59	4507678	2241760	2265918	31995	21875	10120	7.10	9.76	4.47
60-64岁	**32174190**	**16549147**	**15625043**	**299246**	**203510**	**95736**	**9.30**	**12.30**	**6.13**
60	5107088	2627998	2479090	40746	28206	12540	7.98	10.73	5.06
61	5773672	2987732	2785940	48754	33576	15178	8.44	11.24	5.45
62	7285987	3784610	3501377	65211	44609	20602	8.95	11.79	5.88
63	7145187	3663279	3481908	70541	47639	22902	9.87	13.00	6.58
64	6862256	3485528	3376728	73994	49480	24514	10.78	14.20	7.26

6-4c　续表 2

单位：人、‰

年　龄	平均人口			死亡人口			死亡率		
	合计	男	女	合计	男	女	合计	男	女
65-69岁	**33836957**	**16981738**	**16855219**	**465708**	**300188**	**165520**	**13.76**	**17.68**	**9.82**
65	7584618	3860544	3724074	86408	57168	29240	11.39	14.81	7.85
66	7192105	3622897	3569208	90497	59149	31348	12.58	16.33	8.78
67	7079161	3552032	3527129	96402	62092	34310	13.62	17.48	9.73
68	6312658	3135737	3176921	97421	62154	35267	15.43	19.82	11.10
69	5668415	2810528	2857887	94980	59625	35355	16.76	21.21	12.37
70-74岁	**23388436**	**11611464**	**11776972**	**538320**	**330421**	**207899**	**23.02**	**28.46**	**17.65**
70	5723984	2884936	2839048	106241	66904	39337	18.56	23.19	13.86
71	4941777	2470218	2471559	105076	65863	39213	21.26	26.66	15.87
72	4574563	2275607	2298956	106519	65582	40937	23.29	28.82	17.81
73	4278943	2107751	2171192	110158	66583	43575	25.74	31.59	20.07
74	3869169	1872952	1996217	110326	65489	44837	28.51	34.97	22.46
75-79岁	**14941693**	**7203189**	**7738504**	**597889**	**343572**	**254317**	**40.01**	**47.70**	**32.86**
75	3489068	1701778	1787290	113098	66528	46570	32.41	39.09	26.06
76	3230740	1569882	1660858	114568	66758	47810	35.46	42.52	28.79
77	2927693	1415103	1512590	117007	67472	49535	39.97	47.68	32.75
78	2784977	1328883	1456094	124593	70871	53722	44.74	53.33	36.89
79	2509215	1187543	1321672	128623	71943	56680	51.26	60.58	42.89
80-84岁	**9351676**	**4211901**	**5139775**	**658029**	**344979**	**313050**	**70.36**	**81.91**	**60.91**
80	2169719	1009231	1160488	123738	67650	56088	57.03	67.03	48.33
81	2045240	943498	1101742	130328	70441	59887	63.72	74.66	54.36
82	1912785	866925	1045860	137207	72192	65015	71.73	83.27	62.16
83	1697457	744373	953084	135480	69646	65834	79.81	93.56	69.07
84	1526475	647874	878601	131276	65050	66226	86.00	100.41	75.38
85-89岁	**4886645**	**1929140**	**2957505**	**547082**	**247771**	**299311**	**111.95**	**128.44**	**101.20**
85	1313690	539846	773844	125700	60307	65393	95.68	111.71	84.50
86	1199053	484052	715001	123668	57853	65815	103.14	119.52	92.05
87	946670	369394	577276	112300	50723	61577	118.63	137.31	106.67
88	774553	293767	480786	96665	41750	54915	124.80	142.12	114.22
89	652679	242081	410598	88749	37138	51611	135.98	153.41	125.70
90-94岁	**1568969**	**536436**	**1032533**	**271275**	**101926**	**169349**	**172.90**	**190.01**	**164.01**
90	492664	176007	316657	76627	30730	45897	155.54	174.60	144.94
91	386437	133126	253311	64441	24756	39685	166.76	185.96	156.67
92	307226	104025	203201	54684	20248	34436	177.99	194.65	169.47
93	218938	71737	147201	42105	14954	27151	192.31	208.46	184.45
94	163704	51541	112163	33418	11238	22180	204.14	218.04	197.75
95-99岁	**349598**	**104585**	**245013**	**77458**	**23720**	**53738**	**221.56**	**226.80**	**219.33**
95	123400	37950	85450	26348	8590	17758	213.52	226.35	207.82
96	90208	26793	63415	19743	6130	13613	218.86	228.79	214.67
97	59501	17539	41962	13738	3962	9776	230.89	225.90	232.97
98	43886	12892	30994	10156	2927	7229	231.42	227.04	233.24
99	32603	9411	23192	7473	2111	5362	229.21	224.31	231.20
100岁及以上	**52740**	**14070**	**38670**	**13163**	**3161**	**10002**	**249.58**	**224.66**	**258.65**

第一部分　全部数据资料

第七卷　户口登记状况

7-1 全国按现住地、户口登记地、

现住地	户口					
	合计			省内		
	合计	男	女	小计	男	女
全国	**492762506**	**255896268**	**236866238**	**367925353**	**184207146**	**183718207**
北京	13409576	6977849	6431727	4991158	2432369	2558789
天津	6479695	3455513	3024182	2944879	1433504	1511375
河北	19775641	9923785	9851856	16620369	8158858	8461511
山西	12891174	6655644	6235530	11270656	5658930	5611726
内蒙古	11462961	5858767	5604194	9776541	4855871	4920670
辽宁	15670121	7760506	7909615	12822813	6245740	6577073
吉林	10350683	5033163	5317520	9349212	4519863	4829349
黑龙江	11549584	5721373	5828211	10720408	5273154	5447254
上海	15134258	8036541	7097717	4654606	2247450	2407156
江苏	29979948	15793646	14186302	19671338	9902505	9768833
浙江	30107815	16424000	13683815	13921361	6954151	6967210
安徽	18099918	9098260	9001658	16549409	8225763	8323646
福建	16464611	8798376	7666235	11574735	5950257	5624478
江西	13520934	7004148	6516786	12241920	6272613	5969307
山东	28026762	14417484	13609278	23897755	12038008	11859747
河南	25639605	12993565	12646040	24365959	12268323	12097636
湖北	18476561	9425843	9050718	16226947	8202406	8024541
湖南	17575847	8865460	8710387	15998284	8020026	7978258
广东	60635086	33711847	26923239	31012976	16200166	14812810
广西	13238781	6678931	6559850	11879397	5897312	5982085
海南	3498161	1849608	1648553	2410018	1205256	1204762
重庆	13096435	6549022	6547413	10902860	5378142	5524718
四川	27823204	13828619	13994585	25233163	12415382	12817781
贵州	11694763	5828497	5866266	10548217	5172043	5376174
云南	12209314	6342780	5866534	9978920	4986941	4991979
西藏	1031132	591209	439923	624011	309668	314343
陕西	13267095	6913899	6353196	11333383	5782547	5550836
甘肃	7352465	3779111	3573354	6586817	3318735	3268082
青海	2070660	1092431	978229	1653356	830175	823181
宁夏	3362670	1739397	1623273	2687551	1344638	1342913
新疆	8867046	4746994	4120052	5476334	2706350	2769984

性别分的户口登记地在外乡镇街道的人口

单位：人

登记地								
市辖区内人户分离			省内流动人口			省外		
小计	男	女	小计	男	女	小计	男	女
116945747	**57200933**	**59744814**	**250979606**	**127006213**	**123973393**	**124837153**	**71689122**	**53148031**
4991158	2432369	2558789				8418418	4545480	3872938
2944879	1433504	1511375				3534816	2022009	1512807
4442713	2147690	2295023	12177656	6011168	6166488	3155272	1764927	1390345
3217374	1581277	1636097	8053282	4077653	3975629	1620518	996714	623804
2394517	1170223	1224294	7382024	3685648	3696376	1686420	1002896	683524
5676890	2758248	2918642	7145923	3487492	3658431	2847308	1514766	1332542
2399266	1153355	1245911	6949946	3366508	3583438	1001471	513300	488171
3067675	1501822	1565853	7652733	3771332	3881401	829176	448219	380957
4654606	2247450	2407156				10479652	5789091	4690561
6316191	3052541	3263650	13355147	6849964	6505183	10308610	5891141	4417469
4550365	2203266	2347099	9370996	4750885	4620111	16186454	9469849	6716605
4227612	2051466	2176146	12321797	6174297	6147500	1550509	872497	678012
2803364	1374494	1428870	8771371	4575763	4195608	4889876	2848119	2041757
3886904	1962289	1924615	8355016	4310324	4044692	1279014	731535	547479
7283477	3583179	3700298	16614278	8454829	8159449	4129007	2379476	1749531
4437885	2165129	2272756	19928074	10103194	9824880	1273646	725242	548404
5712376	2840088	2872288	10514571	5362318	5152253	2249614	1223437	1026177
3403819	1674350	1729469	12594465	6345676	6248789	1577563	845434	732129
8568936	4203808	4365128	22444040	11996358	10447682	29622110	17511681	12110429
3716255	1835365	1880890	8163142	4061947	4101195	1359384	781619	577765
835883	418604	417279	1574135	786652	787483	1088143	644352	443791
8285047	4079111	4205936	2617813	1299031	1318782	2193575	1170880	1022695
7134650	3463931	3670719	18098513	8951451	9147062	2590041	1413237	1176804
2104710	1012462	1092248	8443507	4159581	4283926	1146546	656454	490092
1610264	785468	824796	8368656	4201473	4167183	2230394	1355839	874555
138902	69497	69405	485109	240171	244938	407121	281541	125580
3993217	1975737	2017480	7340166	3806810	3533356	1933712	1131352	802360
2010870	987531	1023339	4575947	2331204	2244743	765648	460376	305272
464625	224456	240169	1188731	605719	583012	417304	262256	155048
855675	417793	437882	1831876	926845	905031	675119	394759	280360
815642	394430	421212	4660692	2311920	2348772	3390712	2040644	1350068

7-1a 全国按现住地、户口登记地、

现住地	户口					
	合计			省内		
	合计	男	女	小计	男	女
全国	**323487793**	**167434625**	**156053168**	**235167709**	**117380226**	**117787483**
北京	11286299	5748420	5537879	4506274	2193459	2312815
天津	5834438	3091170	2743268	2799096	1364054	1435042
河北	10852189	5439074	5413115	9190473	4522443	4668030
山西	7413064	3728882	3684182	6417671	3150633	3267038
内蒙古	6154293	3090865	3063428	5309869	2612910	2696959
辽宁	12651030	6296748	6354282	10271933	5025055	5246878
吉林	6258092	3050432	3207660	5679775	2746311	2933464
黑龙江	6990445	3473151	3517294	6394561	3146830	3247731
上海	12075336	6242148	5833188	4263605	2046877	2216728
江苏	19322446	10089794	9232652	13198725	6615555	6583170
浙江	19454456	10466564	8987892	9571684	4752381	4819303
安徽	9113788	4545344	4568444	8420529	4155795	4264734
福建	10206105	5405660	4800445	7164471	3676843	3487628
江西	7327320	3782878	3544442	6635929	3394498	3241431
山东	18632571	9537089	9095482	15868799	7952765	7916034
河南	13054477	6541805	6512672	12362166	6147257	6214909
湖北	13425245	6830865	6594380	11769692	5928389	5841303
湖南	10384897	5232988	5151909	9398123	4693624	4704499
广东	49618272	27539974	22078298	24758290	12934364	11823926
广西	8451951	4301682	4150269	7542360	3783672	3758688
海南	2330637	1233943	1096694	1633242	826431	806811
重庆	10053333	5006151	5047182	8301779	4073476	4228303
四川	17952455	8928543	9023912	16159551	7943549	8216002
贵州	6179364	3111466	3067898	5507862	2728720	2779142
云南	7090798	3640070	3450728	5609823	2766406	2843417
西藏	564530	313313	251217	334158	161814	172344
陕西	8617180	4461443	4155737	7133857	3618449	3515408
甘肃	4027986	2044714	1983272	3612995	1803615	1809380
青海	1217443	640006	577437	912540	452305	460235
宁夏	1771385	899390	871995	1398274	686231	712043
新疆	5175968	2720053	2455915	3039603	1475515	1564088

性别分的户口登记地在外乡镇街道的人口(城市)

单位：人

登记地								
市辖区内人户分离			省内流动人口			省外		
小计	男	女	小计	男	女	小计	男	女
107113745	**52309728**	**54804017**	**128053964**	**65070498**	**62983466**	**88320084**	**50054399**	**38265685**
4506274	2193459	2312815				6780025	3554961	3225064
2799096	1364054	1435042				3035342	1727116	1308226
4082564	1979387	2103177	5107909	2543056	2564853	1661716	916631	745085
2929246	1434241	1495005	3488425	1716392	1772033	995393	578249	417144
2221119	1081811	1139308	3088750	1531099	1557651	844424	477955	366469
5364984	2605520	2759464	4906949	2419535	2487414	2379097	1271693	1107404
2186435	1051661	1134774	3493340	1694650	1798690	578317	304121	274196
2764974	1352664	1412310	3629587	1794166	1835421	595884	326321	269563
4263605	2046877	2216728				7811731	4195271	3616460
5819763	2813273	3006490	7378962	3802282	3576680	6123721	3474239	2649482
4112400	1991948	2120452	5459284	2760433	2698851	9882772	5714183	4168589
3850526	1870236	1980290	4570003	2285559	2284444	693259	389549	303710
2587784	1267820	1319964	4576687	2409023	2167664	3041634	1728817	1312817
3651108	1840068	1811040	2984821	1554430	1430391	691391	388380	303011
6817611	3351263	3466348	9051188	4601502	4449686	2763772	1584324	1179448
4225460	2059640	2165820	8136706	4087617	4049089	692311	394548	297763
5108521	2525235	2583286	6661171	3403154	3258017	1655553	902476	753077
3258654	1601275	1657379	6139469	3092349	3047120	986774	539364	447410
7919832	3879445	4040387	16838458	9054919	7783539	24859982	14605610	10254372
3383278	1675682	1707596	4159082	2107990	2051092	909591	518010	391581
711732	357508	354224	921510	468923	452587	697395	407512	289883
7346300	3597510	3748790	955479	475966	479513	1751554	932675	818879
6444093	3123551	3320542	9715458	4819998	4895460	1792904	984994	807910
1914286	926461	987825	3593576	1802259	1791317	671502	382746	288756
1486487	721947	764540	4123336	2044459	2078877	1480975	873664	607311
121270	60271	60999	212888	101543	111345	230372	151499	78873
3521402	1732722	1788680	3612455	1885727	1726728	1483323	842994	640329
1817883	887465	930418	1795112	916150	878962	414991	241099	173892
436061	210079	225982	476479	242226	234253	304903	187701	117202
722378	350864	371514	675896	335367	340529	373111	213159	159952
738619	355791	382828	2300984	1119724	1181260	2136365	1244538	891827

7-1b 全国按现住地、户口登记地、

现住地	户口					
	合计			省内		
	合计	男	女	小计	男	女
全国	**119450766**	**61218159**	**58232607**	**99804841**	**49837237**	**49967604**
北京	958712	539769	418943	250549	126067	124482
天津	336920	194769	142151	77720	39337	38383
河北	7371515	3730052	3641463	6358987	3152742	3206245
山西	3691171	1879198	1811973	3428410	1713015	1715395
内蒙古	3750215	1901020	1849195	3270137	1619332	1650805
辽宁	1748519	851374	897145	1556557	752233	804324
吉林	2462484	1197278	1265206	2221683	1077951	1143732
黑龙江	2578957	1262475	1316482	2449553	1196127	1253426
上海	1512143	840082	672061	286867	146316	140551
江苏	7509748	3930657	3579091	5050916	2534026	2516890
浙江	6593618	3617406	2976212	3203597	1614569	1589028
安徽	7585048	3827834	3757214	6994616	3489479	3505137
福建	4471350	2367245	2104105	3436341	1754488	1681853
江西	5257488	2703327	2554161	4848598	2467731	2380867
山东	7647292	3941993	3705299	6807626	3453876	3353750
河南	10819783	5499777	5320006	10404150	5267859	5136291
湖北	3369464	1684797	1684667	3085056	1537137	1547919
湖南	6052634	3060712	2991922	5652839	2844694	2808145
广东	6173567	3352112	2821455	3902060	1999145	1902915
广西	3591378	1787296	1804082	3336750	1635615	1701135
海南	604933	317621	287312	431157	215208	215949
重庆	2120019	1052626	1067393	1889381	931083	958298
四川	6262343	3034903	3227440	5901230	2848842	3052388
贵州	3849786	1895151	1954635	3574517	1740811	1833706
云南	3613414	1857713	1755701	3181014	1588582	1592432
西藏	206973	118018	88955	132149	65898	66251
陕西	3239827	1645100	1594727	3028284	1518645	1509639
甘肃	2322295	1161078	1161217	2122377	1042471	1079906
青海	674036	349966	324070	602654	303834	298820
宁夏	995085	512370	482715	830880	417040	413840
新疆	2080049	1104440	975609	1488186	743084	745102

性别分的户口登记地在外乡镇街道的人口(镇)

单位：人

登记地

市辖区内人户分离			省内流动人口			省外		
小计	男	女	小计	男	女	小计	男	女
4652659	**2321347**	**2331312**	**95152182**	**47515890**	**47636292**	**19645925**	**11380922**	**8265003**
250549	126067	124482				708163	413702	294461
77720	39337	38383				259200	155432	103768
226783	111693	115090	6132204	3041049	3091155	1012528	577310	435218
113716	56743	56973	3314694	1656272	1658422	262761	166183	96578
32764	17364	15400	3237373	1601968	1635405	480078	281688	198390
152649	74259	78390	1403908	677974	725934	191962	99141	92821
36602	17605	18997	2185081	1060346	1124735	240801	119327	121474
101641	50187	51454	2347912	1145940	1201972	129404	66348	63056
286867	146316	140551				1225276	693766	531510
277378	134317	143061	4773538	2399709	2373829	2458832	1396631	1062201
201474	98502	102972	3002123	1516067	1486056	3390021	2002837	1387184
217221	106127	111094	6777395	3383352	3394043	590432	338355	252077
95754	47317	48437	3340587	1707171	1633416	1035009	612757	422252
111587	56859	54728	4737011	2410872	2326139	408890	235596	173294
240350	122284	118066	6567276	3331592	3235684	839666	488117	351549
93323	46237	47086	10310827	5221622	5089205	415633	231918	183715
274363	141376	132987	2810693	1395761	1414932	284408	147660	136748
53861	26899	26962	5598978	2817795	2781183	399795	216018	183777
360999	181742	179257	3541061	1817403	1723658	2271507	1352967	918540
178776	88838	89938	3157974	1546777	1611197	254628	151681	102947
52647	27118	25529	378510	188090	190420	173776	102413	71363
513717	256725	256992	1375664	674358	701306	230638	121543	109095
213200	102555	110645	5688030	2746287	2941743	361113	186061	175052
64820	30522	34298	3509697	1710289	1799408	275269	154340	120929
52733	26975	25758	3128281	1561607	1566674	432400	269131	163269
455	240	215	131694	65658	66036	74824	52120	22704
229301	115849	113452	2798983	1402796	1396187	211543	126455	85088
51913	26064	25849	2070464	1016407	1054057	199918	118607	81311
17015	8728	8287	585639	295106	290533	71382	46132	25250
42605	21162	21443	788275	395878	392397	164205	95330	68875
29876	15340	14536	1458310	727744	730566	591863	361356	230507

7-1c 全国按现住地、户口登记地、

现住地	户口					
	合计			省内		
	合计	男	女	小计	男	女
全国	**49823947**	**27243484**	**22580463**	**32952803**	**16989683**	**15963120**
北京	1164565	689660	474905	234335	112843	121492
天津	308337	169574	138763	68063	30113	37950
河北	1551937	754659	797278	1070909	483673	587236
山西	1786939	1047564	739375	1424575	795282	629293
内蒙古	1558453	866882	691571	1196535	623629	572906
辽宁	1270572	612384	658188	994323	468452	525871
吉林	1630107	785453	844654	1447754	695601	752153
黑龙江	1980182	985747	994435	1876294	930197	946097
上海	1546779	954311	592468	104134	54257	49877
江苏	3147754	1773195	1374559	1421697	752924	668773
浙江	4059741	2340030	1719711	1146080	587201	558879
安徽	1401082	725082	676000	1134264	580489	553775
福建	1787156	1025471	761685	973923	518926	454997
江西	936126	517943	418183	757393	410384	347009
山东	1746899	938402	808497	1221330	631367	589963
河南	1765345	951983	813362	1599643	853207	746436
湖北	1681852	910181	771671	1372199	736880	635319
湖南	1138316	571760	566556	947322	481708	465614
广东	4843247	2819761	2023486	2352626	1266657	1085969
广西	1195452	589953	605499	1000287	478025	522262
海南	562591	298044	264547	345619	163617	182002
重庆	923083	490245	432838	711700	373583	338117
四川	3608406	1865173	1743233	3172382	1622991	1549391
贵州	1665613	821880	843733	1465838	702512	763326
云南	1505102	844997	660105	1188083	631953	556130
西藏	259629	159878	99751	157704	81956	75748
陕西	1410088	807356	602732	1171242	645453	525789
甘肃	1002184	573319	428865	851445	472649	378796
青海	179181	102459	76722	138162	74036	64126
宁夏	596200	327637	268563	458397	241367	217030
新疆	1611029	922501	688528	948545	487751	460794

性别分的户口登记地在外乡镇街道的人口(乡村)

单位：人

登记地

市辖区内人户分离			省内流动人口			省　　外		
小计	男	女	小计	男	女	小计	男	女
5179343	**2569858**	**2609485**	**27773460**	**14419825**	**13353635**	**16871144**	**10253801**	**6617343**
234335	112843	121492				930230	576817	353413
68063	30113	37950				240274	139461	100813
133366	56610	76756	937543	427063	510480	481028	270986	210042
174412	90293	84119	1250163	704989	545174	362364	252282	110082
140634	71048	69586	1055901	552581	503320	361918	243253	118665
159257	78469	80788	835066	389983	445083	276249	143932	132317
176229	84089	92140	1271525	611512	660013	182353	89852	92501
201060	98971	102089	1675234	831226	844008	103888	55550	48338
104134	54257	49877				1442645	900054	542591
219050	104951	114099	1202647	647973	554674	1726057	1020271	705786
236491	112816	123675	909589	474385	435204	2913661	1752829	1160832
159865	75103	84762	974399	505386	469013	266818	144593	122225
119826	59357	60469	854097	459569	394528	813233	506545	306688
124209	65362	58847	633184	345022	288162	178733	107559	71174
225516	109632	115884	995814	521735	474079	525569	307035	218534
119102	59252	59850	1480541	793955	686586	165702	98776	66926
329492	173477	156015	1042707	563403	479304	309653	173301	136352
91304	46176	45128	856018	435532	420486	190994	90052	100942
288105	142621	145484	2064521	1124036	940485	2490621	1553104	937517
154201	70845	83356	846086	407180	438906	195165	111928	83237
71504	33978	37526	274115	129639	144476	216972	134427	82545
425030	224876	200154	286670	148707	137963	211383	116662	94721
477357	237825	239532	2695025	1385166	1309859	436024	242182	193842
125604	55479	70125	1340234	647033	693201	199775	119368	80407
71044	36546	34498	1117039	595407	521632	317019	213044	103975
17177	8986	8191	140527	72970	67557	101925	77922	24003
242514	127166	115348	928728	518287	410441	238846	161903	76943
141074	74002	67072	710371	398647	311724	150739	100670	50069
11549	5649	5900	126613	68387	58226	41019	28423	12596
90692	45767	44925	367705	195600	172105	137803	86270	51533
47147	23299	23848	901398	464452	436946	662484	434750	227734

7-2 全国按户口登记地、年龄、性别分的

年龄	户口					
	合计			省内		
	合计	男	女	小计	男	女
总计	**492762506**	**255896268**	**236866238**	**367925353**	**184207146**	**183718207**
0-4岁	**22003545**	**11605841**	**10397704**	**18186925**	**9580952**	**8605973**
0	2457728	1295623	1162105	2094668	1103497	991171
1	4214918	2220009	1994909	3486389	1833710	1652679
2	4517351	2379885	2137466	3712341	1954048	1758293
3	5454443	2870418	2584025	4505543	2368227	2137316
4	5359105	2839906	2519199	4387984	2321470	2066514
5-9岁	**25591194**	**13737473**	**11853721**	**20959381**	**11216658**	**9742723**
5	4794914	2555263	2239651	3901630	2074229	1827401
6	5287492	2833443	2454049	4351275	2324826	2026449
7	5071538	2722567	2348971	4158154	2225706	1932448
8	5481666	2951709	2529957	4490016	2409285	2080731
9	4955584	2674491	2281093	4058306	2182612	1875694
10-14岁	**23366969**	**12589332**	**10777637**	**19574647**	**10488621**	**9086026**
10	4803052	2598722	2204330	3946919	2126302	1820617
11	4822922	2608102	2214820	3975714	2140339	1835375
12	4662677	2513765	2148912	3907019	2096603	1810416
13	4507935	2426094	2081841	3822061	2046229	1775832
14	4570383	2442649	2127734	3922934	2079148	1843786
15-19岁	**40282556**	**21139311**	**19143245**	**34051033**	**17541034**	**16509999**
15	6623955	3500174	3123781	6013801	3148120	2865681
16	8725397	4622877	4102520	7933668	4148888	3784780
17	8131747	4312561	3819186	7151885	3719923	3431962
18	7930608	4163936	3766672	6387337	3275472	3111865
19	8870849	4539763	4331086	6564342	3248631	3315711
20-24岁	**40557163**	**20888040**	**19669123**	**27322020**	**13313386**	**14008634**
20	9046274	4611660	4434614	6390415	3125753	3264662
21	8055565	4128218	3927347	5471537	2662427	2809110
22	7915498	4108599	3806899	5260964	2570283	2690681
23	7632146	3962240	3669906	5011405	2444232	2567173
24	7907680	4077323	3830357	5187699	2510691	2677008
25-29岁	**45401902**	**23392144**	**22009758**	**30496079**	**14768695**	**15727384**
25	8568663	4419371	4149292	5663654	2742165	2921489
26	8383328	4305471	4077857	5617835	2713913	2903922
27	9087276	4668788	4418488	6108879	2947862	3161017
28	9381999	4838615	4543384	6332525	3069963	3262562
29	9980636	5159899	4820737	6773186	3294792	3478394

户口登记地在外乡镇街道的人口

单位：人

登记地					
其中市辖区内人户分离			省外		
小计	男	女	小计	男	女
116945747	**57200933**	**59744814**	**124837153**	**71689122**	**53148031**
6035701	**3165350**	**2870351**	**3816620**	**2024889**	**1791731**
720762	377687	343075	363060	192126	170934
1163671	610271	553400	728529	386299	342230
1230536	644164	586372	805010	425837	379173
1484421	777964	706457	948900	502191	446709
1436311	755264	681047	971121	518436	452685
6201598	**3295867**	**2905731**	**4631813**	**2520815**	**2110998**
1216622	643195	573427	893284	481034	412250
1322464	702823	619641	936217	508617	427600
1208893	642726	566167	913384	496861	416523
1304896	695360	609536	991650	542424	449226
1148723	611763	536960	897278	491879	405399
5537335	**2942098**	**2595237**	**3792322**	**2100711**	**1691611**
1112039	593561	518478	856133	472420	383713
1111149	592457	518692	847208	467763	379445
1110771	591429	519342	755658	417162	338496
1123135	596390	526745	685874	379865	306009
1080241	568261	511980	647449	363501	283948
7847839	**4091078**	**3756761**	**6231523**	**3598277**	**2633246**
1655359	858554	796805	610154	352054	258100
2126346	1103331	1023015	791729	473989	317740
1793675	935097	858578	979862	592638	387224
1236109	658027	578082	1543271	888464	654807
1036350	536069	500281	2306507	1291132	1015375
5556345	**2718102**	**2838243**	**13235143**	**7574654**	**5660489**
1031772	522551	509221	2655859	1485907	1169952
967834	480887	486947	2584028	1465791	1118237
1083573	529634	553939	2654534	1538316	1116218
1174044	567219	606825	2620741	1518008	1102733
1299122	617811	681311	2719981	1566632	1153349
8469050	**3952935**	**4516115**	**14905823**	**8623449**	**6282374**
1476721	697875	778846	2905009	1677206	1227803
1549548	726874	822674	2765493	1591558	1173935
1708038	793580	914458	2978397	1720926	1257471
1803333	838428	964905	3049474	1768652	1280822
1931410	896178	1035232	3207450	1865107	1342343

7-2 续表 1

年 龄	户口					
	合 计			省 内		
	合计	男	女	小计	男	女
30-34岁	**58204246**	**30056879**	**28147367**	**39798570**	**19360232**	**20438338**
30	12508561	6462238	6046323	8469974	4109699	4360275
31	12089287	6222404	5866883	8249015	3995643	4253372
32	11251522	5796097	5455425	7711241	3744297	3966944
33	12004706	6207394	5797312	8243243	4019645	4223598
34	10350170	5368746	4981424	7125097	3490948	3634149
35-39岁	**42854954**	**22484747**	**20370207**	**29883515**	**14833280**	**15050235**
35	8764660	4586884	4177776	6020810	2980162	3040648
36	8581487	4506947	4074540	5936004	2951309	2984695
37	8235826	4328955	3906871	5756970	2865007	2891963
38	9281180	4870092	4411088	6543311	3247402	3295909
39	7991801	4191869	3799932	5626420	2789400	2837020
40-44岁	**37071483**	**19504443**	**17567040**	**26212611**	**13114899**	**13097712**
40	7252354	3808785	3443569	5107052	2539996	2567056
41	7860958	4136798	3724160	5592974	2791890	2801084
42	7395190	3880040	3515150	5251355	2621545	2629810
43	6951023	3658704	3292319	4917480	2466354	2451126
44	7611958	4020116	3591842	5343750	2695114	2648636
45-49岁	**40808094**	**21596600**	**19211494**	**28541748**	**14440993**	**14100755**
45	7667625	4043778	3623847	5345529	2693171	2652358
46	8220531	4341932	3878599	5697507	2876207	2821300
47	8330283	4413182	3917101	5823760	2950121	2873639
48	8304047	4399111	3904936	5811182	2946502	2864680
49	8285608	4398597	3887011	5863770	2974992	2888778
50-54岁	**37134115**	**19502000**	**17632115**	**26704003**	**13366685**	**13337318**
50	8481096	4466628	4014468	6025046	3031868	2993178
51	7703623	4058053	3645570	5522131	2775187	2746944
52	8022446	4210854	3811592	5759215	2879425	2879790
53	6176552	3229444	2947108	4453588	2216347	2237241
54	6750398	3537021	3213377	4944023	2463858	2480165
55-59岁	**27564957**	**14105422**	**13459535**	**21373575**	**10538706**	**10834869**
55	6477635	3363722	3113913	4875329	2422481	2452848
56	6271247	3219204	3052043	4820901	2380513	2440388
57	7065487	3625320	3440167	5533368	2736929	2796439
58	5002985	2537778	2465207	3926679	1926217	2000462
59	2747603	1359398	1388205	2217298	1072566	1144732
60-64岁	**17315134**	**8669401**	**8645733**	**14356386**	**7082783**	**7273603**
60	3250228	1625124	1625104	2678989	1317753	1361236
61	2961359	1500356	1461003	2452952	1223754	1229198
62	3673967	1859877	1814090	3039314	1513912	1525402
63	3945273	1968074	1977199	3274814	1610509	1664305
64	3484307	1715970	1768337	2910317	1416855	1493462

单位：人

登记地

其中市辖区内人户分离			省外		
小计	男	女	小计	男	女
12192253	**5643832**	**6548421**	**18405676**	**10696647**	**7709029**
2428735	1121806	1306929	4038587	2352539	1686048
2471476	1138680	1332796	3840272	2226761	1613511
2380140	1099154	1280986	3540281	2051800	1488481
2605642	1208235	1397407	3761463	2187749	1573714
2306260	1075957	1230303	3225073	1877798	1347275
9975696	**4709815**	**5265881**	**12971439**	**7651467**	**5319972**
1930452	907813	1022639	2743850	1606722	1137128
1917409	904045	1013364	2645483	1555638	1089845
1950413	922775	1027638	2478856	1463948	1014908
2273649	1075616	1198033	2737869	1622690	1115179
1903773	899566	1004207	2365381	1402469	962912
8897905	**4252377**	**4645528**	**10858872**	**6389544**	**4469328**
1703972	809232	894740	2145302	1268789	876513
1894829	902584	992245	2267984	1344908	923076
1794043	855182	938861	2143835	1258495	885340
1689684	809240	880444	2033543	1192350	841193
1815377	876139	939238	2268208	1325002	943206
9971458	**4873219**	**5098239**	**12266346**	**7155607**	**5110739**
1845479	892567	952912	2322096	1350607	971489
1945789	945851	999938	2523024	1465725	1057299
2046069	1000993	1045076	2506523	1463061	1043462
2040157	1003525	1036632	2492865	1452609	1040256
2093964	1030283	1063681	2421838	1423605	998233
9387112	**4601677**	**4785435**	**10430112**	**6135315**	**4294797**
2144707	1051842	1092865	2456050	1434760	1021290
1979280	969224	1010056	2181492	1282866	898626
2034132	996786	1037346	2263231	1331429	931802
1512217	739773	772444	1722964	1013097	709867
1716776	844052	872724	1806375	1073163	733212
8224662	**4063085**	**4161577**	**6191382**	**3566716**	**2624666**
1764141	872508	891633	1602306	941241	661065
1847569	913857	933712	1450346	838691	611655
2222117	1099412	1122705	1532119	888391	643728
1487253	734995	752258	1076306	611561	464745
903582	442313	461269	530305	286832	243473
5987013	**2957746**	**3029267**	**2958748**	**1586618**	**1372130**
1138738	563899	574839	571239	307371	263868
1028772	513093	515679	508407	276602	231805
1266918	630697	636221	634653	345965	288688
1351628	664303	687325	670459	357565	312894
1200957	585754	615203	573990	299115	274875

7-2 续表 2

年 龄	户口					
	合 计			省 内		
	合计	男	女	小计	男	女
65-69岁	**14821800**	**7237816**	**7583984**	**12637563**	**6122950**	**6514613**
65	3491037	1719187	1771850	2937248	1431798	1505450
66	3381746	1651807	1729939	2865894	1387240	1478654
67	2901357	1407689	1493668	2475513	1191921	1283592
68	2765404	1347237	1418167	2377770	1150950	1226820
69	2282256	1111896	1170360	1981138	961041	1020097
70-74岁	**8596593**	**4249151**	**4347442**	**7620854**	**3756984**	**3863870**
70	2120657	1046890	1073767	1858448	914335	944113
71	1972682	981130	991552	1742289	863928	878361
72	1622695	797823	824872	1442682	707310	735372
73	1523462	755005	768457	1361063	673403	687660
74	1357097	668303	688794	1216372	598008	618364
75-79岁	**5107579**	**2446691**	**2660888**	**4614419**	**2211501**	**2402918**
75	1171108	568186	602922	1052842	510356	542486
76	1108457	538766	569691	1000106	486216	513890
77	982522	468427	514095	887900	423874	464026
78	938770	445104	493666	850543	403833	446710
79	906722	426208	480514	823028	387222	435806
80-84岁	**3380094**	**1547258**	**1832836**	**3086394**	**1411128**	**1675266**
80	823029	387979	435050	747840	352771	395069
81	690921	314989	375932	629798	287196	342602
82	697457	319959	377498	637269	292026	345243
83	610671	277262	333409	559238	253067	306171
84	558016	247069	310947	512249	226068	286181
85-89岁	**1821975**	**783505**	**1038470**	**1685300**	**722206**	**963094**
85	480155	206263	273892	442225	189257	252968
86	420493	179539	240954	387879	164975	222904
87	385974	166734	219240	357574	153919	203655
88	293862	125545	168317	272875	116243	156632
89	241491	105424	136067	224747	97812	126935
90-94岁	**665310**	**277078**	**388232**	**621517**	**257996**	**363521**
90	215690	93201	122489	200906	86466	114440
91	151384	62619	88765	141445	58303	83142
92	129850	53185	76665	121556	49656	71900
93	96275	39055	57220	90038	36443	53595
94	72111	29018	43093	67572	27128	40444
95-99岁	**176660**	**69249**	**107411**	**165391**	**64640**	**100751**
95	58133	23197	34936	54499	21707	32792
96	43161	16778	26383	40435	15669	24766
97	31538	12074	19464	29590	11282	18308
98	23741	9271	14470	22215	8667	13548
99	20087	7929	12158	18652	7315	11337
100岁及以上	**36183**	**13887**	**22296**	**33422**	**12817**	**20605**

单位：人

登记地					
其中市辖区内人户分离			省外		
小计	男	女	小计	男	女
5227919	**2515303**	**2712616**	**2184237**	**1114866**	**1069371**
1213527	589763	623764	553789	287389	266400
1196823	577771	619052	515852	264567	251285
1018015	486406	531609	425844	215768	210076
975533	466682	508851	387634	196287	191347
824021	394681	429340	301118	150855	150263
3140235	**1514231**	**1626004**	**975739**	**492167**	**483572**
771013	373243	397770	262209	132555	129654
712870	345684	367186	230393	117202	113191
591500	283368	308132	180013	90513	89500
562193	271242	290951	162399	81602	80797
502659	240694	261965	140725	70295	70430
1902249	**884585**	**1017664**	**493160**	**235190**	**257970**
430207	202431	227776	118266	57830	60436
409515	192852	216663	108351	52550	55801
365211	169540	195671	94622	44553	50069
354389	163158	191231	88227	41271	46956
342927	156604	186323	83694	38986	44708
1320040	**583118**	**736922**	**293700**	**136130**	**157570**
312764	142057	170707	75189	35208	39981
270781	118793	151988	61123	27793	33330
272011	120367	151644	60188	27933	32255
240604	105552	135052	51433	24195	27238
223880	96349	127531	45767	21001	24766
740621	**308133**	**432488**	**136675**	**61299**	**75376**
196145	81745	114400	37930	17006	20924
171282	70956	100326	32614	14564	18050
156382	64993	91389	28400	12815	15585
120396	49942	70454	20987	9302	11685
96416	40497	55919	16744	7612	9132
261888	**104043**	**157845**	**43793**	**19082**	**24711**
85878	35903	49975	14784	6735	8049
61160	24212	36948	9939	4316	5623
51082	19789	31293	8294	3529	4765
36684	13995	22689	6237	2612	3625
27084	10144	16940	4539	1890	2649
59361	**21225**	**38136**	**11269**	**4609**	**6660**
20893	7664	13229	3634	1490	2144
14999	5331	9668	2726	1109	1617
10451	3655	6796	1948	792	1156
7389	2604	4785	1526	604	922
5629	1971	3658	1435	614	821
9467	**3114**	**6353**	**2761**	**1070**	**1691**

7-2a 全国按户口登记地、年龄、性别分的

年龄	户口					
	合计			省内		
	合计	男	女	小计	男	女
总计	**323487793**	**167434625**	**156053168**	**235167709**	**117380226**	**117787483**
0-4岁	**13895504**	**7332298**	**6563206**	**11242113**	**5923408**	**5318705**
0	1571762	828150	743612	1315515	692452	623063
1	2678619	1411581	1267038	2172514	1143040	1029474
2	2850146	1501397	1348749	2293555	1206806	1086749
3	3429300	1805584	1623716	2770056	1456646	1313410
4	3365677	1785586	1580091	2690473	1424464	1266009
5-9岁	**15329791**	**8247757**	**7082034**	**12174665**	**6523256**	**5651409**
5	2943593	1571549	1372044	2331113	1240613	1090500
6	3196922	1716809	1480113	2556608	1367646	1188962
7	3016223	1623388	1392835	2397058	1285100	1111958
8	3265551	1762737	1502814	2589568	1391094	1198474
9	2907502	1573274	1334228	2300318	1238803	1061515
10-14岁	**13510904**	**7316461**	**6194443**	**10941204**	**5880519**	**5060685**
10	2802765	1522769	1279996	2223669	1200864	1022805
11	2787980	1513906	1274074	2217515	1196230	1021285
12	2698494	1461719	1236775	2186718	1176496	1010222
13	2630918	1421996	1208922	2164409	1161300	1003109
14	2590747	1396071	1194676	2148893	1145629	1003264
15-19岁	**24342874**	**12802228**	**11540646**	**19767999**	**10173719**	**9594280**
15	3670415	1954502	1715913	3240212	1705617	1534595
16	4804049	2567730	2236319	4233107	2226777	2006330
17	4594149	2459625	2134524	3881931	2030822	1851109
18	5052264	2650588	2401676	3914552	1999549	1915003
19	6221997	3169783	3052214	4498197	2210954	2287243
20-24岁	**29295520**	**15042319**	**14253201**	**19318062**	**9410512**	**9907550**
20	6549783	3322424	3227359	4548907	2212053	2336854
21	5874919	2994512	2880407	3924404	1900435	2023969
22	5717912	2957049	2760863	3721465	1817698	1903767
23	5488700	2844536	2644164	3511213	1719256	1791957
24	5664206	2923798	2740408	3612073	1761070	1851003
25-29岁	**31628405**	**16437614**	**15190791**	**20619285**	**10125672**	**10493613**
25	6082073	3149359	2932714	3905516	1910690	1994826
26	5905829	3052826	2853003	3846671	1880949	1965722
27	6334941	3283872	3051069	4134128	2022963	2111165
28	6482021	3379527	3102494	4244224	2090119	2154105
29	6823541	3572030	3251511	4488746	2220951	2267795

户口登记地在外乡镇街道的人口(城市)

单位：人

登记地					
其中市辖区内人户分离			省外		
小计	男	女	小计	男	女
107113745	**52309728**	**54804017**	**88320084**	**50054399**	**38265685**
5538066	**2906089**	**2631977**	**2653391**	**1408890**	**1244501**
661154	346707	314447	256247	135698	120549
1065396	559010	506386	506105	268541	237564
1126398	589928	536470	556591	294591	262000
1364070	715313	648757	659244	348938	310306
1321048	695131	625917	675204	361122	314082
5684646	**3024390**	**2660256**	**3155126**	**1724501**	**1430625**
1114331	589511	524820	612480	330936	281544
1213209	645613	567596	640314	349163	291151
1108473	589995	518478	619165	338288	280877
1197230	638496	558734	675983	371643	304340
1051403	560775	490628	607184	334471	272713
5070374	**2698333**	**2372041**	**2569700**	**1435942**	**1133758**
1017621	544201	473420	579096	321905	257191
1015360	542441	472919	570465	317676	252789
1018322	543119	475203	511776	285223	226553
1032179	548557	483622	466509	260696	205813
986892	520015	466877	441854	250442	191412
6955824	**3623546**	**3332278**	**4574875**	**2628509**	**1946366**
1473042	763810	709232	430203	248885	181318
1871071	969559	901512	570942	340953	229989
1578963	822740	756223	712218	428803	283415
1099041	584622	514419	1137712	651039	486673
933707	482815	450892	1723800	958829	764971
5064561	**2484170**	**2580391**	**9977458**	**5631807**	**4345651**
937051	474328	462723	2000876	1110371	890505
881657	438345	443312	1950515	1094077	856438
989501	484614	504887	1996447	1139351	857096
1071670	519956	551714	1977487	1125280	852207
1184682	566927	617755	2052133	1162728	889405
7726297	**3632375**	**4093922**	**11009120**	**6311942**	**4697178**
1346099	640647	705452	2176557	1238669	937888
1412465	667134	745331	2059158	1171877	887281
1557003	728493	828510	2200813	1260909	939904
1646848	771448	875400	2237797	1289408	948389
1763882	824653	939229	2334795	1351079	983716

7-2a 续表 1

年龄	户口					
	合计			省内		
	合计	男	女	小计	男	女
30-34岁	**39397188**	**20553626**	**18843562**	**26198432**	**12926014**	**13272418**
30	8473691	4432379	4041312	5554174	2740164	2814010
31	8181763	4259211	3922552	5421837	2666908	2754929
32	7615731	3964208	3651523	5079441	2501557	2577884
33	8125240	4238637	3886603	5439877	2686195	2753682
34	7000763	3659191	3341572	4703103	2331190	2371913
35-39岁	**28746533**	**15169210**	**13577323**	**19546255**	**9785766**	**9760489**
35	5884169	3101191	2782978	3933691	1967622	1966069
36	5754984	3041993	2712991	3872057	1943027	1929030
37	5545398	2930907	2614491	3782826	1898632	1884194
38	6243464	3291338	2952126	4302073	2150808	2151265
39	5318518	2803781	2514737	3655608	1825677	1829931
40-44岁	**24194267**	**12737756**	**11456511**	**16730137**	**8385051**	**8345086**
40	4773610	2519073	2254537	3277469	1640490	1636979
41	5172144	2729141	2443003	3597116	1803470	1793646
42	4828879	2534866	2294013	3354893	1677327	1677566
43	4514390	2371759	2142631	3128248	1567054	1561194
44	4905244	2582917	2322327	3372411	1696710	1675701
45-49岁	**26247033**	**13779969**	**12467064**	**18098748**	**9104252**	**8994496**
45	4933724	2590603	2343121	3376050	1695436	1680614
46	5264459	2763781	2500678	3583118	1800754	1782364
47	5361252	2818290	2542962	3696209	1862109	1834100
48	5341187	2803526	2537661	3692370	1860152	1832218
49	5346411	2803769	2542642	3751001	1885801	1865200
50-54岁	**23936916**	**12346945**	**11589971**	**17034418**	**8406679**	**8627739**
50	5464033	2838115	2625918	3847256	1916200	1931056
51	4980589	2580090	2400499	3539472	1755591	1783881
52	5177647	2668583	2509064	3678894	1813237	1865657
53	3954973	2026558	1928415	2813836	1377670	1436166
54	4359674	2233599	2126075	3154960	1543981	1610979
55-59岁	**18397782**	**9194787**	**9202995**	**14148897**	**6859676**	**7289221**
55	4247042	2156651	2090391	3165988	1547023	1618965
56	4174372	2093106	2081266	3184613	1546302	1638311
57	4774204	2388538	2385666	3716306	1805029	1911277
58	3334243	1651387	1682856	2587646	1248247	1339399
59	1867921	905105	962816	1494344	713075	781269
60-64岁	**11948075**	**5859955**	**6088120**	**9773016**	**4745314**	**5027702**
60	2244942	1099016	1145926	1834480	889009	945471
61	2048949	1015582	1033367	1677901	823375	854526
62	2540777	1258968	1281809	2074312	1015964	1058348
63	2719370	1329417	1389953	2221272	1074850	1146422
64	2394037	1156972	1237065	1965051	942116	1022935

单位：人

登记地					
其中市辖区内人户分离			省　　外		
小计	男	女	小计	男	女
11201809	**5208778**	**5993031**	**13198756**	**7627612**	**5571144**
2221867	1032960	1188907	2919517	1692215	1227302
2267863	1050956	1216907	2759926	1592303	1167623
2190620	1016282	1174338	2536290	1462651	1073639
2397365	1115219	1282146	2685363	1552442	1132921
2124094	993361	1130733	2297660	1328001	969659
9248763	**4368314**	**4880449**	**9200278**	**5383444**	**3816834**
1782003	839485	942518	1950478	1133569	816909
1776695	838320	938375	1882927	1098966	783961
1812411	857611	954800	1762572	1032275	730297
2112169	999064	1113105	1941391	1140530	800861
1765485	833834	931651	1662910	978104	684806
8233884	**3930462**	**4303422**	**7464130**	**4352705**	**3111425**
1578964	749562	829402	1496141	878583	617558
1755081	835344	919737	1575028	925671	649357
1662000	791194	870806	1473986	857539	616447
1562571	747015	815556	1386142	804705	581437
1675268	807347	867921	1532833	886207	646626
9156819	**4464870**	**4691949**	**8148285**	**4675717**	**3472568**
1698500	819949	878551	1557674	895167	662507
1786334	866852	919482	1681341	963027	718314
1878621	917173	961448	1665043	956181	708862
1873535	919084	954451	1648817	943374	705443
1919829	941812	978017	1595410	917968	677442
8598926	**4195157**	**4403769**	**6902498**	**3940266**	**2962232**
1967065	961229	1005836	1616777	921915	694862
1816337	885669	930668	1441117	824499	616618
1865597	909903	955694	1498753	855346	643407
1380657	671835	708822	1141137	648888	492249
1569270	766521	802749	1204714	689618	515096
7587144	**3725362**	**3861782**	**4248885**	**2335111**	**1913774**
1619511	796422	823089	1081054	609628	471426
1703112	837248	865864	989759	546804	442955
2055499	1010438	1045061	1057898	583509	474389
1372546	674161	698385	746597	403140	343457
836476	407093	429383	373577	192030	181547
5540381	**2717963**	**2822418**	**2175059**	**1114641**	**1060418**
1056937	520149	536788	410462	210007	200455
953075	472074	481001	371048	192207	178841
1173104	579909	593195	466465	243004	223461
1249065	609419	639646	498098	254567	243531
1108200	536412	571788	428986	214856	214130

7-2a 续表 2

年 龄	户口					
	合 计			省 内		
	合计	男	女	小计	男	女
65-69岁	**10014199**	**4800772**	**5213427**	**8374302**	**3988125**	**4386177**
65	2386291	1154072	1232219	1970404	945988	1024416
66	2307638	1108453	1199185	1918997	915330	1003667
67	1953439	930007	1023432	1633954	772881	861073
68	1845762	881468	964294	1555597	738097	817500
69	1521069	726772	794297	1295350	615829	679521
70-74岁	**5562463**	**2674893**	**2887570**	**4845864**	**2319445**	**2526419**
70	1398335	675303	723032	1202988	578229	624759
71	1280953	620722	660231	1110543	535364	575179
72	1044881	499098	545783	913137	434073	479064
73	974486	467952	506534	856752	409852	446900
74	863808	411818	451990	762444	361927	400517
75-79岁	**3220212**	**1491920**	**1728292**	**2871404**	**1328441**	**1542963**
75	739704	347328	392376	655074	306404	348670
76	696765	326814	369951	620258	290509	329749
77	617967	284921	333046	551457	254199	297258
78	593824	272506	321318	531419	243836	287583
79	571952	260351	311601	513196	233493	279703
80-84岁	**2144588**	**952997**	**1191591**	**1939136**	**859158**	**1079978**
80	519669	236837	282832	466857	212552	254305
81	440791	194906	245885	397801	175625	222176
82	442077	196604	245473	400019	177406	222613
83	386628	171060	215568	350915	154413	196502
84	355423	153590	201833	323544	139162	184382
85-89岁	**1151397**	**483574**	**667823**	**1057657**	**441962**	**615695**
85	306599	128258	178341	280401	116687	163714
86	266485	111191	155294	244009	101320	142689
87	243112	102324	140788	223609	93613	129996
88	184946	77428	107518	170707	71107	99600
89	150255	64373	85882	138931	59235	79696
90-94岁	**406936**	**165663**	**241273**	**377727**	**152915**	**224812**
90	133424	56588	76836	123468	52043	71425
91	93623	38092	55531	86941	35183	51758
92	79499	31683	47816	74015	29365	44650
93	57779	22742	35037	53674	21009	32665
94	42611	16558	26053	39629	15315	24314
95-99岁	**99474**	**37445**	**62029**	**92235**	**34518**	**57717**
95	33951	13084	20867	31538	12092	19446
96	24649	9220	15429	22915	8534	14381
97	17574	6476	11098	16316	5956	10360
98	12810	4730	8080	11863	4374	7489
99	10490	3935	6555	9603	3562	6041
100岁及以上	**17732**	**6436**	**11296**	**16153**	**5824**	**10329**

单位：人

登记地					
其中市辖区内人户分离			省外		
小计	男	女	小计	男	女
4791870	**2284706**	**2507164**	**1639897**	**812647**	**827250**
1116699	538417	578282	415887	208084	207803
1100519	527141	573378	388641	193123	195518
932243	441042	491201	319485	157126	162359
890367	421660	468707	290165	143371	146794
752042	356446	395596	225719	110943	114776
2842264	**1350675**	**1491589**	**716599**	**355448**	**361151**
701639	335897	365742	195347	97074	98273
646128	309141	336987	170410	85358	85052
534739	252168	282571	131744	65025	66719
507050	240550	266500	117734	58100	59634
452708	212919	239789	101364	49891	51473
1714822	**784125**	**930697**	**348808**	**163479**	**185329**
387386	179047	208339	84630	40924	43706
368004	170327	197677	76507	36305	40202
329094	150238	178856	66510	30722	35788
320360	145076	175284	62405	28670	33735
309978	139437	170541	58756	26858	31898
1195957	**521532**	**674425**	**205452**	**93839**	**111613**
283207	126769	156438	52812	24285	28527
245409	106147	139262	42990	19281	23709
246483	107609	138874	42058	19198	22860
218059	94590	123469	35713	16647	19066
202799	86417	116382	31879	14428	17451
668346	**275994**	**392352**	**93740**	**41612**	**52128**
177741	73262	104479	26198	11571	14627
154760	63645	91115	22476	9871	12605
141113	58239	82874	19503	8711	10792
108256	44640	63616	14239	6321	7918
86476	36208	50268	11324	5138	6186
233678	**92214**	**141464**	**29209**	**12748**	**16461**
76970	31969	45001	9956	4545	5411
54613	21467	33146	6682	2909	3773
45676	17583	28093	5484	2318	3166
32519	12337	20182	4105	1733	2372
23900	8858	15042	2982	1243	1739
51633	**18232**	**33401**	**7239**	**2927**	**4312**
18412	6648	11764	2413	992	1421
13087	4612	8475	1734	686	1048
9035	3141	5894	1258	520	738
6314	2175	4139	947	356	591
4785	1656	3129	887	373	514
7681	**2441**	**5240**	**1579**	**612**	**967**

7-2b 全国按户口登记地、年龄、性别分的

年龄	户口					
	合计			省内		
	合计	男	女	小计	男	女
总计	**119450766**	**61218159**	**58232607**	**99804841**	**49837237**	**49967604**
0-4岁	**6221285**	**3286891**	**2934394**	**5541619**	**2926117**	**2615502**
0	679698	359643	320055	617054	326481	290573
1	1162952	613523	549429	1035083	545414	489669
2	1263088	666462	596626	1120147	590922	529225
3	1569975	827206	742769	1399393	737002	662391
4	1545572	820057	725515	1369942	726298	643644
5-9岁	**8036568**	**4319460**	**3717108**	**7159570**	**3845638**	**3313932**
5	1428793	762020	666773	1263633	673530	590103
6	1637912	878510	759402	1461292	783099	678193
7	1614522	867584	746938	1439315	773036	666279
8	1744237	940034	804203	1555926	837934	717992
9	1611104	871312	739792	1439404	778039	661365
10-14岁	**7785993**	**4181013**	**3604980**	**7068489**	**3791046**	**3277443**
10	1571494	850087	721407	1408051	761126	646925
11	1597392	863832	733560	1435710	775940	659770
12	1551241	834347	716894	1407658	756771	650887
13	1485049	796997	688052	1356369	727211	629158
14	1580817	835750	745067	1460701	769998	690703
15-19岁	**12625926**	**6571467**	**6054459**	**11612626**	**5992353**	**5620273**
15	2419159	1259424	1159735	2309987	1197617	1112370
16	3229541	1679051	1550490	3096970	1600858	1496112
17	2882610	1496934	1385676	2725632	1402878	1322754
18	2200479	1153735	1046744	1952639	1012742	939897
19	1894137	982323	911814	1527398	778258	749140
20-24岁	**7580963**	**3920623**	**3660340**	**5696177**	**2818182**	**2877995**
20	1737028	898931	838097	1327904	669929	657975
21	1488132	773561	714571	1106540	554488	552052
22	1469613	766359	703254	1094901	542768	552133
23	1413941	731482	682459	1058924	517915	541009
24	1472249	750290	721959	1107908	533082	574826
25-29岁	**9267781**	**4634174**	**4633607**	**7146932**	**3397816**	**3749116**
25	1635473	827654	807819	1240122	592991	647131
26	1642605	823644	818961	1258994	599326	659668
27	1846251	920464	925787	1423610	674886	748724
28	1968768	980833	987935	1527063	724614	802449
29	2174684	1081579	1093105	1697143	805999	891144

户口登记地在外乡镇街道的人口(镇)

单位：人

登记地					
其中市辖区内人户分离			省外		
小计	男	女	小计	男	女
4652659	**2321347**	**2331312**	**19645925**	**11380922**	**8265003**
248275	**129857**	**118418**	**679666**	**360774**	**318892**
29155	15240	13915	62644	33162	29482
47783	25031	22752	127869	68109	59760
51252	26742	24510	142941	75540	67401
61181	31979	29202	170582	90204	80378
58904	30865	28039	175630	93759	81871
265051	**139716**	**125335**	**876998**	**473822**	**403176**
52310	27686	24624	165160	88490	76670
55538	29181	26357	176620	95411	81209
51569	27212	24357	175207	94548	80659
55552	29363	26189	188311	102100	86211
50082	26274	23808	171700	93273	78427
241055	**126665**	**114390**	**717504**	**389967**	**327537**
48743	25602	23141	163443	88961	74482
49624	26093	23531	161682	87892	73790
47629	25114	22515	143583	77576	66007
47060	24890	22170	128680	69786	58894
47999	24966	23033	120116	65752	54364
466669	**243996**	**222673**	**1013300**	**579114**	**434186**
92632	47951	44681	109172	61807	47365
134547	69902	64645	132571	78193	54378
117227	60801	56426	156978	94056	62922
71573	38548	33025	247840	140993	106847
50690	26794	23896	366739	204065	162674
224105	**112252**	**111853**	**1884786**	**1102441**	**782345**
45618	23837	21781	409124	229002	180122
40058	20554	19504	381592	219073	162519
42324	21381	20943	374712	223591	151121
45790	22672	23118	355017	213567	141450
50315	23808	26507	364341	217208	147133
329172	**151803**	**177369**	**2120849**	**1236358**	**884491**
56363	26279	30084	395351	234663	160688
60117	27894	32223	383611	224318	159293
66886	30815	36071	422641	245578	177063
70190	32237	37953	441705	256219	185486
75616	34578	41038	477541	275580	201961

7-2b 续表 1

年龄	户口					
	合计			省内		
	合计	男	女	小计	男	女
30-34岁	**13200393**	**6543646**	**6656747**	**10341190**	**4900353**	**5440837**
30	2813370	1394263	1419107	2199770	1040674	1159096
31	2736670	1351157	1385513	2143257	1011057	1132200
32	2558831	1265284	1293547	2006709	949323	1057386
33	2734478	1357962	1376516	2142901	1017832	1125069
34	2357044	1174980	1182064	1848553	881467	967086
35-39岁	**10013200**	**5064172**	**4949028**	**7967627**	**3861821**	**4105806**
35	2031395	1023336	1008059	1597504	771179	826325
36	2008409	1015798	992611	1591546	772094	819452
37	1916124	970958	945166	1526438	741809	784629
38	2162263	1095309	1066954	1732119	840450	891669
39	1895009	958771	936238	1520020	736289	783731
40-44岁	**8962039**	**4592165**	**4369874**	**7208569**	**3556488**	**3652081**
40	1745433	886009	859424	1403816	684293	719523
41	1890321	963738	926583	1527770	748334	779436
42	1790816	915189	875627	1445191	711651	733540
43	1681524	866280	815244	1350896	671135	679761
44	1853945	960949	892996	1480896	741075	739821
45-49岁	**9696342**	**5059020**	**4637322**	**7664639**	**3855333**	**3809306**
45	1848654	957792	890862	1465310	732796	732514
46	1977113	1027792	949321	1559773	782233	777540
47	1976813	1032179	944634	1560905	785711	775194
48	1960605	1024551	936054	1547076	779085	767991
49	1933157	1016706	916451	1531575	775508	756067
50-54岁	**8686458**	**4518721**	**4167737**	**6979792**	**3483414**	**3496378**
50	1982160	1033132	949028	1576289	790284	786005
51	1787814	934647	853167	1429872	717935	711937
52	1870040	972123	897917	1500978	748057	752921
53	1462695	757186	705509	1181266	585884	595382
54	1583749	821633	762116	1291387	641254	650133
55-59岁	**6157225**	**3124959**	**3032266**	**5191271**	**2538729**	**2652542**
55	1488867	765718	723149	1232868	608608	624260
56	1402775	714264	688511	1174949	575301	599648
57	1544171	788812	755359	1307396	643879	663517
58	1131668	567870	563798	965994	468281	497713
59	589744	288295	301449	510064	242660	267404
60-64岁	**3648233**	**1818576**	**1829657**	**3228772**	**1579953**	**1648819**
60	675233	336496	338737	591090	288126	302964
61	615869	311940	303929	543024	269684	273340
62	768992	388249	380743	679117	336367	342750
63	841995	417709	424286	748476	364986	383490
64	746144	364182	381962	667065	320790	346275

单位：人

登记地					
其中市辖区内人户分离			省外		
小计	男	女	小计	男	女
466716	**216143**	**250573**	**2859203**	**1643293**	**1215910**
94758	43338	51420	613600	353589	260011
94807	43432	51375	593413	340100	253313
89716	41383	48333	552122	315961	236161
99453	46680	52773	591577	340130	251447
87982	41310	46672	508491	293513	214978
360438	**174388**	**186050**	**2045573**	**1202351**	**843222**
72177	34420	37757	433891	252157	181734
69014	33264	35750	416863	243704	173159
69254	33754	35500	389686	229149	160537
80957	39469	41488	430144	254859	175285
69036	33481	35555	374989	222482	152507
322489	**157900**	**164589**	**1753470**	**1035677**	**717793**
61526	29815	31711	341617	201716	139901
68661	33503	35158	362551	215404	147147
64548	31503	33045	345625	203538	142087
60981	30205	30776	330628	195145	135483
66773	32874	33899	373049	219874	153175
383460	**190771**	**192689**	**2031703**	**1203687**	**828016**
69849	34493	35356	383344	224996	158348
74644	36729	37915	417340	245559	171781
78885	39124	39761	415908	246468	169440
78388	39227	39161	413529	245466	168063
81694	41198	40496	401582	241198	160384
366636	**185497**	**181139**	**1706666**	**1035307**	**671359**
82985	41815	41170	405871	242848	163023
76384	38658	37726	357942	216712	141230
78128	39439	38689	369062	224066	144996
60867	30771	30096	281429	171302	110127
68272	34814	33458	292362	180379	111983
297635	**152632**	**145003**	**965954**	**586230**	**379724**
66977	34143	32834	255999	157110	98889
67319	34644	32675	227826	138963	88863
78380	40465	37915	236775	144933	91842
53653	27451	26202	165674	99589	66085
31306	15929	15377	79680	45635	34045
205779	**106052**	**99727**	**419461**	**238623**	**180838**
38183	19566	18617	84143	48370	35773
35123	18303	16820	72845	42256	30589
43394	22521	20873	89875	51882	37993
47278	24303	22975	93519	52723	40796
41801	21359	20442	79079	43392	35687

7-2b 续表 2

年 龄	户口					
	合 计			省 内		
	合计	男	女	小计	男	女
65-69岁	**3236099**	**1558426**	**1677673**	**2939416**	**1400251**	**1539165**
65	754134	367865	386269	678697	326443	352254
66	729512	351407	378105	659741	313839	345902
67	637851	305079	332772	579737	274402	305335
68	612772	294203	318569	559969	266455	293514
69	501830	239872	261958	461272	219112	242160
70-74岁	**1927109**	**932819**	**994290**	**1792436**	**863803**	**928633**
70	468167	226785	241382	432639	208439	224200
71	443994	216833	227161	412490	200527	211963
72	367139	176691	190448	342039	163793	178246
73	343432	166615	176817	320618	154981	165637
74	304377	145895	158482	284650	136063	148587
75-79岁	**1158122**	**544923**	**613199**	**1086835**	**510654**	**576181**
75	266732	126407	140325	250006	118327	131679
76	253075	120670	132405	237377	112936	124441
77	223904	104908	118996	210044	98271	111773
78	210891	98429	112462	198171	92383	105788
79	203520	94509	109011	191237	88737	102500
80-84岁	**727480**	**330904**	**396576**	**685237**	**310861**	**374376**
80	182208	85265	96943	171141	79953	91188
81	148037	67150	80887	139285	63116	76169
82	150760	69051	81709	142077	64880	77197
83	130558	58620	71938	123276	55156	68120
84	115917	50818	65099	109458	47756	61702
85-89岁	**361744**	**153842**	**207902**	**343120**	**145238**	**197882**
85	97247	41620	55627	91944	39131	52813
86	84110	35522	48588	79694	33470	46224
87	77005	33038	43967	73143	31267	41876
88	56814	23906	32908	53998	22626	31372
89	46568	19756	26812	44341	18744	25597
90-94岁	**122590**	**49451**	**73139**	**116993**	**46980**	**70013**
90	40985	17119	23866	39081	16229	22852
91	28020	11192	16828	26780	10661	16119
92	23512	9395	14117	22462	8910	13552
93	17227	6750	10477	16421	6412	10009
94	12846	4995	7851	12249	4768	7481
95-99岁	**29648**	**10946**	**18702**	**28269**	**10357**	**17912**
95	9895	3748	6147	9457	3570	5887
96	7228	2643	4585	6894	2503	4391
97	5275	1847	3428	5035	1746	3289
98	3756	1398	2358	3574	1310	2264
99	3494	1310	2184	3309	1228	2081
100岁及以上	**5568**	**1961**	**3607**	**5262**	**1850**	**3412**

单位：人

登记地					
其中市辖区内人户分离			省外		
小计	男	女	小计	男	女
189727	**95448**	**94279**	**296683**	**158175**	**138508**
43532	22080	21452	75437	41422	34015
42561	21370	21191	69771	37568	32203
37321	18682	18639	58114	30677	27437
36237	18214	18023	52803	27748	25055
30076	15102	14974	40558	20760	19798
119751	**60982**	**58769**	**134673**	**69016**	**65657**
28272	14186	14086	35528	18346	17182
27001	13808	13193	31504	16306	15198
22927	11677	11250	25100	12898	12202
21861	11211	10650	22814	11634	11180
19690	10100	9590	19727	9832	9895
75027	**36929**	**38098**	**71287**	**34269**	**37018**
17073	8613	8460	16726	8080	8646
16554	8221	8333	15698	7734	7964
14491	7074	7417	13860	6637	7223
13644	6650	6994	12720	6046	6674
13265	6371	6894	12283	5772	6511
49322	**22963**	**26359**	**42243**	**20043**	**22200**
11730	5580	6150	11067	5312	5755
10142	4743	5399	8752	4034	4718
10138	4744	5394	8683	4171	4512
8957	4146	4811	7282	3464	3818
8355	3750	4605	6459	3062	3397
28073	**12057**	**16016**	**18624**	**8604**	**10020**
7258	3247	4011	5303	2489	2814
6436	2707	3729	4416	2052	2364
5980	2547	3433	3862	1771	2091
4671	1984	2687	2816	1280	1536
3728	1572	2156	2227	1012	1215
10317	**4188**	**6129**	**5597**	**2471**	**3126**
3331	1447	1884	1904	890	1014
2408	963	1445	1240	531	709
1963	782	1181	1050	485	565
1497	579	918	806	338	468
1118	417	701	597	227	370
2458	**926**	**1532**	**1379**	**589**	**790**
830	325	505	438	178	260
625	231	394	334	140	194
442	151	291	240	101	139
302	121	181	182	88	94
259	98	161	185	82	103
504	**182**	**322**	**306**	**111**	**195**

7-2c 全国按户口登记地、年龄、性别分的

年　龄	户口					
	合　计			省　内		
	合计	男	女	小计	男	女
总　计	**49823947**	**27243484**	**22580463**	**32952803**	**16989683**	**15963120**
0-4岁	**1886756**	**986652**	**900104**	**1403193**	**731427**	**671766**
0	206268	107830	98438	162099	84564	77535
1	373347	194905	178442	278792	145256	133536
2	404117	212026	192091	298639	156320	142319
3	455168	237628	217540	336094	174579	161515
4	447856	234263	213593	327569	170708	156861
5-9岁	**2224835**	**1170256**	**1054579**	**1625146**	**847764**	**777382**
5	422528	221694	200834	306884	160086	146798
6	452658	238124	214534	333375	174081	159294
7	440793	231595	209198	321781	167570	154211
8	471878	248938	222940	344522	180257	164265
9	436978	229905	207073	318584	165770	152814
10-14岁	**2070072**	**1091858**	**978214**	**1564954**	**817056**	**747898**
10	428793	225866	202927	315199	164312	150887
11	437550	230364	207186	322489	168169	154320
12	412942	217699	195243	312643	163336	149307
13	391968	207101	184867	301283	157718	143565
14	398819	210828	187991	313340	163521	149819
15-19岁	**3313756**	**1765616**	**1548140**	**2670408**	**1374962**	**1295446**
15	534381	286248	248133	463602	244886	218716
16	691807	376096	315711	603591	321253	282338
17	654988	356002	298986	544322	286223	258099
18	677865	359613	318252	520146	263181	256965
19	754715	387657	367058	538747	259419	279328
20-24岁	**3680680**	**1925098**	**1755582**	**2307781**	**1084692**	**1223089**
20	759463	390305	369158	513604	243771	269833
21	692514	360145	332369	440593	207504	233089
22	727973	385191	342782	444598	209817	234781
23	729505	386222	343283	441268	207061	234207
24	771225	403235	367990	467718	216539	251179
25-29岁	**4505716**	**2320356**	**2185360**	**2729862**	**1245207**	**1484655**
25	851117	442358	408759	518016	238484	279532
26	834894	429001	405893	512170	233638	278532
27	906084	464452	441632	551141	250013	301128
28	931210	478255	452955	561238	255230	306008
29	982411	506290	476121	587297	267842	319455

户口登记地在外乡镇街道的人口(乡村)

单位：人

其中市辖区内人户分离			省外		
小计	男	女	小计	男	女
5179343	**2569858**	**2609485**	**16871144**	**10253801**	**6617343**
249360	**129404**	**119956**	**483563**	**255225**	**228338**
30453	15740	14713	44169	23266	20903
50492	26230	24262	94555	49649	44906
52886	27494	25392	105478	55706	49772
59170	30672	28498	119074	63049	56025
56359	29268	27091	120287	63555	56732
251901	**131761**	**120140**	**599689**	**322492**	**277197**
49981	25998	23983	115644	61608	54036
53717	28029	25688	119283	64043	55240
48851	25519	23332	119012	64025	54987
52114	27501	24613	127356	68681	58675
47238	24714	22524	118394	64135	54259
225906	**117100**	**108806**	**505118**	**274802**	**230316**
45675	23758	21917	113594	61554	52040
46165	23923	22242	115061	62195	52866
44820	23196	21624	100299	54363	45936
43896	22943	20953	90685	49383	41302
45350	23280	22070	85479	47307	38172
425346	**223536**	**201810**	**643348**	**390654**	**252694**
89685	46793	42892	70779	41362	29417
120728	63870	56858	88216	54843	33373
97485	51556	45929	110666	69779	40887
65495	34857	30638	157719	96432	61287
51953	26460	25493	215968	128238	87730
267679	**121680**	**145999**	**1372899**	**840406**	**532493**
49103	24386	24717	245859	146534	99325
46119	21988	24131	251921	152641	99280
51748	23639	28109	283375	175374	108001
56584	24591	31993	288237	179161	109076
64125	27076	37049	303507	186696	116811
413581	**168757**	**244824**	**1775854**	**1075149**	**700705**
74259	30949	43310	333101	203874	129227
76966	31846	45120	322724	195363	127361
84149	34272	49877	354943	214439	140504
86295	34743	51552	369972	223025	146947
91912	36947	54965	395114	238448	156666

7-2c 续表 1

年龄	户口 合计			省内		
	合计	男	女	小计	男	女
30-34岁	**5606665**	**2959607**	**2647058**	**3258948**	**1533865**	**1725083**
30	1221500	635596	585904	716030	328861	387169
31	1170854	612036	558818	683921	317678	366243
32	1076960	566605	510355	625091	293417	331674
33	1144988	610795	534193	660465	315618	344847
34	992363	534575	457788	573441	278291	295150
35-39岁	**4095221**	**2251365**	**1843856**	**2369633**	**1185693**	**1183940**
35	849096	462357	386739	489615	241361	248254
36	818094	449156	368938	472401	236188	236213
37	774304	427090	347214	447706	224566	223140
38	875453	483445	392008	509119	256144	252975
39	778274	429317	348957	450792	227434	223358
40-44岁	**3915177**	**2174522**	**1740655**	**2273905**	**1173360**	**1100545**
40	733311	403703	329608	425767	215213	210554
41	798493	443919	354574	468088	240086	228002
42	775495	429985	345510	451271	232567	218704
43	755109	420665	334444	438336	228165	210171
44	852769	476250	376519	490443	257329	233114
45-49岁	**4864719**	**2757611**	**2107108**	**2778361**	**1481408**	**1296953**
45	885247	495383	389864	504169	264939	239230
46	978959	550359	428600	554616	293220	261396
47	992218	562713	429505	566646	302301	264345
48	1002255	571034	431221	571736	307265	264471
49	1006040	578122	427918	581194	313683	267511
50-54岁	**4510741**	**2636334**	**1874407**	**2689793**	**1476592**	**1213201**
50	1034903	595381	439522	601501	325384	276117
51	935220	543316	391904	552787	301661	251126
52	974759	570148	404611	579343	318131	261212
53	758884	445700	313184	458486	252793	205693
54	806975	481789	325186	497676	278623	219053
55-59岁	**3009950**	**1785676**	**1224274**	**2033407**	**1140301**	**893106**
55	741726	441353	300373	476473	266850	209623
56	694100	411834	282266	461339	258910	202429
57	747112	447970	299142	509666	288021	221645
58	537074	318521	218553	373039	209689	163350
59	289938	165998	123940	212890	116831	96059
60-64岁	**1718826**	**990870**	**727956**	**1354598**	**757516**	**597082**
60	330053	189612	140441	253419	140618	112801
61	296541	172834	123707	232027	130695	101332
62	364198	212660	151538	285885	161581	124304
63	383908	220948	162960	305066	170673	134393
64	344126	194816	149310	278201	153949	124252

单位：人

登记地					
其中市辖区内人户分离			省外		
小计	男	女	小计	男	女
523728	**218911**	**304817**	**2347717**	**1425742**	**921975**
112110	45508	66602	505470	306735	198735
108806	44292	64514	486933	294358	192575
99804	41489	58315	451869	273188	178681
108824	46336	62488	484523	295177	189346
94184	41286	52898	418922	256284	162638
366495	**167113**	**199382**	**1725588**	**1065672**	**659916**
76272	33908	42364	359481	220996	138485
71700	32461	39239	345693	212968	132725
68748	31410	37338	326598	202524	124074
80523	37083	43440	366334	227301	139033
69252	32251	37001	327482	201883	125599
341532	**164015**	**177517**	**1641272**	**1001162**	**640110**
63482	29855	33627	307544	188490	119054
71087	33737	37350	330405	203833	126572
67495	32485	35010	324224	197418	126806
66132	32020	34112	316773	192500	124273
73336	35918	37418	362326	218921	143405
431179	**217578**	**213601**	**2086358**	**1276203**	**810155**
77130	38125	39005	381078	230444	150634
84811	42270	42541	424343	257139	167204
88563	44696	43867	425572	260412	165160
88234	45214	43020	430519	263769	166750
92441	47273	45168	424846	264439	160407
421550	**221023**	**200527**	**1820948**	**1159742**	**661206**
94657	48798	45859	433402	269997	163405
86559	44897	41662	382433	241655	140778
90407	47444	42963	395416	252017	143399
70693	37167	33526	300398	192907	107491
79234	42717	36517	309299	203166	106133
339883	**185091**	**154792**	**976543**	**645375**	**331168**
77653	41943	35710	265253	174503	90750
77138	41965	35173	232761	152924	79837
88238	48509	39729	237446	159949	77497
61054	33383	27671	164035	108832	55203
35800	19291	16509	77048	49167	27881
240853	**133731**	**107122**	**364228**	**233354**	**130874**
43618	24184	19434	76634	48994	27640
40574	22716	17858	64514	42139	22375
50420	28267	22153	78313	51079	27234
55285	30581	24704	78842	50275	28567
50956	27983	22973	65925	40867	25058

7-2c 续表 2

年 龄	户口					
	合 计			省 内		
	合计	男	女	小计	男	女
65-69岁	**1571502**	**878618**	**692884**	**1323845**	**734574**	**589271**
65	350612	197250	153362	288147	159367	128780
66	344596	191947	152649	287156	158071	129085
67	310067	172603	137464	261822	144638	117184
68	306870	171566	135304	262204	146398	115806
69	259357	145252	114105	224516	126100	98416
70-74岁	**1107021**	**641439**	**465582**	**982554**	**573736**	**408818**
70	254155	144802	109353	222821	127667	95154
71	247735	143575	104160	219256	128037	91219
72	210675	122034	88641	187506	109444	78062
73	205544	120438	85106	183693	108570	75123
74	188912	110590	78322	169278	100018	69260
75-79岁	**729245**	**409848**	**319397**	**656180**	**372406**	**283774**
75	164672	94451	70221	147762	85625	62137
76	158617	91282	67335	142471	82771	59700
77	140651	78598	62053	126399	71404	54995
78	134055	74169	59886	120953	67614	53339
79	131250	71348	59902	118595	64992	53603
80-84岁	**508026**	**263357**	**244669**	**462021**	**241109**	**220912**
80	121152	65877	55275	109842	60266	49576
81	102093	52933	49160	92712	48455	44257
82	104620	54304	50316	95173	49740	45433
83	93485	47582	45903	85047	43498	41549
84	86676	42661	44015	79247	39150	40097
85-89岁	**308834**	**146089**	**162745**	**284523**	**135006**	**149517**
85	76309	36385	39924	69880	33439	36441
86	69898	32826	37072	64176	30185	33991
87	65857	31372	34485	60822	29039	31783
88	52102	24211	27891	48170	22510	25660
89	44668	21295	23373	41475	19833	21642
90-94岁	**135784**	**61964**	**73820**	**126797**	**58101**	**68696**
90	41281	19494	21787	38357	18194	20163
91	29741	13335	16406	27724	12459	15265
92	26839	12107	14732	25079	11381	13698
93	21269	9563	11706	19943	9022	10921
94	16654	7465	9189	15694	7045	8649
95-99岁	**47538**	**20858**	**26680**	**44887**	**19765**	**25122**
95	14287	6365	7922	13504	6045	7459
96	11284	4915	6369	10626	4632	5994
97	8689	3751	4938	8239	3580	4659
98	7175	3143	4032	6778	2983	3795
99	6103	2684	3419	5740	2525	3215
100岁及以上	**12883**	**5490**	**7393**	**12007**	**5143**	**6864**

单位：人

登记地					
其中市辖区内人户分离			省外		
小计	男	女	小计	男	女
246322	**135149**	**111173**	**247657**	**144044**	**103613**
53296	29266	24030	62465	37883	24582
53743	29260	24483	57440	33876	23564
48451	26682	21769	48245	27965	20280
48929	26808	22121	44666	25168	19498
41903	23133	18770	34841	19152	15689
178220	**102574**	**75646**	**124467**	**67703**	**56764**
41102	23160	17942	31334	17135	14199
39741	22735	17006	28479	15538	12941
33834	19523	14311	23169	12590	10579
33282	19481	13801	21851	11868	9983
30261	17675	12586	19634	10572	9062
112400	**63531**	**48869**	**73065**	**37442**	**35623**
25748	14771	10977	16910	8826	8084
24957	14304	10653	16146	8511	7635
21626	12228	9398	14252	7194	7058
20385	11432	8953	13102	6555	6547
19684	10796	8888	12655	6356	6299
74761	**38623**	**36138**	**46005**	**22248**	**23757**
17827	9708	8119	11310	5611	5699
15230	7903	7327	9381	4478	4903
15390	8014	7376	9447	4564	4883
13588	6816	6772	8438	4084	4354
12726	6182	6544	7429	3511	3918
44202	**20082**	**24120**	**24311**	**11083**	**13228**
11146	5236	5910	6429	2946	3483
10086	4604	5482	5722	2641	3081
9289	4207	5082	5035	2333	2702
7469	3318	4151	3932	1701	2231
6212	2717	3495	3193	1462	1731
17893	**7641**	**10252**	**8987**	**3863**	**5124**
5577	2487	3090	2924	1300	1624
4139	1782	2357	2017	876	1141
3443	1424	2019	1760	726	1034
2668	1079	1589	1326	541	785
2066	869	1197	960	420	540
5270	**2067**	**3203**	**2651**	**1093**	**1558**
1651	691	960	783	320	463
1287	488	799	658	283	375
974	363	611	450	171	279
773	308	465	397	160	237
585	217	368	363	159	204
1282	**491**	**791**	**876**	**347**	**529**

7-3 全国按现住地、性别分的户口登记地在外省的人口

单位：人

现住地	户口登记地					
	合计			北京		
	合计	男	女	小计	男	女
全国	**124837153**	**71689122**	**53148031**	**470339**	**266139**	**204200**
北京	8418418	4545480	3872938			
天津	3534816	2022009	1512807	26102	15010	11092
河北	3155272	1764927	1390345	126089	68591	57498
山西	1620518	996714	623804	13688	7411	6277
内蒙古	1686420	1002896	683524	10788	6065	4723
辽宁	2847308	1514766	1332542	17387	9266	8121
吉林	1001471	513300	488171	9073	4900	4173
黑龙江	829176	448219	380957	10127	5430	4697
上海	10479652	5789091	4690561	35089	19084	16005
江苏	10308610	5891141	4417469	17910	10474	7436
浙江	16186454	9469849	6716605	11491	6697	4794
安徽	1550509	872497	678012	7530	4499	3031
福建	4889876	2848119	2041757	6948	4145	2803
江西	1279014	731535	547479	5404	3287	2117
山东	4129007	2379476	1749531	29114	16289	12825
河南	1273646	725242	548404	13047	7416	5631
湖北	2249614	1223437	1026177	12197	7187	5010
湖南	1577563	845434	732129	9755	5689	4066
广东	29622110	17511681	12110429	31435	18583	12852
广西	1359384	781619	577765	4016	2421	1595
海南	1088143	644352	443791	14836	7735	7101
重庆	2193575	1170880	1022695	8070	5068	3002
四川	2590041	1413237	1176804	19133	12016	7117
贵州	1146546	656454	490092	3083	2055	1028
云南	2230394	1355839	874555	6357	3819	2538
西藏	407121	281541	125580	594	444	150
陕西	1933712	1131352	802360	10324	6132	4192
甘肃	765648	460376	305272	3245	1900	1345
青海	417304	262256	155048	789	516	273
宁夏	675119	394759	280360	1750	1031	719
新疆	3390712	2040644	1350068	4968	2979	1989

7-3　续表 1　　　　单位：人

现住地	户口登记地								
	天　津			河　北			山　西		
	小计	男	女	小计	男	女	小计	男	女
全　国	**798555**	**409052**	**389503**	**5480251**	**3128876**	**2351375**	**1985416**	**1123324**	**862092**
北　京	298417	144418	153999	2162099	1198542	963557	433979	231747	202232
天　津				909348	520427	388921	116053	64675	51378
河　北	212975	107333	105642				128026	69918	58108
山　西	22854	11494	11360	244187	149260	94927			
内蒙古	11731	6551	5180	221545	129964	91581	203126	116768	86358
辽　宁	18057	10034	8023	138160	74456	63704	34679	18243	16436
吉　林	10187	4968	5219	57264	28634	28630	15668	7579	8089
黑龙江	11673	5907	5766	51651	27204	24447	17333	9604	7729
上　海	22642	11367	11275	125526	70281	55245	118384	67058	51326
江　苏	16826	9306	7520	150379	90836	59543	145986	87563	58423
浙　江	8924	5055	3869	86561	51530	35031	65714	39674	26040
安　徽	5732	3386	2346	56836	33911	22925	22659	13333	9326
福　建	5414	3089	2325	41596	26248	15348	30401	17651	12750
江　西	6504	3642	2862	31338	18298	13040	15640	8863	6777
山　东	37834	20269	17565	345446	198346	147100	101830	57461	44369
河　南	24798	12687	12111	106015	59660	46355	57242	31262	25980
湖　北	8899	5123	3776	67220	38209	29011	39830	21627	18203
湖　南	6564	3657	2907	44316	24359	19957	21485	11653	9832
广　东	18740	10861	7879	126560	77121	49439	82010	50005	32005
广　西	3944	2304	1640	36151	21305	14846	17384	10012	7372
海　南	3871	2156	1715	23884	13617	10267	11970	6599	5371
重　庆	4782	2856	1926	38529	22585	15944	20037	11257	8780
四　川	10803	6752	4051	89803	52517	37286	48497	28196	20301
贵　州	1894	1147	747	22218	13477	8741	9093	5656	3437
云　南	5326	3082	2244	45227	27551	17676	19891	12405	7486
西　藏	583	435	148	6777	4959	1818	4237	3002	1235
陕　西	7736	4576	3160	90936	54926	36010	126079	72041	54038
甘　肃	3300	1926	1374	34697	20935	13762	15256	9336	5920
青　海	820	543	277	15600	9965	5635	7572	4691	2881
宁　夏	1231	739	492	30018	18601	11417	14099	8532	5567
新　疆	5494	3389	2105	80364	51152	29212	41256	26913	14343

7-3 续表 2

单位：人

现住地	户口登记地								
	内蒙古			辽宁			吉林		
	小计	男	女	小计	男	女	小计	男	女
全国	**1777743**	**931145**	**846598**	**1874269**	**1005336**	**868933**	**2413950**	**1272568**	**1141382**
北京	295018	147840	147178	370648	179558	191090	284376	138939	145437
天津	111604	60806	50798	103094	57506	45588	123464	65771	57693
河北	200965	105068	95897	168371	90174	78197	156219	81641	74578
山西	104706	53611	51095	24812	14366	10446	22507	11930	10577
内蒙古				112243	64518	47725	90739	49571	41168
辽宁	305502	157304	148198				532562	273681	258881
吉林	85146	40485	44661	158270	78380	79890			
黑龙江	88309	43530	44779	86302	44931	41371	181153	93201	87952
上海	47163	23820	23343	122922	59869	63053	105841	51627	54214
江苏	41638	22534	19104	76802	42864	33938	87629	47733	39896
浙江	35153	19807	15346	65583	37370	28213	85747	48510	37237
安徽	11639	6309	5330	18564	10776	7788	19724	10973	8751
福建	12818	7217	5601	28187	15914	12273	28609	16031	12578
江西	10889	5927	4962	13248	7816	5432	12346	6947	5399
山东	146604	78969	67635	174663	99128	75535	344030	186141	157889
河南	18627	10154	8473	23036	12859	10177	20574	11148	9426
湖北	19188	10176	9012	21207	12339	8868	18485	10326	8159
湖南	12555	6882	5673	16943	9534	7409	16302	8986	7316
广东	47371	27183	20188	108821	60826	47995	117177	64395	52782
广西	13224	7308	5916	23101	13095	10006	22948	12400	10548
海南	11107	5928	5179	20362	10717	9645	25301	13087	12214
重庆	10479	5818	4661	13233	7899	5334	11439	6496	4943
四川	23454	13300	10154	34465	20269	14196	29730	17099	12631
贵州	4340	2613	1727	7467	4559	2908	7469	4500	2969
云南	9779	5655	4124	19195	11494	7701	18300	10667	7633
西藏	1345	954	391	2376	1653	723	1626	1143	483
陕西	49168	27647	21521	21759	12638	9121	18262	10503	7759
甘肃	11257	6297	4960	7960	4790	3170	6105	3680	2425
青海	3163	2021	1142	2627	1589	1038	2616	1575	1041
宁夏	25683	13645	12038	5934	3474	2460	4608	2663	1945
新疆	19849	12337	7512	22074	14431	7643	18062	11204	6858

7-3　续表 3　　单位：人

现住地	户口登记地								
	黑龙江			上海			江苏		
	小计	男	女	小计	男	女	小计	男	女
全国	**3932375**	**2012680**	**1919695**	**383687**	**217239**	**166448**	**4352063**	**2609098**	**1742965**
北京	455150	216967	238183	20700	10689	10011	200095	116015	84080
天津	223241	116596	106645	3530	2126	1404	83464	52477	30987
河北	337060	169841	167219	3354	2017	1337	91016	59243	31773
山西	26431	14130	12301	2129	1177	952	62055	41919	20136
内蒙古	150577	79152	71425	1227	741	486	33233	23333	9900
辽宁	790383	398160	392223	4644	2701	1943	60212	37557	22655
吉林	243782	118696	125086	2705	1500	1205	33394	20236	13158
黑龙江				3312	1784	1528	25869	16868	9001
上海	165644	79481	86163				1798258	1009157	789101
江苏	156873	84021	72852	154242	86007	68235			
浙江	135807	73751	62056	45335	25354	19981	477819	297749	180070
安徽	24951	13224	11727	25955	14510	11445	262807	148545	114262
福建	41314	21807	19507	6936	4099	2837	67697	43550	24147
江西	14824	7861	6963	13391	7106	6285	51900	32537	19363
山东	631631	328964	302667	9824	5793	4031	282873	186353	96520
河南	33759	18028	15731	6714	4099	2615	66568	42433	24135
湖北	23586	12541	11045	10124	6054	4070	81863	49859	32004
湖南	18118	9672	8446	5957	3756	2201	44418	26641	17777
广东	198311	107767	90544	19306	11408	7898	163111	102261	60850
广西	42432	22577	19855	2617	1562	1055	25023	16576	8447
海南	55006	27287	27719	2226	1257	969	17946	11784	6162
重庆	14244	7916	6328	5422	3411	2011	38166	23868	14298
四川	38870	21412	17458	11302	7097	4205	75335	46587	28748
贵州	9696	5624	4072	3658	2110	1548	25845	16386	9459
云南	27380	15109	12271	5507	3284	2223	41147	26282	14865
西藏	1703	1122	581	244	166	78	4554	3295	1259
陕西	24625	13462	11163	4729	2715	2014	73029	47393	25636
甘肃	7713	4488	3225	2073	1138	935	34326	23110	11216
青海	2857	1686	1171	397	242	155	17153	11819	5334
宁夏	7627	4323	3304	742	430	312	16584	11438	5146
新疆	28780	17015	11765	5385	2906	2479	96303	63827	32476

7-3 续表 4

单位：人

现住地	户口登记地								
	浙江			安徽			福建		
	小计	男	女	小计	男	女	小计	男	女
全国	**2362232**	**1328487**	**1033745**	**11520516**	**6563927**	**4956589**	**2614004**	**1548102**	**1065902**
北京	87439	45956	41483	310271	171752	138519	86134	48307	37827
天津	53025	30941	22084	117261	67230	50031	57330	34898	22432
河北	65689	38982	26707	119240	67953	51287	61493	38449	23044
山西	30226	18485	11741	53232	33095	20137	34041	21751	12290
内蒙古	18841	11600	7241	37658	23745	13913	19195	12820	6375
辽宁	34620	20066	14554	94708	54778	39930	33685	20216	13469
吉林	21587	11904	9683	32357	18661	13696	15105	8744	6361
黑龙江	15482	8819	6663	31065	18339	12726	12381	7628	4753
上海	515614	264405	251209	2426484	1337217	1089267	294823	161641	133182
江苏	307467	170714	136753	3080824	1725315	1355509	184982	106483	78499
浙江				3138770	1818308	1320462	247586	144962	102624
安徽	97735	56357	41378				51547	30548	20999
福建	100777	56963	43814	298495	173050	125445			
江西	90332	51282	39050	94008	55833	38175	87666	50085	37581
山东	87103	50939	36164	219692	131068	88624	76928	46320	30608
河南	49269	28879	20390	142177	83006	59171	43461	26516	16945
湖北	86194	48289	37905	133739	76326	57413	79548	48196	31352
湖南	58750	33669	25081	55819	32481	23338	66624	39438	27186
广东	189797	109472	80325	596572	351987	244585	640230	377049	263181
广西	39403	23212	16191	47795	29935	17860	69896	43489	26407
海南	20549	12375	8174	34981	21115	13866	48092	30303	17789
重庆	36336	20740	15596	35605	21202	14403	42780	25343	17437
四川	82497	48743	33754	67639	40065	27574	74968	45513	29455
贵州	50799	29949	20850	29162	17497	11665	60558	37838	22720
云南	84347	51147	33200	45877	28399	17478	103337	66052	37285
西藏	3782	2554	1228	5094	3447	1647	2542	1874	668
陕西	50545	29815	20730	88727	53877	34850	55867	33572	22295
甘肃	25988	15823	10165	27758	17183	10575	18796	11809	6987
青海	9091	6041	3050	14329	9055	5274	6873	4419	2454
宁夏	11166	6935	4231	23735	14063	9672	6762	4195	2567
新疆	37782	23431	14351	117442	67945	49497	30774	19644	11130

7-3 续表 5

单位：人

现住地	户口登记地								
	江西			山东			河南		
	小计	男	女	小计	男	女	小计	男	女
全国	**6339726**	**3688588**	**2651138**	**4259205**	**2525710**	**1733495**	**16100852**	**9786089**	**6314763**
北京	99060	53009	46051	697539	393766	303773	1271904	760310	511594
天津	21216	12271	8945	396255	236241	160014	553202	329667	223535
河北	30714	18019	12695	219664	127968	91696	504805	307724	197081
山西	13320	7787	5533	70598	47828	22770	364853	245759	119094
内蒙古	11576	6791	4785	78751	55091	23660	116981	77745	39236
辽宁	15999	9536	6463	173685	97595	76090	207110	121805	85305
吉林	9245	5163	4082	67987	37283	30704	65303	36503	28800
黑龙江	10235	6296	3939	78928	44857	34071	54794	31996	22798
上海	502200	276599	225601	501181	293389	207792	1342950	800170	542780
江苏	321432	186562	134870	584765	341159	243606	2197232	1327133	870099
浙江	1580314	923648	656666	260105	158812	101293	2465900	1511316	954584
安徽	64312	35659	28653	79045	47215	31830	303747	181482	122265
福建	629840	361488	268352	71444	45217	26227	506110	315770	190340
江西				37671	22580	15091	115823	74245	41578
山东	47113	27717	19396				629313	396817	232496
河南	34090	20425	13665	123661	70985	52676			
湖北	112020	61713	50307	72205	42198	30007	478069	276192	201877
湖南	123848	69644	54204	37859	22223	15636	133659	77320	56339
广东	2303240	1366219	937021	198093	122306	75787	2773558	1697693	1075865
广西	66581	38746	27835	34300	21235	13065	76201	46969	29232
海南	44912	26531	18381	21363	12778	8585	85589	52867	32722
重庆	37603	20947	16656	35733	21282	14451	83792	49169	34623
四川	72865	41897	30968	70801	42952	27849	191812	114750	77062
贵州	38298	21796	16502	23400	15293	8107	55480	33435	22045
云南	79754	48316	31438	40843	25183	15660	118548	74638	43910
西藏	2735	1818	917	6151	4514	1637	31222	21872	9350
陕西	30293	17718	12575	83147	52855	30292	369611	218194	151417
甘肃	11065	6710	4355	28990	18232	10758	122386	74381	48005
青海	3894	2364	1530	17172	11056	6116	67084	42968	24116
宁夏	4511	2648	1863	24438	15318	9120	74865	45400	29465
新疆	17441	10551	6890	123431	78299	45132	738949	441799	297150

7-3 续表 6

单位：人

现住地	户口登记地								
	湖北			湖南			广东		
	小计	男	女	小计	男	女	小计	男	女
全国	**5985792**	**3436185**	**2549607**	**8041141**	**4595526**	**3445615**	**1687249**	**921472**	**765777**
北京	214784	110155	104629	115615	54395	61220	90938	48534	42404
天津	52537	31456	21081	20126	11601	8525	27730	15659	12071
河北	79054	45894	33160	32478	17932	14546	66670	36211	30459
山西	41581	27100	14481	15312	8576	6736	13784	7747	6037
内蒙古	21522	13624	7898	11026	6902	4124	7211	3928	3283
辽宁	26794	15649	11145	15609	8713	6896	20193	11457	8736
吉林	17881	10052	7829	9934	5162	4772	14185	7502	6683
黑龙江	16345	10334	6011	9359	5382	3977	14462	8011	6451
上海	417652	220363	197289	237535	121332	116203	122677	67666	55011
江苏	351541	198003	153538	162317	90696	71621	72270	40987	31283
浙江	561085	320269	240816	716215	414426	301789	77702	44061	33641
安徽	76826	43576	33250	48179	26689	21490	27863	14819	13044
福建	220019	126966	93053	215283	124224	91059	105956	57880	48076
江西	101087	58928	42159	119574	68622	50952	91143	46875	44268
山东	99695	61322	38373	47534	27180	20354	34581	19805	14776
河南	94514	56446	38068	40729	23696	17033	36707	20512	16195
湖北				171372	87005	84367	95393	47357	48036
湖南	220718	119971	100747				149406	74093	75313
广东	2646357	1538154	1108203	5116703	2964308	2152395			
广西	72455	43310	29145	242032	137162	104870	192475	101419	91056
海南	57862	34318	23544	75678	44172	31506	138295	85689	52606
重庆	92323	49427	42896	61740	32374	29366	38754	20603	18151
四川	130604	73776	56828	101550	54447	47103	93257	50493	42764
贵州	53049	31090	21959	152214	83839	68375	37618	20158	17460
云南	97094	59831	37263	183419	106791	76628	62728	37993	24735
西藏	8810	6080	2730	7252	4709	2543	1600	987	613
陕西	82949	49719	33230	32969	18046	14923	25254	14547	10707
甘肃	34595	21659	12936	16477	9753	6724	8877	5050	3827
青海	15337	9824	5513	7485	4513	2972	2489	1567	922
宁夏	10566	6477	4089	5974	3392	2582	2924	1696	1228
新疆	70156	42412	27744	49451	29487	19964	14107	8166	5941

7-3 续表 7

单位：人

现住地	户口登记地								
	广西			海南			重庆		
	小计	男	女	小计	男	女	小计	男	女
全国	**8109132**	**4746185**	**3362947**	**422783**	**216495**	**206288**	**4176463**	**2379704**	**1796759**
北京	37746	17569	20177	12970	6262	6708	69632	34025	35607
天津	34152	16243	17909	5606	2934	2672	58494	34968	23526
河北	16083	7272	8811	11191	5681	5510	57074	34074	23000
山西	5956	2825	3131	4689	2144	2545	27417	17746	9671
内蒙古	3592	1838	1754	2101	1023	1078	12054	7538	4516
辽宁	13939	7010	6929	4713	2386	2327	20030	11537	8493
吉林	7424	3349	4075	5936	2675	3261	8021	4406	3615
黑龙江	9725	4767	4958	5303	2474	2829	7251	4163	3088
上海	84654	43041	41613	18140	9090	9050	189139	101670	87469
江苏	73065	36098	36967	10219	5074	5145	171797	93450	78347
浙江	187145	102107	85038	9629	4319	5310	581957	337313	244644
安徽	19053	8674	10379	4620	1968	2652	31457	16453	15004
福建	123638	65942	57696	13160	6083	7077	441927	257076	184851
江西	45789	22981	22808	11938	5492	6446	32587	18295	14292
山东	26303	12716	13587	7882	3863	4019	50781	31504	19277
河南	18409	7787	10622	9776	4595	5181	33209	19994	13215
湖北	65166	26354	38812	14422	6685	7737	180186	98992	81194
湖南	90191	38389	51802	17323	7843	9480	56679	30793	25886
广东	6930342	4150226	2780116	198454	109319	89135	938737	544085	394652
广西				16576	8168	8408	34319	20033	14286
海南	101431	61973	39458				41328	25787	15541
重庆	27416	11482	15934	7193	3555	3638			
四川	49584	21301	28283	12291	5732	6559	558517	289605	268912
贵州	44449	21729	22720	3505	1603	1902	135599	78741	56858
云南	64859	39209	25650	6081	3063	3018	219005	136055	82950
西藏	1353	902	451	220	152	68	21973	14470	7503
陕西	12645	6360	6285	4267	2027	2240	37730	22201	15529
甘肃	4350	2149	2201	1664	807	857	17093	11011	6082
青海	1122	641	481	382	190	192	8448	5564	2884
宁夏	2196	1040	1156	519	252	267	8542	5284	3258
新疆	7355	4211	3144	2013	1036	977	125480	72871	52609

7-3 续表 8

单位：人

现住地	户口登记地								
	四川			贵州			云南		
	小计	男	女	小计	男	女	小计	男	女
全国	**10358150**	**5935152**	**4422998**	**8454728**	**4861067**	**3593661**	**2961828**	**1618385**	**1343443**
北京	246664	128299	118365	55059	28906	26153	37868	19752	18116
天津	136328	81793	54535	46342	23615	22727	36906	17746	19160
河北	147749	85885	61864	87630	50806	36824	35848	18145	17703
山西	102696	64483	38213	21228	12534	8694	12236	5989	6247
内蒙古	50071	32171	17900	78846	41324	37522	7328	3979	3349
辽宁	70566	39450	31116	125092	64410	60682	11653	5924	5729
吉林	20800	11422	9378	46499	23289	23210	5901	2569	3332
黑龙江	23028	12578	10450	20907	10551	10356	8068	3943	4125
上海	517464	276427	241037	188738	104324	84414	139168	78497	60671
江苏	623230	343239	279991	498835	278426	220409	259813	143938	115875
浙江	1357995	778415	579580	2827541	1646342	1181199	693614	387394	306220
安徽	82064	42648	39416	71934	35856	36078	46775	21989	24786
福建	657117	377637	279480	827024	485187	341837	243952	138229	105723
江西	71490	40326	31164	93450	52504	40946	33934	18327	15607
山东	197113	121533	75580	157881	85334	72547	76399	38879	37520
河南	70694	42776	27918	34060	18517	15543	18726	8868	9858
湖北	147108	76561	70547	98398	45912	52486	48233	22194	26039
湖南	94672	49356	45316	134473	67428	67045	43975	19995	23980
广东	2623105	1520120	1102985	2086831	1259073	827758	757083	445150	311933
广西	84381	50583	33798	95663	54039	41624	49347	26333	23014
海南	112877	68391	44486	53245	32370	20875	25197	14227	10970
重庆	1129403	591317	538086	220204	112900	107304	63870	29183	34687
四川				161558	79051	82507	168724	75986	92738
贵州	264958	152723	112235				68162	31393	36769
云南	521994	320495	201499	333778	195031	138747			
西藏	178446	124389	54057	8039	5826	2213	13611	8832	4779
陕西	180202	109558	70644	25943	14632	11311	13521	6853	6668
甘肃	79369	51867	27502	16924	9989	6935	8426	4752	3674
青海	44698	28324	16374	2947	1932	1015	3182	1896	1286
宁夏	25971	15994	9977	14586	7959	6627	4158	2130	2028
新疆	495897	296392	199505	21073	13000	8073	26150	15293	10857

7-3　续表 9　　　　单位：人

现住地	户口登记地								
	西藏			陕西			甘肃		
	小计	男	女	小计	男	女	小计	男	女
全国	**137619**	**66896**	**70723**	**2988018**	**1777670**	**1210348**	**3448299**	**1991274**	**1457025**
北京	3342	1530	1812	176366	94521	81845	200104	104100	96004
天津	3361	1592	1769	58295	35123	23172	108608	58717	49891
河北	2781	1412	1369	81394	47667	33727	73397	41309	32088
山西	1067	509	558	241288	141118	100170	27964	17999	9965
内蒙古	288	161	127	166992	99215	67777	154466	95269	59197
辽宁	2284	1087	1197	22052	13038	9014	26160	15130	11030
吉林	1547	641	906	11265	6155	5110	10102	5468	4634
黑龙江	2333	954	1379	9164	5261	3903	12186	7099	5087
上海	2649	990	1659	185178	105779	79399	178139	99794	78345
江苏	8489	4093	4396	274052	164533	109519	204939	117364	87575
浙江	1631	717	914	252731	153834	98897	153285	89238	64047
安徽	3111	1229	1882	36584	21622	14962	29143	16401	12742
福建	1901	896	1005	83011	50403	32608	54129	31706	22423
江西	2699	1347	1352	23953	14370	9583	30048	16570	13478
山东	4037	1873	2164	89188	53689	35499	90655	51034	39621
河南	4141	1976	2165	69655	39197	30458	33914	18471	15443
湖北	5822	2636	3186	59352	32339	27013	51251	27284	23967
湖南	5459	2600	2859	33213	18037	15176	27380	15373	12007
广东	1755	834	921	452099	276515	175584	179490	106525	72965
广西	437	225	212	21887	13190	8697	14937	8776	6161
海南	293	157	136	14910	8458	6452	11633	6167	5466
重庆	6957	3585	3372	38983	23011	15972	31109	17744	13365
四川	48025	24975	23050	104145	61542	42603	104113	58192	45921
贵州	1180	672	508	18928	12270	6658	8849	5247	3602
云南	2584	1515	1069	33995	22599	11396	19394	12193	7201
西藏				13161	9563	3598	53750	36155	17595
陕西	8330	3823	4507				300894	170405	130489
甘肃	4573	1795	2778	97645	60558	37087			
青海	5453	2476	2977	27966	18025	9941	119350	73008	46342
宁夏	340	156	184	96287	55433	40854	239591	136619	102972
新疆	750	440	310	194279	120605	73674	899319	531917	367402

7-3 续表 10 单位：人

现住地	户口登记地								
	青海			宁夏			新疆		
	小计	男	女	小计	男	女	小计	男	女
全国	**430896**	**229701**	**201195**	**366438**	**205021**	**161417**	**603434**	**292029**	**311405**
北京	15223	7446	7777	25355	12896	12459	43923	19275	24648
天津	14161	7409	6752	9840	5345	4495	24141	11166	12975
河北	14362	7476	6886	8545	4424	4121	15336	7818	7518
山西	6615	3270	3345	4100	2172	1928	4946	2499	2447
内蒙古	7937	4046	3891	40721	25223	15498	4054	2200	1854
辽宁	6711	3457	3254	3852	2167	1685	16267	7953	8314
吉林	3569	1884	1685	2695	1388	1307	8639	3702	4937
黑龙江	2936	1677	1259	2138	1249	889	7357	3382	3975
上海	12732	6473	6259	16861	9046	7815	44205	19434	24771
江苏	20005	10298	9707	14343	7953	6390	38708	18285	20423
浙江	14080	7623	6457	14362	8246	6116	26673	13002	13671
安徽	6453	3256	3197	3186	1625	1561	10478	4965	5513
福建	5873	3229	2644	6940	4094	2846	13360	6328	7032
江西	6314	3368	2946	5206	2891	2315	8818	4330	4488
山东	31447	15902	15545	13256	6703	6553	38257	17565	20692
河南	15050	7689	7361	7944	4108	3836	23080	11053	12027
湖北	11502	5871	5631	7513	3785	3728	29522	14107	15415
湖南	7296	3796	3500	5756	3090	2666	18050	9066	8984
广东	24059	13793	10266	14742	8827	5915	38021	19616	18405
广西	2933	1547	1386	1837	1051	786	5089	2637	2452
海南	2807	1387	1420	1825	939	886	8767	4181	4586
重庆	7493	3714	3779	5684	2917	2767	26196	13211	12985
四川	37508	19139	18369	10666	5503	5163	67525	34330	33195
贵州	1603	861	742	1084	622	462	2888	1571	1317
云南	4617	2573	2044	2996	1794	1202	7035	3614	3421
西藏	21407	14896	6511	708	502	206	1226	826	400
陕西	29661	15271	14390	41381	22950	18431	33129	16896	16233
甘肃	64099	32472	31627	22395	12609	9786	28246	14167	14079
青海				2885	1856	1029	3523	1890	1633
宁夏	3737	1932	1805				5975	2960	3015
新疆	28706	17946	10760	67622	39046	28576			

7-3a　全国按现住地、性别分的户口登记地在外省的人口(城市)

单位：人

现住地	户口登记地					
	合　计			北　京		
	合计	男	女	小计	男	女
全　国	**88320084**	**50054399**	**38265685**	**341116**	**192146**	**148970**
北　京	6780025	3554961	3225064			
天　津	3035342	1727116	1308226	20774	11758	9016
河　北	1661716	916631	745085	68338	36606	31732
山　西	995393	578249	417144	9975	5303	4672
内蒙古	844424	477955	366469	7270	4020	3250
辽　宁	2379097	1271693	1107404	14855	7931	6924
吉　林	578317	304121	274196	5529	2945	2584
黑龙江	595884	326321	269563	7639	4130	3509
上　海	7811731	4195271	3616460	33315	18022	15293
江　苏	6123721	3474239	2649482	13372	7834	5538
浙　江	9882772	5714183	4168589	9956	5779	4177
安　徽	693259	389549	303710	4660	2762	1898
福　建	3041634	1728817	1312817	5416	3219	2197
江　西	691391	388380	303011	3664	2260	1404
山　东	2763772	1584324	1179448	19438	10763	8675
河　南	692311	394548	297763	8249	4543	3706
湖　北	1655553	902476	753077	10348	6057	4291
湖　南	986774	539364	447410	7358	4295	3063
广　东	24859982	14605610	10254372	30061	17656	12405
广　西	909591	518010	391581	3349	2000	1349
海　南	697395	407512	289883	9731	5121	4610
重　庆	1751554	932675	818879	7164	4456	2708
四　川	1792904	984994	807910	15711	9823	5888
贵　州	671502	382746	288756	2301	1476	825
云　南	1480975	873664	607311	5188	3077	2111
西　藏	230372	151499	78873	413	305	108
陕　西	1483323	842994	640329	8995	5313	3682
甘　肃	414991	241099	173892	2121	1182	939
青　海	304903	187701	117202	652	415	237
宁　夏	373111	213159	159952	1303	741	562
新　疆	2136365	1244538	891827	3971	2354	1617

7-3a 续表 1

单位：人

现住地	户口登记地								
	天津			河北			山西		
	小计	男	女	小计	男	女	小计	男	女
全国	**617062**	**312418**	**304644**	**4080776**	**2262541**	**1818235**	**1417411**	**776682**	**640729**
北京	268665	128639	140026	1667055	890582	776473	354802	184925	169877
天津				776804	442798	334006	102866	56586	46280
河北	127481	64475	63006				64512	35021	29491
山西	18017	8878	9139	150716	85077	65639			
内蒙古	7724	4164	3560	121082	67577	53505	123993	66809	57184
辽宁	15815	8832	6983	112129	60295	51834	30941	16381	14560
吉林	4704	2541	2163	31565	16263	15302	8016	4197	3819
黑龙江	8703	4464	4239	37142	19938	17204	14973	8424	6549
上海	20620	10224	10396	100312	54460	45852	92722	51300	41422
江苏	13004	7076	5928	99176	57518	41658	93589	55276	38313
浙江	7277	4050	3227	62243	36067	26176	45610	26662	18948
安徽	3204	1871	1333	29257	16779	12478	10191	5831	4360
福建	3885	2128	1757	26494	15638	10856	19016	10493	8523
江西	5085	2776	2309	19691	11040	8651	10017	5423	4594
山东	26790	14069	12721	228520	129536	98984	70540	38751	31789
河南	18415	9227	9188	57840	32221	25619	30724	16418	14306
湖北	7047	3919	3128	52463	29403	23060	32281	17206	15075
湖南	5245	2886	2359	32834	17623	15211	15693	8304	7389
广东	17399	9973	7426	111315	66844	44471	72308	43534	28774
广西	2909	1646	1263	26887	15401	11486	12964	7216	5748
海南	2513	1389	1124	14044	7877	6167	7888	4289	3599
重庆	4263	2520	1743	32165	18582	13583	17053	9292	7761
四川	8341	5106	3235	67201	39110	28091	35723	20462	15261
贵州	1441	844	597	14375	8395	5980	5304	3079	2225
云南	4496	2535	1961	33709	19778	13931	14155	8226	5929
西藏	346	242	104	4062	2814	1248	2308	1522	786
陕西	6271	3581	2690	68029	39122	28907	85550	45195	40355
甘肃	1901	1071	830	21195	12013	9182	8933	4989	3944
青海	643	417	226	12995	8096	4899	5881	3540	2341
宁夏	879	506	373	16356	9738	6618	8768	5130	3638
新疆	3979	2369	1610	53120	31956	21164	20090	12201	7889

7-3a　续表 2　　　　单位：人

现住地	户口登记地								
	内蒙古			辽宁			吉林		
	小计	男	女	小计	男	女	小计	男	女
全国	**1232388**	**640658**	**591730**	**1359210**	**709291**	**649919**	**1780683**	**925514**	**855169**
北京	240082	117531	122551	313095	148153	164942	234871	111926	122945
天津	90296	48822	41474	91329	50468	40861	106815	56450	50365
河北	90077	46765	43312	95368	49477	45891	80606	41444	39162
山西	70208	35591	34617	16188	8556	7632	15491	7830	7661
内蒙古				52227	28313	23914	46983	25162	21821
辽宁	233269	121597	111672				440148	227284	212864
吉林	46138	22730	23408	95078	47954	47124			
黑龙江	53330	26902	26428	57538	30337	27201	117638	60998	56640
上海	39338	19483	19855	106425	50687	55738	89146	42280	46866
江苏	28598	15329	13269	51982	28239	23743	57572	30747	26825
浙江	24878	13647	11231	47571	26012	21559	59251	32430	26821
安徽	5677	2999	2678	9401	5381	4020	9742	5266	4476
福建	8458	4599	3859	19307	10186	9121	19409	10356	9053
江西	7433	3998	3435	8652	4845	3807	7966	4198	3768
山东	95039	50858	44181	120118	67645	52473	225593	121707	103886
河南	11302	6148	5154	14270	7786	6484	12846	6897	5949
湖北	16008	8450	7558	16833	9592	7241	14727	8053	6674
湖南	9742	5219	4523	12655	6913	5742	12271	6625	5646
广东	42460	24084	18376	98692	54355	44337	106031	57734	48297
广西	10553	5701	4852	19028	10473	8555	18958	9990	8968
海南	7174	3790	3384	14127	7297	6830	16590	8494	8096
重庆	9153	5004	4149	11006	6375	4631	9678	5371	4307
四川	18281	10226	8055	26594	15031	11563	23701	13384	10317
贵州	2928	1701	1227	5085	2940	2145	5107	2921	2186
云南	7563	4200	3363	14447	8138	6309	14174	7803	6371
西藏	731	495	236	1258	794	464	763	504	259
陕西	27960	14780	13180	16820	9254	7566	14300	7881	6419
甘肃	6224	3474	2750	4869	2758	2111	3627	2083	1544
青海	2399	1480	919	2147	1268	879	2102	1230	872
宁夏	16553	8666	7887	3794	2064	1730	2769	1490	1279
新疆	10536	6389	4147	13306	8000	5306	11808	6976	4832

7-3a 续表 3

单位：人

现住地	户口登记地								
	黑龙江			上海			江苏		
	小计	男	女	小计	男	女	小计	男	女
全国	**2892079**	**1462642**	**1429437**	**286462**	**160472**	**125990**	**3145767**	**1840500**	**1305267**
北京	379887	176209	203678	19541	10041	9500	162939	92152	70787
天津	162136	83578	78558	3283	1997	1286	74751	46657	28094
河北	183618	91042	92576	2260	1317	943	55770	35290	20480
山西	17646	8844	8802	1789	972	817	35967	22978	12989
内蒙古	81511	42393	39118	926	541	385	19022	12758	6264
辽宁	669321	337607	331714	4300	2508	1792	52135	32684	19451
吉林	154030	76005	78025	1562	858	704	18215	11303	6912
黑龙江				2723	1475	1248	19557	12864	6693
上海	137464	63996	73468				1431364	778997	652367
江苏	102992	54259	48733	110045	60548	49497			
浙江	96998	51123	45875	32273	18064	14209	306202	185439	120763
安徽	12385	6477	5908	15085	8222	6863	112162	64305	47857
福建	29282	14800	14482	5277	2987	2290	42583	26118	16465
江西	9696	4987	4709	9468	5108	4360	30919	19068	11851
山东	421702	220126	201576	7150	4129	3021	189355	126038	63317
河南	20353	10731	9622	4344	2540	1804	37789	24020	13769
湖北	19051	10029	9022	8308	4932	3376	60546	36830	23716
湖南	13646	7182	6464	4393	2789	1604	30999	18463	12536
广东	178910	96380	82530	18065	10509	7556	144836	89562	55274
广西	36294	19063	17231	2113	1230	883	17278	11002	6276
海南	40972	20111	20861	1655	918	737	11312	7132	4180
重庆	12680	6936	5744	4908	3096	1812	30299	19079	11220
四川	31211	17013	14198	8785	5483	3302	52915	33261	19654
贵州	6945	3865	3080	2891	1649	1242	14512	9285	5227
云南	22972	12273	10699	4431	2601	1830	28005	17804	10201
西藏	918	570	348	155	98	57	2622	1853	769
陕西	19071	10061	9010	4218	2404	1814	56855	35820	21035
甘肃	4914	2751	2163	1632	850	782	21748	14311	7437
青海	2360	1349	1011	334	205	129	13330	9158	4172
宁夏	4572	2450	2122	558	308	250	9434	6256	3178
新疆	18542	10432	8110	3990	2093	1897	62346	40013	22333

7-3a　续表 4

单位：人

现住地	户口登记地								
	浙江			安徽			福建		
	小计	男	女	小计	男	女	小计	男	女
全　国	**1712544**	**941055**	**771489**	**7697527**	**4332905**	**3364622**	**1960956**	**1141138**	**819818**
北　京	76228	39499	36729	249873	134743	115130	74579	41383	33196
天　津	46388	26843	19545	102347	58378	43969	50686	30724	19962
河　北	37882	22081	15801	64966	36801	28165	34538	21065	13473
山　西	20785	12148	8637	36210	21281	14929	23663	13892	9771
内蒙古	12052	7144	4908	19927	11980	7947	12947	7972	4975
辽　宁	29352	16919	12433	85414	49597	35817	28383	16758	11625
吉　林	11347	6515	4832	20414	12098	8316	9848	5816	4032
黑龙江	12156	6986	5170	24844	14814	10030	10364	6323	4041
上　海	430993	215667	215326	1652151	882787	769364	239460	129383	110077
江　苏	212497	115330	97167	1926678	1072531	854147	123698	70237	53461
浙　江				1999404	1147906	851498	171059	99550	71509
安　徽	47021	26825	20196				28219	16437	11782
福　建	57426	31172	26254	188072	107164	80908			
江　西	45011	24960	20051	54166	31995	22171	50978	28810	22168
山　东	65720	37301	28419	158359	94017	64342	56697	32922	23775
河　南	27656	15801	11855	72527	42981	29546	22632	13280	9352
湖　北	64913	36139	28774	101989	58253	43736	58979	34925	24054
湖　南	40780	23048	17732	38180	22429	15751	45498	26425	19073
广　东	163609	93695	69914	518976	304449	214527	554134	324158	229976
广　西	28076	16162	11914	36040	22286	13754	47757	28668	19089
海　南	11944	7055	4889	25556	15342	10214	28506	17667	10839
重　庆	29569	16866	12703	29740	17813	11927	33731	19990	13741
四　川	58079	34331	23748	48838	29774	19064	52585	31752	20833
贵　州	26565	15513	11052	15960	9621	6339	36242	22271	13971
云　南	54786	32432	22354	31337	19145	12192	70425	43396	27029
西　藏	2522	1646	876	3026	2004	1022	1709	1223	486
陕　西	40871	23695	17176	69424	41228	28196	48224	28625	19599
甘　肃	17435	10327	7108	18063	10936	7127	12685	7566	5119
青　海	7035	4605	2430	11893	7492	4401	6109	3842	2267
宁　夏	6936	4260	2676	12359	7241	5118	4567	2789	1778
新　疆	26910	16090	10820	80794	45819	34975	22054	13289	8765

7-3a 续表 5 单位：人

现住地	户口登记地								
	江西			山东			河南		
	小计	男	女	小计	男	女	小计	男	女
全国	**4849291**	**2803399**	**2045892**	**3032860**	**1751431**	**1281429**	**11240067**	**6734869**	**4505198**
北京	83921	44068	39853	557789	306356	251433	971444	568363	403081
天津	18878	10822	8056	350138	206764	143374	481997	286660	195337
河北	17876	10483	7393	113760	65607	48153	271314	162403	108911
山西	9956	5646	4310	40280	23935	16345	231250	147861	83389
内蒙古	7726	4418	3308	33328	20302	13026	62531	38703	23828
辽宁	14057	8424	5633	154219	86443	67776	186040	109464	76576
吉林	5288	3042	2246	37408	20891	16517	39582	22710	16872
黑龙江	8720	5417	3303	54642	30983	23659	43146	25178	17968
上海	383071	205264	177807	383358	218169	165189	973109	569728	403381
江苏	215873	124094	91779	348612	200979	147633	1221702	739699	482003
浙江	1074924	622419	452505	167943	99797	68146	1605950	972222	633728
安徽	30414	17164	13250	38731	22733	15998	133696	78842	54854
福建	448695	253542	195153	45778	27153	18625	328350	198175	130175
江西				22807	13042	9765	60446	37235	23211
山东	36198	21002	15196				415781	261169	154612
河南	17954	11083	6871	69195	39994	29201			
湖北	83425	46579	36846	56347	32461	23886	359669	205672	153997
湖南	75733	42656	33077	27566	16014	11552	84697	49742	34955
广东	2020718	1192909	827809	177413	108223	69190	2363950	1437732	926218
广西	46553	27230	19323	26055	15558	10497	53420	31460	21960
海南	32158	18930	13228	14074	8150	5924	57962	35242	22720
重庆	30603	17464	13139	30194	17749	12445	64781	37810	26971
四川	52693	31108	21585	52507	31926	20581	138505	81120	57385
贵州	23187	13520	9667	14095	8611	5484	32249	19179	13070
云南	58877	35522	23355	29074	17493	11581	83464	50474	32990
西藏	1392	914	478	3404	2380	1024	18440	12476	5964
陕西	24247	14249	9998	59717	35040	24677	303560	175028	128532
甘肃	7062	4176	2886	17776	10489	7287	78959	45638	33321
青海	3262	1977	1285	13955	8769	5186	52435	32573	19862
宁夏	3086	1775	1311	14842	8930	5912	43037	25427	17610
新疆	12744	7502	5242	77853	46490	31363	478601	276884	201717

7-3a　续表 6

单位：人

现住地	户口登记地								
	湖北			湖南			广东		
	小计	男	女	小计	男	女	小计	男	女
全　国	**4620232**	**2612620**	**2007612**	**6216845**	**3514937**	**2701908**	**1125403**	**628537**	**496866**
北　京	180763	89927	90836	100811	46270	54541	81264	43188	38076
天　津	47709	28324	19385	17323	9850	7473	24885	14029	10856
河　北	41833	23590	18243	17500	9345	8155	33207	18215	14992
山　西	26409	15726	10683	10551	5586	4965	9008	5206	3802
内蒙古	12312	7373	4939	6340	3715	2625	4771	2628	2143
辽　宁	23134	13469	9665	13647	7654	5993	17160	9716	7444
吉　林	12259	7088	5171	5666	3052	2614	8425	4566	3859
黑龙江	13852	8806	5046	8005	4688	3317	11834	6722	5112
上　海	314289	159809	154480	179463	88184	91279	107521	58937	48584
江　苏	204874	113528	91346	94035	51536	42499	53124	30090	23034
浙　江	370142	206742	163400	424999	240446	184553	56689	32169	24520
安　徽	33827	18824	15003	21691	11718	9973	14667	8114	6553
福　建	142691	79671	63020	137151	76010	61141	66443	36633	29810
江　西	60572	34729	25843	62515	34733	27782	45701	24253	21448
山　东	66779	39725	27054	34765	19438	15327	25529	14638	10891
河　南	49017	29151	19866	21475	13045	8430	20258	11609	8649
湖　北				121458	61936	59522	67819	35420	32399
湖　南	153337	84335	69002				83819	44248	39571
广　东	2356614	1358936	997678	4348588	2498293	1850295			
广　西	51101	29673	21428	165737	93267	72470	112164	62711	49453
海　南	42416	24572	17844	49423	28107	21316	85800	52634	33166
重　庆	67579	36372	31207	46311	24513	21798	30216	16854	13362
四　川	95720	53328	42392	67404	36274	31130	56590	31848	24742
贵　州	29922	17040	12882	77248	42544	34704	21061	12127	8934
云　南	65110	37820	27290	104217	59144	45073	45115	27500	17615
西　藏	5090	3297	1793	3321	2016	1305	904	529	375
陕　西	63739	37723	26016	26008	14247	11761	20653	12132	8521
甘　肃	21129	12819	8310	9215	5284	3931	6152	3442	2710
青　海	11383	7186	4197	5247	3107	2140	2023	1285	738
宁　夏	6642	3913	2729	3912	2126	1786	2038	1149	889
新　疆	49988	29124	20864	32819	18809	14010	10563	5945	4618

7-3a 续表 7

单位：人

现住地	户口登记地								
	广西			海南			重庆		
	小计	男	女	小计	男	女	小计	男	女
全国	**6337030**	**3721466**	**2615564**	**332288**	**172458**	**159830**	**2859136**	**1607770**	**1251366**
北京	32513	14898	17615	11761	5631	6130	58549	27888	30661
天津	30022	14146	15876	5034	2611	2423	48594	28941	19653
河北	8727	4322	4405	6605	3371	3234	27497	15998	11499
山西	4200	2031	2169	3994	1808	2186	15031	9020	6011
内蒙古	2152	1069	1083	1591	790	801	6723	4030	2693
辽宁	12209	6279	5930	4269	2201	2068	17281	9941	7340
吉林	3420	1715	1705	2711	1327	1384	4779	2672	2107
黑龙江	7931	3867	4064	4300	2028	2272	5861	3392	2469
上海	65961	33056	32905	15666	7799	7867	126653	66069	60584
江苏	45541	21995	23546	7327	3664	3663	88657	47406	41251
浙江	111035	58688	52347	7164	3228	3936	372818	213959	158859
安徽	7620	3451	4169	2339	1063	1276	13590	7154	6436
福建	67546	34660	32886	8253	3937	4316	274009	156796	117213
江西	19856	9770	10086	6813	3141	3672	15808	8619	7189
山东	18354	8653	9701	6065	2947	3118	32737	19793	12944
河南	8617	4044	4573	5670	2643	3027	17824	10825	6999
湖北	46797	20091	26706	11508	5500	6008	124005	68589	55416
湖南	44195	20560	23635	11586	5420	6166	31673	17385	14288
广东	5624426	3361890	2262536	169328	93389	75939	763693	438816	324877
广西				11142	5697	5445	22102	12611	9491
海南	49886	30981	18905				28106	17280	10826
重庆	20183	8964	11219	6251	3139	3112			
四川	31319	14715	16604	8863	4236	4627	396742	204146	192596
贵州	18549	9603	8946	2368	1151	1217	83673	47967	35706
云南	36826	21937	14889	4513	2258	2255	152742	92635	60107
西藏	675	405	270	152	99	53	12232	7757	4475
陕西	9755	5126	4629	3713	1786	1927	25944	14765	11179
甘肃	1787	927	860	960	430	530	8820	5343	3477
青海	879	492	387	332	160	172	5988	3832	2156
宁夏	1425	630	795	441	213	228	5083	3011	2072
新疆	4624	2501	2123	1569	791	778	71922	41130	30792

7-3a 续表 8 单位：人

现住地	户口登记地								
	四川			贵州			云南		
	小计	男	女	小计	男	女	小计	男	女
全国	**7296988**	**4109824**	**3187164**	**4894018**	**2817202**	**2076816**	**1655635**	**908456**	**747179**
北京	196279	98732	97547	44948	22962	21986	30597	15534	15063
天津	116469	69625	46844	40188	20302	19886	31662	15166	16496
河北	69451	39666	29785	36584	21109	15475	15279	8115	7164
山西	59006	35873	23133	12238	7231	5007	5770	2733	3037
内蒙古	26665	16783	9882	29502	15518	13984	3640	1973	1667
辽宁	60810	34080	26730	84441	43900	40541	9635	5091	4544
吉林	11208	6358	4850	18592	9600	8992	2771	1297	1474
黑龙江	17609	9613	7996	16753	8334	8419	6622	3261	3361
上海	352132	182633	169499	118481	63845	54636	82916	45263	37653
江苏	326193	178200	147993	224559	126773	97786	108759	61079	47680
浙江	817413	462584	354829	1406524	815927	590597	306800	169100	137700
安徽	33703	17512	16191	23783	12317	11466	13749	6715	7034
福建	436196	245956	190240	437268	252389	184879	118677	65261	53416
江西	34693	19169	15524	38287	21523	16764	14063	7287	6776
山东	133586	82282	51304	83467	45565	37902	41755	22257	19498
河南	36198	22162	14036	14656	8865	5791	8021	4316	3705
湖北	102793	53766	49027	65860	31216	34644	29075	13405	15670
湖南	56440	30160	26280	63083	33082	30001	20463	9593	10870
广东	2192135	1259859	932276	1569210	943413	625797	581365	340693	240672
广西	55763	32325	23438	47226	26197	21029	23127	12045	11082
海南	83177	49833	33344	26240	16045	10195	10368	5778	4590
重庆	937970	485313	452657	146716	77126	69590	43250	20349	22901
四川				89985	46808	43177	85277	40640	44637
贵州	178176	100870	77306				30972	14821	16151
云南	337179	199131	138048	210623	120973	89650			
西藏	103702	68325	35377	3903	2586	1317	5677	3252	2425
陕西	132219	79075	53144	18732	10696	8036	9605	4874	4731
甘肃	39611	24261	15350	5177	3001	2176	2578	1398	1180
青海	29658	18180	11478	1954	1199	755	1661	923	738
宁夏	14506	8616	5890	4424	2393	2031	2138	1034	1104
新疆	306048	178882	127166	10614	6307	4307	9363	5203	4160

7-3a 续表 9

单位：人

现住地	户口登记地								
	西藏			陕西			甘肃		
	小计	男	女	小计	男	女	小计	男	女
全国	**100979**	**49605**	**51374**	**1986877**	**1148806**	**838071**	**2298070**	**1293482**	**1004588**
北京	3167	1432	1735	147767	77122	70645	162521	82471	80050
天津	3064	1445	1619	50382	30079	20303	97204	51915	45289
河北	1933	1043	890	40344	22644	17700	32514	18151	14363
山西	757	357	400	122815	68668	54147	16800	10087	6713
内蒙古	183	110	73	65204	36025	29179	57644	35408	22236
辽宁	2004	917	1087	18273	10657	7616	22378	13126	9252
吉林	695	260	435	6015	3299	2716	5301	3087	2214
黑龙江	1668	707	961	7452	4269	3183	10408	6059	4349
上海	2321	871	1450	138933	77121	61812	133420	72902	60518
江苏	5507	2619	2888	163225	97212	66013	130787	74696	56091
浙江	1181	523	658	149951	89042	60909	103229	58453	44776
安徽	1546	696	850	15171	8627	6544	12250	6927	5323
福建	1329	625	704	53306	30914	22392	33176	18751	14425
江西	2005	1000	1005	13720	7900	5820	18450	9891	8559
山东	2947	1336	1611	60334	35437	24897	62201	34395	27806
河南	2610	1282	1328	39736	21405	18331	17719	9773	7946
湖北	5019	2209	2810	40182	22200	17982	38971	20687	18284
湖南	3520	1652	1868	21654	11749	9905	18617	10134	8483
广东	1553	715	838	404047	245233	158814	161536	95219	66317
广西	331	164	167	14536	8370	6166	10417	5788	4629
海南	171	86	85	9695	5374	4321	7493	3943	3550
重庆	6220	3214	3006	30290	17245	13045	25704	14278	11426
四川	36636	19140	17496	73673	42202	31471	74561	40362	34199
贵州	786	434	352	10219	6078	4141	5612	3220	2392
云南	1697	1039	658	21337	12712	8625	13305	7808	5497
西藏				7001	4790	2211	31632	20678	10954
陕西	6019	2796	3223				235898	129110	106788
甘肃	2239	989	1250	52328	29783	22545			
青海	3109	1552	1557	22578	13929	8649	78273	46997	31276
宁夏	299	139	160	52880	29694	23186	124163	69831	54332
新疆	463	253	210	133829	79026	54803	555886	319335	236551

7-3a 续表 10 单位：人

现住地	户口登记地								
	青海			宁夏			新疆		
	小计	男	女	小计	男	女	小计	男	女
全国	**267634**	**140357**	**127277**	**233560**	**126710**	**106850**	**449190**	**214508**	**234682**
北京	12945	6270	6675	22168	11097	11071	39201	16969	22232
天津	12322	6452	5870	8920	4787	4133	22076	10139	11937
河北	7806	4089	3717	4652	2403	2249	9418	4693	4725
山西	4377	2092	2285	2778	1298	1480	3518	1741	1777
内蒙古	3367	1713	1654	12761	7374	5387	2320	1190	1130
辽宁	5963	3062	2901	3396	1935	1461	14119	6941	7178
吉林	2211	1226	985	1492	857	635	4048	1849	2199
黑龙江	2490	1446	1044	1861	1086	775	6123	2810	3313
上海	10458	5244	5214	13495	6974	6521	37174	16117	21057
江苏	13673	7034	6639	10602	5900	4702	27468	12811	14657
浙江	10079	5395	4684	11561	6459	5102	21648	10301	11347
安徽	3007	1508	1499	1543	793	750	4928	2236	2692
福建	3954	2132	1822	4466	2664	1802	9721	4688	5033
江西	4201	2167	2034	3069	1595	1474	5639	2858	2781
山东	20204	10183	10021	9970	4986	4984	28079	12656	15423
河南	8057	4056	4001	4289	2139	2150	12068	5563	6505
湖北	9700	4874	4826	6404	3135	3269	23028	10948	12080
湖南	4971	2469	2502	3919	1933	1986	12207	6031	6176
广东	21045	11941	9104	13315	7912	5403	34250	17504	16746
广西	2175	1143	1032	1456	812	644	4080	2121	1959
海南	1702	861	841	1060	549	511	5652	2665	2987
重庆	6673	3266	3407	5209	2622	2587	21995	11017	10978
四川	26806	13384	13422	8153	4145	4008	49505	24856	24649
贵州	1062	550	512	695	381	314	1972	1090	882
云南	3381	1785	1596	2270	1284	986	5557	2741	2816
西藏	10923	7219	3704	408	271	137	683	435	248
陕西	24174	12245	11929	25615	13499	12116	27137	13644	13493
甘肃	14785	7667	7118	10906	6032	4874	10160	5109	5051
青海				1961	1183	778	2325	1260	1065
宁夏	2256	1114	1142				3091	1525	1566
新疆	12867	7770	5097	35166	20605	14561			

7-3b 全国按现住地、性别分的户口登记地在外省的人口(镇)

单位：人

现住地	户口登记地					
	合计			北京		
	合计	男	女	小计	男	女
全国	**19645925**	**11380922**	**8265003**	**84426**	**48132**	**36294**
北京	708163	413702	294461			
天津	259200	155432	103768	3451	2168	1283
河北	1012528	577310	435218	39359	21932	17427
山西	262761	166183	96578	2052	1114	938
内蒙古	480078	281688	198390	2401	1384	1017
辽宁	191962	99141	92821	1140	620	520
吉林	240801	119327	121474	2466	1358	1108
黑龙江	129404	66348	63056	1441	742	699
上海	1225276	693766	531510	1329	797	532
江苏	2458832	1396631	1062201	3718	2149	1569
浙江	3390021	2002837	1387184	1034	619	415
安徽	590432	338355	252077	2175	1320	855
福建	1035009	612757	422252	945	554	391
江西	408890	235596	173294	1274	735	539
山东	839666	488117	351549	6936	3869	3067
河南	415633	231918	183715	2715	1564	1151
湖北	284408	147660	136748	1043	619	424
湖南	399795	216018	183777	1791	1025	766
广东	2271507	1352967	918540	813	528	285
广西	254628	151681	102947	379	244	135
海南	173776	102413	71363	2285	1174	1111
重庆	230638	121543	109095	557	363	194
四川	361113	186061	175052	1613	1034	579
贵州	275269	154340	120929	439	310	129
云南	432400	269131	163269	677	429	248
西藏	74824	52120	22704	58	47	11
陕西	211543	126455	85088	790	480	310
甘肃	199918	118607	81311	646	398	248
青海	71382	46132	25250	81	59	22
宁夏	164205	95330	68875	269	171	98
新疆	591863	361356	230507	549	326	223

7-3b　续表 1　　单位：人

现住地	户口登记地								
	天　津			河　北			山　西		
	小计	男	女	小计	男	女	小计	男	女
全　国	**124817**	**65278**	**59539**	**717702**	**427669**	**290033**	**327982**	**192307**	**135675**
北　京	18051	9267	8784	199747	119643	80104	37638	21484	16154
天　津				68714	41317	27397	8283	5143	3140
河　北	63055	31681	31374				44363	24579	19784
山　西	3144	1635	1509	40349	25394	14955			
内蒙古	2506	1410	1096	54281	31713	22568	42755	25091	17664
辽　宁	907	501	406	10415	5529	4886	1754	843	911
吉　林	3185	1355	1830	15019	7240	7779	4900	2187	2713
黑龙江	1576	754	822	8164	3995	4169	1569	771	798
上　海	1491	821	670	14319	8295	6024	14050	8086	5964
江　苏	3098	1767	1331	33247	20487	12760	32442	19547	12895
浙　江	1091	641	450	15251	9504	5747	13388	8526	4862
安　徽	1912	1167	745	20643	12824	7819	9005	5349	3656
福　建	1015	621	394	8800	5975	2825	6802	4018	2784
江　西	995	602	393	8845	5321	3524	4275	2513	1762
山　东	8167	4511	3656	86430	50306	36124	21041	12511	8530
河　南	5258	2781	2477	35279	19502	15777	18966	10458	8508
湖　北	900	535	365	6412	3549	2863	4063	2259	1804
湖　南	987	580	407	8603	5067	3536	4136	2411	1725
广　东	862	544	318	8138	5173	2965	4777	3014	1763
广　西	695	422	273	4860	3181	1679	1819	1178	641
海　南	711	381	330	4562	2503	2059	2247	1205	1042
重　庆	295	185	110	3270	1883	1387	1484	920	564
四　川	1271	841	430	10241	5908	4333	5839	3539	2300
贵　州	249	156	93	4052	2514	1538	1760	1036	724
云　南	525	318	207	6395	4230	2165	2609	1879	730
西　藏	101	80	21	1216	940	276	943	698	245
陕　西	769	504	265	9393	5834	3559	18505	10983	7522
甘　肃	940	568	372	7326	4567	2759	3341	2209	1132
青　海	94	61	33	1605	1121	484	1043	700	343
宁　夏	226	143	83	8300	4937	3363	3177	1905	1272
新　疆	741	446	295	13826	9217	4609	11008	7265	3743

7-3b 续表 2 单位：人

现住地	户口登记地								
	内蒙古			辽宁			吉林		
	小计	男	女	小计	男	女	小计	男	女
全国	**304263**	**160359**	**143904**	**300126**	**168371**	**131755**	**357549**	**194004**	**163545**
北京	24900	13404	11496	28578	14893	13685	23609	12517	11092
天津	11307	6420	4887	6501	4041	2460	8224	4621	3603
河北	73209	38520	34689	50678	28772	21906	51512	27635	23877
山西	15644	7989	7655	3951	2385	1566	3462	1872	1590
内蒙古				30888	17317	13571	25492	13936	11556
辽宁	29896	14773	15123				38152	19246	18906
吉林	21934	10161	11773	34630	16994	17636			
黑龙江	19990	9588	10402	14961	7391	7570	32795	16451	16344
上海	4917	2537	2380	10835	5659	5176	10650	5611	5039
江苏	9077	4891	4186	18297	10463	7834	21081	11571	9510
浙江	6726	3998	2728	11298	6913	4385	17717	10536	7181
安徽	4430	2467	1963	6763	3985	2778	7611	4363	3248
福建	2662	1501	1161	5032	3042	1990	5543	3294	2249
江西	2786	1518	1268	3397	2149	1248	3164	1948	1216
山东	30496	16402	14094	33762	19399	14363	70253	38036	32217
河南	5843	3162	2681	6875	3928	2947	6356	3465	2891
湖北	1715	894	821	1939	1109	830	1716	999	717
湖南	2048	1222	826	3246	1992	1254	3049	1799	1250
广东	2781	1649	1132	5701	3379	2322	6769	3844	2925
广西	1028	631	397	1880	1279	601	1609	997	612
海南	1773	928	845	2665	1420	1245	3984	2052	1932
重庆	712	424	288	1204	803	401	988	610	378
四川	2474	1415	1059	3618	2387	1231	2775	1697	1078
贵州	781	463	318	1339	817	522	1184	724	460
云南	1196	761	435	2261	1520	741	1966	1281	685
西藏	225	147	78	356	262	94	281	196	85
陕西	11640	6683	4957	2291	1428	863	1769	1074	695
甘肃	2975	1519	1456	1828	1120	708	1510	911	599
青海	463	336	127	280	179	101	284	177	107
宁夏	5637	2948	2689	1111	643	468	1038	619	419
新疆	4998	3008	1990	3961	2702	1259	3006	1922	1084

7-3b 续表 3

单位：人

现住地	户口登记地								
	黑龙江			上海			江苏		
	小计	男	女	小计	男	女	小计	男	女
全国	**642247**	**337883**	**304364**	**62782**	**36918**	**25864**	**666791**	**411470**	**255321**
北京	34625	18056	16569	724	401	323	17267	10713	6554
天津	34413	18658	15755	144	70	74	4346	2957	1389
河北	119077	62154	56923	734	478	256	22822	15783	7039
山西	4833	2575	2258	187	109	78	9618	6504	3114
内蒙古	41983	21981	20002	220	140	80	7512	5337	2175
辽宁	54990	27868	27122	161	83	78	3150	1904	1246
吉林	54551	26639	27912	959	547	412	8021	4732	3289
黑龙江				380	208	172	3241	1966	1275
上海	17184	8821	8363				185974	108437	77537
江苏	37309	20159	17150	27587	16058	11529			
浙江	24694	14246	10448	8689	4936	3753	96494	62405	34089
安徽	9848	5312	4536	7763	4532	3231	102647	58748	43899
福建	8071	4530	3541	1142	765	377	14125	9390	4735
江西	3971	2170	1801	2873	1447	1426	15481	9725	5756
山东	137822	71446	66376	1818	1109	709	55216	35669	19547
河南	10629	5787	4842	1401	918	483	18940	11715	7225
湖北	2505	1326	1179	1051	659	392	11266	6607	4659
湖南	3719	2110	1609	1135	727	408	9497	5862	3635
广东	12066	6782	5284	895	663	232	10477	7019	3458
广西	2416	1434	982	299	194	105	5028	3585	1443
海南	6467	3246	3221	269	145	124	3115	2185	930
重庆	869	522	347	338	213	125	4528	2649	1879
四川	3654	2139	1515	1131	746	385	9499	5460	4039
贵州	1512	863	649	516	308	208	5948	3644	2304
云南	2830	1733	1097	677	428	249	6888	4533	2355
西藏	352	233	119	45	35	10	755	565	190
陕西	2927	1715	1212	297	173	124	6855	4558	2297
甘肃	1733	1038	695	306	201	105	6922	4669	2253
青海	335	217	118	36	26	10	2427	1714	713
宁夏	1828	1073	755	93	59	34	3732	2593	1139
新疆	5034	3050	1984	912	540	372	15000	9842	5158

7-3b 续表 4

单位：人

现住地	户口登记地								
	浙江			安徽			福建		
	小计	男	女	小计	男	女	小计	男	女
全　国	**396779**	**230971**	**165808**	**2083421**	**1191500**	**891921**	**400584**	**241058**	**159526**
北　京	6100	3438	2662	23339	13807	9532	5528	3254	2274
天　津	3053	1870	1183	7769	4695	3074	3188	2005	1183
河　北	16962	10177	6785	43591	25157	18434	15264	9718	5546
山　西	4980	3082	1898	7794	4873	2921	4528	3104	1424
内蒙古	4296	2649	1647	9610	6070	3540	2986	2110	876
辽　宁	2832	1603	1229	4538	2458	2080	2575	1570	1005
吉　林	6171	3189	2982	7199	4065	3134	3107	1760	1347
黑龙江	2027	1116	911	3659	2050	1609	1184	747	437
上　海	50382	27228	23154	325215	182598	142617	35633	20036	15597
江　苏	63374	36573	26801	660477	367760	292717	45761	26670	19091
浙　江				652716	379441	273275	50299	29382	20917
安　徽	33974	19897	14077				17542	10444	7098
福　建	24890	14320	10570	60458	35862	24596			
江　西	31658	18141	13517	30340	17788	12552	26011	14595	11416
山　东	13253	8264	4989	41030	24852	16178	12547	8117	4430
河　南	15100	8938	6162	49409	27899	21510	15240	9315	5925
湖　北	11047	6150	4897	17295	9388	7907	9770	5984	3786
湖　南	11715	7007	4708	13493	7891	5602	14217	8684	5533
广　东	14498	8462	6036	41548	24795	16753	48794	29119	19675
广　西	7886	4799	3087	8104	5313	2791	14247	9135	5112
海　南	3253	1936	1317	4953	2918	2035	6788	4231	2557
重　庆	4145	2374	1771	3267	1794	1473	5240	3053	2187
四　川	11808	6801	5007	8736	4726	4010	10250	6028	4222
贵　州	14731	8693	6038	7789	4563	3226	15566	9605	5961
云　南	17562	10931	6631	9538	5921	3617	20097	12959	7138
西　藏	529	393	136	1120	749	371	364	284	80
陕　西	5428	3357	2071	8326	4970	3356	3934	2504	1430
甘　肃	5546	3478	2068	6012	3804	2208	3439	2273	1166
青　海	1379	943	436	1924	1219	705	453	314	139
宁　夏	2851	1744	1107	5120	2985	2135	1503	921	582
新　疆	5349	3418	1931	19052	11089	7963	4529	3137	1392

7-3b　续表 5

单位：人

现住地	户口登记地 江西 小计	江西 男	江西 女	山东 小计	山东 男	山东 女	河南 小计	河南 男	河南 女
全　国	**885590**	**516714**	**368876**	**702780**	**423195**	**279585**	**2548573**	**1563161**	**985412**
北　京	6612	3769	2843	58075	34519	23556	117595	74745	42850
天　津	1769	1112	657	25612	16530	9082	31826	19579	12247
河　北	10735	6295	4440	77971	45779	32192	160546	99071	61475
山　西	1910	1135	775	11135	7612	3523	60079	41829	18250
内蒙古	2629	1528	1101	20634	13923	6711	27590	18701	8889
辽　宁	996	532	464	7991	4391	3600	8392	4717	3675
吉　林	2458	1321	1137	17479	9024	8455	14774	7687	7087
黑龙江	1090	629	461	12426	6702	5724	6834	3888	2946
上　海	61167	34782	26385	57768	34548	23220	151692	90917	60775
江　苏	66929	38557	28372	163843	95262	68581	562760	332702	230058
浙　江	293598	173544	120054	52304	33251	19053	460501	285231	175270
安　徽	26632	14918	11714	29188	17642	11546	117110	70831	46279
福　建	110011	64460	45551	14943	10056	4887	101734	65276	36458
江　西				11003	6746	4257	38563	25305	13258
山　东	8020	4916	3104				128260	80868	47392
河　南	12020	6877	5143	43141	23947	19194			
湖　北	16171	8186	7985	8014	4502	3512	51226	28697	22529
湖　南	38556	22391	16165	7668	4716	2952	36923	20848	16075
广　东	151852	90343	61509	11277	7274	4003	183318	113567	69751
广　西	13735	8035	5700	4409	2987	1422	12495	8511	3984
海　南	6531	3744	2787	3701	2257	1444	12548	7649	4899
重　庆	4309	2184	2125	3040	1786	1254	8462	4959	3503
四　川	11126	5839	5287	7979	4646	3333	20427	11975	8452
贵　州	9953	5478	4475	4681	3005	1676	12564	7282	5282
云　南	15285	9316	5969	5429	3526	1903	17983	11731	6252
西　藏	910	578	332	1207	908	299	4983	3554	1429
陕　西	3619	2032	1587	8676	5829	2847	30003	18573	11430
甘　肃	2746	1684	1062	6028	3889	2139	22639	14397	8242
青　海	525	307	218	1920	1316	604	9180	6215	2965
宁　夏	970	590	380	4981	3147	1834	17230	10234	6996
新　疆	2726	1632	1094	20257	13475	6782	120336	73622	46714

7-3b 续表 6

单位：人

现住地	户口登记地								
	湖北			湖南			广东		
	小计	男	女	小计	男	女	小计	男	女
全国	**791317**	**459487**	**331830**	**1002950**	**575488**	**427462**	**306716**	**161461**	**145255**
北京	14526	8417	6109	7354	3851	3503	5420	3022	2398
天津	3339	2201	1138	1990	1254	736	1313	763	550
河北	26365	15572	10793	12203	7214	4989	13837	7548	6289
山西	7077	4780	2297	2282	1269	1013	2198	1151	1047
内蒙古	5253	3326	1927	2730	1668	1062	1447	749	698
辽宁	1649	947	702	1002	536	466	1509	879	630
吉林	3642	1926	1716	2704	1335	1369	3761	1980	1781
黑龙江	1338	772	566	1007	545	462	1553	726	827
上海	51653	28310	23343	30036	15791	14245	10024	5622	4402
江苏	88732	49905	38827	40750	22722	18028	14260	8031	6229
浙江	108700	63616	45084	148622	87904	60718	13120	7426	5694
安徽	30941	17681	13260	19766	11332	8434	9364	5008	4356
福建	46714	27631	19083	46662	27602	19060	23372	12290	11082
江西	28131	16509	11622	41317	24105	17212	31554	15749	15805
山东	21751	13727	8024	8909	5285	3624	6054	3468	2586
河南	31398	18246	13152	14010	7724	6286	10334	5598	4736
湖北				27195	13072	14123	15100	6818	8282
湖南	52347	28422	23925				38449	18281	20168
广东	148867	87808	61059	366179	213493	152686			
广西	12749	7853	4896	54135	31253	22882	38607	19770	18837
海南	7577	4597	2980	14654	8678	5976	23391	14571	8820
重庆	14337	7297	7040	9210	4521	4689	4594	2133	2461
四川	16584	8898	7686	18269	9179	9090	13918	6687	7231
贵州	12829	7133	5696	52433	28387	24046	8101	3947	4154
云南	19237	12081	7156	54884	32175	22709	8497	5238	3259
西藏	1720	1179	541	2102	1378	724	322	220	102
陕西	10031	5905	4126	4082	2106	1976	2281	1182	1099
甘肃	8030	4918	3112	5125	3007	2118	1639	990	649
青海	2885	1845	1040	1777	1043	734	215	131	84
宁夏	2134	1278	856	1344	768	576	537	334	203
新疆	10781	6707	4074	10217	6291	3926	1945	1149	796

7-3b　续表 7　　　　单位：人

现住地	户口登记地								
	广西			海南			重庆		
	小计	男	女	小计	男	女	小计	男	女
全国	**829032**	**473076**	**355956**	**55038**	**27004**	**28034**	**694219**	**399522**	**294697**
北京	2677	1348	1329	736	400	336	5716	3118	2598
天津	1998	1050	948	390	248	142	4028	2470	1558
河北	4281	1967	2314	2202	1129	1073	16667	10214	6453
山西	810	388	422	433	209	224	5636	3912	1724
内蒙古	791	368	423	408	187	221	2982	1876	1106
辽宁	730	283	447	274	124	150	1193	680	513
吉林	2519	993	1526	2117	854	1263	1969	1020	949
黑龙江	1313	674	639	676	307	369	829	448	381
上海	10104	5128	4976	1586	818	768	20722	11372	9350
江苏	17243	8601	8642	2129	1047	1082	48339	26385	21954
浙江	40063	22695	17368	1535	703	832	105526	61875	43651
安徽	7498	3482	4016	1648	693	955	11713	6220	5493
福建	31433	16715	14718	2896	1286	1610	94828	56009	38819
江西	16009	8185	7824	4062	1965	2097	10903	6195	4708
山东	4740	2464	2276	1381	735	646	10692	6895	3797
河南	7179	2981	4198	3612	1756	1856	10510	6116	4394
湖北	9127	3224	5903	1535	639	896	25678	13753	11925
湖南	26261	11166	15095	3913	1766	2147	15785	8706	7079
广东	578116	346313	231803	15544	8404	7140	95630	56038	39592
广西				2849	1383	1466	6611	4088	2523
海南	19881	11932	7949				5688	3584	2104
重庆	3454	1227	2227	487	198	289			
四川	7923	2804	5119	1780	774	1006	78317	39189	39128
贵州	13835	6762	7073	669	280	389	31814	18298	13516
云南	15927	9815	6112	902	446	456	41410	26309	15101
西藏	300	203	97	28	22	6	4625	3069	1556
陕西	1268	514	754	284	126	158	5952	3508	2444
甘肃	1860	839	1021	601	328	273	4506	2924	1582
青海	142	85	57	33	21	12	1518	1040	478
宁夏	350	181	169	54	22	32	1977	1293	684
新疆	1200	689	511	274	134	140	22455	12918	9537

7-3b 续表 8

单位：人

现住地	户口登记地								
	四川			贵州			云南		
	小计	男	女	小计	男	女	小计	男	女
全国	**1609139**	**939132**	**670007**	**1644916**	**938434**	**706482**	**623470**	**340437**	**283033**
北京	21927	12686	9241	5062	3009	2053	3871	2285	1586
天津	8392	5219	3173	3120	1712	1408	2533	1319	1214
河北	46640	28311	18329	22994	13793	9201	10392	5614	4778
山西	19780	12944	6836	3689	2232	1457	2307	1178	1129
内蒙古	11546	7382	4164	16983	8958	8025	1609	780	829
辽宁	3741	2113	1628	8432	4130	4302	777	334	443
吉林	5635	2955	2680	9131	4328	4803	1567	631	936
黑龙江	3158	1598	1560	3135	1678	1457	983	498	485
上海	60903	32627	28276	26599	14798	11801	19741	11233	8508
江苏	158591	86493	72098	134208	73548	60660	72978	39665	33313
浙江	286565	165969	120596	669891	389970	279921	204029	114735	89294
安徽	30522	16101	14421	26698	13905	12793	19360	10014	9346
福建	119791	70091	49700	199478	117167	82311	69088	39747	29341
江西	24691	14047	10644	33634	18827	14807	12605	7151	5454
山东	37844	23527	14317	25596	14198	11398	15465	8250	7215
河南	21864	12626	9238	12357	6356	6001	6404	2864	3540
湖北	20078	10027	10051	13559	5882	7677	5851	2523	3328
湖南	24420	12716	11704	41473	21082	20391	12829	6070	6759
广东	243249	143172	100077	211963	127383	84580	70880	41987	28893
广西	15343	9917	5426	24602	14309	10293	10683	5884	4799
海南	12443	7543	4900	10474	6169	4305	6528	3617	2911
重庆	101433	54312	47121	34952	17039	17913	9669	4423	5246
四川				30085	12626	17459	31799	13625	18174
贵州	50092	29170	20922				15962	7086	8876
云南	109111	68970	40141	59420	35041	24379			
西藏	29387	20724	8663	1462	1025	437	3402	2191	1211
陕西	22698	13818	8880	3105	1649	1456	1646	774	872
甘肃	20417	13697	6720	4590	2704	1886	2927	1572	1355
青海	8913	5947	2966	485	344	141	724	453	271
宁夏	6539	4045	2494	3295	1879	1416	597	299	298
新疆	83426	50385	33041	4444	2693	1751	6264	3635	2629

7-3b　续表 9　　　　单位：人

现住地	户口登记地								
	西藏			陕西			甘肃		
	小计	男	女	小计	男	女	小计	男	女
全　国	**21687**	**10406**	**11281**	**539092**	**323604**	**215488**	**650177**	**380765**	**269412**
北　京	100	50	50	14119	8359	5760	18207	10215	7992
天　津	189	91	98	4034	2587	1447	6627	3920	2707
河　北	705	306	399	25653	15423	10230	29428	16582	12846
山　西	193	98	95	37019	22095	14924	4874	3213	1661
内蒙古	60	31	29	70752	40677	30075	66783	39160	27623
辽　宁	76	35	41	1599	936	663	1761	888	873
吉　林	707	304	403	2772	1506	1266	2828	1306	1522
黑龙江	640	235	405	1014	560	454	1197	712	485
上　海	267	95	172	22779	13109	9670	20181	11649	8532
江　苏	2840	1410	1430	67723	40176	27547	46193	26040	20153
浙　江	386	168	218	64755	40022	24733	32932	19937	12995
安　徽	569	237	332	14713	8867	5846	12201	6895	5306
福　建	425	199	226	16081	10025	6056	13092	7768	5324
江　西	617	309	308	6826	4242	2584	8106	4575	3531
山　东	849	418	431	16536	9910	6626	18678	10907	7771
河　南	1016	475	541	20983	11902	9081	11963	6395	5568
湖　北	370	177	193	8436	4346	4090	6724	3489	3235
湖　南	819	435	384	8128	4532	3596	6641	4109	2532
广　东	140	78	62	22641	14027	8614	8760	5282	3478
广　西	56	36	20	4082	2688	1394	2960	1987	973
海　南	45	26	19	2465	1368	1097	2218	1145	1073
重　庆	495	258	237	3831	2339	1492	2698	1623	1075
四　川	6304	3134	3170	12242	6951	5291	14876	8569	6307
贵　州	246	146	100	3567	2188	1379	1525	873	652
云　南	572	313	259	5663	4125	1538	2868	1965	903
西　藏				2555	1866	689	10882	7380	3502
陕　西	585	325	260				31616	18787	12829
甘　肃	1500	622	878	23018	14576	8442			
青　海	771	311	460	2971	2174	797	27887	17214	10673
宁　夏	19	4	15	23957	13750	10207	63264	35689	27575
新　疆	126	80	46	28178	18278	9900	172207	102491	69716

7-3b 续表 10

单位：人

现住地	户口登记地								
	青海			宁夏			新疆		
	小计	男	女	小计	男	女	小计	男	女
全国	**108440**	**56762**	**51678**	**72654**	**41439**	**31215**	**90666**	**44915**	**45751**
北京	1524	765	759	1741	921	820	2795	1346	1449
天津	970	505	465	602	384	218	1075	523	552
河北	4549	2356	2193	2648	1366	1282	4086	2184	1902
山西	1334	695	639	692	424	268	771	383	388
内蒙古	3298	1601	1697	18552	11009	7543	1101	626	475
辽宁	397	198	199	211	106	105	722	314	408
吉林	853	413	440	745	341	404	2998	1176	1822
黑龙江	216	110	106	149	81	68	859	406	453
上海	1368	699	669	2057	1212	845	4650	2130	2520
江苏	4667	2411	2256	2715	1452	1263	8464	4129	4335
浙江	2871	1615	1256	1853	1192	661	3373	1837	1536
安徽	2645	1335	1310	1285	646	639	4266	2140	2126
福建	1164	626	538	1528	893	635	2284	1044	1240
江西	1531	849	682	1667	987	680	2601	1198	1403
山东	7695	3871	3824	2234	1201	1033	6191	2986	3205
河南	5630	2923	2707	2922	1570	1352	8279	4130	4149
湖北	925	485	440	587	302	285	3110	1460	1650
湖南	1911	1098	813	1589	1022	567	4447	2281	2166
广东	1665	991	674	777	480	297	2530	1356	1174
广西	392	199	193	170	121	49	500	268	232
海南	600	253	347	403	195	208	1557	761	796
重庆	444	236	208	236	144	92	2090	1071	1019
四川	6409	3244	3165	1270	608	662	8896	4592	4304
贵州	337	181	156	194	115	79	601	313	288
云南	752	432	320	395	266	129	844	459	385
西藏	4165	2878	1287	131	97	34	298	219	79
陕西	2736	1501	1235	7430	4219	3211	2607	1344	1263
甘肃	39483	19452	20031	5322	2903	2419	6963	3350	3613
青海				467	316	151	565	304	261
宁夏	929	491	438				1143	585	558
新疆	6980	4349	2631	12082	6866	5216			

7-3c 全国按现住地、性别分的户口登记地在外省的人口(乡村)

单位：人

现住地	户口登记地					
	合计			北京		
	合计	男	女	小计	男	女
全国	**16871144**	**10253801**	**6617343**	**44797**	**25861**	**18936**
北京	930230	576817	353413			
天津	240274	139461	100813	1877	1084	793
河北	481028	270986	210042	18392	10053	8339
山西	362364	252282	110082	1661	994	667
内蒙古	361918	243253	118665	1117	661	456
辽宁	276249	143932	132317	1392	715	677
吉林	182353	89852	92501	1078	597	481
黑龙江	103888	55550	48338	1047	558	489
上海	1442645	900054	542591	445	265	180
江苏	1726057	1020271	705786	820	491	329
浙江	2913661	1752829	1160832	501	299	202
安徽	266818	144593	122225	695	417	278
福建	813233	506545	306688	587	372	215
江西	178733	107559	71174	466	292	174
山东	525569	307035	218534	2740	1657	1083
河南	165702	98776	66926	2083	1309	774
湖北	309653	173301	136352	806	511	295
湖南	190994	90052	100942	606	369	237
广东	2490621	1553104	937517	561	399	162
广西	195165	111928	83237	288	177	111
海南	216972	134427	82545	2820	1440	1380
重庆	211383	116662	94721	349	249	100
四川	436024	242182	193842	1809	1159	650
贵州	199775	119368	80407	343	269	74
云南	317019	213044	103975	492	313	179
西藏	101925	77922	24003	123	92	31
陕西	238846	161903	76943	539	339	200
甘肃	150739	100670	50069	478	320	158
青海	41019	28423	12596	56	42	14
宁夏	137803	86270	51533	178	119	59
新疆	662484	434750	227734	448	299	149

7-3c 续表 1

单位：人

现住地	户口登记地								
	天津			河北			山西		
	小计	男	女	小计	男	女	小计	男	女
全国	**56676**	**31356**	**25320**	**681773**	**438666**	**243107**	**240023**	**154335**	**85688**
北京	11701	6512	5189	295297	188317	106980	41539	25338	16201
天津				63830	36312	27518	4904	2946	1958
河北	22439	11177	11262				19151	10318	8833
山西	1693	981	712	53122	38789	14333			
内蒙古	1501	977	524	46182	30674	15508	36378	24868	11510
辽宁	1335	701	634	15616	8632	6984	1984	1019	965
吉林	2298	1072	1226	10680	5131	5549	2752	1195	1557
黑龙江	1394	689	705	6345	3271	3074	791	409	382
上海	531	322	209	10895	7526	3369	11612	7672	3940
江苏	724	463	261	17956	12831	5125	19955	12740	7215
浙江	556	364	192	9067	5959	3108	6716	4486	2230
安徽	616	348	268	6936	4308	2628	3463	2153	1310
福建	514	340	174	6302	4635	1667	4583	3140	1443
江西	424	264	160	2802	1937	865	1348	927	421
山东	2877	1689	1188	30496	18504	11992	10249	6199	4050
河南	1125	679	446	12896	7937	4959	7552	4386	3166
湖北	952	669	283	8345	5257	3088	3486	2162	1324
湖南	332	191	141	2879	1669	1210	1656	938	718
广东	479	344	135	7107	5104	2003	4925	3457	1468
广西	340	236	104	4404	2723	1681	2601	1618	983
海南	647	386	261	5278	3237	2041	1835	1105	730
重庆	224	151	73	3094	2120	974	1500	1045	455
四川	1191	805	386	12361	7499	4862	6935	4195	2740
贵州	204	147	57	3791	2568	1223	2029	1541	488
云南	305	229	76	5123	3543	1580	3127	2300	827
西藏	136	113	23	1499	1205	294	986	782	204
陕西	696	491	205	13514	9970	3544	22024	15863	6161
甘肃	459	287	172	6176	4355	1821	2982	2138	844
青海	83	65	18	1000	748	252	648	451	197
宁夏	126	90	36	5362	3926	1436	2154	1497	657
新疆	774	574	200	13418	9979	3439	10158	7447	2711

7-3c　续表 2

单位：人

现住地	户口登记地								
	内蒙古			辽宁			吉林		
	小计	男	女	小计	男	女	小计	男	女
全　国	**241092**	**130128**	**110964**	**214933**	**127674**	**87259**	**275718**	**153050**	**122668**
北　京	30036	16905	13131	28975	16512	12463	25896	14496	11400
天　津	10001	5564	4437	5264	2997	2267	8425	4700	3725
河　北	37679	19783	17896	22325	11925	10400	24101	12562	11539
山　西	18854	10031	8823	4673	3425	1248	3554	2228	1326
内蒙古				29128	18888	10240	18264	10473	7791
辽　宁	42337	20934	21403				54262	27151	27111
吉　林	17074	7594	9480	28562	13432	15130			
黑龙江	14989	7040	7949	13803	7203	6600	30720	15752	14968
上　海	2908	1800	1108	5662	3523	2139	6045	3736	2309
江　苏	3963	2314	1649	6523	4162	2361	8976	5415	3561
浙　江	3549	2162	1387	6714	4445	2269	8779	5544	3235
安　徽	1532	843	689	2400	1410	990	2371	1344	1027
福　建	1698	1117	581	3848	2686	1162	3657	2381	1276
江　西	670	411	259	1199	822	377	1216	801	415
山　东	21069	11709	9360	20783	12084	8699	48184	26398	21786
河　南	1482	844	638	1891	1145	746	1372	786	586
湖　北	1465	832	633	2435	1638	797	2042	1274	768
湖　南	765	441	324	1042	629	413	982	562	420
广　东	2130	1450	680	4428	3092	1336	4377	2817	1560
广　西	1643	976	667	2193	1343	850	2381	1413	968
海　南	2160	1210	950	3570	2000	1570	4727	2541	2186
重　庆	614	390	224	1023	721	302	773	515	258
四　川	2699	1659	1040	4253	2851	1402	3254	2018	1236
贵　州	631	449	182	1043	802	241	1178	855	323
云　南	1020	694	326	2487	1836	651	2160	1583	577
西　藏	389	312	77	762	597	165	582	443	139
陕　西	9568	6184	3384	2648	1956	692	2193	1548	645
甘　肃	2058	1304	754	1263	912	351	968	686	282
青　海	301	205	96	200	142	58	230	168	62
宁　夏	3493	2031	1462	1029	767	262	801	554	247
新　疆	4315	2940	1375	4807	3729	1078	3248	2306	942

7-3c 续表 3

单位：人

现住地	户口登记地								
	黑龙江			上海			江苏		
	小计	男	女	小计	男	女	小计	男	女
全国	**398049**	**212155**	**185894**	**34443**	**19849**	**14594**	**539505**	**357128**	**182377**
北京	40638	22702	17936	435	247	188	19889	13150	6739
天津	26692	14360	12332	103	59	44	4367	2863	1504
河北	34365	16645	17720	360	222	138	12424	8170	4254
山西	3952	2711	1241	153	96	57	16470	12437	4033
内蒙古	27083	14778	12305	81	60	21	6699	5238	1461
辽宁	66072	32685	33387	183	110	73	4927	2969	1958
吉林	35201	16052	19149	184	95	89	7158	4201	2957
黑龙江				209	101	108	3071	2038	1033
上海	10996	6664	4332				180920	121723	59197
江苏	16572	9603	6969	16610	9401	7209			
浙江	14115	8382	5733	4373	2354	2019	75123	49905	25218
安徽	2718	1435	1283	3107	1756	1351	47998	25492	22506
福建	3961	2477	1484	517	347	170	10989	8042	2947
江西	1157	704	453	1050	551	499	5500	3744	1756
山东	72107	37392	34715	856	555	301	38302	24646	13656
河南	2777	1510	1267	969	641	328	9839	6698	3141
湖北	2030	1186	844	765	463	302	10051	6422	3629
湖南	753	380	373	429	240	189	3922	2316	1606
广东	7335	4605	2730	346	236	110	7798	5680	2118
广西	3722	2080	1642	205	138	67	2717	1989	728
海南	7567	3930	3637	302	194	108	3519	2467	1052
重庆	695	458	237	176	102	74	3339	2140	1199
四川	4005	2260	1745	1386	868	518	12921	7866	5055
贵州	1239	896	343	251	153	98	5385	3457	1928
云南	1578	1103	475	399	255	144	6254	3945	2309
西藏	433	319	114	44	33	11	1177	877	300
陕西	2627	1686	941	214	138	76	9319	7015	2304
甘肃	1066	699	367	135	87	48	5656	4130	1526
青海	162	120	42	27	11	16	1396	947	449
宁夏	1227	800	427	91	63	28	3418	2589	829
新疆	5204	3533	1671	483	273	210	18957	13972	4985

7-3c　续表 4　　　　单位：人

现住地	户口登记地								
	浙江			安徽			福建		
	小计	男	女	小计	男	女	小计	男	女
全　国	**252909**	**156461**	**96448**	**1739568**	**1039522**	**700046**	**252464**	**165906**	**86558**
北　京	5111	3019	2092	37059	23202	13857	6027	3670	2357
天　津	3584	2228	1356	7145	4157	2988	3456	2169	1287
河　北	10845	6724	4121	10683	5995	4688	11691	7666	4025
山　西	4461	3255	1206	9228	6941	2287	5850	4755	1095
内蒙古	2493	1807	686	8121	5695	2426	3262	2738	524
辽　宁	2436	1544	892	4756	2723	2033	2727	1888	839
吉　林	4069	2200	1869	4744	2498	2246	2150	1168	982
黑龙江	1299	717	582	2562	1475	1087	833	558	275
上　海	34239	21510	12729	449118	271832	177286	19730	12222	7508
江　苏	31596	18811	12785	493669	285024	208645	15523	9576	5947
浙　江				486650	290961	195689	26228	16030	10198
安　徽	16740	9635	7105				5786	3667	2119
福　建	18461	11471	6990	49965	30024	19941			
江　西	13663	8181	5482	9502	6050	3452	10677	6680	3997
山　东	8130	5374	2756	20303	12199	8104	7684	5281	2403
河　南	6513	4140	2373	20241	12126	8115	5589	3921	1668
湖　北	10234	6000	4234	14455	8685	5770	10799	7287	3512
湖　南	6255	3614	2641	4146	2161	1985	6909	4329	2580
广　东	11690	7315	4375	36048	22743	13305	37302	23772	13530
广　西	3441	2251	1190	3651	2336	1315	7892	5686	2206
海　南	5352	3384	1968	4472	2855	1617	12798	8405	4393
重　庆	2622	1500	1122	2598	1595	1003	3809	2300	1509
四　川	12610	7611	4999	10065	5565	4500	12133	7733	4400
贵　州	9503	5743	3760	5413	3313	2100	8750	5962	2788
云　南	11999	7784	4215	5002	3333	1669	12815	9697	3118
西　藏	731	515	216	948	694	254	469	367	102
陕　西	4246	2763	1483	10977	7679	3298	3709	2443	1266
甘　肃	3007	2018	989	3683	2443	1240	2672	1970	702
青　海	677	493	184	512	344	168	311	263	48
宁　夏	1379	931	448	6256	3837	2419	692	485	207
新　疆	5523	3923	1600	17596	11037	6559	4191	3218	973

7-3c 续表 5

单位：人

现住地	户口登记地								
	江西			山东			河南		
	小计	男	女	小计	男	女	小计	男	女
全国	**604845**	**368475**	**236370**	**523565**	**351084**	**172481**	**2312212**	**1488059**	**824153**
北京	8527	5172	3355	81675	52891	28784	182865	117202	65663
天津	569	337	232	20505	12947	7558	39379	23428	15951
河北	2103	1241	862	27933	16582	11351	72945	46250	26695
山西	1454	1006	448	19183	16281	2902	73524	56069	17455
内蒙古	1221	845	376	24789	20866	3923	26860	20341	6519
辽宁	946	580	366	11475	6761	4714	12678	7624	5054
吉林	1499	800	699	13100	7368	5732	10947	6106	4841
黑龙江	425	250	175	11860	7172	4688	4814	2930	1884
上海	57962	36553	21409	60055	40672	19383	218149	139525	78624
江苏	38630	23911	14719	72310	44918	27392	412770	254732	158038
浙江	211792	127685	84107	39858	25764	14094	399449	253863	145586
安徽	7266	3577	3689	11126	6840	4286	52941	31809	21132
福建	71134	43486	27648	10723	8008	2715	76026	52319	23707
江西				3861	2792	1069	16814	11705	5109
山东	2895	1799	1096				85272	54780	30492
河南	4116	2465	1651	11325	7044	4281			
湖北	12424	6948	5476	7844	5235	2609	67174	41823	25351
湖南	9559	4597	4962	2625	1493	1132	12039	6730	5309
广东	130670	82967	47703	9403	6809	2594	226290	146394	79896
广西	6293	3481	2812	3836	2690	1146	10286	6998	3288
海南	6223	3857	2366	3588	2371	1217	15079	9976	5103
重庆	2691	1299	1392	2499	1747	752	10549	6400	4149
四川	9046	4950	4096	10315	6380	3935	32880	21655	11225
贵州	5158	2798	2360	4624	3677	947	10667	6974	3693
云南	5592	3478	2114	6340	4164	2176	17101	12433	4668
西藏	433	326	107	1540	1226	314	7799	5842	1957
陕西	2427	1437	990	14754	11986	2768	36048	24593	11455
甘肃	1257	850	407	5186	3854	1332	20788	14346	6442
青海	107	80	27	1297	971	326	5469	4180	1289
宁夏	455	283	172	4615	3241	1374	14598	9739	4859
新疆	1971	1417	554	25321	18334	6987	140012	91293	48719

7-3c　续表 6　　　　单位：人

现住地	户口登记地								
	湖北			湖南			广东		
	小计	男	女	小计	男	女	小计	男	女
全　国	**574243**	**364078**	**210165**	**821346**	**505101**	**316245**	**255130**	**131474**	**123656**
北　京	19495	11811	7684	7450	4274	3176	4254	2324	1930
天　津	1489	931	558	813	497	316	1532	867	665
河　北	10856	6732	4124	2775	1373	1402	19626	10448	9178
山　西	8095	6594	1501	2479	1721	758	2578	1390	1188
内蒙古	3957	2925	1032	1956	1519	437	993	551	442
辽　宁	2011	1233	778	960	523	437	1524	862	662
吉　林	1980	1038	942	1564	775	789	1999	956	1043
黑龙江	1155	756	399	347	149	198	1075	563	512
上　海	51710	32244	19466	28036	17357	10679	5132	3107	2025
江　苏	57935	34570	23365	27532	16438	11094	4886	2866	2020
浙　江	82243	49911	32332	142594	86076	56518	7893	4466	3427
安　徽	12058	7071	4987	6722	3639	3083	3832	1697	2135
福　建	30614	19664	10950	31470	20612	10858	16141	8957	7184
江　西	12384	7690	4694	15742	9784	5958	13888	6873	7015
山　东	11165	7870	3295	3860	2457	1403	2998	1699	1299
河　南	14099	9049	5050	5244	2927	2317	6115	3305	2810
湖　北				22719	11997	10722	12474	5119	7355
湖　南	15034	7214	7820				27138	11564	15574
广　东	140876	91410	49466	401936	252522	149414			
广　西	8605	5784	2821	22160	12642	9518	41704	18938	22766
海　南	7869	5149	2720	11601	7387	4214	29104	18484	10620
重　庆	10407	5758	4649	6219	3340	2879	3944	1616	2328
四　川	18300	11550	6750	15877	8994	6883	22749	11958	10791
贵　州	10298	6917	3381	22533	12908	9625	8456	4084	4372
云　南	12747	9930	2817	24318	15472	8846	9116	5255	3861
西　藏	2000	1604	396	1829	1315	514	374	238	136
陕　西	9179	6091	3088	2879	1693	1186	2320	1233	1087
甘　肃	5436	3922	1514	2137	1462	675	1086	618	468
青　海	1069	793	276	461	363	98	251	151	100
宁　夏	1790	1286	504	718	498	220	349	213	136
新　疆	9387	6581	2806	6415	4387	2028	1599	1072	527

7-3c 续表 7

单位：人

现住地	户口登记地								
	广西			海南			重庆		
	小计	男	女	小计	男	女	小计	男	女
全国	**943070**	**551643**	**391427**	**35457**	**17033**	**18424**	**623108**	**372412**	**250696**
北京	2556	1323	1233	473	231	242	5367	3019	2348
天津	2132	1047	1085	182	75	107	5872	3557	2315
河北	3075	983	2092	2384	1181	1203	12910	7862	5048
山西	946	406	540	262	127	135	6750	4814	1936
内蒙古	649	401	248	102	46	56	2349	1632	717
辽宁	1000	448	552	170	61	109	1556	916	640
吉林	1485	641	844	1108	494	614	1273	714	559
黑龙江	481	226	255	327	139	188	561	323	238
上海	8589	4857	3732	888	473	415	41764	24229	17535
江苏	10281	5502	4779	763	363	400	34801	19659	15142
浙江	36047	20724	15323	930	388	542	103613	61479	42134
安徽	3935	1741	2194	633	212	421	6154	3079	3075
福建	24659	14567	10092	2011	860	1151	73090	44271	28819
江西	9924	5026	4898	1063	386	677	5876	3481	2395
山东	3209	1599	1610	436	181	255	7352	4816	2536
河南	2613	762	1851	494	196	298	4875	3053	1822
湖北	9242	3039	6203	1379	546	833	30503	16650	13853
湖南	19735	6663	13072	1824	657	1167	9221	4702	4519
广东	727800	442023	285777	13582	7526	6056	79414	49231	30183
广西				2585	1088	1497	5606	3334	2272
海南	31664	19060	12604				7534	4923	2611
重庆	3779	1291	2488	455	218	237			
四川	10342	3782	6560	1648	722	926	83458	46270	37188
贵州	12065	5364	6701	468	172	296	20112	12476	7636
云南	12106	7457	4649	666	359	307	24853	17111	7742
西藏	378	294	84	40	31	9	5116	3644	1472
陕西	1622	720	902	270	115	155	5834	3928	1906
甘肃	703	383	320	103	49	54	3767	2744	1023
青海	101	64	37	17	9	8	942	692	250
宁夏	421	229	192	24	17	7	1482	980	502
新疆	1531	1021	510	170	111	59	31103	18823	12280

7-3c　续表 8　　　　单位：人

现住地	户口登记地								
	四川			贵州			云南		
	小计	男	女	小计	男	女	小计	男	女
全国	**1452023**	**886196**	**565827**	**1915794**	**1105431**	**810363**	**682723**	**369492**	**313231**
北京	28458	16881	11577	5049	2935	2114	3400	1933	1467
天津	11467	6949	4518	3034	1601	1433	2711	1261	1450
河北	31658	17908	13750	28052	15904	12148	10177	4416	5761
山西	23910	15666	8244	5301	3071	2230	4159	2078	2081
内蒙古	11860	8006	3854	32361	16848	15513	2079	1226	853
辽宁	6015	3257	2758	32219	16380	15839	1241	499	742
吉林	3957	2109	1848	18776	9361	9415	1563	641	922
黑龙江	2261	1367	894	1019	539	480	463	184	279
上海	104429	61167	43262	43658	25681	17977	36511	22001	14510
江苏	138446	78546	59900	140068	78105	61963	78076	43194	34882
浙江	254017	149862	104155	751126	440445	310681	182785	103559	79226
安徽	17839	9035	8804	21453	9634	11819	13666	5260	8406
福建	101130	61590	39540	190278	115631	74647	56187	33221	22966
江西	12106	7110	4996	21529	12154	9375	7266	3889	3377
山东	25683	15724	9959	48818	25571	23247	19179	8372	10807
河南	12632	7988	4644	7047	3296	3751	4301	1688	2613
湖北	24237	12768	11469	18979	8814	10165	13307	6266	7041
湖南	13812	6480	7332	29917	13264	16653	10683	4332	6351
广东	187721	117089	70632	305658	188277	117381	104838	62470	42368
广西	13275	8341	4934	23835	13533	10302	15537	8404	7133
海南	17257	11015	6242	16531	10156	6375	8301	4832	3469
重庆	90000	51692	38308	38536	18735	19801	10951	4411	6540
四川				41488	19617	21871	51648	21721	29927
贵州	36690	22683	14007				21228	9486	11742
云南	75704	52394	23310	63735	39017	24718			
西藏	45357	35340	10017	2674	2215	459	4532	3389	1143
陕西	25285	16665	8620	4106	2287	1819	2270	1205	1065
甘肃	19341	13909	5432	7157	4284	2873	2921	1782	1139
青海	6127	4197	1930	508	389	119	797	520	277
宁夏	4926	3333	1593	6867	3687	3180	1423	797	626
新疆	106423	67125	39298	6015	4000	2015	10523	6455	4068

7-3c 续表 9

单位：人

现住地	户口登记地								
	西藏			陕西			甘肃		
	小计	男	女	小计	男	女	小计	男	女
全国	**14953**	**6885**	**8068**	**462049**	**305260**	**156789**	**500052**	**317027**	**183025**
北京	75	48	27	14480	9040	5440	19376	11414	7962
天津	108	56	52	3879	2457	1422	4777	2882	1895
河北	143	63	80	15397	9600	5797	11455	6576	4879
山西	117	54	63	81454	50355	31099	6290	4699	1591
内蒙古	45	20	25	31036	22513	8523	30039	20701	9338
辽宁	204	135	69	2180	1445	735	2021	1116	905
吉林	145	77	68	2478	1350	1128	1973	1075	898
黑龙江	25	12	13	698	432	266	581	328	253
上海	61	24	37	23466	15549	7917	24538	15243	9295
江苏	142	64	78	43104	27145	15959	27959	16628	11331
浙江	64	26	38	38025	24770	13255	17124	10848	6276
安徽	996	296	700	6700	4128	2572	4692	2579	2113
福建	147	72	75	13624	9464	4160	7861	5187	2674
江西	77	38	39	3407	2228	1179	3492	2104	1388
山东	241	119	122	12318	8342	3976	9776	5732	4044
河南	515	219	296	8936	5890	3046	4232	2303	1929
湖北	433	250	183	10734	5793	4941	5556	3108	2448
湖南	1120	513	607	3431	1756	1675	2122	1130	992
广东	62	41	21	25411	17255	8156	9194	6024	3170
广西	50	25	25	3269	2132	1137	1560	1001	559
海南	77	45	32	2750	1716	1034	1922	1079	843
重庆	242	113	129	4862	3427	1435	2707	1843	864
四川	5085	2701	2384	18230	12389	5841	14676	9261	5415
贵州	148	92	56	5142	4004	1138	1712	1154	558
云南	315	163	152	6995	5762	1233	3221	2420	801
西藏				3605	2907	698	11236	8097	3139
陕西	1726	702	1024				33380	22508	10872
甘肃	834	184	650	22299	16199	6100			
青海	1573	613	960	2417	1922	495	13190	8797	4393
宁夏	22	13	9	19450	11989	7461	52164	31099	21065
新疆	161	107	54	32272	23301	8971	171226	110091	61135

7-3c 续表 10 单位：人

现住地	户口登记地								
	青海			宁夏			新疆		
	小计	男	女	小计	男	女	小计	男	女
全国	**54822**	**32582**	**22240**	**60224**	**36872**	**23352**	**63578**	**32606**	**30972**
北京	754	411	343	1446	878	568	1927	960	967
天津	869	452	417	318	174	144	990	504	486
河北	2007	1031	976	1245	655	590	1832	941	891
山西	904	483	421	630	450	180	657	375	282
内蒙古	1272	732	540	9408	6840	2568	633	384	249
辽宁	351	197	154	245	126	119	1426	698	728
吉林	505	245	260	458	190	268	1593	677	916
黑龙江	230	121	109	128	82	46	375	166	209
上海	906	530	376	1309	860	449	2381	1187	1194
江苏	1665	853	812	1026	601	425	2776	1345	1431
浙江	1130	613	517	948	595	353	1652	864	788
安徽	801	413	388	358	186	172	1284	589	695
福建	755	471	284	946	537	409	1355	596	759
江西	582	352	230	470	309	161	578	274	304
山东	3548	1848	1700	1052	516	536	3987	1923	2064
河南	1363	710	653	733	399	334	2733	1360	1373
湖北	877	512	365	522	348	174	3384	1699	1685
湖南	414	229	185	248	135	113	1396	754	642
广东	1349	861	488	650	435	215	1241	756	485
广西	366	205	161	211	118	93	509	248	261
海南	505	273	232	362	195	167	1558	755	803
重庆	376	212	164	239	151	88	2111	1123	988
四川	4293	2511	1782	1243	750	493	9124	4882	4242
贵州	204	130	74	195	126	69	315	168	147
云南	484	356	128	331	244	87	634	414	220
西藏	6319	4799	1520	169	134	35	245	172	73
陕西	2751	1525	1226	8336	5232	3104	3385	1908	1477
甘肃	9831	5353	4478	6167	3674	2493	11123	5708	5415
青海				457	357	100	633	326	307
宁夏	552	327	225				1741	850	891
新疆	8859	5827	3032	20374	11575	8799			

7-4 全国按现住地、离开户口登记地时间分的户口登记地在外乡镇街道的人口

单位：人

现住地	离开户口登记地时间 合计 合计	半年以上，不满一年	一年以上，不满二年	二年以上，不满三年	三年以上，不满四年	四年以上，不满五年	五年以上，不满十年	十年以上
全　国	**492762506**	**88568427**	**69254119**	**64966962**	**52169818**	**36054979**	**87392083**	**94356118**
北　京	13409576	1998226	1507947	1399984	1270713	975909	2665645	3591152
天　津	6479695	1226300	756989	680731	572606	448365	1368201	1426503
河　北	19775641	3388441	2855128	2701135	2210929	1487607	3752789	3379612
山　西	12891174	2180597	1693663	1604425	1382858	916086	2455609	2657936
内蒙古	11462961	1432200	1183430	1240751	1137134	897090	2495029	3077327
辽　宁	15670121	1831762	1717450	1896583	1721940	1268722	3485375	3748289
吉　林	10350683	1061132	1159897	1270676	1210824	939646	2327424	2381084
黑龙江	11549584	1723608	1574428	1623810	1327602	1043196	2089498	2167442
上　海	15134258	1672624	1558757	1511284	1379432	1115673	3205634	4690854
江　苏	29979948	5695345	4139727	3936216	3148776	2212867	5220088	5626929
浙　江	30107815	5826456	4075609	3734455	2913263	1998374	4966534	6593124
安　徽	18099918	3379572	2842321	2603765	2058579	1372831	3237347	2605503
福　建	16464611	2753764	2168032	1995916	1640471	1145182	3036164	3725082
江　西	13520934	2967873	2358405	2016555	1548785	963041	2010646	1655629
山　东	28026762	5426292	3553694	3557794	3088009	1978866	5182876	5239231
河　南	25639605	5386603	4275689	3833937	2927841	1842084	3912990	3460461
湖　北	18476561	3202846	2550149	2437303	1986222	1308430	3463570	3528041
湖　南	17575847	3377190	2804448	2564579	1925028	1315947	2753725	2834930
广　东	60635086	10934129	8211659	7665233	6019423	4298112	9891957	13614573
广　西	13238781	2515711	2113216	2006890	1344966	881057	2154630	2222311
海　南	3498161	567072	466395	411385	344609	246112	620890	841698
重　庆	13096435	2393843	2096812	1950729	1467640	1050544	2443324	1693543
四　川	27823204	5115924	4128310	3863191	3072365	2086281	5041018	4516115
贵　州	11694763	2601745	2092205	1770489	1201449	802472	1753462	1472941
云　南	12209314	2551410	1950105	1616273	1207310	788146	1878110	2217960
西　藏	1031132	270580	144462	153192	110294	73600	135948	143056
陕　西	13267095	2500120	2031927	1957731	1571648	1008524	2105793	2091352
甘　肃	7352465	1899556	1126867	977049	785695	500889	1123898	938511
青　海	2070660	339118	280087	268883	244693	173611	396791	367477
宁　夏	3362670	495141	402696	398571	359328	285789	792548	628597
新　疆	8867046	1853247	1433615	1317447	989386	629926	1424570	1218855

7-4　续表 1　　单位：人

现住地	离开户口登记地时间							
	省　内							
	小计	半年以上，不满一年	一年以上，不满二年	二年以上，不满三年	三年以上，不满四年	四年以上，不满五年	五年以上，不满十年	十年以上
全　国	**367925353**	**63949652**	**51950003**	**49927698**	**39706082**	**27515895**	**66527322**	**68348701**
北　京	4991158	598286	473208	487117	469724	358352	1053137	1551334
天　津	2944879	322473	302637	317094	275771	237750	748732	740422
河　北	16620369	2668759	2419659	2321232	1878273	1277495	3245600	2809351
山　西	11270656	1753347	1468036	1423513	1232663	825076	2225744	2342277
内蒙古	9776541	1153119	992761	1069796	984872	781508	2163278	2631207
辽　宁	12822813	1484553	1380168	1561899	1415085	1060436	2914710	3005962
吉　林	9349212	937552	1011213	1135042	1083326	866658	2147683	2167738
黑龙江	10720408	1604499	1438353	1498221	1224962	988219	1968198	1997956
上　海	4654606	410740	384892	406107	387908	343183	1025150	1696626
江　苏	19671338	3574357	2714877	2687495	2115167	1498628	3521655	3559159
浙　江	13921361	2433469	1939811	1874982	1385612	909849	2276567	3101071
安　徽	16549409	2968516	2579927	2404625	1905417	1280026	3013431	2397467
福　建	11574735	1800295	1518531	1449569	1189279	823644	2206702	2586715
江　西	12241920	2585468	2102686	1830300	1406182	894137	1877126	1546021
山　东	23897755	4507238	2948415	3058038	2668789	1728616	4538756	4447903
河　南	24365959	5056786	4065446	3659259	2775766	1763483	3746621	3298598
湖　北	16226947	2655265	2176061	2135675	1749634	1179569	3137841	3192902
湖　南	15998284	3022257	2520910	2319873	1744068	1215294	2545214	2630668
广　东	31012976	5190861	4095897	3974884	3027434	2181960	5190224	7351716
广　西	11879397	2255277	1879675	1814486	1193402	789200	1931084	2016273
海　南	2410018	339520	299956	278338	230517	175514	453308	632865
重　庆	10902860	1941933	1709595	1625300	1229867	894639	2083453	1418073
四　川	25233163	4565235	3708833	3514840	2800170	1916939	4626493	4100653
贵　州	10548217	2326866	1904969	1621947	1085650	720620	1574736	1313429
云　南	9978920	2099836	1637394	1363362	993542	643733	1519858	1721195
西　藏	624011	134280	81594	106708	68270	45002	90982	97175
陕　西	11333383	2095151	1704333	1679321	1344161	874944	1830348	1805125
甘　肃	6586817	1711445	1013482	885528	708340	457017	1018445	792560
青　海	1653356	248526	223672	220974	201178	143890	326929	288187
宁　夏	2687551	366563	319498	325687	292375	238749	664425	480254
新　疆	5476334	1137180	933514	876486	638678	401765	860892	627819

7-4 续表 2 单位：人

现住地	离开户口登记地时间							
	省外							
	小计	半年以上，不满一年	一年以上，不满二年	二年以上，不满三年	三年以上，不满四年	四年以上，不满五年	五年以上，不满十年	十年以上
全　国	**124837153**	**24618775**	**17304116**	**15039264**	**12463736**	**8539084**	**20864761**	**26007417**
北　京	8418418	1399940	1034739	912867	800989	617557	1612508	2039818
天　津	3534816	903827	454352	363637	296835	210615	619469	686081
河　北	3155272	719682	435469	379903	332656	210112	507189	570261
山　西	1620518	427250	225627	180912	150195	91010	229865	315659
内蒙古	1686420	279081	190669	170955	152262	115582	331751	446120
辽　宁	2847308	347209	337282	334684	306855	208286	570665	742327
吉　林	1001471	123580	148684	135634	127498	72988	179741	213346
黑龙江	829176	119109	136075	125589	102640	54977	121300	169486
上　海	10479652	1261884	1173865	1105177	991524	772490	2180484	2994228
江　苏	10308610	2120988	1424850	1248721	1033609	714239	1698433	2067770
浙　江	16186454	3392987	2135798	1859473	1527651	1088525	2689967	3492053
安　徽	1550509	411056	262394	199140	153162	92805	223916	208036
福　建	4889876	953469	649501	546347	451192	321538	829462	1138367
江　西	1279014	382405	255719	186255	142603	68904	133520	109608
山　东	4129007	919054	605279	499756	419220	250250	644120	791328
河　南	1273646	329817	210243	174678	152075	78601	166369	161863
湖　北	2249614	547581	374088	301628	236588	128861	325729	335139
湖　南	1577563	354933	283538	244706	180960	100653	208511	204262
广　东	29622110	5743268	4115762	3690349	2991989	2116152	4701733	6262857
广　西	1359384	260434	233541	192404	151564	91857	223546	206038
海　南	1088143	227552	166439	133047	114092	70598	167582	208833
重　庆	2193575	451910	387217	325429	237773	155905	359871	275470
四　川	2590041	550689	419477	348351	272195	169342	414525	415462
贵　州	1146546	274879	187236	148542	115799	81852	178726	159512
云　南	2230394	451574	312711	252911	213768	144413	358252	496765
西　藏	407121	136300	62868	46484	42024	28598	44966	45881
陕　西	1933712	404969	327594	278410	227487	133580	275445	286227
甘　肃	765648	188111	113385	91521	77355	43872	105453	145951
青　海	417304	90592	56415	47909	43515	29721	69862	79290
宁　夏	675119	128578	83198	72884	66953	47040	128123	148343
新　疆	3390712	716067	500101	440961	350708	228161	563678	591036

7-4a　全国按现住地、离开户口登记地时间分的户口登记地在外乡镇街道的人口(城市)

单位：人

现住地	离开户口登记地时间							
	合计							
	合计	半年以上，不满一年	一年以上，不满二年	二年以上，不满三年	三年以上，不满四年	四年以上，不满五年	五年以上，不满十年	十年以上
全　国	**323487793**	**53094150**	**44547566**	**42571845**	**35033344**	**24265775**	**59322516**	**64652597**
北　京	11286299	1587760	1208151	1137337	1055007	817749	2310041	3170254
天　津	5834438	1074762	676094	609523	515315	409355	1258767	1290622
河　北	10852189	1640286	1566036	1513727	1280516	857902	2123250	1870472
山　西	7413064	1153187	979313	936746	835711	541646	1460959	1505502
内蒙古	6154293	741249	651600	695780	629872	477308	1329849	1628635
辽　宁	12651030	1458412	1412451	1558436	1429029	1041310	2835314	2916078
吉　林	6258092	604655	683303	767258	741279	594283	1466199	1401115
黑龙江	6990445	1052725	1036916	1051702	843247	615841	1221255	1168759
上　海	12075336	1343529	1222851	1180129	1074084	882098	2574385	3798260
江　苏	19322446	3567533	2709081	2581745	2074312	1420918	3341073	3627784
浙　江	19454456	3542342	2682379	2476936	1933906	1309437	3246326	4263130
安　徽	9113788	1483891	1414416	1324400	1068568	719166	1724681	1378666
福　建	10206105	1511755	1277102	1207296	1035503	733329	1952083	2489037
江　西	7327320	1405467	1311833	1165061	911132	545883	1103057	884887
山　东	18632571	3265902	2341302	2361416	2095484	1349288	3581197	3637982
河　南	13054477	2348148	1973912	1898158	1584265	1007878	2265723	1976393
湖　北	13425245	2099726	1833332	1788546	1463311	957702	2602345	2680283
湖　南	10384897	1756219	1624929	1524976	1190038	823679	1721048	1744008
广　东	49618272	8633653	6606446	6267100	4976942	3562392	8213173	11358566
广　西	8451951	1481432	1338205	1251601	898795	593483	1429306	1459129
海　南	2330637	326935	300214	279243	237003	171789	436802	578651
重　庆	10053333	1675031	1627526	1539829	1170081	824803	1928944	1287119
四　川	17952455	2979980	2670117	2511031	2035240	1368249	3361164	3026674
贵　州	6179364	1220980	1083639	923312	676695	474355	981998	818385
云　南	7090798	1244198	1110278	974766	768352	489483	1145491	1358230
西　藏	564530	133546	77017	77503	64117	45015	73951	93381
陕　西	8617180	1482940	1308715	1265040	1049865	679398	1426858	1404364
甘　肃	4027986	838735	612232	555796	462906	306329	690070	561918
青　海	1217443	191331	167441	154365	138067	103764	241401	221074
宁　夏	1771385	256378	229224	223625	199010	152394	403318	307436
新　疆	5175968	991463	811511	769462	595692	389549	872488	745803

7-4a 续表 1

单位：人

现住地	离开户口登记地时间							
	省内							
	小计	半年以上，不满一年	一年以上，不满二年	二年以上，不满三年	三年以上，不满四年	四年以上，不满五年	五年以上，不满十年	十年以上
全国	**235167709**	**37104809**	**32455543**	**31808868**	**26013580**	**18052916**	**44103962**	**45628031**
北京	4506274	532275	413049	426478	415936	319614	958107	1440815
天津	2799096	300819	282657	296659	261645	228008	718917	710391
河北	9190473	1327407	1330244	1299593	1090013	740351	1844773	1558092
山西	6417671	936315	844270	820365	733872	481601	1305830	1295418
内蒙古	5309869	620292	558713	610179	551456	417711	1156058	1395460
辽宁	10271933	1178726	1130132	1275352	1166354	864674	2354942	2301753
吉林	5679775	537585	606301	694215	670221	549533	1352148	1269772
黑龙江	6394561	969615	927829	951330	760976	576298	1137540	1070973
上海	4263605	363649	336345	358667	344632	310664	945060	1604588
江苏	13198725	2352670	1842903	1817993	1440719	998077	2337404	2408959
浙江	9571684	1636097	1370911	1323137	988416	630300	1563552	2059271
安徽	8420529	1329803	1297506	1230334	994469	673835	1613989	1280593
福建	7164471	1021105	904599	878778	748947	522385	1399110	1689547
江西	6635929	1229818	1166016	1051452	822548	506866	1031648	827581
山东	15868799	2691840	1935597	2014945	1805064	1176489	3138748	3106116
河南	12362166	2186103	1871636	1806702	1499279	961034	2161463	1875949
湖北	11769692	1717264	1552135	1560234	1283068	863363	2363041	2430587
湖南	9398123	1563771	1441698	1369461	1066779	756516	1586571	1613327
广东	24758290	4024050	3224845	3179560	2442911	1761395	4186206	5939323
广西	7542360	1340700	1183924	1116793	792579	527154	1270580	1310630
海南	1633242	203831	200585	194710	162618	122705	318366	430427
重庆	8301779	1350308	1308448	1264721	970544	697191	1633908	1076659
四川	16159551	2658294	2382021	2259299	1834485	1243317	3055475	2726660
贵州	5507862	1085655	971915	831122	603455	420614	873706	721395
云南	5609823	992892	905635	797295	613771	387293	897300	1015637
西藏	334158	65235	42268	48911	37821	26508	48486	64929
陕西	7133857	1203332	1060614	1046286	868421	572282	1207488	1175434
甘肃	3612995	764502	551465	502638	416385	276727	620198	481080
青海	912540	131293	126026	117776	105148	81183	189205	161909
宁夏	1398274	193192	181111	181215	159693	125609	332520	224934
新疆	3039603	596371	504145	482668	361355	233619	501623	359822

7-4a　续表 2　　　　单位：人

现住地	离开户口登记地时间							
	省外							
	小计	半年以上，不满一年	一年以上，不满二年	二年以上，不满三年	三年以上，不满四年	四年以上，不满五年	五年以上，不满十年	十年以上
全　国	**88320084**	**15989341**	**12092023**	**10762977**	**9019764**	**6212859**	**15218554**	**19024566**
北　京	6780025	1055485	795102	710859	639071	498135	1351934	1729439
天　津	3035342	773943	393437	312864	253670	181347	539850	580231
河　北	1661716	312879	235792	214134	190503	117551	278477	312380
山　西	995393	216872	135043	116381	101839	60045	155129	210084
内蒙古	844424	120957	92887	85601	78416	59597	173791	233175
辽　宁	2379097	279686	282319	283084	262675	176636	480372	614325
吉　林	578317	67070	77002	73043	71058	44750	114051	131343
黑龙江	595884	83110	109087	100372	82271	39543	83715	97786
上　海	7811731	979880	886506	821462	729452	571434	1629325	2193672
江　苏	6123721	1214863	866178	763752	633593	422841	1003669	1218825
浙　江	9882772	1906245	1311468	1153799	945490	679137	1682774	2203859
安　徽	693259	154088	116910	94066	74099	45331	110692	98073
福　建	3041634	490650	372503	328518	286556	210944	552973	799490
江　西	691391	175649	145817	113609	88584	39017	71409	57306
山　东	2763772	574062	405705	346471	290420	172799	442449	531866
河　南	692311	162045	102276	91456	84986	46844	104260	100444
湖　北	1655553	382462	281197	228312	180243	94339	239304	249696
湖　南	986774	192448	183231	155515	123259	67163	134477	130681
广　东	24859982	4609603	3381601	3087540	2534031	1800997	4026967	5419243
广　西	909591	140732	154281	134808	106216	66329	158726	148499
海　南	697395	123104	99629	84533	74385	49084	118436	148224
重　庆	1751554	324723	319078	275108	199537	127612	295036	210460
四　川	1792904	321686	288096	251732	200755	124932	305689	300014
贵　州	671502	135325	111724	92190	73240	53741	108292	96990
云　南	1480975	251306	204643	177471	154581	102190	248191	342593
西　藏	230372	68311	34749	28592	26296	18507	25465	28452
陕　西	1483323	279608	248101	218754	181444	107116	219370	228930
甘　肃	414991	74233	60767	53158	46521	29602	69872	80838
青　海	304903	60038	41415	36589	32919	22581	52196	59165
宁　夏	373111	63186	48113	42410	39317	26785	70798	82502
新　疆	2136365	395092	307366	286794	234337	155930	370865	385981

7-4b 全国按现住地、离开户口登记地时间分的户口登记地在外乡镇街道的人口(镇)

单位：人

现住地	离开户口登记地时间							
	合计							
	合计	半年以上，不满一年	一年以上，不满二年	二年以上，不满三年	三年以上，不满四年	四年以上，不满五年	五年以上，不满十年	十年以上
全国	**119450766**	**23501214**	**17907489**	**16647170**	**12754099**	**8748828**	**20515991**	**19375975**
北京	958712	185320	135863	116745	96215	74804	162478	187287
天津	336920	81385	44050	38848	31477	19961	57113	64086
河北	7371515	1400119	1110158	1038306	807332	540131	1372665	1102804
山西	3691171	630956	482162	470543	396136	270528	711535	729311
内蒙古	3750215	448181	371372	393560	374530	314436	878017	970119
辽宁	1748519	202185	185412	218920	197673	150892	412883	380554
吉林	2462484	264405	298338	320422	300935	225796	547503	505085
黑龙江	2578957	362882	314400	337522	287169	255199	512679	509106
上海	1512143	170612	181914	173036	155123	117303	312249	401906
江苏	7509748	1365938	1044744	1010467	796891	588647	1380105	1322956
浙江	6593618	1295733	854902	805049	625544	444042	1097451	1470897
安徽	7585048	1473269	1243200	1125911	874481	577829	1313667	976691
福建	4471350	772831	629249	583151	455147	311912	813943	905117
江西	5257488	1206948	894909	750348	574071	376239	812847	642126
山东	7647292	1748739	998182	1000550	839535	533963	1347870	1178453
河南	10819783	2505818	1984283	1697940	1165474	735728	1465438	1265102
湖北	3369464	662794	492412	457213	378813	258000	606618	513614
湖南	6052634	1270144	1011685	912913	649649	434864	897778	875601
广东	6173567	1132783	864076	789703	608505	433763	1027851	1316886
广西	3591378	716950	599346	608435	347125	224629	559215	535678
海南	604933	114584	83915	70724	57829	40730	103342	133809
重庆	2120019	466770	345926	307764	216862	165988	366083	250626
四川	6262343	1188683	960371	927823	722430	494560	1121821	846655
贵州	3849786	910780	711700	617938	390851	242855	555060	420602
云南	3613414	881008	619030	482581	315491	213527	524891	576886
西藏	206973	44855	25465	33231	25771	16046	34620	26985
陕西	3239827	634116	492721	502393	381415	245627	497795	485760
甘肃	2322295	698054	368333	309015	243385	146011	311302	246195
青海	674036	102171	88812	95565	90005	57246	127408	112829
宁夏	995085	134180	109947	114036	106686	89692	259949	180595
新疆	2080049	428021	360612	336518	241549	147880	323815	241654

7-4b 续表 1

单位：人

现住地	离开户口登记地时间							
	省内							
	小计	半年以上，不满一年	一年以上，不满二年	二年以上，不满三年	三年以上，不满四年	四年以上，不满五年	五年以上，不满十年	十年以上
全国	**99804841**	**19336107**	**15075930**	**14234731**	**10788406**	**7427813**	**17338302**	**15603552**
北京	250549	34449	32640	30440	27817	19676	49449	56078
天津	77720	12058	11602	11593	7742	5179	16702	12844
河北	6358987	1147914	970854	916805	700172	472208	1210160	940874
山西	3428410	552178	444045	442077	374213	256510	676244	683143
内蒙古	3270137	373890	319851	345234	331330	280205	778083	841544
辽宁	1556557	177714	164611	197136	177276	136593	371800	331427
吉林	2221683	236333	256257	282531	266815	207471	507161	465115
黑龙江	2449553	344538	298347	321573	274363	246101	491271	473360
上海	286867	34440	36293	34724	33057	25102	60786	62465
江苏	5050916	886027	705752	713001	555199	411032	956855	823050
浙江	3203597	560025	424885	422865	303423	212074	532679	747646
安徽	6994616	1316844	1137274	1046463	814075	543120	1232061	904779
福建	3436341	553466	472060	453743	355643	245142	652129	704158
江西	4848598	1080722	819653	695178	530883	352619	765387	604156
山东	6807626	1550853	869212	900658	752524	484062	1219000	1031317
河南	10404150	2401421	1906962	1633375	1111589	711025	1418700	1221078
湖北	3085056	588707	448188	419481	348046	239717	564754	476163
湖南	5652839	1171273	940956	844881	606687	411111	848184	829747
广东	3902060	659089	519101	499254	386103	281527	685137	871849
广西	3336750	663703	556701	574425	319121	208655	517740	496405
海南	431157	73213	54573	47650	38176	30052	79806	107687
重庆	1889381	408990	308766	278652	195229	149021	329871	218852
四川	5901230	1107646	896262	877543	684681	471259	1067650	796189
贵州	3574517	844863	669070	582854	363462	224493	509514	380261
云南	3181014	793700	561123	437625	279399	186955	453361	468851
西藏	132149	24935	15645	24857	17099	10052	23220	16341
陕西	3028284	586509	458652	474687	358686	230525	466456	452769
甘肃	2122377	649179	337497	284906	222358	137632	291435	199370
青海	602654	87630	80200	88088	82699	52002	114491	97544
宁夏	830880	106206	90575	96368	89882	77430	225277	145142
新疆	1488186	307592	268323	256064	180657	109263	222939	143348

7-4b 续表 2

单位：人

现住地	离开户口登记地时间							
	省外							
	小计	半年以上，不满一年	一年以上，不满二年	二年以上，不满三年	三年以上，不满四年	四年以上，不满五年	五年以上，不满十年	十年以上
全国	**19645925**	**4165107**	**2831559**	**2412439**	**1965693**	**1321015**	**3177689**	**3772423**
北京	708163	150871	103223	86305	68398	55128	113029	131209
天津	259200	69327	32448	27255	23735	14782	40411	51242
河北	1012528	252205	139304	121501	107160	67923	162505	161930
山西	262761	78778	38117	28466	21923	14018	35291	46168
内蒙古	480078	74291	51521	48326	43200	34231	99934	128575
辽宁	191962	24471	20801	21784	20397	14299	41083	49127
吉林	240801	28072	42081	37891	34120	18325	40342	39970
黑龙江	129404	18344	16053	15949	12806	9098	21408	35746
上海	1225276	136172	145621	138312	122066	92201	251463	339441
江苏	2458832	479911	338992	297466	241692	177615	423250	499906
浙江	3390021	735708	430017	382184	322121	231968	564772	723251
安徽	590432	156425	105926	79448	60406	34709	81606	71912
福建	1035009	219365	157189	129408	99504	66770	161814	200959
江西	408890	126226	75256	55170	43188	23620	47460	37970
山东	839666	197886	128970	99892	87011	49901	128870	147136
河南	415633	104397	77321	64565	53885	24703	46738	44024
湖北	284408	74087	44224	37732	30767	18283	41864	37451
湖南	399795	98871	70729	68032	42962	23753	49594	45854
广东	2271507	473694	344975	290449	222402	152236	342714	445037
广西	254628	53247	42645	34010	28004	15974	41475	39273
海南	173776	41371	29342	23074	19653	10678	23536	26122
重庆	230638	57780	37160	29112	21633	16967	36212	31774
四川	361113	81037	64109	50280	37749	23301	54171	50466
贵州	275269	65917	42630	35084	27389	18362	45546	40341
云南	432400	87308	57907	44956	36092	26572	71530	108035
西藏	74824	19920	9820	8374	8672	5994	11400	10644
陕西	211543	47607	34069	27706	22729	15102	31339	32991
甘肃	199918	48875	30836	24109	21027	8379	19867	46825
青海	71382	14541	8612	7477	7306	5244	12917	15285
宁夏	164205	27974	19372	17668	16804	12262	34672	35453
新疆	591863	120429	92289	80454	60892	38617	100876	98306

7-4c 全国按现住地、离开户口登记地时间分的户口登记地在外乡镇街道的人口(乡村)

单位：人

现住地	离开户口登记地时间							
	合计							
	合计	半年以上，不满一年	一年以上，不满二年	二年以上，不满三年	三年以上，不满四年	四年以上，不满五年	五年以上，不满十年	十年以上
全　国	**49823947**	**11973063**	**6799064**	**5747947**	**4382375**	**3040376**	**7553576**	**10327546**
北　京	1164565	225146	163933	145902	119491	83356	193126	233611
天　津	308337	70153	36845	32360	25814	19049	52321	71795
河　北	1551937	348036	178934	149102	123081	89574	256874	406336
山　西	1786939	396454	232188	197136	151011	103912	283115	423123
内蒙古	1558453	242770	160458	151411	132732	105346	287163	478573
辽　宁	1270572	171165	119587	119227	95238	76520	237178	451657
吉　林	1630107	192072	178256	182996	168610	119567	313722	474884
黑龙江	1980182	308001	223112	234586	197186	172156	355564	489577
上　海	1546779	158483	153992	158119	150225	116272	319000	490688
江　苏	3147754	761874	385902	344004	277573	203302	498910	676189
浙　江	4059741	988381	538328	452470	353813	244895	622757	859097
安　徽	1401082	422412	184705	153454	115530	75836	198999	250146
福　建	1787156	469178	261681	205469	149821	99941	270138	330928
江　西	936126	355458	151663	101146	63582	40919	94742	128616
山　东	1746899	411651	214210	195828	152990	95615	253809	422796
河　南	1765345	532637	317494	237839	178102	98478	181829	218966
湖　北	1681852	440326	224405	191544	144098	92728	254607	334144
湖　南	1138316	350827	167834	126690	85341	57404	134899	215321
广　东	4843247	1167693	741137	608430	433976	301957	650933	939121
广　西	1195452	317329	175665	146854	99046	62945	166109	227504
海　南	562591	125553	82266	61418	49777	33593	80746	129238
重　庆	923083	252042	123360	103136	80697	59753	148297	155798
四　川	3608406	947261	497822	424337	314695	223472	558033	642786
贵　州	1665613	469985	296866	229239	133903	85262	216404	233954
云　南	1505102	426204	220797	158926	123467	85136	207728	282844
西　藏	259629	92179	41980	42458	20406	12539	27377	22690
陕　西	1410088	383064	230491	190298	140368	83499	181140	201228
甘　肃	1002184	362767	146302	112238	79404	48549	122526	130398
青　海	179181	45616	23834	18953	16621	12601	27982	33574
宁　夏	596200	104583	63525	60910	53632	43703	129281	140566
新　疆	1611029	433763	261492	211467	152145	92497	228267	231398

7-4c 续表 1

单位：人

现住地	离开户口登记地时间							
	省内							
	小计	半年以上，不满一年	一年以上，不满二年	二年以上，不满三年	三年以上，不满四年	四年以上，不满五年	五年以上，不满十年	十年以上
全国	**32952803**	**7508736**	**4418530**	**3884099**	**2904096**	**2035166**	**5085058**	**7117118**
北京	234335	31562	27519	30199	25971	19062	45581	54441
天津	68063	9596	8378	8842	6384	4563	13113	17187
河北	1070909	193438	118561	104834	88088	64936	190667	310385
山西	1424575	264854	179721	161071	124578	86965	243670	363716
内蒙古	1196535	158937	114197	114383	102086	83592	229137	394203
辽宁	994323	128113	85425	89411	71455	59169	187968	372782
吉林	1447754	163634	148655	158296	146290	109654	288374	432851
黑龙江	1876294	290346	212177	225318	189623	165820	339387	453623
上海	104134	12651	12254	12716	10219	7417	19304	29573
江苏	1421697	335660	166222	156501	119249	89519	227396	327150
浙江	1146080	237347	144015	128980	93773	67475	180336	294154
安徽	1134264	321869	145147	127828	96873	63071	167381	212095
福建	973923	225724	141872	117048	84689	56117	155463	193010
江西	757393	274928	117017	83670	52751	34652	80091	114284
山东	1221330	264545	143606	142435	111201	68065	181008	310470
河南	1599643	469262	286848	219182	164898	91424	166458	201571
湖北	1372199	349294	175738	155960	118520	76489	210046	286152
湖南	947322	287213	138256	105531	70602	47667	110459	187594
广东	2352626	507722	351951	296070	198420	139038	318881	540544
广西	1000287	250874	139050	123268	81702	53391	142764	209238
海南	345619	62476	44798	35978	29723	22757	55136	94751
重庆	711700	182635	92381	81927	64094	48427	119674	122562
四川	3172382	799295	430550	377998	281004	202363	503368	577804
贵州	1465838	396348	263984	207971	118733	75513	191516	211773
云南	1188083	313244	170636	128442	100372	69485	169197	236707
西藏	157704	44110	23681	32940	13350	8442	19276	15905
陕西	1171242	305310	185067	158348	117054	72137	156404	176922
甘肃	851445	297764	124520	97984	69597	42658	106812	112110
青海	138162	29603	17446	15110	13331	10705	23233	28734
宁夏	458397	67165	47812	48104	42800	35710	106628	110178
新疆	948545	233217	161046	137754	96666	58883	136330	124649

7-4c　续表 2　单位：人

现住地	离开户口登记地时间 省外 小计	半年以上，不满一年	一年以上，不满二年	二年以上，不满三年	三年以上，不满四年	四年以上，不满五年	五年以上，不满十年	十年以上
全　国	**16871144**	**4464327**	**2380534**	**1863848**	**1478279**	**1005210**	**2468518**	**3210428**
北　京	930230	193584	136414	115703	93520	64294	147545	179170
天　津	240274	60557	28467	23518	19430	14486	39208	54608
河　北	481028	154598	60373	44268	34993	24638	66207	95951
山　西	362364	131600	52467	36065	26433	16947	39445	59407
内蒙古	361918	83833	46261	37028	30646	21754	58026	84370
辽　宁	276249	43052	34162	29816	23783	17351	49210	78875
吉　林	182353	28438	29601	24700	22320	9913	25348	42033
黑龙江	103888	17655	10935	9268	7563	6336	16177	35954
上　海	1442645	145832	141738	145403	140006	108855	299696	461115
江　苏	1726057	426214	219680	187503	158324	113783	271514	349039
浙　江	2913661	751034	394313	323490	260040	177420	442421	564943
安　徽	266818	100543	39558	25626	18657	12765	31618	38051
福　建	813233	243454	119809	88421	65132	43824	114675	137918
江　西	178733	80530	34646	17476	10831	6267	14651	14332
山　东	525569	147106	70604	53393	41789	27550	72801	112326
河　南	165702	63375	30646	18657	13204	7054	15371	17395
湖　北	309653	91032	48667	35584	25578	16239	44561	47992
湖　南	190994	63614	29578	21159	14739	9737	24440	27727
广　东	2490621	659971	389186	312360	235556	162919	332052	398577
广　西	195165	66455	36615	23586	17344	9554	23345	18266
海　南	216972	63077	37468	25440	20054	10836	25610	34487
重　庆	211383	69407	30979	21209	16603	11326	28623	33236
四　川	436024	147966	67272	46339	33691	21109	54665	64982
贵　州	199775	73637	32882	21268	15170	9749	24888	22181
云　南	317019	112960	50161	30484	23095	15651	38531	46137
西　藏	101925	48069	18299	9518	7056	4097	8101	6785
陕　西	238846	77754	45424	31950	23314	11362	24736	24306
甘　肃	150739	65003	21782	14254	9807	5891	15714	18288
青　海	41019	16013	6388	3843	3290	1896	4749	4840
宁　夏	137803	37418	15713	12806	10832	7993	22653	30388
新　疆	662484	200546	100446	73713	55479	33614	91937	106749

7-5 全国按户口登记地、性别、受教育程度分的户口登记地在外乡镇街道的人口

单位：人

受教育程度	合计			省内		
	合计	男	女	小计	男	女
总　计	**481572509**	**250000751**	**231571758**	**358631955**	**179315891**	**179316064**
未上过学	8036603	2613475	5423128	6351410	2034759	4316651
学前教育	15603919	8246272	7357647	12801951	6752281	6049670
小　学	81156005	38765200	42390805	60870619	28252529	32618090
初　中	160296013	86519795	73776218	108995900	55460578	53535322
高　中	100083053	54572667	45510386	78828979	41567081	37261898
大学专科	58220960	30237296	27983664	46859955	23807089	23052866
大学本科	52385423	26132045	26253378	40052611	19503692	20548919
硕士研究生	5164235	2534372	2629863	3446958	1683920	1763038
博士研究生	626298	379629	246669	423572	253962	169610

7-5 续表

单位：人

受教育程度	省内			省外		
	其中市辖区内人户分离					
	小计	男	女	小计	男	女
总　计	**113830778**	**55568811**	**58261967**	**122940554**	**70684860**	**52255694**
未上过学	1665930	537545	1128385	1685193	578716	1106477
学前教育	4100987	2153915	1947072	2801968	1493991	1307977
小　学	16310419	7427623	8882796	20285386	10512671	9772715
初　中	30332814	14813592	15519222	51300113	31059217	20240896
高　中	26353346	13265296	13088050	21254074	13005586	8248488
大学专科	16277828	8101203	8176625	11361005	6430207	4930798
大学本科	16314565	8002841	8311724	12332812	6628353	5704459
硕士研究生	2157607	1075003	1082604	1717277	850452	866825
博士研究生	317282	191793	125489	202726	125667	77059

7-5a　全国按户口登记地、性别、受教育程度分的户口登记地在外乡镇街道的人口(城市)

单位：人

受教育程度	合计			省内		
	合计	男	女	小计	男	女
总　计	**316387266**	**163693497**	**152693769**	**229386125**	**114337928**	**115048197**
未上过学	4477475	1434718	3042757	3388918	1068620	2320298
学前教育	9703586	5135734	4567852	7759781	4097379	3662402
小　学	46587976	22078468	24509508	33636856	15462511	18174345
初　中	99033826	53504858	45528968	64791031	32990438	31800593
高　中	67113241	36357986	30755255	51172955	26770810	24402145
大学专科	43215492	22199025	21016467	34263249	17232632	17030617
大学本科	41148597	20419006	20729591	30978253	15015950	15962303
硕士研究生	4544895	2223076	2321819	3016603	1472440	1544163
博士研究生	562178	340626	221552	378479	227148	151331

7-5a　续表

单位：人

受教育程度	省内			省外		
	其中市辖区内人户分离					
	小计	男	女	小计	男	女
总　计	**104260797**	**50814083**	**53446714**	**87001141**	**49355569**	**37645572**
未上过学	1450206	463640	986566	1088557	366098	722459
学前教育	3762860	1977929	1784931	1943805	1038355	905450
小　学	14446967	6548636	7898331	12951120	6615957	6335163
初　中	27042470	13175067	13867403	34242795	20514420	13728375
高　中	24253719	12165542	12088177	15940286	9587176	6353110
大学专科	15344341	7628708	7715633	8952243	4966393	3985850
大学本科	15571211	7633246	7937965	10170344	5403056	4767288
硕士研究生	2084429	1037315	1047114	1528292	750636	777656
博士研究生	304594	184000	120594	183699	113478	70221

7-5b 全国按户口登记地、性别、受教育程度分的户口登记地在外乡镇街道的人口(镇)

单位：人

受教育程度	合计			省内		
	合计	男	女	小计	男	女
总　计	**116345028**	**59578531**	**56766497**	**97032557**	**48374420**	**48658137**
未上过学	2269497	716876	1552621	1983521	615696	1367825
学前教育	4590132	2427581	2162551	4077702	2154850	1922852
小　学	23437675	11053492	12384183	19795764	9152072	10643692
初　中	40477157	21207452	19269705	31913807	16036635	15877172
高　中	25029665	13531523	11498142	21948782	11615222	10333560
大学专科	11270771	5965040	5305731	9742250	5063606	4678644
大学本科	8726697	4400070	4326627	7187726	3546039	3641687
硕士研究生	494603	246840	247763	348593	169857	178736
博士研究生	48831	29657	19174	34412	20443	13969

7-5b 续表

单位：人

受教育程度	省内			省外		
	其中市辖区内人户分离					
	小计	男	女	小计	男	女
总　计	**4524469**	**2254334**	**2270135**	**19312471**	**11204111**	**8108360**
未上过学	86119	28759	57360	285976	101180	184796
学前教育	172652	90340	82312	512430	272731	239699
小　学	815454	377499	437955	3641911	1901420	1740491
初　中	1419164	708030	711134	8563350	5170817	3392533
高　中	1056935	551844	505091	3080883	1916301	1164582
大学专科	483650	249784	233866	1528521	901434	627087
大学本科	434289	217805	216484	1538971	854031	684940
硕士研究生	47862	25043	22819	146010	76983	69027
博士研究生	8344	5230	3114	14419	9214	5205

7-5c 全国按户口登记地、性别、受教育程度分的户口登记地在外乡镇街道的人口(乡村)

单位：人

受教育程度	合计			省内		
	合计	男	女	小计	男	女
总　计	**48840215**	**26728723**	**22111492**	**32213273**	**16603543**	**15609730**
未上过学	1289631	461881	827750	978971	350443	628528
学前教育	1310201	682957	627244	964468	500052	464416
小　学	11130354	5633240	5497114	7437999	3637946	3800053
初　中	20785030	11807485	8977545	12291062	6433505	5857557
高　中	7940147	4683158	3256989	5707242	3181049	2526193
大学专科	3734697	2073231	1661466	2854456	1510851	1343605
大学本科	2510129	1312969	1197160	1886632	941703	944929
硕士研究生	124737	64456	60281	81762	41623	40139
博士研究生	15289	9346	5943	10681	6371	4310

7-5c 续表

单位：人

受教育程度	省内			省外		
	其中市辖区内人户分离					
	小计	男	女	小计	男	女
总　计	**5045512**	**2500394**	**2545118**	**16626942**	**10125180**	**6501762**
未上过学	129605	45146	84459	310660	111438	199222
学前教育	165475	85646	79829	345733	182905	162828
小　学	1047998	501488	546510	3692355	1995294	1697061
初　中	1871180	930495	940685	8493968	5373980	3119988
高　中	1042692	547910	494782	2232905	1502109	730796
大学专科	449837	222711	227126	880241	562380	317861
大学本科	309065	151790	157275	623497	371266	252231
硕士研究生	25316	12645	12671	42975	22833	20142
博士研究生	4344	2563	1781	4608	2975	1633

7-6 全国按现住地、受教育程度、性别分的户口登记地在本省其他乡镇街道的人口

单位：人

现住地	合计			未上过学		
	合计	男	女	小计	男	女
全　国	**358631955**	**179315891**	**179316064**	**6351410**	**2034759**	**4316651**
北　京	4860555	2364562	2495993	54533	20126	34407
天　津	2878241	1399146	1479095	32263	11057	21206
河　北	16153230	7915859	8237371	173638	63704	109934
山　西	10980153	5509855	5470298	115329	43613	71716
内蒙古	9527160	4726625	4800535	247326	76279	171047
辽　宁	12566999	6114055	6452944	128835	53571	75264
吉　林	9178861	4431947	4746914	119342	44740	74602
黑龙江	10584146	5202761	5381385	164152	59965	104187
上　海	4577686	2207720	2369966	60331	15883	44448
江　苏	19253852	9685534	9568318	340034	86987	253047
浙　江	13593722	6782169	6811553	299602	91261	208341
安　徽	16077080	7975584	8101496	431618	108354	323264
福　建	11275255	5787597	5487658	230643	60341	170302
江　西	11950959	6112842	5838117	161545	46958	114587
山　东	23073673	11604173	11469500	435632	137811	297821
河　南	23750854	11946733	11804121	256722	89951	166771
湖　北	15860542	8007154	7853388	210112	61549	148563
湖　南	15642701	7830282	7812419	148447	59735	88712
广　东	30203207	15763969	14439238	394603	147283	247320
广　西	11546173	5718846	5827327	145891	48166	97725
海　南	2340897	1167026	1173871	32927	10343	22584
重　庆	10645760	5244683	5401077	144025	45263	98762
四　川	24646932	12111458	12535474	577683	184894	392789
贵　州	10183791	4977270	5206521	339642	95383	244259
云　南	9698949	4841216	4857733	272401	84863	187538
西　藏	606870	300836	306034	102576	42966	59610
陕　西	11031840	5625223	5406617	201794	71779	130015
甘　肃	6387475	3215223	3172252	208763	61980	146783
青　海	1606162	805915	800247	125716	44060	81656
宁　夏	2591476	1294846	1296630	115215	35951	79264
新　疆	5356754	2644782	2711972	80070	29943	50127

7-6 续表 1

单位：人

现住地	学前教育			小学		
	小计	男	女	小计	男	女
全　国	**12801951**	**6752281**	**6049670**	**60870619**	**28252529**	**32618090**
北　京	156603	80746	75857	389798	179137	210661
天　津	77741	40347	37394	270959	123662	147297
河　北	620891	324978	295913	2435365	1165168	1270197
山　西	393362	203452	189910	1667794	788491	879303
内蒙古	314228	163686	150542	1825751	834765	990986
辽　宁	303773	157444	146329	1563226	716980	846246
吉　林	204542	105655	98887	1450266	653391	796875
黑龙江	186077	95522	90555	1973540	911575	1061965
上　海	107739	55694	52045	365035	155954	209081
江　苏	625689	327791	297898	2894802	1290825	1603977
浙　江	417319	218293	199026	2434064	1121698	1312366
安　徽	617998	328259	289739	2973349	1317567	1655782
福　建	467342	252110	215232	2314778	1038561	1276217
江　西	453785	245783	208002	2390506	1104310	1286196
山　东	1119461	596150	523311	3443346	1587703	1855643
河　南	942014	495734	446280	3469829	1689087	1780742
湖　北	504862	269207	235655	2404185	1106145	1298040
湖　南	566413	300980	265433	2396378	1150462	1245916
广　东	1129885	608306	521579	4510205	2125018	2385187
广　西	505192	272375	232817	2048025	958087	1089938
海　南	96123	52774	43349	332923	157301	175622
重　庆	344792	178440	166352	2251907	1017783	1234124
四　川	791686	407519	384167	5378855	2462064	2916791
贵　州	423441	227240	196201	2290898	1070876	1220022
云　南	339467	175779	163688	2098944	1019718	1079226
西　藏	25328	12891	12437	157137	80714	76423
陕　西	427935	224178	203757	1803345	866769	936576
甘　肃	255147	133776	121371	1344178	620557	723621
青　海	57389	29438	27951	433491	211082	222409
宁　夏	99554	51696	47858	567791	263279	304512
新　疆	226173	116038	110135	989949	463800	526149

7-6 续表 2

单位：人

现住地	初中			高中			大学专科		
	小计	男	女	小计	男	女	小计	男	女
全　国	**108995900**	**55460578**	**53535322**	**78828979**	**41567081**	**37261898**	**46859955**	**23807089**	**23052866**
北　京	708957	345552	363405	932573	449540	483033	778612	381693	396919
天　津	657633	322240	335393	661902	325156	336746	448453	225416	223037
河　北	4901140	2404212	2496928	4006519	2048398	1958121	2261396	1112196	1149200
山　西	3730220	1905102	1825118	2408235	1274677	1133558	1405153	713661	691492
内蒙古	3091047	1605536	1485511	1727272	902259	825013	1242106	644564	597542
辽　宁	4976651	2416425	2560226	2347702	1177380	1170322	1598231	800144	798087
吉　林	3460273	1683656	1776617	1982685	992155	990530	916985	461724	455261
黑龙江	4728445	2375253	2353192	1803435	913323	890112	847301	434939	412362
上　海	906021	426855	479166	1005127	488873	516254	738375	375736	362639
江　苏	5650935	2864102	2786833	4009836	2155375	1854461	2873552	1520140	1353412
浙　江	3407253	1762423	1644830	2873030	1538830	1334200	1997570	1008964	988606
安　徽	4949174	2473651	2475523	3232601	1750423	1482178	2052191	1042135	1010056
福　建	3307789	1791582	1516207	2216408	1228681	987727	1307921	679226	628695
江　西	3938306	2011649	1926657	2656971	1459685	1197286	1317703	697029	620674
山　东	6753919	3394522	3359397	5078664	2702177	2376487	3358053	1744871	1613182
河　南	6807703	3419521	3388182	6318157	3321499	2996658	3338782	1696760	1642022
湖　北	4792835	2405449	2387386	3967493	2098945	1868548	2105613	1107433	998180
湖　南	4520394	2231571	2288823	4233371	2209351	2024020	2137645	1077449	1060196
广　东	9212673	4948065	4264608	7402409	4110851	3291558	4046481	2045651	2000830
广　西	3708480	1890693	1817787	2655820	1366410	1289410	1367062	682300	684762
海　南	798340	380136	418204	553541	294283	259258	280795	146376	134419
重　庆	3214092	1634270	1579822	2347047	1231295	1115752	1263495	627093	636402
四　川	7485707	3811106	3674601	5012853	2622576	2390277	2993377	1461112	1532265
贵　州	3149174	1598208	1550966	1894303	969890	924413	1042502	513741	528761
云　南	2637304	1424232	1213072	1950665	1003085	947580	1230175	600236	629939
西　藏	75553	40057	35496	100726	50544	50182	66062	34500	31562
陕　西	3055747	1586664	1469083	2317010	1229681	1087329	1680572	884582	795990
甘　肃	1787953	937013	850940	1278615	686975	591640	804338	417009	387329
青　海	359233	197460	161773	259306	135366	123940	188591	99588	89003
宁　夏	799949	433101	366848	458734	244388	214346	296625	147841	148784
新　疆	1423000	740272	682728	1135969	585010	550959	874238	422980	451258

7-6 续表 3

单位：人

现住地	大学本科			硕士研究生			博士研究生		
	小计	男	女	小计	男	女	小计	男	女
全　国	**40052611**	**19503692**	**20548919**	**3446958**	**1683920**	**1763038**	**423572**	**253962**	**169610**
北　京	1372045	666258	705787	388053	193900	194153	79381	47610	31771
天　津	647068	312203	334865	73268	34041	39227	8954	5024	3930
河　北	1643251	749276	893975	103318	44007	59311	7712	3920	3792
山　西	1166616	541793	624823	86655	35732	50923	6789	3334	3455
内蒙古	1006924	470301	536623	67955	27057	40898	4551	2178	2373
辽　宁	1511142	728936	782206	125373	56681	68692	12066	6494	5572
吉　林	965829	455689	510140	69632	30267	39365	9307	4670	4637
黑龙江	818516	384164	434352	54115	23431	30684	8565	4589	3976
上　海	1122370	545161	577209	234923	120658	114265	37765	22906	14859
江　苏	2584275	1291348	1292927	245621	130075	115546	29108	18891	10217
浙　江	1975891	940907	1034984	171425	88633	82792	17568	11160	6408
安　徽	1679122	877568	801554	128836	69366	59470	12191	8261	3930
福　建	1336930	688038	648892	83511	42721	40790	9933	6337	3596
江　西	966418	512216	454202	60639	31814	28825	5086	3398	1688
山　东	2618372	1313564	1304808	242403	113972	128431	23823	13403	10420
河　南	2438000	1150776	1287224	162982	73683	89299	16665	9722	6943
湖　北	1694062	862168	831894	160535	83174	77361	20845	13084	7761
湖　南	1527248	744686	782562	100395	48428	51967	12410	7620	4790
广　东	3200047	1611862	1588185	276644	147350	129294	30260	19583	10677
广　西	1062822	475621	587201	49205	23028	26177	3676	2166	1510
海　南	233066	119120	113946	12144	6080	6064	1038	613	425
重　庆	1005896	473726	532170	66784	32080	34704	7722	4733	2989
四　川	2210204	1062936	1147268	176074	86575	89499	20493	12676	7817
贵　州	1002608	483180	519428	37852	16783	21069	3371	1969	1402
云　南	1110235	506147	604088	53688	23796	29892	6070	3360	2710
西　藏	77318	37870	39448	2005	1182	823	165	112	53
陕　西	1398615	688831	709784	126578	61005	65573	20244	11734	8510
甘　肃	662283	335837	326446	41819	19444	22375	4379	2632	1747
青　海	175398	85574	89824	6439	3007	3432	599	340	259
宁　夏	240181	112850	127331	12417	5225	7192	1010	515	495
新　疆	599859	275086	324773	25670	10725	14945	1826	928	898

7-6a 全国按现住地、受教育程度、性别分的户口登记地在本省其他乡镇街道的人口(城市)

单位：人

现住地	合计			未上过学		
	合计	男	女	小计	男	女
全　国	**229386125**	**114337928**	**115048197**	**3388918**	**1068620**	**2320298**
北　京	4391622	2133854	2257768	46245	17036	29209
天　津	2735703	1331369	1404334	30113	10314	19799
河　北	8935299	4389633	4545666	83218	30369	52849
山　西	6253498	3066350	3187148	55300	20930	34370
内蒙古	5181419	2546243	2635176	102753	31074	71679
辽　宁	10062044	4917068	5144976	95445	39653	55792
吉　林	5575001	2692169	2882832	64633	24413	40220
黑龙江	6314608	3105422	3209186	85037	31277	53760
上　海	4194576	2011206	2183370	48956	12372	36584
江　苏	12927289	6474580	6452709	211274	52464	158810
浙　江	9355288	4639016	4716272	177665	52146	125519
安　徽	8186056	4032001	4154055	210725	52303	158422
福　建	6985044	3579649	3405395	131892	32205	99687
江　西	6480978	3309022	3171956	79399	23951	55448
山　东	15324790	7666834	7657956	266000	83347	182653
河　南	12040795	5979196	6061599	123767	42839	80928
湖　北	11513909	5792400	5721509	138231	39981	98250
湖　南	9188767	4582162	4606605	75855	31733	44122
广　东	24126429	12593837	11532592	279183	103558	175625
广　西	7332344	3670913	3661431	76233	26695	49538
海　南	1584307	799454	784853	20248	6447	13801
重　庆	8109238	3973781	4135457	99553	31088	68465
四　川	15797467	7756216	8041251	267618	79612	188006
贵　州	5325484	2631142	2694342	137247	39467	97780
云　南	5463805	2690247	2773558	119026	35002	84024
西　藏	326958	158081	168877	48984	20111	28873
陕　西	6951189	3523233	3427956	96711	32641	64070
甘　肃	3506539	1748405	1758134	88757	25067	63690
青　海	887891	439595	448296	43293	13427	29866
宁　夏	1352694	662600	690094	44889	12790	32099
新　疆	2975094	1442250	1532844	40668	14308	26360

7-6a　续表 1　　　　单位：人

现住地	学前教育			小学		
	小计	男	女	小计	男	女
全　国	**7759781**	**4097379**	**3662402**	**33636856**	**15462511**	**18174345**
北　京	139877	72176	67701	342589	157172	185417
天　津	74046	38457	35589	253878	116003	137875
河　北	330479	173379	157100	1159212	550818	608394
山　西	216713	112004	104709	797660	374370	423290
内蒙古	154208	80645	73563	803110	363709	439401
辽　宁	243928	126451	117477	1130452	518831	611621
吉　林	126385	65325	61060	791303	356567	434736
黑龙江	105464	54340	51124	998580	461950	536630
上　海	98677	51030	47647	321363	135986	185377
江　苏	393707	205741	187966	1732516	758977	973539
浙　江	274117	143880	130237	1464618	659850	804768
安　徽	300076	159319	140757	1370904	604095	766809
福　建	269020	145008	124012	1235421	543881	691540
江　西	234412	127311	107101	1148653	532074	616579
山　东	723845	384191	339654	2115560	956961	1158599
河　南	476427	250973	225454	1565105	752090	813015
湖　北	348835	186812	162023	1552440	709363	843077
湖　南	327561	174056	153505	1254116	606076	648040
广　东	876796	472992	403804	3281050	1539161	1741889
广　西	308261	167030	141231	1144998	540106	604892
海　南	68543	37988	30555	221291	106653	114638
重　庆	249350	128981	120369	1536162	687645	848517
四　川	458199	236310	221889	2944089	1330529	1613560
贵　州	206257	110828	95429	1039073	488006	551067
云　南	180598	93459	87139	955442	457680	497762
西　藏	12258	6191	6067	83285	41514	41771
陕　西	247449	129270	118179	915800	437070	478730
甘　肃	127096	66707	60389	591217	268771	322446
青　海	28358	14659	13699	189829	89112	100717
宁　夏	47321	24572	22749	228142	103753	124389
新　疆	111518	57294	54224	468998	213738	255260

7-6a 续表 2 单位：人

现住地	初中			高中			大学专科		
	小计	男	女	小计	男	女	小计	男	女
全国	**64791031**	**32990438**	**31800593**	**51172955**	**26770810**	**24402145**	**34263249**	**17232632**	**17030617**
北京	612849	296572	316277	833783	401483	432300	702566	346058	356508
天津	613446	302430	311016	625114	306747	318367	433260	217833	215427
河北	2402945	1196207	1206738	2222627	1135889	1086738	1501051	738597	762454
山西	1873887	937742	936145	1411617	720047	691570	939092	465487	473605
内蒙古	1538521	790602	747919	1006173	513279	492894	818410	418177	400233
辽宁	3728153	1826283	1901870	1956213	977171	979042	1394390	699814	694576
吉林	2031421	988401	1043020	1315673	651997	663676	588784	292511	296273
黑龙江	2599393	1311791	1287602	1189521	596144	593377	629867	320641	309226
上海	805586	374974	430612	923889	445632	478257	685173	346710	338463
江苏	3461955	1745998	1715957	2654219	1411299	1242920	2165867	1141920	1023947
浙江	2145165	1095396	1049769	1923900	1027381	896519	1557066	789606	767460
安徽	2376686	1189514	1187172	1601764	852378	749386	1199327	594304	605023
福建	1882706	1020607	862099	1433709	793646	640063	960932	495027	465905
江西	1970195	1005404	964791	1475731	796347	679384	841864	437595	404269
山东	4179501	2095534	2083967	3398133	1794395	1603738	2419437	1246808	1172629
河南	3056856	1522499	1534357	3084363	1597956	1486407	2055239	1030148	1025091
湖北	3256327	1629808	1626519	2926488	1532767	1393721	1697482	882912	814570
湖南	2443939	1210681	1233258	2434696	1263191	1171505	1419747	699893	719854
广东	7073975	3810022	3263953	6115229	3389478	2725751	3445433	1726909	1718524
广西	2233276	1169137	1064139	1691111	879853	811258	1038392	516307	522085
海南	484677	238132	246545	398006	208352	189654	206823	107400	99423
重庆	2369148	1201868	1167280	1792003	931380	860623	1096516	539508	557008
四川	4577874	2337029	2240845	3318606	1729071	1589535	2291277	1105454	1185823
贵州	1602570	831235	771335	999477	516937	482540	652883	317317	335566
云南	1431002	768774	662228	1132366	579518	552848	808321	379401	428920
西藏	41664	21121	20543	69089	33509	35580	33971	17298	16673
陕西	1741442	902758	838684	1478089	772169	705920	1251985	651391	600594
甘肃	945215	486520	458695	728528	383789	344739	530292	272329	257963
青海	204974	109957	95017	149677	77298	72379	132611	68167	64444
宁夏	396928	209091	187837	262378	135832	126546	190103	93079	97024
新疆	708755	364351	344404	620783	315875	304908	575088	274031	301057

7-6a　续表 3　　单位：人

现住地	大学本科			硕士研究生			博士研究生		
	小计	男	女	小计	男	女	小计	男	女
全　国	**30978253**	**15015950**	**15962303**	**3016603**	**1472440**	**1544163**	**378479**	**227148**	**151331**
北　京	1271156	615173	655983	367521	183295	184226	75036	44889	30147
天　津	625816	301560	324256	71443	33205	38238	8587	4820	3767
河　北	1146096	525655	620441	83243	35447	47796	6428	3272	3156
山　西	877263	401388	475875	75778	31341	44437	6188	3041	3147
内蒙古	700039	325142	374897	54378	21785	32593	3827	1830	1997
辽　宁	1383776	668937	714839	118627	53861	64766	11060	6067	4993
吉　林	606958	290705	316253	43879	19250	24629	5965	3000	2965
黑龙江	651456	304651	346805	47404	20407	26997	7886	4221	3665
上　海	1053329	509549	543780	222566	113739	108827	35037	21214	13823
江　苏	2069996	1029402	1040594	211709	111832	99877	26046	16947	9099
浙　江	1639935	779540	860395	156491	80856	75635	16331	10361	5970
安　徽	1029914	527156	502758	87476	46647	40829	9184	6285	2899
福　建	996948	510635	486313	67016	33921	33095	7400	4719	2681
江　西	679109	358458	320651	47494	25119	22375	4121	2763	1358
山　东	2001597	999794	1001803	200040	94148	105892	20677	11656	9021
河　南	1547046	721855	825191	120612	54184	66428	11380	6652	4728
湖　北	1427068	722478	704590	147593	76118	71475	19445	12161	7284
湖　南	1138317	549687	588630	83897	40330	43567	10639	6515	4124
广　东	2763973	1393636	1370337	262136	139561	122575	28654	18520	10134
广　西	793473	349713	443760	43367	20182	23185	3233	1890	1343
海　南	174159	89140	85019	9750	4862	4888	810	480	330
重　庆	895473	418415	477058	63677	30390	33287	7356	4506	2850
四　川	1761248	848340	912908	159455	78096	81359	19101	11775	7326
贵　州	653273	311381	341892	31782	14283	17499	2922	1688	1234
云　南	783111	352141	430970	48270	21153	27117	5669	3119	2550
西　藏	36237	17507	18730	1345	748	597	125	82	43
陕　西	1086081	531764	554317	115331	55464	59867	18301	10706	7595
甘　肃	454609	226007	228602	36709	16736	19973	4116	2479	1637
青　海	133065	64171	68894	5543	2509	3034	541	295	246
宁　夏	171858	78792	93066	10208	4249	5959	867	442	425
新　疆	425874	193178	232696	21863	8722	13141	1547	753	794

7-6b 全国按现住地、受教育程度、性别分的户口登记地在本省其他乡镇街道的人口(镇)

单位：人

现住地	合计			未上过学		
	合计	男	女	小计	男	女
全　国	**97032557**	**48374420**	**48658137**	**1983521**	**615696**	**1367825**
北　京	242970	122174	120796	3323	1192	2131
天　津	76029	38471	37558	794	277	517
河　北	6170760	3054879	3115881	70464	25256	45208
山　西	3333228	1664317	1668911	35288	13281	22007
内蒙古	3169939	1567573	1602366	91634	27503	64131
辽　宁	1521967	734314	787653	17646	7698	9948
吉　林	2175498	1054122	1121376	28606	10839	17767
黑龙江	2414401	1177946	1236455	39833	14194	25639
上　海	280912	143265	137647	6990	2178	4812
江　苏	4930240	2471077	2459163	91444	23010	68434
浙　江	3123028	1572182	1550846	80072	24478	55594
安　徽	6785281	3378039	3407242	175500	41567	133933
福　建	3344085	1703960	1640125	74849	20266	54583
江　西	4728750	2402062	2326688	69193	18408	50785
山　东	6558029	3321784	3236245	136215	42699	93516
河　南	10144234	5131849	5012385	107196	36939	70257
湖　北	3004633	1493801	1510832	41415	11562	29853
湖　南	5525706	2776391	2749315	58046	22368	35678
广　东	3782664	1934563	1848101	72892	26946	45946
广　西	3237811	1582615	1655196	52167	15806	36361
海　南	419023	208322	210701	6484	1996	4488
重　庆	1839825	905136	934689	28409	8967	19442
四　川	5750655	2770521	2980134	163096	50116	112980
贵　州	3438089	1667595	1770494	133556	36353	97203
云　南	3080493	1536313	1544180	104075	31513	72562
西　藏	127195	63376	63819	28963	12073	16890
陕　西	2940307	1472768	1467539	64748	22708	42040
甘　肃	2052985	1006337	1046648	78755	21762	56993
青　海	584210	294395	289815	66996	24628	42368
宁　夏	797639	399806	397833	34600	11104	23496
新　疆	1451971	724467	727504	20272	8009	12263

7-6b　续表 1

单位：人

现住地	学前教育			小　学		
	小计	男	女	小计	男	女
全　国	**4077702**	**2154850**	**1922852**	**19795764**	**9152072**	**10643692**
北　京	8427	4277	4150	22107	10222	11885
天　津	1917	997	920	7892	3622	4270
河　北	259007	135691	123316	1068178	511287	556891
山　西	136617	70649	65968	594953	277124	317829
内蒙古	133312	69438	63874	708864	321494	387370
辽　宁	45300	23626	21674	228873	105032	123841
吉　林	53373	27448	25925	344240	155060	189180
黑龙江	50096	25778	24318	508890	232493	276397
上　海	6971	3596	3375	28970	12923	16047
江　苏	193455	102049	91406	867363	388111	479252
浙　江	108608	56731	51877	681564	316011	365553
安　徽	282034	150269	131765	1351616	591907	759709
福　建	156956	85048	71908	846938	381873	465065
江　西	198454	107566	90888	1086703	495552	591151
山　东	356086	191156	164930	1100830	517490	583340
河　南	418498	220245	198253	1646261	802037	844224
湖　北	120110	63728	56382	584266	264470	319796
湖　南	212593	113317	99276	967235	456182	511053
广　东	175165	94028	81137	816257	380608	435649
广　西	161853	87119	74734	701524	325879	375645
海　南	17213	9328	7885	63409	29339	34070
重　庆	75229	38913	36316	500068	224837	275231
四　川	233996	120562	113434	1514305	678925	835380
贵　州	166782	89849	76933	875453	408355	467098
云　南	126802	65975	60827	793231	381984	411247
西　藏	7145	3612	3533	33843	17587	16256
陕　西	138071	72495	65576	632271	297843	334428
甘　肃	99623	52387	47236	531860	236768	295092
青　海	24984	12759	12225	197224	97035	100189
宁　夏	35743	18565	17178	195073	89213	105860
新　疆	73282	37649	35633	295503	140809	154694

7-6b 续表 2 单位：人

现住地	初中			高中			大学专科		
	小计	男	女	小计	男	女	小计	男	女
全国	**31913807**	**16036635**	**15877172**	**21948782**	**11615222**	**10333560**	**9742250**	**5063606**	**4678644**
北京	42296	21518	20778	47628	23803	23825	39823	19895	19928
天津	20661	10210	10451	21095	11052	10043	8844	4786	4058
河北	2016783	1007268	1009515	1592854	819072	773782	684097	340209	343888
山西	1270491	633932	636559	733474	393198	340276	332490	169464	163026
内蒙古	1086457	561745	524712	547223	289017	258206	335089	175707	159382
辽宁	719298	344580	374718	279141	141002	138139	135349	68040	67309
吉林	804856	392941	411915	435499	220852	214647	235026	120483	114543
黑龙江	1169625	579020	590605	379553	193702	185851	142733	74942	67791
上海	69924	35199	34725	60262	31632	28630	40883	22295	18588
江苏	1613827	803565	810262	1109864	603887	505977	581924	309781	272143
浙江	915049	476924	438125	730006	395358	334648	332031	168839	163192
安徽	2158808	1070768	1088040	1435311	786798	648513	752267	395729	356538
福建	1105011	591933	513078	617455	340600	276855	259419	136254	123165
江西	1682938	850765	832173	1026239	572422	453817	407292	218712	188580
山东	2084680	1045625	1039055	1446279	777587	668692	834050	443581	390469
河南	3193848	1594484	1599364	2896094	1528737	1367357	1072803	557099	515704
湖北	1020936	498066	522870	751134	400719	350415	275290	147154	128136
湖南	1738964	847175	891789	1574817	827303	747514	623363	331968	291395
广东	1298150	672286	625864	792523	434253	358270	352383	185846	166537
广西	1076921	538904	538017	792046	396222	395824	255335	128521	126814
海南	165566	77762	87804	93479	51602	41877	37932	20380	17552
重庆	607032	303540	303492	420850	223641	197209	119760	61424	58336
四川	1865348	920243	945105	1205977	623817	582160	455333	228287	227046
贵州	1036134	522407	513727	652944	327610	325334	281473	142739	138734
云南	810918	433976	376942	675060	341123	333937	320914	165485	155429
西藏	17127	9420	7707	10354	5563	4791	12792	6933	5859
陕西	934276	464832	469444	635624	335081	300543	307631	165336	142295
甘肃	578286	293813	284473	405715	216662	189053	198532	100812	97720
青海	121496	68196	53300	91731	48318	43413	45994	25623	20371
宁夏	266552	144116	122436	141214	75855	65359	72481	36354	36127
新疆	421549	221422	200127	347337	178734	168603	188917	90928	97989

7-6b　续表 3　　单位：人

现住地	大学本科			硕士研究生			博士研究生		
	小计	男	女	小计	男	女	小计	男	女
全　国	**7187726**	**3546039**	**3641687**	**348593**	**169857**	**178736**	**34412**	**20443**	**13969**
北　京	62637	32155	30482	13737	7190	6547	2992	1922	1070
天　津	13169	6737	6432	1348	612	736	309	178	131
河　北	459495	207510	251985	18724	8007	10717	1158	579	579
山　西	221595	103426	118169	7884	3032	4852	436	211	225
内蒙古	254560	117746	136814	12148	4607	7541	652	316	336
辽　宁	92044	42516	49528	3985	1668	2317	331	152	179
吉　林	250884	116468	134416	20266	8685	11581	2748	1346	1402
黑龙江	117815	55142	62673	5308	2378	2930	548	297	251
上　海	54556	28351	26205	10104	5683	4421	2252	1408	844
江　苏	440612	223448	217164	29222	15646	13576	2529	1580	949
浙　江	264201	127731	136470	10709	5591	5118	788	519	269
安　徽	588675	318236	270439	38398	21011	17387	2672	1754	918
福　建	268724	139943	128781	13067	6967	6100	1666	1076	590
江　西	245195	132069	113126	11855	5988	5867	881	580	301
山　东	557454	283555	273899	39600	18512	21088	2835	1579	1256
河　南	767146	372195	394951	37478	17264	20214	4910	2849	2061
湖　北	200557	102094	98463	9930	5338	4592	995	670	325
湖　南	334340	169849	164491	14792	7262	7530	1556	967	589
广　东	266433	135712	130721	8022	4324	3698	839	560	279
广　西	193521	88078	105443	4185	1936	2249	259	150	109
海　南	33709	17278	16431	1115	569	546	116	68	48
重　庆	85997	42470	43527	2243	1206	1037	237	138	99
四　川	302360	143397	158963	9484	4720	4764	756	454	302
贵　州	286455	138152	148303	4947	1917	3030	345	213	132
云　南	245168	114220	130948	4071	1891	2180	254	146	108
西　藏	16750	8035	8715	213	147	66	8	6	2
陕　西	219083	110308	108775	7686	3683	4003	917	482	435
甘　肃	156085	81943	74142	3944	2077	1867	185	113	72
青　海	34977	17390	17587	765	412	353	43	34	9
宁　夏	50321	23888	26433	1565	666	899	90	45	45
新　疆	103208	45997	57211	1798	868	930	105	51	54

7-6c 全国按现住地、受教育程度、性别分的户口登记地在本省其他乡镇街道的人口(乡村)

单位：人

现住地	合计			未上过学		
	合计	男	女	小计	男	女
全国	**32213273**	**16603543**	**15609730**	**978971**	**350443**	**628528**
北京	225963	108534	117429	4965	1898	3067
天津	66509	29306	37203	1356	466	890
河北	1047171	471347	575824	19956	8079	11877
山西	1393427	779188	614239	24741	9402	15339
内蒙古	1175802	612809	562993	52939	17702	35237
辽宁	982988	462673	520315	15744	6220	9524
吉林	1428362	685656	742706	26103	9488	16615
黑龙江	1855137	919393	935744	39282	14494	24788
上海	102198	53249	48949	4385	1333	3052
江苏	1396323	739877	656446	37316	11513	25803
浙江	1115406	570971	544435	41865	14637	27228
安徽	1105743	565544	540199	45393	14484	30909
福建	946126	503988	442138	23902	7870	16032
江西	741231	401758	339473	12953	4599	8354
山东	1190854	615555	575299	33417	11765	21652
河南	1565825	835688	730137	25759	10173	15586
湖北	1342000	720953	621047	30466	10006	20460
湖南	928228	471729	456499	14546	5634	8912
广东	2294114	1235569	1058545	42528	16779	25749
广西	976018	465318	510700	17491	5665	11826
海南	337567	159250	178317	6195	1900	4295
重庆	696697	365766	330931	16063	5208	10855
四川	3098810	1584721	1514089	146969	55166	91803
贵州	1420218	678533	741685	68839	19563	49276
云南	1154651	614656	539995	49300	18348	30952
西藏	152717	79379	73338	24629	10782	13847
陕西	1140344	629222	511122	40335	16430	23905
甘肃	827951	460481	367470	41251	15151	26100
青海	134061	71925	62136	15427	6005	9422
宁夏	441143	232440	208703	35726	12057	23669
新疆	929689	478065	451624	19130	7626	11504

7-6c　续表 1

单位：人

现住地	学前教育			小　学		
	小计	男	女	小计	男	女
全　国	**964468**	**500052**	**464416**	**7437999**	**3637946**	**3800053**
北　京	8299	4293	4006	25102	11743	13359
天　津	1778	893	885	9189	4037	5152
河　北	31405	15908	15497	207975	103063	104912
山　西	40032	20799	19233	275181	136997	138184
内蒙古	26708	13603	13105	313777	149562	164215
辽　宁	14545	7367	7178	203901	93117	110784
吉　林	24784	12882	11902	314723	141764	172959
黑龙江	30517	15404	15113	466070	217132	248938
上　海	2091	1068	1023	14702	7045	7657
江　苏	38527	20001	18526	294923	143737	151186
浙　江	34594	17682	16912	287882	145837	142045
安　徽	35888	18671	17217	250829	121565	129264
福　建	41366	22054	19312	232419	112807	119612
江　西	20919	10906	10013	155150	76684	78466
山　东	39530	20803	18727	226956	113252	113704
河　南	47089	24516	22573	258463	134960	123503
湖　北	35917	18667	17250	267479	132312	135167
湖　南	26259	13607	12652	175027	88204	86823
广　东	77924	41286	36638	412898	205249	207649
广　西	35078	18226	16852	201503	92102	109401
海　南	10367	5458	4909	48223	21309	26914
重　庆	20213	10546	9667	215677	105301	110376
四　川	99491	50647	48844	920461	452610	467851
贵　州	50402	26563	23839	376372	174515	201857
云　南	32067	16345	15722	350271	180054	170217
西　藏	5925	3088	2837	40009	21613	18396
陕　西	42415	22413	20002	255274	131856	123418
甘　肃	28428	14682	13746	221101	115018	106083
青　海	4047	2020	2027	46438	24935	21503
宁　夏	16490	8559	7931	144576	70313	74263
新　疆	41373	21095	20278	225448	109253	116195

7-6c 续表 2

单位：人

现住地	初中			高中			大学专科		
	小计	男	女	小计	男	女	小计	男	女
全国	**12291062**	**6433505**	**5857557**	**5707242**	**3181049**	**2526193**	**2854456**	**1510851**	**1343605**
北京	53812	27462	26350	51162	24254	26908	36223	15740	20483
天津	23526	9600	13926	15693	7357	8336	6349	2797	3552
河北	481412	200737	280675	191038	93437	97601	76248	33390	42858
山西	585842	333428	252414	263144	161432	101712	133571	78710	54861
内蒙古	466069	253189	212880	173876	99963	73913	88607	50680	37927
辽宁	529200	245562	283638	112348	59207	53141	68492	32290	36202
吉林	623996	302314	321682	231513	119306	112207	93175	48730	44445
黑龙江	959427	484442	474985	234361	123477	110884	74701	39356	35345
上海	30511	16682	13829	20976	11609	9367	12319	6731	5588
江苏	575153	314539	260614	245753	140189	105564	125761	68439	57322
浙江	347039	190103	156936	219124	116091	103033	108473	50519	57954
安徽	413680	213369	200311	195526	111247	84279	100597	52102	48495
福建	320072	179042	141030	165244	94435	70809	87570	47945	39625
江西	285173	155480	129693	155001	90916	64085	68547	40722	27825
山东	489738	253363	236375	234252	130195	104057	104566	54482	50084
河南	556999	302538	254461	337700	194806	142894	210740	109513	101227
湖北	515572	277575	237997	289871	165459	124412	132841	77367	55474
湖南	337491	173715	163776	223858	118857	105001	94535	45588	48947
广东	840548	465757	374791	494657	287120	207537	248665	132896	115769
广西	398283	182652	215631	172663	90335	82328	73335	37472	35863
海南	148097	64242	83855	62056	34329	27727	36040	18596	17444
重庆	237912	128862	109050	134194	76274	57920	47219	26161	21058
四川	1042485	553834	488651	488270	269688	218582	246767	127371	119396
贵州	510470	244566	265904	241882	125343	116539	108146	53685	54461
云南	395384	221482	173902	143239	82444	60795	100940	55350	45590
西藏	16762	9516	7246	21283	11472	9811	19299	10269	9030
陕西	380029	219074	160955	203297	122431	80866	120956	67855	53101
甘肃	264452	156680	107772	144372	86524	57848	75514	43868	31646
青海	32763	19307	13456	17898	9750	8148	9986	5798	4188
宁夏	136469	79894	56575	55142	32701	22441	34041	18408	15633
新疆	292696	154499	138197	167849	90401	77448	110233	58021	52212

7-6c　续表 3　　　　单位：人

现住地	大学本科			硕士研究生			博士研究生		
	小计	男	女	小计	男	女	小计	男	女
全　国	**1886632**	**941703**	**944929**	**81762**	**41623**	**40139**	**10681**	**6371**	**4310**
北　京	38252	18930	19322	6795	3415	3380	1353	799	554
天　津	8083	3906	4177	477	224	253	58	26	32
河　北	37660	16111	21549	1351	553	798	126	69	57
山　西	67758	36979	30779	2993	1359	1634	165	82	83
内蒙古	52325	27413	24912	1429	665	764	72	32	40
辽　宁	35322	17483	17839	2761	1152	1609	675	275	400
吉　林	107987	48516	59471	5487	2332	3155	594	324	270
黑龙江	49245	24371	24874	1403	646	757	131	71	60
上　海	14485	7261	7224	2253	1236	1017	476	284	192
江　苏	73667	38498	35169	4690	2597	2093	533	364	169
浙　江	71755	33636	38119	4225	2186	2039	449	280	169
安　徽	60533	32176	28357	2962	1708	1254	335	222	113
福　建	71258	37460	33798	3428	1833	1595	867	542	325
江　西	42114	21689	20425	1290	707	583	84	55	29
山　东	59321	30215	29106	2763	1312	1451	311	168	143
河　南	123808	56726	67082	4892	2235	2657	375	221	154
湖　北	66437	37596	28841	3012	1718	1294	405	253	152
湖　南	54591	25150	29441	1706	836	870	215	138	77
广　东	169641	82514	87127	6486	3465	3021	767	503	264
广　西	75828	37830	37998	1653	910	743	184	126	58
海　南	25198	12702	12496	1279	649	630	112	65	47
重　庆	24426	12841	11585	864	484	380	129	89	40
四　川	146596	71199	75397	7135	3759	3376	636	447	189
贵　州	62880	33647	29233	1123	583	540	104	68	36
云　南	81956	39786	42170	1347	752	595	147	95	52
西　藏	24331	12328	12003	447	287	160	32	24	8
陕　西	93451	46759	46692	3561	1858	1703	1026	546	480
甘　肃	51589	27887	23702	1166	631	535	78	40	38
青　海	7356	4013	3343	131	86	45	15	11	4
宁　夏	18002	10170	7832	644	310	334	53	28	25
新　疆	70777	35911	34866	2009	1135	874	174	124	50

7-7 全国按现住地、受教育程度、性别分的户口登记地在外省的人口

单位：人

现住地	合计			未上过学		
	合计	男	女	小计	男	女
全　国	**122940554**	**70684860**	**52255694**	**1685193**	**578716**	**1106477**
北　京	8286123	4476558	3809565	79627	26818	52809
天　津	3479534	1992898	1486636	48693	17887	30806
河　北	3102686	1737447	1365239	39867	13414	26453
山　西	1594310	983027	611283	20159	7573	12586
内蒙古	1657016	987528	669488	43222	15384	27838
辽　宁	2810734	1495520	1315214	38259	13843	24416
吉　林	988361	506452	481909	12479	4572	7907
黑龙江	821152	444063	377089	9854	3735	6119
上　海	10301498	5695926	4605572	154224	46999	107225
江　苏	10160388	5812670	4347718	143307	45006	98301
浙　江	15932193	9335047	6597146	285215	101385	183830
安　徽	1523533	858205	665328	22022	6702	15320
福　建	4822411	2812015	2010396	71717	25364	46353
江　西	1260229	721526	538703	9349	3567	5782
山　东	4069778	2348349	1721429	58319	19936	38383
河　南	1251058	713238	537820	12404	4168	8236
湖　北	2220514	1207926	1012588	21760	7654	14106
湖　南	1554319	833100	721219	12470	4664	7806
广　东	29236600	17304696	11931904	287961	102413	185548
广　西	1334131	767847	566284	14424	4904	9520
海　南	1071628	635432	436196	13490	4933	8557
重　庆	2158203	1152439	1005764	23521	6485	17036
四　川	2549122	1391857	1157265	34068	10218	23850
贵　州	1117857	641094	476763	18995	6567	12428
云　南	2180645	1329132	851513	41115	15116	25999
西　藏	404572	280241	124331	12412	6620	5792
陕　西	1906887	1117146	789741	23170	8032	15138
甘　肃	750192	452255	297937	13821	4858	8963
青　海	409110	257981	151129	14616	5781	8835
宁　夏	659297	386517	272780	24577	7647	16930
新　疆	3326473	2006728	1319745	80076	26471	53605

7-7　续表 1　　单位：人

现住地	学前教育			小　学		
	小计	男	女	小计	男	女
全　国	**2801968**	**1493991**	**1307977**	**20285386**	**10512671**	**9772715**
北　京	150194	78653	71541	793051	401492	391559
天　津	79085	41690	37395	579311	308268	271043
河　北	77928	41053	36875	529047	268571	260476
山　西	39109	20463	18646	275889	154037	121852
内蒙古	42111	22393	19718	351370	185376	165994
辽　宁	51950	27134	24816	490558	241709	248849
吉　林	17197	8982	8215	135077	65335	69742
黑龙江	11035	5695	5340	110351	56286	54065
上　海	222746	117866	104880	1262138	622205	639933
江　苏	250622	134597	116025	1674914	849031	825883
浙　江	366265	196566	169699	3700100	1952968	1747132
安　徽	38622	20296	18326	234232	116508	117724
福　建	111790	60076	51714	1050493	553131	497362
江　西	28484	15071	13413	146750	80146	66604
山　东	93008	48923	44085	685986	358710	327276
河　南	35046	18550	16496	157861	86235	71626
湖　北	46714	24719	21995	283740	146391	137349
湖　南	37430	19821	17609	182182	91782	90400
广　东	619260	334408	284852	4389616	2265372	2124244
广　西	42899	23267	19632	200963	103719	97244
海　南	26770	14426	12344	170470	92954	77516
重　庆	47807	24916	22891	324065	146833	177232
四　川	61042	31768	29274	381469	180996	200473
贵　州	38337	20420	17917	214721	110389	104332
云　南	71564	38416	33148	478156	265813	212343
西　藏	3850	2103	1747	91828	61836	29992
陕　西	45256	24169	21087	249626	133193	116433
甘　肃	20425	10805	9620	130486	72318	58168
青　海	11186	5909	5277	89051	50446	38605
宁　夏	19769	10508	9261	154544	80611	73933
新　疆	94467	50328	44139	767341	410010	357331

7-7 续表 2

单位：人

现住地	初中			高中			大学专科		
	小计	男	女	小计	男	女	小计	男	女
全国	**51300113**	**31059217**	**20240896**	**21254074**	**13005586**	**8248488**	**11361005**	**6430207**	**4930798**
北京	2449556	1508223	941333	1408209	790313	617896	1178434	586026	592408
天津	1377232	845810	531422	551774	328784	222990	377895	212364	165531
河北	1242192	733377	508815	499279	289256	210023	313927	173615	140312
山西	674284	448866	225418	267911	172160	95751	125217	75227	49990
内蒙古	688622	432288	256334	255473	164196	91277	147822	91206	56616
辽宁	1148147	630538	517609	413640	225035	188605	225440	119041	106399
吉林	313110	167718	145392	136112	72940	63172	88836	46730	42106
黑龙江	252437	138384	114053	104764	56846	47918	80046	44034	36012
上海	3724059	2232606	1491453	1741721	1032836	708885	1238974	653988	584986
江苏	4448923	2644110	1804813	1783820	1097684	686136	952081	547869	404212
浙江	7996521	4888918	3107603	2115729	1346676	769053	809265	476742	332523
安徽	557411	318188	239223	278708	166345	112363	168385	97898	70487
福建	2324946	1429292	895654	694353	431791	262562	262480	151989	110491
江西	393671	239975	153696	239345	144965	94380	166333	94569	71764
山东	1651292	1020887	630405	675051	409039	266012	402224	228886	173338
河南	381480	228980	152500	236021	142900	93121	147022	82630	64392
湖北	624899	355980	268919	357994	202721	155273	307658	167701	139957
湖南	472182	256409	215773	317257	177636	139621	201104	111907	89197
广东	14250129	8650404	5599725	6074014	3825296	2248718	2200810	1295130	905680
广西	492615	290810	201805	252816	155356	97460	137220	84098	53122
海南	422280	270873	151407	191317	117270	74047	110511	62591	47920
重庆	626875	339701	287174	462618	269233	193385	308878	172893	135985
四川	747994	406246	341748	465527	270541	194986	337354	196720	140634
贵州	434736	253623	181113	186847	115886	70961	105662	64259	41403
云南	852451	551965	300486	349527	229195	120332	176936	111293	65643
西藏	154747	111058	43689	66222	47424	18798	36182	25176	11006
陕西	621655	387753	233902	335212	207773	127439	266548	155957	110591
甘肃	269817	172008	97809	124843	79388	45455	71621	44871	26750
青海	158338	106887	51451	60430	41284	19146	37726	24787	12939
宁夏	251526	160726	90800	91339	58696	32643	55543	33595	21948
新疆	1295986	836614	459372	516201	336121	180080	322871	196415	126456

7-7　续表 3　　　单位：人

现住地	大学本科			硕士研究生			博士研究生		
	小计	男	女	小计	男	女	小计	男	女
全　国	**12332812**	**6628353**	**5704459**	**1717277**	**850452**	**866825**	**202726**	**125667**	**77059**
北　京	1813024	892040	920984	376997	170872	206125	37031	22121	14910
天　津	409408	211382	198026	49563	23079	26484	6573	3634	2939
河　北	365141	199638	165503	32249	16657	15592	3056	1866	1190
山　西	176114	96401	79713	14397	7554	6843	1230	746	484
内蒙古	115727	69658	46069	11785	6483	5302	884	544	340
辽　宁	388826	210490	178336	48393	24271	24122	5521	3459	2062
吉　林	252442	124831	127611	28664	12878	15786	4444	2466	1978
黑龙江	217636	119409	98227	29654	15919	13735	5375	3755	1620
上　海	1615883	825029	790854	311369	146243	165126	30384	18154	12230
江　苏	773337	422255	351082	116925	61420	55505	16459	10698	5761
浙　江	581807	329094	252713	69373	37766	31607	7918	4932	2986
安　徽	193314	114435	78879	26173	14561	11612	4666	3272	1394
福　建	270040	141415	128625	31950	16105	15845	4642	2852	1790
江　西	253367	131618	121749	21098	10363	10735	1832	1252	580
山　东	457410	238158	219252	41257	20599	20658	5231	3211	2020
河　南	260202	138802	121400	18660	9526	9134	2362	1447	915
湖　北	494547	260337	234210	71659	35514	36145	11543	6909	4634
湖　南	295932	151690	144242	31536	16497	15039	4226	2694	1532
广　东	1279706	755851	523855	118164	64827	53337	16940	10995	5945
广　西	168960	92748	76212	22482	11696	10786	1752	1249	503
海　南	126460	67182	59278	9158	4514	4644	1172	689	483
重　庆	313755	166953	146802	45623	22255	23368	5061	3170	1891
四　川	454438	256642	197796	58323	33076	25247	8907	5650	3257
贵　州	103089	61479	41610	14011	7475	6536	1459	996	463
云　南	181575	102181	79394	26893	13615	13278	2428	1538	890
西　藏	36335	24213	12122	2729	1609	1120	267	202	65
陕　西	309031	171023	138008	48780	24626	24154	7609	4620	2989
甘　肃	101981	59111	42870	15371	7685	7686	1827	1211	616
青　海	33594	20661	12933	3809	1985	1824	360	241	119
宁　夏	56782	32237	24545	4837	2257	2580	380	240	140
新　疆	232949	141390	91559	15395	8525	6870	1187	854	333

7-7a 全国按现住地、受教育程度、性别分的户口登记地在外省的人口(城市)

单位：人

现住地	合计			未上过学		
	合计	男	女	小计	男	女
全　国	**87001141**	**49355569**	**37645572**	**1088557**	**366098**	**722459**
北　京	6672735	3499080	3173655	61936	20185	41751
天　津	2987831	1702132	1285699	40804	14760	26044
河　北	1634903	902602	732301	19030	6476	12554
山　西	978488	569392	409096	12069	4429	7640
内蒙古	829816	470337	359479	17947	6342	11605
辽　宁	2348325	1255481	1092844	29712	10729	18983
吉　林	570342	299948	270394	6529	2442	4087
黑龙江	590809	323705	267104	5303	2050	3253
上　海	7680870	4126914	3553956	102262	28576	73686
江　苏	6035211	3427414	2607797	87124	26463	60661
浙　江	9728946	5632632	4096314	165338	58818	106520
安　徽	681000	382899	298101	9882	3017	6865
福　建	2999673	1706307	1293366	46151	15905	30246
江　西	681747	383222	298525	4961	1882	3079
山　东	2723459	1563141	1160318	34664	12100	22564
河　南	680218	388107	292111	6789	2293	4496
湖　北	1636688	892431	744257	14235	4828	9407
湖　南	973471	532311	441160	6913	2558	4355
广　东	24539479	14433712	10105767	230861	80800	150061
广　西	893042	508930	384112	9420	3091	6329
海　南	686912	401850	285062	8215	2951	5264
重　庆	1724090	918404	805686	17398	4840	12558
四　川	1765819	970795	795024	20821	5823	14998
贵　州	654551	373609	280942	10738	3651	7087
云　南	1448334	856098	592236	26207	9278	16929
西　藏	228860	150733	78127	7316	3852	3464
陕　西	1462900	832115	630785	16660	5423	11237
甘　肃	406614	236688	169926	6183	2080	4103
青　海	298636	184412	114224	8384	3122	5262
宁　夏	364565	208701	155864	11324	3337	7987
新　疆	2092807	1221467	871340	43381	13997	29384

7-7a 续表 1

单位：人

现住地	学前教育			小学		
	小计	男	女	小计	男	女
全 国	**1943805**	**1038355**	**905450**	**12951120**	**6615957**	**6335163**
北 京	122193	63988	58205	597513	291639	305874
天 津	66996	35305	31691	478899	254330	224569
河 北	39702	20840	18862	239486	120679	118807
山 西	26376	13778	12598	168208	91518	76690
内蒙古	21709	11680	10029	163984	84714	79270
辽 宁	43277	22675	20602	382599	188787	193812
吉 林	10872	5705	5167	76280	37112	39168
黑龙江	7147	3746	3401	61411	31678	29733
上 海	164396	86711	77685	845621	399888	445733
江 苏	146652	78706	67946	892409	449228	443181
浙 江	218673	117585	101088	2053455	1074712	978743
安 徽	18032	9502	8530	97839	49014	48825
福 建	68802	36968	31834	610161	314036	296125
江 西	15075	8020	7055	69272	37521	31751
山 东	62655	33160	29495	417475	221224	196251
河 南	18905	10096	8809	82132	45520	36612
湖 北	30945	16445	14500	181481	93737	87744
湖 南	22144	11899	10245	99161	51107	48054
广 东	512707	277053	235654	3445231	1757079	1688152
广 西	29354	16036	13318	129250	65856	63394
海 南	17475	9379	8096	104818	56314	48504
重 庆	36055	18888	17167	230940	104643	126297
四 川	39822	20965	18857	223846	106383	117463
贵 州	22380	12096	10284	117809	59817	57992
云 南	48775	26361	22414	293487	158899	134588
西 藏	2642	1425	1217	54290	35130	19160
陕 西	34990	18661	16329	176545	91123	85422
甘 肃	11536	6118	5418	63446	33192	30254
青 海	8640	4618	4022	57799	31778	26021
宁 夏	10485	5635	4850	74904	38157	36747
新 疆	64393	34311	30082	461369	241142	220227

7-7a 续表 2

单位：人

现住地	初中			高中			大学专科		
	小计	男	女	小计	男	女	小计	男	女
全国	**34242795**	**20514420**	**13728375**	**15940286**	**9587176**	**6353110**	**8952243**	**4966393**	**3985850**
北京	1748154	1043750	704404	1115287	608245	507042	992853	486719	506134
天津	1148247	702880	445367	488693	289004	199689	344208	192585	151623
河北	564700	329517	235183	285962	160887	125075	200442	109253	91189
山西	384224	241554	142670	157425	93710	63715	77737	43354	34383
内蒙古	336827	200589	136238	128586	75518	53068	75847	42754	33093
辽宁	917204	506988	410216	365658	198332	167326	200543	106077	94466
吉林	188842	102193	86649	92164	48962	43202	52560	27437	25123
黑龙江	155304	87360	67944	78212	42477	35735	62944	35198	27746
上海	2471391	1445113	1026278	1349460	777878	571582	1033676	534334	499342
江苏	2371297	1408617	962680	1132222	687170	445052	679196	384882	294314
浙江	4694189	2839997	1854192	1415731	879580	536151	620263	353725	266538
安徽	221402	128563	92839	120361	70121	50240	83340	47140	36200
福建	1399952	841404	558548	462442	279037	183405	190172	105337	84835
江西	169819	103082	66737	131733	76968	54765	99805	56862	42943
山东	1038538	644520	394018	471252	282774	188478	295200	165157	130043
河南	174253	107054	67199	133412	80574	52838	93460	52726	40734
湖北	400027	234299	165728	259002	147455	111547	244787	130114	114673
湖南	241759	139354	102405	187519	108390	79129	139238	77792	61446
广东	11676857	7029955	4646902	5352562	3347163	2005399	2009923	1173789	836134
广西	299406	177122	122284	180464	109216	71248	103106	61721	41385
海南	256338	161540	94798	135978	81669	54309	75009	42417	32592
重庆	451476	247427	204049	372231	214587	157644	273642	150242	123400
四川	446762	246548	200214	338122	194605	143517	260522	150680	109842
贵州	226665	133438	93227	118353	71627	46726	71982	42424	29558
云南	531483	335971	195512	245357	154735	90622	129202	77478	51724
西藏	86683	59499	27184	39864	26923	12941	17744	11352	6392
陕西	440410	266037	174373	258009	154079	103930	217828	124130	93698
甘肃	142732	87270	55462	73793	45172	28621	41789	25482	16307
青海	114671	75613	39058	46399	30836	15563	29935	19120	10815
宁夏	133351	83091	50260	53655	33160	20495	34879	20390	14489
新疆	809832	504075	305757	350378	216322	134056	200411	115722	84689

7-7a　续表 3

单位：人

现住地	大学本科			硕士研究生			博士研究生		
	小计	男	女	小计	男	女	小计	男	女
全　国	**10170344**	**5403056**	**4767288**	**1528292**	**750636**	**777656**	**183699**	**113478**	**70221**
北　京	1650026	806361	843665	350511	157845	192666	34262	20348	13914
天　津	368657	188818	179839	45080	20963	24117	6247	3487	2760
河　北	259231	141265	117966	24007	12256	11751	2343	1429	914
山　西	139113	74061	65052	12323	6373	5950	1013	615	398
内蒙古	74755	43174	31581	9463	5149	4314	698	417	281
辽　宁	359219	195443	163776	44983	23169	21814	5130	3281	1849
吉　林	122216	66104	56112	17806	8270	9536	3073	1723	1350
黑龙江	187638	102743	84895	27622	14797	12825	5228	3656	1572
上　海	1404024	707200	696824	281984	130567	151417	28056	16647	11409
江　苏	614783	332400	282383	97254	50663	46591	14274	9285	4989
浙　江	491341	270034	221307	62506	33584	28922	7450	4597	2853
安　徽	108369	63022	45347	17869	9791	8078	3906	2729	1177
福　建	195944	100615	95329	22888	11102	11786	3161	1903	1258
江　西	173995	90097	83898	15650	7802	7848	1437	988	449
山　东	364973	184714	180259	34333	16861	17472	4369	2631	1738
河　南	155920	81891	74029	13706	6952	6754	1641	1001	640
湖　北	426296	224916	201380	68740	33959	34781	11175	6678	4497
湖　南	245327	124587	120740	27572	14190	13382	3838	2434	1404
广　东	1183152	695963	487189	111954	61407	50547	16232	10503	5729
广　西	122764	65511	57253	17721	9276	8445	1557	1101	456
海　南	80830	43390	37440	7315	3636	3679	934	554	380
重　庆	292974	153164	139810	44427	21523	22904	4947	3090	1857
四　川	373351	209846	163505	53998	30514	23484	8575	5431	3144
贵　州	74727	43792	30935	10784	5998	4786	1113	766	347
云　南	146113	79230	66883	25453	12729	12724	2257	1417	840
西　藏	18272	11393	6879	1836	1005	831	213	154	59
陕　西	264995	145180	119815	46239	23117	23122	7224	4365	2859
甘　肃	51846	29725	22121	13588	6530	7058	1701	1119	582
青　海	28878	17269	11609	3591	1830	1761	339	226	113
宁　夏	41325	22769	18556	4314	1956	2358	328	206	122
新　疆	149290	88379	60911	12775	6822	5953	978	697	281

7-7b 全国按现住地、受教育程度、性别分的户口登记地在外省的人口(镇)

单位：人

现住地	合计			未上过学		
	合计	男	女	小计	男	女
全　国	**19312471**	**11204111**	**8108360**	**285976**	**101180**	**184796**
北　京	696259	407542	288717	6948	2650	4298
天　津	255773	153594	102179	3256	1367	1889
河　北	994405	567793	426612	11965	4206	7759
山　西	258295	163844	94451	2735	1078	1657
内蒙古	469534	276131	193403	13502	4721	8781
辽　宁	189215	97703	91512	2553	957	1596
吉　林	237796	117769	120027	2406	873	1533
黑龙江	127715	65470	62245	2178	803	1375
上　海	1196727	678868	517859	21492	6844	14648
江　苏	2420979	1376584	1044395	30663	9924	20739
浙　江	3337475	1974841	1362634	58241	20653	37588
安　徽	580383	333077	247306	6967	2184	4783
福　建	1020745	605099	415646	12755	4731	8024
江　西	402632	232261	170371	2732	1033	1699
山　东	827273	481575	345698	11615	3985	7630
河　南	407962	227850	180112	3649	1243	2406
湖　北	279595	145056	134539	2635	981	1654
湖　南	393491	212645	180846	2979	1197	1782
广　东	2238336	1335056	903280	27549	10640	16909
广　西	249494	148935	100559	2373	918	1455
海　南	170806	100797	70009	2278	885	1393
重　庆	225931	119036	106895	2928	809	2119
四　川	354295	182541	171754	5180	1848	3332
贵　州	267688	150281	117407	4409	1607	2802
云　南	421635	263304	158331	8442	3221	5221
西　藏	74316	51861	22455	2486	1252	1234
陕　西	207897	124521	83376	3163	1162	2001
甘　肃	195993	116541	79452	2804	966	1838
青　海	70031	45441	24590	4288	1828	2460
宁　夏	159759	92992	66767	5367	1652	3715
新　疆	580036	355103	224933	15438	4962	10476

7-7b　续表 1　　　　单位：人

现住地	学前教育			小　学		
	小计	男	女	小计	男	女
全　国	**512430**	**272731**	**239699**	**3641911**	**1901420**	**1740491**
北　京	13580	7142	6438	75275	41100	34175
天　津	5253	2785	2468	44444	24394	20050
河　北	27325	14501	12824	179164	92801	86363
山　西	6729	3529	3200	43038	24308	18730
内蒙古	14910	7844	7066	105620	54744	50876
辽　宁	4151	2182	1969	36703	17987	18716
吉　林	3692	1915	1777	25299	12280	13019
黑龙江	2341	1177	1164	22712	11157	11555
上　海	37051	19689	17362	162359	81067	81292
江　苏	66461	35679	30782	426038	214038	212000
浙　江	80622	43228	37394	809991	426799	383192
安　徽	14793	7847	6946	83991	42010	41981
福　建	24856	13366	11490	230760	122692	108068
江　西	9512	5094	4418	49646	26988	22658
山　东	19932	10378	9554	142539	74026	68513
河　南	12067	6387	5680	48508	25337	23171
湖　北	8120	4285	3835	42771	21603	21168
湖　南	10117	5281	4836	49310	24595	24715
广　东	56455	30304	26151	444824	236125	208699
广　西	8540	4653	3887	39988	21432	18556
海　南	4645	2542	2103	27432	15150	12282
重　庆	7030	3622	3408	46973	20981	25992
四　川	10935	5616	5319	66239	30920	35319
贵　州	10802	5748	5054	55334	28153	27181
云　南	15459	8246	7213	105216	59274	45942
西　藏	561	315	246	14686	9766	4920
陕　西	6047	3258	2789	36484	19786	16698
甘　肃	5483	2936	2547	32566	18266	14300
青　海	1820	924	896	19804	11700	8104
宁　夏	5997	3112	2885	38870	20160	18710
新　疆	17144	9146	7998	135327	71781	63546

7-7b 续表 2

单位：人

现住地	初中			高中			大学专科		
	小计	男	女	小计	男	女	小计	男	女
全国	**8563350**	**5170817**	**3392533**	**3080883**	**1916301**	**1164582**	**1528521**	**901434**	**627087**
北京	254220	165272	88948	129088	78007	51081	96635	51092	45543
天津	110116	70092	40024	34958	22460	12498	20597	12341	8256
河北	426433	255660	170773	161028	96118	64910	91184	51459	39725
山西	112846	75953	36893	50111	33547	16564	21336	13169	8167
内蒙古	187715	116339	71376	72207	46126	26081	45644	28493	17151
辽宁	93528	50247	43281	23360	12584	10776	12921	6602	6319
吉林	62120	32833	29287	28434	15344	13090	25236	13338	11898
黑龙江	48655	25049	23606	16173	8382	7791	10724	5324	5400
上海	461588	276967	184621	196288	119811	76477	134386	74266	60120
江苏	1142068	667134	474934	411132	253084	158048	195392	113628	81764
浙江	1762995	1076162	686833	428662	281343	147319	127454	81882	45572
安徽	211167	121394	89773	115481	70704	44777	64912	39397	25515
福建	511031	317886	193145	138236	88241	49995	41764	25997	15767
江西	138979	84414	54565	78688	49492	29196	51849	28599	23250
山东	345319	210327	134992	141486	86254	55232	83291	48990	34301
河南	126075	73162	52913	75234	44491	30743	41784	22699	19085
湖北	92366	48208	44158	50451	27011	23440	31323	17762	13561
湖南	142490	76679	65811	97440	53691	43749	47572	27003	20569
广东	1186438	729084	457354	355672	226904	128768	106178	65105	41073
广西	102873	61789	41084	44167	28473	15694	20333	13531	6802
海南	68266	43763	24503	27180	16859	10321	16160	9619	6541
重庆	89724	45577	44147	47933	28335	19598	18158	11284	6874
四川	122087	60296	61791	61384	33333	28051	40266	22508	17758
贵州	112284	63468	48816	42654	26420	16234	20332	12629	7703
云南	175350	113989	61361	64217	44030	20187	29632	20101	9531
西藏	27983	19732	8251	11075	8205	2870	8164	6102	2062
陕西	77610	47948	29662	37960	23902	14058	22175	13797	8378
甘肃	62349	39253	23096	29507	18355	11152	18837	11521	7316
青海	26877	18707	8170	8919	6484	2435	4920	3455	1465
宁夏	63555	39922	23633	22255	14233	8022	12336	7420	4916
新疆	218243	143511	74732	79503	54078	25425	67026	42321	24705

7-7b 续表 3

单位：人

现住地	大学本科			硕士研究生			博士研究生		
	小计	男	女	小计	男	女	小计	男	女
全　国	**1538971**	**854031**	**684940**	**146010**	**76983**	**69027**	**14419**	**9214**	**5205**
北　京	97738	50513	47225	20447	10259	10188	2328	1507	821
天　津	32864	18128	14736	4027	1922	2105	258	105	153
河　北	89687	48936	40751	7063	3776	3287	556	336	220
山　西	20264	11582	8682	1114	602	512	122	76	46
内蒙古	27970	16786	11184	1830	992	838	136	86	50
辽　宁	14460	6654	7806	1416	435	981	123	55	68
吉　林	81687	37254	44433	7749	3302	4447	1173	630	543
黑龙江	23055	12510	10545	1751	982	769	126	86	40
上　海	157848	86343	71505	23737	12612	11125	1978	1269	709
江　苏	130208	72666	57542	17088	9195	7893	1929	1236	693
浙　江	63897	41282	22615	5303	3258	2045	310	234	76
安　徽	74697	44645	30052	7693	4406	3287	682	490	192
福　建	54297	28111	26186	6367	3649	2718	679	426	253
江　西	66380	34290	32090	4512	2128	2384	334	223	111
山　东	76449	43980	32469	5951	3171	2780	691	464	227
河　南	95451	51775	43676	4529	2348	2181	665	408	257
湖　北	49659	24026	25633	2034	1036	998	236	144	92
湖　南	39804	21951	17853	3467	2034	1433	312	214	98
广　东	57382	34754	22628	3485	1895	1590	353	245	108
广　西	28038	16656	11382	3069	1395	1674	113	88	25
海　南	23804	11471	12333	930	449	481	111	59	52
重　庆	12276	7866	4410	828	506	322	81	56	25
四　川	45636	26535	19101	2385	1368	1017	183	117	66
贵　州	18811	10865	7946	2778	1205	1573	284	186	98
云　南	22361	13849	8512	869	524	345	89	70	19
西　藏	8933	6189	2744	399	274	125	29	26	3
陕　西	22463	13473	8990	1698	998	700	297	197	100
甘　肃	42841	24192	18649	1525	992	533	81	60	21
青　海	3235	2229	1006	156	105	51	12	9	3
宁　夏	11028	6294	4734	323	180	143	28	19	9
新　疆	45748	28226	17522	1487	985	502	120	93	27

7-7c 全国按现住地、受教育程度、性别分的户口登记地在外省的人口(乡村)

单位：人

现住地	合计			未上过学		
	合计	男	女	小计	男	女
全　国	**16626942**	**10125180**	**6501762**	**310660**	**111438**	**199222**
北　京	917129	569936	347193	10743	3983	6760
天　津	235930	137172	98758	4633	1760	2873
河　北	473378	267052	206326	8872	2732	6140
山　西	357527	249791	107736	5355	2066	3289
内蒙古	357666	241060	116606	11773	4321	7452
辽　宁	273194	142336	130858	5994	2157	3837
吉　林	180223	88735	91488	3544	1257	2287
黑龙江	102628	54888	47740	2373	882	1491
上　海	1423901	890144	533757	30470	11579	18891
江　苏	1704198	1008672	695526	25520	8619	16901
浙　江	2865772	1727574	1138198	61636	21914	39722
安　徽	262150	142229	119921	5173	1501	3672
福　建	801993	500609	301384	12811	4728	8083
江　西	175850	106043	69807	1656	652	1004
山　东	519046	303633	215413	12040	3851	8189
河　南	162878	97281	65597	1966	632	1334
湖　北	304231	170439	133792	4890	1845	3045
湖　南	187357	88144	99213	2578	909	1669
广　东	2458785	1535928	922857	29551	10973	18578
广　西	191595	109982	81613	2631	895	1736
海　南	213910	132785	81125	2997	1097	1900
重　庆	208182	114999	93183	3195	836	2359
四　川	429008	238521	190487	8067	2547	5520
贵　州	195618	117204	78414	3848	1309	2539
云　南	310676	209730	100946	6466	2617	3849
西　藏	101396	77647	23749	2610	1516	1094
陕　西	236090	160510	75580	3347	1447	1900
甘　肃	147585	99026	48559	4834	1812	3022
青　海	40443	28128	12315	1944	831	1113
宁　夏	134973	84824	50149	7886	2658	5228
新　疆	653630	430158	223472	21257	7512	13745

7-7c　续表 1

单位：人

现住地	学前教育			小　学		
	小计	男	女	小计	男	女
全　国	**345733**	**182905**	**162828**	**3692355**	**1995294**	**1697061**
北　京	14421	7523	6898	120263	68753	51510
天　津	6836	3600	3236	55968	29544	26424
河　北	10901	5712	5189	110397	55091	55306
山　西	6004	3156	2848	64643	38211	26432
内蒙古	5492	2869	2623	81766	45918	35848
辽　宁	4522	2277	2245	71256	34935	36321
吉　林	2633	1362	1271	33498	15943	17555
黑龙江	1547	772	775	26228	13451	12777
上　海	21299	11466	9833	254158	141250	112908
江　苏	37509	20212	17297	356467	185765	170702
浙　江	66970	35753	31217	836654	451457	385197
安　徽	5797	2947	2850	52402	25484	26918
福　建	18132	9742	8390	209572	116403	93169
江　西	3897	1957	1940	27832	15637	12195
山　东	10421	5385	5036	125972	63460	62512
河　南	4074	2067	2007	27221	15378	11843
湖　北	7649	3989	3660	59488	31051	28437
湖　南	5169	2641	2528	33711	16080	17631
广　东	50098	27051	23047	499561	272168	227393
广　西	5005	2578	2427	31725	16431	15294
海　南	4650	2505	2145	38220	21490	16730
重　庆	4722	2406	2316	46152	21209	24943
四　川	10285	5187	5098	91384	43693	47691
贵　州	5155	2576	2579	41578	22419	19159
云　南	7330	3809	3521	79453	47640	31813
西　藏	647	363	284	22852	16940	5912
陕　西	4219	2250	1969	36597	22284	14313
甘　肃	3406	1751	1655	34474	20860	13614
青　海	726	367	359	11448	6968	4480
宁　夏	3287	1761	1526	40770	22294	18476
新　疆	12930	6871	6059	170645	97087	73558

7-7c 续表 2

单位：人

现住地	初中			高中			大学专科		
	小计	男	女	小计	男	女	小计	男	女
全国	**8493968**	**5373980**	**3119988**	**2232905**	**1502109**	**730796**	**880241**	**562380**	**317861**
北京	447182	299201	147981	163834	104061	59773	88946	48215	40731
天津	118869	72838	46031	28123	17320	10803	13090	7438	5652
河北	251059	148200	102859	52289	32251	20038	22301	12903	9398
山西	177214	131359	45855	60375	44903	15472	26144	18704	7440
内蒙古	164080	115360	48720	54680	42552	12128	26331	19959	6372
辽宁	137415	73303	64112	24622	14119	10503	11976	6362	5614
吉林	62148	32692	29456	15514	8634	6880	11040	5955	5085
黑龙江	48478	25975	22503	10379	5987	4392	6378	3512	2866
上海	791080	510526	280554	195973	135147	60826	70912	45388	25524
江苏	935558	568359	367199	240466	157430	83036	77493	49359	28134
浙江	1539337	972759	566578	271336	185753	85583	61548	41135	20413
安徽	124842	68231	56611	42866	25520	17346	20133	11361	8772
福建	413963	270002	143961	93675	64513	29162	30544	20655	9889
江西	84873	52479	32394	28924	18505	10419	14679	9108	5571
山东	267435	166040	101395	62313	40011	22302	23733	14739	8994
河南	81152	48764	32388	27375	17835	9540	11778	7205	4573
湖北	132506	73473	59033	48541	28255	20286	31548	19825	11723
湖南	87933	40376	47557	32298	15555	16743	14294	7112	7182
广东	1386834	891365	495469	365780	251229	114551	84709	56236	28473
广西	90336	51899	38437	28185	17667	10518	13781	8846	4935
海南	97676	65570	32106	28159	18742	9417	19342	10555	8787
重庆	85675	46697	38978	42454	26311	16143	17078	11367	5711
四川	179145	99402	79743	66021	42603	23418	36566	23532	13034
贵州	95787	56717	39070	25840	17839	8001	13348	9206	4142
云南	145618	102005	43613	39953	30430	9523	18102	13714	4388
西藏	40081	31827	8254	15283	12296	2987	10274	7722	2552
陕西	103635	73768	29867	39243	29792	9451	26545	18030	8515
甘肃	64736	45485	19251	21543	15861	5682	10995	7868	3127
青海	16790	12567	4223	5112	3964	1148	2871	2212	659
宁夏	54620	37713	16907	15429	11303	4126	8328	5785	2543
新疆	267911	189028	78883	86320	65721	20599	55434	38372	17062

7-7c　续表 3

单位：人

现住地	大学本科			硕士研究生			博士研究生		
	小计	男	女	小计	男	女	小计	男	女
全　国	**623497**	**371266**	**252231**	**42975**	**22833**	**20142**	**4608**	**2975**	**1633**
北　京	65260	35166	30094	6039	2768	3271	441	266	175
天　津	7887	4436	3451	456	194	262	68	42	26
河　北	16223	9437	6786	1179	625	554	157	101	56
山　西	16737	10758	5979	960	579	381	95	55	40
内蒙古	13002	9698	3304	492	342	150	50	41	9
辽　宁	15147	8393	6754	1994	667	1327	268	123	145
吉　林	48539	21473	27066	3109	1306	1803	198	113	85
黑龙江	6943	4156	2787	281	140	141	21	13	8
上　海	54011	31486	22525	5648	3064	2584	350	238	112
江　苏	28346	17189	11157	2583	1562	1021	256	177	79
浙　江	26569	17778	8791	1564	924	640	158	101	57
安　徽	10248	6768	3480	611	364	247	78	53	25
福　建	19799	12689	7110	2695	1354	1341	802	523	279
江　西	12992	7231	5761	936	433	503	61	41	20
山　东	15988	9464	6524	973	567	406	171	116	55
河　南	8831	5136	3695	425	226	199	56	38	18
湖　北	18592	11395	7197	885	519	366	132	87	45
湖　南	10801	5152	5649	497	273	224	76	46	30
广　东	39172	25134	14038	2725	1525	1200	355	247	108
广　西	18158	10581	7577	1692	1025	667	82	60	22
海　南	21826	12321	9505	913	429	484	127	76	51
重　庆	8505	5923	2582	368	226	142	33	24	9
四　川	35451	20261	15190	1940	1194	746	149	102	47
贵　州	9551	6822	2729	449	272	177	62	44	18
云　南	13101	9102	3999	571	362	209	82	51	31
西　藏	9130	6631	2499	494	330	164	25	22	3
陕　西	21573	12370	9203	843	511	332	88	58	30
甘　肃	7294	5194	2100	258	163	95	45	32	13
青　海	1481	1163	318	62	50	12	9	6	3
宁　夏	4429	3174	1255	200	121	79	24	15	9
新　疆	37911	24785	13126	1133	718	415	89	64	25

7-8 全国分年龄、性别、迁移原因的户口登记地在外乡镇街道的人口

单位：人

年 龄	合 计			工作就业		
	合计	男	女	小计	男	女
总 计	**492762506**	**255896268**	**236866238**	**190497896**	**112525363**	**77972533**
0-4岁	**22003545**	**11605841**	**10397704**			
0	2457728	1295623	1162105			
1	4214918	2220009	1994909			
2	4517351	2379885	2137466			
3	5454443	2870418	2584025			
4	5359105	2839906	2519199			
5-9岁	**25591194**	**13737473**	**11853721**			
5	4794914	2555263	2239651			
6	5287492	2833443	2454049			
7	5071538	2722567	2348971			
8	5481666	2951709	2529957			
9	4955584	2674491	2281093			
10-14岁	**23366969**	**12589332**	**10777637**	**37459**	**21656**	**15803**
10	4803052	2598722	2204330	6490	3703	2787
11	4822922	2608102	2214820	6837	3894	2943
12	4662677	2513765	2148912	6783	3866	2917
13	4507935	2426094	2081841	7138	4153	2985
14	4570383	2442649	2127734	10211	6040	4171
15-19岁	**40282556**	**21139311**	**19143245**	**3960378**	**2476332**	**1484046**
15	6623955	3500174	3123781	176279	107961	68318
16	8725397	4622877	4102520	396517	253564	142953
17	8131747	4312561	3819186	728740	463925	264815
18	7930608	4163936	3766672	1098256	688821	409435
19	8870849	4539763	4331086	1560586	962061	598525
20-24岁	**40557163**	**20888040**	**19669123**	**18140369**	**10280808**	**7859561**
20	9046274	4611660	4434614	2107279	1260356	846923
21	8055565	4128218	3927347	2752104	1596861	1155243
22	7915498	4108599	3806899	3859117	2178893	1680224
23	7632146	3962240	3669906	4471933	2493815	1978118
24	7907680	4077323	3830357	4949936	2750883	2199053
25-29岁	**45401902**	**23392144**	**22009758**	**28799472**	**16436757**	**12362715**
25	8568663	4419371	4149292	5494550	3076708	2417842
26	8383328	4305471	4077857	5364972	3022277	2342695
27	9087276	4668788	4418488	5794597	3301617	2492980
28	9381999	4838615	4543384	5917374	3413554	2503820
29	9980636	5159899	4820737	6227979	3622601	2605378

7-8　续表 1

单位：人

年　龄	合　计			工作就业		
	合计	男	女	小计	男	女
30-34岁	**58204246**	**30056879**	**28147367**	**35114618**	**20548955**	**14565663**
30	12508561	6462238	6046323	7726042	4513331	3212711
31	12089287	6222404	5866883	7353524	4288847	3064677
32	11251522	5796097	5455425	6755267	3949409	2805858
33	12004706	6207394	5797312	7153959	4197917	2956042
34	10350170	5368746	4981424	6125826	3599451	2526375
35-39岁	**42854954**	**22484747**	**20370207**	**24746607**	**14648244**	**10098363**
35	8764660	4586884	4177776	5183191	3062786	2120405
36	8581487	4506947	4074540	5033262	2982239	2051023
37	8235826	4328955	3906871	4740278	2810361	1929917
38	9281180	4870092	4411088	5252257	3112089	2140168
39	7991801	4191869	3799932	4537619	2680769	1856850
40-44岁	**37071483**	**19504443**	**17567040**	**20673416**	**12119800**	**8553616**
40	7252354	3808785	3443569	4077627	2405133	1672494
41	7860958	4136798	3724160	4360201	2570414	1789787
42	7395190	3880040	3515150	4098368	2396668	1701700
43	6951023	3658704	3292319	3867469	2259148	1608321
44	7611958	4020116	3591842	4269751	2488437	1781314
45-49岁	**40808094**	**21596600**	**19211494**	**22698030**	**13256531**	**9441499**
45	7667625	4043778	3623847	4316831	2505044	1811787
46	8220531	4341932	3878599	4655509	2700366	1955143
47	8330283	4413182	3917101	4644829	2709828	1935001
48	8304047	4399111	3904936	4586702	2683007	1903695
49	8285608	4398597	3887011	4494159	2658286	1835873
50-54岁	**37134115**	**19502000**	**17632115**	**18382375**	**11199108**	**7183267**
50	8481096	4466628	4014468	4482933	2660076	1822857
51	7703623	4058053	3645570	3902808	2357586	1545222
52	8022446	4210854	3811592	3961646	2417043	1544603
53	6176552	3229444	2947108	2964397	1829813	1134584
54	6750398	3537021	3213377	3070591	1934590	1136001
55-59岁	**27564957**	**14105422**	**13459535**	**10194117**	**6555963**	**3638154**
55	6477635	3363722	3113913	2721737	1729265	992472
56	6271247	3219204	3052043	2421251	1546505	874746
57	7065487	3625320	3440167	2521503	1640150	881353
58	5002985	2537778	2465207	1706612	1112002	594610
59	2747603	1359398	1388205	823014	528041	294973
60-64岁	**17315134**	**8669401**	**8645733**	**3853591**	**2524747**	**1328844**
60	3250228	1625124	1625104	835861	540371	295490
61	2961359	1500356	1461003	696091	460362	235729
62	3673967	1859877	1814090	818909	543110	275799
63	3945273	1968074	1977199	828181	544469	283712
64	3484307	1715970	1768337	674549	436435	238114
65岁及以上	**34606194**	**16624635**	**17981559**	**3897464**	**2456462**	**1441002**

7-8 续表 2

单位：人

年 龄	学习培训			随同离开/投亲靠友			拆迁/搬家		
	小计	男	女	小计	男	女	小计	男	女
总 计	**56794865**	**28874434**	**27920431**	**60381747**	**28562221**	**31819526**	**98547833**	**50514241**	**48033592**
0-4岁	**359490**	**191710**	**167780**	**13398128**	**7066728**	**6331400**	**3344349**	**1764128**	**1580221**
0	8323	4482	3841	1486968	784025	702943	362116	190910	171206
1	23091	12284	10807	2596635	1367939	1228696	600469	316796	283673
2	42079	22321	19758	2776205	1461425	1314780	674222	355362	318860
3	122869	65101	57768	3310795	1741944	1568851	853118	449434	403684
4	163128	87522	75606	3227525	1711395	1516130	854424	451626	402798
5-9岁	**5281822**	**2880488**	**2401334**	**12462035**	**6669334**	**5792701**	**4191398**	**2242311**	**1949087**
5	171865	93013	78852	2855121	1522152	1332969	785254	417301	367953
6	1096018	595504	500514	2591198	1385143	1206055	856783	458060	398723
7	1265381	689699	575682	2334615	1247699	1086916	826885	442383	384502
8	1422964	776905	646059	2479451	1330336	1149115	899943	482667	417276
9	1325594	725367	600227	2201650	1184004	1017646	822533	441900	380633
10-14岁	**7084076**	**3839124**	**3244952**	**9379140**	**5047442**	**4331698**	**4101740**	**2202555**	**1899185**
10	1307023	717625	589398	2090961	1127794	963167	817530	439356	378174
11	1352097	741308	610789	2046641	1102686	943955	837911	450041	387870
12	1362452	743878	618574	1893746	1016902	876844	839137	449816	389321
13	1375477	747356	628121	1758104	943109	814995	830373	444798	385575
14	1687027	888957	798070	1589688	856951	732737	776789	418544	358245
15-19岁	**28155600**	**14272629**	**13882971**	**3806190**	**2068514**	**1737676**	**2490650**	**1362496**	**1128154**
15	4345310	2256573	2088737	1089959	589853	500106	610210	330846	279364
16	6507671	3389475	3118196	886800	479571	407229	546124	295647	250477
17	5831192	3004913	2826279	727401	394271	333130	480578	261408	219170
18	5434701	2719736	2714965	602483	331124	271359	445005	246850	198155
19	6036726	2901932	3134794	499547	273695	225852	408733	227745	180988
20-24岁	**13427270**	**6427972**	**6999298**	**2556268**	**1294115**	**1262153**	**3292134**	**1723249**	**1568885**
20	5575432	2653342	2922090	483876	259797	224079	452523	248128	204395
21	3850210	1824633	2025577	456872	237073	219799	514323	274214	240109
22	2196314	1064923	1131391	542122	271624	270498	683631	354932	328699
23	1111344	544256	567088	541840	267606	274234	772631	399021	373610
24	693970	340818	353152	531558	258015	273543	869026	446954	422072
25-29岁	**1360509**	**690040**	**670469**	**2468238**	**1112856**	**1355382**	**6309307**	**3249511**	**3059796**
25	480627	239266	241361	537955	257863	280092	1016841	524083	492758
26	305875	154462	151413	490294	228815	261479	1095807	564146	531661
27	232937	119554	113383	489184	221054	268130	1261328	647409	613919
28	184519	95211	89308	472567	205785	266782	1384333	713747	670586
29	156551	81547	75004	478238	199339	278899	1550998	800126	750872

7-8　续表 3

单位：人

年　龄	学习培训			随同离开/投亲靠友			拆迁/搬家		
	小计	男	女	小计	男	女	小计	男	女
30-34岁	**539622**	**279917**	**259705**	**2445454**	**892148**	**1553306**	**10371334**	**5290604**	**5080730**
30	160447	83482	76965	566977	223445	343532	2032011	1041340	990671
31	121733	63049	58684	516758	192007	324751	2091745	1068197	1023548
32	98531	50999	47532	469535	168940	300595	2029179	1033823	995356
33	89422	46389	43033	484058	168496	315562	2239525	1139118	1100407
34	69489	35998	33491	408126	139260	268866	1978874	1008126	970748
35-39岁	**227905**	**117181**	**110724**	**1617014**	**522290**	**1094724**	**8832568**	**4520618**	**4311950**
35	53223	27558	25665	338669	113087	225582	1693454	869464	823990
36	48399	25203	23196	327212	106766	220446	1697493	871628	825865
37	43745	22380	21365	309917	100828	209089	1710490	876730	833760
38	46519	23631	22888	348022	110938	237084	2002747	1022839	979908
39	36019	18409	17610	293194	90671	202523	1728384	879957	848427
40-44岁	**122907**	**61160**	**61747**	**1348472**	**395271**	**953201**	**8621623**	**4399235**	**4222388**
40	29792	14981	14811	265582	80199	185383	1600225	817613	782612
41	28009	13857	14152	286919	85645	201274	1813263	926616	886647
42	24314	12099	12215	269036	78929	190107	1733545	883421	850124
43	20664	10164	10500	251626	72704	178922	1653474	842374	811100
44	20128	10059	10069	275309	77794	197515	1821116	929211	891905
45-49岁	**84000**	**42091**	**41909**	**1581189**	**427001**	**1154188**	**10285169**	**5232026**	**5053143**
45	18421	9252	9169	281124	78122	203002	1857163	944751	912412
46	17813	8887	8926	306032	83082	222950	1998142	1015840	982302
47	17158	8664	8494	318729	86228	232501	2102350	1070196	1032154
48	15814	7880	7934	330900	88192	242708	2136030	1087779	1048251
49	14794	7408	7386	344404	91377	253027	2191484	1113460	1078024
50-54岁	**53575**	**26522**	**27053**	**1874533**	**500147**	**1374386**	**10185198**	**5159653**	**5025545**
50	14179	7080	7099	373432	97450	275982	2277329	1152173	1125156
51	11209	5538	5671	369521	98386	271135	2121360	1072624	1048736
52	11362	5668	5694	407035	108064	298971	2212498	1119434	1093064
53	8161	3998	4163	335256	89032	246224	1687171	854448	832723
54	8664	4238	4426	389289	107215	282074	1886840	960974	925866
55-59岁	**34615**	**16412**	**18203**	**1829922**	**536878**	**1293044**	**8521052**	**4358223**	**4162829**
55	8304	3975	4329	395299	111945	283354	1898490	970471	928019
56	7965	3840	4125	404093	117096	286997	1918237	979937	938300
57	8641	4115	4526	475542	142399	333143	2235428	1147602	1087826
58	6203	2873	3330	351041	104267	246774	1557423	799132	758291
59	3502	1609	1893	203947	61171	142776	911474	461081	450393
60-64岁	**21133**	**9993**	**11140**	**1492159**	**516691**	**975468**	**5894011**	**3037609**	**2856402**
60	3994	1866	2128	254178	82613	171565	1129131	581108	548023
61	3615	1757	1858	245077	84132	160945	1018054	529791	488263
62	4327	2044	2283	314922	111035	203887	1245370	647146	598224
63	4864	2318	2546	353077	124453	228624	1324935	680379	644556
64	4333	2008	2325	324905	114458	210447	1176521	599185	577336
65岁及以上	**42341**	**19195**	**23146**	**4123005**	**1512806**	**2610199**	**12107300**	**5972023**	**6135277**

7-8 续表 4

单位：人

年龄	寄挂户口			婚姻嫁娶			照料孙子女		
	小计	男	女	小计	男	女	小计	男	女
总计	**7032597**	**3799490**	**3233107**	**17356327**	**3115030**	**14241297**	**11251137**	**3652790**	**7598347**
0-4岁	**401872**	**209703**	**192169**						
0	41919	22098	19821						
1	86108	44909	41199						
2	88199	46180	42019						
3	96438	50068	46370						
4	89208	46448	42760						
5-9岁	**371246**	**194125**	**177121**						
5	77358	40368	36990						
6	77432	40535	36897						
7	70873	37076	33797						
8	77108	40232	36876						
9	68475	35914	32561						
10-14岁	**348714**	**182803**	**165911**	**929**	**360**	**569**			
10	67745	35330	32415	155	86	69			
11	69685	36570	33115	159	86	73			
12	72549	38066	34483	158	73	85			
13	72206	37894	34312	166	58	108			
14	66529	34943	31586	291	57	234			
15-19岁	**208106**	**115144**	**92962**	**116744**	**4593**	**112151**	**290**	**102**	**188**
15	46843	25212	21631	3584	761	2823	51	25	26
16	42750	22882	19868	8042	761	7281	50	21	29
17	41886	22654	19232	16645	784	15861	46	17	29
18	37412	21588	15824	31801	1000	30801	63	21	42
19	39215	22808	16407	56672	1287	55385	80	18	62
20-24岁	**377576**	**204270**	**173306**	**1000573**	**46736**	**953837**	**1427**	**146**	**1281**
20	48055	27735	20320	88060	2028	86032	126	14	112
21	55999	31188	24811	124194	3553	120641	197	25	172
22	77868	42131	35737	189825	7238	182587	291	31	260
23	91042	48425	42617	255044	12883	242161	353	25	328
24	104612	54791	49821	343450	21034	322416	460	51	409
25-29岁	**618235**	**321622**	**296613**	**3181539**	**327161**	**2854378**	**3590**	**412**	**3178**
25	120456	62899	57557	459954	34614	425340	579	51	528
26	122358	63765	58593	536167	47653	488514	582	64	518
27	127233	66078	61155	655989	65770	590219	740	72	668
28	124670	64481	60189	728842	81375	647467	790	99	691
29	123518	64399	59119	800587	97749	702838	899	126	773

7-8　续表 5　　单位：人

年　龄	寄挂户口			婚姻嫁娶			照料孙子女		
	小计	男	女	小计	男	女	小计	男	女
30-34岁	**672523**	**350646**	**321877**	**4555655**	**671984**	**3883671**	**44318**	**11883**	**32435**
30	146072	75885	70187	1008541	133271	875270	8090	1916	6174
31	139407	72628	66779	969766	136253	833513	8717	2286	6431
32	129679	67375	62304	891702	132916	758786	8556	2202	6354
33	135871	70930	64941	922664	144654	778010	9906	2810	7096
34	121494	63828	57666	762982	124890	638092	9049	2669	6380
35-39岁	**527360**	**277718**	**249642**	**2735288**	**502634**	**2232654**	**40204**	**12353**	**27851**
35	104544	55595	48949	607120	102481	504639	7679	2273	5406
36	103525	55034	48491	566553	99871	466682	7934	2406	5528
37	102494	53848	48646	525919	98082	427837	7855	2506	5349
38	116284	60769	55515	572602	111328	461274	8814	2721	6093
39	100513	52472	48041	463094	90872	372222	7922	2447	5475
40-44岁	**510504**	**268331**	**242173**	**1769888**	**383411**	**1386477**	**58084**	**17343**	**40741**
40	95964	50058	45906	394504	79641	314863	7806	2418	5388
41	108272	57169	51103	398858	83742	315116	10863	3504	7359
42	103252	54188	49064	352541	76176	276365	10933	3360	7573
43	96802	50790	46012	310131	69980	240151	12222	3622	8600
44	106214	56126	50088	313854	73872	239982	16260	4439	11821
45-49岁	**583056**	**308329**	**274727**	**1393000**	**359238**	**1033762**	**278535**	**52436**	**226099**
45	106915	56274	50641	295339	72024	223315	20789	4955	15834
46	115566	60853	54713	292707	73578	219129	31317	6621	24696
47	119876	63336	56540	283091	73363	209728	46700	8893	37807
48	120771	64167	56604	266132	71000	195132	71145	12621	58524
49	119928	63699	56229	255731	69273	186458	108584	19346	89238
50-54岁	**544880**	**294668**	**250212**	**981068**	**275639**	**705429**	**1534771**	**314297**	**1220474**
50	124184	66201	57983	247475	67212	180263	167467	30027	137440
51	113091	60556	52535	210671	58695	151976	238882	46977	191905
52	117253	63186	54067	208495	58793	149702	331932	66128	265804
53	89948	49301	40647	153195	43691	109504	337190	69816	267374
54	100404	55424	44980	161232	47248	113984	459300	101349	357951
55-59岁	**458820**	**257411**	**201409**	**626330**	**190636**	**435694**	**2775228**	**700626**	**2074602**
55	101480	56254	45226	151736	44890	106846	522691	121271	401420
56	103100	57957	45143	144827	44154	100673	580878	139378	441500
57	117929	66245	51684	158805	49269	109536	740200	189770	550430
58	85946	48850	37096	109411	33546	75865	592811	155926	436885
59	50365	28105	22260	61551	18777	42774	338648	94281	244367
60-64岁	**327468**	**185580**	**141888**	**370390**	**123853**	**246537**	**2700396**	**955162**	**1745234**
60	62074	34632	27442	74306	23743	50563	430736	136185	294551
61	56585	32134	24451	64256	21649	42607	435969	149651	286318
62	70219	40242	29977	78744	26976	51768	579142	207028	372114
63	72743	41478	31265	81506	27411	54095	662539	242197	420342
64	65847	37094	28753	71578	24074	47504	592010	220101	371909
65岁及以上	**1082237**	**629140**	**453097**	**624923**	**228785**	**396138**	**3814294**	**1588030**	**2226264**

7-8 续表 6

单位：人

年 龄	为子女就学			养老/康养			其 他		
	小计	男	女	小计	男	女	小计	男	女
总 计	**8198180**	**3321797**	**4876383**	**7289963**	**3309471**	**3980492**	**35411961**	**18221431**	**17190530**
0-4岁							**4499706**	**2373572**	**2126134**
0							558402	294108	264294
1							908615	478081	430534
2							936646	494597	442049
3							1071223	563871	507352
4							1024820	542915	481905
5-9岁							**3284693**	**1751215**	**1533478**
5							905316	482429	422887
6							666061	354201	311860
7							573784	305710	268074
8							602200	321569	280631
9							537332	287306	250026
10-14岁				**314**	**203**	**111**	**2414597**	**1295189**	**1119408**
10				62	49	13	513086	274779	238307
11				56	34	22	509536	273483	236053
12				59	37	22	487793	261127	226666
13				78	45	33	464393	248681	215712
14				59	38	21	439789	237119	202670
15-19岁	**15136**	**7763**	**7373**	**554**	**371**	**183**	**1528908**	**831367**	**697541**
15	4290	2240	2050	99	75	24	347330	186628	160702
16	3678	1911	1767	95	60	35	333670	178985	154685
17	2819	1502	1317	104	63	41	302336	163024	139312
18	2318	1184	1134	123	85	38	278446	153527	124919
19	2031	926	1105	133	88	45	267126	149203	117923
20-24岁	**59565**	**15824**	**43741**	**1254**	**806**	**448**	**1700727**	**894114**	**806613**
20	5178	2147	3031	196	136	60	285549	157977	127572
21	6415	2047	4368	234	150	84	295017	158474	136543
22	9908	2679	7229	263	172	91	356159	185976	170183
23	14721	3591	11130	237	153	84	373001	192465	180536
24	23343	5360	17983	324	195	129	391001	199222	191779
25-29岁	**446959**	**128534**	**318425**	**1798**	**1150**	**648**	**2212255**	**1124101**	**1088154**
25	37520	9000	28520	328	213	115	419853	214674	205179
26	53229	13499	39730	329	204	125	413715	210586	203129
27	81626	22175	59451	342	218	124	443300	224841	218459
28	114107	33441	80666	395	256	139	454402	230666	223736
29	160477	50419	110058	404	259	145	480985	243334	237651

7-8 续表 7

单位：人

年 龄	为子女就学			养老/康养			其 他		
	小计	男	女	小计	男	女	小计	男	女
30-34岁	**1587077**	**564059**	**1023018**	**3120**	**1992**	**1128**	**2870525**	**1444691**	**1425834**
30	254377	84218	170159	516	332	184	605488	305018	300470
31	294423	101391	193032	617	389	228	592597	297357	295240
32	312439	110684	201755	608	370	238	556026	279379	276647
33	373623	136808	236815	716	464	252	594962	299808	295154
34	352215	130958	221257	663	437	226	521452	263129	258323
35-39岁	**1862467**	**731102**	**1131365**	**3642**	**2309**	**1333**	**2261899**	**1150298**	**1111601**
35	330138	126053	204085	600	408	192	446042	227179	218863
36	352786	137359	215427	692	433	259	443631	226008	217623
37	359483	142416	217067	666	432	234	434979	221372	213607
38	432536	171082	261454	834	494	340	500565	254201	246364
39	387524	154192	233332	850	542	308	436682	221538	215144
40-44岁	**1784832**	**751351**	**1033481**	**5858**	**3426**	**2432**	**2175899**	**1105115**	**1070784**
40	368443	149538	218905	863	566	297	411548	208638	202910
41	400650	164977	235673	1061	631	430	452862	230243	222619
42	366601	153744	212857	1166	682	484	435434	220773	214661
43	322846	138581	184265	1176	668	508	414613	210673	203940
44	326292	144511	181781	1592	879	713	461442	234788	226654
45-49岁	**1249737**	**572752**	**676985**	**15949**	**7947**	**8002**	**2639429**	**1338249**	**1301180**
45	295671	132582	163089	1891	1035	856	473481	239739	233742
46	283239	128971	154268	2411	1279	1132	517795	262455	255340
47	254660	117141	137519	3038	1538	1500	539852	273995	265857
48	223070	103486	119584	3784	1875	1909	549699	279104	270595
49	193097	90572	102525	4825	2220	2605	558602	282956	275646
50-54岁	**573400**	**268866**	**304534**	**360352**	**136396**	**223956**	**2643963**	**1326704**	**1317259**
50	169729	79361	90368	41364	15142	26222	583004	291906	291098
51	128903	60901	68002	63633	23611	40022	543545	273179	270366
52	117065	55007	62058	80760	30027	50733	574400	287504	286896
53	80677	37614	43063	73887	28316	45571	446670	223415	223255
54	77026	35983	41043	100708	39300	61408	496344	250700	245644
55-59岁	**264059**	**119514**	**144545**	**695782**	**282935**	**412847**	**2165032**	**1086824**	**1078208**
55	67501	31326	36175	121531	48535	72996	488866	245790	243076
56	60794	27786	33008	142686	57571	85115	487416	244980	242436
57	63867	28794	35073	186266	75898	110368	557306	281078	276228
58	46668	20629	26039	146850	60036	86814	400020	200517	199503
59	25229	10979	14250	98449	40895	57554	231424	114459	116965
60-64岁	**146650**	**65582**	**81068**	**1009256**	**485842**	**523414**	**1500080**	**764342**	**735738**
60	28644	12926	15718	147781	68273	79508	283523	143407	140116
61	25058	11467	13591	158927	76746	82181	257727	132667	125060
62	29944	13580	16364	215183	105161	110022	317207	163555	153652
63	33348	14665	18683	247057	119400	127657	337023	171304	165719
64	29656	12944	16712	240308	116262	124046	304600	153409	151191
65岁及以上	**208298**	**96450**	**111848**	**5192084**	**2386094**	**2805990**	**3514248**	**1735650**	**1778598**

7-8a 全国分年龄、性别、迁移原因的户口登记地在外乡镇街道的人口(城市)

单位：人

年龄	合计			工作就业		
	合计	男	女	小计	男	女
总计	**323487793**	**167434625**	**156053168**	**131374992**	**76151185**	**55223807**
0-4岁	**13895504**	**7332298**	**6563206**			
0	1571762	828150	743612			
1	2678619	1411581	1267038			
2	2850146	1501397	1348749			
3	3429300	1805584	1623716			
4	3365677	1785586	1580091			
5-9岁	**15329791**	**8247757**	**7082034**			
5	2943593	1571549	1372044			
6	3196922	1716809	1480113			
7	3016223	1623388	1392835			
8	3265551	1762737	1502814			
9	2907502	1573274	1334228			
10-14岁	**13510904**	**7316461**	**6194443**	**26847**	**15546**	**11301**
10	2802765	1522769	1279996	4722	2700	2022
11	2787980	1513906	1274074	4858	2757	2101
12	2698494	1461719	1236775	4850	2753	2097
13	2630918	1421996	1208922	5087	2983	2104
14	2590747	1396071	1194676	7330	4353	2977
15-19岁	**24342874**	**12802228**	**11540646**	**2836713**	**1745962**	**1090751**
15	3670415	1954502	1715913	119621	73085	46536
16	4804049	2567730	2236319	277326	176209	101117
17	4594149	2459625	2134524	518044	326293	191751
18	5052264	2650588	2401676	787378	485667	301711
19	6221997	3169783	3052214	1134344	684708	449636
20-24岁	**29295520**	**15042319**	**14253201**	**13519788**	**7468386**	**6051402**
20	6549783	3322424	3227359	1549577	903381	646196
21	5874919	2994512	2880407	2041438	1153175	888263
22	5717912	2957049	2760863	2880540	1583523	1297017
23	5488700	2844536	2644164	3345103	1819024	1526079
24	5664206	2923798	2740408	3703130	2009283	1693847
25-29岁	**31628405**	**16437614**	**15190791**	**21085352**	**11822334**	**9263018**
25	6082073	3149359	2932714	4090915	2241020	1849895
26	5905829	3052826	2853003	3973043	2193979	1779064
27	6334941	3283872	3051069	4250746	2378673	1872073
28	6482021	3379527	3102494	4298205	2441608	1856597
29	6823541	3572030	3251511	4472443	2567054	1905389

7-8a 续表 1

单位：人

年 龄	合 计			工作就业		
	合计	男	女	小计	男	女
30-34岁	**39397188**	**20553626**	**18843562**	**24739786**	**14307770**	**10432016**
30	8473691	4432379	4041312	5483507	3164232	2319275
31	8181763	4259211	3922552	5191048	2992102	2198946
32	7615731	3964208	3651523	4750715	2746390	2004325
33	8125240	4238637	3886603	5020886	2912394	2108492
34	7000763	3659191	3341572	4293630	2492652	1800978
35-39岁	**28746533**	**15169210**	**13577323**	**17144512**	**10039540**	**7104972**
35	5884169	3101191	2782978	3610273	2108607	1501666
36	5754984	3041993	2712991	3498750	2050375	1448375
37	5545398	2930907	2614491	3290023	1929872	1360151
38	6243464	3291338	2952126	3634359	2130360	1503999
39	5318518	2803781	2514737	3111107	1820326	1290781
40-44岁	**24194267**	**12737756**	**11456511**	**13824080**	**8011256**	**5812824**
40	4773610	2519073	2254537	2764972	1616199	1148773
41	5172144	2729141	2443003	2947116	1719905	1227211
42	4828879	2534866	2294013	2736573	1582033	1154540
43	4514390	2371759	2142631	2565725	1478837	1086888
44	4905244	2582917	2322327	2809694	1614282	1195412
45-49岁	**26247033**	**13779969**	**12467064**	**14819143**	**8487085**	**6332058**
45	4933724	2590603	2343121	2833933	1618877	1215056
46	5264459	2763781	2500678	3043224	1733470	1309754
47	5361252	2818290	2542962	3034867	1736298	1298569
48	5341187	2803526	2537661	2985352	1710010	1275342
49	5346411	2803769	2542642	2921767	1688430	1233337
50-54岁	**23936916**	**12346945**	**11589971**	**11844232**	**7030763**	**4813469**
50	5464033	2838115	2625918	2901405	1680053	1221352
51	4980589	2580090	2400499	2523101	1485896	1037205
52	5177647	2668583	2509064	2553273	1517806	1035467
53	3954973	2026558	1928415	1898489	1140401	758088
54	4359674	2233599	2126075	1967964	1206607	761357
55-59岁	**18397782**	**9194787**	**9202995**	**6589116**	**4125476**	**2463640**
55	4247042	2156651	2090391	1754351	1085505	668846
56	4174372	2093106	2081266	1567797	974396	593401
57	4774204	2388538	2385666	1638326	1035896	602430
58	3334243	1651387	1682856	1095510	695515	399995
59	1867921	905105	962816	533132	334164	198968
60-64岁	**11948075**	**5859955**	**6088120**	**2498276**	**1597781**	**900495**
60	2244942	1099016	1145926	543000	342117	200883
61	2048949	1015582	1033367	452899	292601	160298
62	2540777	1258968	1281809	532913	345145	187768
63	2719370	1329417	1389953	535674	343947	191727
64	2394037	1156972	1237065	433790	273971	159819
65岁及以上	**22617001**	**10613700**	**12003301**	**2447147**	**1499286**	**947861**

7-8a 续表 2

单位：人

年 龄	学习培训			随同离开/投亲靠友			拆迁/搬家		
	小计	男	女	小计	男	女	小计	男	女
总 计	**35678479**	**18020607**	**17657872**	**38750512**	**18308370**	**20442142**	**66072610**	**33703026**	**32369584**
0-4岁	**265746**	**141944**	**123802**	**8583443**	**4529247**	**4054196**	**2060441**	**1085561**	**974880**
0	6328	3411	2917	968564	510378	458186	218155	114725	103430
1	17598	9375	8223	1676572	883164	793408	369927	195160	174767
2	32132	17165	14967	1777385	935699	841686	416504	219109	197395
3	90388	47875	42513	2107386	1109325	998061	528122	277957	250165
4	119300	64118	55182	2053536	1090681	962855	527733	278610	249123
5-9岁	**3014310**	**1649246**	**1365064**	**7746441**	**4158430**	**3588011**	**2463345**	**1316490**	**1146855**
5	124286	67327	56959	1775903	948926	826977	471412	250550	220862
6	631195	343856	287339	1624582	870638	753944	508927	271992	236935
7	715525	391371	324154	1449426	777312	672114	482164	257760	224404
8	805883	441596	364287	1542848	831015	711833	526654	281856	244798
9	737421	405096	332325	1353682	730539	623143	474188	254332	219856
10-14岁	**3853151**	**2108501**	**1744650**	**5737868**	**3102515**	**2635353**	**2366169**	**1270056**	**1096113**
10	721405	398800	322605	1281454	694124	587330	470552	252989	217563
11	738666	408035	330631	1245413	674288	571125	479051	257001	222050
12	746306	410679	335627	1154981	623303	531678	482850	258884	223966
13	760105	416583	343522	1083920	584035	499885	485558	259734	225824
14	886669	474404	412265	972100	526765	445335	448158	241448	206710
15-19岁	**16393236**	**8281543**	**8111693**	**2518526**	**1368268**	**1150258**	**1566667**	**853324**	**713343**
15	2264380	1185338	1079042	693674	376033	317641	368540	199604	168936
16	3382312	1773374	1608938	585872	316904	268968	341269	184086	157183
17	3088799	1598975	1489824	485420	263142	222278	301857	163668	138189
18	3378871	1679276	1699595	408047	223645	184402	287242	158416	128826
19	4278874	2044580	2234294	345513	188544	156969	267759	147550	120209
20-24岁	**10180815**	**4846396**	**5334419**	**1769894**	**894987**	**874907**	**2178856**	**1133179**	**1045677**
20	4132582	1958996	2173586	339427	181391	158036	300272	162874	137398
21	2925715	1379165	1546550	317374	164348	153026	338547	179369	159178
22	1682180	809872	872308	374151	187400	186751	451504	233023	218481
23	875694	424219	451475	374037	184670	189367	510760	262487	248273
24	564644	274144	290500	364905	177178	187727	577773	295426	282347
25-29岁	**1105259**	**554008**	**551251**	**1660950**	**751017**	**909933**	**4239635**	**2172213**	**2067422**
25	394238	194029	200209	367874	176126	191748	676988	346627	330361
26	250222	125102	125120	334065	155977	178088	737364	376776	360588
27	188439	95366	93073	329075	149027	180048	849010	433095	415915
28	147697	75327	72370	315181	137782	177399	933661	479214	454447
29	124663	64184	60479	314755	132105	182650	1042612	536501	506111

7-8a 续表 3

单位：人

年 龄	学习培训			随同离开/投亲靠友			拆迁/搬家		
	小计	男	女	小计	男	女	小计	男	女
30-34岁	**427376**	**220165**	**207211**	**1603686**	**591404**	**1012282**	**7065104**	**3605536**	**3459568**
30	126699	65426	61273	370891	147352	223539	1363480	697785	665695
31	96659	49703	46956	338137	126619	211518	1419920	725925	693995
32	78156	40123	38033	308460	112457	196003	1386991	707468	679523
33	70904	36632	34272	317440	111656	205784	1536981	782351	754630
34	54958	28281	26677	268758	93320	175438	1357732	692007	665725
35-39岁	**178349**	**91457**	**86892**	**1052177**	**348981**	**703196**	**6028209**	**3082162**	**2946047**
35	41760	21457	20303	220174	75026	145148	1149045	590176	558869
36	38033	19712	18321	212398	70938	141460	1149802	589967	559835
37	34295	17545	16750	202946	68074	134872	1173752	601118	572634
38	36400	18481	17919	227782	74682	153100	1380018	703745	676273
39	27861	14262	13599	188877	60261	128616	1175592	597156	578436
40-44岁	**92639**	**46251**	**46388**	**858921**	**257903**	**601018**	**5787202**	**2937919**	**2849283**
40	22643	11385	11258	169816	52764	117052	1076681	549019	527662
41	21323	10643	10680	184073	56168	127905	1223806	622814	600992
42	18351	9148	9203	171335	51638	119697	1166603	591648	574955
43	15509	7667	7842	159955	47268	112687	1107733	560552	547181
44	14813	7408	7405	173742	50065	123677	1212379	613886	598493
45-49岁	**60638**	**30463**	**30175**	**1005636**	**276255**	**729381**	**6901920**	**3484128**	**3417792**
45	13619	6851	6768	177509	50234	127275	1237699	624318	613381
46	12780	6397	6383	192501	53291	139210	1325559	668306	657253
47	12364	6292	6072	202294	55664	146630	1412476	713677	698799
48	11311	5671	5640	210998	57279	153719	1438813	727922	710891
49	10564	5252	5312	222334	59787	162547	1487373	749905	737468
50-54岁	**37329**	**18405**	**18924**	**1227581**	**330915**	**896666**	**6879926**	**3462273**	**3417653**
50	9954	4977	4977	241886	64117	177769	1545119	776832	768287
51	7854	3859	3995	241638	65140	176498	1443789	724160	719629
52	7929	3931	3998	267260	71647	195613	1497984	753027	744957
53	5608	2723	2885	218929	58508	160421	1123333	565786	557547
54	5984	2915	3069	257868	71503	186365	1269701	642468	627233
55-59岁	**24514**	**11510**	**13004**	**1252865**	**370078**	**882787**	**5971281**	**3041513**	**2929768**
55	5798	2759	3039	265739	75645	190094	1301945	662504	639441
56	5693	2689	3004	276546	80670	195876	1340709	682012	658697
57	6186	2925	3261	330005	99291	230714	1591641	813356	778285
58	4359	2026	2333	239493	71668	167825	1086536	555297	531239
59	2478	1111	1367	141082	42804	98278	650450	328344	322106
60-64岁	**15280**	**7228**	**8052**	**1043630**	**363053**	**680577**	**4238598**	**2172149**	**2066449**
60	2872	1361	1511	177682	57987	119695	819433	419969	399464
61	2633	1284	1349	172197	59372	112825	734454	379859	354595
62	3133	1469	1664	221143	78257	142886	896693	462809	433884
63	3509	1666	1843	246815	87538	159277	947991	483884	464107
64	3133	1448	1685	225793	79899	145894	840027	425628	414399
65岁及以上	**29837**	**13490**	**16347**	**2688894**	**965317**	**1723577**	**8325257**	**4086523**	**4238734**

7-8a 续表 4

单位：人

年 龄	寄挂户口			婚姻嫁娶			照料孙子女		
	小计	男	女	小计	男	女	小计	男	女
总 计	**3781680**	**2023357**	**1758323**	**9381800**	**1903902**	**7477898**	**8357207**	**2740313**	**5616894**
0-4岁	**231162**	**120615**	**110547**						
0	25261	13317	11944						
1	50158	26225	23933						
2	50213	26339	23874						
3	54936	28491	26445						
4	50594	26243	24351						
5-9岁	**204187**	**107228**	**96959**						
5	43070	22554	20516						
6	43008	22555	20453						
7	38592	20245	18347						
8	42461	22288	20173						
9	37056	19586	17470						
10-14岁	**186322**	**98067**	**88255**	**404**	**211**	**193**			
10	36459	19136	17323	87	54	33			
11	37133	19552	17581	83	47	36			
12	38800	20548	18252	84	42	42			
13	38515	20170	18345	77	30	47			
14	35415	18661	16754	73	38	35			
15-19岁	**113554**	**62709**	**50845**	**20746**	**2611**	**18135**	**190**	**62**	**128**
15	25099	13398	11701	1076	433	643	30	13	17
16	23300	12460	10840	1544	465	1079	29	12	17
17	22785	12255	10530	2597	449	2148	30	11	19
18	20603	11971	8632	5235	562	4673	45	14	31
19	21767	12625	9142	10294	702	9592	56	12	44
20-24岁	**210115**	**113084**	**97031**	**352855**	**25663**	**327192**	**1079**	**109**	**970**
20	26494	15182	11312	19808	1003	18805	88	10	78
21	31042	17266	13776	33914	1752	32162	153	19	134
22	43443	23361	20082	60690	3692	56998	221	24	197
23	50547	26745	23802	95223	7058	88165	272	19	253
24	58589	30530	28059	143220	12158	131062	345	37	308
25-29岁	**352655**	**182277**	**170378**	**1635726**	**210544**	**1425182**	**2729**	**279**	**2450**
25	67762	35113	32649	210406	20787	189619	442	40	402
26	70006	36027	33979	264269	29873	234396	461	41	420
27	73458	37956	35502	337236	42092	295144	576	50	526
28	71521	36821	34700	388600	53210	335390	580	60	520
29	69908	36360	33548	435215	64582	370633	670	88	582

7-8a　续表 5　　　　单位：人

年　龄	寄挂户口			婚姻嫁娶			照料孙子女		
	小计	男	女	小计	男	女	小计	男	女
30-34岁	**378977**	**196752**	**182225**	**2628988**	**457879**	**2171109**	**27823**	**7844**	**19979**
30	82296	42606	39690	559628	88919	470709	5090	1255	3835
31	78238	40670	37568	553016	92550	460466	5463	1512	3951
32	73059	37857	35202	520090	91585	428505	5340	1435	3905
33	76867	39817	37050	543685	99157	444528	6204	1853	4351
34	68517	35802	32715	452569	85668	366901	5726	1789	3937
35-39岁	**298755**	**156501**	**142254**	**1654844**	**347270**	**1307574**	**25150**	**8123**	**17027**
35	58552	30899	27653	360883	70299	290584	4778	1482	3296
36	58802	30957	27845	341509	69270	272239	4872	1578	3294
37	58679	30756	27923	323094	68725	254369	4960	1669	3291
38	66204	34435	31769	350848	77155	273693	5564	1805	3759
39	56518	29454	27064	278510	61821	216689	4976	1589	3387
40-44岁	**279186**	**145830**	**133356**	**1023631**	**245042**	**778589**	**35226**	**10876**	**24350**
40	53482	27703	25779	234453	53430	181023	4822	1579	3243
41	59489	31083	28406	233420	54619	178801	6625	2225	4400
42	56778	29651	27127	205054	48924	156130	6563	2079	4484
43	52069	27265	24804	176815	43667	133148	7410	2283	5127
44	57368	30128	27240	173889	44402	129487	9806	2710	7096
45-49岁	**310924**	**163671**	**147253**	**738604**	**204945**	**533659**	**180972**	**32895**	**148077**
45	57071	29857	27214	160637	42343	118294	12620	3021	9599
46	61200	32144	29056	155084	42077	113007	19342	3955	15387
47	64093	33799	30294	150179	41883	108296	29769	5485	24284
48	64507	34041	30466	139813	40063	99750	46449	7902	38547
49	64053	33830	30223	132891	38579	94312	72792	12532	60260
50-54岁	**288769**	**154689**	**134080**	**492128**	**144320**	**347808**	**1073930**	**213617**	**860313**
50	65607	34554	31053	127071	36962	90109	114575	19829	94746
51	60245	31919	28326	107559	31635	75924	164392	31252	133140
52	62103	33272	28831	104910	30898	74012	230845	44525	186320
53	47111	25629	21482	73997	21543	52454	236880	47770	189110
54	53703	29315	24388	78591	23282	55309	327238	70241	256997
55-59岁	**245826**	**136567**	**109259**	**328427**	**100640**	**227787**	**2046299**	**511277**	**1535022**
55	54502	29869	24633	75935	22700	53235	377740	86045	291695
56	55314	30812	24502	75099	23062	52037	426216	101026	325190
57	62954	35127	27827	85498	26496	59002	549880	139373	410507
58	45892	25763	20129	58017	17848	40169	437696	114177	323519
59	27164	14996	12168	33878	10534	23344	254767	70656	184111
60-64岁	**174142**	**97251**	**76891**	**199333**	**65394**	**133939**	**2078024**	**737962**	**1340062**
60	33972	18733	15239	40841	13123	27718	330054	104041	226013
61	30304	16996	13308	35153	11713	23440	336690	115421	221269
62	37149	20977	16172	42202	14055	28147	446534	160474	286060
63	38306	21449	16857	43529	14191	29338	509794	187472	322322
64	34411	19096	15315	37608	12312	25296	454952	170554	284398
65岁及以上	**507106**	**288116**	**218990**	**306114**	**99383**	**206731**	**2885785**	**1217269**	**1668516**

7-8a 续表 6 单位：人

年 龄	为子女就学			养老/康养			其 他		
	小计	男	女	小计	男	女	小计	男	女
总 计	**4317809**	**1820906**	**2496903**	**4688750**	**2006973**	**2681777**	**21083954**	**10755986**	**10327968**
0-4岁							**2754712**	**1454931**	**1299781**
0							353454	186319	167135
1							564364	297657	266707
2							573912	303085	270827
3							648468	341936	306532
4							614514	325934	288580
5-9岁							**1901508**	**1016363**	**885145**
5							528922	282192	246730
6							389210	207768	181442
7							330516	176700	153816
8							347705	185982	161723
9							305155	163721	141434
10-14岁				**173**	**110**	**63**	**1339970**	**721455**	**618515**
10				36	29	7	288050	154937	133113
11				29	16	13	282747	152210	130537
12				35	24	11	270588	145486	125102
13				36	20	16	257620	138441	119179
14				37	21	16	240965	130381	110584
15-19岁	**11962**	**6169**	**5793**	**290**	**193**	**97**	**880990**	**481387**	**399603**
15	3421	1772	1649	44	32	12	194530	104794	89736
16	2938	1538	1400	41	27	14	189418	102655	86763
17	2195	1193	1002	53	32	21	172369	93607	78762
18	1822	937	885	67	45	22	162954	90055	72899
19	1586	729	857	85	57	28	161719	90276	71443
20-24岁	**27705**	**8288**	**19417**	**709**	**450**	**259**	**1053704**	**551777**	**501927**
20	3295	1432	1863	111	78	33	178129	98077	80052
21	3473	1263	2210	134	81	53	183129	98074	85055
22	4712	1445	3267	138	89	49	220333	114620	105713
23	6459	1730	4729	140	95	45	230465	118489	111976
24	9766	2418	7348	186	107	79	241648	122517	119131
25-29岁	**193522**	**58298**	**135224**	**939**	**571**	**368**	**1351638**	**686073**	**665565**
25	15477	3979	11498	168	105	63	257803	131533	126270
26	22067	5864	16203	184	119	65	254148	129068	125080
27	34428	9722	24706	191	112	79	271782	137779	134003
28	49488	15072	34416	202	126	76	276886	140307	136579
29	72062	23661	48401	194	109	85	291019	147386	143633

7-8a　续表 7　　　　单位：人

年　龄	为子女就学			养老/康养			其　他		
	小计	男	女	小计	男	女	小计	男	女
30-34岁	**780617**	**288991**	**491626**	**1642**	**999**	**643**	**1743189**	**876286**	**866903**
30	117170	40629	76541	283	171	112	364647	184004	180643
31	140794	50364	90430	301	177	124	358187	179589	178598
32	153856	56815	97041	325	189	136	338739	169889	168850
33	188157	71483	116674	390	238	152	363726	183056	180670
34	180640	69700	110940	343	224	119	317890	159748	158142
35-39岁	**988237**	**398326**	**589911**	**1974**	**1187**	**787**	**1374326**	**695663**	**678663**
35	168988	66358	102630	329	216	113	269387	136671	132716
36	182173	72845	109328	367	217	150	268278	136134	132144
37	190925	77958	112967	360	221	139	266364	134969	131395
38	235237	95269	139968	459	257	202	306593	155149	151444
39	210914	85896	125018	459	276	183	263704	132740	130964
40-44岁	**1004685**	**433365**	**571320**	**3245**	**1769**	**1476**	**1285452**	**647545**	**637907**
40	201210	83252	117958	463	279	184	245068	123463	121605
41	225654	94759	130895	614	343	271	270024	136582	133442
42	208962	89530	119432	621	346	275	258039	129869	128170
43	184634	81308	103326	669	356	313	243871	122556	121315
44	184225	84516	99709	878	445	433	268450	135075	133375
45-49岁	**680387**	**328601**	**351786**	**9564**	**4248**	**5316**	**1539245**	**767678**	**771567**
45	164862	77204	87658	1073	504	569	274701	137394	137307
46	154470	74131	80339	1336	632	704	298963	149378	149585
47	138670	67512	71158	1820	824	996	314720	156856	157864
48	119464	58753	60711	2292	1037	1255	322188	160848	161340
49	102921	51001	51920	3043	1251	1792	328673	163202	165471
50-54岁	**294840**	**144008**	**150832**	**236706**	**83602**	**153104**	**1561475**	**764353**	**797122**
50	88336	43497	44839	26582	8878	17704	343498	168416	175082
51	67532	33313	34219	41857	14418	27439	322622	158498	164124
52	60205	29355	30850	53140	18385	34755	339998	165737	174261
53	40189	19315	20874	48578	17450	31128	261859	127433	134426
54	38578	18528	20050	66549	24471	42078	293498	144269	149229
55-59岁	**137162**	**63641**	**73521**	**472231**	**183328**	**288903**	**1330061**	**650757**	**679304**
55	34673	16588	18085	81890	31086	50804	294469	143950	150519
56	31553	14811	16742	97077	37394	59683	298368	146234	152134
57	34030	15755	18275	127859	49671	78188	347825	170648	177177
58	23812	10722	13090	98539	38570	59969	244389	119801	124588
59	13094	5765	7329	66866	26607	40259	145010	70124	74886
60-64岁	**80606**	**36217**	**44389**	**674333**	**311836**	**362497**	**945853**	**471084**	**474769**
60	15461	7040	8421	100659	44892	55767	180968	89753	91215
61	13845	6338	7507	107143	49720	57423	163631	82278	81353
62	16458	7503	8955	144111	67518	76593	200441	100761	99680
63	18319	8100	10219	164298	76140	88158	211135	105030	106105
64	16523	7236	9287	158122	73566	84556	189678	93262	96416
65岁及以上	**118086**	**55002**	**63084**	**3286944**	**1418680**	**1868264**	**2021831**	**970634**	**1051197**

7-8b 全国分年龄、性别、迁移原因的户口登记地在外乡镇街道的人口(镇)

单位：人

年龄	合计			工作就业		
	合计	男	女	小计	男	女
总计	**119450766**	**61218159**	**58232607**	**38441390**	**22691960**	**15749430**
0-4岁	**6221285**	**3286891**	**2934394**			
0	679698	359643	320055			
1	1162952	613523	549429			
2	1263088	666462	596626			
3	1569975	827206	742769			
4	1545572	820057	725515			
5-9岁	**8036568**	**4319460**	**3717108**			
5	1428793	762020	666773			
6	1637912	878510	759402			
7	1614522	867584	746938			
8	1744237	940034	804203			
9	1611104	871312	739792			
10-14岁	**7785993**	**4181013**	**3604980**	**7465**	**4250**	**3215**
10	1571494	850087	721407	1288	732	556
11	1597392	863832	733560	1383	799	584
12	1551241	834347	716894	1367	782	585
13	1485049	796997	688052	1441	809	632
14	1580817	835750	745067	1986	1128	858
15-19岁	**12625926**	**6571467**	**6054459**	**707565**	**446263**	**261302**
15	2419159	1259424	1159735	39451	23813	15638
16	3229541	1679051	1550490	76483	48268	28215
17	2882610	1496934	1385676	131585	83449	48136
18	2200479	1153735	1046744	193645	122748	70897
19	1894137	982323	911814	266401	167985	98416
20-24岁	**7580963**	**3920623**	**3660340**	**2965329**	**1725803**	**1239526**
20	1737028	898931	838097	350877	216540	134337
21	1488132	773561	714571	449307	269149	180158
22	1469613	766359	703254	626032	363618	262414
23	1413941	731482	682459	728719	416480	312239
24	1472249	750290	721959	810394	460016	350378
25-29岁	**9267781**	**4634174**	**4633607**	**5150874**	**2953967**	**2196907**
25	1635473	827654	807819	918300	522658	395642
26	1642605	823644	818961	920071	524445	395626
27	1846251	920464	925787	1030216	590211	440005
28	1968768	980833	987935	1089675	627717	461958
29	2174684	1081579	1093105	1192612	688936	503676

7-8b 续表 1

单位：人

年 龄	合 计			工作就业		
	合计	男	女	小计	男	女
30-34岁	**13200393**	**6543646**	**6656747**	**7109430**	**4098757**	**3010673**
30	2813370	1394263	1419107	1535205	886327	648878
31	2736670	1351157	1385513	1483797	852803	630994
32	2558831	1265284	1293547	1378091	792904	585187
33	2734478	1357962	1376516	1462269	843618	618651
34	2357044	1174980	1182064	1250068	723105	526963
35-39岁	**10013200**	**5064172**	**4949028**	**5181901**	**3013558**	**2168343**
35	2031395	1023336	1008059	1073118	623838	449280
36	2008409	1015798	992611	1049195	611153	438042
37	1916124	970958	945166	991252	577097	414155
38	2162263	1095309	1066954	1102920	642324	460596
39	1895009	958771	936238	965416	559146	406270
40-44岁	**8962039**	**4592165**	**4369874**	**4522916**	**2612451**	**1910465**
40	1745433	886009	859424	881631	509761	371870
41	1890321	963738	926583	944849	546217	398632
42	1790816	915189	875627	901898	519269	382629
43	1681524	866280	815244	850599	491531	359068
44	1853945	960949	892996	943939	545673	398266
45-49岁	**9696342**	**5059020**	**4637322**	**4914999**	**2871089**	**2043910**
45	1848654	957792	890862	942500	543637	398863
46	1977113	1027792	949321	1012051	585943	426108
47	1976813	1032179	944634	1005144	586086	419058
48	1960605	1024551	936054	990447	581052	409395
49	1933157	1016706	916451	964857	574371	390486
50-54岁	**8686458**	**4518721**	**4167737**	**3943589**	**2422287**	**1521302**
50	1982160	1033132	949028	965886	576996	388890
51	1787814	934647	853167	834190	508255	325935
52	1870040	972123	897917	846636	520635	326001
53	1462695	757186	705509	638446	398009	240437
54	1583749	821633	762116	658431	418392	240039
55-59岁	**6157225**	**3124959**	**3032266**	**2175140**	**1410619**	**764521**
55	1488867	765718	723149	580649	372304	208345
56	1402775	714264	688511	513218	331380	181838
57	1544171	788812	755359	534578	351014	183564
58	1131668	567870	563798	371021	243098	127923
59	589744	288295	301449	175674	112823	62851
60-64岁	**3648233**	**1818576**	**1829657**	**836011**	**549283**	**286728**
60	675233	336496	338737	179666	116889	62777
61	615869	311940	303929	148796	98592	50204
62	768992	388249	380743	175623	116892	58731
63	841995	417709	424286	181718	119576	62142
64	746144	364182	381962	150208	97334	52874
65岁及以上	**7568360**	**3583272**	**3985088**	**926171**	**583633**	**342538**

7-8b 续表 2 单位：人

年 龄	学习培训			随同离开/投亲靠友			拆迁/搬家		
	小计	男	女	小计	男	女	小计	男	女
总 计	**17160636**	**8830219**	**8330417**	**16452708**	**7766511**	**8686197**	**24686218**	**12722061**	**11964157**
0-4岁	**75237**	**39916**	**35321**	**3697512**	**1953453**	**1744059**	**992969**	**525827**	**467142**
0	1588	846	742	397376	210381	186995	107371	56922	50449
1	4355	2294	2061	697487	368460	329027	175664	93004	82660
2	7928	4117	3811	757417	399155	358262	198475	105015	93460
3	26260	13925	12335	933490	491870	441620	255704	135041	120663
4	35106	18734	16372	911742	483587	428155	255755	135845	119910
5-9岁	**1900627**	**1033787**	**866840**	**3641597**	**1948830**	**1692767**	**1355063**	**729163**	**625900**
5	38050	20502	17548	833466	444426	389040	244271	130250	114021
6	389555	211028	178527	747677	399967	347710	272716	146313	126403
7	461869	250979	210890	682672	364700	317972	270585	145673	124912
8	518240	282144	236096	723513	387601	335912	293595	158642	134953
9	492913	269134	223779	654269	352136	302133	273896	148285	125611
10-14岁	**2717833**	**1455996**	**1261837**	**2826170**	**1518176**	**1307994**	**1357362**	**731897**	**625465**
10	490468	267629	222839	624445	336799	287646	271749	146736	125013
11	513173	279410	233763	617048	332387	284661	280989	151773	129216
12	518928	280958	237970	574761	307683	267078	278649	149847	128802
13	518159	278463	239696	527050	282200	244850	269382	144975	124407
14	677105	349536	327569	482866	259107	223759	256593	138566	118027
15-19岁	**9621283**	**4888583**	**4732700**	**1031619**	**560551**	**471068**	**711882**	**391551**	**320331**
15	1745986	893646	852340	315875	170641	145234	189845	103132	86713
16	2623406	1346084	1277322	245559	132499	113060	161440	87990	73450
17	2303766	1173336	1130430	197570	106911	90659	138579	75804	62775
18	1635165	829341	805824	153929	84980	68949	119201	66532	52669
19	1312960	646176	666784	118686	65520	53166	102817	58093	44724
20-24岁	**2427630**	**1196650**	**1230980**	**606205**	**305657**	**300548**	**804250**	**420771**	**383479**
20	1065510	518097	547413	110073	59510	50563	108221	60028	48193
21	689123	336845	352278	106756	55295	51461	125397	66742	58655
22	388253	195351	192902	130214	64807	65407	167876	86845	81031
23	181956	93360	88596	130173	63824	66349	189861	97785	92076
24	102788	52997	49791	128989	62221	66768	212895	109371	103524
25-29岁	**207126**	**109666**	**97460**	**623467**	**276856**	**346611**	**1593053**	**821691**	**771362**
25	69387	36196	33191	131252	62736	68516	252164	130106	122058
26	44964	23550	21414	120272	55575	64697	269905	139810	130095
27	36166	19489	16677	123484	55065	68419	316475	162928	153547
28	30287	16242	14045	121526	51928	69598	351524	181388	170136
29	26322	14189	12133	126933	51552	75381	402985	207459	195526

7-8b 续表 3

单位：人

年龄	学习培训			随同离开/投亲靠友			拆迁/搬家		
	小计	男	女	小计	男	女	小计	男	女
30-34岁	**93037**	**48803**	**44234**	**655755**	**228374**	**427381**	**2665688**	**1346178**	**1319510**
30	28082	14813	13269	152755	58262	94493	536093	273074	263019
31	20852	10956	9896	139187	49715	89472	540564	272970	267594
32	16917	8920	7997	125877	43055	82822	518208	261044	257164
33	15310	7948	7362	129908	42963	86945	569096	286351	282745
34	11876	6166	5710	108028	34379	73649	501727	252739	248988
35-39岁	**40591**	**20637**	**19954**	**437062**	**128304**	**308758**	**2272856**	**1157455**	**1115401**
35	9394	4920	4474	91665	28385	63280	438943	223626	215317
36	8576	4482	4094	89187	26860	62327	444380	226805	217575
37	7722	3889	3833	83108	24449	58659	436127	222341	213786
38	8234	4069	4165	92711	26465	66246	505748	257078	248670
39	6665	3277	3388	80391	22145	58246	447658	227605	220053
40-44岁	**24355**	**11561**	**12794**	**370217**	**97159**	**273058**	**2262652**	**1161364**	**1101288**
40	5788	2826	2962	73110	19734	53376	419953	214151	205802
41	5419	2522	2897	78407	21108	57299	473417	242307	231110
42	4825	2279	2546	74049	19302	54747	453738	232427	221311
43	4070	1878	2192	68923	17768	51155	433265	222940	210325
44	4253	2056	2197	75728	19247	56481	482279	249539	232740
45-49岁	**18477**	**8883**	**9594**	**420867**	**101644**	**319223**	**2628350**	**1353910**	**1274440**
45	3886	1877	2009	76638	19046	57592	487280	251642	235638
46	3987	1928	2059	83209	20148	63061	525256	270709	254547
47	3790	1828	1962	85219	20632	64587	535771	276127	259644
48	3556	1668	1888	87167	20676	66491	538923	276885	262038
49	3258	1582	1676	88634	21142	67492	541120	278547	262573
50-54岁	**12462**	**5898**	**6564**	**473086**	**114906**	**358180**	**2510141**	**1282767**	**1227374**
50	3252	1540	1712	95820	22416	73404	559548	285631	273917
51	2588	1236	1352	93558	22669	70889	515214	263902	251312
52	2598	1234	1364	102393	24897	77496	542721	277108	265613
53	1960	924	1036	84951	20654	64297	426079	217116	208963
54	2064	964	1100	96364	24270	72094	466579	239010	227569
55-59岁	**7777**	**3596**	**4181**	**421680**	**113187**	**308493**	**1891422**	**968028**	**923394**
55	1909	873	1036	95012	24765	70247	449121	229971	219150
56	1739	845	894	93290	24641	68649	429718	219760	209958
57	1913	880	1033	106835	29455	77380	477405	245775	231630
58	1431	635	796	81423	22202	59221	347787	178133	169654
59	785	363	422	45120	12124	32996	187391	94389	93002
60-64岁	**4554**	**2073**	**2481**	**316933**	**100642**	**216291**	**1180977**	**611906**	**569071**
60	864	379	485	54089	16139	37950	220404	113511	106893
61	758	346	412	51619	16323	35296	201752	105879	95873
62	906	417	489	66374	21435	44939	248625	130133	118492
63	1078	502	576	75253	24285	50968	270405	139854	130551
64	948	429	519	69598	22460	47138	239791	122529	117262
65岁及以上	**9647**	**4170**	**5477**	**930538**	**318772**	**611766**	**2459553**	**1219553**	**1240000**

7-8b 续表 4

单位：人

年 龄	寄挂户口			婚姻嫁娶			照料孙子女		
	小计	男	女	小计	男	女	小计	男	女
总 计	**1211670**	**652057**	**559613**	**3952897**	**612036**	**3340861**	**2557178**	**806153**	**1751025**
0-4岁	**83861**	**44027**	**39834**						
0	9434	5012	4422						
1	17506	9119	8387						
2	18242	9564	8678						
3	20181	10581	9600						
4	18498	9751	8747						
5-9岁	**74435**	**38822**	**35613**						
5	16342	8502	7840						
6	15302	8004	7298						
7	14190	7424	6766						
8	15004	7765	7239						
9	13597	7127	6470						
10-14岁	**68713**	**36191**	**32522**	**204**	**91**	**113**			
10	13481	7057	6424	34	19	15			
11	13915	7348	6567	39	22	17			
12	14249	7492	6757	32	20	12			
13	13999	7414	6585	38	17	21			
14	13069	6880	6189	61	13	48			
15-19岁	**40098**	**22066**	**18032**	**26493**	**1238**	**25255**	**81**	**29**	**52**
15	9574	5081	4493	790	233	557	15	8	7
16	8578	4614	3964	1728	206	1522	20	8	12
17	8301	4487	3814	3549	237	3312	13	4	9
18	6961	4024	2937	7104	248	6856	15	6	9
19	6684	3860	2824	13322	314	13008	18	3	15
20-24岁	**64290**	**34743**	**29547**	**261433**	**12451**	**248982**	**215**	**28**	**187**
20	8234	4749	3485	21580	539	21041	23	3	20
21	9682	5361	4321	31776	1003	30773	32	4	28
22	13252	7128	6124	50064	2036	48028	42	5	37
23	15541	8250	7291	67509	3493	64016	49	5	44
24	17581	9255	8326	90504	5380	85124	69	11	58
25-29岁	**98756**	**51394**	**47362**	**796063**	**74175**	**721888**	**590**	**101**	**489**
25	19594	10273	9321	119858	8619	111239	87	9	78
26	19506	10232	9274	135562	11148	124414	86	20	66
27	19721	10194	9527	164402	15086	149316	111	16	95
28	19634	10202	9432	179307	18026	161281	146	29	117
29	20301	10493	9808	196934	21296	175638	160	27	133

7-8b　续表 5

单位：人

年　龄	寄挂户口			婚姻嫁娶			照料孙子女		
	小计	男	女	小计	男	女	小计	男	女
30-34岁	**111901**	**58031**	**53870**	**1047416**	**132235**	**915181**	**13733**	**3488**	**10245**
30	24073	12438	11635	244883	28413	216470	2428	557	1871
31	23127	11911	11216	226315	27243	199072	2692	665	2027
32	21734	11346	10388	202690	25744	176946	2659	665	1994
33	22654	11818	10836	205505	27411	178094	3119	834	2285
34	20313	10518	9795	168023	23424	144599	2835	767	2068
35-39岁	**90203**	**46963**	**43240**	**580565**	**89772**	**490793**	**13016**	**3727**	**9289**
35	17333	9154	8179	133027	19034	113993	2487	687	1800
36	17382	9205	8177	122511	18115	104396	2644	741	1903
37	17590	9064	8526	109384	17152	92232	2522	737	1785
38	20332	10534	9798	118382	19344	99038	2797	807	1990
39	17566	9006	8560	97261	16127	81134	2566	755	1811
40-44岁	**89188**	**46864**	**42324**	**376588**	**72890**	**303698**	**19971**	**5710**	**14261**
40	16642	8722	7920	83050	14415	68635	2602	732	1870
41	19042	10036	9006	84400	15603	68797	3717	1134	2583
42	17900	9439	8461	74278	14396	59882	3832	1128	2704
43	16938	8771	8167	66336	13578	52758	4173	1173	3000
44	18666	9896	8770	68524	14898	53626	5647	1543	4104
45-49岁	**104482**	**55036**	**49446**	**307142**	**74053**	**233089**	**84538**	**17229**	**67309**
45	19223	10087	9136	65040	14705	50335	7019	1702	5317
46	20535	10758	9777	65275	15402	49873	10316	2346	7970
47	21429	11288	10141	62185	15076	47109	14634	2996	11638
48	21848	11614	10234	58717	14696	44021	21433	4154	17279
49	21447	11289	10158	55925	14174	41751	31136	6031	25105
50-54岁	**97121**	**53080**	**44041**	**218001**	**57099**	**160902**	**408006**	**90351**	**317655**
50	22737	12271	10466	54556	13677	40879	46255	9082	37173
51	19785	10797	8988	45965	11997	33968	65729	14087	51642
52	20720	11263	9457	46178	12135	34043	89480	19432	70048
53	15959	8777	7182	34785	9413	25372	88981	19773	69208
54	17920	9972	7948	36517	9877	26640	117561	27977	89584
55-59岁	**78735**	**44185**	**34550**	**132645**	**36254**	**96391**	**650757**	**169766**	**480991**
55	18168	10110	8058	33347	9014	24333	129430	31716	97714
56	17843	10031	7812	31029	8531	22498	137741	34292	103449
57	19877	11217	8660	32933	9226	23707	170216	45336	124880
58	14556	8265	6291	23194	6319	16875	138989	37450	101539
59	8291	4562	3729	12142	3164	8978	74381	20972	53409
60-64岁	**53100**	**30164**	**22936**	**72978**	**21089**	**51889**	**554285**	**193352**	**360933**
60	10003	5640	4363	14156	3922	10234	89382	28540	60842
61	9159	5260	3899	12408	3624	8784	88209	30383	57826
62	11444	6553	4891	15515	4669	10846	117986	41400	76586
63	11875	6769	5106	16347	4727	11620	136448	48883	87565
64	10619	5942	4677	14552	4147	10405	122260	44146	78114
65岁及以上	**156787**	**90491**	**66296**	**133369**	**40689**	**92680**	**811986**	**322372**	**489614**

7-8b 续表 6

单位：人

年 龄	为子女就学			养老/康养			其 他		
	小计	男	女	小计	男	女	小计	男	女
总 计	**3491713**	**1344860**	**2146853**	**1778159**	**815832**	**962327**	**9718197**	**4976470**	**4741727**
0-4岁							**1371706**	**723668**	**648038**
0							163929	86482	77447
1							267940	140646	127294
2							281026	148611	132415
3							334340	175789	158551
4							324471	172140	152331
5-9岁							**1064846**	**568858**	**495988**
5							296664	158340	138324
6							212662	113198	99464
7							185206	98808	86398
8							193885	103882	90003
9							176429	94630	81799
10-14岁				**69**	**45**	**24**	**808177**	**434367**	**373810**
10				14	11	3	170015	91104	78911
11				10	7	3	170835	92086	78749
12				11	6	5	163244	87559	75685
13				25	14	11	154955	83105	71850
14				9	7	2	149128	80513	68615
15-19岁	**2391**	**1240**	**1151**	**121**	**80**	**41**	**484393**	**259866**	**224527**
15	671	367	304	25	16	9	116927	62487	54440
16	547	286	261	20	13	7	111760	59083	52677
17	487	257	230	30	19	11	98730	52430	46300
18	367	190	177	25	17	8	84067	45649	38418
19	319	140	179	21	15	6	72909	40217	32692
20-24岁	**27660**	**6534**	**21126**	**285**	**185**	**100**	**423666**	**217801**	**205865**
20	1539	579	960	41	28	13	70930	38858	32072
21	2443	627	1816	58	42	16	73558	38493	35065
22	4529	1081	3448	62	37	25	89289	45451	43838
23	7200	1621	5579	53	30	23	92880	46634	46246
24	11949	2626	9323	71	48	23	97009	48365	48644
25-29岁	**225537**	**62814**	**162723**	**438**	**289**	**149**	**571877**	**283221**	**288656**
25	19404	4478	14926	85	59	26	105342	52520	52822
26	27639	6804	20835	70	41	29	104530	52019	52511
27	41840	11152	30688	82	54	28	113754	56269	57485
28	57589	16427	41162	100	64	36	118980	58810	60170
29	79065	23953	55112	101	71	30	129271	63603	65668

7-8b　续表 7

单位：人

年　龄	为子女就学			养老/康养			其　他		
	小计	男	女	小计	男	女	小计	男	女
30-34岁	**725735**	**246657**	**479078**	**862**	**568**	**294**	**776836**	**380555**	**396281**
30	122996	38966	84030	138	88	50	166717	81325	85392
31	138106	45757	92349	187	122	65	161843	79015	82828
32	142867	48364	94503	160	107	53	149628	73135	76493
33	167134	58642	108492	199	132	67	159284	78245	81039
34	154632	54928	99704	178	119	59	139364	68835	70529
35-39岁	**789791**	**299435**	**490356**	**966**	**645**	**321**	**606249**	**303676**	**302573**
35	145093	53572	91521	150	101	49	120185	60019	60166
36	153993	58023	95970	193	131	62	120348	60283	60065
37	152274	57982	94292	180	124	56	115965	58123	57842
38	178508	68322	110186	219	134	85	132412	66232	66180
39	159923	61536	98387	224	155	69	117339	59019	58320
40-44岁	**706270**	**286510**	**419760**	**1487**	**905**	**582**	**588395**	**296751**	**291644**
40	150756	59446	91310	208	146	62	111693	56076	55617
41	158406	63177	95229	266	167	99	122398	61467	60931
42	142911	58014	84897	289	172	117	117096	58763	58333
43	125319	51735	73584	300	171	129	111601	56735	54866
44	128878	54138	74740	424	249	175	125607	63710	61897
45-49岁	**512663**	**218756**	**293907**	**3946**	**2121**	**1825**	**700878**	**356299**	**344579**
45	118017	49681	68336	507	301	206	128544	65114	63430
46	115980	49157	66823	644	370	274	139860	71031	68829
47	104444	44492	59952	750	413	337	143447	73241	70206
48	93147	39971	53176	916	470	446	144451	73365	71086
49	81075	35455	45620	1129	567	562	144576	73548	71028
50-54岁	**250130**	**111489**	**138641**	**94253**	**37542**	**56711**	**679669**	**343302**	**336367**
50	73206	32072	41134	10865	4167	6698	150035	75280	74755
51	55173	24754	30419	16638	6539	10099	138974	70411	68563
52	51072	22910	28162	21209	8416	12793	147033	74093	72940
53	36176	16224	19952	19296	7799	11497	116062	58497	57565
54	34503	15529	18974	26245	10621	15624	127565	65021	62544
55-59岁	**113115**	**49275**	**63840**	**168154**	**70087**	**98067**	**517800**	**259962**	**257838**
55	29259	12979	16280	30240	12460	17780	121732	61526	60206
56	26108	11460	14648	34456	14241	20215	117633	59083	58550
57	26654	11527	15127	43811	18439	25372	129949	65943	64006
58	20409	8741	11668	36450	15136	21314	96408	47891	48517
59	10685	4568	6117	23197	9811	13386	52078	25519	26559
60-64岁	**58623**	**25816**	**32807**	**240179**	**116297**	**123882**	**330593**	**167954**	**162639**
60	11544	5114	6430	34145	15855	18290	60980	30507	30473
61	9864	4463	5401	37431	18264	19167	55873	28806	27067
62	11984	5360	6624	50999	25238	25761	69536	36152	33384
63	13490	5829	7661	59342	28865	30477	76039	38419	37620
64	11741	5050	6691	58262	28075	30187	68165	34070	34095
65岁及以上	**79798**	**36334**	**43464**	**1267399**	**587068**	**680331**	**793112**	**380190**	**412922**

7-8c 全国分年龄、性别、迁移原因的户口登记地在外乡镇街道的人口(乡村)

单位：人

年龄	合计			工作就业		
	合计	男	女	小计	男	女
总计	**49823947**	**27243484**	**22580463**	**20681514**	**13682218**	**6999296**
0-4岁	**1886756**	**986652**	**900104**			
0	206268	107830	98438			
1	373347	194905	178442			
2	404117	212026	192091			
3	455168	237628	217540			
4	447856	234263	213593			
5-9岁	**2224835**	**1170256**	**1054579**			
5	422528	221694	200834			
6	452658	238124	214534			
7	440793	231595	209198			
8	471878	248938	222940			
9	436978	229905	207073			
10-14岁	**2070072**	**1091858**	**978214**	**3147**	**1860**	**1287**
10	428793	225866	202927	480	271	209
11	437550	230364	207186	596	338	258
12	412942	217699	195243	566	331	235
13	391968	207101	184867	610	361	249
14	398819	210828	187991	895	559	336
15-19岁	**3313756**	**1765616**	**1548140**	**416100**	**284107**	**131993**
15	534381	286248	248133	17207	11063	6144
16	691807	376096	315711	42708	29087	13621
17	654988	356002	298986	79111	54183	24928
18	677865	359613	318252	117233	80406	36827
19	754715	387657	367058	159841	109368	50473
20-24岁	**3680680**	**1925098**	**1755582**	**1655252**	**1086619**	**568633**
20	759463	390305	369158	206825	140435	66390
21	692514	360145	332369	261359	174537	86822
22	727973	385191	342782	352545	231752	120793
23	729505	386222	343283	398111	258311	139800
24	771225	403235	367990	436412	281584	154828
25-29岁	**4505716**	**2320356**	**2185360**	**2563246**	**1660456**	**902790**
25	851117	442358	408759	485335	313030	172305
26	834894	429001	405893	471858	303853	168005
27	906084	464452	441632	513635	332733	180902
28	931210	478255	452955	529494	344229	185265
29	982411	506290	476121	562924	366611	196313

7-8c　续表 1　　　　单位：人

年　龄	合　　计			工作就业		
	合计	男	女	小计	男	女
30-34岁	**5606665**	**2959607**	**2647058**	**3265402**	**2142428**	**1122974**
30	1221500	635596	585904	707330	462772	244558
31	1170854	612036	558818	678679	443942	234737
32	1076960	566605	510355	626461	410115	216346
33	1144988	610795	534193	670804	441905	228899
34	992363	534575	457788	582128	383694	198434
35-39岁	**4095221**	**2251365**	**1843856**	**2420194**	**1595146**	**825048**
35	849096	462357	386739	499800	330341	169459
36	818094	449156	368938	485317	320711	164606
37	774304	427090	347214	459003	303392	155611
38	875453	483445	392008	514978	339405	175573
39	778274	429317	348957	461096	301297	159799
40-44岁	**3915177**	**2174522**	**1740655**	**2326420**	**1496093**	**830327**
40	733311	403703	329608	431024	279173	151851
41	798493	443919	354574	468236	304292	163944
42	775495	429985	345510	459897	295366	164531
43	755109	420665	334444	451145	288780	162365
44	852769	476250	376519	516118	328482	187636
45-49岁	**4864719**	**2757611**	**2107108**	**2963888**	**1898357**	**1065531**
45	885247	495383	389864	540398	342530	197868
46	978959	550359	428600	600234	380953	219281
47	992218	562713	429505	604818	387444	217374
48	1002255	571034	431221	610903	391945	218958
49	1006040	578122	427918	607535	395485	212050
50-54岁	**4510741**	**2636334**	**1874407**	**2594554**	**1746058**	**848496**
50	1034903	595381	439522	615642	403027	212615
51	935220	543316	391904	545517	363435	182082
52	974759	570148	404611	561737	378602	183135
53	758884	445700	313184	427462	291403	136059
54	806975	481789	325186	444196	309591	134605
55-59岁	**3009950**	**1785676**	**1224274**	**1429861**	**1019868**	**409993**
55	741726	441353	300373	386737	271456	115281
56	694100	411834	282266	340236	240729	99507
57	747112	447970	299142	348599	253240	95359
58	537074	318521	218553	240081	173389	66692
59	289938	165998	123940	114208	81054	33154
60-64岁	**1718826**	**990870**	**727956**	**519304**	**377683**	**141621**
60	330053	189612	140441	113195	81365	31830
61	296541	172834	123707	94396	69169	25227
62	364198	212660	151538	110373	81073	29300
63	383908	220948	162960	110789	80946	29843
64	344126	194816	149310	90551	65130	25421
65岁及以上	**4420833**	**2427663**	**1993170**	**524146**	**373543**	**150603**

7-8c 续表 2 单位：人

年 龄	学习培训			随同离开/投亲靠友			拆迁/搬家		
	小计	男	女	小计	男	女	小计	男	女
总 计	**3955750**	**2023608**	**1932142**	**5178527**	**2487340**	**2691187**	**7789005**	**4089154**	**3699851**
0-4岁	**18507**	**9850**	**8657**	**1117173**	**584028**	**533145**	**290939**	**152740**	**138199**
0	407	225	182	121028	63266	57762	36590	19263	17327
1	1138	615	523	222576	116315	106261	54878	28632	26246
2	2019	1039	980	241403	126571	114832	59243	31238	28005
3	6221	3301	2920	269919	140749	129170	69292	36436	32856
4	8722	4670	4052	262247	137127	125120	70936	37171	33765
5-9岁	**366885**	**197455**	**169430**	**1073997**	**562074**	**511923**	**372990**	**196658**	**176332**
5	9529	5184	4345	245752	128800	116952	69571	36501	33070
6	75268	40620	34648	218939	114538	104401	75140	39755	35385
7	87987	47349	40638	202517	105687	96830	74136	38950	35186
8	98841	53165	45676	213090	111720	101370	79694	42169	37525
9	95260	51137	44123	193699	101329	92370	74449	39283	35166
10-14岁	**513092**	**274627**	**238465**	**815102**	**426751**	**388351**	**378209**	**200602**	**177607**
10	95150	51196	43954	185062	96871	88191	75229	39631	35598
11	100258	53863	46395	184180	96011	88169	77871	41267	36604
12	97218	52241	44977	164004	85916	78088	77638	41085	36553
13	97213	52310	44903	147134	76874	70260	75433	40089	35344
14	123253	65017	58236	134722	71079	63643	72038	38530	33508
15-19岁	**2141081**	**1102503**	**1038578**	**256045**	**139695**	**116350**	**212101**	**117621**	**94480**
15	334944	177589	157355	80410	43179	37231	51825	28110	23715
16	501953	270017	231936	55369	30168	25201	43415	23571	19844
17	438627	232602	206025	44411	24218	20193	40142	21936	18206
18	420665	211119	209546	40507	22499	18008	38562	21902	16660
19	444892	211176	233716	35348	19631	15717	38157	22102	16055
20-24岁	**818825**	**384926**	**433899**	**180169**	**93471**	**86698**	**309028**	**169299**	**139729**
20	377340	176249	201091	34376	18896	15480	44030	25226	18804
21	235372	108623	126749	32742	17430	15312	50379	28103	22276
22	125881	59700	66181	37757	19417	18340	64251	35064	29187
23	53694	26677	27017	37630	19112	18518	72010	38749	33261
24	26538	13677	12861	37664	18616	19048	78358	42157	36201
25-29岁	**48124**	**26366**	**21758**	**183821**	**84983**	**98838**	**476619**	**255607**	**221012**
25	17002	9041	7961	38829	19001	19828	87689	47350	40339
26	10689	5810	4879	35957	17263	18694	88538	47560	40978
27	8332	4699	3633	36625	16962	19663	95843	51386	44457
28	6535	3642	2893	35860	16075	19785	99148	53145	46003
29	5566	3174	2392	36550	15682	20868	105401	56166	49235

7-8c 续表 3

单位：人

年 龄	学习培训			随同离开/投亲靠友			拆迁/搬家		
	小计	男	女	小计	男	女	小计	男	女
30-34岁	**19209**	**10949**	**8260**	**186013**	**72370**	**113643**	**640542**	**338890**	**301652**
30	5666	3243	2423	43331	17831	25500	132438	70481	61957
31	4222	2390	1832	39434	15673	23761	131261	69302	61959
32	3458	1956	1502	35198	13428	21770	123980	65311	58669
33	3208	1809	1399	36710	13877	22833	133448	70416	63032
34	2655	1551	1104	31340	11561	19779	119415	63380	56035
35-39岁	**8965**	**5087**	**3878**	**127775**	**45005**	**82770**	**531503**	**281001**	**250502**
35	2069	1181	888	26830	9676	17154	105466	55662	49804
36	1790	1009	781	25627	8968	16659	103311	54856	48455
37	1728	946	782	23863	8305	15558	100611	53271	47340
38	1885	1081	804	27529	9791	17738	116981	62016	54965
39	1493	870	623	23926	8265	15661	105134	55196	49938
40-44岁	**5913**	**3348**	**2565**	**119334**	**40209**	**79125**	**571769**	**299952**	**271817**
40	1361	770	591	22656	7701	14955	103591	54443	49148
41	1267	692	575	24439	8369	16070	116040	61495	54545
42	1138	672	466	23652	7989	15663	113204	59346	53858
43	1085	619	466	22748	7668	15080	112476	58882	53594
44	1062	595	467	25839	8482	17357	126458	65786	60672
45-49岁	**4885**	**2745**	**2140**	**154686**	**49102**	**105584**	**754899**	**393988**	**360911**
45	916	524	392	26977	8842	18135	132184	68791	63393
46	1046	562	484	30322	9643	20679	147327	76825	70502
47	1004	544	460	31216	9932	21284	154103	80392	73711
48	947	541	406	32735	10237	22498	158294	82972	75322
49	972	574	398	33436	10448	22988	162991	85008	77983
50-54岁	**3784**	**2219**	**1565**	**173866**	**54326**	**119540**	**795131**	**414613**	**380518**
50	973	563	410	35726	10917	24809	172662	89710	82952
51	767	443	324	34325	10577	23748	162357	84562	77795
52	835	503	332	37382	11520	25862	171793	89299	82494
53	593	351	242	31376	9870	21506	137759	71546	66213
54	616	359	257	35057	11442	23615	150560	79496	71064
55-59岁	**2324**	**1306**	**1018**	**155377**	**53613**	**101764**	**658349**	**348682**	**309667**
55	597	343	254	34548	11535	23013	147424	77996	69428
56	533	306	227	34257	11785	22472	147810	78165	69645
57	542	310	232	38702	13653	25049	166382	88471	77911
58	413	212	201	30125	10397	19728	123100	65702	57398
59	239	135	104	17745	6243	11502	73633	38348	35285
60-64岁	**1299**	**692**	**607**	**131596**	**52996**	**78600**	**474436**	**253554**	**220882**
60	258	126	132	22407	8487	13920	89294	47628	41666
61	224	127	97	21261	8437	12824	81848	44053	37795
62	288	158	130	27405	11343	16062	100052	54204	45848
63	277	150	127	31009	12630	18379	106539	56641	49898
64	252	131	121	29514	12099	17415	96703	51028	45675
65岁及以上	**2857**	**1535**	**1322**	**503573**	**228717**	**274856**	**1322490**	**665947**	**656543**

7-8c 续表 4

单位：人

年 龄	寄挂户口			婚姻嫁娶			照料孙子女		
	小计	男	女	小计	男	女	小计	男	女
总 计	**2039247**	**1124076**	**915171**	**4021630**	**599092**	**3422538**	**336752**	**106324**	**230428**
0-4岁	**86849**	**45061**	**41788**						
0	7224	3769	3455						
1	18444	9565	8879						
2	19744	10277	9467						
3	21321	10996	10325						
4	20116	10454	9662						
5-9岁	**92624**	**48075**	**44549**						
5	17946	9312	8634						
6	19122	9976	9146						
7	18091	9407	8684						
8	19643	10179	9464						
9	17822	9201	8621						
10-14岁	**93679**	**48545**	**45134**	**321**	**58**	**263**			
10	17805	9137	8668	34	13	21			
11	18637	9670	8967	37	17	20			
12	19500	10026	9474	42	11	31			
13	19692	10310	9382	51	11	40			
14	18045	9402	8643	157	6	151			
15-19岁	**54454**	**30369**	**24085**	**69505**	**744**	**68761**	**19**	**11**	**8**
15	12170	6733	5437	1718	95	1623	6	4	2
16	10872	5808	5064	4770	90	4680	1	1	
17	10800	5912	4888	10499	98	10401	3	2	1
18	9848	5593	4255	19462	190	19272	3	1	2
19	10764	6323	4441	33056	271	32785	6	3	3
20-24岁	**103171**	**56443**	**46728**	**386285**	**8622**	**377663**	**133**	**9**	**124**
20	13327	7804	5523	46672	486	46186	15	1	14
21	15275	8561	6714	58504	798	57706	12	2	10
22	21173	11642	9531	79071	1510	77561	28	2	26
23	24954	13430	11524	92312	2332	89980	32	1	31
24	28442	15006	13436	109726	3496	106230	46	3	43
25-29岁	**166824**	**87951**	**78873**	**749750**	**42442**	**707308**	**271**	**32**	**239**
25	33100	17513	15587	129690	5208	124482	50	2	48
26	32846	17506	15340	136336	6632	129704	35	3	32
27	34054	17928	16126	154351	8592	145759	53	6	47
28	33515	17458	16057	160935	10139	150796	64	10	54
29	33309	17546	15763	168438	11871	156567	69	11	58

7-8c　续表 5

单位：人

年　龄	寄挂户口			婚姻嫁娶			照料孙子女		
	小计	男	女	小计	男	女	小计	男	女
30-34岁	**181645**	**95863**	**85782**	**879251**	**81870**	**797381**	**2762**	**551**	**2211**
30	39703	20841	18862	204030	15939	188091	572	104	468
31	38042	20047	17995	190435	16460	173975	562	109	453
32	34886	18172	16714	168922	15587	153335	557	102	455
33	36350	19295	17055	173474	18086	155388	583	123	460
34	32664	17508	15156	142390	15798	126592	488	113	375
35-39岁	**138402**	**74254**	**64148**	**499879**	**65592**	**434287**	**2038**	**503**	**1535**
35	28659	15542	13117	113210	13148	100062	414	104	310
36	27341	14872	12469	102533	12486	90047	418	87	331
37	26225	14028	12197	93441	12205	81236	373	100	273
38	29748	15800	13948	103372	14829	88543	453	109	344
39	26429	14012	12417	87323	12924	74399	380	103	277
40-44岁	**142130**	**75637**	**66493**	**369669**	**65479**	**304190**	**2887**	**757**	**2130**
40	25840	13633	12207	77001	11796	65205	382	107	275
41	29741	16050	13691	81038	13520	67518	521	145	376
42	28574	15098	13476	73209	12856	60353	538	153	385
43	27795	14754	13041	66980	12735	54245	639	166	473
44	30180	16102	14078	71441	14572	56869	807	186	621
45-49岁	**167650**	**89622**	**78028**	**347254**	**80240**	**267014**	**13025**	**2312**	**10713**
45	30621	16330	14291	69662	14976	54686	1150	232	918
46	33831	17951	15880	72348	16099	56249	1659	320	1339
47	34354	18249	16105	70727	16404	54323	2297	412	1885
48	34416	18512	15904	67602	16241	51361	3263	565	2698
49	34428	18580	15848	66915	16520	50395	4656	783	3873
50-54岁	**158990**	**86899**	**72091**	**270939**	**74220**	**196719**	**52835**	**10329**	**42506**
50	35840	19376	16464	65848	16573	49275	6637	1116	5521
51	33061	17840	15221	57147	15063	42084	8761	1638	7123
52	34430	18651	15779	57407	15760	41647	11607	2171	9436
53	26878	14895	11983	44413	12735	31678	11329	2273	9056
54	28781	16137	12644	46124	14089	32035	14501	3131	11370
55-59岁	**134259**	**76659**	**57600**	**165258**	**53742**	**111516**	**78172**	**19583**	**58589**
55	28810	16275	12535	42454	13176	29278	15521	3510	12011
56	29943	17114	12829	38699	12561	26138	16921	4060	12861
57	35098	19901	15197	40374	13547	26827	20104	5061	15043
58	25498	14822	10676	28200	9379	18821	16126	4299	11827
59	14910	8547	6363	15531	5079	10452	9500	2653	6847
60-64岁	**100226**	**58165**	**42061**	**98079**	**37370**	**60709**	**68087**	**23848**	**44239**
60	18099	10259	7840	19309	6698	12611	11300	3604	7696
61	17122	9878	7244	16695	6312	10383	11070	3847	7223
62	21626	12712	8914	21027	8252	12775	14622	5154	9468
63	22562	13260	9302	21630	8493	13137	16297	5842	10455
64	20817	12056	8761	19418	7615	11803	14798	5401	9397
65岁及以上	**418344**	**250533**	**167811**	**185440**	**88713**	**96727**	**116523**	**48389**	**68134**

7-8c 续表 6

单位：人

年 龄	为子女就学			养老/康养			其 他		
	小计	男	女	小计	男	女	小计	男	女
总 计	**388658**	**156031**	**232627**	**823054**	**486666**	**336388**	**4609810**	**2488975**	**2120835**
0-4岁							**373288**	**194973**	**178315**
0							41019	21307	19712
1							76311	39778	36533
2							81708	42901	38807
3							88415	46146	42269
4							85835	44841	40994
5-9岁							**318339**	**165994**	**152345**
5							79730	41897	37833
6							64189	33235	30954
7							58062	30202	27860
8							60610	31705	28905
9							55748	28955	26793
10-14岁				**72**	**48**	**24**	**266450**	**139367**	**127083**
10				12	9	3	55021	28738	26283
11				17	11	6	55954	29187	26767
12				13	7	6	53961	28082	25879
13				17	11	6	51818	27135	24683
14				13	10	3	49696	26225	23471
15-19岁	**783**	**354**	**429**	**143**	**98**	**45**	**163525**	**90114**	**73411**
15	198	101	97	30	27	3	35873	19347	16526
16	193	87	106	34	20	14	32492	17247	15245
17	137	52	85	21	12	9	31237	16987	14250
18	129	57	72	31	23	8	31425	17823	13602
19	126	57	69	27	16	11	32498	18710	13788
20-24岁	**4200**	**1002**	**3198**	**260**	**171**	**89**	**223357**	**124536**	**98821**
20	344	136	208	44	30	14	36490	21042	15448
21	499	157	342	42	27	15	38330	21907	16423
22	667	153	514	63	46	17	46537	25905	20632
23	1062	240	822	44	28	16	49656	27342	22314
24	1628	316	1312	67	40	27	52344	28340	24004
25-29岁	**27900**	**7422**	**20478**	**421**	**290**	**131**	**288740**	**154807**	**133933**
25	2639	543	2096	75	49	26	56708	30621	26087
26	3523	831	2692	75	44	31	55037	29499	25538
27	5358	1301	4057	69	52	17	57764	30793	26971
28	7030	1942	5088	93	66	27	58536	31549	26987
29	9350	2805	6545	109	79	30	60695	32345	28350

7-8c 续表 7 单位：人

年 龄	为子女就学			养老/康养			其 他		
	小计	男	女	小计	男	女	小计	男	女
30-34岁	**80725**	**28411**	**52314**	**616**	**425**	**191**	**350500**	**187850**	**162650**
30	14211	4623	9588	95	73	22	74124	39689	34435
31	15523	5270	10253	129	90	39	72567	38753	33814
32	15716	5505	10211	123	74	49	67659	36355	31304
33	18332	6683	11649	127	94	33	71952	38507	33445
34	16943	6330	10613	142	94	48	64198	34546	29652
35-39岁	**84439**	**33341**	**51098**	**702**	**477**	**225**	**281324**	**150959**	**130365**
35	16057	6123	9934	121	91	30	56470	30489	25981
36	16620	6491	10129	132	85	47	55005	29591	25414
37	16284	6476	9808	126	87	39	52650	28280	24370
38	18791	7491	11300	156	103	53	61560	32820	28740
39	16687	6760	9927	167	111	56	55639	29779	25860
40-44岁	**73877**	**31476**	**42401**	**1126**	**752**	**374**	**302052**	**160819**	**141233**
40	16477	6840	9637	192	141	51	54787	29099	25688
41	16590	7041	9549	181	121	60	60440	32194	28246
42	14728	6200	8528	256	164	92	60299	32141	28158
43	12893	5538	7355	207	141	66	59141	31382	27759
44	13189	5857	7332	290	185	105	67385	36003	31382
45-49岁	**56687**	**25395**	**31292**	**2439**	**1578**	**861**	**399306**	**214272**	**185034**
45	12792	5697	7095	311	230	81	70236	37231	33005
46	12789	5683	7106	431	277	154	78972	42046	36926
47	11546	5137	6409	468	301	167	81685	43898	37787
48	10459	4762	5697	576	368	208	83060	44891	38169
49	9101	4116	4985	653	402	251	85353	46206	39147
50-54岁	**28430**	**13369**	**15061**	**29393**	**15252**	**14141**	**402819**	**219049**	**183770**
50	8187	3792	4395	3917	2097	1820	89471	48210	41261
51	6198	2834	3364	5138	2654	2484	81949	44270	37679
52	5788	2742	3046	6411	3226	3185	87369	47674	39695
53	4312	2075	2237	6013	3067	2946	68749	37485	31264
54	3945	1926	2019	7914	4208	3706	75281	41410	33871
55-59岁	**13782**	**6598**	**7184**	**55397**	**29520**	**25877**	**317171**	**176105**	**141066**
55	3569	1759	1810	9401	4989	4412	72665	40314	32351
56	3133	1515	1618	11153	5936	5217	71415	39663	31752
57	3183	1512	1671	14596	7788	6808	79532	44487	35045
58	2447	1166	1281	11861	6330	5531	59223	32825	26398
59	1450	646	804	8386	4477	3909	34336	18816	15520
60-64岁	**7421**	**3549**	**3872**	**94744**	**57709**	**37035**	**223634**	**125304**	**98330**
60	1639	772	867	12977	7526	5451	41575	23147	18428
61	1349	666	683	14353	8762	5591	38223	21583	16640
62	1502	717	785	20073	12405	7668	47230	26642	20588
63	1539	736	803	23417	14395	9022	49849	27855	21994
64	1392	658	734	23924	14621	9303	46757	26077	20680
65岁及以上	**10414**	**5114**	**5300**	**637741**	**380346**	**257395**	**699305**	**384826**	**314479**

7-9 全国按现住地、性别、迁移原因分的户口登记地在本省其他乡镇街道的人口

单位：人

现住地	合计			工作就业		
	合计	男	女	小计	男	女
全　国	**367925353**	**184207146**	**183718207**	**105225493**	**59412164**	**45813329**
北　京	4991158	2432369	2558789	1038205	559601	478604
天　津	2944879	1433504	1511375	328585	179920	148665
河　北	16620369	8158858	8461511	3799705	2139123	1660582
山　西	11270656	5658930	5611726	2428375	1493998	934377
内蒙古	9776541	4855871	4920670	2614515	1522051	1092464
辽　宁	12822813	6245740	6577073	2204969	1250038	954931
吉　林	9349212	4519863	4829349	1490726	826252	664474
黑龙江	10720408	5273154	5447254	1649714	919074	730640
上　海	4654606	2247450	2407156	707597	386693	320904
江　苏	19671338	9902505	9768833	5895904	3419182	2476722
浙　江	13921361	6954151	6967210	4768300	2659164	2109136
安　徽	16549409	8225763	8323646	4249040	2445559	1803481
福　建	11574735	5950257	5624478	4085018	2369085	1715933
江　西	12241920	6272613	5969307	2861616	1598618	1262998
山　东	23897755	12038008	11859747	6972403	4010211	2962192
河　南	24365959	12268323	12097636	7027758	3857472	3170286
湖　北	16226947	8202406	8024541	4143727	2400794	1742933
湖　南	15998284	8020026	7978258	4457630	2421358	2036272
广　东	31012976	16200166	14812810	13876575	7854641	6021934
广　西	11879397	5897312	5982085	3932457	2172683	1759774
海　南	2410018	1205256	1204762	882900	480979	401921
重　庆	10902860	5378142	5524718	2886216	1583326	1302890
四　川	25233163	12415382	12817781	8010071	4404519	3605552
贵　州	10548217	5172043	5376174	2686235	1505751	1180484
云　南	9978920	4986941	4991979	4060419	2247334	1813085
西　藏	624011	309668	314343	201662	103861	97801
陕　西	11333383	5782547	5550836	3651902	2091355	1560547
甘　肃	6586817	3318735	3268082	1756831	1035084	721747
青　海	1653356	830175	823181	381515	222849	158666
宁　夏	2687551	1344638	1342913	580195	348530	231665
新　疆	5476334	2706350	2769984	1594728	903059	691669

7-9　续表 1

单位：人

现住地	学习培训			随同离开/投亲靠友			拆迁/搬家		
	小计	男	女	小计	男	女	小计	男	女
全　国	**46725480**	**23578895**	**23146585**	**48652711**	**22909097**	**25743614**	**93701530**	**47974690**	**45726840**
北　京	287544	144193	143351	719111	343561	375550	1767745	895713	872032
天　津	155591	79399	76192	234437	109057	125380	1558207	779671	778536
河　北	2576727	1270473	1306254	2469535	1160542	1308993	4079006	2087854	1991152
山　西	1348839	650646	698193	1875413	809990	1065423	2843553	1500206	1343347
内蒙古	948325	464452	483873	1337178	579199	757979	2520387	1293743	1226644
辽　宁	854861	416899	437962	1739000	755265	983735	5364415	2715390	2649025
吉　林	675133	326011	349122	981589	428706	552883	3994009	2008357	1985652
黑龙江	787304	377763	409541	905278	387565	517713	4208688	2130340	2078348
上　海	157627	79750	77877	457823	217699	240124	2182066	1099320	1082746
江　苏	2103294	1098992	1004302	2161041	1029579	1131462	5511122	2792420	2718702
浙　江	1749951	881470	868481	1478704	705109	773595	3715390	1895259	1820131
安　徽	2468340	1295911	1172429	2222350	1054359	1167991	4133200	2128253	2004947
福　建	1371582	707633	663949	1937034	929403	1007631	2608036	1378003	1230033
江　西	2088328	1127699	960629	1696395	838816	857579	3512131	1838964	1673167
山　东	2486555	1255581	1230974	4622154	2181057	2441097	4935046	2553484	2381562
河　南	4676534	2380733	2295801	3273504	1575362	1698142	4601300	2352956	2248344
湖　北	1780213	940899	839314	2273720	1082167	1191553	5171990	2679242	2492748
湖　南	2373209	1216122	1157087	2144444	1047204	1097240	4215554	2153501	2062053
广　东	3954716	2071466	1883250	3404520	1671421	1733099	5228809	2716960	2511849
广　西	2106511	1027130	1079381	1631102	809697	821405	2147776	1132646	1015130
海　南	254789	133814	120975	368466	187219	181247	295999	162142	133857
重　庆	1235445	623850	611595	1783665	827070	956595	3150994	1585127	1565867
四　川	3190766	1560906	1629860	2606626	1215245	1391381	6292573	3130840	3161733
贵　州	1790435	874495	915940	1396196	677917	718279	2375883	1226731	1149152
云　南	1725368	807838	917530	1260240	606654	653586	1313470	674510	638960
西　藏	102741	49601	53140	32105	14878	17227	109061	53693	55368
陕　西	1365497	695015	670482	1573497	728475	845022	2259529	1156138	1103391
甘　肃	924788	462727	462061	790416	357305	433111	1271594	653271	618323
青　海	193181	93878	99303	217042	95877	121165	395326	202842	192484
宁　夏	299485	140884	158601	487533	220571	266962	695738	365198	330540
新　疆	691801	322665	369136	572593	262128	310465	1242933	631916	611017

7-9 续表 2

单位：人

现住地	寄挂户口			婚姻嫁娶			照料孙子女		
	小计	男	女	小计	男	女	小计	男	女
全　国	**6335717**	**3424902**	**2910815**	**14279884**	**2608642**	**11671242**	**8473067**	**2750891**	**5722176**
北　京	115107	62588	52519	347774	90934	256840	91867	33981	57886
天　津	64946	33483	31463	157176	39706	117470	36178	13429	22749
河　北	227861	128676	99185	914304	144349	769955	280712	97466	183246
山　西	166889	93641	73248	520266	92239	428027	148095	53317	94778
内蒙古	134997	70617	64380	501971	111237	390734	165446	60108	105338
辽　宁	318458	164717	153741	687844	159230	528614	131325	45800	85525
吉　林	481959	244138	237821	414462	82027	332435	138239	47574	90665
黑龙江	355215	180559	174656	324658	75675	248983	144393	53691	90702
上　海	63499	33466	30033	342731	95118	247613	121524	42736	78788
江　苏	309367	170422	138945	838558	169366	669192	761869	235709	526160
浙　江	110460	60641	49819	595436	104824	490612	363880	107411	256469
安　徽	211050	119303	91747	673536	106866	566670	557881	166865	391016
福　建	153665	82646	71019	365877	41908	323969	310563	92486	218077
江　西	154536	84830	69706	279866	32070	247796	340337	115555	224782
山　东	399128	227650	171478	912468	169925	742543	701747	235900	465847
河　南	295186	168599	126587	593090	89988	503102	491992	167712	324280
湖　北	264569	144029	120540	700267	114374	585893	427348	138645	288703
湖　南	202131	109209	92922	461101	78491	382610	350423	115007	235416
广　东	853308	462173	391135	762664	75455	687209	572700	182701	389999
广　西	179721	100000	79721	585363	66142	519221	267559	80027	187532
海　南	114354	59689	54665	143016	9011	134005	27009	8064	18945
重　庆	89130	49217	39913	297151	66355	230796	277196	90747	186449
四　川	366843	194564	172279	974758	237772	736986	752923	234807	518116
贵　州	107122	54268	52854	558387	81090	477297	197984	61045	136939
云　南	102607	55892	46715	456590	110235	346355	202383	62964	139419
西　藏	18852	9647	9205	10103	3882	6221	2358	744	1614
陕　西	232514	126747	105767	251488	44504	206984	247162	84783	162379
甘　肃	100391	58048	42343	201679	34743	166936	186752	61982	124770
青　海	29313	15816	13497	52778	9604	43174	29792	10899	18893
宁　夏	51467	26790	24677	113596	25634	87962	54161	19065	35096
新　疆	61072	32837	28235	240926	45888	195038	91269	29671	61598

7-9　续表 3　　单位：人

现住地	为子女就学			养老/康养			其　他		
	小计	男	女	小计	男	女	小计	男	女
全　国	**7849499**	**3203666**	**4645833**	**6382923**	**2905626**	**3477297**	**30299049**	**15438573**	**14860476**
北　京	103054	50235	52819	186340	83438	102902	334411	168125	166286
天　津	46928	21408	25520	52699	24083	28616	310132	153348	156784
河　北	364323	159419	204904	283152	144771	138381	1625044	826185	798859
山　西	523096	237764	285332	165239	85888	79351	1250891	641241	609650
内蒙古	391106	175532	215574	213025	94011	119014	949591	484921	464670
辽　宁	142566	62284	80282	243279	111806	131473	1136096	564311	571785
吉　林	315520	140205	175315	196622	87830	108792	660953	328763	332190
黑龙江	395637	178115	217522	251690	115322	136368	1697831	855050	842781
上　海	111757	53655	58102	182492	75698	106794	327490	163315	164175
江　苏	533489	218074	315415	337433	149861	187572	1219261	618900	600361
浙　江	183087	78297	104790	254873	109693	145180	701280	352283	348997
安　徽	704468	241246	463222	238897	107555	131342	1090647	559846	530801
福　建	169567	61983	107584	122615	53948	68667	450778	233162	217616
江　西	277910	106427	171483	147278	67106	80172	883523	462528	420995
山　东	554422	256150	298272	346494	167421	179073	1967338	980629	986709
河　南	532227	208410	323817	300641	141384	159257	2573727	1325707	1248020
湖　北	221491	82111	139380	236972	105034	131938	1006650	515111	491539
湖　南	225276	82374	142902	218478	101668	116810	1350038	695092	654946
广　东	183588	69174	114414	346811	146992	199819	1829285	949183	880102
广　西	86171	31524	54647	137452	61059	76393	805285	416404	388881
海　南	12412	4328	8084	36718	17076	19642	274355	142934	131421
重　庆	110564	38085	72479	269325	116535	152790	803174	397830	405344
四　川	316755	109274	207481	713449	315382	398067	2008399	1012073	996326
贵　州	201819	73787	128032	116857	52993	63864	1117299	563966	553333
云　南	97935	35890	62045	164521	77942	86579	595387	307682	287705
西　藏	11881	5119	6762	12224	5717	6507	123024	62526	60498
陕　西	406772	161537	245235	227563	113124	114439	1117459	580869	536590
甘　肃	293024	109466	183558	135935	64524	71411	925407	481585	443822
青　海	74778	34895	39883	46522	21624	24898	233109	121891	111218
宁　夏	161961	75808	86153	52543	24035	28508	190872	98123	92749
新　疆	95915	41090	54825	144784	62106	82678	740313	374990	365323

7-9a 全国按现住地、性别、迁移原因分的户口登记地在本省其他乡镇街道的人口(城市)

单位：人

现住地	合计			工作就业		
	合计	男	女	小计	男	女
全国	**235167709**	**117380226**	**117787483**	**71192357**	**39443179**	**31749178**
北京	4506274	2193459	2312815	939139	501577	437562
天津	2799096	1364054	1435042	306812	166717	140095
河北	9190473	4522443	4668030	2099452	1146649	952803
山西	6417671	3150633	3267038	1375872	782546	593326
内蒙古	5309869	2612910	2696959	1426607	803091	623516
辽宁	10271933	5025055	5246878	1808664	1008793	799871
吉林	5679775	2746311	2933464	937103	505793	431310
黑龙江	6394561	3146830	3247731	1076402	590121	486281
上海	4263605	2046877	2216728	636144	343241	292903
江苏	13198725	6615555	6583170	3965702	2270996	1694706
浙江	9571684	4752381	4819303	3268870	1789265	1479605
安徽	8420529	4155795	4264734	2150374	1208457	941917
福建	7164471	3676843	3487628	2814814	1602170	1212644
江西	6635929	3394498	3241431	1568586	876208	692378
山东	15868799	7952765	7916034	4754881	2697618	2057263
河南	12362166	6147257	6214909	3441353	1860426	1580927
湖北	11769692	5928389	5841303	3117720	1780194	1337526
湖南	9398123	4693624	4704499	2821615	1512603	1309012
广东	24758290	12934364	11823926	11907809	6678555	5229254
广西	7542360	3783672	3758688	2749100	1506914	1242186
海南	1633242	826431	806811	688944	367868	321076
重庆	8301779	4073476	4228303	2285070	1233793	1051277
四川	16159551	7943549	8216002	5812577	3136128	2676449
贵州	5507862	2728720	2779142	1616304	889737	726567
云南	5609823	2766406	2843417	2518256	1346030	1172226
西藏	334158	161814	172344	100083	49184	50899
陕西	7133857	3618449	3515408	2550464	1415351	1135113
甘肃	3612995	1803615	1809380	1014212	576939	437273
青海	912540	452305	460235	225155	126852	98303
宁夏	1398274	686231	712043	293662	168312	125350
新疆	3039603	1475515	1564088	920611	501051	419560

7-9a　续表 1　　单位：人

现住地	学习培训			随同离开/投亲靠友			拆迁/搬家		
	小计	男	女	小计	男	女	小计	男	女
全　国	**27919154**	**13948362**	**13970792**	**30706932**	**14435772**	**16271160**	**62527682**	**31853803**	**30673879**
北　京	257595	127887	129708	651425	310901	340524	1636259	828812	807447
天　津	136056	69181	66875	221664	103299	118365	1510426	755553	754873
河　北	1334344	656742	677602	1374872	645662	729210	2526693	1290239	1236454
山　西	778277	365718	412559	1045260	455102	590158	1765963	922817	843146
内蒙古	559479	270222	289257	745304	325194	420110	1511210	769768	741442
辽　宁	655077	322998	332079	1365720	590008	775712	4496497	2268879	2227618
吉　林	335947	164958	170989	627469	272797	354672	2576453	1289176	1287277
黑龙江	497637	232104	265533	533778	229889	303889	2583143	1303714	1279429
上　海	137508	69139	68369	422108	200371	221737	2011673	1011818	999855
江　苏	1418922	734135	684787	1383504	652460	731044	3824102	1929652	1894450
浙　江	1267972	631445	636527	956724	455927	500797	2630576	1336504	1294072
安　徽	1118749	571066	547683	1137426	536000	601426	2295396	1179289	1116107
福　建	809233	417725	391508	1168309	559031	609278	1452015	764312	687703
江　西	1125651	594830	530821	960387	473202	487185	1922448	1006824	915624
山　东	1638291	810791	827500	3053293	1431692	1621601	3449808	1783098	1666710
河　南	2171099	1080728	1090371	1714414	818531	895883	2614268	1331935	1282333
湖　北	1288625	680248	608377	1643893	780305	863588	3787311	1956246	1831065
湖　南	1297043	647439	649604	1303942	635700	668242	2488390	1265157	1223233
广　东	3014422	1583193	1431229	2572368	1266385	1305983	4009883	2072163	1937720
广　西	1308001	637228	670773	1058207	527294	530913	1283815	674436	609379
海　南	162717	85932	76785	267115	136159	130956	191065	103167	87898
重　庆	930102	461674	468428	1368737	632342	736395	2465916	1235305	1230611
四　川	1943273	941214	1002059	1590536	739029	851507	3970325	1963159	2007166
贵　州	805007	388776	416231	801081	386785	414296	1291391	659987	631404
云　南	1000164	456112	544052	669253	321155	348098	638078	319293	318785
西　藏	69474	32749	36725	16574	7604	8970	43531	21412	22119
陕　西	820885	419668	401217	939952	441419	498533	1386373	704264	682109
甘　肃	433547	217172	216375	446342	199892	246450	815105	418593	396512
青　海	94180	45273	48907	107764	47472	60292	253713	129353	124360
宁　夏	169269	76738	92531	225133	101797	123336	404285	209504	194781
新　疆	340608	155277	185331	334378	152368	182010	691571	349374	342197

7-9a 续表 2

单位：人

现住地	寄挂户口			婚姻嫁娶			照料孙子女		
	小计	男	女	小计	男	女	小计	男	女
全 国	**3318233**	**1773785**	**1544448**	**7781664**	**1607468**	**6174196**	**5981945**	**1959092**	**4022853**
北 京	88773	47890	40883	302326	82400	219926	86731	32155	54576
天 津	57237	29460	27777	143712	38822	104890	35580	13237	22343
河 北	98676	54292	44384	370608	76541	294067	177799	62376	115423
山 西	90322	49702	40620	273307	53514	219793	96364	35075	61289
内蒙古	60440	31529	28911	244815	59463	185352	103365	38177	65188
辽 宁	225498	115878	109620	427928	112634	315294	118345	41575	76770
吉 林	229528	116115	113413	200840	45558	155282	87734	30015	57719
黑龙江	189810	96783	93027	161706	42993	118713	88698	33259	55439
上 海	56989	29937	27052	320784	87918	232866	115697	40894	74803
江 苏	181613	98917	82696	485875	110560	375315	579251	178666	400585
浙 江	61264	33110	28154	333109	62233	270876	291833	86874	204959
安 徽	89557	49912	39645	331113	61465	269648	305288	95391	209897
福 建	81782	43138	38644	191224	25256	165968	231535	69798	161737
江 西	64502	34800	29702	143112	19311	123801	185874	64081	121793
山 东	196037	109724	86313	549094	117580	431514	521214	176289	344925
河 南	114352	63872	50480	309536	57309	252227	285206	97315	187891
湖 北	141259	76154	65105	461995	75743	386252	345975	113251	232724
湖 南	94757	50510	44247	214290	42519	171771	216254	72165	144089
广 东	503319	270090	233229	525677	62458	463219	484519	153983	330536
广 西	87467	48036	39431	263005	35509	227496	186624	56284	130340
海 南	50984	26757	24227	59995	5109	54886	22582	6647	15935
重 庆	47565	26167	21398	187609	44555	143054	229610	76061	153549
四 川	170455	90298	80157	436336	110065	326271	550392	174015	376377
贵 州	41842	21117	20725	206508	40826	165682	113294	36311	76983
云 南	52362	28377	23985	145380	36728	108652	128550	40696	87854
西 藏	10239	5222	5017	3145	1155	1990	1448	451	997
陕 西	129481	70133	59348	149546	29096	120450	174640	60515	114125
甘 肃	37213	21234	15979	122667	21476	101191	94907	31764	63143
青 海	16878	9148	7730	30043	5209	24834	17048	6097	10951
宁 夏	21719	11252	10467	60446	14637	45809	33457	11836	21621
新 疆	26313	14231	12082	125933	28826	97107	72131	23839	48292

7-9a　续表 3　　　　单位：人

现住地	为子女就学			养老/康养			其他		
	小计	男	女	小计	男	女	小计	男	女
全　国	**4070070**	**1733614**	**2336456**	**4024286**	**1720247**	**2304039**	**17645386**	**8904904**	**8740482**
北　京	100232	48899	51333	147980	64810	83170	295814	148128	147686
天　津	46247	21110	25137	48255	21797	26458	293107	144878	148229
河　北	156709	70303	86406	134744	60046	74698	916576	459593	456983
山　西	211512	97229	114283	75205	33483	41722	705589	355447	350142
内蒙古	164513	73557	90956	98030	41669	56361	396106	200240	195866
辽　宁	101907	45361	56546	187571	82870	104701	884726	436059	448667
吉　林	192077	85830	106247	118857	51505	67352	373767	184564	189203
黑龙江	163609	74597	89012	143679	63320	80359	956099	480050	476049
上　海	106409	51118	55291	149475	60095	89380	306818	152346	154472
江　苏	338539	144133	194406	238965	102013	136952	782252	394023	388229
浙　江	127759	56828	70931	168915	69366	99549	464662	230829	233833
安　徽	325394	124960	200434	126263	53788	72475	540969	275467	265502
福　建	87876	34961	52915	74285	31089	43196	253398	129363	124035
江　西	124683	51221	73462	73826	30915	42911	466860	243106	223754
山　东	308598	145043	163555	219707	97072	122635	1177876	583858	594018
河　南	257420	106305	151115	154195	66834	87361	1300323	664002	636321
湖　北	146618	56898	89720	162766	67951	94815	673530	341399	332131
湖　南	100179	38516	61663	117379	49805	67574	744274	379210	365064
广　东	143571	55825	87746	272836	110413	162423	1323886	681299	642587
广　西	39112	15661	23451	88529	35874	52655	478500	246436	232064
海　南	8920	3083	5837	22248	9099	13149	158672	82610	76062
重　庆	66614	24061	42553	199316	84139	115177	521240	255379	265861
四　川	158671	58178	100493	451901	193242	258659	1075085	538221	536864
贵　州	67255	26394	40861	69027	28875	40152	496153	249912	246241
云　南	50239	19598	30641	105825	46524	59301	301716	151893	149823
西　藏	6553	2800	3753	8619	4003	4616	74492	37234	37258
陕　西	211660	89076	122584	133978	60128	73850	636878	328799	308079
甘　肃	106825	43850	62975	71408	30693	40715	470769	242002	228767
青　海	24704	11093	13611	32999	15017	17982	110056	56791	53265
宁　夏	73902	35019	38883	24818	10670	14148	91583	46466	45117
新　疆	51763	22107	29656	102685	43142	59543	373610	185300	188310

7-9b 全国按现住地、性别、迁移原因分的户口登记地在本省其他乡镇街道的人口(镇)

单位：人

现住地	合计			工作就业		
	合计	男	女	小计	男	女
全　国	**99804841**	**49837237**	**49967604**	**25476033**	**14434341**	**11041692**
北　京	250549	126067	124482	53878	30749	23129
天　津	77720	39337	38383	15180	9172	6008
河　北	6358987	3152742	3206245	1522020	869746	652274
山　西	3428410	1713015	1715395	676846	425691	251155
内蒙古	3270137	1619332	1650805	842912	493650	349262
辽　宁	1556557	752233	804324	248966	144370	104596
吉　林	2221683	1077951	1143732	379598	215371	164227
黑龙江	2449553	1196127	1253426	360275	202598	157677
上　海	286867	146316	140551	50757	29749	21008
江　苏	5050916	2534026	2516890	1389303	803141	586162
浙　江	3203597	1614569	1589028	1107052	622757	484295
安　徽	6994616	3489479	3505137	1841595	1067145	774450
福　建	3436341	1754488	1681853	937514	550235	387279
江　西	4848598	2467731	2380867	1096264	599017	497247
山　东	6807626	3453876	3353750	1924374	1117262	807112
河　南	10404150	5267859	5136291	3180439	1737438	1443001
湖　北	3085056	1537137	1547919	645164	366957	278207
湖　南	5652839	2844694	2808145	1428453	779322	649131
广　东	3902060	1999145	1902915	1177852	678251	499601
广　西	3336750	1635615	1701135	912131	495286	416845
海　南	431157	215208	215949	118769	67201	51568
重　庆	1889381	931083	958298	404079	223754	180325
四　川	5901230	2848842	3052388	1315758	716904	598854
贵　州	3574517	1740811	1833706	760828	419022	341806
云　南	3181014	1588582	1592432	1050470	580479	469991
西　藏	132149	65898	66251	48662	25463	23199
陕　西	3028284	1518645	1509639	786929	459679	327250
甘　肃	2122377	1042471	1079906	487462	286052	201410
青　海	602654	303834	298820	129747	77865	51882
宁　夏	830880	417040	413840	190341	114869	75472
新　疆	1488186	743084	745102	392415	225146	167269

7-9b 续表 1

单位：人

现住地	学习培训			随同离开/投亲靠友			拆迁/搬家		
	小计	男	女	小计	男	女	小计	男	女
全　国	**15573984**	**7997895**	**7576089**	**14328393**	**6741005**	**7587388**	**23856109**	**12288279**	**11567830**
北　京	19237	10001	9236	31447	14991	16456	82266	41663	40603
天　津	13750	7365	6385	7204	3177	4027	26229	13318	12911
河　北	1168816	577022	591794	958787	448051	510736	1404407	719890	684517
山　西	451971	222843	229128	610666	257409	353257	806228	429133	377095
内蒙古	321265	160296	160969	445120	192912	252208	753808	387519	366289
辽　宁	129557	62047	67510	244686	105375	139311	607957	309735	298222
吉　林	210493	100310	110183	230698	100297	130401	873399	438468	434931
黑龙江	202046	100737	101309	233037	98219	134818	897281	452649	444632
上　海	15196	8326	6870	24850	11933	12917	135675	69496	66179
江　苏	613301	327810	285491	640073	309122	330951	1366964	699013	667951
浙　江	390153	201070	189083	377298	178425	198873	854857	437999	416858
安　徽	1239090	669403	569687	975037	465552	509485	1523161	784015	739146
福　建	448417	229183	219234	624671	301337	323334	964388	512754	451634
江　西	852536	470304	382232	665161	329601	335560	1404507	732806	671701
山　东	769298	403920	365378	1394926	663017	731909	1250577	647262	603315
河　南	2217650	1150745	1066905	1434362	694245	740117	1655515	850393	805122
湖　北	395490	205666	189824	471069	223707	247362	1035946	536823	499123
湖　南	964627	516332	448295	749647	364899	384748	1517888	778302	739586
广　东	599929	311486	288443	602586	290795	311791	860947	451897	409050
广　西	660724	324370	336354	462454	226751	235703	728740	384668	344072
海　南	56001	29911	26090	65745	32598	33147	60146	34080	26066
重　庆	246988	130751	116237	313147	145836	167311	504806	256858	247948
四　川	943390	471248	472142	704080	326772	377308	1627633	812348	815285
贵　州	759087	372478	386609	442807	215705	227102	789423	412200	377223
云　南	629234	306356	322878	446761	213181	233580	545122	285024	260098
西　藏	14378	7066	7312	9283	4291	4992	26308	12805	13503
陕　西	411932	211672	200260	486952	218101	268851	612642	315853	296789
甘　肃	402011	201113	200898	259729	116587	143142	321258	163388	157870
青　海	88457	43417	45040	92071	40495	51576	112444	58094	54350
宁　夏	97797	48972	48825	171624	77138	94486	161139	84767	76372
新　疆	241163	115675	125488	152415	70486	81929	344448	175059	169389

7-9b 续表 2

单位：人

现住地	寄挂户口			婚姻嫁娶			照料孙子女		
	小计	男	女	小计	男	女	小计	男	女
全　国	**1129985**	**608648**	**521337**	**3334129**	**510524**	**2823605**	**2256329**	**712757**	**1543572**
北　京	12809	7173	5636	11668	2784	8884	3168	1129	2039
天　津	2476	1315	1161	3144	310	2834	402	125	277
河　北	58765	32690	26075	264253	39374	224879	97991	32903	65088
山　西	26391	14557	11834	128398	17873	110525	43606	15013	28593
内蒙古	35279	18379	16900	163384	32868	130516	53653	18984	34669
辽　宁	25691	13371	12320	89510	18463	71047	10481	3377	7104
吉　林	99250	50215	49035	87904	17766	70138	40814	14278	26536
黑龙江	61699	31193	30506	75097	16842	58255	41382	15162	26220
上　海	3291	1798	1493	11278	3452	7826	5068	1590	3478
江　苏	61870	34165	27705	220289	36452	183837	172110	53997	118113
浙　江	20776	11237	9539	121215	19134	102081	65672	18772	46900
安　徽	55190	31101	24089	232573	33008	199565	245113	69244	175869
福　建	28985	15698	13287	108686	9214	99472	70991	20554	50437
江　西	38336	20541	17795	93422	8880	84542	149855	49695	100160
山　东	91183	51481	39702	206199	32918	173281	172052	56422	115630
河　南	71705	40280	31425	186739	22564	164175	194266	65833	128433
湖　北	38175	20656	17519	116287	17952	98335	69446	21361	48085
湖　南	47708	25433	22275	148480	21516	126964	129146	40953	88193
广　东	104521	56458	48063	116021	5541	110480	72370	23280	49090
广　西	30890	16809	14081	150164	13695	136469	75171	21598	53573
海　南	21723	11349	10374	31760	1603	30157	2967	876	2091
重　庆	14340	7775	6565	57596	9958	47638	41408	12847	28561
四　川	53046	27975	25071	218046	45197	172849	171060	51547	119513
贵　州	21148	10504	10644	150532	18082	132450	75270	21873	53397
云　南	16971	9027	7944	130332	30773	99559	68075	20452	47623
西　藏	1643	860	783	2103	761	1342	607	191	416
陕　西	36681	19862	16819	63559	7605	55954	61944	20407	41537
甘　肃	18605	10472	8133	44611	6372	38239	79727	25870	53857
青　海	5033	2666	2367	12788	2034	10754	12171	4549	7622
宁　夏	13535	7004	6531	33531	7943	25588	16126	5550	10576
新　疆	12270	6604	5666	54560	9590	44970	14217	4325	9892

7-9b 续表 3

单位：人

现住地	为子女就学			养老/康养			其他		
	小计	男	女	小计	男	女	小计	男	女
全国	**3410853**	**1319911**	**2090942**	**1626249**	**745016**	**881233**	**8812777**	**4478861**	**4333916**
北京	1623	772	851	16112	7461	8651	18341	9344	8997
天津	436	190	246	1969	927	1042	6930	3438	3492
河北	203627	87656	115971	107602	53366	54236	572719	292044	280675
山西	264645	118976	145669	49532	23471	26061	370127	188049	182078
内蒙古	195651	87774	107877	89515	39448	50067	369550	187502	182048
辽宁	37984	15807	22177	30117	14260	15857	131608	65428	66180
吉林	92637	41002	51635	48821	21992	26829	158069	78252	79817
黑龙江	158895	70035	88860	69711	32526	37185	350130	176166	173964
上海	4851	2299	2552	20889	9870	11019	15012	7803	7209
江苏	187689	71309	116380	72159	32871	39288	327158	166146	161012
浙江	50573	19768	30805	52214	22467	29747	163787	82940	80847
安徽	368549	113428	255121	87962	38538	49424	426346	218045	208301
福建	74209	24946	49263	36495	16288	20207	141985	74279	67706
江西	150298	54216	96082	54430	23752	30678	343789	178919	164870
山东	242145	109629	132516	91091	45102	45989	665781	326863	338918
河南	267918	99704	168214	117340	53741	63599	1078216	552916	525300
湖北	70497	23733	46764	41435	18454	22981	201547	101828	99719
湖南	122305	42982	79323	72547	32474	40073	472038	242481	229557
广东	33207	11095	22112	47142	20496	26646	287485	149846	137639
广西	45158	15274	29884	34639	15351	19288	236679	121813	114866
海南	2918	1025	1893	6169	3017	3152	64959	33548	31411
重庆	40128	12988	27140	51789	23282	28507	215100	107034	108066
四川	138386	44171	94215	178015	78543	99472	551816	274137	277679
贵州	121968	43381	78587	34194	15514	18680	419260	212052	207208
云南	46103	15773	30330	44615	21542	23073	203331	105975	97356
西藏	4682	2075	2607	2282	1010	1272	22201	11376	10825
陕西	161742	59021	102721	62424	31249	31175	343479	175196	168283
甘肃	162667	57789	104878	44140	20182	23958	302167	154646	147521
青海	47801	22517	25284	11895	5562	6333	90247	46635	43612
宁夏	74325	34505	39820	19984	9282	10702	52478	27010	25468
新疆	37236	16071	21165	29020	12978	16042	210442	107150	103292

7-9c 全国按现住地、性别、迁移原因分的户口登记地在本省其他乡镇街道的人口(乡村)

单位：人

现住地	合计			工作就业		
	合计	男	女	小计	男	女
全国	**32952803**	**16989683**	**15963120**	**8557103**	**5534644**	**3022459**
北京	234335	112843	121492	45188	27275	17913
天津	68063	30113	37950	6593	4031	2562
河北	1070909	483673	587236	178233	122728	55505
山西	1424575	795282	629293	375657	285761	89896
内蒙古	1196535	623629	572906	344996	225310	119686
辽宁	994323	468452	525871	147339	96875	50464
吉林	1447754	695601	752153	174025	105088	68937
黑龙江	1876294	930197	946097	213037	126355	86682
上海	104134	54257	49877	20696	13703	6993
江苏	1421697	752924	668773	540899	345045	195854
浙江	1146080	587201	558879	392378	247142	145236
安徽	1134264	580489	553775	257071	169957	87114
福建	973923	518926	454997	332690	216680	116010
江西	757393	410384	347009	196766	123393	73373
山东	1221330	631367	589963	293148	195331	97817
河南	1599643	853207	746436	405966	259608	146358
湖北	1372199	736880	635319	380843	253643	127200
湖南	947322	481708	465614	207562	129433	78129
广东	2352626	1266657	1085969	790914	497835	293079
广西	1000287	478025	522262	271226	170483	100743
海南	345619	163617	182002	75187	45910	29277
重庆	711700	373583	338117	197067	125779	71288
四川	3172382	1622991	1549391	881736	551487	330249
贵州	1465838	702512	763326	309103	196992	112111
云南	1188083	631953	556130	491693	320825	170868
西藏	157704	81956	75748	52917	29214	23703
陕西	1171242	645453	525789	314509	216325	98184
甘肃	851445	472649	378796	255157	172093	83064
青海	138162	74036	64126	26613	18132	8481
宁夏	458397	241367	217030	96192	65349	30843
新疆	948545	487751	460794	281702	176862	104840

7-9c　续表 1　　　　单位：人

现住地	学习培训			随同离开/投亲靠友			拆迁/搬家		
	小计	男	女	小计	男	女	小计	男	女
全　国	**3232342**	**1632638**	**1599704**	**3617386**	**1732320**	**1885066**	**7317739**	**3832608**	**3485131**
北　京	10712	6305	4407	36239	17669	18570	49220	25238	23982
天　津	5785	2853	2932	5569	2581	2988	21552	10800	10752
河　北	73567	36709	36858	135876	66829	69047	147906	77725	70181
山　西	118591	62085	56506	219487	97479	122008	271362	148256	123106
内蒙古	67581	33934	33647	146754	61093	85661	255369	136456	118913
辽　宁	70227	31854	38373	128594	59882	68712	259961	136776	123185
吉　林	128693	60743	67950	123422	55612	67810	544157	280713	263444
黑龙江	87621	44922	42699	138463	59457	79006	728264	373977	354287
上　海	4923	2285	2638	10865	5395	5470	34718	18006	16712
江　苏	71071	37047	34024	137464	67997	69467	320056	163755	156301
浙　江	91826	48955	42871	144682	70757	73925	229957	120756	109201
安　徽	110501	55442	55059	109887	52807	57080	314643	164949	149694
福　建	113932	60725	53207	144054	69035	75019	191633	100937	90696
江　西	110141	62565	47576	70847	36013	34834	185176	99334	85842
山　东	78966	40870	38096	173935	86348	87587	234661	123124	111537
河　南	287785	149260	138525	124728	62586	62142	331517	170628	160889
湖　北	96098	54985	41113	158758	78155	80603	348733	186173	162560
湖　南	111539	52351	59188	90855	46605	44250	209276	110042	99234
广　东	340365	176787	163578	229566	114241	115325	357979	192900	165079
广　西	137786	65532	72254	110441	55652	54789	135221	73542	61679
海　南	36071	17971	18100	35606	18462	17144	44788	24895	19893
重　庆	58355	31425	26930	101781	48892	52889	180272	92964	87308
四　川	304103	148444	155659	312010	149444	162566	694615	355333	339282
贵　州	226341	113241	113100	152308	75427	76881	295069	154544	140525
云　南	95970	45370	50600	144226	72318	71908	130270	70193	60077
西　藏	18889	9786	9103	6248	2983	3265	39222	19476	19746
陕　西	132680	63675	69005	146593	68955	77638	260514	136021	124493
甘　肃	89230	44442	44788	84345	40826	43519	135231	71290	63941
青　海	10544	5188	5356	17207	7910	9297	29169	15395	13774
宁　夏	32419	15174	17245	90776	41636	49140	130314	70927	59387
新　疆	110030	51713	58317	85800	39274	46526	206914	107483	99431

7-9c 续表 2

单位：人

现住地	寄挂户口			婚姻嫁娶			照料孙子女		
	小计	男	女	小计	男	女	小计	男	女
全　国	**1887499**	**1042469**	**845030**	**3164091**	**490650**	**2673441**	**234793**	**79042**	**155751**
北　京	13525	7525	6000	33780	5750	28030	1968	697	1271
天　津	5233	2708	2525	10320	574	9746	196	67	129
河　北	70420	41694	28726	279443	28434	251009	4922	2187	2735
山　西	50176	29382	20794	118561	20852	97709	8125	3229	4896
内蒙古	39278	20709	18569	93772	18906	74866	8428	2947	5481
辽　宁	67269	35468	31801	170406	28133	142273	2499	848	1651
吉　林	153181	77808	75373	125718	18703	107015	9691	3281	6410
黑龙江	103706	52583	51123	87855	15840	72015	14313	5270	9043
上　海	3219	1731	1488	10669	3748	6921	759	252	507
江　苏	65884	37340	28544	132394	22354	110040	10508	3046	7462
浙　江	28420	16294	12126	141112	23457	117655	6375	1765	4610
安　徽	66303	38290	28013	109850	12393	97457	7480	2230	5250
福　建	42898	23810	19088	65967	7438	58529	8037	2134	5903
江　西	51698	29489	22209	43332	3879	39453	4608	1779	2829
山　东	111908	66445	45463	157175	19427	137748	8481	3189	5292
河　南	109129	64447	44682	96815	10115	86700	12520	4564	7956
湖　北	85135	47219	37916	121985	20679	101306	11927	4033	7894
湖　南	59666	33266	26400	98331	14456	83875	5023	1889	3134
广　东	245468	135625	109843	120966	7456	113510	15811	5438	10373
广　西	61364	35155	26209	172194	16938	155256	5764	2145	3619
海　南	41647	21583	20064	51261	2299	48962	1460	541	919
重　庆	27225	15275	11950	51946	11842	40104	6178	1839	4339
四　川	143342	76291	67051	320376	82510	237866	31471	9245	22226
贵　州	44132	22647	21485	201347	22182	179165	9420	2861	6559
云　南	33274	18488	14786	180878	42734	138144	5758	1816	3942
西　藏	6970	3565	3405	4855	1966	2889	303	102	201
陕　西	66352	36752	29600	38383	7803	30580	10578	3861	6717
甘　肃	44573	26342	18231	34401	6895	27506	12118	4348	7770
青　海	7402	4002	3400	9947	2361	7586	573	253	320
宁　夏	16213	8534	7679	19619	3054	16565	4578	1679	2899
新　疆	22489	12002	10487	60433	7472	52961	4921	1507	3414

7-9c　续表 3　　　　单位：人

现住地	为子女就学			养老/康养			其　他		
	小计	男	女	小计	男	女	小计	男	女
全　国	**368576**	**150141**	**218435**	**732388**	**440363**	**292025**	**3840886**	**2054808**	**1786078**
北　京	1199	564	635	22248	11167	11081	20256	10653	9603
天　津	245	108	137	2475	1359	1116	10095	5032	5063
河　北	3987	1460	2527	40806	31359	9447	135749	74548	61201
山　西	46939	21559	25380	40502	28934	11568	175175	97745	77430
内蒙古	30942	14201	16741	25480	12894	12586	183935	97179	86756
辽　宁	2675	1116	1559	25591	14676	10915	119762	62824	56938
吉　林	30806	13373	17433	28944	14333	14611	129117	65947	63170
黑龙江	73133	33483	39650	38300	19476	18824	391602	198834	192768
上　海	497	238	259	12128	5733	6395	5660	3166	2494
江　苏	7261	2632	4629	26309	14977	11332	109851	58731	51120
浙　江	4755	1701	3054	33744	17860	15884	72831	38514	34317
安　徽	10525	2858	7667	24672	15229	9443	123332	66334	56998
福　建	7482	2076	5406	11835	6571	5264	55395	29520	25875
江　西	2929	990	1939	19022	12439	6583	72874	40503	32371
山　东	3679	1478	2201	35696	25247	10449	123681	69908	53773
河　南	6889	2401	4488	29106	20809	8297	195188	108789	86399
湖　北	4376	1480	2896	32771	18629	14142	131573	71884	59689
湖　南	2792	876	1916	28552	19389	9163	133726	73401	60325
广　东	6810	2254	4556	26833	16083	10750	217914	118038	99876
广　西	1901	589	1312	14284	9834	4450	90106	48155	41951
海　南	574	220	354	8301	4960	3341	50724	26776	23948
重　庆	3822	1036	2786	18220	9114	9106	66834	35417	31417
四　川	19698	6925	12773	83533	43597	39936	381498	199715	181783
贵　州	12596	4012	8584	13636	8604	5032	201886	102002	99884
云　南	1593	519	1074	14081	9876	4205	90340	49814	40526
西　藏	646	244	402	1323	704	619	26331	13916	12415
陕　西	33370	13440	19930	31161	21747	9414	137102	76874	60228
甘　肃	23532	7827	15705	20387	13649	6738	152471	84937	67534
青　海	2273	1285	988	1628	1045	583	32806	18465	14341
宁　夏	13734	6284	7450	7741	4083	3658	46811	24647	22164
新　疆	6916	2912	4004	13079	5986	7093	156261	82540	73721

7-10 全国按现住地、性别、迁移原因分的户口登记地在外省的人口

单位：人

现住地	合计			工作就业		
	合计	男	女	小计	男	女
全　国	**124837153**	**71689122**	**53148031**	**85272403**	**53113199**	**32159204**
北　京	8418418	4545480	3872938	5913470	3475451	2438019
天　津	3534816	2022009	1512807	1756829	1163513	593316
河　北	3155272	1764927	1390345	1581174	1025296	555878
山　西	1620518	996714	623804	785447	589447	196000
内蒙古	1686420	1002896	683524	925197	654235	270962
辽　宁	2847308	1514766	1332542	1150880	705912	444968
吉　林	1001471	513300	488171	301182	192097	109085
黑龙江	829176	448219	380957	229438	149760	79678
上　海	10479652	5789091	4690561	7854027	4640734	3213293
江　苏	10308610	5891141	4417469	7186838	4392554	2794284
浙　江	16186454	9469849	6716605	13301726	8062201	5239525
安　徽	1550509	872497	678012	859565	591417	268148
福　建	4889876	2848119	2041757	3674312	2279050	1395262
江　西	1279014	731535	547479	637634	439397	198237
山　东	4129007	2379476	1749531	2256380	1503461	752919
河　南	1273646	725242	548404	568196	372195	196001
湖　北	2249614	1223437	1026177	915909	605469	310440
湖　南	1577563	845434	732129	740988	473337	267651
广　东	29622110	17511681	12110429	24436581	15019063	9417518
广　西	1359384	781619	577765	764914	509134	255780
海　南	1088143	644352	443791	634830	427798	207032
重　庆	2193575	1170880	1022695	1007108	631375	375733
四　川	2590041	1413237	1176804	1287789	823388	464401
贵　州	1146546	656454	490092	609863	410231	199632
云　南	2230394	1355839	874555	1423032	953233	469799
西　藏	407121	281541	125580	341077	240974	100103
陕　西	1933712	1131352	802360	1051669	694612	357057
甘　肃	765648	460376	305272	401019	279068	121951
青　海	417304	262256	155048	263154	185635	77519
宁　夏	675119	394759	280360	364430	247875	116555
新　疆	3390712	2040644	1350068	2047745	1375287	672458

7-10　续表 1　　单位：人

现住地	学习培训			随同离开/投亲靠友			拆迁/搬家		
	小计	男	女	小计	男	女	小计	男	女
全　国	**10069385**	**5295539**	**4773846**	**11729036**	**5653124**	**6075912**	**4846303**	**2539551**	**2306752**
北　京	500865	258449	242416	762645	350564	412081	237092	111865	125227
天　津	390485	201751	188734	325132	147972	177160	303334	154361	148973
河　北	303761	163513	140248	428439	201526	226913	251250	133354	117896
山　西	144582	74359	70223	194653	85234	109419	137129	73445	63684
内蒙古	89371	48594	40777	227985	99677	128308	139151	74041	65110
辽　宁	341082	184796	156286	462587	203471	259116	424786	222749	202037
吉　林	254609	122656	131953	105511	47622	57889	152620	79093	73527
黑龙江	252182	137700	114482	77216	35235	41981	117646	62959	54687
上　海	547976	282026	265950	873091	420847	452244	271782	129469	142313
江　苏	847570	451537	396033	1089732	548269	541463	372869	194881	177988
浙　江	630630	342753	287877	1394581	703853	690728	171448	90985	80463
安　徽	157110	83244	73866	161925	75750	86175	90793	45675	45118
福　建	373786	190138	183648	493942	241548	252394	78640	41650	36990
江　西	277263	131676	145587	111151	54620	56531	72695	38638	34057
山　东	434298	218430	215868	587023	272232	314791	246613	130838	115775
河　南	290570	166720	123850	140083	67735	72348	70490	37350	33140
湖　北	580505	293707	286798	240085	116321	123764	192355	102418	89937
湖　南	310078	152465	157613	157355	77831	79524	111225	58828	52397
广　东	1395385	781521	613864	1785176	892687	892489	339193	178343	160850
广　西	178237	88364	89873	159492	79193	80299	63898	35903	27995
海　南	104591	51580	53011	112545	54228	58317	30270	17448	12822
重　庆	351051	179717	171334	273082	125632	147450	232197	120252	111945
四　川	391616	204536	187080	232366	109804	122562	178626	91777	86849
贵　州	76143	38486	37657	151327	73533	77794	89154	49949	39205
云　南	172834	85905	86929	286952	144263	142689	61756	35556	26200
西　藏	12302	7248	5054	9609	4590	5019	5796	3868	1928
陕　西	317877	168076	149801	205921	99224	106697	89578	49388	40190
甘　肃	100008	54006	46002	84927	39759	45168	40438	22260	18178
青　海	23954	12877	11077	49247	22577	26670	18853	10826	8027
宁　夏	48818	25080	23738	111769	50630	61139	52806	29909	22897
新　疆	169846	93629	76217	433487	206697	226790	201820	111473	90347

7-10 续表 2 单位：人

现住地	寄挂户口			婚姻嫁娶			照料孙子女		
	小计	男	女	小计	男	女	小计	男	女
全　国	**696880**	**374588**	**322292**	**3076443**	**506388**	**2570055**	**2778070**	**901899**	**1876171**
北　京	29936	15160	14776	272181	42498	229683	347112	120634	226478
天　津	238368	132140	106228	96425	11431	84994	75718	26015	49703
河　北	32329	17345	14984	165476	29125	136351	62527	22397	40130
山　西	86257	46587	39670	58208	10264	47944	15302	5114	10188
内蒙古	25602	13382	12220	84378	15046	69332	26559	9247	17312
辽　宁	43654	22904	20750	111973	22591	89382	52873	19144	33729
吉　林	15536	8146	7390	63156	11967	51189	19682	7086	12596
黑龙江	9546	5077	4469	47929	9793	38136	10245	3683	6562
上　海	18512	9165	9347	199952	24286	175666	372283	119875	252408
江　苏	26612	13971	12641	195431	34602	160829	244084	79313	164771
浙　江	6913	3528	3385	118862	18525	100337	191041	54251	136790
安　徽	10010	5204	4806	134470	11506	122964	34120	10589	23531
福　建	7569	4096	3473	78060	9704	68356	59456	16572	42884
江　西	7033	3824	3209	65061	7749	57312	17564	5800	11764
山　东	43510	22769	20741	133834	20402	113432	89314	31836	57478
河　南	2694	1371	1323	57699	9368	48331	28268	9933	18335
湖　北	10508	5772	4736	143573	22847	120726	48816	16166	32650
湖　南	8972	4473	4499	117739	15853	101886	28658	9524	19134
广　东	12827	6350	6477	201384	22348	179036	606756	185819	420937
广　西	1726	900	826	66828	10204	56624	30895	10386	20509
海　南	5423	2946	2477	23713	4863	18850	24003	8043	15960
重　庆	5916	3012	2904	115138	20843	94295	70077	22605	47472
四　川	11348	6131	5217	172911	34141	138770	88710	30327	58383
贵　州	1452	791	661	87080	18971	68109	26212	8522	17690
云　南	5959	3343	2616	80973	32192	48781	41798	13958	27840
西　藏	1034	649	385	2139	855	1284	747	204	543
陕　西	7040	4129	2911	45750	8624	37126	52947	18705	34242
甘　肃	4864	2664	2200	27946	5213	22733	11422	3905	7517
青　海	1394	797	597	12142	2935	9207	7163	2238	4925
宁　夏	4781	2555	2226	20792	4344	16448	18539	5936	12603
新　疆	9555	5407	4148	75240	13298	61942	75179	24072	51107

7-10　续表 3

单位：人

现住地	为子女就学			养老/康养			其　他		
	小计	男	女	小计	男	女	小计	男	女
全　国	**348681**	**118131**	**230550**	**907040**	**403845**	**503195**	**5112912**	**2782858**	**2330054**
北　京	19050	6319	12731	71541	29127	42414	264526	135413	129113
天　津	10495	3744	6751	17970	7783	10187	320060	173299	146761
河　北	21305	8639	12666	59172	28826	30346	249839	134906	114933
山　西	9339	3700	5639	7797	3627	4170	181804	104937	76867
内蒙古	14019	5724	8295	13517	5777	7740	140641	77173	63468
辽　宁	8696	3461	5235	41189	18263	22926	209588	111475	98113
吉　林	8005	3312	4693	12825	5566	7259	68345	35755	32590
黑龙江	6507	2618	3889	10552	4594	5958	67915	36800	31115
上　海	20808	6200	14608	48301	19642	28659	272920	136847	136073
江　苏	28327	9737	18590	56895	26267	30628	260252	140010	120242
浙　江	14558	4372	10186	27141	11718	15423	329554	177663	151891
安　徽	13786	3529	10257	14606	7128	7478	74124	38455	35669
福　建	7118	1666	5452	9952	4222	5730	107041	59473	47568
江　西	5449	1609	3840	7547	3483	4064	77617	44739	32878
山　东	16889	6737	10152	61246	28750	32496	259900	144021	115879
河　南	10656	3800	6856	12849	6692	6157	92141	50078	42063
湖　北	9554	2954	6600	12996	5802	7194	95313	51981	43332
湖　南	7133	2205	4928	10046	4933	5113	85369	45985	39384
广　东	35815	9122	26693	113639	45157	68482	695354	371271	324083
广　西	3954	1289	2665	26639	12108	14531	62801	34138	28663
海　南	2347	718	1629	69278	31855	37423	81143	44873	36270
重　庆	8696	2376	6320	26230	11703	14527	104080	53365	50715
四　川	13833	3792	10041	67694	33003	34691	145148	76338	68810
贵　州	5341	1614	3727	10214	4877	5337	89760	49480	40280
云　南	5639	2072	3567	24071	10900	13171	127380	74417	52963
西　藏	555	203	352	343	155	188	33519	22795	10724
陕　西	13438	5107	8331	23601	11065	12536	125891	72422	53469
甘　肃	5259	1906	3353	8645	4031	4614	81120	47564	33556
青　海	1990	879	1111	2717	1179	1538	36690	22313	14377
宁　夏	6753	3144	3609	6236	2698	3538	40195	22588	17607
新　疆	13367	5583	7784	31591	12914	18677	332882	192284	140598

7-10a 全国按现住地、性别、迁移原因分的户口登记地在外省的人口(城市)

单位：人

现住地	合计			工作就业		
	合计	男	女	小计	男	女
全国	**88320084**	**50054399**	**38265685**	**60182635**	**36708006**	**23474629**
北京	6780025	3554961	3225064	4660545	2654665	2005880
天津	3035342	1727116	1308226	1488301	980535	507766
河北	1661716	916631	745085	779854	489042	290812
山西	995393	578249	417144	441471	308791	132680
内蒙古	844424	477955	366469	438857	289014	149843
辽宁	2379097	1271693	1107404	984960	596832	388128
吉林	578317	304121	274196	195594	121032	74562
黑龙江	595884	326321	269563	158843	102449	56394
上海	7811731	4195271	3616460	5721231	3295881	2425350
江苏	6123721	3474239	2649482	4079028	2481077	1597951
浙江	9882772	5714183	4168589	8056884	4823721	3233163
安徽	693259	389549	303710	366907	244407	122500
福建	3041634	1728817	1312817	2283919	1368855	915064
江西	691391	388380	303011	313481	210353	103128
山东	2763772	1584324	1179448	1524719	997969	526750
河南	692311	394548	297763	283341	180383	102958
湖北	1655553	902476	753077	664812	430708	234104
湖南	986774	539364	447410	454416	287367	167049
广东	24859982	14605610	10254372	20571956	12547687	8024269
广西	909591	518010	391581	504924	323767	181157
海南	697395	407512	289883	411334	271156	140178
重庆	1751554	932675	818879	785966	480127	305839
四川	1792904	984994	807910	918534	570875	347659
贵州	671502	382746	288756	348128	225385	122743
云南	1480975	873664	607311	946004	608995	337009
西藏	230372	151499	78873	187366	125751	61615
陕西	1483323	842994	640329	786069	494704	291365
甘肃	414991	241099	173892	200479	133528	66951
青海	304903	187701	117202	188632	130167	58465
宁夏	373111	213159	159952	193637	128394	65243
新疆	2136365	1244538	891827	1242443	804389	438054

7-10a 续表 1

单位：人

现住地	学习培训			随同离开/投亲靠友			拆迁/搬家		
	小计	男	女	小计	男	女	小计	男	女
全　国	**7759325**	**4072245**	**3687080**	**8043580**	**3872598**	**4170982**	**3544928**	**1849223**	**1695705**
北　京	436467	221877	214590	627730	288833	338897	207374	97072	110302
天　津	348663	179203	169460	273841	125259	148582	270709	137121	133588
河　北	206909	112160	94749	223808	104580	119228	153144	80653	72491
山　西	121970	62896	59074	137336	60408	76928	91463	48771	42692
内蒙古	62080	34509	27571	129573	57370	72203	74537	39470	35067
辽　宁	308617	170180	138437	389235	171593	217642	348115	181952	166163
吉　林	118421	62710	55711	68108	30752	37356	96380	49604	46776
黑龙江	221267	120969	100298	48819	22339	26480	76694	41147	35547
上　海	410253	206522	203731	659852	315200	344652	232986	110795	122191
江　苏	620326	329091	291235	636356	319265	317091	266853	140092	126761
浙　江	446415	238234	208181	820310	414485	405825	117364	62187	55177
安　徽	86386	46107	40279	77701	36399	41302	50141	25524	24617
福　建	255522	129731	125791	296853	146329	150524	47397	25188	22209
江　西	180960	85932	95028	61319	30145	31174	46311	24802	21509
山　东	336621	164663	171958	384335	179184	205151	161018	85105	75913
河　南	171864	102164	69700	78807	38078	40729	49393	26223	23170
湖　北	499730	251112	248618	165904	80280	85624	132928	70810	62118
湖　南	247934	120500	127434	96181	47856	48325	69867	37273	32594
广　东	1190363	665522	524841	1419856	708340	711516	267394	139297	128097
广　西	122930	59751	63179	112960	56456	56504	50140	28246	21894
海　南	60180	30441	29739	72983	34969	38014	19906	11287	8619
重　庆	318521	160715	157806	214054	98852	115202	197949	103297	94652
四　川	289665	150833	138832	152593	72132	80461	129714	67485	62229
贵　州	47734	24184	23550	95596	46385	49211	69760	39177	30583
云　南	138749	68321	70428	188500	95110	93390	43551	24643	18908
西　藏	10457	6161	4296	5884	2854	3030	3834	2523	1311
陕　西	265344	140476	124868	159069	77857	81212	73392	40455	32937
甘　肃	53657	28899	24758	53672	25268	28404	27311	14965	12346
青　海	20368	10937	9431	37280	17172	20108	15239	8744	6495
宁　夏	34412	17424	16988	59659	27375	32284	29368	16679	12689
新　疆	126540	70021	56519	295406	141473	153933	124696	68636	56060

7-10a 续表 2 单位：人

现住地	寄挂户口			婚姻嫁娶			照料孙子女		
	小计	男	女	小计	男	女	小计	男	女
全国	**463447**	**249572**	**213875**	**1600136**	**296434**	**1303702**	**2375262**	**781221**	**1594041**
北京	22957	11556	11401	216671	32681	183990	318177	111615	206562
天津	202676	112338	90338	79611	9543	70068	71497	24773	46724
河北	16475	8558	7917	56261	12499	43762	41227	15027	26200
山西	42838	23034	19804	30379	5615	24764	12174	4111	8063
内蒙古	10247	5344	4903	37826	7300	30526	17609	6290	11319
辽宁	29198	15265	13933	68731	15170	53561	49559	18022	31537
吉林	7147	3749	3398	29543	6292	23251	12716	4636	8080
黑龙江	5731	3062	2669	22626	5118	17508	7616	2777	4839
上海	16309	8029	8280	165140	20383	144757	323938	106299	217639
江苏	19460	10346	9114	93152	20974	72178	187599	61892	125707
浙江	3966	2034	1932	56792	9914	46878	148972	44170	104802
安徽	4554	2395	2159	39556	5624	33932	21568	6897	14671
福建	4121	2210	1911	31836	4181	27655	47270	13639	33631
江西	3242	1832	1410	23880	3813	20067	13020	4402	8618
山东	21053	11302	9751	60671	11961	48710	69466	24789	44677
河南	1291	619	672	20918	5560	15358	20330	7266	13064
湖北	5393	2959	2434	67431	13073	54358	42828	14297	28531
湖南	4126	2135	1991	35395	7228	28167	22921	7742	15179
广东	9903	4937	4966	134729	16695	118034	563963	173854	390109
广西	934	501	433	22767	5957	16810	27473	9323	18150
海南	2867	1518	1349	11896	2425	9471	19599	6650	12949
重庆	3111	1568	1543	62039	15053	46986	64259	21002	43257
四川	5607	3042	2565	66754	18488	48266	80827	27972	52855
贵州	526	288	238	28897	8790	20107	21603	7151	14452
云南	3191	1792	1399	27990	10408	17582	35892	12016	23876
西藏	652	410	242	1074	312	762	535	146	389
陕西	4781	2721	2060	25890	5570	20320	48721	17297	31424
甘肃	1768	938	830	12869	2648	10221	8736	2971	5765
青海	868	504	364	7725	1764	5961	6601	2065	4536
宁夏	2691	1421	1270	12076	2662	9414	12878	4198	8680
新疆	5764	3165	2599	49011	8733	40278	55688	17932	37756

7-10a 续表 3 单位：人

现住地	为子女就学			养老/康养			其他		
	小计	男	女	小计	男	女	小计	男	女
全国	**247739**	**87292**	**160447**	**664464**	**286726**	**377738**	**3438568**	**1851082**	**1587486**
北京	17203	5722	11481	60893	24652	36241	212008	106288	105720
天津	9739	3475	6264	14882	6299	8583	275423	148570	126853
河北	12719	5284	7435	31086	14111	16975	140233	74717	65516
山西	6498	2649	3849	4937	2156	2781	106327	59818	46509
内蒙古	7791	3337	4454	7071	3007	4064	58833	32314	26519
辽宁	7338	2936	4402	34484	15150	19334	158860	84593	74267
吉林	5287	2220	3067	7973	3446	4527	37148	19680	17468
黑龙江	4090	1740	2350	6782	2974	3808	43416	23746	19670
上海	18087	5571	12516	40790	16552	24238	223145	110039	113106
江苏	19642	7207	12435	37562	16744	20818	163743	87551	76192
浙江	9919	3185	6734	18260	7638	10622	203890	108615	95275
安徽	7174	2186	4988	6085	2772	3313	33187	17238	15949
福建	4245	1045	3200	7157	2947	4210	63314	34692	28622
江西	3019	1000	2019	5014	2261	2753	41145	23840	17305
山东	11218	4594	6624	34662	15596	19066	160009	89161	70848
河南	7066	2688	4378	7255	3297	3958	52046	28270	23776
湖北	6762	2333	4429	9535	4074	5461	60230	32830	27400
湖南	4452	1570	2882	5888	2674	3214	45594	25019	20575
广东	30269	7561	22708	101644	40077	61567	569905	301640	268265
广西	2856	1015	1841	21825	9786	12039	42782	23208	19574
海南	1652	494	1158	46379	21186	25193	50599	27386	23213
重庆	6053	2030	4023	21138	9252	11886	78464	40779	37685
四川	9340	2982	6358	54420	25654	28766	85450	45531	39919
贵州	2746	995	1751	7448	3288	4160	49064	27103	21961
云南	4115	1599	2516	19494	8628	10866	73489	42152	31337
西藏	462	168	294	270	123	147	19838	13051	6787
陕西	10298	4148	6150	19753	8990	10763	90006	50776	39230
甘肃	3153	1253	1900	5196	2299	2897	48150	28330	19820
青海	1369	574	795	2412	1049	1363	24409	14725	9684
宁夏	3663	1724	1939	3812	1646	2166	20915	11636	9279
新疆	9514	4007	5507	20357	8398	11959	206946	117784	89162

7-10b 全国按现住地、性别、迁移原因分的户口登记地在外省的人口(镇)

单位：人

现住地	合计			工作就业		
	合计	男	女	小计	男	女
全国	**19645925**	**11380922**	**8265003**	**12965357**	**8257619**	**4707738**
北京	708163	413702	294461	521971	329155	192816
天津	259200	155432	103768	146362	100430	45932
河北	1012528	577310	435218	550841	360645	190196
山西	262761	166183	96578	135524	104336	31188
内蒙古	480078	281688	198390	263140	184780	78360
辽宁	191962	99141	92821	71199	45935	25264
吉林	240801	119327	121474	63039	41155	21884
黑龙江	129404	66348	63056	36915	23685	13230
上海	1225276	693766	531510	875916	532332	343584
江苏	2458832	1396631	1062201	1740064	1054800	685264
浙江	3390021	2002837	1387184	2801001	1711476	1089525
安徽	590432	338355	252077	347701	238456	109245
福建	1035009	612757	422252	764292	489561	274731
江西	408890	235596	173294	214835	148055	66780
山东	839666	488117	351549	454975	306237	148738
河南	415633	231918	183715	194303	125784	68519
湖北	284408	147660	136748	107830	70925	36905
湖南	399795	216018	183777	208131	131725	76406
广东	2271507	1352967	918540	1785775	1115300	670475
广西	254628	151681	102947	147639	102497	45142
海南	173776	102413	71363	92198	63857	28341
重庆	230638	121543	109095	107069	69917	37152
四川	361113	186061	175052	145050	91074	53976
贵州	275269	154340	120929	144166	94225	49941
云南	432400	269131	163269	267167	183160	84007
西藏	74824	52120	22704	65168	45994	19174
陕西	211543	126455	85088	111751	79019	32732
甘肃	199918	118607	81311	105493	71724	33769
青海	71382	46132	25250	47074	33982	13092
宁夏	164205	95330	68875	89048	60069	28979
新疆	591863	361356	230507	359720	247329	112391

7-10b　续表 1　　　　单位：人

现住地	学习培训			随同离开/投亲靠友			拆迁/搬家		
	小计	男	女	小计	男	女	小计	男	女
全　国	**1586652**	**832324**	**754328**	**2124315**	**1025506**	**1098809**	**830109**	**433782**	**396327**
北　京	39830	22243	17587	61189	28254	32935	16209	7817	8392
天　津	36659	19539	17120	25561	11056	14505	13647	7038	6609
河　北	82635	43563	39072	142541	67419	75122	71904	38173	33731
山　西	15851	7669	8182	30438	13161	17277	20224	11008	9216
内蒙古	21505	10947	10558	67010	29123	37887	37298	19852	17446
辽　宁	13052	5020	8032	32543	13804	18739	37601	19736	17865
吉　林	83931	37239	46692	21530	9521	12009	32384	16642	15742
黑龙江	23389	12450	10939	15788	7070	8718	22214	11441	10773
上　海	91729	49903	41826	126403	62515	63888	31091	14694	16397
江　苏	172522	91619	80903	281267	141990	139277	79482	40785	38697
浙　江	113169	63953	49216	295189	149803	145386	42554	22564	19990
安　徽	59726	31687	28039	58708	27475	31233	31004	15090	15914
福　建	79355	39151	40204	112413	53970	58443	21805	11222	10583
江　西	81543	38799	42744	35325	17409	17916	21926	11346	10580
山　东	82011	45920	36091	126439	57983	68456	49538	26073	23465
河　南	100007	51556	48451	45245	22020	23225	17789	9324	8465
湖　北	51794	25057	26737	35435	17137	18298	32757	17013	15744
湖　南	46769	25001	21768	39662	19554	20108	31110	15922	15188
广　东	111285	62606	48679	191867	96038	95829	49648	26683	22965
广　西	31507	16718	14789	29750	14651	15099	11937	6630	5307
海　南	21627	9591	12036	18461	8955	9506	4885	2943	1942
重　庆	19636	11595	8041	33627	15105	18522	22592	11002	11590
四　川	61347	33338	28009	37967	17915	20052	32283	15773	16510
贵　州	20862	10356	10506	35186	17271	17915	15024	8383	6641
云　南	24088	12435	11653	65961	33111	32850	11496	6879	4617
西　藏	727	428	299	1577	712	865	407	286	121
陕　西	24159	12990	11169	27814	12453	15361	10693	5892	4801
甘　肃	40374	21678	18696	17323	7906	9417	6073	3375	2698
青　海	2198	1206	992	8786	3912	4874	2194	1278	916
宁　夏	10644	5587	5057	30705	13975	16730	10650	5985	4665
新　疆	22721	12480	10241	72605	34238	38367	41690	22933	18757

7-10b 续表 2

单位：人

现住地	寄挂户口			婚姻嫁娶			照料孙子女		
	小计	男	女	小计	男	女	小计	男	女
全　国	**81685**	**43409**	**38276**	**618768**	**101512**	**517256**	**300849**	**93396**	**207453**
北　京	3408	1744	1664	16408	2583	13825	17827	5800	12027
天　津	12151	6755	5396	4998	559	4439	2459	761	1698
河　北	6590	3498	3092	45253	8092	37161	17255	6057	11198
山　西	11684	6340	5344	11177	1886	9291	2031	661	1370
内蒙古	5737	2966	2771	25758	4613	21145	7496	2466	5030
辽　宁	3020	1614	1406	13560	2682	10878	1993	689	1304
吉　林	2497	1278	1219	13261	2492	10769	5758	2047	3711
黑龙江	1653	838	815	10938	2025	8913	1956	676	1280
上　海	1124	571	553	19228	2108	17120	39904	11650	28254
江　苏	3527	1754	1773	51711	8073	43638	45622	14651	30971
浙　江	1448	720	728	25052	3636	21416	30329	7965	22364
安　徽	2494	1268	1226	42546	3843	38703	11337	3371	7966
福　建	1406	782	624	21208	2336	18872	8052	2025	6027
江　西	1804	950	854	21307	2648	18659	4000	1233	2767
山　东	6799	3519	3280	29313	3976	25337	15818	5687	10131
河　南	794	423	371	15340	2333	13007	6848	2296	4552
湖　北	1865	1023	842	29626	4856	24770	4062	1286	2776
湖　南	1998	973	1025	35562	5091	30471	4829	1532	3297
广　东	1332	646	686	23670	2260	21410	29590	8795	20795
广　西	383	197	186	15810	2277	13533	2648	820	1828
海　南	985	554	431	4012	777	3235	2415	775	1640
重　庆	1133	564	569	22249	3139	19110	4069	1133	2936
四　川	1585	827	758	38164	6858	31306	4637	1421	3216
贵　州	344	200	144	22838	5215	17623	3842	1148	2694
云　南	1075	603	472	21199	10217	10982	4740	1587	3153
西　藏	92	64	28	334	138	196	84	23	61
陕　西	876	533	343	9791	1573	8218	2869	965	1904
甘　肃	842	481	361	6910	1138	5772	1816	637	1179
青　海	206	116	90	2260	647	1613	422	128	294
宁　夏	1220	658	562	4986	939	4047	4124	1294	2830
新　疆	1613	950	663	14299	2502	11797	12017	3817	8200

7-10b 续表 3

单位：人

现住地	为子女就学			养老/康养			其他		
	小计	男	女	小计	男	女	小计	男	女
全国	**80860**	**24949**	**55911**	**151910**	**70816**	**81094**	**905420**	**497609**	**407811**
北京	970	306	664	5398	2241	3157	24953	13559	11394
天津	437	164	273	1564	720	844	15362	8410	6952
河北	7802	3106	4696	19802	9601	10201	67905	37156	30749
山西	2106	788	1318	1300	627	673	32426	19707	12719
内蒙古	5113	1943	3170	4711	2008	2703	42310	22990	19320
辽宁	860	329	531	2832	1283	1549	15302	8049	7253
吉林	2022	812	1210	3103	1382	1721	13276	6759	6517
黑龙江	1725	614	1111	2547	1130	1417	12279	6419	5860
上海	2030	488	1542	5417	2214	3203	32434	17291	15143
江苏	7394	2202	5192	13386	6419	6967	63857	34338	29519
浙江	3455	962	2493	6128	2788	3340	71696	38970	32726
安徽	6050	1217	4833	5974	2905	3069	24892	13043	11849
福建	2107	470	1637	1820	816	1004	22551	12424	10127
江西	2224	558	1666	1573	735	838	24353	13863	10490
山东	5016	1917	3099	19904	9523	10381	49853	27282	22571
河南	3247	1014	2233	3321	1737	1584	28739	15431	13308
湖北	2251	492	1759	1640	816	824	17148	9055	8093
湖南	2351	565	1786	2481	1280	1201	26902	14375	12527
广东	3934	1186	2748	8526	3539	4987	65880	35914	29966
广西	828	194	634	1286	621	665	12840	7076	5764
海南	415	139	276	13212	6158	7054	15566	8664	6902
重庆	2129	265	1864	3078	1437	1641	15056	7386	7670
四川	3490	611	2879	6395	3425	2970	30195	14819	15376
贵州	2212	535	1677	1800	904	896	28995	16103	12892
云南	1280	412	868	3135	1498	1637	32259	19229	13030
西藏	38	19	19	10	5	5	6387	4451	1936
陕西	2375	698	1677	2259	1148	1111	18956	11184	7772
甘肃	1599	513	1086	2117	974	1143	17371	10181	7190
青海	473	233	240	237	98	139	7532	4532	3000
宁夏	2239	1064	1175	1502	654	848	9087	5105	3982
新疆	2688	1133	1555	5452	2130	3322	59058	33844	25214

7-10c 全国按现住地、性别、迁移原因分的户口登记地在外省的人口(乡村)

单位：人

现住地	合计			工作就业		
	合计	男	女	小计	男	女
全　国	**16871144**	**10253801**	**6617343**	**12124411**	**8147574**	**3976837**
北　京	930230	576817	353413	730954	491631	239323
天　津	240274	139461	100813	122166	82548	39618
河　北	481028	270986	210042	250479	175609	74870
山　西	362364	252282	110082	208452	176320	32132
内蒙古	361918	243253	118665	223200	180441	42759
辽　宁	276249	143932	132317	94721	63145	31576
吉　林	182353	89852	92501	42549	29910	12639
黑龙江	103888	55550	48338	33680	23626	10054
上　海	1442645	900054	542591	1256880	812521	444359
江　苏	1726057	1020271	705786	1367746	856677	511069
浙　江	2913661	1752829	1160832	2443841	1527004	916837
安　徽	266818	144593	122225	144957	108554	36403
福　建	813233	506545	306688	626101	420634	205467
江　西	178733	107559	71174	109318	80989	28329
山　东	525569	307035	218534	276686	199255	77431
河　南	165702	98776	66926	90552	66028	24524
湖　北	309653	173301	136352	143267	103836	39431
湖　南	190994	90052	100942	78441	54245	24196
广　东	2490621	1553104	937517	2078850	1356076	722774
广　西	195165	111928	83237	112351	82870	29481
海　南	216972	134427	82545	131298	92785	38513
重　庆	211383	116662	94721	114073	81331	32742
四　川	436024	242182	193842	224205	161439	62766
贵　州	199775	119368	80407	117569	90621	26948
云　南	317019	213044	103975	209861	161078	48783
西　藏	101925	77922	24003	88543	69229	19314
陕　西	238846	161903	76943	153849	120889	32960
甘　肃	150739	100670	50069	95047	73816	21231
青　海	41019	28423	12596	27448	21486	5962
宁　夏	137803	86270	51533	81745	59412	22333
新　疆	662484	434750	227734	445582	323569	122013

7-10c　续表 1

单位：人

现住地	学习培训			随同离开/投亲靠友			拆迁/搬家		
	小计	男	女	小计	男	女	小计	男	女
全　国	**723408**	**390970**	**332438**	**1561141**	**755020**	**806121**	**471266**	**256546**	**214720**
北　京	24568	14329	10239	73726	33477	40249	13509	6976	6533
天　津	5163	3009	2154	25730	11657	14073	18978	10202	8776
河　北	14217	7790	6427	62090	29527	32563	26202	14528	11674
山　西	6761	3794	2967	26879	11665	15214	25442	13666	11776
内蒙古	5786	3138	2648	31402	13184	18218	27316	14719	12597
辽　宁	19413	9596	9817	40809	18074	22735	39070	21061	18009
吉　林	52257	22707	29550	15873	7349	8524	23856	12847	11009
黑龙江	7526	4281	3245	12609	5826	6783	18738	10371	8367
上　海	45994	25601	20393	86836	43132	43704	7705	3980	3725
江　苏	54722	30827	23895	172109	87014	85095	26534	14004	12530
浙　江	71046	40566	30480	279082	139565	139517	11530	6234	5296
安　徽	10998	5450	5548	25516	11876	13640	9648	5061	4587
福　建	38909	21256	17653	84676	41249	43427	9438	5240	4198
江　西	14760	6945	7815	14507	7066	7441	4458	2490	1968
山　东	15666	7847	7819	76249	35065	41184	36057	19660	16397
河　南	18699	13000	5699	16031	7637	8394	3308	1803	1505
湖　北	28981	17538	11443	38746	18904	19842	26670	14595	12075
湖　南	15375	6964	8411	21512	10421	11091	10248	5633	4615
广　东	93737	53393	40344	173453	88309	85144	22151	12363	9788
广　西	23800	11895	11905	16782	8086	8696	1821	1027	794
海　南	22784	11548	11236	21101	10304	10797	5479	3218	2261
重　庆	12894	7407	5487	25401	11675	13726	11656	5953	5703
四　川	40604	20365	20239	41806	19757	22049	16629	8519	8110
贵　州	7547	3946	3601	20545	9877	10668	4370	2389	1981
云　南	9997	5149	4848	32491	16042	16449	6709	4034	2675
西　藏	1118	659	459	2148	1024	1124	1555	1059	496
陕　西	28374	14610	13764	19038	8914	10124	5493	3041	2452
甘　肃	5977	3429	2548	13932	6585	7347	7054	3920	3134
青　海	1388	734	654	3181	1493	1688	1420	804	616
宁　夏	3762	2069	1693	21405	9280	12125	12788	7245	5543
新　疆	20585	11128	9457	65476	30986	34490	35434	19904	15530

7-10c 续表 2 单位：人

现住地	寄挂户口			婚姻嫁娶			照料孙子女		
	小计	男	女	小计	男	女	小计	男	女
全国	**151748**	**81607**	**70141**	**857539**	**108442**	**749097**	**101959**	**27282**	**74677**
北京	3571	1860	1711	39102	7234	31868	11108	3219	7889
天津	23541	13047	10494	11816	1329	10487	1762	481	1281
河北	9264	5289	3975	63962	8534	55428	4045	1313	2732
山西	31735	17213	14522	16652	2763	13889	1097	342	755
内蒙古	9618	5072	4546	20794	3133	17661	1454	491	963
辽宁	11436	6025	5411	29682	4739	24943	1321	433	888
吉林	5892	3119	2773	20352	3183	17169	1208	403	805
黑龙江	2162	1177	985	14365	2650	11715	673	230	443
上海	1079	565	514	15584	1795	13789	8441	1926	6515
江苏	3625	1871	1754	50568	5555	45013	10863	2770	8093
浙江	1499	774	725	37018	4975	32043	11740	2116	9624
安徽	2962	1541	1421	52368	2039	50329	1215	321	894
福建	2042	1104	938	25016	3187	21829	4134	908	3226
江西	1987	1042	945	19874	1288	18586	544	165	379
山东	15658	7948	7710	43850	4465	39385	4030	1360	2670
河南	609	329	280	21441	1475	19966	1090	371	719
湖北	3250	1790	1460	46516	4918	41598	1926	583	1343
湖南	2848	1365	1483	46782	3534	43248	908	250	658
广东	1592	767	825	42985	3393	39592	13203	3170	10033
广西	409	202	207	28251	1970	26281	774	243	531
海南	1571	874	697	7805	1661	6144	1989	618	1371
重庆	1672	880	792	30850	2651	28199	1749	470	1279
四川	4156	2262	1894	67993	8795	59198	3246	934	2312
贵州	582	303	279	35345	4966	30379	767	223	544
云南	1693	948	745	31784	11567	20217	1166	355	811
西藏	290	175	115	731	405	326	128	35	93
陕西	1383	875	508	10069	1481	8588	1357	443	914
甘肃	2254	1245	1009	8167	1427	6740	870	297	573
青海	320	177	143	2157	524	1633	140	45	95
宁夏	870	476	394	3730	743	2987	1537	444	1093
新疆	2178	1292	886	11930	2063	9867	7474	2323	5151

7-10c　续表 3

单位：人

现住地	为子女就学			养老/康养			其　他		
	小计	男	女	小计	男	女	小计	男	女
全　国	**20082**	**5890**	**14192**	**90666**	**46303**	**44363**	**768924**	**434167**	**334757**
北　京	877	291	586	5250	2234	3016	27565	15566	11999
天　津	319	105	214	1524	764	760	29275	16319	12956
河　北	784	249	535	8284	5114	3170	41701	23033	18668
山　西	735	263	472	1560	844	716	43051	25412	17639
内蒙古	1115	444	671	1735	762	973	39498	21869	17629
辽　宁	498	196	302	3873	1830	2043	35426	18833	16593
吉　林	696	280	416	1749	738	1011	17921	9316	8605
黑龙江	692	264	428	1223	490	733	12220	6635	5585
上　海	691	141	550	2094	876	1218	17341	9517	7824
江　苏	1291	328	963	5947	3104	2843	32652	18121	14531
浙　江	1184	225	959	2753	1292	1461	53968	30078	23890
安　徽	562	126	436	2547	1451	1096	16045	8174	7871
福　建	766	151	615	975	459	516	21176	12357	8819
江　西	206	51	155	960	487	473	12119	7036	5083
山　东	655	226	429	6680	3631	3049	50038	27578	22460
河　南	343	98	245	2273	1658	615	11356	6377	4979
湖　北	541	129	412	1821	912	909	17935	10096	7839
湖　南	330	70	260	1677	979	698	12873	6591	6282
广　东	1612	375	1237	3469	1541	1928	59569	33717	25852
广　西	270	80	190	3528	1701	1827	7179	3854	3325
海　南	280	85	195	9687	4511	5176	14978	8823	6155
重　庆	514	81	433	2014	1014	1000	10560	5200	5360
四　川	1003	199	804	6879	3924	2955	29503	15988	13515
贵　州	383	84	299	966	685	281	11701	6274	5427
云　南	244	61	183	1442	774	668	21632	13036	8596
西　藏	55	16	39	63	27	36	7294	5293	2001
陕　西	765	261	504	1589	927	662	16929	10462	6467
甘　肃	507	140	367	1332	758	574	15599	9053	6546
青　海	148	72	76	68	32	36	4749	3056	1693
宁　夏	851	356	495	922	398	524	10193	5847	4346
新　疆	1165	443	722	5782	2386	3396	66878	40656	26222

第一部分　全部数据资料

第八卷　住房

8-1　各地区按住房间数分的家庭户户数

单位：户

地　区	家庭户户　数	住房间数				
		一间	二间	三间	四间	五间
全　国	**465241711**	**55759921**	**127379196**	**145912661**	**60207196**	**28888798**
北　京	7770769	2088197	3208826	1720182	362299	179205
天　津	4587490	753749	2332101	1021262	258196	112966
河　北	24554501	1258243	7413118	7939169	3646878	2466458
山　西	12064669	1400179	3994245	4005402	1036605	1005595
内蒙古	8817048	1395454	4739383	2190563	335116	110223
辽　宁	16571689	2122357	9449517	3631083	996505	255621
吉　林	8724943	1045328	5332503	1901213	363725	55478
黑龙江	11685918	1560848	7462813	2282479	285583	59103
上　海	9095041	3256307	3444849	1798690	325888	102403
江　苏	28069197	2675869	7608115	10941007	3255865	1224307
浙　江	22921213	6410801	5257459	6091241	2472152	925895
安　徽	20750408	1429896	5449878	7804960	2968825	1017611
福　建	13350262	2406879	2382382	3765958	1854192	879989
江　西	13331484	482679	2264406	4079276	2132526	1117933
山　东	33915789	1334917	8386473	12578149	6256177	3382542
河　南	30557811	1091148	4569448	9989367	5076805	2949824
湖　北	18760549	1059908	4408387	7150944	3102701	1160878
湖　南	21561143	974469	3867906	7279849	4138622	1768224
广　东	38953156	12287028	7191383	9838853	4196105	1851140
广　西	15517021	1453004	2642779	3836301	2618184	1475981
海　南	2747332	566592	675377	804496	355340	153975
重　庆	11415050	986712	3103645	4479211	1503896	514480
四　川	29098226	2193161	6809963	11411051	4427432	1909199
贵　州	12004270	696820	2085941	3753185	2056119	1116022
云　南	14304259	1593102	2648177	4242443	2594949	1180617
西　藏	793704	121415	158124	142444	110227	88613
陕　西	13350429	1467518	3991686	4679968	1603808	605696
甘　肃	7936539	658281	2303759	2037652	749175	636413
青　海	1791200	193448	582012	557191	187866	108232
宁　夏	2361757	226301	929703	894852	175887	75110
新　疆	7878844	569311	2684838	3064220	759548	399065

注：本表数据为居住在普通住宅的家庭户。

8-1 续表　　　　单位：户

地　区	住房间数				
	六间	七间	八间	九间	十间及以上
全　国	**23153478**	**5793990**	**8764039**	**3024611**	**6357821**
北　京	73013	26527	36346	11251	64923
天　津	55208	16570	17692	5856	13890
河　北	791057	267404	318257	84030	369887
山　西	327840	100779	90852	22587	80585
内蒙古	26141	7854	5559	1599	5156
辽　宁	73778	13706	15704	3010	10408
吉　林	15674	3407	3114	897	3604
黑龙江	20586	3818	4648	1135	4905
上　海	98293	16362	23649	11514	17086
江　苏	1338035	229819	400062	145250	250868
浙　江	958740	183971	296668	150213	174073
安　徽	1301345	186564	282710	150797	157822
福　建	882590	278875	400544	163138	335715
江　西	1545890	382891	632102	304900	388881
山　东	1006447	276317	397331	80027	217409
河　南	2907401	820069	1586995	406480	1160274
湖　北	1170187	187814	266289	101872	151569
湖　南	1820964	353266	696633	174564	486646
广　东	1707117	458316	647286	297230	478698
广　西	1664991	422095	702477	246484	454725
海　南	113018	26050	27553	10668	14263
重　庆	448849	97111	148853	46021	86272
四　川	1255234	323275	398004	119864	251043
贵　州	1082377	246432	462442	124379	380553
云　南	1084374	263265	330652	116662	250018
西　藏	59861	32703	26436	12409	41472
陕　西	559842	115257	153004	64972	108678
甘　肃	462850	325457	305594	134246	323112
青　海	66303	30630	25246	8714	31558
宁　夏	32876	11733	7518	2776	5001
新　疆	202597	85653	53819	21066	38727

8-1a 各地区按住房间数分的家庭户户数(城市)

单位：户

地区	家庭户户数	住房间数				
		一间	二间	三间	四间	五间
全国	**192180772**	**34509802**	**71446018**	**64887169**	**12587365**	**3713859**
北京	6373968	1697972	2888444	1472969	213534	52015
天津	3637698	725761	2100504	690236	77022	24976
河北	7288313	444421	3288338	2712642	427653	199353
山西	4406419	402231	1958498	1722727	202513	63132
内蒙古	3422193	410397	2105687	814795	66749	16231
辽宁	10246924	1536054	6636133	1799729	202404	42276
吉林	3888579	551925	2749687	528434	46271	7813
黑龙江	5441070	707631	3864891	762771	72678	21610
上海	7124375	2406254	2975549	1440973	204509	51808
江苏	13068320	1316182	4513111	5559457	974823	281154
浙江	11614658	3807204	2916325	3433709	870032	232761
安徽	5395240	420879	2106054	2337496	334439	83408
福建	5567356	1630272	1214978	1823046	499378	139036
江西	3850395	256668	1224532	1711984	322612	103306
山东	12567511	566386	4491287	5803485	1077730	352098
河南	7839422	450384	2176779	3652022	715463	262913
湖北	7796665	692815	2680197	3312539	642149	187884
湖南	5876676	400082	1605332	2637031	764808	207492
广东	25244435	10280089	5192306	6616911	1935159	583851
广西	4553520	816240	1148800	1594101	504801	157357
海南	1073785	323399	264648	326889	84660	31802
重庆	5492476	645796	2018782	2348879	367031	59472
四川	10317119	1172692	3579247	4656044	652154	130645
贵州	3129186	320152	903060	1377436	320804	87303
云南	4091447	908461	998447	1311209	488169	149503
西藏	208932	58172	45703	38752	21191	17848
陕西	5338767	802462	2354969	1783484	232271	58615
甘肃	2434669	322575	1328001	630966	72943	29681
青海	716283	86155	336382	236961	27804	11401
宁夏	1030336	83639	480133	421576	31578	8190
新疆	3144035	266452	1299214	1327916	134033	58925

注：本表数据为居住在普通住宅的家庭户。

8-1a 续表 单位：户

地区	住房间数				
	六间	七间	八间	九间	十间及以上
全国	**2451468**	**545271**	**865702**	**312790**	**861328**
北京	20413	5102	8675	2067	12777
天津	10102	2543	2785	846	2923
河北	92485	22400	40573	9082	51366
山西	31585	5533	8406	1784	10010
内蒙古	4663	1640	825	206	1000
辽宁	18643	2852	4371	881	3581
吉林	2163	599	505	181	1001
黑龙江	6124	1370	1834	330	1831
上海	27547	4578	5574	2344	5239
江苏	229865	37449	73652	21092	61535
浙江	190448	35499	59616	29149	39915
安徽	61864	11890	16973	6030	16207
福建	107716	31401	45793	21021	54715
江西	106727	25916	41115	21064	36471
山东	143857	30501	59458	10375	32334
河南	261404	48947	113512	34083	123915
湖北	159465	26640	38971	22446	33559
湖南	139438	28594	43492	13804	36603
广东	327073	81659	99506	41196	86685
广西	142503	37130	67428	23877	61283
海南	22705	5565	6249	2784	5084
重庆	27528	6393	8399	3396	6800
四川	60200	14664	20761	7231	23481
贵州	53406	12852	21468	7188	25517
云南	98357	29976	37300	14906	55119
西藏	8928	4547	3852	1984	7955
陕西	45813	8979	15967	6558	29649
甘肃	14657	6688	7936	3067	18155
青海	5487	1919	2484	849	6841
宁夏	2803	978	733	168	538
新疆	27499	10467	7489	2801	9239

8-1b　各地区按住房间数分的家庭户户数(镇)

单位：户

地　区	家庭户户　数	住房间数				
		一间	二间	三间	四间	五间
全　国	**99734537**	**8949647**	**24807354**	**36918264**	**13249713**	**6045280**
北　京	445637	142507	148051	82886	29106	20722
天　津	226487	12141	79739	71041	33980	14544
河　北	6952842	351731	1910473	2584024	952525	643120
山　西	2808961	349825	851674	1102731	220029	160157
内蒙古	2434059	384305	1356469	596144	65093	20457
辽　宁	1973283	197889	1227152	407329	103984	23036
吉　林	1708557	197704	1153384	295571	47823	9102
黑龙江	2422863	340035	1709940	319118	36820	11147
上　海	857578	272917	296661	221899	36412	13312
江　苏	7018112	644765	1574486	3014728	869878	302436
浙　江	4567655	1178206	987761	1355603	489051	188840
安　徽	6101712	469821	1619205	2653992	734771	223074
福　建	3469319	437448	579910	1161909	534105	236586
江　西	3751140	120977	583067	1556840	530703	268594
山　东	7565109	242481	1582490	3319943	1296271	683592
河　南	7900588	323326	1080308	3072979	1288351	672469
湖　北	3626248	148721	698481	1623933	592865	223881
湖　南	6082107	245379	988065	2293148	1179664	479642
广　东	4521015	784664	721869	1419887	735954	300688
广　西	3472713	239819	528962	929493	609562	344039
海　南	591118	83609	147831	177026	92728	42343
重　庆	2006245	127977	438096	953653	287513	82520
四　川	5565652	328436	1130937	2792755	744080	258656
贵　州	2967906	175966	504561	1090025	497932	236272
云　南	3288869	349564	644169	1006948	589555	264588
西　藏	113941	26645	29410	18961	12142	8875
陕　西	2950818	315165	803566	1165497	324120	125375
甘　肃	1747353	180720	527327	569373	135188	100902
青　海	417338	64975	131139	133017	39421	18980
宁　夏	533038	61816	210490	221628	22704	8757
新　疆	1646274	150113	561681	706183	117383	58574

注：本表数据为居住在普通住宅的家庭户。

8-1b 续表 单位：户

地区	住房间数				
	六间	七间	八间	九间	十间及以上
全国	**4864299**	**1124176**	**1791946**	**608689**	**1375169**
北京	8424	2679	3895	1537	5830
天津	7892	2301	2457	593	1799
河北	230757	70084	87679	22104	100345
山西	68337	15801	19005	4137	17265
内蒙古	5980	2097	1585	475	1454
辽宁	8615	1346	2074	360	1498
吉林	2716	584	677	190	806
黑龙江	3070	612	803	237	1081
上海	9729	1791	2393	1041	1423
江苏	350864	56424	103033	36328	65170
浙江	210267	35452	61928	24092	36455
安徽	245679	35356	56837	26137	36840
福建	231131	66423	98411	40815	82581
江西	334147	86906	127376	61584	80946
山东	224472	53572	94966	17242	50080
河南	666988	147113	315362	86141	247551
湖北	210166	31700	48150	19042	29309
湖南	458250	91712	170742	48637	126868
广东	272573	72778	94586	43815	74201
广西	386529	99001	163249	57732	114327
海南	28671	6308	6676	2441	3485
重庆	63403	13087	20108	7209	12679
四川	159990	39179	52273	16691	42655
贵州	212571	49269	89902	26857	84551
云南	222926	57516	71655	25422	56526
西藏	6243	3385	3091	1160	4029
陕西	118550	24174	34417	14385	25569
甘肃	73392	40587	46384	17864	55616
青海	11249	4427	4686	1675	7769
宁夏	4229	1374	948	321	771
新疆	26489	11138	6598	2425	5690

8-1c　各地区按住房间数分的家庭户户数(乡村)

单位：户

地　区	家庭户户　数	住房间数				
		一间	二间	三间	四间	五间
全　国	**173326402**	**12300472**	**31125824**	**44107228**	**34370118**	**19129659**
北　京	951164	247718	172331	164327	119659	106468
天　津	723305	15847	151858	259985	147194	73446
河　北	10313346	462091	2214307	2642503	2266700	1623985
山　西	4849289	648123	1184073	1179944	614063	782306
内蒙古	2960796	600752	1277227	779624	203274	73535
辽　宁	4351482	388414	1586232	1424025	690117	190309
吉　林	3127807	295699	1429432	1077208	269631	38563
黑龙江	3821985	513182	1887982	1200590	176085	26346
上　海	1113088	577136	172639	135818	84967	37283
江　苏	7982765	714922	1520518	2366822	1411164	640717
浙　江	6738900	1425391	1353373	1301929	1113069	504294
安　徽	9253456	539196	1724619	2813472	1899615	711129
福　建	4313587	339159	587494	781003	820709	504367
江　西	5729949	105034	456807	810452	1279211	746033
山　东	13783169	526050	2312696	3454721	3882176	2346852
河　南	14817801	317438	1312361	3264366	3072991	2014442
湖　北	7337636	218372	1029709	2214472	1867687	749113
湖　南	9602360	329008	1274509	2349670	2194150	1081090
广　东	9187706	1222275	1277208	1802055	1524992	966601
广　西	7490788	396945	965017	1312707	1503821	974585
海　南	1082429	159584	262898	300581	177952	79830
重　庆	3916329	212939	646767	1176679	849352	372488
四　川	13215455	692033	2099779	3962252	3031198	1519898
贵　州	5907178	200702	678320	1285724	1237383	792447
云　南	6923943	335077	1005561	1924286	1517225	766526
西　藏	470831	36598	83011	84731	76894	61890
陕　西	5060844	349891	833151	1730987	1047417	421706
甘　肃	3754517	154986	448431	837313	541044	505830
青　海	657579	42318	114491	187213	120641	77851
宁　夏	798383	80846	239080	251648	121605	58163
新　疆	3088535	152746	823943	1030121	508132	281566

注：本表数据为居住在普通住宅的家庭户。

8-1c 续表

单位：户

地区	住房间数				
	六间	七间	八间	九间	十间及以上
全国	**15837711**	**4124543**	**6106391**	**2103132**	**4121324**
北京	44176	18746	23776	7647	46316
天津	37214	11726	12450	4417	9168
河北	467815	174920	190005	52844	218176
山西	227918	79445	63441	16666	53310
内蒙古	15498	4117	3149	918	2702
辽宁	46520	9508	9259	1769	5329
吉林	10795	2224	1932	526	1797
黑龙江	11392	1836	2011	568	1993
上海	61017	9993	15682	8129	10424
江苏	757306	135946	223377	87830	124163
浙江	558025	113020	175124	96972	97703
安徽	993802	139318	208900	118630	104775
福建	543743	181051	256340	101302	198419
江西	1105016	270069	463611	222252	271464
山东	638118	192244	242907	52410	134995
河南	1979009	624009	1158121	286256	788808
湖北	800556	129474	179168	60384	88701
湖南	1223276	232960	482399	112123	323175
广东	1107471	303879	453194	212219	317812
广西	1135959	285964	471800	164875	279115
海南	61642	14177	14628	5443	5694
重庆	357918	77631	120346	35416	66793
四川	1035044	269432	324970	95942	184907
贵州	816400	184311	351072	90334	270485
云南	763091	175773	221697	76334	138373
西藏	44690	24771	19493	9265	29488
陕西	395479	82104	102620	44029	53460
甘肃	374801	278182	251274	113315	249341
青海	49567	24284	18076	6190	16948
宁夏	25844	9381	5837	2287	3692
新疆	148609	64048	39732	15840	23798

8-2　各地区按人均住房建筑面积分的家庭户户数

单位：户

地　区	家庭户户数	人均住房建筑面积(平方米)			
		8及以下	9-12	13-16	17-19
全　国	**465241711**	**7332819**	**14369769**	**23201073**	**14137552**
北　京	7770769	350349	487668	597686	416649
天　津	4587490	45736	120316	254268	208812
河　北	24554501	139305	479810	1150958	728920
山　西	12064669	220157	465780	756419	371014
内蒙古	8817048	84338	237769	466665	299553
辽　宁	16571689	67065	315471	820395	803786
吉　林	8724943	19351	134234	438362	436145
黑龙江	11685918	43537	222856	618758	561091
上　海	9095041	534227	710023	833924	527561
江　苏	28069197	244531	606777	948457	686257
浙　江	22921213	920876	1518261	1465703	564132
安　徽	20750408	99524	282730	634920	468627
福　建	13350262	463093	621797	872544	398422
江　西	13331484	45959	156382	350602	300597
山　东	33915789	143567	553929	1369343	1051958
河　南	30557811	118765	410979	955783	638303
湖　北	18760549	69524	188091	434872	370688
湖　南	21561143	56860	198260	492189	337884
广　东	38953156	2348833	3651726	4261776	1503579
广　西	15517021	166257	389416	710192	377636
海　南	2747332	94721	162523	232062	113949
重　庆	11415050	36618	151818	419346	386384
四　川	29098226	161357	439747	965419	766302
贵　州	12004270	113581	256395	475123	249404
云　南	14304259	237615	494673	798323	388643
西　藏	793704	19860	38384	49175	22362
陕　西	13350429	199813	391196	535234	308789
甘　肃	7936539	158252	274909	511420	348971
青　海	1791200	31016	71833	119971	62902
宁　夏	2361757	21149	51927	99189	94556
新　疆	7878844	76983	284089	561995	343676

注：本表数据为居住在普通住宅的家庭户。

8-2 续表

单位：户

地区	人均住房建筑面积(平方米)					
	20-29	30-39	40-49	50-59	60-69	70及以上
全国	**88710906**	**78294732**	**63531175**	**37877241**	**37859044**	**99927400**
北京	1681398	1176175	938225	570514	440284	1111821
天津	1040171	903496	713503	364618	276679	659891
河北	5280426	4737785	3617525	2106409	1941606	4371757
山西	2638819	2362153	1577045	979099	861150	1833033
内蒙古	2138021	1854517	1449688	685693	531861	1068943
辽宁	4002885	3418920	2523624	1337354	1053466	2228723
吉林	2249477	1843518	1382581	650043	518251	1052981
黑龙江	2978558	2424151	1654694	855699	787491	1539083
上海	2062954	1451028	1041380	524145	420653	989146
江苏	4556561	4537425	4149070	2398933	2574938	7366248
浙江	4030976	3024643	2643943	1634581	1695883	5422215
安徽	3545042	3575473	3045099	1942655	1905035	5251303
福建	2190392	1818012	1433752	974904	1027185	3550161
江西	1846734	1770612	1642311	1090859	1366506	4760922
山东	7099293	6646706	5056192	2808300	2777655	6408846
河南	4863193	5076959	4429590	2732761	3110655	8220823
湖北	2895032	3111180	2928117	1748495	1902724	5111826
湖南	3115823	3554842	3311787	1978064	2476833	6038601
广东	8341354	5338218	3584591	2184216	1888296	5850567
广西	2567101	2259048	1973546	1382174	1371939	4319712
海南	625619	434080	314634	180419	165369	423956
重庆	2111231	1961157	1649427	973304	995408	2730357
四川	4885926	4916236	4125162	2710578	2713816	7413683
贵州	2156613	1944475	1682727	1046862	1230090	2849000
云南	2655020	2250367	1922640	1186553	1276078	3094347
西藏	127867	103618	87461	69205	63762	212010
陕西	2284863	2204149	1895082	1186424	1241818	3103061
甘肃	1796405	1465452	1071705	604784	519121	1185520
青海	387962	296003	243518	144952	131488	301555
宁夏	532077	461400	378731	212784	155128	354816
新疆	2023113	1372934	1063825	611860	437876	1102493

8-2a　各地区按人均住房建筑面积分的家庭户户数(城市)

单位：户

地　区	家庭户户　数	人均住房建筑面积(平方米)			
		8及以下	9-12	13-16	17-19
全　国	**192180772**	**4804493**	**8445718**	**12088646**	**8114038**
北　京	6373968	289190	386377	478193	360743
天　津	3637698	41770	103938	208959	180993
河　北	7288313	27792	119167	298068	300052
山　西	4406419	60748	124737	215414	170599
内蒙古	3422193	26977	68733	137784	134087
辽　宁	10246924	44618	207543	499207	570934
吉　林	3888579	7318	56979	185138	217134
黑龙江	5441070	22502	106770	276711	269519
上　海	7124375	365252	503012	639156	475571
江　苏	13068320	119591	309250	518084	444880
浙　江	11614658	596985	953721	906796	387752
安　徽	5395240	24775	80921	200521	205174
福　建	5567356	354466	425003	554717	254192
江　西	3850395	21639	82365	181122	157005
山　东	12567511	51855	192360	470501	483855
河　南	7839422	32177	115481	272809	266849
湖　北	7796665	55326	135243	275154	249114
湖　南	5876676	25452	86664	190659	152202
广　东	25244435	1938081	2945223	3265814	1095068
广　西	4553520	90821	210378	334398	194368
海　南	1073785	60221	83743	100192	52161
重　庆	5492476	21533	101367	288426	287336
四　川	10317119	93841	222739	478929	457073
贵　州	3129186	62063	127453	185607	112174
云　南	4091447	152455	250709	294121	143153
西　藏	208932	8345	13669	12814	4794
陕　西	5338767	102504	206657	275216	183419
甘　肃	2434669	68552	116008	141467	110533
青　海	716283	6674	16885	29826	25248
宁　夏	1030336	4540	13679	29975	37478
新　疆	3144035	26430	78944	142868	130578

注：本表数据为居住在普通住宅的家庭户。

8-2a 续表

单位：户

地 区	人均住房建筑面积(平方米)					
	20-29	30-39	40-49	50-59	60-69	70及以上
全 国	**42549127**	**33730681**	**25711119**	**14214328**	**12179179**	**30343443**
北 京	1441352	999541	773402	466187	348796	830187
天 津	835261	702226	573059	294429	199084	497979
河 北	1592382	1397701	1116771	624596	537814	1273970
山 西	997975	871240	615159	354440	300337	695770
内蒙古	786119	739134	535310	289813	222996	481240
辽 宁	2479509	2008366	1491155	908655	631697	1405240
吉 林	1023548	788960	568703	342137	236990	461672
黑龙江	1309747	1064928	687139	480248	413003	810503
上 海	1724118	1238336	839511	427550	301528	610341
江 苏	2645946	2422555	2099311	996324	1039830	2472549
浙 江	2492120	1700059	1409982	777766	711437	1678040
安 徽	1256859	1106102	843656	464028	365784	847420
福 建	1155169	826409	592559	318912	297834	788095
江 西	838060	695431	528641	301959	310951	733222
山 东	2886394	2533960	1927914	949539	840883	2230250
河 南	1545668	1408568	1201812	643588	651334	1701136
湖 北	1548718	1490311	1263872	629544	621189	1528194
湖 南	1066520	1071930	946002	484973	566732	1285542
广 东	5821484	3405834	2039653	1168290	894249	2670739
广 西	1023437	727062	535138	320856	282755	834307
海 南	257516	160993	107555	59416	51865	140123
重 庆	1351646	1066364	771161	418173	333874	852596
四 川	2342114	1850911	1492940	828291	641753	1908528
贵 州	692035	555272	402427	251575	228441	512139
云 南	771566	586632	482875	327004	288182	794750
西 藏	31848	21151	20073	12954	15635	67649
陕 西	1024181	900609	772775	429659	381638	1062109
甘 肃	518215	442609	344254	203928	134179	354924
青 海	139738	125351	107821	68660	54266	141814
宁 夏	225880	210123	177018	94963	73440	163240
新 疆	724002	612013	443471	275871	200683	509175

8-2b　各地区按人均住房建筑面积分的家庭户户数(镇)

单位：户

地　区	家庭户户数	人均住房建筑面积(平方米)			
		8及以下	9-12	13-16	17-19
全　国	**99734537**	**1145490**	**2387858**	**4132465**	**2600477**
北　京	445637	21203	30779	40785	23700
天　津	226487	1904	4417	9676	7293
河　北	6952842	47197	139899	305044	180175
山　西	2808961	69714	114926	170036	75871
内蒙古	2434059	26578	62850	109166	71686
辽　宁	1973283	5548	28715	85556	76925
吉　林	1708557	3741	24116	74096	81173
黑龙江	2422863	7155	38116	110478	115805
上　海	857578	46897	52779	66903	30795
江　苏	7018112	61626	144247	216395	150032
浙　江	4567655	171105	282654	272635	98324
安　徽	6101712	47699	104595	207592	157491
福　建	3469319	63852	111025	183277	94967
江　西	3751140	18219	52703	108372	95266
山　东	7565109	27629	103613	272279	216151
河　南	7900588	33170	102035	223749	149910
湖　北	3626248	6872	24128	63505	51542
湖　南	6082107	17073	59106	138657	92458
广　东	4521015	158904	267574	366259	157914
广　西	3472713	30570	74755	137979	73845
海　南	591118	12255	25732	40792	19997
重　庆	2006245	9470	30216	73219	60372
四　川	5565652	28587	79513	181276	141479
贵　州	2967906	33699	73330	131641	61921
云　南	3288869	47316	107316	174136	75934
西　藏	113941	2706	4718	7371	2826
陕　西	2950818	57875	84503	111340	62008
甘　肃	1747353	55273	62710	99577	72379
青　海	417338	9261	18434	29661	14683
宁　夏	533038	8921	15075	21623	19808
新　疆	1646274	13471	63279	99390	67747

注：本表数据为居住在普通住宅的家庭户。

8-2b 续表

单位：户

地区	人均住房建筑面积(平方米)					
	20-29	30-39	40-49	50-59	60-69	70及以上
全国	**18872007**	**17504436**	**14135792**	**8575151**	**8556902**	**21823959**
北京	82685	56771	57161	30522	24120	77911
天津	48694	44979	36556	16721	14953	41294
河北	1491876	1359175	1034117	601188	555614	1238557
山西	612818	565781	371769	242410	192586	393050
内蒙古	567306	503219	428358	211205	131017	322674
辽宁	495933	425869	317842	140004	122824	274067
吉林	452697	355491	266237	127426	98863	224717
黑龙江	672816	534687	356520	153124	143257	290905
上海	176762	127705	124080	49891	54167	127599
江苏	1106876	1148835	1013212	654927	651765	1870197
浙江	790225	632744	546555	339825	360322	1073266
安徽	1176550	1119409	904567	578972	499051	1305786
福建	585750	520950	401398	280038	291854	936208
江西	608920	574067	499591	294122	385813	1114067
山东	1603902	1570771	1163558	615420	638354	1353432
河南	1271390	1386244	1181732	683742	852431	2016185
湖北	508097	603620	579340	348156	423325	1017663
湖南	886524	1007805	927019	547330	711360	1694775
广东	934399	674357	502951	309453	278467	870737
广西	544300	506089	430120	326470	319008	1029577
海南	122320	95673	73912	48128	41145	111164
重庆	377093	360600	284963	188664	171963	449685
四川	981231	985880	772592	568235	485584	1341275
贵州	607570	498873	387786	262775	276178	634133
云南	604428	509277	433563	296999	299250	740650
西藏	18676	15068	13200	11059	11225	27092
陕西	515734	522894	420244	266446	287536	622238
甘肃	394450	327409	224066	143648	108692	259149
青海	94241	65317	55848	36969	28875	64049
宁夏	130744	105314	84421	49219	27060	70853
新疆	407000	299563	242514	152063	70243	231004

8-2c　各地区按人均住房建筑面积分的家庭户户数(乡村)

单位：户

地　区	家庭户户数	人均住房建筑面积(平方米)			
		8及以下	9-12	13-16	17-19
全　国	**173326402**	**1382836**	**3536193**	**6979962**	**3423037**
北　京	951164	39956	70512	78708	32206
天　津	723305	2062	11961	35633	20526
河　北	10313346	64316	220744	547846	248693
山　西	4849289	89695	226117	370969	124544
内蒙古	2960796	30783	106186	219715	93780
辽　宁	4351482	16899	79213	235632	155927
吉　林	3127807	8292	53139	179128	137838
黑龙江	3821985	13880	77970	231569	175767
上　海	1113088	122078	154232	127865	21195
江　苏	7982765	63314	153280	213978	91345
浙　江	6738900	152786	281886	286272	78056
安　徽	9253456	27050	97214	226807	105962
福　建	4313587	44775	85769	134550	49263
江　西	5729949	6101	21314	61108	48326
山　东	13783169	64083	257956	626563	351952
河　南	14817801	53418	193463	459225	221544
湖　北	7337636	7326	28720	96213	70032
湖　南	9602360	14335	52490	162873	93224
广　东	9187706	251848	438929	629703	250597
广　西	7490788	44866	104283	237815	109423
海　南	1082429	22245	53048	91078	41791
重　庆	3916329	5615	20235	57701	38676
四　川	13215455	38929	137495	305214	167750
贵　州	5907178	17819	55612	157875	75309
云　南	6923943	37844	136648	330066	169556
西　藏	470831	8809	19997	28990	14742
陕　西	5060844	39434	100036	148678	63362
甘　肃	3754517	34427	96191	270376	166059
青　海	657579	15081	36514	60484	22971
宁　夏	798383	7688	23173	47591	37270
新　疆	3088535	37082	141866	319737	145351

注：本表数据为居住在普通住宅的家庭户。

8-2c 续表

单位：户

地区	人均住房建筑面积(平方米)					
	20-29	30-39	40-49	50-59	60-69	70及以上
全　国	**27289772**	**27059615**	**23684264**	**15087762**	**17122963**	**47759998**
北　京	157361	119863	107662	73805	67368	203723
天　津	156216	156291	103888	53468	62642	120618
河　北	2196168	1980909	1466637	880625	848178	1859230
山　西	1028026	925132	590117	382249	368227	744213
内蒙古	784596	612164	486020	184675	177848	265029
辽　宁	1027443	984685	714627	288695	298945	549416
吉　林	773232	699067	547641	180480	182398	366592
黑龙江	995995	824536	611035	222327	231231	437675
上　海	162074	84987	77789	46704	64958	251206
江　苏	803739	966035	1036547	747682	883343	3023502
浙　江	748631	691840	687406	516990	624124	2670909
安　徽	1111633	1349962	1296876	899655	1040200	3098097
福　建	449473	470653	439795	375954	437497	1825858
江　西	399754	501114	614079	494778	669742	2913633
山　东	2608997	2541975	1964720	1243341	1298418	2825164
河　南	2046135	2282147	2046046	1405431	1606890	4503502
湖　北	838217	1017249	1084905	770795	858210	2565969
湖　南	1162779	1475107	1438766	945761	1198741	3058284
广　东	1585471	1258027	1041987	706473	715580	2309091
广　西	999364	1025897	1008288	734848	770176	2455828
海　南	245783	177414	133167	72875	72359	172669
重　庆	382492	534193	593303	366467	489571	1428076
四　川	1562581	2079445	1859630	1314052	1586479	4163880
贵　州	857008	890330	892514	532512	725471	1702728
云　南	1279026	1154458	1006202	562550	688646	1558947
西　藏	77343	67399	54188	45192	36902	117269
陕　西	744948	780646	702063	490319	572644	1418714
甘　肃	883740	695434	503385	257208	276250	571447
青　海	153983	105335	79849	39323	48347	95692
宁　夏	175453	145963	117292	68602	54628	120723
新　疆	892111	461358	377840	183926	166950	362314

8-3　各地区按家庭户类别和住房间数分的家庭户户数

单位：户

地　区	家庭户户数	一代户				
		一间	二间	三间	四间	五间及以上
全　国	**465241711**	**45993399**	**68608225**	**59902907**	**22603875**	**24424128**
北　京	7770769	1756666	1651252	765686	160947	159715
天　津	4587490	537598	1215950	469481	112588	88077
河　北	24554501	990374	3873483	3446920	1460414	1388042
山　西	12064669	1019468	2073336	1700102	415613	649903
内蒙古	8817048	1042248	2508597	1012998	155693	71911
辽　宁	16571689	1580480	5224659	1818743	471282	166835
吉　林	8724943	770696	2834167	907730	158924	36930
黑龙江	11685918	1136070	4253566	1115137	131307	46214
上　海	9095041	2677896	1670382	659873	132382	132707
江　苏	28069197	2298090	4230464	4412343	1277030	1363509
浙　江	22921213	5593708	2947909	2439323	961393	1021917
安　徽	20750408	1159496	3026681	3203274	1136734	1041464
福　建	13350262	2046608	1137007	1311180	635872	959275
江　西	13331484	384538	1190387	1483523	809316	1370610
山　东	33915789	1150481	4465582	5273519	2875475	2143027
河　南	30557811	918424	2632044	4232509	1890601	3032389
湖　北	18760549	855964	2357840	2893489	1125974	972212
湖　南	21561143	820719	2342612	3054514	1506641	1666370
广　东	38953156	10715560	3474158	3365084	1169597	1373564
广　西	15517021	1182017	1379041	1474536	871390	1341782
海　南	2747332	387824	266729	237268	83577	65549
重　庆	11415050	817011	1777359	1956406	656442	564975
四　川	29098226	1887204	4168236	5123600	1755929	1478442
贵　州	12004270	565219	1181590	1500125	748756	1056897
云　南	14304259	1308511	1361663	1502257	692954	684078
西　藏	793704	94879	77613	54629	29621	52989
陕　西	13350429	1134755	2146283	1957396	580451	517746
甘　肃	7936539	470840	1149128	836675	274418	680940
青　海	1791200	138267	279255	198609	51466	63838
宁　夏	2361757	154953	454693	344233	62436	48961
新　疆	7878844	396835	1256559	1151745	208652	183260

注：本表数据为居住在普通住宅的家庭户。

8-3 续表 1

单位：户

地区	二代户				
	一间	二间	三间	四间	五间及以上
全国	**8818230**	**48503073**	**63712154**	**24959777**	**30458098**
北京	290640	1207859	679831	130401	122611
天津	194304	939286	433408	106638	84848
河北	245477	2973757	3422426	1526284	1790991
山西	363084	1699595	1906356	443015	626661
内蒙古	333309	1959343	961608	131370	57551
辽宁	485930	3536568	1382392	351199	124480
吉林	248363	2049339	716384	131697	28315
黑龙江	382894	2717697	874375	107512	33946
上海	510387	1368705	761412	118819	74050
江苏	345302	2687395	4528661	1183459	1236047
浙江	761632	1925586	2674580	946363	924596
安徽	250201	2015575	3441825	1212822	1289896
福建	334389	1023548	1775454	778353	1100572
江西	88617	878280	1908429	873672	1782030
山东	164436	3281101	5766328	2558943	2231527
河南	156523	1594951	4376551	2180672	4170849
湖北	181487	1631309	3054655	1224533	1147013
湖南	137961	1272462	3167952	1763264	2155779
广东	1348649	2899405	4670246	1906782	2160445
广西	245478	1051505	1780662	1206923	2166192
海南	152659	320500	405041	171013	156564
重庆	149770	1037346	1740292	555261	474194
四川	275319	2108552	4350989	1680898	1568644
贵州	122883	779261	1728730	925072	1476001
云南	257911	1054513	1953387	1149817	1303834
西藏	23407	63235	60541	49566	106394
陕西	315423	1553897	2014272	645121	609737
甘肃	175369	952227	875123	299224	829721
青海	49364	247775	254660	84599	115519
宁夏	67228	420921	457827	82316	57170
新疆	159834	1251580	1587757	434169	451921

8-3　续表 2　　单位：户

地　区	三代户				
	一间	二间	三间	四间	五间及以上
全　国	**933878**	**10109080**	**21715143**	**12097329**	**19879342**
北　京	40649	346689	269945	68687	103482
天　津	21657	174394	115281	37402	46600
河　北	22047	556251	1037418	629275	1054053
山　西	17409	218161	388925	169802	331554
内蒙古	19681	267548	210417	46330	25633
辽　宁	55463	678507	420176	168849	77700
吉　林	25992	440609	267724	69656	15922
黑龙江	41356	483335	283983	44906	13443
上　海	67300	401019	369029	71275	57774
江　苏	31895	678881	1934124	745386	913863
浙　江	54586	379205	953644	536444	689205
安　徽	19920	401511	1132239	591621	724435
福　建	25597	219626	666585	425058	834747
江　西	9405	193165	673151	433225	1159266
山　东	19758	631222	1505275	794802	941926
河　南	15975	337313	1348825	968892	2497354
湖　北	22101	412267	1174044	717191	864251
湖　南	15544	248499	1030339	833054	1389256
广　东	218140	802911	1768155	1083790	1814587
广　西	25117	209437	570361	523101	1388135
海　南	25433	86131	157928	96578	116817
重　庆	19702	283543	756917	279438	284413
四　川	30115	522136	1865445	931651	1114454
贵　州	8606	123285	511611	368452	827884
云　南	25979	227047	759924	710669	1136588
西　藏	3049	16808	26256	29645	95627
陕　西	17163	287696	689156	361062	453091
甘　肃	11880	199164	314964	166076	628534
青　海	5695	53936	100977	49618	87389
宁　夏	4088	53525	91155	30105	27683
新　疆	12576	175259	321170	115289	163676

8-3 续表 3

单位：户

地区	四代户				
	一间	二间	三间	四间	五间及以上
全国	**14398**	**158714**	**582077**	**545728**	**1219633**
北京	242	3025	4717	2264	5452
天津	189	2471	3090	1568	2654
河北	345	9621	32389	30888	63954
山西	218	3152	10015	8169	20097
内蒙古	216	3894	5537	1721	1436
辽宁	484	9780	9771	5175	3210
吉林	277	8384	9373	3442	1006
黑龙江	527	8207	8981	1856	592
上海	724	4738	8368	3404	4765
江苏	581	11369	65831	49943	74796
浙江	874	4755	23683	27936	53766
安徽	279	6107	27605	27634	41012
福建	285	2201	12730	14899	46202
江西	119	2571	14163	16297	60632
山东	241	8563	33006	26926	43559
河南	226	5138	31460	36609	130304
湖北	356	6969	28744	34985	55078
湖南	244	4327	27029	35636	88843
广东	4674	14897	35341	35896	91111
广西	392	2793	10733	16752	70566
海南	675	2017	4254	4164	6594
重庆	228	5396	25581	12748	17982
四川	521	11028	70971	58904	94932
贵州	112	1805	12709	13829	51338
云南	701	4951	26853	41435	100862
西藏	80	466	1014	1392	6448
陕西	177	3809	19131	17162	26860
甘肃	192	3235	10882	9449	48382
青海	121	1042	2934	2180	3933
宁夏	32	564	1637	1030	1199
新疆	66	1439	3545	1435	2068

8-3　续表 4

单位：户

地　区	五代及以上户				
	一间	二间	三间	四间	五间及以上
全　国	**16**	**104**	**380**	**487**	**1536**
北　京		1	3		5
天　津	1		2		3
河　北		6	16	17	53
山　西		1	4	6	23
内蒙古		1	3	2	1
辽　宁		3	1		2
吉　林		4	2	6	1
黑龙江	1	8	3	2	
上　海		5	8	8	11
江　苏	1	6	48	47	126
浙　江	1	4	11	16	76
安　徽		4	17	14	42
福　建			9	10	55
江　西		3	10	16	59
山　东	1	5	21	31	34
河　南		2	22	31	147
湖　北		2	12	18	55
湖　南	1	6	15	27	49
广　东	5	12	27	40	80
广　西		3	9	18	78
海　南	1		5	8	3
重　庆	1	1	15	7	22
四　川	2	11	46	50	147
贵　州			10	10	85
云　南		3	22	74	226
西　藏		2	4	3	36
陕　西		1	13	12	15
甘　肃		5	8	8	95
青　海	1	4	11	3	4
宁　夏					1
新　疆		1	3	3	2

8-3a 各地区按家庭户类别和住房间数分的家庭户户数(城市)

单位：户

地　区	家庭户户　数	一代户				
		一间	二间	三间	四间	五间及以上
全　国	**192180772**	**28978610**	**36894182**	**24808772**	**4239183**	**2571774**
北　京	6373968	1398410	1460832	640721	90589	38902
天　津	3637698	514588	1085562	298443	32624	18549
河　北	7288313	334791	1672848	1123633	159846	126796
山　西	4406419	296175	959657	694444	78161	41409
内蒙古	3422193	296320	1055290	344908	28766	11498
辽　宁	10246924	1153709	3703263	895586	98784	36492
吉　林	3888579	406454	1448971	237700	20015	5909
黑龙江	5441070	527609	2243380	393914	36782	17428
上　海	7124375	1926450	1390264	477301	63831	33920
江　苏	13068320	1119909	2329762	2051038	337213	245391
浙　江	11614658	3356664	1535113	1248443	270626	179981
安　徽	5395240	337872	1054822	854915	114999	62652
福　建	5567356	1401587	517844	567351	132045	99311
江　西	3850395	206790	599934	567035	97536	84345
山　东	12567511	462647	2149467	2146378	434869	232785
河　南	7839422	364753	1100502	1366894	245304	229256
湖　北	7796665	552322	1349467	1227053	223989	142323
湖　南	5876676	338756	919320	1051067	260485	141457
广　东	25244435	9185333	2550931	2210745	499471	266050
广　西	4553520	672747	540607	569617	151261	113551
海　南	1073785	248780	103520	102752	21534	12803
重　庆	5492476	523761	1045386	868078	124988	40695
四　川	10317119	1017983	2044230	1923430	244077	88987
贵　州	3129186	262699	472171	504981	96859	48944
云　南	4091447	788769	546187	545421	169041	103264
西　藏	208932	52256	31574	25311	11875	21697
陕　西	5338767	651374	1243014	761543	90401	51198
甘　肃	2434669	243628	655213	260859	27251	23057
青　海	716283	69137	175268	100563	11088	8535
宁　夏	1030336	61388	235897	166922	12233	5162
新　疆	3144035	204949	673886	581726	52640	39427

注：本表数据为居住在普通住宅的家庭户。

8-3a　续表 1　　　　单位：户

地　区	二代户				
	一间	二间	三间	四间	五间及以上
全　国	**5021186**	**28501776**	**29670936**	**5493163**	**3360535**
北　京	261427	1104545	596744	83455	34150
天　津	189808	854918	311201	32769	17251
河　北	100162	1360859	1227326	174241	160830
山　西	100183	878192	852634	90350	45757
内 蒙 古	107463	938254	398113	31190	10507
辽　宁	346519	2528304	732174	77268	24604
吉　林	131913	1098199	223493	18696	4331
黑 龙 江	162592	1393641	297305	27887	12088
上　海	418786	1221080	643147	86044	31768
江　苏	179751	1746376	2458066	390542	238835
浙　江	423266	1146359	1605035	376296	209479
安　徽	76991	878914	1124907	148031	78702
福　建	215250	563679	885232	228008	149740
江　西	44691	506164	834248	145253	132528
山　东	92315	1940030	2875454	462352	259866
河　南	77919	881499	1737781	318988	345611
湖　北	126593	1065324	1506133	266304	173271
湖　南	55738	569500	1205924	347188	185150
广　东	982446	2106186	3210629	924024	461867
广　西	132265	501012	755916	238155	204257
海　南	69442	131256	161694	40727	31637
重　庆	106645	745505	974700	147431	40018
四　川	138830	1190494	1799631	243600	84577
贵　州	53226	364158	656347	152849	87102
云　南	112335	380435	574642	212546	151384
西　藏	5447	12376	11097	7200	16916
陕　西	142380	937557	789632	97044	61643
甘　肃	73364	563604	287701	32186	31839
青　海	15622	133549	102346	11906	12240
宁　夏	20835	217325	216816	15687	6277
新　疆	56982	542482	614868	64946	56310

8-3a 续表 2

单位：户

地区	三代户				
	一间	二间	三间	四间	五间及以上
全国	**504756**	**5980589**	**10193772**	**2755652**	**2665745**
北京	37918	320317	231916	38606	26898
天津	21182	158025	78962	11298	8001
河北	9360	251585	353299	89553	120466
山西	5815	119414	172579	32845	31502
内蒙古	6552	111014	70606	6652	2486
辽宁	35587	400740	169529	25825	11212
吉林	13440	199858	65780	7343	1941
黑龙江	17256	224835	70196	7802	3461
上海	60379	359903	313747	52449	29082
江苏	16302	431468	1021897	234293	202783
浙江	26892	232326	567939	212401	183882
安徽	5981	170714	352248	69028	52158
福建	13334	132530	364494	134972	142212
江西	5141	117207	305276	77351	111759
山东	11318	397677	768534	175390	130602
河南	7649	192659	537597	146774	258336
湖北	13781	262973	570588	146850	145017
湖南	5544	115350	373803	152632	134555
广东	110785	528569	1176194	497734	470589
广西	11141	106249	264769	112740	164327
海南	5122	29529	61369	21731	28240
重庆	15225	223822	489873	90728	29507
四川	15685	338173	901577	156191	76637
贵州	4187	65925	211531	68849	67582
云南	7277	71076	187598	102706	121714
西藏	457	1726	2298	2045	6308
陕西	8641	172932	228453	43362	50116
甘肃	5521	107955	80776	13048	24161
青海	1379	27202	33256	4679	7951
宁夏	1406	26654	37333	3582	1912
新疆	4499	82182	129755	16193	20348

8-3a　续表 3　　单位：户

地　区	四代户				
	一间	二间	三间	四间	五间及以上
全　国	**5246**	**69436**	**213556**	**99279**	**152172**
北　京	217	2749	3585	884	1098
天　津	182	1999	1630	331	374
河　北	108	3044	8379	4008	7160
山　西	58	1235	3068	1157	1781
内蒙古	62	1129	1168	141	74
辽　宁	239	3826	2440	527	295
吉　林	118	2658	1461	216	81
黑龙江	174	3032	1355	207	122
上　海	639	4297	6771	2181	2317
江　苏	219	5502	28434	12761	17712
浙　江	382	2525	12286	10702	14027
安　徽	35	1604	5423	2378	2859
福　建	101	925	5964	4351	8404
江　西	46	1226	5420	2469	5961
山　东	105	4111	13114	5115	5366
河　南	63	2119	9746	4393	11552
湖　北	119	2433	8763	5004	8344
湖　南	44	1161	6235	4500	8255
广　东	1524	6614	19325	13915	21441
广　西	87	930	3794	2636	7431
海　南	55	343	1074	668	1508
重　庆	165	4068	16217	3883	1768
四　川	194	6347	31390	8280	6772
贵　州	40	806	4572	2245	4098
云　南	80	749	3547	3874	8783
西　藏	12	27	46	71	192
陕　西	67	1466	3853	1463	2624
甘　肃	62	1228	1629	458	1126
青　海	17	363	796	131	254
宁　夏	10	257	505	76	58
新　疆	22	663	1566	254	335

8-3a 续表 4

单位：户

地区	五代及以上户				
	一间	二间	三间	四间	五间及以上
全国	**4**	**35**	**133**	**88**	**192**
北京		1	3		1
天津	1				
河北		2	5	5	7
山西			2		1
内蒙古					
辽宁					1
吉林		1		1	
黑龙江		3	1		
上海		5	7	4	3
江苏	1	3	22	14	26
浙江		2	6	7	19
安徽			3	3	1
福建			5	2	15
江西		1	5	3	6
山东	1	2	5	4	4
河南			4	4	19
湖北			2	2	10
湖南		1	2	3	6
广东	1	6	18	15	23
广西		2	5	9	12
海南					1
重庆		1	11	1	
四川		3	16	6	9
贵州			5	2	8
云南			1	2	16
西藏					1
陕西			3	1	
甘肃		1	1		1
青海					1
宁夏					1
新疆		1	1		

8-3b　各地区按家庭户类别和住房间数分的家庭户户数(镇)

单位：户

地　区	家庭户户数	一代户				
		一间	二间	三间	四间	五间及以上
全　国	**99734537**	**6957600**	**13045611**	**14226481**	**4590237**	**4701539**
北　京	445637	128614	83570	40708	13618	17734
天　津	226487	9525	42827	34016	15374	11394
河　北	6952842	273356	949536	1020936	353989	344022
山　西	2808961	219155	394098	412258	81166	103456
内蒙古	2434059	271172	682057	251836	27887	14346
辽　宁	1973283	147910	677002	204132	47886	15918
吉　林	1708557	146488	608079	136703	21320	6594
黑龙江	2422863	241935	946607	154467	17457	8307
上　海	857578	237218	162621	99001	17094	14607
江　苏	7018112	538850	879470	1165304	328145	329155
浙　江	4567655	1014347	545201	543866	187576	206050
安　徽	6101712	340602	831523	968971	257002	195101
福　建	3469319	367237	272644	387578	161359	219009
江　西	3751140	88083	287276	515831	174949	273519
山　东	7565109	210987	841075	1279752	537149	409654
河　南	7900588	267145	610240	1170706	422443	578653
湖　北	3626248	115908	382165	630822	201828	168638
湖　南	6082107	201718	585143	927211	408309	417070
广　东	4521015	635077	329526	481018	191684	201208
广　西	3472713	185332	275237	342580	188836	292561
海　南	591118	51371	61345	53635	21246	17624
重　庆	2006245	102124	254824	404912	112633	72186
四　川	5565652	259166	674373	1198145	270988	179900
贵　州	2967906	132258	258588	387225	154553	191632
云　南	3288869	268840	326380	356165	162165	152888
西　藏	113941	20645	17687	9019	4139	6713
陕　西	2950818	205871	410090	456698	111352	108093
甘　肃	1747353	105301	232313	204307	44476	97519
青　海	417338	43224	57289	43902	10683	11008
宁　夏	533038	34268	94030	78028	7391	5276
新　疆	1646274	93873	272795	266749	35540	31704

注：本表数据为居住在普通住宅的家庭户。

8-3b 续表 1 单位：户

地区	二代户				
	一间	二间	三间	四间	五间及以上
全国	**1829542**	**9917629**	**17135466**	**5717947**	**6401116**
北京	12359	50537	29475	9675	13522
天津	2355	31273	28492	13774	11059
河北	72295	815244	1206736	407484	480872
山西	125608	413462	584148	99912	113005
内蒙古	107501	607118	291754	28083	12951
辽宁	45181	469150	154743	36786	12502
吉林	46957	461881	121997	18479	5048
黑龙江	89826	661704	128430	14155	6396
上海	32094	102292	82577	11419	7796
江苏	97429	552240	1299721	321921	321319
浙江	154709	376866	609009	189793	195448
安徽	121552	652762	1265753	310575	255417
福建	65106	261068	575034	235319	283957
江西	30608	246627	771699	232712	394217
山东	28260	635170	1643643	580585	488221
河南	51570	390443	1465900	588336	920885
湖北	29558	255535	729075	240511	214592
湖南	39406	338783	1026748	513735	558533
广东	118465	299062	669380	327329	326270
广西	49626	213485	440875	285055	498460
海南	26218	66831	87180	43134	38105
重庆	23708	149680	395811	115244	73270
四川	62875	373862	1130182	296468	210973
贵州	41344	214780	539532	239473	312896
云南	74547	266964	476059	263340	282337
西藏	5587	10281	7910	5747	12227
陕西	104600	336857	541131	134694	130484
甘肃	71590	241059	273413	58393	133085
青海	19782	60598	63626	18824	21617
宁夏	26220	103717	121076	11539	7558
新疆	52606	258298	374357	65453	58094

8-3b　续表 2　　　　单位：户

地　区	三代户				
	一间	二间	三间	四间	五间及以上
全　国	**159660**	**1813185**	**5412213**	**2816765**	**4437216**
北　京	1523	13834	12413	5559	11235
天　津	258	5521	8239	4628	6763
河　北	5984	143063	345238	181804	309464
山　西	5008	43498	104000	37281	64150
内蒙古	5586	66443	51384	8803	4507
辽　宁	4751	79873	47362	18725	8196
吉　林	4215	82128	36016	7739	2318
黑龙江	8160	100102	35270	5020	2164
上　海	3571	31433	39320	7449	6698
江　苏	8318	140069	531036	206179	244680
浙　江	9006	64848	197830	106567	144523
安　徽	7557	132927	409944	159818	163721
福　建	5026	45670	195377	132851	240049
江　西	2261	48509	263949	118799	277435
山　东	3185	104590	387560	172370	215488
河　南	4543	78308	427115	268092	604945
湖　北	3189	59503	257902	143869	168445
湖　南	4183	62893	330710	247181	375542
广　东	30217	90745	263423	208964	314282
广　西	4779	39731	143319	131484	355969
海　南	5858	19175	35194	27104	32263
重　庆	2115	32851	147590	56895	50061
四　川	6256	80848	447581	166242	163751
贵　州	2331	30710	159316	100185	183841
云　南	6068	49850	169582	156099	243450
西　藏	410	1412	1987	2195	7482
陕　西	4651	55778	163292	74660	98096
甘　肃	3777	52945	88980	30803	97898
青　海	1942	12984	24803	9578	15520
宁　夏	1319	12621	22154	3661	3424
新　疆	3613	30323	64327	16161	20856

8-3b 续表 3

单位：户

地区	四代户				
	一间	二间	三间	四间	五间及以上
全国	**2843**	**30904**	**143999**	**124649**	**269387**
北京	11	110	290	254	594
天津	3	118	292	204	369
河北	96	2629	11107	9244	19717
山西	54	616	2324	1670	4088
内蒙古	46	851	1170	320	243
辽宁	47	1126	1092	587	312
吉林	44	1295	855	284	115
黑龙江	114	1526	950	188	83
上海	34	315	1000	448	585
江苏	168	2704	18657	13620	19068
浙江	144	846	4896	5113	10993
安徽	110	1991	9317	7375	9674
福建	79	528	3917	4572	12915
江西	25	653	5358	4240	14368
山东	49	1654	8979	6159	10557
河南	68	1317	9247	9465	31106
湖北	66	1277	6132	6654	10563
湖南	72	1244	8475	10431	24694
广东	905	2535	6062	7969	16868
广西	82	509	2717	4183	17872
海南	162	480	1017	1239	1930
重庆	29	741	5337	2738	3485
四川	138	1849	16832	10371	14798
贵州	33	483	3949	3720	11035
云南	109	975	5137	7936	19931
西藏	3	30	44	61	359
陕西	43	840	4373	3413	5795
甘肃	52	1009	2671	1515	6227
青海	27	266	682	335	641
宁夏	9	122	370	113	142
新疆	21	265	750	228	260

8-3b 续表 4 单位：户

地区	五代及以上户				
	一间	二间	三间	四间	五间及以上
全国	**2**	**25**	**105**	**115**	**301**
北京					2
天津			2		1
河北		1	7	4	14
山西			1		3
内蒙古					1
辽宁		1			1
吉林		1		1	
黑龙江		1	1		
上海			1	2	3
江苏		3	10	13	33
浙江			2	2	20
安徽		2	7	1	10
福建			3	4	17
江西		2	3	3	14
山东		1	9	8	4
河南			11	15	35
湖北		1	2	3	10
湖南		2	4	8	12
广东		1	4	8	13
广西			2	4	15
海南				5	2
重庆	1		3	3	4
四川	1	5	15	11	22
贵州			3	1	18
云南			5	15	27
西藏			1		2
陕西		1	3	1	2
甘肃		1	2	1	16
青海		2	4	1	
宁夏					
新疆				1	

8-3c 各地区按家庭户类别和住房间数分的家庭户户数(乡村)

单位：户

地区	家庭户户数	一代户				
		一间	二间	三间	四间	五间及以上
全国	**173326402**	**10057189**	**18668432**	**20867654**	**13774455**	**17150815**
北京	951164	229642	106850	84257	56740	103079
天津	723305	13485	87561	137022	64590	58134
河北	10313346	382227	1251099	1302351	946579	917224
山西	4849289	504138	719581	593400	256286	505038
内蒙古	2960796	474756	771250	416254	99040	46067
辽宁	4351482	278861	844394	719025	324612	114425
吉林	3127807	217754	777117	533327	117589	24427
黑龙江	3821985	366526	1063579	566756	77068	20479
上海	1113088	514228	117497	83571	51457	84180
江苏	7982765	639331	1021232	1196001	611672	788963
浙江	6738900	1222697	867595	647014	503191	635886
安徽	9253456	481022	1140336	1379388	764733	783711
福建	4313587	277784	346519	356251	342468	640955
江西	5729949	89665	303177	400657	536831	1012746
山东	13783169	476847	1475040	1847389	1903457	1500588
河南	14817801	286526	921302	1694909	1222854	2224480
湖北	7337636	187734	626208	1035614	700157	661251
湖南	9602360	280245	838149	1076236	837847	1107843
广东	9187706	895150	593701	673321	478442	906306
广西	7490788	323938	563197	562339	531293	935670
海南	1082429	87673	101864	80881	40797	35122
重庆	3916329	191126	477149	683416	418821	452094
四川	13215455	610055	1449633	2002025	1240864	1209555
贵州	5907178	170262	450831	607919	497344	816321
云南	6923943	250902	489096	600671	361748	427926
西藏	470831	21978	28352	20299	13607	24579
陕西	5060844	277510	493179	739155	378698	358455
甘肃	3754517	121911	261602	371509	202691	560364
青海	657579	25906	46698	54144	29695	44295
宁夏	798383	59297	124766	99283	42812	38523
新疆	3088535	98013	309878	303270	120472	112129

注：本表数据为居住在普通住宅的家庭户。

8-3c 续表 1 单位：户

地区	二代户				
	一间	二间	三间	四间	五间及以上
全国	**1967502**	**10083668**	**16905752**	**13748667**	**20696447**
北京	16854	52777	53612	37271	74939
天津	2141	53095	93715	60095	56538
河北	73020	797654	988364	944559	1149289
山西	137293	407941	469574	252753	467899
内蒙古	118345	413971	271741	72097	34093
辽宁	94230	539114	495475	237145	87374
吉林	69493	489259	370894	94522	18936
黑龙江	130476	662352	448640	65470	15462
上海	59507	45333	35688	21356	34486
江苏	68122	388779	770874	470996	675893
浙江	183657	402361	460536	380274	519669
安徽	51658	483899	1051165	754216	955777
福建	54033	198801	315188	315026	666875
江西	13318	125489	302482	495707	1255285
山东	43861	705901	1247231	1516006	1483440
河南	27034	323009	1172870	1273348	2904353
湖北	25336	310450	819447	717718	759150
湖南	42817	364179	935280	902341	1412096
广东	247738	494157	790237	655429	1372308
广西	63587	337008	583871	683713	1463475
海南	56999	122413	156167	87152	86822
重庆	19417	142161	369781	292586	360906
四川	73614	544196	1421176	1140830	1273094
贵州	28313	200323	532851	532750	1076003
云南	71029	407114	902686	673931	870113
西藏	12373	40578	41534	36619	77251
陕西	68443	279483	683509	413383	417610
甘肃	30415	147564	314009	208645	664797
青海	13960	53628	88688	53869	81662
宁夏	20173	99879	119935	55090	43335
新疆	50246	450800	598532	303770	337517

8-3c　续表 2　　　　单位：户

地　区	三代户				
	一间	二间	三间	四间	五间及以上
全　国	**269462**	**2315306**	**6109158**	**6524912**	**12776381**
北　京	1208	12538	25616	24522	65349
天　津	217	10848	28080	21476	31836
河　北	6703	161603	338881	357918	624123
山　西	6586	55249	112346	99676	235902
内蒙古	7543	90091	88427	30875	18640
辽　宁	15125	197894	203285	124299	58292
吉　林	8337	158623	165928	54574	11663
黑龙江	15940	158398	178517	32084	7818
上　海	3350	9683	15962	11377	21994
江　苏	7275	107344	381191	304914	466400
浙　江	18688	82031	187875	217476	360800
安　徽	6382	97870	370047	362775	508556
福　建	7237	41426	106714	157235	452486
江　西	2003	27449	103926	237075	770072
山　东	5255	128955	349181	447042	595836
河　南	3783	66346	384113	554026	1634073
湖　北	5131	89791	345554	426472	550789
湖　南	5817	70256	325826	433241	879159
广　东	77138	183597	328538	377092	1029716
广　西	9197	63457	162273	278877	867839
海　南	14453	37427	61365	47743	56314
重　庆	2362	26870	119454	131815	204845
四　川	8174	103115	516287	609218	874066
贵　州	2088	26650	140764	199418	576461
云　南	12634	106121	402744	451864	771424
西　藏	2182	13670	21971	25405	81837
陕　西	3871	58986	297411	243040	304879
甘　肃	2582	38264	145208	122225	506475
青　海	2374	13750	42918	35361	63918
宁　夏	1363	14250	31668	22862	22347
新　疆	4464	62754	127088	82935	122472

8-3c　续表 3　　单位：户

地　　区	四代户				
	一间	二间	三间	四间	五间及以上
全　　国	**6309**	**58374**	**224522**	**321800**	**798074**
北　　京	14	166	842	1126	3760
天　　津	4	354	1168	1033	1911
河　　北	141	3948	12903	17636	37077
山　　西	106	1301	4623	5342	14228
内 蒙 古	108	1914	3199	1260	1119
辽　　宁	198	4828	6239	4061	2603
吉　　林	115	4431	7057	2942	810
黑 龙 江	239	3649	6676	1461	387
上　　海	51	126	597	775	1863
江　　苏	194	3163	18740	23562	38016
浙　　江	348	1384	6501	12121	28746
安　　徽	134	2512	12865	17881	28479
福　　建	105	748	2849	5976	24883
江　　西	48	692	3385	9588	40303
山　　东	87	2798	10913	15652	27636
河　　南	95	1702	12467	22751	87646
湖　　北	171	3259	13849	23327	36171
湖　　南	128	1922	12319	20705	55894
广　　东	2245	5748	9954	14012	52802
广　　西	223	1354	4222	9933	45263
海　　南	458	1194	2163	2257	3156
重　　庆	34	587	4027	6127	12729
四　　川	189	2832	22749	40253	73362
贵　　州	39	516	4188	7864	36205
云　　南	512	3227	18169	29625	72148
西　　藏	65	409	924	1260	5897
陕　　西	67	1503	10905	12286	18441
甘　　肃	78	998	6582	7476	41029
青　　海	77	413	1456	1714	3038
宁　　夏	13	185	762	841	999
新　　疆	23	511	1229	953	1473

8-3c 续表 4

单位：户

地区	五代及以上户				
	一间	二间	三间	四间	五间及以上
全国	**10**	**44**	**142**	**284**	**1043**
北京					2
天津					2
河北		3	4	8	32
山西		1	1	6	19
内蒙古		1	3	2	
辽宁		2	1		
吉林		2	2	4	1
黑龙江	1	4	1	2	
上海				2	5
江苏			16	20	67
浙江	1	2	3	7	37
安徽		2	7	10	31
福建			1	4	23
江西			2	10	39
山东		2	7	19	26
河南		2	7	12	93
湖北		1	8	13	35
湖南	1	3	9	16	31
广东	4	5	5	17	44
广西		1	2	5	51
海南	1		5	3	
重庆			1	3	18
四川	1	3	15	33	116
贵州			2	7	59
云南		3	16	57	183
西藏		2	3	3	33
陕西			7	10	13
甘肃		3	5	7	78
青海	1	2	7	2	3
宁夏					
新疆			2	2	2

8-4　全国按户主的受教育程度分的家庭户住房状况

受教育程度	户　数 (户)	人　数 (人)	平均每户 住房间数 (间/户)	人均住房 建筑面积 (平方米/人)	人均住房 间　数 (间/人)
总　计	**419809328**	**1151776859**	**3.14**	**39.90**	**1.14**
未上过学	12377630	28405715	3.09	43.41	1.35
学前教育	637164	1457923	3.15	46.31	1.38
小　学	96963202	267323037	3.44	41.87	1.25
初　中	171835937	494486747	3.30	39.26	1.15
高　中	67098481	177757226	2.84	38.67	1.07
大学专科	36650447	93787064	2.61	38.90	1.02
大学本科	30225815	78017481	2.61	39.92	1.01
硕士研究生	3527026	9220585	2.55	39.70	0.98
博士研究生	493626	1321081	2.65	40.08	0.99

注：本表数据为居住在普通住宅的家庭户。

8-4a　全国按户主的受教育程度分的家庭户住房状况(城市)

受教育程度	户　数 (户)	人　数 (人)	平均每户 住房间数 (间/户)	人均住房 建筑面积 (平方米/人)	人均住房 间　数 (间/人)
总　计	**180235087**	**463611668**	**2.49**	**35.73**	**0.97**
未上过学	2119650	4692278	2.56	40.86	1.15
学前教育	157826	341406	2.60	42.91	1.20
小　学	20565768	53734867	2.67	36.61	1.02
初　中	61433433	160927456	2.46	33.44	0.94
高　中	40780269	103126942	2.42	35.04	0.96
大学专科	27030452	68258506	2.47	37.35	0.98
大学本科	24469634	62863918	2.54	39.21	0.99
硕士研究生	3220871	8437422	2.53	39.28	0.97
博士研究生	457184	1228873	2.63	39.53	0.98

注：本表数据为居住在普通住宅的家庭户。

8-4b 全国按户主的受教育程度分的家庭户住房状况(镇)

受教育程度	户数(户)	人数(人)	平均每户住房间数(间/户)	人均住房建筑面积(平方米/人)	人均住房间数(间/人)
总计	**91628198**	**261497804**	**3.23**	**40.84**	**1.13**
未上过学	2432031	5638539	3.01	43.41	1.30
学前教育	133598	304707	3.09	46.93	1.35
小学	20205107	57021782	3.37	41.66	1.19
初中	40883576	121895090	3.34	39.86	1.12
高中	15062551	42103785	3.10	41.23	1.11
大学专科	7598408	20316145	2.89	41.82	1.08
大学本科	5013819	13436855	2.84	42.16	1.06
硕士研究生	268253	700836	2.73	43.44	1.04
博士研究生	30855	80065	2.87	46.12	1.11

注：本表数据为居住在普通住宅的家庭户。

8-4c 全国按户主的受教育程度分的家庭户住房状况(乡村)

受教育程度	户数(户)	人数(人)	平均每户住房间数(间/户)	人均住房建筑面积(平方米/人)	人均住房间数(间/人)
总计	**147946043**	**426667387**	**3.86**	**43.87**	**1.34**
未上过学	7825949	18074898	3.27	44.07	1.41
学前教育	345740	811810	3.42	47.50	1.46
小学	56192327	156566388	3.75	43.76	1.35
初中	69518928	211664201	4.01	43.33	1.32
高中	11255661	32526499	3.99	46.84	1.38
大学专科	2021587	5212413	3.49	47.76	1.35
大学本科	742362	1716708	3.05	48.48	1.32
硕士研究生	37902	82327	2.88	50.95	1.33
博士研究生	5587	12143	3.25	55.85	1.50

注：本表数据为居住在普通住宅的家庭户。

8-5　全国按户主受教育程度、人均住房建筑面积分的家庭户户数

单位：户

受教育程度	户　数	人均住房建筑面积(平方米)			
		8及以下	9-12	13-16	17-19
总　计	**419809328**	**7185432**	**13958148**	**22387154**	**13695181**
未上过学	12377630	142593	343605	576130	265859
学前教育	637164	7388	15588	24887	12365
小　学	96963202	1452995	2961110	4910579	2553634
初　中	171835937	3865773	6852172	10264811	5753457
高　中	67098481	1199711	2360362	3743171	2514551
大学专科	36650447	353632	871509	1621112	1349113
大学本科	30225815	151797	496140	1095123	1079699
硕士研究生	3527026	9984	49990	131847	145970
博士研究生	493626	1559	7672	19494	20533

注：本表数据为居住在普通住宅的家庭户。

8-5　续表

单位：户

受教育程度	人均住房建筑面积(平方米)				
	20-29	30-39	40-49	50-59	60及以上
总　计	**84975866**	**73853586**	**58607186**	**34210247**	**110936528**
未上过学	1966224	1883635	1649459	1122311	4427814
学前教育	90993	91667	81903	59150	253223
小　学	17211483	15982829	13510602	8541630	29838340
初　中	36093943	29996208	22896792	13573556	42539225
高　中	14525305	12175837	9299098	5218819	16061627
大学专科	7955452	7027335	5574232	2885291	9012771
大学本科	6287520	5932193	4934774	2475146	7773423
硕士研究生	744660	673642	578760	292358	899815
博士研究生	100286	90240	81566	41986	130290

8-5a 全国按户主受教育程度、人均住房建筑面积分的家庭户户数(城市)

单位：户

受教育程度	户　数	人均住房建筑面积(平方米)			
		8及以下	9-12	13-16	17-19
总　计	**180235087**	**4722992**	**8223167**	**11697364**	**7875199**
未上过学	2119650	53421	97253	124646	68223
学前教育	157826	3695	6628	8559	4615
小　学	20565768	750688	1194233	1481822	821779
初　中	61433433	2534485	3929112	4957396	2902737
高　中	40780269	939267	1769582	2683852	1864065
大学专科	27030452	297306	730191	1334243	1113121
大学本科	24469634	133187	440774	962581	943448
硕士研究生	3220871	9515	48005	125466	137518
博士研究生	457184	1428	7389	18799	19693

注：本表数据为居住在普通住宅的家庭户。

8-5a 续表

单位：户

受教育程度	人均住房建筑面积(平方米)				
	20-29	30-39	40-49	50-59	60及以上
总　计	**41075247**	**32252561**	**24235334**	**13094088**	**37059135**
未上过学	356783	297137	253776	194994	673417
学前教育	24725	20230	17330	13390	58654
小　学	4147728	3226277	2516134	1621142	4805965
初　中	14738448	10563173	7311210	4043524	10453348
高　中	9671999	7510684	5504139	2906503	7930178
大学专科	6135995	5172198	4064561	2044283	6138554
大学本科	5215565	4761138	3966355	1964571	6082015
硕士研究生	689564	617489	526261	266857	800196
博士研究生	94440	84235	75568	38824	116808

8-5b 全国按户主受教育程度、人均住房建筑面积分的家庭户户数(镇)

单位：户

受教育程度	户 数	人均住房建筑面积(平方米)			
		8及以下	9-12	13-16	17-19
总 计	**91628198**	**1124398**	**2330370**	**4013513**	**2535806**
未上过学	2432031	35038	70416	111981	51010
学前教育	133598	1478	2990	4802	2468
小 学	20205107	292594	595536	980375	525635
初 中	40883576	612126	1214120	2021932	1216022
高 中	15062551	136999	314644	581485	419546
大学专科	7598408	33437	91402	202464	192591
大学本科	5013819	12361	39620	104684	120173
硕士研究生	268253	311	1461	5252	7602
博士研究生	30855	54	181	538	759

注：本表数据为居住在普通住宅的家庭户。

8-5b 续表

单位：户

受教育程度	人均住房建筑面积(平方米)				
	20-29	30-39	40-49	50-59	60及以上
总 计	**18229957**	**16685884**	**13215418**	**7898081**	**25594771**
未上过学	391874	355287	312052	222579	881794
学前教育	18995	18369	16565	12300	55631
小 学	3679564	3297033	2773352	1826812	6234206
初 中	8637129	7512887	5696595	3396186	10576579
高 中	3024128	2859903	2250646	1295198	4180002
大学专科	1477991	1534068	1244719	672345	2149391
大学本科	946113	1052236	868959	447531	1422142
硕士研究生	49068	50769	47226	22399	84165
博士研究生	5095	5332	5304	2731	10861

8-5c 全国按户主受教育程度、人均住房建筑面积分的家庭户户数(乡村)

单位：户

受教育程度	户 数	人均住房建筑面积(平方米)			
		8及以下	9-12	13-16	17-19
总 计	**147946043**	**1338042**	**3404611**	**6677277**	**3284176**
未上过学	7825949	54134	175936	339503	146626
学前教育	345740	2215	5970	11526	5282
小 学	56192327	409713	1171341	2448382	1206220
初 中	69518928	719162	1708940	3285483	1634698
高 中	11255661	123445	276136	477834	230940
大学专科	2021587	22889	49916	84405	43401
大学本科	742362	6249	15746	27858	16078
硕士研究生	37902	158	524	1129	850
博士研究生	5587	77	102	157	81

注：本表数据为居住在普通住宅的家庭户。

8-5c 续表

单位：户

受教育程度	人均住房建筑面积(平方米)				
	20-29	30-39	40-49	50-59	60及以上
总 计	**25670662**	**24915141**	**21156434**	**13218078**	**48282622**
未上过学	1217567	1231211	1083631	704738	2872603
学前教育	47273	53068	48008	33460	138938
小 学	9384191	9459519	8221116	5093676	18798169
初 中	12718366	11920148	9888987	6133846	21509298
高 中	1829178	1805250	1544313	1017118	3951447
大学专科	341466	321069	264952	168663	724826
大学本科	125842	118819	99460	63044	269266
硕士研究生	6028	5384	5273	3102	15454
博士研究生	751	673	694	431	2621

2020

中国人口普查年鉴

（中册）

CHINA POPULATION CENSUS YEARBOOK 2020

(BOOK 2)

国务院第七次全国人口普查领导小组办公室　编

Compiled by
Office of the Leading Group of the State Council
for the Seventh National Population Census

图书在版编目（CIP）数据

中国人口普查年鉴. 2020. 中册 = China Population Census Yearbook 2020(Book 2) / 国务院第七次全国人口普查领导小组办公室编. -- 北京 : 中国统计出版社, 2022.4
ISBN 978-7-5037-9771-2

Ⅰ. ①中… Ⅱ. ①国… Ⅲ. ①人口普查－中国－2020－年鉴 Ⅳ. ①C924.25-54

中国版本图书馆 CIP 数据核字(2022)第 067893 号

中国人口普查年鉴-2020（中册）
China Population Census Yearbook 2020 (Book 2)

作　　者/国务院第七次全国人口普查领导小组办公室
责任编辑/郭　栋　佘竞雄
封面设计/李雪燕
出版发行/中国统计出版社有限公司
通信地址/北京市丰台区西三环南路甲 6 号　邮政编码/100073
发行电话/邮购（010）63376909　书店（010）68783171
网　　址/http://www.zgtjcbs.com/
印　　刷/河北鑫兆源印刷有限公司
经　　销/新华书店
开　　本/880mm×1230mm　1/16
字　　数/1530 千字
印　　张/48.5
版　　别/2022 年 4 月第 1 版
版　　次/2022 年 4 月第 1 次印刷
定　　价/990.00 元（全三册附光盘）

目　录

中　册

第二部分　长表数据资料

第一卷　概要

第二卷　民族

第三卷　教育

第四卷　就业

第五卷　婚姻

Contents

Book Ⅱ

Part Ⅱ　Data from Households Using Long Form

Volume 4 Employment

Volume 5 Marriage

第二部分 长表数据资料

第一卷 概要

1-1　各地区户数、

地　区	户　数			合　计			
	合计	家庭户	集体户	合计	男	女	性别比(女=100)
全　国	**48799744**	**47254799**	**1544945**	**138657945**	**70828049**	**67829896**	**104.42**
北　京	843896	793403	50493	2090903	1061056	1029847	103.03
天　津	475559	457670	17889	1221778	620607	601171	103.23
河　北	2485212	2443961	41251	7372048	3727138	3644910	102.26
山　西	1245803	1216135	29668	3440439	1751780	1688659	103.74
内蒙古	931238	907239	23999	2339123	1193107	1146016	104.11
辽　宁	1680454	1657119	23335	4078397	2040920	2037477	100.17
吉　林	889249	872251	16998	2199788	1095345	1104443	99.18
黑龙江	1223689	1213526	10163	2935686	1465642	1470044	99.70
上　海	997197	939439	57758	2415605	1246120	1169485	106.55
江　苏	2939168	2826282	112886	8197063	4161879	4035184	103.14
浙　江	2590784	2451512	139272	6467791	3389194	3078597	110.09
安　徽	2110997	2055085	55912	6038744	3063857	2974887	102.99
福　建	1404007	1340352	63655	3933085	2027717	1905368	106.42
江　西	1416102	1373791	42311	4810312	2485964	2324348	106.95
山　东	3602573	3522657	79916	10099105	5115274	4983831	102.64
河　南	3091006	3020318	70688	9725229	4859451	4865778	99.87
湖　北	2020672	1958204	62468	6092610	3135488	2957122	106.03
湖　南	2287642	2232065	55577	6978116	3564315	3413801	104.41
广　东	4260722	3978511	282211	11946820	6345132	5601688	113.27
广　西	1513071	1478459	34612	4618519	2375531	2242988	105.91
海　南	283749	272982	10767	927418	490506	436912	112.27
重　庆	1193790	1162779	31011	3293962	1662948	1631014	101.96
四　川	3110729	3036755	73974	8866931	4468377	4398554	101.59
贵　州	1205192	1177921	27271	3646503	1866006	1780497	104.80
云　南	1507748	1464682	43066	4822267	2491093	2331174	106.86
西　藏	96011	92574	3437	329292	170651	158641	107.57
陕　西	1337747	1303841	33906	3682045	1869935	1812110	103.19
甘　肃	802135	786909	15226	2372848	1192587	1180261	101.04
青　海	190470	185143	5327	569733	290851	278882	104.29
宁　夏	249698	243254	6444	710449	361368	349081	103.52
新　疆	813434	789980	23454	2435336	1238210	1197126	103.43

人口数和性别比

单位：户、人

人口数								平均家庭户规模（人/户）
家庭户				集体户				
小计	男	女	性别比（女=100）	小计	男	女	性别比（女=100）	
130827990	**66198051**	**64629939**	**102.43**	**7829955**	**4629998**	**3199957**	**144.69**	**2.77**
1911557	948741	962816	98.54	179346	112315	67031	167.56	2.41
1139381	568554	570827	99.60	82397	52053	30344	171.54	2.49
7069103	3561394	3507709	101.53	302945	165744	137201	120.80	2.89
3264105	1645045	1619060	101.60	176334	106735	69599	153.36	2.68
2234815	1125685	1109130	101.49	104308	67422	36886	182.78	2.46
3945381	1966776	1978605	99.40	133016	74144	58872	125.94	2.38
2121712	1055201	1066511	98.94	78076	40144	37932	105.83	2.43
2853415	1421533	1431882	99.28	82271	44109	38162	115.58	2.35
2221335	1118001	1103334	101.33	194270	128119	66151	193.68	2.36
7712258	3855555	3856703	99.97	484805	306324	178481	171.63	2.73
5959007	3062892	2896115	105.76	508784	326302	182482	178.81	2.43
5776805	2908424	2868381	101.40	261939	155433	106506	145.94	2.81
3690631	1879811	1810820	103.81	242454	147906	94548	156.43	2.75
4526612	2325974	2200638	105.70	283700	159990	123710	129.33	3.29
9617407	4839479	4777928	101.29	481698	275795	205903	133.94	2.73
9229803	4594945	4634858	99.14	495426	264506	230920	114.54	3.06
5720360	2919657	2800703	104.25	372250	215831	156419	137.98	2.92
6587110	3348931	3238179	103.42	391006	215384	175622	122.64	2.95
10847205	5645700	5201505	108.54	1099615	699432	400183	174.78	2.73
4384824	2251081	2133743	105.50	233695	124450	109245	113.92	2.97
875222	459655	415567	110.61	52196	30851	21345	144.54	3.21
3108359	1554089	1554270	99.99	185603	108859	76744	141.85	2.67
8403050	4208222	4194828	100.32	463881	260155	203726	127.70	2.77
3469141	1770190	1698951	104.19	177362	95816	81546	117.50	2.95
4561754	2343652	2218102	105.66	260513	147441	113072	130.40	3.11
307103	156500	150603	103.92	22189	14151	8038	176.05	3.32
3494671	1758563	1736108	101.29	187374	111372	76002	146.54	2.68
2282521	1140577	1141944	99.88	90327	52010	38317	135.74	2.90
545216	276019	269197	102.53	24517	14832	9685	153.14	2.94
675996	340671	335325	101.59	34453	20697	13756	150.46	2.78
2292131	1146534	1145597	100.08	143205	91676	51529	177.91	2.90

1-1a 各地区户数、

地区	户数			合计			
	合计	家庭户	集体户	合计	男	女	性别比(女=100)
全国	**20670166**	**19667940**	**1002226**	**55566004**	**28114458**	**27451546**	**102.41**
北京	685040	643821	41219	1690884	843767	847117	99.60
天津	376871	361392	15479	944867	476846	468021	101.89
河北	743461	723684	19777	2126601	1054891	1071710	98.43
山西	453879	439088	14791	1250681	620139	630542	98.35
内蒙古	355616	345562	10054	902670	448069	454601	98.56
辽宁	1045192	1026740	18452	2448098	1207301	1240797	97.30
吉林	395437	388419	7018	939957	456993	482964	94.62
黑龙江	577730	570722	7008	1344586	658916	685670	96.10
上海	773081	729708	43373	1916434	970076	946358	102.51
江苏	1389339	1315601	73738	3893982	1971117	1922865	102.51
浙江	1353571	1264652	88919	3357273	1749966	1607307	108.88
安徽	562555	537424	25131	1551833	770791	781042	98.69
福建	616039	578340	37699	1655761	848704	807057	105.16
江西	411783	389625	22158	1341561	680729	660832	103.01
山东	1388286	1334266	54020	3936819	1978043	1958776	100.98
河南	812196	781444	30752	2478185	1224922	1253263	97.74
湖北	857027	812327	44700	2481489	1251822	1229667	101.80
湖南	638215	605873	32342	1874406	936596	937810	99.87
广东	2895920	2660494	235426	7438590	3984956	3453634	115.38
广西	461156	441217	19939	1377109	692140	684969	101.05
海南	111367	105148	6219	336134	174185	161949	107.56
重庆	581520	557929	23591	1647333	814150	833183	97.72
四川	1100384	1052671	47713	3023299	1489653	1533646	97.13
贵州	320607	308482	12125	953728	477931	475797	100.45
云南	439180	415634	23546	1179069	590434	588635	100.31
西藏	26246	24616	1630	63892	33482	30410	110.10
陕西	541812	520353	21459	1402903	703473	699430	100.58
甘肃	247371	240018	7353	652969	325010	327959	99.10
青海	76616	73752	2864	198574	100427	98147	102.32
宁夏	107498	104407	3091	286187	141726	144461	98.11
新疆	325171	314531	10640	870130	437203	432927	100.99

人口数和性别比(城市)

单位：户、人

人口数								平均家庭户规模（人/户）
家庭户				集体户				
小计	男	女	性别比（女=100）	小计	男	女	性别比（女=100）	
50942739	**25459230**	**25483509**	**99.90**	**4623265**	**2655228**	**1968037**	**134.92**	**2.59**
1548989	759196	789793	96.13	141895	84571	57324	147.53	2.41
876423	434127	442296	98.15	68444	42719	25725	166.06	2.43
1986749	980666	1006083	97.47	139852	74225	65627	113.10	2.75
1168175	578726	589449	98.18	82506	41413	41093	100.78	2.66
856265	422980	433285	97.62	46405	25089	21316	117.70	2.48
2347164	1151488	1195676	96.30	100934	55813	45121	123.70	2.29
907497	439781	467716	94.03	32460	17212	15248	112.88	2.34
1283953	627893	656060	95.71	60633	31023	29610	104.77	2.25
1771847	878294	893553	98.29	144587	91782	52805	173.81	2.43
3584119	1780210	1803909	98.69	309863	190907	118956	160.49	2.72
3043708	1557777	1485931	104.84	313565	192189	121376	158.34	2.41
1442147	710596	731551	97.14	109686	60195	49491	121.63	2.68
1520232	770231	750001	102.70	135529	78473	57056	137.54	2.63
1204533	606431	598102	101.39	137028	74298	62730	118.44	3.09
3623619	1806002	1817617	99.36	313200	172041	141159	121.88	2.72
2287819	1128642	1159177	97.37	190366	96280	94086	102.33	2.93
2241063	1115951	1125112	99.19	240426	135871	104555	129.95	2.76
1676218	829761	846457	98.03	198188	106835	91353	116.95	2.77
6568386	3432818	3135568	109.48	870204	552138	318066	173.59	2.47
1248866	626665	622201	100.72	128243	65475	62768	104.31	2.83
307748	157868	149880	105.33	28386	16317	12069	135.20	2.93
1512112	737887	774225	95.31	135221	76263	58958	129.35	2.71
2760987	1347222	1413765	95.29	262312	142431	119881	118.81	2.62
881011	440772	440239	100.12	72717	37159	35558	104.50	2.86
1053995	526263	527732	99.72	125074	64171	60903	105.37	2.54
52154	27002	25152	107.36	11738	6480	5258	123.24	2.12
1300042	647348	652694	99.18	102861	56125	46736	120.09	2.50
616899	305928	310971	98.38	36070	19082	16988	112.33	2.57
186195	93290	92905	100.41	12379	7137	5242	136.15	2.52
270046	133588	136458	97.90	16141	8138	8003	101.69	2.59
813778	403827	409951	98.51	56352	33376	22976	145.26	2.59

1-1b 各地区户数、

地区	户数			合计			
	合计	家庭户	集体户	合计	男	女	性别比(女=100)
全国	**10678528**	**10325521**	**353007**	**31989130**	**16245948**	**15743182**	**103.19**
北京	52195	47998	4197	126235	68034	58201	116.89
天津	25500	23479	2021	74319	39769	34550	115.11
河北	715673	696797	18876	2234933	1131618	1103315	102.57
山西	289414	281249	8165	839544	423597	415947	101.84
内蒙古	259523	252612	6911	656446	331434	325012	101.98
辽宁	202001	199497	2504	494401	246556	247845	99.48
吉林	181750	176134	5616	449460	220708	228752	96.48
黑龙江	251802	249779	2023	596242	294197	302045	97.40
上海	96875	89862	7013	232928	125149	107779	116.12
江苏	746254	720271	25983	2155251	1095586	1059665	103.39
浙江	536313	504881	31432	1365999	719769	646230	111.38
安徽	643268	617938	25330	1890559	956387	934172	102.38
福建	370101	354318	15783	1096269	560936	535333	104.78
江西	401955	386303	15652	1407473	722256	685217	105.41
山东	811526	790843	20683	2383305	1214260	1169045	103.87
河南	842979	809746	33233	2861796	1447888	1413908	102.40
湖北	403026	391896	11130	1243124	631550	611574	103.27
湖南	673339	654192	19147	2119605	1076027	1043578	103.11
广东	485194	462657	22537	1601437	833079	768358	108.42
广西	349167	339053	10114	1143427	583362	560065	104.16
海南	63228	60837	2391	219300	115936	103364	112.16
重庆	216092	212034	4058	622404	310896	311508	99.80
四川	617015	602588	14427	1788517	879599	908918	96.77
贵州	307745	298016	9729	974222	490706	483516	101.49
云南	358239	345596	12643	1142354	581101	561253	103.54
西藏	16545	15893	652	41335	21812	19523	111.72
陕西	301719	295519	6200	859982	434344	425638	102.05
甘肃	182041	176713	5328	556813	276667	280146	98.76
青海	46899	45241	1658	138444	70255	68189	103.03
宁夏	57553	55912	1641	165015	83608	81407	102.70
新疆	173597	167667	5930	507991	258862	249129	103.91

人口数和性别比(镇)

单位：户、人

人口数								平均家庭户规模(人/户)
家庭户				集体户				
小计	男	女	性别比(女=100)	小计	男	女	性别比(女=100)	
29847574	**15008433**	**14839141**	**101.14**	**2141556**	**1237515**	**904041**	**136.89**	**2.89**
109451	56182	53269	105.47	16784	11852	4932	240.31	2.28
62714	32063	30651	104.61	11605	7706	3899	197.64	2.67
2090619	1052176	1038443	101.32	144314	79442	64872	122.46	3.00
790550	394691	395859	99.70	48994	28906	20088	143.90	2.81
627563	312868	314695	99.42	28883	18566	10317	179.96	2.48
479578	238465	241113	98.90	14823	8091	6732	120.19	2.40
424204	208296	215908	96.47	25256	12412	12844	96.64	2.41
583009	286660	296349	96.73	13233	7537	5696	132.32	2.33
209993	109369	100624	108.69	22935	15780	7155	220.55	2.34
2036572	1020731	1015841	100.48	118679	74855	43824	170.81	2.83
1244164	638900	605264	105.56	121835	80869	40966	197.41	2.46
1769752	882957	886795	99.57	120807	73430	47377	154.99	2.86
1031602	521794	509808	102.35	64667	39142	25525	153.35	2.91
1294776	658774	636002	103.58	112697	63482	49215	128.99	3.35
2249720	1134613	1115107	101.75	133585	79647	53938	147.66	2.84
2603151	1309920	1293231	101.29	258645	137968	120677	114.33	3.21
1159801	585167	574634	101.83	83323	46383	36940	125.56	2.96
1958161	986448	971713	101.52	161444	89579	71865	124.65	2.99
1488795	764260	724535	105.48	112642	68819	43823	157.04	3.22
1067005	542711	524294	103.51	76422	40651	35771	113.64	3.15
207344	108894	98450	110.61	11956	7042	4914	143.30	3.41
592743	293162	299581	97.86	29661	17734	11927	148.69	2.80
1671809	816601	855208	95.49	116708	62998	53710	117.29	2.77
908972	457591	451381	101.38	65250	33115	32135	103.05	3.05
1056162	533012	523150	101.89	86192	48089	38103	126.21	3.06
38460	19843	18617	106.59	2875	1969	906	217.33	2.42
815101	407418	407683	99.93	44881	26926	17955	149.96	2.76
522421	258044	264377	97.60	34392	18623	15769	118.10	2.96
130399	65576	64823	101.16	8045	4679	3366	139.01	2.88
156438	78454	77984	100.60	8577	5154	3423	150.57	2.80
466545	232793	233752	99.59	41446	26069	15377	169.53	2.78

1-1c 各地区户数、

地区	户数			合计			
	合计	家庭户	集体户	合计	男	女	性别比（女=100）
全国	**17451050**	**17261338**	**189712**	**51102811**	**26467643**	**24635168**	**107.44**
北京	106661	101584	5077	273784	149255	124529	119.86
天津	73188	72799	389	202592	103992	98600	105.47
河北	1026078	1023480	2598	3010514	1540629	1469885	104.81
山西	502510	495798	6712	1350214	708044	642170	110.26
内蒙古	316099	309065	7034	780007	413604	366403	112.88
辽宁	433261	430882	2379	1135898	587063	548835	106.97
吉林	312062	307698	4364	810371	417644	392727	106.34
黑龙江	394157	393025	1132	994858	512529	482329	106.26
上海	127241	119869	7372	266243	150895	115348	130.82
江苏	803575	790410	13165	2147830	1095176	1052654	104.04
浙江	700900	681979	18921	1744519	919459	825060	111.44
安徽	905174	899723	5451	2596352	1336679	1259673	106.11
福建	417867	407694	10173	1181055	618077	562978	109.79
江西	602364	597863	4501	2061278	1082979	978299	110.70
山东	1402761	1397548	5213	3778981	1922971	1856010	103.61
河南	1435831	1429128	6703	4385248	2186641	2198607	99.46
湖北	760619	753981	6638	2367997	1252116	1115881	112.21
湖南	976088	972000	4088	2984105	1551692	1432413	108.33
广东	879608	855360	24248	2906793	1527097	1379696	110.68
广西	702748	698189	4559	2097983	1100029	997954	110.23
海南	109154	106997	2157	371984	200385	171599	116.78
重庆	396178	392816	3362	1024225	537902	486323	110.61
四川	1393330	1381496	11834	4055115	2099125	1955990	107.32
贵州	576840	571423	5417	1718553	897369	821184	109.28
云南	710329	703452	6877	2500844	1319558	1181286	111.71
西藏	53220	52065	1155	224065	115357	108708	106.12
陕西	494216	487969	6247	1419160	732118	687042	106.56
甘肃	372723	370178	2545	1163066	590910	572156	103.28
青海	66955	66150	805	232715	120169	112546	106.77
宁夏	84647	82935	1712	259247	136034	123213	110.41
新疆	314666	307782	6884	1057215	542145	515070	105.26

人口数和性别比(乡村)

单位：户、人

人口数								平均家庭户规模(人/户)
家庭户				集体户				
小计	男	女	性别比(女=100)	小计	男	女	性别比(女=100)	
50037677	**25730388**	**24307289**	**105.85**	**1065134**	**737255**	**327879**	**224.86**	**2.90**
253117	133363	119754	111.36	20667	15892	4775	332.82	2.49
200244	102364	97880	104.58	2348	1628	720	226.11	2.75
2991735	1528552	1463183	104.47	18779	12077	6702	180.20	2.92
1305380	671628	633752	105.98	44834	36416	8418	432.60	2.63
750987	389837	361150	107.94	29020	23767	5253	452.45	2.43
1118639	576823	541816	106.46	17259	10240	7019	145.89	2.60
790011	407124	382887	106.33	20360	10520	9840	106.91	2.57
986453	506980	479473	105.74	8405	5549	2856	194.29	2.51
239495	130338	109157	119.40	26748	20557	6191	332.05	2.00
2091567	1054614	1036953	101.70	56263	40562	15701	258.34	2.65
1671135	866215	804920	107.62	73384	53244	20140	264.37	2.45
2564906	1314871	1250035	105.19	31446	21808	9638	226.27	2.85
1138797	587786	551011	106.67	42258	30291	11967	253.12	2.79
2027303	1060769	966534	109.75	33975	22210	11765	188.78	3.39
3744068	1898864	1845204	102.91	34913	24107	10806	223.09	2.68
4338833	2156383	2182450	98.81	46415	30258	16157	187.27	3.04
2319496	1218539	1100957	110.68	48501	33577	14924	224.99	3.08
2952731	1532722	1420009	107.94	31374	18970	12404	152.93	3.04
2790024	1448622	1341402	107.99	116769	78475	38294	204.93	3.26
2068953	1081705	987248	109.57	29030	18324	10706	171.16	2.96
360130	192893	167237	115.34	11854	7492	4362	171.76	3.37
1003504	523040	480464	108.86	20721	14862	5859	253.66	2.55
3970254	2044399	1925855	106.16	84861	54726	30135	181.60	2.87
1679158	871827	807331	107.99	39395	25542	13853	184.38	2.94
2451597	1284377	1167220	110.04	49247	35181	14066	250.11	3.49
216489	109655	106834	102.64	7576	5702	1874	304.27	4.16
1379528	703797	675731	104.15	39632	28321	11311	250.38	2.83
1143201	576605	566596	101.77	19865	14305	5560	257.28	3.09
228622	117153	111469	105.10	4093	3016	1077	280.04	3.46
249512	128629	120883	106.41	9735	7405	2330	317.81	3.01
1011808	509914	501894	101.60	45407	32231	13176	244.62	3.29

1-2 各地区分性别、

地区	人口数			居住本乡、镇、街道，户口在本乡、镇、街道		
	合计	男	女	小计	男	女
全国	**138657945**	**70828049**	**67829896**	**93158443**	**47210352**	**45948091**
北京	2090903	1061056	1029847	885710	441785	443925
天津	1221778	620607	601171	750343	375285	375058
河北	7372048	3727138	3644910	5631763	2861397	2770366
山西	3440439	1751780	1688659	2302319	1166226	1136093
内蒙古	2339123	1193107	1146016	1295412	658982	636430
辽宁	4078397	2040920	2037477	2677577	1349681	1327896
吉林	2199788	1095345	1104443	1308145	665505	642640
黑龙江	2935686	1465642	1470044	2034879	1023766	1011113
上海	2415605	1246120	1169485	956795	475852	480943
江苏	8197063	4161879	4035184	5430227	2697926	2732301
浙江	6467791	3389194	3078597	3327138	1659380	1667758
安徽	6038744	3063857	2974887	4389588	2238201	2151387
福建	3933085	2027717	1905368	2341472	1172513	1168959
江西	4810312	2485964	2324348	3560343	1840647	1719696
山东	10099105	5115274	4983831	7359277	3706608	3652669
河南	9725229	4859451	4865778	7490833	3734003	3756830
湖北	6092610	3135488	2957122	4314470	2231760	2082710
湖南	6978116	3564315	3413801	5328041	2733221	2594820
广东	11946820	6345132	5601688	6097247	3083555	3013692
广西	4618519	2375531	2242988	3440612	1783967	1656645
海南	927418	490506	436912	632039	336980	295059
重庆	3293962	1662948	1631014	2052407	1042005	1010402
四川	8866931	4468377	4398554	6235824	3161856	3073968
贵州	3646503	1866006	1780497	2613906	1350726	1263180
云南	4822267	2491093	2331174	3691470	1904703	1786767
西藏	329292	170651	158641	250793	126285	124508
陕西	3682045	1869935	1812110	2553996	1284855	1269141
甘肃	2372848	1192587	1180261	1774232	888447	885785
青海	569733	290851	278882	390374	196930	193444
宁夏	710449	361368	349081	398696	200229	198467
新疆	2435336	1238210	1197126	1642515	817076	825439

户口登记状况的人口

单位：人

居住本乡、镇、街道，户口在外乡、镇、街道，离开户口登记地半年以上			居住本乡、镇、街道，户口待定			原住本乡、镇、街道，现在港澳台或国外工作学习		
小计	男	女	小计	男	女	小计	男	女
44980934	**23346557**	**21634377**	**317545**	**159710**	**157835**	**201023**	**111430**	**89593**
1191206	612341	578865	6812	3664	3148	7175	3266	3909
466563	242860	223703	2447	1340	1107	2425	1122	1303
1724492	857135	867357	10203	4912	5291	5590	3694	1896
1129800	581155	548645	6333	3186	3147	1987	1213	774
1037156	530550	506606	5090	2834	2256	1465	741	724
1384216	682949	701267	3566	1887	1679	13038	6403	6635
878563	423015	455548	1967	1034	933	11113	5791	5322
891900	437416	454484	2891	1548	1343	6016	2912	3104
1444983	763903	681080	4173	2211	1962	9654	4154	5500
2739769	1449069	1290700	14924	7492	7432	12143	7392	4751
3105848	1711786	1394062	14629	7600	7029	20176	10428	9748
1624905	813249	811656	19943	9877	10066	4308	2530	1778
1543072	828733	714339	19266	9776	9490	29275	16695	12580
1234479	637498	596981	12715	6103	6612	2775	1716	1059
2710065	1392157	1317908	16769	8390	8379	12994	8119	4875
2212529	1113359	1099170	14602	7043	7559	7265	5046	2219
1760676	894399	866277	12466	6413	6053	4998	2916	2082
1631242	821258	809984	14446	7185	7261	4387	2651	1736
5779822	3226283	2553539	52569	26695	25874	17182	8599	8583
1156123	581053	575070	17641	8178	9463	4143	2333	1810
291347	151558	139789	3250	1689	1561	782	279	503
1235371	617852	617519	4200	2040	2160	1984	1051	933
2610212	1295189	1315023	13997	7019	6978	6898	4313	2585
1020243	509073	511170	10739	5184	5555	1615	1023	592
1111895	576318	535577	14258	7162	7096	4644	2910	1734
76943	43494	33449	1533	859	674	23	13	10
1119708	580480	539228	5652	2946	2706	2689	1654	1035
593881	301600	292281	3390	1674	1716	1345	866	479
177476	92938	84538	1700	870	830	183	113	70
310455	160421	150034	899	490	409	399	228	171
785994	417466	368528	4475	2409	2066	2352	1259	1093

1-2a 各地区分性别、

地　区	人口数			居住本乡、镇、街道，户口在本乡、镇、街道		
	合计	男	女	小计	男	女
全　国	**55566004**	**28114458**	**27451546**	**25395663**	**12540417**	**12855246**
北　京	1690884	843767	847117	671579	332525	339054
天　津	944867	476846	468021	513654	254307	259347
河　北	2126601	1054891	1071710	1160181	573628	586553
山　西	1250681	620139	630542	600117	297665	302452
内蒙古	902670	448069	454601	341476	168022	173454
辽　宁	2448098	1207301	1240797	1313422	645123	668299
吉　林	939957	456993	482964	390664	191424	199240
黑龙江	1344586	658916	685670	786109	384046	402063
上　海	1916434	970076	946358	764357	380400	383957
江　苏	3893982	1971117	1922865	2110156	1038171	1071985
浙　江	3357273	1749966	1607307	1344308	659888	684420
安　徽	1551833	770791	781042	722145	359716	362429
福　建	1655761	848704	807057	674068	328125	345943
江　西	1341561	680729	660832	661867	331869	329998
山　东	3936819	1978043	1958776	2064947	1023359	1041588
河　南	2478185	1224922	1253263	1311760	645754	666006
湖　北	2481489	1251822	1229667	1186302	596831	589471
湖　南	1874406	936596	937810	900607	446467	454140
广　东	7438590	3984956	3453634	2556445	1268707	1287738
广　西	1377109	692140	684969	616234	306073	310161
海　南	336134	174185	161949	132864	68024	64840
重　庆	1647333	814150	833183	683328	334361	348967
四　川	3023299	1489653	1533646	1328628	649085	679543
贵　州	953728	477931	475797	397586	197599	199987
云　南	1179069	590434	588635	532402	260680	271722
西　藏	63892	33482	30410	22855	11274	11581
陕　西	1402903	703473	699430	669142	328606	340536
甘　肃	652969	325010	327959	314467	155405	159062
青　海	198574	100427	98147	93447	45832	47615
宁　夏	286187	141726	144461	124286	60197	64089
新　疆	870130	437203	432927	406260	197254	209006

户口登记状况的人口(城市)

单位：人

居住本乡、镇、街道，户口在外乡、镇、街道，离开户口登记地半年以上			居住本乡、镇、街道，户口待定			原住本乡、镇、街道，现在港澳台或国外工作学习		
小计	男	女	小计	男	女	小计	男	女
29953158	**15464121**	**14489037**	**126735**	**66857**	**59878**	**90448**	**43063**	**47385**
1006767	505153	501614	5598	2934	2664	6940	3155	3785
426819	220328	206491	2130	1182	948	2264	1029	1235
961715	478739	482976	2902	1613	1289	1803	911	892
647100	320693	326407	2456	1284	1172	1008	497	511
557888	278247	279641	2643	1483	1160	663	317	346
1124317	557287	567030	1959	1129	830	8400	3762	4638
543078	262507	280571	898	519	379	5317	2543	2774
554944	273149	281795	1449	772	677	2084	949	1135
1139666	584008	555658	3178	1712	1466	9233	3956	5277
1770036	925847	844189	7705	4030	3675	6085	3069	3016
1997914	1082229	915685	8043	4300	3743	7008	3549	3459
824981	408705	416276	3168	1636	1532	1539	734	805
967078	512980	454098	6982	3634	3348	7633	3965	3668
675281	346834	328447	3444	1539	1905	969	487	482
1859690	948240	911450	6796	3625	3171	5386	2819	2567
1160274	575999	584275	3865	1994	1871	2286	1175	1111
1288124	651342	636782	4492	2378	2114	2571	1271	1300
969072	487607	481465	3564	1946	1618	1163	576	587
4843976	2696686	2147290	29547	15602	13945	8622	3961	4661
754679	383064	371615	4797	2448	2349	1399	555	844
201957	105488	96469	1121	605	516	192	68	124
961334	478472	482862	1699	913	786	972	404	568
1688451	837394	851057	3996	2097	1899	2224	1077	1147
552504	278546	273958	3167	1558	1609	471	228	243
642232	327504	314728	3615	1870	1745	820	380	440
40706	21981	18725	328	226	102	3	1	2
729637	372743	356894	2980	1585	1395	1144	539	605
336769	168740	168029	1106	542	564	627	323	304
104439	54223	50216	612	344	268	76	28	48
161266	81183	80083	376	212	164	259	134	125
460464	238203	222261	2119	1145	974	1287	601	686

1-2b 各地区分性别、

地区	人口数			居住本乡、镇、街道，户口在本乡、镇、街道		
	合计	男	女	小计	男	女
全国	**31989130**	**16245948**	**15743182**	**20888083**	**10541361**	**10346722**
北京	126235	68034	58201	46659	23624	23035
天津	74319	39769	34550	49037	24897	24140
河北	2234933	1131618	1103315	1573872	798465	775407
山西	839544	423597	415947	501577	251281	250296
内蒙古	656446	331434	325012	305880	153427	152453
辽宁	494401	246556	247845	330930	166716	164214
吉林	449460	220708	228752	228000	113741	114259
黑龙江	596242	294197	302045	380014	189011	191003
上海	232928	125149	107779	82118	41194	40924
江苏	2155251	1095586	1059665	1444752	720645	724107
浙江	1365999	719769	646230	674278	334959	339319
安徽	1890559	956387	934172	1183439	599246	584193
福建	1096269	560936	535333	664258	330233	334025
江西	1407473	722256	685217	911910	467486	444424
山东	2383305	1214260	1169045	1656898	837856	819042
河南	2861796	1447888	1413908	1919117	970170	948947
湖北	1243124	631550	611574	905836	461979	443857
湖南	2119605	1076027	1043578	1532455	778770	753685
广东	1601437	833079	768358	1041384	528218	513166
广西	1143427	583362	560065	829543	427257	402286
海南	219300	115936	103364	168173	89249	78924
重庆	622404	310896	311508	419256	209832	209424
四川	1788517	879599	908918	1173498	580647	592851
贵州	974222	490706	483516	636667	324442	312225
云南	1142354	581101	561253	800609	404734	395875
西藏	41335	21812	19523	23848	11936	11912
陕西	859982	434344	425638	573586	288445	285141
甘肃	556813	276667	280146	366134	182313	183821
青海	138444	70255	68189	77729	38790	38939
宁夏	165015	83608	81407	70784	35108	35676
新疆	507991	258862	249129	315842	156690	159152

户口登记状况的人口(镇)

单位：人

居住本乡、镇、街道，户口在外乡、镇、街道，离开户口登记地半年以上			居住本乡、镇、街道，户口待定			原住本乡、镇、街道，现在港澳台或国外工作学习		
小计	男	女	小计	男	女	小计	男	女
11006529	**5654377**	**5352152**	**66437**	**33627**	**32810**	**28081**	**16583**	**11498**
79028	44127	34901	443	227	216	105	56	49
25069	14759	10310	189	101	88	24	12	12
656927	330864	326063	2934	1456	1478	1200	833	367
336025	171302	164723	1647	819	828	295	195	100
348925	177076	171849	1418	827	591	223	104	119
162172	79120	83052	464	240	224	835	480	355
219658	106033	113625	490	257	233	1312	677	635
214656	104407	110249	715	401	314	857	378	479
150046	83564	66482	594	308	286	170	83	87
704331	371476	332855	3938	1960	1978	2230	1505	725
684174	380954	303220	3397	1748	1649	4150	2108	2042
700623	353802	346821	5581	2789	2792	916	550	366
421202	224801	196401	5418	2803	2615	5391	3099	2292
492089	252957	239132	2988	1522	1466	486	291	195
720260	372926	347334	3853	1944	1909	2294	1534	760
937629	475005	462624	3915	1891	2024	1135	822	313
334122	167868	166254	2592	1339	1253	574	364	210
582848	295054	287794	3385	1645	1740	917	558	359
552266	300970	251296	6559	3251	3308	1228	640	588
309831	154075	155756	3361	1615	1746	692	415	277
50270	26240	24030	723	396	327	134	51	83
202079	100536	101543	848	399	449	221	129	92
612039	297348	314691	2187	1108	1079	793	496	297
334743	164842	169901	2529	1242	1287	283	180	103
338100	174333	163767	2805	1495	1310	840	539	301
17315	9758	7557	172	118	54			
284873	145075	139798	1187	597	590	336	227	109
189818	93882	95936	712	378	334	149	94	55
60418	31313	29105	281	142	139	16	10	6
94034	48393	45641	162	89	73	35	18	17
190959	101517	89442	950	520	430	240	135	105

1-2c 各地区分性别、

地区	人口数			居住本乡、镇、街道，户口在本乡、镇、街道		
	合计	男	女	小计	男	女
全国	**51102811**	**26467643**	**24635168**	**46874697**	**24128574**	**22746123**
北京	273784	149255	124529	167472	85636	81836
天津	202592	103992	98600	187652	96081	91571
河北	3010514	1540629	1469885	2897710	1489304	1408406
山西	1350214	708044	642170	1200625	617280	583345
内蒙古	780007	413604	366403	648056	337533	310523
辽宁	1135898	587063	548835	1033225	537842	495383
吉林	810371	417644	392727	689481	360340	329141
黑龙江	994858	512529	482329	868756	450709	418047
上海	266243	150895	115348	110320	54258	56062
江苏	2147830	1095176	1052654	1875319	939110	936209
浙江	1744519	919459	825060	1308552	664533	644019
安徽	2596352	1336679	1259673	2484004	1279239	1204765
福建	1181055	618077	562978	1003146	514155	488991
江西	2061278	1082979	978299	1986566	1041292	945274
山东	3778981	1922971	1856010	3637432	1845393	1792039
河南	4385248	2186641	2198607	4259956	2118079	2141877
湖北	2367997	1252116	1115881	2222332	1172950	1049382
湖南	2984105	1551692	1432413	2894979	1507984	1386995
广东	2906793	1527097	1379696	2499418	1286630	1212788
广西	2097983	1100029	997954	1994835	1050637	944198
海南	371984	200385	171599	331002	179707	151295
重庆	1024225	537902	486323	949823	497812	452011
四川	4055115	2099125	1955990	3733698	1932124	1801574
贵州	1718553	897369	821184	1579653	828685	750968
云南	2500844	1319558	1181286	2358459	1239289	1119170
西藏	224065	115357	108708	204090	103075	101015
陕西	1419160	732118	687042	1311268	667804	643464
甘肃	1163066	590910	572156	1093631	550729	542902
青海	232715	120169	112546	219198	112308	106890
宁夏	259247	136034	123213	203626	104924	98702
新疆	1057215	542145	515070	920413	463132	457281

户口登记状况的人口(乡村)

单位：人

居住本乡、镇、街道，户口在外乡、镇、街道，离开户口登记地半年以上			居住本乡、镇、街道，户口待定			原住本乡、镇、街道，现在港澳台或国外工作学习		
小计	男	女	小计	男	女	小计	男	女
4021247	**2228059**	**1793188**	**124373**	**59226**	**65147**	**82494**	**51784**	**30710**
105411	63061	42350	771	503	268	130	55	75
14675	7773	6902	128	57	71	137	81	56
105850	47532	58318	4367	1843	2524	2587	1950	637
146675	89160	57515	2230	1083	1147	684	521	163
130343	75227	55116	1029	524	505	579	320	259
97727	46542	51185	1143	518	625	3803	2161	1642
115827	54475	61352	579	258	321	4484	2571	1913
122300	59860	62440	727	375	352	3075	1585	1490
155271	96331	58940	401	191	210	251	115	136
265402	151746	113656	3281	1502	1779	3828	2818	1010
423760	248603	175157	3189	1552	1637	9018	4771	4247
99301	50742	48559	11194	5452	5742	1853	1246	607
154792	90952	63840	6866	3339	3527	16251	9631	6620
67109	37707	29402	6283	3042	3241	1320	938	382
130115	70991	59124	6120	2821	3299	5314	3766	1548
114626	62355	52271	6822	3158	3664	3844	3049	795
138430	75189	63241	5382	2696	2686	1853	1281	572
79322	38597	40725	7497	3594	3903	2307	1517	790
383580	228627	154953	16463	7842	8621	7332	3998	3334
91613	43914	47699	9483	4115	5368	2052	1363	689
39120	19830	19290	1406	688	718	456	160	296
71958	38844	33114	1653	728	925	791	518	273
309722	160447	149275	7814	3814	4000	3881	2740	1141
132996	65685	67311	5043	2384	2659	861	615	246
131563	74481	57082	7838	3797	4041	2984	1991	993
18922	11755	7167	1033	515	518	20	12	8
105198	62662	42536	1485	764	721	1209	888	321
67294	38978	28316	1572	754	818	569	449	120
12619	7402	5217	807	384	423	91	75	16
55155	30845	24310	361	189	172	105	76	29
134571	77746	56825	1406	744	662	825	523	302

1-3 各地区分年龄、性别的人口

单位：人

地区	合计			0岁		
	合计	男	女	小计	男	女
全国	**138657945**	**70828049**	**67829896**	**1072023**	**564330**	**507693**
北京	2090903	1061056	1029847	12595	6607	5988
天津	1221778	620607	601171	6695	3449	3246
河北	7372048	3727138	3644910	55702	28891	26811
山西	3440439	1751780	1688659	26062	13256	12806
内蒙古	2339123	1193107	1146016	15765	8101	7664
辽宁	4078397	2040920	2037477	19038	9796	9242
吉林	2199788	1095345	1104443	9862	5090	4772
黑龙江	2935686	1465642	1470044	10234	5234	5000
上海	2415605	1246120	1169485	10105	5299	4806
江苏	8197063	4161879	4035184	49430	25816	23614
浙江	6467791	3389194	3078597	40999	21470	19529
安徽	6038744	3063857	2974887	54066	28789	25277
福建	3933085	2027717	1905368	34322	18704	15618
江西	4810312	2485964	2324348	39905	21920	17985
山东	10099105	5115274	4983831	79983	42208	37775
河南	9725229	4859451	4865778	81850	42665	39185
湖北	6092610	3135488	2957122	43223	23000	20223
湖南	6978116	3564315	3413801	49748	26522	23226
广东	11946820	6345132	5601688	104910	56042	48868
广西	4618519	2375531	2242988	51183	27290	23893
海南	927418	490506	436912	8824	4874	3950
重庆	3293962	1662948	1631014	21988	11418	10570
四川	8866931	4468377	4398554	60817	31793	29024
贵州	3646503	1866006	1780497	48097	25376	22721
云南	4822267	2491093	2331174	49193	25531	23662
西藏	329292	170651	158641	4389	2195	2194
陕西	3682045	1869935	1812110	29249	15162	14087
甘肃	2372848	1192587	1180261	24605	12733	11872
青海	569733	290851	278882	5776	3011	2765
宁夏	710449	361368	349081	7695	3983	3712
新疆	2435336	1238210	1197126	15713	8105	7608

1-3　续表 1

单位：人

地区	1-4岁			5-9岁			10-14岁		
	小计	男	女	小计	男	女	小计	男	女
全　国	**6314720**	**3325450**	**2989270**	**8801032**	**4687234**	**4113798**	**8208580**	**4389078**	**3819502**
北　京	78754	40722	38032	87673	45847	41826	59879	31151	28728
天　津	43749	22600	21149	58471	30793	27678	51930	27669	24261
河　北	343540	179661	163879	546708	291877	254831	513599	273097	240502
山　西	144732	74405	70327	191073	98874	92199	191272	98875	92397
内蒙古	87441	45153	42288	118258	61972	56286	112075	58358	53717
辽　宁	111754	57651	54103	158461	82641	75820	155866	81743	74123
吉　林	60013	30779	29234	90429	47357	43072	101909	53159	48750
黑龙江	62007	32050	29957	99920	51531	48389	125623	65148	60475
上　海	69288	35988	33300	88256	46331	41925	64006	33740	30266
江　苏	306701	160349	146352	450678	240944	209734	410582	222372	188210
浙　江	242542	127727	114815	295411	157589	137822	256288	137181	119107
安　徽	302488	160462	142026	415735	225087	190648	389361	212027	177334
福　建	200428	108609	91819	280203	152461	127742	229244	123671	105573
江　西	232666	126515	106151	361962	197329	164633	389608	214521	175087
山　东	553662	293543	260119	638464	348331	290133	595024	324226	270798
河　南	504403	262981	241422	807824	429471	378353	798447	433017	365430
湖　北	257495	137356	120139	351683	191260	160423	322173	175770	146403
湖　南	309575	164636	144939	476139	254851	221288	468501	250524	217977
广　东	595049	318342	276707	777365	416878	360487	642896	346339	296557
广　西	280877	149304	131573	408132	218219	189913	360578	192657	167921
海　南	48462	26360	22102	68095	37354	30741	62366	34461	27905
重　庆	129415	67315	62100	172448	90068	82380	185100	97206	87894
四　川	356610	184540	172070	484911	251724	233187	497943	259073	238870
贵　州	235928	125441	110487	308195	165141	143054	285132	152005	133127
云　南	256048	133415	122633	313396	163371	150025	304109	159869	144240
西　藏	22596	11499	11097	28059	14203	13856	24166	12299	11867
陕　西	169565	88200	81365	227879	119579	108300	193064	102090	90974
甘　肃	128925	66875	62050	161252	84115	77137	147999	77716	70283
青　海	29875	15481	14394	41508	21386	20122	38861	20084	18777
宁　夏	40230	20781	19449	49471	25864	23607	48299	25131	23168
新　疆	109902	56710	53192	242973	124786	118187	182680	93899	88781

1-3 续表 2

单位：人

地区	15-19岁			20-24岁			25-29岁		
	小计	男	女	小计	男	女	小计	男	女
全国	**7788415**	**4137501**	**3650914**	**7303273**	**3799538**	**3503735**	**8893917**	**4611843**	**4282074**
北京	58182	30955	27227	121999	63206	58793	172444	88820	83624
天津	54964	29554	25410	68243	36476	31767	76106	39954	36152
河北	444472	233737	210735	285623	146954	138669	402913	206052	196861
山西	183328	93339	89989	185549	92364	93185	242953	124602	118351
内蒙古	98564	50798	47766	97296	49440	47856	136463	70366	66097
辽宁	166964	86844	80120	167606	85789	81817	205830	106139	99691
吉林	100008	50730	49278	89092	43483	45609	111784	55798	55986
黑龙江	135386	69188	66198	126893	63478	63415	142357	71963	70394
上海	68741	37508	31233	146179	78533	67646	213183	112659	100524
江苏	366950	198503	168447	386256	205975	180281	540218	282749	257469
浙江	286245	153696	132549	370072	201042	169030	493561	266709	226852
安徽	341702	184122	157580	288976	150159	138817	398194	202838	195356
福建	193175	102697	90478	188905	99824	89081	262576	138251	124325
江西	372020	204023	167997	286742	152204	134538	270765	140344	130421
山东	577337	303669	273668	449553	230968	218585	433113	225616	207497
河南	696801	376557	320244	487340	249606	237734	535596	264816	270780
湖北	324923	175207	149716	276122	146423	129699	409393	215157	194236
湖南	475822	256381	219441	333945	172253	161692	341283	172843	168440
广东	642437	356855	285582	904315	499028	405287	1144614	624836	519778
广西	302802	156530	146272	205687	105885	99802	228705	119080	109625
海南	52720	29070	23650	53136	29018	24118	73253	39207	34046
重庆	196358	104765	91593	193122	97153	95969	218616	109820	108796
四川	505721	260341	245380	506593	252634	253959	581211	293050	288161
贵州	251646	129893	121753	227496	111826	115670	221678	110553	111125
云南	330499	171282	159217	323122	165652	157470	329405	173040	156365
西藏	23059	11794	11265	23315	12098	11217	30125	16092	14033
陕西	184074	97353	86721	180869	92865	88004	252232	127994	124238
甘肃	128532	66353	62179	116031	56829	59202	150240	73167	77073
青海	35643	18189	17454	34208	17434	16774	42603	21679	20924
宁夏	42149	21525	20624	41891	20509	21382	52835	26655	26180
新疆	147191	76043	71148	137097	70430	66667	179668	90994	88674

1-3 续表 3

单位：人

地区	30-34岁			35-39岁			40-44岁		
	小计	男	女	小计	男	女	小计	男	女
全国	**12398651**	**6354314**	**6044337**	**9915280**	**5108028**	**4807252**	**9246332**	**4758438**	**4487894**
北京	238038	122869	115169	210916	108605	102311	155841	81577	74264
天津	120143	61869	58274	107811	55430	52381	83997	43112	40885
河北	687232	346882	340350	569685	289625	280060	457119	233549	223570
山西	296327	153113	143214	255028	132475	122553	227563	118207	109356
内蒙古	202841	104957	97884	191689	100215	91474	175028	91016	84012
辽宁	332362	169292	163070	292705	148638	144067	304069	155156	148913
吉林	183268	92331	90937	151769	76886	74883	166475	84353	82122
黑龙江	230556	116283	114273	216873	109250	107623	230815	117248	113567
上海	268050	142085	125965	226885	119055	107830	181814	95908	85906
江苏	785415	401523	383892	569193	289157	280036	540255	273384	266871
浙江	640418	342183	298235	524128	279078	245050	496128	261799	234329
安徽	484759	238760	245999	356881	177755	179126	380291	191862	188429
福建	376811	191180	185631	318678	162745	155933	289939	149428	140511
江西	368221	185463	182758	299721	150344	149377	352296	178739	173557
山东	921422	471340	450082	701347	358368	342979	638938	323716	315222
河南	857929	416401	441528	573118	279624	293494	557152	273713	283439
湖北	562432	288279	274153	418299	216059	202240	392068	202862	189206
湖南	599012	298666	300346	474574	240340	234234	421595	215371	206224
广东	1293437	702174	591263	1080545	584322	496223	869403	466728	402675
广西	345655	177289	168366	337664	175867	161797	313253	164111	149142
海南	84214	44664	39550	79133	42268	36865	64834	34818	30016
重庆	255695	129340	126355	186878	94692	92186	164425	81920	82505
四川	700650	357016	343634	491750	251205	240545	512893	258760	254133
贵州	258156	131366	126790	216389	113596	102793	234298	123551	110747
云南	397029	210537	186492	341064	182939	158125	369346	197166	172180
西藏	33532	18142	15390	28481	15184	13297	23549	12641	10908
陕西	350824	176678	174146	270509	138385	132124	232206	118892	113314
甘肃	185727	91313	94414	147188	74042	73146	138961	70387	68574
青海	47485	24395	23090	39752	20308	19444	44751	23305	21446
宁夏	63015	32103	30912	54072	28168	25904	54611	27831	26780
新疆	227996	115821	112175	182555	93403	89152	172419	87328	85091

1-3 续表 4

单位：人

地区	45-49岁			50-54岁			55-59岁		
	小计	男	女	小计	男	女	小计	男	女
全 国	**11286279**	**5774455**	**5511824**	**11926180**	**6019802**	**5906378**	**9980162**	**4986030**	**4994132**
北 京	153789	79885	73904	153949	79487	74462	158842	79929	78913
天 津	86252	44095	42157	89915	45463	44452	96757	48196	48561
河 北	497997	249436	248561	598403	298445	299958	528002	258500	269502
山 西	301452	154285	147167	294573	151060	143513	259412	131240	128172
内蒙古	225953	116216	109737	222310	114682	107628	196935	99571	97364
辽 宁	342562	173115	169447	378904	189587	189317	388783	192246	196537
吉 林	199156	100280	98876	224039	112578	111461	203515	100746	102769
黑龙江	299174	152142	147032	300687	152098	148589	278514	138712	139802
上 海	172282	90546	81736	171221	90057	81164	166430	85223	81207
江 苏	623047	314008	309039	772111	381518	390593	628098	310330	317768
浙 江	575686	301418	274268	586614	307143	279471	483086	250720	232366
安 徽	487925	245509	242416	569957	278747	291210	453365	221744	231621
福 建	342457	175929	166528	322147	164784	157363	258866	131013	127853
江 西	395195	202075	193120	377324	190387	186937	302886	152777	150109
山 东	771745	389702	382043	901941	450435	451506	767910	375127	392783
河 南	689758	341301	348457	785385	376859	408526	642147	304865	337282
湖 北	482692	247669	235023	565732	286435	279297	504846	254595	250251
湖 南	555834	286782	269052	636531	319393	317138	529640	265222	264418
广 东	937933	492908	445025	849404	444853	404551	661011	341889	319122
广 西	335253	176501	158752	348816	181510	167306	305316	155667	149649
海 南	66715	35570	31145	68223	35998	32225	61285	31845	29440
重 庆	322002	161419	160583	311170	154421	156749	243673	120333	123340
四 川	861042	434901	426141	851387	425513	425874	637567	317082	320485
贵 州	288221	152205	136016	278922	142325	136597	217003	108679	108324
云 南	413667	219020	194647	387227	200245	186982	316131	159839	156292
西 藏	23259	12555	10704	20395	10826	9569	15840	8204	7636
陕 西	297551	151401	146150	308030	156068	151962	271231	136568	134663
甘 肃	212701	106882	105819	238822	119595	119227	181142	91277	89865
青 海	51788	27022	24766	50850	26290	24560	37021	18895	18126
宁 夏	59221	30591	28630	57097	28930	28167	43587	22199	21388
新 疆	213970	109087	104883	204094	104070	100024	141321	72797	68524

1-3　续表 5

单位：人

地　区	60-64岁			65-69岁			70-74岁		
	小计	男	女	小计	男	女	小计	男	女
全　国	**7212331**	**3611534**	**3600797**	**7261013**	**3557071**	**3703942**	**4813647**	**2341892**	**2471755**
北　京	139906	67919	71987	120793	57405	63388	66649	31529	35120
天　津	90790	44536	46254	81120	39049	42071	48170	22905	25265
河　北	438091	218061	220030	426412	207953	218459	279626	132879	146747
山　西	208308	105941	102367	179593	89579	90014	115276	56387	58889
内蒙古	158381	79120	79261	129607	63251	66356	76221	36408	39813
辽　宁	342612	167953	174659	305565	147530	158035	179915	85347	94568
吉　林	165319	80902	84417	152228	73084	79144	92305	43241	49064
黑龙江	226519	111202	115317	196745	93913	102832	120153	56171	63982
上　海	172481	85096	87385	162232	79585	82647	99824	49779	50045
江　苏	464269	233408	230861	494473	244959	249514	341219	167589	173630
浙　江	345068	176962	168106	318048	158428	159620	222904	110045	112859
安　徽	227274	115909	111365	323268	159733	163535	235261	117692	117569
福　建	194573	97985	96588	174944	85578	89366	109417	54607	54810
江　西	232071	116855	115216	207541	103224	104317	142265	69606	72659
山　东	579379	286228	293151	597699	290435	307264	392422	185659	206763
河　南	445600	218299	227301	511833	248023	263810	336991	163081	173910
湖　北	347394	174678	172716	333362	165415	167947	229049	112844	116205
湖　南	342962	174756	168206	368046	182636	185410	260234	129465	130769
广　东	449631	225896	223735	391285	191244	200041	246356	121626	124730
广　西	215082	107981	107101	211110	103588	107522	144782	69997	74785
海　南	40228	20381	19847	35625	17679	17946	23040	11408	11632
重　庆	156057	80299	75758	209492	103731	105761	140115	70465	69650
四　川	413314	210762	202552	541196	265704	275492	368798	182870	185928
贵　州	144662	71852	72810	160262	77724	82538	115598	55554	60044
云　南	196142	97192	98950	190712	92408	98304	128136	61323	66813
西　藏	9582	4622	4960	7353	3441	3912	5361	2424	2937
陕　西	222982	112653	110329	198145	97581	100564	128651	62737	65914
甘　肃	108538	55687	52851	116007	57351	58656	83240	40129	43111
青　海	20245	10307	9938	19148	9388	9760	13257	6191	7066
宁　夏	27915	14132	13783	27825	13720	14105	17924	8602	9322
新　疆	86956	43960	42996	69344	33732	35612	50488	23332	27156

1-3 续表 6

单位：人

地区	75-79岁			80-84岁			85-89岁		
	小计	男	女	小计	男	女	小计	男	女
全国	**2980508**	**1409194**	**1571314**	**1897750**	**856619**	**1041131**	**973818**	**398907**	**574911**
北京	40749	18267	22482	33622	14683	18939	19118	8491	10627
天津	26995	12431	14564	17100	7673	9427	9027	3937	5090
河北	147772	68749	79023	88800	39971	48829	44212	17426	26786
山西	66878	32124	34754	43304	20013	23291	21121	9009	12112
内蒙古	46100	21210	24890	31282	14400	16882	13187	6101	7086
辽宁	108135	50261	57874	69483	30692	38791	34022	14609	19413
吉林	49992	22645	27347	30627	13911	16716	13257	5890	7367
黑龙江	65962	29441	36521	42965	19337	23628	17967	8276	9691
上海	54180	26130	28050	36660	16386	20274	29569	11628	17941
江苏	218624	104896	113728	140311	63142	77169	76940	30658	46282
浙江	124053	61069	62984	88439	42024	46415	56248	24563	31685
安徽	161932	79606	82326	96384	45009	51375	50832	21233	29599
福建	68910	33443	35467	49069	22183	26886	26770	10602	16168
江西	83967	39582	44385	57549	25522	32027	27285	10847	16438
山东	235088	108656	126432	147254	64838	82416	82426	31506	50920
河南	203284	94226	109058	118725	51573	67152	64779	24453	40326
湖北	137895	65451	72444	80337	35968	44369	40357	16392	23965
湖南	153660	74781	78879	109289	50107	59182	52174	21655	30519
广东	153705	73066	80639	109944	48836	61108	63675	24269	39406
广西	102016	46000	56016	68443	29165	39278	36596	13700	22896
海南	14192	6456	7736	12509	5254	7255	7045	2748	4297
重庆	95272	47380	47892	54617	25587	29030	26533	11292	15241
四川	250844	121825	129019	146688	68547	78141	67770	29356	38414
贵州	78926	36482	42444	49179	21701	27478	20231	8319	11912
云南	87668	40093	47575	54826	24266	30560	25530	10569	14961
西藏	3461	1419	2042	1766	672	1094	713	255	458
陕西	85600	40264	45336	51411	23197	28214	21743	9599	12144
甘肃	56826	27029	29797	31716	14689	17027	11685	5241	6444
青海	9204	4013	5191	5274	2346	2928	1955	898	1057
宁夏	12062	5663	6399	7073	3293	3780	2716	1331	1385
新疆	36556	16536	20020	23104	11634	11470	8335	4054	4281

1-3 续表 7

单位：人

地区	90-94岁			95-99岁			100岁及以上		
	小计	男	女	小计	男	女	小计	男	女
全国	**312846**	**115437**	**197409**	**63626**	**19576**	**44050**	**7562**	**1778**	**5784**
北京	5995	2633	3362	1076	439	637	94	30	64
天津	2969	1200	1769	520	200	320	54	16	38
河北	13393	4584	8809	2510	745	1765	237	64	173
山西	5665	2291	3374	899	317	582	71	24	47
内蒙古	3171	1520	1651	504	233	271	52	19	33
辽宁	11369	4923	6446	2202	909	1293	190	59	131
吉林	3999	1787	2212	663	280	383	79	35	44
黑龙江	5305	2544	2761	931	401	530	100	32	68
上海	11243	3728	7515	2692	782	1910	284	74	210
江苏	26244	8958	17286	5473	1512	3961	576	129	447
浙江	18167	7122	11045	3384	1133	2251	302	93	209
安徽	16136	5709	10427	3501	1016	2485	456	89	367
福建	9455	3450	6005	1960	526	1434	236	47	189
江西	8343	3095	5248	1796	541	1255	184	51	133
山东	28193	9215	18978	5563	1381	4182	642	107	535
河南	20784	6625	14159	4776	1179	3597	707	116	591
湖北	10658	3923	6735	2233	692	1541	244	53	191
湖南	16249	6119	10130	3023	935	2088	280	77	203
广东	22810	7443	15367	5422	1421	4001	673	137	536
广西	12821	4180	8641	3128	899	2229	620	111	509
海南	2667	856	1811	713	196	517	139	21	118
重庆	9089	3652	5437	1706	608	1098	191	64	127
四川	23943	9883	14060	4691	1641	3050	592	157	435
贵州	5491	2104	3387	857	274	583	136	39	97
云南	7558	2841	4717	1321	457	864	138	38	100
西藏	208	57	151	67	24	43	16	5	11
陕西	5205	2295	2910	935	353	582	90	21	69
甘肃	2251	1002	1249	408	164	244	52	11	41
青海	454	208	246	65	18	47	10	3	7
宁夏	644	305	339	105	49	56	12	3	9
新疆	2367	1185	1182	502	251	251	105	53	52

1-3a 各地区分年龄、性别的人口(城市)

单位：人

地区	合计			0岁		
	合计	男	女	小计	男	女
全国	**55566004**	**28114458**	**27451546**	**356224**	**187090**	**169134**
北京	1690884	843767	847117	9789	5133	4656
天津	944867	476846	468021	5018	2589	2429
河北	2126601	1054891	1071710	14138	7296	6842
山西	1250681	620139	630542	8636	4433	4203
内蒙古	902670	448069	454601	5951	3028	2923
辽宁	2448098	1207301	1240797	11284	5778	5506
吉林	939957	456993	482964	4042	2059	1983
黑龙江	1344586	658916	685670	4717	2424	2293
上海	1916434	970076	946358	8119	4261	3858
江苏	3893982	1971117	1922865	23435	12332	11103
浙江	3357273	1749966	1607307	20263	10539	9724
安徽	1551833	770791	781042	11117	5862	5255
福建	1655761	848704	807057	12634	6746	5888
江西	1341561	680729	660832	8893	4826	4067
山东	3936819	1978043	1958776	29178	15390	13788
河南	2478185	1224922	1253263	16863	8779	8084
湖北	2481489	1251822	1229667	14717	7812	6905
湖南	1874406	936596	937810	10597	5612	4985
广东	7438590	3984956	3453634	51065	27218	23847
广西	1377109	692140	684969	11745	6309	5436
海南	336134	174185	161949	2664	1449	1215
重庆	1647333	814150	833183	9849	5137	4712
四川	3023299	1489653	1533646	17665	9341	8324
贵州	953728	477931	475797	9794	5164	4630
云南	1179069	590434	588635	9552	4935	4617
西藏	63892	33482	30410	233	119	114
陕西	1402903	703473	699430	9449	4879	4570
甘肃	652969	325010	327959	5237	2709	2528
青海	198574	100427	98147	1445	766	679
宁夏	286187	141726	144461	2516	1289	1227
新疆	870130	437203	432927	5619	2876	2743

1-3a　续表 1

单位：人

地　区	1-4岁			5-9岁			10-14岁		
	小计	男	女	小计	男	女	小计	男	女
全　国	**2421970**	**1273763**	**1148207**	**3068696**	**1633959**	**1434737**	**2581153**	**1378650**	**1202503**
北　京	63444	32862	30582	74441	38956	35485	50565	26391	24174
天　津	34217	17686	16531	44620	23516	21104	36715	19524	17191
河　北	100561	52499	48062	138317	73308	65009	117072	61645	55427
山　西	56375	29112	27263	71857	37158	34699	66571	34349	32222
内蒙古	36873	18973	17900	46986	24587	22399	41391	21420	19971
辽　宁	75195	38739	36456	100504	52275	48229	85625	44916	40709
吉　林	28249	14531	13718	39676	20863	18813	39024	20399	18625
黑龙江	30242	15730	14512	45512	23470	22042	47916	24728	23188
上　海	57020	29570	27450	74747	39081	35666	54497	28695	25802
江　苏	154306	80578	73728	212571	113698	98873	174258	94230	80028
浙　江	133495	70243	63252	162565	86732	75833	130204	69933	60271
安　徽	76152	39911	36241	93158	50427	42731	80053	43364	36689
福　建	83820	45367	38453	111790	60615	51175	88552	47772	40780
江　西	63221	34451	28770	91049	49798	41251	90453	49452	41001
山　东	227297	119300	107997	240827	129554	111273	200207	107455	92752
河　南	124016	64767	59249	172269	91941	80328	157106	85142	71964
湖　北	101049	53644	47405	130229	70521	59708	113834	61675	52159
湖　南	82109	43689	38420	115759	61808	53951	102138	54580	47558
广　东	330997	177581	153416	408245	220475	187770	323545	176575	146970
广　西	76738	41003	35735	101357	54677	46680	80423	43475	36948
海　南	17901	9823	8078	23364	13096	10268	19339	10848	8491
重　庆	68502	35520	32982	85360	44368	40992	75095	39172	35923
四　川	122573	63189	59384	147564	76573	70991	125569	65181	60388
贵　州	58287	31054	27233	66668	35851	30817	55596	29732	25864
云　南	58069	30189	27880	62458	32436	30022	51583	26867	24716
西　藏	2020	1059	961	2979	1565	1414	2573	1330	1243
陕　西	64740	33695	31045	82324	43143	39181	64935	34502	30433
甘　肃	33119	17244	15875	36818	19432	17386	33117	17395	15722
青　海	8458	4420	4038	10684	5494	5190	9867	5114	4753
宁　夏	15381	7914	7467	17842	9380	8462	16683	8712	7971
新　疆	37544	19420	18124	56156	29161	26995	46647	24077	22570

1-3a 续表 2

单位：人

地区	15-19岁			20-24岁			25-29岁		
	小计	男	女	小计	男	女	小计	男	女
全国	**3200858**	**1682012**	**1518846**	**3653012**	**1865344**	**1787668**	**4251183**	**2171578**	**2079605**
北京	48902	25654	23248	101188	51362	49826	142408	71742	70666
天津	41740	22332	19408	54842	28934	25908	59721	30877	28844
河北	142823	74545	68278	109876	54536	55340	127723	62818	64905
山西	77470	38396	39074	78504	37248	41256	91415	44406	47009
内蒙古	44150	22419	21731	51356	25264	26092	61995	30675	31320
辽宁	98648	50944	47704	113763	57405	56358	137739	68768	68971
吉林	42201	21295	20906	41642	20355	21287	56506	27180	29326
黑龙江	63429	31858	31571	72112	35597	36515	72578	35892	36686
上海	53514	28922	24592	114938	60301	54637	172343	88708	83635
江苏	195559	104703	90856	234455	123688	110767	296806	153325	143481
浙江	164763	87681	77082	237531	125672	111859	296315	157749	138566
安徽	93032	48311	44721	93389	46346	47043	115534	56582	58952
福建	91080	48412	42668	105611	54824	50787	133761	69831	63930
江西	122990	65085	57905	102855	52838	50017	84224	42002	42222
山东	260857	134052	126805	227817	113273	114544	208837	106152	102685
河南	193681	101350	92331	155617	75612	80005	155164	75410	79754
湖北	163144	86422	76722	151212	78082	73130	180194	91172	89022
湖南	146578	76351	70227	123282	60973	62309	107310	52232	55078
广东	395978	222284	173694	631869	349312	282557	809675	444537	365138
广西	108796	55894	52902	90234	43676	46558	89231	44939	44292
海南	20649	11120	9529	22274	11621	10653	31062	15764	15298
重庆	103258	54346	48912	120661	59033	61628	129836	62876	66960
四川	176553	89200	87353	218161	105145	113016	242007	117494	124513
贵州	66011	34247	31764	76440	35706	40734	76279	36782	39497
云南	88353	44262	44091	100161	47454	52707	96215	47558	48657
西藏	6292	3142	3150	5067	2610	2457	6275	3295	2980
陕西	78921	41395	37526	95753	48206	47547	114626	56508	58118
甘肃	35052	18344	16708	38888	18801	20087	49118	23580	25538
青海	10268	5310	4958	12558	6275	6283	16509	8241	8268
宁夏	17319	8697	8622	18712	8728	9984	22829	10977	11852
新疆	48847	25039	23808	52244	26467	25777	66948	33506	33442

1-3a　续表 3

单位：人

地　区	30-34岁			35-39岁			40-44岁		
	小计	男	女	小计	男	女	小计	男	女
全　国	**5905083**	**2982097**	**2922986**	**4772139**	**2419603**	**2352536**	**4161673**	**2113207**	**2048466**
北　京	189659	95259	94400	175602	88162	87440	129473	66272	63201
天　津	96490	49210	47280	89561	45627	43934	66401	33770	32631
河　北	222759	108385	114374	192437	94757	97680	155005	77143	77862
山　西	123583	60580	63003	107558	53513	54045	90431	44864	45567
内蒙古	89348	44401	44947	79806	40063	39743	68452	34071	34381
辽　宁	232114	115376	116738	207047	103102	103945	192854	96326	96528
吉　林	89106	43468	45638	75127	36970	38157	77481	38149	39332
黑龙江	117603	57979	59624	109423	54000	55423	107775	53528	54247
上　海	211804	109174	102630	183858	93642	90216	143865	73842	70023
江　苏	429918	215992	213926	319678	159950	159728	290579	146070	144509
浙　江	380233	200142	180091	305494	160358	145136	271452	142837	128615
安　徽	151744	72460	79284	114249	55373	58876	113906	55783	58123
福　建	185965	93541	92424	156091	78622	77469	132059	67852	64207
江　西	115791	55830	59961	93178	45139	48039	102102	50307	51795
山　东	423690	212808	210882	329223	165634	163589	291520	146655	144865
河　南	259021	123521	135500	182502	88019	94483	173447	84398	89049
湖　北	250375	123032	127343	194777	97229	97548	182634	91085	91549
湖　南	187398	89138	98260	151691	74057	77634	130045	64405	65640
广　东	938313	513195	425118	765171	415595	349576	606015	327208	278807
广　西	134958	66054	68904	125750	62543	63207	110103	55379	54724
海　南	35937	18112	17825	31571	15917	15654	24666	12547	12119
重　庆	159524	78610	80914	116917	58199	58718	92364	45356	47008
四　川	303308	149286	154022	213464	105628	107836	195867	96708	99159
贵　州	91955	45286	46669	70962	35875	35087	67434	34470	32964
云　南	117475	59135	58340	93544	47596	45948	93392	47677	45715
西　藏	7517	3986	3531	6211	3234	2977	5515	2944	2571
陕　西	161104	79397	81707	126730	63622	63108	99192	49829	49363
甘　肃	65196	31786	33410	50998	25125	25873	44999	22438	22561
青　海	19258	9824	9434	14273	7260	7013	15456	7850	7606
宁　夏	28518	13946	14572	23801	11936	11865	22895	11360	11535
新　疆	85419	43184	42235	65445	32856	32589	64294	32084	32210

1-3a 续表 4

单位：人

地区	45-49岁			50-54岁			55-59岁		
	小计	男	女	小计	男	女	小计	男	女
全国	**4587791**	**2334395**	**2253396**	**4346645**	**2185928**	**2160717**	**3674992**	**1824170**	**1850822**
北京	121483	61698	59785	116822	58829	57993	123000	61030	61970
天津	64543	32829	31714	64481	32633	31848	73230	36579	36651
河北	157437	77381	80056	154572	75844	78728	136914	67067	69847
山西	107656	53117	54539	98273	49156	49117	84839	42734	42105
内蒙古	82679	40971	41708	77258	38589	38669	67912	33915	33997
辽宁	200520	99492	101028	202695	99680	103015	218371	107568	110803
吉林	82612	40447	42165	84474	41146	43328	79768	38831	40937
黑龙江	129953	64672	65281	126253	62667	63586	124486	61608	62878
上海	129490	66309	63181	126184	64374	61810	128148	63988	64160
江苏	298507	151899	146608	330124	163760	166364	271948	133611	138337
浙江	293835	154235	139600	275854	143814	132040	218983	112076	106907
安徽	128750	64269	64481	138210	67498	70712	111991	54158	57833
福建	140456	72201	68255	119704	60469	59235	94615	47059	47556
江西	106793	53954	52839	97255	48632	48623	80877	40469	40408
山东	314281	158865	155416	304568	152048	152520	259804	128369	131435
河南	193650	95628	98022	189040	92528	96512	152342	74040	78302
湖北	199593	101515	98078	208385	104600	103785	183122	91002	92120
湖南	153284	77257	76027	157190	77948	79242	131803	65542	66261
广东	620246	330677	289569	507520	269339	238181	364908	188185	176723
广西	105234	53922	51312	92922	46905	46017	77832	37532	40300
海南	25490	13313	12177	23253	12222	11031	19266	9788	9478
重庆	159064	78504	80560	145095	70835	74260	113652	54847	58805
四川	292671	145769	146902	267792	131508	136284	206638	100017	106621
贵州	78107	40149	37958	67850	34002	33848	53532	26239	27293
云南	99460	51726	47734	85331	43155	42176	71483	35017	36466
西藏	5983	3306	2677	4833	2641	2192	3295	1776	1519
陕西	107795	54592	53203	99159	49547	49612	86612	43218	43394
甘肃	57653	29180	28473	57548	28889	28659	46007	22778	23229
青海	18867	9822	9045	19463	9862	9601	14745	7501	7244
宁夏	24209	12266	11943	22254	11048	11206	16648	8204	8444
新疆	87490	44430	43060	82283	41760	40523	58221	29422	28799

1-3a　续表 5

单位：人

地　区	60-64岁			65-69岁			70-74岁		
	小计	男	女	小计	男	女	小计	男	女
全　国	**2676434**	**1312078**	**1364356**	**2412918**	**1152613**	**1260305**	**1495476**	**709144**	**786332**
北　京	111923	53669	58254	97001	45697	51304	52424	24662	27762
天　津	71802	35086	36716	61949	29527	32422	35834	16932	18902
河　北	113017	55282	57735	103240	49173	54067	63493	29254	34239
山　西	65135	33042	32093	50198	24614	25584	29684	14081	15603
内蒙古	50975	25164	25811	38771	18397	20374	23417	10420	12997
辽　宁	192269	93380	98889	161394	76719	84675	89375	41546	47829
吉　林	65561	31367	34194	57474	26577	30897	34264	15308	18956
黑龙江	98481	47626	50855	81769	38172	43597	48787	22011	26776
上　海	141734	68964	72770	131837	64188	67649	79547	39942	39605
江　苏	190371	93907	96464	183495	89186	94309	122883	60000	62883
浙　江	149613	75348	74265	126216	62096	64120	83642	40724	42918
安　徽	59254	29847	29407	65297	31326	33971	42459	20506	21953
福　建	66025	32390	33635	54939	26475	28464	33571	16179	17392
江　西	58940	29378	29562	49574	24230	25344	32032	15634	16398
山　东	193017	94165	98852	177118	83901	93217	107658	49133	58525
河　南	105836	51148	54688	99764	46901	52863	62948	29185	33763
湖　北	127032	62187	64845	115974	55717	60257	76855	36887	39968
湖　南	82031	40822	41209	78986	38253	40733	50945	24860	26085
广　东	230219	112412	117807	192395	91093	101302	116672	55880	60792
广　西	53436	25590	27846	48789	23095	25694	30204	14441	15763
海　南	12638	6289	6349	10534	5137	5397	6464	3170	3294
重　庆	73054	36022	37032	82088	39215	42873	48120	22916	25204
四　川	131063	64113	66950	143748	67457	76291	92398	44006	48392
贵　州	34094	16519	17575	29870	13594	16276	21681	10195	11486
云　南	44838	21888	22950	42576	20334	22242	27293	13042	14251
西　藏	1900	984	916	1386	686	700	867	424	443
陕　西	69171	34059	35112	56201	26852	29349	35428	16940	18488
甘　肃	28884	14260	14624	27044	13256	13788	17372	8169	9203
青　海	8189	4149	4040	6749	3291	3458	4447	2014	2433
宁　夏	10933	5415	5518	10138	4808	5330	6290	2895	3395
新　疆	34999	17606	17393	26404	12646	13758	18422	7788	10634

1-3a 续表 6

单位：人

地区	75-79岁			80-84岁			85-89岁		
	小计	男	女	小计	男	女	小计	男	女
全国	**910660**	**416427**	**494233**	**631454**	**280897**	**350557**	**329421**	**140447**	**188974**
北京	32288	14326	17962	28296	12184	16112	16104	7184	8920
天津	20233	9106	11127	13453	5825	7628	7201	3112	4089
河北	36298	16398	19900	24902	10933	13969	11818	4928	6890
山西	19009	8685	10324	14544	6467	8077	6789	3145	3644
内蒙古	16676	7124	9552	12198	5504	6694	4922	2275	2647
辽宁	57018	25337	31681	41670	17102	24568	21604	9176	12428
吉林	20744	8725	12019	13688	5782	7906	6119	2545	3574
黑龙江	29531	12233	17298	21551	9079	12472	9372	4205	5167
上海	41143	19961	21182	28426	12903	15523	23703	9421	14282
江苏	75068	35571	39497	50293	22676	27617	27829	11584	16245
浙江	45551	22241	23310	32066	14891	17175	20993	9444	11549
安徽	30012	13910	16102	19681	8944	10737	10012	4350	5662
福建	20145	9547	10598	14146	6477	7669	7616	3145	4471
江西	19194	9001	10193	13229	5999	7230	6445	2750	3695
山东	65803	29538	36265	43471	19292	24179	22498	9165	13333
河南	39597	17457	22140	27009	11590	15419	13336	5571	7765
湖北	42840	19642	23198	27051	11883	15168	13897	5915	7982
湖南	28952	13678	15274	21002	9634	11368	9815	4336	5479
广东	64478	29705	34773	46120	20368	25752	24944	9844	15100
广西	17995	8010	9985	12616	5404	7212	6326	2437	3889
海南	3761	1717	2044	3215	1439	1776	1469	610	859
重庆	30885	14843	16042	19147	8453	10694	10220	4051	6169
四川	60849	28989	31860	38842	18186	20656	18611	8307	10304
贵州	14104	6480	7624	9550	4170	5380	4136	1802	2334
云南	17547	7979	9568	12013	5638	6375	5667	2641	3026
西藏	528	208	320	271	126	145	108	36	72
陕西	23407	10705	12702	17007	7528	9479	7998	3713	4285
甘肃	12687	5410	7277	8824	4087	4737	3515	1666	1849
青海	3684	1475	2209	2486	1158	1328	909	464	445
宁夏	4544	1975	2569	3085	1383	1702	1245	617	628
新疆	16089	6451	9638	11602	5792	5810	4200	2008	2192

1-3a　续表 7

单位：人

地　区	90-94岁			95-99岁			100岁及以上		
	小计	男	女	小计	男	女	小计	男	女
全　国	**105560**	**43216**	**62344**	**20495**	**7225**	**13270**	**2167**	**615**	**1552**
北　京	5055	2275	2780	932	390	542	85	30	55
天　津	2336	963	1373	434	175	259	46	14	32
河　北	3518	1439	2079	635	244	391	46	16	30
山　西	1847	904	943	287	128	159	20	7	13
内蒙古	1331	691	640	205	110	95	18	8	10
辽　宁	7033	3113	3920	1258	526	732	118	33	85
吉　林	1855	847	1008	304	125	179	40	24	16
黑龙江	2624	1242	1382	426	181	245	46	14	32
上　海	9101	3097	6004	2178	665	1513	238	68	170
江　苏	9745	3670	6075	1938	629	1309	216	58	158
浙　江	6788	2741	4047	1302	432	870	115	38	77
安　徽	3137	1320	1817	629	225	404	67	19	48
福　建	2596	1018	1578	529	151	378	56	11	45
江　西	2008	802	1206	415	140	275	43	12	31
山　东	7575	2842	4733	1428	427	1001	145	25	120
河　南	4091	1656	2435	792	262	530	94	17	77
湖　北	3702	1519	2183	780	259	521	93	22	71
湖　南	2955	1241	1714	499	174	325	37	6	31
广　东	8201	2922	5279	1826	507	1319	188	44	144
广　西	1934	700	1234	413	140	273	73	15	58
海　南	484	170	314	119	33	86	14		14
重　庆	3836	1537	2299	718	276	442	88	34	54
四　川	6534	3016	3518	1252	489	763	170	51	119
贵　州	1181	537	644	173	65	108	24	12	12
云　南	1739	761	978	294	129	165	26	15	11
西　藏	30	6	24	7	4	3	2	1	1
陕　西	1991	985	1006	339	152	187	21	6	15
甘　肃	763	399	364	121	60	61	9	2	7
青　海	228	125	103	26	10	16	5	2	3
宁　夏	295	150	145	44	25	19	6	1	5
新　疆	1047	528	519	192	92	100	18	10	8

1-3b 各地区分年龄、性别的人口(镇)

单位：人

地区	合计			0岁		
	合计	男	女	小计	男	女
全国	**31989130**	**16245948**	**15743182**	**240325**	**126682**	**113643**
北京	126235	68034	58201	802	434	368
天津	74319	39769	34550	409	215	194
河北	2234933	1131618	1103315	16367	8469	7898
山西	839544	423597	415947	6149	3133	3016
内蒙古	656446	331434	325012	4358	2245	2113
辽宁	494401	246556	247845	2091	1094	997
吉林	449460	220708	228752	2280	1153	1127
黑龙江	596242	294197	302045	2080	1076	1004
上海	232928	125149	107779	1142	613	529
江苏	2155251	1095586	1059665	12722	6496	6226
浙江	1365999	719769	646230	8095	4310	3785
安徽	1890559	956387	934172	15715	8386	7329
福建	1096269	560936	535333	9349	5168	4181
江西	1407473	722256	685217	10275	5623	4652
山东	2383305	1214260	1169045	19282	10205	9077
河南	2861796	1447888	1413908	20397	10666	9731
湖北	1243124	631550	611574	8788	4720	4068
湖南	2119605	1076027	1043578	13705	7303	6402
广东	1601437	833079	768358	15608	8309	7299
广西	1143427	583362	560065	12039	6453	5586
海南	219300	115936	103364	2043	1159	884
重庆	622404	310896	311508	3929	1991	1938
四川	1788517	879599	908918	11459	5938	5521
贵州	974222	490706	483516	11814	6254	5560
云南	1142354	581101	561253	11391	5881	5510
西藏	41335	21812	19523	374	190	184
陕西	859982	434344	425638	6315	3293	3022
甘肃	556813	276667	280146	5540	2890	2650
青海	138444	70255	68189	1144	598	546
宁夏	165015	83608	81407	1444	723	721
新疆	507991	258862	249129	3219	1694	1525

1-3b 续表 1

单位：人

地区	1-4岁			5-9岁			10-14岁		
	小计	男	女	小计	男	女	小计	男	女
全国	**1566945**	**827540**	**739405**	**2244883**	**1201106**	**1043777**	**2136891**	**1144164**	**992727**
北京	4917	2481	2436	4376	2281	2095	2825	1458	1367
天津	2475	1307	1168	3482	1878	1604	3545	1909	1636
河北	109522	57501	52021	173579	92932	80647	164031	87488	76543
山西	39240	20110	19130	54117	28054	26063	55095	28721	26374
内蒙古	28814	15000	13814	38712	20264	18448	34896	17892	17004
辽宁	13662	7047	6615	20167	10622	9545	21250	11267	9983
吉林	15218	7753	7465	20804	10891	9913	20583	10602	9981
黑龙江	13834	7129	6705	22217	11382	10835	28476	14598	13878
上海	7698	4060	3638	8641	4693	3948	5694	3034	2660
江苏	85666	44838	40828	133671	71729	61942	126150	68648	57502
浙江	52121	27584	24537	66002	35228	30774	60690	32332	28358
安徽	99501	53027	46474	133204	72424	60780	125423	68396	57027
福建	59906	32669	27237	87270	47698	39572	71380	38601	32779
江西	68792	37470	31322	109899	60157	49742	121128	66629	54499
山东	143859	76633	67226	168221	92743	75478	156636	86523	70113
河南	143485	75039	68446	232080	124392	107688	230163	124796	105367
湖北	56750	30352	26398	79818	43311	36507	75086	40910	34176
湖南	94355	50259	44096	148019	79266	68753	147826	78661	69165
广东	89998	48132	41866	127810	68510	59300	110673	59139	51534
广西	72646	38523	34123	105588	56842	48746	91000	48950	42050
海南	11504	6311	5193	16613	9151	7462	15490	8540	6950
重庆	26528	13898	12630	38759	20183	18576	44103	23217	20886
四川	76376	39499	36877	112138	58014	54124	117296	60612	56684
贵州	66317	35507	30810	87060	46803	40257	81279	43035	38244
云南	65185	33998	31187	75448	39211	36237	71376	37311	34065
西藏	2431	1238	1193	3333	1753	1580	2715	1408	1307
陕西	42326	22021	20305	60940	32053	28887	54020	28208	25812
甘肃	34292	17751	16541	43539	22800	20739	39736	21103	18633
青海	7003	3612	3391	10738	5572	5166	10219	5228	4991
宁夏	9824	5114	4710	12832	6706	6126	12398	6462	5936
新疆	22700	11677	11023	45806	23563	22243	35709	18486	17223

1-3b 续表 2

单位：人

地区	15-19岁			20-24岁			25-29岁		
	小计	男	女	小计	男	女	小计	男	女
全国	**2190429**	**1157572**	**1032857**	**1533823**	**798028**	**735795**	**1981369**	**1002668**	**978701**
北京	3464	1934	1530	9046	4950	4096	11316	6295	5021
天津	5017	2783	2234	5879	3398	2481	5263	2946	2317
河北	170545	88388	82157	86954	44933	42021	131234	66849	64385
山西	52883	26907	25976	42732	21247	21485	60907	30111	30796
内蒙古	30848	15859	14989	23436	11761	11675	41796	20929	20867
辽宁	25278	12929	12349	17720	8691	9029	25783	13090	12693
吉林	25373	12709	12664	22848	10712	12136	26595	12851	13744
黑龙江	28919	14886	14033	21677	10632	11045	28831	14065	14766
上海	8219	4468	3751	16918	9565	7353	20485	11492	8993
江苏	106647	58388	48259	89486	47980	41506	141812	73744	68068
浙江	68834	37159	31675	66473	37889	28584	100496	54868	45628
安徽	126994	69037	57957	94398	49738	44660	135315	68265	67050
福建	59232	30887	28345	46162	24200	21962	68097	35105	32992
江西	119998	66341	53657	79156	41441	37715	77648	38882	38766
山东	160569	85451	75118	99502	52560	46942	103393	53746	49647
河南	260530	140503	120027	159630	84195	75435	177289	89409	87880
湖北	73411	39233	34178	47725	24887	22838	80317	40265	40052
湖南	165285	89933	75352	92885	48653	44232	103267	50992	52275
广东	98891	53225	45666	101838	55291	46547	125184	66325	58859
广西	89686	45302	44384	44776	23793	20983	56984	28662	28322
海南	13111	7256	5855	12168	6704	5464	16270	8765	7505
重庆	42254	22859	19395	28865	14571	14294	38590	18763	19827
四川	126784	64522	62262	87989	42704	45285	108843	51679	57164
贵州	80039	40143	39896	62006	29579	32427	62864	29475	33389
云南	96321	48887	47434	68699	34987	33712	76871	38303	38568
西藏	1880	983	897	2552	1280	1272	5092	2702	2390
陕西	50663	26496	24167	32211	16734	15477	54541	26938	27603
甘肃	39499	20086	19413	27428	13351	14077	35585	16414	19171
青海	11350	5612	5738	7904	3977	3927	10319	5184	5135
宁夏	10804	5504	5300	8758	4211	4547	12927	6297	6630
新疆	37101	18902	18199	26002	13414	12588	37455	19257	18198

1-3b 续表 3

单位：人

地区	30-34岁			35-39岁			40-44岁		
	小计	男	女	小计	男	女	小计	男	女
全国	**2910174**	**1452227**	**1457947**	**2313482**	**1166657**	**1146825**	**2210304**	**1118859**	**1091445**
北京	16429	9162	7267	12499	7081	5418	8727	4999	3728
天津	7316	4062	3254	5813	3232	2581	5325	2886	2439
河北	221478	110944	110534	179754	91460	88294	143777	73670	70107
山西	78562	39320	39242	69241	34810	34431	61475	31473	30002
内蒙古	64645	32669	31976	59202	30263	28939	52233	26787	25446
辽宁	40275	20325	19950	33530	17181	16349	39436	20089	19347
吉林	44671	22152	22519	34974	17544	17430	35386	17743	17643
黑龙江	48060	23518	24542	44552	21876	22676	48682	24429	24253
上海	28387	15766	12621	21550	12174	9376	17268	9697	7571
江苏	210866	107498	103368	151203	76492	74711	143182	72065	71117
浙江	136055	72726	63329	113671	60225	53446	112796	58952	53844
安徽	167341	81577	85764	122425	59997	62428	128698	63471	65227
福建	102065	50558	51507	86745	43116	43629	83113	41794	41319
江西	111371	54020	57351	94061	45626	48435	112157	55391	56766
山东	231672	117580	114092	172280	88095	84185	155918	79101	76817
河南	284610	139874	144736	188565	92851	95714	179883	89127	90756
湖北	114729	56321	58408	86432	43081	43351	83885	42096	41789
湖南	185342	89525	95817	151682	74782	76900	137888	69321	68567
广东	141403	73362	68041	128759	67045	61714	106730	55870	50860
广西	88638	44276	44362	85917	43649	42268	79433	40867	38566
海南	18964	10042	8922	18306	9725	8581	15314	8212	7102
重庆	44112	21523	22589	32947	16234	16713	32363	15466	16897
四川	138065	66312	71753	100525	48884	51641	110226	53388	56838
贵州	75074	36292	38782	63123	32046	31077	66284	34238	32046
云南	96128	48485	47643	81982	42191	39791	89691	46539	43152
西藏	5639	3047	2592	4237	2296	1941	3282	1776	1506
陕西	81217	39294	41923	65914	32627	33287	59301	29789	29512
甘肃	50750	23541	27209	40789	20007	20782	34956	17462	17494
青海	11821	5942	5879	10146	5056	5090	11637	6091	5546
宁夏	16339	8110	8229	13916	7253	6663	13341	6823	6518
新疆	48150	24404	23746	38742	19758	18984	37917	19247	18670

1-3b 续表 4

单位：人

地区	45-49岁			50-54岁			55-59岁		
	小计	男	女	小计	男	女	小计	男	女
全国	**2654223**	**1345844**	**1308379**	**2729012**	**1373962**	**1355050**	**2175634**	**1084231**	**1091403**
北京	9591	5342	4249	10436	5838	4598	9776	5166	4610
天津	5926	3166	2760	6053	3201	2852	5122	2607	2515
河北	149951	75628	74323	172518	86854	85664	144667	70782	73885
山西	76205	38535	37670	67388	34476	32912	54442	27520	26922
内蒙古	62964	32296	30668	58671	30249	28422	48862	24672	24190
辽宁	44355	22383	21972	47285	23684	23601	45563	22482	23081
吉林	38425	19132	19293	40635	20168	20467	35685	17567	18118
黑龙江	62955	31792	31163	61373	30726	30647	54991	27458	27533
上海	17281	9382	7899	18487	9962	8525	16630	8683	7947
江苏	167493	83976	83517	207314	102192	105122	159263	78804	80459
浙江	130268	68056	62212	129050	67840	61210	101741	53548	48193
安徽	156666	77891	78775	172159	84041	88118	132613	64527	68086
福建	100102	50944	49158	91879	47023	44856	71000	36248	34752
江西	120122	60599	59523	107277	54572	52705	83759	42267	41492
山东	183323	92524	90799	206152	103400	102752	163073	79103	83970
河南	207442	104271	103171	218636	107559	111077	168416	80801	87615
湖北	104132	52628	51504	117933	59282	58651	101205	50816	50389
湖南	176852	89933	86919	191709	96184	95525	155582	77883	77699
广东	121475	62726	58749	118313	61144	57169	96258	49255	47003
广西	83911	43499	40412	85021	43700	41321	73407	37083	36324
海南	15389	8128	7261	16121	8398	7723	14665	7559	7106
重庆	65806	32205	33601	61189	30185	31004	45602	22413	23189
四川	181370	89023	92347	172922	84531	88391	126835	61819	65016
贵州	76347	39915	36432	69515	34968	34547	52082	25963	26119
云南	98775	51445	47330	89943	46418	43525	72080	36678	35402
西藏	3035	1705	1330	2369	1289	1080	1573	839	734
陕西	74268	37588	36680	71818	36779	35039	59177	30096	29081
甘肃	46643	23533	23110	48864	24296	24568	35383	17535	17848
青海	12546	6474	6072	11377	6010	5367	7853	3981	3872
宁夏	13725	7107	6618	11999	6073	5926	8694	4463	4231
新疆	46880	24018	22862	44606	22920	21686	29635	15613	14022

1-3b 续表 5

单位：人

地区	60-64岁			65-69岁			70-74岁		
	小计	男	女	小计	男	女	小计	男	女
全国	**1462803**	**728783**	**734020**	**1457114**	**707032**	**750082**	**959183**	**463018**	**496165**
北京	7687	3817	3870	6221	3056	3165	3514	1679	1835
天津	4029	2017	2012	3773	1885	1888	2396	1131	1265
河北	114410	56230	58180	110368	53047	57321	71729	33665	38064
山西	40569	20380	20189	34091	16746	17345	21727	10468	11259
内蒙古	37100	18286	18814	29614	13973	15641	17886	8103	9783
辽宁	37723	18313	19410	34431	16436	17995	21119	9675	11444
吉林	28013	13392	14621	25368	11885	13483	15094	6738	8356
黑龙江	42691	20878	21813	36211	17120	19091	23301	10301	13000
上海	13579	6870	6709	12431	6197	6234	7724	3780	3944
江苏	114116	57478	56638	118335	58358	59977	78971	38643	40328
浙江	67269	34886	32383	59688	29650	30038	40943	20280	20663
安徽	62474	31547	30927	82888	40207	42681	56772	28154	28618
福建	50682	25512	25170	43944	21220	22724	27122	13489	13633
江西	61515	30686	30829	52946	26134	26812	35199	17413	17786
山东	117009	57141	59868	121536	58483	63053	80406	37707	42699
河南	108385	53002	55383	118847	57032	61815	74480	35828	38652
湖北	65148	32607	32541	60440	29916	30524	40160	19691	20469
湖南	96735	48839	47896	101448	50013	51435	69908	34655	35253
广东	67416	33633	33783	59254	28735	30519	37121	18521	18600
广西	49429	24502	24927	46835	22631	24204	31229	15155	16074
海南	9948	5052	4896	8902	4445	4457	5447	2736	2711
重庆	24903	12881	12022	34564	16681	17883	24189	11889	12300
四川	75427	37484	37943	94234	45295	48939	63148	30852	32296
贵州	31073	15313	15760	33950	16207	17743	23710	11184	12526
云南	41700	20673	21027	41571	20032	21539	27595	13326	14269
西藏	997	489	508	690	340	350	525	239	286
陕西	46162	23299	22863	41149	20335	20814	26684	13174	13510
甘肃	20698	10401	10297	20915	10284	10631	14733	7010	7723
青海	4172	2116	2056	4047	1963	2084	2904	1382	1522
宁夏	5274	2630	2644	5156	2500	2656	3508	1662	1846
新疆	16470	8429	8041	13267	6226	7041	9939	4488	5451

1-3b 续表 6

单位：人

地区	75-79岁			80-84岁			85-89岁		
	小计	男	女	小计	男	女	小计	男	女
全 国	**593940**	**279960**	**313980**	**370403**	**166553**	**203850**	**184996**	**75227**	**109769**
北 京	2038	923	1115	1450	635	815	827	383	444
天 津	1279	579	700	748	361	387	346	162	184
河 北	37548	17477	20071	22035	9930	12105	10586	4103	6483
山 西	12420	6015	6405	7599	3582	4017	3620	1578	2042
内蒙古	11145	5039	6106	7382	3322	4060	3037	1428	1609
辽 宁	12693	5786	6907	7420	3455	3965	3305	1426	1879
吉 林	8889	3844	5045	5513	2456	3057	2338	1073	1265
黑龙江	13643	5886	7757	8826	4043	4783	3576	1686	1890
上 海	4757	2290	2467	2905	1288	1617	2121	836	1285
江 苏	51559	24659	26900	32166	14526	17640	17262	6736	10526
浙 江	22552	11147	11405	15789	7454	8335	9606	4160	5446
安 徽	38278	18623	19655	22762	10390	12372	12163	5014	7149
福 建	16921	8111	8810	11908	5194	6714	6517	2455	4062
江 西	19963	9518	10445	13380	5960	7420	6378	2590	3788
山 东	48046	22211	25835	29275	12738	16537	16380	6269	10111
河 南	44137	20593	23544	25491	11051	14440	13744	5181	8563
湖 北	24347	11656	12691	13665	6146	7519	6805	2789	4016
湖 南	40605	19824	20781	28213	12737	15476	13302	5458	7844
广 东	23778	11360	12418	16657	7446	9211	9685	3619	6066
广 西	21431	9559	11872	14274	6014	8260	7691	2859	4832
海 南	3305	1514	1791	3083	1276	1807	1733	679	1054
重 庆	17315	8485	8830	9925	4665	5260	4661	2044	2617
四 川	42852	20323	22529	25597	11632	13965	11436	5019	6417
贵 州	16278	7378	8900	9867	4270	5597	4203	1658	2545
云 南	18753	8624	10129	11733	5229	6504	5239	2197	3042
西 藏	357	144	213	167	62	105	55	22	33
陕 西	17743	8525	9218	10306	4763	5543	4027	1794	2233
甘 肃	9738	4612	5126	5312	2519	2793	1937	856	1081
青 海	1882	851	1031	963	435	528	340	143	197
宁 夏	2263	1084	1179	1230	589	641	454	230	224
新 疆	7425	3320	4105	4762	2385	2377	1622	780	842

1-3b 续表 7

单位：人

地区	90-94岁			95-99岁			100岁及以上		
	小计	男	女	小计	男	女	小计	男	女
全国	**59357**	**21811**	**37546**	**12346**	**3688**	**8658**	**1494**	**336**	**1158**
北京	254	107	147	36	13	23	4		4
天津	106	40	66	15	4	11	2		2
河北	3194	1091	2103	620	156	464	66	21	45
山西	913	350	563	154	58	96	15	3	12
内蒙古	714	343	371	120	50	70	11	4	7
辽宁	1079	478	601	225	99	126	11	4	7
吉林	667	302	365	87	39	48	14	2	12
黑龙江	1125	606	519	202	104	98	20	6	14
上海	809	256	553	185	43	142	17		17
江苏	5914	1975	3939	1319	332	987	134	29	105
浙江	3198	1260	1938	597	195	402	65	20	45
安徽	3869	1409	2460	803	243	560	98	23	75
福建	2300	794	1506	515	138	377	60	12	48
江西	1964	795	1169	436	129	307	49	13	36
山东	5519	1758	3761	1128	268	860	126	21	105
河南	4385	1415	2970	1055	274	781	146	29	117
湖北	1890	697	1193	406	132	274	52	14	38
湖南	4147	1558	2589	770	226	544	80	22	58
广东	3566	1184	2382	898	233	665	122	15	107
广西	2675	825	1850	688	197	491	129	21	108
海南	686	225	461	195	50	145	43	9	34
重庆	1481	636	845	288	100	188	31	7	24
四川	4094	1729	2365	799	309	490	102	31	71
贵州	1127	412	715	179	60	119	31	6	25
云南	1580	589	991	269	87	182	24	10	14
西藏	23	6	17	9	4	5			
陕西	1023	465	558	161	69	92	16	4	12
甘肃	401	188	213	67	26	41	8	2	6
青海	65	26	39	14	2	12			
宁夏	109	57	52	19	10	9	1		1
新疆	480	235	245	87	38	49	17	8	9

1-3c 各地区分年龄、性别的人口(乡村)

单位：人

地区	合计			0岁		
	合计	男	女	小计	男	女
全国	**51102811**	**26467643**	**24635168**	**475474**	**250558**	**224916**
北京	273784	149255	124529	2004	1040	964
天津	202592	103992	98600	1268	645	623
河北	3010514	1540629	1469885	25197	13126	12071
山西	1350214	708044	642170	11277	5690	5587
内蒙古	780007	413604	366403	5456	2828	2628
辽宁	1135898	587063	548835	5663	2924	2739
吉林	810371	417644	392727	3540	1878	1662
黑龙江	994858	512529	482329	3437	1734	1703
上海	266243	150895	115348	844	425	419
江苏	2147830	1095176	1052654	13273	6988	6285
浙江	1744519	919459	825060	12641	6621	6020
安徽	2596352	1336679	1259673	27234	14541	12693
福建	1181055	618077	562978	12339	6790	5549
江西	2061278	1082979	978299	20737	11471	9266
山东	3778981	1922971	1856010	31523	16613	14910
河南	4385248	2186641	2198607	44590	23220	21370
湖北	2367997	1252116	1115881	19718	10468	9250
湖南	2984105	1551692	1432413	25446	13607	11839
广东	2906793	1527097	1379696	38237	20515	17722
广西	2097983	1100029	997954	27399	14528	12871
海南	371984	200385	171599	4117	2266	1851
重庆	1024225	537902	486323	8210	4290	3920
四川	4055115	2099125	1955990	31693	16514	15179
贵州	1718553	897369	821184	26489	13958	12531
云南	2500844	1319558	1181286	28250	14715	13535
西藏	224065	115357	108708	3782	1886	1896
陕西	1419160	732118	687042	13485	6990	6495
甘肃	1163066	590910	572156	13828	7134	6694
青海	232715	120169	112546	3187	1647	1540
宁夏	259247	136034	123213	3735	1971	1764
新疆	1057215	542145	515070	6875	3535	3340

1-3c　续表 1

单位：人

地　区	1-4岁			5-9岁			10-14岁		
	小计	男	女	小计	男	女	小计	男	女
全　国	**2325805**	**1224147**	**1101658**	**3487453**	**1852169**	**1635284**	**3490536**	**1866264**	**1624272**
北　京	10393	5379	5014	8856	4610	4246	6489	3302	3187
天　津	7057	3607	3450	10369	5399	4970	11670	6236	5434
河　北	133457	69661	63796	234812	125637	109175	232496	123964	108532
山　西	49117	25183	23934	65099	33662	31437	69606	35805	33801
内蒙古	21754	11180	10574	32560	17121	15439	35788	19046	16742
辽　宁	22897	11865	11032	37790	19744	18046	48991	25560	23431
吉　林	16546	8495	8051	29949	15603	14346	42302	22158	20144
黑龙江	17931	9191	8740	32191	16679	15512	49231	25822	23409
上　海	4570	2358	2212	4868	2557	2311	3815	2011	1804
江　苏	66729	34933	31796	104436	55517	48919	110174	59494	50680
浙　江	56926	29900	27026	66844	35629	31215	65394	34916	30478
安　徽	126835	67524	59311	189373	102236	87137	183885	100267	83618
福　建	56702	30573	26129	81143	44148	36995	69312	37298	32014
江　西	100653	54594	46059	161014	87374	73640	178027	98440	79587
山　东	182506	97610	84896	229416	126034	103382	238181	130248	107933
河　南	236902	123175	113727	403475	213138	190337	411178	223079	188099
湖　北	99696	53360	46336	141636	77428	64208	133253	73185	60068
湖　南	133111	70688	62423	212361	113777	98584	218537	117283	101254
广　东	174054	92629	81425	241310	127893	113417	208678	110625	98053
广　西	131493	69778	61715	201187	106700	94487	189155	100232	88923
海　南	19057	10226	8831	28118	15107	13011	27537	15073	12464
重　庆	34385	17897	16488	48329	25517	22812	65902	34817	31085
四　川	157661	81852	75809	225209	117137	108072	255078	133280	121798
贵　州	111324	58880	52444	154467	82487	71980	148257	79238	69019
云　南	132794	69228	63566	175490	91724	83766	181150	95691	85459
西　藏	18145	9202	8943	21747	10885	10862	18878	9561	9317
陕　西	62499	32484	30015	84615	44383	40232	74109	39380	34729
甘　肃	61514	31880	29634	80895	41883	39012	75146	39218	35928
青　海	14414	7449	6965	20086	10320	9766	18775	9742	9033
宁　夏	15025	7753	7272	18797	9778	9019	19218	9957	9261
新　疆	49658	25613	24045	141011	72062	68949	100324	51336	48988

1-3c 续表 2

单位：人

地区	15-19岁			20-24岁			25-29岁		
	小计	男	女	小计	男	女	小计	男	女
全国	**2397128**	**1297917**	**1099211**	**2116438**	**1136166**	**980272**	**2661365**	**1437597**	**1223768**
北京	5816	3367	2449	11765	6894	4871	18720	10783	7937
天津	8207	4439	3768	7522	4144	3378	11122	6131	4991
河北	131104	70804	60300	88793	47485	41308	143956	76385	67571
山西	52975	28036	24939	64313	33869	30444	90631	50085	40546
内蒙古	23566	12520	11046	22504	12415	10089	32672	18762	13910
辽宁	43038	22971	20067	36123	19693	16430	42308	24281	18027
吉林	32434	16726	15708	24602	12416	12186	28683	15767	12916
黑龙江	43038	22444	20594	33104	17249	15855	40948	22006	18942
上海	7008	4118	2890	14323	8667	5656	20355	12459	7896
江苏	64744	35412	29332	62315	34307	28008	101600	55680	45920
浙江	52648	28856	23792	66068	37481	28587	96750	54092	42658
安徽	121676	66774	54902	101189	54075	47114	147345	77991	69354
福建	42863	23398	19465	37132	20800	16332	60718	33315	27403
江西	129032	72597	56435	104731	57925	46806	108893	59460	49433
山东	155911	84166	71745	122234	65135	57099	120883	65718	55165
河南	242590	134704	107886	172093	89799	82294	203143	99997	103146
湖北	88368	49552	38816	77185	43454	33731	148882	83720	65162
湖南	163959	90097	73862	117778	62627	55151	130706	69619	61087
广东	147568	81346	66222	170608	94425	76183	209755	113974	95781
广西	104320	55334	48986	70677	38416	32261	82490	45479	37011
海南	18960	10694	8266	18694	10693	8001	25921	14678	11243
重庆	50846	27560	23286	43596	23549	20047	50190	28181	22009
四川	202384	106619	95765	200443	104785	95658	230361	123877	106484
贵州	105596	55503	50093	89050	46541	42509	82535	44296	38239
云南	145825	78133	67692	154262	83211	71051	156319	87179	69140
西藏	14887	7669	7218	15696	8208	7488	18758	10095	8663
陕西	54490	29462	25028	52905	27925	24980	83065	44548	38517
甘肃	53981	27923	26058	49715	24677	25038	65537	33173	32364
青海	14025	7267	6758	13746	7182	6564	15775	8254	7521
宁夏	14026	7324	6702	14421	7570	6851	17079	9381	7698
新疆	61243	32102	29141	58851	30549	28302	75265	38231	37034

1-3c　续表 3

单位：人

地　区	30-34岁			35-39岁			40-44岁		
	小计	男	女	小计	男	女	小计	男	女
全　国	**3583394**	**1919990**	**1663404**	**2829659**	**1521768**	**1307891**	**2874355**	**1526372**	**1347983**
北　京	31950	18448	13502	22815	13362	9453	17641	10306	7335
天　津	16337	8597	7740	12437	6571	5866	12271	6456	5815
河　北	242995	127553	115442	197494	103408	94086	158337	82736	75601
山　西	94182	53213	40969	78229	44152	34077	75657	41870	33787
内蒙古	48848	27887	20961	52681	29889	22792	54343	30158	24185
辽　宁	59973	33591	26382	52128	28355	23773	71779	38741	33038
吉　林	49491	26711	22780	41668	22372	19296	53608	28461	25147
黑龙江	64893	34786	30107	62898	33374	29524	74358	39291	35067
上　海	27859	17145	10714	21477	13239	8238	20681	12369	8312
江　苏	144631	78033	66598	98312	52715	45597	106494	55249	51245
浙　江	124130	69315	54815	104963	58495	46468	111880	60010	51870
安　徽	165674	84723	80951	120207	62385	57822	137687	72608	65079
福　建	88781	47081	41700	75842	41007	34835	74767	39782	34985
江　西	141059	75613	65446	112482	59579	52903	138037	73041	64996
山　东	266060	140952	125108	199844	104639	95205	191500	97960	93540
河　南	314298	153006	161292	202051	98754	103297	203822	100188	103634
湖　北	197328	108926	88402	137090	75749	61341	125549	69681	55868
湖　南	226272	120003	106269	171201	91501	79700	153662	81645	72017
广　东	213721	115617	98104	186615	101682	84933	156658	83650	73008
广　西	122059	66959	55100	125997	69675	56322	123717	67865	55852
海　南	29313	16510	12803	29256	16626	12630	24854	14059	10795
重　庆	52059	29207	22852	37014	20259	16755	39698	21098	18600
四　川	259277	141418	117859	177761	96693	81068	206800	108664	98136
贵　州	91127	49788	41339	82304	45675	36629	100580	54843	45737
云　南	183426	102917	80509	165538	93152	72386	186263	102950	83313
西　藏	20376	11109	9267	18033	9654	8379	14752	7921	6831
陕　西	108503	57987	50516	77865	42136	35729	73713	39274	34439
甘　肃	69781	35986	33795	55401	28910	26491	59006	30487	28519
青　海	16406	8629	7777	15333	7992	7341	17658	9364	8294
宁　夏	18158	10047	8111	16355	8979	7376	18375	9648	8727
新　疆	94427	48233	46194	78368	40789	37579	70208	35997	34211

1-3c 续表 4

单位：人

地区	45-49岁			50-54岁			55-59岁		
	小计	男	女	小计	男	女	小计	男	女
全国	**4044265**	**2094216**	**1950049**	**4850523**	**2459912**	**2390611**	**4129536**	**2077629**	**2051907**
北京	22715	12845	9870	26691	14820	11871	26066	13733	12333
天津	15783	8100	7683	19381	9629	9752	18405	9010	9395
河北	190609	96427	94182	271313	135747	135566	246421	120651	125770
山西	117591	62633	54958	128912	67428	61484	120131	60986	59145
内蒙古	80310	42949	37361	86381	45844	40537	80161	40984	39177
辽宁	97687	51240	46447	128924	66223	62701	124849	62196	62653
吉林	78119	40701	37418	98930	51264	47666	88062	44348	43714
黑龙江	106266	55678	50588	113061	58705	54356	99037	49646	49391
上海	25511	14855	10656	26550	15721	10829	21652	12552	9100
江苏	157047	78133	78914	234673	115566	119107	196887	97915	98972
浙江	151583	79127	72456	181710	95489	86221	162362	85096	77266
安徽	202509	103349	99160	259588	127208	132380	208761	103059	105702
福建	101899	52784	49115	110564	57292	53272	93251	47706	45545
江西	168280	87522	80758	172792	87183	85609	138250	70041	68209
山东	274141	138313	135828	391221	194987	196234	345033	167655	177378
河南	288666	141402	147264	377709	176772	200937	321389	150024	171365
湖北	178967	93526	85441	239414	122553	116861	220519	112777	107742
湖南	225698	119592	106106	287632	145261	142371	242255	121797	120458
广东	196212	99505	96707	223571	114370	109201	199845	104449	95396
广西	146108	79080	67028	170873	90905	79968	154077	81052	73025
海南	25836	14129	11707	28849	15378	13471	27354	14498	12856
重庆	97132	50710	46422	104886	53401	51485	84419	43073	41346
四川	387001	200109	186892	410673	209474	201199	304094	155246	148848
贵州	133767	72141	61626	141557	73355	68202	111389	56477	54912
云南	215432	115849	99583	211953	110672	101281	172568	88144	84424
西藏	14241	7544	6697	13193	6896	6297	10972	5589	5383
陕西	115488	59221	56267	137053	69742	67311	125442	63254	62188
甘肃	108405	54169	54236	132410	66410	66000	99752	50964	48788
青海	20375	10726	9649	20010	10418	9592	14423	7413	7010
宁夏	21287	11218	10069	22844	11809	11035	18245	9532	8713
新疆	79600	40639	38961	77205	39390	37815	53465	27762	25703

1-3c　续表 5

单位：人

地　区	60-64岁			65-69岁			70-74岁		
	小计	男	女	小计	男	女	小计	男	女
全　国	**3073094**	**1570673**	**1502421**	**3390981**	**1697426**	**1693555**	**2358988**	**1169730**	**1189258**
北　京	20296	10433	9863	17571	8652	8919	10711	5188	5523
天　津	14959	7433	7526	15398	7637	7761	9940	4842	5098
河　北	210664	106549	104115	212804	105733	107071	144404	69960	74444
山　西	102604	52519	50085	95304	48219	47085	63865	31838	32027
内蒙古	70306	35670	34636	61222	30881	30341	34918	17885	17033
辽　宁	112620	56260	56360	109740	54375	55365	69421	34126	35295
吉　林	71745	36143	35602	69386	34622	34764	42947	21195	21752
黑龙江	85347	42698	42649	78765	38621	40144	48065	23859	24206
上　海	17168	9262	7906	17964	9200	8764	12553	6057	6496
江　苏	159782	82023	77759	192643	97415	95228	139365	68946	70419
浙　江	128186	66728	61458	132144	66682	65462	98319	49041	49278
安　徽	105546	54515	51031	175083	88200	86883	136030	69032	66998
福　建	77866	40083	37783	76061	37883	38178	48724	24939	23785
江　西	111616	56791	54825	105021	52860	52161	75034	36559	38475
山　东	269353	134922	134431	299045	148051	150994	204358	98819	105539
河　南	231379	114149	117230	293222	144090	149132	199563	98068	101495
湖　北	155214	79884	75330	156948	79782	77166	112034	56266	55768
湖　南	164196	85095	79101	187612	94370	93242	139381	69950	69431
广　东	151996	79851	72145	139636	71416	68220	92563	47225	45338
广　西	112217	57889	54328	115486	57862	57624	83349	40401	42948
海　南	17642	9040	8602	16189	8097	8092	11129	5502	5627
重　庆	58100	31396	26704	92840	47835	45005	67806	35660	32146
四　川	206824	109165	97659	303214	152952	150262	213252	108012	105240
贵　州	79495	40020	39475	96442	47923	48519	70207	34175	36032
云　南	109604	54631	54973	106565	52042	54523	73248	34955	38293
西　藏	6685	3149	3536	5277	2415	2862	3969	1761	2208
陕　西	107649	55295	52354	100795	50394	50401	66539	32623	33916
甘　肃	58956	31026	27930	68048	33811	34237	51135	24950	26185
青　海	7884	4042	3842	8352	4134	4218	5906	2795	3111
宁　夏	11708	6087	5621	12531	6412	6119	8126	4045	4081
新　疆	35487	17925	17562	29673	14860	14813	22127	11056	11071

1-3c 续表 6

单位：人

地区	75-79岁			80-84岁			85-89岁		
	小计	男	女	小计	男	女	小计	男	女
全国	**1475908**	**712807**	**763101**	**895893**	**409169**	**486724**	**459401**	**183233**	**276168**
北京	6423	3018	3405	3876	1864	2012	2187	924	1263
天津	5483	2746	2737	2899	1487	1412	1480	663	817
河北	73926	34874	39052	41863	19108	22755	21808	8395	13413
山西	35449	17424	18025	21161	9964	11197	10712	4286	6426
内蒙古	18279	9047	9232	11702	5574	6128	5228	2398	2830
辽宁	38424	19138	19286	20393	10135	10258	9113	4007	5106
吉林	20359	10076	10283	11426	5673	5753	4800	2272	2528
黑龙江	22788	11322	11466	12588	6215	6373	5019	2385	2634
上海	8280	3879	4401	5329	2195	3134	3745	1371	2374
江苏	91997	44666	47331	57852	25940	31912	31849	12338	19511
浙江	55950	27681	28269	40584	19679	20905	25649	10959	14690
安徽	93642	47073	46569	53941	25675	28266	28657	11869	16788
福建	31844	15785	16059	23015	10512	12503	12637	5002	7635
江西	44810	21063	23747	30940	13563	17377	14462	5507	8955
山东	121239	56907	64332	74508	32808	41700	43548	16072	27476
河南	119550	56176	63374	66225	28932	37293	37699	13701	23998
湖北	70708	34153	36555	39621	17939	21682	19655	7688	11967
湖南	84103	41279	42824	60074	27736	32338	29057	11861	17196
广东	65449	32001	33448	47167	21022	26145	29046	10806	18240
广西	62590	28431	34159	41553	17747	23806	22579	8404	14175
海南	7126	3225	3901	6211	2539	3672	3843	1459	2384
重庆	47072	24052	23020	25545	12469	13076	11652	5197	6455
四川	147143	72513	74630	82249	38729	43520	37723	16030	21693
贵州	48544	22624	25920	29762	13261	16501	11892	4859	7033
云南	51368	23490	27878	31080	13399	17681	14624	5731	8893
西藏	2576	1067	1509	1328	484	844	550	197	353
陕西	44450	21034	23416	24098	10906	13192	9718	4092	5626
甘肃	34401	17007	17394	17580	8083	9497	6233	2719	3514
青海	3638	1687	1951	1825	753	1072	706	291	415
宁夏	5255	2604	2651	2758	1321	1437	1017	484	533
新疆	13042	6765	6277	6740	3457	3283	2513	1266	1247

1-3c　续表 7　　　　单位：人

地　区	90-94岁			95-99岁			100岁及以上		
	小计	男	女	小计	男	女	小计	男	女
全　国	**147929**	**50410**	**97519**	**30785**	**8663**	**22122**	**3901**	**827**	**3074**
北　京	686	251	435	108	36	72	5		5
天　津	527	197	330	71	21	50	6	2	4
河　北	6681	2054	4627	1255	345	910	125	27	98
山　西	2905	1037	1868	458	131	327	36	14	22
内蒙古	1126	486	640	179	73	106	23	7	16
辽　宁	3257	1332	1925	719	284	435	61	22	39
吉　林	1477	638	839	272	116	156	25	9	16
黑龙江	1556	696	860	303	116	187	34	12	22
上　海	1333	375	958	329	74	255	29	6	23
江　苏	10585	3313	7272	2216	551	1665	226	42	184
浙　江	8181	3121	5060	1485	506	979	122	35	87
安　徽	9130	2980	6150	2069	548	1521	291	47	244
福　建	4559	1638	2921	916	237	679	120	24	96
江　西	4371	1498	2873	945	272	673	92	26	66
山　东	15099	4615	10484	3007	686	2321	371	61	310
河　南	12308	3554	8754	2929	643	2286	467	70	397
湖　北	5066	1707	3359	1047	301	746	99	17	82
湖　南	9147	3320	5827	1754	535	1219	163	49	114
广　东	11043	3337	7706	2698	681	2017	363	78	285
广　西	8212	2655	5557	2027	562	1465	418	75	343
海　南	1497	461	1036	399	113	286	82	12	70
重　庆	3772	1479	2293	700	232	468	72	23	49
四　川	13315	5138	8177	2640	843	1797	320	75	245
贵　州	3183	1155	2028	505	149	356	81	21	60
云　南	4239	1491	2748	758	241	517	88	13	75
西　藏	155	45	110	51	16	35	14	4	10
陕　西	2191	845	1346	435	132	303	53	11	42
甘　肃	1087	415	672	220	78	142	35	7	28
青　海	161	57	104	25	6	19	5	1	4
宁　夏	240	98	142	42	14	28	5	2	3
新　疆	840	422	418	223	121	102	70	35	35

1-4 全国分年龄、性别的人口

单位：人、%

年 龄	人 口 数			占总人口比重			性别比
	合计	男	女	合计	男	女	(女=100)
总 计	**138657945**	**70828049**	**67829896**	**100.00**	**51.08**	**48.92**	**104.42**
0-4岁	**7386743**	**3889780**	**3496963**	**5.33**	**2.81**	**2.52**	**111.23**
0	1072023	564330	507693	0.77	0.41	0.37	111.16
1	1350888	711285	639603	0.97	0.51	0.46	111.21
2	1453545	763537	690008	1.05	0.55	0.50	110.66
3	1779150	936300	842850	1.28	0.68	0.61	111.09
4	1731137	914328	816809	1.25	0.66	0.59	111.94
5-9岁	**8801032**	**4687234**	**4113798**	**6.35**	**3.38**	**2.97**	**113.94**
5	1608574	853192	755382	1.16	0.62	0.54	112.95
6	1817709	967799	849910	1.31	0.70	0.61	113.87
7	1753828	932559	821269	1.26	0.67	0.59	113.55
8	1889524	1008318	881206	1.36	0.73	0.64	114.42
9	1731397	925366	806031	1.25	0.67	0.58	114.81
10-14岁	**8208580**	**4389078**	**3819502**	**5.92**	**3.17**	**2.75**	**114.91**
10	1686118	902918	783200	1.22	0.65	0.56	115.29
11	1714357	916906	797451	1.24	0.66	0.58	114.98
12	1666781	890933	775848	1.20	0.64	0.56	114.83
13	1591220	850863	740357	1.15	0.61	0.53	114.93
14	1550104	827458	722646	1.12	0.60	0.52	114.50
15-19岁	**7788415**	**4137501**	**3650914**	**5.62**	**2.98**	**2.63**	**113.33**
15	1586477	844965	741512	1.14	0.61	0.53	113.95
16	1752971	934140	818831	1.26	0.67	0.59	114.08
17	1548149	826223	721926	1.12	0.60	0.52	114.45
18	1413390	756051	657339	1.02	0.55	0.47	115.02
19	1487428	776122	711306	1.07	0.56	0.51	109.11
20-24岁	**7303273**	**3799538**	**3503735**	**5.27**	**2.74**	**2.53**	**108.44**
20	1516116	786558	729558	1.09	0.57	0.53	107.81
21	1400831	727502	673329	1.01	0.52	0.49	108.05
22	1454020	759434	694586	1.05	0.55	0.50	109.34
23	1438341	749277	689064	1.04	0.54	0.50	108.74
24	1493965	776767	717198	1.08	0.56	0.52	108.31
25-29岁	**8893917**	**4611843**	**4282074**	**6.41**	**3.33**	**3.09**	**107.70**
25	1628098	847096	781002	1.17	0.61	0.56	108.46
26	1609484	835699	773785	1.16	0.60	0.56	108.00
27	1771801	916517	855284	1.28	0.66	0.62	107.16
28	1860876	964363	896513	1.34	0.70	0.65	107.57
29	2023658	1048168	975490	1.46	0.76	0.70	107.45

1-4　续表 1　　　　单位：人、%

年　龄	人口数			占总人口比重			性别比
	合计	男	女	合计	男	女	(女=100)
30-34岁	**12398651**	**6354314**	**6044337**	**8.94**	**4.58**	**4.36**	**105.13**
30	2578886	1328077	1250809	1.86	0.96	0.90	106.18
31	2533423	1297530	1235893	1.83	0.94	0.89	104.99
32	2401837	1226859	1174978	1.73	0.88	0.85	104.42
33	2603920	1333362	1270558	1.88	0.96	0.92	104.94
34	2280585	1168486	1112099	1.64	0.84	0.80	105.07
35-39岁	**9915280**	**5108028**	**4807252**	**7.15**	**3.68**	**3.47**	**106.26**
35	1961972	1010265	951707	1.41	0.73	0.69	106.15
36	1952202	1005107	947095	1.41	0.72	0.68	106.13
37	1909241	984638	924603	1.38	0.71	0.67	106.49
38	2185664	1127037	1058627	1.58	0.81	0.76	106.46
39	1906201	980981	925220	1.37	0.71	0.67	106.03
40-44岁	**9246332**	**4758438**	**4487894**	**6.67**	**3.43**	**3.24**	**106.03**
40	1750921	900952	849969	1.26	0.65	0.61	106.00
41	1928531	994632	933899	1.39	0.72	0.67	106.50
42	1843648	946899	896749	1.33	0.68	0.65	105.59
43	1764312	908133	856179	1.27	0.65	0.62	106.07
44	1958920	1007822	951098	1.41	0.73	0.69	105.96
45-49岁	**11286279**	**5774455**	**5511824**	**8.14**	**4.16**	**3.98**	**104.76**
45	2006712	1029558	977154	1.45	0.74	0.70	105.36
46	2197494	1123949	1073545	1.58	0.81	0.77	104.70
47	2298050	1176498	1121552	1.66	0.85	0.81	104.90
48	2354836	1202544	1152292	1.70	0.87	0.83	104.36
49	2429187	1241906	1187281	1.75	0.90	0.86	104.60
50-54岁	**11926180**	**6019802**	**5906378**	**8.60**	**4.34**	**4.26**	**101.92**
50	2564829	1298030	1266799	1.85	0.94	0.91	102.47
51	2404959	1216599	1188360	1.73	0.88	0.86	102.38
52	2575521	1298846	1276675	1.86	0.94	0.92	101.74
53	2059446	1034436	1025010	1.49	0.75	0.74	100.92
54	2321425	1171891	1149534	1.67	0.85	0.83	101.94
55-59岁	**9980162**	**4986030**	**4994132**	**7.20**	**3.60**	**3.60**	**99.84**
55	2276177	1144496	1131681	1.64	0.83	0.82	101.13
56	2223387	1111081	1112306	1.60	0.80	0.80	99.89
57	2567550	1290317	1277233	1.85	0.93	0.92	101.02
58	1879095	935259	943836	1.36	0.67	0.68	99.09
59	1033953	504877	529076	0.75	0.36	0.38	95.43
60-64岁	**7212331**	**3611534**	**3600797**	**5.20**	**2.60**	**2.60**	**100.30**
60	1265735	630443	635292	0.91	0.45	0.46	99.24
61	1191490	601597	589893	0.86	0.43	0.43	101.98
62	1519108	765643	753465	1.10	0.55	0.54	101.62
63	1696369	853241	843128	1.22	0.62	0.61	101.20
64	1539629	760610	779019	1.11	0.55	0.56	97.64

1-4 续表 2

单位：人、%

年 龄	人口数			占总人口比重			性别比
	合计	男	女	合计	男	女	(女=100)
65-69岁	**7261013**	**3557071**	**3703942**	**5.24**	**2.57**	**2.67**	**96.03**
65	1601607	794038	807569	1.16	0.57	0.58	98.32
66	1597292	784337	812955	1.15	0.57	0.59	96.48
67	1436603	701663	734940	1.04	0.51	0.53	95.47
68	1425277	695588	729689	1.03	0.50	0.53	95.33
69	1200234	581445	618789	0.87	0.42	0.45	93.96
70-74岁	**4813647**	**2341892**	**2471755**	**3.47**	**1.69**	**1.78**	**94.75**
70	1132641	552550	580091	0.82	0.40	0.42	95.25
71	1091505	537267	554238	0.79	0.39	0.40	96.94
72	927034	450625	476409	0.67	0.32	0.34	94.59
73	874817	425034	449783	0.63	0.31	0.32	94.50
74	787650	376416	411234	0.57	0.27	0.30	91.53
75-79岁	**2980508**	**1409194**	**1571314**	**2.15**	**1.02**	**1.13**	**89.68**
75	690748	328485	362263	0.50	0.24	0.26	90.68
76	652501	312625	339876	0.47	0.23	0.25	91.98
77	574487	271017	303470	0.41	0.20	0.22	89.31
78	537691	252314	285377	0.39	0.18	0.21	88.41
79	525081	244753	280328	0.38	0.18	0.20	87.31
80-84岁	**1897750**	**856619**	**1041131**	**1.37**	**0.62**	**0.75**	**82.28**
80	462344	214196	248148	0.33	0.15	0.18	86.32
81	387427	175529	211898	0.28	0.13	0.15	82.84
82	395095	179490	215605	0.28	0.13	0.16	83.25
83	343475	153187	190288	0.25	0.11	0.14	80.50
84	309409	134217	175192	0.22	0.10	0.13	76.61
85-89岁	**973818**	**398907**	**574911**	**0.70**	**0.29**	**0.41**	**69.39**
85	264740	111113	153627	0.19	0.08	0.11	72.33
86	227319	93574	133745	0.16	0.07	0.10	69.96
87	204932	84218	120714	0.15	0.06	0.09	69.77
88	154282	61448	92834	0.11	0.04	0.07	66.19
89	122545	48554	73991	0.09	0.04	0.05	65.62
90-94岁	**312846**	**115437**	**197409**	**0.23**	**0.08**	**0.14**	**58.48**
90	106074	41051	65023	0.08	0.03	0.05	63.13
91	72886	27037	45849	0.05	0.02	0.03	58.97
92	60934	21980	38954	0.04	0.02	0.03	56.43
93	42736	15095	27641	0.03	0.01	0.02	54.61
94	30216	10274	19942	0.02	0.01	0.01	51.52
95-99岁	**63626**	**19576**	**44050**	**0.05**	**0.01**	**0.03**	**44.44**
95	23449	7523	15926	0.02	0.01	0.01	47.24
96	16489	5063	11426	0.01		0.01	44.31
97	10967	3306	7661	0.01		0.01	43.15
98	7293	2148	5145	0.01			41.75
99	5428	1536	3892				39.47
100岁及以上	**7562**	**1778**	**5784**	**0.01**			**30.74**

1-4a　全国分年龄、性别的人口(城市)

单位：人、%

年　龄	人　口　数			占总人口比重			性别比
	合计	男	女	合计	男	女	(女=100)
总　计	**55566004**	**28114458**	**27451546**	**100.00**	**50.60**	**49.40**	**102.41**
0-4岁	**2778194**	**1460853**	**1317341**	**5.00**	**2.63**	**2.37**	**110.89**
0	356224	187090	169134	0.64	0.34	0.30	110.62
1	519404	273106	246298	0.93	0.49	0.44	110.88
2	553104	289838	263266	1.00	0.52	0.47	110.09
3	689503	362431	327072	1.24	0.65	0.59	110.81
4	659959	348388	311571	1.19	0.63	0.56	111.82
5-9岁	**3068696**	**1633959**	**1434737**	**5.52**	**2.94**	**2.58**	**113.89**
5	575779	305264	270515	1.04	0.55	0.49	112.85
6	660514	351747	308767	1.19	0.63	0.56	113.92
7	612454	325484	286970	1.10	0.59	0.52	113.42
8	653385	348663	304722	1.18	0.63	0.55	114.42
9	566564	302801	263763	1.02	0.54	0.47	114.80
10-14岁	**2581153**	**1378650**	**1202503**	**4.65**	**2.48**	**2.16**	**114.65**
10	540644	290173	250471	0.97	0.52	0.45	115.85
11	531371	284509	246862	0.96	0.51	0.44	115.25
12	524254	279643	244611	0.94	0.50	0.44	114.32
13	509810	271500	238310	0.92	0.49	0.43	113.93
14	475074	252825	222249	0.85	0.45	0.40	113.76
15-19岁	**3200858**	**1682012**	**1518846**	**5.76**	**3.03**	**2.73**	**110.74**
15	554201	293313	260888	1.00	0.53	0.47	112.43
16	684194	362690	321504	1.23	0.65	0.58	112.81
17	623640	332288	291352	1.12	0.60	0.52	114.05
18	609014	322477	286537	1.10	0.58	0.52	112.54
19	729809	371244	358565	1.31	0.67	0.65	103.54
20-24岁	**3653012**	**1865344**	**1787668**	**6.57**	**3.36**	**3.22**	**104.35**
20	787347	398860	388487	1.42	0.72	0.70	102.67
21	719550	365706	353844	1.29	0.66	0.64	103.35
22	715207	367682	347525	1.29	0.66	0.63	105.80
23	700740	359331	341409	1.26	0.65	0.61	105.25
24	730168	373765	356403	1.31	0.67	0.64	104.87
25-29岁	**4251183**	**2171578**	**2079605**	**7.65**	**3.91**	**3.74**	**104.42**
25	789123	404255	384868	1.42	0.73	0.69	105.04
26	781403	399492	381911	1.41	0.72	0.69	104.60
27	846971	431324	415647	1.52	0.78	0.75	103.77
28	882802	450380	432422	1.59	0.81	0.78	104.15
29	950884	486127	464757	1.71	0.87	0.84	104.60

1-4a 续表 1

单位：人、%

年 龄	人 口 数			占总人口比重			性别比
	合计	男	女	合计	男	女	(女=100)
30-34岁	**5905083**	**2982097**	**2922986**	**10.63**	**5.37**	**5.26**	**102.02**
30	1198898	609079	589819	2.16	1.10	1.06	103.27
31	1199461	605660	593801	2.16	1.09	1.07	102.00
32	1150531	579606	570925	2.07	1.04	1.03	101.52
33	1253013	631358	621655	2.25	1.14	1.12	101.56
34	1103180	556394	546786	1.99	1.00	0.98	101.76
35-39岁	**4772139**	**2419603**	**2352536**	**8.59**	**4.35**	**4.23**	**102.85**
35	939911	476333	463578	1.69	0.86	0.83	102.75
36	936560	475621	460939	1.69	0.86	0.83	103.19
37	929639	471548	458091	1.67	0.85	0.82	102.94
38	1065225	539740	525485	1.92	0.97	0.95	102.71
39	900804	456361	444443	1.62	0.82	0.80	102.68
40-44岁	**4161673**	**2113207**	**2048466**	**7.49**	**3.80**	**3.69**	**103.16**
40	810809	411893	398916	1.46	0.74	0.72	103.25
41	889311	451767	437544	1.60	0.81	0.79	103.25
42	834495	423404	411091	1.50	0.76	0.74	103.00
43	783800	397620	386180	1.41	0.72	0.69	102.96
44	843258	428523	414735	1.52	0.77	0.75	103.32
45-49岁	**4587791**	**2334395**	**2253396**	**8.26**	**4.20**	**4.06**	**103.59**
45	848652	431117	417535	1.53	0.78	0.75	103.25
46	903909	459040	444869	1.63	0.83	0.80	103.19
47	939505	478435	461070	1.69	0.86	0.83	103.77
48	939905	479252	460653	1.69	0.86	0.83	104.04
49	955820	486551	469269	1.72	0.88	0.84	103.68
50-54岁	**4346645**	**2185928**	**2160717**	**7.82**	**3.93**	**3.89**	**101.17**
50	984007	496031	487976	1.77	0.89	0.88	101.65
51	906605	457274	449331	1.63	0.82	0.81	101.77
52	939420	472675	466745	1.69	0.85	0.84	101.27
53	713093	356765	356328	1.28	0.64	0.64	100.12
54	803520	403183	400337	1.45	0.73	0.72	100.71
55-59岁	**3674992**	**1824170**	**1850822**	**6.61**	**3.28**	**3.33**	**98.56**
55	815220	407633	407587	1.47	0.73	0.73	100.01
56	823835	410114	413721	1.48	0.74	0.74	99.13
57	972681	484461	488220	1.75	0.87	0.88	99.23
58	672413	332002	340411	1.21	0.60	0.61	97.53
59	390843	189960	200883	0.70	0.34	0.36	94.56
60-64岁	**2676434**	**1312078**	**1364356**	**4.82**	**2.36**	**2.46**	**96.17**
60	496804	244003	252801	0.89	0.44	0.45	96.52
61	457353	226321	231032	0.82	0.41	0.42	97.96
62	567369	280033	287336	1.02	0.50	0.52	97.46
63	610508	298808	311700	1.10	0.54	0.56	95.86
64	544400	262913	281487	0.98	0.47	0.51	93.40

1-4a　续表 2

单位：人、%

年　龄	人　口　数			占总人口比重			性别比
	合计	男	女	合计	男	女	(女=100)
65-69岁	**2412918**	**1152613**	**1260305**	**4.34**	**2.07**	**2.27**	**91.46**
65	552187	266636	285551	0.99	0.48	0.51	93.38
66	546437	262024	284413	0.98	0.47	0.51	92.13
67	472987	224786	248201	0.85	0.40	0.45	90.57
68	455395	216570	238825	0.82	0.39	0.43	90.68
69	385912	182597	203315	0.69	0.33	0.37	89.81
70-74岁	**1495476**	**709144**	**786332**	**2.69**	**1.28**	**1.42**	**90.18**
70	363158	173889	189269	0.65	0.31	0.34	91.87
71	338471	161266	177205	0.61	0.29	0.32	91.01
72	284091	133779	150312	0.51	0.24	0.27	89.00
73	269219	127412	141807	0.48	0.23	0.26	89.85
74	240537	112798	127739	0.43	0.20	0.23	88.30
75-79岁	**910660**	**416427**	**494233**	**1.64**	**0.75**	**0.89**	**84.26**
75	207742	96318	111424	0.37	0.17	0.20	86.44
76	194742	89951	104791	0.35	0.16	0.19	85.84
77	174028	79231	94797	0.31	0.14	0.17	83.58
78	169156	76536	92620	0.30	0.14	0.17	82.63
79	164992	74391	90601	0.30	0.13	0.16	82.11
80-84岁	**631454**	**280897**	**350557**	**1.14**	**0.51**	**0.63**	**80.13**
80	150750	68106	82644	0.27	0.12	0.15	82.41
81	130465	57594	72871	0.23	0.10	0.13	79.04
82	131082	58352	72730	0.24	0.11	0.13	80.23
83	114534	51225	63309	0.21	0.09	0.11	80.91
84	104623	45620	59003	0.19	0.08	0.11	77.32
85-89岁	**329421**	**140447**	**188974**	**0.59**	**0.25**	**0.34**	**74.32**
85	90072	38207	51865	0.16	0.07	0.09	73.67
86	77015	32526	44489	0.14	0.06	0.08	73.11
87	69018	29716	39302	0.12	0.05	0.07	75.61
88	52205	22189	30016	0.09	0.04	0.05	73.92
89	41111	17809	23302	0.07	0.03	0.04	76.43
90-94岁	**105560**	**43216**	**62344**	**0.19**	**0.08**	**0.11**	**69.32**
90	35704	15195	20509	0.06	0.03	0.04	74.09
91	24917	10180	14737	0.04	0.02	0.03	69.08
92	20487	8263	12224	0.04	0.01	0.02	67.60
93	14279	5679	8600	0.03	0.01	0.02	66.03
94	10173	3899	6274	0.02	0.01	0.01	62.15
95-99岁	**20495**	**7225**	**13270**	**0.04**	**0.01**	**0.02**	**54.45**
95	7614	2779	4835	0.01	0.01	0.01	57.48
96	5460	1915	3545	0.01		0.01	54.02
97	3496	1210	2286	0.01			52.93
98	2284	772	1512				51.06
99	1641	549	1092				50.27
100岁及以上	**2167**	**615**	**1552**				**39.63**

1-4b　全国分年龄、性别的人口(镇)

单位：人、%

年　龄	人　口　数			占总人口比重			性别比
	合计	男	女	合计	男	女	(女=100)
总　计	**31989130**	**16245948**	**15743182**	**100.00**	**50.79**	**49.21**	**103.19**
0-4岁	**1807270**	**954222**	**853048**	**5.65**	**2.98**	**2.67**	**111.86**
0	240325	126682	113643	0.75	0.40	0.36	111.47
1	327702	172757	154945	1.02	0.54	0.48	111.50
2	358742	188977	169765	1.12	0.59	0.53	111.32
3	448460	236599	211861	1.40	0.74	0.66	111.68
4	432041	229207	202834	1.35	0.72	0.63	113.00
5-9岁	**2244883**	**1201106**	**1043777**	**7.02**	**3.75**	**3.26**	**115.07**
5	403207	214424	188783	1.26	0.67	0.59	113.58
6	459665	246127	213538	1.44	0.77	0.67	115.26
7	448676	239813	208863	1.40	0.75	0.65	114.82
8	484298	259453	224845	1.51	0.81	0.70	115.39
9	449037	241289	207748	1.40	0.75	0.65	116.15
10-14岁	**2136891**	**1144164**	**992727**	**6.68**	**3.58**	**3.10**	**115.25**
10	437180	234882	202298	1.37	0.73	0.63	116.11
11	445806	239395	206411	1.39	0.75	0.65	115.98
12	432880	231469	201411	1.35	0.72	0.63	114.92
13	410715	219808	190907	1.28	0.69	0.60	115.14
14	410310	218610	191700	1.28	0.68	0.60	114.04
15-19岁	**2190429**	**1157572**	**1032857**	**6.85**	**3.62**	**3.23**	**112.07**
15	457726	241456	216270	1.43	0.75	0.68	111.65
16	544243	287236	257007	1.70	0.90	0.80	111.76
17	478750	252183	226567	1.50	0.79	0.71	111.31
18	373816	199467	174349	1.17	0.62	0.55	114.41
19	335894	177230	158664	1.05	0.55	0.50	111.70
20-24岁	**1533823**	**798028**	**735795**	**4.79**	**2.49**	**2.30**	**108.46**
20	320532	167549	152983	1.00	0.52	0.48	109.52
21	291034	152732	138302	0.91	0.48	0.43	110.43
22	305704	159782	145922	0.96	0.50	0.46	109.50
23	302514	156534	145980	0.95	0.49	0.46	107.23
24	314039	161431	152608	0.98	0.50	0.48	105.78
25-29岁	**1981369**	**1002668**	**978701**	**6.19**	**3.13**	**3.06**	**102.45**
25	348202	178121	170081	1.09	0.56	0.53	104.73
26	349973	177614	172359	1.09	0.56	0.54	103.05
27	394507	198836	195671	1.23	0.62	0.61	101.62
28	420243	212557	207686	1.31	0.66	0.65	102.35
29	468444	235540	232904	1.46	0.74	0.73	101.13

1-4b　续表 1

单位：人、%

年　龄	人　口　数			占总人口比重			性别比
	合计	男	女	合计	男	女	(女=100)
30-34岁	**2910174**	**1452227**	**1457947**	**9.10**	**4.54**	**4.56**	**99.61**
30	609008	304689	304319	1.90	0.95	0.95	100.12
31	595320	296223	299097	1.86	0.93	0.93	99.04
32	564270	280751	283519	1.76	0.88	0.89	99.02
33	609207	304135	305072	1.90	0.95	0.95	99.69
34	532369	266429	265940	1.66	0.83	0.83	100.18
35-39岁	**2313482**	**1166657**	**1146825**	**7.23**	**3.65**	**3.59**	**101.73**
35	460652	232059	228593	1.44	0.73	0.71	101.52
36	457483	230345	227138	1.43	0.72	0.71	101.41
37	442224	223478	218746	1.38	0.70	0.68	102.16
38	505592	255647	249945	1.58	0.80	0.78	102.28
39	447531	225128	222403	1.40	0.70	0.70	101.23
40-44岁	**2210304**	**1118859**	**1091445**	**6.91**	**3.50**	**3.41**	**102.51**
40	415057	209052	206005	1.30	0.65	0.64	101.48
41	459393	232531	226862	1.44	0.73	0.71	102.50
42	441213	222588	218625	1.38	0.70	0.68	101.81
43	422658	214508	208150	1.32	0.67	0.65	103.05
44	471983	240180	231803	1.48	0.75	0.72	103.61
45-49岁	**2654223**	**1345844**	**1308379**	**8.30**	**4.21**	**4.09**	**102.86**
45	479660	243159	236501	1.50	0.76	0.74	102.82
46	521669	264140	257529	1.63	0.83	0.81	102.57
47	539304	273691	265613	1.69	0.86	0.83	103.04
48	551608	279184	272424	1.72	0.87	0.85	102.48
49	561982	285670	276312	1.76	0.89	0.86	103.39
50-54岁	**2729012**	**1373962**	**1355050**	**8.53**	**4.30**	**4.24**	**101.40**
50	592821	299641	293180	1.85	0.94	0.92	102.20
51	549665	277296	272369	1.72	0.87	0.85	101.81
52	589737	296798	292939	1.84	0.93	0.92	101.32
53	470254	236099	234155	1.47	0.74	0.73	100.83
54	526535	264128	262407	1.65	0.83	0.82	100.66
55-59岁	**2175634**	**1084231**	**1091403**	**6.80**	**3.39**	**3.41**	**99.34**
55	509066	255152	253914	1.59	0.80	0.79	100.49
56	487532	243610	243922	1.52	0.76	0.76	99.87
57	555616	278496	277120	1.74	0.87	0.87	100.50
58	409961	203271	206690	1.28	0.64	0.65	98.35
59	213459	103702	109757	0.67	0.32	0.34	94.48
60-64岁	**1462803**	**728783**	**734020**	**4.57**	**2.28**	**2.29**	**99.29**
60	253856	125957	127899	0.79	0.39	0.40	98.48
61	241938	121816	120122	0.76	0.38	0.38	101.41
62	309487	155299	154188	0.97	0.49	0.48	100.72
63	345472	172822	172650	1.08	0.54	0.54	100.10
64	312050	152889	159161	0.98	0.48	0.50	96.06

1-4b 续表 2

单位：人、%

年 龄	人口数			占总人口比重			性别比
	合计	男	女	合计	男	女	(女=100)
65-69岁	**1457114**	**707032**	**750082**	**4.56**	**2.21**	**2.34**	**94.26**
65	323358	158767	164591	1.01	0.50	0.51	96.46
66	321288	156024	165264	1.00	0.49	0.52	94.41
67	287787	139133	148654	0.90	0.43	0.46	93.60
68	286449	138416	148033	0.90	0.43	0.46	93.50
69	238232	114692	123540	0.74	0.36	0.39	92.84
70-74岁	**959183**	**463018**	**496165**	**3.00**	**1.45**	**1.55**	**93.32**
70	225284	109188	116096	0.70	0.34	0.36	94.05
71	217821	106175	111646	0.68	0.33	0.35	95.10
72	184770	89072	95698	0.58	0.28	0.30	93.08
73	173463	83665	89798	0.54	0.26	0.28	93.17
74	157845	74918	82927	0.49	0.23	0.26	90.34
75-79岁	**593940**	**279960**	**313980**	**1.86**	**0.88**	**0.98**	**89.16**
75	137545	65322	72223	0.43	0.20	0.23	90.44
76	130710	62237	68473	0.41	0.19	0.21	90.89
77	113807	53433	60374	0.36	0.17	0.19	88.50
78	107094	50068	57026	0.33	0.16	0.18	87.80
79	104784	48900	55884	0.33	0.15	0.17	87.50
80-84岁	**370403**	**166553**	**203850**	**1.16**	**0.52**	**0.64**	**81.70**
80	91552	42331	49221	0.29	0.13	0.15	86.00
81	75363	34270	41093	0.24	0.11	0.13	83.40
82	77283	34828	42455	0.24	0.11	0.13	82.04
83	66612	29506	37106	0.21	0.09	0.12	79.52
84	59593	25618	33975	0.19	0.08	0.11	75.40
85-89岁	**184996**	**75227**	**109769**	**0.58**	**0.24**	**0.34**	**68.53**
85	50491	20802	29689	0.16	0.07	0.09	70.07
86	43229	17638	25591	0.14	0.06	0.08	68.92
87	38898	16051	22847	0.12	0.05	0.07	70.25
88	29079	11489	17590	0.09	0.04	0.05	65.32
89	23299	9247	14052	0.07	0.03	0.04	65.81
90-94岁	**59357**	**21811**	**37546**	**0.19**	**0.07**	**0.12**	**58.09**
90	20193	7816	12377	0.06	0.02	0.04	63.15
91	13787	5097	8690	0.04	0.02	0.03	58.65
92	11571	4093	7478	0.04	0.01	0.02	54.73
93	8152	2874	5278	0.03	0.01	0.02	54.45
94	5654	1931	3723	0.02	0.01	0.01	51.87
95-99岁	**12346**	**3688**	**8658**	**0.04**	**0.01**	**0.03**	**42.60**
95	4543	1420	3123	0.01		0.01	45.47
96	3116	913	2203	0.01		0.01	41.44
97	2166	636	1530	0.01			41.57
98	1438	420	1018				41.26
99	1083	299	784				38.14
100岁及以上	**1494**	**336**	**1158**				**29.02**

1-4c 全国分年龄、性别的人口(乡村)

单位：人、%

年 龄	人 口 数			占总人口比重			性别比
	合计	男	女	合计	男	女	(女=100)
总 计	**51102811**	**26467643**	**24635168**	**100.00**	**51.79**	**48.21**	**107.44**
0-4岁	**2801279**	**1474705**	**1326574**	**5.48**	**2.89**	**2.60**	**111.17**
0	475474	250558	224916	0.93	0.49	0.44	111.40
1	503782	265422	238360	0.99	0.52	0.47	111.35
2	541699	284722	256977	1.06	0.56	0.50	110.80
3	641187	337270	303917	1.25	0.66	0.59	110.97
4	639137	336733	302404	1.25	0.66	0.59	111.35
5-9岁	**3487453**	**1852169**	**1635284**	**6.82**	**3.62**	**3.20**	**113.26**
5	629588	333504	296084	1.23	0.65	0.58	112.64
6	697530	369925	327605	1.36	0.72	0.64	112.92
7	692698	367262	325436	1.36	0.72	0.64	112.85
8	751841	400202	351639	1.47	0.78	0.69	113.81
9	715796	381276	334520	1.40	0.75	0.65	113.98
10-14岁	**3490536**	**1866264**	**1624272**	**6.83**	**3.65**	**3.18**	**114.90**
10	708294	377863	330431	1.39	0.74	0.65	114.35
11	737180	393002	344178	1.44	0.77	0.67	114.19
12	709647	379821	329826	1.39	0.74	0.65	115.16
13	670695	359555	311140	1.31	0.70	0.61	115.56
14	664720	356023	308697	1.30	0.70	0.60	115.33
15-19岁	**2397128**	**1297917**	**1099211**	**4.69**	**2.54**	**2.15**	**118.08**
15	574550	310196	264354	1.12	0.61	0.52	117.34
16	524534	284214	240320	1.03	0.56	0.47	118.26
17	445759	241752	204007	0.87	0.47	0.40	118.50
18	430560	234107	196453	0.84	0.46	0.38	119.17
19	421725	227648	194077	0.83	0.45	0.38	117.30
20-24岁	**2116438**	**1136166**	**980272**	**4.14**	**2.22**	**1.92**	**115.90**
20	408237	220149	188088	0.80	0.43	0.37	117.05
21	390247	209064	181183	0.76	0.41	0.35	115.39
22	433109	231970	201139	0.85	0.45	0.39	115.33
23	435087	233412	201675	0.85	0.46	0.39	115.74
24	449758	241571	208187	0.88	0.47	0.41	116.04
25-29岁	**2661365**	**1437597**	**1223768**	**5.21**	**2.81**	**2.39**	**117.47**
25	490773	264720	226053	0.96	0.52	0.44	117.11
26	478108	258593	219515	0.94	0.51	0.43	117.80
27	530323	286357	243966	1.04	0.56	0.48	117.38
28	557831	301426	256405	1.09	0.59	0.50	117.56
29	604330	326501	277829	1.18	0.64	0.54	117.52

1-4c 续表 1

单位：人、%

年 龄	人 口 数			占总人口比重			性别比
	合计	男	女	合计	男	女	(女=100)
30-34岁	**3583394**	**1919990**	**1663404**	**7.01**	**3.76**	**3.26**	**115.43**
30	770980	414309	356671	1.51	0.81	0.70	116.16
31	738642	395647	342995	1.45	0.77	0.67	115.35
32	687036	366502	320534	1.34	0.72	0.63	114.34
33	741700	397869	343831	1.45	0.78	0.67	115.72
34	645036	345663	299373	1.26	0.68	0.59	115.46
35-39岁	**2829659**	**1521768**	**1307891**	**5.54**	**2.98**	**2.56**	**116.35**
35	561409	301873	259536	1.10	0.59	0.51	116.31
36	558159	299141	259018	1.09	0.59	0.51	115.49
37	537378	289612	247766	1.05	0.57	0.48	116.89
38	614847	331650	283197	1.20	0.65	0.55	117.11
39	557866	299492	258374	1.09	0.59	0.51	115.91
40-44岁	**2874355**	**1526372**	**1347983**	**5.62**	**2.99**	**2.64**	**113.23**
40	525055	280007	245048	1.03	0.55	0.48	114.27
41	579827	310334	269493	1.13	0.61	0.53	115.15
42	567940	300907	267033	1.11	0.59	0.52	112.69
43	557854	296005	261849	1.09	0.58	0.51	113.04
44	643679	339119	304560	1.26	0.66	0.60	111.35
45-49岁	**4044265**	**2094216**	**1950049**	**7.91**	**4.10**	**3.82**	**107.39**
45	678400	355282	323118	1.33	0.70	0.63	109.95
46	771916	400769	371147	1.51	0.78	0.73	107.98
47	819241	424372	394869	1.60	0.83	0.77	107.47
48	863323	444108	419215	1.69	0.87	0.82	105.94
49	911385	469685	441700	1.78	0.92	0.86	106.34
50-54岁	**4850523**	**2459912**	**2390611**	**9.49**	**4.81**	**4.68**	**102.90**
50	988001	502358	485643	1.93	0.98	0.95	103.44
51	948689	482029	466660	1.86	0.94	0.91	103.29
52	1046364	529373	516991	2.05	1.04	1.01	102.40
53	876099	441572	434527	1.71	0.86	0.85	101.62
54	991370	504580	486790	1.94	0.99	0.95	103.65
55-59岁	**4129536**	**2077629**	**2051907**	**8.08**	**4.07**	**4.02**	**101.25**
55	951891	481711	470180	1.86	0.94	0.92	102.45
56	912020	457357	454663	1.78	0.89	0.89	100.59
57	1039253	527360	511893	2.03	1.03	1.00	103.02
58	796721	399986	396735	1.56	0.78	0.78	100.82
59	429651	211215	218436	0.84	0.41	0.43	96.69
60-64岁	**3073094**	**1570673**	**1502421**	**6.01**	**3.07**	**2.94**	**104.54**
60	515075	260483	254592	1.01	0.51	0.50	102.31
61	492199	253460	238739	0.96	0.50	0.47	106.17
62	642252	330311	311941	1.26	0.65	0.61	105.89
63	740389	381611	358778	1.45	0.75	0.70	106.36
64	683179	344808	338371	1.34	0.67	0.66	101.90

1-4c　续表 2

单位：人、%

年　龄	人　口　数			占总人口比重			性别比
	合计	男	女	合计	男	女	(女=100)
65-69岁	**3390981**	**1697426**	**1693555**	**6.64**	**3.32**	**3.31**	**100.23**
65	726062	368635	357427	1.42	0.72	0.70	103.14
66	729567	366289	363278	1.43	0.72	0.71	100.83
67	675829	337744	338085	1.32	0.66	0.66	99.90
68	683433	340602	342831	1.34	0.67	0.67	99.35
69	576090	284156	291934	1.13	0.56	0.57	97.34
70-74岁	**2358988**	**1169730**	**1189258**	**4.62**	**2.29**	**2.33**	**98.36**
70	544199	269473	274726	1.06	0.53	0.54	98.09
71	535213	269826	265387	1.05	0.53	0.52	101.67
72	458173	227774	230399	0.90	0.45	0.45	98.86
73	432135	213957	218178	0.85	0.42	0.43	98.07
74	389268	188700	200568	0.76	0.37	0.39	94.08
75-79岁	**1475908**	**712807**	**763101**	**2.89**	**1.39**	**1.49**	**93.41**
75	345461	166845	178616	0.68	0.33	0.35	93.41
76	327049	160437	166612	0.64	0.31	0.33	96.29
77	286652	138353	148299	0.56	0.27	0.29	93.29
78	261441	125710	135731	0.51	0.25	0.27	92.62
79	255305	121462	133843	0.50	0.24	0.26	90.75
80-84岁	**895893**	**409169**	**486724**	**1.75**	**0.80**	**0.95**	**84.07**
80	220042	103759	116283	0.43	0.20	0.23	89.23
81	181599	83665	97934	0.36	0.16	0.19	85.43
82	186730	86310	100420	0.37	0.17	0.20	85.95
83	162329	72456	89873	0.32	0.14	0.18	80.62
84	145193	62979	82214	0.28	0.12	0.16	76.60
85-89岁	**459401**	**183233**	**276168**	**0.90**	**0.36**	**0.54**	**66.35**
85	124177	52104	72073	0.24	0.10	0.14	72.29
86	107075	43410	63665	0.21	0.08	0.12	68.19
87	97016	38451	58565	0.19	0.08	0.11	65.66
88	72998	27770	45228	0.14	0.05	0.09	61.40
89	58135	21498	36637	0.11	0.04	0.07	58.68
90-94岁	**147929**	**50410**	**97519**	**0.29**	**0.10**	**0.19**	**51.69**
90	50177	18040	32137	0.10	0.04	0.06	56.13
91	34182	11760	22422	0.07	0.02	0.04	52.45
92	28876	9624	19252	0.06	0.02	0.04	49.99
93	20305	6542	13763	0.04	0.01	0.03	47.53
94	14389	4444	9945	0.03	0.01	0.02	44.69
95-99岁	**30785**	**8663**	**22122**	**0.06**	**0.02**	**0.04**	**39.16**
95	11292	3324	7968	0.02	0.01	0.02	41.72
96	7913	2235	5678	0.02		0.01	39.36
97	5305	1460	3845	0.01		0.01	37.97
98	3571	956	2615	0.01		0.01	36.56
99	2704	688	2016	0.01			34.13
100岁及以上	**3901**	**827**	**3074**	**0.01**		**0.01**	**26.90**

第二部分　长表数据资料

第二卷　民族

2-1　全国各民族分性别、行业的人口

单位：人

民　　族	人口数			农、林、牧、渔业			采矿业		
	合计	男	女	小计	男	女	小计	男	女
总　计	**65675009**	**38906261**	**26768748**	**13504977**	**7251227**	**6253750**	**568685**	**484074**	**84611**
汉　族	60290106	35846270	24443836	11610577	6258719	5351858	536145	456961	79184
蒙古族	275716	155535	120181	104629	59473	45156	2886	2433	453
回　族	446182	268162	178020	92106	50911	41195	4484	3830	654
藏　族	237564	130593	106971	106121	53661	52460	970	767	203
维吾尔族	455735	240904	214831	171363	83147	88216	2034	1488	546
苗　族	477379	275822	201557	144345	73459	70886	2133	1799	334
彝　族	485520	262728	222792	257490	127183	130307	3895	3248	647
壮　族	894470	499873	394597	312810	161422	151388	3024	2407	617
布依族	148063	83311	64752	38198	18714	19484	585	490	95
朝鲜族	36890	21326	15564	2338	1473	865	161	122	39
满　族	456154	277592	178562	150384	91128	59256	6151	5231	920
侗　族	150827	89733	61094	32886	17261	15625	459	394	65
瑶　族	142364	82249	60115	50060	26715	23345	485	407	78
白　族	109306	60034	49272	37447	17980	19467	537	441	96
土家族	438333	255620	182713	106828	54391	52437	1349	1170	179
哈尼族	97246	54574	42672	48078	24806	23272	917	787	130
哈萨克族	49586	29924	19662	20236	13673	6563	526	429	97
傣　族	71992	37998	33994	42493	22663	19830	218	186	32
黎　族	67790	38619	29171	35642	20883	14759	107	93	14
傈僳族	39393	21102	18291	25275	12521	12754	67	57	10
佤　族	24639	13148	11491	15472	8016	7456	39	33	6
畲　族	35006	21907	13099	9120	5533	3587	166	153	13
高山族	148	88	60	21	15	6			
拉祜族	27334	14504	12830	19747	10429	9318	71	60	11
水　族	20304	11493	8811	6388	3089	3299	105	91	14
东乡族	23479	14228	9251	9915	4919	4996	75	67	8
纳西族	16142	8535	7607	6733	3466	3267	40	33	7
景颇族	7222	3715	3507	3900	2011	1889	12	8	4
柯尔克孜族	8563	4894	3669	2741	1649	1092	72	63	9
土　族	11632	6758	4874	3192	1645	1547	82	62	20
达斡尔族	5296	3045	2251	1478	958	520	58	51	7
仫佬族	11702	6612	5090	2587	1331	1256	39	32	7
羌　族	16732	9108	7624	6206	3177	3029	86	68	18
布朗族	7124	3781	3343	4992	2635	2357	6	5	1
撒拉族	4337	2768	1569	384	214	170	19	18	1
毛南族	5328	3009	2319	1478	739	739	22	16	6
仡佬族	25069	14948	10121	4927	2475	2452	111	92	19
锡伯族	8592	5147	3445	2175	1384	791	89	70	19
阿昌族	2114	1141	973	1010	496	514	4	4	
普米族	2012	1111	901	914	472	442	9	7	2
塔吉克族	2230	1273	957	597	227	370	7	7	
怒　族	1695	949	746	756	393	363			
乌孜别克族	461	279	182	54	39	15	10	10	
俄罗斯族	630	331	299	47	35	12	19	13	6
鄂温克族	1387	753	634	507	311	196	10	10	
德昂族	1041	569	472	666	372	294	4	3	1
保安族	547	370	177	55	34	21	3	3	
裕固族	728	414	314	324	194	130	11	7	4
京　族	1237	719	518	226	146	80			
塔塔尔族	145	82	63	19	13	6	1	1	
独龙族	301	169	132	151	73	78	1	1	
鄂伦春族	347	194	153	62	44	18	1	1	
赫哲族	235	117	118	36	27	9			
门巴族	426	233	193	146	87	59	3	3	
珞巴族	122	61	61	52	25	27	1	1	
基诺族	1476	770	706	1030	561	469			
未定族称人口	27939	16748	11191	7366	3752	3614	370	336	34
入　籍	671	321	350	197	58	139	6	5	1

2-1 续表 1

单位：人

民族	制造业			电力、热力、燃气及水生产和供应业			建筑业		
	小计	男	女	小计	男	女	小计	男	女
总 计	**11858879**	**7131537**	**4727342**	**573259**	**427426**	**145833**	**7402008**	**6260354**	**1141654**
汉 族	11108272	6679461	4428811	533675	398241	135434	6881226	5837050	1044176
蒙古族	17850	11710	6140	4055	2956	1099	13812	11544	2268
回 族	52563	34599	17964	5135	3852	1283	33962	28547	5415
藏 族	7230	4822	2408	1786	1238	548	17554	13215	4339
维吾尔族	33002	17850	15152	2786	2045	741	20703	17832	2871
苗 族	110942	64545	46397	2192	1616	576	70914	55959	14955
彝 族	53850	31735	22115	2573	1972	601	46258	36430	9828
壮 族	163282	96254	67028	4951	3628	1323	91856	72742	19114
布依族	40016	22924	17092	856	634	222	17248	13858	3390
朝鲜族	4993	3365	1628	413	320	93	2868	2543	325
满 族	46582	31475	15107	5232	3931	1301	32533	28552	3981
侗 族	34452	20968	13484	1149	860	289	22316	18640	3676
瑶 族	30719	18310	12409	895	666	229	16301	12978	3323
白 族	13255	8293	4962	996	692	304	12381	10020	2361
土家族	77351	46439	30912	2929	2134	795	69348	57830	11518
哈尼族	11647	7239	4408	360	260	100	12305	9153	3152
哈萨克族	1854	1217	637	420	317	103	1606	1408	198
傣 族	5741	3223	2518	327	227	100	3052	2508	544
黎 族	4264	2558	1706	315	226	89	3733	3166	567
傈僳族	2473	1391	1082	195	136	59	3083	2506	577
佤 族	3124	1677	1447	85	69	16	1673	1337	336
畲 族	6764	4192	2572	221	173	48	3953	3481	472
高山族	27	21	6				12	9	3
拉祜族	1786	990	796	64	50	14	1303	1029	274
水 族	4976	2847	2129	90	60	30	2460	1968	492
东乡族	2271	1551	720	68	45	23	1393	1244	149
纳西族	405	233	172	165	113	52	820	628	192
景颇族	819	447	372	54	35	19	339	268	71
柯尔克孜族	272	152	120	48	32	16	177	157	20
土 族	1259	832	427	190	146	44	1385	1108	277
达斡尔族	297	180	117	102	77	25	207	174	33
仫佬族	2415	1425	990	82	56	26	1418	1172	246
羌 族	1236	757	479	209	142	67	1844	1486	358
布朗族	467	240	227	26	21	5	292	230	62
撒拉族	195	134	61	24	17	7	241	200	41
毛南族	1112	646	466	42	34	8	705	583	122
仡佬族	4100	2455	1645	192	127	65	5102	4142	960
锡伯族	985	699	286	111	86	25	497	418	79
阿昌族	331	210	121	8	6	2	165	141	24
普米族	144	95	49	14	11	3	128	100	28
塔吉克族	46	32	14	8	7	1	43	38	5
怒 族	112	61	51	12	9	3	120	100	20
乌孜别克族	23	14	9	4	3	1	16	13	3
俄罗斯族	41	21	20	10	9	1	27	22	5
鄂温克族	48	32	16	13	11	2	34	31	3
德昂族	103	49	54	2	2		62	41	21
保安族	123	95	28	2	2		73	61	12
裕固族	26	15	11	10	7	3	23	16	7
京 族	110	62	48	16	9	7	68	55	13
塔塔尔族	4	1	3	1	1		3	2	1
独龙族	12	8	4	3	2	1	7	5	2
鄂伦春族	27	15	12	4	4		19	17	2
赫哲族	20	12	8	6	5	1	6	6	
门巴族	17	10	7	1	1		34	29	5
珞巴族	2	2					7	5	2
基诺族	33	14	19	6	4	2	30	21	9
未定族称人口	4668	2856	1812	113	86	27	4195	3485	710
入 籍	141	77	64	13	13		68	51	17

2-1　续表 2

单位：人

民　族	批发和零售业			交通运输、仓储和邮政业			住宿和餐饮业		
	小计	男	女	小计	男	女	小计	男	女
总　计	**9266929**	**4609603**	**4657326**	**3277904**	**2742913**	**534991**	**3221972**	**1599460**	**1622512**
汉　族	8768383	4377900	4390483	3062520	2561753	500767	2954170	1474299	1479871
蒙古族	23984	10984	13000	11529	9434	2095	10484	4846	5638
回　族	61627	31485	30142	31216	27129	4087	53155	29320	23835
藏　族	12181	6186	5995	8028	6813	1215	12230	4563	7667
维吾尔族	47401	22754	24647	18204	15764	2440	26060	13006	13054
苗　族	36639	16512	20127	14877	12240	2637	15772	6711	9061
彝　族	26614	11532	15082	12299	9963	2336	16718	6531	10187
壮　族	94788	42679	52109	36550	30307	6243	34142	15810	18332
布依族	12150	5294	6856	5131	4284	847	5772	2350	3422
朝鲜族	6354	3350	3004	1357	1071	286	4682	2032	2650
满　族	51727	25161	26566	25103	21410	3693	18562	9479	9083
侗　族	14640	6635	8005	5915	4995	920	6210	2571	3639
瑶　族	11331	5395	5936	4571	3763	808	4670	2158	2512
白　族	10379	4486	5893	4271	3548	723	6155	2440	3715
土家族	44356	19470	24886	17607	14797	2810	19964	8194	11770
哈尼族	6133	2747	3386	2501	1956	545	4316	1830	2486
哈萨克族	2676	1096	1580	2202	1961	241	1435	620	815
傣　族	4936	1804	3132	1528	1243	285	4359	1798	2561
黎　族	4873	2026	2847	1349	1132	217	4491	1839	2652
傈僳族	1424	538	886	798	684	114	1148	369	779
佤　族	790	249	541	377	299	78	582	190	392
畲　族	4667	2529	2138	1267	1111	156	1627	877	750
高山族	22	10	12	6	5	1	6	3	3
拉祜族	1040	353	687	329	271	58	705	235	470
水　族	1467	668	799	695	579	116	661	276	385
东乡族	2019	1314	705	816	756	60	4080	2591	1489
纳西族	1083	447	636	794	621	173	1270	506	764
景颇族	480	171	309	125	94	31	303	113	190
柯尔克孜族	298	131	167	202	172	30	151	63	88
土　族	931	482	449	450	363	87	580	241	339
达斡尔族	471	206	265	258	213	45	237	106	131
仫佬族	1288	568	720	516	426	90	490	227	263
羌　族	1354	571	783	651	535	116	1019	420	599
布朗族	299	112	187	86	67	19	213	101	112
撒拉族	438	283	155	220	201	19	2001	1212	789
毛南族	505	218	287	200	170	30	160	54	106
仡佬族	2222	981	1241	827	689	138	1005	416	589
锡伯族	1045	509	536	479	379	100	364	180	184
阿昌族	129	57	72	45	39	6	84	24	60
普米族	87	38	49	100	76	24	130	56	74
塔吉克族	79	48	31	47	41	6	40	16	24
怒　族	72	20	52	44	35	9	63	23	40
乌孜别克族	98	55	43	28	25	3	31	21	10
俄罗斯族	92	45	47	44	33	11	25	15	10
鄂温克族	90	36	54	44	31	13	53	21	32
德昂族	50	18	32	14	10	4	31	10	21
保安族	51	31	20	21	20	1	58	31	27
裕固族	43	18	25	27	22	5	21	10	11
京　族	194	96	98	85	64	21	87	46	41
塔塔尔族	16	7	9	18	16	2	5	4	1
独龙族	13	5	8	4	2	2	10	1	9
鄂伦春族	14	5	9	22	16	6	12	2	10
赫哲族	27	9	18	11	7	4	10	5	5
门巴族	16	7	9	28	22	6	14	5	9
珞巴族	1		1	11	10	1	4		4
基诺族	70	24	46	18	12	6	78	38	40
未定族称人口	2698	1218	1480	1420	1221	199	1241	545	696
入　籍	74	30	44	19	13	6	26	10	16

2-1 续表 3

单位：人

民族	信息传输、软件和信息技术服务业			金融业			房地产业		
	小计	男	女	小计	男	女	小计	男	女
总计	**1129805**	**723393**	**406412**	**962637**	**460262**	**502375**	**1251610**	**764434**	**487176**
汉族	1079606	692825	386781	911967	436400	475567	1192233	730222	462011
蒙古族	3994	2394	1600	5254	2397	2857	3667	2040	1627
回族	6422	3947	2475	7164	3345	3819	7909	4865	3044
藏族	1503	834	669	1791	916	875	1128	616	512
维吾尔族	2417	1246	1171	2872	1225	1647	6007	3073	2934
苗族	3301	2143	1158	2714	1361	1353	4221	2535	1686
彝族	1869	1177	692	2001	978	1023	3146	1899	1247
壮族	7433	4611	2822	6312	2997	3315	9568	5396	4172
布依族	1041	652	389	1001	512	489	1379	788	591
朝鲜族	1331	802	529	964	436	528	566	366	200
满族	8171	4828	3343	8549	3951	4598	7217	4260	2957
侗族	1546	1048	498	1327	624	703	1474	902	572
瑶族	1286	823	463	903	455	448	1204	683	521
白族	879	518	361	1199	552	647	1231	693	538
土家族	5033	3140	1893	4418	2117	2301	5422	3276	2146
哈尼族	391	262	129	332	146	186	546	304	242
哈萨克族	329	169	160	345	163	182	520	234	286
傣族	339	185	154	365	144	221	490	221	269
黎族	343	189	154	349	162	187	883	450	433
傈僳族	103	61	42	106	56	50	112	53	59
佤族	81	52	29	55	35	20	68	37	31
畲族	528	354	174	318	155	163	404	245	159
高山族	7	4	3	2		2	3	2	1
拉祜族	80	47	33	101	33	68	63	31	32
水族	115	74	41	131	79	52	163	101	62
东乡族	49	27	22	104	70	34	83	54	29
纳西族	154	91	63	241	97	144	203	120	83
景颇族	27	14	13	30	10	20	24	14	10
柯尔克孜族	58	31	27	61	36	25	47	20	27
土族	114	66	48	145	76	69	206	109	97
达斡尔族	129	66	63	131	64	67	100	58	42
仫佬族	138	96	42	141	65	76	142	75	67
羌族	164	93	71	206	83	123	170	103	67
布朗族	23	16	7	30	19	11	23	14	9
撒拉族	29	19	10	69	37	32	16	10	6
毛南族	52	31	21	60	31	29	54	39	15
仡佬族	220	146	74	309	159	150	387	233	154
锡伯族	180	102	78	219	95	124	155	88	67
阿昌族	7	5	2	10	5	5	15	8	7
普米族	11	5	6	17	7	10	10	5	5
塔吉克族	4	3	1	3	2	1	28	16	12
怒族	13	9	4	12	7	5	2		2
乌孜别克族	3	1	2	8	4	4	4		4
俄罗斯族	22	12	10	24	6	18	12	8	4
鄂温克族	31	19	12	34	14	20	16	8	8
德昂族	3	1	2	6	3	3	4	3	1
保安族	3	2	1	5	3	2	3	2	1
裕固族	8	4	4	19	9	10	7	3	4
京族	18	15	3	22	14	8	32	15	17
塔塔尔族	4	3	1	1		1	2	2	
独龙族	2	1	1	2	1	1			
鄂伦春族	4		4	6	3	3	3	1	2
赫哲族	8	4	4	8	4	4	5	3	2
门巴族	1		1	3	1	2			
珞巴族	2		2	1	1		1	1	
基诺族	5	4	1	5	3	2	2	1	1
未定族称人口	155	109	46	160	93	67	223	125	98
入籍	16	13	3	5	1	4	7	4	3

2-1　续表 4　　　　　　　　　　　　　　　　　　单位：人

民　族	租赁和商务服务业			科学研究和技术服务业			水利、环境和公共设施管理业		
	小计	男	女	小计	男	女	小计	男	女
总　计	**1800380**	**1108340**	**692040**	**845038**	**556465**	**288573**	**517943**	**318075**	**199868**
汉　族	1699569	1045719	653850	805915	531244	274671	475676	295090	180586
蒙古族	5160	2956	2204	3356	2062	1294	1809	1123	686
回　族	11285	7215	4070	4536	2962	1574	3667	2181	1486
藏　族	3795	2350	1445	1243	776	467	3749	2061	1688
维吾尔族	10445	6758	3687	2211	1359	852	5917	2636	3281
苗　族	7801	4879	2922	2525	1693	832	3920	2167	1753
彝　族	5513	3660	1853	1997	1335	662	2377	1185	1192
壮　族	14953	9175	5778	5583	3523	2060	4878	2351	2527
布依族	2420	1515	905	711	466	245	1368	744	624
朝鲜族	1472	804	668	743	473	270	143	102	41
满　族	10532	6324	4208	6365	4087	2278	3463	2341	1122
侗　族	2733	1753	980	941	643	298	1023	569	454
瑶　族	2273	1389	884	906	551	355	1002	592	410
白　族	2270	1386	884	1061	659	402	785	402	383
土家族	11090	6726	4364	3484	2358	1126	2994	1772	1222
哈尼族	947	625	322	473	309	164	311	148	163
哈萨克族	642	425	217	360	247	113	635	342	293
傣　族	747	463	284	319	183	136	244	144	100
黎　族	1310	799	511	277	192	85	1184	539	645
傈僳族	263	186	77	81	56	25	406	282	124
佤　族	174	120	54	52	32	20	125	62	63
畲　族	706	439	267	354	243	111	224	141	83
高山族	6	3	3	1		1	1		1
拉祜族	171	112	59	75	40	35	77	32	45
水　族	199	130	69	69	46	23	251	145	106
东乡族	293	210	83	73	53	20	93	51	42
纳西族	862	514	348	149	81	68	252	134	118
景颇族	94	72	22	21	18	3	15	11	4
柯尔克孜族	97	46	51	36	25	11	168	76	92
土　族	254	171	83	128	92	36	137	71	66
达斡尔族	150	79	71	81	49	32	37	23	14
仫佬族	210	144	66	109	66	43	88	38	50
羌　族	285	173	112	130	84	46	135	79	56
布朗族	45	27	18	16	8	8	25	12	13
撒拉族	40	33	7	22	16	6	13	9	4
毛南族	84	49	35	26	20	6	41	24	17
仡佬族	479	298	181	195	148	47	149	92	57
锡伯族	262	140	122	165	99	66	79	55	24
阿昌族	28	19	9	3	1	2	6	4	2
普米族	55	31	24	6	5	1	14	10	4
塔吉克族	21	10	11	7	6	1	80	35	45
怒　族	27	17	10	6	3	3	4	3	1
乌孜别克族	12	9	3	4	3	1	5	3	2
俄罗斯族	39	23	16	17	7	10	4	4	
鄂温克族	22	9	13	18	10	8	12	7	5
德昂族	14	12	2				2	1	1
保安族	7	7		2	2		2	2	
裕固族	11	9	2	6	4	2	17	11	6
京　族	37	26	11	6	4	2	6	4	2
塔塔尔族	3	2	1				1	1	
独龙族	1	1		1	1		1		1
鄂伦春族	9	6	3	7	3	4	6	5	1
赫哲族	13	3	10	5	3	2	2	2	
门巴族	10	6	4	12	6	6	17	4	13
珞巴族	3		3	1		1			
基诺族	17	9	8	6	4	2	4	4	
未定族称人口	409	265	144	136	102	34	295	147	148
入　籍	11	9	2	6	3	3	4	2	2

2-1 续表 5 单位：人

民族	居民服务、修理和其他服务业			教育			卫生和社会工作		
	小计	男	女	小计	男	女	小计	男	女
总计	**2292938**	**1085186**	**1207752**	**2726694**	**967949**	**1758745**	**1341622**	**448790**	**892832**
汉族	2146475	1016274	1130201	2500977	884655	1616322	1234627	415984	818643
蒙古族	8373	3977	4396	18336	5925	12411	8483	2863	5620
回族	10675	5462	5213	21280	7160	14120	9608	3060	6548
藏族	3019	1454	1565	12882	5240	7642	5328	1866	3462
维吾尔族	13049	6671	6378	24714	8695	16019	12903	3270	9633
苗族	13663	6321	7342	15228	6581	8647	6498	2233	4265
彝族	10582	4629	5953	14074	6048	8026	6848	1836	5012
壮族	26309	11596	14713	30726	10792	19934	14895	4367	10528
布依族	4407	1963	2444	5743	2407	3336	2219	704	1515
朝鲜族	1251	555	696	2614	890	1724	1460	593	867
满族	15361	8133	7228	21741	6923	14818	10956	3539	7417
侗族	4607	2092	2515	6719	2734	3985	3336	1055	2281
瑶族	3427	1512	1915	4679	1651	3028	2027	655	1372
白族	2882	1425	1457	4699	1819	2880	2435	668	1767
土家族	14409	6425	7984	19524	7699	11825	9096	2912	6184
哈尼族	2012	1018	994	1944	836	1108	1125	293	832
哈萨克族	1019	419	600	3875	1314	2561	1763	431	1332
傣族	1290	560	730	1774	570	1204	1016	242	774
黎族	1908	803	1105	2175	936	1239	890	271	619
傈僳族	573	250	323	710	334	376	352	107	245
佤族	345	113	232	442	177	265	247	73	174
畲族	1339	638	701	1265	471	794	560	226	334
高山族	5	3	2	8		8	6	2	4
拉祜族	299	148	151	482	177	305	243	51	192
水族	494	222	272	673	302	371	239	76	163
东乡族	360	221	139	575	247	328	175	70	105
纳西族	353	163	190	864	320	544	289	78	211
景颇族	191	67	124	222	65	157	118	28	90
柯尔克孜族	100	46	54	554	204	350	233	65	168
土族	296	154	142	761	324	437	425	142	283
达斡尔族	193	87	106	437	138	299	171	61	110
仫佬族	552	258	294	519	170	349	290	85	205
羌族	404	170	234	828	284	544	442	122	320
布朗族	91	40	51	152	54	98	86	22	64
撒拉族	68	47	21	151	62	89	85	31	54
毛南族	157	60	97	216	86	130	101	32	69
仡佬族	713	352	361	1555	666	889	736	260	476
锡伯族	264	137	127	498	168	330	284	90	194
阿昌族	57	23	34	57	19	38	32	4	28
普米族	46	20	26	104	41	63	46	9	37
塔吉克族	18	10	8	76	33	43	65	31	34
怒族	30	10	20	59	24	35	23	11	12
乌孜别克族	15	9	6	28	7	21	29	9	20
俄罗斯族	17	8	9	61	15	46	31	8	23
鄂温克族	40	14	26	97	25	72	49	12	37
德昂族	9	2	7	20	9	11	9	3	6
保安族	9	6	3	28	7	21	18	5	13
裕固族	2	1	1	34	14	20	21	2	19
京族	33	17	16	81	21	60	36	12	24
塔塔尔族	1	1		22	3	19	17	8	9
独龙族	2	2		12	5	7	3	2	1
鄂伦春族	5	3	2	29	5	24	13	3	10
赫哲族	12	2	10	20	4	16	10	6	4
门巴族	6	3	3	24	6	18	11	2	9
珞巴族	5	3	2	7	3	4	2	1	1
基诺族	15	5	10	45	10	35	24	3	21
未定族称人口	1087	577	510	1246	562	684	574	192	382
入籍	14	5	9	28	12	16	14	4	10

2-1　续表 6

单位：人

民　族	文化、体育和娱乐业			公共管理、社会保障和社会组织			国际组织		
	小计	男	女	小计	男	女	小计	男	女
总　计	**472553**	**248451**	**224102**	**2658614**	**1718047**	**940567**	**562**	**275**	**287**
汉　族	441388	232214	209174	2346184	1521008	825176	521	251	270
蒙古族	2828	1485	1343	25227	14933	10294			
回　族	3438	1920	1518	25941	16367	9574	9	5	4
藏　族	2024	1110	914	34995	22099	12896	7	6	1
维吾尔族	1482	852	630	52162	31232	20930	3	1	2
苗　族	2095	1059	1036	17598	12009	5589	1		1
彝　族	1816	883	933	15599	10503	5096	1	1	
壮　族	3663	1825	1838	28745	17990	10755	2	1	1
布依族	798	377	421	7020	4635	2385			
朝鲜族	658	379	279	2517	1648	869	5	2	3
满　族	3474	1874	1600	24046	14961	9085	5	4	1
侗　族	899	467	432	8195	5522	2673			
瑶　族	628	318	310	4996	3228	1768	1		1
白　族	654	328	326	5789	3684	2105	1		1
土家族	2934	1462	1472	20195	13306	6889	2	2	
哈尼族	417	216	201	2491	1639	852			
哈萨克族	282	165	117	8860	5293	3567	1	1	
傣　族	402	196	206	2351	1438	913	1		1
黎　族	489	221	268	3207	2133	1074	1	1	
傈僳族	158	76	82	2066	1439	627			
佤　族	200	105	95	708	472	236			
畲　族	253	127	126	1270	819	451			
高山族	6	5	1	9	6	3			
拉祜族	97	48	49	601	368	233			
水　族	98	41	57	1030	699	331			
东乡族	36	23	13	1001	715	286			
纳西族	212	121	91	1253	769	484			
景颇族	73	30	43	375	239	136			
柯尔克孜族	55	31	24	3193	1895	1298			
土　族	67	37	30	1030	637	393			
达斡尔族	81	41	40	678	414	264			
仫佬族	66	30	36	612	348	264			
羌　族	142	60	82	1221	701	520			
布朗族	37	22	15	215	136	79			
撒拉族	13	10	3	308	215	93	1		1
毛南族	31	14	17	282	163	119			
仡佬族	136	65	71	1704	1152	552			
锡伯族	78	39	39	663	409	254			
阿昌族	9	3	6	114	73	41			
普米族	12	8	4	165	115	50			
塔吉克族	9	8	1	1052	703	349			
怒　族	8	3	5	332	221	111			
乌孜别克族	3	3		86	51	35			
俄罗斯族	11	5	6	87	42	45			
鄂温克族	21	7	14	248	145	103			
德昂族	4	2	2	38	28	10			
保安族				84	57	27			
裕固族	12	5	7	106	63	43			
京　族	39	24	15	141	89	52			
塔塔尔族	3	3		24	14	10			
独龙族	3	1	2	73	58	15			
鄂伦春族	8	3	5	96	58	38			
赫哲族	6	2	4	30	13	17			
门巴族	3		3	80	41	39			
珞巴族				22	9	13			
基诺族	15	8	7	73	45	28			
未定族称人口	176	88	88	1407	989	418			
入　籍	3	2	1	19	9	10			

2-2 全国各民族分性别、职业的人口

单位：人

民族	人口数			党的机关、国家机关、群众团体和社会组织、企事业单位负责人		
	合计	男	女	小计	男	女
总计	**65675009**	**38906261**	**26768748**	**1447971**	**1069122**	**378849**
汉族	60290106	35846270	24443836	1373343	1015331	358012
蒙古族	275716	155535	120181	5717	4013	1704
回族	446182	268162	178020	9367	6887	2480
藏族	237564	130593	106971	4174	3210	964
维吾尔族	455735	240904	214831	3942	2893	1049
苗族	477379	275822	201557	4729	3501	1228
彝族	485520	262728	222792	3018	2246	772
壮族	894470	499873	394597	10643	7318	3325
布依族	148063	83311	64752	1780	1223	557
朝鲜族	36890	21326	15564	2118	1517	601
满族	456154	277592	178562	10320	7387	2933
侗族	150827	89733	61094	2400	1742	658
瑶族	142364	82249	60115	1834	1325	509
白族	109306	60034	49272	1403	1018	385
土家族	438333	255620	182713	7099	5141	1958
哈尼族	97246	54574	42672	400	300	100
哈萨克族	49586	29924	19662	524	381	143
傣族	71992	37998	33994	515	319	196
黎族	67790	38619	29171	553	369	184
傈僳族	39393	21102	18291	186	137	49
佤族	24639	13148	11491	88	69	19
畲族	35006	21907	13099	624	466	158
高山族	148	88	60	6	4	2
拉祜族	27334	14504	12830	82	60	22
水族	20304	11493	8811	237	173	64
东乡族	23479	14228	9251	167	137	30
纳西族	16142	8535	7607	224	159	65
景颇族	7222	3715	3507	57	30	27
柯尔克孜族	8563	4894	3669	107	83	24
土族	11632	6758	4874	184	146	38
达斡尔族	5296	3045	2251	157	111	46
仫佬族	11702	6612	5090	198	137	61
羌族	16732	9108	7624	242	169	73
布朗族	7124	3781	3343	33	29	4
撒拉族	4337	2768	1569	119	103	16
毛南族	5328	3009	2319	78	52	26
仡佬族	25069	14948	10121	410	298	112
锡伯族	8592	5147	3445	215	150	65
阿昌族	2114	1141	973	15	6	9
普米族	2012	1111	901	19	13	6
塔吉克族	2230	1273	957	24	19	5
怒族	1695	949	746	12	10	2
乌孜别克族	461	279	182	9	4	5
俄罗斯族	630	331	299	45	32	13
鄂温克族	1387	753	634	34	23	11
德昂族	1041	569	472	4	4	
保安族	547	370	177	9	7	2
裕固族	728	414	314	20	15	5
京族	1237	719	518	50	37	13
塔塔尔族	145	82	63	3	2	1
独龙族	301	169	132	8	7	1
鄂伦春族	347	194	153	24	13	11
赫哲族	235	117	118	12	5	7
门巴族	426	233	193	6	2	4
珞巴族	122	61	61	4	3	1
基诺族	1476	770	706	9	7	2
未定族称人口	27939	16748	11191	360	274	86
入籍	671	321	350	11	5	6

2-2　续表 1

单位：人

民　族	专业技术人员			办事人员和有关人员			社会生产服务和生活服务人员		
	小计	男	女	小计	男	女	小计	男	女
总　计	**6844562**	**3064480**	**3780082**	**4559426**	**2787573**	**1771853**	**22244077**	**12604684**	**9639393**
汉　族	6386599	2870220	3516379	4219587	2577767	1641820	20855952	11852142	9003810
蒙古族	39021	15410	23611	28212	16514	11698	68802	37514	31288
回　族	46532	19408	27124	33595	20608	12987	185632	110930	74702
藏　族	28129	13963	14166	22391	13686	8705	48604	25821	22783
维吾尔族	37911	12877	25034	43134	27468	15666	137845	74059	63786
苗　族	29022	13852	15170	20045	13005	7040	101077	53332	47745
彝　族	26799	11909	14890	17240	11299	5941	80892	40916	39976
壮　族	63680	26664	37016	41215	24281	16934	225048	119481	105567
布依族	10407	4775	5632	7647	4875	2772	34044	17603	16441
朝鲜族	7098	2921	4177	4141	2549	1592	15841	8520	7321
满　族	52863	22024	30839	35541	21297	14244	136434	79704	56730
侗　族	13355	6073	7282	8895	5728	3167	38978	20682	18296
瑶　族	9750	4276	5474	6539	3908	2631	29326	16033	13293
白　族	10232	4256	5976	6979	4380	2599	29332	14971	14361
土家族	39758	17892	21866	25736	16162	9574	118786	61390	57396
哈尼族	4139	1796	2343	2719	1783	936	17102	8694	8408
哈萨克族	6035	2007	4028	7768	4772	2996	10870	5908	4962
傣　族	3682	1320	2362	2604	1567	1037	14343	6517	7826
黎　族	3624	1539	2085	3375	2148	1227	16546	7748	8798
傈僳族	1342	623	719	1045	698	347	5151	2457	2694
佤　族	1005	455	550	683	455	228	2650	1147	1503
畲　族	3017	1444	1573	1934	1158	776	10549	6198	4351
高山族	28	7	21	21	10	11	38	27	11
拉祜族	959	345	614	634	373	261	2905	1270	1635
水　族	1211	609	602	879	561	318	4257	2252	2005
东乡族	988	510	478	827	591	236	7663	5134	2529
纳西族	1614	612	1002	1451	901	550	4910	2516	2394
景颇族	419	158	261	377	241	136	1349	573	776
柯尔克孜族	822	304	518	2588	1609	979	1396	744	652
土　族	1649	760	889	959	581	378	3097	1694	1403
达斡尔族	886	335	551	775	472	303	1536	823	713
仫佬族	1205	477	728	822	457	365	3230	1704	1526
羌　族	1707	660	1047	1254	686	568	4521	2322	2199
布朗族	336	141	195	201	119	82	847	413	434
撒拉族	320	157	163	259	176	83	2841	1796	1045
毛南族	436	184	252	366	198	168	1233	642	591
仡佬族	2803	1338	1465	2064	1327	737	5997	3110	2887
锡伯族	1286	520	766	915	534	381	2757	1565	1192
阿昌族	114	39	75	113	71	42	381	178	203
普米族	176	66	110	153	105	48	461	247	214
塔吉克族	175	93	82	980	651	329	286	175	111
怒　族	115	45	70	101	71	30	337	150	187
乌孜别克族	78	30	48	74	46	28	195	123	72
俄罗斯族	147	39	108	113	61	52	219	122	97
鄂温克族	229	68	161	244	147	97	301	152	149
德昂族	40	13	27	49	37	12	124	57	67
保安族	57	22	35	71	48	23	163	110	53
裕固族	92	38	54	98	57	41	150	79	71
京　族	145	55	90	183	118	65	486	262	224
塔塔尔族	40	12	28	26	16	10	49	35	14
独龙族	15	10	5	40	30	10	58	25	33
鄂伦春族	61	13	48	95	60	35	75	42	33
赫哲族	50	18	32	45	24	21	70	28	42
门巴族	55	17	38	66	33	33	90	46	44
珞巴族	15	6	9	18	7	11	26	16	10
基诺族	102	28	74	59	38	21	225	105	120
未定族称人口	2123	1011	1112	1456	993	463	7820	4295	3525
入　籍	64	36	28	25	16	9	180	85	95

2-2 续表 2

单位：人

民族	农、林、牧、渔业生产及辅助人员			生产制造及有关人员			不便分类的其他从业人员		
	小计	男	女	小计	男	女	小计	男	女
总　计	**13480283**	**7219312**	**6260971**	**16933953**	**12060558**	**4873395**	**164737**	**100532**	**64205**
汉　族	11574995	6220861	5354134	15726997	11216609	4510388	152633	93340	59293
蒙古族	104438	59325	45113	28735	22275	6460	791	484	307
回　族	91869	50616	41253	78212	59104	19108	975	609	366
藏　族	108991	55326	53665	24657	18248	6409	618	339	279
维吾尔族	175589	85051	90538	56931	38338	18593	383	218	165
苗　族	145497	74263	71234	175860	117189	58671	1149	680	469
彝　族	257442	127230	130212	99500	68742	30758	629	386	243
壮　族	313151	161379	151772	238438	159453	78985	2295	1297	998
布依族	38833	19172	19661	55062	35491	19571	290	172	118
朝鲜族	2241	1405	836	5363	4356	1007	88	58	30
满　族	150208	90937	59271	69647	55496	14151	1141	747	394
侗　族	33331	17644	15687	53501	37631	15870	367	233	134
瑶　族	50140	26762	23378	44366	29695	14671	409	250	159
白　族	37608	18092	19516	23586	17226	6360	166	91	75
土家族	106957	54371	52586	138384	99720	38664	1613	944	669
哈尼族	48335	24940	23395	24401	16973	7428	150	88	62
哈萨克族	20538	13923	6615	3812	2914	898	39	19	20
傣　族	42362	22594	19768	8425	5647	2778	61	34	27
黎　族	35041	20613	14428	8260	5991	2269	391	211	180
傈僳族	26176	13280	12896	5464	3891	1573	29	16	13
佤　族	15484	8028	7456	4721	2988	1733	8	6	2
畲　族	9093	5506	3587	9735	7103	2632	54	32	22
高山族	19	14	5	36	26	10			
拉祜族	19708	10416	9292	3038	2036	1002	8	4	4
水　族	6511	3204	3307	7180	4675	2505	29	19	10
东乡族	10094	4990	5104	3706	2847	859	34	19	15
纳西族	6771	3484	3287	1168	860	308	4	3	1
景颇族	3913	2021	1892	1103	688	415	4	4	
柯尔克孜族	3137	1792	1345	512	361	151	1	1	
土　族	3171	1637	1534	2542	1925	617	30	15	15
达斡尔族	1443	931	512	480	359	121	19	14	5
仫佬族	2555	1314	1241	3558	2446	1112	134	77	57
羌　族	6209	3183	3026	2788	2078	710	11	10	1
布朗族	4964	2612	2352	742	467	275	1		1
撒拉族	386	211	175	406	321	85	6	4	2
毛南族	1473	738	735	1712	1180	532	30	15	15
仡佬族	4925	2476	2449	8796	6356	2440	74	43	31
锡伯族	2185	1392	793	1209	967	242	25	19	6
阿昌族	1010	497	513	480	349	131	1	1	
普米族	936	490	446	265	188	77	2	2	
塔吉克族	659	256	403	106	79	27			
怒　族	907	513	394	223	160	63			
乌孜别克族	51	39	12	52	36	16	2	1	1
俄罗斯族	47	35	12	59	42	17			
鄂温克族	494	302	192	84	61	23	1		1
德昂族	662	369	293	162	89	73			
保安族	59	35	24	188	148	40			
裕固族	324	194	130	44	31	13			
京　族	215	139	76	156	107	49	2	1	1
塔塔尔族	19	13	6	8	4	4			
独龙族	166	88	78	14	9	5			
鄂伦春族	60	42	18	32	24	8			
赫哲族	34	26	8	24	16	8			
门巴族	148	82	66	60	52	8	1	1	
珞巴族	50	23	27	8	6	2	1		1
基诺族	1025	562	463	54	29	25	2	1	1
未定族称人口	7447	3819	3628	8698	6332	2366	35	24	11
入　籍	187	55	132	203	124	79	1		1

2-3 全国各民族分性别、主要生活来源的15岁及以上人口

单位：人

民族	15岁及以上人口			劳动收入		
	合计	男	女	小计	男	女
总计	**114261590**	**57861957**	**56399633**	**66173046**	**39351185**	**26821861**
汉族	105143639	53274954	51868685	60652727	36205723	24447004
蒙古族	486694	238488	248206	287423	162749	124674
回族	859291	429911	429380	459377	276901	182476
藏族	506256	249754	256502	259321	142775	116546
维吾尔族	755756	365270	390486	472359	249587	222772
苗族	784133	401667	382466	486651	281943	204708
彝族	731814	367638	364176	500364	270580	229784
壮族	1404590	710186	694404	903805	507035	396770
布依族	244730	122061	122669	149151	84214	64937
朝鲜族	90102	43629	46473	37458	21738	15720
满族	830441	426627	403814	472770	288933	183837
侗族	257068	133218	123850	152398	91085	61313
瑶族	229771	117997	111774	143947	83505	60442
白族	170556	84958	85598	109744	60415	49329
土家族	738897	376988	361909	436821	256057	180764
哈尼族	139210	71781	67429	98798	55410	43388
哈萨克族	105349	51704	53645	53387	32462	20925
傣族	105686	51535	54151	74697	39509	35188
黎族	115448	59780	55668	71803	41066	30737
傈僳族	57318	28463	28855	40162	21508	18654
佤族	33041	16466	16575	25450	13554	11896
畲族	54821	29895	24926	34889	21941	12948
高山族	249	119	130	149	87	62
拉祜族	36230	18034	18196	28125	14944	13181
水族	33059	16833	16226	20585	11701	8884
东乡族	46815	22987	23828	24778	15109	9669
纳西族	26765	13064	13701	16880	8963	7917
景颇族	11040	5196	5844	7427	3821	3606
柯尔克孜族	14884	7417	7467	8002	4574	3428
土族	21382	10756	10626	12234	7102	5132
达斡尔族	10385	4942	5443	5370	3097	2273
仫佬族	19201	9639	9562	11755	6672	5083
羌族	26321	12985	13336	16943	9284	7659
布朗族	9420	4666	4754	7218	3825	3393
撒拉族	10614	5385	5229	4782	3069	1713
毛南族	8456	4255	4201	5313	3018	2295
仡佬族	45566	23467	22099	25103	15049	10054
锡伯族	15546	8105	7441	8729	5274	3455
阿昌族	3000	1488	1512	2102	1135	967
普米族	3310	1667	1643	2084	1139	945
塔吉克族	3762	1894	1868	2219	1246	973
怒族	2617	1308	1309	1701	952	749
乌孜别克族	959	493	466	479	294	185
俄罗斯族	1316	603	713	652	351	301
鄂温克族	2584	1211	1373	1399	760	639
德昂族	1549	763	786	1098	606	492
保安族	1476	727	749	584	394	190
裕固族	1167	583	584	699	402	297
京族	2322	1196	1126	1270	750	520
塔塔尔族	281	144	137	155	92	63
独龙族	526	256	270	307	167	140
鄂伦春族	684	328	356	358	201	157
赫哲族	418	180	238	237	121	116
门巴族	784	381	403	430	239	191
珞巴族	294	132	162	138	69	69
基诺族	2000	998	1002	1469	769	700
未定族称人口	50803	26356	24447	28101	16895	11206
入籍	1194	429	765	669	324	345

2-3 续表 1

单位：人

民族	离退休金/养老金			最低生活保障金			失业保险金		
	小计	男	女	小计	男	女	小计	男	女
总　计	**11525075**	**5004420**	**6520655**	**1752313**	**979954**	**772359**	**41948**	**24489**	**17459**
汉　族	11067507	4796809	6270698	1563826	883199	680627	39772	23267	16505
蒙古族	37822	15040	22782	11806	5697	6109	125	62	63
回　族	93439	39769	53670	16906	8181	8725	320	184	136
藏　族	14059	7035	7024	11679	5277	6402	77	37	40
维吾尔族	32822	15074	17748	24499	9419	15080	269	137	132
苗　族	18198	9285	8913	16254	8848	7406	91	47	44
彝　族	12746	6930	5816	14258	7120	7138	93	51	42
壮　族	54656	25791	28865	21679	12789	8890	357	213	144
布依族	5845	3035	2810	5663	3098	2565	47	33	14
朝鲜族	21805	8913	12892	2084	1076	1008	45	18	27
满　族	79938	34942	44996	18172	10312	7860	330	199	131
侗　族	7625	3947	3678	4897	2884	2013	25	14	11
瑶　族	6768	3239	3529	4915	2759	2156	45	27	18
白　族	6262	3439	2823	1960	1019	941	36	24	12
土家族	28942	14457	14485	16179	9251	6928	115	64	51
哈尼族	2986	1439	1547	1464	786	678	14	9	5
哈萨克族	6943	2953	3990	1863	781	1082	41	21	20
傣　族	2422	1115	1307	609	308	301	9	4	5
黎　族	5256	2006	3250	1736	980	756	20	13	7
傈僳族	731	450	281	1768	857	911	4	2	2
佤　族	772	382	390	384	169	215	5	2	3
畲　族	1748	943	805	922	621	301	4	3	1
高山族	38	8	30	3		3			
拉祜族	619	264	355	528	287	241	2	1	1
水　族	580	304	276	1011	555	456	6	4	2
东乡族	820	444	376	1290	598	692	4	2	2
纳西族	1609	766	843	266	132	134	10	5	5
景颇族	238	103	135	136	71	65	1	1	
柯尔克孜族	825	450	375	341	139	202	3	1	2
土　族	781	375	406	281	141	140	23	13	10
达斡尔族	1438	514	924	342	166	176			
仫佬族	999	441	558	259	149	110	8	3	5
羌　族	1531	643	888	306	175	131	4	2	2
布朗族	164	80	84	62	36	26	1		1
撒拉族	279	167	112	134	50	84	1	1	
毛南族	357	169	188	147	91	56	4	2	2
仡佬族	1154	629	525	912	506	406	15	9	6
锡伯族	1878	865	1013	200	112	88	9	8	1
阿昌族	49	36	13	33	19	14			
普米族	72	44	28	54	33	21			
塔吉克族	132	96	36	100	40	60	1	1	
怒　族	70	35	35	91	48	43			
乌孜别克族	120	59	61	29	11	18			
俄罗斯族	348	127	221	9	2	7			
鄂温克族	222	74	148	101	46	55	2	1	1
德昂族	23	10	13	15	3	12			
保安族	67	28	39	33	11	22			
裕固族	67	29	38	21	11	10			
京　族	166	59	107	38	19	19			
塔塔尔族	48	22	26	4	3	1			
独龙族	15	3	12	6	2	4			
鄂伦春族	75	33	42	51	29	22			
赫哲族	67	23	44				1		1
门巴族	19	8	11	5	2	3			
珞巴族	8	3	5	11	6	5			
基诺族	81	35	46	23	15	8	1		1
未定族称人口	807	475	332	1939	1011	928	8	4	4
入　籍	17	6	11	9	4	5			

2-3　续表 2　　　　单位：人

民　族	财产性收入			家庭其他成员供养			其　他		
	小计	男	女	小计	男	女	小计	男	女
总　计	**881568**	**467538**	**414030**	**27940394**	**9182235**	**18758159**	**5947246**	**2852136**	**3095110**
汉　族	793224	421074	372150	25695402	8392154	17303248	5331181	2552728	2778453
蒙古族	8145	4196	3949	112616	37329	75287	28757	13415	15342
回　族	7589	4282	3307	230869	75427	155442	50791	25167	25624
藏　族	13574	6908	6666	120837	45284	75553	86709	42438	44271
维吾尔族	10760	5314	5446	154470	56329	98141	60577	29410	31167
苗　族	4558	2472	2086	208072	74759	133313	50309	24313	25996
彝　族	4576	2392	2184	152036	57323	94713	47741	23242	24499
壮　族	7648	3971	3677	338153	122006	216147	78292	38381	39911
布依族	1356	724	632	69909	24865	45044	12759	6092	6667
朝鲜族	2789	1570	1219	21910	8200	13710	4011	2114	1897
满　族	8522	4649	3873	205338	65537	139801	45371	22055	23316
侗　族	1164	649	515	75144	26902	48242	15815	7737	8078
瑶　族	851	454	397	59618	21333	38285	13627	6680	6947
白　族	1221	624	597	44294	16002	28292	7039	3435	3604
土家族	4122	2135	1987	210018	74575	135443	42700	20449	22251
哈尼族	779	378	401	28731	10577	18154	6438	3182	3256
哈萨克族	3288	1766	1522	27859	8138	19721	11968	5583	6385
傣　族	1406	650	756	21683	7765	13918	4860	2184	2676
黎　族	1980	1135	845	21945	8041	13904	12708	6539	6169
傈僳族	271	135	136	10778	3816	6962	3604	1695	1909
佤　族	96	45	51	5100	1793	3307	1234	521	713
畲　族	219	120	99	14968	5265	9703	2071	1002	1069
高山族	2	2		48	17	31	9	5	4
拉祜族	145	74	71	5466	1846	3620	1345	618	727
水　族	136	75	61	8968	3337	5631	1773	857	916
东乡族	407	236	171	14700	4401	10299	4816	2197	2619
纳西族	313	168	145	5931	2216	3715	1756	814	942
景颇族	102	56	46	2509	862	1647	627	282	345
柯尔克孜族	264	137	127	3767	1295	2472	1682	821	861
土　族	130	71	59	6121	2159	3962	1812	895	917
达斡尔族	301	155	146	2323	727	1596	611	283	328
仫佬族	84	47	37	5014	1810	3204	1082	517	565
羌　族	162	91	71	6177	2178	3999	1198	612	586
布朗族	22	12	10	1670	587	1083	283	126	157
撒拉族	137	92	45	3914	1369	2545	1367	637	730
毛南族	39	20	19	2237	786	1451	359	169	190
仡佬族	306	161	145	15438	5797	9641	2638	1316	1322
锡伯族	247	132	115	3417	1168	2249	1066	546	520
阿昌族	17	9	8	686	232	454	113	57	56
普米族	28	16	12	770	273	497	302	162	140
塔吉克族	25	16	9	1043	368	675	242	127	115
怒　族	9	6	3	484	153	331	262	114	148
乌孜别克族	22	13	9	227	76	151	82	40	42
俄罗斯族	22	14	8	224	76	148	61	33	28
鄂温克族	107	65	42	556	177	379	197	88	109
德昂族	12	6	6	313	100	213	88	38	50
保安族	12	5	7	517	173	344	263	116	147
裕固族	40	18	22	235	80	155	105	43	62
京　族	18	10	8	590	242	348	240	116	124
塔塔尔族	3	3		53	17	36	18	7	11
独龙族	4	3	1	86	30	56	108	51	57
鄂伦春族	19	7	12	151	43	108	30	15	15
赫哲族	6	1	5	96	33	63	11	2	9
门巴族	8	5	3	227	93	134	95	34	61
珞巴族	2	1	1	70	20	50	65	33	32
基诺族	5	3	2	359	149	210	62	27	35
未定族称人口	268	163	105	15856	5850	10006	3824	1958	1866
入　籍	6	2	4	401	75	326	92	18	74

2-4 全国各民族分性别、婚姻状况的15岁及以上人口

单位：人

民族	15岁及以上人口			未婚		
	合计	男	女	小计	男	女
总计	**114261590**	**57861957**	**56399633**	**21947434**	**13067496**	**8879938**
汉族	105143639	53274954	51868685	19807717	11785670	8022047
蒙古族	486694	238488	248206	105537	59662	45875
回族	859291	429911	429380	166146	94275	71871
藏族	506256	249754	256502	169838	93062	76776
维吾尔族	755756	365270	390486	176071	100800	75271
苗族	784133	401667	382466	191477	120013	71464
彝族	731814	367638	364176	194867	118092	76775
壮族	1404590	710186	694404	322517	205050	117467
布依族	244730	122061	122669	60288	37229	23059
朝鲜族	90102	43629	46473	16636	9498	7138
满族	830441	426627	403814	157511	90496	67015
侗族	257068	133218	123850	59440	37994	21446
瑶族	229771	117997	111774	58306	36914	21392
白族	170556	84958	85598	39022	22306	16716
土家族	738897	376988	361909	174145	103112	71033
哈尼族	139210	71781	67429	35177	23318	11859
哈萨克族	105349	51704	53645	23911	13212	10699
傣族	105686	51535	54151	21393	12874	8519
黎族	115448	59780	55668	34808	23234	11574
傈僳族	57318	28463	28855	13666	8768	4898
佤族	33041	16466	16575	8037	5279	2758
畲族	54821	29895	24926	12067	7481	4586
高山族	249	119	130	64	37	27
拉祜族	36230	18034	18196	7661	5308	2353
水族	33059	16833	16226	8645	5396	3249
东乡族	46815	22987	23828	8541	5125	3416
纳西族	26765	13064	13701	5821	3296	2525
景颇族	11040	5196	5844	2716	1629	1087
柯尔克孜族	14884	7417	7467	3601	1974	1627
土族	21382	10756	10626	5118	2995	2123
达斡尔族	10385	4942	5443	2418	1417	1001
仫佬族	19201	9639	9562	4847	2924	1923
羌族	26321	12985	13336	6092	3458	2634
布朗族	9420	4666	4754	2346	1499	847
撒拉族	10614	5385	5229	2193	1340	853
毛南族	8456	4255	4201	2101	1302	799
仡佬族	45566	23467	22099	11409	6696	4713
锡伯族	15546	8105	7441	3466	1947	1519
阿昌族	3000	1488	1512	772	455	317
普米族	3310	1667	1643	955	565	390
塔吉克族	3762	1894	1868	1006	570	436
怒族	2617	1308	1309	694	428	266
乌孜别克族	959	493	466	258	138	120
俄罗斯族	1316	603	713	296	153	143
鄂温克族	2584	1211	1373	686	404	282
德昂族	1549	763	786	336	192	144
保安族	1476	727	749	284	178	106
裕固族	1167	583	584	246	127	119
京族	2322	1196	1126	610	389	221
塔塔尔族	281	144	137	72	41	31
独龙族	526	256	270	153	103	50
鄂伦春族	684	328	356	162	91	71
赫哲族	418	180	238	91	43	48
门巴族	784	381	403	226	129	97
珞巴族	294	132	162	90	45	45
基诺族	2000	998	1002	446	284	162
未定族称人口	50803	26356	24447	14157	8328	5829
入籍	1194	429	765	278	151	127

2-4　续表

单位：人

民　族	有配偶			离　婚			丧　偶		
	小计	男	女	小计	男	女	小计	男	女
总　计	**83036998**	**41585937**	**41451061**	**2716772**	**1464446**	**1252326**	**6560386**	**1744078**	**4816308**
汉　族	76829669	38542966	38286703	2480278	1337682	1142596	6025975	1608636	4417339
蒙古族	341175	165408	175767	14935	7710	7225	25047	5708	19339
回　族	625292	313207	312085	24739	11800	12939	43114	10629	32485
藏　族	296023	144974	151049	12140	4296	7844	28255	7422	20833
维吾尔族	506342	242949	263393	31426	13958	17468	41917	7563	34354
苗　族	531869	259172	272697	15663	9896	5767	45124	12586	32538
彝　族	481196	231422	249774	13081	7768	5313	42670	10356	32314
壮　族	957783	466151	491632	26683	15691	10992	97607	23294	74313
布依族	161690	76980	84710	5803	3523	2280	16949	4329	12620
朝鲜族	59662	29855	29807	5415	2836	2579	8389	1440	6949
满　族	603199	308345	294854	27717	14827	12890	42014	12959	29055
侗　族	175498	86712	88786	6337	3928	2409	15793	4584	11209
瑶　族	152139	74528	77611	4877	2910	1967	14449	3645	10804
白　族	118284	58012	60272	3842	2120	1722	9408	2520	6888
土家族	504774	249790	254984	17229	10299	6930	42749	13787	28962
哈尼族	91729	44130	47599	3629	2330	1299	8675	2003	6672
哈萨克族	72910	36184	36726	2432	1201	1231	6096	1107	4989
傣　族	74566	35361	39205	3570	1870	1700	6157	1430	4727
黎　族	71445	33734	37711	2272	1404	868	6923	1408	5515
傈僳族	37542	17352	20190	2003	1185	818	4107	1158	2949
佤　族	21845	10230	11615	844	460	384	2315	497	1818
畲　族	38428	20755	17673	1109	712	397	3217	947	2270
高山族	168	77	91	6	2	4	11	3	8
拉祜族	24710	11311	13399	1263	765	498	2596	650	1946
水　族	21650	10458	11192	677	429	248	2087	550	1537
东乡族	35458	16900	18558	702	354	348	2114	608	1506
纳西族	18584	9055	9529	518	254	264	1842	459	1383
景颇族	7141	3215	3926	365	212	153	818	140	678
柯尔克孜族	10077	5062	5015	490	260	230	716	121	595
土　族	14622	7124	7498	532	325	207	1110	312	798
达斡尔族	6742	3142	3600	598	268	330	627	115	512
仫佬族	12738	6159	6579	550	281	269	1066	275	791
羌　族	18247	8854	9393	552	306	246	1430	367	1063
布朗族	6333	2938	3395	193	109	84	548	120	428
撒拉族	7728	3842	3886	271	105	166	422	98	324
毛南族	5554	2683	2871	210	135	75	591	135	456
仡佬族	30905	15456	15449	917	505	412	2335	810	1525
锡伯族	10672	5614	5058	716	360	356	692	184	508
阿昌族	1973	948	1025	64	46	18	191	39	152
普米族	2094	1023	1071	61	39	22	200	40	160
塔吉克族	2458	1240	1218	91	41	50	207	43	164
怒　族	1621	747	874	131	80	51	171	53	118
乌孜别克族	599	328	271	42	13	29	60	14	46
俄罗斯族	858	412	446	87	30	57	75	8	67
鄂温克族	1613	718	895	129	63	66	156	26	130
德昂族	1054	523	531	58	32	26	101	16	85
保安族	1087	514	573	29	15	14	76	20	56
裕固族	810	413	397	52	29	23	59	14	45
京　族	1542	754	788	65	32	33	105	21	84
塔塔尔族	179	97	82	14	5	9	16	1	15
独龙族	308	135	173	25	12	13	40	6	34
鄂伦春族	451	207	244	46	26	20	25	4	21
赫哲族	288	125	163	21	10	11	18	2	16
门巴族	490	229	261	12	6	6	56	17	39
珞巴族	170	77	93	7	4	3	27	6	21
基诺族	1362	644	718	78	37	41	114	33	81
未定族称人口	32788	16428	16360	1156	843	313	2702	757	1945
入　籍	864	268	596	20	7	13	32	3	29

2-5 全国各民族分性别、初婚年龄的人口

单位：人

民　族	合　计			15岁以下		
	合计	男	女	小计	男	女
总　计	**92314156**	**44794461**	**47519695**	**150348**	**29422**	**120926**
汉　族	85335922	41489284	43846638	116817	23531	93286
蒙古族	381157	178826	202331	517	109	408
回　族	693145	335636	357509	3103	417	2686
藏　族	336418	156692	179726	3430	1089	2341
维吾尔族	579685	264470	315215	7440	705	6735
苗　族	592656	281654	311002	4246	713	3533
彝　族	536947	249546	287401	3191	626	2565
壮　族	1082073	505136	576937	2423	528	1895
布依族	184442	84832	99610	570	108	462
朝鲜族	73466	34131	39335	46	9	37
满　族	672930	336131	336799	765	184	581
侗　族	197628	95224	102404	407	81	326
瑶　族	171465	81083	90382	819	160	659
白　族	131534	62652	68882	263	64	199
土家族	564752	273876	290876	1108	223	885
哈尼族	104033	48463	55570	825	136	689
哈萨克族	81438	38492	42946	201	28	173
傣　族	84293	38661	45632	874	193	681
黎　族	80640	36546	44094	548	95	453
傈僳族	43652	19695	23957	465	71	394
佤　族	25004	11187	13817	257	38	219
畲　族	42754	22414	20340	113	18	95
高山族	185	82	103			
拉祜族	28569	12726	15843	458	63	395
水　族	24414	11437	12977	76	18	58
东乡族	38274	17862	20412	369	59	310
纳西族	20944	9768	11176	48	8	40
景颇族	8324	3567	4757	89	14	75
柯尔克孜族	11283	5443	5840	128	18	110
土　族	16264	7761	8503	70	11	59
达斡尔族	7967	3525	4442	7		7
仫佬族	14354	6715	7639	24	8	16
羌　族	20229	9527	10702	40	9	31
布朗族	7074	3167	3907	90	13	77
撒拉族	8421	4045	4376	140	11	129
毛南族	6355	2953	3402	9	1	8
仡佬族	34157	16771	17386	69	10	59
锡伯族	12080	6158	5922	17	5	12
阿昌族	2228	1033	1195	8	1	7
普米族	2355	1102	1253	12	2	10
塔吉克族	2756	1324	1432	18	1	17
怒　族	1923	880	1043	9		9
乌孜别克族	701	355	346	3	1	2
俄罗斯族	1020	450	570			
鄂温克族	1898	807	1091	2		2
德昂族	1213	571	642	8	1	7
保安族	1192	549	643	8		8
裕固族	921	456	465	1	1	
京　族	1712	807	905	1		1
塔塔尔族	209	103	106			
独龙族	373	153	220	3	1	2
鄂伦春族	522	237	285			
赫哲族	327	137	190			
门巴族	558	252	306	9	2	7
珞巴族	204	87	117	5	1	4
基诺族	1554	714	840	16	2	14
未定族称人口	36646	18028	18618	179	35	144
入　籍	916	278	638	4		4

2-5　续表 1

单位：人

民　族	15岁			16岁		
	小计	男	女	小计	男	女
总　计	**610713**	**131161**	**479552**	**1076287**	**222048**	**854239**
汉　族	517067	111136	405931	927717	188600	739117
蒙古族	2084	428	1656	3932	753	3179
回　族	10334	1690	8644	17515	3169	14346
藏　族	7479	2480	4999	10705	3592	7113
维吾尔族	15559	1947	13612	22118	3045	19073
苗　族	11643	2689	8954	16980	4339	12641
彝　族	10363	2639	7724	16324	4281	12043
壮　族	7997	1955	6042	13839	3428	10411
布依族	2113	554	1559	3548	994	2554
朝鲜族	239	44	195	396	55	341
满　族	3021	738	2283	5657	1215	4442
侗　族	1612	370	1242	2921	733	2188
瑶　族	2257	527	1730	3568	878	2690
白　族	973	194	779	1770	402	1368
土家族	3884	854	3030	6762	1410	5352
哈尼族	2464	550	1914	3856	1005	2851
哈萨克族	689	121	568	1148	202	946
傣　族	1959	532	1427	3193	861	2332
黎　族	1156	243	913	1915	443	1472
傈僳族	1254	244	1010	1735	397	1338
佤　族	563	94	469	945	165	780
畲　族	495	89	406	813	143	670
高山族				1		1
拉祜族	968	145	823	1398	296	1102
水　族	324	82	242	557	134	423
东乡族	1147	217	930	1868	366	1502
纳西族	180	37	143	298	65	233
景颇族	169	28	141	275	58	217
柯尔克孜族	209	27	182	345	49	296
土　族	322	54	268	498	117	381
达斡尔族	47	8	39	92	6	86
仫佬族	104	30	74	192	53	139
羌　族	171	31	140	291	43	248
布朗族	186	33	153	252	59	193
撒拉族	314	41	273	518	103	415
毛南族	40	7	33	82	25	57
仡佬族	251	63	188	458	124	334
锡伯族	42	7	35	80	13	67
阿昌族	28	6	22	76	24	52
普米族	27	8	19	44	7	37
塔吉克族	44	8	36	67	13	54
怒　族	29	4	25	57	12	45
乌孜别克族	5		5	7	1	6
俄罗斯族	7	1	6	3		3
鄂温克族	9		9	19	2	17
德昂族	36	5	31	45	14	31
保安族	37	5	32	60	7	53
裕固族	4		4	9	2	7
京　族	17	2	15	20	3	17
塔塔尔族	2		2	1		1
独龙族	5	1	4	15	3	12
鄂伦春族	5	1	4	4		4
赫哲族	1		1	1		1
门巴族	16	4	12	19	5	14
珞巴族	8	3	5	8	2	6
基诺族	34	7	27	42	6	36
未定族称人口	704	177	527	1215	325	890
入　籍	16	1	15	13	1	12

2-5 续表 2

单位：人

民族	17岁			18岁			19岁		
	小计	男	女	小计	男	女	小计	男	女
总　计	**1940231**	**433998**	**1506233**	**3265132**	**837455**	**2427677**	**5724653**	**1745748**	**3978905**
汉　族	1698002	373935	1324067	2901612	736807	2164805	5194558	1570617	3623941
蒙古族	7472	1499	5973	13782	3532	10250	23348	7649	15699
回　族	28866	6468	22398	42403	11792	30611	56791	21178	35613
藏　族	15473	5296	10177	20540	7193	13347	26862	10594	16268
维吾尔族	35508	5767	29741	51212	9541	41671	53695	16416	37279
苗　族	25382	7379	18003	34772	11066	23706	49986	17558	32428
彝　族	25058	7031	18027	35782	11019	24763	51614	17603	34011
壮　族	24828	6603	18225	40365	11618	28747	67915	21030	46885
布依族	5999	1745	4254	9032	2844	6188	14083	4997	9086
朝鲜族	701	85	616	1235	177	1058	2415	450	1965
满　族	10890	2584	8306	21249	5786	15463	40904	12459	28445
侗　族	5143	1254	3889	8380	2203	6177	14025	4086	9939
瑶　族	5622	1521	4101	8174	2395	5779	12584	3991	8593
白　族	3398	829	2569	5684	1514	4170	10178	3045	7133
土家族	12154	2707	9447	20853	5042	15811	38046	10211	27835
哈尼族	5945	1682	4263	8010	2557	5453	10622	3992	6630
哈萨克族	2022	425	1597	3202	759	2443	4462	1391	3071
傣　族	4876	1472	3404	6667	2300	4367	8577	3265	5312
黎　族	3052	882	2170	4163	1212	2951	5907	1929	3978
傈僳族	2587	703	1884	3548	1105	2443	4505	1600	2905
佤　族	1413	283	1130	1864	438	1426	2376	778	1598
畲　族	1337	301	1036	1956	537	1419	2959	917	2042
高山族	3		3	1	1		6	3	3
拉祜族	1908	413	1495	2447	712	1735	2804	971	1833
水　族	1020	278	742	1481	462	1019	2139	709	1430
东乡族	3109	798	2311	4217	1344	2873	5154	2216	2938
纳西族	461	95	366	823	223	600	1251	398	853
景颇族	416	101	315	572	146	426	734	237	497
柯尔克孜族	576	97	479	858	172	686	848	269	579
土　族	894	208	686	1273	396	877	1638	638	1000
达斡尔族	155	26	129	279	48	231	469	121	348
仫佬族	372	101	271	520	169	351	923	273	650
羌　族	575	82	493	991	174	817	1677	371	1306
布朗族	391	105	286	485	147	338	708	224	484
撒拉族	787	188	599	963	285	678	1073	512	561
毛南族	149	30	119	246	64	182	476	134	342
仡佬族	757	217	540	1306	386	920	2437	805	1632
锡伯族	138	28	110	272	66	206	518	146	372
阿昌族	137	40	97	139	45	94	194	60	134
普米族	74	16	58	123	49	74	183	53	130
塔吉克族	152	29	123	206	42	164	218	74	144
怒　族	106	26	80	114	34	80	158	53	105
乌孜别克族	13	2	11	31	3	28	32	11	21
俄罗斯族	9		9	24	2	22	30	3	27
鄂温克族	43	4	39	76	23	53	102	28	74
德昂族	69	23	46	87	27	60	117	39	78
保安族	82	15	67	121	26	95	119	44	75
裕固族	12	3	9	24	7	17	43	7	36
京　族	42	9	33	88	25	63	123	39	84
塔塔尔族	2	1	1	5	1	4	8	2	6
独龙族	14	2	12	21	1	20	22	1	21
鄂伦春族	6	1	5	10	3	7	27	11	16
赫哲族	7	2	5	8	3	5	17	5	12
门巴族	30	8	22	42	15	27	44	13	31
珞巴族	13	1	12	21	6	15	16	2	14
基诺族	80	20	60	104	44	60	155	55	100
未定族称人口	1879	574	1305	2628	862	1766	3713	1446	2267
入　籍	22	4	18	41	5	36	65	19	46

2-5　续表 3

单位：人

民　族	20岁			21岁			22岁		
	小计	男	女	小计	男	女	小计	男	女
总　计	**8464279**	**2913131**	**5551148**	**10151584**	**4335354**	**5816230**	**11656843**	**5740692**	**5916151**
汉　族	7774318	2655726	5118592	9434655	4019081	5415574	10909204	5367686	5541518
蒙古族	34716	13663	21053	41774	18347	23427	46107	21858	24249
回　族	70442	31124	39318	70087	34156	35931	72940	38334	34606
藏　族	30403	13037	17366	27753	12430	15323	27481	13010	14471
维吾尔族	58206	25594	32612	51536	25943	25593	47438	26728	20710
苗　族	62503	23034	39469	61443	27095	34348	61679	31182	30497
彝　族	63066	23472	39594	57904	26032	31872	55535	28476	27059
壮　族	95616	31713	63903	105288	41095	64193	114405	51306	63099
布依族	18589	6857	11732	19232	8066	11166	19845	9221	10624
朝鲜族	3799	779	3020	4910	1290	3620	6701	2129	4572
满　族	64534	22998	41536	84539	40015	44524	95619	51577	44042
侗　族	19520	6105	13415	21107	8599	12508	22196	10729	11467
瑶　族	17219	5694	11525	17253	7283	9970	18386	9214	9172
白　族	14429	4682	9747	15472	6516	8956	16359	8271	8088
土家族	57311	17229	40082	63904	25564	38340	69685	34018	35667
哈尼族	11584	4672	6912	10192	4811	5381	9323	4854	4469
哈萨克族	5960	2288	3672	6869	2874	3995	7171	3251	3920
傣　族	9206	3682	5524	8538	4036	4502	7802	3966	3836
黎　族	7330	2632	4698	7182	2941	4241	7466	3501	3965
傈僳族	5123	2050	3073	4216	1986	2230	3931	2121	1810
佤　族	2638	1035	1603	2297	1054	1243	2225	1139	1086
畲　族	3807	1313	2494	4128	1813	2315	4548	2390	2158
高山族	14	6	8	10	2	8	16	7	9
拉祜族	3086	1302	1784	2419	1185	1234	2194	1185	1009
水　族	2759	1032	1727	2583	1086	1497	2567	1257	1310
东乡族	5439	2764	2675	3548	1924	1624	3002	1761	1241
纳西族	1693	588	1105	1928	743	1185	2081	861	1220
景颇族	767	286	481	805	370	435	740	326	414
柯尔克孜族	1078	499	579	956	499	457	937	526	411
土　族	1753	746	1007	1578	761	817	1461	779	682
达斡尔族	632	213	419	749	279	470	858	384	474
仫佬族	1328	437	891	1324	535	789	1460	652	808
羌　族	2325	658	1667	2247	982	1265	2330	1262	1068
布朗族	717	269	448	656	272	384	703	359	344
撒拉族	1089	628	461	711	458	253	591	386	205
毛南族	573	170	403	613	230	383	626	288	338
仡佬族	3469	1235	2234	3866	1685	2181	4175	2093	2082
锡伯族	900	329	571	1276	566	710	1512	791	721
阿昌族	224	84	140	243	122	121	219	94	125
普米族	240	95	145	236	101	135	203	83	120
塔吉克族	275	108	167	248	118	130	240	117	123
怒　族	194	78	116	176	74	102	163	85	78
乌孜别克族	46	19	27	36	17	19	56	19	37
俄罗斯族	42	10	32	66	19	47	84	23	61
鄂温克族	162	54	108	184	73	111	198	82	116
德昂族	114	44	70	128	63	65	107	65	42
保安族	145	73	72	111	53	58	101	54	47
裕固族	70	18	52	86	33	53	103	51	52
京　族	136	56	80	157	64	93	175	78	97
塔塔尔族	7	1	6	11	6	5	14	4	10
独龙族	30	7	23	32	14	18	29	15	14
鄂伦春族	48	16	32	52	18	34	53	29	24
赫哲族	18	4	14	30	11	19	38	15	23
门巴族	41	22	19	48	20	28	49	19	30
珞巴族	15	7	8	10	7	3	9	6	3
基诺族	163	57	106	129	60	69	144	60	84
未定族称人口	4301	1824	2477	3964	1847	2117	3473	1878	1595
入　籍	67	13	54	89	30	59	86	37	49

2-5 续表 4

单位：人

民族	23岁			24岁			25岁		
	小计	男	女	小计	男	女	小计	男	女
总计	**10653943**	**5340973**	**5312970**	**9247911**	**4949928**	**4297983**	**7613396**	**4335687**	**3277709**
汉族	9995095	5001437	4993658	8670737	4638771	4031966	7125799	4060937	3064862
蒙古族	42697	20974	21723	37541	19073	18468	31751	16572	15179
回族	65961	35013	30948	58620	32366	26254	49805	28774	21031
藏族	24889	12237	12652	23188	11647	11541	20532	10677	9855
维吾尔族	42957	25532	17425	38215	23288	14927	33113	20656	12457
苗族	52398	27542	24856	44726	25033	19693	36796	21434	15362
彝族	44665	23701	20964	36915	20637	16278	30174	17603	12571
壮族	105824	49181	56643	96631	47958	48673	83864	43952	39912
布依族	17511	8343	9168	15365	7682	7683	12752	6645	6107
朝鲜族	7723	3052	4671	8269	3884	4385	7720	4145	3575
满族	79254	42690	36564	65142	35876	29266	53076	30063	23013
侗族	19902	10209	9693	17399	9366	8033	14492	8450	6042
瑶族	16308	8419	7889	14203	7655	6548	11892	6679	5213
白族	13546	7184	6362	11335	6303	5032	9389	5379	4010
土家族	61587	32208	29379	52766	29592	23174	43045	25871	17174
哈尼族	7419	3937	3482	6262	3440	2822	5383	3125	2258
哈萨克族	7520	3653	3867	7552	3810	3742	7111	3755	3356
傣族	6429	3416	3013	5352	2871	2481	4618	2540	2078
黎族	6719	3234	3485	6114	3022	3092	5218	2756	2462
傈僳族	3029	1660	1369	2470	1397	1073	2171	1245	926
佤族	1809	980	829	1596	934	662	1341	781	560
畲族	4277	2425	1852	3963	2443	1520	3428	2215	1213
高山族	16	9	7	19	10	9	22	4	18
拉祜族	1789	996	793	1645	956	689	1338	780	558
水族	2071	1065	1006	1832	1010	822	1501	845	656
东乡族	2400	1483	917	1836	1076	760	1434	921	513
纳西族	2061	1000	1061	1946	933	1013	1756	940	816
景颇族	658	327	331	569	297	272	513	279	234
柯尔克孜族	826	462	364	814	475	339	740	439	301
土族	1205	704	501	1199	671	528	1009	585	424
达斡尔族	783	389	394	763	365	398	641	311	330
仫佬族	1391	617	774	1269	645	624	1128	607	521
羌族	2033	1099	934	1685	998	687	1444	897	547
布朗族	501	272	229	481	258	223	394	218	176
撒拉族	468	313	155	392	242	150	317	213	104
毛南族	592	272	320	543	269	274	480	268	212
仡佬族	3623	1769	1854	3107	1648	1459	2534	1428	1106
锡伯族	1365	701	664	1218	643	575	1104	647	457
阿昌族	189	93	96	168	97	71	133	82	51
普米族	228	111	117	183	109	74	176	79	97
塔吉克族	217	123	94	197	110	87	199	121	78
怒族	144	76	68	119	67	52	129	67	62
乌孜别克族	48	26	22	61	27	34	67	39	28
俄罗斯族	93	36	57	134	61	73	110	50	60
鄂温克族	163	70	93	169	75	94	167	77	90
德昂族	88	43	45	81	46	35	62	30	32
保安族	83	45	38	69	45	24	69	47	22
裕固族	72	31	41	82	46	36	66	34	32
京族	164	76	88	137	74	63	113	62	51
塔塔尔族	16	10	6	22	10	12	27	7	20
独龙族	29	12	17	26	13	13	21	14	7
鄂伦春族	59	29	30	40	20	20	36	15	21
赫哲族	35	8	27	29	13	16	40	18	22
门巴族	26	15	11	35	18	17	28	18	10
珞巴族	7	5	2	12	7	5	12	6	6
基诺族	108	57	51	121	70	51	101	58	43
未定族称人口	2798	1576	1222	2473	1447	1026	1961	1205	756
入籍	75	26	49	74	29	45	54	22	32

2-5　续表 5

单位：人

民　族	26岁			27岁			28岁		
	小计	男	女	小计	男	女	小计	男	女
总　计	**5701793**	**3405284**	**2296509**	**4181690**	**2614548**	**1567142**	**2984869**	**1931419**	**1053450**
汉　族	5315634	3180055	2135579	3881440	2433069	1448371	2757313	1790060	967253
蒙古族	24398	13020	11378	18692	10425	8267	13347	7678	5669
回　族	37942	22670	15272	28289	17400	10889	20357	12868	7489
藏　族	17328	9150	8178	14224	7748	6476	11672	6358	5314
维吾尔族	27306	17320	9986	21451	13921	7530	16469	10758	5711
苗　族	28838	17443	11395	22332	14185	8147	17387	11260	6127
彝　族	23637	14244	9393	18627	11662	6965	13926	8848	5078
壮　族	68715	37775	30940	56062	32129	23933	43714	26305	17409
布依族	10153	5614	4539	7999	4527	3472	6224	3677	2547
朝鲜族	6308	3678	2630	5180	3048	2132	3927	2381	1546
满　族	39025	22507	16518	28299	16916	11383	20237	12347	7890
侗　族	11673	7111	4562	8944	5741	3203	6843	4582	2261
瑶　族	9646	5598	4048	7601	4610	2991	5833	3611	2222
白　族	7428	4497	2931	5513	3440	2073	4016	2576	1440
土家族	33250	20798	12452	25121	16583	8538	18481	12572	5909
哈尼族	4484	2692	1792	3544	2165	1379	2844	1758	1086
哈萨克族	6345	3514	2831	5049	2838	2211	3854	2298	1556
傣　族	3569	2016	1553	2839	1645	1194	2184	1342	842
黎　族	4398	2382	2016	3529	1987	1542	2965	1670	1295
傈僳族	1709	1070	639	1297	768	529	1088	654	434
佤　族	1130	684	446	872	535	337	738	479	259
畲　族	2610	1760	850	2033	1418	615	1516	1078	438
高山族	12	6	6	12	7	5	10	3	7
拉祜族	1120	681	439	939	575	364	774	467	307
水　族	1179	694	485	952	595	357	760	501	259
东乡族	1094	682	412	782	502	280	634	406	228
纳西族	1518	836	682	1214	693	521	936	564	372
景颇族	416	221	195	312	181	131	263	152	111
柯尔克孜族	625	407	218	532	342	190	466	287	179
土　族	821	477	344	615	376	239	496	319	177
达斡尔族	553	297	256	465	238	227	358	184	174
仫佬族	980	557	423	777	459	318	560	324	236
羌　族	1137	695	442	856	530	326	625	432	193
布朗族	347	222	125	255	150	105	200	127	73
撒拉族	248	160	88	162	103	59	151	92	59
毛南族	376	206	170	360	208	152	259	159	100
仡佬族	2033	1266	767	1491	960	531	1094	740	354
锡伯族	911	511	400	623	373	250	496	307	189
阿昌族	117	73	44	76	44	32	78	45	33
普米族	144	92	52	140	77	63	80	57	23
塔吉克族	143	96	47	130	85	45	87	58	29
怒　族	86	53	33	71	43	28	64	34	30
乌孜别克族	55	27	28	54	42	12	44	33	11
俄罗斯族	106	57	49	81	50	31	56	32	24
鄂温克族	114	55	59	123	65	58	97	58	39
德昂族	55	34	21	44	30	14	35	22	13
保安族	42	33	9	32	28	4	24	19	5
裕固族	89	51	38	66	44	22	52	33	19
京　族	110	67	43	102	57	45	80	45	35
塔塔尔族	16	11	5	16	8	8	14	10	4
独龙族	22	11	11	15	7	8	19	14	5
鄂伦春族	41	16	25	41	23	18	22	12	10
赫哲族	24	13	11	21	13	8	20	12	8
门巴族	25	14	11	20	9	11	17	11	6
珞巴族	12	7	5	10	7	3	8	4	4
基诺族	76	51	25	61	32	29	49	35	14
未定族称人口	1563	984	579	1267	818	449	973	648	325
入　籍	57	23	34	36	14	22	33	13	20

2-5 续表 6

单位：人

民 族	29岁			30岁			31岁		
	小计	男	女	小计	男	女	小计	男	女
总 计	**2132387**	**1406658**	**725729**	**1542898**	**1022401**	**520497**	**1111400**	**733424**	**377976**
汉 族	1960702	1297738	662964	1412583	939205	473378	1014541	671364	343177
蒙古族	9536	5600	3936	6914	4124	2790	4925	2954	1971
回 族	14331	9151	5180	10506	6883	3623	7402	4748	2654
藏 族	9581	5429	4152	7709	4306	3403	5881	3298	2583
维吾尔族	12246	8077	4169	9492	6239	3253	7005	4619	2386
苗 族	13347	8847	4500	10438	6892	3546	7687	5037	2650
彝 族	10599	6883	3716	8319	5356	2963	6202	4015	2187
壮 族	34192	21252	12940	26483	16765	9718	20066	12971	7095
布依族	4775	2920	1855	3596	2175	1421	2724	1714	1010
朝鲜族	3116	1859	1257	2368	1494	874	1789	1172	617
满 族	14408	9038	5370	10373	6474	3899	7696	4831	2865
侗 族	5282	3658	1624	3967	2740	1227	3035	2060	975
瑶 族	4539	2932	1607	3380	2206	1174	2529	1600	929
白 族	3028	2003	1025	2232	1480	752	1554	1023	531
土家族	13334	9181	4153	9625	6631	2994	7168	4976	2192
哈尼族	2334	1463	871	1789	1172	617	1408	900	508
哈萨克族	2933	1720	1213	2195	1298	897	1592	984	608
傣 族	1586	936	650	1330	809	521	994	599	395
黎 族	2452	1429	1023	1940	1135	805	1499	869	630
傈僳族	852	538	314	732	445	287	533	290	243
佤 族	558	326	232	449	275	174	377	233	144
畲 族	1154	874	280	806	594	212	598	442	156
高山族	9	6	3	8	7	1	4		4
拉祜族	659	430	229	444	288	156	361	223	138
水 族	574	373	201	452	289	163	318	197	121
东乡族	461	276	185	404	254	150	244	164	80
纳西族	662	407	255	470	310	160	382	269	113
景颇族	210	120	90	181	101	80	144	79	65
柯尔克孜族	319	204	115	249	167	82	182	114	68
土 族	359	244	115	250	163	87	198	129	69
达斡尔族	263	144	119	188	113	75	167	99	68
仫佬族	421	254	167	343	221	122	277	179	98
羌 族	442	319	123	340	245	95	210	140	70
布朗族	152	98	54	111	71	40	79	44	35
撒拉族	99	57	42	90	64	26	53	35	18
毛南族	199	130	69	152	102	50	137	95	42
仡佬族	838	553	285	616	423	193	453	314	139
锡伯族	404	265	139	270	164	106	199	132	67
阿昌族	47	32	15	36	21	15	24	13	11
普米族	66	41	25	55	34	21	34	23	11
塔吉克族	75	57	18	64	42	22	38	27	11
怒 族	57	39	18	50	28	22	38	20	18
乌孜别克族	38	24	14	28	16	12	18	12	6
俄罗斯族	35	24	11	28	22	6	14	5	9
鄂温克族	63	35	28	51	26	25	29	13	16
德昂族	30	18	12	30	24	6	15	10	5
保安族	14	9	5	23	16	7	7	6	1
裕固族	35	21	14	32	21	11	12	7	5
京 族	50	32	18	36	25	11	33	22	11
塔塔尔族	7	3	4	11	8	3	2	2	
独龙族	11	8	3	7	4	3	6	1	5
鄂伦春族	13	6	7	15	9	6	11	6	5
赫哲族	8	2	6	4	2	2	7	6	1
门巴族	15	9	6	15	8	7	15	8	7
珞巴族	10	3	7	6	3	3	4	2	2
基诺族	46	22	24	25	15	10	20	13	7
未定族称人口	776	530	246	564	390	174	439	311	128
入 籍	35	9	26	24	7	17	21	5	16

2-5　续表 7

单位：人

民　族	32岁			33岁			34岁		
	小计	男	女	小计	男	女	小计	男	女
总　计	**841060**	**553473**	**287587**	**637164**	**416730**	**220434**	**492697**	**322655**	**170042**
汉　族	766317	505508	260809	579616	380230	199386	446908	293451	153457
蒙古族	3733	2273	1460	2733	1674	1059	2158	1317	841
回　族	5644	3669	1975	4275	2656	1619	3329	2092	1237
藏　族	4797	2704	2093	4044	2250	1794	3387	1877	1510
维吾尔族	5342	3510	1832	4263	2764	1499	3455	2213	1242
苗　族	5945	3882	2063	4568	2928	1640	3688	2433	1255
彝　族	4844	3161	1683	3700	2317	1383	2991	1899	1092
壮　族	15581	10075	5506	11926	7687	4239	9504	6141	3363
布依族	2075	1257	818	1678	1017	661	1267	773	494
朝鲜族	1412	932	480	1034	669	365	830	555	275
满　族	5725	3585	2140	4442	2766	1676	3323	2143	1180
侗　族	2287	1588	699	1727	1152	575	1368	909	459
瑶　族	2061	1344	717	1498	964	534	1252	826	426
白　族	1077	711	366	780	535	245	594	399	195
土家族	5502	3779	1723	4164	2896	1268	3273	2260	1013
哈尼族	1140	742	398	845	548	297	696	445	251
哈萨克族	1218	744	474	888	538	350	715	417	298
傣　族	769	470	299	529	310	219	464	289	175
黎　族	1239	757	482	976	579	397	816	494	322
傈僳族	430	279	151	347	204	143	279	158	121
佤　族	321	193	128	234	141	93	175	110	65
畲　族	443	343	100	344	266	78	262	192	70
高山族	6	3	3	1		1	3	2	1
拉祜族	321	208	113	278	151	127	248	148	100
水　族	263	157	106	222	147	75	148	105	43
东乡族	195	113	82	153	96	57	121	71	50
纳西族	259	178	81	208	130	78	159	102	57
景颇族	81	35	46	85	43	42	65	31	34
柯尔克孜族	138	87	51	99	80	19	72	46	26
土　族	124	77	47	92	55	37	69	43	26
达斡尔族	90	55	35	87	58	29	58	36	22
仫佬族	219	132	87	148	95	53	125	81	44
羌　族	170	112	58	147	105	42	98	71	27
布朗族	63	36	27	55	39	16	48	23	25
撒拉族	53	32	21	44	24	20	18	11	7
毛南族	85	49	36	79	56	23	70	49	21
仡佬族	324	217	107	233	162	71	188	141	47
锡伯族	156	97	59	113	63	50	80	59	21
阿昌族	24	15	9	10	6	4	13	10	3
普米族	17	12	5	24	7	17	21	14	7
塔吉克族	29	20	9	22	20	2	12	8	4
怒　族	27	16	11	17	10	7	18	10	8
乌孜别克族	16	11	5	14	9	5	4	3	1
俄罗斯族	18	11	7	17	12	5	8	2	6
鄂温克族	23	12	11	23	12	11	22	13	9
德昂族	15	8	7	11	6	5	9	5	4
保安族	7	4	3	6	3	3	3	2	1
裕固族	12	7	5	11	9	2	6	3	3
京　族	28	15	13	20	13	7	18	13	5
塔塔尔族	5	3	2	7	5	2	5	2	3
独龙族	6	3	3	3	2	1	4	2	2
鄂伦春族	9	4	5	6	2	4	2		2
赫哲族	2	1	1	4	3	1	5	3	2
门巴族	9	6	3	7	4	3	5	4	1
珞巴族	4	1	3	2		2	2	1	1
基诺族	15	7	8	16	13	3	10	7	3
未定族称人口	327	218	109	275	195	80	215	140	75
入　籍	18	5	13	14	4	10	11	1	10

2-5 续表 8

单位：人

民 族	35岁			36岁			37岁		
	小计	男	女	小计	男	女	小计	男	女
总 计	**383068**	**251240**	**131828**	**293924**	**193056**	**100868**	**233879**	**154287**	**79592**
汉 族	347310	228589	118721	265558	175144	90414	211305	140105	71200
蒙古族	1686	1012	674	1323	774	549	1033	628	405
回 族	2565	1640	925	2026	1307	719	1590	1029	561
藏 族	2859	1575	1284	2245	1211	1034	1921	1093	828
维吾尔族	2585	1644	941	2143	1352	791	1746	1106	640
苗 族	2922	1889	1033	2392	1549	843	1818	1119	699
彝 族	2395	1503	892	1792	1098	694	1557	916	641
壮 族	7284	4742	2542	5683	3703	1980	4435	2891	1544
布依族	966	592	374	821	518	303	589	356	233
朝鲜族	659	440	219	466	310	156	392	256	136
满 族	2616	1669	947	2112	1376	736	1566	1008	558
侗 族	1017	709	308	826	563	263	605	384	221
瑶 族	953	597	356	732	451	281	563	364	199
白 族	503	327	176	362	243	119	308	213	95
土家族	2551	1740	811	1993	1393	600	1628	1115	513
哈尼族	567	349	218	435	260	175	403	234	169
哈萨克族	549	321	228	450	258	192	329	185	144
傣 族	306	196	110	313	174	139	218	137	81
黎 族	666	385	281	575	312	263	465	269	196
傈僳族	240	137	103	185	101	84	162	76	86
佤 族	149	93	56	97	63	34	96	61	35
畲 族	204	142	62	159	115	44	161	121	40
高山族	1		1	5	3	2	1	1	
拉祜族	180	100	80	140	87	53	100	63	37
水 族	116	78	38	80	56	24	87	58	29
东乡族	95	50	45	92	51	41	69	39	30
纳西族	129	84	45	110	65	45	74	50	24
景颇族	42	27	15	41	23	18	40	20	20
柯尔克孜族	55	32	23	39	25	14	31	20	11
土 族	63	35	28	44	28	16	41	23	18
达斡尔族	50	35	15	41	21	20	27	14	13
仫佬族	98	59	39	77	45	32	55	38	17
羌 族	73	48	25	54	37	17	53	36	17
布朗族	41	26	15	30	19	11	23	19	4
撒拉族	20	17	3	19	12	7	17	11	6
毛南族	45	29	16	30	23	7	22	13	9
仡佬族	141	97	44	117	76	41	110	76	34
锡伯族	67	44	23	68	49	19	48	30	18
阿昌族	14	9	5	7	6	1	2		2
普米族	13	9	4	6	5	1	4	4	
塔吉克族	14	6	8	12	11	1	12	7	5
怒 族	11	6	5	14	10	4	11	6	5
乌孜别克族	2	1	1	5	4	1	3		3
俄罗斯族	9	6	3	5	4	1	5	3	2
鄂温克族	12	5	7	15	6	9	5	2	3
德昂族	6	3	3	4	2	2	1	1	
保安族	5	4	1	2	2		2	2	
裕固族	4	4		6	5	1	5	4	1
京 族	11	8	3	9	5	4	5	3	2
塔塔尔族	3	2	1	1	1		2	1	1
独龙族	2	2		4	2	2	4	1	3
鄂伦春族	6	3	3	4	4		1	1	
赫哲族	5	2	3	2	1	1	1		1
门巴族	5	1	4	6	2	4	3	2	1
珞巴族	2	1	1	1	1		3	3	
基诺族	4	3	1	6	4	2	6	3	3
未定族称人口	165	112	53	125	82	43	109	65	44
入 籍	7	1	6	15	4	11	7	2	5

2-5　续表 9

单位：人

民　族	38岁			39岁			40岁及以上		
	小计	男	女	小计	男	女	小计	男	女
总　计	**186856**	**122956**	**63900**	**155862**	**101737**	**54125**	**879289**	**548996**	**330293**
汉　族	168626	111494	57132	140746	92378	48368	801742	502630	299112
蒙古族	822	489	333	692	418	274	3444	1983	1461
回　族	1253	819	434	1018	641	377	5751	3582	2169
藏　族	1674	923	751	1458	748	710	8903	4740	4163
维吾尔族	1412	934	478	1182	761	421	6591	4090	2501
苗　族	1507	945	562	1198	710	488	6035	3471	2564
彝　族	1302	781	521	1057	640	417	5408	3103	2305
壮　族	3566	2318	1248	2903	1906	997	12964	8109	4855
布依族	506	280	226	426	251	175	2004	1105	899
朝鲜族	317	213	104	248	170	78	1266	855	411
满　族	1279	795	484	1066	678	388	6113	3813	2300
侗　族	483	332	151	418	263	155	2049	1247	802
瑶　族	482	305	177	392	241	151	1719	1018	701
白　族	248	153	95	170	111	59	925	558	367
土家族	1225	834	391	1088	718	370	5244	3471	1773
哈尼族	270	159	111	253	166	87	1136	649	487
哈萨克族	246	140	106	193	108	85	975	572	403
傣　族	158	92	66	168	99	69	775	413	362
黎　族	359	226	133	275	155	120	1716	1007	709
傈僳族	126	61	65	102	66	36	536	269	267
佤　族	86	56	30	73	37	36	325	182	143
畲　族	123	99	24	73	60	13	444	306	138
高山族	1	1		1		1	3	1	2
拉祜族	79	43	36	82	50	32	390	208	182
水　族	65	50	15	56	34	22	232	125	107
东乡族	46	24	22	53	29	24	308	176	132
纳西族	55	37	18	50	33	17	192	119	73
景颇族	26	14	12	21	8	13	90	43	47
柯尔克孜族	29	21	8	24	14	10	108	65	43
土　族	41	25	16	31	22	9	120	75	45
达斡尔族	27	19	8	22	13	9	96	49	47
仫佬族	45	27	18	38	23	15	156	94	62
羌　族	40	31	9	24	22	2	151	98	53
布朗族	19	14	5	14	10	4	73	40	33
撒拉族	18	12	6	4	3	1	62	32	30
毛南族	14	8	6	19	14	5	79	54	25
仡佬族	78	53	25	61	43	18	328	187	141
锡伯族	44	23	21	23	15	8	136	84	52
阿昌族	7	5	2	7	3	4	8	3	5
普米族	3	2	1	4	3	1	15	9	6
塔吉克族	10	6	4	7	4	3	20	13	7
怒　族	5	3	2	4	3	1	52	23	29
乌孜别克族	1	1		1	1		13	6	7
俄罗斯族	7	4	3	4	3	1	25	10	15
鄂温克族	6	4	2	7	5	2	14	8	6
德昂族	2		2	1	1		13	7	6
保安族	3	1	2	3	1	2	14	5	9
裕固族	2	2		1	1		16	11	5
京　族	5	3	2	3	2	1	29	9	20
塔塔尔族				2	2		3	3	
独龙族	2		2	4	1	3	17	11	6
鄂伦春族				4	3	1	7	5	2
赫哲族									
门巴族	3	1	2	3	1	2	23	13	10
珞巴族	1		1	1	1		2		2
基诺族	7	5	2	2	1	1	14	7	7
未定族称人口	93	69	24	77	43	34	390	227	163
入　籍	2		2	5		5	25	3	22

2-6　全国按民族、生育孩次分的育龄妇女人数
(2019.11.1-2020.10.31)

单位：人

民　　族	合　计	生男孩的妇女人数	生女孩的妇女人数	一　孩			二　孩		
				小计	男	女	小计	男	女
总　计	**1212321**	**641238**	**571083**	**555030**	**294657**	**260373**	**522301**	**269715**	**252586**
汉　族	1084567	573850	510717	500255	265685	234570	470181	242586	227595
蒙古族	5574	2906	2668	3066	1603	1463	2248	1165	1083
回　族	12626	6642	5984	5299	2786	2513	4861	2493	2368
藏　族	9431	4837	4594	3432	1854	1578	3132	1601	1531
维吾尔族	7252	3737	3515	3720	1955	1765	2696	1372	1324
苗　族	13383	7136	6247	5282	2786	2496	5510	2913	2597
彝　族	13327	7090	6237	5222	2785	2437	4909	2560	2349
壮　族	19095	10227	8868	7515	4031	3484	8929	4656	4273
布依族	4269	2263	2006	1773	934	839	1900	996	904
朝鲜族	532	270	262	375	194	181	144	70	74
满　族	7117	3709	3408	4065	2145	1920	2774	1401	1373
侗　族	3682	1970	1712	1431	779	652	1740	897	843
瑶　族	3725	1979	1746	1413	759	654	1517	781	736
白　族	2177	1096	1081	1022	520	502	1012	497	515
土家族	9041	4826	4215	4185	2191	1994	3941	2113	1828
哈尼族	2219	1146	1073	870	461	409	832	431	401
哈萨克族	1337	693	644	642	326	316	544	290	254
傣　族	1413	716	697	609	317	292	714	353	361
黎　族	1893	994	899	801	404	397	768	416	352
傈僳族	1052	562	490	442	233	209	432	227	205
佤　族	631	343	288	247	133	114	307	170	137
畲　族	624	322	302	262	123	139	301	163	138
高山族	4	3	1	3	2	1	1	1	
拉祜族	662	342	320	259	146	113	304	149	155
水　族	615	332	283	262	137	125	241	130	111
东乡族	1437	762	675	459	246	213	485	262	223
纳西族	350	170	180	194	90	104	143	73	70
景颇族	189	101	88	71	38	33	81	46	35
柯尔克孜族	176	78	98	95	42	53	61	28	33
土　族	295	146	149	152	70	82	124	67	57
达斡尔族	127	68	59	70	36	34	51	30	21
仫佬族	306	176	130	135	77	58	137	74	63
羌　族	323	169	154	184	96	88	130	70	60
布朗族	170	90	80	77	42	35	71	41	30
撒拉族	256	150	106	85	56	29	87	48	39
毛南族	101	41	60	44	19	25	47	19	28
仡佬族	733	408	325	314	178	136	333	179	154
锡伯族	111	60	51	73	40	33	37	19	18
阿昌族	58	30	28	20	13	7	31	14	17
普米族	55	29	26	20	10	10	24	11	13
塔吉克族	60	28	32	36	18	18	16	6	10
怒　族	67	38	29	26	14	12	22	14	8
乌孜别克族	13	4	9	7	4	3	4		4
俄罗斯族	16	9	7	10	7	3	6	2	4
鄂温克族	43	23	20	31	18	13	11	5	6
德昂族	31	19	12	12	6	6	15	10	5
保安族	55	31	24	20	11	9	23	15	8
裕固族	5	2	3	4	1	3	1	1	
京　族	62	38	24	26	16	10	21	15	6
塔塔尔族	2	1	1	2	1	1			
独龙族	13	5	8	3	1	2	8	2	6
鄂伦春族	9	7	2	7	6	1	2	1	1
赫哲族	4	3	1	1	1		3	2	1
门巴族	18	10	8	9	7	2	4	2	2
珞巴族	3	2	1	1	1				
基诺族	21	10	11	9	2	7	10	7	3
未定族称人口	911	511	400	347	183	164	361	214	147
入　籍	53	28	25	34	18	16	14	7	7

2-6　续表

单位：人

民　族	三　孩			四　孩			五孩及以上		
	小计	男	女	小计	男	女	小计	男	女
总　计	**109320**	**62388**	**46932**	**19501**	**11025**	**8476**	**6169**	**3453**	**2716**
汉　族	94508	54307	40201	15482	8891	6591	4141	2381	1760
蒙古族	226	122	104	31	14	17	3	2	1
回　族	1755	965	790	507	282	225	204	116	88
藏　族	1559	760	799	683	323	360	625	299	326
维吾尔族	717	372	345	98	33	65	21	5	16
苗　族	1829	1000	829	514	296	218	248	141	107
彝　族	2016	1098	918	767	409	358	413	238	175
壮　族	2189	1274	915	360	208	152	102	58	44
布依族	472	269	203	104	54	50	20	10	10
朝鲜族	10	5	5	3	1	2			
满　族	248	145	103	25	15	10	5	3	2
侗　族	438	252	186	60	36	24	13	6	7
瑶　族	497	271	226	174	104	70	124	64	60
白　族	111	64	47	22	12	10	10	3	7
土家族	740	430	310	137	73	64	38	19	19
哈尼族	343	163	180	136	72	64	38	19	19
哈萨克族	137	71	66	11	5	6	3	1	2
傣　族	79	42	37	11	4	7			
黎　族	256	135	121	51	28	23	17	11	6
傈僳族	128	74	54	27	13	14	23	15	8
佤　族	69	38	31	6	1	5	2	1	1
畲　族	55	33	22	5	3	2	1		1
高山族									
拉祜族	84	41	43	12	5	7	3	1	2
水　族	73	40	33	28	16	12	11	9	2
东乡族	307	152	155	120	68	52	66	34	32
纳西族	12	6	6	1	1				
景颇族	25	10	15	10	7	3	2		2
柯尔克孜族	16	8	8	4		4			
土　族	16	7	9	3	2	1			
达斡尔族	4	1	3	2	1	1			
仫佬族	32	24	8	1		1	1	1	
羌　族	6	3	3	3		3			
布朗族	19	6	13	3	1	2			
撒拉族	60	34	26	20	10	10	4	2	2
毛南族	9	3	6	1		1			
仡佬族	65	39	26	16	9	7	5	3	2
锡伯族	1	1							
阿昌族	6	3	3	1		1			
普米族	11	8	3						
塔吉克族	7	4	3	1		1			
怒　族	10	6	4	5	2	3	4	2	2
乌孜别克族	1		1	1		1			
俄罗斯族									
鄂温克族	1		1						
德昂族	4	3	1						
保安族	7	2	5	3	2	1	2	1	1
裕固族									
京　族	11	5	6	2	1	1	2	1	1
塔塔尔族									
独龙族	2	2							
鄂伦春族									
赫哲族									
门巴族	3	1	2	1		1	1		1
珞巴族	1	1		1		1			
基诺族	1	1		1		1			
未定族称人口	141	85	56	46	23	23	16	6	10
入　籍	3	2	1	1		1	1	1	

2-7 全国各民族15-64岁妇女平均活产子女数和平均存活子女数

单位：人、%

民 族	15-64岁妇女人数	活产子女总数			存活子女总数			存活子女数占活产子女数的百分比	妇女平均活产子女数	妇女平均存活子女数
		小计	男	女	小计	男	女			
总 计	**46789337**	**61997759**	**33580566**	**28417193**	**60474058**	**32645604**	**27828454**	**97.54**	**1.33**	**1.29**
汉 族	42853539	56198968	30486641	25712327	54886889	29679806	25207083	97.67	1.31	1.28
蒙古族	222287	257883	134339	123544	250002	129581	120421	96.94	1.16	1.12
回 族	369519	559572	296794	262778	542100	286333	255767	96.88	1.51	1.47
藏 族	229962	330469	172090	158379	315393	163258	152135	95.44	1.44	1.37
维吾尔族	358839	658194	341479	316715	605538	311433	294105	92.00	1.83	1.69
苗 族	331834	524948	285407	239541	509076	275566	233510	96.98	1.58	1.53
彝 族	325478	523141	279025	244116	506407	268250	238157	96.80	1.61	1.56
壮 族	580484	861022	470113	390909	838638	455901	382737	97.40	1.48	1.44
布依族	104233	156458	85565	70893	151326	82413	68913	96.72	1.50	1.45
朝鲜族	33896	31285	16241	15044	30388	15746	14642	97.13	0.92	0.90
满 族	346234	389668	205417	184251	381752	200501	181251	97.97	1.13	1.10
侗 族	105320	153259	84312	68947	148982	81630	67352	97.21	1.46	1.41
瑶 族	96743	150030	81034	68996	146162	78611	67551	97.42	1.55	1.51
白 族	73961	97967	50777	47190	95145	49078	46067	97.12	1.32	1.29
土家族	304905	406753	218630	188123	395598	211724	183874	97.26	1.33	1.30
哈尼族	59695	95870	52539	43331	92509	50503	42006	96.49	1.61	1.55
哈萨克族	49764	77154	40599	36555	72503	37813	34690	93.97	1.55	1.46
傣 族	48152	67797	35132	32665	65146	33468	31678	96.09	1.41	1.35
黎 族	49360	82802	44581	38221	80214	42964	37250	96.87	1.68	1.63
傈僳族	25701	39838	20746	19092	38141	19636	18505	95.74	1.55	1.48
佤 族	14878	23372	12292	11080	21771	11344	10427	93.15	1.57	1.46
畲 族	21232	31017	16780	14237	30150	16255	13895	97.20	1.46	1.42
高山族	112	109	53	56	106	52	54	97.25	0.97	0.95
拉祜族	16315	25442	13270	12172	24023	12382	11641	94.42	1.56	1.47
水 族	14121	23419	13016	10403	22844	12650	10194	97.54	1.66	1.62
东乡族	21403	41292	22886	18406	40223	22194	18029	97.41	1.93	1.88
纳西族	11489	14178	7343	6835	13759	7077	6682	97.04	1.23	1.20
景颇族	5269	8196	4346	3850	7778	4076	3702	94.90	1.56	1.48
柯尔克孜族	6873	12046	6296	5750	11081	5731	5350	91.99	1.75	1.61
土 族	9593	13545	7122	6423	13018	6793	6225	96.11	1.41	1.36
达斡尔族	4857	5261	2748	2513	5100	2651	2449	96.94	1.08	1.05
仫佬族	8259	11154	5889	5265	10883	5730	5153	97.57	1.35	1.32
羌 族	11501	14957	7757	7200	14469	7443	7026	96.74	1.30	1.26
布朗族	4298	6620	3432	3188	6238	3211	3027	94.23	1.54	1.45
撒拉族	4724	8601	4646	3955	8348	4504	3844	97.06	1.82	1.77
毛南族	3575	4854	2566	2288	4687	2462	2225	96.56	1.36	1.31
仡佬族	19188	27485	14986	12499	26785	14546	12239	97.45	1.43	1.40
锡伯族	6518	6320	3282	3038	6159	3181	2978	97.45	0.97	0.94
阿昌族	1360	2055	1024	1031	1990	985	1005	96.84	1.51	1.46
普米族	1457	2004	1073	931	1942	1033	909	96.91	1.38	1.33
塔吉克族	1718	3047	1586	1461	2716	1394	1322	89.14	1.77	1.58
怒 族	1178	1863	992	871	1774	927	847	95.22	1.58	1.51
乌孜别克族	427	662	366	296	611	333	278	92.30	1.55	1.43
俄罗斯族	615	544	275	269	522	262	260	95.96	0.88	0.85
鄂温克族	1269	1363	685	678	1323	664	659	97.07	1.07	1.04
德昂族	711	1115	598	517	1071	573	498	96.05	1.57	1.51
保安族	667	1170	641	529	1144	627	517	97.78	1.75	1.72
裕固族	521	549	267	282	535	259	276	97.45	1.05	1.03
京 族	964	1354	765	589	1326	743	583	97.93	1.40	1.38
塔塔尔族	120	147	75	72	141	73	68	95.92	1.23	1.18
独龙族	243	372	206	166	337	182	155	90.59	1.53	1.39
鄂伦春族	334	322	168	154	306	159	147	95.03	0.96	0.92
赫哲族	213	206	105	101	198	100	98	96.12	0.97	0.93
门巴族	377	678	365	313	615	320	295	90.71	1.80	1.63
珞巴族	152	248	121	127	242	117	125	97.58	1.63	1.59
基诺族	893	1296	704	592	1268	684	584	97.84	1.45	1.42
未定族称人口	21289	36818	19833	16985	35678	19133	16545	96.90	1.73	1.68
入 籍	718	1000	546	454	988	539	449	98.80	1.39	1.38

第二部分　长表数据资料

第三卷　教育

3-1　全国分学业完成情况、性别、受教育程度的3岁及以上人口

单位：人

学业完成情况	合计			小学		
	合计	男	女	小计	男	女
总　计	**125167036**	**64825225**	**60341811**	**33767449**	**15775093**	**17992356**
在　校	23678265	12405099	11273166	10365418	5534242	4831176
毕　业	93857024	48664231	45192793	19577602	8632006	10945596
肄　业	1299772	625119	674653	739923	298356	441567
辍　学	2298865	1103823	1195042	1394123	569259	824864
其　他	4033110	2026953	2006157	1690383	741230	949153

3-1　续表 1

单位：人

学业完成情况	初中			高中			大学专科		
	小计	男	女	小计	男	女	小计	男	女
总　计	**47507840**	**25650596**	**21857244**	**21327816**	**11763051**	**9564765**	**11596889**	**6076826**	**5520063**
在　校	4966981	2664329	2302652	4374108	2288680	2085428	1656102	835726	820376
毕　业	39741031	21419489	18321542	16273490	9071236	7202254	9730020	5125589	4604431
肄　业	423502	243312	180190	99907	62431	37476	24004	13958	10046
辍　学	758138	441035	317103	134667	86086	48581	9442	5913	3529
其　他	1618188	882431	735757	445644	254618	191026	177321	95640	81681

3-1　续表 2

单位：人

学业完成情况	大学本科			硕士研究生			博士研究生		
	小计	男	女	小计	男	女	小计	男	女
总　计	**9814129**	**4969545**	**4844584**	**1017471**	**507702**	**509769**	**135442**	**82412**	**53030**
在　校	2052984	957905	1095079	222653	101749	120904	40019	22468	17551
毕　业	7652874	3954330	3698544	787672	402299	385373	94335	59282	35053
肄　业	11541	6558	4983	793	438	355	102	66	36
辍　学	2390	1481	909	93	45	48	12	4	8
其　他	94340	49271	45069	6260	3171	3089	974	592	382

3-1a 全国分学业完成情况、性别、受教育程度的3岁及以上人口(城市)

单位：人

学业完成情况	合计			小学		
	合计	男	女	小计	男	女
总　计	**51359404**	**26098755**	**25260649**	**8528278**	**3931390**	**4596888**
在　校	9160780	4752231	4408549	3387514	1808078	1579436
毕　业	40537346	20539482	19997864	4543586	1891515	2652071
肄　业	288449	138719	149730	124081	45628	78453
辍　学	525031	254635	270396	259888	99799	160089
其　他	847798	413688	434110	213209	86370	126839

3-1a 续表 1

单位：人

学业完成情况	初中			高中			大学专科		
	小计	男	女	小计	男	女	小计	男	女
总　计	**16006549**	**8281273**	**7725276**	**11292309**	**5966642**	**5325667**	**7362174**	**3791810**	**3570364**
在　校	1537847	823622	714225	1803254	949562	853692	848051	431607	416444
毕　业	13836306	7117906	6718400	9227381	4870991	4356390	6412601	3306418	3106183
肄　业	106228	59016	47212	38639	23082	15557	11949	6744	5205
辍　学	204955	117219	87736	54459	33985	20474	4426	2833	1593
其　他	321213	163510	157703	168576	89022	79554	85147	44208	40939

3-1a 续表 2

单位：人

学业完成情况	大学本科			硕士研究生			博士研究生		
	小计	男	女	小计	男	女	小计	男	女
总　计	**7173520**	**3616631**	**3556889**	**875894**	**437391**	**438503**	**120680**	**73618**	**47062**
在　校	1375733	640769	734964	174477	79459	95018	33904	19134	14770
毕　业	5735404	2943444	2791960	696048	355186	340862	86020	54022	31998
肄　业	6861	3864	2997	610	335	275	81	50	31
辍　学	1245	769	476	52	29	23	6	1	5
其　他	54277	27785	26492	4707	2382	2325	669	411	258

3-1b　全国分学业完成情况、性别、受教育程度的3岁及以上人口(镇)

单位：人

学业完成情况	合计			小学		
	合计	男	女	小计	男	女
总　计	**28885360**	**14823928**	**14061432**	**7583147**	**3495769**	**4087378**
在　校	6211782	3270082	2941700	2658406	1424923	1233483
毕　业	20960441	10729981	10230460	4172376	1769234	2403142
肄　业	263202	122703	140499	139103	52887	86216
辍　学	470179	218719	251460	270453	104455	165998
其　他	979756	482443	497313	342809	144270	198539

3-1b　续表 1

单位：人

学业完成情况	初中			高中			大学专科		
	小计	男	女	小计	男	女	小计	男	女
总　计	**11458534**	**6015312**	**5443222**	**5339173**	**2945479**	**2393694**	**2561628**	**1373615**	**1188013**
在　校	1284404	690721	593683	1448050	750919	697131	383828	196735	187093
毕　业	9499493	4964313	4535180	3699977	2084303	1615674	2115318	1142459	972859
肄　业	90380	49564	40816	24399	14865	9534	6223	3657	2566
辍　学	164219	92111	72108	32662	20451	12211	2267	1353	914
其　他	420038	218603	201435	134085	74941	59144	53992	29411	24581

3-1b　续表 2

单位：人

学业完成情况	大学本科			硕士研究生			博士研究生		
	小计	男	女	小计	男	女	小计	男	女
总　计	**1831423**	**937464**	**893959**	**101326**	**50265**	**51061**	**10129**	**6024**	**4105**
在　校	403449	191078	212371	30071	13792	16279	3574	1914	1660
毕　业	1396864	729837	667027	70106	35869	34237	6307	3966	2341
肄　业	2964	1649	1315	121	72	49	12	9	3
辍　学	557	343	214	16	4	12	5	2	3
其　他	27589	14557	13032	1012	528	484	231	133	98

3-1c　全国分学业完成情况、性别、受教育程度的3岁及以上人口(乡村)

单位：人

学业完成情况	合计			小学		
	合计	男	女	小计	男	女
总　计	**44922272**	**23902542**	**21019730**	**17656024**	**8347934**	**9308090**
在　校	8305703	4382786	3922917	4319498	2301241	2018257
毕　业	32359237	17394768	14964469	10861640	4971257	5890383
肄　业	748121	363697	384424	476739	199841	276898
辍　学	1303655	630469	673186	863782	365005	498777
其　他	2205556	1130822	1074734	1134365	510590	623775

3-1c　续表 1

单位：人

学业完成情况	初中			高中			大学专科		
	小计	男	女	小计	男	女	小计	男	女
总　计	**20042757**	**11354011**	**8688746**	**4696334**	**2850930**	**1845404**	**1673087**	**911401**	**761686**
在　校	2144730	1149986	994744	1122804	588199	534605	424223	207384	216839
毕　业	16405232	9337270	7067962	3346132	2115942	1230190	1202101	676712	525389
肄　业	226894	134732	92162	36869	24484	12385	5832	3557	2275
辍　学	388964	231705	157259	47546	31650	15896	2749	1727	1022
其　他	876937	500318	376619	142983	90655	52328	38182	22021	16161

3-1c　续表 2

单位：人

学业完成情况	大学本科			硕士研究生			博士研究生		
	小计	男	女	小计	男	女	小计	男	女
总　计	**809186**	**415450**	**393736**	**40251**	**20046**	**20205**	**4633**	**2770**	**1863**
在　校	273802	126058	147744	18105	8498	9607	2541	1420	1121
毕　业	520606	281049	239557	21518	11244	10274	2008	1294	714
肄　业	1716	1045	671	62	31	31	9	7	2
辍　学	588	369	219	25	12	13	1	1	
其　他	12474	6929	5545	541	261	280	74	48	26

3-2　全国分年龄、性别、学业完成情况的3岁及以上各种受教育程度人口

单位：人

年龄	合计								
	合计			在校			毕业		
	合计	男	女	小计	男	女	小计	男	女
总计	**125167036**	**64825225**	**60341811**	**23678265**	**12405099**	**11273166**	**93857024**	**48664231**	**45192793**
3									
4									
5-9岁	**6660069**	**3547538**	**3112531**	**6481747**	**3450495**	**3031252**	**138993**	**75960**	**63033**
5	175423	93434	81989	168586	89691	78895	4377	2430	1947
6	1241946	656615	585331	1208985	638861	570124	25189	13515	11674
7	1679708	893979	785729	1636182	870401	765781	34226	18671	15555
8	1853971	989866	864105	1804801	963115	841686	38935	21314	17621
9	1709021	913644	795377	1663193	888427	774766	36266	20030	16236
10-14岁	**8141434**	**4353857**	**3787577**	**7837622**	**4183689**	**3653933**	**249017**	**139618**	**109399**
10	1668333	893553	774780	1621504	867544	753960	37164	20709	16455
11	1699214	908956	790258	1646822	879851	766971	42062	23459	18603
12	1654818	884604	770214	1593445	850644	742801	51014	28252	22762
13	1580199	845092	735107	1513658	807484	706174	55554	31425	24129
14	1538870	821652	717218	1462193	778166	684027	63223	35773	27450
15-19岁	**7771073**	**4127719**	**3643354**	**6716637**	**3486633**	**3230004**	**945754**	**574782**	**370972**
15	1582490	842696	739794	1524337	807937	716400	45804	27402	18402
16	1749456	932145	817311	1634159	861380	772779	97929	60265	37664
17	1545181	824568	720613	1359864	711035	648829	163805	100316	63489
18	1410030	754132	655898	1121220	577093	544127	262819	161008	101811
19	1483916	774178	709738	1077057	529188	547869	375397	225791	149606
20-24岁	**7281592**	**3788120**	**3493472**	**2372016**	**1146518**	**1225498**	**4666134**	**2502351**	**2163783**
20	1512009	784322	727687	959111	463126	495985	515060	298652	216408
21	1396871	725352	671519	670153	320893	349260	685338	380272	305066
22	1449711	757120	692591	401053	195350	205703	998035	533006	465029
23	1433820	746955	686865	213929	104635	109294	1165251	611545	553706
24	1489181	774371	714810	127770	62514	65256	1302450	678876	623574
25-29岁	**8863762**	**4597230**	**4266532**	**186276**	**93843**	**92433**	**8302552**	**4296939**	**4005613**
25	1622708	844408	778300	77769	38477	39292	1478982	768968	710014
26	1604054	833040	771014	44060	22133	21927	1494017	774367	719650
27	1765966	913623	852343	29022	14901	14121	1662384	857615	804769
28	1854415	961285	893130	20178	10413	9765	1754273	906934	847339
29	2016619	1044874	971745	15247	7919	7328	1912896	989055	923841
30-34岁	**12347592**	**6331596**	**6015996**	**39343**	**19798**	**19545**	**11749749**	**6013815**	**5735934**
30	2569735	1323867	1245868	13586	6963	6623	2441266	1254794	1186472
31	2523395	1292976	1230419	8750	4388	4362	2401021	1227647	1173374
32	2391996	1222575	1169421	6752	3399	3353	2277477	1162002	1115475
33	2592830	1328463	1264367	5829	2877	2952	2469392	1263224	1206168
34	2269636	1163715	1105921	4426	2171	2255	2160593	1106148	1054445
35-39岁	**9854664**	**5083930**	**4770734**	**14879**	**7647**	**7232**	**9353659**	**4819779**	**4533880**
35	1951273	1005862	945411	3458	1762	1696	1853786	954340	899446
36	1940913	1000638	940275	3096	1582	1514	1843031	948954	894077
37	1897585	979919	917666	2954	1518	1436	1801530	928979	872551
38	2172148	1121705	1050443	2972	1562	1410	2062685	1063926	998759
39	1892745	975806	916939	2399	1223	1176	1792627	923580	869047
40-44岁	**9158783**	**4728102**	**4430681**	**8320**	**4408**	**3912**	**8624585**	**4453020**	**4171565**
40	1736613	895800	840813	1911	968	943	1641230	846512	794718
41	1912376	988767	923609	1916	1007	909	1805905	933088	872817
42	1826345	940976	885369	1651	877	774	1720677	886778	833899
43	1746136	901757	844379	1400	761	639	1641420	847947	793473
44	1937313	1000802	936511	1442	795	647	1815353	938695	876658
45-49岁	**11127781**	**5727185**	**5400596**	**6433**	**3594**	**2839**	**10359548**	**5344067**	**5015481**
45	1982867	1022195	960672	1376	755	621	1852275	956239	896036
46	2169226	1115226	1054000	1316	740	576	2021964	1041165	980799
47	2265773	1166833	1098940	1350	764	586	2110547	1089416	1021131
48	2319272	1192210	1127062	1216	678	538	2155852	1111411	1044441
49	2390643	1230721	1159922	1175	657	518	2218910	1145836	1073074
50岁及以上	**43960286**	**22539948**	**21420338**	**14992**	**8474**	**6518**	**39467033**	**20443900**	**19023133**

3-2 续表 1 单位：人

年龄	合计								
	肄业			辍学			其他		
	小计	男	女	小计	男	女	小计	男	女
总计	**1299772**	**625119**	**674653**	**2298865**	**1103823**	**1195042**	**4033110**	**2026953**	**2006157**
3									
4									
5-9岁	**3394**	**1871**	**1523**	**1482**	**830**	**652**	**34453**	**18382**	**16071**
5	115	64	51	60	34	26	2285	1215	1070
6	574	322	252	221	118	103	6977	3799	3178
7	858	487	371	331	173	158	8111	4247	3864
8	962	497	465	424	240	184	8849	4700	4149
9	885	501	384	446	265	181	8231	4421	3810
10-14岁	**5427**	**3068**	**2359**	**6742**	**4050**	**2692**	**42626**	**23432**	**19194**
10	884	485	399	496	286	210	8285	4529	3756
11	955	515	440	622	360	262	8753	4771	3982
12	939	529	410	885	520	365	8535	4659	3876
13	1088	630	458	1612	954	658	8287	4599	3688
14	1561	909	652	3127	1930	1197	8766	4874	3892
15-19岁	**15359**	**9657**	**5702**	**35525**	**22923**	**12602**	**57798**	**33724**	**24074**
15	1383	848	535	4523	2873	1650	6443	3636	2807
16	2261	1412	849	6525	4224	2301	8582	4864	3718
17	3156	1983	1173	7447	4808	2639	10909	6426	4483
18	3860	2468	1392	8022	5160	2862	14109	8403	5706
19	4699	2946	1753	9008	5858	3150	17755	10395	7360
20-24岁	**33713**	**20216**	**13497**	**56484**	**36180**	**20304**	**153245**	**82855**	**70390**
20	5488	3432	2056	9678	6306	3372	22672	12806	9866
21	5930	3622	2308	10069	6477	3592	25381	14088	11293
22	6883	4065	2818	11569	7363	4206	32171	17336	14835
23	7360	4306	3054	12129	7784	4345	35151	18685	16466
24	8052	4791	3261	13039	8250	4789	37870	19940	17930
25-29岁	**49762**	**29419**	**20343**	**83240**	**51172**	**32068**	**241932**	**125857**	**116075**
25	8870	5322	3548	14659	9275	5384	42428	22366	20062
26	8848	5264	3584	14707	9211	5496	42422	22065	20357
27	9865	5848	4017	16456	10126	6330	48239	25133	23106
28	10526	6221	4305	17870	10855	7015	51568	26862	24706
29	11653	6764	4889	19548	11705	7843	57275	29431	27844
30-34岁	**75286**	**42541**	**32745**	**127322**	**73454**	**53868**	**355892**	**181988**	**173904**
30	15147	8763	6384	25653	15276	10377	74083	38071	36012
31	15247	8746	6501	25469	14930	10539	72908	37265	35643
32	14551	8108	6443	24370	13905	10465	68846	35161	33685
33	15963	8928	7035	27052	15370	11682	74594	38064	36530
34	14378	7996	6382	24778	13973	10805	65461	33427	32034
35-39岁	**69564**	**38127**	**31437**	**121320**	**66667**	**54653**	**295242**	**151710**	**143532**
35	13175	7354	5821	23119	12868	10251	57735	29538	28197
36	13516	7475	6041	23457	12957	10500	57813	29670	28143
37	13182	7214	5968	23100	12783	10317	56819	29425	27394
38	15473	8441	7032	26403	14496	11907	64615	33280	31335
39	14218	7643	6575	25241	13563	11678	58260	29797	28463
40-44岁	**80594**	**42014**	**38580**	**143739**	**74894**	**68845**	**301545**	**153766**	**147779**
40	13857	7295	6562	24613	13145	11468	55002	27880	27122
41	15725	8372	7353	27766	14847	12919	61064	31453	29611
42	15930	8316	7614	28283	14655	13628	59804	30350	29454
43	15998	8272	7726	28949	14974	13975	58369	29803	28566
44	19084	9759	9325	34128	17273	16855	67306	34280	33026
45-49岁	**122576**	**61039**	**61537**	**229989**	**112392**	**117597**	**409235**	**206093**	**203142**
45	20706	10515	10191	37795	18975	18820	70715	35711	35004
46	23353	11688	11665	42638	21079	21559	79955	40554	39401
47	24614	12217	12397	46713	22892	23821	82549	41544	41005
48	26241	12908	13333	49571	23929	25642	86392	43284	43108
49	27662	13711	13951	53272	25517	27755	89624	45000	44624
50岁及以上	**844097**	**377167**	**466930**	**1493022**	**661261**	**831761**	**2141142**	**1049146**	**1091996**

3-2　续表 2

单位：人

年　龄	小学								
	合　计			在　校			毕　业		
	合计	男	女	小计	男	女	小计	男	女
总　计	**33767449**	**15775093**	**17992356**	**10365418**	**5534242**	**4831176**	**19577602**	**8632006**	**10945596**
3									
4									
5-9岁	**6581149**	**3503625**	**3077524**	**6412024**	**3411831**	**3000193**	**131427**	**71657**	**59770**
5	175423	93434	81989	168586	89691	78895	4377	2430	1947
6	1228558	649141	579417	1197350	632382	564968	23779	12719	11060
7	1663435	884846	778589	1621892	862435	759457	32580	17701	14879
8	1831569	977345	854224	1784948	952043	832905	36818	20108	16710
9	1682164	898859	783305	1639248	875280	763968	33873	18699	15174
10-14岁	**4065425**	**2186076**	**1879349**	**3935222**	**2113503**	**1821719**	**102537**	**57247**	**45290**
10	1621018	867845	753173	1578322	844149	734173	33749	18790	14959
11	1522268	816591	705677	1479811	792893	686918	33843	18952	14891
12	669294	366156	303138	644403	352164	292239	19724	11122	8602
13	182960	98756	84204	171012	92090	78922	9180	5091	4089
14	69885	36728	33157	61674	32207	29467	6041	3292	2749
15-19岁	**69367**	**38550**	**30817**	**10324**	**5334**	**4990**	**44902**	**25131**	**19771**
15	10060	5530	4530	4045	2167	1878	3841	2144	1697
16	10756	6043	4713	2334	1201	1133	6012	3425	2587
17	12475	6947	5528	1615	853	762	8184	4549	3635
18	16022	8877	7145	1230	572	658	11636	6528	5108
19	20054	11153	8901	1100	541	559	15229	8485	6744
20-24岁	**151463**	**80987**	**70476**	**1776**	**869**	**907**	**124137**	**66376**	**57761**
20	22976	12534	10442	837	391	446	18019	9901	8118
21	25107	13668	11439	355	173	182	20379	11049	9330
22	31104	16693	14411	261	131	130	25517	13701	11816
23	34025	18023	16002	181	89	92	28226	14930	13296
24	38251	20069	18182	142	85	57	31996	16795	15201
25-29岁	**291784**	**148174**	**143610**	**500**	**251**	**249**	**247558**	**125486**	**122072**
25	44642	23105	21537	112	56	56	37381	19314	18067
26	48036	24693	23343	116	65	51	40497	20761	19736
27	57626	29354	28272	82	31	51	48926	24852	24074
28	65603	32998	32605	102	52	50	55840	28067	27773
29	75877	38024	37853	88	47	41	64914	32492	32422
30-34岁	**603109**	**288650**	**314459**	**375**	**174**	**201**	**518429**	**247175**	**271254**
30	104234	51137	53097	117	60	57	89434	43721	45713
31	114874	55855	59019	77	41	36	98745	47805	50940
32	117238	55927	61311	53	18	35	100828	47939	52889
33	136448	64745	71703	77	34	43	117440	55547	61893
34	130315	60986	69329	51	21	30	111982	52163	59819
35-39岁	**705459**	**321027**	**384432**	**290**	**135**	**155**	**602322**	**272313**	**330009**
35	123678	57270	66408	72	39	33	105722	48658	57064
36	129712	59482	70230	52	27	25	110949	50528	60421
37	132446	60487	71959	51	20	31	113004	51148	61856
38	160007	72406	87601	52	26	26	136585	61372	75213
39	159616	71382	88234	63	23	40	136062	60607	75455
40-44岁	**1142693**	**500327**	**642366**	**278**	**129**	**149**	**981643**	**428349**	**553294**
40	168699	74265	94434	46	21	25	144064	63226	80838
41	209963	93600	116363	64	26	38	180303	79926	100377
42	225578	98168	127410	55	28	27	193723	84040	109683
43	241718	105895	135823	56	30	26	208107	90811	117296
44	296735	128399	168336	57	24	33	255446	110346	145100
45-49岁	**2177260**	**921478**	**1255782**	**453**	**204**	**249**	**1871655**	**791784**	**1079871**
45	336375	144426	191949	87	44	43	289229	123983	165246
46	398318	170099	228219	87	31	56	342584	146155	196429
47	437448	185732	251716	87	47	40	376222	159691	216531
48	478158	200060	278098	99	44	55	410700	171752	238948
49	526961	221161	305800	93	38	55	452920	190203	262717
50岁及以上	**17979740**	**7786199**	**10193541**	**4176**	**1812**	**2364**	**14952992**	**6546488**	**8406504**

3-2 续表 3

单位：人

年龄	小学								
	肄业			辍学			其他		
	小计	男	女	小计	男	女	小计	男	女
总计	**739923**	**298356**	**441567**	**1394123**	**569259**	**824864**	**1690383**	**741230**	**949153**
3									
4									
5-9岁	**3312**	**1820**	**1492**	**1408**	**787**	**621**	**32978**	**17530**	**15448**
5	115	64	51	60	34	26	2285	1215	1070
6	558	313	245	210	109	101	6661	3618	3043
7	839	472	367	314	163	151	7810	4075	3735
8	940	484	456	401	229	172	8462	4481	3981
9	860	487	373	423	252	171	7760	4141	3619
10-14岁	**2549**	**1429**	**1120**	**2673**	**1594**	**1079**	**22444**	**12303**	**10141**
10	845	463	382	464	264	200	7638	4179	3459
11	850	470	380	517	302	215	7247	3974	3273
12	460	265	195	511	313	198	4196	2292	1904
13	201	117	84	553	327	226	2014	1131	883
14	193	114	79	628	388	240	1349	727	622
15-19岁	**1540**	**872**	**668**	**4431**	**2719**	**1712**	**8170**	**4494**	**3676**
15	190	101	89	688	410	278	1296	708	588
16	249	142	107	825	523	302	1336	752	584
17	267	146	121	884	551	333	1525	848	677
18	384	228	156	964	574	390	1808	975	833
19	450	255	195	1070	661	409	2205	1211	994
20-24岁	**3448**	**1858**	**1590**	**6991**	**4038**	**2953**	**15111**	**7846**	**7265**
20	540	303	237	1148	667	481	2432	1272	1160
21	605	345	260	1174	681	493	2594	1420	1174
22	699	363	336	1470	834	636	3157	1664	1493
23	774	409	365	1538	911	627	3306	1684	1622
24	830	438	392	1661	945	716	3622	1806	1816
25-29岁	**6334**	**3299**	**3035**	**12857**	**6988**	**5869**	**24535**	**12150**	**12385**
25	1010	547	463	2022	1143	879	4117	2045	2072
26	1071	589	482	2112	1183	929	4240	2095	2145
27	1262	664	598	2516	1362	1154	4840	2445	2395
28	1399	695	704	2940	1579	1361	5322	2605	2717
29	1592	804	788	3267	1721	1546	6016	2960	3056
30-34岁	**13277**	**6520**	**6757**	**27311**	**13576**	**13735**	**43717**	**21205**	**22512**
30	2209	1113	1096	4664	2392	2272	7810	3851	3959
31	2525	1272	1253	5117	2614	2503	8410	4123	4287
32	2533	1243	1290	5270	2582	2688	8554	4145	4409
33	2994	1421	1573	6268	3081	3187	9669	4662	5007
34	3016	1471	1545	5992	2907	3085	9274	4424	4850
35-39岁	**17565**	**8290**	**9275**	**34830**	**16465**	**18365**	**50452**	**23824**	**26628**
35	2979	1409	1570	5978	2858	3120	8927	4306	4621
36	3138	1507	1631	6204	2982	3222	9369	4438	4931
37	3307	1594	1713	6439	3094	3345	9645	4631	5014
38	4025	1884	2141	8018	3751	4267	11327	5373	5954
39	4116	1896	2220	8191	3780	4411	11184	5076	6108
40-44岁	**28929**	**12797**	**16132**	**57519**	**25471**	**32048**	**74324**	**33581**	**40743**
40	4321	1909	2412	8585	3879	4706	11683	5230	6453
41	5247	2419	2828	10299	4718	5581	14050	6511	7539
42	5762	2511	3251	11315	4958	6357	14723	6631	8092
43	6091	2737	3354	12319	5450	6869	15145	6867	8278
44	7508	3221	4287	15001	6466	8535	18723	8342	10381
45-49岁	**54988**	**23094**	**31894**	**115845**	**48340**	**67505**	**134319**	**58056**	**76263**
45	8645	3732	4913	17397	7430	9967	21017	9237	11780
46	10177	4307	5870	20453	8594	11859	25017	11012	14005
47	10934	4576	6358	23370	9833	13537	26835	11585	15250
48	11995	4972	7023	25879	10662	15217	29485	12630	16855
49	13237	5507	7730	28746	11821	16925	31965	13592	18373
50岁及以上	**607981**	**238377**	**369604**	**1130258**	**449281**	**680977**	**1284333**	**550241**	**734092**

3-2 续表 4

单位：人

年龄	初中								
	合计			在校			毕业		
	合计	男	女	小计	男	女	小计	男	女
总计	**47507840**	**25650596**	**21857244**	**4966981**	**2664329**	**2302652**	**39741031**	**21419489**	**18321542**
3									
4									
5-9岁	**78826**	**43861**	**34965**	**69668**	**38634**	**31034**	**7531**	**4282**	**3249**
5									
6	13388	7474	5914	11635	6479	5156	1410	796	614
7	16273	9133	7140	14290	7966	6324	1646	970	676
8	22361	12500	9861	19829	11059	8770	2101	1198	903
9	26804	14754	12050	23914	13130	10784	2374	1318	1056
10-14岁	**3929535**	**2096009**	**1833526**	**3762959**	**2002153**	**1760806**	**140497**	**79187**	**61310**
10	47209	25657	21552	43127	23362	19765	3369	1902	1467
11	176797	92300	84497	166904	86907	79997	8180	4493	3687
12	985152	518280	466872	948729	498341	450388	31236	17104	14132
13	1374478	734564	639914	1321768	704636	617132	44757	25469	19288
14	1345899	725208	620691	1282431	688907	593524	52955	30219	22736
15-19岁	**1701845**	**978529**	**723316**	**1116107**	**613860**	**502247**	**531857**	**330886**	**200971**
15	691461	384083	307378	648217	357815	290402	35223	21365	13858
16	344918	195240	149678	263955	144701	119254	71631	44760	26871
17	224449	131517	92932	110281	60092	50189	103958	65000	38958
18	210803	127977	82826	57693	31835	25858	141193	88527	52666
19	230214	139712	90502	35961	19417	16544	179852	111234	68618
20-24岁	**1675040**	**969590**	**705450**	**7695**	**4111**	**3584**	**1553197**	**897860**	**655337**
20	245012	148265	96747	3041	1630	1411	224319	135755	88564
21	277270	164378	112892	1709	896	813	256121	151734	104387
22	346259	201269	144990	1238	682	556	321600	186802	134798
23	379434	216012	163422	982	518	464	352945	200515	152430
24	427065	239666	187399	725	385	340	398212	223054	175158
25-29岁	**2992866**	**1622105**	**1370761**	**2275**	**1201**	**1074**	**2803691**	**1515276**	**1288415**
25	493876	274506	219370	639	331	308	461618	255910	205708
26	511780	281343	230437	505	265	240	479221	262756	216465
27	594905	322282	272623	429	233	196	557142	300839	256303
28	650655	349780	300875	398	213	185	609962	326900	283062
29	741650	394194	347456	304	159	145	695748	368871	326877
30-34岁	**5011456**	**2595821**	**2415635**	**1570**	**787**	**783**	**4708691**	**2432377**	**2276314**
30	993419	522202	471217	417	211	206	932177	488542	443635
31	1000140	519487	480653	333	179	154	939030	486229	452801
32	965776	498136	467640	286	142	144	907385	466891	440494
33	1080376	556948	523428	274	132	142	1016247	522576	493671
34	971745	499048	472697	260	123	137	913852	468139	445713
35-39岁	**4500217**	**2328694**	**2171523**	**1130**	**545**	**585**	**4228515**	**2182601**	**2045914**
35	867204	446784	420420	209	101	108	814665	418605	396060
36	881127	453804	427323	211	99	112	827559	425067	402492
37	862832	447374	415458	249	126	123	810492	419139	391353
38	997006	518174	478832	245	114	131	937687	486087	451600
39	892048	462558	429490	216	105	111	838112	433703	404409
40-44岁	**4504421**	**2346695**	**2157726**	**931**	**494**	**437**	**4226757**	**2197182**	**2029575**
40	825287	428767	396520	173	86	87	774556	401545	373011
41	926002	481861	444141	199	113	86	869955	451513	418442
42	895016	465432	429584	183	97	86	840060	435873	404187
43	871878	455451	416427	183	101	82	818156	426494	391662
44	986238	515184	471054	193	97	96	924030	481757	442273
45-49岁	**5776662**	**3033865**	**2742797**	**1141**	**565**	**576**	**5406026**	**2834182**	**2571844**
45	1020325	533453	486872	207	100	107	954956	498308	456648
46	1129413	589033	540380	222	114	108	1056753	549887	506866
47	1177863	618424	559439	238	119	119	1102278	577850	524428
48	1206916	634956	571960	228	104	124	1129558	593376	536182
49	1242145	657999	584146	246	128	118	1162481	614761	547720
50岁及以上	**17336972**	**9635427**	**7701545**	**3505**	**1979**	**1526**	**16134269**	**8945656**	**7188613**

3-2 续表 5

单位：人

年 龄	初中								
	肄业			辍学			其他		
	小计	男	女	小计	男	女	小计	男	女
总 计	**423502**	**243312**	**180190**	**758138**	**441035**	**317103**	**1618188**	**882431**	**735757**
3									
4									
5-9岁	**82**	**51**	**31**	**74**	**43**	**31**	**1471**	**851**	**620**
5									
6	16	9	7	11	9	2	316	181	135
7	19	15	4	17	10	7	301	172	129
8	22	13	9	23	11	12	386	219	167
9	25	14	11	23	13	10	468	279	189
10-14岁	**2790**	**1590**	**1200**	**3948**	**2387**	**1561**	**19341**	**10692**	**8649**
10	39	22	17	32	22	10	642	349	293
11	105	45	60	105	58	47	1503	797	706
12	479	264	215	374	207	167	4334	2364	1970
13	874	508	366	1043	618	425	6036	3333	2703
14	1293	751	542	2394	1482	912	6826	3849	2977
15-19岁	**7329**	**4748**	**2581**	**19854**	**13127**	**6727**	**26698**	**15908**	**10790**
15	968	614	354	3283	2118	1165	3770	2171	1599
16	1184	743	441	3897	2572	1325	4251	2464	1787
17	1441	950	491	3835	2534	1301	4934	2941	1993
18	1677	1116	561	4138	2752	1386	6102	3747	2355
19	2059	1325	734	4701	3151	1550	7641	4585	3056
20-24岁	**15205**	**9433**	**5772**	**31878**	**20770**	**11108**	**67065**	**37416**	**29649**
20	2374	1552	822	5258	3522	1736	10020	5806	4214
21	2605	1636	969	5555	3638	1917	11280	6474	4806
22	3117	1900	1217	6463	4190	2273	13841	7695	6146
23	3372	2059	1313	7005	4541	2464	15130	8379	6751
24	3737	2286	1451	7597	4879	2718	16794	9062	7732
25-29岁	**24363**	**14840**	**9523**	**49132**	**30722**	**18410**	**113405**	**60066**	**53339**
25	4248	2633	1615	8491	5472	3019	18880	10160	8720
26	4247	2622	1625	8599	5510	3089	19208	10190	9018
27	4837	2958	1879	9839	6161	3678	22658	12091	10567
28	5163	3174	1989	10438	6402	4036	24694	13091	11603
29	5868	3453	2415	11765	7177	4588	27965	14534	13431
30-34岁	**39286**	**22568**	**16718**	**76580**	**45146**	**31434**	**185329**	**94943**	**90386**
30	7825	4600	3225	15444	9464	5980	37556	19385	18171
31	7825	4580	3245	15373	9153	6220	37579	19346	18233
32	7615	4269	3346	14651	8506	6145	35839	18328	17511
33	8348	4770	3578	16184	9375	6809	39323	20095	19228
34	7673	4349	3324	14928	8648	6280	35032	17789	17243
35-39岁	**37384**	**21135**	**16249**	**71626**	**40944**	**30682**	**161562**	**83469**	**78093**
35	7078	4097	2981	13882	7989	5893	31370	15992	15378
36	7434	4242	3192	14279	8122	6157	31644	16274	15370
37	7106	3963	3143	13849	7933	5916	31136	16213	14923
38	8266	4672	3594	15359	8859	6500	35449	18442	17007
39	7500	4161	3339	14257	8041	6216	31963	16548	15415
40-44岁	**40210**	**22368**	**17842**	**74878**	**42329**	**32549**	**161645**	**84322**	**77323**
40	7178	4000	3178	13626	7785	5841	29754	15351	14403
41	8008	4457	3551	15068	8640	6428	32772	17138	15634
42	7895	4443	3452	14708	8285	6423	32170	16734	15436
43	7806	4293	3513	14582	8233	6349	31151	16330	14821
44	9323	5175	4148	16894	9386	7508	35798	18769	17029
45-49岁	**56324**	**31000**	**25324**	**102538**	**56672**	**45866**	**210633**	**111446**	**99187**
45	9797	5422	4375	18152	10127	8025	37213	19496	17717
46	10923	5992	4931	19853	10971	8882	41662	22069	19593
47	11445	6257	5188	20981	11581	9400	42921	22617	20304
48	11964	6529	5435	21389	11816	9573	43777	23131	20646
49	12195	6800	5395	22163	12177	9986	45060	24133	20927
50岁及以上	**200529**	**115579**	**84950**	**327630**	**188895**	**138735**	**671039**	**383318**	**287721**

3-2　续表 6

单位：人

年　龄	高中								
	合　计			在　校			毕　业		
	合计	男	女	小计	男	女	小计	男	女
总　计	**21327816**	**11763051**	**9564765**	**4374108**	**2288680**	**2085428**	**16273490**	**9071236**	**7202254**
3									
4									
5-9岁	**94**	**52**	**42**	**55**	**30**	**25**	**35**	**21**	**14**
5									
6									
7									
8	41	21	20	24	13	11	16	8	8
9	53	31	22	31	17	14	19	13	6
10-14岁	**145920**	**71545**	**74375**	**138990**	**67840**	**71150**	**5889**	**3152**	**2737**
10	76	41	35	45	29	16	28	11	17
11	115	53	62	89	43	46	24	10	14
12	332	152	180	297	132	165	32	18	14
13	22688	11743	10945	20824	10735	10089	1599	860	739
14	122709	59556	63153	117735	56901	60834	4206	2253	1953
15-19岁	**4356713**	**2312781**	**2043932**	**4032858**	**2114731**	**1918127**	**291061**	**178071**	**112990**
15	857026	440399	416627	848854	435681	413173	6135	3551	2584
16	1340940	703060	637880	1317148	688886	628262	18521	11092	7429
17	1172037	619479	552558	1119066	587273	531793	45233	27477	17756
18	645391	355720	289671	547551	295393	252158	89314	55064	34250
19	341319	194123	147196	200239	107498	92741	131858	80887	50971
20-24岁	**1377899**	**793242**	**584657**	**195937**	**102694**	**93243**	**1123443**	**655419**	**468024**
20	272488	156444	116044	98061	51390	46671	164495	98913	65582
21	245938	142184	103754	46551	24028	22523	189101	111893	77208
22	274135	158551	115584	26540	13960	12580	235377	137286	98091
23	282911	162894	120017	15265	8200	7065	254972	147185	107787
24	302427	173169	129258	9520	5116	4404	279498	160142	119356
25-29岁	**1875380**	**1044782**	**830598**	**2593**	**1440**	**1153**	**1789988**	**995738**	**794250**
25	333166	189272	143894	847	462	385	317164	179889	137275
26	332994	187635	145359	534	303	231	317730	178808	138922
27	373148	207310	165838	482	275	207	356413	197799	158614
28	396629	219403	177226	391	221	170	378640	209046	169594
29	439443	241162	198281	339	179	160	420041	230196	189845
30-34岁	**2570691**	**1386696**	**1183995**	**1076**	**539**	**537**	**2464778**	**1327045**	**1137733**
30	557476	302189	255287	348	184	164	533478	288681	244797
31	535838	289611	246227	209	104	105	513426	277008	236418
32	499275	268731	230544	198	91	107	478979	257308	221671
33	531726	285997	245729	175	88	87	510148	273940	236208
34	446376	240168	206208	146	72	74	428747	230108	198639
35-39岁	**1840131**	**988433**	**851698**	**548**	**267**	**281**	**1769031**	**948147**	**820884**
35	366774	197749	169025	124	70	54	352010	189403	162607
36	355014	190916	164098	108	58	50	340945	182964	157981
37	347631	186981	160650	98	43	55	334150	179366	154784
38	408228	218410	189818	112	47	65	392860	209732	183128
39	362484	194377	168107	106	49	57	349066	186682	162384
40-44岁	**1679008**	**908225**	**770783**	**439**	**226**	**213**	**1618617**	**873828**	**744789**
40	333932	179919	154013	87	38	49	321752	173117	148635
41	366826	198021	168805	122	69	53	353865	190613	163252
42	338102	182530	155572	80	39	41	326146	175804	150342
43	310259	168059	142200	74	46	28	299105	161656	137449
44	329889	179696	150193	76	34	42	317749	172638	145111
45-49岁	**1716633**	**949022**	**767611**	**413**	**229**	**184**	**1653006**	**911732**	**741274**
45	324501	177146	147355	81	40	41	312370	170165	142205
46	340679	187084	153595	97	53	44	327673	179514	148159
47	350761	193572	157189	80	47	33	338012	186087	151925
48	349792	194566	155226	75	39	36	336810	186913	149897
49	350900	196654	154246	80	50	30	338141	189053	149088
50岁及以上	**5765347**	**3308273**	**2457074**	**1199**	**684**	**515**	**5557642**	**3178083**	**2379559**

3-2 续表 7

单位：人

年 龄	高中								
	肄业			辍学			其他		
	小计	男	女	小计	男	女	小计	男	女
总 计	**99907**	**62431**	**37476**	**134667**	**86086**	**48581**	**445644**	**254618**	**191026**
3									
4									
5-9岁							**4**	**1**	**3**
5									
6									
7									
8							1		1
9							3	1	2
10-14岁	**88**	**49**	**39**	**120**	**69**	**51**	**833**	**435**	**398**
10							3	1	2
11							2		2
12							3	2	1
13	13	5	8	16	9	7	236	134	102
14	75	44	31	104	60	44	589	298	291
15-19岁	**5485**	**3463**	**2022**	**10487**	**6627**	**3860**	**16822**	**9889**	**6933**
15	218	129	89	539	337	202	1280	701	579
16	785	502	283	1774	1108	666	2712	1472	1240
17	1341	829	512	2624	1656	968	3773	2244	1529
18	1492	939	553	2693	1707	986	4341	2617	1724
19	1649	1064	585	2857	1819	1038	4716	2855	1861
20-24岁	**9063**	**5763**	**3300**	**15092**	**9809**	**5283**	**34364**	**19557**	**14807**
20	1667	1067	600	2794	1834	960	5471	3240	2231
21	1674	1092	582	2849	1863	986	5763	3308	2455
22	1825	1142	683	3116	2021	1095	7277	4142	3135
23	1856	1164	692	3069	2001	1068	7749	4344	3405
24	2041	1298	743	3264	2090	1174	8104	4523	3581
25-29岁	**12015**	**7363**	**4652**	**18804**	**11952**	**6852**	**51980**	**28289**	**23691**
25	2191	1360	831	3624	2326	1298	9340	5235	4105
26	2135	1305	830	3485	2223	1262	9110	4996	4114
27	2364	1427	937	3641	2314	1327	10248	5495	4753
28	2560	1559	1001	4018	2569	1449	11020	6008	5012
29	2765	1712	1053	4036	2520	1516	12262	6555	5707
30-34岁	**15041**	**9152**	**5889**	**20976**	**13178**	**7798**	**68820**	**36782**	**32038**
30	3337	2064	1273	4979	3058	1921	15334	8202	7132
31	3254	1973	1281	4437	2833	1604	14512	7693	6819
32	2880	1741	1139	3980	2508	1472	13238	7083	6155
33	3101	1889	1212	4113	2597	1516	14189	7483	6706
34	2469	1485	984	3467	2182	1285	11547	6321	5226
35-39岁	**9951**	**5982**	**3969**	**13626**	**8498**	**5128**	**46975**	**25539**	**21436**
35	2100	1265	835	2982	1842	1140	9558	5169	4389
36	1959	1163	796	2726	1693	1033	9276	5038	4238
37	1879	1126	753	2563	1591	972	8941	4855	4086
38	2191	1305	886	2796	1759	1037	10269	5567	4702
39	1822	1123	699	2559	1613	946	8931	4910	4021
40-44岁	**8447**	**5086**	**3361**	**10627**	**6631**	**3996**	**40878**	**22454**	**18424**
40	1692	983	709	2226	1371	855	8175	4410	3765
41	1794	1103	691	2239	1384	855	8806	4852	3954
42	1688	1015	673	2136	1330	806	8052	4342	3710
43	1565	948	617	1929	1218	711	7586	4191	3395
44	1708	1037	671	2097	1328	769	8259	4659	3600
45-49岁	**8931**	**5552**	**3379**	**11032**	**7019**	**4013**	**43251**	**24490**	**18761**
45	1765	1086	679	2127	1346	781	8158	4509	3649
46	1784	1113	671	2216	1433	783	8909	4971	3938
47	1752	1088	664	2238	1397	841	8679	4953	3726
48	1853	1143	710	2188	1383	805	8866	5088	3778
49	1777	1122	655	2263	1460	803	8639	4969	3670
50岁及以上	**30886**	**20021**	**10865**	**33903**	**22303**	**11600**	**141717**	**87182**	**54535**

3-2　续表 8

单位：人

年　龄	大学专科								
	合　计			在　校			毕　业		
	合计	男	女	小计	男	女	小计	男	女
总　计	**11596889**	**6076826**	**5520063**	**1656102**	**835726**	**820376**	**9730020**	**5125589**	**4604431**
3									
4									
5-9岁									
5									
6									
7									
8									
9									
10-14岁	**466**	**200**	**266**	**394**	**172**	**222**	**66**	**27**	**39**
10	19	8	11	8	4	4	9	4	5
11	30	12	18	17	8	9	13	4	9
12	30	15	15	12	7	5	16	7	9
13	55	22	33	43	18	25	12	4	8
14	332	143	189	314	135	179	16	8	8
15-19岁	**934417**	**472726**	**461691**	**861362**	**434229**	**427133**	**66784**	**34917**	**31867**
15	22070	11787	10283	21467	11446	10021	496	277	219
16	47900	25461	22439	46051	24417	21634	1534	853	681
17	97222	49697	47525	90802	46367	44435	5673	2900	2773
18	299643	152207	147436	280151	141781	138370	17621	9334	8287
19	467582	233574	234008	422891	210218	212673	41460	21553	19907
20-24岁	**1925806**	**955827**	**969979**	**731789**	**368681**	**363108**	**1163408**	**571262**	**592146**
20	469804	235967	233837	372412	186904	185508	92560	46457	46103
21	375460	187091	188369	196175	99007	97168	173883	85267	88616
22	368749	182509	186240	96641	49093	47548	265720	130107	135613
23	356481	175391	181090	44142	22413	21729	305449	149497	155952
24	355312	174869	180443	22419	11264	11155	325796	159934	165862
25-29岁	**1829981**	**913901**	**916080**	**37673**	**19156**	**18517**	**1754537**	**875268**	**879269**
25	372477	184189	188288	14780	7418	7362	350198	172874	177324
26	348359	173492	174867	8397	4263	4134	332735	165536	167199
27	363682	181681	182001	6050	3164	2886	350150	174623	175527
28	364902	182907	181995	4554	2333	2221	352764	176651	176113
29	380561	191632	188929	3892	1978	1914	368690	185584	183106
30-34岁	**2090813**	**1052389**	**1038424**	**10863**	**5468**	**5395**	**2037528**	**1024956**	**1012572**
30	464655	233390	231265	3583	1855	1728	451186	226417	224769
31	442011	221065	220946	2297	1139	1158	430569	215259	215310
32	406588	204187	202401	1888	965	923	396453	198965	197488
33	423428	213653	209775	1747	844	903	413400	208475	204925
34	354131	180094	174037	1348	665	683	345920	175840	170080
35-39岁	**1317702**	**677103**	**640599**	**4944**	**2591**	**2353**	**1287521**	**661038**	**626483**
35	282576	145623	136953	1077	551	526	275936	142112	133824
36	266835	137812	129023	1058	562	496	260568	134473	126095
37	255443	130919	124524	988	517	471	249606	127795	121811
38	283025	145221	137804	988	528	460	276730	141903	134827
39	229823	117528	112295	833	433	400	224681	114755	109926
40-44岁	**943357**	**494157**	**449200**	**3225**	**1767**	**1458**	**922141**	**482435**	**439706**
40	201690	103668	98022	733	395	338	197085	101169	95916
41	208257	108069	100188	734	393	341	203531	105467	98064
42	190010	99474	90536	631	332	299	185883	97198	88685
43	169377	89322	80055	530	295	235	165577	87229	78348
44	174023	93624	80399	597	352	245	170065	91372	78693
45-49岁	**805575**	**443716**	**361859**	**2349**	**1392**	**957**	**787397**	**433294**	**354103**
45	164514	89193	75321	518	298	220	160735	87101	73634
46	165537	90804	74733	476	284	192	161789	88647	73142
47	166094	91354	74740	499	297	202	162490	89273	73217
48	158490	88096	70394	454	275	179	154865	86007	68858
49	150940	84269	66671	402	238	164	147518	82266	65252
50岁及以上	**1748772**	**1066807**	**681965**	**3503**	**2270**	**1233**	**1710638**	**1042392**	**668246**

3-2 续表 9

单位：人

年 龄	大学专科								
	肄 业			辍 学			其 他		
	小计	男	女	小计	男	女	小计	男	女
总 计	**24004**	**13958**	**10046**	**9442**	**5913**	**3529**	**177321**	**95640**	**81681**
3									
4									
5-9岁									
5									
6									
7									
8									
9									
10-14岁				**1**		**1**	**5**	**1**	**4**
10							2		2
11									
12							2	1	1
13									
14				1		1	1		1
15-19岁	**883**	**504**	**379**	**675**	**411**	**264**	**4713**	**2665**	**2048**
15	7	4	3	13	8	5	87	52	35
16	41	24	17	26	19	7	248	148	100
17	98	51	47	102	66	36	547	313	234
18	273	161	112	203	115	88	1395	816	579
19	464	264	200	331	203	128	2436	1336	1100
20-24岁	**4215**	**2290**	**1925**	**2025**	**1235**	**790**	**24369**	**12359**	**12010**
20	774	445	329	387	227	160	3671	1934	1737
21	843	452	391	401	237	164	4158	2128	2030
22	857	479	378	424	255	169	5107	2575	2532
23	866	430	436	404	256	148	5620	2795	2825
24	875	484	391	409	260	149	5813	2927	2886
25-29岁	**4334**	**2437**	**1897**	**1878**	**1181**	**697**	**31559**	**15859**	**15700**
25	910	499	411	406	266	140	6183	3132	3051
26	835	450	385	390	232	158	6002	3011	2991
27	835	490	345	354	227	127	6293	3177	3116
28	877	507	370	362	235	127	6345	3181	3164
29	877	491	386	366	221	145	6736	3358	3378
30-34岁	**4834**	**2734**	**2100**	**1960**	**1252**	**708**	**35628**	**17979**	**17649**
30	1128	636	492	445	285	160	8313	4197	4116
31	1037	592	445	430	265	165	7678	3810	3868
32	962	541	421	383	250	133	6902	3466	3436
33	963	550	413	386	257	129	6932	3527	3405
34	744	415	329	316	195	121	5803	2979	2824
35-39岁	**2908**	**1696**	**1212**	**953**	**581**	**372**	**21376**	**11197**	**10179**
35	646	374	272	217	139	78	4700	2447	2253
36	627	356	271	189	125	64	4393	2296	2097
37	542	321	221	187	120	67	4120	2166	1954
38	627	371	256	182	98	84	4498	2321	2177
39	466	274	192	178	99	79	3665	1967	1698
40-44岁	**1957**	**1145**	**812**	**587**	**377**	**210**	**15447**	**8433**	**7014**
40	432	259	173	139	86	53	3301	1759	1542
41	442	252	190	138	92	46	3412	1865	1547
42	353	207	146	101	65	36	3042	1672	1370
43	372	213	159	96	57	39	2802	1528	1274
44	358	214	144	113	77	36	2890	1609	1281
45-49岁	**1576**	**930**	**646**	**449**	**290**	**159**	**13804**	**7810**	**5994**
45	338	178	160	93	58	35	2830	1558	1272
46	323	186	137	90	67	23	2859	1620	1239
47	323	198	125	100	65	35	2682	1521	1161
48	283	176	107	86	52	34	2802	1586	1216
49	309	192	117	80	48	32	2631	1525	1106
50岁及以上	**3297**	**2222**	**1075**	**914**	**586**	**328**	**30420**	**19337**	**11083**

3-2　续表 10

单位：人

年　龄	大学本科								
	合　计			在　校			毕　业		
	合计	男	女	小计	男	女	小计	男	女
总　计	**9814129**	**4969545**	**4844584**	**2052984**	**957905**	**1095079**	**7652874**	**3954330**	**3698544**
3									
4									
5-9岁									
5									
6									
7									
8									
9									
10-14岁	**85**	**26**	**59**	**56**	**21**	**35**	**27**	**5**	**22**
10	11	2	9	2		2	9	2	7
11	4		4	1		1	2		2
12	8	1	7	3		3	5	1	4
13	17	6	11	11	5	6	6	1	5
14	45	17	28	39	16	23	5	1	4
15-19岁	**707759**	**324580**	**383179**	**695127**	**317988**	**377139**	**11045**	**5720**	**5325**
15	1870	896	974	1751	827	924	109	65	44
16	4938	2341	2597	4667	2175	2492	231	135	96
17	38893	16866	22027	38010	16396	21614	745	384	361
18	237881	109188	128693	234336	107362	126974	3025	1542	1483
19	424177	195289	228888	416363	191228	225135	6935	3594	3341
20-24岁	**1987695**	**916606**	**1071089**	**1288220**	**604613**	**683607**	**685505**	**305387**	**380118**
20	500372	230451	269921	483512	222211	261301	15568	7571	7997
21	465810	215021	250789	418404	193942	224462	45546	20174	25372
22	395085	182962	212123	243468	116976	126492	148461	64534	83927
23	323829	149806	174023	100700	50144	50556	219402	97947	121455
24	302599	138366	164233	42136	21340	20796	256528	115161	141367
25-29岁	**1612570**	**751118**	**861452**	**49602**	**24920**	**24682**	**1540945**	**715628**	**825317**
25	316569	145488	171081	22134	11240	10894	290190	132230	157960
26	309679	142129	167550	11692	5771	5921	293770	134365	159405
27	326048	150680	175368	7197	3621	3576	314345	144917	169428
28	328760	154776	173984	4884	2449	2435	319412	150138	169274
29	331514	158045	173469	3695	1839	1856	323228	153978	169250
30-34岁	**1813161**	**886151**	**927010**	**9735**	**4666**	**5069**	**1779774**	**869573**	**910201**
30	393402	189190	204212	3296	1592	1704	384713	184950	199763
31	375662	181523	194139	2094	986	1108	368526	178043	190483
32	352522	171832	180690	1669	807	862	346306	168720	177586
33	369764	182526	187238	1510	731	779	363553	179368	184185
34	321811	161080	160731	1166	550	616	316676	158492	158184
35-39岁	**1294610**	**666171**	**628439**	**4117**	**2117**	**2000**	**1275057**	**655941**	**619116**
35	272306	138883	133423	993	479	514	268002	136678	131324
36	268662	138243	130419	820	411	409	264592	136120	128472
37	259420	133478	125942	834	440	394	255537	131411	124126
38	279725	144136	135589	813	434	379	275714	142028	133686
39	214497	111431	103066	657	353	304	211212	109704	101508
40-44岁	**776827**	**413460**	**363367**	**2253**	**1165**	**1088**	**764918**	**407061**	**357857**
40	178596	93382	85214	532	261	271	175903	91930	83973
41	174369	91853	82516	499	253	246	171771	90466	81305
42	155304	82320	72984	463	254	209	152917	81014	71903
43	134811	72246	62565	374	189	185	132699	71159	61540
44	133747	73659	60088	385	208	177	131628	72492	59136
45-49岁	**583738**	**335482**	**248256**	**1617**	**924**	**693**	**574504**	**330051**	**244453**
45	122440	68670	53770	370	208	162	120477	67496	52981
46	121051	69128	51923	325	188	137	119146	68012	51134
47	119277	68612	50665	343	185	158	117432	67528	49904
48	112997	66162	46835	301	179	122	111168	65100	46068
49	107973	62910	45063	278	164	114	106281	61915	44366
50岁及以上	**1037684**	**675951**	**361733**	**2257**	**1491**	**766**	**1021099**	**664964**	**356135**

3-2 续表 11

单位：人

年 龄	大学本科								
	肄 业			辍 学			其 他		
	小计	男	女	小计	男	女	小计	男	女
总 计	**11541**	**6558**	**4983**	**2390**	**1481**	**909**	**94340**	**49271**	**45069**
3									
4									
5-9岁									
5									
6									
7									
8									
9									
10-14岁							**2**		**2**
10									
11							1		1
12									
13									
14							1		1
15-19岁	**119**	**68**	**51**	**76**	**38**	**38**	**1392**	**766**	**626**
15							10	4	6
16	2	1	1	3	2	1	35	28	7
17	8	6	2	1	1		129	79	50
18	34	24	10	24	12	12	462	248	214
19	75	37	38	48	23	25	756	407	349
20-24岁	**1708**	**839**	**869**	**485**	**324**	**161**	**11777**	**5443**	**6334**
20	132	64	68	90	55	35	1070	550	520
21	202	97	105	89	58	31	1569	750	819
22	372	171	201	94	63	31	2690	1218	1472
23	467	234	233	109	74	35	3151	1407	1744
24	535	273	262	103	74	29	3297	1518	1779
25-29岁	**2549**	**1413**	**1136**	**550**	**320**	**230**	**18924**	**8837**	**10087**
25	492	276	216	111	66	45	3642	1676	1966
26	520	283	237	117	61	56	3580	1649	1931
27	531	293	238	103	60	43	3872	1789	2083
28	489	271	218	107	67	40	3868	1851	2017
29	517	290	227	112	66	46	3962	1872	2090
30-34岁	**2629**	**1450**	**1179**	**481**	**295**	**186**	**20542**	**10167**	**10375**
30	586	319	267	117	74	43	4690	2255	2435
31	562	308	254	110	65	45	4370	2121	2249
32	520	290	230	85	59	26	3942	1956	1986
33	514	276	238	98	58	40	4089	2093	1996
34	447	257	190	71	39	32	3451	1742	1709
35-39岁	**1594**	**933**	**661**	**271**	**173**	**98**	**13571**	**7007**	**6564**
35	335	194	141	58	40	18	2918	1492	1426
36	325	186	139	56	33	23	2869	1493	1376
37	310	188	122	57	43	14	2682	1396	1286
38	340	197	143	45	27	18	2813	1450	1363
39	284	168	116	55	30	25	2289	1176	1113
40-44岁	**960**	**561**	**399**	**121**	**82**	**39**	**8575**	**4591**	**3984**
40	212	132	80	36	24	12	1913	1035	878
41	215	130	85	20	11	9	1864	993	871
42	208	125	83	20	16	4	1696	911	785
43	152	72	80	22	15	7	1564	811	753
44	173	102	71	23	16	7	1538	841	697
45-49岁	**695**	**421**	**274**	**120**	**70**	**50**	**6802**	**4016**	**2786**
45	152	90	62	25	14	11	1416	862	554
46	135	81	54	25	14	11	1420	833	587
47	144	87	57	23	15	8	1335	797	538
48	131	78	53	29	16	13	1368	789	579
49	133	85	48	18	11	7	1263	735	528
50岁及以上	**1287**	**873**	**414**	**286**	**179**	**107**	**12755**	**8444**	**4311**

3-2　续表 12

单位：人

年　龄	硕士研究生								
	合　计			在　校			毕　业		
	合计	男	女	小计	男	女	小计	男	女
总　计	**1017471**	**507702**	**509769**	**222653**	**101749**	**120904**	**787672**	**402299**	**385373**
3									
4									
5-9岁									
5									
6									
7									
8									
9									
10-14岁	**3**	**1**	**2**	**1**		**1**	**1**		**1**
10									
11									
12	2		2	1		1	1		1
13	1	1							
14									
15-19岁	**889**	**501**	**388**	**794**	**453**	**341**	**89**	**45**	**44**
15	2		2	2		2			
16	1		1	1		1			
17	104	61	43	90	54	36	11	5	6
18	288	162	126	258	150	108	29	12	17
19	494	278	216	443	249	194	49	28	21
20-24岁	**156627**	**68053**	**88574**	**140057**	**62012**	**78045**	**15957**	**5790**	**10167**
20	1233	591	642	1150	545	605	76	43	33
21	6967	2851	4116	6672	2711	3961	277	132	145
22	33166	14497	18669	31780	13919	17861	1282	532	750
23	55085	23715	31370	50743	22233	28510	4131	1405	2726
24	60176	26399	33777	49712	22604	27108	10191	3678	6513
25-29岁	**231417**	**100727**	**130690**	**70706**	**33979**	**36727**	**159156**	**66091**	**93065**
25	56909	25095	31814	34698	16453	18245	21945	8526	13419
26	47246	20540	26706	17570	8586	8984	29381	11825	17556
27	44165	18840	25325	9554	4661	4893	34281	14043	20238
28	41577	17890	23687	5409	2587	2822	35840	15175	20665
29	41520	18362	23158	3475	1692	1783	37709	16522	21187
30-34岁	**229209**	**104916**	**124293**	**7921**	**3681**	**4240**	**219435**	**100331**	**119104**
30	49815	21918	27897	2886	1359	1527	46535	20373	26162
31	48710	21928	26782	1816	835	981	46536	20923	25613
32	44944	20467	24477	1362	619	743	43212	19664	23548
33	45454	21258	24196	1092	511	581	43973	20551	23422
34	40286	19345	20941	765	357	408	39179	18820	20359
35-39岁	**172772**	**88264**	**84508**	**2006**	**963**	**1043**	**169505**	**86668**	**82837**
35	34364	16898	17466	511	242	269	33599	16540	17059
36	34968	17634	17334	451	216	235	34275	17296	16979
37	35162	17937	17225	387	189	198	34482	17589	16893
38	38695	20089	18606	402	205	197	38044	19763	18281
39	29583	15706	13877	255	111	144	29105	15480	13625
40-44岁	**94649**	**54286**	**40363**	**598**	**298**	**300**	**93419**	**53634**	**39785**
40	24362	13333	11029	182	83	99	24016	13168	10848
41	22693	12787	9906	155	77	78	22390	12627	9763
42	18721	10844	7877	98	47	51	18500	10734	7766
43	15039	8893	6146	94	50	44	14840	8774	6066
44	13834	8429	5405	69	41	28	13673	8331	5342
45-49岁	**56309**	**36075**	**20234**	**293**	**176**	**117**	**55628**	**35652**	**19976**
45	12200	7714	4486	67	40	27	12066	7633	4433
46	11774	7503	4271	65	41	24	11632	7420	4212
47	11852	7517	4335	64	39	25	11695	7411	4284
48	10760	6938	3822	41	28	13	10628	6852	3776
49	9723	6403	3320	56	28	28	9607	6336	3271
50岁及以上	**75596**	**54879**	**20717**	**277**	**187**	**90**	**74482**	**54088**	**20394**

3-2 续表 13　　　　单位：人

年龄	硕士研究生								
	肄业			辍学			其他		
	小计	男	女	小计	男	女	小计	男	女
总计	**793**	**438**	**355**	**93**	**45**	**48**	**6260**	**3171**	**3089**
3									
4									
5-9岁									
5									
6									
7									
8									
9									
10-14岁							**1**	**1**	
10									
11									
12									
13							1	1	
14									
15-19岁	**3**	**2**	**1**	**1**		**1**	**2**	**1**	**1**
15									
16									
17	1	1		1		1	1	1	
18							1		1
19	2	1	1						
20-24岁	**68**	**29**	**39**	**13**	**4**	**9**	**532**	**218**	**314**
20				1	1		6	2	4
21				1		1	17	8	9
22	11	8	3	2		2	91	38	53
23	24	9	15	4	1	3	183	67	116
24	33	12	21	5	2	3	235	103	132
25-29岁	**157**	**63**	**94**	**17**	**8**	**9**	**1381**	**586**	**795**
25	18	7	11	4	2	2	244	107	137
26	38	15	23	4	2	2	253	112	141
27	35	15	20	3	2	1	292	119	173
28	32	12	20	4	2	2	292	114	178
29	34	14	20	2		2	300	134	166
30-34岁	**195**	**100**	**95**	**11**	**7**	**4**	**1647**	**797**	**850**
30	59	28	31	3	3		332	155	177
31	37	17	20	1		1	320	153	167
32	39	24	15	1		1	330	160	170
33	36	17	19	3	2	1	350	177	173
34	24	14	10	3	2	1	315	152	163
35-39岁	**139**	**76**	**63**	**12**	**5**	**7**	**1110**	**552**	**558**
35	34	12	22	1		1	219	104	115
36	29	19	10	3	2	1	210	101	109
37	30	17	13	5	2	3	258	140	118
38	20	11	9	2	1	1	227	109	118
39	26	17	9	1		1	196	98	98
40-44岁	**79**	**50**	**29**	**6**	**4**	**2**	**547**	**300**	**247**
40	20	10	10				144	72	72
41	15	9	6	2	2		131	72	59
42	21	14	7	3	1	2	99	48	51
43	11	8	3	1	1		93	60	33
44	12	9	3				80	48	32
45-49岁	**49**	**33**	**16**	**4**	**1**	**3**	**335**	**213**	**122**
45	7	5	2				60	36	24
46	9	7	2	1		1	67	35	32
47	14	10	4	1	1		78	56	22
48	12	9	3				79	49	30
49	7	2	5	2		2	51	37	14
50岁及以上	**103**	**85**	**18**	**29**	**16**	**13**	**705**	**503**	**202**

3-2 续表 14

单位：人

年 龄	博士研究生								
	合 计			在 校			毕 业		
	合计	男	女	小计	男	女	小计	男	女
总 计	**135442**	**82412**	**53030**	**40019**	**22468**	**17551**	**94335**	**59282**	**35053**
3									
4									
5-9岁									
5									
6									
7									
8									
9									
10-14岁									
10									
11									
12									
13									
14									
15-19岁	**83**	**52**	**31**	**65**	**38**	**27**	**16**	**12**	**4**
15	1	1		1	1				
16	3		3	3		3			
17	1	1					1	1	
18	2	1	1	1		1	1	1	
19	76	49	27	60	37	23	14	10	4
20-24岁	**7062**	**3815**	**3247**	**6542**	**3538**	**3004**	**487**	**257**	**230**
20	124	70	54	98	55	43	23	12	11
21	319	159	160	287	136	151	31	23	8
22	1213	639	574	1125	589	536	78	44	34
23	2055	1114	941	1916	1038	878	126	66	60
24	3351	1833	1518	3116	1720	1396	229	112	117
25-29岁	**29764**	**16423**	**13341**	**22927**	**12896**	**10031**	**6677**	**3452**	**3225**
25	5069	2753	2316	4559	2517	2042	486	225	261
26	5960	3208	2752	5246	2880	2366	683	316	367
27	6392	3476	2916	5228	2916	2312	1127	542	585
28	6289	3531	2758	4440	2558	1882	1815	957	858
29	6054	3455	2599	3454	2025	1429	2566	1412	1154
30-34岁	**29153**	**16973**	**12180**	**7803**	**4483**	**3320**	**21114**	**12358**	**8756**
30	6734	3841	2893	2939	1702	1237	3743	2110	1633
31	6160	3507	2653	1924	1104	820	4189	2380	1809
32	5653	3295	2358	1296	757	539	4314	2515	1799
33	5634	3336	2298	954	537	417	4631	2767	1864
34	4972	2994	1978	690	383	307	4237	2586	1651
35-39岁	**23773**	**14238**	**9535**	**1844**	**1029**	**815**	**21708**	**13071**	**8637**
35	4371	2655	1716	472	280	192	3852	2344	1508
36	4595	2747	1848	396	209	187	4143	2506	1637
37	4651	2743	1908	347	183	164	4259	2531	1728
38	5462	3269	2193	360	208	152	5065	3041	2024
39	4694	2824	1870	269	149	120	4389	2649	1740
40-44岁	**17828**	**10952**	**6876**	**596**	**329**	**267**	**17090**	**10531**	**6559**
40	4047	2466	1581	158	84	74	3854	2357	1497
41	4266	2576	1690	143	76	67	4090	2476	1614
42	3614	2208	1406	141	80	61	3448	2115	1333
43	3054	1891	1163	89	50	39	2936	1824	1112
44	2847	1811	1036	65	39	26	2762	1759	1003
45-49岁	**11604**	**7547**	**4057**	**167**	**104**	**63**	**11332**	**7372**	**3960**
45	2512	1593	919	46	25	21	2442	1553	889
46	2454	1575	879	44	29	15	2387	1530	857
47	2478	1622	856	39	30	9	2418	1576	842
48	2159	1432	727	18	9	9	2123	1411	712
49	2001	1325	676	20	11	9	1962	1302	660
50岁及以上	**16175**	**12412**	**3763**	**75**	**51**	**24**	**15911**	**12229**	**3682**

3-2 续表 15

单位：人

年龄	博士研究生								
	肄业			辍学			其他		
	小计	男	女	小计	男	女	小计	男	女
总计	**102**	**66**	**36**	**12**	**4**	**8**	**974**	**592**	**382**
3									
4									
5-9岁									
5									
6									
7									
8									
9									
10-14岁									
10									
11									
12									
13									
14									
15-19岁				**1**	**1**		**1**	**1**	
15									
16									
17									
18									
19				1	1		1	1	
20-24岁	**6**	**4**	**2**				**27**	**16**	**11**
20	1	1					2	2	
21	1		1						
22	2	2					8	4	4
23	1	1					12	9	3
24	1		1				5	1	4
25-29岁	**10**	**4**	**6**	**2**	**1**	**1**	**148**	**70**	**78**
25	1		1	1		1	22	11	11
26	2		2				29	12	17
27	1	1					36	17	19
28	6	3	3	1	1		27	12	15
29							34	18	16
30-34岁	**24**	**17**	**7**	**3**		**3**	**209**	**115**	**94**
30	3	3		1		1	48	26	22
31	7	4	3	1		1	39	19	20
32	2		2				41	23	18
33	7	5	2				42	27	15
34	5	5		1		1	39	20	19
35-39岁	**23**	**15**	**8**	**2**	**1**	**1**	**196**	**122**	**74**
35	3	3		1		1	43	28	15
36	4	2	2				52	30	22
37	8	5	3				37	24	13
38	4	1	3	1	1		32	18	14
39	4	4					32	22	10
40-44岁	**12**	**7**	**5**	**1**		**1**	**129**	**85**	**44**
40	2	2		1		1	32	23	9
41	4	2	2				29	22	7
42	3	1	2				22	12	10
43	1	1					28	16	12
44	2	1	1				18	12	6
45-49岁	**13**	**9**	**4**	**1**		**1**	**91**	**62**	**29**
45	2	2		1		1	21	13	8
46	2	2					21	14	7
47	2	1	1				19	15	4
48	3	1	2				15	11	4
49	4	3	1				15	9	6
50岁及以上	**14**	**10**	**4**	**2**	**1**	**1**	**173**	**121**	**52**

3-2a　全国分年龄、性别、学业完成情况的3岁及以上各种受教育程度人口(城市)

单位：人

年　龄	合计								
	合　计			在　校			毕　业		
	合计	男	女	小计	男	女	小计	男	女
总　计	**51359404**	**26098755**	**25260649**	**9160780**	**4752231**	**4408549**	**40537346**	**20539482**	**19997864**
3									
4									
5-9岁	**2311975**	**1229818**	**1082157**	**2243336**	**1192622**	**1050714**	**58525**	**31752**	**26773**
5	45130	24073	21057	42981	22917	20064	1497	807	690
6	473854	249534	224320	460001	242058	217943	11576	6215	5361
7	591951	314714	277237	574924	305505	269419	14630	7967	6663
8	641925	342664	299261	623072	332481	290591	16323	8812	7511
9	559115	298833	260282	542358	289661	252697	14499	7951	6548
10-14岁	**2559653**	**1367205**	**1192448**	**2456389**	**1310239**	**1146150**	**91303**	**50423**	**40880**
10	534581	286903	247678	517969	277708	240261	14357	7953	6404
11	526413	281821	244592	508333	271975	236358	15788	8605	7183
12	520552	277698	242854	498864	265822	233042	19411	10631	8780
13	506435	269734	236701	483291	256916	226375	20734	11506	9228
14	471672	251049	220623	447932	237818	210114	21013	11728	9285
15-19岁	**3196652**	**1679624**	**1517028**	**2847398**	**1466501**	**1380897**	**322367**	**196477**	**125890**
15	553124	292703	260421	539815	284698	255117	10764	6516	4248
16	683258	362162	321096	651427	342241	309186	27825	17485	10340
17	622964	331907	291057	564120	295528	268592	53485	33041	20444
18	608225	322022	286203	509934	261603	248331	91661	56221	35440
19	729081	370830	358251	582102	282431	299671	138632	83214	55418
20-24岁	**3648635**	**1862829**	**1785806**	**1437896**	**693274**	**744622**	**2142618**	**1129962**	**1012656**
20	786453	398339	388114	573663	275792	297871	202591	116309	86282
21	718734	365218	353516	414166	197603	216563	293094	160796	132298
22	714353	367189	347164	240872	117539	123333	459345	241484	217861
23	699841	358810	341031	128894	62962	65932	555458	287104	268354
24	729254	373273	355981	80301	39378	40923	632130	324269	307861
25-29岁	**4245819**	**2168796**	**2077023**	**121920**	**61806**	**60114**	**4019346**	**2048371**	**1970975**
25	788096	403702	384394	50469	25107	25362	718860	367854	351006
26	780418	398980	381438	29084	14693	14391	732577	373735	358842
27	845905	430754	415151	19108	9860	9248	806124	409293	396831
28	881707	449830	431877	13245	6883	6362	846418	430579	415839
29	949693	485530	464163	10014	5263	4751	915367	466910	448457
30-34岁	**5896724**	**2977997**	**2918727**	**26981**	**13483**	**13498**	**5715712**	**2881967**	**2833745**
30	1197385	608314	589071	8979	4556	4423	1157382	586826	570556
31	1197764	604848	592916	6012	3019	2993	1160662	585066	575596
32	1148909	578806	570103	4718	2368	2350	1114409	560661	553748
33	1251193	630456	620737	4091	2003	2088	1214046	610859	603187
34	1101473	555573	545900	3181	1537	1644	1069213	538555	530658
35-39岁	**4763160**	**2415814**	**2347346**	**10345**	**5232**	**5113**	**4623467**	**2342747**	**2280720**
35	938318	475646	462672	2433	1229	1204	910537	460978	449559
36	934915	474920	459995	2148	1090	1058	907360	460451	446909
37	927861	470805	457056	2075	1032	1043	900669	456513	444156
38	1063245	538903	524342	2061	1075	986	1032946	523175	509771
39	898821	455540	443281	1628	806	822	871955	441630	430325
40-44岁	**4148629**	**2108685**	**2039944**	**5341**	**2762**	**2579**	**4012117**	**2038818**	**1973299**
40	808803	411141	397662	1289	635	654	784157	398415	385742
41	887002	450920	436082	1221	627	594	859452	436679	422773
42	831928	422541	409387	1059	559	500	804825	408682	396143
43	781015	396624	384391	889	475	414	754144	382823	371321
44	839881	427459	412422	883	466	417	809539	412219	397320
45-49岁	**4561334**	**2326889**	**2234445**	**3736**	**2065**	**1671**	**4379168**	**2236396**	**2142772**
45	844907	430023	414884	810	433	377	812602	413744	398858
46	899360	457716	441644	759	424	335	863775	440109	423666
47	934129	476879	457250	801	452	349	897134	458514	438620
48	933870	477570	456300	697	392	305	895699	458685	437014
49	949068	484701	464367	669	364	305	909958	465344	444614
50岁及以上	**16026823**	**7961098**	**8065725**	**7438**	**4247**	**3191**	**15172723**	**7582569**	**7590154**

3-2a 续表 1 单位：人

年 龄	合计								
	肄业			辍学			其他		
	小计	男	女	小计	男	女	小计	男	女
总 计	**288449**	**138719**	**149730**	**525031**	**254635**	**270396**	**847798**	**413688**	**434110**
3									
4									
5-9岁	**1027**	**556**	**471**	**347**	**210**	**137**	**8740**	**4678**	**4062**
5	27	15	12	13	7	6	612	327	285
6	185	112	73	51	29	22	2041	1120	921
7	265	138	127	88	46	42	2044	1058	986
8	277	141	136	112	70	42	2141	1160	981
9	273	150	123	83	58	25	1902	1013	889
10-14岁	**1397**	**739**	**658**	**1356**	**812**	**544**	**9208**	**4992**	**4216**
10	238	115	123	112	69	43	1905	1058	847
11	284	162	122	107	66	41	1901	1013	888
12	251	128	123	179	110	69	1847	1007	840
13	280	146	134	344	197	147	1786	969	817
14	344	188	156	614	370	244	1769	945	824
15-19岁	**4206**	**2691**	**1515**	**10775**	**7054**	**3721**	**11906**	**6901**	**5005**
15	316	191	125	1018	644	374	1211	654	557
16	542	348	194	1781	1165	616	1683	923	760
17	863	556	307	2279	1473	806	2217	1309	908
18	1075	697	378	2591	1691	900	2964	1810	1154
19	1410	899	511	3106	2081	1025	3831	2205	1626
20-24岁	**10649**	**6511**	**4138**	**19767**	**13084**	**6683**	**37705**	**19998**	**17707**
20	1727	1088	639	3353	2283	1070	5119	2867	2252
21	1843	1107	736	3573	2389	1184	6058	3323	2735
22	2186	1344	842	4100	2687	1413	7850	4135	3715
23	2334	1392	942	4185	2720	1465	8970	4632	4338
24	2559	1580	979	4556	3005	1551	9708	5041	4667
25-29岁	**15516**	**9397**	**6119**	**28063**	**17799**	**10264**	**60974**	**31423**	**29551**
25	2860	1721	1139	5168	3374	1794	10739	5646	5093
26	2787	1669	1118	5049	3210	1839	10921	5673	5248
27	3015	1837	1178	5571	3524	2047	12087	6240	5847
28	3239	1983	1256	5899	3736	2163	12906	6649	6257
29	3615	2187	1428	6376	3955	2421	14321	7215	7106
30-34岁	**22807**	**13144**	**9663**	**39852**	**23671**	**16181**	**91372**	**45732**	**45640**
30	4650	2712	1938	7988	4917	3071	18386	9303	9083
31	4602	2712	1890	7958	4819	3139	18530	9232	9298
32	4461	2512	1949	7678	4536	3142	17643	8729	8914
33	4835	2797	2038	8511	4933	3578	19710	9864	9846
34	4259	2411	1848	7717	4466	3251	17103	8604	8499
35-39岁	**19342**	**10691**	**8651**	**35601**	**19745**	**15856**	**74405**	**37399**	**37006**
35	3696	2113	1583	7028	4017	3011	14624	7309	7315
36	3848	2155	1693	6936	3883	3053	14623	7341	7282
37	3786	2063	1723	6860	3844	3016	14471	7353	7118
38	4255	2316	1939	7752	4271	3481	16231	8066	8165
39	3757	2044	1713	7025	3730	3295	14456	7330	7126
40-44岁	**20431**	**10870**	**9561**	**39809**	**20933**	**18876**	**70931**	**35302**	**35629**
40	3499	1892	1607	6911	3737	3174	12947	6462	6485
41	4100	2231	1869	7643	4128	3515	14586	7255	7331
42	3979	2162	1817	7831	4090	3741	14234	7048	7186
43	4153	2177	1976	8026	4242	3784	13803	6907	6896
44	4700	2408	2292	9398	4736	4662	15361	7630	7731
45-49岁	**29145**	**14650**	**14495**	**59685**	**29229**	**30456**	**89600**	**44549**	**45051**
45	5073	2541	2532	10319	5255	5064	16103	8050	8053
46	5723	2866	2857	11512	5665	5847	17591	8652	8939
47	5845	2961	2884	12175	5896	6279	18174	9056	9118
48	6153	3044	3109	12596	6135	6461	18725	9314	9411
49	6351	3238	3113	13083	6278	6805	19007	9477	9530
50岁及以上	**163929**	**69470**	**94459**	**289776**	**122098**	**167678**	**392957**	**182714**	**210243**

3-2a　续表 2　　　　单位：人

年龄	小学								
	合计			在校			毕业		
	合计	男	女	小计	男	女	小计	男	女
总计	**8528278**	**3931390**	**4596888**	**3387514**	**1808078**	**1579436**	**4543586**	**1891515**	**2652071**
3									
4									
5-9岁	**2285729**	**1215421**	**1070308**	**2220225**	**1179968**	**1040257**	**55854**	**30267**	**25587**
5	45130	24073	21057	42981	22917	20064	1497	807	690
6	469332	247086	222246	456116	239966	216150	11054	5920	5134
7	586459	311657	274802	570105	302826	267279	14051	7642	6409
8	634177	338355	295822	616190	328644	287546	15578	8400	7178
9	550631	294250	256381	534833	285615	249218	13674	7498	6176
10-14岁	**1205296**	**649305**	**555991**	**1163251**	**626134**	**537117**	**36400**	**20066**	**16334**
10	520249	279064	241185	505025	270642	234383	13156	7276	5880
11	469206	252035	217171	454616	244015	210601	12709	6990	5719
12	164480	90858	73622	157196	86798	70398	6359	3563	2796
13	36949	19725	17224	33902	18110	15792	2594	1361	1233
14	14412	7623	6789	12512	6569	5943	1582	876	706
15-19岁	**13024**	**7724**	**5300**	**2191**	**1133**	**1058**	**8766**	**5351**	**3415**
15	1699	941	758	666	350	316	709	405	304
16	2052	1221	831	508	279	229	1193	720	473
17	2387	1449	938	381	211	170	1593	988	605
18	3015	1795	1220	329	147	182	2238	1387	851
19	3871	2318	1553	307	146	161	3033	1851	1182
20-24岁	**30337**	**17882**	**12455**	**468**	**239**	**229**	**26489**	**15636**	**10853**
20	4421	2666	1755	236	122	114	3662	2225	1437
21	4791	2865	1926	94	43	51	4131	2471	1660
22	6177	3644	2533	65	31	34	5401	3199	2202
23	6844	4054	2790	41	21	20	6057	3586	2471
24	8104	4653	3451	32	22	10	7238	4155	3083
25-29岁	**62474**	**34236**	**28238**	**108**	**56**	**52**	**56338**	**30826**	**25512**
25	9351	5303	4048	18	10	8	8369	4728	3641
26	10012	5562	4450	28	15	13	9015	5014	4001
27	12266	6767	5499	14	4	10	11082	6122	4960
28	14279	7725	6554	31	18	13	12839	6923	5916
29	16566	8879	7687	17	9	8	15033	8039	6994
30-34岁	**138449**	**69133**	**69316**	**91**	**49**	**42**	**125468**	**62677**	**62791**
30	23415	12286	11129	29	20	9	21215	11115	10100
31	25981	13213	12768	18	11	7	23561	11964	11597
32	27083	13528	13555	12	5	7	24593	12327	12266
33	31812	15525	16287	19	8	11	28815	14078	14737
34	30158	14581	15577	13	5	8	27284	13193	14091
35-39岁	**153093**	**70174**	**82919**	**72**	**28**	**44**	**137471**	**62862**	**74609**
35	27775	13060	14715	19	10	9	25097	11768	13329
36	28367	13149	15218	12	6	6	25451	11734	13717
37	28414	13114	15300	9	2	7	25434	11689	13745
38	34413	15708	18705	17	7	10	30853	14051	16802
39	34124	15143	18981	15	3	12	30636	13620	17016
40-44岁	**255928**	**110880**	**145048**	**67**	**30**	**37**	**229950**	**99666**	**130284**
40	36070	15710	20360	6	4	2	32382	14115	18267
41	47042	20798	26244	18	7	11	42355	18729	23626
42	50332	21819	28513	14	8	6	45299	19659	25640
43	54695	23662	31033	9	5	4	49059	21153	27906
44	67789	28891	38898	20	6	14	60855	26010	34845
45-49岁	**496482**	**208637**	**287845**	**110**	**54**	**56**	**444436**	**187256**	**257180**
45	77581	32979	44602	17	10	7	69525	29548	39977
46	91819	38864	52955	23	5	18	82195	34886	47309
47	99903	42254	57649	21	11	10	89507	38010	51497
48	108214	45006	63208	31	19	12	96754	40330	56424
49	118965	49534	69431	18	9	9	106455	44482	61973
50岁及以上	**3887466**	**1547998**	**2339468**	**931**	**387**	**544**	**3422414**	**1376908**	**2045506**

3-2a 续表 3

单位：人

年龄	小学								
	肄业			辍学			其他		
	小计	男	女	小计	男	女	小计	男	女
总计	**124081**	**45628**	**78453**	**259888**	**99799**	**160089**	**213209**	**86370**	**126839**
3									
4									
5-9岁	**1008**	**545**	**463**	**322**	**197**	**125**	**8320**	**4444**	**3876**
5	27	15	12	13	7	6	612	327	285
6	180	109	71	46	26	20	1936	1065	871
7	262	135	127	81	42	39	1960	1012	948
8	271	139	132	101	65	36	2037	1107	930
9	268	147	121	81	57	24	1775	933	842
10-14岁	**635**	**335**	**300**	**462**	**283**	**179**	**4548**	**2487**	**2061**
10	229	109	120	105	64	41	1734	973	761
11	252	149	103	93	56	37	1536	825	711
12	97	45	52	86	55	31	742	397	345
13	31	13	18	95	55	40	327	186	141
14	26	19	7	83	53	30	209	106	103
15-19岁	**240**	**140**	**100**	**755**	**459**	**296**	**1072**	**641**	**431**
15	33	15	18	107	68	39	184	103	81
16	32	22	10	133	84	49	186	116	70
17	43	24	19	156	93	63	214	133	81
18	62	37	25	164	91	73	222	133	89
19	70	42	28	195	123	72	266	156	110
20-24岁	**511**	**316**	**195**	**1328**	**804**	**524**	**1541**	**887**	**654**
20	71	47	24	227	141	86	225	131	94
21	87	49	38	218	138	80	261	164	97
22	114	71	43	284	163	121	313	180	133
23	105	68	37	298	179	119	343	200	143
24	134	81	53	301	183	118	399	212	187
25-29岁	**887**	**500**	**387**	**2504**	**1435**	**1069**	**2637**	**1419**	**1218**
25	150	87	63	407	254	153	407	224	183
26	139	79	60	375	210	165	455	244	211
27	168	98	70	502	271	231	500	272	228
28	201	113	88	599	342	257	609	329	280
29	229	123	106	621	358	263	666	350	316
30-34岁	**2148**	**1039**	**1109**	**5652**	**2809**	**2843**	**5090**	**2559**	**2531**
30	367	182	185	889	466	423	915	503	412
31	404	210	194	1021	531	490	977	497	480
32	422	199	223	1086	531	555	970	466	504
33	479	229	250	1319	624	695	1180	586	594
34	476	219	257	1337	657	680	1048	507	541
35-39岁	**2652**	**1228**	**1424**	**7483**	**3445**	**4038**	**5415**	**2611**	**2804**
35	436	198	238	1295	616	679	928	468	460
36	475	230	245	1376	682	694	1053	497	556
37	541	247	294	1389	649	740	1041	527	514
38	605	291	314	1727	788	939	1211	571	640
39	595	262	333	1696	710	986	1182	548	634
40-44岁	**4771**	**2022**	**2749**	**13033**	**5572**	**7461**	**8107**	**3590**	**4517**
40	633	250	383	1876	783	1093	1173	558	615
41	880	400	480	2217	966	1251	1572	696	876
42	900	390	510	2567	1117	1450	1552	645	907
43	1059	448	611	2860	1265	1595	1708	791	917
44	1299	534	765	3513	1441	2072	2102	900	1202
45-49岁	**9808**	**3974**	**5834**	**26443**	**10691**	**15752**	**15685**	**6662**	**9023**
45	1494	621	873	4097	1735	2362	2448	1065	1383
46	1785	710	1075	4876	2009	2867	2940	1254	1686
47	1908	762	1146	5337	2128	3209	3130	1343	1787
48	2196	886	1310	5789	2320	3469	3444	1451	1993
49	2425	995	1430	6344	2499	3845	3723	1549	2174
50岁及以上	**101421**	**35529**	**65892**	**201906**	**74104**	**127802**	**160794**	**61070**	**99724**

3-2a　续表 4

单位：人

年　龄	初中								
	合　计			在　校			毕　业		
	合计	男	女	小计	男	女	小计	男	女
总　计	**16006549**	**8281273**	**7725276**	**1537847**	**823622**	**714225**	**13836306**	**7117906**	**6718400**
3									
4									
5-9岁	**26209**	**14371**	**11838**	**23092**	**12641**	**10451**	**2655**	**1473**	**1182**
5									
6	4522	2448	2074	3885	2092	1793	522	295	227
7	5492	3057	2435	4819	2679	2140	579	325	254
8	7735	4299	3436	6874	3831	3043	740	408	332
9	8460	4567	3893	7514	4039	3475	814	445	369
10-14岁	**1301797**	**692387**	**609410**	**1243489**	**660116**	**583373**	**52324**	**29005**	**23319**
10	14290	7821	6469	12925	7054	5871	1182	671	511
11	57150	29759	27391	53677	27938	25739	3063	1610	1453
12	355949	186778	169171	341566	178970	162596	13031	7060	5971
13	460727	245471	215256	441498	234718	206780	17366	9744	7622
14	413681	222558	191123	393823	211436	182387	17682	9920	7762
15-19岁	**432290**	**254211**	**178079**	**266315**	**148245**	**118070**	**154214**	**98324**	**55890**
15	168065	94326	73739	158954	88713	70241	7574	4695	2879
16	78532	45023	33509	58147	31941	26206	18415	11834	6581
17	59143	35767	23376	26669	14885	11784	30263	19427	10836
18	59671	37282	22389	14286	8111	6175	42691	27362	15329
19	66879	41813	25066	8259	4595	3664	55271	35006	20265
20-24岁	**500248**	**298825**	**201423**	**1652**	**907**	**745**	**473159**	**281972**	**191187**
20	72431	45144	27287	650	345	305	67801	42170	25631
21	82652	50690	31962	378	208	170	77940	47707	30233
22	103064	62181	40883	219	122	97	97713	58871	38842
23	112867	66283	46584	230	126	104	107014	62717	44297
24	129234	74527	54707	175	106	69	122691	70507	52184
25-29岁	**887618**	**492725**	**394893**	**525**	**273**	**252**	**846203**	**468162**	**378041**
25	148861	85261	63600	145	74	71	141605	80868	60737
26	153292	86431	66861	117	60	57	146043	82061	63982
27	176002	97505	78497	100	53	47	167841	92627	75214
28	191125	105103	86022	90	47	43	182455	99962	82493
29	218338	118425	99913	73	39	34	208259	112644	95615
30-34岁	**1536583**	**801173**	**735410**	**430**	**233**	**197**	**1469459**	**764033**	**705426**
30	291828	155840	135988	100	57	43	278724	148389	130335
31	301296	158051	143245	81	49	32	288029	150617	137412
32	295831	153978	141853	82	41	41	282836	146917	135919
33	338305	174804	163501	78	40	38	323835	166870	156965
34	309323	158500	150823	89	46	43	296035	151240	144795
35-39岁	**1453223**	**741809**	**711414**	**353**	**179**	**174**	**1391529**	**708881**	**682648**
35	275986	141221	134765	58	37	21	264135	134838	129297
36	281052	143809	137243	68	33	35	268934	137293	131641
37	279575	143073	136502	77	36	41	267531	136646	130885
38	325964	166320	159644	72	39	33	312556	159201	153355
39	290646	147386	143260	78	34	44	278373	140903	137470
40-44岁	**1518861**	**767417**	**751444**	**301**	**164**	**137**	**1454517**	**733349**	**721168**
40	269602	137292	132310	48	23	25	258342	131264	127078
41	312583	158171	154412	72	40	32	299738	151367	148371
42	303281	153069	150212	63	34	29	290362	146216	144146
43	298224	150553	147671	61	37	24	285504	143756	141748
44	335171	168332	166839	57	30	27	320571	160746	159825
45-49岁	**1949832**	**980291**	**969541**	**345**	**159**	**186**	**1863816**	**935537**	**928279**
45	348809	175327	173482	57	28	29	333251	167170	166081
46	381212	190541	190671	76	35	41	364211	181846	182365
47	398715	200299	198416	73	38	35	381126	191203	189923
48	404317	203618	200699	60	23	37	386420	194294	192126
49	416779	210506	206273	79	35	44	398808	201024	197784
50岁及以上	**6399888**	**3238064**	**3161824**	**1345**	**705**	**640**	**6128430**	**3097170**	**3031260**

3-2a 续表 5

单位：人

年龄	初中								
	肄业			辍学			其他		
	小计	男	女	小计	男	女	小计	男	女
总计	**106228**	**59016**	**47212**	**204955**	**117219**	**87736**	**321213**	**163510**	**157703**
3									
4									
5-9岁	**19**	**11**	**8**	**25**	**13**	**12**	**418**	**233**	**185**
5									
6	5	3	2	5	3	2	105	55	50
7	3	3		7	4	3	84	46	38
8	6	2	4	11	5	6	104	53	51
9	5	3	2	2	1	1	125	79	46
10-14岁	**734**	**387**	**347**	**857**	**509**	**348**	**4393**	**2370**	**2023**
10	9	6	3	7	5	2	167	85	82
11	32	13	19	14	10	4	364	188	176
12	154	83	71	93	55	38	1105	610	495
13	242	131	111	245	140	105	1376	738	638
14	297	154	143	498	299	199	1381	749	632
15-19岁	**1861**	**1249**	**612**	**5877**	**3960**	**1917**	**4023**	**2433**	**1590**
15	210	132	78	727	459	268	600	327	273
16	280	178	102	1056	706	350	634	364	270
17	356	246	110	1152	770	382	703	439	264
18	454	318	136	1322	902	420	918	589	329
19	561	375	186	1620	1123	497	1168	714	454
20-24岁	**4015**	**2613**	**1402**	**10804**	**7274**	**3530**	**10618**	**6059**	**4559**
20	688	473	215	1791	1245	546	1501	911	590
21	669	433	236	1892	1283	609	1773	1059	714
22	796	505	291	2227	1487	740	2109	1196	913
23	898	569	329	2317	1529	788	2408	1342	1066
24	964	633	331	2577	1730	847	2827	1551	1276
25-29岁	**6445**	**4133**	**2312**	**16046**	**10298**	**5748**	**18399**	**9859**	**8540**
25	1177	759	418	2897	1914	983	3037	1646	1391
26	1112	709	403	2867	1871	996	3153	1730	1423
27	1268	823	445	3184	2072	1112	3609	1930	1679
28	1318	854	464	3304	2099	1205	3958	2141	1817
29	1570	988	582	3794	2342	1452	4642	2412	2230
30-34岁	**10430**	**6134**	**4296**	**23840**	**14357**	**9483**	**32424**	**16416**	**16008**
30	2075	1242	833	4746	2987	1759	6183	3165	3018
31	2050	1228	822	4736	2895	1841	6400	3262	3138
32	2011	1131	880	4617	2759	1858	6285	3130	3155
33	2235	1334	901	5053	2963	2090	7104	3597	3507
34	2059	1199	860	4688	2753	1935	6452	3262	3190
35-39岁	**9832**	**5485**	**4347**	**21572**	**12253**	**9319**	**29937**	**15011**	**14926**
35	1826	1073	753	4291	2502	1789	5676	2771	2905
36	1948	1108	840	4278	2422	1856	5824	2953	2871
37	1971	1082	889	4192	2374	1818	5804	2935	2869
38	2154	1184	970	4655	2640	2015	6527	3256	3271
39	1933	1038	895	4156	2315	1841	6106	3096	3010
40-44岁	**10384**	**5751**	**4633**	**21845**	**12321**	**9524**	**31814**	**15832**	**15982**
40	1781	990	791	3990	2309	1681	5441	2706	2735
41	2070	1153	917	4373	2514	1859	6330	3097	3233
42	2020	1143	877	4304	2390	1914	6532	3286	3246
43	2106	1165	941	4279	2429	1850	6274	3166	3108
44	2407	1300	1107	4899	2679	2220	7237	3577	3660
45-49岁	**14352**	**7740**	**6612**	**28350**	**15448**	**12902**	**42969**	**21407**	**21562**
45	2599	1371	1228	5237	2908	2329	7665	3850	3815
46	2943	1556	1387	5652	3023	2629	8330	4081	4249
47	2899	1580	1319	5827	3148	2679	8790	4330	4460
48	2989	1591	1398	5867	3233	2634	8981	4477	4504
49	2922	1642	1280	5767	3136	2631	9203	4669	4534
50岁及以上	**48156**	**25513**	**22643**	**75739**	**40786**	**34953**	**146218**	**73890**	**72328**

3-2a　续表 6

单位：人

年　龄	高中								
	合　计			在　校			毕　业		
	合计	男	女	小计	男	女	小计	男	女
总　计	**11292309**	**5966642**	**5325667**	**1803254**	**949562**	**853692**	**9227381**	**4870991**	**4356390**
3									
4									
5-9岁	**37**	**26**	**11**	**19**	**13**	**6**	**16**	**12**	**4**
5									
6									
7									
8	13	10	3	8	6	2	5	4	1
9	24	16	8	11	7	4	11	8	3
10-14岁	**52304**	**25420**	**26884**	**49445**	**23909**	**25536**	**2530**	**1339**	**1191**
10	24	12	12	14	10	4	8	2	6
11	39	21	18	31	18	13	7	3	4
12	110	58	52	100	53	47	10	5	5
13	8725	4524	4201	7865	4075	3790	766	400	366
14	43406	20805	22601	41435	19753	21682	1739	929	810
15-19岁	**1811031**	**965141**	**845890**	**1681478**	**886694**	**794784**	**119414**	**72331**	**47083**
15	371854	191307	180547	368978	189662	179316	2218	1272	946
16	576626	302367	274259	567661	296987	270674	7370	4466	2904
17	493514	262001	231513	472578	249480	223098	18489	11051	7438
18	245107	137814	107293	206050	114038	92012	36442	22162	14280
19	123930	71652	52278	66211	36527	29684	54895	33380	21515
20-24岁	**600884**	**347367**	**253517**	**69393**	**37415**	**31978**	**512166**	**298263**	**213903**
20	107639	62095	45544	33826	18158	15668	70728	42034	28694
21	104808	60810	43998	17151	9013	8138	84270	49706	34564
22	120709	70063	50646	9797	5287	4510	106873	62330	44543
23	127852	73907	53945	5305	3033	2272	118294	68357	49937
24	139876	80492	59384	3314	1924	1390	132001	75836	56165
25-29岁	**889916**	**494515**	**395401**	**904**	**519**	**385**	**860032**	**477214**	**382818**
25	155173	87986	67187	278	157	121	149648	84727	64921
26	157927	89202	68725	187	113	74	152522	86051	66471
27	176884	98267	78617	165	100	65	171000	94896	76104
28	189137	104005	85132	151	90	61	182763	100294	82469
29	210795	115055	95740	123	59	64	204099	111246	92853
30-34岁	**1310942**	**695011**	**615931**	**501**	**252**	**249**	**1271526**	**673136**	**598390**
30	269449	144937	124512	147	76	71	261042	140219	120823
31	268307	143224	125083	97	45	52	260060	138622	121438
32	255673	135339	120334	86	45	41	248167	131153	117014
33	278787	146547	132240	86	42	44	270388	141980	128408
34	238726	124964	113762	85	44	41	231869	121162	110707
35-39岁	**1033670**	**534768**	**498902**	**292**	**135**	**157**	**1005112**	**519104**	**486008**
35	197542	103147	94395	58	30	28	191707	99889	91818
36	194628	101040	93588	58	32	26	189132	98068	91064
37	196426	101930	94496	54	22	32	190990	98930	92060
38	235855	120970	114885	62	27	35	229513	117535	111978
39	209219	107681	101538	60	24	36	203770	104682	99088
40-44岁	**1005208**	**518555**	**486653**	**268**	**133**	**135**	**979518**	**504685**	**474833**
40	194659	100369	94290	58	24	34	189609	97674	91935
41	219949	113380	106569	70	37	33	214498	110437	104061
42	203121	104786	98335	38	16	22	198029	102083	95946
43	188383	97047	91336	47	31	16	183489	94366	89123
44	199096	102973	96123	55	25	30	193893	100125	93768
45-49岁	**1041732**	**546581**	**495151**	**226**	**120**	**106**	**1014219**	**531428**	**482791**
45	196789	101872	94917	50	24	26	191506	99029	92477
46	206045	107443	98602	43	24	19	200446	104379	96067
47	213889	112242	101647	46	26	20	208271	109150	99121
48	212009	112045	99964	42	22	20	206493	108974	97519
49	213000	112979	100021	45	24	21	207503	109896	97607
50岁及以上	**3546585**	**1839258**	**1707327**	**728**	**372**	**356**	**3462848**	**1793479**	**1669369**

3-2a 续表 7 单位：人

年 龄	高中								
	肄业			辍学			其他		
	小计	男	女	小计	男	女	小计	男	女
总 计	**38639**	**23082**	**15557**	**54459**	**33985**	**20474**	**168576**	**89022**	**79554**
3									
4									
5-9岁							**2**	**1**	**1**
5									
6									
7									
8									
9							2	1	1
10-14岁	**28**	**17**	**11**	**37**	**20**	**17**	**264**	**135**	**129**
10							2		2
11							1		1
12									
13	7	2	5	4	2	2	83	45	38
14	21	15	6	33	18	15	178	90	88
15-19岁	**1690**	**1063**	**627**	**3831**	**2439**	**1392**	**4618**	**2614**	**2004**
15	71	44	27	182	116	66	405	213	192
16	220	141	79	583	368	215	792	405	387
17	428	272	156	930	586	344	1089	612	477
18	438	269	169	1008	639	369	1169	706	463
19	533	337	196	1128	730	398	1163	678	485
20-24岁	**3271**	**2070**	**1201**	**6490**	**4273**	**2217**	**9564**	**5346**	**4218**
20	550	339	211	1120	763	357	1415	801	614
21	601	383	218	1240	837	403	1546	871	675
22	682	428	254	1361	885	476	1996	1133	863
23	690	431	259	1334	863	471	2229	1223	1006
24	748	489	259	1435	925	510	2378	1318	1060
25-29岁	**4583**	**2783**	**1800**	**8303**	**5284**	**3019**	**16094**	**8715**	**7379**
25	825	491	334	1592	1019	573	2830	1592	1238
26	839	511	328	1558	983	575	2821	1544	1277
27	873	511	362	1658	1028	630	3188	1732	1456
28	985	604	381	1773	1147	626	3465	1870	1595
29	1061	666	395	1722	1107	615	3790	1977	1813
30-34岁	**6053**	**3685**	**2368**	**9162**	**5716**	**3446**	**23700**	**12222**	**11478**
30	1280	793	487	2103	1289	814	4877	2560	2317
31	1302	809	493	1952	1236	716	4896	2512	2384
32	1169	701	468	1735	1092	643	4516	2348	2168
33	1268	772	496	1876	1169	707	5169	2584	2585
34	1034	610	424	1496	930	566	4242	2218	2024
35-39岁	**4178**	**2463**	**1715**	**5924**	**3657**	**2267**	**18164**	**9409**	**8755**
35	869	525	344	1298	801	497	3610	1902	1708
36	834	488	346	1157	698	459	3447	1754	1693
37	780	456	324	1149	735	414	3453	1787	1666
38	926	519	407	1262	783	479	4092	2106	1986
39	769	475	294	1058	640	418	3562	1860	1702
40-44岁	**3544**	**2125**	**1419**	**4608**	**2840**	**1768**	**17270**	**8772**	**8498**
40	696	415	281	955	584	371	3341	1672	1669
41	772	456	316	978	598	380	3631	1852	1779
42	712	432	280	907	556	351	3435	1699	1736
43	682	412	270	838	522	316	3327	1716	1611
44	682	410	272	930	580	350	3536	1833	1703
45-49岁	**3662**	**2174**	**1488**	**4606**	**2917**	**1689**	**19019**	**9942**	**9077**
45	713	413	300	926	579	347	3594	1827	1767
46	736	449	287	927	593	334	3893	1998	1895
47	734	432	302	953	582	371	3885	2052	1833
48	730	434	296	876	546	330	3868	2069	1799
49	749	446	303	924	617	307	3779	1996	1783
50岁及以上	**11630**	**6702**	**4928**	**11498**	**6839**	**4659**	**59881**	**31866**	**28015**

3-2a　续表 8

单位：人

年　龄	大学专科								
	合　计			在　校			毕　业		
	合计	男	女	小计	男	女	小计	男	女
总　计	**7362174**	**3791810**	**3570364**	**848051**	**431607**	**416444**	**6412601**	**3306418**	**3106183**
3									
4									
5-9岁									
5									
6									
7									
8									
9									
10-14岁	**210**	**82**	**128**	**179**	**72**	**107**	**29**	**10**	**19**
10	10	4	6	4	2	2	4	2	2
11	16	6	10	9	4	5	7	2	5
12	8	3	5	2	1	1	6	2	4
13	23	11	12	18	10	8	5	1	4
14	153	58	95	146	55	91	7	3	4
15-19岁	**481359**	**243187**	**238172**	**445410**	**224737**	**220673**	**33675**	**17151**	**16524**
15	10545	5653	4892	10316	5530	4786	205	111	94
16	23458	12340	11118	22666	11911	10755	711	383	328
17	46021	23478	22543	43064	21992	21072	2711	1348	1363
18	150197	76666	73531	140864	71803	69061	8652	4452	4200
19	251138	125050	126088	228500	113501	114999	21396	10857	10539
20-24岁	**1052021**	**526557**	**525464**	**372030**	**190789**	**181241**	**667526**	**329269**	**338257**
20	256495	129446	127049	203417	103044	100373	51097	25328	25769
21	199633	100481	99152	98758	50907	47851	98640	48431	50209
22	197017	98642	98375	42730	22480	20250	151725	74819	76906
23	196959	97969	98990	18126	9672	8454	176004	86832	89172
24	201917	100019	101898	8999	4686	4313	190060	93859	96201
25-29岁	**1077170**	**535202**	**541968**	**15710**	**8281**	**7429**	**1045284**	**518619**	**526665**
25	213573	105924	107649	5910	3101	2809	204569	101206	103363
26	203668	101136	102532	3492	1838	1654	197083	97733	99350
27	213884	106391	107493	2547	1376	1171	208191	103358	104833
28	216690	107559	109131	1991	1030	961	211414	104849	106565
29	229355	114192	115163	1770	936	834	224027	111473	112554
30-34岁	**1341098**	**659036**	**682062**	**5960**	**2940**	**3020**	**1314773**	**645914**	**668859**
30	282863	139489	143374	1762	891	871	276724	136382	140342
31	278903	136762	142141	1251	640	611	273377	134004	139373
32	263150	128999	134151	1094	549	545	258026	126473	131553
33	278676	136631	142045	1007	468	539	273495	134047	139448
34	237506	117155	120351	846	392	454	233151	115008	118143
35-39岁	**923329**	**459521**	**463808**	**3048**	**1536**	**1512**	**906900**	**451200**	**455700**
35	192017	95664	96353	680	338	342	188480	93868	94612
36	184361	92211	92150	626	317	309	180971	90487	90484
37	180892	89683	91209	623	305	318	177680	88065	89615
38	202911	100975	101936	615	322	293	199435	99248	100187
39	163148	80988	82160	504	254	250	160334	79532	80802
40-44岁	**663374**	**335825**	**327549**	**1916**	**998**	**918**	**652050**	**329929**	**322121**
40	141997	70653	71344	443	228	215	139516	69378	70138
41	146876	73781	73095	432	226	206	144362	72437	71925
42	134096	67758	66338	382	194	188	131874	66596	65278
43	119456	60722	58734	321	165	156	117422	59701	57721
44	120949	62911	58038	338	185	153	118876	61817	57059
45-49岁	**562287**	**298813**	**263474**	**1448**	**813**	**635**	**552370**	**293420**	**258950**
45	115244	60182	55062	328	178	150	113186	59094	54092
46	114997	60930	54067	287	164	123	112990	59832	53158
47	116338	61830	54508	312	178	134	114344	60723	53621
48	110170	59125	51045	287	163	124	108195	58064	50131
49	105538	56746	48792	234	130	104	103655	55707	47948
50岁及以上	**1261326**	**733587**	**527739**	**2350**	**1441**	**909**	**1239994**	**720906**	**519088**

3-2a　续表 9　　　　单位：人

年龄	大学专科								
	肄业			辍学			其他		
	小计	男	女	小计	男	女	小计	男	女
总　计	**11949**	**6744**	**5205**	**4426**	**2833**	**1593**	**85147**	**44208**	**40939**
3									
4									
5-9岁									
5									
6									
7									
8									
9									
10-14岁							**2**		**2**
10							2		2
11									
12									
13									
14									
15-19岁	**364**	**213**	**151**	**274**	**176**	**98**	**1636**	**910**	**726**
15	2		2	2	1	1	20	11	9
16	10	7	3	7	6	1	64	33	31
17	34	14	20	41	24	17	171	100	71
18	110	65	45	88	53	35	483	293	190
19	208	127	81	136	92	44	898	473	425
20-24岁	**1886**	**1034**	**852**	**890**	**565**	**325**	**9689**	**4900**	**4789**
20	356	200	156	167	106	61	1458	768	690
21	382	195	187	174	95	79	1679	853	826
22	398	239	159	181	119	62	1983	985	998
23	374	199	175	184	118	66	2271	1148	1123
24	376	201	175	184	127	57	2298	1146	1152
25-29岁	**1993**	**1100**	**893**	**921**	**608**	**313**	**13262**	**6594**	**6668**
25	402	211	191	210	148	62	2482	1258	1224
26	372	193	179	188	111	77	2533	1261	1272
27	375	221	154	175	122	53	2596	1314	1282
28	424	243	181	170	114	56	2691	1323	1368
29	420	232	188	178	113	65	2960	1438	1522
30-34岁	**2422**	**1342**	**1080**	**950**	**634**	**316**	**16993**	**8206**	**8787**
30	524	279	245	204	143	61	3649	1794	1855
31	508	284	224	191	123	68	3576	1711	1865
32	499	283	216	190	121	69	3341	1573	1768
33	506	281	225	208	143	65	3460	1692	1768
34	385	215	170	157	104	53	2967	1436	1531
35-39岁	**1572**	**874**	**698**	**460**	**291**	**169**	**11349**	**5620**	**5729**
35	327	184	143	106	73	33	2424	1201	1223
36	357	197	160	90	61	29	2317	1149	1168
37	291	154	137	96	65	31	2202	1094	1108
38	339	192	147	84	45	39	2438	1168	1270
39	258	147	111	84	47	37	1968	1008	960
40-44岁	**1081**	**609**	**472**	**259**	**157**	**102**	**8068**	**4132**	**3936**
40	245	153	92	67	46	21	1726	848	878
41	242	147	95	62	41	21	1778	930	848
42	198	111	87	42	20	22	1600	837	763
43	206	105	101	40	19	21	1467	732	735
44	190	93	97	48	31	17	1497	785	712
45-49岁	**855**	**482**	**373**	**217**	**137**	**80**	**7397**	**3961**	**3436**
45	177	84	93	42	26	16	1511	800	711
46	175	99	76	44	33	11	1501	802	699
47	192	118	74	47	31	16	1443	780	663
48	151	82	69	49	28	21	1488	788	700
49	160	99	61	35	19	16	1454	791	663
50岁及以上	**1776**	**1090**	**686**	**455**	**265**	**190**	**16751**	**9885**	**6866**

3-2a　续表 10

单位：人

年龄	大学本科								
	合计			在校			毕业		
	合计	男	女	小计	男	女	小计	男	女
总计	**7173520**	**3616631**	**3556889**	**1375733**	**640769**	**734964**	**5735404**	**2943444**	**2791960**
3									
4									
5-9岁									
5									
6									
7									
8									
9									
10-14岁	**45**	**11**	**34**	**25**	**8**	**17**	**19**	**3**	**16**
10	8	2	6	1		1	7	2	5
11	2		2				2		2
12	4	1	3				4	1	3
13	11	3	8	8	3	5	3		3
14	20	5	15	16	5	11	3		3
15-19岁	**458304**	**208989**	**249315**	**451440**	**205363**	**246077**	**6223**	**3280**	**2943**
15	960	476	484	900	443	457	58	33	25
16	2589	1211	1378	2444	1123	1321	136	82	54
17	21848	9181	12667	21386	8933	12453	421	224	197
18	150041	68352	81689	148233	67399	80834	1617	850	767
19	282866	129769	153097	278477	127465	151012	3991	2091	1900
20-24岁	**1336783**	**616084**	**720699**	**879777**	**412830**	**466947**	**449910**	**199970**	**249940**
20	344563	158530	186033	334707	153712	180995	9233	4509	4724
21	321573	148236	173337	292750	135417	157333	27885	12366	15519
22	261231	121258	139973	162977	78657	84320	96622	41850	54772
23	210127	97046	113081	63591	31777	31814	144649	64451	80198
24	199289	91014	108275	25752	13267	12485	171521	76794	94727
25-29岁	**1114137**	**516281**	**597856**	**29888**	**15114**	**14774**	**1072912**	**495761**	**577151**
25	211556	96899	114657	13113	6701	6412	196282	89152	107130
26	212313	97430	114883	7048	3532	3516	203129	92883	110246
27	225318	103548	121770	4388	2233	2155	218605	100208	118397
28	230400	107627	122773	2996	1487	1509	225097	105044	120053
29	234550	110777	123773	2343	1161	1182	229799	108474	121325
30-34岁	**1345278**	**648399**	**696879**	**6777**	**3194**	**3583**	**1324917**	**638541**	**686376**
30	281701	133958	147743	2158	1017	1141	276652	131555	145097
31	275907	131743	144164	1429	666	763	271689	129748	141941
32	263030	126412	136618	1177	570	607	259227	124558	134669
33	278854	135529	143325	1124	540	584	274886	133546	141340
34	245786	120757	125029	889	401	488	242463	119134	123329
35-39岁	**1021454**	**517161**	**504293**	**3144**	**1574**	**1570**	**1008699**	**510722**	**497977**
35	210498	105253	105245	753	355	398	207723	103889	103834
36	210849	106479	104370	630	314	316	208211	105154	103057
37	206309	104309	102000	647	325	322	203729	102982	100747
38	223669	113716	109953	619	322	297	221059	112395	108664
39	170129	87404	82725	495	258	237	167977	86302	81675
40-44岁	**601305**	**316104**	**285201**	**1708**	**878**	**830**	**593854**	**312207**	**281647**
40	140294	72636	67658	421	206	215	138602	71739	66863
41	135716	70727	64989	358	178	180	134086	69868	64218
42	120394	63120	57274	351	196	155	118898	62317	56581
43	103480	54675	48805	285	148	137	102166	54041	48125
44	101421	54946	46475	293	150	143	100102	54242	45860
45-49岁	**448486**	**252643**	**195843**	**1192**	**669**	**523**	**442617**	**249327**	**193290**
45	92959	51153	41806	258	139	119	91780	50490	41290
46	92158	51611	40547	230	132	98	90977	50944	40033
47	92073	51896	40177	257	138	119	90857	51193	39664
48	87282	50117	37165	223	130	93	86103	49456	36647
49	84014	47866	36148	224	130	94	82900	47244	35656
50岁及以上	**847728**	**540959**	**306769**	**1782**	**1139**	**643**	**836253**	**533633**	**302620**

3-2a 续表 11

单位：人

年 龄	大学本科								
	肄 业			辍 学			其 他		
	小计	男	女	小计	男	女	小计	男	女
总 计	**6861**	**3864**	**2997**	**1245**	**769**	**476**	**54277**	**27785**	**26492**
3									
4									
5-9岁									
5									
6									
7									
8									
9									
10-14岁							**1**		**1**
10									
11									
12									
13									
14							1		1
15-19岁	**49**	**25**	**24**	**37**	**19**	**18**	**555**	**302**	**253**
15							2		2
16				2	1	1	7	5	2
17	2		2				39	24	15
18	11	8	3	9	6	3	171	89	82
19	36	17	19	26	12	14	336	184	152
20-24岁	**912**	**453**	**459**	**247**	**165**	**82**	**5937**	**2666**	**3271**
20	61	28	33	47	27	20	515	254	261
21	103	47	56	48	36	12	787	370	417
22	188	94	94	47	33	14	1397	624	773
23	249	118	131	48	30	18	1590	670	920
24	311	166	145	57	39	18	1648	748	900
25-29岁	**1488**	**839**	**649**	**278**	**168**	**110**	**9571**	**4399**	**5172**
25	290	168	122	58	37	21	1813	841	972
26	296	166	130	58	33	25	1782	816	966
27	306	173	133	51	30	21	1968	904	1064
28	287	162	125	50	33	17	1970	901	1069
29	309	170	139	61	35	26	2038	937	1101
30-34岁	**1593**	**862**	**731**	**238**	**149**	**89**	**11753**	**5653**	**6100**
30	360	196	164	43	30	13	2488	1160	1328
31	307	166	141	58	34	24	2424	1129	1295
32	329	180	149	49	33	16	2248	1071	1177
33	314	166	148	53	32	21	2477	1245	1232
34	283	154	129	35	20	15	2116	1048	1068
35-39岁	**975**	**564**	**411**	**153**	**96**	**57**	**8483**	**4205**	**4278**
35	208	122	86	36	25	11	1778	862	916
36	208	115	93	33	19	14	1767	877	890
37	173	106	67	32	20	12	1728	876	852
38	212	119	93	22	14	8	1757	866	891
39	174	102	72	30	18	12	1453	724	729
40-44岁	**573**	**317**	**256**	**59**	**39**	**20**	**5111**	**2663**	**2448**
40	126	76	50	23	15	8	1122	600	522
41	120	67	53	11	7	4	1141	607	534
42	126	72	54	9	6	3	1010	529	481
43	91	40	51	8	6	2	930	440	490
44	110	62	48	8	5	3	908	487	421
45-49岁	**413**	**243**	**170**	**65**	**35**	**30**	**4199**	**2369**	**1830**
45	82	46	36	16	7	9	823	471	352
46	74	44	30	13	7	6	864	484	380
47	96	58	38	10	6	4	853	501	352
48	74	43	31	15	8	7	867	480	387
49	87	52	35	11	7	4	792	433	359
50岁及以上	**858**	**561**	**297**	**168**	**98**	**70**	**8667**	**5528**	**3139**

3-2a　续表 12

单位：人

年　龄	硕士研究生								
	合　计			在　校			毕　业		
	合计	男	女	小计	男	女	小计	男	女
总　计	**875894**	**437391**	**438503**	**174477**	**79459**	**95018**	**696048**	**355186**	**340862**
3									
4									
5-9岁									
5									
6									
7									
8									
9									
10-14岁	**1**		**1**				**1**		**1**
10									
11									
12	1		1				1		1
13									
14									
15-19岁	**592**	**339**	**253**	**526**	**307**	**219**	**62**	**30**	**32**
15	1		1	1		1			
16	1		1	1		1			
17	50	30	20	42	27	15	7	2	5
18	192	112	80	171	105	66	20	7	13
19	348	197	151	311	175	136	35	21	14
20-24岁	**122689**	**52983**	**69706**	**109277**	**48161**	**61116**	**13012**	**4665**	**8347**
20	814	403	411	756	367	389	53	34	19
21	5049	2016	3033	4831	1912	2919	205	98	107
22	25255	10909	14346	24244	10506	13738	955	381	574
23	43533	18626	24907	40035	17459	22576	3354	1116	2238
24	48038	21029	27009	39411	17917	21494	8445	3036	5409
25-29岁	**189392**	**81954**	**107438**	**55307**	**26567**	**28740**	**133043**	**54949**	**78094**
25	45381	20014	25367	27172	12918	14254	18035	7011	11024
26	38143	16484	21659	13714	6658	7056	24238	9743	14495
27	36193	15368	20825	7464	3634	3830	28506	11649	16857
28	34745	14815	19930	4197	2019	2178	30326	12711	17615
29	34930	15273	19657	2760	1338	1422	31938	13835	18103
30-34岁	**198800**	**90388**	**108412**	**6556**	**2998**	**3558**	**190823**	**86715**	**104108**
30	42353	18509	23844	2306	1062	1244	39759	17317	22442
31	42067	18824	23243	1521	688	833	40283	18012	22271
32	39162	17663	21499	1141	505	636	37734	17015	20719
33	39721	18453	21268	933	431	502	38474	17872	20602
34	35497	16939	18558	655	312	343	34573	16499	18074
35-39岁	**156576**	**79379**	**77197**	**1784**	**854**	**930**	**153768**	**78010**	**75758**
35	30550	14915	15635	451	214	237	29900	14613	15287
36	31458	15722	15736	396	196	200	30863	15424	15439
37	31984	16184	15800	353	174	179	31390	15877	15513
38	35374	18225	17149	353	174	179	34822	17953	16869
39	27210	14333	12877	231	96	135	26793	14143	12650
40-44岁	**87314**	**49713**	**37601**	**528**	**255**	**273**	**86259**	**49166**	**37093**
40	22425	12191	10234	168	72	96	22123	12053	10070
41	20882	11688	9194	137	68	69	20619	11554	9065
42	17311	9929	7382	81	37	44	17123	9836	7287
43	13914	8193	5721	81	43	38	13748	8092	5656
44	12782	7712	5070	61	35	26	12646	7631	5015
45-49岁	**51652**	**32876**	**18776**	**265**	**159**	**106**	**51071**	**32521**	**18550**
45	11170	7024	4146	61	35	26	11057	6959	4098
46	10824	6848	3976	60	39	21	10702	6776	3926
47	10880	6840	4040	55	32	23	10750	6756	3994
48	9863	6327	3536	38	27	11	9752	6254	3498
49	8915	5837	3078	51	26	25	8810	5776	3034
50岁及以上	**68878**	**49759**	**19119**	**234**	**158**	**76**	**68009**	**49130**	**18879**

3-2a 续表 13

单位：人

年龄	硕士研究生								
	肄业			辍学			其他		
	小计	男	女	小计	男	女	小计	男	女
总计	**610**	**335**	**275**	**52**	**29**	**23**	**4707**	**2382**	**2325**
3									
4									
5-9岁									
5									
6									
7									
8									
9									
10-14岁									
10									
11									
12									
13									
14									
15-19岁	**2**	**1**	**1**				**2**	**1**	**1**
15									
16									
17							1	1	
18							1		1
19	2	1	1						
20-24岁	**49**	**22**	**27**	**8**	**3**	**5**	**343**	**132**	**211**
20				1	1		4	1	3
21				1		1	12	6	6
22	7	6	1				49	16	33
23	17	6	11	4	1	3	123	44	79
24	25	10	15	2	1	1	155	65	90
25-29岁	**111**	**39**	**72**	**10**	**6**	**4**	**921**	**393**	**528**
25	15	5	10	3	2	1	156	78	78
26	27	11	16	3	2	1	161	70	91
27	24	10	14	1	1		198	74	124
28	19	5	14	3	1	2	200	79	121
29	26	8	18				206	92	114
30-34岁	**143**	**70**	**73**	**8**	**6**	**2**	**1270**	**599**	**671**
30	43	19	24	2	2		243	109	134
31	26	12	14				237	112	125
32	29	18	11	1		1	257	125	132
33	28	12	16	2	2		284	136	148
34	17	9	8	3	2	1	249	117	132
35-39岁	**114**	**65**	**49**	**8**	**3**	**5**	**902**	**447**	**455**
35	28	9	19	1		1	170	79	91
36	22	15	7	2	1	1	175	86	89
37	24	14	10	2	1	1	215	118	97
38	16	11	5	2	1	1	181	86	95
39	24	16	8	1		1	161	78	83
40-44岁	**68**	**41**	**27**	**5**	**4**	**1**	**454**	**247**	**207**
40	17	7	10				117	59	58
41	13	7	6	2	2		111	57	54
42	20	13	7	2	1	1	85	42	43
43	8	6	2	1	1		76	51	25
44	10	8	2				65	38	27
45-49岁	**45**	**30**	**15**	**3**	**1**	**2**	**268**	**165**	**103**
45	6	4	2				46	26	20
46	9	7	2				53	26	27
47	14	10	4	1	1		60	41	19
48	10	7	3				63	39	24
49	6	2	4	2		2	46	33	13
50岁及以上	**78**	**67**	**11**	**10**	**6**	**4**	**547**	**398**	**149**

3-2a　续表 14　　　　　　　　　　　　　　　　　　　　　　　　　　　　　单位：人

年　龄	博士研究生								
	合　　计			在　　校			毕　　业		
	合计	男	女	小计	男	女	小计	男	女
总　计	**120680**	**73618**	**47062**	**33904**	**19134**	**14770**	**86020**	**54022**	**31998**
3									
4									
5-9岁									
5									
6									
7									
8									
9									
10-14岁									
10									
11									
12									
13									
14									
15-19岁	**52**	**33**	**19**	**38**	**22**	**16**	**13**	**10**	**3**
15									
16									
17	1	1					1	1	
18	2	1	1	1		1	1	1	
19	49	31	18	37	22	15	11	8	3
20-24岁	**5673**	**3131**	**2542**	**5299**	**2933**	**2366**	**356**	**187**	**169**
20	90	55	35	71	44	27	17	9	8
21	228	120	108	204	103	101	23	17	6
22	900	492	408	840	456	384	56	34	22
23	1659	925	734	1566	874	692	86	45	41
24	2796	1539	1257	2618	1456	1162	174	82	92
25-29岁	**25112**	**13883**	**11229**	**19478**	**10996**	**8482**	**5534**	**2840**	**2694**
25	4201	2315	1886	3833	2146	1687	352	162	190
26	5063	2735	2328	4498	2477	2021	547	250	297
27	5358	2908	2450	4430	2460	1970	899	433	466
28	5331	2996	2335	3789	2192	1597	1524	796	728
29	5159	2929	2230	2928	1721	1207	2212	1199	1013
30-34岁	**25574**	**14857**	**10717**	**6666**	**3817**	**2849**	**18746**	**10951**	**7795**
30	5776	3295	2481	2477	1433	1044	3266	1849	1417
31	5303	3031	2272	1615	920	695	3663	2099	1564
32	4980	2887	2093	1126	653	473	3826	2218	1608
33	5038	2967	2071	844	474	370	4153	2466	1687
34	4477	2677	1800	604	337	267	3838	2319	1519
35-39岁	**21815**	**13002**	**8813**	**1652**	**926**	**726**	**19988**	**11968**	**8020**
35	3950	2386	1564	414	245	169	3495	2113	1382
36	4200	2510	1690	358	192	166	3798	2291	1507
37	4261	2512	1749	312	168	144	3915	2324	1591
38	5059	2989	2070	323	184	139	4708	2792	1916
39	4345	2605	1740	245	137	108	4072	2448	1624
40-44岁	**16639**	**10191**	**6448**	**553**	**304**	**249**	**15969**	**9816**	**6153**
40	3756	2290	1466	145	78	67	3583	2192	1391
41	3954	2375	1579	134	71	63	3794	2287	1507
42	3393	2060	1333	130	74	56	3240	1975	1265
43	2863	1772	1091	85	46	39	2756	1714	1042
44	2673	1694	979	59	35	24	2596	1648	948
45-49岁	**10863**	**7048**	**3815**	**150**	**91**	**59**	**10639**	**6907**	**3732**
45	2355	1486	869	39	19	20	2297	1454	843
46	2305	1479	826	40	25	15	2254	1446	808
47	2331	1518	813	37	29	8	2279	1479	800
48	2015	1332	683	16	8	8	1982	1313	669
49	1857	1233	624	18	10	8	1827	1215	612
50岁及以上	**14952**	**11473**	**3479**	**68**	**45**	**23**	**14775**	**11343**	**3432**

3-2a 续表 15

单位：人

年 龄	博士研究生								
	肄 业			辍 学			其 他		
	小计	男	女	小计	男	女	小计	男	女
总 计	**81**	**50**	**31**	**6**	**1**	**5**	**669**	**411**	**258**
3									
4									
5-9岁									
5									
6									
7									
8									
9									
10-14岁									
10									
11									
12									
13									
14									
15-19岁				**1**	**1**				
15									
16									
17									
18									
19				1	1				
20-24岁	**5**	**3**	**2**				**13**	**8**	**5**
20	1	1					1	1	
21	1		1						
22	1	1					3	1	2
23	1	1					6	5	1
24	1		1				3	1	2
25-29岁	**9**	**3**	**6**	**1**		**1**	**90**	**44**	**46**
25	1		1	1		1	14	7	7
26	2		2				16	8	8
27	1	1					28	14	14
28	5	2	3				13	6	7
29							19	9	10
30-34岁	**18**	**12**	**6**	**2**		**2**	**142**	**77**	**65**
30	1	1		1		1	31	12	19
31	5	3	2				20	9	11
32	2		2				26	16	10
33	5	3	2				36	24	12
34	5	5		1		1	29	16	13
35-39岁	**19**	**12**	**7**	**1**		**1**	**155**	**96**	**59**
35	2	2		1		1	38	26	12
36	4	2	2				40	25	15
37	6	4	2				28	16	12
38	3		3				25	13	12
39	4	4					24	16	8
40-44岁	**10**	**5**	**5**				**107**	**66**	**41**
40	1	1					27	19	8
41	3	1	2				23	16	7
42	3	1	2				20	10	10
43	1	1					21	11	10
44	2	1	1				16	10	6
45-49岁	**10**	**7**	**3**	**1**		**1**	**63**	**43**	**20**
45	2	2		1		1	16	11	5
46	1	1					10	7	3
47	2	1	1				13	9	4
48	3	1	2				14	10	4
49	2	2					10	6	4
50岁及以上	**10**	**8**	**2**				**99**	**77**	**22**

3-2b　全国分年龄、性别、学业完成情况的3岁及以上各种受教育程度人口(镇)

单位：人

年　龄	合　计								
	合　计			在　校			毕　业		
	合计	男	女	小计	男	女	小计	男	女
总　计	**28885360**	**14823928**	**14061432**	**6211782**	**3270082**	**2941700**	**20960441**	**10729981**	**10230460**
3									
4									
5-9岁	**1713079**	**916922**	**796157**	**1667117**	**891804**	**775313**	**35326**	**19373**	**15953**
5	44553	23701	20852	42872	22780	20092	1083	592	491
6	317346	168644	148702	309011	164133	144878	6271	3394	2877
7	431477	230891	200586	420288	224846	195442	8608	4673	3935
8	476066	255224	220842	463292	248252	215040	10012	5505	4507
9	443637	238462	205175	431654	231793	199861	9352	5209	4143
10-14岁	**2119749**	**1135238**	**984511**	**2041625**	**1091331**	**950294**	**63649**	**35855**	**27794**
10	432772	232537	200235	420413	225702	194711	9714	5375	4339
11	442073	237466	204607	428306	229787	198519	10925	6103	4822
12	429770	229849	199921	413780	220937	192843	13200	7390	5810
13	407795	218302	189493	390927	208711	182216	14056	8017	6039
14	407339	217084	190255	388199	206194	182005	15754	8970	6784
15-19岁	**2186799**	**1155488**	**1031311**	**1966250**	**1021965**	**944285**	**196298**	**118805**	**77493**
15	456813	240942	215871	444095	233412	210683	9933	5873	4060
16	543492	286806	256686	519592	272152	247440	20046	12315	7731
17	478131	251825	226306	439590	228316	211274	33782	20608	13174
18	373147	199070	174077	313345	162641	150704	54015	32891	21124
19	335216	176845	158371	249628	125444	124184	78522	47118	31404
20-24岁	**1529759**	**795820**	**733939**	**488349**	**240309**	**248040**	**985328**	**523821**	**461507**
20	319723	167093	152630	202646	99160	103486	108429	62816	45613
21	290312	152311	138001	136223	66799	69424	144790	80083	64707
22	304892	159330	145562	82566	41089	41477	210758	111769	98989
23	301655	156086	145569	42888	21383	21505	246053	127670	118383
24	313177	161000	152177	24026	11878	12148	275298	141483	133815
25-29岁	**1975765**	**999946**	**975819**	**32834**	**16462**	**16372**	**1850340**	**934516**	**915824**
25	347217	177624	169593	13846	6879	6967	317560	162155	155405
26	348965	177093	171872	7671	3858	3813	325371	164732	160639
27	393409	198311	195098	5052	2586	2466	369958	186095	183863
28	419015	211976	207039	3523	1780	1743	395535	199629	195906
29	467159	234942	232217	2742	1359	1383	441916	221905	220011
30-34岁	**2900704**	**1448010**	**1452694**	**6731**	**3331**	**3400**	**2748767**	**1370599**	**1378168**
30	607305	303911	303394	2417	1245	1172	575025	287180	287845
31	593408	295347	298061	1484	715	769	562230	279490	282740
32	562456	279963	282493	1133	551	582	533276	265148	268128
33	607152	303221	303931	991	478	513	575598	287210	288388
34	530383	265568	264815	706	342	364	502638	251571	251067
35-39岁	**2302446**	**1162293**	**1140153**	**2627**	**1346**	**1281**	**2174802**	**1097432**	**1077370**
35	458674	231227	227447	600	301	299	433851	218616	215235
36	455453	229525	225928	554	283	271	430602	216901	213701
37	440078	222604	217474	481	254	227	415655	210155	205500
38	503141	254741	248400	531	265	266	475151	240400	234751
39	445100	224196	220904	461	243	218	419543	211360	208183
40-44岁	**2194164**	**1113497**	**1080667**	**1670**	**887**	**783**	**2060321**	**1046728**	**1013593**
40	412508	208167	204341	355	181	174	388225	195986	192239
41	456374	231478	224896	370	191	179	429226	217786	211440
42	438020	221559	216461	353	182	171	411383	208381	203002
43	419294	213372	205922	287	164	123	393442	200518	192924
44	467968	238921	229047	305	169	136	438045	224057	213988
45-49岁	**2624775**	**1337379**	**1287396**	**1423**	**808**	**615**	**2445811**	**1249610**	**1196201**
45	475384	241928	233456	287	160	127	443904	226423	217481
46	516417	262541	253876	304	169	135	481585	245250	236335
47	533403	272031	261372	308	177	131	497200	254160	243040
48	544960	277303	267657	268	145	123	507341	259099	248242
49	554611	283576	271035	256	157	99	515781	264678	251103
50岁及以上	**9338120**	**4759335**	**4578785**	**3156**	**1839**	**1317**	**8399799**	**4333242**	**4066557**

3-2b 续表 1

单位：人

年 龄	合计								
	肄业			辍学			其他		
	小计	男	女	小计	男	女	小计	男	女
总 计	**263202**	**122703**	**140499**	**470179**	**218719**	**251460**	**979756**	**482443**	**497313**
3									
4									
5-9岁	**776**	**436**	**340**	**343**	**199**	**144**	**9517**	**5110**	**4407**
5	20	14	6	17	11	6	561	304	257
6	131	73	58	51	25	26	1882	1019	863
7	207	112	95	78	47	31	2296	1213	1083
8	211	112	99	89	47	42	2462	1308	1154
9	207	125	82	108	69	39	2316	1266	1050
10-14岁	**1173**	**665**	**508**	**1402**	**839**	**563**	**11900**	**6548**	**5352**
10	197	119	78	112	59	53	2336	1282	1054
11	191	100	91	157	97	60	2494	1379	1115
12	186	101	85	189	118	71	2415	1303	1112
13	241	142	99	319	190	129	2252	1242	1010
14	358	203	155	625	375	250	2403	1342	1061
15-19岁	**3116**	**1956**	**1160**	**7227**	**4683**	**2544**	**13908**	**8079**	**5829**
15	264	157	107	915	579	336	1606	921	685
16	479	299	180	1281	812	469	2094	1228	866
17	607	381	226	1533	987	546	2619	1533	1086
18	807	516	291	1627	1060	567	3353	1962	1391
19	959	603	356	1871	1245	626	4236	2435	1801
20-24岁	**7032**	**4186**	**2846**	**11996**	**7595**	**4401**	**37054**	**19909**	**17145**
20	1155	741	414	2099	1358	741	5394	3018	2376
21	1206	754	452	2111	1343	768	5982	3332	2650
22	1428	834	594	2403	1545	858	7737	4093	3644
23	1510	844	666	2579	1637	942	8625	4552	4073
24	1733	1013	720	2804	1712	1092	9316	4914	4402
25-29岁	**10856**	**6215**	**4641**	**18199**	**10804**	**7395**	**63536**	**31949**	**31587**
25	1871	1119	752	3122	1946	1176	10818	5525	5293
26	1971	1129	842	3103	1908	1195	10849	5466	5383
27	2129	1204	925	3514	2061	1453	12756	6365	6391
28	2266	1327	939	3960	2320	1640	13731	6920	6811
29	2619	1436	1183	4500	2569	1931	15382	7673	7709
30-34岁	**17234**	**9454**	**7780**	**29212**	**16083**	**13129**	**98760**	**48543**	**50217**
30	3485	2003	1482	5902	3359	2543	20476	10124	10352
31	3518	1946	1572	5784	3232	2552	20392	9964	10428
32	3249	1760	1489	5551	3057	2494	19247	9447	9800
33	3666	2012	1654	6285	3389	2896	20612	10132	10480
34	3316	1733	1583	5690	3046	2644	18033	8876	9157
35-39岁	**15815**	**8324**	**7491**	**28094**	**14787**	**13307**	**81108**	**40404**	**40704**
35	3042	1634	1408	5324	2829	2495	15857	7847	8010
36	2977	1541	1436	5516	2915	2601	15804	7885	7919
37	3021	1616	1405	5344	2818	2526	15577	7761	7816
38	3583	1894	1689	6081	3242	2839	17795	8940	8855
39	3192	1639	1553	5829	2983	2846	16075	7971	8104
40-44岁	**17826**	**8933**	**8893**	**32622**	**16378**	**16244**	**81725**	**40571**	**41154**
40	3076	1588	1488	5573	2885	2688	15279	7527	7752
41	3508	1761	1747	6445	3306	3139	16825	8434	8391
42	3500	1728	1772	6658	3317	3341	16126	7951	8175
43	3554	1784	1770	6505	3233	3272	15506	7673	7833
44	4188	2072	2116	7441	3637	3804	17989	8986	9003
45-49岁	**25181**	**12325**	**12856**	**48720**	**23033**	**25687**	**103640**	**51603**	**52037**
45	4422	2219	2203	8428	4059	4369	18343	9067	9276
46	4837	2383	2454	9079	4374	4705	20612	10365	10247
47	5089	2502	2587	9939	4738	5201	20867	10454	10413
48	5420	2622	2798	10281	4751	5530	21650	10686	10964
49	5413	2599	2814	10993	5111	5882	22168	11031	11137
50岁及以上	**164193**	**70209**	**93984**	**292364**	**124318**	**168046**	**478608**	**229727**	**248881**

3-2b 续表 2

单位：人

年 龄	小学								
	合 计			在 校			毕 业		
	合计	男	女	小计	男	女	小计	男	女
总 计	**7583147**	**3495769**	**4087378**	**2658406**	**1424923**	**1233483**	**4172376**	**1769234**	**2403142**
3									
4									
5-9岁	**1690420**	**904178**	**786242**	**1646972**	**880540**	**766432**	**33278**	**18179**	**15099**
5	44553	23701	20852	42872	22780	20092	1083	592	491
6	313525	166479	147046	305635	162229	143406	5914	3186	2728
7	426729	228214	198515	416090	222492	193598	8173	4414	3759
8	469695	251685	218010	457647	245132	212515	9407	5165	4242
9	435918	234099	201819	424728	227907	196821	8701	4822	3879
10-14岁	**1039930**	**560560**	**479370**	**1007122**	**542276**	**464846**	**25792**	**14400**	**11392**
10	419691	225457	194234	408466	219231	189235	8783	4869	3914
11	395051	212693	182358	383978	206478	177500	8767	4926	3841
12	166257	90894	75363	160140	87467	72673	4840	2733	2107
13	42560	22954	19606	39907	21472	18435	2089	1175	914
14	16371	8562	7809	14631	7628	7003	1313	697	616
15-19岁	**13935**	**7783**	**6152**	**2438**	**1249**	**1189**	**8849**	**5011**	**3838**
15	1998	1109	889	861	463	398	727	425	302
16	2131	1189	942	527	252	275	1143	663	480
17	2529	1415	1114	430	221	209	1621	922	699
18	3155	1765	1390	322	163	159	2245	1249	996
19	4122	2305	1817	298	150	148	3113	1752	1361
20-24岁	**30531**	**16256**	**14275**	**480**	**236**	**244**	**25371**	**13493**	**11878**
20	4537	2516	2021	204	93	111	3542	1979	1563
21	4929	2707	2222	104	50	54	4068	2217	1851
22	6211	3342	2869	86	48	38	5182	2797	2385
23	6971	3577	3394	53	27	26	5895	3010	2885
24	7883	4114	3769	33	18	15	6684	3490	3194
25-29岁	**64912**	**31958**	**32954**	**149**	**79**	**70**	**56109**	**27533**	**28576**
25	9335	4743	4592	33	20	13	7962	4036	3926
26	10439	5189	5250	30	19	11	9008	4468	4540
27	12937	6346	6591	27	12	15	11214	5461	5753
28	14746	7203	7543	26	10	16	12832	6245	6587
29	17455	8477	8978	33	18	15	15093	7323	7770
30-34岁	**140933**	**63832**	**77101**	**96**	**39**	**57**	**123235**	**55545**	**67690**
30	24237	11318	12919	32	10	22	21150	9836	11314
31	27016	12435	14581	15	8	7	23599	10848	12751
32	27417	12374	15043	9	4	5	24031	10766	13265
33	32056	14376	17680	24	11	13	28020	12506	15514
34	30207	13329	16878	16	6	10	26435	11589	14846
35-39岁	**161297**	**69257**	**92040**	**77**	**39**	**38**	**140085**	**59789**	**80296**
35	28470	12500	15970	18	10	8	24796	10832	13964
36	29761	12966	16795	16	10	6	25925	11241	14684
37	30160	12940	17220	8	3	5	26200	11137	15063
38	36841	15693	21148	16	9	7	31974	13480	18494
39	36065	15158	20907	19	7	12	31190	13099	18091
40-44岁	**256638**	**106981**	**149657**	**62**	**31**	**31**	**223587**	**92872**	**130715**
40	37760	15792	21968	10	3	7	32757	13626	19131
41	47760	20172	27588	16	7	9	41538	17450	24088
42	51020	21056	29964	11	4	7	44392	18268	26124
43	54183	22529	31654	15	11	4	47332	19581	27751
44	65915	27432	38483	10	6	4	57568	23947	33621
45-49岁	**466928**	**190098**	**276830**	**112**	**51**	**61**	**406424**	**165574**	**240850**
45	73892	30325	43567	23	10	13	64252	26358	37894
46	85831	35272	50559	22	10	12	74681	30621	44060
47	93791	38356	55435	24	18	6	81689	33395	48294
48	101801	40942	60859	25	5	20	88572	35709	52863
49	111613	45203	66410	18	8	10	97230	39491	57739
50岁及以上	**3717623**	**1544866**	**2172757**	**898**	**383**	**515**	**3129646**	**1316838**	**1812808**

3-2b 续表 3

单位：人

年 龄	小学								
	肄业			辍学			其他		
	小计	男	女	小计	男	女	小计	男	女
总 计	**139103**	**52887**	**86216**	**270453**	**104455**	**165998**	**342809**	**144270**	**198539**
3									
4									
5-9岁	**755**	**425**	**330**	**329**	**193**	**136**	**9086**	**4841**	**4245**
5	20	14	6	17	11	6	561	304	257
6	128	71	57	51	25	26	1797	968	829
7	204	111	93	75	47	28	2187	1150	1037
8	203	106	97	87	47	40	2351	1235	1116
9	200	123	77	99	63	36	2190	1184	1006
10-14岁	**515**	**296**	**219**	**551**	**325**	**226**	**5950**	**3263**	**2687**
10	187	112	75	107	54	53	2148	1191	957
11	168	90	78	122	75	47	2016	1124	892
12	86	49	37	118	72	46	1073	573	500
13	36	19	17	93	54	39	435	234	201
14	38	26	12	111	70	41	278	141	137
15-19岁	**275**	**169**	**106**	**832**	**529**	**303**	**1541**	**825**	**716**
15	28	12	16	122	63	59	260	146	114
16	54	29	25	147	102	45	260	143	117
17	51	33	18	173	111	62	254	128	126
18	73	49	24	187	120	67	328	184	144
19	69	46	23	203	133	70	439	224	215
20-24岁	**566**	**299**	**267**	**1416**	**796**	**620**	**2698**	**1432**	**1266**
20	93	55	38	238	141	97	460	248	212
21	94	56	38	227	123	104	436	261	175
22	108	50	58	296	172	124	539	275	264
23	132	67	65	298	161	137	593	312	281
24	139	71	68	357	199	158	670	336	334
25-29岁	**1133**	**582**	**551**	**2663**	**1390**	**1273**	**4858**	**2374**	**2484**
25	151	90	61	394	206	188	795	391	404
26	181	96	85	432	241	191	788	365	423
27	228	124	104	495	259	236	973	490	483
28	256	124	132	596	310	286	1036	514	522
29	317	148	169	746	374	372	1266	614	652
30-34岁	**2475**	**1200**	**1275**	**5817**	**2728**	**3089**	**9310**	**4320**	**4990**
30	399	210	189	1010	493	517	1646	769	877
31	477	221	256	1091	514	577	1834	844	990
32	463	219	244	1093	521	572	1821	864	957
33	570	265	305	1369	639	730	2073	955	1118
34	566	285	281	1254	561	693	1936	888	1048
35-39岁	**3282**	**1405**	**1877**	**7500**	**3334**	**4166**	**10353**	**4690**	**5663**
35	549	230	319	1265	588	677	1842	840	1002
36	568	244	324	1340	599	741	1912	872	1040
37	609	278	331	1361	602	759	1982	920	1062
38	776	326	450	1778	813	965	2297	1065	1232
39	780	327	453	1756	732	1024	2320	993	1327
40-44岁	**5426**	**2264**	**3162**	**12223**	**5133**	**7090**	**15340**	**6681**	**8659**
40	780	323	457	1826	806	1020	2387	1034	1353
41	977	400	577	2309	993	1316	2920	1322	1598
42	1055	440	615	2499	1025	1474	3063	1319	1744
43	1162	510	652	2566	1060	1506	3108	1367	1741
44	1452	591	861	3023	1249	1774	3862	1639	2223
45-49岁	**10052**	**4033**	**6019**	**23392**	**9184**	**14208**	**26948**	**11256**	**15692**
45	1624	674	950	3703	1471	2232	4290	1812	2478
46	1915	792	1123	4135	1703	2432	5078	2146	2932
47	1985	796	1189	4732	1861	2871	5361	2286	3075
48	2191	854	1337	5202	1969	3233	5811	2405	3406
49	2337	917	1420	5620	2180	3440	6408	2607	3801
50岁及以上	**114624**	**42214**	**72410**	**215730**	**80843**	**134887**	**256725**	**104588**	**152137**

3-2b　续表 4

单位：人

年龄	初中								
	合计			在校			毕业		
	合计	男	女	小计	男	女	小计	男	女
总计	**11458534**	**6015312**	**5443222**	**1284404**	**690721**	**593683**	**9499493**	**4964313**	**4535180**
3									
4									
5-9岁	**22636**	**12732**	**9904**	**20130**	**11255**	**8875**	**2040**	**1191**	**849**
5									
6	3821	2165	1656	3376	1904	1472	357	208	149
7	4748	2677	2071	4198	2354	1844	435	259	176
8	6361	3535	2826	5638	3116	2522	602	340	262
9	7706	4355	3351	6918	3881	3037	646	384	262
10-14岁	**1028879**	**550187**	**478692**	**985514**	**525634**	**459880**	**36227**	**20559**	**15668**
10	13048	7063	5985	11931	6462	5469	914	498	416
11	46974	24753	22221	44292	23293	20999	2147	1173	974
12	263372	138907	124465	253514	133430	120084	8347	4650	3697
13	358288	191842	166446	344566	184013	160553	11555	6611	4944
14	347197	187622	159575	331211	178436	152775	13264	7627	5637
15-19岁	**391737**	**224072**	**167665**	**273971**	**151336**	**122635**	**106383**	**65627**	**40756**
15	169578	94381	75197	160368	88840	71528	7431	4435	2996
16	79678	45208	34470	63700	35232	28468	14060	8794	5266
17	48930	28317	20613	26416	14351	12065	20413	12664	7749
18	44733	26789	17944	14281	7893	6388	27946	17329	10617
19	48818	29377	19441	9206	5020	4186	36533	22405	14128
20-24岁	**361190**	**203318**	**157872**	**2062**	**1109**	**953**	**334001**	**187610**	**146391**
20	51399	30625	20774	798	432	366	46748	27828	18920
21	58652	34213	24439	455	255	200	53948	31422	22526
22	74195	41919	32276	357	190	167	68752	38796	29956
23	83089	45833	37256	255	130	125	77128	42463	34665
24	93855	50728	43127	197	102	95	87425	47101	40324
25-29岁	**711899**	**366908**	**344991**	**584**	**303**	**281**	**666860**	**342670**	**324190**
25	111812	59319	52493	153	79	74	104367	55198	49169
26	118366	61895	56471	133	71	62	110758	57736	53022
27	141363	72913	68450	117	63	54	132368	68106	64262
28	156957	80297	76660	104	51	53	147044	74973	72071
29	183401	92484	90917	77	39	38	172323	86657	85666
30-34岁	**1281712**	**629823**	**651889**	**458**	**211**	**247**	**1204188**	**590379**	**613809**
30	250831	125183	125648	120	57	63	235382	117087	118295
31	254409	125044	129365	108	52	56	238756	117045	121711
32	248220	121566	126654	77	37	40	233320	114105	119215
33	277459	135787	141672	80	30	50	260899	127374	133525
34	250793	122243	128550	73	35	38	235831	114768	121063
35-39岁	**1179600**	**582738**	**596862**	**325**	**148**	**177**	**1109044**	**546672**	**562372**
35	225801	110602	115199	72	32	40	212162	103641	108521
36	231570	113634	117936	54	26	28	217745	106611	111134
37	226907	112424	114483	64	27	37	213291	105480	107811
38	261902	130213	131689	75	31	44	246462	122235	124227
39	233420	115865	117555	60	32	28	219384	108705	110679
40-44岁	**1164356**	**585033**	**579323**	**246**	**126**	**120**	**1092695**	**548502**	**544193**
40	215308	106968	108340	47	24	23	202086	100243	101843
41	240639	120591	120048	47	27	20	226042	113104	112938
42	232193	116367	115826	48	21	27	217902	109092	108810
43	224377	113309	111068	49	28	21	210617	106339	104278
44	251839	127798	124041	55	26	29	236048	119724	116324
45-49岁	**1431243**	**732148**	**699095**	**315**	**153**	**162**	**1340717**	**685061**	**655656**
45	257726	130588	127138	63	32	31	241461	122224	119237
46	282654	143479	139175	56	25	31	264692	134114	130578
47	291700	149318	142382	59	25	34	273083	139608	133475
48	297118	152316	144802	63	26	37	278464	142679	135785
49	302045	156447	145598	74	45	29	283017	146436	136581
50岁及以上	**3885282**	**2128353**	**1756929**	**799**	**446**	**353**	**3607338**	**1976042**	**1631296**

3-2b 续表 5 单位：人

年 龄	初中								
	肄业			辍学			其他		
	小计	男	女	小计	男	女	小计	男	女
总 计	**90380**	**49564**	**40816**	**164219**	**92111**	**72108**	**420038**	**218603**	**201435**
3									
4									
5-9岁	**21**	**11**	**10**	**14**	**6**	**8**	**431**	**269**	**162**
5									
6	3	2	1				85	51	34
7	3	1	2	3		3	109	63	46
8	8	6	2	2		2	111	73	38
9	7	2	5	9	6	3	126	82	44
10-14岁	**637**	**359**	**278**	**816**	**494**	**322**	**5685**	**3141**	**2544**
10	10	7	3	5	5		188	91	97
11	23	10	13	35	22	13	477	255	222
12	100	52	48	71	46	25	1340	729	611
13	203	122	81	221	133	88	1743	963	780
14	301	168	133	484	288	196	1937	1103	834
15-19岁	**1426**	**911**	**515**	**3913**	**2574**	**1339**	**6044**	**3624**	**2420**
15	182	110	72	659	443	216	938	553	385
16	231	150	81	727	456	271	960	576	384
17	273	181	92	746	483	263	1082	638	444
18	328	208	120	816	538	278	1362	821	541
19	412	262	150	965	654	311	1702	1036	666
20-24岁	**3052**	**1864**	**1188**	**6722**	**4325**	**2397**	**15353**	**8410**	**6943**
20	468	313	155	1116	737	379	2269	1315	954
21	529	333	196	1176	775	401	2544	1428	1116
22	615	368	247	1321	861	460	3150	1704	1446
23	666	385	281	1512	966	546	3528	1889	1639
24	774	465	309	1597	986	611	3862	2074	1788
25-29岁	**5205**	**3033**	**2172**	**10684**	**6453**	**4231**	**28566**	**14449**	**14117**
25	881	508	373	1797	1153	644	4614	2381	2233
26	939	561	378	1807	1137	670	4729	2390	2339
27	1008	579	429	2112	1241	871	5758	2924	2834
28	1096	661	435	2353	1392	961	6360	3220	3140
29	1281	724	557	2615	1530	1085	7105	3534	3571
30-34岁	**8872**	**4846**	**4026**	**17522**	**9767**	**7755**	**50672**	**24620**	**26052**
30	1769	1026	743	3483	2024	1459	10077	4989	5088
31	1741	959	782	3476	1974	1502	10328	5014	5314
32	1678	907	771	3344	1839	1505	9801	4678	5123
33	1911	1057	854	3783	2041	1742	10786	5285	5501
34	1773	897	876	3436	1889	1547	9680	4654	5026
35-39岁	**8721**	**4732**	**3989**	**16785**	**9172**	**7613**	**44725**	**22014**	**22711**
35	1689	948	741	3229	1749	1480	8649	4232	4417
36	1678	894	784	3382	1835	1547	8711	4268	4443
37	1661	889	772	3286	1813	1473	8605	4215	4390
38	1934	1061	873	3543	1970	1573	9888	4916	4972
39	1759	940	819	3345	1805	1540	8872	4383	4489
40-44岁	**9185**	**4817**	**4368**	**17385**	**9402**	**7983**	**44845**	**22186**	**22659**
40	1625	881	744	3101	1693	1408	8449	4127	4322
41	1838	963	875	3514	1938	1576	9198	4559	4639
42	1838	954	884	3529	1902	1627	8876	4398	4478
43	1814	935	879	3401	1845	1556	8496	4162	4334
44	2070	1084	986	3840	2024	1816	9826	4940	4886
45-49岁	**12131**	**6466**	**5665**	**22322**	**12007**	**10315**	**55758**	**28461**	**27297**
45	2152	1158	994	4120	2214	1906	9930	4960	4970
46	2331	1247	1084	4332	2281	2051	11243	5812	5431
47	2539	1353	1186	4619	2512	2107	11400	5820	5580
48	2592	1376	1216	4495	2432	2063	11504	5803	5701
49	2517	1332	1185	4756	2568	2188	11681	6066	5615
50岁及以上	**41130**	**22525**	**18605**	**68056**	**37911**	**30145**	**167959**	**91429**	**76530**

3-2b　续表 6　　　　　　　　　　　　　　　　　　　　　　　　　　单位：人

年　龄	高中								
	合　计			在　校			毕　业		
	合计	男	女	小计	男	女	小计	男	女
总　计	**5339173**	**2945479**	**2393694**	**1448050**	**750919**	**697131**	**3699977**	**2084303**	**1615674**
3									
4									
5-9岁	**23**	**12**	**11**	**15**	**9**	**6**	**8**	**3**	**5**
5									
6									
7									
8	10	4	6	7	4	3	3		3
9	13	8	5	8	5	3	5	3	2
10-14岁	**50740**	**24399**	**26341**	**48822**	**23342**	**25480**	**1602**	**884**	**718**
10	25	14	11	14	8	6	11	6	5
11	37	15	22	29	12	17	8	3	5
12	126	42	84	119	38	81	7	4	3
13	6930	3499	3431	6443	3222	3221	406	228	178
14	43622	20829	22793	42217	20062	22155	1170	643	527
15-19岁	**1418095**	**743563**	**674532**	**1346597**	**699770**	**646827**	**63465**	**38945**	**24520**
15	279282	142211	137071	277094	140980	136114	1620	917	703
16	448789	233505	215284	443048	230100	212948	4373	2601	1772
17	392916	205307	187609	380844	197919	182925	10188	6248	3940
18	205190	110948	94242	184073	97873	86200	19115	11840	7275
19	91918	51592	40326	61538	32898	28640	28169	17339	10830
20-24岁	**311887**	**178148**	**133739**	**50962**	**26884**	**24078**	**246419**	**142694**	**103725**
20	63810	36566	27244	26135	13706	12429	35270	21385	13885
21	54841	31798	23043	11505	6057	5448	40851	24238	16613
22	61195	35365	25830	6664	3599	3065	51529	29989	21540
23	63366	35852	27514	4052	2165	1887	56146	31851	24295
24	68675	38567	30108	2606	1357	1249	62623	35231	27392
25-29岁	**450972**	**244056**	**206916**	**738**	**424**	**314**	**427849**	**231268**	**196581**
25	76811	42806	34005	252	151	101	72619	40384	32235
26	78181	42802	35379	155	92	63	74245	40587	33658
27	89443	48050	41393	142	77	65	84863	45585	39278
28	96699	52135	44564	103	56	47	91814	49435	42379
29	109838	58263	51575	86	48	38	104308	55277	49031
30-34岁	**647170**	**340786**	**306384**	**292**	**139**	**153**	**615883**	**323852**	**292031**
30	142117	74605	67512	98	48	50	135136	70845	64291
31	135932	71503	64429	55	29	26	129397	67976	61421
32	126125	66266	59859	59	23	36	120016	62947	57069
33	132371	69723	62648	51	26	25	125978	66287	59691
34	110625	58689	51936	29	13	16	105356	55797	49559
35-39岁	**452066**	**241754**	**210312**	**144**	**69**	**75**	**430552**	**230024**	**200528**
35	92270	49206	43064	37	22	15	87885	46866	41019
36	88437	47061	41376	31	15	16	84206	44744	39462
37	85180	45529	39651	23	9	14	81074	43295	37779
38	98100	52750	45350	26	9	17	93448	50206	43242
39	88079	47208	40871	27	14	13	83939	44913	39026
40-44岁	**405173**	**221672**	**183501**	**111**	**57**	**54**	**386536**	**211366**	**175170**
40	81424	44163	37261	21	10	11	77619	42099	35520
41	87609	47721	39888	29	16	13	83593	45480	38113
42	81425	44319	37106	29	15	14	77762	42345	35417
43	74415	41057	33358	17	11	6	71082	39207	31875
44	80300	44412	35888	15	5	10	76480	42235	34245
45-49岁	**413821**	**232406**	**181415**	**104**	**65**	**39**	**394615**	**221383**	**173232**
45	78799	43768	35031	17	8	9	75083	41667	33416
46	82652	46027	36625	25	14	11	78743	43810	34933
47	84107	47103	37004	25	16	9	80323	44888	35435
48	84565	47676	36889	15	10	5	80592	45392	35200
49	83698	47832	35866	22	17	5	79874	45626	34248
50岁及以上	**1189226**	**718683**	**470543**	**265**	**160**	**105**	**1133048**	**683884**	**449164**

3-2b 续表 7

单位：人

年 龄	高中								
	肄业			辍学			其他		
	小计	男	女	小计	男	女	小计	男	女
总 计	**24399**	**14865**	**9534**	**32662**	**20451**	**12211**	**134085**	**74941**	**59144**
3									
4									
5-9岁									
5									
6									
7									
8									
9									
10-14岁	**21**	**10**	**11**	**34**	**20**	**14**	**261**	**143**	**118**
10									
11									
12									
13	2	1	1	5	3	2	74	45	29
14	19	9	10	29	17	12	187	98	89
15-19岁	**1201**	**758**	**443**	**2303**	**1473**	**830**	**4529**	**2617**	**1912**
15	52	33	19	131	71	60	385	210	175
16	184	114	70	400	250	150	784	440	344
17	259	153	106	588	373	215	1037	614	423
18	339	222	117	570	375	195	1093	638	455
19	367	236	131	614	404	210	1230	715	515
20-24岁	**2053**	**1302**	**751**	**3299**	**2146**	**1153**	**9154**	**5122**	**4032**
20	394	257	137	626	415	211	1385	803	582
21	350	235	115	608	384	224	1527	884	643
22	419	272	147	669	453	216	1914	1052	862
23	406	246	160	658	436	222	2104	1154	950
24	484	292	192	738	458	280	2224	1229	995
25-29岁	**2843**	**1698**	**1145**	**4334**	**2664**	**1670**	**15208**	**8002**	**7206**
25	514	333	181	839	533	306	2587	1405	1182
26	493	290	203	754	471	283	2534	1362	1172
27	562	326	236	809	503	306	3067	1559	1508
28	588	355	233	912	557	355	3282	1732	1550
29	686	394	292	1020	600	420	3738	1944	1794
30-34岁	**3900**	**2310**	**1590**	**5279**	**3240**	**2039**	**21816**	**11245**	**10571**
30	859	520	339	1277	769	508	4747	2423	2324
31	865	521	344	1079	666	413	4536	2311	2225
32	726	423	303	1003	622	381	4321	2251	2070
33	797	471	326	1023	641	382	4522	2298	2224
34	653	375	278	897	542	355	3690	1962	1728
35-39岁	**2590**	**1493**	**1097**	**3493**	**2099**	**1394**	**15287**	**8069**	**7218**
35	546	312	234	763	456	307	3039	1550	1489
36	496	283	213	724	439	285	2980	1580	1400
37	500	296	204	636	364	272	2947	1565	1382
38	599	341	258	701	424	277	3326	1770	1556
39	449	261	188	669	416	253	2995	1604	1391
40-44岁	**2331**	**1322**	**1009**	**2829**	**1728**	**1101**	**13366**	**7199**	**6167**
40	481	268	213	606	369	237	2697	1417	1280
41	485	285	200	578	349	229	2924	1591	1333
42	441	233	208	599	366	233	2594	1360	1234
43	419	247	172	507	309	198	2390	1283	1107
44	505	289	216	539	335	204	2761	1548	1213
45-49岁	**2285**	**1402**	**883**	**2834**	**1734**	**1100**	**13983**	**7822**	**6161**
45	486	297	189	569	351	218	2644	1445	1199
46	445	263	182	583	372	211	2856	1568	1288
47	436	273	163	547	338	209	2776	1588	1188
48	501	306	195	553	331	222	2904	1637	1267
49	417	263	154	582	342	240	2803	1584	1219
50岁及以上	**7175**	**4570**	**2605**	**8257**	**5347**	**2910**	**40481**	**24722**	**15759**

3-2b 续表 8 单位：人

年龄	大学专科								
	合计			在校			毕业		
	合计	男	女	小计	男	女	小计	男	女
总计	**2561628**	**1373615**	**1188013**	**383828**	**196735**	**187093**	**2115318**	**1142459**	**972859**
3									
4									
5-9岁									
5									
6									
7									
8									
9									
10-14岁	**176**	**84**	**92**	**151**	**72**	**79**	**21**	**11**	**10**
10	5	3	2	1	1		4	2	2
11	9	5	4	6	4	2	3	1	2
12	12	6	6	5	2	3	5	3	2
13	14	6	8	11	4	7	3	2	1
14	136	64	72	128	61	67	6	3	3
15-19岁	**218109**	**112484**	**105625**	**201526**	**103646**	**97880**	**14971**	**7913**	**7058**
15	5467	3001	2466	5319	2910	2409	123	76	47
16	11638	6279	5359	11141	5995	5146	413	225	188
17	24500	12684	11816	22881	11858	11023	1394	684	710
18	71159	36586	34573	66736	34202	32534	3946	2112	1834
19	105345	53934	51411	95449	48681	46768	9095	4816	4279
20-24岁	**417154**	**208538**	**208616**	**166475**	**84870**	**81605**	**242697**	**119488**	**123209**
20	102795	52302	50493	82132	41704	40428	19418	9952	9466
21	81483	41210	40273	44386	22758	21628	35769	17744	18025
22	80132	40015	40117	23136	11908	11228	55305	27220	28085
23	76513	37664	38849	11003	5550	5453	63708	31183	32525
24	76231	37347	38884	5818	2950	2868	68497	33389	35108
25-29岁	**408391**	**201908**	**206483**	**9925**	**5010**	**4915**	**387940**	**191572**	**196368**
25	80662	39685	40977	3844	1912	1932	74775	36708	38067
26	76524	37836	38688	2166	1106	1060	72347	35731	36616
27	81196	40130	41066	1631	857	774	77509	38239	39270
28	82730	40985	41745	1224	610	614	79371	39297	40074
29	87279	43272	44007	1060	525	535	83938	41597	42341
30-34岁	**466396**	**235620**	**230776**	**2592**	**1284**	**1308**	**451381**	**228063**	**223318**
30	107778	53831	53947	951	502	449	103885	51863	52022
31	99590	49800	49790	539	240	299	96326	48189	48137
32	90109	45297	44812	426	215	211	87265	43838	43427
33	92568	47194	45374	410	198	212	89778	45792	43986
34	76351	39498	36853	266	129	137	74127	38381	35746
35-39岁	**273626**	**144093**	**129533**	**1098**	**580**	**518**	**264919**	**139484**	**125435**
35	60694	32019	28675	232	119	113	58795	31025	27770
36	56340	29669	26671	259	143	116	54533	28716	25817
37	51738	27270	24468	205	120	85	50090	26376	23714
38	56871	30046	26825	209	98	111	55059	29094	25965
39	47983	25089	22894	193	100	93	46442	24273	22169
40-44岁	**210290**	**113919**	**96371**	**745**	**404**	**341**	**203639**	**110205**	**93434**
40	43601	23005	20596	161	83	78	42217	22252	19965
41	45590	24372	21218	158	80	78	44096	23566	20530
42	42063	22868	19195	155	84	71	40774	22145	18629
43	38131	20946	17185	125	75	50	36909	20245	16664
44	40905	22728	18177	146	82	64	39643	21997	17646
45-49岁	**190636**	**108848**	**81788**	**532**	**320**	**212**	**184789**	**105495**	**79294**
45	38282	21598	16684	101	57	44	37088	20947	16141
46	39314	22220	17094	108	64	44	38129	21545	16584
47	39245	22335	16910	125	76	49	38075	21668	16407
48	38173	21974	16199	100	63	37	36972	21266	15706
49	35622	20721	14901	98	60	38	34525	20069	14456
50岁及以上	**376850**	**248121**	**128729**	**784**	**549**	**235**	**364961**	**240228**	**124733**

3-2b 续表 9

单位：人

年 龄	大学专科								
	肄 业			辍 学			其 他		
	小计	男	女	小计	男	女	小计	男	女
总 计	**6223**	**3657**	**2566**	**2267**	**1353**	**914**	**53992**	**29411**	**24581**
3									
4									
5-9岁									
5									
6									
7									
8									
9									
10-14岁				**1**		**1**	**3**	**1**	**2**
10									
11									
12							2	1	1
13									
14				1		1	1		1
15-19岁	**181**	**99**	**82**	**162**	**100**	**62**	**1269**	**726**	**543**
15	2	2		3	2	1	20	11	9
16	9	5	4	6	3	3	69	51	18
17	22	12	10	25	19	6	178	111	67
18	52	27	25	46	25	21	379	220	159
19	96	53	43	82	51	31	623	333	290
20-24岁	**972**	**545**	**427**	**448**	**255**	**193**	**6562**	**3380**	**3182**
20	167	99	68	99	51	48	979	496	483
21	183	105	78	83	53	30	1062	550	512
22	203	113	90	95	48	47	1393	726	667
23	197	99	98	81	50	31	1524	782	742
24	222	129	93	90	53	37	1604	826	778
25-29岁	**1066**	**594**	**472**	**391**	**229**	**162**	**9069**	**4503**	**4566**
25	218	130	88	72	44	28	1753	891	862
26	232	119	113	84	47	37	1695	833	862
27	188	100	88	69	43	26	1799	891	908
28	213	132	81	71	43	28	1851	903	948
29	215	113	102	95	52	43	1971	985	986
30-34岁	**1304**	**731**	**573**	**469**	**276**	**193**	**10650**	**5266**	**5384**
30	316	173	143	101	57	44	2525	1236	1289
31	276	167	109	115	64	51	2334	1140	1194
32	255	140	115	92	62	30	2071	1042	1029
33	249	145	104	83	52	31	2048	1007	1041
34	208	106	102	78	41	37	1672	841	831
35-39岁	**766**	**443**	**323**	**252**	**140**	**112**	**6591**	**3446**	**3145**
35	173	100	73	58	29	29	1436	746	690
36	150	73	77	56	32	24	1342	705	637
37	149	95	54	46	26	20	1248	653	595
38	171	110	61	45	27	18	1387	717	670
39	123	65	58	47	26	21	1178	625	553
40-44岁	**547**	**324**	**223**	**150**	**94**	**56**	**5209**	**2892**	**2317**
40	115	69	46	30	10	20	1078	591	487
41	123	57	66	40	25	15	1173	644	529
42	100	59	41	27	22	5	1007	558	449
43	105	66	39	24	15	9	968	545	423
44	104	73	31	29	22	7	983	554	429
45-49岁	**475**	**275**	**200**	**136**	**86**	**50**	**4704**	**2672**	**2032**
45	101	55	46	30	18	12	962	521	441
46	97	51	46	21	15	6	959	545	414
47	90	55	35	36	23	13	919	513	406
48	85	55	30	20	12	8	996	578	418
49	102	59	43	29	18	11	868	515	353
50岁及以上	**912**	**646**	**266**	**258**	**173**	**85**	**9935**	**6525**	**3410**

3-2b　续表 10

单位：人

年　龄	大学本科								
	合　计			在　校			毕　业		
	合计	男	女	小计	男	女	小计	男	女
总　计	**1831423**	**937464**	**893959**	**403449**	**191078**	**212371**	**1396864**	**729837**	**667027**
3									
4									
5-9岁									
5									
6									
7									
8									
9									
10-14岁	**23**	**8**	**15**	**15**	**7**	**8**	**7**	**1**	**6**
10	3		3	1		1	2		2
11	2		2	1		1			
12	2		2	1		1	1		1
13	3	1	2				3	1	2
14	13	7	6	12	7	5	1		1
15-19岁	**144719**	**67468**	**77251**	**141524**	**65854**	**75670**	**2621**	**1302**	**1319**
15	486	239	247	451	218	233	32	20	12
16	1254	625	629	1174	573	601	57	32	25
17	9219	4079	5140	8986	3947	5039	163	88	75
18	48850	22949	25901	47875	22479	25396	761	359	402
19	84910	39576	45334	83038	38637	44401	1608	803	805
20-24岁	**386296**	**179546**	**206750**	**247861**	**118019**	**129842**	**134780**	**59768**	**75012**
20	96913	44963	51950	93123	43110	50013	3437	1667	1770
21	89082	41817	47265	78506	37135	41371	10101	4442	5659
22	77798	36277	41521	47226	23044	24182	29756	12871	16885
23	64036	29777	34259	20445	10356	10089	42617	18948	23669
24	58467	26712	31755	8561	4374	4187	48869	21840	27029
25-29岁	**310344**	**142107**	**168237**	**10366**	**5218**	**5148**	**293742**	**134035**	**159707**
25	61076	27744	33332	4609	2361	2248	55326	24874	30452
26	59315	26663	32652	2442	1205	1237	55678	24893	30785
27	62831	28427	34404	1492	729	763	60073	27140	32933
28	62896	29108	33788	1029	539	490	60600	27975	32625
29	64226	30165	34061	794	384	410	62065	29153	32912
30-34岁	**338824**	**165803**	**173021**	**1852**	**911**	**941**	**330180**	**161537**	**168643**
30	76410	36316	40094	663	331	332	74159	35222	38937
31	70961	34045	36916	412	205	207	69082	33128	35954
32	65633	32082	33551	324	147	177	63992	31271	32721
33	67716	33712	34004	259	124	135	66166	32948	33218
34	58104	29648	28456	194	104	90	56781	28968	27813
35-39岁	**220683**	**116154**	**104529**	**705**	**376**	**329**	**215533**	**113417**	**102116**
35	47999	25128	22871	162	78	84	46897	24543	22354
36	46102	24443	21659	135	66	69	45053	23882	21171
37	43063	22788	20275	136	79	57	42063	22255	19808
38	46286	24256	22030	143	80	63	45180	23665	21515
39	37233	19539	17694	129	73	56	36340	19072	17268
40-44岁	**150362**	**81322**	**69040**	**421**	**216**	**205**	**146715**	**79339**	**67376**
40	32490	17111	15379	95	48	47	31676	16671	15005
41	32952	17514	15438	99	49	50	32179	17111	15068
42	29909	16025	13884	89	45	44	29179	15629	13550
43	27065	14841	12224	69	32	37	26413	14476	11937
44	27946	15831	12115	69	42	27	27268	15452	11816
45-49岁	**117472**	**70688**	**46784**	**329**	**198**	**131**	**114706**	**68987**	**45719**
45	25635	14948	10687	75	47	28	24996	14543	10453
46	25013	14896	10117	85	51	34	24418	14534	9884
47	23596	14244	9352	68	35	33	23092	13950	9142
48	22399	13777	8622	62	40	22	21855	13447	8408
49	20829	12823	8006	39	25	14	20345	12513	7832
50岁及以上	**162700**	**114368**	**48332**	**376**	**279**	**97**	**158580**	**111451**	**47129**

3-2b 续表 11

单位：人

年龄	大学本科								
	肄业			辍学			其他		
	小计	男	女	小计	男	女	小计	男	女
总计	**2964**	**1649**	**1315**	**557**	**343**	**214**	**27589**	**14557**	**13032**
3									
4									
5-9岁									
5									
6									
7									
8									
9									
10-14岁							**1**		**1**
10									
11							1		1
12									
13									
14									
15-19岁	**32**	**18**	**14**	**17**	**7**	**10**	**525**	**287**	**238**
15							3	1	2
16	1	1		1	1		21	18	3
17	1	1		1	1		68	42	26
18	15	10	5	8	2	6	191	99	92
19	15	6	9	7	3	4	242	127	115
20-24岁	**382**	**175**	**207**	**109**	**73**	**36**	**3164**	**1511**	**1653**
20	33	17	16	20	14	6	300	155	145
21	50	25	25	17	8	9	408	207	201
22	83	31	52	21	11	10	712	320	392
23	106	47	59	30	24	6	838	402	436
24	110	55	55	21	16	5	906	427	479
25-29岁	**584**	**295**	**289**	**122**	**67**	**55**	**5530**	**2492**	**3038**
25	105	56	49	19	10	9	1017	443	574
26	122	62	60	25	12	13	1048	491	557
27	137	72	65	27	14	13	1102	472	630
28	104	51	53	28	18	10	1135	525	610
29	116	54	62	23	13	10	1228	561	667
30-34岁	**644**	**345**	**299**	**123**	**72**	**51**	**6025**	**2938**	**3087**
30	133	69	64	31	16	15	1424	678	746
31	150	75	75	21	14	7	1296	623	673
32	120	68	52	19	13	6	1178	583	595
33	131	68	63	27	16	11	1133	556	577
34	110	65	45	25	13	12	994	498	496
35-39岁	**433**	**239**	**194**	**62**	**40**	**22**	**3950**	**2082**	**1868**
35	81	41	40	9	7	2	850	459	391
36	79	43	36	13	9	4	822	443	379
37	95	55	40	15	13	2	754	386	368
38	99	55	44	13	7	6	851	449	402
39	79	45	34	12	4	8	673	345	328
40-44岁	**324**	**195**	**129**	**33**	**21**	**12**	**2869**	**1551**	**1318**
40	71	43	28	9	7	2	639	342	297
41	82	53	29	4	1	3	588	300	288
42	65	41	24	3	2	1	573	308	265
43	51	24	27	7	4	3	525	305	220
44	55	34	21	10	7	3	544	296	248
45-49岁	**232**	**145**	**87**	**35**	**22**	**13**	**2170**	**1336**	**834**
45	58	34	24	6	5	1	500	319	181
46	48	29	19	7	3	4	455	279	176
47	39	25	14	5	4	1	392	230	162
48	49	29	20	11	7	4	422	254	168
49	38	28	10	6	3	3	401	254	147
50岁及以上	**333**	**237**	**96**	**56**	**41**	**15**	**3355**	**2360**	**995**

3-2b　续表 12　　　　单位：人

年　龄	硕士研究生								
	合　计			在　校			毕　业		
	合计	男	女	小计	男	女	小计	男	女
总　计	**101326**	**50265**	**51061**	**30071**	**13792**	**16279**	**70106**	**35869**	**34237**
3									
4									
5-9岁									
5									
6									
7									
8									
9									
10-14岁	**1**		**1**	**1**		**1**			
10									
11									
12	1		1	1		1			
13									
14									
15-19岁	**184**	**105**	**79**	**175**	**98**	**77**	**8**	**6**	**2**
15	1		1	1		1			
16									
17	37	23	14	33	20	13	3	2	1
18	60	33	27	58	31	27	2	2	
19	86	49	37	83	47	36	3	2	1
20-24岁	**21853**	**9594**	**12259**	**19753**	**8817**	**10936**	**1977**	**727**	**1250**
20	252	114	138	240	110	130	12	4	8
21	1266	542	724	1214	524	690	47	16	31
22	5178	2340	2838	4929	2233	2696	223	93	130
23	7444	3261	4183	6871	3048	3823	534	202	332
24	7713	3337	4376	6499	2902	3597	1161	412	749
25-29岁	**26531**	**11565**	**14966**	**9079**	**4359**	**4720**	**17154**	**7080**	**10074**
25	6981	3059	3922	4501	2130	2371	2430	916	1514
26	5598	2435	3163	2303	1140	1163	3248	1273	1975
27	5051	2120	2931	1193	587	606	3795	1502	2293
28	4451	1958	2493	683	316	367	3701	1615	2086
29	4450	1993	2457	399	186	213	3980	1774	2206
30-34岁	**23285**	**10767**	**12518**	**809**	**381**	**428**	**22194**	**10234**	**11960**
30	5382	2351	3031	320	155	165	5004	2169	2835
31	4957	2230	2727	180	79	101	4715	2120	2595
32	4497	2114	2383	144	74	70	4302	2013	2289
33	4542	2164	2378	96	46	50	4394	2085	2309
34	3907	1908	1999	69	27	42	3779	1847	1932
35-39岁	**13626**	**7333**	**6293**	**149**	**73**	**76**	**13289**	**7168**	**6121**
35	3134	1580	1554	40	18	22	3053	1540	1513
36	2932	1571	1361	35	14	21	2862	1539	1323
37	2708	1465	1243	23	11	12	2647	1437	1210
38	2804	1553	1251	34	21	13	2728	1514	1214
39	2048	1164	884	17	9	8	1999	1138	861
40-44岁	**6343**	**3926**	**2417**	**55**	**33**	**22**	**6201**	**3840**	**2361**
40	1684	984	700	12	9	3	1645	960	685
41	1568	941	627	14	7	7	1536	920	616
42	1220	794	426	14	8	6	1193	779	414
43	955	585	370	9	4	5	930	572	358
44	916	622	294	6	5	1	897	609	288
45-49岁	**4042**	**2772**	**1270**	**19**	**11**	**8**	**3964**	**2716**	**1248**
45	911	606	305	2	1	1	896	596	300
46	824	567	257	5	2	3	808	557	251
47	839	591	248	6	6		817	571	246
48	777	528	249	2		2	760	517	243
49	691	480	211	4	2	2	683	475	208
50岁及以上	**5461**	**4203**	**1258**	**31**	**20**	**11**	**5319**	**4098**	**1221**

3-2b 续表 13

单位：人

年龄	硕士研究生								
	肄业			辍学			其他		
	小计	男	女	小计	男	女	小计	男	女
总计	**121**	**72**	**49**	**16**	**4**	**12**	**1012**	**528**	**484**
3									
4									
5-9岁									
5									
6									
7									
8									
9									
10-14岁									
10									
11									
12									
13									
14									
15-19岁	**1**	**1**							
15									
16									
17	1	1							
18									
19									
20-24岁	**7**	**1**	**6**	**2**		**2**	**114**	**49**	**65**
20									
21							5	2	3
22				1		1	25	14	11
23	3		3				36	11	25
24	4	1	3	1		1	48	22	26
25-29岁	**25**	**13**	**12**	**5**	**1**	**4**	**268**	**112**	**156**
25	2	2		1		1	47	11	36
26	4	1	3	1		1	42	21	21
27	6	3	3	2	1	1	55	27	28
28	9	4	5				58	23	35
29	4	3	1	1		1	66	30	36
30-34岁	**37**	**20**	**17**	**1**		**1**	**244**	**132**	**112**
30	9	5	4				49	22	27
31	9	3	6	1		1	52	28	24
32	7	3	4				44	24	20
33	6	4	2				46	29	17
34	6	5	1				53	29	24
35-39岁	**20**	**10**	**10**	**1**	**1**		**167**	**81**	**86**
35	4	3	1				37	19	18
36	6	4	2	1	1		28	13	15
37	5	2	3				33	15	18
38	3		3				39	18	21
39	2	1	1				30	16	14
40-44岁	**11**	**9**	**2**	**1**		**1**	**75**	**44**	**31**
40	3	3					24	12	12
41	2	2					16	12	4
42	1	1		1		1	11	6	5
43	3	2	1				13	7	6
44	2	1	1				11	7	4
45-49岁	**4**	**3**	**1**	**1**		**1**	**54**	**42**	**12**
45	1	1					12	8	4
46				1		1	10	8	2
47							16	14	2
48	2	2					13	9	4
49	1		1				3	3	
50岁及以上	**16**	**15**	**1**	**5**	**2**	**3**	**90**	**68**	**22**

3-2b　续表 14　　　　单位：人

年　龄	博士研究生								
	合　计			在　校			毕　业		
	合计	男	女	小计	男	女	小计	男	女
总　计	**10129**	**6024**	**4105**	**3574**	**1914**	**1660**	**6307**	**3966**	**2341**
3									
4									
5-9岁									
5									
6									
7									
8									
9									
10-14岁									
10									
11									
12									
13									
14									
15-19岁	**20**	**13**	**7**	**19**	**12**	**7**	**1**	**1**	
15	1	1		1	1				
16	2		2	2		2			
17									
18									
19	17	12	5	16	11	5	1	1	
20-24岁	**848**	**420**	**428**	**756**	**374**	**382**	**83**	**41**	**42**
20	17	7	10	14	5	9	2	1	1
21	59	24	35	53	20	33	6	4	2
22	183	72	111	168	67	101	11	3	8
23	236	122	114	209	107	102	25	13	12
24	353	195	158	312	175	137	39	20	19
25-29岁	**2716**	**1444**	**1272**	**1993**	**1069**	**924**	**686**	**358**	**328**
25	540	268	272	454	226	228	81	39	42
26	542	273	269	442	225	217	87	44	43
27	588	325	263	450	261	189	136	62	74
28	536	290	246	354	198	156	173	89	84
29	510	288	222	293	159	134	209	124	85
30-34岁	**2384**	**1379**	**1005**	**632**	**366**	**266**	**1706**	**989**	**717**
30	550	307	243	233	142	91	309	158	151
31	543	290	253	175	102	73	355	184	171
32	455	264	191	94	51	43	350	208	142
33	440	265	175	71	43	28	363	218	145
34	396	253	143	59	28	31	329	221	108
35-39岁	**1548**	**964**	**584**	**129**	**61**	**68**	**1380**	**878**	**502**
35	306	192	114	39	22	17	263	169	94
36	311	181	130	24	9	15	278	168	110
37	322	188	134	22	5	17	290	175	115
38	337	230	107	28	17	11	300	206	94
39	272	173	99	16	8	8	249	160	89
40-44岁	**1002**	**644**	**358**	**30**	**20**	**10**	**948**	**604**	**344**
40	241	144	97	9	4	5	225	135	90
41	256	167	89	7	5	2	242	155	87
42	190	130	60	7	5	2	181	123	58
43	168	105	63	3	3		159	98	61
44	147	98	49	4	3	1	141	93	48
45-49岁	**633**	**419**	**214**	**12**	**10**	**2**	**596**	**394**	**202**
45	139	95	44	6	5	1	128	88	40
46	129	80	49	3	3		114	69	45
47	125	84	41	1	1		121	80	41
48	127	90	37	1	1		126	89	37
49	113	70	43	1		1	107	68	39
50岁及以上	**978**	**741**	**237**	**3**	**2**	**1**	**907**	**701**	**206**

3-2b 续表 15

单位：人

年龄	博士研究生								
	肄业			辍学			其他		
	小计	男	女	小计	男	女	小计	男	女
总计	**12**	**9**	**3**	**5**	**2**	**3**	**231**	**133**	**98**
3									
4									
5-9岁									
5									
6									
7									
8									
9									
10-14岁									
10									
11									
12									
13									
14									
15-19岁									
15									
16									
17									
18									
19									
20-24岁							**9**	**5**	**4**
20							1	1	
21									
22							4	2	2
23							2	2	
24							2		2
25-29岁							**37**	**17**	**20**
25							5	3	2
26							13	4	9
27							2	2	
28							9	3	6
29							8	5	3
30-34岁	**2**	**2**		**1**		**1**	**43**	**22**	**21**
30							8	7	1
31				1		1	12	4	8
32							11	5	6
33	2	2					4	2	2
34							8	4	4
35-39岁	**3**	**2**	**1**	**1**	**1**		**35**	**22**	**13**
35							4	1	3
36							9	4	5
37	2	1	1				8	7	1
38	1	1		1	1		7	5	2
39							7	5	2
40-44岁	**2**	**2**		**1**		**1**	**21**	**18**	**3**
40	1	1		1		1	5	4	1
41	1	1					6	6	
42							2	2	
43							6	4	2
44							2	2	
45-49岁	**2**	**1**	**1**				**23**	**14**	**9**
45							5	2	3
46	1	1					11	7	4
47							3	3	
48									
49	1		1				4	2	2
50岁及以上	**3**	**2**	**1**	**2**	**1**	**1**	**63**	**35**	**28**

3-2c　全国分年龄、性别、学业完成情况的3岁及以上各种受教育程度人口(乡村)

单位：人

年龄	合计								
	合计			在校			毕业		
	合计	男	女	小计	男	女	小计	男	女
总计	**44922272**	**23902542**	**21019730**	**8305703**	**4382786**	**3922917**	**32359237**	**17394768**	**14964469**
3									
4									
5-9岁	**2635015**	**1400798**	**1234217**	**2571294**	**1366069**	**1205225**	**45142**	**24835**	**20307**
5	85740	45660	40080	82733	43994	38739	1797	1031	766
6	450746	238437	212309	439973	232670	207303	7342	3906	3436
7	656280	348374	307906	640970	340050	300920	10988	6031	4957
8	735980	391978	344002	718437	382382	336055	12600	6997	5603
9	706269	376349	329920	689181	366973	322208	12415	6870	5545
10-14岁	**3462032**	**1851414**	**1610618**	**3339608**	**1782119**	**1557489**	**94065**	**53340**	**40725**
10	700980	374113	326867	683122	364134	318988	13093	7381	5712
11	730728	389669	341059	710183	378089	332094	15349	8751	6598
12	704496	377057	327439	680801	363885	316916	18403	10231	8172
13	665969	357056	308913	639440	341857	297583	20764	11902	8862
14	659859	353519	306340	626062	334154	291908	26456	15075	11381
15-19岁	**2387622**	**1292607**	**1095015**	**1902989**	**998167**	**904822**	**427089**	**259500**	**167589**
15	572553	309051	263502	540427	289827	250600	25107	15013	10094
16	522706	283177	239529	463140	246987	216153	50058	30465	19593
17	444086	240836	203250	356154	187191	168963	76538	46667	29871
18	428658	233040	195618	297941	152849	145092	117143	71896	45247
19	419619	226503	193116	245327	121313	124014	158243	95459	62784
20-24岁	**2103198**	**1129471**	**973727**	**445771**	**212935**	**232836**	**1538188**	**848568**	**689620**
20	405833	218890	186943	182802	88174	94628	204040	119527	84513
21	387825	207823	180002	119764	56491	63273	247454	139393	108061
22	430466	230601	199865	77615	36722	40893	327932	179753	148179
23	432324	232059	200265	42147	20290	21857	363740	196771	166969
24	446750	240098	206652	23443	11258	12185	395022	213124	181898
25-29岁	**2642178**	**1428488**	**1213690**	**31522**	**15575**	**15947**	**2432866**	**1314052**	**1118814**
25	487395	263082	224313	13454	6491	6963	442562	238959	203603
26	474671	256967	217704	7305	3582	3723	436069	235900	200169
27	526652	284558	242094	4862	2455	2407	486302	262227	224075
28	553693	299479	254214	3410	1750	1660	512320	276726	235594
29	599767	324402	275365	2491	1297	1194	555613	300240	255373
30-34岁	**3550164**	**1905589**	**1644575**	**5631**	**2984**	**2647**	**3285270**	**1761249**	**1524021**
30	765045	411642	353403	2190	1162	1028	708859	380788	328071
31	732223	392781	339442	1254	654	600	678129	363091	315038
32	680631	363806	316825	901	480	421	629792	336193	293599
33	734485	394786	339699	747	396	351	679748	365155	314593
34	637780	342574	295206	539	292	247	588742	316022	272720
35-39岁	**2789058**	**1505823**	**1283235**	**1907**	**1069**	**838**	**2555390**	**1379600**	**1175790**
35	554281	298989	255292	425	232	193	509398	274746	234652
36	550545	296193	254352	394	209	185	505069	271602	233467
37	529646	286510	243136	398	232	166	485206	262311	222895
38	605762	328061	277701	380	222	158	554588	300351	254237
39	548824	296070	252754	310	174	136	501129	270590	230539
40-44岁	**2815990**	**1505920**	**1310070**	**1309**	**759**	**550**	**2552147**	**1367474**	**1184673**
40	515302	276492	238810	267	152	115	468848	252111	216737
41	569000	306369	262631	325	189	136	517227	278623	238604
42	556397	296876	259521	239	136	103	504469	269715	234754
43	545827	291761	254066	224	122	102	493834	264606	229228
44	629464	334422	295042	254	160	94	567769	302419	265350
45-49岁	**3941672**	**2062917**	**1878755**	**1274**	**721**	**553**	**3534569**	**1858061**	**1676508**
45	662576	350244	312332	279	162	117	595769	316072	279697
46	753449	394969	358480	253	147	106	676604	355806	320798
47	798241	417923	380318	241	135	106	716213	376742	339471
48	840442	437337	403105	251	141	110	752812	393627	359185
49	886964	462444	424520	250	136	114	793171	415814	377357
50岁及以上	**18595343**	**9819515**	**8775828**	**4398**	**2388**	**2010**	**15894511**	**8528089**	**7366422**

3-2c 续表 1

单位：人

年龄	合计								
	肄业			辍学			其他		
	小计	男	女	小计	男	女	小计	男	女
总计	**748121**	**363697**	**384424**	**1303655**	**630469**	**673186**	**2205556**	**1130822**	**1074734**
3									
4									
5-9岁	**1591**	**879**	**712**	**792**	**421**	**371**	**16196**	**8594**	**7602**
5	68	35	33	30	16	14	1112	584	528
6	258	137	121	119	64	55	3054	1660	1394
7	386	237	149	165	80	85	3771	1976	1795
8	474	244	230	223	123	100	4246	2232	2014
9	405	226	179	255	138	117	4013	2142	1871
10-14岁	**2857**	**1664**	**1193**	**3984**	**2399**	**1585**	**21518**	**11892**	**9626**
10	449	251	198	272	158	114	4044	2189	1855
11	480	253	227	358	197	161	4358	2379	1979
12	502	300	202	517	292	225	4273	2349	1924
13	567	342	225	949	567	382	4249	2388	1861
14	859	518	341	1888	1185	703	4594	2587	2007
15-19岁	**8037**	**5010**	**3027**	**17523**	**11186**	**6337**	**31984**	**18744**	**13240**
15	803	500	303	2590	1650	940	3626	2061	1565
16	1240	765	475	3463	2247	1216	4805	2713	2092
17	1686	1046	640	3635	2348	1287	6073	3584	2489
18	1978	1255	723	3804	2409	1395	7792	4631	3161
19	2330	1444	886	4031	2532	1499	9688	5755	3933
20-24岁	**16032**	**9519**	**6513**	**24721**	**15501**	**9220**	**78486**	**42948**	**35538**
20	2606	1603	1003	4226	2665	1561	12159	6921	5238
21	2881	1761	1120	4385	2745	1640	13341	7433	5908
22	3269	1887	1382	5066	3131	1935	16584	9108	7476
23	3516	2070	1446	5365	3427	1938	17556	9501	8055
24	3760	2198	1562	5679	3533	2146	18846	9985	8861
25-29岁	**23390**	**13807**	**9583**	**36978**	**22569**	**14409**	**117422**	**62485**	**54937**
25	4139	2482	1657	6369	3955	2414	20871	11195	9676
26	4090	2466	1624	6555	4093	2462	20652	10926	9726
27	4721	2807	1914	7371	4541	2830	23396	12528	10868
28	5021	2911	2110	8011	4799	3212	24931	13293	11638
29	5419	3141	2278	8672	5181	3491	27572	14543	13029
30-34岁	**35245**	**19943**	**15302**	**58258**	**33700**	**24558**	**165760**	**87713**	**78047**
30	7012	4048	2964	11763	7000	4763	35221	18644	16577
31	7127	4088	3039	11727	6879	4848	33986	18069	15917
32	6841	3836	3005	11141	6312	4829	31956	16985	14971
33	7462	4119	3343	12256	7048	5208	34272	18068	16204
34	6803	3852	2951	11371	6461	4910	30325	15947	14378
35-39岁	**34407**	**19112**	**15295**	**57625**	**32135**	**25490**	**139729**	**73907**	**65822**
35	6437	3607	2830	10767	6022	4745	27254	14382	12872
36	6691	3779	2912	11005	6159	4846	27386	14444	12942
37	6375	3535	2840	10896	6121	4775	26771	14311	12460
38	7635	4231	3404	12570	6983	5587	30589	16274	14315
39	7269	3960	3309	12387	6850	5537	27729	14496	13233
40-44岁	**42337**	**22211**	**20126**	**71308**	**37583**	**33725**	**148889**	**77893**	**70996**
40	7282	3815	3467	12129	6523	5606	26776	13891	12885
41	8117	4380	3737	13678	7413	6265	29653	15764	13889
42	8451	4426	4025	13794	7248	6546	29444	15351	14093
43	8291	4311	3980	14418	7499	6919	29060	15223	13837
44	10196	5279	4917	17289	8900	8389	33956	17664	16292
45-49岁	**68250**	**34064**	**34186**	**121584**	**60130**	**61454**	**215995**	**109941**	**106054**
45	11211	5755	5456	19048	9661	9387	36269	18594	17675
46	12793	6439	6354	22047	11040	11007	41752	21537	20215
47	13680	6754	6926	24599	12258	12341	43508	22034	21474
48	14668	7242	7426	26694	13043	13651	46017	23284	22733
49	15898	7874	8024	29196	14128	15068	48449	24492	23957
50岁及以上	**515975**	**237488**	**278487**	**910882**	**414845**	**496037**	**1269577**	**636705**	**632872**

3-2c 续表 2

单位：人

年 龄	小学								
	合 计			在 校			毕 业		
	合计	男	女	小计	男	女	小计	男	女
总 计	**17656024**	**8347934**	**9308090**	**4319498**	**2301241**	**2018257**	**10861640**	**4971257**	**5890383**
3									
4									
5-9岁	**2605000**	**1384026**	**1220974**	**2544827**	**1351323**	**1193504**	**42295**	**23211**	**19084**
5	85740	45660	40080	82733	43994	38739	1797	1031	766
6	445701	235576	210125	435599	230187	205412	6811	3613	3198
7	650247	344975	305272	635697	337117	298580	10356	5645	4711
8	727697	387305	340392	711111	378267	332844	11833	6543	5290
9	695615	370510	325105	679687	361758	317929	11498	6379	5119
10-14岁	**1820199**	**976211**	**843988**	**1764849**	**945093**	**819756**	**40345**	**22781**	**17564**
10	681078	363324	317754	664831	354276	310555	11810	6645	5165
11	658011	351863	306148	641217	342400	298817	12367	7036	5331
12	338557	184404	154153	327067	177899	149168	8525	4826	3699
13	103451	56077	47374	97203	52508	44695	4497	2555	1942
14	39102	20543	18559	34531	18010	16521	3146	1719	1427
15-19岁	**42408**	**23043**	**19365**	**5695**	**2952**	**2743**	**27287**	**14769**	**12518**
15	6363	3480	2883	2518	1354	1164	2405	1314	1091
16	6573	3633	2940	1299	670	629	3676	2042	1634
17	7559	4083	3476	804	421	383	4970	2639	2331
18	9852	5317	4535	579	262	317	7153	3892	3261
19	12061	6530	5531	495	245	250	9083	4882	4201
20-24岁	**90595**	**46849**	**43746**	**828**	**394**	**434**	**72277**	**37247**	**35030**
20	14018	7352	6666	397	176	221	10815	5697	5118
21	15387	8096	7291	157	80	77	12180	6361	5819
22	18716	9707	9009	110	52	58	14934	7705	7229
23	20210	10392	9818	87	41	46	16274	8334	7940
24	22264	11302	10962	77	45	32	18074	9150	8924
25-29岁	**164398**	**81980**	**82418**	**243**	**116**	**127**	**135111**	**67127**	**67984**
25	25956	13059	12897	61	26	35	21050	10550	10500
26	27585	13942	13643	58	31	27	22474	11279	11195
27	32423	16241	16182	41	15	26	26630	13269	13361
28	36578	18070	18508	45	24	21	30169	14899	15270
29	41856	20668	21188	38	20	18	34788	17130	17658
30-34岁	**323727**	**155685**	**168042**	**188**	**86**	**102**	**269726**	**128953**	**140773**
30	56582	27533	29049	56	30	26	47069	22770	24299
31	61877	30207	31670	44	22	22	51585	24993	26592
32	62738	30025	32713	32	9	23	52204	24846	27358
33	72580	34844	37736	34	15	19	60605	28963	31642
34	69950	33076	36874	22	10	12	58263	27381	30882
35-39岁	**391069**	**181596**	**209473**	**141**	**68**	**73**	**324766**	**149662**	**175104**
35	67433	31710	35723	35	19	16	55829	26058	29771
36	71584	33367	38217	24	11	13	59573	27553	32020
37	73872	34433	39439	34	15	19	61370	28322	33048
38	88753	41005	47748	19	10	9	73758	33841	39917
39	89427	41081	48346	29	13	16	74236	33888	40348
40-44岁	**630127**	**282466**	**347661**	**149**	**68**	**81**	**528106**	**235811**	**292295**
40	94869	42763	52106	30	14	16	78925	35485	43440
41	115161	52630	62531	30	12	18	96410	43747	52663
42	124226	55293	68933	30	16	14	104032	46113	57919
43	132840	59704	73136	32	14	18	111716	50077	61639
44	163031	72076	90955	27	12	15	137023	60389	76634
45-49岁	**1213850**	**522743**	**691107**	**231**	**99**	**132**	**1020795**	**438954**	**581841**
45	184902	81122	103780	47	24	23	155452	68077	87375
46	220668	95963	124705	42	16	26	185708	80648	105060
47	243754	105122	138632	42	18	24	205026	88286	116740
48	268143	114112	154031	43	20	23	225374	95713	129661
49	296383	126424	169959	57	21	36	249235	106230	143005
50岁及以上	**10374651**	**4693335**	**5681316**	**2347**	**1042**	**1305**	**8400932**	**3852742**	**4548190**

3-2c 续表 3 单位：人

年 龄	小学								
	肄 业			辍 学			其 他		
	小计	男	女	小计	男	女	小计	男	女
总 计	**476739**	**199841**	**276898**	**863782**	**365005**	**498777**	**1134365**	**510590**	**623775**
3									
4									
5-9岁	**1549**	**850**	**699**	**757**	**397**	**360**	**15572**	**8245**	**7327**
5	68	35	33	30	16	14	1112	584	528
6	250	133	117	113	58	55	2928	1585	1343
7	373	226	147	158	74	84	3663	1913	1750
8	466	239	227	213	117	96	4074	2139	1935
9	392	217	175	243	132	111	3795	2024	1771
10-14岁	**1399**	**798**	**601**	**1660**	**986**	**674**	**11946**	**6553**	**5393**
10	429	242	187	252	146	106	3756	2015	1741
11	430	231	199	302	171	131	3695	2025	1670
12	277	171	106	307	186	121	2381	1322	1059
13	134	85	49	365	218	147	1252	711	541
14	129	69	60	434	265	169	862	480	382
15-19岁	**1025**	**563**	**462**	**2844**	**1731**	**1113**	**5557**	**3028**	**2529**
15	129	74	55	459	279	180	852	459	393
16	163	91	72	545	337	208	890	493	397
17	173	89	84	555	347	208	1057	587	470
18	249	142	107	613	363	250	1258	658	600
19	311	167	144	672	405	267	1500	831	669
20-24岁	**2371**	**1243**	**1128**	**4247**	**2438**	**1809**	**10872**	**5527**	**5345**
20	376	201	175	683	385	298	1747	893	854
21	424	240	184	729	420	309	1897	995	902
22	477	242	235	890	499	391	2305	1209	1096
23	537	274	263	942	571	371	2370	1172	1198
24	557	286	271	1003	563	440	2553	1258	1295
25-29岁	**4314**	**2217**	**2097**	**7690**	**4163**	**3527**	**17040**	**8357**	**8683**
25	709	370	339	1221	683	538	2915	1430	1485
26	751	414	337	1305	732	573	2997	1486	1511
27	866	442	424	1519	832	687	3367	1683	1684
28	942	458	484	1745	927	818	3677	1762	1915
29	1046	533	513	1900	989	911	4084	1996	2088
30-34岁	**8654**	**4281**	**4373**	**15842**	**8039**	**7803**	**29317**	**14326**	**14991**
30	1443	721	722	2765	1433	1332	5249	2579	2670
31	1644	841	803	3005	1569	1436	5599	2782	2817
32	1648	825	823	3091	1530	1561	5763	2815	2948
33	1945	927	1018	3580	1818	1762	6416	3121	3295
34	1974	967	1007	3401	1689	1712	6290	3029	3261
35-39岁	**11631**	**5657**	**5974**	**19847**	**9686**	**10161**	**34684**	**16523**	**18161**
35	1994	981	1013	3418	1654	1764	6157	2998	3159
36	2095	1033	1062	3488	1701	1787	6404	3069	3335
37	2157	1069	1088	3689	1843	1846	6622	3184	3438
38	2644	1267	1377	4513	2150	2363	7819	3737	4082
39	2741	1307	1434	4739	2338	2401	7682	3535	4147
40-44岁	**18732**	**8511**	**10221**	**32263**	**14766**	**17497**	**50877**	**23310**	**27567**
40	2908	1336	1572	4883	2290	2593	8123	3638	4485
41	3390	1619	1771	5773	2759	3014	9558	4493	5065
42	3807	1681	2126	6249	2816	3433	10108	4667	5441
43	3870	1779	2091	6893	3125	3768	10329	4709	5620
44	4757	2096	2661	8465	3776	4689	12759	5803	6956
45-49岁	**35128**	**15087**	**20041**	**66010**	**28465**	**37545**	**91686**	**40138**	**51548**
45	5527	2437	3090	9597	4224	5373	14279	6360	7919
46	6477	2805	3672	11442	4882	6560	16999	7612	9387
47	7041	3018	4023	13301	5844	7457	18344	7956	10388
48	7608	3232	4376	14888	6373	8515	20230	8774	11456
49	8475	3595	4880	16782	7142	9640	21834	9436	12398
50岁及以上	**391936**	**160634**	**231302**	**712622**	**294334**	**418288**	**866814**	**384583**	**482231**

3-2c 续表 4

单位：人

年 龄	初中								
	合 计			在 校			毕 业		
	合计	男	女	小计	男	女	小计	男	女
总 计	**20042757**	**11354011**	**8688746**	**2144730**	**1149986**	**994744**	**16405232**	**9337270**	**7067962**
3									
4									
5-9岁	**29981**	**16758**	**13223**	**26446**	**14738**	**11708**	**2836**	**1618**	**1218**
5									
6	5045	2861	2184	4374	2483	1891	531	293	238
7	6033	3399	2634	5273	2933	2340	632	386	246
8	8265	4666	3599	7317	4112	3205	759	450	309
9	10638	5832	4806	9482	5210	4272	914	489	425
10-14岁	**1598859**	**853435**	**745424**	**1533956**	**816403**	**717553**	**51946**	**29623**	**22323**
10	19871	10773	9098	18271	9846	8425	1273	733	540
11	72673	37788	34885	68935	35676	33259	2970	1710	1260
12	365831	192595	173236	353649	185941	167708	9858	5394	4464
13	555463	297251	258212	535704	285905	249799	15836	9114	6722
14	585021	315028	269993	557397	299035	258362	22009	12672	9337
15-19岁	**877818**	**500246**	**377572**	**575821**	**314279**	**261542**	**271260**	**166935**	**104325**
15	353818	195376	158442	328895	180262	148633	20218	12235	7983
16	186708	105009	81699	142108	77528	64580	39156	24132	15024
17	116376	67433	48943	57196	30856	26340	53282	32909	20373
18	106399	63906	42493	29126	15831	13295	70556	43836	26720
19	114517	68522	45995	18496	9802	8694	88048	53823	34225
20-24岁	**813602**	**467447**	**346155**	**3981**	**2095**	**1886**	**746037**	**428278**	**317759**
20	121182	72496	48686	1593	853	740	109770	65757	44013
21	135966	79475	56491	876	433	443	124233	72605	51628
22	169000	97169	71831	662	370	292	155135	89135	66000
23	183478	103896	79582	497	262	235	168803	95335	73468
24	203976	114411	89565	353	177	176	188096	105446	82650
25-29岁	**1393349**	**762472**	**630877**	**1166**	**625**	**541**	**1290628**	**704444**	**586184**
25	233203	129926	103277	341	178	163	215646	119844	95802
26	240122	133017	107105	255	134	121	222420	122959	99461
27	277540	151864	125676	212	117	95	256933	140106	116827
28	302573	164380	138193	204	115	89	280463	151965	128498
29	339911	183285	156626	154	81	73	315166	169570	145596
30-34岁	**2193161**	**1164825**	**1028336**	**682**	**343**	**339**	**2035044**	**1077965**	**957079**
30	450760	241179	209581	197	97	100	418071	223066	195005
31	444435	236392	208043	144	78	66	412245	218567	193678
32	421725	222592	199133	127	64	63	391229	205869	185360
33	464612	246357	218255	116	62	54	431513	228332	203181
34	411629	218305	193324	98	42	56	381986	202131	179855
35-39岁	**1867394**	**1004147**	**863247**	**452**	**218**	**234**	**1727942**	**927048**	**800894**
35	365417	194961	170456	79	32	47	338368	180126	158242
36	368505	196361	172144	89	40	49	340880	181163	159717
37	356350	191877	164473	108	63	45	329670	177013	152657
38	409140	221641	187499	98	44	54	378669	204651	174018
39	367982	199307	168675	78	39	39	340355	184095	156260
40-44岁	**1821204**	**994245**	**826959**	**384**	**204**	**180**	**1679545**	**915331**	**764214**
40	340377	184507	155870	78	39	39	314128	170038	144090
41	372780	203099	169681	80	46	34	344175	187042	157133
42	359542	195996	163546	72	42	30	331796	180565	151231
43	349277	191589	157688	73	36	37	322035	176399	145636
44	399228	219054	180174	81	41	40	367411	201287	166124
45-49岁	**2395587**	**1321426**	**1074161**	**481**	**253**	**228**	**2201493**	**1213584**	**987909**
45	413790	227538	186252	87	40	47	380244	208914	171330
46	465547	255013	210534	90	54	36	427850	233927	193923
47	487448	268807	218641	106	56	50	448069	247039	201030
48	505481	279022	226459	105	55	50	464674	256403	208271
49	523321	291046	232275	93	48	45	480656	267301	213355
50岁及以上	**7051802**	**4269010**	**2782792**	**1361**	**828**	**533**	**6398501**	**3872444**	**2526057**

3-2c 续表 5

单位：人

年 龄	初中								
	肄业			辍学			其他		
	小计	男	女	小计	男	女	小计	男	女
总 计	**226894**	**134732**	**92162**	**388964**	**231705**	**157259**	**876937**	**500318**	**376619**
3									
4									
5-9岁	**42**	**29**	**13**	**35**	**24**	**11**	**622**	**349**	**273**
5									
6	8	4	4	6	6		126	75	51
7	13	11	2	7	6	1	108	63	45
8	8	5	3	10	6	4	171	93	78
9	13	9	4	12	6	6	217	118	99
10-14岁	**1419**	**844**	**575**	**2275**	**1384**	**891**	**9263**	**5181**	**4082**
10	20	9	11	20	12	8	287	173	114
11	50	22	28	56	26	30	662	354	308
12	225	129	96	210	106	104	1889	1025	864
13	429	255	174	577	345	232	2917	1632	1285
14	695	429	266	1412	895	517	3508	1997	1511
15-19岁	**4042**	**2588**	**1454**	**10064**	**6593**	**3471**	**16631**	**9851**	**6780**
15	576	372	204	1897	1216	681	2232	1291	941
16	673	415	258	2114	1410	704	2657	1524	1133
17	812	523	289	1937	1281	656	3149	1864	1285
18	895	590	305	2000	1312	688	3822	2337	1485
19	1086	688	398	2116	1374	742	4771	2835	1936
20-24岁	**8138**	**4956**	**3182**	**14352**	**9171**	**5181**	**41094**	**22947**	**18147**
20	1218	766	452	2351	1540	811	6250	3580	2670
21	1407	870	537	2487	1580	907	6963	3987	2976
22	1706	1027	679	2915	1842	1073	8582	4795	3787
23	1808	1105	703	3176	2046	1130	9194	5148	4046
24	1999	1188	811	3423	2163	1260	10105	5437	4668
25-29岁	**12713**	**7674**	**5039**	**22402**	**13971**	**8431**	**66440**	**35758**	**30682**
25	2190	1366	824	3797	2405	1392	11229	6133	5096
26	2196	1352	844	3925	2502	1423	11326	6070	5256
27	2561	1556	1005	4543	2848	1695	13291	7237	6054
28	2749	1659	1090	4781	2911	1870	14376	7730	6646
29	3017	1741	1276	5356	3305	2051	16218	8588	7630
30-34岁	**19984**	**11588**	**8396**	**35218**	**21022**	**14196**	**102233**	**53907**	**48326**
30	3981	2332	1649	7215	4453	2762	21296	11231	10065
31	4034	2393	1641	7161	4284	2877	20851	11070	9781
32	3926	2231	1695	6690	3908	2782	19753	10520	9233
33	4202	2379	1823	7348	4371	2977	21433	11213	10220
34	3841	2253	1588	6804	4006	2798	18900	9873	9027
35-39岁	**18831**	**10918**	**7913**	**33269**	**19519**	**13750**	**86900**	**46444**	**40456**
35	3563	2076	1487	6362	3738	2624	17045	8989	8056
36	3808	2240	1568	6619	3865	2754	17109	9053	8056
37	3474	1992	1482	6371	3746	2625	16727	9063	7664
38	4178	2427	1751	7161	4249	2912	19034	10270	8764
39	3808	2183	1625	6756	3921	2835	16985	9069	7916
40-44岁	**20641**	**11800**	**8841**	**35648**	**20606**	**15042**	**84986**	**46304**	**38682**
40	3772	2129	1643	6535	3783	2752	15864	8518	7346
41	4100	2341	1759	7181	4188	2993	17244	9482	7762
42	4037	2346	1691	6875	3993	2882	16762	9050	7712
43	3886	2193	1693	6902	3959	2943	16381	9002	7379
44	4846	2791	2055	8155	4683	3472	18735	10252	8483
45-49岁	**29841**	**16794**	**13047**	**51866**	**29217**	**22649**	**111906**	**61578**	**50328**
45	5046	2893	2153	8795	5005	3790	19618	10686	8932
46	5649	3189	2460	9869	5667	4202	22089	12176	9913
47	6007	3324	2683	10535	5921	4614	22731	12467	10264
48	6383	3562	2821	11027	6151	4876	23292	12851	10441
49	6756	3826	2930	11640	6473	5167	24176	13398	10778
50岁及以上	**111243**	**67541**	**43702**	**183835**	**110198**	**73637**	**356862**	**217999**	**138863**

3-2c　续表 6

单位：人

年龄	高中								
	合计			在校			毕业		
	合计	男	女	小计	男	女	小计	男	女
总计	**4696334**	**2850930**	**1845404**	**1122804**	**588199**	**534605**	**3346132**	**2115942**	**1230190**
3									
4									
5-9岁	**34**	**14**	**20**	**21**	**8**	**13**	**11**	**6**	**5**
5									
6									
7									
8	18	7	11	9	3	6	8	4	4
9	16	7	9	12	5	7	3	2	1
10-14岁	**42876**	**21726**	**21150**	**40723**	**20589**	**20134**	**1757**	**929**	**828**
10	27	15	12	17	11	6	9	3	6
11	39	17	22	29	13	16	9	4	5
12	96	52	44	78	41	37	15	9	6
13	7033	3720	3313	6516	3438	3078	427	232	195
14	35681	17922	17759	34083	17086	16997	1297	681	616
15-19岁	**1127587**	**604077**	**523510**	**1004783**	**528267**	**476516**	**108182**	**66795**	**41387**
15	205890	106881	99009	202782	105039	97743	2297	1362	935
16	315525	167188	148337	306439	161799	144640	6778	4025	2753
17	285607	152171	133436	265644	139874	125770	16556	10178	6378
18	195094	106958	88136	157428	83482	73946	33757	21062	12695
19	125471	70879	54592	72490	38073	34417	48794	30168	18626
20-24岁	**465128**	**267727**	**197401**	**75582**	**38395**	**37187**	**364858**	**214462**	**150396**
20	101039	57783	43256	38100	19526	18574	58497	35494	23003
21	86289	49576	36713	17895	8958	8937	63980	37949	26031
22	92231	53123	39108	10079	5074	5005	76975	44967	32008
23	91693	53135	38558	5908	3002	2906	80532	46977	33555
24	93876	54110	39766	3600	1835	1765	84874	49075	35799
25-29岁	**534492**	**306211**	**228281**	**951**	**497**	**454**	**502107**	**287256**	**214851**
25	101182	58480	42702	317	154	163	94897	54778	40119
26	96886	55631	41255	192	98	94	90963	52170	38793
27	106821	60993	45828	175	98	77	100550	57318	43232
28	110793	63263	47530	137	75	62	104063	59317	44746
29	118810	67844	50966	130	72	58	111634	63673	47961
30-34岁	**612579**	**350899**	**261680**	**283**	**148**	**135**	**577369**	**330057**	**247312**
30	145910	82647	63263	103	60	43	137300	77617	59683
31	131599	74884	56715	57	30	27	123969	70410	53559
32	117477	67126	50351	53	23	30	110796	63208	47588
33	120568	69727	50841	38	20	18	113782	65673	48109
34	97025	56515	40510	32	15	17	91522	53149	38373
35-39岁	**354395**	**211911**	**142484**	**112**	**63**	**49**	**333367**	**199019**	**134348**
35	76962	45396	31566	29	18	11	72418	42648	29770
36	71949	42815	29134	19	11	8	67607	40152	27455
37	66025	39522	26503	21	12	9	62086	37141	24945
38	74273	44690	29583	24	11	13	69899	41991	27908
39	65186	39488	25698	19	11	8	61357	37087	24270
40-44岁	**268627**	**167998**	**100629**	**60**	**36**	**24**	**252563**	**157777**	**94786**
40	57849	35387	22462	8	4	4	54524	33344	21180
41	59268	36920	22348	23	16	7	55774	34696	21078
42	53556	33425	20131	13	8	5	50355	31376	18979
43	47461	29955	17506	10	4	6	44534	28083	16451
44	50493	32311	18182	6	4	2	47376	30278	17098
45-49岁	**261080**	**170035**	**91045**	**83**	**44**	**39**	**244172**	**158921**	**85251**
45	48913	31506	17407	14	8	6	45781	29469	16312
46	51982	33614	18368	29	15	14	48484	31325	17159
47	52765	34227	18538	9	5	4	49418	32049	17369
48	53218	34845	18373	18	7	11	49725	32547	17178
49	54202	35843	18359	13	9	4	50764	33531	17233
50岁及以上	**1029536**	**750332**	**279204**	**206**	**152**	**54**	**961746**	**700720**	**261026**

3-2c 续表 7

单位：人

年 龄	高 中								
	肄 业			辍 学			其 他		
	小计	男	女	小计	男	女	小计	男	女
总 计	**36869**	**24484**	**12385**	**47546**	**31650**	**15896**	**142983**	**90655**	**52328**
3									
4									
5-9岁							**2**		**2**
5									
6									
7									
8							1		1
9							1		1
10-14岁	**39**	**22**	**17**	**49**	**29**	**20**	**308**	**157**	**151**
10							1	1	
11							1		1
12							3	2	1
13	4	2	2	7	4	3	79	44	35
14	35	20	15	42	25	17	224	110	114
15-19岁	**2594**	**1642**	**952**	**4353**	**2715**	**1638**	**7675**	**4658**	**3017**
15	95	52	43	226	150	76	490	278	212
16	381	247	134	791	490	301	1136	627	509
17	654	404	250	1106	697	409	1647	1018	629
18	715	448	267	1115	693	422	2079	1273	806
19	749	491	258	1115	685	430	2323	1462	861
20-24岁	**3739**	**2391**	**1348**	**5303**	**3390**	**1913**	**15646**	**9089**	**6557**
20	723	471	252	1048	656	392	2671	1636	1035
21	723	474	249	1001	642	359	2690	1553	1137
22	724	442	282	1086	683	403	3367	1957	1410
23	760	487	273	1077	702	375	3416	1967	1449
24	809	517	292	1091	707	384	3502	1976	1526
25-29岁	**4589**	**2882**	**1707**	**6167**	**4004**	**2163**	**20678**	**11572**	**9106**
25	852	536	316	1193	774	419	3923	2238	1685
26	803	504	299	1173	769	404	3755	2090	1665
27	929	590	339	1174	783	391	3993	2204	1789
28	987	600	387	1333	865	468	4273	2406	1867
29	1018	652	366	1294	813	481	4734	2634	2100
30-34岁	**5088**	**3157**	**1931**	**6535**	**4222**	**2313**	**23304**	**13315**	**9989**
30	1198	751	447	1599	1000	599	5710	3219	2491
31	1087	643	444	1406	931	475	5080	2870	2210
32	985	617	368	1242	794	448	4401	2484	1917
33	1036	646	390	1214	787	427	4498	2601	1897
34	782	500	282	1074	710	364	3615	2141	1474
35-39岁	**3183**	**2026**	**1157**	**4209**	**2742**	**1467**	**13524**	**8061**	**5463**
35	685	428	257	921	585	336	2909	1717	1192
36	629	392	237	845	556	289	2849	1704	1145
37	599	374	225	778	492	286	2541	1503	1038
38	666	445	221	833	552	281	2851	1691	1160
39	604	387	217	832	557	275	2374	1446	928
40-44岁	**2572**	**1639**	**933**	**3190**	**2063**	**1127**	**10242**	**6483**	**3759**
40	515	300	215	665	418	247	2137	1321	816
41	537	362	175	683	437	246	2251	1409	842
42	535	350	185	630	408	222	2023	1283	740
43	464	289	175	584	387	197	1869	1192	677
44	521	338	183	628	413	215	1962	1278	684
45-49岁	**2984**	**1976**	**1008**	**3592**	**2368**	**1224**	**10249**	**6726**	**3523**
45	566	376	190	632	416	216	1920	1237	683
46	603	401	202	706	468	238	2160	1405	755
47	582	383	199	738	477	261	2018	1313	705
48	622	403	219	759	506	253	2094	1382	712
49	611	413	198	757	501	256	2057	1389	668
50岁及以上	**12081**	**8749**	**3332**	**14148**	**10117**	**4031**	**41355**	**30594**	**10761**

3-2c　续表 8

单位：人

年　龄	大学专科								
	合　计			在　校			毕　业		
	合计	男	女	小计	男	女	小计	男	女
总　计	**1673087**	**911401**	**761686**	**424223**	**207384**	**216839**	**1202101**	**676712**	**525389**
3									
4									
5-9岁									
5									
6									
7									
8									
9									
10-14岁	**80**	**34**	**46**	**64**	**28**	**36**	**16**	**6**	**10**
10	4	1	3	3	1	2	1		1
11	5	1	4	2		2	3	1	2
12	10	6	4	5	4	1	5	2	3
13	18	5	13	14	4	10	4	1	3
14	43	21	22	40	19	21	3	2	1
15-19岁	**234949**	**117055**	**117894**	**214426**	**105846**	**108580**	**18138**	**9853**	**8285**
15	6058	3133	2925	5832	3006	2826	168	90	78
16	12804	6842	5962	12244	6511	5733	410	245	165
17	26701	13535	13166	24857	12517	12340	1568	868	700
18	78287	38955	39332	72551	35776	36775	5023	2770	2253
19	111099	54590	56509	98942	48036	50906	10969	5880	5089
20-24岁	**456631**	**220732**	**235899**	**193284**	**93022**	**100262**	**253185**	**122505**	**130680**
20	110514	54219	56295	86863	42156	44707	22045	11177	10868
21	94344	45400	48944	53031	25342	27689	39474	19092	20382
22	91600	43852	47748	30775	14705	16070	58690	28068	30622
23	83009	39758	43251	15013	7191	7822	65737	31482	34255
24	77164	37503	39661	7602	3628	3974	67239	32686	34553
25-29岁	**344420**	**176791**	**167629**	**12038**	**5865**	**6173**	**321313**	**165077**	**156236**
25	78242	38580	39662	5026	2405	2621	70854	34960	35894
26	68167	34520	33647	2739	1319	1420	63305	32072	31233
27	68602	35160	33442	1872	931	941	64450	33026	31424
28	65482	34363	31119	1339	693	646	61979	32505	29474
29	63927	34168	29759	1062	517	545	60725	32514	28211
30-34岁	**283319**	**157733**	**125586**	**2311**	**1244**	**1067**	**271374**	**150979**	**120395**
30	74014	40070	33944	870	462	408	70577	38172	32405
31	63518	34503	29015	507	259	248	60866	33066	27800
32	53329	29891	23438	368	201	167	51162	28654	22508
33	52184	29828	22356	330	178	152	50127	28636	21491
34	40274	23441	16833	236	144	92	38642	22451	16191
35-39岁	**120747**	**73489**	**47258**	**798**	**475**	**323**	**115702**	**70354**	**45348**
35	29865	17940	11925	165	94	71	28661	17219	11442
36	26134	15932	10202	173	102	71	25064	15270	9794
37	22813	13966	8847	160	92	68	21836	13354	8482
38	23243	14200	9043	164	108	56	22236	13561	8675
39	18692	11451	7241	136	79	57	17905	10950	6955
40-44岁	**69693**	**44413**	**25280**	**564**	**365**	**199**	**66452**	**42301**	**24151**
40	16092	10010	6082	129	84	45	15352	9539	5813
41	15791	9916	5875	144	87	57	15073	9464	5609
42	13851	8848	5003	94	54	40	13235	8457	4778
43	11790	7654	4136	84	55	29	11246	7283	3963
44	12169	7985	4184	113	85	28	11546	7558	3988
45-49岁	**52652**	**36055**	**16597**	**369**	**259**	**110**	**50238**	**34379**	**15859**
45	10988	7413	3575	89	63	26	10461	7060	3401
46	11226	7654	3572	81	56	25	10670	7270	3400
47	10511	7189	3322	62	43	19	10071	6882	3189
48	10147	6997	3150	67	49	18	9698	6677	3021
49	9780	6802	2978	70	48	22	9338	6490	2848
50岁及以上	**110596**	**85099**	**25497**	**369**	**280**	**89**	**105683**	**81258**	**24425**

3-2c 续表 9

单位：人

年龄	大学专科								
	肄业			辍学			其他		
	小计	男	女	小计	男	女	小计	男	女
总计	**5832**	**3557**	**2275**	**2749**	**1727**	**1022**	**38182**	**22021**	**16161**
3									
4									
5-9岁									
5									
6									
7									
8									
9									
10-14岁									
10									
11									
12									
13									
14									
15-19岁	**338**	**192**	**146**	**239**	**135**	**104**	**1808**	**1029**	**779**
15	3	2	1	8	5	3	47	30	17
16	22	12	10	13	10	3	115	64	51
17	42	25	17	36	23	13	198	102	96
18	111	69	42	69	37	32	533	303	230
19	160	84	76	113	60	53	915	530	385
20-24岁	**1357**	**711**	**646**	**687**	**415**	**272**	**8118**	**4079**	**4039**
20	251	146	105	121	70	51	1234	670	564
21	278	152	126	144	89	55	1417	725	692
22	256	127	129	148	88	60	1731	864	867
23	295	132	163	139	88	51	1825	865	960
24	277	154	123	135	80	55	1911	955	956
25-29岁	**1275**	**743**	**532**	**566**	**344**	**222**	**9228**	**4762**	**4466**
25	290	158	132	124	74	50	1948	983	965
26	231	138	93	118	74	44	1774	917	857
27	272	169	103	110	62	48	1898	972	926
28	240	132	108	121	78	43	1803	955	848
29	242	146	96	93	56	37	1805	935	870
30-34岁	**1108**	**661**	**447**	**541**	**342**	**199**	**7985**	**4507**	**3478**
30	288	184	104	140	85	55	2139	1167	972
31	253	141	112	124	78	46	1768	959	809
32	208	118	90	101	67	34	1490	851	639
33	208	124	84	95	62	33	1424	828	596
34	151	94	57	81	50	31	1164	702	462
35-39岁	**570**	**379**	**191**	**241**	**150**	**91**	**3436**	**2131**	**1305**
35	146	90	56	53	37	16	840	500	340
36	120	86	34	43	32	11	734	442	292
37	102	72	30	45	29	16	670	419	251
38	117	69	48	53	26	27	673	436	237
39	85	62	23	47	26	21	519	334	185
40-44岁	**329**	**212**	**117**	**178**	**126**	**52**	**2170**	**1409**	**761**
40	72	37	35	42	30	12	497	320	177
41	77	48	29	36	26	10	461	291	170
42	55	37	18	32	23	9	435	277	158
43	61	42	19	32	23	9	367	251	116
44	64	48	16	36	24	12	410	270	140
45-49岁	**246**	**173**	**73**	**96**	**67**	**29**	**1703**	**1177**	**526**
45	60	39	21	21	14	7	357	237	120
46	51	36	15	25	19	6	399	273	126
47	41	25	16	17	11	6	320	228	92
48	47	39	8	17	12	5	318	220	98
49	47	34	13	16	11	5	309	219	90
50岁及以上	**609**	**486**	**123**	**201**	**148**	**53**	**3734**	**2927**	**807**

3-2c　续表 10

单位：人

年　龄	大学本科								
	合　计			在　校			毕　业		
	合计	男	女	小计	男	女	小计	男	女
总　计	**809186**	**415450**	**393736**	**273802**	**126058**	**147744**	**520606**	**281049**	**239557**
3									
4									
5-9岁									
5									
6									
7									
8									
9									
10-14岁	**17**	**7**	**10**	**16**	**6**	**10**	**1**	**1**	
10									
11									
12	2		2	2		2			
13	3	2	1	3	2	1			
14	12	5	7	11	4	7	1	1	
15-19岁	**104736**	**48123**	**56613**	**102163**	**46771**	**55392**	**2201**	**1138**	**1063**
15	424	181	243	400	166	234	19	12	7
16	1095	505	590	1049	479	570	38	21	17
17	7826	3606	4220	7638	3516	4122	161	72	89
18	38990	17887	21103	38228	17484	20744	647	333	314
19	56401	25944	30457	54848	25126	29722	1336	700	636
20-24岁	**264616**	**120976**	**143640**	**160582**	**73764**	**86818**	**100815**	**45649**	**55166**
20	58896	26958	31938	55682	25389	30293	2898	1395	1503
21	55155	24968	30187	47148	21390	25758	7560	3366	4194
22	56056	25427	30629	33265	15275	17990	22083	9813	12270
23	49666	22983	26683	16664	8011	8653	32136	14548	17588
24	44843	20640	24203	7823	3699	4124	36138	16527	19611
25-29岁	**188089**	**92730**	**95359**	**9348**	**4588**	**4760**	**174291**	**85832**	**88459**
25	43937	20845	23092	4412	2178	2234	38582	18204	20378
26	38051	18036	20015	2202	1034	1168	34963	16589	18374
27	37899	18705	19194	1317	659	658	35667	17569	18098
28	35464	18041	17423	859	423	436	33715	17119	16596
29	32738	17103	15635	558	294	264	31364	16351	15013
30-34岁	**129059**	**71949**	**57110**	**1106**	**561**	**545**	**124677**	**69495**	**55182**
30	35291	18916	16375	475	244	231	33902	18173	15729
31	28794	15735	13059	253	115	138	27755	15167	12588
32	23859	13338	10521	168	90	78	23087	12891	10196
33	23194	13285	9909	127	67	60	22501	12874	9627
34	17921	10675	7246	83	45	38	17432	10390	7042
35-39岁	**52473**	**32856**	**19617**	**268**	**167**	**101**	**50825**	**31802**	**19023**
35	13809	8502	5307	78	46	32	13382	8246	5136
36	11711	7321	4390	55	31	24	11328	7084	4244
37	10048	6381	3667	51	36	15	9745	6174	3571
38	9770	6164	3606	51	32	19	9475	5968	3507
39	7135	4488	2647	33	22	11	6895	4330	2565
40-44岁	**25160**	**16034**	**9126**	**124**	**71**	**53**	**24349**	**15515**	**8834**
40	5812	3635	2177	16	7	9	5625	3520	2105
41	5701	3612	2089	42	26	16	5506	3487	2019
42	5001	3175	1826	23	13	10	4840	3068	1772
43	4266	2730	1536	20	9	11	4120	2642	1478
44	4380	2882	1498	23	16	7	4258	2798	1460
45-49岁	**17780**	**12151**	**5629**	**96**	**57**	**39**	**17181**	**11737**	**5444**
45	3846	2569	1277	37	22	15	3701	2463	1238
46	3880	2621	1259	10	5	5	3751	2534	1217
47	3608	2472	1136	18	12	6	3483	2385	1098
48	3316	2268	1048	16	9	7	3210	2197	1013
49	3130	2221	909	15	9	6	3036	2158	878
50岁及以上	**27256**	**20624**	**6632**	**99**	**73**	**26**	**26266**	**19880**	**6386**

3-2c 续表 11

单位：人

年 龄	大学本科								
	肄 业			辍 学			其 他		
	小计	男	女	小计	男	女	小计	男	女
总 计	**1716**	**1045**	**671**	**588**	**369**	**219**	**12474**	**6929**	**5545**
3									
4									
5-9岁									
5									
6									
7									
8									
9									
10-14岁									
10									
11									
12									
13									
14									
15-19岁	**38**	**25**	**13**	**22**	**12**	**10**	**312**	**177**	**135**
15							5	3	2
16	1		1				7	5	2
17	5	5					22	13	9
18	8	6	2	7	4	3	100	60	40
19	24	14	10	15	8	7	178	96	82
20-24岁	**414**	**211**	**203**	**129**	**86**	**43**	**2676**	**1266**	**1410**
20	38	19	19	23	14	9	255	141	114
21	49	25	24	24	14	10	374	173	201
22	101	46	55	26	19	7	581	274	307
23	112	69	43	31	20	11	723	335	388
24	114	52	62	25	19	6	743	343	400
25-29岁	**477**	**279**	**198**	**150**	**85**	**65**	**3823**	**1946**	**1877**
25	97	52	45	34	19	15	812	392	420
26	102	55	47	34	16	18	750	342	408
27	88	48	40	25	16	9	802	413	389
28	98	58	40	29	16	13	763	425	338
29	92	66	26	28	18	10	696	374	322
30-34岁	**392**	**243**	**149**	**120**	**74**	**46**	**2764**	**1576**	**1188**
30	93	54	39	43	28	15	778	417	361
31	105	67	38	31	17	14	650	369	281
32	71	42	29	17	13	4	516	302	214
33	69	42	27	18	10	8	479	292	187
34	54	38	16	11	6	5	341	196	145
35-39岁	**186**	**130**	**56**	**56**	**37**	**19**	**1138**	**720**	**418**
35	46	31	15	13	8	5	290	171	119
36	38	28	10	10	5	5	280	173	107
37	42	27	15	10	10		200	134	66
38	29	23	6	10	6	4	205	135	70
39	31	21	10	13	8	5	163	107	56
40-44岁	**63**	**49**	**14**	**29**	**22**	**7**	**595**	**377**	**218**
40	15	13	2	4	2	2	152	93	59
41	13	10	3	5	3	2	135	86	49
42	17	12	5	8	8		113	74	39
43	10	8	2	7	5	2	109	66	43
44	8	6	2	5	4	1	86	58	28
45-49岁	**50**	**33**	**17**	**20**	**13**	**7**	**433**	**311**	**122**
45	12	10	2	3	2	1	93	72	21
46	13	8	5	5	4	1	101	70	31
47	9	4	5	8	5	3	90	66	24
48	8	6	2	3	1	2	79	55	24
49	8	5	3	1	1		70	48	22
50岁及以上	**96**	**75**	**21**	**62**	**40**	**22**	**733**	**556**	**177**

3-2c 续表 12

单位：人

年 龄	硕士研究生								
	合 计			在 校			毕 业		
	合计	男	女	小计	男	女	小计	男	女
总 计	**40251**	**20046**	**20205**	**18105**	**8498**	**9607**	**21518**	**11244**	**10274**
3									
4									
5-9岁									
5									
6									
7									
8									
9									
10-14岁	**1**	**1**							
10									
11									
12									
13	1	1							
14									
15-19岁	**113**	**57**	**56**	**93**	**48**	**45**	**19**	**9**	**10**
15									
16									
17	17	8	9	15	7	8	1	1	
18	36	17	19	29	14	15	7	3	4
19	60	32	28	49	27	22	11	5	6
20-24岁	**12085**	**5476**	**6609**	**11027**	**5034**	**5993**	**968**	**398**	**570**
20	167	74	93	154	68	86	11	5	6
21	652	293	359	627	275	352	25	18	7
22	2733	1248	1485	2607	1180	1427	104	58	46
23	4108	1828	2280	3837	1726	2111	243	87	156
24	4425	2033	2392	3802	1785	2017	585	230	355
25-29岁	**15494**	**7208**	**8286**	**6320**	**3053**	**3267**	**8959**	**4062**	**4897**
25	4547	2022	2525	3025	1405	1620	1480	599	881
26	3505	1621	1884	1553	788	765	1895	809	1086
27	2921	1352	1569	897	440	457	1980	892	1088
28	2381	1117	1264	529	252	277	1813	849	964
29	2140	1096	1044	316	168	148	1791	913	878
30-34岁	**7124**	**3761**	**3363**	**556**	**302**	**254**	**6418**	**3382**	**3036**
30	2080	1058	1022	260	142	118	1772	887	885
31	1686	874	812	115	68	47	1538	791	747
32	1285	690	595	77	40	37	1176	636	540
33	1191	641	550	63	34	29	1105	594	511
34	882	498	384	41	18	23	827	474	353
35-39岁	**2570**	**1552**	**1018**	**73**	**36**	**37**	**2448**	**1490**	**958**
35	680	403	277	20	10	10	646	387	259
36	578	341	237	20	6	14	550	333	217
37	470	288	182	11	4	7	445	275	170
38	517	311	206	15	10	5	494	296	198
39	325	209	116	7	6	1	313	199	114
40-44岁	**992**	**647**	**345**	**15**	**10**	**5**	**959**	**628**	**331**
40	253	158	95	2	2		248	155	93
41	243	158	85	4	2	2	235	153	82
42	190	121	69	3	2	1	184	119	65
43	170	115	55	4	3	1	162	110	52
44	136	95	41	2	1	1	130	91	39
45-49岁	**615**	**427**	**188**	**9**	**6**	**3**	**593**	**415**	**178**
45	119	84	35	4	4		113	78	35
46	126	88	38				122	87	35
47	133	86	47	3	1	2	128	84	44
48	120	83	37	1	1		116	81	35
49	117	86	31	1		1	114	85	29
50岁及以上	**1257**	**917**	**340**	**12**	**9**	**3**	**1154**	**860**	**294**

3-2c 续表 13

单位：人

年龄	硕士研究生								
	肄业			辍学			其他		
	小计	男	女	小计	男	女	小计	男	女
总 计	**62**	**31**	**31**	**25**	**12**	**13**	**541**	**261**	**280**
3									
4									
5-9岁									
5									
6									
7									
8									
9									
10-14岁							**1**	**1**	
10									
11									
12									
13							1	1	
14									
15-19岁				**1**		**1**			
15									
16									
17				1		1			
18									
19									
20-24岁	**12**	**6**	**6**	**3**	**1**	**2**	**75**	**37**	**38**
20							2	1	1
21									
22	4	2	2	1		1	17	8	9
23	4	3	1				24	12	12
24	4	1	3	2	1	1	32	16	16
25-29岁	**21**	**11**	**10**	**2**	**1**	**1**	**192**	**81**	**111**
25	1		1				41	18	23
26	7	3	4				50	21	29
27	5	2	3				39	18	21
28	4	3	1	1	1		34	12	22
29	4	3	1	1		1	28	12	16
30-34岁	**15**	**10**	**5**	**2**	**1**	**1**	**133**	**66**	**67**
30	7	4	3	1	1		40	24	16
31	2	2					31	13	18
32	3	3					29	11	18
33	2	1	1	1		1	20	12	8
34	1		1				13	6	7
35-39岁	**5**	**1**	**4**	**3**	**1**	**2**	**41**	**24**	**17**
35	2		2				12	6	6
36	1		1				7	2	5
37	1	1		3	1	2	10	7	3
38	1		1				7	5	2
39							5	4	1
40-44岁							**18**	**9**	**9**
40							3	1	2
41							4	3	1
42							3		3
43							4	2	2
44							4	3	1
45-49岁							**13**	**6**	**7**
45							2	2	
46							4	1	3
47							2	1	1
48							3	1	2
49							2	1	1
50岁及以上	**9**	**3**	**6**	**14**	**8**	**6**	**68**	**37**	**31**

3-2c　续表 14　　　　单位：人

年龄	博士研究生								
	合计			在校			毕业		
	合计	男	女	小计	男	女	小计	男	女
总计	**4633**	**2770**	**1863**	**2541**	**1420**	**1121**	**2008**	**1294**	**714**
3									
4									
5-9岁									
5									
6									
7									
8									
9									
10-14岁									
10									
11									
12									
13									
14									
15-19岁	**11**	**6**	**5**	**8**	**4**	**4**	**2**	**1**	**1**
15									
16	1		1	1		1			
17									
18									
19	10	6	4	7	4	3	2	1	1
20-24岁	**541**	**264**	**277**	**487**	**231**	**256**	**48**	**29**	**19**
20	17	8	9	13	6	7	4	2	2
21	32	15	17	30	13	17	2	2	
22	130	75	55	117	66	51	11	7	4
23	160	67	93	141	57	84	15	8	7
24	202	99	103	186	89	97	16	10	6
25-29岁	**1936**	**1096**	**840**	**1456**	**831**	**625**	**457**	**254**	**203**
25	328	170	158	272	145	127	53	24	29
26	355	200	155	306	178	128	49	22	27
27	446	243	203	348	195	153	92	47	45
28	422	245	177	297	168	129	118	72	46
29	385	238	147	233	145	88	145	89	56
30-34岁	**1195**	**737**	**458**	**505**	**300**	**205**	**662**	**418**	**244**
30	408	239	169	229	127	102	168	103	65
31	314	186	128	134	82	52	171	97	74
32	218	144	74	76	53	23	138	89	49
33	156	104	52	39	20	19	115	83	32
34	99	64	35	27	18	9	70	46	24
35-39岁	**410**	**272**	**138**	**63**	**42**	**21**	**340**	**225**	**115**
35	115	77	38	19	13	6	94	62	32
36	84	56	28	14	8	6	67	47	20
37	68	43	25	13	10	3	54	32	22
38	66	50	16	9	7	2	57	43	14
39	77	46	31	8	4	4	68	41	27
40-44岁	**187**	**117**	**70**	**13**	**5**	**8**	**173**	**111**	**62**
40	50	32	18	4	2	2	46	30	16
41	56	34	22	2		2	54	34	20
42	31	18	13	4	1	3	27	17	10
43	23	14	9	1	1		21	12	9
44	27	19	8	2	1	1	25	18	7
45-49岁	**108**	**80**	**28**	**5**	**3**	**2**	**97**	**71**	**26**
45	18	12	6	1	1		17	11	6
46	20	16	4	1	1		19	15	4
47	22	20	2	1		1	18	17	1
48	17	10	7	1		1	15	9	6
49	31	22	9	1	1		28	19	9
50岁及以上	**245**	**198**	**47**	**4**	**4**		**229**	**185**	**44**

3-2c 续表 15

单位：人

年 龄	博士研究生								
	肄 业			辍 学			其 他		
	小计	男	女	小计	男	女	小计	男	女
总 计	**9**	**7**	**2**	**1**	**1**		**74**	**48**	**26**
3									
4									
5-9岁									
5									
6									
7									
8									
9									
10-14岁									
10									
11									
12									
13									
14									
15-19岁							**1**	**1**	
15									
16									
17									
18									
19							1	1	
20-24岁	**1**	**1**					**5**	**3**	**2**
20									
21									
22	1	1					1	1	
23							4	2	2
24									
25-29岁	**1**	**1**		**1**	**1**		**21**	**9**	**12**
25							3	1	2
26									
27							6	1	5
28	1	1		1	1		5	3	2
29							7	4	3
30-34岁	**4**	**3**	**1**				**24**	**16**	**8**
30	2	2					9	7	2
31	2	1	1				7	6	1
32							4	2	2
33							2	1	1
34							2		2
35-39岁	**1**	**1**					**6**	**4**	**2**
35	1	1					1	1	
36							3	1	2
37							1	1	
38									
39							1	1	
40-44岁							**1**	**1**	
40									
41									
42									
43							1	1	
44									
45-49岁	**1**	**1**					**5**	**5**	
45									
46									
47							3	3	
48							1	1	
49	1	1					1	1	
50岁及以上	**1**		**1**				**11**	**9**	**2**

第二部分　长表数据资料

第四卷　就业

4-1　各地区分性别、年龄的就业人口

单位：人

地区 性别	合计	16-19岁	20-24岁	25-29岁	30-34岁	35-39岁	40-44岁
全　国	**65631786**	**770958**	**3861073**	**6981094**	**10009284**	**8097572**	**7565087**
北　京	1015007	6760	60517	140709	201948	177447	129632
天　津	504665	3676	25535	57317	95349	85458	65217
河　北	3332630	34593	135935	306995	546354	464925	374398
山　西	1452063	8272	73021	163053	209224	183818	164182
内蒙古	1049550	4271	41476	99978	153799	144086	129746
辽　宁	1799414	11215	69173	146902	252821	226622	236756
吉　林	1008886	6099	33880	80862	139500	117478	129738
黑龙江	1283401	7374	44141	98268	171983	164454	175246
上　海	1264922	12461	92921	187804	241284	204023	162239
江　苏	4062749	29540	198883	446924	667568	487468	461618
浙　江	3642236	48572	251886	425229	563500	461207	435378
安　徽	2766699	28128	146756	305293	378167	281116	302538
福　建	2052886	25407	114935	219657	319076	273339	250859
江　西	2260971	37068	152136	222111	309566	254682	298794
山　东	4764872	43195	219139	338882	743956	575013	528273
河　南	4225042	63024	231828	402294	672267	458463	445176
湖　北	3046668	18690	128666	325631	459442	346553	329870
湖　南	3041080	44485	170597	258107	462475	372365	331128
广　东	6203762	120222	605115	932469	1071787	901773	726886
广　西	2013956	24481	100935	172907	272386	274221	260181
海　南	422630	5761	27152	53132	63528	61509	51215
重　庆	1526217	13532	97165	172664	208521	154536	134780
四　川	4552395	53851	293304	477536	592708	420956	437453
贵　州	1480345	23559	102459	156041	193834	167694	183393
云　南	2519755	54535	194652	270776	337406	294364	319316
西　藏	117903	3064	11219	19558	21313	16926	13572
陕　西	1606941	10053	74232	182597	257557	201790	175003
甘　肃	959370	8911	46865	103386	134226	108237	101658
青　海	226183	3652	16303	30453	35127	28543	31425
宁　夏	314750	3970	21826	39706	48892	42146	42754
新　疆	1113838	12537	78421	143853	183720	146360	136663

4-1 续表 1

单位：人

地　区 性　别	合计	16-19岁	20-24岁	25-29岁	30-34岁	35-39岁	40-44岁
男	**38880798**	**482044**	**2220127**	**4037493**	**5787715**	**4650831**	**4294238**
北　京	587409	4495	32722	74897	110313	97260	72445
天　津	308218	2758	15772	33183	54681	48467	37418
河　北	1991602	22181	81204	183702	320117	267075	212986
山　西	941097	5261	43172	102257	134274	116509	102897
内蒙古	646349	2869	24001	59112	93001	87261	77315
辽　宁	1075189	7111	39596	85288	146419	129002	134052
吉　林	593245	3871	18852	45933	80768	67316	72966
黑龙江	767860	4449	24586	55909	99209	94013	99656
上　海	743847	8619	53284	103226	134395	112222	90104
江　苏	2401192	19049	115644	256648	377751	272445	255318
浙　江	2188814	31324	148060	247095	324437	263672	245419
安　徽	1682501	17388	85051	182433	222720	165842	177190
福　建	1211954	15884	66626	128169	182176	154912	141521
江　西	1332119	22182	86706	127643	174356	141911	167467
山　东	2810385	26729	127330	199097	436333	332117	298014
河　南	2409067	38816	133670	226379	373490	251766	243888
湖　北	1807305	11430	72836	190459	266883	200679	188024
湖　南	1831395	26988	94606	147504	265953	215347	191228
广　东	3779739	75893	355969	556789	645283	538358	427046
广　西	1154817	15110	57928	98863	154529	154888	144526
海　南	249450	3612	16024	31024	37176	35625	29335
重　庆	891118	8575	53919	97368	118828	86920	74485
四　川	2578043	31508	158096	263203	331062	232500	237743
贵　州	872038	15016	60454	90955	114049	99454	106707
云　南	1430686	34238	112467	153859	191983	167059	178190
西　藏	70367	1783	6148	11146	12629	10094	8197
陕　西	980785	6100	42330	107393	155362	121880	103585
甘　肃	573950	5627	26533	59207	78595	63302	58955
青　海	135636	2268	9269	17084	20178	16348	18317
宁　夏	193621	2696	12747	23514	29494	25484	24709
新　疆	641000	8214	44525	78154	101271	81103	74535

4-1 续表 2

单位：人

地区 性别	合计	16-19岁	20-24岁	25-29岁	30-34岁	35-39岁	40-44岁
女	**26750988**	**288914**	**1640946**	**2943601**	**4221569**	**3446741**	**3270849**
北　京	427598	2265	27795	65812	91635	80187	57187
天　津	196447	918	9763	24134	40668	36991	27799
河　北	1341028	12412	54731	123293	226237	197850	161412
山　西	510966	3011	29849	60796	74950	67309	61285
内蒙古	403201	1402	17475	40866	60798	56825	52431
辽　宁	724225	4104	29577	61614	106402	97620	102704
吉　林	415641	2228	15028	34929	58732	50162	56772
黑龙江	515541	2925	19555	42359	72774	70441	75590
上　海	521075	3842	39637	84578	106889	91801	72135
江　苏	1661557	10491	83239	190276	289817	215023	206300
浙　江	1453422	17248	103826	178134	239063	197535	189959
安　徽	1084198	10740	61705	122860	155447	115274	125348
福　建	840932	9523	48309	91488	136900	118427	109338
江　西	928852	14886	65430	94468	135210	112771	131327
山　东	1954487	16466	91809	139785	307623	242896	230259
河　南	1815975	24208	98158	175915	298777	206697	201288
湖　北	1239363	7260	55830	135172	192559	145874	141846
湖　南	1209685	17497	75991	110603	196522	157018	139900
广　东	2424023	44329	249146	375680	426504	363415	299840
广　西	859139	9371	43007	74044	117857	119333	115655
海　南	173180	2149	11128	22108	26352	25884	21880
重　庆	635099	4957	43246	75296	89693	67616	60295
四　川	1974352	22343	135208	214333	261646	188456	199710
贵　州	608307	8543	42005	65086	79785	68240	76686
云　南	1089069	20297	82185	116917	145423	127305	141126
西　藏	47536	1281	5071	8412	8684	6832	5375
陕　西	626156	3953	31902	75204	102195	79910	71418
甘　肃	385420	3284	20332	44179	55631	44935	42703
青　海	90547	1384	7034	13369	14949	12195	13108
宁　夏	121129	1274	9079	16192	19398	16662	18045
新　疆	472838	4323	33896	65699	82449	65257	62128

4-1 续表 3

单位：人

地区 性别	45-49岁	50-54岁	55-59岁	60-64岁	65-69岁	70-74岁	75岁及以上
全　国	**8940917**	**8132752**	**5495186**	**2483449**	**1995170**	**861236**	**438008**
北　京	122464	95748	61123	12168	4965	1144	382
天　津	63245	51993	36961	10763	6410	2060	681
河　北	388839	406670	298874	172611	129619	53307	19510
山　西	208006	179014	127440	67563	44125	17577	6768
内蒙古	161902	137066	95412	46104	25541	7599	2570
辽　宁	259102	235261	181550	86362	60640	23636	9374
吉　林	149658	144164	103847	50951	35074	13029	4606
黑龙江	218172	178588	121372	53919	33481	11640	4763
上　海	149361	119207	75911	12733	5526	1142	310
江　苏	515711	524641	345136	157413	134129	59545	34173
浙　江	491959	428745	282527	120739	81919	35149	15426
安　徽	381026	387918	259530	89463	114233	59306	33225
福　建	288483	238133	157015	79759	54322	20880	11021
江　西	325764	270561	183436	98131	66609	28324	13789
山　东	625131	638362	452068	244803	212737	96790	46523
河　南	530912	532262	373233	194316	189684	85874	45709
湖　北	398389	410150	306496	140741	107197	49319	25524
湖　南	421207	416188	284432	119797	96658	42572	21069
广　东	752761	568928	328709	108626	57301	19121	10064
广　西	274218	254306	187980	88172	63182	26488	14499
海　南	51966	47177	35486	13292	7975	2911	1526
重　庆	254401	208076	129800	49008	57452	28805	17477
四　川	714233	621972	395858	179494	206261	98156	60613
贵　州	219519	189058	122214	52112	44218	17834	8410
云　南	350704	301479	210470	89108	61922	23007	12016
西　藏	12995	9563	5779	2046	1065	459	344
陕　西	217815	195105	139254	77625	49287	17848	8775
甘　肃	149015	146299	90297	32219	24382	9533	4342
青　海	34337	26786	13093	3412	2014	638	400
宁　夏	45063	35890	21276	7076	4395	1278	478
新　疆	164559	133442	68607	22923	12847	6265	3641

4-1　续表 4　　　　单位：人

地区 性别	45-49岁	50-54岁	55-59岁	60-64岁	65-69岁	70-74岁	75岁及以上
男	**5114136**	**5042613**	**3645765**	**1566873**	**1231032**	**537995**	**269936**
北京	69124	63479	49049	8883	3614	850	278
天津	36989	35383	29047	7865	4682	1465	508
河北	222601	251495	192803	109415	81507	34001	12515
山西	131211	121912	90552	45621	30132	12411	4888
内蒙古	95589	87921	65041	29744	17203	5482	1810
辽宁	146443	150013	125207	52551	37542	15442	6523
吉林	83992	88407	67261	30476	21745	8582	3076
黑龙江	125512	115105	84217	33558	20957	7650	3039
上海	84348	80456	62345	9682	4095	853	218
江苏	289369	334107	240779	101031	83030	35701	20320
浙江	279511	274285	202083	83711	54990	23699	10528
安徽	223436	242444	174188	58912	72860	38399	21638
福建	164439	146954	104850	50991	34288	14030	7114
江西	187537	169075	122469	63014	42692	18355	8712
山东	352882	388193	285231	149309	127990	58819	28341
河南	298245	310490	224473	116684	112802	51743	26621
湖北	227199	252310	201022	86519	64505	30093	15346
湖南	250055	262068	192517	80134	63102	28232	13661
广东	439970	367421	236270	76566	39911	13452	6811
广西	152834	149072	114971	51572	36681	15552	8291
海南	29591	28735	22856	8020	4808	1752	892
重庆	143800	129114	86317	30802	33493	17114	10383
四川	395055	368090	245463	106630	116677	56895	35121
贵州	127403	111662	75128	30469	25560	10418	4763
云南	195151	170890	122201	49832	34887	13212	6717
西藏	8141	6144	3727	1293	641	247	177
陕西	128963	123827	92790	49734	31498	11641	5682
甘肃	86149	89784	59837	20961	15786	6331	2883
青海	20464	17927	9216	2479	1427	413	246
宁夏	26498	23598	15434	4934	3206	951	356
新疆	91635	82252	48421	15481	8721	4210	2478

4-1 续表 5

单位：人

地区 性别	45-49岁	50-54岁	55-59岁	60-64岁	65-69岁	70-74岁	75岁及以上
女	**3826781**	**3090139**	**1849421**	**916576**	**764138**	**323241**	**168072**
北京	53340	32269	12074	3285	1351	294	104
天津	26256	16610	7914	2898	1728	595	173
河北	166238	155175	106071	63196	48112	19306	6995
山西	76795	57102	36888	21942	13993	5166	1880
内蒙古	66313	49145	30371	16360	8338	2117	760
辽宁	112659	85248	56343	33811	23098	8194	2851
吉林	65666	55757	36586	20475	13329	4447	1530
黑龙江	92660	63483	37155	20361	12524	3990	1724
上海	65013	38751	13566	3051	1431	289	92
江苏	226342	190534	104357	56382	51099	23844	13853
浙江	212448	154460	80444	37028	26929	11450	4898
安徽	157590	145474	85342	30551	41373	20907	11587
福建	124044	91179	52165	28768	20034	6850	3907
江西	138227	101486	60967	35117	23917	9969	5077
山东	272249	250169	166837	95494	84747	37971	18182
河南	232667	221772	148760	77632	76882	34131	19088
湖北	171190	157840	105474	54222	42692	19226	10178
湖南	171152	154120	91915	39663	33556	14340	7408
广东	312791	201507	92439	32060	17390	5669	3253
广西	121384	105234	73009	36600	26501	10936	6208
海南	22375	18442	12630	5272	3167	1159	634
重庆	110601	78962	43483	18206	23959	11691	7094
四川	319178	253882	150395	72864	89584	41261	25492
贵州	92116	77396	47086	21643	18658	7416	3647
云南	155553	130589	88269	39276	27035	9795	5299
西藏	4854	3419	2052	753	424	212	167
陕西	88852	71278	46464	27891	17789	6207	3093
甘肃	62866	56515	30460	11258	8596	3202	1459
青海	13873	8859	3877	933	587	225	154
宁夏	18565	12292	5842	2142	1189	327	122
新疆	72924	51190	20186	7442	4126	2055	1163

4-1a 各地区分性别、年龄的就业人口(城市)

单位：人

地区 性别	合计	16-19岁	20-24岁	25-29岁	30-34岁	35-39岁	40-44岁
全　国	**26374490**	**273130**	**1788928**	**3422931**	**4888957**	**3972925**	**3445639**
北　京	810074	5181	47723	115973	162059	148762	108117
天　津	382450	2839	19868	45824	77873	71606	51955
河　北	913024	5107	39434	98345	179573	157980	127363
山　西	495633	1923	23050	62034	89891	79558	66090
内蒙古	388709	1477	18741	46683	70127	61812	51901
辽　宁	994576	4560	41621	99030	178588	161156	150290
吉　林	389549	1869	16165	40802	68280	58015	60010
黑龙江	541905	1971	19494	49709	89277	84512	82604
上　海	980905	8990	73926	152284	190690	165206	127914
江　苏	1925978	14765	110597	250687	374052	279426	252386
浙　江	1912582	27918	152977	257422	337467	271992	241291
安　徽	683646	4441	40349	89512	119859	90372	89344
福　建	873575	12777	63515	114247	159975	135164	114616
江　西	582693	7224	41531	67758	96856	78462	85069
山　东	1771457	12703	96372	166688	350829	275025	243868
河　南	1037666	8685	56208	118170	206136	147354	138505
湖　北	1157477	6150	57717	142803	206400	162885	154232
湖　南	798072	8078	48374	82606	148329	121101	103290
广　东	4263943	85574	436569	682690	801185	655377	518035
广　西	612157	5433	37748	70098	109281	103298	91573
海　南	157763	2229	11779	23852	28093	24950	19523
重　庆	748664	6299	53686	103700	132268	98069	76421
四　川	1463437	12349	111473	198763	257381	182676	165197
贵　州	396547	4703	32174	55859	70589	55303	52165
云　南	561010	8753	46370	76029	96273	77397	76629
西　藏	29016	438	2187	4632	5441	4353	3756
陕　西	591957	2892	33037	84716	121315	95986	75256
甘　肃	272489	1641	13694	36312	50749	39997	34770
青　海	89011	898	5633	13219	16030	11582	12139
宁　夏	127668	1408	8930	17878	22925	19156	18260
新　疆	420857	3855	27986	54606	71166	54393	53070

4-1a 续表 1

单位：人

地区 性别	合计	16-19岁	20-24岁	25-29岁	30-34岁	35-39岁	40-44岁
男	**15458486**	**169948**	**990250**	**1903519**	**2740108**	**2223792**	**1922016**
北京	454571	3373	25141	59896	85581	79128	58933
天津	228490	2145	11932	25549	43512	39812	29253
河北	530159	3133	21463	54633	99627	87101	70031
山西	305589	1169	12408	35352	53037	47050	38906
内蒙古	235077	956	10065	26118	40501	36165	30015
辽宁	588942	2781	22506	54655	99955	89478	83242
吉林	227268	1089	8374	22129	38328	32506	33046
黑龙江	320919	1112	10372	27128	49675	47010	45845
上海	560525	6121	41049	80997	102986	88131	69219
江苏	1126567	9603	62721	139127	204806	151869	137320
浙江	1130054	17675	87262	146118	190278	152337	134814
安徽	410965	2505	21379	50184	67570	51698	51322
福建	508633	7938	35509	64821	89363	75057	64213
江西	338316	4135	22538	37195	52116	42340	46688
山东	1047509	7861	53238	93420	199056	154894	136022
河南	590838	5220	29950	63569	111174	79769	75308
湖北	674705	3597	30789	78765	113775	90324	84447
湖南	460134	4558	24728	43832	79634	66510	57149
广东	2574381	54350	254656	401659	476887	387333	302748
广西	343693	3183	20217	37985	58952	56159	49553
海南	91420	1247	6416	13035	15797	13975	10902
重庆	430526	3902	28273	55676	72644	53704	41481
四川	825515	6974	56749	104419	138432	98107	88640
贵州	229885	2880	17319	30405	39746	31639	29694
云南	319825	5454	25429	41183	53374	43135	42296
西藏	17178	259	1163	2565	3129	2484	2201
陕西	353441	1705	17577	46935	70118	56069	43402
甘肃	163081	1060	7365	19668	28697	22598	19765
青海	52718	571	3154	7148	8977	6545	6830
宁夏	75561	904	4819	9783	13001	11022	10217
新疆	242001	2488	15689	29570	39380	29843	28514

4-1a　续表 2　　单位：人

地区 性别	合计	16-19岁	20-24岁	25-29岁	30-34岁	35-39岁	40-44岁
女	**10916004**	**103182**	**798678**	**1519412**	**2148849**	**1749133**	**1523623**
北京	355503	1808	22582	56077	76478	69634	49184
天津	153960	694	7936	20275	34361	31794	22702
河北	382865	1974	17971	43712	79946	70879	57332
山西	190044	754	10642	26682	36854	32508	27184
内蒙古	153632	521	8676	20565	29626	25647	21886
辽宁	405634	1779	19115	44375	78633	71678	67048
吉林	162281	780	7791	18673	29952	25509	26964
黑龙江	220986	859	9122	22581	39602	37502	36759
上海	420380	2869	32877	71287	87704	77075	58695
江苏	799411	5162	47876	111560	169246	127557	115066
浙江	782528	10243	65715	111304	147189	119655	106477
安徽	272681	1936	18970	39328	52289	38674	38022
福建	364942	4839	28006	49426	70612	60107	50403
江西	244377	3089	18993	30563	44740	36122	38381
山东	723948	4842	43134	73268	151773	120131	107846
河南	446828	3465	26258	54601	94962	67585	63197
湖北	482772	2553	26928	64038	92625	72561	69785
湖南	337938	3520	23646	38774	68695	54591	46141
广东	1689562	31224	181913	281031	324298	268044	215287
广西	268464	2250	17531	32113	50329	47139	42020
海南	66343	982	5363	10817	12296	10975	8621
重庆	318138	2397	25413	48024	59624	44365	34940
四川	637922	5375	54724	94344	118949	84569	76557
贵州	166662	1823	14855	25454	30843	23664	22471
云南	241185	3299	20941	34846	42899	34262	34333
西藏	11838	179	1024	2067	2312	1869	1555
陕西	238516	1187	15460	37781	51197	39917	31854
甘肃	109408	581	6329	16644	22052	17399	15005
青海	36293	327	2479	6071	7053	5037	5309
宁夏	52107	504	4111	8095	9924	8134	8043
新疆	178856	1367	12297	25036	31786	24550	24556

4-1a 续表 3　　单位：人

地区 性别	45-49岁	50-54岁	55-59岁	60-64岁	65-69岁	70-74岁	75岁及以上
全　国	**3648213**	**2716008**	**1555637**	**369032**	**202824**	**62119**	**28147**
北　京	97171	71792	44466	6090	2185	381	174
天　津	47619	35696	24023	3455	1299	273	120
河　北	122957	92892	56122	17281	10789	3610	1571
山　西	74823	54994	31291	7352	3240	931	456
内蒙古	59944	43632	25413	5935	2288	539	217
辽　宁	150549	111111	75015	13499	6489	1901	767
吉　林	60498	46050	28401	5736	2652	774	297
黑龙江	94600	66064	39891	8014	3910	1194	665
上　海	111574	85304	54073	7457	2794	545	148
江　苏	250827	208662	124041	30903	19744	6654	3234
浙　江	253576	196096	115219	33474	17582	5639	1929
安　徽	98933	82897	47642	9228	7652	2479	938
福　建	118309	83169	47531	14066	7410	1979	817
江　西	85562	62030	38213	11434	5814	1869	871
山　东	253986	192424	113429	34464	21653	7204	2812
河　南	147119	112563	63428	19296	13227	4578	2397
湖　北	164512	138265	85424	21449	11892	4030	1718
湖　南	116686	94315	54002	11654	6511	2084	1042
广　东	511284	343779	171647	37253	15188	3737	1625
广　西	85491	60958	34329	8041	3982	1306	619
海　南	19740	14908	8978	2152	1077	312	170
重　庆	125474	89133	47343	8969	5372	1335	595
四　川	233971	166407	91009	22193	15594	4283	2141
贵　州	57922	40161	20452	4049	2062	723	385
云　南	78546	55864	31139	7666	4299	1379	666
西　藏	3916	2497	1154	339	160	73	70
陕　西	78016	55304	31136	8626	3865	1089	719
甘　肃	42185	32437	16544	2366	1194	360	240
青　海	13978	10198	4030	775	366	79	84
宁　夏	18600	12824	6153	985	424	81	44
新　疆	69845	53582	24099	4831	2110	698	616

4-1a　续表 4

单位：人

地区 性别	45-49岁	50-54岁	55-59岁	60-64岁	65-69岁	70-74岁	75岁及以上
男	**2073835**	**1793336**	**1189474**	**257613**	**136258**	**40723**	**17614**
北京	53335	46590	36247	4393	1560	278	116
天津	27359	24759	20248	2676	983	188	74
河北	68642	61150	42467	11689	6973	2286	964
山西	44920	38669	25234	5446	2381	688	329
内蒙古	34687	29598	20155	4489	1750	419	159
辽宁	83819	76217	61142	9130	4274	1224	519
吉林	33489	30407	21773	3764	1698	482	183
黑龙江	53565	45504	31854	5302	2434	740	378
上海	61514	57084	45163	5672	2075	405	109
江苏	140627	142269	97469	21586	13079	4171	1920
浙江	143749	128314	87349	24481	12390	3922	1365
安徽	58033	56567	37200	6765	5326	1757	659
福建	67278	52963	34986	9657	4955	1353	540
江西	49227	41436	28931	7955	3956	1252	547
山东	144356	127986	85376	24054	14699	4731	1816
河南	82710	72591	45577	12445	8282	2836	1407
湖北	93069	90157	64089	14409	7749	2510	1025
湖南	66975	61178	40782	8290	4463	1387	648
广东	298793	226105	129298	27524	11252	2703	1073
广西	47029	37661	24183	5096	2499	819	357
海南	11361	9731	6533	1428	700	197	98
重庆	70075	58177	35412	6348	3602	880	352
四川	130462	107848	66026	14518	9507	2584	1249
贵州	33157	25265	15164	2654	1290	445	227
云南	44722	34165	21417	4785	2599	850	416
西藏	2468	1669	832	241	93	42	32
陕西	46150	37228	24284	6104	2669	754	446
甘肃	24868	22393	13602	1782	869	254	160
青海	8249	7181	3067	606	284	53	53
宁夏	10678	8861	5080	767	332	65	32
新疆	38469	33613	18534	3557	1535	448	361

4-1a 续表 5 单位：人

地区 性别	45-49岁	50-54岁	55-59岁	60-64岁	65-69岁	70-74岁	75岁及以上
女	**1574378**	**922672**	**366163**	**111419**	**66566**	**21396**	**10533**
北京	43836	25202	8219	1697	625	103	58
天津	20260	10937	3775	779	316	85	46
河北	54315	31742	13655	5592	3816	1324	607
山西	29903	16325	6057	1906	859	243	127
内蒙古	25257	14034	5258	1446	538	120	58
辽宁	66730	34894	13873	4369	2215	677	248
吉林	27009	15643	6628	1972	954	292	114
黑龙江	41035	20560	8037	2712	1476	454	287
上海	50060	28220	8910	1785	719	140	39
江苏	110200	66393	26572	9317	6665	2483	1314
浙江	109827	67782	27870	8993	5192	1717	564
安徽	40900	26330	10442	2463	2326	722	279
福建	51031	30206	12545	4409	2455	626	277
江西	36335	20594	9282	3479	1858	617	324
山东	109630	64438	28053	10410	6954	2473	996
河南	64409	39972	17851	6851	4945	1742	990
湖北	71443	48108	21335	7040	4143	1520	693
湖南	49711	33137	13220	3364	2048	697	394
广东	212491	117674	42349	9729	3936	1034	552
广西	38462	23297	10146	2945	1483	487	262
海南	8379	5177	2445	724	377	115	72
重庆	55399	30956	11931	2621	1770	455	243
四川	103509	58559	24983	7675	6087	1699	892
贵州	24765	14896	5288	1395	772	278	158
云南	33824	21699	9722	2881	1700	529	250
西藏	1448	828	322	98	67	31	38
陕西	31866	18076	6852	2522	1196	335	273
甘肃	17317	10044	2942	584	325	106	80
青海	5729	3017	963	169	82	26	31
宁夏	7922	3963	1073	218	92	16	12
新疆	31376	19969	5565	1274	575	250	255

4-1b　各地区分性别、年龄的就业人口(镇)

单位：人

地区 性别	合计	16-19岁	20-24岁	25-29岁	30-34岁	35-39岁	40-44岁
全　国	**14555424**	**155900**	**792942**	**1526147**	**2304620**	**1856623**	**1786860**
北　京	65835	623	5059	9424	13695	10068	7073
天　津	32378	322	1933	3759	5590	4475	4001
河　北	994925	11037	42818	100047	175204	146019	117542
山　西	340233	1706	16726	39804	53815	48311	43410
内蒙古	284363	943	10812	30040	48036	43454	38063
辽　宁	219695	1359	8004	17955	29967	25536	30511
吉　林	189831	1103	7383	19091	33760	26735	26911
黑龙江	248680	962	7940	19839	35150	33031	36618
上　海	125846	1348	8929	17484	25243	19253	15393
江　苏	1047479	7471	48959	114258	174084	125663	119404
浙　江	773450	10939	50109	86560	119250	99125	98089
安　徽	864964	8608	47305	104531	130912	96011	102176
福　建	552481	5850	26516	55875	85086	73349	71357
江　西	644311	8605	40999	63903	93271	79510	94703
山　东	1091197	10058	49818	80244	184338	139441	127551
河　南	1266434	19118	77813	136727	227312	153226	145866
湖　北	597499	3200	23076	63177	91810	69970	69148
湖　南	915188	12337	49881	77766	142048	118352	108324
广　东	710578	11043	60829	95531	110031	102651	86060
广　西	489590	5039	23641	42850	69494	69901	66365
海　南	94588	1031	5430	11180	13873	13848	12002
重　庆	266287	2291	16209	29188	34377	26053	25524
四　川	853394	8549	49220	88363	115121	85265	93030
贵　州	375116	5232	25010	43242	55333	48165	51212
云　南	569097	9686	40499	62246	80444	69868	77251
西　藏	20936	305	1691	4264	4531	3199	2405
陕　西	356627	2152	14046	37979	57176	47793	43391
甘　肃	210001	1328	9149	23971	36309	29771	25271
青　海	53603	707	3831	7205	8501	7078	8139
宁　夏	71735	745	4884	9512	12397	10598	10304
新　疆	229083	2203	14423	30132	38462	30904	29766

4-1b 续表 1

单位：人

地区 性别	合计	16-19岁	20-24岁	25-29岁	30-34岁	35-39岁	40-44岁
男	**8645624**	**97460**	**457614**	**879024**	**1325084**	**1064625**	**1013226**
北京	41436	431	2824	5518	8205	6208	4376
天津	22021	243	1377	2513	3669	2897	2535
河北	598443	7160	25849	59931	102568	84460	67312
山西	222609	1070	9817	24773	34763	30761	27579
内蒙古	177589	648	6294	17691	29124	26412	22905
辽宁	132693	834	4620	10707	17783	15013	17516
吉林	113416	764	4174	10719	19540	15405	15243
黑龙江	150964	536	4311	11228	20362	18977	20995
上海	78529	952	5474	10462	14977	11486	9107
江苏	624697	4758	28924	66797	100403	71608	66945
浙江	468055	7275	30825	51191	69104	56974	55318
安徽	525016	5423	27636	61978	76681	56293	59066
福建	325501	3608	15596	32483	48135	41100	39777
江西	374433	5042	22748	35388	50855	43126	52006
山东	652081	6412	29559	47873	109306	81909	73157
河南	731802	11905	45695	77771	127315	84860	80533
湖北	353189	1881	12953	35809	52074	40081	39021
湖南	545886	7517	27602	43435	79782	67261	61834
广东	437174	6791	35871	57674	66356	61048	50592
广西	277559	3087	13422	23706	38605	38670	36189
海南	56310	670	3342	6718	8134	8051	6874
重庆	155438	1478	8987	16340	19411	14628	13841
四川	472323	4858	25466	46271	61341	45122	49093
贵州	219457	3283	14185	24001	31429	28057	29753
云南	319707	6099	22850	33843	44128	38443	42347
西藏	12251	189	898	2343	2572	1889	1419
陕西	220620	1270	8057	22423	34424	28849	25994
甘肃	126321	878	5109	13183	20453	17267	14804
青海	32112	436	2121	4022	4847	4001	4765
宁夏	44667	508	2735	5614	7546	6609	6073
新疆	133325	1454	8293	16619	21192	17160	16257

4-1b　续表 2

单位：人

地区 性别	合计	16-19岁	20-24岁	25-29岁	30-34岁	35-39岁	40-44岁
女	**5909800**	**58440**	**335328**	**647123**	**979536**	**791998**	**773634**
北　京	24399	192	2235	3906	5490	3860	2697
天　津	10357	79	556	1246	1921	1578	1466
河　北	396482	3877	16969	40116	72636	61559	50230
山　西	117624	636	6909	15031	19052	17550	15831
内蒙古	106774	295	4518	12349	18912	17042	15158
辽　宁	87002	525	3384	7248	12184	10523	12995
吉　林	76415	339	3209	8372	14220	11330	11668
黑龙江	97716	426	3629	8611	14788	14054	15623
上　海	47317	396	3455	7022	10266	7767	6286
江　苏	422782	2713	20035	47461	73681	54055	52459
浙　江	305395	3664	19284	35369	50146	42151	42771
安　徽	339948	3185	19669	42553	54231	39718	43110
福　建	226980	2242	10920	23392	36951	32249	31580
江　西	269878	3563	18251	28515	42416	36384	42697
山　东	439116	3646	20259	32371	75032	57532	54394
河　南	534632	7213	32118	58956	99997	68366	65333
湖　北	244310	1319	10123	27368	39736	29889	30127
湖　南	369302	4820	22279	34331	62266	51091	46490
广　东	273404	4252	24958	37857	43675	41603	35468
广　西	212031	1952	10219	19144	30889	31231	30176
海　南	38278	361	2088	4462	5739	5797	5128
重　庆	110849	813	7222	12848	14966	11425	11683
四　川	381071	3691	23754	42092	53780	40143	43937
贵　州	155659	1949	10825	19241	23904	20108	21459
云　南	249390	3587	17649	28403	36316	31425	34904
西　藏	8685	116	793	1921	1959	1310	986
陕　西	136007	882	5989	15556	22752	18944	17397
甘　肃	83680	450	4040	10788	15856	12504	10467
青　海	21491	271	1710	3183	3654	3077	3374
宁　夏	27068	237	2149	3898	4851	3989	4231
新　疆	95758	749	6130	13513	17270	13744	13509

4-1b 续表 3

单位：人

地区 性别	45-49岁	50-54岁	55-59岁	60-64岁	65-69岁	70-74岁	75岁及以上
全国	**2079228**	**1837623**	**1177179**	**478596**	**354867**	**138167**	**66672**
北京	7485	6507	4108	1165	474	113	41
天津	4216	3669	2482	1084	633	178	36
河北	116507	116467	80866	42232	30127	11710	4349
山西	51220	39784	25094	10673	6458	2318	914
内蒙古	44321	34956	21475	7515	3443	952	353
辽宁	33448	29908	22203	10350	7004	2462	988
吉林	27757	23598	14935	4706	2704	808	340
黑龙江	45136	35017	21851	7275	3996	1327	538
上海	14917	12767	8037	1611	673	148	43
江苏	135683	141231	88657	40554	31713	12735	7067
浙江	111045	94850	59765	22812	13812	5166	1928
安徽	122161	116662	73790	21787	24470	11058	5493
福建	83702	67793	43399	20384	12599	4457	2114
江西	98599	75157	47412	21547	13149	5028	2428
山东	147373	144539	94350	47469	40303	17488	8225
河南	161842	148234	95464	42510	36700	14270	7352
湖北	84135	83657	59774	23819	16095	6504	3134
湖南	134050	123903	81283	30503	23084	9359	4298
广东	93878	76113	45814	16048	8526	2772	1282
广西	69430	62099	43701	18404	11856	4462	2348
海南	11815	11038	8380	3207	1847	605	332
重庆	50244	39923	23598	7066	7152	2991	1671
四川	148765	122751	74270	26492	25766	10062	5740
贵州	56940	44923	26490	8664	6504	2271	1130
云南	83263	67796	44973	16322	11117	3729	1903
西藏	2135	1337	669	214	103	39	44
陕西	53199	44156	28964	14384	8893	3004	1490
甘肃	31875	27856	15378	4501	2993	1095	504
青海	8199	5989	2702	654	384	144	70
宁夏	10405	7295	3872	1013	506	142	62
新疆	35483	27648	13423	3631	1783	770	455

4-1b　续表 4

单位：人

地　区 性　别	45-49岁	50-54岁	55-59岁	60-64岁	65-69岁	70-74岁	75岁及 以　上
男	**1197241**	**1152631**	**795196**	**310052**	**224477**	**87573**	**41421**
北　京	4633	4625	3261	885	366	74	30
天　津	2709	2660	1864	868	510	147	29
河　北	67633	73253	53220	27401	19377	7553	2726
山　西	32896	27745	18902	7455	4543	1632	673
内蒙古	26777	23245	15865	5231	2442	705	250
辽　宁	19130	18929	15064	6483	4369	1579	666
吉　林	15873	15311	10823	3040	1780	531	213
黑龙江	26308	23205	16456	4782	2575	868	361
上　海	8754	8875	6570	1228	507	108	29
江　苏	76968	88903	60902	26433	20015	7787	4254
浙　江	63225	60617	43162	16017	9457	3535	1355
安　徽	71301	73690	50934	14821	16139	7387	3667
福　建	47834	42090	29306	13180	8010	3018	1364
江　西	56400	48272	32945	14250	8647	3244	1510
山　东	84269	89395	60446	29537	24581	10645	4992
河　南	92632	89371	59502	26535	22603	8725	4355
湖　北	48239	52098	40083	15157	9900	3999	1894
湖　南	78951	78785	55976	20595	15199	6160	2789
广　东	55596	49569	33133	11525	6066	2045	908
广　西	38214	36327	27349	10915	6974	2720	1381
海　南	6739	6674	5392	2001	1147	368	200
重　庆	28395	24857	15887	4591	4246	1776	1001
四　川	80761	72713	47060	15848	14724	5826	3240
贵　州	33354	27083	17141	5231	3891	1384	665
云　南	46027	39469	27409	9287	6464	2231	1110
西　藏	1329	897	454	146	74	20	21
陕　西	32075	29098	20049	9552	5853	1978	998
甘　肃	19129	18116	11027	3163	2080	768	344
青　海	4902	4107	1995	486	282	108	40
宁　夏	6242	4984	3028	768	402	113	45
新　疆	19946	17668	9991	2641	1254	539	311

4-1b 续表 5

单位：人

地 区 性 别	45-49岁	50-54岁	55-59岁	60-64岁	65-69岁	70-74岁	75岁及以 上
女	**881987**	**684992**	**381983**	**168544**	**130390**	**50594**	**25251**
北 京	2852	1882	847	280	108	39	11
天 津	1507	1009	618	216	123	31	7
河 北	48874	43214	27646	14831	10750	4157	1623
山 西	18324	12039	6192	3218	1915	686	241
内 蒙 古	17544	11711	5610	2284	1001	247	103
辽 宁	14318	10979	7139	3867	2635	883	322
吉 林	11884	8287	4112	1666	924	277	127
黑 龙 江	18828	11812	5395	2493	1421	459	177
上 海	6163	3892	1467	383	166	40	14
江 苏	58715	52328	27755	14121	11698	4948	2813
浙 江	47820	34233	16603	6795	4355	1631	573
安 徽	50860	42972	22856	6966	8331	3671	1826
福 建	35868	25703	14093	7204	4589	1439	750
江 西	42199	26885	14467	7297	4502	1784	918
山 东	63104	55144	33904	17932	15722	6843	3233
河 南	69210	58863	35962	15975	14097	5545	2997
湖 北	35896	31559	19691	8662	6195	2505	1240
湖 南	55099	45118	25307	9908	7885	3199	1509
广 东	38282	26544	12681	4523	2460	727	374
广 西	31216	25772	16352	7489	4882	1742	967
海 南	5076	4364	2988	1206	700	237	132
重 庆	21849	15066	7711	2475	2906	1215	670
四 川	68004	50038	27210	10644	11042	4236	2500
贵 州	23586	17840	9349	3433	2613	887	465
云 南	37236	28327	17564	7035	4653	1498	793
西 藏	806	440	215	68	29	19	23
陕 西	21124	15058	8915	4832	3040	1026	492
甘 肃	12746	9740	4351	1338	913	327	160
青 海	3297	1882	707	168	102	36	30
宁 夏	4163	2311	844	245	104	29	17
新 疆	15537	9980	3432	990	529	231	144

4-1c　各地区分性别、年龄的就业人口(乡村)

单位：人

地区 性别	合计	16-19岁	20-24岁	25-29岁	30-34岁	35-39岁	40-44岁
全　国	**24701872**	**341928**	**1279203**	**2032016**	**2815707**	**2268024**	**2332588**
北　京	139098	956	7735	15312	26194	18617	14442
天　津	89837	515	3734	7734	11886	9377	9261
河　北	1424681	18449	53683	108603	191577	160926	129493
山　西	616197	4643	33245	61215	65518	55949	54682
内蒙古	376478	1851	11923	23255	35636	38820	39782
辽　宁	585143	5296	19548	29917	44266	39930	55955
吉　林	429506	3127	10332	20969	37460	32728	42817
黑龙江	492816	4441	16707	28720	47556	46911	56024
上　海	158171	2123	10066	18036	25351	19564	18932
江　苏	1089292	7304	39327	81979	119432	82379	89828
浙　江	956204	9715	48800	81247	106783	90090	95998
安　徽	1218089	15079	59102	111250	127396	94733	111018
福　建	626830	6780	24904	49535	74015	64826	64886
江　西	1033967	21239	69606	90450	119439	96710	119022
山　东	1902218	20434	72949	91950	208789	160547	156854
河　南	1920942	35221	97807	147397	238819	157883	160805
湖　北	1291692	9340	47873	119651	161232	113698	106490
湖　南	1327820	24070	72342	97735	172098	132912	119514
广　东	1229241	23605	107717	154248	160571	143745	122791
广　西	912209	14009	39546	59959	93611	101022	102243
海　南	170279	2501	9943	18100	21562	22711	19690
重　庆	511266	4942	27270	39776	41876	30414	32835
四　川	2235564	32953	132611	190410	220206	153015	179226
贵　州	708682	13624	45275	56940	67912	64226	80016
云　南	1389648	36096	107783	132501	160689	147099	165436
西　藏	67951	2321	7341	10662	11341	9374	7411
陕　西	658357	5009	27149	59902	79066	58011	56356
甘　肃	476880	5942	24022	43103	47168	38469	41617
青　海	83569	2047	6839	10029	10596	9883	11147
宁　夏	115347	1817	8012	12316	13570	12392	14190
新　疆	463898	6479	36012	59115	74092	61063	53827

4-1c 续表 1

单位：人

地区 性别	合计	16-19岁	20-24岁	25-29岁	30-34岁	35-39岁	40-44岁
男	**14776688**	**214636**	**772263**	**1254950**	**1722523**	**1362414**	**1358996**
北京	91402	691	4757	9483	16527	11924	9136
天津	57707	370	2463	5121	7500	5758	5630
河北	863000	11888	33892	69138	117922	95514	75643
山西	412899	3022	20947	42132	46474	38698	36412
内蒙古	233683	1265	7642	15303	23376	24684	24395
辽宁	353554	3496	12470	19926	28681	24511	33294
吉林	252561	2018	6304	13085	22900	19405	24677
黑龙江	295977	2801	9903	17553	29172	28026	32816
上海	104793	1546	6761	11767	16432	12605	11778
江苏	649928	4688	23999	50724	72542	48968	51053
浙江	590705	6374	29973	49786	65055	54361	55287
安徽	746520	9460	36036	70271	78469	57851	66802
福建	377820	4338	15521	30865	44678	38755	37531
江西	619370	13005	41420	55060	71385	56445	68773
山东	1110795	12456	44533	57804	127971	95314	88835
河南	1086427	21691	58025	85039	135001	87137	88047
湖北	779411	5952	29094	75885	101034	70274	64556
湖南	825375	14913	42276	60237	106537	81576	72245
广东	768184	14752	65442	97456	102040	89977	73706
广西	533565	8840	24289	37172	56972	60059	58784
海南	101720	1695	6266	11271	13245	13599	11559
重庆	305154	3195	16659	25352	26773	18588	19163
四川	1280205	19676	75881	112513	131289	89271	100010
贵州	422696	8853	28950	36549	42874	39758	47260
云南	791154	22685	64188	78833	94481	85481	93547
西藏	40938	1335	4087	6238	6928	5721	4577
陕西	406724	3125	16696	38035	50820	36962	34189
甘肃	284548	3689	14059	26356	29445	23437	24386
青海	50806	1261	3994	5914	6354	5802	6722
宁夏	73393	1284	5193	8117	8947	7853	8419
新疆	265674	4272	20543	31965	40699	34100	29764

4-1c　续表 2

单位：人

地　区 性　别	合计	16-19岁	20-24岁	25-29岁	30-34岁	35-39岁	40-44岁
女	**9925184**	**127292**	**506940**	**777066**	**1093184**	**905610**	**973592**
北　京	47696	265	2978	5829	9667	6693	5306
天　津	32130	145	1271	2613	4386	3619	3631
河　北	561681	6561	19791	39465	73655	65412	53850
山　西	203298	1621	12298	19083	19044	17251	18270
内蒙古	142795	586	4281	7952	12260	14136	15387
辽　宁	231589	1800	7078	9991	15585	15419	22661
吉　林	176945	1109	4028	7884	14560	13323	18140
黑龙江	196839	1640	6804	11167	18384	18885	23208
上　海	53378	577	3305	6269	8919	6959	7154
江　苏	439364	2616	15328	31255	46890	33411	38775
浙　江	365499	3341	18827	31461	41728	35729	40711
安　徽	471569	5619	23066	40979	48927	36882	44216
福　建	249010	2442	9383	18670	29337	26071	27355
江　西	414597	8234	28186	35390	48054	40265	50249
山　东	791423	7978	28416	34146	80818	65233	68019
河　南	834515	13530	39782	62358	103818	70746	72758
湖　北	512281	3388	18779	43766	60198	43424	41934
湖　南	502445	9157	30066	37498	65561	51336	47269
广　东	461057	8853	42275	56792	58531	53768	49085
广　西	378644	5169	15257	22787	36639	40963	43459
海　南	68559	806	3677	6829	8317	9112	8131
重　庆	206112	1747	10611	14424	15103	11826	13672
四　川	955359	13277	56730	77897	88917	63744	79216
贵　州	285986	4771	16325	20391	25038	24468	32756
云　南	598494	13411	43595	53668	66208	61618	71889
西　藏	27013	986	3254	4424	4413	3653	2834
陕　西	251633	1884	10453	21867	28246	21049	22167
甘　肃	192332	2253	9963	16747	17723	15032	17231
青　海	32763	786	2845	4115	4242	4081	4425
宁　夏	41954	533	2819	4199	4623	4539	5771
新　疆	198224	2207	15469	27150	33393	26963	24063

4-1c 续表 3

单位：人

地区 性别	45-49岁	50-54岁	55-59岁	60-64岁	65-69岁	70-74岁	75岁及 以上
全国	**3213476**	**3579121**	**2762370**	**1635821**	**1437479**	**660950**	**343189**
北京	17808	17449	12549	4913	2306	650	167
天津	11410	12628	10456	6224	4478	1609	525
河北	149375	197311	161886	113098	88703	37987	13590
山西	81963	84236	71055	49538	34427	14328	5398
内蒙古	57637	58478	48524	32654	19810	6108	2000
辽宁	75105	94242	84332	62513	47147	19273	7619
吉林	61403	74516	60511	40509	29718	11447	3969
黑龙江	78436	77507	59630	38630	25575	9119	3560
上海	22870	21136	13801	3665	2059	449	119
江苏	129201	174748	132438	85956	82672	40156	23872
浙江	127338	137799	107543	64453	50525	24344	11569
安徽	159932	188359	138098	58448	82111	45769	26794
福建	86472	87171	66085	45309	34313	14444	8090
江西	141603	133374	97811	65150	47646	21427	10490
山东	223772	301399	244289	162870	150781	72098	35486
河南	221951	271465	214341	132510	139757	67026	35960
湖北	149742	188228	161298	95473	79210	38785	20672
湖南	170471	197970	149147	77640	67063	31129	15729
广东	147599	149036	111248	55325	33587	12612	7157
广西	119297	131249	109950	61727	47344	20720	11532
海南	20411	21231	18128	7933	5051	1994	1024
重庆	78683	79020	58859	32973	44928	24479	15211
四川	331497	332814	230579	130809	164901	83811	52732
贵州	104657	103974	75272	39399	35652	14840	6895
云南	188895	177819	134358	65120	46506	17899	9447
西藏	6944	5729	3956	1493	802	347	230
陕西	86600	95645	79154	54615	36529	13755	6566
甘肃	74955	86006	58375	25352	20195	8078	3598
青海	12160	10599	6361	1983	1264	415	246
宁夏	16058	15771	11251	5078	3465	1055	372
新疆	59231	52212	31085	14461	8954	4797	2570

4-1c　续表 4

单位：人

地　区 性　别	45-49岁	50-54岁	55-59岁	60-64岁	65-69岁	70-74岁	75岁及以　上
男	**1843060**	**2096646**	**1661095**	**999208**	**870297**	**409699**	**210901**
北　京	11156	12264	9541	3605	1688	498	132
天　津	6921	7964	6935	4321	3189	1130	405
河　北	86326	117092	97116	70325	55157	24162	8825
山　西	53395	55498	46416	32720	23208	10091	3886
内蒙古	34125	35078	29021	20024	13011	4358	1401
辽　宁	43494	54867	49001	36938	28899	12639	5338
吉　林	34630	42689	34665	23672	18267	7569	2680
黑龙江	45639	46396	35907	23474	15948	6042	2300
上　海	14080	14497	10612	2782	1513	340	80
江　苏	71774	102935	82408	53012	49936	23743	14146
浙　江	72537	85354	71572	43213	33143	16242	7808
安　徽	94102	112187	86054	37326	51395	29255	17312
福　建	49327	51901	40558	28154	21323	9659	5210
江　西	81910	79367	60593	40809	30089	13859	6655
山　东	124257	170812	139409	95718	88710	43443	21533
河　南	122903	148528	119394	77704	81917	40182	20859
湖　北	85891	110055	96850	56953	46856	23584	12427
湖　南	104129	122105	95759	51249	43440	20685	10224
广　东	85581	91747	73839	37517	22593	8704	4830
广　西	67591	75084	63439	35561	27208	12013	6553
海　南	11491	12330	10931	4591	2961	1187	594
重　庆	45330	46080	35018	19863	25645	14458	9030
四　川	183832	187529	132377	76264	92446	48485	30632
贵　州	60892	59314	42823	22584	20379	8589	3871
云　南	104402	97256	73375	35760	25824	10131	5191
西　藏	4344	3578	2441	906	474	185	124
陕　西	50738	57501	48457	34078	22976	8909	4238
甘　肃	42152	49275	35208	16016	12837	5309	2379
青　海	7313	6639	4154	1387	861	252	153
宁　夏	9578	9753	7326	3399	2472	773	279
新　疆	33220	30971	19896	9283	5932	3223	1806

4-1c 续表 5

单位：人

地区 性别	45-49岁	50-54岁	55-59岁	60-64岁	65-69岁	70-74岁	75岁及以上
女	**1370416**	**1482475**	**1101275**	**636613**	**567182**	**251251**	**132288**
北京	6652	5185	3008	1308	618	152	35
天津	4489	4664	3521	1903	1289	479	120
河北	63049	80219	64770	42773	33546	13825	4765
山西	28568	28738	24639	16818	11219	4237	1512
内蒙古	23512	23400	19503	12630	6799	1750	599
辽宁	31611	39375	35331	25575	18248	6634	2281
吉林	26773	31827	25846	16837	11451	3878	1289
黑龙江	32797	31111	23723	15156	9627	3077	1260
上海	8790	6639	3189	883	546	109	39
江苏	57427	71813	50030	32944	32736	16413	9726
浙江	54801	52445	35971	21240	17382	8102	3761
安徽	65830	76172	52044	21122	30716	16514	9482
福建	37145	35270	25527	17155	12990	4785	2880
江西	59693	54007	37218	24341	17557	7568	3835
山东	99515	130587	104880	67152	62071	28655	13953
河南	99048	122937	94947	54806	57840	26844	15101
湖北	63851	78173	64448	38520	32354	15201	8245
湖南	66342	75865	53388	26391	23623	10444	5505
广东	62018	57289	37409	17808	10994	3908	2327
广西	51706	56165	46511	26166	20136	8707	4979
海南	8920	8901	7197	3342	2090	807	430
重庆	33353	32940	23841	13110	19283	10021	6181
四川	147665	145285	98202	54545	72455	35326	22100
贵州	43765	44660	32449	16815	15273	6251	3024
云南	84493	80563	60983	29360	20682	7768	4256
西藏	2600	2151	1515	587	328	162	106
陕西	35862	38144	30697	20537	13553	4846	2328
甘肃	32803	36731	23167	9336	7358	2769	1219
青海	4847	3960	2207	596	403	163	93
宁夏	6480	6018	3925	1679	993	282	93
新疆	26011	21241	11189	5178	3022	1574	764

4-2 各地区分性别、受教育程度的就业人口

单位：人

地区 性别	合计	未上过学	学前教育	小学	初中	高中	大学专科	大学本科	硕士 研究生	博士 研究生
全国	**65631786**	**857606**	**37756**	**10694879**	**27988466**	**11069968**	**7625702**	**6538253**	**728485**	**90671**
北京	1015007	2181	144	31215	204177	156190	183429	323374	98612	15685
天津	504665	1731	63	34809	165998	82642	81051	119220	17175	1976
河北	3332630	17388	898	437463	1753031	503590	351975	246952	19709	1624
山西	1452063	5936	362	145283	664285	260185	205547	156174	12960	1331
内蒙古	1049550	14595	170	166872	400135	160043	157152	138862	10927	794
辽宁	1799414	5087	260	216105	831515	256699	227071	236465	23670	2542
吉林	1008886	5405	162	174956	424091	157503	108692	124273	12100	1704
黑龙江	1283401	5984	338	194452	594193	202278	141322	133101	10164	1569
上海	1264922	6126	228	71879	349960	208849	214130	325707	78485	9558
江苏	4062749	37689	2684	496873	1616120	772551	577504	496630	55880	6818
浙江	3642236	45157	2591	661770	1489995	592171	418005	389408	38795	4344
安徽	2766699	67980	2330	518247	1213809	417107	298810	224607	21546	2263
福建	2052886	26559	2022	419445	839148	332545	211699	204016	15449	2003
江西	2260971	16837	1206	401576	1082151	388453	213078	144796	11485	1389
山东	4764872	76960	2649	722400	2160431	794894	534731	423380	44547	4880
河南	4225042	51204	2438	596166	2097189	757756	420675	271967	24794	2853
湖北	3046668	24722	2142	457642	1316187	615574	343972	251164	30450	4815
湖南	3041080	16040	2027	390679	1384807	683762	327005	215435	18549	2776
广东	6203762	22584	2517	602284	2672787	1400961	806764	621429	67160	7276
广西	2013956	19731	1004	396370	983505	278621	182626	141368	9697	1034
海南	422630	5745	166	46977	212406	71234	45151	38217	2445	289
重庆	1526217	10033	790	313423	561333	280186	189826	154974	13849	1803
四川	4552395	106334	6237	1122456	1816880	668354	456733	339520	31997	3884
贵州	1480345	73842	622	414811	578052	139962	129431	135700	7123	802
云南	2519755	74783	1499	866172	940006	249250	194762	181298	10682	1303
西藏	117903	23182	307	35192	23253	8863	11539	14849	671	47
陕西	1606941	21426	854	209243	673976	267329	228571	180923	21435	3184
甘肃	959370	42263	429	230613	326712	128204	116895	106192	6982	1080
青海	226183	12320	185	57922	67123	25814	30019	31035	1596	169
宁夏	314750	7233	102	60983	112456	45138	44627	41217	2765	229
新疆	1113838	10549	330	200601	432755	163260	172910	126000	6786	647

4-2 续表 1

单位：人

地区 性别	合计	未上过学	学前教育	小学	初中	高中	大学专科	大学本科	硕士 研究生	博士 研究生
男	**38880798**	**267808**	**15434**	**5659907**	**17529029**	**7144810**	**4338607**	**3490431**	**377595**	**57177**
北京	587409	877	75	18986	140057	101785	101386	165242	49293	9708
天津	308218	753	41	21968	111769	54775	46775	62591	8388	1158
河北	1991602	5694	416	237338	1097390	321021	194779	124853	9209	902
山西	941097	2939	200	89228	458744	179122	122804	81618	5731	711
内蒙古	646349	5031	81	94207	266237	108063	94957	72417	4915	441
辽宁	1075189	1985	126	123631	521676	162266	129054	123666	11381	1404
吉林	593245	2141	81	96465	261765	100057	62179	63812	5803	942
黑龙江	767860	2620	196	110735	371039	127033	81136	69305	4969	827
上海	743847	2149	131	40768	228249	137913	119490	168374	40700	6073
江苏	2401192	10882	1001	253137	998966	498390	336176	267640	30516	4484
浙江	2188814	15436	1172	377234	942739	388738	235997	203634	20978	2886
安徽	1682501	22014	916	272351	784611	281655	177155	129791	12387	1621
福建	1211954	6096	578	208101	536812	219830	118912	112130	8215	1280
江西	1332119	4786	408	197051	660969	254134	124215	83321	6260	975
山东	2810385	22185	1058	358225	1345533	515999	312013	230039	22341	2992
河南	2409067	16005	1096	295660	1242294	465867	232852	141538	11991	1764
湖北	1807305	6813	762	231162	813091	395630	200310	139992	16429	3116
湖南	1831395	5678	942	218460	859094	436216	183113	116154	9877	1861
广东	3779739	7381	1173	326613	1682332	915300	459501	344970	37571	4898
广西	1154817	4275	377	197235	598257	176965	99858	72157	5043	650
海南	249450	1278	81	21848	129243	47253	26958	21308	1313	168
重庆	891118	2947	336	169919	347463	175564	104088	82169	7488	1144
四川	2578043	33798	2388	586942	1096942	411068	246732	180397	17238	2538
贵州	872038	15507	179	222202	389023	92502	74705	73792	3613	515
云南	1430686	23001	565	450664	593925	155697	107818	92907	5330	779
西藏	70367	10976	172	22223	16108	5843	6658	7932	420	35
陕西	980785	8003	403	116473	434182	176449	133603	98477	11166	2029
甘肃	573950	13797	181	122614	216873	88534	68765	58927	3576	683
青海	135636	5212	91	33640	45515	16676	17441	16152	806	103
宁夏	193621	2675	35	34115	77264	30534	25720	21787	1367	124
新疆	641000	4874	173	110712	260867	103931	93457	63339	3281	366

4-2 续表 2

单位：人

地区 性别	合计	未上过学	学前教育	小学	初中	高中	大学专科	大学本科	硕士 研究生	博士 研究生
女	**26750988**	**589798**	**22322**	**5034972**	**10459437**	**3925158**	**3287095**	**3047822**	**350890**	**33494**
北京	427598	1304	69	12229	64120	54405	82043	158132	49319	5977
天津	196447	978	22	12841	54229	27867	34276	56629	8787	818
河北	1341028	11694	482	200125	655641	182569	157196	122099	10500	722
山西	510966	2997	162	56055	205541	81063	82743	74556	7229	620
内蒙古	403201	9564	89	72665	133898	51980	62195	66445	6012	353
辽宁	724225	3102	134	92474	309839	94433	98017	112799	12289	1138
吉林	415641	3264	81	78491	162326	57446	46513	60461	6297	762
黑龙江	515541	3364	142	83717	223154	75245	60186	63796	5195	742
上海	521075	3977	97	31111	121711	70936	94640	157333	37785	3485
江苏	1661557	26807	1683	243736	617154	274161	241328	228990	25364	2334
浙江	1453422	29721	1419	284536	547256	203433	182008	185774	17817	1458
安徽	1084198	45966	1414	245896	429198	135452	121655	94816	9159	642
福建	840932	20463	1444	211344	302336	112715	92787	91886	7234	723
江西	928852	12051	798	204525	421182	134319	88863	61475	5225	414
山东	1954487	54775	1591	364175	814898	278895	222718	193341	22206	1888
河南	1815975	35199	1342	300506	854895	291889	187823	130429	12803	1089
湖北	1239363	17909	1380	226480	503096	219944	143662	111172	14021	1699
湖南	1209685	10362	1085	172219	525713	247546	143892	99281	8672	915
广东	2424023	15203	1344	275671	990455	485661	347263	276459	29589	2378
广西	859139	15456	627	199135	385248	101656	82768	69211	4654	384
海南	173180	4467	85	25129	83163	23981	18193	16909	1132	121
重庆	635099	7086	454	143504	213870	104622	85738	72805	6361	659
四川	1974352	72536	3849	535514	719938	257286	210001	159123	14759	1346
贵州	608307	58335	443	192609	189029	47460	54726	61908	3510	287
云南	1089069	51782	934	415508	346081	93553	86944	88391	5352	524
西藏	47536	12206	135	12969	7145	3020	4881	6917	251	12
陕西	626156	13423	451	92770	239794	90880	94968	82446	10269	1155
甘肃	385420	28466	248	107999	109839	39670	48130	47265	3406	397
青海	90547	7108	94	24282	21608	9138	12578	14883	790	66
宁夏	121129	4558	67	26868	35192	14604	18907	19430	1398	105
新疆	472838	5675	157	89889	171888	59329	79453	62661	3505	281

4-2a 各地区分性别、受教育程度的就业人口(城市)

单位：人

地区 性别	合计	未上过学	学前教育	小学	初中	高中	大学专科	大学本科	硕士 研究生	博士 研究生
全国	**26374490**	**91610**	**5942**	**1803519**	**8382030**	**5699636**	**4855124**	**4812071**	**642096**	**82462**
北京	810074	1312	96	17981	119171	112012	150018	298899	95222	15363
天津	382450	867	54	15698	92110	68429	73311	113242	16806	1933
河北	913024	1227	119	40091	291720	207768	198619	156947	15160	1373
山西	495633	622	75	16895	144170	108579	110625	102830	10619	1218
内蒙古	388709	1367	25	22280	110677	76016	85288	83947	8434	675
辽宁	994576	885	73	38534	332126	198571	187474	211847	22617	2449
吉林	389549	386	21	16055	121176	94030	68222	81005	7569	1085
黑龙江	541905	733	49	24087	186560	125974	95895	98751	8499	1357
上海	980905	3434	155	39973	212288	161741	182499	297410	74372	9033
江苏	1925978	7952	523	119119	586082	401539	381341	376244	47181	5997
浙江	1912582	14566	767	247603	708716	329188	275728	296958	34964	4092
安徽	683646	5862	211	57305	221552	130963	133480	118471	14182	1620
福建	873575	5579	199	98817	304802	170907	131458	146638	13464	1711
江西	582693	1684	140	47788	205219	134463	99376	84072	8826	1125
山东	1771457	5253	328	91381	563623	414767	349454	306206	36204	4241
河南	1037666	2183	167	42947	315930	265978	221891	168155	18451	1964
湖北	1157477	2777	268	60743	351648	300171	220188	190100	27125	4457
湖南	798072	1022	186	33748	224150	229498	160733	131522	14890	2323
广东	4263943	9058	1189	291343	1624186	1049142	666918	550288	64743	7076
广西	612157	1059	130	45512	220658	132519	107957	94754	8624	944
海南	157763	807	42	8867	53610	36850	27577	27709	2045	256
重庆	748664	1225	121	64198	225398	175199	143153	124668	12979	1723
四川	1463437	4673	367	143132	444209	311201	282159	245403	28752	3541
贵州	396547	3489	63	45901	131437	64763	65800	78271	6130	693
云南	561010	5105	186	76762	180872	97396	91093	99258	9129	1209
西藏	29016	1930	52	6002	6635	4304	4136	5489	431	37
陕西	591957	1502	144	22261	154132	122362	139840	129236	19470	3010
甘肃	272489	1343	45	16202	70168	55583	60116	62293	5731	1008
青海	89011	1056	14	8604	23907	14895	18158	20862	1363	152
宁夏	127668	781	24	8666	37799	23208	26395	28228	2357	210
新疆	420857	1871	109	35024	117299	81620	96222	82368	5757	587

4-2a　续表 1　　　　　　　　　　　　　　　　　　　　　　单位：人

地区 性别	合计	未上过学	学前教育	小学	初中	高中	大学专科	大学本科	硕士研究生	博士研究生
男	**15458486**	**32199**	**2871**	**999991**	**5198006**	**3572761**	**2716844**	**2551793**	**332102**	**51919**
北京	454571	482	38	10235	79932	72233	82132	152415	47590	9514
天津	228490	382	36	10166	62262	44931	42048	59342	8191	1132
河北	530159	487	58	23686	182082	126911	108938	80065	7168	764
山西	305589	317	44	11484	99809	71233	63974	53383	4700	645
内蒙古	235077	550	15	13632	73951	49438	50009	43306	3798	378
辽宁	588942	422	42	23593	211401	124469	106037	110732	10898	1348
吉林	227268	173	11	9460	74926	58764	38492	41219	3632	591
黑龙江	320919	377	32	14773	116930	77630	54579	51731	4148	719
上海	560525	1037	81	21447	135920	105059	100389	152497	38372	5723
江苏	1126567	2628	227	64541	359422	250572	217799	201719	25723	3936
浙江	1130054	5081	382	140681	443590	210914	153251	154637	18805	2713
安徽	410965	2043	93	30443	139810	85934	76865	66616	8002	1159
福建	508633	1426	73	49708	189577	108701	71639	79289	7126	1094
江西	338316	530	62	25437	120955	83005	55847	46959	4721	800
山东	1047509	1896	159	51143	348802	258686	200634	165487	18120	2582
河南	590838	857	84	23427	187854	159660	121514	87224	8994	1224
湖北	674705	919	133	32394	210378	184116	125174	104222	14498	2871
湖南	460134	493	95	19779	133563	138313	88147	70310	7885	1549
广东	2574381	3191	582	158750	1013028	676018	377111	304768	36173	4760
广西	343693	371	62	23354	128041	80010	58283	48564	4419	589
海南	91420	179	22	4362	31691	22888	15874	15153	1101	150
重庆	430526	478	63	35931	135876	106807	77492	65769	7014	1096
四川	825515	1749	176	77525	261072	185671	151027	130422	15569	2304
贵州	229885	904	26	24587	82260	40444	36547	41595	3082	440
云南	319825	1679	75	42035	112144	58811	49176	50667	4520	718
西藏	17178	930	25	3721	4289	2675	2391	2873	248	26
陕西	353441	662	83	13666	99783	77711	79725	69752	10143	1916
甘肃	163081	523	27	9619	44605	36078	34525	34119	2944	641
青海	52718	455	4	5247	15499	9406	10493	10846	677	91
宁夏	75561	275	9	4909	24719	14896	14714	14785	1138	116
新疆	242001	703	52	20256	73835	50777	52018	41327	2703	330

4-2a 续表 2

单位：人

地区 性别	合计	未上过学	学前教育	小学	初中	高中	大学专科	大学本科	硕士 研究生	博士 研究生
女	**10916004**	**59411**	**3071**	**803528**	**3184024**	**2126875**	**2138280**	**2260278**	**309994**	**30543**
北京	355503	830	58	7746	39239	39779	67886	146484	47632	5849
天津	153960	485	18	5532	29848	23498	31263	53900	8615	801
河北	382865	740	61	16405	109638	80857	89681	76882	7992	609
山西	190044	305	31	5411	44361	37346	46651	49447	5919	573
内蒙古	153632	817	10	8648	36726	26578	35279	40641	4636	297
辽宁	405634	463	31	14941	120725	74102	81437	101115	11719	1101
吉林	162281	213	10	6595	46250	35266	29730	39786	3937	494
黑龙江	220986	356	17	9314	69630	48344	41316	47020	4351	638
上海	420380	2397	74	18526	76368	56682	82110	144913	36000	3310
江苏	799411	5324	296	54578	226660	150967	163542	174525	21458	2061
浙江	782528	9485	385	106922	265126	118274	122477	142321	16159	1379
安徽	272681	3819	118	26862	81742	45029	56615	51855	6180	461
福建	364942	4153	126	49109	115225	62206	59819	67349	6338	617
江西	244377	1154	78	22351	84264	51458	43529	37113	4105	325
山东	723948	3357	169	40238	214821	156081	148820	140719	18084	1659
河南	446828	1326	83	19520	128076	106318	100377	80931	9457	740
湖北	482772	1858	135	28349	141270	116055	95014	85878	12627	1586
湖南	337938	529	91	13969	90587	91185	72586	61212	7005	774
广东	1689562	5867	607	132593	611158	373124	289807	245520	28570	2316
广西	268464	688	68	22158	92617	52509	49674	46190	4205	355
海南	66343	628	20	4505	21919	13962	11703	12556	944	106
重庆	318138	747	58	28267	89522	68392	65661	58899	5965	627
四川	637922	2924	191	65607	183137	125530	131132	114981	13183	1237
贵州	166662	2585	37	21314	49177	24319	29253	36676	3048	253
云南	241185	3426	111	34727	68728	38585	41917	48591	4609	491
西藏	11838	1000	27	2281	2346	1629	1745	2616	183	11
陕西	238516	840	61	8595	54349	44651	60115	59484	9327	1094
甘肃	109408	820	18	6583	25563	19505	25591	28174	2787	367
青海	36293	601	10	3357	8408	5489	7665	10016	686	61
宁夏	52107	506	15	3757	13080	8312	11681	13443	1219	94
新疆	178856	1168	57	14768	43464	30843	44204	41041	3054	257

4-2b 各地区分性别、受教育程度的就业人口(镇)

单位：人

地区 性别	合计	未上过学	学前教育	小学	初中	高中	大学专科	大学本科	硕士 研究生	博士 研究生
全国	**14555424**	**134735**	**6246**	**2047890**	**6655946**	**2655947**	**1727892**	**1254786**	**65807**	**6175**
北京	65835	184	32	3298	21439	13303	12666	12389	2284	240
天津	32378	168	2	3824	17362	4746	3052	2894	293	37
河北	994925	3771	255	111364	529532	161140	110923	73960	3768	212
山西	340233	773	49	23281	148958	69136	57516	38846	1603	71
内蒙古	284363	2101	24	30120	105926	47911	51669	44368	2147	97
辽宁	219695	394	25	22419	124988	28802	23923	18335	751	58
吉林	189831	361	16	13915	72688	34727	29034	34720	3842	528
黑龙江	248680	634	37	24667	122682	43139	30215	25758	1360	188
上海	125846	756	17	8926	49057	22783	19731	20682	3459	435
江苏	1047479	7923	579	123467	471401	212588	130094	93350	7382	695
浙江	773450	8478	471	138862	344826	131812	81734	64203	2894	170
安徽	864964	12659	449	127649	380595	147294	109816	79924	6052	526
福建	552481	5375	342	109544	249863	90752	52647	42254	1497	207
江西	644311	3212	246	89505	311052	125639	69620	42944	1896	197
山东	1091197	15121	523	147197	512865	189788	124903	93606	6725	469
河南	1266434	7941	519	130047	633492	269871	137473	81310	5035	746
湖北	597499	3232	310	76140	275302	136253	66397	37706	1947	212
湖南	915188	3246	420	94660	414844	229799	107141	61955	2794	329
广东	710578	3214	311	88480	349304	149661	73173	44690	1612	133
广西	489590	2407	151	74523	252270	73834	49810	35787	769	39
海南	94588	1377	59	9990	51283	15485	9402	6728	244	20
重庆	266287	1036	96	51120	115442	50969	27135	19884	557	48
四川	853394	12061	540	170908	368999	146309	92267	60391	1728	191
贵州	375116	11719	102	84048	155707	38971	41143	42631	714	81
云南	569097	11303	290	155453	219790	67369	58866	54899	1083	44
西藏	20936	2589	16	4196	3964	1771	3366	4916	114	4
陕西	356627	3628	166	43843	153465	65045	52577	36502	1302	99
甘肃	210001	4197	57	33516	71358	31769	34551	33583	923	47
青海	53603	2516	76	12241	15884	6395	8217	8064	198	12
宁夏	71735	921	14	10164	28063	11670	11537	9086	267	13
新疆	229083	1438	52	30523	83545	37216	47294	28421	567	27

4-2b 续表 1

单位：人

地区 性别	合计	未上过学	学前教育	小学	初中	高中	大学专科	大学本科	硕士 研究生	博士 研究生
男	**8645624**	**43727**	**2657**	**1086632**	**4093429**	**1707443**	**999116**	**674289**	**34417**	**3914**
北京	41436	104	25	2237	15146	8849	7178	6618	1130	149
天津	22021	87	1	2649	12185	3330	1920	1667	159	23
河北	598443	1339	126	62500	330241	103309	62298	36829	1681	120
山西	222609	448	33	15392	104148	47539	34475	19859	674	41
内蒙古	177589	811	13	18198	71105	32213	31355	22891	950	53
辽宁	132693	150	12	12964	77823	18287	13635	9431	357	34
吉林	113416	161	6	8136	45658	22260	16870	18155	1860	310
黑龙江	150964	278	20	14476	77198	27537	17544	13144	670	97
上海	78529	302	11	5313	32343	15265	11601	11454	1949	291
江苏	624697	2360	206	63094	287790	138097	77609	51027	4056	458
浙江	468055	2828	213	78455	216019	87028	47615	34125	1656	116
安徽	525016	4235	185	66197	239187	98715	65650	46899	3570	378
福建	325501	1086	94	52910	155921	60346	30357	23853	804	130
江西	374433	995	91	43990	182094	80352	40655	25079	1049	128
山东	652081	4579	218	74604	318371	124768	74853	51009	3394	285
河南	731802	2804	244	68603	374027	164091	76696	42537	2354	446
湖北	353189	934	110	38877	164851	86307	39170	21707	1094	139
湖南	545886	1276	207	52786	250541	144609	60847	33887	1501	232
广东	437174	1199	152	49332	218272	99330	42828	25030	939	92
广西	277559	609	71	36843	147961	46387	27213	17999	449	27
海南	56310	323	34	4676	30713	10619	5845	3962	127	11
重庆	155438	314	39	27458	69295	31880	15361	10745	316	30
四川	472323	4132	218	86207	211087	87695	50411	31514	931	128
贵州	219457	2574	27	44006	99728	25502	23839	23336	391	54
云南	319707	3473	112	80354	133226	41228	32891	27842	553	28
西藏	12251	1177	9	2513	2628	1201	2011	2629	80	3
陕西	220620	1465	75	25328	98648	43082	31378	19904	679	61
甘肃	126321	1490	28	17987	45719	21654	20323	18627	470	23
青海	32112	1156	39	7153	10594	4155	4794	4105	108	8
宁夏	44667	366	7	5901	18931	7931	6698	4676	151	6
新疆	133325	672	31	17493	51979	23877	25196	13749	315	13

4-2b 续表 2

单位：人

地区 性别	合计	未上过学	学前教育	小学	初中	高中	大学专科	大学本科	硕士 研究生	博士 研究生
女	**5909800**	**91008**	**3589**	**961258**	**2562517**	**948504**	**728776**	**580497**	**31390**	**2261**
北京	24399	80	7	1061	6293	4454	5488	5771	1154	91
天津	10357	81	1	1175	5177	1416	1132	1227	134	14
河北	396482	2432	129	48864	199291	57831	48625	37131	2087	92
山西	117624	325	16	7889	44810	21597	23041	18987	929	30
内蒙古	106774	1290	11	11922	34821	15698	20314	21477	1197	44
辽宁	87002	244	13	9455	47165	10515	10288	8904	394	24
吉林	76415	200	10	5779	27030	12467	12164	16565	1982	218
黑龙江	97716	356	17	10191	45484	15602	12671	12614	690	91
上海	47317	454	6	3613	16714	7518	8130	9228	1510	144
江苏	422782	5563	373	60373	183611	74491	52485	42323	3326	237
浙江	305395	5650	258	60407	128807	44784	34119	30078	1238	54
安徽	339948	8424	264	61452	141408	48579	44166	33025	2482	148
福建	226980	4289	248	56634	93942	30406	22290	18401	693	77
江西	269878	2217	155	45515	128958	45287	28965	17865	847	69
山东	439116	10542	305	72593	194494	65020	50050	42597	3331	184
河南	534632	5137	275	61444	259465	105780	60777	38773	2681	300
湖北	244310	2298	200	37263	110451	49946	27227	15999	853	73
湖南	369302	1970	213	41874	164303	85190	46294	28068	1293	97
广东	273404	2015	159	39148	131032	50331	30345	19660	673	41
广西	212031	1798	80	37680	104309	27447	22597	17788	320	12
海南	38278	1054	25	5314	20570	4866	3557	2766	117	9
重庆	110849	722	57	23662	46147	19089	11774	9139	241	18
四川	381071	7929	322	84701	157912	58614	41856	28877	797	63
贵州	155659	9145	75	40042	55979	13469	17304	19295	323	27
云南	249390	7830	178	75099	86564	26141	25975	27057	530	16
西藏	8685	1412	7	1683	1336	570	1355	2287	34	1
陕西	136007	2163	91	18515	54817	21963	21199	16598	623	38
甘肃	83680	2707	29	15529	25639	10115	14228	14956	453	24
青海	21491	1360	37	5088	5290	2240	3423	3959	90	4
宁夏	27068	555	7	4263	9132	3739	4839	4410	116	7
新疆	95758	766	21	13030	31566	13339	22098	14672	252	14

4-2c 各地区分性别、受教育程度的就业人口(乡村)

单位：人

地区 性别	合计	未上过学	学前教育	小学	初中	高中	大学专科	大学本科	硕士 研究生	博士 研究生
全国	**24701872**	**631261**	**25568**	**6843470**	**12950490**	**2714385**	**1042686**	**471396**	**20582**	**2034**
北京	139098	685	16	9936	63567	30875	20745	12086	1106	82
天津	89837	696	7	15287	56526	9467	4688	3084	76	6
河北	1424681	12390	524	286008	931779	134682	42433	16045	781	39
山西	616197	4541	238	105107	371157	82470	37406	14498	738	42
内蒙古	376478	11127	121	114472	183532	36116	20195	10547	346	22
辽宁	585143	3808	162	155152	374401	29326	15674	6283	302	35
吉林	429506	4658	125	144986	230227	28746	11436	8548	689	91
黑龙江	492816	4617	252	145698	284951	33165	15212	8592	305	24
上海	158171	1936	56	22980	88615	24325	11900	7615	654	90
江苏	1089292	21814	1582	254287	558637	158424	66069	27036	1317	126
浙江	956204	22113	1353	275305	436453	131171	60543	28247	937	82
安徽	1218089	49459	1670	333293	611662	138850	55514	26212	1312	117
福建	626830	15605	1481	211084	284483	70886	27594	15124	488	85
江西	1033967	11941	820	264283	565880	128351	44082	17780	763	67
山东	1902218	56586	1798	483822	1083943	190339	60374	23568	1618	170
河南	1920942	41080	1752	423172	1147767	221907	61311	22502	1308	143
湖北	1291692	18713	1564	320759	689237	179150	57387	23358	1378	146
湖南	1327820	11772	1421	262271	745813	224465	59131	21958	865	124
广东	1229241	10312	1017	222461	699297	202158	66673	26451	805	67
广西	912209	16265	723	276335	510577	72268	24859	10827	304	51
海南	170279	3561	65	28120	107513	18899	8172	3780	156	13
重庆	511266	7772	573	198105	220493	54018	19538	10422	313	32
四川	2235564	89600	5330	808416	1003672	210844	82307	33726	1517	152
贵州	708682	58634	457	284862	290908	36228	22488	14798	279	28
云南	1389648	58375	1023	633957	539344	84485	44803	27141	470	50
西藏	67951	18663	239	24994	12654	2788	4037	4444	126	6
陕西	658357	16296	544	143139	366379	79922	36154	15185	663	75
甘肃	476880	36723	327	180895	185186	40852	22228	10316	328	25
青海	83569	8748	95	37077	27332	4524	3644	2109	35	5
宁夏	115347	5531	64	42153	46594	10260	6695	3903	141	6
新疆	463898	7240	169	135054	231911	44424	29394	15211	462	33

4-2c　续表 1　　　　单位：人

地区 性别	合计	未上过学	学前教育	小学	初中	高中	大学专科	大学本科	硕士 研究生	博士 研究生
男	**14776688**	**191882**	**9906**	**3573284**	**8237594**	**1864606**	**622647**	**264349**	**11076**	**1344**
北京	91402	291	12	6514	44979	20703	12076	6209	573	45
天津	57707	284	4	9153	37322	6514	2807	1582	38	3
河北	863000	3868	232	151152	585067	90801	23543	7959	360	18
山西	412899	2174	123	62352	254787	60350	24355	8376	357	25
内蒙古	233683	3670	53	62377	121181	26412	13593	6220	167	10
辽宁	353554	1413	72	87074	232452	19510	9382	3503	126	22
吉林	252561	1807	64	78869	141181	19033	6817	4438	311	41
黑龙江	295977	1965	144	81486	176911	21866	9013	4430	151	11
上海	104793	810	39	14008	59986	17589	7500	4423	379	59
江苏	649928	5894	568	125502	351754	109721	40768	14894	737	90
浙江	590705	7527	577	158098	283130	90796	35131	14872	517	57
安徽	746520	15736	638	175711	405614	97006	34640	16276	815	84
福建	377820	3584	411	105483	191314	50783	16916	8988	285	56
江西	619370	3261	255	127624	357920	90777	27713	11283	490	47
山东	1110795	15710	681	232478	678360	132545	36526	13543	827	125
河南	1086427	12344	768	203630	680413	142116	34642	11777	643	94
湖北	779411	4960	519	159891	437862	125207	35966	14063	837	106
湖南	825375	3909	640	145895	474990	153294	34119	11957	491	80
广东	768184	2991	439	118531	451032	139952	39562	15172	459	46
广西	533565	3295	244	137038	322255	50568	14362	5594	175	34
海南	101720	776	25	12810	66839	13746	5239	2193	85	7
重庆	305154	2155	234	106530	142292	36877	11235	5655	158	18
四川	1280205	27917	1994	423210	624783	137702	45294	18461	738	106
贵州	422696	12029	126	153609	207035	26556	14319	8861	140	21
云南	791154	17849	378	328275	348555	55658	25751	14398	257	33
西藏	40938	8869	138	15989	9191	1967	2256	2430	92	6
陕西	406724	5876	245	77479	235751	55656	22500	8821	344	52
甘肃	284548	11784	126	95008	126549	30802	13917	6181	162	19
青海	50806	3601	48	21240	19422	3115	2154	1201	21	4
宁夏	73393	2034	19	23305	33614	7707	4308	2326	78	2
新疆	265674	3499	90	72963	135053	29277	16243	8263	263	23

4-2c 续表 2

单位：人

地区/性别	合计	未上过学	学前教育	小学	初中	高中	大学专科	大学本科	硕士研究生	博士研究生
女	**9925184**	**439379**	**15662**	**3270186**	**4712896**	**849779**	**420039**	**207047**	**9506**	**690**
北京	47696	394	4	3422	18588	10172	8669	5877	533	37
天津	32130	412	3	6134	19204	2953	1881	1502	38	3
河北	561681	8522	292	134856	346712	43881	18890	8086	421	21
山西	203298	2367	115	42755	116370	22120	13051	6122	381	17
内蒙古	142795	7457	68	52095	62351	9704	6602	4327	179	12
辽宁	231589	2395	90	68078	141949	9816	6292	2780	176	13
吉林	176945	2851	61	66117	89046	9713	4619	4110	378	50
黑龙江	196839	2652	108	64212	108040	11299	6199	4162	154	13
上海	53378	1126	17	8972	28629	6736	4400	3192	275	31
江苏	439364	15920	1014	128785	206883	48703	25301	12142	580	36
浙江	365499	14586	776	117207	153323	40375	25412	13375	420	25
安徽	471569	33723	1032	157582	206048	41844	20874	9936	497	33
福建	249010	12021	1070	105601	93169	20103	10678	6136	203	29
江西	414597	8680	565	136659	207960	37574	16369	6497	273	20
山东	791423	40876	1117	251344	405583	57794	23848	10025	791	45
河南	834515	28736	984	219542	467354	79791	26669	10725	665	49
湖北	512281	13753	1045	160868	251375	53943	21421	9295	541	40
湖南	502445	7863	781	116376	270823	71171	25012	10001	374	44
广东	461057	7321	578	103930	248265	62206	27111	11279	346	21
广西	378644	12970	479	139297	188322	21700	10497	5233	129	17
海南	68559	2785	40	15310	40674	5153	2933	1587	71	6
重庆	206112	5617	339	91575	78201	17141	8303	4767	155	14
四川	955359	61683	3336	385206	378889	73142	37013	15265	779	46
贵州	285986	46605	331	131253	83873	9672	8169	5937	139	7
云南	598494	40526	645	305682	190789	28827	19052	12743	213	17
西藏	27013	9794	101	9005	3463	821	1781	2014	34	
陕西	251633	10420	299	65660	130628	24266	13654	6364	319	23
甘肃	192332	24939	201	85887	58637	10050	8311	4135	166	6
青海	32763	5147	47	15837	7910	1409	1490	908	14	1
宁夏	41954	3497	45	18848	12980	2553	2387	1577	63	4
新疆	198224	3741	79	62091	96858	15147	13151	6948	199	10

4-3　全国分年龄、性别、受教育程度的就业人口

单位：人

年龄组 性　别	合　计	未上过学	学前教育	小　学	初　中	高　中	大学专科	大学本科	硕　士 研究生	博　士 研究生
总　计	**65631786**	**857606**	**37756**	**10694879**	**27988466**	**11069968**	**7625702**	**6538253**	**728485**	**90671**
16-19岁	770958	1191	460	27740	396001	262535	68986	13945	86	14
20-24岁	3861073	4671	821	96060	1256869	936113	990363	560759	14901	516
25-29岁	6981094	9235	1019	198343	2268886	1477554	1489970	1380121	149129	6837
30-34岁	10009284	19206	1461	431109	3900037	2062200	1743249	1621296	209739	20987
35-39岁	8097572	27654	1244	522120	3579500	1496492	1116135	1170790	161969	21668
40-44岁	7565087	45657	1618	874104	3634758	1374567	815752	712979	88754	16898
45-49岁	8940917	85736	3019	1629052	4560693	1366360	696137	536634	52260	11026
50-54岁	8132752	119467	4725	2160174	4083758	950759	427124	348941	31005	6799
55-59岁	5495186	111819	4557	1618097	2562341	762434	236530	175594	18752	5062
60-64岁	2483449	120663	4989	1133692	934636	252728	24242	10503	1313	683
65-69岁	1995170	151768	6462	1161443	565239	94662	10943	4121	399	133
70-74岁	861236	90162	4095	562323	176919	22530	3789	1291	104	23
75岁及以上	438008	70377	3286	280622	68829	11034	2482	1279	74	25
男	**38880798**	**267808**	**15434**	**5659907**	**17529029**	**7144810**	**4338607**	**3490431**	**377595**	**57177**
16-19岁	482044	623	236	16803	259787	162196	35659	6683	45	12
20-24岁	2220127	2285	428	57977	816122	585953	499329	252094	5665	274
25-29岁	4037493	4349	540	117697	1439437	933095	810100	665393	63269	3613
30-34岁	5787715	8467	757	240003	2352849	1267310	972207	835279	98426	12417
35-39岁	4650831	10926	634	270088	2112565	902061	625818	630781	84811	13147
40-44岁	4294238	15742	700	427652	2115964	822580	457357	391651	52074	10518
45-49岁	5114136	26429	1231	785914	2692768	842314	407775	316362	34101	7242
50-54岁	5042613	35349	1860	1103485	2656211	696750	291973	229950	22028	5007
55-59岁	3645765	29550	1703	837667	1779501	623247	205506	148755	15638	4198
60-64岁	1566873	34408	1808	617785	681085	202499	19255	8349	1084	600
65-69岁	1231032	44679	2399	663432	429385	78978	8593	3146	314	106
70-74岁	537995	29903	1689	344555	138839	18825	3081	1001	80	22
75岁及以上	269936	25098	1449	176849	54516	9002	1954	987	60	21
女	**26750988**	**589798**	**22322**	**5034972**	**10459437**	**3925158**	**3287095**	**3047822**	**350890**	**33494**
16-19岁	288914	568	224	10937	136214	100339	33327	7262	41	2
20-24岁	1640946	2386	393	38083	440747	350160	491034	308665	9236	242
25-29岁	2943601	4886	479	80646	829449	544459	679870	714728	85860	3224
30-34岁	4221569	10739	704	191106	1547188	794890	771042	786017	111313	8570
35-39岁	3446741	16728	610	252032	1466935	594431	490317	540009	77158	8521
40-44岁	3270849	29915	918	446452	1518794	551987	358395	321328	36680	6380
45-49岁	3826781	59307	1788	843138	1867925	524046	288362	220272	18159	3784
50-54岁	3090139	84118	2865	1056689	1427547	254009	135151	118991	8977	1792
55-59岁	1849421	82269	2854	780430	782840	139187	31024	26839	3114	864
60-64岁	916576	86255	3181	515907	253551	50229	4987	2154	229	83
65-69岁	764138	107089	4063	498011	135854	15684	2350	975	85	27
70-74岁	323241	60259	2406	217768	38080	3705	708	290	24	1
75岁及以上	168072	45279	1837	103773	14313	2032	528	292	14	4

4-3a 全国分年龄、性别、受教育程度的就业人口(城市)

单位：人

年龄组 性别	合计	未上过学	学前教育	小学	初中	高中	大学专科	大学本科	硕士研究生	博士研究生
总计	**26374490**	**91610**	**5942**	**1803519**	**8382030**	**5699636**	**4855124**	**4812071**	**642096**	**82462**
16-19岁	273130	149	114	5580	125412	102029	33222	6552	60	12
20-24岁	1788928	704	283	20541	396754	426471	566535	365447	11816	377
25-29岁	3422931	1526	374	44881	696992	707582	884282	956961	124721	5612
30-34岁	4888957	3058	544	102619	1218527	1051355	1113769	1198296	182210	18579
35-39岁	3972925	3922	451	116047	1161701	832421	773945	917739	146757	19942
40-44岁	3445639	6896	455	199529	1218911	811006	564687	546472	81897	15786
45-49岁	3648213	14435	775	372673	1506400	811360	476193	408151	47889	10337
50-54岁	2716008	18577	1019	431695	1177804	515216	273873	263450	28042	6332
55-59岁	1555637	13510	713	248744	634892	351670	147707	136585	17118	4698
60-64岁	369032	11578	506	120603	149496	64613	12715	7746	1147	628
65-69岁	202824	10547	393	93178	70899	19119	5383	2875	312	118
70-74岁	62119	4133	178	33392	17440	4272	1736	872	77	19
75岁及以上	28147	2575	137	14037	6802	2522	1077	925	50	22
男	**15458486**	**32199**	**2871**	**999991**	**5198006**	**3572761**	**2716844**	**2551793**	**332102**	**51919**
16-19岁	169948	84	52	3660	83494	62719	16793	3107	29	10
20-24岁	990250	405	138	13537	259787	263773	284796	163228	4389	197
25-29岁	1903519	821	193	28496	444256	440575	475482	458265	52489	2942
30-34岁	2740108	1521	292	59788	733265	632619	607040	609732	84899	10952
35-39岁	2223792	1576	230	61229	676684	484822	422727	488240	76269	12015
40-44岁	1922016	2329	211	97569	691921	466124	308600	297750	47715	9797
45-49岁	2073835	4271	342	181877	862397	479127	271499	236510	31040	6772
50-54岁	1793336	6086	481	239652	788725	377729	185673	170601	19730	4659
55-59岁	1189474	4524	371	151794	475292	295996	128543	114823	14244	3887
60-64岁	257613	4171	224	75165	111321	49560	9623	6043	950	556
65-69岁	136258	3897	185	57842	53099	14767	3974	2152	247	95
70-74岁	40723	1573	82	20879	12952	3178	1333	648	60	18
75岁及以上	17614	941	70	8503	4813	1772	761	694	41	19
女	**10916004**	**59411**	**3071**	**803528**	**3184024**	**2126875**	**2138280**	**2260278**	**309994**	**30543**
16-19岁	103182	65	62	1920	41918	39310	16429	3445	31	2
20-24岁	798678	299	145	7004	136967	162698	281739	202219	7427	180
25-29岁	1519412	705	181	16385	252736	267007	408800	498696	72232	2670
30-34岁	2148849	1537	252	42831	485262	418736	506729	588564	97311	7627
35-39岁	1749133	2346	221	54818	485017	347599	351218	429499	70488	7927
40-44岁	1523623	4567	244	101960	526990	344882	256087	248722	34182	5989
45-49岁	1574378	10164	433	190796	644003	332233	204694	171641	16849	3565
50-54岁	922672	12491	538	192043	389079	137487	88200	92849	8312	1673
55-59岁	366163	8986	342	96950	159600	55674	19164	21762	2874	811
60-64岁	111419	7407	282	45438	38175	15053	3092	1703	197	72
65-69岁	66566	6650	208	35336	17800	4352	1409	723	65	23
70-74岁	21396	2560	96	12513	4488	1094	403	224	17	1
75岁及以上	10533	1634	67	5534	1989	750	316	231	9	3

4-3b　全国分年龄、性别、受教育程度的就业人口(镇)

单位：人

年龄组 性别	合计	未上过学	学前教育	小学	初中	高中	大学专科	大学本科	硕士 研究生	博士 研究生
总计	**14555424**	**134735**	**6246**	**2047890**	**6655946**	**2655947**	**1727892**	**1254786**	**65807**	**6175**
16-19岁	155900	176	102	5260	75858	56784	14288	3420	11	1
20-24岁	792942	759	184	18762	262284	200392	201296	107359	1824	82
25-29岁	1526147	1568	241	42642	524564	347466	327894	265204	15872	696
30-34岁	2304620	3370	308	96607	970705	512686	390198	307634	21386	1726
35-39岁	1856623	4780	243	114204	914979	366626	236445	205064	12890	1392
40-44岁	1786860	8027	314	188686	919235	332757	187988	142940	5964	949
45-49岁	2079228	15039	567	335122	1108048	332458	171767	111821	3813	593
50-54岁	1837623	19919	836	427761	955680	237011	118958	74542	2529	387
55-59岁	1177179	18165	758	303817	570864	181656	66932	33333	1361	293
60-64岁	478596	18824	823	198086	193562	58139	6978	2038	103	43
65-69岁	354867	22621	964	191595	113620	21927	3224	867	40	9
70-74岁	138167	12267	524	85181	33409	5359	1124	295	6	2
75岁及以上	66672	9220	382	40167	13138	2686	800	269	8	2
男	**8645624**	**43727**	**2657**	**1086632**	**4093429**	**1707443**	**999116**	**674289**	**34417**	**3914**
16-19岁	97460	93	62	3223	49600	35417	7454	1602	8	1
20-24岁	457614	391	92	11468	168125	126011	102686	48085	715	41
25-29岁	879024	770	123	25508	324673	216881	178250	125691	6762	366
30-34岁	1325084	1564	151	53261	570604	311845	218794	157688	10156	1021
35-39岁	1064625	1954	126	58386	528681	221516	134578	111398	7089	897
40-44岁	1013226	2707	137	91589	527256	201538	107056	78568	3762	613
45-49岁	1197241	4723	233	161560	649206	207895	102295	68278	2656	395
50-54岁	1152631	6183	345	222872	619043	170352	80441	51146	1971	278
55-59岁	795196	5076	298	161379	394748	145505	57770	28994	1170	256
60-64岁	310052	5720	316	110084	140444	46013	5667	1689	85	34
65-69岁	224477	7034	382	110617	85231	17930	2564	677	33	9
70-74岁	87573	4189	221	51952	25673	4375	906	251	4	2
75岁及以上	41421	3323	171	24733	10145	2165	655	222	6	1
女	**5909800**	**91008**	**3589**	**961258**	**2562517**	**948504**	**728776**	**580497**	**31390**	**2261**
16-19岁	58440	83	40	2037	26258	21367	6834	1818	3	
20-24岁	335328	368	92	7294	94159	74381	98610	59274	1109	41
25-29岁	647123	798	118	17134	199891	130585	149644	139513	9110	330
30-34岁	979536	1806	157	43346	400101	200841	171404	149946	11230	705
35-39岁	791998	2826	117	55818	386298	145110	101867	93666	5801	495
40-44岁	773634	5320	177	97097	391979	131219	80932	64372	2202	336
45-49岁	881987	10316	334	173562	458842	124563	69472	43543	1157	198
50-54岁	684992	13736	491	204889	336637	66659	38517	23396	558	109
55-59岁	381983	13089	460	142438	176116	36151	9162	4339	191	37
60-64岁	168544	13104	507	88002	53118	12126	1311	349	18	9
65-69岁	130390	15587	582	80978	28389	3997	660	190	7	
70-74岁	50594	8078	303	33229	7736	984	218	44	2	
75岁及以上	25251	5897	211	15434	2993	521	145	47	2	1

4-3c 全国分年龄、性别、受教育程度的就业人口(乡村)

单位：人

年龄组 性 别	合 计	未上过学	学前教育	小 学	初 中	高 中	大学专科	大学本科	硕 士 研究生	博 士 研究生
总 计	**24701872**	**631261**	**25568**	**6843470**	**12950490**	**2714385**	**1042686**	**471396**	**20582**	**2034**
16-19岁	341928	866	244	16900	194731	103722	21476	3973	15	1
20-24岁	1279203	3208	354	56757	597831	309250	222532	87953	1261	57
25-29岁	2032016	6141	404	110820	1047330	422506	277794	157956	8536	529
30-34岁	2815707	12778	609	231883	1710805	498159	239282	115366	6143	682
35-39岁	2268024	18952	550	291869	1502820	297445	105745	47987	2322	334
40-44岁	2332588	30734	849	485889	1496612	230804	63077	23567	893	163
45-49岁	3213476	56262	1677	921257	1946245	222542	48177	16662	558	96
50-54岁	3579121	80971	2870	1300718	1950274	198532	34293	10949	434	80
55-59岁	2762370	80144	3086	1065536	1356585	229108	21891	5676	273	71
60-64岁	1635821	90261	3660	815003	591578	129976	4549	719	63	12
65-69岁	1437479	118600	5105	876670	380720	53616	2336	379	47	6
70-74岁	660950	73762	3393	443750	126070	12899	929	124	21	2
75岁及以上	343189	58582	2767	226418	48889	5826	605	85	16	1
男	**14776688**	**191882**	**9906**	**3573284**	**8237594**	**1864606**	**622647**	**264349**	**11076**	**1344**
16-19岁	214636	446	122	9920	126693	64060	11412	1974	8	1
20-24岁	772263	1489	198	32972	388210	196169	111847	40781	561	36
25-29岁	1254950	2758	224	63693	670508	275639	156368	81437	4018	305
30-34岁	1722523	5382	314	126954	1048980	322846	146373	67859	3371	444
35-39岁	1362414	7396	278	150473	907200	195723	68513	31143	1453	235
40-44岁	1358996	10706	352	238494	896787	154918	41701	15333	597	108
45-49岁	1843060	17435	656	442477	1181165	155292	33981	11574	405	75
50-54岁	2096646	23080	1034	640961	1248443	148669	25859	8203	327	70
55-59岁	1661095	19950	1034	524494	909461	181746	19193	4938	224	55
60-64岁	999208	24517	1268	432536	429320	106926	3965	617	49	10
65-69岁	870297	33748	1832	494973	291055	46281	2055	317	34	2
70-74岁	409699	24141	1386	271724	100214	11272	842	102	16	2
75岁及以上	210901	20834	1208	143613	39558	5065	538	71	13	1
女	**9925184**	**439379**	**15662**	**3270186**	**4712896**	**849779**	**420039**	**207047**	**9506**	**690**
16-19岁	127292	420	122	6980	68038	39662	10064	1999	7	
20-24岁	506940	1719	156	23785	209621	113081	110685	47172	700	21
25-29岁	777066	3383	180	47127	376822	146867	121426	76519	4518	224
30-34岁	1093184	7396	295	104929	661825	175313	92909	47507	2772	238
35-39岁	905610	11556	272	141396	595620	101722	37232	16844	869	99
40-44岁	973592	20028	497	247395	599825	75886	21376	8234	296	55
45-49岁	1370416	38827	1021	478780	765080	67250	14196	5088	153	21
50-54岁	1482475	57891	1836	659757	701831	49863	8434	2746	107	10
55-59岁	1101275	60194	2052	541042	447124	47362	2698	738	49	16
60-64岁	636613	65744	2392	382467	162258	23050	584	102	14	2
65-69岁	567182	84852	3273	381697	89665	7335	281	62	13	4
70-74岁	251251	49621	2007	172026	25856	1627	87	22	5	
75岁及以上	132288	37748	1559	82805	9331	761	67	14	3	

4-4 各地区分性别、行业大类的就业人口

单位：人

地区 性别	合计	农、林、牧、渔业						采矿业	
		小计	农业	林业	畜牧业	渔业	农、林、牧、渔专业及辅助性活动	小计	煤炭开采和洗选业
全　国	**65631786**	**13496012**	**11758509**	**239237**	**1052844**	**248734**	**196688**	**568658**	**310763**
北　京	1015007	13406	10583	1043	1099	184	497	1387	167
天　津	504665	42177	37747	1148	2000	892	390	5953	68
河　北	3332630	807285	730713	9346	53148	3452	10626	29655	12492
山　西	1452063	355334	332024	2761	18253	194	2102	114373	104971
内蒙古	1049550	295346	220395	3059	66571	301	5020	33374	23343
辽　宁	1799414	488325	437812	2052	32896	10132	5433	22202	5276
吉　林	1008886	378244	358162	4798	12246	590	2448	9232	2535
黑龙江	1283401	456497	421101	7640	19529	1147	7080	22308	10841
上　海	1264922	9186	7229	355	431	744	427	366	32
江　苏	4062749	423990	364123	7578	16226	24893	11170	6084	2494
浙　江	3642236	196953	157814	9042	9172	18670	2255	3621	304
安　徽	2766699	528871	481824	7262	23423	10602	5760	25553	18376
福　建	2052886	287461	225735	8760	18237	30569	4160	5725	2271
江　西	2260971	444805	401236	9701	19266	5037	9565	9133	1577
山　东	4764872	1298712	1201596	13856	52824	15460	14976	45076	21130
河　南	4225042	943704	858670	10229	50541	3345	20919	38463	25314
湖　北	3046668	662658	577658	4797	37205	36813	6185	10836	1045
湖　南	3041080	680331	607956	11060	43944	10783	6588	11602	3417
广　东	6203762	426925	338869	9919	31009	38801	8327	6306	95
广　西	2013956	670025	574800	21680	54658	12371	6516	6251	441
海　南	422630	135118	93254	20895	6108	9440	5421	790	9
重　庆	1526217	241541	213506	1903	22945	2179	1008	7036	3274
四　川	4552395	1125467	964398	12620	136072	6917	5460	23800	7885
贵　州	1480345	396329	318916	5869	65672	1411	4461	22405	16898
云　南	2519755	1045917	894796	34466	105345	2487	8823	18850	5731
西　藏	117903	33265	19403	1918	9385	10	2549	1028	10
陕　西	1606941	394458	366840	5566	19189	560	2303	41075	21584
甘　肃	959370	316118	276308	1756	33298	121	4635	14855	5831
青　海	226183	52762	21537	5978	24369	80	798	3249	799
宁　夏	314750	63101	42632	645	18818	124	882	9095	6600
新　疆	1113838	281701	200872	1535	48965	425	29904	18975	5953

4-4 续表 1 单位：人

地区 性别	合计	农、林、牧、渔业						采矿业	
		小计	农业	林业	畜牧业	渔业	农、林、牧、渔专业及辅助性活动	小计	煤炭开采和洗选业
男	**38880798**	**7245960**	**6176774**	**161290**	**604601**	**185068**	**118227**	**484053**	**273480**
北京	587409	8168	6223	714	749	139	343	971	132
天津	308218	26334	23129	718	1443	769	275	4440	48
河北	1991602	435253	384412	6189	35086	2813	6753	25088	10779
山西	941097	212936	195025	2165	14017	146	1583	99936	91667
内蒙古	646349	174159	127036	2415	40795	241	3672	29412	20841
辽宁	1075189	281564	247000	1524	20945	8473	3622	18558	4738
吉林	593245	218232	204483	3748	7947	463	1591	7686	2309
黑龙江	767860	272659	248433	6038	12026	860	5302	17868	9930
上海	743847	5480	4098	248	291	546	297	258	21
江苏	2401192	217827	177912	4689	10116	17707	7403	4897	2090
浙江	2188814	125152	95516	6583	5465	16228	1360	3197	274
安徽	1682501	278316	246181	5525	14775	7857	3978	23102	17011
福建	1211954	163346	120967	6520	10383	23244	2232	5017	2022
江西	1332119	242248	213463	7648	11254	3692	6191	7626	1373
山东	2810385	681100	618106	8756	33233	12075	8930	36848	17828
河南	2409067	468473	417296	6574	30772	2398	11433	32401	21566
湖北	1807305	346656	295587	3428	20279	23286	4076	9189	956
湖南	1831395	379290	337188	7690	22600	7416	4396	9959	2925
广东	3779739	252651	188777	7041	20935	30501	5397	5209	80
广西	1154817	356487	297811	15013	31102	8871	3690	5086	369
海南	249450	78258	51487	12798	3885	7167	2921	643	6
重庆	891118	121231	106180	1317	11581	1508	645	6134	3002
四川	2578043	547770	468876	8492	62293	4869	3240	20132	7007
贵州	872038	198309	154530	4455	35642	1065	2617	19836	15140
云南	1430686	538261	457800	20757	53326	1757	4621	16000	4984
西藏	70367	17448	9968	1018	5063	5	1394	885	8
陕西	980785	215704	198109	3462	12133	410	1590	35044	19630
甘肃	573950	166416	141487	1232	20932	92	2673	12517	4925
青海	135636	28837	11075	3096	14020	58	588	2720	721
宁夏	193621	34969	22517	427	11328	99	598	7825	5924
新疆	641000	152426	106102	1010	30185	313	14816	15569	5174

4-4　续表 2

单位：人

地区 性别	合计	农、林、牧、渔业						采矿业	
		小计	农业	林业	畜牧业	渔业	农、林、牧、渔专业及辅助性活动	小计	煤炭开采和洗选业
女	**26750988**	**6250052**	**5581735**	**77947**	**448243**	**63666**	**78461**	**84605**	**37283**
北京	427598	5238	4360	329	350	45	154	416	35
天津	196447	15843	14618	430	557	123	115	1513	20
河北	1341028	372032	346301	3157	18062	639	3873	4567	1713
山西	510966	142398	136999	596	4236	48	519	14437	13304
内蒙古	403201	121187	93359	644	25776	60	1348	3962	2502
辽宁	724225	206761	190812	528	11951	1659	1811	3644	538
吉林	415641	160012	153679	1050	4299	127	857	1546	226
黑龙江	515541	183838	172668	1602	7503	287	1778	4440	911
上海	521075	3706	3131	107	140	198	130	108	11
江苏	1661557	206163	186211	2889	6110	7186	3767	1187	404
浙江	1453422	71801	62298	2459	3707	2442	895	424	30
安徽	1084198	250555	235643	1737	8648	2745	1782	2451	1365
福建	840932	124115	104768	2240	7854	7325	1928	708	249
江西	928852	202557	187773	2053	8012	1345	3374	1507	204
山东	1954487	617612	583490	5100	19591	3385	6046	8228	3302
河南	1815975	475231	441374	3655	19769	947	9486	6062	3748
湖北	1239363	316002	282071	1369	16926	13527	2109	1647	89
湖南	1209685	301041	270768	3370	21344	3367	2192	1643	492
广东	2424023	174274	150092	2878	10074	8300	2930	1097	15
广西	859139	313538	276989	6667	23556	3500	2826	1165	72
海南	173180	56860	41767	8097	2223	2273	2500	147	3
重庆	635099	120310	107326	586	11364	671	363	902	272
四川	1974352	577697	495522	4128	73779	2048	2220	3668	878
贵州	608307	198020	164386	1414	30030	346	1844	2569	1758
云南	1089069	507656	436996	13709	52019	730	4202	2850	747
西藏	47536	15817	9435	900	4322	5	1155	143	2
陕西	626156	178754	168731	2104	7056	150	713	6031	1954
甘肃	385420	149702	134821	524	12366	29	1962	2338	906
青海	90547	23925	10462	2882	10349	22	210	529	78
宁夏	121129	28132	20115	218	7490	25	284	1270	676
新疆	472838	129275	94770	525	18780	112	15088	3406	779

4-4 续表 3

单位：人

地区 性别	采矿业						制造业		
	石油和天然气开采业	黑色金属矿采选业	有色金属矿采选业	非金属矿采选业	开采专业及辅助性活动	其他采矿业	小计	农副食品加工业	食品制造业
全国	**50559**	**37227**	**46592**	**59746**	**54395**	**9376**	**11853428**	**457267**	**332094**
北京	321	273	47	87	449	43	83130	2434	4575
天津	2748	17	17	414	2669	20	104515	2100	3803
河北	2825	7651	957	2770	2309	651	624493	30586	18188
山西	890	3316	1507	1241	2035	413	147524	6055	7015
内蒙古	924	2564	3267	1464	1453	359	84303	6986	7945
辽宁	3429	4663	2167	2115	4007	545	244089	18665	7971
吉林	2887	650	1123	527	1483	27	82993	6045	3727
黑龙江	3661	101	476	1348	5615	266	76488	8985	6081
上海	138	29	15	47	94	11	268283	3801	8130
江苏	601	364	184	1407	895	139	1177647	23472	17961
浙江	45	183	300	2562	102	125	1389931	15221	12562
安徽	200	1965	1540	2625	564	283	476959	19755	14017
福建	11	514	559	2136	144	90	486898	20894	16947
江西	93	430	3078	2832	396	727	472739	11791	11864
山东	4031	2502	5408	3789	7610	606	869929	70343	34174
河南	1732	746	2633	2639	4705	694	589361	43931	31350
湖北	857	1436	1046	4712	1237	503	481672	18970	12911
湖南	63	442	3207	3113	475	885	429451	19438	15536
广东	584	324	751	3535	848	169	2109631	28804	29603
广西	127	707	1665	2653	314	344	218492	17391	6381
海南	56	274	63	253	111	24	19326	3076	1183
重庆	963	440	214	1213	756	176	214163	6742	8250
四川	3219	2932	1555	5092	2703	414	508142	24869	19053
贵州	193	539	699	3139	565	372	136961	9569	5173
云南	108	1177	7378	3399	523	534	212794	16233	9033
西藏	5	55	499	341	28	90	4599	321	321
陕西	10987	1208	2139	1007	3810	340	139954	5866	6071
甘肃	2485	621	2336	1068	2355	159	65281	4678	3706
青海	490	221	514	389	733	103	16406	891	715
宁夏	1688	41	22	345	363	36	34243	1775	1966
新疆	4198	842	1226	1484	5044	228	83031	7580	5882

4-4　续表 4　　　　单位：人

地区 性别	采矿业						制造业		
	石油和天然气开采业	黑色金属矿采选业	有色金属矿采选业	非金属矿采选业	开采专业及辅助性活动	其他采矿业	小计	农副食品加工业	食品制造业
男	**37315**	**31898**	**39253**	**51189**	**43028**	**7890**	**7128259**	**259013**	**161415**
北京	208	233	29	63	282	24	54048	1452	2354
天津	1977	15	14	339	2032	15	68674	1386	2044
河北	2152	6516	830	2413	1870	528	384059	17160	8458
山西	715	2976	1319	1139	1752	368	107525	3827	3790
内蒙古	782	2186	2732	1272	1299	300	61527	4548	4611
辽宁	2500	4099	1843	1811	3115	452	163661	10894	3942
吉林	2162	578	954	471	1189	23	58107	3902	1836
黑龙江	2301	87	404	994	3942	210	51894	5790	3236
上海	100	16	11	33	72	5	169157	2129	4079
江苏	441	300	141	1137	681	107	686104	13172	8392
浙江	34	167	246	2285	83	108	797790	8101	6091
安徽	160	1696	1236	2280	482	237	270467	11478	6429
福建	7	454	482	1844	131	77	277069	9625	7875
江西	59	367	2500	2395	309	623	258988	7204	5984
山东	2797	2158	4684	3236	5648	497	531905	38139	16430
河南	1317	646	2226	2259	3801	586	330601	23524	14064
湖北	609	1215	885	4101	981	442	294227	11164	6406
湖南	45	381	2754	2696	380	778	259562	11258	6743
广东	451	260	580	3037	670	131	1267202	18028	15811
广西	86	506	1339	2240	259	287	123688	10223	2883
海南	46	241	41	201	86	22	12930	1689	637
重庆	760	361	186	1058	618	149	132565	3696	4094
四川	2566	2385	1274	4299	2250	351	309718	13711	8880
贵州	165	450	583	2729	470	299	86803	5343	2474
云南	84	998	6189	2862	433	450	134048	8877	4437
西藏	2	49	431	301	20	74	3300	188	170
陕西	8129	1083	1792	899	3205	306	96840	3501	3094
甘肃	2006	552	2024	979	1893	138	45487	2929	1775
青海	349	163	445	321	632	89	11672	568	313
宁夏	1223	33	16	293	302	34	24952	1073	1074
新疆	3082	727	1063	1202	4141	180	53689	4434	3009

4-4 续表 5

单位：人

地区 性别	采矿业						制造业		
	石油和天然气开采业	黑色金属矿采选业	有色金属矿采选业	非金属矿采选业	开采专业及辅助性活动	其他采矿业	小计	农副食品加工业	食品制造业
女	**13244**	**5329**	**7339**	**8557**	**11367**	**1486**	**4725169**	**198254**	**170679**
北京	113	40	18	24	167	19	29082	982	2221
天津	771	2	3	75	637	5	35841	714	1759
河北	673	1135	127	357	439	123	240434	13426	9730
山西	175	340	188	102	283	45	39999	2228	3225
内蒙古	142	378	535	192	154	59	22776	2438	3334
辽宁	929	564	324	304	892	93	80428	7771	4029
吉林	725	72	169	56	294	4	24886	2143	1891
黑龙江	1360	14	72	354	1673	56	24594	3195	2845
上海	38	13	4	14	22	6	99126	1672	4051
江苏	160	64	43	270	214	32	491543	10300	9569
浙江	11	16	54	277	19	17	592141	7120	6471
安徽	40	269	304	345	82	46	206492	8277	7588
福建	4	60	77	292	13	13	209829	11269	9072
江西	34	63	578	437	87	104	213751	4587	5880
山东	1234	344	724	553	1962	109	338024	32204	17744
河南	415	100	407	380	904	108	258760	20407	17286
湖北	248	221	161	611	256	61	187445	7806	6505
湖南	18	61	453	417	95	107	169889	8180	8793
广东	133	64	171	498	178	38	842429	10776	13792
广西	41	201	326	413	55	57	94804	7168	3498
海南	10	33	22	52	25	2	6396	1387	546
重庆	203	79	28	155	138	27	81598	3046	4156
四川	653	547	281	793	453	63	198424	11158	10173
贵州	28	89	116	410	95	73	50158	4226	2699
云南	24	179	1189	537	90	84	78746	7356	4596
西藏	3	6	68	40	8	16	1299	133	151
陕西	2858	125	347	108	605	34	43114	2365	2977
甘肃	479	69	312	89	462	21	19794	1749	1931
青海	141	58	69	68	101	14	4734	323	402
宁夏	465	8	6	52	61	2	9291	702	892
新疆	1116	115	163	282	903	48	29342	3146	2873

4-4　续表 6

单位：人

地　区 性　别	制造业								
	酒、饮料和精制茶制造业	烟　草制品业	纺织业	纺织服装、服饰业	皮革、毛皮、羽毛及其制品和制鞋业	木材加工和木、竹、藤、棕、草制品业	家　具制造业	造纸和纸制品业	印刷和记录媒介复制业
全　国	**148707**	**22867**	**534072**	**1208698**	**492224**	**298861**	**340048**	**207429**	**151634**
北　京	2206	89	452	2347	203	359	1508	698	2599
天　津	873	122	1836	4916	639	788	2552	1928	1455
河　北	5124	640	32807	46845	35322	14192	19313	11169	7134
山　西	2834	185	1839	1891	371	1604	1493	1129	1767
内蒙古	1905	278	1530	1816	436	2167	984	532	905
辽　宁	2551	288	3952	22376	4582	5231	4887	2586	2193
吉　林	2388	464	581	3139	182	2635	1370	882	1121
黑龙江	2509	329	1325	2315	442	4929	2610	1062	1235
上　海	1617	515	3626	10747	1819	1851	4978	4771	4833
江　苏	6706	720	97888	114781	13433	27204	21656	15119	12457
浙　江	6623	445	116111	187549	104082	23264	36505	29261	18795
安　徽	8329	1198	21443	81696	11185	14167	12442	7078	4468
福　建	11009	899	22538	48472	67213	14820	11882	12174	5414
江　西	3504	603	12696	99213	32339	11955	29683	7179	4040
山　东	9592	1073	51615	65170	12286	52813	18543	17595	8803
河　南	8302	1500	21876	55633	23788	18636	14057	9462	6152
湖　北	8511	1470	27983	96345	11806	7808	11051	6501	5802
湖　南	5477	1695	11438	32008	27527	12846	11663	6329	5492
广　东	10447	1109	52158	227010	95400	19124	70886	45215	37395
广　西	3743	392	5699	23095	4361	22935	5478	3574	1980
海　南	739	71	224	443	47	998	424	610	326
重　庆	2274	579	3908	11225	6902	4010	6493	3677	2222
四　川	15665	1304	15623	40552	23993	12919	32457	9587	6753
贵　州	11167	1349	4039	6584	5557	6155	4460	2042	1214
云　南	8017	4413	6609	9437	5611	8381	6982	3595	2621
西　藏	159	2	235	360	23	220	362	10	87
陕　西	2701	756	3388	3638	881	1907	2406	1812	2062
甘　肃	1437	216	1207	1300	420	1073	962	501	901
青　海	381	8	165	270	26	259	201	50	232
宁　夏	531	57	1137	538	108	381	459	440	335
新　疆	1386	98	8144	6987	1240	3230	1301	861	841

4-4 续表 7

单位：人

地区 性别	制造业								
	酒、饮料和精制茶制造业	烟草制品业	纺织业	纺织服装、服饰业	皮革、毛皮、羽毛及其制品和制鞋业	木材加工和木、竹、藤、棕、草制品业	家具制造业	造纸和纸制品业	印刷和记录媒介复制业
男	**92310**	**14435**	**248123**	**420266**	**236344**	**196227**	**230309**	**125145**	**91428**
北京	1440	55	211	841	92	259	1035	439	1629
天津	563	81	938	1202	258	578	1766	1235	912
河北	3180	458	13374	8199	15209	9646	12807	6254	4186
山西	1978	107	833	653	166	1290	1139	704	1031
内蒙古	1212	195	590	455	181	1532	706	342	485
辽宁	1716	218	1742	6386	2320	3519	3136	1570	1264
吉林	1665	322	254	1064	97	1837	945	572	630
黑龙江	1675	257	605	710	216	3338	1807	674	693
上海	995	371	1672	3526	816	1414	3548	2704	2864
江苏	4184	483	43607	30569	4956	18034	14617	8848	6980
浙江	4195	301	59873	75209	54309	15418	24159	18039	11771
安徽	5179	793	9142	23141	4472	9663	8884	3916	2672
福建	6096	519	11688	16899	31119	9575	8063	7014	3375
江西	2114	387	5408	35435	14424	8709	19879	4095	2494
山东	5946	745	21145	14211	4463	31203	11667	11066	5091
河南	4840	918	8046	13066	9624	10629	9112	5106	3464
湖北	5282	926	12105	40019	5909	5974	8110	4094	3582
湖南	3434	1056	5356	12335	12642	9440	8553	3862	3421
广东	6676	699	28430	97662	49763	12980	48317	29199	23474
广西	2174	246	2208	6286	1760	13079	3779	2181	1197
海南	436	50	112	162	28	766	314	427	196
重庆	1429	380	1835	4708	3576	2859	4497	2194	1345
四川	10016	734	7058	16384	12164	9167	21435	5129	3796
贵州	7221	896	1963	2582	2981	4437	3190	1140	727
云南	4510	2474	3401	4263	3239	5590	4743	2160	1577
西藏	91	1	105	251	10	181	297	8	58
陕西	1724	510	1469	1392	463	1460	1773	1061	1248
甘肃	947	141	543	366	198	813	658	304	517
青海	237	7	65	94	10	206	131	30	126
宁夏	303	38	393	97	43	261	341	231	167
新疆	852	67	3952	2099	836	2370	901	547	456

4-4　续表 8

单位：人

地　区 性　别	制造业								
	酒、饮料和精制茶制造业	烟　草制品业	纺织业	纺织服装、服饰业	皮革、毛皮、羽毛及其制品和制鞋业	木材加工和木、竹、藤、棕、草制品业	家　具制造业	造纸和纸制品业	印刷和记录媒介复制业
女	**56397**	**8432**	**285949**	**788432**	**255880**	**102634**	**109739**	**82284**	**60206**
北　京	766	34	241	1506	111	100	473	259	970
天　津	310	41	898	3714	381	210	786	693	543
河　北	1944	182	19433	38646	20113	4546	6506	4915	2948
山　西	856	78	1006	1238	205	314	354	425	736
内蒙古	693	83	940	1361	255	635	278	190	420
辽　宁	835	70	2210	15990	2262	1712	1751	1016	929
吉　林	723	142	327	2075	85	798	425	310	491
黑龙江	834	72	720	1605	226	1591	803	388	542
上　海	622	144	1954	7221	1003	437	1430	2067	1969
江　苏	2522	237	54281	84212	8477	9170	7039	6271	5477
浙　江	2428	144	56238	112340	49773	7846	12346	11222	7024
安　徽	3150	405	12301	58555	6713	4504	3558	3162	1796
福　建	4913	380	10850	31573	36094	5245	3819	5160	2039
江　西	1390	216	7288	63778	17915	3246	9804	3084	1546
山　东	3646	328	30470	50959	7823	21610	6876	6529	3712
河　南	3462	582	13830	42567	14164	8007	4945	4356	2688
湖　北	3229	544	15878	56326	5897	1834	2941	2407	2220
湖　南	2043	639	6082	19673	14885	3406	3110	2467	2071
广　东	3771	410	23728	129348	45637	6144	22569	16016	13921
广　西	1569	146	3491	16809	2601	9856	1699	1393	783
海　南	303	21	112	281	19	232	110	183	130
重　庆	845	199	2073	6517	3326	1151	1996	1483	877
四　川	5649	570	8565	24168	11829	3752	11022	4458	2957
贵　州	3946	453	2076	4002	2576	1718	1270	902	487
云　南	3507	1939	3208	5174	2372	2791	2239	1435	1044
西　藏	68	1	130	109	13	39	65	2	29
陕　西	977	246	1919	2246	418	447	633	751	814
甘　肃	490	75	664	934	222	260	304	197	384
青　海	144	1	100	176	16	53	70	20	106
宁　夏	228	19	744	441	65	120	118	209	168
新　疆	534	31	4192	4888	404	860	400	314	385

4-4 续表 9

单位：人

地区 性别	制造业								
	文教、工美、体育和娱乐用品制造业	石油、煤炭及其他燃料加工业	化学原料和化学制品制造业	医药制造业	化学纤维制造业	橡胶和塑料制品业	非金属矿物制品业	黑色金属冶炼和压延加工业	有色金属冶炼和压延加工业
全国	**397460**	**89134**	**369187**	**184430**	**34029**	**520748**	**681005**	**232253**	**141540**
北京	1232	869	2368	6344	43	1324	3668	625	348
天津	2352	1223	4422	3106	93	4657	3549	6575	795
河北	20110	6486	15404	10818	1374	33136	40556	50523	3079
山西	1058	10457	9494	3255	106	2403	16389	12875	3888
内蒙古	587	4507	9498	2644	53	1516	6670	6720	6052
辽宁	2790	7734	9995	4172	306	9610	15530	13242	5070
吉林	511	940	3793	6558	997	1714	4468	2408	484
黑龙江	857	1922	2599	2745	106	2920	3655	2087	818
上海	4626	1347	14443	8033	426	11880	7043	3368	1549
江苏	28209	3060	33915	16118	8438	53121	41672	22749	9397
浙江	61130	2800	25037	13968	10929	80663	37582	8012	9227
安徽	16049	1479	12720	8361	649	21356	28525	5716	3658
福建	24744	1279	8964	2976	2440	20926	41471	6603	4994
江西	13969	821	14360	5871	440	11272	38132	4262	7429
山东	29791	11780	38988	16628	1540	43732	53207	17962	12091
河南	23082	3544	17384	13220	1473	13859	41281	10421	10539
湖北	7094	1536	18186	9436	537	13569	28981	7950	3514
湖南	11497	1673	21407	5216	319	11288	39019	4660	4362
广东	108113	3445	43448	13711	1118	128936	88874	8323	14212
广西	7954	612	4335	2410	63	5662	17827	5579	4671
海南	536	429	728	1133	7	994	2634	68	108
重庆	2660	359	5377	3967	259	6893	14521	2650	2358
四川	10512	2026	16446	9383	1035	16536	39572	8581	5406
贵州	4046	603	4544	1906	80	4809	14721	1993	2513
云南	8912	1755	7070	3553	152	8515	21288	6162	7822
西藏	387	9	114	117		34	833	59	23
陕西	1774	5277	6308	3041	128	3292	9788	3136	5330
甘肃	672	3843	3121	3285	70	1414	6587	2258	4733
青海	549	350	2724	280	34	290	1557	1075	2281
宁夏	136	3435	4966	998	77	904	2786	2966	1505
新疆	1521	3534	7029	1177	737	3523	8619	2645	3284

4-4　续表 10

单位：人

地区 性别	制造业								
	文教、工美、体育和娱乐用品制造业	石油、煤炭及其他燃料加工业	化学原料和化学制品制造业	医药制造业	化学纤维制造业	橡胶和塑料制品业	非金属矿物制品业	黑色金属冶炼和压延加工业	有色金属冶炼和压延加工业
男	**181975**	**68412**	**248344**	**96017**	**21772**	**310329**	**493208**	**189052**	**108438**
北京	686	587	1415	3043	26	841	2837	508	258
天津	1169	871	3106	1768	59	2983	2758	5376	619
河北	8911	5116	10946	5700	933	19673	29295	42068	2448
山西	595	8270	6927	1789	72	1622	12604	10689	3229
内蒙古	335	3592	7227	1719	36	1080	5351	5452	5058
辽宁	1527	5958	7400	2206	213	6194	11959	11412	4235
吉林	260	759	2836	3247	711	1139	3593	2051	407
黑龙江	437	1429	1783	1443	74	1956	2818	1724	644
上海	2327	1001	8310	3909	309	6810	5130	2849	1123
江苏	10548	2260	23532	8504	5318	29470	28874	17779	6654
浙江	29512	2234	17236	7875	6907	45185	28153	6414	6618
安徽	4380	1168	8970	4498	411	12760	21286	4815	2802
福建	13273	997	5947	1560	1602	12245	28946	5375	3700
江西	5565	613	8204	2968	291	6624	25948	3297	5524
山东	10156	9159	28315	9544	931	27542	39661	14797	9518
河南	7533	2665	11500	5328	898	7659	29984	8420	8337
湖北	3552	1158	12891	4705	332	8612	22004	6467	2581
湖南	5298	1200	12213	2669	191	7044	26348	3733	3331
广东	56514	2600	25681	7432	746	78768	62123	6697	10357
广西	2927	436	2776	1158	30	3252	12832	4320	3640
海南	297	369	550	541	5	668	2019	57	95
重庆	1200	259	3666	2006	171	3940	10437	2069	1732
四川	4966	1526	11200	4787	641	9723	28237	6722	4018
贵州	2008	410	3129	968	56	3006	11077	1542	1902
云南	5165	1281	4706	1777	99	5144	15481	4612	5895
西藏	342	7	88	54		26	650	48	18
陕西	824	4010	4457	1594	87	2230	7638	2519	4104
甘肃	388	2848	2280	1785	51	954	5234	1946	3764
青海	377	258	1931	140	21	160	1190	871	1831
宁夏	67	2751	3881	647	55	579	2154	2394	1239
新疆	836	2620	5241	653	496	2440	6587	2029	2757

4-4 续表 11

单位：人

地区 性别	制造业								
	文教、工美、体育和娱乐用品制造业	石油、煤炭及其他燃料加工业	化学原料和化学制品制造业	医药制造业	化学纤维制造业	橡胶和塑料制品业	非金属矿物制品业	黑色金属冶炼和压延加工业	有色金属冶炼和压延加工业
女	**215485**	**20722**	**120843**	**88413**	**12257**	**210419**	**187797**	**43201**	**33102**
北京	546	282	953	3301	17	483	831	117	90
天津	1183	352	1316	1338	34	1674	791	1199	176
河北	11199	1370	4458	5118	441	13463	11261	8455	631
山西	463	2187	2567	1466	34	781	3785	2186	659
内蒙古	252	915	2271	925	17	436	1319	1268	994
辽宁	1263	1776	2595	1966	93	3416	3571	1830	835
吉林	251	181	957	3311	286	575	875	357	77
黑龙江	420	493	816	1302	32	964	837	363	174
上海	2299	346	6133	4124	117	5070	1913	519	426
江苏	17661	800	10383	7614	3120	23651	12798	4970	2743
浙江	31618	566	7801	6093	4022	35478	9429	1598	2609
安徽	11669	311	3750	3863	238	8596	7239	901	856
福建	11471	282	3017	1416	838	8681	12525	1228	1294
江西	8404	208	6156	2903	149	4648	12184	965	1905
山东	19635	2621	10673	7084	609	16190	13546	3165	2573
河南	15549	879	5884	7892	575	6200	11297	2001	2202
湖北	3542	378	5295	4731	205	4957	6977	1483	933
湖南	6199	473	9194	2547	128	4244	12671	927	1031
广东	51599	845	17767	6279	372	50168	26751	1626	3855
广西	5027	176	1559	1252	33	2410	4995	1259	1031
海南	239	60	178	592	2	326	615	11	13
重庆	1460	100	1711	1961	88	2953	4084	581	626
四川	5546	500	5246	4596	394	6813	11335	1859	1388
贵州	2038	193	1415	938	24	1803	3644	451	611
云南	3747	474	2364	1776	53	3371	5807	1550	1927
西藏	45	2	26	63		8	183	11	5
陕西	950	1267	1851	1447	41	1062	2150	617	1226
甘肃	284	995	841	1500	19	460	1353	312	969
青海	172	92	793	140	13	130	367	204	450
宁夏	69	684	1085	351	22	325	632	572	266
新疆	685	914	1788	524	241	1083	2032	616	527

4-4　续表 12　　　　单位：人

地　区 性　别	制造业								
	金　属 制品业	通用设备 制造业	专用设备 制造业	汽　车 制造业	铁路、船舶、 航空航天和 其他运输 设备制造业	电气机械 和器材 制造业	计算机、 通信和其 他电子设 备制造业	仪器仪表 制造业	其　他 制造业
全　国	**900738**	**781753**	**433005**	**455706**	**190748**	**660654**	**1198567**	**93996**	**100594**
北　京	3902	5316	6172	8526	5635	4160	9823	2276	723
天　津	9037	9560	5098	9017	6247	4854	8836	1109	1026
河　北	74130	50161	16729	23329	9378	16588	12098	2588	4615
山　西	15245	8739	5380	2253	2413	3322	17506	593	918
内蒙古	6254	2455	1847	853	714	1601	1363	229	1880
辽　宁	19931	25475	7760	12068	11524	7663	5907	2209	1757
吉　林	4363	3762	1988	19672	3092	1466	1677	396	227
黑龙江	5294	6184	2855	1738	3085	2129	1565	598	631
上　海	17254	28368	17512	27802	11814	19397	35569	4329	1338
江　苏	89490	129335	66279	50322	32011	79087	129401	11784	8250
浙　江	112049	129593	59028	62821	14763	113581	55777	14081	16459
安　徽	29394	29116	13619	21832	4554	30184	34408	2580	5127
福　建	31838	15510	11776	8328	3583	22019	31546	2915	5949
江　西	26956	14068	9438	6475	3227	18094	59172	2473	4966
山　东	67155	78500	30829	34334	12402	24429	31052	4301	4957
河　南	31219	36515	17595	12644	6260	16637	75769	4157	7446
湖　北	27114	23263	12712	34268	6501	16876	44637	2594	3799
湖　南	29202	21807	14911	10042	6164	16191	67595	2530	4557
广　东	196149	83307	88007	42395	14839	205258	396841	21610	12932
广　西	12020	6177	5084	8848	1507	6785	26584	877	1724
海　南	1389	299	505	175	110	414	445	80	162
重　庆	12159	15530	5686	28447	9017	8441	31998	2337	1865
四　川	31229	27318	14728	16374	7688	18517	62693	2977	4183
贵　州	9770	5394	2916	1909	2771	4785	10763	479	1632
云　南	16035	6047	4296	3149	1630	7185	21487	890	1333
西　藏	349	112	129	12	21	88	39	15	43
陕　西	9306	12583	5276	6950	8819	5511	14872	1903	1230
甘　肃	4850	3926	1960	574	699	1960	5508	458	504
青　海	1161	350	348	85	37	838	732	30	51
宁　夏	2207	1433	956	144	36	858	1593	304	111
新　疆	4287	1550	1586	320	207	1736	1311	294	199

4-4 续表 13

单位：人

地区 性别	制造业								
	金属制品业	通用设备制造业	专用设备制造业	汽车制造业	铁路、船舶、航空航天和其他运输设备制造业	电气机械和器材制造业	计算机、通信和其他电子设备制造业	仪器仪表制造业	其他制造业
男	**656269**	**563519**	**295513**	**317589**	**140555**	**401618**	**692583**	**57352**	**54235**
北京	2901	3872	3861	6576	4013	2786	6244	1414	484
天津	6968	7001	3373	6449	4165	3275	4900	686	658
河北	55953	35858	12018	16544	6520	11583	7375	1701	2248
山西	13084	6896	3909	1752	1904	2376	10776	436	669
内蒙古	5321	2085	1398	675	556	1311	981	185	1427
辽宁	16324	19914	5466	8985	9361	5154	3073	1399	1136
吉林	3605	3006	1406	15290	2536	1038	1060	286	151
黑龙江	4233	4929	1967	1272	2388	1602	1008	416	438
上海	12364	20156	11375	18773	9472	11826	21375	2671	700
江苏	64046	92255	43850	32630	23039	48754	72350	7149	4492
浙江	73118	87000	41342	40014	10085	62421	30701	8027	7776
安徽	22652	21567	9133	14917	3338	19004	19542	1703	2760
福建	23041	11171	8026	5808	2495	13835	17780	1411	2583
江西	20025	9604	6047	4589	2366	10396	31578	1525	2604
山东	52995	58989	21747	26091	10099	16793	18020	2812	2782
河南	24827	27184	11883	9348	4693	10672	42253	2549	3156
湖北	21129	17581	8897	24839	4979	11250	27843	1721	2410
湖南	22334	16584	10625	7267	4602	10177	37487	1671	2644
广东	131557	58542	60119	29071	11001	120680	237375	12811	7126
广西	9034	4455	3279	6154	1148	4097	12755	527	954
海南	1148	244	330	133	78	306	301	67	94
重庆	8869	10706	3663	19525	5781	5129	17639	1373	1167
四川	23229	20118	9799	11407	5724	11635	35112	1873	2592
贵州	7350	3797	1907	1321	1966	3003	6009	330	906
云南	11942	4345	2725	2165	1183	4593	13025	503	795
西藏	274	89	82	8	17	69	23	15	37
陕西	7590	9807	3797	5145	6283	3882	9734	1277	868
甘肃	4081	3046	1370	438	530	1384	3521	325	332
青海	937	284	239	64	29	618	513	20	36
宁夏	1854	1194	758	108	31	663	1267	234	83
新疆	3484	1240	1122	231	173	1306	963	235	127

4-4　续表 14

单位：人

地区 性别	制造业								
	金属制品业	通用设备制造业	专用设备制造业	汽车制造业	铁路、船舶、航空航天和其他运输设备制造业	电气机械和器材制造业	计算机、通信和其他电子设备制造业	仪器仪表制造业	其他制造业
女	**244469**	**218234**	**137492**	**138117**	**50193**	**259036**	**505984**	**36644**	**46359**
北京	1001	1444	2311	1950	1622	1374	3579	862	239
天津	2069	2559	1725	2568	2082	1579	3936	423	368
河北	18177	14303	4711	6785	2858	5005	4723	887	2367
山西	2161	1843	1471	501	509	946	6730	157	249
内蒙古	933	370	449	178	158	290	382	44	453
辽宁	3607	5561	2294	3083	2163	2509	2834	810	621
吉林	758	756	582	4382	556	428	617	110	76
黑龙江	1061	1255	888	466	697	527	557	182	193
上海	4890	8212	6137	9029	2342	7571	14194	1658	638
江苏	25444	37080	22429	17692	8972	30333	57051	4635	3758
浙江	38931	42593	17686	22807	4678	51160	25076	6054	8683
安徽	6742	7549	4486	6915	1216	11180	14866	877	2367
福建	8797	4339	3750	2520	1088	8184	13766	1504	3366
江西	6931	4464	3391	1886	861	7698	27594	948	2362
山东	14160	19511	9082	8243	2303	7636	13032	1489	2175
河南	6392	9331	5712	3296	1567	5965	33516	1608	4290
湖北	5985	5682	3815	9429	1522	5626	16794	873	1389
湖南	6868	5223	4286	2775	1562	6014	30108	859	1913
广东	64592	24765	27888	13324	3838	84578	159466	8799	5806
广西	2986	1722	1805	2694	359	2688	13829	350	770
海南	241	55	175	42	32	108	144	13	68
重庆	3290	4824	2023	8922	3236	3312	14359	964	698
四川	8000	7200	4929	4967	1964	6882	27581	1104	1591
贵州	2420	1597	1009	588	805	1782	4754	149	726
云南	4093	1702	1571	984	447	2592	8462	387	538
西藏	75	23	47	4	4	19	16		6
陕西	1716	2776	1479	1805	2536	1629	5138	626	362
甘肃	769	880	590	136	169	576	1987	133	172
青海	224	66	109	21	8	220	219	10	15
宁夏	353	239	198	36	5	195	326	70	28
新疆	803	310	464	89	34	430	348	59	72

4-4 续表 15

单位：人

地区 性别	制造业		电力、热力、燃气及水生产和供应业				建筑业		
	废弃资源综合利用业	金属制品、机械和设备修理业	小计	电力、热力生产和供应业	燃气生产和供应业	水的生产和供应业	小计	房屋建筑业	土木工程建筑业
全国	**84964**	**109016**	**573235**	**392926**	**82973**	**97336**	**7400010**	**4071308**	**674856**
北京	482	1824	9567	6119	1621	1827	75347	29386	11746
天津	686	1261	6978	4691	1191	1096	41070	16708	7196
河北	5231	6840	33721	23405	5664	4652	321806	180079	25193
山西	1408	3639	26311	18753	4260	3298	115778	55777	16789
内蒙古	1163	2213	24820	19844	2428	2548	79750	39119	10858
辽宁	1911	4153	24369	16928	3277	4164	114880	47931	13233
吉林	707	1236	13545	9897	1446	2202	56781	27665	6828
黑龙江	924	1954	17267	12777	1730	2760	71851	34150	6850
上海	1159	4338	7594	3867	1625	2102	98616	38459	12624
江苏	6326	7286	31899	20392	4581	6926	469542	222571	41040
浙江	5322	6691	25224	17021	3179	5024	370329	199734	43207
安徽	7260	4594	21733	14678	2920	4135	424788	236322	30716
福建	2799	3976	16962	12244	1807	2911	214780	104836	23996
江西	3296	3151	14114	9730	1951	2433	303228	159994	19384
山东	6016	8228	43037	31192	5419	6426	458555	244136	34244
河南	5628	6001	28336	18995	4492	4849	558518	333328	31017
湖北	5076	4871	22562	14124	3890	4548	411482	220869	37688
湖南	3662	3900	19203	12307	2981	3915	441940	255807	25846
广东	9416	11546	35575	20463	6734	8378	486205	220961	44561
广西	1343	3401	13516	9545	1936	2035	253506	148086	17204
海南	331	638	2749	1697	462	590	40258	19814	2869
重庆	1449	1908	12476	7293	2711	2472	258065	157285	23938
四川	4532	5631	33391	21305	6659	5427	714460	452108	64117
贵州	2389	1629	13391	9303	1587	2501	230061	147293	22200
云南	2896	1685	17168	13202	1478	2488	310024	196309	44413
西藏	65	50	924	750	71	103	12358	7977	2270
陕西	1435	2507	17057	11905	2472	2680	199987	121211	19650
甘肃	1038	1420	12407	9603	1121	1683	112005	68725	12986
青海	169	267	4436	3695	369	372	24286	13621	4134
宁夏	324	777	7010	5689	612	709	38606	23308	4799
新疆	521	1401	15893	11512	2299	2082	91148	47739	13260

4-4　续表 16

单位：人

地区 性别	制造业		电力、热力、燃气及水生产和供应业				建筑业		
	废弃资源综合利用业	金属制品、机械和设备修理业	小计	电力、热力生产和供应业	燃气生产和供应业	水的生产和供应业	小计	房屋建筑业	土木工程建筑业
男	**61854**	**94610**	**427408**	**301267**	**58901**	**67240**	**6258746**	**3416044**	**576377**
北京	363	1526	6829	4379	1157	1293	62038	24728	9099
天津	492	1035	5006	3399	848	759	33058	13906	5531
河北	4142	6096	25534	18231	4179	3124	283414	160762	21980
山西	1137	3271	19595	14479	2985	2131	102637	49607	14391
内蒙古	903	1978	18699	15283	1767	1649	68813	33620	9464
辽宁	1354	3684	18358	13129	2341	2888	96827	41890	10951
吉林	514	1088	10498	7878	1081	1539	49099	24437	5753
黑龙江	646	1686	12998	9932	1187	1879	59730	28898	5723
上海	866	3693	5568	2938	1151	1479	83034	33321	10380
江苏	4555	6203	24137	15998	3259	4880	404869	193399	34428
浙江	3893	5813	19380	13287	2342	3751	325260	174606	37385
安徽	4972	4020	16714	11527	2130	3057	367309	202706	26815
福建	1958	3468	12544	9205	1326	2013	179103	84479	20548
江西	2394	2693	10273	7294	1356	1623	255997	131264	17167
山东	4549	7299	32891	24562	3848	4481	382692	204190	29273
河南	4104	5215	20518	14396	3054	3068	468437	279087	26484
湖北	3569	4136	16224	10451	2717	3056	356530	190041	32600
湖南	2748	3296	13883	9239	2045	2599	378774	215899	22589
广东	7054	9909	27409	16035	5131	6243	415426	186202	38100
广西	929	2969	9907	7201	1329	1377	209167	120836	14644
海南	224	587	2061	1330	317	414	32638	15574	2435
重庆	1002	1618	8749	5384	1768	1597	214418	129967	20351
四川	3149	4786	24189	16046	4520	3623	590528	370164	54447
贵州	1718	1444	9992	7139	1138	1715	188750	117679	19174
云南	1882	1459	12525	9797	1023	1705	246624	151686	38063
西藏	51	42	660	541	53	66	10035	6331	1965
陕西	1124	2175	12529	8902	1791	1836	171517	103604	16620
甘肃	781	1238	9097	7153	770	1174	95300	58258	11203
青海	132	234	3414	2890	261	263	19457	10871	3543
宁夏	264	708	5363	4482	406	475	33166	20090	4103
新疆	385	1241	11864	8760	1621	1483	74099	37942	11168

4-4 续表 17

单位：人

地区 性别	制造业		电力、热力、燃气及水生产和供应业				建筑业		
	废弃资源综合利用业	金属制品、机械和设备修理业	小计	电力、热力生产和供应业	燃气生产和供应业	水的生产和供应业	小计	房屋建筑业	土木工程建筑业
女	**23110**	**14406**	**145827**	**91659**	**24072**	**30096**	**1141264**	**655264**	**98479**
北京	119	298	2738	1740	464	534	13309	4658	2647
天津	194	226	1972	1292	343	337	8012	2802	1665
河北	1089	744	8187	5174	1485	1528	38392	19317	3213
山西	271	368	6716	4274	1275	1167	13141	6170	2398
内蒙古	260	235	6121	4561	661	899	10937	5499	1394
辽宁	557	469	6011	3799	936	1276	18053	6041	2282
吉林	193	148	3047	2019	365	663	7682	3228	1075
黑龙江	278	268	4269	2845	543	881	12121	5252	1127
上海	293	645	2026	929	474	623	15582	5138	2244
江苏	1771	1083	7762	4394	1322	2046	64673	29172	6612
浙江	1429	878	5844	3734	837	1273	45069	25128	5822
安徽	2288	574	5019	3151	790	1078	57479	33616	3901
福建	841	508	4418	3039	481	898	35677	20357	3448
江西	902	458	3841	2436	595	810	47231	28730	2217
山东	1467	929	10146	6630	1571	1945	75863	39946	4971
河南	1524	786	7818	4599	1438	1781	90081	54241	4533
湖北	1507	735	6338	3673	1173	1492	54952	30828	5088
湖南	914	604	5320	3068	936	1316	63166	39908	3257
广东	2362	1637	8166	4428	1603	2135	70779	34759	6461
广西	414	432	3609	2344	607	658	44339	27250	2560
海南	107	51	688	367	145	176	7620	4240	434
重庆	447	290	3727	1909	943	875	43647	27318	3587
四川	1383	845	9202	5259	2139	1804	123932	81944	9670
贵州	671	185	3399	2164	449	786	41311	29614	3026
云南	1014	226	4643	3405	455	783	63400	44623	6350
西藏	14	8	264	209	18	37	2323	1646	305
陕西	311	332	4528	3003	681	844	28470	17607	3030
甘肃	257	182	3310	2450	351	509	16705	10467	1783
青海	37	33	1022	805	108	109	4829	2750	591
宁夏	60	69	1647	1207	206	234	5440	3218	696
新疆	136	160	4029	2752	678	599	17049	9797	2092

4-4　续表 18　　　　单位：人

地区 性别	建筑业		批发和零售业			交通运输、仓储和邮政业			
	建筑安装业	建筑装饰、装修和其他建筑业	小计	批发业	零售业	小计	铁路运输业	道路运输业	水上运输业
全国	**417697**	**2236149**	**9262396**	**2580725**	**6681671**	**3277208**	**140873**	**2134244**	**56217**
北京	4764	29451	138321	51548	86773	60377	3070	36882	161
天津	2994	14172	66394	21468	44926	37569	1613	22377	1473
河北	23256	93278	457967	126771	331196	195522	8595	140485	2322
山西	8241	34971	161700	39337	122363	100201	9573	71895	109
内蒙古	4776	24997	121307	30328	90979	67344	10137	40313	88
辽宁	7551	46165	247689	73056	174633	112000	7082	71578	3491
吉林	3410	18878	115873	23632	92241	52925	5431	34489	114
黑龙江	3886	26965	180460	43047	137413	80906	7908	45758	248
上海	8019	39514	193786	86678	107108	95067	2034	50758	2955
江苏	35073	170858	618133	213815	404318	186279	3775	122317	6652
浙江	21798	105590	541459	196430	345029	157670	2402	96971	6564
安徽	20424	137326	373382	101703	271679	141079	4999	97410	3903
福建	12900	73048	349719	87415	262304	97492	3059	59681	4060
江西	16691	107159	325270	81531	243739	93728	3017	58530	738
山东	36084	144091	623533	202428	421105	232136	6480	162583	6295
河南	29907	164266	711114	191645	519469	202447	7344	139518	849
湖北	21871	131054	442660	110938	331722	144912	4399	94275	2477
湖南	23086	137201	462957	106093	356864	137154	5995	89153	1040
广东	33564	187119	1046589	328696	717893	295424	5376	174673	5849
广西	10732	77484	259133	56904	202229	94806	3962	61089	2672
海南	2744	14831	54373	11945	42428	19730	406	12124	530
重庆	11164	65678	213185	45515	167670	81936	2337	54135	1971
四川	32149	166086	615577	133802	481775	192542	6465	131369	871
贵州	9456	51112	170482	35014	135468	71871	3062	47679	204
云南	9478	59824	252714	58285	194429	92993	3164	58851	296
西藏	230	1881	9733	2774	6959	4896	91	3646	4
陕西	10313	48813	202137	45028	157109	87960	6157	59355	141
甘肃	5134	25160	98034	24278	73756	47822	4821	30598	69
青海	1054	5477	26452	5852	20600	13654	2045	8966	19
宁夏	1834	8665	39390	9344	30046	21155	1611	16305	15
新疆	5114	25035	142873	35425	107448	57611	4463	40481	37

4-4 续表 19 单位：人

地区 性别	建筑业		批发和零售业			交通运输、仓储和邮政业			
	建筑安装业	建筑装饰、装修和其他建筑业	小计	批发业	零售业	小计	铁路运输业	道路运输业	水上运输业
男	**374859**	**1891466**	**4607256**	**1537107**	**3070149**	**2742407**	**112541**	**1876299**	**45317**
北京	3902	24309	73388	29648	43740	46782	2580	29974	103
天津	2450	11171	35484	12959	22525	29559	1316	18778	1128
河北	21062	79610	224602	77915	146687	169957	7352	127308	1948
山西	7597	31042	84455	26456	57999	89453	7944	66768	93
内蒙古	4368	21361	60679	20204	40475	57494	8463	35622	70
辽宁	6517	37469	121241	43591	77650	94763	6060	62963	2961
吉林	3063	15846	54544	14587	39957	45406	4802	30445	94
黑龙江	3381	21728	86220	25801	60419	68843	6704	40862	203
上海	6749	32584	97552	46973	50579	71416	1658	40643	2149
江苏	31233	145809	309051	124866	184185	151763	2806	104183	5276
浙江	19686	93583	283368	114618	168750	130806	1813	84307	5558
安徽	18469	119319	191031	64528	126503	119545	4030	86432	3065
福建	11849	62227	183749	53654	130095	82467	2383	53661	3487
江西	15225	92341	163880	48110	115770	79553	2306	52692	546
山东	32180	117049	316093	122621	193472	193826	5123	142064	5107
河南	26481	136385	327434	108906	218528	167787	5687	122323	669
湖北	19875	114014	212616	66013	146603	121680	3248	82824	2090
湖南	21140	119146	228731	62691	166040	116947	4737	79777	806
广东	30484	160640	580092	198439	381653	245187	4069	152195	4585
广西	9641	64046	123752	33200	90552	80205	3079	54815	2123
海南	2508	12121	26598	7032	19566	16517	296	10725	405
重庆	10001	54099	95218	25865	69353	68214	1749	46927	1647
四川	28860	137057	272277	76909	195368	160281	4803	114820	639
贵州	8545	43352	79851	20932	58919	60895	2288	42922	157
云南	8328	48547	119572	34087	85485	75611	2399	50663	208
西藏	197	1542	5628	1685	3943	4203	75	3283	3
陕西	9455	41838	99536	28119	71417	75148	4730	53276	104
甘肃	4580	21259	48632	15337	33295	40157	3791	26899	50
青海	926	4117	13440	3745	9695	11507	1575	7956	13
宁夏	1670	7303	18540	6107	12433	18325	1217	14605	12
新疆	4437	20552	70002	21509	48493	48110	3458	35587	18

4-4 续表 20

单位：人

地区 性别	建筑业		批发和零售业			交通运输、仓储和邮政业			
	建筑安装业	建筑装饰、装修和其他建筑业	小计	批发业	零售业	小计	铁路运输业	道路运输业	水上运输业
女	**42838**	**344683**	**4655140**	**1043618**	**3611522**	**534801**	**28332**	**257945**	**10900**
北京	862	5142	64933	21900	43033	13595	490	6908	58
天津	544	3001	30910	8509	22401	8010	297	3599	345
河北	2194	13668	233365	48856	184509	25565	1243	13177	374
山西	644	3929	77245	12881	64364	10748	1629	5127	16
内蒙古	408	3636	60628	10124	50504	9850	1674	4691	18
辽宁	1034	8696	126448	29465	96983	17237	1022	8615	530
吉林	347	3032	61329	9045	52284	7519	629	4044	20
黑龙江	505	5237	94240	17246	76994	12063	1204	4896	45
上海	1270	6930	96234	39705	56529	23651	376	10115	806
江苏	3840	25049	309082	88949	220133	34516	969	18134	1376
浙江	2112	12007	258091	81812	176279	26864	589	12664	1006
安徽	1955	18007	182351	37175	145176	21534	969	10978	838
福建	1051	10821	165970	33761	132209	15025	676	6020	573
江西	1466	14818	161390	33421	127969	14175	711	5838	192
山东	3904	27042	307440	79807	227633	38310	1357	20519	1188
河南	3426	27881	383680	82739	300941	34660	1657	17195	180
湖北	1996	17040	230044	44925	185119	23232	1151	11451	387
湖南	1946	18055	234226	43402	190824	20207	1258	9376	234
广东	3080	26479	466497	130257	336240	50237	1307	22478	1264
广西	1091	13438	135381	23704	111677	14601	883	6274	549
海南	236	2710	27775	4913	22862	3213	110	1399	125
重庆	1163	11579	117967	19650	98317	13722	588	7208	324
四川	3289	29029	343300	56893	286407	32261	1662	16549	232
贵州	911	7760	90631	14082	76549	10976	774	4757	47
云南	1150	11277	133142	24198	108944	17382	765	8188	88
西藏	33	339	4105	1089	3016	693	16	363	1
陕西	858	6975	102601	16909	85692	12812	1427	6079	37
甘肃	554	3901	49402	8941	40461	7665	1030	3699	19
青海	128	1360	13012	2107	10905	2147	470	1010	6
宁夏	164	1362	20850	3237	17613	2830	394	1700	3
新疆	677	4483	72871	13916	58955	9501	1005	4894	19

4-4 续表 21

单位：人

地区 性别	交通运输、仓储和邮政业					住宿和餐饮业		
	航空运输业	管道运输业	多式联运和运输代理业	装卸搬运和仓储业	邮政业	小计	住宿业	餐饮业
全国	**68318**	**2735**	**99684**	**313428**	**461709**	**3217357**	**365935**	**2851422**
北京	6612	47	2105	2493	9007	45354	9963	35391
天津	1517	92	3044	3077	4376	19307	2676	16631
河北	1547	251	3515	16577	22230	121777	9936	111841
山西	973	85	1111	6843	9612	69488	7091	62397
内蒙古	1105	45	858	9040	5758	49248	5665	43583
辽宁	2427	166	3335	10886	13035	74479	6494	67985
吉林	812	28	416	5212	6423	45449	4280	41169
黑龙江	972	55	1410	12068	12487	66400	5807	60593
上海	7828	45	10491	6216	14740	65575	10736	54839
江苏	2441	170	7041	14943	28940	166317	16531	149786
浙江	2467	44	7000	13491	28731	156151	22678	133473
安徽	920	81	2254	10678	20834	151389	12196	139193
福建	2724	28	3614	9324	15002	113776	13615	100161
江西	866	131	2558	12096	15792	100980	11860	89120
山东	3005	249	7326	21504	24694	159106	14562	144544
河南	1361	156	4040	18021	31158	217562	16709	200853
湖北	1749	91	4422	14142	23357	155727	16997	138730
湖南	1449	94	3271	14800	21352	160186	22386	137800
广东	8372	105	17705	22719	60625	331329	38943	292386
广西	853	10	1891	12859	11470	83658	11098	72560
海南	1687	13	457	1684	2829	35177	8513	26664
重庆	2526	41	1676	9979	9271	98887	8965	89922
四川	5179	134	3727	19289	25508	292419	30664	261755
贵州	1056	25	853	10969	8023	72616	9486	63130
云南	2494	60	1603	14333	12192	119838	19821	100017
西藏	191	1	47	522	394	7158	1261	5897
陕西	2180	164	1448	7368	11147	95262	11884	83378
甘肃	712	43	1072	5595	4912	52484	5381	47103
青海	273	19	200	974	1158	16142	2082	14060
宁夏	290	41	140	1012	1741	16204	1796	14408
新疆	1730	221	1054	4714	4911	57912	5859	52053

4-4　续表 22

单位：人

地　区 性　别	交通运输、仓储和邮政业					住宿和餐饮业		
	航　空 运输业	管　道 运输业	多式联运 和运输 代理业	装卸搬运 和仓储业	邮政业	小计	住宿业	餐饮业
男	**42434**	**2046**	**70466**	**253034**	**340270**	**1596563**	**150892**	**1445671**
北　京	3868	36	1310	1886	7025	25462	5157	20305
天　津	984	67	1873	2374	3039	10270	1186	9084
河　北	982	190	2802	13596	15779	59834	4054	55780
山　西	580	62	933	6081	6992	38238	3097	35141
内蒙古	688	35	692	7824	4100	23559	2085	21474
辽　宁	1446	112	2439	8972	9810	38349	2796	35553
吉　林	502	24	319	4443	4777	22127	1706	20421
黑龙江	658	40	1123	9889	9364	32575	2437	30138
上　海	5046	35	5909	4614	11362	36541	5160	31381
江　苏	1557	123	5021	11628	21169	82931	6664	76267
浙　江	1584	32	4417	11314	21781	82411	9730	72681
安　徽	569	63	1841	8632	14913	73618	4599	69019
福　建	1760	22	2442	7747	10965	60746	5921	54825
江　西	571	96	2098	9820	11424	48650	4859	43791
山　东	1909	183	5237	16719	17484	82660	6526	76134
河　南	848	129	3121	13213	21797	108466	7361	101105
湖　北	1043	69	3534	11750	17122	73057	6600	66457
湖　南	855	68	2566	12410	15728	77255	8580	68675
广　东	5100	82	11832	18913	48411	190729	17986	172743
广　西	543	8	1483	9810	8344	40173	4280	35893
海　南	1094	11	361	1419	2206	17594	3937	13657
重　庆	1501	28	1262	8509	6591	44613	3025	41588
四　川	3055	96	2825	15952	18091	124500	11010	113490
贵　州	689	20	697	8409	5713	30726	3385	27341
云　南	1569	50	1239	10849	8634	51795	7551	44244
西　藏	125		37	407	273	2953	542	2411
陕　西	1397	116	1130	5983	8412	46739	4791	41948
甘　肃	426	34	862	4575	3520	25694	2069	23625
青　海	163	14	156	796	834	7840	781	7059
宁　夏	187	36	117	864	1287	7974	670	7304
新　疆	1135	165	788	3636	3323	28484	2347	26137

4-4 续表 23 单位：人

地区 性别	交通运输、仓储和邮政业					住宿和餐饮业		
	航空运输业	管道运输业	多式联运和运输代理业	装卸搬运和仓储业	邮政业	小计	住宿业	餐饮业
女	**25884**	**689**	**29218**	**60394**	**121439**	**1620794**	**215043**	**1405751**
北京	2744	11	795	607	1982	19892	4806	15086
天津	533	25	1171	703	1337	9037	1490	7547
河北	565	61	713	2981	6451	61943	5882	56061
山西	393	23	178	762	2620	31250	3994	27256
内蒙古	417	10	166	1216	1658	25689	3580	22109
辽宁	981	54	896	1914	3225	36130	3698	32432
吉林	310	4	97	769	1646	23322	2574	20748
黑龙江	314	15	287	2179	3123	33825	3370	30455
上海	2782	10	4582	1602	3378	29034	5576	23458
江苏	884	47	2020	3315	7771	83386	9867	73519
浙江	883	12	2583	2177	6950	73740	12948	60792
安徽	351	18	413	2046	5921	77771	7597	70174
福建	964	6	1172	1577	4037	53030	7694	45336
江西	295	35	460	2276	4368	52330	7001	45329
山东	1096	66	2089	4785	7210	76446	8036	68410
河南	513	27	919	4808	9361	109096	9348	99748
湖北	706	22	888	2392	6235	82670	10397	72273
湖南	594	26	705	2390	5624	82931	13806	69125
广东	3272	23	5873	3806	12214	140600	20957	119643
广西	310	2	408	3049	3126	43485	6818	36667
海南	593	2	96	265	623	17583	4576	13007
重庆	1025	13	414	1470	2680	54274	5940	48334
四川	2124	38	902	3337	7417	167919	19654	148265
贵州	367	5	156	2560	2310	41890	6101	35789
云南	925	10	364	3484	3558	68043	12270	55773
西藏	66	1	10	115	121	4205	719	3486
陕西	783	48	318	1385	2735	48523	7093	41430
甘肃	286	9	210	1020	1392	26790	3312	23478
青海	110	5	44	178	324	8302	1301	7001
宁夏	103	5	23	148	454	8230	1126	7104
新疆	595	56	266	1078	1588	29428	3512	25916

4-4　续表 24

单位：人

地区 性别	信息传输、软件和信息技术服务业				金融业				
	小计	电信、广播电视和卫星传输服务	互联网和相关服务	软件和信息技术服务业	小计	货币金融服务	资本市场服务	保险业	其他金融业
全　国	**1129543**	**261138**	**341419**	**526986**	**962580**	**449264**	**79342**	**347413**	**86561**
北　京	95576	8543	30187	56846	45681	19078	8284	11379	6940
天　津	13261	2687	3615	6959	14033	6868	1250	3902	2013
河　北	37615	11580	11082	14953	42831	20525	1693	17837	2776
山　西	16336	6430	3986	5920	23845	14236	989	7229	1391
内蒙古	11692	5775	2640	3277	20112	11619	646	6849	998
辽　宁	31935	8166	6796	16973	35273	18771	1805	11791	2906
吉　林	12850	5435	3418	3997	19064	11149	816	6331	768
黑龙江	15547	6141	4356	5050	21226	10538	798	8630	1260
上　海	76811	5935	23535	47341	48467	19822	11778	10801	6066
江　苏	80856	16868	21804	42184	60995	28778	4964	21824	5429
浙　江	70556	14210	17517	38829	53303	30503	4918	14586	3296
安　徽	39041	10216	11797	17028	34480	16374	2130	12576	3400
福　建	39667	8765	12813	18089	30118	15583	2844	9576	2115
江　西	26580	6957	10705	8918	23210	10099	1448	8965	2698
山　东	50188	13365	14986	21837	64939	28424	3418	27532	5565
河　南	42911	12157	15008	15746	46779	17905	1853	23400	3621
湖　北	52114	11688	16503	23923	42763	17330	3075	18033	4325
湖　南	40331	10605	14145	15581	35866	14223	2468	15536	3639
广　东	163688	24349	60873	78466	96810	39641	12668	33006	11495
广　西	17539	7535	4905	5099	19327	9346	1320	6851	1810
海　南	4899	1735	1783	1381	4977	2418	338	1728	493
重　庆	27063	6862	7886	12315	22962	10137	1586	8896	2343
四　川	76304	18622	22257	35425	56005	24400	3688	23401	4516
贵　州	12446	5414	3314	3718	15783	8703	854	4868	1358
云　南	16430	7499	3982	4949	19981	10328	998	7221	1434
西　藏	955	686	103	166	1031	697	32	248	54
陕　西	28701	8001	6776	13924	24291	11002	1358	9937	1994
甘　肃	8945	4493	1813	2639	13340	7321	398	4653	968
青　海	2670	1580	396	694	3835	2453	106	1099	177
宁　夏	4419	1973	1044	1402	5716	3036	200	2254	226
新　疆	11617	6866	1394	3357	15537	7957	619	6474	487

4-4 续表 25

单位：人

地区 性别	信息传输、软件和信息技术服务业				金融业				
	小计	电信、广播电视和卫星传输服务	互联网和相关服务	软件和信息技术服务业	小计	货币金融服务	资本市场服务	保险业	其他金融业
男	**723250**	**150689**	**219460**	**353101**	**460233**	**225068**	**46203**	**141781**	**47181**
北京	60244	5095	18850	36299	21996	8795	4639	4897	3665
天津	8110	1518	2171	4421	6426	3194	682	1553	997
河北	23130	6444	6746	9940	20106	10593	975	7049	1489
山西	10138	3372	2584	4182	11390	7086	559	2980	765
内蒙古	7185	3064	1783	2338	8907	5571	340	2460	536
辽宁	19010	4516	4179	10315	16479	9223	1016	4741	1499
吉林	8038	3257	2096	2685	8764	5584	464	2309	407
黑龙江	9432	3444	2661	3327	10523	5885	456	3486	696
上海	50306	3663	15265	31378	24166	8966	6696	5134	3370
江苏	50125	9195	13325	27605	28973	14163	2852	8953	3005
浙江	45108	8398	11237	25473	25081	14303	3026	5975	1777
安徽	25352	6062	7404	11886	17497	8704	1325	5599	1869
福建	26563	5226	8802	12535	14366	7892	1706	3510	1258
江西	17246	4011	6837	6398	11644	5222	909	3999	1514
山东	31063	7637	9021	14405	31714	15293	2061	11213	3147
河南	26417	6681	9024	10712	22452	9577	1127	9732	2016
湖北	33700	6766	10082	16852	20029	8663	1813	7210	2343
湖南	25289	5965	8357	10967	17143	7166	1423	6564	1990
广东	111299	15103	42331	53865	48092	19893	7655	14046	6498
广西	10994	4276	3225	3493	9308	4894	765	2644	1005
海南	3168	1031	1203	934	2615	1322	211	789	293
重庆	17378	4105	5094	8179	10382	4993	898	3278	1213
四川	49153	10728	14747	23678	24926	11682	2081	8819	2344
贵州	8264	3324	2322	2618	7815	4551	483	2048	733
云南	10535	4508	2617	3410	9638	5371	556	2989	722
西藏	566	374	66	126	568	378	22	132	36
陕西	18540	4656	4392	9492	11869	5797	745	4279	1048
甘肃	5626	2593	1176	1857	6525	3949	228	1857	491
青海	1596	860	262	474	1750	1173	54	423	100
宁夏	2765	1059	732	974	2426	1423	115	767	121
新疆	6910	3758	869	2283	6663	3762	321	2346	234

4-4　续表 26　　　　单位：人

地　区 性　别	信息传输、软件和信息技术服务业				金融业				
	小计	电信、广播电视和卫星传输服务	互联网和相关服务	软件和信息技术服务业	小计	货币金融服务	资本市场服务	保险业	其他金融业
女	**406293**	**110449**	**121959**	**173885**	**502347**	**224196**	**33139**	**205632**	**39380**
北　京	35332	3448	11337	20547	23685	10283	3645	6482	3275
天　津	5151	1169	1444	2538	7607	3674	568	2349	1016
河　北	14485	5136	4336	5013	22725	9932	718	10788	1287
山　西	6198	3058	1402	1738	12455	7150	430	4249	626
内蒙古	4507	2711	857	939	11205	6048	306	4389	462
辽　宁	12925	3650	2617	6658	18794	9548	789	7050	1407
吉　林	4812	2178	1322	1312	10300	5565	352	4022	361
黑龙江	6115	2697	1695	1723	10703	4653	342	5144	564
上　海	26505	2272	8270	15963	24301	10856	5082	5667	2696
江　苏	30731	7673	8479	14579	32022	14615	2112	12871	2424
浙　江	25448	5812	6280	13356	28222	16200	1892	8611	1519
安　徽	13689	4154	4393	5142	16983	7670	805	6977	1531
福　建	13104	3539	4011	5554	15752	7691	1138	6066	857
江　西	9334	2946	3868	2520	11566	4877	539	4966	1184
山　东	19125	5728	5965	7432	33225	13131	1357	16319	2418
河　南	16494	5476	5984	5034	24327	8328	726	13668	1605
湖　北	18414	4922	6421	7071	22734	8667	1262	10823	1982
湖　南	15042	4640	5788	4614	18723	7057	1045	8972	1649
广　东	52389	9246	18542	24601	48718	19748	5013	18960	4997
广　西	6545	3259	1680	1606	10019	4452	555	4207	805
海　南	1731	704	580	447	2362	1096	127	939	200
重　庆	9685	2757	2792	4136	12580	5144	688	5618	1130
四　川	27151	7894	7510	11747	31079	12718	1607	14582	2172
贵　州	4182	2090	992	1100	7968	4152	371	2820	625
云　南	5895	2991	1365	1539	10343	4957	442	4232	712
西　藏	389	312	37	40	463	319	10	116	18
陕　西	10161	3345	2384	4432	12422	5205	613	5658	946
甘　肃	3319	1900	637	782	6815	3372	170	2796	477
青　海	1074	720	134	220	2085	1280	52	676	77
宁　夏	1654	914	312	428	3290	1613	85	1487	105
新　疆	4707	3108	525	1074	8874	4195	298	4128	253

4-4 续表 27 单位：人

地区 性别	房地产业		租赁和商务服务业			科学研究和技术服务业			
	小计	房地产业	小计	租赁业	商务服务业	小计	研究和试验发展	专业技术服务业	科技推广和应用服务业
全国	**1251428**	**1251428**	**1799653**	**130303**	**1669350**	**844905**	**139564**	**533210**	**172131**
北京	43099	43099	82484	3698	78786	68240	19391	25035	23814
天津	17128	17128	19522	1472	18050	16477	3642	8477	4358
河北	49594	49594	74288	6865	67423	34149	4711	23051	6387
山西	20322	20322	30532	2526	28006	14590	1957	10524	2109
内蒙古	17786	17786	20506	1767	18739	11145	964	8714	1467
辽宁	33988	33988	48133	2632	45501	22969	3834	15116	4019
吉林	16074	16074	14619	1509	13110	10949	2111	7280	1558
黑龙江	20903	20903	31719	1508	30211	13309	2143	8521	2645
上海	46679	46679	91379	4602	86777	46120	11700	25527	8893
江苏	90585	90585	126090	9026	117064	64839	14348	36473	14018
浙江	67700	67700	100249	7264	92985	51306	7285	34320	9701
安徽	52468	52468	64158	6264	57894	27734	4321	18187	5226
福建	37343	37343	44474	3183	41291	22127	2177	16748	3202
江西	33978	33978	64159	4286	59873	21495	2141	14405	4949
山东	76568	76568	128076	12310	115766	50772	6675	34676	9421
河南	64835	64835	107106	7767	99339	41428	4728	23643	13057
湖北	57388	57388	84298	6204	78094	40886	6555	26297	8034
湖南	48191	48191	87371	6496	80875	30351	3698	19643	7010
广东	151286	151286	184146	9952	174194	87581	13755	58743	15083
广西	29061	29061	42412	2869	39543	14544	1132	10865	2547
海南	10729	10729	13683	834	12849	3738	610	2547	581
重庆	41866	41866	46688	3593	43095	16934	2052	12301	2581
四川	97068	97068	109533	9964	99569	46392	8412	30533	7447
贵州	21497	21497	31049	2322	28727	10936	918	8525	1493
云南	27491	27491	43183	2688	40495	18762	1853	13466	3443
西藏	866	866	3745	198	3547	1211	81	830	300
陕西	31144	31144	43024	3093	39931	23784	5228	14850	3706
甘肃	12717	12717	19559	1627	17932	10821	1491	7707	1623
青海	4445	4445	5548	678	4870	3492	270	2853	369
宁夏	7090	7090	6885	844	6041	3735	272	2919	544
新疆	21539	21539	31035	2262	28773	14089	1109	10434	2546

4-4　续表 28　　　　单位：人

地区 性别	房地产业		租赁和商务服务业			科学研究和技术服务业			
	小计	房地产业	小计	租赁业	商务服务业	小计	研究和试验发展	专业技术服务业	科技推广和应用服务业
男	**764318**	**764318**	**1107915**	**111343**	**996572**	**556388**	**87826**	**363464**	**105098**
北　京	26645	26645	45501	2905	42596	40188	11320	15177	13691
天　津	9989	9989	11554	1154	10400	10443	2242	5598	2603
河　北	30186	30186	46946	6101	40845	22395	3058	15496	3841
山　西	12622	12622	19607	2279	17328	9842	1265	7161	1416
内蒙古	10191	10191	12822	1563	11259	7593	621	6014	958
辽　宁	20121	20121	29208	2234	26974	15121	2518	10059	2544
吉　林	9626	9626	8999	1333	7666	7190	1293	4923	974
黑龙江	13025	13025	19652	1301	18351	8809	1341	5729	1739
上　海	29356	29356	52236	3668	48568	28011	6969	15783	5259
江　苏	55493	55493	75206	7523	67683	42373	8987	24834	8552
浙　江	42172	42172	61123	6031	55092	34220	4691	23473	6056
安　徽	32876	32876	41893	5569	36324	19798	2950	13323	3525
福　建	23036	23036	27241	2656	24585	14901	1395	11516	1990
江　西	21168	21168	40915	3838	37077	14987	1436	10494	3057
山　东	45447	45447	83321	10896	72425	34091	4239	23811	6041
河　南	39372	39372	68647	6772	61875	26468	3067	16178	7223
湖　北	35277	35277	51964	5276	46688	28054	4318	18690	5046
湖　南	29703	29703	53857	5683	48174	20573	2384	13728	4461
广　东	96857	96857	110473	8271	102202	57479	8637	39636	9206
广　西	16736	16736	26725	2419	24306	9627	668	7346	1613
海　南	6594	6594	8738	712	8026	2534	347	1810	377
重　庆	24512	24512	27674	2911	24763	11374	1347	8442	1585
四　川	58696	58696	67178	8409	58769	30942	5534	20912	4496
贵　州	13037	13037	19992	1968	18024	7830	558	6302	970
云　南	16363	16363	27952	2280	25672	12728	1122	9465	2141
西　藏	526	526	2428	177	2251	846	55	629	162
陕　西	19113	19113	26687	2672	24015	16066	3476	10269	2321
甘　肃	7429	7429	12279	1433	10846	7638	974	5573	1091
青　海	2610	2610	3627	611	3016	2370	163	1976	231
宁　夏	3944	3944	4247	744	3503	2515	175	1980	360
新　疆	11596	11596	19223	1954	17269	9382	676	7137	1569

4-4 续表 29 单位：人

地区 性别	房地产业		租赁和商务服务业			科学研究和技术服务业			
	小计	房地产业	小计	租赁业	商务服务业	小计	研究和试验发展	专业技术服务业	科技推广和应用服务业
女	**487110**	**487110**	**691738**	**18960**	**672778**	**288517**	**51738**	**169746**	**67033**
北京	16454	16454	36983	793	36190	28052	8071	9858	10123
天津	7139	7139	7968	318	7650	6034	1400	2879	1755
河北	19408	19408	27342	764	26578	11754	1653	7555	2546
山西	7700	7700	10925	247	10678	4748	692	3363	693
内蒙古	7595	7595	7684	204	7480	3552	343	2700	509
辽宁	13867	13867	18925	398	18527	7848	1316	5057	1475
吉林	6448	6448	5620	176	5444	3759	818	2357	584
黑龙江	7878	7878	12067	207	11860	4500	802	2792	906
上海	17323	17323	39143	934	38209	18109	4731	9744	3634
江苏	35092	35092	50884	1503	49381	22466	5361	11639	5466
浙江	25528	25528	39126	1233	37893	17086	2594	10847	3645
安徽	19592	19592	22265	695	21570	7936	1371	4864	1701
福建	14307	14307	17233	527	16706	7226	782	5232	1212
江西	12810	12810	23244	448	22796	6508	705	3911	1892
山东	31121	31121	44755	1414	43341	16681	2436	10865	3380
河南	25463	25463	38459	995	37464	14960	1661	7465	5834
湖北	22111	22111	32334	928	31406	12832	2237	7607	2988
湖南	18488	18488	33514	813	32701	9778	1314	5915	2549
广东	54429	54429	73673	1681	71992	30102	5118	19107	5877
广西	12325	12325	15687	450	15237	4917	464	3519	934
海南	4135	4135	4945	122	4823	1204	263	737	204
重庆	17354	17354	19014	682	18332	5560	705	3859	996
四川	38372	38372	42355	1555	40800	15450	2878	9621	2951
贵州	8460	8460	11057	354	10703	3106	360	2223	523
云南	11128	11128	15231	408	14823	6034	731	4001	1302
西藏	340	340	1317	21	1296	365	26	201	138
陕西	12031	12031	16337	421	15916	7718	1752	4581	1385
甘肃	5288	5288	7280	194	7086	3183	517	2134	532
青海	1835	1835	1921	67	1854	1122	107	877	138
宁夏	3146	3146	2638	100	2538	1220	97	939	184
新疆	9943	9943	11812	308	11504	4707	433	3297	977

4-4 续表 30

单位：人

地区 性别	水利、环境和公共设施管理业					居民服务、修理和其他服务业			
	小计	水利管理业	生态保护和环境治理业	公共设施管理业	土地管理业	小计	居民服务业	机动车、电子产品和日用产品修理业	其他服务业
全　　国	**517888**	**33953**	**44667**	**433059**	**6209**	**2289351**	**1353845**	**566293**	**369213**
北　　京	17452	872	1519	14906	155	35795	22878	6361	6556
天　　津	6293	616	470	5100	107	18620	10585	3827	4208
河　　北	28644	1423	1802	25146	273	110035	57082	31523	21430
山　　西	11867	1032	926	9750	159	46733	26515	13695	6523
内 蒙 古	10098	831	1023	8074	170	42441	25194	10842	6405
辽　　宁	13060	1269	1139	10391	261	69527	42844	16083	10600
吉　　林	8168	591	402	7090	85	33158	21087	8669	3402
黑 龙 江	8477	838	886	6605	148	48658	28394	12816	7448
上　　海	16645	738	1656	14121	130	49509	33553	8588	7368
江　　苏	34899	2158	3039	29311	391	136695	80952	31123	24620
浙　　江	26559	1415	2202	22556	386	105412	67776	24664	12972
安　　徽	25911	1364	1862	22497	188	101214	59720	24102	17392
福　　建	14443	753	1116	12411	163	78291	50328	17431	10532
江　　西	14523	681	1250	12442	150	88670	52894	19504	16272
山　　东	35623	2162	2253	30755	453	139541	75417	39328	24796
河　　南	36462	1891	1750	32384	437	161382	88718	39749	32915
湖　　北	21087	1988	1718	17070	311	111352	68848	26422	16082
湖　　南	17863	1358	1555	14731	219	119753	74833	25477	19443
广　　东	37071	2170	3710	30794	397	203562	120921	53240	29401
广　　西	12175	917	741	10316	201	66833	36116	18898	11819
海　　南	6450	289	325	5777	59	21889	12896	3799	5194
重　　庆	12663	660	1142	10656	205	65026	40985	14205	9836
四　　川	28772	1241	2247	24920	364	185798	119636	40343	25819
贵　　州	13953	788	1776	11268	121	53968	29427	14042	10499
云　　南	14723	1052	1483	11988	200	64791	33090	21600	10101
西　　藏	2473	259	1381	826	7	2452	1012	747	693
陕　　西	14033	1010	1179	11723	121	54136	32028	13646	8462
甘　　肃	8909	1413	1156	6227	113	24867	13665	7580	3622
青　　海	2609	293	821	1443	52	5609	2749	2129	731
宁　　夏	4444	482	356	3546	60	9487	5290	3423	774
新　　疆	11539	1399	1782	8235	123	34147	18412	12437	3298

4-4 续表 31

单位：人

地 区 性 别	水利、环境和公共设施管理业					居民服务、修理和其他服务业			
	小计	水 利 管理业	生态保护 和环境 治理业	公共设施 管理业	土 地 管理业	小计	居 民 服务业	机动车、 电子产品 和日用产 品修理业	其 他 服务业
男	**318040**	**24997**	**32273**	**256711**	**4059**	**1082891**	**448121**	**475699**	**159071**
北 京	11760	584	959	10126	91	15514	7342	5187	2985
天 津	4361	442	314	3538	67	10173	4669	3142	2362
河 北	18176	1011	1312	15671	182	55792	19157	26575	10060
山 西	7542	686	675	6080	101	26158	10697	12233	3228
内蒙古	6535	594	786	5050	105	22329	9671	9308	3350
辽 宁	8537	925	837	6624	151	36020	17080	13585	5355
吉 林	5565	425	307	4785	48	16261	7466	7191	1604
黑龙江	5734	626	671	4346	91	24066	10143	10638	3285
上 海	11434	534	1210	9621	69	18820	8452	7043	3325
江 苏	21389	1599	2174	17370	246	66712	29987	25746	10979
浙 江	17820	1099	1692	14766	263	49156	22272	20760	6124
安 徽	16841	1034	1374	14303	130	50085	21408	20602	8075
福 建	8745	563	811	7273	98	34440	15496	14911	4033
江 西	8840	523	927	7275	115	38903	15552	16604	6747
山 东	23001	1608	1718	19387	288	69208	24753	32404	12051
河 南	20972	1361	1260	18071	280	77148	30764	32511	13873
湖 北	13001	1453	1210	10130	208	50041	21365	22245	6431
湖 南	11221	1021	1188	8840	172	55389	25136	21573	8680
广 东	23277	1703	2774	18545	255	95224	37349	45474	12401
广 西	6285	676	517	4948	144	31491	10956	15835	4700
海 南	2893	221	230	2396	46	10981	5305	3285	2391
重 庆	7135	452	762	5796	125	27247	12171	11738	3338
四 川	16042	887	1566	13317	272	76285	34364	33360	8561
贵 州	7578	598	1391	5510	79	27451	11346	11897	4208
云 南	8244	808	1111	6207	118	32606	11078	17784	3744
西 藏	1238	123	751	359	5	1334	418	636	280
陕 西	8330	680	875	6698	77	26582	11212	11802	3568
甘 肃	5195	1061	855	3201	78	12460	4405	6502	1553
青 海	1688	227	639	785	37	2885	867	1724	294
宁 夏	2503	362	262	1837	42	5039	1811	2935	293
新 疆	6158	1111	1115	3856	76	17091	5429	10469	1193

4-4　续表 32　　　　　　　　　　　　　　　　　　　　　　　　　　　单位：人

地区 性别	水利、环境和公共设施管理业					居民服务、修理和其他服务业			
	小计	水利管理业	生态保护和环境治理业	公共设施管理业	土地管理业	小计	居民服务业	机动车、电子产品和日用产品修理业	其他服务业
女	**199848**	**8956**	**12394**	**176348**	**2150**	**1206460**	**905724**	**90594**	**210142**
北京	5692	288	560	4780	64	20281	15536	1174	3571
天津	1932	174	156	1562	40	8447	5916	685	1846
河北	10468	412	490	9475	91	54243	37925	4948	11370
山西	4325	346	251	3670	58	20575	15818	1462	3295
内蒙古	3563	237	237	3024	65	20112	15523	1534	3055
辽宁	4523	344	302	3767	110	33507	25764	2498	5245
吉林	2603	166	95	2305	37	16897	13621	1478	1798
黑龙江	2743	212	215	2259	57	24592	18251	2178	4163
上海	5211	204	446	4500	61	30689	25101	1545	4043
江苏	13510	559	865	11941	145	69983	50965	5377	13641
浙江	8739	316	510	7790	123	56256	45504	3904	6848
安徽	9070	330	488	8194	58	51129	38312	3500	9317
福建	5698	190	305	5138	65	43851	34832	2520	6499
江西	5683	158	323	5167	35	49767	37342	2900	9525
山东	12622	554	535	11368	165	70333	50664	6924	12745
河南	15490	530	490	14313	157	84234	57954	7238	19042
湖北	8086	535	508	6940	103	61311	47483	4177	9651
湖南	6642	337	367	5891	47	64364	49697	3904	10763
广东	13794	467	936	12249	142	108338	83572	7766	17000
广西	5890	241	224	5368	57	35342	25160	3063	7119
海南	3557	68	95	3381	13	10908	7591	514	2803
重庆	5528	208	380	4860	80	37779	28814	2467	6498
四川	12730	354	681	11603	92	109513	85272	6983	17258
贵州	6375	190	385	5758	42	26517	18081	2145	6291
云南	6479	244	372	5781	82	32185	22012	3816	6357
西藏	1235	136	630	467	2	1118	594	111	413
陕西	5703	330	304	5025	44	27554	20816	1844	4894
甘肃	3714	352	301	3026	35	12407	9260	1078	2069
青海	921	66	182	658	15	2724	1882	405	437
宁夏	1941	120	94	1709	18	4448	3479	488	481
新疆	5381	288	667	4379	47	17056	12983	1968	2105

4-4 续表 33

单位：人

地区 性别	教育		卫生和社会工作			文化、体育和娱乐业				
	小计	教育	小计	卫生	社会工作	小计	新闻和出版业	广播、电视、电影和录音制作业	文化艺术业	体育
全国	**2715648**	**2715648**	**1341482**	**1289254**	**52228**	**472194**	**42831**	**65960**	**91242**	**65013**
北京	67257	67257	36249	34158	2091	31303	7179	8575	6518	3096
天津	27881	27881	14001	13426	575	4541	631	720	1081	794
河北	140305	140305	66186	64096	2090	16773	1972	3157	3792	2606
山西	74881	74881	34037	32917	1120	9707	1305	1561	2876	1135
内蒙古	52399	52399	26836	26063	773	7581	839	1185	1968	891
辽宁	77494	77494	42567	41018	1549	12356	1436	1953	2464	1774
吉林	50453	50453	28699	27341	1358	7499	818	1472	1600	1106
黑龙江	52040	52040	29161	28062	1099	7478	909	1086	1673	1059
上海	54042	54042	36451	30900	5551	18915	1380	3091	3352	3762
江苏	151804	151804	73884	70058	3826	26963	2107	3784	5370	4418
浙江	118123	118123	64347	61064	3283	32833	2048	4604	5302	4198
安徽	110463	110463	54460	52389	2071	16449	1202	2057	3422	2496
福建	86076	86076	36798	35447	1351	18175	1024	2010	3798	2213
江西	91557	91557	38408	37077	1331	11887	966	1372	2645	1730
山东	195464	195464	95016	92467	2549	22134	2712	3580	4750	3448
河南	181239	181239	81035	78338	2697	20558	2034	2795	5248	2830
湖北	114843	114843	61994	59641	2353	20524	1968	2316	3950	2849
湖南	121966	121966	59979	58018	1961	22672	1349	2776	3966	2647
广东	221962	221962	94057	90336	3721	45818	2781	6066	6946	8410
广西	87350	87350	40578	39703	875	9525	733	969	1810	1127
海南	18021	18021	8090	7908	182	3793	259	395	588	472
重庆	64506	64506	33976	32661	1315	13789	851	1266	2227	1632
四川	163979	163979	90350	86902	3448	40922	1857	3397	4615	4861
贵州	74582	74582	35168	34557	611	8885	646	780	1498	785
云南	91142	91142	46499	45664	835	12335	721	1007	2120	1409
西藏	6777	6777	2625	2508	117	1528	83	224	361	47
陕西	80016	80016	38680	37413	1267	11240	1161	1535	3271	1412
甘肃	47775	47775	24430	23772	658	5747	636	702	1824	539
青海	11627	11627	7092	6847	245	1854	192	247	464	188
宁夏	15758	15758	7931	7660	271	2673	334	282	488	306
新疆	63866	63866	31898	30843	1055	5737	698	996	1255	773

4-4　续表 34

单位：人

地区 性别	教育		卫生和社会工作			文化、体育和娱乐业				
	小计	教育	小计	卫生	社会工作	小计	新闻和出版业	广播、电视、电影和录音制作业	文化艺术业	体育
男	**962017**	**962017**	**448729**	**430997**	**17732**	**248245**	**21353**	**37278**	**46307**	**36181**
北京	23987	23987	10419	9675	744	15831	3054	4599	3243	1817
天津	9046	9046	4209	4013	196	2449	318	398	545	457
河北	41225	41225	24034	23232	802	9418	934	1908	2041	1511
山西	22791	22791	10987	10479	508	5289	662	859	1551	630
内蒙古	17165	17165	9063	8771	292	4098	406	653	972	502
辽宁	25068	25068	13206	12624	582	6661	726	1091	1139	1003
吉林	16735	16735	9388	8876	512	4040	400	815	742	645
黑龙江	19368	19368	9948	9535	413	4149	497	635	810	636
上海	17050	17050	9773	8676	1097	9485	598	1713	1583	2130
江苏	52572	52572	23571	22357	1214	14239	1082	2007	2679	2477
浙江	37998	37998	20383	19387	996	16164	1105	2623	2443	2282
安徽	44096	44096	20186	19304	882	9159	650	1180	1850	1420
福建	29041	29041	12919	12443	476	9502	587	1204	1960	1195
江西	35019	35019	14489	13964	525	6580	551	784	1432	1002
山东	70497	70497	33694	32759	935	12390	1411	2097	2547	1951
河南	61654	61654	30977	29917	1060	11759	1041	1700	2806	1586
湖北	44276	44276	21067	20245	822	10766	964	1283	1931	1629
湖南	45780	45780	20600	19850	750	11479	696	1521	2084	1473
广东	75348	75348	32499	31351	1148	25215	1490	3668	3615	4591
广西	29364	29364	13395	13135	260	5152	348	580	872	602
海南	6962	6962	2828	2760	68	2068	143	218	325	259
重庆	23694	23694	10790	10341	449	6776	434	667	1106	904
四川	60590	60590	30147	28948	1199	18479	951	1828	2236	2387
贵州	30477	30477	11718	11463	255	4834	340	443	786	465
云南	37435	37435	13070	12774	296	6672	398	571	1073	819
西藏	2975	2975	1077	1037	40	794	46	135	193	27
陕西	29326	29326	12893	12404	489	6168	581	878	1716	769
甘肃	21105	21105	8162	7926	236	3126	344	394	952	285
青海	4480	4480	2203	2129	74	1018	100	142	246	116
宁夏	5159	5159	2161	2084	77	1416	161	142	211	175
新疆	21734	21734	8873	8538	335	3069	335	542	618	436

4-4 续表 35

单位：人

地区 性别	教育		卫生和社会工作			文化、体育和娱乐业				
	小计	教育	小计	卫生	社会工作	小计	新闻和出版业	广播、电视、电影和录音制作业	文 化艺术业	体育
女	**1753631**	**1753631**	**892753**	**858257**	**34496**	**223949**	**21478**	**28682**	**44935**	**28832**
北　京	43270	43270	25830	24483	1347	15472	4125	3976	3275	1279
天　津	18835	18835	9792	9413	379	2092	313	322	536	337
河　北	99080	99080	42152	40864	1288	7355	1038	1249	1751	1095
山　西	52090	52090	23050	22438	612	4418	643	702	1325	505
内蒙古	35234	35234	17773	17292	481	3483	433	532	996	389
辽　宁	52426	52426	29361	28394	967	5695	710	862	1325	771
吉　林	33718	33718	19311	18465	846	3459	418	657	858	461
黑龙江	32672	32672	19213	18527	686	3329	412	451	863	423
上　海	36992	36992	26678	22224	4454	9430	782	1378	1769	1632
江　苏	99232	99232	50313	47701	2612	12724	1025	1777	2691	1941
浙　江	80125	80125	43964	41677	2287	16669	943	1981	2859	1916
安　徽	66367	66367	34274	33085	1189	7290	552	877	1572	1076
福　建	57035	57035	23879	23004	875	8673	437	806	1838	1018
江　西	56538	56538	23919	23113	806	5307	415	588	1213	728
山　东	124967	124967	61322	59708	1614	9744	1301	1483	2203	1497
河　南	119585	119585	50058	48421	1637	8799	993	1095	2442	1244
湖　北	70567	70567	40927	39396	1531	9758	1004	1033	2019	1220
湖　南	76186	76186	39379	38168	1211	11193	653	1255	1882	1174
广　东	146614	146614	61558	58985	2573	20603	1291	2398	3331	3819
广　西	57986	57986	27183	26568	615	4373	385	389	938	525
海　南	11059	11059	5262	5148	114	1725	116	177	263	213
重　庆	40812	40812	23186	22320	866	7013	417	599	1121	728
四　川	103389	103389	60203	57954	2249	22443	906	1569	2379	2474
贵　州	44105	44105	23450	23094	356	4051	306	337	712	320
云　南	53707	53707	33429	32890	539	5663	323	436	1047	590
西　藏	3802	3802	1548	1471	77	734	37	89	168	20
陕　西	50690	50690	25787	25009	778	5072	580	657	1555	643
甘　肃	26670	26670	16268	15846	422	2621	292	308	872	254
青　海	7147	7147	4889	4718	171	836	92	105	218	72
宁　夏	10599	10599	5770	5576	194	1257	173	140	277	131
新　疆	42132	42132	23025	22305	720	2668	363	454	637	337

4-4 续表 36

单位：人

地区 性别	娱乐业	公共管理、社会保障和社会组织							国际组织	
		小计	中国共产党机关	国家机构	人民政协、民主党派	社会保障	群众团体、社会团体和其他成员组织	基层群众自治组织	小计	国际组织
全　国	**207148**	**2658248**	**60404**	**2049147**	**7339**	**13346**	**123371**	**404641**	**562**	**562**
北　京	5935	64785	1285	46265	172	418	4370	12275	197	197
天　津	1315	28943	750	22434	56	191	902	4610	2	2
河　北	5246	139973	3482	110867	343	667	4826	19788	11	11
山　西	2830	78496	1812	64858	278	519	2656	8373	8	8
内蒙古	2698	73460	2186	62621	307	474	1856	6016	2	2
辽　宁	4729	84053	2508	66996	253	820	3934	9542	26	26
吉　林	2503	52307	1762	43524	208	437	1084	5292	4	4
黑龙江	2751	62695	2519	51339	192	556	3043	5046	11	11
上　海	7330	41359	377	31804	63	376	2305	6434	72	72
江　苏	11284	135228	2738	102364	242	792	7020	22072	20	20
浙　江	16681	110506	1507	86160	272	355	6404	15808	4	4
安　徽	7272	96562	1883	70680	249	413	3630	19707	5	5
福　建	9130	72558	1476	55169	322	352	4223	11016	3	3
江　西	5174	82496	2103	61716	162	445	6310	11760	11	11
山　东	7644	176444	4268	133946	376	762	9252	27840	23	23
河　南	7651	151801	3399	116259	296	883	10528	20436	1	1
湖　北	9441	106889	2335	80332	303	648	5531	17740	21	21
湖　南	11934	113905	2534	88685	253	452	5691	16290	8	8
广　东	21615	179739	2781	135720	326	650	9049	31213	58	58
广　西	4886	75224	1956	58690	260	472	2649	11197	1	1
海　南	2079	18833	349	14373	32	98	871	3110	7	7
重　庆	7813	53451	889	41058	149	231	1500	9624	4	4
四　川	26192	151452	3524	114110	612	606	8196	24404	22	22
贵　州	5176	87958	1571	66807	231	273	2592	16484	4	4
云　南	7078	94108	2624	75619	448	315	3026	12076	12	12
西　藏	813	20272	763	15387	75	35	1565	2447	7	7
陕　西	3861	79994	1954	63609	275	427	2692	11037	8	8
甘　肃	2046	63251	1527	49641	259	292	2083	9449	3	3
青　海	763	20014	594	14993	94	77	2184	2072	1	1
宁　夏	1263	17808	390	13848	85	54	733	2698		
新　疆	2015	123684	2558	89273	146	256	2666	28785	6	6

4-4 续表 37

单位：人

地区 性别	娱乐业	公共管理、社会保障和社会组织						国际组织	
		小计	中国共产党机关	国家机构	人民政协、民主党派	社会保障	群众团体、社会团体和其他成员组织	基层群众自治组织	小计	国际组织
男	**107126**	**1717845**	**41168**	**1355969**	**5040**	**6140**	**68607**	**240921**	**275**	**275**
北京	3118	37554	803	28130	113	178	2074	6256	84	84
天津	731	18632	502	15089	35	88	475	2443	1	1
河北	3024	92444	2435	73310	240	323	2637	13499	9	9
山西	1587	49952	1222	41498	174	225	1462	5371	4	4
内蒙古	1565	46118	1410	40450	205	221	933	2899	1	1
辽宁	2702	52422	1652	44150	163	364	2080	4013	15	15
吉林	1438	32938	1208	28673	137	201	462	2257	2	2
黑龙江	1571	40359	1683	34407	129	242	1674	2224	8	8
上海	3461	24179	192	19878	34	153	1103	2819	25	25
江苏	5994	88949	1901	69019	164	365	4194	13306	11	11
浙江	7711	72222	1044	57385	189	158	3952	9494	3	3
安徽	4059	64613	1336	49407	187	200	2143	11340	3	3
福建	4556	47157	1024	36871	211	151	2359	6541	2	2
江西	2811	55105	1532	42481	118	216	3467	7291	8	8
山东	4384	117930	3036	91090	276	394	5337	17797	14	14
河南	4626	99084	2367	76687	212	439	5724	13655		
湖北	4959	68939	1705	53973	221	293	2894	9853	12	12
湖南	5705	75957	1768	60829	168	242	3166	9784	3	3
广东	11851	120039	1896	91740	229	329	4642	21203	32	32
广西	2750	47275	1257	37198	151	168	1349	7152		
海南	1123	12826	239	9906	20	62	496	2103	4	4
重庆	3665	33013	586	26592	90	102	736	4907	1	1
四川	11077	96201	2325	73974	433	271	4812	14386	9	9
贵州	2800	57877	1070	44540	163	126	1506	10472	3	3
云南	3811	60999	1711	49011	309	136	1602	8230	8	8
西藏	393	12897	493	9412	45	11	1137	1799	6	6
陕西	2224	52152	1347	41986	195	208	1500	6916	2	2
甘肃	1151	41105	1087	32225	197	141	1318	6137		
青海	414	12521	406	9228	67	24	1573	1223	1	1
宁夏	727	10332	266	8309	51	22	427	1257		
新疆	1138	76054	1665	58521	114	87	1373	14294	4	4

4-4　续表 38　　　　单位：人

地　区 性　别	娱乐业	公共管理、社会保障和社会组织							国际组织	
		小计	中国共产党机关	国家机构	人民政协、民主党派	社会保障	群众团体、社会团体和其他成员组织	基层群众自治组织	小计	国际组织
女	**100022**	**940403**	**19236**	**693178**	**2299**	**7206**	**54764**	**163720**	**287**	**287**
北　京	2817	27231	482	18135	59	240	2296	6019	113	113
天　津	584	10311	248	7345	21	103	427	2167	1	1
河　北	2222	47529	1047	37557	103	344	2189	6289	2	2
山　西	1243	28544	590	23360	104	294	1194	3002	4	4
内蒙古	1133	27342	776	22171	102	253	923	3117	1	1
辽　宁	2027	31631	856	22846	90	456	1854	5529	11	11
吉　林	1065	19369	554	14851	71	236	622	3035	2	2
黑龙江	1180	22336	836	16932	63	314	1369	2822	3	3
上　海	3869	17180	185	11926	29	223	1202	3615	47	47
江　苏	5290	46279	837	33345	78	427	2826	8766	9	9
浙　江	8970	38284	463	28775	83	197	2452	6314	1	1
安　徽	3213	31949	547	21273	62	213	1487	8367	2	2
福　建	4574	25401	452	18298	111	201	1864	4475	1	1
江　西	2363	27391	571	19235	44	229	2843	4469	3	3
山　东	3260	58514	1232	42856	100	368	3915	10043	9	9
河　南	3025	52717	1032	39572	84	444	4804	6781	1	1
湖　北	4482	37950	630	26359	82	355	2637	7887	9	9
湖　南	6229	37948	766	27856	85	210	2525	6506	5	5
广　东	9764	59700	885	43980	97	321	4407	10010	26	26
广　西	2136	27949	699	21492	109	304	1300	4045	1	1
海　南	956	6007	110	4467	12	36	375	1007	3	3
重　庆	4148	20438	303	14466	59	129	764	4717	3	3
四　川	15115	55251	1199	40136	179	335	3384	10018	13	13
贵　州	2376	30081	501	22267	68	147	1086	6012	1	1
云　南	3267	33109	913	26608	139	179	1424	3846	4	4
西　藏	420	7375	270	5975	30	24	428	648	1	1
陕　西	1637	27842	607	21623	80	219	1192	4121	6	6
甘　肃	895	22146	440	17416	62	151	765	3312	3	3
青　海	349	7493	188	5765	27	53	611	849		
宁　夏	536	7476	124	5539	34	32	306	1441		
新　疆	877	47630	893	30752	32	169	1293	14491	2	2

4-4a 各地区分性别、行业大类的就业人口(城市)

单位：人

地区 性别	合计	农、林、牧、渔业						采矿业	
		小计	农业	林业	畜牧业	渔业	农、林、牧、渔专业及辅助性活动	小计	煤炭开采和洗选业
全　国	**26374490**	**616018**	**481845**	**24943**	**48599**	**35258**	**25373**	**222334**	**118191**
北　京	810074	1913	1024	289	286	69	245	1170	129
天　津	382450	3234	2228	138	310	391	167	5117	66
河　北	913024	40562	34619	1346	3094	340	1163	11747	5773
山　西	495633	10047	8147	568	897	62	373	37931	36125
内蒙古	388709	6806	3457	565	1967	93	724	10169	7936
辽　宁	994576	28516	20089	682	3066	3240	1439	14957	4205
吉　林	389549	18447	15627	1407	928	102	383	6100	1682
黑龙江	541905	32161	26880	1913	1573	305	1490	17193	8636
上　海	980905	1888	1277	124	130	161	196	313	25
江　苏	1925978	31230	23969	966	1559	3348	1388	2385	719
浙　江	1912582	19825	14405	1029	936	3062	393	678	44
安　徽	683646	13122	9954	688	1206	636	638	11471	9015
福　建	873575	13385	8898	736	1506	1812	433	1068	435
江　西	582693	25227	19914	1604	1393	646	1670	2828	658
山　东	1771457	73946	60393	1612	5104	4217	2620	21581	9892
河　南	1037666	35789	30149	1073	2468	326	1773	19750	14094
湖　北	1157477	36142	29634	679	2174	2771	884	3758	172
湖　南	798072	23856	19542	839	2118	709	648	2113	733
广　东	4263943	43980	27544	2398	3560	8335	2143	2584	61
广　西	612157	30824	23166	1486	2672	2314	1186	1318	167
海　南	157763	7416	5070	445	542	837	522	179	4
重　庆	748664	9654	7764	417	977	320	176	2481	961
四　川	1463437	28530	23749	954	2621	588	618	7615	1885
贵　州	396547	8229	6315	309	1206	103	296	3611	2698
云　南	561010	33006	28812	782	2220	244	948	3348	486
西　藏	29016	415	310	40	33	5	27	73	1
陕　西	591957	10964	9560	397	650	73	284	11779	4733
甘　肃	272489	5662	4445	207	627	21	362	5728	2910
青　海	89011	2031	700	819	406	16	90	1374	84
宁　夏	127668	3603	2238	115	1088	27	135	4329	2783
新　疆	420857	15608	11966	316	1282	85	1959	7586	1079

4-4a　续表 1　　单位：人

地区 性别	合计	农、林、牧、渔业						采矿业	
		小计	农业	林业	畜牧业	渔业	农、林、牧、渔专业及辅助性活动	小计	煤炭开采和洗选业
男	**15458486**	**354720**	**261014**	**17321**	**32466**	**27391**	**16528**	**178945**	**99758**
北京	454571	1227	645	185	177	52	168	781	95
天津	228490	2152	1411	88	227	322	104	3828	47
河北	530159	22183	18160	851	2146	256	770	9337	4669
山西	305589	6254	4835	427	708	45	239	31184	29750
内蒙古	235077	4881	2360	433	1469	69	550	8613	6863
辽宁	588942	17683	11507	478	2022	2699	977	12137	3726
吉林	227268	11426	9344	1046	683	87	266	4978	1526
黑龙江	320919	20117	16354	1435	1077	223	1028	13705	7938
上海	560525	1157	741	81	91	118	126	216	16
江苏	1126567	16599	11503	648	1031	2493	924	1884	619
浙江	1130054	13455	9091	748	633	2709	274	562	35
安徽	410965	7685	5390	516	827	501	451	10113	8126
福建	508633	8087	4962	556	874	1409	286	894	385
江西	338316	14864	11076	1260	950	454	1124	2302	547
山东	1047509	40885	31217	1062	3354	3437	1815	16810	8012
河南	590838	18142	14531	574	1639	219	1079	15751	11284
湖北	674705	19384	14978	489	1468	1844	605	2920	149
湖南	460134	13927	11241	555	1212	518	401	1754	662
广东	2574381	28687	16543	1642	2529	6557	1416	2021	50
广西	343693	17076	11983	1026	1691	1698	678	1034	131
海南	91420	4524	2883	295	378	629	339	125	3
重庆	430526	5215	3967	276	629	229	114	2026	831
四川	825515	14407	11396	659	1540	415	397	6059	1629
贵州	229885	4467	3183	212	802	77	193	3143	2391
云南	319825	16979	14481	493	1336	166	503	2612	371
西藏	17178	219	148	27	23	3	18	62	1
陕西	353441	6471	5500	256	477	51	177	9007	4120
甘肃	163081	3528	2658	140	465	17	248	4742	2388
青海	52718	1257	426	460	298	11	62	1088	72
宁夏	75561	2342	1374	83	769	22	94	3498	2415
新疆	242001	9440	7126	210	941	61	1102	5759	907

4-4a 续表 2 单位：人

地区 性别	合计	农、林、牧、渔业						采矿业	
		小计	农业	林业	畜牧业	渔业	农、林、牧、渔专业及辅助性活动	小计	煤炭开采和洗选业
女	**10916004**	**261298**	**220831**	**7622**	**16133**	**7867**	**8845**	**43389**	**18433**
北京	355503	686	379	104	109	17	77	389	34
天津	153960	1082	817	50	83	69	63	1289	19
河北	382865	18379	16459	495	948	84	393	2410	1104
山西	190044	3793	3312	141	189	17	134	6747	6375
内蒙古	153632	1925	1097	132	498	24	174	1556	1073
辽宁	405634	10833	8582	204	1044	541	462	2820	479
吉林	162281	7021	6283	361	245	15	117	1122	156
黑龙江	220986	12044	10526	478	496	82	462	3488	698
上海	420380	731	536	43	39	43	70	97	9
江苏	799411	14631	12466	318	528	855	464	501	100
浙江	782528	6370	5314	281	303	353	119	116	9
安徽	272681	5437	4564	172	379	135	187	1358	889
福建	364942	5298	3936	180	632	403	147	174	50
江西	244377	10363	8838	344	443	192	546	526	111
山东	723948	33061	29176	550	1750	780	805	4771	1880
河南	446828	17647	15618	399	829	107	694	3999	2810
湖北	482772	16758	14656	190	706	927	279	838	23
湖南	337938	9929	8301	284	906	191	247	359	71
广东	1689562	15293	11001	756	1031	1778	727	563	11
广西	268464	13748	11183	460	981	616	508	284	36
海南	66343	2892	2187	150	164	208	183	54	1
重庆	318138	4439	3797	141	348	91	62	455	130
四川	637922	14123	12353	295	1081	173	221	1556	256
贵州	166662	3762	3132	97	404	26	103	468	307
云南	241185	16027	14331	289	884	78	445	736	115
西藏	11838	196	162	13	10	2	9	11	
陕西	238516	4493	4060	131	173	22	107	2772	613
甘肃	109408	2134	1787	67	162	4	114	986	522
青海	36293	774	274	359	108	5	28	286	12
宁夏	52107	1261	864	32	319	5	41	831	368
新疆	178856	6168	4840	106	341	24	857	1827	172

4-4a　续表 3　　　　单位：人

地　区 性　别	采矿业 石油和天然气开采业	黑色金属矿采选业	有色金属矿采选业	非金属矿采选业	开采专业及辅助性活　动	其　他采矿业	制造业 小计	农副食品加工业	食　品制造业
全　国	**31842**	**11067**	**11821**	**12964**	**32838**	**3611**	**5168166**	**123746**	**134355**
北　京	305	176	43	57	420	40	56049	1145	2452
天　津	2354	14	13	400	2253	17	70959	1150	2813
河　北	1760	1679	117	541	1647	230	132078	4525	4668
山　西	265	186	170	204	732	249	47947	1125	1977
内蒙古	92	891	523	257	324	146	38609	2335	3194
辽　宁	3182	2498	382	672	3680	338	170729	8932	5532
吉　林	2256	400	392	179	1172	19	43767	2568	1903
黑龙江	3170	56	86	855	4201	189	46162	3297	3161
上　海	119	26	13	39	80	11	160818	2023	5354
江　苏	247	194	130	484	535	76	501511	7001	8717
浙　江	31	35	81	422	44	21	629066	4725	5768
安　徽	128	557	869	484	248	170	107632	3693	3496
福　建	6	127	80	372	25	23	202704	3797	6339
江　西	48	149	926	582	158	307	93020	2457	2830
山　东	2399	952	2535	753	4723	327	349138	22819	13761
河　南	1203	295	304	408	3215	231	124531	6499	6406
湖　北	713	577	405	815	957	119	182325	5078	6296
湖　南	26	78	513	432	136	195	93950	3674	4418
广　东	483	113	148	1027	666	86	1539198	12782	19476
广　西	58	132	271	487	104	99	65314	4856	2804
海　南	26	15	10	47	72	5	7083	647	521
重　庆	580	63	52	313	461	51	110346	2645	3385
四　川	1891	1070	193	1179	1283	114	171227	6006	7424
贵　州	55	138	100	372	132	116	35113	1843	1625
云　南	22	165	1847	621	109	98	45927	3106	3195
西　藏	3	1	3	46	4	15	1660	28	84
陕　西	5346	77	269	190	1090	74	61994	1370	2159
甘　肃	739	237	1115	230	437	60	26211	1064	1339
青　海	308	21	100	112	685	64	7669	271	371
宁　夏	1237	17	7	105	161	19	14785	512	802
新　疆	2790	128	124	279	3084	102	30644	1773	2085

4-4a 续表 4

单位：人

地区 性别	采矿业 石油和天然气开采业	采矿业 黑色金属矿采选业	采矿业 有色金属矿采选业	采矿业 非金属矿采选业	采矿业 开采专业及辅助性活动	采矿业 其他采矿业	制造业 小计	制造业 农副食品加工业	制造业 食品制造业
男	**22197**	**9218**	**9456**	**10478**	**24959**	**2879**	**3207366**	**72950**	**66953**
北京	199	141	27	35	263	21	36010	673	1254
天津	1705	13	10	327	1713	13	47525	727	1531
河北	1281	1397	90	444	1282	174	90600	2848	2253
山西	171	150	142	179	575	217	34434	727	1048
内蒙古	71	688	404	220	252	115	28061	1534	1885
辽宁	2271	2183	299	570	2812	276	116981	5155	2758
吉林	1668	356	322	159	931	16	30837	1644	948
黑龙江	1969	47	78	573	2955	145	31611	2052	1642
上海	84	15	10	26	60	5	101016	1120	2660
江苏	182	155	105	386	384	53	303384	4001	4060
浙江	23	31	62	360	33	18	364468	2559	2823
安徽	98	460	665	420	205	139	67048	2170	1625
福建	3	110	62	296	21	17	118245	2139	3168
江西	30	130	749	459	113	274	53396	1497	1379
山东	1633	796	2084	606	3432	247	221786	13044	6688
河南	907	260	238	331	2545	186	79079	3775	3061
湖北	480	482	321	656	738	94	114643	2950	3193
湖南	17	65	410	350	92	158	59242	2132	2035
广东	373	78	100	839	517	64	935332	8050	10450
广西	42	98	202	406	79	76	39245	2745	1249
海南	18	10	5	33	51	5	4650	392	278
重庆	428	55	45	265	361	41	69595	1467	1519
四川	1406	837	148	964	983	92	109462	3462	3606
贵州	45	118	89	312	97	91	22886	1068	770
云南	15	131	1452	478	87	78	29429	1762	1565
西藏		1	1	44	3	12	1128	19	48
陕西	3583	61	193	159	832	59	42383	858	1101
甘肃	583	211	966	201	347	46	18497	703	634
青海	208	17	74	81	585	51	5254	164	168
宁夏	835	13	3	83	132	17	10727	316	438
新疆	1869	109	100	216	2479	79	20412	1197	1116

4-4a 续表 5

单位：人

地 区 性 别	采矿业						制造业		
	石油和天然气开采业	黑色金属矿采选业	有色金属矿采选业	非金属矿采选业	开采专业及辅助性活动	其他采矿业	小计	农副食品加工业	食品制造业
女	**9645**	**1849**	**2365**	**2486**	**7879**	**732**	**1960800**	**50796**	**67402**
北 京	106	35	16	22	157	19	20039	472	1198
天 津	649	1	3	73	540	4	23434	423	1282
河 北	479	282	27	97	365	56	41478	1677	2415
山 西	94	36	28	25	157	32	13513	398	929
内蒙古	21	203	119	37	72	31	10548	801	1309
辽 宁	911	315	83	102	868	62	53748	3777	2774
吉 林	588	44	70	20	241	3	12930	924	955
黑龙江	1201	9	8	282	1246	44	14551	1245	1519
上 海	35	11	3	13	20	6	59802	903	2694
江 苏	65	39	25	98	151	23	198127	3000	4657
浙 江	8	4	19	62	11	3	264598	2166	2945
安 徽	30	97	204	64	43	31	40584	1523	1871
福 建	3	17	18	76	4	6	84459	1658	3171
江 西	18	19	177	123	45	33	39624	960	1451
山 东	766	156	451	147	1291	80	127352	9775	7073
河 南	296	35	66	77	670	45	45452	2724	3345
湖 北	233	95	84	159	219	25	67682	2128	3103
湖 南	9	13	103	82	44	37	34708	1542	2383
广 东	110	35	48	188	149	22	603866	4732	9026
广 西	16	34	69	81	25	23	26069	2111	1555
海 南	8	5	5	14	21		2433	255	243
重 庆	152	8	7	48	100	10	40751	1178	1866
四 川	485	233	45	215	300	22	61765	2544	3818
贵 州	10	20	11	60	35	25	12227	775	855
云 南	7	34	395	143	22	20	16498	1344	1630
西 藏	3		2	2	1	3	532	9	36
陕 西	1763	16	76	31	258	15	19611	512	1058
甘 肃	156	26	149	29	90	14	7714	361	705
青 海	100	4	26	31	100	13	2415	107	203
宁 夏	402	4	4	22	29	2	4058	196	364
新 疆	921	19	24	63	605	23	10232	576	969

4-4a 续表 6

单位：人

地区 性别	制造业								
	酒、饮料和精制茶制造业	烟草制品业	纺织业	纺织服装、服饰业	皮革、毛皮、羽毛及其制品和制鞋业	木材加工和木、竹、藤、棕、草制品业	家具制造业	造纸和纸制品业	印刷和记录媒介复制业
全国	**58451**	**15674**	**179861**	**417440**	**208803**	**60640**	**125761**	**86055**	**89216**
北京	1504	83	295	1292	135	174	639	343	1615
天津	731	100	668	1202	293	434	1309	1077	1002
河北	2096	450	3468	4613	2602	1127	2088	2426	2503
山西	916	113	597	597	91	434	472	157	881
内蒙古	881	248	949	981	152	1263	422	165	587
辽宁	1735	267	2129	11005	1564	2880	3405	1695	1841
吉林	1135	336	332	2103	90	1159	690	469	722
黑龙江	1428	250	649	1151	225	2240	1238	636	917
上海	1107	473	1695	5006	989	790	1777	2022	3311
江苏	3250	543	24278	34005	3440	5902	7418	5635	6271
浙江	2525	348	46819	86923	64539	5900	10054	12118	10078
安徽	2666	675	3424	9657	2056	1937	1999	1610	1633
福建	2319	668	5850	18903	43203	3243	3857	4563	3355
江西	975	373	2191	12158	2392	1547	8063	1327	1322
山东	4691	770	20997	22894	4672	8700	6431	7220	5154
河南	2028	833	4065	7137	4196	1134	1508	1531	2189
湖北	3513	1023	13102	22641	1850	1863	2875	2668	2771
湖南	1383	1127	2664	6399	3846	1172	1424	1615	1743
广东	6221	939	32792	148568	64755	8352	52077	31175	30131
广西	1064	319	1439	4722	502	3558	1546	982	936
海南	349	53	87	133	22	228	176	103	238
重庆	936	463	1147	3018	2003	1323	2325	1442	1515
四川	6388	722	3019	7090	3981	2171	9340	2740	3519
贵州	4793	835	639	822	565	704	1065	369	647
云南	1302	2944	785	1049	236	1117	1667	815	1497
西藏	54	2	56	107	12	60	150	4	73
陕西	848	374	1419	1616	142	404	814	404	1240
甘肃	607	193	389	309	87	195	273	141	547
青海	120	5	65	97	16	71	107	24	172
宁夏	212	53	406	236	41	84	115	223	190
新疆	674	92	3446	1006	106	474	437	356	616

4-4a　续表 7　　单位：人

地　区 性　别	制造业								
	酒、饮料和精制茶制造业	烟　草制品业	纺织业	纺织服装、服饰业	皮革、毛皮、羽毛及其制品和制鞋业	木材加工和木、竹、藤、棕、草制品业	家　具制造业	造纸和纸制品业	印刷和记录媒介复制业
男	**36657**	**10325**	**87661**	**164014**	**107917**	**41377**	**84204**	**53142**	**54103**
北　京	948	49	145	447	56	117	408	224	1012
天　津	472	67	348	450	142	315	900	704	622
河　北	1349	338	1696	1354	1163	820	1359	1500	1428
山　西	594	67	276	216	48	333	351	115	506
内蒙古	567	175	369	280	77	886	307	114	326
辽　宁	1165	200	966	3046	777	1856	2144	1045	1059
吉　林	786	234	145	752	48	814	483	297	423
黑龙江	950	195	300	348	95	1470	849	390	525
上　海	655	342	795	1769	468	582	1184	1125	1964
江　苏	1910	371	10829	10106	1418	3879	4946	3238	3579
浙　江	1580	249	24780	36469	35167	4035	6606	7501	6459
安　徽	1636	498	1531	2295	789	1326	1419	951	1003
福　建	1320	410	3073	8021	21901	2185	2651	2653	2079
江　西	565	240	892	3391	979	1137	5053	736	763
山　东	2947	540	9431	6210	1909	5726	4029	4605	2981
河　南	1197	546	1799	1818	1967	782	1017	906	1277
湖　北	2182	653	5593	8708	827	1404	2094	1703	1681
湖　南	840	741	1223	2514	1539	845	1013	976	1026
广　东	3980	594	17678	68504	34661	5878	35255	19958	18812
广　西	640	197	556	1362	189	2080	1038	560	550
海　南	212	42	43	53	11	179	132	63	143
重　庆	584	310	507	1152	1035	907	1610	865	903
四　川	4182	466	1366	2820	2043	1575	6174	1517	2018
贵　州	3053	555	304	311	278	510	758	225	390
云　南	756	1765	352	403	126	770	1118	477	899
西　藏	35	1	26	72	5	43	99	3	47
陕　西	533	252	644	662	67	310	596	246	775
甘　肃	394	125	184	94	52	140	168	84	325
青　海	70	4	23	37	6	59	64	16	90
宁　夏	133	35	137	43	18	63	91	121	105
新　疆	422	64	1650	307	56	351	288	224	333

4-4a 续表 8

单位：人

地区 性别	制造业								
	酒、饮料和精制茶制造业	烟草制品业	纺织业	纺织服装、服饰业	皮革、毛皮、羽毛及其制品和制鞋业	木材加工和木、竹、藤、棕、草制品业	家具制造业	造纸和纸制品业	印刷和记录媒介复制业
女	**21794**	**5349**	**92200**	**253426**	**100886**	**19263**	**41557**	**32913**	**35113**
北京	556	34	150	845	79	57	231	119	603
天津	259	33	320	752	151	119	409	373	380
河北	747	112	1772	3259	1439	307	729	926	1075
山西	322	46	321	381	43	101	121	42	375
内蒙古	314	73	580	701	75	377	115	51	261
辽宁	570	67	1163	7959	787	1024	1261	650	782
吉林	349	102	187	1351	42	345	207	172	299
黑龙江	478	55	349	803	130	770	389	246	392
上海	452	131	900	3237	521	208	593	897	1347
江苏	1340	172	13449	23899	2022	2023	2472	2397	2692
浙江	945	99	22039	50454	29372	1865	3448	4617	3619
安徽	1030	177	1893	7362	1267	611	580	659	630
福建	999	258	2777	10882	21302	1058	1206	1910	1276
江西	410	133	1299	8767	1413	410	3010	591	559
山东	1744	230	11566	16684	2763	2974	2402	2615	2173
河南	831	287	2266	5319	2229	352	491	625	912
湖北	1331	370	7509	13933	1023	459	781	965	1090
湖南	543	386	1441	3885	2307	327	411	639	717
广东	2241	345	15114	80064	30094	2474	16822	11217	11319
广西	424	122	883	3360	313	1478	508	422	386
海南	137	11	44	80	11	49	44	40	95
重庆	352	153	640	1866	968	416	715	577	612
四川	2206	256	1653	4270	1938	596	3166	1223	1501
贵州	1740	280	335	511	287	194	307	144	257
云南	546	1179	433	646	110	347	549	338	598
西藏	19	1	30	35	7	17	51	1	26
陕西	315	122	775	954	75	94	218	158	465
甘肃	213	68	205	215	35	55	105	57	222
青海	50	1	42	60	10	12	43	8	82
宁夏	79	18	269	193	23	21	24	102	85
新疆	252	28	1796	699	50	123	149	132	283

4-4a　续表 9

单位：人

地　区 性　别	制造业								
	文教、工美、体育和娱乐用品制造业	石油、煤炭及其他燃料加工业	化学原料和化学制品制造业	医　药制造业	化学纤维制造业	橡胶和塑　料制品业	非金属矿　物制品业	黑色金属冶炼和压延加工业	有色金属冶炼和压延加工业
全　国	**149844**	**46021**	**168356**	**101212**	**12253**	**241318**	**215331**	**106457**	**60405**
北　京	835	773	1722	4471	34	847	1914	473	261
天　津	788	1157	3916	2833	60	3522	2170	3967	428
河　北	1411	2680	4617	5616	261	4581	9334	17643	958
山　西	326	2222	3683	1292	35	801	3635	3094	1433
内蒙古	275	2041	3198	1209	17	462	2359	3075	3114
辽　宁	1499	6822	7957	3460	232	6560	7842	10853	3800
吉　林	262	622	2564	3599	539	848	2204	1375	347
黑龙江	486	1556	1886	2029	93	1845	1890	1291	751
上　海	2310	1175	9470	6191	305	5995	3628	2655	801
江　苏	9737	1965	16955	9713	2157	21904	15638	9160	3734
浙　江	22507	1499	12690	7260	3964	35266	13318	3320	3400
安　徽	2243	702	4614	3477	171	5605	6327	2608	1502
福　建	8286	575	3755	1733	452	10552	6992	1815	2072
江　西	2843	417	2321	1935	93	2012	9132	2475	2426
山　东	9660	4858	15796	8167	729	16608	18148	7858	5213
河　南	3205	1695	6170	3504	994	3197	9230	4852	3562
湖　北	2005	1177	8550	5198	150	4997	10388	5285	1802
湖　南	1655	955	3954	1967	61	1952	7794	2891	1643
广　东	71223	2862	26979	10302	787	97517	46247	4831	8358
广　西	2030	329	1546	1388	23	1634	4884	2981	1804
海　南	170	74	334	799	3	154	817	16	26
重　庆	776	192	3918	2918	197	3169	6063	1995	948
四　川	1768	1001	6799	5400	452	4993	9870	4122	2136
贵　州	544	174	1033	996	8	1095	2613	810	827
云　南	1449	738	2600	2003	25	1367	3562	2292	2200
西　藏	105	5	32	79		16	299	9	9
陕　西	476	1335	2735	1762	74	1595	2725	1204	1042
甘　肃	210	3123	1481	784	29	434	1882	1025	2921
青　海	239	180	1490	224	10	171	508	611	969
宁　夏	54	1647	2310	252	17	291	992	878	676
新　疆	467	1470	3281	651	281	1328	2926	993	1242

4-4a 续表 10 单位：人

地　区 性　别	制造业								
	文教、工美、体育和娱乐用品制造业	石油、煤炭及其他燃料加工业	化学原料和化学制品制造业	医　药制造业	化学纤维制造业	橡胶和塑　料制品业	非金属矿　物制品业	黑色金属冶炼和压延加工业	有色金属冶炼和压延加工业
男	**75078**	**34574**	**112882**	**53626**	**8060**	**146679**	**154612**	**86249**	**45863**
北　京	460	515	1017	2146	23	536	1430	390	192
天　津	387	824	2743	1629	36	2291	1632	3215	328
河　北	729	2091	3273	3020	190	3022	6757	14685	764
山　西	184	1672	2592	750	23	541	2860	2548	1156
内蒙古	145	1572	2295	762	11	340	1895	2520	2601
辽　宁	727	5210	5874	1818	162	4288	5953	9326	3179
吉　林	126	509	1908	1806	388	587	1742	1178	294
黑龙江	241	1163	1273	1087	64	1240	1433	1113	589
上　海	1143	859	5458	2946	213	3491	2539	2244	563
江　苏	4227	1445	11604	5251	1413	12627	10795	7121	2617
浙　江	10961	1195	8782	4033	2545	20222	9931	2660	2436
安　徽	846	566	3393	1976	112	3433	4791	2255	1177
福　建	4484	456	2427	871	305	6118	5218	1468	1501
江　西	1037	324	1487	991	73	1173	6132	1907	1762
山　东	3975	3722	11162	4763	470	10690	13061	6287	4028
河　南	1011	1233	4064	1723	628	2001	6735	3824	2756
湖　北	957	881	6049	2602	96	3170	7745	4249	1340
湖　南	731	674	2508	1031	39	1259	5111	2292	1228
广　东	38476	2143	15925	5588	522	59549	31818	3797	6074
广　西	918	233	1016	704	8	929	3515	2319	1368
海　南	87	55	233	361	1	104	613	13	21
重　庆	360	140	2715	1493	136	1800	4300	1546	687
四　川	908	735	4606	2741	299	3060	7037	3199	1598
贵　州	258	122	722	510	5	745	1948	620	660
云　南	826	537	1724	1038	17	829	2629	1705	1589
西　藏	80	4	23	33		12	218	5	9
陕　西	243	985	1828	910	55	1121	2044	917	759
甘　肃	119	2273	1040	439	20	316	1440	898	2290
青　海	141	125	1017	106	4	99	380	496	742
宁　夏	31	1297	1752	145	11	173	751	693	527
新　疆	260	1014	2372	353	191	913	2159	759	1028

4-4a　续表 11　　　　单位：人

地　区 性　别	制造业								
	文教、工美、体育和娱乐用品制造业	石油、煤炭及其他燃料加工业	化学原料和化学制品制造业	医　药制造业	化学纤维制造业	橡胶和塑　料制品业	非金属矿　物制品业	黑色金属冶炼和压延加工业	有色金属冶炼和压延加工业
女	**74766**	**11447**	**55474**	**47586**	**4193**	**94639**	**60719**	**20208**	**14542**
北　京	375	258	705	2325	11	311	484	83	69
天　津	401	333	1173	1204	24	1231	538	752	100
河　北	682	589	1344	2596	71	1559	2577	2958	194
山　西	142	550	1091	542	12	260	775	546	277
内蒙古	130	469	903	447	6	122	464	555	513
辽　宁	772	1612	2083	1642	70	2272	1889	1527	621
吉　林	136	113	656	1793	151	261	462	197	53
黑龙江	245	393	613	942	29	605	457	178	162
上　海	1167	316	4012	3245	92	2504	1089	411	238
江　苏	5510	520	5351	4462	744	9277	4843	2039	1117
浙　江	11546	304	3908	3227	1419	15044	3387	660	964
安　徽	1397	136	1221	1501	59	2172	1536	353	325
福　建	3802	119	1328	862	147	4434	1774	347	571
江　西	1806	93	834	944	20	839	3000	568	664
山　东	5685	1136	4634	3404	259	5918	5087	1571	1185
河　南	2194	462	2106	1781	366	1196	2495	1028	806
湖　北	1048	296	2501	2596	54	1827	2643	1036	462
湖　南	924	281	1446	936	22	693	2683	599	415
广　东	32747	719	11054	4714	265	37968	14429	1034	2284
广　西	1112	96	530	684	15	705	1369	662	436
海　南	83	19	101	438	2	50	204	3	5
重　庆	416	52	1203	1425	61	1369	1763	449	261
四　川	860	266	2193	2659	153	1933	2833	923	538
贵　州	286	52	311	486	3	350	665	190	167
云　南	623	201	876	965	8	538	933	587	611
西　藏	25	1	9	46		4	81	4	
陕　西	233	350	907	852	19	474	681	287	283
甘　肃	91	850	441	345	9	118	442	127	631
青　海	98	55	473	118	6	72	128	115	227
宁　夏	23	350	558	107	6	118	241	185	149
新　疆	207	456	909	298	90	415	767	234	214

4-4a 续表 12 单位：人

地区 性别	制造业								
	金属制品业	通用设备制造业	专用设备制造业	汽车制造业	铁路、船舶、航空航天和其他运输设备制造业	电气机械和器材制造业	计算机、通信和其他电子设备制造业	仪器仪表制造业	其他制造业
全国	**369082**	**387361**	**248062**	**243788**	**115564**	**374334**	**641708**	**60698**	**40632**
北京	2181	3771	4676	4736	5085	2662	7949	1774	602
天津	5095	7003	4450	7452	2857	3831	7416	998	793
河北	12126	13163	5975	6676	3026	4608	3697	970	828
山西	3709	4977	3071	915	1976	1783	4280	383	624
内蒙古	3044	1555	910	644	443	869	858	131	1733
辽宁	13237	20711	6583	10229	10797	6372	5039	1940	1333
吉林	2292	2292	1167	8487	2494	854	885	205	130
黑龙江	3100	4950	1989	1321	2669	1654	781	469	445
上海	7946	15911	11645	15120	6675	11534	27118	3216	854
江苏	33816	61981	33852	25086	14734	40008	77624	7033	3677
浙江	43991	57772	29543	31248	5757	58887	27513	8954	7777
安徽	6731	8223	4518	7895	1139	7374	6767	934	1175
福建	13147	7780	7023	4394	2026	13181	16490	2060	1430
江西	4451	3452	2273	2379	1889	4663	10403	1000	1067
山东	24378	36871	17553	16780	7596	15331	14880	2276	2186
河南	6876	13360	6518	4014	3167	5247	6001	1172	961
湖北	8950	10798	5709	20803	4568	7431	13954	1243	1168
湖南	5425	7612	4623	3393	4526	4620	7690	677	945
广东	135606	65891	75083	32558	11900	159550	341321	18668	8757
广西	3156	2954	2266	6160	655	1672	5871	358	447
海南	527	155	230	126	55	270	217	30	54
重庆	5428	9318	3271	19126	5555	4954	17669	1804	1041
四川	10379	12286	6984	9053	5269	7403	24410	1529	1127
贵州	2174	1950	980	643	2246	1316	1876	206	316
云南	2876	1825	1061	656	447	1405	1208	459	305
西藏	235	33	34	11	2	37	14	9	34
陕西	3497	6710	3298	3458	7380	3535	6747	1455	501
甘肃	1394	2075	993	128	478	1168	1271	293	164
青海	445	178	238	28	15	521	263	24	32
宁夏	939	1019	614	49	20	512	964	213	46
新疆	1931	785	932	220	118	1082	532	215	80

4-4a 续表 13

单位：人

地区 性别	制造业								
	金属制品业	通用设备制造业	专用设备制造业	汽车制造业	铁路、船舶、航空航天和其他运输设备制造业	电气机械和器材制造业	计算机、通信和其他电子设备制造业	仪器仪表制造业	其他制造业
男	**264308**	**279883**	**169144**	**170820**	**85844**	**229197**	**381551**	**36918**	**23664**
北京	1557	2718	2942	3461	3596	1773	5093	1114	400
天津	3814	5069	2930	5380	1958	2546	4187	625	540
河北	9326	9611	4280	4908	2337	3178	2379	635	539
山西	3078	3767	2180	731	1556	1239	2575	274	455
内蒙古	2546	1304	652	507	349	704	628	100	1320
辽宁	10634	16003	4578	7667	8717	4290	2610	1214	879
吉林	1863	1854	854	5740	2073	616	575	152	88
黑龙江	2406	3924	1384	986	2052	1253	512	324	318
上海	5589	11052	7231	10484	5264	7199	16581	1970	432
江苏	24195	43923	22169	16689	10716	24932	43932	4330	2117
浙江	29034	39057	20966	19744	3826	32932	15321	5127	3740
安徽	5277	6208	3122	5492	889	4810	3856	655	683
福建	9344	5566	4638	3167	1309	8597	9249	987	671
江西	3363	2463	1440	1760	1347	2824	5767	599	590
山东	18941	28057	12402	12707	6192	10673	8701	1451	1349
河南	5473	10070	4649	2989	2355	3676	3728	744	605
湖北	6998	8130	3965	14916	3449	5008	8973	830	775
湖南	4221	5880	3317	2477	3383	3091	4366	430	622
广东	91496	46196	51239	22151	8828	93941	206981	11131	4822
广西	2374	2202	1482	4416	490	1066	2612	215	256
海南	430	121	128	96	41	203	149	23	35
重庆	4013	6492	2074	13201	3541	3054	10004	1080	689
四川	7746	9233	4835	6464	3962	4826	14298	1003	736
贵州	1692	1363	644	437	1572	866	1051	155	205
云南	2265	1345	697	498	339	983	729	247	184
西藏	172	25	12	7	2	28	7	9	31
陕西	2701	5106	2368	2417	5213	2482	4525	952	362
甘肃	1127	1572	667	100	366	831	802	196	112
青海	329	140	155	23	11	387	194	15	23
宁夏	781	831	479	37	17	383	766	163	33
新疆	1523	601	665	168	94	806	400	168	53

4-4a 续表 14

单位：人

地区 性别	制造业								
	金属制品业	通用设备制造业	专用设备制造业	汽车制造业	铁路、船舶、航空航天和其他运输设备制造业	电气机械和器材制造业	计算机、通信和其他电子设备制造业	仪器仪表制造业	其他制造业
女	**104774**	**107478**	**78918**	**72968**	**29720**	**145137**	**260157**	**23780**	**16968**
北京	624	1053	1734	1275	1489	889	2856	660	202
天津	1281	1934	1520	2072	899	1285	3229	373	253
河北	2800	3552	1695	1768	689	1430	1318	335	289
山西	631	1210	891	184	420	544	1705	109	169
内蒙古	498	251	258	137	94	165	230	31	413
辽宁	2603	4708	2005	2562	2080	2082	2429	726	454
吉林	429	438	313	1747	421	238	310	53	42
黑龙江	694	1026	605	335	617	401	269	145	127
上海	2357	4859	4414	4636	1411	4335	10537	1246	422
江苏	9621	18058	11683	8397	4018	15076	33692	2703	1560
浙江	14957	18715	8577	11504	1931	25955	12192	3827	4037
安徽	1454	2015	1396	2403	250	2564	2911	279	492
福建	3803	2214	2385	1227	717	4584	7241	1073	759
江西	1088	989	833	619	542	1839	4636	401	477
山东	5437	8814	5151	4073	1404	4658	6179	825	837
河南	1403	3290	1869	1025	812	1571	2273	428	356
湖北	1952	2668	1744	5887	1119	2423	4981	413	393
湖南	1204	1732	1306	916	1143	1529	3324	247	323
广东	44110	19695	23844	10407	3072	65609	134340	7537	3935
广西	782	752	784	1744	165	606	3259	143	191
海南	97	34	102	30	14	67	68	7	19
重庆	1415	2826	1197	5925	2014	1900	7665	724	352
四川	2633	3053	2149	2589	1307	2577	10112	526	391
贵州	482	587	336	206	674	450	825	51	111
云南	611	480	364	158	108	422	479	212	121
西藏	63	8	22	4		9	7		3
陕西	796	1604	930	1041	2167	1053	2222	503	139
甘肃	267	503	326	28	112	337	469	97	52
青海	116	38	83	5	4	134	69	9	9
宁夏	158	188	135	12	3	129	198	50	13
新疆	408	184	267	52	24	276	132	47	27

4-4a　续表 15　　　　　　　　　　　　　　　　　　　　　　　　　　　　　　　单位：人

地区 性别	制造业		电力、热力、燃气及水生产和供应业				建筑业		
	废弃资源综合利用业	金属制品、机械和设备修理业	小计	电力、热力生产和供应业	燃气生产和供应业	水的生产和供应业	小计	房屋建筑业	土木工程建筑业
全　国	**30460**	**55278**	**319666**	**215109**	**48603**	**55954**	**2488334**	**1141889**	**289085**
北　京	285	1321	7737	5093	1307	1337	50370	18489	8838
天　津	368	1076	6150	4164	1031	955	31387	11379	6054
河　北	875	2467	16280	10957	2767	2556	72533	31250	9828
山　西	509	1839	13604	9230	2500	1874	44043	17984	7947
内蒙古	465	1030	13212	10663	1042	1507	36194	16146	4655
辽　宁	1218	3260	19192	12945	2770	3477	69086	21709	9395
吉　林	394	700	8507	6168	925	1414	28852	11727	3562
黑龙江	434	1331	11542	8418	1257	1867	36010	14006	4120
上　海	584	3138	6166	3291	1333	1542	66453	23553	8816
江　苏	2524	3753	19616	12589	2804	4223	196307	82100	22785
浙　江	2171	2432	13415	9047	1748	2620	189723	101601	20694
安　徽	1068	1713	9217	6275	1342	1600	82091	38687	8714
福　建	936	1908	8224	5726	966	1532	84938	39969	8899
江　西	1051	1103	6610	4676	855	1079	69097	32639	6177
山　东	2157	3984	25262	17897	3358	4007	161642	73856	17461
河　南	1001	2279	14662	9932	2206	2524	95714	43614	10579
湖　北	1795	2674	13472	8523	2136	2813	132779	62380	16783
湖　南	791	1311	8140	5157	1267	1716	86065	40802	8951
广　东	5717	7773	23514	12854	4810	5850	273645	105575	30935
广　西	679	1749	6224	4256	960	1008	79608	40765	5885
海　南	158	311	1394	823	218	353	18026	8355	1351
重　庆	707	1095	7777	4347	1909	1521	104367	55699	10060
四　川	1438	2408	15681	9569	3630	2482	186324	98935	20683
贵　州	657	742	5947	4119	834	994	53430	28379	5767
云　南	1065	671	7009	5143	756	1110	73802	39947	7677
西　藏	51	16	459	352	41	66	3251	2093	310
陕　西	536	1139	9114	6404	1320	1390	65432	31886	9635
甘　肃	413	801	6579	5160	594	825	29061	13890	3741
青　海	74	130	2175	1729	228	218	9081	4077	1555
宁　夏	123	295	3985	3247	354	384	13551	7099	1823
新　疆	216	829	8800	6355	1335	1110	45472	23298	5405

4-4a 续表 16 单位：人

地区 性别	制造业		电力、热力、燃气及水生产和供应业				建筑业		
	废弃资源综合利用业	金属制品、机械和设备修理业	小计	电力、热力生产和供应业	燃气生产和供应业	水的生产和供应业	小计	房屋建筑业	土木工程建筑业
男	**22080**	**47031**	**229443**	**158321**	**33784**	**37338**	**2054693**	**946202**	**233120**
北京	211	1103	5389	3570	918	901	40052	15024	6604
天津	249	864	4314	2960	720	634	24527	9250	4521
河北	677	2091	11513	7986	1914	1613	59595	26408	7886
山西	391	1581	9532	6735	1669	1128	36591	14900	6210
内蒙古	377	913	9624	7963	725	936	30713	13787	3821
辽宁	837	2844	14180	9821	1968	2391	55829	18277	7510
吉林	282	628	6448	4796	679	973	24696	10289	2967
黑龙江	286	1147	8525	6440	844	1241	29167	11655	3287
上海	450	2644	4449	2473	924	1052	54585	20054	7044
江苏	1817	3127	14468	9606	1965	2897	164103	69871	18530
浙江	1629	2099	9955	6825	1276	1854	163150	87742	17163
安徽	784	1480	6816	4740	967	1109	70008	32985	7214
福建	666	1603	5805	4086	704	1015	69660	32158	7162
江西	773	952	4639	3367	577	695	58416	27398	5166
山东	1585	3460	18638	13546	2323	2769	131593	60780	14166
河南	731	1939	10022	7085	1451	1486	79468	36906	8426
湖北	1282	2240	9290	5998	1474	1818	112235	53192	13538
湖南	592	1106	5609	3687	853	1069	71107	33460	7211
广东	4285	6550	17754	9829	3640	4285	232185	89274	25967
广西	444	1512	4344	3044	642	658	61877	31033	4608
海南	106	282	1015	615	156	244	14423	6544	1109
重庆	483	928	5231	3060	1237	934	85633	45907	8200
四川	967	1980	10723	6732	2390	1601	151070	80326	16366
贵州	449	640	4243	3012	594	637	42950	22266	4644
云南	666	589	4861	3632	520	709	57195	30262	6095
西藏	40	13	316	244	29	43	2425	1515	236
陕西	407	944	6350	4515	915	920	53370	26263	7482
甘肃	297	689	4641	3675	394	572	23860	11417	2989
青海	59	107	1587	1274	160	153	7114	3183	1253
宁夏	97	260	2894	2412	236	246	11310	5979	1480
新疆	161	716	6268	4593	920	755	35786	18097	4265

4-4a 续表 17

单位：人

地区 性别	制造业		电力、热力、燃气及水生产和供应业				建筑业		
	废弃资源综合利用业	金属制品、机械和设备修理业	小计	电力、热力生产和供应业	燃气生产和供应业	水的生产和供应业	小计	房屋建筑业	土木工程建筑业
女	**8380**	**8247**	**90223**	**56788**	**14819**	**18616**	**433641**	**195687**	**55965**
北京	74	218	2348	1523	389	436	10318	3465	2234
天津	119	212	1836	1204	311	321	6860	2129	1533
河北	198	376	4767	2971	853	943	12938	4842	1942
山西	118	258	4072	2495	831	746	7452	3084	1737
内蒙古	88	117	3588	2700	317	571	5481	2359	834
辽宁	381	416	5012	3124	802	1086	13257	3432	1885
吉林	112	72	2059	1372	246	441	4156	1438	595
黑龙江	148	184	3017	1978	413	626	6843	2351	833
上海	134	494	1717	818	409	490	11868	3499	1772
江苏	707	626	5148	2983	839	1326	32204	12229	4255
浙江	542	333	3460	2222	472	766	26573	13859	3531
安徽	284	233	2401	1535	375	491	12083	5702	1500
福建	270	305	2419	1640	262	517	15278	7811	1737
江西	278	151	1971	1309	278	384	10681	5241	1011
山东	572	524	6624	4351	1035	1238	30049	13076	3295
河南	270	340	4640	2847	755	1038	16246	6708	2153
湖北	513	434	4182	2525	662	995	20544	9188	3245
湖南	199	205	2531	1470	414	647	14958	7342	1740
广东	1432	1223	5760	3025	1170	1565	41460	16301	4968
广西	235	237	1880	1212	318	350	17731	9732	1277
海南	52	29	379	208	62	109	3603	1811	242
重庆	224	167	2546	1287	672	587	18734	9792	1860
四川	471	428	4958	2837	1240	881	35254	18609	4317
贵州	208	102	1704	1107	240	357	10480	6113	1123
云南	399	82	2148	1511	236	401	16607	9685	1582
西藏	11	3	143	108	12	23	826	578	74
陕西	129	195	2764	1889	405	470	12062	5623	2153
甘肃	116	112	1938	1485	200	253	5201	2473	752
青海	15	23	588	455	68	65	1967	894	302
宁夏	26	35	1091	835	118	138	2241	1120	343
新疆	55	113	2532	1762	415	355	9686	5201	1140

4-4a 续表 18

单位：人

地区 性别	建筑业		批发和零售业			交通运输、仓储和邮政业			
	建筑安装业	建筑装饰、装修和其他建筑业	小计	批发业	零售业	小计	铁路运输业	道路运输业	水上运输业
全国	**166923**	**890437**	**4871328**	**1455217**	**3416111**	**1594983**	**108089**	**976686**	**31604**
北京	3264	19779	110990	42883	68107	39195	2676	22674	153
天津	2182	11772	57571	19175	38396	30155	1552	16891	1406
河北	5845	25610	183864	49303	134561	62118	5681	40622	941
山西	3019	15093	83680	22467	61213	39695	7565	24605	50
内蒙古	2326	13067	66973	16605	50368	34829	7656	19160	46
辽宁	5288	32694	185627	53980	131647	79473	6043	48995	2950
吉林	2120	11443	71061	14036	57025	31379	4585	19676	63
黑龙江	2245	15639	115764	26844	88920	46677	5941	26566	153
上海	5769	28315	160480	72854	87626	71144	1854	35830	2600
江苏	15900	75522	335632	110480	225152	99542	3047	63956	3631
浙江	10684	56744	335171	134410	200761	91711	1705	55447	3544
安徽	5226	29464	121679	31812	89867	41726	3391	27037	1180
福建	5331	30739	174487	50584	123903	48534	2334	27584	1634
江西	4488	25793	108764	27060	81704	30948	2078	18598	287
山东	14328	55997	334233	107701	226532	107878	5262	70952	3524
河南	7897	33624	220295	53308	166987	61509	5807	39293	230
湖北	8106	45510	224233	56417	167816	70350	3583	45203	1402
湖南	5666	30646	173670	43263	130407	44753	4461	27229	414
广东	19336	117799	771839	265178	506661	210003	4273	120742	4450
广西	3950	29008	128748	30318	98430	41093	3064	24821	873
海南	1136	7184	29129	6730	22399	10544	235	6250	397
重庆	5613	32995	134895	31771	103124	49146	1815	32891	1093
四川	10767	55939	281104	69754	211350	83597	4567	55600	332
贵州	2933	16351	72260	17740	54520	26782	2134	16914	60
云南	3503	22675	114127	29506	84621	34896	1966	21575	74
西藏	86	762	4437	972	3465	1538	15	1108	1
陕西	3650	20261	108561	26394	82167	38824	4148	25012	48
甘肃	2018	9412	45940	12343	33597	20236	3614	12005	36
青海	519	2930	16018	4338	11680	7260	1749	4183	9
宁夏	803	3826	20737	4764	15973	9329	1378	6498	6
新疆	2925	13844	79359	22227	57132	30119	3910	18769	17

4-4a　续表 19　　　　单位：人

地区 性别	建筑业		批发和零售业			交通运输、仓储和邮政业			
	建筑安装业	建筑装饰、装修和其他建筑业	小计	批发业	零售业	小计	铁路运输业	道路运输业	水上运输业
男	**144243**	**731128**	**2428466**	**853318**	**1575148**	**1289769**	**86182**	**826551**	**24885**
北　京	2576	15848	58113	24177	33936	29605	2227	17836	98
天　津	1684	9072	30497	11377	19120	23039	1262	13672	1065
河　北	4982	20319	87583	29658	57925	51437	4872	34837	766
山　西	2649	12832	43374	14500	28874	33535	6175	21597	39
内蒙古	2096	11009	33126	10861	22265	29100	6359	16488	34
辽　宁	4416	25626	89898	31726	58172	66223	5127	42332	2456
吉　林	1893	9547	32724	8507	24217	26941	4045	17308	49
黑龙江	1898	12327	55165	15659	39506	39300	4978	23399	130
上　海	4734	22753	79509	38567	40942	52292	1506	28264	1861
江　苏	13601	62101	165844	64535	101309	78805	2305	52602	2895
浙　江	9357	48888	173078	76227	96851	74391	1303	47302	2919
安　徽	4605	25204	60117	19901	40216	34357	2757	23170	952
福　建	4750	25590	91544	30097	61447	39462	1809	23917	1224
江　西	4042	21810	52450	15861	36589	25460	1601	16209	206
山　东	12319	44328	167935	64312	103623	86613	4157	59258	2876
河　南	6812	27324	102924	31192	71732	49601	4512	33283	185
湖　北	7067	38438	105984	33125	72859	57454	2669	38499	1153
湖　南	5005	25431	84911	25008	59903	36593	3521	23213	315
广　东	17041	99903	423773	157707	266066	170500	3210	102794	3410
广　西	3385	22851	61068	17284	43784	33485	2394	21278	653
海　南	994	5776	14198	3900	10298	8687	163	5463	296
重　庆	4899	26627	60607	17793	42814	39944	1361	27778	894
四　川	9306	45072	126560	40233	86327	66499	3376	46265	239
贵　州	2569	13471	34557	10640	23917	22038	1628	14689	48
云　南	2999	17839	56331	17078	39253	27334	1495	17723	50
西　藏	74	600	2522	599	1923	1257	8	960	1
陕　西	3141	16484	54999	16197	38802	31845	3133	21530	29
甘　肃	1725	7729	22479	7605	14874	16336	2856	9980	23
青　海	437	2241	8164	2721	5443	5841	1335	3530	7
宁　夏	710	3141	9386	3031	6355	7698	1019	5575	5
新　疆	2477	10947	39046	13240	25806	24097	3019	15800	7

4-4a 续表 20 单位：人

地区 性别	建筑业		批发和零售业			交通运输、仓储和邮政业			
	建筑安装业	建筑装饰、装修和其他建筑业	小计	批发业	零售业	小计	铁路运输业	道路运输业	水上运输业
女	**22680**	**159309**	**2442862**	**601899**	**1840963**	**305214**	**21907**	**150135**	**6719**
北京	688	3931	52877	18706	34171	9590	449	4838	55
天津	498	2700	27074	7798	19276	7116	290	3219	341
河北	863	5291	96281	19645	76636	10681	809	5785	175
山西	370	2261	40306	7967	32339	6160	1390	3008	11
内蒙古	230	2058	33847	5744	28103	5729	1297	2672	12
辽宁	872	7068	95729	22254	73475	13250	916	6663	494
吉林	227	1896	38337	5529	32808	4438	540	2368	14
黑龙江	347	3312	60599	11185	49414	7377	963	3167	23
上海	1035	5562	80971	34287	46684	18852	348	7566	739
江苏	2299	13421	169788	45945	123843	20737	742	11354	736
浙江	1327	7856	162093	58183	103910	17320	402	8145	625
安徽	621	4260	61562	11911	49651	7369	634	3867	228
福建	581	5149	82943	20487	62456	9072	525	3667	410
江西	446	3983	56314	11199	45115	5488	477	2389	81
山东	2009	11669	166298	43389	122909	21265	1105	11694	648
河南	1085	6300	117371	22116	95255	11908	1295	6010	45
湖北	1039	7072	118249	23292	94957	12896	914	6704	249
湖南	661	5215	88759	18255	70504	8160	940	4016	99
广东	2295	17896	348066	107471	240595	39503	1063	17948	1040
广西	565	6157	67680	13034	54646	7608	670	3543	220
海南	142	1408	14931	2830	12101	1857	72	787	101
重庆	714	6368	74288	13978	60310	9202	454	5113	199
四川	1461	10867	154544	29521	125023	17098	1191	9335	93
贵州	364	2880	37703	7100	30603	4744	506	2225	12
云南	504	4836	57796	12428	45368	7562	471	3852	24
西藏	12	162	1915	373	1542	281	7	148	
陕西	509	3777	53562	10197	43365	6979	1015	3482	19
甘肃	293	1683	23461	4738	18723	3900	758	2025	13
青海	82	689	7854	1617	6237	1419	414	653	2
宁夏	93	685	11351	1733	9618	1631	359	923	1
新疆	448	2897	40313	8987	31326	6022	891	2969	10

4-4a　续表 21　　　　单位：人

地区 性别	交通运输、仓储和邮政业					住宿和餐饮业		
	航空运输业	管道运输业	多式联运和运输代理业	装卸搬运和仓储业	邮政业	小计	住宿业	餐饮业
全　国	**53276**	**1714**	**68318**	**115634**	**239662**	**1563099**	**206596**	**1356503**
北　京	4502	41	1679	1402	6068	36363	8188	28175
天　津	1485	92	2918	2321	3490	16335	2310	14025
河　北	788	179	1506	3852	8549	44434	4666	39768
山　西	747	46	561	1977	4144	26614	3405	23209
内蒙古	826	26	615	3255	3245	24493	2998	21495
辽　宁	2258	138	2806	6524	9759	53287	5129	48158
吉　林	432	20	272	2487	3844	25917	2499	23418
黑龙江	754	32	969	4359	7903	38296	3609	34687
上　海	6969	39	9245	3924	10683	54926	9268	45658
江　苏	1926	130	4282	6283	16287	96779	11114	85665
浙　江	2152	21	5164	6896	16782	92476	13436	79040
安　徽	511	22	818	2482	6285	43750	4607	39143
福　建	2339	12	2769	4034	7828	55202	8416	46786
江　西	485	67	976	2812	5645	34698	4585	30113
山　东	2372	129	5128	7620	12891	82338	9190	73148
河　南	740	63	1419	3842	10115	66969	6390	60579
湖　北	1341	62	2471	5193	11095	72182	8474	63708
湖　南	663	34	1167	3204	7581	57937	9428	48509
广　东	7016	71	15149	14886	43416	235280	29131	206149
广　西	631	8	1201	4444	6051	39711	5957	33754
海　南	1153	5	291	674	1539	17085	4341	12744
重　庆	2178	24	1163	4618	5364	55240	5743	49497
四　川	4160	63	2064	5533	11278	117784	14795	102989
贵　州	802	12	428	3315	3117	27910	4242	23668
云　南	1946	41	884	3530	4880	44950	9104	35846
西　藏	27	1	20	128	238	2746	682	2064
陕　西	1673	92	784	2143	4924	41091	6028	35063
甘　肃	462	30	623	1360	2106	17755	2705	15050
青　海	191	18	146	314	650	6196	1110	5086
宁　夏	205	29	82	293	838	7842	1056	6786
新　疆	1542	167	718	1929	3067	26513	3990	22523

4-4a 续表 22 单位：人

地区 性别	交通运输、仓储和邮政业					住宿和餐饮业		
	航空运输业	管道运输业	多式联运和运输代理业	装卸搬运和仓储业	邮政业	小计	住宿业	餐饮业
男	**32845**	**1231**	**45416**	**93010**	**179649**	**809744**	**88150**	**721594**
北京	2614	30	1007	1046	4747	20572	4289	16283
天津	961	67	1772	1803	2437	8808	1050	7758
河北	479	135	1156	3063	6129	22355	1984	20371
山西	442	34	455	1731	3062	14803	1538	13265
内蒙古	511	18	490	2841	2359	12383	1155	11228
辽宁	1344	91	1998	5416	7459	27833	2239	25594
吉林	266	16	202	2140	2915	12806	988	11818
黑龙江	503	18	767	3552	5953	19598	1577	18021
上海	4405	31	5039	2891	8295	31003	4544	26459
江苏	1234	93	2903	4862	11911	49076	4527	44549
浙江	1385	12	3062	5697	12711	50090	5844	44246
安徽	310	18	656	2033	4461	20892	1646	19246
福建	1514	9	1769	3325	5895	29910	3773	26137
江西	311	48	766	2293	4026	16932	1859	15073
山东	1505	88	3475	5903	9351	43001	4094	38907
河南	447	47	1019	2826	7282	34426	2828	31598
湖北	793	46	1901	4249	8144	34800	3305	31495
湖南	387	24	894	2603	5636	28908	3684	25224
广东	4188	56	9833	12362	34647	136154	13665	122489
广西	406	6	927	3320	4501	19567	2287	17280
海南	769	4	219	554	1219	9007	2035	6972
重庆	1291	15	845	3929	3831	26044	2002	24042
四川	2440	44	1491	4520	8124	53714	5523	48191
贵州	520	9	346	2523	2275	12866	1566	11300
云南	1228	35	655	2642	3506	21438	3682	17756
西藏	21		17	86	164	1226	306	920
陕西	1051	58	572	1676	3796	21811	2598	19213
甘肃	278	23	484	1148	1544	9161	1089	8072
青海	114	13	109	258	475	3085	451	2634
宁夏	129	25	67	253	625	3889	391	3498
新疆	999	118	520	1465	2169	13586	1631	11955

4-4a　续表 23

单位：人

地区 性别	交通运输、仓储和邮政业					住宿和餐饮业		
	航空运输业	管道运输业	多式联运和运输代理业	装卸搬运和仓储业	邮政业	小计	住宿业	餐饮业
女	**20431**	**483**	**22902**	**22624**	**60013**	**753355**	**118446**	**634909**
北京	1888	11	672	356	1321	15791	3899	11892
天津	524	25	1146	518	1053	7527	1260	6267
河北	309	44	350	789	2420	22079	2682	19397
山西	305	12	106	246	1082	11811	1867	9944
内蒙古	315	8	125	414	886	12110	1843	10267
辽宁	914	47	808	1108	2300	25454	2890	22564
吉林	166	4	70	347	929	13111	1511	11600
黑龙江	251	14	202	807	1950	18698	2032	16666
上海	2564	8	4206	1033	2388	23923	4724	19199
江苏	692	37	1379	1421	4376	47703	6587	41116
浙江	767	9	2102	1199	4071	42386	7592	34794
安徽	201	4	162	449	1824	22858	2961	19897
福建	825	3	1000	709	1933	25292	4643	20649
江西	174	19	210	519	1619	17766	2726	15040
山东	867	41	1653	1717	3540	39337	5096	34241
河南	293	16	400	1016	2833	32543	3562	28981
湖北	548	16	570	944	2951	37382	5169	32213
湖南	276	10	273	601	1945	29029	5744	23285
广东	2828	15	5316	2524	8769	99126	15466	83660
广西	225	2	274	1124	1550	20144	3670	16474
海南	384	1	72	120	320	8078	2306	5772
重庆	887	9	318	689	1533	29196	3741	25455
四川	1720	19	573	1013	3154	64070	9272	54798
贵州	282	3	82	792	842	15044	2676	12368
云南	718	6	229	888	1374	23512	5422	18090
西藏	6	1	3	42	74	1520	376	1144
陕西	622	34	212	467	1128	19280	3430	15850
甘肃	184	7	139	212	562	8594	1616	6978
青海	77	5	37	56	175	3111	659	2452
宁夏	76	4	15	40	213	3953	665	3288
新疆	543	49	198	464	898	12927	2359	10568

4-4a 续表 24 单位：人

地区 性别	信息传输、软件和信息技术服务业				金融业				
	小计	电信、广播电视和卫星传输服务	互联网和相关服务	软件和信息技术服务业	小计	货币金融服务	资本市场服务	保险业	其他金融业
全国	**840850**	**173111**	**242814**	**424925**	**701152**	**326893**	**69069**	**236074**	**69116**
北京	86762	7616	27435	51711	42534	18037	7884	10036	6577
天津	12348	2506	3280	6562	13326	6648	1219	3516	1943
河北	20872	6508	5527	8837	25915	12666	1302	10128	1819
山西	9851	4045	2185	3621	15503	8981	809	4622	1091
内蒙古	7632	3677	1669	2286	12790	7122	522	4400	746
辽宁	28189	6707	5732	15750	30429	15803	1725	10200	2701
吉林	8340	3626	2303	2411	12834	7387	585	4347	515
黑龙江	11296	4290	3071	3935	15026	6925	687	6383	1031
上海	69983	5217	21054	43712	45754	18767	11359	9866	5762
江苏	60465	11794	15099	33572	45709	22473	4064	15111	4061
浙江	57782	9592	14095	34095	39521	22300	4219	10373	2629
安徽	17956	5086	4952	7918	18860	9152	1278	6436	1994
福建	28901	5659	8756	14486	21587	11175	2354	6378	1680
江西	12283	3709	4151	4423	13451	6107	982	4711	1651
山东	34795	9057	9917	15821	45101	20022	2785	18050	4244
河南	22039	6803	6528	8708	27049	11077	1406	12254	2312
湖北	33554	7821	9537	16196	30087	12821	2430	11736	3100
湖南	20885	5712	6200	8973	20505	8469	1741	7891	2404
广东	145946	20407	52115	73424	85569	34962	12005	28128	10474
广西	11733	4643	3163	3927	13386	6114	1118	4715	1439
海南	3857	1251	1466	1140	3775	1786	300	1311	378
重庆	21562	4927	6289	10346	18301	8055	1439	6843	1964
四川	54431	10545	15480	28406	38390	16878	3024	15184	3304
贵州	8071	3131	2020	2920	10177	5301	692	3145	1039
云南	10450	4065	2589	3796	12438	6038	844	4411	1145
西藏	405	312	43	50	555	413	9	113	20
陕西	21880	5148	5144	11588	16545	7365	1166	6402	1612
甘肃	5493	2671	1018	1804	8602	4595	323	2903	781
青海	1885	1002	283	600	2698	1711	98	746	143
宁夏	2979	1285	705	989	3890	2119	155	1438	178
新疆	8225	4299	1008	2918	10845	5624	545	4297	379

4-4a　续表 25

单位：人

地区 性别	信息传输、软件和信息技术服务业 小计	电信、广播电视和卫星传输服务	互联网和相关服务	软件和信息技术服务业	金融业 小计	货币金融服务	资本市场服务	保险业	其他金融业
男	**537295**	**98619**	**156458**	**282218**	**333159**	**159316**	**39934**	**96502**	**37407**
北京	54336	4502	17010	32824	20468	8307	4384	4316	3461
天津	7517	1408	1940	4169	6121	3077	667	1417	960
河北	12729	3549	3335	5845	12114	6340	744	4049	981
山西	6034	2106	1405	2523	7315	4304	460	1955	596
内蒙古	4626	1913	1108	1605	5582	3276	281	1642	383
辽宁	16728	3645	3518	9565	14116	7597	972	4145	1402
吉林	5221	2167	1415	1639	5852	3621	336	1622	273
黑龙江	6840	2355	1891	2594	7443	3762	402	2712	567
上海	45473	3169	13475	28829	22786	8482	6420	4696	3188
江苏	37663	6430	9217	22016	21688	10985	2336	6153	2214
浙江	36746	5537	8938	22271	18685	10386	2566	4329	1404
安徽	11278	2951	3007	5320	9287	4673	778	2753	1083
福建	19152	3292	5985	9875	10226	5486	1382	2363	995
江西	7801	2116	2598	3087	6555	3045	605	2005	900
山东	21271	5038	5933	10300	22078	10666	1673	7360	2379
河南	13551	3660	3984	5907	13026	5776	834	5140	1276
湖北	21523	4461	5873	11189	13847	6233	1402	4544	1668
湖南	12928	3109	3611	6208	9785	4195	975	3305	1310
广东	99176	12613	36285	50278	42179	17214	7266	11817	5882
广西	7326	2612	2042	2672	6365	3065	639	1865	796
海南	2495	743	986	766	1932	944	184	587	217
重庆	13773	2907	4042	6824	8204	3859	812	2518	1015
四川	35596	5982	10537	19077	17009	7849	1698	5729	1733
贵州	5273	1845	1382	2046	4823	2600	385	1290	548
云南	6560	2322	1652	2586	5770	2925	475	1806	564
西藏	234	170	29	35	294	215	2	62	15
陕西	14120	2952	3299	7869	8069	3740	645	2832	852
甘肃	3404	1511	651	1242	4128	2376	192	1168	392
青海	1111	517	188	406	1215	798	50	287	80
宁夏	1884	702	491	691	1648	971	85	495	97
新疆	4926	2335	631	1960	4549	2549	284	1540	176

4-4a 续表 26 单位：人

地区 性别	信息传输、软件和信息技术服务业				金融业				
	小计	电信、广播电视和卫星传输服务	互联网和相关服务	软件和信息技术服务业	小计	货币金融服务	资本市场服务	保险业	其他金融业
女	**303555**	**74492**	**86356**	**142707**	**367993**	**167577**	**29135**	**139572**	**31709**
北京	32426	3114	10425	18887	22066	9730	3500	5720	3116
天津	4831	1098	1340	2393	7205	3571	552	2099	983
河北	8143	2959	2192	2992	13801	6326	558	6079	838
山西	3817	1939	780	1098	8188	4677	349	2667	495
内蒙古	3006	1764	561	681	7208	3846	241	2758	363
辽宁	11461	3062	2214	6185	16313	8206	753	6055	1299
吉林	3119	1459	888	772	6982	3766	249	2725	242
黑龙江	4456	1935	1180	1341	7583	3163	285	3671	464
上海	24510	2048	7579	14883	22968	10285	4939	5170	2574
江苏	22802	5364	5882	11556	24021	11488	1728	8958	1847
浙江	21036	4055	5157	11824	20836	11914	1653	6044	1225
安徽	6678	2135	1945	2598	9573	4479	500	3683	911
福建	9749	2367	2771	4611	11361	5689	972	4015	685
江西	4482	1593	1553	1336	6896	3062	377	2706	751
山东	13524	4019	3984	5521	23023	9356	1112	10690	1865
河南	8488	3143	2544	2801	14023	5301	572	7114	1036
湖北	12031	3360	3664	5007	16240	6588	1028	7192	1432
湖南	7957	2603	2589	2765	10720	4274	766	4586	1094
广东	46770	7794	15830	23146	43390	17748	4739	16311	4592
广西	4407	2031	1121	1255	7021	3049	479	2850	643
海南	1362	508	480	374	1843	842	116	724	161
重庆	7789	2020	2247	3522	10097	4196	627	4325	949
四川	18835	4563	4943	9329	21381	9029	1326	9455	1571
贵州	2798	1286	638	874	5354	2701	307	1855	491
云南	3890	1743	937	1210	6668	3113	369	2605	581
西藏	171	142	14	15	261	198	7	51	5
陕西	7760	2196	1845	3719	8476	3625	521	3570	760
甘肃	2089	1160	367	562	4474	2219	131	1735	389
青海	774	485	95	194	1483	913	48	459	63
宁夏	1095	583	214	298	2242	1148	70	943	81
新疆	3299	1964	377	958	6296	3075	261	2757	203

4-4a　续表 27　　　　单位：人

地区 性别	房地产业		租赁和商务服务业			科学研究和技术服务业			
	小计	房地产业	小计	租赁业	商务服务业	小计	研究和试验发展	专业技术服务业	科技推广和应用服务业
全　国	**863013**	**863013**	**1136799**	**65393**	**1071406**	**609553**	**112850**	**384227**	**112476**
北　京	36108	36108	70521	2431	68090	61166	17700	22312	21154
天　津	15662	15662	17614	1188	16426	15677	3513	7994	4170
河　北	27930	27930	35830	2255	33575	20766	3212	14108	3446
山　西	13607	13607	17791	1084	16707	9845	1544	6943	1358
内蒙古	11784	11784	12128	829	11299	7675	786	5962	927
辽　宁	29313	29313	39817	1847	37970	19806	3559	13219	3028
吉　林	10285	10285	8982	762	8220	6861	1197	4795	869
黑龙江	15420	15420	21667	901	20766	10289	1839	6557	1893
上　海	40290	40290	79344	3770	75574	40841	10487	22623	7731
江　苏	62991	62991	83037	4966	78071	45575	10731	26284	8560
浙　江	48073	48073	70993	4301	66692	38361	5338	25380	7643
安　徽	24164	24164	27258	1913	25345	14113	2385	9291	2437
福　建	25325	25325	29466	1732	27734	15679	1571	11829	2279
江　西	17146	17146	26617	1434	25183	9822	1177	7159	1486
山　东	52827	52827	75587	5801	69786	34300	5007	23614	5679
河　南	32143	32143	44988	2299	42689	19484	3095	13006	3383
湖　北	38338	38338	48363	2831	45532	27383	4953	18176	4254
湖　南	26621	26621	39221	2187	37034	16282	2512	10826	2944
广　东	129027	129027	151041	7147	143894	75853	12368	50456	13029
广　西	21221	21221	24979	1435	23544	10420	929	7873	1618
海　南	7152	7152	8073	462	7611	2657	395	1889	373
重　庆	32478	32478	34492	2362	32130	13581	1790	9783	2008
四　川	61716	61716	65115	4850	60265	33578	7263	21678	4637
贵　州	13288	13288	16151	1091	15060	7472	761	5865	846
云　南	17654	17654	24596	1321	23275	11199	1434	8222	1543
西　藏	442	442	1410	92	1318	450	58	339	53
陕　西	22103	22103	25418	1475	23943	18093	4644	11031	2418
甘　肃	8026	8026	10879	685	10194	7102	1196	5077	829
青　海	3062	3062	3637	333	3304	2672	229	2181	262
宁　夏	4158	4158	3937	386	3551	2641	200	2074	367
新　疆	14659	14659	17847	1223	16624	9910	977	7681	1252

4-4a 续表 28 单位：人

地区 性别	房地产业		租赁和商务服务业			科学研究和技术服务业			
	小计	房地产业	小计	租赁业	商务服务业	小计	研究和试验发展	专业技术服务业	科技推广和应用服务业
男	**523153**	**523153**	**665032**	**53007**	**612025**	**393844**	**70174**	**255163**	**68507**
北京	22214	22214	37676	1830	35846	35667	10280	13314	12073
天津	9121	9121	10171	887	9284	9895	2161	5253	2481
河北	16655	16655	21015	1899	19116	13357	2045	9210	2102
山西	8252	8252	10706	926	9780	6418	980	4564	874
内蒙古	6852	6852	7189	696	6493	5052	495	3960	597
辽宁	17319	17319	23456	1491	21965	12975	2337	8721	1917
吉林	6189	6189	5434	659	4775	4517	728	3236	553
黑龙江	9697	9697	13034	749	12285	6741	1155	4366	1220
上海	25242	25242	43989	2977	41012	24457	6205	13749	4503
江苏	38054	38054	47485	3982	43503	29543	6702	17626	5215
浙江	29744	29744	41674	3422	38252	24985	3382	16894	4709
安徽	14626	14626	16688	1607	15081	10029	1629	6750	1650
福建	15634	15634	17317	1371	15946	10209	955	7855	1399
江西	10373	10373	16167	1235	14932	6822	768	5067	987
山东	31026	31026	46424	4884	41540	22541	3102	15831	3608
河南	19322	19322	27292	1913	25379	12879	2009	8743	2127
湖北	22929	22929	28452	2315	26137	18504	3211	12618	2675
湖南	16132	16132	22753	1809	20944	10883	1578	7408	1897
广东	82874	82874	88929	5734	83195	49141	7742	33567	7832
广西	12131	12131	14711	1123	13588	6769	547	5210	1012
海南	4371	4371	4907	366	4541	1754	217	1305	232
重庆	18702	18702	19835	1862	17973	9031	1170	6628	1233
四川	36874	36874	37841	3876	33965	22066	4756	14455	2855
贵州	7956	7956	9797	881	8916	5234	463	4212	559
云南	10374	10374	14844	1066	13778	7308	847	5503	958
西藏	269	269	884	80	804	322	40	254	28
陕西	13433	13433	14965	1195	13770	11881	3049	7344	1488
甘肃	4692	4692	6470	575	5895	4912	771	3574	567
青海	1818	1818	2242	285	1957	1790	140	1485	165
宁夏	2276	2276	2298	323	1975	1739	123	1380	236
新疆	8002	8002	10387	989	9398	6423	587	5081	755

4-4a 续表 29

单位：人

地区 性别	房地产业		租赁和商务服务业			科学研究和技术服务业			
	小计	房地产业	小计	租赁业	商务服务业	小计	研究和试验发展	专业技术服务业	科技推广和应用服务业
女	**339860**	**339860**	**471767**	**12386**	**459381**	**215709**	**42676**	**129064**	**43969**
北京	13894	13894	32845	601	32244	25499	7420	8998	9081
天津	6541	6541	7443	301	7142	5782	1352	2741	1689
河北	11275	11275	14815	356	14459	7409	1167	4898	1344
山西	5355	5355	7085	158	6927	3427	564	2379	484
内蒙古	4932	4932	4939	133	4806	2623	291	2002	330
辽宁	11994	11994	16361	356	16005	6831	1222	4498	1111
吉林	4096	4096	3548	103	3445	2344	469	1559	316
黑龙江	5723	5723	8633	152	8481	3548	684	2191	673
上海	15048	15048	35355	793	34562	16384	4282	8874	3228
江苏	24937	24937	35552	984	34568	16032	4029	8658	3345
浙江	18329	18329	29319	879	28440	13376	1956	8486	2934
安徽	9538	9538	10570	306	10264	4084	756	2541	787
福建	9691	9691	12149	361	11788	5470	616	3974	880
江西	6773	6773	10450	199	10251	3000	409	2092	499
山东	21801	21801	29163	917	28246	11759	1905	7783	2071
河南	12821	12821	17696	386	17310	6605	1086	4263	1256
湖北	15409	15409	19911	516	19395	8879	1742	5558	1579
湖南	10489	10489	16468	378	16090	5399	934	3418	1047
广东	46153	46153	62112	1413	60699	26712	4626	16889	5197
广西	9090	9090	10268	312	9956	3651	382	2663	606
海南	2781	2781	3166	96	3070	903	178	584	141
重庆	13776	13776	14657	500	14157	4550	620	3155	775
四川	24842	24842	27274	974	26300	11512	2507	7223	1782
贵州	5332	5332	6354	210	6144	2238	298	1653	287
云南	7280	7280	9752	255	9497	3891	587	2719	585
西藏	173	173	526	12	514	128	18	85	25
陕西	8670	8670	10453	280	10173	6212	1595	3687	930
甘肃	3334	3334	4409	110	4299	2190	425	1503	262
青海	1244	1244	1395	48	1347	882	89	696	97
宁夏	1882	1882	1639	63	1576	902	77	694	131
新疆	6657	6657	7460	234	7226	3487	390	2600	497

4-4a 续表 30 单位：人

地区 性别	水利、环境和公共设施管理业					居民服务、修理和其他服务业			
	小计	水利管理业	生态保护和环境治理业	公共设施管理业	土地管理业	小计	居民服务业	机动车、电子产品和日用产品修理业	其他服务业
全国	**239604**	**17658**	**19845**	**198542**	**3559**	**1086338**	**681629**	**245367**	**159342**
北京	10819	687	1042	8952	138	27882	18706	4571	4605
天津	4756	556	404	3693	103	14435	8938	2886	2611
河北	9092	722	654	7579	137	36600	21041	9491	6068
山西	5378	555	408	4315	100	18163	10928	4663	2572
内蒙古	5244	388	435	4326	95	19341	12412	4344	2585
辽宁	9417	872	707	7623	215	48758	30801	10213	7744
吉林	4495	294	224	3921	56	18871	12643	4409	1819
黑龙江	4284	434	391	3385	74	27569	16470	7288	3811
上海	11149	535	968	9529	117	40856	28741	6352	5763
江苏	18177	1316	1794	14837	230	70976	44236	15656	11084
浙江	13022	734	1156	10916	216	62031	41106	14278	6647
安徽	6161	462	571	5050	78	28364	17595	6359	4410
福建	7642	398	511	6637	96	38069	25464	7616	4989
江西	4952	306	394	4196	56	27763	17040	5877	4846
山东	15849	1280	1172	13136	261	66498	38980	16792	10726
河南	10644	942	640	8925	137	45047	26158	10498	8391
湖北	10983	1122	894	8763	204	50810	31770	11646	7394
湖南	5999	526	526	4857	90	39121	25419	7318	6384
广东	26786	1468	2757	22243	318	148036	92196	34283	21557
广西	5837	401	385	4945	106	30571	17837	7999	4735
海南	2443	120	95	2200	28	12044	8065	1843	2136
重庆	7612	419	754	6295	144	37412	24281	8096	5035
四川	11759	634	958	9977	190	75263	50221	15596	9446
贵州	3883	246	274	3314	49	20720	12795	4643	3282
云南	5755	371	417	4867	100	24665	13552	6981	4132
西藏	317	34	19	263	1	1140	549	341	250
陕西	6550	478	442	5554	76	22313	13806	5316	3191
甘肃	3561	568	308	2637	48	9327	5743	2471	1113
青海	838	112	123	581	22	2847	1587	927	333
宁夏	1723	232	142	1323	26	4597	2883	1410	304
新疆	4477	446	280	3703	48	16249	9666	5204	1379

4-4a　续表 31　　单位：人

地区 性别	水利、环境和公共设施管理业					居民服务、修理和其他服务业			
	小计	水利管理业	生态保护和环境治理业	公共设施管理业	土地管理业	小计	居民服务业	机动车、电子产品和日用产品修理业	其他服务业
男	**147783**	**12198**	**13847**	**119629**	**2109**	**488043**	**218499**	**202265**	**67279**
北京	7144	445	632	5987	80	11690	5981	3651	2058
天津	3214	388	263	2498	65	7595	3909	2329	1357
河北	5754	474	459	4740	81	17566	7110	7729	2727
山西	3352	326	270	2704	52	9689	4397	3997	1295
内蒙古	3344	249	312	2731	52	9703	4622	3724	1357
辽宁	6028	589	493	4826	120	24390	12060	8436	3894
吉林	2995	199	165	2600	31	8911	4440	3657	814
黑龙江	2866	306	273	2244	43	13605	5959	5969	1677
上海	7587	372	679	6475	61	14876	7089	5165	2622
江苏	11238	926	1233	8953	126	32423	15163	12640	4620
浙江	8659	526	856	7153	124	28126	13223	11915	2988
安徽	3972	327	418	3184	43	13238	5914	5324	2000
福建	4586	286	351	3898	51	16009	7722	6446	1841
江西	2996	210	292	2451	43	11623	4907	4858	1858
山东	10331	899	869	8407	156	31016	12340	13541	5135
河南	6280	635	446	5116	83	20571	8761	8532	3278
湖北	6663	790	587	5150	136	22368	9728	9566	3074
湖南	3799	368	385	2981	65	17224	8225	6045	2954
广东	17081	1112	2039	13732	198	65627	27551	28835	9241
广西	2785	267	253	2202	63	13021	4872	6653	1496
海南	1106	83	64	939	20	5477	2971	1566	940
重庆	4312	265	495	3472	80	15275	7011	6572	1692
四川	6635	424	670	5410	131	29989	14337	12549	3103
贵州	1993	173	178	1609	33	9680	4537	3879	1264
云南	3094	252	273	2522	47	11542	4557	5665	1320
西藏	131	20	6	104	1	637	226	289	122
陕西	3854	299	312	3198	45	10499	4744	4473	1282
甘肃	2007	413	215	1352	27	4385	1875	2068	442
青海	509	80	87	328	14	1409	521	737	151
宁夏	983	167	93	707	16	2265	956	1201	108
新疆	2485	328	179	1956	22	7614	2791	4254	569

4-4a 续表 32 单位：人

地区 性别	水利、环境和公共设施管理业					居民服务、修理和其他服务业			
	小计	水利管理业	生态保护和环境治理业	公共设施管理业	土地管理业	小计	居民服务业	机动车、电子产品和日用产品修理业	其他服务业
女	**91821**	**5460**	**5998**	**78913**	**1450**	**598295**	**463130**	**43102**	**92063**
北京	3675	242	410	2965	58	16192	12725	920	2547
天津	1542	168	141	1195	38	6840	5029	557	1254
河北	3338	248	195	2839	56	19034	13931	1762	3341
山西	2026	229	138	1611	48	8474	6531	666	1277
内蒙古	1900	139	123	1595	43	9638	7790	620	1228
辽宁	3389	283	214	2797	95	24368	18741	1777	3850
吉林	1500	95	59	1321	25	9960	8203	752	1005
黑龙江	1418	128	118	1141	31	13964	10511	1319	2134
上海	3562	163	289	3054	56	25980	21652	1187	3141
江苏	6939	390	561	5884	104	38553	29073	3016	6464
浙江	4363	208	300	3763	92	33905	27883	2363	3659
安徽	2189	135	153	1866	35	15126	11681	1035	2410
福建	3056	112	160	2739	45	22060	17742	1170	3148
江西	1956	96	102	1745	13	16140	12133	1019	2988
山东	5518	381	303	4729	105	35482	26640	3251	5591
河南	4364	307	194	3809	54	24476	17397	1966	5113
湖北	4320	332	307	3613	68	28442	22042	2080	4320
湖南	2200	158	141	1876	25	21897	17194	1273	3430
广东	9705	356	718	8511	120	82409	64645	5448	12316
广西	3052	134	132	2743	43	17550	12965	1346	3239
海南	1337	37	31	1261	8	6567	5094	277	1196
重庆	3300	154	259	2823	64	22137	17270	1524	3343
四川	5124	210	288	4567	59	45274	35884	3047	6343
贵州	1890	73	96	1705	16	11040	8258	764	2018
云南	2661	119	144	2345	53	13123	8995	1316	2812
西藏	186	14	13	159		503	323	52	128
陕西	2696	179	130	2356	31	11814	9062	843	1909
甘肃	1554	155	93	1285	21	4942	3868	403	671
青海	329	32	36	253	8	1438	1066	190	182
宁夏	740	65	49	616	10	2332	1927	209	196
新疆	1992	118	101	1747	26	8635	6875	950	810

4-4a　续表 33　　　　单位：人

地区 性别	教育		卫生和社会工作			文化、体育和娱乐业				
	小计	教育	小计	卫生	社会工作	小计	新闻和出版业	广播、电视、电影和录音制作业	文化艺术业	体育
全　国	**1509163**	**1509163**	**802568**	**774993**	**27575**	**322052**	**36423**	**51192**	**60355**	**44956**
北　京	58808	58808	31326	29811	1515	28330	6923	7975	5810	2509
天　津	25194	25194	12899	12409	490	4192	616	681	1021	715
河　北	63783	63783	33569	32821	748	9721	1523	2010	1968	1498
山　西	38233	38233	19147	18741	406	6010	1049	1104	1572	697
内蒙古	27001	27001	15174	14775	399	4805	616	864	1124	582
辽　宁	60040	60040	33617	32597	1020	10505	1341	1743	2080	1509
吉　林	29298	29298	18351	17498	853	5000	601	963	1040	703
黑龙江	32084	32084	18668	18072	596	5380	755	816	1199	761
上　海	47278	47278	31467	27572	3895	16531	1335	2875	3024	3257
江　苏	100440	100440	50271	48022	2249	19249	1831	2971	3859	3090
浙　江	77944	77944	44343	42630	1713	22971	1697	2962	3808	2862
安　徽	44685	44685	24220	23670	550	7674	795	1126	1361	1076
福　建	46432	46432	22333	21547	786	11838	841	1580	2152	1597
江　西	38910	38910	17720	17325	395	6175	752	866	1233	794
山　东	113474	113474	58137	56713	1424	15497	2184	2675	3351	2539
河　南	74553	74553	39411	38627	784	10879	1596	1770	2620	1582
湖　北	68288	68288	38267	37199	1068	13287	1672	1699	2559	1758
湖　南	50991	50991	27051	26370	681	12216	988	1945	2049	1303
广　东	161846	161846	72434	69574	2860	38570	2597	5417	5785	7320
广　西	39202	39202	20776	20307	469	6291	619	752	1146	798
海　南	9607	9607	4902	4805	97	2536	229	336	403	259
重　庆	43094	43094	23373	22576	797	9543	748	1074	1468	1209
四　川	85064	85064	48956	47402	1554	23401	1474	2603	2988	2917
贵　州	29687	29687	16516	16270	246	5106	536	600	727	501
云　南	33887	33887	20256	19841	415	7115	550	767	1267	894
西　藏	2325	2325	981	925	56	963	67	151	163	21
陕　西	44931	44931	20983	20440	543	7581	969	1209	2090	957
甘　肃	20658	20658	11860	11576	284	3519	493	493	1012	357
青　海	5408	5408	3934	3833	101	1209	158	180	265	133
宁　夏	9127	9127	4855	4701	154	1847	269	209	336	200
新　疆	26891	26891	16771	16344	427	4111	599	776	875	558

4-4a 续表 34

单位：人

地区 性别	教育		卫生和社会工作			文化、体育和娱乐业				
	小计	教育	小计	卫生	社会工作	小计	新闻和出版业	广播、电视、电影和录音制作业	文化艺术业	体育
男	**512226**	**512226**	**248726**	**239688**	**9038**	**167031**	**17969**	**28385**	**29384**	**24814**
北京	20774	20774	8983	8435	548	14111	2933	4216	2836	1467
天津	8019	8019	3781	3605	176	2258	311	377	515	416
河北	18878	18878	10832	10536	296	5208	708	1131	999	847
山西	11665	11665	5674	5499	175	3166	530	592	780	382
内蒙古	8445	8445	4676	4527	149	2566	305	457	550	326
辽宁	18741	18741	9805	9410	395	5580	678	979	917	843
吉林	9121	9121	5612	5288	324	2635	286	540	469	395
黑龙江	11819	11819	6000	5783	217	2988	414	477	587	453
上海	14703	14703	8555	7710	845	8309	572	1586	1419	1862
江苏	33675	33675	15261	14548	713	10035	931	1596	1837	1723
浙江	25381	25381	13916	13354	562	11075	914	1567	1717	1532
安徽	16833	16833	8032	7827	205	4086	418	620	669	589
福建	14480	14480	7298	7025	273	6180	484	935	1057	871
江西	14500	14500	6020	5877	143	3308	424	493	605	446
山东	39769	39769	19023	18503	520	8496	1137	1547	1726	1412
河南	24356	24356	12937	12656	281	6043	810	1025	1311	903
湖北	25332	25332	12091	11733	358	6816	819	929	1197	979
湖南	18593	18593	8679	8441	238	6095	507	1036	1029	684
广东	53424	53424	23857	22985	872	21006	1386	3265	2927	3988
广西	12475	12475	6322	6196	126	3295	287	434	519	420
海南	3325	3325	1589	1556	33	1354	126	180	207	143
重庆	15397	15397	6827	6569	258	4664	382	568	698	668
四川	30047	30047	14853	14330	523	10900	755	1399	1425	1473
贵州	10643	10643	4997	4891	106	2738	277	331	361	284
云南	12719	12719	5635	5498	137	3852	286	423	642	519
西藏	1036	1036	348	325	23	510	39	98	86	10
陕西	16204	16204	6433	6209	224	4084	486	683	1076	503
甘肃	8385	8385	3572	3476	96	1872	271	269	519	175
青海	1984	1984	1105	1071	34	683	85	108	144	83
宁夏	2910	2910	1320	1272	48	974	129	104	144	112
新疆	8593	8593	4693	4553	140	2144	279	420	416	306

4-4a 续表 35

单位：人

地区 性别	教育		卫生和社会工作			文化、体育和娱乐业				
	小计	教育	小计	卫生	社会工作	小计	新闻和出版业	广播、电视、电影和录音制作业	文化艺术业	体育
女	**996937**	**996937**	**553842**	**535305**	**18537**	**155021**	**18454**	**22807**	**30971**	**20142**
北京	38034	38034	22343	21376	967	14219	3990	3759	2974	1042
天津	17175	17175	9118	8804	314	1934	305	304	506	299
河北	44905	44905	22737	22285	452	4513	815	879	969	651
山西	26568	26568	13473	13242	231	2844	519	512	792	315
内蒙古	18556	18556	10498	10248	250	2239	311	407	574	256
辽宁	41299	41299	23812	23187	625	4925	663	764	1163	666
吉林	20177	20177	12739	12210	529	2365	315	423	571	308
黑龙江	20265	20265	12668	12289	379	2392	341	339	612	308
上海	32575	32575	22912	19862	3050	8222	763	1289	1605	1395
江苏	66765	66765	35010	33474	1536	9214	900	1375	2022	1367
浙江	52563	52563	30427	29276	1151	11896	783	1395	2091	1330
安徽	27852	27852	16188	15843	345	3588	377	506	692	487
福建	31952	31952	15035	14522	513	5658	357	645	1095	726
江西	24410	24410	11700	11448	252	2867	328	373	628	348
山东	73705	73705	39114	38210	904	7001	1047	1128	1625	1127
河南	50197	50197	26474	25971	503	4836	786	745	1309	679
湖北	42956	42956	26176	25466	710	6471	853	770	1362	779
湖南	32398	32398	18372	17929	443	6121	481	909	1020	619
广东	108422	108422	48577	46589	1988	17564	1211	2152	2858	3332
广西	26727	26727	14454	14111	343	2996	332	318	627	378
海南	6282	6282	3313	3249	64	1182	103	156	196	116
重庆	27697	27697	16546	16007	539	4879	366	506	770	541
四川	55017	55017	34103	33072	1031	12501	719	1204	1563	1444
贵州	19044	19044	11519	11379	140	2368	259	269	366	217
云南	21168	21168	14621	14343	278	3263	264	344	625	375
西藏	1289	1289	633	600	33	453	28	53	77	11
陕西	28727	28727	14550	14231	319	3497	483	526	1014	454
甘肃	12273	12273	8288	8100	188	1647	222	224	493	182
青海	3424	3424	2829	2762	67	526	73	72	121	50
宁夏	6217	6217	3535	3429	106	873	140	105	192	88
新疆	18298	18298	12078	11791	287	1967	320	356	459	252

4-4a　续表 36　　　　单位：人

地　区 性　别		公共管理、社会保障和社会组织							国际组织	
	娱乐业	小计	中国共产党机关	国家机构	人民政协、民主党派	社会保障	群众团体、社会团体和其他成员组织	基层群众自治组织	小计	国际组织
全　国	**129126**	**1419010**	**34450**	**1179073**	**4476**	**7680**	**61398**	**131933**	**460**	**460**
北　京	5113	51840	1214	39726	165	348	4039	6348	191	191
天　津	1159	25437	652	20870	55	179	810	2871	2	2
河　北	2722	65329	1660	56051	166	330	2104	5018	1	1
山　西	1588	38539	938	32795	134	299	1514	2859	5	5
内蒙古	1619	33849	1023	29560	165	223	886	1992	1	1
辽　宁	3832	63796	1956	52080	208	633	3024	5895	22	22
吉　林	1693	32199	1247	27374	146	296	674	2462	3	3
黑龙江	1849	36409	1482	30244	102	322	1978	2281	8	8
上　海	6040	35154	344	27656	61	330	1885	4878	70	70
江　苏	7498	86074	1812	71313	194	510	3583	8662	12	12
浙　江	11642	65474	1044	54017	201	216	3243	6753	2	2
安　徽	3316	39500	866	33761	143	152	1137	3441	3	3
福　建	5668	37759	1034	30846	219	199	1796	3665	2	2
江　西	2530	36658	1075	30286	88	248	2383	2578	4	4
山　东	4748	103356	2507	83701	253	484	5045	11366	18	18
河　南	3311	72210	1698	61678	184	339	3883	4428		
湖　北	5599	62863	1491	51728	208	399	2574	6463	13	13
湖　南	5931	48693	1206	41175	114	222	2322	3654	3	3
广　东	17451	128741	2010	104297	236	505	6598	15095	51	51
广　西	2976	34900	1014	30102	170	208	1196	2210	1	1
海　南	1309	9856	198	8253	18	28	487	872	5	5
重　庆	5044	33307	613	28656	95	131	856	2956	3	3
四　川	13419	73883	1826	62340	337	289	2575	6516	19	19
贵　州	2742	32194	706	27732	104	124	1001	2527		
云　南	3637	35923	1119	30696	200	106	1194	2608	7	7
西　藏	561	5444	188	4438	28	7	450	333	5	5
陕　西	2356	37796	921	32439	145	196	1377	2718	5	5
甘　肃	1164	26288	715	22975	141	159	883	1415	2	2
青　海	473	9016	324	7680	55	34	432	491	1	1
宁　夏	833	9753	268	8223	57	31	405	769		
新　疆	1303	46770	1299	36381	84	133	1064	7809	1	1

4-4a 续表 37

单位：人

地区 性别	娱乐业	公共管理、社会保障和社会组织						国际组织	
		小计	中国共产党机关	国家机构	人民政协、民主党派	社会保障	群众团体、社会团体和其他成员组织	基层群众自治组织	小计	国际组织
男	**66479**	**888837**	**23016**	**763340**	**2994**	**3400**	**32027**	**64060**	**211**	**211**
北京	2659	29678	759	24039	107	152	1894	2727	81	81
天津	639	16107	430	13858	34	81	415	1289	1	1
河北	1523	41447	1132	36104	107	153	1086	2865	1	1
山西	882	23609	604	20579	81	125	810	1410	2	2
内蒙古	928	20541	663	18649	111	92	414	612		
辽宁	2163	39026	1260	33947	135	272	1590	1822	14	14
吉林	945	19924	855	17853	91	135	299	691	1	1
黑龙江	1057	22692	979	19736	62	138	1111	666	6	6
上海	2870	20297	175	17143	32	130	849	1968	24	24
江苏	3948	55332	1227	47220	128	240	2020	4497	7	7
浙江	5345	41913	719	35470	139	94	1848	3643	1	1
安徽	1790	25858	589	22856	100	73	593	1647	2	2
福建	2833	23934	716	20403	138	83	941	1653	1	1
江西	1340	23689	758	20255	62	121	1246	1247	3	3
山东	2674	68263	1765	56206	182	237	2896	6977	10	10
河南	1994	45168	1114	39240	134	162	2010	2508		
湖北	2892	39464	1050	34004	154	171	1278	2807	6	6
湖南	2839	31211	810	27159	74	117	1244	1807	1	1
广东	9440	84652	1366	69709	164	250	3241	9922	29	29
广西	1635	20797	639	18474	98	74	584	928		
海南	698	6479	136	5573	13	16	268	473	2	2
重庆	2348	20211	392	18244	57	52	409	1057		
四川	5848	45203	1214	39342	228	119	1279	3021	8	8
贵州	1485	19601	464	17470	67	48	515	1037		
云南	1982	21943	712	19036	144	43	574	1434	5	5
西藏	277	3354	117	2709	16	2	333	177	4	4
陕西	1336	23662	617	20848	98	90	752	1257	1	1
甘肃	638	16010	488	14378	104	67	487	486		
青海	263	5461	228	4709	40	7	273	204	1	1
宁夏	485	5520	182	4892	32	11	209	194		
新疆	723	27791	856	23235	62	45	559	3034		

4-4a 续表 38 单位：人

地区 性别	娱乐业	公共管理、社会保障和社会组织						国际组织	
		小计	中国共产党机关	国家机构	人民政协、民主党派	社会保障	群众团体、社会团体和其他成员组织	基层群众自治组织	小计	国际组织
女	**62647**	**530173**	**11434**	**415733**	**1482**	**4280**	**29371**	**67873**	**249**	**249**
北京	2454	22162	455	15687	58	196	2145	3621	110	110
天津	520	9330	222	7012	21	98	395	1582	1	1
河北	1199	23882	528	19947	59	177	1018	2153		
山西	706	14930	334	12216	53	174	704	1449	3	3
内蒙古	691	13308	360	10911	54	131	472	1380	1	1
辽宁	1669	24770	696	18133	73	361	1434	4073	8	8
吉林	748	12275	392	9521	55	161	375	1771	2	2
黑龙江	792	13717	503	10508	40	184	867	1615	2	2
上海	3170	14857	169	10513	29	200	1036	2910	46	46
江苏	3550	30742	585	24093	66	270	1563	4165	5	5
浙江	6297	23561	325	18547	62	122	1395	3110	1	1
安徽	1526	13642	277	10905	43	79	544	1794	1	1
福建	2835	13825	318	10443	81	116	855	2012	1	1
江西	1190	12969	317	10031	26	127	1137	1331	1	1
山东	2074	35093	742	27495	71	247	2149	4389	8	8
河南	1317	27042	584	22438	50	177	1873	1920		
湖北	2707	23399	441	17724	54	228	1296	3656	7	7
湖南	3092	17482	396	14016	40	105	1078	1847	2	2
广东	8011	44089	644	34588	72	255	3357	5173	22	22
广西	1341	14103	375	11628	72	134	612	1282	1	1
海南	611	3377	62	2680	5	12	219	399	3	3
重庆	2696	13096	221	10412	38	79	447	1899	3	3
四川	7571	28680	612	22998	109	170	1296	3495	11	11
贵州	1257	12593	242	10262	37	76	486	1490		
云南	1655	13980	407	11660	56	63	620	1174	2	2
西藏	284	2090	71	1729	12	5	117	156	1	1
陕西	1020	14134	304	11591	47	106	625	1461	4	4
甘肃	526	10278	227	8597	37	92	396	929	2	2
青海	210	3555	96	2971	15	27	159	287		
宁夏	348	4233	86	3331	25	20	196	575		
新疆	580	18979	443	13146	22	88	505	4775	1	1

4-4b 各地区分性别、行业大类的就业人口(镇)

单位：人

地区 性别	合计	农、林、牧、渔业						采矿业	
		小计	农业	林业	畜牧业	渔业	农、林、牧、渔专业及辅助性活动	小计	煤炭开采和洗选业
全国	**14555424**	**2090599**	**1776902**	**49744**	**154634**	**61171**	**48148**	**146932**	**81904**
北京	65835	1346	1046	99	129	18	54	76	27
天津	32378	3815	3307	144	268	62	34	769	
河北	994925	161649	143556	1821	11723	1478	3071	8408	3608
山西	340233	50396	46682	649	2593	41	431	30001	27235
内蒙古	284363	37035	25536	1814	7855	79	1751	10035	6579
辽宁	219695	53851	46349	537	4260	1714	991	2781	686
吉林	189831	27527	23809	2014	1204	141	359	1676	430
黑龙江	248680	73260	64160	3380	2995	264	2461	3096	831
上海	125846	1256	936	68	83	111	58	31	2
江苏	1047479	93646	77679	1562	3964	7271	3170	2687	1540
浙江	773450	27100	18783	1259	1493	5144	421	1142	158
安徽	864964	91876	81389	1573	4736	2677	1501	8543	6453
福建	552481	58712	42359	1787	3984	9215	1367	1636	636
江西	644311	80016	69835	2341	3950	1326	2564	2663	403
山东	1091197	226982	205697	2677	10899	3395	4314	13944	7739
河南	1266434	127075	109975	2360	9193	830	4717	8218	4549
湖北	597499	94254	80286	1085	5125	6461	1297	2245	223
湖南	915188	149511	132346	2542	9885	2767	1971	4580	1439
广东	710578	58225	41973	1872	4416	8140	1824	1085	18
广西	489590	113465	97477	3658	8406	2395	1529	1978	87
海南	94588	28053	17044	2915	1186	4898	2010	407	2
重庆	266287	30189	26623	342	2536	426	262	2316	1494
四川	853394	124970	105512	1977	15068	1046	1367	5727	2386
贵州	375116	52386	42390	904	7825	285	982	4875	3290
云南	569097	164241	139830	6532	14967	631	2281	5540	1417
西藏	20936	2102	1319	89	372	2	320	109	2
陕西	356627	70738	65764	1062	3086	201	625	11904	5634
甘肃	210001	34901	29766	511	3542	24	1058	3870	1149
青海	53603	7153	2490	1720	2720	18	205	739	297
宁夏	71735	6217	4507	135	1353	29	193	1991	1723
新疆	229083	38652	28477	315	4818	82	4960	3860	1867

4-4b 续表 1

单位：人

地区 性别	合计	农、林、牧、渔业						采矿业	
		小计	农业	林业	畜牧业	渔业	农、林、牧、渔专业及辅助性活动	小计	煤炭开采和洗选业
男	**8645624**	**1141977**	**936484**	**34950**	**93441**	**47174**	**29928**	**125793**	**72117**
北京	41436	797	595	66	89	12	35	63	27
天津	22021	2564	2190	100	192	55	27	553	
河北	598443	87989	75615	1320	7857	1242	1955	7143	3134
山西	222609	30589	27664	518	2053	31	323	26260	23843
内蒙古	177589	24084	15914	1430	5321	67	1352	8793	5809
辽宁	132693	31119	25929	384	2730	1430	646	2436	638
吉林	113416	17205	14352	1621	859	105	268	1393	398
黑龙江	150964	46398	39677	2662	1871	197	1991	2351	738
上海	78529	784	554	44	55	88	43	26	1
江苏	624697	49783	38558	1029	2585	5421	2190	2133	1249
浙江	468055	18397	11620	980	897	4679	221	1023	147
安徽	525016	48536	41161	1192	3140	2005	1038	7868	6093
福建	325501	34538	22700	1399	2324	7382	733	1433	557
江西	374433	44460	37548	1855	2435	966	1656	2191	342
山东	652081	118512	104532	1811	7081	2646	2442	11310	6501
河南	731802	65476	54725	1613	5781	583	2774	6986	4003
湖北	353189	49421	40522	781	2960	4247	911	1950	212
湖南	545886	82824	72590	1787	5201	1932	1314	3836	1142
广东	437174	37384	25005	1398	3092	6658	1231	898	16
广西	277559	60005	49809	2615	5003	1708	870	1555	71
海南	56310	16617	9317	1814	754	3786	946	361	1
重庆	155438	14851	12774	250	1368	283	176	2100	1402
四川	472323	58997	49298	1293	6901	743	762	4859	2076
贵州	219457	26432	20486	691	4457	217	581	4328	2976
云南	319707	83545	70000	4021	7898	436	1190	4651	1196
西藏	12251	1088	661	48	211	1	167	89	1
陕西	220620	39542	36292	715	1963	142	430	10272	5085
甘肃	126321	18900	15526	374	2364	20	616	3206	1002
青海	32112	4096	1404	827	1703	11	151	637	264
宁夏	44667	3747	2546	91	964	23	123	1817	1582
新疆	133325	23297	16920	221	3332	58	2766	3272	1611

4-4b 续表 2

单位：人

地区 性别	合计	农、林、牧、渔业						采矿业	
		小计	农业	林业	畜牧业	渔业	农、林、牧、渔专业及辅助性活动	小计	煤炭开采和洗选业
女	**5909800**	**948622**	**840418**	**14794**	**61193**	**13997**	**18220**	**21139**	**9787**
北京	24399	549	451	33	40	6	19	13	
天津	10357	1251	1117	44	76	7	7	216	
河北	396482	73660	67941	501	3866	236	1116	1265	474
山西	117624	19807	19018	131	540	10	108	3741	3392
内蒙古	106774	12951	9622	384	2534	12	399	1242	770
辽宁	87002	22732	20420	153	1530	284	345	345	48
吉林	76415	10322	9457	393	345	36	91	283	32
黑龙江	97716	26862	24483	718	1124	67	470	745	93
上海	47317	472	382	24	28	23	15	5	1
江苏	422782	43863	39121	533	1379	1850	980	554	291
浙江	305395	8703	7163	279	596	465	200	119	11
安徽	339948	43340	40228	381	1596	672	463	675	360
福建	226980	24174	19659	388	1660	1833	634	203	79
江西	269878	35556	32287	486	1515	360	908	472	61
山东	439116	108470	101165	866	3818	749	1872	2634	1238
河南	534632	61599	55250	747	3412	247	1943	1232	546
湖北	244310	44833	39764	304	2165	2214	386	295	11
湖南	369302	66687	59756	755	4684	835	657	744	297
广东	273404	20841	16968	474	1324	1482	593	187	2
广西	212031	53460	47668	1043	3403	687	659	423	16
海南	38278	11436	7727	1101	432	1112	1064	46	1
重庆	110849	15338	13849	92	1168	143	86	216	92
四川	381071	65973	56214	684	8167	303	605	868	310
贵州	155659	25954	21904	213	3368	68	401	547	314
云南	249390	80696	69830	2511	7069	195	1091	889	221
西藏	8685	1014	658	41	161	1	153	20	1
陕西	136007	31196	29472	347	1123	59	195	1632	549
甘肃	83680	16001	14240	137	1178	4	442	664	147
青海	21491	3057	1086	893	1017	7	54	102	33
宁夏	27068	2470	1961	44	389	6	70	174	141
新疆	95758	15355	11557	94	1486	24	2194	588	256

4-4b 续表 3

单位：人

地区 性别	采矿业						制造业		
	石油和天然气开采业	黑色金属矿采选业	有色金属矿采选业	非金属矿采选业	开采专业及辅助性活动	其他采矿业	小计	农副食品加工业	食品制造业
全国	**10480**	**9554**	**14943**	**16118**	**11690**	**2243**	**2878690**	**141519**	**94727**
北京	7	8	3	8	23		8196	328	613
天津	374	2	3	3	386	1	12043	307	412
河北	878	2057	360	1006	364	135	216911	10109	7131
山西	324	898	601	298	583	62	41911	1529	1862
内蒙古	502	688	1139	487	552	88	26103	2564	2938
辽宁	89	606	797	436	112	55	27415	2964	1010
吉林	486	31	374	130	223	2	24752	1363	1025
黑龙江	438	23	304	181	1257	62	14425	2641	1533
上海	13	1	2	4	9		42078	615	1094
江苏	283	96	24	482	220	42	353796	8482	5448
浙江	5	69	91	719	38	62	353149	4513	3087
安徽	46	908	149	794	144	49	172658	7454	5340
福建	2	130	190	602	48	28	144829	8374	5183
江西	25	96	1034	799	125	181	151690	4091	3796
山东	1324	510	645	1342	2275	109	233037	19197	9614
河南	453	183	1032	917	906	178	218643	16651	13271
湖北	58	351	223	1157	97	136	98977	4834	2835
湖南	21	159	1508	1011	125	317	144433	7939	6505
广东	37	37	357	531	73	32	233156	6154	3661
广西	56	273	610	782	85	85	63063	6717	2029
海南	6	258	7	99	22	13	6209	1378	324
重庆	149	149	56	292	116	60	37087	1629	2243
四川	424	761	394	1149	500	113	87063	6108	3946
贵州	32	120	138	1100	122	73	36393	3518	1946
云南	19	350	2822	727	93	112	47806	6107	2698
西藏	1	15	51	19	4	17	807	55	81
陕西	3272	443	1017	256	1183	99	33063	1818	1786
甘肃	760	87	415	270	1154	35	14901	1548	1055
青海	57	49	133	166	22	15	4606	292	193
宁夏	121	10	8	59	63	7	9657	563	683
新疆	218	186	456	292	766	75	19833	1677	1385

4-4b　续表 4　　　　单位：人

地区 性别	采矿业						制造业		
	石油和天然气开采业	黑色金属矿采选业	有色金属矿采选业	非金属矿采选业	开采专业及辅助性活动	其他采矿业	小计	农副食品加工业	食品制造业
男	**8125**	**8150**	**12409**	**13767**	**9308**	**1917**	**1708903**	**80395**	**45893**
北京	3	8	2	7	16		5286	193	321
天津	255	1	3	2	292		8361	219	234
河北	698	1721	297	854	318	121	134607	5834	3470
山西	284	808	491	274	504	56	30084	1022	1002
内蒙古	414	612	963	426	498	71	18800	1624	1669
辽宁	81	524	689	355	100	49	17979	1844	512
吉林	363	28	308	116	179	1	17370	903	492
黑龙江	291	21	257	143	849	52	9553	1738	832
上海	12		1	4	8		26893	343	566
江苏	200	78	11	386	172	37	202873	4764	2593
浙江	5	65	79	641	31	55	206054	2386	1564
安徽	42	785	121	663	123	41	96696	4293	2387
福建	2	115	164	526	43	26	82154	3826	2351
江西	15	82	841	664	98	149	80558	2490	1885
山东	898	448	565	1137	1665	96	142859	10637	4766
河南	348	156	823	772	742	142	125056	9285	6190
湖北	49	297	180	1008	84	120	58463	2838	1326
湖南	16	131	1286	876	104	281	85571	4560	2788
广东	31	29	269	470	58	25	136948	3822	2021
广西	35	190	468	650	72	69	34819	4049	954
海南	6	230	7	84	21	12	4167	728	164
重庆	119	116	50	259	101	53	22504	882	1185
四川	367	621	321	949	436	89	51907	3362	1828
贵州	26	94	121	947	102	62	22143	1901	915
云南	14	311	2336	626	77	91	29791	3243	1280
西藏	1	14	39	17	3	14	575	38	46
陕西	2611	400	830	229	1028	89	22955	1049	935
甘肃	603	74	343	249	902	33	10113	925	486
青海	46	31	120	139	22	15	3349	187	82
宁夏	110	7	8	51	52	7	6915	312	371
新疆	180	153	416	243	608	61	13500	1098	678

4-4b 续表 5　　　　单位：人

地区 性别	采矿业						制造业		
	石油和天然气开采业	黑色金属矿采选业	有色金属矿采选业	非金属矿采选业	开采专业及辅助性活动	其他采矿业	小计	农副食品加工业	食品制造业
女	**2355**	**1404**	**2534**	**2351**	**2382**	**326**	**1169787**	**61124**	**48834**
北京	4		1	1	7		2910	135	292
天津	119	1		1	94	1	3682	88	178
河北	180	336	63	152	46	14	82304	4275	3661
山西	40	90	110	24	79	6	11827	507	860
内蒙古	88	76	176	61	54	17	7303	940	1269
辽宁	8	82	108	81	12	6	9436	1120	498
吉林	123	3	66	14	44	1	7382	460	533
黑龙江	147	2	47	38	408	10	4872	903	701
上海	1	1	1		1		15185	272	528
江苏	83	18	13	96	48	5	150923	3718	2855
浙江		4	12	78	7	7	147095	2127	1523
安徽	4	123	28	131	21	8	75962	3161	2953
福建		15	26	76	5	2	62675	4548	2832
江西	10	14	193	135	27	32	71132	1601	1911
山东	426	62	80	205	610	13	90178	8560	4848
河南	105	27	209	145	164	36	93587	7366	7081
湖北	9	54	43	149	13	16	40514	1996	1509
湖南	5	28	222	135	21	36	58862	3379	3717
广东	6	8	88	61	15	7	96208	2332	1640
广西	21	83	142	132	13	16	28244	2668	1075
海南		28		15	1	1	2042	650	160
重庆	30	33	6	33	15	7	14583	747	1058
四川	57	140	73	200	64	24	35156	2746	2118
贵州	6	26	17	153	20	11	14250	1617	1031
云南	5	39	486	101	16	21	18015	2864	1418
西藏		1	12	2	1	3	232	17	35
陕西	661	43	187	27	155	10	10108	769	851
甘肃	157	13	72	21	252	2	4788	623	569
青海	11	18	13	27			1257	105	111
宁夏	11	3		8	11		2742	251	312
新疆	38	33	40	49	158	14	6333	579	707

4-4b　续表 6　　　　单位：人

地区 性别	制造业								
	酒、饮料和精制茶制造业	烟草制品业	纺织业	纺织服装、服饰业	皮革、毛皮、羽毛及其制品和制鞋业	木材加工和木、竹、藤、棕、草制品业	家具制造业	造纸和纸制品业	印刷和记录媒介复制业
全　国	**38903**	**3835**	**158868**	**305441**	**107903**	**83068**	**78173**	**52193**	**29878**
北　京	157	3	31	394	20	40	189	143	332
天　津	53	8	254	451	82	112	377	243	228
河　北	1977	135	11628	16352	14321	4747	8993	3262	2063
山　西	756	57	646	587	126	369	320	440	410
内蒙古	704	19	322	546	141	424	243	196	240
辽　宁	348	13	638	3321	1070	811	639	386	208
吉　林	703	95	126	481	31	791	356	192	259
黑龙江	548	44	344	509	65	1542	521	222	191
上　海	264	13	637	2036	255	353	884	799	571
江　苏	2187	99	43463	38345	5046	9085	6640	5265	3574
浙　江	1486	43	30169	50371	15355	7023	14298	7850	4760
安　徽	2673	384	7282	26492	3259	4072	3943	2567	1542
福　建	2578	131	9079	13527	9860	4965	4402	3971	1005
江　西	1190	129	4643	31298	10664	3585	4391	2443	1060
山　东	2860	214	13382	14978	2801	14177	3963	5664	1993
河　南	3232	336	8006	17544	8716	5980	5628	4019	2082
湖　北	1855	119	5794	21676	2590	1933	2413	1383	1075
湖　南	1766	279	3617	8696	9031	4043	3268	1965	1840
广　东	1349	84	6612	33786	14354	3324	6091	4094	3023
广　西	1321	46	2216	7453	1470	6749	1467	1222	485
海　南	187	3	81	159	12	258	100	426	49
重　庆	520	67	933	2295	1379	880	1186	944	234
四　川	3306	275	3463	7088	4213	2846	4480	2222	1095
贵　州	2338	263	1284	2068	1479	1563	1088	554	247
云　南	2339	651	1241	1685	839	1994	1147	859	470
西　藏	43		50	69	1	31	47	3	7
陕　西	970	308	905	741	226	441	592	489	376
甘　肃	464	12	378	380	120	238	168	140	197
青　海	186	2	49	115	6	50	35	9	40
宁　夏	123	1	266	150	17	127	154	75	96
新　疆	420	2	1329	1848	354	515	150	146	126

4-4b 续表 7

单位：人

地区 性别	制造业								
	酒、饮料和精制茶制造业	烟草制品业	纺织业	纺织服装、服饰业	皮革、毛皮、羽毛及其制品和制鞋业	木材加工和木、竹、藤、棕、草制品业	家具制造业	造纸和纸制品业	印刷和记录媒介复制业
男	**24015**	**2314**	**74312**	**99153**	**49080**	**54566**	**53092**	**31409**	**17659**
北京	110	3	12	160	9	34	134	98	202
天津	36	6	136	94	39	82	264	177	156
河北	1199	84	5038	3126	6861	3294	6083	1850	1254
山西	526	31	284	197	55	309	250	264	231
内蒙古	453	12	113	106	47	309	173	122	114
辽宁	227	11	292	988	567	585	418	227	114
吉林	505	68	55	127	13	546	240	131	131
黑龙江	360	33	157	136	36	1084	376	158	92
上海	169	9	293	623	110	260	635	454	358
江苏	1472	60	20342	10050	1825	6080	4521	3166	1967
浙江	964	25	16225	21325	7671	4563	9314	4846	3011
安徽	1685	223	2996	6540	1177	2817	2830	1436	893
福建	1323	69	4802	3684	4044	3217	2950	2287	614
江西	727	82	1919	10217	4297	2651	3171	1435	629
山东	1754	145	5410	2976	935	8250	2558	3639	1084
河南	1969	205	3129	4842	3827	3654	3677	2258	1163
湖北	1150	75	2464	8579	1213	1440	1741	871	641
湖南	1118	172	1619	3216	3823	2971	2357	1198	1127
广东	868	54	3595	13714	7564	2241	4199	2693	1986
广西	754	34	850	2153	515	3849	996	752	298
海南	106	3	42	52	7	206	71	310	27
重庆	317	44	459	919	715	660	810	557	146
四川	2019	123	1557	2675	2129	1933	2964	1190	575
贵州	1508	190	599	695	711	1135	752	281	136
云南	1294	333	597	673	437	1333	776	528	256
西藏	31		17	46	1	27	42	3	5
陕西	614	208	384	263	110	354	438	275	215
甘肃	321	8	155	87	52	187	110	82	98
青海	118	2	20	40	3	35	26	6	24
宁夏	70	1	95	29	7	85	106	35	40
新疆	248	1	656	821	280	375	110	80	72

4-4b　续表 8

单位：人

地区 性别	制造业								
	酒、饮料和精制茶制造业	烟草制品业	纺织业	纺织服装、服饰业	皮革、毛皮、羽毛及其制品和制鞋业	木材加工和木、竹、藤、棕、草制品业	家具制造业	造纸和纸制品业	印刷和记录媒介复制业
女	**14888**	**1521**	**84556**	**206288**	**58823**	**28502**	**25081**	**20784**	**12219**
北京	47		19	234	11	6	55	45	130
天津	17	2	118	357	43	30	113	66	72
河北	778	51	6590	13226	7460	1453	2910	1412	809
山西	230	26	362	390	71	60	70	176	179
内蒙古	251	7	209	440	94	115	70	74	126
辽宁	121	2	346	2333	503	226	221	159	94
吉林	198	27	71	354	18	245	116	61	128
黑龙江	188	11	187	373	29	458	145	64	99
上海	95	4	344	1413	145	93	249	345	213
江苏	715	39	23121	28295	3221	3005	2119	2099	1607
浙江	522	18	13944	29046	7684	2460	4984	3004	1749
安徽	988	161	4286	19952	2082	1255	1113	1131	649
福建	1255	62	4277	9843	5816	1748	1452	1684	391
江西	463	47	2724	21081	6367	934	1220	1008	431
山东	1106	69	7972	12002	1866	5927	1405	2025	909
河南	1263	131	4877	12702	4889	2326	1951	1761	919
湖北	705	44	3330	13097	1377	493	672	512	434
湖南	648	107	1998	5480	5208	1072	911	767	713
广东	481	30	3017	20072	6790	1083	1892	1401	1037
广西	567	12	1366	5300	955	2900	471	470	187
海南	81		39	107	5	52	29	116	22
重庆	203	23	474	1376	664	220	376	387	88
四川	1287	152	1906	4413	2084	913	1516	1032	520
贵州	830	73	685	1373	768	428	336	273	111
云南	1045	318	644	1012	402	661	371	331	214
西藏	12		33	23		4	5		2
陕西	356	100	521	478	116	87	154	214	161
甘肃	143	4	223	293	68	51	58	58	99
青海	68		29	75	3	15	9	3	16
宁夏	53		171	121	10	42	48	40	56
新疆	172	1	673	1027	74	140	40	66	54

4-4b 续表 9

单位：人

地区 性别	制造业								
	文教、工美、体育和娱乐用品制造业	石油、煤炭及其他燃料加工业	化学原料和化学制品制造业	医药制造业	化学纤维制造业	橡胶和塑料制品业	非金属矿物制品业	黑色金属冶炼和压延加工业	有色金属冶炼和压延加工业
全国	**103338**	**23512**	**102392**	**42754**	**10452**	**118414**	**201357**	**62320**	**41634**
北京	107	23	190	627	1	116	422	28	38
天津	255	23	162	93	11	416	651	1354	177
河北	7686	1907	6019	2723	702	12233	12862	16460	909
山西	279	3476	3065	1187	39	601	4367	3807	946
内蒙古	198	1328	4108	680	27	568	2182	1982	1880
辽宁	661	356	918	340	22	1108	2937	984	436
吉林	134	228	748	1789	341	488	1058	425	100
黑龙江	222	177	371	433	2	512	745	427	35
上海	800	84	1652	889	45	1816	1377	370	227
江苏	7942	694	9659	4110	2552	15708	11947	7794	3033
浙江	18186	983	6170	3595	3568	20033	8972	2145	2552
安徽	7346	457	4713	2349	201	8294	10193	1796	1320
福建	9120	415	2950	648	1046	4964	19981	3252	1664
江西	4067	173	5782	2138	136	4127	13875	1027	3452
山东	8842	4505	14297	5370	423	13533	15980	5318	3696
河南	6588	1073	6804	4763	176	5114	14516	2969	3806
湖北	1761	167	4740	1999	224	2645	6632	1111	698
湖南	3636	333	7966	1887	133	3334	19402	866	1687
广东	16140	239	6532	1451	225	12335	17021	1373	2436
广西	2474	97	1358	612	17	1565	5568	1092	1584
海南	230	345	223	202	3	240	840	21	23
重庆	614	66	633	477	13	1155	2836	222	996
四川	1956	438	2928	1442	225	2830	9342	1720	1060
贵州	1104	113	1827	386	17	1265	3836	386	431
云南	1724	616	1515	462	33	1412	5527	1183	2403
西藏	49		39	28		6	99	18	4
陕西	548	2404	1864	477	18	585	2713	1223	2472
甘肃	192	517	893	1035	13	311	1830	420	974
青海	147	144	818	34	12	60	558	164	771
宁夏	51	1109	1199	367	51	288	812	1241	392
新疆	279	1022	2249	161	176	752	2276	1142	1432

4-4b 续表 10 单位：人

地区 性别	制造业								
	文教、工美、体育和娱乐用品制造业	石油、煤炭及其他燃料加工业	化学原料和化学制品制造业	医药制造业	化学纤维制造业	橡胶和塑料制品业	非金属矿物制品业	黑色金属冶炼和压延加工业	有色金属冶炼和压延加工业
男	**45909**	**18171**	**69720**	**22554**	**6642**	**71035**	**143078**	**50363**	**31776**
北京	65	15	115	297		81	328	26	29
天津	138	13	112	49	7	263	554	1100	142
河北	3830	1529	4206	1444	461	7438	9380	13524	701
山西	165	2691	2236	627	26	425	3297	3221	779
内蒙古	116	1066	3121	454	19	403	1759	1552	1533
辽宁	408	288	682	192	16	684	2207	856	355
吉林	65	174	562	846	228	315	859	361	77
黑龙江	117	126	267	207	2	336	575	319	28
上海	402	65	952	474	39	1040	991	312	161
江苏	2787	515	6745	2150	1567	8598	8320	6100	2146
浙江	9211	776	4180	2106	2298	11448	6610	1725	1841
安徽	1569	358	3256	1282	127	5042	7559	1478	1003
福建	4947	327	2014	354	683	2915	13203	2649	1294
江西	1659	131	3370	1132	85	2463	9388	770	2589
山东	3048	3456	10473	3056	256	8604	11837	4416	2857
河南	2721	832	4451	2152	103	2866	10284	2382	3014
湖北	797	126	3239	1019	129	1752	4997	921	507
湖南	1554	249	4526	917	73	2082	12568	672	1335
广东	8134	188	4131	791	159	7740	11782	1165	1764
广西	820	70	902	281	10	907	3951	828	1248
海南	130	304	176	109	3	164	650	17	19
重庆	255	50	429	244	6	709	2006	175	724
四川	827	339	1990	750	139	1726	6665	1314	721
贵州	520	73	1253	199	12	819	2912	313	314
云南	974	453	1015	238	21	886	3947	887	1771
西藏	39		30	13		5	80	14	2
陕西	227	1773	1392	246	10	394	2092	988	1852
甘肃	107	406	668	567	11	199	1461	339	777
青海	112	115	599	22	8	31	423	127	643
宁夏	20	893	940	245	38	174	611	973	316
新疆	145	770	1688	91	106	526	1782	839	1234

4-4b 续表 11

单位：人

地区 性别	制造业								
	文教、工美、体育和娱乐用品制造业	石油、煤炭及其他燃料加工业	化学原料和化学制品制造业	医药制造业	化学纤维制造业	橡胶和塑料制品业	非金属矿物制品业	黑色金属冶炼和压延加工业	有色金属冶炼和压延加工业
女	**57429**	**5341**	**32672**	**20200**	**3810**	**47379**	**58279**	**11957**	**9858**
北京	42	8	75	330	1	35	94	2	9
天津	117	10	50	44	4	153	97	254	35
河北	3856	378	1813	1279	241	4795	3482	2936	208
山西	114	785	829	560	13	176	1070	586	167
内蒙古	82	262	987	226	8	165	423	430	347
辽宁	253	68	236	148	6	424	730	128	81
吉林	69	54	186	943	113	173	199	64	23
黑龙江	105	51	104	226		176	170	108	7
上海	398	19	700	415	6	776	386	58	66
江苏	5155	179	2914	1960	985	7110	3627	1694	887
浙江	8975	207	1990	1489	1270	8585	2362	420	711
安徽	5777	99	1457	1067	74	3252	2634	318	317
福建	4173	88	936	294	363	2049	6778	603	370
江西	2408	42	2412	1006	51	1664	4487	257	863
山东	5794	1049	3824	2314	167	4929	4143	902	839
河南	3867	241	2353	2611	73	2248	4232	587	792
湖北	964	41	1501	980	95	893	1635	190	191
湖南	2082	84	3440	970	60	1252	6834	194	352
广东	8006	51	2401	660	66	4595	5239	208	672
广西	1654	27	456	331	7	658	1617	264	336
海南	100	41	47	93		76	190	4	4
重庆	359	16	204	233	7	446	830	47	272
四川	1129	99	938	692	86	1104	2677	406	339
贵州	584	40	574	187	5	446	924	73	117
云南	750	163	500	224	12	526	1580	296	632
西藏	10		9	15		1	19	4	2
陕西	321	631	472	231	8	191	621	235	620
甘肃	85	111	225	468	2	112	369	81	197
青海	35	29	219	12	4	29	135	37	128
宁夏	31	216	259	122	13	114	201	268	76
新疆	134	252	561	70	70	226	494	303	198

4-4b　续表 12　　　　单位：人

地区 性别	制造业								
	金属制品业	通用设备制造业	专用设备制造业	汽车制造业	铁路、船舶、航空航天和其他运输设备制造业	电气机械和器材制造业	计算机、通信和其他电子设备制造业	仪器仪表制造业	其他制造业
全　国	**220533**	**173389**	**82453**	**104368**	**35181**	**135883**	**243172**	**15298**	**23547**
北　京	375	470	467	1044	134	570	836	221	40
天　津	1575	774	259	546	1686	546	710	37	98
河　北	27093	15600	5152	7704	3296	4731	4444	842	1873
山　西	4007	1630	1067	428	179	560	8005	83	91
内蒙古	1718	533	472	92	81	430	254	51	66
辽　宁	2843	1861	532	872	247	560	326	135	183
吉　林	1041	981	493	9646	347	397	452	137	60
黑龙江	900	526	431	155	172	203	314	64	64
上　海	3366	5020	2603	6539	2471	3280	2584	567	190
江　苏	28187	33921	17914	14432	9492	20761	29621	2791	2125
浙　江	31165	34764	11284	14087	3546	27790	16945	2459	3605
安　徽	10219	10931	4583	8906	1826	13586	15012	948	1490
福　建	10184	4032	2607	2195	661	4635	9259	467	1827
江　西	7533	4624	2923	2065	760	5871	21924	528	1672
山　东	18796	16653	6835	8777	2172	4197	9515	993	1139
河　南	10428	10508	5642	4933	1732	6179	40240	1429	2720
湖　北	5979	4082	2260	4141	563	3028	9372	495	872
湖　南	9116	6312	4733	4120	859	4727	22119	666	1308
广　东	22944	7220	4920	4096	1263	25048	21492	1128	1498
广　西	3216	1304	1187	1269	366	1541	6812	194	505
海　南	399	58	94	25	37	56	85	14	49
重　庆	2583	2143	965	3945	1321	986	4756	194	254
四　川	5310	3656	1969	1842	577	2463	7255	357	694
贵　州	2398	1166	679	355	178	1202	3079	94	442
云　南	3726	1086	760	484	183	1060	4139	86	254
西　藏	58	41	24	1	7	11	8	1	2
陕　西	2259	2370	775	1426	899	601	2260	207	280
甘　肃	1258	572	365	106	86	282	732	48	81
青　海	316	92	53	19	10	131	150		9
宁　夏	682	187	161	52	3	197	261	30	31
新　疆	859	272	244	66	27	254	211	32	25

4-4b 续表 13

单位：人

地区 性别	制造业								
	金属制品业	通用设备制造业	专用设备制造业	汽车制造业	铁路、船舶、航空航天和其他运输设备制造业	电气机械和器材制造业	计算机、通信和其他电子设备制造业	仪器仪表制造业	其他制造业
男	**162207**	**125231**	**56618**	**73275**	**25084**	**81935**	**135929**	**9515**	**12316**
北京	275	346	288	832	92	354	515	140	28
天津	1273	617	179	381	1141	405	353	17	51
河北	20278	11319	3757	5682	2138	3344	2735	588	822
山西	3506	1339	769	329	143	420	4938	64	56
内蒙古	1483	466	352	69	72	366	172	45	56
辽宁	2387	1523	408	600	217	381	212	90	109
吉林	870	760	319	7404	258	274	279	96	38
黑龙江	752	431	278	105	139	154	201	49	45
上海	2424	3589	1864	4464	1951	1955	1374	361	103
江苏	20125	24532	11900	9181	6597	12756	16415	1676	1149
浙江	20293	23575	8229	9280	2400	15243	9748	1464	1859
安徽	7817	8077	2994	6120	1270	8530	8904	603	800
福建	7337	2936	1848	1520	514	2703	5262	222	758
江西	5723	3025	1880	1420	585	3226	11077	336	845
山东	14762	12410	4752	6656	1737	2789	5689	655	622
河南	8226	7745	3680	3729	1282	3853	22521	887	1296
湖北	4669	3095	1555	3050	437	1991	5709	311	511
湖南	6989	4780	3419	2967	611	2849	11985	449	754
广东	15366	5140	3374	2789	950	14786	11765	643	869
广西	2391	900	772	823	277	918	3180	119	282
海南	348	50	66	18	26	41	58	11	21
重庆	1848	1429	603	2740	824	583	2458	109	136
四川	3950	2713	1233	1239	428	1525	3812	224	428
贵州	1801	810	444	238	130	719	1618	62	230
云南	2814	791	467	334	119	681	2633	62	152
西藏	48	32	13	1	6	10	5	1	1
陕西	1862	1877	567	1133	644	426	1407	143	201
甘肃	1059	463	267	76	62	202	454	42	47
青海	257	78	40	12	9	98	104		8
宁夏	566	162	123	37	2	150	202	21	24
新疆	708	221	178	46	23	203	144	25	15

4-4b 续表 14 单位：人

地 区 性 别	制造业								
	金 属 制品业	通用设备 制造业	专用设备 制造业	汽 车 制造业	铁路、船舶、 航空航天和 其他运输 设备制造业	电气机械 和器材 制造业	计算机、 通信和其 他电子设 备制造业	仪器仪表 制造业	其 他 制造业
女	**58326**	**48158**	**25835**	**31093**	**10097**	**53948**	**107243**	**5783**	**11231**
北 京	100	124	179	212	42	216	321	81	12
天 津	302	157	80	165	545	141	357	20	47
河 北	6815	4281	1395	2022	1158	1387	1709	254	1051
山 西	501	291	298	99	36	140	3067	19	35
内 蒙 古	235	67	120	23	9	64	82	6	10
辽 宁	456	338	124	272	30	179	114	45	74
吉 林	171	221	174	2242	89	123	173	41	22
黑 龙 江	148	95	153	50	33	49	113	15	19
上 海	942	1431	739	2075	520	1325	1210	206	87
江 苏	8062	9389	6014	5251	2895	8005	13206	1115	976
浙 江	10872	11189	3055	4807	1146	12547	7197	995	1746
安 徽	2402	2854	1589	2786	556	5056	6108	345	690
福 建	2847	1096	759	675	147	1932	3997	245	1069
江 西	1810	1599	1043	645	175	2645	10847	192	827
山 东	4034	4243	2083	2121	435	1408	3826	338	517
河 南	2202	2763	1962	1204	450	2326	17719	542	1424
湖 北	1310	987	705	1091	126	1037	3663	184	361
湖 南	2127	1532	1314	1153	248	1878	10134	217	554
广 东	7578	2080	1546	1307	313	10262	9727	485	629
广 西	825	404	415	446	89	623	3632	75	223
海 南	51	8	28	7	11	15	27	3	28
重 庆	735	714	362	1205	497	403	2298	85	118
四 川	1360	943	736	603	149	938	3443	133	266
贵 州	597	356	235	117	48	483	1461	32	212
云 南	912	295	293	150	64	379	1506	24	102
西 藏	10	9	11		1	1	3		1
陕 西	397	493	208	293	255	175	853	64	79
甘 肃	199	109	98	30	24	80	278	6	34
青 海	59	14	13	7	1	33	46		1
宁 夏	116	25	38	15	1	47	59	9	7
新 疆	151	51	66	20	4	51	67	7	10

4-4b 续表 15 单位：人

地区 性别	制造业		电力、热力、燃气及水生产和供应业				建筑业		
	废弃资源综合利用业	金属制品、机械和设备修理业	小计	电力、热力生产和供应业	燃气生产和供应业	水的生产和供应业	小计	房屋建筑业	土木工程建筑业
全国	**20079**	**24106**	**147861**	**103774**	**18510**	**25577**	**1712890**	**978849**	**137251**
北京	58	179	535	316	98	121	8117	4257	880
天津	71	72	287	190	47	50	2839	1766	301
河北	1648	2309	10742	7671	1623	1448	98406	56904	6803
山西	265	727	6541	4564	1067	910	28162	15632	3133
内蒙古	354	762	7721	6294	593	834	24197	12173	3158
辽宁	250	436	3024	2283	283	458	16108	8325	1723
吉林	136	329	3511	2580	335	596	12672	5981	1889
黑龙江	184	328	3966	2977	306	683	13605	6646	1180
上海	147	530	719	289	140	290	11125	4576	1381
江苏	1663	1816	7722	5020	1079	1623	116558	59062	7747
浙江	974	1371	6437	4436	709	1292	73182	40716	9164
安徽	2103	1377	7541	5009	993	1539	126448	69990	9325
福建	889	958	5400	3907	557	936	58929	29285	6078
江西	874	849	4640	3038	660	942	80371	42135	5189
山东	1203	1950	11585	8731	1249	1605	111755	62582	7293
河南	1808	1750	8613	5800	1252	1561	167419	98555	8539
湖北	886	815	4837	3035	784	1018	86094	47503	6424
湖南	1089	1191	6938	4526	895	1517	127948	74678	6390
广东	1606	1657	5410	3377	853	1180	65258	33045	4555
广西	320	807	4549	3279	540	730	61408	35767	4363
海南	105	183	809	533	114	162	8245	4233	671
重庆	305	313	2680	1610	483	587	49508	31912	4015
四川	893	1064	9066	6065	1397	1604	127617	81101	11275
贵州	698	389	4121	2814	449	858	60276	39984	4633
云南	786	337	5606	4398	379	829	73285	47531	10041
西藏	9	15	202	163	21	18	1590	971	310
陕西	295	735	4635	3227	577	831	44445	28911	3736
甘肃	203	283	3334	2537	260	537	24815	15822	2643
青海	56	85	1254	1070	87	97	5397	3280	787
宁夏	59	229	1549	1168	166	215	9650	5992	964
新疆	142	260	3887	2867	514	506	17461	9534	2661

4-4b 续表 16

单位：人

地区 性别	制造业		电力、热力、燃气及水生产和供应业				建筑业		
	废弃资源综合利用业	金属制品、机械和设备修理业	小计	电力、热力生产和供应业	燃气生产和供应业	水的生产和供应业	小计	房屋建筑业	土木工程建筑业
男	**14408**	**21249**	**110173**	**79891**	**13077**	**17205**	**1457991**	**821821**	**120737**
北京	40	144	412	245	77	90	7021	3770	731
天津	57	66	233	155	36	42	2437	1515	261
河北	1241	2097	8201	5992	1232	977	86037	50162	6065
山西	218	664	4948	3580	775	593	25463	14124	2817
内蒙古	268	686	5846	4881	419	546	21070	10496	2849
辽宁	167	412	2299	1791	207	301	14119	7375	1486
吉林	97	277	2736	2078	249	409	10824	5223	1558
黑龙江	135	285	3018	2325	217	476	11620	5748	1047
上海	106	446	548	231	106	211	9576	4005	1193
江苏	1200	1574	5952	4059	765	1128	101795	51551	6783
浙江	695	1179	4998	3507	519	972	64451	35360	8148
安徽	1438	1192	5697	3880	715	1102	109674	60124	8206
福建	635	866	4003	2956	401	646	49721	23778	5365
江西	627	724	3318	2267	445	606	68252	34633	4672
山东	893	1737	8797	6857	898	1042	93689	52287	6402
河南	1289	1544	6271	4450	843	978	140198	82256	7318
湖北	608	702	3473	2267	523	683	75052	40726	5791
湖南	830	1013	4926	3349	597	980	109370	62599	5691
广东	1174	1481	4161	2653	643	865	55781	27654	3997
广西	226	710	3314	2471	362	481	51034	29154	3806
海南	69	171	591	405	75	111	6693	3284	589
重庆	209	273	1901	1211	303	387	41442	26336	3497
四川	605	924	6516	4548	955	1013	107224	67292	9882
贵州	500	353	3022	2133	321	568	49214	31646	4074
云南	500	296	3971	3154	262	555	58232	36497	8696
西藏	7	12	131	106	17	8	1313	781	262
陕西	226	650	3431	2473	417	541	38800	24821	3371
甘肃	154	241	2362	1850	176	336	21106	13377	2306
青海	40	80	969	847	57	65	4388	2686	699
宁夏	49	218	1198	950	110	138	8294	5142	845
新疆	105	232	2930	2220	355	355	14101	7419	2330

4-4b 续表 17 单位：人

地 区 性 别	制造业		电力、热力、燃气及水生产和供应业				建筑业		
	废弃资源综合利用业	金属制品、机械和设备修理业	小计	电力、热力生产和供应业	燃气生产和供应业	水的生产和供应业	小计	房屋建筑业	土木工程建筑业
女	**5671**	**2857**	**37688**	**23883**	**5433**	**8372**	**254899**	**157028**	**16514**
北 京	18	35	123	71	21	31	1096	487	149
天 津	14	6	54	35	11	8	402	251	40
河 北	407	212	2541	1679	391	471	12369	6742	738
山 西	47	63	1593	984	292	317	2699	1503	316
内蒙古	86	76	1875	1413	174	288	3127	1677	309
辽 宁	83	24	725	492	76	157	1989	950	237
吉 林	39	52	775	502	86	187	1848	753	331
黑龙江	49	43	948	652	89	207	1985	893	133
上 海	41	84	171	58	34	79	1549	571	188
江 苏	463	242	1770	961	314	495	14763	7511	964
浙 江	279	192	1439	929	190	320	8731	5356	1016
安 徽	665	185	1844	1129	278	437	16774	9866	1119
福 建	254	92	1397	951	156	290	9208	5507	713
江 西	247	125	1322	771	215	336	12119	7502	517
山 东	310	213	2788	1874	351	563	18066	10295	891
河 南	519	206	2342	1350	409	583	27221	16299	1221
湖 北	278	113	1364	768	261	335	11042	6777	633
湖 南	259	178	2012	1177	298	537	18578	12079	699
广 东	432	176	1249	724	210	315	9477	5391	558
广 西	94	97	1235	808	178	249	10374	6613	557
海 南	36	12	218	128	39	51	1552	949	82
重 庆	96	40	779	399	180	200	8066	5576	518
四 川	288	140	2550	1517	442	591	20393	13809	1393
贵 州	198	36	1099	681	128	290	11062	8338	559
云 南	286	41	1635	1244	117	274	15053	11034	1345
西 藏	2	3	71	57	4	10	277	190	48
陕 西	69	85	1204	754	160	290	5645	4090	365
甘 肃	49	42	972	687	84	201	3709	2445	337
青 海	16	5	285	223	30	32	1009	594	88
宁 夏	10	11	351	218	56	77	1356	850	119
新 疆	37	28	957	647	159	151	3360	2115	331

4-4b　续表 18　　　　单位：人

地区 性别	建筑业		批发和零售业			交通运输、仓储和邮政业			
	建筑安装业	建筑装饰、装修和其他建筑业	小计	批发业	零售业	小计	铁路运输业	道路运输业	水上运输业
全国	**98120**	**498670**	**2284879**	**519476**	**1765403**	**785440**	**20007**	**532052**	**12581**
北京	383	2597	9319	2865	6454	6549	136	3496	5
天津	168	604	2926	843	2083	1996	18	1426	13
河北	6974	27725	149937	36901	113036	64762	2237	46761	948
山西	1896	7501	38292	7484	30808	26769	1123	20603	23
内蒙古	1504	7362	37177	8285	28892	21837	1925	14266	18
辽宁	895	5165	32052	8035	24017	15802	792	10564	239
吉林	681	4121	27748	5818	21930	12858	542	8863	20
黑龙江	779	5000	35381	8248	27133	19284	1571	10511	35
上海	879	4289	18098	7419	10679	9524	92	6011	184
江苏	8652	41097	165926	53732	112194	49655	468	33312	1696
浙江	4828	18474	104184	29252	74932	29478	334	17771	1372
安徽	6440	40693	133962	33062	100900	50540	1224	35702	1392
福建	3485	20081	100988	20014	80974	25816	363	16564	1359
江西	4686	28361	105166	23264	81902	29676	612	18948	163
山东	9312	32568	145906	43196	102710	57863	712	42462	1397
河南	9595	50730	263717	61150	202567	72219	938	49942	322
湖北	4648	27519	100212	20745	79467	29741	404	19590	477
湖南	7130	39750	155732	30776	124956	45103	951	29885	280
广东	4391	23267	127702	27487	100215	31612	493	19416	635
广西	2891	18387	75485	13887	61598	25398	540	16392	1084
海南	629	2712	13228	2579	10649	4555	124	2724	95
重庆	1985	11596	42732	6489	36243	14675	189	9851	493
四川	5734	29507	149818	23022	126796	40696	862	28469	168
贵州	2404	13255	54951	8308	46643	20025	499	13326	54
云南	2248	13465	73142	14226	58916	23870	591	15515	51
西藏	38	271	2145	418	1727	817	13	561	
陕西	2189	9609	45560	7877	37683	21580	992	14986	30
甘肃	1061	5289	26738	5316	21422	11980	779	7887	12
青海	217	1113	6523	853	5670	3288	152	2380	9
宁夏	445	2249	11236	2616	8620	5622	82	4582	5
新疆	953	4313	28896	5309	23587	11850	249	9286	2

4-4b 续表 19

单位：人

地区 性别	建筑业		批发和零售业			交通运输、仓储和邮政业			
	建筑安装业	建筑装饰、装修和其他建筑业	小计	批发业	零售业	小计	铁路运输业	道路运输业	水上运输业
男	**89246**	**426187**	**1098699**	**313734**	**784965**	**669595**	**16303**	**476874**	**10521**
北京	321	2199	5096	1713	3383	4906	120	2894	3
天津	157	504	1643	563	1080	1690	15	1275	13
河北	6306	23504	72211	22849	49362	56589	1900	42726	787
山西	1768	6754	19514	5211	14303	24407	1000	19487	21
内蒙古	1387	6338	18202	5522	12680	19010	1639	12845	14
辽宁	813	4445	15380	4867	10513	13567	733	9481	219
吉林	601	3442	13234	3593	9641	10811	491	7714	19
黑龙江	694	4131	16571	5135	11436	16615	1392	9534	25
上海	769	3609	9629	4296	5333	7451	77	4869	142
江苏	7882	35579	83408	31754	51654	41673	322	29366	1371
浙江	4421	16522	54433	17987	36446	24882	253	15635	1214
安徽	5867	35477	66641	20800	45841	42806	991	31785	1078
福建	3265	17313	50872	12541	38331	22497	282	15192	1252
江西	4277	24670	51301	13604	37697	25401	474	17144	126
山东	8386	26614	72788	26778	46010	49593	573	38130	1168
河南	8414	42210	120193	34992	85201	60005	703	44082	256
湖北	4275	24260	45592	12337	33255	25514	287	17675	415
湖南	6521	34559	75001	18092	56909	38530	747	26959	215
广东	4095	20035	71919	17566	54353	27341	379	17634	510
广西	2641	15433	34723	8108	26615	21503	411	14759	907
海南	574	2246	6326	1510	4816	3816	97	2383	83
重庆	1830	9779	18050	3724	14326	12456	118	8758	434
四川	5267	24783	61681	12816	48865	34490	652	25388	131
贵州	2183	11311	24403	4877	19526	16857	357	11993	35
云南	2002	11037	32311	8299	24012	19455	434	13367	39
西藏	34	236	1253	258	995	629	11	448	
陕西	2063	8545	21384	5007	16377	18997	843	13730	25
甘肃	976	4447	12728	3369	9359	10083	615	6992	9
青海	199	804	3162	554	2608	2876	124	2183	6
宁夏	410	1897	5306	1678	3628	4927	66	4136	3
新疆	848	3504	13744	3334	10410	10218	197	8310	1

4-4b　续表 20

单位：人

地区 性别	建筑业		批发和零售业			交通运输、仓储和邮政业			
	建筑安装业	建筑装饰、装修和其他建筑业	小计	批发业	零售业	小计	铁路运输业	道路运输业	水上运输业
女	**8874**	**72483**	**1186180**	**205742**	**980438**	**115845**	**3704**	**55178**	**2060**
北京	62	398	4223	1152	3071	1643	16	602	2
天津	11	100	1283	280	1003	306	3	151	
河北	668	4221	77726	14052	63674	8173	337	4035	161
山西	128	747	18778	2273	16505	2362	123	1116	2
内蒙古	117	1024	18975	2763	16212	2827	286	1421	4
辽宁	82	720	16672	3168	13504	2235	59	1083	20
吉林	80	679	14514	2225	12289	2047	51	1149	1
黑龙江	85	869	18810	3113	15697	2669	179	977	10
上海	110	680	8469	3123	5346	2073	15	1142	42
江苏	770	5518	82518	21978	60540	7982	146	3946	325
浙江	407	1952	49751	11265	38486	4596	81	2136	158
安徽	573	5216	67321	12262	55059	7734	233	3917	314
福建	220	2768	50116	7473	42643	3319	81	1372	107
江西	409	3691	53865	9660	44205	4275	138	1804	37
山东	926	5954	73118	16418	56700	8270	139	4332	229
河南	1181	8520	143524	26158	117366	12214	235	5860	66
湖北	373	3259	54620	8408	46212	4227	117	1915	62
湖南	609	5191	80731	12684	68047	6573	204	2926	65
广东	296	3232	55783	9921	45862	4271	114	1782	125
广西	250	2954	40762	5779	34983	3895	129	1633	177
海南	55	466	6902	1069	5833	739	27	341	12
重庆	155	1817	24682	2765	21917	2219	71	1093	59
四川	467	4724	88137	10206	77931	6206	210	3081	37
贵州	221	1944	30548	3431	27117	3168	142	1333	19
云南	246	2428	40831	5927	34904	4415	157	2148	12
西藏	4	35	892	160	732	188	2	113	
陕西	126	1064	24176	2870	21306	2583	149	1256	5
甘肃	85	842	14010	1947	12063	1897	164	895	3
青海	18	309	3361	299	3062	412	28	197	3
宁夏	35	352	5930	938	4992	695	16	446	2
新疆	105	809	15152	1975	13177	1632	52	976	1

4-4b 续表 21

单位：人

地区 性别	交通运输、仓储和邮政业					住宿和餐饮业		
	航空运输业	管道运输业	多式联运和运输代理业	装卸搬运和仓储业	邮政业	小计	住宿业	餐饮业
全　国	**7873**	**505**	**15625**	**84381**	**112416**	**804653**	**84226**	**720427**
北　京	1430	3	135	262	1082	3306	643	2663
天　津	12		47	213	267	1010	101	909
河　北	510	35	1269	5761	7241	41284	3193	38091
山　西	103	10	235	2039	2633	17135	1807	15328
内蒙古	209	9	163	3540	1707	16517	1923	14594
辽　宁	59	17	261	2096	1774	10589	780	9809
吉　林	290	4	101	1403	1635	11047	1259	9788
黑龙江	112	16	225	4152	2662	13828	1286	12542
上　海	297	2	566	885	1487	5279	737	4542
江　苏	243	20	1850	4629	7437	42714	3410	39304
浙　江	110	4	865	2830	6192	33959	5024	28935
安　徽	236	39	764	3697	7486	52915	4465	48450
福　建	155	8	444	2721	4202	31563	3473	28090
江　西	206	27	746	3716	5258	31511	3645	27866
山　东	378	75	1204	5695	5940	39335	3123	36212
河　南	429	53	1471	6738	12326	83392	6153	77239
湖　北	187	17	697	3085	5284	34830	3775	31055
湖　南	530	33	1031	4985	7408	52424	6935	45489
广　东	685	6	911	2771	6695	40398	4367	36031
广　西	42	2	401	3856	3081	24121	2765	21356
海　南	198	4	77	578	755	8322	1624	6698
重　庆	107	8	238	1960	1829	20178	1648	18530
四　川	329	25	645	4191	6007	71259	7290	63969
贵　州	119	2	198	3128	2699	23920	2908	21012
云　南	206	5	338	3866	3298	34617	5337	29280
西　藏	111		5	65	62	1818	286	1532
陕　西	241	34	278	2280	2739	22150	2685	19465
甘　肃	179	5	230	1489	1399	13458	1301	12157
青　海	50	1	37	328	331	4800	621	4179
宁　夏	52	7	29	310	555	4140	483	3657
新　疆	58	34	164	1112	945	12834	1179	11655

4-4b　续表 22　　　　单位：人

地区 性别	交通运输、仓储和邮政业					住宿和餐饮业		
	航空运输业	管道运输业	多式联运和运输代理业	装卸搬运和仓储业	邮政业	小计	住宿业	餐饮业
男	**4865**	**400**	**12243**	**68082**	**80307**	**380833**	**33093**	**347740**
北京	773	3	93	198	822	1873	326	1547
天津	9		37	164	177	496	46	450
河北	326	22	1023	4759	5046	19823	1273	18550
山西	65	6	198	1820	1810	9381	783	8598
内蒙古	131	9	131	3079	1162	7412	679	6733
辽宁	34	14	214	1654	1218	5130	317	4813
吉林	182	4	79	1143	1179	5309	512	4797
黑龙江	77	16	181	3423	1967	6432	491	5941
上海	211	1	359	650	1142	2815	310	2505
江苏	142	14	1404	3602	5452	21185	1375	19810
浙江	77	3	626	2390	4684	17221	2110	15111
安徽	141	30	628	2928	5225	25293	1696	23597
福建	109	7	349	2300	3006	15960	1370	14590
江西	140	18	627	3068	3804	14861	1475	13386
山东	240	58	959	4454	4011	19908	1363	18545
河南	271	47	1131	4914	8601	41688	2712	38976
湖北	113	14	574	2617	3819	15747	1469	14278
湖南	309	22	803	4167	5308	24744	2594	22150
广东	431	6	721	2318	5342	22548	1910	20638
广西	29	2	317	2928	2150	11069	1030	10039
海南	127	3	66	477	580	3901	720	3181
重庆	56	7	197	1632	1254	8324	518	7806
四川	200	19	517	3444	4139	28420	2612	25808
贵州	90	2	154	2374	1852	9590	1013	8577
云南	134	5	266	2952	2258	13889	1950	11939
西藏	73		2	49	46	775	122	653
陕西	165	26	227	1920	2061	10420	996	9424
甘肃	105	4	182	1208	968	6259	484	5775
青海	28	1	30	269	235	2244	227	2017
宁夏	33	7	25	252	405	1955	181	1774
新疆	44	30	123	929	584	6161	429	5732

4-4b 续表 23 单位：人

地区 性别	交通运输、仓储和邮政业					住宿和餐饮业		
	航空运输业	管道运输业	多式联运和运输代理业	装卸搬运和仓储业	邮政业	小计	住宿业	餐饮业
女	**3008**	**105**	**3382**	**16299**	**32109**	**423820**	**51133**	**372687**
北京	657		42	64	260	1433	317	1116
天津	3		10	49	90	514	55	459
河北	184	13	246	1002	2195	21461	1920	19541
山西	38	4	37	219	823	7754	1024	6730
内蒙古	78		32	461	545	9105	1244	7861
辽宁	25	3	47	442	556	5459	463	4996
吉林	108		22	260	456	5738	747	4991
黑龙江	35		44	729	695	7396	795	6601
上海	86	1	207	235	345	2464	427	2037
江苏	101	6	446	1027	1985	21529	2035	19494
浙江	33	1	239	440	1508	16738	2914	13824
安徽	95	9	136	769	2261	27622	2769	24853
福建	46	1	95	421	1196	15603	2103	13500
江西	66	9	119	648	1454	16650	2170	14480
山东	138	17	245	1241	1929	19427	1760	17667
河南	158	6	340	1824	3725	41704	3441	38263
湖北	74	3	123	468	1465	19083	2306	16777
湖南	221	11	228	818	2100	27680	4341	23339
广东	254		190	453	1353	17850	2457	15393
广西	13		84	928	931	13052	1735	11317
海南	71	1	11	101	175	4421	904	3517
重庆	51	1	41	328	575	11854	1130	10724
四川	129	6	128	747	1868	42839	4678	38161
贵州	29		44	754	847	14330	1895	12435
云南	72		72	914	1040	20728	3387	17341
西藏	38		3	16	16	1043	164	879
陕西	76	8	51	360	678	11730	1689	10041
甘肃	74	1	48	281	431	7199	817	6382
青海	22		7	59	96	2556	394	2162
宁夏	19		4	58	150	2185	302	1883
新疆	14	4	41	183	361	6673	750	5923

4-4b　续表 24　　　　单位：人

地区 性别	信息传输、软件和信息技术服务业 小计	电信、广播电视和卫星传输服务	互联网和相关服务	软件和信息技术服务业	金融业 小计	货币金融服务	资本市场服务	保险业	其他金融业
全　国	**163452**	**57290**	**51068**	**55094**	**177647**	**92483**	**6366**	**68009**	**10789**
北　京	3917	299	1216	2402	1166	374	175	464	153
天　津	426	64	154	208	226	80	14	112	20
河　北	10387	3562	3109	3716	12318	6429	278	4952	659
山　西	3419	1603	867	949	6052	4145	106	1613	188
内蒙古	3027	1786	606	635	6238	3994	99	1944	201
辽　宁	2356	1053	617	686	3570	2397	51	989	133
吉　林	3413	1419	749	1245	4784	2986	185	1406	207
黑龙江	2769	1364	766	639	4453	2766	65	1473	149
上　海	4394	395	1467	2532	1753	702	314	517	220
江　苏	13939	3578	4548	5813	11086	4843	669	4587	987
浙　江	6709	2632	1707	2370	8605	5356	420	2447	382
安　徽	12925	3646	3761	5518	11059	5515	534	4086	924
福　建	6889	2266	2334	2289	6339	3502	329	2198	310
江　西	7416	2170	3132	2114	6578	3158	278	2525	617
山　东	9539	2886	2754	3899	13592	6407	447	5809	929
河　南	13039	3788	4935	4316	13913	5326	314	7327	946
湖　北	9062	2452	3298	3312	7429	3167	333	3296	633
湖　南	10328	3227	3854	3247	10292	4490	462	4613	727
广　东	8028	2172	3460	2396	6363	2990	368	2465	540
广　西	3660	1965	1045	650	4553	2685	143	1469	256
海　南	564	320	140	104	759	444	17	225	73
重　庆	2743	1218	728	797	2950	1495	75	1168	212
四　川	9589	4177	2914	2498	10075	5133	276	4146	520
贵　州	2628	1566	667	395	4126	2705	98	1120	203
云　南	3418	2277	653	488	5234	3187	72	1819	156
西　藏	284	216	18	50	214	156	2	42	14
陕　西	3335	1739	666	930	5037	2786	123	1936	192
甘　肃	1980	1187	412	381	3480	2219	42	1108	111
青　海	533	412	66	55	904	608	5	261	30
宁　夏	862	436	208	218	1355	730	29	559	37
新　疆	1874	1415	217	242	3144	1708	43	1333	60

4-4b 续表 25 单位：人

地区 性别	信息传输、软件和信息技术服务业				金融业				
	小计	电信、广播电视和卫星传输服务	互联网和相关服务	软件和信息技术服务业	小计	货币金融服务	资本市场服务	保险业	其他金融业
男	**102932**	**32834**	**32037**	**38061**	**86324**	**49887**	**3834**	**26528**	**6075**
北京	2584	177	780	1627	559	171	114	188	86
天津	289	37	105	147	94	38	7	38	11
河北	6380	1970	1888	2522	5891	3464	167	1910	350
山西	2058	822	559	677	2963	2168	54	632	109
内蒙古	1830	954	411	465	2839	2023	46	646	124
辽宁	1421	613	383	425	1738	1295	26	356	61
吉林	2150	843	466	841	2252	1549	100	492	111
黑龙江	1652	795	445	412	2254	1626	28	510	90
上海	3067	260	1026	1781	905	328	207	239	131
江苏	8444	1926	2771	3747	5336	2486	382	1906	562
浙江	4292	1555	1130	1607	3981	2602	270	891	218
安徽	8460	2157	2377	3926	5692	3099	338	1745	510
福建	4652	1355	1604	1693	3033	1907	213	723	190
江西	4743	1216	2015	1512	3298	1712	166	1067	353
山东	5943	1674	1634	2635	6583	3512	272	2255	544
河南	8032	2120	2950	2962	6688	2949	212	2989	538
湖北	5713	1385	1921	2407	3559	1731	208	1275	345
湖南	6494	1845	2301	2348	4909	2346	275	1894	394
广东	5447	1347	2361	1739	3382	1734	222	1098	328
广西	2253	1111	684	458	2304	1528	84	543	149
海南	348	184	91	73	423	260	13	100	50
重庆	1768	747	487	534	1412	850	46	405	111
四川	5586	2364	1683	1539	4628	2682	164	1510	272
贵州	1752	978	493	281	2135	1525	59	437	114
云南	2191	1394	442	355	2675	1815	41	735	84
西藏	171	117	10	44	119	85	2	24	8
陕西	2067	983	445	639	2505	1580	60	760	105
甘肃	1234	685	258	291	1762	1274	17	413	58
青海	324	241	42	41	420	303	3	96	18
宁夏	507	208	140	159	573	368	17	168	20
新疆	1080	771	135	174	1412	877	21	483	31

4-4b 续表 26

单位：人

地区 性别	信息传输、软件和信息技术服务业				金融业				
	小计	电信、广播电视和卫星传输服务	互联网和相关服务	软件和信息技术服务业	小计	货币金融服务	资本市场服务	保险业	其他金融业
女	**60520**	**24456**	**19031**	**17033**	**91323**	**42596**	**2532**	**41481**	**4714**
北京	1333	122	436	775	607	203	61	276	67
天津	137	27	49	61	132	42	7	74	9
河北	4007	1592	1221	1194	6427	2965	111	3042	309
山西	1361	781	308	272	3089	1977	52	981	79
内蒙古	1197	832	195	170	3399	1971	53	1298	77
辽宁	935	440	234	261	1832	1102	25	633	72
吉林	1263	576	283	404	2532	1437	85	914	96
黑龙江	1117	569	321	227	2199	1140	37	963	59
上海	1327	135	441	751	848	374	107	278	89
江苏	5495	1652	1777	2066	5750	2357	287	2681	425
浙江	2417	1077	577	763	4624	2754	150	1556	164
安徽	4465	1489	1384	1592	5367	2416	196	2341	414
福建	2237	911	730	596	3306	1595	116	1475	120
江西	2673	954	1117	602	3280	1446	112	1458	264
山东	3596	1212	1120	1264	7009	2895	175	3554	385
河南	5007	1668	1985	1354	7225	2377	102	4338	408
湖北	3349	1067	1377	905	3870	1436	125	2021	288
湖南	3834	1382	1553	899	5383	2144	187	2719	333
广东	2581	825	1099	657	2981	1256	146	1367	212
广西	1407	854	361	192	2249	1157	59	926	107
海南	216	136	49	31	336	184	4	125	23
重庆	975	471	241	263	1538	645	29	763	101
四川	4003	1813	1231	959	5447	2451	112	2636	248
贵州	876	588	174	114	1991	1180	39	683	89
云南	1227	883	211	133	2559	1372	31	1084	72
西藏	113	99	8	6	95	71		18	6
陕西	1268	756	221	291	2532	1206	63	1176	87
甘肃	746	502	154	90	1718	945	25	695	53
青海	209	171	24	14	484	305	2	165	12
宁夏	355	228	68	59	782	362	12	391	17
新疆	794	644	82	68	1732	831	22	850	29

4-4b 续表 27

单位：人

地区 性别	房地产业		租赁和商务服务业			科学研究和技术服务业			
	小计	房地产业	小计	租赁业	商务服务业	小计	研究和试验发展	专业技术服务业	科技推广和应用服务业
全国	**221795**	**221795**	**330525**	**28177**	**302348**	**122649**	**15743**	**80815**	**26091**
北京	2669	2669	4565	303	4262	2990	821	1044	1125
天津	577	577	755	78	677	367	65	224	78
河北	14249	14249	21342	2220	19122	8010	1049	5417	1544
山西	3493	3493	6198	549	5649	2382	188	1808	386
内蒙古	4210	4210	5706	629	5077	2306	122	1855	329
辽宁	2688	2688	3979	317	3662	1474	146	1037	291
吉林	4148	4148	3889	441	3448	3260	777	1965	518
黑龙江	3070	3070	5725	300	5425	2018	203	1321	494
上海	3638	3638	6289	429	5860	3252	772	1755	725
江苏	18381	18381	26535	2172	24363	11970	2457	6567	2946
浙江	10816	10816	14541	1338	13203	7272	1328	4914	1030
安徽	17817	17817	20097	2206	17891	8414	1319	5426	1669
福建	7923	7923	8678	690	7988	3866	364	3004	498
江西	9566	9566	18279	1188	17091	5349	504	3562	1283
山东	15255	15255	27150	3035	24115	9533	1083	6700	1750
河南	21448	21448	34742	2497	32245	10864	1063	6499	3302
湖北	8251	8251	15275	1169	14106	5524	688	3583	1253
湖南	12384	12384	23060	1914	21146	7176	646	4885	1645
广东	11155	11155	13973	911	13062	4985	607	3471	907
广西	4893	4893	9606	591	9015	2178	90	1660	428
海南	1767	1767	2282	149	2133	581	170	326	85
重庆	4538	4538	5610	536	5074	1428	108	1107	213
四川	15972	15972	16547	1587	14960	4435	366	3260	809
贵州	4951	4951	7418	554	6864	1690	82	1326	282
云南	5047	5047	8569	666	7903	3802	213	2627	962
西藏	192	192	690	18	672	212	7	157	48
陕西	4274	4274	7210	620	6590	2674	238	1890	546
甘肃	2612	2612	3942	308	3634	1769	135	1256	378
青海	740	740	1066	156	910	454	23	373	58
宁夏	1665	1665	1549	220	1329	634	40	500	94
新疆	3406	3406	5258	386	4872	1780	69	1296	415

4-4b 续表 28

单位：人

地区 性别	房地产业		租赁和商务服务业			科学研究和技术服务业			
	小计	房地产业	小计	租赁业	商务服务业	小计	研究和试验发展	专业技术服务业	科技推广和应用服务业
男	**133476**	**133476**	**214776**	**24883**	**189893**	**84964**	**10335**	**57872**	**16757**
北京	1723	1723	2866	252	2614	1855	510	682	663
天津	332	332	523	70	453	256	42	167	47
河北	8632	8632	14008	1979	12029	5388	690	3767	931
山西	2169	2169	4133	510	3623	1723	135	1310	278
内蒙古	2250	2250	3726	581	3145	1633	90	1323	220
辽宁	1537	1537	2680	296	2384	1024	93	742	189
吉林	2398	2398	2343	391	1952	2128	485	1326	317
黑龙江	1798	1798	3645	272	3373	1369	119	906	344
上海	2317	2317	4005	345	3660	2133	495	1181	457
江苏	11377	11377	16669	1875	14794	7976	1528	4580	1868
浙江	6743	6743	9425	1173	8252	5192	917	3603	672
安徽	10889	10889	13325	1949	11376	5997	879	3989	1129
福建	4693	4693	5606	601	5005	2814	271	2219	324
江西	5863	5863	11727	1055	10672	3794	344	2643	807
山东	8861	8861	18290	2734	15556	6644	722	4752	1170
河南	12792	12792	22759	2167	20592	7146	683	4496	1967
湖北	5109	5109	9757	1036	8721	3952	481	2636	835
湖南	7551	7551	14598	1700	12898	4939	417	3419	1103
广东	6948	6948	8992	804	8188	3524	403	2496	625
广西	2771	2771	6325	521	5804	1519	56	1158	305
海南	1095	1095	1527	140	1387	415	106	245	64
重庆	2749	2749	3521	453	3068	997	70	790	137
四川	9740	9740	10769	1388	9381	3167	258	2412	497
贵州	3013	3013	4892	475	4417	1263	45	1021	197
云南	2958	2958	5919	573	5346	2697	133	1965	599
西藏	116	116	431	14	417	158	5	127	26
陕西	2592	2592	4733	557	4176	1945	175	1414	356
甘肃	1459	1459	2509	277	2232	1275	89	936	250
青海	411	411	746	144	602	314	15	262	37
宁夏	897	897	956	194	762	446	31	343	72
新疆	1693	1693	3371	357	3014	1281	48	962	271

4-4b 续表 29

单位：人

地区 性别	房地产业		租赁和商务服务业			科学研究和技术服务业			
	小计	房地产业	小计	租赁业	商务服务业	小计	研究和试验发展	专业技术服务业	科技推广和应用服务业
女	**88319**	**88319**	**115749**	**3294**	**112455**	**37685**	**5408**	**22943**	**9334**
北京	946	946	1699	51	1648	1135	311	362	462
天津	245	245	232	8	224	111	23	57	31
河北	5617	5617	7334	241	7093	2622	359	1650	613
山西	1324	1324	2065	39	2026	659	53	498	108
内蒙古	1960	1960	1980	48	1932	673	32	532	109
辽宁	1151	1151	1299	21	1278	450	53	295	102
吉林	1750	1750	1546	50	1496	1132	292	639	201
黑龙江	1272	1272	2080	28	2052	649	84	415	150
上海	1321	1321	2284	84	2200	1119	277	574	268
江苏	7004	7004	9866	297	9569	3994	929	1987	1078
浙江	4073	4073	5116	165	4951	2080	411	1311	358
安徽	6928	6928	6772	257	6515	2417	440	1437	540
福建	3230	3230	3072	89	2983	1052	93	785	174
江西	3703	3703	6552	133	6419	1555	160	919	476
山东	6394	6394	8860	301	8559	2889	361	1948	580
河南	8656	8656	11983	330	11653	3718	380	2003	1335
湖北	3142	3142	5518	133	5385	1572	207	947	418
湖南	4833	4833	8462	214	8248	2237	229	1466	542
广东	4207	4207	4981	107	4874	1461	204	975	282
广西	2122	2122	3281	70	3211	659	34	502	123
海南	672	672	755	9	746	166	64	81	21
重庆	1789	1789	2089	83	2006	431	38	317	76
四川	6232	6232	5778	199	5579	1268	108	848	312
贵州	1938	1938	2526	79	2447	427	37	305	85
云南	2089	2089	2650	93	2557	1105	80	662	363
西藏	76	76	259	4	255	54	2	30	22
陕西	1682	1682	2477	63	2414	729	63	476	190
甘肃	1153	1153	1433	31	1402	494	46	320	128
青海	329	329	320	12	308	140	8	111	21
宁夏	768	768	593	26	567	188	9	157	22
新疆	1713	1713	1887	29	1858	499	21	334	144

4-4b 续表 30

单位：人

地区 性别	水利、环境和公共设施管理业					居民服务、修理和其他服务业			
	小计	水利管理业	生态保护和环境治理业	公共设施管理业	土地管理业	小计	居民服务业	机动车、电子产品和日用产品修理业	其他服务业
全国	**113998**	**9320**	**9289**	**94068**	**1321**	**573594**	**335618**	**151783**	**86193**
北京	1350	47	99	1195	9	2668	1623	531	514
天津	336	18	18	298	2	1446	702	278	466
河北	8713	418	461	7754	80	37060	18929	10776	7355
山西	2746	286	232	2195	33	12035	6842	3736	1457
内蒙古	2981	314	369	2239	59	15090	8599	4233	2258
辽宁	1662	200	219	1206	37	10345	6274	2788	1283
吉林	2142	180	111	1830	21	7990	4858	2381	751
黑龙江	2370	255	278	1794	43	10388	6086	2888	1414
上海	1957	84	239	1626	8	4111	2514	1028	569
江苏	7537	480	628	6352	77	35672	20431	8886	6355
浙江	5526	307	501	4667	51	21127	13756	5184	2187
安徽	8131	616	530	6921	64	34242	20420	8745	5077
福建	3240	218	301	2686	35	22169	14046	5305	2818
江西	3978	219	342	3373	44	28000	17288	6160	4552
山东	8028	633	524	6767	104	35183	18829	10458	5896
河南	11527	654	448	10298	127	57952	31934	14967	11051
湖北	3814	523	321	2901	69	25370	16170	6164	3036
湖南	5373	571	495	4228	79	39418	24795	8880	5743
广东	3574	353	326	2856	39	23905	13438	7662	2805
广西	2742	283	145	2256	58	19005	10233	5845	2927
海南	1499	83	89	1319	8	4655	2341	895	1419
重庆	2030	124	144	1727	35	13047	8434	2799	1814
四川	5560	299	437	4762	62	45489	30999	9264	5226
贵州	3664	207	322	3100	35	16170	8868	4587	2715
云南	3550	307	273	2929	41	19281	9578	6939	2764
西藏	394	57	115	220	2	598	240	225	133
陕西	2904	323	294	2257	30	12964	7731	3495	1738
甘肃	2347	591	344	1387	25	6528	3598	2095	835
青海	812	77	300	427	8	1515	625	717	173
宁夏	1070	170	81	813	6	2692	1463	1034	195
新疆	2441	423	303	1685	30	7479	3974	2838	667

4-4b 续表 31

单位：人

地区 性别	水利、环境和公共设施管理业					居民服务、修理和其他服务业			
	小计	水利管理业	生态保护和环境治理业	公共设施管理业	土地管理业	小计	居民服务业	机动车、电子产品和日用产品修理业	其他服务业
男	**69429**	**6944**	**6929**	**54614**	**942**	**276370**	**113614**	**126535**	**36221**
北京	937	31	65	836	5	1229	537	448	244
天津	255	16	13	225	1	930	379	237	314
河北	5486	299	345	4782	60	18725	6397	8945	3383
山西	1740	201	169	1342	28	6828	2788	3345	695
内蒙古	1923	238	291	1353	41	8109	3322	3601	1186
辽宁	1149	162	170	793	24	5536	2569	2355	612
吉林	1486	134	89	1250	13	4044	1753	1943	348
黑龙江	1615	198	220	1171	26	5238	2209	2402	627
上海	1356	67	179	1105	5	1865	756	849	260
江苏	4615	361	479	3717	58	18365	7980	7424	2961
浙江	3682	240	388	3013	41	10250	4852	4291	1107
安徽	5354	460	404	4443	47	17110	7433	7437	2240
福建	1976	153	228	1574	21	9987	4472	4497	1018
江西	2465	178	232	2017	38	11963	4985	5198	1780
山东	5172	480	408	4216	68	17671	6354	8539	2778
河南	6514	476	308	5651	79	27646	11253	12099	4294
湖北	2391	380	237	1730	44	11100	4823	5197	1080
湖南	3392	430	379	2518	65	18419	8466	7436	2517
广东	2173	285	242	1618	28	12220	4517	6581	1122
广西	1435	206	106	1074	49	9166	3159	4815	1192
海南	694	66	64	559	5	2558	1093	777	688
重庆	1094	89	105	872	28	5415	2525	2309	581
四川	3080	218	307	2505	50	17882	8619	7598	1665
贵州	1823	146	250	1404	23	8157	3379	3813	965
云南	1831	232	200	1374	25	9697	3094	5588	1015
西藏	174	23	61	90		333	111	187	35
陕西	1681	217	218	1225	21	6626	2804	3028	794
甘肃	1416	438	248	713	17	3272	1169	1773	330
青海	515	56	238	216	5	830	195	578	57
宁夏	616	132	63	416	5	1416	483	860	73
新疆	1389	332	223	812	22	3783	1138	2385	260

4-4b　续表 32

单位：人

地　区 性　别	水利、环境和公共设施管理业					居民服务、修理和其他服务业			
	小计	水　利 管理业	生态保护 和环境 治理业	公共设施 管理业	土　地 管理业	小计	居　民 服务业	机动车、 电子产品 和日用产 品修理业	其　他 服务业
女	**44569**	**2376**	**2360**	**39454**	**379**	**297224**	**222004**	**25248**	**49972**
北　京	413	16	34	359	4	1439	1086	83	270
天　津	81	2	5	73	1	516	323	41	152
河　北	3227	119	116	2972	20	18335	12532	1831	3972
山　西	1006	85	63	853	5	5207	4054	391	762
内蒙古	1058	76	78	886	18	6981	5277	632	1072
辽　宁	513	38	49	413	13	4809	3705	433	671
吉　林	656	46	22	580	8	3946	3105	438	403
黑龙江	755	57	58	623	17	5150	3877	486	787
上　海	601	17	60	521	3	2246	1758	179	309
江　苏	2922	119	149	2635	19	17307	12451	1462	3394
浙　江	1844	67	113	1654	10	10877	8904	893	1080
安　徽	2777	156	126	2478	17	17132	12987	1308	2837
福　建	1264	65	73	1112	14	12182	9574	808	1800
江　西	1513	41	110	1356	6	16037	12303	962	2772
山　东	2856	153	116	2551	36	17512	12475	1919	3118
河　南	5013	178	140	4647	48	30306	20681	2868	6757
湖　北	1423	143	84	1171	25	14270	11347	967	1956
湖　南	1981	141	116	1710	14	20999	16329	1444	3226
广　东	1401	68	84	1238	11	11685	8921	1081	1683
广　西	1307	77	39	1182	9	9839	7074	1030	1735
海　南	805	17	25	760	3	2097	1248	118	731
重　庆	936	35	39	855	7	7632	5909	490	1233
四　川	2480	81	130	2257	12	27607	22380	1666	3561
贵　州	1841	61	72	1596	12	8013	5489	774	1750
云　南	1719	75	73	1555	16	9584	6484	1351	1749
西　藏	220	34	54	130	2	265	129	38	98
陕　西	1223	106	76	1032	9	6338	4927	467	944
甘　肃	931	153	96	674	8	3256	2429	322	505
青　海	297	21	62	211	3	685	430	139	116
宁　夏	454	38	18	397	1	1276	980	174	122
新　疆	1052	91	80	873	8	3696	2836	453	407

4-4b 续表 33

单位：人

地区 性别	教育		卫生和社会工作			文化、体育和娱乐业				
	小计	教育	小计	卫生	社会工作	小计	新闻和出版业	广播、电视、电影和录音制作业	文化艺术业	体育
全国	**769446**	**769446**	**339205**	**328721**	**10484**	**87216**	**4429**	**9871**	**17581**	**10676**
北京	3061	3061	1601	1435	166	1293	131	261	407	171
天津	962	962	376	340	36	144	7	25	19	44
河北	50065	50065	21425	20781	644	4260	324	795	1050	634
山西	23705	23705	9147	8832	315	2123	184	303	729	217
内蒙古	20081	20081	8800	8581	219	2166	207	263	709	206
辽宁	11573	11573	5544	5305	239	1116	74	149	254	141
吉林	14670	14670	6961	6707	254	1822	178	397	418	259
黑龙江	13488	13488	6875	6600	275	1382	124	193	337	175
上海	4610	4610	2703	2027	676	1458	32	141	215	338
江苏	37541	37541	16011	15278	733	4925	213	577	997	841
浙江	24778	24778	12115	11608	507	6539	228	1359	857	825
安徽	44376	44376	19956	19343	613	5160	316	640	1072	748
福建	27530	27530	9830	9524	306	4099	131	292	904	391
江西	32857	32857	12703	12318	385	3149	128	300	794	504
山东	53521	53521	24497	23993	504	3824	384	621	859	532
河南	65951	65951	26119	25305	814	5798	313	670	1365	774
湖北	27117	27117	13865	13358	507	3659	158	358	752	436
湖南	46111	46111	21724	21146	578	6036	247	578	980	686
广东	33493	33493	11933	11603	330	3893	106	360	573	499
广西	30809	30809	13760	13551	209	2042	86	156	420	183
海南	5043	5043	1834	1806	28	617	20	34	99	112
重庆	13999	13999	6343	6165	178	2244	60	98	376	176
四川	47977	47977	23602	22923	679	9099	211	413	803	923
贵州	29491	29491	12571	12400	171	2110	86	111	348	145
云南	33721	33721	16458	16247	211	2856	125	143	492	238
西藏	1770	1770	643	609	34	236	5	37	81	4
陕西	21789	21789	10926	10642	284	1929	111	204	658	184
甘肃	18962	18962	7907	7742	165	1374	97	134	530	115
青海	4349	4349	2201	2116	85	408	27	54	141	32
宁夏	4488	4488	1968	1900	68	523	50	60	103	58
新疆	21558	21558	8807	8536	271	932	66	145	239	85

4-4b 续表 34

单位：人

地区 性别	教育		卫生和社会工作			文化、体育和娱乐业				
	小计	教育	小计	卫生	社会工作	小计	新闻和出版业	广播、电视、电影和录音制作业	文化艺术业	体育
男	**287952**	**287952**	**118570**	**115001**	**3569**	**45373**	**2348**	**5796**	**9056**	**5776**
北京	1145	1145	477	431	46	736	57	156	231	104
天津	341	341	142	140	2	78	3	10	9	27
河北	14423	14423	7694	7460	234	2450	170	521	566	362
山西	7114	7114	3041	2908	133	1165	98	171	381	116
内蒙古	6653	6653	3068	2975	93	1147	96	153	341	105
辽宁	4021	4021	1955	1871	84	623	40	80	136	83
吉林	4897	4897	2322	2228	94	997	92	209	200	156
黑龙江	4841	4841	2418	2318	100	750	70	116	153	105
上海	1587	1587	695	578	117	678	16	76	103	176
江苏	13990	13990	5448	5213	235	2640	123	282	518	487
浙江	8023	8023	3927	3793	134	3241	123	885	389	442
安徽	18389	18389	7288	7047	241	2799	178	382	558	404
福建	10166	10166	3599	3491	108	1959	73	170	455	196
江西	12761	12761	4850	4697	153	1704	71	164	429	277
山东	20011	20011	8995	8805	190	2208	194	352	483	298
河南	23466	23466	10195	9890	305	3318	169	405	744	400
湖北	11267	11267	5070	4893	177	1921	76	192	388	264
湖南	18221	18221	7557	7330	227	3019	129	332	520	381
广东	12530	12530	4735	4616	119	2203	58	231	338	267
广西	10815	10815	4544	4480	64	1147	44	102	213	90
海南	2175	2175	710	705	5	335	14	21	60	53
重庆	5775	5775	2272	2214	58	1053	31	50	192	97
四川	19642	19642	8413	8185	228	3726	117	223	377	409
贵州	12881	12881	4203	4144	59	1131	46	73	171	88
云南	14437	14437	4590	4519	71	1462	85	90	237	117
西藏	768	768	229	222	7	108	1	16	37	3
陕西	8166	8166	3803	3699	104	1065	54	112	339	104
甘肃	8789	8789	2628	2575	53	730	52	80	256	65
青海	1760	1760	732	705	27	196	10	26	65	20
宁夏	1533	1533	509	493	16	263	24	32	40	31
新疆	7365	7365	2461	2376	85	521	34	84	127	49

4-4b 续表 35

单位：人

地区 性别	教育		卫生和社会工作			文化、体育和娱乐业				
	小计	教育	小计	卫生	社会工作	小计	新闻和出版业	广播、电视、电影和录音制作业	文化艺术业	体育
女	**481494**	**481494**	**220635**	**213720**	**6915**	**41843**	**2081**	**4075**	**8525**	**4900**
北京	1916	1916	1124	1004	120	557	74	105	176	67
天津	621	621	234	200	34	66	4	15	10	17
河北	35642	35642	13731	13321	410	1810	154	274	484	272
山西	16591	16591	6106	5924	182	958	86	132	348	101
内蒙古	13428	13428	5732	5606	126	1019	111	110	368	101
辽宁	7552	7552	3589	3434	155	493	34	69	118	58
吉林	9773	9773	4639	4479	160	825	86	188	218	103
黑龙江	8647	8647	4457	4282	175	632	54	77	184	70
上海	3023	3023	2008	1449	559	780	16	65	112	162
江苏	23551	23551	10563	10065	498	2285	90	295	479	354
浙江	16755	16755	8188	7815	373	3298	105	474	468	383
安徽	25987	25987	12668	12296	372	2361	138	258	514	344
福建	17364	17364	6231	6033	198	2140	58	122	449	195
江西	20096	20096	7853	7621	232	1445	57	136	365	227
山东	33510	33510	15502	15188	314	1616	190	269	376	234
河南	42485	42485	15924	15415	509	2480	144	265	621	374
湖北	15850	15850	8795	8465	330	1738	82	166	364	172
湖南	27890	27890	14167	13816	351	3017	118	246	460	305
广东	20963	20963	7198	6987	211	1690	48	129	235	232
广西	19994	19994	9216	9071	145	895	42	54	207	93
海南	2868	2868	1124	1101	23	282	6	13	39	59
重庆	8224	8224	4071	3951	120	1191	29	48	184	79
四川	28335	28335	15189	14738	451	5373	94	190	426	514
贵州	16610	16610	8368	8256	112	979	40	38	177	57
云南	19284	19284	11868	11728	140	1394	40	53	255	121
西藏	1002	1002	414	387	27	128	4	21	44	1
陕西	13623	13623	7123	6943	180	864	57	92	319	80
甘肃	10173	10173	5279	5167	112	644	45	54	274	50
青海	2589	2589	1469	1411	58	212	17	28	76	12
宁夏	2955	2955	1459	1407	52	260	26	28	63	27
新疆	14193	14193	6346	6160	186	411	32	61	112	36

4-4b　续表 36　　　　　　　　　　　　　　　　　　　　单位：人

地区 性别	娱乐业	公共管理、社会保障和社会组织							国际组织	
		小计	中国共产党机关	国家机构	人民政协、民主党派	社会保障	群众团体、社会团体和其他成员组织	基层群众自治组织	小计	国际组织
全　国	**44659**	**803907**	**20388**	**660891**	**2520**	**3921**	**31445**	**84742**	**46**	**46**
北　京	323	3108	19	2008	2	18	123	938	3	3
天　津	49	1078	28	695	1	4	35	315		
河　北	1457	54994	1497	46497	163	217	1550	5070	3	3
山　西	690	29723	704	26206	131	166	728	1788	3	3
内蒙古	781	33136	1074	29207	131	222	754	1748		
辽　宁	498	13765	403	11719	34	157	411	1041	1	1
吉　林	570	14961	432	12923	46	109	268	1183		
黑龙江	553	19295	780	16222	69	175	687	1362	2	2
上　海	732	3570	21	2540	2	27	242	738	1	1
江　苏	2297	31172	687	22967	40	191	1964	5323	6	6
浙　江	3270	26791	378	21991	67	91	1322	2942		
安　徽	2384	38303	845	30442	96	180	1182	5558	1	1
福　建	2381	24044	374	19234	99	120	1275	2942	1	1
江　西	1423	30700	762	24883	61	130	2000	2864	3	3
山　东	1428	50665	1384	40951	102	174	2146	5908	3	3
河　南	2676	55784	1253	44970	96	333	4000	5132	1	1
湖　北	1955	26940	574	21699	73	169	1349	3076	3	3
湖　南	3545	46615	1034	38892	131	160	1740	4658	2	2
广　东	2355	26428	510	20462	74	88	1111	4183	2	2
广　西	1197	26875	723	22861	81	200	871	2139		
海　南	352	5158	117	4153	8	53	212	615	1	1
重　庆	1534	11989	202	9294	42	50	295	2106	1	1
四　川	6749	48831	1376	38852	256	236	2319	5792	2	2
贵　州	1420	33349	703	27965	116	87	802	3676	1	1
云　南	1858	39054	1257	33587	228	145	1237	2600		
西　藏	109	6112	372	5147	33	21	337	202	1	1
陕　西	772	29508	887	25170	121	192	684	2454	2	2
甘　肃	498	25103	674	21574	105	82	557	2111		
青　海	154	6861	251	5689	35	36	351	499		
宁　夏	252	4867	83	4017	23	17	154	573		
新　疆	397	35128	984	28074	54	71	739	5206	3	3

4-4b 续表 37

单位：人

地区 性别	娱乐业	公共管理、社会保障和社会组织						国际组织	
		小计	中国共产党机关	国家机构	人民政协、民主党派	社会保障	群众团体、社会团体和其他成员组织	基层群众自治组织	小计	国际组织
男	**22397**	**531468**	**14077**	**445773**	**1807**	**1871**	**17643**	**50297**	**26**	**26**
北京	188	1871	15	1259	2	5	62	528		
天津	29	804	17	551	1	2	27	206		
河北	831	36765	1055	31080	122	116	843	3549	1	1
山西	399	19027	489	16851	88	75	387	1137	2	2
内蒙古	452	21194	685	19147	89	111	386	776		
辽宁	284	8980	276	7885	20	77	221	501		
吉林	340	9517	295	8579	35	55	111	442		
黑龙江	306	12824	518	11228	52	74	359	593	2	2
上海	307	2198	11	1650	2	14	151	370	1	1
江苏	1230	21033	499	15859	31	83	1181	3380	2	2
浙江	1402	17840	258	14761	49	39	883	1850		
安徽	1277	26502	624	21880	80	88	687	3143		
福建	1065	15837	253	12974	70	54	719	1767	1	1
江西	763	20920	565	17405	48	54	1106	1742	3	3
山东	881	34244	977	27981	77	101	1242	3866	3	3
河南	1600	37373	901	30570	69	182	2215	3436		
湖北	1001	18135	439	15072	53	89	734	1748	3	3
湖南	1657	31984	735	27335	88	83	1007	2736	1	1
广东	1309	18039	346	14118	53	45	624	2853	1	1
广西	698	17258	463	14891	45	65	445	1349		
海南	187	3557	80	2876	4	36	119	442	1	1
重庆	683	7753	148	6338	26	19	139	1083	1	1
四川	2600	31595	901	25898	188	113	1287	3208	1	1
贵州	753	22218	499	18964	85	37	458	2175		
云南	933	25405	818	22040	149	64	675	1659		
西藏	51	3790	227	3185	18	9	214	137	1	1
陕西	456	19636	637	16977	91	94	367	1470		
甘肃	277	16490	489	14291	84	40	343	1243		
青海	75	4143	163	3456	25	14	232	253		
宁夏	136	2792	56	2426	16	7	84	203		
新疆	227	21744	638	18246	47	26	335	2452	2	2

4-4b 续表 38

单位：人

地区 性别	娱乐业	公共管理、社会保障和社会组织							国际组织	
		小计	中国共产党机关	国家机构	人民政协、民主党派	社会保障	群众团体、社会团体和其他成员组织	基层群众自治组织	小计	国际组织
女	**22262**	**272439**	**6311**	**215118**	**713**	**2050**	**13802**	**34445**	**20**	**20**
北京	135	1237	4	749		13	61	410	3	3
天津	20	274	11	144		2	8	109		
河北	626	18229	442	15417	41	101	707	1521	2	2
山西	291	10696	215	9355	43	91	341	651	1	1
内蒙古	329	11942	389	10060	42	111	368	972		
辽宁	214	4785	127	3834	14	80	190	540	1	1
吉林	230	5444	137	4344	11	54	157	741		
黑龙江	247	6471	262	4994	17	101	328	769		
上海	425	1372	10	890		13	91	368		
江苏	1067	10139	188	7108	9	108	783	1943	4	4
浙江	1868	8951	120	7230	18	52	439	1092		
安徽	1107	11801	221	8562	16	92	495	2415	1	1
福建	1316	8207	121	6260	29	66	556	1175		
江西	660	9780	197	7478	13	76	894	1122		
山东	547	16421	407	12970	25	73	904	2042		
河南	1076	18411	352	14400	27	151	1785	1696	1	1
湖北	954	8805	135	6627	20	80	615	1328		
湖南	1888	14631	299	11557	43	77	733	1922	1	1
广东	1046	8389	164	6344	21	43	487	1330	1	1
广西	499	9617	260	7970	36	135	426	790		
海南	165	1601	37	1277	4	17	93	173		
重庆	851	4236	54	2956	16	31	156	1023		
四川	4149	17236	475	12954	68	123	1032	2584	1	1
贵州	667	11131	204	9001	31	50	344	1501	1	1
云南	925	13649	439	11547	79	81	562	941		
西藏	58	2322	145	1962	15	12	123	65		
陕西	316	9872	250	8193	30	98	317	984	2	2
甘肃	221	8613	185	7283	21	42	214	868		
青海	79	2718	88	2233	10	22	119	246		
宁夏	116	2075	27	1591	7	10	70	370		
新疆	170	13384	346	9828	7	45	404	2754	1	1

4-4c 各地区分性别、行业大类的就业人口(乡村)

单位：人

地区 性别	合计	农、林、牧、渔业						采矿业	
		小计	农业	林业	畜牧业	渔业	农、林、牧、渔专业及辅助性活动	小计	煤炭开采和洗选业
全国	**24701872**	**10789395**	**9499762**	**164550**	**849611**	**152305**	**123167**	**199392**	**110668**
北京	139098	10147	8513	655	684	97	198	141	11
天津	89837	35128	32212	866	1422	439	189	67	2
河北	1424681	605074	552538	6179	38331	1634	6392	9500	3111
山西	616197	294891	277195	1544	14763	91	1298	46441	41611
内蒙古	376478	251505	191402	680	56749	129	2545	13170	8828
辽宁	585143	405958	371374	833	25570	5178	3003	4464	385
吉林	429506	332270	318726	1377	10114	347	1706	1456	423
黑龙江	492816	351076	330061	2347	14961	578	3129	2019	1374
上海	158171	6042	5016	163	218	472	173	22	5
江苏	1089292	299114	262475	5050	10703	14274	6612	1012	235
浙江	956204	150028	124626	6754	6743	10464	1441	1801	102
安徽	1218089	423873	390481	5001	17481	7289	3621	5539	2908
福建	626830	215364	174478	6237	12747	19542	2360	3021	1200
江西	1033967	339562	311487	5756	13923	3065	5331	3642	516
山东	1902218	997784	935506	9567	36821	7848	8042	9551	3499
河南	1920942	780840	718546	6796	38880	2189	14429	10495	6671
湖北	1291692	532262	467738	3033	29906	27581	4004	4833	650
湖南	1327820	506964	456068	7679	31941	7307	3969	4909	1245
广东	1229241	324720	269352	5649	23033	22326	4360	2637	16
广西	912209	525736	454157	16536	43580	7662	3801	2955	187
海南	170279	99649	71140	17535	4380	3705	2889	204	3
重庆	511266	201698	179119	1144	19432	1433	570	2239	819
四川	2235564	971967	835137	9689	118383	5283	3475	10458	3614
贵州	708682	335714	270211	4656	56641	1023	3183	13919	10910
云南	1389648	848670	726154	27152	88158	1612	5594	9962	3828
西藏	67951	30748	17774	1789	8980	3	2202	846	7
陕西	658357	312756	291516	4107	15453	286	1394	17392	11217
甘肃	476880	275555	242097	1038	29129	76	3215	5257	1772
青海	83569	43578	18347	3439	21243	46	503	1136	418
宁夏	115347	53281	35887	395	16377	68	554	2775	2094
新疆	463898	227441	160429	904	42865	258	22985	7529	3007

4-4c 续表 1

单位：人

地区 性别	合计	农、林、牧、渔业						采矿业	
		小计	农业	林业	畜牧业	渔业	农、林、牧、渔专业及辅助性活动	小计	煤炭开采和洗选业
男	**14776688**	**5749263**	**4979276**	**109019**	**478694**	**110503**	**71771**	**179315**	**101605**
北京	91402	6144	4983	463	483	75	140	127	10
天津	57707	21618	19528	530	1024	392	144	59	1
河北	863000	325081	290637	4018	25083	1315	4028	8608	2976
山西	412899	176093	162526	1220	11256	70	1021	42492	38074
内蒙古	233683	145194	108762	552	34005	105	1770	12006	8169
辽宁	353554	232762	209564	662	16193	4344	1999	3985	374
吉林	252561	189601	180787	1081	6405	271	1057	1315	385
黑龙江	295977	206144	192402	1941	9078	440	2283	1812	1254
上海	104793	3539	2803	123	145	340	128	16	4
江苏	649928	151445	127851	3012	6500	9793	4289	880	222
浙江	590705	93300	74805	4855	3935	8840	865	1612	92
安徽	746520	222095	199630	3817	10808	5351	2489	5121	2792
福建	377820	120721	93305	4565	7185	14453	1213	2690	1080
江西	619370	182924	164839	4533	7869	2272	3411	3133	484
山东	1110795	521703	482357	5883	22798	5992	4673	8728	3315
河南	1086427	384855	348040	4287	23352	1596	7580	9664	6279
湖北	779411	277851	240087	2158	15851	17195	2560	4319	595
湖南	825375	282539	253357	5348	16187	4966	2681	4369	1121
广东	768184	186580	147229	4001	15314	17286	2750	2290	14
广西	533565	279406	236019	11372	24408	5465	2142	2497	167
海南	101720	57117	39287	10689	2753	2752	1636	157	2
重庆	305154	101165	89439	791	9584	996	355	2008	769
四川	1280205	474366	408182	6540	53852	3711	2081	9214	3302
贵州	422696	167410	130861	3552	30383	771	1843	12365	9773
云南	791154	437737	373319	16243	44092	1155	2928	8737	3417
西藏	40938	16141	9159	943	4829	1	1209	734	6
陕西	406724	169691	156317	2481	9693	217	983	15765	10425
甘肃	284548	143988	123303	718	18103	55	1809	4569	1535
青海	50806	23484	9245	1809	12019	36	375	995	385
宁夏	73393	28880	18597	253	9595	54	381	2510	1927
新疆	265674	119689	82056	579	25912	194	10948	6538	2656

4-4c 续表 2

单位：人

地区 性别	合计	农、林、牧、渔业						采矿业	
		小计	农业	林业	畜牧业	渔业	农、林、牧、渔专业及辅助性活动	小计	煤炭开采和洗选业
女	**9925184**	**5040132**	**4520486**	**55531**	**370917**	**41802**	**51396**	**20077**	**9063**
北京	47696	4003	3530	192	201	22	58	14	1
天津	32130	13510	12684	336	398	47	45	8	1
河北	561681	279993	261901	2161	13248	319	2364	892	135
山西	203298	118798	114669	324	3507	21	277	3949	3537
内蒙古	142795	106311	82640	128	22744	24	775	1164	659
辽宁	231589	173196	161810	171	9377	834	1004	479	11
吉林	176945	142669	137939	296	3709	76	649	141	38
黑龙江	196839	144932	137659	406	5883	138	846	207	120
上海	53378	2503	2213	40	73	132	45	6	1
江苏	439364	147669	134624	2038	4203	4481	2323	132	13
浙江	365499	56728	49821	1899	2808	1624	576	189	10
安徽	471569	201778	190851	1184	6673	1938	1132	418	116
福建	249010	94643	81173	1672	5562	5089	1147	331	120
江西	414597	156638	146648	1223	6054	793	1920	509	32
山东	791423	476081	453149	3684	14023	1856	3369	823	184
河南	834515	395985	370506	2509	15528	593	6849	831	392
湖北	512281	254411	227651	875	14055	10386	1444	514	55
湖南	502445	224425	202711	2331	15754	2341	1288	540	124
广东	461057	138140	122123	1648	7719	5040	1610	347	2
广西	378644	246330	218138	5164	19172	2197	1659	458	20
海南	68559	42532	31853	6846	1627	953	1253	47	1
重庆	206112	100533	89680	353	9848	437	215	231	50
四川	955359	497601	426955	3149	64531	1572	1394	1244	312
贵州	285986	168304	139350	1104	26258	252	1340	1554	1137
云南	598494	410933	352835	10909	44066	457	2666	1225	411
西藏	27013	14607	8615	846	4151	2	993	112	1
陕西	251633	143065	135199	1626	5760	69	411	1627	792
甘肃	192332	131567	118794	320	11026	21	1406	688	237
青海	32763	20094	9102	1630	9224	10	128	141	33
宁夏	41954	24401	17290	142	6782	14	173	265	167
新疆	198224	107752	78373	325	16953	64	12037	991	351

4-4c　续表 3　　　　　　　　　　　　　　　　　　　　　　　　　　　单位：人

地　区 性　别	采矿业						制造业		
	石油和天然气开采业	黑色金属矿采选业	有色金属矿采选业	非金属矿采选业	开采专业及辅助性活　动	其　他采矿业	小计	农副食品加工业	食　品制造业
全　国	**8237**	**16606**	**19828**	**30664**	**9867**	**3522**	**3806572**	**192002**	**103012**
北　京	9	89	1	22	6	3	18885	961	1510
天　津	20	1	1	11	30	2	21513	643	578
河　北	187	3915	480	1223	298	286	275504	15952	6389
山　西	301	2232	736	739	720	102	57666	3401	3176
内蒙古	330	985	1605	720	577	125	19591	2087	1813
辽　宁	158	1559	988	1007	215	152	45945	6769	1429
吉　林	145	219	357	218	88	6	14474	2114	799
黑龙江	53	22	86	312	157	15	15901	3047	1387
上　海	6	2		4	5		65387	1163	1682
江　苏	71	74	30	441	140	21	322340	7989	3796
浙　江	9	79	128	1421	20	42	407716	5983	3707
安　徽	26	500	522	1347	172	64	196669	8608	5181
福　建	3	257	289	1162	71	39	139365	8723	5425
江　西	20	185	1118	1451	113	239	228029	5243	5238
山　东	308	1040	2228	1694	612	170	287754	28327	10799
河　南	76	268	1297	1314	584	285	246187	20781	11673
湖　北	86	508	418	2740	183	248	200370	9058	3780
湖　南	16	205	1186	1670	214	373	191068	7825	4613
广　东	64	174	246	1977	109	51	337277	9868	6466
广　西	13	302	784	1384	125	160	90115	5818	1548
海　南	24	1	46	107	17	6	6034	1051	338
重　庆	234	228	106	608	179	65	66730	2468	2622
四　川	904	1101	968	2764	920	187	249852	12755	7683
贵　州	106	281	461	1667	311	183	65455	4208	1602
云　南	67	662	2709	2051	321	324	119061	7020	3140
西　藏	1	39	445	276	20	58	2132	238	156
陕　西	2369	688	853	561	1537	167	44897	2678	2126
甘　肃	986	297	806	568	764	64	24169	2066	1312
青　海	125	151	281	111	26	24	4131	328	151
宁　夏	330	14	7	181	139	10	9801	700	481
新　疆	1190	528	646	913	1194	51	32554	4130	2412

4-4c 续表 4 单位：人

地区 性别	采矿业						制造业		
	石油和天然气开采业	黑色金属矿采选业	有色金属矿采选业	非金属矿采选业	开采专业及辅助性活动	其他采矿业	小计	农副食品加工业	食品制造业
男	**6993**	**14530**	**17388**	**26944**	**8761**	**3094**	**2211990**	**105668**	**48569**
北京	6	84		21	3	3	12752	586	779
天津	17	1	1	10	27	2	12788	440	279
河北	173	3398	443	1115	270	233	158852	8478	2735
山西	260	2018	686	686	673	95	43007	2078	1740
内蒙古	297	886	1365	626	549	114	14666	1390	1057
辽宁	148	1392	855	886	203	127	28701	3895	672
吉林	131	194	324	196	79	6	9900	1355	396
黑龙江	41	19	69	278	138	13	10730	2000	762
上海	4	1		3	4		41248	666	853
江苏	59	67	25	365	125	17	179847	4407	1739
浙江	6	71	105	1284	19	35	227268	3156	1704
安徽	20	451	450	1197	154	57	106723	5015	2417
福建	2	229	256	1022	67	34	76670	3660	2356
江西	14	155	910	1272	98	200	125034	3217	2720
山东	266	914	2035	1493	551	154	167260	14458	4976
河南	62	230	1165	1156	514	258	126466	10464	4813
湖北	80	436	384	2437	159	228	121121	5376	1887
湖南	12	185	1058	1470	184	339	114749	4566	1920
广东	47	153	211	1728	95	42	194922	6156	3340
广西	9	218	669	1184	108	142	49624	3429	680
海南	22	1	29	84	14	5	4113	569	195
重庆	213	190	91	534	156	55	40466	1347	1390
四川	793	927	805	2386	831	170	148349	6887	3446
贵州	94	238	373	1470	271	146	41774	2374	789
云南	55	556	2401	1758	269	281	74828	3872	1592
西藏	1	34	391	240	14	48	1597	131	76
陕西	1935	622	769	511	1345	158	31502	1594	1058
甘肃	820	267	715	529	644	59	16877	1301	655
青海	95	115	251	101	25	23	3069	217	63
宁夏	278	13	5	159	118	10	7310	445	265
新疆	1033	465	547	743	1054	40	19777	2139	1215

4-4c　续表 5　　单位：人

地　区 性　别	采矿业						制造业		
	石油和天然气开采业	黑色金属矿采选业	有色金属矿采选业	非金属矿采选业	开采专业及辅助性活　动	其　他采矿业	小计	农副食品加工业	食　品制造业
女	**1244**	**2076**	**2440**	**3720**	**1106**	**428**	**1594582**	**86334**	**54443**
北　京	3	5	1	1	3		6133	375	731
天　津	3			1	3		8725	203	299
河　北	14	517	37	108	28	53	116652	7474	3654
山　西	41	214	50	53	47	7	14659	1323	1436
内蒙古	33	99	240	94	28	11	4925	697	756
辽　宁	10	167	133	121	12	25	17244	2874	757
吉　林	14	25	33	22	9		4574	759	403
黑龙江	12	3	17	34	19	2	5171	1047	625
上　海	2	1		1	1		24139	497	829
江　苏	12	7	5	76	15	4	142493	3582	2057
浙　江	3	8	23	137	1	7	180448	2827	2003
安　徽	6	49	72	150	18	7	89946	3593	2764
福　建	1	28	33	140	4	5	62695	5063	3069
江　西	6	30	208	179	15	39	102995	2026	2518
山　东	42	126	193	201	61	16	120494	13869	5823
河　南	14	38	132	158	70	27	119721	10317	6860
湖　北	6	72	34	303	24	20	79249	3682	1893
湖　南	4	20	128	200	30	34	76319	3259	2693
广　东	17	21	35	249	14	9	142355	3712	3126
广　西	4	84	115	200	17	18	40491	2389	868
海　南	2		17	23	3	1	1921	482	143
重　庆	21	38	15	74	23	10	26264	1121	1232
四　川	111	174	163	378	89	17	101503	5868	4237
贵　州	12	43	88	197	40	37	23681	1834	813
云　南	12	106	308	293	52	43	44233	3148	1548
西　藏		5	54	36	6	10	535	107	80
陕　西	434	66	84	50	192	9	13395	1084	1068
甘　肃	166	30	91	39	120	5	7292	765	657
青　海	30	36	30	10	1	1	1062	111	88
宁　夏	52	1	2	22	21		2491	255	216
新　疆	157	63	99	170	140	11	12777	1991	1197

4-4c 续表 6 单位：人

地区 性别	制造业								
	酒、饮料和精制茶制造业	烟草制品业	纺织业	纺织服装、服饰业	皮革、毛皮、羽毛及其制品和制鞋业	木材加工和木、竹、藤、棕、草制品业	家具制造业	造纸和纸制品业	印刷和记录媒介复制业
全国	**51353**	**3358**	**195343**	**485817**	**175518**	**155153**	**136114**	**69181**	**32540**
北京	545	3	126	661	48	145	680	212	652
天津	89	14	914	3263	264	242	866	608	225
河北	1051	55	17711	25880	18399	8318	8232	5481	2568
山西	1162	15	596	707	154	801	701	532	476
内蒙古	320	11	259	289	143	480	319	171	78
辽宁	468	8	1185	8050	1948	1540	843	505	144
吉林	550	33	123	555	61	685	324	221	140
黑龙江	533	35	332	655	152	1147	851	204	127
上海	246	29	1294	3705	575	708	2317	1950	951
江苏	1269	78	30147	42431	4947	12217	7598	4219	2612
浙江	2612	54	39123	50255	24188	10341	12153	9293	3957
安徽	2990	139	10737	45547	5870	8158	6500	2901	1293
福建	6112	100	7609	16042	14150	6612	3623	3640	1054
江西	1339	101	5862	55757	19283	6823	17229	3409	1658
山东	2041	89	17236	27298	4813	29936	8149	4711	1656
河南	3042	331	9805	30952	10876	11522	6921	3912	1881
湖北	3143	328	9087	52028	7366	4012	5763	2450	1956
湖南	2328	289	5157	16913	14650	7631	6971	2749	1909
广东	2877	86	12754	44656	16291	7448	12718	9946	4241
广西	1358	27	2044	10920	2389	12628	2465	1370	559
海南	203	15	56	151	13	512	148	81	39
重庆	818	49	1828	5912	3520	1807	2982	1291	473
四川	5971	307	9141	26374	15799	7902	18637	4625	2139
贵州	4036	251	2116	3694	3513	3888	2307	1119	320
云南	4376	818	4583	6703	4536	5270	4168	1921	654
西藏	62		129	184	10	129	165	3	7
陕西	883	74	1064	1281	513	1062	1000	919	446
甘肃	366	11	440	611	213	640	521	220	157
青海	75	1	51	58	4	138	59	17	20
宁夏	196	3	465	152	50	170	190	142	49
新疆	292	4	3369	4133	780	2241	714	359	99

4-4c　续表 7　　单位：人

地　区 性　别	制造业								
	酒、饮料和精制茶制造业	烟　草制品业	纺织业	纺织服装、服饰业	皮革、毛皮、羽毛及其制品和制鞋业	木材加工和木、竹、藤、棕、草制品业	家　具制造业	造纸和纸制品业	印刷和记录媒介复制业
男	**31638**	**1796**	**86150**	**157099**	**79347**	**100284**	**93013**	**40594**	**19666**
北　京	382	3	54	234	27	108	493	117	415
天　津	55	8	454	658	77	181	602	354	134
河　北	632	36	6640	3719	7185	5532	5365	2904	1504
山　西	858	9	273	240	63	648	538	325	294
内蒙古	192	8	108	69	57	337	226	106	45
辽　宁	324	7	484	2352	976	1078	574	298	91
吉　林	374	20	54	185	36	477	222	144	76
黑龙江	365	29	148	226	85	784	582	126	76
上　海	171	20	584	1134	238	572	1729	1125	542
江　苏	802	52	12436	10413	1713	8075	5150	2444	1434
浙　江	1651	27	18868	17415	11471	6820	8239	5692	2301
安　徽	1858	72	4615	14306	2506	5520	4635	1529	776
福　建	3453	40	3813	5194	5174	4173	2462	2074	682
江　西	822	65	2597	21827	9148	4921	11655	1924	1102
山　东	1245	60	6304	5025	1619	17227	5080	2822	1026
河　南	1674	167	3118	6406	3830	6193	4418	1942	1024
湖　北	1950	198	4048	22732	3869	3130	4275	1520	1260
湖　南	1476	143	2514	6605	7280	5624	5183	1688	1268
广　东	1828	51	7157	15444	7538	4861	8863	6548	2676
广　西	780	15	802	2771	1056	7150	1745	869	349
海　南	118	5	27	57	10	381	111	54	26
重　庆	528	26	869	2637	1826	1292	2077	772	296
四　川	3815	145	4135	10889	7992	5659	12297	2422	1203
贵　州	2660	151	1060	1576	1992	2792	1680	634	201
云　南	2460	376	2452	3187	2676	3487	2849	1155	422
西　藏	25		62	133	4	111	156	2	6
陕　西	577	50	441	467	286	796	739	540	258
甘　肃	232	8	204	185	94	486	380	138	94
青　海	49	1	22	17	1	112	41	8	12
宁　夏	100	2	161	25	18	113	144	75	22
新　疆	182	2	1646	971	500	1644	503	243	51

4-4c 续表 8

单位：人

地区 性别	制造业								
	酒、饮料和精制茶制造业	烟草制品业	纺织业	纺织服装、服饰业	皮革、毛皮、羽毛及其制品和制鞋业	木材加工和木、竹、藤、棕、草制品业	家具制造业	造纸和纸制品业	印刷和记录媒介复制业
女	**19715**	**1562**	**109193**	**328718**	**96171**	**54869**	**43101**	**28587**	**12874**
北京	163		72	427	21	37	187	95	237
天津	34	6	460	2605	187	61	264	254	91
河北	419	19	11071	22161	11214	2786	2867	2577	1064
山西	304	6	323	467	91	153	163	207	182
内蒙古	128	3	151	220	86	143	93	65	33
辽宁	144	1	701	5698	972	462	269	207	53
吉林	176	13	69	370	25	208	102	77	64
黑龙江	168	6	184	429	67	363	269	78	51
上海	75	9	710	2571	337	136	588	825	409
江苏	467	26	17711	32018	3234	4142	2448	1775	1178
浙江	961	27	20255	32840	12717	3521	3914	3601	1656
安徽	1132	67	6122	31241	3364	2638	1865	1372	517
福建	2659	60	3796	10848	8976	2439	1161	1566	372
江西	517	36	3265	33930	10135	1902	5574	1485	556
山东	796	29	10932	22273	3194	12709	3069	1889	630
河南	1368	164	6687	24546	7046	5329	2503	1970	857
湖北	1193	130	5039	29296	3497	882	1488	930	696
湖南	852	146	2643	10308	7370	2007	1788	1061	641
广东	1049	35	5597	29212	8753	2587	3855	3398	1565
广西	578	12	1242	8149	1333	5478	720	501	210
海南	85	10	29	94	3	131	37	27	13
重庆	290	23	959	3275	1694	515	905	519	177
四川	2156	162	5006	15485	7807	2243	6340	2203	936
贵州	1376	100	1056	2118	1521	1096	627	485	119
云南	1916	442	2131	3516	1860	1783	1319	766	232
西藏	37		67	51	6	18	9	1	1
陕西	306	24	623	814	227	266	261	379	188
甘肃	134	3	236	426	119	154	141	82	63
青海	26		29	41	3	26	18	9	8
宁夏	96	1	304	127	32	57	46	67	27
新疆	110	2	1723	3162	280	597	211	116	48

4-4c　续表 9　　单位：人

地　区 性　别	制造业								
	文教、工美、体育和娱乐用品制造业	石油、煤炭及其他燃料加工业	化学原料和化学制品制造业	医　药制造业	化学纤维制造业	橡胶和塑　料制品业	非金属矿　物制品业	黑色金属冶炼和压延加工业	有色金属冶炼和压延加工业
全　国	**144278**	**19601**	**98439**	**40464**	**11324**	**161016**	**264317**	**63476**	**39501**
北　京	290	73	456	1246	8	361	1332	124	49
天　津	1309	43	344	180	22	719	728	1254	190
河　北	11013	1899	4768	2479	411	16322	18360	16420	1212
山　西	453	4759	2746	776	32	1001	8387	5974	1509
内蒙古	114	1138	2192	755	9	486	2129	1663	1058
辽　宁	630	556	1120	372	52	1942	4751	1405	834
吉　林	115	90	481	1170	117	378	1206	608	37
黑龙江	149	189	342	283	11	563	1020	369	32
上　海	1516	88	3321	953	76	4069	2038	343	521
江　苏	10530	401	7301	2295	3729	15509	14087	5795	2630
浙　江	20437	318	6177	3113	3397	25364	15292	2547	3275
安　徽	6460	320	3393	2535	277	7457	12005	1312	836
福　建	7338	289	2259	595	942	5410	14498	1536	1258
江　西	7059	231	6257	1798	211	5133	15125	760	1551
山　东	11289	2417	8895	3091	388	13591	19079	4786	3182
河　南	13289	776	4410	4953	303	5548	17535	2600	3171
湖　北	3328	192	4896	2239	163	5927	11961	1554	1014
湖　南	6206	385	9487	1362	125	6002	11823	903	1032
广　东	20750	344	9937	1958	106	19084	25606	2119	3418
广　西	3450	186	1431	410	23	2463	7375	1506	1283
海　南	136	10	171	132	1	600	977	31	59
重　庆	1270	101	826	572	49	2569	5622	433	414
四　川	6788	587	6719	2541	358	8713	20360	2739	2210
贵　州	2398	316	1684	524	55	2449	8272	797	1255
云　南	5739	401	2955	1088	94	5736	12199	2687	3219
西　藏	233	4	43	10		12	435	32	10
陕　西	750	1538	1709	802	36	1112	4350	709	1816
甘　肃	270	203	747	1466	28	669	2875	813	838
青　海	163	26	416	22	12	59	491	300	541
宁　夏	31	679	1457	379	9	325	982	847	437
新　疆	775	1042	1499	365	280	1443	3417	510	610

4-4c 续表 10 单位：人

地 区 性 别	制造业								
	文教、工美、体育和娱乐用品制造业	石油、煤炭及其他燃料加工业	化学原料和化学制品制造业	医 药 制造业	化学纤维制造业	橡胶和塑 料制品业	非金属矿 物制品业	黑色金属冶炼和压延加工业	有色金属冶炼和压延加工业
男	**60988**	**15667**	**65742**	**19837**	**7070**	**92615**	**195518**	**52440**	**30799**
北 京	161	57	283	600	3	224	1079	92	37
天 津	644	34	251	90	16	429	572	1061	149
河 北	4352	1496	3467	1236	282	9213	13158	13859	983
山 西	246	3907	2099	412	23	656	6447	4920	1294
内蒙古	74	954	1811	503	6	337	1697	1380	924
辽 宁	392	460	844	196	35	1222	3799	1230	701
吉 林	69	76	366	595	95	237	992	512	36
黑龙江	79	140	243	149	8	380	810	292	27
上 海	782	77	1900	489	57	2279	1600	293	399
江 苏	3534	300	5183	1103	2338	8245	9759	4558	1891
浙 江	9340	263	4274	1736	2064	13515	11612	2029	2341
安 徽	1965	244	2321	1240	172	4285	8936	1082	622
福 建	3842	214	1506	335	614	3212	10525	1258	905
江 西	2869	158	3347	845	133	2988	10428	620	1173
山 东	3133	1981	6680	1725	205	8248	14763	4094	2633
河 南	3801	600	2985	1453	167	2792	12965	2214	2567
湖 北	1798	151	3603	1084	107	3690	9262	1297	734
湖 南	3013	277	5179	721	79	3703	8669	769	768
广 东	9904	269	5625	1053	65	11479	18523	1735	2519
广 西	1189	133	858	173	12	1416	5366	1173	1024
海 南	80	10	141	71	1	400	756	27	55
重 庆	585	69	522	269	29	1431	4131	348	321
四 川	3231	452	4604	1296	203	4937	14535	2209	1699
贵 州	1230	215	1154	259	39	1442	6217	609	928
云 南	3365	291	1967	501	61	3429	8905	2020	2535
西 藏	223	3	35	8		9	352	29	7
陕 西	354	1252	1237	438	22	715	3502	614	1493
甘 肃	162	169	572	779	20	439	2333	709	697
青 海	124	18	315	12	9	30	387	248	446
宁 夏	16	561	1189	257	6	232	792	728	396
新 疆	431	836	1181	209	199	1001	2646	431	495

4-4c　续表 11

单位：人

地　区 性　别	制造业								
	文教、工美、体育和娱乐用品制造业	石油、煤炭及其他燃料加工业	化学原料和化学制品制造业	医　药制造业	化学纤维制造业	橡胶和塑　料制品业	非金属矿　物制品业	黑色金属冶炼和压延加工业	有色金属冶炼和压延加工业
女	**83290**	**3934**	**32697**	**20627**	**4254**	**68401**	**68799**	**11036**	**8702**
北　京	129	16	173	646	5	137	253	32	12
天　津	665	9	93	90	6	290	156	193	41
河　北	6661	403	1301	1243	129	7109	5202	2561	229
山　西	207	852	647	364	9	345	1940	1054	215
内蒙古	40	184	381	252	3	149	432	283	134
辽　宁	238	96	276	176	17	720	952	175	133
吉　林	46	14	115	575	22	141	214	96	1
黑龙江	70	49	99	134	3	183	210	77	5
上　海	734	11	1421	464	19	1790	438	50	122
江　苏	6996	101	2118	1192	1391	7264	4328	1237	739
浙　江	11097	55	1903	1377	1333	11849	3680	518	934
安　徽	4495	76	1072	1295	105	3172	3069	230	214
福　建	3496	75	753	260	328	2198	3973	278	353
江　西	4190	73	2910	953	78	2145	4697	140	378
山　东	8156	436	2215	1366	183	5343	4316	692	549
河　南	9488	176	1425	3500	136	2756	4570	386	604
湖　北	1530	41	1293	1155	56	2237	2699	257	280
湖　南	3193	108	4308	641	46	2299	3154	134	264
广　东	10846	75	4312	905	41	7605	7083	384	899
广　西	2261	53	573	237	11	1047	2009	333	259
海　南	56		30	61		200	221	4	4
重　庆	685	32	304	303	20	1138	1491	85	93
四　川	3557	135	2115	1245	155	3776	5825	530	511
贵　州	1168	101	530	265	16	1007	2055	188	327
云　南	2374	110	988	587	33	2307	3294	667	684
西　藏	10	1	8	2		3	83	3	3
陕　西	396	286	472	364	14	397	848	95	323
甘　肃	108	34	175	687	8	230	542	104	141
青　海	39	8	101	10	3	29	104	52	95
宁　夏	15	118	268	122	3	93	190	119	41
新　疆	344	206	318	156	81	442	771	79	115

4-4c 续表 12

单位：人

地区 性别	制造业								
	金属制品业	通用设备制造业	专用设备制造业	汽车制造业	铁路、船舶、航空航天和其他运输设备制造业	电气机械和器材制造业	计算机、通信和其他电子设备制造业	仪器仪表制造业	其他制造业
全国	**311123**	**221003**	**102490**	**107550**	**40003**	**150437**	**313687**	**18000**	**36415**
北京	1346	1075	1029	2746	416	928	1038	281	81
天津	2367	1783	389	1019	1704	477	710	74	135
河北	34911	21398	5602	8949	3056	7249	3957	776	1914
山西	7529	2132	1242	910	258	979	5221	127	203
内蒙古	1492	367	465	117	190	302	251	47	81
辽宁	3851	2903	645	967	480	731	542	134	241
吉林	1030	489	328	1539	251	215	340	54	37
黑龙江	1294	708	435	262	244	272	470	65	122
上海	5942	7437	3264	6143	2668	4583	5867	546	294
江苏	27487	33433	14513	10804	7785	18318	22156	1960	2448
浙江	36893	37057	18201	17486	5460	26904	11319	2668	5077
安徽	12444	9962	4518	5031	1589	9224	12629	698	2462
福建	8507	3698	2146	1739	896	4203	5797	388	2692
江西	14972	5992	4242	2031	578	7560	26845	945	2227
山东	23981	24976	6441	8777	2634	4901	6657	1032	1632
河南	13915	12647	5435	3697	1361	5211	29528	1556	3765
湖北	12185	8383	4743	9324	1370	6417	21311	856	1759
湖南	14661	7883	5555	2529	779	6844	37786	1187	2304
广东	37599	10196	8004	5741	1676	20660	34028	1814	2677
广西	5648	1919	1631	1419	486	3572	13901	325	772
海南	463	86	181	24	18	88	143	36	59
重庆	4148	4069	1450	5376	2141	2501	9573	339	570
四川	15540	11376	5775	5479	1842	8651	31028	1091	2362
贵州	5198	2278	1257	911	347	2267	5808	179	874
云南	9433	3136	2475	2009	1000	4720	16140	345	774
西藏	56	38	71		12	40	17	5	7
陕西	3550	3503	1203	2066	540	1375	5865	241	449
甘肃	2198	1279	602	340	135	510	3505	117	259
青海	400	80	57	38	12	186	319	6	10
宁夏	586	227	181	43	13	149	368	61	34
新疆	1497	493	410	34	62	400	568	47	94

4-4c　续表 13　　　　单位：人

地区 性别	制造业								
	金属 制品业	通用设备 制造业	专用设备 制造业	汽车 制造业	铁路、船舶、航空航天和其他运输设备制造业	电气机械和器材制造业	计算机、通信和其他电子设备制造业	仪器仪表 制造业	其他 制造业
男	**229754**	**158405**	**69751**	**73494**	**29627**	**90486**	**175103**	**10919**	**18255**
北京	1069	808	631	2283	325	659	636	160	56
天津	1881	1315	264	688	1066	324	360	44	67
河北	26349	14928	3981	5954	2045	5061	2261	478	887
山西	6500	1790	960	692	205	717	3263	98	158
内蒙古	1292	315	394	99	135	241	181	40	51
辽宁	3303	2388	480	718	427	483	251	95	148
吉林	872	392	233	1146	205	148	206	38	25
黑龙江	1075	574	305	181	197	195	295	43	75
上海	4351	5515	2280	3825	2257	2672	3420	340	165
江苏	19726	23800	9781	6760	5726	11066	12003	1143	1226
浙江	23791	24368	12147	10990	3859	14246	5632	1436	2177
安徽	9558	7282	3017	3305	1179	5664	6782	445	1277
福建	6360	2669	1540	1121	672	2535	3269	202	1154
江西	10939	4116	2727	1409	434	4346	14734	590	1169
山东	19292	18522	4593	6728	2170	3331	3630	706	811
河南	11128	9369	3554	2630	1056	3143	16004	918	1255
湖北	9462	6356	3377	6873	1093	4251	13161	580	1124
湖南	11124	5924	3889	1823	608	4237	21136	792	1268
广东	24695	7206	5506	4131	1223	11953	18629	1037	1435
广西	4269	1353	1025	915	381	2113	6963	193	416
海南	370	73	136	19	11	62	94	33	38
重庆	3008	2785	986	3584	1416	1492	5177	184	342
四川	11533	8172	3731	3704	1334	5284	17002	646	1428
贵州	3857	1624	819	646	264	1418	3340	113	471
云南	6863	2209	1561	1333	725	2929	9663	194	459
西藏	54	32	57		9	31	11	5	5
陕西	3027	2824	862	1595	426	974	3802	182	305
甘肃	1895	1011	436	262	102	351	2265	87	173
青海	351	66	44	29	9	133	215	5	5
宁夏	507	201	156	34	12	130	299	50	26
新疆	1253	418	279	17	56	297	419	42	59

4-4c 续表 14 单位：人

地区 性别	制造业								
	金属制品业	通用设备制造业	专用设备制造业	汽车制造业	铁路、船舶、航空航天和其他运输设备制造业	电气机械和器材制造业	计算机、通信和其他电子设备制造业	仪器仪表制造业	其他制造业
女	**81369**	**62598**	**32739**	**34056**	**10376**	**59951**	**138584**	**7081**	**18160**
北京	277	267	398	463	91	269	402	121	25
天津	486	468	125	331	638	153	350	30	68
河北	8562	6470	1621	2995	1011	2188	1696	298	1027
山西	1029	342	282	218	53	262	1958	29	45
内蒙古	200	52	71	18	55	61	70	7	30
辽宁	548	515	165	249	53	248	291	39	93
吉林	158	97	95	393	46	67	134	16	12
黑龙江	219	134	130	81	47	77	175	22	47
上海	1591	1922	984	2318	411	1911	2447	206	129
江苏	7761	9633	4732	4044	2059	7252	10153	817	1222
浙江	13102	12689	6054	6496	1601	12658	5687	1232	2900
安徽	2886	2680	1501	1726	410	3560	5847	253	1185
福建	2147	1029	606	618	224	1668	2528	186	1538
江西	4033	1876	1515	622	144	3214	12111	355	1058
山东	4689	6454	1848	2049	464	1570	3027	326	821
河南	2787	3278	1881	1067	305	2068	13524	638	2510
湖北	2723	2027	1366	2451	277	2166	8150	276	635
湖南	3537	1959	1666	706	171	2607	16650	395	1036
广东	12904	2990	2498	1610	453	8707	15399	777	1242
广西	1379	566	606	504	105	1459	6938	132	356
海南	93	13	45	5	7	26	49	3	21
重庆	1140	1284	464	1792	725	1009	4396	155	228
四川	4007	3204	2044	1775	508	3367	14026	445	934
贵州	1341	654	438	265	83	849	2468	66	403
云南	2570	927	914	676	275	1791	6477	151	315
西藏	2	6	14		3	9	6		2
陕西	523	679	341	471	114	401	2063	59	144
甘肃	303	268	166	78	33	159	1240	30	86
青海	49	14	13	9	3	53	104	1	5
宁夏	79	26	25	9	1	19	69	11	8
新疆	244	75	131	17	6	103	149	5	35

4-4c　续表 15　　　　单位：人

地区 性别	制造业		电力、热力、燃气及水生产和供应业				建筑业		
	废弃资源综合利用业	金属制品、机械和设备修理业	小计	电力、热力生产和供应业	燃气生产和供应业	水的生产和供应业	小计	房屋建筑业	土木工程建筑业
全　国	**34425**	**29632**	**105708**	**74043**	**15860**	**15805**	**3198786**	**1950570**	**248520**
北　京	139	324	1295	710	216	369	16860	6640	2028
天　津	247	113	541	337	113	91	6844	3563	841
河　北	2708	2064	6699	4777	1274	648	150867	91925	8562
山　西	634	1073	6166	4959	693	514	43573	22161	5709
内蒙古	344	421	3887	2887	793	207	19359	10800	3045
辽　宁	443	457	2153	1700	224	229	29686	17897	2115
吉　林	177	207	1527	1149	186	192	15257	9957	1377
黑龙江	306	295	1759	1382	167	210	22236	13498	1550
上　海	428	670	709	287	152	270	21038	10330	2427
江　苏	2139	1717	4561	2783	698	1080	156677	81409	10508
浙　江	2177	2888	5372	3538	722	1112	107424	57417	13349
安　徽	4089	1504	4975	3394	585	996	216249	127645	12677
福　建	974	1110	3338	2611	284	443	70913	35582	9019
江　西	1371	1199	2864	2016	436	412	153760	85220	8018
山　东	2656	2294	6190	4564	812	814	185158	107698	9490
河　南	2819	1972	5061	3263	1034	764	295385	191159	11899
湖　北	2395	1382	4253	2566	970	717	192609	110986	14481
湖　南	1782	1398	4125	2624	819	682	227927	140327	10505
广　东	2093	2116	6651	4232	1071	1348	147302	82341	9071
广　西	344	845	2743	2010	436	297	112490	71554	6956
海　南	68	144	546	341	130	75	13987	7226	847
重　庆	437	500	2019	1336	319	364	104190	69674	9863
四　川	2201	2159	8644	5671	1632	1341	400519	272072	32159
贵　州	1034	498	3323	2370	304	649	116355	78930	11800
云　南	1045	677	4553	3661	343	549	162937	108831	26695
西　藏	5	19	263	235	9	19	7517	4913	1650
陕　西	604	633	3308	2274	575	459	90110	60414	6279
甘　肃	422	336	2494	1906	267	321	58129	39013	6602
青　海	39	52	1007	896	54	57	9808	6264	1792
宁　夏	142	253	1476	1274	92	110	15405	10217	2012
新　疆	163	312	3206	2290	450	466	28215	14907	5194

4-4c 续表 16

单位：人

地区 性别	制造业		电力、热力、燃气及水生产和供应业				建筑业		
	废弃资源综合利用业	金属制品、机械和设备修理业	小计	电力、热力生产和供应业	燃气生产和供应业	水的生产和供应业	小计	房屋建筑业	土木工程建筑业
男	**25366**	**26330**	**87792**	**63055**	**12040**	**12697**	**2746062**	**1648021**	**222520**
北京	112	279	1028	564	162	302	14965	5934	1764
天津	186	105	459	284	92	83	6094	3141	749
河北	2224	1908	5820	4253	1033	534	137782	84192	8029
山西	528	1026	5115	4164	541	410	40583	20583	5364
内蒙古	258	379	3229	2439	623	167	17030	9337	2794
辽宁	350	428	1879	1517	166	196	26879	16238	1955
吉林	135	183	1314	1004	153	157	13579	8925	1228
黑龙江	225	254	1455	1167	126	162	18943	11495	1389
上海	310	603	571	234	121	216	18873	9262	2143
江苏	1538	1502	3717	2333	529	855	138971	71977	9115
浙江	1569	2535	4427	2955	547	925	97659	51504	12074
安徽	2750	1348	4201	2907	448	846	187627	109597	11395
福建	657	999	2736	2163	221	352	59722	28543	8021
江西	994	1017	2316	1660	334	322	129329	69233	7329
山东	2071	2102	5456	4159	627	670	157410	91123	8705
河南	2084	1732	4225	2861	760	604	248771	159925	10740
湖北	1679	1194	3461	2186	720	555	169243	96123	13271
湖南	1326	1177	3348	2203	595	550	198297	119840	9687
广东	1595	1878	5494	3553	848	1093	127460	69274	8136
广西	259	747	2249	1686	325	238	96256	60649	6230
海南	49	134	455	310	86	59	11522	5746	737
重庆	310	417	1617	1113	228	276	87343	57724	8654
四川	1577	1882	6950	4766	1175	1009	332234	222546	28199
贵州	769	451	2727	1994	223	510	96586	63767	10456
云南	716	574	3693	3011	241	441	131197	84927	23272
西藏	4	17	213	191	7	15	6297	4035	1467
陕西	491	581	2748	1914	459	375	79347	52520	5767
甘肃	330	308	2094	1628	200	266	50334	33464	5908
青海	33	47	858	769	44	45	7955	5002	1591
宁夏	118	230	1271	1120	60	91	13562	8969	1778
新疆	119	293	2666	1947	346	373	24212	12426	4573

4-4c　续表 17

单位：人

地区 性别	制造业		电力、热力、燃气及水生产和供应业				建筑业		
	废弃资源综合利用业	金属制品、机械和设备修理业	小计	电力、热力生产和供应业	燃气生产和供应业	水的生产和供应业	小计	房屋建筑业	土木工程建筑业
女	**9059**	**3302**	**17916**	**10988**	**3820**	**3108**	**452724**	**302549**	**26000**
北京	27	45	267	146	54	67	1895	706	264
天津	61	8	82	53	21	8	750	422	92
河北	484	156	879	524	241	114	13085	7733	533
山西	106	47	1051	795	152	104	2990	1578	345
内蒙古	86	42	658	448	170	40	2329	1463	251
辽宁	93	29	274	183	58	33	2807	1659	160
吉林	42	24	213	145	33	35	1678	1032	149
黑龙江	81	41	304	215	41	48	3293	2003	161
上海	118	67	138	53	31	54	2165	1068	284
江苏	601	215	844	450	169	225	17706	9432	1393
浙江	608	353	945	583	175	187	9765	5913	1275
安徽	1339	156	774	487	137	150	28622	18048	1282
福建	317	111	602	448	63	91	11191	7039	998
江西	377	182	548	356	102	90	24431	15987	689
山东	585	192	734	405	185	144	27748	16575	785
河南	735	240	836	402	274	160	46614	31234	1159
湖北	716	188	792	380	250	162	23366	14863	1210
湖南	456	221	777	421	224	132	29630	20487	818
广东	498	238	1157	679	223	255	19842	13067	935
广西	85	98	494	324	111	59	16234	10905	726
海南	19	10	91	31	44	16	2465	1480	110
重庆	127	83	402	223	91	88	16847	11950	1209
四川	624	277	1694	905	457	332	68285	49526	3960
贵州	265	47	596	376	81	139	19769	15163	1344
云南	329	103	860	650	102	108	31740	23904	3423
西藏	1	2	50	44	2	4	1220	878	183
陕西	113	52	560	360	116	84	10763	7894	512
甘肃	92	28	400	278	67	55	7795	5549	694
青海	6	5	149	127	10	12	1853	1262	201
宁夏	24	23	205	154	32	19	1843	1248	234
新疆	44	19	540	343	104	93	4003	2481	621

4-4c 续表 18

单位：人

地区 性别	建筑业		批发和零售业			交通运输、仓储和邮政业			
	建筑安装业	建筑装饰、装修和其他建筑业	小计	批发业	零售业	小计	铁路运输业	道路运输业	水上运输业
全　国	**152654**	**847042**	**2106189**	**606032**	**1500157**	**896785**	**12777**	**625506**	**12032**
北　京	1117	7075	18012	5800	12212	14633	258	10712	3
天　津	644	1796	5897	1450	4447	5418	43	4060	54
河　北	10437	39943	124166	40567	83599	68642	677	53102	433
山　西	3326	12377	39728	9386	30342	33737	885	26687	36
内蒙古	946	4568	17157	5438	11719	10678	556	6887	24
辽　宁	1368	8306	30010	11041	18969	16725	247	12019	302
吉　林	609	3314	17064	3778	13286	8688	304	5950	31
黑龙江	862	6326	29315	7955	21360	14945	396	8681	60
上　海	1371	6910	15208	6405	8803	14399	88	8917	171
江　苏	10521	54239	116575	49603	66972	37082	260	25049	1325
浙　江	6286	30372	102104	32768	69336	36481	363	23753	1648
安　徽	8758	67169	117741	36829	80912	48813	384	34671	1331
福　建	4084	22228	74244	16817	57427	23142	362	15533	1067
江　西	7517	53005	111340	31207	80133	33104	327	20984	288
山　东	12444	55526	143394	51531	91863	66395	506	49169	1374
河　南	12415	79912	227102	77187	149915	68719	599	50283	297
湖　北	9117	58025	118215	33776	84439	44821	412	29482	598
湖　南	10290	66805	133555	32054	101501	47298	583	32039	346
广　东	9837	46053	147048	36031	111017	53809	610	34515	764
广　西	3891	30089	54900	12699	42201	28315	358	19876	715
海　南	979	4935	12016	2636	9380	4631	47	3150	38
重　庆	3566	21087	35558	7255	28303	18115	333	11393	385
四　川	15648	80640	184655	41026	143629	68249	1036	47300	371
贵　州	4119	21506	43271	8966	34305	25064	429	17439	90
云　南	3727	23684	65445	14553	50892	34227	607	21761	171
西　藏	106	848	3151	1384	1767	2541	63	1977	3
陕　西	4474	18943	48016	10757	37259	27556	1017	19357	63
甘　肃	2055	10459	25356	6619	18737	15606	428	10706	21
青　海	318	1434	3911	661	3250	3106	144	2403	1
宁　夏	586	2590	7417	1964	5453	6204	151	5225	4
新　疆	1236	6878	34618	7889	26729	15642	304	12426	18

4-4c　续表 19　　　　单位：人

地区 性别	建筑业		批发和零售业			交通运输、仓储和邮政业			
	建筑安装业	建筑装饰、装修和其他建筑业	小计	批发业	零售业	小计	铁路运输业	道路运输业	水上运输业
男	**141370**	**734151**	**1080091**	**370055**	**710036**	**783043**	**10056**	**572874**	**9911**
北京	1005	6262	10179	3758	6421	12271	233	9244	2
天津	609	1595	3344	1019	2325	4830	39	3831	50
河北	9774	35787	64808	25408	39400	61931	580	49745	395
山西	3180	11456	21567	6745	14822	31511	769	25684	33
内蒙古	885	4014	9351	3821	5530	9384	465	6289	22
辽宁	1288	7398	15963	6998	8965	14973	200	11150	286
吉林	569	2857	8586	2487	6099	7654	266	5423	26
黑龙江	789	5270	14484	5007	9477	12928	334	7929	48
上海	1246	6222	8414	4110	4304	11673	75	7510	146
江苏	9750	48129	59799	28577	31222	31285	179	22215	1010
浙江	5908	28173	55857	20404	35453	31533	257	21370	1425
安徽	7997	58638	64273	23827	40446	42382	282	31477	1035
福建	3834	19324	41333	11016	30317	20508	292	14552	1011
江西	6906	45861	60129	18645	41484	28692	231	19339	214
山东	11475	46107	75370	31531	43839	57620	393	44676	1063
河南	11255	66851	104317	42722	61595	58181	472	44958	228
湖北	8533	51316	61040	20551	40489	38712	292	26650	522
湖南	9614	59156	68819	19591	49228	41824	469	29605	276
广东	9348	40702	84400	23166	61234	47346	480	31767	665
广西	3615	25762	27961	7808	20153	25217	274	18778	563
海南	940	4099	6074	1622	4452	4014	36	2879	26
重庆	3272	17693	16561	4348	12213	15814	270	10391	319
四川	14287	67202	84036	23860	60176	59292	775	43167	269
贵州	3793	18570	20891	5415	15476	22000	303	16240	74
云南	3327	19671	30930	8710	22220	28822	470	19573	119
西藏	89	706	1853	828	1025	2317	56	1875	2
陕西	4251	16809	23153	6915	16238	24306	754	18016	50
甘肃	1879	9083	13425	4363	9062	13738	320	9927	18
青海	290	1072	2114	470	1644	2790	116	2243	
宁夏	550	2265	3848	1398	2450	5700	132	4894	4
新疆	1112	6101	17212	4935	12277	13795	242	11477	10

4-4c 续表 20 单位：人

地区 性别	建筑业		批发和零售业			交通运输、仓储和邮政业			
	建筑安装业	建筑装饰、装修和其他建筑业	小计	批发业	零售业	小计	铁路运输业	道路运输业	水上运输业
女	**11284**	**112891**	**1026098**	**235977**	**790121**	**113742**	**2721**	**52632**	**2121**
北京	112	813	7833	2042	5791	2362	25	1468	1
天津	35	201	2553	431	2122	588	4	229	4
河北	663	4156	59358	15159	44199	6711	97	3357	38
山西	146	921	18161	2641	15520	2226	116	1003	3
内蒙古	61	554	7806	1617	6189	1294	91	598	2
辽宁	80	908	14047	4043	10004	1752	47	869	16
吉林	40	457	8478	1291	7187	1034	38	527	5
黑龙江	73	1056	14831	2948	11883	2017	62	752	12
上海	125	688	6794	2295	4499	2726	13	1407	25
江苏	771	6110	56776	21026	35750	5797	81	2834	315
浙江	378	2199	46247	12364	33883	4948	106	2383	223
安徽	761	8531	53468	13002	40466	6431	102	3194	296
福建	250	2904	32911	5801	27110	2634	70	981	56
江西	611	7144	51211	12562	38649	4412	96	1645	74
山东	969	9419	68024	20000	48024	8775	113	4493	311
河南	1160	13061	122785	34465	88320	10538	127	5325	69
湖北	584	6709	57175	13225	43950	6109	120	2832	76
湖南	676	7649	64736	12463	52273	5474	114	2434	70
广东	489	5351	62648	12865	49783	6463	130	2748	99
广西	276	4327	26939	4891	22048	3098	84	1098	152
海南	39	836	5942	1014	4928	617	11	271	12
重庆	294	3394	18997	2907	16090	2301	63	1002	66
四川	1361	13438	100619	17166	83453	8957	261	4133	102
贵州	326	2936	22380	3551	18829	3064	126	1199	16
云南	400	4013	34515	5843	28672	5405	137	2188	52
西藏	17	142	1298	556	742	224	7	102	1
陕西	223	2134	24863	3842	21021	3250	263	1341	13
甘肃	176	1376	11931	2256	9675	1868	108	779	3
青海	28	362	1797	191	1606	316	28	160	1
宁夏	36	325	3569	566	3003	504	19	331	
新疆	124	777	17406	2954	14452	1847	62	949	8

4-4c 续表 21

单位：人

地区 性别	交通运输、仓储和邮政业					住宿和餐饮业		
	航空运输业	管道运输业	多式联运和运输代理业	装卸搬运和仓储业	邮政业	小计	住宿业	餐饮业
全国	**7169**	**516**	**15741**	**113413**	**109631**	**849605**	**75113**	**774492**
北京	680	3	291	829	1857	5685	1132	4553
天津	20		79	543	619	1962	265	1697
河北	249	37	740	6964	6440	36059	2077	33982
山西	123	29	315	2827	2835	25739	1879	23860
内蒙古	70	10	80	2245	806	8238	744	7494
辽宁	110	11	268	2266	1502	10603	585	10018
吉林	90	4	43	1322	944	8485	522	7963
黑龙江	106	7	216	3557	1922	14276	912	13364
上海	562	4	680	1407	2570	5370	731	4639
江苏	272	20	909	4031	5216	26824	2007	24817
浙江	205	19	971	3765	5757	29716	4218	25498
安徽	173	20	672	4499	7063	54724	3124	51600
福建	230	8	401	2569	2972	27011	1726	25285
江西	175	37	836	5568	4889	34771	3630	31141
山东	255	45	994	8189	5863	37433	2249	35184
河南	192	40	1150	7441	8717	67201	4166	63035
湖北	221	12	1254	5864	6978	48715	4748	43967
湖南	256	27	1073	6611	6363	49825	6023	43802
广东	671	28	1645	5062	10514	55651	5445	50206
广西	180		289	4559	2338	19826	2376	17450
海南	336	4	89	432	535	9770	2548	7222
重庆	241	9	275	3401	2078	23469	1574	21895
四川	690	46	1018	9565	8223	103376	8579	94797
贵州	135	11	227	4526	2207	20786	2336	18450
云南	342	14	381	6937	4014	40271	5380	34891
西藏	53		22	329	94	2594	293	2301
陕西	266	38	386	2945	3484	32021	3171	28850
甘肃	71	8	219	2746	1407	21271	1375	19896
青海	32		17	332	177	5146	351	4795
宁夏	33	5	29	409	348	4222	257	3965
新疆	130	20	172	1673	899	18565	690	17875

4-4c 续表 22

单位：人

地区 性别	交通运输、仓储和邮政业					住宿和餐饮业		
	航空运输业	管道运输业	多式联运和运输代理业	装卸搬运和仓储业	邮政业	小计	住宿业	餐饮业
男	**4724**	**415**	**12807**	**91942**	**80314**	**405986**	**29649**	**376337**
北京	481	3	210	642	1456	3017	542	2475
天津	14		64	407	425	966	90	876
河北	177	33	623	5774	4604	17656	797	16859
山西	73	22	280	2530	2120	14054	776	13278
内蒙古	46	8	71	1904	579	3764	251	3513
辽宁	68	7	227	1902	1133	5386	240	5146
吉林	54	4	38	1160	683	4012	206	3806
黑龙江	78	6	175	2914	1444	6545	369	6176
上海	430	3	511	1073	1925	2723	306	2417
江苏	181	16	714	3164	3806	12670	762	11908
浙江	122	17	729	3227	4386	15100	1776	13324
安徽	118	15	557	3671	5227	27433	1257	26176
福建	137	6	324	2122	2064	14876	778	14098
江西	120	30	705	4459	3594	16857	1525	15332
山东	164	37	803	6362	4122	19751	1069	18682
河南	130	35	971	5473	5914	32352	1821	30531
湖北	137	9	1059	4884	5159	22510	1826	20684
湖南	159	22	869	5640	4784	23603	2302	21301
广东	481	20	1278	4233	8422	32027	2411	29616
广西	108		239	3562	1693	9537	963	8574
海南	198	4	76	388	407	4686	1182	3504
重庆	154	6	220	2948	1506	10245	505	9740
四川	415	33	817	7988	5828	42366	2875	39491
贵州	79	9	197	3512	1586	8270	806	7464
云南	207	10	318	5255	2870	16468	1919	14549
西藏	31		18	272	63	952	114	838
陕西	181	32	331	2387	2555	14508	1197	13311
甘肃	43	7	196	2219	1008	10274	496	9778
青海	21		17	269	124	2511	103	2408
宁夏	25	4	25	359	257	2130	98	2032
新疆	92	17	145	1242	570	8737	287	8450

4-4c　续表 23

单位：人

地区 性别	交通运输、仓储和邮政业					住宿和餐饮业		
	航空运输业	管道运输业	多式联运和运输代理业	装卸搬运和仓储业	邮政业	小计	住宿业	餐饮业
女	**2445**	**101**	**2934**	**21471**	**29317**	**443619**	**45464**	**398155**
北京	199		81	187	401	2668	590	2078
天津	6		15	136	194	996	175	821
河北	72	4	117	1190	1836	18403	1280	17123
山西	50	7	35	297	715	11685	1103	10582
内蒙古	24	2	9	341	227	4474	493	3981
辽宁	42	4	41	364	369	5217	345	4872
吉林	36		5	162	261	4473	316	4157
黑龙江	28	1	41	643	478	7731	543	7188
上海	132	1	169	334	645	2647	425	2222
江苏	91	4	195	867	1410	14154	1245	12909
浙江	83	2	242	538	1371	14616	2442	12174
安徽	55	5	115	828	1836	27291	1867	25424
福建	93	2	77	447	908	12135	948	11187
江西	55	7	131	1109	1295	17914	2105	15809
山东	91	8	191	1827	1741	17682	1180	16502
河南	62	5	179	1968	2803	34849	2345	32504
湖北	84	3	195	980	1819	26205	2922	23283
湖南	97	5	204	971	1579	26222	3721	22501
广东	190	8	367	829	2092	23624	3034	20590
广西	72		50	997	645	10289	1413	8876
海南	138		13	44	128	5084	1366	3718
重庆	87	3	55	453	572	13224	1069	12155
四川	275	13	201	1577	2395	61010	5704	55306
贵州	56	2	30	1014	621	12516	1530	10986
云南	135	4	63	1682	1144	23803	3461	20342
西藏	22		4	57	31	1642	179	1463
陕西	85	6	55	558	929	17513	1974	15539
甘肃	28	1	23	527	399	10997	879	10118
青海	11			63	53	2635	248	2387
宁夏	8	1	4	50	91	2092	159	1933
新疆	38	3	27	431	329	9828	403	9425

4-4c 续表 24

单位：人

地区 性别	信息传输、软件和信息技术服务业				金融业				
	小计	电信、广播电视和卫星传输服务	互联网和相关服务	软件和信息技术服务业	小计	货币金融服务	资本市场服务	保险业	其他金融业
全国	**125241**	**30737**	**47537**	**46967**	**83781**	**29888**	**3907**	**43330**	**6656**
北京	4897	628	1536	2733	1981	667	225	879	210
天津	487	117	181	189	481	140	17	274	50
河北	6356	1510	2446	2400	4598	1430	113	2757	298
山西	3066	782	934	1350	2290	1110	74	994	112
内蒙古	1033	312	365	356	1084	503	25	505	51
辽宁	1390	406	447	537	1274	571	29	602	72
吉林	1097	390	366	341	1446	776	46	578	46
黑龙江	1482	487	519	476	1747	847	46	774	80
上海	2434	323	1014	1097	960	353	105	418	84
江苏	6452	1496	2157	2799	4200	1462	231	2126	381
浙江	6065	1986	1715	2364	5177	2847	279	1766	285
安徽	8160	1484	3084	3592	4561	1707	318	2054	482
福建	3877	840	1723	1314	2192	906	161	1000	125
江西	6881	1078	3422	2381	3181	834	188	1729	430
山东	5854	1422	2315	2117	6246	1995	186	3673	392
河南	7833	1566	3545	2722	5817	1502	133	3819	363
湖北	9498	1415	3668	4415	5247	1342	312	3001	592
湖南	9118	1666	4091	3361	5069	1264	265	3032	508
广东	9714	1770	5298	2646	4878	1689	295	2413	481
广西	2146	927	697	522	1388	547	59	667	115
海南	478	164	177	137	443	188	21	192	42
重庆	2758	717	869	1172	1711	587	72	885	167
四川	12284	3900	3863	4521	7540	2389	388	4071	692
贵州	1747	717	627	403	1480	697	64	603	116
云南	2562	1157	740	665	2309	1103	82	991	133
西藏	266	158	42	66	262	128	21	93	20
陕西	3486	1114	966	1406	2709	851	69	1599	190
甘肃	1472	635	383	454	1258	507	33	642	76
青海	252	166	47	39	233	134	3	92	4
宁夏	578	252	131	195	471	187	16	257	11
新疆	1518	1152	169	197	1548	625	31	844	48

4-4c　续表 25

单位：人

地区 性别	信息传输、软件和信息技术服务业				金融业				
	小计	电信、广播电视和卫星传输服务	互联网和相关服务	软件和信息技术服务业	小计	货币金融服务	资本市场服务	保险业	其他金融业
男	**83023**	**19236**	**30965**	**32822**	**40750**	**15865**	**2435**	**18751**	**3699**
北京	3324	416	1060	1848	969	317	141	393	118
天津	304	73	126	105	211	79	8	98	26
河北	4021	925	1523	1573	2101	789	64	1090	158
山西	2046	444	620	982	1112	614	45	393	60
内蒙古	729	197	264	268	486	272	13	172	29
辽宁	861	258	278	325	625	331	18	240	36
吉林	667	247	215	205	660	414	28	195	23
黑龙江	940	294	325	321	826	497	26	264	39
上海	1766	234	764	768	475	156	69	199	51
江苏	4018	839	1337	1842	1949	692	134	894	229
浙江	4070	1306	1169	1595	2415	1315	190	755	155
安徽	5614	954	2020	2640	2518	932	209	1101	276
福建	2759	579	1213	967	1107	499	111	424	73
江西	4702	679	2224	1799	1791	465	138	927	261
山东	3849	925	1454	1470	3053	1115	116	1598	224
河南	4834	901	2090	1843	2738	852	81	1603	202
湖北	6464	920	2288	3256	2623	699	203	1391	330
湖南	5867	1011	2445	2411	2449	625	173	1365	286
广东	6676	1143	3685	1848	2531	945	167	1131	288
广西	1415	553	499	363	639	301	42	236	60
海南	325	104	126	95	260	118	14	102	26
重庆	1837	451	565	821	766	284	40	355	87
四川	7971	2382	2527	3062	3289	1151	219	1580	339
贵州	1239	501	447	291	857	426	39	321	71
云南	1784	792	523	469	1193	631	40	448	74
西藏	161	87	27	47	155	78	18	46	13
陕西	2353	721	648	984	1295	477	40	687	91
甘肃	988	397	267	324	635	299	19	276	41
青海	161	102	32	27	115	72	1	40	2
宁夏	374	149	101	124	205	84	13	104	4
新疆	904	652	103	149	702	336	16	323	27

4-4c 续表 26

单位：人

地区 性别	信息传输、软件和信息技术服务业				金融业				
	小计	电信、广播电视和卫星传输服务	互联网和相关服务	软件和信息技术服务业	小计	货币金融服务	资本市场服务	保险业	其他金融业
女	**42218**	**11501**	**16572**	**14145**	**43031**	**14023**	**1472**	**24579**	**2957**
北京	1573	212	476	885	1012	350	84	486	92
天津	183	44	55	84	270	61	9	176	24
河北	2335	585	923	827	2497	641	49	1667	140
山西	1020	338	314	368	1178	496	29	601	52
内蒙古	304	115	101	88	598	231	12	333	22
辽宁	529	148	169	212	649	240	11	362	36
吉林	430	143	151	136	786	362	18	383	23
黑龙江	542	193	194	155	921	350	20	510	41
上海	668	89	250	329	485	197	36	219	33
江苏	2434	657	820	957	2251	770	97	1232	152
浙江	1995	680	546	769	2762	1532	89	1011	130
安徽	2546	530	1064	952	2043	775	109	953	206
福建	1118	261	510	347	1085	407	50	576	52
江西	2179	399	1198	582	1390	369	50	802	169
山东	2005	497	861	647	3193	880	70	2075	168
河南	2999	665	1455	879	3079	650	52	2216	161
湖北	3034	495	1380	1159	2624	643	109	1610	262
湖南	3251	655	1646	950	2620	639	92	1667	222
广东	3038	627	1613	798	2347	744	128	1282	193
广西	731	374	198	159	749	246	17	431	55
海南	153	60	51	42	183	70	7	90	16
重庆	921	266	304	351	945	303	32	530	80
四川	4313	1518	1336	1459	4251	1238	169	2491	353
贵州	508	216	180	112	623	271	25	282	45
云南	778	365	217	196	1116	472	42	543	59
西藏	105	71	15	19	107	50	3	47	7
陕西	1133	393	318	422	1414	374	29	912	99
甘肃	484	238	116	130	623	208	14	366	35
青海	91	64	15	12	118	62	2	52	2
宁夏	204	103	30	71	266	103	3	153	7
新疆	614	500	66	48	846	289	15	521	21

4-4c　续表 27

单位：人

地区 性别	房地产业		租赁和商务服务业			科学研究和技术服务业			
	小计	房地产业	小计	租赁业	商务服务业	小计	研究和试验发展	专业技术服务业	科技推广和应用服务业
全　国	**166620**	**166620**	**332329**	**36733**	**295596**	**112703**	**10971**	**68168**	**33564**
北　京	4322	4322	7398	964	6434	4084	870	1679	1535
天　津	889	889	1153	206	947	433	64	259	110
河　北	7415	7415	17116	2390	14726	5373	450	3526	1397
山　西	3222	3222	6543	893	5650	2363	225	1773	365
内蒙古	1792	1792	2672	309	2363	1164	56	897	211
辽　宁	1987	1987	4337	468	3869	1689	129	860	700
吉　林	1641	1641	1748	306	1442	828	137	520	171
黑龙江	2413	2413	4327	307	4020	1002	101	643	258
上　海	2751	2751	5746	403	5343	2027	441	1149	437
江　苏	9213	9213	16518	1888	14630	7294	1160	3622	2512
浙　江	8811	8811	14715	1625	13090	5673	619	4026	1028
安　徽	10487	10487	16803	2145	14658	5207	617	3470	1120
福　建	4095	4095	6330	761	5569	2582	242	1915	425
江　西	7266	7266	19263	1664	17599	6324	460	3684	2180
山　东	8486	8486	25339	3474	21865	6939	585	4362	1992
河　南	11244	11244	27376	2971	24405	11080	570	4138	6372
湖　北	10799	10799	20660	2204	18456	7979	914	4538	2527
湖　南	9186	9186	25090	2395	22695	6893	540	3932	2421
广　东	11104	11104	19132	1894	17238	6743	780	4816	1147
广　西	2947	2947	7827	843	6984	1946	113	1332	501
海　南	1810	1810	3328	223	3105	500	45	332	123
重　庆	4850	4850	6586	695	5891	1925	154	1411	360
四　川	19380	19380	27871	3527	24344	8379	783	5595	2001
贵　州	3258	3258	7480	677	6803	1774	75	1334	365
云　南	4790	4790	10018	701	9317	3761	206	2617	938
西　藏	232	232	1645	88	1557	549	16	334	199
陕　西	4767	4767	10396	998	9398	3017	346	1929	742
甘　肃	2079	2079	4738	634	4104	1950	160	1374	416
青　海	643	643	845	189	656	366	18	299	49
宁　夏	1267	1267	1399	238	1161	460	32	345	83
新　疆	3474	3474	7930	653	7277	2399	63	1457	879

4-4c 续表 28

单位：人

地区 性别	房地产业		租赁和商务服务业			科学研究和技术服务业			
	小计	房地产业	小计	租赁业	商务服务业	小计	研究和试验发展	专业技术服务业	科技推广和应用服务业
男	**107689**	**107689**	**228107**	**33453**	**194654**	**77580**	**7317**	**50429**	**19834**
北京	2708	2708	4959	823	4136	2666	530	1181	955
天津	536	536	860	197	663	292	39	178	75
河北	4899	4899	11923	2223	9700	3650	323	2519	808
山西	2201	2201	4768	843	3925	1701	150	1287	264
内蒙古	1089	1089	1907	286	1621	908	36	731	141
辽宁	1265	1265	3072	447	2625	1122	88	596	438
吉林	1039	1039	1222	283	939	545	80	361	104
黑龙江	1530	1530	2973	280	2693	699	67	457	175
上海	1797	1797	4242	346	3896	1421	269	853	299
江苏	6062	6062	11052	1666	9386	4854	757	2628	1469
浙江	5685	5685	10024	1436	8588	4043	392	2976	675
安徽	7361	7361	11880	2013	9867	3772	442	2584	746
福建	2709	2709	4318	684	3634	1878	169	1442	267
江西	4932	4932	13021	1548	11473	4371	324	2784	1263
山东	5560	5560	18607	3278	15329	4906	415	3228	1263
河南	7258	7258	18596	2692	15904	6443	375	2939	3129
湖北	7239	7239	13755	1925	11830	5598	626	3436	1536
湖南	6020	6020	16506	2174	14332	4751	389	2901	1461
广东	7035	7035	12552	1733	10819	4814	492	3573	749
广西	1834	1834	5689	775	4914	1339	65	978	296
海南	1128	1128	2304	206	2098	365	24	260	81
重庆	3061	3061	4318	596	3722	1346	107	1024	215
四川	12082	12082	18568	3145	15423	5709	520	4045	1144
贵州	2068	2068	5303	612	4691	1333	50	1069	214
云南	3031	3031	7189	641	6548	2723	142	1997	584
西藏	141	141	1113	83	1030	366	10	248	108
陕西	3088	3088	6989	920	6069	2240	252	1511	477
甘肃	1278	1278	3300	581	2719	1451	114	1063	274
青海	381	381	639	182	457	266	8	229	29
宁夏	771	771	993	227	766	330	21	257	52
新疆	1901	1901	5465	608	4857	1678	41	1094	543

4-4c　续表 29

单位：人

地区 性别	房地产业		租赁和商务服务业			科学研究和技术服务业			
	小计	房地产业	小计	租赁业	商务服务业	小计	研究和试验发展	专业技术服务业	科技推广和应用服务业
女	**58931**	**58931**	**104222**	**3280**	**100942**	**35123**	**3654**	**17739**	**13730**
北京	1614	1614	2439	141	2298	1418	340	498	580
天津	353	353	293	9	284	141	25	81	35
河北	2516	2516	5193	167	5026	1723	127	1007	589
山西	1021	1021	1775	50	1725	662	75	486	101
内蒙古	703	703	765	23	742	256	20	166	70
辽宁	722	722	1265	21	1244	567	41	264	262
吉林	602	602	526	23	503	283	57	159	67
黑龙江	883	883	1354	27	1327	303	34	186	83
上海	954	954	1504	57	1447	606	172	296	138
江苏	3151	3151	5466	222	5244	2440	403	994	1043
浙江	3126	3126	4691	189	4502	1630	227	1050	353
安徽	3126	3126	4923	132	4791	1435	175	886	374
福建	1386	1386	2012	77	1935	704	73	473	158
江西	2334	2334	6242	116	6126	1953	136	900	917
山东	2926	2926	6732	196	6536	2033	170	1134	729
河南	3986	3986	8780	279	8501	4637	195	1199	3243
湖北	3560	3560	6905	279	6626	2381	288	1102	991
湖南	3166	3166	8584	221	8363	2142	151	1031	960
广东	4069	4069	6580	161	6419	1929	288	1243	398
广西	1113	1113	2138	68	2070	607	48	354	205
海南	682	682	1024	17	1007	135	21	72	42
重庆	1789	1789	2268	99	2169	579	47	387	145
四川	7298	7298	9303	382	8921	2670	263	1550	857
贵州	1190	1190	2177	65	2112	441	25	265	151
云南	1759	1759	2829	60	2769	1038	64	620	354
西藏	91	91	532	5	527	183	6	86	91
陕西	1679	1679	3407	78	3329	777	94	418	265
甘肃	801	801	1438	53	1385	499	46	311	142
青海	262	262	206	7	199	100	10	70	20
宁夏	496	496	406	11	395	130	11	88	31
新疆	1573	1573	2465	45	2420	721	22	363	336

4-4c 续表 30

单位：人

地区 性别	水利、环境和公共设施管理业					居民服务、修理和其他服务业			
	小计	水利管理业	生态保护和环境治理业	公共设施管理业	土地管理业	小计	居民服务业	机动车、电子产品和日用产品修理业	其他服务业
全国	**164286**	**6975**	**15533**	**140449**	**1329**	**629419**	**336598**	**169143**	**123678**
北京	5283	138	378	4759	8	5245	2549	1259	1437
天津	1201	42	48	1109	2	2739	945	663	1131
河北	10839	283	687	9813	56	36375	17112	11256	8007
山西	3743	191	286	3240	26	16535	8745	5296	2494
内蒙古	1873	129	219	1509	16	8010	4183	2265	1562
辽宁	1981	197	213	1562	9	10424	5769	3082	1573
吉林	1531	117	67	1339	8	6297	3586	1879	832
黑龙江	1823	149	217	1426	31	10701	5838	2640	2223
上海	3539	119	449	2966	5	4542	2298	1208	1036
江苏	9185	362	617	8122	84	30047	16285	6581	7181
浙江	8011	374	545	6973	119	22254	12914	5202	4138
安徽	11619	286	761	10526	46	38608	21705	8998	7905
福建	3561	137	304	3088	32	18053	10818	4510	2725
江西	5593	156	514	4873	50	32907	18566	7467	6874
山东	11746	249	557	10852	88	37860	17608	12078	8174
河南	14291	295	662	13161	173	58383	30626	14284	13473
湖北	6290	343	503	5406	38	35172	20908	8612	5652
湖南	6491	261	534	5646	50	41214	24619	9279	7316
广东	6711	349	627	5695	40	31621	15287	11295	5039
广西	3596	233	211	3115	37	17257	8046	5054	4157
海南	2508	86	141	2258	23	5190	2490	1061	1639
重庆	3021	117	244	2634	26	14567	8270	3310	2987
四川	11453	308	852	10181	112	65046	38416	15483	11147
贵州	6406	335	1180	4854	37	17078	7764	4812	4502
云南	5418	374	793	4192	59	20845	9960	7680	3205
西藏	1762	168	1247	343	4	714	223	181	310
陕西	4579	209	443	3912	15	18859	10491	4835	3533
甘肃	3001	254	504	2203	40	9012	4324	3014	1674
青海	959	104	398	435	22	1247	537	485	225
宁夏	1651	80	133	1410	28	2198	944	979	275
新疆	4621	530	1199	2847	45	10419	4772	4395	1252

4-4c　续表 31　　　　单位：人

地区 性别	水利、环境和公共设施管理业					居民服务、修理和其他服务业			
	小计	水利管理业	生态保护和环境治理业	公共设施管理业	土地管理业	小计	居民服务业	机动车、电子产品和日用产品修理业	其他服务业
男	**100828**	**5855**	**11497**	**82468**	**1008**	**318478**	**116008**	**146899**	**55571**
北　京	3679	108	262	3303	6	2595	824	1088	683
天　津	892	38	38	815	1	1648	381	576	691
河　北	6936	238	508	6149	41	19501	5650	9901	3950
山　西	2450	159	236	2034	21	9641	3512	4891	1238
内蒙古	1268	107	183	966	12	4517	1727	1983	807
辽　宁	1360	174	174	1005	7	6094	2451	2794	849
吉　林	1084	92	53	935	4	3306	1273	1591	442
黑龙江	1253	122	178	931	22	5223	1975	2267	981
上　海	2491	95	352	2041	3	2079	607	1029	443
江　苏	5536	312	462	4700	62	15924	6844	5682	3398
浙　江	5479	333	448	4600	98	10780	4197	4554	2029
安　徽	7515	247	552	6676	40	19737	8061	7841	3835
福　建	2183	124	232	1801	26	8444	3302	3968	1174
江　西	3379	135	403	2807	34	15317	5660	6548	3109
山　东	7498	229	441	6764	64	20521	6059	10324	4138
河　南	8178	250	506	7304	118	28931	10750	11880	6301
湖　北	3947	283	386	3250	28	16573	6814	7482	2277
湖　南	4030	223	424	3341	42	19746	8445	8092	3209
广　东	4023	306	493	3195	29	17377	5281	10058	2038
广　西	2065	203	158	1672	32	9304	2925	4367	2012
海　南	1093	72	102	898	21	2946	1241	942	763
重　庆	1729	98	162	1452	17	6557	2635	2857	1065
四　川	6327	245	589	5402	91	28414	11408	13213	3793
贵　州	3762	279	963	2497	23	9614	3430	4205	1979
云　南	3319	324	638	2311	46	11367	3427	6531	1409
西　藏	933	80	684	165	4	364	81	160	123
陕　西	2795	164	345	2275	11	9457	3664	4301	1492
甘　肃	1772	210	392	1136	34	4803	1361	2661	781
青　海	664	91	314	241	18	646	151	409	86
宁　夏	904	63	106	714	21	1358	372	874	112
新　疆	2284	451	713	1088	32	5694	1500	3830	364

4-4c 续表 32 单位：人

地区 性别	水利、环境和公共设施管理业					居民服务、修理和其他服务业			
	小计	水利管理业	生态保护和环境治理业	公共设施管理业	土地管理业	小计	居民服务业	机动车、电子产品和日用产品修理业	其他服务业
女	**63458**	**1120**	**4036**	**57981**	**321**	**310941**	**220590**	**22244**	**68107**
北京	1604	30	116	1456	2	2650	1725	171	754
天津	309	4	10	294	1	1091	564	87	440
河北	3903	45	179	3664	15	16874	11462	1355	4057
山西	1293	32	50	1206	5	6894	5233	405	1256
内蒙古	605	22	36	543	4	3493	2456	282	755
辽宁	621	23	39	557	2	4330	3318	288	724
吉林	447	25	14	404	4	2991	2313	288	390
黑龙江	570	27	39	495	9	5478	3863	373	1242
上海	1048	24	97	925	2	2463	1691	179	593
江苏	3649	50	155	3422	22	14123	9441	899	3783
浙江	2532	41	97	2373	21	11474	8717	648	2109
安徽	4104	39	209	3850	6	18871	13644	1157	4070
福建	1378	13	72	1287	6	9609	7516	542	1551
江西	2214	21	111	2066	16	17590	12906	919	3765
山东	4248	20	116	4088	24	17339	11549	1754	4036
河南	6113	45	156	5857	55	29452	19876	2404	7172
湖北	2343	60	117	2156	10	18599	14094	1130	3375
湖南	2461	38	110	2305	8	21468	16174	1187	4107
广东	2688	43	134	2500	11	14244	10006	1237	3001
广西	1531	30	53	1443	5	7953	5121	687	2145
海南	1415	14	39	1360	2	2244	1249	119	876
重庆	1292	19	82	1182	9	8010	5635	453	1922
四川	5126	63	263	4779	21	36632	27008	2270	7354
贵州	2644	56	217	2357	14	7464	4334	607	2523
云南	2099	50	155	1881	13	9478	6533	1149	1796
西藏	829	88	563	178		350	142	21	187
陕西	1784	45	98	1637	4	9402	6827	534	2041
甘肃	1229	44	112	1067	6	4209	2963	353	893
青海	295	13	84	194	4	601	386	76	139
宁夏	747	17	27	696	7	840	572	105	163
新疆	2337	79	486	1759	13	4725	3272	565	888

4-4c　续表 33　　　　单位：人

地区 性别	教育		卫生和社会工作			文化、体育和娱乐业				
	小计	教育	小计	卫生	社会工作	小计	新闻和出版业	广播、电视、电影和录音制作业	文化艺术业	体育
全国	**437039**	**437039**	**199709**	**185540**	**14169**	**62926**	**1979**	**4897**	**13306**	**9381**
北京	5388	5388	3322	2912	410	1680	125	339	301	416
天津	1725	1725	726	677	49	205	8	14	41	35
河北	26457	26457	11192	10494	698	2792	125	352	774	474
山西	12943	12943	5743	5344	399	1574	72	154	575	221
内蒙古	5317	5317	2862	2707	155	610	16	58	135	103
辽宁	5881	5881	3406	3116	290	735	21	61	130	124
吉林	6485	6485	3387	3136	251	677	39	112	142	144
黑龙江	6468	6468	3618	3390	228	716	30	77	137	123
上海	2154	2154	2281	1301	980	926	13	75	113	167
江苏	13823	13823	7602	6758	844	2789	63	236	514	487
浙江	15401	15401	7889	6826	1063	3323	123	283	637	511
安徽	21402	21402	10284	9376	908	3615	91	291	989	672
福建	12114	12114	4635	4376	259	2238	52	138	742	225
江西	19790	19790	7985	7434	551	2563	86	206	618	432
山东	28469	28469	12382	11761	621	2813	144	284	540	377
河南	40735	40735	15505	14406	1099	3881	125	355	1263	474
湖北	19438	19438	9862	9084	778	3578	138	259	639	655
湖南	24864	24864	11204	10502	702	4420	114	253	937	658
广东	26623	26623	9690	9159	531	3355	78	289	588	591
广西	17339	17339	6042	5845	197	1192	28	61	244	146
海南	3371	3371	1354	1297	57	640	10	25	86	101
重庆	7413	7413	4260	3920	340	2002	43	94	383	247
四川	30938	30938	17792	16577	1215	8422	172	381	824	1021
贵州	15404	15404	6081	5887	194	1669	24	69	423	139
云南	23534	23534	9785	9576	209	2364	46	97	361	277
西藏	2682	2682	1001	974	27	329	11	36	117	22
陕西	13296	13296	6771	6331	440	1730	81	122	523	271
甘肃	8155	8155	4663	4454	209	854	46	75	282	67
青海	1870	1870	957	898	59	237	7	13	58	23
宁夏	2143	2143	1108	1059	49	303	15	13	49	48
新疆	15417	15417	6320	5963	357	694	33	75	141	130

4-4c 续表 34 单位：人

地区 性别	教育		卫生和社会工作			文化、体育和娱乐业				
	小计	教育	小计	卫生	社会工作	小计	新闻和出版业	广播、电视、电影和录音制作业	文化艺术业	体育
男	**161839**	**161839**	**81433**	**76308**	**5125**	**35841**	**1036**	**3097**	**7867**	**5591**
北京	2068	2068	959	809	150	984	64	227	176	246
天津	686	686	286	268	18	113	4	11	21	14
河北	7924	7924	5508	5236	272	1760	56	256	476	302
山西	4012	4012	2272	2072	200	958	34	96	390	132
内蒙古	2067	2067	1319	1269	50	385	5	43	81	71
辽宁	2306	2306	1446	1343	103	458	8	32	86	77
吉林	2717	2717	1454	1360	94	408	22	66	73	94
黑龙江	2708	2708	1530	1434	96	411	13	42	70	78
上海	760	760	523	388	135	498	10	51	61	92
江苏	4907	4907	2862	2596	266	1564	28	129	324	267
浙江	4594	4594	2540	2240	300	1848	68	171	337	308
安徽	8874	8874	4866	4430	436	2274	54	178	623	427
福建	4395	4395	2022	1927	95	1363	30	99	448	128
江西	7758	7758	3619	3390	229	1568	56	127	398	279
山东	10717	10717	5676	5451	225	1686	80	198	338	241
河南	13832	13832	7845	7371	474	2398	62	270	751	283
湖北	7677	7677	3906	3619	287	2029	69	162	346	386
湖南	8966	8966	4364	4079	285	2365	60	153	535	408
广东	9394	9394	3907	3750	157	2006	46	172	350	336
广西	6074	6074	2529	2459	70	710	17	44	140	92
海南	1462	1462	529	499	30	379	3	17	58	63
重庆	2522	2522	1691	1558	133	1059	21	49	216	139
四川	10901	10901	6881	6433	448	3853	79	206	434	505
贵州	6953	6953	2518	2428	90	965	17	39	254	93
云南	10279	10279	2845	2757	88	1358	27	58	194	183
西藏	1171	1171	500	490	10	176	6	21	70	14
陕西	4956	4956	2657	2496	161	1019	41	83	301	162
甘肃	3931	3931	1962	1875	87	524	21	45	177	45
青海	736	736	366	353	13	139	5	8	37	13
宁夏	716	716	332	319	13	179	8	6	27	32
新疆	5776	5776	1719	1609	110	404	22	38	75	81

4-4c　续表 35　　　　单位：人

地区 性别	教育		卫生和社会工作			文化、体育和娱乐业				
	小计	教育	小计	卫生	社会工作	小计	新闻和出版业	广播、电视、电影和录音制作业	文化艺术业	体育
女	**275200**	**275200**	**118276**	**109232**	**9044**	**27085**	**943**	**1800**	**5439**	**3790**
北京	3320	3320	2363	2103	260	696	61	112	125	170
天津	1039	1039	440	409	31	92	4	3	20	21
河北	18533	18533	5684	5258	426	1032	69	96	298	172
山西	8931	8931	3471	3272	199	616	38	58	185	89
内蒙古	3250	3250	1543	1438	105	225	11	15	54	32
辽宁	3575	3575	1960	1773	187	277	13	29	44	47
吉林	3768	3768	1933	1776	157	269	17	46	69	50
黑龙江	3760	3760	2088	1956	132	305	17	35	67	45
上海	1394	1394	1758	913	845	428	3	24	52	75
江苏	8916	8916	4740	4162	578	1225	35	107	190	220
浙江	10807	10807	5349	4586	763	1475	55	112	300	203
安徽	12528	12528	5418	4946	472	1341	37	113	366	245
福建	7719	7719	2613	2449	164	875	22	39	294	97
江西	12032	12032	4366	4044	322	995	30	79	220	153
山东	17752	17752	6706	6310	396	1127	64	86	202	136
河南	26903	26903	7660	7035	625	1483	63	85	512	191
湖北	11761	11761	5956	5465	491	1549	69	97	293	269
湖南	15898	15898	6840	6423	417	2055	54	100	402	250
广东	17229	17229	5783	5409	374	1349	32	117	238	255
广西	11265	11265	3513	3386	127	482	11	17	104	54
海南	1909	1909	825	798	27	261	7	8	28	38
重庆	4891	4891	2569	2362	207	943	22	45	167	108
四川	20037	20037	10911	10144	767	4569	93	175	390	516
贵州	8451	8451	3563	3459	104	704	7	30	169	46
云南	13255	13255	6940	6819	121	1006	19	39	167	94
西藏	1511	1511	501	484	17	153	5	15	47	8
陕西	8340	8340	4114	3835	279	711	40	39	222	109
甘肃	4224	4224	2701	2579	122	330	25	30	105	22
青海	1134	1134	591	545	46	98	2	5	21	10
宁夏	1427	1427	776	740	36	124	7	7	22	16
新疆	9641	9641	4601	4354	247	290	11	37	66	49

4-4c 续表 36

单位：人

地区 性别	娱乐业	公共管理、社会保障和社会组织							国际组织	
		小计	中国共产党机关	国家机构	人民政协、民主党派	社会保障	群众团体、社会团体和其他成员组织	基层群众自治组织	小计	国际组织
全国	**33363**	**435331**	**5566**	**209183**	**343**	**1745**	**30528**	**187966**	**56**	**56**
北京	499	9837	52	4531	5	52	208	4989	3	3
天津	107	2428	70	869		8	57	1424		
河北	1067	19650	325	8319	14	120	1172	9700	7	7
山西	552	10234	170	5857	13	54	414	3726		
内蒙古	298	6475	89	3854	11	29	216	2276	1	1
辽宁	399	6492	149	3197	11	30	499	2606	3	3
吉林	240	5147	83	3227	16	32	142	1647	1	1
黑龙江	349	6991	257	4873	21	59	378	1403	1	1
上海	558	2635	12	1608		19	178	818	1	1
江苏	1489	17982	239	8084	8	91	1473	8087	2	2
浙江	1769	18241	85	10152	4	48	1839	6113	2	2
安徽	1572	18759	172	6477	10	81	1311	10708	1	1
福建	1081	10755	68	5089	4	33	1152	4409		
江西	1221	15138	266	6547	13	67	1927	6318	4	4
山东	1468	22423	377	9294	21	104	2061	10566	2	2
河南	1664	23807	448	9611	16	211	2645	10876		
湖北	1887	17086	270	6905	22	80	1608	8201	5	5
湖南	2458	18597	294	8618	8	70	1629	7978	3	3
广东	1809	24570	261	10961	16	57	1340	11935	5	5
广西	713	13449	219	5727	9	64	582	6848		
海南	418	3819	34	1967	6	17	172	1623	1	1
重庆	1235	8155	74	3108	12	50	349	4562		
四川	6024	28738	322	12918	19	81	3302	12096	1	1
贵州	1014	22415	162	11110	11	62	789	10281	3	3
云南	1583	19131	248	11336	20	64	595	6868	5	5
西藏	143	8716	203	5802	14	7	778	1912	1	1
陕西	733	12690	146	6000	9	39	631	5865	1	1
甘肃	384	11860	138	5092	13	51	643	5923	1	1
青海	136	4137	19	1624	4	7	1401	1082		
宁夏	178	3188	39	1608	5	6	174	1356		
新疆	315	41786	275	24818	8	52	863	15770	2	2

4-4c　续表 37　　　　单位：人

地区 性别	娱乐业	公共管理、社会保障和社会组织							国际组织	
		小计	中国共产党机关	国家机构	人民政协、民主党派	社会保障	群众团体、社会团体和其他成员组织	基层群众自治组织	小计	国际组织
男	**18250**	**297540**	**4075**	**146856**	**239**	**869**	**18937**	**126564**	**38**	**38**
北　京	271	6005	29	2832	4	21	118	3001	3	3
天　津	63	1721	55	680		5	33	948		
河　北	670	14232	248	6126	11	54	708	7085	7	7
山　西	306	7316	129	4068	5	25	265	2824		
内蒙古	185	4383	62	2654	5	18	133	1511	1	1
辽　宁	255	4416	116	2318	8	15	269	1690	1	1
吉　林	153	3497	58	2241	11	11	52	1124	1	1
黑龙江	208	4843	186	3443	15	30	204	965		
上　海	284	1684	6	1085		9	103	481		
江　苏	816	12584	175	5940	5	42	993	5429	2	2
浙　江	964	12469	67	7154	1	25	1221	4001	2	2
安　徽	992	12253	123	4671	7	39	863	6550	1	1
福　建	658	7386	55	3494	3	14	699	3121		
江　西	708	10496	209	4821	8	41	1115	4302	2	2
山　东	829	15423	294	6903	17	56	1199	6954	1	1
河　南	1032	16543	352	6877	9	95	1499	7711		
湖　北	1066	11340	216	4897	14	33	882	5298	3	3
湖　南	1209	12762	223	6335	6	42	915	5241	1	1
广　东	1102	17348	184	7913	12	34	777	8428	2	2
广　西	417	9220	155	3833	8	29	320	4875		
海　南	238	2790	23	1457	3	10	109	1188	1	1
重　庆	634	5049	46	2010	7	31	188	2767		
四　川	2629	19403	210	8734	17	39	2246	8157		
贵　州	562	16058	107	8106	11	41	533	7260	3	3
云　南	896	13651	181	7935	16	29	353	5137	3	3
西　藏	65	5753	149	3518	11		590	1485	1	1
陕　西	432	8854	93	4161	6	24	381	4189	1	1
甘　肃	236	8605	110	3556	9	34	488	4408		
青　海	76	2917	15	1063	2	3	1068	766		
宁　夏	106	2020	28	991	3	4	134	860		
新　疆	188	26519	171	17040	5	16	479	8808	2	2

4-4c 续表 38 单位：人

地区 性别	娱乐业	公共管理、社会保障和社会组织							国际组织	
		小计	中国共产党机关	国家机构	人民政协、民主党派	社会保障	群众团体、社会团体和其他成员组织	基层群众自治组织	小计	国际组织
女	**15113**	**137791**	**1491**	**62327**	**104**	**876**	**11591**	**61402**	**18**	**18**
北京	228	3832	23	1699	1	31	90	1988		
天津	44	707	15	189		3	24	476		
河北	397	5418	77	2193	3	66	464	2615		
山西	246	2918	41	1789	8	29	149	902		
内蒙古	113	2092	27	1200	6	11	83	765		
辽宁	144	2076	33	879	3	15	230	916	2	2
吉林	87	1650	25	986	5	21	90	523		
黑龙江	141	2148	71	1430	6	29	174	438	1	1
上海	274	951	6	523		10	75	337	1	1
江苏	673	5398	64	2144	3	49	480	2658		
浙江	805	5772	18	2998	3	23	618	2112		
安徽	580	6506	49	1806	3	42	448	4158		
福建	423	3369	13	1595	1	19	453	1288		
江西	513	4642	57	1726	5	26	812	2016	2	2
山东	639	7000	83	2391	4	48	862	3612	1	1
河南	632	7264	96	2734	7	116	1146	3165		
湖北	821	5746	54	2008	8	47	726	2903	2	2
湖南	1249	5835	71	2283	2	28	714	2737	2	2
广东	707	7222	77	3048	4	23	563	3507	3	3
广西	296	4229	64	1894	1	35	262	1973		
海南	180	1029	11	510	3	7	63	435		
重庆	601	3106	28	1098	5	19	161	1795		
四川	3395	9335	112	4184	2	42	1056	3939	1	1
贵州	452	6357	55	3004		21	256	3021		
云南	687	5480	67	3401	4	35	242	1731	2	2
西藏	78	2963	54	2284	3	7	188	427		
陕西	301	3836	53	1839	3	15	250	1676		
甘肃	148	3255	28	1536	4	17	155	1515	1	1
青海	60	1220	4	561	2	4	333	316		
宁夏	72	1168	11	617	2	2	40	496		
新疆	127	15267	104	7778	3	36	384	6962		

4-5 全国分年龄、性别、行业大类的就业人口

单位：人

年龄组 性 别	合计	农、林、牧、渔业						采矿业	
		小计	农业	林业	畜牧业	渔业	农、林、牧、渔专业及辅助性活动	小计	煤炭开采和洗选业
总 计	**65631786**	**13496012**	**11758509**	**239237**	**1052844**	**248734**	**196688**	**568658**	**310763**
16-19岁	770958	95362	81230	2003	9224	1085	1820	1016	333
20-24岁	3861073	305699	254486	6800	31056	5318	8039	13244	6575
25-29岁	6981094	533858	442607	12582	51781	12469	14419	43272	24604
30-34岁	10009284	894717	746281	21174	83624	21623	22015	88357	50411
35-39岁	8097572	874918	722745	22038	88718	21871	19546	77030	43209
40-44岁	7565087	1053693	876890	25962	103710	26014	21117	83976	45899
45-49岁	8940917	1674494	1418371	37751	150542	38963	28867	115022	62795
50-54岁	8132752	2227881	1933463	43107	173632	46720	30959	93471	52318
55-59岁	5495186	2013982	1780198	33422	140848	36697	22817	40927	19217
60-64岁	2483449	1424929	1292293	15894	85849	19244	11649	7506	3234
65-69岁	1995170	1371726	1260593	12067	76753	12789	9524	3200	1310
70-74岁	861236	667621	618619	4622	36062	4379	3939	995	501
75岁及以上	438008	357132	330733	1815	21045	1562	1977	642	357
男	**38880798**	**7245960**	**6176774**	**161290**	**604601**	**185068**	**118227**	**484053**	**273480**
16-19岁	482044	58838	49699	1349	5705	890	1195	876	285
20-24岁	2220127	177763	145071	4561	18891	4305	4935	11308	5738
25-29岁	4037493	300896	242105	8394	31718	9951	8728	36290	21303
30-34岁	5787715	486768	392646	13808	50502	16668	13144	73882	43519
35-39岁	4650831	467717	373845	14208	51493	16631	11540	64093	37100
40-44岁	4294238	547494	441724	16647	57805	19088	12230	68603	39269
45-49岁	5114136	843072	691975	24638	81938	27751	16770	94693	54625
50-54岁	5042613	1121919	944269	29927	95313	33700	18710	85150	48829
55-59岁	3645765	1041297	895597	23883	80393	27106	14318	38225	18009
60-64岁	1566873	793951	709711	11058	51365	14509	7308	6744	2913
65-69岁	1231032	786457	716539	8384	45921	9812	5801	2833	1168
70-74岁	537995	402586	371857	3185	21675	3457	2412	837	421
75岁及以上	269936	217202	201736	1248	11882	1200	1136	519	301
女	**26750988**	**6250052**	**5581735**	**77947**	**448243**	**63666**	**78461**	**84605**	**37283**
16-19岁	288914	36524	31531	654	3519	195	625	140	48
20-24岁	1640946	127936	109415	2239	12165	1013	3104	1936	837
25-29岁	2943601	232962	200502	4188	20063	2518	5691	6982	3301
30-34岁	4221569	407949	353635	7366	33122	4955	8871	14475	6892
35-39岁	3446741	407201	348900	7830	37225	5240	8006	12937	6109
40-44岁	3270849	506199	435166	9315	45905	6926	8887	15373	6630
45-49岁	3826781	831422	726396	13113	68604	11212	12097	20329	8170
50-54岁	3090139	1105962	989194	13180	78319	13020	12249	8321	3489
55-59岁	1849421	972685	884601	9539	60455	9591	8499	2702	1208
60-64岁	916576	630978	582582	4836	34484	4735	4341	762	321
65-69岁	764138	585269	544054	3683	30832	2977	3723	367	142
70-74岁	323241	265035	246762	1437	14387	922	1527	158	80
75岁及以上	168072	139930	128997	567	9163	362	841	123	56

4-5 续表 1

单位：人

年龄组 性别	采矿业						制造业		
	石油和天然气开采业	黑色金属矿采选业	有色金属矿采选业	非金属矿采选业	开采专业及辅助性活动	其他采矿业	小计	农副食品加工业	食品制造业
总　计	**50559**	**37227**	**46592**	**59746**	**54395**	**9376**	**11853428**	**457267**	**332094**
16-19岁	75	93	125	272	91	27	203388	3285	5438
20-24岁	1128	830	1198	2011	1261	241	803769	15813	22923
25-29岁	3860	2249	3348	4742	3768	701	1375221	32446	38207
30-34岁	8585	4855	6407	8168	8656	1275	2160679	58320	58293
35-39岁	7865	4258	5547	6993	8033	1125	1707886	51781	46603
40-44岁	8018	5292	7093	7819	8595	1260	1539442	55164	42793
45-49岁	10755	7674	9876	10643	11388	1891	1708005	75421	48673
50-54岁	6444	6839	8158	10071	7952	1689	1295701	75024	37581
55-59岁	3320	3754	3833	5968	3960	875	678804	48386	19561
60-64岁	291	886	651	1874	394	176	206969	20028	6639
65-69岁	134	352	241	906	180	77	119736	14319	3830
70-74岁	49	84	70	204	64	23	38421	5159	1141
75岁及以上	35	61	45	75	53	16	15407	2121	412
男	**37315**	**31898**	**39253**	**51189**	**43028**	**7890**	**7128259**	**259013**	**161415**
16-19岁	63	81	101	240	82	24	135826	2205	2932
20-24岁	876	710	993	1747	1040	204	529540	10135	11822
25-29岁	2742	1951	2746	4055	2934	559	876412	20144	19784
30-34岁	6252	4106	5239	6973	6744	1049	1306977	34095	28384
35-39岁	5753	3582	4607	5905	6226	920	983763	28496	21841
40-44岁	5520	4277	5684	6439	6401	1013	839074	28721	18845
45-49岁	7140	6242	8040	8776	8299	1571	924506	38410	20941
50-54岁	5454	6207	7349	8862	6948	1501	802620	41653	18454
55-59岁	3114	3521	3608	5420	3761	792	475051	29335	11198
60-64岁	238	806	576	1713	339	159	142362	12390	3953
65-69岁	107	308	209	822	155	64	79194	8898	2336
70-74岁	36	64	61	180	56	19	24259	3295	681
75岁及以上	20	43	40	57	43	15	8675	1236	244
女	**13244**	**5329**	**7339**	**8557**	**11367**	**1486**	**4725169**	**198254**	**170679**
16-19岁	12	12	24	32	9	3	67562	1080	2506
20-24岁	252	120	205	264	221	37	274229	5678	11101
25-29岁	1118	298	602	687	834	142	498809	12302	18423
30-34岁	2333	749	1168	1195	1912	226	853702	24225	29909
35-39岁	2112	676	940	1088	1807	205	724123	23285	24762
40-44岁	2498	1015	1409	1380	2194	247	700368	26443	23948
45-49岁	3615	1432	1836	1867	3089	320	783499	37011	27732
50-54岁	990	632	809	1209	1004	188	493081	33371	19127
55-59岁	206	233	225	548	199	83	203753	19051	8363
60-64岁	53	80	75	161	55	17	64607	7638	2686
65-69岁	27	44	32	84	25	13	40542	5421	1494
70-74岁	13	20	9	24	8	4	14162	1864	460
75岁及以上	15	18	5	18	10	1	6732	885	168

4-5　续表 2　　　　　　　　　　　　　　　　　　　　　　　　　单位：人

年龄组 性　别	制造业								
	酒、饮料和精制茶制造业	烟　草制品业	纺织业	纺织服装、服饰业	皮革、毛皮、羽毛及其制品和制鞋业	木材加工和木、竹、藤、棕、草制品业	家　具制造业	造纸和纸制品业	印刷和记录媒介复制业
总　计	**148707**	**22867**	**534072**	**1208698**	**492224**	**298861**	**340048**	**207429**	**151634**
16-19岁	994	77	5889	19077	9697	2171	3414	2500	2326
20-24岁	7106	745	24250	71813	29316	9561	18284	11001	9773
25-29岁	15301	1766	46746	129977	50506	19340	35625	20090	16763
30-34岁	24124	3065	83713	227954	87379	36447	57267	34155	27379
35-39岁	20016	2742	71908	139414	77527	33559	46350	29669	23991
40-44岁	19196	3341	74221	175111	73440	35834	45282	28740	22438
45-49岁	23267	4830	89961	136255	79072	49844	54153	33269	22834
50-54岁	18629	3695	72570	124166	50745	51994	45489	25882	15116
55-59岁	11659	2134	39029	54941	21997	33223	23385	13982	7696
60-64岁	4152	273	13391	15966	6833	13103	6471	4595	1899
65-69岁	2841	130	8374	9506	3910	9150	3143	2460	1001
70-74岁	1005	40	2901	3159	1298	3222	911	771	287
75岁及以上	417	29	1119	1359	504	1413	274	315	131
男	**92310**	**14435**	**248123**	**420266**	**236344**	**196227**	**230309**	**125145**	**91428**
16-19岁	631	56	3407	8242	5890	1649	2668	1743	1621
20-24岁	4491	496	13861	29515	17086	6995	13042	7463	6310
25-29岁	9636	1160	24573	52490	27397	13614	24663	12996	10590
30-34岁	14734	1883	39057	84368	43889	24065	37971	20833	16642
35-39岁	11746	1554	31331	55511	36828	20976	30231	17301	14288
40-44岁	10731	1795	29944	53888	32313	21458	28824	16027	12719
45-49岁	13237	2691	35386	54852	32841	29947	34169	17908	12066
50-54岁	12656	2657	33920	38890	22351	34214	31681	15751	9245
55-59岁	8610	1835	22326	20808	11200	24011	18338	9703	5618
60-64岁	2887	180	7684	6308	3758	9647	5244	3206	1358
65-69岁	1967	83	4595	3698	1959	6560	2547	1583	699
70-74岁	707	30	1510	1230	640	2183	732	472	190
75岁及以上	277	15	529	466	192	908	199	159	82
女	**56397**	**8432**	**285949**	**788432**	**255880**	**102634**	**109739**	**82284**	**60206**
16-19岁	363	21	2482	10835	3807	522	746	757	705
20-24岁	2615	249	10389	42298	12230	2566	5242	3538	3463
25-29岁	5665	606	22173	77487	23109	5726	10962	7094	6173
30-34岁	9390	1182	44656	143586	43490	12382	19296	13322	10737
35-39岁	8270	1188	40577	123903	40699	12583	16119	12368	9703
40-44岁	8465	1546	44277	121223	41127	14376	16458	12713	9719
45-49岁	10030	2139	54575	131403	46231	19897	19984	15361	10768
50-54岁	5973	1038	38650	85276	28394	17780	13808	10131	5871
55-59岁	3049	299	16703	34133	10797	9212	5047	4279	2078
60-64岁	1265	93	5707	9658	3075	3456	1227	1389	541
65-69岁	874	47	3779	5808	1951	2590	596	877	302
70-74岁	298	10	1391	1929	658	1039	179	299	97
75岁及以上	140	14	590	893	312	505	75	156	49

4-5 续表 3

单位：人

年龄组 性　别	制造业								
	文教、工美、体育和娱乐用品制造业	石油、煤炭及其他燃料加工业	化学原料和化学制品制造业	医　药制造业	化学纤维制造业	橡胶和塑　料制品业	非金属矿　物制品业	黑色金属冶炼和压延加工业	有色金属冶炼和压延加工业
总　计	**397460**	**89134**	**369187**	**184430**	**34029**	**520748**	**681005**	**232253**	**141540**
16-19岁	7582	195	2761	1528	413	8277	5417	1002	911
20-24岁	26197	4454	21026	15684	2510	30045	29474	9837	6960
25-29岁	42293	9761	40729	27667	4380	52123	59220	21544	14890
30-34岁	66494	15748	65790	38079	6109	87616	102954	41183	25257
35-39岁	57498	11926	52117	28590	4411	75471	89011	33229	19819
40-44岁	53303	11164	49423	23384	4550	72312	90408	32594	20036
45-49岁	57942	15723	58276	23032	5149	81793	116606	40415	24505
50-54岁	43672	12062	45706	14942	3844	62316	100352	32614	18077
55-59岁	22670	6482	23906	8059	1862	32436	57272	15405	8335
60-64岁	8718	1028	5656	1917	461	10225	18483	2796	1681
65-69岁	6638	422	2721	1053	240	5800	9065	1142	755
70-74岁	2857	120	758	342	75	1732	2166	348	234
75岁及以上	1596	49	318	153	25	602	577	144	80
男	**181975**	**68412**	**248344**	**96017**	**21772**	**310329**	**493208**	**189052**	**108438**
16-19岁	4417	153	1651	834	291	5718	4046	863	758
20-24岁	14499	3575	13408	8117	1812	20187	22141	8391	5575
25-29岁	22023	7656	26481	14288	2960	33568	43460	17870	11509
30-34岁	31488	11889	42439	19312	3841	53553	72923	33103	19110
35-39岁	26613	8817	33239	13930	2617	44106	61491	25884	14680
40-44岁	22606	7778	30881	10949	2470	39853	60498	24726	14448
45-49岁	22968	10978	37976	10956	2889	42886	79467	31327	17878
50-54岁	18530	10147	34952	9480	2770	36659	76035	28822	14946
55-59岁	10705	6019	19965	5985	1514	21801	47267	14199	7242
60-64岁	3878	912	4459	1246	361	6898	15761	2478	1426
65-69岁	2685	357	2103	639	173	3774	7796	979	618
70-74岁	1031	94	566	202	56	1024	1885	293	188
75岁及以上	532	37	224	79	18	302	438	117	60
女	**215485**	**20722**	**120843**	**88413**	**12257**	**210419**	**187797**	**43201**	**33102**
16-19岁	3165	42	1110	694	122	2559	1371	139	153
20-24岁	11698	879	7618	7567	698	9858	7333	1446	1385
25-29岁	20270	2105	14248	13379	1420	18555	15760	3674	3381
30-34岁	35006	3859	23351	18767	2268	34063	30031	8080	6147
35-39岁	30885	3109	18878	14660	1794	31365	27520	7345	5139
40-44岁	30697	3386	18542	12435	2080	32459	29910	7868	5588
45-49岁	34974	4745	20300	12076	2260	38907	37139	9088	6627
50-54岁	25142	1915	10754	5462	1074	25657	24317	3792	3131
55-59岁	11965	463	3941	2074	348	10635	10005	1206	1093
60-64岁	4840	116	1197	671	100	3327	2722	318	255
65-69岁	3953	65	618	414	67	2026	1269	163	137
70-74岁	1826	26	192	140	19	708	281	55	46
75岁及以上	1064	12	94	74	7	300	139	27	20

4-5　续表 4

单位：人

年龄组 性　别	制造业								
	金　属 制品业	通用设备 制造业	专用设备 制造业	汽　车 制造业	铁路、船舶、航空航天和其他运输设备制造业	电气机械和器材制造业	计算机、通信和其他电子设备制造业	仪器仪表 制造业	其　他 制造业
总　计	**900738**	**781753**	**433005**	**455706**	**190748**	**660654**	**1198567**	**93996**	**100594**
16-19岁	11366	10046	7102	9740	1762	18288	57536	1564	1432
20-24岁	48362	46589	33138	36239	11481	62943	175035	7778	5895
25-29岁	92328	86365	57746	66163	22003	95890	233684	13554	10326
30-34岁	158801	150065	91400	101424	36949	133486	276788	19821	16496
35-39岁	132391	115251	69170	70720	28169	98886	175412	15572	13760
40-44岁	123119	102578	54445	55018	24669	80977	117062	12009	13381
45-49岁	139719	111815	52801	55866	28407	81085	90643	11163	15167
50-54岁	110417	87776	37769	36542	21687	52934	45590	7004	12231
55-59岁	56361	47910	20027	17501	11965	24816	18940	3926	6795
60-64岁	16613	13428	5275	3872	2169	6692	4697	921	2465
65-69岁	8373	7118	2888	1938	1018	3419	2231	442	1689
70-74岁	2184	2080	918	495	290	927	657	169	691
75岁及以上	704	732	326	188	179	311	292	73	266
男	**656269**	**563519**	**295513**	**317589**	**140555**	**401618**	**692583**	**57352**	**54235**
16-19岁	8869	7987	5348	8356	1485	12660	38005	1042	874
20-24岁	37150	36230	23688	29374	9284	42954	114825	5268	3577
25-29岁	69618	64896	40149	49767	16787	62154	146295	8702	6127
30-34岁	118130	110110	61940	71847	27533	81382	158274	11878	9127
35-39岁	94637	79932	45731	46617	19966	57109	94012	8843	7234
40-44岁	85203	68191	34664	33526	16637	43671	56511	6550	6504
45-49岁	94773	73825	33484	33199	18896	42223	41751	6053	7373
50-54岁	80793	65117	27336	25754	16687	33139	25228	4680	6586
55-59岁	44787	39057	15981	14070	10358	18180	12553	3179	4128
60-64岁	13409	10624	4062	3028	1776	4870	3104	672	1353
65-69岁	6660	5482	2226	1537	804	2432	1465	321	875
70-74岁	1719	1552	689	386	216	643	408	119	345
75岁及以上	521	516	215	128	126	201	152	45	132
女	**244469**	**218234**	**137492**	**138117**	**50193**	**259036**	**505984**	**36644**	**46359**
16-19岁	2497	2059	1754	1384	277	5628	19531	522	558
20-24岁	11212	10359	9450	6865	2197	19989	60210	2510	2318
25-29岁	22710	21469	17597	16396	5216	33736	87389	4852	4199
30-34岁	40671	39955	29460	29577	9416	52104	118514	7943	7369
35-39岁	37754	35319	23439	24103	8203	41777	81400	6729	6526
40-44岁	37916	34387	19781	21492	8032	37306	60551	5459	6877
45-49岁	44946	37990	19317	22667	9511	38862	48892	5110	7794
50-54岁	29624	22659	10433	10788	5000	19795	20362	2324	5645
55-59岁	11574	8853	4046	3431	1607	6636	6387	747	2667
60-64岁	3204	2804	1213	844	393	1822	1593	249	1112
65-69岁	1713	1636	662	401	214	987	766	121	814
70-74岁	465	528	229	109	74	284	249	50	346
75岁及以上	183	216	111	60	53	110	140	28	134

4-5 续表 5

单位：人

年龄组 性别	制造业		电力、热力、燃气及水生产和供应业				建筑业		
	废弃资源综合利用业	金属制品、机械和设备修理业	小计	电力、热力生产和供应业	燃气生产和供应业	水的生产和供应业	小计	房屋建筑业	土木工程建筑业
总计	**84964**	**109016**	**573235**	**392926**	**82973**	**97336**	**7400010**	**4071308**	**674856**
16-19岁	471	1127	1490	1040	257	193	53944	30094	4276
20-24岁	2276	7261	24266	17104	3582	3580	322328	159831	39664
25-29岁	4863	12925	61443	42424	9437	9582	655839	313632	76478
30-34岁	8325	19798	93354	62345	15848	15161	1023730	490843	107040
35-39岁	8024	14899	74542	49947	11957	12638	840638	410820	81805
40-44岁	9894	13556	77592	52472	11010	14110	883095	464969	77507
45-49岁	14637	15682	100118	69626	13058	17434	1230469	703065	102985
50-54岁	16030	13245	77710	55719	9622	12369	1233379	745010	96288
55-59岁	10485	7658	49541	35032	5880	8629	750374	470425	61100
60-64岁	4860	1662	7938	4514	1376	2048	247571	169368	17239
65-69岁	3268	852	3804	1914	681	1209	124803	89029	8291
70-74岁	1234	250	991	507	201	283	26630	19199	1694
75岁及以上	597	101	446	282	64	100	7210	5023	489
男	**61854**	**94610**	**427408**	**301267**	**58901**	**67240**	**6258746**	**3416044**	**576377**
16-19岁	385	1040	1252	897	200	155	46708	25428	3912
20-24岁	1779	6490	18245	13095	2618	2532	269822	132967	33398
25-29岁	3711	11344	44798	31695	6570	6533	553809	263373	63925
30-34岁	6120	17057	66929	46346	10726	9857	863753	410965	89649
35-39岁	5656	12546	52067	36227	7921	7919	700018	338613	68381
40-44岁	6860	11283	52156	36744	7029	8383	722806	375012	64405
45-49岁	10089	13067	68840	49404	8744	10692	1002764	564969	85985
50-54岁	11512	11975	65573	47599	7888	10086	1053810	628282	84973
55-59岁	7896	7183	46043	32979	5228	7836	674412	418651	56431
60-64岁	3896	1534	6969	3991	1173	1805	227745	155396	15932
65-69岁	2565	778	3319	1631	583	1105	113777	81312	7497
70-74岁	947	226	861	434	173	254	23604	17075	1482
75岁及以上	438	87	356	225	48	83	5718	4001	407
女	**23110**	**14406**	**145827**	**91659**	**24072**	**30096**	**1141264**	**655264**	**98479**
16-19岁	86	87	238	143	57	38	7236	4666	364
20-24岁	497	771	6021	4009	964	1048	52506	26864	6266
25-29岁	1152	1581	16645	10729	2867	3049	102030	50259	12553
30-34岁	2205	2741	26425	15999	5122	5304	159977	79878	17391
35-39岁	2368	2353	22475	13720	4036	4719	140620	72207	13424
40-44岁	3034	2273	25436	15728	3981	5727	160289	89957	13102
45-49岁	4548	2615	31278	20222	4314	6742	227705	138096	17000
50-54岁	4518	1270	12137	8120	1734	2283	179569	116728	11315
55-59岁	2589	475	3498	2053	652	793	75962	51774	4669
60-64岁	964	128	969	523	203	243	19826	13972	1307
65-69岁	703	74	485	283	98	104	11026	7717	794
70-74岁	287	24	130	73	28	29	3026	2124	212
75岁及以上	159	14	90	57	16	17	1492	1022	82

4-5　续表 6　　单位：人

年龄组 性别	建筑业		批发和零售业			交通运输、仓储和邮政业			
	建筑安装业	建筑装饰、装修和其他建筑业	小计	批发业	零售业	小计	铁路运输业	道路运输业	水上运输业
总　计	**417697**	**2236149**	**9262396**	**2580725**	**6681671**	**3277208**	**140873**	**2134244**	**56217**
16-19岁	3131	16443	104196	20453	83743	21857	683	8481	190
20-24岁	20469	102364	613708	141834	471874	170829	10162	80517	2190
25-29岁	45880	219849	1149533	289317	860216	356819	18687	194906	5183
30-34岁	77548	348299	1744447	459998	1284449	565227	19507	354140	9270
35-39岁	60740	287273	1408565	388366	1020199	503375	14209	349611	7873
40-44岁	56156	284463	1223440	337536	885904	477419	15915	346873	6799
45-49岁	62338	362081	1246376	354855	891521	519486	22318	369138	8735
50-54岁	51654	340427	905572	286105	619467	384769	20863	260996	8362
55-59岁	28299	190550	503941	169679	334262	206445	16501	129682	5447
60-64岁	7529	53435	177532	61680	115852	44112	1297	25579	1409
65-69岁	3156	24327	118368	44388	73980	20265	461	11049	563
70-74岁	609	5128	44468	17809	26659	4768	138	2402	125
75岁及以上	188	1510	22250	8705	13545	1837	132	870	71
男	**374859**	**1891466**	**4607256**	**1537107**	**3070149**	**2742407**	**112541**	**1876299**	**45317**
16-19岁	2930	14438	52918	13124	39794	16674	320	6743	160
20-24岁	18534	84923	298015	81862	216153	129936	7068	65140	1687
25-29岁	41343	185168	565149	168291	396858	282658	13792	164427	4021
30-34岁	69560	293579	829219	264561	564658	459907	15018	305776	7334
35-39岁	53640	239384	661201	221443	439758	418909	10935	306909	6068
40-44岁	49373	234016	564853	192395	372458	400451	12363	304398	5317
45-49岁	54809	297001	589982	206157	383825	436613	16994	324011	6894
50-54岁	47221	293334	501371	184153	317218	343202	18670	239792	7111
55-59岁	26664	172666	314976	117650	197326	190966	15727	122428	4879
60-64岁	7156	49261	112484	41380	71104	39796	1078	23783	1224
65-69岁	2933	22035	74640	28992	45648	17854	361	10077	473
70-74岁	546	4501	28431	11555	16876	4048	108	2129	104
75岁及以上	150	1160	14017	5544	8473	1393	107	686	45
女	**42838**	**344683**	**4655140**	**1043618**	**3611522**	**534801**	**28332**	**257945**	**10900**
16-19岁	201	2005	51278	7329	43949	5183	363	1738	30
20-24岁	1935	17441	315693	59972	255721	40893	3094	15377	503
25-29岁	4537	34681	584384	121026	463358	74161	4895	30479	1162
30-34岁	7988	54720	915228	195437	719791	105320	4489	48364	1936
35-39岁	7100	47889	747364	166923	580441	84466	3274	42702	1805
40-44岁	6783	50447	658587	145141	513446	76968	3552	42475	1482
45-49岁	7529	65080	656394	148698	507696	82873	5324	45127	1841
50-54岁	4433	47093	404201	101952	302249	41567	2193	21204	1251
55-59岁	1635	17884	188965	52029	136936	15479	774	7254	568
60-64岁	373	4174	65048	20300	44748	4316	219	1796	185
65-69岁	223	2292	43728	15396	28332	2411	100	972	90
70-74岁	63	627	16037	6254	9783	720	30	273	21
75岁及以上	38	350	8233	3161	5072	444	25	184	26

4-5 续表 7

单位：人

年龄组 性别	交通运输、仓储和邮政业					住宿和餐饮业		
	航空运输业	管道运输业	多式联运和运输代理业	装卸搬运和仓储业	邮政业	小计	住宿业	餐饮业
总计	**68318**	**2735**	**99684**	**313428**	**461709**	**3217357**	**365935**	**2851422**
16-19岁	370	11	589	2725	8808	96518	9271	87247
20-24岁	9003	110	6732	12395	49720	282346	34820	247526
25-29岁	15500	255	13358	23142	85788	389462	43816	345646
30-34岁	14907	514	19807	37306	109776	531799	55972	475827
35-39岁	9919	394	17805	33653	69911	428594	45550	383044
40-44岁	6183	375	13880	38079	49315	398413	45504	352909
45-49岁	6169	466	12991	55263	44406	456174	55986	400188
50-54岁	3804	354	8878	54763	26749	352184	41863	310321
55-59岁	2130	196	4420	35071	12998	186723	22875	163848
60-64岁	228	37	816	12234	2512	56784	6394	50390
65-69岁	74	18	312	6592	1196	28768	2997	25771
70-74岁	18	4	69	1673	339	6961	649	6312
75岁及以上	13	1	27	532	191	2631	238	2393
男	**42434**	**2046**	**70466**	**253034**	**340270**	**1596563**	**150892**	**1445671**
16-19岁	216	10	415	2241	6569	63097	4981	58116
20-24岁	4639	82	3937	9946	37437	173628	15183	158445
25-29岁	8936	191	8350	18304	64637	228561	18839	209722
30-34岁	9148	388	13039	28859	80345	287260	22850	264410
35-39岁	6356	288	11953	25924	50476	215257	18238	197019
40-44岁	4060	250	9991	29141	34931	177583	15984	161599
45-49岁	4083	322	10023	43328	30958	177496	18263	159233
50-54岁	2816	287	7632	46210	20684	139606	17307	122299
55-59岁	1917	177	4050	30848	10940	85113	12872	72241
60-64岁	183	29	731	10783	1985	28543	3922	24621
65-69岁	56	17	269	5677	924	15146	1902	13244
70-74岁	15	4	56	1382	250	3911	420	3491
75岁及以上	9	1	20	391	134	1362	131	1231
女	**25884**	**689**	**29218**	**60394**	**121439**	**1620794**	**215043**	**1405751**
16-19岁	154	1	174	484	2239	33421	4290	29131
20-24岁	4364	28	2795	2449	12283	108718	19637	89081
25-29岁	6564	64	5008	4838	21151	160901	24977	135924
30-34岁	5759	126	6768	8447	29431	244539	33122	211417
35-39岁	3563	106	5852	7729	19435	213337	27312	186025
40-44岁	2123	125	3889	8938	14384	220830	29520	191310
45-49岁	2086	144	2968	11935	13448	278678	37723	240955
50-54岁	988	67	1246	8553	6065	212578	24556	188022
55-59岁	213	19	370	4223	2058	101610	10003	91607
60-64岁	45	8	85	1451	527	28241	2472	25769
65-69岁	18	1	43	915	272	13622	1095	12527
70-74岁	3		13	291	89	3050	229	2821
75岁及以上	4		7	141	57	1269	107	1162

4-5　续表 8

单位：人

年龄组 性　别	信息传输、软件和信息技术服务业				金融业				
	小计	电信、广播电视和卫星传输服务	互联网和相关服务	软件和信息技术服务业	小计	货币金融服务	资本市场服务	保险业	其他金融业
总　计	**1129543**	**261138**	**341419**	**526986**	**962580**	**449264**	**79342**	**347413**	**86561**
16-19岁	11698	1861	5969	3868	2578	622	181	1321	454
20-24岁	154004	19266	57227	77511	64452	28193	5221	22766	8272
25-29岁	283264	41559	92505	149200	173609	78105	16278	59778	19448
30-34岁	280238	61716	84754	133768	232964	106274	20076	83756	22858
35-39岁	174617	47727	45792	81098	152283	62140	14439	62298	13406
40-44岁	99909	33806	24479	41624	99866	39398	8491	44618	7359
45-49岁	67705	27931	16986	22788	110682	56484	7629	39486	7083
50-54岁	36109	16476	8844	10789	78922	47826	4520	21826	4750
55-59岁	18137	9150	3865	5122	40423	26557	2166	9181	2519
60-64岁	2361	1004	613	744	4323	2308	225	1515	275
65-69岁	1013	417	269	327	1664	876	81	614	93
70-74岁	301	138	80	83	494	263	24	172	35
75岁及以上	187	87	36	64	320	218	11	82	9
男	**723250**	**150689**	**219460**	**353101**	**460233**	**225068**	**46203**	**141781**	**47181**
16-19岁	7105	959	3610	2536	1365	318	101	704	242
20-24岁	92873	10389	33270	49214	30358	11997	2505	11929	3927
25-29岁	177428	22409	56768	98251	83422	34995	8439	30053	9935
30-34岁	176158	31483	54823	89852	105371	46869	11210	35133	12159
35-39岁	111429	25183	30691	55555	66396	28024	8616	22404	7352
40-44岁	66041	19956	17277	28808	41753	18730	5143	13867	4013
45-49岁	45844	18066	12226	15552	49339	28157	4674	12517	3991
50-54岁	27680	12737	6872	8071	44978	29795	3336	8759	3088
55-59岁	15724	8191	3203	4330	32721	23531	1914	5105	2171
60-64岁	1856	826	456	574	2855	1690	180	787	198
65-69岁	753	322	183	248	1097	605	63	356	73
70-74岁	228	110	57	61	341	186	14	115	26
75岁及以上	131	58	24	49	237	171	8	52	6
女	**406293**	**110449**	**121959**	**173885**	**502347**	**224196**	**33139**	**205632**	**39380**
16-19岁	4593	902	2359	1332	1213	304	80	617	212
20-24岁	61131	8877	23957	28297	34094	16196	2716	10837	4345
25-29岁	105836	19150	35737	50949	90187	43110	7839	29725	9513
30-34岁	104080	30233	29931	43916	127593	59405	8866	48623	10699
35-39岁	63188	22544	15101	25543	85887	34116	5823	39894	6054
40-44岁	33868	13850	7202	12816	58113	20668	3348	30751	3346
45-49岁	21861	9865	4760	7236	61343	28327	2955	26969	3092
50-54岁	8429	3739	1972	2718	33944	18031	1184	13067	1662
55-59岁	2413	959	662	792	7702	3026	252	4076	348
60-64岁	505	178	157	170	1468	618	45	728	77
65-69岁	260	95	86	79	567	271	18	258	20
70-74岁	73	28	23	22	153	77	10	57	9
75岁及以上	56	29	12	15	83	47	3	30	3

4-5 续表 9 单位：人

年龄组 性 别	房地产业		租赁和商务服务业			科学研究和技术服务业			
	小计	房地产业	小计	租赁业	商 务 服务业	小计	研究和 试验发展	专业技术 服务业	科技推广 和应用 服务业
总 计	**1251428**	**1251428**	**1799653**	**130303**	**1669350**	**844905**	**139564**	**533210**	**172131**
16-19岁	8974	8974	18904	1282	17622	4810	602	3095	1113
20-24岁	92955	92955	159126	8125	151001	75862	10242	51428	14192
25-29岁	177848	177848	286028	18468	267560	154559	24899	99873	29787
30-34岁	224059	224059	346367	27461	318906	189287	32462	120097	36728
35-39岁	155762	155762	250104	19512	230592	135032	24991	83559	26482
40-44岁	126989	126989	197284	16221	181063	89170	15667	55217	18286
45-49岁	147013	147013	201770	16939	184831	78887	12702	50195	15990
50-54岁	136737	136737	164063	12735	151328	61085	9505	38987	12593
55-59岁	107003	107003	112503	6802	105701	40299	7064	24459	8776
60-64岁	42571	42571	34704	1638	33066	7782	803	3765	3214
65-69岁	24820	24820	20452	826	19626	4984	377	1792	2815
70-74岁	5347	5347	6128	221	5907	2043	125	488	1430
75岁及以上	1350	1350	2220	73	2147	1105	125	255	725
男	**764318**	**764318**	**1107915**	**111343**	**996572**	**556388**	**87826**	**363464**	**105098**
16-19岁	5980	5980	12225	1202	11023	3269	389	2166	714
20-24岁	55187	55187	82611	7078	75533	46553	5927	32498	8128
25-29岁	104314	104314	153252	15940	137312	96542	14649	64572	17321
30-34岁	126214	126214	195446	23560	171886	120810	19907	78982	21921
35-39岁	87345	87345	145345	16358	128987	87292	15617	55512	16163
40-44岁	69892	69892	118583	13495	105088	58274	9794	37101	11379
45-49岁	82900	82900	128281	14091	114190	52414	7885	34664	9865
50-54岁	92900	92900	124134	11104	113030	45771	6649	30787	8335
55-59岁	82604	82604	95733	6117	89616	34083	5951	21833	6299
60-64岁	32657	32657	28998	1450	27548	5783	605	3204	1974
65-69岁	19103	19103	16808	701	16107	3473	276	1518	1679
70-74岁	4223	4223	4882	195	4687	1397	91	419	887
75岁及以上	999	999	1617	52	1565	727	86	208	433
女	**487110**	**487110**	**691738**	**18960**	**672778**	**288517**	**51738**	**169746**	**67033**
16-19岁	2994	2994	6679	80	6599	1541	213	929	399
20-24岁	37768	37768	76515	1047	75468	29309	4315	18930	6064
25-29岁	73534	73534	132776	2528	130248	58017	10250	35301	12466
30-34岁	97845	97845	150921	3901	147020	68477	12555	41115	14807
35-39岁	68417	68417	104759	3154	101605	47740	9374	28047	10319
40-44岁	57097	57097	78701	2726	75975	30896	5873	18116	6907
45-49岁	64113	64113	73489	2848	70641	26473	4817	15531	6125
50-54岁	43837	43837	39929	1631	38298	15314	2856	8200	4258
55-59岁	24399	24399	16770	685	16085	6216	1113	2626	2477
60-64岁	9914	9914	5706	188	5518	1999	198	561	1240
65-69岁	5717	5717	3644	125	3519	1511	101	274	1136
70-74岁	1124	1124	1246	26	1220	646	34	69	543
75岁及以上	351	351	603	21	582	378	39	47	292

4-5　续表 10　　　　　　　　　　　　　　　　　　　　　　　　　　单位：人

年龄组 性　别	水利、环境和公共设施管理业					居民服务、修理和其他服务业			
	小计	水　利 管理业	生态保护 和环境 治理业	公共设施 管理业	土　地 管理业	小计	居　民 服务业	机动车、 电子产品 和日用产 品修理业	其　他 服务业
总　计	**517888**	**33953**	**44667**	**433059**	**6209**	**2289351**	**1353845**	**566293**	**369213**
16-19岁	1301	73	158	1046	24	60073	38144	19086	2843
20-24岁	12863	1070	1847	9593	353	187707	116291	60047	11369
25-29岁	29880	2947	4219	21797	917	271235	166827	84178	20230
30-34岁	47315	4441	6276	35457	1141	368651	226017	111904	30730
35-39岁	45222	3912	5567	34840	903	280049	168150	82278	29621
40-44岁	52255	4788	5278	41477	712	250000	146069	66593	37338
45-49岁	77274	5990	6788	63714	782	292851	172787	60581	59483
50-54岁	83301	5251	6360	71085	605	256875	147860	43176	65839
55-59岁	73361	4002	4668	64242	449	163430	90281	23815	49334
60-64岁	43643	766	1787	40943	147	74182	37584	7836	28762
65-69岁	35936	445	1188	34197	106	54752	27210	4680	22862
70-74岁	12264	167	398	11655	44	20260	10708	1482	8070
75岁及以上	3273	101	133	3013	26	9286	5917	637	2732
男	**318040**	**24997**	**32273**	**256711**	**4059**	**1082891**	**448121**	**475699**	**159071**
16-19岁	878	59	106	698	15	37981	17973	18338	1670
20-24岁	8266	770	1277	6004	215	106946	45707	55039	6200
25-29岁	19061	1990	2894	13629	548	146578	62152	73306	11120
30-34岁	29980	3027	4310	21942	701	186382	77311	93460	15611
35-39岁	27363	2637	3773	20403	550	134425	54330	66883	13212
40-44岁	29534	3207	3654	22208	465	108668	41915	53091	13662
45-49岁	41323	4047	4700	32053	523	110598	44394	47550	18654
50-54岁	50221	4257	4945	40581	438	99146	41294	35073	22779
55-59岁	48564	3678	3859	40649	378	70894	30113	20244	20537
60-64岁	27733	685	1404	25536	108	36119	14404	6737	14978
65-69岁	23777	401	932	22373	71	28635	11178	4088	13369
70-74岁	8905	148	322	8405	30	11503	4751	1330	5422
75岁及以上	2435	91	97	2230	17	5016	2599	560	1857
女	**199848**	**8956**	**12394**	**176348**	**2150**	**1206460**	**905724**	**90594**	**210142**
16-19岁	423	14	52	348	9	22092	20171	748	1173
20-24岁	4597	300	570	3589	138	80761	70584	5008	5169
25-29岁	10819	957	1325	8168	369	124657	104675	10872	9110
30-34岁	17335	1414	1966	13515	440	182269	148706	18444	15119
35-39岁	17859	1275	1794	14437	353	145624	113820	15395	16409
40-44岁	22721	1581	1624	19269	247	141332	104154	13502	23676
45-49岁	35951	1943	2088	31661	259	182253	128393	13031	40829
50-54岁	33080	994	1415	30504	167	157729	106566	8103	43060
55-59岁	24797	324	809	23593	71	92536	60168	3571	28797
60-64岁	15910	81	383	15407	39	38063	23180	1099	13784
65-69岁	12159	44	256	11824	35	26117	16032	592	9493
70-74岁	3359	19	76	3250	14	8757	5957	152	2648
75岁及以上	838	10	36	783	9	4270	3318	77	875

4-5 续表 11 单位：人

年龄组 性 别	教育		卫生和社会工作			文化、体育和娱乐业				
	小计	教育	小计	卫生	社会工作	小计	新闻和出版业	广播、电视、电影和录音制作业	文 化艺术业	体育
总 计	**2715648**	**2715648**	**1341482**	**1289254**	**52228**	**472194**	**42831**	**65960**	**91242**	**65013**
16-19岁	55739	55739	9048	8846	202	11549	84	671	1360	1903
20-24岁	259108	259108	133095	130836	2259	59561	2360	8578	8948	11817
25-29岁	410655	410655	232167	228441	3726	83279	6149	13233	13996	15489
30-34岁	445734	445734	252312	247287	5025	88750	7789	13959	16580	12742
35-39岁	391792	391792	183028	178234	4794	62853	7348	10015	12644	7392
40-44岁	362507	362507	151437	145825	5612	47054	6072	6520	9774	4779
45-49岁	324254	324254	151512	142923	8589	47382	5745	5627	10172	4439
50-54岁	263630	263630	112230	103218	9012	36395	4033	3919	8828	3267
55-59岁	158080	158080	69329	62398	6931	23696	2847	2685	6116	2157
60-64岁	25102	25102	22207	19247	2960	6198	254	420	1381	614
65-69岁	11815	11815	15747	13766	1981	3653	110	213	894	299
70-74岁	4175	4175	6273	5538	735	1265	24	72	357	83
75岁及以上	3057	3057	3097	2695	402	559	16	48	192	32
男	**962017**	**962017**	**448729**	**430997**	**17732**	**248245**	**21353**	**37278**	**46307**	**36181**
16-19岁	22154	22154	1805	1726	79	6759	36	407	661	1165
20-24岁	56255	56255	25112	24475	637	32205	879	4478	3932	7398
25-29岁	99500	99500	50327	49177	1150	43401	2298	6970	6391	9342
30-34岁	118602	118602	65352	63770	1582	44273	3216	7586	7620	6463
35-39岁	123371	123371	62097	60540	1557	31203	3339	5572	6043	3535
40-44岁	133110	133110	57038	55437	1601	22925	3053	3650	4685	2177
45-49岁	132378	132378	59815	57677	2138	22837	3121	3244	5044	2051
50-54岁	130042	130042	51457	48664	2793	20398	2682	2603	5179	1876
55-59岁	115492	115492	43369	40340	3029	16413	2403	2226	4593	1473
60-64岁	17597	17597	14100	12661	1439	4107	207	294	1025	422
65-69岁	8269	8269	10869	9806	1063	2424	84	152	704	208
70-74岁	3053	3053	4958	4512	446	918	22	59	290	52
75岁及以上	2194	2194	2430	2212	218	382	13	37	140	19
女	**1753631**	**1753631**	**892753**	**858257**	**34496**	**223949**	**21478**	**28682**	**44935**	**28832**
16-19岁	33585	33585	7243	7120	123	4790	48	264	699	738
20-24岁	202853	202853	107983	106361	1622	27356	1481	4100	5016	4419
25-29岁	311155	311155	181840	179264	2576	39878	3851	6263	7605	6147
30-34岁	327132	327132	186960	183517	3443	44477	4573	6373	8960	6279
35-39岁	268421	268421	120931	117694	3237	31650	4009	4443	6601	3857
40-44岁	229397	229397	94399	90388	4011	24129	3019	2870	5089	2602
45-49岁	191876	191876	91697	85246	6451	24545	2624	2383	5128	2388
50-54岁	133588	133588	60773	54554	6219	15997	1351	1316	3649	1391
55-59岁	42588	42588	25960	22058	3902	7283	444	459	1523	684
60-64岁	7505	7505	8107	6586	1521	2091	47	126	356	192
65-69岁	3546	3546	4878	3960	918	1229	26	61	190	91
70-74岁	1122	1122	1315	1026	289	347	2	13	67	31
75岁及以上	863	863	667	483	184	177	3	11	52	13

4-5 续表 12

单位：人

年龄组 性　别	娱乐业	公共管理、社会保障和社会组织							国际组织	
		小计	中国共产党机关	国家机构	人民政协、民主党派	社会保障	群众团体、社会团体和其他成员组织	基层群众自治组织	小计	国际组织
总　计	**207148**	**2658248**	**60404**	**2049147**	**7339**	**13346**	**123371**	**404641**	**562**	**562**
16-19岁	7531	8513	124	5679		39	1479	1192		
20-24岁	27858	126131	1996	103748	119	691	7467	12110	20	20
25-29岁	34412	313051	6450	261979	323	1705	13560	29034	72	72
30-34岁	37680	431205	10761	351467	619	2501	19021	46836	92	92
35-39岁	25454	351163	9330	280944	750	1974	15966	42199	119	119
40-44岁	19909	351454	8739	277964	937	1976	14958	46880	92	92
45-49岁	21399	391371	8850	300763	1108	1942	16920	61788	72	72
50-54岁	16348	332688	7449	247430	1441	1343	14831	60194	50	50
55-59岁	9891	258151	5646	184712	1841	857	10430	54665	37	37
60-64岁	3529	47033	580	18810	133	129	3445	23936	2	2
65-69岁	2137	29659	294	9726	47	94	2778	16720	5	5
70-74岁	729	11831	101	3542	11	47	1417	6713		
75岁及以上	271	5998	84	2383	10	48	1099	2374	1	1
男	**107126**	**1717845**	**41168**	**1355969**	**5040**	**6140**	**68607**	**240921**	**275**	**275**
16-19岁	4490	6334	78	4587		26	964	679		
20-24岁	15518	75492	1074	64979	47	293	3573	5526	12	12
25-29岁	18400	175066	3541	151740	144	667	6223	12751	29	29
30-34岁	19388	244402	6418	207823	341	909	9197	19714	30	30
35-39岁	12714	211490	6073	176185	424	838	8166	19804	50	50
40-44岁	9360	215353	6060	175819	557	839	7965	24113	47	47
45-49岁	9377	250404	6255	198214	710	866	9368	34991	37	37
50-54岁	8058	242598	5742	183558	1042	793	9674	41789	37	37
55-59岁	5718	224055	5036	166014	1600	688	7776	42941	30	30
60-64岁	2159	36472	483	14737	115	94	2328	18715	2	2
65-69岁	1276	22603	244	7579	43	62	1820	12855	1	1
70-74岁	495	9050	89	2814	8	39	901	5199		
75岁及以上	173	4526	75	1920	9	26	652	1844		
女	**100022**	**940403**	**19236**	**693178**	**2299**	**7206**	**54764**	**163720**	**287**	**287**
16-19岁	3041	2179	46	1092		13	515	513		
20-24岁	12340	50639	922	38769	72	398	3894	6584	8	8
25-29岁	16012	137985	2909	110239	179	1038	7337	16283	43	43
30-34岁	18292	186803	4343	143644	278	1592	9824	27122	62	62
35-39岁	12740	139673	3257	104759	326	1136	7800	22395	69	69
40-44岁	10549	136101	2679	102145	380	1137	6993	22767	45	45
45-49岁	12022	140967	2595	102549	398	1076	7552	26797	35	35
50-54岁	8290	90090	1707	63872	399	550	5157	18405	13	13
55-59岁	4173	34096	610	18698	241	169	2654	11724	7	7
60-64岁	1370	10561	97	4073	18	35	1117	5221		
65-69岁	861	7056	50	2147	4	32	958	3865	4	4
70-74岁	234	2781	12	728	3	8	516	1514		
75岁及以上	98	1472	9	463	1	22	447	530	1	1

4-5a 全国分年龄、性别、行业大类的就业人口(城市)

单位：人

年龄组 性别	合计	农、林、牧、渔业						采矿业	
		小计	农业	林业	畜牧业	渔业	农、林、牧、渔专业及辅助性活动	小计	煤炭开采和洗选业
总　计	**26374490**	**616018**	**481845**	**24943**	**48599**	**35258**	**25373**	**222334**	**118191**
16-19岁	273130	2475	2017	85	149	106	118	182	66
20-24岁	1788928	12980	9425	659	1270	715	911	3618	1738
25-29岁	3422931	29523	21041	1577	2927	1874	2104	14761	8165
30-34岁	4888957	55374	39830	2815	5654	3613	3462	35311	19535
35-39岁	3972925	53636	38291	2729	5595	3900	3121	32538	17680
40-44岁	3445639	61054	43836	3190	5965	4499	3564	35036	18288
45-49岁	3648213	86159	63690	4415	7831	6022	4201	46585	23895
50-54岁	2716008	100310	77791	4338	7953	6501	3727	35814	19931
55-59岁	1555637	84386	68722	2852	5699	4622	2491	15325	7128
60-64岁	369032	52268	45843	1118	2554	1901	852	1792	980
65-69岁	202824	46665	42239	789	2013	1094	530	789	438
70-74岁	62119	20860	19385	266	713	302	194	316	192
75岁及以上	28147	10328	9735	110	276	109	98	267	155
男	**15458486**	**354720**	**261014**	**17321**	**32466**	**27391**	**16528**	**178945**	**99758**
16-19岁	169948	1589	1258	57	110	82	82	139	50
20-24岁	990250	7891	5462	441	878	549	561	2882	1455
25-29岁	1903519	18007	12015	1078	2087	1495	1332	11564	6744
30-34岁	2740108	32977	22133	1837	3990	2827	2190	27689	16077
35-39岁	2223792	31482	20913	1800	3792	2997	1980	25237	14323
40-44岁	1922016	35253	23719	2072	3859	3426	2177	26675	14814
45-49岁	2073835	48389	33277	2927	5008	4545	2632	35725	19812
50-54岁	1793336	56361	40352	3241	5127	5095	2546	32070	18365
55-59岁	1189474	47854	36150	2265	3852	3696	1891	14365	6640
60-64岁	257613	29562	24920	812	1749	1482	599	1510	840
65-69岁	136258	26662	23555	538	1342	865	362	648	366
70-74岁	40723	12445	11409	182	492	244	118	244	149
75岁及以上	17614	6248	5851	71	180	88	58	197	123
女	**10916004**	**261298**	**220831**	**7622**	**16133**	**7867**	**8845**	**43389**	**18433**
16-19岁	103182	886	759	28	39	24	36	43	16
20-24岁	798678	5089	3963	218	392	166	350	736	283
25-29岁	1519412	11516	9026	499	840	379	772	3197	1421
30-34岁	2148849	22397	17697	978	1664	786	1272	7622	3458
35-39岁	1749133	22154	17378	929	1803	903	1141	7301	3357
40-44岁	1523623	25801	20117	1118	2106	1073	1387	8361	3474
45-49岁	1574378	37770	30413	1488	2823	1477	1569	10860	4083
50-54岁	922672	43949	37439	1097	2826	1406	1181	3744	1566
55-59岁	366163	36532	32572	587	1847	926	600	960	488
60-64岁	111419	22706	20923	306	805	419	253	282	140
65-69岁	66566	20003	18684	251	671	229	168	141	72
70-74岁	21396	8415	7976	84	221	58	76	72	43
75岁及以上	10533	4080	3884	39	96	21	40	70	32

4-5a　续表 1

单位：人

年龄组 性　别	采矿业						制造业		
	石油和天然气开采业	黑色金属矿采选业	有色金属矿采选业	非金属矿采选业	开采专业及辅助性活　动	其　他采矿业	小计	农副食品加工业	食　品制造业
总　计	**31842**	**11067**	**11821**	**12964**	**32838**	**3611**	**5168166**	**123746**	**134355**
16-19岁	22	6	31	27	25	5	84313	677	1976
20-24岁	457	196	283	347	513	84	356190	4396	9830
25-29岁	2002	536	848	1041	1920	249	630114	9820	16628
30-34岁	4936	1451	1751	2020	5086	532	1000733	18453	25195
35-39岁	4905	1198	1461	1723	5080	491	809246	16614	20593
40-44岁	5350	1728	1820	1872	5490	488	706063	17396	18455
45-49岁	7285	2619	2476	2478	7105	727	741779	21687	19446
50-54岁	4318	2063	2045	2014	4806	637	503867	18665	13191
55-59岁	2275	1047	914	1086	2543	332	248223	10741	6376
60-64岁	152	139	103	228	150	40	52218	2982	1594
65-69岁	73	48	47	89	72	22	25020	1681	788
70-74岁	37	12	21	27	26	1	7246	461	201
75岁及以上	30	24	21	12	22	3	3154	173	82
男	**22197**	**9218**	**9456**	**10478**	**24959**	**2879**	**3207366**	**72950**	**66953**
16-19岁	13	5	22	25	19	5	57319	443	1020
20-24岁	311	153	220	287	388	68	236570	2886	4869
25-29岁	1258	450	666	844	1424	178	403722	6153	8519
30-34岁	3323	1200	1352	1599	3733	405	617573	11045	12272
35-39岁	3335	968	1152	1329	3754	376	481418	9511	9922
40-44岁	3483	1331	1340	1416	3929	362	399911	9469	8480
45-49岁	4581	2035	1854	1903	4978	562	417728	11485	8755
50-54岁	3547	1899	1835	1767	4092	565	338450	11175	7196
55-59岁	2141	994	856	1001	2428	305	192067	7239	4221
60-64岁	109	119	84	204	121	33	38051	1998	1022
65-69岁	52	42	40	75	56	17	17727	1127	506
70-74岁	27	8	17	21	22		4899	308	123
75岁及以上	17	14	18	7	15	3	1931	111	48
女	**9645**	**1849**	**2365**	**2486**	**7879**	**732**	**1960800**	**50796**	**67402**
16-19岁	9	1	9	2	6		26994	234	956
20-24岁	146	43	63	60	125	16	119620	1510	4961
25-29岁	744	86	182	197	496	71	226392	3667	8109
30-34岁	1613	251	399	421	1353	127	383160	7408	12923
35-39岁	1570	230	309	394	1326	115	327828	7103	10671
40-44岁	1867	397	480	456	1561	126	306152	7927	9975
45-49岁	2704	584	622	575	2127	165	324051	10202	10691
50-54岁	771	164	210	247	714	72	165417	7490	5995
55-59岁	134	53	58	85	115	27	56156	3502	2155
60-64岁	43	20	19	24	29	7	14167	984	572
65-69岁	21	6	7	14	16	5	7293	554	282
70-74岁	10	4	4	6	4	1	2347	153	78
75岁及以上	13	10	3	5	7		1223	62	34

4-5a 续表 2 单位：人

年龄组 性别	制造业								
	酒、饮料和精制茶制造业	烟草制品业	纺织业	纺织服装、服饰业	皮革、毛皮、羽毛及其制品和制鞋业	木材加工和木、竹、藤、棕、草制品业	家具制造业	造纸和纸制品业	印刷和记录媒介复制业
总 计	**58451**	**15674**	**179861**	**417440**	**208803**	**60640**	**125761**	**86055**	**89216**
16-19岁	307	27	1679	4839	3970	333	1026	966	1177
20-24岁	2851	463	7685	20350	12456	1968	7093	4643	5342
25-29岁	6742	1237	15166	42089	21728	4490	14097	8431	9362
30-34岁	11097	2208	28756	78973	38372	8848	22411	14808	15801
35-39岁	9341	1938	25870	68971	34387	7954	19053	13228	14528
40-44岁	8336	2290	26937	64484	32146	8282	17768	12929	13973
45-49岁	9233	3322	32098	69816	34121	10520	20150	14019	14236
50-54岁	6142	2522	23534	42938	20148	9800	14947	9846	8823
55-59岁	3284	1483	12443	17888	7897	5606	6983	5123	4519
60-64岁	644	108	3236	4187	2142	1614	1492	1272	866
65-69岁	318	48	1681	2060	1017	876	572	570	416
70-74岁	107	12	543	630	307	250	123	150	113
75岁及以上	49	16	233	215	112	99	46	70	60
男	**36657**	**10325**	**87661**	**164014**	**107917**	**41377**	**84204**	**53142**	**54103**
16-19岁	180	17	1008	2372	2429	254	763	699	828
20-24岁	1766	307	4464	9055	7367	1434	4809	3119	3381
25-29岁	4110	820	8035	18270	12224	3092	9408	5366	5819
30-34岁	6835	1379	13742	32573	20611	5950	14531	9127	9549
35-39岁	5559	1139	11785	27273	17803	5126	12323	7871	8637
40-44岁	4745	1297	11497	22695	15413	5184	11377	7471	7954
45-49岁	5296	1948	13188	23328	15381	6634	12770	7862	7630
50-54岁	4570	1937	12276	16411	9836	7016	10698	6314	5726
55-59岁	2749	1350	8207	8639	4645	4443	5664	3843	3539
60-64岁	492	78	2028	2036	1359	1315	1247	955	633
65-69岁	245	34	987	985	626	678	481	391	292
70-74岁	73	9	320	288	178	182	101	95	77
75岁及以上	37	10	124	89	45	69	32	29	38
女	**21794**	**5349**	**92200**	**253426**	**100886**	**19263**	**41557**	**32913**	**35113**
16-19岁	127	10	671	2467	1541	79	263	267	349
20-24岁	1085	156	3221	11295	5089	534	2284	1524	1961
25-29岁	2632	417	7131	23819	9504	1398	4689	3065	3543
30-34岁	4262	829	15014	46400	17761	2898	7880	5681	6252
35-39岁	3782	799	14085	41698	16584	2828	6730	5357	5891
40-44岁	3591	993	15440	41789	16733	3098	6391	5458	6019
45-49岁	3937	1374	18910	46488	18740	3886	7380	6157	6606
50-54岁	1572	585	11258	26527	10312	2784	4249	3532	3097
55-59岁	535	133	4236	9249	3252	1163	1319	1280	980
60-64岁	152	30	1208	2151	783	299	245	317	233
65-69岁	73	14	694	1075	391	198	91	179	124
70-74岁	34	3	223	342	129	68	22	55	36
75岁及以上	12	6	109	126	67	30	14	41	22

4-5a　续表 3

单位：人

年龄组 性　别	制造业								
	文教、工美、体育和娱乐用品制造业	石油、煤炭及其他燃料加工业	化学原料和化学制品制造业	医　药制造业	化学纤维制造业	橡胶和塑　料制品业	非金属矿　物制品业	黑色金属冶炼和压延加工业	有色金属冶炼和压延加工业
总　计	**149844**	**46021**	**168356**	**101212**	**12253**	**241318**	**215331**	**106457**	**60405**
16-19岁	2728	44	1025	640	77	4049	1234	259	282
20-24岁	10703	1606	8757	7995	606	14623	8929	3388	2617
25-29岁	17720	4182	18212	15620	1274	25262	19839	8081	6072
30-34岁	27647	7528	30760	21817	2082	42549	36110	17944	11024
35-39岁	24247	6312	26003	17176	1737	37862	31304	15562	8765
40-44岁	21961	6284	24173	13562	1953	35917	30560	16237	8970
45-49岁	22163	9400	27389	12452	2113	37827	36964	20858	10682
50-54岁	13820	6744	19687	7232	1522	25765	29220	15826	7915
55-59岁	6110	3489	9775	3717	701	12487	15535	6963	3362
60-64岁	1519	267	1550	601	108	2966	3485	806	421
65-69岁	838	102	695	282	57	1450	1591	349	196
70-74岁	257	37	198	73	15	425	404	124	69
75岁及以上	131	26	132	45	8	136	156	60	30
男	**75078**	**34574**	**112882**	**53626**	**8060**	**146679**	**154612**	**86249**	**45863**
16-19岁	1620	33	601	360	59	2743	923	222	236
20-24岁	5970	1252	5386	4078	432	9694	6413	2841	2044
25-29岁	9469	3155	11377	7901	872	16115	14237	6594	4599
30-34岁	13920	5594	19422	11090	1332	26034	25105	14492	8211
35-39岁	12063	4579	16402	8581	1061	22478	21439	12179	6395
40-44岁	10092	4244	15092	6515	1113	20303	20471	12197	6324
45-49岁	9669	6343	18057	6167	1260	20502	25300	15955	7774
50-54岁	7060	5695	15880	5088	1180	16203	22800	14161	6703
55-59岁	3678	3320	8647	3149	601	9128	13228	6499	2986
60-64岁	892	237	1257	424	89	2120	2914	674	355
65-69岁	463	78	537	198	43	999	1340	292	157
70-74岁	128	24	132	51	12	279	341	101	57
75岁及以上	54	20	92	24	6	81	101	42	22
女	**74766**	**11447**	**55474**	**47586**	**4193**	**94639**	**60719**	**20208**	**14542**
16-19岁	1108	11	424	280	18	1306	311	37	46
20-24岁	4733	354	3371	3917	174	4929	2516	547	573
25-29岁	8251	1027	6835	7719	402	9147	5602	1487	1473
30-34岁	13727	1934	11338	10727	750	16515	11005	3452	2813
35-39岁	12184	1733	9601	8595	676	15384	9865	3383	2370
40-44岁	11869	2040	9081	7047	840	15614	10089	4040	2646
45-49岁	12494	3057	9332	5285	853	17325	11664	4903	2908
50-54岁	6760	1049	3807	2144	342	9562	6420	1665	1212
55-59岁	2432	169	1128	568	100	3359	2307	464	376
60-64岁	627	30	293	177	19	846	571	132	66
65-69岁	375	24	158	84	14	451	251	57	39
70-74岁	129	13	66	22	3	146	63	23	12
75岁及以上	77	6	40	21	2	55	55	18	8

4-5a 续表 4

单位：人

年龄组 性别	制造业								
	金属制品业	通用设备制造业	专用设备制造业	汽车制造业	铁路、船舶、航空航天和其他运输设备制造业	电气机械和器材制造业	计算机、通信和其他电子设备制造业	仪器仪表制造业	其他制造业
总计	**369082**	**387361**	**248062**	**243788**	**115564**	**374334**	**641708**	**60698**	**40632**
16-19岁	4606	4173	3722	4532	790	9943	27416	869	431
20-24岁	20266	21640	18274	17467	6582	35788	88607	4857	2287
25-29岁	38317	41890	33123	34627	13488	55138	126424	8732	4212
30-34岁	66058	75930	53873	55559	22896	77548	153379	12955	7117
35-39岁	57227	60627	42536	40635	17856	59706	101337	10725	6228
40-44岁	53318	53805	32812	31097	15242	47502	64744	8062	5831
45-49岁	58954	57313	30432	30563	17224	44985	46517	7161	6320
50-54岁	42714	41658	19836	18460	12597	27228	21575	4225	4686
55-59岁	20509	22989	10271	8636	7461	12417	8958	2388	2403
60-64岁	4498	4373	1936	1354	854	2499	1810	425	588
65-69岁	1911	2090	898	607	350	1156	696	176	338
70-74岁	490	607	251	163	104	305	170	76	131
75岁及以上	214	266	98	88	120	119	75	47	60
男	**264308**	**279883**	**169144**	**170820**	**85844**	**229197**	**381551**	**36918**	**23664**
16-19岁	3484	3358	2799	3886	680	6809	18193	559	271
20-24岁	15179	16665	12997	14083	5325	24196	58391	3217	1392
25-29岁	27871	30981	22650	25772	10263	35419	79842	5506	2508
30-34岁	47498	54967	36022	39281	17075	47283	90257	7638	4168
35-39岁	39773	41700	27903	27073	12745	34825	57084	6114	3528
40-44岁	36271	35721	20917	19206	10285	26153	33427	4449	3043
45-49岁	39748	38296	19589	18614	11513	23978	22871	3936	3334
50-54岁	31851	32500	15055	13781	10042	17917	13018	2989	2979
55-59岁	16881	19899	8698	7382	6774	9624	6584	2014	1774
60-64岁	3680	3493	1546	1087	702	1842	1245	297	365
65-69岁	1533	1655	722	482	280	851	481	120	190
70-74岁	389	466	189	119	73	221	112	52	76
75岁及以上	150	182	57	54	87	79	46	27	36
女	**104774**	**107478**	**78918**	**72968**	**29720**	**145137**	**260157**	**23780**	**16968**
16-19岁	1122	815	923	646	110	3134	9223	310	160
20-24岁	5087	4975	5277	3384	1257	11592	30216	1640	895
25-29岁	10446	10909	10473	8855	3225	19719	46582	3226	1704
30-34岁	18560	20963	17851	16278	5821	30265	63122	5317	2949
35-39岁	17454	18927	14633	13562	5111	24881	44253	4611	2700
40-44岁	17047	18084	11895	11891	4957	21349	31317	3613	2788
45-49岁	19206	19017	10843	11949	5711	21007	23646	3225	2986
50-54岁	10863	9158	4781	4679	2555	9311	8557	1236	1707
55-59岁	3628	3090	1573	1254	687	2793	2374	374	629
60-64岁	818	880	390	267	152	657	565	128	223
65-69岁	378	435	176	125	70	305	215	56	148
70-74岁	101	141	62	44	31	84	58	24	55
75岁及以上	64	84	41	34	33	40	29	20	24

4-5a　续表 5

单位：人

年龄组 性　别	制造业		电力、热力、燃气及水生产和供应业				建筑业		
	废弃资源综合利用业	金属制品、机械和设备修理业	小计	电力、热力生产和供应业	燃气生产和供应业	水的生产和供应业	小计	房屋建筑业	土木工程建筑业
总　计	**30460**	**55278**	**319666**	**215109**	**48603**	**55954**	**2488334**	**1141889**	**289085**
16-19岁	135	381	444	288	85	71	11671	5421	1070
20-24岁	811	3310	11320	7662	1727	1931	107717	45221	15325
25-29岁	1871	6240	32878	22162	5170	5546	242665	100341	33646
30-34岁	3191	9844	53565	35046	9450	9069	389357	161442	51374
35-39岁	3106	7818	44992	29516	7467	8009	319180	130253	40722
40-44岁	3766	7271	45921	30260	6985	8676	321642	141535	35904
45-49岁	5368	8446	58477	39998	8173	10306	420819	202421	43898
50-54岁	5623	6978	42393	30104	5549	6740	383478	195882	37052
55-59岁	3583	4126	25722	17829	3294	4599	215242	113531	23116
60-64岁	1493	528	2459	1401	434	624	50841	30067	4466
65-69岁	992	219	1037	554	196	287	20688	12730	1964
70-74岁	371	79	294	172	54	68	3840	2353	385
75岁及以上	150	38	164	117	19	28	1194	692	163
男	**22080**	**47031**	**229443**	**158321**	**33784**	**37338**	**2054693**	**946202**	**233120**
16-19岁	112	358	357	229	69	59	10044	4667	950
20-24岁	635	2923	7978	5465	1207	1306	85280	36545	11957
25-29岁	1422	5353	22723	15610	3479	3634	194792	81655	25996
30-34岁	2317	8253	36820	24822	6270	5728	315567	131990	39820
35-39岁	2196	6351	30242	20522	4835	4885	257078	105513	31680
40-44岁	2600	5906	29691	20338	4340	5013	257867	113076	28019
45-49岁	3688	6857	38757	27287	5323	6147	339109	162052	34774
50-54岁	4065	6328	35441	25328	4631	5482	328836	166153	32169
55-59岁	2728	3934	24181	16897	3049	4235	196083	102532	21488
60-64岁	1191	478	2059	1174	363	522	46948	27772	4075
65-69岁	759	195	842	430	162	250	18840	11659	1741
70-74岁	258	65	239	137	45	57	3349	2072	328
75岁及以上	109	30	113	82	11	20	900	516	123
女	**8380**	**8247**	**90223**	**56788**	**14819**	**18616**	**433641**	**195687**	**55965**
16-19岁	23	23	87	59	16	12	1627	754	120
20-24岁	176	387	3342	2197	520	625	22437	8676	3368
25-29岁	449	887	10155	6552	1691	1912	47873	18686	7650
30-34岁	874	1591	16745	10224	3180	3341	73790	29452	11554
35-39岁	910	1467	14750	8994	2632	3124	62102	24740	9042
40-44岁	1166	1365	16230	9922	2645	3663	63775	28459	7885
45-49岁	1680	1589	19720	12711	2850	4159	81710	40369	9124
50-54岁	1558	650	6952	4776	918	1258	54642	29729	4883
55-59岁	855	192	1541	932	245	364	19159	10999	1628
60-64岁	302	50	400	227	71	102	3893	2295	391
65-69岁	233	24	195	124	34	37	1848	1071	223
70-74岁	113	14	55	35	9	11	491	281	57
75岁及以上	41	8	51	35	8	8	294	176	40

4-5a 续表 6

单位：人

年龄组 性别	建筑业		批发和零售业			交通运输、仓储和邮政业			
	建筑安装业	建筑装饰、装修和其他建筑业	小计	批发业	零售业	小计	铁路运输业	道路运输业	水上运输业
总计	**166923**	**890437**	**4871328**	**1455217**	**3416111**	**1594983**	**108089**	**976686**	**31604**
16-19岁	796	4384	42477	9519	32958	8155	344	3147	70
20-24岁	7474	39697	320680	84178	236502	83668	6533	37383	1163
25-29岁	17476	91202	628372	177209	451163	177054	13239	88349	2884
30-34岁	30472	146069	971592	285446	686146	274723	14716	157893	5384
35-39岁	25264	122941	814823	249761	565062	246095	11355	156947	5061
40-44岁	23876	120327	696278	208418	487860	235847	12895	161226	4153
45-49岁	26576	147924	669704	200689	469015	258911	17844	175524	5008
50-54岁	20865	129679	422834	137722	285112	185363	16442	121186	4475
55-59岁	10992	67603	211533	73129	138404	102806	13489	62193	2810
60-64岁	2151	14157	53050	16730	36320	14437	797	8398	401
65-69岁	782	5212	27628	8619	19009	5950	265	3382	134
70-74岁	148	954	8428	2660	5768	1325	80	718	31
75岁及以上	51	288	3929	1137	2792	649	90	340	30
男	**144243**	**731128**	**2428466**	**853318**	**1575148**	**1289769**	**86182**	**826551**	**24885**
16-19岁	728	3699	22525	6025	16500	6041	144	2331	57
20-24岁	6442	30336	156740	46419	110321	60321	4500	28265	818
25-29岁	14890	72251	309168	98950	210218	132912	9579	69975	2047
30-34岁	25952	117805	465792	159389	306403	213171	11262	129011	4024
35-39岁	21215	98670	385121	138977	246144	194808	8713	130857	3725
40-44岁	20124	96648	322309	117156	205153	190242	9950	135870	3159
45-49岁	22663	119620	315916	116397	199519	210632	13387	149002	3942
50-54岁	18930	111584	245033	93166	151867	165338	14726	110669	3961
55-59岁	10388	61675	144918	56003	88915	96610	12935	59041	2655
60-64岁	2033	13068	35110	12161	22949	12953	656	7667	349
65-69岁	708	4732	18000	6098	11902	5174	196	3000	111
70-74岁	129	820	5433	1837	3596	1109	66	613	23
75岁及以上	41	220	2401	740	1661	458	68	250	14
女	**22680**	**159309**	**2442862**	**601899**	**1840963**	**305214**	**21907**	**150135**	**6719**
16-19岁	68	685	19952	3494	16458	2114	200	816	13
20-24岁	1032	9361	163940	37759	126181	23347	2033	9118	345
25-29岁	2586	18951	319204	78259	240945	44142	3660	18374	837
30-34岁	4520	28264	505800	126057	379743	61552	3454	28882	1360
35-39岁	4049	24271	429702	110784	318918	51287	2642	26090	1336
40-44岁	3752	23679	373969	91262	282707	45605	2945	25356	994
45-49岁	3913	28304	353788	84292	269496	48279	4457	26522	1066
50-54岁	1935	18095	177801	44556	133245	20025	1716	10517	514
55-59岁	604	5928	66615	17126	49489	6196	554	3152	155
60-64岁	118	1089	17940	4569	13371	1484	141	731	52
65-69岁	74	480	9628	2521	7107	776	69	382	23
70-74岁	19	134	2995	823	2172	216	14	105	8
75岁及以上	10	68	1528	397	1131	191	22	90	16

4-5a　续表 7

单位：人

年龄组 性　别	交通运输、仓储和邮政业					住宿和餐饮业		
	航　空 运输业	管　道 运输业	多式联运 和运输 代理业	装卸搬运 和仓储业	邮政业	小计	住宿业	餐饮业
总　计	**53276**	**1714**	**68318**	**115634**	**239662**	**1563099**	**206596**	**1356503**
16-19岁	169	4	335	644	3442	46007	4721	41286
20-24岁	6335	56	4652	4098	23448	144361	19566	124795
25-29岁	11885	121	9321	8288	42967	194726	24334	170392
30-34岁	11963	308	13782	14003	56674	263969	31663	232306
35-39岁	8238	245	12905	13166	38178	214671	26678	187993
40-44岁	4963	267	9669	15085	27589	198428	26767	171661
45-49岁	4963	331	8664	21721	24856	224809	32966	191843
50-54岁	2919	234	5564	20381	14162	161738	23129	138609
55-59岁	1672	122	2863	12858	6799	81417	12411	69006
60-64岁	120	19	382	3336	984	21075	2870	18205
65-69岁	31	6	139	1589	404	9219	1168	8051
70-74岁	11		27	353	105	1930	230	1700
75岁及以上	7	1	15	112	54	749	93	656
男	**32845**	**1231**	**45416**	**93010**	**179649**	**809744**	**88150**	**721594**
16-19岁	91	4	231	532	2651	30717	2528	28189
20-24岁	3239	37	2492	3204	17766	90185	8513	81672
25-29岁	6738	87	5431	6365	32690	117120	10636	106484
30-34岁	7225	214	8452	10574	42409	147214	13371	133843
35-39岁	5226	177	7961	9941	28208	112285	11276	101009
40-44岁	3211	173	6520	11413	19946	92627	9803	82824
45-49岁	3257	219	6418	16917	17490	91878	11092	80786
50-54岁	2189	187	4757	17535	11314	69275	10364	58911
55-59岁	1535	111	2669	11707	5957	41114	7783	33331
60-64岁	98	15	334	3042	792	10894	1819	9075
65-69岁	23	6	120	1405	313	5012	768	4244
70-74岁	9		20	301	77	1043	147	896
75岁及以上	4	1	11	74	36	380	50	330
女	**20431**	**483**	**22902**	**22624**	**60013**	**753355**	**118446**	**634909**
16-19岁	78		104	112	791	15290	2193	13097
20-24岁	3096	19	2160	894	5682	54176	11053	43123
25-29岁	5147	34	3890	1923	10277	77606	13698	63908
30-34岁	4738	94	5330	3429	14265	116755	18292	98463
35-39岁	3012	68	4944	3225	9970	102386	15402	86984
40-44岁	1752	94	3149	3672	7643	105801	16964	88837
45-49岁	1706	112	2246	4804	7366	132931	21874	111057
50-54岁	730	47	807	2846	2848	92463	12765	79698
55-59岁	137	11	194	1151	842	40303	4628	35675
60-64岁	22	4	48	294	192	10181	1051	9130
65-69岁	8		19	184	91	4207	400	3807
70-74岁	2		7	52	28	887	83	804
75岁及以上	3		4	38	18	369	43	326

4-5a 续表 8

单位：人

年龄组 性 别	信息传输、软件和信息技术服务业				金融业				
	小计	电信、广播电视和卫星传输服务	互联网和相关服务	软件和信息技术服务业	小计	货币金融服务	资本市场服务	保险业	其他金融业
总 计	**840850**	**173111**	**242814**	**424925**	**701152**	**326893**	**69069**	**236074**	**69116**
16-19岁	6220	853	3135	2232	1353	342	121	601	289
20-24岁	107545	11146	38584	57815	41853	17813	4061	14129	5850
25-29岁	208981	25687	65938	117356	122274	53732	13682	39890	14970
30-34岁	208812	40112	60539	108161	173093	78937	17511	58130	18515
35-39岁	138156	33869	34421	69866	119104	49528	12967	45166	11443
40-44岁	79105	24128	18461	36516	75827	30592	7662	31377	6196
45-49岁	51342	19329	12487	19526	81488	42201	6911	26497	5879
50-54岁	25877	11028	6162	8687	55711	34207	4009	13709	3786
55-59岁	12727	6126	2562	4039	27122	17822	1889	5468	1943
60-64岁	1304	506	336	462	2231	1164	174	726	167
65-69岁	542	220	139	183	753	368	59	273	53
70-74岁	145	67	34	44	199	93	14	74	18
75岁及以上	94	40	16	38	144	94	9	34	7
男	**537295**	**98619**	**156458**	**282218**	**333159**	**159316**	**39934**	**96502**	**37407**
16-19岁	3810	436	1915	1459	737	182	64	326	165
20-24岁	64414	6044	22184	36186	19591	7568	1932	7285	2806
25-29岁	130046	13652	40159	76235	57697	23656	6974	19501	7566
30-34岁	131238	20302	39234	71702	77736	34059	9673	24293	9711
35-39岁	88272	17593	23191	47488	52310	21919	7639	16509	6243
40-44岁	52234	13918	13128	25188	32378	14323	4609	10077	3369
45-49岁	34609	12114	9134	13361	36612	20382	4203	8742	3285
50-54岁	19888	8403	4914	6571	31486	20228	2957	5894	2407
55-59岁	11231	5516	2224	3491	22522	15818	1690	3332	1682
60-64岁	993	400	246	347	1403	818	135	336	114
65-69岁	381	158	94	129	463	238	44	141	40
70-74岁	110	52	25	33	125	59	7	45	14
75岁及以上	69	31	10	28	99	66	7	21	5
女	**303555**	**74492**	**86356**	**142707**	**367993**	**167577**	**29135**	**139572**	**31709**
16-19岁	2410	417	1220	773	616	160	57	275	124
20-24岁	43131	5102	16400	21629	22262	10245	2129	6844	3044
25-29岁	78935	12035	25779	41121	64577	30076	6708	20389	7404
30-34岁	77574	19810	21305	36459	95357	44878	7838	33837	8804
35-39岁	49884	16276	11230	22378	66794	27609	5328	28657	5200
40-44岁	26871	10210	5333	11328	43449	16269	3053	21300	2827
45-49岁	16733	7215	3353	6165	44876	21819	2708	17755	2594
50-54岁	5989	2625	1248	2116	24225	13979	1052	7815	1379
55-59岁	1496	610	338	548	4600	2004	199	2136	261
60-64岁	311	106	90	115	828	346	39	390	53
65-69岁	161	62	45	54	290	130	15	132	13
70-74岁	35	15	9	11	74	34	7	29	4
75岁及以上	25	9	6	10	45	28	2	13	2

4-5a 续表 9　　　　单位：人

年龄组 性别	房地产业		租赁和商务服务业			科学研究和技术服务业			
	小计	房地产业	小计	租赁业	商务服务业	小计	研究和试验发展	专业技术服务业	科技推广和应用服务业
总　计	**863013**	**863013**	**1136799**	**65393**	**1071406**	**609553**	**112850**	**384227**	**112476**
16-19岁	4955	4955	8462	373	8089	2255	351	1389	515
20-24岁	59178	59178	97160	3521	93639	49267	7204	32334	9729
25-29岁	119102	119102	186527	8702	177825	108918	18910	68357	21651
30-34岁	156229	156229	228492	13585	214907	139762	25882	87153	26727
35-39岁	114678	114678	173990	10468	163522	106805	21247	65348	20210
40-44岁	93318	93318	134081	8924	125157	69344	13586	42644	13114
45-49岁	105834	105834	129775	9152	120623	57973	10798	37370	9805
50-54岁	94412	94412	95550	6335	89215	42602	7960	28494	6148
55-59岁	72756	72756	61129	3387	57742	27531	5971	17967	3593
60-64岁	25347	25347	12814	582	12232	3076	542	2004	530
65-69岁	13780	13780	6402	273	6129	1346	215	824	307
70-74岁	2750	2750	1706	64	1642	385	79	207	99
75岁及以上	674	674	711	27	684	289	105	136	48
男	**523153**	**523153**	**665032**	**53007**	**612025**	**393844**	**70174**	**255163**	**68507**
16-19岁	3320	3320	5309	337	4972	1520	227	979	314
20-24岁	34770	34770	47302	2792	44510	28864	4030	19457	5377
25-29岁	69168	69168	94173	6895	87278	65490	10814	42425	12251
30-34岁	87714	87714	122123	10904	111219	86694	15557	55456	15681
35-39岁	64097	64097	96216	8256	87960	67728	13116	42400	12212
40-44岁	50980	50980	77515	7086	70429	44756	8443	28152	8161
45-49岁	59015	59015	79633	7341	72292	38268	6660	25362	6246
50-54岁	64677	64677	72124	5504	66620	32300	5550	22241	4509
55-59岁	57183	57183	53121	3083	50038	24204	5082	16060	3062
60-64岁	19218	19218	10578	507	10071	2489	410	1681	398
65-69岁	10395	10395	5153	232	4921	1046	158	677	211
70-74岁	2128	2128	1293	57	1236	285	57	170	58
75岁及以上	488	488	492	13	479	200	70	103	27
女	**339860**	**339860**	**471767**	**12386**	**459381**	**215709**	**42676**	**129064**	**43969**
16-19岁	1635	1635	3153	36	3117	735	124	410	201
20-24岁	24408	24408	49858	729	49129	20403	3174	12877	4352
25-29岁	49934	49934	92354	1807	90547	43428	8096	25932	9400
30-34岁	68515	68515	106369	2681	103688	53068	10325	31697	11046
35-39岁	50581	50581	77774	2212	75562	39077	8131	22948	7998
40-44岁	42338	42338	56566	1838	54728	24588	5143	14492	4953
45-49岁	46819	46819	50142	1811	48331	19705	4138	12008	3559
50-54岁	29735	29735	23426	831	22595	10302	2410	6253	1639
55-59岁	15573	15573	8008	304	7704	3327	889	1907	531
60-64岁	6129	6129	2236	75	2161	587	132	323	132
65-69岁	3385	3385	1249	41	1208	300	57	147	96
70-74岁	622	622	413	7	406	100	22	37	41
75岁及以上	186	186	219	14	205	89	35	33	21

4-5a 续表 10 单位：人

年龄组 性别	水利、环境和公共设施管理业					居民服务、修理和其他服务业			
	小计	水利管理业	生态保护和环境治理业	公共设施管理业	土地管理业	小计	居民服务业	机动车、电子产品和日用产品修理业	其他服务业
总计	**239604**	**17658**	**19845**	**198542**	**3559**	**1086338**	**681629**	**245367**	**159342**
16-19岁	375	21	36	313	5	24785	17113	6692	980
20-24岁	6392	536	935	4716	205	88527	59183	23751	5593
25-29岁	16242	1675	2296	11696	575	132037	86922	34962	10153
30-34岁	26687	2636	3436	19876	739	183214	119385	48912	14917
35-39岁	25833	2388	3033	19791	621	142513	90650	37517	14346
40-44岁	28213	2651	2495	22640	427	128193	79272	30847	18074
45-49岁	39604	3027	2921	33222	434	149849	92560	28643	28646
50-54岁	38218	2480	2299	33145	294	120739	72191	19329	29219
55-59岁	31494	1883	1566	27847	198	69888	39590	10362	19936
60-64岁	14313	198	438	13642	35	25429	13345	2459	9625
65-69岁	9426	102	275	9030	19	15211	7893	1348	5970
70-74岁	2312	28	84	2195	5	4346	2496	383	1467
75岁及以上	495	33	31	429	2	1607	1029	162	416
男	**147783**	**12198**	**13847**	**119629**	**2109**	**488043**	**218499**	**202265**	**67279**
16-19岁	263	18	27	216	2	14871	7874	6436	561
20-24岁	4057	376	640	2933	108	46581	22195	21419	2967
25-29岁	10049	1048	1511	7192	298	67132	31736	29853	5543
30-34岁	16643	1686	2289	12257	411	88209	40372	40047	7790
35-39岁	15611	1506	2013	11745	347	65611	29141	29841	6629
40-44岁	16042	1681	1680	12427	254	53125	22241	24125	6759
45-49岁	21203	1936	1966	17030	271	53674	22584	22171	8919
50-54岁	23975	1912	1788	20069	206	45561	19647	15778	10136
55-59岁	22623	1726	1326	19397	174	31049	13534	8918	8597
60-64岁	9238	174	327	8712	25	11794	4786	2069	4939
65-69岁	6177	85	200	5882	10	7384	2931	1136	3317
70-74岁	1564	24	58	1480	2	2235	1013	334	888
75岁及以上	338	26	22	289	1	817	445	138	234
女	**91821**	**5460**	**5998**	**78913**	**1450**	**598295**	**463130**	**43102**	**92063**
16-19岁	112	3	9	97	3	9914	9239	256	419
20-24岁	2335	160	295	1783	97	41946	36988	2332	2626
25-29岁	6193	627	785	4504	277	64905	55186	5109	4610
30-34岁	10044	950	1147	7619	328	95005	79013	8865	7127
35-39岁	10222	882	1020	8046	274	76902	61509	7676	7717
40-44岁	12171	970	815	10213	173	75068	57031	6722	11315
45-49岁	18401	1091	955	16192	163	96175	69976	6472	19727
50-54岁	14243	568	511	13076	88	75178	52544	3551	19083
55-59岁	8871	157	240	8450	24	38839	26056	1444	11339
60-64岁	5075	24	111	4930	10	13635	8559	390	4686
65-69岁	3249	17	75	3148	9	7827	4962	212	2653
70-74岁	748	4	26	715	3	2111	1483	49	579
75岁及以上	157	7	9	140	1	790	584	24	182

4-5a　续表 11　　单位：人

年龄组 性　别	教育		卫生和社会工作			文化、体育和娱乐业				
	小计	教育	小计	卫生	社会工作	小计	新闻和出版业	广播、电视、电影和录音制作业	文　化艺术业	体育
总　计	**1509163**	**1509163**	**802568**	**774993**	**27575**	**322052**	**36423**	**51192**	**60355**	**44956**
16-19岁	15612	15612	4146	4054	92	6791	29	378	619	1167
20-24岁	130482	130482	71035	69723	1312	40642	1662	6301	5878	7940
25-29岁	225112	225112	136290	133984	2306	58552	4894	10192	9783	10755
30-34岁	259895	259895	165411	162328	3083	62606	6507	10877	11602	9021
35-39岁	237054	237054	123694	120678	3016	46047	6466	8238	9151	5369
40-44岁	211290	211290	92809	89461	3348	33320	5394	5356	6714	3457
45-49岁	186314	186314	89228	84386	4842	31740	5058	4448	6640	3117
50-54岁	144744	144744	64266	59620	4646	23022	3572	2986	5316	2164
55-59岁	81843	81843	38700	35574	3126	14703	2520	1993	3605	1462
60-64岁	10200	10200	9131	8080	1051	2731	208	261	586	315
65-69岁	4213	4213	5304	4758	546	1341	82	106	306	145
70-74岁	1343	1343	1642	1498	144	362	16	34	93	34
75岁及以上	1061	1061	912	849	63	195	15	22	62	10
男	**512226**	**512226**	**248726**	**239688**	**9038**	**167031**	**17969**	**28385**	**29384**	**24814**
16-19岁	5006	5006	800	776	24	3770	12	216	272	710
20-24岁	28780	28780	13545	13213	332	21397	615	3284	2470	4860
25-29岁	55579	55579	29004	28321	683	29661	1769	5252	4299	6380
30-34岁	69779	69779	41151	40176	975	30663	2623	5806	5090	4530
35-39岁	72399	72399	39125	38114	1011	22740	2857	4480	4255	2599
40-44岁	73132	73132	32325	31323	1002	16309	2659	2919	3180	1593
45-49岁	70707	70707	31721	30495	1226	15458	2693	2526	3187	1459
50-54岁	67232	67232	26884	25415	1469	13240	2359	1951	3096	1294
55-59岁	58525	58525	23861	22403	1458	10784	2129	1659	2796	1058
60-64岁	6832	6832	5353	4869	484	1800	166	180	411	208
65-69岁	2762	2762	3194	2926	268	848	61	70	225	97
70-74岁	870	870	1138	1064	74	242	14	28	63	20
75岁及以上	623	623	625	593	32	119	12	14	40	6
女	**996937**	**996937**	**553842**	**535305**	**18537**	**155021**	**18454**	**22807**	**30971**	**20142**
16-19岁	10606	10606	3346	3278	68	3021	17	162	347	457
20-24岁	101702	101702	57490	56510	980	19245	1047	3017	3408	3080
25-29岁	169533	169533	107286	105663	1623	28891	3125	4940	5484	4375
30-34岁	190116	190116	124260	122152	2108	31943	3884	5071	6512	4491
35-39岁	164655	164655	84569	82564	2005	23307	3609	3758	4896	2770
40-44岁	138158	138158	60484	58138	2346	17011	2735	2437	3534	1864
45-49岁	115607	115607	57507	53891	3616	16282	2365	1922	3453	1658
50-54岁	77512	77512	37382	34205	3177	9782	1213	1035	2220	870
55-59岁	23318	23318	14839	13171	1668	3919	391	334	809	404
60-64岁	3368	3368	3778	3211	567	931	42	81	175	107
65-69岁	1451	1451	2110	1832	278	493	21	36	81	48
70-74岁	473	473	504	434	70	120	2	6	30	14
75岁及以上	438	438	287	256	31	76	3	8	22	4

4-5a 续表 12　　　　单位：人

年龄组 性别	娱乐业	公共管理、社会保障和社会组织							国际组织	
		小计	中国共产党机关	国家机构	人民政协、民主党派	社会保障	群众团体、社会团体和其他成员组织	基层群众自治组织	小计	国际组织
总　计	**129126**	**1419010**	**34450**	**1179073**	**4476**	**7680**	**61398**	**131933**	**460**	**460**
16-19岁	4598	2452	41	1780		11	251	369		
20-24岁	18861	56304	828	47630	63	310	3093	4380	9	9
25-29岁	22928	158745	3177	136384	174	902	6772	11336	58	58
30-34岁	24599	240056	6094	201948	390	1462	10420	19742	76	76
35-39岁	16823	209765	5730	175028	502	1246	9219	18040	105	105
40-44岁	12399	199793	5112	166446	562	1203	8171	18299	77	77
45-49岁	12477	217761	5231	179716	666	1174	8839	22135	62	62
50-54岁	8984	175029	4372	145684	838	807	7116	16212	41	41
55-59岁	5123	133062	3432	110088	1157	492	4972	12921	28	28
60-64岁	1361	14315	242	8375	92	29	1159	4418	1	1
65-69岁	702	7507	118	3745	20	26	775	2823	3	3
70-74岁	185	2690	39	1325	7	13	352	954		
75岁及以上	86	1531	34	924	5	5	259	304		
男	**66479**	**888837**	**23016**	**763340**	**2994**	**3400**	**32027**	**64060**	**211**	**211**
16-19岁	2560	1811	17	1415		8	152	219		
20-24岁	10168	33099	418	29226	23	125	1322	1985	3	3
25-29岁	11961	85489	1651	76070	76	341	2791	4560	23	23
30-34岁	12614	131334	3565	115267	213	507	4678	7104	21	21
35-39岁	8549	121970	3636	106412	281	505	4392	6744	42	42
40-44岁	5958	118604	3476	102974	314	496	4072	7272	41	41
45-49岁	5593	134771	3631	116111	415	499	4618	9497	30	30
50-54岁	4540	125136	3262	106136	583	462	4508	10185	29	29
55-59岁	3142	117158	3004	98723	983	404	3849	10195	21	21
60-64岁	835	10827	203	6482	79	18	780	3265	1	1
65-69岁	395	5550	90	2835	18	20	508	2079		
70-74岁	117	1972	35	989	5	12	210	721		
75岁及以上	47	1116	28	700	4	3	147	234		
女	**62647**	**530173**	**11434**	**415733**	**1482**	**4280**	**29371**	**67873**	**249**	**249**
16-19岁	2038	641	24	365		3	99	150		
20-24岁	8693	23205	410	18404	40	185	1771	2395	6	6
25-29岁	10967	73256	1526	60314	98	561	3981	6776	35	35
30-34岁	11985	108722	2529	86681	177	955	5742	12638	55	55
35-39岁	8274	87795	2094	68616	221	741	4827	11296	63	63
40-44岁	6441	81189	1636	63472	248	707	4099	11027	36	36
45-49岁	6884	82990	1600	63605	251	675	4221	12638	32	32
50-54岁	4444	49893	1110	39548	255	345	2608	6027	12	12
55-59岁	1981	15904	428	11365	174	88	1123	2726	7	7
60-64岁	526	3488	39	1893	13	11	379	1153		
65-69岁	307	1957	28	910	2	6	267	744	3	3
70-74岁	68	718	4	336	2	1	142	233		
75岁及以上	39	415	6	224	1	2	112	70		

4-5b　全国分年龄、性别、行业大类的就业人口(镇)

单位：人

年龄组 性别	合计	农、林、牧、渔业						采矿业	
		小计	农业	林业	畜牧业	渔业	农、林、牧、渔专业及辅助性活动	小计	煤炭开采和洗选业
总　计	**14555424**	**2090599**	**1776902**	**49744**	**154634**	**61171**	**48148**	**146932**	**81904**
16-19岁	155900	13008	10973	367	983	280	405	207	62
20-24岁	792942	46200	37526	1261	4265	1394	1754	3323	1608
25-29岁	1526147	89387	71797	2588	8360	3226	3416	11513	6640
30-34岁	2304620	159965	129407	4666	14449	5829	5614	24173	14173
35-39岁	1856623	155216	124947	4780	14708	5855	4926	20102	11501
40-44岁	1786860	179630	144847	6027	16215	6892	5649	21968	12282
45-49岁	2079228	272781	223331	8905	22801	9988	7756	29965	16679
50-54岁	1837623	347914	293274	9451	25761	11541	7887	23367	13264
55-59岁	1177179	305479	264749	6635	19957	8669	5469	9455	4481
60-64岁	478596	202497	182237	2529	11251	4048	2432	1678	698
65-69岁	354867	187795	172369	1689	9489	2426	1822	757	298
70-74岁	138167	86295	80092	574	4140	796	693	267	136
75岁及以上	66672	44432	41353	272	2255	227	325	157	82
男	**8645624**	**1141977**	**936484**	**34950**	**93441**	**47174**	**29928**	**125793**	**72117**
16-19岁	97460	8180	6773	238	659	242	268	184	53
20-24岁	457614	27233	21426	833	2704	1155	1115	2844	1385
25-29岁	879024	51223	39138	1781	5495	2630	2179	9576	5669
30-34岁	1325084	89064	68521	3106	9314	4605	3518	20373	12266
35-39岁	1064625	85551	65681	3163	9129	4571	3007	17019	9955
40-44岁	1013226	96420	74326	3928	9576	5211	3379	18044	10479
45-49岁	1197241	142196	111071	6020	13021	7397	4687	24854	14528
50-54岁	1152631	181638	145952	7069	14925	8686	5006	21564	12501
55-59岁	795196	161187	133820	5203	11907	6736	3521	8825	4214
60-64岁	310052	113057	99534	1820	6972	3212	1519	1502	625
65-69岁	224477	107727	97576	1194	5910	1927	1120	668	267
70-74岁	87573	51623	47578	417	2567	629	432	225	114
75岁及以上	41421	26878	25088	178	1262	173	177	115	61
女	**5909800**	**948622**	**840418**	**14794**	**61193**	**13997**	**18220**	**21139**	**9787**
16-19岁	58440	4828	4200	129	324	38	137	23	9
20-24岁	335328	18967	16100	428	1561	239	639	479	223
25-29岁	647123	38164	32659	807	2865	596	1237	1937	971
30-34岁	979536	70901	60886	1560	5135	1224	2096	3800	1907
35-39岁	791998	69665	59266	1617	5579	1284	1919	3083	1546
40-44岁	773634	83210	70521	2099	6639	1681	2270	3924	1803
45-49岁	881987	130585	112260	2885	9780	2591	3069	5111	2151
50-54岁	684992	166276	147322	2382	10836	2855	2881	1803	763
55-59岁	381983	144292	130929	1432	8050	1933	1948	630	267
60-64岁	168544	89440	82703	709	4279	836	913	176	73
65-69岁	130390	80068	74793	495	3579	499	702	89	31
70-74岁	50594	34672	32514	157	1573	167	261	42	22
75岁及以上	25251	17554	16265	94	993	54	148	42	21

4-5b 续表 1

单位：人

年龄组 性 别	采矿业 石油和天然气开采业	黑色金属矿采选业	有色金属矿采选业	非金属矿采选业	开采专业及辅助性活动	其他采矿业	制造业 小计	农副食品加工业	食品制造业
总 计	**10480**	**9554**	**14943**	**16118**	**11690**	**2243**	**2878690**	**141519**	**94727**
16-19岁	11	24	30	58	13	9	43477	950	1294
20-24岁	242	217	378	528	280	70	179750	4582	5471
25-29岁	873	655	1038	1303	826	178	321743	9903	10053
30-34岁	1966	1428	2107	2311	1897	291	524084	18149	16557
35-39岁	1760	1179	1870	1915	1619	258	410537	16195	13100
40-44岁	1587	1348	2380	2201	1871	299	377173	17152	12272
45-49岁	2159	1922	3226	2929	2578	472	420649	23522	14256
50-54岁	1219	1595	2519	2644	1707	419	326406	23422	11492
55-59岁	570	869	1158	1484	709	184	172035	15161	6239
60-64岁	59	177	159	440	106	39	56092	6194	2202
65-69岁	22	95	52	230	46	14	32672	4291	1257
70-74岁	9	28	16	51	21	6	10129	1428	397
75岁及以上	3	17	10	24	17	4	3943	570	137
男	**8125**	**8150**	**12409**	**13767**	**9308**	**1917**	**1708903**	**80395**	**45893**
16-19岁	10	22	27	52	11	9	29411	643	709
20-24岁	202	187	315	452	244	59	120166	2930	2926
25-29岁	658	562	833	1088	624	142	205495	6206	5199
30-34岁	1504	1200	1663	1979	1518	243	313748	10609	8091
35-39岁	1389	994	1533	1659	1269	220	231484	8896	6097
40-44岁	1175	1083	1854	1803	1401	249	201156	8945	5427
45-49岁	1489	1567	2592	2394	1878	406	224061	12117	6164
50-54岁	1082	1461	2295	2336	1525	364	197883	13112	5509
55-59岁	535	808	1094	1336	671	167	116509	9183	3433
60-64岁	54	164	134	395	93	37	38418	3854	1282
65-69岁	19	74	46	210	40	12	21697	2669	740
70-74岁	6	18	15	47	19	6	6596	917	236
75岁及以上	2	10	8	16	15	3	2279	314	80
女	**2355**	**1404**	**2534**	**2351**	**2382**	**326**	**1169787**	**61124**	**48834**
16-19岁	1	2	3	6	2		14066	307	585
20-24岁	40	30	63	76	36	11	59584	1652	2545
25-29岁	215	93	205	215	202	36	116248	3697	4854
30-34岁	462	228	444	332	379	48	210336	7540	8466
35-39岁	371	185	337	256	350	38	179053	7299	7003
40-44岁	412	265	526	398	470	50	176017	8207	6845
45-49岁	670	355	634	535	700	66	196588	11405	8092
50-54岁	137	134	224	308	182	55	128523	10310	5983
55-59岁	35	61	64	148	38	17	55526	5978	2806
60-64岁	5	13	25	45	13	2	17674	2340	920
65-69岁	3	21	6	20	6	2	10975	1622	517
70-74岁	3	10	1	4	2		3533	511	161
75岁及以上	1	7	2	8	2	1	1664	256	57

4-5b　续表 2

单位：人

年龄组 性别	制造业								
	酒、饮料和精制茶制造业	烟　草制品业	纺织业	纺织服装、服饰业	皮革、毛皮、羽毛及其制品和制鞋业	木材加工和木、竹、藤、棕、草制品业	家　具制造业	造纸和纸制品业	印刷和记录媒介复制业
总　计	**38903**	**3835**	**158868**	**305441**	**107903**	**83068**	**78173**	**52193**	**29878**
16-19岁	183	16	1631	4302	1766	561	689	535	423
20-24岁	1667	117	6758	17250	5678	2547	3847	2423	1870
25-29岁	3996	230	14018	32488	10688	5567	8118	4832	3223
30-34岁	6349	455	25205	57373	18858	10477	13582	8660	5517
35-39岁	5158	437	21193	48624	17137	9747	10825	7555	4658
40-44岁	5178	584	22202	45202	16543	10066	10328	7302	4257
45-49岁	6229	871	26725	46845	17460	13967	12051	8439	4338
50-54岁	5022	646	21949	31310	11425	14339	10508	6597	3145
55-59岁	3090	355	11523	14133	5308	8986	5539	3601	1576
60-64岁	1019	75	4123	4209	1653	3410	1581	1231	480
65-69岁	697	28	2461	2504	981	2265	783	688	276
70-74岁	207	14	801	812	308	783	243	236	84
75岁及以上	108	7	279	389	98	353	79	94	31
男	**24015**	**2314**	**74312**	**99153**	**49080**	**54566**	**53092**	**31409**	**17659**
16-19岁	111	12	968	1826	1088	416	538	372	295
20-24岁	1099	78	3941	7271	3269	1853	2746	1692	1234
25-29岁	2541	149	7457	12724	5697	3943	5719	3187	2061
30-34岁	3872	273	11910	19792	8907	7008	8971	5310	3331
35-39岁	2991	233	9111	15116	7500	6172	7016	4353	2727
40-44岁	2834	309	8955	12460	6701	5977	6590	3984	2365
45-49岁	3488	457	10702	12653	6774	8387	7700	4567	2210
50-54岁	3396	433	10380	9121	4924	9540	7327	4006	1760
55-59岁	2276	292	6556	5010	2616	6459	4315	2453	1071
60-64岁	687	49	2383	1666	898	2469	1277	838	332
65-69岁	498	16	1372	1008	500	1590	632	437	197
70-74岁	152	9	440	360	163	534	199	160	56
75岁及以上	70	4	137	146	43	218	62	50	20
女	**14888**	**1521**	**84556**	**206288**	**58823**	**28502**	**25081**	**20784**	**12219**
16-19岁	72	4	663	2476	678	145	151	163	128
20-24岁	568	39	2817	9979	2409	694	1101	731	636
25-29岁	1455	81	6561	19764	4991	1624	2399	1645	1162
30-34岁	2477	182	13295	37581	9951	3469	4611	3350	2186
35-39岁	2167	204	12082	33508	9637	3575	3809	3202	1931
40-44岁	2344	275	13247	32742	9842	4089	3738	3318	1892
45-49岁	2741	414	16023	34192	10686	5580	4351	3872	2128
50-54岁	1626	213	11569	22189	6501	4799	3181	2591	1385
55-59岁	814	63	4967	9123	2692	2527	1224	1148	505
60-64岁	332	26	1740	2543	755	941	304	393	148
65-69岁	199	12	1089	1496	481	675	151	251	79
70-74岁	55	5	361	452	145	249	44	76	28
75岁及以上	38	3	142	243	55	135	17	44	11

4-5b 续表 3

单位：人

年龄组 性 别	制造业								
	文教、工美、体育和娱乐用品制造业	石油、煤炭及其他燃料加工业	化学原料和化学制品制造业	医 药制造业	化学纤维制造业	橡胶和塑 料制品业	非金属矿 物制品业	黑色金属冶炼和压延加工业	有色金属冶炼和压延加工业
总 计	**103338**	**23512**	**102392**	**42754**	**10452**	**118414**	**201357**	**62320**	**41634**
16-19岁	1537	68	649	379	168	1340	1930	314	219
20-24岁	5604	1514	5773	3799	907	6021	9130	3063	1992
25-29岁	10031	3200	11691	6182	1514	11516	17801	6742	4428
30-34岁	16891	4933	19257	8680	2044	20104	31565	12253	7771
35-39岁	14978	3295	14178	6175	1337	17040	26989	9326	5944
40-44岁	14122	2750	13466	5290	1329	16075	27478	8223	6014
45-49岁	15478	3401	15721	5587	1439	18935	34012	9562	7219
50-54岁	12415	2549	12620	3702	1070	14739	28146	7851	4997
55-59岁	6668	1328	6281	2018	457	7937	15801	3685	2223
60-64岁	2535	277	1632	529	117	2567	5173	832	504
65-69岁	1940	153	800	283	57	1535	2547	335	232
70-74岁	742	35	243	93	7	448	612	104	66
75岁及以上	397	9	81	37	6	157	173	30	25
男	**45909**	**18171**	**69720**	**22554**	**6642**	**71035**	**143078**	**50363**	**31776**
16-19岁	934	55	394	204	120	963	1365	269	175
20-24岁	3164	1216	3847	2004	636	4143	6875	2656	1606
25-29岁	5120	2542	7976	3298	1010	7538	12908	5544	3411
30-34岁	7725	3710	12672	4540	1261	12509	21984	9649	5802
35-39岁	6713	2461	9231	3014	786	9998	18341	7179	4391
40-44岁	5741	1981	8533	2535	715	8859	18011	6287	4353
45-49岁	5973	2456	10328	2608	816	10017	22622	7455	5283
50-54岁	4986	2157	9497	2300	767	8570	21042	6838	4123
55-59岁	3064	1187	5100	1445	375	5283	12798	3350	1945
60-64岁	1203	240	1275	355	97	1741	4339	745	424
65-69岁	844	129	624	171	46	1054	2129	280	190
70-74岁	296	31	192	58	7	278	524	86	54
75岁及以上	146	6	51	22	6	82	140	25	19
女	**57429**	**5341**	**32672**	**20200**	**3810**	**47379**	**58279**	**11957**	**9858**
16-19岁	603	13	255	175	48	377	565	45	44
20-24岁	2440	298	1926	1795	271	1878	2255	407	386
25-29岁	4911	658	3715	2884	504	3978	4893	1198	1017
30-34岁	9166	1223	6585	4140	783	7595	9581	2604	1969
35-39岁	8265	834	4947	3161	551	7042	8648	2147	1553
40-44岁	8381	769	4933	2755	614	7216	9467	1936	1661
45-49岁	9505	945	5393	2979	623	8918	11390	2107	1936
50-54岁	7429	392	3123	1402	303	6169	7104	1013	874
55-59岁	3604	141	1181	573	82	2654	3003	335	278
60-64岁	1332	37	357	174	20	826	834	87	80
65-69岁	1096	24	176	112	11	481	418	55	42
70-74岁	446	4	51	35		170	88	18	12
75岁及以上	251	3	30	15		75	33	5	6

4-5b　续表 4　　　　单位：人

年龄组 性别	制造业								
	金属制品业	通用设备制造业	专用设备制造业	汽车制造业	铁路、船舶、航空航天和其他运输设备制造业	电气机械和器材制造业	计算机、通信和其他电子设备制造业	仪器仪表制造业	其他制造业
总计	**220533**	**173389**	**82453**	**104368**	**35181**	**135883**	**243172**	**15298**	**23547**
16-19岁	2336	2049	1160	2731	389	3796	11177	228	332
20-24岁	10663	9975	5872	3775	2127	12503	35192	1183	1293
25-29岁	22134	19181	10561	15642	4073	19332	46040	2174	2403
30-34岁	39963	33897	17610	23641	6920	27227	56563	3262	3914
35-39岁	32959	25339	12672	15624	5088	19321	34815	2367	3251
40-44岁	30359	22681	10132	11967	4505	16538	24742	1910	3172
45-49岁	33589	24587	10223	12157	5190	17357	19125	1886	3580
50-54岁	26849	19642	7803	8290	3964	11572	9585	1257	2873
55-59岁	14169	10340	4096	3905	1978	5369	4018	681	1529
60-64岁	4443	3320	1268	975	538	1642	1117	196	614
65-69岁	2294	1729	726	495	294	921	573	109	401
70-74岁	618	483	245	120	85	240	161	31	136
75岁及以上	157	166	85	46	30	65	64	14	49
男	**162207**	**125231**	**56618**	**73275**	**25084**	**81935**	**135929**	**9515**	**12316**
16-19岁	1846	1596	914	2413	320	2685	7534	161	200
20-24岁	8265	7850	4296	7220	1682	8601	23564	869	763
25-29岁	16806	14553	7505	11901	3034	12619	28582	1467	1420
30-34岁	29986	25010	12048	16911	5020	16480	30917	2000	2088
35-39岁	23825	17653	8443	10372	3478	11001	17195	1365	1621
40-44岁	21350	15231	6465	7315	3012	8656	10919	1024	1490
45-49岁	23037	16108	6440	7126	3330	8923	8291	1026	1707
50-54岁	19864	14417	5574	5683	2887	7044	5102	803	1454
55-59岁	11178	8264	3163	3042	1577	3831	2541	533	899
60-64岁	3601	2678	971	766	434	1206	755	153	353
65-69岁	1828	1368	549	404	230	665	398	85	220
70-74岁	493	378	188	90	60	173	95	20	72
75岁及以上	128	125	62	32	20	51	36	9	29
女	**58326**	**48158**	**25835**	**31093**	**10097**	**53948**	**107243**	**5783**	**11231**
16-19岁	490	453	246	318	69	1111	3643	67	132
20-24岁	2398	2125	1576	1555	445	3902	11628	314	530
25-29岁	5328	4628	3056	3741	1039	6713	17458	707	983
30-34岁	9977	8887	5562	6730	1900	10747	25646	1262	1826
35-39岁	9134	7686	4229	5252	1610	8320	17620	1002	1630
40-44岁	9009	7450	3667	4652	1493	7882	13823	886	1682
45-49岁	10552	8479	3783	5031	1860	8434	10834	860	1873
50-54岁	6985	5225	2229	2607	1077	4528	4483	454	1419
55-59岁	2991	2076	933	863	401	1538	1477	148	630
60-64岁	842	642	297	209	104	436	362	43	261
65-69岁	466	361	177	91	64	256	175	24	181
70-74岁	125	105	57	30	25	67	66	11	64
75岁及以上	29	41	23	14	10	14	28	5	20

4-5b 续表 5

单位：人

年龄组 性别	制造业		电力、热力、燃气及水生产和供应业				建筑业		
	废弃资源综合利用业	金属制品、机械和设备修理业	小计	电力、热力生产和供应业	燃气生产和供应业	水的生产和供应业	小计	房屋建筑业	土木工程建筑业
总计	**20079**	**24106**	**147861**	**103774**	**18510**	**25577**	**1712890**	**978849**	**137251**
16-19岁	97	228	384	270	63	51	11483	6529	872
20-24岁	529	1625	6317	4559	860	898	68948	35586	8178
25-29岁	1202	2780	15704	10966	2323	2415	146408	72916	16210
30-34岁	1986	4421	23623	15978	3678	3967	241774	120803	22341
35-39岁	1895	3315	18518	12830	2583	3105	201873	103662	16442
40-44岁	2316	3018	20871	14693	2307	3871	211904	116973	15695
45-49岁	3521	3377	26727	19153	2702	4872	286507	170394	20884
50-54岁	3733	2894	19916	14494	2089	3333	282164	176614	19440
55-59岁	2419	1622	12263	8874	1274	2115	169666	110153	11898
60-64岁	1153	483	2096	1203	367	526	55809	38869	3382
65-69岁	767	250	1025	515	183	327	28446	20608	1503
70-74岁	280	67	263	138	58	67	6021	4403	289
75岁及以上	181	26	154	101	23	30	1887	1339	117
男	**14408**	**21249**	**110173**	**79891**	**13077**	**17205**	**1457991**	**821821**	**120737**
16-19岁	74	211	320	236	44	40	9822	5414	796
20-24岁	404	1466	4790	3508	652	630	57867	29349	7007
25-29岁	909	2469	11586	8325	1636	1625	124827	61075	13977
30-34岁	1478	3884	17073	12040	2503	2530	206050	101208	19526
35-39岁	1318	2887	12994	9418	1681	1895	170448	85843	14469
40-44岁	1574	2558	13978	10274	1468	2236	175493	94906	13567
45-49岁	2407	2889	18300	13622	1838	2840	236027	137960	18074
50-54岁	2649	2618	16740	12430	1641	2669	242115	149478	17446
55-59岁	1763	1507	11306	8340	1078	1888	151980	97740	11001
60-64岁	903	444	1837	1057	311	469	50961	35371	3148
65-69岁	592	232	903	441	158	304	25636	18557	1375
70-74岁	216	59	222	116	48	58	5282	3872	253
75岁及以上	121	25	124	84	19	21	1483	1048	98
女	**5671**	**2857**	**37688**	**23883**	**5433**	**8372**	**254899**	**157028**	**16514**
16-19岁	23	17	64	34	19	11	1661	1115	76
20-24岁	125	159	1527	1051	208	268	11081	6237	1171
25-29岁	293	311	4118	2641	687	790	21581	11841	2233
30-34岁	508	537	6550	3938	1175	1437	35724	19595	2815
35-39岁	577	428	5524	3412	902	1210	31425	17819	1973
40-44岁	742	460	6893	4419	839	1635	36411	22067	2128
45-49岁	1114	488	8427	5531	864	2032	50480	32434	2810
50-54岁	1084	276	3176	2064	448	664	40049	27136	1994
55-59岁	656	115	957	534	196	227	17686	12413	897
60-64岁	250	39	259	146	56	57	4848	3498	234
65-69岁	175	18	122	74	25	23	2810	2051	128
70-74岁	64	8	41	22	10	9	739	531	36
75岁及以上	60	1	30	17	4	9	404	291	19

4-5b 续表 6　　单位：人

年龄组 性 别	建筑业		批发和零售业			交通运输、仓储和邮政业			
	建筑安装业	建筑装饰、装修和其他建筑业	小计	批发业	零售业	小计	铁路运输业	道路运输业	水上运输业
总　计	**98120**	**498670**	**2284879**	**519476**	**1765403**	**785440**	**20007**	**532052**	**12581**
16-19岁	700	3382	23136	3927	19209	4686	113	1831	46
20-24岁	4367	20817	127277	23838	103439	35302	1699	16593	453
25-29岁	9998	47284	257486	52488	204998	78646	2933	44607	1149
30-34岁	18545	80085	416574	88411	328163	134953	2990	87714	2168
35-39岁	14714	67055	334953	72812	262141	123352	1897	90332	1596
40-44岁	13716	65520	301619	66323	235296	118897	2089	89736	1413
45-49岁	14834	80395	321482	74556	246926	127527	3043	93346	1932
50-54岁	12007	74103	249966	65054	184912	94540	2921	65851	1865
55-59岁	6460	41155	144019	39600	104419	48282	1979	31174	1284
60-64岁	1773	11785	54009	15370	38639	11863	218	6869	452
65-69岁	792	5543	35442	10923	24519	5616	74	3117	174
70-74岁	166	1163	12651	4162	8489	1294	34	648	35
75岁及以上	48	383	6265	2012	4253	482	17	234	14
男	**89246**	**426187**	**1098699**	**313734**	**784965**	**669595**	**16303**	**476874**	**10521**
16-19岁	658	2954	11572	2573	8999	3598	66	1508	42
20-24岁	4010	17501	61503	14691	46812	27582	1212	13891	373
25-29岁	9179	40596	123500	32067	91433	63834	2236	38623	959
30-34岁	16920	68396	190104	52525	137579	112031	2345	77539	1841
35-39岁	13266	56870	150443	42742	107701	105596	1492	81450	1334
40-44岁	12274	54746	133641	38190	95451	102017	1678	80553	1152
45-49岁	13212	66781	146669	43152	103517	109199	2470	83396	1558
50-54岁	11049	64142	130570	40612	89958	84348	2655	60532	1562
55-59岁	6077	37162	83791	25962	57829	44219	1866	29302	1130
60-64岁	1673	10769	33126	10170	22956	10740	182	6449	388
65-69岁	739	4965	21887	7096	14791	4961	62	2856	142
70-74岁	149	1008	8008	2673	5335	1099	23	590	30
75岁及以上	40	297	3885	1281	2604	371	16	185	10
女	**8874**	**72483**	**1186180**	**205742**	**980438**	**115845**	**3704**	**55178**	**2060**
16-19岁	42	428	11564	1354	10210	1088	47	323	4
20-24岁	357	3316	65774	9147	56627	7720	487	2702	80
25-29岁	819	6688	133986	20421	113565	14812	697	5984	190
30-34岁	1625	11689	226470	35886	190584	22922	645	10175	327
35-39岁	1448	10185	184510	30070	154440	17756	405	8882	262
40-44岁	1442	10774	167978	28133	139845	16880	411	9183	261
45-49岁	1622	13614	174813	31404	143409	18328	573	9950	374
50-54岁	958	9961	119396	24442	94954	10192	266	5319	303
55-59岁	383	3993	60228	13638	46590	4063	113	1872	154
60-64岁	100	1016	20883	5200	15683	1123	36	420	64
65-69岁	53	578	13555	3827	9728	655	12	261	32
70-74岁	17	155	4643	1489	3154	195	11	58	5
75岁及以上	8	86	2380	731	1649	111	1	49	4

4-5b 续表 7

单位：人

年龄组 性别	交通运输、仓储和邮政业					住宿和餐饮业		
	航空运输业	管道运输业	多式联运和运输代理业	装卸搬运和仓储业	邮政业	小计	住宿业	餐饮业
总计	**7873**	**505**	**15625**	**84381**	**112416**	**804653**	**84226**	**720427**
16-19岁	60	3	85	622	1926	17250	1682	15568
20-24岁	1404	21	895	2905	11332	53503	6424	47079
25-29岁	2041	54	1863	5810	20189	87391	9381	78010
30-34岁	1642	103	3027	10080	27229	132672	12825	119847
35-39岁	871	79	2536	9052	16989	110620	10518	100102
40-44岁	533	63	2227	10483	12353	105786	10677	95109
45-49岁	593	80	2262	15279	10992	120845	13142	107703
50-54岁	441	64	1650	14986	6762	95993	10439	85554
55-59岁	222	32	785	9477	3329	51877	5965	45912
60-64岁	42	3	193	3348	738	16619	1908	14711
65-69岁	19	3	75	1769	385	8938	966	7972
70-74岁	2		24	434	117	2283	222	2061
75岁及以上	3		3	136	75	876	77	799
男	**4865**	**400**	**12243**	**68082**	**80307**	**380833**	**33093**	**347740**
16-19岁	33	3	66	487	1393	11169	903	10266
20-24岁	709	19	619	2291	8468	32367	2794	29573
25-29岁	1182	42	1299	4587	14906	49706	3918	45788
30-34岁	1031	86	2244	7830	19115	68680	4898	63782
35-39岁	573	57	2014	6990	11686	53231	3839	49392
40-44岁	365	46	1796	8072	8355	45421	3572	41849
45-49岁	414	61	1826	11952	7522	46014	4190	41824
50-54岁	316	53	1430	12653	5147	37078	4011	33067
55-59岁	192	27	691	8292	2719	22578	3030	19548
60-64岁	33	3	173	2938	574	8254	1145	7109
65-69岁	14	3	63	1536	285	4593	605	3988
70-74岁	1		19	353	83	1289	143	1146
75岁及以上	2		3	101	54	453	45	408
女	**3008**	**105**	**3382**	**16299**	**32109**	**423820**	**51133**	**372687**
16-19岁	27		19	135	533	6081	779	5302
20-24岁	695	2	276	614	2864	21136	3630	17506
25-29岁	859	12	564	1223	5283	37685	5463	32222
30-34岁	611	17	783	2250	8114	63992	7927	56065
35-39岁	298	22	522	2062	5303	57389	6679	50710
40-44岁	168	17	431	2411	3998	60365	7105	53260
45-49岁	179	19	436	3327	3470	74831	8952	65879
50-54岁	125	11	220	2333	1615	58915	6428	52487
55-59岁	30	5	94	1185	610	29299	2935	26364
60-64岁	9		20	410	164	8365	763	7602
65-69岁	5		12	233	100	4345	361	3984
70-74岁	1		5	81	34	994	79	915
75岁及以上	1			35	21	423	32	391

4-5b　续表 8　　　　单位：人

年龄组 性　别	信息传输、软件和信息技术服务业				金融业				
	小计	电信、广播电视和卫星传输服务	互联网和相关服务	软件和信息技术服务业	小计	货币金融服务	资本市场服务	保险业	其他金融业
总　计	**163452**	**57290**	**51068**	**55094**	**177647**	**92483**	**6366**	**68009**	**10789**
16-19岁	2111	406	1111	594	496	129	24	271	72
20-24岁	21632	4022	8545	9065	11925	6246	537	4011	1131
25-29岁	37975	9165	13169	15641	31145	16429	1419	10820	2477
30-34岁	41791	14103	13005	14683	40761	20744	1668	15588	2761
35-39岁	23854	9879	6618	7357	23720	10157	1040	11173	1350
40-44岁	14156	7151	3527	3478	17573	7221	615	8900	837
45-49岁	11073	6314	2653	2106	22446	12051	521	8938	936
50-54岁	6581	3797	1485	1299	17700	11293	336	5344	727
55-59岁	3371	1999	720	652	9897	7019	169	2306	403
60-64岁	521	262	133	126	1248	750	19	415	64
65-69岁	246	111	68	67	491	290	9	172	20
70-74岁	84	42	23	19	149	88	7	44	10
75岁及以上	57	39	11	7	96	66	2	27	1
男	**102932**	**32834**	**32037**	**38061**	**86324**	**49887**	**3834**	**26528**	**6075**
16-19岁	1265	214	666	385	263	66	16	143	38
20-24岁	13409	2157	5109	6143	5666	2733	257	2139	537
25-29岁	23721	4897	8119	10705	15275	7572	795	5604	1304
30-34岁	25262	6909	8160	10193	18412	9549	965	6378	1520
35-39岁	14548	5125	4205	5218	10063	4860	665	3796	742
40-44岁	8951	4216	2304	2431	6959	3584	384	2527	464
45-49岁	7335	4217	1737	1381	9880	6478	330	2536	536
50-54岁	4964	2979	1059	926	10543	7871	249	1906	517
55-59岁	2785	1760	523	502	7895	6277	143	1127	348
60-64岁	414	217	95	102	857	575	16	220	46
65-69岁	181	89	38	54	344	210	8	110	16
70-74岁	61	31	16	14	98	61	5	25	7
75岁及以上	36	23	6	7	69	51	1	17	
女	**60520**	**24456**	**19031**	**17033**	**91323**	**42596**	**2532**	**41481**	**4714**
16-19岁	846	192	445	209	233	63	8	128	34
20-24岁	8223	1865	3436	2922	6259	3513	280	1872	594
25-29岁	14254	4268	5050	4936	15870	8857	624	5216	1173
30-34岁	16529	7194	4845	4490	22349	11195	703	9210	1241
35-39岁	9306	4754	2413	2139	13657	5297	375	7377	608
40-44岁	5205	2935	1223	1047	10614	3637	231	6373	373
45-49岁	3738	2097	916	725	12566	5573	191	6402	400
50-54岁	1617	818	426	373	7157	3422	87	3438	210
55-59岁	586	239	197	150	2002	742	26	1179	55
60-64岁	107	45	38	24	391	175	3	195	18
65-69岁	65	22	30	13	147	80	1	62	4
70-74岁	23	11	7	5	51	27	2	19	3
75岁及以上	21	16	5		27	15	1	10	1

4-5b 续表 9 单位：人

年龄组 性别	房地产业		租赁和商务服务业			科学研究和技术服务业			
	小计	房地产业	小计	租赁业	商务服务业	小计	研究和试验发展	专业技术服务业	科技推广和应用服务业
总　计	**221795**	**221795**	**330525**	**28177**	**302348**	**122649**	**15743**	**80815**	**26091**
16-19岁	1658	1658	3679	292	3387	890	96	616	178
20-24岁	15428	15428	26546	1640	24906	11977	1484	8632	1861
25-29岁	30458	30458	47820	3996	43824	22817	3219	15648	3950
30-34岁	40179	40179	62110	6190	55920	27894	4062	18716	5116
35-39岁	25689	25689	41819	4225	37594	17062	2566	11105	3391
40-44岁	21213	21213	35040	3436	31604	11884	1407	7762	2715
45-49岁	25063	25063	38362	3543	34819	11747	1194	7719	2834
50-54岁	24782	24782	33905	2746	31159	9329	880	5869	2580
55-59岁	19814	19814	24455	1412	23043	5978	638	3474	1866
60-64岁	9510	9510	8926	411	8515	1477	113	718	646
65-69岁	6169	6169	5613	219	5394	987	59	401	527
70-74岁	1467	1467	1651	47	1604	413	17	108	288
75岁及以上	365	365	599	20	579	194	8	47	139
男	**133476**	**133476**	**214776**	**24883**	**189893**	**84964**	**10335**	**57872**	**16757**
16-19岁	1077	1077	2387	272	2115	603	62	422	119
20-24岁	9132	9132	14920	1492	13428	7939	927	5871	1141
25-29岁	17422	17422	27746	3613	24133	15391	2056	10850	2485
30-34岁	21702	21702	36908	5523	31385	18854	2611	13017	3226
35-39岁	13741	13741	25850	3699	22151	11775	1708	7860	2207
40-44岁	11443	11443	21878	2976	18902	8079	903	5405	1771
45-49岁	14109	14109	25035	3044	21991	7997	768	5463	1766
50-54岁	16529	16529	25603	2404	23199	7094	636	4772	1686
55-59岁	14746	14746	20508	1256	19252	4994	515	3120	1359
60-64岁	7303	7303	7470	361	7109	1098	87	615	396
65-69岁	4825	4825	4689	184	4505	711	42	345	324
70-74岁	1168	1168	1334	41	1293	296	13	92	191
75岁及以上	279	279	448	18	430	133	7	40	86
女	**88319**	**88319**	**115749**	**3294**	**112455**	**37685**	**5408**	**22943**	**9334**
16-19岁	581	581	1292	20	1272	287	34	194	59
20-24岁	6296	6296	11626	148	11478	4038	557	2761	720
25-29岁	13036	13036	20074	383	19691	7426	1163	4798	1465
30-34岁	18477	18477	25202	667	24535	9040	1451	5699	1890
35-39岁	11948	11948	15969	526	15443	5287	858	3245	1184
40-44岁	9770	9770	13162	460	12702	3805	504	2357	944
45-49岁	10954	10954	13327	499	12828	3750	426	2256	1068
50-54岁	8253	8253	8302	342	7960	2235	244	1097	894
55-59岁	5068	5068	3947	156	3791	984	123	354	507
60-64岁	2207	2207	1456	50	1406	379	26	103	250
65-69岁	1344	1344	924	35	889	276	17	56	203
70-74岁	299	299	317	6	311	117	4	16	97
75岁及以上	86	86	151	2	149	61	1	7	53

4-5b 续表 10 单位：人

年龄组 性 别	水利、环境和公共设施管理业					居民服务、修理和其他服务业			
	小计	水 利 管理业	生态保护 和环境 治理业	公共设施 管理业	土 地 管理业	小计	居 民 服务业	机动车、 电子产品 和日用产 品修理业	其 他 服务业
总 计	**113998**	**9320**	**9289**	**94068**	**1321**	**573594**	**335618**	**151783**	**86193**
16-19岁	273	22	27	219	5	12869	7984	4245	640
20-24岁	2628	269	343	1949	67	40732	24818	13562	2352
25-29岁	6295	702	817	4596	180	65261	39615	21108	4538
30-34岁	10018	1086	1280	7418	234	95547	57835	30288	7424
35-39岁	9230	972	1087	7004	167	74334	44203	23033	7098
40-44岁	11399	1426	1087	8712	174	65255	37565	18817	8873
45-49岁	16839	1903	1540	13192	204	72617	42130	16933	13554
50-54岁	17896	1515	1427	14808	146	63620	36288	12363	14969
55-59岁	15718	1073	955	13592	98	40923	22870	6751	11302
60-64岁	10268	168	362	9721	17	19463	10040	2476	6947
65-69岁	9376	109	243	9008	16	14894	7659	1508	5727
70-74岁	3189	49	91	3043	6	5587	3010	479	2098
75岁及以上	869	26	30	806	7	2492	1601	220	671
男	**69429**	**6944**	**6929**	**54614**	**942**	**276370**	**113614**	**126535**	**36221**
16-19岁	188	17	19	148	4	8311	3833	4073	405
20-24岁	1742	192	258	1240	52	23953	10274	12366	1313
25-29岁	4118	493	593	2908	124	35632	14840	18257	2535
30-34岁	6474	764	894	4653	163	48222	19425	25180	3617
35-39岁	5680	667	773	4126	114	35923	14125	18681	3117
40-44岁	6448	968	797	4567	116	29152	11005	14993	3154
45-49岁	8964	1264	1059	6498	143	29166	11681	13289	4196
50-54岁	10765	1284	1156	8215	110	26141	11051	9950	5140
55-59岁	9916	989	819	8023	85	17947	7908	5662	4377
60-64岁	6267	148	277	5829	13	9573	4026	2132	3415
65-69岁	5982	94	191	5687	10	7821	3317	1324	3180
70-74岁	2261	39	71	2147	4	3132	1377	432	1323
75岁及以上	624	25	22	573	4	1397	752	196	449
女	**44569**	**2376**	**2360**	**39454**	**379**	**297224**	**222004**	**25248**	**49972**
16-19岁	85	5	8	71	1	4558	4151	172	235
20-24岁	886	77	85	709	15	16779	14544	1196	1039
25-29岁	2177	209	224	1688	56	29629	24775	2851	2003
30-34岁	3544	322	386	2765	71	47325	38410	5108	3807
35-39岁	3550	305	314	2878	53	38411	30078	4352	3981
40-44岁	4951	458	290	4145	58	36103	26560	3824	5719
45-49岁	7875	639	481	6694	61	43451	30449	3644	9358
50-54岁	7131	231	271	6593	36	37479	25237	2413	9829
55-59岁	5802	84	136	5569	13	22976	14962	1089	6925
60-64岁	4001	20	85	3892	4	9890	6014	344	3532
65-69岁	3394	15	52	3321	6	7073	4342	184	2547
70-74岁	928	10	20	896	2	2455	1633	47	775
75岁及以上	245	1	8	233	3	1095	849	24	222

4-5b 续表 11 单位：人

年龄组 性别	教育		卫生和社会工作			文化、体育和娱乐业				
	小计	教育	小计	卫生	社会工作	小计	新闻和出版业	广播、电视、电影和录音制作业	文化艺术业	体育
总　计	**769446**	**769446**	**339205**	**328721**	**10484**	**87216**	**4429**	**9871**	**17581**	**10676**
16-19岁	13665	13665	2268	2231	37	2203	25	159	286	331
20-24岁	61913	61913	32840	32464	376	9705	385	1243	1543	1786
25-29岁	106025	106025	59283	58580	703	13819	733	1895	2313	2324
30-34岁	119871	119871	60881	59915	966	16092	885	2114	2995	2185
35-39岁	111721	111721	42667	41741	926	10770	671	1302	2205	1248
40-44岁	112213	112213	40458	39309	1149	8909	550	896	2006	814
45-49岁	100740	100740	41509	39768	1741	9807	521	892	2196	786
50-54岁	83413	83413	29606	27799	1807	7794	351	689	1979	600
55-59岁	46865	46865	17342	15938	1404	4980	259	501	1332	355
60-64岁	7202	7202	5622	4996	626	1583	26	81	325	142
65-69岁	3573	3573	4141	3661	480	1008	15	58	246	72
70-74岁	1261	1261	1713	1538	175	390	7	22	104	25
75岁及以上	984	984	875	781	94	156	1	19	51	8
男	**287952**	**287952**	**118570**	**115001**	**3569**	**45373**	**2348**	**5796**	**9056**	**5776**
16-19岁	5653	5653	458	437	21	1345	12	103	141	200
20-24岁	12637	12637	6389	6274	115	5347	145	627	688	1150
25-29岁	24101	24101	13231	13000	231	7441	316	1037	1102	1436
30-34岁	30945	30945	16190	15885	305	8017	394	1176	1402	1074
35-39岁	36437	36437	15542	15271	271	5242	357	766	1040	537
40-44岁	44529	44529	15627	15342	285	4140	304	541	909	346
45-49岁	45252	45252	17130	16719	411	4459	313	521	1095	339
50-54岁	43942	43942	14291	13720	571	4147	242	482	1134	319
55-59岁	35229	35229	11263	10626	637	3184	221	413	982	203
60-64岁	5131	5131	3582	3279	303	1013	24	57	247	101
65-69岁	2493	2493	2855	2594	261	649	12	40	196	51
70-74岁	912	912	1333	1226	107	280	7	17	85	16
75岁及以上	691	691	679	628	51	109	1	16	35	4
女	**481494**	**481494**	**220635**	**213720**	**6915**	**41843**	**2081**	**4075**	**8525**	**4900**
16-19岁	8012	8012	1810	1794	16	858	13	56	145	131
20-24岁	49276	49276	26451	26190	261	4358	240	616	855	636
25-29岁	81924	81924	46052	45580	472	6378	417	858	1211	888
30-34岁	88926	88926	44691	44030	661	8075	491	938	1593	1111
35-39岁	75284	75284	27125	26470	655	5528	314	536	1165	711
40-44岁	67684	67684	24831	23967	864	4769	246	355	1097	468
45-49岁	55488	55488	24379	23049	1330	5348	208	371	1101	447
50-54岁	39471	39471	15315	14079	1236	3647	109	207	845	281
55-59岁	11636	11636	6079	5312	767	1796	38	88	350	152
60-64岁	2071	2071	2040	1717	323	570	2	24	78	41
65-69岁	1080	1080	1286	1067	219	359	3	18	50	21
70-74岁	349	349	380	312	68	110		5	19	9
75岁及以上	293	293	196	153	43	47		3	16	4

4-5b 续表 12

单位：人

年龄组 性 别	娱乐业	公共管理、社会保障和社会组织							国际组织	
		小计	中国共产党机关	国家机构	人民政协、民主党派	社会保障	群众团体、社会团体和其他成员组织	基层群众自治组织	小计	国际组织
总 计	**44659**	**803907**	**20388**	**660891**	**2520**	**3921**	**31445**	**84742**	**46**	**46**
16-19岁	1402	2157	36	1572		12	323	214		
20-24岁	4748	36993	713	31777	36	190	1868	2409	3	3
25-29岁	6554	96963	2353	84197	99	498	3472	6344	8	8
30-34岁	7913	131652	3683	111895	184	733	4777	10380	6	6
35-39岁	5344	100581	2999	84315	217	546	3757	8747	5	5
40-44岁	4643	110902	3128	92767	326	636	3874	10171	10	10
45-49岁	5412	122538	3038	100804	393	591	4484	13228	4	4
50-54岁	4175	102729	2484	82780	566	376	3990	12533	2	2
55-59岁	2533	74754	1646	58536	633	240	2615	11084	6	6
60-64岁	1009	12112	171	6351	35	42	862	4651	1	1
65-69岁	617	7678	72	3533	23	31	742	3277		
70-74岁	232	3060	29	1375	3	13	368	1272		
75岁及以上	77	1788	36	989	5	13	313	432	1	1
男	**22397**	**531468**	**14077**	**445773**	**1807**	**1871**	**17643**	**50297**	**26**	**26**
16-19岁	889	1654	29	1266		9	223	127		
20-24岁	2737	22126	380	19707	14	83	883	1059	2	2
25-29岁	3550	55196	1317	49180	38	202	1663	2796	3	3
30-34岁	3971	76972	2217	67684	103	276	2295	4397	3	3
35-39岁	2542	63054	1991	54529	123	244	1901	4266	4	4
40-44岁	2040	69847	2194	59762	208	286	2045	5352	3	3
45-49岁	2191	80591	2181	67849	259	284	2466	7552	3	3
50-54岁	1970	76675	1983	62767	428	225	2676	8596	1	1
55-59岁	1365	66328	1524	53392	573	191	1975	8673	6	6
60-64岁	584	9448	136	5005	31	34	590	3652	1	1
65-69岁	350	5855	63	2733	22	20	492	2525		
70-74岁	155	2354	27	1101	3	9	245	969		
75岁及以上	53	1368	35	798	5	8	189	333		
女	**22262**	**272439**	**6311**	**215118**	**713**	**2050**	**13802**	**34445**	**20**	**20**
16-19岁	513	503	7	306		3	100	87		
20-24岁	2011	14867	333	12070	22	107	985	1350	1	1
25-29岁	3004	41767	1036	35017	61	296	1809	3548	5	5
30-34岁	3942	54680	1466	44211	81	457	2482	5983	3	3
35-39岁	2802	37527	1008	29786	94	302	1856	4481	1	1
40-44岁	2603	41055	934	33005	118	350	1829	4819	7	7
45-49岁	3221	41947	857	32955	134	307	2018	5676	1	1
50-54岁	2205	26054	501	20013	138	151	1314	3937	1	1
55-59岁	1168	8426	122	5144	60	49	640	2411		
60-64岁	425	2664	35	1346	4	8	272	999		
65-69岁	267	1823	9	800	1	11	250	752		
70-74岁	77	706	2	274		4	123	303		
75岁及以上	24	420	1	191		5	124	99	1	1

4-5c 全国分年龄、性别、行业大类的就业人口(乡村)

单位：人

年龄组 性别	合计	农、林、牧、渔业						采矿业	
		小计	农业	林业	畜牧业	渔业	农、林、牧、渔专业及辅助性活动	小计	煤炭开采和洗选业
总计	**24701872**	**10789395**	**9499762**	**164550**	**849611**	**152305**	**123167**	**199392**	**110668**
16-19岁	341928	79879	68240	1551	8092	699	1297	627	205
20-24岁	1279203	246519	207535	4880	25521	3209	5374	6303	3229
25-29岁	2032016	414948	349769	8417	40494	7369	8899	16998	9799
30-34岁	2815707	679378	577044	13693	63521	12181	12939	28873	16703
35-39岁	2268024	666066	559507	14529	68415	12116	11499	24390	14028
40-44岁	2332588	813009	688207	16745	81530	14623	11904	26972	15329
45-49岁	3213476	1315554	1131350	24431	119910	22953	16910	38472	22221
50-54岁	3579121	1779657	1562398	29318	139918	28678	19345	34290	19123
55-59岁	2762370	1624117	1446727	23935	115192	23406	14857	16147	7608
60-64岁	1635821	1170164	1064213	12247	72044	13295	8365	4036	1556
65-69岁	1437479	1137266	1045985	9589	65251	9269	7172	1654	574
70-74岁	660950	560466	519142	3782	31209	3281	3052	412	173
75岁及以上	343189	302372	279645	1433	18514	1226	1554	218	120
男	**14776688**	**5749263**	**4979276**	**109019**	**478694**	**110503**	**71771**	**179315**	**101605**
16-19岁	214636	49069	41668	1054	4936	566	845	553	182
20-24岁	772263	142639	118183	3287	15309	2601	3259	5582	2898
25-29岁	1254950	231666	190952	5535	24136	5826	5217	15150	8890
30-34岁	1722523	364727	301992	8865	37198	9236	7436	25820	15176
35-39岁	1362414	350684	287251	9245	38572	9063	6553	21837	12822
40-44岁	1358996	415821	343679	10647	44370	10451	6674	23884	13976
45-49岁	1843060	652487	547627	15691	63909	15809	9451	34114	20285
50-54岁	2096646	883920	757965	19617	75261	19919	11158	31516	17963
55-59岁	1661095	832256	725627	16415	64634	16674	8906	15035	7155
60-64岁	999208	651332	585257	8426	42644	9815	5190	3732	1448
65-69岁	870297	652068	595408	6652	38669	7020	4319	1517	535
70-74岁	409699	338518	312870	2586	18616	2584	1862	368	158
75岁及以上	210901	184076	170797	999	10440	939	901	207	117
女	**9925184**	**5040132**	**4520486**	**55531**	**370917**	**41802**	**51396**	**20077**	**9063**
16-19岁	127292	30810	26572	497	3156	133	452	74	23
20-24岁	506940	103880	89352	1593	10212	608	2115	721	331
25-29岁	777066	183282	158817	2882	16358	1543	3682	1848	909
30-34岁	1093184	314651	275052	4828	26323	2945	5503	3053	1527
35-39岁	905610	315382	272256	5284	29843	3053	4946	2553	1206
40-44岁	973592	397188	344528	6098	37160	4172	5230	3088	1353
45-49岁	1370416	663067	583723	8740	56001	7144	7459	4358	1936
50-54岁	1482475	895737	804433	9701	64657	8759	8187	2774	1160
55-59岁	1101275	791861	721100	7520	50558	6732	5951	1112	453
60-64岁	636613	518832	478956	3821	29400	3480	3175	304	108
65-69岁	567182	485198	450577	2937	26582	2249	2853	137	39
70-74岁	251251	221948	206272	1196	12593	697	1190	44	15
75岁及以上	132288	118296	108848	434	8074	287	653	11	3

4-5c　续表 1　　　　单位：人

年龄组 性　别	采矿业						制造业		
	石油和天然气开采业	黑色金属矿采选业	有色金属矿采选业	非金属矿采选业	开采专业及辅助性活　动	其　他采矿业	小计	农副食品加工业	食　品制造业
总　计	**8237**	**16606**	**19828**	**30664**	**9867**	**3522**	**3806572**	**192002**	**103012**
16-19岁	42	63	64	187	53	13	75598	1658	2168
20-24岁	429	417	537	1136	468	87	267829	6835	7622
25-29岁	985	1058	1462	2398	1022	274	423364	12723	11526
30-34岁	1683	1976	2549	3837	1673	452	635862	21718	16541
35-39岁	1200	1881	2216	3355	1334	376	488103	18972	12910
40-44岁	1081	2216	2893	3746	1234	473	456206	20616	12066
45-49岁	1311	3133	4174	5236	1705	692	545577	30212	14971
50-54岁	907	3181	3594	5413	1439	633	465428	32937	12898
55-59岁	475	1838	1761	3398	708	359	258546	22484	6946
60-64岁	80	570	389	1206	138	97	98659	10852	2843
65-69岁	39	209	142	587	62	41	62044	8347	1785
70-74岁	3	44	33	126	17	16	21046	3270	543
75岁及以上	2	20	14	39	14	9	8310	1378	193
男	**6993**	**14530**	**17388**	**26944**	**8761**	**3094**	**2211990**	**105668**	**48569**
16-19岁	40	54	52	163	52	10	49096	1119	1203
20-24岁	363	370	458	1008	408	77	172804	4319	4027
25-29岁	826	939	1247	2123	886	239	267195	7785	6066
30-34岁	1425	1706	2224	3395	1493	401	375656	12441	8021
35-39岁	1029	1620	1922	2917	1203	324	270861	10089	5822
40-44岁	862	1863	2490	3220	1071	402	238007	10307	4938
45-49岁	1070	2640	3594	4479	1443	603	282717	14808	6022
50-54岁	825	2847	3219	4759	1331	572	266287	17366	5749
55-59岁	438	1719	1658	3083	662	320	166475	12913	3544
60-64岁	75	523	358	1114	125	89	65893	6538	1649
65-69岁	36	192	123	537	59	35	39770	5102	1090
70-74岁	3	38	29	112	15	13	12764	2070	322
75岁及以上	1	19	14	34	13	9	4465	811	116
女	**1244**	**2076**	**2440**	**3720**	**1106**	**428**	**1594582**	**86334**	**54443**
16-19岁	2	9	12	24	1	3	26502	539	965
20-24岁	66	47	79	128	60	10	95025	2516	3595
25-29岁	159	119	215	275	136	35	156169	4938	5460
30-34岁	258	270	325	442	180	51	260206	9277	8520
35-39岁	171	261	294	438	131	52	217242	8883	7088
40-44岁	219	353	403	526	163	71	218199	10309	7128
45-49岁	241	493	580	757	262	89	262860	15404	8949
50-54岁	82	334	375	654	108	61	199141	15571	7149
55-59岁	37	119	103	315	46	39	92071	9571	3402
60-64岁	5	47	31	92	13	8	32766	4314	1194
65-69岁	3	17	19	50	3	6	22274	3245	695
70-74岁		6	4	14	2	3	8282	1200	221
75岁及以上	1	1		5	1		3845	567	77

4-5c 续表 2 单位：人

年龄组 性别	制造业								
	酒、饮料和精制茶制造业	烟草制品业	纺织业	纺织服装、服饰业	皮革、毛皮、羽毛及其制品和制鞋业	木材加工和木、竹、藤、棕、草制品业	家具制造业	造纸和纸制品业	印刷和记录媒介复制业
总计	**51353**	**3358**	**195343**	**485817**	**175518**	**155153**	**136114**	**69181**	**32540**
16-19岁	504	34	2579	9936	3961	1277	1699	999	726
20-24岁	2588	165	9807	34213	11182	5046	7344	3935	2561
25-29岁	4563	299	17562	55400	18090	9283	13410	6827	4178
30-34岁	6678	402	29752	91608	30149	17122	21274	10687	6061
35-39岁	5517	367	24845	71819	26003	15858	16472	8886	4805
40-44岁	5682	467	25082	65425	24751	17486	17186	8509	4208
45-49岁	7805	637	31138	69594	27491	25357	21952	10811	4260
50-54岁	7465	527	27087	49918	19172	27855	20034	9439	3148
55-59岁	5285	296	15063	22920	8792	18631	10863	5258	1601
60-64岁	2489	90	6032	7570	3038	8079	3398	2092	553
65-69岁	1826	54	4232	4942	1912	6009	1788	1202	309
70-74岁	691	14	1557	1717	683	2189	545	385	90
75岁及以上	260	6	607	755	294	961	149	151	40
男	**31638**	**1796**	**86150**	**157099**	**79347**	**100284**	**93013**	**40594**	**19666**
16-19岁	340	27	1431	4044	2373	979	1367	672	498
20-24岁	1626	111	5456	13189	6450	3708	5487	2652	1695
25-29岁	2985	191	9081	21496	9476	6579	9536	4443	2710
30-34岁	4027	231	13405	32003	14371	11107	14469	6396	3762
35-39岁	3196	182	10435	23122	11525	9678	10892	5077	2924
40-44岁	3152	189	9492	18733	10199	10297	10857	4572	2400
45-49岁	4453	286	11496	18871	10686	14926	13699	5479	2226
50-54岁	4690	287	11264	13358	7591	17658	13656	5431	1759
55-59岁	3585	193	7563	7159	3939	13109	8359	3407	1008
60-64岁	1708	53	3273	2606	1501	5863	2720	1413	393
65-69岁	1224	33	2236	1705	833	4292	1434	755	210
70-74岁	482	12	750	582	299	1467	432	217	57
75岁及以上	170	1	268	231	104	621	105	80	24
女	**19715**	**1562**	**109193**	**328718**	**96171**	**54869**	**43101**	**28587**	**12874**
16-19岁	164	7	1148	5892	1588	298	332	327	228
20-24岁	962	54	4351	21024	4732	1338	1857	1283	866
25-29岁	1578	108	8481	33904	8614	2704	3874	2384	1468
30-34岁	2651	171	16347	59605	15778	6015	6805	4291	2299
35-39岁	2321	185	14410	48697	14478	6180	5580	3809	1881
40-44岁	2530	278	15590	46692	14552	7189	6329	3937	1808
45-49岁	3352	351	19642	50723	16805	10431	8253	5332	2034
50-54岁	2775	240	15823	36560	11581	10197	6378	4008	1389
55-59岁	1700	103	7500	15761	4853	5522	2504	1851	593
60-64岁	781	37	2759	4964	1537	2216	678	679	160
65-69岁	602	21	1996	3237	1079	1717	354	447	99
70-74岁	209	2	807	1135	384	722	113	168	33
75岁及以上	90	5	339	524	190	340	44	71	16

4-5c　续表 3　　　　单位：人

年龄组 性　别	制造业								
	文教、工美、体育和娱乐用品制造业	石油、煤炭及其他燃料加工业	化学原料和化学制品制造业	医　药制造业	化学纤维制造业	橡胶和塑　料制品业	非金属矿　物制品业	黑色金属冶炼和压延加工业	有色金属冶炼和压延加工业
总　计	**144278**	**19601**	**98439**	**40464**	**11324**	**161016**	**264317**	**63476**	**39501**
16-19岁	3317	83	1087	509	168	2888	2253	429	410
20-24岁	9890	1334	6496	3890	997	9401	11415	3386	2351
25-29岁	14542	2379	10826	5865	1592	15345	21580	6721	4390
30-34岁	21956	3287	15773	7582	1983	24963	35279	10986	6462
35-39岁	18273	2319	11936	5239	1337	20569	30718	8341	5110
40-44岁	17220	2130	11784	4532	1268	20320	32370	8134	5052
45-49岁	20301	2922	15166	4993	1597	25031	45630	9995	6604
50-54岁	17437	2769	13399	4008	1252	21812	42986	8937	5165
55-59岁	9892	1665	7850	2324	704	12012	25936	4757	2750
60-64岁	4664	484	2474	787	236	4692	9825	1158	756
65-69岁	3860	167	1226	488	126	2815	4927	458	327
70-74岁	1858	48	317	176	53	859	1150	120	99
75岁及以上	1068	14	105	71	11	309	248	54	25
男	**60988**	**15667**	**65742**	**19837**	**7070**	**92615**	**195518**	**52440**	**30799**
16-19岁	1863	65	656	270	112	2012	1758	372	347
20-24岁	5365	1107	4175	2035	744	6350	8853	2894	1925
25-29岁	7434	1959	7128	3089	1078	9915	16315	5732	3499
30-34岁	9843	2585	10345	3682	1248	15010	25834	8962	5097
35-39岁	7837	1777	7606	2335	770	11630	21711	6526	3894
40-44岁	6773	1553	7256	1899	642	10691	22016	6242	3771
45-49岁	7326	2179	9591	2181	813	12367	31545	7917	4821
50-54岁	6484	2295	9575	2092	823	11886	32193	7823	4120
55-59岁	3963	1512	6218	1391	538	7390	21241	4350	2311
60-64岁	1783	435	1927	467	175	3037	8508	1059	647
65-69岁	1378	150	942	270	84	1721	4327	407	271
70-74岁	607	39	242	93	37	467	1020	106	77
75岁及以上	332	11	81	33	6	139	197	50	19
女	**83290**	**3934**	**32697**	**20627**	**4254**	**68401**	**68799**	**11036**	**8702**
16-19岁	1454	18	431	239	56	876	495	57	63
20-24岁	4525	227	2321	1855	253	3051	2562	492	426
25-29岁	7108	420	3698	2776	514	5430	5265	989	891
30-34岁	12113	702	5428	3900	735	9953	9445	2024	1365
35-39岁	10436	542	4330	2904	567	8939	9007	1815	1216
40-44岁	10447	577	4528	2633	626	9629	10354	1892	1281
45-49岁	12975	743	5575	2812	784	12664	14085	2078	1783
50-54岁	10953	474	3824	1916	429	9926	10793	1114	1045
55-59岁	5929	153	1632	933	166	4622	4695	407	439
60-64岁	2881	49	547	320	61	1655	1317	99	109
65-69岁	2482	17	284	218	42	1094	600	51	56
70-74岁	1251	9	75	83	16	392	130	14	22
75岁及以上	736	3	24	38	5	170	51	4	6

4-5c 续表 4

单位：人

年龄组 性别	制造业								
	金属制品业	通用设备制造业	专用设备制造业	汽车制造业	铁路、船舶、航空航天和其他运输设备制造业	电气机械和器材制造业	计算机、通信和其他电子设备制造业	仪器仪表制造业	其他制造业
总计	**311123**	**221003**	**102490**	**107550**	**40003**	**150437**	**313687**	**18000**	**36415**
16-19岁	4424	3824	2220	2477	583	4549	18943	467	669
20-24岁	17433	14974	8992	9997	2772	14652	51236	1738	2315
25-29岁	31877	25294	14062	15894	4442	21420	61220	2648	3711
30-34岁	52780	40238	19917	22224	7133	28711	66846	3604	5465
35-39岁	42205	29285	13962	14461	5225	19859	39260	2480	4281
40-44岁	39442	26092	11501	11954	4922	16937	27576	2037	4378
45-49岁	47176	29915	12146	13146	5993	18743	25001	2116	5267
50-54岁	40854	26476	10130	9792	5126	14134	14430	1522	4672
55-59岁	21683	14581	5660	4960	2526	7030	5964	857	2863
60-64岁	7672	5735	2071	1543	777	2551	1770	300	1263
65-69岁	4168	3299	1264	836	374	1342	962	157	950
70-74岁	1076	990	422	212	101	382	326	62	424
75岁及以上	333	300	143	54	29	127	153	12	157
男	**229754**	**158405**	**69751**	**73494**	**29627**	**90486**	**175103**	**10919**	**18255**
16-19岁	3539	3033	1635	2057	485	3166	12278	322	403
20-24岁	13706	11715	6395	8071	2277	10157	32870	1182	1422
25-29岁	24941	19362	9994	12094	3490	14116	37871	1729	2199
30-34岁	40646	30133	13870	15655	5438	17619	37100	2240	2871
35-39岁	31039	20579	9385	9172	3743	11283	19733	1364	2085
40-44岁	27582	17239	7282	7005	3340	8862	12165	1077	1971
45-49岁	31988	19421	7455	7459	4053	9322	10589	1091	2332
50-54岁	29078	18200	6707	6290	3758	8178	7108	888	2153
55-59岁	16728	10894	4120	3646	2007	4725	3428	632	1455
60-64岁	6128	4453	1545	1175	640	1822	1104	222	635
65-69岁	3299	2459	955	651	294	916	586	116	465
70-74岁	837	708	312	177	83	249	201	47	197
75岁及以上	243	209	96	42	19	71	70	9	67
女	**81369**	**62598**	**32739**	**34056**	**10376**	**59951**	**138584**	**7081**	**18160**
16-19岁	885	791	585	420	98	1383	6665	145	266
20-24岁	3727	3259	2597	1926	495	4495	18366	556	893
25-29岁	6936	5932	4068	3800	952	7304	23349	919	1512
30-34岁	12134	10105	6047	6569	1695	11092	29746	1364	2594
35-39岁	11166	8706	4577	5289	1482	8576	19527	1116	2196
40-44岁	11860	8853	4219	4949	1582	8075	15411	960	2407
45-49岁	15188	10494	4691	5687	1940	9421	14412	1025	2935
50-54岁	11776	8276	3423	3502	1368	5956	7322	634	2519
55-59岁	4955	3687	1540	1314	519	2305	2536	225	1408
60-64岁	1544	1282	526	368	137	729	666	78	628
65-69岁	869	840	309	185	80	426	376	41	485
70-74岁	239	282	110	35	18	133	125	15	227
75岁及以上	90	91	47	12	10	56	83	3	90

4-5c　续表 5

单位：人

年龄组 性　别	制造业		电力、热力、燃气及水生产和供应业				建筑业		
	废弃资源综　合利用业	金属制品、机械和设备修理业	小计	电力、热力生产和供应业	燃气生产和供应业	水的生产和供应业	小计	房　屋建筑业	土木工程建筑业
总　计	**34425**	**29632**	**105708**	**74043**	**15860**	**15805**	**3198786**	**1950570**	**248520**
16-19岁	239	518	662	482	109	71	30790	18144	2334
20-24岁	936	2326	6629	4883	995	751	145663	79024	16161
25-29岁	1790	3905	12861	9296	1944	1621	266766	140375	26622
30-34岁	3148	5533	16166	11321	2720	2125	392599	208598	33325
35-39岁	3023	3766	11032	7601	1907	1524	319585	176905	24641
40-44岁	3812	3267	10800	7519	1718	1563	349549	206461	25908
45-49岁	5748	3859	14914	10475	2183	2256	523143	330250	38203
50-54岁	6674	3373	15401	11121	1984	2296	567737	372514	39796
55-59岁	4483	1910	11556	8329	1312	1915	365466	246741	26086
60-64岁	2214	651	3383	1910	575	898	140921	100432	9391
65-69岁	1509	383	1742	845	302	595	75669	55691	4824
70-74岁	583	104	434	197	89	148	16769	12443	1020
75岁及以上	266	37	128	64	22	42	4129	2992	209
男	**25366**	**26330**	**87792**	**63055**	**12040**	**12697**	**2746062**	**1648021**	**222520**
16-19岁	199	471	575	432	87	56	26842	15347	2166
20-24岁	740	2101	5477	4122	759	596	126675	67073	14434
25-29岁	1380	3522	10489	7760	1455	1274	234190	120643	23952
30-34岁	2325	4920	13036	9484	1953	1599	342136	177767	30303
35-39岁	2142	3308	8831	6287	1405	1139	272492	147257	22232
40-44岁	2686	2819	8487	6132	1221	1134	289446	167030	22819
45-49岁	3994	3321	11783	8495	1583	1705	427628	264957	33137
50-54岁	4798	3029	13392	9841	1616	1935	482859	312651	35358
55-59岁	3405	1742	10556	7742	1101	1713	326349	218379	23942
60-64岁	1802	612	3073	1760	499	814	129836	92253	8709
65-69岁	1214	351	1574	760	263	551	69301	51096	4381
70-74岁	473	102	400	181	80	139	14973	11131	901
75岁及以上	208	32	119	59	18	42	3335	2437	186
女	**9059**	**3302**	**17916**	**10988**	**3820**	**3108**	**452724**	**302549**	**26000**
16-19岁	40	47	87	50	22	15	3948	2797	168
20-24岁	196	225	1152	761	236	155	18988	11951	1727
25-29岁	410	383	2372	1536	489	347	32576	19732	2670
30-34岁	823	613	3130	1837	767	526	50463	30831	3022
35-39岁	881	458	2201	1314	502	385	47093	29648	2409
40-44岁	1126	448	2313	1387	497	429	60103	39431	3089
45-49岁	1754	538	3131	1980	600	551	95515	65293	5066
50-54岁	1876	344	2009	1280	368	361	84878	59863	4438
55-59岁	1078	168	1000	587	211	202	39117	28362	2144
60-64岁	412	39	310	150	76	84	11085	8179	682
65-69岁	295	32	168	85	39	44	6368	4595	443
70-74岁	110	2	34	15	9	9	1796	1312	119
75岁及以上	58	5	9	5	4		794	555	23

4-5c 续表 6 单位：人

年龄组 性别	建筑业		批发和零售业			交通运输、仓储和邮政业			
	建筑安装业	建筑装饰、装修和其他建筑业	小计	批发业	零售业	小计	铁路运输业	道路运输业	水上运输业
总　计	**152654**	**847042**	**2106189**	**606032**	**1500157**	**896785**	**12777**	**625506**	**12032**
16-19岁	1635	8677	38583	7007	31576	9016	226	3503	74
20-24岁	8628	41850	165751	33818	131933	51859	1930	26541	574
25-29岁	18406	81363	263675	59620	204055	101119	2515	61950	1150
30-34岁	28531	122145	356281	86141	270140	155551	1801	108533	1718
35-39岁	20762	97277	258789	65793	192996	133928	957	102332	1216
40-44岁	18564	98616	225543	62795	162748	122675	931	95911	1233
45-49岁	20928	133762	255190	79610	175580	133048	1431	100268	1795
50-54岁	18782	136645	232772	83329	149443	104866	1500	73959	2022
55-59岁	10847	81792	148389	56950	91439	55357	1033	36315	1353
60-64岁	3605	27493	70473	29580	40893	17812	282	10312	556
65-69岁	1582	13572	55298	24846	30452	8699	122	4550	255
70-74岁	295	3011	23389	10987	12402	2149	24	1036	59
75岁及以上	89	839	12056	5556	6500	706	25	296	27
男	**141370**	**734151**	**1080091**	**370055**	**710036**	**783043**	**10056**	**572874**	**9911**
16-19岁	1544	7785	18821	4526	14295	7035	110	2904	61
20-24岁	8082	37086	79772	20752	59020	42033	1356	22984	496
25-29岁	17274	72321	132481	37274	95207	85912	1977	55829	1015
30-34岁	26688	107378	173323	52647	120676	134705	1411	99226	1469
35-39岁	19159	83844	125637	39724	85913	118505	730	94602	1009
40-44岁	16975	82622	108903	37049	71854	108192	735	87975	1006
45-49岁	18934	110600	127397	46608	80789	116782	1137	91613	1394
50-54岁	17242	117608	125768	50375	75393	93516	1289	68591	1588
55-59岁	10199	73829	86267	35685	50582	50137	926	34085	1094
60-64岁	3450	25424	44248	19049	25199	16103	240	9667	487
65-69岁	1486	12338	34753	15798	18955	7719	103	4221	220
70-74岁	268	2673	14990	7045	7945	1840	19	926	51
75岁及以上	69	643	7731	3523	4208	564	23	251	21
女	**11284**	**112891**	**1026098**	**235977**	**790121**	**113742**	**2721**	**52632**	**2121**
16-19岁	91	892	19762	2481	17281	1981	116	599	13
20-24岁	546	4764	85979	13066	72913	9826	574	3557	78
25-29岁	1132	9042	131194	22346	108848	15207	538	6121	135
30-34岁	1843	14767	182958	33494	149464	20846	390	9307	249
35-39岁	1603	13433	133152	26069	107083	15423	227	7730	207
40-44岁	1589	15994	116640	25746	90894	14483	196	7936	227
45-49岁	1994	23162	127793	33002	94791	16266	294	8655	401
50-54岁	1540	19037	107004	32954	74050	11350	211	5368	434
55-59岁	648	7963	62122	21265	40857	5220	107	2230	259
60-64岁	155	2069	26225	10531	15694	1709	42	645	69
65-69岁	96	1234	20545	9048	11497	980	19	329	35
70-74岁	27	338	8399	3942	4457	309	5	110	8
75岁及以上	20	196	4325	2033	2292	142	2	45	6

4-5c　续表 7

单位：人

年龄组 性　别	交通运输、仓储和邮政业					住宿和餐饮业		
	航　空 运输业	管　道 运输业	多式联运 和运输 代理业	装卸搬运 和仓储业	邮政业	小计	住宿业	餐饮业
总　计	**7169**	**516**	**15741**	**113413**	**109631**	**849605**	**75113**	**774492**
16-19岁	141	4	169	1459	3440	33261	2868	30393
20-24岁	1264	33	1185	5392	14940	84482	8830	75652
25-29岁	1574	80	2174	9044	22632	107345	10101	97244
30-34岁	1302	103	2998	13223	25873	135158	11484	123674
35-39岁	810	70	2364	11435	14744	103303	8354	94949
40-44岁	687	45	1984	12511	9373	94199	8060	86139
45-49岁	613	55	2065	18263	8558	110520	9878	100642
50-54岁	444	56	1664	19396	5825	94453	8295	86158
55-59岁	236	42	772	12736	2870	53429	4499	48930
60-64岁	66	15	241	5550	790	19090	1616	17474
65-69岁	24	9	98	3234	407	10611	863	9748
70-74岁	5	4	18	886	117	2748	197	2551
75岁及以上	3		9	284	62	1006	68	938
男	**4724**	**415**	**12807**	**91942**	**80314**	**405986**	**29649**	**376337**
16-19岁	92	3	118	1222	2525	21211	1550	19661
20-24岁	691	26	826	4451	11203	51076	3876	47200
25-29岁	1016	62	1620	7352	17041	61735	4285	57450
30-34岁	892	88	2343	10455	18821	71366	4581	66785
35-39岁	557	54	1978	8993	10582	49741	3123	46618
40-44岁	484	31	1675	9656	6630	39535	2609	36926
45-49岁	412	42	1779	14459	5946	39604	2981	36623
50-54岁	311	47	1445	16022	4223	33253	2932	30321
55-59岁	190	39	690	10849	2264	21421	2059	19362
60-64岁	52	11	224	4803	619	9395	958	8437
65-69岁	19	8	86	2736	326	5541	529	5012
70-74岁	5	4	17	728	90	1579	130	1449
75岁及以上	3		6	216	44	529	36	493
女	**2445**	**101**	**2934**	**21471**	**29317**	**443619**	**45464**	**398155**
16-19岁	49	1	51	237	915	12050	1318	10732
20-24岁	573	7	359	941	3737	33406	4954	28452
25-29岁	558	18	554	1692	5591	45610	5816	39794
30-34岁	410	15	655	2768	7052	63792	6903	56889
35-39岁	253	16	386	2442	4162	53562	5231	48331
40-44岁	203	14	309	2855	2743	54664	5451	49213
45-49岁	201	13	286	3804	2612	70916	6897	64019
50-54岁	133	9	219	3374	1602	61200	5363	55837
55-59岁	46	3	82	1887	606	32008	2440	29568
60-64岁	14	4	17	747	171	9695	658	9037
65-69岁	5	1	12	498	81	5070	334	4736
70-74岁			1	158	27	1169	67	1102
75岁及以上			3	68	18	477	32	445

4-5c 续表 8

单位：人

年龄组 性 别	信息传输、软件和信息技术服务业				金融业				
	小计	电信、广播电视和卫星传输服务	互联网和相关服务	软件和信息技术服务业	小计	货币金融服务	资本市场服务	保险业	其他金融业
总 计	**125241**	**30737**	**47537**	**46967**	**83781**	**29888**	**3907**	**43330**	**6656**
16-19岁	3367	602	1723	1042	729	151	36	449	93
20-24岁	24827	4098	10098	10631	10674	4134	623	4626	1291
25-29岁	36308	6707	13398	16203	20190	7944	1177	9068	2001
30-34岁	29635	7501	11210	10924	19110	6593	897	10038	1582
35-39岁	12607	3979	4753	3875	9459	2455	432	5959	613
40-44岁	6648	2527	2491	1630	6466	1585	214	4341	326
45-49岁	5290	2288	1846	1156	6748	2232	197	4051	268
50-54岁	3651	1651	1197	803	5511	2326	175	2773	237
55-59岁	2039	1025	583	431	3404	1716	108	1407	173
60-64岁	536	236	144	156	844	394	32	374	44
65-69岁	225	86	62	77	420	218	13	169	20
70-74岁	72	29	23	20	146	82	3	54	7
75岁及以上	36	8	9	19	80	58		21	1
男	**83023**	**19236**	**30965**	**32822**	**40750**	**15865**	**2435**	**18751**	**3699**
16-19岁	2030	309	1029	692	365	70	21	235	39
20-24岁	15050	2188	5977	6885	5101	1696	316	2505	584
25-29岁	23661	3860	8490	11311	10450	3767	670	4948	1065
30-34岁	19658	4272	7429	7957	9223	3261	572	4462	928
35-39岁	8609	2465	3295	2849	4023	1245	312	2099	367
40-44岁	4856	1822	1845	1189	2416	823	150	1263	180
45-49岁	3900	1735	1355	810	2847	1297	141	1239	170
50-54岁	2828	1355	899	574	2949	1696	130	959	164
55-59岁	1708	915	456	337	2304	1436	81	646	141
60-64岁	449	209	115	125	595	297	29	231	38
65-69岁	191	75	51	65	290	157	11	105	17
70-74岁	57	27	16	14	118	66	2	45	5
75岁及以上	26	4	8	14	69	54		14	1
女	**42218**	**11501**	**16572**	**14145**	**43031**	**14023**	**1472**	**24579**	**2957**
16-19岁	1337	293	694	350	364	81	15	214	54
20-24岁	9777	1910	4121	3746	5573	2438	307	2121	707
25-29岁	12647	2847	4908	4892	9740	4177	507	4120	936
30-34岁	9977	3229	3781	2967	9887	3332	325	5576	654
35-39岁	3998	1514	1458	1026	5436	1210	120	3860	246
40-44岁	1792	705	646	441	4050	762	64	3078	146
45-49岁	1390	553	491	346	3901	935	56	2812	98
50-54岁	823	296	298	229	2562	630	45	1814	73
55-59岁	331	110	127	94	1100	280	27	761	32
60-64岁	87	27	29	31	249	97	3	143	6
65-69岁	34	11	11	12	130	61	2	64	3
70-74岁	15	2	7	6	28	16	1	9	2
75岁及以上	10	4	1	5	11	4		7	

4-5c　续表 9

单位：人

年龄组 性　别	房地产业		租赁和商务服务业			科学研究和技术服务业			
	小计	房地产业	小计	租赁业	商　务 服务业	小计	研究和 试验发展	专业技术 服务业	科技推广 和应用 服务业
总　计	**166620**	**166620**	**332329**	**36733**	**295596**	**112703**	**10971**	**68168**	**33564**
16-19岁	2361	2361	6763	617	6146	1665	155	1090	420
20-24岁	18349	18349	35420	2964	32456	14618	1554	10462	2602
25-29岁	28288	28288	51681	5770	45911	22824	2770	15868	4186
30-34岁	27651	27651	55765	7686	48079	21631	2518	14228	4885
35-39岁	15395	15395	34295	4819	29476	11165	1178	7106	2881
40-44岁	12458	12458	28163	3861	24302	7942	674	4811	2457
45-49岁	16116	16116	33633	4244	29389	9167	710	5106	3351
50-54岁	17543	17543	34608	3654	30954	9154	665	4624	3865
55-59岁	14433	14433	26919	2003	24916	6790	455	3018	3317
60-64岁	7714	7714	12964	645	12319	3229	148	1043	2038
65-69岁	4871	4871	8437	334	8103	2651	103	567	1981
70-74岁	1130	1130	2771	110	2661	1245	29	173	1043
75岁及以上	311	311	910	26	884	622	12	72	538
男	**107689**	**107689**	**228107**	**33453**	**194654**	**77580**	**7317**	**50429**	**19834**
16-19岁	1583	1583	4529	593	3936	1146	100	765	281
20-24岁	11285	11285	20389	2794	17595	9750	970	7170	1610
25-29岁	17724	17724	31333	5432	25901	15661	1779	11297	2585
30-34岁	16798	16798	36415	7133	29282	15262	1739	10509	3014
35-39岁	9507	9507	23279	4403	18876	7789	793	5252	1744
40-44岁	7469	7469	19190	3433	15757	5439	448	3544	1447
45-49岁	9776	9776	23613	3706	19907	6149	457	3839	1853
50-54岁	11694	11694	26407	3196	23211	6377	463	3774	2140
55-59岁	10675	10675	22104	1778	20326	4885	354	2653	1878
60-64岁	6136	6136	10950	582	10368	2196	108	908	1180
65-69岁	3883	3883	6966	285	6681	1716	76	496	1144
70-74岁	927	927	2255	97	2158	816	21	157	638
75岁及以上	232	232	677	21	656	394	9	65	320
女	**58931**	**58931**	**104222**	**3280**	**100942**	**35123**	**3654**	**17739**	**13730**
16-19岁	778	778	2234	24	2210	519	55	325	139
20-24岁	7064	7064	15031	170	14861	4868	584	3292	992
25-29岁	10564	10564	20348	338	20010	7163	991	4571	1601
30-34岁	10853	10853	19350	553	18797	6369	779	3719	1871
35-39岁	5888	5888	11016	416	10600	3376	385	1854	1137
40-44岁	4989	4989	8973	428	8545	2503	226	1267	1010
45-49岁	6340	6340	10020	538	9482	3018	253	1267	1498
50-54岁	5849	5849	8201	458	7743	2777	202	850	1725
55-59岁	3758	3758	4815	225	4590	1905	101	365	1439
60-64岁	1578	1578	2014	63	1951	1033	40	135	858
65-69岁	988	988	1471	49	1422	935	27	71	837
70-74岁	203	203	516	13	503	429	8	16	405
75岁及以上	79	79	233	5	228	228	3	7	218

4-5c 续表 10 单位：人

年龄组 性　别	水利、环境和公共设施管理业					居民服务、修理和其他服务业			
	小计	水　利 管理业	生态保护 和环境 治理业	公共设施 管理业	土　地 管理业	小计	居　民 服务业	机动车、 电子产品 和日用产 品修理业	其　他 服务业
总　计	**164286**	**6975**	**15533**	**140449**	**1329**	**629419**	**336598**	**169143**	**123678**
16-19岁	653	30	95	514	14	22419	13047	8149	1223
20-24岁	3843	265	569	2928	81	58448	32290	22734	3424
25-29岁	7343	570	1106	5505	162	73937	40290	28108	5539
30-34岁	10610	719	1560	8163	168	89890	48797	32704	8389
35-39岁	10159	552	1447	8045	115	63202	33297	21728	8177
40-44岁	12643	711	1696	10125	111	56552	29232	16929	10391
45-49岁	20831	1060	2327	17300	144	70385	38097	15005	17283
50-54岁	27187	1256	2634	23132	165	72516	39381	11484	21651
55-59岁	26149	1046	2147	22803	153	52619	27821	6702	18096
60-64岁	19062	400	987	17580	95	29290	14199	2901	12190
65-69岁	17134	234	670	16159	71	24647	11658	1824	11165
70-74岁	6763	90	223	6417	33	10327	5202	620	4505
75岁及以上	1909	42	72	1778	17	5187	3287	255	1645
男	**100828**	**5855**	**11497**	**82468**	**1008**	**318478**	**116008**	**146899**	**55571**
16-19岁	427	24	60	334	9	14799	6266	7829	704
20-24岁	2467	202	379	1831	55	36412	13238	21254	1920
25-29岁	4894	449	790	3529	126	43814	15576	25196	3042
30-34岁	6863	577	1127	5032	127	49951	17514	28233	4204
35-39岁	6072	464	987	4532	89	32891	11064	18361	3466
40-44岁	7044	558	1177	5214	95	26391	8669	13973	3749
45-49岁	11156	847	1675	8525	109	27758	10129	12090	5539
50-54岁	15481	1061	2001	12297	122	27444	10596	9345	7503
55-59岁	16025	963	1714	13229	119	21898	8671	5664	7563
60-64岁	12228	363	800	10995	70	14752	5592	2536	6624
65-69岁	11618	222	541	10804	51	13430	4930	1628	6872
70-74岁	5080	85	193	4778	24	6136	2361	564	3211
75岁及以上	1473	40	53	1368	12	2802	1402	226	1174
女	**63458**	**1120**	**4036**	**57981**	**321**	**310941**	**220590**	**22244**	**68107**
16-19岁	226	6	35	180	5	7620	6781	320	519
20-24岁	1376	63	190	1097	26	22036	19052	1480	1504
25-29岁	2449	121	316	1976	36	30123	24714	2912	2497
30-34岁	3747	142	433	3131	41	39939	31283	4471	4185
35-39岁	4087	88	460	3513	26	30311	22233	3367	4711
40-44岁	5599	153	519	4911	16	30161	20563	2956	6642
45-49岁	9675	213	652	8775	35	42627	27968	2915	11744
50-54岁	11706	195	633	10835	43	45072	28785	2139	14148
55-59岁	10124	83	433	9574	34	30721	19150	1038	10533
60-64岁	6834	37	187	6585	25	14538	8607	365	5566
65-69岁	5516	12	129	5355	20	11217	6728	196	4293
70-74岁	1683	5	30	1639	9	4191	2841	56	1294
75岁及以上	436	2	19	410	5	2385	1885	29	471

4-5c　续表 11　　　　　　　　　　　　　　　　　　　　　　　　　　　　单位：人

年龄组 性　别	教育		卫生和社会工作			文化、体育和娱乐业				
	小计	教育	小计	卫生	社会工作	小计	新闻和出版业	广播、电视、电影和录音制作业	文　化艺术业	体育
总　计	**437039**	**437039**	**199709**	**185540**	**14169**	**62926**	**1979**	**4897**	**13306**	**9381**
16-19岁	26462	26462	2634	2561	73	2555	30	134	455	405
20-24岁	66713	66713	29220	28649	571	9214	313	1034	1527	2091
25-29岁	79518	79518	36594	35877	717	10908	522	1146	1900	2410
30-34岁	65968	65968	26020	25044	976	10052	397	968	1983	1536
35-39岁	43017	43017	16667	15815	852	6036	211	475	1288	775
40-44岁	39004	39004	18170	17055	1115	4825	128	268	1054	508
45-49岁	37200	37200	20775	18769	2006	5835	166	287	1336	536
50-54岁	35473	35473	18358	15799	2559	5579	110	244	1533	503
55-59岁	29372	29372	13287	10886	2401	4013	68	191	1179	340
60-64岁	7700	7700	7454	6171	1283	1884	20	78	470	157
65-69岁	4029	4029	6302	5347	955	1304	13	49	342	82
70-74岁	1571	1571	2918	2502	416	513	1	16	160	24
75岁及以上	1012	1012	1310	1065	245	208		7	79	14
男	**161839**	**161839**	**81433**	**76308**	**5125**	**35841**	**1036**	**3097**	**7867**	**5591**
16-19岁	11495	11495	547	513	34	1644	12	88	248	255
20-24岁	14838	14838	5178	4988	190	5461	119	567	774	1388
25-29岁	19820	19820	8092	7856	236	6299	213	681	990	1526
30-34岁	17878	17878	8011	7709	302	5593	199	604	1128	859
35-39岁	14535	14535	7430	7155	275	3221	125	326	748	399
40-44岁	15449	15449	9086	8772	314	2476	90	190	596	238
45-49岁	16419	16419	10964	10463	501	2920	115	197	762	253
50-54岁	18868	18868	10282	9529	753	3011	81	170	949	263
55-59岁	21738	21738	8245	7311	934	2445	53	154	815	212
60-64岁	5634	5634	5165	4513	652	1294	17	57	367	113
65-69岁	3014	3014	4820	4286	534	927	11	42	283	60
70-74岁	1271	1271	2487	2222	265	396	1	14	142	16
75岁及以上	880	880	1126	991	135	154		7	65	9
女	**275200**	**275200**	**118276**	**109232**	**9044**	**27085**	**943**	**1800**	**5439**	**3790**
16-19岁	14967	14967	2087	2048	39	911	18	46	207	150
20-24岁	51875	51875	24042	23661	381	3753	194	467	753	703
25-29岁	59698	59698	28502	28021	481	4609	309	465	910	884
30-34岁	48090	48090	18009	17335	674	4459	198	364	855	677
35-39岁	28482	28482	9237	8660	577	2815	86	149	540	376
40-44岁	23555	23555	9084	8283	801	2349	38	78	458	270
45-49岁	20781	20781	9811	8306	1505	2915	51	90	574	283
50-54岁	16605	16605	8076	6270	1806	2568	29	74	584	240
55-59岁	7634	7634	5042	3575	1467	1568	15	37	364	128
60-64岁	2066	2066	2289	1658	631	590	3	21	103	44
65-69岁	1015	1015	1482	1061	421	377	2	7	59	22
70-74岁	300	300	431	280	151	117		2	18	8
75岁及以上	132	132	184	74	110	54			14	5

4-5c 续表 12

单位：人

年龄组 性 别	娱乐业	公共管理、社会保障和社会组织							国际组织	
		小计	中国共产党机关	国家机构	人民政协、民主党派	社会保障	群众团体、社会团体和其他成员组织	基层群众自治组织	小计	国际组织
总　计	**33363**	**435331**	**5566**	**209183**	**343**	**1745**	**30528**	**187966**	**56**	**56**
16-19岁	1531	3904	47	2327		16	905	609		
20-24岁	4249	32834	455	24341	20	191	2506	5321	8	8
25-29岁	4930	57343	920	41398	50	305	3316	11354	6	6
30-34岁	5168	59497	984	37624	45	306	3824	16714	10	10
35-39岁	3287	40817	601	21601	31	182	2990	15412	9	9
40-44岁	2867	40759	499	18751	49	137	2913	18410	5	5
45-49岁	3510	51072	581	20243	49	177	3597	26425	6	6
50-54岁	3189	54930	593	18966	37	160	3725	31449	7	7
55-59岁	2235	50335	568	16088	51	125	2843	30660	3	3
60-64岁	1159	20606	167	4084	6	58	1424	14867		
65-69岁	818	14474	104	2448	4	37	1261	10620	2	2
70-74岁	312	6081	33	842	1	21	697	4487		
75岁及以上	108	2679	14	470		30	527	1638		
男	**18250**	**297540**	**4075**	**146856**	**239**	**869**	**18937**	**126564**	**38**	**38**
16-19岁	1041	2869	32	1906		9	589	333		
20-24岁	2613	20267	276	16046	10	85	1368	2482	7	7
25-29岁	2889	34381	573	26490	30	124	1769	5395	3	3
30-34岁	2803	36096	636	24872	25	126	2224	8213	6	6
35-39岁	1623	26466	446	15244	20	89	1873	8794	4	4
40-44岁	1362	26902	390	13083	35	57	1848	11489	3	3
45-49岁	1593	35042	443	14254	36	83	2284	17942	4	4
50-54岁	1548	40787	497	14655	31	106	2490	23008	7	7
55-59岁	1211	40569	508	13899	44	93	1952	24073	3	3
60-64岁	740	16197	144	3250	5	42	958	11798		
65-69岁	531	11198	91	2011	3	22	820	8251	1	1
70-74岁	223	4724	27	724		18	446	3509		
75岁及以上	73	2042	12	422		15	316	1277		
女	**15113**	**137791**	**1491**	**62327**	**104**	**876**	**11591**	**61402**	**18**	**18**
16-19岁	490	1035	15	421		7	316	276		
20-24岁	1636	12567	179	8295	10	106	1138	2839	1	1
25-29岁	2041	22962	347	14908	20	181	1547	5959	3	3
30-34岁	2365	23401	348	12752	20	180	1600	8501	4	4
35-39岁	1664	14351	155	6357	11	93	1117	6618	5	5
40-44岁	1505	13857	109	5668	14	80	1065	6921	2	2
45-49岁	1917	16030	138	5989	13	94	1313	8483	2	2
50-54岁	1641	14143	96	4311	6	54	1235	8441		
55-59岁	1024	9766	60	2189	7	32	891	6587		
60-64岁	419	4409	23	834	1	16	466	3069		
65-69岁	287	3276	13	437	1	15	441	2369	1	1
70-74岁	89	1357	6	118	1	3	251	978		
75岁及以上	35	637	2	48		15	211	361		

4-6　各地区分性别、职业中类的就业人口

单位：人

地区 性别	合计	党的机关、国家机关、群众团体和社会组织、企事业单位负责人						
		小计	中国共产党机关负责人	国家机关负责人	民主党派和工商联负责人	人民团体和群众团体、社会组织及其他成员组织负责人	基层群众自治组织负责人	企事业单位负责人
全　国	**65631786**	**1447913**	**4561**	**64393**	**231**	**49830**	**45455**	**1283443**
北　京	1015007	41802	93	1158	9	794	663	39085
天　津	504665	22089	32	632	1	417	306	20701
河　北	3332630	69063	207	3179	11	2250	3210	60206
山　西	1452063	29507	130	2116	10	1109	1439	24703
内蒙古	1049550	22768	136	2127	9	819	875	18802
辽　宁	1799414	43358	176	2450	13	1415	902	38402
吉　林	1008886	15241	190	1079	2	438	587	12945
黑龙江	1283401	30591	134	2416	3	1170	470	26398
上　海	1264922	50250	32	615	6	686	499	48412
江　苏	4062749	134342	145	3178	11	3166	1462	126380
浙　江	3642236	105757	188	2561	12	1937	1911	99148
安　徽	2766699	64109	184	2830	5	2243	1707	57140
福　建	2052886	36015	102	1413	3	1611	1349	31537
江　西	2260971	52642	105	2610	6	2632	1063	46226
山　东	4764872	109494	252	3702	9	3629	3148	98754
河　南	4225042	74256	191	3006	10	3660	2521	64868
湖　北	3046668	54477	154	2894	13	2962	1871	46583
湖　南	3041080	64305	172	3189	8	3671	1746	55519
广　东	6203762	192090	182	3271	25	5813	2235	180564
广　西	2013956	33561	167	2430	8	1512	1654	27790
海　南	422630	8641	16	390		426	192	7617
重　庆	1526217	21875	52	1138	4	783	1072	18826
四　川	4552395	47437	443	4270	12	2264	3981	36467
贵　州	1480345	28905	153	2250	10	1158	2159	23175
云　南	2519755	25651	331	2350	7	683	1901	20379
西　藏	117903	3559	70	734	1	203	809	1742
陕　西	1606941	25538	100	1354	5	813	1497	21769
甘　肃	959370	11042	194	1651	11	540	1563	7083
青　海	226183	5185	51	575	2	228	486	3843
宁　夏	314750	6208	46	397	3	283	395	5084
新　疆	1113838	18155	133	2428	2	515	1782	13295

4-6 续表 1

单位：人

地区 性别	合计	党的机关、国家机关、群众团体和社会组织、企事业单位负责人						
		小计	中国共产党机关负责人	国家机关负责人	民主党派和工商联负责人	人民团体和群众团体、社会组织及其他成员组织负责人	基层群众自治组织负责人	企事业单位负责人
男	**38880798**	**1069086**	**3670**	**52122**	**143**	**31782**	**36895**	**944474**
北京	587409	29324	57	823	6	481	424	27533
天津	308218	15804	22	467		267	209	14839
河北	1991602	52300	160	2582	8	1479	2742	45329
山西	941097	22777	116	1755	6	752	1292	18856
内蒙古	646349	17097	110	1739	5	509	686	14048
辽宁	1075189	30336	134	1897	9	820	656	26820
吉林	593245	11089	156	912	1	228	436	9356
黑龙江	767860	21388	97	1898	2	707	303	18381
上海	743847	36684	20	442	3	391	237	35591
江苏	2401192	99982	112	2591	8	2068	1163	94040
浙江	2188814	79110	147	2118	8	1281	1584	73972
安徽	1682501	48826	150	2360	4	1454	1380	43478
福建	1211954	28285	86	1219	1	1106	1168	24705
江西	1332119	38260	78	2144	2	1615	868	33553
山东	2810385	81149	211	3012	6	2363	2589	72968
河南	2409067	53377	147	2376	4	2441	2075	46334
湖北	1807305	40680	123	2403	8	1811	1493	34842
湖南	1831395	45405	130	2658	4	2344	1340	38929
广东	3779739	142295	138	2656	17	3867	1882	133735
广西	1154817	23706	139	1887	6	899	1338	19437
海南	249450	6236	14	325		263	175	5459
重庆	891118	15766	41	910	1	465	800	13549
四川	2578043	35343	373	3381	7	1383	3199	27000
贵州	872038	21210	121	1874	10	739	1858	16608
云南	1430686	18752	284	1887	4	436	1610	14531
西藏	70367	2649	55	556	1	130	675	1232
陕西	980785	19625	90	1131	2	514	1243	16645
甘肃	573950	8950	166	1391	8	349	1371	5665
青海	135636	4035	43	462	1	128	415	2986
宁夏	193621	4875	39	314	1	174	327	4020
新疆	641000	13771	111	1952		318	1357	10033

4-6　续表 2　　　　单位：人

地区 性别	合计	党的机关、国家机关、群众团体和社会组织、企事业单位负责人						
		小计	中国共产党机关负责人	国家机关负责人	民主党派和工商联负责人	人民团体和群众团体、社会组织及其他成员组织负责人	基层群众自治组织负责人	企事业单位负责人
女	**26750988**	**378827**	**891**	**12271**	**88**	**18048**	**8560**	**338969**
北　京	427598	12478	36	335	3	313	239	11552
天　津	196447	6285	10	165	1	150	97	5862
河　北	1341028	16763	47	597	3	771	468	14877
山　西	510966	6730	14	361	4	357	147	5847
内蒙古	403201	5671	26	388	4	310	189	4754
辽　宁	724225	13022	42	553	4	595	246	11582
吉　林	415641	4152	34	167	1	210	151	3589
黑龙江	515541	9203	37	518	1	463	167	8017
上　海	521075	13566	12	173	3	295	262	12821
江　苏	1661557	34360	33	587	3	1098	299	32340
浙　江	1453422	26647	41	443	4	656	327	25176
安　徽	1084198	15283	34	470	1	789	327	13662
福　建	840932	7730	16	194	2	505	181	6832
江　西	928852	14382	27	466	4	1017	195	12673
山　东	1954487	28345	41	690	3	1266	559	25786
河　南	1815975	20879	44	630	6	1219	446	18534
湖　北	1239363	13797	31	491	5	1151	378	11741
湖　南	1209685	18900	42	531	4	1327	406	16590
广　东	2424023	49795	44	615	8	1946	353	46829
广　西	859139	9855	28	543	2	613	316	8353
海　南	173180	2405	2	65		163	17	2158
重　庆	635099	6109	11	228	3	318	272	5277
四　川	1974352	12094	70	889	5	881	782	9467
贵　州	608307	7695	32	376		419	301	6567
云　南	1089069	6899	47	463	3	247	291	5848
西　藏	47536	910	15	178		73	134	510
陕　西	626156	5913	10	223	3	299	254	5124
甘　肃	385420	2092	28	260	3	191	192	1418
青　海	90547	1150	8	113	1	100	71	857
宁　夏	121129	1333	7	83	2	109	68	1064
新　疆	472838	4384	22	476	2	197	425	3262

4-6 续表 3

单位：人

地区 性别	专业技术人员									
	小计	科学研究人员	工程技术人员	农业技术人员	飞机和船舶技术人员	卫生专业技术人员	经济和金融专业人员	法律、社会和宗教专业人员	教学人员	文学艺术、体育专业人员
全国	**6840341**	**45735**	**1544606**	**50597**	**11505**	**1091733**	**1445459**	**160315**	**2217346**	**117905**
北京	260724	7310	74347	947	619	27428	73407	9090	46195	8945
天津	82704	1082	23385	216	271	11311	16770	2792	23431	949
河北	319643	1401	63258	2135	202	55273	61865	5269	118422	4132
山西	167414	838	34087	1033	66	27507	29894	3054	64025	2442
内蒙古	125454	508	25469	1472	61	21445	23486	3278	44137	1866
辽宁	203350	1392	46641	1413	653	34082	40133	5598	64467	3110
吉林	110045	800	18687	880	68	21587	19730	2447	41593	1374
黑龙江	118813	758	20552	1197	92	23427	21677	2820	43001	1679
上海	262407	3854	82455	622	1038	24789	89867	8835	38598	7105
江苏	467324	3371	135476	2713	641	58572	115800	11350	122790	6823
浙江	376548	1957	90225	1300	1856	50876	109520	10465	94550	8839
安徽	256665	1236	53393	1647	298	44419	48572	5635	92649	3817
福建	211378	668	43470	1081	721	29431	50713	5498	70509	5253
江西	188977	731	36225	1176	205	33899	30044	3204	76620	3033
山东	470783	2654	95978	3431	741	79198	98629	9274	164403	5944
河南	366023	1581	64764	4573	167	68652	57390	6138	149757	5476
湖北	298013	2203	71674	2300	455	50694	59290	6711	92691	4813
湖南	267499	1167	53288	1838	167	50861	43973	5197	101157	4394
广东	684578	3691	202198	2340	968	76196	182053	13367	175262	16089
广西	170901	613	27592	1731	346	34005	25614	2798	73173	1900
海南	37142	218	5954	420	197	6519	6745	824	14839	568
重庆	157004	695	35171	990	405	27325	30384	4005	51758	2657
四川	391026	2864	81033	4166	492	72816	74123	10267	130983	6308
贵州	139257	473	21327	1317	86	29106	18358	2875	61427	1373
云南	192533	891	32544	3158	193	39093	30199	4062	76730	2241
西藏	13772	79	1696	449	6	2446	1634	1366	5203	489
陕西	189292	1244	45100	1373	253	31843	34300	3245	64787	2797
甘肃	108645	709	21372	1466	54	20838	16118	2629	41846	1264
青海	30759	143	6073	398	8	5794	5529	2365	9246	400
宁夏	37754	145	7967	530	21	6380	7272	1257	12843	414
新疆	133914	459	23205	2285	155	25921	22370	4600	50254	1411

4-6　续表 4　　　　单位：人

地区 性别	专业技术人员									
	小计	科学研究人员	工程技术人员	农业技术人员	飞机和船舶技术人员	卫生专业技术人员	经济和金融专业人员	法律、社会和宗教专业人员	教学人员	文学艺术、体育专业人员
男	**3062274**	**26702**	**1280038**	**35133**	**10697**	**341725**	**419779**	**83101**	**723086**	**67583**
北京	116939	3912	55494	607	581	6730	22214	3664	14055	4915
天津	37119	604	18484	148	240	3196	4707	1184	6742	531
河北	131438	791	53437	1478	183	19181	17390	2848	29705	2441
山西	70132	488	28870	712	51	8236	9693	1470	17069	1439
内蒙古	54439	259	21800	1109	56	6806	7011	1542	13044	1047
辽宁	86682	805	38114	993	595	9711	11053	2206	18576	1716
吉林	43954	467	15575	626	65	6337	5583	1049	12319	789
黑龙江	50708	444	16581	904	82	7366	6892	1283	14373	968
上海	120585	2061	64656	391	975	5920	26096	3683	10890	3890
江苏	218905	1979	111731	1810	603	17391	30377	6425	39923	3744
浙江	164811	1122	75129	939	1828	14891	29212	5882	28192	4681
安徽	122989	827	45944	1251	262	15407	15702	3240	35438	2322
福建	92892	408	36805	804	702	9711	14360	2834	22269	3070
江西	87044	474	30679	850	168	12345	9532	1774	27102	1888
山东	208279	1612	79978	2319	689	26236	29584	5180	54048	3370
河南	155499	975	53544	2660	151	24807	18059	3654	44525	3145
湖北	141990	1398	60473	1761	408	16081	18609	3388	33580	2771
湖南	120061	731	45025	1393	138	16402	12871	2900	35191	2487
广东	325328	2137	171021	1599	897	25010	49016	6503	53448	9572
广西	69709	373	22975	1215	318	10578	6895	1582	23232	1076
海南	16596	122	5182	311	188	2087	2020	474	5397	360
重庆	71047	423	29157	718	380	8161	8655	1964	18384	1458
四川	177621	1825	67225	2851	464	22969	22761	6046	45900	3655
贵州	63681	265	18233	987	78	9119	5942	1660	25070	794
云南	84911	530	27072	2170	173	10082	9007	2253	30628	1351
西藏	7056	43	1430	285	5	965	612	989	2179	343
陕西	86656	780	36789	991	201	9795	11378	1613	21407	1712
甘肃	52637	435	17882	1043	45	6636	5317	1486	17916	752
青海	14215	81	4986	252	6	1651	1654	1647	3317	246
宁夏	15929	85	6719	409	18	1610	1882	638	3919	238
新疆	52422	246	19048	1547	147	6308	5695	2040	15248	812

4-6 续表 5

单位：人

地区 性别	专业技术人员 小计	科学研究人员	工程技术人员	农业技术人员	飞机和船舶技术人员	卫生专业技术人员	经济和金融专业人员	法律、社会和宗教专业人员	教学人员	文学艺术、体育专业人员
女	**3778067**	**19033**	**264568**	**15464**	**808**	**750008**	**1025680**	**77214**	**1494260**	**50322**
北京	143785	3398	18853	340	38	20698	51193	5426	32140	4030
天津	45585	478	4901	68	31	8115	12063	1608	16689	418
河北	188205	610	9821	657	19	36092	44475	2421	88717	1691
山西	97282	350	5217	321	15	19271	20201	1584	46956	1003
内蒙古	71015	249	3669	363	5	14639	16475	1736	31093	819
辽宁	116668	587	8527	420	58	24371	29080	3392	45891	1394
吉林	66091	333	3112	254	3	15250	14147	1398	29274	585
黑龙江	68105	314	3971	293	10	16061	14785	1537	28628	711
上海	141822	1793	17799	231	63	18869	63771	5152	27708	3215
江苏	248419	1392	23745	903	38	41181	85423	4925	82867	3079
浙江	211737	835	15096	361	28	35985	80308	4583	66358	4158
安徽	133676	409	7449	396	36	29012	32870	2395	57211	1495
福建	118486	260	6665	277	19	19720	36353	2664	48240	2183
江西	101933	257	5546	326	37	21554	20512	1430	49518	1145
山东	262504	1042	16000	1112	52	52962	69045	4094	110355	2574
河南	210524	606	11220	1913	16	43845	39331	2484	105232	2331
湖北	156023	805	11201	539	47	34613	40681	3323	59111	2042
湖南	147438	436	8263	445	29	34459	31102	2297	65966	1907
广东	359250	1554	31177	741	71	51186	133037	6864	121814	6517
广西	101192	240	4617	516	28	23427	18719	1216	49941	824
海南	20546	96	772	109	9	4432	4725	350	9442	208
重庆	85957	272	6014	272	25	19164	21729	2041	33374	1199
四川	213405	1039	13808	1315	28	49847	51362	4221	85083	2653
贵州	75576	208	3094	330	8	19987	12416	1215	36357	579
云南	107622	361	5472	988	20	29011	21192	1809	46102	890
西藏	6716	36	266	164	1	1481	1022	377	3024	146
陕西	102636	464	8311	382	52	22048	22922	1632	43380	1085
甘肃	56008	274	3490	423	9	14202	10801	1143	23930	512
青海	16544	62	1087	146	2	4143	3875	718	5929	154
宁夏	21825	60	1248	121	3	4770	5390	619	8924	176
新疆	81492	213	4157	738	8	19613	16675	2560	35006	599

4-6 续表 6

单位：人

地区 性别	专业技术人员		办事人员和有关人员				社会生产服务和生活服务人员		
	新闻出版、文化专业人员	其他专业技术人员	小计	办事人员	安全和消防人员	其他办事人员和有关人员	小计	批发与零售服务人员	交通运输、仓储和邮政业服务人员
全国	**114330**	**40810**	**4558980**	**3688150**	**816435**	**54395**	**22229031**	**9254441**	**3972750**
北京	11467	969	154552	133156	20552	844	436524	135129	69116
天津	1430	1067	76265	65037	10308	920	169916	66438	35082
河北	5029	2657	210140	166688	41136	2316	1084767	468324	230535
山西	3422	1046	129757	105589	22813	1355	465387	155555	117889
内蒙古	2841	891	96191	77829	17311	1051	342155	117914	76857
辽宁	3911	1950	143261	114836	26652	1773	602151	235182	128475
吉林	2558	321	81778	69777	11639	362	306500	112137	63090
黑龙江	2670	940	93425	70314	22277	834	438448	177259	95395
上海	4554	690	151097	126126	23084	1887	546594	179052	104306
江苏	6269	3519	292786	241141	43105	8540	1376645	598895	237023
浙江	5907	1053	209416	164065	44144	1207	1278473	551320	227095
安徽	3418	1581	163538	130101	31555	1882	936231	381111	169616
福建	3118	916	151076	130340	19408	1328	774454	348929	126849
江西	2185	1655	128846	103539	23962	1345	709207	321274	110944
山东	7567	2964	292955	233718	56244	2993	1388623	620159	267832
河南	4851	2674	231330	181016	47753	2561	1494678	707877	237269
湖北	5213	1969	181194	146909	32226	2059	1039215	452221	168282
湖南	3319	2138	181175	146761	29059	5355	1029054	476698	157586
广东	9057	3357	477921	398293	75482	4146	2356452	1042935	407179
广西	2201	928	112326	90150	21128	1048	583519	261047	109368
海南	601	257	29225	24270	4580	375	155742	57091	23141
重庆	2531	1083	112665	92011	19213	1441	574556	213908	98991
四川	5839	2135	262015	219480	39375	3160	1616027	618410	244873
贵州	2001	914	108713	86665	20435	1613	446907	174640	83366
云南	2720	702	120474	91343	28101	1030	639000	257774	111754
西藏	277	127	15213	11433	3576	204	32251	9797	5682
陕西	3477	873	120259	99840	19514	905	549639	206036	101801
甘肃	1805	544	67796	55845	11074	877	281118	101307	54368
青海	628	175	18835	14780	3936	119	79596	25419	16967
宁夏	788	137	22211	19036	2832	343	114961	37475	25563
新疆	2676	578	122545	78062	43961	522	380241	143128	66456

4-6 续表 7

单位：人

地区 性别	专业技术人员		办事人员和有关人员				社会生产服务和生活服务人员		
	新闻出版、文化专业人员	其他专业技术人员	小计	办事人员	安全和消防人员	其他办事人员和有关人员	小计	批发与零售服务人员	交通运输、仓储和邮政业服务人员
男	**44453**	**29977**	**2787343**	**2026320**	**729621**	**31402**	**12595697**	**4516443**	**3409943**
北京	4148	619	84183	65385	18352	446	261773	70941	57980
天津	529	754	45171	35303	9313	555	102708	35044	29787
河北	2016	1968	135317	96308	37557	1452	637488	229516	202558
山西	1322	782	82111	61241	19985	885	293334	77487	107481
内蒙古	1081	684	61036	45257	15107	672	199734	55420	67833
辽宁	1435	1478	87354	62098	24230	1026	348753	109826	112391
吉林	906	238	50540	39884	10445	211	174593	50033	55942
黑龙江	1137	678	61213	40476	20187	550	247074	79428	82758
上海	1551	472	81179	59186	21098	895	320389	90468	86971
江苏	2371	2551	172296	129129	38621	4546	775788	297999	194502
浙江	2202	733	129627	88941	40045	641	742876	287826	190066
安徽	1403	1193	106127	76116	28807	1204	539187	192704	146068
福建	1241	688	91610	73214	17602	794	447756	181167	110919
江西	1015	1217	82844	60038	21967	839	389926	157889	96070
山东	3088	2175	190853	137691	51241	1921	810980	314164	228102
河南	2120	1859	151110	107136	42369	1605	800393	323049	197305
湖北	2053	1468	111543	81593	28726	1224	567402	212490	144730
湖南	1328	1595	113837	84929	25969	2939	564805	229725	136681
广东	3581	2544	264681	192344	69978	2359	1434732	567429	354160
广西	790	675	68334	48767	18972	595	320220	120805	93686
海南	264	191	18867	14364	4250	253	84958	26563	20192
重庆	947	800	64802	47664	16341	797	302328	92651	84819
四川	2346	1579	153179	116887	34781	1511	825883	263524	208214
贵州	857	676	70564	51460	18057	1047	241706	79963	71957
云南	1137	508	77532	52256	24643	633	341980	118260	93234
西藏	111	94	9909	6728	3061	120	18139	5465	5113
陕西	1312	678	76444	58460	17428	556	315631	100383	88507
甘肃	720	405	43650	33543	9551	556	160834	48754	46878
青海	243	132	11630	8253	3309	68	45981	12290	14806
宁夏	304	107	12736	10144	2407	185	66189	16926	22382
新疆	895	436	77064	41525	35222	317	212157	68254	57851

4-6　续表 8

单位：人

地区 性别	专业技术人员		办事人员和有关人员				社会生产服务和生活服务人员		
	新闻出版、文化专业人员	其他专业技术人员	小计	办事人员	安全和消防人员	其他办事人员和有关人员	小计	批发与零售服务人员	交通运输、仓储和邮政业服务人员
女	**69877**	**10833**	**1771637**	**1661830**	**86814**	**22993**	**9633334**	**4737998**	**562807**
北京	7319	350	70369	67771	2200	398	174751	64188	11136
天津	901	313	31094	29734	995	365	67208	31394	5295
河北	3013	689	74823	70380	3579	864	447279	238808	27977
山西	2100	264	47646	44348	2828	470	172053	78068	10408
内蒙古	1760	207	35155	32572	2204	379	142421	62494	9024
辽宁	2476	472	55907	52738	2422	747	253398	125356	16084
吉林	1652	83	31238	29893	1194	151	131907	62104	7148
黑龙江	1533	262	32212	29838	2090	284	191374	97831	12637
上海	3003	218	69918	66940	1986	992	226205	88584	17335
江苏	3898	968	120490	112012	4484	3994	600857	300896	42521
浙江	3705	320	79789	75124	4099	566	535597	263494	37029
安徽	2015	388	57411	53985	2748	678	397044	188407	23548
福建	1877	228	59466	57126	1806	534	326698	167762	15930
江西	1170	438	46002	43501	1995	506	319281	163385	14874
山东	4479	789	102102	96027	5003	1072	577643	305995	39730
河南	2731	815	80220	73880	5384	956	694285	384828	39964
湖北	3160	501	69651	65316	3500	835	471813	239731	23552
湖南	1991	543	67338	61832	3090	2416	464249	246973	20905
广东	5476	813	213240	205949	5504	1787	921720	475506	53019
广西	1411	253	43992	41383	2156	453	263299	140242	15682
海南	337	66	10358	9906	330	122	70784	30528	2949
重庆	1584	283	47863	44347	2872	644	272228	121257	14172
四川	3493	556	108836	102593	4594	1649	790144	354886	36659
贵州	1144	238	38149	35205	2378	566	205201	94677	11409
云南	1583	194	42942	39087	3458	397	297020	139514	18520
西藏	166	33	5304	4705	515	84	14112	4332	569
陕西	2165	195	43815	41380	2086	349	234008	105653	13294
甘肃	1085	139	24146	22302	1523	321	120284	52553	7490
青海	385	43	7205	6527	627	51	33615	13129	2161
宁夏	484	30	9475	8892	425	158	48772	20549	3181
新疆	1781	142	45481	36537	8739	205	168084	74874	8605

4-6 续表 9

单位：人

地区 性别	社会生产服务和生活服务人员								
	住宿和餐饮服务人员	信息传输、软件和信息技术服务人员	金融服务人员	房地产服务人员	租赁和商务服务人员	技术辅助服务人员	水利、环境和公共设施管理服务人员	居民服务人员	电力、燃气及水供应服务人员
全国	**2998199**	**548527**	**488698**	**395197**	**606964**	**491973**	**1073628**	**1299714**	**202698**
北京	41395	48577	16974	14564	23923	16731	29323	21761	3314
天津	16775	5213	6103	4791	5003	4200	9025	8954	1673
河北	118146	19859	22888	14389	19906	18998	54588	56608	13527
山西	68309	9530	12650	5215	10828	9321	23235	23824	7809
内蒙古	47114	6373	11158	5189	8464	6099	18598	22538	5422
辽宁	71799	16766	18592	11569	12193	11854	22686	40097	6887
吉林	43362	6532	11046	5154	9262	6153	13748	18970	3514
黑龙江	60691	7277	11718	5937	6765	6221	18041	27009	4693
上海	54974	37505	17171	15625	30818	23884	29968	32050	2414
江苏	150687	37666	29501	26229	50613	37439	68934	78769	10888
浙江	149735	38373	30354	24736	41297	35519	59149	64140	8360
安徽	139127	18601	16392	13906	20417	19792	55793	56780	7904
福建	101654	16679	15726	11214	22803	18064	32556	47069	5390
江西	95331	11709	11362	8673	10525	15272	31034	58458	5758
山东	150603	25198	33745	21635	26693	28334	65763	74937	14447
河南	203687	21268	24560	17631	21035	22982	79824	87351	13344
湖北	148194	26150	20788	17528	24076	22806	41770	67253	9129
湖南	146318	18686	17738	11873	21064	19008	37730	72184	8609
广东	292983	71755	46816	52569	74420	70664	88726	109799	12619
广西	72492	8141	10095	8527	12940	9439	26539	33055	5724
海南	30083	1808	2538	2671	6182	2248	10531	12147	1301
重庆	93401	12609	12297	17586	15001	13139	28556	39588	4725
四川	277058	36415	34047	40440	52260	31413	79440	117950	13046
贵州	69907	5712	7963	4592	8520	6878	32392	27281	5426
云南	114944	8364	10642	8201	16859	10278	31403	31205	7644
西藏	7553	634	580	180	676	378	3480	1252	492
陕西	91688	15350	13184	10356	14193	11526	28049	30047	6368
甘肃	51460	5149	7669	4400	7993	4731	14970	12978	4257
青海	16151	1500	2073	1047	2881	1294	5323	2550	1271
宁夏	16420	2251	3526	2768	5462	2107	8177	4752	1571
新疆	56158	6877	8802	6002	23892	5201	24277	18358	5172

4-6 续表 10

单位：人

地区 性别	社会生产服务和生活服务人员								
	住宿和餐饮服务人员	信息传输、软件和信息技术服务人员	金融服务人员	房地产服务人员	租赁和商务服务人员	技术辅助服务人员	水利、环境和公共设施管理服务人员	居民服务人员	电力、燃气及水供应服务人员
男	**1401153**	**383940**	**223222**	**234959**	**428883**	**311411**	**420897**	**397738**	**166118**
北京	22200	34224	7620	9756	15073	9498	14176	5943	2811
天津	8627	3472	2685	2759	3199	2536	4385	3824	1308
河北	55410	12730	10303	8395	13973	11648	25619	17590	11425
山西	36218	6067	5640	3016	7998	6069	10031	9013	6316
内蒙古	21232	3951	4699	2879	6402	3898	7813	7975	4273
辽宁	34592	10627	8314	6516	8356	7321	9419	15204	5496
吉林	19464	4308	4745	3004	7332	3933	5972	6240	2898
黑龙江	28008	4525	5506	3549	5063	3830	7220	9292	3806
上海	28910	27860	8231	10586	19197	13696	12593	6551	1944
江苏	69761	25956	13528	15284	35143	22453	26377	26326	9248
浙江	72659	27086	13434	14538	28544	22142	26539	18693	6891
安徽	63835	13156	8023	8387	14031	12959	24688	18903	6651
福建	51228	12374	7178	6614	16863	11919	10920	12701	4454
江西	42952	8216	5554	5041	7262	10492	11495	16809	4696
山东	76202	16446	15890	11856	18069	17009	30458	23490	12135
河南	98924	14019	11396	10079	14869	14212	32204	27821	10900
湖北	65328	18810	9326	10541	16863	14973	14914	19742	7353
湖南	65903	13263	8090	6948	14628	12314	15039	23351	7041
广东	161070	54723	22560	34298	52193	45989	32180	30306	10962
广西	31762	5648	4700	4705	9730	6148	8089	9099	4747
海南	14078	1194	1312	1627	4860	1618	2837	4703	1120
重庆	39479	8884	5331	9709	10185	8359	9889	10979	3597
四川	111515	25586	14328	23341	40265	20204	25559	32125	10330
贵州	26449	3983	3834	2678	6352	4876	11102	10118	4391
云南	45140	5829	4955	4814	12744	6983	10860	9690	6117
西藏	2937	397	299	110	471	277	1166	477	360
陕西	42589	10628	6297	6143	9840	7507	11294	10113	5241
甘肃	24183	3386	3590	2507	6032	3107	5764	3798	3315
青海	7349	934	879	566	2236	874	1849	739	1023
宁夏	7501	1415	1397	1502	4263	1293	2890	1427	1175
新疆	25648	4243	3578	3211	16847	3274	7556	4696	4094

4-6 续表 11

单位：人

地区 性别	社会生产服务和生活服务人员								
	住宿和餐饮服务人员	信息传输、软件和信息技术服务人员	金融服务人员	房地产服务人员	租赁和商务服务人员	技术辅助服务人员	水利、环境和公共设施管理服务人员	居民服务人员	电力、燃气及水供应服务人员
女	**1597046**	**164587**	**265476**	**160238**	**178081**	**180562**	**652731**	**901976**	**36580**
北京	19195	14353	9354	4808	8850	7233	15147	15818	503
天津	8148	1741	3418	2032	1804	1664	4640	5130	365
河北	62736	7129	12585	5994	5933	7350	28969	39018	2102
山西	32091	3463	7010	2199	2830	3252	13204	14811	1493
内蒙古	25882	2422	6459	2310	2062	2201	10785	14563	1149
辽宁	37207	6139	10278	5053	3837	4533	13267	24893	1391
吉林	23898	2224	6301	2150	1930	2220	7776	12730	616
黑龙江	32683	2752	6212	2388	1702	2391	10821	17717	887
上海	26064	9645	8940	5039	11621	10188	17375	25499	470
江苏	80926	11710	15973	10945	15470	14986	42557	52443	1640
浙江	77076	11287	16920	10198	12753	13377	32610	45447	1469
安徽	75292	5445	8369	5519	6386	6833	31105	37877	1253
福建	50426	4305	8548	4600	5940	6145	21636	34368	936
江西	52379	3493	5808	3632	3263	4780	19539	41649	1062
山东	74401	8752	17855	9779	8624	11325	35305	51447	2312
河南	104763	7249	13164	7552	6166	8770	47620	59530	2444
湖北	82866	7340	11462	6987	7213	7833	26856	47511	1776
湖南	80415	5423	9648	4925	6436	6694	22691	48833	1568
广东	131913	17032	24256	18271	22227	24675	56546	79493	1657
广西	40730	2493	5395	3822	3210	3291	18450	23956	977
海南	16005	614	1226	1044	1322	630	7694	7444	181
重庆	53922	3725	6966	7877	4816	4780	18667	28609	1128
四川	165543	10829	19719	17099	11995	11209	53881	85825	2716
贵州	43458	1729	4129	1914	2168	2002	21290	17163	1035
云南	69804	2535	5687	3387	4115	3295	20543	21515	1527
西藏	4616	237	281	70	205	101	2314	775	132
陕西	49099	4722	6887	4213	4353	4019	16755	19934	1127
甘肃	27277	1763	4079	1893	1961	1624	9206	9180	942
青海	8802	566	1194	481	645	420	3474	1811	248
宁夏	8919	836	2129	1266	1199	814	5287	3325	396
新疆	30510	2634	5224	2791	7045	1927	16721	13662	1078

4-6 续表 12

单位：人

地区 性别	社会生产服务和生活服务人员				农、林、牧、渔业生产及辅助人员				
	修理及制作服务人员	文化、体育和娱乐服务人员	健康服务人员	其他社会生产和生活服务人员	小计	农业生产人员	林业生产人员	畜牧业生产人员	渔业生产人员
全 国	**678456**	**143599**	**47952**	**26235**	**13471418**	**11842702**	**215169**	**1036607**	**246061**
北 京	9122	4757	1657	181	14568	10441	2755	963	144
天 津	4614	823	508	714	41637	37673	1076	1836	793
河 北	39784	3987	2118	1110	805953	734130	9637	52129	3874
山 西	17434	2184	1103	501	353211	331000	3056	17450	131
内蒙古	12867	1917	1004	641	292631	220290	3470	66027	298
辽 宁	19840	3604	1677	930	489644	441361	2195	33072	10272
吉 林	10423	1964	949	196	375855	358535	3919	11837	507
黑龙江	14210	1932	918	382	447379	419301	5625	18902	900
上 海	10888	5295	2440	204	8174	6341	519	381	649
江 苏	38150	7431	2807	1613	429316	371210	7982	16098	25696
浙 江	29621	12582	3024	3168	194879	156378	8725	8718	18495
安 徽	29112	4999	1687	994	526904	480700	7670	22189	11334
福 建	19422	5890	1369	840	284040	224449	8130	17382	30633
江 西	23538	3515	1074	740	422827	392322	5318	17566	4338
山 东	49060	5086	3437	1694	1308492	1217045	14138	52807	15392
河 南	48302	5559	2539	1450	965672	882100	8866	51009	3281
湖 北	31593	6116	2094	1215	666093	584798	4470	36556	36531
湖 南	30515	7770	1691	1584	676445	609601	10067	42607	10519
广 东	64187	14618	4402	2780	409701	332017	8131	28633	37131
广 西	21731	2795	997	629	668015	578505	20220	53246	11935
海 南	4386	1223	236	156	129640	99618	12847	5578	9457
重 庆	17074	5784	1212	685	240492	212935	2068	22506	2080
四 川	47254	18466	3467	1488	1122531	964383	12833	134181	6644
贵 州	15159	3226	1181	664	400387	321192	10988	64839	1361
云 南	23471	4739	1247	475	1044546	898516	14016	104715	2439
西 藏	846	560	65	76	35387	19940	3402	11572	9
陕 西	16640	2733	1144	524	397012	368885	6770	18910	493
甘 肃	9198	1548	776	314	318590	280074	3193	33279	136
青 海	2508	407	146	59	52756	21144	6875	24409	59
宁 夏	3907	644	253	85	62466	42327	1059	18215	117
新 疆	13600	1445	730	143	286175	225491	5149	48995	413

4-6 续表 13

单位：人

地区 性别	社会生产服务和生活服务人员				农、林、牧、渔业生产及辅助人员				
	修理及制作服务人员	文化、体育和娱乐服务人员	健康服务人员	其他社会生产和生活服务人员	小计	农业生产人员	林业生产人员	畜牧业生产人员	渔业生产人员
男	**594478**	**75520**	**16074**	**14918**	**7214111**	**6213695**	**148722**	**592457**	**181988**
北京	8287	2655	521	88	8796	6165	1662	680	112
天津	4035	466	136	445	25959	23064	674	1326	698
河北	34554	2400	714	653	432966	385598	6433	34307	2877
山西	16007	1247	398	346	211514	194378	2506	13417	102
内蒙古	11490	1137	342	390	172140	126805	2882	40312	242
辽宁	17594	2032	520	545	282016	248967	1687	20978	8696
吉林	9085	1210	313	114	216622	204654	3192	7634	405
黑龙江	12414	1122	314	239	266344	247354	4629	11570	724
上海	9899	2736	637	110	4941	3601	370	254	487
江苏	33404	4074	832	901	219246	180815	4843	9964	18159
浙江	26264	5652	951	1591	123281	94870	6405	5150	15245
安徽	25708	2869	615	590	276339	245343	5801	13915	7942
福建	17475	2983	457	504	160903	120431	6109	9804	22938
江西	20690	1922	409	429	227560	208065	4164	10167	3268
山东	41952	3016	1181	1010	684523	625413	8989	33028	12130
河南	40593	3260	940	822	478067	428691	5622	31015	2405
湖北	27635	3286	746	665	347742	299236	3180	19792	23152
湖南	26624	3725	548	925	376564	338164	7070	21698	7293
广东	57913	7859	1646	1444	241702	184787	5958	19241	29348
广西	18859	1585	304	353	354760	299658	14031	30175	8622
海南	3959	683	107	105	75271	55259	8072	3550	7257
重庆	14852	2835	369	390	120492	105839	1394	11271	1448
四川	40894	8092	1113	793	545802	468900	8638	61077	4741
贵州	13205	1855	512	431	201263	155344	8677	35083	1033
云南	19982	2653	434	285	537925	459877	9533	52910	1739
西藏	738	249	29	51	18558	10226	1849	6229	7
陕西	14799	1565	395	330	217146	199202	4438	11894	368
甘肃	8132	903	293	192	167843	143382	2277	20920	103
青海	2125	224	48	39	28887	10810	3811	14034	47
宁夏	3516	386	63	53	34499	22254	751	10904	94
新疆	11794	839	187	85	154440	116543	3075	30158	306

4-6　续表 14　　　　单位：人

地　区 性　别	社会生产服务和生活服务人员				农、林、牧、渔业生产及辅助人员				
	修理及制作服务人员	文化、体育和娱乐服务人员	健康服务人员	其他社会生产和生活服务人员	小计	农业生产人员	林业生产人员	畜牧业生产人员	渔业生产人员
女	**83978**	**68079**	**31878**	**11317**	**6257307**	**5629007**	**66447**	**444150**	**64073**
北　京	835	2102	1136	93	5772	4276	1093	283	32
天　津	579	357	372	269	15678	14609	402	510	95
河　北	5230	1587	1404	457	372987	348532	3204	17822	997
山　西	1427	937	705	155	141697	136622	550	4033	29
内蒙古	1377	780	662	251	120491	93485	588	25715	56
辽　宁	2246	1572	1157	385	207628	192394	508	12094	1576
吉　林	1338	754	636	82	159233	153881	727	4203	102
黑龙江	1796	810	604	143	181035	171947	996	7332	176
上　海	989	2559	1803	94	3233	2740	149	127	162
江　苏	4746	3357	1975	712	210070	190395	3139	6134	7537
浙　江	3357	6930	2073	1577	71598	61508	2320	3568	3250
安　徽	3404	2130	1072	404	250565	235357	1869	8274	3392
福　建	1947	2907	912	336	123137	104018	2021	7578	7695
江　西	2848	1593	665	311	195267	184257	1154	7399	1070
山　东	7108	2070	2256	684	623969	591632	5149	19779	3262
河　南	7709	2299	1599	628	487605	453409	3244	19994	876
湖　北	3958	2830	1348	550	318351	285562	1290	16764	13379
湖　南	3891	4045	1143	659	299881	271437	2997	20909	3226
广　东	6274	6759	2756	1336	167999	147230	2173	9392	7783
广　西	2872	1210	693	276	313255	278847	6189	23071	3313
海　南	427	540	129	51	54369	44359	4775	2028	2200
重　庆	2222	2949	843	295	120000	107096	674	11235	632
四　川	6360	10374	2354	695	576729	495483	4195	73104	1903
贵　州	1954	1371	669	233	199124	165848	2311	29756	328
云　南	3489	2086	813	190	506621	438639	4483	51805	700
西　藏	108	311	36	25	16829	9714	1553	5343	2
陕　西	1841	1168	749	194	179866	169683	2332	7016	125
甘　肃	1066	645	483	122	150747	136692	916	12359	33
青　海	383	183	98	20	23869	10334	3064	10375	12
宁　夏	391	258	190	32	27967	20073	308	7311	23
新　疆	1806	606	543	58	131735	108948	2074	18837	107

4-6 续表 15

单位：人

地区 性别	农林牧渔生产辅助人员	其他农、林、牧、渔业生产加工人员	生产制造及有关人员						
			小计	农副产品加工人员	食品、饮料生产加工人员	烟草及其制品加工人员	纺织、针织、印染人员	纺织品、服装和皮革、毛皮制品加工制作人员	木材加工、家具与木制品制作人员
全国	**122166**	**8713**	**16926484**	**256365**	**289544**	**13596**	**297335**	**1597359**	**588565**
北京	248	17	105932	917	3126	49	111	1673	2623
天津	237	22	108077	927	2452	47	402	6038	2552
河北	5807	376	835378	20169	14629	285	18194	87274	27474
山西	1460	114	303820	3808	6198	180	717	2987	4730
内蒙古	2378	168	167110	3541	4948	106	755	2363	4382
辽宁	2348	396	310578	9740	6544	136	2315	26378	9449
吉林	1033	24	118879	3051	3153	173	1352	1901	4192
黑龙江	2398	253	151855	4080	4580	183	567	3437	6679
上海	270	14	245403	1310	4463	239	1238	8503	7249
江苏	7948	382	1351377	11794	15131	271	47265	137955	49352
浙江	2443	120	1474992	8723	10800	204	77728	244651	48529
安徽	4649	362	814659	11004	13482	587	10144	92151	29880
福建	2990	456	593686	13186	16558	481	12566	94118	21214
江西	2944	339	748445	6285	10472	223	7198	131116	37410
山东	8354	756	1179850	41689	27982	508	31809	81279	62627
河南	19224	1192	1078808	22618	24463	941	12607	82060	29408
湖北	3400	338	798564	10610	12266	873	13982	108711	23926
湖南	3333	318	804184	11323	12807	1296	4934	58115	26053
广东	3311	478	2074815	13370	22329	564	24944	269624	60739
广西	3708	401	438791	9852	6745	239	3362	26932	24189
海南	1512	628	58838	2061	1437	35	213	776	1553
重庆	821	82	417131	4341	6420	329	1838	18165	13703
四川	3778	712	1107391	13476	19616	719	8114	63218	46308
贵州	1874	133	353057	6128	10427	820	2263	12911	11371
云南	24593	267	495112	10583	11650	3456	4437	15844	14725
西藏	429	35	17126	141	258		93	560	835
陕西	1865	89	321617	3037	4941	478	1584	5745	6056
甘肃	1806	102	170240	2740	3331	102	410	2489	3756
青海	260	9	38430	568	656	5	55	460	897
宁夏	730	18	70745	904	1267	21	612	811	1350
新疆	6015	112	171594	4389	6413	46	5526	9114	5354

4-6　续表 16　　　　单位：人

地区 性别	农林牧渔生产辅助人员	其他农、林、牧、渔业生产加工人员	生产制造及有关人员						
			小计	农副产品加工人员	食品、饮料生产加工人员	烟草及其制品加工人员	纺织、针织、印染人员	纺织品、服装和皮革、毛皮制品加工制作人员	木材加工、家具与木制品制作人员
男	**72693**	**4556**	**12055642**	**140588**	**152162**	**8183**	**121112**	**573063**	**446604**
北京	167	10	85841	539	1648	29	37	616	2353
天津	181	16	78762	638	1343	29	202	1651	2007
河北	3553	198	597326	10555	6739	203	6682	22100	20560
山西	1044	67	259231	2375	3693	110	243	1105	4134
内蒙古	1789	110	139787	2364	2778	80	227	600	3714
辽宁	1468	220	235498	5411	3375	100	860	8058	7365
吉林	722	15	96095	1938	1679	131	455	587	3386
黑龙江	1908	159	119318	2632	2496	154	216	1195	5036
上海	219	10	179448	740	2255	178	494	2611	6378
江苏	5241	224	908275	6433	7595	182	16688	36357	38580
浙江	1540	71	947726	4356	5803	142	37062	102125	37232
安徽	3134	204	586147	6319	6832	370	3919	25759	24176
福建	1451	170	389108	5448	8341	247	5766	35038	15417
江西	1762	134	500413	3935	5901	156	2610	47766	29071
山东	4582	381	825511	20972	13129	353	10286	17759	40547
河南	9737	597	762086	11766	11234	539	3362	21728	20736
湖北	2191	191	592313	6395	6684	526	5003	44662	20617
湖南	2150	189	599457	6695	6497	761	2124	23356	21753
广东	2109	259	1366264	8224	13164	376	13100	116771	45812
广西	2070	204	314103	5604	3545	141	1256	7404	14844
海南	818	315	45441	1093	906	23	28	312	1288
重庆	494	46	315194	2459	3478	199	790	8083	11180
四川	2101	345	836831	7611	11394	381	3204	26658	35833
贵州	1057	69	271674	3416	6618	540	1105	5800	8867
云南	13734	132	368101	5732	6192	1811	2252	7815	10381
西藏	223	24	13712	83	113		28	361	739
陕西	1188	56	263047	1796	2686	300	471	2338	5182
甘肃	1104	57	138837	1686	1698	72	145	819	3247
青海	180	5	30498	383	301	2	11	168	773
宁夏	484	12	59202	574	670	18	154	174	1169
新疆	4292	66	130396	2416	3375	30	2332	3287	4227

4-6 续表 17

单位：人

地区 性别	农林牧渔生产辅助人员	其他农、林、牧、渔业生产加工人员	生产制造及有关人员						
			小计	农副产品加工人员	食品、饮料生产加工人员	烟草及其制品加工人员	纺织、针织、印染人员	纺织品、服装和皮革、毛皮制品加工制作人员	木材加工、家具与木制品制作人员
女	**49473**	**4157**	**4870842**	**115777**	**137382**	**5413**	**176223**	**1024296**	**141961**
北京	81	7	20091	378	1478	20	74	1057	270
天津	56	6	29315	289	1109	18	200	4387	545
河北	2254	178	238052	9614	7890	82	11512	65174	6914
山西	416	47	44589	1433	2505	70	474	1882	596
内蒙古	589	58	27323	1177	2170	26	528	1763	668
辽宁	880	176	75080	4329	3169	36	1455	18320	2084
吉林	311	9	22784	1113	1474	42	897	1314	806
黑龙江	490	94	32537	1448	2084	29	351	2242	1643
上海	51	4	65955	570	2208	61	744	5892	871
江苏	2707	158	443102	5361	7536	89	30577	101598	10772
浙江	903	49	527266	4367	4997	62	40666	142526	11297
安徽	1515	158	228512	4685	6650	217	6225	66392	5704
福建	1539	286	204578	7738	8217	234	6800	59080	5797
江西	1182	205	248032	2350	4571	67	4588	83350	8339
山东	3772	375	354339	20717	14853	155	21523	63520	22080
河南	9487	595	316722	10852	13229	402	9245	60332	8672
湖北	1209	147	206251	4215	5582	347	8979	64049	3309
湖南	1183	129	204727	4628	6310	535	2810	34759	4300
广东	1202	219	708551	5146	9165	188	11844	152853	14927
广西	1638	197	124688	4248	3200	98	2106	19528	9345
海南	694	313	13397	968	531	12	185	464	265
重庆	327	36	101937	1882	2942	130	1048	10082	2523
四川	1677	367	270560	5865	8222	338	4910	36560	10475
贵州	817	64	81383	2712	3809	280	1158	7111	2504
云南	10859	135	127011	4851	5458	1645	2185	8029	4344
西藏	206	11	3414	58	145		65	199	96
陕西	677	33	58570	1241	2255	178	1113	3407	874
甘肃	702	45	31403	1054	1633	30	265	1670	509
青海	80	4	7932	185	355	3	44	292	124
宁夏	246	6	11543	330	597	3	458	637	181
新疆	1723	46	41198	1973	3038	16	3194	5827	1127

4-6　续表 18　　单位：人

地区性别	生产制造及有关人员								
	纸及纸制品生产加工人员	印刷和记录媒介复制人员	文教、工美、体育和娱乐用品制造人员	石油加工和炼焦、煤化工生产人员	化学原料和化学制品制造人员	医药制造人员	化学纤维制造人员	橡胶和塑料制品制造人员	非金属矿物制品制造人员
全国	**104006**	**95768**	**268756**	**36075**	**156664**	**70358**	**16589**	**288578**	**329179**
北京	268	1448	652	226	765	1986	19	386	979
天津	875	781	1536	576	1648	1201	50	2588	1407
河北	7201	5157	16022	2575	6721	4672	769	20857	18337
山西	682	1642	781	4378	3528	1367	45	1359	7590
内蒙古	307	834	392	1947	3891	1186	26	680	2575
辽宁	1284	1469	1948	2894	3972	1700	211	4638	6449
吉林	415	753	396	374	1544	2737	543	762	1711
黑龙江	561	991	569	946	808	1244	54	1245	1600
上海	1730	2250	1885	372	4080	2109	232	5037	2565
江苏	7229	6268	18513	1071	13311	5450	3526	31617	17623
浙江	14622	11358	29134	1036	10037	5286	4731	50362	16765
安徽	3734	2884	12504	633	5035	2999	676	12682	12188
福建	5302	3361	15496	371	3631	1020	1001	11712	22859
江西	3689	2723	12951	544	7673	2118	180	5686	20826
山东	8800	5845	22950	4412	16820	6979	996	23795	24407
河南	5073	4610	21203	1596	7853	3780	1129	7726	19072
湖北	3089	3885	4614	688	7740	3897	229	6208	13479
湖南	3522	5055	8366	664	12937	2430	186	5936	21773
广东	21092	19250	66342	1374	15623	4371	541	64578	41628
广西	1833	1573	7307	282	2042	1179	54	3435	9383
海南	317	232	429	219	445	469	5	525	933
重庆	1701	1527	2082	205	2540	1572	187	3688	7965
四川	5145	4790	7609	814	7043	3633	522	9001	20841
贵州	1280	963	3595	412	2345	788	90	3172	9069
云南	2157	2017	7530	873	3715	1607	195	6066	13594
西藏	4	93	304	6	67	50		5	540
陕西	964	1805	1337	2585	2690	1222	57	1461	4294
甘肃	336	884	648	1057	1875	2155	35	828	3265
青海	21	286	441	212	985	167	5	184	590
宁夏	269	268	120	1291	2312	499	43	524	1213
新疆	504	766	1100	1442	2988	485	252	1835	3659

4-6 续表 19

单位：人

地区 性别	生产制造及有关人员								
	纸及纸制品生产加工人员	印刷和记录媒介复制人员	文教、工美、体育和娱乐用品制造人员	石油加工和炼焦、煤化工生产人员	化学原料和化学制品制造人员	医药制造人员	化学纤维制造人员	橡胶和塑料制品制造人员	非金属矿物制品制造人员
男	**60473**	**60116**	**116003**	**29308**	**109276**	**36993**	**10105**	**168188**	**239533**
北京	166	918	402	166	504	934	9	272	824
天津	534	496	754	415	1249	709	30	1676	1134
河北	3519	3036	6679	2195	4952	2479	519	11561	13194
山西	378	897	465	3721	2660	722	35	908	5720
内蒙古	183	444	255	1617	3047	766	21	501	2169
辽宁	766	864	1138	2377	3161	889	153	2920	5293
吉林	248	410	213	330	1240	1387	373	517	1456
黑龙江	356	532	321	705	577	631	36	868	1298
上海	958	1459	967	314	2650	1098	182	2833	1987
江苏	4046	3577	6401	872	9695	2922	2152	16784	11988
浙江	8685	7533	13139	864	7338	3056	2915	27439	12868
安徽	1896	1755	2892	526	3673	1594	306	7252	9052
福建	2950	2267	8128	302	2496	508	667	6669	15750
江西	2043	1730	4570	439	4046	1142	106	3252	13911
山东	5344	3396	6648	3686	12776	4093	505	14738	18350
河南	2476	2543	6359	1269	5423	1730	566	3821	13595
湖北	1887	2424	2397	540	5724	1960	145	3842	10502
湖南	2173	3073	3881	488	7015	1181	99	3653	14488
广东	13838	13683	34221	1110	10065	2338	356	40423	29764
广西	1104	960	2551	228	1355	504	30	1872	6676
海南	225	147	253	191	342	219	5	336	710
重庆	992	965	964	161	1841	767	131	1993	5902
四川	2578	2861	3621	652	4967	1833	316	5179	15194
贵州	663	591	1856	310	1611	383	53	1974	6884
云南	1283	1239	4546	658	2544	752	125	3667	9960
西藏	2	59	271	5	54	21		4	435
陕西	534	1028	683	2011	1974	633	34	994	3469
甘肃	198	496	406	802	1452	1111	26	545	2629
青海	9	163	314	161	729	74	3	103	462
宁夏	139	140	60	1079	1845	303	37	323	990
新疆	300	430	648	1114	2271	254	170	1269	2879

4-6 续表 20

单位：人

地区 性别	生产制造及有关人员								
	纸及纸制品生产加工人员	印刷和记录媒介复制人员	文教、工美、体育和娱乐用品制造人员	石油加工和炼焦、煤化工生产人员	化学原料和化学制品制造人员	医药制造人员	化学纤维制造人员	橡胶和塑料制品制造人员	非金属矿物制品制造人员
女	**43533**	**35652**	**152753**	**6767**	**47388**	**33365**	**6484**	**120390**	**89646**
北京	102	530	250	60	261	1052	10	114	155
天津	341	285	782	161	399	492	20	912	273
河北	3682	2121	9343	380	1769	2193	250	9296	5143
山西	304	745	316	657	868	645	10	451	1870
内蒙古	124	390	137	330	844	420	5	179	406
辽宁	518	605	810	517	811	811	58	1718	1156
吉林	167	343	183	44	304	1350	170	245	255
黑龙江	205	459	248	241	231	613	18	377	302
上海	772	791	918	58	1430	1011	50	2204	578
江苏	3183	2691	12112	199	3616	2528	1374	14833	5635
浙江	5937	3825	15995	172	2699	2230	1816	22923	3897
安徽	1838	1129	9612	107	1362	1405	370	5430	3136
福建	2352	1094	7368	69	1135	512	334	5043	7109
江西	1646	993	8381	105	3627	976	74	2434	6915
山东	3456	2449	16302	726	4044	2886	491	9057	6057
河南	2597	2067	14844	327	2430	2050	563	3905	5477
湖北	1202	1461	2217	148	2016	1937	84	2366	2977
湖南	1349	1982	4485	176	5922	1249	87	2283	7285
广东	7254	5567	32121	264	5558	2033	185	24155	11864
广西	729	613	4756	54	687	675	24	1563	2707
海南	92	85	176	28	103	250		189	223
重庆	709	562	1118	44	699	805	56	1695	2063
四川	2567	1929	3988	162	2076	1800	206	3822	5647
贵州	617	372	1739	102	734	405	37	1198	2185
云南	874	778	2984	215	1171	855	70	2399	3634
西藏	2	34	33	1	13	29		1	105
陕西	430	777	654	574	716	589	23	467	825
甘肃	138	388	242	255	423	1044	9	283	636
青海	12	123	127	51	256	93	2	81	128
宁夏	130	128	60	212	467	196	6	201	223
新疆	204	336	452	328	717	231	82	566	780

4-6 续表 21

单位：人

地区 性别	生产制造及有关人员								
	采矿人员	金属冶炼和压延加工人员	机械制造基础加工人员	金属制品制造人员	通用设备制造人员	专用设备制造人员	汽车制造人员	铁路、船舶、航空设备制造人员	电气机械和器材制造人员
全国	**292690**	**196736**	**806516**	**471400**	**167829**	**65159**	**232533**	**55026**	**240902**
北京	329	433	3473	1256	840	977	3770	636	913
天津	1810	3479	5943	2830	2206	639	6069	3076	1248
河北	14616	28623	58494	27762	13316	2436	13255	3532	6768
山西	56916	9301	16660	2814	2550	563	1257	437	1066
内蒙古	12230	5927	6467	1856	1563	280	460	364	453
辽宁	12048	9301	24351	5544	4503	1134	6666	2324	2085
吉林	5163	1297	6310	1393	996	371	9876	799	416
黑龙江	14708	1316	7573	1482	1378	317	875	670	548
上海	127	2178	17804	6096	4810	2627	12341	3359	5371
江苏	3050	18729	106284	35490	23620	10277	28218	9163	22418
浙江	1702	10216	125980	60764	29022	9061	26798	4861	40580
安徽	13735	5878	30277	14334	6156	2499	11214	1661	12400
福建	3001	5504	21623	19034	3777	1722	3821	1299	8448
江西	4573	5781	16460	22677	2802	1479	3469	792	7570
山东	25144	17431	75910	26783	18395	4304	17993	2706	8842
河南	22119	9927	42980	14641	7242	4280	6639	1931	6930
湖北	5494	5847	27259	15489	4852	1814	16930	1456	5999
湖南	6457	4824	22960	21179	3494	1763	5273	1030	5886
广东	1879	10858	88319	129353	16565	12124	22072	5725	78061
广西	2850	4859	9554	8619	1708	571	4149	641	3566
海南	294	67	895	859	170	53	87	50	118
重庆	3778	2747	16288	6933	3281	896	14136	2982	3321
四川	11694	8016	31128	17065	5565	2229	9133	2095	7494
贵州	12716	2592	5830	7271	1477	485	1310	824	2475
云南	10730	7485	9466	10705	2109	866	2402	837	4492
西藏	626	33	333	147	38	17	16	7	24
陕西	22955	3506	14409	3906	2418	641	3399	1379	1308
甘肃	7840	3380	5172	2289	1418	279	454	229	757
青海	1498	1394	1186	508	179	52	87	38	347
宁夏	4168	2510	2817	669	512	158	101	27	385
新疆	8440	3297	4311	1652	867	245	263	96	613

4-6　续表 22　　　　单位：人

地区 性别	生产制造及有关人员								
	采矿人员	金属冶炼和压延加工人员	机械制造基础加工人员	金属制品制造人员	通用设备制造人员	专用设备制造人员	汽车制造人员	铁路、船舶、航空设备制造人员	电气机械和器材制造人员
男	**262922**	**163732**	**676294**	**330613**	**128325**	**39257**	**163211**	**41661**	**143733**
北　京	285	374	3140	1029	694	582	3113	524	681
天　津	1421	2978	5121	2147	1757	421	4470	2131	870
河　北	13084	24296	49973	19022	9794	1637	9284	2233	4748
山　西	54074	8147	15380	2345	2219	400	995	374	798
内蒙古	11291	5283	6118	1556	1429	225	387	302	378
辽　宁	10423	8288	22287	4473	3984	839	5069	1986	1465
吉　林	4491	1140	5937	1121	877	238	7960	696	312
黑龙江	11939	1134	6849	1169	1203	227	652	543	429
上　海	116	1870	14954	4349	3640	1590	8156	3060	3204
江　苏	2614	14682	84710	24822	17670	6077	18238	6709	13814
浙　江	1523	8126	96616	37173	19522	5222	16923	3373	20467
安　徽	13068	4932	25592	10309	4859	1405	7552	1166	7357
福　建	2728	4548	17765	13070	2867	1108	2694	954	5507
江　西	3925	4580	13465	16391	2250	807	2460	613	4220
山　东	21807	14704	66548	19550	14321	2922	13767	2277	6000
河　南	19748	8255	37752	10178	6225	1746	4863	1439	4282
湖　北	4891	4806	23696	11650	4027	1081	12366	1204	4000
湖　南	5849	3973	19830	15874	2900	1176	3791	802	3657
广　东	1615	8883	72821	90310	12184	7397	15647	4526	45453
广　西	2386	3932	8155	6107	1399	346	2814	539	2131
海　南	245	59	828	704	152	45	68	38	96
重　庆	3480	2203	13056	4874	2341	546	9655	1841	2051
四　川	10564	6556	26748	12319	4402	1370	6440	1643	4753
贵　州	11819	2037	5028	5196	1166	302	903	628	1530
云　南	9567	5923	8258	7575	1672	542	1643	614	2868
西　藏	551	27	282	112	34	11	13	5	19
陕　西	20217	2956	12803	3113	2067	479	2580	1104	999
甘　肃	6925	2896	4746	1318	1263	196	357	194	550
青　海	1303	1219	1098	375	159	39	67	34	285
宁　夏	3753	2144	2703	547	465	119	81	24	322
新　疆	7220	2781	4035	1335	783	162	203	85	487

4-6 续表 23

单位：人

地区 性别	生产制造及有关人员								
	采矿人员	金属冶炼和压延加工人员	机械制造基础加工人员	金属制品制造人员	通用设备制造人员	专用设备制造人员	汽车制造人员	铁路、船舶、航空设备制造人员	电气机械和器材制造人员
女	**29768**	**33004**	**130222**	**140787**	**39504**	**25902**	**69322**	**13365**	**97169**
北京	44	59	333	227	146	395	657	112	232
天津	389	501	822	683	449	218	1599	945	378
河北	1532	4327	8521	8740	3522	799	3971	1299	2020
山西	2842	1154	1280	469	331	163	262	63	268
内蒙古	939	644	349	300	134	55	73	62	75
辽宁	1625	1013	2064	1071	519	295	1597	338	620
吉林	672	157	373	272	119	133	1916	103	104
黑龙江	2769	182	724	313	175	90	223	127	119
上海	11	308	2850	1747	1170	1037	4185	299	2167
江苏	436	4047	21574	10668	5950	4200	9980	2454	8604
浙江	179	2090	29364	23591	9500	3839	9875	1488	20113
安徽	667	946	4685	4025	1297	1094	3662	495	5043
福建	273	956	3858	5964	910	614	1127	345	2941
江西	648	1201	2995	6286	552	672	1009	179	3350
山东	3337	2727	9362	7233	4074	1382	4226	429	2842
河南	2371	1672	5228	4463	1017	2534	1776	492	2648
湖北	603	1041	3563	3839	825	733	4564	252	1999
湖南	608	851	3130	5305	594	587	1482	228	2229
广东	264	1975	15498	39043	4381	4727	6425	1199	32608
广西	464	927	1399	2512	309	225	1335	102	1435
海南	49	8	67	155	18	8	19	12	22
重庆	298	544	3232	2059	940	350	4481	1141	1270
四川	1130	1460	4380	4746	1163	859	2693	452	2741
贵州	897	555	802	2075	311	183	407	196	945
云南	1163	1562	1208	3130	437	324	759	223	1624
西藏	75	6	51	35	4	6	3	2	5
陕西	2738	550	1606	793	351	162	819	275	309
甘肃	915	484	426	471	155	83	97	35	207
青海	195	175	88	133	20	13	20	4	62
宁夏	415	366	114	122	47	39	20	3	63
新疆	1220	516	276	317	84	83	60	11	126

4-6　续表 24

单位：人

地区 性别	生产制造及有关人员								不便分类的其他从业人员
	计算机、通信和其他电子设备制造人员	仪器仪表制造人员	废弃资源综合利用人员	电力、热力、气体、水生产和输配人员	建筑施工人员	运输设备和通用工程机械操作人员及有关人员	生产辅助人员	其他生产制造及有关人员	
全国	**1231417**	**21754**	**25944**	**93963**	**6250935**	**437155**	**1861717**	**66071**	**157619**
北京	6102	271	152	1353	44397	4372	21227	203	905
天津	11480	201	274	1031	26182	3257	13754	1518	3977
河北	23155	952	1762	5375	276769	23017	81931	3279	7686
山西	17217	327	333	5278	88758	14068	45563	720	2967
内蒙古	2169	257	364	5875	60938	11369	27967	638	3241
辽宁	14573	665	580	4534	90019	12597	38733	1794	7072
吉林	3372	138	176	2886	41027	5237	16069	296	588
黑龙江	3899	205	286	3969	60449	6429	19587	620	2890
上海	25700	549	415	1101	62311	8575	48112	665	997
江苏	144648	1565	2203	4711	377254	29384	160956	7031	10959
浙江	72012	2940	2023	3633	304929	22320	220241	3944	2171
安徽	42224	676	2348	3122	361204	23592	68647	4109	4593
福建	27085	882	1013	2542	177176	12621	78271	2991	2237
江西	71031	429	743	1865	287484	16086	53183	2927	10027
山东	49377	1290	1910	9188	392890	33466	128156	5167	14675
河南	88582	1041	1927	3960	506497	24568	86923	4482	14275
湖北	51741	473	1261	2601	348795	21429	70254	2673	9112
湖南	78220	567	918	2391	395932	18027	55867	3999	18418
广东	308494	4927	3012	4393	400477	30202	322004	9981	8205
广西	29435	292	416	1938	226657	13204	30559	1366	6843
海南	684	24	67	352	36877	2052	6403	137	3402
重庆	30880	665	285	1526	215316	10431	36079	1324	2494
四川	59361	789	958	4259	611637	29059	93298	2762	5968
贵州	13974	178	625	1968	201780	10656	22290	972	3119
云南	24958	401	775	2488	269916	14946	33171	916	2439
西藏	80		23	80	11005	947	770	24	595
陕西	18679	451	350	3049	163034	11843	31254	780	3584
甘肃	7401	184	321	2478	90741	7990	15052	344	1939
青海	937	48	60	822	17938	2372	5361	71	622
宁夏	1485	162	91	1793	29322	4250	10664	127	405
新疆	2462	205	273	3402	73224	8789	19371	211	1214

4-6 续表 25

单位：人

地区 性别	生产制造及有关人员：计算机、通信和其他电子设备制造人员	仪器仪表制造人员	废弃资源综合利用人员	电力、热力、气体、水生产和输配人员	建筑施工人员	运输设备和通用工程机械操作人员及有关人员	生产辅助人员	其他生产制造及有关人员	不便分类的其他从业人员
男	**718588**	**12708**	**18587**	**77879**	**5365005**	**404316**	**1196448**	**40656**	**96645**
北京	4174	185	114	1167	40254	4067	15892	149	553
天津	7046	135	203	849	22563	3005	9673	1105	2695
河北	15092	577	1350	4477	246886	21332	56541	2027	4767
山西	10962	218	269	4306	81678	13253	36089	558	1998
内蒙古	1745	179	280	4990	53385	10668	22298	507	2116
辽宁	9472	438	408	3973	78015	11752	28593	1303	4550
吉林	2493	109	122	2546	36623	5012	11854	214	352
黑龙江	2797	128	205	3408	50701	6033	14394	454	1815
上海	15190	343	315	966	56815	7649	31696	431	621
江苏	83026	892	1563	4044	333342	26038	101391	4371	6700
浙江	37898	1535	1425	3122	274967	20400	126697	2180	1383
安徽	24199	424	1537	2653	315827	21682	44897	2367	2886
福建	14996	359	687	2137	150209	11784	46264	1437	1400
江西	37757	256	533	1515	242278	14966	31990	1729	6072
山东	31563	856	1422	7655	330758	31027	84530	3222	9090
河南	50471	566	1399	3070	426294	22688	53468	2495	8535
湖北	32105	306	886	2058	306787	19868	47523	1751	5635
湖南	44289	364	689	1849	342920	16844	34948	2465	11266
广东	184098	2750	2161	3791	349988	28514	186787	6094	4737
广西	14641	178	296	1501	188680	12362	19729	833	3985
海南	497	22	49	310	29894	1952	4331	73	2081
重庆	16920	329	206	1204	182072	9380	24292	839	1489
四川	32752	477	659	3228	512727	26263	61917	1731	3384
贵州	7968	105	446	1576	166070	9893	15729	607	1940
云南	15398	219	509	1938	215670	13925	22211	612	1485
西藏	62		19	58	8803	922	600	19	344
陕西	12449	315	277	2447	142331	11082	23171	524	2236
甘肃	4866	133	233	1994	78155	7495	11420	264	1199
青海	671	31	46	675	14501	2193	4097	49	390
宁夏	1197	107	72	1558	25798	3974	8561	102	191
新疆	1794	172	207	2814	60014	8293	14865	144	750

4-6 续表 26

单位：人

地区 性别	生产制造及有关人员								不便分类的其他从业人员
	计算机、通信和其他电子设备制造人员	仪器仪表制造人员	废弃资源综合利用人员	电力、热力、气体、水生产和输配人员	建筑施工人员	运输设备和通用工程机械操作人员及有关人员	生产辅助人员	其他生产制造及有关人员	
女	**512829**	**9046**	**7357**	**16084**	**885930**	**32839**	**665269**	**25415**	**60974**
北京	1928	86	38	186	4143	305	5335	54	352
天津	4434	66	71	182	3619	252	4081	413	1282
河北	8063	375	412	898	29883	1685	25390	1252	2919
山西	6255	109	64	972	7080	815	9474	162	969
内蒙古	424	78	84	885	7553	701	5669	131	1125
辽宁	5101	227	172	561	12004	845	10140	491	2522
吉林	879	29	54	340	4404	225	4215	82	236
黑龙江	1102	77	81	561	9748	396	5193	166	1075
上海	10510	206	100	135	5496	926	16416	234	376
江苏	61622	673	640	667	43912	3346	59565	2660	4259
浙江	34114	1405	598	511	29962	1920	93544	1764	788
安徽	18025	252	811	469	45377	1910	23750	1742	1707
福建	12089	523	326	405	26967	837	32007	1554	837
江西	33274	173	210	350	45206	1120	21193	1198	3955
山东	17814	434	488	1533	62132	2439	43626	1945	5585
河南	38111	475	528	890	80203	1880	33455	1987	5740
湖北	19636	167	375	543	42008	1561	22731	922	3477
湖南	33931	203	229	542	53012	1183	20919	1534	7152
广东	124396	2177	851	602	50489	1688	135217	3887	3468
广西	14794	114	120	437	37977	842	10830	533	2858
海南	187	2	18	42	6983	100	2072	64	1321
重庆	13960	336	79	322	33244	1051	11787	485	1005
四川	26609	312	299	1031	98910	2796	31381	1031	2584
贵州	6006	73	179	392	35710	763	6561	365	1179
云南	9560	182	266	550	54246	1021	10960	304	954
西藏	18		4	22	2202	25	170	5	251
陕西	6230	136	73	602	20703	761	8083	256	1348
甘肃	2535	51	88	484	12586	495	3632	80	740
青海	266	17	14	147	3437	179	1264	22	232
宁夏	288	55	19	235	3524	276	2103	25	214
新疆	668	33	66	588	13210	496	4506	67	464

4-6a 各地区分性别、职业中类的就业人口(城市)

单位：人

地区 性别	合计	党的机关、国家机关、群众团体和社会组织、企事业单位负责人						
		小计	中国共产党机关负责人	国家机关负责人	民主党派和工商联负责人	人民团体和群众团体、社会组织及其他成员组织负责人	基层群众自治组织负责人	企事业单位负责人
全国	**26374490**	**934510**	**1855**	**34314**	**163**	**25956**	**7691**	**864531**
北京	810074	36732	78	1078	6	672	313	34585
天津	382450	19733	21	600	1	334	119	18658
河北	913024	32616	81	1519	10	731	420	29855
山西	495633	17255	49	901	6	543	227	15529
内蒙古	388709	12888	48	858	4	341	107	11530
辽宁	994576	36471	121	1811	9	1028	252	33250
吉林	389549	8965	120	669	2	245	148	7781
黑龙江	541905	21023	62	1333	2	783	138	18705
上海	980905	42989	29	567	5	598	400	41390
江苏	1925978	87410	85	2192	6	1702	391	83034
浙江	1912582	67213	104	1562	10	1033	609	63895
安徽	683646	29706	70	1297	3	956	174	27206
福建	873575	22429	52	714	2	913	239	20509
江西	582693	23365	33	1219	5	1147	137	20824
山东	1771457	74366	103	2254	9	2010	792	69198
河南	1037666	35944	72	1608	7	1372	289	32596
湖北	1157477	33229	72	1753	9	1671	322	29402
湖南	798072	30260	42	1369	4	1409	180	27256
广东	4263943	162006	121	2289	22	4035	628	154911
广西	612157	20566	65	1110	6	668	122	18595
海南	157763	6324	7	237		277	23	5780
重庆	748664	16132	29	743	1	496	227	14636
四川	1463437	28502	118	1943	7	1113	503	24818
贵州	396547	15762	34	934	8	512	146	14128
云南	561010	14314	44	748	3	295	154	13070
西藏	29016	1107	7	190	1	48	22	839
陕西	591957	14612	38	567	3	359	163	13482
甘肃	272489	5202	53	767	6	208	77	4091
青海	89011	3278	19	213	2	102	61	2881
宁夏	127668	3868	18	237	3	128	45	3437
新疆	420857	10243	60	1032	1	227	263	8660

4-6a　续表 1

单位：人

地　区 性　别	合计	党的机关、国家机关、群众团体和社会组织、企事业单位负责人						
		小计	中国共产党机关负责人	国家机关负责人	民主党派和工商联负责人	人民团体和群众团体、社会组织及其他成员组织负责人	基层群众自治组织负责人	企事业单位负责人
男	**15458486**	**676852**	**1417**	**26867**	**102**	**16192**	**5249**	**627025**
北　京	454571	25598	46	764	3	412	149	24224
天　津	228490	13996	16	442		209	64	13265
河　北	530159	23739	58	1180	8	458	295	21740
山　西	305589	12803	42	721	3	350	184	11503
内蒙古	235077	9409	36	686	2	212	61	8412
辽　宁	588942	25226	93	1378	6	609	133	23007
吉　林	227268	6457	97	564	1	123	77	5595
黑龙江	320919	14421	42	1009	2	483	35	12850
上　海	560525	31031	17	403	2	344	181	30084
江　苏	1126567	64266	64	1763	5	1089	290	61055
浙　江	1130054	49852	75	1267	6	674	475	47355
安　徽	410965	21990	54	1042	2	583	137	20172
福　建	508633	17282	43	601		633	173	15832
江　西	338316	16487	22	965	1	673	93	14733
山　东	1047509	54135	82	1811	6	1295	644	50297
河　南	590838	25415	56	1225	3	866	210	23055
湖　北	674705	24182	51	1401	5	1004	220	21501
湖　南	460134	20835	30	1092	2	864	119	18728
广　东	2574381	119093	92	1802	14	2619	505	114061
广　西	343693	14109	51	831	4	404	73	12746
海　南	91420	4487	5	197		169	19	4097
重　庆	430526	11473	23	572	1	290	123	10464
四　川	825515	20658	96	1477	5	659	349	18072
贵　州	229885	11160	26	739	8	313	93	9981
云　南	319825	10020	36	574	2	181	121	9106
西　藏	17178	761	5	143	1	29	15	568
陕　西	353441	10852	35	455	2	230	123	10007
甘　肃	163081	4050	45	628	6	131	55	3185
青　海	52718	2482	16	158	1	67	51	2189
宁　夏	75561	2967	14	182	1	78	27	2665
新　疆	242001	7616	49	795		141	155	6476

4-6a 续表 2

单位：人

地区 性别	合计	党的机关、国家机关、群众团体和社会组织、企事业单位负责人						
		小计	中国共产党机关负责人	国家机关负责人	民主党派和工商联负责人	人民团体和群众团体、社会组织及其他成员组织负责人	基层群众自治组织负责人	企事业单位负责人
女	**10916004**	**257658**	**438**	**7447**	**61**	**9764**	**2442**	**237506**
北京	355503	11134	32	314	3	260	164	10361
天津	153960	5737	5	158	1	125	55	5393
河北	382865	8877	23	339	2	273	125	8115
山西	190044	4452	7	180	3	193	43	4026
内蒙古	153632	3479	12	172	2	129	46	3118
辽宁	405634	11245	28	433	3	419	119	10243
吉林	162281	2508	23	105	1	122	71	2186
黑龙江	220986	6602	20	324		300	103	5855
上海	420380	11958	12	164	3	254	219	11306
江苏	799411	23144	21	429	1	613	101	21979
浙江	782528	17361	29	295	4	359	134	16540
安徽	272681	7716	16	255	1	373	37	7034
福建	364942	5147	9	113	2	280	66	4677
江西	244377	6878	11	254	4	474	44	6091
山东	723948	20231	21	443	3	715	148	18901
河南	446828	10529	16	383	4	506	79	9541
湖北	482772	9047	21	352	4	667	102	7901
湖南	337938	9425	12	277	2	545	61	8528
广东	1689562	42913	29	487	8	1416	123	40850
广西	268464	6457	14	279	2	264	49	5849
海南	66343	1837	2	40		108	4	1683
重庆	318138	4659	6	171		206	104	4172
四川	637922	7844	22	466	2	454	154	6746
贵州	166662	4602	8	195		199	53	4147
云南	241185	4294	8	174	1	114	33	3964
西藏	11838	346	2	47		19	7	271
陕西	238516	3760	3	112	1	129	40	3475
甘肃	109408	1152	8	139		77	22	906
青海	36293	796	3	55	1	35	10	692
宁夏	52107	901	4	55	2	50	18	772
新疆	178856	2627	11	237	1	86	108	2184

4-6a 续表 3

单位：人

地区 性别	专业技术人员									
	小计	科学研究人员	工程技术人员	农业技术人员	飞机和船舶技术人员	卫生专业技术人员	经济和金融专业人员	法律、社会和宗教专业人员	教学人员	文学艺术、体育专业人员
全　国	**4332266**	**37426**	**1048235**	**15973**	**7856**	**644135**	**1053816**	**110531**	**1222813**	**81453**
北　京	234315	6952	66011	703	528	23994	66777	8527	41236	7911
天　津	75764	1046	21506	157	266	10407	15329	2666	21242	870
河　北	160499	892	32951	537	105	27483	34735	3213	53820	2212
山　西	94445	615	19835	360	56	15424	19370	2005	32597	1304
内蒙古	69692	348	14682	434	33	12028	14544	1877	22444	1102
辽　宁	167561	1280	40597	640	514	26927	35157	4917	49764	2740
吉　林	67754	464	11687	412	34	13697	12783	1575	24238	901
黑龙江	78986	615	15801	394	78	15024	15129	1923	26110	1241
上　海	233196	3598	70719	443	952	21983	81895	8077	34305	6447
江　苏	319193	2518	91798	969	430	39568	82329	8089	81795	4852
浙　江	259283	1647	59822	647	812	35653	78878	7021	63522	6136
安　徽	114355	708	24303	355	106	19726	24820	2640	37466	1651
福　建	128890	504	27536	362	367	17599	35663	3286	37494	3298
江　西	87245	443	16806	250	157	15382	16177	1788	32755	1377
山　东	293876	1945	61631	1149	469	47858	67484	6593	95378	4064
河　南	172202	1027	31987	602	95	32659	32487	3776	62613	2537
湖　北	190918	1688	46309	839	338	30988	42307	4936	55450	3008
湖　南	126319	725	26663	462	100	22424	25921	2934	41870	2174
广　东	554282	3379	171018	1203	778	58167	157728	11727	126306	13753
广　西	90969	449	17325	521	110	17204	17967	1922	32222	1186
海　南	22727	179	4007	97	147	3945	5024	594	7833	347
重　庆	113767	602	26440	486	334	18572	25292	3014	34345	1909
四　川	230108	2491	52443	1167	406	38549	54003	4908	66749	4158
贵　州	67027	369	12256	287	65	13452	12237	1675	24176	731
云　南	86751	668	16162	723	168	16720	19124	2265	27628	1278
西　藏	4845	44	602	47		883	712	413	1763	174
陕　西	118323	1024	30949	458	209	17203	24860	2199	36486	1908
甘　肃	54842	576	11810	454	31	9878	10646	1436	17835	711
青　海	17128	127	4045	134	6	3198	3823	615	4421	217
宁　夏	23352	114	4961	178	18	3924	4899	799	7558	273
新　疆	73652	389	15573	503	144	13616	15716	3121	21392	983

4-6a 续表 4 单位：人

地区 性别	专业技术人员 小计	科学研究人员	工程技术人员	农业技术人员	飞机和船舶技术人员	卫生专业技术人员	经济和金融专业人员	法律、社会和宗教专业人员	教学人员	文学艺术、体育专业人员
男	**1900474**	**21520**	**852434**	**10604**	**7221**	**182182**	**297875**	**53375**	**379605**	**45553**
北京	104350	3700	48662	421	498	5926	20468	3419	12626	4235
天津	33602	589	16851	104	235	2839	4219	1102	6037	481
河北	64539	515	26852	344	95	8125	9463	1700	13953	1260
山西	38522	361	16199	223	42	4114	5845	923	8739	756
内蒙古	28805	171	12232	293	30	3379	3983	831	6269	619
辽宁	70543	737	32816	422	456	7050	9428	1896	13804	1493
吉林	26021	266	9743	263	33	3620	3479	684	6648	509
黑龙江	33688	362	12527	270	68	4405	4514	873	8583	727
上海	105542	1889	54840	261	897	5302	24145	3346	9577	3463
江苏	146256	1472	75046	632	406	10997	21510	4304	25995	2649
浙江	111349	936	48848	437	790	10313	21684	3719	19364	3129
安徽	52201	458	20770	268	97	5977	7588	1407	13386	957
福建	54607	299	22980	251	349	5247	9900	1634	10811	1890
江西	38619	274	14103	187	126	4943	4912	898	11198	815
山东	126784	1175	50715	800	436	14277	19336	3597	30693	2270
河南	70519	628	25931	389	81	9796	9706	2133	18241	1407
湖北	87634	1041	38236	622	299	9013	12705	2352	19314	1693
湖南	55204	449	22170	335	80	6593	7149	1565	14120	1202
广东	263192	1929	143658	800	716	17929	42384	5618	37218	8068
广西	36288	271	14169	342	99	4818	4501	1033	9515	658
海南	9536	100	3418	68	140	1151	1399	331	2477	197
重庆	50303	362	21663	330	314	4951	7136	1430	11769	1060
四川	101729	1581	42549	746	379	10666	16369	2523	22111	2355
贵州	28432	209	10217	182	59	3696	3611	873	8280	424
云南	36249	388	13108	451	152	4210	5362	1169	9744	752
西藏	2301	23	481	23		285	245	289	742	111
陕西	53284	645	24319	294	164	4719	7741	1037	11928	1133
甘肃	24825	355	9578	304	23	2717	3199	685	6889	405
青海	7383	66	3212	85	5	768	1047	367	1462	126
宁夏	9432	64	4068	135	15	979	1176	356	2223	156
新疆	28735	205	12473	322	137	3377	3671	1281	5889	553

4-6a　续表 5

单位：人

地区 性别	专业技术人员									
	小计	科学研究人员	工程技术人员	农业技术人员	飞机和船舶技术人员	卫生专业技术人员	经济和金融专业人员	法律、社会和宗教专业人员	教学人员	文学艺术、体育专业人员
女	**2431792**	**15906**	**195801**	**5369**	**635**	**461953**	**755941**	**57156**	**843208**	**35900**
北　京	129965	3252	17349	282	30	18068	46309	5108	28610	3676
天　津	42162	457	4655	53	31	7568	11110	1564	15205	389
河　北	95960	377	6099	193	10	19358	25272	1513	39867	952
山　西	55923	254	3636	137	14	11310	13525	1082	23858	548
内蒙古	40887	177	2450	141	3	8649	10561	1046	16175	483
辽　宁	97018	543	7781	218	58	19877	25729	3021	35960	1247
吉　林	41733	198	1944	149	1	10077	9304	891	17590	392
黑龙江	45298	253	3274	124	10	10619	10615	1050	17527	514
上　海	127654	1709	15879	182	55	16681	57750	4731	24728	2984
江　苏	172937	1046	16752	337	24	28571	60819	3785	55800	2203
浙　江	147934	711	10974	210	22	25340	57194	3302	44158	3007
安　徽	62154	250	3533	87	9	13749	17232	1233	24080	694
福　建	74283	205	4556	111	18	12352	25763	1652	26683	1408
江　西	48626	169	2703	63	31	10439	11265	890	21557	562
山　东	167092	770	10916	349	33	33581	48148	2996	64685	1794
河　南	101683	399	6056	213	14	22863	22781	1643	44372	1130
湖　北	103284	647	8073	217	39	21975	29602	2584	36136	1315
湖　南	71115	276	4493	127	20	15831	18772	1369	27750	972
广　东	291090	1450	27360	403	62	40238	115344	6109	89088	5685
广　西	54681	178	3156	179	11	12386	13466	889	22707	528
海　南	13191	79	589	29	7	2794	3625	263	5356	150
重　庆	63464	240	4777	156	20	13621	18156	1584	22576	849
四　川	128379	910	9894	421	27	27883	37634	2385	44638	1803
贵　州	38595	160	2039	105	6	9756	8626	802	15896	307
云　南	50502	280	3054	272	16	12510	13762	1096	17884	526
西　藏	2544	21	121	24		598	467	124	1021	63
陕　西	65039	379	6630	164	45	12484	17119	1162	24558	775
甘　肃	30017	221	2232	150	8	7161	7447	751	10946	306
青　海	9745	61	833	49	1	2430	2776	248	2959	91
宁　夏	13920	50	893	43	3	2945	3723	443	5335	117
新　疆	44917	184	3100	181	7	10239	12045	1840	15503	430

4-6a 续表 6

单位：人

地区 性别	专业技术人员		办事人员和有关人员				社会生产服务和生活服务人员		
	新闻出版、文化专业人员	其他专业技术人员	小计	办事人员	安全和消防人员	其他办事人员和有关人员	小计	批发与零售服务人员	交通运输、仓储和邮政业服务人员
全国	**86758**	**23270**	**2926067**	**2443889**	**449075**	**33103**	**11457543**	**4858881**	**1883645**
北京	10818	858	134395	117975	15665	755	339418	109889	43042
天津	1364	911	70790	61362	8588	840	140341	56766	26167
河北	3283	1268	115668	95938	18493	1237	400843	184728	69499
山西	2279	600	77272	65722	10899	651	201166	78429	42768
内蒙古	1726	474	53613	44549	8596	468	174932	64884	36726
辽宁	3444	1581	119508	97292	20761	1455	442301	177051	88250
吉林	1722	241	52010	44512	7286	212	181944	68168	36938
黑龙江	1983	688	61339	47879	12901	559	266422	114652	54546
上海	4194	583	127877	109294	17387	1196	441398	148742	73319
江苏	4929	1916	202421	170289	26288	5844	768138	333299	121785
浙江	4529	616	129836	105661	23411	764	772407	335840	124096
安徽	1895	685	79297	65360	13171	766	290087	122765	48692
福建	2303	478	95181	83656	10927	598	385851	168359	60863
江西	1422	688	63543	52050	10870	623	244718	113940	35032
山东	5642	1663	192315	159192	31229	1894	717487	335684	120205
河南	3185	1234	122776	100858	20577	1341	478900	231050	69676
湖北	3938	1117	116806	97067	18513	1226	522878	233520	79956
湖南	2066	980	91071	74536	12052	4483	375408	179976	49345
广东	7846	2377	377869	318572	56697	2600	1736984	762639	289373
广西	1571	492	65062	53793	10771	498	281312	129675	46922
海南	455	99	18389	15752	2510	127	80233	30059	12283
重庆	2041	732	84421	70475	12917	1029	350636	134203	57922
四川	4255	979	163924	142036	20324	1564	727265	278697	104403
贵州	1296	483	54841	45274	9054	513	175532	73322	30072
云南	1722	293	62549	49298	12850	401	262538	114750	40915
西藏	161	46	4716	3391	1270	55	13134	4958	1951
陕西	2612	415	72206	61905	9850	451	271127	110227	43852
甘肃	1191	274	34943	29170	5362	411	121870	48204	22508
青海	419	123	11487	9342	2094	51	39904	14762	8130
宁夏	539	89	14436	12584	1630	222	56116	19733	10968
新疆	1928	287	55506	39105	16132	269	196253	79910	33441

4-6a　续表 7　　　　单位：人

地区 性别	专业技术人员		办事人员和有关人员				社会生产服务和生活服务人员		
	新闻出版、文化专业人员	其他专业技术人员	小计	办事人员	安全和消防人员	其他办事人员和有关人员	小计	批发与零售服务人员	交通运输、仓储和邮政业服务人员
男	**33270**	**16835**	**1712386**	**1295370**	**398526**	**18490**	**6460431**	**2378719**	**1593585**
北京	3865	530	72244	57935	13903	406	200108	57549	35803
天津	508	637	41372	33179	7686	507	82924	29494	21882
河北	1308	924	70808	53376	16665	767	223870	87089	59150
山西	881	439	46914	37097	9412	405	120832	38732	37557
内蒙古	644	354	32912	25178	7459	275	100428	30259	31937
辽宁	1249	1192	71310	51657	18811	842	252276	81934	76592
吉林	603	173	31794	25186	6490	118	102493	29776	32764
黑龙江	871	488	38769	26786	11628	355	149405	51616	46929
上海	1423	399	67249	50811	15830	608	255111	74568	60858
江苏	1853	1392	116014	89640	23334	3040	426549	163210	99023
浙江	1715	414	78018	56553	21070	395	445278	174069	103375
安徽	764	529	49851	37468	11901	482	161423	59722	41332
福建	903	343	55537	45324	9851	362	222222	87382	52599
江西	646	517	39330	29151	9809	370	130529	53723	29686
山东	2287	1198	121159	91789	28159	1211	406226	167900	100208
河南	1364	843	76166	57386	17977	803	256735	107748	56944
湖北	1534	825	69450	52556	16182	712	282899	108567	67538
湖南	805	736	54496	41659	10438	2399	202325	86145	41686
广东	3085	1787	204721	151030	52211	1480	1048543	410309	249745
广西	543	339	37380	27657	9441	282	150120	59688	39380
海南	189	66	11214	8845	2287	82	43834	13927	10731
重庆	753	535	46951	35446	10948	557	185309	58820	49234
四川	1734	716	91550	73164	17712	674	378608	121777	87009
贵州	530	351	33146	24931	7924	291	94468	34173	25598
云南	711	202	37894	26683	10980	231	141667	54875	33684
西藏	67	35	3008	1914	1065	29	7325	2716	1698
陕西	991	313	43542	34593	8687	262	156810	55820	37088
甘肃	471	199	21317	16554	4523	240	68973	22924	18892
青海	158	87	6903	5144	1733	26	22962	7107	6951
宁夏	195	65	8232	6767	1354	111	30877	8611	9314
新疆	620	207	33135	19911	13056	168	109302	38489	28398

4-6a 续表 8 单位：人

地区 性别	专业技术人员		办事人员和有关人员				社会生产服务和生活服务人员		
	新闻出版、文化专业人员	其他专业技术人员	小计	办事人员	安全和消防人员	其他办事人员和有关人员	小计	批发与零售服务人员	交通运输、仓储和邮政业服务人员
女	**53488**	**6435**	**1213681**	**1148519**	**50549**	**14613**	**4997112**	**2480162**	**290060**
北京	6953	328	62151	60040	1762	349	139310	52340	7239
天津	856	274	29418	28183	902	333	57417	27272	4285
河北	1975	344	44860	42562	1828	470	176973	97639	10349
山西	1398	161	30358	28625	1487	246	80334	39697	5211
内蒙古	1082	120	20701	19371	1137	193	74504	34625	4789
辽宁	2195	389	48198	45635	1950	613	190025	95117	11658
吉林	1119	68	20216	19326	796	94	79451	38392	4174
黑龙江	1112	200	22570	21093	1273	204	117017	63036	7617
上海	2771	184	60628	58483	1557	588	186287	74174	12461
江苏	3076	524	86407	80649	2954	2804	341589	170089	22762
浙江	2814	202	51818	49108	2341	369	327129	161771	20721
安徽	1131	156	29446	27892	1270	284	128664	63043	7360
福建	1400	135	39644	38332	1076	236	163629	80977	8264
江西	776	171	24213	22899	1061	253	114189	60217	5346
山东	3355	465	71156	67403	3070	683	311261	167784	19997
河南	1821	391	46610	43472	2600	538	222165	123302	12732
湖北	2404	292	47356	44511	2331	514	239979	124953	12418
湖南	1261	244	36575	32877	1614	2084	173083	93831	7659
广东	4761	590	173148	167542	4486	1120	688441	352330	39628
广西	1028	153	27682	26136	1330	216	131192	69987	7542
海南	266	33	7175	6907	223	45	36399	16132	1552
重庆	1288	197	37470	35029	1969	472	165327	75383	8688
四川	2521	263	72374	68872	2612	890	348657	156920	17394
贵州	766	132	21695	20343	1130	222	81064	39149	4474
云南	1011	91	24655	22615	1870	170	120871	59875	7231
西藏	94	11	1708	1477	205	26	5809	2242	253
陕西	1621	102	28664	27312	1163	189	114317	54407	6764
甘肃	720	75	13626	12616	839	171	52897	25280	3616
青海	261	36	4584	4198	361	25	16942	7655	1179
宁夏	344	24	6204	5817	276	111	25239	11122	1654
新疆	1308	80	22371	19194	3076	101	86951	41421	5043

4-6a 续表 9 单位：人

地区 性别	社会生产服务和生活服务人员								
	住宿和餐饮服务人员	信息传输、软件和信息技术服务人员	金融服务人员	房地产服务人员	租赁和商务服务人员	技术辅助服务人员	水利、环境和公共设施管理服务人员	居民服务人员	电力、燃气及水供应服务人员
全国	**1370140**	**397743**	**335827**	**279682**	**382753**	**330186**	**474783**	**616343**	**92620**
北京	31961	44001	15505	12547	18897	14567	16911	17741	2254
天津	13800	4787	5736	4374	4460	3808	6332	7250	1375
河北	40001	10285	12903	7847	9444	10324	15721	19065	4862
山西	23748	5057	7631	3430	4975	5317	8755	9242	3382
内蒙古	21652	3864	6657	3318	4695	3778	8620	10821	2521
辽宁	49624	14591	15397	10195	9863	10236	16065	27897	5053
吉林	24282	4175	7421	3412	5464	3965	7402	11005	2052
黑龙江	33671	4929	7747	4409	4591	4446	9546	14955	2856
上海	44696	34231	16071	13852	26195	20556	20410	26557	1839
江苏	81976	27724	21617	18602	32619	25558	32977	39780	5341
浙江	85281	31943	21810	18777	28021	24701	29434	37505	4080
安徽	36938	7986	8085	6314	8343	8491	13509	15478	2456
福建	46133	11836	10800	8016	13497	12020	15991	22407	2308
江西	30906	5239	6124	4436	4776	6219	10054	16904	1937
山东	73311	16772	21799	14906	16548	18674	28269	36232	6863
河南	58665	10345	12926	8630	9508	11028	20859	23564	5304
湖北	65197	16685	14042	12001	14845	14011	19671	28987	4414
湖南	48984	9336	9401	6536	11465	9451	11608	22969	2711
广东	201693	64760	40300	45185	60726	58832	64106	81158	7938
广西	31841	4880	6588	6405	7697	6135	11926	15207	2196
海南	13437	1251	1791	1734	3291	1576	4273	7096	513
重庆	49630	9451	9424	13426	10713	10116	15226	22977	2732
四川	105859	24591	22102	25755	31205	19644	32435	47554	4801
贵州	24432	3207	4644	2648	4072	4007	8962	11185	1792
云南	39199	4544	5875	5210	8287	5927	12214	12158	2508
西藏	2708	289	295	87	297	187	846	569	161
陕西	36492	11280	8626	7826	8981	8001	11673	12164	2593
甘肃	16329	2906	4695	2779	4543	2689	5443	5268	1860
青海	5719	979	1441	804	1735	942	1860	1416	585
宁夏	7377	1386	2295	1709	2643	1292	3144	2534	824
新疆	24598	4433	6079	4512	10357	3688	10541	8698	2509

4-6a 续表 10 单位：人

地区 性别	社会生产服务和生活服务人员								
	住宿和餐饮服务人员	信息传输、软件和信息技术服务人员	金融服务人员	房地产服务人员	租赁和商务服务人员	技术辅助服务人员	水利、环境和公共设施管理服务人员	居民服务人员	电力、燃气及水供应服务人员
男	**672547**	**279873**	**151974**	**166748**	**257181**	**206455**	**170988**	**179193**	**73081**
北京	17702	30959	6985	8363	11543	8130	7783	4821	1847
天津	7222	3192	2527	2532	2774	2308	2804	3043	1044
河北	19223	6652	5779	4443	6057	6296	6615	5949	3803
山西	12893	3199	3305	1962	3392	3422	3479	3470	2555
内蒙古	10471	2364	2751	1873	3412	2413	3499	3663	1896
辽宁	24310	9304	6803	5744	6522	6346	6469	10266	3957
吉林	11132	2766	3133	1964	4230	2552	3049	3496	1647
黑龙江	16252	3070	3638	2680	3386	2764	3572	5117	2286
上海	24214	25273	7693	9419	15882	11631	8272	5399	1475
江苏	38997	19285	9847	10706	21521	15322	11526	12138	4373
浙江	43147	22494	9760	11103	18445	15266	12479	10750	3270
安徽	16511	5453	3763	3660	5315	5461	4867	4792	1957
福建	23765	8823	4920	4828	9297	7764	5036	5820	1851
江西	14198	3574	2889	2477	3167	4275	3250	4573	1515
山东	37033	10798	10300	8099	10509	11111	11938	10801	5544
河南	29180	6796	5981	4881	6282	6755	7479	7290	4067
湖北	29796	11902	6173	7045	10054	8974	6422	8173	3377
湖南	22662	6608	4281	3710	7606	6113	4271	7081	2132
广东	111470	49525	19178	29665	41621	37902	23658	21469	6852
广西	14210	3368	3032	3544	5495	3955	2569	3639	1785
海南	6694	822	907	1060	2431	1138	978	2378	427
重庆	22033	6637	4036	7301	6984	6445	4842	6062	1991
四川	45908	17515	9258	14913	22940	12542	9440	12577	3567
贵州	10282	2188	2118	1553	2913	2829	2138	3671	1394
云南	17165	3107	2617	3062	5809	4016	3386	3631	1966
西藏	1149	182	146	58	210	140	183	221	118
陕西	18557	7904	4102	4632	5857	5086	4410	3946	2034
甘肃	8120	1891	2133	1615	3347	1767	1741	1526	1397
青海	2693	603	605	431	1321	639	523	440	453
宁夏	3461	873	897	938	1961	780	943	746	588
新疆	12097	2746	2417	2487	6898	2313	3367	2245	1913

4-6a　续表 11　　　单位：人

地区 性别	社会生产服务和生活服务人员 住宿和餐饮服务人员	信息传输、软件和信息技术服务人员	金融服务人员	房地产服务人员	租赁和商务服务人员	技术辅助服务人员	水利、环境和公共设施管理服务人员	居民服务人员	电力、燃气及水供应服务人员
女	**697593**	**117870**	**183853**	**112934**	**125572**	**123731**	**303795**	**437150**	**19539**
北京	14259	13042	8520	4184	7354	6437	9128	12920	407
天津	6578	1595	3209	1842	1686	1500	3528	4207	331
河北	20778	3633	7124	3404	3387	4028	9106	13116	1059
山西	10855	1858	4326	1468	1583	1895	5276	5772	827
内蒙古	11181	1500	3906	1445	1283	1365	5121	7158	625
辽宁	25314	5287	8594	4451	3341	3890	9596	17631	1096
吉林	13150	1409	4288	1448	1234	1413	4353	7509	405
黑龙江	17419	1859	4109	1729	1205	1682	5974	9838	570
上海	20482	8958	8378	4433	10313	8925	12138	21158	364
江苏	42979	8439	11770	7896	11098	10236	21451	27642	968
浙江	42134	9449	12050	7674	9576	9435	16955	26755	810
安徽	20427	2533	4322	2654	3028	3030	8642	10686	499
福建	22368	3013	5880	3188	4200	4256	10955	16587	457
江西	16708	1665	3235	1959	1609	1944	6804	12331	422
山东	36278	5974	11499	6807	6039	7563	16331	25431	1319
河南	29485	3549	6945	3749	3226	4273	13380	16274	1237
湖北	35401	4783	7869	4956	4791	5037	13249	20814	1037
湖南	26322	2728	5120	2826	3859	3338	7337	15888	579
广东	90223	15235	21122	15520	19105	20930	40448	59689	1086
广西	17631	1512	3556	2861	2202	2180	9357	11568	411
海南	6743	429	884	674	860	438	3295	4718	86
重庆	27597	2814	5388	6125	3729	3671	10384	16915	741
四川	59951	7076	12844	10842	8265	7102	22995	34977	1234
贵州	14150	1019	2526	1095	1159	1178	6824	7514	398
云南	22034	1437	3258	2148	2478	1911	8828	8527	542
西藏	1559	107	149	29	87	47	663	348	43
陕西	17935	3376	4524	3194	3124	2915	7263	8218	559
甘肃	8209	1015	2562	1164	1196	922	3702	3742	463
青海	3026	376	836	373	414	303	1337	976	132
宁夏	3916	513	1398	771	682	512	2201	1788	236
新疆	12501	1687	3662	2025	3459	1375	7174	6453	596

4-6a 续表 12

单位：人

地区 性别	社会生产服务和生活服务人员				农、林、牧、渔业生产及辅助人员				
	修理及制作服务人员	文化、体育和娱乐服务人员	健康服务人员	其他社会生产和生活服务人员	小计	农业生产人员	林业生产人员	畜牧业生产人员	渔业生产人员
全国	**303080**	**88096**	**29966**	**13798**	**571061**	**465172**	**20257**	**42274**	**32282**
北京	6453	4140	1351	159	1653	865	410	224	36
天津	3604	751	457	674	2604	1914	93	225	296
河北	12832	1905	1043	384	38837	34211	972	2831	270
山西	6556	1129	551	196	9246	7819	487	751	26
内蒙古	5474	1110	540	272	5928	3085	676	1797	66
辽宁	13169	2912	1342	656	27067	19523	532	3020	3357
吉林	5546	1359	618	137	17672	15570	1053	752	93
黑龙江	8064	1210	572	228	28319	25314	1188	1296	145
上海	8086	4491	2177	176	1347	907	123	123	108
江苏	19390	4891	1851	728	29698	23107	1159	1394	3259
浙江	17103	9059	2163	2594	18743	13949	978	808	2637
安徽	8064	1884	727	355	11278	9001	503	922	545
福建	8532	3699	947	443	12891	8715	715	1406	1737
江西	6986	1468	464	233	17693	15559	376	966	413
山东	21912	3345	2095	872	72890	61331	1733	4755	4179
河南	13366	2318	1247	414	32347	28579	625	2122	235
湖北	14127	3531	1233	658	34719	29237	571	1828	2564
湖南	9061	3479	778	308	22707	19193	693	1910	603
广东	42218	12186	3673	2197	36145	23603	1360	2733	7695
广西	9399	1686	542	213	29333	23631	1013	2215	2128
海南	2078	675	112	64	6383	5071	200	353	648
重庆	9989	3613	829	385	9094	7404	390	886	265
四川	18466	9207	1958	588	27103	22921	857	2259	496
贵州	5068	1444	443	234	7529	5960	295	1056	89
云南	7994	2249	559	149	32328	28301	880	2092	206
西藏	386	344	27	29	398	317	37	36	1
陕西	6973	1586	643	210	11077	9783	434	595	57
甘肃	3354	815	375	102	5671	4459	441	548	24
青海	1159	259	89	24	1906	602	873	375	4
宁夏	1599	421	147	44	3276	2147	174	859	22
新疆	6072	930	413	72	15179	13094	416	1137	78

4-6a 续表 13 单位：人

地区 性别	社会生产服务和生活服务人员				农、林、牧、渔业生产及辅助人员				
	修理及制作服务人员	文化、体育和娱乐服务人员	健康服务人员	其他社会生产和生活服务人员	小计	农业生产人员	林业生产人员	畜牧业生产人员	渔业生产人员
男	**267259**	**46028**	**9319**	**7481**	**327319**	**251800**	**14423**	**28249**	**25707**
北京	5832	2300	417	74	1112	552	313	145	26
天津	3139	428	121	414	1796	1238	73	173	257
河北	11134	1129	324	227	21138	17949	606	2000	219
山西	5953	619	173	121	5761	4636	386	612	19
内蒙古	4923	648	169	150	4306	2113	547	1351	54
辽宁	11641	1625	398	365	16766	11132	391	1971	2868
吉林	4882	821	203	78	10932	9324	842	551	81
黑龙江	7071	703	182	139	17698	15472	951	885	126
上海	7396	2386	554	91	888	555	88	87	92
江苏	17033	2649	531	388	15535	10955	761	926	2390
浙江	15184	4025	664	1247	12750	8869	717	535	2365
安徽	7161	997	237	195	6524	4840	388	638	441
福建	7707	1870	302	258	7781	4899	543	805	1365
江西	6152	766	155	129	10183	8658	300	656	320
山东	18880	1924	680	501	40216	31785	1213	3116	3508
河南	11420	1294	373	245	16184	13755	402	1405	179
湖北	12289	1869	390	330	18508	14789	398	1256	1721
湖南	7945	1669	236	180	13276	11062	458	1092	455
广东	38146	6538	1344	1121	23911	14294	967	1954	6189
广西	8257	933	147	118	16143	12254	707	1394	1587
海南	1881	372	47	41	3868	2881	131	250	537
重庆	8687	1775	234	228	4901	3754	278	564	199
四川	16041	4200	601	320	13592	10975	598	1319	356
贵州	4477	827	160	147	4048	2968	220	711	73
云南	6838	1260	177	74	16717	14277	609	1262	145
西藏	339	139	7	19	200	153	21	22	
陕西	6149	895	198	132	6562	5630	305	443	38
甘肃	2986	449	120	65	3553	2670	312	410	19
青海	1002	147	28	19	1167	365	502	267	4
宁夏	1450	250	37	28	2111	1305	124	607	18
新疆	5264	521	110	37	9192	7691	272	842	56

4-6a 续表 14

单位：人

地 区 性 别	社会生产服务和生活服务人员				农、林、牧、渔业生产及辅助人员				
	修理及制作服务人员	文化、体育和娱乐服务人员	健康服务人员	其他社会生产和生活服务人员	小计	农业生产人员	林业生产人员	畜牧业生产人员	渔业生产人员
女	**35821**	**42068**	**20647**	**6317**	**243742**	**213372**	**5834**	**14025**	**6575**
北 京	621	1840	934	85	541	313	97	79	10
天 津	465	323	336	260	808	676	20	52	39
河 北	1698	776	719	157	17699	16262	366	831	51
山 西	603	510	378	75	3485	3183	101	139	7
内 蒙 古	551	462	371	122	1622	972	129	446	12
辽 宁	1528	1287	944	291	10301	8391	141	1049	489
吉 林	664	538	415	59	6740	6246	211	201	12
黑 龙 江	993	507	390	89	10621	9842	237	411	19
上 海	690	2105	1623	85	459	352	35	36	16
江 苏	2357	2242	1320	340	14163	12152	398	468	869
浙 江	1919	5034	1499	1347	5993	5080	261	273	272
安 徽	903	887	490	160	4754	4161	115	284	104
福 建	825	1829	645	185	5110	3816	172	601	372
江 西	834	702	309	104	7510	6901	76	310	93
山 东	3032	1421	1415	371	32674	29546	520	1639	671
河 南	1946	1024	874	169	16163	14824	223	717	56
湖 北	1838	1662	843	328	16211	14448	173	572	843
湖 南	1116	1810	542	128	9431	8131	235	818	148
广 东	4072	5648	2329	1076	12234	9309	393	779	1506
广 西	1142	753	395	95	13190	11377	306	821	541
海 南	197	303	65	23	2515	2190	69	103	111
重 庆	1302	1838	595	157	4193	3650	112	322	66
四 川	2425	5007	1357	268	13511	11946	259	940	140
贵 州	591	617	283	87	3481	2992	75	345	16
云 南	1156	989	382	75	15611	14024	271	830	61
西 藏	47	205	20	10	198	164	16	14	1
陕 西	824	691	445	78	4515	4153	129	152	19
甘 肃	368	366	255	37	2118	1789	129	138	5
青 海	157	112	61	5	739	237	371	108	
宁 夏	149	171	110	16	1165	842	50	252	4
新 疆	808	409	303	35	5987	5403	144	295	22

4-6a 续表 15

单位：人

地区 性别	农林牧渔生产辅助人员	其他农、林、牧、渔业生产加工人员	生产制造及有关人员						
			小计	农副产品加工人员	食品、饮料生产加工人员	烟草及其制品加工人员	纺织、针织、印染人员	纺织品、服装和皮革、毛皮制品加工制作人员	木材加工、家具与木制品制作人员
全　国	**9990**	**1086**	**6089916**	**54622**	**102873**	**7243**	**93050**	**536113**	**165981**
北　京	108	10	62754	357	1773	42	71	778	1285
天　津	68	8	70663	406	1826	45	160	1471	1356
河　北	503	50	162128	2133	3692	208	1370	7503	3165
山　西	152	11	94898	470	1656	38	197	891	1780
内蒙古	270	34	70653	1025	1809	91	461	1065	2204
辽　宁	538	97	196496	4177	4229	120	812	12443	5371
吉　林	195	9	60961	1037	1489	135	865	1037	1912
黑龙江	342	34	84357	1204	2468	121	246	1724	2936
上　海	77	9	133249	611	2813	217	399	3143	2867
江　苏	687	92	514699	2937	6939	218	9833	36231	14172
浙　江	338	33	664407	2448	4526	183	31688	122111	14481
安　徽	273	34	157278	1627	3158	321	1334	11311	4559
福　建	297	21	227421	1771	3818	256	2639	47737	5746
江　西	353	26	143428	1107	2321	135	1038	14709	7670
山　东	777	115	414197	11016	10546	375	11559	26632	12944
河　南	739	47	192054	2553	4739	452	1809	10965	3029
湖　北	433	86	254621	2295	4964	485	6835	23871	6230
湖　南	272	36	145513	1709	3358	601	785	9282	3232
广　东	669	85	1392260	4948	13554	487	15024	174455	38997
广　西	284	62	122754	2164	2200	154	613	5233	4739
海　南	97	14	22671	312	572	27	17	215	539
重　庆	135	14	173558	1306	2228	192	460	4919	4634
四　川	519	51	284636	2577	6690	343	1099	10507	10838
贵　州	110	19	74525	901	3709	382	233	1595	2397
云　南	825	24	101664	1580	2433	1309	244	1700	3014
西　藏	6	1	4510	19	71		17	138	269
陕　西	191	17	103530	522	1512	157	628	2083	1980
甘　肃	181	18	49245	389	1060	85	101	568	1095
青　海	52		14894	119	305	5	30	174	400
宁　夏	71	3	26470	176	486	18	218	299	504
新　疆	428	26	69422	726	1929	41	2265	1323	1636

4-6a 续表 16

单位：人

地区 性别	农林牧渔生产辅助人员	其他农、林、牧、渔业生产加工人员	生产制造及有关人员 小计	农副产品加工人员	食品、饮料生产加工人员	烟草及其制品加工人员	纺织、针织、印染人员	纺织品、服装和皮革、毛皮制品加工制作人员	木材加工、家具与木制品制作人员
男	**6507**	**633**	**4341893**	**31301**	**55084**	**4721**	**39827**	**217904**	**131246**
北京	71	5	50667	206	937	24	30	299	1174
天津	49	6	53120	261	1031	27	91	620	1086
河北	327	37	124581	1292	1792	155	544	2368	2511
山西	103	5	79857	299	939	24	84	345	1551
内蒙古	222	19	58551	694	1000	70	125	285	1863
辽宁	349	55	149547	2251	2181	92	298	3622	4122
吉林	129	5	49408	655	797	104	289	297	1601
黑龙江	240	24	66001	754	1339	103	86	615	2218
上海	60	6	100186	340	1437	162	154	1075	2592
江苏	453	50	355249	1641	3386	145	3352	10093	11470
浙江	249	15	432353	1187	2337	130	15379	55173	11572
安徽	196	21	117917	933	1623	238	468	2589	3857
福建	156	13	150634	967	2037	143	1226	21242	4511
江西	236	13	101477	694	1322	93	313	4124	5859
山东	518	76	294908	5957	5006	263	4079	6986	9390
河南	413	30	143776	1456	2370	288	557	3303	2510
湖北	304	40	189371	1383	2717	296	2372	8728	5500
湖南	184	25	109931	949	1789	369	288	3386	2846
广东	456	51	912276	3124	7953	329	7868	81826	29612
广西	171	30	88344	1150	1144	93	203	1394	3162
海南	59	10	17851	188	366	21	6	85	465
重庆	97	9	130977	731	1109	125	178	2106	3908
四川	320	24	218350	1486	4058	219	414	4264	8561
贵州	67	9	57788	511	2409	261	96	654	2016
云南	410	14	76754	896	1277	733	85	722	2263
西藏	4		3389	13	43		7	87	207
陕西	132	14	81702	340	793	107	199	894	1716
甘肃	132	10	39868	251	516	63	38	187	963
青海	29		11556	77	129	2	6	59	338
宁夏	55	2	21847	113	259	15	55	59	459
新疆	316	15	53657	502	988	27	937	417	1343

4-6a　续表 17　　　　单位：人

地区 性别	农林牧渔生产辅助人员	其他农、林、牧、渔业生产加工人员	生产制造及有关人员 小计	农副产品加工人员	食品、饮料生产加工人员	烟草及其制品加工人员	纺织、针织、印染人员	纺织品、服装和皮革、毛皮制品加工制作人员	木材加工、家具与木制品制作人员
女	**3483**	**453**	**1748023**	**23321**	**47789**	**2522**	**53223**	**318209**	**34735**
北京	37	5	12087	151	836	18	41	479	111
天津	19	2	17543	145	795	18	69	851	270
河北	176	13	37547	841	1900	53	826	5135	654
山西	49	6	15041	171	717	14	113	546	229
内蒙古	48	15	12102	331	809	21	336	780	341
辽宁	189	42	46949	1926	2048	28	514	8821	1249
吉林	66	4	11553	382	692	31	576	740	311
黑龙江	102	10	18356	450	1129	18	160	1109	718
上海	17	3	33063	271	1376	55	245	2068	275
江苏	234	42	159450	1296	3553	73	6481	26138	2702
浙江	89	18	232054	1261	2189	53	16309	66938	2909
安徽	77	13	39361	694	1535	83	866	8722	702
福建	141	8	76787	804	1781	113	1413	26495	1235
江西	117	13	41951	413	999	42	725	10585	1811
山东	259	39	119289	5059	5540	112	7480	19646	3554
河南	326	17	48278	1097	2369	164	1252	7662	519
湖北	129	46	65250	912	2247	189	4463	15143	730
湖南	88	11	35582	760	1569	232	497	5896	386
广东	213	34	479984	1824	5601	158	7156	92629	9385
广西	113	32	34410	1014	1056	61	410	3839	1577
海南	38	4	4820	124	206	6	11	130	74
重庆	38	5	42581	575	1119	67	282	2813	726
四川	199	27	66286	1091	2632	124	685	6243	2277
贵州	43	10	16737	390	1300	121	137	941	381
云南	415	10	24910	684	1156	576	159	978	751
西藏	2	1	1121	6	28		10	51	62
陕西	59	3	21828	182	719	50	429	1189	264
甘肃	49	8	9377	138	544	22	63	381	132
青海	23		3338	42	176	3	24	115	62
宁夏	16	1	4623	63	227	3	163	240	45
新疆	112	11	15765	224	941	14	1328	906	293

4-6a 续表 18 单位：人

地区 性别	生产制造及有关人员								
	纸及纸制品生产加工人员	印刷和记录媒介复制人员	文教、工美、体育和娱乐用品制造人员	石油加工和炼焦、煤化工生产人员	化学原料和化学制品制造人员	医药制造人员	化学纤维制造人员	橡胶和塑料制品制造人员	非金属矿物制品制造人员
全国	**38192**	**50001**	**84257**	**17141**	**59586**	**34955**	**5063**	**116766**	**83656**
北京	112	826	375	208	522	1265	14	184	471
天津	432	474	321	520	1404	1080	39	1789	792
河北	1368	1534	808	949	1586	2238	95	1957	3073
山西	74	688	189	856	1185	527	14	316	1322
内蒙古	81	485	163	884	1220	528	7	177	760
辽宁	801	1131	868	2509	2944	1313	169	2738	2602
吉林	192	487	200	254	1044	1225	232	365	684
黑龙江	328	685	304	729	569	880	45	684	667
上海	587	1353	683	309	2164	1498	151	1916	1082
江苏	2296	3066	5748	650	5570	3243	903	11430	5497
浙江	5787	5824	10131	514	4732	2510	1254	20464	5290
安徽	690	886	1576	278	1522	1039	72	2882	2087
福建	1809	1950	4298	208	1368	506	122	5742	3126
江西	536	721	2970	272	808	706	38	720	4377
山东	3123	3039	5408	1687	5765	3336	312	6839	6166
河南	696	1457	2233	804	2381	983	637	1259	3013
湖北	1150	1732	1058	501	3254	1978	59	1833	3780
湖南	739	1279	975	309	1792	830	38	929	3232
广东	13906	14834	40303	1034	8677	3024	339	47370	20846
广西	413	655	1607	149	546	597	13	782	1871
海南	34	148	78	26	141	315	1	56	228
重庆	571	943	507	100	1687	1075	129	1520	2843
四川	1362	2123	1096	279	2294	1851	175	2148	3789
贵州	180	424	395	93	393	354	7	472	1143
云南	382	976	922	338	988	685	15	595	1560
西藏	2	57	97	1	17	36		3	185
陕西	162	949	293	588	982	567	28	563	973
甘肃	78	463	167	754	1043	297	15	205	661
青海	12	157	178	86	513	119	2	106	161
宁夏	129	136	50	590	1048	126	8	160	372
新疆	160	519	256	662	1427	224	130	562	1003

4-6a　续表 19　　　　单位：人

地　区 性　别	生产制造及有关人员								
	纸及纸制品生产加工人员	印刷和记录媒介复制人员	文教、工美、体育和娱乐用品制造人员	石油加工和炼焦、煤化工生产人员	化学原料和化学制品制造人员	医药制造人员	化学纤维制造人员	橡胶和塑料制品制造人员	非金属矿物制品制造人员
男	**23270**	**32086**	**42034**	**13619**	**42915**	**18202**	**3319**	**70732**	**61529**
北　京	71	512	232	154	343	600	7	135	387
天　津	266	303	184	368	1068	640	25	1209	619
河　北	761	882	402	790	1203	1205	70	1211	2252
山　西	43	384	113	692	876	289	13	217	1046
内蒙古	56	277	103	707	917	340	7	135	665
辽　宁	506	675	451	2039	2350	691	126	1782	2157
吉　林	117	285	104	224	836	630	164	264	571
黑龙江	194	386	163	532	405	463	31	486	534
上　海	333	870	371	258	1483	754	123	1114	820
江　苏	1289	1766	2488	530	4081	1667	584	6332	3698
浙　江	3444	3976	4729	442	3469	1393	836	11440	4176
安　徽	372	536	569	241	1205	564	40	1709	1630
福　建	1031	1345	2305	171	922	212	80	3257	2404
江　西	283	444	985	219	548	357	28	392	2950
山　东	1996	1757	2066	1398	4305	1883	189	4468	4420
河　南	376	810	639	615	1711	515	366	737	2140
湖　北	746	1060	553	394	2408	965	37	1110	2927
湖　南	466	725	427	214	1091	403	20	596	2065
广　东	9027	10569	22011	833	5665	1553	221	29811	14898
广　西	227	381	706	119	385	275	9	415	1363
海　南	24	94	53	23	111	144	1	38	169
重　庆	320	591	251	76	1244	530	90	797	2086
四　川	709	1288	611	225	1624	932	109	1325	2840
贵　州	97	239	217	70	289	162	4	314	880
云　南	214	611	622	258	691	353	6	355	1184
西　藏	1	34	75		13	14		2	141
陕　西	91	577	183	442	660	286	20	396	780
甘　肃	44	263	106	550	787	162	10	141	532
青　海	6	81	105	61	362	51	1	63	118
宁　夏	68	77	32	484	824	55	8	96	290
新　疆	92	288	178	490	1039	114	94	385	787

4-6a 续表 20 单位：人

地区 性别	生产制造及有关人员								
	纸及纸制品生产加工人员	印刷和记录媒介复制人员	文教、工美、体育和娱乐用品制造人员	石油加工和炼焦、煤化工生产人员	化学原料和化学制品制造人员	医药制造人员	化学纤维制造人员	橡胶和塑料制品制造人员	非金属矿物制品制造人员
女	**14922**	**17915**	**42223**	**3522**	**16671**	**16753**	**1744**	**46034**	**22127**
北京	41	314	143	54	179	665	7	49	84
天津	166	171	137	152	336	440	14	580	173
河北	607	652	406	159	383	1033	25	746	821
山西	31	304	76	164	309	238	1	99	276
内蒙古	25	208	60	177	303	188		42	95
辽宁	295	456	417	470	594	622	43	956	445
吉林	75	202	96	30	208	595	68	101	113
黑龙江	134	299	141	197	164	417	14	198	133
上海	254	483	312	51	681	744	28	802	262
江苏	1007	1300	3260	120	1489	1576	319	5098	1799
浙江	2343	1848	5402	72	1263	1117	418	9024	1114
安徽	318	350	1007	37	317	475	32	1173	457
福建	778	605	1993	37	446	294	42	2485	722
江西	253	277	1985	53	260	349	10	328	1427
山东	1127	1282	3342	289	1460	1453	123	2371	1746
河南	320	647	1594	189	670	468	271	522	873
湖北	404	672	505	107	846	1013	22	723	853
湖南	273	554	548	95	701	427	18	333	1167
广东	4879	4265	18292	201	3012	1471	118	17559	5948
广西	186	274	901	30	161	322	4	367	508
海南	10	54	25	3	30	171		18	59
重庆	251	352	256	24	443	545	39	723	757
四川	653	835	485	54	670	919	66	823	949
贵州	83	185	178	23	104	192	3	158	263
云南	168	365	300	80	297	332	9	240	376
西藏	1	23	22	1	4	22		1	44
陕西	71	372	110	146	322	281	8	167	193
甘肃	34	200	61	204	256	135	5	64	129
青海	6	76	73	25	151	68	1	43	43
宁夏	61	59	18	106	224	71		64	82
新疆	68	231	78	172	388	110	36	177	216

4-6a　续表 21　　单位：人

地　区 性　别	生产制造及有关人员								
	采矿人员	金属冶炼和压延加工人员	机械制造基础加工人员	金属制品制造人员	通用设备制造人员	专用设备制造人员	汽车制造人员	铁路、船舶、航空设备制造人员	电气机械和器材制造人员
全　国	**103272**	**76016**	**328886**	**188929**	**71116**	**32558**	**112430**	**27650**	**122475**
北　京	222	306	1784	552	500	593	1699	504	395
天　津	1429	2024	3191	1611	1255	528	4443	1166	941
河　北	4632	8204	10879	4445	3146	626	2536	720	1120
山　西	16613	1989	5656	943	1011	296	342	293	434
内蒙古	3135	2804	3037	782	776	119	285	209	220
辽　宁	7934	6941	16993	3656	3305	935	5583	2090	1645
吉　林	3338	791	3412	651	565	200	4189	596	210
黑龙江	11341	819	5123	828	906	191	581	521	357
上　海	96	1262	6317	2557	2159	1511	5205	1496	2511
江　苏	1205	6141	37880	12779	9623	4929	13085	3888	10054
浙　江	299	3612	51483	24531	13298	3949	12623	1638	19179
安　徽	5541	2177	7092	2468	1443	678	3213	362	2234
福　建	437	1660	9637	6800	1618	949	1938	658	5240
江　西	1144	2190	3459	2868	701	301	1064	340	1480
山　东	10334	6672	29170	9347	6026	1903	8562	1349	4985
河　南	10281	3328	11309	2667	2076	877	1785	951	1438
湖　北	1721	3093	10717	4107	1841	708	9044	841	2458
湖　南	986	1999	6300	3287	978	454	1466	563	1301
广　东	723	5739	65494	89748	12504	10139	16268	4449	59396
广　西	523	1949	3673	1793	651	221	2574	311	558
海　南	59	14	320	288	65	15	53	27	64
重　庆	1088	1483	8244	2570	1776	500	8862	1749	1878
四　川	2787	3029	11669	3910	1949	951	4608	1115	2002
贵　州	1624	846	1792	1061	316	97	286	565	362
云　南	1395	1964	2375	1752	431	150	301	86	435
西　藏	14	11	148	89	8	2	14	2	14
陕　西	5886	771	6179	1065	894	349	1499	954	596
甘　肃	2735	1814	2119	630	534	106	96	118	316
青　海	625	560	359	214	105	27	33	19	213
宁　夏	1864	804	1232	272	315	99	39	17	183
新　疆	3261	1020	1843	658	341	155	154	53	256

4-6a 续表 22 单位：人

地区 性别	生产制造及有关人员								
	采矿人员	金属冶炼和压延加工人员	机械制造基础加工人员	金属制品制造人员	通用设备制造人员	专用设备制造人员	汽车制造人员	铁路、船舶、航空设备制造人员	电气机械和器材制造人员
男	**88329**	**63843**	**276423**	**134259**	**54529**	**20328**	**80230**	**21670**	**74014**
北京	180	261	1600	446	400	364	1386	411	298
天津	1129	1751	2785	1220	1025	349	3271	845	649
河北	3967	7126	9682	3217	2408	423	1889	590	806
山西	15266	1734	4983	796	838	206	287	250	314
内蒙古	2823	2496	2821	664	705	99	245	189	190
辽宁	6699	6182	15485	2938	2907	703	4325	1778	1161
吉林	2843	697	3219	544	489	146	3465	524	162
黑龙江	9180	725	4565	651	782	132	458	432	284
上海	87	1123	5484	1842	1681	900	3666	1368	1561
江苏	1024	4889	30683	9172	7210	2947	8804	2896	6426
浙江	246	2885	39995	15210	8863	2276	7828	1096	9856
安徽	5199	1923	6141	1907	1204	410	2214	304	1364
福建	385	1380	7777	4715	1215	583	1415	475	3570
江西	973	1736	2878	2134	586	179	797	247	877
山东	8585	5516	25503	6961	4995	1318	6638	1159	3471
河南	8806	2749	9804	1951	1767	510	1322	707	1011
湖北	1381	2588	9304	3196	1569	457	6639	684	1672
湖南	843	1654	5483	2565	819	317	1062	444	913
广东	607	4722	53794	63278	9121	6203	11356	3531	34769
广西	417	1575	3125	1299	540	146	1842	261	355
海南	49	13	299	250	59	9	40	23	54
重庆	956	1191	6630	1869	1271	315	6114	1079	1162
四川	2381	2503	10212	2905	1602	620	3332	924	1270
贵州	1534	709	1530	806	251	75	205	431	248
云南	1147	1555	2121	1367	364	101	222	69	315
西藏	10	9	116	65	8	2	11	1	12
陕西	4548	631	5301	874	721	255	1128	775	466
甘肃	2389	1535	1893	508	459	74	84	100	227
青海	512	470	320	162	96	19	28	17	179
宁夏	1564	652	1173	226	282	77	32	14	152
新疆	2599	863	1717	521	292	113	125	46	220

4-6a　续表 23　　　　单位：人

地　区 性　别	生产制造及有关人员								
	采矿人员	金属冶炼和压延加工人员	机械制造基础加工人员	金属制品制造人员	通用设备制造人员	专用设备制造人员	汽车制造人员	铁路、船舶、航空设备制造人员	电气机械和器材制造人员
女	**14943**	**12173**	**52463**	**54670**	**16587**	**12230**	**32200**	**5980**	**48461**
北　京	42	45	184	106	100	229	313	93	97
天　津	300	273	406	391	230	179	1172	321	292
河　北	665	1078	1197	1228	738	203	647	130	314
山　西	1347	255	673	147	173	90	55	43	120
内蒙古	312	308	216	118	71	20	40	20	30
辽　宁	1235	759	1508	718	398	232	1258	312	484
吉　林	495	94	193	107	76	54	724	72	48
黑龙江	2161	94	558	177	124	59	123	89	73
上　海	9	139	833	715	478	611	1539	128	950
江　苏	181	1252	7197	3607	2413	1982	4281	992	3628
浙　江	53	727	11488	9321	4435	1673	4795	542	9323
安　徽	342	254	951	561	239	268	999	58	870
福　建	52	280	1860	2085	403	366	523	183	1670
江　西	171	454	581	734	115	122	267	93	603
山　东	1749	1156	3667	2386	1031	585	1924	190	1514
河　南	1475	579	1505	716	309	367	463	244	427
湖　北	340	505	1413	911	272	251	2405	157	786
湖　南	143	345	817	722	159	137	404	119	388
广　东	116	1017	11700	26470	3383	3936	4912	918	24627
广　西	106	374	548	494	111	75	732	50	203
海　南	10	1	21	38	6	6	13	4	10
重　庆	132	292	1614	701	505	185	2748	670	716
四　川	406	526	1457	1005	347	331	1276	191	732
贵　州	90	137	262	255	65	22	81	134	114
云　南	248	409	254	385	67	49	79	17	120
西　藏	4	2	32	24			3	1	2
陕　西	1338	140	878	191	173	94	371	179	130
甘　肃	346	279	226	122	75	32	12	18	89
青　海	113	90	39	52	9	8	5	2	34
宁　夏	300	152	59	46	33	22	7	3	31
新　疆	662	157	126	137	49	42	29	7	36

4-6a 续表 24

单位：人

地区 性别	生产制造及有关人员								不便分类的其他从业人员
	计算机、通信和其他电子设备制造人员	仪器仪表制造人员	废弃资源综合利用人员	电力、热力、气体、水生产和输配人员	建筑施工人员	运输设备和通用工程机械操作人员及有关人员	生产辅助人员	其他生产制造及有关人员	
全国	**572376**	**12276**	**8366**	**44575**	**1816888**	**170584**	**926460**	**25560**	**63127**
北京	3770	195	80	997	25497	2746	14486	145	807
天津	8742	171	111	863	18182	2397	10576	918	2555
河北	6756	284	326	2262	49443	7000	27300	770	2433
山西	4485	138	100	2130	28101	4578	17304	282	1351
内蒙古	1238	102	130	2737	25977	4705	13061	376	1003
辽宁	12369	593	341	3270	49592	8660	29008	1354	5172
吉林	1729	91	115	1748	19576	2826	9616	150	243
黑龙江	2536	161	112	2410	28138	3678	12661	404	1459
上海	17114	356	200	788	37791	4965	28789	339	849
江苏	73563	818	721	2425	136924	12817	76564	2550	4419
浙江	36227	1492	708	1574	149633	10001	100725	1492	693
安徽	8639	251	295	1191	58955	6230	22155	1012	1645
福建	13057	581	332	808	63551	4218	34124	717	912
江西	13263	118	189	800	57353	4903	14421	706	2701
山东	23689	527	611	4750	119798	13311	62508	1908	6326
河南	10398	271	247	1973	72796	6704	26715	1228	3443
湖北	16475	243	463	1382	97382	8834	34247	1040	4306
湖南	10442	86	210	756	65168	5133	16556	738	6794
广东	250787	4104	1734	2220	206852	17288	240125	6892	4397
广西	6388	77	170	731	64249	4208	12620	322	2161
海南	297	7	36	170	15142	710	2676	19	1036
重庆	15683	457	124	688	78428	5063	21173	678	1056
四川	18608	293	231	1453	136515	9756	37897	692	1899
贵州	2684	52	167	679	39829	2861	8423	203	1331
云南	1789	171	257	623	58115	3536	11378	165	866
西藏	40		19	27	2742	171	288	9	306
陕西	7857	278	104	1369	44494	4185	14895	168	1082
甘肃	1625	128	86	1226	19242	3092	8298	99	716
青海	378	32	42	351	5865	804	2858	42	414
宁夏	856	82	21	778	8794	1646	5079	69	150
新疆	892	117	84	1396	32764	3558	9934	73	602

4-6a　续表 25

单位：人

地　区 性　别	生产制造及有关人员								不便分类的其他从业人员
	计算机、通信和其他电子设备制造人员	仪器仪表制造人员	废弃资源综合利用人员	电力、热力、气体、水生产和输配人员	建筑施工人员	运输设备和通用工程机械操作人员及有关人员	生产辅助人员	其他生产制造及有关人员	
男	**345115**	**7260**	**6030**	**36177**	**1565754**	**155023**	**608736**	**16384**	**39131**
北　京	2640	140	59	840	22983	2502	10940	106	492
天　津	5432	120	79	693	15471	2195	7635	673	1680
河　北	4773	178	243	1836	42672	6433	20349	551	1484
山　西	2945	93	75	1654	25163	4247	13863	228	900
内蒙古	1012	80	103	2215	22756	4345	10264	300	666
辽　宁	8045	403	225	2822	41809	7972	21743	1007	3274
吉　林	1295	73	74	1497	17415	2713	7209	105	163
黑龙江	1864	97	80	2008	23247	3406	9486	295	937
上　海	10373	217	157	687	34554	4397	19987	216	518
江　苏	42554	500	516	2056	120241	11325	49907	1577	2698
浙　江	18978	805	531	1330	133689	9045	59247	790	454
安　徽	5127	173	216	960	52325	5647	15636	593	1059
福　建	7197	188	241	665	54229	3844	20507	395	570
江　西	7391	73	129	633	49734	4437	9625	437	1691
山　东	15416	358	440	3839	100553	12102	42627	1264	4081
河　南	6895	180	194	1489	62361	6077	18764	796	2043
湖　北	10586	160	330	1079	85919	7964	23930	717	2661
湖　南	6344	58	150	597	56436	4650	11493	469	4067
广　东	152520	2327	1251	1937	183005	16101	138227	4227	2645
广　西	3072	47	113	575	51266	3821	8681	183	1309
海　南	223	5	27	148	12308	671	1870	15	630
重　庆	8935	225	88	524	67053	4452	14540	431	612
四　川	10672	199	161	1075	115879	8700	26822	428	1028
贵　州	1557	32	118	527	32726	2561	6121	138	843
云　南	1225	84	162	464	46060	3165	7939	124	524
西　藏	31		16	17	2075	160	213	6	194
陕　西	5299	187	80	1052	38052	3810	10930	109	689
甘　肃	1080	91	62	965	16548	2797	6363	80	495
青　海	269	20	31	271	4771	723	2182	27	265
宁　夏	688	52	18	644	7749	1514	4065	51	95
新　疆	677	95	61	1078	26705	3247	7571	46	364

4-6a 续表 26 单位：人

地区 性别	生产制造及有关人员 计算机、通信和其他电子设备制造人员	仪器仪表制造人员	废弃资源综合利用人员	电力、热力、气体、水生产和输配人员	建筑施工人员	运输设备和通用工程机械操作人员及有关人员	生产辅助人员	其他生产制造及有关人员	不便分类的其他从业人员
女	**227261**	**5016**	**2336**	**8398**	**251134**	**15561**	**317724**	**9176**	**23996**
北京	1130	55	21	157	2514	244	3546	39	315
天津	3310	51	32	170	2711	202	2941	245	875
河北	1983	106	83	426	6771	567	6951	219	949
山西	1540	45	25	476	2938	331	3441	54	451
内蒙古	226	22	27	522	3221	360	2797	76	337
辽宁	4324	190	116	448	7783	688	7265	347	1898
吉林	434	18	41	251	2161	113	2407	45	80
黑龙江	672	64	32	402	4891	272	3175	109	522
上海	6741	139	43	101	3237	568	8802	123	331
江苏	31009	318	205	369	16683	1492	26657	973	1721
浙江	17249	687	177	244	15944	956	41478	702	239
安徽	3512	78	79	231	6630	583	6519	419	586
福建	5860	393	91	143	9322	374	13617	322	342
江西	5872	45	60	167	7619	466	4796	269	1010
山东	8273	169	171	911	19245	1209	19881	644	2245
河南	3503	91	53	484	10435	627	7951	432	1400
湖北	5889	83	133	303	11463	870	10317	323	1645
湖南	4098	28	60	159	8732	483	5063	269	2727
广东	98267	1777	483	283	23847	1187	101898	2665	1752
广西	3316	30	57	156	12983	387	3939	139	852
海南	74	2	9	22	2834	39	806	4	406
重庆	6748	232	36	164	11375	611	6633	247	444
四川	7936	94	70	378	20636	1056	11075	264	871
贵州	1127	20	49	152	7103	300	2302	65	488
云南	564	87	95	159	12055	371	3439	41	342
西藏	9		3	10	667	11	75	3	112
陕西	2558	91	24	317	6442	375	3965	59	393
甘肃	545	37	24	261	2694	295	1935	19	221
青海	109	12	11	80	1094	81	676	15	149
宁夏	168	30	3	134	1045	132	1014	18	55
新疆	215	22	23	318	6059	311	2363	27	238

4-6b　各地区分性别、职业中类的就业人口(镇)

单位：人

地区 性别	合计	党的机关、国家机关、群众团体和社会组织、企事业单位负责人						
		小计	中国共产党机关负责人	国家机关负责人	民主党派和工商联负责人	人民团体和群众团体、社会组织及其他成员组织负责人	基层群众自治组织负责人	企事业单位负责人
全　国	**14555424**	**315438**	**1712**	**24618**	**45**	**13881**	**10433**	**264749**
北　京	65835	2198	4	30		41	75	2048
天　津	32378	960	2	9		22	25	902
河　北	994925	23363	76	1426		955	843	20063
山　西	340233	7500	55	1077	2	324	334	5708
内蒙古	284363	7380	75	1146	5	327	226	5601
辽　宁	219695	3977	29	523	2	197	166	3060
吉　林	189831	4787	61	335		123	130	4138
黑龙江	248680	6564	53	857	1	250	102	5301
上　海	125846	5003	1	32	1	62	58	4849
江　苏	1047479	31750	36	761	3	951	417	29582
浙　江	773450	23669	64	900	2	598	464	21641
安　徽	864964	21650	71	1327	2	811	478	18961
福　建	552481	8702	33	613	1	431	403	7221
江　西	644311	17365	32	1113		878	260	15082
山　东	1091197	23050	94	1202		903	772	20079
河　南	1266434	25159	60	1102	3	1365	559	22070
湖　北	597499	11195	43	879	2	715	338	9218
湖　南	915188	20871	84	1491	1	1364	484	17447
广　东	710578	16181	38	754	3	860	380	14146
广　西	489590	8211	56	1086	1	435	331	6302
海　南	94588	1313	9	109		92	45	1058
重　庆	266287	3226	12	328	1	165	262	2458
四　川	853394	9233	202	1920	3	657	956	5495
贵　州	375116	7941	81	1087	1	377	521	5874
云　南	569097	6799	153	1302	4	239	409	4692
西　藏	20936	867	41	311		71	57	387
陕　西	356627	6117	52	681	1	226	375	4782
甘　肃	210001	3233	96	738	5	174	280	1940
青　海	53603	1180	28	324		54	115	659
宁　夏	71735	1460	16	136		110	78	1120
新　疆	229083	4534	55	1019	1	104	490	2865

4-6b 续表 1

单位：人

地区 性别	合计	党的机关、国家机关、群众团体和社会组织、企事业单位负责人						
		小计	中国共产党机关负责人	国家机关负责人	民主党派和工商联负责人	人民团体和群众团体、社会组织及其他成员组织负责人	基层群众自治组织负责人	企事业单位负责人
男	**8645624**	**236120**	**1402**	**20604**	**26**	**8854**	**8415**	**196819**
北京	41436	1549	3	20		25	55	1446
天津	22021	744	1	7		16	22	698
河北	598443	17995	63	1196		614	750	15372
山西	222609	5935	49	914	2	215	295	4460
内蒙古	177589	5626	61	944	3	198	168	4252
辽宁	132693	2893	22	418	1	105	126	2221
吉林	113416	3469	50	286		64	93	2976
黑龙江	150964	4736	37	696		144	70	3789
上海	78529	3849	1	28	1	37	31	3751
江苏	624697	23780	28	641	2	617	329	22163
浙江	468055	17624	53	762	2	392	383	16032
安徽	525016	16606	63	1140	2	545	378	14478
福建	325501	6884	29	543	1	277	351	5683
江西	374433	12577	27	929		545	214	10862
山东	652081	17480	79	985		587	635	15194
河南	731802	17936	46	899	1	899	464	15627
湖北	353189	8450	37	767	1	449	277	6919
湖南	545886	14800	62	1282		870	377	12209
广东	437174	12337	31	656	3	583	320	10744
广西	277559	5931	49	867	1	257	261	4496
海南	56310	984	9	91		56	42	786
重庆	155438	2365	11	281		105	206	1762
四川	472323	7019	164	1583	1	390	745	4136
贵州	219457	5796	61	933	1	234	428	4139
云南	319707	5036	126	1065	2	155	313	3375
西藏	12251	636	32	230		46	48	280
陕西	220620	4856	45	586		150	303	3772
甘肃	126321	2633	80	635	2	116	219	1581
青海	32112	962	25	270		30	88	549
宁夏	44667	1148	13	112		71	57	895
新疆	133325	3484	45	838		62	367	2172

4-6b 续表 2

单位：人

地区 性别	合计	党的机关、国家机关、群众团体和社会组织、企事业单位负责人						
		小计	中国共产党机关负责人	国家机关负责人	民主党派和工商联负责人	人民团体和群众团体、社会组织及其他成员组织负责人	基层群众自治组织负责人	企事业单位负责人
女	**5909800**	**79318**	**310**	**4014**	**19**	**5027**	**2018**	**67930**
北京	24399	649	1	10		16	20	602
天津	10357	216	1	2		6	3	204
河北	396482	5368	13	230		341	93	4691
山西	117624	1565	6	163		109	39	1248
内蒙古	106774	1754	14	202	2	129	58	1349
辽宁	87002	1084	7	105	1	92	40	839
吉林	76415	1318	11	49		59	37	1162
黑龙江	97716	1828	16	161	1	106	32	1512
上海	47317	1154		4		25	27	1098
江苏	422782	7970	8	120	1	334	88	7419
浙江	305395	6045	11	138		206	81	5609
安徽	339948	5044	8	187		266	100	4483
福建	226980	1818	4	70		154	52	1538
江西	269878	4788	5	184		333	46	4220
山东	439116	5570	15	217		316	137	4885
河南	534632	7223	14	203	2	466	95	6443
湖北	244310	2745	6	112	1	266	61	2299
湖南	369302	6071	22	209	1	494	107	5238
广东	273404	3844	7	98		277	60	3402
广西	212031	2280	7	219		178	70	1806
海南	38278	329		18		36	3	272
重庆	110849	861	1	47	1	60	56	696
四川	381071	2214	38	337	2	267	211	1359
贵州	155659	2145	20	154		143	93	1735
云南	249390	1763	27	237	2	84	96	1317
西藏	8685	231	9	81		25	9	107
陕西	136007	1261	7	95	1	76	72	1010
甘肃	83680	600	16	103	3	58	61	359
青海	21491	218	3	54		24	27	110
宁夏	27068	312	3	24		39	21	225
新疆	95758	1050	10	181	1	42	123	693

4-6b 续表 3

单位：人

地区 性别	专业技术人员									
	小计	科学研究人员	工程技术人员	农业技术人员	飞机和船舶技术人员	卫生专业技术人员	经济和金融专业人员	法律、社会和宗教专业人员	教学人员	文学艺术、体育专业人员
全　国	**1558747**	**5235**	**265114**	**15889**	**2058**	**281068**	**250008**	**30160**	**661900**	**19682**
北　京	10898	159	3663	74	75	1166	2728	241	1892	574
天　津	2844	17	883	12	2	293	622	64	814	39
河　北	103505	374	17842	791	70	18044	18172	1629	43357	1152
山　西	44985	150	6801	346	9	7375	6708	790	21237	564
内蒙古	41905	138	6600	572	25	7044	7042	1184	17502	585
辽　宁	22285	63	3203	284	69	4355	3087	441	10055	198
吉　林	30422	282	5393	268	26	5241	5299	636	12218	325
黑龙江	26628	109	2878	469	9	5366	4519	690	11619	277
上　海	19029	178	7149	91	59	1732	5442	508	3101	449
江　苏	101743	593	27678	861	121	13050	22939	2065	31114	1284
浙　江	69475	201	16603	281	484	9709	17257	1606	20463	1750
安　徽	95624	341	18473	613	140	16319	16893	1984	38178	1101
福　建	54535	119	9305	363	255	8008	9740	1261	23566	1070
江　西	61868	174	9912	360	24	11301	8754	920	28788	800
山　东	115989	458	20606	1042	102	20504	21155	1925	47021	1060
河　南	121820	338	19317	1436	52	22350	17395	1671	55697	1599
湖　北	57905	236	10420	564	55	11422	9364	1033	22924	817
湖　南	89839	284	14286	692	36	18629	11769	1530	40017	1137
广　东	68381	185	13533	429	72	9921	12492	852	28783	1078
广　西	52243	113	5604	671	203	11472	5598	633	26834	410
海　南	8461	29	1012	99	37	1507	1009	131	4375	100
重　庆	25664	40	3954	248	33	5336	2773	565	11939	352
四　川	87934	166	10420	1291	31	19649	10279	2507	41471	872
贵　州	46863	69	4175	478	11	10530	4188	784	25649	303
云　南	62647	145	7636	1392	13	13724	7424	1233	29723	470
西　藏	3508	15	366	90	5	595	512	233	1493	107
陕　西	43052	109	6818	485	22	9014	5813	744	18842	421
甘　肃	34863	72	4342	586	11	6874	3860	706	17493	330
青　海	8671	13	1079	185		1786	1306	427	3566	113
宁　夏	9148	17	1624	157		1554	1604	276	3652	81
新　疆	36013	48	3539	659	7	7198	4265	891	18517	264

4-6b　续表 4　　　　单位：人

地区 性别	专业技术人员 小计	科学研究人员	工程技术人员	农业技术人员	飞机和船舶技术人员	卫生专业技术人员	经济和金融专业人员	法律、社会和宗教专业人员	教学人员	文学艺术、体育专业人员
男	**688538**	**3228**	**225531**	**11298**	**1952**	**92571**	**77166**	**17162**	**233868**	**11569**
北　京	5281	96	2879	60	68	283	750	104	537	358
天　津	1493	8	765	11	2	115	205	49	260	24
河　北	41189	198	15429	540	61	6234	5237	904	10803	688
山　西	17876	83	5934	228	8	2318	2392	414	5734	317
内蒙古	17595	73	5750	413	23	2299	2254	595	5306	316
辽　宁	9276	35	2759	199	69	1460	964	198	3189	124
吉　林	12310	174	4440	203	26	1577	1458	263	3693	193
黑龙江	10652	63	2417	369	9	1703	1523	311	3780	149
上　海	9363	113	5866	59	52	401	1272	222	961	285
江　苏	48228	352	23015	590	113	4185	5939	1252	10911	714
浙　江	31150	118	14333	219	481	2948	4255	980	6293	1032
安　徽	45868	243	15914	480	119	5521	5611	1159	15338	674
福　建	24507	78	8043	283	254	2798	2904	669	8406	628
江　西	27999	122	8434	275	21	4144	2802	529	10675	511
山　东	51437	282	17273	731	95	7036	6800	1140	16374	602
河　南	51816	211	16025	917	50	8110	5805	1079	17612	916
湖　北	27745	163	9076	454	52	3910	3291	627	9122	479
湖　南	39999	180	12068	532	29	6071	3765	888	15020	631
广　东	31509	121	11792	299	69	3818	3533	470	10125	711
广　西	20923	72	4746	476	191	3569	1750	385	9119	241
海　南	4066	17	908	79	36	551	371	75	1850	71
重　庆	11890	22	3367	188	31	1850	856	303	4879	173
四　川	39505	111	9023	949	31	6697	3489	1509	16527	500
贵　州	21283	38	3658	367	10	3366	1517	497	11311	164
云　南	27296	86	6389	924	12	3493	2452	723	12486	285
西　藏	1656	7	315	43	4	203	179	162	643	60
陕　西	19110	69	5861	362	19	2949	2271	396	6539	254
甘　肃	16698	38	3691	393	11	2219	1507	435	7933	198
青　海	3865	12	915	116		568	420	267	1400	77
宁　夏	3807	13	1415	120		366	438	137	1201	42
新　疆	13146	30	3031	419	6	1809	1156	420	5841	152

4-6b 续表 5 单位：人

地区 性别	专业技术人员									
	小计	科学研究人员	工程技术人员	农业技术人员	飞机和船舶技术人员	卫生专业技术人员	经济和金融专业人员	法律、社会和宗教专业人员	教学人员	文学艺术、体育专业人员
女	**870209**	**2007**	**39583**	**4591**	**106**	**188497**	**172842**	**12998**	**428032**	**8113**
北京	5617	63	784	14	7	883	1978	137	1355	216
天津	1351	9	118	1		178	417	15	554	15
河北	62316	176	2413	251	9	11810	12935	725	32554	464
山西	27109	67	867	118	1	5057	4316	376	15503	247
内蒙古	24310	65	850	159	2	4745	4788	589	12196	269
辽宁	13009	28	444	85		2895	2123	243	6866	74
吉林	18112	108	953	65		3664	3841	373	8525	132
黑龙江	15976	46	461	100		3663	2996	379	7839	128
上海	9666	65	1283	32	7	1331	4170	286	2140	164
江苏	53515	241	4663	271	8	8865	17000	813	20203	570
浙江	38325	83	2270	62	3	6761	13002	626	14170	718
安徽	49756	98	2559	133	21	10798	11282	825	22840	427
福建	30028	41	1262	80	1	5210	6836	592	15160	442
江西	33869	52	1478	85	3	7157	5952	391	18113	289
山东	64552	176	3333	311	7	13468	14355	785	30647	458
河南	70004	127	3292	519	2	14240	11590	592	38085	683
湖北	30160	73	1344	110	3	7512	6073	406	13802	338
湖南	49840	104	2218	160	7	12558	8004	642	24997	506
广东	36872	64	1741	130	3	6103	8959	382	18658	367
广西	31320	41	858	195	12	7903	3848	248	17715	169
海南	4395	12	104	20	1	956	638	56	2525	29
重庆	13774	18	587	60	2	3486	1917	262	7060	179
四川	48429	55	1397	342		12952	6790	998	24944	372
贵州	25580	31	517	111	1	7164	2671	287	14338	139
云南	35351	59	1247	468	1	10231	4972	510	17237	185
西藏	1852	8	51	47	1	392	333	71	850	47
陕西	23942	40	957	123	3	6065	3542	348	12303	167
甘肃	18165	34	651	193		4655	2353	271	9560	132
青海	4806	1	164	69		1218	886	160	2166	36
宁夏	5341	4	209	37		1188	1166	139	2451	39
新疆	22867	18	508	240	1	5389	3109	471	12676	112

4-6b　续表 6

单位：人

地区 性别	专业技术人员		办事人员和有关人员				社会生产服务和生活服务人员		
	新闻出版、文化专业人员	其他专业技术人员	小计	办事人员	安全和消防人员	其他办事人员和有关人员	小计	批发与零售服务人员	交通运输、仓储和邮政业服务人员
全　国	**18613**	**9020**	**1058280**	**845255**	**201183**	**11842**	**5373548**	**2341649**	**964277**
北　京	281	45	7118	5755	1339	24	31164	8922	7336
天　津	44	54	2236	1479	734	23	9348	3244	2543
河　北	1294	780	70313	55910	13670	733	361512	158682	76917
山　西	817	188	36134	29441	6257	436	119041	38293	32690
内蒙古	945	268	34857	27937	6492	428	111406	36877	25809
辽　宁	336	194	16535	12915	3415	205	81852	31751	18755
吉　林	677	57	23266	20061	3091	114	74246	26862	15250
黑龙江	514	178	23426	16883	6337	206	92117	34368	22020
上　海	255	65	13216	10273	2571	372	50066	17461	11938
江　苏	965	1073	60405	49020	9975	1410	355317	161789	65035
浙　江	883	238	46369	36473	9700	196	247421	109909	45792
安　徽	1105	477	58648	46335	11641	672	330764	137799	61278
福　建	586	262	37845	32138	5279	428	217944	105123	34490
江　西	467	368	42694	34615	7675	404	225684	105787	35491
山　东	1383	733	72075	57745	13627	703	339141	149751	68709
河　南	1182	783	77936	60408	16852	676	550707	267638	86223
湖　北	699	371	36577	29540	6646	391	226252	103577	35097
湖　南	853	606	61417	51048	9855	514	336840	160743	52350
广　东	603	433	50153	41085	8289	779	270772	133313	44429
广　西	440	265	31400	24862	6212	326	165152	78371	29241
海　南	87	75	6236	4992	1103	141	36487	14496	5223
重　庆	272	152	16693	13277	3211	205	109355	43875	18257
四　川	826	422	56914	46774	9390	750	372962	154917	51424
贵　州	488	188	34817	28012	6263	542	138381	57589	23432
云　南	685	202	37670	28448	8882	340	181974	76276	28941
西　藏	68	24	4681	3528	1103	50	7226	2247	902
陕　西	563	221	32773	27089	5423	261	124334	47125	25030
甘　肃	467	122	23370	19541	3577	252	73882	28125	13707
青　海	165	31	5549	4248	1257	44	21296	6664	4380
宁　夏	159	24	5259	4433	759	67	31073	10625	6970
新　疆	504	121	31698	20990	10558	150	79832	29450	14618

4-6b 续表 7 单位：人

地区 性别	专业技术人员		办事人员和有关人员				社会生产服务和生活服务人员		
	新闻出版、文化专业人员	其他专业技术人员	小计	办事人员	安全和消防人员	其他办事人员和有关人员	小计	批发与零售服务人员	交通运输、仓储和邮政业服务人员
男	**7492**	**6701**	**685859**	**498728**	**179990**	**7141**	**2971437**	**1102188**	**829579**
北京	115	31	4032	2801	1219	12	19112	4739	5916
天津	12	42	1512	820	677	15	6076	1886	2166
河北	510	585	46589	33635	12487	467	209984	76382	67731
山西	306	142	23269	17517	5474	278	75926	18695	30082
内蒙古	367	199	22715	16759	5673	283	64676	16889	23064
辽宁	131	148	10933	7702	3116	115	47206	14526	16380
吉林	238	45	14409	11546	2796	67	42363	12007	13413
黑龙江	197	131	16219	10295	5777	147	52104	14779	19382
上海	84	48	7529	5004	2374	151	30290	9157	9915
江苏	381	776	37024	27239	8978	807	202050	80900	53720
浙江	322	169	29169	20347	8701	121	142058	56592	38187
安徽	451	358	38925	27856	10636	433	188012	67475	52564
福建	239	205	24063	19043	4787	233	121989	52129	30354
江西	228	258	28106	20828	7020	258	121551	50020	30866
山东	557	547	48366	35467	12434	465	198471	75084	59101
河南	550	541	52691	37182	15068	441	291766	120277	71468
湖北	297	274	23783	17602	5954	227	118922	46006	30341
湖南	364	451	40465	31278	8875	312	181435	75177	45234
广东	246	325	30338	22138	7760	440	164884	74346	38971
广西	171	203	20086	14254	5652	180	87830	34943	24850
海南	44	64	4314	3191	1025	98	19420	6608	4469
重庆	107	114	10506	7699	2698	109	54537	17717	15632
四川	335	334	35595	26943	8257	395	178095	60894	44029
贵州	219	136	23397	17502	5541	354	71129	24946	20079
云南	294	152	25006	16938	7854	214	92504	32636	24142
西藏	25	15	2997	2053	914	30	3878	1263	793
陕西	215	175	21981	16968	4839	174	70303	21594	22090
甘肃	180	93	15335	12079	3102	154	41010	13070	11800
青海	63	27	3494	2424	1045	25	11943	3106	3889
宁夏	54	21	2980	2285	654	41	17680	4784	6103
新疆	190	92	20031	11333	8603	95	44233	13561	12848

4-6b　续表 8

单位：人

地区 性别	专业技术人员		办事人员和有关人员				社会生产服务和生活服务人员		
	新闻出版、文化专业人员	其他专业技术人员	小计	办事人员	安全和消防人员	其他办事人员和有关人员	小计	批发与零售服务人员	交通运输、仓储和邮政业服务人员
女	**11121**	**2319**	**372421**	**346527**	**21193**	**4701**	**2402111**	**1239461**	**134698**
北京	166	14	3086	2954	120	12	12052	4183	1420
天津	32	12	724	659	57	8	3272	1358	377
河北	784	195	23724	22275	1183	266	151528	82300	9186
山西	511	46	12865	11924	783	158	43115	19598	2608
内蒙古	578	69	12142	11178	819	145	46730	19988	2745
辽宁	205	46	5602	5213	299	90	34646	17225	2375
吉林	439	12	8857	8515	295	47	31883	14855	1837
黑龙江	317	47	7207	6588	560	59	40013	19589	2638
上海	171	17	5687	5269	197	221	19776	8304	2023
江苏	584	297	23381	21781	997	603	153267	80889	11315
浙江	561	69	17200	16126	999	75	105363	53317	7605
安徽	654	119	19723	18479	1005	239	142752	70324	8714
福建	347	57	13782	13095	492	195	95955	52994	4136
江西	239	110	14588	13787	655	146	104133	55767	4625
山东	826	186	23709	22278	1193	238	140670	74667	9608
河南	632	242	25245	23226	1784	235	258941	147361	14755
湖北	402	97	12794	11938	692	164	107330	57571	4756
湖南	489	155	20952	19770	980	202	155405	85566	7116
广东	357	108	19815	18947	529	339	105888	58967	5458
广西	269	62	11314	10608	560	146	77322	43428	4391
海南	43	11	1922	1801	78	43	17067	7888	754
重庆	165	38	6187	5578	513	96	54818	26158	2625
四川	491	88	21319	19831	1133	355	194867	94023	7395
贵州	269	52	11420	10510	722	188	67252	32643	3353
云南	391	50	12664	11510	1028	126	89470	43640	4799
西藏	43	9	1684	1475	189	20	3348	984	109
陕西	348	46	10792	10121	584	87	54031	25531	2940
甘肃	287	29	8035	7462	475	98	32872	15055	1907
青海	102	4	2055	1824	212	19	9353	3558	491
宁夏	105	3	2279	2148	105	26	13393	5841	867
新疆	314	29	11667	9657	1955	55	35599	15889	1770

4-6b 续表 9

单位：人

地区 性别	社会生产服务和生活服务人员								
	住宿和餐饮服务人员	信息传输、软件和信息技术服务人员	金融服务人员	房地产服务人员	租赁和商务服务人员	技术辅助服务人员	水利、环境和公共设施管理服务人员	居民服务人员	电力、燃气及水供应服务人员
全国	**766013**	**84545**	**103487**	**64991**	**109816**	**89058**	**239818**	**328545**	**56942**
北京	3180	2095	494	756	1968	870	2677	1542	221
天津	1007	167	116	147	157	146	649	736	90
河北	40704	5718	7162	4128	6122	5429	17864	19005	4372
山西	17154	2292	3695	959	2614	1987	5390	6249	2234
内蒙古	16239	1855	3817	1433	2193	1671	5810	7699	2004
辽宁	10789	1317	2351	836	1097	885	2844	6212	1021
吉林	10402	1728	2705	1230	2217	1659	3354	4407	956
黑龙江	12990	1521	2880	886	1120	1126	4299	5807	1151
上海	4842	2179	737	1087	2003	1970	3034	2597	262
江苏	40411	6590	5680	5023	10052	7669	15994	20853	2994
浙江	32558	3227	5276	3518	6314	5929	10642	13142	2043
安徽	49045	6368	5740	4541	7248	6592	17095	19149	2936
福建	28926	3070	3634	2166	5262	3836	8340	13529	1710
江西	29444	3382	3654	2268	2954	4661	7892	18862	2097
山东	38530	5125	7920	4303	5483	5773	15549	19079	3978
河南	77526	6918	8174	5929	6852	7574	26926	31373	4455
湖北	33625	4597	3992	2532	3789	3943	7684	16245	2130
湖南	48326	4993	5623	3010	4955	5149	11188	23424	3072
广东	37036	3385	3688	3687	5789	5445	8445	12894	1880
广西	21437	1994	2664	1273	2749	1993	5946	9947	1884
海南	7557	311	501	419	1192	355	2324	2345	376
重庆	19774	1506	1820	2062	2113	1444	4680	8017	1057
四川	68138	4944	6856	6301	8663	4741	15730	30644	3745
贵州	23276	1471	2456	1176	2166	1534	8831	8270	1872
云南	34091	2135	3266	1538	4244	2162	8244	9409	2719
西藏	1935	179	136	24	124	104	776	313	108
陕西	21909	2016	3005	1199	2215	1724	5579	7481	1961
甘肃	13416	1289	2199	939	1691	1117	3494	3396	1341
青海	4944	349	495	145	610	221	1521	632	395
宁夏	4343	513	913	625	1409	519	1992	1291	416
新疆	12459	1311	1838	851	4451	830	5025	3996	1462

4-6b　续表 10　　　　单位：人

地　区 性　别	社会生产服务和生活服务人员								
	住宿和餐饮服务人　员	信息传输、软件和信息技术服务人　员	金融服务人　员	房地产服务人员	租赁和商务服务人　员	技术辅助服务人员	水利、环境和公共设施管理服务人员	居民服务人　员	电力、燃气及水供应服务人　员
男	**342612**	**57253**	**48006**	**36769**	**81985**	**57143**	**91044**	**103563**	**45740**
北　京	1617	1484	219	520	1300	556	1265	437	203
天　津	483	111	49	69	120	79	354	400	75
河　北	18652	3579	3255	2438	4532	3308	8061	5962	3629
山　西	9071	1403	1728	547	1961	1302	2271	2401	1825
内蒙古	6889	1134	1633	731	1682	1063	2341	2754	1591
辽　宁	4898	792	1096	437	838	563	1205	2455	812
吉　林	4589	1143	1218	728	1754	1046	1410	1492	799
黑龙江	5695	924	1395	496	836	680	1845	1980	921
上　海	2387	1700	366	708	1307	1224	1307	615	199
江　苏	18716	4366	2690	2963	7437	4615	6156	7402	2573
浙　江	15185	2276	2281	1970	4607	3716	4857	4184	1649
安　徽	22184	4560	2815	2635	5062	4349	7046	6406	2431
福　建	13710	2179	1622	1133	4211	2638	2613	3846	1390
江　西	12949	2360	1772	1269	2076	3165	2771	5254	1663
山　东	19175	3376	3690	2273	3923	3436	7006	6286	3308
河　南	37955	4620	3810	3319	5037	4720	10111	10135	3605
湖　北	14335	3283	1842	1542	2652	2693	2670	4674	1715
湖　南	21327	3516	2563	1755	3630	3339	4246	7546	2420
广　东	19780	2511	1911	2299	4292	3640	2755	3990	1572
广　西	9050	1378	1301	657	2176	1313	1709	2849	1506
海　南	3292	203	262	251	1019	252	614	1032	312
重　庆	7687	1073	815	1130	1562	897	1544	2232	793
四　川	25862	3223	2958	3451	7159	3120	4864	8062	2867
贵　州	8445	1022	1222	654	1637	1065	2710	3028	1453
云　南	12547	1465	1578	847	3381	1444	2641	2953	2049
西　藏	788	105	70	12	92	76	217	106	75
陕　西	9786	1310	1444	668	1653	1162	2297	2588	1580
甘　肃	5977	838	1063	489	1292	713	1322	982	978
青　海	2141	218	205	74	473	144	493	178	308
宁　夏	1877	311	367	304	1124	323	654	344	299
新　疆	5563	790	766	400	3160	502	1689	990	1140

4-6b 续表 11 单位：人

地区 性别	社会生产服务和生活服务人员								
	住宿和餐饮服务人员	信息传输、软件和信息技术服务人员	金融服务人员	房地产服务人员	租赁和商务服务人员	技术辅助服务人员	水利、环境和公共设施管理服务人员	居民服务人员	电力、燃气及水供应服务人员
女	**423401**	**27292**	**55481**	**28222**	**27831**	**31915**	**148774**	**224982**	**11202**
北京	1563	611	275	236	668	314	1412	1105	18
天津	524	56	67	78	37	67	295	336	15
河北	22052	2139	3907	1690	1590	2121	9803	13043	743
山西	8083	889	1967	412	653	685	3119	3848	409
内蒙古	9350	721	2184	702	511	608	3469	4945	413
辽宁	5891	525	1255	399	259	322	1639	3757	209
吉林	5813	585	1487	502	463	613	1944	2915	157
黑龙江	7295	597	1485	390	284	446	2454	3827	230
上海	2455	479	371	379	696	746	1727	1982	63
江苏	21695	2224	2990	2060	2615	3054	9838	13451	421
浙江	17373	951	2995	1548	1707	2213	5785	8958	394
安徽	26861	1808	2925	1906	2186	2243	10049	12743	505
福建	15216	891	2012	1033	1051	1198	5727	9683	320
江西	16495	1022	1882	999	878	1496	5121	13608	434
山东	19355	1749	4230	2030	1560	2337	8543	12793	670
河南	39571	2298	4364	2610	1815	2854	16815	21238	850
湖北	19290	1314	2150	990	1137	1250	5014	11571	415
湖南	26999	1477	3060	1255	1325	1810	6942	15878	652
广东	17256	874	1777	1388	1497	1805	5690	8904	308
广西	12387	616	1363	616	573	680	4237	7098	378
海南	4265	108	239	168	173	103	1710	1313	64
重庆	12087	433	1005	932	551	547	3136	5785	264
四川	42276	1721	3898	2850	1504	1621	10866	22582	878
贵州	14831	449	1234	522	529	469	6121	5242	419
云南	21544	670	1688	691	863	718	5603	6456	670
西藏	1147	74	66	12	32	28	559	207	33
陕西	12123	706	1561	531	562	562	3282	4893	381
甘肃	7439	451	1136	450	399	404	2172	2414	363
青海	2803	131	290	71	137	77	1028	454	87
宁夏	2466	202	546	321	285	196	1338	947	117
新疆	6896	521	1072	451	1291	328	3336	3006	322

4-6b　续表 12

单位：人

地区 性别	社会生产服务和生活服务人员				农、林、牧、渔业生产及辅助人员				
	修理及制作服务人员	文化、体育和娱乐服务人员	健康服务人员	其他社会生产和生活服务人员	小计	农业生产人员	林业生产人员	畜牧业生产人员	渔业生产人员
全国	**177047**	**31312**	**10379**	**5669**	**2065162**	**1782480**	**42811**	**149037**	**60200**
北京	738	246	109	10	1412	1051	205	123	17
天津	292	22	19	13	3847	3372	134	237	63
河北	13143	1201	707	358	159456	143337	1721	11230	1680
山西	4473	557	326	128	49969	46503	788	2385	27
内蒙古	4803	594	357	245	35675	25411	1821	7605	70
辽宁	3239	391	222	142	53588	46703	460	4303	1577
吉林	2835	388	221	32	26806	23776	1610	1092	107
黑龙江	3217	446	203	83	70299	64077	2371	2772	222
上海	1265	523	160	8	1006	705	91	63	95
江苏	10611	1621	607	388	93152	77878	1444	3847	7459
浙江	5995	2357	443	276	26579	18497	1175	1362	5136
安徽	10425	1689	556	303	90742	80725	1548	4285	2942
福建	5860	1515	282	201	57317	41786	1539	3692	9306
江西	7483	1134	342	233	72638	66013	1211	3365	1072
山东	12724	1000	847	370	227575	208354	2370	10742	3362
河南	17980	1820	804	515	129610	113600	1866	9257	772
湖北	7147	1231	433	230	93665	80518	928	4948	6385
湖南	10479	2398	544	586	147322	132222	2232	9274	2594
广东	8882	1253	414	232	54540	40802	1729	3924	7404
广西	6504	679	287	183	113202	98838	3092	8013	2273
海南	1037	250	65	36	25916	17283	1832	1064	5121
重庆	3237	1201	196	116	29606	26297	310	2440	382
四川	10835	4961	717	346	124049	105304	2047	14787	948
贵州	4836	954	309	209	52540	42600	1618	7572	270
云南	7147	1295	388	119	163862	139949	3348	14831	613
西藏	244	97	17	20	2049	1265	130	621	2
陕西	4102	557	284	147	71184	66116	1435	2986	161
甘肃	2457	404	240	67	35302	30440	852	3544	24
青海	779	105	39	17	7140	2431	1926	2700	12
宁夏	1223	141	70	23	6065	4455	206	1218	28
新疆	3055	282	171	33	39049	32172	772	4755	76

4-6b 续表 13 单位：人

地区 性别	社会生产服务和生活服务人员				农、林、牧、渔业生产及辅助人员				
	修理及制作服务人员	文化、体育和娱乐服务人员	健康服务人员	其他社会生产和生活服务人员	小计	农业生产人员	林业生产人员	畜牧业生产人员	渔业生产人员
男	**152757**	**15712**	**3766**	**3320**	**1123457**	**938327**	**31043**	**89561**	**46110**
北京	664	151	35	6	844	601	132	86	13
天津	255	14	3	12	2571	2233	90	162	57
河北	11301	699	253	202	86490	75494	1253	7482	1320
山西	4111	311	123	95	30320	27551	667	1892	20
内蒙古	4254	355	133	163	23139	15846	1540	5134	58
辽宁	2822	218	76	88	30907	26129	354	2757	1323
吉林	2426	243	76	19	16721	14331	1359	783	83
黑龙江	2782	256	77	56	44133	39558	1967	1718	174
上海	1133	219	48	5	638	410	67	39	76
江苏	9205	876	197	234	49121	38485	923	2472	5546
浙江	5229	998	152	175	17921	11520	921	808	4421
安徽	9162	937	206	180	47736	40842	1157	2830	2068
福建	5234	700	109	121	33510	22383	1239	2153	7271
江西	6526	602	130	128	39803	35370	986	2080	825
山东	10683	600	307	223	118256	105665	1595	6911	2653
河南	14990	1083	345	291	66298	56451	1226	5843	568
湖北	6217	653	165	134	48884	40581	684	2829	4229
湖南	9059	1115	179	329	81546	72658	1609	4783	1839
广东	7875	628	178	136	34994	24329	1332	2758	6143
广西	5520	385	94	99	59699	50510	2246	4771	1631
海南	925	127	30	24	15628	9503	1178	698	3985
重庆	2788	542	71	54	14493	12592	229	1306	261
四川	9264	1937	235	170	58485	49165	1388	6713	690
贵州	4107	516	121	124	26580	20533	1270	4302	214
云南	5954	667	140	60	83492	70055	2299	7809	421
西藏	211	43	9	18	1067	634	63	352	1
陕西	3622	313	104	92	39801	36475	997	1900	114
甘肃	2121	234	94	37	19142	15864	621	2372	19
青海	638	49	16	11	4097	1352	989	1690	10
宁夏	1080	80	19	11	3623	2511	141	852	23
新疆	2599	161	41	23	23518	18696	521	3276	54

4-6b　续表 14　　　　单位：人

地　区 性　别	社会生产服务和生活服务人员				农、林、牧、渔业生产及辅助人员				
	修理及制作服务人　员	文化、体育和娱乐服务人员	健康服务人　员	其他社会生产和生活服务人　员	小计	农业生产人　员	林业生产人　员	畜牧业生产人员	渔业生产人　员
女	**24290**	**15600**	**6613**	**2349**	**941705**	**844153**	**11768**	**59476**	**14090**
北　京	74	95	74	4	568	450	73	37	4
天　津	37	8	16	1	1276	1139	44	75	6
河　北	1842	502	454	156	72966	67843	468	3748	360
山　西	362	246	203	33	19649	18952	121	493	7
内蒙古	549	239	224	82	12536	9565	281	2471	12
辽　宁	417	173	146	54	22681	20574	106	1546	254
吉　林	409	145	145	13	10085	9445	251	309	24
黑龙江	435	190	126	27	26166	24519	404	1054	48
上　海	132	304	112	3	368	295	24	24	19
江　苏	1406	745	410	154	44031	39393	521	1375	1913
浙　江	766	1359	291	101	8658	6977	254	554	715
安　徽	1263	752	350	123	43006	39883	391	1455	874
福　建	626	815	173	80	23807	19403	300	1539	2035
江　西	957	532	212	105	32835	30643	225	1285	247
山　东	2041	400	540	147	109319	102689	775	3831	709
河　南	2990	737	459	224	63312	57149	640	3414	204
湖　北	930	578	268	96	44781	39937	244	2119	2156
湖　南	1420	1283	365	257	65776	59564	623	4491	755
广　东	1007	625	236	96	19546	16473	397	1166	1261
广　西	984	294	193	84	53503	48328	846	3242	642
海　南	112	123	35	12	10288	7780	654	366	1136
重　庆	449	659	125	62	15113	13705	81	1134	121
四　川	1571	3024	482	176	65564	56139	659	8074	258
贵　州	729	438	188	85	25960	22067	348	3270	56
云　南	1193	628	248	59	80370	69894	1049	7022	192
西　藏	33	54	8	2	982	631	67	269	1
陕　西	480	244	180	55	31383	29641	438	1086	47
甘　肃	336	170	146	30	16160	14576	231	1172	5
青　海	141	56	23	6	3043	1079	937	1010	2
宁　夏	143	61	51	12	2442	1944	65	366	5
新　疆	456	121	130	10	15531	13476	251	1479	22

4-6b 续表 15

单位：人

地区 性别			生产制造及有关人员						
	农林牧渔生产辅助人员	其他农、林、牧、渔业生产加工人员	小计	农副产品加工人员	食品、饮料生产加工人员	烟草及其制品加工人员	纺织、针织、印染人员	纺织品、服装和皮革、毛皮制品加工制作人员	木材加工、家具与木制品制作人员
全国	**28597**	**2037**	**4143764**	**80608**	**81011**	**2165**	**83716**	**407530**	**144760**
北京	13	3	13013	118	401	1	11	304	481
天津	38	3	12731	179	248	1	52	658	375
河北	1381	107	274483	6380	5569	65	6600	31338	10010
山西	246	20	81932	917	1595	20	260	936	1075
内蒙古	720	48	51685	1255	2000	9	123	810	1018
辽宁	460	85	40773	1537	882	6	364	4519	1443
吉林	215	6	30195	646	862	22	172	436	1141
黑龙江	810	47	29130	1143	1094	34	137	753	1798
上海	50	2	37417	251	555	7	245	1646	1171
江苏	2404	120	401698	4352	4576	32	18902	51976	14770
浙江	383	26	359258	2583	2567	12	18955	57464	15486
安徽	1170	72	266298	4028	4876	164	3096	29754	9169
福建	806	188	175526	5322	4655	98	5582	20013	7247
江西	925	52	221084	2156	3296	38	2589	41103	7789
山东	2507	240	309739	11631	7587	82	8042	19599	15707
河南	3841	274	356614	8296	9898	198	4542	26607	9079
湖北	823	63	170229	2807	2900	81	2777	24674	5400
湖南	886	114	253287	4760	4692	225	1535	17609	7656
广东	590	91	249342	3162	2992	35	3272	41026	7032
广西	893	93	117206	3742	2374	30	1408	8686	6628
海南	539	77	14872	981	404	1	167	289	379
重庆	168	9	80933	1163	1833	35	396	3848	2794
四川	822	141	201082	3466	4285	161	1632	11544	7958
贵州	444	36	93938	2481	2779	156	615	3859	2781
云南	5078	43	115592	4016	3293	475	706	2892	2857
西藏	29	2	2538	30	60		18	120	102
陕西	460	26	78225	967	1544	167	395	1423	1411
甘肃	419	23	39032	942	1064	7	132	803	753
青海	69	2	9677	170	230		16	166	151
宁夏	153	5	18539	257	445		127	239	315
新疆	1255	19	37696	870	1455	3	848	2436	784

4-6b　续表 16

单位：人

地　区 性　别	农林牧渔生产辅助人员	其他农、林、牧、渔业生产加工人员	生产制造及有关人员 小计	农副产品加工人员	食品、饮料生产加工人员	烟草及其制品加工人员	纺织、针织、印染人员	纺织品、服装和皮革、毛皮制品加工制作人员	木材加工、家具与木制品制作人员
男	**17325**	**1091**	**2915539**	**44593**	**41861**	**1272**	**33728**	**136514**	**109685**
北　京	9	3	10596	60	210	1	3	125	441
天　津	28	1	9314	140	137	1	22	173	282
河　北	875	66	194750	3516	2651	39	2532	9141	7579
山　西	176	14	68827	643	933	14	70	334	960
内蒙古	530	31	42880	811	1146	6	39	167	893
辽　宁	297	47	31018	932	461	5	143	1557	1165
吉　林	161	4	24068	430	454	16	52	125	877
黑龙江	682	34	22786	752	609	28	51	238	1338
上　海	44	2	26786	132	292	5	83	468	1020
江　苏	1620	75	262430	2345	2416	21	7028	14801	11471
浙　江	234	17	229718	1275	1416	7	9714	24023	11624
安　徽	797	42	187113	2297	2376	87	1118	7161	7647
福　建	396	68	114174	2147	2109	45	2622	5780	5151
江　西	514	28	142626	1341	1794	29	884	13521	6457
山　东	1314	118	215883	6013	3670	54	2539	4002	10010
河　南	2060	150	248440	4680	4681	117	1306	8196	6492
湖　北	528	33	124376	1642	1492	51	907	9635	4599
湖　南	584	73	184210	2764	2328	146	622	6643	6348
广　东	385	47	162425	1914	1779	21	1587	16629	5278
广　西	489	52	81863	2229	1241	19	497	2394	4003
海　南	225	39	11085	482	245	1	15	114	316
重　庆	99	6	61157	656	1030	21	181	1659	2298
四　川	461	68	152990	1993	2428	74	572	4683	6294
贵　州	243	18	70905	1351	1679	112	285	1522	2158
云　南	2893	15	86038	2102	1713	239	318	1282	1997
西　藏	16	1	1981	21	31		3	72	92
陕　西	302	13	63977	543	866	109	108	533	1228
甘　肃	255	11	31320	551	559	2	40	230	652
青　海	55	1	7696	114	119		3	60	131
宁　夏	94	2	15363	148	240		30	50	260
新　疆	959	12	28744	569	756	2	354	1196	624

4-6b 续表 17

单位：人

地区 性别	农林牧渔生产辅助人员	其他农、林、牧、渔业生产加工人员	生产制造及有关人员 小计	农副产品加工人员	食品、饮料生产加工人员	烟草及其制品加工人员	纺织、针织、印染人员	纺织品、服装和皮革、毛皮制品加工制作人员	木材加工、家具与木制品制作人员
女	**11272**	**946**	**1228225**	**36015**	**39150**	**893**	**49988**	**271016**	**35075**
北京	4		2417	58	191		8	179	40
天津	10	2	3417	39	111		30	485	93
河北	506	41	79733	2864	2918	26	4068	22197	2431
山西	70	6	13105	274	662	6	190	602	115
内蒙古	190	17	8805	444	854	3	84	643	125
辽宁	163	38	9755	605	421	1	221	2962	278
吉林	54	2	6127	216	408	6	120	311	264
黑龙江	128	13	6344	391	485	6	86	515	460
上海	6		10631	119	263	2	162	1178	151
江苏	784	45	139268	2007	2160	11	11874	37175	3299
浙江	149	9	129540	1308	1151	5	9241	33441	3862
安徽	373	30	79185	1731	2500	77	1978	22593	1522
福建	410	120	61352	3175	2546	53	2960	14233	2096
江西	411	24	78458	815	1502	9	1705	27582	1332
山东	1193	122	93856	5618	3917	28	5503	15597	5697
河南	1781	124	108174	3616	5217	81	3236	18411	2587
湖北	295	30	45853	1165	1408	30	1870	15039	801
湖南	302	41	69077	1996	2364	79	913	10966	1308
广东	205	44	86917	1248	1213	14	1685	24397	1754
广西	404	41	35343	1513	1133	11	911	6292	2625
海南	314	38	3787	499	159		152	175	63
重庆	69	3	19776	507	803	14	215	2189	496
四川	361	73	48092	1473	1857	87	1060	6861	1664
贵州	201	18	23033	1130	1100	44	330	2337	623
云南	2185	28	29554	1914	1580	236	388	1610	860
西藏	13	1	557	9	29		15	48	10
陕西	158	13	14248	424	678	58	287	890	183
甘肃	164	12	7712	391	505	5	92	573	101
青海	14	1	1981	56	111		13	106	20
宁夏	59	3	3176	109	205		97	189	55
新疆	296	7	8952	301	699	1	494	1240	160

4-6b 续表 18

单位：人

地区 性别	生产制造及有关人员								
	纸及纸制品生产加工人员	印刷和记录媒介复制人员	文教、工美、体育和娱乐用品制造人员	石油加工和炼焦、煤化工生产人员	化学原料和化学制品制造人员	医药制造人员	化学纤维制造人员	橡胶和塑料制品制造人员	非金属矿物制品制造人员
全国	**27115**	**21495**	**71977**	**10125**	**46035**	**17713**	**5619**	**69795**	**98890**
北京	70	197	89	4	72	224	1	54	122
天津	116	141	185	35	74	33	4	312	305
河北	2116	1602	5713	821	2805	1211	406	7533	5724
山西	274	482	223	1451	1300	510	18	350	2072
内蒙古	125	252	135	675	1638	348	9	229	792
辽宁	212	191	478	127	434	183	11	609	1333
吉林	102	170	105	89	299	834	238	193	426
黑龙江	104	179	128	129	133	198	1	242	306
上海	291	297	388	32	520	303	28	788	548
江苏	2673	1707	5298	248	4219	1422	1060	9757	5342
浙江	3819	2943	8349	380	2547	1243	1881	13097	3915
安徽	1329	1069	5725	206	1975	843	356	4918	4155
福建	1761	747	5790	111	1203	277	421	2820	11578
江西	1284	848	3516	126	2924	769	55	2153	6855
山东	2843	1494	7122	1639	6458	2218	371	8034	7489
河南	2036	1612	5826	420	2879	1481	192	3084	6786
湖北	672	820	1183	85	1998	979	71	1258	3270
湖南	1172	1624	2669	144	4944	973	68	1674	11773
广东	2270	1679	11267	163	2467	587	127	6674	7569
广西	618	483	2276	60	623	345	18	944	3052
海南	233	43	200	165	127	100	3	81	293
重庆	437	214	511	52	337	228	20	598	1588
四川	1179	958	1395	235	1321	664	93	1543	4527
贵州	378	295	985	72	890	202	17	845	2312
云南	503	441	1420	322	864	283	33	965	3312
西藏		21	42	1	25	7		1	51
陕西	255	440	402	1314	862	293	10	286	1105
甘肃	112	233	206	149	421	672	5	172	871
青海	4	89	113	111	302	24	3	29	198
宁夏	43	92	40	426	613	152	24	168	336
新疆	84	132	198	333	761	107	75	384	885

4-6b 续表 19 单位：人

地区 性别	生产制造及有关人员								
	纸及纸制品生产加工人员	印刷和记录媒介复制人员	文教、工美、体育和娱乐用品制造人员	石油加工和炼焦、煤化工生产人员	化学原料和化学制品制造人员	医药制造人员	化学纤维制造人员	橡胶和塑料制品制造人员	非金属矿物制品制造人员
男	**15622**	**12683**	**29695**	**8198**	**31868**	**9501**	**3338**	**40475**	**69644**
北京	50	124	57	1	43	110		40	104
天津	81	96	91	30	55	20	3	195	273
河北	1068	945	2724	702	2035	637	268	4376	4191
山西	154	236	135	1220	962	255	13	243	1497
内蒙古	70	115	88	575	1280	210	6	167	667
辽宁	120	106	316	107	331	95	5	359	1056
吉林	66	71	54	80	241	406	148	127	371
黑龙江	72	81	79	103	96	88	1	166	240
上海	164	211	195	27	325	168	22	458	413
江苏	1559	945	1605	208	3071	794	622	5150	3667
浙江	2292	1913	3965	293	1857	794	1180	7213	2948
安徽	695	649	949	164	1396	464	137	2841	3070
福建	981	481	3035	92	846	146	277	1614	7422
江西	723	497	1245	107	1575	440	29	1287	4425
山东	1706	811	2057	1341	4890	1345	185	5043	5577
河南	1053	892	2310	339	1877	695	93	1530	4687
湖北	407	463	529	60	1421	516	41	815	2504
湖南	730	937	1166	112	2664	471	34	1005	7464
广东	1468	1197	5573	139	1635	353	85	4195	5327
广西	400	279	736	48	424	134	9	504	2146
海南	166	20	110	141	104	46	3	57	239
重庆	265	124	222	42	234	115	14	360	1184
四川	579	532	603	188	923	312	58	919	3274
贵州	186	186	470	54	609	97	9	563	1771
云南	299	238	827	246	624	136	21	574	2387
西藏		14	38	1	19	3		1	41
陕西	135	219	177	964	661	138	5	197	877
甘肃	69	125	131	123	341	356	4	106	698
青海	1	58	90	88	230	10	2	16	157
宁夏	21	41	12	349	505	92	20	98	276
新疆	42	77	106	254	594	55	44	256	691

4-6b　续表 20

单位：人

地　区 性　别	生产制造及有关人员								
	纸及纸制品生产加工人员	印刷和记录媒介复制人员	文教、工美、体育和娱乐用品制造人　员	石油加工和炼焦、煤化工生产人员	化学原料和化学制品制造人　员	医药制造人　　员	化学纤维制造人员	橡胶和塑料制品制造人员	非金属矿物制品制造人员
女	**11493**	**8812**	**42282**	**1927**	**14167**	**8212**	**2281**	**29320**	**29246**
北　京	20	73	32	3	29	114	1	14	18
天　津	35	45	94	5	19	13	1	117	32
河　北	1048	657	2989	119	770	574	138	3157	1533
山　西	120	246	88	231	338	255	5	107	575
内蒙古	55	137	47	100	358	138	3	62	125
辽　宁	92	85	162	20	103	88	6	250	277
吉　林	36	99	51	9	58	428	90	66	55
黑龙江	32	98	49	26	37	110		76	66
上　海	127	86	193	5	195	135	6	330	135
江　苏	1114	762	3693	40	1148	628	438	4607	1675
浙　江	1527	1030	4384	87	690	449	701	5884	967
安　徽	634	420	4776	42	579	379	219	2077	1085
福　建	780	266	2755	19	357	131	144	1206	4156
江　西	561	351	2271	19	1349	329	26	866	2430
山　东	1137	683	5065	298	1568	873	186	2991	1912
河　南	983	720	3516	81	1002	786	99	1554	2099
湖　北	265	357	654	25	577	463	30	443	766
湖　南	442	687	1503	32	2280	502	34	669	4309
广　东	802	482	5694	24	832	234	42	2479	2242
广　西	218	204	1540	12	199	211	9	440	906
海　南	67	23	90	24	23	54		24	54
重　庆	172	90	289	10	103	113	6	238	404
四　川	600	426	792	47	398	352	35	624	1253
贵　州	192	109	515	18	281	105	8	282	541
云　南	204	203	593	76	240	147	12	391	925
西　藏		7	4		6	4			10
陕　西	120	221	225	350	201	155	5	89	228
甘　肃	43	108	75	26	80	316	1	66	173
青　海	3	31	23	23	72	14	1	13	41
宁　夏	22	51	28	77	108	60	4	70	60
新　疆	42	55	92	79	167	52	31	128	194

4-6b 续表 21

单位：人

地区 性别	生产制造及有关人员								
	采矿人员	金属冶炼和压延加工人员	机械制造基础加工人员	金属制品制造人员	通用设备制造人员	专用设备制造人员	汽车制造人员	铁路、船舶、航空设备制造人员	电气机械和器材制造人员
全国	**74862**	**55617**	**194683**	**109104**	**39601**	**13548**	**55672**	**11796**	**51710**
北京	44	43	363	158	96	133	581	43	210
天津	354	683	931	349	307	51	792	1018	127
河北	4167	8990	18121	9417	4050	770	5163	1389	1819
山西	14492	2694	3842	654	537	130	346	52	240
内蒙古	3394	1800	1851	592	417	81	80	44	119
辽宁	1542	852	2858	732	485	78	496	84	159
吉林	901	241	1676	377	212	97	4736	85	113
黑龙江	1926	198	991	258	196	45	116	46	74
上海	18	375	3874	1137	950	319	3334	659	932
江苏	1315	6775	32471	10753	6899	3083	8374	2658	6429
浙江	522	2827	32987	16300	7209	1575	5935	1257	10693
安徽	4863	1915	10540	4903	2423	921	4563	604	5450
福建	832	2317	6238	6093	1071	332	981	234	1826
江西	1450	2236	4892	6346	817	468	1056	253	2546
山东	7953	5188	18024	7310	4487	1238	4550	562	1631
河南	4689	3456	13151	5281	2319	1404	2402	569	2745
湖北	1139	1118	5306	3489	917	401	2302	142	996
湖南	2557	1517	7057	6265	1059	595	2232	210	1810
广东	301	1963	9288	14511	1429	662	2387	627	9534
广西	870	1232	2407	2370	420	133	705	127	858
海南	138	24	242	287	45	7	16	15	22
重庆	1331	579	3076	1501	475	172	2022	402	369
四川	2908	1593	4800	3182	827	324	986	194	1020
贵州	2406	457	1271	2003	373	144	287	59	661
云南	3141	1710	1942	2386	449	152	400	111	714
西藏	40	6	70	30	9	2	2		4
陕西	6846	1446	3343	1047	513	114	633	276	221
甘肃	2004	651	1025	669	306	48	89	44	110
青海	320	387	339	157	34	12	17	8	48
宁夏	882	835	714	211	92	27	27	3	111
新疆	1517	1509	993	336	178	30	62	21	119

4-6b　续表 22　　　　单位：人

地区 性别	生产制造及有关人员								
	采矿人员	金属冶炼和压延加工人员	机械制造基础加工人员	金属制品制造人员	通用设备制造人员	专用设备制造人员	汽车制造人员	铁路、船舶、航空设备制造人员	电气机械和器材制造人员
男	**67319**	**45881**	**163192**	**76625**	**30760**	**8085**	**39017**	**8407**	**30276**
北　京	43	38	325	127	77	80	492	37	141
天　津	267	556	811	271	248	29	626	717	92
河　北	3736	7553	15607	6498	3071	531	3774	808	1319
山　西	13745	2383	3645	561	474	95	264	49	193
内蒙古	3109	1593	1784	494	391	67	62	41	100
辽　宁	1394	763	2618	593	427	57	311	79	108
吉　林	791	211	1557	292	191	48	3791	73	82
黑龙江	1433	169	930	201	170	32	76	34	55
上　海	17	327	3271	828	720	214	2206	585	540
江　苏	1128	5258	25973	7485	5229	1891	5117	1825	3866
浙　江	484	2236	25451	10033	5148	924	3923	820	5460
安　徽	4691	1555	8841	3508	1886	489	3083	364	3247
福　建	755	1920	5179	4129	819	212	706	193	1085
江　西	1223	1756	3962	4759	644	250	724	207	1327
山　东	6807	4418	15947	5310	3436	841	3447	451	1064
河　南	4133	2861	11532	3751	2010	620	1828	421	1700
湖　北	1024	905	4566	2665	767	212	1675	121	647
湖　南	2282	1243	5998	4787	886	422	1597	165	1058
广　东	253	1613	7627	9971	1078	375	1710	517	5455
广　西	701	995	2033	1695	350	75	445	108	515
海　南	119	19	216	220	40	6	13	9	17
重　庆	1249	469	2432	1041	344	92	1376	235	216
四　川	2618	1258	4134	2360	670	182	672	151	662
贵　州	2258	346	1120	1421	288	88	179	43	390
云　南	2728	1363	1732	1719	374	84	273	80	474
西　藏	33	4	55	22	7	1	2		2
陕　西	6111	1196	2958	822	460	89	504	205	165
甘　肃	1690	581	955	517	280	33	62	40	79
青　海	284	346	319	106	31	11	12	7	39
宁　夏	849	700	687	167	83	19	20	3	88
新　疆	1364	1246	927	272	161	16	47	19	90

4-6b 续表 23

单位：人

地区 性别	生产制造及有关人员								
	采矿人员	金属冶炼和压延加工人员	机械制造基础加工人员	金属制品制造人员	通用设备制造人员	专用设备制造人员	汽车制造人员	铁路、船舶、航空设备制造人员	电气机械和器材制造人员
女	**7543**	**9736**	**31491**	**32479**	**8841**	**5463**	**16655**	**3389**	**21434**
北京	1	5	38	31	19	53	89	6	69
天津	87	127	120	78	59	22	166	301	35
河北	431	1437	2514	2919	979	239	1389	581	500
山西	747	311	197	93	63	35	82	3	47
内蒙古	285	207	67	98	26	14	18	3	19
辽宁	148	89	240	139	58	21	185	5	51
吉林	110	30	119	85	21	49	945	12	31
黑龙江	493	29	61	57	26	13	40	12	19
上海	1	48	603	309	230	105	1128	74	392
江苏	187	1517	6498	3268	1670	1192	3257	833	2563
浙江	38	591	7536	6267	2061	651	2012	437	5233
安徽	172	360	1699	1395	537	432	1480	240	2203
福建	77	397	1059	1964	252	120	275	41	741
江西	227	480	930	1587	173	218	332	46	1219
山东	1146	770	2077	2000	1051	397	1103	111	567
河南	556	595	1619	1530	309	784	574	148	1045
湖北	115	213	740	824	150	189	627	21	349
湖南	275	274	1059	1478	173	173	635	45	752
广东	48	350	1661	4540	351	287	677	110	4079
广西	169	237	374	675	70	58	260	19	343
海南	19	5	26	67	5	1	3	6	5
重庆	82	110	644	460	131	80	646	167	153
四川	290	335	666	822	157	142	314	43	358
贵州	148	111	151	582	85	56	108	16	271
云南	413	347	210	667	75	68	127	31	240
西藏	7	2	15	8	2	1			2
陕西	735	250	385	225	53	25	129	71	56
甘肃	314	70	70	152	26	15	27	4	31
青海	36	41	20	51	3	1	5	1	9
宁夏	33	135	27	44	9	8	7		23
新疆	153	263	66	64	17	14	15	2	29

4-6b　续表 24　　　　单位：人

地　区 性　别	生产制造及有关人员								不便分类的其他从业人员
	计算机、通信和其他电子设备制造人员	仪器仪表制造人员	废弃资源综合利用人员	电力、热力、气体、水生产和输配人员	建筑施工人员	运输设备和通用工程机械操作人员及有关人员	生产辅助人员	其他生产制造及有关人员	
全　国	**275730**	**4066**	**6422**	**25426**	**1495125**	**110459**	**434154**	**17235**	**40485**
北　京	858	29	16	89	5924	422	1833	22	32
天　津	1185	11	23	69	2375	233	1231	274	412
河　北	8310	383	499	1637	86729	7080	26837	1229	2293
山　西	7090	95	70	1412	23240	3377	12038	140	672
内蒙古	526	110	126	1865	19090	3508	8526	138	1455
辽　宁	816	32	66	637	13527	1626	4253	201	685
吉　林	1055	36	24	685	8663	1307	4163	89	109
黑龙江	614	31	77	974	11716	1466	3947	76	516
上　海	2210	72	35	144	7557	1423	7168	140	109
江　苏	38688	366	622	1248	98938	8771	45745	2229	3414
浙　江	19059	636	345	912	61028	5214	56445	1073	679
安　徽	16944	229	651	1037	106340	7913	23962	1377	1238
福　建	8085	154	326	872	50457	3977	23015	1091	612
江　西	24530	112	200	562	76680	4750	17726	959	2978
山　东	13092	346	404	2778	97225	8897	34206	1532	3628
河　南	41503	277	711	1189	153009	8275	31294	1404	4588
湖　北	10359	86	227	558	75757	4424	13424	609	1676
湖　南	24543	204	269	899	116362	5685	19004	1501	5612
广　东	21760	281	694	760	57120	4166	32461	1076	1209
广　西	7537	87	108	689	55940	3565	8414	457	2176
海　南	146	12	23	106	8120	560	1609	34	1303
重　庆	4968	72	65	365	43170	2177	5941	194	810
四　川	7962	116	192	1280	110696	6037	17517	487	1220
贵　州	3848	45	197	572	54219	2900	5582	247	636
云　南	4540	44	199	889	64450	4058	7857	168	553
西　藏	14		3	27	1463	200	188	2	67
陕　西	3238	90	93	759	37993	2840	7591	308	942
甘　肃	1141	28	81	606	20581	1735	3294	78	319
青　海	211	6	8	263	4214	655	1382	10	90
宁　夏	243	35	14	452	7522	1203	2871	20	191
新　疆	655	41	54	1091	15020	2015	4630	70	261

4-6b 续表 25 单位：人

地区 性别	生产制造及有关人员								不便分类的其他从业人员
	计算机、通信和其他电子设备制造人员	仪器仪表制造人员	废弃资源综合利用人员	电力、热力、气体、水生产和输配人员	建筑施工人员	运输设备和通用工程机械操作人员及有关人员	生产辅助人员	其他生产制造及有关人员	
男	**156796**	**2472**	**4539**	**20931**	**1279469**	**102541**	**279982**	**10570**	**24674**
北京	557	17	12	85	5392	408	1380	16	22
天津	701	4	19	65	2057	210	826	216	311
河北	5440	271	371	1349	76267	6591	18440	720	1446
山西	4361	63	56	1115	21434	3169	9452	99	456
内蒙古	414	65	93	1635	16687	3295	6706	104	958
辽宁	564	18	50	563	11902	1561	3113	139	460
吉林	801	27	19	620	7719	1234	3029	65	76
黑龙江	443	23	54	864	10057	1398	2848	57	334
上海	1151	45	28	125	6842	1247	4562	95	74
江苏	22308	202	451	1072	87295	7733	28489	1405	2064
浙江	10659	342	247	776	54755	4801	32524	621	415
安徽	9960	137	437	894	93328	7269	15541	832	756
福建	4513	91	221	744	42848	3732	13793	486	374
江西	12442	68	144	461	64840	4426	10467	572	1771
山东	8457	238	298	2273	81888	8257	22535	973	2188
河南	23388	172	483	917	128185	7611	19048	832	2855
湖北	6187	54	165	441	66388	4182	8917	378	1029
湖南	13511	130	210	677	99897	5340	11600	973	3431
广东	11809	134	463	631	49218	3953	19782	656	687
广西	3628	51	75	512	46485	3367	5475	290	1227
海南	104	12	17	90	6475	531	1118	20	813
重庆	2503	38	47	290	36311	2002	3984	123	490
四川	4249	64	122	942	93841	5509	11824	300	634
贵州	2088	23	131	469	44231	2732	3908	138	367
云南	2856	30	130	688	51242	3832	5312	118	335
西藏	9		2	20	1147	195	144	2	36
陕西	2112	68	72	608	33218	2669	5759	201	592
甘肃	764	21	59	478	17602	1648	2461	63	183
青海	155	5	8	215	3402	612	1057	8	55
宁夏	192	24	12	393	6569	1122	2274	19	66
新疆	470	35	43	919	11947	1905	3614	49	169

4-6b　续表 26　　　　单位：人

地区 性别	生产制造及有关人员								不便分类的其他从业人员
	计算机、通信和其他电子设备制造人员	仪器仪表制造人员	废弃资源综合利用人员	电力、热力、气体、水生产和输配人员	建筑施工人员	运输设备和通用工程机械操作人员及有关人员	生产辅助人员	其他生产制造及有关人员	
女	**118934**	**1594**	**1883**	**4495**	**215656**	**7918**	**154172**	**6665**	**15811**
北京	301	12	4	4	532	14	453	6	10
天津	484	7	4	4	318	23	405	58	101
河北	2870	112	128	288	10462	489	8397	509	847
山西	2729	32	14	297	1806	208	2586	41	216
内蒙古	112	45	33	230	2403	213	1820	34	497
辽宁	252	14	16	74	1625	65	1140	62	225
吉林	254	9	5	65	944	73	1134	24	33
黑龙江	171	8	23	110	1659	68	1099	19	182
上海	1059	27	7	19	715	176	2606	45	35
江苏	16380	164	171	176	11643	1038	17256	824	1350
浙江	8400	294	98	136	6273	413	23921	452	264
安徽	6984	92	214	143	13012	644	8421	545	482
福建	3572	63	105	128	7609	245	9222	605	238
江西	12088	44	56	101	11840	324	7259	387	1207
山东	4635	108	106	505	15337	640	11671	559	1440
河南	18115	105	228	272	24824	664	12246	572	1733
湖北	4172	32	62	117	9369	242	4507	231	647
湖南	11032	74	59	222	16465	345	7404	528	2181
广东	9951	147	231	129	7902	213	12679	420	522
广西	3909	36	33	177	9455	198	2939	167	949
海南	42		6	16	1645	29	491	14	490
重庆	2465	34	18	75	6859	175	1957	71	320
四川	3713	52	70	338	16855	528	5693	187	586
贵州	1760	22	66	103	9988	168	1674	109	269
云南	1684	14	69	201	13208	226	2545	50	218
西藏	5		1	7	316	5	44		31
陕西	1126	22	21	151	4775	171	1832	107	350
甘肃	377	7	22	128	2979	87	833	15	136
青海	56	1		48	812	43	325	2	35
宁夏	51	11	2	59	953	81	597	1	125
新疆	185	6	11	172	3073	110	1016	21	92

4-6c 各地区分性别、职业中类的就业人口(乡村)

单位：人

地区 性别	合计	党的机关、国家机关、群众团体和社会组织、企事业单位负责人						
		小计	中国共产党机关负责人	国家机关负责人	民主党派和工商联负责人	人民团体和群众团体、社会组织及其他成员组织负责人	基层群众自治组织负责人	企事业单位负责人
全国	**24701872**	**197965**	**994**	**5461**	**23**	**9993**	**27331**	**154163**
北京	139098	2872	11	50	3	81	275	2452
天津	89837	1396	9	23		61	162	1141
河北	1424681	13084	50	234	1	564	1947	10288
山西	616197	4752	26	138	2	242	878	3466
内蒙古	376478	2500	13	123		151	542	1671
辽宁	585143	2910	26	116	2	190	484	2092
吉林	429506	1489	9	75		70	309	1026
黑龙江	492816	3004	19	226		137	230	2392
上海	158171	2258	2	16		26	41	2173
江苏	1089292	15182	24	225	2	513	654	13764
浙江	956204	14875	20	99		306	838	13612
安徽	1218089	12753	43	206		476	1055	10973
福建	626830	4884	17	86		267	707	3807
江西	1033967	11912	40	278	1	607	666	10320
山东	1902218	12078	55	246		716	1584	9477
河南	1920942	13153	59	296		923	1673	10202
湖北	1291692	10053	39	262	2	576	1211	7963
湖南	1327820	13174	46	329	3	898	1082	10816
广东	1229241	13903	23	228		918	1227	11507
广西	912209	4784	46	234	1	409	1201	2893
海南	170279	1004		44		57	124	779
重庆	511266	2517	11	67	2	122	583	1732
四川	2235564	9702	123	407	2	494	2522	6154
贵州	708682	5202	38	229	1	269	1492	3173
云南	1389648	4538	134	300		149	1338	2617
西藏	67951	1585	22	233		84	730	516
陕西	658357	4809	10	106	1	228	959	3505
甘肃	476880	2607	45	146		158	1206	1052
青海	83569	727	4	38		72	310	303
宁夏	115347	880	12	24		45	272	527
新疆	463898	3378	18	377		184	1029	1770

4-6c　续表 1

单位：人

地区 性别	合计	党的机关、国家机关、群众团体和社会组织、企事业单位负责人						
		小计	中国共产党机关负责人	国家机关负责人	民主党派和工商联负责人	人民团体和群众团体、社会组织及其他成员组织负责人	基层群众自治组织负责人	企事业单位负责人
男	**14776688**	**156114**	**851**	**4651**	**15**	**6736**	**23231**	**120630**
北京	91402	2177	8	39	3	44	220	1863
天津	57707	1064	5	18		42	123	876
河北	863000	10566	39	206		407	1697	8217
山西	412899	4039	25	120	1	187	813	2893
内蒙古	233683	2062	13	109		99	457	1384
辽宁	353554	2217	19	101	2	106	397	1592
吉林	252561	1163	9	62		41	266	785
黑龙江	295977	2231	18	193		80	198	1742
上海	104793	1804	2	11		10	25	1756
江苏	649928	11936	20	187	1	362	544	10822
浙江	590705	11634	19	89		215	726	10585
安徽	746520	10230	33	178		326	865	8828
福建	377820	4119	14	75		196	644	3190
江西	619370	9196	29	250	1	397	561	7958
山东	1110795	9534	50	216		481	1310	7477
河南	1086427	10026	45	252		676	1401	7652
湖北	779411	8048	35	235	2	358	996	6422
湖南	825375	9770	38	284	2	610	844	7992
广东	768184	10865	15	198		665	1057	8930
广西	533565	3666	39	189	1	238	1004	2195
海南	101720	765		37		38	114	576
重庆	305154	1928	7	57		70	471	1323
四川	1280205	7666	113	321	1	334	2105	4792
贵州	422696	4254	34	202	1	192	1337	2488
云南	791154	3696	122	248		100	1176	2050
西藏	40938	1252	18	183		55	612	384
陕西	406724	3917	10	90		134	817	2866
甘肃	284548	2267	41	128		102	1097	899
青海	50806	591	2	34		31	276	248
宁夏	73393	760	12	20		25	243	460
新疆	265674	2671	17	319		115	835	1385

4-6c 续表 2

单位：人

地区 性别	合计	党的机关、国家机关、群众团体和社会组织、企事业单位负责人						
		小计	中国共产党机关负责人	国家机关负责人	民主党派和工商联负责人	人民团体和群众团体、社会组织及其他成员组织负责人	基层群众自治组织负责人	企事业单位负责人
女	**9925184**	**41851**	**143**	**810**	**8**	**3257**	**4100**	**33533**
北京	47696	695	3	11		37	55	589
天津	32130	332	4	5		19	39	265
河北	561681	2518	11	28	1	157	250	2071
山西	203298	713	1	18	1	55	65	573
内蒙古	142795	438		14		52	85	287
辽宁	231589	693	7	15		84	87	500
吉林	176945	326		13		29	43	241
黑龙江	196839	773	1	33		57	32	650
上海	53378	454		5		16	16	417
江苏	439364	3246	4	38	1	151	110	2942
浙江	365499	3241	1	10		91	112	3027
安徽	471569	2523	10	28		150	190	2145
福建	249010	765	3	11		71	63	617
江西	414597	2716	11	28		210	105	2362
山东	791423	2544	5	30		235	274	2000
河南	834515	3127	14	44		247	272	2550
湖北	512281	2005	4	27		218	215	1541
湖南	502445	3404	8	45	1	288	238	2824
广东	461057	3038	8	30		253	170	2577
广西	378644	1118	7	45		171	197	698
海南	68559	239		7		19	10	203
重庆	206112	589	4	10	2	52	112	409
四川	955359	2036	10	86	1	160	417	1362
贵州	285986	948	4	27		77	155	685
云南	598494	842	12	52		49	162	567
西藏	27013	333	4	50		29	118	132
陕西	251633	892		16	1	94	142	639
甘肃	192332	340	4	18		56	109	153
青海	32763	136	2	4		41	34	55
宁夏	41954	120		4		20	29	67
新疆	198224	707	1	58		69	194	385

4-6c　续表 3　　　　单位：人

地区 性别	专业技术人员 小计	科学研究人员	工程技术人员	农业技术人员	飞机和船舶技术人员	卫生专业技术人员	经济和金融专业人员	法律、社会和宗教专业人员	教学人员	文学艺术、体育专业人员
全　国	**949328**	**3074**	**231257**	**18735**	**1591**	**166530**	**141635**	**19624**	**332633**	**16770**
北　京	15511	199	4673	170	16	2268	3902	322	3067	460
天　津	4096	19	996	47	3	611	819	62	1375	40
河　北	55639	135	12465	807	27	9746	8958	427	21245	768
山　西	27984	73	7451	327	1	4708	3816	259	10191	574
内蒙古	13857	22	4187	456	3	2373	1900	217	4191	179
辽　宁	13504	49	2841	439	70	2800	1889	240	4648	172
吉　林	11869	54	1607	200	8	2649	1648	236	5137	148
黑龙江	13199	34	1873	334	5	3037	2029	207	5272	161
上　海	10182	78	4587	38	27	1074	2530	250	1192	209
江　苏	46388	260	16000	833	90	5954	10532	1196	9881	687
浙　江	47790	109	13800	372	560	5514	13385	1838	10565	953
安　徽	46686	187	10617	679	52	8374	6859	1011	17005	1065
福　建	27953	45	6629	356	99	3824	5310	951	9449	885
江　西	39864	114	9507	566	24	7216	5113	496	15077	856
山　东	60918	251	13741	1240	170	10836	9990	756	22004	820
河　南	72001	216	13460	2535	20	13643	7508	691	31447	1340
湖　北	49190	279	14945	897	62	8284	7619	742	14317	988
湖　南	51341	158	12339	634	31	9808	6283	733	19270	1083
广　东	61915	127	17647	708	118	8108	11833	788	20173	1258
广　西	27689	51	4663	539	33	5329	2049	243	14117	304
海　南	5954	10	935	224	13	1067	712	99	2631	121
重　庆	17573	53	4777	256	38	3417	2319	426	5474	396
四　川	72984	207	18170	1708	55	14618	9841	2852	22763	1278
贵　州	25367	35	4896	552	10	5124	1933	416	11602	339
云　南	43135	78	8746	1043	12	8649	3651	564	19379	493
西　藏	5419	20	728	312	1	968	410	720	1947	208
陕　西	27917	111	7333	430	22	5626	3627	302	9459	468
甘　肃	18940	61	5220	426	12	4086	1612	487	6518	223
青　海	4960	3	949	79	2	810	400	1323	1259	70
宁　夏	5254	14	1382	195	3	902	769	182	1633	60
新　疆	24249	22	4093	1123	4	5107	2389	588	10345	164

4-6c 续表 4 单位：人

地区 性别	专业技术人员									
	小计	科学研究人员	工程技术人员	农业技术人员	飞机和船舶技术人员	卫生专业技术人员	经济和金融专业人员	法律、社会和宗教专业人员	教学人员	文学艺术、体育专业人员
男	**473262**	**1954**	**202073**	**13231**	**1524**	**66972**	**44738**	**12564**	**109613**	**10461**
北京	7308	116	3953	126	15	521	996	141	892	322
天津	2024	7	868	33	3	242	283	33	445	26
河北	25710	78	11156	594	27	4822	2690	244	4949	493
山西	13734	44	6737	261	1	1804	1456	133	2596	366
内蒙古	8039	15	3818	403	3	1128	774	116	1469	112
辽宁	6863	33	2539	372	70	1201	661	112	1583	99
吉林	5623	27	1392	160	6	1140	646	102	1978	87
黑龙江	6368	19	1637	265	5	1258	855	99	2010	92
上海	5680	59	3950	71	26	217	679	115	352	142
江苏	24421	155	13670	588	84	2209	2928	869	3017	381
浙江	22312	68	11948	283	557	1630	3273	1183	2535	520
安徽	24920	126	9260	503	46	3909	2503	674	6714	691
福建	13778	31	5782	270	99	1666	1556	531	3052	552
江西	20426	78	8142	388	21	3258	1818	347	5229	562
山东	30058	155	11990	788	158	4923	3448	443	6981	498
河南	33164	136	11588	1354	20	6901	2548	442	8672	822
湖北	26611	194	13161	685	57	3158	2613	409	5144	599
湖南	24858	102	10787	526	29	3738	1957	447	6051	654
广东	30627	87	15571	500	112	3263	3099	415	6105	793
广西	12498	30	4060	397	28	2191	644	164	4598	177
海南	2994	5	856	164	12	385	250	68	1070	92
重庆	8854	39	4127	200	35	1360	663	231	1736	225
四川	36387	133	15653	1156	54	5606	2903	2014	7262	800
贵州	13966	18	4358	438	9	2057	814	290	5479	206
云南	21366	56	7575	795	9	2379	1193	361	8398	314
西藏	3099	13	634	219	1	477	188	538	794	172
陕西	14262	66	6609	335	18	2127	1366	180	2940	325
甘肃	11114	42	4613	346	11	1700	611	366	3094	149
青海	2967	3	859	51	1	315	187	1013	455	43
宁夏	2690	8	1236	154	3	265	268	145	495	40
新疆	10541	11	3544	806	4	1122	868	339	3518	107

4-6c　续表 5

单位：人

地区 性别	专业技术人员									
	小计	科学研究人员	工程技术人员	农业技术人员	飞机和船舶技术人员	卫生专业技术人员	经济和金融专业人员	法律、社会和宗教专业人员	教学人员	文学艺术、体育专业人员
女	**476066**	**1120**	**29184**	**5504**	**67**	**99558**	**96897**	**7060**	**223020**	**6309**
北　京	8203	83	720	44	1	1747	2906	181	2175	138
天　津	2072	12	128	14		369	536	29	930	14
河　北	29929	57	1309	213		4924	6268	183	16296	275
山　西	14250	29	714	65		2904	2360	126	7595	208
内蒙古	5818	7	369	63		1245	1126	101	2722	67
辽　宁	6641	16	302	117		1599	1228	128	3065	73
吉　林	6246	27	215	40	2	1509	1002	134	3159	61
黑龙江	6831	15	236	69		1779	1174	108	3262	69
上　海	4502	19	637	17	1	857	1851	135	840	67
江　苏	21967	105	2330	295	6	3745	7604	327	6864	306
浙　江	25478	41	1852	89	3	3884	10112	655	8030	433
安　徽	21766	61	1357	176	6	4465	4356	337	10291	374
福　建	14175	14	847	86		2158	3754	420	6397	333
江　西	19438	36	1365	178	3	3958	3295	149	9848	294
山　东	30860	96	1751	452	12	5913	6542	313	15023	322
河　南	38837	80	1872	1181		6742	4960	249	22775	518
湖　北	22579	85	1784	212	5	5126	5006	333	9173	389
湖　南	26483	56	1552	158	2	6070	4326	286	13219	429
广　东	31288	40	2076	208	6	4845	8734	373	14068	465
广　西	15191	21	603	142	5	3138	1405	79	9519	127
海　南	2960	5	79	60	1	682	462	31	1561	29
重　庆	8719	14	650	56	3	2057	1656	195	3738	171
四　川	36597	74	2517	552	1	9012	6938	838	15501	478
贵　州	11401	17	538	114	1	3067	1119	126	6123	133
云　南	21769	22	1171	248	3	6270	2458	203	10981	179
西　藏	2320	7	94	93		491	222	182	1153	36
陕　西	13655	45	724	95	4	3499	2261	122	6519	143
甘　肃	7826	19	607	80	1	2386	1001	121	3424	74
青　海	1993		90	28	1	495	213	310	804	27
宁　夏	2564	6	146	41		637	501	37	1138	20
新　疆	13708	11	549	317		3985	1521	249	6827	57

4-6c 续表 6

单位：人

地区 性别	专业技术人员		办事人员和有关人员				社会生产服务和生活服务人员		
	新闻出版、文化专业人员	其他专业技术人员	小计	办事人员	安全和消防人员	其他办事人员和有关人员	小计	批发与零售服务人员	交通运输、仓储和邮政业服务人员
全国	**8959**	**8520**	**574633**	**399006**	**166177**	**9450**	**5397940**	**2053911**	**1124828**
北京	368	66	13039	9426	3548	65	65942	16318	18738
天津	22	102	3239	2196	986	57	20227	6428	6372
河北	452	609	24159	14840	8973	346	322412	124914	84119
山西	326	258	16351	10426	5657	268	145180	38833	42431
内蒙古	170	149	7721	5343	2223	155	55817	16153	14322
辽宁	131	175	7218	4629	2476	113	77998	26380	21470
吉林	159	23	6502	5204	1262	36	50310	17107	10902
黑龙江	173	74	8660	5552	3039	69	79909	28239	18829
上海	105	42	10004	6559	3126	319	55130	12849	19049
江苏	375	530	29960	21832	6842	1286	253190	103807	50203
浙江	495	199	33211	21931	11033	247	258645	105571	57207
安徽	418	419	25593	18406	6743	444	315380	120547	59646
福建	229	176	18050	14546	3202	302	170659	75447	31496
江西	296	599	22609	16874	5417	318	238805	101547	40421
山东	542	568	28565	16781	11388	396	331995	134724	78918
河南	484	657	30618	19750	10324	544	465071	209189	81370
湖北	576	481	27811	20302	7067	442	290085	115124	53229
湖南	400	552	28687	21177	7152	358	316806	135979	55891
广东	608	547	49899	38636	10496	767	348696	146983	73377
广西	190	171	15864	11495	4145	224	137055	53001	33205
海南	59	83	4600	3526	967	107	39022	12536	5635
重庆	218	199	11551	8259	3085	207	114565	35830	22812
四川	758	734	41177	30670	9661	846	515800	184796	89046
贵州	217	243	19055	13379	5118	558	132994	43729	29862
云南	313	207	20255	13597	6369	289	194488	66748	41898
西藏	48	57	5816	4514	1203	99	11891	2592	2829
陕西	302	237	15280	10846	4241	193	154178	48684	32919
甘肃	147	148	9483	7134	2135	214	85366	24978	18153
青海	44	21	1799	1190	585	24	18396	3993	4457
宁夏	90	24	2516	2019	443	54	27772	7117	7625
新疆	244	170	35341	17967	17271	103	104156	33768	18397

4-6c　续表 7　　　　单位：人

地区 性别	专业技术人员		办事人员和有关人员				社会生产服务和生活服务人员		
	新闻出版、文化专业人员	其他专业技术人员	小计	办事人员	安全和消防人员	其他办事人员和有关人员	小计	批发与零售服务人员	交通运输、仓储和邮政业服务人员
男	**3691**	**6441**	**389098**	**232222**	**151105**	**5771**	**3163829**	**1035536**	**986779**
北京	168	58	7907	4649	3230	28	42553	8653	16261
天津	9	75	2287	1304	950	33	13708	3664	5739
河北	198	459	17920	9297	8405	218	203634	66045	75677
山西	135	201	11928	6627	5099	202	96576	20060	39842
内蒙古	70	131	5409	3320	1975	114	34630	8272	12832
辽宁	55	138	5111	2739	2303	69	49271	13366	19419
吉林	65	20	4337	3152	1159	26	29737	8250	9765
黑龙江	69	59	6225	3395	2782	48	45565	13033	16447
上海	44	25	6401	3371	2894	136	34988	6743	16198
江苏	137	383	19258	12250	6309	699	147189	53889	41759
浙江	165	150	22440	12041	10274	125	155540	57165	48504
安徽	188	306	17351	10792	6270	289	189752	65507	52172
福建	99	140	12010	8847	2964	199	103545	41656	27966
江西	141	442	15408	10059	5138	211	137846	54146	35518
山东	244	430	21328	10435	10648	245	206283	71180	68793
河南	206	475	22253	12568	9324	361	251892	95024	68893
湖北	222	369	18310	11435	6590	285	165581	57917	46851
湖南	159	408	18876	11992	6656	228	181045	68403	49761
广东	250	432	29622	19176	10007	439	221305	82774	65444
广西	76	133	10868	6856	3879	133	82270	26174	29456
海南	31	61	3339	2328	938	73	21704	6028	4992
重庆	87	151	7345	4519	2695	131	62482	16114	19953
四川	277	529	26034	16780	8812	442	269180	80853	77176
贵州	108	189	14021	9027	4592	402	76109	20844	26280
云南	132	154	14632	8635	5809	188	107809	30749	35408
西藏	19	44	3904	2761	1082	61	6936	1486	2622
陕西	106	190	10921	6899	3902	120	88518	22969	29329
甘肃	69	113	6998	4910	1926	162	50851	12760	16186
青海	22	18	1233	685	531	17	11076	2077	3966
宁夏	55	21	1524	1092	399	33	17632	3531	6965
新疆	85	137	23898	10281	13563	54	58622	16204	16605

4-6c 续表 8 单位：人

地区 性别	专业技术人员		办事人员和有关人员				社会生产服务和生活服务人员		
	新闻出版、文化专业人员	其他专业技术人员	小计	办事人员	安全和消防人员	其他办事人员和有关人员	小计	批发与零售服务人员	交通运输、仓储和邮政业服务人员
女	**5268**	**2079**	**185535**	**166784**	**15072**	**3679**	**2234111**	**1018375**	**138049**
北京	200	8	5132	4777	318	37	23389	7665	2477
天津	13	27	952	892	36	24	6519	2764	633
河北	254	150	6239	5543	568	128	118778	58869	8442
山西	191	57	4423	3799	558	66	48604	18773	2589
内蒙古	100	18	2312	2023	248	41	21187	7881	1490
辽宁	76	37	2107	1890	173	44	28727	13014	2051
吉林	94	3	2165	2052	103	10	20573	8857	1137
黑龙江	104	15	2435	2157	257	21	34344	15206	2382
上海	61	17	3603	3188	232	183	20142	6106	2851
江苏	238	147	10702	9582	533	587	106001	49918	8444
浙江	330	49	10771	9890	759	122	103105	48406	8703
安徽	230	113	8242	7614	473	155	125628	55040	7474
福建	130	36	6040	5699	238	103	67114	33791	3530
江西	155	157	7201	6815	279	107	100959	47401	4903
山东	298	138	7237	6346	740	151	125712	63544	10125
河南	278	182	8365	7182	1000	183	213179	114165	12477
湖北	354	112	9501	8867	477	157	124504	57207	6378
湖南	241	144	9811	9185	496	130	135761	67576	6130
广东	358	115	20277	19460	489	328	127391	64209	7933
广西	114	38	4996	4639	266	91	54785	26827	3749
海南	28	22	1261	1198	29	34	17318	6508	643
重庆	131	48	4206	3740	390	76	52083	19716	2859
四川	481	205	15143	13890	849	404	246620	103943	11870
贵州	109	54	5034	4352	526	156	56885	22885	3582
云南	181	53	5623	4962	560	101	86679	35999	6490
西藏	29	13	1912	1753	121	38	4955	1106	207
陕西	196	47	4359	3947	339	73	65660	25715	3590
甘肃	78	35	2485	2224	209	52	34515	12218	1967
青海	22	3	566	505	54	7	7320	1916	491
宁夏	35	3	992	927	44	21	10140	3586	660
新疆	159	33	11443	7686	3708	49	45534	17564	1792

4-6c　续表 9　　　　单位：人

地区 性别	社会生产服务和生活服务人员								
	住宿和餐饮服务人员	信息传输、软件和信息技术服务人员	金融服务人员	房地产服务人员	租赁和商务服务人员	技术辅助服务人员	水利、环境和公共设施管理服务人员	居民服务人员	电力、燃气及水供应服务人员
全　国	**862046**	**66239**	**49384**	**50524**	**114395**	**72729**	**359027**	**354826**	**53136**
北　京	6254	2481	975	1261	3058	1294	9735	2478	839
天　津	1968	259	251	270	386	246	2044	968	208
河　北	37441	3856	2823	2414	4340	3245	21003	18538	4293
山　西	27407	2181	1324	826	3239	2017	9090	8333	2193
内蒙古	9223	654	684	438	1576	650	4168	4018	897
辽　宁	11386	858	844	538	1233	733	3777	5988	813
吉　林	8678	629	920	512	1581	529	2992	3558	506
黑龙江	14030	827	1091	642	1054	649	4196	6247	686
上　海	5436	1095	363	686	2620	1358	6524	2896	313
江　苏	28300	3352	2204	2604	7942	4212	19963	18136	2553
浙　江	31896	3203	3268	2441	6962	4889	19073	13493	2237
安　徽	53144	4247	2567	3051	4826	4709	25189	22153	2512
福　建	26595	1773	1292	1032	4044	2208	8225	11133	1372
江　西	34981	3088	1584	1969	2795	4392	13088	22692	1724
山　东	38762	3301	4026	2426	4662	3887	21945	19626	3606
河　南	67496	4005	3460	3072	4675	4380	32039	32414	3585
湖　北	49372	4868	2754	2995	5442	4852	14415	22021	2585
湖　南	49008	4357	2714	2327	4644	4408	14934	25791	2826
广　东	54254	3610	2828	3697	7905	6387	16175	15747	2801
广　西	19214	1267	843	849	2494	1311	8667	7901	1644
海　南	9089	246	246	518	1699	317	3934	2706	412
重　庆	23997	1652	1053	2098	2175	1579	8650	8594	936
四　川	103061	6880	5089	8384	12392	7028	31275	39752	4500
贵　州	22199	1034	863	768	2282	1337	14599	7826	1762
云　南	41654	1685	1501	1453	4328	2189	10945	9638	2417
西　藏	2910	166	149	69	255	87	1858	370	223
陕　西	33287	2054	1553	1331	2997	1801	10797	10402	1814
甘　肃	21715	954	775	682	1759	925	6033	4314	1056
青　海	5488	172	137	98	536	131	1942	502	291
宁　夏	4700	352	318	434	1410	296	3041	927	331
新　疆	19101	1133	885	639	9084	683	8711	5664	1201

4-6c 续表 10

单位：人

地 区 性 别	社会生产服务和生活服务人员								
	住宿和餐饮服务人员	信息传输、软件和信息技术服务人员	金融服务人员	房地产服务人员	租赁和商务服务人员	技术辅助服务人员	水利、环境和公共设施管理服务人员	居民服务人员	电力、燃气及水供应服务人员
男	**385994**	**46814**	**23242**	**31442**	**89717**	**47813**	**158865**	**114982**	**47297**
北 京	2881	1781	416	873	2230	812	5128	685	761
天 津	922	169	109	158	305	149	1227	381	189
河 北	17535	2499	1269	1514	3384	2044	10943	5679	3993
山 西	14254	1465	607	507	2645	1345	4281	3142	1936
内蒙古	3872	453	315	275	1308	422	1973	1558	786
辽 宁	5384	531	415	335	996	412	1745	2483	727
吉 林	3743	399	394	312	1348	335	1513	1252	452
黑龙江	6061	531	473	373	841	386	1803	2195	599
上 海	2309	887	172	459	2008	841	3014	537	270
江 苏	12048	2305	991	1615	6185	2516	8695	6786	2302
浙 江	14327	2316	1393	1465	5492	3160	9203	3759	1972
安 徽	25140	3143	1445	2092	3654	3149	12775	7705	2263
福 建	13753	1372	636	653	3355	1517	3271	3035	1213
江 西	15805	2282	893	1295	2019	3052	5474	6982	1518
山 东	19994	2272	1900	1484	3637	2462	11514	6403	3283
河 南	31789	2603	1605	1879	3550	2737	14614	10396	3228
湖 北	21197	3625	1311	1954	4157	3306	5822	6895	2261
湖 南	21914	3139	1246	1483	3392	2862	6522	8724	2489
广 东	29820	2687	1471	2334	6280	4447	5767	4847	2538
广 西	8502	902	367	504	2059	880	3811	2611	1456
海 南	4092	169	143	316	1410	228	1245	1293	381
重 庆	9759	1174	480	1278	1639	1017	3503	2685	813
四 川	39745	4848	2112	4977	10166	4542	11255	11486	3896
贵 州	7722	773	494	471	1802	982	6254	3419	1544
云 南	15428	1257	760	905	3554	1523	4833	3106	2102
西 藏	1000	110	83	40	169	61	766	150	167
陕 西	14246	1414	751	843	2330	1259	4587	3579	1627
甘 肃	10086	657	394	403	1393	627	2701	1290	940
青 海	2515	113	69	61	442	91	833	121	262
宁 夏	2163	231	133	260	1178	190	1293	337	288
新 疆	7988	707	395	324	6789	459	2500	1461	1041

4-6c　续表 11

单位：人

地区 性别	社会生产服务和生活服务人员								
	住宿和餐饮服务人员	信息传输、软件和信息技术服务人员	金融服务人员	房地产服务人员	租赁和商务服务人员	技术辅助服务人员	水利、环境和公共设施管理服务人员	居民服务人员	电力、燃气及水供应服务人员
女	**476052**	**19425**	**26142**	**19082**	**24678**	**24916**	**200162**	**239844**	**5839**
北京	3373	700	559	388	828	482	4607	1793	78
天津	1046	90	142	112	81	97	817	587	19
河北	19906	1357	1554	900	956	1201	10060	12859	300
山西	13153	716	717	319	594	672	4809	5191	257
内蒙古	5351	201	369	163	268	228	2195	2460	111
辽宁	6002	327	429	203	237	321	2032	3505	86
吉林	4935	230	526	200	233	194	1479	2306	54
黑龙江	7969	296	618	269	213	263	2393	4052	87
上海	3127	208	191	227	612	517	3510	2359	43
江苏	16252	1047	1213	989	1757	1696	11268	11350	251
浙江	17569	887	1875	976	1470	1729	9870	9734	265
安徽	28004	1104	1122	959	1172	1560	12414	14448	249
福建	12842	401	656	379	689	691	4954	8098	159
江西	19176	806	691	674	776	1340	7614	15710	206
山东	18768	1029	2126	942	1025	1425	10431	13223	323
河南	35707	1402	1855	1193	1125	1643	17425	22018	357
湖北	28175	1243	1443	1041	1285	1546	8593	15126	324
湖南	27094	1218	1468	844	1252	1546	8412	17067	337
广东	24434	923	1357	1363	1625	1940	10408	10900	263
广西	10712	365	476	345	435	431	4856	5290	188
海南	4997	77	103	202	289	89	2689	1413	31
重庆	14238	478	573	820	536	562	5147	5909	123
四川	63316	2032	2977	3407	2226	2486	20020	28266	604
贵州	14477	261	369	297	480	355	8345	4407	218
云南	26226	428	741	548	774	666	6112	6532	315
西藏	1910	56	66	29	86	26	1092	220	56
陕西	19041	640	802	488	667	542	6210	6823	187
甘肃	11629	297	381	279	366	298	3332	3024	116
青海	2973	59	68	37	94	40	1109	381	29
宁夏	2537	121	185	174	232	106	1748	590	43
新疆	11113	426	490	315	2295	224	6211	4203	160

4-6c 续表 12

单位：人

地 区 性 别	社会生产服务和生活服务人员				农、林、牧、渔业生产及辅助人员				
	修理及制作服务人员	文化、体育和娱乐服务人员	健康服务人员	其他社会生产和生活服务人员	小计	农业生产人员	林业生产人员	畜牧业生产人员	渔业生产人员
全　国	**198329**	**24191**	**7607**	**6768**	**10835195**	**9595050**	**152101**	**845296**	**153579**
北　京	1931	371	197	12	11503	8525	2140	616	91
天　津	718	50	32	27	35186	32387	849	1374	434
河　北	13809	881	368	368	607660	556582	6944	38068	1924
山　西	6405	498	226	177	293996	276678	1781	14314	78
内蒙古	2590	213	107	124	251028	191794	973	56625	162
辽　宁	3432	301	113	132	408989	375135	1203	25749	5338
吉　林	2042	217	110	27	331377	319189	1256	9993	307
黑龙江	2929	276	143	71	348761	329910	2066	14834	533
上　海	1537	281	103	20	5821	4729	305	195	446
江　苏	8149	919	349	497	306466	270225	5379	10857	14978
浙　江	6523	1166	418	298	149557	123932	6572	6548	10722
安　徽	10623	1426	404	336	424884	390974	5619	16982	7847
福　建	5030	676	140	196	213832	173948	5876	12284	19590
江　西	9069	913	268	274	332496	310750	3731	13235	2853
山　东	14424	741	495	452	1008027	947360	10035	37310	7851
河　南	16956	1421	488	521	803715	739921	6375	39630	2274
湖　北	10319	1354	428	327	537709	475043	2971	29780	27582
湖　南	10975	1893	369	690	506416	458186	7142	31423	7322
广　东	13087	1179	315	351	319016	267612	5042	21976	22032
广　西	5828	430	168	233	525480	456036	16115	43018	7534
海　南	1271	298	59	56	97341	77264	10815	4161	3688
重　庆	3848	970	187	184	201792	179234	1368	19180	1433
四　川	17953	4298	792	554	971379	836158	9929	117135	5200
贵　州	5255	828	429	221	340318	272632	9075	56211	1002
云　南	8330	1195	300	207	848356	730266	9788	87792	1620
西　藏	216	119	21	27	32940	18358	3235	10915	6
陕　西	5565	590	217	167	314751	292986	4901	15329	275
甘　肃	3387	329	161	145	277617	245175	1900	29187	88
青　海	570	43	18	18	43710	18111	4076	21334	43
宁　夏	1085	82	36	18	53125	35725	679	16138	67
新　疆	4473	233	146	38	231947	180225	3961	43103	259

4-6c　续表 13

单位：人

地区 性别	社会生产服务和生活服务人员 修理及制作服务人员	文化、体育和娱乐服务人员	健康服务人员	其他社会生产和生活服务人员	农、林、牧、渔业生产及辅助人员 小计	农业生产人员	林业生产人员	畜牧业生产人员	渔业生产人员
男	**174462**	**13780**	**2989**	**4117**	**5763335**	**5023568**	**103256**	**474647**	**110171**
北京	1791	204	69	8	6840	5012	1217	449	73
天津	641	24	12	19	21592	19593	511	991	384
河北	12119	572	137	224	325338	292155	4574	24825	1338
山西	5943	317	102	130	175433	162191	1453	10913	63
内蒙古	2313	134	40	77	144695	108846	795	33827	130
辽宁	3131	189	46	92	234343	211706	942	16250	4505
吉林	1777	146	34	17	188969	180999	991	6300	241
黑龙江	2561	163	55	44	204513	192324	1711	8967	424
上海	1370	131	35	14	3415	2636	215	128	319
江苏	7166	549	104	279	154590	131375	3159	6566	10223
浙江	5851	629	135	169	92610	74481	4767	3807	8459
安徽	9385	935	172	215	222079	199661	4256	10447	5433
福建	4534	413	46	125	119612	93149	4327	6846	14302
江西	8012	554	124	172	177574	164037	2878	7431	2123
山东	12389	492	194	286	526051	487963	6181	23001	5969
河南	14183	883	222	286	395585	358485	3994	23767	1658
湖北	9129	764	191	201	280350	243866	2098	15707	17202
湖南	9620	941	133	416	281742	254444	5003	15823	4999
广东	11892	693	124	187	182797	146164	3659	14529	17016
广西	5082	267	63	136	278918	236894	11078	24010	5404
海南	1153	184	30	40	55775	42875	6763	2602	2735
重庆	3377	518	64	108	101098	89493	887	9401	988
四川	15589	1955	277	303	473725	408760	6652	53045	3695
贵州	4621	512	231	160	170635	131843	7187	30070	746
云南	7190	726	117	151	437716	375545	6625	43839	1173
西藏	188	67	13	14	17291	9439	1765	5855	6
陕西	5028	357	93	106	170783	157097	3136	9551	216
甘肃	3025	220	79	90	145148	124848	1344	18138	65
青海	485	28	4	9	23623	9093	2320	12077	33
宁夏	986	56	7	14	28765	18438	486	9445	53
新疆	3931	157	36	25	121730	90156	2282	26040	196

4-6c 续表 14

单位：人

地区 性别	社会生产服务和生活服务人员				农、林、牧、渔业生产及辅助人员				
	修理及制作服务人员	文化、体育和娱乐服务人员	健康服务人员	其他社会生产和生活服务人员	小计	农业生产人员	林业生产人员	畜牧业生产人员	渔业生产人员
女	**23867**	**10411**	**4618**	**2651**	**5071860**	**4571482**	**48845**	**370649**	**43408**
北京	140	167	128	4	4663	3513	923	167	18
天津	77	26	20	8	13594	12794	338	383	50
河北	1690	309	231	144	282322	264427	2370	13243	586
山西	462	181	124	47	118563	114487	328	3401	15
内蒙古	277	79	67	47	106333	82948	178	22798	32
辽宁	301	112	67	40	174646	163429	261	9499	833
吉林	265	71	76	10	142408	138190	265	3693	66
黑龙江	368	113	88	27	144248	137586	355	5867	109
上海	167	150	68	6	2406	2093	90	67	127
江苏	983	370	245	218	151876	138850	2220	4291	4755
浙江	672	537	283	129	56947	49451	1805	2741	2263
安徽	1238	491	232	121	202805	191313	1363	6535	2414
福建	496	263	94	71	94220	80799	1549	5438	5288
江西	1057	359	144	102	154922	146713	853	5804	730
山东	2035	249	301	166	481976	459397	3854	14309	1882
河南	2773	538	266	235	408130	381436	2381	15863	616
湖北	1190	590	237	126	257359	231177	873	14073	10380
湖南	1355	952	236	274	224674	203742	2139	15600	2323
广东	1195	486	191	164	136219	121448	1383	7447	5016
广西	746	163	105	97	246562	219142	5037	19008	2130
海南	118	114	29	16	41566	34389	4052	1559	953
重庆	471	452	123	76	100694	89741	481	9779	445
四川	2364	2343	515	251	497654	427398	3277	64090	1505
贵州	634	316	198	61	169683	140789	1888	26141	256
云南	1140	469	183	56	410640	354721	3163	43953	447
西藏	28	52	8	13	15649	8919	1470	5060	
陕西	537	233	124	61	143968	135889	1765	5778	59
甘肃	362	109	82	55	132469	120327	556	11049	23
青海	85	15	14	9	20087	9018	1756	9257	10
宁夏	99	26	29	4	24360	17287	193	6693	14
新疆	542	76	110	13	110217	90069	1679	17063	63

4-6c　续表 15　　　　单位：人

地区 性别	农林牧渔生产辅助人员	其他农、林、牧、渔业生产加工人员	生产制造及有关人员 小计	农副产品加工人员	食品、饮料生产加工人员	烟草及其制品加工人员	纺织、针织、印染人员	纺织品、服装和皮革、毛皮制品加工制作人员	木材加工、家具与木制品制作人员
全　国	**83579**	**5590**	**6692804**	**121135**	**105660**	**4188**	**120569**	**653716**	**277824**
北　京	127	4	30165	442	952	6	29	591	857
天　津	131	11	24683	342	378	1	190	3909	821
河　北	3923	219	398767	11656	5368	12	10224	48433	14299
山　西	1062	83	126990	2421	2947	122	260	1160	1875
内蒙古	1388	86	44772	1261	1139	6	171	488	1160
辽　宁	1350	214	73309	4026	1433	10	1139	9416	2635
吉　林	623	9	27723	1368	802	16	315	428	1139
黑龙江	1246	172	38368	1733	1018	28	184	960	1945
上　海	143	3	74737	448	1095	15	594	3714	3211
江　苏	4857	170	434980	4505	3616	21	18530	49748	20410
浙　江	1722	61	451327	3692	3707	9	27085	65076	18562
安　徽	3206	256	391083	5349	5448	102	5714	51086	16152
福　建	1887	247	190739	6093	8085	127	4345	26368	8221
江　西	1666	261	383933	3022	4855	50	3571	75304	21951
山　东	5070	401	455914	19042	9849	51	12208	35048	33976
河　南	14644	871	530140	11769	9826	291	6256	44488	17300
湖　北	2144	189	373714	5508	4402	307	4370	60166	12296
湖　南	2175	168	405384	4854	4757	470	2614	31224	15165
广　东	2052	302	433213	5260	5783	42	6648	54143	14710
广　西	2531	246	198831	3946	2171	55	1341	13013	12822
海　南	876	537	21295	768	461	7	29	272	635
重　庆	518	59	162640	1872	2359	102	982	9398	6275
四　川	2437	520	621673	7433	8641	215	5383	41167	27512
贵　州	1320	78	184594	2746	3939	282	1415	7457	6193
云　南	18690	200	277856	4987	5924	1672	3487	11252	8854
西　藏	394	32	10078	92	127		58	302	464
陕　西	1214	46	139862	1548	1885	154	561	2239	2665
甘　肃	1206	61	81963	1409	1207	10	177	1118	1908
青　海	139	7	13859	279	121		9	120	346
宁　夏	506	10	25736	471	336	3	267	273	531
新　疆	4332	67	64476	2793	3029	2	2413	5355	2934

4-6c 续表 16

单位：人

地区 性别	农林牧渔生产辅助人员	其他农、林、牧、渔业生产加工人员	生产制造及有关人员 小计	农副产品加工人员	食品、饮料生产加工人员	烟草及其制品加工人员	纺织、针织、印染人员	纺织品、服装和皮革、毛皮制品加工制作人员	木材加工、家具与木制品制作人员
男	**48861**	**2832**	**4798210**	**64694**	**55217**	**2190**	**47557**	**218645**	**205673**
北京	87	2	24578	273	501	4	4	192	738
天津	104	9	16328	237	175	1	89	858	639
河北	2351	95	277995	5747	2296	9	3606	10591	10470
山西	765	48	110547	1433	1821	72	89	426	1623
内蒙古	1037	60	38356	859	632	4	63	148	958
辽宁	822	118	54933	2228	733	3	419	2879	2078
吉林	432	6	22619	853	428	11	114	165	908
黑龙江	986	101	30531	1126	548	23	79	342	1480
上海	115	2	52476	268	526	11	257	1068	2766
江苏	3168	99	290596	2447	1793	16	6308	11463	15639
浙江	1057	39	285655	1894	2050	5	11969	22929	14036
安徽	2141	141	281117	3089	2833	45	2333	16009	12672
福建	899	89	124300	2334	4195	59	1918	8016	5755
江西	1012	93	256310	1900	2785	34	1413	30121	16755
山东	2750	187	314720	9002	4453	36	3668	6771	21147
河南	7264	417	369870	5630	4183	134	1499	10229	11734
湖北	1359	118	278566	3370	2475	179	1724	26299	10518
湖南	1382	91	305316	2982	2380	246	1214	13327	12559
广东	1268	161	291563	3186	3432	26	3645	18316	10922
广西	1410	122	143896	2225	1160	29	556	3616	7679
海南	534	266	16505	423	295	1	7	113	507
重庆	298	31	123060	1072	1339	53	431	4318	4974
四川	1320	253	465491	4132	4908	88	2218	17711	20978
贵州	747	42	142981	1554	2530	167	724	3624	4693
云南	10431	103	205309	2734	3202	839	1849	5811	6121
西藏	203	23	8342	49	39		18	202	440
陕西	754	29	117368	913	1027	84	164	911	2238
甘肃	717	36	67649	884	623	7	67	402	1632
青海	96	4	11246	192	53		2	49	304
宁夏	335	8	21992	313	171	3	69	65	450
新疆	3017	39	47995	1345	1631	1	1041	1674	2260

4-6c 续表 17

单位：人

地区 性别			生产制造及有关人员						
	农林牧渔生产辅助人员	其他农、林、牧、渔业生产加工人员	小计	农副产品加工人员	食品、饮料生产加工人员	烟草及其制品加工人员	纺织、针织、印染人员	纺织品、服装和皮革、毛皮制品加工制作人员	木材加工、家具与木制品制作人员
女	**34718**	**2758**	**1894594**	**56441**	**50443**	**1998**	**73012**	**435071**	**72151**
北京	40	2	5587	169	451	2	25	399	119
天津	27	2	8355	105	203		101	3051	182
河北	1572	124	120772	5909	3072	3	6618	37842	3829
山西	297	35	16443	988	1126	50	171	734	252
内蒙古	351	26	6416	402	507	2	108	340	202
辽宁	528	96	18376	1798	700	7	720	6537	557
吉林	191	3	5104	515	374	5	201	263	231
黑龙江	260	71	7837	607	470	5	105	618	465
上海	28	1	22261	180	569	4	337	2646	445
江苏	1689	71	144384	2058	1823	5	12222	38285	4771
浙江	665	22	165672	1798	1657	4	15116	42147	4526
安徽	1065	115	109966	2260	2615	57	3381	35077	3480
福建	988	158	66439	3759	3890	68	2427	18352	2466
江西	654	168	127623	1122	2070	16	2158	45183	5196
山东	2320	214	141194	10040	5396	15	8540	28277	12829
河南	7380	454	160270	6139	5643	157	4757	34259	5566
湖北	785	71	95148	2138	1927	128	2646	33867	1778
湖南	793	77	100068	1872	2377	224	1400	17897	2606
广东	784	141	141650	2074	2351	16	3003	35827	3788
广西	1121	124	54935	1721	1011	26	785	9397	5143
海南	342	271	4790	345	166	6	22	159	128
重庆	220	28	39580	800	1020	49	551	5080	1301
四川	1117	267	156182	3301	3733	127	3165	23456	6534
贵州	573	36	41613	1192	1409	115	691	3833	1500
云南	8259	97	72547	2253	2722	833	1638	5441	2733
西藏	191	9	1736	43	88		40	100	24
陕西	460	17	22494	635	858	70	397	1328	427
甘肃	489	25	14314	525	584	3	110	716	276
青海	43	3	2613	87	68		7	71	42
宁夏	171	2	3744	158	165		198	208	81
新疆	1315	28	16481	1448	1398	1	1372	3681	674

4-6c 续表 18　　　　单位：人

地区 性别	生产制造及有关人员								
	纸及纸制品生产加工人员	印刷和记录媒介复制人员	文教、工美、体育和娱乐用品制造人员	石油加工和炼焦、煤化工生产人员	化学原料和化学制品制造人员	医药制造人员	化学纤维制造人员	橡胶和塑料制品制造人员	非金属矿物制品制造人员
全国	**38699**	**24272**	**112522**	**8809**	**51043**	**17690**	**5907**	**102017**	**146633**
北京	86	425	188	14	171	497	4	148	386
天津	327	166	1030	21	170	88	7	487	310
河北	3717	2021	9501	805	2330	1223	268	11367	9540
山西	334	472	369	2071	1043	330	13	693	4196
内蒙古	101	97	94	388	1033	310	10	274	1023
辽宁	271	147	602	258	594	204	31	1291	2514
吉林	121	96	91	31	201	678	73	204	601
黑龙江	129	127	137	88	106	166	8	319	627
上海	852	600	814	31	1396	308	53	2333	935
江苏	2260	1495	7467	173	3522	785	1563	10430	6784
浙江	5016	2591	10654	142	2758	1533	1596	16801	7560
安徽	1715	929	5203	149	1538	1117	248	4882	5946
福建	1732	664	5408	52	1060	237	458	3150	8155
江西	1869	1154	6465	146	3941	643	87	2813	9594
山东	2834	1312	10420	1086	4597	1425	313	8922	10752
河南	2341	1541	13144	372	2593	1316	300	3383	9273
湖北	1267	1333	2373	102	2488	940	99	3117	6429
湖南	1611	2152	4722	211	6201	627	80	3333	6768
广东	4916	2737	14772	177	4479	760	75	10534	13213
广西	802	435	3424	73	873	237	23	1709	4460
海南	50	41	151	28	177	54	1	388	412
重庆	693	370	1064	53	516	269	38	1570	3534
四川	2604	1709	5118	300	3428	1118	254	5310	12525
贵州	722	244	2215	247	1062	232	66	1855	5614
云南	1272	600	5188	213	1863	639	147	4506	8722
西藏	2	15	165	4	25	7		1	304
陕西	547	416	642	683	846	362	19	612	2216
甘肃	146	188	275	154	411	1186	15	451	1733
青海	5	40	150	15	170	24		49	231
宁夏	97	40	30	275	651	221	11	196	505
新疆	260	115	646	447	800	154	47	889	1771

4-6c　续表 19　　　　单位：人

地区 性别	生产制造及有关人员								
	纸及纸制品生产加工人员	印刷和记录媒介复制人员	文教、工美、体育和娱乐用品制造人员	石油加工和炼焦、煤化工生产人员	化学原料和化学制品制造人员	医药制造人员	化学纤维制造人员	橡胶和塑料制品制造人员	非金属矿物制品制造人员
男	**21581**	**15347**	**44274**	**7491**	**34493**	**9290**	**3448**	**56981**	**108360**
北京	45	282	113	11	118	224	2	97	333
天津	187	97	479	17	126	49	2	272	242
河北	1690	1209	3553	703	1714	637	181	5974	6751
山西	181	277	217	1809	822	178	9	448	3177
内蒙古	57	52	64	335	850	216	8	199	837
辽宁	140	83	371	231	480	103	22	779	2080
吉林	65	54	55	26	163	351	61	126	514
黑龙江	90	65	79	70	76	80	4	216	524
上海	461	378	401	29	842	176	37	1261	754
江苏	1198	866	2308	134	2543	461	946	5302	4623
浙江	2949	1644	4445	129	2012	869	899	8786	5744
安徽	829	570	1374	121	1072	566	129	2702	4352
福建	938	441	2788	39	728	150	310	1798	5924
江西	1037	789	2340	113	1923	345	49	1573	6536
山东	1642	828	2525	947	3581	865	131	5227	8353
河南	1047	841	3410	315	1835	520	107	1554	6768
湖北	734	901	1315	86	1895	479	67	1917	5071
湖南	977	1411	2288	162	3260	307	45	2052	4959
广东	3343	1917	6637	138	2765	432	50	6417	9539
广西	477	300	1109	61	546	95	12	953	3167
海南	35	33	90	27	127	29	1	241	302
重庆	407	250	491	43	363	122	27	836	2632
四川	1290	1041	2407	239	2420	589	149	2935	9080
贵州	380	166	1169	186	713	124	40	1097	4233
云南	770	390	3097	154	1229	263	98	2738	6389
西藏	1	11	158	4	22	4		1	253
陕西	308	232	323	605	653	209	9	401	1812
甘肃	85	108	169	129	324	593	12	298	1399
青海	2	24	119	12	137	13		24	187
宁夏	50	22	16	246	516	156	9	129	424
新疆	166	65	364	370	638	85	32	628	1401

4-6c 续表 20 单位：人

地区 性别	生产制造及有关人员								
	纸及纸制品生产加工人员	印刷和记录媒介复制人员	文教、工美、体育和娱乐用品制造人员	石油加工和炼焦、煤化工生产人员	化学原料和化学制品制造人员	医药制造人员	化学纤维制造人员	橡胶和塑料制品制造人员	非金属矿物制品制造人员
女	**17118**	**8925**	**68248**	**1318**	**16550**	**8400**	**2459**	**45036**	**38273**
北京	41	143	75	3	53	273	2	51	53
天津	140	69	551	4	44	39	5	215	68
河北	2027	812	5948	102	616	586	87	5393	2789
山西	153	195	152	262	221	152	4	245	1019
内蒙古	44	45	30	53	183	94	2	75	186
辽宁	131	64	231	27	114	101	9	512	434
吉林	56	42	36	5	38	327	12	78	87
黑龙江	39	62	58	18	30	86	4	103	103
上海	391	222	413	2	554	132	16	1072	181
江苏	1062	629	5159	39	979	324	617	5128	2161
浙江	2067	947	6209	13	746	664	697	8015	1816
安徽	886	359	3829	28	466	551	119	2180	1594
福建	794	223	2620	13	332	87	148	1352	2231
江西	832	365	4125	33	2018	298	38	1240	3058
山东	1192	484	7895	139	1016	560	182	3695	2399
河南	1294	700	9734	57	758	796	193	1829	2505
湖北	533	432	1058	16	593	461	32	1200	1358
湖南	634	741	2434	49	2941	320	35	1281	1809
广东	1573	820	8135	39	1714	328	25	4117	3674
广西	325	135	2315	12	327	142	11	756	1293
海南	15	8	61	1	50	25		147	110
重庆	286	120	573	10	153	147	11	734	902
四川	1314	668	2711	61	1008	529	105	2375	3445
贵州	342	78	1046	61	349	108	26	758	1381
云南	502	210	2091	59	634	376	49	1768	2333
西藏	1	4	7		3	3			51
陕西	239	184	319	78	193	153	10	211	404
甘肃	61	80	106	25	87	593	3	153	334
青海	3	16	31	3	33	11		25	44
宁夏	47	18	14	29	135	65	2	67	81
新疆	94	50	282	77	162	69	15	261	370

4-6c　续表 21

单位：人

地区 性别	生产制造及有关人员								
	采矿人员	金属冶炼和压延加工人员	机械制造基础加工人员	金属制品制造人员	通用设备制造人员	专用设备制造人员	汽车制造人员	铁路、船舶、航空设备制造人员	电气机械和器材制造人员
全　国	**114556**	**65103**	**282947**	**173367**	**57112**	**19053**	**64431**	**15580**	**66717**
北　京	63	84	1326	546	244	251	1490	89	308
天　津	27	772	1821	870	644	60	834	892	180
河　北	5817	11429	29494	13900	6120	1040	5556	1423	3829
山　西	25811	4618	7162	1217	1002	137	569	92	392
内蒙古	5701	1323	1579	482	370	80	95	111	114
辽　宁	2572	1508	4500	1156	713	121	587	150	281
吉　林	924	265	1222	365	219	74	951	118	93
黑龙江	1441	299	1459	396	276	81	178	103	117
上　海	13	541	7613	2402	1701	797	3802	1204	1928
江　苏	530	5813	35933	11958	7098	2265	6759	2617	5935
浙　江	881	3777	41510	19933	8515	3537	8240	1966	10708
安　徽	3331	1786	12645	6963	2290	900	3438	695	4716
福　建	1732	1527	5748	6141	1088	441	902	407	1382
江　西	1979	1355	8109	13463	1284	710	1349	199	3544
山　东	6857	5571	28716	10126	7882	1163	4881	795	2226
河　南	7149	3143	18520	6693	2847	1999	2452	411	2747
湖　北	2634	1636	11236	7893	2094	705	5584	473	2545
湖　南	2914	1308	9603	11627	1457	714	1575	257	2775
广　东	855	3156	13537	25094	2632	1323	3417	649	9131
广　西	1457	1678	3474	4456	637	217	870	203	2150
海　南	97	29	333	284	60	31	18	8	32
重　庆	1359	685	4968	2862	1030	224	3252	831	1074
四　川	5999	3394	14659	9973	2789	954	3539	786	4472
贵　州	8686	1289	2767	4207	788	244	737	200	1452
云　南	6194	3811	5149	6567	1229	564	1701	640	3343
西　藏	572	16	115	28	21	13		5	6
陕　西	10223	1289	4887	1794	1011	178	1267	149	491
甘　肃	3101	915	2028	990	578	125	269	67	331
青　海	553	447	488	137	40	13	37	11	86
宁　夏	1422	871	871	186	105	32	35	7	91
新　疆	3662	768	1475	658	348	60	47	22	238

4-6c 续表 22

单位：人

地区 性别	生产制造及有关人员								
	采矿人员	金属冶炼和压延加工人员	机械制造基础加工人员	金属制品制造人员	通用设备制造人员	专用设备制造人员	汽车制造人员	铁路、船舶、航空设备制造人员	电气机械和器材制造人员
男	**107274**	**54008**	**236679**	**119729**	**43036**	**10844**	**43964**	**11584**	**39443**
北京	62	75	1215	456	217	138	1235	76	242
天津	25	671	1525	656	484	43	573	569	129
河北	5381	9617	24684	9307	4315	683	3621	835	2623
山西	25063	4030	6752	988	907	99	444	75	291
内蒙古	5359	1194	1513	398	333	59	80	72	88
辽宁	2330	1343	4184	942	650	79	433	129	196
吉林	857	232	1161	285	197	44	704	99	68
黑龙江	1326	240	1354	317	251	63	118	77	90
上海	12	420	6199	1679	1239	476	2284	1107	1103
江苏	462	4535	28054	8165	5231	1239	4317	1988	3522
浙江	793	3005	31170	11930	5511	2022	5172	1457	5151
安徽	3178	1454	10610	4894	1769	506	2255	498	2746
福建	1588	1248	4809	4226	833	313	573	286	852
江西	1729	1088	6625	9498	1020	378	939	159	2016
山东	6415	4770	25098	7279	5890	763	3682	667	1465
河南	6809	2645	16416	4476	2448	616	1713	311	1571
湖北	2486	1313	9826	5789	1691	412	4052	399	1681
湖南	2724	1076	8349	8522	1195	437	1132	193	1686
广东	755	2548	11400	17061	1985	819	2581	478	5229
广西	1268	1362	2997	3113	509	125	527	170	1261
海南	77	27	313	234	53	30	15	6	25
重庆	1275	543	3994	1964	726	139	2165	527	673
四川	5565	2795	12402	7054	2130	568	2436	568	2821
贵州	8027	982	2378	2969	627	139	519	154	892
云南	5692	3005	4405	4489	934	357	1148	465	2079
西藏	508	14	111	25	19	8		4	5
陕西	9558	1129	4544	1417	886	135	948	124	368
甘肃	2846	780	1898	793	524	89	211	54	244
青海	507	403	459	107	32	9	27	10	67
宁夏	1340	792	843	154	100	23	29	7	82
新疆	3257	672	1391	542	330	33	31	20	177

4-6c　续表 23　　　　单位：人

地　区 性　别	生产制造及有关人员								
	采矿人员	金属冶炼和压延加工人员	机械制造基础加工人员	金属制品制造人员	通用设备制造人员	专用设备制造人员	汽车制造人员	铁路、船舶、航空设备制造人员	电气机械和器材制造人员
女	**7282**	**11095**	**46268**	**53638**	**14076**	**8209**	**20467**	**3996**	**27274**
北　京	1	9	111	90	27	113	255	13	66
天　津	2	101	296	214	160	17	261	323	51
河　北	436	1812	4810	4593	1805	357	1935	588	1206
山　西	748	588	410	229	95	38	125	17	101
内蒙古	342	129	66	84	37	21	15	39	26
辽　宁	242	165	316	214	63	42	154	21	85
吉　林	67	33	61	80	22	30	247	19	25
黑龙江	115	59	105	79	25	18	60	26	27
上　海	1	121	1414	723	462	321	1518	97	825
江　苏	68	1278	7879	3793	1867	1026	2442	629	2413
浙　江	88	772	10340	8003	3004	1515	3068	509	5557
安　徽	153	332	2035	2069	521	394	1183	197	1970
福　建	144	279	939	1915	255	128	329	121	530
江　西	250	267	1484	3965	264	332	410	40	1528
山　东	442	801	3618	2847	1992	400	1199	128	761
河　南	340	498	2104	2217	399	1383	739	100	1176
湖　北	148	323	1410	2104	403	293	1532	74	864
湖　南	190	232	1254	3105	262	277	443	64	1089
广　东	100	608	2137	8033	647	504	836	171	3902
广　西	189	316	477	1343	128	92	343	33	889
海　南	20	2	20	50	7	1	3	2	7
重　庆	84	142	974	898	304	85	1087	304	401
四　川	434	599	2257	2919	659	386	1103	218	1651
贵　州	659	307	389	1238	161	105	218	46	560
云　南	502	806	744	2078	295	207	553	175	1264
西　藏	64	2	4	3	2	5		1	1
陕　西	665	160	343	377	125	43	319	25	123
甘　肃	255	135	130	197	54	36	58	13	87
青　海	46	44	29	30	8	4	10	1	19
宁　夏	82	79	28	32	5	9	6		9
新　疆	405	96	84	116	18	27	16	2	61

4-6c 续表 24 单位：人

地区 性别	生产制造及有关人员								不便分类的其他从业人员
	计算机、通信和其他电子设备制造人员	仪器仪表制造人员	废弃资源综合利用人员	电力、热力、气体、水生产和输配人员	建筑施工人员	运输设备和通用工程机械操作人员及有关人员	生产辅助人员	其他生产制造及有关人员	
全国	**383311**	**5412**	**11156**	**23962**	**2938922**	**156112**	**501103**	**23276**	**54007**
北京	1474	47	56	267	12976	1204	4908	36	66
天津	1553	19	140	99	5625	627	1947	326	1010
河北	8089	285	937	1476	140597	8937	27794	1280	2960
山西	5642	94	163	1736	37417	6113	16221	298	944
内蒙古	405	45	108	1273	15871	3156	6380	124	783
辽宁	1388	40	173	627	26900	2311	5472	239	1215
吉林	588	11	37	453	12788	1104	2290	57	236
黑龙江	749	13	97	585	20595	1285	2979	140	915
上海	6376	121	180	169	16963	2187	12155	186	39
江苏	32397	381	860	1038	141392	7796	38647	2252	3126
浙江	16726	812	970	1147	94268	7105	63071	1379	799
安徽	16641	196	1402	894	195909	9449	22530	1720	1710
福建	5943	147	355	862	63168	4426	21132	1183	713
江西	33238	199	354	503	153451	6433	21036	1262	4348
山东	12596	417	895	1660	175867	11258	31442	1727	4721
河南	36681	493	969	798	280692	9589	28914	1850	6244
湖北	24907	144	571	661	175656	8171	22583	1024	3130
湖南	43235	277	439	736	214402	7209	20307	1760	6012
广东	35947	542	584	1413	136505	8748	49418	2013	2599
广西	15510	128	138	518	106468	5431	9525	587	2506
海南	241	5	8	76	13615	782	2118	84	1063
重庆	10229	136	96	473	93718	3191	8965	452	628
四川	32791	380	535	1526	364426	13266	37884	1583	2849
贵州	7442	81	261	717	107732	4895	8285	522	1152
云南	18629	186	319	976	147351	7352	13936	583	1020
西藏	26		1	26	6800	576	294	13	222
陕西	7584	83	153	921	80547	4818	8768	304	1560
甘肃	4635	28	154	646	50918	3163	3460	167	904
青海	348	10	10	208	7859	913	1121	19	118
宁夏	386	45	56	563	13006	1401	2714	38	64
新疆	915	47	135	915	25440	3216	4807	68	351

4-6c　续表 25　　　　单位：人

地区 性别	生产制造及有关人员								不便分类的其他从业人员
	计算机、通信和其他电子设备制造人员	仪器仪表制造人员	废弃资源综合利用人员	电力、热力、气体、水生产和输配人员	建筑施工人员	运输设备和通用工程机械操作人员及有关人员	生产辅助人员	其他生产制造及有关人员	
男	**216677**	**2976**	**8018**	**20771**	**2519782**	**146752**	**307730**	**13702**	**32840**
北京	977	28	43	242	11879	1157	3572	27	39
天津	913	11	105	91	5035	600	1212	216	704
河北	4879	128	736	1292	127947	8308	17752	756	1837
山西	3656	62	138	1537	35081	5837	12774	231	642
内蒙古	319	34	84	1140	13942	3028	5328	103	492
辽宁	863	17	133	588	24304	2219	3737	157	816
吉林	397	9	29	429	11489	1065	1616	44	113
黑龙江	490	8	71	536	17397	1229	2060	102	544
上海	3666	81	130	154	15419	2005	7147	120	29
江苏	18164	190	596	916	125806	6980	22995	1389	1938
浙江	8261	388	647	1016	86523	6554	34926	769	514
安徽	9112	114	884	799	170174	8766	13720	942	1071
福建	3286	80	225	728	53132	4208	11964	556	456
江西	17924	115	260	421	127704	6103	11898	720	2610
山东	7690	260	684	1543	148317	10668	19368	985	2821
河南	20188	214	722	664	235748	9000	15656	867	3637
湖北	15332	92	391	538	154480	7722	14676	656	1945
湖南	24434	176	329	575	186587	6854	11855	1023	3768
广东	19769	289	447	1223	117765	8460	28778	1211	1405
广西	7941	80	108	414	90929	5174	5573	360	1449
海南	170	5	5	72	11111	750	1343	38	638
重庆	5482	66	71	390	78708	2926	5768	285	387
四川	17831	214	376	1211	303007	12054	23271	1003	1722
贵州	4323	50	197	580	89113	4600	5700	331	730
云南	11317	105	217	786	118368	6928	8960	370	626
西藏	22		1	21	5581	567	243	11	114
陕西	5038	60	125	787	71061	4603	6482	214	955
甘肃	3022	21	112	551	44005	3050	2596	121	521
青海	247	6	7	189	6328	858	858	14	70
宁夏	317	31	42	521	11480	1338	2222	32	30
新疆	647	42	103	817	21362	3141	3680	49	217

4-6c 续表 26 单位：人

地区 性别	生产制造及有关人员								不便分类的其他从业人员
	计算机、通信和其他电子设备制造人员	仪器仪表制造人员	废弃资源综合利用人员	电力、热力、气体、水生产和输配人员	建筑施工人员	运输设备和通用工程机械操作人员及有关人员	生产辅助人员	其他生产制造及有关人员	
女	**166634**	**2436**	**3138**	**3191**	**419140**	**9360**	**193373**	**9574**	**21167**
北京	497	19	13	25	1097	47	1336	9	27
天津	640	8	35	8	590	27	735	110	306
河北	3210	157	201	184	12650	629	10042	524	1123
山西	1986	32	25	199	2336	276	3447	67	302
内蒙古	86	11	24	133	1929	128	1052	21	291
辽宁	525	23	40	39	2596	92	1735	82	399
吉林	191	2	8	24	1299	39	674	13	123
黑龙江	259	5	26	49	3198	56	919	38	371
上海	2710	40	50	15	1544	182	5008	66	10
江苏	14233	191	264	122	15586	816	15652	863	1188
浙江	8465	424	323	131	7745	551	28145	610	285
安徽	7529	82	518	95	25735	683	8810	778	639
福建	2657	67	130	134	10036	218	9168	627	257
江西	15314	84	94	82	25747	330	9138	542	1738
山东	4906	157	211	117	27550	590	12074	742	1900
河南	16493	279	247	134	44944	589	13258	983	2607
湖北	9575	52	180	123	21176	449	7907	368	1185
湖南	18801	101	110	161	27815	355	8452	737	2244
广东	16178	253	137	190	18740	288	20640	802	1194
广西	7569	48	30	104	15539	257	3952	227	1057
海南	71		3	4	2504	32	775	46	425
重庆	4747	70	25	83	15010	265	3197	167	241
四川	14960	166	159	315	61419	1212	14613	580	1127
贵州	3119	31	64	137	18619	295	2585	191	422
云南	7312	81	102	190	28983	424	4976	213	394
西藏	4			5	1219	9	51	2	108
陕西	2546	23	28	134	9486	215	2286	90	605
甘肃	1613	7	42	95	6913	113	864	46	383
青海	101	4	3	19	1531	55	263	5	48
宁夏	69	14	14	42	1526	63	492	6	34
新疆	268	5	32	98	4078	75	1127	19	134

4-7　全国分年龄、性别、职业中类的就业人口

单位：人

年龄组 性　别	合计	党的机关、国家机关、群众团体和社会组织、企事业单位负责人						
		小计	中国共产党机关负责人	国家机关负责人	民主党派和工商联负责人	人民团体和群众团体、社会组织及其他成员组织负责人	基层群众自治组织负责人	企事业单位负责人
总　计	**65631786**	**1447913**	**4561**	**64393**	**231**	**49830**	**45455**	**1283443**
16-19岁	770958	1892	12	14		89	23	1754
20-24岁	3861073	30088	43	339	4	998	353	28351
25-29岁	6981094	113644	144	1819	18	3609	1381	106673
30-34岁	10009284	253710	464	5543	21	7816	3286	236580
35-39岁	8097572	256980	566	7853	18	7599	3867	237077
40-44岁	7565087	236627	762	11057	33	7410	5638	211727
45-49岁	8940917	232924	970	13833	38	8235	8137	201711
50-54岁	8132752	178387	799	12870	52	6985	9302	148379
55-59岁	5495186	108225	626	9776	37	4819	8594	84373
60-64岁	2483449	21189	106	694	8	1144	2999	16238
65-69岁	1995170	10074	40	308	1	704	1435	7586
70-74岁	861236	2864	22	155		258	340	2089
75岁及以上	438008	1309	7	132	1	164	100	905
男	**38880798**	**1069086**	**3670**	**52122**	**143**	**31782**	**36895**	**944474**
16-19岁	482044	1300	9	7		58	14	1212
20-24岁	2220127	20201	28	164	1	619	178	19211
25-29岁	4037493	78567	87	1039	7	2162	845	74427
30-34岁	5787715	176741	326	3692	12	4643	2065	166003
35-39岁	4650831	180572	432	5852	5	4480	2775	167028
40-44岁	4294238	170278	616	8813	19	4405	4254	152171
45-49岁	5114136	173316	761	11438	24	5120	6517	149456
50-54岁	5042613	143260	684	10956	37	4791	7965	118827
55-59岁	3645765	94551	573	9003	33	3741	7768	73433
60-64岁	1566873	18135	93	623	4	880	2772	13763
65-69岁	1231032	8640	35	273		554	1335	6443
70-74岁	537995	2449	19	141		210	317	1762
75岁及以上	269936	1076	7	121	1	119	90	738
女	**26750988**	**378827**	**891**	**12271**	**88**	**18048**	**8560**	**338969**
16-19岁	288914	592	3	7		31	9	542
20-24岁	1640946	9887	15	175	3	379	175	9140
25-29岁	2943601	35077	57	780	11	1447	536	32246
30-34岁	4221569	76969	138	1851	9	3173	1221	70577
35-39岁	3446741	76408	134	2001	13	3119	1092	70049
40-44岁	3270849	66349	146	2244	14	3005	1384	59556
45-49岁	3826781	59608	209	2395	14	3115	1620	52255
50-54岁	3090139	35127	115	1914	15	2194	1337	29552
55-59岁	1849421	13674	53	773	4	1078	826	10940
60-64岁	916576	3054	13	71	4	264	227	2475
65-69岁	764138	1434	5	35	1	150	100	1143
70-74岁	323241	415	3	14		48	23	327
75岁及以上	168072	233		11		45	10	167

4-7 续表 1

单位：人

年龄组 性 别	专业技术人员									
	小计	科学研究人员	工程技术人员	农业技术人员	飞机和船舶技术人员	卫生专业技术人员	经济和金融专业人员	法律、社会和宗教专业人员	教学人员	文学艺术、体育专业人员
总 计	**6840341**	**45735**	**1544606**	**50597**	**11505**	**1091733**	**1445459**	**160315**	**2217346**	**117905**
16-19岁	57443	125	8397	245	23	8738	4690	580	30581	2758
20-24岁	647691	3294	123881	2489	740	123374	118021	9603	228655	21605
25-29岁	1207495	8460	268951	4224	1952	206445	267769	27012	365867	28196
30-34岁	1396967	10329	354489	6089	2246	214313	338298	31750	382617	24707
35-39岁	1052269	7776	248503	5376	1734	152692	239552	24619	333337	14895
40-44岁	825526	5133	168080	5737	1188	121024	178003	19125	301253	8778
45-49岁	730023	3957	158053	7700	1246	112422	156580	18484	248234	6957
50-54岁	525358	3284	121744	7805	1208	77474	86467	14899	195903	5186
55-59岁	298085	2796	74604	6198	882	43572	42416	9650	107879	3396
60-64岁	50792	314	11378	2058	215	13563	7365	1999	12315	699
65-69岁	28849	164	4688	1675	62	10571	3913	1369	5529	435
70-74岁	12123	51	1207	680	5	4932	1576	696	2615	195
75岁及以上	7720	52	631	321	4	2613	809	529	2561	98
男	**3062274**	**26702**	**1280038**	**35133**	**10697**	**341725**	**419779**	**83101**	**723086**	**67583**
16-19岁	21188	53	6929	181	23	1635	1503	440	8162	1581
20-24岁	219688	1615	100300	1593	650	21505	30432	3980	41914	10985
25-29岁	455358	4407	217547	2761	1795	41035	70242	10929	79681	14977
30-34岁	573647	5824	291103	4009	2044	51043	85986	13458	91634	14135
35-39岁	455578	4536	202899	3653	1619	49846	62542	11463	99205	8984
40-44岁	367645	3053	137202	3712	1087	45101	45655	10025	108202	5368
45-49岁	354203	2362	129737	5100	1173	45199	45425	10679	102088	4266
50-54岁	305582	2147	107499	5537	1155	35688	37684	10616	94989	3489
55-59岁	233641	2265	70527	5030	869	27406	30562	8174	80741	2650
60-64岁	38475	235	10551	1551	211	9143	5064	1584	8925	549
65-69岁	21952	125	4250	1243	62	7838	2894	1015	3839	360
70-74岁	9523	35	1016	521	5	4117	1215	450	1870	159
75岁及以上	5794	45	478	242	4	2169	575	288	1836	80
女	**3778067**	**19033**	**264568**	**15464**	**808**	**750008**	**1025680**	**77214**	**1494260**	**50322**
16-19岁	36255	72	1468	64		7103	3187	140	22419	1177
20-24岁	428003	1679	23581	896	90	101869	87589	5623	186741	10620
25-29岁	752137	4053	51404	1463	157	165410	197527	16083	286186	13219
30-34岁	823320	4505	63386	2080	202	163270	252312	18292	290983	10572
35-39岁	596691	3240	45604	1723	115	102846	177010	13156	234132	5911
40-44岁	457881	2080	30878	2025	101	75923	132348	9100	193051	3410
45-49岁	375820	1595	28316	2600	73	67223	111155	7805	146146	2691
50-54岁	219776	1137	14245	2268	53	41786	48783	4283	100914	1697
55-59岁	64444	531	4077	1168	13	16166	11854	1476	27138	746
60-64岁	12317	79	827	507	4	4420	2301	415	3390	150
65-69岁	6897	39	438	432		2733	1019	354	1690	75
70-74岁	2600	16	191	159		815	361	246	745	36
75岁及以上	1926	7	153	79		444	234	241	725	18

4-7　续表 2

单位：人

年龄组 性别	专业技术人员		办事人员和有关人员				社会生产服务和生活服务人员		
	新闻出版、文化专业人员	其他专业技术人员	小计	办事人员	安全和消防人员	其他办事人员和有关人员	小计	批发与零售服务人员	交通运输、仓储和邮政业服务人员
总　计	**114330**	**40810**	**4558980**	**3688150**	**816435**	**54395**	**22229031**	**9254441**	**3972750**
16-19岁	875	431	19933	13205	6412	316	324417	108825	30258
20-24岁	12987	3042	270478	214806	52138	3534	1626913	672748	201088
25-29岁	22854	5765	599779	504087	88425	7267	2833074	1248505	410519
30-34岁	24007	8122	837316	721925	105216	10175	3954413	1826136	664989
35-39岁	17860	5925	663496	578466	77063	7967	3099673	1418748	595296
40-44岁	12195	5010	571358	492167	72312	6879	2730026	1183520	580657
45-49岁	10984	5406	599715	494330	97994	7391	2991044	1177168	644596
50-54岁	7382	4006	483826	361294	117120	5412	2345548	840145	488567
55-59岁	4395	2297	369340	250820	114602	3918	1382992	456700	262506
60-64岁	430	456	76781	32463	43542	776	487642	159232	59458
65-69岁	220	223	45767	15913	29362	492	310872	104431	26915
70-74岁	82	84	15233	5489	9547	197	100807	38719	5875
75岁及以上	59	43	5958	3185	2702	71	41610	19564	2026
男	**44453**	**29977**	**2787343**	**2026320**	**729621**	**31402**	**12595697**	**4516443**	**3409943**
16-19岁	389	292	11989	5854	5975	160	196868	51126	24551
20-24岁	4517	2197	134649	85811	47180	1658	942396	321508	164952
25-29岁	7805	4179	300083	218791	77720	3572	1652161	613382	345209
30-34岁	8493	5918	431705	336461	89979	5265	2227553	858198	561922
35-39岁	6605	4226	366179	296568	65329	4282	1726310	656519	507688
40-44岁	4736	3504	333851	259468	60525	3858	1470555	535697	491735
45-49岁	4332	3842	377372	288740	84419	4213	1564600	544406	546178
50-54岁	3639	3139	370204	257748	108598	3858	1344602	453562	438280
55-59岁	3382	2035	334473	220820	110346	3307	876156	278860	243810
60-64岁	291	371	68203	26361	41214	628	305919	100464	54569
65-69岁	156	170	40504	12851	27262	391	196663	65774	24349
70-74岁	63	72	13245	4390	8697	158	65971	24689	5137
75岁及以上	45	32	4886	2457	2377	52	25943	12258	1563
女	**69877**	**10833**	**1771637**	**1661830**	**86814**	**22993**	**9633334**	**4737998**	**562807**
16-19岁	486	139	7944	7351	437	156	127549	57699	5707
20-24岁	8470	845	135829	128995	4958	1876	684517	351240	36136
25-29岁	15049	1586	299696	285296	10705	3695	1180913	635123	65310
30-34岁	15514	2204	405611	385464	15237	4910	1726860	967938	103067
35-39岁	11255	1699	297317	281898	11734	3685	1373363	762229	87608
40-44岁	7459	1506	237507	222699	11787	3021	1259471	647823	88922
45-49岁	6652	1564	222343	205590	13575	3178	1426444	632762	98418
50-54岁	3743	867	113622	103546	8522	1554	1000946	386583	50287
55-59岁	1013	262	34867	30000	4256	611	506836	177840	18696
60-64岁	139	85	8578	6102	2328	148	181723	58768	4889
65-69岁	64	53	5263	3062	2100	101	114209	38657	2566
70-74岁	19	12	1988	1099	850	39	34836	14030	738
75岁及以上	14	11	1072	728	325	19	15667	7306	463

4-7 续表 3

单位：人

年龄组 性别	社会生产服务和生活服务人员 住宿和餐饮服务人员	信息传输、软件和信息技术服务人员	金融服务人员	房地产服务人员	租赁和商务服务人员	技术辅助服务人员	水利、环境和公共设施管理服务人员	居民服务人员	电力、燃气及水供应服务人员
总　计	**2998199**	**548527**	**488698**	**395197**	**606964**	**491973**	**1073628**	**1299714**	**202698**
16-19岁	92149	5505	1269	3347	7462	6540	2584	36265	869
20-24岁	248751	80165	36367	37615	50716	72017	11177	103285	8451
25-29岁	331410	153780	93466	66061	77288	117927	24093	148430	19796
30-34岁	458508	139876	121765	77296	89946	120167	47315	205493	31101
35-39岁	381510	79334	74496	51554	65322	71309	58963	155982	25731
40-44岁	373830	41464	48899	40419	54665	41750	97625	142104	27887
45-49岁	453149	26147	54356	43276	67826	31435	188046	175529	35345
50-54岁	360387	13811	37590	34985	76022	18381	223889	152553	28372
55-59岁	195303	7017	17753	25424	69343	9683	185423	93358	19040
60-64岁	61601	862	1671	8627	26239	1655	112432	39444	3678
65-69岁	31409	359	680	5045	16181	726	86757	29236	1741
70-74岁	7487	105	206	1189	4702	241	27755	11602	494
75岁及以上	2705	102	180	359	1252	142	7569	6433	193
男	**1401153**	**383940**	**223222**	**234959**	**428883**	**311411**	**420897**	**397738**	**166118**
16-19岁	60814	3471	660	2173	4601	4219	1521	17229	761
20-24岁	153159	54088	17028	22989	26886	42991	6558	40303	7066
25-29岁	192124	107386	44796	40022	41626	72906	13041	53086	16182
30-34岁	241302	96720	53475	42766	50723	76175	20946	66060	24924
35-39岁	183655	55738	30313	27313	39292	45973	20619	45841	19986
40-44岁	154461	29427	18616	20760	36519	26242	26713	36180	20919
45-49岁	157824	18498	22191	22882	51060	19577	46432	39590	26892
50-54岁	127418	11158	20266	23783	67615	13206	70940	38147	25639
55-59岁	80473	6325	14058	20242	65740	7991	78394	28274	18100
60-64岁	28899	709	1075	6789	24683	1276	59435	14119	3410
65-69岁	15642	277	450	4023	14860	556	51801	11275	1620
70-74岁	4015	73	157	957	4206	198	19099	4955	455
75岁及以上	1367	70	137	260	1072	101	5398	2679	164
女	**1597046**	**164587**	**265476**	**160238**	**178081**	**180562**	**652731**	**901976**	**36580**
16-19岁	31335	2034	609	1174	2861	2321	1063	19036	108
20-24岁	95592	26077	19339	14626	23830	29026	4619	62982	1385
25-29岁	139286	46394	48670	26039	35662	45021	11052	95344	3614
30-34岁	217206	43156	68290	34530	39223	43992	26369	139433	6177
35-39岁	197855	23596	44183	24241	26030	25336	38344	110141	5745
40-44岁	219369	12037	30283	19659	18146	15508	70912	105924	6968
45-49岁	295325	7649	32165	20394	16766	11858	141614	135939	8453
50-54岁	232969	2653	17324	11202	8407	5175	152949	114406	2733
55-59岁	114830	692	3695	5182	3603	1692	107029	65084	940
60-64岁	32702	153	596	1838	1556	379	52997	25325	268
65-69岁	15767	82	230	1022	1321	170	34956	17961	121
70-74岁	3472	32	49	232	496	43	8656	6647	39
75岁及以上	1338	32	43	99	180	41	2171	3754	29

4-7 续表 4

单位：人

年龄组 性 别	社会生产服务和生活服务人员				农、林、牧、渔业生产及辅助人员				
	修理及制作服务人员	文化、体育和娱乐服务人员	健康服务人员	其他社会生产和生活服务人员	小计	农业生产人员	林业生产人员	畜牧业生产人员	渔业生产人员
总 计	**678456**	**143599**	**47952**	**26235**	**13471418**	**11842702**	**215169**	**1036607**	**246061**
16-19岁	22370	6177	406	391	93985	81124	1494	9217	1076
20-24岁	71903	25555	5140	1935	296818	253220	4973	29855	5027
25-29岁	101456	29685	7464	3194	517904	440601	8952	49324	11799
30-34岁	132883	26057	8603	4278	874535	745310	15570	80503	20733
35-39岁	96031	15457	6570	3370	861347	724516	17200	86222	21148
40-44岁	77461	10967	5671	3107	1043534	880477	22220	101833	25368
45-49岁	72975	11801	5790	3605	1667004	1426998	34320	148126	38598
50-54岁	54762	8892	4245	2947	2231027	1950225	41012	171816	46577
55-59岁	31419	5460	2561	2002	2024852	1797681	33453	139941	36770
60-64岁	9556	1715	780	692	1437665	1306749	16353	85769	19503
65-69岁	5294	1126	491	481	1386010	1274934	12917	76788	13168
70-74岁	1624	482	157	169	675338	626083	4828	36155	4580
75岁及以上	722	225	74	64	361399	334784	1877	21058	1714
男	**594478**	**75520**	**16074**	**14918**	**7214111**	**6213695**	**148722**	**592457**	**181988**
16-19岁	21483	3856	174	229	58017	49748	993	5691	884
20-24岁	67259	15159	1439	1011	172382	144326	3373	18090	4134
25-29岁	91712	16775	2137	1777	290918	240599	6186	30038	9455
30-34岁	116524	13056	2469	2293	473716	391335	10514	48334	16052
35-39岁	82258	7221	2053	1841	458262	373743	11444	49707	16095
40-44岁	65103	4698	1830	1655	540308	442599	14700	56467	18634
45-49岁	60367	4909	1892	1902	836088	694745	23109	80170	27354
50-54岁	46720	4348	1705	1815	1119150	950691	29040	93756	33333
55-59岁	27796	3261	1430	1402	1043887	903242	24159	79415	26874
60-64岁	8464	1070	472	485	800136	717398	11548	51199	14509
65-69岁	4693	690	311	342	794185	724555	9004	45976	9898
70-74岁	1466	335	109	120	407187	376448	3338	21715	3511
75岁及以上	633	142	53	46	219875	204266	1314	11899	1255
女	**83978**	**68079**	**31878**	**11317**	**6257307**	**5629007**	**66447**	**444150**	**64073**
16-19岁	887	2321	232	162	35968	31376	501	3526	192
20-24岁	4644	10396	3701	924	124436	108894	1600	11765	893
25-29岁	9744	12910	5327	1417	226986	200002	2766	19286	2344
30-34岁	16359	13001	6134	1985	400819	353975	5056	32169	4681
35-39岁	13773	8236	4517	1529	403085	350773	5756	36515	5053
40-44岁	12358	6269	3841	1452	503226	437878	7520	45366	6734
45-49岁	12608	6892	3898	1703	830916	732253	11211	67956	11244
50-54岁	8042	4544	2540	1132	1111877	999534	11972	78060	13244
55-59岁	3623	2199	1131	600	980965	894439	9294	60526	9896
60-64岁	1092	645	308	207	637529	589351	4805	34570	4994
65-69岁	601	436	180	139	591825	550379	3913	30812	3270
70-74岁	158	147	48	49	268151	249635	1490	14440	1069
75岁及以上	89	83	21	18	141524	130518	563	9159	459

4-7 续表 5

单位：人

年龄组 性 别	农林牧渔生产辅助人员	其他农、林、牧、渔业生产加工人员	生产制造及有关人员 小计	农副产品加工人员	食品、饮料生产加工人员	烟草及其制品加工人员	纺织、针织、印染人员	纺织品、服装和皮革、毛皮制品加工制作人员	木材加工、家具与木制品制作人员
总 计	**122166**	**8713**	**16926484**	**256365**	**289544**	**13596**	**297335**	**1597359**	**588565**
16-19岁	1008	66	250657	1999	5540	65	4306	26940	4833
20-24岁	3487	256	973155	7933	20803	479	15105	90488	21382
25-29岁	6744	484	1694233	15629	31692	1092	27320	163755	43163
30-34岁	11624	795	2671568	28826	46473	1627	48083	294476	76402
35-39岁	11467	794	2147735	26726	37821	1491	41440	249123	67239
40-44岁	12718	918	2143087	29872	36145	1913	42442	236447	72520
45-49岁	17700	1262	2702631	43416	43714	2783	51207	256296	102091
50-54岁	20038	1359	2352870	45261	35448	2258	38460	168872	104905
55-59岁	15890	1117	1301623	29669	19180	1340	17873	72182	62585
60-64岁	8650	641	405269	13017	6706	304	5710	20843	19006
65-69岁	7598	605	210798	9351	4203	165	3550	11945	10279
70-74岁	3424	268	53710	3340	1276	59	1270	4056	3077
75岁及以上	1818	148	19148	1326	543	20	569	1936	1083
男	**72693**	**4556**	**12055642**	**140588**	**152162**	**8183**	**121112**	**573063**	**446604**
16-19岁	662	39	179968	1394	3316	49	2392	13197	3997
20-24岁	2309	150	721180	5365	12258	327	8503	41555	17552
25-29岁	4369	271	1251073	10012	18306	746	13714	71200	34566
30-34岁	7033	448	1891420	16800	24769	968	20390	114184	58125
35-39岁	6869	404	1454225	14132	18960	838	15623	88179	49015
40-44岁	7430	478	1402883	14754	16897	992	14311	73756	50935
45-49岁	10110	600	1798231	21070	20078	1420	16697	76154	72361
50-54岁	11663	667	1749556	23742	18364	1489	15212	53385	80527
55-59岁	9591	606	1056024	17054	11384	1026	8930	27014	52089
60-64岁	5140	342	333148	7722	4085	177	2918	8102	15960
65-69岁	4441	311	167189	5672	2623	97	1677	4318	8284
70-74岁	2014	161	38882	2103	794	42	528	1403	2397
75岁及以上	1062	79	11863	768	328	12	217	616	796
女	**49473**	**4157**	**4870842**	**115777**	**137382**	**5413**	**176223**	**1024296**	**141961**
16-19岁	346	27	70689	605	2224	16	1914	13743	836
20-24岁	1178	106	251975	2568	8545	152	6602	48933	3830
25-29岁	2375	213	443160	5617	13386	346	13606	92555	8597
30-34岁	4591	347	780148	12026	21704	659	27693	180292	18277
35-39岁	4598	390	693510	12594	18861	653	25817	160944	18224
40-44岁	5288	440	740204	15118	19248	921	28131	162691	21585
45-49岁	7590	662	904400	22346	23636	1363	34510	180142	29730
50-54岁	8375	692	603314	21519	17084	769	23248	115487	24378
55-59岁	6299	511	245599	12615	7796	314	8943	45168	10496
60-64岁	3510	299	72121	5295	2621	127	2792	12741	3046
65-69岁	3157	294	43609	3679	1580	68	1873	7627	1995
70-74岁	1410	107	14828	1237	482	17	742	2653	680
75岁及以上	756	69	7285	558	215	8	352	1320	287

4-7 续表 6

单位：人

年龄组 性别	生产制造及有关人员								
	纸及纸制品生产加工人员	印刷和记录媒介复制人员	文教、工美、体育和娱乐用品制造人员	石油加工和炼焦、煤化工生产人员	化学原料和化学制品制造人员	医药制造人员	化学纤维制造人员	橡胶和塑料制品制造人员	非金属矿物制品制造人员
总 计	**104006**	**95768**	**268756**	**36075**	**156664**	**70358**	**16589**	**288578**	**329179**
16-19岁	1517	2131	5514	98	1422	599	262	5767	3623
20-24岁	5656	7543	16836	2092	9307	6028	1229	17609	14518
25-29岁	9599	11923	26874	4187	16440	10135	2104	27370	26395
30-34岁	16089	18253	42710	6255	25967	13731	3031	45234	45558
35-39岁	14143	14826	37120	4541	20476	10326	2180	38939	40195
40-44岁	14170	13741	35362	4479	21238	9082	2310	40017	43921
45-49岁	17468	13448	39310	6352	26592	9653	2520	48054	59129
50-54岁	13741	8491	30888	5003	21108	6247	1825	37385	51912
55-59岁	7244	3985	16645	2463	10311	3150	802	18192	29052
60-64岁	2373	860	7123	384	2348	726	183	5688	9514
65-69岁	1313	416	5812	151	1048	436	104	3028	4239
70-74岁	463	101	2818	49	265	163	33	937	889
75岁及以上	230	50	1744	21	142	82	6	358	234
男	**60473**	**60116**	**116003**	**29308**	**109276**	**36993**	**10105**	**168188**	**239533**
16-19岁	1107	1526	3219	86	929	336	190	4138	2741
20-24岁	4156	5213	9830	1783	6745	3382	945	12780	11566
25-29岁	6554	8099	14474	3496	11963	5591	1438	18840	20408
30-34岁	10009	11875	20164	5079	18275	7305	1897	28586	33074
35-39岁	8001	9381	16361	3588	13583	4906	1233	22430	27774
40-44岁	7348	7971	13841	3316	13418	4096	1157	20675	28925
45-49岁	8485	7175	14024	4674	17248	4400	1301	23245	39543
50-54岁	7582	5063	11488	4451	15930	3960	1161	20286	38699
55-59岁	4662	2862	6676	2302	8340	2264	572	11295	23909
60-64岁	1495	587	2587	347	1787	425	132	3589	8244
65-69岁	738	276	1934	128	771	211	57	1748	3703
70-74岁	239	62	867	41	194	79	19	435	772
75岁及以上	97	26	538	17	93	38	3	141	175
女	**43533**	**35652**	**152753**	**6767**	**47388**	**33365**	**6484**	**120390**	**89646**
16-19岁	410	605	2295	12	493	263	72	1629	882
20-24岁	1500	2330	7006	309	2562	2646	284	4829	2952
25-29岁	3045	3824	12400	691	4477	4544	666	8530	5987
30-34岁	6080	6378	22546	1176	7692	6426	1134	16648	12484
35-39岁	6142	5445	20759	953	6893	5420	947	16509	12421
40-44岁	6822	5770	21521	1163	7820	4986	1153	19342	14996
45-49岁	8983	6273	25286	1678	9344	5253	1219	24809	19586
50-54岁	6159	3428	19400	552	5178	2287	664	17099	13213
55-59岁	2582	1123	9969	161	1971	886	230	6897	5143
60-64岁	878	273	4536	37	561	301	51	2099	1270
65-69岁	575	140	3878	23	277	225	47	1280	536
70-74岁	224	39	1951	8	71	84	14	502	117
75岁及以上	133	24	1206	4	49	44	3	217	59

4-7 续表 7

单位：人

年龄组 性别	生产制造及有关人员								
	采矿人员	金属冶炼和压延加工人员	机械制造基础加工人员	金属制品制造人员	通用设备制造人员	专用设备制造人员	汽车制造人员	铁路、船舶、航空设备制造人员	电气机械和器材制造人员
总 计	**292690**	**196736**	**806516**	**471400**	**167829**	**65159**	**232533**	**55026**	**240902**
16-19岁	471	1256	11089	8861	2726	1539	7242	804	9852
20-24岁	6034	8612	43751	30876	10498	6227	22021	3807	26937
25-29岁	19826	17969	81830	50767	18198	9182	34455	6486	34975
30-34岁	41384	33022	150520	80527	30851	13403	50411	10033	45359
35-39岁	37560	26590	115371	67905	22963	9744	33411	7586	32941
40-44岁	45320	27833	108421	64608	21804	8164	27720	6989	29027
45-49岁	63836	35128	128065	73372	25223	7885	28741	8525	30775
50-54岁	51778	28963	100767	55264	20209	5425	17952	6616	19474
55-59岁	20242	12970	48012	26745	10376	2528	7960	3117	7995
60-64岁	3738	2757	12112	7492	2976	655	1705	636	2098
65-69岁	1555	1199	5125	3676	1456	311	709	304	1031
70-74岁	533	307	1080	980	382	70	150	86	302
75岁及以上	413	130	373	327	167	26	56	37	136
男	**262922**	**163732**	**676294**	**330613**	**128325**	**39257**	**163211**	**41661**	**143733**
16-19岁	407	1089	9854	6948	2213	1025	6286	697	7093
20-24岁	5478	7644	39445	24480	8666	4323	18667	3254	19395
25-29岁	17805	15585	72629	39023	14709	6139	27255	5259	23587
30-34岁	36927	27749	131635	59251	24449	8224	36636	7792	27940
35-39岁	33432	21446	96563	46992	17232	5475	21599	5511	18245
40-44岁	39498	21815	86291	41828	15464	4131	15975	4817	14306
45-49岁	55774	27719	98955	45620	17649	4050	16227	5724	14450
50-54岁	48848	25234	82750	37362	15486	3382	12276	5112	11068
55-59岁	19162	11657	41880	19881	8625	1815	6258	2621	5398
60-64岁	3402	2420	10664	5698	2394	427	1321	534	1379
65-69岁	1392	1016	4450	2636	1087	212	565	244	642
70-74岁	452	252	894	683	245	37	115	66	159
75岁及以上	345	106	284	211	106	17	31	30	71
女	**29768**	**33004**	**130222**	**140787**	**39504**	**25902**	**69322**	**13365**	**97169**
16-19岁	64	167	1235	1913	513	514	956	107	2759
20-24岁	556	968	4306	6396	1832	1904	3354	553	7542
25-29岁	2021	2384	9201	11744	3489	3043	7200	1227	11388
30-34岁	4457	5273	18885	21276	6402	5179	13775	2241	17419
35-39岁	4128	5144	18808	20913	5731	4269	11812	2075	14696
40-44岁	5822	6018	22130	22780	6340	4033	11745	2172	14721
45-49岁	8062	7409	29110	27752	7574	3835	12514	2801	16325
50-54岁	2930	3729	18017	17902	4723	2043	5676	1504	8406
55-59岁	1080	1313	6132	6864	1751	713	1702	496	2597
60-64岁	336	337	1448	1794	582	228	384	102	719
65-69岁	163	183	675	1040	369	99	144	60	389
70-74岁	81	55	186	297	137	33	35	20	143
75岁及以上	68	24	89	116	61	9	25	7	65

4-7　续表 8　　　　单位：人

年龄组 性　别	生产制造及有关人员								不便分类的其他从业人员
	计算机、通信和其他电子设备制造人员	仪器仪表制造人员	废弃资源综合利用人员	电力、热力、气体、水生产和输配人员	建筑施工人员	运输设备和通用工程机械操作人员及有关人员	生产辅助人员	其他生产制造及有关人员	
总　计	**1231417**	**21754**	**25944**	**93963**	**6250935**	**437155**	**1861717**	**66071**	**157619**
16-19岁	60421	444	189	314	47770	5351	26726	986	22631
20-24岁	167462	1781	725	4332	239998	30071	129062	3953	15930
25-29岁	213018	2839	1465	9606	483334	64174	221559	6872	14965
30-34岁	261785	4223	2352	14036	789326	88129	332353	11139	20775
35-39岁	168411	3240	2378	10195	678510	60327	255241	8776	16072
40-44岁	131403	2840	2945	11338	750892	54304	237450	8370	14929
45-49岁	121265	3134	4402	16545	1085792	60116	277833	9961	17576
50-54岁	67985	1955	5057	14567	1116094	45809	214792	8359	15736
55-59岁	28687	917	3272	9343	680106	23211	116899	4570	10069
60-64岁	6563	242	1488	2285	230844	3992	29260	1641	4111
65-69岁	3063	98	1090	1056	116912	1307	14902	964	2800
70-74岁	884	32	401	263	24681	252	4164	347	1161
75岁及以上	470	9	180	83	6676	112	1476	133	864
男	**718588**	**12708**	**18587**	**77879**	**5365005**	**404316**	**1196448**	**40656**	**96645**
16-19岁	41115	287	136	280	41391	5158	16690	682	12714
20-24岁	114369	1260	569	3701	209444	28834	87003	2688	9631
25-29岁	138239	1861	1144	8056	425488	61271	149005	4611	9333
30-34岁	152854	2515	1736	11436	686442	82786	214420	7128	12933
35-39岁	87874	1748	1655	8074	577206	55269	156761	5139	9705
40-44岁	61022	1370	1988	8313	621563	48166	139297	4647	8718
45-49岁	55872	1535	2940	12385	890609	52754	162638	5455	10326
50-54岁	39733	1221	3572	13237	955021	42438	146282	5195	10259
55-59岁	20133	695	2415	8910	611107	22259	89662	3167	7033
60-64岁	4574	141	1175	2170	212727	3815	21050	1100	2857
65-69岁	2009	58	836	998	106893	1240	10094	580	1899
70-74岁	533	14	302	247	21849	228	2643	188	738
75岁及以上	261	3	119	72	5265	98	903	76	499
女	**512829**	**9046**	**7357**	**16084**	**885930**	**32839**	**665269**	**25415**	**60974**
16-19岁	19306	157	53	34	6379	193	10036	304	9917
20-24岁	53093	521	156	631	30554	1237	42059	1265	6299
25-29岁	74779	978	321	1550	57846	2903	72554	2261	5632
30-34岁	108931	1708	616	2600	102884	5343	117933	4011	7842
35-39岁	80537	1492	723	2121	101304	5058	98480	3637	6367
40-44岁	70381	1470	957	3025	129329	6138	98153	3723	6211
45-49岁	65393	1599	1462	4160	195183	7362	115195	4506	7250
50-54岁	28252	734	1485	1330	161073	3371	68510	3164	5477
55-59岁	8554	222	857	433	68999	952	27237	1403	3036
60-64岁	1989	101	313	115	18117	177	8210	541	1254
65-69岁	1054	40	254	58	10019	67	4808	384	901
70-74岁	351	18	99	16	2832	24	1521	159	423
75岁及以上	209	6	61	11	1411	14	573	57	365

4-7a 全国分年龄、性别、职业中类的就业人口(城市)

单位：人

年龄组 性 别	合计	党的机关、国家机关、群众团体和社会组织、企事业单位负责人						
		小计	中国共产党机关负责人	国家机关负责人	民主党派和工商联负责人	人民团体和群众团体、社会组织及其他成员组织负责人	基层群众自治组织负责人	企事业单位负责人
总　计	**26374490**	**934510**	**1855**	**34314**	**163**	**25956**	**7691**	**864531**
16-19岁	273130	916	3	4		39	7	863
20-24岁	1788928	18243	20	139	2	508	58	17516
25-29岁	3422931	73596	65	800	10	2025	266	70430
30-34岁	4888957	170349	192	2679	16	4493	787	162182
35-39岁	3972925	179699	233	4001	14	4374	942	170135
40-44岁	3445639	160139	306	5570	21	4019	1145	149078
45-49岁	3648213	149538	403	7307	28	4294	1531	135975
50-54岁	2716008	106246	331	7239	36	3323	1325	93992
55-59岁	1555637	61586	276	5995	32	2196	1104	51983
60-64岁	369032	8895	16	335	4	383	337	7820
65-69岁	202824	3735	4	120		189	134	3288
70-74岁	62119	1047	4	70		76	42	855
75岁及以上	28147	521	2	55		37	13	414
男	**15458486**	**676852**	**1417**	**26867**	**102**	**16192**	**5249**	**627025**
16-19岁	169948	613	3	3		24	7	576
20-24岁	990250	12168	13	56		313	35	11751
25-29岁	1903519	50182	35	414	4	1189	139	48401
30-34岁	2740108	116922	133	1671	9	2621	406	112082
35-39岁	2223792	124071	174	2807	5	2525	536	118024
40-44岁	1922016	113280	230	4241	11	2384	692	105722
45-49岁	2073835	109099	293	5812	16	2622	1006	99350
50-54岁	1793336	84459	273	5930	26	2248	1002	74980
55-59岁	1189474	54152	241	5416	29	1757	959	45750
60-64岁	257613	7489	14	301	2	283	304	6585
65-69岁	136258	3113	3	100		143	113	2754
70-74岁	40723	886	3	64		58	39	722
75岁及以上	17614	418	2	52		25	11	328
女	**10916004**	**257658**	**438**	**7447**	**61**	**9764**	**2442**	**237506**
16-19岁	103182	303		1		15		287
20-24岁	798678	6075	7	83	2	195	23	5765
25-29岁	1519412	23414	30	386	6	836	127	22029
30-34岁	2148849	53427	59	1008	7	1872	381	50100
35-39岁	1749133	55628	59	1194	9	1849	406	52111
40-44岁	1523623	46859	76	1329	10	1635	453	43356
45-49岁	1574378	40439	110	1495	12	1672	525	36625
50-54岁	922672	21787	58	1309	10	1075	323	19012
55-59岁	366163	7434	35	579	3	439	145	6233
60-64岁	111419	1406	2	34	2	100	33	1235
65-69岁	66566	622	1	20		46	21	534
70-74岁	21396	161	1	6		18	3	133
75岁及以上	10533	103		3		12	2	86

4-7a　续表 1　　　　单位：人

年龄组 性　别	专业技术人员 小计	科学研究人员	工程技术人员	农业技术人员	飞机和船舶技术人员	卫生专业技术人员	经济和金融专业人员	法律、社会和宗教专业人员	教学人员	文学艺术、体育专业人员
总　计	**4332266**	**37426**	**1048235**	**15973**	**7856**	**644135**	**1053816**	**110531**	**1222813**	**81453**
16-19岁	23336	48	3909	52	12	4042	2342	120	10627	1554
20-24岁	368666	2306	76075	931	509	64511	78084	6064	114599	15103
25-29岁	751066	6404	179539	1585	1531	119029	188391	18836	195644	20342
30-34岁	926830	8572	245207	2384	1702	139359	247203	22964	219001	17507
35-39岁	730035	6838	183124	2106	1287	102637	186979	18885	199340	10833
40-44岁	545467	4458	119916	2005	794	72997	138328	13988	173899	6197
45-49岁	466136	3386	106211	2379	787	64661	118779	12660	141023	4526
50-54岁	314537	2721	78136	2198	674	42970	61052	9460	106336	2991
55-59岁	169516	2333	48139	1767	480	23501	26870	5838	53894	1881
60-64岁	20569	219	5118	270	60	5121	3349	896	4809	269
65-69岁	9850	85	1951	191	14	3258	1536	493	1963	149
70-74岁	3559	20	527	66	3	1238	565	200	813	62
75岁及以上	2699	36	383	39	3	811	338	127	865	39
男	**1900474**	**21520**	**852434**	**10604**	**7221**	**182182**	**297875**	**53375**	**379605**	**45553**
16-19岁	8176	17	3201	35	12	709	750	75	2196	875
20-24岁	129301	1058	60127	533	445	11329	20063	2244	21862	7461
25-29岁	288445	3213	141541	956	1394	23082	49599	7186	43264	10472
30-34岁	381392	4714	197238	1487	1536	31661	63354	9140	52968	9678
35-39岁	312613	3932	146930	1345	1197	30884	48831	8247	57082	6455
40-44岁	235120	2640	96585	1252	719	24475	34741	6877	58155	3789
45-49岁	213462	2018	85835	1490	728	22483	32840	6850	52832	2778
50-54岁	175158	1759	68288	1566	641	17118	25363	6482	47224	2089
55-59岁	131427	1892	45602	1494	470	13962	19046	4974	38568	1549
60-64岁	14547	164	4672	209	59	3018	1898	715	3272	213
65-69岁	6681	66	1725	152	14	2012	868	370	1207	116
70-74岁	2426	15	419	55	3	886	337	138	481	46
75岁及以上	1726	32	271	30	3	563	185	77	494	32
女	**2431792**	**15906**	**195801**	**5369**	**635**	**461953**	**755941**	**57156**	**843208**	**35900**
16-19岁	15160	31	708	17		3333	1592	45	8431	679
20-24岁	239365	1248	15948	398	64	53182	58021	3820	92737	7642
25-29岁	462621	3191	37998	629	137	95947	138792	11650	152380	9870
30-34岁	545438	3858	47969	897	166	107698	183849	13824	166033	7829
35-39岁	417422	2906	36194	761	90	71753	138148	10638	142258	4378
40-44岁	310347	1818	23331	753	75	48522	103587	7111	115744	2408
45-49岁	252674	1368	20376	889	59	42178	85939	5810	88191	1748
50-54岁	139379	962	9848	632	33	25852	35689	2978	59112	902
55-59岁	38089	441	2537	273	10	9539	7824	864	15326	332
60-64岁	6022	55	446	61	1	2103	1451	181	1537	56
65-69岁	3169	19	226	39		1246	668	123	756	33
70-74岁	1133	5	108	11		352	228	62	332	16
75岁及以上	973	4	112	9		248	153	50	371	7

4-7a 续表 2

单位：人

年龄组 性 别	专业技术人员		办事人员和有关人员				社会生产服务和生活服务人员		
	新闻出版、文化专业人员	其他专业技术人员	小计	办事人员	安全和消防人员	其他办事人员和有关人员	小计	批发与零售服务人员	交通运输、仓储和邮政业服务人员
总 计	**86758**	**23270**	**2926067**	**2443889**	**449075**	**33103**	**11457543**	**4858881**	**1883645**
16-19岁	480	150	9506	6966	2421	119	142174	45116	12399
20-24岁	8938	1546	155480	129605	23962	1913	862537	354217	96854
25-29岁	16500	3265	369290	319457	45496	4337	1550442	687085	196645
30-34岁	18119	4812	552663	486433	59802	6428	2150640	1018635	313309
35-39岁	14411	3595	468260	415787	47112	5361	1707436	817682	281955
40-44岁	9910	2975	389818	340308	45081	4429	1468185	665863	282075
45-49岁	8629	3095	398038	332918	60417	4703	1552722	621780	315870
50-54岁	5794	2205	303482	231736	68613	3133	1112345	381255	230382
55-59岁	3461	1352	223715	156784	64746	2185	620294	183694	124972
60-64岁	298	160	32031	14415	17354	262	168946	46953	19251
65-69岁	133	77	16480	6120	10219	141	89816	24913	7650
70-74岁	42	23	5071	1993	3009	69	23230	7913	1586
75岁及以上	43	15	2233	1367	843	23	8776	3775	697
男	**33270**	**16835**	**1712386**	**1295370**	**398526**	**18490**	**6460431**	**2378719**	**1593585**
16-19岁	212	94	5294	2984	2257	53	87027	21742	10114
20-24岁	3073	1106	72072	49630	21588	854	494671	171099	77900
25-29岁	5447	2291	174360	132653	39663	2044	895367	340710	161809
30-34岁	6228	3388	273040	219179	50658	3203	1202303	486757	259922
35-39岁	5189	2521	248107	205574	39710	2823	940421	383470	235135
40-44岁	3827	2060	219522	179484	37608	2430	781827	302663	233930
45-49岁	3438	2170	241635	187338	51697	2600	802410	285434	262513
50-54岁	2859	1769	227593	161880	63492	2221	654862	212436	208075
55-59岁	2647	1223	202894	138432	62568	1894	418764	120998	117825
60-64岁	198	129	27812	11207	16405	200	106224	30367	17625
65-69岁	93	58	14184	4604	9479	101	56503	15810	6885
70-74岁	28	18	4165	1438	2677	50	14825	4996	1349
75岁及以上	31	8	1708	967	724	17	5227	2237	503
女	**53488**	**6435**	**1213681**	**1148519**	**50549**	**14613**	**4997112**	**2480162**	**290060**
16-19岁	268	56	4212	3982	164	66	55147	23374	2285
20-24岁	5865	440	83408	79975	2374	1059	367866	183118	18954
25-29岁	11053	974	194930	186804	5833	2293	655075	346375	34836
30-34岁	11891	1424	279623	267254	9144	3225	948337	531878	53387
35-39岁	9222	1074	220153	210213	7402	2538	767015	434212	46820
40-44岁	6083	915	170296	160824	7473	1999	686358	363200	48145
45-49岁	5191	925	156403	145580	8720	2103	750312	336346	53357
50-54岁	2935	436	75889	69856	5121	912	457483	168819	22307
55-59岁	814	129	20821	18352	2178	291	201530	62696	7147
60-64岁	100	31	4219	3208	949	62	62722	16586	1626
65-69岁	40	19	2296	1516	740	40	33313	9103	765
70-74岁	14	5	906	555	332	19	8405	2917	237
75岁及以上	12	7	525	400	119	6	3549	1538	194

4-7a 续表 3

单位：人

年龄组 性别	社会生产服务和生活服务人员								
	住宿和餐饮服务人员	信息传输、软件和信息技术服务人员	金融服务人员	房地产服务人员	租赁和商务服务人员	技术辅助服务人员	水利、环境和公共设施管理服务人员	居民服务人员	电力、燃气及水供应服务人员
总　计	**1370140**	**397743**	**335827**	**279682**	**382753**	**330186**	**474783**	**616343**	**92620**
16-19岁	42927	2688	655	2012	4408	3332	716	15499	216
20-24岁	122481	54842	22105	25003	33409	46191	4359	48826	3408
25-29岁	155631	112633	61535	45170	52476	79034	10042	71471	8902
30-34岁	212530	102825	85958	54527	61281	81347	20497	100613	14608
35-39岁	178154	61224	55376	38250	45581	51136	26560	78471	12484
40-44岁	175481	31260	35109	30387	36409	29290	47120	73404	13491
45-49岁	212074	18191	37962	32352	43310	20933	95383	90790	17095
50-54岁	157410	8910	24961	25081	45752	11545	108027	71958	12674
55-59岁	80300	4467	10954	18077	40097	6129	84066	39634	8070
60-64岁	21349	418	768	5172	11649	756	43607	13509	1046
65-69岁	9196	187	283	2811	6321	322	27153	8382	437
70-74岁	1888	48	87	631	1617	97	5985	2665	133
75岁及以上	719	50	74	209	443	74	1268	1121	56
男	**672547**	**279873**	**151974**	**166748**	**257181**	**206455**	**170988**	**179193**	**73081**
16-19岁	29020	1713	354	1304	2596	2155	423	7180	186
20-24岁	76795	37286	10308	15343	16758	26774	2649	18031	2733
25-29岁	93132	78916	28939	27527	26671	47308	5757	24792	6998
30-34岁	116110	71718	37482	30504	32919	50675	9556	31569	11309
35-39岁	90168	43364	22708	20486	25865	32787	9342	22609	9267
40-44岁	76352	22326	13694	15665	23369	18611	12021	17952	9615
45-49岁	77665	12749	15585	17082	31675	13291	21037	18956	12418
50-54岁	60283	7187	13264	17269	40578	8607	32032	17017	11368
55-59岁	36725	4088	8919	14717	38276	5283	35348	12227	7699
60-64岁	10268	328	450	4016	10955	595	22575	4472	943
65-69岁	4726	130	166	2186	5741	236	15627	2913	386
70-74岁	947	32	58	498	1417	80	3838	1028	119
75岁及以上	356	36	47	151	361	53	783	447	40
女	**697593**	**117870**	**183853**	**112934**	**125572**	**123731**	**303795**	**437150**	**19539**
16-19岁	13907	975	301	708	1812	1177	293	8319	30
20-24岁	45686	17556	11797	9660	16651	19417	1710	30795	675
25-29岁	62499	33717	32596	17643	25805	31726	4285	46679	1904
30-34岁	96420	31107	48476	24023	28362	30672	10941	69044	3299
35-39岁	87986	17860	32668	17764	19716	18349	17218	55862	3217
40-44岁	99129	8934	21415	14722	13040	10679	35099	55452	3876
45-49岁	134409	5442	22377	15270	11635	7642	74346	71834	4677
50-54岁	97127	1723	11697	7812	5174	2938	75995	54941	1306
55-59岁	43575	379	2035	3360	1821	846	48718	27407	371
60-64岁	11081	90	318	1156	694	161	21032	9037	103
65-69岁	4470	57	117	625	580	86	11526	5469	51
70-74岁	941	16	29	133	200	17	2147	1637	14
75岁及以上	363	14	27	58	82	21	485	674	16

4-7a 续表 4

单位：人

年龄组 性 别	社会生产服务和生活服务人员				农、林、牧、渔业生产及辅助人员				
	修理及制作服务人员	文化、体育和娱乐服务人员	健康服务人员	其他社会生产和生活服务人员	小计	农业生产人员	林业生产人员	畜牧业生产人员	渔业生产人员
总 计	**303080**	**88096**	**29966**	**13798**	**571061**	**465172**	**20257**	**42274**	**32282**
16-19岁	8210	3654	210	132	2147	1816	41	131	104
20-24岁	29737	16898	3168	1039	10237	8095	325	961	564
25-29岁	43636	19630	4749	1803	23312	17974	906	2225	1533
30-34岁	59635	16737	5658	2480	46130	35533	1802	4432	3090
35-39岁	44384	9882	4344	1953	46217	35385	1813	4459	3360
40-44岁	36334	6534	3652	1776	54162	41282	2370	5093	4021
45-49岁	34965	6472	3568	1977	79217	61261	3579	6881	5609
50-54岁	25859	4562	2564	1405	95804	76652	3929	7264	6144
55-59岁	14907	2618	1425	884	82780	68713	2917	5360	4445
60-64岁	3269	618	378	203	52553	46447	1180	2509	1887
65-69岁	1532	325	187	117	47084	42643	970	1966	1123
70-74岁	423	99	40	18	21006	19531	300	715	293
75岁及以上	189	67	23	11	10412	9840	125	278	109
男	**267259**	**46028**	**9319**	**7481**	**327319**	**251800**	**14423**	**28249**	**25707**
16-19岁	7890	2173	98	79	1395	1141	32	99	85
20-24岁	27889	9730	875	501	6396	4792	232	700	467
25-29岁	39661	10907	1307	933	14505	10449	662	1650	1275
30-34岁	52604	8380	1546	1252	27721	19913	1267	3186	2515
35-39岁	38298	4677	1248	997	27205	19387	1253	3089	2702
40-44岁	30765	2814	1110	940	31251	22352	1550	3294	3183
45-49岁	29230	2715	1052	1008	44046	31843	2349	4394	4350
50-54岁	22636	2271	963	876	53030	39446	2939	4612	4896
55-59岁	13536	1698	760	665	46370	35958	2302	3568	3569
60-64岁	2888	393	213	136	29633	25281	853	1692	1476
65-69岁	1334	179	107	77	26916	23808	690	1305	869
70-74岁	372	58	25	8	12512	11484	205	484	231
75岁及以上	156	33	15	9	6339	5946	89	176	89
女	**35821**	**42068**	**20647**	**6317**	**243742**	**213372**	**5834**	**14025**	**6575**
16-19岁	320	1481	112	53	752	675	9	32	19
20-24岁	1848	7168	2293	538	3841	3303	93	261	97
25-29岁	3975	8723	3442	870	8807	7525	244	575	258
30-34岁	7031	8357	4112	1228	18409	15620	535	1246	575
35-39岁	6086	5205	3096	956	19012	15998	560	1370	658
40-44岁	5569	3720	2542	836	22911	18930	820	1799	838
45-49岁	5735	3757	2516	969	35171	29418	1230	2487	1259
50-54岁	3223	2291	1601	529	42774	37206	990	2652	1248
55-59岁	1371	920	665	219	36410	32755	615	1792	876
60-64岁	381	225	165	67	22920	21166	327	817	411
65-69岁	198	146	80	40	20168	18835	280	661	254
70-74岁	51	41	15	10	8494	8047	95	231	62
75岁及以上	33	34	8	2	4073	3894	36	102	20

4-7a　续表 5

单位：人

年龄组 性　别	农林牧渔生产辅助人员	其他农、林、牧、渔业生产加工人员	生产制造及有关人员						
			小计	农副产品加工人员	食品、饮料生产加工人员	烟草及其制品加工人员	纺织、针织、印染人员	纺织品、服装和皮革、毛皮制品加工制作人员	木材加工、家具与木制品制作人员
总　计	**9990**	**1086**	**6089916**	**54622**	**102873**	**7243**	**93050**	**536113**	**165981**
16-19岁	54	1	91369	363	2014	18	1284	7728	1163
20-24岁	261	31	368829	1708	8634	287	4683	26409	6183
25-29岁	603	71	648310	3626	12598	699	8535	51869	13020
30-34岁	1141	132	1032035	6837	17841	1027	15650	99693	23387
35-39岁	1082	118	833007	6431	14354	884	13522	87548	20774
40-44岁	1233	163	820224	7394	13460	1016	14044	84271	22035
45-49岁	1698	189	994091	10300	15640	1489	16935	93056	30396
50-54岁	1643	172	776840	9549	11034	1096	11331	55553	28604
55-59岁	1224	121	393770	5476	5218	645	4845	21484	15427
60-64岁	487	43	84913	1641	1207	43	1262	5046	3309
65-69岁	354	28	35215	945	624	24	645	2375	1275
70-74岁	154	13	7978	267	171	8	215	762	298
75岁及以上	56	4	3335	85	78	7	99	319	110
男	**6507**	**633**	**4341893**	**31301**	**55084**	**4721**	**39827**	**217904**	**131246**
16-19岁	37	1	65277	251	1222	11	760	4273	975
20-24岁	185	20	272680	1212	5055	198	2759	13648	5143
25-29岁	420	49	476513	2446	7286	492	4406	24940	10680
30-34岁	763	77	732355	4217	9652	651	6930	43735	18362
35-39岁	714	60	566369	3614	7433	514	5457	35708	15834
40-44岁	781	91	536603	3831	6440	580	5046	30005	16232
45-49岁	1014	96	658215	5114	7162	805	5636	30922	22596
50-54岁	1040	97	593586	5285	6092	840	4922	20820	23368
55-59岁	890	83	332868	3448	3428	572	2744	10005	13647
60-64岁	303	28	71130	1026	771	29	695	2404	2990
65-69岁	227	17	28433	626	401	18	329	1034	1100
70-74岁	97	11	5760	177	98	6	96	291	246
75岁及以上	36	3	2104	54	44	5	47	119	73
女	**3483**	**453**	**1748023**	**23321**	**47789**	**2522**	**53223**	**318209**	**34735**
16-19岁	17		26092	112	792	7	524	3455	188
20-24岁	76	11	96149	496	3579	89	1924	12761	1040
25-29岁	183	22	171797	1180	5312	207	4129	26929	2340
30-34岁	378	55	299680	2620	8189	376	8720	55958	5025
35-39岁	368	58	266638	2817	6921	370	8065	51840	4940
40-44岁	452	72	283621	3563	7020	436	8998	54266	5803
45-49岁	684	93	335876	5186	8478	684	11299	62134	7800
50-54岁	603	75	183254	4264	4942	256	6409	34733	5236
55-59岁	334	38	60902	2028	1790	73	2101	11479	1780
60-64岁	184	15	13783	615	436	14	567	2642	319
65-69岁	127	11	6782	319	223	6	316	1341	175
70-74岁	57	2	2218	90	73	2	119	471	52
75岁及以上	20	1	1231	31	34	2	52	200	37

4-7a 续表 6 单位：人

年龄组 性 别	生产制造及有关人员								
	纸及纸制品生产加工人员	印刷和记录媒介复制人员	文教、工美、体育和娱乐用品制造人员	石油加工和炼焦、煤化工生产人员	化学原料和化学品制造人员	医药制造人员	化学纤维制造人员	橡胶和塑料制品制造人员	非金属矿物制品制造人员
总 计	**38192**	**50001**	**84257**	**17141**	**59586**	**34955**	**5063**	**116766**	**83656**
16-19岁	594	962	1722	17	472	246	43	2636	745
20-24岁	2230	3603	5887	748	3458	2783	268	8026	3760
25-29岁	3640	5796	9599	1678	6283	5140	535	11938	7445
30-34岁	6163	9095	14983	2769	10206	7212	887	19008	12718
35-39岁	5464	7906	13204	2188	8159	5553	756	16643	10893
40-44岁	5584	7698	12383	2405	8458	4808	823	17126	11717
45-49岁	6640	7659	12862	3544	10616	4857	877	19731	15304
50-54岁	4559	4553	8129	2522	7592	2761	601	13520	12382
55-59岁	2366	2161	3646	1104	3472	1254	224	5825	6379
60-64岁	585	353	963	95	524	189	34	1447	1543
65-69岁	239	158	573	44	229	96	10	624	591
70-74岁	76	38	194	15	63	38	5	174	120
75岁及以上	52	19	112	12	54	18		68	59
男	**23270**	**32086**	**42034**	**13619**	**42915**	**18202**	**3319**	**70732**	**61529**
16-19岁	448	712	1050	13	310	138	30	1919	583
20-24岁	1660	2568	3681	616	2517	1478	215	5904	3012
25-29岁	2527	4000	5744	1382	4563	2711	374	8438	5833
30-34岁	4018	6048	8044	2230	7314	3767	580	12360	9346
35-39岁	3273	5082	6552	1715	5609	2656	460	9976	7728
40-44岁	3055	4538	5410	1724	5538	2157	460	9097	7864
45-49岁	3360	4145	5049	2504	7151	2203	516	9821	10360
50-54岁	2657	2934	3745	2258	6199	1867	458	7837	9482
55-59岁	1676	1685	1927	1039	3030	1019	184	3910	5377
60-64岁	395	239	462	81	427	123	28	965	1313
65-69岁	146	101	258	35	176	51	10	385	490
70-74岁	37	22	73	11	46	22	4	95	103
75岁及以上	18	12	39	11	35	10		25	38
女	**14922**	**17915**	**42223**	**3522**	**16671**	**16753**	**1744**	**46034**	**22127**
16-19岁	146	250	672	4	162	108	13	717	162
20-24岁	570	1035	2206	132	941	1305	53	2122	748
25-29岁	1113	1796	3855	296	1720	2429	161	3500	1612
30-34岁	2145	3047	6939	539	2892	3445	307	6648	3372
35-39岁	2191	2824	6652	473	2550	2897	296	6667	3165
40-44岁	2529	3160	6973	681	2920	2651	363	8029	3853
45-49岁	3280	3514	7813	1040	3465	2654	361	9910	4944
50-54岁	1902	1619	4384	264	1393	894	143	5683	2900
55-59岁	690	476	1719	65	442	235	40	1915	1002
60-64岁	190	114	501	14	97	66	6	482	230
65-69岁	93	57	315	9	53	45		239	101
70-74岁	39	16	121	4	17	16	1	79	17
75岁及以上	34	7	73	1	19	8		43	21

4-7a　续表 7

单位：人

年龄组 性　别	生产制造及有关人员								
	采矿人员	金属冶炼和压延加工人员	机械制造基础加工人员	金属制品制造人员	通用设备制造人员	专用设备制造人员	汽车制造人员	铁路、船舶、航空设备制造人员	电气机械和器材制造人员
总　计	**103272**	**76016**	**328886**	**188929**	**71116**	**32558**	**112430**	**27650**	**122475**
16-19岁	78	342	4935	3802	1205	827	3234	311	5175
20-24岁	1517	2844	18913	13087	4915	3331	10029	1915	14723
25-29岁	6379	6211	33211	20919	8051	4866	16650	3386	18480
30-34岁	15136	12715	60403	32961	13542	6843	25108	5121	23722
35-39岁	13765	10449	47283	28508	9817	5196	16920	3914	17288
40-44岁	17143	11503	45742	26920	9540	4205	14129	3620	14927
45-49岁	23430	14885	54544	29879	10842	3700	14353	4328	15046
50-54岁	17682	11481	40539	20670	7947	2314	7970	3180	8715
55-59岁	6584	4510	18530	9144	4061	1010	3313	1579	3337
60-64岁	884	656	3249	1943	767	174	470	174	664
65-69岁	345	281	1132	825	323	68	181	82	274
70-74岁	162	87	259	188	66	16	39	23	82
75岁及以上	167	52	146	83	40	8	34	17	42
男	**88329**	**63843**	**276423**	**134259**	**54529**	**20328**	**80230**	**21670**	**74014**
16-19岁	59	299	4394	2967	956	547	2804	282	3695
20-24岁	1332	2515	17070	10462	3961	2302	8503	1664	10628
25-29岁	5456	5370	29363	16116	6366	3272	13212	2833	12503
30-34岁	12867	10839	52552	24406	10663	4285	18540	4112	14703
35-39岁	11621	8628	39413	19982	7284	3014	11244	2950	9740
40-44岁	13976	9039	36262	17616	6800	2265	8309	2576	7486
45-49岁	18992	11807	42215	18848	7635	2010	8321	2955	7069
50-54岁	16513	10300	34321	14406	6360	1602	5910	2616	5121
55-59岁	6196	4150	16683	7132	3569	834	2811	1425	2388
60-64岁	764	562	2865	1531	617	131	386	155	436
65-69岁	290	229	983	616	244	49	146	71	183
70-74岁	133	67	207	130	45	11	27	17	39
75岁及以上	130	38	95	47	29	6	17	14	23
女	**14943**	**12173**	**52463**	**54670**	**16587**	**12230**	**32200**	**5980**	**48461**
16-19岁	19	43	541	835	249	280	430	29	1480
20-24岁	185	329	1843	2625	954	1029	1526	251	4095
25-29岁	923	841	3848	4803	1685	1594	3438	553	5977
30-34岁	2269	1876	7851	8555	2879	2558	6568	1009	9019
35-39岁	2144	1821	7870	8526	2533	2182	5676	964	7548
40-44岁	3167	2464	9480	9304	2740	1940	5820	1044	7441
45-49岁	4438	3078	12329	11031	3207	1690	6032	1373	7977
50-54岁	1169	1181	6218	6264	1587	712	2060	564	3594
55-59岁	388	360	1847	2012	492	176	502	154	949
60-64岁	120	94	384	412	150	43	84	19	228
65-69岁	55	52	149	209	79	19	35	11	91
70-74岁	29	20	52	58	21	5	12	6	43
75岁及以上	37	14	51	36	11	2	17	3	19

4-7a 续表 8 单位：人

年龄组 性别	生产制造及有关人员								不便分类的其他从业人员
	计算机、通信和其他电子设备制造人员	仪器仪表制造人员	废弃资源综合利用人员	电力、热力、气体、水生产和输配人员	建筑施工人员	运输设备和通用工程机械操作人员及有关人员	生产辅助人员	其他生产制造及有关人员	
总　计	**572376**	**12276**	**8366**	**44575**	**1816888**	**170584**	**926460**	**25560**	**63127**
16-19岁	26637	228	49	82	9591	1288	13209	369	3682
20-24岁	75720	933	220	1735	64596	9541	64551	1592	4936
25-29岁	98719	1531	486	4255	145913	21414	112581	2857	6915
30-34岁	123532	2283	795	6736	246970	32031	172015	4646	10310
35-39岁	81478	1911	828	5132	213946	23786	134774	3733	8271
40-44岁	63578	1687	949	5874	237469	23351	122902	3463	7644
45-49岁	57046	1891	1513	8742	334838	26668	138626	3854	8471
50-54岁	29581	1136	1631	7054	319837	20095	100318	2904	6754
55-59岁	12586	532	1041	4124	177781	10777	53822	1513	3976
60-64岁	2160	89	403	539	44192	1156	8788	364	1125
65-69岁	898	39	301	226	17720	353	3551	164	644
70-74岁	282	10	113	49	3093	77	922	66	228
75岁及以上	159	6	37	27	942	47	401	35	171
男	**345115**	**7260**	**6030**	**36177**	**1565754**	**155023**	**608736**	**16384**	**39131**
16-19岁	18421	137	40	72	8471	1201	7981	256	2166
20-24岁	52749	654	175	1454	56905	8906	42649	1085	2962
25-29岁	65470	991	384	3505	129125	20022	74813	1890	4147
30-34岁	74752	1330	586	5391	216161	29577	111313	3024	6375
35-39岁	44416	1058	579	4036	182879	21377	84272	2265	5006
40-44岁	30855	829	638	4187	197335	20344	74096	2013	4413
45-49岁	27367	973	998	6365	275633	23020	84455	2208	4968
50-54岁	18843	782	1172	6433	276173	18699	73530	2041	4648
55-59岁	9805	433	794	3971	162267	10354	45180	1185	2999
60-64岁	1551	51	315	497	41072	1093	6890	266	778
65-69岁	615	19	237	203	16326	326	2641	95	428
70-74岁	169	2	90	43	2712	65	643	33	149
75岁及以上	102	1	22	20	695	39	273	23	92
女	**227261**	**5016**	**2336**	**8398**	**251134**	**15561**	**317724**	**9176**	**23996**
16-19岁	8216	91	9	10	1120	87	5228	113	1516
20-24岁	22971	279	45	281	7691	635	21902	507	1974
25-29岁	33249	540	102	750	16788	1392	37768	967	2768
30-34岁	48780	953	209	1345	30809	2454	60702	1622	3935
35-39岁	37062	853	249	1096	31067	2409	50502	1468	3265
40-44岁	32723	858	311	1687	40134	3007	48806	1450	3231
45-49岁	29679	918	515	2377	59205	3648	54171	1646	3503
50-54岁	10738	354	459	621	43664	1396	26788	863	2106
55-59岁	2781	99	247	153	15514	423	8642	328	977
60-64岁	609	38	88	42	3120	63	1898	98	347
65-69岁	283	20	64	23	1394	27	910	69	216
70-74岁	113	8	23	6	381	12	279	33	79
75岁及以上	57	5	15	7	247	8	128	12	79

4-7b 全国分年龄、性别、职业中类的就业人口(镇)

单位：人

年龄组 性 别	合计	党的机关、国家机关、群众团体和社会组织、企事业单位负责人						
		小计	中国共产党机关负责人	国家机关负责人	民主党派和工商联负责人	人民团体和群众团体、社会组织及其他成员组织负责人	基层群众自治组织负责人	企事业单位负责人
总 计	**14555424**	**315438**	**1712**	**24618**	**45**	**13881**	**10433**	**264749**
16-19岁	155900	447	4	3		21	1	418
20-24岁	792942	6290	11	121		237	87	5834
25-29岁	1526147	23905	48	689	3	942	339	21884
30-34岁	2304620	53211	169	2180	3	2161	836	47862
35-39岁	1856623	50371	230	3118	4	2002	964	44053
40-44岁	1786860	49960	335	4657	8	2128	1431	41401
45-49岁	2079228	52735	396	5598	7	2372	1897	42465
50-54岁	1837623	43153	297	4819	12	2006	2009	34010
55-59岁	1177179	25743	178	3007	4	1348	1853	19353
60-64岁	478596	5594	20	193	2	331	636	4412
65-69岁	354867	2822	12	117	1	210	301	2181
70-74岁	138167	805	9	61		75	63	597
75岁及以上	66672	402	3	55	1	48	16	279
男	**8645624**	**236120**	**1402**	**20604**	**26**	**8854**	**8415**	**196819**
16-19岁	97460	318	3	3		14	1	297
20-24岁	457614	4246	8	65		149	42	3982
25-29岁	879024	16734	29	416	1	566	209	15513
30-34岁	1325084	37360	117	1518	2	1283	537	33903
35-39岁	1064625	35958	172	2427		1192	709	31458
40-44岁	1013226	36450	284	3846	5	1231	1077	30007
45-49岁	1197241	39873	319	4793	5	1481	1528	31747
50-54岁	1152631	34775	257	4287	8	1388	1697	27138
55-59岁	795196	22254	170	2859	3	1032	1681	16509
60-64岁	310052	4743	20	175	1	255	588	3704
65-69岁	224477	2387	11	109		163	273	1831
70-74岁	87573	689	9	56		62	60	502
75岁及以上	41421	333	3	50	1	38	13	228
女	**5909800**	**79318**	**310**	**4014**	**19**	**5027**	**2018**	**67930**
16-19岁	58440	129	1			7		121
20-24岁	335328	2044	3	56		88	45	1852
25-29岁	647123	7171	19	273	2	376	130	6371
30-34岁	979536	15851	52	662	1	878	299	13959
35-39岁	791998	14413	58	691	4	810	255	12595
40-44岁	773634	13510	51	811	3	897	354	11394
45-49岁	881987	12862	77	805	2	891	369	10718
50-54岁	684992	8378	40	532	4	618	312	6872
55-59岁	381983	3489	8	148	1	316	172	2844
60-64岁	168544	851		18	1	76	48	708
65-69岁	130390	435	1	8	1	47	28	350
70-74岁	50594	116		5		13	3	95
75岁及以上	25251	69		5		10	3	51

4-7b 续表 1

单位：人

年龄组 性别	专业技术人员 小计	科学研究人员	工程技术人员	农业技术人员	飞机和船舶技术人员	卫生专业技术人员	经济和金融专业人员	法律、社会和宗教专业人员	教学人员	文学艺术、体育专业人员
总　计	**1558747**	**5235**	**265114**	**15889**	**2058**	**281068**	**250008**	**30160**	**661900**	**19682**
16-19岁	13190	27	1740	55	5	2207	969	122	7310	496
20-24岁	137158	484	21829	506	104	30784	19363	1829	56212	3267
25-29岁	258486	1102	45077	1120	222	53630	44851	4918	98425	4190
30-34岁	299295	1088	61388	1803	346	52610	58524	5760	107945	4094
35-39岁	223951	698	38726	1632	284	36054	36188	3691	100315	2457
40-44岁	199233	537	27909	2071	211	32797	29279	3293	98552	1556
45-49岁	184008	434	28728	2788	268	31625	28628	3703	83273	1370
50-54岁	140001	422	22541	2757	310	21389	18510	3349	67433	1107
55-59岁	77088	355	13169	2067	222	11587	10209	2295	35174	777
60-64岁	13197	42	2498	487	66	3554	1817	514	3859	177
65-69岁	7599	30	1093	361	18	2763	993	369	1747	114
70-74岁	3310	6	285	161	1	1326	435	167	825	56
75岁及以上	2231	10	131	81	1	742	242	150	830	21
男	**688538**	**3228**	**225531**	**11298**	**1952**	**92571**	**77166**	**17162**	**233868**	**11569**
16-19岁	4770	11	1431	44	5	421	322	96	2011	285
20-24岁	43241	261	18210	338	90	5528	5243	830	9788	1715
25-29岁	89739	630	37890	756	208	11024	11937	2174	20477	2331
30-34岁	114978	662	51882	1221	321	12905	14466	2612	25628	2441
35-39岁	93676	435	32716	1155	270	12668	9455	1900	31632	1460
40-44岁	88567	319	23178	1326	194	12616	7911	1861	38713	929
45-49岁	91537	259	23951	1869	263	13313	9139	2310	38028	825
50-54岁	81763	289	20210	1993	297	10336	8658	2515	35461	711
55-59岁	60368	290	12403	1764	219	7591	7475	1969	27071	580
60-64岁	9943	35	2323	378	65	2429	1278	417	2747	137
65-69岁	5733	26	987	267	18	2044	766	285	1166	95
70-74岁	2576	3	242	128	1	1087	342	111	574	44
75岁及以上	1647	8	108	59	1	609	174	82	572	16
女	**870209**	**2007**	**39583**	**4591**	**106**	**188497**	**172842**	**12998**	**428032**	**8113**
16-19岁	8420	16	309	11		1786	647	26	5299	211
20-24岁	93917	223	3619	168	14	25256	14120	999	46424	1552
25-29岁	168747	472	7187	364	14	42606	32914	2744	77948	1859
30-34岁	184317	426	9506	582	25	39705	44058	3148	82317	1653
35-39岁	130275	263	6010	477	14	23386	26733	1791	68683	997
40-44岁	110666	218	4731	745	17	20181	21368	1432	59839	627
45-49岁	92471	175	4777	919	5	18312	19489	1393	45245	545
50-54岁	58238	133	2331	764	13	11053	9852	834	31972	396
55-59岁	16720	65	766	303	3	3996	2734	326	8103	197
60-64岁	3254	7	175	109	1	1125	539	97	1112	40
65-69岁	1866	4	106	94		719	227	84	581	19
70-74岁	734	3	43	33		239	93	56	251	12
75岁及以上	584	2	23	22		133	68	68	258	5

4-7b　续表 2

单位：人

年龄组 性　别	专业技术人员		办事人员和有关人员				社会生产服务和生活服务人员		
	新闻出版、文化专业人员	其他专业技术人员	小计	办事人员	安全和消防人员	其他办事人员和有关人员	小计	批发与零售服务人员	交通运输、仓储和邮政业服务人员
总　计	**18613**	**9020**	**1058280**	**345255**	**201183**	**11842**	**5373548**	**2341649**	**964277**
16-19岁	174	85	4166	2558	1535	73	66410	24476	6263
20-24岁	2099	681	59067	44897	13390	780	324963	141065	42127
25-29岁	3726	1225	138245	112995	23714	1536	613941	281684	92766
30-34岁	3969	1768	189501	160032	27355	2114	936312	443036	161835
35-39岁	2589	1317	137280	117539	18114	1627	747350	344978	148730
40-44岁	1909	1119	132735	114865	16312	1558	683824	301747	145789
45-49岁	1934	1257	144487	120792	22035	1660	760840	317451	158977
50-54岁	1303	880	121018	92441	27297	1280	612626	244802	120131
55-59岁	747	486	91261	63475	26920	866	361830	139005	62322
60-64岁	77	106	20631	8470	12005	156	135694	51903	15681
65-69岁	52	59	13337	4469	8744	124	88920	33578	7467
70-74岁	25	23	4572	1664	2865	43	28876	11910	1641
75岁及以上	9	14	1980	1058	897	25	11962	6014	548
男	**7492**	**6701**	**685859**	**498728**	**179990**	**7141**	**2971437**	**1102188**	**829579**
16-19岁	80	64	2686	1197	1449	40	39869	11472	4996
20-24岁	752	486	32326	19739	12188	399	188274	67208	34665
25-29岁	1400	912	75165	53519	20824	822	351396	134163	78132
30-34岁	1495	1345	104791	80059	23564	1168	511644	198014	136846
35-39岁	1030	955	81666	65391	15394	881	405222	151239	127778
40-44岁	729	791	81763	67264	13592	907	359771	130539	124419
45-49岁	687	893	94586	74528	19062	996	391287	141411	135484
50-54岁	619	674	94068	67854	25292	922	341082	125461	107048
55-59岁	586	420	83167	56576	25868	723	218549	79422	57255
60-64岁	49	85	18359	6880	11346	133	83170	31488	14369
65-69岁	35	44	11712	3565	8046	101	55171	20605	6720
70-74岁	23	21	3938	1328	2576	34	18611	7467	1449
75岁及以上	7	11	1632	828	789	15	7391	3699	418
女	**11121**	**2319**	**372421**	**346527**	**21193**	**4701**	**2402111**	**1239461**	**134698**
16-19岁	94	21	1480	1361	86	33	26541	13004	1267
20-24岁	1347	195	26741	25158	1202	381	136689	73857	7462
25-29岁	2326	313	63080	59476	2890	714	262545	147521	14634
30-34岁	2474	423	84710	79973	3791	946	424668	245022	24989
35-39岁	1559	362	55614	52148	2720	746	342128	193739	20952
40-44岁	1180	328	50972	47601	2720	651	324053	171208	21370
45-49岁	1247	364	49901	46264	2973	664	369553	176040	23493
50-54岁	684	206	26950	24587	2005	358	271544	119341	13083
55-59岁	161	66	8094	6899	1052	143	143281	59583	5067
60-64岁	28	21	2272	1590	659	23	52524	20415	1312
65-69岁	17	15	1625	904	698	23	33749	12973	747
70-74岁	2	2	634	336	289	9	10265	4443	192
75岁及以上	2	3	348	230	108	10	4571	2315	130

4-7b 续表 3

单位：人

年龄组 性 别	社会生产服务和生活服务人员								
	住宿和餐饮服务人员	信息传输、软件和信息技术服务人员	金融服务人员	房地产服务人员	租赁和商务服务人员	技术辅助服务人员	水利、环境和公共设施管理服务人员	居民服务人员	电力、燃气及水供应服务人员
总 计	**766013**	**84545**	**103487**	**64991**	**109816**	**89058**	**239818**	**328545**	**56942**
16-19岁	16500	1140	259	514	1124	1277	606	7758	230
20-24岁	47631	11787	7693	5628	7444	12296	2447	23007	2189
25-29岁	76267	21051	19618	10420	11863	20110	5552	36848	5323
30-34岁	117747	21620	24234	13099	14749	22217	11266	54716	8526
35-39岁	102011	11792	13471	8266	10381	12241	13814	42419	7251
40-44岁	101531	6908	10043	6465	9378	7624	22438	37240	8379
45-49岁	121456	5297	12630	6867	12648	6411	40189	42928	10545
50-54岁	98363	3064	9664	5919	15181	4004	47262	37390	7848
55-59岁	54058	1523	5066	4345	14529	2056	39972	23079	5014
60-64岁	17638	215	520	1886	6528	480	25687	10370	986
65-69岁	9520	81	193	1197	4379	218	21576	7956	467
70-74岁	2403	32	49	307	1278	84	7104	3165	119
75岁及以上	888	35	47	78	334	40	1905	1669	65
男	**342612**	**57253**	**48006**	**36769**	**81985**	**57143**	**91044**	**103563**	**45740**
16-19岁	10851	716	127	329	717	835	343	3767	194
20-24岁	28945	7919	3596	3378	4249	7749	1424	9489	1798
25-29岁	42765	14409	9481	5961	6857	13087	2921	13322	4281
30-34岁	59606	14066	10592	6643	8757	14219	4771	17391	6722
35-39岁	47181	7806	5348	3962	6703	7842	4660	12424	5559
40-44岁	40673	4615	3689	3113	6399	4647	5962	9756	6153
45-49岁	41898	3688	5151	3477	9643	3806	9659	10615	7816
50-54岁	34355	2432	5453	3873	13399	2732	14573	10342	6992
55-59岁	21694	1321	4003	3267	13675	1598	15714	7219	4717
60-64岁	8237	175	361	1490	6132	360	12742	3820	904
65-69岁	4651	65	134	975	4026	176	12260	3255	440
70-74岁	1305	21	35	244	1140	66	4709	1411	108
75岁及以上	451	20	36	57	288	26	1306	752	56
女	**423401**	**27292**	**55481**	**28222**	**27831**	**31915**	**148774**	**224982**	**11202**
16-19岁	5649	424	132	185	407	442	263	3991	36
20-24岁	18686	3868	4097	2250	3195	4547	1023	13518	391
25-29岁	33502	6642	10137	4459	5006	7023	2631	23526	1042
30-34岁	58141	7554	13642	6456	5992	7998	6495	37325	1804
35-39岁	54830	3986	8123	4304	3678	4399	9154	29995	1692
40-44岁	60858	2293	6354	3352	2979	2977	16476	27484	2226
45-49岁	79558	1609	7479	3390	3005	2605	30530	32313	2729
50-54岁	64008	632	4211	2046	1782	1272	32689	27048	856
55-59岁	32364	202	1063	1078	854	458	24258	15860	297
60-64岁	9401	40	159	396	396	120	12945	6550	82
65-69岁	4869	16	59	222	353	42	9316	4701	27
70-74岁	1098	11	14	63	138	18	2395	1754	11
75岁及以上	437	15	11	21	46	14	599	917	9

4-7b 续表 4 单位：人

年龄组 性别	社会生产服务和生活服务人员				农、林、牧、渔业生产及辅助人员				
	修理及制作服务人员	文化、体育和娱乐服务人员	健康服务人员	其他社会生产和生活服务人员	小计	农业生产人员	林业生产人员	畜牧业生产人员	渔业生产人员
总 计	**177047**	**31312**	**10379**	**5669**	**2065162**	**1782480**	**42811**	**149037**	**60200**
16-19岁	4924	1178	82	79	12562	10789	301	983	299
20-24岁	15921	4374	988	366	43677	36715	914	3915	1348
25-29岁	24927	5368	1534	610	84561	70515	1834	7550	3010
30-34岁	35063	5490	1827	887	153368	128060	3304	13346	5582
35-39岁	26419	3446	1411	720	150475	124277	3617	13882	5665
40-44岁	21517	2772	1283	710	175602	144602	5064	15621	6695
45-49岁	19933	3299	1394	815	268153	223728	7756	21986	9871
50-54岁	14846	2560	939	653	345465	295287	8583	24993	11373
55-59岁	8237	1592	562	470	305368	266967	6280	19667	8610
60-64岁	2856	596	177	171	203834	184214	2476	11147	4135
65-69岁	1660	377	125	126	189720	174472	1776	9463	2525
70-74岁	512	188	35	49	87370	81035	616	4192	832
75岁及以上	232	72	22	13	45007	41819	290	2292	255
男	**152757**	**15712**	**3766**	**3320**	**1123457**	**938327**	**31043**	**89561**	**46110**
16-19岁	4715	730	31	46	7923	6700	190	657	252
20-24岁	14718	2622	306	208	25715	20968	625	2481	1117
25-29岁	22203	2964	483	367	48316	38454	1334	4956	2482
30-34岁	30363	2622	539	493	84918	67716	2318	8584	4448
35-39岁	22300	1508	486	426	82445	65180	2521	8547	4400
40-44岁	17883	1123	433	367	93913	74132	3447	9172	5078
45-49岁	16382	1330	491	436	138857	110942	5393	12479	7241
50-54岁	12400	1209	414	399	179301	146654	6634	14356	8506
55-59岁	7130	870	343	321	160192	134643	4893	11648	6593
60-64岁	2510	345	113	124	113665	100628	1819	6882	3223
65-69岁	1472	218	88	86	108736	98773	1246	5905	1947
70-74岁	471	126	24	35	52250	48175	430	2602	645
75岁及以上	210	45	15	12	27226	25362	193	1292	178
女	**24290**	**15600**	**6613**	**2349**	**941705**	**844153**	**11768**	**59476**	**14090**
16-19岁	209	448	51	33	4639	4089	111	326	47
20-24岁	1203	1752	682	158	17962	15747	289	1434	231
25-29岁	2724	2404	1051	243	36245	32061	500	2594	528
30-34岁	4700	2868	1288	394	68450	60344	986	4762	1134
35-39岁	4119	1938	925	294	68030	59097	1096	5335	1265
40-44岁	3634	1649	850	343	81689	70470	1617	6449	1617
45-49岁	3551	1969	903	379	129296	112786	2363	9507	2630
50-54岁	2446	1351	525	254	166164	148633	1949	10637	2867
55-59岁	1107	722	219	149	145176	132324	1387	8019	2017
60-64岁	346	251	64	47	90169	83586	657	4265	912
65-69岁	188	159	37	40	80984	75699	530	3558	578
70-74岁	41	62	11	14	35120	32860	186	1590	187
75岁及以上	22	27	7	1	17781	16457	97	1000	77

4-7b 续表 5

单位：人

年龄组 性别	农林牧渔生产辅助人员	其他农、林、牧、渔业生产加工人员	生产制造及有关人员 小计	农副产品加工人员	食品、饮料生产加工人员	烟草及其制品加工人员	纺织、针织、印染人员	纺织品、服装和皮革、毛皮制品加工制作人员	木材加工、家具与木制品制作人员
总计	**28597**	**2037**	**4143764**	**80608**	**81011**	**2165**	**83716**	**407530**	**144760**
16-19岁	179	11	53467	621	1269	4	1082	5817	1033
20-24岁	735	50	217986	2307	4755	58	3867	21329	4748
25-29岁	1531	121	403288	4894	8360	124	7424	41224	10331
30-34岁	2882	194	667676	9315	13181	227	13445	74573	19203
35-39岁	2853	181	543063	8784	10849	219	11708	64515	17195
40-44岁	3375	245	541569	9468	10426	344	12316	61666	18159
45-49岁	4505	307	664271	13639	12452	502	14727	65119	24844
50-54岁	4906	323	571156	14131	10354	379	11191	43335	25760
55-59岁	3576	268	313214	9328	5703	209	5098	19382	15318
60-64岁	1721	141	98560	4045	1949	54	1531	5717	4728
65-69岁	1360	124	51712	2793	1225	27	901	3323	2447
70-74岁	645	50	12942	911	346	13	300	1032	736
75岁及以上	329	22	4860	372	142	5	126	498	258
男	**17325**	**1091**	**2915539**	**44593**	**41861**	**1272**	**33728**	**136514**	**109685**
16-19岁	118	6	38572	436	728	4	617	2822	847
20-24岁	493	31	161469	1571	2865	42	2180	9727	3858
25-29岁	1019	71	295322	3151	4776	89	3714	17194	8261
30-34岁	1746	106	468188	5467	6974	133	5639	26908	14644
35-39岁	1703	94	363199	4660	5311	123	4212	20516	12543
40-44岁	1946	138	350483	4684	4822	172	4021	17271	12789
45-49岁	2652	150	438319	6774	5725	249	4847	17877	17620
50-54岁	2979	172	419024	7520	5276	240	4464	13087	19809
55-59岁	2265	150	248924	5408	3240	162	2634	6991	12671
60-64岁	1036	77	79423	2420	1104	29	799	2244	3938
65-69岁	806	59	40227	1719	747	16	431	1268	1940
70-74岁	372	26	9330	566	206	9	120	426	577
75岁及以上	190	11	3059	217	87	4	50	183	188
女	**11272**	**946**	**1228225**	**36015**	**39150**	**893**	**49988**	**271016**	**35075**
16-19岁	61	5	14895	185	541		465	2995	186
20-24岁	242	19	56517	736	1890	16	1687	11602	890
25-29岁	512	50	107966	1743	3584	35	3710	24030	2070
30-34岁	1136	88	199488	3848	6207	94	7806	47665	4559
35-39岁	1150	87	179864	4124	5538	96	7496	43999	4652
40-44岁	1429	107	191086	4784	5604	172	8295	44395	5370
45-49岁	1853	157	225952	6865	6727	253	9880	47242	7224
50-54岁	1927	151	152132	6611	5078	139	6727	30248	5951
55-59岁	1311	118	64290	3920	2463	47	2464	12391	2647
60-64岁	685	64	19137	1625	845	25	732	3473	790
65-69岁	554	65	11485	1074	478	11	470	2055	507
70-74岁	273	24	3612	345	140	4	180	606	159
75岁及以上	139	11	1801	155	55	1	76	315	70

4-7b 续表 6

单位：人

年龄组 性 别	生产制造及有关人员								
	纸及纸制品生产加工人员	印刷和记录媒介复制人员	文教、工美、体育和娱乐用品制造人员	石油加工和炼焦、煤化工生产人员	化学原料和化学制品制造人员	医药制造人员	化学纤维制造人员	橡胶和塑料制品制造人员	非金属矿物制品制造人员
总 计	**27115**	**21495**	**71977**	**10125**	**46035**	**17713**	**5619**	**69795**	**98890**
16-19岁	320	406	1066	30	365	161	115	1078	1392
20-24岁	1277	1559	3593	727	2693	1587	532	3675	4607
25-29岁	2381	2644	6528	1464	4935	2436	796	6372	8003
30-34岁	4258	4201	11229	2072	8125	3371	1087	11047	14338
35-39岁	3832	3316	10192	1365	6247	2521	736	9489	12694
40-44岁	3783	3053	9769	1107	6259	2280	729	9691	13782
45-49岁	4517	2975	10758	1467	7508	2512	754	11722	17409
50-54岁	3661	1984	8993	1170	6028	1607	537	9371	14543
55-59岁	1867	955	5013	566	2789	857	233	4798	8148
60-64岁	638	239	2065	99	678	210	62	1420	2532
65-69岁	380	122	1617	43	287	111	30	786	1124
70-74岁	141	24	706	13	84	39	7	257	242
75岁及以上	60	17	448	2	37	21	1	89	76
男	**15622**	**12683**	**29695**	**8198**	**31868**	**9501**	**3338**	**40475**	**69644**
16-19岁	233	286	625	27	232	97	82	766	993
20-24岁	949	1026	2120	612	1942	951	402	2666	3596
25-29岁	1630	1732	3337	1216	3658	1393	539	4361	6018
30-34岁	2629	2613	5011	1663	5725	1848	647	7068	10108
35-39岁	2116	1974	4328	1070	4128	1194	395	5404	8473
40-44岁	1922	1637	3609	823	3904	1033	346	5024	8721
45-49岁	2215	1499	3758	1102	4851	1143	368	5724	11268
50-54岁	2025	1035	3206	1029	4427	1019	328	4976	10588
55-59岁	1185	619	1953	523	2199	610	162	2972	6540
60-64岁	392	159	788	86	506	132	44	875	2143
65-69岁	211	80	564	33	211	52	20	481	943
70-74岁	86	15	249	12	64	16	4	116	194
75岁及以上	29	8	147	2	21	13	1	42	59
女	**11493**	**8812**	**42282**	**1927**	**14167**	**8212**	**2281**	**29320**	**29246**
16-19岁	87	120	441	3	133	64	33	312	399
20-24岁	328	533	1473	115	751	636	130	1009	1011
25-29岁	751	912	3191	248	1277	1043	257	2011	1985
30-34岁	1629	1588	6218	409	2400	1523	440	3979	4230
35-39岁	1716	1342	5864	295	2119	1327	341	4085	4221
40-44岁	1861	1416	6160	284	2355	1247	383	4667	5061
45-49岁	2302	1476	7000	365	2657	1369	386	5998	6141
50-54岁	1636	949	5787	141	1601	588	209	4395	3955
55-59岁	682	336	3060	43	590	247	71	1826	1608
60-64岁	246	80	1277	13	172	78	18	545	389
65-69岁	169	42	1053	10	76	59	10	305	181
70-74岁	55	9	457	1	20	23	3	141	48
75岁及以上	31	9	301		16	8		47	17

4-7b 续表 7 单位：人

年龄组 性别	生产制造及有关人员								
	采矿人员	金属冶炼和压延加工人员	机械制造基础加工人员	金属制品制造人员	通用设备制造人员	专用设备制造人员	汽车制造人员	铁路、船舶、航空设备制造人员	电气机械和器材制造人员
总 计	**74862**	**55617**	**194683**	**109104**	**39601**	**13548**	**55672**	**11796**	**51710**
16-19岁	100	319	2242	1686	543	270	2198	199	2099
20-24岁	1481	2477	9613	6269	2153	1120	5447	806	5283
25-29岁	5178	5488	19467	11169	4086	1785	8263	1339	7149
30-34岁	11147	10105	37409	18798	7367	2989	12060	2248	9472
35-39岁	9953	7934	28778	15972	5528	1982	7798	1605	6966
40-44岁	11732	7808	26893	15246	5351	1667	6316	1505	6446
45-49岁	16442	9232	30549	17135	6047	1720	6528	1792	7032
50-54岁	12698	7587	23615	13044	4963	1211	4398	1352	4590
55-59岁	4643	3407	11303	6519	2365	563	1937	635	1851
60-64岁	836	806	3129	1934	743	146	484	190	478
65-69岁	401	338	1295	999	346	75	193	94	256
70-74岁	156	86	294	248	85	12	42	25	69
75岁及以上	95	30	96	85	24	8	8	6	19
男	**67319**	**45881**	**163192**	**76625**	**30760**	**8085**	**39017**	**8407**	**30276**
16-19岁	88	279	1987	1331	457	185	1946	162	1542
20-24岁	1327	2210	8671	5006	1814	821	4646	657	3789
25-29岁	4604	4737	17251	8530	3368	1214	6581	1023	4746
30-34岁	9968	8340	32733	13726	5913	1842	8671	1621	5775
35-39岁	8916	6277	24100	10981	4254	1070	5007	1083	3710
40-44岁	10248	6117	21508	9997	3846	806	3593	1001	3039
45-49岁	14443	7301	23572	10756	4299	853	3626	1147	3292
50-54岁	12033	6498	19317	8958	3843	742	2911	978	2580
55-59岁	4377	3024	9817	4850	1983	393	1474	491	1252
60-64岁	760	714	2784	1489	621	94	369	148	331
65-69岁	352	284	1133	755	280	54	158	73	166
70-74岁	130	74	243	182	64	7	30	17	41
75岁及以上	73	26	76	64	18	4	5	6	13
女	**7543**	**9736**	**31491**	**32479**	**8841**	**5463**	**16655**	**3389**	**21434**
16-19岁	12	40	255	355	86	85	252	37	557
20-24岁	154	267	942	1263	339	299	801	149	1494
25-29岁	574	751	2216	2639	718	571	1682	316	2403
30-34岁	1179	1765	4676	5072	1454	1147	3389	627	3697
35-39岁	1037	1657	4678	4991	1274	912	2791	522	3256
40-44岁	1484	1691	5385	5249	1505	861	2723	504	3407
45-49岁	1999	1931	6977	6379	1748	867	2902	645	3740
50-54岁	665	1089	4298	4086	1120	469	1487	374	2010
55-59岁	266	383	1486	1669	382	170	463	144	599
60-64岁	76	92	345	445	122	52	115	42	147
65-69岁	49	54	162	244	66	21	35	21	90
70-74岁	26	12	51	66	21	5	12	8	28
75岁及以上	22	4	20	21	6	4	3	8	6

4-7b 续表 8 单位：人

年龄组 性别	生产制造及有关人员								不便分类的其他从业人员
	计算机、通信和其他电子设备制造人员	仪器仪表制造人员	废弃资源综合利用人员	电力、热力、气体、水生产和输配人员	建筑施工人员	运输设备和通用工程机械操作人员及有关人员	生产辅助人员	其他生产制造及有关人员	
总 计	**275730**	**4066**	**6422**	**25426**	**1495125**	**110459**	**434154**	**17235**	**40485**
16-19岁	12037	49	54	93	10212	1243	5131	233	5658
20-24岁	35303	321	228	1180	53175	6822	28022	972	3801
25-29岁	46587	585	402	2753	112847	16052	50454	1768	3721
30-34岁	60053	899	623	3967	196169	23382	78259	3057	5257
35-39岁	38672	595	607	2858	172424	16024	59386	2319	4133
40-44岁	30830	494	754	3181	188130	13914	56278	2192	3937
45-49岁	27755	548	1015	4437	259533	14947	66052	2602	4734
50-54岁	15360	352	1197	3704	259451	11252	51206	2132	4204
55-59岁	6440	154	777	2376	156734	5339	26747	1160	2675
60-64岁	1648	48	362	537	52262	1045	7513	432	1086
65-69岁	763	13	255	249	26836	345	3772	266	757
70-74岁	184	6	84	71	5589	63	997	80	292
75岁及以上	98	2	64	20	1763	31	337	22	230
男	**156796**	**2472**	**4539**	**20931**	**1279469**	**102541**	**279982**	**10570**	**24674**
16-19岁	8331	37	33	83	8685	1196	3270	165	3322
20-24岁	24403	240	165	990	45594	6538	19424	667	2343
25-29岁	29899	422	299	2296	98218	15361	34504	1200	2352
30-34岁	33842	583	463	3265	169250	21973	51200	1946	3205
35-39岁	19193	307	418	2230	146519	14780	36552	1355	2459
40-44岁	13699	238	478	2309	156067	12476	33085	1198	2279
45-49岁	12453	264	683	3301	214098	13237	38550	1424	2782
50-54岁	8811	208	865	3368	222583	10447	34561	1292	2618
55-59岁	4329	123	553	2261	140270	5128	19933	797	1742
60-64岁	1162	34	287	511	47741	992	5430	297	749
65-69岁	513	10	194	234	24187	327	2622	169	511
70-74岁	110	4	63	65	4885	57	650	48	179
75岁及以上	51	2	38	18	1372	29	201	12	133
女	**118934**	**1594**	**1883**	**4495**	**215656**	**7918**	**154172**	**6665**	**15811**
16-19岁	3706	12	21	10	1527	47	1861	68	2336
20-24岁	10900	81	63	190	7581	284	8598	305	1458
25-29岁	16688	163	103	457	14629	691	15950	568	1369
30-34岁	26211	316	160	702	26919	1409	27059	1111	2052
35-39岁	19479	288	189	628	25905	1244	22834	964	1674
40-44岁	17131	256	276	872	32063	1438	23193	994	1658
45-49岁	15302	284	332	1136	45435	1710	27502	1178	1952
50-54岁	6549	144	332	336	36868	805	16645	840	1586
55-59岁	2111	31	224	115	16464	211	6814	363	933
60-64岁	486	14	75	26	4521	53	2083	135	337
65-69岁	250	3	61	15	2649	18	1150	97	246
70-74岁	74	2	21	6	704	6	347	32	113
75岁及以上	47		26	2	391	2	136	10	97

4-7c 全国分年龄、性别、职业中类的就业人口(乡村)

单位：人

年龄组 性别	合计	党的机关、国家机关、群众团体和社会组织、企事业单位负责人						
		小计	中国共产党机关负责人	国家机关负责人	民主党派和工商联负责人	人民团体和群众团体、社会组织及其他成员组织负责人	基层群众自治组织负责人	企事业单位负责人
总　计	**24701872**	**197965**	**994**	**5461**	**23**	**9993**	**27331**	**154163**
16-19岁	341928	529	5	7		29	15	473
20-24岁	1279203	5555	12	79	2	253	208	5001
25-29岁	2032016	16143	31	330	5	642	776	14359
30-34岁	2815707	30150	103	684	2	1162	1663	26536
35-39岁	2268024	26910	103	734		1223	1961	22889
40-44岁	2332588	26528	121	830	4	1263	3062	21248
45-49岁	3213476	30651	171	928	3	1569	4709	23271
50-54岁	3579121	28988	171	812	4	1656	5968	20377
55-59岁	2762370	20896	172	774	1	1275	5637	13037
60-64岁	1635821	6700	70	166	2	430	2026	4006
65-69岁	1437479	3517	24	71		305	1000	2117
70-74岁	660950	1012	9	24		107	235	637
75岁及以上	343189	386	2	22		79	71	212
男	**14776688**	**156114**	**851**	**4651**	**15**	**6736**	**23231**	**120630**
16-19岁	214636	369	3	1		20	6	339
20-24岁	772263	3787	7	43	1	157	101	3478
25-29岁	1254950	11651	23	209	2	407	497	10513
30-34岁	1722523	22459	76	503	1	739	1122	20018
35-39岁	1362414	20543	86	618		763	1530	17546
40-44岁	1358996	20548	102	726	3	790	2485	16442
45-49岁	1843060	24344	149	833	3	1017	3983	18359
50-54岁	2096646	24026	154	739	3	1155	5266	16709
55-59岁	1661095	18145	162	728	1	952	5128	11174
60-64岁	999208	5903	59	147	1	342	1880	3474
65-69岁	870297	3140	21	64		248	949	1858
70-74岁	409699	874	7	21		90	218	538
75岁及以上	210901	325	2	19		56	66	182
女	**9925184**	**41851**	**143**	**810**	**8**	**3257**	**4100**	**33533**
16-19岁	127292	160	2	6		9	9	134
20-24岁	506940	1768	5	36	1	96	107	1523
25-29岁	777066	4492	8	121	3	235	279	3846
30-34岁	1093184	7691	27	181	1	423	541	6518
35-39岁	905610	6367	17	116		460	431	5343
40-44岁	973592	5980	19	104	1	473	577	4806
45-49岁	1370416	6307	22	95		552	726	4912
50-54岁	1482475	4962	17	73	1	501	702	3668
55-59岁	1101275	2751	10	46		323	509	1863
60-64岁	636613	797	11	19	1	88	146	532
65-69岁	567182	377	3	7		57	51	259
70-74岁	251251	138	2	3		17	17	99
75岁及以上	132288	61		3		23	5	30

4-7c 续表 1

单位：人

年龄组 性别	专业技术人员									
	小计	科学研究人员	工程技术人员	农业技术人员	飞机和船舶技术人员	卫生专业技术人员	经济和金融专业人员	法律、社会和宗教专业人员	教学人员	文学艺术、体育专业人员
总 计	**949328**	**3074**	**231257**	**18735**	**1591**	**166530**	**141635**	**19624**	**332633**	**16770**
16-19岁	20917	50	2748	138	6	2489	1379	338	12644	708
20-24岁	141867	504	25977	1052	127	28079	20574	1710	57844	3235
25-29岁	197943	954	44335	1519	199	33786	34527	3258	71798	3664
30-34岁	170842	669	47894	1902	198	22344	32571	3026	55671	3106
35-39岁	98283	240	26653	1538	163	14001	16385	2043	33682	1605
40-44岁	80826	138	20255	1561	183	15230	10396	1844	28802	1025
45-49岁	79879	137	23114	2533	191	16136	9173	2121	23938	1061
50-54岁	70820	141	21067	2850	224	13115	6905	2090	22134	1088
55-59岁	51481	108	13296	2364	180	8484	5337	1517	18811	738
60-64岁	17026	53	3762	1301	89	4888	2199	589	3647	253
65-69岁	11400	49	1644	1123	30	4550	1384	507	1819	172
70-74岁	5254	25	395	453	1	2368	576	329	977	77
75岁及以上	2790	6	117	201		1060	229	252	866	38
男	**473262**	**1954**	**202073**	**13231**	**1524**	**66972**	**44738**	**12564**	**109613**	**10461**
16-19岁	8242	25	2297	102	6	505	431	269	3955	421
20-24岁	47146	296	21963	722	115	4648	5126	906	10264	1809
25-29岁	77174	564	38116	1049	193	6929	8706	1569	15940	2174
30-34岁	77277	448	41983	1301	187	6477	8166	1706	13038	2016
35-39岁	49289	169	23253	1153	152	6294	4256	1316	10491	1069
40-44岁	43958	94	17439	1134	174	8010	3003	1287	11334	650
45-49岁	49204	85	19951	1741	182	9403	3446	1519	11228	663
50-54岁	48661	99	19001	1978	217	8234	3663	1619	12304	689
55-59岁	41846	83	12522	1772	180	5853	4041	1231	15102	521
60-64岁	13985	36	3556	964	87	3696	1888	452	2906	199
65-69岁	9538	33	1538	824	30	3782	1260	360	1466	149
70-74岁	4521	17	355	338	1	2144	536	201	815	69
75岁及以上	2421	5	99	153		997	216	129	770	32
女	**476066**	**1120**	**29184**	**5504**	**67**	**99558**	**96897**	**7060**	**223020**	**6309**
16-19岁	12675	25	451	36		1984	948	69	8689	287
20-24岁	94721	208	4014	330	12	23431	15448	804	47580	1426
25-29岁	120769	390	6219	470	6	26857	25821	1689	55858	1490
30-34岁	93565	221	5911	601	11	15867	24405	1320	42633	1090
35-39岁	48994	71	3400	485	11	7707	12129	727	23191	536
40-44岁	36868	44	2816	527	9	7220	7393	557	17468	375
45-49岁	30675	52	3163	792	9	6733	5727	602	12710	398
50-54岁	22159	42	2066	872	7	4881	3242	471	9830	399
55-59岁	9635	25	774	592		2631	1296	286	3709	217
60-64岁	3041	17	206	337	2	1192	311	137	741	54
65-69岁	1862	16	106	299		768	124	147	353	23
70-74岁	733	8	40	115		224	40	128	162	8
75岁及以上	369	1	18	48		63	13	123	96	6

4-7c 续表 2

单位：人

年龄组 性别	专业技术人员		办事人员和有关人员				社会生产服务和生活服务人员		
	新闻出版、文化专业人员	其他专业技术人员	小计	办事人员	安全和消防人员	其他办事人员和有关人员	小计	批发与零售服务人员	交通运输、仓储和邮政业服务人员
总计	**8959**	**8520**	**574633**	**399006**	**166177**	**9450**	**5397940**	**2053911**	**1124828**
16-19岁	221	196	6261	3681	2456	124	115833	39233	11596
20-24岁	1950	815	55931	40304	14786	841	439413	177466	62107
25-29岁	2628	1275	92244	71635	19215	1394	668691	279736	121108
30-34岁	1919	1542	95152	75460	18059	1633	867461	364465	189845
35-39岁	860	1013	57956	45140	11837	979	644887	256088	164611
40-44岁	376	916	48805	36994	10919	892	578017	215910	152793
45-49岁	421	1054	57190	40620	15542	1028	677482	237937	169749
50-54岁	285	921	59326	37117	21210	999	620577	214088	138054
55-59岁	187	459	54364	30561	22936	867	400868	134001	75212
60-64岁	55	190	24119	9578	14183	358	183002	60376	24526
65-69岁	35	87	15950	5324	10399	227	132136	45940	11798
70-74岁	15	38	5590	1832	3673	85	48701	18896	2648
75岁及以上	7	14	1745	760	962	23	20872	9775	781
男	**3691**	**6441**	**389098**	**232222**	**151105**	**5771**	**3163829**	**1035536**	**986779**
16-19岁	97	134	4009	1673	2269	67	69972	17912	9441
20-24岁	692	605	30251	16442	13404	405	259451	83201	52387
25-29岁	958	976	50558	32619	17233	706	405398	138509	105268
30-34岁	770	1185	53874	37223	15757	894	513606	173427	165154
35-39岁	386	750	36406	25603	10225	578	380667	121810	144775
40-44岁	180	653	32566	22720	9325	521	328957	102495	133386
45-49岁	207	779	41151	26874	13660	617	370903	117561	148181
50-54岁	161	696	48543	28014	19814	715	348658	115665	123157
55-59岁	149	392	48412	25812	21910	690	238843	78440	68730
60-64岁	44	157	22032	8274	13463	295	116525	38609	22575
65-69岁	28	68	14608	4682	9737	189	84989	29359	10744
70-74岁	12	33	5142	1624	3444	74	32535	12226	2339
75岁及以上	7	13	1546	662	864	20	13325	6322	642
女	**5268**	**2079**	**185535**	**166784**	**15072**	**3679**	**2234111**	**1018375**	**138049**
16-19岁	124	62	2252	2008	187	57	45861	21321	2155
20-24岁	1258	210	25680	23862	1382	436	179962	94265	9720
25-29岁	1670	299	41686	39016	1982	688	263293	141227	15840
30-34岁	1149	357	41278	38237	2302	739	353855	191038	24691
35-39岁	474	263	21550	19537	1612	401	264220	134278	19836
40-44岁	196	263	16239	14274	1594	371	249060	113415	19407
45-49岁	214	275	16039	13746	1882	411	306579	120376	21568
50-54岁	124	225	10783	9103	1396	284	271919	98423	14897
55-59岁	38	67	5952	4749	1026	177	162025	55561	6482
60-64岁	11	33	2087	1304	720	63	66477	21767	1951
65-69岁	7	19	1342	642	662	38	47147	16581	1054
70-74岁	3	5	448	208	229	11	16166	6670	309
75岁及以上		1	199	98	98	3	7547	3453	139

4-7c 续表 3

单位：人

年龄组 性别	社会生产服务和生活服务人员								
	住宿和餐饮服务人员	信息传输、软件和信息技术服务人员	金融服务人员	房地产服务人员	租赁和商务服务人员	技术辅助服务人员	水利、环境和公共设施管理服务人员	居民服务人员	电力、燃气及水供应服务人员
总　计	**862046**	**66239**	**49384**	**50524**	**114395**	**72729**	**359027**	**354826**	**53136**
16-19岁	32722	1677	355	821	1930	1931	1262	13008	423
20-24岁	78639	13536	6569	6984	9863	13530	4371	31452	2854
25-29岁	99512	20096	12313	10471	12949	18783	8499	40111	5571
30-34岁	128231	15431	11573	9670	13916	16603	15552	50164	7967
35-39岁	101345	6318	5649	5038	9360	7932	18589	35092	5996
40-44岁	96818	3296	3747	3567	8878	4836	28067	31460	6017
45-49岁	119619	2659	3764	4057	11868	4091	52474	41811	7705
50-54岁	104614	1837	2965	3985	15089	2832	68600	43205	7850
55-59岁	60945	1027	1733	3002	14717	1498	61385	30645	5956
60-64岁	22614	229	383	1569	8062	419	43138	15565	1646
65-69岁	12693	91	204	1037	5481	186	38028	12898	837
70-74岁	3196	25	70	251	1807	60	14666	5772	242
75岁及以上	1098	17	59	72	475	28	4396	3643	72
男	**385994**	**46814**	**23242**	**31442**	**89717**	**47813**	**158865**	**114982**	**47297**
16-19岁	20943	1042	179	540	1288	1229	755	6282	381
20-24岁	47419	8883	3124	4268	5879	8468	2485	12783	2535
25-29岁	56227	14061	6376	6534	8098	12511	4363	14972	4903
30-34岁	65586	10936	5401	5619	9047	11281	6619	17100	6893
35-39岁	46306	4568	2257	2865	6724	5344	6617	10808	5160
40-44岁	37436	2486	1233	1982	6751	2984	8730	8472	5151
45-49岁	38261	2061	1455	2323	9742	2480	15736	10019	6658
50-54岁	32780	1539	1549	2641	13638	1867	24335	10788	7279
55-59岁	22054	916	1136	2258	13789	1110	27332	8828	5684
60-64岁	10394	206	264	1283	7596	321	24118	5827	1563
65-69岁	6265	82	150	862	5093	144	23914	5107	794
70-74岁	1763	20	64	215	1649	52	10552	2516	228
75岁及以上	560	14	54	52	423	22	3309	1480	68
女	**476052**	**19425**	**26142**	**19082**	**24678**	**24916**	**200162**	**239844**	**5839**
16-19岁	11779	635	176	281	642	702	507	6726	42
20-24岁	31220	4653	3445	2716	3984	5062	1886	18669	319
25-29岁	43285	6035	5937	3937	4851	6272	4136	25139	668
30-34岁	62645	4495	6172	4051	4869	5322	8933	33064	1074
35-39岁	55039	1750	3392	2173	2636	2588	11972	24284	836
40-44岁	59382	810	2514	1585	2127	1852	19337	22988	866
45-49岁	81358	598	2309	1734	2126	1611	36738	31792	1047
50-54岁	71834	298	1416	1344	1451	965	44265	32417	571
55-59岁	38891	111	597	744	928	388	34053	21817	272
60-64岁	12220	23	119	286	466	98	19020	9738	83
65-69岁	6428	9	54	175	388	42	14114	7791	43
70-74岁	1433	5	6	36	158	8	4114	3256	14
75岁及以上	538	3	5	20	52	6	1087	2163	4

4-7c 续表 4

单位：人

年龄组 性 别	社会生产服务和生活服务人员				农、林、牧、渔业生产及辅助人员				
	修理及制作服务人员	文化、体育和娱乐服务人员	健康服务人员	其他社会生产和生活服务人员	小计	农业生产人员	林业生产人员	畜牧业生产人员	渔业生产人员
总 计	**198329**	**24191**	**7607**	**6768**	**10835195**	**9595050**	**152101**	**845296**	**153579**
16-19岁	9236	1345	114	180	79276	68519	1152	8103	673
20-24岁	26245	4283	984	530	242904	208410	3734	24979	3115
25-29岁	32893	4687	1181	781	410031	352112	6212	39549	7256
30-34岁	38185	3830	1118	911	675037	581717	10464	62725	12061
35-39岁	25228	2129	815	697	664655	564854	11770	67881	12123
40-44岁	19610	1661	736	621	813770	694593	14786	81119	14652
45-49岁	18077	2030	828	813	1319634	1142009	22985	119259	23118
50-54岁	14057	1770	742	889	1789758	1578286	28500	139559	29060
55-59岁	8275	1250	574	648	1636704	1462001	24256	114914	23715
60-64岁	3431	501	225	318	1181278	1076088	12697	72113	13481
65-69岁	2102	424	179	238	1149206	1057819	10171	65359	9520
70-74岁	689	195	82	102	566962	525517	3912	31248	3455
75岁及以上	301	86	29	40	305980	283125	1462	18488	1350
男	**174462**	**13780**	**2989**	**4117**	**5763335**	**5023568**	**103256**	**474647**	**110171**
16-19岁	8878	953	45	104	48699	41907	771	4935	547
20-24岁	24652	2807	258	302	140271	118566	2516	14909	2550
25-29岁	29848	2904	347	477	228097	191696	4190	23432	5698
30-34岁	33557	2054	384	548	361077	303706	6929	36564	9089
35-39岁	21660	1036	319	418	348612	289176	7670	38071	8993
40-44岁	16455	761	287	348	415144	346115	9703	44001	10373
45-49岁	14755	864	349	458	653185	551960	15367	63297	15763
50-54岁	11684	868	328	540	886819	764591	19467	74788	19931
55-59岁	7130	693	327	416	837325	732641	16964	64199	16712
60-64岁	3066	332	146	225	656838	591489	8876	42625	9810
65-69岁	1887	293	116	179	658533	601974	7068	38766	7082
70-74岁	623	151	60	77	342425	316789	2703	18629	2635
75岁及以上	267	64	23	25	186310	172958	1032	10431	988
女	**23867**	**10411**	**4618**	**2651**	**5071860**	**4571482**	**48845**	**370649**	**43408**
16-19岁	358	392	69	76	30577	26612	381	3168	126
20-24岁	1593	1476	726	228	102633	89844	1218	10070	565
25-29岁	3045	1783	834	304	181934	160416	2022	16117	1558
30-34岁	4628	1776	734	363	313960	278011	3535	26161	2972
35-39岁	3568	1093	496	279	316043	275678	4100	29810	3130
40-44岁	3155	900	449	273	398626	348478	5083	37118	4279
45-49岁	3322	1166	479	355	666449	590049	7618	55962	7355
50-54岁	2373	902	414	349	902939	813695	9033	64771	9129
55-59岁	1145	557	247	232	799379	729360	7292	50715	7003
60-64岁	365	169	79	93	524440	484599	3821	29488	3671
65-69岁	215	131	63	59	490673	455845	3103	26593	2438
70-74岁	66	44	22	25	224537	208728	1209	12619	820
75岁及以上	34	22	6	15	119670	110167	430	8057	362

4-7c 续表 5 单位：人

年龄组 性别	农林牧渔生产辅助人员	其他农、林、牧、渔业生产加工人员	生产制造及有关人员 小计	农副产品加工人员	食品、饮料生产加工人员	烟草及其制品加工人员	纺织、针织、印染人员	纺织品、服装和皮革、毛皮制品加工制作人员	木材加工、家具与木制品制作人员
总　计	**83579**	**5590**	**6692804**	**121135**	**105660**	**4188**	**120569**	**653716**	**277824**
16-19岁	775	54	105821	1015	2257	43	1940	13395	2637
20-24岁	2491	175	386340	3918	7414	134	6555	42750	10451
25-29岁	4610	292	642635	7109	10734	269	11361	70662	19812
30-34岁	7601	469	971857	12674	15451	373	18988	120210	33812
35-39岁	7532	495	771665	11511	12618	388	16210	97060	29270
40-44岁	8110	510	781294	13010	12259	553	16082	90510	32326
45-49岁	11497	766	1044269	19477	15622	792	19545	98121	46851
50-54岁	13489	864	1004874	21581	14060	783	15938	69984	50541
55-59岁	11090	728	594639	14865	8259	486	7930	31316	31840
60-64岁	6442	457	221796	7331	3550	207	2917	10080	10969
65-69岁	5884	453	123871	5613	2354	114	2004	6247	6557
70-74岁	2625	205	32790	2162	759	38	755	2262	2043
75岁及以上	1433	122	10953	869	323	8	344	1119	715
男	**48861**	**2832**	**4798210**	**64694**	**55217**	**2190**	**47557**	**218645**	**205673**
16-19岁	507	32	76119	707	1366	34	1015	6102	2175
20-24岁	1631	99	287031	2582	4338	87	3564	18180	8551
25-29岁	2930	151	479238	4415	6244	165	5594	29066	15625
30-34岁	4524	265	690877	7116	8143	184	7821	43541	25119
35-39岁	4452	250	524657	5858	6216	201	5954	31955	20638
40-44岁	4703	249	515797	6239	5635	240	5244	26480	21914
45-49岁	6444	354	701697	9182	7191	366	6214	27355	32145
50-54岁	7644	398	736946	10937	6996	409	5826	19478	37350
55-59岁	6436	373	474232	8198	4716	292	3552	10018	25771
60-64岁	3801	237	182595	4276	2210	119	1424	3454	9032
65-69岁	3408	235	98529	3327	1475	63	917	2016	5244
70-74岁	1545	124	23792	1360	490	27	312	686	1574
75岁及以上	836	65	6700	497	197	3	120	314	535
女	**34718**	**2758**	**1894594**	**56441**	**50443**	**1998**	**73012**	**435071**	**72151**
16-19岁	268	22	29702	308	891	9	925	7293	462
20-24岁	860	76	99309	1336	3076	47	2991	24570	1900
25-29岁	1680	141	163397	2694	4490	104	5767	41596	4187
30-34岁	3077	204	280980	5558	7308	189	11167	76669	8693
35-39岁	3080	245	247008	5653	6402	187	10256	65105	8632
40-44岁	3407	261	265497	6771	6624	313	10838	64030	10412
45-49岁	5053	412	342572	10295	8431	426	13331	70766	14706
50-54岁	5845	466	267928	10644	7064	374	10112	50506	13191
55-59岁	4654	355	120407	6667	3543	194	4378	21298	6069
60-64岁	2641	220	39201	3055	1340	88	1493	6626	1937
65-69岁	2476	218	25342	2286	879	51	1087	4231	1313
70-74岁	1080	81	8998	802	269	11	443	1576	469
75岁及以上	597	57	4253	372	126	5	224	805	180

4-7c　续表 6　　　　单位：人

年龄组 性　别	生产制造及有关人员								
	纸及纸制品生产加工人员	印刷和记录媒介复制人员	文教、工美、体育和娱乐用品制造人　员	石油加工和炼焦、煤化工生产人员	化学原料和化学制品制造人　员	医药制造人　　员	化学纤维制造人员	橡胶和塑料制品制造人员	非金属矿物制品制造人员
总　计	**38699**	**24272**	**112522**	**8809**	**51043**	**17690**	**5907**	**102017**	**146633**
16-19岁	603	763	2726	51	585	192	104	2053	1486
20-24岁	2149	2381	7356	617	3156	1658	429	5908	6151
25-29岁	3578	3483	10747	1045	5222	2559	773	9060	10947
30-34岁	5668	4957	16498	1414	7636	3148	1057	15179	18502
35-39岁	4847	3604	13724	988	6070	2252	688	12807	16608
40-44岁	4803	2990	13210	967	6521	1994	758	13200	18422
45-49岁	6311	2814	15690	1341	8468	2284	889	16601	26416
50-54岁	5521	1954	13766	1311	7488	1879	687	14494	24987
55-59岁	3011	869	7986	793	4050	1039	345	7569	14525
60-64岁	1150	268	4095	190	1146	327	87	2821	5439
65-69岁	694	136	3622	64	532	229	64	1618	2524
70-74岁	246	39	1918	21	118	86	21	506	527
75岁及以上	118	14	1184	7	51	43	5	201	99
男	**21581**	**15347**	**44274**	**7491**	**34493**	**9290**	**3448**	**56981**	**108360**
16-19岁	426	528	1544	46	387	101	78	1453	1165
20-24岁	1547	1619	4029	555	2286	953	328	4210	4958
25-29岁	2397	2367	5393	898	3742	1487	525	6041	8557
30-34岁	3362	3214	7109	1186	5236	1690	670	9158	13620
35-39岁	2612	2325	5481	803	3846	1056	378	7050	11573
40-44岁	2371	1796	4822	769	3976	906	351	6554	12340
45-49岁	2910	1531	5217	1068	5246	1054	417	7700	17915
50-54岁	2900	1094	4537	1164	5304	1074	375	7473	18629
55-59岁	1801	558	2796	740	3111	635	226	4413	11992
60-64岁	708	189	1337	180	854	170	60	1749	4788
65-69岁	381	95	1112	60	384	108	27	882	2270
70-74岁	116	25	545	18	84	41	11	224	475
75岁及以上	50	6	352	4	37	15	2	74	78
女	**17118**	**8925**	**68248**	**1318**	**16550**	**8400**	**2459**	**45036**	**38273**
16-19岁	177	235	1182	5	198	91	26	600	321
20-24岁	602	762	3327	62	870	705	101	1698	1193
25-29岁	1181	1116	5354	147	1480	1072	248	3019	2390
30-34岁	2306	1743	9389	228	2400	1458	387	6021	4882
35-39岁	2235	1279	8243	185	2224	1196	310	5757	5035
40-44岁	2432	1194	8388	198	2545	1088	407	6646	6082
45-49岁	3401	1283	10473	273	3222	1230	472	8901	8501
50-54岁	2621	860	9229	147	2184	805	312	7021	6358
55-59岁	1210	311	5190	53	939	404	119	3156	2533
60-64岁	442	79	2758	10	292	157	27	1072	651
65-69岁	313	41	2510	4	148	121	37	736	254
70-74岁	130	14	1373	3	34	45	10	282	52
75岁及以上	68	8	832	3	14	28	3	127	21

4-7c 续表 7

单位：人

年龄组 性 别	生产制造及有关人员								
	采矿人员	金属冶炼和压延加工人员	机械制造基础加工人员	金属制品制造人员	通用设备制造人员	专用设备制造人员	汽车制造人员	铁路、船舶、航空设备制造人员	电气机械和器材制造人员
总 计	**114556**	**65103**	**282947**	**173367**	**57112**	**19053**	**64431**	**15580**	**66717**
16-19岁	293	595	3912	3373	978	442	1810	294	2578
20-24岁	3036	3291	15225	11520	3430	1776	6545	1086	6931
25-29岁	8269	6270	29152	18679	6061	2531	9542	1761	9346
30-34岁	15101	10202	52708	28768	9942	3571	13243	2664	12165
35-39岁	13842	8207	39310	23425	7618	2566	8693	2067	8687
40-44岁	16445	8522	35786	22442	6913	2292	7275	1864	7654
45-49岁	23964	11011	42972	26358	8334	2465	7860	2405	8697
50-54岁	21398	9895	36613	21550	7299	1900	5584	2084	6169
55-59岁	9015	5053	18179	11082	3950	955	2710	903	2807
60-64岁	2018	1295	5734	3615	1466	335	751	272	956
65-69岁	809	580	2698	1852	787	168	335	128	501
70-74岁	215	134	527	544	231	42	69	38	151
75岁及以上	151	48	131	159	103	10	14	14	75
男	**107274**	**54008**	**236679**	**119729**	**43036**	**10844**	**43964**	**11584**	**39443**
16-19岁	260	511	3473	2650	800	293	1536	253	1856
20-24岁	2819	2919	13704	9012	2891	1200	5518	933	4978
25-29岁	7745	5478	26015	14377	4975	1653	7462	1403	6338
30-34岁	14092	8570	46350	21119	7873	2097	9425	2059	7462
35-39岁	12895	6541	33050	16029	5694	1391	5348	1478	4795
40-44岁	15274	6659	28521	14215	4818	1060	4073	1240	3781
45-49岁	22339	8611	33168	16016	5715	1187	4280	1622	4089
50-54岁	20302	8436	29112	13998	5283	1038	3455	1518	3367
55-59岁	8589	4483	15380	7899	3073	588	1973	705	1758
60-64岁	1878	1144	5015	2678	1156	202	566	231	612
65-69岁	750	503	2334	1265	563	109	261	100	293
70-74岁	189	111	444	371	136	19	58	32	79
75岁及以上	142	42	113	100	59	7	9	10	35
女	**7282**	**11095**	**46268**	**53638**	**14076**	**8209**	**20467**	**3996**	**27274**
16-19岁	33	84	439	723	178	149	274	41	722
20-24岁	217	372	1521	2508	539	576	1027	153	1953
25-29岁	524	792	3137	4302	1086	878	2080	358	3008
30-34岁	1009	1632	6358	7649	2069	1474	3818	605	4703
35-39岁	947	1666	6260	7396	1924	1175	3345	589	3892
40-44岁	1171	1863	7265	8227	2095	1232	3202	624	3873
45-49岁	1625	2400	9804	10342	2619	1278	3580	783	4608
50-54岁	1096	1459	7501	7552	2016	862	2129	566	2802
55-59岁	426	570	2799	3183	877	367	737	198	1049
60-64岁	140	151	719	937	310	133	185	41	344
65-69岁	59	77	364	587	224	59	74	28	208
70-74岁	26	23	83	173	95	23	11	6	72
75岁及以上	9	6	18	59	44	3	5	4	40

4-7c 续表 8

单位：人

年龄组 性别	生产制造及有关人员								不便分类的其他从业人员
	计算机、通信和其他电子设备制造人员	仪器仪表制造人员	废弃资源综合利用人员	电力、热力、气体、水生产和输配人员	建筑施工人员	运输设备和通用工程机械操作人员及有关人员	生产辅助人员	其他生产制造及有关人员	
总 计	**383311**	**5412**	**11156**	**23962**	**2938922**	**156112**	**501103**	**23276**	**54007**
16-19岁	21747	167	86	139	27967	2820	8386	384	13291
20-24岁	56439	527	277	1417	122227	13708	36489	1389	7193
25-29岁	67712	723	577	2598	224574	26708	58524	2247	4329
30-34岁	78200	1041	934	3333	346187	32716	82079	3436	5208
35-39岁	48261	734	943	2205	292140	20517	61081	2724	3668
40-44岁	36995	659	1242	2283	325293	17039	58270	2715	3348
45-49岁	36464	695	1874	3366	491421	18501	73155	3505	4371
50-54岁	23044	467	2229	3809	536806	14462	63268	3323	4778
55-59岁	9661	231	1454	2843	345591	7095	36330	1897	3418
60-64岁	2755	105	723	1209	134390	1791	12959	845	1900
65-69岁	1402	46	534	581	72356	609	7579	534	1399
70-74岁	418	16	204	143	15999	112	2245	201	641
75岁及以上	213	1	79	36	3971	34	738	76	463
男	**216677**	**2976**	**8018**	**20771**	**2519782**	**146752**	**307730**	**13702**	**32840**
16-19岁	14363	113	63	125	24235	2761	5439	261	7226
20-24岁	37217	366	229	1257	106945	13390	24930	936	4326
25-29岁	42870	448	461	2255	198145	25888	39688	1521	2834
30-34岁	44260	602	687	2780	301031	31236	51907	2158	3353
35-39岁	24265	383	658	1808	247808	19112	35937	1519	2240
40-44岁	16468	303	872	1817	268161	15346	32116	1436	2026
45-49岁	16052	298	1259	2719	400878	16497	39633	1823	2576
50-54岁	12079	231	1535	3436	456265	13292	38191	1862	2993
55-59岁	5999	139	1068	2678	308570	6777	24549	1185	2292
60-64岁	1861	56	573	1162	123914	1730	8730	537	1330
65-69岁	881	29	405	561	66380	587	4831	316	960
70-74岁	254	8	149	139	14252	106	1350	107	410
75岁及以上	108		59	34	3198	30	429	41	274
女	**166634**	**2436**	**3138**	**3191**	**419140**	**9360**	**193373**	**9574**	**21167**
16-19岁	7384	54	23	14	3732	59	2947	123	6065
20-24岁	19222	161	48	160	15282	318	11559	453	2867
25-29岁	24842	275	116	343	26429	820	18836	726	1495
30-34岁	33940	439	247	553	45156	1480	30172	1278	1855
35-39岁	23996	351	285	397	44332	1405	25144	1205	1428
40-44岁	20527	356	370	466	57132	1693	26154	1279	1322
45-49岁	20412	397	615	647	90543	2004	33522	1682	1795
50-54岁	10965	236	694	373	80541	1170	25077	1461	1785
55-59岁	3662	92	386	165	37021	318	11781	712	1126
60-64岁	894	49	150	47	10476	61	4229	308	570
65-69岁	521	17	129	20	5976	22	2748	218	439
70-74岁	164	8	55	4	1747	6	895	94	231
75岁及以上	105	1	20	2	773	4	309	35	189

第二部分 长表数据资料

第五卷 婚姻

5-1 各地区分性别、婚姻状况的15岁及以上人口

单位：人

地区	15岁及以上人口			未婚		
	合计	男	女	小计	男	女
全国	**114261590**	**57861957**	**56399633**	**21947434**	**13067496**	**8879938**
北京	1852002	936729	915273	385045	207421	177624
天津	1060933	536096	524837	192845	108913	83932
河北	5912499	2953612	2958887	938692	543376	395316
山西	2887300	1466370	1420930	516636	299198	217438
内蒙古	2005584	1019523	986061	302498	179972	122526
辽宁	3633278	1809089	1824189	576058	335948	240110
吉林	1937575	958960	978615	291931	166749	125182
黑龙江	2637902	1311679	1326223	430665	242623	188042
上海	2183950	1124762	1059188	440417	252069	188348
江苏	6979672	3512398	3467274	1088192	647154	441038
浙江	5632551	2945227	2687324	1013698	628317	385381
安徽	4877094	2437492	2439602	833007	499382	333625
福建	3188888	1624272	1564616	592284	360464	231820
江西	3786171	1925679	1860492	828360	495878	332482
山东	8231972	4106966	4125006	1328788	763478	565310
河南	7532705	3691317	3841388	1507912	860245	647667
湖北	5118036	2608102	2509934	967284	597529	369755
湖南	5674153	2867782	2806371	1156295	696057	460238
广东	9826600	5207531	4619069	2654005	1651474	1002531
广西	3517749	1788061	1729688	776520	481059	295461
海南	739671	387457	352214	180442	114936	65506
重庆	2785011	1396941	1388070	547351	322459	224892
四川	7466650	3741247	3725403	1424843	838330	586513
贵州	2769151	1398043	1371108	572640	340596	232044
云南	3899521	2008907	1890614	857957	523840	334117
西藏	250082	130455	119627	79837	45177	34660
陕西	3062288	1544904	1517384	556521	331011	225510
甘肃	1910067	951148	958919	328224	193359	134865
青海	453713	230889	222824	96917	56196	40721
宁夏	564754	285609	279145	100586	57581	43005
新疆	1884068	954710	929358	380984	226705	154279

5-1 续表 单位：人

地区	有配偶			离婚			丧偶		
	小计	男	女	小计	男	女	小计	男	女
全国	**83036998**	**41585937**	**41451061**	**2716772**	**1464446**	**1252326**	**6560386**	**1744078**	**4816308**
北京	1338026	689321	648705	52412	22303	30109	76519	17684	58835
天津	779817	396812	383005	33759	15712	18047	54512	14659	39853
河北	4520551	2248863	2271688	109209	63192	46017	344047	98181	245866
山西	2158753	1093887	1064866	52178	30647	21531	159733	42638	117095
内蒙古	1528435	778630	749805	59159	32463	26696	115492	28458	87034
辽宁	2648437	1326910	1321527	161824	80072	81752	246959	66159	180800
吉林	1422648	710613	712035	87828	45115	42713	135168	36483	98685
黑龙江	1902857	953029	949828	127842	66601	61241	176538	49426	127112
上海	1577333	819527	757806	67360	30968	36392	98840	22198	76642
江苏	5361483	2688112	2673371	133349	70903	62446	396648	106229	290419
浙江	4228430	2186950	2041480	129742	70555	59187	260681	59405	201276
安徽	3638419	1791788	1846631	104775	60772	44003	300893	85550	215343
福建	2351646	1188072	1163574	71112	38007	33105	173846	37729	136117
江西	2682475	1340454	1342021	69012	39845	29167	206324	49502	156822
山东	6273095	3134041	3139054	124189	69209	54980	505900	140238	365662
河南	5469220	2637100	2832120	111929	62663	49266	443644	131309	312335
湖北	3721726	1856044	1865682	120804	66098	54706	308222	88431	219791
湖南	4016261	1996828	2019433	136288	76933	59355	365309	97964	267345
广东	6632968	3391551	3241417	174396	86221	88175	365231	78285	286946
广西	2422055	1205352	1216703	72579	41598	30981	246595	60052	186543
海南	508675	257201	251474	12762	7232	5530	37792	8088	29704
重庆	1970035	976105	993930	95258	50132	45126	172367	48245	124122
四川	5334325	2640944	2693381	218471	121474	96997	489011	140499	348512
贵州	1927469	956829	970640	82923	49093	33830	186119	51525	134594
云南	2710690	1364977	1345713	103200	59486	43714	227674	60604	167070
西藏	152763	79763	73000	5269	1981	3288	12213	3534	8679
陕西	2269145	1129311	1139834	56026	32180	23846	180596	52402	128194
甘肃	1416628	700013	716615	36772	21205	15567	128443	36571	91872
青海	315318	159746	155572	16288	8258	8030	25190	6689	18501
宁夏	422141	213773	208368	16938	8259	8679	25089	5996	19093
新疆	1335174	673391	661783	73119	35269	37850	94791	19345	75446

5-1a 各地区分性别、婚姻状况的15岁及以上人口(城市)

单位：人

地 区	15岁及以上人口			未 婚		
	合计	男	女	小计	男	女
全 国	**47137961**	**23640996**	**23496965**	**10469970**	**5892564**	**4577406**
北 京	1492645	740425	752220	327239	170964	156275
天 津	824297	413531	410766	156888	86796	70092
河 北	1756513	860143	896370	331178	176135	155043
山 西	1047242	515087	532155	211417	110310	101107
内蒙古	771469	380061	391408	143652	78579	65073
辽 宁	2175490	1065593	1109897	383635	214305	169330
吉 林	828966	399141	429825	138302	75994	62308
黑龙江	1216199	592564	623635	236481	127983	108498
上 海	1722051	868469	853582	365773	202712	163061
江 苏	3329412	1670279	1659133	622356	353641	268715
浙 江	2910746	1512519	1398227	614805	362685	252120
安 徽	1291353	631227	660126	249697	136656	113041
福 建	1358965	688204	670761	308691	179383	129308
江 西	1087945	542202	545743	279641	155670	123971
山 东	3239310	1606344	1632966	636453	342638	293815
河 南	2007931	974293	1033638	455356	238139	217217
湖 北	2121660	1058170	1063490	469935	267160	202775
湖 南	1563803	770907	792896	369303	201708	167595
广 东	6324738	3383107	2941631	1853533	1142414	711119
广 西	1106846	546676	560170	299680	165120	134560
海 南	272866	138969	133897	74162	42803	31359
重 庆	1408527	689953	718574	312911	172462	140449
四 川	2609928	1275369	1334559	566303	306117	260186
贵 州	763383	376130	387253	183768	99969	83799
云 南	997407	496007	501400	259421	140026	119395
西 藏	56087	29409	26678	20669	11249	9420
陕 西	1181455	587254	594201	259480	142196	117284
甘 肃	544678	268230	276448	105274	57650	47624
青 海	168120	84633	83487	33484	18698	14786
宁 夏	233765	114431	119334	46688	24937	21751
新 疆	724164	361669	362495	153795	87465	66330

5-1a　续表　　　　单位：人

地　区	有配偶			离　婚			丧　偶		
	小计	男	女	小计	男	女	小计	男	女
全　国	**33408201**	**16715124**	**16693077**	**1385775**	**616161**	**769614**	**1874015**	**417147**	**1456868**
北　京	1062884	539135	523749	43789	17474	26315	58733	12852	45881
天　津	599320	304508	294812	27998	12175	15823	40091	10052	30039
河　北	1310139	648540	661599	39509	16768	22741	75687	18700	56987
山　西	775468	386595	388873	20731	9167	11564	39626	9015	30611
内蒙古	565797	282280	283517	25723	11639	14084	36297	7563	28734
辽　宁	1544234	769275	774959	116419	51444	64975	131202	30569	100633
吉　林	587000	289683	297317	48941	21678	27263	54723	11786	42937
黑龙江	831559	412541	419018	72095	33403	38692	76064	18637	57427
上　海	1224066	625118	598948	55500	24129	31371	76712	16510	60202
江　苏	2501620	1251862	1249758	75008	33690	41318	130428	31086	99342
浙　江	2137105	1099335	1037770	68161	31674	36487	90675	18825	71850
安　徽	948652	464571	484081	38528	17724	20804	54476	12276	42200
福　建	966364	483712	482652	35832	16126	19706	48078	8983	39095
江　西	742435	366519	375916	25522	11796	13726	40347	8217	32130
山　东	2408654	1206153	1202501	58837	25657	33180	135366	31896	103470
河　南	1432014	699608	732406	41940	17264	24676	78621	19282	59339
湖　北	1500645	742462	758183	60763	27553	33210	90317	20995	69322
湖　南	1085332	534302	551030	47071	20847	26224	62097	14050	48047
广　东	4195963	2155786	2040177	127820	57039	70781	147422	27868	119554
广　西	731625	359918	371707	32082	13451	18631	43459	8187	35272
海　南	184729	92157	92572	5675	2442	3233	8300	1567	6733
重　庆	976288	477139	499149	60401	27756	32645	58927	12596	46331
四　川	1840603	901404	939199	95749	43161	52588	107273	24687	82586
贵　州	512045	253385	258660	35674	16263	19411	31896	6513	25383
云　南	667365	332578	334787	33864	15217	18647	36757	8186	28571
西　藏	32945	17347	15598	1092	467	625	1381	346	1035
陕　西	853613	423342	430271	25456	11424	14032	42906	10292	32614
甘　肃	396287	197077	199210	16729	7651	9078	26388	5852	20536
青　海	119862	61047	58815	6686	3069	3617	8088	1819	6269
宁　夏	168531	83733	84798	9295	3931	5364	9251	1830	7421
新　疆	505057	254012	251045	32885	14082	18803	32427	6110	26317

5-1b 各地区分性别、婚姻状况的15岁及以上人口(镇)

单位：人

地区	15岁及以上人口			未婚		
	合计	男	女	小计	男	女
全国	**25800086**	**12946456**	**12853630**	**4908086**	**2873397**	**2034689**
北京	113315	61380	51935	23471	13936	9535
天津	64408	34460	29948	14126	8479	5647
河北	1771434	885228	886206	310607	175468	135139
山西	684943	343579	341364	124828	70431	54397
内蒙古	549666	276033	273633	78888	45882	33006
辽宁	437231	216526	220705	63568	36890	26678
吉林	390575	190309	200266	68112	37000	31112
黑龙江	529635	260012	269623	75168	42320	32848
上海	209753	112749	97004	40001	24920	15081
江苏	1797042	903875	893167	267939	161236	106703
浙江	1179091	620315	558776	201137	128837	72300
安徽	1516716	754154	762562	276905	164174	112731
福建	868364	436800	431564	152248	92161	60087
江西	1097379	552377	545002	242690	142780	99910
山东	1895307	948156	947151	314792	181689	133103
河南	2235671	1112995	1122676	512840	288488	224352
湖北	1022682	512257	510425	183665	111038	72627
湖南	1715700	860538	855162	350718	207886	142832
广东	1257348	648989	608359	301092	183721	117371
广西	862154	432594	429560	189615	113612	76003
海南	173650	90775	82875	40181	25675	14506
重庆	509085	251607	257478	91600	54018	37582
四川	1471248	715536	755712	273209	153556	119653
贵州	727752	359107	368645	160974	90206	70768
云南	918954	464700	454254	207005	120877	86128
西藏	32482	17223	15259	8864	4995	3869
陕西	696381	348769	347612	118852	70671	48181
甘肃	433706	212123	221583	83359	46423	36936
青海	109340	55245	54095	25355	14191	11164
宁夏	128517	64603	63914	22809	12954	9855
新疆	400557	203442	197115	83468	48883	34585

5-1b　续表　　　　单位：人

地　区	有配偶			离　婚			丧　偶		
	小计	男	女	小计	男	女	小计	男	女
全　国	**19010192**	**9441442**	**9568750**	**543515**	**288034**	**255481**	**1338293**	**343583**	**994710**
北　京	82699	44943	37756	2777	1362	1415	4368	1139	3229
天　津	45895	24295	21600	1482	850	632	2905	836	2069
河　北	1343087	669453	673634	28989	15980	13009	88751	24327	64424
山　西	519212	259691	259521	10800	5832	4968	30103	7625	22478
内蒙古	425245	215228	210017	17069	8650	8419	28464	6273	22191
辽　宁	327604	163564	164040	17207	8611	8596	28852	7461	21391
吉　林	282527	140012	142515	17052	8024	9028	22884	5273	17611
黑龙江	394989	196077	198912	25134	12728	12406	34344	8887	25457
上　海	155435	82826	72609	6042	2957	3085	8275	2046	6229
江　苏	1406368	701480	704888	28215	15587	12628	94520	25572	68948
浙　江	900651	465696	434955	28135	14880	13255	49168	10902	38266
安　徽	1134718	554036	580682	29768	16052	13716	75325	19892	55433
福　建	652839	325856	326983	18013	9525	8488	45264	9258	36006
江　西	786383	387881	398502	18779	10041	8738	49527	11675	37852
山　东	1452009	724661	727348	25587	13985	11602	102919	27821	75098
河　南	1593810	780157	813653	28938	15466	13472	100083	28884	71199
湖　北	762275	374352	387923	21210	11329	9881	55532	15538	39994
湖　南	1228715	606604	622111	38545	20589	17956	97722	25459	72263
广　东	880245	443542	436703	17799	9198	8601	58212	12528	45684
广　西	601656	297316	304340	16657	9230	7427	54226	12436	41790
海　南	121485	61603	59882	2716	1555	1161	9268	1942	7326
重　庆	371958	181180	190778	14162	7721	6441	31365	8688	22677
四　川	1073227	518228	554999	39744	20898	18846	85068	22854	62214
贵　州	505007	246493	258514	20800	11966	8834	40971	10442	30529
云　南	638001	317819	320182	25996	13934	12062	47952	12070	35882
西　藏	21473	11532	9941	957	392	565	1188	304	884
陕　西	528399	260629	267770	11197	6459	4738	37933	11010	26923
甘　肃	320314	155742	164572	7110	3839	3271	22923	6119	16804
青　海	74505	37780	36725	3982	1879	2103	5498	1395	4103
宁　夏	97036	48789	48247	3736	1742	1994	4936	1118	3818
新　疆	282425	143977	138448	14917	6773	8144	19747	3809	15938

5-1c 各地区分性别、婚姻状况的15岁及以上人口(乡村)

单位: 人

地区	15岁及以上人口			未婚		
	合计	男	女	小计	男	女
全国	**41323543**	**21274505**	**20049038**	**6569378**	**4301535**	**2267843**
北京	246042	134924	111118	34335	22521	11814
天津	172228	88105	84123	21831	13638	8193
河北	2384552	1208241	1176311	296907	191773	105134
山西	1155115	607704	547411	180391	118457	61934
内蒙古	684449	363429	321020	79958	55511	24447
辽宁	1020557	526970	493587	128855	84753	44102
吉林	718034	369510	348524	85517	53755	31762
黑龙江	892068	459103	432965	119016	72320	46696
上海	252146	143544	108602	34643	24437	10206
江苏	1853218	938244	914974	197897	132277	65620
浙江	1542714	812393	730321	197756	136795	60961
安徽	2069025	1052111	1016914	306405	198552	107853
福建	961559	499268	462291	131345	88920	42425
江西	1600847	831100	769747	306029	197428	108601
山东	3097355	1552466	1544889	377543	239151	138392
河南	3289103	1604029	1685074	539716	333618	206098
湖北	1973694	1037675	936019	313684	219331	94353
湖南	2394650	1236337	1158313	436274	286463	149811
广东	2244514	1175435	1069079	499380	325339	174041
广西	1548749	808791	739958	287225	202327	84898
海南	293155	157713	135442	66099	46458	19641
重庆	867399	455381	412018	142840	95979	46861
四川	3385474	1750342	1635132	585331	378657	206674
贵州	1278016	662806	615210	227898	150421	77477
云南	1983160	1048200	934960	391531	262937	128594
西藏	161513	83823	77690	50304	28933	21371
陕西	1184452	608881	575571	178189	118144	60045
甘肃	931683	470795	460888	139591	89286	50305
青海	176253	91011	85242	38078	23307	14771
宁夏	202472	106575	95897	31089	19690	11399
新疆	759347	389599	369748	143721	90357	53364

5-1c　续表　　　　　　　　　　　　　　　　　　　　　　　　　　　　单位：人

地　区	有配偶			离　婚			丧　偶		
	小计	男	女	小计	男	女	小计	男	女
全　国	**30618605**	**15429371**	**15189234**	**787482**	**560251**	**227231**	**3348078**	**983348**	**2364730**
北　京	192443	105243	87200	5846	3467	2379	13418	3693	9725
天　津	134602	68009	66593	4279	2687	1592	11516	3771	7745
河　北	1867325	930870	936455	40711	30444	10267	179609	55154	124455
山　西	864073	447601	416472	20647	15648	4999	90004	25998	64006
内蒙古	537393	281122	256271	16367	12174	4193	50731	14622	36109
辽　宁	776599	394071	382528	28198	20017	8181	86905	28129	58776
吉　林	553121	280918	272203	21835	15413	6422	57561	19424	38137
黑龙江	676309	344411	331898	30613	20470	10143	66130	21902	44228
上　海	197832	111583	86249	5818	3882	1936	13853	3642	10211
江　苏	1453495	734770	718725	30126	21626	8500	171700	49571	122129
浙　江	1190674	621919	568755	33446	24001	9445	120838	29678	91160
安　徽	1555049	773181	781868	36479	26996	9483	171092	53382	117710
福　建	732443	378504	353939	17267	12356	4911	80504	19488	61016
江　西	1153657	586054	567603	24711	18008	6703	116450	29610	86840
山　东	2412432	1203227	1209205	39765	29567	10198	267615	80521	187094
河　南	2443396	1157335	1286061	41051	29933	11118	264940	83143	181797
湖　北	1458806	739230	719576	38831	27216	11615	162373	51898	110475
湖　南	1702214	855922	846292	50672	35497	15175	205490	58455	147035
广　东	1556760	792223	764537	28777	19984	8793	159597	37889	121708
广　西	1088774	548118	540656	23840	18917	4923	148910	39429	109481
海　南	202461	103441	99020	4371	3235	1136	20224	4579	15645
重　庆	621789	317786	304003	20695	14655	6040	82075	26961	55114
四　川	2420495	1221312	1199183	82978	57415	25563	296670	92958	203712
贵　州	910417	456951	453466	26449	20864	5585	113252	34570	78682
云　南	1405324	714580	690744	43340	30335	13005	142965	40348	102617
西　藏	98345	50884	47461	3220	1122	2098	9644	2884	6760
陕　西	887133	445340	441793	19373	14297	5076	99757	31100	68657
甘　肃	700027	347194	352833	12933	9715	3218	79132	24600	54532
青　海	120951	60919	60032	5620	3310	2310	11604	3475	8129
宁　夏	156574	81251	75323	3907	2586	1321	10902	3048	7854
新　疆	547692	275402	272290	25317	14414	10903	42617	9426	33191

5-2 全国分性别、职业、婚姻状况的人口

单位：人

职业大类	15岁及以上人口			未婚		
	合计	男	女	小计	男	女
总　计	**65675009**	**38906261**	**26768748**	**10000781**	**6582807**	**3417974**
党的机关、国家机关、群众团体和社会组织、企事业单位负责人	1447971	1069122	378849	112418	76815	35603
专业技术人员	6844562	3064480	3780082	1602871	666902	935969
办事人员和有关人员	4559426	2787573	1771853	766273	417407	348866
社会生产服务和生活服务人员	22244077	12604684	9639393	4026885	2581626	1445259
农、林、牧、渔业生产及辅助人员	13480283	7219312	6260971	878072	705888	172184
生产制造及有关人员	16933953	12060558	4873395	2553895	2097358	456537
不便分类的其他从业人员	164737	100532	64205	60367	36811	23556

5-2 续表

单位：人

职业大类	有配偶			离婚			丧偶		
	小计	男	女	小计	男	女	小计	男	女
总　计	**52736835**	**30821229**	**21915606**	**1765472**	**1061742**	**703730**	**1171921**	**440483**	**731438**
党的机关、国家机关、群众团体和社会组织、企事业单位负责人	1288866	966920	321946	40853	22631	18222	5834	2756	3078
专业技术人员	5059488	2331555	2727933	154836	57053	97783	27367	8970	18397
办事人员和有关人员	3629936	2281020	1348916	136904	74273	62631	26313	14873	11440
社会生产服务和生活服务人员	17225890	9586231	7639659	735325	364716	370609	255977	72111	183866
农、林、牧、渔业生产及辅助人员	11663959	6064145	5599814	249263	192736	56527	688989	256543	432446
生产制造及有关人员	13770523	9530948	4239575	444090	347752	96338	165445	84500	80945
不便分类的其他从业人员	98173	60410	37763	4201	2581	1620	1996	730	1266

5-2a　全国分性别、职业、婚姻状况的人口(城市)

单位：人

职业大类	15岁及以上人口			未　婚		
	合计	男	女	小计	男	女
总　计	**26382693**	**15463556**	**10919137**	**4975577**	**3043130**	**1932447**
党的机关、国家机关、群众团体和社会组织、企事业单位负责人	934534	676864	257670	77807	51733	26074
专业技术人员	4333046	1900910	2432136	1006974	423430	583544
办事人员和有关人员	2926226	1712460	1213766	487757	249373	238384
社会生产服务和生活服务人员	11462029	6463274	4998755	2324504	1449171	875333
农、林、牧、渔业生产及辅助人员	571257	327435	243822	30678	23856	6822
生产制造及有关人员	6091691	4343072	1748619	1031047	835166	195881
不便分类的其他从业人员	63910	39541	24369	16810	10401	6409

5-2a　续表

单位：人

职业大类	有配偶			离　婚			丧　偶		
	小计	男	女	小计	男	女	小计	男	女
总　计	**20435722**	**11961010**	**8474712**	**808377**	**407075**	**401302**	**163017**	**52341**	**110676**
党的机关、国家机关、群众团体和社会组织、企事业单位负责人	824842	608705	216137	29182	15319	13863	2703	1107	1596
专业技术人员	3206990	1438063	1768927	106175	36164	70011	12907	3253	9654
办事人员和有关人员	2332497	1409371	923126	94003	47945	46058	11969	5771	6198
社会生产服务和生活服务人员	8642201	4807252	3834949	411247	186460	224787	84077	20391	63686
农、林、牧、渔业生产及辅助人员	507652	288198	219454	12292	8291	4001	20635	7090	13545
生产制造及有关人员	4877010	3381623	1495387	153356	111705	41651	30278	14578	15700
不便分类的其他从业人员	44530	27798	16732	2122	1191	931	448	151	297

5-2b 全国分性别、职业、婚姻状况的人口(镇)

单位：人

职业大类	15岁及以上人口			未　婚		
	合计	男	女	小计	男	女
总　计	**14564499**	**8650943**	**5913556**	**1872292**	**1236649**	**635643**
党的机关、国家机关、群众团体和社会组织、企事业单位负责人	315454	236131	79323	18798	13359	5439
专业技术人员	1559701	689025	870676	298524	118071	180453
办事人员和有关人员	1058383	685914	372469	151571	89923	61648
社会生产服务和生活服务人员	5377078	2973494	2403584	727429	472055	255374
农、林、牧、渔业生产及辅助人员	2066360	1124154	942206	124428	97055	27373
生产制造及有关人员	4145335	2916575	1228760	537208	437205	100003
不便分类的其他从业人员	42188	25650	16538	14334	8981	5353

5-2b 续表

单位：人

职业大类	有配偶			离　婚			丧　偶		
	小计	男	女	小计	男	女	小计	男	女
总　计	**12107186**	**7124595**	**4982591**	**369499**	**214301**	**155198**	**215522**	**75398**	**140124**
党的机关、国家机关、群众团体和社会组织、企事业单位负责人	287963	218042	69921	7262	4063	3199	1431	667	764
专业技术人员	1222238	557240	664998	31532	11473	20059	7407	2241	5166
办事人员和有关人员	872151	576412	295739	27825	15750	12075	6836	3829	3007
社会生产服务和生活服务人员	4418434	2405845	2012589	162441	77713	84728	68774	17881	50893
农、林、牧、渔业生产及辅助人员	1812404	967177	845227	38561	28105	10456	90967	31817	59150
生产制造及有关人员	3467650	2383972	1083678	100900	76616	24284	39577	18782	20795
不便分类的其他从业人员	26346	15907	10439	978	581	397	530	181	349

5-2c 全国分性别、职业、婚姻状况的人口(乡村)

单位：人

职业大类	15岁及以上人口			未婚		
	合计	男	女	小计	男	女
总计	**24727817**	**14791762**	**9936055**	**3152912**	**2303028**	**849884**
党的机关、国家机关、群众团体和社会组织、企事业单位负责人	197983	156127	41856	15813	11723	4090
专业技术人员	951815	474545	477270	297373	125401	171972
办事人员和有关人员	574817	389199	185618	126945	78111	48834
社会生产服务和生活服务人员	5404970	3167916	2237054	974952	660400	314552
农、林、牧、渔业生产及辅助人员	10842666	5767723	5074943	722966	584977	137989
生产制造及有关人员	6696927	4800911	1896016	985640	824987	160653
不便分类的其他从业人员	58639	35341	23298	29223	17429	11794

5-2c 续表

单位：人

职业大类	有配偶			离婚			丧偶		
	小计	男	女	小计	男	女	小计	男	女
总计	**20193927**	**11735624**	**8458303**	**587596**	**440366**	**147230**	**793382**	**312744**	**480638**
党的机关、国家机关、群众团体和社会组织、企事业单位负责人	176061	140173	35888	4409	3249	1160	1700	982	718
专业技术人员	630260	336252	294008	17129	9416	7713	7053	3476	3577
办事人员和有关人员	425288	295237	130051	15076	10578	4498	7508	5273	2235
社会生产服务和生活服务人员	4165255	2373134	1792121	161637	100543	61094	103126	33839	69287
农、林、牧、渔业生产及辅助人员	9343903	4808770	4535133	198410	156340	42070	577387	217636	359751
生产制造及有关人员	5425863	3765353	1660510	189834	159431	30403	95590	51140	44450
不便分类的其他从业人员	27297	16705	10592	1101	809	292	1018	398	620

5-3 全国分年龄、性别、受教育

受教育程度 年　龄	15岁及以上人口			未　婚		
	合计	男	女	小计	男	女
总　计	**114261590**	**57861957**	**56399633**	**21947434**	**13067496**	**8879938**
15-19岁	**7788415**	**4137501**	**3650914**	**7735682**	**4125594**	**3610088**
15	1586477	844965	741512	1585666	844803	740863
16	1752971	934140	818831	1750276	933657	816619
17	1548149	826223	721926	1541571	824821	716750
18	1413390	756051	657339	1399112	752915	646197
19	1487428	776122	711306	1459057	769398	689659
20-24岁	**7303273**	**3799538**	**3503735**	**6279151**	**3462773**	**2816378**
20	1516116	786558	729558	1458880	772588	686292
21	1400831	727502	673329	1300801	700986	599815
22	1454020	759434	694586	1272189	704019	568170
23	1438341	749277	689064	1161179	655912	505267
24	1493965	776767	717198	1086102	629268	456834
25-29岁	**8893917**	**4611843**	**4282074**	**3862163**	**2440886**	**1421277**
25	1628098	847096	781002	1032211	617366	414845
26	1609484	835699	773785	860052	530136	329916
27	1771801	916517	855284	768088	490692	277396
28	1860876	964363	896513	645763	426183	219580
29	2023658	1048168	975490	556049	376509	179540
30-34岁	**12398651**	**6354314**	**6044337**	**1869448**	**1305522**	**563926**
30	2578886	1328077	1250809	560838	386298	174540
31	2533423	1297530	1235893	437009	305168	131841
32	2401837	1226859	1174978	340150	238005	102145
33	2603920	1333362	1270558	303592	214816	88776
34	2280585	1168486	1112099	227859	161235	66624
35-39岁	**9915280**	**5108028**	**4807252**	**675807**	**477957**	**197850**
35	1961972	1010265	951707	170946	121137	49809
36	1952202	1005107	947095	147117	103953	43164
37	1909241	984638	924603	128236	90227	38009
38	2185664	1127037	1058627	129039	90956	38083
39	1906201	980981	925220	100469	71684	28785
40-44岁	**9246332**	**4758438**	**4487894**	**368780**	**273283**	**95497**
40	1750921	900952	849969	83707	60272	23435
41	1928531	994632	933899	81597	60206	21391
42	1843648	946899	896749	72233	53402	18831
43	1764312	908133	856179	64862	48739	16123
44	1958920	1007822	951098	66381	50664	15717
45-49岁	**11286279**	**5774455**	**5511824**	**325879**	**256579**	**69300**
45	2006712	1029558	977154	65437	50714	14723
46	2197494	1123949	1073545	67553	52876	14677
47	2298050	1176498	1121552	66780	52252	14528
48	2354836	1202544	1152292	63766	50710	13056
49	2429187	1241906	1187281	62343	50027	12316
50-54岁	**11926180**	**6019802**	**5906378**	**247172**	**206146**	**41026**
50	2564829	1298030	1266799	60326	48963	11363
51	2404959	1216599	1188360	52112	43248	8864
52	2575521	1298846	1276675	51890	43237	8653
53	2059446	1034436	1025010	39989	33931	6058
54	2321425	1171891	1149534	42855	36767	6088
55-59岁	**9980162**	**4986030**	**4994132**	**161371**	**138254**	**23117**
55	2276177	1144496	1131681	39470	33816	5654
56	2223387	1111081	1112306	37307	32007	5300
57	2567550	1290317	1277233	40909	35161	5748
58	1879095	935259	943836	28204	24163	4041
59	1033953	504877	529076	15481	13107	2374
60-64岁	**7212331**	**3611534**	**3600797**	**120131**	**107706**	**12425**
60	1265735	630443	635292	19231	16617	2614
61	1191490	601597	589893	19210	16994	2216
62	1519108	765643	753465	26356	23724	2632
63	1696369	853241	843128	29079	26487	2592
64	1539629	760610	779019	26255	23884	2371
65岁及以上	**18310770**	**8700474**	**9610296**	**301850**	**272796**	**29054**

程度、婚姻状况的人口

单位：人

有配偶			离婚			丧偶		
小计	男	女	小计	男	女	小计	男	女
83036998	**41585937**	**41451061**	**2716772**	**1464446**	**1252326**	**6560386**	**1744078**	**4816308**
52162	**11734**	**40428**	**528**	**164**	**364**	**43**	**9**	**34**
806	160	646	4	1	3	1	1	
2668	478	2190	23	3	20	4	2	2
6508	1382	5126	64	19	45	6	1	5
14118	3098	11020	148	37	111	12	1	11
28062	6616	21446	289	104	185	20	4	16
1008764	**331110**	**677654**	**14748**	**5511**	**9237**	**610**	**144**	**466**
56542	13743	42799	653	216	437	41	11	30
98773	26104	72669	1199	398	801	58	14	44
179309	54548	124761	2406	843	1563	116	24	92
273086	91842	181244	3914	1482	2432	162	41	121
401054	144873	256181	6576	2572	4004	233	54	179
4915681	**2115187**	**2800494**	**112313**	**54800**	**57513**	**3760**	**970**	**2790**
585140	225211	359929	10382	4424	5958	365	95	270
734457	298955	435502	14469	6492	7977	506	116	390
981946	415655	566291	21083	9995	11088	684	175	509
1185749	523749	662000	28423	14176	14247	941	255	686
1428389	651617	776772	37956	19713	18243	1264	329	935
10164636	**4854057**	**5310579**	**349727**	**190591**	**159136**	**14840**	**4144**	**10696**
1960278	911350	1048928	55805	29837	25968	1965	592	1373
2029612	956967	1072645	64292	34680	29612	2510	715	1795
1989853	950633	1039220	68937	37388	31549	2897	833	2064
2214016	1072055	1141961	82642	45509	37133	3670	982	2688
1970877	963052	1007825	78051	43177	34874	3798	1022	2776
8828521	**4409649**	**4418872**	**383940**	**213764**	**170176**	**27012**	**6658**	**20354**
1716657	848834	867823	70368	39266	31102	4001	1028	2973
1728315	859775	868540	72289	40271	32018	4481	1108	3373
1701769	851994	849775	74112	41147	32965	5124	1270	3854
1960754	984703	976051	89210	49742	39468	6661	1636	5025
1721026	864343	856683	77961	43338	34623	6745	1616	5129
8429214	**4257016**	**4172198**	**392316**	**214448**	**177868**	**56022**	**13691**	**42331**
1587194	798786	788408	72412	40074	32338	7608	1820	5788
1754587	886403	868184	82540	45610	36930	9807	2413	7394
1681689	848104	833585	78755	42810	35945	10971	2583	8388
1611032	814976	796056	76281	41368	34913	12137	3050	9087
1794712	908747	885965	82328	44586	37742	15499	3825	11674
10378747	**5246786**	**5131961**	**444017**	**236922**	**207095**	**137636**	**34168**	**103468**
1839359	929386	909973	83539	44972	38567	18377	4486	13891
2018702	1017868	1000834	88334	47541	40793	22905	5664	17241
2113125	1069195	1043930	90893	48282	42611	27252	6769	20483
2168703	1095793	1072910	90481	48015	42466	31886	8026	23860
2238858	1134544	1104314	90770	48112	42658	37216	9223	27993
10986539	**5528979**	**5457560**	**392056**	**208600**	**183456**	**300413**	**76077**	**224336**
2364896	1188439	1176457	92844	49029	43815	46763	11599	35164
2216198	1115599	1100599	84092	44333	39759	52557	13419	39138
2374042	1194062	1179980	85111	45225	39886	64478	16322	48156
1897100	951928	945172	62079	33403	28676	60278	15174	45104
2134303	1078951	1055352	67930	36610	31320	76337	19563	56774
9075857	**4583641**	**4492216**	**289665**	**152279**	**137386**	**453269**	**111856**	**341413**
2084293	1053268	1031025	67463	35931	31532	84951	21481	63470
2026135	1021190	1004945	67044	35120	31924	92901	22764	70137
2333455	1186450	1147005	75625	39441	36184	117561	29265	88296
1703014	860670	842344	50268	26404	23864	97609	24022	73587
928960	462063	466897	29265	15383	13882	60247	14324	45923
6332854	**3254736**	**3078118**	**163170**	**89339**	**73831**	**596176**	**159753**	**436423**
1127869	573911	553958	35600	18880	16720	83035	21035	62000
1054041	544594	509447	29963	16525	13438	88276	23484	64792
1334616	689598	645018	34760	19252	15508	123376	33069	90307
1483061	766634	716427	34121	18876	15245	150108	41244	108864
1333267	679999	653268	28726	15806	12920	151381	40921	110460
12864023	**6993042**	**5870981**	**174292**	**98028**	**76264**	**4970605**	**1336608**	**3633997**

5-3 续表 1

受教育程度 年龄	15岁及以上人口			未婚		
	合计	男	女	小计	男	女
未上过学	**3768081**	**896882**	**2871199**	**251078**	**204461**	**46617**
15-19岁	**12927**	**7488**	**5439**	**12565**	**7448**	**5117**
15	2245	1348	897	2235	1347	888
16	2388	1431	957	2370	1428	942
17	2398	1355	1043	2358	1350	1008
18	2803	1625	1178	2692	1613	1079
19	3093	1729	1364	2910	1710	1200
20-24岁	**19668**	**10379**	**9289**	**15638**	**9697**	**5941**
20	3612	1964	1648	3248	1923	1325
21	3602	1961	1641	3034	1870	1164
22	3948	2127	1821	3169	2003	1166
23	4119	2123	1996	3101	1932	1169
24	4387	2204	2183	3086	1969	1117
25-29岁	**28194**	**13683**	**14511**	**15666**	**10552**	**5114**
25	4970	2477	2493	3264	2087	1177
26	5063	2476	2587	3045	2026	1019
27	5465	2711	2754	3082	2096	986
28	6058	2900	3158	3099	2140	959
29	6638	3119	3519	3176	2203	973
30-34岁	**48578**	**21540**	**27038**	**18428**	**13171**	**5257**
30	8651	3962	4689	3849	2670	1179
31	9493	4289	5204	3806	2707	1099
32	9382	4082	5300	3493	2462	1031
33	10592	4682	5910	3790	2744	1046
34	10460	4525	5935	3490	2588	902
35-39岁	**58555**	**23146**	**35409**	**15418**	**11480**	**3938**
35	10306	4226	6080	2980	2176	804
36	10874	4274	6600	2977	2180	797
37	11247	4519	6728	3030	2254	776
38	13053	5119	7934	3306	2486	820
39	13075	5008	8067	3125	2384	741
40-44岁	**84999**	**29299**	**55700**	**16142**	**12653**	**3489**
40	13903	4974	8929	2903	2207	696
41	15685	5658	10027	3350	2612	738
42	16784	5732	11052	3200	2508	692
43	17655	6152	11503	3236	2578	658
44	20972	6783	14189	3453	2748	705
45-49岁	**153937**	**45590**	**108347**	**21039**	**17363**	**3676**
45	23140	7086	16054	3578	2862	716
46	27432	8413	19019	4087	3330	757
47	31405	9345	22060	4308	3564	744
48	34581	9982	24599	4389	3674	715
49	37379	10764	26615	4677	3933	744
50-54岁	**235831**	**60417**	**175414**	**22649**	**19527**	**3122**
50	43608	11817	31791	4894	4147	747
51	44513	11843	32670	4634	3941	693
52	50863	12995	37868	4724	4097	627
53	44918	11334	33584	3929	3423	506
54	51929	12428	39501	4468	3919	549
55-59岁	**260988**	**54950**	**206038**	**18422**	**16190**	**2232**
55	52252	12338	39914	4496	3959	537
56	53909	12057	41852	4236	3748	488
57	62075	13033	49042	4508	3991	517
58	56438	10620	45818	3287	2851	436
59	36314	6902	29412	1895	1641	254
60-64岁	**368683**	**79216**	**289467**	**19440**	**17817**	**1623**
60	47186	9768	37418	2587	2268	319
61	52284	11359	40925	2756	2462	294
62	77581	17153	60428	4351	3994	357
63	95707	20645	75062	5045	4725	320
64	95925	20291	75634	4701	4368	333
65岁及以上	**2495721**	**551174**	**1944547**	**75671**	**68563**	**7108**

单位：人

有配偶			离婚			丧偶		
小计	男	女	小计	男	女	小计	男	女
2169184	**515873**	**1653311**	**31514**	**14487**	**17027**	**1316305**	**162061**	**1154244**
351	**39**	**312**	**10**	**1**	**9**	**1**		**1**
10	1	9						
18	3	15						
40	5	35						
109	12	97	2		2			
174	18	156	8	1	7	1		1
3919	**666**	**3253**	**98**	**12**	**86**	**13**	**4**	**9**
357	40	317	6		6	1	1	
552	89	463	14	1	13	2	1	1
755	118	637	22	5	17	2	1	1
994	189	805	21	2	19	3		3
1261	230	1031	35	4	31	5	1	4
12048	**3004**	**9044**	**406**	**114**	**292**	**74**	**13**	**61**
1654	377	1277	46	9	37	6	4	2
1955	439	1516	49	11	38	14		14
2291	590	1701	76	23	53	16	2	14
2838	721	2117	110	39	71	11		11
3310	877	2433	125	32	93	27	7	20
28755	**7897**	**20858**	**1096**	**422**	**674**	**299**	**50**	**249**
4610	1228	3382	166	57	109	26	7	19
5447	1501	3946	194	73	121	46	8	38
5611	1533	4078	215	79	136	63	8	55
6468	1805	4663	253	117	136	81	16	65
6619	1830	4789	268	96	172	83	11	72
40847	**10925**	**29922**	**1587**	**634**	**953**	**703**	**107**	**596**
6962	1944	5018	279	92	187	85	14	71
7493	1946	5547	300	129	171	104	19	85
7788	2122	5666	297	125	172	132	18	114
9238	2477	6761	332	134	198	177	22	155
9366	2436	6930	379	154	225	205	34	171
64704	**15373**	**49331**	**2241**	**951**	**1290**	**1912**	**322**	**1590**
10384	2577	7807	382	155	227	234	35	199
11610	2813	8797	401	170	231	324	63	261
12817	2991	9826	436	189	247	331	44	287
13489	3277	10212	504	213	291	426	84	342
16404	3715	12689	518	224	294	597	96	501
123964	**25871**	**98093**	**3524**	**1664**	**1860**	**5410**	**692**	**4718**
18366	3889	14477	557	234	323	639	101	538
21780	4654	17126	680	326	354	885	103	782
25344	5335	20009	684	309	375	1069	137	932
28137	5772	22365	759	371	388	1296	165	1131
30337	6221	24116	844	424	420	1521	186	1335
194683	**37213**	**157470**	**4308**	**2043**	**2265**	**14191**	**1634**	**12557**
35900	7021	28879	870	421	449	1944	228	1716
36697	7224	29473	867	391	476	2315	287	2028
42185	8116	34069	919	428	491	3035	354	2681
37200	7178	30022	798	381	417	2991	352	2639
42701	7674	35027	854	422	432	3906	413	3493
213038	**34780**	**178258**	**3535**	**1645**	**1890**	**25993**	**2335**	**23658**
42590	7547	35043	820	373	447	4346	459	3887
43917	7450	36467	775	358	417	4981	501	4480
50559	8106	42453	832	400	432	6176	536	5640
46346	7014	39332	652	288	364	6153	467	5686
29626	4663	24963	456	226	230	4337	372	3965
287311	**53775**	**233536**	**3807**	**1887**	**1920**	**58125**	**5737**	**52388**
37758	6636	31122	582	281	301	6259	583	5676
41351	7870	33481	620	287	333	7557	740	6817
60493	11574	48919	858	427	431	11879	1158	10721
74127	13925	60202	889	459	430	15646	1536	14110
73582	13770	59812	858	433	425	16784	1720	15064
1199564	**326330**	**873234**	**10902**	**5114**	**5788**	**1209584**	**151167**	**1058417**

5-3 续表 2

受教育程度 年 龄	15岁及以上人口			未 婚		
	合计	男	女	小计	男	女
学前教育	**127976**	**41245**	**86731**	**13065**	**8902**	**4163**
15-19岁	**4415**	**2294**	**2121**	**4393**	**2286**	**2107**
15	1742	921	821	1741	921	820
16	1127	564	563	1122	562	560
17	570	300	270	565	300	265
18	557	294	263	551	290	261
19	419	215	204	414	213	201
20-24岁	**2013**	**1039**	**974**	**1748**	**978**	**770**
20	495	272	223	473	268	205
21	358	189	169	331	184	147
22	361	187	174	312	175	137
23	402	199	203	332	182	150
24	397	192	205	300	169	131
25-29岁	**1961**	**930**	**1031**	**996**	**619**	**377**
25	420	211	209	273	162	111
26	367	183	184	212	138	74
27	370	183	187	195	121	74
28	403	178	225	164	111	53
29	401	175	226	152	87	65
30-34岁	**2481**	**1178**	**1303**	**724**	**502**	**222**
30	500	248	252	176	126	50
31	535	265	270	157	113	44
32	459	202	257	128	80	48
33	498	217	281	137	98	39
34	489	246	243	126	85	41
35-39岁	**2061**	**952**	**1109**	**446**	**315**	**131**
35	393	177	216	88	55	33
36	415	195	220	105	64	41
37	409	200	209	87	69	18
38	463	213	250	84	64	20
39	381	167	214	82	63	19
40-44岁	**2550**	**1037**	**1513**	**381**	**299**	**82**
40	405	178	227	71	56	15
41	470	207	263	79	65	14
42	519	191	328	80	59	21
43	521	224	297	76	61	15
44	635	237	398	75	58	17
45-49岁	**4561**	**1680**	**2881**	**482**	**386**	**96**
45	705	277	428	102	82	20
46	836	310	526	99	76	23
47	872	320	552	94	75	19
48	983	352	631	75	62	13
49	1165	421	744	112	91	21
50-54岁	**8120**	**2609**	**5511**	**577**	**498**	**79**
50	1381	434	947	102	84	18
51	1463	490	973	121	103	18
52	1765	574	1191	113	99	14
53	1615	516	1099	106	92	14
54	1896	595	1301	135	120	15
55-59岁	**9102**	**2598**	**6504**	**469**	**411**	**58**
55	1853	584	1269	96	84	12
56	1867	559	1308	116	98	18
57	2276	635	1641	124	112	12
58	1978	523	1455	93	80	13
59	1128	297	831	40	37	3
60-64岁	**12386**	**3509**	**8877**	**541**	**500**	**41**
60	1532	430	1102	73	61	12
61	1815	544	1271	87	84	3
62	2581	738	1843	106	99	7
63	3303	950	2353	161	149	12
64	3155	847	2308	114	107	7
65岁及以上	**78326**	**23419**	**54907**	**2308**	**2108**	**200**

单位：人

有配偶			离　婚			丧　偶		
小计	男	女	小计	男	女	小计	男	女
77068	**25427**	**51641**	**1200**	**660**	**540**	**36643**	**6256**	**30387**
22	**8**	**14**						
1		1						
5	2	3						
5		5						
6	4	2						
5	2	3						
257	**58**	**199**	**7**	**3**	**4**	**1**		**1**
21	3	18	1	1				
25	5	20	2		2			
48	12	36	1		1			
68	16	52	1	1		1		1
95	22	73	2	1	1			
940	**298**	**642**	**25**	**13**	**12**			
144	47	97	3	2	1			
152	43	109	3	2	1			
170	58	112	5	4	1			
233	65	168	6	2	4			
241	85	156	8	3	5			
1695	**643**	**1052**	**52**	**31**	**21**	**10**	**2**	**8**
311	113	198	12	8	4	1	1	
367	145	222	11	7	4			
325	117	208	4	4		2	1	1
342	113	229	15	6	9	4		4
350	155	195	10	6	4	3		3
1542	**602**	**940**	**59**	**34**	**25**	**14**	**1**	**13**
290	113	177	12	9	3	3		3
299	124	175	8	6	2	3	1	2
313	125	188	9	6	3			
360	143	217	15	6	9	4		4
280	97	183	15	7	8	4		4
2051	**694**	**1357**	**78**	**36**	**42**	**40**	**8**	**32**
313	113	200	15	8	7	6	1	5
366	132	234	18	7	11	7	3	4
417	125	292	14	6	8	8	1	7
426	154	272	13	9	4	6		6
529	170	359	18	6	12	13	3	10
3829	**1199**	**2630**	**139**	**76**	**63**	**111**	**19**	**92**
561	179	382	28	16	12	14		14
703	216	487	21	12	9	13	6	7
736	225	511	28	15	13	14	5	9
852	272	580	28	14	14	28	4	24
977	307	670	34	19	15	42	4	38
6958	**1953**	**5005**	**152**	**85**	**67**	**433**	**73**	**360**
1195	317	878	37	23	14	47	10	37
1245	364	881	27	12	15	70	11	59
1534	447	1087	28	14	14	90	14	76
1391	400	991	28	15	13	90	9	81
1593	425	1168	32	21	11	136	29	107
7746	**2001**	**5745**	**136**	**81**	**55**	**751**	**105**	**646**
1609	465	1144	22	17	5	126	18	108
1589	429	1160	27	17	10	135	15	120
1911	484	1427	41	19	22	200	20	180
1682	391	1291	36	21	15	167	31	136
955	232	723	10	7	3	123	21	102
9969	**2669**	**7300**	**160**	**96**	**64**	**1716**	**244**	**1472**
1252	328	924	18	14	4	189	27	162
1460	409	1051	38	18	20	230	33	197
2128	572	1556	26	15	11	321	52	269
2644	706	1938	40	23	17	458	72	386
2485	654	1831	38	26	12	518	60	458
42059	**15302**	**26757**	**392**	**205**	**187**	**33567**	**5804**	**27763**

5-3 续表 3

受教育程度 年 龄	15岁及以上人口			未 婚		
	合计	男	女	小计	男	女
小 学	**23120875**	**10085392**	**13035483**	**980531**	**828906**	**151625**
15-19岁	**69367**	**38550**	**30817**	**63805**	**37656**	**26149**
15	10060	5530	4530	9949	5518	4431
16	10756	6043	4713	10429	6005	4424
17	12475	6947	5528	11732	6849	4883
18	16022	8877	7145	14451	8649	5802
19	20054	11153	8901	17244	10635	6609
20-24岁	**151463**	**80987**	**70476**	**93900**	**64302**	**29598**
20	22976	12534	10442	18066	11556	6510
21	25107	13668	11439	17701	11879	5822
22	31104	16693	14411	19772	13603	6169
23	34025	18023	16002	19244	13514	5730
24	38251	20069	18182	19117	13750	5367
25-29岁	**291784**	**148174**	**143610**	**92063**	**70315**	**21748**
25	44642	23105	21537	19267	14152	5115
26	48036	24693	23343	18087	13645	4442
27	57626	29354	28272	18568	14189	4379
28	65603	32998	32605	18129	14098	4031
29	75877	38024	37853	18012	14231	3781
30-34岁	**603109**	**288650**	**314459**	**94125**	**76713**	**17412**
30	104234	51137	53097	21240	16970	4270
31	114874	55855	59019	20277	16436	3841
32	117238	55927	61311	17940	14613	3327
33	136448	64745	71703	18641	15382	3259
34	130315	60986	69329	16027	13312	2715
35-39岁	**705459**	**321027**	**384432**	**67846**	**57215**	**10631**
35	123678	57270	66408	13832	11541	2291
36	129712	59482	70230	13576	11322	2254
37	132446	60487	71959	12682	10730	1952
38	160007	72406	87601	14366	12191	2175
39	159616	71382	88234	13390	11431	1959
40-44岁	**1142693**	**500327**	**642366**	**72135**	**62921**	**9214**
40	168699	74265	94434	12762	10947	1815
41	209963	93600	116363	14493	12631	1862
42	225578	98168	127410	14274	12406	1868
43	241718	105895	135823	14314	12555	1759
44	296735	128399	168336	16292	14382	1910
45-49岁	**2177260**	**921478**	**1255782**	**94472**	**84818**	**9654**
45	336375	144426	191949	17074	15145	1929
46	398318	170099	228219	19047	17025	2022
47	437448	185732	251716	19078	17147	1931
48	478158	200060	278098	19379	17462	1917
49	526961	221161	305800	19894	18039	1855
50-54岁	**3239957**	**1350409**	**1889548**	**96484**	**88250**	**8234**
50	601288	249183	352105	20282	18362	1920
51	632994	266541	366453	19808	18082	1726
52	713240	297514	415726	20561	18798	1763
53	605532	250874	354658	16934	15582	1352
54	686903	286297	400606	18899	17426	1473
55-59岁	**2817824**	**1121075**	**1696749**	**68446**	**63410**	**5036**
55	652531	267776	384755	17152	15803	1349
56	620548	249321	371227	15785	14654	1131
57	696088	278445	417643	17068	15907	1161
58	544111	210074	334037	11948	11063	885
59	304546	115459	189087	6493	5983	510
60-64岁	**2637421**	**1106796**	**1530625**	**62220**	**59120**	**3100**
60	385533	154234	231299	8764	8168	596
61	400497	166906	233591	9453	8954	499
62	553679	234897	318782	13903	13216	687
63	661837	282278	379559	15598	14905	693
64	635875	268481	367394	14502	13877	625
65岁及以上	**9284538**	**4207919**	**5076619**	**175035**	**164186**	**10849**

单位：人

有配偶			离婚			丧偶		
小计	男	女	小计	男	女	小计	男	女
18386998	**8088819**	**10298179**	**404826**	**254117**	**150709**	**3348520**	**913550**	**2434970**
5470	**873**	**4597**	**82**	**21**	**61**	**10**		**10**
111	12	99						
323	37	286	3	1	2	1		1
729	94	635	13	4	9	1		1
1545	223	1322	21	5	16	5		5
2762	507	2255	45	11	34	3		3
56024	**16074**	**39950**	**1436**	**585**	**851**	**103**	**26**	**77**
4792	949	3843	109	26	83	9	3	6
7240	1735	5505	154	50	104	12	4	8
11036	2984	8052	275	102	173	21	4	17
14374	4337	10037	387	169	218	20	3	17
18582	6069	12513	511	238	273	41	12	29
191944	**73767**	**118177**	**7343**	**3970**	**3373**	**434**	**122**	**312**
24542	8570	15972	788	368	420	45	15	30
28930	10556	18374	965	476	489	54	16	38
37581	14407	23174	1396	741	655	81	17	64
45492	17826	27666	1880	1047	833	102	27	75
55399	22408	32991	2314	1338	976	152	47	105
484264	**197653**	**286611**	**22694**	**13729**	**8965**	**2026**	**555**	**1471**
79385	32135	47250	3370	1969	1401	239	63	176
90166	36930	53236	4094	2397	1697	337	92	245
94477	38488	55989	4428	2717	1711	393	109	284
111849	45931	65918	5411	3286	2125	547	146	401
108387	44169	64218	5391	3360	2031	510	145	365
604117	**244192**	**359925**	**28919**	**18398**	**10521**	**4577**	**1222**	**3355**
104197	42409	61788	5020	3152	1868	629	168	461
110092	44621	65471	5293	3349	1944	751	190	561
113594	46126	67468	5362	3416	1946	808	215	593
137866	55655	82211	6658	4259	2399	1117	301	816
138368	55381	82987	6586	4222	2364	1272	348	924
1012994	**406021**	**606973**	**44078**	**28151**	**15927**	**13486**	**3234**	**10252**
147593	58587	89006	6789	4395	2394	1555	336	1219
184796	74924	109872	8542	5502	3040	2132	543	1589
199954	79614	120340	8805	5573	3232	2545	575	1970
215169	86639	128530	9168	5907	3261	3067	794	2273
265482	106257	159225	10774	6774	4000	4187	986	3201
1972936	**784270**	**1188666**	**67387**	**42500**	**24887**	**42465**	**9890**	**32575**
302387	120535	181852	11803	7535	4268	5111	1211	3900
359393	143297	216096	13195	8243	4952	6683	1534	5149
396490	157975	238515	13577	8638	4939	8303	1972	6331
434516	171431	263085	14104	8795	5309	10159	2372	7787
480150	191032	289118	14708	9289	5419	12209	2801	9408
2949522	**1187639**	**1761883**	**76382**	**48042**	**28340**	**117569**	**26478**	**91091**
548857	217064	331793	15920	10071	5849	16229	3686	12543
577600	234065	343535	15842	9876	5966	19744	4518	15226
650305	262501	387804	16897	10509	6388	25477	5706	19771
550452	221462	328990	13289	8351	4938	24857	5479	19378
622308	252547	369761	14434	9235	5199	31262	7089	24173
2514576	**986700**	**1527876**	**52837**	**33143**	**19694**	**181965**	**37822**	**144143**
587579	235909	351670	13362	8451	4911	34438	7613	26825
555236	219164	336072	12407	7767	4640	37120	7736	29384
620389	244824	375565	12910	8169	4741	45721	9545	36176
483132	185228	297904	9194	5686	3508	39837	8097	31740
268240	101575	166665	4964	3070	1894	24849	4831	20018
2253176	**955498**	**1297678**	**38015**	**24724**	**13291**	**284010**	**67454**	**216556**
335640	134432	201208	6677	4217	2460	34452	7417	27035
344984	144610	200374	6515	4280	2235	39545	9062	30483
473292	202268	271024	8292	5471	2821	58192	13942	44250
563229	243475	319754	8717	5696	3021	74293	18202	56091
536031	230713	305318	7814	5060	2754	77528	18831	58697
6341975	**3236132**	**3105843**	**65653**	**40854**	**24799**	**2701875**	**766747**	**1935128**

5-3 续表 4

受教育程度 年龄	15岁及以上人口			未婚		
	合计	男	女	小计	男	女
初 中	**43499479**	**23510726**	**19988753**	**5127902**	**3583828**	**1544074**
15-19岁	**1701845**	**978529**	**723316**	**1665295**	**970316**	**694979**
15	691461	384083	307378	690864	383975	306889
16	344918	195240	149678	342906	194908	147998
17	224449	131517	92932	219609	130514	89095
18	210803	127977	82826	200811	125775	75036
19	230214	139712	90502	211105	135144	75961
20-24岁	**1675040**	**969590**	**705450**	**1137721**	**787220**	**350501**
20	245012	148265	96747	208664	139013	69651
21	277270	164378	112892	217658	147735	69923
22	346259	201269	144990	244542	169041	75501
23	379434	216012	163422	235954	165889	70065
24	427065	239666	187399	230903	165542	65361
25-29岁	**2992866**	**1622105**	**1370761**	**949964**	**720953**	**229011**
25	493876	274506	219370	229512	168563	60949
26	511780	281343	230437	197849	148240	49609
27	594905	322282	272623	190191	145156	45035
28	650655	349780	300875	171420	133139	38281
29	741650	394194	347456	160992	125855	35137
30-34岁	**5011456**	**2595821**	**2415635**	**628601**	**499467**	**129134**
30	993419	522202	471217	175036	137679	37357
31	1000140	519487	480653	143916	114589	29327
32	965776	498136	467640	115665	92084	23581
33	1080376	556948	523428	109243	87472	21771
34	971745	499048	472697	84741	67643	17098
35-39岁	**4500217**	**2328694**	**2171523**	**262079**	**208800**	**53279**
35	867204	446784	420420	65139	51945	13194
36	881127	453804	427323	56985	45478	11507
37	862832	447374	415458	49096	39144	9952
38	997006	518174	478832	50389	40118	10271
39	892048	462558	429490	40470	32115	8355
40-44岁	**4504421**	**2346695**	**2157726**	**153020**	**122609**	**30411**
40	825287	428767	396520	34225	27173	7052
41	926002	481861	444141	34036	27346	6690
42	895016	465432	429584	29981	24058	5923
43	871878	455451	416427	27092	21745	5347
44	986238	515184	471054	27686	22287	5399
45-49岁	**5776662**	**3033865**	**2742797**	**131692**	**107001**	**24691**
45	1020325	533453	486872	27308	22205	5103
46	1129413	589033	540380	27854	22629	5225
47	1177863	618424	559439	26999	21885	5114
48	1206916	634956	571960	25445	20682	4763
49	1242145	657999	584146	24086	19600	4486
50-54岁	**5912635**	**3153998**	**2758637**	**86829**	**72118**	**14711**
50	1297731	685348	612383	22785	18776	4009
51	1188010	631425	556585	18615	15394	3221
52	1267689	676590	591099	17993	14908	3085
53	1018208	545337	472871	13536	11309	2227
54	1140997	615298	525699	13900	11731	2169
55-59岁	**4484247**	**2410427**	**2073820**	**49946**	**42251**	**7695**
55	1101295	589639	511656	12622	10614	2008
56	1034558	551017	483541	11745	9892	1853
57	1153030	620696	532334	12898	10977	1921
58	791417	430952	360465	8379	7137	1242
59	403947	218123	185824	4302	3631	671
60-64岁	**2563449**	**1463296**	**1100153**	**25827**	**22286**	**3541**
60	481820	264966	216854	4983	4225	758
61	434753	246237	188516	4499	3877	622
62	540380	310105	230275	5539	4795	744
63	587689	342350	245339	5821	5089	732
64	518807	299638	219169	4985	4300	685
65岁及以上	**4376641**	**2607706**	**1768935**	**36928**	**30807**	**6121**

单位：人

有配偶			离婚			丧偶		
小计	男	女	小计	男	女	小计	男	女
35764329	**18702621**	**17061708**	**1264236**	**739545**	**524691**	**1343012**	**484732**	**858280**
36178	**8096**	**28082**	**351**	**111**	**240**	**21**	**6**	**15**
595	108	487	2		2			
1994	329	1665	16	1	15	2	2	
4795	992	3803	42	11	31	3		3
9885	2177	7708	101	25	76	6		6
18909	4490	14419	190	74	116	10	4	6
527656	**178535**	**349121**	**9330**	**3753**	**5577**	**333**	**82**	**251**
35917	9099	26818	413	152	261	18	1	17
58789	16346	42443	790	290	500	33	7	26
100082	31642	68440	1563	569	994	72	17	55
140867	49087	91780	2520	1006	1514	93	30	63
192001	72361	119640	4044	1736	2308	117	27	90
1980230	**868025**	**1112205**	**60539**	**32556**	**27983**	**2133**	**571**	**1562**
258061	103068	154993	6088	2827	3261	215	48	167
305451	128954	176497	8176	4064	4112	304	85	219
392776	171003	221773	11543	6022	5521	395	101	294
463644	208185	255459	15065	8307	6758	526	149	377
560298	256815	303483	19667	11336	8331	693	188	505
4201624	**1988710**	**2212914**	**173103**	**105273**	**67830**	**8128**	**2371**	**5757**
788540	367100	421440	28765	17085	11680	1078	338	740
822364	385054	437310	32442	19413	13029	1418	431	987
814841	385125	429716	33706	20429	13277	1564	498	1066
928792	444006	484786	40370	24941	15429	1971	529	1442
847087	407425	439662	37820	23405	14415	2097	575	1522
4039730	**2000485**	**2039245**	**183534**	**115545**	**67989**	**14874**	**3864**	**11010**
765515	372806	392709	34287	21421	12866	2263	612	1651
786481	385647	400834	35207	22035	13172	2454	644	1810
775781	385425	390356	35063	22049	13014	2892	756	2136
901001	450495	450506	41961	26604	15357	3655	957	2698
810952	406112	404840	37016	23436	13580	3610	895	2715
4134928	**2102342**	**2032586**	**187594**	**114121**	**73473**	**28879**	**7623**	**21256**
752817	379288	373529	34200	21237	12963	4045	1069	2976
847453	428838	418615	39458	24336	15122	5055	1341	3714
821732	417172	404560	37528	22716	14812	5775	1486	4289
801987	410093	391894	36583	21976	14607	6216	1637	4579
910939	466951	443988	39825	23856	15969	7788	2090	5698
5363241	**2784780**	**2578461**	**213314**	**123123**	**90191**	**68415**	**18961**	**49454**
942987	484948	458039	40531	23778	16753	9499	2522	6977
1047036	538084	508952	42962	25108	17854	11561	3212	8349
1093646	567672	525974	43626	25152	18474	13592	3715	9877
1122804	585264	537540	43079	24543	18536	15588	4467	11121
1156768	608812	547956	43116	24542	18574	18175	5045	13130
5507549	**2938707**	**2568842**	**185213**	**103884**	**81329**	**133044**	**39289**	**93755**
1209080	635646	573434	43652	24697	18955	22214	6229	15985
1106432	587072	519360	39303	21986	17317	23660	6973	16687
1181408	630863	550545	39992	22407	17585	28296	8412	19884
948902	509637	439265	29718	16666	13052	26052	7725	18327
1061727	575489	486238	32548	18128	14420	32822	9950	22872
4128725	**2242825**	**1885900**	**126816**	**70984**	**55832**	**178760**	**54367**	**124393**
1020625	550498	470127	32020	17723	14297	36028	10804	25224
953927	512857	441070	30499	16886	13613	38387	11382	27005
1059972	576937	483035	32658	18335	14323	47502	14447	33055
726438	400913	325525	20281	11523	8758	36319	11379	24940
367763	201620	166143	11358	6517	4841	20524	6355	14169
2301268	**1343214**	**958054**	**63280**	**36088**	**27192**	**173074**	**61708**	**111366**
435324	244004	191320	13887	7783	6104	27626	8954	18672
391653	226204	165449	11546	6693	4853	27055	9463	17592
485375	284837	200538	13438	7764	5674	36028	12709	23319
526856	314124	212732	13178	7553	5625	41834	15584	26250
462060	274045	188015	11231	6295	4936	40531	14998	25533
3543200	**2246902**	**1296298**	**61162**	**34107**	**27055**	**735351**	**295890**	**439461**

5-3 续表 5

受教育程度 年龄	15岁及以上人口			未婚		
	合计	男	女	小计	男	女
高 中	**21181802**	**11691454**	**9490348**	**6952207**	**4056670**	**2895537**
15-19岁	**4356713**	**2312781**	**2043932**	**4348256**	**2310539**	**2037717**
15	857026	440399	416627	856948	440365	416583
16	1340940	703060	637880	1340642	702970	637672
17	1172037	619479	552558	1171199	619220	551979
18	645391	355720	289671	643185	355155	288030
19	341319	194123	147196	336282	192829	143453
20-24岁	**1377899**	**793242**	**584657**	**1143447**	**713614**	**429833**
20	272488	156444	116044	260886	153676	107210
21	245938	142184	103754	224066	136582	87484
22	274135	158551	115584	232343	145541	86802
23	282911	162894	120017	218149	140286	77863
24	302427	173169	129258	208003	137529	70474
25-29岁	**1875380**	**1044782**	**830598**	**771307**	**542054**	**229253**
25	333166	189272	143894	196913	133733	63180
26	332994	187635	145359	167488	116244	51244
27	373148	207310	165838	153967	109198	44769
28	396629	219403	177226	133647	95928	37719
29	439443	241162	198281	119292	86951	32341
30-34岁	**2570691**	**1386696**	**1183995**	**398305**	**291389**	**106916**
30	557476	302189	255287	122106	89299	32807
31	535838	289611	246227	93641	68985	24656
32	499275	268731	230544	72678	53261	19417
33	531726	285997	245729	63965	46648	17317
34	446376	240168	206208	45915	33196	12719
35-39岁	**1840131**	**988433**	**851698**	**126030**	**88020**	**38010**
35	366774	197749	169025	33016	23585	9431
36	355014	190916	164098	27173	19287	7886
37	347631	186981	160650	23535	16301	7234
38	408228	218410	189818	23866	16311	7555
39	362484	194377	168107	18440	12536	5904
40-44岁	**1679008**	**908225**	**770783**	**61096**	**40677**	**20419**
40	333932	179919	154013	15129	10184	4945
41	366826	198021	168805	13990	9442	4548
42	338102	182530	155572	11829	7803	4026
43	310259	168059	142200	10210	6701	3509
44	329889	179696	150193	9938	6547	3391
45-49岁	**1716633**	**949022**	**767611**	**43936**	**29175**	**14761**
45	324501	177146	147355	9388	6220	3168
46	340679	187084	153595	9107	5993	3114
47	350761	193572	157189	9083	5952	3131
48	349792	194566	155226	8282	5534	2748
49	350900	196654	154246	8076	5476	2600
50-54岁	**1495500**	**839681**	**655819**	**25226**	**17199**	**8027**
50	358977	200370	158607	7351	4960	2391
51	313846	175313	138533	5534	3831	1703
52	319623	179409	140214	5277	3560	1717
53	234869	132807	102062	3490	2384	1106
54	268185	151782	116403	3574	2464	1110
55-59岁	**1655206**	**920904**	**734302**	**17114**	**11979**	**5135**
55	294972	165747	129225	3427	2376	1051
56	336189	186973	149216	3748	2631	1117
57	452250	249783	202467	4559	3171	1388
58	354289	199094	155195	3272	2321	951
59	217506	119307	98199	2108	1480	628
60-64岁	**1253595**	**714677**	**538918**	**9321**	**6602**	**2719**
60	271997	151248	120749	2196	1562	634
61	237958	134864	103094	1893	1356	537
62	268376	153152	115224	1920	1356	564
63	264429	152830	111599	1858	1327	531
64	210835	122583	88252	1454	1001	453
65岁及以上	**1361046**	**833011**	**528035**	**8169**	**5422**	**2747**

单位：人

有配偶			离婚			丧偶		
小计	男	女	小计	男	女	小计	男	女
13283842	**7234815**	**6049027**	**570357**	**273924**	**296433**	**375396**	**126045**	**249351**
8382	**2213**	**6169**	**68**	**27**	**41**	**7**	**2**	**5**
76	33	43	2	1	1			
294	89	205	3	1	2	1		1
827	254	573	9	4	5	2	1	1
2188	559	1629	17	5	12	1	1	
4997	1278	3719	37	16	21	3		3
231694	**78755**	**152939**	**2652**	**850**	**1802**	**106**	**23**	**83**
11493	2736	8757	99	28	71	10	4	6
21693	5560	16133	171	40	131	8	2	6
41379	12880	28499	399	128	271	14	2	12
64048	22374	41674	684	227	457	30	7	23
93081	35205	57876	1299	427	872	44	8	36
1078949	**491455**	**587494**	**24491**	**11123**	**13368**	**633**	**150**	**483**
134080	54721	79359	2121	806	1315	52	12	40
162362	70119	92243	3073	1261	1812	71	11	60
214463	96077	118386	4602	2004	2598	116	31	85
256719	120593	136126	6097	2838	3259	166	44	122
311325	149945	161380	8598	4214	4384	228	52	176
2095373	**1055696**	**1039677**	**74633**	**38931**	**35702**	**2380**	**680**	**1700**
422737	206579	216158	12262	6191	6071	371	120	251
427963	213310	214653	13852	7207	6645	382	109	273
411313	207649	203664	14825	7695	7130	459	126	333
449573	229949	219624	17601	9224	8377	587	176	411
383787	198209	185578	16093	8614	7479	581	149	432
1633636	**859527**	**774109**	**76828**	**40058**	**36770**	**3637**	**828**	**2809**
319245	166656	152589	13972	7372	6600	541	136	405
313125	164091	149034	14122	7405	6717	594	133	461
308879	162815	146064	14590	7716	6874	627	149	478
365356	192528	172828	18089	9372	8717	917	199	718
327031	173437	153594	16055	8193	7862	958	211	747
1528754	**825448**	**703306**	**82216**	**40544**	**41672**	**6942**	**1556**	**5386**
302644	161775	140869	15174	7738	7436	985	222	763
333945	179420	154525	17533	8859	8674	1358	300	1058
308377	166305	142072	16545	8149	8396	1351	273	1078
282549	153248	129301	16035	7765	8270	1465	345	1120
301239	164700	136539	16929	8033	8896	1783	416	1367
1567898	**874014**	**693884**	**90981**	**42751**	**48230**	**13818**	**3082**	**10736**
296196	162509	133687	16999	8013	8986	1918	404	1514
311425	172126	139299	17763	8452	9311	2384	513	1871
320240	178299	141941	18660	8688	9972	2778	633	2145
319491	179400	140091	18837	8920	9917	3182	712	2470
320546	181680	138866	18722	8678	10044	3556	820	2736
1368077	**781020**	**587057**	**77086**	**35166**	**41920**	**25111**	**6296**	**18815**
327942	185617	142325	19321	8759	10562	4363	1034	3329
286570	162555	124015	17088	7791	9297	4654	1136	3518
292344	166903	125441	16664	7621	9043	5338	1325	4013
215381	123993	91388	11337	5196	6141	4661	1234	3427
245840	141952	103888	12676	5799	6877	6095	1567	4528
1510791	**862289**	**648502**	**74307**	**32896**	**41411**	**52994**	**13740**	**39254**
270178	155177	115001	13866	6251	7615	7501	1943	5558
307137	174984	132153	15784	6943	8841	9520	2415	7105
412656	233925	178731	20538	8955	11583	14497	3732	10765
323703	186907	136796	14702	6536	8166	12612	3330	9282
197117	111296	85821	9417	4211	5206	8864	2320	6544
1132994	**667035**	**465959**	**44036**	**20331**	**23705**	**67244**	**20709**	**46535**
246080	141128	104952	11218	5112	6106	12503	3446	9057
215260	125755	89505	8763	4147	4616	12042	3606	8436
242546	143017	99529	9377	4331	5046	14533	4448	10085
239111	142741	96370	8437	3894	4543	15023	4868	10155
189997	114394	75603	6241	2847	3394	13143	4341	8802
1127294	**737363**	**389931**	**23059**	**11247**	**11812**	**202524**	**78979**	**123545**

5-3 续表 6

受教育程度 年龄	15岁及以上人口 合计	男	女	未婚 小计	男	女
大学专科	**11596423**	**6076626**	**5519797**	**4116204**	**2218381**	**1897823**
15-19岁	**934417**	**472726**	**461691**	**932922**	**472313**	**460609**
15	22070	11787	10283	22063	11785	10278
16	47900	25461	22439	47872	25447	22425
17	97222	49697	47525	97129	49670	47459
18	299643	152207	147436	299318	152107	147211
19	467582	233574	234008	466540	233304	233236
20-24岁	**1925806**	**955827**	**969979**	**1781768**	**912388**	**869380**
20	469804	235967	233837	466335	235196	231139
21	375460	187091	188369	366494	185086	181408
22	368749	182509	186240	347316	176767	170549
23	356481	175391	181090	315334	163041	152293
24	355312	174869	180443	286289	152298	133991
25-29岁	**1829981**	**913901**	**916080**	**897979**	**525112**	**372867**
25	372477	184189	188288	262608	144856	117752
26	348359	173492	174867	206662	118789	87873
27	363682	181681	182001	175164	104407	70757
28	364902	182907	181995	139224	85441	53783
29	380561	191632	188929	114321	71619	42702
30-34岁	**2090813**	**1052389**	**1038424**	**340516**	**214580**	**125936**
30	464655	233390	231265	109818	69434	40384
31	442011	221065	220946	81367	51351	30016
32	406588	204187	202401	61043	38438	22605
33	423428	213653	209775	51438	32369	19069
34	354131	180094	174037	36850	22988	13862
35-39岁	**1317702**	**677103**	**640599**	**93372**	**55707**	**37665**
35	282576	145623	136953	25758	15946	9812
36	266835	137812	129023	21186	12744	8442
37	255443	130919	124524	17931	10676	7255
38	283025	145221	137804	16771	9731	7040
39	229823	117528	112295	11726	6610	5116
40-44岁	**943357**	**494157**	**449200**	**33667**	**18571**	**15096**
40	201690	103668	98022	9272	5163	4109
41	208257	108069	100188	7875	4324	3551
42	190010	99474	90536	6547	3632	2915
43	169377	89322	80055	5151	2804	2347
44	174023	93624	80399	4822	2648	2174
45-49岁	**805575**	**443716**	**361859**	**19166**	**10476**	**8690**
45	164514	89193	75321	4447	2474	1973
46	165537	90804	74733	4053	2226	1827
47	166094	91354	74740	4048	2126	1922
48	158490	88096	70394	3506	1944	1562
49	150940	84269	66671	3112	1706	1406
50-54岁	**580416**	**331380**	**249036**	**8661**	**4938**	**3723**
50	147933	82702	65231	2811	1542	1269
51	125932	71216	54716	1908	1110	798
52	123886	70749	53137	1795	1021	774
53	86440	50264	36176	1107	646	461
54	96225	56449	39776	1040	619	421
55-59岁	**450591**	**270728**	**179863**	**4049**	**2329**	**1720**
55	98899	58729	40170	926	528	398
56	103835	62051	41784	984	587	397
57	121417	72763	48654	1034	586	448
58	81541	49884	31657	716	428	288
59	44899	27301	17598	389	200	189
60-64岁	**257901**	**162405**	**95496**	**1773**	**902**	**871**
60	51272	31655	19617	402	213	189
61	43732	27603	16129	319	158	161
62	53239	33633	19606	335	172	163
63	57588	36382	21206	382	198	184
64	52070	33132	18938	335	161	174
65岁及以上	**459864**	**302294**	**157570**	**2331**	**1065**	**1266**

单位：人

有配偶			离婚			丧偶		
小计	男	女	小计	男	女	小计	男	女
7124327	**3716216**	**3408111**	**264370**	**110224**	**154146**	**91522**	**31805**	**59717**
1479	**410**	**1069**	**13**	**3**	**10**	**3**		**3**
7	2	5						
27	14	13	1		1			
93	27	66						
321	99	222	4	1	3			
1031	268	763	8	2	6	3		3
143029	**43194**	**99835**	**965**	**237**	**728**	**44**	**8**	**36**
3445	763	2682	21	6	15	3	2	1
8911	1991	6920	54	14	40	1		1
21304	5715	15589	122	27	95	7		7
40898	12290	28608	237	59	178	12	1	11
68471	22435	46036	531	131	400	21	5	16
918342	**383793**	**534549**	**13301**	**4912**	**8389**	**359**	**84**	**275**
108812	38990	69822	1016	330	686	41	13	28
140038	54205	85833	1615	496	1119	44	2	42
186062	76418	109644	2394	835	1559	62	21	41
222046	96088	125958	3535	1354	2181	97	24	73
261384	118092	143292	4741	1897	2844	115	24	91
1702184	**817325**	**884859**	**46829**	**20174**	**26655**	**1284**	**310**	**974**
347496	160906	186590	7173	3006	4167	168	44	124
351959	166082	185877	8458	3584	4874	227	48	179
335821	161614	174207	9450	4073	5377	274	62	212
360448	176294	184154	11246	4918	6328	296	72	224
306460	152429	154031	10502	4593	5909	319	84	235
1172672	**599174**	**573498**	**49839**	**21871**	**27968**	**1819**	**351**	**1468**
247147	125395	121752	9388	4227	5161	283	55	228
236078	120925	115153	9232	4071	5161	339	72	267
227232	115865	111367	9899	4307	5592	381	71	310
254090	130180	123910	11738	5228	6510	426	82	344
208125	106809	101316	9582	4038	5544	390	71	319
862862	**456743**	**406119**	**43913**	**18292**	**25621**	**2915**	**551**	**2364**
183179	94690	88489	8772	3731	5041	467	84	383
190346	99686	90660	9476	3971	5505	560	88	472
173968	92043	81925	8893	3673	5220	602	126	476
155358	82998	72360	8266	3402	4864	602	118	484
160011	87326	72685	8506	3515	4991	684	135	549
740128	**415857**	**324271**	**41511**	**16457**	**25054**	**4770**	**926**	**3844**
151108	83292	67816	8186	3281	4905	773	146	627
152338	85147	67191	8293	3259	5034	853	172	681
152402	85674	66728	8659	3367	5292	985	187	798
145597	82638	62959	8319	3321	4998	1068	193	875
138683	79106	59577	8054	3229	4825	1091	228	863
535376	**313286**	**222090**	**29725**	**11754**	**17971**	**6654**	**1402**	**5252**
135816	77797	58019	7979	3092	4887	1327	271	1056
115953	67166	48787	6715	2635	4080	1356	305	1051
114290	66855	47435	6362	2564	3798	1439	309	1130
80002	47697	32305	4238	1717	2521	1093	204	889
89315	53771	35544	4431	1746	2685	1439	313	1126
417385	**257920**	**159465**	**20171**	**8219**	**11952**	**8986**	**2260**	**6726**
91740	55933	35807	4530	1847	2683	1703	421	1282
96224	59113	37111	4703	1911	2792	1924	440	1484
112469	69356	43113	5491	2181	3310	2423	640	1783
75593	47553	28040	3426	1427	1999	1806	476	1330
41359	25965	15394	2021	853	1168	1130	283	847
237680	**154577**	**83103**	**9455**	**4133**	**5322**	**8993**	**2793**	**6200**
47194	30042	17152	2184	971	1213	1492	429	1063
40375	26310	14065	1682	732	950	1356	403	953
49176	32069	17107	1897	843	1054	1831	549	1282
53104	34651	18453	1967	829	1138	2135	704	1431
47831	31505	16326	1725	758	967	2179	708	1471
393190	**273937**	**119253**	**8648**	**4172**	**4476**	**55695**	**23120**	**32575**

5-3 续表 7

受教育程度 年龄	15岁及以上人口			未婚		
	合计	男	女	小计	男	女
大学本科	**9814044**	**4969519**	**4844525**	**4051026**	**1957618**	**2093408**
15-19岁	**707759**	**324580**	**383179**	**707477**	**324483**	**382994**
15	1870	896	974	1863	891	972
16	4938	2341	2597	4931	2337	2594
17	38893	16866	22027	38875	16856	22019
18	237881	109188	128693	237815	109163	128652
19	424177	195289	228888	423993	195236	228757
20-24岁	**1987695**	**916606**	**1071089**	**1942497**	**903134**	**1039363**
20	500372	230451	269921	499861	230297	269564
21	465810	215021	250789	464255	214646	249609
22	395085	182962	212123	390449	181785	208664
23	323829	149806	174023	312196	146319	165877
24	302599	138366	164233	275736	130087	145649
25-29岁	**1612570**	**751118**	**861452**	**932203**	**477717**	**454486**
25	316569	145488	171081	260903	126875	134028
26	309679	142129	167550	218982	109288	109694
27	326048	150680	175368	187275	97190	90085
28	328760	154776	173984	149015	80551	68464
29	331514	158045	173469	116028	63813	52215
30-34岁	**1813161**	**886151**	**927010**	**324450**	**178333**	**146117**
30	393402	189190	204212	106647	59361	47286
31	375662	181523	194139	77856	43069	34787
32	352522	171832	180690	57757	31507	26250
33	369764	182526	187238	47634	25835	21799
34	321811	161080	160731	34556	18561	15995
35-39岁	**1294610**	**666171**	**628439**	**93574**	**48601**	**44973**
35	272306	138883	133423	25602	13745	11857
36	268662	138243	130419	21306	11115	10191
37	259420	133478	125942	18434	9470	8964
38	279725	144136	135589	17076	8646	8430
39	214497	111431	103066	11156	5625	5531
40-44岁	**776827**	**413460**	**363367**	**27188**	**13297**	**13891**
40	178596	93382	85214	7875	3893	3982
41	174369	91853	82516	6527	3249	3278
42	155304	82320	72984	5301	2509	2792
43	134811	72246	62565	4049	1953	2096
44	133747	73659	60088	3436	1693	1743
45-49岁	**583738**	**335482**	**248256**	**12939**	**6409**	**6530**
45	122440	68670	53770	2993	1481	1512
46	121051	69128	51923	2774	1366	1408
47	119277	68612	50665	2731	1321	1410
48	112997	66162	46835	2366	1193	1173
49	107973	62910	45063	2075	1048	1027
50-54岁	**411483**	**252126**	**159357**	**5895**	**3153**	**2742**
50	103174	60996	42178	1813	940	873
51	88901	53436	35465	1316	699	617
52	89476	54882	34594	1242	657	585
53	61754	38989	22765	797	446	351
54	68178	43823	24355	727	411	316
55-59岁	**271731**	**182138**	**89593**	**2593**	**1470**	**1123**
55	66838	44072	22766	659	386	273
56	65001	43495	21506	607	341	266
57	72145	48538	23607	640	368	272
58	44530	30398	14132	460	255	205
59	23217	15635	7582	227	120	107
60-64岁	**109172**	**73952**	**35220**	**900**	**423**	**477**
60	24210	16400	7810	203	106	97
61	18795	12772	6023	184	88	96
62	21311	14418	6893	180	78	102
63	23657	16108	7549	184	85	99
64	21199	14254	6945	149	66	83
65岁及以上	**245298**	**167735**	**77563**	**1310**	**598**	**712**

单位：人

有配偶			离婚			丧偶		
小计	男	女	小计	男	女	小计	男	女
5552882	**2928589**	**2624293**	**162964**	**64459**	**98505**	**47172**	**18853**	**28319**
277	**95**	**182**	**4**	**1**	**3**	**1**	**1**	
6	4	2				1	1	
7	4	3						
18	10	8						
63	24	39	3	1	2			
183	53	130	1		1			
44940	**13404**	**31536**	**251**	**68**	**183**	**7**		**7**
507	151	356	4	3	1			
1539	372	1167	14	3	11	2		2
4612	1165	3447	24	12	12			
11570	3470	8100	61	17	44	2		2
26712	8246	18466	148	33	115	3		3
674322	**271340**	**402982**	**5926**	**2034**	**3892**	**119**	**27**	**92**
55349	18531	36818	312	79	233	5	3	2
90112	32664	57448	567	175	392	18	2	16
137738	53135	84603	1022	352	670	13	3	10
178051	73645	104406	1659	571	1088	35	9	26
213072	93365	119707	2366	857	1509	48	10	38
1459131	**696510**	**762621**	**28911**	**11150**	**17761**	**669**	**158**	**511**
282862	128390	154472	3814	1421	2393	79	18	61
292868	136569	156299	4845	1861	2984	93	24	69
288814	138077	150737	5818	2223	3595	133	25	108
314838	153869	160969	7116	2782	4334	176	40	136
279749	139605	140144	7318	2863	4455	188	51	137
1161303	**601951**	**559352**	**38435**	**15353**	**23082**	**1298**	**266**	**1032**
239839	122397	117442	6677	2699	3978	188	42	146
239824	124117	115707	7306	2965	4341	226	46	180
232806	120814	111992	7914	3137	4777	266	57	209
253095	131761	121334	9212	3662	5550	342	67	275
195739	102862	92877	7326	2890	4436	276	54	222
719202	**388858**	**330344**	**28729**	**10955**	**17774**	**1708**	**350**	**1358**
164120	86938	77182	6309	2483	3826	292	68	224
161180	86099	75081	6321	2437	3884	341	68	273
143866	77544	66322	5806	2201	3605	331	66	265
125328	68373	56955	5110	1858	3252	324	62	262
124708	69904	54804	5183	1976	3207	420	86	334
543836	**319259**	**224577**	**24480**	**9268**	**15212**	**2483**	**546**	**1937**
114151	65194	48957	4892	1898	2994	404	97	307
112896	65746	47150	4888	1903	2985	493	113	380
110956	65270	45686	5108	1910	3198	482	111	371
105286	63032	42254	4826	1835	2991	519	102	417
100547	60017	40530	4766	1722	3044	585	123	462
385045	**241269**	**143776**	**17319**	**6865**	**10454**	**3224**	**839**	**2385**
96196	58171	38025	4563	1757	2806	602	128	474
83037	51077	31960	3838	1482	2356	710	178	532
83617	52510	31107	3854	1527	2327	763	188	575
58042	37407	20635	2407	977	1430	508	159	349
64153	42104	22049	2657	1122	1535	641	186	455
254904	**174798**	**80106**	**10655**	**4737**	**5918**	**3579**	**1133**	**2446**
62863	42342	20521	2554	1140	1414	762	204	558
61078	41803	19275	2543	1096	1447	773	255	518
67735	46652	21083	2804	1207	1597	966	311	655
41589	29073	12516	1803	840	963	678	230	448
21639	14928	6711	951	454	497	400	133	267
101389	**70643**	**30746**	**4035**	**1859**	**2176**	**2848**	**1027**	**1821**
22568	15676	6892	944	447	497	495	171	324
17417	12184	5233	734	338	396	460	162	298
19776	13787	5989	804	360	444	551	193	358
21991	15394	6597	811	375	436	671	254	417
19637	13602	6035	742	339	403	671	247	424
208533	**150462**	**58071**	**4219**	**2169**	**2050**	**31236**	**14506**	**16730**

5-3 续表 8

受教育程度 年龄	15岁及以上人口			未婚		
	合计	男	女	小计	男	女
硕士研究生	**1017468**	**507701**	**509767**	**409543**	**182978**	**226565**
15-19岁	**889**	**501**	**388**	**886**	**501**	**385**
15	2		2	2		2
16	1		1	1		1
17	104	61	43	103	61	42
18	288	162	126	287	162	125
19	494	278	216	493	278	215
20-24岁	**156627**	**68053**	**88574**	**155476**	**67675**	**87801**
20	1233	591	642	1225	590	635
21	6967	2851	4116	6947	2847	4100
22	33166	14497	18669	33085	14471	18614
23	55085	23715	31370	54831	23640	31191
24	60176	26399	33777	59388	26127	33261
25-29岁	**231417**	**100727**	**130690**	**177523**	**79905**	**97618**
25	56909	25095	31814	54602	24287	30315
26	47246	20540	26706	42215	18770	23445
27	44165	18840	25325	34195	15335	18860
28	41577	17890	23687	26311	12034	14277
29	41520	18362	23158	20200	9479	10721
30-34岁	**229209**	**104916**	**124293**	**54044**	**25346**	**28698**
30	49815	21918	27897	18458	8698	9760
31	48710	21928	26782	13448	6435	7013
32	44944	20467	24477	9568	4449	5119
33	45454	21258	24196	7372	3455	3917
34	40286	19345	20941	5198	2309	2889
35-39岁	**172772**	**88264**	**84508**	**14425**	**6342**	**8083**
35	34364	16898	17466	3806	1709	2097
36	34968	17634	17334	3203	1422	1781
37	35162	17937	17225	2943	1310	1633
38	38695	20089	18606	2720	1169	1551
39	29583	15706	13877	1753	732	1021
40-44岁	**94649**	**54286**	**40363**	**4312**	**1846**	**2466**
40	24362	13333	11029	1242	545	697
41	22693	12787	9906	1037	433	604
42	18721	10844	7877	854	347	507
43	15039	8893	6146	630	285	345
44	13834	8429	5405	549	236	313
45-49岁	**56309**	**36075**	**20234**	**1777**	**760**	**1017**
45	12200	7714	4486	454	199	255
46	11774	7503	4271	441	186	255
47	11852	7517	4335	357	147	210
48	10760	6938	3822	265	123	142
49	9723	6403	3320	260	105	155
50-54岁	**34932**	**23899**	**11033**	**687**	**363**	**324**
50	8913	5912	3001	232	122	110
51	7765	5222	2543	140	65	75
52	7430	5061	2369	151	77	74
53	5033	3518	1515	75	39	36
54	5791	4186	1605	89	60	29
55-59岁	**24652**	**18558**	**6094**	**254**	**165**	**89**
55	6076	4463	1613	74	51	23
56	6030	4479	1551	66	46	20
57	6639	5104	1535	62	37	25
58	3932	3009	923	32	17	15
59	1975	1503	472	20	14	6
60-64岁	**8062**	**6303**	**1759**	**89**	**47**	**42**
60	1811	1426	385	18	11	7
61	1376	1079	297	16	13	3
62	1639	1280	359	18	11	7
63	1772	1385	387	22	8	14
64	1464	1133	331	15	4	11
65岁及以上	**7950**	**6119**	**1831**	**70**	**28**	**42**

单位：人

有配偶			离婚			丧偶		
小计	男	女	小计	男	女	小计	男	女
591242	**318060**	**273182**	**15143**	**6017**	**9126**	**1540**	**646**	**894**
3		**3**						
1		1						
1		1						
1		1						
1141	**375**	**766**	**8**	**2**	**6**	**2**	**1**	**1**
8	1	7						
20	4	16						
81	26	55						
250	74	176	3	1	2	1		1
782	270	512	5	1	4	1	1	
53631	**20750**	**32881**	**255**	**69**	**186**	**8**	**3**	**5**
2300	805	1495	6	3	3	1		1
5011	1763	3248	19	7	12	1		1
9928	3494	6434	41	11	30	1		1
15199	5838	9361	63	16	47	4	2	2
21193	8850	12343	126	32	94	1	1	
172907	**78759**	**94148**	**2220**	**797**	**1423**	**38**	**14**	**24**
31127	13130	17997	228	89	139	2	1	1
34891	15364	19527	364	126	238	7	3	4
34915	15862	19053	453	153	300	8	3	5
37503	17589	19914	571	211	360	8	3	5
34471	16814	17657	604	218	386	13	4	9
153998	**80245**	**73753**	**4267**	**1659**	**2608**	**82**	**18**	**64**
29887	14926	14961	663	263	400	8		8
31003	15926	15077	753	283	470	9	3	6
31316	16281	15035	887	342	545	16	4	12
34870	18486	16384	1082	426	656	23	8	15
26922	14626	12296	882	345	537	26	3	23
87211	**51210**	**36001**	**3008**	**1194**	**1814**	**118**	**36**	**82**
22417	12504	9913	682	280	402	21	4	17
20945	12067	8878	685	281	404	26	6	20
17216	10230	6986	626	256	370	25	11	14
13873	8401	5472	512	201	311	24	6	18
12760	8008	4752	503	176	327	22	9	13
52155	**34370**	**17785**	**2245**	**901**	**1344**	**132**	**44**	**88**
11281	7333	3948	450	179	271	15	3	12
10856	7109	3747	447	198	249	30	10	20
11031	7197	3834	441	164	277	23	9	14
10000	6617	3383	458	188	270	37	10	27
8987	6114	2873	449	172	277	27	12	15
32514	**22865**	**9649**	**1571**	**615**	**956**	**160**	**56**	**104**
8238	5615	2623	415	164	251	28	11	17
7238	5014	2224	345	134	211	42	9	33
6912	4850	2062	330	121	209	37	13	24
4702	3383	1319	235	86	149	21	10	11
5424	4003	1421	246	110	136	32	13	19
23165	**17855**	**5310**	**1030**	**464**	**566**	**203**	**74**	**129**
5713	4295	1418	247	101	146	42	16	26
5659	4302	1357	253	116	137	52	15	37
6217	4901	1316	299	138	161	61	28	33
3714	2912	802	153	71	82	33	9	24
1862	1445	417	78	38	40	15	6	9
7506	**6007**	**1499**	**321**	**181**	**140**	**146**	**68**	**78**
1701	1362	339	76	46	30	16	7	9
1275	1028	247	57	26	31	28	12	16
1532	1223	309	52	29	23	37	17	20
1639	1320	319	66	36	30	45	21	24
1359	1074	285	70	44	26	20	11	9
7011	**5624**	**1387**	**218**	**135**	**83**	**651**	**332**	**319**

5-3 续表 9

受教育程度 年 龄	15岁及以上人口			未 婚		
	合计	男	女	小计	男	女
博士研究生	**135442**	**82412**	**53030**	**45878**	**25752**	**20126**
15-19岁	**83**	**52**	**31**	**83**	**52**	**31**
15	1	1		1	1	
16	3		3	3		3
17	1	1		1	1	
18	2	1	1	2	1	1
19	76	49	27	76	49	27
20-24岁	**7062**	**3815**	**3247**	**6956**	**3765**	**3191**
20	124	70	54	122	69	53
21	319	159	160	315	157	158
22	1213	639	574	1201	633	568
23	2055	1114	941	2038	1109	929
24	3351	1833	1518	3280	1797	1483
25-29岁	**29764**	**16423**	**13341**	**24462**	**13659**	**10803**
25	5069	2753	2316	4869	2651	2218
26	5960	3208	2752	5512	2996	2516
27	6392	3476	2916	5451	3000	2451
28	6289	3531	2758	4754	2741	2013
29	6054	3455	2599	3876	2271	1605
30-34岁	**29153**	**16973**	**12180**	**10255**	**6021**	**4234**
30	6734	3841	2893	3508	2061	1447
31	6160	3507	2653	2541	1483	1058
32	5653	3295	2358	1878	1111	767
33	5634	3336	2298	1372	813	559
34	4972	2994	1978	956	553	403
35-39岁	**23773**	**14238**	**9535**	**2617**	**1477**	**1140**
35	4371	2655	1716	725	435	290
36	4595	2747	1848	606	341	265
37	4651	2743	1908	498	273	225
38	5462	3269	2193	461	240	221
39	4694	2824	1870	327	188	139
40-44岁	**17828**	**10952**	**6876**	**839**	**410**	**429**
40	4047	2466	1581	228	104	124
41	4266	2576	1690	210	104	106
42	3614	2208	1406	167	80	87
43	3054	1891	1163	104	57	47
44	2847	1811	1036	130	65	65
45-49岁	**11604**	**7547**	**4057**	**376**	**191**	**185**
45	2512	1593	919	93	46	47
46	2454	1575	879	91	45	46
47	2478	1622	856	82	35	47
48	2159	1432	727	59	36	23
49	2001	1325	676	51	29	22
50-54岁	**7306**	**5283**	**2023**	**164**	**100**	**64**
50	1824	1268	556	56	30	26
51	1535	1113	422	36	23	13
52	1549	1072	477	34	20	14
53	1077	797	280	15	10	5
54	1321	1033	288	23	17	6
55-59岁	**5821**	**4652**	**1169**	**78**	**49**	**29**
55	1461	1148	313	18	15	3
56	1450	1129	321	20	10	10
57	1630	1320	310	16	12	4
58	859	705	154	17	11	6
59	421	350	71	7	1	6
60-64岁	**1662**	**1380**	**282**	**20**	**9**	**11**
60	374	316	58	5	3	2
61	280	233	47	3	2	1
62	322	267	55	4	3	1
63	387	313	74	8	1	7
64	299	251	48			
65岁及以上	**1386**	**1097**	**289**	**28**	**19**	**9**

单位：人

有配偶			离婚			丧偶		
小计	男	女	小计	男	女	小计	男	女
87126	**55517**	**31609**	**2162**	**1013**	**1149**	**276**	**130**	**146**
104	**49**	**55**	**1**	**1**		**1**		**1**
2	1	1						
4	2	2						
12	6	6						
17	5	12						
69	35	34	1	1		1		1
5275	**2755**	**2520**	**27**	**9**	**18**			
198	102	96	2		2			
446	212	234	2		2			
937	473	464	4	3	1			
1527	788	739	8	2	6			
2167	1180	987	11	4	7			
18703	**10864**	**7839**	**189**	**84**	**105**	**6**	**4**	**2**
3210	1769	1441	15	11	4	1		1
3587	2012	1575	32	12	20			
3736	2168	1568	38	15	23	1	1	
4203	2499	1704	59	24	35			
3967	2416	1551	45	22	23	4	3	1
20676	**12548**	**8128**	**472**	**212**	**260**	**8**	**1**	**7**
3575	2188	1387	70	31	39	1	1	
3920	2378	1542	68	28	40	1		1
4060	2421	1639	91	49	42	2		2
4878	2978	1900	123	51	72			
4243	2583	1660	120	53	67	4		4
16508	**10327**	**6181**	**459**	**204**	**255**	**22**	**11**	**11**
3727	2314	1413	89	47	42	3	1	2
3946	2424	1522	106	47	59	4	1	3
3342	2080	1262	102	47	55	3	1	2
2853	1793	1060	90	37	53	7	4	3
2640	1716	924	72	26	46	5	4	1
10760	**7166**	**3594**	**436**	**182**	**254**	**32**	**8**	**24**
2322	1507	815	93	38	55	4	2	2
2275	1489	786	85	40	45	3	1	2
2280	1548	732	110	39	71	6		6
2020	1367	653	71	28	43	9	1	8
1863	1255	608	77	37	40	10	4	6
6815	**5027**	**1788**	**300**	**146**	**154**	**27**	**10**	**17**
1672	1191	481	87	45	42	9	2	7
1426	1062	364	67	26	41	6	2	4
1447	1017	430	65	34	31	3	1	2
1028	771	257	29	14	15	5	2	3
1242	986	256	52	27	25	4	3	1
5527	**4473**	**1054**	**178**	**110**	**68**	**38**	**20**	**18**
1396	1102	294	42	28	14	5	3	2
1368	1088	280	53	26	27	9	5	4
1547	1265	282	52	37	15	15	6	9
817	679	138	21	12	9	4	3	1
399	339	60	10	7	3	5	3	2
1561	**1318**	**243**	**61**	**40**	**21**	**20**	**13**	**7**
352	303	49	14	9	5	3	1	2
266	224	42	8	4	4	3	3	
298	251	47	16	12	4	4	1	3
360	298	62	16	11	5	3	3	
285	242	43	7	4	3	7	5	2
1197	**990**	**207**	**39**	**25**	**14**	**122**	**63**	**59**

5-3a 全国分年龄、性别、受教育

受教育程度 年 龄	15岁及以上人口 合计	男	女	未婚 小计	男	女
总 计	**47137961**	**23640996**	**23496965**	**10469970**	**5892564**	**4577406**
15-19岁	**3200858**	**1682012**	**1518846**	**3190128**	**1679447**	**1510681**
15	554201	293313	260888	554081	293276	260805
16	684194	362690	321504	683747	362586	321161
17	623640	332288	291352	622485	332019	290466
18	609014	322477	286537	606225	321789	284436
19	729809	371244	358565	723590	369777	353813
20-24岁	**3653012**	**1865344**	**1787668**	**3311967**	**1753371**	**1558596**
20	787347	398860	388487	773352	395494	377858
21	719550	365706	353844	691961	358687	333274
22	715207	367682	347525	659816	351042	308774
23	700740	359331	341409	607005	328072	278933
24	730168	373765	356403	579833	320076	259757
25-29岁	**4251183**	**2171578**	**2079605**	**2094560**	**1249343**	**845217**
25	789123	404255	384868	554899	314918	239981
26	781403	399492	381911	470666	274313	196353
27	846971	431324	415647	418596	252047	166549
28	882802	450380	432422	351303	217942	133361
29	950884	486127	464757	299096	190123	108973
30-34岁	**5905083**	**2982097**	**2922986**	**1010522**	**652221**	**358301**
30	1198898	609079	589819	299262	192641	106621
31	1199461	605660	593801	236434	153107	83327
32	1150531	579606	570925	186160	120035	66125
33	1253013	631358	621655	164623	106516	58107
34	1103180	556394	546786	124043	79922	44121
35-39岁	**4772139**	**2419603**	**2352536**	**362928**	**228435**	**134493**
35	939911	476333	463578	92712	59338	33374
36	936560	475621	460939	79542	50412	29130
37	929639	471548	458091	70163	43768	26395
38	1065225	539740	525485	69371	43055	26316
39	900804	456361	444443	51140	31862	19278
40-44岁	**4161673**	**2113207**	**2048466**	**170716**	**107269**	**63447**
40	810809	411893	398916	41371	25822	15549
41	889311	451767	437544	38561	24323	14238
42	834495	423404	411091	33535	20897	12638
43	783800	397620	386180	28840	18145	10695
44	843258	428523	414735	28409	18082	10327
45-49岁	**4587791**	**2334395**	**2253396**	**129849**	**84164**	**45685**
45	848652	431117	417535	27077	17424	9653
46	903909	459040	444869	26998	17385	9613
47	939505	478435	461070	26973	17225	9748
48	939905	479252	460653	24961	16401	8560
49	955820	486551	469269	23840	15729	8111
50-54岁	**4346645**	**2185928**	**2160717**	**81904**	**56135**	**25769**
50	984007	496031	487976	22241	14875	7366
51	906605	457274	449331	18005	12329	5676
52	939420	472675	466745	17237	11729	5508
53	713093	356765	356328	12128	8450	3678
54	803520	403183	400337	12293	8752	3541
55-59岁	**3674992**	**1824170**	**1850822**	**48448**	**34078**	**14370**
55	815220	407633	407587	11575	8138	3437
56	823835	410114	413721	11099	7837	3262
57	972681	484461	488220	12575	8886	3689
58	672413	332002	340411	8287	5789	2498
59	390843	189960	200883	4912	3428	1484
60-64岁	**2676434**	**1312078**	**1364356**	**26147**	**18356**	**7791**
60	496804	244003	252801	5470	3800	1670
61	457353	226321	231032	4708	3290	1418
62	567369	280033	287336	5442	3830	1612
63	610508	298808	311700	5676	4058	1618
64	544400	262913	281487	4851	3378	1473
65岁及以上	**5908151**	**2750584**	**3157567**	**42801**	**29745**	**13056**

程度、婚姻状况的人口(城市)

单位：人

有配偶			离婚			丧偶		
小计	男	女	小计	男	女	小计	男	女
33408201	**16715124**	**16693077**	**1385775**	**616161**	**769614**	**1874015**	**417147**	**1456868**
10656	**2539**	**8117**	**66**	**25**	**41**	**8**	**1**	**7**
119	37	82	1		1			
442	103	339	4	1	3	1		1
1147	267	880	6	2	4	2		2
2768	680	2088	19	7	12	2	1	1
6180	1452	4728	36	15	21	3		3
337793	**111044**	**226749**	**3172**	**912**	**2260**	**80**	**17**	**63**
13917	3338	10579	72	26	46	6	2	4
27396	6969	20427	186	49	137	7	1	6
54961	16533	38428	422	106	316	8	1	7
92892	31034	61858	823	220	603	20	5	15
148627	53170	95457	1669	511	1158	39	8	31
2118513	**906878**	**1211635**	**37339**	**15193**	**22146**	**771**	**164**	**607**
231257	88310	142947	2892	1010	1882	75	17	58
306183	123540	182643	4466	1628	2838	88	11	77
421400	176545	244855	6838	2696	4142	137	36	101
521567	228406	293161	9727	3981	5746	205	51	154
638106	290077	348029	13416	5878	7538	266	49	217
4745837	**2263059**	**2482778**	**144918**	**65956**	**78962**	**3806**	**861**	**2945**
878784	407150	471634	20399	9181	11218	453	107	346
937072	440961	496111	25370	11437	13933	585	155	430
934909	446294	488615	28699	13091	15608	763	186	577
1051838	508372	543466	35636	16285	19351	916	185	731
943234	460282	482952	34814	15962	18852	1089	228	861
4219445	**2106188**	**2113257**	**182029**	**83463**	**98566**	**7737**	**1517**	**6220**
814377	402108	412269	31757	14655	17102	1065	232	833
822734	409840	412894	33053	15129	17924	1231	240	991
822321	411120	411201	35651	16359	19292	1504	301	1203
950080	476128	473952	43822	20174	23648	1952	383	1569
809933	406992	402941	37746	17146	20600	1985	361	1624
3780508	**1916280**	**1864228**	**194520**	**86656**	**107864**	**15929**	**3002**	**12927**
732418	369884	362534	34870	15781	19089	2150	406	1744
807248	408447	398801	40625	18476	22149	2877	521	2356
758356	384429	373927	39449	17482	21967	3155	596	2559
713150	361934	351216	38343	16882	21461	3467	659	2808
769336	391586	377750	41233	18035	23198	4280	820	3460
4189082	**2143892**	**2045190**	**230700**	**99406**	**131294**	**38160**	**6933**	**31227**
774258	394437	379821	42144	18323	23821	5173	933	4240
826039	421162	404877	44622	19367	25255	6250	1126	5124
857459	439517	417942	47548	20245	27303	7525	1448	6077
858501	440570	417931	47664	20673	26991	8779	1608	7171
872825	448206	424619	48722	20798	27924	10433	1818	8615
3967533	**2021924**	**1945609**	**214337**	**92402**	**121935**	**82871**	**15467**	**67404**
898352	457339	441013	50338	21454	28884	13076	2363	10713
826857	421932	404925	46822	20150	26672	14921	2863	12058
857239	437107	420132	47021	20444	26577	17923	3395	14528
651493	330890	320603	33250	14398	18852	16222	3027	13195
733592	374656	358936	36906	15956	20950	20729	3819	16910
3315193	**1686689**	**1628504**	**176337**	**78006**	**98331**	**135014**	**25397**	**109617**
740819	377983	362836	38581	16939	21642	24245	4573	19672
744538	379332	365206	40508	17838	22670	27690	5107	22583
876591	447739	428852	47390	20933	26457	36125	6903	29222
605185	307286	297899	30789	13616	17173	28152	5311	22841
348060	174349	173711	19069	8680	10389	18802	3503	15299
2363244	**1206744**	**1156500**	**104282**	**48312**	**55970**	**182761**	**38666**	**144095**
440655	223925	216730	23465	10749	12716	27214	5529	21685
405097	207860	197237	19374	9177	10197	28174	5994	22180
501218	257549	243669	22195	10362	11833	38514	8292	30222
538691	275304	263387	21459	9884	11575	44682	9562	35120
477583	242106	235477	17789	8140	9649	44177	9289	34888
4360397	**2349887**	**2010510**	**98075**	**45830**	**52245**	**1406878**	**325122**	**1081756**

5-3a 续表 1

受教育程度 年 龄	15岁及以上人口			未 婚		
	合计	男	女	小计	男	女
未上过学	**626125**	**131065**	**495060**	**35449**	**24945**	**10504**
15-19岁	**2758**	**1617**	**1141**	**2731**	**1612**	**1119**
15	511	307	204	510	307	203
16	544	317	227	543	317	226
17	492	278	214	490	278	212
18	610	364	246	602	362	240
19	601	351	250	586	348	238
20-24岁	**3714**	**2177**	**1537**	**3390**	**2111**	**1279**
20	732	435	297	705	434	271
21	695	415	280	665	407	258
22	736	438	298	667	426	241
23	770	455	315	685	432	253
24	781	434	347	668	412	256
25-29岁	**4720**	**2483**	**2237**	**3242**	**2048**	**1194**
25	884	484	400	706	431	275
26	871	455	416	654	409	245
27	947	509	438	670	428	242
28	967	500	467	612	386	226
29	1051	535	516	600	394	206
30-34岁	**7515**	**3695**	**3820**	**3519**	**2329**	**1190**
30	1341	681	660	717	471	246
31	1491	714	777	703	449	254
32	1470	723	747	676	449	227
33	1663	833	830	764	508	256
34	1550	744	806	659	452	207
35-39岁	**8326**	**3484**	**4842**	**2774**	**1891**	**883**
35	1455	628	827	511	347	164
36	1505	635	870	525	352	173
37	1654	683	971	580	386	194
38	1845	770	1075	588	394	194
39	1867	768	1099	570	412	158
40-44岁	**12368**	**4225**	**8143**	**2588**	**1732**	**856**
40	1891	698	1193	481	313	168
41	2192	790	1402	532	369	163
42	2425	805	1620	499	329	170
43	2646	935	1711	510	342	168
44	3214	997	2217	566	379	187
45-49岁	**25343**	**7055**	**18288**	**3332**	**2358**	**974**
45	3558	1015	2543	526	356	170
46	4346	1245	3101	612	422	190
47	5178	1476	3702	711	511	200
48	5792	1586	4206	725	528	197
49	6469	1733	4736	758	541	217
50-54岁	**40445**	**9860**	**30585**	**3164**	**2357**	**807**
50	7333	1856	5477	716	511	205
51	7704	1995	5709	695	511	184
52	8754	2117	6637	656	491	165
53	7580	1828	5752	506	377	129
54	9074	2064	7010	591	467	124
55-59岁	**44533**	**8672**	**35861**	**2305**	**1783**	**522**
55	8978	2007	6971	558	439	119
56	9047	1917	7130	544	425	119
57	10694	2100	8594	579	440	139
58	9653	1556	8097	381	282	99
59	6161	1092	5069	243	197	46
60-64岁	**65891**	**12491**	**53400**	**2083**	**1634**	**449**
60	8308	1564	6744	348	255	93
61	9538	1804	7734	342	253	89
62	13971	2723	11248	462	374	88
63	17282	3256	14026	495	401	94
64	16792	3144	13648	436	351	85
65岁及以上	**410512**	**75306**	**335206**	**6321**	**5090**	**1231**

单位：人

有配偶			离婚			丧偶		
小计	男	女	小计	男	女	小计	男	女
357491	**83368**	**274123**	**7726**	**2597**	**5129**	**225459**	**20155**	**205304**
26	**4**	**22**	**1**	**1**				
1		1						
1		1						
2		2						
8	2	6						
14	2	12	1	1				
321	**66**	**255**	**3**		**3**			
27	1	26						
30	8	22						
67	12	55	2		2			
84	23	61	1		1			
113	22	91						
1431	**423**	**1008**	**45**	**11**	**34**	**2**	**1**	**1**
176	52	124	1		1	1	1	
211	45	166	6	1	5			
269	80	189	8	1	7			
345	111	234	10	3	7			
430	135	295	20	6	14	1		1
3820	**1297**	**2523**	**160**	**65**	**95**	**16**	**4**	**12**
603	205	398	20	5	15	1		1
755	253	502	30	11	19	3	1	2
758	260	498	32	13	19	4	1	3
851	298	553	42	25	17	6	2	4
853	281	572	36	11	25	2		2
5245	**1508**	**3737**	**252**	**79**	**173**	**55**	**6**	**49**
895	268	627	41	13	28	8		8
937	266	671	37	15	22	6	2	4
1013	282	731	48	15	33	13		13
1180	356	824	64	18	46	13	2	11
1220	336	884	62	18	44	15	2	13
9215	**2326**	**6889**	**424**	**147**	**277**	**141**	**20**	**121**
1334	364	970	61	20	41	15	1	14
1564	391	1173	80	30	50	16		16
1830	441	1389	74	31	43	22	4	18
2008	554	1454	97	34	63	31	5	26
2479	576	1903	112	32	80	57	10	47
20652	**4366**	**16286**	**797**	**283**	**514**	**562**	**48**	**514**
2854	609	2245	110	38	72	68	12	56
3508	766	2742	153	55	98	73	2	71
4196	903	3293	175	52	123	96	10	86
4784	994	3790	164	55	109	119	9	110
5310	1094	4216	195	83	112	206	15	191
34363	**6964**	**27399**	**1141**	**398**	**743**	**1777**	**141**	**1636**
6197	1249	4948	201	72	129	219	24	195
6515	1381	5134	232	80	152	262	23	239
7454	1509	5945	255	83	172	389	34	355
6509	1356	5153	209	71	138	356	24	332
7688	1469	6219	244	92	152	551	36	515
37498	**6312**	**31186**	**1011**	**347**	**664**	**3719**	**230**	**3489**
7599	1455	6144	225	72	153	596	41	555
7616	1370	6246	214	77	137	673	45	628
8957	1497	7460	262	93	169	896	70	826
8189	1184	7005	172	54	118	911	36	875
5137	806	4331	138	51	87	643	38	605
53126	**9806**	**43320**	**1122**	**372**	**750**	**9560**	**679**	**8881**
6784	1166	5618	175	63	112	1001	80	921
7788	1412	6376	186	61	125	1222	78	1144
11334	2122	9212	251	87	164	1924	140	1784
13898	2601	11297	254	85	169	2635	169	2466
13322	2505	10817	256	76	180	2778	212	2566
191794	**50296**	**141498**	**2770**	**894**	**1876**	**209627**	**19026**	**190601**

5-3a 续表 2

受教育程度	15岁及以上人口			未　婚		
年　龄	合计	男	女	小计	男	女
学前教育	**24060**	**8199**	**15861**	**3353**	**1936**	**1417**
15-19岁	**1448**	**771**	**677**	**1446**	**769**	**677**
15	566	303	263	566	303	263
16	392	211	181	392	211	181
17	184	103	81	184	103	81
18	179	91	88	177	89	88
19	127	63	64	127	63	64
20-24岁	**663**	**338**	**325**	**608**	**318**	**290**
20	162	86	76	158	85	73
21	121	73	48	118	71	47
22	118	55	63	105	52	53
23	129	66	63	111	56	55
24	133	58	75	116	54	62
25-29岁	**644**	**299**	**345**	**339**	**200**	**139**
25	143	69	74	103	58	45
26	114	57	57	72	45	27
27	119	61	58	70	41	29
28	128	50	78	49	30	19
29	140	62	78	45	26	19
30-34岁	**844**	**405**	**439**	**224**	**139**	**85**
30	172	84	88	53	33	20
31	206	98	108	49	32	17
32	152	77	75	48	32	16
33	157	69	88	42	23	19
34	157	77	80	32	19	13
35-39岁	**653**	**305**	**348**	**123**	**73**	**50**
35	138	59	79	25	12	13
36	140	66	74	29	12	17
37	124	60	64	20	17	3
38	135	67	68	26	18	8
39	116	53	63	23	14	9
40-44岁	**676**	**297**	**379**	**97**	**68**	**29**
40	115	54	61	21	18	3
41	117	57	60	17	13	4
42	142	58	84	26	15	11
43	139	61	78	14	8	6
44	163	67	96	19	14	5
45-49岁	**1114**	**451**	**663**	**97**	**65**	**32**
45	187	79	108	16	9	7
46	203	79	124	20	13	7
47	198	80	118	13	8	5
48	243	96	147	15	11	4
49	283	117	166	33	24	9
50-54岁	**1796**	**646**	**1150**	**86**	**56**	**30**
50	328	111	217	19	11	8
51	336	130	206	17	12	5
52	384	147	237	16	8	8
53	343	113	230	16	13	3
54	405	145	260	18	12	6
55-59岁	**1817**	**631**	**1186**	**74**	**58**	**16**
55	366	146	220	20	17	3
56	384	134	250	13	9	4
57	466	161	305	23	19	4
58	382	125	257	15	11	4
59	219	65	154	3	2	1
60-64岁	**2125**	**617**	**1508**	**52**	**36**	**16**
60	294	103	191	7	3	4
61	345	98	247	9	7	2
62	425	115	310	8	7	1
63	547	161	386	19	13	6
64	514	140	374	9	6	3
65岁及以上	**12280**	**3439**	**8841**	**207**	**154**	**53**

单位：人

有配偶			离婚			丧偶		
小计	男	女	小计	男	女	小计	男	女
14374	**5193**	**9181**	**367**	**152**	**215**	**5966**	**918**	**5048**
2	**2**							
2	2							
52	**20**	**32**	**2**		**2**	**1**		**1**
4	1	3						
2	2		1		1			
13	3	10						
17	10	7				1		1
16	4	12	1		1			
299	**98**	**201**	**6**	**1**	**5**			
40	11	29						
42	12	30						
49	20	29						
77	20	57	2		2			
91	35	56	4	1	3			
599	**255**	**344**	**20**	**11**	**9**	**1**		**1**
114	48	66	5	3	2			
155	64	91	2	2				
103	44	59	1	1				
109	45	64	5	1	4	1		1
118	54	64	7	4	3			
506	**222**	**284**	**22**	**10**	**12**	**2**		**2**
110	46	64	3	1	2			
109	52	57	2	2				
100	40	60	4	3	1			
104	47	57	5	2	3			
83	37	46	8	2	6	2		2
548	**217**	**331**	**26**	**10**	**16**	**5**	**2**	**3**
87	32	55	5	3	2	2	1	1
92	42	50	6	2	4	2		2
111	41	70	4	1	3	1	1	
121	51	70	4	2	2			
137	51	86	7	2	5			
953	**364**	**589**	**48**	**21**	**27**	**16**	**1**	**15**
154	64	90	14	6	8	3		3
178	64	114	5	2	3			
172	67	105	12	5	7	1		1
216	83	133	6	2	4	6		6
233	86	147	11	6	5	6	1	5
1591	**554**	**1037**	**47**	**22**	**25**	**72**	**14**	**58**
294	93	201	12	6	6	3	1	2
300	113	187	6	3	3	13	2	11
344	131	213	10	5	5	14	3	11
300	95	205	10	4	6	17	1	16
353	122	231	9	4	5	25	7	18
1560	**522**	**1038**	**55**	**24**	**31**	**128**	**27**	**101**
324	122	202	9	5	4	13	2	11
336	117	219	9	4	5	26	4	22
392	127	265	21	9	12	30	6	24
322	100	222	13	4	9	32	10	22
186	56	130	3	2	1	27	5	22
1770	**529**	**1241**	**39**	**17**	**22**	**264**	**35**	**229**
256	91	165	4	4		27	5	22
280	80	200	12	4	8	44	7	37
359	97	262	6	2	4	52	9	43
459	136	323	9	4	5	60	8	52
416	125	291	8	3	5	81	6	75
6494	**2410**	**4084**	**102**	**36**	**66**	**5477**	**839**	**4638**

5-3a 续表 3

受教育程度 年 龄	15岁及以上人口			未 婚		
	合计	男	女	小计	男	女
小 学	**5037253**	**2066664**	**2970589**	**171610**	**128758**	**42852**
15-19岁	**13024**	**7724**	**5300**	**12442**	**7618**	**4824**
15	1699	941	758	1687	938	749
16	2052	1221	831	2011	1214	797
17	2387	1449	938	2317	1441	876
18	3015	1795	1220	2848	1767	1081
19	3871	2318	1553	3579	2258	1321
20-24岁	**30337**	**17882**	**12455**	**21721**	**15035**	**6686**
20	4421	2666	1755	3851	2523	1328
21	4791	2865	1926	3872	2610	1262
22	6177	3644	2533	4597	3175	1422
23	6844	4054	2790	4631	3304	1327
24	8104	4653	3451	4770	3423	1347
25-29岁	**62474**	**34236**	**28238**	**22705**	**16973**	**5732**
25	9351	5303	4048	4758	3477	1281
26	10012	5562	4450	4428	3267	1161
27	12266	6767	5499	4651	3470	1181
28	14279	7725	6554	4481	3404	1077
29	16566	8879	7687	4387	3355	1032
30-34岁	**138449**	**69133**	**69316**	**22380**	**17268**	**5112**
30	23415	12286	11129	5225	4037	1188
31	25981	13213	12768	4795	3711	1084
32	27083	13528	13555	4266	3283	983
33	31812	15525	16287	4396	3381	1015
34	30158	14581	15577	3698	2856	842
35-39岁	**153093**	**70174**	**82919**	**14150**	**10733**	**3417**
35	27775	13060	14715	3025	2319	706
36	28367	13149	15218	2918	2182	736
37	28414	13114	15300	2669	2041	628
38	34413	15708	18705	2964	2245	719
39	34124	15143	18981	2574	1946	628
40-44岁	**255928**	**110880**	**145048**	**13246**	**10093**	**3153**
40	36070	15710	20360	2365	1794	571
41	47042	20798	26244	2728	2099	629
42	50332	21819	28513	2660	2015	645
43	54695	23662	31033	2621	1993	628
44	67789	28891	38898	2872	2192	680
45-49岁	**496482**	**208637**	**287845**	**16406**	**12583**	**3823**
45	77581	32979	44602	3176	2417	759
46	91819	38864	52955	3397	2577	820
47	99903	42254	57649	3239	2485	754
48	108214	45006	63208	3285	2547	738
49	118965	49534	69431	3309	2557	752
50-54岁	**713803**	**297275**	**416528**	**15462**	**12094**	**3368**
50	135447	55929	79518	3378	2610	768
51	144737	61120	83617	3298	2554	744
52	158540	66125	92415	3383	2638	745
53	129799	53700	76099	2598	2051	547
54	145280	60401	84879	2805	2241	564
55-59岁	**565789**	**223829**	**341960**	**9737**	**7687**	**2050**
55	135930	55675	80255	2574	1980	594
56	126362	50627	75735	2163	1707	456
57	141174	56428	84746	2476	2000	476
58	104038	39595	64443	1590	1265	325
59	58285	21504	36781	934	735	199
60-64岁	**535593**	**210269**	**325324**	**6687**	**5488**	**1199**
60	77735	29708	48027	1132	908	224
61	83333	33133	50200	1109	898	211
62	113430	45511	67919	1414	1154	260
63	133231	52511	80720	1617	1351	266
64	127864	49406	78458	1415	1177	238
65岁及以上	**2072281**	**816625**	**1255656**	**16674**	**13186**	**3488**

单位：人

有配偶			离婚			丧偶		
小计	男	女	小计	男	女	小计	男	女
3996653	**1729784**	**2266869**	**115098**	**53848**	**61250**	**753892**	**154274**	**599618**
577	**105**	**472**	**5**	**1**	**4**			
12	3	9						
40	6	34	1	1				
69	8	61	1		1			
167	28	139						
289	60	229	3		3			
8488	**2804**	**5684**	**121**	**41**	**80**	**7**	**2**	**5**
565	143	422	4		4	1		1
911	253	658	8	2	6			
1559	464	1095	21	5	16			
2180	740	1440	32	10	22	1		1
3273	1204	2069	56	24	32	5	2	3
38565	**16693**	**21872**	**1162**	**560**	**602**	**42**	**10**	**32**
4484	1779	2705	102	44	58	7	3	4
5433	2224	3209	145	70	75	6	1	5
7387	3208	4179	220	87	133	8	2	6
9462	4159	5303	329	160	169	7	2	5
11799	5323	6476	366	199	167	14	2	12
111138	**49445**	**61693**	**4695**	**2363**	**2332**	**236**	**57**	**179**
17537	7921	9616	614	318	296	39	10	29
20325	9079	11246	830	415	415	31	8	23
21824	9750	12074	945	482	463	48	13	35
26233	11599	14634	1124	532	592	59	13	46
25219	11096	14123	1182	616	566	59	13	46
131978	**56050**	**75928**	**6435**	**3273**	**3162**	**530**	**118**	**412**
23551	10146	13405	1120	575	545	79	20	59
24214	10344	13870	1146	604	542	89	19	70
24491	10444	14047	1167	609	558	87	20	67
29824	12661	17163	1505	768	737	120	34	86
29898	12455	17443	1497	717	780	155	25	130
230089	**95303**	**134786**	**10868**	**5199**	**5669**	**1725**	**285**	**1440**
32042	13169	18873	1492	729	763	171	18	153
41991	17641	24350	2047	1008	1039	276	50	226
45192	18708	26484	2182	1046	1136	298	50	248
49326	20448	28878	2352	1143	1209	396	78	318
61538	25337	36201	2795	1273	1522	584	89	495
455765	**186683**	**269082**	**18191**	**8343**	**9848**	**6120**	**1028**	**5092**
70655	29017	41638	3076	1424	1652	674	121	553
84011	34548	49463	3493	1592	1901	918	147	771
91796	37840	53956	3705	1719	1986	1163	210	953
99591	40430	59161	3851	1771	2080	1487	258	1229
109712	44848	64864	4066	1837	2229	1878	292	1586
656410	**271800**	**384610**	**22262**	**10197**	**12065**	**19669**	**3184**	**16485**
124953	50781	74172	4494	2100	2394	2622	438	2184
133388	55789	77599	4771	2211	2560	3280	566	2714
145924	60536	85388	4996	2277	2719	4237	674	3563
119104	49268	69836	3825	1713	2112	4272	668	3604
133041	55426	77615	4176	1896	2280	5258	838	4420
508675	**203795**	**304880**	**16199**	**7485**	**8714**	**31178**	**4862**	**26316**
123520	50892	72628	3977	1866	2111	5859	937	4922
114073	46249	67824	3767	1722	2045	6359	949	5410
126810	51246	75564	4006	1880	2126	7882	1302	6580
92948	35985	56963	2852	1302	1550	6648	1043	5605
51324	19423	31901	1597	715	882	4430	631	3799
462406	**189306**	**273100**	**12737**	**6147**	**6590**	**53763**	**9328**	**44435**
67978	26687	41291	2254	1093	1161	6371	1020	5351
72428	29791	42637	2247	1121	1126	7549	1323	6226
98075	40948	57127	2763	1350	1413	11178	2059	9119
114625	47313	67312	2885	1349	1536	14104	2498	11606
109300	44567	64733	2588	1234	1354	14561	2428	12133
1392562	**657800**	**734762**	**22423**	**10239**	**12184**	**640622**	**135400**	**505222**

5-3a 续表 4

受教育程度 年　　龄	15岁及以上人口			未　　婚		
	合计	男	女	小计	男	女
初　中	**14678543**	**7574515**	**7104028**	**1619786**	**1121424**	**498362**
15-19岁	**432290**	**254211**	**178079**	**425615**	**252687**	**172928**
15	168065	94326	73739	167989	94305	73684
16	78532	45023	33509	78241	44969	33272
17	59143	35767	23376	58351	35596	22755
18	59671	37282	22389	57892	36858	21034
19	66879	41813	25066	63142	40959	22183
20-24岁	**500248**	**298825**	**201423**	**368933**	**254217**	**114716**
20	72431	45144	27287	64888	43247	21641
21	82652	50690	31962	69431	47156	22275
22	103064	62181	40883	79399	54772	24627
23	112867	66283	46584	77394	53943	23451
24	129234	74527	54707	77821	55099	22722
25-29岁	**887618**	**492725**	**394893**	**323532**	**241583**	**81949**
25	148861	85261	63600	77868	56539	21329
26	153292	86431	66861	67431	49700	17731
27	176002	97505	78497	64549	48352	16197
28	191125	105103	86022	58585	44722	13863
29	218338	118425	99913	55099	42270	12829
30-34岁	**1536583**	**801173**	**735410**	**223658**	**171516**	**52142**
30	291828	155840	135988	59963	46038	13925
31	301296	158051	143245	50743	39132	11611
32	295831	153978	141853	41648	31915	9733
33	338305	174804	163501	39870	30535	9335
34	309323	158500	150823	31434	23896	7538
35-39岁	**1453223**	**741809**	**711414**	**99009**	**73773**	**25236**
35	275986	141221	134765	24455	18423	6032
36	281052	143809	137243	21559	16257	5302
37	279575	143073	136502	18643	13840	4803
38	325964	166320	159644	19229	14159	5070
39	290646	147386	143260	15123	11094	4029
40-44岁	**1518861**	**767417**	**751444**	**57703**	**41584**	**16119**
40	269602	137292	132310	12912	9408	3504
41	312583	158171	154412	12752	9245	3507
42	303281	153069	150212	11327	8159	3168
43	298224	150553	147671	10165	7285	2880
44	335171	168332	166839	10547	7487	3060
45-49岁	**1949832**	**980291**	**969541**	**49971**	**35373**	**14598**
45	348809	175327	173482	10213	7283	2930
46	381212	190541	190671	10372	7354	3018
47	398715	200299	198416	10327	7252	3075
48	404317	203618	200699	9812	6945	2867
49	416779	210506	206273	9247	6539	2708
50-54岁	**1943349**	**977465**	**965884**	**32553**	**23428**	**9125**
50	430864	215753	215111	8769	6268	2501
51	398760	201078	197682	7198	5156	2042
52	417799	210833	206966	6707	4792	1915
53	327041	164310	162731	4935	3575	1360
54	368885	185491	183394	4944	3637	1307
55-59岁	**1513785**	**754014**	**759771**	**18486**	**13578**	**4908**
55	368513	183464	185049	4717	3447	1270
56	353367	174912	178455	4364	3196	1168
57	396056	197808	198248	4773	3540	1233
58	256833	128858	127975	3003	2194	809
59	139016	68972	70044	1629	1201	428
60-64岁	**993346**	**505869**	**487477**	**8704**	**6192**	**2512**
60	180143	90193	89950	1867	1333	534
61	166493	85089	81404	1524	1100	424
62	211413	108633	102780	1828	1306	522
63	227783	117000	110783	1856	1338	518
64	207514	104954	102560	1629	1115	514
65岁及以上	**1949408**	**1000716**	**948692**	**11622**	**7493**	**4129**

单位：人

有配偶			离婚			丧偶		
小计	男	女	小计	男	女	小计	男	女
11988893	**6057322**	**5931571**	**531338**	**254673**	**276665**	**538526**	**141096**	**397430**
6641	**1516**	**5125**	**31**	**8**	**23**	**3**		**3**
76	21	55						
289	54	235	2		2			
790	171	619	1		1	1		1
1770	421	1349	8	3	5	1		1
3716	849	2867	20	5	15	1		1
129775	**44135**	**85640**	**1511**	**468**	**1043**	**29**	**5**	**24**
7503	1880	5623	38	17	21	2		2
13124	3505	9619	95	29	66	2		2
23451	7352	16099	210	57	153	4		4
35065	12232	22833	403	105	298	5	3	2
50632	19166	31466	765	260	505	16	2	14
550201	**245037**	**305164**	**13566**	**6044**	**7522**	**319**	**61**	**258**
69719	28273	41446	1248	446	802	26	3	23
84133	36061	48072	1687	664	1023	41	6	35
108836	48001	60835	2547	1133	1414	70	19	51
128968	58789	70179	3494	1576	1918	78	16	62
158545	73913	84632	4590	2225	2365	104	17	87
1264208	**605147**	**659061**	**47249**	**24185**	**23064**	**1468**	**325**	**1143**
224800	106254	118546	6888	3505	3383	177	43	134
241906	114643	127263	8410	4202	4208	237	74	163
244746	117269	127477	9147	4724	4423	290	70	220
286587	138250	148337	11500	5953	5547	348	66	282
266169	128731	137438	11304	5801	5503	416	72	344
1293052	**637470**	**655582**	**57992**	**29945**	**28047**	**3170**	**621**	**2549**
240851	117385	123466	10251	5317	4934	429	96	333
248209	121944	126265	10786	5511	5275	498	97	401
249172	123359	125813	11135	5751	5384	625	123	502
292286	144898	147388	13650	7110	6540	799	153	646
262534	129884	132650	12170	6256	5914	819	152	667
1384767	**690553**	**694214**	**69343**	**33891**	**35452**	**7048**	**1389**	**5659**
244276	121944	122332	11504	5758	5746	910	182	728
284414	141548	142866	14198	7139	7059	1219	239	980
276512	137834	138678	14022	6790	7232	1420	286	1134
272441	136211	136230	14042	6755	7287	1576	302	1274
307124	153016	154108	15577	7449	8128	1923	380	1543
1789952	**899758**	**890194**	**91635**	**41752**	**49883**	**18274**	**3408**	**14866**
319734	159982	159752	16356	7612	8744	2506	450	2056
350229	174499	175730	17678	8137	9541	2933	551	2382
365977	183812	182165	18804	8526	10278	3607	709	2898
371353	187293	184060	19002	8585	10417	4150	795	3355
382659	194172	188487	19795	8892	10903	5078	903	4175
1778695	**904318**	**874377**	**92853**	**42034**	**50819**	**39248**	**7685**	**31563**
395088	199024	196064	20740	9304	11436	6267	1157	5110
364674	185549	179125	19857	8985	10872	7031	1388	5643
382362	195057	187305	20343	9315	11028	8387	1669	6718
299388	152432	146956	14984	6774	8210	7734	1529	6205
337183	172256	164927	16929	7656	9273	9829	1942	7887
1364007	**693567**	**670440**	**72954**	**34949**	**38005**	**58338**	**11920**	**46418**
334716	169593	165123	17596	8098	9498	11484	2326	9158
318718	160793	157925	17543	8355	9188	12742	2568	10174
356243	181695	174548	19261	9393	9868	15779	3180	12599
230934	118722	112212	11549	5571	5978	11347	2371	8976
123396	62764	60632	7005	3532	3473	6986	1475	5511
874957	**462345**	**412612**	**41953**	**20866**	**21087**	**67732**	**16466**	**51266**
158842	82099	76743	8940	4360	4580	10494	2401	8093
146925	77596	69329	7621	3885	3736	10423	2508	7915
186315	99277	87038	9015	4543	4472	14255	3507	10748
200850	107221	93629	8809	4402	4407	16268	4039	12229
182025	96152	85873	7568	3676	3892	16292	4011	12281
1552638	**873476**	**679162**	**42251**	**20531**	**21720**	**342897**	**99216**	**243681**

5-3a 续表 5

受教育程度 年　龄	15岁及以上人口			未　婚		
	合计	男	女	小计	男	女
高　中	**11239968**	**5941196**	**5298772**	**3124633**	**1834664**	**1289969**
15-19岁	**1811031**	**965141**	**845890**	**1808314**	**964432**	**843882**
15	371854	191307	180547	371830	191297	180533
16	576626	302367	274259	576528	302334	274194
17	493514	262001	231513	493267	261926	231341
18	245107	137814	107293	244431	137636	106795
19	123930	71652	52278	122258	71239	51019
20-24岁	**600884**	**347367**	**253517**	**505715**	**314981**	**190734**
20	107639	62095	45544	103609	61191	42418
21	104808	60810	43998	96623	58749	37874
22	120709	70063	50646	104403	65021	39382
23	127852	73907	53945	101196	64612	36584
24	139876	80492	59384	99884	65408	34476
25-29岁	**889916**	**494515**	**395401**	**390041**	**269440**	**120601**
25	155173	87986	67187	96136	64176	31960
26	157927	89202	68725	84376	57574	26802
27	176884	98267	78617	78175	54523	23652
28	189137	104005	85132	68932	48551	20381
29	210795	115055	95740	62422	44616	17806
30-34岁	**1310942**	**695011**	**615931**	**224836**	**159831**	**65005**
30	269449	144937	124512	65055	46511	18544
31	268307	143224	125083	52116	37408	14708
32	255673	135339	120334	41883	29791	12092
33	278787	146547	132240	37830	26585	11245
34	238726	124964	113762	27952	19536	8416
35-39岁	**1033670**	**534768**	**498902**	**81321**	**54444**	**26877**
35	197542	103147	94395	20511	14031	6480
36	194628	101040	93588	17284	11821	5463
37	196426	101930	94496	15444	10256	5188
38	235855	120970	114885	15860	10428	5432
39	209219	107681	101538	12222	7908	4314
40-44岁	**1005208**	**518555**	**486653**	**42136**	**26534**	**15602**
40	194659	100369	94290	10180	6558	3622
41	219949	113380	106569	9587	6145	3442
42	203121	104786	98335	8214	5112	3102
43	188383	97047	91336	7192	4416	2776
44	199096	102973	96123	6963	4303	2660
45-49岁	**1041732**	**546581**	**495151**	**31278**	**19432**	**11846**
45	196789	101872	94917	6537	4047	2490
46	206045	107443	98602	6461	3951	2510
47	213889	112242	101647	6569	4035	2534
48	212009	112045	99964	5870	3670	2200
49	213000	112979	100021	5841	3729	2112
50-54岁	**896843**	**469740**	**427103**	**17837**	**11364**	**6473**
50	217778	114494	103284	5242	3322	1920
51	191494	100392	91102	3975	2584	1391
52	192155	100671	91484	3787	2388	1399
53	138194	72315	65879	2438	1544	894
54	157222	81868	75354	2395	1526	869
55-59岁	**986610**	**494661**	**491949**	**12061**	**7785**	**4276**
55	175617	90296	85321	2354	1492	862
56	203708	102928	100780	2631	1724	907
57	271392	134894	136498	3244	2073	1171
58	203499	101709	101790	2280	1475	805
59	132394	64834	67560	1552	1021	531
60-64岁	**783789**	**397949**	**385840**	**6241**	**3888**	**2353**
60	169352	84608	84744	1570	1027	543
61	147754	74854	72900	1285	825	460
62	168263	85534	82729	1265	765	500
63	165974	84784	81190	1179	720	459
64	132446	68169	64277	942	551	391
65岁及以上	**879343**	**476908**	**402435**	**4853**	**2533**	**2320**

单位：人

有配偶			离婚			丧偶		
小计	男	女	小计	男	女	小计	男	女
7489008	**3874876**	**3614132**	**386426**	**169102**	**217324**	**239901**	**62554**	**177347**
2692	**697**	**1995**	**22**	**11**	**11**	**3**	**1**	**2**
23	10	13	1		1			
96	33	63	1		1	1		1
242	73	169	4	2	2	1		1
668	175	493	7	2	5	1	1	
1663	406	1257	9	7	2			
94265	**32126**	**62139**	**882**	**252**	**630**	**22**	**8**	**14**
4008	895	3113	19	7	12	3	2	1
8136	2048	6088	47	12	35	2	1	1
16194	5013	11181	111	28	83	1	1	
26417	9224	17193	232	69	163	7	2	5
39510	14946	24564	473	136	337	9	2	7
488945	**220582**	**268363**	**10736**	**4454**	**6282**	**194**	**39**	**155**
58209	23511	34698	810	295	515	18	4	14
72220	31139	41081	1309	486	823	22	3	19
96676	42951	53725	2000	788	1212	33	5	28
117445	54315	63130	2711	1125	1586	49	14	35
144395	68666	75729	3906	1760	2146	72	13	59
1046858	**516959**	**529899**	**38303**	**18002**	**20301**	**945**	**219**	**726**
198627	95834	102793	5665	2568	3097	102	24	78
209167	102560	106607	6887	3223	3664	137	33	104
205975	101937	104038	7623	3558	4065	192	53	139
231397	115511	115886	9318	4399	4919	242	52	190
201692	101117	100575	8810	4254	4556	272	57	215
905187	**458741**	**446446**	**45380**	**21221**	**24159**	**1782**	**362**	**1420**
169024	85414	83610	7772	3647	4125	235	55	180
169124	85475	83649	7942	3692	4250	278	52	226
172001	87465	84536	8665	4140	4525	316	69	247
208365	105242	103123	11161	5210	5951	469	90	379
186673	95145	91528	9840	4532	5308	484	96	388
904981	**467033**	**437948**	**54305**	**24303**	**30002**	**3786**	**685**	**3101**
174524	89351	85173	9442	4361	5081	513	99	414
198166	101816	96350	11471	5290	6181	725	129	596
183153	94653	88500	10985	4891	6094	769	130	639
169496	87704	81792	10872	4782	6090	823	145	678
179642	93509	86133	11535	4979	6556	956	182	774
937504	**497602**	**439902**	**64934**	**28113**	**36821**	**8016**	**1434**	**6582**
177330	92543	84787	11814	5101	6713	1108	181	927
185745	97841	87904	12446	5417	7029	1393	234	1159
192372	102214	90158	13332	5687	7645	1616	306	1310
190639	101998	88641	13632	6028	7604	1868	349	1519
191418	103006	88412	13710	5880	7830	2031	364	1667
805966	**430960**	**375006**	**58042**	**24505**	**33537**	**14998**	**2911**	**12087**
195685	104706	90979	14270	5989	8281	2581	477	2104
171701	91729	79972	12982	5518	7464	2836	561	2275
172456	92264	80192	12649	5361	7288	3263	658	2605
124458	66573	57885	8579	3646	4933	2719	552	2167
141666	75688	65978	9562	3991	5571	3599	663	2936
883560	**456775**	**426785**	**58906**	**24165**	**34741**	**32083**	**5936**	**26147**
158012	83474	74538	10762	4478	6284	4489	852	3637
182669	95032	87637	12559	5115	7444	5849	1057	4792
242872	124589	118283	16378	6595	9783	8898	1637	7261
182263	94109	88154	11589	4767	6822	7367	1358	6009
117744	59571	58173	7618	3210	4408	5480	1032	4448
699221	**369020**	**330201**	**36163**	**15610**	**20553**	**42164**	**9431**	**32733**
150735	77994	72741	9249	3981	5268	7798	1606	6192
131774	69180	62594	7150	3169	3981	7545	1680	5865
150029	79371	70658	7720	3336	4384	9249	2062	7187
148481	78971	69510	6949	2964	3985	9365	2129	7236
118202	63504	54698	5095	2160	2935	8207	1954	6253
719829	**424381**	**295448**	**18753**	**8466**	**10287**	**135908**	**41528**	**94380**

5-3a 续表 6

受教育程度 年龄	15岁及以上人口			未婚		
	合计	男	女	小计	男	女
大学专科	**7361964**	**3791728**	**3570236**	**2353145**	**1268939**	**1084206**
15-19岁	**481359**	**243187**	**238172**	**480770**	**243022**	**237748**
15	10545	5653	4892	10542	5653	4889
16	23458	12340	11118	23447	12333	11114
17	46021	23478	22543	45987	23467	22520
18	150197	76666	73531	150075	76627	73448
19	251138	125050	126088	250719	124942	125777
20-24岁	**1052021**	**526557**	**525464**	**976083**	**503393**	**472690**
20	256495	129446	127049	254961	129103	125858
21	199633	100481	99152	195301	99538	95763
22	197017	98642	98375	186125	95695	90430
23	196959	97969	98990	175274	91429	83845
24	201917	100019	101898	164422	87628	76794
25-29岁	**1077170**	**535202**	**541968**	**539853**	**312636**	**227217**
25	213573	105924	107649	152607	84008	68599
26	203668	101136	102532	123403	70321	53082
27	213884	106391	107493	106409	62686	43723
28	216690	107559	109131	85683	51565	34118
29	229355	114192	115163	71751	44056	27695
30-34岁	**1341098**	**659036**	**682062**	**229279**	**139808**	**89471**
30	282863	139489	143374	70007	43079	26928
31	278903	136762	142141	54438	33369	21069
32	263150	128999	134151	42093	25549	16544
33	278676	136631	142045	36043	21819	14224
34	237506	117155	120351	26698	15992	10706
35-39岁	**923329**	**459521**	**463808**	**71144**	**40743**	**30401**
35	192017	95664	96353	19004	11348	7656
36	184361	92211	92150	15862	9104	6758
37	180892	89683	91209	13962	7968	5994
38	202911	100975	101936	13119	7338	5781
39	163148	80988	82160	9197	4985	4212
40-44岁	**663374**	**335825**	**327549**	**26774**	**14103**	**12671**
40	141997	70653	71344	7270	3886	3384
41	146876	73781	73095	6205	3245	2960
42	134096	67758	66338	5256	2773	2483
43	119456	60722	58734	4166	2165	2001
44	120949	62911	58038	3877	2034	1843
45-49岁	**562287**	**298813**	**263474**	**15612**	**8161**	**7451**
45	115244	60182	55062	3556	1877	1679
46	114997	60930	54067	3283	1746	1537
47	116338	61830	54508	3339	1663	1676
48	110170	59125	51045	2866	1534	1332
49	105538	56746	48792	2568	1341	1227
50-54岁	**395012**	**215439**	**179573**	**6985**	**3819**	**3166**
50	102659	55232	47427	2312	1239	1073
51	86689	46918	39771	1531	858	673
52	84459	45924	38535	1449	773	676
53	57576	31800	25776	882	490	392
54	63629	35565	28064	811	459	352
55-59岁	**315118**	**178109**	**137009**	**3237**	**1769**	**1468**
55	66430	37218	29212	710	380	330
56	72002	40521	31481	785	448	337
57	86447	48708	37739	843	455	388
58	57222	32695	24527	573	327	246
59	33017	18967	14050	326	159	167
60-64岁	**193407**	**115811**	**77596**	**1497**	**716**	**781**
60	38251	22416	15835	349	173	176
61	32492	19605	12887	259	121	138
62	39886	24025	15861	289	144	145
63	43391	26004	17387	321	157	164
64	39387	23761	15626	279	121	158
65岁及以上	**357789**	**224228**	**133561**	**1911**	**769**	**1142**

单位：人

有配偶			离婚			丧偶		
小计	男	女	小计	男	女	小计	男	女
4744125	**2423407**	**2320718**	**196365**	**77809**	**118556**	**68329**	**21573**	**46756**
581	**162**	**419**	**6**	**3**	**3**	**2**		**2**
3		3						
11	7	4						
34	11	23						
119	38	81	3	1	2			
414	106	308	3	2	1	2		2
75431	**23055**	**52376**	**492**	**108**	**384**	**15**	**1**	**14**
1525	343	1182	9		9			
4306	940	3366	25	3	22	1		1
10824	2936	7888	65	11	54	3		3
21569	6515	15054	112	25	87	4		4
37207	12321	24886	281	69	212	7	1	6
529617	**219845**	**309772**	**7556**	**2687**	**4869**	**144**	**34**	**110**
60427	21741	38686	520	171	349	19	4	15
79338	30528	48810	913	286	627	14	1	13
106132	43260	62872	1324	437	887	19	8	11
128958	55262	73696	2004	720	1284	45	12	33
154762	69054	85708	2795	1073	1722	47	9	38
1080604	**506771**	**573833**	**30529**	**12303**	**18226**	**686**	**154**	**532**
208450	94665	113785	4324	1725	2599	82	20	62
219081	101269	117812	5269	2100	3169	115	24	91
214776	100917	113859	6135	2499	3636	146	34	112
234897	111716	123181	7589	3065	4524	147	31	116
203400	98204	105196	7212	2914	4298	196	45	151
814698	**403559**	**411139**	**36336**	**15019**	**21317**	**1151**	**200**	**951**
166244	81508	84736	6593	2773	3820	176	35	141
161784	80387	81397	6523	2685	3838	192	35	157
159375	78675	80700	7319	2999	4320	236	41	195
180789	89928	90861	8733	3665	5068	270	44	226
146506	73061	73445	7168	2897	4271	277	45	232
601742	**308411**	**293331**	**32988**	**12999**	**19989**	**1870**	**312**	**1558**
127929	64118	63811	6499	2603	3896	299	46	253
133336	67736	65600	6973	2751	4222	362	49	313
121687	62245	59442	6770	2673	4097	383	67	316
108627	56030	52597	6268	2453	3815	395	74	321
110163	58282	51881	6478	2519	3959	431	76	355
511199	**277776**	**233423**	**32300**	**12309**	**19991**	**3176**	**567**	**2609**
104882	55793	49089	6299	2417	3882	507	95	412
104822	56680	48142	6350	2408	3942	542	96	446
105614	57556	48058	6723	2491	4232	662	120	542
100064	54956	45108	6514	2517	3997	726	118	608
95817	52791	43026	6414	2476	3938	739	138	601
359930	**201849**	**158081**	**23615**	**8920**	**14695**	**4482**	**851**	**3631**
93087	51452	41635	6357	2371	3986	903	170	733
78897	43876	35021	5343	1996	3347	918	188	730
76916	42973	33943	5096	1981	3115	998	197	801
52623	29904	22719	3349	1284	2065	722	122	600
58407	33644	24763	3470	1288	2182	941	174	767
288790	**168435**	**120355**	**16680**	**6464**	**10216**	**6411**	**1441**	**4970**
60985	35237	25748	3561	1354	2207	1174	247	927
65976	38293	27683	3889	1507	2382	1352	273	1079
79221	46085	33136	4628	1753	2875	1755	415	1340
52544	30943	21601	2844	1122	1722	1261	303	958
30064	17877	12187	1758	728	1030	869	203	666
176982	**109821**	**67161**	**8218**	**3437**	**4781**	**6710**	**1837**	**4873**
34927	21174	13753	1894	802	1092	1081	267	814
29819	18618	11201	1435	607	828	979	259	720
36605	22847	13758	1637	685	952	1355	349	1006
39715	24653	15062	1736	707	1029	1619	487	1132
35916	22529	13387	1516	636	880	1676	475	1201
304551	**203723**	**100828**	**7645**	**3560**	**4085**	**43682**	**16176**	**27506**

5-3a 续表 7

受教育程度 年龄	15岁及以上人口			未婚		
	合计	男	女	小计	男	女
大学本科	**7173475**	**3616620**	**3556855**	**2790596**	**1342434**	**1448162**
15-19岁	**458304**	**208989**	**249315**	**458168**	**208935**	**249233**
15	960	476	484	956	473	483
16	2589	1211	1378	2584	1208	1376
17	21848	9181	12667	21838	9177	12661
18	150041	68352	81689	150007	68337	81670
19	282866	129769	153097	282783	129740	153043
20-24岁	**1336783**	**616084**	**720699**	**1308161**	**607529**	**700632**
20	344563	158530	186033	344282	158454	185828
21	321573	148236	173337	320695	148025	172670
22	261231	121258	139973	258442	120527	137915
23	210127	97046	113081	202739	94806	107933
24	199289	91014	108275	182003	85717	96286
25-29岁	**1114137**	**516281**	**597856**	**650338**	**330495**	**319843**
25	211556	96899	114657	175225	84670	90555
26	212313	97430	114883	151655	75432	76223
27	225318	103548	121770	131623	67586	64037
28	230400	107627	122773	107152	57099	50053
29	234550	110777	123773	84683	45708	38975
30-34岁	**1345278**	**648399**	**696879**	**251074**	**134557**	**116517**
30	281701	133958	147743	79583	43402	36181
31	275907	131743	144164	59837	32281	27556
32	263030	126412	136618	45550	24241	21309
33	278854	135529	143325	38010	19985	18025
34	245786	120757	125029	28094	14648	13446
35-39岁	**1021454**	**517161**	**504293**	**78991**	**39772**	**39219**
35	210498	105253	105245	21130	10959	10171
36	210849	106479	104370	17922	9096	8826
37	206309	104309	102000	15718	7826	7892
38	223669	113716	109953	14689	7217	7472
39	170129	87404	82725	9532	4674	4858
40-44岁	**601305**	**316104**	**285201**	**23472**	**11132**	**12340**
40	140294	72636	67658	6804	3265	3539
41	135716	70727	64989	5617	2726	2891
42	120394	63120	57274	4612	2111	2501
43	103480	54675	48805	3493	1623	1870
44	101421	54946	46475	2946	1407	1539
45-49岁	**448486**	**252643**	**195843**	**11185**	**5335**	**5850**
45	92959	51153	41806	2556	1215	1341
46	92158	51611	40547	2355	1109	1246
47	92073	51896	40177	2384	1110	1274
48	87282	50117	37165	2093	1025	1068
49	84014	47866	36148	1797	876	921
50-54岁	**316940**	**189145**	**127795**	**5041**	**2605**	**2436**
50	79753	46126	33627	1542	775	767
51	68422	39941	28481	1128	576	552
52	69205	41370	27835	1070	556	514
53	47004	28801	18203	675	357	318
54	52556	32907	19649	626	341	285
55-59岁	**219404**	**143042**	**76362**	**2252**	**1236**	**1016**
55	52490	33698	18792	560	325	235
56	52094	33946	18148	520	278	242
57	58880	38475	20405	570	320	250
58	36415	24111	12304	403	214	189
59	19525	12812	6713	199	99	100
60-64岁	**93298**	**61977**	**31321**	**782**	**352**	**430**
60	20722	13825	6897	178	90	88
61	15872	10530	5342	161	71	90
62	18171	12058	6113	156	68	88
63	20282	13511	6771	161	70	91
64	18251	12053	6198	126	53	73
65岁及以上	**218086**	**146795**	**71291**	**1132**	**486**	**646**

单位：人

有配偶			离婚			丧偶		
小计	男	女	小计	男	女	小计	男	女
4209949	**2206728**	**2003221**	**132571**	**51554**	**81017**	**40359**	**15904**	**24455**
135	**53**	**82**	**1**	**1**				
4	3	1						
5	3	2						
10	4	6						
33	14	19	1	1				
83	29	54						
28467	**8515**	**19952**	**152**	**40**	**112**	**3**		**3**
279	74	205	2	2				
866	208	658	10	3	7	2		2
2776	726	2050	13	5	8			
7347	2230	5117	40	10	30	1		1
17199	5277	11922	87	20	67			
459711	**184402**	**275309**	**4023**	**1367**	**2656**	**65**	**17**	**48**
36122	12176	23946	206	51	155	3	2	1
60265	21884	38381	388	114	274	5		5
92991	35724	57267	697	236	461	7	2	5
122111	50140	71971	1114	382	732	23	6	17
148222	64478	83744	1618	584	1034	27	7	20
1071984	**505521**	**566463**	**21801**	**8233**	**13568**	**419**	**88**	**331**
199407	89586	109821	2662	961	1701	49	9	40
212421	98090	114331	3592	1359	2233	57	13	44
213022	100497	112525	4380	1662	2718	78	12	66
235237	113419	121818	5501	2106	3395	106	19	87
211897	103929	107968	5666	2145	3521	129	35	94
910184	**464963**	**445221**	**31311**	**12233**	**19078**	**968**	**193**	**775**
183914	92203	91711	5323	2066	3257	131	25	106
186895	95009	91886	5873	2342	3531	159	32	127
183940	93944	89996	6438	2494	3944	213	45	168
201112	103474	97638	7608	2972	4636	260	53	207
154323	80333	73990	6069	2359	3710	205	38	167
553268	**295901**	**257367**	**23339**	**8805**	**14534**	**1226**	**266**	**960**
128112	67310	60802	5160	2007	3153	218	54	164
124737	66008	58729	5112	1945	3167	250	48	202
110816	59193	51623	4730	1768	2962	236	48	188
95628	51518	44110	4142	1489	2653	217	45	172
93975	51872	42103	4195	1596	2599	305	71	234
415132	**239317**	**175815**	**20323**	**7591**	**12732**	**1846**	**400**	**1446**
86129	48338	37791	3985	1531	2454	289	69	220
85437	48884	36553	4004	1533	2471	362	85	277
85050	49123	35927	4285	1578	2707	354	85	269
80800	47505	33295	4008	1517	2491	381	70	311
77716	45467	32249	4041	1432	2609	460	91	369
294813	**180293**	**114520**	**14628**	**5624**	**9004**	**2458**	**623**	**1835**
73966	43847	30119	3797	1420	2377	448	84	364
63515	38031	25484	3242	1209	2033	537	125	412
64231	39387	24844	3308	1281	2027	596	146	450
43900	27509	16391	2048	814	1234	381	121	260
49201	31519	17682	2233	900	1333	496	147	349
204796	**136861**	**67935**	**9412**	**4045**	**5367**	**2944**	**900**	**2044**
49156	32275	16881	2188	948	1240	586	150	436
48692	32542	16150	2246	933	1313	636	193	443
54985	36846	18139	2508	1046	1462	817	263	554
33849	22994	10855	1606	720	886	557	183	374
18114	12204	5910	864	398	466	348	111	237
86404	**59151**	**27253**	**3691**	**1655**	**2036**	**2421**	**819**	**1602**
19255	13196	6059	866	397	469	423	142	281
14663	10033	4630	664	300	364	384	126	258
16813	11520	5293	738	320	418	464	150	314
18794	12901	5893	737	328	409	590	212	378
16879	11501	5378	686	310	376	560	189	371
185055	**131751**	**53304**	**3890**	**1960**	**1930**	**28009**	**12598**	**15411**

5-3a 续表 8

受教育程度 年 龄	15岁及以上人口			未 婚		
	合计	男	女	小计	男	女
硕士研究生	**875893**	**437391**	**438502**	**332821**	**147715**	**185106**
15-19岁	**592**	**339**	**253**	**590**	**339**	**251**
15	1		1	1		1
16	1		1	1		1
17	50	30	20	50	30	20
18	192	112	80	191	112	79
19	348	197	151	347	197	150
20-24岁	**122689**	**52983**	**69706**	**121764**	**52692**	**69072**
20	814	403	411	810	403	407
21	5049	2016	3033	5032	2013	3019
22	25255	10909	14346	25187	10886	14301
23	43533	18626	24907	43326	18568	24758
24	48038	21029	27009	47409	20822	26587
25-29岁	**189392**	**81954**	**107438**	**144012**	**64471**	**79541**
25	45381	20014	25367	43471	19333	24138
26	38143	16484	21659	33979	15016	18963
27	36193	15368	20825	27891	12458	15433
28	34745	14815	19930	21814	9874	11940
29	34930	15273	19657	16857	7790	9067
30-34岁	**198800**	**90388**	**108412**	**46783**	**21632**	**25151**
30	42353	18509	23844	15685	7320	8365
31	42067	18824	23243	11608	5467	6141
32	39162	17663	21499	8375	3824	4551
33	39721	18453	21268	6478	2985	3493
34	35497	16939	18558	4637	2036	2601
35-39岁	**156576**	**79379**	**77197**	**13082**	**5690**	**7392**
35	30550	14915	15635	3412	1513	1899
36	31458	15722	15736	2901	1280	1621
37	31984	16184	15800	2686	1193	1493
38	35374	18225	17149	2476	1042	1434
39	27210	14333	12877	1607	662	945
40-44岁	**87314**	**49713**	**37601**	**3949**	**1657**	**2292**
40	22425	12191	10234	1132	487	645
41	20882	11688	9194	934	384	550
42	17311	9929	7382	793	315	478
43	13914	8193	5721	585	261	324
44	12782	7712	5070	505	210	295
45-49岁	**51652**	**32876**	**18776**	**1632**	**692**	**940**
45	11170	7024	4146	410	179	231
46	10824	6848	3976	412	171	241
47	10880	6840	4040	321	133	188
48	9863	6327	3536	246	112	134
49	8915	5837	3078	243	97	146
50-54岁	**31668**	**21451**	**10217**	**631**	**329**	**302**
50	8145	5351	2794	214	115	99
51	7025	4663	2362	131	59	72
52	6701	4504	2197	139	67	72
53	4549	3150	1399	65	34	31
54	5248	3783	1465	82	54	28
55-59岁	**22553**	**16914**	**5639**	**232**	**146**	**86**
55	5549	4071	1478	66	45	21
56	5530	4083	1447	64	44	20
57	6055	4662	1393	55	31	24
58	3580	2708	872	28	13	15
59	1839	1390	449	19	13	6
60-64岁	**7448**	**5817**	**1631**	**85**	**44**	**41**
60	1654	1296	358	16	10	6
61	1265	990	275	16	13	3
62	1517	1187	330	17	10	7
63	1658	1292	366	21	7	14
64	1354	1052	302	15	4	11
65岁及以上	**7209**	**5577**	**1632**	**61**	**23**	**38**

单位：人

有配偶			离婚			丧偶		
小计	男	女	小计	男	女	小计	男	女
527846	**283618**	**244228**	**13883**	**5497**	**8386**	**1343**	**561**	**782**
2		**2**						
1		1						
1		1						
915	**288**	**627**	**8**	**2**	**6**	**2**	**1**	**1**
4		4						
17	3	14						
68	23	45						
203	57	146	3	1	2	1		1
623	205	418	5	1	4	1	1	
45156	**17421**	**27735**	**219**	**60**	**159**	**5**	**2**	**3**
1905	678	1227	4	3	1	1		1
4148	1461	2687	16	7	9			
8264	2899	5365	38	11	27			
12873	4927	7946	55	13	42	3	1	2
17966	7456	10510	106	26	80	1	1	
149993	**68024**	**81969**	**1994**	**721**	**1273**	**30**	**11**	**19**
26457	11101	15356	209	87	122	2	1	1
30131	13241	16890	323	114	209	5	2	3
30382	13698	16684	401	139	262	4	2	2
32729	15281	17448	507	185	322	7	2	5
30294	14703	15591	554	196	358	12	4	8
139558	**72186**	**67372**	**3864**	**1487**	**2377**	**72**	**16**	**56**
26545	13168	13377	587	234	353	6		6
27869	14186	13683	680	253	427	8	3	5
28493	14686	13807	793	302	491	12	3	9
31895	16795	15100	982	381	601	21	7	14
24756	13351	11405	822	317	505	25	3	22
80462	**46914**	**33548**	**2796**	**1109**	**1687**	**107**	**33**	**74**
20650	11445	9205	624	255	369	19	4	15
19285	11031	8254	639	267	372	24	6	18
15910	9369	6541	585	236	349	23	9	14
12826	7736	5090	481	190	291	22	6	16
11791	7333	4458	467	161	306	19	8	11
47824	**31310**	**16514**	**2075**	**833**	**1242**	**121**	**41**	**80**
10340	6680	3660	406	162	244	14	3	11
9970	6480	3490	416	187	229	26	10	16
10128	6546	3582	410	153	257	21	8	13
9159	6033	3126	424	173	251	34	9	25
8227	5571	2656	419	158	261	26	11	15
29424	**20501**	**8923**	**1471**	**571**	**900**	**142**	**50**	**92**
7519	5073	2446	388	153	235	24	10	14
6528	4469	2059	327	126	201	39	9	30
6220	4313	1907	306	111	195	36	13	23
4249	3028	1221	218	79	139	17	9	8
4908	3618	1290	232	102	130	26	9	17
21188	**16281**	**4907**	**952**	**424**	**528**	**181**	**63**	**118**
5221	3920	1301	223	91	132	39	15	24
5189	3925	1264	230	101	129	47	13	34
5668	4477	1191	279	130	149	53	24	29
3380	2624	756	144	65	79	28	6	22
1730	1335	395	76	37	39	14	5	9
6934	**5545**	**1389**	**301**	**170**	**131**	**128**	**58**	**70**
1551	1238	313	71	41	30	16	7	9
1173	941	232	51	26	25	25	10	15
1417	1134	283	50	28	22	33	15	18
1535	1234	301	64	34	30	38	17	21
1258	998	260	65	41	24	16	9	7
6390	**5148**	**1242**	**203**	**120**	**83**	**555**	**286**	**269**

5-3a 续表 9

受教育程度 年 龄	15岁及以上人口			未 婚		
	合计	男	女	小计	男	女
博士研究生	**120680**	**73618**	**47062**	**38577**	**21749**	**16828**
15-19岁	**52**	**33**	**19**	**52**	**33**	**19**
15						
16						
17	1	1		1	1	
18	2	1	1	2	1	1
19	49	31	18	49	31	18
20-24岁	**5673**	**3131**	**2542**	**5592**	**3095**	**2497**
20	90	55	35	88	54	34
21	228	120	108	224	118	106
22	900	492	408	891	488	403
23	1659	925	734	1649	922	727
24	2796	1539	1257	2740	1513	1227
25-29岁	**25112**	**13883**	**11229**	**20498**	**11497**	**9001**
25	4201	2315	1886	4025	2226	1799
26	5063	2735	2328	4668	2549	2119
27	5358	2908	2450	4558	2503	2055
28	5331	2996	2335	3995	2311	1684
29	5159	2929	2230	3252	1908	1344
30-34岁	**25574**	**14857**	**10717**	**8769**	**5141**	**3628**
30	5776	3295	2481	2974	1750	1224
31	5303	3031	2272	2145	1258	887
32	4980	2887	2093	1621	951	670
33	5038	2967	2071	1190	695	495
34	4477	2677	1800	839	487	352
35-39岁	**21815**	**13002**	**8813**	**2334**	**1316**	**1018**
35	3950	2386	1564	639	386	253
36	4200	2510	1690	542	308	234
37	4261	2512	1749	441	241	200
38	5059	2989	2070	420	214	206
39	4345	2605	1740	292	167	125
40-44岁	**16639**	**10191**	**6448**	**751**	**366**	**385**
40	3756	2290	1466	206	93	113
41	3954	2375	1579	189	97	92
42	3393	2060	1333	148	68	80
43	2863	1772	1091	94	52	42
44	2673	1694	979	114	56	58
45-49岁	**10863**	**7048**	**3815**	**336**	**165**	**171**
45	2355	1486	869	87	41	46
46	2305	1479	826	86	42	44
47	2331	1518	813	70	28	42
48	2015	1332	683	49	29	20
49	1857	1233	624	44	25	19
50-54岁	**6789**	**4907**	**1882**	**145**	**83**	**62**
50	1700	1179	521	49	24	25
51	1438	1037	401	32	19	13
52	1423	984	439	30	16	14
53	1007	748	259	13	9	4
54	1221	959	262	21	15	6
55-59岁	**5383**	**4298**	**1085**	**64**	**36**	**28**
55	1347	1058	289	16	13	3
56	1341	1046	295	15	6	9
57	1517	1225	292	12	8	4
58	791	645	146	14	8	6
59	387	324	63	7	1	6
60-64岁	**1537**	**1278**	**259**	**16**	**6**	**10**
60	345	290	55	3	1	2
61	261	218	43	3	2	1
62	293	247	46	3	2	1
63	360	289	71	7	1	6
64	278	234	44			
65岁及以上	**1243**	**990**	**253**	**20**	**11**	**9**

单位：人

有配偶			离婚			丧偶		
小计	男	女	小计	男	女	小计	男	女
79862	**50828**	**29034**	**2001**	**929**	**1072**	**240**	**112**	**128**
79	**35**	**44**	**1**	**1**		**1**		**1**
2	1	1						
4	2	2						
9	4	5						
10	3	7						
54	25	29	1	1		1		1
4588	**2377**	**2211**	**26**	**9**	**17**			
175	89	86	1		1			
393	186	207	2		2			
796	402	394	4	3	1			
1328	683	645	8	2	6			
1896	1017	879	11	4	7			
16633	**9640**	**6993**	**167**	**73**	**94**	**5**	**3**	**2**
2789	1536	1253	12	9	3	1		1
3131	1762	1369	27	11	16			
3323	1922	1401	35	13	22	1	1	
3798	2253	1545	50	19	31			
3592	2167	1425	43	21	22	3	2	1
19037	**11489**	**7548**	**437**	**196**	**241**	**7**	**1**	**6**
3243	1970	1273	67	29	38	1	1	
3593	2177	1416	64	25	39	1		1
3736	2225	1511	82	46	36	2		2
4525	2727	1798	114	48	66			
3940	2390	1550	110	48	62	3		3
15436	**9622**	**5814**	**431**	**193**	**238**	**21**	**10**	**11**
3464	2151	1313	83	45	38	3	1	2
3663	2234	1429	99	44	55	3		3
3145	1945	1200	97	46	51	3	1	2
2677	1682	995	85	34	51	7	4	3
2487	1610	877	67	24	43	5	4	1
10101	**6716**	**3385**	**397**	**161**	**236**	**29**	**6**	**23**
2180	1411	769	84	32	52	4	2	2
2139	1400	739	77	36	41	3	1	2
2154	1456	698	102	34	68	5		5
1895	1278	617	63	25	38	8		8
1733	1171	562	71	34	37	9	3	6
6341	**4685**	**1656**	**278**	**131**	**147**	**25**	**8**	**17**
1563	1114	449	79	39	40	9	2	7
1339	995	344	62	22	40	5	1	4
1332	937	395	58	30	28	3	1	2
962	725	237	28	13	15	4	1	3
1145	914	231	51	27	24	4	3	1
5119	**4141**	**978**	**168**	**103**	**65**	**32**	**18**	**14**
1286	1015	271	40	27	13	5	3	2
1269	1011	258	51	24	27	6	5	1
1443	1177	266	47	34	13	15	6	9
756	625	131	20	11	9	1	1	
365	313	52	10	7	3	5	3	2
1444	**1221**	**223**	**58**	**38**	**20**	**19**	**13**	**6**
327	280	47	12	8	4	3	1	2
247	209	38	8	4	4	3	3	
271	233	38	15	11	4	4	1	3
334	274	60	16	11	5	3	3	
265	225	40	7	4	3	6	5	1
1084	**902**	**182**	**38**	**24**	**14**	**101**	**53**	**48**

5-3b 全国分年龄、性别、受教育

受教育程度 年龄	15岁及以上人口			未婚		
	合计	男	女	小计	男	女
总 计	**25800086**	**12946456**	**12853630**	**4908086**	**2873397**	**2034689**
15-19岁	**2190429**	**1157572**	**1032857**	**2178809**	**1154908**	**1023901**
15	457726	241456	216270	457563	241415	216148
16	544243	287236	257007	543709	287127	256582
17	478750	252183	226567	477397	251878	225519
18	373816	199467	174349	370666	198807	171859
19	335894	177230	158664	329474	175681	153793
20-24岁	**1533823**	**798028**	**735795**	**1285899**	**716343**	**569556**
20	320532	167549	152983	307142	164218	142924
21	291034	152732	138302	267228	146288	120940
22	305704	159782	145922	261933	146260	115673
23	302514	156534	145980	235010	133929	101081
24	314039	161431	152608	214586	125648	88938
25-29岁	**1981369**	**1002668**	**978701**	**738971**	**472312**	**266659**
25	348202	178121	170081	201946	122203	79743
26	349973	177614	172359	165147	103033	62114
27	394507	198836	195671	146243	94646	51597
28	420243	212557	207686	121024	80865	40159
29	468444	235540	232904	104611	71565	33046
30-34岁	**2910174**	**1452227**	**1457947**	**335131**	**237585**	**97546**
30	609008	304689	304319	104548	72775	31773
31	595320	296223	299097	79085	55972	23113
32	564270	280751	283519	59978	42753	17225
33	609207	304135	305072	52768	38055	14713
34	532369	266429	265940	38752	28030	10722
35-39岁	**2313482**	**1166657**	**1146825**	**112056**	**81051**	**31005**
35	460652	232059	228593	29014	20921	8093
36	457483	230345	227138	24447	17601	6846
37	442224	223478	218746	20829	15117	5712
38	505592	255647	249945	21033	15329	5704
39	447531	225128	222403	16733	12083	4650
40-44岁	**2210304**	**1118859**	**1091445**	**61445**	**45906**	**15539**
40	415057	209052	206005	13923	10104	3819
41	459393	232531	226862	13718	10240	3478
42	441213	222588	218625	12017	8973	3044
43	422658	214508	208150	10799	8194	2605
44	471983	240180	231803	10988	8395	2593
45-49岁	**2654223**	**1345844**	**1308379**	**54122**	**42660**	**11462**
45	479660	243159	236501	10914	8443	2471
46	521669	264140	257529	11347	8891	2456
47	539304	273691	265613	10936	8578	2358
48	551608	279184	272424	10603	8438	2165
49	561982	285670	276312	10322	8310	2012
50-54岁	**2729012**	**1373962**	**1355050**	**41383**	**34203**	**7180**
50	592821	299641	293180	10031	8105	1926
51	549665	277296	272369	8691	7186	1505
52	589737	296798	292939	8608	7113	1495
53	470254	236099	234155	6769	5680	1089
54	526535	264128	262407	7284	6119	1165
55-59岁	**2175634**	**1084231**	**1091403**	**26034**	**22092**	**3942**
55	509066	255152	253914	6535	5549	986
56	487532	243610	243922	6035	5102	933
57	555616	278496	277120	6667	5701	966
58	409961	203271	206690	4469	3800	669
59	213459	103702	109757	2328	1940	388
60-64岁	**1462803**	**728783**	**734020**	**19170**	**17177**	**1993**
60	253856	125957	127899	2972	2567	405
61	241938	121816	120122	3019	2675	344
62	309487	155299	154188	4207	3778	429
63	345472	172822	172650	4763	4342	421
64	312050	152889	159161	4209	3815	394
65岁及以上	**3638833**	**1717625**	**1921208**	**55066**	**49160**	**5906**

程度、婚姻状况的人口(镇)

单位：人

有配偶			离婚			丧偶		
小计	男	女	小计	男	女	小计	男	女
19010192	**9441442**	**9568750**	**543515**	**288034**	**255481**	**1338293**	**343583**	**994710**
11496	**2628**	**8868**	**114**	**31**	**83**	**10**	**5**	**5**
163	41	122						
528	107	421	4		4	2	2	
1336	298	1038	16	6	10	1	1	
3113	653	2460	36	7	29	1		1
6356	1529	4827	58	18	40	6	2	4
244599	**80453**	**164146**	**3205**	**1197**	**2008**	**120**	**35**	**85**
13252	3280	9972	128	48	80	10	3	7
23544	6356	17188	245	86	159	17	2	15
43229	13307	29922	524	209	315	18	6	12
66611	22275	44336	863	320	543	30	10	20
97963	35235	62728	1445	534	911	45	14	31
1215915	**517798**	**698117**	**25537**	**12349**	**13188**	**946**	**209**	**737**
143889	54915	88974	2293	988	1305	74	15	59
181371	73112	108259	3326	1446	1880	129	23	106
243376	101909	141467	4700	2235	2465	188	46	142
292564	128431	164133	6416	3210	3206	239	51	188
354715	159431	195284	8802	4470	4332	316	74	242
2493098	**1171759**	**1321339**	**78223**	**41967**	**36256**	**3722**	**916**	**2806**
491019	225020	265999	12920	6751	6169	521	143	378
500951	232299	268652	14662	7809	6853	622	143	479
488029	229473	258556	15565	8346	7219	698	179	519
537276	255930	281346	18214	9931	8283	949	219	730
475823	229037	246786	16862	9130	7732	932	232	700
2112625	**1039312**	**1073313**	**82244**	**44863**	**37381**	**6557**	**1431**	**5126**
415199	202461	212738	15444	8456	6988	995	221	774
416082	203923	212159	15820	8572	7248	1134	249	885
404419	199385	205034	15755	8700	7055	1221	276	945
464283	229734	234549	18649	10241	8408	1627	343	1284
412642	203809	208833	16576	8894	7682	1580	342	1238
2051859	**1026016**	**1025843**	**83949**	**44107**	**39842**	**13051**	**2830**	**10221**
383952	190385	193567	15387	8164	7223	1795	399	1396
425556	212317	213239	17805	9465	8340	2314	509	1805
409754	204240	205514	16924	8864	8060	2518	511	2007
392889	197259	195630	16184	8431	7753	2786	624	2162
439708	221815	217893	17649	9183	8466	3638	787	2851
2477585	**1249105**	**1228480**	**91878**	**47369**	**44509**	**30638**	**6710**	**23928**
446951	224779	222172	17650	9043	8607	4145	894	3251
486513	244473	242040	18602	9617	8985	5207	1159	4048
503459	254075	249384	18810	9767	9043	6099	1271	4828
515222	259608	255614	18728	9566	9162	7055	1572	5483
525440	266170	259270	18088	9376	8712	8132	1814	6318
2544493	**1284037**	**1260456**	**77055**	**40278**	**36777**	**66081**	**15444**	**50637**
553702	279544	274158	18711	9668	9043	10377	2324	8053
512969	258835	254134	16378	8505	7873	11627	2770	8857
550457	277844	272613	16528	8546	7982	14144	3295	10849
438243	220951	217292	12183	6468	5715	13059	3000	10059
489122	246863	242259	13255	7091	6164	16874	4055	12819
2002547	**1013490**	**989057**	**50063**	**26505**	**23558**	**96990**	**22144**	**74846**
471584	238610	232974	12590	6703	5887	18357	4290	14067
449822	227775	222047	11763	6165	5598	19912	4568	15344
511116	260317	250799	12584	6640	5944	25249	5838	19411
375795	190092	185703	8643	4598	4045	21054	4781	16273
194230	96696	97534	4483	2399	2084	12418	2667	9751
1295888	**666234**	**629654**	**24143**	**13737**	**10406**	**123602**	**31635**	**91967**
228563	116400	112163	5377	2957	2420	16944	4033	12911
216047	111853	104194	4462	2519	1943	18410	4769	13641
274686	142197	132489	5106	2936	2170	25488	6388	19100
304401	157309	147092	4961	2886	2075	31347	8285	23062
272191	138475	133716	4237	2439	1798	31413	8160	23253
2560087	**1390610**	**1169477**	**27104**	**15631**	**11473**	**996576**	**262224**	**734352**

5-3b 续表 1

受教育程度 年　　龄	15岁及以上人口			未　　婚		
	合计	男	女	小计	男	女
未上过学	**722911**	**166863**	**556048**	**44750**	**35919**	**8831**
15-19岁	**2552**	**1505**	**1047**	**2494**	**1500**	**994**
15	482	284	198	478	283	195
16	495	309	186	491	308	183
17	483	277	206	476	276	200
18	518	311	207	505	311	194
19	574	324	250	544	322	222
20-24岁	**3604**	**1963**	**1641**	**2982**	**1847**	**1135**
20	694	390	304	635	381	254
21	639	372	267	558	357	201
22	740	413	327	625	395	230
23	760	400	360	605	366	239
24	771	388	383	559	348	211
25-29岁	**5144**	**2523**	**2621**	**2940**	**1957**	**983**
25	890	452	438	607	385	222
26	914	473	441	577	391	186
27	1009	490	519	563	381	182
28	1139	548	591	604	403	201
29	1192	560	632	589	397	192
30-34岁	**8953**	**3988**	**4965**	**3369**	**2373**	**996**
30	1588	724	864	697	472	225
31	1804	829	975	744	525	219
32	1711	748	963	610	427	183
33	1968	875	1093	710	510	200
34	1882	812	1070	608	439	169
35-39岁	**10631**	**4171**	**6460**	**2711**	**2015**	**696**
35	1908	798	1110	561	412	149
36	1945	773	1172	530	382	148
37	2059	829	1230	530	396	134
38	2370	871	1499	571	428	143
39	2349	900	1449	519	397	122
40-44岁	**15640**	**5168**	**10472**	**2731**	**2113**	**618**
40	2475	855	1620	468	360	108
41	2918	1009	1909	577	441	136
42	3103	999	2104	542	421	121
43	3260	1095	2165	544	434	110
44	3884	1210	2674	600	457	143
45-49岁	**28553**	**8147**	**20406**	**3401**	**2790**	**611**
45	4125	1171	2954	560	444	116
46	5084	1529	3555	704	567	137
47	5740	1607	4133	658	544	114
48	6458	1821	4637	716	591	125
49	7146	2019	5127	763	644	119
50-54岁	**44538**	**10913**	**33625**	**3766**	**3203**	**563**
50	8147	2071	6076	807	678	129
51	8273	2166	6107	763	653	110
52	9598	2408	7190	773	665	108
53	8598	2032	6566	671	579	92
54	9922	2236	7686	752	628	124
55-59岁	**50567**	**9927**	**40640**	**2949**	**2567**	**382**
55	9945	2194	7751	739	643	96
56	10389	2208	8181	656	570	86
57	12099	2359	9740	731	648	83
58	11088	1962	9126	547	471	76
59	7046	1204	5842	276	235	41
60-64岁	**73092**	**14941**	**58151**	**3223**	**2974**	**249**
60	9117	1798	7319	419	375	44
61	10378	2129	8249	473	428	45
62	15252	3238	12014	688	630	58
63	19152	3927	15225	881	831	50
64	19193	3849	15344	762	710	52
65岁及以上	**479637**	**103617**	**376020**	**14184**	**12580**	**1604**

单位：人

有配偶			离婚			丧偶		
小计	男	女	小计	男	女	小计	男	女
418076	**98402**	**319674**	**6608**	**2683**	**3925**	**253477**	**29859**	**223618**
57	**5**	**52**	**1**		**1**			
4	1	3						
4	1	3						
7	1	6						
13		13						
29	2	27	1		1			
604	**112**	**492**	**13**	**2**	**11**	**5**	**2**	**3**
57	8	49	1		1	1	1	
81	15	66						
113	18	95	2		2			
151	34	117	3		3	1		1
202	37	165	7	2	5	3	1	2
2103	**536**	**1567**	**86**	**26**	**60**	**15**	**4**	**11**
271	63	208	10	3	7	2	1	1
325	79	246	10	3	7	2		2
422	102	320	20	6	14	4	1	3
513	136	377	21	9	12	1		1
572	156	416	25	5	20	6	2	4
5323	**1536**	**3787**	**212**	**76**	**136**	**49**	**3**	**46**
852	239	613	36	13	23	3		3
1015	291	724	36	12	24	9	1	8
1048	305	743	43	16	27	10		10
1198	341	857	46	22	24	14	2	12
1210	360	850	51	13	38	13		13
7451	**2006**	**5445**	**345**	**128**	**217**	**124**	**22**	**102**
1272	368	904	60	16	44	15	2	13
1332	363	969	64	22	42	19	6	13
1444	404	1040	64	25	39	21	4	17
1693	414	1279	68	26	42	38	3	35
1710	457	1253	89	39	50	31	7	24
12065	**2805**	**9260**	**520**	**196**	**324**	**324**	**54**	**270**
1881	465	1416	81	27	54	45	3	42
2201	525	1676	85	31	54	55	12	43
2410	535	1875	98	36	62	53	7	46
2516	599	1917	135	51	84	65	11	54
3057	681	2376	121	51	70	106	21	85
23418	**4917**	**18501**	**781**	**317**	**464**	**953**	**123**	**830**
3360	677	2683	108	36	72	97	14	83
4071	880	3191	157	61	96	152	21	131
4734	982	3752	141	59	82	207	22	185
5330	1117	4213	171	77	94	241	36	205
5923	1261	4662	204	84	120	256	30	226
37176	**7027**	**30149**	**965**	**372**	**593**	**2631**	**311**	**2320**
6779	1278	5501	207	83	124	354	32	322
6926	1401	5525	181	61	120	403	51	352
8082	1582	6500	210	92	118	533	69	464
7174	1334	5840	173	57	116	580	62	518
8215	1432	6783	194	79	115	761	97	664
41847	**6652**	**35195**	**781**	**320**	**461**	**4990**	**388**	**4602**
8260	1411	6849	172	62	110	774	78	696
8615	1486	7129	171	70	101	947	82	865
9942	1535	8407	194	96	98	1232	80	1152
9220	1355	7865	147	53	94	1174	83	1091
5810	865	4945	97	39	58	863	65	798
57294	**10575**	**46719**	**804**	**358**	**446**	**11771**	**1034**	**10737**
7356	1266	6090	121	53	68	1221	104	1117
8202	1500	6702	148	61	87	1555	140	1415
11932	2321	9611	197	91	106	2435	196	2239
14957	2733	12224	179	84	95	3135	279	2856
14847	2755	12092	159	69	90	3425	315	3110
230738	**62231**	**168507**	**2100**	**888**	**1212**	**232615**	**27918**	**204697**

5-3b 续表 2

受教育程度 年　　龄	15岁及以上人口			未　　婚		
	合计	男	女	小计	男	女
学前教育	**24643**	**7825**	**16818**	**2690**	**1740**	**950**
15-19岁	**1078**	**579**	**499**	**1073**	**577**	**496**
15	431	230	201	431	230	201
16	256	121	135	255	120	135
17	136	81	55	135	81	54
18	151	86	65	150	86	64
19	104	61	43	102	60	42
20-24岁	**460**	**245**	**215**	**397**	**233**	**164**
20	115	66	49	111	66	45
21	83	49	34	77	47	30
22	72	39	33	63	36	27
23	99	48	51	82	48	34
24	91	43	48	64	36	28
25-29岁	**460**	**199**	**261**	**214**	**120**	**94**
25	95	45	50	54	28	26
26	94	48	46	57	36	21
27	89	35	54	41	21	20
28	89	33	56	31	18	13
29	93	38	55	31	17	14
30-34岁	**517**	**229**	**288**	**135**	**92**	**43**
30	115	54	61	38	27	11
31	108	47	61	27	19	8
32	103	40	63	26	16	10
33	87	39	48	25	17	8
34	104	49	55	19	13	6
35-39岁	**405**	**193**	**212**	**78**	**55**	**23**
35	70	34	36	9	3	6
36	85	47	38	22	17	5
37	87	45	42	22	17	5
38	81	35	46	8	4	4
39	82	32	50	17	14	3
40-44岁	**500**	**194**	**306**	**60**	**43**	**17**
40	74	30	44	9	4	5
41	101	44	57	13	10	3
42	90	30	60	12	10	2
43	104	41	63	12	10	2
44	131	49	82	14	9	5
45-49岁	**895**	**318**	**577**	**91**	**72**	**19**
45	151	60	91	20	17	3
46	168	70	98	21	18	3
47	161	53	108	17	12	5
48	190	60	130	15	12	3
49	225	75	150	18	13	5
50-54岁	**1578**	**502**	**1076**	**110**	**87**	**23**
50	265	84	181	18	17	1
51	301	103	198	27	20	7
52	339	109	230	22	18	4
53	314	96	218	25	18	7
54	359	110	249	18	14	4
55-59岁	**1695**	**461**	**1234**	**69**	**54**	**15**
55	385	120	265	17	13	4
56	318	87	231	15	11	4
57	422	113	309	16	13	3
58	369	97	272	18	15	3
59	201	44	157	3	2	1
60-64岁	**2391**	**667**	**1724**	**79**	**69**	**10**
60	304	64	240	8	6	2
61	367	118	249	12	11	1
62	518	152	366	20	17	3
63	622	180	442	23	20	3
64	580	153	427	16	15	1
65岁及以上	**14664**	**4238**	**10426**	**384**	**338**	**46**

单位：人

有配偶			离婚			丧偶		
小计	男	女	小计	男	女	小计	男	女
14738	**4790**	**9948**	**216**	**116**	**100**	**6999**	**1179**	**5820**
5	**2**	**3**						
1	1							
1		1						
1		1						
2	1	1						
62	**11**	**51**	**1**	**1**				
4		4						
6	2	4						
9	3	6						
17		17						
26	6	20	1	1				
243	**78**	**165**	**3**	**1**	**2**			
40	17	23	1		1			
37	12	25						
48	14	34						
58	15	43						
60	20	40	2	1	1			
373	**131**	**242**	**6**	**5**	**1**	**3**	**1**	**2**
75	25	50	1	1		1	1	
77	25	52	4	3	1			
77	24	53						
60	21	39	1	1		1		1
84	36	48				1		1
310	**129**	**181**	**13**	**8**	**5**	**4**	**1**	**3**
56	28	28	3	3		2		2
59	27	32	3	2	1	1	1	
65	28	37						
68	30	38	4	1	3	1		1
62	16	46	3	2	1			
420	**143**	**277**	**14**	**7**	**7**	**6**	**1**	**5**
63	25	38	1	1		1		1
84	32	52	3	1	2	1	1	
78	20	58						
87	28	59	4	3	1	1		1
108	38	70	6	2	4	3		3
759	**232**	**527**	**22**	**9**	**13**	**23**	**5**	**18**
125	40	85	4	3	1	2		2
137	48	89	3	1	2	7	3	4
140	40	100	2	1	1	2		2
166	45	121	5	2	3	4	1	3
191	59	132	8	2	6	8	1	7
1352	**382**	**970**	**33**	**19**	**14**	**83**	**14**	**69**
229	60	169	7	5	2	11	2	9
250	78	172	7	2	5	17	3	14
299	90	209	5	1	4	13		13
264	70	194	9	6	3	16	2	14
310	84	226	5	5		26	7	19
1475	**376**	**1099**	**22**	**12**	**10**	**129**	**19**	**110**
340	101	239	2	2		26	4	22
277	70	207	6	3	3	20	3	17
362	94	268	6	2	4	38	4	34
312	73	239	7	4	3	32	5	27
184	38	146	1	1		13	3	10
1948	**530**	**1418**	**33**	**19**	**14**	**331**	**49**	**282**
254	53	201	4	2	2	38	3	35
294	96	198	9	4	5	52	7	45
435	123	312	5	4	1	58	8	50
506	141	365	9	4	5	84	15	69
459	117	342	6	5	1	99	16	83
7791	**2776**	**5015**	**69**	**35**	**34**	**6420**	**1089**	**5331**

5-3b 续表 3

受教育程度 年龄	15岁及以上人口			未婚		
	合计	男	女	小计	男	女
小 学	**4852797**	**2031031**	**2821766**	**178845**	**145345**	**33500**
15-19岁	**13935**	**7783**	**6152**	**12999**	**7635**	**5364**
15	1998	1109	889	1984	1107	877
16	2131	1189	942	2079	1184	895
17	2529	1415	1114	2398	1392	1006
18	3155	1765	1390	2900	1727	1173
19	4122	2305	1817	3638	2225	1413
20-24岁	**30531**	**16256**	**14275**	**19211**	**12876**	**6335**
20	4537	2516	2021	3655	2335	1320
21	4929	2707	2222	3534	2352	1182
22	6211	3342	2869	4103	2749	1354
23	6971	3577	3394	3973	2674	1299
24	7883	4114	3769	3946	2766	1180
25-29岁	**64912**	**31958**	**32954**	**18832**	**13892**	**4940**
25	9335	4743	4592	3962	2830	1132
26	10439	5189	5250	3665	2683	982
27	12937	6346	6591	3866	2850	1016
28	14746	7203	7543	3712	2759	953
29	17455	8477	8978	3627	2770	857
30-34岁	**140933**	**63832**	**77101**	**17971**	**14011**	**3960**
30	24237	11318	12919	4246	3252	994
31	27016	12435	14581	3964	3092	872
32	27417	12374	15043	3355	2619	736
33	32056	14376	17680	3454	2699	755
34	30207	13329	16878	2952	2349	603
35-39岁	**161297**	**69257**	**92040**	**12143**	**9871**	**2272**
35	28470	12500	15970	2525	2031	494
36	29761	12966	16795	2488	2002	486
37	30160	12940	17220	2194	1789	405
38	36841	15693	21148	2588	2124	464
39	36065	15158	20907	2348	1925	423
40-44岁	**256638**	**106981**	**149657**	**12236**	**10217**	**2019**
40	37760	15792	21968	2168	1764	404
41	47760	20172	27588	2545	2140	405
42	51020	21056	29964	2409	1993	416
43	54183	22529	31654	2394	2010	384
44	65915	27432	38483	2720	2310	410
45-49岁	**466928**	**190098**	**276830**	**15561**	**13441**	**2120**
45	73892	30325	43567	2823	2405	418
46	85831	35272	50559	3162	2733	429
47	93791	38356	55435	3153	2708	445
48	101801	40942	60859	3165	2741	424
49	111613	45203	66410	3258	2854	404
50-54岁	**685647**	**276803**	**408844**	**16031**	**14213**	**1818**
50	126897	50933	75964	3316	2874	442
51	134767	55095	79672	3358	2981	377
52	152002	61375	90627	3401	3007	394
53	127796	51280	76516	2831	2546	285
54	144185	58120	86065	3125	2805	320
55-59岁	**588918**	**224580**	**364338**	**11336**	**10195**	**1141**
55	136509	53654	82855	2858	2564	294
56	129368	50277	79091	2605	2350	255
57	145769	55689	90080	2857	2590	267
58	114925	42379	72546	1997	1790	207
59	62347	22581	39766	1019	901	118
60-64岁	**547981**	**220008**	**327973**	**10372**	**9606**	**766**
60	78405	30127	48278	1433	1291	142
61	83115	33204	49911	1561	1449	112
62	115461	46772	68689	2335	2168	167
63	138581	56514	82067	2640	2469	171
64	132419	53391	79028	2403	2229	174
65岁及以上	**1895077**	**823475**	**1071602**	**32153**	**29388**	**2765**

单位：人

有配偶			离婚			丧偶		
小计	男	女	小计	男	女	小计	男	女
3895086	**1662983**	**2232103**	**84573**	**47816**	**36757**	**694293**	**174887**	**519406**
922	**145**	**777**	**14**	**3**	**11**			
14	2	12						
52	5	47						
129	22	107	2	1	1			
250	37	213	5	1	4			
477	79	398	7	1	6			
11043	**3266**	**7777**	**265**	**110**	**155**	**12**	**4**	**8**
862	175	687	20	6	14			
1364	344	1020	27	11	16	4		4
2047	568	1479	60	24	36	1	1	
2916	868	2048	81	34	47	1	1	
3854	1311	2543	77	35	42	6	2	4
44477	**17263**	**27214**	**1517**	**782**	**735**	**86**	**21**	**65**
5232	1846	3386	135	65	70	6	2	4
6565	2418	4147	196	85	111	13	3	10
8748	3334	5414	301	156	145	22	6	16
10652	4249	6403	360	191	169	22	4	18
13280	5416	7864	525	285	240	23	6	17
117476	**46817**	**70659**	**5041**	**2906**	**2135**	**445**	**98**	**347**
19195	7625	11570	752	431	321	44	10	34
22072	8814	13258	896	513	383	84	16	68
23003	9152	13851	976	582	394	83	21	62
27237	10947	16290	1248	702	546	117	28	89
25969	10279	15690	1169	678	491	117	23	94
141830	**55572**	**86258**	**6386**	**3621**	**2765**	**938**	**193**	**745**
24724	9823	14901	1091	624	467	130	22	108
25903	10230	15673	1200	691	509	170	43	127
26643	10436	16207	1163	680	483	160	35	125
32558	12709	19849	1462	813	649	233	47	186
32002	12374	19628	1470	813	657	245	46	199
232073	**90765**	**141308**	**9648**	**5445**	**4203**	**2681**	**554**	**2127**
33790	13118	20672	1481	851	630	321	59	262
42901	16847	26054	1899	1094	805	415	91	324
46113	17873	28240	1957	1094	863	541	96	445
49239	19267	29972	1979	1125	854	571	127	444
60030	23660	36370	2332	1281	1051	833	181	652
428636	**167143**	**261493**	**14352**	**7897**	**6455**	**8379**	**1617**	**6762**
67457	26253	41204	2551	1444	1107	1061	223	838
78496	30759	47737	2792	1504	1288	1381	276	1105
86092	33681	52411	2917	1660	1257	1629	307	1322
93638	36214	57424	3053	1643	1410	1945	344	1601
102953	40236	62717	3039	1646	1393	2363	467	1896
629148	**248783**	**380365**	**16220**	**8949**	**7271**	**24248**	**4858**	**19390**
116958	45593	71365	3359	1822	1537	3264	644	2620
123937	49431	74506	3394	1863	1531	4078	820	3258
139715	55371	84344	3595	1924	1671	5291	1073	4218
117086	46171	70915	2805	1582	1223	5074	981	4093
131452	52217	79235	3067	1758	1309	6541	1340	5201
528402	**201352**	**327050**	**10952**	**6148**	**4804**	**38228**	**6885**	**31343**
123793	48222	75571	2743	1533	1210	7115	1335	5780
116409	44973	71436	2656	1502	1154	7698	1452	6246
130509	49887	80622	2648	1473	1175	9755	1739	8016
102512	38016	64496	1932	1082	850	8484	1491	6993
55179	20254	34925	973	558	415	5176	868	4308
469861	**193029**	**276832**	**7445**	**4458**	**2987**	**60303**	**12915**	**47388**
68566	26760	41806	1321	729	592	7085	1347	5738
71764	29198	42566	1281	763	518	8509	1794	6715
99165	41015	58150	1622	982	640	12339	2607	9732
118341	49495	68846	1711	1064	647	15889	3486	12403
112025	46561	65464	1510	920	590	16481	3681	12800
1291218	**638848**	**652370**	**12733**	**7497**	**5236**	**558973**	**147742**	**411231**

5-3b 续表 4

受教育程度 年龄	15岁及以上人口			未婚		
	合计	男	女	小计	男	女
初 中	**10407019**	**5452393**	**4954626**	**1081679**	**736599**	**345080**
15-19岁	**391737**	**224072**	**167665**	**383880**	**222321**	**161559**
15	169578	94381	75197	169464	94357	75107
16	79678	45208	34470	79289	45137	34152
17	48930	28317	20613	47974	28127	19847
18	44733	26789	17944	42557	26348	16209
19	48818	29377	19441	44596	28352	16244
20-24岁	**361190**	**203318**	**157872**	**234867**	**160686**	**74181**
20	51399	30625	20774	43110	28520	14590
21	58652	34213	24439	44986	30375	14611
22	74195	41919	32276	50493	34346	16147
23	83089	45833	37256	49018	34057	14961
24	93855	50728	43127	47260	33388	13872
25-29岁	**711899**	**366908**	**344991**	**195332**	**144825**	**50507**
25	111812	59319	52493	47028	33938	13090
26	118366	61895	56471	40591	29771	10820
27	141363	72913	68450	39414	29480	9934
28	156957	80297	76660	35114	26498	8616
29	183401	92484	90917	33185	25138	8047
30-34岁	**1281712**	**629823**	**651889**	**126992**	**97858**	**29134**
30	250831	125183	125648	35982	27447	8535
31	254409	125044	129365	29167	22486	6681
32	248220	121566	126654	23405	18058	5347
33	277459	135787	141672	21725	16898	4827
34	250793	122243	128550	16713	12969	3744
35-39岁	**1179600**	**582738**	**596862**	**51094**	**39310**	**11784**
35	225801	110602	115199	12770	9810	2960
36	231570	113634	117936	11109	8528	2581
37	226907	112424	114483	9617	7428	2189
38	261902	130213	131689	9736	7558	2178
39	233420	115865	117555	7862	5986	1876
40-44岁	**1164356**	**585033**	**579323**	**29229**	**22646**	**6583**
40	215308	106968	108340	6620	5062	1558
41	240639	120591	120048	6537	5096	1441
42	232193	116367	115826	5772	4461	1311
43	224377	113309	111068	5177	4016	1161
44	251839	127798	124041	5123	4011	1112
45-49岁	**1431243**	**732148**	**699095**	**24703**	**19553**	**5150**
45	257726	130588	127138	5125	4034	1091
46	282654	143479	139175	5230	4112	1118
47	291700	149318	142382	5027	3975	1052
48	297118	152316	144802	4760	3791	969
49	302045	156447	145598	4561	3641	920
50-54岁	**1414003**	**738879**	**675124**	**16002**	**13007**	**2995**
50	315314	163641	151673	4262	3467	795
51	284186	147933	136253	3372	2737	635
52	303246	158694	144552	3281	2655	626
53	242116	127310	114806	2492	2014	478
54	269141	141301	127840	2595	2134	461
55-59岁	**1029565**	**539250**	**490315**	**8649**	**7141**	**1508**
55	257054	134645	122409	2197	1819	378
56	238265	123764	114501	2052	1679	373
57	262896	137822	125074	2265	1883	382
58	182121	96292	85829	1392	1158	234
59	89229	46727	42502	743	602	141
60-64岁	**542466**	**306385**	**236081**	**4137**	**3539**	**598**
60	102090	55048	47042	822	679	143
61	92345	51648	40697	708	603	105
62	114844	65149	49695	892	767	125
63	124758	72180	52578	934	815	119
64	108429	62360	46069	781	675	106
65岁及以上	**899248**	**543839**	**355409**	**6794**	**5713**	**1081**

单位：人

有配偶			离　婚			丧　偶		
小计	男	女	小计	男	女	小计	男	女
8762190	**4460696**	**4301494**	**273448**	**153241**	**120207**	**289702**	**101857**	**187845**
7767	**1721**	**6046**	**83**	**26**	**57**	**7**	**4**	**3**
114	24	90						
383	69	314	4		4	2	2	
944	186	758	12	4	8			
2148	435	1713	27	6	21	1		1
4178	1007	3171	40	16	24	4	2	2
124322	**41843**	**82479**	**1938**	**771**	**1167**	**63**	**18**	**45**
8215	2076	6139	70	29	41	4		4
13502	3777	9725	156	60	96	8	1	7
23355	7423	15932	332	145	187	15	5	10
33518	11568	21950	536	201	335	17	7	10
45732	16999	28733	844	336	508	19	5	14
502428	**214748**	**287680**	**13619**	**7218**	**6401**	**520**	**117**	**403**
63440	24763	38677	1306	614	692	38	4	34
75845	31203	44642	1863	903	960	67	18	49
99356	42113	57243	2491	1296	1195	102	24	78
118303	51890	66413	3403	1876	1527	137	33	104
145484	64779	80705	4556	2529	2027	176	38	138
1112467	**508245**	**604222**	**40195**	**23222**	**16973**	**2058**	**498**	**1560**
207961	93888	114073	6615	3778	2837	273	70	203
217329	98164	119165	7579	4319	3260	334	75	259
216541	98840	117701	7896	4560	3336	378	108	270
245776	113242	132534	9432	5543	3889	526	104	422
224860	104111	120749	8673	5022	3651	547	141	406
1081400	**517049**	**564351**	**43293**	**25509**	**17784**	**3813**	**870**	**2943**
204292	95934	108358	8145	4719	3426	594	139	455
211536	100129	111407	8303	4846	3457	622	131	491
208248	99844	108404	8302	4979	3323	740	173	567
241381	116570	124811	9844	5866	3978	941	219	722
215943	104572	111371	8699	5099	3600	916	208	708
1083891	**536087**	**547804**	**44068**	**24679**	**19389**	**7168**	**1621**	**5547**
199722	97149	102573	7973	4508	3465	993	249	744
223512	109902	113610	9294	5297	3997	1296	296	1000
216110	106645	109465	8925	4970	3955	1386	291	1095
209092	104230	104862	8562	4718	3844	1546	345	1201
235455	118161	117294	9314	5186	4128	1947	440	1507
1341945	**682427**	**659518**	**48408**	**26295**	**22113**	**16187**	**3873**	**12314**
241028	121045	119983	9342	4997	4345	2231	512	1719
264797	133298	131499	9860	5415	4445	2767	654	2113
273507	139185	134322	9916	5410	4506	3250	748	2502
278869	142306	136563	9800	5279	4521	3689	940	2749
283744	146593	137151	9490	5194	4296	4250	1019	3231
1327337	**696146**	**631191**	**39538**	**21453**	**18085**	**31126**	**8273**	**22853**
296046	153575	142471	9732	5324	4408	5274	1275	3999
266830	139177	127653	8379	4506	3873	5605	1513	4092
284888	149735	135153	8444	4529	3915	6633	1775	4858
227402	120240	107162	6254	3442	2812	5968	1614	4354
252171	133419	118752	6729	3652	3077	7646	2096	5550
956389	**507773**	**448616**	**24159**	**13196**	**10963**	**40368**	**11140**	**29228**
240192	127095	113097	6440	3515	2925	8225	2216	6009
221718	116671	105047	5805	3078	2727	8690	2336	6354
243883	129586	114297	6040	3309	2731	10708	3044	7664
168549	90611	77938	3896	2177	1719	8284	2346	5938
82047	43810	38237	1978	1117	861	4461	1198	3263
492000	**284504**	**207496**	**9594**	**5709**	**3885**	**36735**	**12633**	**24102**
93069	51244	41825	2337	1368	969	5862	1757	4105
84095	47984	36111	1751	1050	701	5791	2011	3780
104414	60691	43723	1962	1176	786	7576	2515	5061
112939	66956	45983	1897	1134	763	8988	3275	5713
97483	57629	39854	1647	981	666	8518	3075	5443
732244	**470153**	**262091**	**8553**	**5163**	**3390**	**151657**	**62810**	**88847**

5-3b 续表 5

受教育程度 年龄	15岁及以上人口			未婚		
	合计	男	女	小计	男	女
高 中	**5288410**	**2921068**	**2367342**	**1952149**	**1102434**	**849715**
15-19岁	**1418095**	**743563**	**674532**	**1415864**	**742945**	**672919**
15	279282	142211	137071	279255	142199	137056
16	448789	233505	215284	448713	233477	215236
17	392916	205307	187609	392692	205226	187466
18	205190	110948	94242	204611	110803	93808
19	91918	51592	40326	90593	51240	39353
20-24岁	**311887**	**178148**	**133739**	**250934**	**157271**	**93663**
20	63810	36566	27244	60797	35782	25015
21	54841	31798	23043	49119	30285	18834
22	61195	35365	25830	50229	31898	18331
23	63366	35852	27514	46636	30036	16600
24	68675	38567	30108	44153	29270	14883
25-29岁	**450972**	**244056**	**206916**	**160513**	**112707**	**47806**
25	76811	42806	34005	41736	28487	13249
26	78181	42802	35379	34780	24175	10605
27	89443	48050	41393	31911	22587	9324
28	96699	52135	44564	27442	19655	7787
29	109838	58263	51575	24644	17803	6841
30-34岁	**647170**	**340786**	**306384**	**77778**	**56609**	**21169**
30	142117	74605	67512	25074	18221	6853
31	135932	71503	64429	18508	13500	5008
32	126125	66266	59859	13952	10192	3760
33	132371	69723	62648	11966	8713	3253
34	110625	58689	51936	8278	5983	2295
35-39岁	**452066**	**241754**	**210312**	**22180**	**15542**	**6638**
35	92270	49206	43064	6055	4329	1726
36	88437	47061	41376	4752	3352	1400
37	85180	45529	39651	4095	2853	1242
38	98100	52750	45350	4109	2824	1285
39	88079	47208	40871	3169	2184	985
40-44岁	**405173**	**221672**	**183501**	**9948**	**6741**	**3207**
40	81424	44163	37261	2583	1721	862
41	87609	47721	39888	2256	1535	721
42	81425	44319	37106	1909	1291	618
43	74415	41057	33358	1657	1146	511
44	80300	44412	35888	1543	1048	495
45-49岁	**413821**	**232406**	**181415**	**6701**	**4658**	**2043**
45	78799	43768	35031	1495	1022	473
46	82652	46027	36625	1406	997	409
47	84107	47103	37004	1334	901	433
48	84565	47676	36889	1318	935	383
49	83698	47832	35866	1148	803	345
50-54岁	**351289**	**202136**	**149153**	**3723**	**2614**	**1109**
50	85287	48668	36619	1088	759	329
51	72569	41397	31172	798	564	234
52	75043	43235	31808	776	544	232
53	55468	32247	23221	503	360	143
54	62922	36589	26333	558	387	171
55-59岁	**351128**	**204171**	**146957**	**2236**	**1617**	**619**
55	66506	38747	27759	510	376	134
56	72292	42103	30189	513	362	151
57	94877	55046	39831	603	438	165
58	75296	43900	31396	383	280	103
59	42157	24375	17782	227	161	66
60-64岁	**233784**	**141906**	**91878**	**1082**	**822**	**260**
60	50893	29786	21107	239	182	57
61	44457	26706	17751	205	147	58
62	50342	30740	19602	216	167	49
63	48765	30253	18512	229	172	57
64	39327	24421	14906	193	154	39
65岁及以上	**253025**	**170470**	**82555**	**1190**	**908**	**282**

单位：人

有配偶			离婚			丧偶		
小计	男	女	小计	男	女	小计	男	女
3158810	**1738589**	**1420221**	**106123**	**53244**	**52879**	**71328**	**26801**	**44527**
2218	**615**	**1603**	**10**	**2**	**8**	**3**	**1**	**2**
27	12	15						
76	28	48						
221	79	142	2	1	1	1	1	
577	145	432	2		2			
1317	351	966	6	1	5	2		2
60266	**20653**	**39613**	**657**	**216**	**441**	**30**	**8**	**22**
2977	772	2205	31	10	21	5	2	3
5675	1504	4171	42	8	34	5	1	4
10872	3442	7430	92	25	67	2		2
16563	5757	10806	160	58	102	7	1	6
24179	9178	15001	332	115	217	11	4	7
284308	**128623**	**155685**	**5970**	**2688**	**3282**	**181**	**38**	**143**
34534	14122	20412	524	194	330	17	3	14
42635	18316	24319	741	310	431	25	1	24
56377	24964	31413	1121	492	629	34	7	27
67722	31784	35938	1491	689	802	44	7	37
83040	39437	43603	2093	1003	1090	61	20	41
551077	**274652**	**276425**	**17676**	**9338**	**8338**	**639**	**187**	**452**
113841	54800	59041	3080	1546	1534	122	38	84
113970	56198	57772	3349	1777	1572	105	28	77
108515	54170	54345	3536	1871	1665	122	33	89
116184	58775	57409	4068	2184	1884	153	51	102
98567	50709	47858	3643	1960	1683	137	37	100
411934	**217043**	**194891**	**16980**	**8961**	**8019**	**972**	**208**	**764**
82847	43075	39772	3216	1766	1450	152	36	116
80280	41986	38294	3234	1686	1548	171	37	134
77685	40908	36777	3231	1724	1507	169	44	125
89960	47892	42068	3797	1993	1804	234	41	193
81162	43182	37980	3502	1792	1710	246	50	196
376591	**206015**	**170576**	**16910**	**8533**	**8377**	**1724**	**383**	**1341**
75350	40718	34632	3238	1670	1568	253	54	199
81359	44244	37115	3658	1869	1789	336	73	263
75798	41226	34572	3410	1737	1673	308	65	243
69221	38211	31010	3178	1605	1573	359	95	264
74863	41616	33247	3426	1652	1774	468	96	372
386540	**218598**	**167942**	**17267**	**8425**	**8842**	**3313**	**725**	**2588**
73487	41013	32474	3372	1645	1727	445	88	357
77225	43197	34028	3460	1705	1755	561	128	433
78596	44343	34253	3518	1721	1797	659	138	521
78951	44880	34071	3523	1694	1829	773	167	606
78281	45165	33116	3394	1660	1734	875	204	671
329039	**191839**	**137200**	**12893**	**6250**	**6643**	**5634**	**1433**	**4201**
79780	46042	33738	3404	1601	1803	1015	266	749
67980	39235	28745	2753	1340	1413	1038	258	780
70330	41074	29256	2746	1342	1404	1191	275	916
52061	30730	21331	1883	902	981	1021	255	766
58888	34758	24130	2107	1065	1042	1369	379	990
328031	**194746**	**133285**	**10165**	**4877**	**5288**	**10696**	**2931**	**7765**
62245	36844	25401	2099	1041	1058	1652	486	1166
67625	40159	27466	2184	1056	1128	1970	526	1444
88692	52540	36152	2730	1298	1432	2852	770	2082
70348	41989	28359	2010	941	1069	2555	690	1865
39121	23214	15907	1142	541	601	1667	459	1208
215345	**134380**	**80965**	**4978**	**2501**	**2477**	**12379**	**4203**	**8176**
46985	28270	18715	1298	639	659	2371	695	1676
41104	25361	15743	1007	516	491	2141	682	1459
46443	29158	17285	1053	526	527	2630	889	1741
44819	28555	16264	914	471	443	2803	1055	1748
35994	23036	12958	706	349	357	2434	882	1552
213461	**151425**	**62036**	**2617**	**1453**	**1164**	**35757**	**16684**	**19073**

5-3b 续表 6

受教育程度 年 龄	15岁及以上人口			未 婚		
	合计	男	女	小计	男	女
大学专科	**2561452**	**1373531**	**1187921**	**852830**	**465647**	**387183**
15-19岁	**218109**	**112484**	**105625**	**217658**	**112369**	**105289**
15	5467	3001	2466	5465	3000	2465
16	11638	6279	5359	11628	6277	5351
17	24500	12684	11816	24472	12678	11794
18	71159	36586	34573	71048	36555	34493
19	105345	53934	51411	105045	53859	51186
20-24岁	**417154**	**208538**	**208616**	**379184**	**197038**	**182146**
20	102795	52302	50493	101784	52092	49692
21	81483	41210	40273	78963	40600	38363
22	80132	40015	40117	74428	38440	35988
23	76513	37664	38849	65706	34376	31330
24	76231	37347	38884	58303	31530	26773
25-29岁	**408391**	**201908**	**206483**	**175937**	**104786**	**71151**
25	80662	39685	40977	52904	29672	23232
26	76524	37836	38688	40848	23974	16874
27	81196	40130	41066	33836	20548	13288
28	82730	40985	41745	26731	16762	9969
29	87279	43272	44007	21618	13830	7788
30-34岁	**466396**	**235620**	**230776**	**58428**	**38045**	**20383**
30	107778	53831	53947	20342	13135	7207
31	99590	49800	49790	14121	9185	4936
32	90109	45297	44812	10073	6628	3445
33	92568	47194	45374	8291	5448	2843
34	76351	39498	36853	5601	3649	1952
35-39岁	**273626**	**144093**	**129533**	**12989**	**8162**	**4827**
35	60694	32019	28675	3875	2480	1395
36	56340	29669	26671	3007	1913	1094
37	51738	27270	24468	2336	1496	840
38	56871	30046	26825	2212	1372	840
39	47983	25089	22894	1559	901	658
40-44岁	**210290**	**113919**	**96371**	**4289**	**2571**	**1718**
40	43601	23005	20596	1216	716	500
41	45590	24372	21218	1054	647	407
42	42063	22868	19195	823	504	319
43	38131	20946	17185	603	354	249
44	40905	22728	18177	593	350	243
45-49岁	**190636**	**108848**	**81788**	**2296**	**1378**	**918**
45	38282	21598	16684	559	337	222
46	39314	22220	17094	499	280	219
47	39245	22335	16910	471	292	179
48	38173	21974	16199	410	239	171
49	35622	20721	14901	357	230	127
50-54岁	**146378**	**88118**	**58260**	**1081**	**671**	**410**
50	35729	20901	14828	326	182	144
51	31113	18521	12592	228	144	84
52	31089	18777	12312	221	147	74
53	22674	14008	8666	150	100	50
54	25773	15911	9862	156	98	58
55-59岁	**106610**	**70723**	**35887**	**540**	**353**	**187**
55	25744	16512	9232	141	95	46
56	25191	16527	8664	135	91	44
57	27558	18414	9144	135	87	48
58	18886	12995	5891	92	57	35
59	9231	6275	2956	37	23	14
60-64岁	**49219**	**34446**	**14773**	**187**	**115**	**72**
60	9963	6842	3121	31	22	9
61	8699	6027	2672	39	22	17
62	10310	7192	3118	37	21	16
63	10672	7538	3134	40	25	15
64	9575	6847	2728	40	25	15
65岁及以上	**74643**	**54834**	**19809**	**241**	**159**	**82**

单位：人

有配偶			离　婚			丧　偶		
小计	男	女	小计	男	女	小计	男	女
1644280	**880289**	**763991**	**47433**	**20876**	**26557**	**16909**	**6719**	**10190**
447	**115**	**332**	**4**		**4**			
2	1	1						
10	2	8						
28	6	22						
111	31	80						
296	75	221	4		4			
37697	**11416**	**26281**	**265**	**81**	**184**	**8**	**3**	**5**
1006	207	799	5	3	2			
2503	603	1900	17	7	10			
5674	1564	4110	30	11	19			
10737	3264	7473	67	23	44	3	1	2
17777	5778	11999	146	37	109	5	2	3
229259	**95906**	**133353**	**3089**	**1192**	**1897**	**106**	**24**	**82**
27490	9915	17575	257	93	164	11	5	6
35265	13754	21511	396	107	289	15	1	14
46774	19363	27411	566	211	355	20	8	12
55185	23902	31283	789	316	473	25	5	20
64545	28972	35573	1081	465	616	35	5	30
397839	**193102**	**204737**	**9788**	**4393**	**5395**	**341**	**80**	**261**
85748	39986	45762	1631	694	937	57	16	41
83527	39773	43754	1880	829	1051	62	13	49
77947	37742	40205	2020	915	1105	69	12	57
81987	40726	41261	2203	1000	1203	87	20	67
68630	34875	33755	2054	955	1099	66	19	47
251018	**131686**	**119332**	**9187**	**4160**	**5027**	**432**	**85**	**347**
54937	28675	26262	1822	852	970	60	12	48
51413	26898	24515	1823	835	988	97	23	74
47572	24982	22590	1740	781	959	90	11	79
52471	27675	24796	2082	977	1105	106	22	84
44625	23456	21169	1720	715	1005	79	17	62
197153	**107673**	**89480**	**8119**	**3526**	**4593**	**729**	**149**	**580**
40651	21546	19105	1617	720	897	117	23	94
42568	22917	19651	1835	787	1048	133	21	112
39499	21649	17850	1595	680	915	146	35	111
35899	19926	15973	1474	634	840	155	32	123
38536	21635	16901	1598	705	893	178	38	140
179788	**104207**	**75581**	**7323**	**3016**	**4307**	**1229**	**247**	**982**
36041	20607	15434	1470	617	853	212	37	175
37037	21261	15776	1550	626	924	228	53	175
36961	21372	15589	1573	634	939	240	37	203
36045	21084	14961	1436	595	841	282	56	226
33704	19883	13821	1294	544	750	267	64	203
138611	**84886**	**53725**	**5002**	**2185**	**2817**	**1684**	**376**	**1308**
33766	20102	13664	1317	549	768	320	68	252
29409	17791	11618	1134	505	629	342	81	261
29490	18111	11379	1036	448	588	342	71	271
21507	13516	7991	735	337	398	282	55	227
24439	15366	9073	780	346	434	398	101	297
101181	**68447**	**32734**	**2878**	**1351**	**1527**	**2011**	**572**	**1439**
24394	15910	8484	801	383	418	408	124	284
23923	16008	7915	671	313	358	462	115	347
26187	17846	8341	708	326	382	528	155	373
17899	12584	5315	477	232	245	418	122	296
8778	6099	2679	221	97	124	195	56	139
46306	**33167**	**13139**	**1005**	**531**	**474**	**1721**	**633**	**1088**
9398	6594	2804	230	124	106	304	102	202
8159	5804	2355	203	95	108	298	106	192
9689	6910	2779	213	126	87	371	135	236
10060	7278	2782	191	91	100	381	144	237
9000	6581	2419	168	95	73	367	146	221
64981	**49684**	**15297**	**773**	**441**	**332**	**8648**	**4550**	**4098**

5-3b 续表 7

受教育程度 年龄	15岁及以上人口			未婚		
	合计	男	女	小计	男	女
大学本科	**1831400**	**937456**	**893944**	**742387**	**361500**	**380887**
15-19岁	**144719**	**67468**	**77251**	**144638**	**67443**	**77195**
15	486	239	247	484	238	246
16	1254	625	629	1252	624	628
17	9219	4079	5140	9214	4075	5139
18	48850	22949	25901	48835	22944	25891
19	84910	39576	45334	84853	39562	45291
20-24岁	**386296**	**179546**	**206750**	**375793**	**176439**	**199354**
20	96913	44963	51950	96782	44922	51860
21	89082	41817	47265	88668	41706	46962
22	77798	36277	41521	76642	35987	40655
23	64036	29777	34259	61342	28998	32344
24	58467	26712	31755	52359	24826	27533
25-29岁	**310344**	**142107**	**168237**	**162538**	**83579**	**78959**
25	61076	27744	33332	48427	23625	24802
26	59315	26663	32652	39123	19512	19611
27	62831	28427	34404	32247	16779	15468
28	62896	29108	33788	24212	13236	10976
29	64226	30165	34061	18529	10427	8102
30-34岁	**338824**	**165803**	**173021**	**44769**	**25715**	**19054**
30	76410	36316	40094	16090	9207	6883
31	70961	34045	36916	11115	6431	4684
32	65633	32082	33551	7569	4287	3282
33	67716	33712	34004	5874	3393	2481
34	58104	29648	28456	4121	2397	1724
35-39岁	**220683**	**116154**	**104529**	**9726**	**5555**	**4171**
35	47999	25128	22871	2903	1708	1195
36	46102	24443	21659	2277	1280	997
37	43063	22788	20275	1806	1038	768
38	46286	24256	22030	1615	915	700
39	37233	19539	17694	1125	614	511
40-44岁	**150362**	**81322**	**69040**	**2631**	**1416**	**1215**
40	32490	17111	15379	759	428	331
41	32952	17514	15438	653	333	320
42	29909	16025	13884	491	260	231
43	27065	14841	12224	373	208	165
44	27946	15831	12115	355	187	168
45-49岁	**117472**	**70688**	**46784**	**1233**	**706**	**527**
45	25635	14948	10687	294	167	127
46	25013	14896	10117	297	170	127
47	23596	14244	9352	243	133	110
48	22399	13777	8622	199	118	81
49	20829	12823	8006	200	118	82
50-54岁	**82377**	**54211**	**28166**	**621**	**377**	**244**
50	20424	12786	7638	196	120	76
51	17763	11561	6202	137	82	55
52	17671	11633	6038	124	68	56
53	12827	8772	4055	90	60	30
54	13692	9459	4233	74	47	27
55-59岁	**45069**	**33464**	**11605**	**236**	**149**	**87**
55	12394	8879	3515	68	35	33
56	11202	8243	2959	55	36	19
57	11427	8613	2814	53	36	17
58	6931	5342	1589	37	26	11
59	3115	2387	728	23	16	7
60-64岁	**13300**	**9973**	**3327**	**87**	**49**	**38**
60	2942	2171	771	19	11	8
61	2473	1899	574	21	15	6
62	2641	1970	671	18	7	11
63	2817	2143	674	15	9	6
64	2427	1790	637	14	7	7
65岁及以上	**21954**	**16720**	**5234**	**115**	**72**	**43**

单位：人

有配偶			离婚			丧偶		
小计	男	女	小计	男	女	小计	男	女
1059586	**564133**	**495453**	**23974**	**9598**	**14376**	**5453**	**2225**	**3228**
79	**25**	**54**	**2**		**2**			
2	1	1						
2	1	1						
5	4	1						
13	5	8	2		2			
57	14	43						
10435	**3091**	**7344**	**66**	**16**	**50**	**2**		**2**
130	41	89	1		1			
411	111	300	3		3			
1148	286	862	8	4	4			
2677	775	1902	16	4	12	1		1
6069	1878	4191	38	8	30	1		1
146546	**58087**	**88459**	**1224**	**436**	**788**	**36**	**5**	**31**
12591	4100	8491	58	19	39			
20069	7113	12956	117	38	79	6		6
30379	11574	18805	200	74	126	5		5
38327	15741	22586	347	129	218	10	2	8
45180	19559	25621	502	176	326	15	3	12
288761	**138079**	**150682**	**5114**	**1964**	**3150**	**180**	**45**	**135**
59513	26816	32697	786	285	501	21	8	13
58933	27258	31675	886	347	539	27	9	18
56979	27402	29577	1052	389	663	33	4	29
60634	29849	30785	1158	457	701	50	13	37
52702	26754	25948	1232	486	746	49	11	38
205019	**108223**	**96796**	**5674**	**2325**	**3349**	**264**	**51**	**213**
44019	22961	21058	1037	449	588	40	10	30
42643	22690	19953	1129	465	664	53	8	45
40048	21267	18781	1172	475	697	37	8	29
43296	22802	20494	1302	528	774	73	11	62
35013	18503	16510	1034	408	626	61	14	47
142848	**78197**	**64651**	**4475**	**1645**	**2830**	**408**	**64**	**344**
30719	16305	14414	948	367	581	64	11	53
31235	16792	14443	989	375	614	75	14	61
28435	15422	13013	901	328	573	82	15	67
25786	14336	11450	819	283	536	87	14	73
26673	15342	11331	818	292	526	100	10	90
112148	**68527**	**43621**	**3550**	**1340**	**2210**	**541**	**115**	**426**
24488	14480	10008	757	281	476	96	20	76
23859	14406	9453	749	296	453	108	24	84
22536	13825	8711	708	268	440	109	18	91
21378	13371	8007	705	262	443	117	26	91
19887	12445	7442	631	233	398	111	27	84
78781	**52650**	**26131**	**2310**	**1008**	**1302**	**665**	**176**	**489**
19431	12356	7075	660	273	387	137	37	100
16971	11216	5755	512	219	293	143	44	99
16940	11333	5607	467	200	267	140	32	108
12315	8548	3767	307	134	173	115	30	85
13124	9197	3927	364	182	182	130	33	97
43245	**32549**	**10696**	**1037**	**564**	**473**	**551**	**202**	**349**
11859	8639	3220	312	158	154	155	47	108
10777	8024	2753	250	130	120	120	53	67
11004	8405	2599	238	128	110	132	44	88
6625	5172	1453	167	103	64	102	41	61
2980	2309	671	70	45	25	42	17	25
12590	**9607**	**2983**	**272**	**155**	**117**	**351**	**162**	**189**
2798	2097	701	62	38	24	63	25	38
2331	1826	505	59	30	29	62	28	34
2494	1896	598	52	30	22	77	37	40
2680	2068	612	60	38	22	62	28	34
2287	1720	567	39	19	20	87	44	43
19134	**15098**	**4036**	**250**	**145**	**105**	**2455**	**1405**	**1050**

5-3b 续表 8

受教育程度 年 龄	15岁及以上人口			未 婚		
	合计	男	女	小计	男	女
硕士研究生	**101325**	**50265**	**51060**	**48523**	**21938**	**26585**
15-19岁	**184**	**105**	**79**	**183**	**105**	**78**
15	1		1	1		1
16						
17	37	23	14	36	23	13
18	60	33	27	60	33	27
19	86	49	37	86	49	37
20-24岁	**21853**	**9594**	**12259**	**21696**	**9541**	**12155**
20	252	114	138	251	113	138
21	1266	542	724	1264	542	722
22	5178	2340	2838	5169	2338	2831
23	7444	3261	4183	7414	3252	4162
24	7713	3337	4376	7598	3296	4302
25-29岁	**26531**	**11565**	**14966**	**20415**	**9252**	**11163**
25	6981	3059	3922	6704	2979	3725
26	5598	2435	3163	5001	2234	2767
27	5051	2120	2931	3874	1724	2150
28	4451	1958	2493	2770	1309	1461
29	4450	1993	2457	2066	1006	1060
30-34岁	**23285**	**10767**	**12518**	**4845**	**2386**	**2459**
30	5382	2351	3031	1801	855	946
31	4957	2230	2727	1212	608	604
32	4497	2114	2383	837	430	407
33	4542	2164	2378	607	300	307
34	3907	1908	1999	388	193	195
35-39岁	**13626**	**7333**	**6293**	**952**	**439**	**513**
35	3134	1580	1554	269	125	144
36	2932	1571	1361	219	106	113
37	2708	1465	1243	191	78	113
38	2804	1553	1251	164	84	80
39	2048	1164	884	109	46	63
40-44岁	**6343**	**3926**	**2417**	**261**	**129**	**132**
40	1684	984	700	86	42	44
41	1568	941	627	69	33	36
42	1220	794	426	44	24	20
43	955	585	370	31	12	19
44	916	622	294	31	18	13
45-49岁	**4042**	**2772**	**1270**	**110**	**47**	**63**
45	911	606	305	33	13	20
46	824	567	257	24	12	12
47	839	591	248	26	10	16
48	777	528	249	14	7	7
49	691	480	211	13	5	8
50-54岁	**2773**	**2099**	**674**	**42**	**25**	**17**
50	659	487	172	14	5	9
51	610	457	153	7	4	3
52	644	498	146	9	8	1
53	402	313	89	7	3	4
54	458	344	114	5	5	
55-59岁	**1736**	**1374**	**362**	**14**	**12**	**2**
55	438	330	108	4	3	1
56	424	335	89	2	2	
57	479	365	114	6	5	1
58	288	254	34	2	2	
59	107	90	17			
60-64岁	**469**	**375**	**94**	**1**	**1**	
60	117	98	19			
61	88	72	16			
62	94	70	24			
63	86	70	16	1	1	
64	84	65	19			
65岁及以上	**483**	**355**	**128**	**4**	**1**	**3**

单位：人

有配偶			离婚			丧偶		
小计	男	女	小计	男	女	小计	男	女
51671	**27879**	**23792**	**1023**	**403**	**620**	**108**	**45**	**63**
1		**1**						
1		1						
157	**53**	**104**						
1	1							
2		2						
9	2	7						
30	9	21						
115	41	74						
6085	**2307**	**3778**	**29**	**6**	**23**	**2**		**2**
275	80	195	2		2			
593	201	392	3		3	1		1
1175	396	779	1		1	1		1
1676	649	1027	5		5			
2366	981	1385	18	6	12			
18260	**8324**	**9936**	**174**	**54**	**120**	**6**	**3**	**3**
3564	1494	2070	17	2	15			
3716	1613	2103	28	8	20	1	1	
3617	1672	1945	40	11	29	3	1	2
3883	1845	2038	51	18	33	1	1	
3480	1700	1780	38	15	23	1		1
12326	**6751**	**5575**	**339**	**142**	**197**	**9**	**1**	**8**
2794	1428	1366	69	27	42	2		2
2652	1443	1209	60	22	38	1		1
2439	1353	1086	74	33	41	4	1	3
2557	1434	1123	82	35	47	1		1
1884	1093	791	54	25	29	1		1
5896	**3726**	**2170**	**176**	**68**	**108**	**10**	**3**	**7**
1554	924	630	43	18	25	1		1
1459	898	561	38	10	28	2		2
1139	750	389	35	18	17	2	2	
893	563	330	29	10	19	2		2
851	591	260	31	12	19	3	1	2
3775	**2665**	**1110**	**147**	**57**	**90**	**10**	**3**	**7**
838	578	260	39	15	24	1		1
771	547	224	26	8	18	3		3
783	570	213	28	10	18	2	1	1
732	509	223	28	11	17	3	1	2
651	461	190	26	13	13	1	1	
2644	**2041**	**603**	**78**	**31**	**47**	**9**	**2**	**7**
622	475	147	21	7	14	2		2
588	447	141	14	6	8	1		1
615	483	132	19	7	12	1		1
377	303	74	16	7	9	2		2
442	333	109	8	4	4	3	2	1
1647	**1324**	**323**	**61**	**32**	**29**	**14**	**6**	**8**
413	319	94	19	8	11	2		2
399	320	79	19	12	7	4	1	3
453	352	101	16	6	10	4	2	2
277	245	32	6	5	1	3	2	1
105	88	17	1	1		1	1	
448	**364**	**84**	**10**	**4**	**6**	**10**	**6**	**4**
114	95	19	3	3				
82	71	11	4		4	2	1	1
91	69	22	1		1	2	1	1
80	66	14				5	3	2
81	63	18	2	1	1	1	1	
432	**324**	**108**	**9**	**9**		**38**	**21**	**17**

5-3b 续表 9

受教育程度 年 龄	15岁及以上人口			未 婚		
	合计	男	女	小计	男	女
博士研究生	**10129**	**6024**	**4105**	**4233**	**2275**	**1958**
15-19岁	**20**	**13**	**7**	**20**	**13**	**7**
15	1	1		1	1	
16	2		2	2		2
17						
18						
19	17	12	5	17	12	5
20-24岁	**848**	**420**	**428**	**835**	**412**	**423**
20	17	7	10	17	7	10
21	59	24	35	59	24	35
22	183	72	111	181	71	110
23	236	122	114	234	122	112
24	353	195	158	344	188	156
25-29岁	**2716**	**1444**	**1272**	**2250**	**1194**	**1056**
25	540	268	272	524	259	265
26	542	273	269	505	257	248
27	588	325	263	491	276	215
28	536	290	246	408	225	183
29	510	288	222	322	177	145
30-34岁	**2384**	**1379**	**1005**	**844**	**496**	**348**
30	550	307	243	278	159	119
31	543	290	253	227	126	101
32	455	264	191	151	96	55
33	440	265	175	116	77	39
34	396	253	143	72	38	34
35-39岁	**1548**	**964**	**584**	**183**	**102**	**81**
35	306	192	114	47	23	24
36	311	181	130	43	21	22
37	322	188	134	38	22	16
38	337	230	107	30	20	10
39	272	173	99	25	16	9
40-44岁	**1002**	**644**	**358**	**60**	**30**	**30**
40	241	144	97	14	7	7
41	256	167	89	14	5	9
42	190	130	60	15	9	6
43	168	105	63	8	4	4
44	147	98	49	9	5	4
45-49岁	**633**	**419**	**214**	**26**	**15**	**11**
45	139	95	44	5	4	1
46	129	80	49	4	2	2
47	125	84	41	7	3	4
48	127	90	37	6	4	2
49	113	70	43	4	2	2
50-54岁	**429**	**301**	**128**	**7**	**6**	**1**
50	99	70	29	4	3	1
51	83	63	20	1	1	
52	105	69	36	1	1	
53	59	41	18			
54	83	58	25	1	1	
55-59岁	**346**	**281**	**65**	**5**	**4**	**1**
55	91	71	20	1	1	
56	83	66	17	2	1	1
57	89	75	14	1	1	
58	57	50	7	1	1	
59	26	19	7			
60-64岁	**101**	**82**	**19**	**2**	**2**	
60	25	23	2	1	1	
61	16	13	3			
62	25	16	9	1	1	
63	19	17	2			
64	16	13	3			
65岁及以上	**102**	**77**	**25**	**1**	**1**	

单位：人

有配偶			离婚			丧偶		
小计	男	女	小计	男	女	小计	男	女
5755	**3681**	**2074**	**117**	**57**	**60**	**24**	**11**	**13**
13	**8**	**5**						
2	1	1						
2		2						
9	7	2						
466	**250**	**216**						
16	9	7						
37	16	21						
97	49	48						
128	65	63						
188	111	77						
1522	**873**	**649**	**17**	**9**	**8**	**1**	**1**	
270	147	123	2	1	1			
312	163	149	4	1	3			
302	166	136	2	2				
317	184	133	7	4	3			
321	213	108	2	1	1	1	1	
1337	**853**	**484**	**27**	**9**	**18**	**1**		**1**
258	169	89	1		1			
264	157	107	4	3	1			
275	163	112	9	3	6			
299	208	91	8	2	6			
241	156	85	5	1	4	1		1
922	**605**	**317**	**19**	**8**	**11**	**1**	**1**	
222	135	87	5	2	3			
237	160	77	4	1	3	1	1	
172	120	52	3	1	2			
156	99	57	4	2	2			
135	91	44	3	2	1			
576	**389**	**187**	**28**	**13**	**15**	**3**	**2**	**1**
127	86	41	7	5	2			
120	77	43	5	1	4			
110	77	33	7	4	3	1		1
113	82	31	7	3	4	1	1	
106	67	39	2		2	1	1	
405	**283**	**122**	**16**	**11**	**5**	**1**	**1**	
91	63	28	4	4				
78	59	19	4	3	1			
98	65	33	6	3	3			
57	39	18	1	1		1	1	
81	57	24	1		1			
330	**271**	**59**	**8**	**5**	**3**	**3**	**1**	**2**
88	69	19	2	1	1			
79	64	15	1	1		1		1
84	72	12	4	2	2			
53	47	6	1	1		2	1	1
26	19	7						
96	**78**	**18**	**2**	**2**		**1**		**1**
23	21	2	1	1				
16	13	3						
23	14	9	1	1				
19	17	2						
15	13	2				1		1
88	**71**	**17**				**13**	**5**	**8**

5-3c 全国分年龄、性别、受教育

受教育程度 年 龄	15岁及以上人口			未 婚		
	合计	男	女	小计	男	女
总 计	**41323543**	**21274505**	**20049038**	**6569378**	**4301535**	**2267843**
15-19岁	**2397128**	**1297917**	**1099211**	**2366745**	**1291239**	**1075506**
15	574550	310196	264354	574022	310112	263910
16	524534	284214	240320	522820	283944	238876
17	445759	241752	204007	441689	240924	200765
18	430560	234107	196453	422221	232319	189902
19	421725	227648	194077	405993	223940	182053
20-24岁	**2116438**	**1136166**	**980272**	**1681285**	**993059**	**688226**
20	408237	220149	188088	378386	212876	165510
21	390247	209064	181183	341612	196011	145601
22	433109	231970	201139	350440	206717	143723
23	435087	233412	201675	319164	193911	125253
24	449758	241571	208187	291683	183544	108139
25-29岁	**2661365**	**1437597**	**1223768**	**1028632**	**719231**	**309401**
25	490773	264720	226053	275366	180245	95121
26	478108	258593	219515	224239	152790	71449
27	530323	286357	243966	203249	143999	59250
28	557831	301426	256405	173436	127376	46060
29	604330	326501	277829	152342	114821	37521
30-34岁	**3583394**	**1919990**	**1663404**	**523795**	**415716**	**108079**
30	770980	414309	356671	157028	120882	36146
31	738642	395647	342995	121490	96089	25401
32	687036	366502	320534	94012	75217	18795
33	741700	397869	343831	86201	70245	15956
34	645036	345663	299373	65064	53283	11781
35-39岁	**2829659**	**1521768**	**1307891**	**200823**	**168471**	**32352**
35	561409	301873	259536	49220	40878	8342
36	558159	299141	259018	43128	35940	7188
37	537378	289612	247766	37244	31342	5902
38	614847	331650	283197	38635	32572	6063
39	557866	299492	258374	32596	27739	4857
40-44岁	**2874355**	**1526372**	**1347983**	**136619**	**120108**	**16511**
40	525055	280007	245048	28413	24346	4067
41	579827	310334	269493	29318	25643	3675
42	567940	300907	267033	26681	23532	3149
43	557854	296005	261849	25223	22400	2823
44	643679	339119	304560	26984	24187	2797
45-49岁	**4044265**	**2094216**	**1950049**	**141908**	**129755**	**12153**
45	678400	355282	323118	27446	24847	2599
46	771916	400769	371147	29208	26600	2608
47	819241	424372	394869	28871	26449	2422
48	863323	444108	419215	28202	25871	2331
49	911385	469685	441700	28181	25988	2193
50-54岁	**4850523**	**2459912**	**2390611**	**123885**	**115808**	**8077**
50	988001	502358	485643	28054	25983	2071
51	948689	482029	466660	25416	23733	1683
52	1046364	529373	516991	26045	24395	1650
53	876099	441572	434527	21092	19801	1291
54	991370	504580	486790	23278	21896	1382
55-59岁	**4129536**	**2077629**	**2051907**	**86889**	**82084**	**4805**
55	951891	481711	470180	21360	20129	1231
56	912020	457357	454663	20173	19068	1105
57	1039253	527360	511893	21667	20574	1093
58	796721	399986	396735	15448	14574	874
59	429651	211215	218436	8241	7739	502
60-64岁	**3073094**	**1570673**	**1502421**	**74814**	**72173**	**2641**
60	515075	260483	254592	10789	10250	539
61	492199	253460	238739	11483	11029	454
62	642252	330311	311941	16707	16116	591
63	740389	381611	358778	18640	18087	553
64	683179	344808	338371	17195	16691	504
65岁及以上	**8763786**	**4232265**	**4531521**	**203983**	**193891**	**10092**

程度、婚姻状况的人口(乡村)

单位：人

有配偶			离婚			丧偶		
小计	男	女	小计	男	女	小计	男	女
30618605	**15429371**	**15189234**	**787482**	**560251**	**227231**	**3348078**	**983348**	**2364730**
30010	**6567**	**23443**	**348**	**108**	**240**	**25**	**3**	**22**
524	82	442	3	1	2	1	1	
1698	268	1430	15	2	13	1		1
4025	817	3208	42	11	31	3		3
8237	1765	6472	93	23	70	9		9
15526	3635	11891	195	71	124	11	2	9
426372	**139613**	**286759**	**8371**	**3402**	**4969**	**410**	**92**	**318**
29373	7125	22248	453	142	311	25	6	19
47833	12779	35054	768	263	505	34	11	23
81119	24708	56411	1460	528	932	90	17	73
113583	38533	75050	2228	942	1286	112	26	86
154464	56468	97996	3462	1527	1935	149	32	117
1581253	**690511**	**890742**	**49437**	**27258**	**22179**	**2043**	**597**	**1446**
209994	81986	128008	5197	2426	2771	216	63	153
246903	102303	144600	6677	3418	3259	289	82	207
317170	137201	179969	9545	5064	4481	359	93	266
371618	166912	204706	12280	6985	5295	497	153	344
435568	202109	233459	15738	9365	6373	682	206	476
2925701	**1419239**	**1506462**	**126586**	**82668**	**43918**	**7312**	**2367**	**4945**
590475	279180	311295	22486	13905	8581	991	342	649
591589	283707	307882	24260	15434	8826	1303	417	886
566915	274866	292049	24673	15951	8722	1436	468	968
624902	307753	317149	28792	19293	9499	1805	578	1227
551820	273733	278087	26375	18085	8290	1777	562	1215
2496451	**1264149**	**1232302**	**119667**	**85438**	**34229**	**12718**	**3710**	**9008**
487081	244265	242816	23167	16155	7012	1941	575	1366
489499	246012	243487	23416	16570	6846	2116	619	1497
475029	241489	233540	22706	16088	6618	2399	693	1706
546391	278841	267550	26739	19327	7412	3082	910	2172
498451	253542	244909	23639	17298	6341	3180	913	2267
2596847	**1314720**	**1282127**	**113847**	**83685**	**30162**	**27042**	**7859**	**19183**
470824	238517	232307	22155	16129	6026	3663	1015	2648
521783	265639	256144	24110	17669	6441	4616	1383	3233
513579	259435	254144	22382	16464	5918	5298	1476	3822
504993	255783	249210	21754	16055	5699	5884	1767	4117
585668	295346	290322	23446	17368	6078	7581	2218	5363
3712080	**1853789**	**1858291**	**121439**	**90147**	**31292**	**68838**	**20525**	**48313**
618150	310170	307980	23745	17606	6139	9059	2659	6400
706150	352233	353917	25110	18557	6553	11448	3379	8069
752207	375603	376604	24535	18270	6265	13628	4050	9578
794980	395615	399365	24089	17776	6313	16052	4846	11206
840593	420168	420425	23960	17938	6022	18651	5591	13060
4474513	**2223018**	**2251495**	**100664**	**75920**	**24744**	**151461**	**45166**	**106295**
912842	451556	461286	23795	17907	5888	23310	6912	16398
876372	434832	441540	20892	15678	5214	26009	7786	18223
966346	479111	487235	21562	16235	5327	32411	9632	22779
807364	400087	407277	16646	12537	4109	30997	9147	21850
911589	457432	454157	17769	13563	4206	38734	11689	27045
3758117	**1883462**	**1874655**	**63265**	**47768**	**15497**	**221265**	**64315**	**156950**
871890	436675	435215	16292	12289	4003	42349	12618	29731
831775	414083	417692	14773	11117	3656	45299	13089	32210
945748	478394	467354	15651	11868	3783	56187	16524	39663
722034	363292	358742	10836	8190	2646	48403	13930	34473
386670	191018	195652	5713	4304	1409	29027	8154	20873
2673722	**1381758**	**1291964**	**34745**	**27290**	**7455**	**289813**	**89452**	**200361**
458651	233586	225065	6758	5174	1584	38877	11473	27404
432897	224881	208016	6127	4829	1298	41692	12721	28971
558712	289852	268860	7459	5954	1505	59374	18389	40985
639969	334021	305948	7701	6106	1595	74079	23397	50682
583493	299418	284075	6700	5227	1473	75791	23472	52319
5943539	**3252545**	**2690994**	**49113**	**36567**	**12546**	**2567151**	**749262**	**1817889**

5-3c 续表 1

受教育程度 年龄	15岁及以上人口			未婚		
	合计	男	女	小计	男	女
未上过学	**2419045**	**598954**	**1820091**	**170879**	**143597**	**27282**
15-19岁	**7617**	**4366**	**3251**	**7340**	**4336**	**3004**
15	1252	757	495	1247	757	490
16	1349	805	544	1336	803	533
17	1423	800	623	1392	796	596
18	1675	950	725	1585	940	645
19	1918	1054	864	1780	1040	740
20-24岁	**12350**	**6239**	**6111**	**9266**	**5739**	**3527**
20	2186	1139	1047	1908	1108	800
21	2268	1174	1094	1811	1106	705
22	2472	1276	1196	1877	1182	695
23	2589	1268	1321	1811	1134	677
24	2835	1382	1453	1859	1209	650
25-29岁	**18330**	**8677**	**9653**	**9484**	**6547**	**2937**
25	3196	1541	1655	1951	1271	680
26	3278	1548	1730	1814	1226	588
27	3509	1712	1797	1849	1287	562
28	3952	1852	2100	1883	1351	532
29	4395	2024	2371	1987	1412	575
30-34岁	**32110**	**13857**	**18253**	**11540**	**8469**	**3071**
30	5722	2557	3165	2435	1727	708
31	6198	2746	3452	2359	1733	626
32	6201	2611	3590	2207	1586	621
33	6961	2974	3987	2316	1726	590
34	7028	2969	4059	2223	1697	526
35-39岁	**39598**	**15491**	**24107**	**9933**	**7574**	**2359**
35	6943	2800	4143	1908	1417	491
36	7424	2866	4558	1922	1446	476
37	7534	3007	4527	1920	1472	448
38	8838	3478	5360	2147	1664	483
39	8859	3340	5519	2036	1575	461
40-44岁	**56991**	**19906**	**37085**	**10823**	**8808**	**2015**
40	9537	3421	6116	1954	1534	420
41	10575	3859	6716	2241	1802	439
42	11256	3928	7328	2159	1758	401
43	11749	4122	7627	2182	1802	380
44	13874	4576	9298	2287	1912	375
45-49岁	**100041**	**30388**	**69653**	**14306**	**12215**	**2091**
45	15457	4900	10557	2492	2062	430
46	18002	5639	12363	2771	2341	430
47	20487	6262	14225	2939	2509	430
48	22331	6575	15756	2948	2555	393
49	23764	7012	16752	3156	2748	408
50-54岁	**150848**	**39644**	**111204**	**15719**	**13967**	**1752**
50	28128	7890	20238	3371	2958	413
51	28536	7682	20854	3176	2777	399
52	32511	8470	24041	3295	2941	354
53	28740	7474	21266	2752	2467	285
54	32933	8128	24805	3125	2824	301
55-59岁	**165888**	**36351**	**129537**	**13168**	**11840**	**1328**
55	33329	8137	25192	3199	2877	322
56	34473	7932	26541	3036	2753	283
57	39282	8574	30708	3198	2903	295
58	35697	7102	28595	2359	2098	261
59	23107	4606	18501	1376	1209	167
60-64岁	**229700**	**51784**	**177916**	**14134**	**13209**	**925**
60	29761	6406	23355	1820	1638	182
61	32368	7426	24942	1941	1781	160
62	48358	11192	37166	3201	2990	211
63	59273	13462	45811	3669	3493	176
64	59940	13298	46642	3503	3307	196
65岁及以上	**1605572**	**372251**	**1233321**	**55166**	**50893**	**4273**

单位：人

有配偶			离婚			丧偶		
小计	男	女	小计	男	女	小计	男	女
1393617	**334103**	**1059514**	**17180**	**9207**	**7973**	**837369**	**112047**	**725322**
268	**30**	**238**	**8**		**8**	**1**		**1**
5		5						
13	2	11						
31	4	27						
88	10	78	2		2			
131	14	117	6		6	1		1
2994	**488**	**2506**	**82**	**10**	**72**	**8**	**2**	**6**
273	31	242	5		5			
441	66	375	14	1	13	2	1	1
575	88	487	18	5	13	2	1	1
759	132	627	17	2	15	2		2
946	171	775	28	2	26	2		2
8514	**2045**	**6469**	**275**	**77**	**198**	**57**	**8**	**49**
1207	262	945	35	6	29	3	2	1
1419	315	1104	33	7	26	12		12
1600	408	1192	48	16	32	12	1	11
1980	474	1506	79	27	52	10		10
2308	586	1722	80	21	59	20	5	15
19612	**5064**	**14548**	**724**	**281**	**443**	**234**	**43**	**191**
3155	784	2371	110	39	71	22	7	15
3677	957	2720	128	50	78	34	6	28
3805	968	2837	140	50	90	49	7	42
4419	1166	3253	165	70	95	61	12	49
4556	1189	3367	181	72	109	68	11	57
28151	**7411**	**20740**	**990**	**427**	**563**	**524**	**79**	**445**
4795	1308	3487	178	63	115	62	12	50
5224	1317	3907	199	92	107	79	11	68
5331	1436	3895	185	85	100	98	14	84
6365	1707	4658	200	90	110	126	17	109
6436	1643	4793	228	97	131	159	25	134
43424	**10242**	**33182**	**1297**	**608**	**689**	**1447**	**248**	**1199**
7169	1748	5421	240	108	132	174	31	143
7845	1897	5948	236	109	127	253	51	202
8577	2015	6562	264	122	142	256	33	223
8965	2124	6841	272	128	144	330	68	262
10868	2458	8410	285	141	144	434	65	369
79894	**16588**	**63306**	**1946**	**1064**	**882**	**3895**	**521**	**3374**
12152	2603	9549	339	160	179	474	75	399
14201	3008	11193	370	210	160	660	80	580
16414	3450	12964	368	198	170	766	105	661
18023	3661	14362	424	239	185	936	120	816
19104	3866	15238	445	257	188	1059	141	918
123144	**23222**	**99922**	**2202**	**1273**	**929**	**9783**	**1182**	**8601**
22924	4494	18430	462	266	196	1371	172	1199
23256	4442	18814	454	250	204	1650	213	1437
26649	5025	21624	454	253	201	2113	251	1862
23517	4488	19029	416	253	163	2055	266	1789
26798	4773	22025	416	251	165	2594	280	2314
133693	**21816**	**111877**	**1743**	**978**	**765**	**17284**	**1717**	**15567**
26731	4681	22050	423	239	184	2976	340	2636
27686	4594	23092	390	211	179	3361	374	2987
31660	5074	26586	376	211	165	4048	386	3662
28937	4475	24462	333	181	152	4068	348	3720
18679	2992	15687	221	136	85	2831	269	2562
176891	**33394**	**143497**	**1881**	**1157**	**724**	**36794**	**4024**	**32770**
23618	4204	19414	286	165	121	4037	399	3638
25361	4958	20403	286	165	121	4780	522	4258
37227	7131	30096	410	249	161	7520	822	6698
45272	8591	36681	456	290	166	9876	1088	8788
45413	8510	36903	443	288	155	10581	1193	9388
777032	**213803**	**563229**	**6032**	**3332**	**2700**	**767342**	**104223**	**663119**

5-3c 续表 2

受教育程度 年龄	15岁及以上人口			未婚		
	合计	男	女	小计	男	女
学前教育	**79273**	**25221**	**54052**	**7022**	**5226**	**1796**
15-19岁	**1889**	**944**	**945**	**1874**	**940**	**934**
15	745	388	357	744	388	356
16	479	232	247	475	231	244
17	250	116	134	246	116	130
18	227	117	110	224	115	109
19	188	91	97	185	90	95
20-24岁	**890**	**456**	**434**	**743**	**427**	**316**
20	218	120	98	204	117	87
21	154	67	87	136	66	70
22	171	93	78	144	87	57
23	174	85	89	139	78	61
24	173	91	82	120	79	41
25-29岁	**857**	**432**	**425**	**443**	**299**	**144**
25	182	97	85	116	76	40
26	159	78	81	83	57	26
27	162	87	75	84	59	25
28	186	95	91	84	63	21
29	168	75	93	76	44	32
30-34岁	**1120**	**544**	**576**	**365**	**271**	**94**
30	213	110	103	85	66	19
31	221	120	101	81	62	19
32	204	85	119	54	32	22
33	254	109	145	70	58	12
34	228	120	108	75	53	22
35-39岁	**1003**	**454**	**549**	**245**	**187**	**58**
35	185	84	101	54	40	14
36	190	82	108	54	35	19
37	198	95	103	45	35	10
38	247	111	136	50	42	8
39	183	82	101	42	35	7
40-44岁	**1374**	**546**	**828**	**224**	**188**	**36**
40	216	94	122	41	34	7
41	252	106	146	49	42	7
42	287	103	184	42	34	8
43	278	122	156	50	43	7
44	341	121	220	42	35	7
45-49岁	**2552**	**911**	**1641**	**294**	**249**	**45**
45	367	138	229	66	56	10
46	465	161	304	58	45	13
47	513	187	326	64	55	9
48	550	196	354	45	39	6
49	657	229	428	61	54	7
50-54岁	**4746**	**1461**	**3285**	**381**	**355**	**26**
50	788	239	549	65	56	9
51	826	257	569	77	71	6
52	1042	318	724	75	73	2
53	958	307	651	65	61	4
54	1132	340	792	99	94	5
55-59岁	**5590**	**1506**	**4084**	**326**	**299**	**27**
55	1102	318	784	59	54	5
56	1165	338	827	88	78	10
57	1388	361	1027	85	80	5
58	1227	301	926	60	54	6
59	708	188	520	34	33	1
60-64岁	**7870**	**2225**	**5645**	**410**	**395**	**15**
60	934	263	671	58	52	6
61	1103	328	775	66	66	
62	1638	471	1167	78	75	3
63	2134	609	1525	119	116	3
64	2061	554	1507	89	86	3
65岁及以上	**51382**	**15742**	**35640**	**1717**	**1616**	**101**

单位：人

有配偶			离婚			丧偶		
小计	男	女	小计	男	女	小计	男	女
47956	**15444**	**32512**	**617**	**392**	**225**	**23678**	**4159**	**19519**
15	**4**	**11**						
1		1						
4	1	3						
4		4						
3	2	1						
3	1	2						
143	**27**	**116**	**4**	**2**	**2**			
13	2	11	1	1				
17	1	16	1		1			
26	6	20	1		1			
34	6	28	1	1				
53	12	41						
398	**122**	**276**	**16**	**11**	**5**			
64	19	45	2	2				
73	19	54	3	2	1			
73	24	49	5	4	1			
98	30	68	4	2	2			
90	30	60	2	1	1			
723	**257**	**466**	**26**	**15**	**11**	**6**	**1**	**5**
122	40	82	6	4	2			
135	56	79	5	2	3			
145	49	96	3	3		2	1	1
173	47	126	9	4	5	2		2
148	65	83	3	2	1	2		2
726	**251**	**475**	**24**	**16**	**8**	**8**		**8**
124	39	85	6	5	1	1		1
131	45	86	3	2	1	2		2
148	57	91	5	3	2			
188	66	122	6	3	3	3		3
135	44	91	4	3	1	2		2
1083	**334**	**749**	**38**	**19**	**19**	**29**	**5**	**24**
163	56	107	9	4	5	3		3
190	58	132	9	4	5	4	2	2
228	64	164	10	5	5	7		7
218	75	143	5	4	1	5		5
284	81	203	5	2	3	10	3	7
2117	**603**	**1514**	**69**	**46**	**23**	**72**	**13**	**59**
282	75	207	10	7	3	9		9
388	104	284	13	9	4	6	3	3
424	118	306	14	9	5	11	5	6
470	144	326	17	10	7	18	3	15
553	162	391	15	11	4	28	2	26
4015	**1017**	**2998**	**72**	**44**	**28**	**278**	**45**	**233**
672	164	508	18	12	6	33	7	26
695	173	522	14	7	7	40	6	34
891	226	665	13	8	5	63	11	52
827	235	592	9	5	4	57	6	51
930	219	711	18	12	6	85	15	70
4711	**1103**	**3608**	**59**	**45**	**14**	**494**	**59**	**435**
945	242	703	11	10	1	87	12	75
976	242	734	12	10	2	89	8	81
1157	263	894	14	8	6	132	10	122
1048	218	830	16	13	3	103	16	87
585	138	447	6	4	2	83	13	70
6251	**1610**	**4641**	**88**	**60**	**28**	**1121**	**160**	**961**
742	184	558	10	8	2	124	19	105
886	233	653	17	10	7	134	19	115
1334	352	982	15	9	6	211	35	176
1679	429	1250	22	15	7	314	49	265
1610	412	1198	24	18	6	338	38	300
27774	**10116**	**17658**	**221**	**134**	**87**	**21670**	**3876**	**17794**

5-3c 续表 3

受教育程度 年龄	15岁及以上人口			未婚		
	合计	男	女	小计	男	女
小 学	**13230825**	**5987697**	**7243128**	**630076**	**554803**	**75273**
15-19岁	**42408**	**23043**	**19365**	**38364**	**22403**	**15961**
15	6363	3480	2883	6278	3473	2805
16	6573	3633	2940	6339	3607	2732
17	7559	4083	3476	7017	4016	3001
18	9852	5317	4535	8703	5155	3548
19	12061	6530	5531	10027	6152	3875
20-24岁	**90595**	**46849**	**43746**	**52968**	**36391**	**16577**
20	14018	7352	6666	10560	6698	3862
21	15387	8096	7291	10295	6917	3378
22	18716	9707	9009	11072	7679	3393
23	20210	10392	9818	10640	7536	3104
24	22264	11302	10962	10401	7561	2840
25-29岁	**164398**	**81980**	**82418**	**50526**	**39450**	**11076**
25	25956	13059	12897	10547	7845	2702
26	27585	13942	13643	9994	7695	2299
27	32423	16241	16182	10051	7869	2182
28	36578	18070	18508	9936	7935	2001
29	41856	20668	21188	9998	8106	1892
30-34岁	**323727**	**155685**	**168042**	**53774**	**45434**	**8340**
30	56582	27533	29049	11769	9681	2088
31	61877	30207	31670	11518	9633	1885
32	62738	30025	32713	10319	8711	1608
33	72580	34844	37736	10791	9302	1489
34	69950	33076	36874	9377	8107	1270
35-39岁	**391069**	**181596**	**209473**	**41553**	**36611**	**4942**
35	67433	31710	35723	8282	7191	1091
36	71584	33367	38217	8170	7138	1032
37	73872	34433	39439	7819	6900	919
38	88753	41005	47748	8814	7822	992
39	89427	41081	48346	8468	7560	908
40-44岁	**630127**	**282466**	**347661**	**46653**	**42611**	**4042**
40	94869	42763	52106	8229	7389	840
41	115161	52630	62531	9220	8392	828
42	124226	55293	68933	9205	8398	807
43	132840	59704	73136	9299	8552	747
44	163031	72076	90955	10700	9880	820
45-49岁	**1213850**	**522743**	**691107**	**62505**	**58794**	**3711**
45	184902	81122	103780	11075	10323	752
46	220668	95963	124705	12488	11715	773
47	243754	105122	138632	12686	11954	732
48	268143	114112	154031	12929	12174	755
49	296383	126424	169959	13327	12628	699
50-54岁	**1840507**	**776331**	**1064176**	**64991**	**61943**	**3048**
50	338944	142321	196623	13588	12878	710
51	353490	150326	203164	13152	12547	605
52	402698	170014	232684	13777	13153	624
53	347937	145894	202043	11505	10985	520
54	397438	167776	229662	12969	12380	589
55-59岁	**1663117**	**672666**	**990451**	**47373**	**45528**	**1845**
55	380092	158447	221645	11720	11259	461
56	364818	148417	216401	11017	10597	420
57	409145	166328	242817	11735	11317	418
58	325148	128100	197048	8361	8008	353
59	183914	71374	112540	4540	4347	193
60-64岁	**1553847**	**676519**	**877328**	**45161**	**44026**	**1135**
60	229393	94399	134994	6199	5969	230
61	234049	100569	133480	6783	6607	176
62	324788	142614	182174	10154	9894	260
63	390025	173253	216772	11341	11085	256
64	375592	165684	209908	10684	10471	213
65岁及以上	**5317180**	**2567819**	**2749361**	**126208**	**121612**	**4596**

单位：人

有配偶			离婚			丧偶		
小计	男	女	小计	男	女	小计	男	女
10495259	**4696052**	**5799207**	**205155**	**152453**	**52702**	**1900335**	**584389**	**1315946**
3971	**623**	**3348**	**63**	**17**	**46**	**10**		**10**
85	7	78						
231	26	205	2		2	1		1
531	64	467	10	3	7	1		1
1128	158	970	16	4	12	5		5
1996	368	1628	35	10	25	3		3
36493	**10004**	**26489**	**1050**	**434**	**616**	**84**	**20**	**64**
3365	631	2734	85	20	65	8	3	5
4965	1138	3827	119	37	82	8	4	4
7430	1952	5478	194	73	121	20	3	17
9278	2729	6549	274	125	149	18	2	16
11455	3554	7901	378	179	199	30	8	22
108902	**39811**	**69091**	**4664**	**2628**	**2036**	**306**	**91**	**215**
14826	4945	9881	551	259	292	32	10	22
16932	5914	11018	624	321	303	35	12	23
21446	7865	13581	875	498	377	51	9	42
25378	9418	15960	1191	696	495	73	21	52
30320	11669	18651	1423	854	569	115	39	76
255650	**101391**	**154259**	**12958**	**8460**	**4498**	**1345**	**400**	**945**
42653	16589	26064	2004	1220	784	156	43	113
47769	19037	28732	2368	1469	899	222	68	154
49650	19586	30064	2507	1653	854	262	75	187
58379	23385	34994	3039	2052	987	371	105	266
57199	22794	34405	3040	2066	974	334	109	225
330309	**132570**	**197739**	**16098**	**11504**	**4594**	**3109**	**911**	**2198**
55922	22440	33482	2809	1953	856	420	126	294
59975	24047	35928	2947	2054	893	492	128	364
62460	25246	37214	3032	2127	905	561	160	401
75484	30285	45199	3691	2678	1013	764	220	544
76468	30552	45916	3619	2692	927	872	277	595
550832	**219953**	**330879**	**23562**	**17507**	**6055**	**9080**	**2395**	**6685**
81761	32300	49461	3816	2815	1001	1063	259	804
99904	40436	59468	4596	3400	1196	1441	402	1039
108649	43033	65616	4666	3433	1233	1706	429	1277
116604	46924	69680	4837	3639	1198	2100	589	1511
143914	57260	86654	5647	4220	1427	2770	716	2054
1088535	**430444**	**658091**	**34844**	**26260**	**8584**	**27966**	**7245**	**20721**
164275	65265	99010	6176	4667	1509	3376	867	2509
196886	77990	118896	6910	5147	1763	4384	1111	3273
218602	86454	132148	6955	5259	1696	5511	1455	4056
241287	94787	146500	7200	5381	1819	6727	1770	4957
267485	105948	161537	7603	5806	1797	7968	2042	5926
1663964	**667056**	**996908**	**37900**	**28896**	**9004**	**73652**	**18436**	**55216**
306946	120690	186256	8067	6149	1918	10343	2604	7739
320275	128845	191430	7677	5802	1875	12386	3132	9254
364666	146594	218072	8306	6308	1998	15949	3959	11990
314262	126023	188239	6659	5056	1603	15511	3830	11681
357815	144904	212911	7191	5581	1610	19463	4911	14552
1477499	**581553**	**895946**	**25686**	**19510**	**6176**	**112559**	**26075**	**86484**
340266	136795	203471	6642	5052	1590	21464	5341	16123
324754	127942	196812	5984	4543	1441	23063	5335	17728
363070	143691	219379	6256	4816	1440	28084	6504	21580
287672	111227	176445	4410	3302	1108	24705	5563	19142
161737	61898	99839	2394	1797	597	15243	3332	11911
1320909	**573163**	**747746**	**17833**	**14119**	**3714**	**169944**	**45211**	**124733**
199096	80985	118111	3102	2395	707	20996	5050	15946
200792	85621	115171	2987	2396	591	23487	5945	17542
276052	120305	155747	3907	3139	768	34675	9276	25399
330263	146667	183596	4121	3283	838	44300	12218	32082
314706	139585	175121	3716	2906	810	46486	12722	33764
3658195	**1939484**	**1718711**	**30497**	**23118**	**7379**	**1502280**	**483605**	**1018675**

5-3c 续表 4

受教育程度 年龄	15岁及以上人口			未婚		
	合计	男	女	小计	男	女
初中	**18413917**	**10483818**	**7930099**	**2426437**	**1725805**	**700632**
15-19岁	**877818**	**500246**	**377572**	**855800**	**495308**	**360492**
15	353818	195376	158442	353411	195313	158098
16	186708	105009	81699	185376	104802	80574
17	116376	67433	48943	113284	66791	46493
18	106399	63906	42493	100362	62569	37793
19	114517	68522	45995	103367	65833	37534
20-24岁	**813602**	**467447**	**346155**	**533921**	**372317**	**161604**
20	121182	72496	48686	100666	67246	33420
21	135966	79475	56491	103241	70204	33037
22	169000	97169	71831	114650	79923	34727
23	183478	103896	79582	109542	77889	31653
24	203976	114411	89565	105822	77055	28767
25-29岁	**1393349**	**762472**	**630877**	**431100**	**334545**	**96555**
25	233203	129926	103277	104616	78086	26530
26	240122	133017	107105	89827	68769	21058
27	277540	151864	125676	86228	67324	18904
28	302573	164380	138193	77721	61919	15802
29	339911	183285	156626	72708	58447	14261
30-34岁	**2193161**	**1164825**	**1028336**	**277951**	**230093**	**47858**
30	450760	241179	209581	79091	64194	14897
31	444435	236392	208043	64006	52971	11035
32	421725	222592	199133	50612	42111	8501
33	464612	246357	218255	47648	40039	7609
34	411629	218305	193324	36594	30778	5816
35-39岁	**1867394**	**1004147**	**863247**	**111976**	**95717**	**16259**
35	365417	194961	170456	27914	23712	4202
36	368505	196361	172144	24317	20693	3624
37	356350	191877	164473	20836	17876	2960
38	409140	221641	187499	21424	18401	3023
39	367982	199307	168675	17485	15035	2450
40-44岁	**1821204**	**994245**	**826959**	**66088**	**58379**	**7709**
40	340377	184507	155870	14693	12703	1990
41	372780	203099	169681	14747	13005	1742
42	359542	195996	163546	12882	11438	1444
43	349277	191589	157688	11750	10444	1306
44	399228	219054	180174	12016	10789	1227
45-49岁	**2395587**	**1321426**	**1074161**	**57018**	**52075**	**4943**
45	413790	227538	186252	11970	10888	1082
46	465547	255013	210534	12252	11163	1089
47	487448	268807	218641	11645	10658	987
48	505481	279022	226459	10873	9946	927
49	523321	291046	232275	10278	9420	858
50-54岁	**2555283**	**1437654**	**1117629**	**38274**	**35683**	**2591**
50	551553	305954	245599	9754	9041	713
51	505064	282414	222650	8045	7501	544
52	546644	307063	239581	8005	7461	544
53	449051	253717	195334	6109	5720	389
54	502971	288506	214465	6361	5960	401
55-59岁	**1940897**	**1117163**	**823734**	**22811**	**21532**	**1279**
55	475728	271530	204198	5708	5348	360
56	442926	252341	190585	5329	5017	312
57	494078	285066	209012	5860	5554	306
58	352463	205802	146661	3984	3785	199
59	175702	102424	73278	1930	1828	102
60-64岁	**1027637**	**651042**	**376595**	**12986**	**12555**	**431**
60	199587	119725	79862	2294	2213	81
61	175915	109500	66415	2267	2174	93
62	214123	136323	77800	2819	2722	97
63	235148	153170	81978	3031	2936	95
64	202864	132324	70540	2575	2510	65
65岁及以上	**1527985**	**1063151**	**464834**	**18512**	**17601**	**911**

单位：人

有配偶			离婚			丧偶		
小计	男	女	小计	男	女	小计	男	女
15013246	**8184603**	**6828643**	**459450**	**331631**	**127819**	**514784**	**241779**	**273005**
21770	**4859**	**16911**	**237**	**77**	**160**	**11**	**2**	**9**
405	63	342	2		2			
1322	206	1116	10	1	9			
3061	635	2426	29	7	22	2		2
5967	1321	4646	66	16	50	4		4
11015	2634	8381	130	53	77	5	2	3
273559	**92557**	**181002**	**5881**	**2514**	**3367**	**241**	**59**	**182**
20199	5143	15056	305	106	199	12	1	11
32163	9064	23099	539	201	338	23	6	17
53276	16867	36409	1021	367	654	53	12	41
72284	25287	46997	1581	700	881	71	20	51
95637	36196	59441	2435	1140	1295	82	20	62
927601	**408240**	**519361**	**33354**	**19294**	**14060**	**1294**	**393**	**901**
124902	50032	74870	3534	1767	1767	151	41	110
145473	61690	83783	4626	2497	2129	196	61	135
184584	80889	103695	6505	3593	2912	223	58	165
216373	97506	118867	8168	4855	3313	311	100	211
256269	118123	138146	10521	6582	3939	413	133	280
1824949	**875318**	**949631**	**85659**	**57866**	**27793**	**4602**	**1548**	**3054**
355779	166958	188821	15262	9802	5460	628	225	403
363129	172247	190882	16453	10892	5561	847	282	565
353554	169016	184538	16663	11145	5518	896	320	576
396429	192514	203915	19438	13445	5993	1097	359	738
356058	174583	181475	17843	12582	5261	1134	362	772
1665278	**845966**	**819312**	**82249**	**60091**	**22158**	**7891**	**2373**	**5518**
320372	159487	160885	15891	11385	4506	1240	377	863
326736	163574	163162	16118	11678	4440	1334	416	918
318361	162222	156139	15626	11319	4307	1527	460	1067
367334	189027	178307	18467	13628	4839	1915	585	1330
332475	171656	160819	16147	12081	4066	1875	535	1340
1666270	**875702**	**790568**	**74183**	**55551**	**18632**	**14663**	**4613**	**10050**
308819	160195	148624	14723	10971	3752	2142	638	1504
339527	177388	162139	15966	11900	4066	2540	806	1734
329110	172693	156417	14581	10956	3625	2969	909	2060
320454	169652	150802	13979	10503	3476	3094	990	2104
368360	195774	172586	14934	11221	3713	3918	1270	2648
2231344	**1202595**	**1028749**	**73271**	**55076**	**18195**	**33954**	**11680**	**22274**
382225	203921	178304	14833	11169	3664	4762	1560	3202
432010	230287	201723	15424	11556	3868	5861	2007	3854
454162	244675	209487	14906	11216	3690	6735	2258	4477
472582	255665	216917	14277	10679	3598	7749	2732	5017
490365	268047	222318	13831	10456	3375	8847	3123	5724
2401517	**1338243**	**1063274**	**52822**	**40397**	**12425**	**62670**	**23331**	**39339**
517946	283047	234899	13180	10069	3111	10673	3797	6876
474928	262346	212582	11067	8495	2572	11024	4072	6952
514158	286071	228087	11205	8563	2642	13276	4968	8308
422112	236965	185147	8480	6450	2030	12350	4582	7768
472373	269814	202559	8890	6820	2070	15347	5912	9435
1808329	**1041485**	**766844**	**29703**	**22839**	**6864**	**80054**	**31307**	**48747**
445717	253810	191907	7984	6110	1874	16319	6262	10057
413491	235393	178098	7151	5453	1698	16955	6478	10477
459846	265656	194190	7357	5633	1724	21015	8223	12792
326955	191580	135375	4836	3775	1061	16688	6662	10026
162320	95046	67274	2375	1868	507	9077	3682	5395
934311	**596365**	**337946**	**11733**	**9513**	**2220**	**68607**	**32609**	**35998**
183413	110661	72752	2610	2055	555	11270	4796	6474
160633	100624	60009	2174	1758	416	10841	4944	5897
194646	124869	69777	2461	2045	416	14197	6687	7510
213067	139947	73120	2472	2017	455	16578	8270	8308
182552	120264	62288	2016	1638	378	15721	7912	7809
1258318	**903273**	**355045**	**10358**	**8413**	**1945**	**240797**	**133864**	**106933**

5-3c 续表 5

受教育程度 年　龄	15岁及以上人口			未　婚		
	合计	男	女	小计	男	女
高　中	**4653424**	**2829190**	**1824234**	**1875425**	**1119572**	**755853**
15-19岁	**1127587**	**604077**	**523510**	**1124078**	**603162**	**520916**
15	205890	106881	99009	205863	106869	98994
16	315525	167188	148337	315401	167159	148242
17	285607	152171	133436	285240	152068	133172
18	195094	106958	88136	194143	106716	87427
19	125471	70879	54592	123431	70350	53081
20-24岁	**465128**	**267727**	**197401**	**386798**	**241362**	**145436**
20	101039	57783	43256	96480	56703	39777
21	86289	49576	36713	78324	47548	30776
22	92231	53123	39108	77711	48622	29089
23	91693	53135	38558	70317	45638	24679
24	93876	54110	39766	63966	42851	21115
25-29岁	**534492**	**306211**	**228281**	**220753**	**159907**	**60846**
25	101182	58480	42702	59041	41070	17971
26	96886	55631	41255	48332	34495	13837
27	106821	60993	45828	43881	32088	11793
28	110793	63263	47530	37273	27722	9551
29	118810	67844	50966	32226	24532	7694
30-34岁	**612579**	**350899**	**261680**	**95691**	**74949**	**20742**
30	145910	82647	63263	31977	24567	7410
31	131599	74884	56715	23017	18077	4940
32	117477	67126	50351	16843	13278	3565
33	120568	69727	50841	14169	11350	2819
34	97025	56515	40510	9685	7677	2008
35-39岁	**354395**	**211911**	**142484**	**22529**	**18034**	**4495**
35	76962	45396	31566	6450	5225	1225
36	71949	42815	29134	5137	4114	1023
37	66025	39522	26503	3996	3192	804
38	74273	44690	29583	3897	3059	838
39	65186	39488	25698	3049	2444	605
40-44岁	**268627**	**167998**	**100629**	**9012**	**7402**	**1610**
40	57849	35387	22462	2366	1905	461
41	59268	36920	22348	2147	1762	385
42	53556	33425	20131	1706	1400	306
43	47461	29955	17506	1361	1139	222
44	50493	32311	18182	1432	1196	236
45-49岁	**261080**	**170035**	**91045**	**5957**	**5085**	**872**
45	48913	31506	17407	1356	1151	205
46	51982	33614	18368	1240	1045	195
47	52765	34227	18538	1180	1016	164
48	53218	34845	18373	1094	929	165
49	54202	35843	18359	1087	944	143
50-54岁	**247368**	**167805**	**79563**	**3666**	**3221**	**445**
50	55912	37208	18704	1021	879	142
51	49783	33524	16259	761	683	78
52	52425	35503	16922	714	628	86
53	41207	28245	12962	549	480	69
54	48041	33325	14716	621	551	70
55-59岁	**317468**	**222072**	**95396**	**2817**	**2577**	**240**
55	52849	36704	16145	563	508	55
56	60189	41942	18247	604	545	59
57	85981	59843	26138	712	660	52
58	75494	53485	22009	609	566	43
59	42955	30098	12857	329	298	31
60-64岁	**236022**	**174822**	**61200**	**1998**	**1892**	**106**
60	51752	36854	14898	387	353	34
61	45747	33304	12443	403	384	19
62	49771	36878	12893	439	424	15
63	49690	37793	11897	450	435	15
64	39062	29993	9069	319	296	23
65岁及以上	**228678**	**185633**	**43045**	**2126**	**1981**	**145**

单位：人

有配偶			离婚			丧偶		
小计	男	女	小计	男	女	小计	男	女
2636024	**1621350**	**1014674**	**77808**	**51578**	**26230**	**64167**	**36690**	**27477**
3472	**901**	**2571**	**36**	**14**	**22**	**1**		**1**
26	11	15	1	1				
122	28	94	2	1	1			
364	102	262	3	1	2			
943	239	704	8	3	5			
2017	521	1496	22	8	14	1		1
77163	**25976**	**51187**	**1113**	**382**	**731**	**54**	**7**	**47**
4508	1069	3439	49	11	38	2		2
7882	2008	5874	82	20	62	1		1
14313	4425	9888	196	75	121	11	1	10
21068	7393	13675	292	100	192	16	4	12
29392	11081	18311	494	176	318	24	2	22
305696	**142250**	**163446**	**7785**	**3981**	**3804**	**258**	**73**	**185**
41337	17088	24249	787	317	470	17	5	12
47507	20664	26843	1023	465	558	24	7	17
61410	28162	33248	1481	724	757	49	19	30
71552	34494	37058	1895	1024	871	73	23	50
83890	41842	42048	2599	1451	1148	95	19	76
497438	**264085**	**233353**	**18654**	**11591**	**7063**	**796**	**274**	**522**
110269	55945	54324	3517	2077	1440	147	58	89
104826	54552	50274	3616	2207	1409	140	48	92
96823	51542	45281	3666	2266	1400	145	40	105
101992	55663	46329	4215	2641	1574	192	73	119
83528	46383	37145	3640	2400	1240	172	55	117
316515	**183743**	**132772**	**14468**	**9876**	**4592**	**883**	**258**	**625**
67374	38167	29207	2984	1959	1025	154	45	109
63721	36630	27091	2946	2027	919	145	44	101
59193	34442	24751	2694	1852	842	142	36	106
67031	39394	27637	3131	2169	962	214	68	146
59196	35110	24086	2713	1869	844	228	65	163
247182	**152400**	**94782**	**11001**	**7708**	**3293**	**1432**	**488**	**944**
52770	31706	21064	2494	1707	787	219	69	150
54420	33360	21060	2404	1700	704	297	98	199
49426	30426	19000	2150	1521	629	274	78	196
43832	27333	16499	1985	1378	607	283	105	178
46734	29575	17159	1968	1402	566	359	138	221
243854	**157814**	**86040**	**8780**	**6213**	**2567**	**2489**	**923**	**1566**
45379	28953	16426	1813	1267	546	365	135	230
48455	31088	17367	1857	1330	527	430	151	279
49272	31742	17530	1810	1280	530	503	189	314
49901	32522	17379	1682	1198	484	541	196	345
50847	33509	17338	1618	1138	480	650	252	398
233072	**158221**	**74851**	**6151**	**4411**	**1740**	**4479**	**1952**	**2527**
52477	34869	17608	1647	1169	478	767	291	476
46889	31591	15298	1353	933	420	780	317	463
49558	33565	15993	1269	918	351	884	392	492
38862	26690	12172	875	648	227	921	427	494
45286	31506	13780	1007	743	264	1127	525	602
299200	**210768**	**88432**	**5236**	**3854**	**1382**	**10215**	**4873**	**5342**
49921	34859	15062	1005	732	273	1360	605	755
56843	39793	17050	1041	772	269	1701	832	869
81092	56796	24296	1430	1062	368	2747	1325	1422
71092	50809	20283	1103	828	275	2690	1282	1408
40252	28511	11741	657	460	197	1717	829	888
218428	**163635**	**54793**	**2895**	**2220**	**675**	**12701**	**7075**	**5626**
48360	34864	13496	671	492	179	2334	1145	1189
42382	31214	11168	606	462	144	2356	1244	1112
46074	34488	11586	604	469	135	2654	1497	1157
45811	35215	10596	574	459	115	2855	1684	1171
35801	27854	7947	440	338	102	2502	1505	997
194004	**161557**	**32447**	**1689**	**1328**	**361**	**30859**	**20767**	**10092**

5-3c 续表 6

受教育程度 年龄	15岁及以上人口			未婚		
	合计	男	女	小计	男	女
大学专科	**1673007**	**911367**	**761640**	**910229**	**483795**	**426434**
15-19岁	**234949**	**117055**	**117894**	**234494**	**116922**	**117572**
15	6058	3133	2925	6056	3132	2924
16	12804	6842	5962	12797	6837	5960
17	26701	13535	13166	26670	13525	13145
18	78287	38955	39332	78195	38925	39270
19	111099	54590	56509	110776	54503	56273
20-24岁	**456631**	**220732**	**235899**	**426501**	**211957**	**214544**
20	110514	54219	56295	109590	54001	55589
21	94344	45400	48944	92230	44948	47282
22	91600	43852	47748	86763	42632	44131
23	83009	39758	43251	74354	37236	37118
24	77164	37503	39661	63564	33140	30424
25-29岁	**344420**	**176791**	**167629**	**182189**	**107690**	**74499**
25	78242	38580	39662	57097	31176	25921
26	68167	34520	33647	42411	24494	17917
27	68602	35160	33442	34919	21173	13746
28	65482	34363	31119	26810	17114	9696
29	63927	34168	29759	20952	13733	7219
30-34岁	**283319**	**157733**	**125586**	**52809**	**36727**	**16082**
30	74014	40070	33944	19469	13220	6249
31	63518	34503	29015	12808	8797	4011
32	53329	29891	23438	8877	6261	2616
33	52184	29828	22356	7104	5102	2002
34	40274	23441	16833	4551	3347	1204
35-39岁	**120747**	**73489**	**47258**	**9239**	**6802**	**2437**
35	29865	17940	11925	2879	2118	761
36	26134	15932	10202	2317	1727	590
37	22813	13966	8847	1633	1212	421
38	23243	14200	9043	1440	1021	419
39	18692	11451	7241	970	724	246
40-44岁	**69693**	**44413**	**25280**	**2604**	**1897**	**707**
40	16092	10010	6082	786	561	225
41	15791	9916	5875	616	432	184
42	13851	8848	5003	468	355	113
43	11790	7654	4136	382	285	97
44	12169	7985	4184	352	264	88
45-49岁	**52652**	**36055**	**16597**	**1258**	**937**	**321**
45	10988	7413	3575	332	260	72
46	11226	7654	3572	271	200	71
47	10511	7189	3322	238	171	67
48	10147	6997	3150	230	171	59
49	9780	6802	2978	187	135	52
50-54岁	**39026**	**27823**	**11203**	**595**	**448**	**147**
50	9545	6569	2976	173	121	52
51	8130	5777	2353	149	108	41
52	8338	6048	2290	125	101	24
53	6190	4456	1734	75	56	19
54	6823	4973	1850	73	62	11
55-59岁	**28863**	**21896**	**6967**	**272**	**207**	**65**
55	6725	4999	1726	75	53	22
56	6642	5003	1639	64	48	16
57	7412	5641	1771	56	44	12
58	5433	4194	1239	51	44	7
59	2651	2059	592	26	18	8
60-64岁	**15275**	**12148**	**3127**	**89**	**71**	**18**
60	3058	2397	661	22	18	4
61	2541	1971	570	21	15	6
62	3043	2416	627	9	7	2
63	3525	2840	685	21	16	5
64	3108	2524	584	16	15	1
65岁及以上	**27432**	**23232**	**4200**	**179**	**137**	**42**

单位：人

有配偶			离婚			丧偶		
小计	男	女	小计	男	女	小计	男	女
735922	**412520**	**323402**	**20572**	**11539**	**9033**	**6284**	**3513**	**2771**
451	**133**	**318**	**3**		**3**	**1**		**1**
2	1	1						
6	5	1	1		1			
31	10	21						
91	30	61	1		1			
321	87	234	1		1	1		1
29901	**8723**	**21178**	**208**	**48**	**160**	**21**	**4**	**17**
914	213	701	7	3	4	3	2	1
2102	448	1654	12	4	8			
4806	1215	3591	27	5	22	4		4
8592	2511	6081	58	11	47	5		5
13487	4336	9151	104	25	79	9	2	7
159466	**68042**	**91424**	**2656**	**1033**	**1623**	**109**	**26**	**83**
20895	7334	13561	239	66	173	11	4	7
25435	9923	15512	306	103	203	15		15
33156	13795	19361	504	187	317	23	5	18
37903	16924	20979	742	318	424	27	7	20
42077	20066	22011	865	359	506	33	10	23
223741	**117452**	**106289**	**6512**	**3478**	**3034**	**257**	**76**	**181**
53298	26255	27043	1218	587	631	29	8	21
49351	25040	24311	1309	655	654	50	11	39
43098	22955	20143	1295	659	636	59	16	43
43564	23852	19712	1454	853	601	62	21	41
34430	19350	15080	1236	724	512	57	20	37
106956	**63929**	**43027**	**4316**	**2692**	**1624**	**236**	**66**	**170**
25966	15212	10754	973	602	371	47	8	39
22881	13640	9241	886	551	335	50	14	36
20285	12208	8077	840	527	313	55	19	36
20830	12577	8253	923	586	337	50	16	34
16994	10292	6702	694	426	268	34	9	25
63967	**40659**	**23308**	**2806**	**1767**	**1039**	**316**	**90**	**226**
14599	9026	5573	656	408	248	51	15	36
14442	9033	5409	668	433	235	65	18	47
12782	8149	4633	528	320	208	73	24	49
10832	7042	3790	524	315	209	52	12	40
11312	7409	3903	430	291	139	75	21	54
49141	**33874**	**15267**	**1888**	**1132**	**756**	**365**	**112**	**253**
10185	6892	3293	417	247	170	54	14	40
10479	7206	3273	393	225	168	83	23	60
9827	6746	3081	363	242	121	83	30	53
9488	6598	2890	369	209	160	60	19	41
9162	6432	2730	346	209	137	85	26	59
36835	**26551**	**10284**	**1108**	**649**	**459**	**488**	**175**	**313**
8963	6243	2720	305	172	133	104	33	71
7647	5499	2148	238	134	104	96	36	60
7884	5771	2113	230	135	95	99	41	58
5872	4277	1595	154	96	58	89	27	62
6469	4761	1708	181	112	69	100	38	62
27414	**21038**	**6376**	**613**	**404**	**209**	**564**	**247**	**317**
6361	4786	1575	168	110	58	121	50	71
6325	4812	1513	143	91	52	110	52	58
7061	5425	1636	155	102	53	140	70	70
5150	4026	1124	105	73	32	127	51	76
2517	1989	528	42	28	14	66	24	42
14392	**11589**	**2803**	**232**	**165**	**67**	**562**	**323**	**239**
2869	2274	595	60	45	15	107	60	47
2397	1888	509	44	30	14	79	38	41
2882	2312	570	47	32	15	105	65	40
3329	2720	609	40	31	9	135	73	62
2915	2395	520	41	27	14	136	87	49
23658	**20530**	**3128**	**230**	**171**	**59**	**3365**	**2394**	**971**

5-3c 续表 7

受教育程度 年 龄	15岁及以上人口			未 婚		
	合计	男	女	小计	男	女
大学本科	**809169**	**415443**	**393726**	**518043**	**253684**	**264359**
15-19岁	**104736**	**48123**	**56613**	**104671**	**48105**	**56566**
15	424	181	243	423	180	243
16	1095	505	590	1095	505	590
17	7826	3606	4220	7823	3604	4219
18	38990	17887	21103	38973	17882	21091
19	56401	25944	30457	56357	25934	30423
20-24岁	**264616**	**120976**	**143640**	**258543**	**119166**	**139377**
20	58896	26958	31938	58797	26921	31876
21	55155	24968	30187	54892	24915	29977
22	56056	25427	30629	55365	25271	30094
23	49666	22983	26683	48115	22515	25600
24	44843	20640	24203	41374	19544	21830
25-29岁	**188089**	**92730**	**95359**	**119327**	**63643**	**55684**
25	43937	20845	23092	37251	18580	18671
26	38051	18036	20015	28204	14344	13860
27	37899	18705	19194	23405	12825	10580
28	35464	18041	17423	17651	10216	7435
29	32738	17103	15635	12816	7678	5138
30-34岁	**129059**	**71949**	**57110**	**28607**	**18061**	**10546**
30	35291	18916	16375	10974	6752	4222
31	28794	15735	13059	6904	4357	2547
32	23859	13338	10521	4638	2979	1659
33	23194	13285	9909	3750	2457	1293
34	17921	10675	7246	2341	1516	825
35-39岁	**52473**	**32856**	**19617**	**4857**	**3274**	**1583**
35	13809	8502	5307	1569	1078	491
36	11711	7321	4390	1107	739	368
37	10048	6381	3667	910	606	304
38	9770	6164	3606	772	514	258
39	7135	4488	2647	499	337	162
40-44岁	**25160**	**16034**	**9126**	**1085**	**749**	**336**
40	5812	3635	2177	312	200	112
41	5701	3612	2089	257	190	67
42	5001	3175	1826	198	138	60
43	4266	2730	1536	183	122	61
44	4380	2882	1498	135	99	36
45-49岁	**17780**	**12151**	**5629**	**521**	**368**	**153**
45	3846	2569	1277	143	99	44
46	3880	2621	1259	122	87	35
47	3608	2472	1136	104	78	26
48	3316	2268	1048	74	50	24
49	3130	2221	909	78	54	24
50-54岁	**12166**	**8770**	**3396**	**233**	**171**	**62**
50	2997	2084	913	75	45	30
51	2716	1934	782	51	41	10
52	2600	1879	721	48	33	15
53	1923	1416	507	32	29	3
54	1930	1457	473	27	23	4
55-59岁	**7258**	**5632**	**1626**	**105**	**85**	**20**
55	1954	1495	459	31	26	5
56	1705	1306	399	32	27	5
57	1838	1450	388	17	12	5
58	1184	945	239	20	15	5
59	577	436	141	5	5	
60-64岁	**2574**	**2002**	**572**	**31**	**22**	**9**
60	546	404	142	6	5	1
61	450	343	107	2	2	
62	499	390	109	6	3	3
63	558	454	104	8	6	2
64	521	411	110	9	6	3
65岁及以上	**5258**	**4220**	**1038**	**63**	**40**	**23**

单位：人

有配偶			离婚			丧偶		
小计	男	女	小计	男	女	小计	男	女
283347	**157728**	**125619**	**6419**	**3307**	**3112**	**1360**	**724**	**636**
63	**17**	**46**	**1**		**1**	**1**	**1**	
						1	1	
3	2	1						
17	5	12						
43	10	33	1		1			
6038	**1798**	**4240**	**33**	**12**	**21**	**2**		**2**
98	36	62	1	1				
262	53	209	1		1			
688	153	535	3	3				
1546	465	1081	5	3	2			
3444	1091	2353	23	5	18	2		2
68065	**28851**	**39214**	**679**	**231**	**448**	**18**	**5**	**13**
6636	2255	4381	48	9	39	2	1	1
9778	3667	6111	62	23	39	7	2	5
14368	5837	8531	125	42	83	1	1	
17613	7764	9849	198	60	138	2	1	1
19670	9328	10342	246	97	149	6		6
98386	**52910**	**45476**	**1996**	**953**	**1043**	**70**	**25**	**45**
23942	11988	11954	366	175	191	9	1	8
21514	11221	10293	367	155	212	9	2	7
18813	10178	8635	386	172	214	22	9	13
18967	10601	8366	457	219	238	20	8	12
15150	8922	6228	420	232	188	10	5	5
46100	**28765**	**17335**	**1450**	**795**	**655**	**66**	**22**	**44**
11906	7233	4673	317	184	133	17	7	10
10286	6418	3868	304	158	146	14	6	8
8818	5603	3215	304	168	136	16	4	12
8687	5485	3202	302	162	140	9	3	6
6403	4026	2377	223	123	100	10	2	8
23086	**14760**	**8326**	**915**	**505**	**410**	**74**	**20**	**54**
5289	3323	1966	201	109	92	10	3	7
5208	3299	1909	220	117	103	16	6	10
4615	2929	1686	175	105	70	13	3	10
3914	2519	1395	149	86	63	20	3	17
4060	2690	1370	170	88	82	15	5	10
16556	**11415**	**5141**	**607**	**337**	**270**	**96**	**31**	**65**
3534	2376	1158	150	86	64	19	8	11
3600	2456	1144	135	74	61	23	4	19
3370	2322	1048	115	64	51	19	8	11
3108	2156	952	113	56	57	21	6	15
2944	2105	839	94	57	37	14	5	9
11451	**8326**	**3125**	**381**	**233**	**148**	**101**	**40**	**61**
2799	1968	831	106	64	42	17	7	10
2551	1830	721	84	54	30	30	9	21
2446	1790	656	79	46	33	27	10	17
1827	1350	477	52	29	23	12	8	4
1828	1388	440	60	40	20	15	6	9
6863	**5388**	**1475**	**206**	**128**	**78**	**84**	**31**	**53**
1848	1428	420	54	34	20	21	7	14
1609	1237	372	47	33	14	17	9	8
1746	1401	345	58	33	25	17	4	13
1115	907	208	30	17	13	19	6	13
545	415	130	17	11	6	10	5	5
2395	**1885**	**510**	**72**	**49**	**23**	**76**	**46**	**30**
515	383	132	16	12	4	9	4	5
423	325	98	11	8	3	14	8	6
469	371	98	14	10	4	10	6	4
517	425	92	14	9	5	19	14	5
471	381	90	17	10	7	24	14	10
4344	**3613**	**731**	**79**	**64**	**15**	**772**	**503**	**269**

5-3c 续表 8

受教育程度 年　　龄	15岁及以上人口			未　　婚		
	合计	男	女	小计	男	女
硕士研究生	**40250**	**20045**	**20205**	**28199**	**13325**	**14874**
15-19岁	**113**	**57**	**56**	**113**	**57**	**56**
15						
16						
17	17	8	9	17	8	9
18	36	17	19	36	17	19
19	60	32	28	60	32	28
20-24岁	**12085**	**5476**	**6609**	**12016**	**5442**	**6574**
20	167	74	93	164	74	90
21	652	293	359	651	292	359
22	2733	1248	1485	2729	1247	1482
23	4108	1828	2280	4091	1820	2271
24	4425	2033	2392	4381	2009	2372
25-29岁	**15494**	**7208**	**8286**	**13096**	**6182**	**6914**
25	4547	2022	2525	4427	1975	2452
26	3505	1621	1884	3235	1520	1715
27	2921	1352	1569	2430	1153	1277
28	2381	1117	1264	1727	851	876
29	2140	1096	1044	1277	683	594
30-34岁	**7124**	**3761**	**3363**	**2416**	**1328**	**1088**
30	2080	1058	1022	972	523	449
31	1686	874	812	628	360	268
32	1285	690	595	356	195	161
33	1191	641	550	287	170	117
34	882	498	384	173	80	93
35-39岁	**2570**	**1552**	**1018**	**391**	**213**	**178**
35	680	403	277	125	71	54
36	578	341	237	83	36	47
37	470	288	182	66	39	27
38	517	311	206	80	43	37
39	325	209	116	37	24	13
40-44岁	**992**	**647**	**345**	**102**	**60**	**42**
40	253	158	95	24	16	8
41	243	158	85	34	16	18
42	190	121	69	17	8	9
43	170	115	55	14	12	2
44	136	95	41	13	8	5
45-49岁	**615**	**427**	**188**	**35**	**21**	**14**
45	119	84	35	11	7	4
46	126	88	38	5	3	2
47	133	86	47	10	4	6
48	120	83	37	5	4	1
49	117	86	31	4	3	1
50-54岁	**491**	**349**	**142**	**14**	**9**	**5**
50	109	74	35	4	2	2
51	130	102	28	2	2	
52	85	59	26	3	2	1
53	82	55	27	3	2	1
54	85	59	26	2	1	1
55-59岁	**363**	**270**	**93**	**8**	**7**	**1**
55	89	62	27	4	3	1
56	76	61	15			
57	105	77	28	1	1	
58	64	47	17	2	2	
59	29	23	6	1	1	
60-64岁	**145**	**111**	**34**	**3**	**2**	**1**
60	40	32	8	2	1	1
61	23	17	6			
62	28	23	5	1	1	
63	28	23	5			
64	26	16	10			
65岁及以上	**258**	**187**	**71**	**5**	**4**	**1**

单位：人

有配偶			离婚			丧偶		
小计	男	女	小计	男	女	小计	男	女
11725	**6563**	**5162**	**237**	**117**	**120**	**89**	**40**	**49**
69	**34**	**35**						
3		3						
1	1							
4	1	3						
17	8	9						
44	24	20						
2390	**1022**	**1368**	**7**	**3**	**4**	**1**	**1**	
120	47	73						
270	101	169						
489	199	290	2		2			
650	262	388	3	3		1	1	
861	413	448	2		2			
4654	**2411**	**2243**	**52**	**22**	**30**	**2**		**2**
1106	535	571	2		2			
1044	510	534	13	4	9	1		1
916	492	424	12	3	9	1		1
891	463	428	13	8	5			
697	411	286	12	7	5			
2114	**1308**	**806**	**64**	**30**	**34**	**1**	**1**	
548	330	218	7	2	5			
482	297	185	13	8	5			
384	242	142	20	7	13			
418	257	161	18	10	8	1	1	
282	182	100	6	3	3			
853	**570**	**283**	**36**	**17**	**19**	**1**		**1**
213	135	78	15	7	8	1		1
201	138	63	8	4	4			
167	111	56	6	2	4			
154	102	52	2	1	1			
118	84	34	5	3	2			
556	**395**	**161**	**23**	**11**	**12**	**1**		**1**
103	75	28	5	2	3			
115	82	33	5	3	2	1		1
120	81	39	3	1	2			
109	75	34	6	4	2			
109	82	27	4	1	3			
446	**323**	**123**	**22**	**13**	**9**	**9**	**4**	**5**
97	67	30	6	4	2	2	1	1
122	98	24	4	2	2	2		2
77	54	23	5	3	2			
76	52	24	1		1	2	1	1
74	52	22	6	4	2	3	2	1
330	**250**	**80**	**17**	**8**	**9**	**8**	**5**	**3**
79	56	23	5	2	3	1	1	
71	57	14	4	3	1	1	1	
96	72	24	4	2	2	4	2	2
57	43	14	3	1	2	2	1	1
27	22	5	1		1			
124	**98**	**26**	**10**	**7**	**3**	**8**	**4**	**4**
36	29	7	2	2				
20	16	4	2		2	1	1	
24	20	4	1	1		2	1	1
24	20	4	2	2		2	1	1
20	13	7	3	2	1	3	1	2
189	**152**	**37**	**6**	**6**		**58**	**25**	**33**

5-3c 续表 9

受教育程度 年 龄	15岁及以上人口			未 婚		
	合计	男	女	小计	男	女
博士研究生	**4633**	**2770**	**1863**	**3068**	**1728**	**1340**
15-19岁	**11**	**6**	**5**	**11**	**6**	**5**
15						
16	1		1	1		1
17						
18						
19	10	6	4	10	6	4
20-24岁	**541**	**264**	**277**	**529**	**258**	**271**
20	17	8	9	17	8	9
21	32	15	17	32	15	17
22	130	75	55	129	74	55
23	160	67	93	155	65	90
24	202	99	103	196	96	100
25-29岁	**1936**	**1096**	**840**	**1714**	**968**	**746**
25	328	170	158	320	166	154
26	355	200	155	339	190	149
27	446	243	203	402	221	181
28	422	245	177	351	205	146
29	385	238	147	302	186	116
30-34岁	**1195**	**737**	**458**	**642**	**384**	**258**
30	408	239	169	256	152	104
31	314	186	128	169	99	70
32	218	144	74	106	64	42
33	156	104	52	66	41	25
34	99	64	35	45	28	17
35-39岁	**410**	**272**	**138**	**100**	**59**	**41**
35	115	77	38	39	26	13
36	84	56	28	21	12	9
37	68	43	25	19	10	9
38	66	50	16	11	6	5
39	77	46	31	10	5	5
40-44岁	**187**	**117**	**70**	**28**	**14**	**14**
40	50	32	18	8	4	4
41	56	34	22	7	2	5
42	31	18	13	4	3	1
43	23	14	9	2	1	1
44	27	19	8	7	4	3
45-49岁	**108**	**80**	**28**	**14**	**11**	**3**
45	18	12	6	1	1	
46	20	16	4	1	1	
47	22	20	2	5	4	1
48	17	10	7	4	3	1
49	31	22	9	3	2	1
50-54岁	**88**	**75**	**13**	**12**	**11**	**1**
50	25	19	6	3	3	
51	14	13	1	3	3	
52	21	19	2	3	3	
53	11	8	3	2	1	1
54	17	16	1	1	1	
55-59岁	**92**	**73**	**19**	**9**	**9**	
55	23	19	4	1	1	
56	26	17	9	3	3	
57	24	20	4	3	3	
58	11	10	1	2	2	
59	8	7	1			
60-64岁	**24**	**20**	**4**	**2**	**1**	**1**
60	4	3	1	1	1	
61	3	2	1			
62	4	4				
63	8	7	1	1		1
64	5	4	1			
65岁及以上	**41**	**30**	**11**	**7**	**7**	

单位：人

有配偶			离婚			丧偶		
小计	男	女	小计	男	女	小计	男	女
1509	**1008**	**501**	**44**	**27**	**17**	**12**	**7**	**5**
12	**6**	**6**						
1	1							
5	2	3						
6	3	3						
221	**128**	**93**	**1**		**1**			
7	4	3	1		1			
16	10	6						
44	22	22						
71	40	31						
83	52	31						
548	**351**	**197**	**5**	**2**	**3**			
151	86	65	1	1				
144	87	57	1		1			
111	80	31	1		1			
88	62	26	2	1	1			
54	36	18						
302	**206**	**96**	**8**	**7**	**1**			
74	49	25	2	2				
63	44	19						
49	33	16						
54	43	11	1	1				
62	37	25	5	4	1			
150	**100**	**50**	**9**	**3**	**6**			
41	28	13	1		1			
46	30	16	3	2	1			
25	15	10	2		2			
20	12	8	1	1				
18	15	3	2		2			
83	**61**	**22**	**11**	**8**	**3**			
15	10	5	2	1	1			
16	12	4	3	3				
16	15	1	1	1				
12	7	5	1		1			
24	17	7	4	3	1			
69	**59**	**10**	**6**	**4**	**2**	**1**	**1**	
18	14	4	4	2	2			
9	8	1	1	1		1	1	
17	15	2	1	1				
9	7	2						
16	15	1						
78	**61**	**17**	**2**	**2**		**3**	**1**	**2**
22	18	4						
20	13	7	1	1		2		2
20	16	4	1	1				
8	7	1				1	1	
8	7	1						
21	**19**	**2**	**1**		**1**			
2	2		1		1			
3	2	1						
4	4							
7	7							
5	4	1						
25	**17**	**8**	**1**	**1**		**8**	**5**	**3**

5-4 全国分初婚年龄、性别、初婚年份的人口

单位：人

初婚年龄	初婚年份								
	合计			1980年			1981年		
	合计	男	女	小计	男	女	小计	男	女
总 计	**74430883**	**37112437**	**37318446**	**2024325**	**971976**	**1052349**	**1444305**	**689903**	**754402**
15岁以下	**82305**	**17845**	**64460**	**5205**	**1192**	**4013**	**2705**	**591**	**2114**
15-19岁	**8027371**	**2302103**	**5725268**	**258062**	**61711**	**196351**	**211827**	**52445**	**159382**
15	342256	88988	253268	19048	4740	14308	10283	2563	7720
16	609082	149941	459141	33463	7243	26220	17634	3895	13739
17	1142588	293723	848865	60387	13104	47283	36010	7928	28082
18	2074523	577485	1497038	66235	15023	51212	67857	16146	51711
19	3858922	1191966	2666956	78929	21601	57328	80043	21913	58130
20-24岁	**40252092**	**18791197**	**21460895**	**1147061**	**522865**	**624196**	**800436**	**361017**	**439419**
20	6152429	2089474	4062955	136086	46178	89908	89873	28314	61559
21	7912142	3389037	4523105	189144	77586	111558	132493	51464	81029
22	9511697	4720886	4790811	274556	123357	151199	167838	74664	93174
23	8881526	4440283	4441243	292212	141305	150907	212719	101570	111149
24	7794298	4151517	3642781	255063	134439	120624	197513	105005	92508
25-29岁	**19799777**	**11907544**	**7892233**	**539296**	**332349**	**206947**	**381849**	**241074**	**140775**
25	6533918	3695118	2838800	216773	124188	92585	148149	86487	61662
26	4983321	2951156	2032165	143820	88342	55478	105372	66349	39023
27	3701489	2294385	1407104	87849	57318	30531	65211	43824	21387
28	2667526	1712993	954533	56064	38193	17871	38692	27028	11664
29	1913523	1253892	659631	34790	24308	10482	24425	17386	7039
30-34岁	**4228329**	**2777602**	**1450727**	**58870**	**42818**	**16052**	**38500**	**28424**	**10076**
30	1395461	919895	475566	23671	17109	6562	15114	10957	4157
31	1014775	666924	347851	13898	10157	3741	9998	7359	2639
32	772124	506910	265214	9675	7155	2520	6294	4735	1559
33	588408	384297	204111	6850	4950	1900	4073	3098	975
34	457561	299576	157985	4776	3447	1329	3021	2275	746
35-39岁	**1179852**	**777151**	**402701**	**11447**	**8254**	**3193**	**6469**	**4757**	**1712**
35	357601	234881	122720	3598	2605	993	2090	1554	536
36	275689	181594	94095	2717	2011	706	1537	1156	381
37	220618	146066	74552	2075	1493	582	1229	910	319
38	177085	117043	60042	1691	1233	458	872	636	236
39	148859	97567	51292	1366	912	454	741	501	240
40-44岁	**466887**	**299541**	**167346**	**3191**	**2143**	**1048**	**1793**	**1211**	**582**
40	126171	81348	44823	987	686	301	614	428	186
41	105021	67342	37679	737	501	236	433	303	130
42	91665	58579	33086	648	424	224	294	194	100
43	78069	50088	27981	464	309	155	244	172	72
44	65961	42184	23777	355	223	132	208	114	94
45-49岁	**207055**	**130365**	**76690**	**918**	**517**	**401**	**523**	**300**	**223**
45	56303	36019	20284	293	180	113	169	96	73
46	46954	29993	16961	211	119	92	113	71	42
47	39942	25110	14832	194	104	90	94	48	46
48	34087	21090	12997	124	60	64	78	48	30
49	29769	18153	11616	96	54	42	69	37	32
50岁及以上	**187215**	**109089**	**78126**	**275**	**127**	**148**	**203**	**84**	**119**
平均初婚年龄	**24.33**	**25.18**	**23.48**	**23.59**	**24.50**	**22.74**	**23.54**	**24.50**	**22.66**

5-4　续表 1　　单位：人

初婚年龄	初婚年份								
	1982年			1983年			1984年		
	小计	男	女	小计	男	女	小计	男	女
总　计	**1665349**	**799204**	**866145**	**1617976**	**777268**	**840708**	**1738903**	**839301**	**899602**
15岁以下	**3374**	**687**	**2687**	**3354**	**742**	**2612**	**2814**	**633**	**2181**
15-19岁	**320673**	**87948**	**232725**	**302407**	**86607**	**215800**	**303136**	**88985**	**214151**
15	13074	3278	9796	13389	3528	9861	14146	3763	10383
16	24072	5538	18534	22035	5351	16684	22794	5704	17090
17	43187	10477	32710	42509	10713	31796	40819	10397	30422
18	83287	21435	61852	74769	20197	54572	80192	22353	57839
19	157053	47220	109833	149705	46818	102887	145185	46768	98417
20-24岁	**869431**	**403806**	**465625**	**877828**	**403853**	**473975**	**1032569**	**480356**	**552213**
20	157455	54125	103330	234946	86396	148550	236144	86608	149536
21	137980	56726	81254	184658	80428	104230	302536	135523	167013
22	186079	88424	97655	149584	71726	77858	217610	109636	107974
23	186303	94297	92006	164442	83959	80483	140016	71174	68842
24	201614	110234	91380	144198	81344	62854	136263	77415	58848
25-29岁	**411501**	**263534**	**147967**	**372071**	**241978**	**130093**	**332517**	**221353**	**111164**
25	159908	95337	64571	138548	84340	54208	105634	65905	39729
26	103727	66324	37403	98097	63541	34556	91642	60743	30899
27	72844	49281	23563	62897	42643	20254	64297	44375	19922
28	45912	31895	14017	43871	30961	12910	41228	28993	12235
29	29110	20697	8413	28658	20493	8165	29716	21337	8379
30-34岁	**48258**	**34814**	**13444**	**49605**	**35417**	**14188**	**53603**	**38159**	**15444**
30	19030	13634	5396	18742	13398	5344	20030	14331	5699
31	11780	8430	3350	12400	8769	3631	13259	9351	3908
32	8329	5983	2346	8466	5968	2498	9424	6719	2705
33	5421	4034	1387	6007	4304	1703	6265	4409	1856
34	3698	2733	965	3990	2978	1012	4625	3349	1276
35-39岁	**8478**	**6086**	**2392**	**8708**	**6186**	**2522**	**9665**	**6906**	**2759**
35	2861	2073	788	2814	2071	743	3201	2348	853
36	2012	1433	579	2083	1483	600	2216	1588	628
37	1456	1062	394	1582	1075	507	1822	1326	496
38	1156	819	337	1204	839	365	1339	887	452
39	993	699	294	1025	718	307	1087	757	330
40-44岁	**2521**	**1681**	**840**	**2760**	**1816**	**944**	**2986**	**2013**	**973**
40	779	539	240	834	559	275	861	585	276
41	635	428	207	674	454	220	670	455	215
42	463	294	169	551	349	202	609	410	199
43	345	228	117	385	249	136	455	307	148
44	299	192	107	316	205	111	391	256	135
45-49岁	**819**	**501**	**318**	**862**	**496**	**366**	**1127**	**663**	**464**
45	276	179	97	232	146	86	300	176	124
46	194	120	74	197	116	81	259	156	103
47	133	83	50	165	98	67	233	132	101
48	115	66	49	152	80	72	194	119	75
49	101	53	48	116	56	60	141	80	61
50岁及以上	**294**	**147**	**147**	**381**	**173**	**208**	**486**	**233**	**253**
平均初婚年龄	**23.24**	**24.25**	**22.31**	**23.02**	**24.01**	**22.10**	**22.85**	**23.78**	**21.99**

5-4 续表 2

单位：人

初婚年龄	初婚年份								
	1985年			1986年			1987年		
	小计	男	女	小计	男	女	小计	男	女
总　计	**2262085**	**1097714**	**1164371**	**2161474**	**1050311**	**1111163**	**2071443**	**1011023**	**1060420**
15岁以下	**3081**	**595**	**2486**	**2486**	**514**	**1972**	**2295**	**498**	**1797**
15-19岁	**377000**	**111914**	**265086**	**345346**	**103460**	**241886**	**329014**	**100267**	**228747**
15	16161	4281	11880	11408	2659	8749	10053	2511	7542
16	32505	8314	24191	24425	6190	18235	20466	4909	15557
17	54534	14322	40212	53394	14279	39115	44443	11923	32520
18	93666	26485	67181	92338	26551	65787	92245	27191	65054
19	180134	58512	121622	163781	53781	110000	161807	53733	108074
20-24岁	**1421810**	**677467**	**744343**	**1436929**	**694843**	**742086**	**1382797**	**675737**	**707060**
20	268096	99936	168160	265460	99944	165516	233441	87522	145919
21	362972	162688	200284	318709	144849	173860	307934	140133	167801
22	420122	214452	205670	366626	185487	181139	324482	166644	157838
23	233726	123609	110117	324624	172003	152621	286780	150269	136511
24	136894	76782	60112	161510	92560	68950	230160	131169	98991
25-29岁	**365262**	**242086**	**123176**	**287752**	**190509**	**97243**	**270075**	**175096**	**94979**
25	121883	75059	46824	88773	53792	34981	109405	66787	42618
26	83615	55490	28125	71841	47175	24666	55392	35267	20125
27	72742	50374	22368	50439	35153	15286	44805	30343	14462
28	52145	36656	15489	43908	31130	12778	31459	22119	9340
29	34877	24507	10370	32791	23259	9532	29014	20580	8434
30-34岁	**73450**	**51308**	**22142**	**67089**	**46867**	**20222**	**66184**	**45402**	**20782**
30	26005	18341	7664	22801	15905	6896	22253	15437	6816
31	18372	12831	5541	16884	11778	5106	15578	10698	4880
32	13024	9088	3936	12288	8605	3683	12290	8334	3956
33	9397	6457	2940	8653	6038	2615	9212	6238	2974
34	6652	4591	2061	6463	4541	1922	6851	4695	2156
35-39岁	**14553**	**10175**	**4378**	**14701**	**9708**	**4993**	**14462**	**9899**	**4563**
35	4981	3449	1532	4607	3119	1488	5041	3444	1597
36	3388	2379	1009	3531	2403	1128	3432	2357	1075
37	2499	1779	720	2655	1732	923	2682	1848	834
38	2020	1428	592	1993	1282	711	1867	1295	572
39	1665	1140	525	1915	1172	743	1440	955	485
40-44岁	**4392**	**2859**	**1533**	**4715**	**3018**	**1697**	**4171**	**2712**	**1459**
40	1291	867	424	1472	899	573	1334	886	448
41	1026	689	337	1064	686	378	982	632	350
42	830	532	298	896	595	301	694	459	235
43	662	424	238	710	468	242	640	406	234
44	583	347	236	573	370	203	521	329	192
45-49岁	**1711**	**920**	**791**	**1606**	**968**	**638**	**1612**	**998**	**614**
45	476	272	204	482	298	184	469	310	159
46	358	216	142	343	216	127	426	262	164
47	318	157	161	306	181	125	283	170	113
48	287	143	144	244	140	104	216	128	88
49	272	132	140	231	133	98	218	128	90
50岁及以上	**826**	**390**	**436**	**850**	**424**	**426**	**833**	**414**	**419**
平均初婚年龄	**22.83**	**23.67**	**22.05**	**22.83**	**23.61**	**22.10**	**22.90**	**23.63**	**22.20**

5-4　续表 3　　　　单位：人

初婚年龄	初婚年份								
	1988年			1989年			1990年		
	小计	男	女	小计	男	女	小计	男	女
总　计	**2245860**	**1099884**	**1145976**	**2141888**	**1056927**	**1084961**	**2512848**	**1252839**	**1260009**
15岁以下	**2742**	**602**	**2140**	**2823**	**603**	**2220**	**4238**	**1019**	**3219**
15-19岁	**360545**	**111022**	**249523**	**334443**	**104553**	**229890**	**401481**	**128135**	**273346**
15	11812	3056	8756	11609	3253	8356	16231	4626	11605
16	22255	5535	16720	22224	5852	16372	29148	8060	21088
17	46497	12247	34250	43801	12270	31531	56163	16598	39565
18	93207	27407	65800	86747	26380	60367	103171	32055	71116
19	186774	62777	123997	170062	56798	113264	196768	66796	129972
20-24岁	**1447166**	**707098**	**740068**	**1374120**	**672872**	**701248**	**1611896**	**799611**	**812285**
20	268088	100651	167437	270877	102501	168376	304444	115816	188628
21	300636	137706	162930	312373	143662	168711	387164	183060	204104
22	354133	182988	171145	306907	159744	147163	391106	206165	184941
23	290986	153997	136989	277823	148781	129042	290833	156850	133983
24	233323	131756	101567	206140	118184	87956	238349	137720	100629
25-29岁	**342420**	**216820**	**125600**	**348063**	**221968**	**126095**	**405626**	**261301**	**144325**
25	174009	106055	67954	152760	93738	59022	163519	101043	62476
26	76022	48272	27750	104609	67674	36935	110584	71559	39025
27	38309	24987	13322	46741	31005	15736	77178	51985	25193
28	31023	21245	9778	23869	15845	8024	35423	23928	11495
29	23057	16261	6796	20084	13706	6378	18922	12786	6136
30-34岁	**68466**	**47791**	**20675**	**57647**	**40110**	**17537**	**58018**	**41070**	**16948**
30	21645	15381	6264	15073	10597	4476	16208	11209	4999
31	16698	11637	5061	14455	10188	4267	11934	8514	3420
32	12546	8615	3931	11949	8246	3703	12210	8730	3480
33	9936	6867	3069	8886	6062	2824	10068	7237	2831
34	7641	5291	2350	7284	5017	2267	7598	5380	2218
35-39岁	**16861**	**11734**	**5127**	**16850**	**11717**	**5133**	**20706**	**14651**	**6055**
35	5715	4006	1709	5563	3855	1708	6471	4617	1854
36	4204	2878	1326	4098	2890	1208	5066	3596	1470
37	2988	2070	918	3057	2121	936	3795	2685	1110
38	2296	1623	673	2286	1605	681	3042	2146	896
39	1658	1157	501	1846	1246	600	2332	1607	725
40-44岁	**4759**	**3199**	**1560**	**4881**	**3292**	**1589**	**6618**	**4483**	**2135**
40	1369	938	431	1504	1065	439	2001	1378	623
41	1114	744	370	1074	704	370	1475	1003	472
42	924	605	319	941	622	319	1234	827	407
43	762	518	244	755	500	255	1024	677	347
44	590	394	196	607	401	206	884	598	286
45-49岁	**1822**	**1081**	**741**	**1901**	**1187**	**714**	**2626**	**1685**	**941**
45	482	285	197	502	329	173	736	494	242
46	430	256	174	433	295	138	566	343	223
47	381	230	151	374	225	149	500	326	174
48	292	170	122	310	179	131	451	287	164
49	237	140	97	282	159	123	373	235	138
50岁及以上	**1079**	**537**	**542**	**1160**	**625**	**535**	**1639**	**884**	**755**
平均初婚年龄	**22.92**	**23.65**	**22.22**	**22.91**	**23.64**	**22.21**	**22.87**	**23.59**	**22.15**

5-4 续表 4 单位：人

初婚年龄	初婚年份								
	1991年			1992年			1993年		
	小计	男	女	小计	男	女	小计	男	女
总　计	**1684327**	**833211**	**851116**	**1978202**	**983118**	**995084**	**1963618**	**976198**	**987420**
15岁以下	**2150**	**496**	**1654**	**2088**	**499**	**1589**	**2015**	**446**	**1569**
15-19岁	**236565**	**72734**	**163831**	**247751**	**74237**	**173514**	**217344**	**63395**	**153949**
15	8800	2488	6312	9259	2531	6728	8247	2240	6007
16	14944	3838	11106	16378	4307	12071	14137	3597	10540
17	30250	8376	21874	31067	8435	22632	27678	7384	20294
18	61468	18247	43221	61996	17906	44090	53659	15263	38396
19	121103	39785	81318	129051	41058	87993	113623	34911	78712
20-24岁	**1103807**	**533744**	**570063**	**1308131**	**631848**	**676283**	**1293013**	**618962**	**674051**
20	198894	72116	126778	209331	74392	134939	197259	67252	130007
21	250263	113421	136842	284125	128854	155271	263229	116977	146252
22	281767	145525	136242	329876	169627	160249	323926	165970	157956
23	224077	117500	106577	283028	145784	137244	289999	146492	143507
24	148806	85182	63624	201771	113191	88580	218600	122271	96329
25-29岁	**289263**	**189466**	**99797**	**348941**	**228144**	**120797**	**366326**	**236804**	**129522**
25	114459	70961	43498	127049	78108	48941	149015	90789	58226
26	73700	48344	25356	91023	59564	31459	84845	54854	29991
27	50224	34617	15607	59508	40534	18974	61361	41742	19619
28	34707	24294	10413	41449	29071	12378	40819	28256	12563
29	16173	11250	4923	29912	20867	9045	30286	21163	9123
30-34岁	**33026**	**23404**	**9622**	**42627**	**29438**	**13189**	**53838**	**36267**	**17571**
30	8931	6177	2754	14783	10169	4614	23246	15836	7410
31	7601	5382	2219	8213	5577	2636	11659	7746	3913
32	5982	4304	1678	7484	5128	2356	7062	4623	2439
33	5817	4162	1655	6030	4183	1847	6555	4379	2176
34	4695	3379	1316	6117	4381	1736	5316	3683	1633
35-39岁	**12588**	**8986**	**3602**	**17356**	**12053**	**5303**	**18356**	**12672**	**5684**
35	3568	2537	1031	4997	3553	1444	5354	3806	1548
36	2986	2168	818	3965	2790	1175	4146	2902	1244
37	2471	1790	681	3321	2304	1017	3288	2272	1016
38	1969	1383	586	2711	1860	851	2910	1960	950
39	1594	1108	486	2362	1546	816	2658	1732	926
40-44岁	**4236**	**2799**	**1437**	**6929**	**4392**	**2537**	**7791**	**4843**	**2948**
40	1196	786	410	2117	1323	794	2276	1407	869
41	1062	720	342	1568	989	579	1872	1172	700
42	822	537	285	1381	890	491	1462	897	565
43	612	397	215	1057	696	361	1231	754	477
44	544	359	185	806	494	312	950	613	337
45-49岁	**1645**	**1035**	**610**	**2470**	**1508**	**962**	**2784**	**1695**	**1089**
45	444	294	150	677	439	238	752	485	267
46	362	228	134	581	355	226	610	397	213
47	318	212	106	467	292	175	548	332	216
48	278	159	119	410	235	175	468	251	217
49	243	142	101	335	187	148	406	230	176
50岁及以上	**1047**	**547**	**500**	**1909**	**999**	**910**	**2151**	**1114**	**1037**
平均初婚年龄	**22.98**	**23.71**	**22.27**	**23.22**	**23.94**	**22.51**	**23.42**	**24.14**	**22.71**

5-4　续表 5　　单位：人

初婚年龄	初婚年份								
	1994年			1995年			1996年		
	小计	男	女	小计	男	女	小计	男	女
总　计	**1881034**	**938862**	**942172**	**2146919**	**1077027**	**1069892**	**1910918**	**958324**	**952594**
15岁以下	**1647**	**367**	**1280**	**1750**	**346**	**1404**	**1573**	**349**	**1224**
15-19岁	**189459**	**54173**	**135286**	**196714**	**55276**	**141438**	**156529**	**42581**	**113948**
15	7807	2283	5524	8345	2313	6032	5764	1321	4443
16	12204	3052	9152	15281	4090	11191	11178	2721	8457
17	22800	6062	16738	25252	6682	18570	21993	5591	16402
18	46826	13066	33760	46655	12828	33827	38013	10100	27913
19	99822	29710	70112	101181	29363	71818	79581	22848	56733
20-24岁	**1215753**	**578287**	**637466**	**1336432**	**635471**	**700961**	**1154689**	**540294**	**614395**
20	175337	57368	117969	176562	56130	120432	149267	45786	103481
21	242820	106474	136346	256859	111317	145542	211708	89106	122602
22	295752	151279	144473	330448	168095	162353	283718	143519	140199
23	280212	141536	138676	308690	155257	153433	279486	137645	141841
24	221632	121630	100002	263873	144672	119201	230510	124238	106272
25-29岁	**383845**	**245565**	**138280**	**490460**	**306758**	**183702**	**477005**	**296821**	**180184**
25	157989	95852	62137	200555	119058	81497	184715	108665	76050
26	97968	62685	35283	126441	79342	47099	125045	77447	47598
27	56829	38044	18785	80145	52670	27475	82031	53665	28366
28	41797	28770	13027	46863	31125	15738	52481	35137	17344
29	29262	20214	9048	36456	24563	11893	32733	21907	10826
30-34岁	**59156**	**40206**	**18950**	**80988**	**53714**	**27274**	**82017**	**54252**	**27765**
30	22286	15313	6973	26846	17951	8895	26430	17347	9083
31	17424	11728	5696	21219	14089	7130	19412	12868	6544
32	9204	6205	2999	18012	11832	6180	16010	10661	5349
33	5352	3615	1737	9392	6165	3227	13298	8835	4463
34	4890	3345	1545	5519	3677	1842	6867	4541	2326
35-39岁	**16644**	**11647**	**4997**	**19828**	**13521**	**6307**	**16942**	**11414**	**5528**
35	3948	2854	1094	5028	3407	1621	4054	2747	1307
36	4011	2886	1125	3971	2768	1203	3573	2412	1161
37	3329	2374	955	4117	2853	1264	3010	2082	928
38	2692	1801	891	3533	2372	1161	3371	2280	1091
39	2664	1732	932	3179	2121	1058	2934	1893	1041
40-44岁	**8672**	**5331**	**3341**	**11314**	**6931**	**4383**	**10857**	**6611**	**4246**
40	2404	1479	925	2981	1869	1112	2648	1680	968
41	1915	1164	751	2585	1602	983	2466	1492	974
42	1800	1108	692	2341	1385	956	2236	1372	864
43	1424	865	559	1936	1178	758	1901	1140	761
44	1129	715	414	1471	897	574	1606	927	679
45-49岁	**3268**	**1918**	**1350**	**4362**	**2623**	**1739**	**5554**	**2939**	**2615**
45	877	546	331	1289	813	476	1284	734	550
46	716	428	288	985	611	374	1199	696	503
47	627	353	274	772	454	318	1101	567	534
48	534	295	239	707	412	295	915	452	463
49	514	296	218	609	333	276	1055	490	565
50岁及以上	**2590**	**1368**	**1222**	**5071**	**2387**	**2684**	**5752**	**3063**	**2689**
平均初婚年龄	**23.62**	**24.34**	**22.90**	**23.90**	**24.61**	**23.19**	**24.15**	**24.88**	**23.42**

5-4 续表 6

单位：人

初婚年龄	初婚年份								
	1997年			1998年			1999年		
	小计	男	女	小计	男	女	小计	男	女
总 计	**1797518**	**903047**	**894471**	**1950109**	**983175**	**966934**	**1675517**	**844087**	**831430**
15岁以下	**1572**	**331**	**1241**	**1928**	**413**	**1515**	**2128**	**473**	**1655**
15-19岁	**143562**	**38248**	**105314**	**160064**	**41562**	**118502**	**139370**	**35461**	**103909**
15	6176	1506	4670	7069	1680	5389	6622	1710	4912
16	9285	1992	7293	12630	2847	9783	11118	2488	8630
17	18815	4605	14210	20104	4715	15389	20703	4745	15958
18	36432	9634	26798	38323	9726	28597	32729	7845	24884
19	72854	20511	52343	81938	22594	59344	68198	18673	49525
20-24岁	**1045468**	**484200**	**561268**	**1078664**	**500941**	**577723**	**928635**	**425650**	**502985**
20	128525	38322	90203	135559	39952	95607	127620	37472	90148
21	189254	77192	112062	185976	75962	110014	163774	65813	97961
22	250934	125554	125380	263271	130891	132380	214919	107794	107125
23	254682	124995	129687	260980	128617	132363	226501	110056	116445
24	222073	118137	103936	232878	125519	107359	195821	104515	91306
25-29岁	**482323**	**300131**	**182192**	**545388**	**335595**	**209793**	**481546**	**299690**	**181856**
25	176792	103232	73560	192930	112375	80555	166014	97091	68923
26	125587	78015	47572	135843	83408	52435	122690	75354	47336
27	85485	55293	30192	98047	63012	35035	86392	56242	30150
28	56321	37830	18491	68513	44520	23993	62142	41436	20706
29	38138	25761	12377	50055	32280	17775	44308	29567	14741
30-34岁	**81945**	**54457**	**27488**	**116459**	**73701**	**42758**	**90415**	**60390**	**30025**
30	24997	16577	8420	37376	23581	13795	32069	21472	10597
31	19584	12872	6712	25429	15837	9592	22574	14978	7596
32	15120	10006	5114	22389	14097	8292	15032	9914	5118
33	12034	8082	3952	17147	10916	6231	11892	7986	3906
34	10210	6920	3290	14118	9270	4848	8848	6040	2808
35-39岁	**17221**	**11196**	**6025**	**26805**	**17820**	**8985**	**19448**	**13432**	**6016**
35	5208	3510	1698	11382	7600	3782	7087	4863	2224
36	3105	2082	1023	5842	3832	2010	5643	3944	1699
37	3031	1978	1053	3494	2319	1175	3021	2111	910
38	2587	1649	938	3247	2157	1090	1874	1268	606
39	3290	1977	1313	2840	1912	928	1823	1246	577
40-44岁	**15293**	**8516**	**6777**	**12357**	**8023**	**4334**	**7407**	**4944**	**2463**
40	3373	1905	1468	3203	2155	1048	1588	1105	483
41	3022	1655	1367	2850	1834	1016	1716	1168	548
42	3297	1816	1481	2353	1477	876	1568	1049	519
43	3035	1702	1333	2193	1422	771	1264	810	454
44	2566	1438	1128	1758	1135	623	1271	812	459
45-49岁	**6714**	**3957**	**2757**	**4996**	**3117**	**1879**	**3719**	**2389**	**1330**
45	2137	1241	896	1516	961	555	1067	710	357
46	1581	926	655	1137	702	435	821	525	296
47	1265	754	511	890	547	343	732	476	256
48	962	576	386	805	518	287	578	372	206
49	769	460	309	648	389	259	521	306	215
50岁及以上	**3420**	**2011**	**1409**	**3448**	**2003**	**1445**	**2849**	**1658**	**1191**
平均初婚年龄	**24.36**	**25.13**	**23.59**	**24.53**	**25.34**	**23.71**	**24.39**	**25.26**	**23.52**

5-4　续表 7　　　　　　　　　　　　单位：人

初婚年龄	初婚年份								
	2000年			2001年			2002年		
	小计	男	女	小计	男	女	小计	男	女
总　计	**2000969**	**1018381**	**982588**	**1344936**	**677358**	**667578**	**1554742**	**785719**	**769023**
15岁以下	**4575**	**1343**	**3232**	**2604**	**737**	**1867**	**2604**	**624**	**1980**
15-19岁	**206613**	**56808**	**149805**	**133697**	**35653**	**98044**	**153106**	**41567**	**111539**
15	13088	4100	8988	8002	2449	5553	10470	3152	7318
16	18754	5266	13488	11022	2994	8028	13913	3670	10243
17	30906	8184	22722	17500	4412	13088	21534	5403	16131
18	55275	14658	40617	31727	8178	23549	36027	9449	26578
19	88590	24600	63990	65446	17620	47826	71162	19893	51269
20-24岁	**1092779**	**512190**	**580589**	**730811**	**332960**	**397851**	**850202**	**388302**	**461900**
20	148997	47143	101854	98361	28480	69881	130034	39118	90916
21	211236	88388	122848	132048	53511	78537	150283	60734	89549
22	254809	127210	127599	181998	89483	92515	196942	97735	99207
23	248360	124778	123582	170656	82532	88124	205415	100881	104534
24	229377	124671	104706	147748	78954	68794	167528	89834	77694
25-29岁	**555069**	**350226**	**204843**	**383184**	**241847**	**141337**	**430940**	**272976**	**157964**
25	186784	109951	76833	130258	75680	54578	138396	80868	57528
26	141669	88513	53156	95840	59459	36381	109838	68208	41630
27	103333	67767	35566	71136	47216	23920	80710	53478	27232
28	72045	48826	23219	50429	34742	15687	58797	40343	18454
29	51238	35169	16069	35521	24750	10771	43199	30079	13120
30-34岁	**101098**	**69526**	**31572**	**70328**	**49135**	**21193**	**87947**	**61546**	**26401**
30	36530	25242	11288	25605	17944	7661	30319	21307	9012
31	25332	17381	7951	17725	12331	5394	21852	15318	6534
32	18113	12372	5741	12349	8713	3636	15992	11131	4861
33	11583	7961	3622	8905	6153	2752	11532	8030	3502
34	9540	6570	2970	5744	3994	1750	8252	5760	2492
35-39岁	**24440**	**17243**	**7197**	**15609**	**11199**	**4410**	**19348**	**13634**	**5714**
35	7637	5346	2291	4687	3304	1383	5533	3864	1669
36	6456	4599	1857	3589	2616	973	4562	3216	1346
37	5421	3819	1602	3153	2261	892	3574	2541	1033
38	2993	2100	893	2761	2030	731	3092	2170	922
39	1933	1379	554	1419	988	431	2587	1843	744
40-44岁	**8030**	**5703**	**2327**	**4023**	**2888**	**1135**	**4871**	**3423**	**1448**
40	1823	1294	529	937	677	260	1480	1024	456
41	1634	1178	456	824	562	262	907	639	268
42	1713	1224	489	715	512	203	877	599	278
43	1546	1101	445	813	604	209	788	581	207
44	1314	906	408	734	533	201	819	580	239
45-49岁	**4689**	**3109**	**1580**	**2599**	**1710**	**889**	**3180**	**2147**	**1033**
45	1231	859	372	582	379	203	746	518	228
46	1106	758	348	615	416	199	720	503	217
47	908	600	308	534	365	169	636	414	222
48	792	501	291	479	300	179	569	369	200
49	652	391	261	389	250	139	509	343	166
50岁及以上	**3676**	**2233**	**1443**	**2081**	**1229**	**852**	**2544**	**1500**	**1044**
平均初婚年龄	**24.21**	**25.11**	**23.28**	**24.24**	**25.18**	**23.29**	**24.27**	**25.23**	**23.29**

5-4 续表 8

单位：人

初婚年龄	初婚年份								
	2003年			2004年			2005年		
	小计	男	女	小计	男	女	小计	男	女
总　计	**1658179**	**837269**	**820910**	**1672165**	**845467**	**826698**	**1754799**	**892341**	**862458**
15岁以下	**2280**	**587**	**1693**	**2127**	**514**	**1613**	**2050**	**466**	**1584**
15-19岁	**155718**	**41346**	**114372**	**160432**	**42485**	**117947**	**194532**	**54897**	**139635**
15	10163	3040	7123	9465	2825	6640	11373	3394	7979
16	15885	4196	11689	14537	3744	10793	17760	5032	12728
17	23323	5828	17495	25227	6274	18953	29835	7961	21874
18	37587	9533	28054	39758	10191	29567	51746	14206	37540
19	68760	18749	50011	71445	19451	51994	83818	24304	59514
20-24岁	**892594**	**406275**	**486319**	**887049**	**405842**	**481207**	**902903**	**422548**	**480355**
20	121409	36791	84618	117013	34677	82336	127376	40192	87184
21	180672	72067	108605	166105	67665	98440	163824	68685	95139
22	204124	99875	104249	233522	113737	119785	214701	107358	107343
23	198845	98299	100546	193805	95895	97910	223053	112844	110209
24	187544	99243	88301	176604	93868	82736	173949	93469	80480
25-29岁	**465128**	**290321**	**174807**	**473336**	**293025**	**180311**	**481591**	**296324**	**185267**
25	150686	85939	64747	159037	89872	69165	153593	87637	65956
26	113525	69461	44064	116342	70140	46202	124205	74812	49393
27	88359	57468	30891	85086	55218	29868	88730	56321	32409
28	64360	43915	20445	65400	44621	20779	64898	43384	21514
29	48198	33538	14660	47471	33174	14297	50165	34170	15995
30-34岁	**105948**	**73617**	**32331**	**109333**	**76151**	**33182**	**122332**	**83385**	**38947**
30	35627	25005	10622	35957	25314	10643	37802	25921	11881
31	25330	17511	7819	26563	18567	7996	29406	20124	9282
32	19745	13718	6027	19784	13661	6123	22937	15696	7241
33	14649	10065	4584	15391	10592	4799	17675	11880	5795
34	10597	7318	3279	11638	8017	3621	14512	9764	4748
35-39岁	**23348**	**16330**	**7018**	**25510**	**17707**	**7803**	**32490**	**22183**	**10307**
35	7788	5370	2418	8831	6144	2687	10940	7400	3540
36	4994	3450	1544	5986	4094	1892	7910	5423	2487
37	4318	3072	1246	4125	2899	1226	5920	4052	1868
38	3239	2287	952	3544	2447	1097	4107	2827	1280
39	3009	2151	858	3024	2123	901	3613	2481	1132
40-44岁	**6638**	**4583**	**2055**	**7792**	**5536**	**2256**	**10266**	**6969**	**3297**
40	2632	1812	820	2614	1876	738	2914	1995	919
41	1389	962	427	2265	1608	657	2610	1777	833
42	920	643	277	1291	883	408	2506	1693	813
43	854	590	264	838	604	234	1338	892	446
44	843	576	267	784	565	219	898	612	286
45-49岁	**3453**	**2357**	**1096**	**3309**	**2201**	**1108**	**4164**	**2801**	**1363**
45	873	617	256	688	460	228	889	605	284
46	792	540	252	746	504	242	774	534	240
47	622	421	201	696	470	226	889	598	291
48	652	441	211	599	387	212	864	577	287
49	514	338	176	580	380	200	748	487	261
50岁及以上	**3072**	**1853**	**1219**	**3277**	**2006**	**1271**	**4471**	**2768**	**1703**
平均初婚年龄	**24.43**	**25.40**	**23.44**	**24.47**	**25.44**	**23.48**	**24.52**	**25.48**	**23.52**

5-4　续表 9　　　　单位：人

初婚年龄	初婚年份								
	2006年			2007年			2008年		
	小计	男	女	小计	男	女	小计	男	女
总　计	**1833697**	**926416**	**907281**	**1703046**	**863112**	**839934**	**2107512**	**1068922**	**1038590**
15岁以下	**1551**	**328**	**1223**	**1319**	**272**	**1047**	**1445**	**263**	**1182**
15-19岁	**189565**	**53264**	**136301**	**177593**	**51490**	**126103**	**211366**	**62950**	**148416**
15	6852	1812	5040	6038	1460	4578	7159	1683	5476
16	15423	3987	11436	11719	2781	8938	13523	3221	10302
17	26673	6940	19733	27105	7145	19960	27476	7258	20218
18	48456	13453	35003	45877	13312	32565	60504	17904	42600
19	92161	27072	65089	86854	26792	60062	102704	32884	69820
20-24岁	**922487**	**423167**	**499320**	**846828**	**389531**	**457297**	**1041371**	**480076**	**561295**
20	135955	42568	93387	145937	47070	98867	167911	56318	111593
21	167421	69217	98204	166332	69556	96776	223786	93505	130281
22	203434	99505	103929	189869	94703	95166	242086	120340	121746
23	204227	101820	102407	174062	87768	86294	212562	107282	105280
24	211450	110057	101393	170628	90434	80194	195026	102631	92395
25-29岁	**536742**	**323207**	**213535**	**501774**	**301880**	**199894**	**628466**	**374555**	**253911**
25	165213	90810	74403	169344	93991	75353	191134	105810	85324
26	136068	79962	56106	118113	69543	48570	172450	99754	72696
27	108102	67311	40791	93481	58398	35083	113872	70227	43645
28	74529	49031	25498	71527	46750	24777	85958	55559	30399
29	52830	36093	16737	49309	33198	16111	65052	43205	21847
30-34岁	**129690**	**89696**	**39994**	**119026**	**81650**	**37376**	**146252**	**98585**	**47667**
30	40960	28288	12672	35624	24511	11113	45288	30424	14864
31	30473	21148	9325	28351	19538	8813	33288	22459	10829
32	24206	16870	7336	22111	15152	6959	27270	18411	8859
33	19269	13232	6037	18072	12333	5739	21974	14831	7143
34	14782	10158	4624	14868	10116	4752	18432	12460	5972
35-39岁	**35324**	**24449**	**10875**	**37357**	**25424**	**11933**	**49872**	**33878**	**15994**
35	11674	8049	3625	11376	7753	3623	15053	10149	4904
36	8696	5942	2754	9258	6236	3022	11778	8020	3758
37	6540	4557	1983	7059	4805	2254	9583	6532	3051
38	4961	3456	1505	5462	3770	1692	7437	5085	2352
39	3453	2445	1008	4202	2860	1342	6021	4092	1929
40-44岁	**10718**	**7503**	**3215**	**11164**	**7840**	**3324**	**15974**	**10767**	**5207**
40	2880	2009	871	2823	1946	877	4728	3218	1510
41	2547	1778	769	2494	1754	740	3316	2261	1055
42	2272	1609	663	2164	1526	638	3001	2015	986
43	1953	1380	573	1966	1390	576	2573	1702	871
44	1066	727	339	1717	1224	493	2356	1571	785
45-49岁	**3406**	**2259**	**1147**	**3425**	**2304**	**1121**	**6043**	**3797**	**2246**
45	701	461	240	1022	708	314	2190	1435	755
46	739	509	230	583	397	186	1286	814	472
47	607	404	203	632	424	208	809	499	310
48	690	460	230	584	372	212	884	533	351
49	669	425	244	604	403	201	874	516	358
50岁及以上	**4214**	**2543**	**1671**	**4560**	**2721**	**1839**	**6723**	**4051**	**2672**
平均初婚年龄	**24.67**	**25.65**	**23.68**	**24.67**	**25.64**	**23.67**	**24.77**	**25.70**	**23.82**

5-4 续表 10

单位：人

初婚年龄	初婚年份								
	2009年			2010年			2011年		
	小计	男	女	小计	男	女	小计	男	女
总　计	**1992069**	**1007612**	**984457**	**2221456**	**1128655**	**1092801**	**1834646**	**925431**	**909215**
15岁以下	**1290**	**214**	**1076**	**1623**	**241**	**1382**	**1091**	**146**	**945**
15-19岁	**186539**	**56415**	**130124**	**197555**	**60513**	**137042**	**134159**	**40545**	**93614**
15	5653	1226	4427	7454	1557	5897	5142	1011	4131
16	11586	2720	8866	13899	3302	10597	9653	2178	7475
17	23132	6174	16958	27603	7447	20156	18934	4896	14038
18	46748	13917	32831	50981	15822	35159	35510	10664	24846
19	99420	32378	67042	97618	32385	65233	64920	21796	43124
20-24岁	**992989**	**456884**	**536105**	**1152958**	**539925**	**613033**	**922607**	**421038**	**501569**
20	151588	51177	100411	179809	63127	116682	116027	39064	76963
21	201013	83711	117302	221065	94516	126549	178124	73103	105021
22	253074	124779	128295	270557	134117	136440	212285	103258	109027
23	206381	102990	103391	265615	134206	131409	208432	101043	107389
24	180933	94227	86706	215912	113959	101953	207739	104570	103169
25-29岁	**587920**	**346133**	**241787**	**617835**	**363587**	**254248**	**577055**	**331279**	**245776**
25	166164	90304	75860	181100	99715	81385	173541	91955	81586
26	150575	85837	64738	148033	85096	62937	138495	76643	61852
27	129896	78684	51212	124188	74687	49501	110153	64612	45541
28	81621	51984	29637	101289	63636	37653	86958	54347	32611
29	59664	39324	20340	63225	40453	22772	67908	43722	24186
30-34岁	**142923**	**94571**	**48352**	**156776**	**101546**	**55230**	**130592**	**85812**	**44780**
30	45661	30080	15581	48394	31546	16848	41379	27178	14201
31	32999	21975	11024	38074	24791	13283	31222	20571	10651
32	25301	16855	8446	28432	18307	10125	25154	16536	8618
33	21403	14007	7396	22509	14454	8055	18359	12061	6298
34	17559	11654	5905	19367	12448	6919	14478	9466	5012
35-39岁	**50843**	**33930**	**16913**	**57947**	**38467**	**19480**	**42546**	**28551**	**13995**
35	14611	9752	4859	16110	10634	5476	12091	8018	4073
36	11735	7867	3868	13448	8847	4601	9613	6360	3253
37	9800	6596	3204	11358	7603	3755	8314	5600	2714
38	8101	5366	2735	9108	6106	3002	6953	4729	2224
39	6596	4349	2247	7923	5277	2646	5575	3844	1731
40-44岁	**17598**	**11731**	**5867**	**20656**	**13986**	**6670**	**15587**	**10844**	**4743**
40	5329	3550	1779	6239	4196	2043	4705	3276	1429
41	4250	2812	1438	4913	3351	1562	3683	2576	1107
42	2976	1945	1031	3921	2633	1288	3007	2089	918
43	2798	1894	904	2948	2040	908	2452	1714	738
44	2245	1530	715	2635	1766	869	1740	1189	551
45-49岁	**6269**	**4215**	**2054**	**8335**	**5521**	**2814**	**6269**	**4254**	**2015**
45	2076	1415	661	2319	1541	778	1674	1144	530
46	1796	1215	581	2136	1423	713	1383	951	432
47	1064	727	337	1964	1303	661	1382	927	455
48	666	425	241	1162	746	416	1132	762	370
49	667	433	234	754	508	246	698	470	228
50岁及以上	**5698**	**3519**	**2179**	**7771**	**4869**	**2902**	**4740**	**2962**	**1778**
平均初婚年龄	**24.89**	**25.79**	**23.97**	**24.89**	**25.75**	**24.00**	**25.09**	**25.93**	**24.24**

5-4　续表 11　　　　单位：人

初婚年龄	初婚年份								
	2012年			2013年			2014年		
	小计	男	女	小计	男	女	小计	男	女
总　计	**2062053**	**1043516**	**1018537**	**1885538**	**951429**	**934109**	**1800622**	**907882**	**892740**
15岁以下	**1061**	**145**	**916**	**944**	**153**	**791**	**786**	**99**	**687**
15-19岁	**140748**	**41041**	**99707**	**115173**	**32420**	**82753**	**101129**	**27787**	**73342**
15	5456	1012	4444	4848	889	3959	3857	773	3084
16	10837	2323	8514	9166	1979	7187	7963	1649	6314
17	20331	5239	15092	17708	4338	13370	15294	3639	11655
18	37034	10860	26174	30296	8609	21687	27025	7416	19609
19	67090	21607	45483	53155	16605	36550	46990	14310	32680
20-24岁	**985580**	**452243**	**533337**	**835795**	**379002**	**456793**	**727280**	**324737**	**402543**
20	110850	37889	72961	90605	29145	61460	76456	23490	52966
21	163384	67581	95803	123428	49780	73648	104902	41003	63899
22	245063	117711	127352	183520	87359	96161	146974	69308	77666
23	232057	112212	119845	221755	105724	116031	176810	82593	94217
24	234226	116850	117376	216487	106994	109493	222138	108343	113795
25-29岁	**687324**	**389775**	**297549**	**678380**	**377720**	**300660**	**710907**	**391859**	**319048**
25	225531	118458	107073	210041	107874	102167	210639	107337	103302
26	170150	93797	76353	183878	100075	83803	183783	97931	85852
27	126451	74146	52305	128910	74101	54809	150445	85363	65082
28	93201	57430	35771	90096	54572	35524	99127	59679	39448
29	71991	45944	26047	65455	41098	24357	66913	41549	25364
30-34岁	**161737**	**104025**	**57712**	**166194**	**104670**	**61524**	**166965**	**103561**	**63404**
30	57408	36919	20489	52512	33237	19275	49715	31191	18524
31	36108	23183	12925	42510	26811	15699	40028	24912	15116
32	28210	18199	10011	29051	18182	10869	34476	21254	13222
33	22754	14600	8154	23172	14494	8678	23420	14325	9095
34	17257	11124	6133	18949	11946	7003	19326	11879	7447
35-39岁	**49842**	**32923**	**16919**	**50481**	**32662**	**17819**	**52488**	**33440**	**19048**
35	13468	8749	4719	14428	9083	5345	15995	9956	6039
36	11502	7498	4004	11084	7152	3932	11687	7331	4356
37	9557	6363	3194	9738	6399	3339	9574	6165	3409
38	8187	5484	2703	8132	5360	2772	8279	5424	2855
39	7128	4829	2299	7099	4668	2431	6953	4564	2389
40-44岁	**20971**	**13884**	**7087**	**22731**	**14706**	**8025**	**23625**	**15274**	**8351**
40	5889	3847	2042	6154	4074	2080	6180	3985	2195
41	4910	3256	1654	5042	3177	1865	5377	3516	1861
42	4098	2708	1390	4635	2987	1648	4727	3093	1634
43	3346	2251	1095	3817	2469	1348	4033	2556	1477
44	2728	1822	906	3083	1999	1084	3308	2124	1184
45-49岁	**8462**	**5531**	**2931**	**8719**	**5696**	**3023**	**9523**	**6209**	**3314**
45	2037	1328	709	2454	1633	821	2768	1822	946
46	1866	1237	629	1756	1159	597	2177	1416	761
47	1681	1085	596	1679	1078	601	1668	1101	567
48	1484	973	511	1467	943	524	1564	1017	547
49	1394	908	486	1363	883	480	1346	853	493
50岁及以上	**6328**	**3949**	**2379**	**7121**	**4400**	**2721**	**7919**	**4916**	**3003**
平均初婚年龄	**25.34**	**26.14**	**24.52**	**25.72**	**26.52**	**24.91**	**26.06**	**26.86**	**25.25**

5-4 续表 12

单位：人

初婚年龄	初婚年份								
	2015年			2016年			2017年		
	小计	男	女	小计	男	女	小计	男	女
总　计	**1816175**	**916695**	**899480**	**1531621**	**772606**	**759015**	**1392348**	**702604**	**689744**
15岁以下	**668**	**71**	**597**	**609**	**62**	**547**	**526**	**58**	**468**
15-19岁	**91765**	**24466**	**67299**	**70131**	**18226**	**51905**	**57574**	**15055**	**42519**
15	3159	610	2549	2212	394	1818	1959	379	1580
16	6970	1482	5488	5117	1059	4058	3838	816	3022
17	13613	3219	10394	10556	2535	8021	8505	2052	6453
18	24531	6481	18050	18933	4889	14044	15375	4004	11371
19	43492	12674	30818	33313	9349	23964	27897	7804	20093
20-24岁	**655136**	**288134**	**367002**	**514903**	**222572**	**292331**	**445363**	**188700**	**256663**
20	70511	21181	49330	56533	16295	40238	47151	13088	34063
21	94553	36169	58384	76247	28629	47618	66666	24394	42272
22	136609	62797	73812	107430	48388	59042	94035	42118	51917
23	157059	72993	84066	126276	57710	68566	105591	46805	58786
24	196404	94994	101410	148417	71550	76867	131920	62295	69625
25-29岁	**784306**	**428159**	**356147**	**684684**	**371971**	**312713**	**625874**	**338698**	**287176**
25	230458	117223	113235	170655	85065	85590	142588	70554	72034
26	195006	102643	92363	180916	95268	85648	149272	77901	71371
27	157559	87483	70076	143333	79569	63764	145825	79949	65876
28	122125	72355	49770	108955	63185	45770	108201	62437	45764
29	79158	48455	30703	80825	48884	31941	79988	47857	32131
30-34岁	**179671**	**110471**	**69200**	**166805**	**101295**	**65510**	**169502**	**103061**	**66441**
30	54959	34130	20829	53723	32814	20909	60095	36485	23610
31	40845	25091	15754	37603	22994	14609	39785	24352	15433
32	33893	20875	13018	29190	17807	11383	28607	17371	11236
33	29547	17901	11646	24555	14751	9804	22242	13558	8684
34	20427	12474	7953	21734	12929	8805	18773	11295	7478
35-39岁	**55822**	**34769**	**21053**	**51434**	**31672**	**19762**	**50569**	**30586**	**19983**
35	16660	10168	6492	15272	9191	6081	16333	9702	6631
36	13432	8293	5139	12083	7396	4687	11414	6872	4542
37	10253	6389	3864	10136	6345	3791	9201	5583	3618
38	8023	5071	2952	7718	4842	2876	7607	4718	2889
39	7454	4848	2606	6225	3898	2327	6014	3711	2303
40-44岁	**26477**	**16624**	**9853**	**22900**	**14264**	**8636**	**20817**	**12967**	**7850**
40	6584	4106	2478	5720	3554	2166	5007	3070	1937
41	5954	3764	2190	4913	3045	1868	4571	2814	1757
42	5259	3319	1940	4695	2946	1749	4082	2532	1550
43	4574	2862	1712	4106	2545	1561	3849	2441	1408
44	4106	2573	1533	3466	2174	1292	3308	2110	1198
45-49岁	**12072**	**7740**	**4332**	**10726**	**6858**	**3868**	**11267**	**7059**	**4208**
45	3580	2286	1294	3100	2005	1095	2961	1880	1081
46	2863	1893	970	2544	1615	929	2629	1666	963
47	2306	1459	847	2033	1319	714	2202	1370	832
48	1624	1034	590	1732	1115	617	1932	1196	736
49	1699	1068	631	1317	804	513	1543	947	596
50岁及以上	**10258**	**6261**	**3997**	**9429**	**5686**	**3743**	**10856**	**6420**	**4436**
平均初婚年龄	**26.43**	**27.21**	**25.63**	**26.71**	**27.50**	**25.91**	**27.00**	**27.80**	**26.19**

5-4　续表 13　　　　　　　　　　　　　　　　　　　　　　　　　　　　单位：人

初婚年龄	初婚年份								
	2018年			2019年			2020年		
	小计	男	女	小计	男	女	小计	男	女
总　计	**1480312**	**735448**	**744864**	**1152635**	**579285**	**573350**	**756745**	**382890**	**373855**
15岁以下	**643**	**60**	**583**	**446**	**51**	**395**	**95**	**15**	**80**
15-19岁	**57180**	**14438**	**42742**	**42135**	**11060**	**31075**	**19369**	**4963**	**14406**
15	2193	401	1792	1690	316	1374	720	175	545
16	4463	898	3565	3423	778	2645	1455	343	1112
17	8104	1767	6337	6154	1469	4685	2669	690	1979
18	15263	3861	11402	11042	2960	8082	5013	1280	3733
19	27157	7511	19646	19826	5537	14289	9512	2475	7037
20-24岁	**451803**	**185784**	**266019**	**336207**	**139887**	**196320**	**197812**	**82478**	**115334**
20	45971	12370	33601	33009	9055	23954	17662	4455	13207
21	64380	22433	41947	46975	16799	30176	25091	8650	16441
22	95229	40768	54461	70027	30191	39836	41755	18605	23150
23	112338	48983	63355	82911	36469	46442	47197	20760	26437
24	133885	61230	72655	103285	47373	55912	66107	30008	36099
25-29岁	**657403**	**348703**	**308700**	**496079**	**263280**	**232799**	**314251**	**164977**	**149274**
25	147846	70999	76847	110639	52615	58024	71392	33599	37793
26	145236	73853	71383	111309	56545	54764	70755	35966	34789
27	141212	75722	65490	100425	54281	46144	66949	35277	31672
28	130537	73960	56577	92083	51953	40130	56704	31852	24852
29	92572	54169	38403	81623	47886	33737	48451	28283	20168
30-34岁	**203895**	**121439**	**82456**	**178783**	**107170**	**71613**	**132371**	**78681**	**53690**
30	68881	40845	28036	58026	34752	23274	43460	26040	17420
31	52872	31579	21293	44187	26502	17685	31851	18997	12854
32	35783	21584	14199	34724	20965	13759	24006	14303	9703
33	25883	15328	10555	24094	14434	9660	19135	11290	7845
34	20476	12103	8373	17752	10517	7235	13919	8051	5868
35-39岁	**58490**	**34482**	**24008**	**49805**	**29228**	**20577**	**38199**	**21580**	**16619**
35	17383	10093	7290	14043	8256	5787	10120	5882	4238
36	15111	8820	6291	11638	6867	4771	8187	4737	3450
37	10267	6070	4197	10411	6010	4401	7394	4221	3173
38	8392	5096	3296	7398	4339	3059	6931	3813	3118
39	7337	4403	2934	6315	3756	2559	5567	2927	2640
40-44岁	**23437**	**14187**	**9250**	**22353**	**12918**	**9435**	**22616**	**12127**	**10489**
40	5807	3398	2409	5597	3146	2451	5297	2756	2541
41	4900	2937	1963	4571	2585	1986	5011	2595	2416
42	4575	2816	1759	4352	2539	1813	4535	2426	2109
43	4228	2615	1613	4124	2424	1700	4026	2211	1815
44	3927	2421	1506	3709	2224	1485	3747	2139	1608
45-49岁	**13299**	**8234**	**5065**	**13884**	**8148**	**5736**	**12923**	**7718**	**5205**
45	3382	2081	1301	3324	1969	1355	3246	1885	1361
46	2943	1837	1106	3070	1829	1241	2908	1739	1169
47	2653	1679	974	2734	1584	1150	2542	1542	1000
48	2292	1392	900	2595	1535	1060	2204	1322	882
49	2029	1245	784	2161	1231	930	2023	1230	793
50岁及以上	**14162**	**8121**	**6041**	**12943**	**7543**	**5400**	**19109**	**10351**	**8758**
平均初婚年龄	**27.30**	**28.12**	**26.50**	**27.68**	**28.48**	**26.88**	**28.67**	**29.38**	**27.95**

5-4a 全国分初婚年龄、性别、初婚年份的人口(城市)

单位：人

初婚年龄	初婚年份								
	合计			1980年			1981年		
	合计	男	女	小计	男	女	小计	男	女
总计	**31314176**	**15497104**	**15817072**	**728263**	**340848**	**387415**	**595561**	**277486**	**318075**
15岁以下	**18273**	**4938**	**13335**	**1064**	**283**	**781**	**575**	**146**	**429**
15-19岁	**2055190**	**574262**	**1480928**	**55751**	**13316**	**42435**	**48048**	**11096**	**36952**
15	85652	26976	58676	4214	1272	2942	2403	720	1683
16	145119	40162	104957	7173	1764	5409	3961	982	2979
17	270826	72770	198056	12550	2853	9697	7766	1795	5971
18	512962	140843	372119	13587	3036	10551	15284	3343	11941
19	1040631	293511	747120	18227	4391	13836	18634	4256	14378
20-24岁	**15297716**	**6591950**	**8705766**	**383776**	**154546**	**229230**	**319754**	**126706**	**193048**
20	1823507	533815	1289692	34189	10144	24045	24715	6160	18555
21	2575902	975775	1600127	53070	18840	34230	43170	13539	29631
22	3511912	1580028	1931884	86444	33388	53056	64121	24117	40004
23	3728519	1689579	2038940	104156	43371	60785	92474	37765	54709
24	3657876	1812753	1845123	105917	48803	57114	95274	45125	50149
25-29岁	**10701986**	**6217999**	**4483987**	**257896**	**150762**	**107134**	**205365**	**123371**	**81994**
25	3364161	1806878	1557283	100604	52750	47854	78366	42320	36046
26	2707083	1537994	1169089	70753	41295	29458	57749	34757	22992
27	2067224	1242050	825174	42974	27131	15843	35761	23242	12519
28	1497848	941793	556055	27034	18102	8932	20747	14126	6621
29	1065670	689284	376386	16531	11484	5047	12742	8926	3816
30-34岁	**2251721**	**1467551**	**784170**	**24537**	**18118**	**6419**	**18547**	**13774**	**4773**
30	759763	496968	262795	10647	7781	2866	7684	5602	2082
31	541660	354733	186927	5874	4341	1533	4935	3650	1285
32	404699	263362	141337	3812	2827	985	2905	2212	693
33	306577	198136	108441	2526	1901	625	1785	1395	390
34	239022	154352	84670	1678	1268	410	1238	915	323
35-39岁	**600021**	**392193**	**207828**	**3687**	**2784**	**903**	**2338**	**1780**	**558**
35	186029	120482	65547	1235	934	301	801	622	179
36	141605	92199	49406	855	661	194	531	410	121
37	112226	73832	38394	645	488	157	453	337	116
38	88024	58162	29862	529	397	132	308	230	78
39	72137	47518	24619	423	304	119	245	181	64
40-44岁	**215645**	**140193**	**75452**	**1101**	**782**	**319**	**625**	**433**	**192**
40	59143	38774	20369	322	237	85	208	152	56
41	48437	31447	16990	250	180	70	127	92	35
42	41691	27059	14632	234	163	71	109	73	36
43	35952	23314	12638	161	109	52	99	73	26
44	30422	19599	10823	134	93	41	82	43	39
45-49岁	**94351**	**60543**	**33808**	**352**	**208**	**144**	**220**	**131**	**89**
45	26045	16887	9158	102	67	35	77	43	34
46	21503	13961	7542	78	49	29	36	22	14
47	18292	11755	6537	77	42	35	40	23	17
48	15305	9632	5673	47	23	24	39	29	10
49	13206	8308	4898	48	27	21	28	14	14
50岁及以上	**79273**	**47475**	**31798**	**99**	**49**	**50**	**89**	**49**	**40**
平均初婚年龄	**25.15**	**26.01**	**24.32**	**24.32**	**25.19**	**23.57**	**24.30**	**25.20**	**23.51**

5-4a 续表 1

单位：人

初婚年龄	初婚年份								
	1982年			1983年			1984年		
	小计	男	女	小计	男	女	小计	男	女
总　计	**631994**	**296389**	**335605**	**582934**	**272920**	**310014**	**611137**	**287243**	**323894**
15岁以下	**670**	**154**	**516**	**786**	**240**	**546**	**620**	**166**	**454**
15-19岁	**75003**	**19410**	**55593**	**72150**	**19876**	**52274**	**71221**	**20048**	**51173**
15	2881	819	2062	3146	972	2174	3401	1067	2334
16	5075	1302	3773	4784	1291	3493	4938	1358	3580
17	9330	2334	6996	9319	2496	6823	8699	2275	6424
18	19142	4702	14440	16853	4379	12474	18044	4938	13106
19	38575	10253	28322	38048	10738	27310	36139	10410	25729
20-24岁	**323819**	**133223**	**190596**	**302333**	**123394**	**178939**	**349968**	**145852**	**204116**
20	40286	11326	28960	62761	19737	43024	65002	20630	44372
21	43004	14634	28370	52008	19544	32464	91146	35293	55853
22	67806	27065	40741	52602	21013	31589	71153	31094	40059
23	78696	34264	44432	68637	29721	38916	58954	25802	33152
24	94027	45934	48093	66325	33379	32946	63713	33033	30680
25-29岁	**206834**	**125115**	**81719**	**182351**	**111727**	**70624**	**162509**	**102561**	**59948**
25	78500	42978	35522	58152	38294	29858	52523	30826	21697
26	53647	32438	21209	48578	29535	19043	45693	28530	17163
27	37655	24461	13194	31056	20171	10885	31173	20588	10585
28	23119	15563	7556	21236	14457	6779	19588	13290	6298
29	13913	9675	4238	13329	9270	4059	13532	9327	4205
30-34岁	**21454**	**15417**	**6037**	**20826**	**14579**	**6247**	**21727**	**15138**	**6589**
30	8727	6140	2587	8173	5652	2521	8559	6000	2559
31	5372	3879	1493	5225	3626	1599	5305	3635	1670
32	3670	2632	1038	3562	2510	1052	3669	2582	1087
33	2177	1658	519	2391	1686	705	2455	1681	774
34	1508	1108	400	1475	1105	370	1739	1240	499
35-39岁	**2929**	**2197**	**732**	**3066**	**2210**	**856**	**3397**	**2422**	**975**
35	1095	817	278	1083	787	296	1164	833	331
36	691	506	185	736	531	205	803	588	215
37	461	362	99	533	378	155	670	486	184
38	354	263	91	392	284	108	417	275	142
39	328	249	79	322	230	92	343	240	103
40-44岁	**848**	**590**	**258**	**922**	**612**	**310**	**1003**	**665**	**338**
40	244	178	66	264	182	82	250	171	79
41	213	150	63	249	171	78	221	149	72
42	168	115	53	161	102	59	232	148	84
43	122	81	41	132	81	51	158	97	61
44	101	66	35	116	76	40	142	100	42
45-49岁	**315**	**207**	**108**	**339**	**201**	**138**	**485**	**285**	**200**
45	99	69	30	101	65	36	130	67	63
46	70	49	21	72	39	33	108	68	40
47	58	35	23	59	35	24	93	61	32
48	46	27	19	61	34	27	86	53	33
49	42	27	15	46	28	18	68	36	32
50岁及以上	**122**	**76**	**46**	**161**	**81**	**80**	**207**	**106**	**101**
平均初婚年龄	**24.06**	**25.02**	**23.22**	**23.84**	**24.81**	**22.98**	**23.61**	**24.55**	**22.78**

5-4a 续表 2

单位：人

初婚年龄	初婚年份								
	1985年			1986年			1987年		
	小计	男	女	小计	男	女	小计	男	女
总　计	**795699**	**377216**	**418483**	**784154**	**372435**	**411719**	**764227**	**365444**	**398783**
15岁以下	**706**	**154**	**552**	**537**	**136**	**401**	**533**	**137**	**396**
15-19岁	**91734**	**26392**	**65342**	**84398**	**24125**	**60273**	**82602**	**23617**	**58985**
15	4136	1273	2863	2659	745	1914	2318	647	1671
16	7891	2246	5645	5581	1536	4045	4603	1164	3439
17	12363	3337	9026	12534	3380	9154	10424	2772	7652
18	22024	6000	16024	21941	6067	15874	22936	6479	16457
19	45320	13536	31784	41683	12397	29286	42321	12555	29766
20-24岁	**490645**	**212721**	**277924**	**516790**	**228724**	**288066**	**509978**	**231015**	**278963**
20	74332	24217	50115	73303	23924	49379	65306	21059	44247
21	115191	45635	69556	100211	40014	60197	95624	38607	57017
22	148096	67063	81033	136614	61572	75042	116923	53960	62963
23	89017	42049	46968	136087	65071	71016	123794	59142	64652
24	64009	33757	30252	70575	38143	32432	108331	58247	50084
25-29岁	**177506**	**114113**	**63393**	**147747**	**96196**	**51551**	**136989**	**88043**	**48946**
25	61282	36272	25010	46392	27593	18799	52989	31484	21505
26	41866	27118	14748	38866	25293	13573	30072	19131	10941
27	35314	23957	11357	26192	18051	8141	24290	16534	7756
28	23735	16267	7468	21399	14914	6485	15926	11199	4727
29	15309	10499	4810	14898	10345	4553	13712	9695	4017
30-34岁	**27997**	**19086**	**8911**	**26942**	**18303**	**8639**	**26459**	**17663**	**8796**
30	10533	7256	3277	9634	6523	3111	9480	6461	3019
31	7060	4800	2260	6830	4660	2170	6241	4228	2013
32	4760	3202	1558	4820	3280	1540	4743	3089	1654
33	3296	2239	1057	3300	2241	1059	3445	2227	1218
34	2348	1589	759	2358	1599	759	2550	1658	892
35-39岁	**4806**	**3358**	**1448**	**5116**	**3343**	**1773**	**5272**	**3498**	**1774**
35	1747	1191	556	1717	1115	602	1867	1214	653
36	1133	803	330	1214	826	388	1231	828	403
37	820	582	238	943	620	323	1009	692	317
38	626	465	161	648	422	226	675	453	222
39	480	317	163	594	360	234	490	311	179
40-44岁	**1312**	**856**	**456**	**1589**	**995**	**594**	**1377**	**879**	**498**
40	366	250	116	459	268	191	440	286	154
41	288	197	91	351	213	138	322	208	114
42	247	164	83	298	196	102	223	144	79
43	213	125	88	263	180	83	216	130	86
44	198	120	78	218	138	80	176	111	65
45-49岁	**669**	**355**	**314**	**666**	**408**	**258**	**639**	**394**	**245**
45	172	94	78	188	119	69	171	114	57
46	149	91	58	155	104	51	149	95	54
47	121	58	63	123	75	48	127	77	50
48	116	58	58	96	54	42	89	46	43
49	111	54	57	104	56	48	103	62	41
50岁及以上	**324**	**181**	**143**	**369**	**205**	**164**	**378**	**198**	**180**
平均初婚年龄	**23.43**	**24.29**	**22.66**	**23.44**	**24.25**	**22.72**	**23.50**	**24.25**	**22.81**

5-4a　续表 3　　　　单位：人

初婚年龄	初婚年份								
	1988年			1989年			1990年		
	小计	男	女	小计	男	女	小计	男	女
总　计	**800182**	**385487**	**414695**	**775314**	**376673**	**398641**	**882698**	**435078**	**447620**
15岁以下	**601**	**179**	**422**	**643**	**173**	**470**	**986**	**274**	**712**
15-19岁	**91381**	**26704**	**64677**	**87550**	**26113**	**61437**	**106625**	**33004**	**73621**
15	2817	807	2010	3053	955	2098	4369	1470	2899
16	5224	1369	3855	5506	1521	3985	7272	2133	5139
17	10696	2743	7953	10772	2988	7784	14097	4240	9857
18	22555	6444	16111	21951	6436	15515	26785	8187	18598
19	50089	15341	34748	46268	14213	32055	54102	16974	37128
20-24岁	**503996**	**228762**	**275234**	**481363**	**218941**	**262422**	**549888**	**255186**	**294702**
20	74384	24503	49881	80508	26849	53659	89093	30625	58468
21	89732	36646	53086	96850	39921	56929	122570	52396	70174
22	118717	55240	63477	105584	49847	55737	132558	63894	68664
23	114581	55323	59258	107870	52576	55294	108314	53913	54401
24	106582	57050	49532	90551	49748	40803	97353	54358	42995
25-29岁	**167933**	**105385**	**62548**	**172318**	**109000**	**63318**	**189891**	**122547**	**67344**
25	85059	50651	34408	75216	45174	30042	73734	45337	28397
26	36166	22801	13365	52433	33673	18760	53462	34727	18735
27	19813	13174	6639	22649	15157	7492	37332	25185	12147
28	15848	10990	4858	12147	8204	3943	16149	10968	5181
29	11047	7769	3278	9873	6792	3081	9214	6330	2884
30-34岁	**27821**	**18900**	**8921**	**24460**	**16559**	**7901**	**24492**	**16891**	**7601**
30	9558	6677	2881	6889	4779	2110	7492	5206	2286
31	6730	4583	2147	6335	4384	1951	5101	3562	1539
32	4892	3250	1642	4768	3153	1615	4963	3406	1557
33	3810	2524	1286	3553	2351	1202	3995	2744	1251
34	2831	1866	965	2915	1892	1023	2941	1973	968
35-39岁	**5879**	**3983**	**1896**	**6180**	**4108**	**2072**	**7362**	**4960**	**2402**
35	2092	1408	684	2111	1382	729	2377	1615	762
36	1468	976	492	1516	1019	497	1847	1243	604
37	1044	706	338	1081	733	348	1314	865	449
38	756	531	225	854	570	284	1032	704	328
39	519	362	157	618	404	214	792	533	259
40-44岁	**1484**	**978**	**506**	**1649**	**1082**	**567**	**2059**	**1389**	**670**
40	432	294	138	517	360	157	655	462	193
41	350	216	134	371	236	135	452	296	156
42	274	183	91	311	198	113	371	236	135
43	238	157	81	241	149	92	314	215	99
44	190	128	62	209	139	70	267	180	87
45-49岁	**648**	**369**	**279**	**662**	**412**	**250**	**802**	**492**	**310**
45	158	90	68	160	99	61	207	138	69
46	166	98	68	147	96	51	174	92	82
47	133	76	57	135	86	49	156	104	52
48	99	53	46	114	69	45	141	83	58
49	92	52	40	106	62	44	124	75	49
50岁及以上	**439**	**227**	**212**	**489**	**285**	**204**	**593**	**335**	**258**
平均初婚年龄	**23.52**	**24.27**	**22.82**	**23.49**	**24.24**	**22.77**	**23.38**	**24.14**	**22.65**

5-4a 续表 4 单位：人

初婚年龄	初婚年份								
	1991年			1992年			1993年		
	小计	男	女	小计	男	女	小计	男	女
总　计	**621908**	**303871**	**318037**	**736253**	**361732**	**374521**	**749131**	**368833**	**380298**
15岁以下	**524**	**139**	**385**	**506**	**136**	**370**	**462**	**118**	**344**
15-19岁	**63508**	**18798**	**44710**	**66458**	**19396**	**47062**	**60329**	**17364**	**42965**
15	2452	795	1657	2506	756	1750	2220	734	1486
16	3781	1077	2704	4202	1182	3020	3681	1053	2628
17	7626	2168	5458	7820	2273	5547	7228	1915	5313
18	15878	4632	11246	16108	4584	11524	14511	4109	10402
19	33771	10126	23645	35822	10601	25221	32689	9553	23136
20-24岁	**394727**	**176581**	**218146**	**474583**	**212408**	**262175**	**480560**	**214191**	**266369**
20	58770	18612	40158	62351	19572	42779	60058	18357	41701
21	80169	32453	47716	90603	36837	53766	86060	34645	51415
22	103331	48419	54912	118132	55067	63065	117981	54846	63135
23	89899	42660	47239	116466	54548	61918	118478	54150	64328
24	62558	34437	28121	87031	46384	40647	97983	52193	45790
25-29岁	**140391**	**92736**	**47655**	**164733**	**109425**	**55308**	**171433**	**112485**	**58948**
25	52987	32649	20338	57031	34952	22079	69132	41733	27399
26	36043	23915	12128	42613	28219	14394	39043	25672	13371
27	26062	18194	7868	29294	20542	8752	28848	20237	8611
28	17553	12489	5064	20950	15095	5855	19601	14039	5562
29	7746	5489	2257	14845	10617	4228	14809	10804	4005
30-34岁	**15326**	**10706**	**4620**	**19270**	**13364**	**5906**	**24663**	**17086**	**7577**
30	4427	3117	1310	6729	4713	2016	10893	7693	3200
31	3637	2551	1086	3923	2744	1179	5129	3535	1594
32	2769	1919	850	3394	2362	1032	3253	2208	1045
33	2525	1764	761	2645	1767	878	3004	2039	965
34	1968	1355	613	2579	1778	801	2384	1611	773
35-39岁	**5054**	**3442**	**1612**	**6843**	**4671**	**2172**	**7393**	**5028**	**2365**
35	1542	1027	515	2101	1429	672	2373	1656	717
36	1214	849	365	1628	1144	484	1682	1124	558
37	1001	694	307	1272	879	393	1328	922	406
38	739	502	237	1043	701	342	1049	691	358
39	558	370	188	799	518	281	961	635	326
40-44岁	**1423**	**910**	**513**	**2261**	**1394**	**867**	**2418**	**1477**	**941**
40	409	262	147	683	441	242	696	437	259
41	357	231	126	510	316	194	568	357	211
42	284	180	104	419	247	172	432	253	179
43	178	115	63	352	225	127	412	246	166
44	195	122	73	297	165	132	310	184	126
45-49岁	**533**	**323**	**210**	**849**	**517**	**332**	**1004**	**622**	**382**
45	134	81	53	230	146	84	265	168	97
46	115	68	47	197	116	81	225	152	73
47	107	71	36	159	99	60	195	126	69
48	99	62	37	153	91	62	165	84	81
49	78	41	37	110	65	45	154	92	62
50岁及以上	**422**	**236**	**186**	**750**	**421**	**329**	**869**	**462**	**407**
平均初婚年龄	**23.52**	**24.32**	**22.77**	**23.73**	**24.51**	**22.97**	**23.88**	**24.66**	**23.13**

5-4a　续表 5

单位：人

初婚年龄	初婚年份								
	1994年			1995年			1996年		
	小计	男	女	小计	男	女	小计	男	女
总　计	**711354**	**351228**	**360126**	**827262**	**411427**	**415835**	**758459**	**377017**	**381442**
15岁以下	**381**	**97**	**284**	**379**	**96**	**283**	**391**	**127**	**264**
15-19岁	**51641**	**14660**	**36981**	**55010**	**15558**	**39452**	**42718**	**11596**	**31122**
15	2108	738	1370	2340	764	1576	1443	408	1035
16	3135	883	2252	4162	1271	2891	2865	829	2036
17	5869	1626	4243	6758	1953	4805	5786	1560	4226
18	12365	3552	8813	12751	3527	9224	10071	2746	7325
19	28164	7861	20303	28999	8043	20956	22553	6053	16500
20-24岁	**444660**	**196879**	**247781**	**493821**	**219108**	**274713**	**434423**	**188346**	**246077**
20	52629	15323	37306	53817	15439	38378	45558	12294	33264
21	78030	30957	47073	82577	32181	50396	68977	25829	43148
22	105685	49514	56171	118067	54794	63273	102192	46818	55374
23	112795	51563	61232	123947	56859	67088	114839	51109	63730
24	95521	49522	45999	115413	59835	55578	102857	52296	50561
25-29岁	**176634**	**113569**	**63065**	**227048**	**142580**	**84468**	**229552**	**142838**	**86714**
25	73597	43940	29657	93036	54298	38738	89115	51254	37861
26	45315	29203	16112	60127	37796	22331	60841	37587	23254
27	25539	17549	7990	37116	25033	12083	40508	26903	13605
28	18901	13379	5522	20709	14286	6423	24665	17076	7589
29	13282	9498	3784	16060	11167	4893	14423	10018	4405
30-34岁	**26523**	**18617**	**7906**	**35634**	**24468**	**11166**	**36094**	**24630**	**11464**
30	10266	7376	2890	11807	8243	3564	11304	7740	3564
31	7780	5406	2374	9457	6554	2903	8380	5741	2639
32	3845	2660	1185	7781	5266	2515	7269	4992	2277
33	2436	1689	747	3940	2619	1321	6060	4090	1970
34	2196	1486	710	2649	1786	863	3081	2067	1014
35-39岁	**6562**	**4505**	**2057**	**8182**	**5570**	**2612**	**7331**	**5008**	**2323**
35	1754	1235	519	2274	1559	715	1938	1350	588
36	1628	1141	487	1772	1228	544	1673	1156	517
37	1269	888	381	1660	1126	534	1267	869	398
38	1016	669	347	1322	876	446	1358	923	435
39	895	572	323	1154	781	373	1095	710	385
40-44岁	**2858**	**1714**	**1144**	**3777**	**2267**	**1510**	**3741**	**2213**	**1528**
40	803	514	289	1053	696	357	953	602	351
41	630	382	248	860	529	331	834	504	330
42	566	328	238	708	390	318	767	443	324
43	494	278	216	631	343	288	611	350	261
44	365	212	153	525	309	216	576	314	262
45-49岁	**1146**	**672**	**474**	**1492**	**893**	**599**	**1984**	**1050**	**934**
45	318	187	131	460	294	166	466	261	205
46	266	162	104	337	206	131	453	268	185
47	218	127	91	259	154	105	378	193	185
48	168	95	73	232	131	101	327	163	164
49	176	101	75	204	108	96	360	165	195
50岁及以上	**949**	**515**	**434**	**1919**	**887**	**1032**	**2225**	**1209**	**1016**
平均初婚年龄	**24.06**	**24.82**	**23.31**	**24.32**	**25.07**	**23.59**	**24.60**	**25.37**	**23.84**

5-4a 续表 6

单位：人

初婚年龄	初婚年份								
	1997年			1998年			1999年		
	小计	男	女	小计	男	女	小计	男	女
总　计	**738102**	**367606**	**370496**	**798631**	**399479**	**399152**	**708533**	**354137**	**354396**
15岁以下	**370**	**101**	**269**	**434**	**112**	**322**	**465**	**131**	**334**
15-19岁	**39760**	**10683**	**29077**	**42838**	**11085**	**31753**	**38303**	**9710**	**28593**
15	1739	509	1230	1818	569	1249	1873	624	1249
16	2286	540	1746	3212	845	2367	3122	822	2300
17	4856	1312	3544	4768	1148	3620	5318	1292	4026
18	10010	2733	7277	10003	2551	7452	8567	2044	6523
19	20869	5589	15280	23037	5972	17065	19423	4928	14495
20-24岁	**405803**	**173566**	**232237**	**415468**	**177170**	**238298**	**366219**	**154233**	**211986**
20	40201	10544	29657	42081	10713	31368	40695	10413	30282
21	63645	22798	40847	62247	22257	39990	56050	19554	36496
22	92896	41922	50974	97001	43133	53868	81967	36859	45108
23	107070	47324	59746	108624	47940	60684	96495	42036	54459
24	101991	50978	51013	105515	53127	52388	91012	45371	45641
25-29岁	**238951**	**147986**	**90965**	**269753**	**165233**	**104520**	**246539**	**151060**	**95479**
25	87267	49612	37655	94973	53525	41448	83165	46590	36575
26	63203	38695	24508	68414	41572	26842	63944	38349	25595
27	42622	27951	14671	49537	32051	17486	45146	29226	15920
28	27902	19149	8753	33454	22376	11078	32059	21740	10319
29	17957	12579	5378	23375	15709	7666	22225	15155	7070
30-34岁	**35968**	**24773**	**11195**	**49917**	**32483**	**17434**	**41906**	**28656**	**13250**
30	10836	7474	3362	16200	10661	5539	15678	10780	4898
31	8257	5625	2632	10353	6708	3645	10290	7012	3278
32	6631	4517	2114	9222	5837	3385	6487	4339	2148
33	5576	3906	1670	7492	4847	2645	5347	3663	1684
34	4668	3251	1417	6650	4430	2220	4104	2862	1242
35-39岁	**7423**	**5031**	**2392**	**12339**	**8424**	**3915**	**9543**	**6784**	**2759**
35	2332	1621	711	5370	3650	1720	3527	2501	1026
36	1477	1028	449	2649	1785	864	2758	1981	777
37	1375	942	433	1637	1152	485	1460	1040	420
38	1015	680	335	1460	1020	440	923	642	281
39	1224	760	464	1223	817	406	875	620	255
40-44岁	**5663**	**3019**	**2644**	**4777**	**3080**	**1697**	**2998**	**1998**	**1000**
40	1139	653	486	1279	868	411	683	468	215
41	1069	571	498	1118	720	398	681	475	206
42	1242	659	583	894	555	339	632	418	214
43	1214	625	589	805	520	285	498	321	177
44	999	511	488	681	417	264	504	316	188
45-49岁	**2807**	**1625**	**1182**	**1787**	**1119**	**668**	**1444**	**915**	**529**
45	895	499	396	543	342	201	426	269	157
46	662	385	277	410	256	154	309	202	107
47	547	315	232	333	209	124	284	183	101
48	376	226	150	280	177	103	220	140	80
49	327	200	127	221	135	86	205	121	84
50岁及以上	**1357**	**822**	**535**	**1318**	**773**	**545**	**1116**	**650**	**466**
平均初婚年龄	**24.81**	**25.61**	**24.01**	**25.01**	**25.85**	**24.17**	**24.92**	**25.81**	**24.04**

5-4a　续表 7　　　　单位：人

初婚年龄	初婚年份								
	2000年			2001年			2002年		
	小计	男	女	小计	男	女	小计	男	女
总　计	**858484**	**432983**	**425501**	**573284**	**285907**	**287377**	**653748**	**327537**	**326211**
15岁以下	**1222**	**379**	**843**	**679**	**224**	**455**	**648**	**185**	**463**
15-19岁	**62516**	**17153**	**45363**	**37656**	**10012**	**27644**	**42373**	**11754**	**30619**
15	4192	1500	2692	2530	929	1601	3104	1171	1933
16	5655	1725	3930	3198	1044	2154	3786	1229	2557
17	9237	2556	6681	4667	1311	3356	5706	1610	4096
18	16589	4440	12149	8654	2262	6392	9507	2526	6981
19	26843	6932	19911	18607	4466	14141	20270	5218	15052
20-24岁	**439829**	**190532**	**249297**	**288898**	**120329**	**168569**	**329650**	**138343**	**191307**
20	49135	13758	35377	30195	7254	22941	41066	10498	30568
21	75475	28087	47388	45044	15769	29275	49130	17207	31923
22	99526	44891	54635	70081	30923	39158	73908	33067	40841
23	107952	49174	58778	73670	31915	41755	87394	38746	48648
24	107741	54622	53119	69908	34468	35440	78152	38825	39327
25-29岁	**287338**	**177761**	**109577**	**200052**	**122732**	**77320**	**223332**	**136517**	**86815**
25	94187	53195	40992	66002	36341	29661	70001	38494	31507
26	73506	44663	28843	50427	30181	20246	57102	33957	23145
27	54832	35639	19193	37747	24497	13250	42376	27238	15138
28	38074	25822	12252	27095	18556	8539	31060	20935	10125
29	26739	18442	8297	18781	13157	5624	22793	15893	6900
30-34岁	**48938**	**33999**	**14939**	**34839**	**24611**	**10228**	**44234**	**31210**	**13024**
30	18418	12788	5630	13114	9315	3799	15786	11155	4631
31	12549	8746	3803	8879	6237	2642	10967	7748	3219
32	8445	5857	2588	6031	4300	1731	7886	5545	2341
33	5186	3607	1579	4229	2954	1275	5687	3989	1698
34	4340	3001	1339	2586	1805	781	3908	2773	1135
35-39岁	**11999**	**8659**	**3340**	**7464**	**5478**	**1986**	**8952**	**6429**	**2523**
35	3625	2587	1038	2112	1536	576	2462	1735	727
36	3238	2343	895	1713	1252	461	2015	1436	579
37	2713	1957	756	1584	1163	421	1679	1209	470
38	1447	1051	396	1407	1056	351	1530	1115	415
39	976	721	255	648	471	177	1266	934	332
40-44岁	**3523**	**2493**	**1030**	**1867**	**1370**	**497**	**2256**	**1638**	**618**
40	899	651	248	472	348	124	697	510	187
41	715	513	202	400	287	113	447	332	115
42	739	529	210	333	238	95	428	292	136
43	630	446	184	364	276	88	342	265	77
44	540	354	186	298	221	77	342	239	103
45-49岁	**1813**	**1202**	**611**	**995**	**649**	**346**	**1276**	**868**	**408**
45	499	348	151	236	151	85	301	203	98
46	457	313	144	240	159	81	292	201	91
47	321	212	109	206	145	61	252	162	90
48	301	188	113	172	106	66	227	154	73
49	235	141	94	141	88	53	204	148	56
50岁及以上	**1306**	**805**	**501**	**834**	**502**	**332**	**1027**	**593**	**434**
平均初婚年龄	**24.74**	**25.66**	**23.81**	**24.86**	**25.81**	**23.90**	**24.92**	**25.88**	**23.95**

5-4a 续表 8 单位：人

初婚年龄	初婚年份								
	2003年			2004年			2005年		
	小计	男	女	小计	男	女	小计	男	女
总 计	**720162**	**360748**	**359414**	**737482**	**369487**	**367995**	**749748**	**378609**	**371139**
15岁以下	**582**	**198**	**384**	**518**	**155**	**363**	**521**	**137**	**384**
15-19岁	**42707**	**11718**	**30989**	**43722**	**11797**	**31925**	**53476**	**15434**	**38042**
15	2948	1055	1893	2716	984	1732	3175	1133	2042
16	4311	1403	2908	3886	1181	2705	4941	1641	3300
17	6183	1719	4464	6695	1903	4792	7932	2405	5527
18	9967	2634	7333	10427	2719	7708	13725	3913	9812
19	19298	4907	14391	19998	5010	14988	23703	6342	17361
20-24岁	**351329**	**146281**	**205048**	**352286**	**147216**	**205070**	**347441**	**150169**	**197272**
20	38504	9849	28655	36364	8860	27504	39098	10528	28570
21	61824	21165	40659	57268	20152	37116	53774	19852	33922
22	75996	33383	42613	90313	39467	50846	80373	36526	43847
23	85391	38130	47261	83032	37049	45983	94033	43391	50642
24	89614	43754	45860	85309	41688	43621	80163	39872	40291
25-29岁	**252038**	**151183**	**100855**	**262543**	**155475**	**107068**	**259217**	**152165**	**107052**
25	78987	42330	36657	84969	44892	40077	78469	41858	36611
26	62094	36191	25903	64908	37025	27883	67260	38246	29014
27	48768	30628	18140	48537	30214	18323	49582	30106	19476
28	35619	23758	11861	37373	24811	12562	36180	23532	12648
29	26570	18276	8294	26756	18533	8223	27726	18423	9303
30-34岁	**56141**	**39152**	**16989**	**58909**	**41133**	**17776**	**64800**	**43996**	**20804**
30	19408	13622	5786	19670	13815	5855	20208	13723	6485
31	13525	9422	4103	14588	10235	4353	15687	10667	5020
32	10301	7173	3128	10597	7338	3259	12167	8332	3835
33	7513	5170	2343	8008	5553	2455	9232	6194	3038
34	5394	3765	1629	6046	4192	1854	7506	5080	2426
35-39岁	**11330**	**8036**	**3294**	**12622**	**8875**	**3747**	**15828**	**10881**	**4947**
35	3779	2635	1144	4500	3179	1321	5493	3701	1792
36	2309	1593	716	2914	2021	893	3972	2763	1209
37	2075	1498	577	1998	1416	582	2830	1974	856
38	1612	1179	433	1696	1182	514	1901	1300	601
39	1555	1131	424	1514	1077	437	1632	1143	489
40-44岁	**3209**	**2324**	**885**	**3993**	**2959**	**1034**	**4919**	**3469**	**1450**
40	1284	926	358	1331	987	344	1400	1002	398
41	682	501	181	1180	859	321	1287	897	390
42	477	350	127	640	475	165	1168	812	356
43	366	271	95	454	350	104	620	441	179
44	400	276	124	388	288	100	444	317	127
45-49岁	**1551**	**1065**	**486**	**1541**	**1026**	**515**	**1835**	**1258**	**577**
45	408	297	111	347	239	108	432	306	126
46	343	240	103	353	236	117	344	242	102
47	293	192	101	315	213	102	394	266	128
48	274	183	91	278	169	109	346	226	120
49	233	153	80	248	169	79	319	218	101
50岁及以上	**1275**	**791**	**484**	**1348**	**851**	**497**	**1711**	**1100**	**611**
平均初婚年龄	**25.14**	**26.12**	**24.16**	**25.21**	**26.20**	**24.22**	**25.30**	**26.25**	**24.32**

5-4a 续表 9

单位：人

初婚年龄	初婚年份								
	2006年			2007年			2008年		
	小计	男	女	小计	男	女	小计	男	女
总 计	**843376**	**422502**	**420874**	**755598**	**380394**	**375204**	**961840**	**486400**	**475440**
15岁以下	**345**	**113**	**232**	**281**	**72**	**209**	**317**	**87**	**230**
15-19岁	**51052**	**14177**	**36875**	**44930**	**12794**	**32136**	**54368**	**15925**	**38443**
15	1771	567	1204	1401	428	973	1615	496	1119
16	3782	1104	2678	2624	694	1930	3067	804	2263
17	6609	1878	4731	6133	1735	4398	6317	1733	4584
18	12667	3583	9084	11060	3264	7796	14991	4434	10557
19	26223	7045	19178	23712	6673	17039	28378	8458	19920
20-24岁	**374441**	**157084**	**217357**	**327154**	**138440**	**188714**	**410446**	**175913**	**234533**
20	42445	10991	31454	44488	11912	32576	52618	15294	37324
21	56073	20211	35862	55176	20086	35090	76994	28773	48221
22	77612	34116	43496	70193	32157	38036	93485	43034	50451
23	90731	40824	49907	73329	33623	39706	91171	42235	48936
24	107580	50942	56638	83968	40662	43306	96178	46577	49601
25-29岁	**315400**	**180517**	**134883**	**287199**	**163734**	**123465**	**371844**	**210814**	**161030**
25	91127	46415	44712	92951	47752	45199	107787	55492	52295
26	80399	44327	36072	67119	36964	30155	103162	56123	47039
27	66171	39176	26995	55266	32942	22324	68891	40599	28292
28	45716	29169	16547	42712	26934	15778	52491	32952	19539
29	31987	21430	10557	29151	19142	10009	39513	25648	13865
30-34岁	**74442**	**51268**	**23174**	**66920**	**45436**	**21484**	**84078**	**56128**	**27950**
30	24172	16502	7670	20719	14033	6686	26890	17802	9088
31	17536	12130	5406	15034	10885	5149	19462	13073	6389
32	13728	9549	4179	12240	8367	3873	15445	10305	5140
33	10775	7441	3334	9726	6577	3149	12130	8115	4015
34	8231	5646	2585	8201	5574	2627	10151	6833	3318
35-39岁	**18649**	**13030**	**5619**	**19790**	**13490**	**6300**	**26830**	**18249**	**8581**
35	6435	4453	1982	6174	4186	1988	8178	5503	2675
36	4657	3210	1447	4960	3351	1609	6447	4364	2083
37	3391	2402	989	3685	2523	1162	5134	3535	1599
38	2492	1760	732	2847	1985	862	3896	2700	1196
39	1674	1205	469	2124	1445	679	3175	2147	1028
40-44岁	**5477**	**3986**	**1491**	**5607**	**4026**	**1581**	**7870**	**5439**	**2431**
40	1394	989	405	1341	939	402	2352	1644	708
41	1253	903	350	1243	898	345	1522	1055	467
42	1239	921	318	1055	761	294	1444	999	445
43	1029	779	250	1062	777	285	1314	878	436
44	562	394	168	906	651	255	1238	863	375
45-49岁	**1768**	**1213**	**555**	**1735**	**1198**	**537**	**3024**	**1996**	**1028**
45	418	291	127	536	379	157	1166	784	382
46	386	273	113	317	232	85	625	432	193
47	313	208	105	320	215	105	405	268	137
48	337	233	104	286	183	103	420	269	151
49	314	208	106	276	189	87	408	243	165
50岁及以上	**1802**	**1114**	**688**	**1982**	**1204**	**778**	**3063**	**1849**	**1214**
平均初婚年龄	**25.54**	**26.51**	**24.57**	**25.60**	**26.56**	**24.62**	**25.69**	**26.60**	**24.76**

5-4a 续表 10 单位：人

初婚年龄	初婚年份								
	2009年			2010年			2011年		
	小计	男	女	小计	男	女	小计	男	女
总 计	**932458**	**469650**	**462808**	**1003533**	**509291**	**494242**	**889055**	**446561**	**442494**
15岁以下	**253**	**55**	**198**	**321**	**67**	**254**	**163**	**31**	**132**
15-19岁	**46916**	**13648**	**33268**	**50065**	**14848**	**35217**	**32131**	**9208**	**22923**
15	1236	337	899	1514	388	1126	942	218	724
16	2425	614	1811	2995	765	2230	1930	455	1475
17	5198	1431	3767	6272	1746	4526	4028	1028	3000
18	11149	3240	7909	12675	3892	8783	8053	2325	5728
19	26908	8026	18882	26609	8057	18552	17178	5182	11996
20-24岁	**399884**	**171087**	**228797**	**454480**	**201545**	**252935**	**382456**	**163601**	**218855**
20	46787	13522	33265	54918	17009	37909	35206	9971	25235
21	69522	25978	43544	74196	29115	45081	60485	22250	38235
22	100351	45933	54418	104372	48940	55432	84488	38533	45955
23	92307	42200	50107	115455	54483	60972	94867	42585	52282
24	90917	43454	47463	105539	51998	53541	107410	50262	57148
25-29岁	**359780**	**201578**	**158202**	**361469**	**203610**	**157859**	**358057**	**196966**	**161091**
25	94719	47908	46811	98138	50691	47447	99755	49552	50203
26	93491	49962	43529	86448	46921	39527	85289	44499	40790
27	83031	47951	35080	76517	43997	32520	71128	39948	31180
28	51354	31666	19688	62658	38250	24408	57455	34860	22595
29	37185	24091	13094	37708	23751	13957	44430	28107	16323
30-34岁	**83517**	**54978**	**28539**	**89379**	**57292**	**32087**	**78687**	**51333**	**27354**
30	27729	18145	9584	28537	18462	10075	25673	16747	8926
31	19535	12984	6551	21721	14042	7679	18837	12372	6465
32	14510	9614	4896	15994	10166	5828	15072	9765	5307
33	11991	7810	4181	12485	7901	4584	10696	6978	3718
34	9752	6425	3327	10642	6721	3921	8409	5471	2938
35-39岁	**27449**	**18411**	**9038**	**30803**	**20322**	**10481**	**23814**	**15848**	**7966**
35	7984	5354	2630	8723	5700	3023	6801	4424	2377
36	6446	4329	2117	7094	4638	2456	5420	3532	1888
37	5283	3580	1703	6077	4042	2035	4618	3100	1518
38	4292	2842	1450	4761	3176	1585	3892	2660	1232
39	3444	2306	1138	4148	2766	1382	3083	2132	951
40-44岁	**8779**	**6013**	**2766**	**10016**	**6909**	**3107**	**8317**	**5898**	**2419**
40	2732	1863	869	3186	2154	1032	2558	1768	790
41	2149	1453	696	2440	1699	741	2026	1448	578
42	1380	946	434	1848	1276	572	1626	1156	470
43	1353	934	419	1377	967	410	1245	913	332
44	1165	817	348	1165	813	352	862	613	249
45-49岁	**3272**	**2268**	**1004**	**3975**	**2754**	**1221**	**3252**	**2272**	**980**
45	1075	760	315	1071	733	338	860	607	253
46	948	661	287	1031	734	297	688	470	218
47	546	380	166	944	650	294	734	523	211
48	354	238	116	560	376	184	606	421	185
49	349	229	120	369	261	108	364	251	113
50岁及以上	**2608**	**1612**	**996**	**3025**	**1944**	**1081**	**2178**	**1404**	**774**
平均初婚年龄	**25.82**	**26.71**	**24.91**	**25.78**	**26.61**	**24.92**	**25.99**	**26.81**	**25.16**

5-4a 续表 11

单位：人

初婚年龄	初婚年份								
	2012年			2013年			2014年		
	小计	男	女	小计	男	女	小计	男	女
总 计	**1006676**	**508539**	**498137**	**933937**	**470462**	**463475**	**906858**	**456441**	**450417**
15岁以下	**160**	**29**	**131**	**129**	**34**	**95**	**111**	**22**	**89**
15-19岁	**34813**	**9662**	**25151**	**27501**	**7336**	**20165**	**24104**	**6251**	**17853**
15	1000	223	777	868	209	659	689	207	482
16	2105	495	1610	1770	397	1373	1535	326	1209
17	4437	1131	3306	3672	915	2757	3060	710	2350
18	8960	2509	6451	6959	1887	5072	6261	1618	4643
19	18311	5304	13007	14232	3928	10304	12559	3390	9169
20-24岁	**410124**	**178478**	**231646**	**350804**	**150531**	**200273**	**308946**	**130442**	**178504**
20	34332	10162	24170	27929	7469	20460	24190	6186	18004
21	56408	21320	35088	42698	15592	27106	36482	12744	23738
22	95946	43898	52048	73080	32975	40105	58996	26411	32585
23	103325	46905	56420	97716	43748	53968	78747	34485	44262
24	120113	56193	63920	109381	50747	58634	110531	50616	59915
25-29岁	**417165**	**227366**	**189799**	**406332**	**217991**	**188341**	**422613**	**224974**	**197639**
25	128553	63885	64668	118314	57581	60733	117185	56758	60427
26	103060	53937	49123	110061	57148	52913	109536	55855	53681
27	79218	44570	34648	80003	44302	35701	92415	50487	41928
28	59745	35776	23969	56473	33241	23232	61845	36375	25470
29	46589	29198	17391	41481	25719	15762	41632	25499	16133
30-34岁	**98409**	**62711**	**35698**	**101036**	**63489**	**37547**	**100862**	**62434**	**38428**
30	36506	23221	13285	33255	20964	12291	30749	19294	11455
31	21842	13971	7871	26065	16484	9581	24652	15402	9250
32	16677	10697	5980	17156	10711	6445	20664	12672	7992
33	13363	8398	4965	13503	8406	5097	13524	8245	5279
34	10021	6424	3597	11057	6924	4133	11273	6821	4452
35-39岁	**28061**	**18327**	**9734**	**28621**	**18251**	**10370**	**29760**	**18793**	**10967**
35	7790	4975	2815	8394	5175	3219	9385	5794	3591
36	6479	4165	2314	6286	3974	2312	6709	4158	2551
37	5283	3487	1796	5593	3659	1934	5356	3394	1962
38	4551	3031	1520	4520	2944	1576	4573	2983	1590
39	3958	2669	1289	3828	2499	1329	3737	2464	1273
40-44岁	**10892**	**7364**	**3528**	**11847**	**7806**	**4041**	**12227**	**8098**	**4129**
40	3157	2088	1069	3236	2169	1067	3284	2160	1124
41	2555	1702	853	2611	1667	944	2817	1899	918
42	2155	1477	678	2443	1589	854	2392	1605	787
43	1651	1143	508	1967	1328	639	2113	1363	750
44	1374	954	420	1590	1053	537	1621	1071	550
45-49岁	**4073**	**2735**	**1338**	**4352**	**2939**	**1413**	**4578**	**3111**	**1467**
45	924	617	307	1215	839	376	1406	960	446
46	886	602	284	867	582	285	1030	693	337
47	805	549	256	815	537	278	802	565	237
48	747	495	252	731	489	242	731	486	245
49	711	472	239	724	492	232	609	407	202
50岁及以上	**2979**	**1867**	**1112**	**3315**	**2085**	**1230**	**3657**	**2316**	**1341**
平均初婚年龄	**26.17**	**26.93**	**25.40**	**26.51**	**27.26**	**25.74**	**26.78**	**27.53**	**26.02**

5-4a 续表 12 单位：人

初婚年龄	初婚年份								
	2015年			2016年			2017年		
	小计	男	女	小计	男	女	小计	男	女
总　计	**917799**	**463503**	**454296**	**784078**	**395939**	**388139**	**719344**	**363655**	**355689**
15岁以下	**103**	**13**	**90**	**77**	**10**	**67**	**60**	**7**	**53**
15-19岁	**21756**	**5521**	**16235**	**16295**	**4050**	**12245**	**13420**	**3335**	**10085**
15	581	158	423	392	85	307	309	76	233
16	1323	325	998	962	240	722	680	150	530
17	2764	660	2104	2170	580	1590	1677	424	1253
18	5470	1402	4068	3930	963	2967	3400	905	2495
19	11618	2976	8642	8841	2182	6659	7354	1780	5574
20-24岁	**276879**	**116068**	**160811**	**220105**	**90585**	**129520**	**192678**	**78114**	**114564**
20	22123	5446	16677	17902	4158	13744	14980	3395	11585
21	33248	11507	21741	26900	9134	17766	23960	7951	16009
22	54400	23804	30596	43831	18761	25070	38912	16638	22274
23	69912	30663	39249	57040	24606	32434	48299	20244	28055
24	97196	44648	52548	74432	33926	40506	66527	29886	36641
25-29岁	**454314**	**240175**	**214139**	**394610**	**208196**	**186414**	**359518**	**189132**	**170386**
25	122633	59488	63145	92053	43932	48121	76807	36434	40373
26	113176	57130	56046	101990	51603	50387	84499	42418	42081
27	95063	50868	44195	85399	45953	39446	84556	44873	39683
28	74864	43369	31495	66042	37413	28629	65022	36681	28341
29	48578	29320	19258	49126	29295	19831	48634	28726	19908
30-34岁	**108379**	**66437**	**41942**	**100706**	**60634**	**40072**	**102109**	**61629**	**40480**
30	33241	20428	12813	32567	19590	12977	36300	21839	14461
31	24803	15328	9475	22493	13690	8803	23998	14658	9340
32	20548	12640	7908	17440	10621	6819	16920	10242	6678
33	17868	10822	7046	14949	8878	6071	13364	8046	5318
34	11919	7219	4700	13257	7855	5402	11527	6844	4683
35-39岁	**32220**	**19822**	**12398**	**30373**	**18544**	**11829**	**30060**	**18043**	**12017**
35	9815	5894	3921	9097	5359	3738	10070	5919	4151
36	7764	4740	3024	7280	4437	2843	6731	4039	2692
37	5974	3635	2339	6026	3751	2275	5418	3246	2172
38	4505	2840	1665	4443	2794	1649	4388	2692	1696
39	4162	2713	1449	3527	2203	1324	3453	2147	1306
40-44岁	**13647**	**8663**	**4984**	**12125**	**7633**	**4492**	**11013**	**6910**	**4103**
40	3494	2196	1298	3121	1975	1146	2738	1686	1052
41	3030	1964	1066	2598	1612	986	2406	1503	903
42	2684	1694	990	2408	1539	869	2123	1328	795
43	2389	1515	874	2176	1359	817	2042	1290	752
44	2050	1294	756	1822	1148	674	1704	1103	601
45-49岁	**5889**	**3906**	**1983**	**5490**	**3582**	**1908**	**5640**	**3565**	**2075**
45	1770	1161	609	1664	1094	570	1535	973	562
46	1478	1009	469	1288	841	447	1312	843	469
47	1108	731	377	1059	699	360	1114	702	412
48	775	506	269	846	555	291	932	585	347
49	758	499	259	633	393	240	747	462	285
50岁及以上	**4612**	**2898**	**1714**	**4297**	**2705**	**1592**	**4846**	**2920**	**1926**
平均初婚年龄	**27.11**	**27.84**	**26.38**	**27.38**	**28.11**	**26.65**	**27.63**	**28.34**	**26.89**

5-4a　续表 13　　　　单位：人

初婚年龄	初婚年份								
	2018年			2019年			2020年		
	小计	男	女	小计	男	女	小计	男	女
总　计	**757279**	**378892**	**378387**	**606477**	**305025**	**301452**	**401164**	**202030**	**199134**
15岁以下	**91**	**8**	**83**	**48**	**9**	**39**	**11**	**4**	**7**
15-19岁	**13099**	**3262**	**9837**	**10177**	**2534**	**7643**	**5085**	**1292**	**3793**
15	365	72	293	272	54	218	136	42	94
16	831	179	652	575	146	429	284	77	207
17	1602	370	1232	1267	291	976	621	174	447
18	3324	874	2450	2570	634	1936	1258	330	928
19	6977	1767	5210	5493	1409	4084	2786	669	2117
20-24岁	**194201**	**77478**	**116723**	**151409**	**61185**	**90224**	**91702**	**36977**	**54725**
20	14154	3166	10988	10979	2639	8340	6055	1307	4748
21	22943	7332	15611	17538	5786	11752	9830	3184	6646
22	39327	16274	23053	30444	12763	17681	18408	7909	10499
23	50895	21305	29590	39219	16584	22635	22841	9498	13343
24	66882	29401	37481	53229	23413	29816	34568	15079	19489
25-29岁	**369539**	**191343**	**178196**	**285190**	**146743**	**138447**	**182063**	**92295**	**89768**
25	78216	36203	42013	60904	27724	33180	39284	17721	21563
26	80377	39622	40755	63456	31064	32392	40895	19852	21043
27	80839	42129	38710	58407	30545	27862	39597	20051	19546
28	75379	41828	33551	54389	29838	24551	33580	18318	15262
29	54728	31561	23167	48034	27572	20462	28707	16353	12354
30-34岁	**120924**	**71519**	**49405**	**106912**	**63419**	**43493**	**76937**	**45532**	**31405**
30	41049	24090	16959	34843	20586	14257	25413	14973	10440
31	31266	18638	12628	26441	15723	10718	18566	11074	7492
32	20955	12589	8366	20766	12369	8397	13942	8267	5675
33	15332	8968	6364	14301	8528	5773	10957	6525	4432
34	12322	7234	5088	10561	6213	4348	8059	4693	3366
35-39岁	**34500**	**20235**	**14265**	**29402**	**17357**	**12045**	**20792**	**12007**	**8785**
35	10557	6114	4443	8468	4988	3480	5687	3325	2362
36	8995	5184	3811	7072	4160	2912	4598	2683	1915
37	6012	3527	2485	6170	3587	2583	4085	2386	1699
38	4880	2993	1887	4200	2485	1715	3675	2096	1579
39	4056	2417	1639	3492	2137	1355	2747	1517	1230
40-44岁	**12204**	**7387**	**4817**	**11262**	**6589**	**4673**	**10710**	**5886**	**4824**
40	3175	1883	1292	2946	1703	1243	2491	1352	1139
41	2590	1537	1053	2289	1288	1001	2376	1237	1139
42	2324	1436	888	2125	1262	863	2088	1179	909
43	2111	1306	805	2057	1237	820	1938	1056	882
44	2004	1225	779	1845	1099	746	1817	1062	755
45-49岁	**6610**	**4080**	**2530**	**6536**	**3856**	**2680**	**6303**	**3802**	**2501**
45	1696	1033	663	1579	940	639	1605	960	645
46	1524	918	606	1443	852	591	1373	810	563
47	1336	855	481	1303	753	550	1305	781	524
48	1100	679	421	1238	735	503	1090	658	432
49	954	595	359	973	576	397	930	593	337
50岁及以上	**6111**	**3580**	**2531**	**5541**	**3333**	**2208**	**7561**	**4235**	**3326**
平均初婚年龄	**27.90**	**28.61**	**27.19**	**28.16**	**28.88**	**27.44**	**28.84**	**29.54**	**28.14**

5-4b 全国分初婚年龄、性别、初婚年份的人口(镇)

单位：人

初婚年龄	初婚年份								
	合计			1980年			1981年		
	合计	男	女	小计	男	女	小计	男	女
总　计	**17251013**	**8511286**	**8739727**	**417373**	**199981**	**217392**	**285242**	**136096**	**149146**
15岁以下	**18879**	**4208**	**14671**	**1077**	**241**	**836**	**603**	**142**	**461**
15-19岁	**1962758**	**568239**	**1394519**	**56779**	**13592**	**43187**	**48066**	**12153**	**35913**
15	78687	21102	57585	4054	1054	3000	2228	574	1654
16	141856	35655	106201	7180	1517	5663	3859	876	2983
17	272595	71098	201497	13370	2986	10384	8022	1759	6263
18	508010	142289	365721	14864	3359	11505	15574	3781	11793
19	961610	298095	663515	17311	4676	12635	18383	5163	13220
20-24岁	**9876382**	**4637687**	**5238695**	**249199**	**115970**	**133229**	**164242**	**76527**	**87715**
20	1546275	526989	1019286	30426	10407	20019	19875	6312	13563
21	2003480	857274	1146206	43135	17925	25210	28859	11501	17358
22	2366710	1178699	1188011	61185	28091	33094	35724	16544	19180
23	2147917	1092482	1055435	63056	31266	31790	42709	21527	21182
24	1812000	982243	829757	51397	28281	23116	37075	20643	16432
25-29岁	**4154613**	**2513567**	**1641046**	**96786**	**60511**	**36275**	**64250**	**41497**	**22753**
25	1440947	825345	615602	40570	24051	16519	25747	15664	10083
26	1052781	631317	421464	25371	15723	9648	17727	11427	6300
27	755301	471752	283549	15246	9968	5278	10626	7180	3446
28	531055	341382	189673	9731	6680	3051	6188	4417	1771
29	374529	243771	130758	5868	4089	1779	3962	2809	1153
30-34岁	**831948**	**533850**	**298098**	**10571**	**7613**	**2958**	**6349**	**4590**	**1759**
30	272962	176983	95979	4066	2900	1166	2403	1722	681
31	200024	128031	71993	2470	1767	703	1686	1214	472
32	152658	97663	54995	1766	1324	442	1049	757	292
33	116137	73776	42361	1323	958	365	685	502	183
34	90167	57397	32770	946	664	282	526	395	131
35-39岁	**230567**	**147742**	**82825**	**2129**	**1533**	**596**	**1239**	**885**	**354**
35	69988	44802	25186	655	482	173	406	294	112
36	53781	34608	19173	493	362	131	295	223	72
37	43117	27725	15392	384	274	110	230	169	61
38	34551	22114	12437	335	251	84	164	113	51
39	29130	18493	10637	262	164	98	144	86	58
40-44岁	**94446**	**58030**	**36416**	**590**	**386**	**204**	**352**	**235**	**117**
40	25286	15642	9644	175	123	52	133	91	42
41	21309	13151	8158	127	87	40	78	55	23
42	18686	11322	7364	114	69	45	58	38	20
43	15800	9699	6101	99	63	36	44	27	17
44	13365	8216	5149	75	44	31	39	24	15
45-49岁	**42042**	**25519**	**16523**	**188**	**107**	**81**	**105**	**56**	**49**
45	11318	6966	4352	58	33	25	31	17	14
46	9483	5873	3610	44	23	21	31	20	11
47	8121	4896	3225	41	23	18	19	9	10
48	7017	4263	2754	27	16	11	10	3	7
49	6103	3521	2582	18	12	6	14	7	7
50岁及以上	**39378**	**22444**	**16934**	**54**	**28**	**26**	**36**	**11**	**25**
平均初婚年龄	**24.02**	**24.81**	**23.25**	**23.33**	**24.23**	**22.51**	**23.20**	**24.15**	**22.33**

5-4b 续表 1

单位：人

初婚年龄	初婚年份								
	1982年			1983年			1984年		
	小计	男	女	小计	男	女	小计	男	女
总 计	**342985**	**164290**	**178695**	**341511**	**163921**	**177590**	**373230**	**179647**	**193583**
15岁以下	**753**	**159**	**594**	**711**	**183**	**528**	**653**	**158**	**495**
15-19岁	**73764**	**20712**	**53052**	**69608**	**20458**	**49150**	**70013**	**21222**	**48791**
15	2799	762	2037	2909	789	2120	3132	852	2280
16	5209	1193	4016	4826	1256	3570	5136	1336	3800
17	9697	2442	7255	9558	2459	7099	9228	2451	6777
18	19103	5050	14053	17415	4838	12577	18559	5294	13265
19	36956	11265	25691	34900	11116	23784	33958	11289	22669
20-24岁	**185601**	**88683**	**96918**	**193134**	**91185**	**101949**	**230554**	**109256**	**121298**
20	36854	12855	23999	55402	20923	34479	55008	20638	34370
21	30954	12954	18000	42943	18957	23986	70725	32056	38669
22	40242	19854	20388	32495	16144	16351	49632	25393	24239
23	38102	20342	17760	33600	18139	15461	28594	15414	13180
24	39449	22678	16771	28694	17022	11672	26595	15755	10840
25-29岁	**72223**	**47244**	**24979**	**66601**	**44064**	**22537**	**59388**	**40194**	**19194**
25	29380	18243	11137	25724	16174	9550	19439	12411	7028
26	17931	11699	6232	17478	11652	5826	16346	11145	5201
27	12368	8459	3909	10930	7405	3525	11389	7937	3452
28	7591	5349	2242	7547	5309	2238	7128	5021	2107
29	4953	3494	1459	4922	3524	1398	5086	3680	1406
30-34岁	**8318**	**5924**	**2394**	**8992**	**6354**	**2638**	**9788**	**6845**	**2943**
30	3203	2288	915	3381	2417	964	3512	2439	1073
31	2022	1402	620	2243	1559	684	2411	1673	738
32	1469	1042	427	1500	1027	473	1801	1255	546
33	986	721	265	1095	791	304	1180	829	351
34	638	471	167	773	560	213	884	649	235
35-39岁	**1578**	**1100**	**478**	**1661**	**1181**	**480**	**1923**	**1385**	**538**
35	489	343	146	497	381	116	656	491	165
36	389	268	121	424	298	126	420	295	125
37	277	198	79	309	203	106	355	258	97
38	225	155	70	247	174	73	262	174	88
39	198	136	62	184	125	59	230	167	63
40-44岁	**516**	**342**	**174**	**569**	**365**	**204**	**607**	**415**	**192**
40	177	124	53	169	111	58	175	117	58
41	113	64	49	127	92	35	129	93	36
42	95	60	35	124	69	55	120	87	33
43	65	47	18	87	56	31	98	67	31
44	66	47	19	62	37	25	85	51	34
45-49岁	**171**	**101**	**70**	**169**	**96**	**73**	**208**	**123**	**85**
45	60	34	26	45	29	16	52	32	20
46	33	17	16	38	27	11	46	31	15
47	28	20	8	33	21	12	51	25	26
48	28	17	11	37	12	25	33	19	14
49	22	13	9	16	7	9	26	16	10
50岁及以上	**61**	**25**	**36**	**66**	**35**	**31**	**96**	**49**	**47**
平均初婚年龄	**22.90**	**23.89**	**21.99**	**22.69**	**23.64**	**21.82**	**22.55**	**23.42**	**21.74**

5-4b 续表 2

单位：人

初婚年龄	初婚年份								
	1985年			1986年			1987年		
	小计	男	女	小计	男	女	小计	男	女
总　计	**491600**	**238692**	**252908**	**467263**	**227204**	**240059**	**451322**	**220189**	**231133**
15岁以下	**699**	**139**	**560**	**569**	**106**	**463**	**475**	**115**	**360**
15-19岁	**86458**	**26489**	**59969**	**79846**	**24640**	**55206**	**75948**	**23811**	**52137**
15	3454	957	2497	2540	623	1917	2257	614	1643
16	7220	1951	5269	5450	1429	4021	4489	1100	3389
17	12306	3354	8952	12172	3334	8838	10048	2869	7179
18	21341	6216	15125	21402	6421	14981	21338	6398	14940
19	42137	14011	28126	38282	12833	25449	37816	12830	24986
20-24岁	**320237**	**155746**	**164491**	**319760**	**157731**	**162029**	**308863**	**153271**	**155592**
20	62606	23824	38782	61712	23663	38049	54452	20788	33664
21	84446	38550	45896	73725	34072	39653	71580	32798	38782
22	95069	49685	45384	81306	42172	39134	73765	38346	35419
23	51567	28143	23424	69374	38081	31293	61911	33614	28297
24	26549	15544	11005	33643	19743	13900	47155	27725	19430
25-29岁	**66237**	**44151**	**22086**	**50492**	**33595**	**16897**	**49357**	**31921**	**17436**
25	22667	14239	8428	16105	9959	6146	21583	13382	8201
26	15161	10085	5076	12315	8131	4184	9759	6219	3540
27	12983	9011	3972	8607	6035	2572	7545	5058	2487
28	9248	6495	2753	7647	5419	2228	5505	3804	1701
29	6178	4321	1857	5818	4051	1767	4965	3458	1507
30-34岁	**13743**	**9362**	**4381**	**12351**	**8425**	**3926**	**12602**	**8418**	**4184**
30	4777	3270	1507	4160	2852	1308	4083	2750	1333
31	3402	2336	1066	3165	2133	1032	3019	2006	1013
32	2460	1686	774	2240	1519	721	2373	1547	826
33	1813	1183	630	1577	1096	481	1758	1173	585
34	1291	887	404	1209	825	384	1369	942	427
35-39岁	**2823**	**1964**	**859**	**2827**	**1858**	**969**	**2756**	**1855**	**901**
35	940	653	287	833	573	260	957	634	323
36	619	420	199	702	481	221	656	435	221
37	518	385	133	515	322	193	495	343	152
38	412	270	142	396	245	151	383	265	118
39	334	236	98	381	237	144	265	178	87
40-44岁	**888**	**574**	**314**	**948**	**592**	**356**	**849**	**531**	**318**
40	245	175	70	305	175	130	272	182	90
41	214	134	80	215	138	77	203	119	84
42	160	99	61	185	125	60	147	93	54
43	153	102	51	136	90	46	120	68	52
44	116	64	52	107	64	43	107	69	38
45-49岁	**352**	**196**	**156**	**305**	**180**	**125**	**314**	**189**	**125**
45	106	62	44	94	57	37	80	55	25
46	75	46	29	58	37	21	102	58	44
47	60	29	31	55	29	26	50	27	23
48	55	28	27	53	31	22	42	27	15
49	56	31	25	45	26	19	40	22	18
50岁及以上	**163**	**71**	**92**	**165**	**77**	**88**	**158**	**78**	**80**
平均初婚年龄	**22.58**	**23.34**	**21.87**	**22.58**	**23.29**	**21.91**	**22.67**	**23.34**	**22.03**

5-4b 续表 3 单位：人

初婚年龄	初婚年份								
	1988年			1989年			1990年		
	小计	男	女	小计	男	女	小计	男	女
总　计	**500965**	**245170**	**255795**	**484691**	**238663**	**246028**	**580429**	**288543**	**291886**
15岁以下	**600**	**144**	**456**	**623**	**133**	**490**	**937**	**222**	**715**
15-19岁	**84516**	**26953**	**57563**	**79283**	**25366**	**53917**	**95659**	**31231**	**64428**
15	2613	698	1915	2622	739	1883	3684	1063	2621
16	5008	1283	3725	5038	1377	3661	6742	1944	4798
17	10595	2920	7675	10088	2924	7164	13300	4108	9192
18	21856	6666	15190	20612	6396	14216	24687	7764	16923
19	44444	15386	29058	40923	13930	26993	47246	16352	30894
20-24岁	**332233**	**164349**	**167884**	**320675**	**158874**	**161801**	**383552**	**192197**	**191355**
20	63400	24263	39137	64684	25018	39666	73799	28403	45396
21	71371	33014	38357	74879	34659	40220	93619	44646	48973
22	82441	42836	39605	71817	37668	34149	93146	49693	43453
23	65603	35509	30094	63713	35002	28711	68392	37649	30743
24	49418	28727	20691	45582	26527	19055	54596	31806	22790
25-29岁	**65988**	**41769**	**24219**	**68619**	**43808**	**24811**	**83591**	**53524**	**30067**
25	34593	21388	13205	31098	19349	11749	35447	21949	13498
26	15126	9590	5536	20633	13299	7334	22585	14610	7975
27	6759	4351	2408	9127	6014	3113	15190	10130	5060
28	5406	3631	1775	4251	2796	1455	6984	4605	2379
29	4104	2809	1295	3510	2350	1160	3385	2230	1155
30-34岁	**12905**	**8818**	**4087**	**10660**	**7245**	**3415**	**10537**	**7201**	**3336**
30	3894	2707	1187	2769	1911	858	2870	1865	1005
31	3212	2152	1060	2612	1788	824	2137	1492	645
32	2428	1619	809	2259	1534	725	2302	1621	681
33	1883	1306	577	1685	1128	557	1813	1243	570
34	1488	1034	454	1335	884	451	1415	980	435
35-39岁	**3195**	**2190**	**1005**	**3231**	**2237**	**994**	**3957**	**2792**	**1165**
35	1050	717	333	1029	715	314	1224	864	360
36	792	539	253	799	573	226	947	678	269
37	592	410	182	608	416	192	776	550	226
38	441	306	135	434	308	126	570	406	164
39	320	218	102	361	225	136	440	294	146
40-44岁	**922**	**617**	**305**	**960**	**633**	**327**	**1300**	**849**	**451**
40	262	179	83	293	201	92	400	265	135
41	209	137	72	214	133	81	275	191	84
42	187	118	69	191	130	61	237	158	79
43	141	95	46	148	98	50	218	133	85
44	123	88	35	114	71	43	170	102	68
45-49岁	**376**	**217**	**159**	**393**	**243**	**150**	**543**	**328**	**215**
45	94	53	41	94	67	27	142	86	56
46	88	53	35	94	63	31	125	77	48
47	80	45	35	81	48	33	107	62	45
48	62	32	30	64	31	33	91	52	39
49	52	34	18	60	34	26	78	51	27
50岁及以上	**230**	**113**	**117**	**247**	**124**	**123**	**353**	**199**	**154**
平均初婚年龄	**22.70**	**23.37**	**22.07**	**22.70**	**23.36**	**22.06**	**22.67**	**23.32**	**22.04**

5-4b 续表 4

单位：人

初婚年龄	初婚年份								
	1991年			1992年			1993年		
	小计	男	女	小计	男	女	小计	男	女
总　计	**385646**	**190172**	**195474**	**458202**	**226853**	**231349**	**459606**	**227096**	**232510**
15岁以下	**479**	**120**	**359**	**480**	**107**	**373**	**445**	**102**	**343**
15-19岁	**56492**	**17780**	**38712**	**59513**	**18247**	**41266**	**52371**	**15541**	**36830**
15	1993	572	1421	2113	600	1513	1971	528	1443
16	3523	933	2590	3808	1052	2756	3367	873	2494
17	7210	2055	5155	7340	2017	5323	6590	1800	4790
18	14801	4464	10337	14853	4343	10510	12905	3746	9159
19	28965	9756	19209	31399	10235	21164	27538	8594	18944
20-24岁	**259831**	**127498**	**132333**	**311602**	**152590**	**159012**	**311690**	**150524**	**161166**
20	47995	17787	30208	50805	18243	32562	48926	16804	32122
21	60521	27882	32639	69587	31667	37920	65129	28784	36345
22	66064	34490	31574	79160	41085	38075	78840	40666	38174
23	51257	27552	23705	65907	35043	30864	68457	35577	32880
24	33994	19787	14207	46143	26552	19591	50338	28693	21645
25-29岁	**59319**	**38246**	**21073**	**73370**	**47161**	**26209**	**78982**	**50601**	**28381**
25	24689	15158	9531	28254	17371	10883	33358	20482	12876
26	15328	9942	5386	19495	12506	6989	18574	11935	6639
27	9691	6586	3105	12048	8059	3989	13038	8685	4353
28	6594	4526	2068	7948	5422	2526	8288	5615	2673
29	3017	2034	983	5625	3803	1822	5724	3884	1840
30-34岁	**5822**	**4026**	**1796**	**7798**	**5252**	**2546**	**10151**	**6537**	**3614**
30	1609	1090	519	2743	1849	894	4472	2900	1572
31	1291	875	416	1426	947	479	2268	1477	791
32	1009	720	289	1356	883	473	1285	801	484
33	1025	725	300	1111	755	356	1146	701	445
34	888	616	272	1162	818	344	980	658	322
35-39岁	**2281**	**1606**	**675**	**3128**	**2094**	**1034**	**3401**	**2294**	**1107**
35	632	451	181	895	628	267	972	690	282
36	557	387	170	684	448	236	769	517	252
37	418	315	103	599	405	194	613	418	195
38	371	249	122	497	345	152	541	363	178
39	303	204	99	453	268	185	506	306	200
40-44岁	**857**	**561**	**296**	**1414**	**882**	**532**	**1577**	**963**	**614**
40	236	154	82	441	262	179	449	284	165
41	209	140	69	324	209	115	392	237	155
42	165	105	60	285	170	115	308	187	121
43	130	82	48	206	142	64	247	146	101
44	117	80	37	158	99	59	181	109	72
45-49岁	**350**	**226**	**124**	**501**	**311**	**190**	**538**	**303**	**235**
45	106	74	32	134	89	45	153	101	52
46	78	53	25	110	70	40	104	58	46
47	53	30	23	105	66	39	108	58	50
48	67	39	28	80	48	32	97	53	44
49	46	30	16	72	38	34	76	33	43
50岁及以上	**215**	**109**	**106**	**396**	**209**	**187**	**451**	**231**	**220**
平均初婚年龄	**22.78**	**23.43**	**22.14**	**23.02**	**23.66**	**22.38**	**23.22**	**23.87**	**22.58**

5-4b 续表 5

单位：人

初婚年龄	初婚年份								
	1994年			1995年			1996年		
	小计	男	女	小计	男	女	小计	男	女
总　计	**439822**	**217991**	**221831**	**513343**	**255416**	**257927**	**456877**	**226896**	**229981**
15岁以下	**379**	**97**	**282**	**395**	**81**	**314**	**367**	**87**	**280**
15-19岁	**45557**	**13122**	**32435**	**48306**	**13597**	**34709**	**38580**	**10401**	**28179**
15	1847	576	1271	2000	551	1449	1340	307	1033
16	2855	684	2171	3649	1007	2642	2590	621	1969
17	5500	1506	3994	6068	1616	4452	5270	1371	3899
18	11240	3163	8077	11411	3101	8310	9327	2467	6860
19	24115	7193	16922	25178	7322	17856	20053	5635	14418
20-24岁	**292781**	**140548**	**152233**	**331235**	**158547**	**172688**	**287968**	**135898**	**152070**
20	42649	14116	28533	44656	14192	30464	37961	11693	26268
21	60153	26151	34002	65275	28150	37125	54195	22646	31549
22	72007	36776	35231	83014	42333	40681	71642	36260	35382
23	66145	34338	31807	75604	38799	36805	68961	34893	34068
24	51827	29167	22660	62686	35073	27613	55209	30406	24803
25-29岁	**83710**	**53096**	**30614**	**109358**	**68053**	**41305**	**105780**	**65511**	**40269**
25	35101	21429	13672	46038	27461	18577	41925	24822	17103
26	21407	13669	7738	27968	17557	10411	28021	17385	10636
27	12466	8111	4355	17508	11307	6201	17620	11382	6238
28	8825	5909	2916	10149	6619	3530	11233	7365	3868
29	5911	3978	1933	7695	5109	2586	6981	4557	2424
30-34岁	**11437**	**7401**	**4036**	**15227**	**10416**	**5811**	**16609**	**10517**	**6092**
30	4305	2768	1537	5468	3549	1919	5551	3489	2062
31	3473	2231	1242	4193	2657	1536	3921	2512	1409
32	1822	1193	629	3670	2330	1340	3208	2034	1174
33	946	613	333	1911	1229	682	2611	1643	968
34	891	596	295	985	651	334	1318	839	479
35-39岁	**3092**	**2105**	**987**	**3664**	**2379**	**1285**	**3085**	**2001**	**1084**
35	697	489	208	919	597	322	717	467	250
36	712	507	205	713	471	242	626	398	228
37	663	458	205	758	516	242	552	372	180
38	504	332	172	677	424	253	638	425	213
39	516	319	197	597	371	226	552	339	213
40-44岁	**1685**	**991**	**694**	**2241**	**1305**	**936**	**2178**	**1309**	**869**
40	430	251	179	574	337	237	535	330	205
41	398	231	167	493	302	191	514	310	204
42	367	210	157	488	269	219	429	269	160
43	271	167	104	378	223	155	383	220	163
44	219	132	87	308	174	134	317	180	137
45-49岁	**668**	**379**	**289**	**909**	**559**	**350**	**1123**	**558**	**565**
45	159	99	60	254	158	96	249	141	108
46	154	94	60	194	125	69	246	132	114
47	131	62	69	170	96	74	230	117	113
48	131	76	55	151	92	59	191	86	105
49	93	48	45	140	88	52	207	82	125
50岁及以上	**513**	**252**	**261**	**1008**	**479**	**529**	**1187**	**614**	**573**
平均初婚年龄	**23.43**	**24.08**	**22.79**	**23.68**	**24.34**	**23.04**	**23.91**	**24.58**	**23.26**

5-4b 续表 6

单位：人

初婚年龄	初婚年份								
	1997年			1998年			1999年		
	小计	男	女	小计	男	女	小计	男	女
总　计	**430495**	**213788**	**216707**	**472057**	**234844**	**237213**	**410020**	**203316**	**206704**
15岁以下	**365**	**86**	**279**	**456**	**82**	**374**	**544**	**122**	**422**
15-19岁	**35003**	**9237**	**25766**	**39819**	**10360**	**29459**	**34923**	**8720**	**26203**
15	1395	352	1043	1629	375	1254	1554	398	1156
16	2111	481	1630	2939	674	2265	2572	544	2028
17	4441	1062	3379	4812	1162	3650	4996	1105	3891
18	8857	2233	6624	9476	2404	7072	8186	1945	6241
19	18199	5109	13090	20963	5745	15218	17615	4728	12887
20-24岁	**263275**	**122634**	**140641**	**276557**	**129054**	**147503**	**241633**	**111070**	**130563**
20	32980	9766	23214	35349	10302	25047	33860	9871	23989
21	49335	19906	29429	49272	19947	29325	44045	17487	26558
22	64558	32390	32168	69125	34499	34626	56732	28495	28237
23	62868	31538	31330	66183	33203	32980	58452	28975	29477
24	53534	29034	24500	56628	31103	25525	48544	26242	22302
25-29岁	**106656**	**66214**	**40442**	**121531**	**74522**	**47009**	**107914**	**67336**	**40578**
25	40282	23604	16678	44754	26261	18493	39210	23402	15808
26	27976	17592	10384	30453	18791	11662	27475	17000	10475
27	18522	11911	6611	21198	13559	7639	18775	12235	6540
28	11725	7814	3911	14689	9335	5354	13226	8653	4573
29	8151	5293	2858	10437	6576	3861	9228	6046	3182
30-34岁	**16680**	**10736**	**5944**	**24559**	**15096**	**9463**	**18602**	**11975**	**6627**
30	5289	3453	1836	7890	4852	3038	6505	4215	2290
31	4014	2573	1441	5530	3258	2272	4785	3055	1730
32	3073	1940	1133	4734	2904	1830	3092	1967	1125
33	2299	1477	822	3620	2285	1335	2506	1607	899
34	2005	1293	712	2785	1797	988	1714	1131	583
35-39岁	**3256**	**2008**	**1248**	**5104**	**3289**	**1815**	**3654**	**2422**	**1232**
35	1000	635	365	2226	1449	777	1364	895	469
36	581	379	202	1090	696	394	1062	716	346
37	546	327	219	663	411	252	577	387	190
38	510	324	186	615	390	225	334	223	111
39	619	343	276	510	343	167	317	201	116
40-44岁	**3230**	**1731**	**1499**	**2349**	**1471**	**878**	**1418**	**891**	**527**
40	749	395	354	589	383	206	297	202	95
41	624	324	300	558	355	203	323	207	116
42	670	355	315	439	256	183	301	187	114
43	635	340	295	436	261	175	253	150	103
44	552	317	235	327	216	111	244	145	99
45-49岁	**1276**	**724**	**552**	**1014**	**602**	**412**	**723**	**439**	**284**
45	398	225	173	303	182	121	201	116	85
46	314	170	144	231	134	97	178	108	70
47	239	144	95	187	107	80	145	97	48
48	198	115	83	165	115	50	102	58	44
49	127	70	57	128	64	64	97	60	37
50岁及以上	**754**	**418**	**336**	**668**	**368**	**300**	**609**	**341**	**268**
平均初婚年龄	**24.11**	**24.81**	**23.41**	**24.24**	**24.98**	**23.50**	**24.10**	**24.90**	**23.32**

5-4b　续表 7　　　　单位：人

初婚年龄	初婚年份								
	2000年			2001年			2002年		
	小计	男	女	小计	男	女	小计	男	女
总　计	**499217**	**249789**	**249428**	**332713**	**164659**	**168054**	**392009**	**194254**	**197755**
15岁以下	**1136**	**339**	**797**	**687**	**204**	**483**	**699**	**169**	**530**
15-19岁	**52816**	**14291**	**38525**	**34517**	**8994**	**25523**	**40067**	**10808**	**29259**
15	3118	961	2157	1847	571	1276	2563	789	1774
16	4503	1286	3217	2713	707	2006	3353	911	2442
17	7778	2072	5706	4244	1073	3171	5360	1308	4052
18	14171	3614	10557	8248	2063	6185	9565	2469	7096
19	23246	6358	16888	17465	4580	12885	19226	5331	13895
20-24岁	**289968**	**135779**	**154189**	**192094**	**87655**	**104439**	**227613**	**103423**	**124190**
20	40254	12603	27651	26550	7529	19021	35185	10344	24841
21	57916	23922	33994	35664	14404	21260	42219	16864	25355
22	69011	34367	34644	48722	23918	24804	53415	26235	27180
23	64950	33062	31888	44288	21814	22474	54407	26931	27476
24	57837	31825	26012	36870	19990	16880	42387	23049	19338
25-29岁	**126597**	**80116**	**46481**	**86523**	**55025**	**31498**	**99635**	**63668**	**35967**
25	44768	26622	18146	30983	18352	12631	33367	19969	13398
26	32676	20597	12079	21856	13769	8087	25701	16162	9539
27	22901	15062	7839	15619	10464	5155	18412	12392	6020
28	15502	10504	4998	10687	7376	3311	12909	8848	4061
29	10750	7331	3419	7378	5064	2314	9246	6297	2949
30-34岁	**20907**	**14057**	**6850**	**14342**	**9737**	**4605**	**18035**	**12249**	**5786**
30	7733	5297	2436	5213	3559	1654	6310	4285	2025
31	5157	3434	1723	3675	2478	1197	4555	3111	1444
32	3697	2438	1259	2458	1687	771	3223	2188	1035
33	2353	1569	784	1803	1203	600	2285	1537	748
34	1967	1319	648	1193	810	383	1662	1128	534
35-39岁	**4673**	**3197**	**1476**	**2865**	**1966**	**899**	**3798**	**2581**	**1217**
35	1532	1067	465	889	594	295	1095	721	374
36	1167	804	363	654	457	197	962	656	306
37	1051	709	342	600	419	181	694	488	206
38	583	396	187	460	322	138	553	381	172
39	340	221	119	262	174	88	494	335	159
40-44岁	**1429**	**965**	**464**	**734**	**484**	**250**	**940**	**636**	**304**
40	323	219	104	166	117	49	285	186	99
41	276	196	80	156	102	54	176	119	57
42	292	198	94	131	78	53	172	118	54
43	305	204	101	135	89	46	154	109	45
44	233	148	85	146	98	48	153	104	49
45-49岁	**908**	**567**	**341**	**512**	**320**	**192**	**641**	**401**	**240**
45	253	170	83	112	70	42	158	99	59
46	183	113	70	118	79	39	125	86	39
47	190	118	72	103	69	34	138	88	50
48	148	97	51	107	59	48	114	67	47
49	134	69	65	72	43	29	106	61	45
50岁及以上	**783**	**478**	**305**	**439**	**274**	**165**	**581**	**319**	**262**
平均初婚年龄	**23.90**	**24.75**	**23.06**	**23.93**	**24.82**	**23.06**	**23.96**	**24.86**	**23.07**

5-4b 续表 8 单位：人

初婚年龄	初婚年份								
	2003年			2004年			2005年		
	小计	男	女	小计	男	女	小计	男	女
总　计	**413796**	**204744**	**209052**	**415017**	**205752**	**209265**	**440893**	**219371**	**221522**
15岁以下	**570**	**132**	**438**	**545**	**121**	**424**	**515**	**118**	**397**
15-19岁	**41166**	**10741**	**30425**	**42793**	**11029**	**31764**	**51802**	**14325**	**37477**
15	2562	804	1758	2454	760	1694	2909	914	1995
16	4069	1035	3034	3737	960	2777	4473	1276	3197
17	5884	1485	4399	6465	1573	4892	7787	2030	5757
18	9889	2421	7468	10602	2593	8009	13857	3696	10161
19	18762	4996	13766	19535	5143	14392	22776	6409	16367
20-24岁	**238540**	**108309**	**130231**	**236970**	**108372**	**128598**	**243301**	**112997**	**130304**
20	33275	10055	23220	32229	9469	22760	35138	10829	24309
21	49722	19533	30189	46313	18736	27577	45972	19122	26850
22	56001	27239	28762	63500	30917	32583	58819	29179	29640
23	52354	26115	26239	50813	25337	25476	58998	29964	29034
24	47188	25367	21821	44115	23913	20202	44374	23903	20471
25-29岁	**104778**	**66229**	**38549**	**104553**	**65877**	**38676**	**109279**	**68152**	**41127**
25	35743	20783	14960	36773	21311	15462	36821	21298	15523
26	25788	16186	9602	26085	16150	9935	28309	17474	10835
27	19500	12882	6618	18322	12211	6111	19451	12618	6833
28	13756	9461	4295	13613	9411	4202	13953	9392	4561
29	9991	6917	3074	9760	6794	2966	10745	7370	3375
30-34岁	**21635**	**14666**	**6969**	**22269**	**15154**	**7115**	**25529**	**17015**	**8514**
30	7269	4976	2293	7461	5222	2239	8145	5495	2650
31	5191	3521	1670	5307	3585	1722	6090	4096	1994
32	4115	2824	1291	4042	2717	1325	4725	3162	1563
33	2957	1983	974	3112	2072	1040	3604	2373	1231
34	2103	1362	741	2347	1558	789	2965	1889	1076
35-39岁	**4550**	**3065**	**1485**	**5096**	**3399**	**1697**	**6690**	**4364**	**2326**
35	1580	1054	526	1749	1175	574	2301	1509	792
36	1012	694	318	1214	792	422	1609	1061	548
37	829	551	278	840	546	294	1231	799	432
38	576	374	202	703	481	222	792	513	279
39	553	392	161	590	405	185	757	482	275
40-44岁	**1247**	**788**	**459**	**1416**	**951**	**465**	**2014**	**1320**	**694**
40	524	328	196	466	328	138	568	383	185
41	260	166	94	419	285	134	499	336	163
42	155	95	60	256	151	105	537	339	198
43	168	108	60	131	86	45	256	161	95
44	140	91	49	144	101	43	154	101	53
45-49岁	**664**	**433**	**231**	**642**	**396**	**246**	**781**	**488**	**293**
45	153	102	51	130	84	46	150	96	54
46	155	99	56	124	80	44	141	97	44
47	125	84	41	136	82	54	169	100	69
48	138	85	53	126	75	51	167	111	56
49	93	63	30	126	75	51	154	84	70
50岁及以上	**646**	**381**	**265**	**733**	**453**	**280**	**982**	**592**	**390**
平均初婚年龄	**24.06**	**24.98**	**23.16**	**24.08**	**25.01**	**23.16**	**24.14**	**25.06**	**23.23**

5-4b 续表 9

单位：人

初婚年龄	初婚年份								
	2006年			2007年			2008年		
	小计	男	女	小计	男	女	小计	男	女
总 计	**444767**	**220609**	**224158**	**417076**	**207378**	**209698**	**512052**	**254616**	**257436**
15岁以下	**395**	**66**	**329**	**291**	**66**	**225**	**331**	**61**	**270**
15-19岁	**50780**	**14025**	**36755**	**47556**	**13626**	**33930**	**57117**	**16791**	**40326**
15	1693	469	1224	1533	372	1161	1720	404	1316
16	3965	1057	2908	2965	730	2235	3470	840	2630
17	7019	1801	5218	6996	1778	5218	7265	1861	5404
18	12951	3508	9443	12354	3474	8880	16544	4833	11711
19	25152	7190	17962	23708	7272	16436	28118	8853	19265
20-24岁	**244150**	**112064**	**132086**	**225930**	**103739**	**122191**	**277655**	**127472**	**150183**
20	37587	11687	25900	40281	13032	27249	46641	15577	31064
21	46954	19136	27818	45952	19117	26835	61634	25568	36066
22	55653	27115	28538	51875	25664	26211	65175	32125	33050
23	52974	26799	26175	46139	23325	22814	56373	28529	27844
24	50982	27327	23655	41683	22601	19082	47832	25673	22159
25-29岁	**112932**	**69925**	**43007**	**107892**	**66244**	**41648**	**131815**	**80619**	**51196**
25	37238	21036	16202	38491	21981	16510	42479	24196	18283
26	28619	17522	11097	25686	15608	10078	36042	21632	14410
27	21950	14262	7688	19257	12313	6944	23156	14791	8365
28	14653	9882	4771	14638	9663	4975	17104	11204	5900
29	10472	7223	3249	9820	6679	3141	13034	8796	4238
30-34岁	**25875**	**17571**	**8304**	**24198**	**16296**	**7902**	**29394**	**19571**	**9823**
30	8132	5602	2530	7216	4988	2228	9000	6025	2975
31	6197	4246	1951	5765	3942	1823	6708	4405	2303
32	4855	3296	1559	4547	3008	1539	5452	3648	1804
33	3816	2505	1311	3730	2463	1267	4486	2993	1493
34	2875	1922	953	2940	1895	1045	3748	2500	1248
35-39岁	**6923**	**4608**	**2315**	**7362**	**4909**	**2453**	**9989**	**6532**	**3457**
35	2284	1516	768	2216	1491	725	3107	2009	1098
36	1719	1123	596	1815	1196	619	2313	1526	787
37	1312	872	440	1427	954	473	1870	1210	660
38	944	643	301	1059	714	345	1523	994	529
39	664	454	210	845	554	291	1176	793	383
40-44岁	**2159**	**1426**	**733**	**2280**	**1538**	**742**	**3229**	**2093**	**1136**
40	605	407	198	599	397	202	952	622	330
41	518	353	165	519	350	169	714	475	239
42	429	277	152	445	306	139	603	381	222
43	393	251	142	366	245	121	506	330	176
44	214	138	76	351	240	111	454	285	169
45-49岁	**618**	**371**	**247**	**648**	**427**	**221**	**1144**	**682**	**462**
45	113	64	49	185	124	61	390	249	141
46	116	71	45	98	59	39	247	152	95
47	113	71	42	118	83	35	159	93	66
48	132	83	49	121	80	41	166	95	71
49	144	82	62	126	81	45	182	93	89
50岁及以上	**935**	**553**	**382**	**919**	**533**	**386**	**1378**	**795**	**583**
平均初婚年龄	**24.20**	**25.15**	**23.28**	**24.21**	**25.14**	**23.28**	**24.28**	**25.19**	**23.39**

5-4b 续表 10　　单位：人

初婚年龄	初婚年份								
	2009年			2010年			2011年		
	小计	男	女	小计	男	女	小计	男	女
总　计	**477087**	**236962**	**240125**	**540817**	**269351**	**271466**	**434968**	**215526**	**219442**
15岁以下	**281**	**44**	**237**	**357**	**57**	**300**	**245**	**40**	**205**
15-19岁	**50576**	**15158**	**35418**	**53070**	**16287**	**36783**	**36092**	**10930**	**25162**
15	1360	293	1067	1810	401	1409	1229	250	979
16	2933	687	2246	3432	809	2623	2374	568	1806
17	5993	1575	4418	7340	1968	5372	4965	1270	3695
18	12734	3767	8967	13485	4180	9305	9559	2858	6701
19	27556	8836	18720	27003	8929	18074	17965	5984	11981
20-24岁	**262551**	**120649**	**141902**	**305717**	**142005**	**163712**	**242240**	**110265**	**131975**
20	42033	14104	27929	49627	17348	32279	31921	10799	21122
21	55758	23105	32653	60807	25849	34958	49557	20250	29307
22	67656	33171	34485	72975	35550	37425	56756	27520	29236
23	52947	26707	26240	68972	34849	34123	53913	26277	27636
24	44157	23562	20595	53336	28409	24927	50093	25419	24674
25-29岁	**119106**	**72306**	**46800**	**130703**	**78390**	**52313**	**117236**	**68969**	**48267**
25	37034	20683	16351	41822	23487	18335	39049	21239	17810
26	30320	18155	12165	31756	18907	12849	28883	16671	12212
27	24909	15685	9224	24831	15388	9443	21245	12879	8366
28	15660	10308	5352	19677	12533	7144	15947	10317	5630
29	11183	7475	3708	12617	8075	4542	12112	7863	4249
30-34岁	**28446**	**18487**	**9959**	**31889**	**20373**	**11516**	**25375**	**16337**	**9038**
30	8801	5764	3037	9557	6191	3366	7888	5139	2749
31	6574	4305	2269	7859	5027	2832	6036	3851	2185
32	5128	3366	1762	5802	3672	2130	4871	3166	1705
33	4400	2739	1661	4708	2958	1750	3664	2321	1343
34	3543	2313	1230	3963	2525	1438	2916	1860	1056
35-39岁	**10135**	**6556**	**3579**	**11726**	**7558**	**4168**	**8418**	**5549**	**2869**
35	2958	1911	1047	3329	2138	1191	2493	1635	858
36	2271	1480	791	2736	1743	993	1914	1260	654
37	1967	1264	703	2306	1519	787	1605	1062	543
38	1634	1057	577	1851	1188	663	1320	862	458
39	1305	844	461	1504	970	534	1086	730	356
40-44岁	**3546**	**2225**	**1321**	**4105**	**2682**	**1423**	**3061**	**2015**	**1046**
40	1031	630	401	1238	821	417	923	617	306
41	860	536	324	995	632	363	729	484	245
42	648	397	251	759	488	271	571	381	190
43	602	386	216	554	378	176	476	306	170
44	405	276	129	559	363	196	362	227	135
45-49岁	**1265**	**821**	**444**	**1667**	**1033**	**634**	**1275**	**803**	**472**
45	423	285	138	454	285	169	348	210	138
46	382	251	131	419	263	156	293	202	91
47	214	138	76	401	242	159	282	174	108
48	135	80	55	251	153	98	226	136	90
49	111	67	44	142	90	52	126	81	45
50岁及以上	**1181**	**716**	**465**	**1583**	**966**	**617**	**1026**	**618**	**408**
平均初婚年龄	**24.37**	**25.24**	**23.50**	**24.41**	**25.23**	**23.60**	**24.57**	**25.37**	**23.79**

5-4b　续表 11　　　　单位：人

初婚年龄	初婚年份								
	2012年			2013年			2014年		
	小计	男	女	小计	男	女	小计	男	女
总　计	**488825**	**242729**	**246096**	**442797**	**219555**	**223242**	**416129**	**206416**	**209713**
15岁以下	**232**	**44**	**188**	**225**	**35**	**190**	**169**	**20**	**149**
15-19岁	**37162**	**10794**	**26368**	**29785**	**8363**	**21422**	**25482**	**6985**	**18497**
15	1268	243	1025	1095	203	892	883	201	682
16	2577	539	2038	2223	491	1732	1816	379	1437
17	5240	1321	3919	4423	1068	3355	3762	868	2894
18	9821	2871	6950	7798	2254	5544	6802	1881	4921
19	18256	5820	12436	14246	4347	9899	12219	3656	8563
20-24岁	**259303**	**118094**	**141209**	**217344**	**98372**	**118972**	**186915**	**83510**	**103405**
20	30166	10275	19891	24322	7868	16454	20080	6222	13858
21	45096	18518	26578	33340	13464	19876	27922	10978	16944
22	66105	31107	34998	48492	22938	25554	38368	17994	20374
23	60558	29225	31333	57897	27509	30388	45669	21387	24282
24	57378	28969	28409	53293	26593	26700	54876	26929	27947
25-29岁	**144212**	**83341**	**60871**	**144839**	**81528**	**63311**	**151973**	**84292**	**67681**
25	50937	27198	23739	48377	25110	23267	48537	25028	23509
26	36322	20738	15584	39368	21840	17528	39594	21271	18323
27	25598	15431	10167	26714	15692	11022	31092	17935	13157
28	17993	11357	6636	17801	10930	6871	19736	12013	7723
29	13362	8617	4745	12579	7956	4623	13014	8045	4969
30-34岁	**30905**	**19537**	**11368**	**32448**	**19907**	**12541**	**32568**	**19806**	**12762**
30	10446	6691	3755	9928	6190	3738	9529	5920	3609
31	6983	4387	2596	8097	4985	3112	7703	4687	3016
32	5600	3530	2070	5893	3538	2355	6748	4053	2695
33	4468	2824	1644	4689	2829	1860	4678	2790	1888
34	3408	2105	1303	3841	2365	1476	3910	2356	1554
35-39岁	**9860**	**6438**	**3422**	**10156**	**6443**	**3713**	**10627**	**6567**	**4060**
35	2678	1721	957	2967	1816	1151	3162	1881	1281
36	2320	1518	802	2269	1469	800	2404	1490	914
37	1898	1226	672	1883	1199	684	1943	1237	706
38	1577	1055	522	1603	1034	569	1688	1035	653
39	1387	918	469	1434	925	509	1430	924	506
40-44岁	**4210**	**2667**	**1543**	**4667**	**2876**	**1791**	**4803**	**2995**	**1808**
40	1178	744	434	1262	802	460	1264	791	473
41	988	633	355	1095	674	421	1110	683	427
42	813	501	312	933	567	366	943	610	333
43	694	466	228	761	457	304	801	497	304
44	537	323	214	616	376	240	685	414	271
45-49岁	**1689**	**1044**	**645**	**1824**	**1150**	**674**	**1969**	**1251**	**718**
45	429	257	172	533	348	185	537	335	202
46	384	247	137	352	225	127	466	291	175
47	338	206	132	364	221	143	337	221	116
48	268	168	100	317	192	125	332	223	109
49	270	166	104	258	164	94	297	181	116
50岁及以上	**1252**	**770**	**482**	**1509**	**881**	**628**	**1623**	**990**	**633**
平均初婚年龄	**24.85**	**25.62**	**24.09**	**25.28**	**26.03**	**24.54**	**25.65**	**26.41**	**24.90**

5-4b 续表 12

单位：人

初婚年龄	初婚年份								
	2015年			2016年			2017年		
	小计	男	女	小计	男	女	小计	男	女
总 计	**418347**	**207566**	**210781**	**348163**	**172866**	**175297**	**311623**	**155084**	**156539**
15岁以下	**150**	**17**	**133**	**121**	**11**	**110**	**81**	**8**	**73**
15-19岁	**22716**	**6025**	**16691**	**17267**	**4595**	**12672**	**13928**	**3673**	**10255**
15	686	130	556	488	81	407	428	78	350
16	1648	373	1275	1154	247	907	876	205	671
17	3293	783	2510	2422	605	1817	1967	485	1482
18	6071	1567	4504	4707	1298	3409	3765	1002	2763
19	11018	3172	7846	8496	2364	6132	6892	1903	4989
20-24岁	**166941**	**73154**	**93787**	**129542**	**56066**	**73476**	**109592**	**46478**	**63114**
20	18060	5424	12636	14263	4211	10052	11671	3290	8381
21	24815	9592	15223	19840	7470	12370	16896	6225	10671
22	35380	16028	19352	27468	12263	15205	23553	10556	12997
23	40155	18637	21518	31992	14648	17344	26094	11434	14660
24	48531	23473	25058	35979	17474	18505	31378	14973	16405
25-29岁	**171843**	**94164**	**77679**	**149450**	**81260**	**68190**	**136383**	**74129**	**62254**
25	54883	28067	26816	39977	20032	19945	32906	16443	16463
26	43083	22883	20200	40888	21729	19159	33497	17657	15840
27	33443	18934	14509	30185	16867	13318	31687	17503	14184
28	24650	14658	9992	22467	13041	9426	22303	12887	9416
29	15784	9622	6162	15933	9591	6342	15990	9639	6351
30-34岁	**35405**	**21320**	**14085**	**32960**	**19629**	**13331**	**33259**	**19886**	**13373**
30	10884	6678	4206	10658	6480	4178	11835	7122	4713
31	8014	4816	3198	7483	4476	3007	7882	4782	3100
32	6573	3933	2640	5799	3435	2364	5717	3346	2371
33	5742	3392	2350	4775	2784	1991	4279	2540	1739
34	4192	2501	1691	4245	2454	1791	3546	2096	1450
35-39岁	**11211**	**6834**	**4377**	**10162**	**6070**	**4092**	**9734**	**5759**	**3975**
35	3369	2022	1347	3051	1766	1285	2990	1753	1237
36	2746	1652	1094	2385	1431	954	2245	1308	937
37	1976	1211	765	1996	1191	805	1799	1067	732
38	1649	1019	630	1507	910	597	1509	917	592
39	1471	930	541	1223	772	451	1191	714	477
40-44岁	**5581**	**3352**	**2229**	**4567**	**2747**	**1820**	**4188**	**2487**	**1701**
40	1396	842	554	1141	673	468	981	580	401
41	1228	714	514	968	598	370	945	540	405
42	1110	680	430	970	588	382	816	483	333
43	942	554	388	807	468	339	773	456	317
44	905	562	343	681	420	261	673	428	245
45-49岁	**2413**	**1475**	**938**	**2178**	**1357**	**821**	**2286**	**1391**	**895**
45	708	424	284	629	405	224	613	376	237
46	550	348	202	524	317	207	522	309	213
47	492	297	195	398	243	155	442	274	168
48	299	188	111	363	236	127	384	244	140
49	364	218	146	264	156	108	325	188	137
50岁及以上	**2087**	**1225**	**862**	**1916**	**1131**	**785**	**2172**	**1273**	**899**
平均初婚年龄	**26.04**	**26.78**	**25.30**	**26.31**	**27.05**	**25.58**	**26.62**	**27.38**	**25.88**

5-4b 续表 13 单位：人

初婚年龄	初婚年份								
	2018年			2019年			2020年		
	小计	男	女	小计	男	女	小计	男	女
总 计	**328809**	**160333**	**168476**	**251210**	**124006**	**127204**	**162019**	**80952**	**81067**
15岁以下	**140**	**15**	**125**	**86**	**12**	**74**	**13**	**3**	**10**
15-19岁	**13295**	**3370**	**9925**	**9803**	**2626**	**7177**	**4464**	**1171**	**3293**
15	421	88	333	333	61	272	153	45	108
16	975	185	790	733	160	573	296	79	217
17	1806	396	1410	1395	329	1066	580	149	431
18	3530	893	2637	2618	718	1900	1132	280	852
19	6563	1808	4755	4724	1358	3366	2303	618	1685
20-24岁	**110195**	**45227**	**64968**	**79821**	**32994**	**46827**	**45378**	**18911**	**26467**
20	11385	3169	8216	7969	2183	5786	4239	1103	3136
21	16083	5618	10465	11438	4071	7367	5834	1980	3854
22	23418	9968	13450	16785	7116	9669	9619	4309	5310
23	27489	11900	15589	19657	8632	11025	10823	4797	6026
24	31820	14572	17248	23972	10992	12980	14863	6722	8141
25-29岁	**143119**	**75595**	**67524**	**106270**	**56333**	**49937**	**65323**	**34387**	**30936**
25	34257	16445	17812	24964	11929	13035	15577	7337	8240
26	32304	16559	15745	23979	12272	11707	14896	7578	7318
27	30450	16223	14227	21332	11579	9753	13611	7258	6353
28	27394	15496	11898	19218	10811	8407	11491	6506	4985
29	18714	10872	7842	16777	9742	7035	9748	5708	4040
30-34岁	**40273**	**23471**	**16802**	**35183**	**20730**	**14453**	**26352**	**15300**	**11052**
30	13726	8070	5656	11576	6863	4713	8705	5140	3565
31	10520	6065	4455	8664	5087	3577	6284	3638	2646
32	7035	4123	2912	6756	4053	2703	4726	2777	1949
33	5048	2978	2070	4750	2755	1995	3817	2203	1614
34	3944	2235	1709	3437	1972	1465	2820	1542	1278
35-39岁	**11148**	**6442**	**4706**	**9641**	**5439**	**4202**	**7819**	**4288**	**3531**
35	3269	1858	1411	2714	1518	1196	2097	1199	898
36	2867	1644	1223	2153	1256	897	1676	957	719
37	1944	1146	798	2051	1126	925	1447	792	655
38	1618	941	677	1473	830	643	1373	706	667
39	1450	853	597	1250	709	541	1226	634	592
40-44岁	**4940**	**2880**	**2060**	**4715**	**2603**	**2112**	**5165**	**2657**	**2508**
40	1212	662	550	1142	588	554	1124	564	560
41	1011	610	401	975	535	440	1129	572	557
42	985	586	399	957	516	441	1091	528	563
43	903	546	357	888	510	378	937	515	422
44	829	476	353	753	454	299	884	478	406
45-49岁	**2761**	**1679**	**1082**	**2945**	**1699**	**1246**	**2986**	**1794**	**1192**
45	725	433	292	710	414	296	752	426	326
46	578	370	208	689	407	282	674	411	263
47	515	318	197	569	326	243	545	333	212
48	504	306	198	509	301	208	526	334	192
49	439	252	187	468	251	217	489	290	199
50岁及以上	**2938**	**1654**	**1284**	**2746**	**1570**	**1176**	**4519**	**2441**	**2078**
平均初婚年龄	**26.96**	**27.74**	**26.22**	**27.39**	**28.15**	**26.64**	**28.60**	**29.30**	**27.90**

5-4c 全国分初婚年龄、性别、初婚年份的人口(乡村)

单位：人

初婚年龄	初婚年份								
	合计			1980年			1981年		
	合计	男	女	小计	男	女	小计	男	女
总　计	**25865694**	**13104047**	**12761647**	**878689**	**431147**	**447542**	**563502**	**276321**	**287181**
15岁以下	**45153**	**8699**	**36454**	**3064**	**668**	**2396**	**1527**	**303**	**1224**
15-19岁	**4009423**	**1159602**	**2849821**	**145532**	**34803**	**110729**	**115713**	**29196**	**86517**
15	177917	40910	137007	10780	2414	8366	5652	1269	4383
16	322107	74124	247983	19110	3962	15148	9814	2037	7777
17	599167	149855	449312	34467	7265	27202	20222	4374	15848
18	1053551	294353	759198	37784	8628	29156	36999	9022	27977
19	1856681	600360	1256321	43391	12534	30857	43026	12494	30532
20-24岁	**15077994**	**7561560**	**7516434**	**514086**	**252349**	**261737**	**316440**	**157784**	**158656**
20	2782647	1028670	1753977	71471	25627	45844	45283	15842	29441
21	3332760	1555988	1776772	92939	40821	52118	60464	26424	34040
22	3633075	1962159	1670916	126927	61878	65049	67993	34003	33990
23	3005090	1658222	1346868	125000	66668	58332	77536	42278	35258
24	2324422	1356521	967901	97749	57355	40394	65164	39237	25927
25-29岁	**4943178**	**3175978**	**1767200**	**184614**	**121076**	**63538**	**112234**	**76206**	**36028**
25	1728810	1062895	665915	75599	47387	28212	44036	28503	15533
26	1223457	781845	441612	47696	31324	16372	29896	20165	9731
27	878964	580583	298381	29629	20219	9410	18824	13402	5422
28	638623	429818	208805	19299	13411	5888	11757	8485	3272
29	473324	320837	152487	12391	8735	3656	7721	5651	2070
30-34岁	**1144660**	**776201**	**368459**	**23762**	**17087**	**6675**	**13604**	**10060**	**3544**
30	362736	245944	116792	8958	6428	2530	5027	3633	1394
31	273091	184160	88931	5554	4049	1505	3377	2495	882
32	214767	145885	68882	4097	3004	1093	2340	1766	574
33	165694	112385	53309	3001	2091	910	1603	1201	402
34	128372	87827	40545	2152	1515	637	1257	965	292
35-39岁	**349264**	**237216**	**112048**	**5631**	**3937**	**1694**	**2892**	**2092**	**800**
35	101584	69597	31987	1708	1189	519	883	638	245
36	80303	54787	25516	1369	988	381	711	523	188
37	65275	44509	20766	1046	731	315	546	404	142
38	54510	36767	17743	827	585	242	400	293	107
39	47592	31556	16036	681	444	237	352	234	118
40-44岁	**156796**	**101318**	**55478**	**1500**	**975**	**525**	**816**	**543**	**273**
40	41742	26932	14810	490	326	164	273	185	88
41	35275	22744	12531	360	234	126	228	156	72
42	31288	20198	11090	300	192	108	127	83	44
43	26317	17075	9242	204	137	67	101	72	29
44	22174	14369	7805	146	86	60	87	47	40
45-49岁	**70662**	**44303**	**26359**	**378**	**202**	**176**	**198**	**113**	**85**
45	18940	12166	6774	133	80	53	61	36	25
46	15968	10159	5809	89	47	42	46	29	17
47	13529	8459	5070	76	39	37	35	16	19
48	11765	7195	4570	50	21	29	29	16	13
49	10460	6324	4136	30	15	15	27	16	11
50岁及以上	**68564**	**39170**	**29394**	**122**	**50**	**72**	**78**	**24**	**54**
平均初婚年龄	**23.53**	**24.43**	**22.61**	**23.10**	**24.09**	**22.14**	**22.91**	**23.97**	**21.88**

5-4c　续表 1　　　　单位：人

初婚年龄	初婚年份								
	1982年			1983年			1984年		
	小计	男	女	小计	男	女	小计	男	女
总　计	**690370**	**338525**	**351845**	**693531**	**340427**	**353104**	**754536**	**372411**	**382125**
15岁以下	**1951**	**374**	**1577**	**1857**	**319**	**1538**	**1541**	**309**	**1232**
15-19岁	**171906**	**47826**	**124080**	**160649**	**46273**	**114376**	**161902**	**47715**	**114187**
15	7394	1697	5697	7334	1767	5567	7613	1844	5769
16	13788	3043	10745	12425	2804	9621	12720	3010	9710
17	24160	5701	18459	23632	5758	17874	22892	5671	17221
18	45042	11683	33359	40501	10980	29521	43589	12121	31468
19	81522	25702	55820	76757	24964	51793	75088	25069	50019
20-24岁	**360011**	**181900**	**178111**	**382361**	**189274**	**193087**	**452047**	**225248**	**226799**
20	80315	29944	50371	116783	45736	71047	116134	45340	70794
21	64022	29138	34884	89707	41927	47780	140665	68174	72491
22	78031	41505	36526	64487	34569	29918	96825	53149	43676
23	69505	39691	29814	62205	36099	26106	52468	29958	22510
24	68138	41622	26516	49179	30943	18236	45955	28627	17328
25-29岁	**132444**	**91175**	**41269**	**123119**	**86187**	**36932**	**110620**	**78598**	**32022**
25	52028	34116	17912	44672	29872	14800	33672	22668	11004
26	32149	22187	9962	32041	22354	9687	29603	21068	8535
27	22821	16361	6460	20911	15067	5844	21735	15850	5885
28	15202	10983	4219	15088	11195	3893	14512	10682	3830
29	10244	7528	2716	10407	7699	2708	11098	8330	2768
30-34岁	**18486**	**13473**	**5013**	**19787**	**14484**	**5303**	**22088**	**16176**	**5912**
30	7100	5206	1894	7188	5329	1859	7959	5892	2067
31	4386	3149	1237	4932	3584	1348	5543	4043	1500
32	3190	2309	881	3404	2431	973	3954	2882	1072
33	2258	1655	603	2521	1827	694	2630	1899	731
34	1552	1154	398	1742	1313	429	2002	1460	542
35-39岁	**3971**	**2789**	**1182**	**3981**	**2795**	**1186**	**4345**	**3099**	**1246**
35	1277	913	364	1234	903	331	1381	1024	357
36	932	659	273	923	654	269	993	705	288
37	718	502	216	740	494	246	797	582	215
38	577	401	176	565	381	184	660	438	222
39	467	314	153	519	363	156	514	350	164
40-44岁	**1157**	**749**	**408**	**1269**	**839**	**430**	**1376**	**933**	**443**
40	358	237	121	401	266	135	436	297	139
41	309	214	95	298	191	107	320	213	107
42	200	119	81	266	178	88	257	175	82
43	158	100	58	166	112	54	199	143	56
44	132	79	53	138	92	46	164	105	59
45-49岁	**333**	**193**	**140**	**354**	**199**	**155**	**434**	**255**	**179**
45	117	76	41	86	52	34	118	77	41
46	91	54	37	87	50	37	105	57	48
47	47	28	19	73	42	31	89	46	43
48	41	22	19	54	34	20	75	47	28
49	37	13	24	54	21	33	47	28	19
50岁及以上	**111**	**46**	**65**	**154**	**57**	**97**	**183**	**78**	**105**
平均初婚年龄	**22.66**	**23.76**	**21.60**	**22.49**	**23.55**	**21.47**	**22.39**	**23.36**	**21.45**

5-4c 续表 2

单位：人

初婚年龄	初婚年份								
	1985年			1986年			1987年		
	小计	男	女	小计	男	女	小计	男	女
总　计	**974786**	**481806**	**492980**	**910057**	**450672**	**459385**	**855894**	**425390**	**430504**
15岁以下	**1676**	**302**	**1374**	**1380**	**272**	**1108**	**1287**	**246**	**1041**
15-19岁	**198808**	**59033**	**139775**	**181102**	**54695**	**126407**	**170464**	**52839**	**117625**
15	8571	2051	6520	6209	1291	4918	5478	1250	4228
16	17394	4117	13277	13394	3225	10169	11374	2645	8729
17	29865	7631	22234	28688	7565	21123	23971	6282	17689
18	50301	14269	36032	48995	14063	34932	47971	14314	33657
19	92677	30965	61712	83816	28551	55265	81670	28348	53322
20-24岁	**610928**	**309000**	**301928**	**600379**	**308388**	**291991**	**563956**	**291451**	**272505**
20	131158	51895	79263	130445	52357	78088	113683	45675	68008
21	163335	78503	84832	144773	70763	74010	140730	68728	72002
22	176957	97704	79253	148706	81743	66963	133794	74338	59456
23	93142	53417	39725	119163	68851	50312	101075	57513	43562
24	46336	27481	18855	57292	34674	22618	74674	45197	29477
25-29岁	**121519**	**83822**	**37697**	**89513**	**60718**	**28795**	**83729**	**55132**	**28597**
25	37934	24548	13386	26276	16240	10036	34833	21921	12912
26	26588	18287	8301	20660	13751	6909	15561	9917	5644
27	24445	17406	7039	15640	11067	4573	12970	8751	4219
28	19162	13894	5268	14862	10797	4065	10028	7116	2912
29	13390	9687	3703	12075	8863	3212	10337	7427	2910
30-34岁	**31710**	**22860**	**8850**	**27796**	**20139**	**7657**	**27123**	**19321**	**7802**
30	10695	7815	2880	9007	6530	2477	8690	6226	2464
31	7910	5695	2215	6889	4985	1904	6318	4464	1854
32	5804	4200	1604	5228	3806	1422	5174	3698	1476
33	4288	3035	1253	3776	2701	1075	4009	2838	1171
34	3013	2115	898	2896	2117	779	2932	2095	837
35-39岁	**6924**	**4853**	**2071**	**6758**	**4507**	**2251**	**6434**	**4546**	**1888**
35	2294	1605	689	2057	1431	626	2217	1596	621
36	1636	1156	480	1615	1096	519	1545	1094	451
37	1161	812	349	1197	790	407	1178	813	365
38	982	693	289	949	615	334	809	577	232
39	851	587	264	940	575	365	685	466	219
40-44岁	**2192**	**1429**	**763**	**2178**	**1431**	**747**	**1945**	**1302**	**643**
40	680	442	238	708	456	252	622	418	204
41	524	358	166	498	335	163	457	305	152
42	423	269	154	413	274	139	324	222	102
43	296	197	99	311	198	113	304	208	96
44	269	163	106	248	168	80	238	149	89
45-49岁	**690**	**369**	**321**	**635**	**380**	**255**	**659**	**415**	**244**
45	198	116	82	200	122	78	218	141	77
46	134	79	55	130	75	55	175	109	66
47	137	70	67	128	77	51	106	66	40
48	116	57	59	95	55	40	85	55	30
49	105	47	58	82	51	31	75	44	31
50岁及以上	**339**	**138**	**201**	**316**	**142**	**174**	**297**	**138**	**159**
平均初婚年龄	**22.47**	**23.34**	**21.62**	**22.44**	**23.24**	**21.65**	**22.48**	**23.25**	**21.72**

5-4c　续表 3

单位：人

初婚年龄	初婚年份								
	1988年			1989年			1990年		
	小计	男	女	小计	男	女	小计	男	女
总　计	**944713**	**469227**	**475486**	**881883**	**441591**	**440292**	**1049721**	**529218**	**520503**
15岁以下	**1541**	**279**	**1262**	**1557**	**297**	**1260**	**2315**	**523**	**1792**
15-19岁	**184648**	**57365**	**127283**	**167610**	**53074**	**114536**	**199197**	**63900**	**135297**
15	6382	1551	4831	5934	1559	4375	8178	2093	6085
16	12023	2883	9140	11680	2954	8726	15134	3983	11151
17	25206	6584	18622	22941	6358	16583	28766	8250	20516
18	48796	14297	34499	44184	13548	30636	51699	16104	35595
19	92241	32050	60191	82871	28655	54216	95420	33470	61950
20-24岁	**610937**	**313987**	**296950**	**572082**	**295057**	**277025**	**678456**	**352228**	**326228**
20	130304	51885	78419	125685	50634	75051	141552	56788	84764
21	139533	68046	71487	140644	69082	71562	170975	86018	84957
22	152975	84912	68063	129506	72229	57277	165402	92578	72824
23	110802	63165	47637	106240	61203	45037	114127	65288	48839
24	77323	45979	31344	70007	41909	28098	86400	51556	34844
25-29岁	**108499**	**69666**	**38833**	**107126**	**69160**	**37966**	**132144**	**85230**	**46914**
25	54357	34016	20341	46446	29215	17231	54338	33757	20581
26	24730	15881	8849	31543	20702	10841	34537	22222	12315
27	11737	7462	4275	14965	9834	5131	24656	16670	7986
28	9769	6624	3145	7471	4845	2626	12290	8355	3935
29	7906	5683	2223	6701	4564	2137	6323	4226	2097
30-34岁	**27740**	**20073**	**7667**	**22527**	**16306**	**6221**	**22989**	**16978**	**6011**
30	8193	5997	2196	5415	3907	1508	5846	4138	1708
31	6756	4902	1854	5508	4016	1492	4696	3460	1236
32	5226	3746	1480	4922	3559	1363	4945	3703	1242
33	4243	3037	1206	3648	2583	1065	4260	3250	1010
34	3322	2391	931	3034	2241	793	3242	2427	815
35-39岁	**7787**	**5561**	**2226**	**7439**	**5372**	**2067**	**9387**	**6899**	**2488**
35	2573	1881	692	2423	1758	665	2870	2138	732
36	1944	1363	581	1783	1298	485	2272	1675	597
37	1352	954	398	1368	972	396	1705	1270	435
38	1099	786	313	998	727	271	1440	1036	404
39	819	577	242	867	617	250	1100	780	320
40-44岁	**2353**	**1604**	**749**	**2272**	**1577**	**695**	**3259**	**2245**	**1014**
40	675	465	210	694	504	190	946	651	295
41	555	391	164	489	335	154	748	516	232
42	463	304	159	439	294	145	626	433	193
43	383	266	117	366	253	113	492	329	163
44	277	178	99	284	191	93	447	316	131
45-49岁	**798**	**495**	**303**	**846**	**532**	**314**	**1281**	**865**	**416**
45	230	142	88	248	163	85	387	270	117
46	176	105	71	192	136	56	267	174	93
47	168	109	59	158	91	67	237	160	77
48	131	85	46	132	79	53	219	152	67
49	93	54	39	116	63	53	171	109	62
50岁及以上	**410**	**197**	**213**	**424**	**216**	**208**	**693**	**350**	**343**
平均初婚年龄	**22.53**	**23.29**	**21.78**	**22.53**	**23.27**	**21.79**	**22.54**	**23.28**	**21.79**

5-4c 续表 4

单位：人

初婚年龄	初婚年份 1991年 小计	1991年 男	1991年 女	1992年 小计	1992年 男	1992年 女	1993年 小计	1993年 男	1993年 女
总　计	**676773**	**339168**	**337605**	**783747**	**394533**	**389214**	**754881**	**380269**	**374612**
15岁以下	**1147**	**237**	**910**	**1102**	**256**	**846**	**1108**	**226**	**882**
15-19岁	**116565**	**36156**	**80409**	**121780**	**36594**	**85186**	**104644**	**30490**	**74154**
15	4355	1121	3234	4640	1175	3465	4056	978	3078
16	7640	1828	5812	8368	2073	6295	7089	1671	5418
17	15414	4153	11261	15907	4145	11762	13860	3669	10191
18	30789	9151	21638	31035	8979	22056	26243	7408	18835
19	58367	19903	38464	61830	20222	41608	53396	16764	36632
20-24岁	**449249**	**229665**	**219584**	**521946**	**266850**	**255096**	**500763**	**254247**	**246516**
20	92129	35717	56412	96175	36577	59598	88275	32091	56184
21	109573	53086	56487	123935	60350	63585	112040	53548	58492
22	112372	62616	49756	132584	73475	59109	127105	70458	56647
23	82921	47288	35633	100655	56193	44462	103064	56765	46299
24	52254	30958	21296	68597	40255	28342	70279	41385	28894
25-29岁	**89553**	**58484**	**31069**	**110838**	**71558**	**39280**	**115911**	**73718**	**42193**
25	36783	23154	13629	41764	25785	15979	46525	28574	17951
26	22329	14487	7842	28915	18839	10076	27228	17247	9981
27	14471	9837	4634	18166	11933	6233	19475	12820	6655
28	10560	7279	3281	12551	8554	3997	12930	8602	4328
29	5410	3727	1683	9442	6447	2995	9753	6475	3278
30-34岁	**11878**	**8672**	**3206**	**15559**	**10822**	**4737**	**19024**	**12644**	**6380**
30	2895	1970	925	5311	3607	1704	7881	5243	2638
31	2673	1956	717	2864	1886	978	4262	2734	1528
32	2204	1665	539	2734	1883	851	2524	1614	910
33	2267	1673	594	2274	1661	613	2405	1639	766
34	1839	1408	431	2376	1785	591	1952	1414	538
35-39岁	**5253**	**3938**	**1315**	**7385**	**5288**	**2097**	**7562**	**5350**	**2212**
35	1394	1059	335	2001	1496	505	2009	1460	549
36	1215	932	283	1653	1198	455	1695	1261	434
37	1052	781	271	1450	1020	430	1347	932	415
38	859	632	227	1171	814	357	1320	906	414
39	733	534	199	1110	760	350	1191	791	400
40-44岁	**1956**	**1328**	**628**	**3254**	**2116**	**1138**	**3796**	**2403**	**1393**
40	551	370	181	993	620	373	1131	686	445
41	496	349	147	734	464	270	912	578	334
42	373	252	121	677	473	204	722	457	265
43	304	200	104	499	329	170	572	362	210
44	232	157	75	351	230	121	459	320	139
45-49岁	**762**	**486**	**276**	**1120**	**680**	**440**	**1242**	**770**	**472**
45	204	139	65	313	204	109	334	216	118
46	169	107	62	274	169	105	281	187	94
47	158	111	47	203	127	76	245	148	97
48	112	58	54	177	96	81	206	114	92
49	119	71	48	153	84	69	176	105	71
50岁及以上	**410**	**202**	**208**	**763**	**369**	**394**	**831**	**421**	**410**
平均初婚年龄	**22.60**	**23.32**	**21.87**	**22.86**	**23.57**	**22.14**	**23.09**	**23.80**	**22.38**

5-4c　续表 5

单位：人

初婚年龄	初婚年份								
	1994年			1995年			1996年		
	小计	男	女	小计	男	女	小计	男	女
总　计	**729858**	**369643**	**360215**	**806314**	**410184**	**396130**	**695582**	**354411**	**341171**
15岁以下	**887**	**173**	**714**	**976**	**169**	**807**	**815**	**135**	**680**
15-19岁	**92261**	**26391**	**65870**	**93398**	**26121**	**67277**	**75231**	**20584**	**54647**
15	3852	969	2883	4005	998	3007	2981	606	2375
16	6214	1485	4729	7470	1812	5658	5723	1271	4452
17	11431	2930	8501	12426	3113	9313	10937	2660	8277
18	23221	6351	16870	22493	6200	16293	18615	4887	13728
19	47543	14656	32887	47004	13998	33006	36975	11160	25815
20-24岁	**478312**	**240860**	**237452**	**511376**	**257816**	**253560**	**432298**	**216050**	**216248**
20	80059	27929	52130	78089	26499	51590	65748	21799	43949
21	104637	49366	55271	109007	50986	58021	88536	40631	47905
22	118060	64989	53071	129367	70968	58399	109884	60441	49443
23	101272	55635	45637	109139	59599	49540	95686	51643	44043
24	74284	42941	31343	85774	49764	36010	72444	41536	30908
25-29岁	**123501**	**78900**	**44601**	**154054**	**96125**	**57929**	**141673**	**88472**	**53201**
25	49291	30483	18808	61481	37299	24182	53675	32589	21086
26	31246	19813	11433	38346	23989	14357	36183	22475	13708
27	18824	12384	6440	25521	16330	9191	23903	15380	8523
28	14071	9482	4589	16005	10220	5785	16583	10696	5887
29	10069	6738	3331	12701	8287	4414	11329	7332	3997
30-34岁	**21196**	**14188**	**7008**	**29127**	**18830**	**10297**	**29314**	**19105**	**10209**
30	7715	5169	2546	9571	6159	3412	9575	6118	3457
31	6171	4091	2080	7569	4878	2691	7111	4615	2496
32	3537	2352	1185	6561	4236	2325	5533	3635	1898
33	1970	1313	657	3541	2317	1224	4627	3102	1525
34	1803	1263	540	1885	1240	645	2468	1635	833
35-39岁	**6990**	**5037**	**1953**	**7982**	**5572**	**2410**	**6526**	**4405**	**2121**
35	1497	1130	367	1835	1251	584	1399	930	469
36	1671	1238	433	1486	1069	417	1274	858	416
37	1397	1028	369	1699	1211	488	1191	841	350
38	1172	800	372	1534	1072	462	1375	932	443
39	1253	841	412	1428	969	459	1287	844	443
40-44岁	**4129**	**2626**	**1503**	**5296**	**3359**	**1937**	**4938**	**3089**	**1849**
40	1171	714	457	1354	836	518	1160	748	412
41	887	551	336	1232	771	461	1118	678	440
42	867	570	297	1145	726	419	1040	660	380
43	659	420	239	927	612	315	907	570	337
44	545	371	174	638	414	224	713	433	280
45-49岁	**1454**	**867**	**587**	**1961**	**1171**	**790**	**2447**	**1331**	**1116**
45	400	260	140	575	361	214	569	332	237
46	296	172	124	454	280	174	500	296	204
47	278	164	114	343	204	139	493	257	236
48	235	124	111	324	189	135	397	203	194
49	245	147	98	265	137	128	488	243	245
50岁及以上	**1128**	**601**	**527**	**2144**	**1021**	**1123**	**2340**	**1240**	**1100**
平均初婚年龄	**23.31**	**24.04**	**22.56**	**23.61**	**24.32**	**22.88**	**23.82**	**24.55**	**23.07**

5-4c 续表 6

单位：人

初婚年龄	初婚年份								
	1997年			1998年			1999年		
	小计	男	女	小计	男	女	小计	男	女
总　计	**628921**	**321653**	**307268**	**679421**	**348852**	**330569**	**556964**	**286634**	**270330**
15岁以下	**837**	**144**	**693**	**1038**	**219**	**819**	**1119**	**220**	**899**
15-19岁	**68799**	**18328**	**50471**	**77407**	**20117**	**57290**	**66144**	**17031**	**49113**
15	3042	645	2397	3622	736	2886	3195	688	2507
16	4888	971	3917	6479	1328	5151	5424	1122	4302
17	9518	2231	7287	10524	2405	8119	10389	2348	8041
18	17565	4668	12897	18844	4771	14073	15976	3856	12120
19	33786	9813	23973	37938	10877	27061	31160	9017	22143
20-24岁	**376390**	**188000**	**188390**	**386639**	**194717**	**191922**	**320783**	**160347**	**160436**
20	55344	18012	37332	58129	18937	39192	53065	17188	35877
21	76274	34488	41786	74457	33758	40699	63679	28772	34907
22	93480	51242	42238	97145	53259	43886	76220	42440	33780
23	84744	46133	38611	86173	47474	38699	71554	39045	32509
24	66548	38125	28423	70735	41289	29446	56265	32902	23363
25-29岁	**136716**	**85931**	**50785**	**154104**	**95840**	**58264**	**127093**	**81294**	**45799**
25	49243	30016	19227	53203	32589	20614	43639	27099	16540
26	34408	21728	12680	36976	23045	13931	31271	20005	11266
27	24341	15431	8910	27312	17402	9910	22471	14781	7690
28	16694	10867	5827	20370	12809	7561	16857	11043	5814
29	12030	7889	4141	16243	9995	6248	12855	8366	4489
30-34岁	**29297**	**18948**	**10349**	**41983**	**26122**	**15861**	**29907**	**19759**	**10148**
30	8872	5650	3222	13286	8068	5218	9886	6477	3409
31	7313	4674	2639	9546	5871	3675	7499	4911	2588
32	5416	3549	1867	8433	5356	3077	5453	3608	1845
33	4159	2699	1460	6035	3784	2251	4039	2716	1323
34	3537	2376	1161	4683	3043	1640	3030	2047	983
35-39岁	**6542**	**4157**	**2385**	**9362**	**6107**	**3255**	**6251**	**4226**	**2025**
35	1876	1254	622	3786	2501	1285	2196	1467	729
36	1047	675	372	2103	1351	752	1823	1247	576
37	1110	709	401	1194	756	438	984	684	300
38	1062	645	417	1172	747	425	617	403	214
39	1447	874	573	1107	752	355	631	425	206
40-44岁	**6400**	**3766**	**2634**	**5231**	**3472**	**1759**	**2991**	**2055**	**936**
40	1485	857	628	1335	904	431	608	435	173
41	1329	760	569	1174	759	415	712	486	226
42	1385	802	583	1020	666	354	635	444	191
43	1186	737	449	952	641	311	513	339	174
44	1015	610	405	750	502	248	523	351	172
45-49岁	**2631**	**1608**	**1023**	**2195**	**1396**	**799**	**1552**	**1035**	**517**
45	844	517	327	670	437	233	440	325	115
46	605	371	234	496	312	184	334	215	119
47	479	295	184	370	231	139	303	196	107
48	388	235	153	360	226	134	256	174	82
49	315	190	125	299	190	109	219	125	94
50岁及以上	**1309**	**771**	**538**	**1462**	**862**	**600**	**1124**	**667**	**457**
平均初婚年龄	**24.01**	**24.78**	**23.20**	**24.17**	**24.98**	**23.30**	**23.94**	**24.82**	**23.00**

5-4c　续表 7　　　　单位：人

初婚年龄	初婚年份								
	2000年			2001年			2002年		
	小计	男	女	小计	男	女	小计	男	女
总　计	**643268**	**335609**	**307659**	**438939**	**226792**	**212147**	**508985**	**263928**	**245057**
15岁以下	**2217**	**625**	**1592**	**1238**	**309**	**929**	**1257**	**270**	**987**
15-19岁	**91281**	**25364**	**65917**	**61524**	**16647**	**44877**	**70666**	**19005**	**51661**
15	5778	1639	4139	3625	949	2676	4803	1192	3611
16	8596	2255	6341	5111	1243	3868	6774	1530	5244
17	13891	3556	10335	8589	2028	6561	10468	2485	7983
18	24515	6604	17911	14825	3853	10972	16955	4454	12501
19	38501	11310	27191	29374	8574	20800	31666	9344	22322
20-24岁	**362982**	**185879**	**177103**	**249819**	**124976**	**124843**	**292939**	**146536**	**146403**
20	59608	20782	38826	41616	13697	27919	53783	18276	35507
21	77845	36379	41466	51340	23338	28002	58934	26663	32271
22	86272	47952	38320	63195	34642	28553	69619	38433	31186
23	75458	42542	32916	52698	28803	23895	63614	35204	28410
24	63799	38224	25575	40970	24496	16474	46989	27960	19029
25-29岁	**141134**	**92349**	**48785**	**96609**	**64090**	**32519**	**107973**	**72791**	**35182**
25	47829	30134	17695	33273	20987	12286	35028	22405	12623
26	35487	23253	12234	23557	15509	8048	27035	18089	8946
27	25600	17066	8534	17770	12255	5515	19922	13848	6074
28	18469	12500	5969	12647	8810	3837	14828	10560	4268
29	13749	9396	4353	9362	6529	2833	11160	7889	3271
30-34岁	**31253**	**21470**	**9783**	**21147**	**14787**	**6360**	**25678**	**18087**	**7591**
30	10379	7157	3222	7278	5070	2208	8223	5867	2356
31	7626	5201	2425	5171	3616	1555	6330	4459	1871
32	5971	4077	1894	3860	2726	1134	4883	3398	1485
33	4044	2785	1259	2873	1996	877	3560	2504	1056
34	3233	2250	983	1965	1379	586	2682	1859	823
35-39岁	**7768**	**5387**	**2381**	**5280**	**3755**	**1525**	**6598**	**4624**	**1974**
35	2480	1692	788	1686	1174	512	1976	1408	568
36	2051	1452	599	1222	907	315	1585	1124	461
37	1657	1153	504	969	679	290	1201	844	357
38	963	653	310	894	652	242	1009	674	335
39	617	437	180	509	343	166	827	574	253
40-44岁	**3078**	**2245**	**833**	**1422**	**1034**	**388**	**1675**	**1149**	**526**
40	601	424	177	299	212	87	498	328	170
41	643	469	174	268	173	95	284	188	96
42	682	497	185	251	196	55	277	189	88
43	611	451	160	314	239	75	292	207	85
44	541	404	137	290	214	76	324	237	87
45-49岁	**1968**	**1340**	**628**	**1092**	**741**	**351**	**1263**	**878**	**385**
45	479	341	138	234	158	76	287	216	71
46	466	332	134	257	178	79	303	216	87
47	397	270	127	225	151	74	246	164	82
48	343	216	127	200	135	65	228	148	80
49	283	181	102	176	119	57	199	134	65
50岁及以上	**1587**	**950**	**637**	**808**	**453**	**355**	**936**	**588**	**348**
平均初婚年龄	**23.73**	**24.66**	**22.71**	**23.68**	**24.66**	**22.65**	**23.68**	**24.68**	**22.60**

5-4c 续表 8

单位：人

初婚年龄	初婚年份								
	2003年			2004年			2005年		
	小计	男	女	小计	男	女	小计	男	女
总　计	**524221**	**271777**	**252444**	**519666**	**270228**	**249438**	**564158**	**294361**	**269797**
15岁以下	**1128**	**257**	**871**	**1064**	**238**	**826**	**1014**	**211**	**803**
15-19岁	**71845**	**18887**	**52958**	**73917**	**19659**	**54258**	**89254**	**25138**	**64116**
15	4653	1181	3472	4295	1081	3214	5289	1347	3942
16	7505	1758	5747	6914	1603	5311	8346	2115	6231
17	11256	2624	8632	12067	2798	9269	14116	3526	10590
18	17731	4478	13253	18729	4879	13850	24164	6597	17567
19	30700	8846	21854	31912	9298	22614	37339	11553	25786
20-24岁	**302725**	**151685**	**151040**	**297793**	**150254**	**147539**	**312161**	**159382**	**152779**
20	49630	16887	32743	48420	16348	32072	53140	18835	34305
21	69126	31369	37757	62524	28777	33747	64078	29711	34367
22	72127	39253	32874	79709	43353	36356	75509	41653	33856
23	61100	34054	27046	59960	33509	26451	70022	39489	30533
24	50742	30122	20620	47180	28267	18913	49412	29694	19718
25-29岁	**108312**	**72909**	**35403**	**106240**	**71673**	**34567**	**113095**	**76007**	**37088**
25	35956	22826	13130	37295	23669	13626	38303	24481	13822
26	25643	17084	8559	25349	16965	8384	28636	19092	9544
27	20091	13958	6133	18227	12793	5434	19697	13597	6100
28	14985	10696	4289	14414	10399	4015	14765	10460	4305
29	11637	8345	3292	10955	7847	3108	11694	8377	3317
30-34岁	**28172**	**19799**	**8373**	**28155**	**19864**	**8291**	**32003**	**22374**	**9629**
30	8950	6407	2543	8826	6277	2549	9449	6703	2746
31	6614	4568	2046	6668	4747	1921	7629	5361	2268
32	5329	3721	1608	5145	3606	1539	6045	4202	1843
33	4179	2912	1267	4271	2967	1304	4839	3313	1526
34	3100	2191	909	3245	2267	978	4041	2795	1246
35-39岁	**7468**	**5229**	**2239**	**7792**	**5433**	**2359**	**9972**	**6938**	**3034**
35	2429	1681	748	2582	1790	792	3146	2190	956
36	1673	1163	510	1858	1281	577	2329	1599	730
37	1414	1023	391	1287	937	350	1859	1279	580
38	1051	734	317	1145	784	361	1414	1014	400
39	901	628	273	920	641	279	1224	856	368
40-44岁	**2182**	**1471**	**711**	**2383**	**1626**	**757**	**3333**	**2180**	**1153**
40	824	558	266	817	561	256	946	610	336
41	447	295	152	666	464	202	824	544	280
42	288	198	90	395	257	138	801	542	259
43	320	211	109	253	168	85	462	290	172
44	303	209	94	252	176	76	300	194	106
45-49岁	**1238**	**859**	**379**	**1126**	**779**	**347**	**1548**	**1055**	**493**
45	312	218	94	211	137	74	307	203	104
46	294	201	93	269	188	81	289	195	94
47	204	145	59	245	175	70	326	232	94
48	240	173	67	195	143	52	351	240	111
49	188	122	66	206	136	70	275	185	90
50岁及以上	**1151**	**681**	**470**	**1196**	**702**	**494**	**1778**	**1076**	**702**
平均初婚年龄	**23.74**	**24.75**	**22.65**	**23.73**	**24.74**	**22.63**	**23.79**	**24.82**	**22.67**

5-4c　续表 9

单位：人

初婚年龄	初婚年份								
	2006年			2007年			2008年		
	小计	男	女	小计	男	女	小计	男	女
总　计	545554	283305	262249	530372	275340	255032	633620	327906	305714
15岁以下	811	149	662	747	134	613	797	115	682
15-19岁	87733	25062	62671	85107	25070	60037	99881	30234	69647
15	3388	776	2612	3104	660	2444	3824	783	3041
16	7676	1826	5850	6130	1357	4773	6986	1577	5409
17	13045	3261	9784	13976	3632	10344	13894	3664	10230
18	22838	6362	16476	22463	6574	15889	28969	8637	20332
19	40786	12837	27949	39434	12847	26587	46208	15573	30635
20-24岁	303896	154019	149877	293744	147352	146392	353270	176691	176579
20	55923	19890	36033	61168	22126	39042	68652	25447	43205
21	64394	29870	34524	65204	30353	34851	85158	39164	45994
22	70169	38274	31895	67801	36882	30919	83426	45181	38245
23	60522	34197	26325	54594	30820	23774	65018	36518	28500
24	52888	31788	21100	44977	27171	17806	51016	30381	20635
25-29岁	108410	72765	35645	106683	71902	34781	124807	83122	41685
25	36848	23359	13489	37902	24258	13644	40868	26122	14746
26	27050	18113	8937	25308	16971	8337	33246	21999	11247
27	19981	13873	6108	18958	13143	5815	21825	14837	6988
28	14160	9980	4180	14177	10153	4024	16363	11403	4960
29	10371	7440	2931	10338	7377	2961	12505	8761	3744
30-34岁	29373	20857	8516	27908	19918	7990	32780	22886	9894
30	8656	6184	2472	7689	5490	2199	9398	6597	2801
31	6740	4772	1968	6552	4711	1841	7118	4981	2137
32	5623	4025	1598	5324	3777	1547	6373	4458	1915
33	4678	3286	1392	4616	3293	1323	5358	3723	1635
34	3676	2590	1086	3727	2647	1080	4533	3127	1406
35-39岁	9752	6811	2941	10205	7025	3180	13053	9097	3956
35	2955	2080	875	2986	2076	910	3768	2637	1131
36	2320	1609	711	2483	1689	794	3018	2130	888
37	1837	1283	554	1947	1328	619	2579	1787	792
38	1525	1053	472	1556	1071	485	2018	1391	627
39	1115	786	329	1233	861	372	1670	1152	518
40-44岁	3082	2091	991	3277	2276	1001	4875	3235	1640
40	881	613	268	883	610	273	1424	952	472
41	776	522	254	732	506	226	1080	731	349
42	604	411	193	664	459	205	954	635	319
43	531	350	181	538	368	170	753	494	259
44	290	195	95	460	333	127	664	423	241
45-49岁	1020	675	345	1042	679	363	1875	1119	756
45	170	106	64	301	205	96	634	402	232
46	237	165	72	168	106	62	414	230	184
47	181	125	56	194	126	68	245	138	107
48	221	144	77	177	109	68	298	169	129
49	211	135	76	202	133	69	284	180	104
50岁及以上	1477	876	601	1659	984	675	2282	1407	875
平均初婚年龄	23.71	24.74	22.60	23.70	24.74	22.58	23.78	24.77	22.70

5-4c 续表 10

单位：人

初婚年龄	初婚年份								
	2009年			2010年			2011年		
	小计	男	女	小计	男	女	小计	男	女
总 计	**582524**	**301000**	**281524**	**677106**	**350013**	**327093**	**510623**	**263344**	**247279**
15岁以下	**756**	**115**	**641**	**945**	**117**	**828**	**683**	**75**	**608**
15-19岁	**89047**	**27609**	**61438**	**94420**	**29378**	**65042**	**65936**	**20407**	**45529**
15	3057	596	2461	4130	768	3362	2971	543	2428
16	6228	1419	4809	7472	1728	5744	5349	1155	4194
17	11941	3168	8773	13991	3733	10258	9941	2598	7343
18	22865	6910	15955	24821	7750	17071	17898	5481	12417
19	44956	15516	29440	44006	15399	28607	29777	10630	19147
20-24岁	**330554**	**165148**	**165406**	**392761**	**196375**	**196386**	**297911**	**147172**	**150739**
20	62768	23551	39217	75264	28770	46494	48900	18294	30606
21	75733	34628	41105	86062	39552	46510	68082	30603	37479
22	85067	45675	39392	93210	49627	43583	71041	37205	33836
23	61127	34083	27044	81188	44874	36314	59652	32181	27471
24	45859	27211	18648	57037	33552	23485	50236	28889	21347
25-29岁	**109034**	**72249**	**36785**	**125663**	**81587**	**44076**	**101762**	**65344**	**36418**
25	34411	21713	12698	41140	25537	15603	34737	21164	13573
26	26764	17720	9044	29829	19268	10561	24323	15473	8850
27	21956	15048	6908	22840	15302	7538	17780	11785	5995
28	14607	10010	4597	18954	12853	6101	13556	9170	4386
29	11296	7758	3538	12900	8627	4273	11366	7752	3614
30-34岁	**30960**	**21106**	**9854**	**35508**	**23881**	**11627**	**26530**	**18142**	**8388**
30	9131	6171	2960	10300	6893	3407	7818	5292	2526
31	6890	4686	2204	8494	5722	2772	6349	4348	2001
32	5663	3875	1788	6636	4469	2167	5211	3605	1606
33	5012	3458	1554	5316	3595	1721	3999	2762	1237
34	4264	2916	1348	4762	3202	1560	3153	2135	1018
35-39岁	**13259**	**8963**	**4296**	**15418**	**10587**	**4831**	**10314**	**7154**	**3160**
35	3669	2487	1182	4058	2796	1262	2797	1959	838
36	3018	2058	960	3618	2466	1152	2279	1568	711
37	2550	1752	798	2975	2042	933	2091	1438	653
38	2175	1467	708	2496	1742	754	1741	1207	534
39	1847	1199	648	2271	1541	730	1406	982	424
40-44岁	**5273**	**3493**	**1780**	**6535**	**4395**	**2140**	**4209**	**2931**	**1278**
40	1566	1057	509	1815	1221	594	1224	891	333
41	1241	823	418	1478	1020	458	928	644	284
42	948	602	346	1314	869	445	810	552	258
43	843	574	269	1017	695	322	731	495	236
44	675	437	238	911	590	321	516	349	167
45-49岁	**1732**	**1126**	**606**	**2693**	**1734**	**959**	**1742**	**1179**	**563**
45	578	370	208	794	523	271	466	327	139
46	466	303	163	686	426	260	402	279	123
47	304	209	95	619	411	208	366	230	136
48	177	107	70	351	217	134	300	205	95
49	207	137	70	243	157	86	208	138	70
50岁及以上	**1909**	**1191**	**718**	**3163**	**1959**	**1204**	**1536**	**940**	**596**
平均初婚年龄	**23.84**	**24.80**	**22.81**	**23.96**	**24.90**	**22.95**	**23.97**	**24.89**	**22.99**

5-4c 续表 11

单位：人

初婚年龄	初婚年份								
	2012年			2013年			2014年		
	小计	男	女	小计	男	女	小计	男	女
总　计	**566552**	**292248**	**274304**	**508804**	**261412**	**247392**	**477635**	**245025**	**232610**
15岁以下	**669**	**72**	**597**	**590**	**84**	**506**	**506**	**57**	**449**
15-19岁	**68773**	**20585**	**48188**	**57887**	**16721**	**41166**	**51543**	**14551**	**36992**
15	3188	546	2642	2885	477	2408	2285	365	1920
16	6155	1289	4866	5173	1091	4082	4612	944	3668
17	10654	2787	7867	9613	2355	7258	8472	2061	6411
18	18253	5480	12773	15539	4468	11071	13962	3917	10045
19	30523	10483	20040	24677	8330	16347	22212	7264	14948
20-24岁	**316153**	**155671**	**160482**	**267647**	**130099**	**137548**	**231419**	**110785**	**120634**
20	46352	17452	28900	38354	13808	24546	32186	11082	21104
21	61880	27743	34137	47390	20724	26666	40498	17281	23217
22	83012	42706	40306	61948	31446	30502	49610	24903	24707
23	68174	36082	32092	66142	34467	31675	52394	26721	25673
24	56735	31688	25047	53813	29654	24159	56731	30798	25933
25-29岁	**125947**	**79068**	**46879**	**127209**	**78201**	**49008**	**136321**	**82593**	**53728**
25	46041	27375	18666	43350	25183	18167	44917	25551	19366
26	30768	19122	11646	34449	21087	13362	34653	20805	13848
27	21635	14145	7490	22193	14107	8086	26938	16941	9997
28	15463	10297	5166	15822	10401	5421	17546	11291	6255
29	12040	8129	3911	11395	7423	3972	12267	8005	4262
30-34岁	**32423**	**21777**	**10646**	**32710**	**21274**	**11436**	**33535**	**21321**	**12214**
30	10456	7007	3449	9329	6083	3246	9437	5977	3460
31	7283	4825	2458	8348	5342	3006	7673	4823	2850
32	5933	3972	1961	6002	3933	2069	7064	4529	2535
33	4923	3378	1545	4980	3259	1721	5218	3290	1928
34	3828	2595	1233	4051	2657	1394	4143	2702	1441
35-39岁	**11921**	**8158**	**3763**	**11704**	**7968**	**3736**	**12101**	**8080**	**4021**
35	3000	2053	947	3067	2092	975	3448	2281	1167
36	2703	1815	888	2529	1709	820	2574	1683	891
37	2376	1650	726	2262	1541	721	2275	1534	741
38	2059	1398	661	2009	1382	627	2018	1406	612
39	1783	1242	541	1837	1244	593	1786	1176	610
40-44岁	**5869**	**3853**	**2016**	**6217**	**4024**	**2193**	**6595**	**4181**	**2414**
40	1554	1015	539	1656	1103	553	1632	1034	598
41	1367	921	446	1336	836	500	1450	934	516
42	1130	730	400	1259	831	428	1392	878	514
43	1001	642	359	1089	684	405	1119	696	423
44	817	545	272	877	570	307	1002	639	363
45-49岁	**2700**	**1752**	**948**	**2543**	**1607**	**936**	**2976**	**1847**	**1129**
45	684	454	230	706	446	260	825	527	298
46	596	388	208	537	352	185	681	432	249
47	538	330	208	500	320	180	529	315	214
48	469	310	159	419	262	157	501	308	193
49	413	270	143	381	227	154	440	265	175
50岁及以上	**2097**	**1312**	**785**	**2297**	**1434**	**863**	**2639**	**1610**	**1029**
平均初婚年龄	**24.29**	**25.20**	**23.33**	**24.66**	**25.58**	**23.68**	**25.06**	**26.00**	**24.08**

5-4c 续表 12

单位：人

初婚年龄	初婚年份								
	2015年			2016年			2017年		
	小计	男	女	小计	男	女	小计	男	女
总　计	**480029**	**245626**	**234403**	**399380**	**203801**	**195579**	**361381**	**183865**	**177516**
15岁以下	**415**	**41**	**374**	**411**	**41**	**370**	**385**	**43**	**342**
15-19岁	**47293**	**12920**	**34373**	**36569**	**9581**	**26988**	**30226**	**8047**	**22179**
15	1892	322	1570	1332	228	1104	1222	225	997
16	3999	784	3215	3001	572	2429	2282	461	1821
17	7556	1776	5780	5964	1350	4614	4861	1143	3718
18	12990	3512	9478	10296	2628	7668	8210	2097	6113
19	20856	6526	14330	15976	4803	11173	13651	4121	9530
20-24岁	**211316**	**98912**	**112404**	**165256**	**75921**	**89335**	**143093**	**64108**	**78985**
20	30328	10311	20017	24368	7926	16442	20500	6403	14097
21	36490	15070	21420	29507	12025	17482	25810	10218	15592
22	46829	22965	23864	36131	17364	18767	31570	14924	16646
23	46992	23693	23299	37244	18456	18788	31198	15127	16071
24	50677	26873	23804	38006	20150	17856	34015	17436	16579
25-29岁	**158149**	**93820**	**64329**	**140624**	**82515**	**58109**	**129973**	**75437**	**54536**
25	52942	29668	23274	38625	21101	17524	32875	17677	15198
26	38747	22630	16117	38038	21936	16102	31276	17826	13450
27	29053	17681	11372	27749	16749	11000	29582	17573	12009
28	22611	14328	8283	20446	12731	7715	20876	12869	8007
29	14796	9513	5283	15766	9998	5768	15364	9492	5872
30-34岁	**35887**	**22714**	**13173**	**33139**	**21032**	**12107**	**34134**	**21546**	**12588**
30	10834	7024	3810	10498	6744	3754	11960	7524	4436
31	8028	4947	3081	7627	4828	2799	7905	4912	2993
32	6772	4302	2470	5951	3751	2200	5970	3783	2187
33	5937	3687	2250	4831	3089	1742	4599	2972	1627
34	4316	2754	1562	4232	2620	1612	3700	2355	1345
35-39岁	**12391**	**8113**	**4278**	**10899**	**7058**	**3841**	**10775**	**6784**	**3991**
35	3476	2252	1224	3124	2066	1058	3273	2030	1243
36	2922	1901	1021	2418	1528	890	2438	1525	913
37	2303	1543	760	2114	1403	711	1984	1270	714
38	1869	1212	657	1768	1138	630	1710	1109	601
39	1821	1205	616	1475	923	552	1370	850	520
40-44岁	**7249**	**4609**	**2640**	**6208**	**3884**	**2324**	**5616**	**3570**	**2046**
40	1694	1068	626	1458	906	552	1288	804	484
41	1696	1086	610	1347	835	512	1220	771	449
42	1465	945	520	1317	819	498	1143	721	422
43	1243	793	450	1123	718	405	1034	695	339
44	1151	717	434	963	606	357	931	579	352
45-49岁	**3770**	**2359**	**1411**	**3058**	**1919**	**1139**	**3341**	**2103**	**1238**
45	1102	701	401	807	506	301	813	531	282
46	835	536	299	732	457	275	795	514	281
47	706	431	275	576	377	199	646	394	252
48	550	340	210	523	324	199	616	367	249
49	577	351	226	420	255	165	471	297	174
50岁及以上	**3559**	**2138**	**1421**	**3216**	**1850**	**1366**	**3838**	**2227**	**1611**
平均初婚年龄	**25.45**	**26.40**	**24.46**	**25.73**	**26.69**	**24.72**	**26.08**	**27.06**	**25.06**

5-4c 续表 13

单位：人

初婚年龄	初婚年份								
	2018年			2019年			2020年		
	小计	男	女	小计	男	女	小计	男	女
总 计	**394224**	**196223**	**198001**	**294948**	**150254**	**144694**	**193562**	**99908**	**93654**
15岁以下	**412**	**37**	**375**	**312**	**30**	**282**	**71**	**8**	**63**
15-19岁	**30786**	**7806**	**22980**	**22155**	**5900**	**16255**	**9820**	**2500**	**7320**
15	1407	241	1166	1085	201	884	431	88	343
16	2657	534	2123	2115	472	1643	875	187	688
17	4696	1001	3695	3492	849	2643	1468	367	1101
18	8409	2094	6315	5854	1608	4246	2623	670	1953
19	13617	3936	9681	9609	2770	6839	4423	1188	3235
20-24岁	**147407**	**63079**	**84328**	**104977**	**45708**	**59269**	**60732**	**26590**	**34142**
20	20432	6035	14397	14061	4233	9828	7368	2045	5323
21	25354	9483	15871	17999	6942	11057	9427	3486	5941
22	32484	14526	17958	22798	10312	12486	13728	6387	7341
23	33954	15778	18176	24035	11253	12782	13533	6465	7068
24	35183	17257	17926	26084	12968	13116	16676	8207	8469
25-29岁	**144745**	**81765**	**62980**	**104619**	**60204**	**44415**	**66865**	**38295**	**28570**
25	35373	18351	17022	24771	12962	11809	16531	8541	7990
26	32555	17672	14883	23874	13209	10665	14964	8536	6428
27	29923	17370	12553	20686	12157	8529	13741	7968	5773
28	27764	16636	11128	18476	11304	7172	11633	7028	4605
29	19130	11736	7394	16812	10572	6240	9996	6222	3774
30-34岁	**42698**	**26449**	**16249**	**36688**	**23021**	**13667**	**29082**	**17849**	**11233**
30	14106	8685	5421	11607	7303	4304	9342	5927	3415
31	11086	6876	4210	9082	5692	3390	7001	4285	2716
32	7793	4872	2921	7202	4543	2659	5338	3259	2079
33	5503	3382	2121	5043	3151	1892	4361	2562	1799
34	4210	2634	1576	3754	2332	1422	3040	1816	1224
35-39岁	**12842**	**7805**	**5037**	**10762**	**6432**	**4330**	**9588**	**5285**	**4303**
35	3557	2121	1436	2861	1750	1111	2336	1358	978
36	3249	1992	1257	2413	1451	962	1913	1097	816
37	2311	1397	914	2190	1297	893	1862	1043	819
38	1894	1162	732	1725	1024	701	1883	1011	872
39	1831	1133	698	1573	910	663	1594	776	818
40-44岁	**6293**	**3920**	**2373**	**6376**	**3726**	**2650**	**6741**	**3584**	**3157**
40	1420	853	567	1509	855	654	1682	840	842
41	1299	790	509	1307	762	545	1506	786	720
42	1266	794	472	1270	761	509	1356	719	637
43	1214	763	451	1179	677	502	1151	640	511
44	1094	720	374	1111	671	440	1046	599	447
45-49岁	**3928**	**2475**	**1453**	**4403**	**2593**	**1810**	**3634**	**2122**	**1512**
45	961	615	346	1035	615	420	889	499	390
46	841	549	292	938	570	368	861	518	343
47	802	506	296	862	505	357	692	428	264
48	688	407	281	848	499	349	588	330	258
49	636	398	238	720	404	316	604	347	257
50岁及以上	**5113**	**2887**	**2226**	**4656**	**2640**	**2016**	**7029**	**3675**	**3354**
平均初婚年龄	**26.44**	**27.48**	**25.41**	**26.94**	**27.94**	**25.91**	**28.38**	**29.14**	**27.57**

5-5 全国分年龄、性别、初婚年龄的人口

单位：人

年龄	初婚年龄 合计 合计	合计 男	合计 女	15岁以下 小计	15岁以下 男	15岁以下 女
总 计	**92314156**	**44794461**	**47519695**	**150348**	**29422**	**120926**
20岁以下	**52733**	**11907**	**40826**	**3035**	**335**	**2700**
20-24岁	**1024122**	**336765**	**687357**	**5641**	**814**	**4827**
20	57236	13970	43266	761	103	658
21	100030	26516	73514	978	123	855
22	181831	55415	126416	1234	188	1046
23	277162	93365	183797	1254	192	1062
24	407863	147499	260364	1414	208	1206
25-29岁	**5031754**	**2170957**	**2860797**	**8094**	**1653**	**6441**
25	595887	229730	366157	1591	275	1316
26	749432	305563	443869	1481	270	1211
27	1003713	425825	577888	1552	303	1249
28	1215113	538180	676933	1583	357	1226
29	1467609	671659	795950	1887	448	1439
30-34岁	**10529203**	**5048792**	**5480411**	**14223**	**3707**	**10516**
30	2018048	941779	1076269	2626	608	2018
31	2096414	992362	1104052	2935	778	2157
32	2061687	988854	1072833	2832	796	2036
33	2300328	1118546	1181782	3104	789	2315
34	2052726	1007251	1045475	2726	736	1990
35-39岁	**9239473**	**4630071**	**4609402**	**8732**	**1912**	**6820**
35	1791026	889128	901898	2384	636	1748
36	1805085	901154	903931	1730	321	1409
37	1781005	894411	886594	1543	334	1209
38	2056625	1036081	1020544	1617	320	1297
39	1805732	909297	896435	1458	301	1157
40-44岁	**8877552**	**4485155**	**4392397**	**12432**	**2826**	**9606**
40	1667214	840680	826534	1717	363	1354
41	1846934	934426	912508	2396	530	1866
42	1771415	893497	877918	2567	579	1988
43	1699450	859394	840056	2579	600	1979
44	1892539	957158	935381	3173	754	2419
45-49岁	**10960400**	**5517876**	**5442524**	**13186**	**2883**	**10303**
45	1941275	978844	962431	3162	735	2427
46	2129941	1071073	1058868	2549	570	1979
47	2231270	1124246	1107024	2538	557	1981
48	2291070	1151834	1139236	2413	518	1895
49	2366844	1191879	1174965	2524	503	2021
50-54岁	**11679008**	**5813656**	**5865352**	**17018**	**3611**	**13407**
50	2504503	1249067	1255436	3165	656	2509
51	2352847	1173351	1179496	3659	857	2802
52	2523631	1255609	1268022	3939	833	3106
53	2019457	1000505	1018952	2996	606	2390
54	2278570	1135124	1143446	3259	659	2600
55-59岁	**9818791**	**4847776**	**4971015**	**10676**	**1788**	**8888**
55	2236707	1110680	1126027	3339	741	2598
56	2186080	1079074	1107006	2047	311	1736
57	2526641	1255156	1271485	2280	352	1928
58	1850891	911096	939795	1836	240	1596
59	1018472	491770	526702	1174	144	1030
60-64岁	**7092200**	**3503828**	**3588372**	**11813**	**2161**	**9652**
60	1246504	613826	632678	1561	255	1306
61	1172280	584603	587677	1961	370	1591
62	1492752	741919	750833	2603	502	2101
63	1667290	826754	840536	2864	542	2322
64	1513374	736726	776648	2824	492	2332
65岁及以上	**18008920**	**8427678**	**9581242**	**45498**	**7732**	**37766**

5-5 续表 1

单位：人

年 龄	初婚年龄								
	15岁			16岁			17岁		
	小计	男	女	小计	男	女	小计	男	女
总 计	**610713**	**131161**	**479552**	**1076287**	**222048**	**854239**	**1940231**	**433998**	**1506233**
20岁以下	**7768**	**1489**	**6279**	**11632**	**2474**	**9158**	**13815**	**3243**	**10572**
20-24岁	**21373**	**4085**	**17288**	**37095**	**7865**	**29230**	**61272**	**14543**	**46729**
20	2784	503	2281	4579	952	3627	8300	1878	6422
21	3603	733	2870	6177	1362	4815	9417	2310	7107
22	4572	889	3683	7703	1580	6123	12682	3011	9671
23	5119	931	4188	8500	1785	6715	14402	3401	11001
24	5295	1029	4266	10136	2186	7950	16471	3943	12528
25-29岁	**32571**	**7453**	**25118**	**60024**	**14056**	**45968**	**113377**	**29810**	**83567**
25	6707	1362	5345	10297	2243	8054	19681	4957	14724
26	6230	1311	4919	12180	2882	9298	19282	4977	14305
27	6740	1547	5193	12648	2940	9708	24531	6528	18003
28	6372	1573	4799	12805	3029	9776	24853	6694	18159
29	6522	1660	4862	12094	2962	9132	25030	6654	18376
30-34岁	**49508**	**14824**	**34684**	**77418**	**20569**	**56849**	**135415**	**35214**	**100201**
30	9973	2931	7042	14417	3589	10828	28249	7403	20846
31	10239	3066	7173	17487	4988	12499	27350	7306	20044
32	9520	2878	6642	15036	4006	11030	27659	7356	20303
33	10914	3258	7656	16019	4182	11837	27970	7167	20803
34	8862	2691	6171	14459	3804	10655	24187	5982	18205
35-39岁	**39273**	**10561**	**28712**	**64308**	**16069**	**48239**	**111790**	**27762**	**84028**
35	10774	3358	7416	11737	3115	8622	21226	5323	15903
36	9171	2604	6567	16080	4479	11601	19311	4834	14477
37	6748	1626	5122	13618	3417	10201	24785	6510	18275
38	6675	1588	5087	12598	2810	9788	26070	6344	19726
39	5905	1385	4520	10275	2248	8027	20398	4751	15647
40-44岁	**41146**	**11424**	**29722**	**66128**	**16834**	**49294**	**112616**	**29148**	**83468**
40	6742	1707	5035	9871	2226	7645	18066	4275	13791
41	8571	2556	6015	14320	3890	10430	21823	5569	16254
42	8053	2249	5804	13354	3340	10014	23831	6205	17626
43	8564	2336	6228	12705	3243	9462	22655	6047	16608
44	9216	2576	6640	15378	4135	11743	26241	7052	19189
45-49岁	**59756**	**15998**	**43758**	**107012**	**27886**	**79126**	**199781**	**55876**	**143905**
45	13235	3824	9411	15117	3903	11214	28757	7702	21055
46	13417	3738	9679	23828	6439	17389	31177	8531	22646
47	11732	3111	8621	24897	6707	18190	45631	13298	32333
48	10690	2705	7985	22288	5719	16569	48984	14027	34957
49	10682	2620	8062	20882	5118	15764	45232	12318	32914
50-54岁	**67837**	**17516**	**50321**	**124806**	**30926**	**93880**	**238078**	**62386**	**175692**
50	14269	3583	10686	22824	5519	17305	45387	11979	33408
51	14938	4017	10921	29209	7637	21572	49078	13245	35833
52	14534	3823	10711	28011	7052	20959	57712	15192	42520
53	12323	3073	9250	20841	5097	15744	42716	11046	31670
54	11773	3020	8753	23921	5621	18300	43185	10924	32261
55-59岁	**51159**	**10397**	**40762**	**93285**	**18498**	**74787**	**185815**	**40591**	**145224**
55	15857	4054	11803	20155	4543	15612	42431	10490	31941
56	12710	2733	9977	26462	5863	20599	37441	8493	28948
57	11195	1963	9232	24648	4743	19905	53715	11833	41882
58	7317	1093	6224	15176	2425	12751	37176	7270	29906
59	4080	554	3526	6844	924	5920	15052	2505	12547
60-64岁	**39280**	**6938**	**32342**	**64042**	**10777**	**53265**	**108771**	**19071**	**89700**
60	5936	918	5018	8295	1214	7081	15003	2302	12701
61	6432	1217	5215	11321	2096	9225	15985	2854	13131
62	7774	1394	6380	12956	2158	10798	24374	4379	19995
63	10057	1863	8194	15052	2597	12455	27111	4958	22153
64	9081	1546	7535	16418	2712	13706	26298	4578	21720
65岁及以上	**201042**	**30476**	**170566**	**370537**	**56094**	**314443**	**659501**	**116354**	**543147**

5-5 续表 2

单位：人

年龄	初婚年龄								
	18岁			19岁			20岁		
	小计	男	女	小计	男	女	小计	男	女
总 计	**3265132**	**837455**	**2427677**	**5724653**	**1745748**	**3978905**	**8464279**	**2913131**	**5551148**
20岁以下	**11738**	**3066**	**8672**	**4745**	**1300**	**3445**			
20-24岁	**94612**	**24601**	**70011**	**137947**	**38661**	**99286**	**179885**	**49140**	**130745**
20	13920	3517	10403	16438	4470	11968	10454	2547	7907
21	14887	3902	10985	23986	6721	17265	27976	7453	20523
22	18082	4594	13488	28161	7822	20339	42691	11416	31275
23	22174	5754	16420	30704	8558	22146	46469	12892	33577
24	25549	6834	18715	38658	11090	27568	52295	14832	37463
25-29岁	**192020**	**57068**	**134952**	**306354**	**97994**	**208360**	**441130**	**141779**	**299351**
25	29356	8282	21074	46065	13736	32329	67027	19598	47429
26	33607	9717	23890	49634	15488	34146	72265	22169	50096
27	36999	10957	26042	62555	19633	42922	86665	27383	59282
28	44830	13713	31117	66054	21859	44195	103143	34323	68820
29	47228	14399	32829	82046	27278	54768	112030	38306	73724
30-34岁	**251658**	**71368**	**180290**	**475380**	**148256**	**327124**	**783198**	**261761**	**521437**
30	57526	16966	40560	103248	34021	69227	164194	56233	107961
31	51705	15439	36266	102068	32876	69192	163190	56395	106795
32	45476	12889	32587	88482	27707	60775	155395	52123	103272
33	52798	14654	38144	94155	28353	65802	160619	53017	107602
34	44153	11420	32733	87427	25299	62128	139800	43993	95807
35-39岁	**195377**	**50472**	**144905**	**361892**	**99641**	**262251**	**604042**	**183058**	**420984**
35	36757	9417	27340	73127	20433	52694	125195	39128	86067
36	36938	9593	27345	70540	19199	51341	121969	37137	84832
37	32553	8511	24042	67635	18741	48894	115624	34770	80854
38	47888	12507	35381	70749	19401	51348	132234	39879	92355
39	41241	10444	30797	79841	21867	57974	109020	32144	76876
40-44岁	**199251**	**52898**	**146353**	**396175**	**111344**	**284831**	**672042**	**202309**	**469733**
40	34957	8446	26511	73613	20283	53330	124704	37862	86842
41	37964	10127	27837	79411	21778	57633	142646	43563	99083
42	37610	9958	27652	75067	21064	54003	134243	39663	94580
43	41719	11342	30377	74655	21214	53441	125933	37235	88698
44	47001	13025	33976	93429	27005	66424	144516	43986	100530
45-49岁	**351081**	**104616**	**246465**	**621515**	**196660**	**424855**	**939074**	**317585**	**621489**
45	50086	14136	35950	97918	28713	69205	163219	51008	112211
46	59202	16874	42328	110982	33440	77542	178889	57669	121220
47	61909	18437	43472	121663	38398	83265	189779	63971	125808
48	86569	26332	60237	125227	40479	84748	204076	71251	132825
49	93315	28837	64478	165725	55630	110095	203111	73686	129425
50-54岁	**456192**	**131954**	**324238**	**874074**	**289917**	**584157**	**1326318**	**499594**	**826724**
50	92935	27352	65583	185270	62078	123192	272541	100819	171722
51	89213	26592	62621	174378	58581	115797	275732	105519	170213
52	98455	28460	69995	182093	60733	121360	288312	108877	179435
53	87860	24970	62890	152771	50090	102681	227119	85136	141983
54	87729	24580	63149	179562	58435	121127	262614	99243	163371
55-59岁	**337779**	**84278**	**253501**	**646935**	**198078**	**448857**	**1036833**	**377057**	**659776**
55	76277	21022	55255	157769	51609	106160	266036	99236	166800
56	76400	19959	56441	140531	44089	96442	236381	86937	149444
57	78176	19298	58878	163092	50124	112968	250548	92711	157837
58	73369	16800	56569	116249	33628	82621	190542	67369	123173
59	33557	7199	26358	69294	18628	50666	93326	30804	62522
60-64岁	**179932**	**36533**	**143399**	**334768**	**94638**	**240130**	**543779**	**183556**	**360223**
60	30310	5847	24463	65785	18223	47562	124631	40670	83961
61	25805	5296	20509	54918	15689	39229	99771	34884	64887
62	34057	6928	27129	61343	17343	44000	107100	35924	71176
63	46349	9458	36891	73147	20901	52246	108782	37155	71627
64	43411	9004	34407	79575	22482	57093	103495	34923	68572
65岁及以上	**995492**	**220601**	**774891**	**1564868**	**469259**	**1095609**	**1937978**	**697292**	**1240686**

5-5 续表 3 单位：人

年 龄	初婚年龄								
	21岁			22岁			23岁		
	小计	男	女	小计	男	女	小计	男	女
总 计	**10151584**	**4335354**	**5816230**	**11656843**	**5740692**	**5916151**	**10653943**	**5340973**	**5312970**
20岁以下									
20-24岁	**177019**	**61888**	**115131**	**173137**	**75237**	**97900**	**101025**	**44131**	**56894**
20									
21	13006	3912	9094						
22	41304	14363	26941	25402	11552	13850			
23	58108	20397	37711	61757	26852	34905	28675	12603	16072
24	64601	23216	41385	85978	36833	49145	72350	31528	40822
25-29岁	**522147**	**203719**	**318428**	**633021**	**291975**	**341046**	**641975**	**291281**	**350694**
25	74033	27091	46942	96571	42461	54110	105492	46073	59419
26	85588	32559	53029	100626	45230	55396	104858	46379	58479
27	102027	39215	62812	129056	58955	70101	121259	54946	66313
28	116109	46391	69718	141581	66365	75216	146825	67456	79369
29	144390	58463	85927	165187	78964	86223	163541	76427	87114
30-34岁	**1002867**	**419484**	**583383**	**1224338**	**598979**	**625359**	**1144636**	**559264**	**585372**
30	182243	75053	107190	236034	113014	123020	216314	102724	113590
31	208828	87729	121099	226353	109368	116985	232766	111943	120823
32	200471	84442	116029	245317	121208	124109	209952	101611	108341
33	225329	94441	130888	271879	134133	137746	260057	130050	130007
34	185996	77819	108177	244755	121256	123499	225547	112936	112611
35-39岁	**830874**	**340486**	**490388**	**1054782**	**520715**	**534067**	**1008277**	**506240**	**502037**
35	160914	66861	94053	198416	99307	99109	201580	101514	100066
36	166698	69513	97185	200970	99234	101736	187727	94906	92821
37	160351	65772	94579	204859	101479	103380	190139	94837	95302
38	183384	73861	109523	237607	117000	120607	226413	114218	112195
39	159527	64479	95048	212930	103695	109235	202418	100765	101653
40-44岁	**865911**	**352804**	**513107**	**1092438**	**543500**	**548938**	**1041404**	**512540**	**528864**
40	133703	54062	79641	183634	92964	95670	190577	93590	96987
41	186282	76677	109605	193926	96027	97899	208659	102802	105857
42	183440	74972	108468	231379	114948	116431	182056	88738	93318
43	173562	70065	103497	226329	113376	112953	216703	107422	109281
44	188924	77028	111896	252170	126185	125985	243409	119988	123421
45-49岁	**1223486**	**533084**	**690402**	**1462226**	**742007**	**720219**	**1363976**	**676551**	**687425**
45	200456	83187	117269	248923	124336	124587	246926	121614	125312
46	243958	103853	140105	279947	141083	138864	258965	126930	132035
47	247260	108412	138848	313819	159519	154300	273195	134167	139028
48	256616	113684	142932	304935	155844	149091	298144	149145	148999
49	275196	123948	151248	314602	161225	153377	286746	144695	142051
50-54岁	**1559886**	**719382**	**840504**	**1666058**	**864415**	**801643**	**1373186**	**717783**	**655403**
50	270523	123168	147355	336923	172649	164274	296778	149524	147254
51	327960	152838	175122	285710	147483	138227	271303	139733	131570
52	365104	169975	195129	381168	198994	182174	258268	134348	123920
53	283157	129668	153489	311970	163061	148909	254021	135885	118136
54	313142	143733	169409	350287	182228	168059	292816	158293	134523
55-59岁	**1353761**	**605465**	**748296**	**1524841**	**772680**	**752161**	**1304213**	**686980**	**617233**
55	316460	143724	172736	332931	170922	162009	287145	151767	135378
56	328826	147110	181716	336899	171026	165873	273716	143787	129929
57	349029	157827	191202	431753	219683	212070	335250	176854	158396
58	232133	103526	128607	282273	142813	139460	269612	143576	126036
59	127313	53278	74035	140985	68236	72749	138490	70996	67494
60-64岁	**744110**	**296489**	**447621**	**981440**	**442015**	**539425**	**1023478**	**500372**	**523106**
60	142443	57178	85265	181725	86672	95053	165016	84219	80797
61	158778	63882	94896	160951	73541	87410	165194	83964	81230
62	162623	64858	97765	242390	107866	134524	204824	99456	105368
63	157138	61994	95144	221437	98312	123125	280572	135815	144757
64	123128	48577	74551	174937	75624	99313	207872	96918	110954
65岁及以上	**1871523**	**802553**	**1068970**	**1844562**	**889169**	**955393**	**1651773**	**845831**	**805942**

5-5 续表 4

单位：人

年龄	初婚年龄								
	24岁			25岁			26岁		
	小计	男	女	小计	男	女	小计	男	女
总　计	**9247911**	**4949928**	**4297983**	**7613396**	**4335687**	**3277709**	**5701793**	**3405284**	**2296509**
20岁以下									
20-24岁	**35116**	**15800**	**19316**						
20									
21									
22									
23									
24	35116	15800	19316						
25-29岁	**668925**	**314329**	**354596**	**580859**	**281552**	**299307**	**423701**	**216232**	**207469**
25	94375	43092	51283	44692	20560	24132			
26	122858	56258	66600	98290	46952	51338	42533	21371	21162
27	134202	62301	71901	138999	66327	72672	103217	52249	50968
28	142544	68085	74459	143076	69907	73169	135902	68888	67014
29	174946	84593	90353	155802	77806	77996	142049	73724	68325
30-34岁	**1109690**	**554575**	**555115**	**1062499**	**547249**	**515250**	**918262**	**490280**	**427982**
30	220482	107730	112752	222710	112813	109897	178174	93643	84531
31	219793	107955	111838	214261	108925	105336	193230	101247	91983
32	224494	111392	113102	202071	103551	98520	178348	94865	83483
33	226343	113897	112446	233972	121831	112141	190659	103226	87433
34	218578	113601	104977	189485	100129	89356	177851	97299	80552
35-39岁	**942378**	**496152**	**446226**	**875938**	**481510**	**394428**	**742381**	**424157**	**318224**
35	184615	96504	88111	174433	95005	79428	142477	79053	63424
36	191107	100467	90640	173795	95081	78714	148445	84483	63962
37	173527	91582	81945	176048	96937	79111	146621	83533	63088
38	207967	108813	99154	185472	102600	82872	171762	99147	72615
39	185162	98786	86376	166190	91887	74303	133076	77941	55135
40-44岁	**889338**	**474578**	**414760**	**741274**	**423673**	**317601**	**601136**	**362013**	**239123**
40	170074	90071	80003	151879	85334	66545	126740	74147	52593
41	190452	100925	89527	162272	91940	70332	131286	78810	52476
42	172882	92307	80575	153773	87459	66314	119812	72130	47682
43	150453	80381	70072	137223	79445	57778	111208	67614	43594
44	205477	110894	94583	136127	79495	56632	112090	69312	42778
45-49岁	**1136735**	**611829**	**524906**	**893618**	**522865**	**370753**	**618769**	**382983**	**235786**
45	207383	111784	95599	167065	97963	69102	99505	62088	37417
46	225841	121091	104750	177916	104413	73503	128800	79828	48972
47	223874	119225	104649	186516	108507	78009	130680	80835	49845
48	228449	122733	105716	179864	105100	74764	132653	81530	51123
49	251188	136996	114192	182257	106882	75375	127131	78702	48429
50-54岁	**1041621**	**585308**	**456313**	**768835**	**465648**	**303187**	**534804**	**339082**	**195722**
50	242137	132925	109212	202724	119847	82877	129480	80217	49263
51	210341	117025	93316	161194	97451	63743	120243	75297	44946
52	219783	123382	96401	160505	97562	62943	111741	71152	40589
53	151921	86562	65359	122994	75408	47586	82777	53263	29514
54	217439	125414	92025	121418	75380	46038	90563	59153	31410
55-59岁	**988969**	**563229**	**425740**	**691249**	**423150**	**268099**	**428077**	**276472**	**151605**
55	217320	124701	92619	151402	93301	58101	79234	52092	27142
56	216544	122654	93890	151226	92977	58249	96945	62582	34363
57	244976	139013	105963	178405	108966	69439	113540	73685	39855
58	188302	108660	79642	129460	79397	50063	86778	55537	31241
59	121827	68201	53626	80756	48509	32247	51580	32576	19004
60-64岁	**900816**	**491675**	**409141**	**656872**	**397681**	**259191**	**435750**	**284793**	**150957**
60	145477	82519	62958	119126	73221	45905	70837	46127	24710
61	131072	74239	56833	101608	63225	38383	74824	49479	25345
62	183498	101109	82389	130386	80108	50278	90451	60200	30251
63	204965	110346	94619	157897	94861	63036	100176	65409	34767
64	235804	123462	112342	147855	86266	61589	99462	63578	35884
65岁及以上	**1534323**	**842453**	**691870**	**1342252**	**792359**	**549893**	**998913**	**629272**	**369641**

5-5　续表 5　　　　　　　　　　　　　　　　　　　　　　　　　　单位：人

年　龄	初婚年龄								
	27岁			28岁			29岁		
	小计	男	女	小计	男	女	小计	男	女
总　计	**4181690**	**2614548**	**1567142**	**2984869**	**1931419**	**1053450**	**2132387**	**1406658**	**725729**
20岁以下									
20-24岁									
20									
21									
22									
23									
24									
25-29岁	**260662**	**139035**	**121627**	**117242**	**65737**	**51505**	**29652**	**17284**	**12368**
25									
26									
27	43263	22541	20722						
28	92034	49001	43033	37402	20539	16863			
29	125365	67493	57872	79840	45198	34642	29652	17284	12368
30-34岁	**736806**	**410673**	**326133**	**572998**	**332658**	**240340**	**411502**	**244857**	**166645**
30	150839	82256	68583	125671	70980	54691	76420	44583	31837
31	144262	79645	64617	113853	65311	48542	91088	53292	37796
32	149830	83269	66561	105845	61250	44595	80416	47914	32502
33	155982	87936	68046	122876	72545	50331	83622	50278	33344
34	135893	77567	58326	104753	62572	42181	79956	48790	31166
35-39岁	**609857**	**364214**	**245643**	**459457**	**285256**	**174201**	**339822**	**214944**	**124878**
35	123995	72392	51603	88965	53879	35086	67162	41531	25631
36	116700	68445	48255	94619	57950	36669	66388	41532	24856
37	117411	70057	47354	86484	53800	32684	69151	43976	25175
38	135208	81891	53317	102089	64035	38054	72580	46486	26094
39	116543	71429	45114	87300	55592	31708	64541	41419	23122
40-44岁	**469815**	**297671**	**172144**	**364725**	**240085**	**124640**	**278928**	**186712**	**92216**
40	95809	59644	36165	80993	51906	29087	59076	38592	20484
41	106815	66648	40167	77360	50643	26717	64324	42728	21596
42	94198	59467	34731	74246	48582	25664	53946	36239	17707
43	84325	54248	30077	65598	43773	21825	50334	34053	16281
44	88668	57664	31004	66528	45181	21347	51248	35100	16148
45-49岁	**437907**	**287039**	**150868**	**309239**	**210632**	**98607**	**225406**	**156552**	**68854**
45	81320	53773	27547	63943	43531	20412	48325	33531	14794
46	75568	50045	25523	60714	41630	19084	48299	33590	14709
47	93444	61213	32231	53363	36835	16528	44618	31142	13476
48	93040	60986	32054	65545	44339	21206	37851	26434	11417
49	94535	61022	33513	65674	44297	21377	46313	31855	14458
50-54岁	**375905**	**247247**	**128658**	**271577**	**180734**	**90843**	**206339**	**137281**	**69058**
50	91563	58838	32725	68979	45047	23932	48237	32435	15802
51	79239	51838	27401	56657	37726	18931	46199	30055	16144
52	85478	56090	29388	56726	37955	18771	43997	29292	14705
53	58373	38889	19484	45079	29991	15088	31884	21392	10492
54	61252	41592	19660	44136	30015	14121	36022	24107	11915
55-59岁	**277191**	**186985**	**90206**	**180556**	**124682**	**55874**	**128995**	**89368**	**39627**
55	60177	40906	19271	41468	28737	12731	31683	21828	9855
56	51121	35131	15990	39546	27626	11920	28496	19862	8634
57	73641	49921	23720	38903	27344	11559	31862	22333	9529
58	57245	38230	19015	37170	25393	11777	20886	14490	6396
59	35007	22797	12210	23469	15582	7887	16068	10855	5213
60-64岁	**288876**	**198281**	**90595**	**195271**	**136673**	**58598**	**135646**	**95139**	**40507**
60	45183	30238	14945	30373	20479	9894	21066	14216	6850
61	45198	31322	13876	28922	20312	8610	20605	14495	6110
62	66850	46305	20545	40799	28913	11886	27222	19350	7872
63	69414	48205	21209	51865	36665	15200	32934	23479	9455
64	62231	42211	20020	43312	30304	13008	33819	23599	10220
65岁及以上	**724671**	**483403**	**241268**	**513804**	**354962**	**158842**	**376097**	**264521**	**111576**

5-5 续表 6 单位：人

年龄	初婚年龄								
	30岁			31岁			32岁		
	小计	男	女	小计	男	女	小计	男	女
总计	**1542898**	**1022401**	**520497**	**1111400**	**733424**	**377976**	**841060**	**553473**	**287587**
20岁以下									
20-24岁									
20									
21									
22									
23									
24									
25-29岁									
25									
26									
27									
28									
29									
30-34岁	**269888**	**162131**	**107757**	**157864**	**94753**	**63111**	**85021**	**51051**	**33970**
30	28928	17232	11696						
31	55768	33502	22266	21238	12597	8641			
32	64646	38200	26446	40583	24251	16332	15314	9146	6168
33	64831	39280	25551	52821	31681	21140	33436	20139	13297
34	55715	33917	21798	43222	26224	16998	36271	21766	14505
35-39岁	**259169**	**164071**	**95098**	**197766**	**123099**	**74667**	**156532**	**96115**	**60417**
35	52923	32701	20222	36965	22591	14374	29366	17899	11467
36	50950	31864	19086	40392	24709	15683	29424	17877	11547
37	50361	31780	18581	38538	23930	14608	31663	19487	12176
38	59153	37758	21395	43867	27590	16277	35354	21767	13587
39	45782	29968	15814	38004	24279	13725	30725	19085	11640
40-44岁	**215394**	**144160**	**71234**	**165857**	**110186**	**55671**	**134515**	**88026**	**46489**
40	44995	29283	15712	31681	20651	11030	27799	17743	10056
41	47754	31404	16350	37165	24236	12929	26669	17511	9158
42	45231	30244	14987	34646	23007	11639	27835	17952	9883
43	37209	25474	11735	31894	21421	10473	25559	16885	8674
44	40205	27755	12450	30471	20871	9600	26653	17935	8718
45-49岁	**169654**	**118405**	**51249**	**135242**	**93797**	**41445**	**110881**	**76405**	**34476**
45	38120	26171	11949	29502	20429	9073	23393	15924	7469
46	36820	25769	11051	29794	20452	9342	24039	16720	7319
47	35983	25276	10707	27697	19280	8417	23050	15867	7183
48	31568	22172	9396	25529	17717	7812	20710	14253	6457
49	27163	19017	8146	22720	15919	6801	19689	13641	6048
50-54岁	**157634**	**104773**	**52861**	**111789**	**74342**	**37447**	**83760**	**56549**	**27211**
50	34345	23784	10561	19525	13594	5931	17605	12225	5380
51	32351	21949	10402	22268	15307	6961	12874	9136	3738
52	38012	24285	13727	25116	16807	8309	17466	11937	5529
53	26491	17250	9241	23185	14582	8603	15245	10147	5098
54	26435	17505	8930	21695	14052	7643	20570	13104	7466
55-59岁	**100255**	**68081**	**32174**	**80555**	**53745**	**26810**	**69052**	**45555**	**23497**
55	26633	17622	9011	19528	12877	6651	17003	11035	5968
56	22733	15542	7191	19734	13089	6645	15177	10098	5079
57	24223	16534	7689	19573	13208	6365	18423	12187	6236
58	17671	12198	5473	13931	9294	4637	11780	7824	3956
59	8995	6185	2810	7789	5277	2512	6669	4411	2258
60-64岁	**94569**	**66154**	**28415**	**64509**	**45105**	**19404**	**49052**	**34178**	**14874**
60	14780	10074	4706	8301	5726	2575	7782	5245	2537
61	14404	10177	4227	9907	7104	2803	5971	4260	1711
62	20162	14304	5858	13988	9858	4130	10349	7376	2973
63	22601	15881	6720	16720	11720	5000	12603	8830	3773
64	22622	15718	6904	15593	10697	4896	12347	8467	3880
65岁及以上	**276335**	**194626**	**81709**	**197818**	**138397**	**59421**	**152247**	**105594**	**46653**

5-5 续表 7

单位：人

年 龄	初婚年龄								
	33岁			34岁			35岁		
	小计	男	女	小计	男	女	小计	男	女
总 计	**637164**	**416730**	**220434**	**492697**	**322655**	**170042**	**383068**	**251240**	**131828**
20岁以下									
20-24岁									
20									
21									
22									
23									
24									
25-29岁									
25									
26									
27									
28									
29									
30-34岁	**36693**	**21736**	**14957**	**9339**	**5403**	**3936**			
30									
31									
32									
33	12942	7689	5253						
34	23751	14047	9704	9339	5403	3936			
35-39岁	**125539**	**75724**	**49815**	**97948**	**58423**	**39525**	**68960**	**40556**	**28404**
35	24687	14779	9908	16681	9823	6858	6647	3879	2768
36	23431	14106	9325	20020	11917	8103	13426	7864	5562
37	23217	13968	9249	18809	11185	7624	16013	9264	6749
38	29360	17717	11643	21693	12944	8749	17345	10336	7009
39	24844	15154	9690	20745	12554	8191	15529	9213	6316
40-44岁	**108704**	**69711**	**38993**	**89586**	**56762**	**32824**	**73219**	**46152**	**27067**
40	22569	13956	8613	18946	11538	7408	15938	9647	6291
41	23451	15013	8438	19478	12235	7243	16298	10148	6150
42	19841	12934	6907	18082	11618	6464	14944	9375	5569
43	20899	13457	7442	14851	9611	5240	13453	8687	4766
44	21944	14351	7593	18229	11760	6469	12586	8295	4291
45-49岁	**93837**	**63705**	**30132**	**81313**	**54802**	**26511**	**69136**	**46414**	**22722**
45	21458	14321	7137	18001	11827	6174	15165	9976	5189
46	19418	13250	6168	18191	12186	6005	15072	10060	5012
47	18927	12967	5960	15863	10851	5012	14819	9966	4853
48	18076	12204	5872	14766	10127	4639	12460	8460	4000
49	15958	10963	4995	14492	9811	4681	11620	7952	3668
50-54岁	**59981**	**41154**	**18827**	**47403**	**32736**	**14667**	**39693**	**27389**	**12304**
50	15472	10577	4895	12895	8758	4137	11464	7806	3658
51	11812	8202	3610	10342	7187	3155	8989	6247	2742
52	10251	7104	3147	9518	6619	2899	8540	5908	2632
53	10218	7025	3193	6038	4214	1824	5699	3944	1755
54	12228	8246	3982	8610	5958	2652	5001	3484	1517
55-59岁	**58750**	**38657**	**20093**	**46568**	**31134**	**15434**	**35460**	**24187**	**11273**
55	15784	10147	5637	9272	6272	3000	6844	4810	2034
56	12882	8529	4353	12145	8009	4136	7179	4940	2239
57	13749	9161	4588	11916	8050	3866	10714	7193	3521
58	10796	7115	3681	8087	5384	2703	6987	4732	2255
59	5539	3705	1834	5148	3419	1729	3736	2512	1224
60-64岁	**36570**	**25457**	**11113**	**28137**	**19794**	**8343**	**23091**	**16247**	**6844**
60	6508	4339	2169	5316	3610	1706	4991	3334	1657
61	5680	3901	1779	4837	3348	1489	3894	2783	1111
62	6015	4299	1716	5883	4186	1697	4979	3577	1402
63	9075	6524	2551	5341	3859	1482	5312	3764	1548
64	9292	6394	2898	6760	4791	1969	3915	2789	1126
65岁及以上	**117090**	**80586**	**36504**	**92403**	**63601**	**28802**	**73509**	**50295**	**23214**

5-5 续表 8

单位：人

年　龄	初婚年龄								
	36岁			37岁			38岁		
	小计	男	女	小计	男	女	小计	男	女
总　计	**293924**	**193056**	**100868**	**233879**	**154287**	**79592**	**186856**	**122956**	**63900**
20岁以下									
20-24岁									
20									
21									
22									
23									
24									
25-29岁									
25									
26									
27									
28									
29									
30-34岁									
30									
31									
32									
33									
34									
35-39岁	**43158**	**25333**	**17825**	**25394**	**14728**	**10666**	**12219**	**6938**	**5281**
35									
36	5254	3039	2215						
37	10647	6243	4404	4660	2672	1988			
38	14790	8685	6105	10185	5841	4344	4565	2543	2022
39	12467	7366	5101	10549	6215	4334	7654	4395	3259
40-44岁	**59430**	**37336**	**22094**	**48650**	**30457**	**18193**	**39572**	**24701**	**14871**
40	11534	7010	4524	9022	5418	3604	7987	4742	3245
41	13259	8222	5037	10139	6305	3834	7839	4850	2989
42	12219	7639	4580	10252	6410	3842	7785	4863	2922
43	10932	6945	3987	9417	6014	3403	7689	4855	2834
44	11486	7520	3966	9820	6310	3510	8272	5391	2881
45-49岁	**56627**	**37803**	**18824**	**48709**	**32766**	**15943**	**40781**	**27242**	**13539**
45	10193	6654	3539	9591	6420	3171	8158	5322	2836
46	12528	8187	4341	8712	5860	2852	8208	5482	2726
47	12369	8310	4059	10666	7150	3516	7398	5038	2360
48	11559	7809	3750	10205	6858	3347	8580	5732	2848
49	9978	6843	3135	9535	6478	3057	8437	5668	2769
50-54岁	**33499**	**22949**	**10550**	**29508**	**20409**	**9099**	**26721**	**18322**	**8399**
50	9212	6212	3000	8036	5474	2562	7772	5233	2539
51	7737	5313	2424	6399	4429	1970	5704	3901	1803
52	6863	4685	2178	6421	4386	2035	5345	3750	1595
53	5007	3460	1547	4301	3010	1291	4138	2813	1325
54	4680	3279	1401	4351	3110	1241	3762	2625	1137
55-59岁	**25066**	**17422**	**7644**	**18890**	**13257**	**5633**	**14427**	**10185**	**4242**
55	3931	2832	1099	3793	2681	1112	3323	2321	1002
56	5285	3770	1515	3118	2227	891	2961	2083	878
57	6468	4561	1907	4991	3539	1452	3075	2240	835
58	6129	4078	2051	3950	2772	1178	3129	2204	925
59	3253	2181	1072	3038	2038	1000	1939	1337	602
60-64岁	**19465**	**13580**	**5885**	**16810**	**11579**	**5231**	**15195**	**10115**	**5080**
60	3640	2431	1209	3251	2121	1130	2998	1990	1008
61	3454	2411	1043	2775	1882	893	2508	1637	871
62	4157	2950	1207	3877	2697	1180	3128	2073	1055
63	4196	2983	1213	3697	2615	1082	3640	2471	1169
64	4018	2805	1213	3210	2264	946	2921	1944	977
65岁及以上	**56679**	**38633**	**18046**	**45918**	**31091**	**14827**	**37941**	**25453**	**12488**

5-5　续表 9　　　　　　　　　　　　　　　　　　　　　　　　单位：人

年　龄	初婚年龄					
	39岁			40岁及以上		
	小计	男	女	小计	男	女
总　计	**155862**	**101737**	**54125**	**879289**	**548996**	**330293**
20岁以下						
20-24岁						
20						
21						
22						
23						
24						
25-29岁						
25						
26						
27						
28						
29						
30-34岁						
30						
31						
32						
33						
34						
35-39岁	**3608**	**1935**	**1673**			
35						
36						
37						
38						
39	3608	1935	1673			
40-44岁	**32999**	**20105**	**12894**	**64867**	**37200**	**27667**
40	6264	3538	2726	3324	1682	1642
41	7217	4336	2881	9158	4953	4205
42	6389	3890	2499	13734	7665	6069
43	5936	3725	2211	17066	9926	7140
44	7193	4616	2577	21585	12974	8611
45-49岁	**34566**	**23033**	**11533**	**156887**	**98458**	**58429**
45	7024	4602	2422	25330	15370	9960
46	7109	4688	2421	29998	18695	11303
47	7154	4769	2385	32426	20438	11988
48	6147	4232	1915	34126	21444	12682
49	7132	4742	2390	35007	22511	12496
50-54岁	**25222**	**17135**	**8087**	**161264**	**105114**	**56150**
50	7315	4892	2423	37127	23876	13251
51	5898	3943	1955	33420	21843	11577
52	4913	3374	1539	35360	23034	12326
53	3440	2402	1038	26893	17521	9372
54	3656	2524	1132	28464	18840	9624
55-59岁	**12380**	**8754**	**3626**	**117054**	**77101**	**39953**
55	3154	2201	953	27758	18209	9549
56	2933	2069	864	26642	17578	9064
57	2913	2097	816	29583	19736	9847
58	1796	1252	544	21111	13796	7315
59	1584	1135	449	11960	7782	4178
60-64岁	**13641**	**8886**	**4755**	**86517**	**55941**	**30576**
60	1979	1366	613	14191	9292	4899
61	2365	1572	793	13140	8663	4477
62	3140	1980	1160	17824	11826	5998
63	3179	1999	1180	21166	13548	7618
64	2978	1969	1009	20196	12612	7584
65岁及以上	**33446**	**21889**	**11557**	**292700**	**175182**	**117518**

5-5a 全国分年龄、性别、初婚年龄的人口(城市)

单位：人

年龄	初婚年龄					
	合计			15岁以下		
	合计	男	女	小计	男	女
总计	**36667991**	**17748432**	**18919559**	**32011**	**7451**	**24560**
20岁以下	**10730**	**2565**	**8165**	**396**	**53**	**343**
20-24岁	**341045**	**111973**	**229072**	**927**	**197**	**730**
20	13995	3366	10629	108	18	90
21	27589	7019	20570	154	27	127
22	55391	16640	38751	214	52	162
23	93735	31259	62476	186	38	148
24	150335	53689	96646	265	62	203
25-29岁	**2156623**	**922235**	**1234388**	**1795**	**489**	**1306**
25	234224	89337	144887	331	73	258
26	310737	125179	185558	304	73	231
27	428375	179277	249098	336	94	242
28	531499	232438	299061	365	109	256
29	651788	296004	355784	459	140	319
30-34岁	**4894561**	**2329876**	**2564685**	**3548**	**1087**	**2461**
30	899636	416438	483198	626	162	464
31	963027	452553	510474	712	218	494
32	964371	459571	504800	693	230	463
33	1088390	524842	563548	830	263	567
34	979137	476472	502665	687	214	473
35-39岁	**4409211**	**2191168**	**2218043**	**2108**	**579**	**1529**
35	847199	416995	430204	599	192	407
36	857018	425209	431809	410	103	307
37	859476	427780	431696	379	96	283
38	995854	496685	499169	383	87	296
39	849664	424499	425165	337	101	236
40-44岁	**3990957**	**2005938**	**1985019**	**2886**	**786**	**2100**
40	769438	386071	383367	350	92	258
41	850750	427444	423306	578	150	428
42	800960	402507	398453	606	153	453
43	754960	379475	375485	595	171	424
44	814849	410441	404408	757	220	537
45-49岁	**4457942**	**2250231**	**2207711**	**2985**	**789**	**2196**
45	821575	413693	407882	742	197	545
46	876911	441655	435256	587	156	431
47	912532	461210	451322	569	157	412
48	914944	462851	452093	522	136	386
49	931980	470822	461158	565	143	422
50-54岁	**4264741**	**2129793**	**2134948**	**3594**	**903**	**2691**
50	961766	481156	480610	698	161	537
51	888600	444945	443655	781	206	575
52	922183	460946	461237	849	230	619
53	700965	348315	352650	614	153	461
54	791227	394431	396796	652	153	499
55-59岁	**3626544**	**1790092**	**1836452**	**2099**	**449**	**1650**
55	803645	399495	404150	710	193	517
56	812736	402277	410459	400	78	322
57	960106	475575	484531	464	98	366
58	664126	326213	337913	319	53	266
59	385931	186532	199399	206	27	179
60-64岁	**2650287**	**1293722**	**1356565**	**2115**	**438**	**1677**
60	491334	240203	251131	286	54	232
61	452645	223031	229614	347	80	267
62	561927	276203	285724	459	98	361
63	604832	294750	310082	507	101	406
64	539549	259535	280014	516	105	411
65岁及以上	**5865350**	**2720839**	**3144511**	**9558**	**1681**	**7877**

5-5a 续表 1

单位：人

年 龄	初婚年龄								
	15岁			16岁			17岁		
	小计	男	女	小计	男	女	小计	男	女
总 计	**142439**	**36118**	**106321**	**246412**	**54832**	**191580**	**451438**	**100109**	**351329**
20岁以下	**1294**	**299**	**995**	**2082**	**490**	**1592**	**2819**	**687**	**2132**
20-24岁	**3875**	**964**	**2911**	**7070**	**1638**	**5432**	**12337**	**3014**	**9323**
20	502	113	389	850	206	644	1634	391	1243
21	662	210	452	1202	306	896	1920	515	1405
22	804	209	595	1376	304	1072	2560	635	1925
23	891	203	688	1631	372	1259	2835	643	2192
24	1016	229	787	2011	450	1561	3388	830	2558
25-29岁	**7202**	**2084**	**5118**	**12825**	**3252**	**9573**	**25215**	**6719**	**18496**
25	1333	325	1008	2038	477	1561	4208	1028	3180
26	1335	363	972	2559	634	1925	4197	1078	3119
27	1490	444	1046	2698	683	2015	5381	1473	3908
28	1448	438	1010	2814	719	2095	5659	1598	4061
29	1596	514	1082	2716	739	1977	5770	1542	4228
30-34岁	**14394**	**5226**	**9168**	**20490**	**6460**	**14030**	**34017**	**9796**	**24221**
30	2739	971	1768	3448	951	2497	6366	1791	4575
31	2967	1066	1901	4662	1564	3098	6564	1906	4658
32	2715	975	1740	4125	1295	2830	7224	2187	5037
33	3185	1161	2024	4323	1369	2954	7492	2171	5321
34	2788	1053	1735	3932	1281	2651	6371	1741	4630
35-39岁	**11384**	**3723**	**7661**	**17946**	**5167**	**12779**	**30218**	**8121**	**22097**
35	3407	1232	2175	3322	1079	2243	5590	1592	3998
36	2822	971	1851	4757	1449	3308	5163	1461	3702
37	1725	538	1187	4044	1160	2884	7156	1988	5168
38	1831	540	1291	3264	865	2399	7322	1876	5446
39	1599	442	1157	2559	614	1945	4987	1204	3783
40-44岁	**11137**	**3640**	**7497**	**17246**	**4965**	**12281**	**29193**	**8022**	**21171**
40	1747	535	1212	2493	664	1829	4494	1163	3331
41	2443	871	1572	3832	1194	2638	5743	1559	4184
42	2120	714	1406	3579	1043	2536	6255	1758	4497
43	2341	716	1625	3249	918	2331	5988	1716	4272
44	2486	804	1682	4093	1146	2947	6713	1826	4887
45-49岁	**15096**	**4642**	**10454**	**26082**	**7259**	**18823**	**49441**	**14046**	**35395**
45	3693	1243	2450	3854	1075	2779	7417	2054	5363
46	3559	1145	2414	5958	1769	4189	7747	2239	5508
47	2868	848	2020	6231	1749	4482	11491	3404	8087
48	2505	713	1792	5304	1425	3879	12145	3520	8625
49	2471	693	1778	4735	1241	3494	10641	2829	7812
50-54岁	**16163**	**4892**	**11271**	**28267**	**7692**	**20575**	**54149**	**14393**	**39756**
50	3525	1072	2453	5154	1337	3817	10495	2666	7829
51	3776	1147	2629	7043	2041	5002	11752	3228	8524
52	3383	1081	2302	6385	1756	4629	13182	3496	9686
53	2764	762	2002	4464	1226	3238	9275	2491	6784
54	2715	830	1885	5221	1332	3889	9445	2512	6933
55-59岁	**10807**	**2829**	**7978**	**19034**	**4401**	**14633**	**38712**	**8880**	**29832**
55	3573	1083	2490	4364	1134	3230	9178	2385	6793
56	2724	758	1966	5589	1400	4189	8091	1902	6189
57	2335	553	1782	5145	1143	4002	11326	2643	8683
58	1390	283	1107	2715	515	2200	7352	1495	5857
59	785	152	633	1221	209	1012	2765	455	2310
60-64岁	**7493**	**1643**	**5850**	**11649**	**2309**	**9340**	**19939**	**3873**	**16066**
60	1212	245	967	1620	293	1327	2650	504	2146
61	1289	342	947	2146	486	1660	3109	605	2504
62	1512	342	1170	2436	479	1957	4598	948	3650
63	1826	385	1441	2649	541	2108	4923	981	3942
64	1654	329	1325	2798	510	2288	4659	835	3824
65岁及以上	**43594**	**6176**	**37418**	**83721**	**11199**	**72522**	**155398**	**22558**	**132840**

5-5a 续表 2

单位：人

年龄	初婚年龄								
	18岁			19岁			20岁		
	小计	男	女	小计	男	女	小计	男	女
总 计	**787163**	**191521**	**595642**	**1474045**	**403128**	**1070917**	**2361073**	**695949**	**1665124**
20岁以下	**2818**	**695**	**2123**	**1321**	**341**	**980**			
20-24岁	**20660**	**5275**	**15385**	**36376**	**9123**	**27253**	**57030**	**12923**	**44107**
20	2942	764	2178	4492	1138	3354	3467	736	2731
21	3281	883	2398	6218	1635	4583	9284	2143	7141
22	3868	972	2896	7310	1809	5501	13268	2979	10289
23	4727	1158	3569	8023	1929	6094	14468	3303	11165
24	5842	1498	4344	10333	2612	7721	16543	3762	12781
25-29岁	**45586**	**13120**	**32466**	**82053**	**23648**	**58405**	**136543**	**36787**	**99756**
25	6796	1840	4956	12141	3178	8963	21044	5019	16025
26	7940	2167	5773	13330	3703	9627	22681	5774	16907
27	8644	2449	6195	16876	4719	12157	26798	6984	19814
28	10698	3224	7474	17942	5329	12613	31678	8975	22703
29	11508	3440	8068	21764	6719	15045	34342	10035	24307
30-34岁	**63998**	**18429**	**45569**	**131621**	**37660**	**93961**	**241357**	**69140**	**172217**
30	14052	4118	9934	27997	8375	19622	49461	14688	34773
31	12722	3830	8892	28085	8423	19662	50669	15274	35395
32	11495	3358	8137	24214	6988	17226	47770	13839	33931
33	13983	3969	10014	26307	7157	19150	49952	14030	35922
34	11746	3154	8592	25018	6717	18301	43505	11309	32196
35-39岁	**53881**	**14147**	**39734**	**103459**	**26111**	**77348**	**188983**	**48081**	**140902**
35	9642	2520	7122	20622	5233	15389	38885	10186	28699
36	9793	2612	7181	19895	5054	14841	37567	9537	28030
37	8701	2335	6366	18925	4835	14090	36428	9118	27310
38	14038	3690	10348	20408	5078	15330	41900	10770	31130
39	11707	2990	8717	23609	5911	17698	34203	8470	25733
40-44岁	**53221**	**14369**	**38852**	**113162**	**29943**	**83219**	**211933**	**55795**	**156138**
40	8990	2146	6844	21569	5519	16050	39591	10489	29102
41	10302	2845	7457	22467	5812	16655	46907	12509	34398
42	10083	2752	7331	21314	5627	15687	41684	10743	30941
43	11295	3121	8174	21283	5697	15586	39530	10296	29234
44	12551	3505	9046	26529	7288	19241	44221	11758	32463
45-49岁	**91324**	**26862**	**64462**	**173959**	**51406**	**122553**	**282634**	**84903**	**197731**
45	13422	3801	9621	27801	7608	20193	49581	13868	35713
46	15563	4405	11158	31694	9140	22554	54008	15492	38516
47	16004	4670	11334	34100	10132	23968	57519	17406	40113
48	22194	6681	15513	34784	10330	24454	61038	18874	42164
49	24141	7305	16836	45580	14196	31384	60488	19263	41225
50-54岁	**109320**	**30514**	**78806**	**230277**	**69491**	**160786**	**378321**	**125475**	**252846**
50	22486	6333	16153	50634	15530	35104	79230	26237	52993
51	22261	6420	15841	47065	14489	32576	82038	28008	54030
52	23793	6604	17189	48342	14548	33794	81871	27115	54756
53	20619	5661	14958	38897	11454	27443	62896	20415	42481
54	20161	5496	14665	45339	13470	31869	72286	23700	48586
55-59岁	**74963**	**17974**	**56989**	**160057**	**43689**	**116368**	**282255**	**87986**	**194269**
55	17335	4615	12720	39739	11760	27979	73788	24041	49747
56	17263	4348	12915	35246	10042	25204	65389	20874	44515
57	18086	4165	13921	41234	11323	29911	68540	21819	46721
58	15370	3430	11940	27898	6878	21020	49540	14615	34925
59	6909	1416	5493	15940	3686	12254	24998	6637	18361
60-64岁	**34107**	**6896**	**27211**	**69053**	**17994**	**51059**	**122699**	**36240**	**86459**
60	5748	1148	4600	14838	3679	11159	32043	8735	23308
61	5005	1053	3952	11572	3168	8404	24253	7583	16670
62	6502	1385	5117	12370	3382	8988	22721	7029	15692
63	8669	1712	6957	14551	3800	10751	22470	6742	15728
64	8183	1598	6585	15722	3965	11757	21212	6151	15061
65岁及以上	**237285**	**43240**	**194045**	**372707**	**93722**	**278985**	**459318**	**138619**	**320699**

5-5a　续表 3

单位：人

年　龄	初婚年龄								
	21岁			22岁			23岁		
	小计	男	女	小计	男	女	小计	男	女
总　计	**3144398**	**1178516**	**1965882**	**4119727**	**1824221**	**2295506**	**4314420**	**1946898**	**2367522**
20岁以下									
20-24岁	**64063**	**20440**	**43623**	**73076**	**30762**	**42314**	**47760**	**19892**	**27868**
20									
21	4868	1300	3568						
22	15307	4951	10356	10684	4729	5955			
23	20643	6673	13970	26903	11361	15542	13428	5579	7849
24	23245	7516	15729	35489	14672	20817	34332	14313	20019
25-29岁	**181169**	**63771**	**117398**	**254409**	**111634**	**142775**	**288368**	**123764**	**164604**
25	26090	8626	17464	39922	16842	23080	47837	20096	27741
26	30041	10295	19746	40863	17532	23331	47836	20140	27696
27	35378	12261	23117	51566	22402	29164	54681	23339	31342
28	39892	14334	25558	56577	25062	31515	65364	28208	37156
29	49768	18255	31513	65481	29796	35685	72650	31981	40669
30-34岁	**341727**	**128698**	**213029**	**479605**	**220362**	**259243**	**508641**	**231590**	**277051**
30	61763	23014	38749	92033	41941	50092	94383	42045	52338
31	70180	26834	43346	90203	41021	49182	103888	46739	57149
32	69118	26358	42760	94380	44111	50269	94949	42929	52020
33	77215	29108	48107	107763	49591	58172	114263	53165	61098
34	63451	23384	40067	95226	43698	51528	101158	46712	54446
35-39岁	**279693**	**99592**	**180101**	**399741**	**178697**	**221044**	**433439**	**197888**	**235551**
35	53886	19542	34344	74902	34526	40376	86597	39976	46621
36	54628	19963	34665	75487	33743	41744	79945	36989	42956
37	54584	19486	35098	76953	34462	42491	82938	37322	45616
38	63180	22033	41147	91266	40481	50785	96952	44410	52542
39	53415	18568	34847	81133	35485	45648	87007	39191	47816
40-44岁	**296076**	**105537**	**190539**	**414166**	**185283**	**228883**	**447235**	**198416**	**248819**
40	44472	15556	28916	69962	30999	38963	81378	36033	45345
41	65375	23711	41664	74446	33095	41351	89252	39774	49478
42	64532	23143	41389	89183	40036	49147	78490	34391	44099
43	58347	20573	37774	88077	39647	48430	93434	41696	51738
44	63350	22554	40796	92498	41506	50992	104681	46522	58159
45-49岁	**395552**	**154924**	**240628**	**528593**	**243751**	**284842**	**560499**	**250971**	**309528**
45	66188	24427	41761	92583	41475	51108	102809	45199	57610
46	77860	29795	48065	100883	46038	54845	108743	48100	60643
47	79893	31504	48389	112246	51881	60365	112993	50081	62912
48	82879	33185	49694	109165	51210	57955	119604	54436	65168
49	88732	36013	52719	113716	53147	60569	116350	53155	63195
50-54岁	**484962**	**200327**	**284635**	**580612**	**273197**	**307415**	**543682**	**258577**	**285105**
50	86434	35159	51275	121434	56268	65166	120397	54675	65722
51	103567	43445	60122	104055	48757	55298	111659	52344	59315
52	115038	48446	66592	131490	62434	69056	105217	49670	55547
53	84575	34583	49992	106717	50751	55966	94524	46468	48056
54	95348	38694	56654	116916	54987	61929	111885	55420	56465
55-59岁	**417495**	**163287**	**254208**	**542274**	**243512**	**298762**	**533032**	**253512**	**279520**
55	99360	40007	59353	117893	54246	63647	112282	53930	58352
56	103353	40629	62724	123268	56049	67219	114775	54978	59797
57	109502	43419	66083	156508	70896	85612	143550	68527	75023
58	67251	26019	41232	96171	42576	53595	105513	50551	54962
59	38029	13213	24816	48434	19745	28689	56912	25526	31386
60-64岁	**200411**	**67985**	**132426**	**319224**	**121998**	**197226**	**404292**	**169544**	**234748**
60	46030	15099	30931	65590	25955	39635	69106	29955	39151
61	46438	15819	30619	60520	23447	37073	68866	30008	38858
62	43396	14951	28445	80284	30591	49693	87853	36606	51247
63	36136	12442	23694	66174	25109	41065	105406	43974	61432
64	28411	9674	18737	46656	16896	29760	73061	29001	44060
65岁及以上	**483250**	**173955**	**309295**	**528027**	**215025**	**313002**	**547472**	**242744**	**304728**

5-5a 续表 4

单位：人

年 龄	初婚年龄								
	24岁			25岁			26岁		
	小计	男	女	小计	男	女	小计	男	女
总 计	**4211548**	**2082398**	**2129150**	**3822012**	**2056742**	**1765270**	**3033848**	**1735630**	**1298218**
20岁以下									
20-24岁	**17871**	**7745**	**10126**						
20									
21									
22									
23									
24	17871	7745	10126						
25-29岁	**334770**	**149874**	**184896**	**311972**	**145083**	**166889**	**238043**	**117118**	**120925**
25	48286	21158	27128	24198	10675	13523			
26	61302	26988	34314	53981	24736	29245	24368	11696	12672
27	67290	29705	37585	73499	33647	39852	58573	28528	30045
28	71506	32335	39171	76660	35970	40690	75274	36776	38498
29	86386	39688	46698	83634	40055	43579	79828	40118	39710
30-34岁	**560190**	**262171**	**298019**	**591493**	**288868**	**302625**	**538675**	**275097**	**263578**
30	108373	49817	58556	118187	57100	61087	99793	50420	49373
31	110635	50975	59660	117632	56953	60679	111632	56091	55541
32	114870	53592	61278	113035	54966	58069	105196	53500	51696
33	117117	54915	62202	133782	65789	67993	113912	58905	55007
34	109195	52872	56323	108857	54060	54797	108142	56181	51961
35-39岁	**465467**	**224821**	**240646**	**487669**	**249521**	**238148**	**446245**	**239867**	**206378**
35	92202	44411	47791	95914	49060	46854	87201	45721	41480
36	93817	45382	48435	97936	50022	47914	87877	47193	40684
37	86046	41648	44398	98451	50363	48088	89977	48115	41862
38	104786	49717	55069	103984	53204	50780	103436	56096	47340
39	88616	43663	44953	91384	46872	44512	77754	42742	35012
40-44岁	**420976**	**207492**	**213484**	**385855**	**206775**	**179080**	**333891**	**190050**	**143841**
40	80761	39426	41335	79213	41526	37687	73767	40394	33373
41	91750	44702	47048	86253	45619	40634	73018	41361	31657
42	81479	40316	41163	81153	43342	37811	66695	37891	28804
43	71173	34992	36181	70430	38302	32128	61421	35452	25969
44	95813	48056	47757	68806	37986	30820	58990	34952	24038
45-49岁	**514788**	**260007**	**254781**	**442704**	**250159**	**192545**	**318495**	**192447**	**126048**
45	97319	49034	48285	84075	47205	36870	52176	31226	20950
46	101866	50935	50931	89313	50236	39077	66610	40104	26506
47	103391	51522	51869	92004	51566	40438	68571	41465	27106
48	102095	51795	50300	89018	50629	38389	66944	40537	26407
49	110117	56721	53396	88294	50523	37771	64194	39115	25079
50-54岁	**447835**	**239900**	**207935**	**355900**	**212854**	**143046**	**253590**	**161484**	**92106**
50	105576	54719	50857	94917	55068	39849	63612	39176	24436
51	93486	49341	44145	75251	44740	30511	57407	35999	21408
52	96391	51604	44787	75067	45141	29926	52676	33783	18893
53	64204	35077	29127	55164	33700	21464	37738	24569	13169
54	88178	49159	39019	55501	34205	21296	42157	27957	14200
55-59岁	**446448**	**241087**	**205361**	**332983**	**200140**	**132843**	**210591**	**136081**	**74510**
55	93641	51530	42111	68237	41861	26376	38311	25530	12781
56	96970	52182	44788	72728	44034	28694	46582	30238	16344
57	116191	62299	53892	88188	52623	35565	57088	36876	20212
58	83947	45791	38156	62459	37314	25145	41475	26332	15143
59	55699	29285	26414	41371	24308	17063	27135	17105	10030
60-64岁	**413072**	**202235**	**210837**	**328761**	**185859**	**142902**	**221958**	**139165**	**82793**
60	68685	35939	32746	60446	35873	24573	38495	24941	13554
61	60275	30617	29658	50772	29963	20809	38112	24637	13475
62	84704	41752	42952	64036	36578	27458	45017	28574	16443
63	97487	46763	50724	77160	42379	34781	49588	30365	19223
64	101921	47164	54757	76347	41066	35281	50746	30648	20098
65岁及以上	**590131**	**287066**	**303065**	**584675**	**317483**	**267192**	**472360**	**284321**	**188039**

5-5a　续表 5

单位：人

年　龄	初婚年龄								
	27岁			28岁			29岁		
	小计	男	女	小计	男	女	小计	男	女
总　计	**2290985**	**1389336**	**901649**	**1644183**	**1043611**	**600572**	**1163333**	**759520**	**403813**
20岁以下									
20-24岁									
20									
21									
22									
23									
24									
25-29岁	**150324**	**77479**	**72845**	**63980**	**37510**	**31470**	**17369**	**9903**	**7466**
25									
26									
27	25165	12549	12616						
28	53752	27667	26085	21870	11694	10176			
29	71407	37263	34144	47110	25816	21294	17369	9903	7466
30-34岁	**442049**	**237963**	**204086**	**344475**	**195538**	**148937**	**246967**	**144621**	**102346**
30	86852	45908	40944	72276	39968	32308	44719	25474	19245
31	85413	45674	39739	67771	38026	29745	53748	30918	22830
32	90361	48457	41904	64246	36283	27963	48612	28556	20056
33	94968	51552	43416	75181	43310	31871	50843	30210	20633
34	84455	46372	38083	65001	37951	27050	49045	29463	19582
35-39岁	**382809**	**218734**	**164075**	**292049**	**176205**	**115844**	**214976**	**133932**	**81044**
35	77583	43540	34043	55522	32748	22774	41581	25319	16262
36	74607	42019	32588	60559	36022	24537	41884	25929	15955
37	73390	41833	31557	56579	34187	22392	44597	27859	16738
38	85873	49560	36313	64362	39260	25102	47422	29802	17620
39	71356	41782	29574	55027	33988	21039	39492	25023	14469
40-44岁	**273680**	**165724**	**107956**	**216825**	**138383**	**78442**	**167259**	**109545**	**57714**
40	57093	33957	23136	49449	30747	18702	36589	23520	13069
41	64851	38460	26391	46677	29553	17124	39001	25309	13692
42	54184	32729	21455	45247	28613	16634	32279	21225	11054
43	48242	29719	18523	37628	24406	13222	30322	20013	10309
44	49310	30859	18451	37824	25064	12760	29068	19478	9590
45-49岁	**229775**	**148632**	**81143**	**165924**	**112060**	**53864**	**122044**	**84432**	**37612**
45	43333	27827	15506	35869	23818	12051	27164	18564	8600
46	39904	25765	14139	32266	21661	10605	26644	18339	8305
47	49683	32132	17551	28805	19716	9089	24033	16781	7252
48	48840	31864	16976	34566	23391	11175	19971	13999	5972
49	48015	31044	16971	34418	23474	10944	24232	16749	7483
50-54岁	**180351**	**120947**	**59404**	**129074**	**88410**	**40664**	**97291**	**66795**	**30496**
50	46013	29941	16072	34019	22831	11188	24548	16785	7763
51	39226	26025	13201	27956	19001	8955	22036	14875	7161
52	40495	27182	13313	27185	18777	8408	20744	14372	6372
53	26276	18002	8274	20017	13848	6169	14209	9856	4353
54	28341	19797	8544	19897	13953	5944	15754	10907	4847
55-59岁	**137153**	**93894**	**43259**	**87966**	**62090**	**25876**	**61727**	**44109**	**17618**
55	29387	20592	8795	19636	14033	5603	14289	10203	4086
56	25898	18141	7757	19610	14124	5486	13657	9933	3724
57	36547	24943	11604	19918	14280	5638	15932	11452	4480
58	27609	18466	9143	17203	11843	5360	10009	7066	2943
59	17712	11752	5960	11599	7810	3789	7840	5455	2385
60-64岁	**145205**	**97558**	**47647**	**94512**	**65251**	**29261**	**63273**	**43949**	**19324**
60	24312	16439	7873	15392	10533	4859	10279	7016	3263
61	23797	16310	7487	14851	10437	4414	10017	7009	3008
62	32725	22394	10331	20063	14085	5978	12865	9143	3722
63	33746	22509	11237	23889	16403	7486	15189	10613	4576
64	30625	19906	10719	20317	13793	6524	14923	10168	4755
65岁及以上	**349639**	**228405**	**121234**	**244378**	**168164**	**76214**	**172427**	**122234**	**50193**

5-5a 续表 6 单位：人

年龄	初婚年龄								
	30岁			31岁			32岁		
	小计	男	女	小计	男	女	小计	男	女
总 计	**821389**	**541876**	**279513**	**580328**	**382959**	**197369**	**431103**	**282335**	**148768**
20岁以下									
20-24岁									
20									
21									
22									
23									
24									
25-29岁									
25									
26									
27									
28									
29									
30-34岁	**161248**	**95648**	**65600**	**93531**	**55997**	**37534**	**49901**	**29754**	**20147**
30	16568	9695	6873						
31	33316	19759	13557	12228	7282	4946			
32	38433	22373	16060	24188	14382	9806	8747	5192	3555
33	38974	23427	15547	31119	18507	12612	19909	11888	8021
34	33957	20394	13563	25996	15826	10170	21245	12674	8571
35-39岁	**161380**	**101461**	**59919**	**120427**	**75008**	**45419**	**93540**	**57249**	**36291**
35	32024	19538	12486	22248	13510	8738	17379	10518	6861
36	31223	19447	11776	24336	14922	9414	17483	10592	6891
37	31836	20082	11754	23650	14751	8899	19080	11746	7334
38	37675	23884	13791	27140	17157	9983	21442	13160	8282
39	28622	18510	10112	23053	14668	8385	18156	11233	6923
40-44岁	**127996**	**84729**	**43267**	**97005**	**64080**	**32925**	**78028**	**50537**	**27491**
40	26724	17296	9428	19088	12388	6700	16498	10445	6053
41	28894	18841	10053	21479	13954	7525	15902	10323	5579
42	26881	17803	9078	20336	13432	6904	15881	10147	5734
43	21985	14763	7222	18604	12447	6157	14754	9674	5080
44	23512	16026	7486	17498	11859	5639	14993	9948	5045
45-49岁	**91479**	**63783**	**27696**	**73698**	**51085**	**22613**	**60548**	**41699**	**18849**
45	20928	14250	6678	16923	11645	5278	13023	8818	4205
46	20130	14027	6103	16122	10987	5135	13566	9406	4160
47	19756	13813	5943	15228	10620	4608	12399	8558	3841
48	16582	11708	4874	13759	9592	4167	11162	7718	3444
49	14083	9985	4098	11666	8241	3425	10398	7199	3199
50-54岁	**72992**	**49970**	**23022**	**51251**	**34995**	**16256**	**38562**	**26396**	**12166**
50	17305	12063	5242	9807	6892	2915	8830	6167	2663
51	15965	11067	4898	10989	7718	3271	6359	4583	1776
52	17041	11318	5723	11870	8136	3734	8177	5651	2526
53	11321	7689	3632	9532	6208	3324	6656	4495	2161
54	11360	7833	3527	9053	6041	3012	8540	5500	3040
55-59岁	**45822**	**32279**	**13543**	**35727**	**24727**	**11000**	**30266**	**20538**	**9728**
55	11608	8026	3582	8444	5792	2652	7328	4853	2475
56	10344	7372	2972	8633	5966	2667	6810	4698	2112
57	11530	8177	3353	8885	6202	2683	8112	5515	2597
58	8012	5651	2361	6107	4211	1896	5004	3395	1609
59	4328	3053	1275	3658	2556	1102	3012	2077	935
60-64岁	**41777**	**28845**	**12932**	**27515**	**18942**	**8573**	**20448**	**13876**	**6572**
60	6926	4795	2131	3954	2740	1214	3553	2452	1101
61	6632	4612	2020	4363	3075	1288	2714	1870	844
62	8949	6263	2686	6095	4230	1865	4324	2990	1334
63	9735	6708	3027	6892	4698	2194	5089	3396	1693
64	9535	6467	3068	6211	4199	2012	4768	3168	1600
65岁及以上	**118695**	**85161**	**33534**	**81174**	**58125**	**23049**	**59810**	**42286**	**17524**

5-5a 续表 7

单位：人

年 龄	初婚年龄								
	33岁			34岁			35岁		
	小计	男	女	小计	男	女	小计	男	女
总 计	**324607**	**210909**	**113698**	**251507**	**163179**	**88328**	**194909**	**126610**	**68299**
20岁以下									
20-24岁									
20									
21									
22									
23									
24									
25-29岁									
25									
26									
27									
28									
29									
30-34岁	**21346**	**12670**	**8676**	**5288**	**3101**	**2187**			
30									
31									
32									
33	7272	4355	2917						
34	14074	8315	5759	5288	3101	2187			
35-39岁	**75011**	**44924**	**30087**	**58923**	**34903**	**24020**	**41320**	**24173**	**17147**
35	14516	8593	5923	9890	5783	4107	3687	2176	1511
36	14008	8372	5636	11980	7093	4887	7951	4653	3298
37	14018	8326	5692	11462	6701	4761	9652	5576	4076
38	17923	10771	7152	13282	7900	5382	10761	6373	4388
39	14546	8862	5684	12309	7426	4883	9269	5395	3874
40-44岁	**62488**	**39650**	**22838**	**51677**	**32422**	**19255**	**42678**	**26452**	**16226**
40	13141	8091	5050	10979	6565	4414	9399	5599	3800
41	13762	8634	5128	11369	7079	4290	9553	5881	3672
42	11607	7498	4109	10563	6754	3809	8779	5421	3358
43	11668	7420	4248	8647	5534	3113	7825	4950	2875
44	12310	8007	4303	10119	6490	3629	7122	4601	2521
45-49岁	**50878**	**34468**	**16410**	**44674**	**29965**	**14709**	**37698**	**25236**	**12462**
45	11858	7804	4054	10061	6507	3554	8246	5358	2888
46	10528	7143	3385	9928	6595	3333	8236	5499	2737
47	10536	7234	3302	8797	6022	2775	8120	5460	2660
48	9630	6512	3118	8216	5649	2567	6760	4563	2197
49	8326	5775	2551	7672	5192	2480	6336	4356	1980
50-54岁	**28876**	**19949**	**8927**	**23264**	**16207**	**7057**	**19535**	**13580**	**5955**
50	7986	5467	2519	6732	4597	2135	5938	4022	1916
51	5903	4084	1819	5277	3708	1569	4567	3233	1334
52	4973	3486	1487	4631	3276	1355	4234	2955	1279
53	4496	3138	1358	2736	1934	802	2582	1800	782
54	5518	3774	1744	3888	2692	1196	2214	1570	644
55-59岁	**26243**	**17673**	**8570**	**21630**	**14719**	**6911**	**16792**	**11743**	**5049**
55	6897	4553	2344	4257	2919	1338	3210	2317	893
56	5906	4018	1888	5651	3797	1854	3528	2512	1016
57	6318	4321	1997	5694	3941	1753	5152	3510	1642
58	4668	3101	1567	3543	2380	1163	3170	2205	965
59	2454	1680	774	2485	1682	803	1732	1199	533
60-64岁	**15503**	**10545**	**4958**	**12028**	**8201**	**3827**	**10264**	**7075**	**3189**
60	2972	2033	939	2434	1647	787	2341	1596	745
61	2571	1722	849	2220	1512	708	1756	1229	527
62	2612	1830	782	2507	1721	786	2189	1558	631
63	3629	2490	1139	2218	1527	691	2275	1536	739
64	3719	2470	1249	2649	1794	855	1703	1156	547
65岁及以上	**44262**	**31030**	**13232**	**34023**	**23661**	**10362**	**26622**	**18351**	**8271**

5-5a 续表 8

单位：人

年 龄	初婚年龄								
	36岁			37岁			38岁		
	小计	男	女	小计	男	女	小计	男	女
总 计	**147901**	**96563**	**51338**	**116672**	**76862**	**39810**	**91129**	**60269**	**30860**
20岁以下									
20-24岁									
20									
21									
22									
23									
24									
25-29岁									
25									
26									
27									
28									
29									
30-34岁									
30									
31									
32									
33									
34									
35-39岁	**25461**	**14864**	**10597**	**14639**	**8521**	**6118**	**6692**	**3888**	**2804**
35									
36	2890	1681	1209						
37	6368	3758	2610	2537	1495	1042			
38	8804	5079	3725	6000	3476	2524	2420	1416	1004
39	7399	4346	3053	6102	3550	2552	4272	2472	1800
40-44岁	**34369**	**21350**	**13019**	**28310**	**17519**	**10791**	**22546**	**14067**	**8479**
40	6891	4191	2700	5348	3202	2146	4553	2749	1804
41	7745	4737	3008	5985	3699	2286	4597	2832	1765
42	7066	4389	2677	6045	3713	2332	4451	2753	1698
43	6256	3898	2358	5341	3355	1986	4376	2748	1628
44	6411	4135	2276	5591	3550	2041	4569	2985	1584
45-49岁	**30926**	**20513**	**10413**	**26520**	**17821**	**8699**	**22246**	**14811**	**7435**
45	5765	3692	2073	5381	3596	1785	4523	2929	1594
46	6700	4360	2340	4759	3192	1567	4589	3039	1550
47	6735	4516	2219	5768	3839	1929	4128	2815	1313
48	6306	4236	2070	5533	3714	1819	4524	3019	1505
49	5420	3709	1711	5079	3480	1599	4482	3009	1473
50-54岁	**16758**	**11587**	**5171**	**14874**	**10399**	**4475**	**13494**	**9325**	**4169**
50	4988	3394	1594	4234	2902	1332	4034	2734	1300
51	3916	2727	1189	3379	2364	1015	2996	2070	926
52	3407	2367	1040	3127	2181	946	2736	1941	795
53	2372	1650	722	2095	1492	603	1946	1320	626
54	2075	1449	626	2039	1460	579	1782	1260	522
55-59岁	**12003**	**8534**	**3469**	**9222**	**6649**	**2573**	**7151**	**5202**	**1949**
55	1822	1322	500	1828	1314	514	1648	1176	472
56	2592	1882	710	1534	1115	419	1464	1069	395
57	3236	2331	905	2533	1837	696	1575	1186	389
58	2803	1919	884	1905	1379	526	1478	1069	409
59	1550	1080	470	1422	1004	418	986	702	284
60-64岁	**8352**	**5751**	**2601**	**6984**	**4805**	**2179**	**6183**	**4190**	**1993**
60	1683	1160	523	1504	1022	482	1350	944	406
61	1594	1108	486	1199	826	373	1061	719	342
62	1736	1200	536	1566	1069	497	1274	869	405
63	1681	1159	522	1463	1013	450	1397	932	465
64	1658	1124	534	1252	875	377	1101	726	375
65岁及以上	**20032**	**13964**	**6068**	**16123**	**11148**	**4975**	**12817**	**8786**	**4031**

5-5a 续表 9　　单位：人

年　龄	初婚年龄					
	39岁			40岁及以上		
	小计	男	女	小计	男	女
总　计	**74429**	**49056**	**25373**	**394982**	**251834**	**143148**
20岁以下						
20-24岁						
20						
21						
22						
23						
24						
25-29岁						
25						
26						
27						
28						
29						
30-34岁						
30						
31						
32						
33						
34						
35-39岁	**1751**	**991**	**760**			
35						
36						
37						
38						
39	1751	991	760			
40-44岁	**18371**	**11297**	**7074**	**32748**	**19110**	**13638**
40	3348	1966	1382	1551	813	738
41	3974	2374	1600	4595	2566	2029
42	3599	2211	1388	6869	3910	2959
43	3454	2170	1284	8695	5081	3614
44	3996	2576	1420	11038	6740	4298
45-49岁	**18766**	**12496**	**6270**	**80614**	**51064**	**29550**
45	3794	2482	1312	13047	7991	5056
46	3855	2510	1345	15293	9578	5715
47	3971	2632	1339	16693	10687	6006
48	3356	2347	1009	17542	11068	6474
49	3790	2525	1265	18039	11740	6299
50-54岁	**12829**	**8760**	**4069**	**78918**	**52774**	**26144**
50	3847	2588	1259	18893	12372	6521
51	3091	2057	1034	16799	11268	5531
52	2535	1751	784	17344	11645	5699
53	1698	1185	513	12578	8388	4190
54	1658	1179	479	13304	9101	4203
55-59岁	**6136**	**4447**	**1689**	**57956**	**39661**	**18295**
55	1534	1087	447	13346	8993	4353
56	1492	1066	426	13239	9072	4167
57	1492	1103	389	15025	10393	4632
58	830	602	228	10385	7074	3311
59	788	589	199	5961	4129	1832
60-64岁	**5514**	**3673**	**1841**	**37956**	**24882**	**13074**
60	963	697	266	6922	4709	2213
61	1053	694	359	6113	4100	2013
62	1244	809	435	7890	5327	2563
63	1160	736	424	8923	5736	3187
64	1094	737	357	8108	5010	3098
65岁及以上	**11062**	**7392**	**3670**	**106790**	**64343**	**42447**

5-5b 全国分年龄、性别、初婚年龄的人口(镇)

单位：人

年龄	初婚年龄					
	合计			15岁以下		
	合计	男	女	小计	男	女
总计	**20892000**	**10073059**	**10818941**	**32612**	**6560**	**26052**
20岁以下	**11620**	**2664**	**8956**	**599**	**67**	**532**
20-24岁	**247924**	**81685**	**166239**	**1262**	**194**	**1068**
20	13390	3331	10059	180	33	147
21	23806	6444	17362	227	32	195
22	43771	13522	30249	277	47	230
23	67504	22605	44899	275	43	232
24	99453	35783	63670	303	39	264
25-29岁	**1242398**	**530356**	**712042**	**1908**	**374**	**1534**
25	146256	55918	90338	351	60	291
26	184826	74581	110245	333	58	275
27	248264	104190	144074	361	79	282
28	299219	131692	167527	376	72	304
29	363833	163975	199858	487	105	382
30-34岁	**2575043**	**1214642**	**1360401**	**3705**	**961**	**2744**
30	504460	231914	272546	673	157	516
31	516235	240251	275984	764	194	570
32	504292	237998	266294	776	226	550
33	556439	266080	290359	822	194	628
34	493617	238399	255218	670	190	480
35-39岁	**2201426**	**1085606**	**1115820**	**1985**	**453**	**1532**
35	431638	211138	220500	581	158	423
36	433036	212744	220292	399	74	325
37	421395	208361	213034	344	70	274
38	484559	240318	244241	355	78	277
39	430798	213045	217753	306	73	233
40-44岁	**2148859**	**1072953**	**1075906**	**2787**	**650**	**2137**
40	401134	198948	202186	407	92	315
41	445675	222291	223384	568	122	446
42	429196	213615	215581	547	140	407
43	411859	206314	205545	592	131	461
44	460995	231785	229210	673	165	508
45-49岁	**2600101**	**1303184**	**1296917**	**2963**	**664**	**2299**
45	468746	234716	234030	699	171	528
46	510322	255249	255073	560	116	444
47	528368	265113	263255	594	132	462
48	541005	270746	270259	538	133	405
49	551660	277360	274300	572	112	460
50-54岁	**2687629**	**1339759**	**1347870**	**3663**	**825**	**2838**
50	582790	291536	291254	686	156	530
51	540974	270110	270864	785	198	587
52	581129	289685	291444	864	196	668
53	463485	230419	233066	667	126	541
54	519251	258009	261242	661	149	512
55-59岁	**2149600**	**1062139**	**1087461**	**2212**	**385**	**1827**
55	502531	249603	252928	723	151	572
56	481497	238508	242989	432	73	359
57	548949	272795	276154	446	67	379
58	405492	199471	206021	396	59	337
59	211131	101762	109369	215	35	180
60-64岁	**1443633**	**711606**	**732027**	**2473**	**466**	**2007**
60	250884	123390	127494	298	46	252
61	238919	119141	119778	440	86	354
62	305280	151521	153759	559	120	439
63	340709	168480	172229	611	127	484
64	307841	149074	158767	565	87	478
65岁及以上	**3583767**	**1668465**	**1915302**	**9055**	**1521**	**7534**

5-5b　续表 1　　　　　　　　　　　　　　　　　　　　　　　　　　　　单位：人

年　龄	初婚年龄								
	15岁			16岁			17岁		
	小计	男	女	小计	男	女	小计	男	女
总　计	**133009**	**29704**	**103305**	**237632**	**50467**	**187165**	**436503**	**99930**	**336573**
20岁以下	**1596**	**315**	**1281**	**2515**	**530**	**1985**	**3086**	**718**	**2368**
20-24岁	**4887**	**971**	**3916**	**8673**	**1886**	**6787**	**14694**	**3502**	**11192**
20	601	108	493	1022	230	792	1866	441	1425
21	799	173	626	1457	346	1111	2180	553	1627
22	1048	217	831	1766	380	1386	2993	715	2278
23	1168	225	943	2039	437	1602	3599	845	2754
24	1271	248	1023	2389	493	1896	4056	948	3108
25-29岁	**7955**	**1852**	**6103**	**15036**	**3578**	**11458**	**29581**	**7674**	**21907**
25	1620	343	1277	2533	565	1968	4954	1208	3746
26	1511	329	1182	2998	727	2271	5031	1319	3712
27	1632	373	1259	3192	740	2452	6563	1717	4846
28	1582	394	1188	3219	769	2450	6464	1695	4769
29	1610	413	1197	3094	777	2317	6569	1735	4834
30-34岁	**12438**	**3868**	**8570**	**19679**	**5262**	**14417**	**35112**	**8939**	**26173**
30	2538	788	1750	3672	962	2710	7356	1860	5496
31	2650	823	1827	4502	1301	3201	7217	1898	5319
32	2438	777	1661	3843	1019	2824	7157	1850	5307
33	2704	837	1867	4083	1029	3054	7222	1774	5448
34	2108	643	1465	3579	951	2628	6160	1557	4603
35-39岁	**9120**	**2443**	**6677**	**15231**	**3792**	**11439**	**27558**	**6810**	**20748**
35	2521	797	1724	2843	723	2120	5390	1330	4060
36	2116	574	1542	3877	1107	2770	4700	1144	3556
37	1622	392	1230	3200	780	2420	6144	1646	4498
38	1490	350	1140	2969	657	2312	6426	1531	4895
39	1371	330	1041	2342	525	1817	4898	1159	3739
40-44岁	**9623**	**2723**	**6900**	**15520**	**4017**	**11503**	**26952**	**7049**	**19903**
40	1597	419	1178	2252	516	1736	4272	993	3279
41	2049	624	1425	3461	956	2505	5191	1317	3874
42	1912	532	1380	3041	744	2297	5787	1562	4225
43	1987	556	1431	3035	788	2247	5363	1424	3939
44	2078	592	1486	3731	1013	2718	6339	1753	4586
45-49岁	**13435**	**3715**	**9720**	**24514**	**6610**	**17904**	**46902**	**13564**	**33338**
45	3001	882	2119	3504	944	2560	6772	1851	4921
46	3064	858	2206	5571	1565	4006	7402	2088	5314
47	2598	713	1885	5722	1602	4120	10821	3244	7577
48	2403	641	1762	4968	1324	3644	11543	3461	8082
49	2369	621	1748	4749	1175	3574	10364	2920	7444
50-54岁	**14733**	**3985**	**10748**	**27551**	**7137**	**20414**	**53807**	**14668**	**39139**
50	3099	801	2298	4944	1240	3704	10176	2917	7259
51	3226	892	2334	6555	1789	4766	11123	3060	8063
52	3206	887	2319	6302	1680	4622	13134	3617	9517
53	2649	696	1953	4611	1182	3429	9734	2580	7154
54	2553	709	1844	5139	1246	3893	9640	2494	7146
55-59岁	**10770**	**2282**	**8488**	**20095**	**3936**	**16159**	**41246**	**9241**	**32005**
55	3389	871	2518	4399	986	3413	9556	2456	7100
56	2689	640	2049	5699	1278	4421	8404	1926	6478
57	2337	423	1914	5298	973	4325	11923	2677	9246
58	1528	237	1291	3283	508	2775	8095	1637	6458
59	827	111	716	1416	191	1225	3268	545	2723
60-64岁	**8204**	**1506**	**6698**	**13632**	**2294**	**11338**	**23116**	**4106**	**19010**
60	1184	180	1004	1726	246	1480	3088	466	2622
61	1422	282	1140	2425	449	1976	3437	658	2779
62	1625	284	1341	2818	475	2343	5225	941	4284
63	2086	407	1679	3180	553	2627	5791	1058	4733
64	1887	353	1534	3483	571	2912	5575	983	4592
65岁及以上	**40248**	**6044**	**34204**	**75186**	**11425**	**63761**	**134449**	**23659**	**110790**

5-5b 续表 2

单位：人

年龄	初婚年龄								
	18岁			19岁			20岁		
	小计	男	女	小计	男	女	小计	男	女
总　计	**755762**	**196488**	**559274**	**1355257**	**415268**	**939989**	**2038874**	**703104**	**1335770**
20岁以下	**2684**	**710**	**1974**	**1140**	**324**	**816**			
20-24岁	**23137**	**6100**	**17037**	**34089**	**9508**	**24581**	**44283**	**12369**	**31914**
20	3277	828	2449	3938	1060	2878	2506	631	1875
21	3536	932	2604	5807	1674	4133	6719	1804	4915
22	4418	1188	3230	6862	1923	4939	10469	2856	7613
23	5518	1432	4086	7686	2083	5603	11500	3240	8260
24	6388	1720	4668	9796	2768	7028	13089	3838	9251
25-29岁	**50943**	**15170**	**35773**	**82801**	**26225**	**56576**	**117779**	**38007**	**79772**
25	7472	2136	5336	11883	3506	8377	17021	5009	12012
26	8860	2591	6269	13170	4035	9135	18824	5791	13033
27	9899	2876	7023	17004	5245	11759	23242	7371	15871
28	11842	3645	8197	17996	5882	12114	27966	9361	18605
29	12870	3922	8948	22748	7557	15191	30726	10475	20251
30-34岁	**67803**	**18741**	**49062**	**130521**	**40021**	**90500**	**216661**	**72156**	**144505**
30	15569	4546	11023	28759	9409	19350	45170	15457	29713
31	14096	4103	9993	27985	8865	19120	45180	15497	29683
32	12200	3342	8858	24133	7446	16687	43303	14455	28848
33	14193	3864	10329	25736	7607	18129	44406	14659	29747
34	11745	2886	8859	23908	6694	17214	38602	12088	26514
35-39岁	**50797**	**12701**	**38096**	**97376**	**26286**	**71090**	**165309**	**49430**	**115879**
35	9703	2428	7275	19826	5358	14468	34546	10649	23897
36	9755	2470	7285	19237	5130	14107	33503	10085	23418
37	8604	2172	6432	18462	5048	13414	31671	9438	22233
38	12319	3093	9226	18901	5061	13840	36084	10693	25391
39	10416	2538	7878	20950	5689	15261	29505	8565	20940
40-44岁	**48755**	**12870**	**35885**	**100791**	**27992**	**72799**	**176319**	**52697**	**123622**
40	8679	2124	6555	19219	5151	14068	33622	10041	23581
41	9336	2421	6915	20507	5581	14926	37999	11584	26415
42	9122	2387	6735	18953	5248	13705	35272	10272	25000
43	10272	2726	7546	18663	5269	13394	32450	9473	22977
44	11346	3212	8134	23449	6743	16706	36976	11327	25649
45-49岁	**84050**	**25409**	**58641**	**150212**	**48367**	**101845**	**231163**	**78740**	**152423**
45	12023	3427	8596	23954	7120	16834	41454	12958	28496
46	14177	4085	10092	26773	8060	18713	44014	14360	29654
47	14926	4540	10386	29697	9588	20109	46632	15779	30853
48	20708	6412	14296	30229	10036	20193	50080	17610	32470
49	22216	6945	15271	39559	13563	25996	48983	18033	30950
50-54岁	**105785**	**31496**	**74289**	**206690**	**70117**	**136573**	**315037**	**120893**	**194144**
50	21869	6611	15258	44808	15388	29420	66019	24944	41075
51	20819	6388	14431	41490	14241	27249	65946	25678	40268
52	22787	6824	15963	42982	14681	28301	68678	26392	42286
53	20164	5947	14217	35614	11910	23704	53330	20432	32898
54	20146	5726	14420	41796	13897	27899	61064	23447	37617
55-59岁	**77216**	**19655**	**57561**	**150524**	**47074**	**103450**	**241896**	**89835**	**152061**
55	17789	5031	12758	37057	12497	24560	61987	23567	38420
56	17531	4738	12793	32668	10417	22251	55111	20771	34340
57	17986	4552	13434	38320	12084	26236	58831	22364	36467
58	16622	3798	12824	27176	7906	19270	44731	16086	28645
59	7288	1536	5752	15303	4170	11133	21236	7047	14189
60-64岁	**39268**	**7983**	**31285**	**73845**	**20933**	**52912**	**122188**	**41435**	**80753**
60	6522	1204	5318	14347	3909	10438	27427	9051	18376
61	5559	1140	4419	12072	3441	8631	22735	8001	14734
62	7495	1526	5969	13657	3884	9773	24077	8126	15951
63	10292	2188	8104	16260	4686	11574	24603	8389	16214
64	9400	1925	7475	17509	5013	12496	23346	7868	15478
65岁及以上	**205324**	**45653**	**159671**	**327268**	**98421**	**228847**	**408239**	**147542**	**260697**

5-5b　续表 3　　　　单位：人

年　龄	初婚年龄								
	21岁			22岁			23岁		
	小计	男	女	小计	男	女	小计	男	女
总　计	**2481129**	**1060561**	**1420568**	**2822132**	**1399179**	**1422953**	**2514083**	**1283407**	**1230676**
20岁以下									
20-24岁	**43640**	**15285**	**28355**	**41566**	**17921**	**23645**	**23681**	**10352**	**13329**
20									
21	3081	930	2151						
22	9967	3449	6518	5971	2747	3224			
23	14330	5013	9317	14682	6295	8387	6707	2992	3715
24	16262	5893	10369	20913	8879	12034	16974	7360	9614
25-29岁	**139378**	**54514**	**84864**	**163393**	**74879**	**88514**	**161477**	**73125**	**88352**
25	19105	6999	12106	24110	10634	13476	25656	11090	14566
26	22498	8610	13888	25567	11326	14241	25860	11370	14490
27	26996	10458	16538	33271	15084	18187	30592	13798	16794
28	31102	12478	18624	36937	17234	19703	37464	17293	20171
29	39677	15969	23708	43508	20601	22907	41905	19574	22331
30-34岁	**277105**	**115281**	**161824**	**328882**	**159007**	**169875**	**297176**	**145331**	**151845**
30	50853	20840	30013	63325	29754	33571	56567	26910	29657
31	57505	24036	33469	60909	29226	31683	60919	29255	31664
32	55336	23260	32076	66279	32324	33955	54650	26379	28271
33	62242	25852	36390	72537	35336	37201	67286	33818	33468
34	51169	21293	29876	65832	32367	33465	57754	28969	28785
35-39岁	**231562**	**93796**	**137766**	**287759**	**141353**	**146406**	**265190**	**134150**	**131040**
35	44947	18463	26484	53827	26714	27113	53189	27039	26150
36	46999	19336	27663	54871	26957	27914	49733	25185	24548
37	44641	18176	26465	56181	27683	28498	49640	25009	24631
38	50566	20113	30453	64812	31898	32914	59533	30310	29223
39	44409	17708	26701	58068	28101	29967	53095	26607	26488
40-44岁	**233240**	**94299**	**138941**	**292879**	**145317**	**147562**	**272466**	**135877**	**136589**
40	36826	14819	22007	51471	25146	26325	50172	24761	25411
41	50961	20741	30220	52213	25807	26406	55169	27389	27780
42	49833	20158	29675	62568	30909	31659	47345	23435	23910
43	45984	18432	27552	60003	30083	29920	56795	28473	28322
44	49636	20149	29487	66624	33372	33252	62985	31819	31166
45-49岁	**306598**	**132690**	**173908**	**366013**	**185987**	**180026**	**336375**	**170526**	**165849**
45	51418	21057	30361	64118	32074	32044	62987	31582	31405
46	62373	26285	36088	71449	36066	35383	64330	32071	32259
47	61527	26974	34553	78761	40056	38705	67337	33846	33491
48	63819	28030	35789	75006	38360	36646	73569	37746	35823
49	67461	30344	37117	76679	39431	37248	68152	35281	32871
50-54岁	**373672**	**174083**	**199589**	**394243**	**206290**	**187953**	**320256**	**171765**	**148491**
50	65974	30370	35604	81480	42177	39303	70121	36304	33817
51	79196	37455	41741	67048	34884	32164	63235	33618	29617
52	87815	41017	46798	90577	47919	42658	59548	31876	27672
53	67516	31275	36241	73243	38633	34610	59607	32596	27011
54	73171	33966	39205	81895	42677	39218	67745	37371	30374
55-59岁	**314253**	**142581**	**171672**	**343886**	**177961**	**165925**	**284521**	**154908**	**129613**
55	73355	33663	39692	76249	39721	36528	64998	35212	29786
56	76406	34868	41538	75624	39167	36457	59854	32507	27347
57	81267	37245	44022	96727	50352	46375	71446	39075	32371
58	54395	24550	29845	64242	33172	31070	59323	32558	26765
59	28830	12255	16575	31044	15549	15495	28900	15556	13344
60-64岁	**167295**	**67476**	**99819**	**215389**	**99726**	**115663**	**213264**	**108805**	**104459**
60	31157	12788	18369	39271	19550	19721	33685	18222	15463
61	35712	14693	21019	34415	16306	18109	33811	18096	15715
62	37033	14907	22126	53314	24297	29017	41618	21368	20250
63	35649	14143	21506	49393	22391	27002	59449	29667	29782
64	27744	10945	16799	38996	17182	21814	44701	21452	23249
65岁及以上	**394386**	**170556**	**223830**	**388122**	**190738**	**197384**	**339677**	**178568**	**161109**

5-5b 续表 4

单位：人

年　龄	初婚年龄								
	24岁			25岁			26岁		
	小计	男	女	小计	男	女	小计	男	女
总　计	**2098594**	**1145383**	**953211**	**1642556**	**948925**	**693631**	**1179598**	**713070**	**466528**
20岁以下									
20-24岁	**8012**	**3597**	**4415**						
20									
21									
22									
23									
24	8012	3597	4415						
25-29岁	**160305**	**75624**	**84681**	**133426**	**64957**	**68469**	**93048**	**47776**	**45272**
25	21775	9872	11903	9776	4496	5280			
26	29092	13327	15765	22019	10547	11472	9063	4551	4512
27	32062	15011	17051	32184	15372	16812	22220	11252	10968
28	34216	16551	17665	33122	16350	16772	30067	15511	14556
29	43160	20863	22297	36325	18192	18133	31698	16462	15236
30-34岁	**272190**	**137183**	**135007**	**245314**	**127929**	**117385**	**200997**	**108896**	**92101**
30	54864	26943	27921	53180	27102	26078	40596	21458	19138
31	53999	26746	27253	49752	25452	24300	42914	22718	20196
32	55105	27573	27532	46817	24218	22599	38719	20873	17846
33	54890	27961	26929	52809	28046	24763	40925	22481	18444
34	53332	27960	25372	42756	23111	19645	37843	21366	16477
35-39岁	**231179**	**124181**	**106998**	**197497**	**111488**	**86009**	**155305**	**92266**	**63039**
35	45249	24137	21112	39971	22260	17711	29967	17345	12622
36	47131	25295	21836	39149	21934	17215	31639	18699	12940
37	42128	22658	19470	39383	22205	17178	29969	17892	12077
38	50382	27203	23179	41409	23730	17679	35615	21310	14305
39	46289	24888	21401	37585	21359	16226	28115	17020	11095
40-44岁	**223594**	**121196**	**102398**	**175233**	**102291**	**72942**	**134300**	**83193**	**51107**
40	42886	22968	19918	35949	20492	15457	27050	16526	10524
41	47649	25807	21842	37668	21847	15821	29291	18005	11286
42	43618	23579	20039	36218	21049	15169	26850	16648	10202
43	37659	20495	17164	32778	19452	13326	25040	15682	9358
44	51782	28347	23435	32620	19451	13169	26069	16332	9737
45-49岁	**275809**	**151167**	**124642**	**208355**	**123144**	**85211**	**140271**	**87732**	**52539**
45	51723	28217	23506	39961	23658	16303	22997	14635	8362
46	55237	30124	25113	42378	25267	17111	29725	18534	11191
47	53992	29408	24584	43379	25646	17733	29340	18324	11016
48	55170	30170	25000	41081	24033	17048	29822	18400	11422
49	59687	33248	26439	41556	24540	17016	28387	17839	10548
50-54岁	**240329**	**137591**	**102738**	**172058**	**104534**	**67524**	**117837**	**74465**	**43372**
50	56700	31882	24818	46376	27550	18826	28994	18013	10981
51	48552	27582	20970	36159	21925	14234	26584	16692	9892
52	50605	29024	21581	35796	21976	13820	24473	15517	8956
53	34343	20039	14304	27247	16772	10475	18092	11659	6433
54	50129	29064	21065	26480	16311	10169	19694	12584	7110
55-59岁	**208832**	**122120**	**86712**	**140608**	**87073**	**53535**	**85677**	**55114**	**30563**
55	48609	28311	20298	32952	20232	12720	16457	10703	5754
56	46442	27070	19372	31421	19517	11904	20103	12936	7167
57	50403	29442	20961	35394	21988	13406	22453	14521	7932
58	39306	23296	16010	25970	16196	9774	17301	11060	6241
59	24072	14001	10071	14871	9140	5731	9363	5894	3469
60-64岁	**176099**	**100606**	**75493**	**120342**	**75160**	**45182**	**77118**	**51267**	**25851**
60	28007	16527	11480	21997	13728	8269	12230	7979	4251
61	26037	15479	10558	18703	11886	6817	13298	8852	4446
62	36331	21048	15283	24233	15318	8915	16378	11109	5269
63	39022	22051	16971	29210	18285	10925	17733	11941	5792
64	46702	25501	21201	26199	15943	10256	17479	11386	6093
65岁及以上	**302245**	**172118**	**130127**	**249723**	**152349**	**97374**	**175045**	**112361**	**62684**

5-5b 续表 5

单位：人

年 龄	初婚年龄								
	27岁			28岁			29岁		
	小计	男	女	小计	男	女	小计	男	女
总 计	**838038**	**527246**	**310792**	**585453**	**378445**	**207008**	**411990**	**269404**	**142586**
20岁以下									
20-24岁									
20									
21									
22									
23									
24									
25-29岁	**55245**	**29527**	**25718**	**24114**	**13569**	**10545**	**6009**	**3505**	**2504**
25									
26									
27	9046	4814	4232						
28	19177	10215	8962	7689	4242	3447			
29	27022	14498	12524	16425	9327	7098	6009	3505	2504
30-34岁	**155877**	**88007**	**67870**	**117838**	**68539**	**49299**	**82783**	**49116**	**33667**
30	32955	18049	14906	26710	15046	11664	15749	9132	6617
31	30586	17005	13581	23472	13441	10031	18459	10705	7754
32	31720	17909	13811	21793	12653	9140	16131	9649	6482
33	32544	18626	13918	24927	14762	10165	16548	9923	6625
34	28072	16418	11654	20936	12637	8299	15896	9707	6189
35-39岁	**120811**	**74484**	**46327**	**88296**	**55997**	**32299**	**64433**	**40863**	**23570**
35	25181	15115	10066	17641	10785	6856	13122	8086	5036
36	22933	13837	9096	18375	11593	6782	12799	7989	4810
37	23140	14250	8890	16116	10305	5811	12955	8372	4583
38	26243	16512	9731	19486	12447	7039	13081	8467	4614
39	23314	14770	8544	16678	10867	5811	12476	7949	4527
40-44岁	**99118**	**64624**	**34494**	**74252**	**49641**	**24611**	**55507**	**37617**	**17890**
40	19686	12594	7092	16095	10515	5580	11189	7388	3801
41	21664	14046	7618	15711	10404	5307	12846	8685	4161
42	20305	13180	7125	14692	9834	4858	10705	7278	3427
43	18065	11912	6153	13754	9312	4442	9975	6791	3184
44	19398	12892	6506	14000	9576	4424	10792	7475	3317
45-49岁	**96810**	**63744**	**33066**	**66302**	**45130**	**21172**	**47128**	**32416**	**14712**
45	18435	12375	6060	13473	9279	4194	10043	6956	3087
46	16772	11215	5557	13290	9143	4147	10044	6979	3065
47	20680	13588	7092	11395	7872	3523	9340	6371	2969
48	20405	13431	6974	14168	9551	4617	7987	5480	2507
49	20518	13135	7383	13976	9285	4691	9714	6630	3084
50-54岁	**81365**	**52765**	**28600**	**57794**	**37734**	**20060**	**43477**	**28279**	**15198**
50	19831	12757	7074	14690	9405	5285	10085	6678	3407
51	16947	10881	6066	11931	7884	4047	9584	6142	3442
52	18601	12060	6541	12001	7896	4105	9256	5940	3316
53	12823	8369	4454	9813	6386	3427	6855	4458	2397
54	13163	8698	4465	9359	6163	3196	7697	5061	2636
55-59岁	**54323**	**36175**	**18148**	**35228**	**23810**	**11418**	**24687**	**16610**	**8077**
55	12263	8150	4113	8437	5734	2703	6434	4339	2095
56	10043	6849	3194	7796	5339	2457	5504	3726	1778
57	14438	9645	4793	7364	5051	2313	5924	4027	1897
58	11173	7455	3718	7346	4882	2464	3942	2657	1285
59	6406	4076	2330	4285	2804	1481	2883	1861	1022
60-64岁	**50407**	**34677**	**15730**	**34184**	**23818**	**10366**	**23796**	**16412**	**7384**
60	7644	5048	2596	5315	3534	1781	3749	2507	1242
61	7700	5389	2311	5026	3494	1532	3621	2483	1138
62	11944	8248	3696	7104	4969	2135	4733	3303	1430
63	12195	8544	3651	9202	6521	2681	5733	3986	1747
64	10924	7448	3476	7537	5300	2237	5960	4133	1827
65岁及以上	**124082**	**83243**	**40839**	**87445**	**60207**	**27238**	**64170**	**44586**	**19584**

5-5b 续表 6 单位：人

年 龄	初婚年龄								
	30岁			31岁			32岁		
	小计	男	女	小计	男	女	小计	男	女
总 计	**298719**	**194311**	**104408**	**217543**	**139651**	**77892**	**165354**	**105959**	**59395**
20岁以下									
20-24岁									
20									
21									
22									
23									
24									
25-29岁									
25									
26									
27									
28									
29									
30-34岁	**53725**	**31991**	**21734**	**31265**	**18268**	**12997**	**16744**	**9878**	**6866**
30	5924	3501	2423						
31	11071	6528	4543	4255	2458	1797			
32	12960	7665	5295	7878	4569	3309	3054	1811	1243
33	12798	7690	5108	10602	6209	4393	6558	3883	2675
34	10972	6607	4365	8530	5032	3498	7132	4184	2948
35-39岁	**49377**	**30948**	**18429**	**38363**	**23365**	**14998**	**30920**	**18413**	**12507**
35	10546	6440	4106	7301	4407	2894	5814	3423	2391
36	9852	6088	3764	7971	4789	3182	5838	3467	2371
37	9455	5902	3553	7491	4523	2968	6182	3689	2493
38	10899	6877	4022	8308	5079	3229	6886	4099	2787
39	8625	5641	2984	7292	4567	2725	6200	3735	2465
40-44岁	**42512**	**28390**	**14122**	**33305**	**21698**	**11607**	**26821**	**17259**	**9562**
40	8850	5734	3116	6178	3951	2227	5516	3438	2078
41	9240	6051	3189	7562	4773	2789	5191	3343	1848
42	8992	5931	3061	6972	4603	2369	5576	3529	2047
43	7382	5114	2268	6452	4237	2215	5157	3357	1800
44	8048	5560	2488	6141	4134	2007	5381	3592	1789
45-49岁	**35200**	**24072**	**11128**	**27582**	**18746**	**8836**	**22693**	**15283**	**7410**
45	8095	5475	2620	5957	4061	1896	4796	3203	1593
46	7664	5272	2392	6244	4233	2011	4843	3254	1589
47	7324	5096	2228	5518	3728	1790	4741	3191	1550
48	6600	4474	2126	5208	3534	1674	4182	2778	1404
49	5517	3755	1762	4655	3190	1465	4131	2857	1274
50-54岁	**32959**	**21374**	**11585**	**23475**	**15036**	**8439**	**17125**	**11202**	**5923**
50	7230	4971	2259	4085	2767	1318	3572	2410	1162
51	6644	4346	2298	4572	3013	1559	2536	1743	793
52	7933	4939	2994	5217	3371	1846	3617	2387	1230
53	5620	3582	2038	5023	3033	1990	3107	2022	1085
54	5532	3536	1996	4578	2852	1726	4293	2640	1653
55-59岁	**19549**	**12745**	**6804**	**15866**	**10185**	**5681**	**13917**	**8823**	**5094**
55	5512	3533	1979	3888	2476	1412	3541	2205	1336
56	4472	2901	1571	4009	2550	1459	3052	1939	1113
57	4586	2945	1641	3854	2476	1378	3737	2382	1355
58	3361	2280	1081	2756	1789	967	2356	1522	834
59	1618	1086	532	1359	894	465	1231	775	456
60-64岁	**17184**	**11666**	**5518**	**11869**	**8039**	**3830**	**9123**	**6207**	**2916**
60	2644	1690	954	1439	966	473	1405	893	512
61	2575	1770	805	1766	1206	560	1039	726	313
62	3631	2527	1104	2500	1731	769	1909	1351	558
63	4180	2867	1313	3125	2127	998	2369	1622	747
64	4154	2812	1342	3039	2009	1030	2401	1615	786
65岁及以上	**48213**	**33125**	**15088**	**35818**	**24314**	**11504**	**28011**	**18894**	**9117**

5-5b 续表 7

单位：人

年 龄	初婚年龄								
	33岁			34岁			35岁		
	小计	男	女	小计	男	女	小计	男	女
总 计	**125304**	**79662**	**45642**	**96923**	**61593**	**35330**	**74992**	**47937**	**27055**
20岁以下									
20-24岁									
20									
21									
22									
23									
24									
25-29岁									
25									
26									
27									
28									
29									
30-34岁	**7291**	**4208**	**3083**	**1937**	**1060**	**877**			
30									
31									
32									
33	2607	1529	1078						
34	4684	2679	2005	1937	1060	877			
35-39岁	**24495**	**14441**	**10054**	**19038**	**10992**	**8046**	**13304**	**7614**	**5690**
35	4849	2876	1973	3251	1820	1431	1373	785	588
36	4510	2623	1887	3866	2225	1641	2682	1513	1169
37	4601	2727	1874	3580	2100	1480	2983	1677	1306
38	5662	3311	2351	4164	2413	1751	3202	1866	1336
39	4873	2904	1969	4177	2434	1743	3064	1773	1291
40-44岁	**22001**	**13683**	**8318**	**18162**	**11243**	**6919**	**14767**	**9104**	**5663**
40	4555	2735	1820	3901	2356	1545	3236	1908	1328
41	4617	2889	1728	3962	2404	1558	3236	1951	1285
42	3977	2513	1464	3595	2254	1341	2994	1806	1188
43	4307	2697	1610	2964	1864	1100	2747	1762	985
44	4545	2849	1696	3740	2365	1375	2554	1677	877
45-49岁	**19054**	**12561**	**6493**	**16275**	**10669**	**5606**	**14015**	**9097**	**4918**
45	4385	2867	1518	3562	2329	1233	3119	1987	1132
46	4005	2648	1357	3788	2501	1287	3083	1990	1093
47	3750	2497	1253	3146	2070	1076	3014	1946	1068
48	3701	2411	1290	2849	1876	973	2483	1661	822
49	3213	2138	1075	2930	1893	1037	2316	1513	803
50-54岁	**12200**	**8118**	**4082**	**9613**	**6363**	**3250**	**7945**	**5288**	**2657**
50	3150	2110	1040	2580	1674	906	2291	1518	773
51	2341	1592	749	2086	1376	710	1867	1244	623
52	2027	1346	681	1905	1279	626	1700	1151	549
53	2121	1399	722	1254	845	409	1135	750	385
54	2561	1671	890	1788	1189	599	952	625	327
55-59岁	**11731**	**7464**	**4267**	**9026**	**5870**	**3156**	**6903**	**4565**	**2338**
55	3305	2078	1227	1821	1205	616	1371	949	422
56	2512	1632	880	2445	1595	850	1401	918	483
57	2698	1682	1016	2261	1454	807	2090	1379	711
58	2205	1429	776	1589	1025	564	1362	880	482
59	1011	643	368	910	591	319	679	439	240
60-64岁	**6629**	**4446**	**2183**	**5252**	**3607**	**1645**	**4127**	**2850**	**1277**
60	1145	710	435	970	641	329	875	559	316
61	1014	667	347	855	576	279	701	488	213
62	1053	740	313	1136	790	346	894	636	258
63	1650	1134	516	993	716	277	965	689	276
64	1767	1195	572	1298	884	414	692	478	214
65岁及以上	**21903**	**14741**	**7162**	**17620**	**11789**	**5831**	**13931**	**9419**	**4512**

5-5b 续表 8 单位：人

年龄	初婚年龄								
	36岁			37岁			38岁		
	小计	男	女	小计	男	女	小计	男	女
总计	**57378**	**36839**	**20539**	**45734**	**29295**	**16439**	**36595**	**23325**	**13270**
20岁以下									
20-24岁									
20									
21									
22									
23									
24									
25-29岁									
25									
26									
27									
28									
29									
30-34岁									
30									
31									
32									
33									
34									
35-39岁	**8321**	**4814**	**3507**	**4948**	**2786**	**2162**	**2430**	**1308**	**1122**
35									
36	1101	630	471						
37	1991	1153	838	912	494	418			
38	2834	1643	1191	2007	1113	894	926	464	462
39	2395	1388	1007	2029	1179	850	1504	844	660
40-44岁	**12054**	**7466**	**4588**	**9516**	**5793**	**3723**	**7871**	**4741**	**3130**
40	2287	1342	945	1758	1026	732	1552	882	670
41	2682	1626	1056	1977	1176	801	1540	914	626
42	2538	1554	984	1954	1210	744	1532	951	581
43	2205	1394	811	1896	1181	715	1536	938	598
44	2342	1550	792	1931	1200	731	1711	1056	655
45-49岁	**11238**	**7330**	**3908**	**9677**	**6313**	**3364**	**8066**	**5226**	**2840**
45	2050	1342	708	1878	1222	656	1626	1013	613
46	2545	1603	942	1733	1141	592	1553	1048	505
47	2404	1584	820	2147	1431	716	1459	956	503
48	2303	1526	777	2056	1317	739	1742	1105	637
49	1936	1275	661	1863	1202	661	1686	1104	582
50-54岁	**6714**	**4435**	**2279**	**5978**	**3955**	**2023**	**5253**	**3478**	**1775**
50	1806	1174	632	1604	1075	529	1585	1029	556
51	1529	989	540	1263	830	433	1110	741	369
52	1426	945	481	1321	870	451	1046	711	335
53	1004	673	331	898	573	325	780	501	279
54	949	654	295	892	607	285	732	496	236
55-59岁	**4699**	**3158**	**1541**	**3592**	**2421**	**1171**	**2618**	**1779**	**839**
55	751	524	227	702	473	229	611	401	210
56	962	658	304	596	428	168	532	368	164
57	1212	835	377	940	631	309	528	372	156
58	1147	736	411	788	528	260	593	402	191
59	627	405	222	566	361	205	354	236	118
60-64岁	**3447**	**2301**	**1146**	**3142**	**2094**	**1048**	**2877**	**1854**	**1023**
60	641	405	236	597	361	236	575	359	216
61	622	419	203	507	334	173	475	312	163
62	711	486	225	719	495	224	599	385	214
63	794	545	249	712	477	235	677	449	228
64	679	446	233	607	427	180	551	349	202
65岁及以上	**10905**	**7335**	**3570**	**8881**	**5933**	**2948**	**7480**	**4939**	**2541**

5-5b　续表 9

单位：人

年　龄	初婚年龄					
	39岁			40岁及以上		
	小计	男	女	小计	男	女
总　计	**30538**	**19305**	**11233**	**179698**	**108041**	**71657**
20岁以下						
20-24岁						
20						
21						
22						
23						
24						
25-29岁						
25						
26						
27						
28						
29						
30-34岁						
30						
31						
32						
33						
34						
35-39岁	**822**	**432**	**390**			
35						
36						
37						
38						
39	822	432	390			
40-44岁	**6556**	**3893**	**2663**	**13958**	**7630**	**6328**
40	1252	690	562	677	341	336
41	1420	832	588	1965	996	969
42	1311	763	548	2987	1546	1441
43	1118	698	420	3680	2073	1607
44	1455	910	545	4649	2674	1975
45-49岁	**6837**	**4464**	**2373**	**32564**	**19818**	**12746**
45	1427	925	502	5289	3106	2183
46	1431	953	478	6274	3790	2484
47	1370	886	484	6754	4045	2709
48	1260	831	429	7125	4415	2710
49	1349	869	480	7122	4462	2660
50-54岁	**4970**	**3278**	**1692**	**33100**	**20605**	**12495**
50	1414	935	479	7621	4680	2941
51	1151	751	400	6695	4176	2519
52	995	650	345	7317	4534	2783
53	645	451	194	5590	3530	2060
54	765	491	274	5877	3685	2192
55-59岁	**2348**	**1606**	**742**	**23377**	**14763**	**8614**
55	622	422	200	5753	3713	2040
56	559	387	172	5230	3310	1920
57	546	383	163	5940	3770	2170
58	329	216	113	4177	2607	1570
59	292	198	94	2277	1363	914
60-64岁	**2501**	**1527**	**974**	**16862**	**10345**	**6517**
60	335	198	137	2611	1623	988
61	402	273	129	2550	1635	915
62	586	345	241	3398	2112	1286
63	626	366	260	4209	2551	1658
64	552	345	207	4094	2424	1670
65岁及以上	**6504**	**4105**	**2399**	**59837**	**34880**	**24957**

5-5c 全国分年龄、性别、初婚年龄的人口(乡村)

单位：人

年龄	初婚年龄					
	合计			15岁以下		
	合计	男	女	小计	男	女
总计	**34754165**	**16972970**	**17781195**	**85725**	**15411**	**70314**
20岁以下	**30383**	**6678**	**23705**	**2040**	**215**	**1825**
20-24岁	**435153**	**143107**	**292046**	**3452**	**423**	**3029**
20	29851	7273	22578	473	52	421
21	48635	13053	35582	597	64	533
22	82669	25253	57416	743	89	654
23	115923	39501	76422	793	111	682
24	158075	58027	100048	846	107	739
25-29岁	**1632733**	**718366**	**914367**	**4391**	**790**	**3601**
25	215407	84475	130932	909	142	767
26	253869	105803	148066	844	139	705
27	327074	142358	184716	855	130	725
28	384395	174050	210345	842	176	666
29	451988	211680	240308	941	203	738
30-34岁	**3059599**	**1504274**	**1555325**	**6970**	**1659**	**5311**
30	613952	293427	320525	1327	289	1038
31	617152	299558	317594	1459	366	1093
32	593024	291285	301739	1363	340	1023
33	655499	327624	327875	1452	332	1120
34	579972	292380	287592	1369	332	1037
35-39岁	**2628836**	**1353297**	**1275539**	**4639**	**880**	**3759**
35	512189	260995	251194	1204	286	918
36	515031	263201	251830	921	144	777
37	500134	258270	241864	820	168	652
38	576212	299078	277134	879	155	724
39	525270	271753	253517	815	127	688
40-44岁	**2737736**	**1406264**	**1331472**	**6759**	**1390**	**5369**
40	496642	255661	240981	960	179	781
41	550509	284691	265818	1250	258	992
42	541259	277375	263884	1414	286	1128
43	532631	273605	259026	1392	298	1094
44	616695	314932	301763	1743	369	1374
45-49岁	**3902357**	**1964461**	**1937896**	**7238**	**1430**	**5808**
45	650954	330435	320519	1721	367	1354
46	742708	374169	368539	1402	298	1104
47	790370	397923	392447	1375	268	1107
48	835121	418237	416884	1353	249	1104
49	883204	443697	439507	1387	248	1139
50-54岁	**4726638**	**2344104**	**2382534**	**9761**	**1883**	**7878**
50	959947	476375	483572	1781	339	1442
51	923273	458296	464977	2093	453	1640
52	1020319	504978	515341	2226	407	1819
53	855007	421771	433236	1715	327	1388
54	968092	482684	485408	1946	357	1589
55-59岁	**4042647**	**1995545**	**2047102**	**6365**	**954**	**5411**
55	930531	461582	468949	1906	397	1509
56	891847	438289	453558	1215	160	1055
57	1017586	506786	510800	1370	187	1183
58	781273	385412	395861	1121	128	993
59	421410	203476	217934	753	82	671
60-64岁	**2998280**	**1498500**	**1499780**	**7225**	**1257**	**5968**
60	504286	250233	254053	977	155	822
61	480716	242431	238285	1174	204	970
62	625545	314195	311350	1585	284	1301
63	721749	363524	358225	1746	314	1432
64	665984	328117	337867	1743	300	1443
65岁及以上	**8559803**	**4038374**	**4521429**	**26885**	**4530**	**22355**

5-5c　续表 1

单位：人

年　龄	初婚年龄								
	15岁			16岁			17岁		
	小计	男	女	小计	男	女	小计	男	女
总　计	**335265**	**65339**	**269926**	**592243**	**116749**	**475494**	**1052290**	**233959**	**818331**
20岁以下	**4878**	**875**	**4003**	**7035**	**1454**	**5581**	**7910**	**1838**	**6072**
20-24岁	**12611**	**2150**	**10461**	**21352**	**4341**	**17011**	**34241**	**8027**	**26214**
20	1681	282	1399	2707	516	2191	4800	1046	3754
21	2142	350	1792	3518	710	2808	5317	1242	4075
22	2720	463	2257	4561	896	3665	7129	1661	5468
23	3060	503	2557	4830	976	3854	7968	1913	6055
24	3008	552	2456	5736	1243	4493	9027	2165	6862
25-29岁	**17414**	**3517**	**13897**	**32163**	**7226**	**24937**	**58581**	**15417**	**43164**
25	3754	694	3060	5726	1201	4525	10519	2721	7798
26	3384	619	2765	6623	1521	5102	10054	2580	7474
27	3618	730	2888	6758	1517	5241	12587	3338	9249
28	3342	741	2601	6772	1541	5231	12730	3401	9329
29	3316	733	2583	6284	1446	4838	12691	3377	9314
30-34岁	**22676**	**5730**	**16946**	**37249**	**8847**	**28402**	**66286**	**16479**	**49807**
30	4696	1172	3524	7297	1676	5621	14527	3752	10775
31	4622	1177	3445	8323	2123	6200	13569	3502	10067
32	4367	1126	3241	7068	1692	5376	13278	3319	9959
33	5025	1260	3765	7613	1784	5829	13256	3222	10034
34	3966	995	2971	6948	1572	5376	11656	2684	8972
35-39岁	**18769**	**4395**	**14374**	**31131**	**7110**	**24021**	**54014**	**12831**	**41183**
35	4846	1329	3517	5572	1313	4259	10246	2401	7845
36	4233	1059	3174	7446	1923	5523	9448	2229	7219
37	3401	696	2705	6374	1477	4897	11485	2876	8609
38	3354	698	2656	6365	1288	5077	12322	2937	9385
39	2935	613	2322	5374	1109	4265	10513	2388	8125
40-44岁	**20386**	**5061**	**15325**	**33362**	**7852**	**25510**	**56471**	**14077**	**42394**
40	3398	753	2645	5126	1046	4080	9300	2119	7181
41	4079	1061	3018	7027	1740	5287	10889	2693	8196
42	4021	1003	3018	6734	1553	5181	11789	2885	8904
43	4236	1064	3172	6421	1537	4884	11304	2907	8397
44	4652	1180	3472	8054	1976	6078	13189	3473	9716
45-49岁	**31225**	**7641**	**23584**	**56416**	**14017**	**42399**	**103438**	**28266**	**75172**
45	6541	1699	4842	7759	1884	5875	14568	3797	10771
46	6794	1735	5059	12299	3105	9194	16028	4204	11824
47	6266	1550	4716	12944	3356	9588	23319	6650	16669
48	5782	1351	4431	12016	2970	9046	25296	7046	18250
49	5842	1306	4536	11398	2702	8696	24227	6569	17658
50-54岁	**36941**	**8639**	**28302**	**68988**	**16097**	**52891**	**130122**	**33325**	**96797**
50	7645	1710	5935	12726	2942	9784	24716	6396	18320
51	7936	1978	5958	15611	3807	11804	26203	6957	19246
52	7945	1855	6090	15324	3616	11708	31396	8079	23317
53	6910	1615	5295	11766	2689	9077	23707	5975	17732
54	6505	1481	5024	13561	3043	10518	24100	5918	18182
55-59岁	**29582**	**5286**	**24296**	**54156**	**10161**	**43995**	**105857**	**22470**	**83387**
55	8895	2100	6795	11392	2423	8969	23697	5649	18048
56	7297	1335	5962	15174	3185	11989	20946	4665	16281
57	6523	987	5536	14205	2627	11578	30466	6513	23953
58	4399	573	3826	9178	1402	7776	21729	4138	17591
59	2468	291	2177	4207	524	3683	9019	1505	7514
60-64岁	**23583**	**3789**	**19794**	**38761**	**6174**	**32587**	**65716**	**11092**	**54624**
60	3540	493	3047	4949	675	4274	9265	1332	7933
61	3721	593	3128	6750	1161	5589	9439	1591	7848
62	4637	768	3869	7702	1204	6498	14551	2490	12061
63	6145	1071	5074	9223	1503	7720	16397	2919	13478
64	5540	864	4676	10137	1631	8506	16064	2760	13304
65岁及以上	**117200**	**18256**	**98944**	**211630**	**33470**	**178160**	**369654**	**70137**	**299517**

5-5c 续表 2

单位：人

年龄	初婚年龄								
	18岁			19岁			20岁		
	小计	男	女	小计	男	女	小计	男	女
总　计	**1722207**	**449446**	**1272761**	**2895351**	**927352**	**1967999**	**4064332**	**1514078**	**2550254**
20岁以下	**6236**	**1661**	**4575**	**2284**	**635**	**1649**			
20-24岁	**50815**	**13226**	**37589**	**67482**	**20030**	**47452**	**78572**	**23848**	**54724**
20	7701	1925	5776	8008	2272	5736	4481	1180	3301
21	8070	2087	5983	11961	3412	8549	11973	3506	8467
22	9796	2434	7362	13989	4090	9899	18954	5581	13373
23	11929	3164	8765	14995	4546	10449	20501	6349	14152
24	13319	3616	9703	18529	5710	12819	22663	7232	15431
25-29岁	**95491**	**28778**	**66713**	**141500**	**48121**	**93379**	**186808**	**66985**	**119823**
25	15088	4306	10782	22041	7052	14989	28962	9570	19392
26	16807	4959	11848	23134	7750	15384	30760	10604	20156
27	18456	5632	12824	28675	9669	19006	36625	13028	23597
28	22290	6844	15446	30116	10648	19468	43499	15987	27512
29	22850	7037	15813	37534	13002	24532	46962	17796	29166
30-34岁	**119857**	**34198**	**85659**	**213238**	**70575**	**142663**	**325180**	**120465**	**204715**
30	27905	8302	19603	46492	16237	30255	69563	26088	43475
31	24887	7506	17381	45998	15588	30410	67341	25624	41717
32	21781	6189	15592	40135	13273	26862	64322	23829	40493
33	24622	6821	17801	42112	13589	28523	66261	24328	41933
34	20662	5380	15282	38501	11888	26613	57693	20596	37097
35-39岁	**90699**	**23624**	**67075**	**161057**	**47244**	**113813**	**249750**	**85547**	**164203**
35	17412	4469	12943	32679	9842	22837	51764	18293	33471
36	17390	4511	12879	31408	9015	22393	50899	17515	33384
37	15248	4004	11244	30248	8858	21390	47525	16214	31311
38	21531	5724	15807	31440	9262	22178	54250	18416	35834
39	19118	4916	14202	35282	10267	25015	45312	15109	30203
40-44岁	**97275**	**25659**	**71616**	**182222**	**53409**	**128813**	**283790**	**93817**	**189973**
40	17288	4176	13112	32825	9613	23212	51491	17332	34159
41	18326	4861	13465	36437	10385	26052	57740	19470	38270
42	18405	4819	13586	34800	10189	24611	57287	18648	38639
43	20152	5495	14657	34709	10248	24461	53953	17466	36487
44	23104	6308	16796	43451	12974	30477	63319	20901	42418
45-49岁	**175707**	**52345**	**123362**	**297344**	**96887**	**200457**	**425277**	**153942**	**271335**
45	24641	6908	17733	46163	13985	32178	72184	24182	48002
46	29462	8384	21078	52515	16240	36275	80867	27817	53050
47	30979	9227	21752	57866	18678	39188	85628	30786	54842
48	43667	13239	30428	60214	20113	40101	92958	34767	58191
49	46958	14587	32371	80586	27871	52715	93640	36390	57250
50-54岁	**241087**	**69944**	**171143**	**437107**	**150309**	**286798**	**632960**	**253226**	**379734**
50	48580	14408	34172	89828	31160	58668	127292	49638	77654
51	46133	13784	32349	85823	29851	55972	127748	51833	75915
52	51875	15032	36843	90769	31504	59265	137763	55370	82393
53	47077	13362	33715	78260	26726	51534	110893	44289	66604
54	47422	13358	34064	92427	31068	61359	129264	52096	77168
55-59岁	**185600**	**46649**	**138951**	**336354**	**107315**	**229039**	**512682**	**199236**	**313446**
55	41153	11376	29777	80973	27352	53621	130261	51628	78633
56	41606	10873	30733	72617	23630	48987	115881	45292	70589
57	42104	10581	31523	83538	26717	56821	123177	48528	74649
58	41377	9572	31805	61175	18844	42331	96271	36668	59603
59	19360	4247	15113	38051	10772	27279	47092	17120	29972
60-64岁	**106557**	**21654**	**84903**	**191870**	**55711**	**136159**	**298892**	**105881**	**193011**
60	18040	3495	14545	36600	10635	25965	65161	22884	42277
61	15241	3103	12138	31274	9080	22194	52783	19300	33483
62	20060	4017	16043	35316	10077	25239	60302	20769	39533
63	27388	5558	21830	42336	12415	29921	61709	22024	39685
64	25828	5481	20347	46344	13504	32840	58937	20904	38033
65岁及以上	**552883**	**131708**	**421175**	**864893**	**277116**	**587777**	**1070421**	**411131**	**659290**

5-5c　续表 3　　　　　　　　　　　　　　　　　　　　　　　　单位：人

年　龄	初婚年龄								
	21岁			22岁			23岁		
	小计	男	女	小计	男	女	小计	男	女
总　计	**4526057**	**2096277**	**2429780**	**4714984**	**2517292**	**2197692**	**3825440**	**2110668**	**1714772**
20岁以下									
20-24岁	**69316**	**26163**	**43153**	**58495**	**26554**	**31941**	**29584**	**13887**	**15697**
20									
21	5057	1682	3375						
22	16030	5963	10067	8747	4076	4671			
23	23135	8711	14424	20172	9196	10976	8540	4032	4508
24	25094	9807	15287	29576	13282	16294	21044	9855	11189
25-29岁	**201600**	**85434**	**116166**	**215219**	**105462**	**109757**	**192130**	**94392**	**97738**
25	28838	11466	17372	32539	14985	17554	31999	14887	17112
26	33049	13654	19395	34196	16372	17824	31162	14869	16293
27	39653	16496	23157	44219	21469	22750	35986	17809	18177
28	45115	19579	25536	48067	24069	23998	43997	21955	22042
29	54945	24239	30706	56198	28567	27631	48986	24872	24114
30-34岁	**384035**	**175505**	**208530**	**415851**	**219610**	**196241**	**338819**	**182343**	**156476**
30	69627	31199	38428	80676	41319	39357	65364	33769	31595
31	81143	36859	44284	75241	39121	36120	67959	35949	32010
32	76017	34824	41193	84658	44773	39885	60353	32303	28050
33	85872	39481	46391	91579	49206	42373	78508	43067	35441
34	71376	33142	38234	83697	45191	38506	66635	37255	29380
35-39岁	**319619**	**147098**	**172521**	**367282**	**200665**	**166617**	**309648**	**174202**	**135446**
35	62081	28856	33225	69687	38067	31620	61794	34499	27295
36	65071	30214	34857	70612	38534	32078	58049	32732	25317
37	61126	28110	33016	71725	39334	32391	57561	32506	25055
38	69638	31715	37923	81529	44621	36908	69928	39498	30430
39	61703	28203	33500	73729	40109	33620	62316	34967	27349
40-44岁	**336595**	**152968**	**183627**	**385393**	**212900**	**172493**	**321703**	**178247**	**143456**
40	52405	23687	28718	67201	36819	30382	59027	32796	26231
41	69946	32225	37721	67267	37125	30142	64238	35639	28599
42	69075	31671	37404	79628	44003	35625	56221	30912	25309
43	69231	31060	38171	78249	43646	34603	66474	37253	29221
44	75938	34325	41613	93048	51307	41741	75743	41647	34096
45-49岁	**521336**	**245470**	**275866**	**567620**	**312269**	**255351**	**467102**	**255054**	**212048**
45	82850	37703	45147	92222	50787	41435	81130	44833	36297
46	103725	47773	55952	107615	58979	48636	85892	46759	39133
47	105840	49934	55906	122812	67582	55230	92865	50240	42625
48	109918	52469	57449	120764	66274	54490	104971	56963	48008
49	119003	57591	61412	124207	68647	55560	102244	56259	45985
50-54岁	**701252**	**344972**	**356280**	**691203**	**384928**	**306275**	**509248**	**287441**	**221807**
50	118115	57639	60476	134009	74204	59805	106260	58545	47715
51	145197	71938	73259	114607	63842	50765	96409	53771	42638
52	162251	80512	81739	159101	88641	70460	93503	52802	40701
53	131066	63810	67256	132010	73677	58333	99890	56821	43069
54	144623	71073	73550	151476	84564	66912	113186	65502	47684
55-59岁	**622013**	**299597**	**322416**	**638681**	**351207**	**287474**	**486660**	**278560**	**208100**
55	143745	70054	73691	138789	76955	61834	109865	62625	47240
56	149067	71613	77454	138007	75810	62197	99087	56302	42785
57	158260	77163	81097	178518	98435	80083	120254	69252	51002
58	110487	52957	57530	121860	67065	54795	104776	60467	44309
59	60454	27810	32644	61507	32942	28565	52678	29914	22764
60-64岁	**376404**	**161028**	**215376**	**446827**	**220291**	**226536**	**405922**	**222023**	**183899**
60	65256	29291	35965	76864	41167	35697	62225	36042	26183
61	76628	33370	43258	66016	33788	32228	62517	35860	26657
62	82194	35000	47194	108792	52978	55814	75353	41482	33871
63	85353	35409	49944	105870	50812	55058	115717	62174	53543
64	66973	27958	39015	89285	41546	47739	90110	46465	43645
65岁及以上	**993887**	**458042**	**535845**	**928413**	**483406**	**445007**	**764624**	**424519**	**340105**

5-5c 续表 4

单位：人

年 龄	初婚年龄								
	24岁			25岁			26岁		
	小计	男	女	小计	男	女	小计	男	女
总 计	**2937769**	**1722147**	**1215622**	**2148828**	**1330020**	**818808**	**1488347**	**956584**	**531763**
20岁以下									
20-24岁	**9233**	**4458**	**4775**						
20									
21									
22									
23									
24	9233	4458	4775						
25-29岁	**173850**	**88831**	**85019**	**135461**	**71512**	**63949**	**92610**	**51338**	**41272**
25	24314	12062	12252	10718	5389	5329			
26	32464	15943	16521	22290	11669	10621	9102	5124	3978
27	34850	17585	17265	33316	17308	16008	22424	12469	9955
28	36822	19199	17623	33294	17587	15707	30561	16601	13960
29	45400	24042	21358	35843	19559	16284	30523	17144	13379
30-34岁	**277310**	**155221**	**122089**	**225692**	**130452**	**95240**	**178590**	**106287**	**72303**
30	57245	30970	26275	51343	28611	22732	37785	21765	16020
31	55159	30234	24925	46877	26520	20357	38684	22438	16246
32	54519	30227	24292	42219	24367	17852	34433	20492	13941
33	54336	31021	23315	47381	27996	19385	35822	21840	13982
34	56051	32769	23282	37872	22958	14914	31866	19752	12114
35-39岁	**245732**	**147150**	**98582**	**190772**	**120501**	**70271**	**140831**	**92024**	**48807**
35	47164	27956	19208	38548	23685	14863	25309	15987	9322
36	50159	29790	20369	36710	23125	13585	28929	18591	10338
37	45353	27276	18077	38214	24369	13845	26675	17526	9149
38	52799	31893	20906	40079	25666	14413	32711	21741	10970
39	50257	30235	20022	37221	23656	13565	27207	18179	9028
40-44岁	**244768**	**145890**	**98878**	**180186**	**114607**	**65579**	**132945**	**88770**	**44175**
40	46427	27677	18750	36717	23316	13401	25923	17227	8696
41	51053	30416	20637	38351	24474	13877	28977	19444	9533
42	47785	28412	19373	36402	23068	13334	26267	17591	8676
43	41621	24894	16727	34015	21691	12324	24747	16480	8267
44	57882	34491	23391	34701	22058	12643	27031	18028	9003
45-49岁	**346138**	**200655**	**145483**	**242559**	**149562**	**92997**	**160003**	**102804**	**57199**
45	58341	34533	23808	43029	27100	15929	24332	16227	8105
46	68738	40032	28706	46225	28910	17315	32465	21190	11275
47	66491	38295	28196	51133	31295	19838	32769	21046	11723
48	71184	40768	30416	49765	30438	19327	35887	22593	13294
49	81384	47027	34357	52407	31819	20588	34550	21748	12802
50-54岁	**353457**	**207817**	**145640**	**240877**	**148260**	**92617**	**163377**	**103133**	**60244**
50	79861	46324	33537	61431	37229	24202	36874	23028	13846
51	68303	40102	28201	49784	30786	18998	36252	22606	13646
52	72787	42754	30033	49642	30445	19197	34592	21852	12740
53	53374	31446	21928	40583	24936	15647	26947	17035	9912
54	79132	47191	31941	39437	24864	14573	28712	18612	10100
55-59岁	**333689**	**200022**	**133667**	**217658**	**135937**	**81721**	**131809**	**85277**	**46532**
55	75070	44860	30210	50213	31208	19005	24466	15859	8607
56	73132	43402	29730	47077	29426	17651	30260	19408	10852
57	78382	47272	31110	54823	34355	20468	33999	22288	11711
58	65049	39573	25476	41031	25887	15144	28002	18145	9857
59	42056	24915	17141	24514	15061	9453	15082	9577	5505
60-64岁	**311645**	**188834**	**122811**	**207769**	**136662**	**71107**	**136674**	**94361**	**42313**
60	48785	30053	18732	36683	23620	13063	20112	13207	6905
61	44760	28143	16617	32133	21376	10757	23414	15990	7424
62	62463	38309	24154	42117	28212	13905	29056	20517	8539
63	68456	41532	26924	51527	34197	17330	32855	23103	9752
64	87181	50797	36384	45309	29257	16052	31237	21544	9693
65岁及以上	**641947**	**383269**	**258678**	**507854**	**322527**	**185327**	**351508**	**232590**	**118918**

5-5c　续表 5

单位：人

年　龄	初婚年龄								
	27岁			28岁			29岁		
	小计	男	女	小计	男	女	小计	男	女
总　计	**1052667**	**697966**	**354701**	**755233**	**509363**	**245870**	**557064**	**377734**	**179330**
20岁以下									
20-24岁									
20									
21									
22									
23									
24									
25-29岁	**55093**	**32029**	**23064**	**24148**	**14658**	**9490**	**6274**	**3876**	**2398**
25									
26									
27	9052	5178	3874						
28	19105	11119	7986	7843	4603	3240			
29	26936	15732	11204	16305	10055	6250	6274	3876	2398
30-34岁	**138880**	**84703**	**54177**	**110685**	**68581**	**42104**	**81752**	**51120**	**30632**
30	31032	18299	12733	26685	15966	10719	15952	9977	5975
31	28263	16966	11297	22610	13844	8766	18881	11669	7212
32	27749	16903	10846	19806	12314	7492	15673	9709	5964
33	28470	17758	10712	22768	14473	8295	16231	10145	6086
34	23366	14777	8589	13816	11984	6832	15015	9620	5395
35-39岁	**106237**	**70996**	**35241**	**79112**	**53054**	**26058**	**60413**	**40149**	**20264**
35	21231	13737	7494	15802	10346	5456	12459	8126	4333
36	19160	12589	6571	15685	10335	5350	11705	7614	4091
37	20881	13974	6907	13789	9308	4481	11599	7745	3854
38	23092	15819	7273	18241	12328	5913	12077	8217	3860
39	21873	14877	6996	15595	10737	4858	12573	8447	4126
40-44岁	**97017**	**67323**	**29694**	**73648**	**52061**	**21587**	**56162**	**39550**	**16612**
40	19030	13093	5937	15449	10644	4805	11298	7684	3614
41	20300	14142	6158	14972	10686	4286	12477	8734	3743
42	19709	13558	6151	14307	10135	4172	10962	7736	3226
43	18018	12617	5401	14216	10055	4161	10037	7249	2788
44	19960	13913	6047	14704	10541	4163	11388	8147	3241
45-49岁	**111322**	**74663**	**36659**	**77013**	**53442**	**23571**	**56234**	**39704**	**16530**
45	19552	13571	5981	14601	10434	4167	11118	8011	3107
46	18892	13065	5827	15158	10826	4332	11611	8272	3339
47	23081	15493	7588	13163	9247	3916	11245	7990	3255
48	23795	15691	8104	16811	11397	5414	9893	6955	2938
49	26002	16843	9159	17280	11538	5742	12367	8476	3891
50-54岁	**114189**	**73535**	**40654**	**84709**	**54590**	**30119**	**65571**	**42207**	**23364**
50	25719	16140	9579	20270	12811	7459	13604	8972	4632
51	23066	14932	8134	16770	10841	5929	14579	9038	5541
52	26382	16848	9534	17540	11282	6258	13997	8980	5017
53	19274	12518	6756	15249	9757	5492	10820	7078	3742
54	19748	13097	6651	14880	9899	4981	12571	8139	4432
55-59岁	**85715**	**56916**	**28799**	**57362**	**38782**	**18580**	**42581**	**28649**	**13932**
55	18527	12164	6363	13395	8970	4425	10960	7286	3674
56	15180	10141	5039	12140	8163	3977	9335	6203	3132
57	22656	15333	7323	11621	8013	3608	10006	6854	3152
58	18463	12309	6154	12621	8668	3953	6935	4767	2168
59	10889	6969	3920	7585	4968	2617	5345	3539	1806
60-64岁	**93264**	**66046**	**27218**	**66575**	**47604**	**18971**	**48577**	**34778**	**13799**
60	13227	8751	4476	9666	6412	3254	7038	4693	2345
61	13701	9623	4078	9045	6381	2664	6967	5003	1964
62	22181	15663	6518	13632	9859	3773	9624	6904	2720
63	23473	17152	6321	18774	13741	5033	12012	8880	3132
64	20682	14857	5825	15458	11211	4247	12936	9298	3638
65岁及以上	**250950**	**171755**	**79195**	**181981**	**126591**	**55390**	**139500**	**97701**	**41799**

5-5c　续表 6　　　　单位：人

年　龄	初婚年龄								
	30岁			31岁			32岁		
	小计	男	女	小计	男	女	小计	男	女
总　计	**422790**	**286214**	**136576**	**313529**	**210814**	**102715**	**244603**	**165179**	**79424**
20岁以下									
20-24岁									
20									
21									
22									
23									
24									
25-29岁									
25									
26									
27									
28									
29									
30-34岁	**54915**	**34492**	**20423**	**33068**	**20488**	**12580**	**18376**	**11419**	**6957**
30	6436	4036	2400						
31	11381	7215	4166	4755	2857	1898			
32	13253	8162	5091	8517	5300	3217	3513	2143	1370
33	13059	8163	4896	11100	6965	4135	6969	4368	2601
34	10786	6916	3870	8696	5366	3330	7894	4908	2986
35-39岁	**48412**	**31662**	**16750**	**38976**	**24726**	**14250**	**32072**	**20453**	**11619**
35	10353	6723	3630	7416	4674	2742	6173	3958	2215
36	9875	6329	3546	8085	4998	3087	6103	3818	2285
37	9070	5796	3274	7397	4656	2741	6401	4052	2349
38	10579	6997	3582	8419	5354	3065	7026	4508	2518
39	8535	5817	2718	7659	5044	2615	6369	4117	2252
40-44岁	**44886**	**31041**	**13845**	**35547**	**24408**	**11139**	**29666**	**20230**	**9436**
40	9421	6253	3168	6415	4312	2103	5785	3860	1925
41	9620	6512	3108	8124	5509	2615	5576	3845	1731
42	9358	6510	2848	7338	4972	2366	6378	4276	2102
43	7842	5597	2245	6838	4737	2101	5648	3854	1794
44	8645	6169	2476	6832	4878	1954	6279	4395	1884
45-49岁	**42975**	**30550**	**12425**	**33962**	**23966**	**9996**	**27640**	**19423**	**8217**
45	9097	6446	2651	6622	4723	1899	5574	3903	1671
46	9026	6470	2556	7428	5232	2196	5630	4060	1570
47	8903	6367	2536	6951	4932	2019	5910	4118	1792
48	8386	5990	2396	6562	4591	1971	5366	3757	1609
49	7563	5277	2286	6399	4488	1911	5160	3585	1575
50-54岁	**51683**	**33429**	**18254**	**37063**	**24311**	**12752**	**28073**	**18951**	**9122**
50	9810	6750	3060	5633	3935	1698	5203	3648	1555
51	9742	6536	3206	6707	4576	2131	3979	2810	1169
52	13038	8028	5010	8029	5300	2729	5672	3899	1773
53	9550	5979	3571	8630	5341	3289	5482	3630	1852
54	9543	6136	3407	8064	5159	2905	7737	4964	2773
55-59岁	**34884**	**23057**	**11827**	**28962**	**18833**	**10129**	**24869**	**16194**	**8675**
55	9513	6063	3450	7196	4609	2587	6134	3977	2157
56	7917	5269	2648	7092	4573	2519	5315	3461	1854
57	8107	5412	2695	6834	4530	2304	6574	4290	2284
58	6298	4267	2031	5068	3294	1774	4420	2907	1513
59	3049	2046	1003	2772	1827	945	2426	1559	867
60-64岁	**35608**	**25643**	**9965**	**25125**	**18124**	**7001**	**19481**	**14095**	**5386**
60	5210	3589	1621	2908	2020	888	2824	1900	924
61	5197	3795	1402	3778	2823	955	2218	1664	554
62	7582	5514	2068	5393	3897	1496	4116	3035	1081
63	8686	6306	2380	6703	4895	1808	5145	3812	1333
64	8933	6439	2494	6343	4489	1854	5178	3684	1494
65岁及以上	**109427**	**76340**	**33087**	**80826**	**55958**	**24868**	**64426**	**44414**	**20012**

5-5c　续表 7　　　　单位：人

年龄	初婚年龄								
	33岁			34岁			35岁		
	小计	男	女	小计	男	女	小计	男	女
总　计	**187253**	**126159**	**61094**	**144267**	**97883**	**46384**	**113167**	**76693**	**36474**
20岁以下									
20-24岁									
20									
21									
22									
23									
24									
25-29岁									
25									
26									
27									
28									
29									
30-34岁	**8056**	**4858**	**3198**	**2114**	**1242**	**872**			
30									
31									
32									
33	3063	1805	1258						
34	4993	3053	1940	2114	1242	872			
35-39岁	**26033**	**16359**	**9674**	**19987**	**12528**	**7459**	**14336**	**8769**	**5567**
35	5322	3310	2012	3540	2220	1320	1587	918	669
36	4913	3111	1802	4174	2599	1575	2793	1698	1095
37	4598	2915	1683	3767	2384	1383	3378	2011	1367
38	5775	3635	2140	4247	2631	1616	3382	2097	1285
39	5425	3388	2037	4259	2694	1565	3196	2045	1151
40-44岁	**24215**	**16378**	**7837**	**19747**	**13097**	**6650**	**15774**	**10596**	**5178**
40	4873	3130	1743	4066	2617	1449	3303	2140	1163
41	5072	3490	1582	4147	2752	1395	3509	2316	1193
42	4257	2923	1334	3924	2610	1314	3171	2148	1023
43	4924	3340	1584	3240	2213	1027	2881	1975	906
44	5089	3495	1594	4370	2905	1465	2910	2017	893
45-49岁	**23905**	**16676**	**7229**	**20364**	**14168**	**6196**	**17423**	**12081**	**5342**
45	5215	3650	1565	4378	2991	1387	3800	2631	1169
46	4885	3459	1426	4475	3090	1385	3753	2571	1182
47	4641	3236	1405	3920	2759	1161	3685	2560	1125
48	4745	3281	1464	3701	2602	1099	3217	2236	981
49	4419	3050	1369	3890	2726	1164	2968	2083	885
50-54岁	**18905**	**13087**	**5818**	**14526**	**10166**	**4360**	**12213**	**8521**	**3692**
50	4336	3000	1336	3583	2487	1096	3235	2266	969
51	3568	2526	1042	2979	2103	876	2555	1770	785
52	3251	2272	979	2982	2064	918	2606	1802	804
53	3601	2488	1113	2048	1435	613	1982	1394	588
54	4149	2801	1348	2934	2077	857	1835	1289	546
55-59岁	**20776**	**13520**	**7256**	**15912**	**10545**	**5367**	**11765**	**7879**	**3886**
55	5582	3516	2066	3194	2148	1046	2263	1544	719
56	4464	2879	1585	4049	2617	1432	2250	1510	740
57	4733	3158	1575	3961	2655	1306	3472	2304	1168
58	3923	2585	1338	2955	1979	976	2455	1647	808
59	2074	1382	692	1753	1146	607	1325	874	451
60-64岁	**14438**	**10466**	**3972**	**10857**	**7986**	**2871**	**8700**	**6322**	**2378**
60	2391	1596	795	1912	1322	590	1775	1179	596
61	2095	1512	583	1762	1260	502	1437	1066	371
62	2350	1729	621	2240	1675	565	1896	1383	513
63	3796	2900	896	2130	1616	514	2072	1539	533
64	3806	2729	1077	2813	2113	700	1520	1155	365
65岁及以上	**50925**	**34815**	**16110**	**40760**	**28151**	**12609**	**32956**	**22525**	**10431**

5-5c 续表 8

单位：人

年 龄	初婚年龄								
	36岁			37岁			38岁		
	小计	男	女	小计	男	女	小计	男	女
总 计	**88645**	**59654**	**28991**	**71473**	**48130**	**23343**	**59132**	**39362**	**19770**
20岁以下									
20-24岁									
20									
21									
22									
23									
24									
25-29岁									
25									
26									
27									
28									
29									
30-34岁									
30									
31									
32									
33									
34									
35-39岁	**9376**	**5655**	**3721**	**5807**	**3421**	**2386**	**3097**	**1742**	**1355**
35									
36	1263	728	535						
37	2288	1332	956	1211	683	528			
38	3152	1963	1189	2178	1252	926	1219	663	556
39	2673	1632	1041	2418	1486	932	1878	1079	799
40-44岁	**13007**	**8520**	**4487**	**10824**	**7145**	**3679**	**9155**	**5893**	**3262**
40	2356	1477	879	1916	1190	726	1882	1111	771
41	2832	1859	973	2177	1430	747	1702	1104	598
42	2615	1696	919	2253	1487	766	1802	1159	643
43	2471	1653	818	2180	1478	702	1777	1169	608
44	2733	1835	898	2298	1560	738	1992	1350	642
45-49岁	**14463**	**9960**	**4503**	**12512**	**8632**	**3880**	**10469**	**7205**	**3264**
45	2378	1620	758	2332	1602	730	2009	1380	629
46	3283	2224	1059	2220	1527	693	2066	1395	671
47	3230	2210	1020	2751	1880	871	1811	1267	544
48	2950	2047	903	2616	1827	789	2314	1608	706
49	2622	1859	763	2593	1796	797	2269	1555	714
50-54岁	**10027**	**6927**	**3100**	**8656**	**6055**	**2601**	**7974**	**5519**	**2455**
50	2418	1644	774	2198	1497	701	2153	1470	683
51	2292	1597	695	1757	1235	522	1598	1090	508
52	2030	1373	657	1973	1335	638	1563	1098	465
53	1631	1137	494	1308	945	363	1412	992	420
54	1656	1176	480	1420	1043	377	1248	869	379
55-59岁	**8364**	**5730**	**2634**	**6076**	**4187**	**1889**	**4658**	**3204**	**1454**
55	1358	986	372	1263	894	369	1064	744	320
56	1731	1230	501	988	684	304	965	646	319
57	2020	1395	625	1518	1071	447	972	682	290
58	2179	1423	756	1257	865	392	1058	733	325
59	1076	696	380	1050	673	377	599	399	200
60-64岁	**7666**	**5528**	**2138**	**6684**	**4680**	**2004**	**6135**	**4071**	**2064**
60	1316	866	450	1150	738	412	1073	687	386
61	1238	884	354	1069	722	347	972	606	366
62	1710	1264	446	1592	1133	459	1255	819	436
63	1721	1279	442	1522	1125	397	1566	1090	476
64	1681	1235	446	1351	962	389	1269	869	400
65岁及以上	**25742**	**17334**	**8408**	**20914**	**14010**	**6904**	**17644**	**11728**	**5916**

5-5c　续表 9　　单位：人

年　龄	初婚年龄					
	39岁			40岁及以上		
	小计	男	女	小计	男	女
总　计	**50895**	**33376**	**17519**	**304609**	**189121**	**115488**
20岁以下						
20-24岁						
20						
21						
22						
23						
24						
25-29岁						
25						
26						
27						
28						
29						
30-34岁						
30						
31						
32						
33						
34						
35-39岁	**1035**	**512**	**523**			
35						
36						
37						
38						
39	1035	512	523			
40-44岁	**8072**	**4915**	**3157**	**18161**	**10460**	**7701**
40	1664	882	782	1096	528	568
41	1823	1130	693	2598	1391	1207
42	1479	916	563	3878	2209	1669
43	1364	857	507	4691	2772	1919
44	1742	1130	612	5898	3560	2338
45-49岁	**8963**	**6073**	**2890**	**43709**	**27576**	**16133**
45	1803	1195	608	6994	4273	2721
46	1823	1225	598	8431	5327	3104
47	1813	1251	562	8979	5706	3273
48	1531	1054	477	9459	5961	3498
49	1993	1348	645	9846	6309	3537
50-54岁	**7423**	**5097**	**2326**	**49246**	**31735**	**17511**
50	2054	1369	685	10613	6824	3789
51	1656	1135	521	9926	6399	3527
52	1383	973	410	10699	6855	3844
53	1097	766	331	8725	5603	3122
54	1233	854	379	9283	6054	3229
55-59岁	**3896**	**2701**	**1195**	**35721**	**22677**	**13044**
55	998	692	306	8659	5503	3156
56	882	616	266	8173	5196	2977
57	875	611	264	8618	5573	3045
58	637	434	203	6549	4115	2434
59	504	348	156	3722	2290	1432
60-64岁	**5626**	**3686**	**1940**	**31699**	**20714**	**10985**
60	681	471	210	4658	2960	1698
61	910	605	305	4477	2928	1549
62	1310	826	484	6536	4387	2149
63	1393	897	496	8034	5261	2773
64	1332	887	445	7994	5178	2816
65岁及以上	**15880**	**10392**	**5488**	**126073**	**75959**	**50114**

5-6 全国分性别、受教育程度、初婚年龄的人口

单位：人

受教育程度	初婚年龄					
	合计			15岁以下		
	合计	男	女	小计	男	女
总　计	**92314156**	**44794461**	**47519695**	**150348**	**29422**	**120926**
未上过学	3517003	692421	2824582	20921	1678	19243
学前教育	114911	32343	82568	471	41	430
小　学	22140344	9256486	12883858	65408	10138	55270
初　中	38371577	19926898	18444679	48050	12308	35742
高　中	14229595	7634784	6594811	10391	3473	6918
大学专科	7480219	3858245	3621974	3356	1141	2215
大学本科	5763018	3011901	2751117	1669	615	1054
硕士研究生	607925	324723	283202	75	26	49
博士研究生	89564	56660	32904	7	2	5

5-6 续表 1

单位：人

受教育程度	初婚年龄								
	15岁			16岁			17岁		
	小计	男	女	小计	男	女	小计	男	女
总　计	**610713**	**131161**	**479552**	**1076287**	**222048**	**854239**	**1940231**	**433998**	**1506233**
未上过学	77418	5352	72066	132481	8700	123781	218127	15969	202158
学前教育	2006	183	1823	3362	296	3066	5770	521	5249
小　学	259813	41711	218102	463227	73322	389905	816998	145080	671918
初　中	205603	58688	146915	376482	103130	273352	722234	209822	512412
高　中	43748	16195	27553	70800	24730	46070	131432	45001	86431
大学专科	14331	5791	8540	20053	7813	12240	31978	11943	20035
大学本科	7330	3050	4280	9328	3813	5515	12872	5321	7551
硕士研究生	417	172	245	496	214	282	727	300	427
博士研究生	47	19	28	58	30	28	93	41	52

5-6　续表 2　　单位：人

受教育程度	初婚年龄								
	18岁			19岁			20岁		
	小计	男	女	小计	男	女	小计	男	女
总　计	**3265132**	**837455**	**2427677**	**5724653**	**1745748**	**3978905**	**8464279**	**2913131**	**5551148**
未上过学	303552	26483	277069	428419	51434	376985	478393	70321	408072
学前教育	8560	967	7593	12707	2025	10682	15077	3006	12071
小　学	1288912	269728	1019184	2075203	549678	1525525	2717525	843799	1873726
初　中	1334497	422277	912220	2514360	889260	1625100	3960366	1527091	2433275
高　中	250904	88696	162208	525377	193786	331591	947888	357383	590505
大学专科	58206	21055	37151	126904	43831	83073	258260	83200	175060
大学本科	19396	7756	11640	39925	14917	25008	83761	27021	56740
硕士研究生	961	419	542	1531	700	831	2622	1129	1493
博士研究生	144	74	70	227	117	110	387	181	206

5-6　续表 3　　单位：人

受教育程度	初婚年龄								
	21岁			22岁			23岁		
	小计	男	女	小计	男	女	小计	男	女
总　计	**10151584**	**4335354**	**5816230**	**11656843**	**5740692**	**5916151**	**10653943**	**5340973**	**5312970**
未上过学	398962	72217	326745	343927	74379	269548	262184	63705	198479
学前教育	13707	3494	10213	12222	3700	8522	9634	3385	6249
小　学	2780383	1066744	1713639	2732580	1219818	1512762	2219906	1054679	1165227
初　中	4952845	2341835	2611010	5620845	3040158	2580687	4794903	2622404	2172499
高　中	1394589	624979	769610	1884136	955180	928956	1917717	979176	938541
大学专科	443540	165965	277575	727853	313565	414288	908925	399321	509604
大学本科	161708	57486	104222	321571	127513	194058	512665	205660	307005
硕士研究生	5175	2315	2860	11961	5504	6457	24551	10836	13715
博士研究生	675	319	356	1748	875	873	3458	1807	1651

5-6 续表 4

单位：人

受教育程度	初婚年龄								
	24岁			25岁			26岁		
	小计	男	女	小计	男	女	小计	男	女
总　计	**9247911**	**4949928**	**4297983**	**7613396**	**4335687**	**3277709**	**5701793**	**3405284**	**2296509**
未上过学	199314	55966	143348	145825	47422	98403	101575	36401	65174
学前教育	7465	2977	4488	5489	2454	3035	3897	1883	2014
小　学	1728533	903335	825198	1266812	721394	545418	873361	528651	344710
初　中	3770957	2188801	1582156	2793175	1714549	1078626	1923451	1230995	692456
高　中	1750939	962969	787970	1455990	857252	598738	1063467	661844	401623
大学专科	1012183	488970	523213	993490	525277	468213	813546	461253	352293
大学本科	726111	321786	404325	869895	426662	443233	817050	431986	385064
硕士研究生	45774	21470	24304	72776	34935	37841	93364	45158	48206
博士研究生	6635	3654	2981	9944	5742	4202	12082	7113	4969

5-6 续表 5

单位：人

受教育程度	初婚年龄								
	27岁			28岁			29岁		
	小计	男	女	小计	男	女	小计	男	女
总　计	**4181690**	**2614548**	**1567142**	**2984869**	**1931419**	**1053450**	**2132387**	**1406658**	**725729**
未上过学	76155	29689	46466	58632	23401	35231	47086	19421	27665
学前教育	2902	1481	1421	2150	1094	1056	1722	890	832
小　学	621572	393882	227690	453380	294398	158982	347420	227284	120136
初　中	1338605	885929	452676	943035	636116	306919	685007	463106	221901
高　中	756553	494018	262535	526574	354248	172326	368743	252167	116576
大学专科	612491	371491	241000	430324	274092	156232	292125	192244	99881
大学本科	665203	382105	283098	481608	298506	183102	325233	212706	112527
硕士研究生	95707	48309	47398	78332	42653	35679	56371	33016	23355
博士研究生	12502	7644	4858	10834	6911	3923	8680	5824	2856

5-6　续表 6　　　　单位：人

受教育程度	初婚年龄								
	30岁			31岁			32岁		
	小计	男	女	小计	男	女	小计	男	女
总　计	**1542898**	**1022401**	**520497**	**1111400**	**733424**	**377976**	**841060**	**553473**	**287587**
未上过学	38466	15870	22596	29185	12049	17136	24011	9822	14189
学前教育	1402	727	675	1080	561	519	840	449	391
小　学	269795	175786	94009	203725	132146	71579	162676	105782	56894
初　中	513390	344769	168621	385218	255428	129790	301334	199942	101392
高　中	262915	179679	83236	189184	128596	60588	143983	96566	47417
大学专科	198928	133010	65918	134964	90301	44663	95808	63940	31868
大学本科	213781	144506	69275	139401	95392	44009	93514	64057	29457
硕士研究生	37827	23590	14237	24190	15703	8487	15855	10634	5221
博士研究生	6394	4464	1930	4453	3248	1205	3039	2281	758

5-6　续表 7　　　　单位：人

受教育程度	初婚年龄								
	33岁			34岁			35岁		
	小计	男	女	小计	男	女	小计	男	女
总　计	**637164**	**416730**	**220434**	**492697**	**322655**	**170042**	**383068**	**251240**	**131828**
未上过学	19179	7856	11323	15782	6610	9172	13060	5353	7707
学前教育	656	330	326	545	281	264	443	226	217
小　学	127682	83245	44437	101374	66608	34766	81627	53787	27840
初　中	232240	153465	78775	179742	119114	60628	139356	92966	46390
高　中	109634	73000	36634	85232	56725	28507	66150	44233	21917
大学专科	69560	45625	23935	52625	34572	18053	40017	26071	13946
大学本科	65377	44300	21077	48330	32450	15880	35850	24057	11793
硕士研究生	10709	7284	3425	7511	5118	2393	5462	3723	1739
博士研究生	2127	1625	502	1556	1177	379	1103	824	279

5-6 续表 8

单位：人

受教育程度	初婚年龄								
	36岁			37岁			38岁		
	小计	男	女	小计	男	女	小计	男	女
总　计	**293924**	**193056**	**100868**	**233879**	**154287**	**79592**	**186856**	**122956**	**63900**
未上过学	10663	4414	6249	8930	3627	5303	7685	3127	4558
学前教育	373	196	177	293	155	138	249	121	128
小　学	65126	42799	22327	54028	35426	18602	45752	29331	16421
初　中	107453	71396	36057	86015	57271	28744	69124	45844	23280
高　中	49654	33366	16288	39505	26881	12624	30812	21124	9688
大学专科	29613	19655	9958	22380	15126	7254	16962	11723	5239
大学本科	26315	17903	8412	19173	13270	5903	13787	9869	3918
硕士研究生	3917	2712	1205	2946	2069	877	2021	1466	555
博士研究生	810	615	195	609	462	147	464	351	113

5-6 续表 9

单位：人

受教育程度	初婚年龄					
	39岁			40岁及以上		
	小计	男	女	小计	男	女
总　计	**155862**	**101737**	**54125**	**879289**	**548996**	**330293**
未上过学	6822	2731	4091	50249	18424	31825
学前教育	197	91	106	1692	809	883
小　学	40966	25858	15108	276560	162077	114483
初　中	57606	38000	19606	315684	202234	113450
高　中	24765	16831	7934	128513	86686	41827
大学专科	13227	9232	3995	58570	42038	16532
大学本科	10350	7530	2820	41815	31664	10151
硕士研究生	1589	1193	396	5058	4075	983
博士研究生	340	271	69	1148	989	159

5-6a 全国分性别、受教育程度、初婚年龄的人口(城市)

单位：人

受教育程度	初婚年龄					
	合计			15岁以下		
	合计	男	女	小计	男	女
总计	**36667991**	**17748432**	**18919559**	**32011**	**7451**	**24560**
未上过学	590676	106120	484556	2662	176	2486
学前教育	20707	6263	14444	59	8	51
小学	4865643	1937906	2927737	9558	1528	8030
初中	13058757	6453091	6605666	11770	3160	8610
高中	8115335	4106532	4008803	4880	1525	3355
大学专科	5008819	2522789	2486030	1862	607	1255
大学本科	4382879	2274186	2108693	1153	421	732
硕士研究生	543072	289676	253396	61	25	36
博士研究生	82103	51869	30234	6	1	5

5-6a 续表 1

单位：人

受教育程度	初婚年龄								
	15岁			16岁			17岁		
	小计	男	女	小计	男	女	小计	男	女
总计	**142439**	**36118**	**106321**	**246412**	**54832**	**191580**	**451438**	**100109**	**351329**
未上过学	11212	577	10635	20322	910	19412	35098	1828	33270
学前教育	299	27	272	463	42	421	899	75	824
小学	42481	6830	35651	79675	11440	68235	148163	22297	125866
初中	53384	15855	37529	95023	25030	69993	182393	48335	134058
高中	21263	7464	13799	32548	10438	22110	58010	17812	40198
大学专科	8382	3202	5180	11439	4205	7234	17533	5995	11538
大学本科	5030	2005	3025	6480	2565	3915	8675	3489	5186
硕士研究生	347	140	207	408	173	235	589	243	346
博士研究生	41	18	23	54	29	25	78	35	43

5-6a 续表 2

单位：人

受教育程度	初婚年龄								
	18岁			19岁			20岁		
	小计	男	女	小计	男	女	小计	男	女
总　计	**787163**	**191521**	**595642**	**1474045**	**403128**	**1070917**	**2361073**	**695949**	**1665124**
未上过学	48769	2991	45778	68841	6305	62536	75118	8713	66405
学前教育	1254	136	1118	2000	318	1682	2326	427	1899
小　学	240256	42327	197929	400224	89484	310740	533155	139573	393582
初　中	343948	96967	246981	677214	205407	471807	1115091	358331	756760
高　中	108795	33621	75174	231970	71269	160701	438272	133359	304913
大学专科	30623	10172	20451	67180	20640	46540	141868	38792	103076
大学本科	12629	4917	7712	25210	9063	16147	52890	15750	37140
硕士研究生	775	334	441	1234	555	679	2044	856	1188
博士研究生	114	56	58	172	87	85	309	148	161

5-6a 续表 3

单位：人

受教育程度	初婚年龄								
	21岁			22岁			23岁		
	小计	男	女	小计	男	女	小计	男	女
总　计	**3144398**	**1178516**	**1965882**	**4119727**	**1824221**	**2295506**	**4314420**	**1946898**	**2367522**
未上过学	65800	9808	55992	60487	11265	49222	48906	10713	38193
学前教育	2277	548	1729	2283	695	1588	1971	695	1276
小　学	576700	194828	381872	607565	245967	361598	529870	230876	298994
初　中	1464454	600826	863628	1799608	873486	926122	1680498	831636	848862
高　中	673604	253163	420441	978392	432559	545833	1078022	485227	592795
大学专科	252442	83327	169115	440326	173478	266848	582757	236778	345979
大学本科	104425	34000	70425	219579	81577	138002	367843	140117	227726
硕士研究生	4145	1755	2390	9977	4452	5525	21441	9251	12190
博士研究生	551	261	290	1510	742	768	3112	1605	1507

5-6a　续表 4　　　　单位：人

受教育程度	初婚年龄								
	24岁			25岁			26岁		
	小计	男	女	小计	男	女	小计	男	女
总　计	**4211548**	**2082398**	**2129150**	**3822012**	**2056742**	**1765270**	**3033848**	**1735630**	**1298218**
未上过学	38748	10197	28551	27914	8839	19075	18752	6638	12114
学前教育	1694	685	1009	1283	582	701	882	437	445
小　学	437974	213818	224156	329970	177593	152377	227616	131607	96009
初　中	1429425	769241	660184	1130514	656918	473596	804012	494050	309962
高　中	1042251	524496	517755	909657	505016	404641	682605	408454	274151
大学专科	675637	309937	365700	685841	351304	334537	573586	318065	255521
大学本科	539220	232016	307204	662784	320227	342557	631624	329553	302071
硕士研究生	40555	18706	21849	64927	31024	33903	83637	40304	43333
博士研究生	6044	3302	2742	9122	5239	3883	11134	6522	4612

5-6a　续表 5　　　　单位：人

受教育程度	初婚年龄								
	27岁			28岁			29岁		
	小计	男	女	小计	男	女	小计	男	女
总　计	**2290985**	**1389336**	**901649**	**1644183**	**1043611**	**600572**	**1163333**	**759520**	**403813**
未上过学	13639	5350	8289	10140	4191	5949	8032	3352	4680
学前教育	663	354	309	468	246	222	361	182	179
小　学	160055	97427	62628	114179	71445	42734	86292	54362	31930
初　中	567235	364585	202650	400023	263621	136402	289892	192215	97677
高　中	493298	313741	179557	346781	229034	117747	245671	165831	79840
大学专科	438098	261566	176532	311886	196026	115860	214152	139279	74873
大学本科	520763	296083	224680	380629	234430	146199	260204	169218	90986
硕士研究生	85719	43213	42506	70127	38255	31872	50714	29710	21004
博士研究生	11515	7017	4498	9950	6363	3587	8015	5371	2644

5-6a 续表 6

单位：人

受教育程度	初婚年龄								
	30岁			31岁			32岁		
	小计	男	女	小计	男	女	小计	男	女
总 计	**821389**	**541876**	**279513**	**580328**	**382959**	**197369**	**431103**	**282335**	**148768**
未上过学	6361	2591	3770	4638	1937	2701	3904	1579	2325
学前教育	295	154	141	215	119	96	192	110	82
小 学	64771	40500	24271	48511	30158	18353	38709	23891	14818
初 中	214279	140944	73335	159350	103411	55939	125353	80774	44579
高 中	175055	118223	56832	126456	85124	41332	96254	63732	32522
大学专科	147533	97701	49832	101023	67155	33868	72242	47731	24511
大学本科	173169	116368	56801	114141	77789	36352	77249	52748	24501
硕士研究生	34088	21326	12762	21867	14242	7625	14411	9690	4721
博士研究生	5838	4069	1769	4127	3024	1103	2789	2080	709

5-6a 续表 7

单位：人

受教育程度	初婚年龄								
	33岁			34岁			35岁		
	小计	男	女	小计	男	女	小计	男	女
总 计	**324607**	**210909**	**113698**	**251507**	**163179**	**88328**	**194909**	**126610**	**68299**
未上过学	3134	1281	1853	2531	1045	1486	1942	795	1147
学前教育	127	65	62	100	59	41	78	37	41
小 学	30302	18762	11540	24134	14907	9227	19363	12082	7281
初 中	97482	62366	35116	76740	49388	27352	60050	38705	21345
高 中	74409	49005	25404	58700	38468	20232	46138	30497	15641
大学专科	53039	34519	18520	40554	26450	14104	31129	20066	11063
大学本科	54387	36750	17637	40403	27064	13339	30141	20213	9928
硕士研究生	9751	6641	3110	6902	4705	2197	5033	3445	1588
博士研究生	1976	1520	456	1443	1093	350	1035	770	265

5-6a　续表 8　　　　单位：人

受教育程度	初婚年龄								
	36岁			37岁			38岁		
	小计	男	女	小计	男	女	小计	男	女
总　计	**147901**	**96563**	**51338**	**116672**	**76862**	**39810**	**91129**	**60269**	**30860**
未上过学	1667	709	958	1312	548	764	1179	457	722
学前教育	57	30	27	64	35	29	38	19	19
小　学	15061	9378	5683	12610	7815	4795	10532	6364	4168
初　中	46790	30121	16669	37483	24233	13250	30173	19381	10792
高　中	34685	23006	11679	28010	18821	9189	21833	14786	7047
大学专科	23110	15214	7896	17699	11875	5824	13359	9220	4139
大学本科	22143	15015	7128	16191	11184	5007	11707	8348	3359
硕士研究生	3617	2504	1113	2731	1918	813	1864	1360	504
博士研究生	771	586	185	572	433	139	444	334	110

5-6a　续表 9　　　　单位：人

受教育程度	初婚年龄					
	39岁			40岁及以上		
	小计	男	女	小计	男	女
总　计	**74429**	**49056**	**25373**	**394982**	**251834**	**143148**
未上过学	1053	416	637	8515	2909	5606
学前教育	29	11	18	330	167	163
小　学	9449	5604	3845	68468	37043	31425
初　中	25316	16241	9075	141257	87864	53393
高　中	17646	11837	5809	90130	60024	30106
大学专科	10329	7151	3178	45190	32334	12856
大学本科	8827	6442	2385	35383	26834	8549
硕士研究生	1458	1097	361	4650	3752	898
博士研究生	322	257	65	1059	907	152

5-6b 全国分性别、受教育程度、初婚年龄的人口(镇)

单位：人

受教育程度	初婚年龄					
	合计			15岁以下		
	合计	男	女	小计	男	女
总 计	**20892000**	**10073059**	**10818941**	**32612**	**6560**	**26052**
未上过学	678161	130944	547217	3612	287	3325
学前教育	21953	6085	15868	79	8	71
小 学	4673952	1885686	2788266	12602	1867	10735
初 中	9325340	4715794	4609546	11892	2935	8957
高 中	3336261	1818634	1517627	3013	988	2025
大学专科	1708622	907884	800738	1019	332	687
大学本科	1089013	575956	513057	387	141	246
硕士研究生	52802	28327	24475	7	1	6
博士研究生	5896	3749	2147	1	1	

5-6b 续表 1

单位：人

受教育程度	初婚年龄								
	15岁			16岁			17岁		
	小计	男	女	小计	男	女	小计	男	女
总 计	**133009**	**29704**	**103305**	**237632**	**50467**	**187165**	**436503**	**99930**	**336573**
未上过学	13781	864	12917	24124	1435	22689	40369	2838	37531
学前教育	356	40	316	587	50	537	1045	101	944
小 学	50849	7877	42972	93038	14127	78911	166510	28177	138333
初 中	50453	14172	36281	92566	24874	67692	179017	51334	127683
高 中	11893	4364	7529	19512	6847	12665	36920	12519	24401
大学专科	3895	1623	2272	5657	2254	3403	9351	3589	5762
大学本科	1728	741	987	2079	854	1225	3193	1329	1864
硕士研究生	49	23	26	65	25	40	90	40	50
博士研究生	5		5	4	1	3	8	3	5

5-6b　续表 2

单位：人

受教育程度	初婚年龄								
	18岁			19岁			20岁		
	小计	男	女	小计	男	女	小计	男	女
总　计	**755762**	**196488**	**559274**	**1355257**	**415268**	**939989**	**2038874**	**703104**	**1335770**
未上过学	57024	4806	52218	82160	9453	72707	92473	13138	79335
学前教育	1605	187	1418	2295	348	1947	2879	610	2269
小　学	267310	53547	213763	435658	110637	325021	577654	172611	405043
初　中	335141	103719	231422	636149	219896	416253	1003080	377749	625331
高　中	71476	25513	45963	148640	56367	92273	260651	102653	157998
大学专科	17952	6557	11395	38876	14162	24714	77503	27660	49843
大学本科	5094	2078	3016	11246	4285	6961	24174	8474	15700
硕士研究生	139	68	71	205	107	98	413	192	221
博士研究生	21	13	8	28	13	15	47	17	30

5-6b　续表 3

单位：人

受教育程度	初婚年龄								
	21岁			22岁			23岁		
	小计	男	女	小计	男	女	小计	男	女
总　计	**2481129**	**1060561**	**1420568**	**2822132**	**1399179**	**1422953**	**2514083**	**1283407**	**1230676**
未上过学	78229	13788	64441	68188	14485	53703	52433	12268	40165
学前教育	2768	728	2040	2384	706	1678	1896	619	1277
小　学	596810	219994	376816	588129	253577	334552	477210	219434	257776
初　中	1251664	578258	673406	1401401	744481	656920	1175116	635666	539450
高　中	376086	176124	199962	481851	256521	225330	460933	251693	209240
大学专科	129187	53100	76087	197138	92679	104459	227357	110402	116955
大学本科	45479	18070	27409	81259	35791	45468	116272	51855	64417
硕士研究生	805	447	358	1596	837	759	2589	1317	1272
博士研究生	101	52	49	186	102	84	277	153	124

5-6b 续表 4 单位：人

受教育程度	初婚年龄								
	24岁			25岁			26岁		
	小计	男	女	小计	男	女	小计	男	女
总　计	**2098594**	**1145383**	**953211**	**1642556**	**948925**	**693631**	**1179598**	**713070**	**466528**
未上过学	39633	10994	28639	28717	9171	19546	19626	6885	12741
学前教育	1456	566	890	1079	443	636	806	382	424
小　学	369098	187204	181894	267012	147076	119936	181854	106307	75547
初　中	902141	517948	384193	647633	392255	255378	437746	275800	161946
高　中	397310	231838	165472	311463	191864	119599	217336	139449	77887
大学专科	235502	123495	112007	215301	120689	94612	167520	99547	67973
大学本科	148676	70825	77851	164227	83849	80378	145947	80265	65682
硕士研究生	4305	2237	2068	6467	3180	3287	8007	3968	4039
博士研究生	473	276	197	657	398	259	756	467	289

5-6b 续表 5 单位：人

受教育程度	初婚年龄								
	27岁			28岁			29岁		
	小计	男	女	小计	男	女	小计	男	女
总　计	**838038**	**527246**	**310792**	**585453**	**378445**	**207008**	**411990**	**269404**	**142586**
未上过学	14658	5637	9021	11062	4368	6694	9025	3697	5328
学前教育	532	250	282	397	201	196	321	151	170
小　学	128355	78623	49732	93912	59017	34895	71292	45007	26285
初　中	301090	195031	106059	210362	138453	71909	152004	99632	52372
高　中	151172	100451	50721	103104	69849	33255	70388	48100	22288
大学专科	120270	75631	44639	81086	53245	27841	53597	36315	17282
大学本科	112951	66974	45977	78212	49355	28857	50338	33530	16808
硕士研究生	8206	4155	4051	6638	3537	3101	4514	2619	1895
博士研究生	804	494	310	680	420	260	511	353	158

5-6b　续表 6　　　　单位：人

受教育程度	初婚年龄								
	30岁			31岁			32岁		
	小计	男	女	小计	男	女	小计	男	女
总　计	**298719**	**194311**	**104408**	**217543**	**139651**	**77892**	**165354**	**105959**	**59395**
未上过学	7164	2857	4307	5629	2262	3367	4559	1852	2707
学前教育	276	135	141	198	95	103	149	63	86
小　学	55579	34606	20973	42483	26373	16110	33786	20935	12851
初　中	114988	74626	40362	87261	55483	31778	68239	43666	24573
高　中	50392	34059	16333	36511	24479	12032	27744	18437	9307
大学专科	35470	24247	11223	23593	15971	7622	16743	11293	5450
大学本科	31415	21674	9741	19698	13611	6087	12779	8801	3978
硕士研究生	3007	1809	1198	1903	1193	710	1158	751	407
博士研究生	428	298	130	267	184	83	197	161	36

5-6b　续表 7　　　　单位：人

受教育程度	初婚年龄								
	33岁			34岁			35岁		
	小计	男	女	小计	男	女	小计	男	女
总　计	**125304**	**79662**	**45642**	**96923**	**61593**	**35330**	**74992**	**47937**	**27055**
未上过学	3608	1467	2141	3000	1191	1809	2548	1050	1498
学前教育	121	58	63	100	53	47	85	41	44
小　学	26439	16475	9964	21034	13207	7827	16904	10653	6251
初　中	52664	33500	19164	40941	26053	14888	31522	20392	11130
高　中	20989	13751	7238	15053	10602	5451	12249	8043	4206
大学专科	11890	7878	4012	3881	5841	3040	6629	4408	2221
大学本科	8682	5930	2752	6333	4250	2083	4642	3070	1572
硕士研究生	786	518	268	485	327	158	359	238	121
博士研究生	125	85	40	96	69	27	54	42	12

5-6b 续表 8

单位：人

受教育程度	初婚年龄								
	36岁			37岁			38岁		
	小计	男	女	小计	男	女	小计	男	女
总　计	**57378**	**36839**	**20539**	**45734**	**29295**	**16439**	**36595**	**23325**	**13270**
未上过学	2048	831	1217	1730	692	1038	1487	557	930
学前教育	62	34	28	52	29	23	49	18	31
小　学	13403	8431	4972	11323	7096	4227	9447	5797	3650
初　中	24070	15521	8549	19306	12383	6923	15283	9767	5516
高　中	9167	6144	3023	7063	4774	2289	5657	3906	1751
大学专科	4945	3348	1597	3594	2456	1138	2808	1923	885
大学本科	3400	2332	1068	2455	1716	739	1715	1251	464
硕士研究生	251	173	78	181	126	55	133	92	41
博士研究生	32	25	7	30	23	7	16	14	2

5-6b 续表 9

单位：人

受教育程度	初婚年龄					
	39岁			40岁及以上		
	小计	男	女	小计	男	女
总　计	**30538**	**19305**	**11233**	**179698**	**108041**	**71657**
未上过学	1296	517	779	9978	3554	6424
学前教育	45	21	24	331	148	183
小　学	8378	4997	3381	57883	32034	25849
初　中	12699	8118	4581	70912	44082	26830
高　中	4475	3045	1430	24213	16254	7959
大学专科	2247	1609	638	10611	7630	2981
大学本科	1273	905	368	5359	4000	1359
硕士研究生	110	81	29	334	266	68
博士研究生	15	12	3	77	73	4

5-6c　全国分性别、受教育程度、初婚年龄的人口(乡村)

单位：人

受教育程度	初婚年龄					
	合　计			15岁以下		
	合计	男	女	小计	男	女
总　计	**34754165**	**16972970**	**17781195**	**85725**	**15411**	**70314**
未上过学	2248166	455357	1792809	14647	1215	13432
学前教育	72251	19995	52256	333	25	308
小　学	12600749	5432894	7167855	43248	6743	36505
初　中	15987480	8758013	7229467	24388	6213	18175
高　中	2777999	1709618	1068381	2498	960	1538
大学专科	762778	427572	335206	475	202	273
大学本科	291126	161759	129367	129	53	76
硕士研究生	12051	6720	5331	7		7
博士研究生	1565	1042	523			

5-6c　续表 1

单位：人

受教育程度	初婚年龄								
	15岁			16岁			17岁		
	小计	男	女	小计	男	女	小计	男	女
总　计	**335265**	**65339**	**269926**	**592243**	**116749**	**475494**	**1052290**	**233959**	**818331**
未上过学	52425	3911	48514	88035	6355	81680	142660	11303	131357
学前教育	1351	116	1235	2312	204	2108	3826	345	3481
小　学	166483	27004	139479	290514	47755	242759	502325	94606	407719
初　中	101766	28661	73105	188893	53226	135667	360824	110153	250671
高　中	10592	4367	6225	18740	7445	11295	36502	14670	21832
大学专科	2054	966	1088	2957	1354	1603	5094	2359	2735
大学本科	572	304	268	769	394	375	1004	503	501
硕士研究生	21	9	12	23	16	7	48	17	31
博士研究生	1	1					7	3	4

5-6c 续表 2

单位：人

受教育程度	初婚年龄								
	18岁			19岁			20岁		
	小计	男	女	小计	男	女	小计	男	女
总　计	**1722207**	**449446**	**1272761**	**2895351**	**927352**	**1967999**	**4064332**	**1514078**	**2550254**
未上过学	197759	18686	179073	277418	35676	241742	310802	48470	262332
学前教育	5701	644	5057	8412	1359	7053	9872	1969	7903
小　学	781346	173854	607492	1239321	349557	889764	1606716	531615	1075101
初　中	655408	221591	433817	1200997	463957	737040	1842195	791011	1051184
高　中	70633	29562	41071	144767	66150	78617	248965	121371	127594
大学专科	9631	4326	5305	20848	9029	11819	38889	16748	22141
大学本科	1673	761	912	3469	1569	1900	6697	2797	3900
硕士研究生	47	17	30	92	38	54	165	81	84
博士研究生	9	5	4	27	17	10	31	16	15

5-6c 续表 3

单位：人

受教育程度	初婚年龄								
	21岁			22岁			23岁		
	小计	男	女	小计	男	女	小计	男	女
总　计	**4526057**	**2096277**	**2429780**	**4714984**	**2517292**	**2197692**	**3825440**	**2110668**	**1714772**
未上过学	254933	48621	206312	215252	48629	166623	160845	40724	120121
学前教育	8662	2218	6444	7555	2299	5256	5767	2071	3696
小　学	1606873	651922	954951	1536886	720274	816612	1212826	604369	608457
初　中	2236727	1162751	1073976	2419836	1422191	997645	1939289	1155102	784187
高　中	344899	195692	149207	423893	266100	157793	378762	242256	136506
大学专科	61911	29538	32373	90389	47408	42981	98811	52141	46670
大学本科	11804	5416	6388	20733	10145	10588	28550	13688	14862
硕士研究生	225	113	112	388	215	173	521	268	253
博士研究生	23	6	17	52	31	21	69	49	20

5-6c　续表 4　　　　单位：人

受教育程度	初婚年龄								
	24岁			25岁			26岁		
	小计	男	女	小计	男	女	小计	男	女
总　计	**2937769**	**1722147**	**1215622**	**2148828**	**1330020**	**818808**	**1488347**	**956584**	**531763**
未上过学	120933	34775	86158	89194	29412	59782	63197	22878	40319
学前教育	4315	1726	2589	3127	1429	1698	2209	1064	1145
小　学	921461	502313	419148	669830	396725	273105	463891	290737	173154
初　中	1439391	901612	537779	1015028	665376	349652	681693	461145	220548
高　中	311378	206635	104743	234870	160372	74498	163526	113941	49585
大学专科	101044	55538	45506	92348	53284	39064	72440	43641	28799
大学本科	38215	18945	19270	42884	22586	20298	39479	22168	17311
硕士研究生	914	527	387	1382	731	651	1720	886	834
博士研究生	118	76	42	165	105	60	192	124	68

5-6c　续表 5　　　　单位：人

受教育程度	初婚年龄								
	27岁			28岁			29岁		
	小计	男	女	小计	男	女	小计	男	女
总　计	**1052667**	**697966**	**354701**	**755233**	**509363**	**245870**	**557064**	**377734**	**179330**
未上过学	47858	18702	29156	37430	14842	22588	30029	12372	17657
学前教育	1707	877	830	1285	647	638	1040	557	483
小　学	333162	217832	115330	245289	163936	81353	189836	127915	61921
初　中	470280	326313	143967	332650	234042	98608	243111	171259	71852
高　中	112083	79826	32257	76689	55365	21324	52684	38236	14448
大学专科	54123	34294	19829	37352	24821	12531	24376	16650	7726
大学本科	31489	19048	12441	22767	14721	8046	14691	9958	4733
硕士研究生	1782	941	841	1567	861	706	1143	687	456
博士研究生	183	133	50	204	128	76	154	100	54

5-6c 续表 6

单位：人

受教育程度	初婚年龄								
	30岁			31岁			32岁		
	小计	男	女	小计	男	女	小计	男	女
总　计	**422790**	**286214**	**136576**	**313529**	**210814**	**102715**	**244603**	**165179**	**79424**
未上过学	24941	10422	14519	18918	7850	11068	15548	6391	9157
学前教育	831	438	393	667	347	320	499	276	223
小　学	149445	100680	48765	112731	75615	37116	90181	60956	29225
初　中	184123	129199	54924	138607	96534	42073	107742	75502	32240
高　中	37468	27397	10071	26217	18993	7224	19985	14397	5588
大学专科	15925	11062	4863	10348	7175	3173	6823	4916	1907
大学本科	9197	6464	2733	5562	3992	1570	3486	2508	978
硕士研究生	732	455	277	420	268	152	286	193	93
博士研究生	128	97	31	59	40	19	53	40	13

5-6c 续表 7

单位：人

受教育程度	初婚年龄								
	33岁			34岁			35岁		
	小计	男	女	小计	男	女	小计	男	女
总　计	**187253**	**126159**	**61094**	**144267**	**97883**	**46384**	**113167**	**76693**	**36474**
未上过学	12437	5108	7329	10251	4374	5877	8570	3508	5062
学前教育	408	207	201	345	169	176	280	148	132
小　学	70941	48008	22933	56206	38494	17712	45360	31052	14308
初　中	82094	57599	24495	62061	43673	18388	47784	33869	13915
高　中	14236	10244	3992	10479	7655	2824	7763	5693	2070
大学专科	4631	3228	1403	3190	2281	909	2259	1597	662
大学本科	2308	1620	688	1594	1136	458	1067	774	293
硕士研究生	172	125	47	124	86	38	70	40	30
博士研究生	26	20	6	17	15	2	14	12	2

5-6c　续表 8　　单位：人

受教育程度	初婚年龄								
	36岁			37岁			38岁		
	小计	男	女	小计	男	女	小计	男	女
总　计	**88645**	**59654**	**28991**	**71473**	**48130**	**23343**	**59132**	**39362**	**19770**
未上过学	6948	2874	4074	5888	2387	3501	5019	2113	2906
学前教育	254	132	122	177	91	86	162	84	78
小　学	36662	24990	11672	30095	20515	9580	25773	17170	8603
初　中	36593	25754	10839	29226	20655	8571	23668	16696	6972
高　中	5802	4216	1586	4432	3286	1146	3322	2432	890
大学专科	1558	1093	465	1087	795	292	795	580	215
大学本科	772	556	216	527	370	157	365	270	95
硕士研究生	49	35	14	34	25	9	24	14	10
博士研究生	7	4	3	7	6	1	4	3	1

5-6c　续表 9　　单位：人

受教育程度	初婚年龄					
	39岁			40岁及以上		
	小计	男	女	小计	男	女
总　计	**50895**	**33376**	**17519**	**304609**	**189121**	**115488**
未上过学	4473	1798	2675	31756	11961	19795
学前教育	123	59	64	1031	494	537
小　学	23139	15257	7882	150209	93000	57209
初　中	19591	13641	5950	103515	70288	33227
高　中	2644	1949	695	14170	10408	3762
大学专科	651	472	179	2769	2074	695
大学本科	250	183	67	1073	830	243
硕士研究生	21	15	6	74	57	17
博士研究生	3	2	1	12	9	3

2020 中国人口普查年鉴

（下册）

CHINA POPULATION CENSUS YEARBOOK 2020

（BOOK 3）

国务院第七次全国人口普查领导小组办公室　编

Compiled by
Office of the Leading Group of the State Council
for the Seventh National Population Census

图书在版编目（CIP）数据

中国人口普查年鉴. 2020. 下册 ＝China Population Census Yearbook 2020(Book 3) / 国务院第七次全国人口普查领导小组办公室编. -- 北京 : 中国统计出版社, 2022.4
ISBN 978-7-5037-9771-2

Ⅰ. ①中… Ⅱ. ①国… Ⅲ. ①人口普查－中国－2020－年鉴 Ⅳ. ①C924.25-54

中国版本图书馆 CIP 数据核字(2022)第 067892 号

中国人口普查年鉴-2020（下册）
China Population Census Yearbook 2020 (Book 3)

作　　者/国务院第七次全国人口普查领导小组办公室
责任编辑/郭　栋　佘竞雄
封面设计/李雪燕
出版发行/中国统计出版社有限公司
通信地址/北京市丰台区西三环南路甲 6 号　邮政编码/100073
发行电话/邮购（010）63376909　书店（010）68783171
网　　址/http://www.zgtjcbs.com/
印　　刷/河北鑫兆源印刷有限公司
经　　销/新华书店
开　　本/880mm×1230mm　1/16
字　　数/910 千字
印　　张/29.25
版　　别/2022 年 4 月第 1 版
版　　次/2022 年 4 月第 1 次印刷
定　　价/990.00 元（全三册附光盘）

目　录

下　册

第二部分　长表数据资料(续)

第六卷　生育

第七卷 迁移和户口登记地

第八卷 老年人口

第九卷　住房

第三部分　附　录

Contents

Book Ⅲ

Part Ⅱ　Data from Households Using Long Form(continued)

Volume 6　Fertility

Part III Appendixes

第二部分 长表数据资料

第六卷 生育

6-1 各地区分性别、孩次的出生人口
(2019.11.1-2020.10.31)

单位：人

地区	出生人数				第一孩			
	合计	男	女	性别比(女=100)	小计	男	女	性别比(女=100)
全国	**1212321**	**641238**	**571083**	**112.28**	**555030**	**294657**	**260373**	**113.17**
北京	16828	8817	8011	110.06	10514	5546	4968	111.63
天津	8226	4278	3948	108.36	4862	2560	2302	111.21
河北	59712	31087	28625	108.60	24305	12699	11606	109.42
山西	29775	15103	14672	102.94	14867	7678	7189	106.80
内蒙古	18428	9465	8963	105.60	9734	5005	4729	105.84
辽宁	22523	11650	10873	107.15	14786	7758	7028	110.39
吉林	11821	6028	5793	104.06	7697	3954	3743	105.64
黑龙江	13274	6815	6459	105.51	9054	4761	4293	110.90
上海	15333	8001	7332	109.12	10078	5229	4849	107.84
江苏	57749	30345	27404	110.73	30521	16131	14390	112.10
浙江	49119	25820	23299	110.82	24842	13018	11824	110.10
安徽	53913	28784	25129	114.54	23267	12290	10977	111.96
福建	37967	20717	17250	120.10	15615	8233	7382	111.53
江西	41633	22941	18692	122.73	16527	9008	7519	119.80
山东	86415	45753	40662	112.52	32652	17119	15533	110.21
河南	88569	46601	41968	111.04	36039	19383	16656	116.37
湖北	48772	26117	22655	115.28	23936	12804	11132	115.02
湖南	57103	30777	26326	116.91	24614	13480	11134	121.07
广东	138419	74785	63634	117.52	59644	32333	27311	118.39
广西	51491	27649	23842	115.97	19390	10445	8945	116.77
海南	10359	5662	4697	120.55	4438	2367	2071	114.29
重庆	25727	13329	12398	107.51	13588	7176	6412	111.92
四川	71023	37434	33589	111.45	36430	19590	16840	116.33
贵州	48984	26050	22934	113.59	19010	10094	8916	113.21
云南	52858	27353	25505	107.25	23144	12121	11023	109.96
西藏	5113	2571	2542	101.14	1735	919	816	112.62
陕西	31254	16265	14989	108.51	15263	8056	7207	111.78
甘肃	25783	13412	12371	108.41	11430	6010	5420	110.89
青海	6422	3373	3049	110.63	2961	1593	1368	116.45
宁夏	8708	4474	4234	105.67	3746	1915	1831	104.59
新疆	19020	9782	9238	105.89	10341	5382	4959	108.53

6-1　续表 1　　　　单位：人

地区	第二孩				第三孩			
	小计	男	女	性别比（女=100）	小计	男	女	性别比（女=100）
全国	**522301**	**269715**	**252586**	**106.78**	**109320**	**62388**	**46932**	**132.93**
北京	5988	3098	2890	107.20	288	157	131	119.85
天津	3104	1562	1542	101.30	234	140	94	148.94
河北	28303	14315	13988	102.34	6187	3529	2658	132.77
山西	13510	6646	6864	96.82	1219	685	534	128.28
内蒙古	7958	4058	3900	104.05	653	366	287	127.53
辽宁	7236	3593	3643	98.63	439	265	174	152.30
吉林	3836	1921	1915	100.31	257	142	115	123.48
黑龙江	3978	1923	2055	93.58	219	121	98	123.47
上海	4848	2523	2325	108.52	364	220	144	152.78
江苏	24103	12379	11724	105.59	2754	1637	1117	146.55
浙江	21525	11190	10335	108.27	2414	1421	993	143.10
安徽	25490	13289	12201	108.92	4469	2788	1681	165.85
福建	17963	9738	8225	118.40	3888	2418	1470	164.49
江西	18095	9615	8480	113.38	5779	3541	2238	158.22
山东	41938	21772	20166	107.96	10504	6107	4397	138.89
河南	39125	19683	19442	101.24	11559	6391	5168	123.66
湖北	22035	11541	10494	109.98	2494	1595	899	177.42
湖南	26339	13701	12638	108.41	5200	3040	2160	140.74
广东	56957	30057	26900	111.74	16669	9449	7220	130.87
广西	21736	11408	10328	110.46	7591	4221	3370	125.25
海南	4324	2345	1979	118.49	1301	768	533	144.09
重庆	10755	5442	5313	102.43	1170	617	553	111.57
四川	29011	14874	14137	105.21	3999	2142	1857	115.35
贵州	20839	10911	9928	109.90	6742	3728	3014	123.69
云南	22858	11613	11245	103.27	5301	2791	2510	111.20
西藏	1650	842	808	104.21	894	435	459	94.77
陕西	14339	7242	7097	102.04	1473	872	601	145.09
甘肃	11350	5778	5572	103.70	2295	1229	1066	115.29
青海	2388	1230	1158	106.22	688	350	338	103.55
宁夏	3471	1738	1733	100.29	1058	578	480	120.42
新疆	7249	3688	3561	103.57	1218	645	573	112.57

6-1 续表 2 单位：人

地区	第四孩				第五孩及以上			
	小计	男	女	性别比(女=100)	小计	男	女	性别比(女=100)
全国	**19501**	**11025**	**8476**	**130.07**	**6169**	**3453**	**2716**	**127.14**
北京	29	14	15	93.33	9	2	7	28.57
天津	24	15	9	166.67	2	1	1	100.00
河北	780	459	321	142.99	137	85	52	163.46
山西	160	83	77	107.79	19	11	8	137.50
内蒙古	71	27	44	61.36	12	9	3	300.00
辽宁	54	30	24	125.00	8	4	4	100.00
吉林	25	9	16	56.25	6	2	4	50.00
黑龙江	19	9	10	90.00	4	1	3	33.33
上海	38	26	12	216.67	5	3	2	150.00
江苏	311	164	147	111.56	60	34	26	130.77
浙江	274	150	124	120.97	64	41	23	178.26
安徽	581	359	222	161.71	106	58	48	120.83
福建	419	281	138	203.62	82	47	35	134.29
江西	966	618	348	177.59	266	159	107	148.60
山东	1096	625	471	132.70	225	130	95	136.84
河南	1529	949	580	163.62	317	195	122	159.84
湖北	258	146	112	130.36	49	31	18	172.22
湖南	787	471	316	149.05	163	85	78	108.97
广东	3961	2278	1683	135.35	1188	668	520	128.46
广西	1977	1115	862	129.35	797	460	337	136.50
海南	226	137	89	153.93	70	45	25	180.00
重庆	173	75	98	76.53	41	19	22	86.36
四川	1040	520	520	100.00	543	308	235	131.06
贵州	1721	952	769	123.80	672	365	307	118.89
云南	1156	599	557	107.54	399	229	170	134.71
西藏	430	188	242	77.69	404	187	217	86.18
陕西	152	83	69	120.29	27	12	15	80.00
甘肃	514	282	232	121.55	194	113	81	139.51
青海	237	125	112	111.61	148	75	73	102.74
宁夏	315	179	136	131.62	118	64	54	118.52
新疆	178	57	121	47.11	34	10	24	41.67

6-1a　各地区分性别、孩次的出生人口
(2019.11.1-2020.10.31)(城市)

单位：人

地　区	出生人数				第　一　孩			
	合计	男	女	性别比(女=100)	小计	男	女	性别比(女=100)
全　国	**520301**	**275048**	**245253**	**112.15**	**269565**	**142438**	**127127**	**112.04**
北　京	13614	7153	6461	110.71	8717	4603	4114	111.89
天　津	6691	3478	3213	108.25	4149	2171	1978	109.76
河　北	19443	10095	9348	107.99	9394	4905	4489	109.27
山　西	11995	6183	5812	106.38	6396	3323	3073	108.14
内蒙古	8176	4189	3987	105.07	4774	2462	2312	106.49
辽　宁	16011	8335	7676	108.59	11166	5869	5297	110.80
吉　林	5982	3036	2946	103.05	4210	2153	2057	104.67
黑龙江	7132	3706	3426	108.17	5260	2761	2499	110.48
上　海	12209	6388	5821	109.74	8270	4329	3941	109.85
江　苏	31264	16496	14768	111.70	17689	9360	8329	112.38
浙　江	28238	14761	13477	109.53	14737	7691	7046	109.15
安　徽	15125	7942	7183	110.57	7591	3963	3628	109.23
福　建	17321	9308	8013	116.16	7712	4007	3705	108.15
江　西	12656	6919	5737	120.60	5445	2923	2522	115.90
山　东	39450	20886	18564	112.51	17054	8911	8143	109.43
河　南	24135	12674	11461	110.58	11247	5988	5259	113.86
湖　北	20843	11063	9780	113.12	11590	6092	5498	110.80
湖　南	17404	9352	8052	116.15	8084	4364	3720	117.31
广　东	85504	46271	39233	117.94	39412	21426	17986	119.13
广　西	16970	9190	7780	118.12	7518	4074	3444	118.29
海　南	4165	2243	1922	116.70	1915	985	930	105.91
重　庆	15207	7853	7354	106.79	8685	4571	4114	111.11
四　川	27894	14824	13070	113.42	16242	8746	7496	116.68
贵　州	13648	7271	6377	114.02	6088	3184	2904	109.64
云　南	13884	7158	6726	106.42	7008	3613	3395	106.42
西　藏	536	288	248	116.13	282	155	127	122.05
陕　西	13710	7096	6614	107.29	7412	3843	3569	107.68
甘　肃	7669	4011	3658	109.65	4057	2116	1941	109.02
青　海	2141	1120	1021	109.70	1175	618	557	110.95
宁　夏	3514	1805	1709	105.62	1733	913	820	111.34
新　疆	7770	3954	3816	103.62	4553	2319	2234	103.80

6-1a 续表 1 单位：人

地区	第二孩				第三孩			
	小计	男	女	性别比(女=100)	小计	男	女	性别比(女=100)
全国	**219120**	**113936**	**105184**	**108.32**	**27253**	**16248**	**11005**	**147.64**
北京	4641	2411	2230	108.12	226	128	98	130.61
天津	2369	1207	1162	103.87	152	88	64	137.50
河北	9041	4601	4440	103.63	897	533	364	146.43
山西	5202	2629	2573	102.18	352	206	146	141.10
内蒙古	3193	1621	1572	103.12	184	100	84	119.05
辽宁	4595	2318	2277	101.80	220	129	91	141.76
吉林	1659	830	829	100.12	99	49	50	98.00
黑龙江	1780	899	881	102.04	83	44	39	112.82
上海	3670	1889	1781	106.06	239	149	90	165.56
江苏	12502	6493	6009	108.05	977	601	376	159.84
浙江	12053	6209	5844	106.25	1272	769	503	152.88
安徽	6899	3568	3331	107.11	567	375	192	195.31
福建	8230	4440	3790	117.15	1264	781	483	161.70
江西	5783	3100	2683	115.54	1241	778	463	168.03
山东	19582	10254	9328	109.93	2546	1579	967	163.29
河南	11133	5634	5499	102.45	1588	941	647	145.44
湖北	8553	4529	4024	112.55	624	402	222	181.08
湖南	8189	4281	3908	109.54	986	619	367	168.66
广东	36766	19378	17388	111.44	7713	4521	3192	141.64
广西	7666	4056	3610	112.35	1486	886	600	147.67
海南	1833	1008	825	122.18	366	223	143	155.94
重庆	6062	3054	3008	101.53	398	206	192	107.29
四川	10970	5702	5268	108.24	594	335	259	129.34
贵州	6100	3244	2856	113.59	1159	679	480	141.46
云南	6049	3111	2938	105.89	707	376	331	113.60
西藏	212	110	102	107.84	27	15	12	125.00
陕西	5846	2993	2853	104.91	407	242	165	146.67
甘肃	3242	1678	1564	107.29	328	196	132	148.48
青海	822	429	393	109.16	115	58	57	101.75
宁夏	1551	771	780	98.85	203	109	94	115.96
新疆	2927	1489	1438	103.55	233	131	102	128.43

6-1a　续表 2　　　　单位：人

地　区	第四孩				第五孩及以上			
	小计	男	女	性别比（女=100）	小计	男	女	性别比（女=100）
全　国	**3644**	**1980**	**1664**	**118.99**	**719**	**446**	**273**	**163.37**
北　京	22	10	12	83.33	8	1	7	14.29
天　津	20	12	8	150.00	1		1	
河　北	95	48	47	102.13	16	8	8	100.00
山　西	39	19	20	95.00	6	6		
内蒙古	22	4	18	22.22	3	2	1	200.00
辽　宁	25	16	9	177.78	5	3	2	150.00
吉　林	12	3	9	33.33	2	1	1	100.00
黑龙江	9	2	7	28.57				
上　海	26	18	8	225.00	4	3	1	300.00
江　苏	83	33	50	66.00	13	9	4	225.00
浙　江	146	77	69	111.59	30	15	15	100.00
安　徽	61	32	29	110.34	7	4	3	133.33
福　建	101	70	31	225.81	14	10	4	250.00
江　西	151	95	56	169.64	36	23	13	176.92
山　东	226	115	111	103.60	42	27	15	180.00
河　南	145	90	55	163.64	22	21	1	2100.00
湖　北	60	27	33	81.82	16	13	3	433.33
湖　南	121	77	44	175.00	24	11	13	84.62
广　东	1334	775	559	138.64	279	171	108	158.33
广　西	247	137	110	124.55	53	37	16	231.25
海　南	47	25	22	113.64	4	2	2	100.00
重　庆	55	21	34	61.76	7	1	6	16.67
四　川	82	36	46	78.26	6	5	1	500.00
贵　州	238	122	116	105.17	63	42	21	200.00
云　南	99	45	54	83.33	21	13	8	162.50
西　藏	8	2	6	33.33	7	6	1	600.00
陕　西	36	14	22	63.64	9	4	5	80.00
甘　肃	37	18	19	94.74	5	3	2	150.00
青　海	24	12	12	100.00	5	3	2	150.00
宁　夏	21	10	11	90.91	6	2	4	50.00
新　疆	52	15	37	40.54	5		5	

6-1b 各地区分性别、孩次的出生人口(2019.11.1-2020.10.31)(镇)

单位：人

地区	出生人数				第一孩			
	合计	男	女	性别比(女=100)	小计	男	女	性别比(女=100)
全国	**299692**	**159012**	**140680**	**113.03**	**128405**	**68521**	**59884**	**114.42**
北京	1101	568	533	106.57	642	337	305	110.49
天津	451	234	217	107.83	210	115	95	121.05
河北	19697	10280	9417	109.16	7911	4120	3791	108.68
山西	8126	4131	3995	103.40	3685	1891	1794	105.41
内蒙古	6312	3232	3080	104.94	3239	1641	1598	102.69
辽宁	2852	1470	1382	106.37	1710	915	795	115.09
吉林	3134	1589	1545	102.85	2034	1042	992	105.04
黑龙江	2968	1510	1458	103.57	1874	986	888	111.04
上海	1845	974	871	111.83	1122	562	560	100.36
江苏	15908	8291	7617	108.85	7676	4042	3634	111.23
浙江	10502	5598	4904	114.15	4997	2664	2333	114.19
安徽	18678	10016	8662	115.63	8126	4324	3802	113.73
福建	10980	6109	4871	125.42	4213	2270	1943	116.83
江西	12745	7044	5701	123.56	4959	2729	2230	122.38
山东	22487	11891	10596	112.22	7882	4141	3741	110.69
河南	27039	14356	12683	113.19	11053	6028	5025	119.96
湖北	10913	5994	4919	121.85	4964	2740	2224	123.20
湖南	17959	9696	8263	117.34	7613	4204	3409	123.32
广东	19226	10406	8820	117.98	7707	4188	3519	119.01
广西	13325	7208	6117	117.84	4682	2559	2123	120.54
海南	2341	1334	1007	132.47	964	547	417	131.18
重庆	5007	2562	2445	104.79	2340	1218	1122	108.56
四川	15120	7869	7251	108.52	7201	3846	3355	114.63
贵州	14169	7554	6615	114.20	5444	2900	2544	113.99
云南	13649	6927	6722	103.05	5782	2976	2806	106.06
西藏	657	346	311	111.25	286	150	136	110.29
陕西	7560	3996	3564	112.12	3323	1797	1526	117.76
甘肃	6865	3628	3237	112.08	2799	1511	1288	117.31
青海	1543	800	743	107.67	698	366	332	110.24
宁夏	2150	1089	1061	102.64	922	447	475	94.11
新疆	4383	2310	2073	111.43	2347	1265	1082	116.91

6-1b　续表 1　　单位：人

地　区	第二孩				第三孩			
	小计	男	女	性别比(女=100)	小计	男	女	性别比(女=100)
全　国	**136428**	**70420**	**66008**	**106.68**	**29104**	**16771**	**12333**	**135.98**
北　京	437	222	215	103.26	20	8	12	66.67
天　津	214	105	109	96.33	26	13	13	100.00
河　北	9443	4795	4648	103.16	2056	1189	867	137.14
山　西	4006	1980	2026	97.73	395	238	157	151.59
内蒙古	2824	1454	1370	106.13	221	125	96	130.21
辽　宁	1078	517	561	92.16	54	33	21	157.14
吉　林	1053	523	530	98.68	42	23	19	121.05
黑龙江	1041	492	549	89.62	48	29	19	152.63
上　海	654	369	285	129.47	62	39	23	169.57
江　苏	7127	3595	3532	101.78	969	583	386	151.04
浙　江	4872	2566	2306	111.27	563	324	239	135.56
安　徽	8990	4689	4301	109.02	1414	912	502	181.67
福　建	5286	2891	2395	120.71	1319	838	481	174.22
江　西	5683	3020	2663	113.41	1747	1078	669	161.14
山　东	11178	5792	5386	107.54	3059	1745	1314	132.80
河　南	12124	6165	5959	103.46	3388	1884	1504	125.27
湖　北	5261	2815	2446	115.09	617	394	223	176.68
湖　南	8426	4382	4044	108.36	1626	927	699	132.62
广　东	7660	4047	3613	112.01	2925	1628	1297	125.52
广　西	5787	3025	2762	109.52	2140	1219	921	132.36
海　南	974	536	438	122.37	321	199	122	163.11
重　庆	2308	1146	1162	98.62	314	173	141	122.70
四　川	6791	3415	3376	101.16	890	485	405	119.75
贵　州	6344	3347	2997	111.68	1855	1023	832	122.96
云　南	6275	3130	3145	99.52	1274	659	615	107.15
西　藏	225	122	103	118.45	89	52	37	140.54
陕　西	3741	1901	1840	103.32	451	279	172	162.21
甘　肃	3347	1703	1644	103.59	580	327	253	129.25
青　海	612	314	298	105.37	157	79	78	101.28
宁　夏	869	440	429	102.56	277	156	121	128.93
新　疆	1798	922	876	105.25	205	110	95	115.79

6-1b 续表 2 单位：人

地　区	第四孩				第五孩及以上			
	小计	男	女	性别比(女=100)	小计	男	女	性别比(女=100)
全　国	**4506**	**2592**	**1914**	**135.42**	**1249**	**708**	**541**	**130.87**
北　京	1		1		1	1		
天　津	1	1						
河　北	250	152	98	155.10	37	24	13	184.62
山　西	36	19	17	111.76	4	3	1	300.00
内蒙古	24	8	16	50.00	4	4		
辽　宁	10	5	5	100.00				
吉　林	5	1	4	25.00				
黑龙江	4	2	2	100.00	1	1		
上　海	6	4	2	200.00	1		1	
江　苏	114	62	52	119.23	22	9	13	69.23
浙　江	52	33	19	173.68	18	11	7	157.14
安　徽	123	74	49	151.02	25	17	8	212.50
福　建	139	96	43	223.26	23	14	9	155.56
江　西	268	165	103	160.19	88	52	36	144.44
山　东	311	183	128	142.97	57	30	27	111.11
河　南	401	238	163	146.01	73	41	32	128.13
湖　北	62	40	22	181.82	9	5	4	125.00
湖　南	243	153	90	170.00	51	30	21	142.86
广　东	707	418	289	144.64	227	125	102	122.55
广　西	526	299	227	131.72	190	106	84	126.19
海　南	65	42	23	182.61	17	10	7	142.86
重　庆	31	16	15	106.67	14	9	5	180.00
四　川	173	86	87	98.85	65	37	28	132.14
贵　州	393	218	175	124.57	133	66	67	98.51
云　南	245	115	130	88.46	73	47	26	180.77
西　藏	36	15	21	71.43	21	7	14	50.00
陕　西	36	15	21	71.43	9	4	5	80.00
甘　肃	102	65	37	175.68	37	22	15	146.67
青　海	47	22	25	88.00	29	19	10	190.00
宁　夏	66	34	32	106.25	16	12	4	300.00
新　疆	29	11	18	61.11	4	2	2	100.00

6-1c　各地区分性别、孩次的出生人口
(2019.11.1-2020.10.31)(乡村)

单位：人

地　区	出生人数				第　一　孩			
	合计	男	女	性别比(女=100)	小计	男	女	性别比(女=100)
全　国	**392328**	**207178**	**185150**	**111.90**	**157060**	**83698**	**73362**	**114.09**
北　京	2113	1096	1017	107.77	1155	606	549	110.38
天　津	1084	566	518	109.27	503	274	229	119.65
河　北	20572	10712	9860	108.64	7000	3674	3326	110.46
山　西	9654	4789	4865	98.44	4786	2464	2322	106.12
内蒙古	3940	2044	1896	107.81	1721	902	819	110.13
辽　宁	3660	1845	1815	101.65	1910	974	936	104.06
吉　林	2705	1403	1302	107.76	1453	759	694	109.37
黑龙江	3174	1599	1575	101.52	1920	1014	906	111.92
上　海	1279	639	640	99.84	686	338	348	97.13
江　苏	10577	5558	5019	110.74	5156	2729	2427	112.44
浙　江	10379	5461	4918	111.04	5108	2663	2445	108.92
安　徽	20110	10826	9284	116.61	7550	4003	3547	112.86
福　建	9666	5300	4366	121.39	3690	1956	1734	112.80
江　西	16232	8978	7254	123.77	6123	3356	2767	121.29
山　东	24478	12976	11502	112.82	7716	4067	3649	111.46
河　南	37395	19571	17824	109.80	13739	7367	6372	115.62
湖　北	17016	9060	7956	113.88	7382	3972	3410	116.48
湖　南	21740	11729	10011	117.16	8917	4912	4005	122.65
广　东	33689	18108	15581	116.22	12525	6719	5806	115.73
广　西	21196	11251	9945	113.13	7190	3812	3378	112.85
海　南	3853	2085	1768	117.93	1559	835	724	115.33
重　庆	5513	2914	2599	112.12	2563	1387	1176	117.94
四　川	28009	14741	13268	111.10	12987	6998	5989	116.85
贵　州	21167	11225	9942	112.90	7478	4010	3468	115.63
云　南	25325	13268	12057	110.04	10354	5532	4822	114.72
西　藏	3920	1937	1983	97.68	1167	614	553	111.03
陕　西	9984	5173	4811	107.52	4528	2416	2112	114.39
甘　肃	11249	5773	5476	105.42	4574	2383	2191	108.76
青　海	2738	1453	1285	113.07	1088	609	479	127.14
宁　夏	3044	1580	1464	107.92	1091	555	536	103.54
新　疆	6867	3518	3349	105.05	3441	1798	1643	109.43

6-1c 续表 1 单位：人

地区	第二孩				第三孩			
	小计	男	女	性别比(女=100)	小计	男	女	性别比(女=100)
全国	**166753**	**85359**	**81394**	**104.87**	**52963**	**29369**	**23594**	**124.48**
北京	910	465	445	104.49	42	21	21	100.00
天津	521	250	271	92.25	56	39	17	229.41
河北	9819	4919	4900	100.39	3234	1807	1427	126.63
山西	4302	2037	2265	89.93	472	241	231	104.33
内蒙古	1941	983	958	102.61	248	141	107	131.78
辽宁	1563	758	805	94.16	165	103	62	166.13
吉林	1124	568	556	102.16	116	70	46	152.17
黑龙江	1157	532	625	85.12	88	48	40	120.00
上海	524	265	259	102.32	63	32	31	103.23
江苏	4474	2291	2183	104.95	808	453	355	127.61
浙江	4600	2415	2185	110.53	579	328	251	130.68
安徽	9601	5032	4569	110.13	2488	1501	987	152.08
福建	4447	2407	2040	117.99	1305	799	506	157.91
江西	6629	3495	3134	111.52	2791	1685	1106	152.35
山东	11178	5726	5452	105.03	4899	2783	2116	131.52
河南	15868	7884	7984	98.75	6583	3566	3017	118.20
湖北	8221	4197	4024	104.30	1253	799	454	175.99
湖南	9724	5038	4686	107.51	2588	1494	1094	136.56
广东	12531	6632	5899	112.43	6031	3300	2731	120.83
广西	8283	4327	3956	109.38	3965	2116	1849	114.44
海南	1517	801	716	111.87	614	346	268	129.10
重庆	2385	1242	1143	108.66	458	238	220	108.18
四川	11250	5757	5493	104.81	2515	1322	1193	110.81
贵州	8395	4320	4075	106.01	3728	2026	1702	119.04
云南	10534	5372	5162	104.07	3320	1756	1564	112.28
西藏	1213	610	603	101.16	778	368	410	89.76
陕西	4752	2348	2404	97.67	615	351	264	132.95
甘肃	4761	2397	2364	101.40	1387	706	681	103.67
青海	954	487	467	104.28	416	213	203	104.93
宁夏	1051	527	524	100.57	578	313	265	118.11
新疆	2524	1277	1247	102.41	780	404	376	107.45

6-1c 续表 2

单位：人

地区	第四孩				第五孩及以上			
	小计	男	女	性别比(女=100)	小计	男	女	性别比(女=100)
全国	**11351**	**6453**	**4898**	**131.75**	**4201**	**2299**	**1902**	**120.87**
北京	6	4	2	200.00				
天津	3	2	1	200.00	1	1		
河北	435	259	176	147.16	84	53	31	170.97
山西	85	45	40	112.50	9	2	7	28.57
内蒙古	25	15	10	150.00	5	3	2	150.00
辽宁	19	9	10	90.00	3	1	2	50.00
吉林	8	5	3	166.67	4	1	3	33.33
黑龙江	6	5	1	500.00	3		3	
上海	6	4	2	200.00				
江苏	114	69	45	153.33	25	16	9	177.78
浙江	76	40	36	111.11	16	15	1	1500.00
安徽	397	253	144	175.69	74	37	37	100.00
福建	179	115	64	179.69	45	23	22	104.55
江西	547	358	189	189.42	142	84	58	144.83
山东	559	327	232	140.95	126	73	53	137.74
河南	983	621	362	171.55	222	133	89	149.44
湖北	136	79	57	138.60	24	13	11	118.18
湖南	423	241	182	132.42	88	44	44	100.00
广东	1920	1085	835	129.94	682	372	310	120.00
广西	1204	679	525	129.33	554	317	237	133.76
海南	114	70	44	159.09	49	33	16	206.25
重庆	87	38	49	77.55	20	9	11	81.82
四川	785	398	387	102.84	472	266	206	129.13
贵州	1090	612	478	128.03	476	257	219	117.35
云南	812	439	373	117.69	305	169	136	124.26
西藏	386	171	215	79.53	376	174	202	86.14
陕西	80	54	26	207.69	9	4	5	80.00
甘肃	375	199	176	113.07	152	88	64	137.50
青海	166	91	75	121.33	114	53	61	86.89
宁夏	228	135	93	145.16	96	50	46	108.70
新疆	97	31	66	46.97	25	8	17	47.06

6-2 全国按年龄、受教育程度、生育孩次

受教育程度 年 龄	合 计	生男孩的妇女人数	生女孩的妇女人数	一孩		
				小计	男	女
总 计	**1212321**	**641238**	**571083**	**555030**	**294657**	**260373**
15-19岁	**16014**	**8372**	**7642**	**13336**	**7018**	**6318**
15	303	158	145	285	148	137
16	987	529	458	922	498	424
17	2253	1160	1093	1988	1024	964
18	4431	2311	2120	3737	1962	1775
19	8040	4214	3826	6404	3386	3018
20-24岁	**167553**	**87850**	**79703**	**113222**	**59835**	**53387**
20	14568	7639	6929	11023	5884	5139
21	21995	11512	10483	15753	8303	7450
22	33063	17329	15734	22591	11973	10618
23	42922	22435	20487	28502	15000	13502
24	55005	28935	26070	35353	18675	16678
25-29岁	**423122**	**223027**	**200095**	**238287**	**125937**	**112350**
25	68594	36153	32441	42692	22634	20058
26	75065	39606	35459	45421	23960	21461
27	89951	47291	42660	52583	27918	24665
28	93636	49226	44410	50619	26569	24050
29	95876	50751	45125	46972	24856	22116
30-34岁	**419324**	**222101**	**197223**	**147024**	**77979**	**69045**
30	110059	58145	51914	47468	24890	22578
31	96287	51170	45117	36342	19447	16895
32	81005	42960	38045	26642	14161	12481
33	75034	39717	35317	21591	11463	10128
34	56939	30109	26830	14981	8018	6963
35-39岁	**143454**	**76749**	**66705**	**32822**	**17856**	**14966**
35	41301	21999	19302	9972	5392	4580
36	34257	18372	15885	7836	4266	3570
37	27080	14558	12522	6144	3339	2805
38	24280	12977	11303	5335	2922	2413
39	16536	8843	7693	3535	1937	1598
40-44岁	**33421**	**17930**	**15491**	**7454**	**4168**	**3286**
40	11206	5983	5223	2366	1304	1062
41	8891	4761	4130	1958	1070	888
42	6080	3268	2812	1399	776	623
43	4129	2220	1909	960	552	408
44	3115	1698	1417	771	466	305
45-49岁	**9433**	**5209**	**4224**	**2885**	**1864**	**1021**
45	2354	1316	1038	638	402	236
46	1965	1077	888	612	399	213
47	1725	942	783	529	337	192
48	1729	965	764	557	364	193
49	1660	909	751	549	362	187

分的育龄妇女人数(2019.11.1-2020.10.31)

单位：人

二孩			三孩及以上		
小计	男	女	小计	男	女
522301	**269715**	**252586**	**134990**	**76866**	**58124**
2464	**1242**	**1222**	**214**	**112**	**102**
18	10	8			
64	30	34	1	1	
248	127	121	17	9	8
642	322	320	52	27	25
1492	753	739	144	75	69
46262	**23676**	**22586**	**8069**	**4339**	**3730**
3137	1547	1590	408	208	200
5414	2752	2662	828	457	371
8992	4580	4412	1480	776	704
12185	6257	5928	2235	1178	1057
16534	8540	7994	3118	1720	1398
152472	**78675**	**73797**	**32363**	**18415**	**13948**
21637	11154	10483	4265	2365	1900
24694	12853	11841	4950	2793	2157
31068	15841	15227	6300	3532	2768
35237	18210	17027	7780	4447	3333
39836	20617	19219	9068	5278	3790
216746	**112058**	**104688**	**55554**	**32064**	**23490**
50594	26268	24326	11997	6987	5010
48243	24959	23284	11702	6764	4938
43168	22295	20873	11195	6504	4691
42137	21781	20356	11306	6473	4833
32604	16755	15849	9354	5336	4018
81764	**42341**	**39423**	**28868**	**16552**	**12316**
23763	12283	11480	7566	4324	3242
19534	10076	9458	6887	4030	2857
15379	7977	7402	5557	3242	2315
13785	7140	6645	5160	2915	2245
9303	4865	4438	3698	2041	1657
18105	**9422**	**8683**	**7862**	**4340**	**3522**
6177	3176	3001	2663	1503	1160
4972	2614	2358	1961	1077	884
3229	1685	1544	1452	807	645
2145	1107	1038	1024	561	463
1582	840	742	762	392	370
4488	**2301**	**2187**	**2060**	**1044**	**1016**
1148	604	544	568	310	258
883	445	438	470	233	237
837	432	405	359	173	186
831	429	402	341	172	169
789	391	398	322	156	166

6-2 续表 1

受教育程度 年 龄	合 计	生男孩的 妇女人数	生女孩的 妇女人数	一 孩		
				小计	男	女
未上过学	**6165**	**3183**	**2982**	**1493**	**800**	**693**
15-19岁	**113**	**55**	**58**	**78**	**39**	**39**
15	1	1		1	1	
16	5	2	3	5	2	3
17	9	7	2	7	5	2
18	44	23	21	31	15	16
19	54	22	32	34	16	18
20-24岁	**884**	**438**	**446**	**379**	**193**	**186**
20	100	46	54	57	29	28
21	152	82	70	80	45	35
22	198	112	86	94	47	47
23	201	86	115	71	29	42
24	233	112	121	77	43	34
25-29岁	**1420**	**739**	**681**	**398**	**215**	**183**
25	293	157	136	99	57	42
26	288	154	134	80	43	37
27	242	116	126	68	32	36
28	298	159	139	75	47	28
29	299	153	146	76	36	40
30-34岁	**1677**	**858**	**819**	**333**	**185**	**148**
30	367	190	177	91	53	38
31	362	183	179	83	39	44
32	324	168	156	60	37	23
33	318	170	148	52	32	20
34	306	147	159	47	24	23
35-39岁	**1104**	**572**	**532**	**180**	**105**	**75**
35	254	132	122	52	36	16
36	235	125	110	38	17	21
37	226	114	112	32	20	12
38	201	115	86	32	18	14
39	188	86	102	26	14	12
40-44岁	**655**	**353**	**302**	**80**	**40**	**40**
40	188	107	81	23	13	10
41	137	80	57	14	9	5
42	131	68	63	14	4	10
43	111	54	57	16	7	9
44	88	44	44	13	7	6
45-49岁	**312**	**168**	**144**	**45**	**23**	**22**
45	85	50	35	11	6	5
46	67	36	31	7	4	3
47	53	30	23	4	1	3
48	59	26	33	14	7	7
49	48	26	22	9	5	4

单位：人

二孩			三孩及以上		
小计	男	女	小计	男	女
1773	**899**	**874**	**2899**	**1484**	**1415**
29	**12**	**17**	**6**	**4**	**2**
1	1		1	1	
10	6	4	3	2	1
18	5	13	2	1	1
308	**151**	**157**	**197**	**94**	**103**
32	14	18	11	3	8
51	25	26	21	12	9
67	47	20	37	18	19
78	30	48	52	27	25
80	35	45	76	34	42
487	**247**	**240**	**535**	**277**	**258**
100	50	50	94	50	44
107	58	49	101	53	48
83	42	41	91	42	49
96	41	55	127	71	56
101	56	45	122	61	61
459	**229**	**230**	**885**	**444**	**441**
102	51	51	174	86	88
111	53	58	168	91	77
92	46	46	172	85	87
74	38	36	192	100	92
80	41	39	179	82	97
261	**131**	**130**	**663**	**336**	**327**
51	22	29	151	74	77
57	31	26	140	77	63
61	26	35	133	68	65
49	31	18	120	66	54
43	21	22	119	51	68
143	**76**	**67**	**432**	**237**	**195**
40	25	15	125	69	56
29	16	13	94	55	39
31	18	13	86	46	40
21	10	11	74	37	37
22	7	15	53	30	23
86	**53**	**33**	**181**	**92**	**89**
12	7	5	62	37	25
21	13	8	39	19	20
21	14	7	28	15	13
14	8	6	31	11	20
18	11	7	21	10	11

6-2 续表 2

受教育程度 年　龄	合　计	生男孩的妇女人数	生女孩的妇女人数	一　孩		
				小计	男	女
学前教育	**276**	**141**	**135**	**116**	**60**	**56**
15-19岁	**5**	**4**	**1**	**5**	**4**	**1**
15						
16	3	2	1	3	2	1
17	1	1		1	1	
18	1	1		1	1	
19						
20-24岁	**53**	**27**	**26**	**33**	**15**	**18**
20	6	1	5	6	1	5
21	6	2	4	5	2	3
22	15	10	5	8	5	3
23	9	5	4	5	3	2
24	17	9	8	9	4	5
25-29岁	**94**	**55**	**39**	**40**	**22**	**18**
25	15	8	7	9	5	4
26	18	12	6	7	3	4
27	19	10	9	12	6	6
28	21	11	10	7	3	4
29	21	14	7	5	5	
30-34岁	**72**	**30**	**42**	**22**	**12**	**10**
30	11	4	7	5	3	2
31	12	4	8	5	2	3
32	23	8	15	6	5	1
33	14	8	6	4	2	2
34	12	6	6	2		2
35-39岁	**29**	**11**	**18**	**7**	**1**	**6**
35	11	3	8	3		3
36	8	5	3	1		1
37	7	3	4	2	1	1
38	2		2	1		1
39	1		1			
40-44岁	**13**	**10**	**3**	**6**	**4**	**2**
40	3	2	1	2	1	1
41	3	3				
42	5	4	1	3	2	1
43	1		1			
44	1	1		1	1	
45-49岁	**10**	**4**	**6**	**3**	**2**	**1**
45	1		1			
46	1	1				
47	3		3			
48	1		1			
49	4	3	1	3	2	1

单位：人

二孩			三孩及以上		
小计	男	女	小计	男	女
103	**51**	**52**	**57**	**30**	**27**
17	**10**	**7**	**3**	**2**	**1**
1		1			
6	4	2	1	1	
3	1	2	1	1	
7	5	2	1		1
38	**23**	**15**	**16**	**10**	**6**
5	2	3	1	1	
6	4	2	5	5	
4	3	1	3	1	2
9	7	2	5	1	4
14	7	7	2	2	
31	**11**	**20**	**19**	**7**	**12**
6	1	5			
6	2	4	1		1
10	1	9	7	2	5
3	3		7	3	4
6	4	2	4	2	2
11	**4**	**7**	**11**	**6**	**5**
5	2	3	3	1	2
2	2		5	3	2
2		2	3	2	1
1		1			
1		1			
1	**1**		**6**	**5**	**1**
			1	1	
			3	3	
1	1		1	1	
			1		1
5	**2**	**3**	**2**		**2**
			1		1
1	1				
3		3			
			1		1
1	1				

6-2 续表 3

受教育程度 年龄	合计	生男孩的妇女人数	生女孩的妇女人数	一孩		
				小计	男	女
小学	**60594**	**32151**	**28443**	**17009**	**9276**	**7733**
15-19岁	**1678**	**848**	**830**	**1209**	**604**	**605**
15	46	20	26	39	17	22
16	113	59	54	96	53	43
17	239	122	117	190	97	93
18	474	248	226	345	181	164
19	806	399	407	539	256	283
20-24岁	**9996**	**5344**	**4652**	**4521**	**2461**	**2060**
20	1273	673	600	757	413	344
21	1640	889	751	821	440	381
22	2107	1131	976	979	553	426
23	2369	1261	1108	992	535	457
24	2607	1390	1217	972	520	452
25-29岁	**15273**	**8127**	**7146**	**4540**	**2486**	**2054**
25	2828	1537	1291	987	556	431
26	2847	1510	1337	917	499	418
27	3103	1610	1493	952	505	447
28	3165	1692	1473	861	460	401
29	3330	1778	1552	823	466	357
30-34岁	**17423**	**9175**	**8248**	**3643**	**1951**	**1692**
30	3919	2047	1872	967	509	458
31	3798	2016	1782	823	448	375
32	3432	1811	1621	682	377	305
33	3399	1772	1627	634	323	311
34	2875	1529	1346	537	294	243
35-39岁	**9585**	**5090**	**4495**	**1785**	**974**	**811**
35	2361	1232	1129	442	248	194
36	2112	1137	975	385	211	174
37	1798	952	846	338	178	160
38	1827	957	870	332	167	165
39	1487	812	675	288	170	118
40-44岁	**4254**	**2291**	**1963**	**766**	**444**	**322**
40	1162	630	532	209	118	91
41	1014	538	476	172	100	72
42	862	473	389	162	96	66
43	670	361	309	117	62	55
44	546	289	257	106	68	38
45-49岁	**2385**	**1276**	**1109**	**545**	**356**	**189**
45	510	272	238	95	61	34
46	458	240	218	108	70	38
47	474	242	232	106	67	39
48	474	258	216	120	78	42
49	469	264	205	116	80	36

单位：人

二孩			三孩及以上		
小计	男	女	小计	男	女
24938	**12897**	**12041**	**18647**	**9978**	**8669**
407	**212**	**195**	**62**	**32**	**30**
7	3	4			
17	6	11			
42	21	21	7	4	3
118	63	55	11	4	7
223	119	104	44	24	20
3858	**2002**	**1856**	**1617**	**881**	**736**
413	202	211	103	58	45
618	340	278	201	109	92
805	403	402	323	175	148
933	484	449	444	242	202
1089	573	516	546	297	249
6401	**3349**	**3052**	**4332**	**2292**	**2040**
1142	598	544	699	383	316
1162	596	566	768	415	353
1291	671	620	860	434	426
1382	726	656	922	506	416
1424	758	666	1083	554	529
7724	**3943**	**3781**	**6056**	**3281**	**2775**
1701	853	848	1251	685	566
1760	899	861	1215	669	546
1534	784	750	1216	650	566
1488	757	731	1277	692	585
1241	650	591	1097	585	512
3785	**1938**	**1847**	**4015**	**2178**	**1837**
1003	499	504	916	485	431
852	442	410	875	484	391
698	357	341	762	417	345
679	347	332	816	443	373
553	293	260	646	349	297
1681	**890**	**791**	**1807**	**957**	**850**
455	233	222	498	279	219
399	217	182	443	221	222
325	167	158	375	210	165
285	158	127	268	141	127
217	115	102	223	106	117
1082	**563**	**519**	**758**	**357**	**401**
218	112	106	197	99	98
174	86	88	176	84	92
232	121	111	136	54	82
231	119	112	123	61	62
227	125	102	126	59	67

6-2 续表 4

受教育程度 年 龄	合 计	生男孩的 妇女人数	生女孩的 妇女人数	一 孩		
				小计	男	女
初 中	**465144**	**246744**	**218400**	**166867**	**89277**	**77590**
15-19岁	**11431**	**5996**	**5435**	**9501**	**5023**	**4478**
15	243	129	114	232	122	110
16	777	417	360	732	393	339
17	1762	900	862	1555	793	762
18	3167	1633	1534	2679	1388	1291
19	5482	2917	2565	4303	2327	1976
20-24岁	**86464**	**45285**	**41179**	**51788**	**27354**	**24434**
20	9242	4780	4462	6774	3543	3231
21	13005	6786	6219	8720	4602	4118
22	18147	9478	8669	11205	5956	5249
23	21406	11187	10219	12216	6435	5781
24	24664	13054	11610	12873	6818	6055
25-29岁	**147354**	**77795**	**69559**	**56485**	**30071**	**26414**
25	28061	14741	13320	13282	7064	6218
26	27556	14581	12975	11872	6294	5578
27	30690	16157	14533	11918	6382	5536
28	30165	15912	14253	10126	5384	4742
29	30882	16404	14478	9287	4947	4340
30-34岁	**145234**	**77483**	**67751**	**33871**	**18205**	**15666**
30	36767	19800	16967	9794	5271	4523
31	32744	17430	15314	7938	4289	3649
32	28006	14867	13139	6325	3393	2932
33	26911	14285	12626	5577	2975	2602
34	20806	11101	9705	4237	2277	1960
35-39岁	**56313**	**30302**	**26011**	**10797**	**5935**	**4862**
35	15782	8435	7347	3006	1627	1379
36	13624	7376	6248	2626	1465	1161
37	10673	5787	4886	2000	1118	882
38	9589	5181	4408	1865	1045	820
39	6645	3523	3122	1300	680	620
40-44岁	**13883**	**7414**	**6469**	**3031**	**1733**	**1298**
40	4629	2468	2161	900	499	401
41	3603	1915	1688	772	429	343
42	2546	1345	1201	582	329	253
43	1731	924	807	420	248	172
44	1374	762	612	357	228	129
45-49岁	**4465**	**2469**	**1996**	**1394**	**956**	**438**
45	1029	566	463	281	181	100
46	920	509	411	289	196	93
47	838	470	368	272	191	81
48	846	483	363	274	193	81
49	832	441	391	278	195	83

单位：人

二孩			三孩及以上		
小计	男	女	小计	男	女
217230	**111276**	**105954**	**81047**	**46191**	**34856**
1794	**903**	**891**	**136**	**70**	**66**
11	7	4			
44	23	21	1	1	
198	103	95	9	4	5
452	226	226	36	19	17
1089	544	545	90	46	44
29452	**15119**	**14333**	**5224**	**2812**	**2412**
2207	1107	1100	261	130	131
3755	1889	1866	530	295	235
5968	3021	2947	974	501	473
7717	3977	3740	1473	775	698
9805	5125	4680	1986	1111	875
70613	**36152**	**34461**	**20256**	**11572**	**8684**
12027	6161	5866	2752	1516	1236
12592	6557	6035	3092	1730	1362
14786	7503	7283	3986	2272	1714
15150	7733	7417	4889	2795	2094
16058	8198	7860	5537	3259	2278
77641	**39782**	**37859**	**33722**	**19496**	**14226**
19511	10143	9368	7462	4386	3076
17666	9050	8616	7140	4091	3049
14920	7538	7382	6761	3936	2825
14551	7449	7102	6783	3861	2922
10993	5602	5391	5576	3222	2354
28695	**14751**	**13944**	**16821**	**9616**	**7205**
8304	4247	4057	4472	2561	1911
6857	3508	3349	4141	2403	1738
5439	2798	2641	3234	1871	1363
4790	2482	2308	2934	1654	1280
3305	1716	1589	2040	1127	913
6865	**3513**	**3352**	**3987**	**2168**	**1819**
2318	1185	1133	1411	784	627
1854	955	899	977	531	446
1239	624	615	725	392	333
813	408	405	498	268	230
641	341	300	376	193	183
2170	**1056**	**1114**	**901**	**457**	**444**
518	262	256	230	123	107
424	211	213	207	102	105
401	193	208	165	86	79
422	215	207	150	75	75
405	175	230	149	71	78

6-2 续表 5

受教育程度 年　　龄	合　计	生男孩的妇女人数	生女孩的妇女人数	一　孩		
				小计	男	女
高　中	**234088**	**124357**	**109731**	**108612**	**58144**	**50468**
15-19岁	**2360**	**1234**	**1126**	**2147**	**1134**	**1013**
15	13	8	5	13	8	5
16	86	47	39	83	46	37
17	221	120	101	215	118	97
18	657	353	304	600	330	270
19	1383	706	677	1236	632	604
20-24岁	**38513**	**20176**	**18337**	**29005**	**15361**	**13644**
20	2985	1595	1390	2552	1397	1155
21	4914	2565	2349	4073	2146	1927
22	7658	4018	3640	5940	3136	2804
23	10204	5344	4860	7583	4006	3577
24	12752	6654	6098	8857	4676	4181
25-29岁	**85021**	**45184**	**39837**	**45234**	**24213**	**21021**
25	15359	8071	7288	9843	5200	4643
26	15499	8212	7287	9181	4880	4301
27	17884	9513	8371	9713	5269	4444
28	18068	9716	8352	8783	4757	4026
29	18211	9672	8539	7714	4107	3607
30-34岁	**76988**	**40973**	**36015**	**24416**	**13131**	**11285**
30	20949	11032	9917	7798	4129	3669
31	17635	9482	8153	5804	3208	2596
32	14779	7845	6934	4365	2305	2060
33	13676	7305	6371	3762	2024	1738
34	9949	5309	4640	2687	1465	1222
35-39岁	**24325**	**13108**	**11217**	**5896**	**3241**	**2655**
35	7054	3798	3256	1735	948	787
36	5625	3029	2596	1353	744	609
37	4493	2447	2046	1161	626	535
38	4213	2232	1981	961	538	423
39	2940	1602	1338	686	385	301
40-44岁	**5706**	**3048**	**2658**	**1439**	**789**	**650**
40	1942	1020	922	463	245	218
41	1656	898	758	414	223	191
42	990	535	455	256	150	106
43	650	350	300	166	93	73
44	468	245	223	140	78	62
45-49岁	**1175**	**634**	**541**	**475**	**275**	**200**
45	339	186	153	134	80	54
46	250	127	123	106	62	44
47	193	107	86	74	42	32
48	198	109	89	82	49	33
49	195	105	90	79	42	37

单位：人

二孩			三孩及以上		
小计	男	女	小计	男	女
105995	**54613**	**51382**	**19481**	**11600**	**7881**
203	**94**	**109**	**10**	**6**	**4**
3	1	2			
6	2	4			
55	21	34	2	2	
139	70	69	8	4	4
8692	**4384**	**4308**	**816**	**431**	**385**
403	183	220	30	15	15
779	387	392	62	32	30
1603	819	784	115	63	52
2404	1230	1174	217	108	109
3503	1765	1738	392	213	179
34891	**18050**	**16841**	**4896**	**2921**	**1975**
4993	2565	2428	523	306	217
5634	2922	2712	684	410	274
7230	3686	3544	941	558	383
8081	4247	3834	1204	712	492
8953	4630	4323	1544	935	609
43820	**22612**	**21208**	**8752**	**5230**	**3522**
11123	5715	5408	2028	1188	840
9952	5127	4825	1879	1147	732
8639	4450	4189	1775	1090	685
8208	4255	3953	1706	1026	680
5898	3065	2833	1364	779	585
14494	**7481**	**7013**	**3935**	**2386**	**1549**
4231	2210	2021	1088	640	448
3332	1698	1634	940	587	353
2606	1351	1255	726	470	256
2554	1288	1266	698	406	292
1771	934	837	483	283	200
3326	**1711**	**1615**	**941**	**548**	**393**
1136	573	563	343	202	141
966	515	451	276	160	116
585	302	283	149	83	66
377	190	187	107	67	40
262	131	131	66	36	30
569	**281**	**288**	**131**	**78**	**53**
160	76	84	45	30	15
119	52	67	25	13	12
98	53	45	21	12	9
94	47	47	22	13	9
98	53	45	18	10	8

6-2 续表 6

受教育程度 年龄	合计	生男孩的妇女人数	生女孩的妇女人数	一孩		
				小计	男	女
大学专科	**227205**	**119423**	**107782**	**127771**	**67341**	**60430**
15-19岁	**382**	**209**	**173**	**354**	**190**	**164**
15						
16	3	2	1	3	2	1
17	20	9	11	19	9	10
18	82	49	33	76	44	32
19	277	149	128	256	135	121
20-24岁	**24967**	**13089**	**11878**	**21461**	**11292**	**10169**
20	869	491	378	790	451	339
21	2009	1025	984	1805	913	892
22	4180	2171	2009	3667	1906	1761
23	7010	3679	3331	6078	3197	2881
24	10899	5723	5176	9121	4825	4296
25-29岁	**93489**	**49026**	**44463**	**65695**	**34411**	**31284**
25	14841	7864	6977	12038	6378	5660
26	17406	9112	8294	13400	7001	6399
27	20142	10481	9661	14695	7662	7033
28	20720	10776	9944	13594	7043	6551
29	20380	10793	9587	11968	6327	5641
30-34岁	**81197**	**42648**	**38549**	**33186**	**17576**	**15610**
30	22101	11582	10519	11304	5897	5407
31	19221	10145	9076	8378	4474	3904
32	15563	8217	7346	5888	3161	2727
33	14016	7326	6690	4565	2391	2174
34	10296	5378	4918	3051	1653	1398
35-39岁	**22533**	**11905**	**10628**	**5856**	**3182**	**2674**
35	6937	3667	3270	1908	1046	862
36	5351	2821	2530	1412	751	661
37	4254	2254	2000	1089	580	509
38	3663	1930	1733	906	494	412
39	2328	1233	1095	541	311	230
40-44岁	**4072**	**2214**	**1858**	**996**	**555**	**441**
40	1454	793	661	337	201	136
41	1162	624	538	284	151	133
42	706	388	318	180	91	89
43	445	243	202	128	74	54
44	305	166	139	67	38	29
45-49岁	**565**	**332**	**233**	**223**	**135**	**88**
45	193	119	74	64	40	24
46	136	81	55	50	36	14
47	89	42	47	40	15	25
48	83	45	38	38	23	15
49	64	45	19	31	21	10

单位：人

二孩			三孩及以上		
小计	男	女	小计	男	女
90820	**46978**	**43842**	**8614**	**5104**	**3510**
28	**19**	**9**			
1		1			
6	5	1			
21	14	7			
3321	**1696**	**1625**	**185**	**101**	**84**
76	38	38	3	2	1
193	105	88	11	7	4
489	253	236	24	12	12
888	458	430	44	24	20
1675	842	833	103	56	47
26003	**13590**	**12413**	**1791**	**1025**	**766**
2643	1397	1246	160	89	71
3765	1968	1797	241	143	98
5131	2650	2431	316	169	147
6633	3442	3191	493	291	202
7831	4133	3698	581	333	248
43910	**22603**	**21307**	**4101**	**2469**	**1632**
10044	5223	4821	753	462	291
9946	5120	4826	897	551	346
8833	4575	4258	842	481	361
8562	4404	4158	889	531	358
6525	3281	3244	720	444	276
14615	**7513**	**7102**	**2062**	**1210**	**852**
4440	2271	2169	589	350	239
3466	1779	1687	473	291	182
2766	1447	1319	399	227	172
2405	1233	1172	352	203	149
1538	783	755	249	139	110
2656	**1397**	**1259**	**420**	**262**	**158**
947	492	455	170	100	70
771	407	364	107	66	41
455	249	206	71	48	23
275	140	135	42	29	13
208	109	99	30	19	11
287	**160**	**127**	**55**	**37**	**18**
109	66	43	20	13	7
71	35	36	15	10	5
44	24	20	5	3	2
38	17	21	7	5	2
25	18	7	8	6	2

6-2 续表 7

受教育程度 年龄	合计	生男孩的妇女人数	生女孩的妇女人数	一孩		
				小计	男	女
大学本科	**193698**	**102116**	**91582**	**116752**	**61170**	**55582**
15-19岁	**44**	**25**	**19**	**41**	**23**	**18**
15						
16						
17						
18	6	4	2	5	3	2
19	38	21	17	36	20	16
20-24岁	**6571**	**3439**	**3132**	**5939**	**3110**	**2829**
20	90	53	37	84	50	34
21	267	163	104	248	155	93
22	747	402	345	688	364	324
23	1699	862	837	1535	784	751
24	3768	1959	1809	3384	1757	1627
25-29岁	**75009**	**39250**	**35759**	**60893**	**31889**	**29004**
25	7048	3702	3346	6297	3306	2991
26	11099	5841	5258	9646	5070	4576
27	16978	8929	8049	14398	7622	6776
28	19561	10131	9430	15652	8098	7554
29	20323	10647	9676	14900	7793	7107
30-34岁	**82487**	**43543**	**38944**	**41912**	**21912**	**20000**
30	22382	11669	10713	14486	7488	6998
31	19150	10130	9020	10704	5614	5090
32	16038	8557	7481	7526	3949	3577
33	14138	7537	6601	5639	3009	2630
34	10779	5650	5129	3557	1852	1705
35-39岁	**25023**	**13366**	**11657**	**6854**	**3644**	**3210**
35	7573	4012	3561	2327	1226	1101
36	6207	3311	2896	1657	881	776
37	4754	2561	2193	1259	676	583
38	4023	2145	1878	1042	548	494
39	2466	1337	1129	569	313	256
40-44岁	**4107**	**2208**	**1899**	**942**	**494**	**448**
40	1529	813	716	362	188	174
41	1106	579	527	243	124	119
42	731	403	328	170	91	79
43	449	244	205	95	56	39
44	292	169	123	72	35	37
45-49岁	**457**	**285**	**172**	**171**	**98**	**73**
45	165	106	59	42	27	15
46	115	70	45	42	25	17
47	68	45	23	31	19	12
48	62	39	23	24	10	14
49	47	25	22	32	17	15

单位：人

二孩			三孩及以上		
小计	男	女	小计	男	女
72989	**38620**	**34369**	**3957**	**2326**	**1631**
3	**2**	**1**			
1	1				
2	1	1			
605	**311**	**294**	**27**	**18**	**9**
6	3	3			
16	6	10	3	2	1
53	32	21	6	6	
160	77	83	4	1	3
370	193	177	14	9	5
13591	**7049**	**6542**	**525**	**312**	**213**
716	376	340	35	20	15
1396	734	662	57	37	20
2477	1251	1226	103	56	47
3771	1964	1807	138	69	69
5231	2724	2507	192	130	62
38671	**20548**	**18123**	**1904**	**1083**	**821**
7586	4012	3574	310	169	141
8059	4306	3753	387	210	177
8117	4362	3755	395	246	149
8081	4283	3798	418	245	173
6828	3585	3243	394	213	181
16928	**8970**	**7958**	**1241**	**752**	**489**
4925	2589	2336	321	197	124
4256	2254	2002	294	176	118
3222	1715	1507	273	170	103
2767	1470	1297	214	127	87
1758	942	816	139	82	57
2930	**1571**	**1359**	**235**	**143**	**92**
1066	564	502	101	61	40
810	420	390	53	35	18
521	286	235	40	26	14
324	173	151	30	15	15
209	128	81	11	6	5
261	**169**	**92**	**25**	**18**	**7**
114	73	41	9	6	3
67	42	25	6	3	3
34	24	10	3	2	1
31	22	9	7	7	
15	8	7			

6-2 续表 8

受教育程度 年　龄	合　计	生男孩的 妇女人数	生女孩的 妇女人数	一　孩		
				小计	男	女
硕士研究生	**23158**	**12100**	**11058**	**15141**	**7931**	**7210**
15-19岁	**1**	**1**		**1**	**1**	
15						
16						
17	1	1		1	1	
18						
19						
20-24岁	**98**	**51**	**47**	**91**	**48**	**43**
20	2		2	2		2
21	2		2	1		1
22	11	7	4	10	6	4
23	23	11	12	22	11	11
24	60	33	27	56	31	25
25-29岁	**5184**	**2711**	**2473**	**4753**	**2502**	**2251**
25	141	71	70	129	66	63
26	330	175	155	299	162	137
27	850	453	397	789	420	369
28	1565	788	777	1455	739	716
29	2298	1224	1074	2081	1115	966
30-34岁	**13136**	**6818**	**6318**	**8829**	**4589**	**4240**
30	3343	1720	1623	2832	1453	1379
31	3098	1633	1465	2386	1256	1130
32	2598	1357	1241	1616	837	779
33	2340	1199	1141	1218	636	582
34	1757	909	848	777	407	370
35-39岁	**4067**	**2150**	**1917**	**1275**	**684**	**591**
35	1190	649	541	441	230	211
36	1000	514	486	320	175	145
37	787	397	390	234	124	110
38	677	375	302	175	100	75
39	413	215	198	105	55	50
40-44岁	**619**	**336**	**283**	**168**	**93**	**75**
40	259	132	127	59	32	27
41	174	104	70	51	30	21
42	87	42	45	27	10	17
43	66	41	25	17	11	6
44	33	17	16	14	10	4
45-49岁	**53**	**33**	**20**	**24**	**14**	**10**
45	25	13	12	9	5	4
46	16	11	5	9	5	4
47	6	5	1	1	1	
48	5	4	1	4	3	1
49	1		1	1		1

单位：人

二孩			三孩及以上		
小计	男	女	小计	男	女
7761	**4030**	**3731**	**256**	**139**	**117**
7	**3**	**4**			
1		1			
1	1				
1		1			
4	2	2			
419	**203**	**216**	**12**	**6**	**6**
11	5	6	1		1
29	13	16	2		2
61	33	28			
108	47	61	2	2	
210	105	105	7	4	3
4200	**2178**	**2022**	**107**	**51**	**56**
493	256	237	18	11	7
698	372	326	14	5	9
958	507	451	24	13	11
1089	549	540	33	14	19
962	494	468	18	8	10
2686	**1402**	**1284**	**106**	**64**	**42**
725	403	322	24	16	8
664	332	332	16	7	9
527	257	270	26	16	10
482	259	223	20	16	4
288	151	137	20	9	11
427	**230**	**197**	**24**	**13**	**11**
187	94	93	13	6	7
118	71	47	5	3	2
57	31	26	3	1	2
47	28	19	2	2	
18	6	12	1	1	
22	**14**	**8**	**7**	**5**	**2**
12	6	6	4	2	2
5	4	1	2	2	
4	3	1	1	1	
1	1				

6-2 续表 9

受教育程度 年 龄	合 计	生男孩的妇女人数	生女孩的妇女人数	一 孩		
				小计	男	女
博士研究生	**1993**	**1023**	**970**	**1269**	**658**	**611**
15-19岁						
15						
16						
17						
18						
19						
20-24岁	**7**	**1**	**6**	**5**	**1**	**4**
20	1		1	1		1
21						
22						
23	1		1			
24	5	1	4	4	1	3
25-29岁	**278**	**140**	**138**	**249**	**128**	**121**
25	8	2	6	8	2	6
26	22	9	13	19	8	11
27	43	22	21	38	20	18
28	73	41	32	66	38	28
29	132	66	66	118	60	58
30-34岁	**1110**	**573**	**537**	**812**	**418**	**394**
30	220	101	119	191	87	104
31	267	147	120	221	117	104
32	242	130	112	174	97	77
33	222	115	107	140	71	69
34	159	80	79	86	46	40
35-39岁	**475**	**245**	**230**	**172**	**90**	**82**
35	139	71	68	58	31	27
36	95	54	41	44	22	22
37	88	43	45	29	16	13
38	85	42	43	21	12	9
39	68	35	33	20	9	11
40-44岁	**112**	**56**	**56**	**26**	**16**	**10**
40	40	18	22	11	7	4
41	36	20	16	8	4	4
42	22	10	12	5	3	2
43	6	3	3	1	1	
44	8	5	3	1	1	
45-49岁	**11**	**8**	**3**	**5**	**5**	
45	7	4	3	2	2	
46	2	2		1	1	
47	1	1		1	1	
48	1	1		1	1	
49						

单位：人

二孩			三孩及以上		
小计	男	女	小计	男	女
692	**351**	**341**	**32**	**14**	**18**
2		**2**			
1		1			
1		1			
29	**12**	**17**			
3	1	2			
5	2	3			
7	3	4			
14	6	8			
290	**152**	**138**	**8**	**3**	**5**
28	14	14	1		1
45	30	15	1		1
65	32	33	3	1	2
81	43	38	1	1	
71	33	38	2	1	1
289	**151**	**138**	**14**	**4**	**10**
79	40	39	2		2
48	30	18	3	2	1
58	26	32	1	1	
58	30	28	6		6
46	25	21	2	1	1
76	**33**	**43**	**10**	**7**	**3**
28	10	18	1	1	
25	13	12	3	3	
15	7	8	2		2
3		3	2	2	
5	3	2	2	1	1
6	**3**	**3**			
5	2	3			
1	1				

6-2a 全国按年龄、受教育程度、生育孩次

受教育程度 年　　龄	合　计	生男孩的妇女人数	生女孩的妇女人数	一　孩		
				小计	男	女
总　计	**520301**	**275048**	**245253**	**269565**	**142438**	**127127**
15-19岁	**2716**	**1439**	**1277**	**2362**	**1255**	**1107**
15	22	12	10	21	12	9
16	131	74	57	125	71	54
17	317	154	163	289	138	151
18	703	373	330	617	323	294
19	1543	826	717	1310	711	599
20-24岁	**47884**	**24965**	**22919**	**36753**	**19276**	**17477**
20	2987	1569	1418	2478	1321	1157
21	5117	2681	2436	4139	2189	1950
22	8691	4533	4158	6713	3546	3167
23	12614	6557	6057	9692	5040	4652
24	18475	9625	8850	13731	7180	6551
25-29岁	**177622**	**93406**	**84216**	**119467**	**62910**	**56557**
25	24682	13078	11604	17945	9565	8380
26	29556	15521	14035	21195	11110	10085
27	37952	19911	18041	26560	13985	12575
28	41658	21754	19904	27302	14258	13044
29	43774	23142	20632	26465	13992	12473
30-34岁	**201531**	**106700**	**94831**	**86592**	**45736**	**40856**
30	50713	26655	24058	27162	14093	13069
31	45854	24339	21515	21598	11529	10069
32	39566	21063	18503	16019	8491	7528
33	37002	19616	17386	12970	6883	6087
34	28396	15027	13369	8843	4740	4103
35-39岁	**71651**	**38252**	**33399**	**19214**	**10342**	**8872**
35	20471	10917	9554	5913	3177	2736
36	17053	9067	7986	4579	2425	2154
37	13629	7314	6315	3551	1913	1638
38	12359	6594	5765	3151	1699	1452
39	8139	4360	3779	2020	1128	892
40-44岁	**15456**	**8356**	**7100**	**3895**	**2132**	**1763**
40	5308	2862	2446	1279	711	568
41	4327	2386	1941	1073	584	489
42	2767	1473	1294	717	379	338
43	1765	946	819	472	269	203
44	1289	689	600	354	189	165
45-49岁	**3441**	**1930**	**1511**	**1282**	**787**	**495**
45	909	505	404	308	190	118
46	750	423	327	283	176	107
47	602	339	263	224	137	87
48	579	331	248	223	139	84
49	601	332	269	244	145	99

分的育龄妇女人数(2019.11.1-2020.10.31)(城市)

单位：人

二孩			三孩及以上		
小计	男	女	小计	男	女
219120	**113936**	**105184**	**31616**	**18674**	**12942**
334	**175**	**159**	**20**	**9**	**11**
1		1			
6	3	3			
27	15	12	1	1	
84	49	35	2	1	1
216	108	108	17	7	10
10073	**5113**	**4960**	**1058**	**576**	**482**
462	223	239	47	25	22
894	444	450	84	48	36
1804	894	910	174	93	81
2638	1364	1274	284	153	131
4275	2188	2087	469	257	212
52161	**26989**	**25172**	**5994**	**3507**	**2487**
6070	3112	2958	667	401	266
7503	3895	3608	858	516	342
10245	5258	4987	1147	668	479
12857	6668	6189	1499	828	671
15486	8056	7430	1823	1094	729
101269	**52837**	**48432**	**13670**	**8127**	**5543**
20924	11014	9910	2627	1548	1079
21500	11193	10307	2756	1617	1139
20731	10843	9888	2816	1729	1087
21059	10984	10075	2973	1749	1224
17055	8803	8252	2498	1484	1014
44188	**22965**	**21223**	**8249**	**4945**	**3304**
12456	6498	5958	2102	1242	860
10568	5479	5089	1906	1163	743
8418	4382	4036	1660	1019	641
7678	3972	3706	1530	923	607
5068	2634	2434	1051	598	453
9421	**4988**	**4433**	**2140**	**1236**	**904**
3322	1737	1585	707	414	293
2671	1443	1228	583	359	224
1650	871	779	400	223	177
1054	547	507	239	130	109
724	390	334	211	110	101
1674	**869**	**805**	**485**	**274**	**211**
486	251	235	115	64	51
350	186	164	117	61	56
291	151	140	87	51	36
263	138	125	93	54	39
284	143	141	73	44	29

6-2a 续表 1

受教育程度 年 龄	合 计	生男孩的 妇女人数	生女孩的 妇女人数	一 孩		
				小计	男	女
未上过学	**561**	**293**	**268**	**231**	**122**	**109**
15-19岁	**7**	**5**	**2**	**4**	**3**	**1**
15	1	1		1	1	
16						
17						
18	2	1	1	1		1
19	4	3	1	2	2	
20-24岁	**57**	**23**	**34**	**35**	**15**	**20**
20	8	3	5	4	2	2
21	3	1	2	3	1	2
22	15	8	7	10	6	4
23	11	3	8	7		7
24	20	8	12	11	6	5
25-29岁	**138**	**74**	**64**	**78**	**42**	**36**
25	25	15	10	17	9	8
26	23	12	11	14	7	7
27	19	8	11	9	2	7
28	33	15	18	17	10	7
29	38	24	14	21	14	7
30-34岁	**162**	**90**	**72**	**62**	**35**	**27**
30	35	22	13	18	10	8
31	37	17	20	14	8	6
32	38	22	16	15	9	6
33	19	10	9	4	2	2
34	33	19	14	11	6	5
35-39岁	**102**	**51**	**51**	**30**	**15**	**15**
35	27	16	11	11	6	5
36	18	8	10	5	2	3
37	19	8	11	4	2	2
38	17	8	9	6	3	3
39	21	11	10	4	2	2
40-44岁	**61**	**32**	**29**	**12**	**7**	**5**
40	14	7	7	3	2	1
41	14	7	7	3	2	1
42	13	7	6	1		1
43	10	5	5	4	2	2
44	10	6	4	1	1	
45-49岁	**34**	**18**	**16**	**10**	**5**	**5**
45	6	3	3	1		1
46	6	2	4	1	1	
47	4	1	3	2		2
48	8	6	2	3	2	1
49	10	6	4	3	2	1

单位：人

二孩			三孩及以上		
小计	男	女	小计	男	女
189	**93**	**96**	**141**	**78**	**63**
3	**2**	**1**			
1	1				
2	1	1			
15	**5**	**10**	**7**	**3**	**4**
4	1	3			
4	1	3	1	1	
2	2		2	1	1
5	1	4	4	1	3
43	**22**	**21**	**17**	**10**	**7**
5	3	2	3	3	
5	2	3	4	3	1
7	5	2	3	1	2
13	4	9	3	1	2
13	8	5	4	2	2
56	**27**	**29**	**44**	**28**	**16**
11	8	3	6	4	2
13	3	10	10	6	4
14	7	7	9	6	3
8	3	5	7	5	2
10	6	4	12	7	5
38	**18**	**20**	**34**	**18**	**16**
9	3	6	7	7	
8	4	4	5	2	3
11	4	7	4	2	2
4	2	2	7	3	4
6	5	1	11	4	7
26	**14**	**12**	**23**	**11**	**12**
6	3	3	5	2	3
4	3	1	7	2	5
3	2	1	9	5	4
6	3	3			
7	3	4	2	2	
8	**5**	**3**	**16**	**8**	**8**
			5	3	2
3	1	2	2		2
1	1		1		1
1	1		4	3	1
3	2	1	4	2	2

6-2a 续表 2

受教育程度 年 龄	合 计	生男孩的 妇女人数	生女孩的 妇女人数	一 孩		
				小计	男	女
学前教育	**74**	**36**	**38**	**39**	**19**	**20**
15-19岁						
15						
16						
17						
18						
19						
20-24岁	**7**	**4**	**3**	**6**	**3**	**3**
20						
21						
22	3	2	1	2	1	1
23	2	1	1	2	1	1
24	2	1	1	2	1	1
25-29岁	**30**	**16**	**14**	**16**	**9**	**7**
25	8	6	2	5	4	1
26	3	1	2	1		1
27	4	1	3	4	1	3
28	6	2	4	4	2	2
29	9	6	3	2	2	
30-34岁	**21**	**10**	**11**	**11**	**5**	**6**
30	3	1	2	3	1	2
31	6	2	4	4	1	3
32	3	3		3	3	
33	3	1	2			
34	6	3	3	1		1
35-39岁	**13**	**5**	**8**	**4**	**1**	**3**
35	8	3	5	2		2
36	1		1	1		1
37	3	2	1	1	1	
38	1		1			
39						
40-44岁						
40						
41						
42						
43						
44						
45-49岁	**3**	**1**	**2**	**2**	**1**	**1**
45						
46						
47						
48	1		1			
49	2	1	1	2	1	1

单位：人

二孩			三孩及以上		
小计	男	女	小计	男	女
25	**14**	**11**	**10**	**3**	**7**
1	**1**				
1	1				
13	**7**	**6**	**1**		**1**
3	2	1			
2	1	1			
1		1	1		1
7	4	3			
6	**4**	**2**	**4**	**1**	**3**
2	1	1			
			3	1	2
4	3	1	1		1
5	**2**	**3**	**4**	**2**	**2**
3	2	1	3	1	2
1		1	1	1	
1		1			
			1		**1**
			1		1

6-2a 续表 3

受教育程度 年龄	合计	生男孩的妇女人数	生女孩的妇女人数	一孩 小计	一孩 男	一孩 女
小学	**10003**	**5408**	**4595**	**3360**	**1859**	**1501**
15-19岁	**147**	**63**	**84**	**106**	**45**	**61**
15	3		3	2		2
16	9	5	4	7	4	3
17	24	8	16	19	7	12
18	47	18	29	30	10	20
19	64	32	32	48	24	24
20-24岁	**1112**	**622**	**490**	**639**	**354**	**285**
20	114	57	57	79	43	36
21	143	75	68	88	47	41
22	221	128	93	137	79	58
23	254	143	111	153	88	65
24	380	219	161	182	97	85
25-29岁	**2415**	**1307**	**1108**	**999**	**563**	**436**
25	423	220	203	208	112	96
26	438	253	185	213	127	86
27	486	261	225	197	110	87
28	522	278	244	199	113	86
29	546	295	251	182	101	81
30-34岁	**3314**	**1803**	**1511**	**903**	**492**	**411**
30	705	366	339	229	114	115
31	693	372	321	191	109	82
32	671	376	295	172	103	69
33	657	368	289	165	87	78
34	588	321	267	146	79	67
35-39岁	**1798**	**967**	**831**	**435**	**240**	**195**
35	449	228	221	97	45	52
36	400	213	187	97	58	39
37	341	189	152	88	50	38
38	336	186	150	79	43	36
39	272	151	121	74	44	30
40-44岁	**738**	**393**	**345**	**147**	**81**	**66**
40	176	87	89	43	24	19
41	203	116	87	34	22	12
42	149	80	69	32	16	16
43	116	58	58	20	10	10
44	94	52	42	18	9	9
45-49岁	**479**	**253**	**226**	**131**	**84**	**47**
45	79	37	42	20	11	9
46	82	48	34	25	17	8
47	104	54	50	28	18	10
48	103	54	49	29	17	12
49	111	60	51	29	21	8

单位：人

二孩			三孩及以上		
小计	男	女	小计	男	女
4642	**2392**	**2250**	**2001**	**1157**	**844**
39	**17**	**22**	**2**	**1**	**1**
1		1			
2	1	1			
5	1	4			
17	8	9			
14	7	7	2	1	1
381	**207**	**174**	**92**	**61**	**31**
27	9	18	8	5	3
47	22	25	8	6	2
67	37	30	17	12	5
74	38	36	27	17	10
166	101	65	32	21	11
1045	**548**	**497**	**371**	**196**	**175**
161	73	88	54	35	19
161	88	73	64	38	26
214	118	96	75	33	42
249	130	119	74	35	39
260	139	121	104	55	49
1721	**887**	**834**	**690**	**424**	**266**
346	168	178	130	84	46
373	188	185	129	75	54
352	181	171	147	92	55
337	185	152	155	96	59
313	165	148	129	77	52
845	**423**	**422**	**518**	**304**	**214**
243	120	123	109	63	46
200	98	102	103	57	46
142	75	67	111	64	47
151	75	76	106	68	38
109	55	54	89	52	37
366	**188**	**178**	**225**	**124**	**101**
88	42	46	45	21	24
97	51	46	72	43	29
74	41	33	43	23	20
65	33	32	31	15	16
42	21	21	34	22	12
245	**122**	**123**	**103**	**47**	**56**
40	19	21	19	7	12
32	18	14	25	13	12
58	28	30	18	8	10
54	28	26	20	9	11
61	29	32	21	10	11

6-2a 续表 4

受教育程度 年 龄	合 计	生男孩的妇女人数	生女孩的妇女人数	一 孩		
				小计	男	女
初 中	**114661**	**61114**	**53547**	**44814**	**24036**	**20778**
15-19岁	**1775**	**966**	**809**	**1530**	**829**	**701**
15	17	10	7	17	10	7
16	95	52	43	93	51	42
17	230	117	113	207	102	105
18	463	249	214	412	215	197
19	970	538	432	801	451	350
20-24岁	**17288**	**8996**	**8292**	**11450**	**6003**	**5447**
20	1582	790	792	1247	622	625
21	2389	1267	1122	1770	958	812
22	3491	1766	1725	2336	1214	1122
23	4326	2267	2059	2797	1466	1331
24	5500	2906	2594	3300	1743	1557
25-29岁	**34544**	**18292**	**16252**	**15779**	**8401**	**7378**
25	6254	3313	2941	3407	1835	1572
26	6412	3381	3031	3305	1755	1550
27	7333	3894	3439	3484	1837	1647
28	7037	3717	3320	2861	1527	1334
29	7508	3987	3521	2722	1447	1275
30-34岁	**38286**	**20492**	**17794**	**10621**	**5733**	**4888**
30	8980	4814	4166	2850	1524	1326
31	8395	4465	3930	2495	1353	1142
32	7420	3970	3450	1965	1047	918
33	7511	4005	3506	1855	996	859
34	5980	3238	2742	1456	813	643
35-39岁	**16839**	**9123**	**7716**	**3788**	**2086**	**1702**
35	4561	2479	2082	1052	586	466
36	3905	2118	1787	887	486	401
37	3223	1747	1476	673	365	308
38	3034	1649	1385	696	385	311
39	2116	1130	986	480	264	216
40-44岁	**4514**	**2452**	**2062**	**1124**	**642**	**482**
40	1434	801	633	329	194	135
41	1224	681	543	294	163	131
42	858	457	401	219	122	97
43	542	274	268	146	83	63
44	456	239	217	136	80	56
45-49岁	**1415**	**793**	**622**	**522**	**342**	**180**
45	321	181	140	108	70	38
46	306	158	148	116	67	49
47	259	151	108	96	67	29
48	255	150	105	91	65	26
49	274	153	121	111	73	38

单位：人

二孩			三孩及以上		
小计	男	女	小计	男	女
55228	**28523**	**26705**	**14619**	**8555**	**6064**
232	**133**	**99**	**13**	**4**	**9**
2	1	1			
22	14	8	1	1	
50	34	16	1		1
158	84	74	11	3	8
5165	**2630**	**2535**	**673**	**363**	**310**
303	152	151	32	16	16
561	277	284	58	32	26
1035	492	543	120	60	60
1342	701	641	187	100	87
1924	1008	916	276	155	121
15734	**8115**	**7619**	**3031**	**1776**	**1255**
2478	1264	1214	369	214	155
2661	1359	1302	446	267	179
3255	1705	1550	594	352	242
3437	1768	1669	739	422	317
3903	2019	1884	883	521	362
21521	**11153**	**10368**	**6144**	**3606**	**2538**
4891	2576	2315	1239	714	525
4656	2402	2254	1244	710	534
4218	2167	2051	1237	756	481
4313	2240	2073	1343	769	574
3443	1768	1675	1081	657	424
9466	**4878**	**4588**	**3585**	**2159**	**1426**
2609	1357	1252	900	536	364
2183	1124	1059	835	508	327
1835	941	894	715	441	274
1662	847	815	676	417	259
1177	609	568	459	257	202
2447	**1295**	**1152**	**943**	**515**	**428**
808	433	375	297	174	123
684	370	314	246	148	98
451	239	212	188	96	92
290	141	149	106	50	56
214	112	102	106	47	59
663	**319**	**344**	**230**	**132**	**98**
164	83	81	49	28	21
130	62	68	60	29	31
121	57	64	42	27	15
118	59	59	46	26	20
130	58	72	33	22	11

6-2a 续表 5

受教育程度 年龄	合计	生男孩的 妇女人数	生女孩的 妇女人数	一孩		
				小计	男	女
高 中	**105528**	**56138**	**49390**	**49802**	**26612**	**23190**
15-19岁	**637**	**324**	**313**	**579**	**301**	**278**
15	1	1		1	1	
16	26	17	9	24	16	8
17	56	28	28	56	28	28
18	163	85	78	147	79	68
19	391	193	198	351	177	174
20-24岁	**13822**	**7237**	**6585**	**10841**	**5737**	**5104**
20	890	500	390	787	450	337
21	1588	822	766	1359	710	649
22	2680	1429	1251	2162	1165	997
23	3745	1944	1801	2936	1534	1402
24	4919	2542	2377	3597	1878	1719
25-29岁	**35918**	**19098**	**16820**	**20685**	**11065**	**9620**
25	6130	3224	2906	4153	2207	1946
26	6335	3373	2962	4063	2171	1892
27	7556	3972	3584	4486	2361	2125
28	7850	4203	3647	4171	2269	1902
29	8047	4326	3721	3812	2057	1755
30-34岁	**37221**	**19872**	**17349**	**12874**	**6906**	**5968**
30	9320	4933	4387	3843	2017	1826
31	8304	4456	3848	3000	1666	1334
32	7305	3911	3394	2356	1254	1102
33	7078	3772	3306	2163	1156	1007
34	5214	2800	2414	1512	813	699
35-39岁	**13685**	**7331**	**6354**	**3597**	**1941**	**1656**
35	3770	2032	1738	1000	542	458
36	3167	1661	1506	817	412	405
37	2544	1380	1164	712	394	318
38	2465	1294	1171	620	339	281
39	1739	964	775	448	254	194
40-44岁	**3531**	**1894**	**1637**	**941**	**501**	**440**
40	1185	629	556	295	145	150
41	1028	563	465	272	145	127
42	626	326	300	174	100	74
43	416	232	184	121	70	51
44	276	144	132	79	41	38
45-49岁	**714**	**382**	**332**	**285**	**161**	**124**
45	211	107	104	84	48	36
46	166	89	77	65	40	25
47	113	65	48	41	26	15
48	109	61	48	49	28	21
49	115	60	55	46	19	27

单位：人

二孩			三孩及以上		
小计	男	女	小计	男	女
48276	**25004**	**23272**	**7450**	**4522**	**2928**
53	**19**	**34**	**5**	**4**	**1**
2	1	1			
15	5	10	1	1	
36	13	23	4	3	1
2777	**1397**	**1380**	**204**	**103**	**101**
97	46	51	6	4	2
214	103	111	15	9	6
490	250	240	28	14	14
753	381	372	56	29	27
1223	617	606	99	47	52
13683	**7090**	**6593**	**1550**	**943**	**607**
1811	912	899	166	105	61
2058	1072	986	214	130	84
2789	1429	1360	281	182	99
3289	1722	1567	390	212	178
3736	1955	1781	499	314	185
21029	**10951**	**10078**	**3318**	**2015**	**1303**
4790	2510	2280	687	406	281
4643	2385	2258	661	405	256
4250	2215	2035	699	442	257
4227	2197	2030	688	419	269
3119	1644	1475	583	343	240
8268	**4273**	**3995**	**1820**	**1117**	**703**
2297	1219	1078	473	271	202
1903	962	941	447	287	160
1484	755	729	348	231	117
1507	759	748	338	196	142
1077	578	499	214	132	82
2116	**1100**	**1016**	**474**	**293**	**181**
721	374	347	169	110	59
618	332	286	138	86	52
375	181	194	77	45	32
245	131	114	50	31	19
157	82	75	40	21	19
350	**174**	**176**	**79**	**47**	**32**
102	44	58	25	15	10
87	41	46	14	8	6
54	29	25	18	10	8
47	25	22	13	8	5
60	35	25	9	6	3

6-2a 续表 6

受教育程度 年 龄	合 计	生男孩的 妇女人数	生女孩的 妇女人数	一 孩		
				小计	男	女
大学专科	**132871**	**69664**	**63207**	**75037**	**39426**	**35611**
15-19岁	**135**	**72**	**63**	**128**	**68**	**60**
15						
16	1		1	1		1
17	7	1	6	7	1	6
18	26	18	8	25	17	8
19	101	53	48	95	50	45
20-24岁	**11774**	**6126**	**5648**	**10299**	**5376**	**4923**
20	351	196	155	322	182	140
21	856	434	422	788	393	395
22	1887	990	897	1696	887	809
23	3296	1729	1567	2902	1518	1384
24	5384	2777	2607	4591	2396	2195
25-29岁	**51076**	**26692**	**24384**	**37267**	**19472**	**17795**
25	7586	4035	3551	6324	3364	2960
26	9199	4779	4420	7302	3774	3528
27	10870	5660	5210	8228	4311	3917
28	11706	6057	5649	8042	4143	3899
29	11715	6161	5554	7371	3880	3491
30-34岁	**50823**	**26693**	**24130**	**22007**	**11614**	**10393**
30	13079	6889	6190	7122	3704	3418
31	11712	6181	5531	5495	2941	2554
32	9984	5247	4737	4056	2138	1918
33	9168	4793	4375	3183	1667	1516
34	6880	3583	3297	2151	1164	987
35-39岁	**15781**	**8281**	**7500**	**4441**	**2401**	**2040**
35	4745	2483	2262	1418	774	644
36	3741	1968	1773	1088	577	511
37	3000	1594	1406	811	430	381
38	2667	1397	1270	709	382	327
39	1628	839	789	415	238	177
40-44岁	**2897**	**1573**	**1324**	**730**	**397**	**333**
40	1081	589	492	254	155	99
41	838	459	379	217	118	99
42	483	258	225	125	57	68
43	300	167	133	90	48	42
44	195	100	95	44	19	25
45-49岁	**385**	**227**	**158**	**165**	**98**	**67**
45	132	81	51	48	32	16
46	93	60	33	38	27	11
47	60	25	35	27	7	20
48	50	27	23	27	17	10
49	50	34	16	25	15	10

单位：人

二孩			三孩及以上		
小计	男	女	小计	男	女
53279	**27524**	**25755**	**4555**	**2714**	**1841**
7	**4**	**3**			
1	1				
6	3	3			
1403	**710**	**693**	**72**	**40**	**32**
28	14	14	1		1
65	40	25	3	1	2
184	98	86	7	5	2
383	205	178	11	6	5
743	353	390	50	28	22
13070	**6800**	**6270**	**739**	**420**	**319**
1205	638	567	57	33	24
1798	944	854	99	61	38
2510	1283	1227	132	66	66
3448	1789	1659	216	125	91
4109	2146	1963	235	135	100
26684	**13780**	**12904**	**2132**	**1299**	**833**
5602	2964	2638	355	221	134
5774	2963	2811	443	277	166
5487	2856	2631	441	253	188
5497	2830	2667	488	296	192
4324	2167	2157	405	252	153
10049	**5130**	**4919**	**1291**	**750**	**541**
2972	1498	1474	355	211	144
2378	1220	1158	275	171	104
1920	1017	903	269	147	122
1725	880	845	233	135	98
1054	515	539	159	86	73
1881	**996**	**885**	**286**	**180**	**106**
717	373	344	110	61	49
545	293	252	76	48	28
307	166	141	51	35	16
181	96	85	29	23	6
131	68	63	20	13	7
185	**104**	**81**	**35**	**25**	**10**
73	40	33	11	9	2
46	27	19	9	6	3
28	15	13	5	3	2
19	7	12	4	3	1
19	15	4	6	4	2

6-2a 续表 7

受教育程度 年龄	合计	生男孩的妇女人数	生女孩的妇女人数	一孩		
				小计	男	女
大学本科	**134924**	**71060**	**63864**	**82203**	**42977**	**39226**
15-19岁	**15**	**9**	**6**	**15**	**9**	**6**
15						
16						
17						
18	2	2		2	2	
19	13	7	6	13	7	6
20-24岁	**3747**	**1923**	**1824**	**3411**	**1755**	**1656**
20	40	23	17	37	22	15
21	136	82	54	130	80	50
22	385	205	180	362	190	172
23	960	462	498	876	425	451
24	2226	1151	1075	2006	1038	968
25-29岁	**49044**	**25579**	**23465**	**40544**	**21180**	**19364**
25	4149	2212	1937	3734	1986	1748
26	6870	3572	3298	6046	3137	2909
27	10977	5741	5236	9494	5014	4480
28	13153	6790	6363	10752	5544	5208
29	13895	7264	6631	10518	5499	5019
30-34岁	**59370**	**31339**	**28031**	**31702**	**16579**	**15123**
30	15586	8095	7491	10530	5421	5109
31	13768	7292	6476	8093	4233	3860
32	11651	6222	5429	5876	3112	2764
33	10359	5538	4821	4410	2356	2054
34	8006	4192	3814	2793	1457	1336
35-39岁	**19337**	**10336**	**9001**	**5616**	**2965**	**2651**
35	5729	3041	2688	1888	995	893
36	4851	2597	2254	1359	712	647
37	3696	1986	1710	1019	542	477
38	3144	1678	1466	867	449	418
39	1917	1034	883	483	267	216
40-44岁	**3057**	**1653**	**1404**	**774**	**409**	**365**
40	1155	614	541	300	160	140
41	827	445	382	198	102	96
42	539	297	242	139	73	66
43	316	169	147	76	46	30
44	220	128	92	61	28	33
45-49岁	**354**	**221**	**133**	**141**	**80**	**61**
45	131	82	49	37	23	14
46	81	55	26	29	19	10
47	56	37	19	28	17	11
48	48	29	19	20	7	13
49	38	18	20	27	14	13

单位：人

二孩			三孩及以上		
小计	男	女	小计	男	女
50123	**26566**	**23557**	**2598**	**1517**	**1081**
326	**162**	**164**	**10**	**6**	**4**
3	1	2			
6	2	4			
22	14	8	1	1	
83	37	46	1		1
212	108	104	8	5	3
8221	**4240**	**3981**	**279**	**159**	**120**
397	215	182	18	11	7
793	418	375	31	17	14
1421	693	728	62	34	28
2327	1215	1112	74	31	43
3283	1699	1584	94	66	28
26426	**14051**	**12375**	**1242**	**709**	**533**
4861	2564	2297	195	110	85
5418	2918	2500	257	141	116
5516	2944	2572	259	166	93
5688	3031	2657	261	151	110
4943	2594	2349	270	141	129
12829	**6835**	**5994**	**892**	**536**	**356**
3608	1906	1702	233	140	93
3268	1755	1513	224	130	94
2490	1328	1162	187	116	71
2128	1137	991	149	92	57
1335	709	626	99	58	41
2123	**1148**	**975**	**160**	**96**	**64**
786	413	373	69	41	28
592	317	275	37	26	11
372	206	166	28	18	10
221	116	105	19	7	12
152	96	56	7	4	3
198	**130**	**68**	**15**	**11**	**4**
91	58	33	3	1	2
47	33	14	5	3	2
26	18	8	2	2	
23	17	6	5	5	
11	4	7			

6-2a 续表 8

受教育程度 年龄	合计	生男孩的妇女人数	生女孩的妇女人数	一孩		
				小计	男	女
硕士研究生	**19891**	**10427**	**9464**	**12950**	**6804**	**6146**
15-19岁						
15						
16						
17						
18						
19						
20-24岁	**71**	**33**	**38**	**67**	**32**	**35**
20	1		1	1		1
21	2		2	1		1
22	9	5	4	8	4	4
23	20	8	12	19	8	11
24	39	20	19	38	20	18
25-29岁	**4214**	**2228**	**1986**	**3883**	**2069**	**1814**
25	101	52	49	91	47	44
26	259	142	117	237	132	105
27	668	354	314	623	331	292
28	1288	657	631	1200	618	582
29	1898	1023	875	1732	941	791
30-34岁	**11351**	**5899**	**5452**	**7690**	**4001**	**3689**
30	2823	1451	1372	2405	1229	1176
31	2705	1429	1276	2111	1118	993
32	2279	1196	1083	1423	739	684
33	2007	1030	977	1060	552	508
34	1537	793	744	691	363	328
35-39岁	**3653**	**1933**	**1720**	**1146**	**611**	**535**
35	1053	571	482	395	203	192
36	884	454	430	285	158	127
37	721	368	353	214	113	101
38	613	341	272	155	87	68
39	382	199	183	97	50	47
40-44岁	**556**	**307**	**249**	**143**	**80**	**63**
40	229	119	110	46	25	21
41	159	97	62	47	28	19
42	78	38	40	22	8	14
43	60	38	22	14	9	5
44	30	15	15	14	10	4
45-49岁	**46**	**27**	**19**	**21**	**11**	**10**
45	22	10	12	8	4	4
46	14	9	5	8	4	4
47	5	5		1	1	
48	4	3	1	3	2	1
49	1		1	1		1

单位：人

二孩			三孩及以上		
小计	男	女	小计	男	女
6730	**3508**	**3222**	**211**	**115**	**96**
4	**1**	**3**			
1		1			
1	1				
1		1			
1		1			
325	**156**	**169**	**6**	**3**	**3**
10	5	5			
22	10	12			
45	23	22			
86	37	49	2	2	
162	81	81	4	1	3
3573	**1856**	**1717**	**88**	**42**	**46**
404	213	191	14	9	5
583	308	275	11	3	8
835	444	391	21	13	8
920	467	453	27	11	16
831	424	407	15	6	9
2416	**1267**	**1149**	**91**	**55**	**36**
638	355	283	20	13	7
585	290	295	14	6	8
483	239	244	24	16	8
443	242	201	15	12	3
267	141	126	18	8	10
393	**216**	**177**	**20**	**11**	**9**
171	89	82	12	5	7
108	66	42	4	3	1
54	29	25	2	1	1
44	27	17	2	2	
16	5	11			
19	**12**	**7**	**6**	**4**	**2**
11	5	6	3	1	2
4	3	1	2	2	
3	3		1	1	
1	1				

6-2a 续表 9

受教育程度 年　　龄	合　计	生男孩的妇女人数	生女孩的妇女人数	一　孩		
				小计	男	女
博士研究生	**1788**	**908**	**880**	**1129**	**583**	**546**
15-19岁						
15						
16						
17						
18						
19						
20-24岁	**6**	**1**	**5**	**5**	**1**	**4**
20	1		1	1		1
21						
22						
23						
24	5	1	4	4	1	3
25-29岁	**243**	**120**	**123**	**216**	**109**	**107**
25	6	1	5	6	1	5
26	17	8	9	14	7	7
27	39	20	19	35	18	17
28	63	35	28	56	32	24
29	118	56	62	105	51	54
30-34岁	**983**	**502**	**481**	**722**	**371**	**351**
30	182	84	98	162	73	89
31	234	125	109	195	100	95
32	215	116	99	153	86	67
33	200	99	101	130	67	63
34	152	78	74	82	45	37
35-39岁	**443**	**225**	**218**	**157**	**82**	**75**
35	129	64	65	50	26	24
36	86	48	38	40	20	20
37	82	40	42	29	16	13
38	82	41	41	19	11	8
39	64	32	32	19	9	10
40-44岁	**102**	**52**	**50**	**24**	**15**	**9**
40	34	16	18	9	6	3
41	34	18	16	8	4	4
42	21	10	11	5	3	2
43	5	3	2	1	1	
44	8	5	3	1	1	
45-49岁	**11**	**8**	**3**	**5**	**5**	
45	7	4	3	2	2	
46	2	2		1	1	
47	1	1		1	1	
48	1	1		1	1	
49						

单位：人

二孩			三孩及以上		
小计	男	女	小计	男	女
628	**312**	**316**	**31**	**13**	**18**
1		**1**			
1		1			
27	**11**	**16**			
3	1	2			
4	2	2			
7	3	4			
13	5	8			
253	**128**	**125**	**8**	**3**	**5**
19	11	8	1		1
38	25	13	1		1
59	29	30	3	1	2
69	31	38	1	1	
68	32	36	2	1	1
272	**139**	**133**	**14**	**4**	**10**
77	38	39	2		2
43	26	17	3	2	1
52	23	29	1	1	
57	30	27	6		6
43	22	21	2	1	1
69	**31**	**38**	**9**	**6**	**3**
25	10	15			
23	11	12	3	3	
14	7	7	2		2
2		2	2	2	
5	3	2	2	1	1
6	**3**	**3**			
5	2	3			
1	1				

6-2b 全国按年龄、受教育程度、生育孩次

受教育程度 年龄	合计	生男孩的妇女人数	生女孩的妇女人数	一孩		
				小计	男	女
总计	**299692**	**159012**	**140680**	**128405**	**68521**	**59884**
15-19岁	**3524**	**1838**	**1686**	**3015**	**1576**	**1439**
15	62	27	35	61	26	35
16	201	108	93	185	99	86
17	455	251	204	408	226	182
18	1010	530	480	868	458	410
19	1796	922	874	1493	767	726
20-24岁	**41480**	**21974**	**19506**	**28438**	**15171**	**13267**
20	3416	1813	1603	2641	1443	1198
21	5171	2754	2417	3811	2039	1772
22	8081	4220	3861	5612	2960	2652
23	10971	5841	5130	7451	4004	3447
24	13841	7346	6495	8923	4725	4198
25-29岁	**106954**	**56606**	**50348**	**57342**	**30410**	**26932**
25	17475	9187	8288	10880	5738	5142
26	19424	10328	9096	11520	6143	5377
27	22965	12168	10797	12799	6867	5932
28	23013	12065	10948	11592	6062	5530
29	24077	12858	11219	10551	5600	4951
30-34岁	**102901**	**54586**	**48315**	**30729**	**16341**	**14388**
30	27397	14435	12962	10293	5438	4855
31	23610	12476	11134	7615	4077	3538
32	19770	10534	9236	5401	2876	2525
33	18276	9745	8531	4337	2289	2048
34	13848	7396	6452	3083	1661	1422
35-39岁	**34049**	**18192**	**15857**	**6480**	**3578**	**2902**
35	9902	5228	4674	1913	1041	872
36	8147	4408	3739	1583	904	679
37	6382	3425	2957	1242	683	559
38	5726	3061	2665	1054	583	471
39	3892	2070	1822	688	367	321
40-44岁	**8356**	**4454**	**3902**	**1690**	**979**	**711**
40	2716	1435	1281	521	293	228
41	2211	1128	1083	431	241	190
42	1520	846	674	325	178	147
43	1078	589	489	223	139	84
44	831	456	375	190	128	62
45-49岁	**2428**	**1362**	**1066**	**711**	**466**	**245**
45	592	348	244	148	90	58
46	478	266	212	146	100	46
47	459	240	219	135	81	54
48	477	274	203	144	103	41
49	422	234	188	138	92	46

分的育龄妇女人数(2019.11.1−2020.10.31)(镇)

单位：人

二孩			三孩及以上		
小计	男	女	小计	男	女
136428	**70420**	**66008**	**34859**	**20071**	**14788**
467	**239**	**228**	**42**	**23**	**19**
1	1				
15	8	7	1	1	
45	23	22	2	2	
134	70	64	8	2	6
272	137	135	31	18	13
11326	**5860**	**5466**	**1716**	**943**	**773**
688	330	358	87	40	47
1189	610	579	171	105	66
2163	1101	1062	306	159	147
3048	1598	1450	472	239	233
4238	2221	2017	680	400	280
41469	**21499**	**19970**	**8143**	**4697**	**3446**
5663	2946	2717	932	503	429
6691	3497	3194	1213	688	525
8583	4417	4166	1583	884	699
9415	4827	4588	2006	1176	830
11117	5812	5305	2409	1446	963
57261	**29550**	**27711**	**14911**	**8695**	**6216**
13895	7119	6776	3209	1878	1331
12859	6577	6282	3136	1822	1314
11424	5950	5474	2945	1708	1237
10848	5621	5227	3091	1835	1256
8235	4283	3952	2530	1452	1078
19990	**10273**	**9717**	**7579**	**4341**	**3238**
6004	3058	2946	1985	1129	856
4678	2414	2264	1886	1090	796
3703	1897	1806	1437	845	592
3338	1720	1618	1334	758	576
2267	1184	1083	937	519	418
4669	**2369**	**2300**	**1997**	**1106**	**891**
1508	741	767	687	401	286
1267	624	643	513	263	250
844	468	376	351	200	151
592	298	294	263	152	111
458	238	220	183	90	93
1246	**630**	**616**	**471**	**266**	**205**
305	168	137	139	90	49
233	109	124	99	57	42
235	114	121	89	45	44
263	135	128	70	36	34
210	104	106	74	38	36

6-2b 续表 1

受教育程度 年龄	合计	生男孩的妇女人数	生女孩的妇女人数	一孩		
				小计	男	女
未上过学	**957**	**516**	**441**	**245**	**130**	**115**
15-19岁	**15**	**7**	**8**	**8**	**3**	**5**
15						
16						
17	2	2				
18	4	2	2	2	1	1
19	9	3	6	6	2	4
20-24岁	**115**	**54**	**61**	**48**	**21**	**27**
20	16	9	7	8	4	4
21	17	8	9	9	6	3
22	24	15	9	9	4	5
23	26	9	17	12	4	8
24	32	13	19	10	3	7
25-29岁	**223**	**119**	**104**	**70**	**38**	**32**
25	38	22	16	15	10	5
26	52	25	27	18	8	10
27	44	29	15	10	8	2
28	37	16	21	13	6	7
29	52	27	25	14	6	8
30-34岁	**261**	**154**	**107**	**65**	**39**	**26**
30	63	36	27	14	8	6
31	53	32	21	13	6	7
32	51	33	18	17	13	4
33	42	24	18	14	8	6
34	52	29	23	7	4	3
35-39岁	**175**	**85**	**90**	**31**	**18**	**13**
35	39	22	17	10	8	2
36	32	12	20	6	3	3
37	37	19	18	6	3	3
38	31	19	12	6	4	2
39	36	13	23	3		3
40-44岁	**110**	**64**	**46**	**19**	**9**	**10**
40	27	16	11	4	2	2
41	28	15	13	5	4	1
42	17	9	8	3		3
43	21	13	8	4	2	2
44	17	11	6	3	1	2
45-49岁	**58**	**33**	**25**	**4**	**2**	**2**
45	12	9	3	2	1	1
46	10	7	3			
47	15	8	7			
48	9	4	5			
49	12	5	7	2	1	1

单位：人

二孩			三孩及以上		
小计	男	女	小计	男	女
312	**165**	**147**	**400**	**221**	**179**
4	**2**	**2**	**3**	**2**	**1**
1	1		1	1	
1	1		1		1
2		2	1	1	
45	**22**	**23**	**22**	**11**	**11**
5	4	1	3	1	2
8	2	6			
9	7	2	6	4	2
11	3	8	3	2	1
12	6	6	10	4	6
90	**47**	**43**	**63**	**34**	**29**
14	7	7	9	5	4
22	12	10	12	5	7
21	14	7	13	7	6
14	4	10	10	6	4
19	10	9	19	11	8
70	**38**	**32**	**126**	**77**	**49**
22	10	12	27	18	9
14	10	4	26	16	10
9	6	3	25	14	11
11	5	6	17	11	6
14	7	7	31	18	13
49	**24**	**25**	**95**	**43**	**52**
11	6	5	18	8	10
8	5	3	18	4	14
14	7	7	17	9	8
3	1	2	22	14	8
13	5	8	20	8	12
31	**19**	**12**	**60**	**36**	**24**
7	5	2	16	9	7
8	4	4	15	7	8
7	5	2	7	4	3
6	4	2	11	7	4
3	1	2	11	9	2
23	**13**	**10**	**31**	**18**	**13**
4	4		6	4	2
3	2	1	7	5	2
8	4	4	7	4	3
3	1	2	6	3	3
5	2	3	5	2	3

6-2b 续表 2

受教育程度 年 龄	合 计	生男孩的 妇女人数	生女孩的 妇女人数	一 孩		
				小计	男	女
学前教育	**64**	**29**	**35**	**26**	**12**	**14**
15-19岁						
15						
16						
17						
18						
19						
20-24岁	**14**	**4**	**10**	**7**	**2**	**5**
20	2	1	1	2	1	1
21	3		3	2		2
22	2		2	1		1
23	2	1	1			
24	5	2	3	2	1	1
25-29岁	**22**	**14**	**8**	**10**	**5**	**5**
25	3		3	2		2
26	5	5		2	2	
27	6	3	3	4	1	3
28	5	4	1	1	1	
29	3	2	1	1	1	
30-34岁	**17**	**6**	**11**	**5**	**3**	**2**
30	3	2	1	2	2	
31	2		2			
32	8	2	6	2	1	1
33	2	1	1	1		1
34	2	1	1			
35-39岁	**5**	**1**	**4**	**2**		**2**
35						
36	2	1	1			
37	2		2	1		1
38	1		1	1		1
39						
40-44岁	**2**	**1**	**1**	**1**	**1**	
40						
41						
42	1	1		1	1	
43	1		1			
44						
45-49岁	**4**	**3**	**1**	**1**	**1**	
45						
46	1	1				
47	1		1			
48						
49	2	2		1	1	

单位：人

二孩			三孩及以上		
小计	男	女	小计	男	女
29	**15**	**14**	**9**	**2**	**7**
6	**2**	**4**	**1**		**1**
1		1			
1		1			
2	1	1			
2	1	1	1		1
10	**8**	**2**	**2**	**1**	**1**
1		1			
2	2		1	1	
2	2				
3	3		1		1
2	1	1			
8	**2**	**6**	**4**	**1**	**3**
1		1			
1		1	1		1
4	1	3	2		2
1	1				
1		1	1	1	
2	**1**	**1**	**1**		**1**
1	1		1		1
1		1			
			1		**1**
			1		1
3	**2**	**1**			
1	1				
1		1			
1	1				

6-2b 续表 3

受教育程度 年　　龄	合　计	生男孩的 妇女人数	生女孩的 妇女人数	一　孩		
				小计	男	女
小　学	**13850**	**7359**	**6491**	**3795**	**2064**	**1731**
15-19岁	**281**	**137**	**144**	**208**	**98**	**110**
15	8	2	6	8	2	6
16	22	10	12	18	8	10
17	35	20	15	28	16	12
18	75	39	36	55	29	26
19	141	66	75	99	43	56
20-24岁	**1921**	**1013**	**908**	**928**	**493**	**435**
20	232	124	108	146	80	66
21	296	161	135	158	83	75
22	389	211	178	189	106	83
23	492	258	234	222	115	107
24	512	259	253	213	109	104
25-29岁	**3457**	**1883**	**1574**	**1069**	**597**	**472**
25	571	335	236	207	129	78
26	632	335	297	206	111	95
27	749	393	356	256	140	116
28	714	396	318	200	110	90
29	791	424	367	200	107	93
30-34岁	**4316**	**2245**	**2071**	**865**	**457**	**408**
30	983	503	480	220	129	91
31	930	472	458	203	107	96
32	874	479	395	172	90	82
33	835	419	416	144	64	80
34	694	372	322	126	67	59
35-39岁	**2277**	**1209**	**1068**	**400**	**215**	**185**
35	561	290	271	100	62	38
36	518	279	239	79	38	41
37	427	226	201	70	34	36
38	428	230	198	80	39	41
39	343	184	159	71	42	29
40-44岁	**1028**	**554**	**474**	**195**	**119**	**76**
40	280	165	115	53	34	19
41	242	120	122	46	28	18
42	201	106	95	40	23	17
43	169	90	79	33	17	16
44	136	73	63	23	17	6
45-49岁	**570**	**318**	**252**	**130**	**85**	**45**
45	131	74	57	19	10	9
46	90	53	37	22	16	6
47	122	64	58	29	18	11
48	115	60	55	34	23	11
49	112	67	45	26	18	8

单位：人

二孩			三孩及以上		
小计	男	女	小计	男	女
6204	**3220**	**2984**	**3851**	**2075**	**1776**
63	**35**	**28**	**10**	**4**	**6**
4	2	2			
6	3	3	1	1	
18	10	8	2		2
35	20	15	7	3	4
740	**388**	**352**	**253**	**132**	**121**
70	35	35	16	9	7
110	64	46	28	14	14
140	73	67	60	32	28
200	108	92	70	35	35
220	108	112	79	42	37
1620	**857**	**763**	**768**	**429**	**339**
248	140	108	116	66	50
287	147	140	139	77	62
342	173	169	151	80	71
348	190	158	166	96	70
395	207	188	196	110	86
2069	**1053**	**1016**	**1382**	**735**	**647**
481	234	247	282	140	142
461	231	230	266	134	132
408	224	184	294	165	129
395	194	201	296	161	135
324	170	154	244	135	109
1009	**524**	**485**	**868**	**470**	**398**
274	135	139	187	93	94
225	123	102	214	118	96
195	97	98	162	95	67
179	97	82	169	94	75
136	72	64	136	70	66
424	**215**	**209**	**409**	**220**	**189**
112	51	61	115	80	35
98	52	46	98	40	58
82	38	44	79	45	34
76	43	33	60	30	30
56	31	25	57	25	32
279	**148**	**131**	**161**	**85**	**76**
61	35	26	51	29	22
40	20	20	28	17	11
61	30	31	32	16	16
58	28	30	23	9	14
59	35	24	27	14	13

6-2b 续表 4

受教育程度 年 龄	合 计	生男孩的 妇女人数	生女孩的 妇女人数	一 孩		
				小计	男	女
初 中	**121113**	**64306**	**56807**	**41259**	**22156**	**19103**
15-19岁	**2429**	**1277**	**1152**	**2069**	**1093**	**976**
15	48	21	27	47	20	27
16	159	86	73	147	79	68
17	355	194	161	320	175	145
18	696	365	331	601	316	285
19	1171	611	560	954	503	451
20-24岁	**20448**	**10826**	**9622**	**12385**	**6597**	**5788**
20	2107	1102	1005	1564	846	718
21	2929	1556	1373	2015	1074	941
22	4258	2219	2039	2683	1426	1257
23	5217	2797	2420	3034	1638	1396
24	5937	3152	2785	3089	1613	1476
25-29岁	**37942**	**20026**	**17916**	**14223**	**7580**	**6643**
25	6997	3651	3346	3366	1758	1608
26	7000	3738	3262	2978	1591	1387
27	7930	4157	3773	2962	1608	1354
28	7751	4058	3693	2495	1325	1170
29	8264	4422	3842	2422	1298	1124
30-34岁	**39695**	**21196**	**18499**	**8712**	**4686**	**4026**
30	9849	5313	4536	2490	1346	1144
31	8935	4724	4211	2047	1102	945
32	7639	4050	3589	1608	885	723
33	7474	4008	3466	1465	779	686
34	5798	3101	2697	1102	574	528
35-39岁	**15547**	**8265**	**7282**	**2715**	**1485**	**1230**
35	4281	2247	2034	706	375	331
36	3843	2092	1751	715	415	300
37	2957	1593	1364	507	287	220
38	2681	1418	1263	476	257	219
39	1785	915	870	311	151	160
40-44岁	**3826**	**2034**	**1792**	**789**	**463**	**326**
40	1286	670	616	240	137	103
41	996	510	486	190	110	80
42	683	375	308	154	80	74
43	481	275	206	107	72	35
44	380	204	176	98	64	34
45-49岁	**1226**	**682**	**544**	**366**	**252**	**114**
45	276	156	120	72	46	26
46	250	145	105	75	56	19
47	225	113	112	66	42	24
48	255	152	103	77	58	19
49	220	116	104	76	50	26

单位：人

二孩			三孩及以上		
小计	男	女	小计	男	女
58424	**29850**	**28574**	**21430**	**12300**	**9130**
334	**169**	**165**	**26**	**15**	**11**
1	1				
11	6	5	1	1	
35	19	16			
91	48	43	4	1	3
196	95	101	21	13	8
6907	**3581**	**3326**	**1156**	**648**	**508**
481	228	253	62	28	34
790	403	387	124	79	45
1369	689	680	206	104	102
1855	990	865	328	169	159
2412	1271	1141	436	268	168
18597	**9519**	**9078**	**5122**	**2927**	**2195**
3020	1568	1452	611	325	286
3251	1717	1534	771	430	341
3962	1989	1973	1006	560	446
3970	1988	1982	1286	745	541
4394	2257	2137	1448	867	581
21842	**11162**	**10680**	**9141**	**5348**	**3793**
5357	2759	2598	2002	1208	794
4964	2503	2461	1924	1119	805
4259	2151	2108	1772	1014	758
4139	2124	2015	1870	1105	765
3123	1625	1498	1573	902	671
8160	**4139**	**4021**	**4672**	**2641**	**2031**
2358	1190	1168	1217	682	535
1951	1003	948	1177	674	503
1538	774	764	912	532	380
1392	711	681	813	450	363
921	461	460	553	303	250
1945	**973**	**972**	**1092**	**598**	**494**
658	319	339	388	214	174
521	249	272	285	151	134
335	184	151	194	111	83
235	120	115	139	83	56
196	101	95	86	39	47
639	**307**	**332**	**221**	**123**	**98**
148	73	75	56	37	19
124	62	62	51	27	24
113	48	65	46	23	23
143	75	68	35	19	16
111	49	62	33	17	16

6-2b 续表 5

受教育程度 年龄	合计	生男孩的妇女人数	生女孩的妇女人数	一孩		
				小计	男	女
高中	**61936**	**33031**	**28905**	**27236**	**14706**	**12530**
15-19岁	**655**	**338**	**317**	**595**	**309**	**286**
15	6	4	2	6	4	2
16	18	10	8	18	10	8
17	52	28	24	50	28	22
18	199	105	94	178	96	82
19	380	191	189	343	171	172
20-24岁	**10254**	**5454**	**4800**	**7584**	**4098**	**3486**
20	782	422	360	669	373	296
21	1293	684	609	1059	564	495
22	2046	1072	974	1558	822	736
23	2764	1480	1284	2028	1107	921
24	3369	1796	1573	2270	1232	1038
25-29岁	**22699**	**12155**	**10544**	**11409**	**6138**	**5271**
25	4059	2135	1924	2521	1335	1186
26	4199	2218	1981	2365	1261	1104
27	4801	2615	2186	2465	1370	1095
28	4714	2540	2174	2169	1151	1018
29	4926	2647	2279	1889	1021	868
30-34岁	**20485**	**10874**	**9611**	**5917**	**3185**	**2732**
30	5746	2998	2748	1962	1051	911
31	4722	2515	2207	1437	792	645
32	3967	2091	1876	1076	558	518
33	3516	1898	1618	822	433	389
34	2534	1372	1162	620	351	269
35-39岁	**6104**	**3289**	**2815**	**1288**	**725**	**563**
35	1879	991	888	411	222	189
36	1380	756	624	296	180	116
37	1091	597	494	252	136	116
38	1046	566	480	197	115	82
39	708	379	329	132	72	60
40-44岁	**1422**	**747**	**675**	**316**	**178**	**138**
40	457	231	226	94	53	41
41	419	216	203	101	55	46
42	248	146	102	53	30	23
43	160	82	78	27	14	13
44	138	72	66	41	26	15
45-49岁	**317**	**174**	**143**	**127**	**73**	**54**
45	89	53	36	35	21	14
46	56	26	30	26	14	12
47	59	33	26	25	12	13
48	57	33	24	18	12	6
49	56	29	27	23	14	9

单位：人

二孩			三孩及以上		
小计	男	女	小计	男	女
28985	**14941**	**14044**	**5715**	**3384**	**2331**
57	**27**	**30**	**3**	**2**	**1**
2		2			
20	8	12	1	1	
35	19	16	2	1	1
2449	**1241**	**1208**	**221**	**115**	**106**
107	47	60	6	2	4
218	111	107	16	9	7
467	239	228	21	11	10
680	346	334	56	27	29
977	498	479	122	66	56
9821	**5141**	**4680**	**1469**	**876**	**593**
1401	725	676	137	75	62
1629	833	796	205	124	81
2045	1083	962	291	162	129
2181	1165	1016	364	224	140
2565	1335	1230	472	291	181
11972	**6148**	**5824**	**2596**	**1541**	**1055**
3182	1593	1589	602	354	248
2722	1384	1338	563	339	224
2365	1217	1148	526	316	210
2178	1151	1027	516	314	202
1525	803	722	389	218	171
3690	**1886**	**1804**	**1126**	**678**	**448**
1140	571	569	328	198	130
810	415	395	274	161	113
641	341	300	198	120	78
657	333	324	192	118	74
442	226	216	134	81	53
838	**420**	**418**	**268**	**149**	**119**
266	127	139	97	51	46
241	119	122	77	42	35
149	90	59	46	26	20
99	46	53	34	22	12
83	38	45	14	8	6
158	**78**	**80**	**32**	**23**	**9**
41	21	20	13	11	2
23	7	16	7	5	2
31	19	12	3	2	1
37	19	18	2	2	
26	12	14	7	3	4

6-2b 续表 6

受教育程度 年 龄	合 计	生男孩的妇女人数	生女孩的妇女人数	一 孩		
				小计	男	女
大学专科	**56422**	**29760**	**26662**	**30114**	**15868**	**14246**
15-19岁	**128**	**68**	**60**	**121**	**64**	**57**
15						
16	2	2		2	2	
17	10	6	4	9	6	3
18	35	18	17	32	16	16
19	81	42	39	78	40	38
20-24岁	**6967**	**3676**	**3291**	**5906**	**3118**	**2788**
20	250	139	111	226	124	102
21	565	303	262	503	271	232
22	1149	591	558	978	503	475
23	2003	1028	975	1738	903	835
24	3000	1615	1385	2461	1317	1144
25-29岁	**24182**	**12698**	**11484**	**16105**	**8414**	**7691**
25	3939	2074	1865	3116	1639	1477
26	4660	2457	2203	3488	1838	1650
27	5221	2707	2514	3657	1882	1775
28	5174	2683	2491	3165	1641	1524
29	5188	2777	2411	2679	1414	1265
30-34岁	**19178**	**10075**	**9103**	**6760**	**3570**	**3190**
30	5420	2790	2630	2450	1256	1194
31	4632	2445	2187	1752	932	820
32	3592	1922	1670	1122	615	507
33	3167	1677	1490	843	437	406
34	2367	1241	1126	593	330	263
35-39岁	**4863**	**2635**	**2228**	**972**	**548**	**424**
35	1548	843	705	326	189	137
36	1142	617	525	219	118	101
37	916	471	445	196	103	93
38	738	403	335	135	80	55
39	519	301	218	96	58	38
40-44岁	**950**	**519**	**431**	**198**	**121**	**77**
40	299	165	134	64	38	26
41	251	129	122	43	21	22
42	186	107	79	41	25	16
43	123	64	59	34	24	10
44	91	54	37	16	13	3
45-49岁	**154**	**89**	**65**	**52**	**33**	**19**
45	51	32	19	14	7	7
46	39	19	20	11	8	3
47	26	15	11	12	7	5
48	26	14	12	10	6	4
49	12	9	3	5	5	

单位：人

二孩			三孩及以上		
小计	男	女	小计	男	女
23902	**12433**	**11469**	**2406**	**1459**	**947**
7	**4**	**3**			
1		1			
3	2	1			
3	2	1			
1008	**530**	**478**	**53**	**28**	**25**
24	15	9			
60	30	30	2	2	
162	84	78	9	4	5
251	119	132	14	6	8
511	282	229	28	16	12
7527	**3959**	**3568**	**550**	**325**	**225**
775	409	366	48	26	22
1102	580	522	70	39	31
1469	764	705	95	61	34
1870	960	910	139	82	57
2311	1246	1065	198	117	81
11262	**5799**	**5463**	**1156**	**706**	**450**
2758	1417	1341	212	117	95
2616	1351	1265	264	162	102
2245	1167	1078	225	140	85
2058	1070	988	266	170	96
1585	794	791	189	117	72
3362	**1759**	**1603**	**529**	**328**	**201**
1061	555	506	161	99	62
777	403	374	146	96	50
639	320	319	81	48	33
521	275	246	82	48	34
364	206	158	59	37	22
651	**336**	**315**	**101**	**62**	**39**
189	96	93	46	31	15
185	94	91	23	14	9
132	75	57	13	7	6
80	36	44	9	4	5
65	35	30	10	6	4
85	**46**	**39**	**17**	**10**	**7**
29	21	8	8	4	4
23	8	15	5	3	2
14	8	6			
14	7	7	2	1	1
5	2	3	2	2	

6-2b 续表 7

受教育程度 年 龄	合 计	生男孩的 妇女人数	生女孩的 妇女人数	一 孩		
				小计	男	女
大学本科	**42586**	**22573**	**20013**	**23941**	**12656**	**11285**
15-19岁	**15**	**10**	**5**	**13**	**8**	**5**
15						
16						
17						
18	1	1				
19	14	9	5	13	8	5
20-24岁	**1743**	**936**	**807**	**1563**	**831**	**732**
20	27	16	11	26	15	11
21	68	42	26	65	41	24
22	212	111	101	193	98	95
23	466	267	199	416	236	180
24	970	500	470	863	441	422
25-29岁	**17692**	**9339**	**8353**	**13795**	**7303**	**6492**
25	1835	954	881	1622	851	771
26	2822	1524	1298	2416	1309	1107
27	4073	2185	1888	3318	1788	1530
28	4416	2276	2140	3365	1743	1622
29	4546	2400	2146	3074	1612	1462
30-34岁	**17397**	**9225**	**8172**	**7434**	**3899**	**3535**
30	4898	2573	2325	2805	1465	1340
31	3997	2107	1890	1926	1016	910
32	3349	1804	1545	1232	625	607
33	2938	1557	1381	908	495	413
34	2215	1184	1031	563	298	265
35-39岁	**4687**	**2497**	**2190**	**954**	**519**	**435**
35	1465	761	704	317	160	157
36	1122	593	529	237	135	102
37	890	491	399	193	111	82
38	742	393	349	140	74	66
39	468	259	209	67	39	28
40-44岁	**959**	**509**	**450**	**154**	**79**	**75**
40	339	178	161	56	24	32
41	260	129	131	43	21	22
42	176	99	77	30	18	12
43	118	63	55	16	9	7
44	66	40	26	9	7	2
45-49岁	**93**	**57**	**36**	**28**	**17**	**11**
45	30	21	9	5	4	1
46	30	13	17	11	5	6
47	11	7	4	3	2	1
48	14	10	4	4	3	1
49	8	6	2	5	3	2

单位：人

二孩			三孩及以上		
小计	男	女	小计	男	女
17633	**9307**	**8326**	**1012**	**610**	**402**
2	**2**				
1	1				
1	1				
170	**96**	**74**	**10**	**9**	**1**
1	1				
2		2	1	1	
15	9	6	4	4	
49	31	18	1		1
103	55	48	4	4	
3731	**1933**	**1798**	**166**	**103**	**63**
203	97	106	10	6	4
391	203	188	15	12	3
728	383	345	27	14	13
1011	510	501	40	23	17
1398	740	658	74	48	26
9472	**5046**	**4426**	**491**	**280**	**211**
2012	1069	943	81	39	42
1981	1041	940	90	50	40
2019	1120	899	98	59	39
1909	990	919	121	72	49
1551	826	725	101	60	41
3458	**1805**	**1653**	**275**	**173**	**102**
1078	555	523	70	46	24
831	422	409	54	36	18
631	339	292	66	41	25
550	288	262	52	31	21
368	201	167	33	19	14
743	**391**	**352**	**62**	**39**	**23**
259	139	120	24	15	9
203	99	104	14	9	5
135	74	61	11	7	4
93	48	45	9	6	3
53	31	22	4	2	2
57	**34**	**23**	**8**	**6**	**2**
21	13	8	4	4	
18	8	10	1		1
7	5	2	1		1
8	5	3	2	2	
3	3				

6-2b 续表 8

受教育程度 年　龄	合　计	生男孩的妇女人数	生女孩的妇女人数	一　孩		
				小计	男	女
硕士研究生	**2607**	**1343**	**1264**	**1687**	**870**	**817**
15-19岁	**1**	**1**		**1**	**1**	
15						
16						
17	1	1		1	1	
18						
19						
20-24岁	**18**	**11**	**7**	**17**	**11**	**6**
20						
21						
22	1	1		1	1	
23	1	1		1	1	
24	16	9	7	15	9	6
25-29岁	**716**	**357**	**359**	**642**	**321**	**321**
25	31	15	16	29	15	14
26	51	25	26	44	22	22
27	140	79	61	127	70	57
28	197	88	109	179	81	98
29	297	150	147	263	133	130
30-34岁	**1451**	**752**	**699**	**901**	**464**	**437**
30	405	204	201	327	168	159
31	314	164	150	217	109	108
32	267	141	126	155	80	75
33	285	149	136	133	71	62
34	180	94	86	69	36	33
35-39岁	**365**	**193**	**172**	**106**	**61**	**45**
35	121	67	54	37	20	17
36	101	53	48	28	14	14
37	58	26	32	17	9	8
38	56	31	25	17	13	4
39	29	16	13	7	5	2
40-44岁	**50**	**23**	**27**	**17**	**9**	**8**
40	23	9	14	9	5	4
41	13	7	6	3	2	1
42	7	3	4	3	1	2
43	4	2	2	2	1	1
44	3	2	1			
45-49岁	**6**	**6**		**3**	**3**	
45	3	3		1	1	
46	2	2		1	1	
47						
48	1	1		1	1	
49						

单位：人

二孩			三孩及以上		
小计	男	女	小计	男	女
885	**454**	**431**	**35**	**19**	**16**
1		**1**			
1		1			
71	**34**	**37**	**3**	**2**	**1**
1		1	1		1
7	3	4			
13	9	4			
18	7	11			
32	15	17	2	2	
535	**281**	**254**	**15**	**7**	**8**
75	34	41	3	2	1
95	53	42	2	2	
109	61	48	3		3
147	76	71	5	2	3
109	57	52	2	1	1
246	**124**	**122**	**13**	**8**	**5**
80	44	36	4	3	1
71	38	33	2	1	1
40	17	23	1		1
35	15	20	4	3	1
20	10	10	2	1	1
30	**13**	**17**	**3**	**1**	**2**
14	4	10			
9	5	4	1		1
3	2	1	1		1
2	1	1			
2	1	1	1	1	
2	**2**		**1**	**1**	
1	1		1	1	
1	1				

6-2b 续表 9

受教育程度 年龄	合计	生男孩的妇女人数	生女孩的妇女人数	一孩 小计	一孩 男	一孩 女
博士研究生	**157**	**95**	**62**	**102**	**59**	**43**
15-19岁						
15						
16						
17						
18						
19						
20-24岁						
20						
21						
22						
23						
24						
25-29岁	**21**	**15**	**6**	**19**	**14**	**5**
25	2	1	1	2	1	1
26	3	1	2	3	1	2
27	1		1			
28	5	4	1	5	4	1
29	10	9	1	9	8	1
30-34岁	**101**	**59**	**42**	**70**	**38**	**32**
30	30	16	14	23	13	10
31	25	17	8	20	13	7
32	23	12	11	17	9	8
33	17	12	5	7	2	5
34	6	2	4	3	1	2
35-39岁	**26**	**18**	**8**	**12**	**7**	**5**
35	8	7	1	6	5	1
36	7	5	2	3	1	2
37	4	2	2			
38	3	1	2	2	1	1
39	4	3	1	1		1
40-44岁	**9**	**3**	**6**	**1**		**1**
40	5	1	4	1		1
41	2	2				
42	1		1			
43	1		1			
44						
45-49岁						
45						
46						
47						
48						
49						

单位：人

二孩			三孩及以上		
小计	男	女	小计	男	女
54	**35**	**19**	**1**	**1**	
2	**1**	**1**			
1		1			
1	1				
31	**21**	**10**			
7	3	4			
5	4	1			
6	3	3			
10	10				
3	1	2			
14	**11**	**3**			
2	2				
4	4				
4	2	2			
1		1			
3	3				
7	**2**	**5**	**1**	**1**	
3		3	1	1	
2	2				
1		1			
1		1			

6-2c　全国按年龄、受教育程度、生育孩次

受教育程度 年　　龄	合　计	生男孩的妇女人数	生女孩的妇女人数	一　孩		
				小计	男	女
总　计	**392328**	**207178**	**185150**	**157060**	**83698**	**73362**
15-19岁	**9774**	**5095**	**4679**	**7959**	**4187**	**3772**
15	219	119	100	203	110	93
16	655	347	308	612	328	284
17	1481	755	726	1291	660	631
18	2718	1408	1310	2252	1181	1071
19	4701	2466	2235	3601	1908	1693
20-24岁	**78189**	**40911**	**37278**	**48031**	**25388**	**22643**
20	8165	4257	3908	5904	3120	2784
21	11707	6077	5630	7803	4075	3728
22	16291	8576	7715	10266	5467	4799
23	19337	10037	9300	11359	5956	5403
24	22689	11964	10725	12699	6770	5929
25-29岁	**138546**	**73015**	**65531**	**61478**	**32617**	**28861**
25	26437	13888	12549	13867	7331	6536
26	26085	13757	12328	12706	6707	5999
27	29034	15212	13822	13224	7066	6158
28	28965	15407	13558	11725	6249	5476
29	28025	14751	13274	9956	5264	4692
30-34岁	**114892**	**60815**	**54077**	**29703**	**15902**	**13801**
30	31949	17055	14894	10013	5359	4654
31	26823	14355	12468	7129	3841	3288
32	21669	11363	10306	5222	2794	2428
33	19756	10356	9400	4284	2291	1993
34	14695	7686	7009	3055	1617	1438
35-39岁	**37754**	**20305**	**17449**	**7128**	**3936**	**3192**
35	10928	5854	5074	2146	1174	972
36	9057	4897	4160	1674	937	737
37	7069	3819	3250	1351	743	608
38	6195	3322	2873	1130	640	490
39	4505	2413	2092	827	442	385
40-44岁	**9609**	**5120**	**4489**	**1869**	**1057**	**812**
40	3182	1686	1496	566	300	266
41	2353	1247	1106	454	245	209
42	1793	949	844	357	219	138
43	1286	685	601	265	144	121
44	995	553	442	227	149	78
45-49岁	**3564**	**1917**	**1647**	**892**	**611**	**281**
45	853	463	390	182	122	60
46	737	388	349	183	123	60
47	664	363	301	170	119	51
48	673	360	313	190	122	68
49	637	343	294	167	125	42

分的育龄妇女人数(2019.11.1-2020.10.31)(乡村)

单位：人

二孩			三孩及以上		
小计	男	女	小计	男	女
166753	**85359**	**81394**	**68515**	**38121**	**30394**
1663	**828**	**835**	**152**	**80**	**72**
16	9	7			
43	19	24			
176	89	87	14	6	8
424	203	221	42	24	18
1004	508	496	96	50	46
24863	**12703**	**12160**	**5295**	**2820**	**2475**
1987	994	993	274	143	131
3331	1698	1633	573	304	269
5025	2585	2440	1000	524	476
6499	3295	3204	1479	786	693
8021	4131	3890	1969	1063	906
58842	**30187**	**28655**	**18226**	**10211**	**8015**
9904	5096	4808	2666	1461	1205
10500	5461	5039	2879	1589	1290
12240	6166	6074	3570	1980	1590
12965	6715	6250	4275	2443	1832
13233	6749	6484	4836	2738	2098
58216	**29671**	**28545**	**26973**	**15242**	**11731**
15775	8135	7640	6161	3561	2600
13884	7189	6695	5810	3325	2485
11013	5502	5511	5434	3067	2367
10230	5176	5054	5242	2889	2353
7314	3669	3645	4326	2400	1926
17586	**9103**	**8483**	**13040**	**7266**	**5774**
5303	2727	2576	3479	1953	1526
4288	2183	2105	3095	1777	1318
3258	1698	1560	2460	1378	1082
2769	1448	1321	2296	1234	1062
1968	1047	921	1710	924	786
4015	**2065**	**1950**	**3725**	**1998**	**1727**
1347	698	649	1269	688	581
1034	547	487	865	455	410
735	346	389	701	384	317
499	262	237	522	279	243
400	212	188	368	192	176
1568	**802**	**766**	**1104**	**504**	**600**
357	185	172	314	156	158
300	150	150	254	115	139
311	167	144	183	77	106
305	156	149	178	82	96
295	144	151	175	74	101

6-2c 续表 1

受教育程度 年　　龄	合　计	生男孩的妇女人数	生女孩的妇女人数	一　孩		
				小计	男	女
未上过学	**4647**	**2374**	**2273**	**1017**	**548**	**469**
15-19岁	**91**	**43**	**48**	**66**	**33**	**33**
15						
16	5	2	3	5	2	3
17	7	5	2	7	5	2
18	38	20	18	28	14	14
19	41	16	25	26	12	14
20-24岁	**712**	**361**	**351**	**296**	**157**	**139**
20	76	34	42	45	23	22
21	132	73	59	68	38	30
22	159	89	70	75	37	38
23	164	74	90	52	25	27
24	181	91	90	56	34	22
25-29岁	**1059**	**546**	**513**	**250**	**135**	**115**
25	230	120	110	67	38	29
26	213	117	96	48	28	20
27	179	79	100	49	22	27
28	228	128	100	45	31	14
29	209	102	107	41	16	25
30-34岁	**1254**	**614**	**640**	**206**	**111**	**95**
30	269	132	137	59	35	24
31	272	134	138	56	25	31
32	235	113	122	28	15	13
33	257	136	121	34	22	12
34	221	99	122	29	14	15
35-39岁	**827**	**436**	**391**	**119**	**72**	**47**
35	188	94	94	31	22	9
36	185	105	80	27	12	15
37	170	87	83	22	15	7
38	153	88	65	20	11	9
39	131	62	69	19	12	7
40-44岁	**484**	**257**	**227**	**49**	**24**	**25**
40	147	84	63	16	9	7
41	95	58	37	6	3	3
42	101	52	49	10	4	6
43	80	36	44	8	3	5
44	61	27	34	9	5	4
45-49岁	**220**	**117**	**103**	**31**	**16**	**15**
45	67	38	29	8	5	3
46	51	27	24	6	3	3
47	34	21	13	2	1	1
48	42	16	26	11	5	6
49	26	15	11	4	2	2

单位：人

二孩			三孩及以上		
小计	男	女	小计	男	女
1272	**641**	**631**	**2358**	**1185**	**1173**
22	**8**	**14**	**3**	**2**	**1**
8	4	4	2	2	
14	4	10	1		1
248	**124**	**124**	**168**	**80**	**88**
23	9	14	8	2	6
43	23	20	21	12	9
54	39	15	30	13	17
65	25	40	47	24	23
63	28	35	62	29	33
354	**178**	**176**	**455**	**233**	**222**
81	40	41	82	42	40
80	44	36	85	45	40
55	23	32	75	34	41
69	33	36	114	64	50
69	38	31	99	48	51
333	**164**	**169**	**715**	**339**	**376**
69	33	36	141	64	77
84	40	44	132	69	63
69	33	36	138	65	73
55	30	25	168	84	84
56	28	28	136	57	79
174	**89**	**85**	**534**	**275**	**259**
31	13	18	126	59	67
41	22	19	117	71	46
36	15	21	112	57	55
42	28	14	91	49	42
24	11	13	88	39	49
86	**43**	**43**	**349**	**190**	**159**
27	17	10	104	58	46
17	9	8	72	46	26
21	11	10	70	37	33
9	3	6	63	30	33
12	3	9	40	19	21
55	**35**	**20**	**134**	**66**	**68**
8	3	5	51	30	21
15	10	5	30	14	16
12	9	3	20	11	9
10	6	4	21	5	16
10	7	3	12	6	6

6-2c 续表 2

受教育程度 年 龄	合 计	生男孩的 妇女人数	生女孩的 妇女人数	一 孩		
				小计	男	女
学前教育	**138**	**76**	**62**	**51**	**29**	**22**
15-19岁	**5**	**4**	**1**	**5**	**4**	**1**
15						
16	3	2	1	3	2	1
17	1	1		1	1	
18	1	1		1	1	
19						
20-24岁	**32**	**19**	**13**	**20**	**10**	**10**
20	4		4	4		4
21	3	2	1	3	2	1
22	10	8	2	5	4	1
23	5	3	2	3	2	1
24	10	6	4	5	2	3
25-29岁	**42**	**25**	**17**	**14**	**8**	**6**
25	4	2	2	2	1	1
26	10	6	4	4	1	3
27	9	6	3	4	4	
28	10	5	5	2		2
29	9	6	3	2	2	
30-34岁	**34**	**14**	**20**	**6**	**4**	**2**
30	5	1	4			
31	4	2	2	1	1	
32	12	3	9	1	1	
33	9	6	3	3	2	1
34	4	2	2	1		1
35-39岁	**11**	**5**	**6**	**1**		**1**
35	3		3	1		1
36	5	4	1			
37	2	1	1			
38						
39	1		1			
40-44岁	**11**	**9**	**2**	**5**	**3**	**2**
40	3	2	1	2	1	1
41	3	3				
42	4	3	1	2	1	1
43						
44	1	1		1	1	
45-49岁	**3**		**3**			
45	1		1			
46						
47	2		2			
48						
49						

单位：人

二孩			三孩及以上		
小计	男	女	小计	男	女
49	**22**	**27**	**38**	**25**	**13**
10	**7**	**3**	**2**	**2**	
4	3	1	1	1	
1		1	1	1	
5	4	1			
15	**8**	**7**	**13**	**9**	**4**
1		1	1	1	
2	1	1	4	4	
2	1	1	3	1	2
5	4	1	3	1	2
5	2	3	2	2	
17	**5**	**12**	**11**	**5**	**6**
5	1	4			
3	1	2			
6		6	5	2	3
2	2		4	2	2
1	1		2	1	1
4	**1**	**3**	**6**	**4**	**2**
2		2			
1	1		4	3	1
			2	1	1
1		1			
1	**1**		**5**	**5**	
			1	1	
			3	3	
1	1		1	1	
2		**2**	**1**		**1**
			1		1
2		2			

6-2c 续表 3

受教育程度 年龄	合计	生男孩的妇女人数	生女孩的妇女人数	一孩		
				小计	男	女
小学	**36741**	**19384**	**17357**	**9854**	**5353**	**4501**
15-19岁	**1250**	**648**	**602**	**895**	**461**	**434**
15	35	18	17	29	15	14
16	82	44	38	71	41	30
17	180	94	86	143	74	69
18	352	191	161	260	142	118
19	601	301	300	392	189	203
20-24岁	**6963**	**3709**	**3254**	**2954**	**1614**	**1340**
20	927	492	435	532	290	242
21	1201	653	548	575	310	265
22	1497	792	705	653	368	285
23	1623	860	763	617	332	285
24	1715	912	803	577	314	263
25-29岁	**9401**	**4937**	**4464**	**2472**	**1326**	**1146**
25	1834	982	852	572	315	257
26	1777	922	855	498	261	237
27	1868	956	912	499	255	244
28	1929	1018	911	462	237	225
29	1993	1059	934	441	258	183
30-34岁	**9793**	**5127**	**4666**	**1875**	**1002**	**873**
30	2231	1178	1053	518	266	252
31	2175	1172	1003	429	232	197
32	1887	956	931	338	184	154
33	1907	985	922	325	172	153
34	1593	836	757	265	148	117
35-39岁	**5510**	**2914**	**2596**	**950**	**519**	**431**
35	1351	714	637	245	141	104
36	1194	645	549	209	115	94
37	1030	537	493	180	94	86
38	1063	541	522	173	85	88
39	872	477	395	143	84	59
40-44岁	**2488**	**1344**	**1144**	**424**	**244**	**180**
40	706	378	328	113	60	53
41	569	302	267	92	50	42
42	512	287	225	90	57	33
43	385	213	172	64	35	29
44	316	164	152	65	42	23
45-49岁	**1336**	**705**	**631**	**284**	**187**	**97**
45	300	161	139	56	40	16
46	286	139	147	61	37	24
47	248	124	124	49	31	18
48	256	144	112	57	38	19
49	246	137	109	61	41	20

单位：人

二孩			三孩及以上		
小计	男	女	小计	男	女
14092	**7285**	**6807**	**12795**	**6746**	**6049**
305	**160**	**145**	**50**	**27**	**23**
6	3	3			
11	3	8			
31	17	14	6	3	3
83	45	38	9	4	5
174	92	82	35	20	15
2737	**1407**	**1330**	**1272**	**688**	**584**
316	158	158	79	44	35
461	254	207	165	89	76
598	293	305	246	131	115
659	338	321	347	190	157
703	364	339	435	234	201
3736	**1944**	**1792**	**3193**	**1667**	**1526**
733	385	348	529	282	247
714	361	353	565	300	265
735	380	355	634	321	313
785	406	379	682	375	307
769	412	357	783	389	394
3934	**2003**	**1931**	**3984**	**2122**	**1862**
874	451	423	839	461	378
926	480	446	820	460	360
774	379	395	775	393	382
756	378	378	826	435	391
604	315	289	724	373	351
1931	**991**	**940**	**2629**	**1404**	**1225**
486	244	242	620	329	291
427	221	206	558	309	249
361	185	176	489	258	231
349	175	174	541	281	260
308	166	142	421	227	194
891	**487**	**404**	**1173**	**613**	**560**
255	140	115	338	178	160
204	114	90	273	138	135
169	88	81	253	142	111
144	82	62	177	96	81
119	63	56	132	59	73
558	**293**	**265**	**494**	**225**	**269**
117	58	59	127	63	64
102	48	54	123	54	69
113	63	50	86	30	56
119	63	56	80	43	37
107	61	46	78	35	43

6-2c 续表 4

受教育程度 年 龄	合 计	生男孩的妇女人数	生女孩的妇女人数	一 孩		
				小计	男	女
初 中	**229370**	**121324**	**108046**	**80794**	**43085**	**37709**
15-19岁	**7227**	**3753**	**3474**	**5902**	**3101**	**2801**
15	178	98	80	168	92	76
16	523	279	244	492	263	229
17	1177	589	588	1028	516	512
18	2008	1019	989	1666	857	809
19	3341	1768	1573	2548	1373	1175
20-24岁	**48728**	**25463**	**23265**	**27953**	**14754**	**13199**
20	5553	2888	2665	3963	2075	1888
21	7687	3963	3724	4935	2570	2365
22	10398	5493	4905	6186	3316	2870
23	11863	6123	5740	6385	3331	3054
24	13227	6996	6231	6484	3462	3022
25-29岁	**74868**	**39477**	**35391**	**26483**	**14090**	**12393**
25	14810	7777	7033	6509	3471	3038
26	14144	7462	6682	5589	2948	2641
27	15427	8106	7321	5472	2937	2535
28	15377	8137	7240	4770	2532	2238
29	15110	7995	7115	4143	2202	1941
30-34岁	**67253**	**35795**	**31458**	**14538**	**7786**	**6752**
30	17938	9673	8265	4454	2401	2053
31	15414	8241	7173	3396	1834	1562
32	12947	6847	6100	2752	1461	1291
33	11926	6272	5654	2257	1200	1057
34	9028	4762	4266	1679	890	789
35-39岁	**23927**	**12914**	**11013**	**4294**	**2364**	**1930**
35	6940	3709	3231	1248	666	582
36	5876	3166	2710	1024	564	460
37	4493	2447	2046	820	466	354
38	3874	2114	1760	693	403	290
39	2744	1478	1266	509	265	244
40-44岁	**5543**	**2928**	**2615**	**1118**	**628**	**490**
40	1909	997	912	331	168	163
41	1383	724	659	288	156	132
42	1005	513	492	209	127	82
43	708	375	333	167	93	74
44	538	319	219	123	84	39
45-49岁	**1824**	**994**	**830**	**506**	**362**	**144**
45	432	229	203	101	65	36
46	364	206	158	98	73	25
47	354	206	148	110	82	28
48	336	181	155	106	70	36
49	338	172	166	91	72	19

单位：人

二孩			三孩及以上		
小计	男	女	小计	男	女
103578	**52903**	**50675**	**44998**	**25336**	**19662**
1228	**601**	**627**	**97**	**51**	**46**
10	6	4			
31	16	15			
141	70	71	8	3	5
311	144	167	31	18	13
735	365	370	58	30	28
17380	**8908**	**8472**	**3395**	**1801**	**1594**
1423	727	696	167	86	81
2404	1209	1195	348	184	164
3564	1840	1724	648	337	311
4520	2286	2234	958	506	452
5469	2846	2623	1274	688	586
36282	**18518**	**17764**	**12103**	**6869**	**5234**
6529	3329	3200	1772	977	795
6680	3481	3199	1875	1033	842
7569	3809	3760	2386	1360	1026
7743	3977	3766	2864	1628	1236
7761	3922	3839	3206	1871	1335
34278	**17467**	**16811**	**18437**	**10542**	**7895**
9263	4808	4455	4221	2464	1757
8046	4145	3901	3972	2262	1710
6443	3220	3223	3752	2166	1586
6099	3085	3014	3570	1987	1583
4427	2209	2218	2922	1663	1259
11069	**5734**	**5335**	**8564**	**4816**	**3748**
3337	1700	1637	2355	1343	1012
2723	1381	1342	2129	1221	908
2066	1083	983	1607	898	709
1736	924	812	1445	787	658
1207	646	561	1028	567	461
2473	**1245**	**1228**	**1952**	**1055**	**897**
852	433	419	726	396	330
649	336	313	446	232	214
453	201	252	343	185	158
288	147	141	253	135	118
231	128	103	184	107	77
868	**430**	**438**	**450**	**202**	**248**
206	106	100	125	58	67
170	87	83	96	46	50
167	88	79	77	36	41
161	81	80	69	30	39
164	68	96	83	32	51

6-2c 续表 5

受教育程度 年 龄	合 计	生男孩的 妇女人数	生女孩的 妇女人数	一 孩		
				小计	男	女
高 中	**66624**	**35188**	**31436**	**31574**	**16826**	**14748**
15-19岁	**1068**	**572**	**496**	**973**	**524**	**449**
15	6	3	3	6	3	3
16	42	20	22	41	20	21
17	113	64	49	109	62	47
18	295	163	132	275	155	120
19	612	322	290	542	284	258
20-24岁	**14437**	**7485**	**6952**	**10580**	**5526**	**5054**
20	1313	673	640	1096	574	522
21	2033	1059	974	1655	872	783
22	2932	1517	1415	2220	1149	1071
23	3695	1920	1775	2619	1365	1254
24	4464	2316	2148	2990	1566	1424
25-29岁	**26404**	**13931**	**12473**	**13140**	**7010**	**6130**
25	5170	2712	2458	3169	1658	1511
26	4965	2621	2344	2753	1448	1305
27	5527	2926	2601	2762	1538	1224
28	5504	2973	2531	2443	1337	1106
29	5238	2699	2539	2013	1029	984
30-34岁	**19282**	**10227**	**9055**	**5625**	**3040**	**2585**
30	5883	3101	2782	1993	1061	932
31	4609	2511	2098	1367	750	617
32	3507	1843	1664	933	493	440
33	3082	1635	1447	777	435	342
34	2201	1137	1064	555	301	254
35-39岁	**4536**	**2488**	**2048**	**1011**	**575**	**436**
35	1405	775	630	324	184	140
36	1078	612	466	240	152	88
37	858	470	388	197	96	101
38	702	372	330	144	84	60
39	493	259	234	106	59	47
40-44岁	**753**	**407**	**346**	**182**	**110**	**72**
40	300	160	140	74	47	27
41	209	119	90	41	23	18
42	116	63	53	29	20	9
43	74	36	38	18	9	9
44	54	29	25	20	11	9
45-49岁	**144**	**78**	**66**	**63**	**41**	**22**
45	39	26	13	15	11	4
46	28	12	16	15	8	7
47	21	9	12	8	4	4
48	32	15	17	15	9	6
49	24	16	8	10	9	1

单位：人

二孩			三孩及以上		
小计	男	女	小计	男	女
28734	**14668**	**14066**	**6316**	**3694**	**2622**
93	**48**	**45**	**2**		**2**
1		1			
4	2	2			
20	8	12			
68	38	30	2		2
3466	**1746**	**1720**	**391**	**213**	**178**
199	90	109	18	9	9
347	173	174	31	14	17
646	330	316	66	38	28
971	503	468	105	52	53
1303	650	653	171	100	71
11387	**5819**	**5568**	**1877**	**1102**	**775**
1781	928	853	220	126	94
1947	1017	930	265	156	109
2396	1174	1222	369	214	155
2611	1360	1251	450	276	174
2652	1340	1312	573	330	243
10819	**5513**	**5306**	**2838**	**1674**	**1164**
3151	1612	1539	739	428	311
2587	1358	1229	655	403	252
2024	1018	1006	550	332	218
1803	907	896	502	293	209
1254	618	636	392	218	174
2536	**1322**	**1214**	**989**	**591**	**398**
794	420	374	287	171	116
619	321	298	219	139	80
481	255	226	180	119	61
390	196	194	168	92	76
252	130	122	135	70	65
372	**191**	**181**	**199**	**106**	**93**
149	72	77	77	41	36
107	64	43	61	32	29
61	31	30	26	12	14
33	13	20	23	14	9
22	11	11	12	7	5
61	**29**	**32**	**20**	**8**	**12**
17	11	6	7	4	3
9	4	5	4		4
13	5	8			
10	3	7	7	3	4
12	6	6	2	1	1

6-2c 续表 6

受教育程度 年龄	合计	生男孩的妇女人数	生女孩的妇女人数	一孩		
				小计	男	女
大学专科	**37912**	**19999**	**17913**	**22620**	**12047**	**10573**
15-19岁	**119**	**69**	**50**	**105**	**58**	**47**
15						
16						
17	3	2	1	3	2	1
18	21	13	8	19	11	8
19	95	54	41	83	45	38
20-24岁	**6226**	**3287**	**2939**	**5256**	**2798**	**2458**
20	268	156	112	242	145	97
21	588	288	300	514	249	265
22	1144	590	554	993	516	477
23	1711	922	789	1438	776	662
24	2515	1331	1184	2069	1112	957
25-29岁	**18231**	**9636**	**8595**	**12323**	**6525**	**5798**
25	3316	1755	1561	2598	1375	1223
26	3547	1876	1671	2610	1389	1221
27	4051	2114	1937	2810	1469	1341
28	3840	2036	1804	2387	1259	1128
29	3477	1855	1622	1918	1033	885
30-34岁	**11196**	**5880**	**5316**	**4419**	**2392**	**2027**
30	3602	1903	1699	1732	937	795
31	2877	1519	1358	1131	601	530
32	1987	1048	939	710	408	302
33	1681	856	825	539	287	252
34	1049	554	495	307	159	148
35-39岁	**1889**	**989**	**900**	**443**	**233**	**210**
35	644	341	303	164	83	81
36	468	236	232	105	56	49
37	338	189	149	82	47	35
38	258	130	128	62	32	30
39	181	93	88	30	15	15
40-44岁	**225**	**122**	**103**	**68**	**37**	**31**
40	74	39	35	19	8	11
41	73	36	37	24	12	12
42	37	23	14	14	9	5
43	22	12	10	4	2	2
44	19	12	7	7	6	1
45-49岁	**26**	**16**	**10**	**6**	**4**	**2**
45	10	6	4	2	1	1
46	4	2	2	1	1	
47	3	2	1	1	1	
48	7	4	3	1		1
49	2	2		1	1	

单位：人

二孩			三孩及以上		
小计	男	女	小计	男	女
13639	**7021**	**6618**	**1653**	**931**	**722**
14	**11**	**3**			
2	2				
12	9	3			
910	**456**	**454**	**60**	**33**	**27**
24	9	15	2	2	
68	35	33	6	4	2
143	71	72	8	3	5
254	134	120	19	12	7
421	207	214	25	12	13
5406	**2831**	**2575**	**502**	**280**	**222**
663	350	313	55	30	25
865	444	421	72	43	29
1152	603	549	89	42	47
1315	693	622	138	84	54
1411	741	670	148	81	67
5964	**3024**	**2940**	**813**	**464**	**349**
1684	842	842	186	124	62
1556	806	750	190	112	78
1101	552	549	176	88	88
1007	504	503	135	65	70
616	320	296	126	75	51
1204	**624**	**580**	**242**	**132**	**110**
407	218	189	73	40	33
311	156	155	52	24	28
207	110	97	49	32	17
159	78	81	37	20	17
120	62	58	31	16	15
124	**65**	**59**	**33**	**20**	**13**
41	23	18	14	8	6
41	20	21	8	4	4
16	8	8	7	6	1
14	8	6	4	2	2
12	6	6			
17	**10**	**7**	**3**	**2**	**1**
7	5	2	1		1
2		2	1	1	
2	1	1			
5	3	2	1	1	
1	1				

6-2c 续表 7

受教育程度 年 龄	合 计	生男孩的 妇女人数	生女孩的 妇女人数	一 孩		
				小计	男	女
大学本科	**16188**	**8483**	**7705**	**10608**	**5537**	**5071**
15-19岁	**14**	**6**	**8**	**13**	**6**	**7**
15						
16						
17						
18	3	1	2	3	1	2
19	11	5	6	10	5	5
20-24岁	**1081**	**580**	**501**	**965**	**524**	**441**
20	23	14	9	21	13	8
21	63	39	24	53	34	19
22	150	86	64	133	76	57
23	273	133	140	243	123	120
24	572	308	264	515	278	237
25-29岁	**8273**	**4332**	**3941**	**6554**	**3406**	**3148**
25	1064	536	528	941	469	472
26	1407	745	662	1184	624	560
27	1928	1003	925	1586	820	766
28	1992	1065	927	1535	811	724
29	1882	983	899	1308	682	626
30-34岁	**5720**	**2979**	**2741**	**2776**	**1434**	**1342**
30	1898	1001	897	1151	602	549
31	1385	731	654	685	365	320
32	1038	531	507	418	212	206
33	841	442	399	321	158	163
34	558	274	284	201	97	104
35-39岁	**999**	**533**	**466**	**284**	**160**	**124**
35	379	210	169	122	71	51
36	234	121	113	61	34	27
37	168	84	84	47	23	24
38	137	74	63	35	25	10
39	81	44	37	19	7	12
40-44岁	**91**	**46**	**45**	**14**	**6**	**8**
40	35	21	14	6	4	2
41	19	5	14	2	1	1
42	16	7	9	1		1
43	15	12	3	3	1	2
44	6	1	5	2		2
45-49岁	**10**	**7**	**3**	**2**	**1**	**1**
45	4	3	1			
46	4	2	2	2	1	1
47	1	1				
48						
49	1	1				

单位：人

二孩			三孩及以上		
小计	男	女	小计	男	女
5233	**2747**	**2486**	**347**	**199**	**148**
1		**1**			
1		1			
109	**53**	**56**	**7**	**3**	**4**
2	1	1			
8	4	4	2	1	1
16	9	7	1	1	
28	9	19	2	1	1
55	30	25	2		2
1639	**876**	**763**	**80**	**50**	**30**
116	64	52	7	3	4
212	113	99	11	8	3
328	175	153	14	8	6
433	239	194	24	15	9
550	285	265	24	16	8
2773	**1451**	**1322**	**171**	**94**	**77**
713	379	334	34	20	14
660	347	313	40	19	21
582	298	284	38	21	17
484	262	222	36	22	14
334	165	169	23	12	11
641	**330**	**311**	**74**	**43**	**31**
239	128	111	18	11	7
157	77	80	16	10	6
101	48	53	20	13	7
89	45	44	13	4	9
55	32	23	7	5	2
64	**32**	**32**	**13**	**8**	**5**
21	12	9	8	5	3
15	4	11	2		2
14	6	8	1	1	
10	9	1	2	2	
4	1	3			
6	**5**	**1**	**2**	**1**	**1**
2	2		2	1	1
2	1	1			
1	1				
1	1				

6-2c 续表 8

受教育程度 年 龄	合 计	生男孩的妇女人数	生女孩的妇女人数	一 孩		
				小计	男	女
硕士研究生	**660**	**330**	**330**	**504**	**257**	**247**
15-19岁						
15						
16						
17						
18						
19						
20-24岁	**9**	**7**	**2**	**7**	**5**	**2**
20	1		1	1		1
21						
22	1	1		1	1	
23	2	2		2	2	
24	5	4	1	3	2	1
25-29岁	**254**	**126**	**128**	**228**	**112**	**116**
25	9	4	5	9	4	5
26	20	8	12	18	8	10
27	42	20	22	39	19	20
28	80	43	37	76	40	36
29	103	51	52	86	41	45
30-34岁	**334**	**167**	**167**	**238**	**124**	**114**
30	115	65	50	100	56	44
31	79	40	39	58	29	29
32	52	20	32	38	18	20
33	48	20	28	25	13	12
34	40	22	18	17	8	9
35-39岁	**49**	**24**	**25**	**23**	**12**	**11**
35	16	11	5	9	7	2
36	15	7	8	7	3	4
37	8	3	5	3	2	1
38	8	3	5	3		3
39	2		2	1		1
40-44岁	**13**	**6**	**7**	**8**	**4**	**4**
40	7	4	3	4	2	2
41	2		2	1		1
42	2	1	1	2	1	1
43	2	1	1	1	1	
44						
45-49岁	**1**		**1**			
45						
46						
47	1		1			
48						
49						

单位：人

二孩			三孩及以上		
小计	男	女	小计	男	女
146	**68**	**78**	**10**	**5**	**5**
2	**2**				
2	2				
23	**13**	**10**	**3**	**1**	**2**
			2		2
3	1	2			
4	3	1			
16	9	7	1	1	
92	**41**	**51**	**4**	**2**	**2**
14	9	5	1		1
20	11	9	1		1
14	2	12			
22	6	16	1	1	
22	13	9	1	1	
24	**11**	**13**	**2**	**1**	**1**
7	4	3			
8	4	4			
4	1	3	1		1
4	2	2	1	1	
1		1			
4	**1**	**3**	**1**	**1**	
2	1	1	1	1	
1		1			
1		1			
1		**1**			
1		1			

6-2c 续表 9

受教育程度 年龄	合计	生男孩的妇女人数	生女孩的妇女人数	一孩		
				小计	男	女
博士研究生	**48**	**20**	**28**	**38**	**16**	**22**
15-19岁						
15						
16						
17						
18						
19						
20-24岁	**1**		**1**			
20						
21						
22						
23	1		1			
24						
25-29岁	**14**	**5**	**9**	**14**	**5**	**9**
25						
26	2		2	2		2
27	3	2	1	3	2	1
28	5	2	3	5	2	3
29	4	1	3	4	1	3
30-34岁	**26**	**12**	**14**	**20**	**9**	**11**
30	8	1	7	6	1	5
31	8	5	3	6	4	2
32	4	2	2	4	2	2
33	5	4	1	3	2	1
34	1		1	1		1
35-39岁	**6**	**2**	**4**	**3**	**1**	**2**
35	2		2	2		2
36	2	1	1	1	1	
37	2	1	1			
38						
39						
40-44岁	**1**	**1**		**1**	**1**	
40	1	1		1	1	
41						
42						
43						
44						
45-49岁						
45						
46						
47						
48						
49						

单位：人

二孩			三孩及以上		
小计	男	女	小计	男	女
10	**4**	**6**			
1		**1**			
1		1			
6	**3**	**3**			
2		2			
2	1	1			
2	2				
3	**1**	**2**			
1		1			
2	1	1			

6-3 全国育龄妇女分年龄、孩次的生育状况
(2019.11.1-2020.10.31)

单位：人、‰

年龄	平均育龄妇女人数	出生人数	生育率	第一孩		第二孩		第三孩及以上	
				出生数	生育率	出生数	生育率	出生数	生育率
总计	**32555388**	**1213144**	**37.26**	**555206**	**17.05**	**522742**	**16.06**	**135196**	**4.15**
15-19岁	**3647362**	**22132**	**6.07**	**18061**	**4.95**	**3696**	**1.01**	**375**	**0.10**
15	795618	569	0.72	536	0.67	32	0.04	1	
16	756212	1546	2.04	1401	1.85	138	0.18	7	0.01
17	706325	3216	4.55	2767	3.92	408	0.58	41	0.06
18	660878	5964	9.02	4912	7.43	979	1.48	73	0.11
19	728329	10837	14.88	8445	11.60	2139	2.94	253	0.35
20-24岁	**3546605**	**195859**	**55.22**	**129899**	**36.63**	**55884**	**15.76**	**10076**	**2.84**
20	712126	18441	25.90	13533	19.00	4291	6.03	617	0.87
21	686439	27652	40.28	19284	28.09	7222	10.52	1146	1.67
22	677906	37393	55.16	25019	36.91	10550	15.56	1824	2.69
23	707739	49559	70.02	32587	46.04	14305	20.21	2667	3.77
24	762395	62814	82.39	39476	51.78	19516	25.60	3822	5.01
25-29岁	**4490336**	**444455**	**98.98**	**241541**	**53.79**	**166879**	**37.16**	**36035**	**8.03**
25	771263	71457	92.65	43996	57.04	22992	29.81	4469	5.79
26	800970	81857	102.20	48695	60.80	27504	34.34	5658	7.06
27	873446	92238	105.60	52065	59.61	33202	38.01	6971	7.98
28	934187	95245	101.95	49140	52.60	37639	40.29	8466	9.06
29	1110470	103658	93.35	47645	42.91	45542	41.01	10471	9.43
30-34岁	**5925543**	**385477**	**65.05**	**127591**	**21.53**	**204198**	**34.46**	**53688**	**9.06**
30	1269591	104270	82.13	42025	33.10	50022	39.40	12223	9.63
31	1204805	89319	74.14	31455	26.11	46371	38.49	11493	9.54
32	1246149	78934	63.34	24155	19.38	43227	34.69	11552	9.27
33	1176928	64546	54.84	17787	15.11	36715	31.20	10044	8.53
34	1028070	48408	47.09	12169	11.84	27863	27.10	8376	8.15
35-39岁	**4728349**	**127235**	**26.91**	**28702**	**6.07**	**72250**	**15.28**	**26283**	**5.56**
35	947311	37662	39.76	8893	9.39	21539	22.74	7230	7.63
36	923519	30313	32.82	6870	7.44	17218	18.64	6225	6.74
37	979861	25258	25.78	5675	5.79	14383	14.68	5200	5.31
38	1029050	20911	20.32	4464	4.34	11862	11.53	4585	4.46
39	848608	13091	15.43	2800	3.30	7248	8.54	3043	3.59
40-44岁	**4559392**	**28902**	**6.34**	**6578**	**1.44**	**15538**	**3.41**	**6786**	**1.49**
40	918793	10322	11.23	2227	2.42	5709	6.21	2386	2.60
41	903371	7260	8.04	1638	1.81	3990	4.42	1632	1.81
42	870293	4997	5.74	1144	1.31	2616	3.01	1237	1.42
43	903726	3608	3.99	862	0.95	1858	2.06	888	0.98
44	963209	2715	2.82	707	0.73	1365	1.42	643	0.67
45-49岁	**5657801**	**9084**	**1.61**	**2834**	**0.50**	**4297**	**0.76**	**1953**	**0.35**
45	1016559	2064	2.03	600	0.59	952	0.94	512	0.50
46	1097766	1850	1.69	586	0.53	864	0.79	400	0.36
47	1155063	1732	1.50	535	0.46	845	0.73	352	0.30
48	1163817	1692	1.45	567	0.49	808	0.69	317	0.27
49	1224596	1746	1.43	546	0.45	828	0.68	372	0.30

6-3a　全国育龄妇女分年龄、孩次的生育状况

(2019.11.1-2020.10.31)(城市)

单位：人、‰

年　龄	平均育龄妇女人数	出生人数	生育率	第　一　孩		第　二　孩		第三孩及以上	
				出生数	生育率	出生数	生育率	出生数	生育率
总　计	**15083260**	**520586**	**34.51**	**269675**	**17.88**	**219255**	**14.54**	**31656**	**2.10**
15-19岁	**1588414**	**3943**	**2.48**	**3405**	**2.14**	**502**	**0.32**	**36**	**0.02**
15	302235	66	0.22	63	0.21	3	0.01		
16	297121	214	0.72	200	0.67	13	0.04	1	
17	296546	497	1.68	443	1.49	53	0.18	1	
18	310178	1039	3.35	901	2.90	131	0.42	7	0.02
19	382334	2127	5.56	1798	4.70	302	0.79	27	0.07
20-24岁	**1792532**	**58814**	**32.81**	**44556**	**24.86**	**12901**	**7.20**	**1357**	**0.76**
20	377861	4084	10.81	3334	8.82	682	1.80	68	0.18
21	351809	6848	19.47	5378	15.29	1350	3.84	120	0.34
22	335882	10342	30.79	7941	23.64	2163	6.44	238	0.71
23	350858	15702	44.75	11945	34.05	3390	9.66	367	1.05
24	376122	21838	58.06	15958	42.43	5316	14.13	564	1.50
25-29岁	**2171306**	**191245**	**88.08**	**124779**	**57.47**	**59487**	**27.40**	**6979**	**3.21**
25	382014	27155	71.08	19603	51.31	6763	17.70	789	2.07
26	393381	33445	85.02	23781	60.45	8697	22.11	967	2.46
27	422525	40078	94.85	27182	64.33	11565	27.37	1331	3.15
28	447029	43031	96.26	27102	60.63	14234	31.84	1695	3.79
29	526357	47536	90.31	27111	51.51	18228	34.63	2197	4.17
30-34岁	**2873524**	**186631**	**64.95**	**75585**	**26.30**	**97576**	**33.96**	**13470**	**4.69**
30	602951	48816	80.96	24484	40.61	21558	35.75	2774	4.60
31	582147	43026	73.91	18821	32.33	21446	36.84	2759	4.74
32	605421	38550	63.67	14405	23.79	21170	34.97	2975	4.91
33	579724	32173	55.50	10697	18.45	18803	32.43	2673	4.61
34	503281	24066	47.82	7178	14.26	14599	29.01	2289	4.55
35-39岁	**2305122**	**63466**	**27.53**	**16692**	**7.24**	**39252**	**17.03**	**7522**	**3.26**
35	459238	18736	40.80	5238	11.41	11465	24.97	2033	4.43
36	453439	15191	33.50	3990	8.80	9404	20.74	1797	3.96
37	489215	12806	26.18	3307	6.76	8007	16.37	1492	3.05
38	504007	10489	20.81	2627	5.21	6493	12.88	1369	2.72
39	399223	6244	15.64	1530	3.83	3883	9.73	831	2.08
40-44岁	**2063811**	**13261**	**6.43**	**3418**	**1.66**	**8000**	**3.88**	**1843**	**0.89**
40	431061	4987	11.57	1225	2.84	3090	7.17	672	1.56
41	419508	3447	8.22	863	2.06	2122	5.06	462	1.10
42	396206	2225	5.62	598	1.51	1304	3.29	323	0.82
43	399319	1472	3.69	385	0.96	865	2.17	222	0.56
44	417717	1130	2.71	347	0.83	619	1.48	164	0.39
45-49岁	**2288551**	**3226**	**1.41**	**1240**	**0.54**	**1537**	**0.67**	**449**	**0.20**
45	427029	771	1.81	286	0.67	391	0.92	94	0.22
46	452333	713	1.58	267	0.59	332	0.73	114	0.25
47	468033	574	1.23	214	0.46	273	0.58	87	0.19
48	463228	578	1.25	236	0.51	272	0.59	70	0.15
49	477928	590	1.23	237	0.50	269	0.56	84	0.18

6-3b 全国育龄妇女分年龄、孩次的生育状况 (2019.11.1-2020.10.31)(镇)

单位：人、‰

年 龄	平均育龄妇女人数	出生人数	生育率	第一孩 出生数	第一孩 生育率	第二孩 出生数	第二孩 生育率	第三孩及以上 出生数	第三孩及以上 生育率
总 计	**7794981**	**299891**	**38.47**	**128450**	**16.48**	**136528**	**17.51**	**34913**	**4.48**
15-19岁	**1004672**	**4995**	**4.97**	**4184**	**4.16**	**735**	**0.73**	**76**	**0.08**
15	241311	110	0.46	103	0.43	6	0.02	1	
16	241916	320	1.32	292	1.21	27	0.11	1	
17	206478	689	3.34	602	2.92	80	0.39	7	0.03
18	158600	1330	8.39	1134	7.15	181	1.14	15	0.09
19	156367	2546	16.28	2053	13.13	441	2.82	52	0.33
20-24岁	**747273**	**48730**	**65.21**	**32711**	**43.77**	**13856**	**18.54**	**2163**	**2.89**
20	147408	4237	28.74	3179	21.57	927	6.29	131	0.89
21	142260	6605	46.43	4689	32.96	1677	11.79	239	1.68
22	143228	9428	65.83	6443	44.98	2620	18.29	365	2.55
23	150173	12535	83.47	8362	55.68	3601	23.98	572	3.81
24	164204	15925	96.98	10038	61.13	5031	30.64	856	5.21
25-29岁	**1039893**	**112135**	**107.83**	**57272**	**55.07**	**45672**	**43.92**	**9191**	**8.84**
25	169725	18291	107.77	11132	65.59	6147	36.22	1012	5.96
26	180512	21141	117.12	12181	67.48	7559	41.88	1401	7.76
27	201101	23104	114.89	12314	61.23	9023	44.87	1767	8.79
28	220551	23610	107.05	11083	50.25	10263	46.53	2264	10.27
29	268004	25989	96.97	10562	39.41	12680	47.31	2747	10.25
30-34岁	**1427613**	**94279**	**66.04**	**26353**	**18.46**	**53507**	**37.48**	**14419**	**10.10**
30	308376	25679	83.27	8914	28.91	13469	43.68	3296	10.69
31	290971	21890	75.23	6520	22.41	12304	42.29	3066	10.54
32	300912	19285	64.09	4907	16.31	11281	37.49	3097	10.29
33	281308	15746	55.97	3569	12.69	9445	33.58	2732	9.71
34	246046	11679	47.47	2443	9.93	7008	28.48	2228	9.06
35-39岁	**1129845**	**30183**	**26.71**	**5733**	**5.07**	**17547**	**15.53**	**6903**	**6.11**
35	228419	9003	39.41	1764	7.72	5301	23.21	1938	8.48
36	220117	7120	32.35	1372	6.23	4085	18.56	1663	7.56
37	230663	6014	26.07	1162	5.04	3513	15.23	1339	5.81
38	244552	4921	20.12	852	3.48	2886	11.80	1183	4.84
39	206094	3125	15.16	583	2.83	1762	8.55	780	3.78
40-44岁	**1108839**	**7247**	**6.54**	**1497**	**1.35**	**4044**	**3.65**	**1706**	**1.54**
40	222678	2508	11.26	485	2.18	1408	6.32	615	2.76
41	220043	1833	8.33	389	1.77	1023	4.65	421	1.91
42	211313	1252	5.92	241	1.14	718	3.40	293	1.39
43	221032	973	4.40	221	1.00	520	2.35	232	1.05
44	233773	681	2.91	161	0.69	375	1.60	145	0.62
45-49岁	**1336846**	**2322**	**1.74**	**700**	**0.52**	**1167**	**0.87**	**455**	**0.34**
45	244752	506	2.07	143	0.58	232	0.95	131	0.54
46	261594	469	1.79	144	0.55	245	0.94	80	0.31
47	274171	466	1.70	136	0.50	246	0.90	84	0.31
48	271763	444	1.63	145	0.53	234	0.86	65	0.24
49	284566	437	1.54	132	0.46	210	0.74	95	0.33

6-3c　全国育龄妇女分年龄、孩次的生育状况
(2019.11.1-2020.10.31)(乡村)

单位：人、‰

年　龄	平均育龄妇女人数	出生人数	生育率	第　一　孩		第　二　孩		第三孩及以上	
				出生数	生育率	出生数	生育率	出生数	生育率
总　计	**9677147**	**392667**	**40.58**	**157081**	**16.23**	**166959**	**17.25**	**68627**	**7.09**
15-19岁	**1054276**	**13194**	**12.51**	**10472**	**9.93**	**2459**	**2.33**	**263**	**0.25**
15	252072	393	1.56	370	1.47	23	0.09		
16	217175	1012	4.66	909	4.19	98	0.45	5	0.02
17	203301	2030	9.99	1722	8.47	275	1.35	33	0.16
18	192100	3595	18.71	2877	14.98	667	3.47	51	0.27
19	189628	6164	32.51	4594	24.23	1396	7.36	174	0.92
20-24岁	**1006800**	**88315**	**87.72**	**52632**	**52.28**	**29127**	**28.93**	**6556**	**6.51**
20	186857	10120	54.16	7020	37.57	2682	14.35	418	2.24
21	192370	14199	73.81	9217	47.91	4195	21.81	787	4.09
22	198796	17623	88.65	10635	53.50	5767	29.01	1221	6.14
23	206708	21322	103.15	12280	59.41	7314	35.38	1728	8.36
24	222069	25051	112.81	13480	60.70	9169	41.29	2402	10.82
25-29岁	**1279137**	**141075**	**110.29**	**59490**	**46.51**	**61720**	**48.25**	**19865**	**15.53**
25	219524	26011	118.49	13261	60.41	10082	45.93	2668	12.15
26	227077	27271	120.10	12733	56.07	11248	49.53	3290	14.49
27	249820	29056	116.31	12569	50.31	12614	50.49	3873	15.50
28	266607	28604	107.29	10955	41.09	13142	49.29	4507	16.91
29	316109	30133	95.32	9972	31.55	14634	46.29	5527	17.48
30-34岁	**1624406**	**104567**	**64.37**	**25653**	**15.79**	**53115**	**32.70**	**25799**	**15.88**
30	358264	29775	83.11	8627	24.08	14995	41.85	6153	17.17
31	331687	24403	73.57	6114	18.43	12621	38.05	5668	17.09
32	339816	21099	62.09	4843	14.25	10776	31.71	5480	16.13
33	315896	16627	52.63	3521	11.15	8467	26.80	4639	14.69
34	278743	12663	45.43	2548	9.14	6256	22.44	3859	13.84
35-39岁	**1293382**	**33586**	**25.97**	**6277**	**4.85**	**15451**	**11.95**	**11858**	**9.17**
35	259654	9923	38.22	1891	7.28	4773	18.38	3259	12.55
36	249963	8002	32.01	1508	6.03	3729	14.92	2765	11.06
37	259983	6438	24.76	1206	4.64	2863	11.01	2369	9.11
38	280491	5501	19.61	985	3.51	2483	8.85	2033	7.25
39	243291	3722	15.30	687	2.82	1603	6.59	1432	5.89
40-44岁	**1386742**	**8394**	**6.05**	**1663**	**1.20**	**3494**	**2.52**	**3237**	**2.33**
40	265054	2827	10.67	517	1.95	1211	4.57	1099	4.15
41	263820	1980	7.51	386	1.46	845	3.20	749	2.84
42	262774	1520	5.78	305	1.16	594	2.26	621	2.36
43	283375	1163	4.10	256	0.90	473	1.67	434	1.53
44	311719	904	2.90	199	0.64	371	1.19	334	1.07
45-49岁	**2032404**	**3536**	**1.74**	**894**	**0.44**	**1593**	**0.78**	**1049**	**0.52**
45	344778	787	2.28	171	0.50	329	0.95	287	0.83
46	383839	668	1.74	175	0.46	287	0.75	206	0.54
47	412859	692	1.68	185	0.45	326	0.79	181	0.44
48	428826	670	1.56	186	0.43	302	0.70	182	0.42
49	462102	719	1.56	177	0.38	349	0.76	193	0.42

6-4 各地区育龄妇女年龄别生育率

单位：‰

地区	15-19岁	20-24岁	25-29岁	30-34岁	35-39岁	40-44岁	45-49岁	总和生育率
全国	**6.07**	**55.22**	**98.98**	**65.05**	**26.91**	**6.34**	**1.61**	**1300.90**
北京	0.96	11.88	55.70	66.66	29.96	7.45	1.07	868.39
天津	1.40	26.58	74.41	54.86	22.26	4.15	0.60	921.28
河北	4.30	62.27	104.87	60.29	22.16	4.99	1.30	1300.90
山西	1.70	45.73	104.90	64.66	22.99	3.73	1.07	1223.87
内蒙古	2.13	34.25	98.26	68.84	28.27	5.17	0.82	1188.73
辽宁	1.98	28.66	74.44	52.06	20.39	4.70	0.98	916.03
吉林	2.19	29.69	74.38	47.03	18.61	3.14	0.80	879.21
黑龙江	1.78	25.35	64.19	41.52	14.80	3.36	0.66	758.26
上海	2.99	20.70	52.53	47.34	18.87	4.70	0.95	740.37
江苏	3.68	41.66	86.70	50.36	19.24	4.30	1.58	1037.60
浙江	6.21	41.50	80.40	51.57	22.29	5.48	1.43	1044.38
安徽	5.80	65.18	106.33	66.04	27.04	5.75	1.29	1387.16
福建	5.98	57.01	108.14	68.72	27.87	6.30	1.66	1378.39
江西	5.00	70.40	110.70	63.74	23.61	5.57	2.41	1407.21
山东	3.16	50.70	107.41	76.56	37.05	9.49	1.85	1431.15
河南	4.74	62.57	109.07	71.11	26.82	6.35	1.83	1412.46
湖北	2.35	40.01	96.98	62.64	25.01	5.33	1.59	1169.50
湖南	3.89	55.68	104.57	68.24	27.37	6.75	2.10	1343.00
广东	5.83	52.53	101.29	71.06	31.54	8.13	1.97	1361.78
广西	10.85	82.85	134.06	96.37	47.35	12.95	2.83	1936.32
海南	12.57	66.75	106.08	76.71	34.67	11.41	2.14	1551.63
重庆	3.68	50.29	95.37	59.80	23.02	4.40	1.11	1188.28
四川	5.98	57.90	94.60	59.25	22.50	4.51	1.35	1230.51
贵州	24.60	115.88	142.47	88.45	38.85	11.25	2.27	2118.88
云南	18.09	80.69	110.42	70.43	31.17	8.12	2.15	1605.30
西藏	16.29	108.50	117.98	77.96	41.45	17.12	6.03	1926.69
陕西	1.68	37.88	96.45	65.36	25.17	4.80	1.45	1163.89
甘肃	11.14	82.47	131.00	78.28	27.20	5.41	1.47	1684.86
青海	20.86	76.52	107.34	69.66	32.59	7.80	3.11	1589.38
宁夏	15.40	86.44	120.50	77.64	28.11	4.87	1.46	1672.09
新疆	3.21	50.42	81.03	51.37	19.10	4.71	1.18	1055.09

6-4a　各地区育龄妇女年龄别生育率(城市)

单位：‰

地　　区	15-19岁	20-24岁	25-29岁	30-34岁	35-39岁	40-44岁	45-49岁	总　和 生育率
全　　国	**2.48**	**32.81**	**88.08**	**64.95**	**27.53**	**6.43**	**1.41**	**1118.44**
北　　京	0.81	9.11	51.54	66.57	30.00	7.76	1.02	834.02
天　　津	0.95	20.78	74.33	57.12	23.61	4.62	0.58	909.91
河　　北	1.31	33.95	100.17	65.35	26.18	5.67	1.53	1170.76
山　　西	0.67	28.53	99.74	67.77	26.88	4.61	0.96	1145.77
内 蒙 古	1.02	21.16	94.09	70.75	29.64	4.54	0.85	1110.19
辽　　宁	0.92	21.86	76.14	54.98	21.86	4.87	0.73	906.81
吉　　林	1.28	25.67	74.24	48.88	19.44	3.38	0.71	868.05
黑 龙 江	1.04	17.72	66.40	46.00	16.57	3.93	0.61	761.37
上　　海	1.96	16.50	49.65	48.28	19.24	4.70	0.72	705.28
江　　苏	1.72	29.97	85.55	51.90	19.84	4.35	1.50	974.16
浙　　江	5.41	32.88	75.72	52.01	22.01	5.51	1.46	975.03
安　　徽	2.12	38.18	98.98	65.65	27.86	5.63	0.93	1196.76
福　　建	3.70	40.35	92.97	67.62	28.68	6.36	1.63	1206.54
江　　西	2.74	44.56	106.77	66.95	25.65	7.09	2.46	1281.12
山　　东	0.89	32.87	104.61	79.40	36.94	9.39	1.52	1328.09
河　　南	1.28	28.62	98.70	73.95	29.93	7.09	1.32	1204.44
湖　　北	1.10	24.30	90.32	60.78	23.90	5.15	1.36	1034.55
湖　　南	1.63	32.13	97.67	70.10	29.39	6.84	1.76	1197.68
广　　东	4.88	39.33	85.97	66.01	30.87	8.09	1.92	1185.39
广　　西	2.92	39.30	107.41	90.60	46.76	13.06	2.85	1514.52
海　　南	4.83	43.63	95.00	77.63	38.55	13.10	2.12	1374.26
重　　庆	2.12	36.67	91.88	62.60	23.14	4.68	1.15	1111.21
四　　川	1.75	36.15	88.39	62.45	23.29	4.10	1.12	1086.16
贵　　州	9.65	61.81	123.86	88.77	38.93	10.63	2.19	1679.27
云　　南	4.29	40.15	101.56	77.71	36.39	8.43	2.13	1353.34
西　　藏	1.24	23.42	63.35	51.08	25.96	8.49	0.76	871.47
陕　　西	0.85	21.08	87.77	66.67	27.21	5.12	1.52	1051.14
甘　　肃	3.46	39.90	114.45	84.72	32.10	6.70	0.85	1410.88
青　　海	12.69	39.94	100.00	74.91	31.51	6.71	1.40	1335.87
宁　　夏	4.49	47.40	111.74	82.32	30.55	6.28	1.50	1421.42
新　　疆	1.16	31.07	89.54	66.28	26.38	5.89	0.94	1106.29

6-4b 各地区育龄妇女年龄别生育率(镇)

单位：‰

地区	15-19岁	20-24岁	25-29岁	30-34岁	35-39岁	40-44岁	45-49岁	总和生育率
全国	**4.97**	**65.21**	**107.83**	**66.04**	**26.71**	**6.54**	**1.74**	**1395.21**
北京	0.58	18.35	66.19	67.78	29.27	7.68	1.81	958.32
天津	0.42	32.12	69.73	46.66	17.91	3.23	1.05	855.56
河北	3.53	68.27	108.07	61.07	21.53	5.24	1.33	1345.20
山西	1.44	47.24	110.90	67.02	21.75	3.54	1.08	1264.85
内蒙古	1.75	47.67	108.48	71.15	29.53	6.16	0.74	1327.37
辽宁	2.37	44.89	78.37	49.22	17.73	4.33	1.14	990.24
吉林	1.80	27.48	80.62	53.27	19.83	3.61	1.00	938.08
黑龙江	2.20	32.81	71.06	43.13	13.83	2.66	0.66	831.77
上海	5.73	34.20	73.70	52.76	19.29	5.30	0.99	959.81
江苏	4.59	56.32	88.57	49.22	19.10	4.26	1.69	1118.75
浙江	6.02	52.68	83.85	49.86	22.88	5.52	1.54	1111.78
安徽	4.39	67.65	108.73	66.07	26.90	5.67	1.31	1403.57
福建	6.17	68.66	119.84	69.43	27.00	6.62	1.52	1496.18
江西	3.99	72.03	113.47	63.84	23.71	5.55	2.37	1424.85
山东	3.81	66.31	114.94	77.05	37.74	10.12	2.03	1560.07
河南	3.29	59.13	105.42	65.85	24.17	5.74	1.95	1327.79
湖北	2.61	48.44	104.43	65.53	26.84	5.66	1.48	1274.98
湖南	3.16	61.75	105.87	66.06	26.58	7.55	2.36	1366.66
广东	4.87	71.73	129.09	79.12	30.78	8.99	2.24	1634.03
广西	8.06	90.00	141.09	94.57	47.10	13.52	2.83	1985.88
海南	11.05	67.18	111.67	75.73	32.53	9.76	2.42	1551.69
重庆	4.39	74.76	102.15	56.67	22.78	4.04	1.35	1330.71
四川	4.69	68.14	102.33	59.82	21.41	4.42	1.39	1311.07
贵州	17.10	112.48	143.85	87.93	36.65	11.97	2.22	2061.01
云南	11.93	84.07	117.39	76.62	36.79	9.76	2.33	1694.46
西藏	13.86	85.98	109.48	65.64	30.74	15.22	6.22	1635.68
陕西	1.35	50.77	104.49	64.07	24.13	4.87	1.61	1256.46
甘肃	4.65	73.83	138.34	82.63	29.20	5.86	2.08	1682.90
青海	12.39	76.57	108.41	64.25	31.52	6.52	3.62	1516.38
宁夏	10.89	95.94	120.99	72.22	28.03	4.14	1.67	1669.42
新疆	3.11	50.55	93.36	59.15	20.34	5.55	1.33	1166.95

6-4c　各地区育龄妇女年龄别生育率(乡村)

单位：‰

地　区	15-19岁	20-24岁	25-29岁	30-34岁	35-39岁	40-44岁	45-49岁	总和生育率
全　国	**12.51**	**87.72**	**110.29**	**64.37**	**25.97**	**6.05**	**1.74**	**1543.28**
北　京	2.75	34.30	85.08	66.74	29.96	4.77	1.06	1123.25
天　津	4.84	63.55	76.98	44.24	13.99	2.01	0.49	1030.52
河　北	9.11	92.28	106.28	54.48	18.57	4.07	1.09	1429.45
山　西	3.70	66.39	106.39	57.49	18.16	2.72	1.16	1280.10
内蒙古	5.12	50.58	92.11	61.34	24.37	5.02	0.85	1196.99
辽　宁	4.45	42.74	64.95	41.14	15.98	4.42	1.44	875.62
吉　林	3.77	39.30	68.10	37.15	15.91	2.45	0.81	837.52
黑龙江	2.73	36.75	54.39	31.33	12.29	2.97	0.71	705.87
上　海	7.71	46.17	58.00	31.97	14.42	4.12	2.29	823.40
江　苏	8.95	63.86	87.48	47.15	17.37	4.21	1.60	1153.09
浙　江	9.35	62.53	91.91	52.08	22.43	5.34	1.30	1224.69
安　徽	10.57	88.50	110.34	66.40	26.37	5.94	1.50	1548.11
福　建	11.17	92.12	128.58	70.29	27.17	5.81	1.85	1684.95
江　西	8.49	94.87	111.88	60.68	21.70	4.40	2.41	1522.08
山　东	6.83	72.60	105.59	71.31	36.62	9.14	2.10	1520.97
河　南	9.59	97.05	120.28	73.44	26.45	6.25	2.07	1675.64
湖　北	4.81	65.81	101.42	63.41	25.47	5.38	1.91	1341.07
湖　南	6.96	75.85	109.59	68.47	26.17	5.92	2.13	1475.49
广　东	9.16	90.20	142.92	87.35	34.86	7.69	1.97	1870.75
广　西	23.24	138.05	160.82	104.99	48.20	12.44	2.82	2452.76
海　南	23.29	97.27	117.47	76.11	31.43	10.59	1.99	1790.71
重　庆	6.75	72.30	100.04	52.97	22.85	4.05	0.85	1299.05
四　川	10.99	78.26	97.75	54.71	22.17	4.96	1.51	1351.81
贵　州	40.96	170.20	160.95	88.57	40.62	11.20	2.34	2574.25
云　南	32.17	108.37	112.79	61.57	24.86	7.10	2.07	1744.65
西　藏	23.59	139.60	139.55	91.48	49.48	20.85	8.09	2363.19
陕　西	3.33	60.42	103.63	64.28	22.56	4.30	1.27	1298.96
甘　肃	21.23	120.52	140.00	68.36	20.95	4.16	1.53	1883.68
青　海	34.40	111.00	114.97	67.48	34.33	9.63	4.43	1881.21
宁　夏	33.42	136.65	133.77	74.67	24.34	3.58	1.28	2038.56
新　疆	5.05	67.87	67.28	33.86	12.20	3.10	1.36	953.60

6-5 各地区按活产子女数分的15-64岁妇女人数

单位：人

地区	15-64岁妇女人数	活产0个	活产1个	活产2个	活产3个	活产4个	活产5个及以上
全国	**46789337**	**10708157**	**15950793**	**15726420**	**3392945**	**757068**	**253954**
北京	760654	241799	380265	124951	11748	1608	283
天津	426293	106055	215844	94327	8743	1120	204
河北	2428296	480612	684437	1033623	195934	28361	5329
山西	1197867	261377	355003	463431	96872	17397	3787
内蒙古	829079	159001	371851	251133	38922	6594	1578
辽宁	1447638	310936	837590	274706	20935	2939	532
吉林	796338	163059	433180	173212	21784	4098	1005
黑龙江	1086210	249705	617752	189431	23278	4834	1210
上海	850596	240309	447426	141215	18334	2832	480
江苏	2785257	540644	1400456	721550	101750	16996	3861
浙江	2260256	470449	917731	750766	101170	16577	3563
安徽	1981919	392693	630108	758508	163558	30354	6698
福建	1334291	270703	370161	533544	128669	24920	6294
江西	1584030	372567	319451	661059	185875	35569	9509
山东	3327516	684629	1175234	1244080	186857	30585	6131
河南	3168785	765910	669434	1324659	343251	54525	11006
湖北	2076537	435732	820238	689411	106759	19504	4893
湖南	2309191	530948	697390	892435	157816	25416	5186
广东	4093241	1177041	944166	1326380	446754	140771	58129
广西	1417812	342302	314774	490610	185793	61013	23320
海南	300902	76939	62640	104225	39818	12504	4776
重庆	1113834	265907	458145	338363	43491	6366	1562
四川	3000864	700514	1209179	920404	129031	29005	12731
贵州	1142625	270973	233216	395856	165391	53874	23315
云南	1626720	397999	378185	662429	136773	37528	13806
西藏	108979	40110	20183	25220	11864	5779	5823
陕西	1261651	282212	421104	456298	84344	14532	3161
甘肃	802350	163264	205762	316112	90302	19998	6912
青海	196522	51337	53983	63412	19796	5322	2672
宁夏	243750	53095	65674	79941	29946	10404	4690
新疆	829334	209336	240231	225129	97387	35743	21508

6-6 全国按受教育程度、活产子女数分的15-64岁妇女人数

单位：人

受教育程度	15-64岁妇女人数	活产0个	活产1个	活产2个	活产3个	活产4个	活产5个及以上
总　计	**46789337**	**10708157**	**15950793**	**15726420**	**3392945**	**757068**	**253954**
未上过学	926652	66314	150353	398060	201365	72709	37851
学前教育	31824	4815	6702	13261	4898	1507	641
小　学	7958864	320703	1967682	3936117	1264379	340679	129304
初　中	18219818	2115516	6378590	7780706	1578630	290707	75669
高　中	8962313	3222596	3406608	2023766	260433	40171	8739
大学专科	5362227	2235795	2143293	914452	59631	7797	1259
大学本科	4766962	2437239	1705066	598898	22087	3221	451
硕士研究生	507936	279122	172021	55148	1363	248	34
博士研究生	52741	26057	20478	6012	159	29	6

6-7 全国按职业、活产子女数分的15-64岁妇女人数

单位：人

职业大类	15-64岁妇女人数	活产0个	活产1个	活产2个	活产3个	活产4个	活产5个及以上	妇女平均活产子女数
总　计	**25513297**	**4631974**	**9129110**	**9397718**	**1841384**	**389395**	**123716**	**1.40**
党的机关、国家机关、群众团体和社会组织、企事业单位负责人	376767	56173	175995	124393	16965	2628	613	1.30
专业技术人员	3768659	1222151	1689734	792275	54838	8136	1525	0.92
办事人员和有关人员	1763530	480535	865320	383186	28942	4529	1018	0.99
社会生产服务和生活服务人员	9474681	1915946	3604474	3279919	549303	98898	26141	1.30
农、林、牧、渔业生产及辅助人员	5259471	306014	1233845	2672220	774215	199104	74073	1.91
生产制造及有关人员	4807673	624894	1542944	2129863	414245	75528	20199	1.55
不便分类的其他从业人员	62516	26261	16798	15862	2876	572	147	0.96

6-8 各地区按存活子女数分的15-64岁妇女人数

单位：人

地区	15-64岁妇女人数	存活0个	存活1个	存活2个	存活3个	存活4个	存活5个及以上
全国	**46789337**	**11336803**	**15824874**	**15446775**	**3267980**	**698525**	**214380**
北京	760654	250772	375622	121541	11157	1358	204
天津	426293	109434	214528	92823	8408	957	143
河北	2428296	509145	682149	1018409	188828	25688	4077
山西	1197867	273327	354285	457836	93352	15975	3092
内蒙古	829079	172133	368101	245481	36675	5559	1130
辽宁	1447638	323234	832603	269185	19811	2472	333
吉林	796338	178335	426074	167273	20389	3481	786
黑龙江	1086210	264912	610605	183579	21975	4229	910
上海	850596	249110	442910	137774	17781	2618	403
江苏	2785257	576052	1387100	705601	97699	15642	3163
浙江	2260256	512928	904217	729883	95645	14723	2860
安徽	1981919	418504	626204	746169	157495	27977	5570
福建	1334291	288478	367537	524510	124962	23303	5501
江西	1584030	394298	317801	651582	179694	32829	7826
山东	3327516	723479	1167120	1226301	179082	26929	4605
河南	3168785	802696	663955	1308056	334034	51250	8794
湖北	2076537	454677	819653	679231	101549	17529	3898
湖南	2309191	555533	696288	879656	151067	22729	3918
广东	4093241	1238171	930766	1298330	435994	135440	54540
广西	1417812	361198	312424	483213	181420	58434	21123
海南	300902	81680	61778	102455	38740	11920	4329
重庆	1113834	282803	453815	330732	40342	5153	989
四川	3000864	742985	1202479	899846	119910	25297	10347
贵州	1142625	288427	232458	391130	160787	50274	19549
云南	1626720	420835	379410	652557	129290	33490	11138
西藏	108979	42152	20032	24875	11460	5432	5028
陕西	1261651	298257	417397	449109	81060	13301	2527
甘肃	802350	176411	203900	310239	87307	18564	5929
青海	196522	55555	53398	62191	18655	4590	2133
宁夏	243750	56958	65015	78803	29304	9771	3899
新疆	829334	234324	235250	218405	94108	31611	15636

6-9　全国按受教育程度、存活子女数分的15-64岁妇女人数

单位：人

受教育程度	15-64岁妇女人数	存活0个	存活1个	存活2个	存活3个	存活4个	存活5个及以上
总　计	**46789337**	**11336803**	**15824874**	**15446775**	**3267980**	**698525**	**214380**
未上过学	926652	82309	155697	393405	194835	68018	32388
学前教育	31824	5347	6817	13004	4702	1391	563
小　学	7958864	455549	1984756	3872410	1218314	317375	110450
初　中	18219818	2394155	6324123	7648535	1522126	267625	63254
高　中	8962313	3325518	3362552	1981582	250207	35633	6821
大学专科	5362227	2290275	2115714	893259	56136	6125	718
大学本科	4766962	2474901	1684595	584806	20295	2193	172
硕士研究生	507936	282301	170345	53913	1220	146	11
博士研究生	52741	26448	20265	5861	145	19	3

6-10　全国按职业、存活子女数分的15-64岁妇女人数

单位：人

职业大类	15-64岁妇女人数	存活0个	存活1个	存活2个	存活3个	存活4个	存活5个及以上	妇女平均存活子女数
总　计	**25513297**	**4980088**	**9059025**	**9241095**	**1772840**	**357517**	**102732**	**1.36**
党的机关、国家机关、群众团体和社会组织、企事业单位负责人	376767	61779	173708	121978	16395	2398	509	1.27
专业技术人员	3768659	1264890	1668891	775453	51745	6646	1034	0.90
办事人员和有关人员	1763530	502872	854490	374355	27393	3731	689	0.97
社会生产服务和生活服务人员	9474681	2049024	3567134	3219020	528137	90006	21360	1.27
农、林、牧、渔业生产及辅助人员	5259471	376683	1249948	2640800	746256	183977	61807	1.87
生产制造及有关人员	4807673	697840	1528251	2093956	400166	70250	17210	1.52
不便分类的其他从业人员	62516	27000	16603	15533	2748	509	123	0.94

6-11 各地区15-64岁妇女平均活产子女数和平均存活子女数

单位：人、%

地区	15-64岁妇女人数	活产子女总数			存活子女总数			存活子女数占活产子女数的百分比	妇女平均活产子女数	妇女平均存活子女数
		合计	男	女	合计	男	女			
全　国	**46789337**	**61997759**	**33580566**	**28417193**	**60474058**	**32645604**	**27828454**	**97.54**	**1.33**	**1.29**
北　京	760654	673331	358764	314567	658663	350116	308547	97.82	0.89	0.87
天　津	426293	436304	233451	202853	429993	229544	200449	98.55	1.02	1.01
河　北	2428296	3481231	1856527	1624704	3409562	1811479	1598083	97.94	1.43	1.40
山　西	1197867	1662246	876003	786243	1630236	856234	774002	98.07	1.39	1.36
内蒙古	829079	1025776	539041	486735	997359	521998	475361	97.23	1.24	1.20
辽　宁	1447638	1464385	774434	689951	1442062	760671	681391	98.48	1.01	1.00
吉　林	796338	866752	453454	413298	839872	437432	402440	96.90	1.09	1.05
黑龙江	1086210	1092291	581610	510681	1065449	565034	500415	97.54	1.01	0.98
上　海	850596	798720	427325	371395	784376	419045	365331	98.20	0.94	0.92
江　苏	2785257	3237360	1774407	1462953	3170669	1733993	1436676	97.94	1.16	1.14
浙　江	2260256	2808053	1525869	1282184	2724942	1476554	1248388	97.04	1.24	1.21
安　徽	1981919	2794699	1513419	1281280	2732176	1475779	1256397	97.76	1.41	1.38
福　建	1334291	1956452	1068771	887681	1913761	1043030	870731	97.82	1.47	1.43
江　西	1584030	2392784	1332923	1059861	2333088	1295656	1037432	97.51	1.51	1.47
山　东	3327516	4379056	2372152	2006904	4289023	2314598	1974425	97.94	1.32	1.29
河　南	3168785	4625084	2528556	2096528	4533377	2470320	2063057	98.02	1.46	1.43
湖　北	2076537	2623501	1441943	1181558	2573519	1410884	1162635	98.09	1.26	1.24
湖　南	2309191	3085162	1688955	1396207	3020453	1648866	1371587	97.90	1.34	1.31
广　东	4093241	5816861	3206333	2610528	5672935	3120382	2552553	97.53	1.42	1.39
广　西	1417812	2223683	1219231	1004452	2170364	1184982	985382	97.60	1.57	1.53
海　南	300902	466423	260372	206051	453896	252645	201251	97.31	1.55	1.51
重　庆	1113834	1299270	695821	603449	1262166	673506	588660	97.14	1.17	1.13
四　川	3000864	3623723	1944721	1679002	3519754	1880142	1639612	97.13	1.21	1.17
贵　州	1142625	1865196	1008469	856727	1804252	970746	833506	96.73	1.63	1.58
云　南	1626720	2339178	1247936	1091242	2266704	1202697	1064007	96.90	1.44	1.39
西　藏	108979	164546	85581	78965	155867	80535	75332	94.73	1.51	1.43
陕　西	1261651	1661693	904900	756793	1625331	882136	743195	97.81	1.32	1.29
甘　肃	802350	1226581	656690	569891	1192489	635543	556946	97.22	1.53	1.49
青　海	196522	276794	145510	131284	264256	138150	126106	95.47	1.41	1.34
宁　夏	243750	383118	200974	182144	370875	193633	177242	96.80	1.57	1.52
新　疆	829334	1247506	656424	591082	1166589	609274	557315	93.51	1.50	1.41

6-12　全国按年龄分的15-64岁妇女平均活产子女数和平均存活子女数

单位：人、%

年　龄	15-64岁妇女人数	活产子女总数			存活子女总数			存活子女数占活产子女数的百分比	妇女平均活产子女数	妇女平均存活子女数
		合计	男	女	合计	男	女			
总　计	**46789337**	**61997759**	**33580566**	**28417193**	**60474058**	**32645604**	**27828454**	**97.54**	**1.33**	**1.29**
15-19岁	**3650914**	**29640**	**15432**	**14208**	**29259**	**15202**	**14057**	**98.71**	**0.01**	**0.01**
15	741512	441	232	209	429	221	208	97.28		
16	818831	1393	748	645	1379	739	640	98.99		
17	721926	3596	1852	1744	3553	1827	1726	98.80		
18	657339	7969	4151	3818	7875	4096	3779	98.82	0.01	0.01
19	711306	16241	8449	7792	16023	8319	7704	98.66	0.02	0.02
20-24岁	**3503735**	**689088**	**362558**	**326530**	**674919**	**353921**	**320998**	**97.94**	**0.20**	**0.19**
20	729558	38088	20091	17997	37328	19615	17713	98.00	0.05	0.05
21	673329	68797	36189	32608	67391	35325	32066	97.96	0.10	0.10
22	694586	123278	64795	58483	120675	63217	57458	97.89	0.18	0.17
23	689064	185221	97255	87966	181418	94938	86480	97.95	0.27	0.26
24	717198	273704	144228	129476	268107	140826	127281	97.96	0.38	0.37
25-29岁	**4282074**	**3502747**	**1850297**	**1652450**	**3430386**	**1807423**	**1622963**	**97.93**	**0.82**	**0.80**
25	781002	393920	207227	186693	385654	202322	183332	97.90	0.50	0.49
26	773785	498252	262194	236058	487922	256063	231859	97.93	0.64	0.63
27	855284	684711	361613	323098	670427	353157	317270	97.91	0.80	0.78
28	896513	854020	451728	402292	836690	441515	395175	97.97	0.95	0.93
29	975490	1071844	567535	504309	1049693	554366	495327	97.93	1.10	1.08
30-34岁	**6044337**	**8335968**	**4438354**	**3897614**	**8162923**	**4336573**	**3826350**	**97.92**	**1.38**	**1.35**
30	1250809	1531150	812488	718662	1499543	793788	705755	97.94	1.22	1.20
31	1235893	1631715	868117	763598	1598220	848454	749766	97.95	1.32	1.29
32	1174978	1638521	872249	766272	1604515	852219	752296	97.92	1.39	1.37
33	1270558	1854940	988791	866149	1816606	966372	850234	97.93	1.46	1.43
34	1112099	1679642	896709	782933	1644039	875740	768299	97.88	1.51	1.48
35-39岁	**4807252**	**7675076**	**4121621**	**3553455**	**7509735**	**4023754**	**3485981**	**97.85**	**1.60**	**1.56**
35	951707	1485891	795730	690161	1454328	777094	677234	97.88	1.56	1.53
36	947095	1511769	811411	700358	1479202	792135	687067	97.85	1.60	1.56
37	924603	1480556	795525	685031	1448845	776799	672046	97.86	1.60	1.57
38	1058627	1694242	910175	784067	1657481	888482	768999	97.83	1.60	1.57
39	925220	1502618	808780	693838	1469879	789244	680635	97.82	1.62	1.59
40-44岁	**4487894**	**7224276**	**3914956**	**3309320**	**7060187**	**3816270**	**3243917**	**97.73**	**1.61**	**1.57**
40	849969	1384693	747908	636785	1353789	729436	624353	97.77	1.63	1.59
41	933899	1506862	814513	692349	1473288	794408	678880	97.77	1.61	1.58
42	896749	1444095	782608	661487	1411190	762813	648377	97.72	1.61	1.57
43	856179	1368381	742582	625799	1337247	723795	613452	97.72	1.60	1.56
44	951098	1520245	827345	692900	1484673	805818	678855	97.66	1.60	1.56
45-49岁	**5511824**	**8785908**	**4807092**	**3978816**	**8572199**	**4675984**	**3896215**	**97.57**	**1.59**	**1.56**
45	977154	1560586	850674	709912	1523443	828032	695411	97.62	1.60	1.56
46	1073545	1719548	939021	780527	1678172	913772	764400	97.59	1.60	1.56
47	1121552	1783073	975346	807727	1739946	948970	790976	97.58	1.59	1.55
48	1152292	1835179	1005777	829402	1789982	977901	812081	97.54	1.59	1.55
49	1187281	1887522	1036274	851248	1840656	1007309	833347	97.52	1.59	1.55
50-54岁	**5906378**	**9858241**	**5412806**	**4445435**	**9601261**	**5252661**	**4348600**	**97.39**	**1.67**	**1.63**
50	1266799	2041584	1120629	920955	1990485	1088891	901594	97.50	1.61	1.57
51	1188360	1939545	1066377	873168	1889976	1035761	854215	97.44	1.63	1.59
52	1276675	2126956	1169239	957717	2071428	1134495	936933	97.39	1.67	1.62
53	1025010	1757072	964088	792984	1710248	934869	775379	97.34	1.71	1.67
54	1149534	1993084	1092473	900611	1939124	1058645	880479	97.29	1.73	1.69
55-59岁	**4994132**	**8977464**	**4902099**	**4075365**	**8727551**	**4744630**	**3982921**	**97.22**	**1.80**	**1.75**
55	1131681	1979457	1083176	896281	1925524	1049324	876200	97.28	1.75	1.70
56	1112306	1966836	1074563	892273	1911921	1039928	871993	97.21	1.77	1.72
57	1277233	2278220	1243041	1035179	2215045	1203394	1011651	97.23	1.78	1.73
58	943836	1762608	962793	799815	1713322	931539	781783	97.20	1.87	1.82
59	529076	990343	538526	451817	961739	520445	441294	97.11	1.87	1.82
60-64岁	**3600797**	**6919351**	**3755351**	**3164000**	**6705638**	**3619186**	**3086452**	**96.91**	**1.92**	**1.86**
60	635292	1172671	636044	536627	1137828	614053	523775	97.03	1.85	1.79
61	589893	1114178	604971	509207	1080443	583448	496995	96.97	1.89	1.83
62	753465	1441086	783821	657265	1396927	755672	641255	96.94	1.91	1.85
63	843128	1642428	890393	752035	1591524	857897	733627	96.90	1.95	1.89
64	779019	1548988	840122	708866	1498916	808116	690800	96.77	1.99	1.92

6-13 全国按受教育程度分的15-64岁妇女平均活产子女数和平均存活子女数

单位：人、%

受教育程度	15-64岁妇女人数	活产子女总数		
		合计	男	女
总　计	**46789337**	**61997759**	**33580566**	**28417193**
未上过学	926652	2054584	1119220	935364
学前教育	31824	57491	31813	25678
小　学	7958864	15703601	8580378	7123223
初　中	18219818	28245063	15304921	12940142
高　中	8962313	8442838	4552430	3890408
大学专科	5362227	4189036	2238446	1950590
大学本科	4766962	2984438	1585310	1399128
硕士研究生	507936	287581	150779	136802
博士研究生	52741	33127	17269	15858

6-13 续表

单位：人、%

受教育程度	存活子女总数			存活子女数占活产子女数的百分比	妇女平均活产子女数	妇女平均存活子女数
	合计	男	女			
总　计	**60474058**	**32645604**	**27828454**	**97.54**	**1.33**	**1.29**
未上过学	1978870	1071850	907020	96.31	2.22	2.14
学前教育	55587	30621	24966	96.69	1.81	1.75
小　学	15251409	8296653	6954756	97.12	1.97	1.92
初　中	27594536	14905784	12688752	97.70	1.55	1.51
高　中	8254937	4440003	3814934	97.77	0.94	0.92
大学专科	4098934	2185455	1913479	97.85	0.78	0.76
大学本科	2924799	1550492	1374307	98.00	0.63	0.61
硕士研究生	282472	147837	134635	98.22	0.57	0.56
博士研究生	32514	16909	15605	98.15	0.63	0.62

第二部分　长表数据资料

第七卷　迁移和户口登记地

7-1 全国按现住地、户口登记地类型分的户口登记地在外乡镇街道人口

单位：人

现住地	合计					省内				
	合计	乡	镇的村委会	镇的居委会	街道	小计	乡	镇的村委会	镇的居委会	街道
全国	**44980934**	**8618467**	**21493548**	**4488221**	**10380698**	**33011356**	**5829383**	**14811893**	**3553901**	**8816179**
北京	1191206	145416	429486	131656	484648	453656	18857	93675	51884	289240
天津	466563	35024	173314	42418	215807	263319	5174	56424	25136	176585
河北	1724492	424064	776743	139299	384386	1489462	376918	670138	114987	327419
山西	1129800	270242	477957	88677	292924	1017493	247202	420072	80266	269953
内蒙古	1037156	200025	479060	113182	244889	884680	166579	395581	99720	222800
辽宁	1384216	170712	475233	110676	627595	1133854	123268	358074	89147	563365
吉林	878563	148351	298192	77256	354764	785150	130466	259823	68264	326597
黑龙江	891900	172370	268852	105326	345352	824761	162141	247802	96320	318498
上海	1444983	239257	605817	175418	424491	439346	7883	91861	71882	267720
江苏	2739769	417808	1415814	334223	571924	1719222	193392	795123	260356	470351
浙江	3105848	649036	1811555	187612	457645	1232183	152256	608171	115991	355765
安徽	1624905	233714	869060	191275	330856	1492060	212642	796266	177611	305541
福建	1543072	267655	929128	119720	226569	1030618	156278	587106	93919	193315
江西	1234479	306625	536660	159723	231471	1127381	285554	487312	146336	208179
山东	2710065	253571	1497090	220896	738508	2351913	197880	1298080	188945	667008
河南	2212529	705274	841307	161202	504746	2100394	677607	794765	151818	476204
湖北	1760676	252535	728109	221895	558137	1563451	216623	643340	198285	505203
湖南	1631242	389004	659833	203579	378826	1498401	359293	603850	188277	346981
广东	5779822	1201635	3293263	532457	752467	2740358	344475	1482311	338216	575356
广西	1156123	209417	624658	120025	202023	1019811	185290	553130	104686	176705
海南	291347	25848	161694	58075	45730	201457	14136	115930	43125	28266
重庆	1235371	184670	567656	142012	341033	1036080	146249	469854	120316	299661
四川	2610212	597660	1105355	319978	587219	2374758	551837	1011999	290540	520382
贵州	1020243	181957	534030	92705	211551	893029	159981	463711	79829	189508
云南	1111895	245955	544611	128064	193265	916856	207396	444850	103364	161246
西藏	76943	29850	26316	6877	13900	47304	21345	13342	4247	8370
陕西	1119708	164086	580668	111240	263714	965584	135978	504859	96288	228459
甘肃	593881	143607	276312	47911	126051	529420	131434	244992	39643	113351
青海	177476	53918	64496	25717	33345	142869	45662	46919	21950	28338
宁夏	310455	71863	151270	31403	55919	251185	57900	116691	27493	49101
新疆	785994	227318	290009	87724	180943	485301	137687	135842	65060	146712

7-1 续表 1　　单位：人

现住地	省外									
	小计					北京				
	小计	乡	镇的村委会	镇的居委会	街道	小计	乡	镇的村委会	镇的居委会	街道
全　国	**11969578**	**2789084**	**6681655**	**934320**	**1564519**	**45551**	**2384**	**5713**	**6366**	**31088**
北　京	737550	126559	335811	79772	195408					
天　津	203244	29850	116890	17282	39222	2177	55	269	265	1588
河　北	235030	47146	106605	24312	56967	11808	876	2097	1976	6859
山　西	112307	23040	57885	8411	22971	1241	74	136	115	916
内蒙古	152476	33446	83479	13462	22089	1045	54	127	135	729
辽　宁	250362	47444	117159	21529	64230	1595	38	89	129	1339
吉　林	93413	17885	38369	8992	28167	883	39	89	63	692
黑龙江	67139	10229	21050	9006	26854	924	46	63	89	726
上　海	1005637	231374	513956	103536	156771	3525	78	153	417	2877
江　苏	1020547	224416	620691	73867	101573	1925	80	232	355	1258
浙　江	1873665	496780	1203384	71621	101880	1494	72	190	228	1004
安　徽	132845	21072	72794	13664	25315	694	29	91	82	492
福　建	512454	111377	342022	25801	33254	681	18	82	92	489
江　西	107098	21071	49348	13387	23292	507	31	63	82	331
山　东	358152	55691	199010	31951	71500	2936	107	472	384	1973
河　南	112135	27667	46542	9384	28542	1412	203	300	110	799
湖　北	197225	35912	84769	23610	52934	1146	40	93	129	884
湖　南	132841	29711	55983	15302	31845	976	50	104	151	671
广　东	3039464	857160	1810952	194241	177111	3668	185	329	575	2579
广　西	136312	24127	71528	15339	25318	412	21	29	40	322
海　南	89890	11712	45764	14950	17464	887	26	64	181	616
重　庆	199291	38421	97802	21696	41372	784	16	77	79	612
四　川	235454	45823	93356	29438	66837	1891	86	207	211	1387
贵　州	127214	21976	70319	12876	22043	330	19	42	50	219
云　南	195039	38559	99761	24700	32019	616	31	62	120	403
西　藏	29639	8505	12974	2630	5530	67	9	16	12	30
陕　西	154124	28108	75809	14952	35255	913	42	111	118	642
甘　肃	64461	12173	31320	8268	12700	283	17	56	37	173
青　海	34607	8256	17577	3767	5007	89	3	6	24	56
宁　夏	59270	13963	34579	3910	6818	194	5	14	36	139
新　疆	300693	89631	154167	22664	34231	448	34	50	81	283

7-1 续表 2

单位：人

现住地	省外									
	天津					河北				
	小计	乡	镇的村委会	镇的居委会	街道	小计	乡	镇的村委会	镇的居委会	街道
全国	**73582**	**4264**	**11793**	**11078**	**46447**	**459692**	**91299**	**243671**	**40606**	**84116**
北京	27460	1190	3529	4670	18071	189315	37869	100929	17464	33053
天津						47879	7230	28865	3659	8125
河北	18858	1267	3482	2758	11351					
山西	2042	111	199	202	1530	19715	4682	10707	1260	3066
内蒙古	1137	65	243	151	678	20417	4993	11547	1476	2401
辽宁	1515	75	212	134	1094	11388	2080	5096	939	3273
吉林	974	78	246	88	562	5345	1051	2226	479	1589
黑龙江	970	45	103	111	711	4243	643	1187	596	1817
上海	2189	98	286	352	1453	12014	2475	5378	1488	2673
江苏	1711	92	352	300	967	15361	3170	8286	1432	2473
浙江	1050	95	233	169	553	12732	2883	7404	803	1642
安徽	463	31	107	74	251	5168	943	2752	481	992
福建	494	14	94	67	319	3761	641	2095	343	682
江西	633	54	95	93	391	2780	554	1248	350	628
山东	3574	227	767	431	2149	30032	5183	17737	2050	5062
河南	2462	197	284	229	1752	9131	2627	4115	643	1746
湖北	794	52	140	85	517	5967	1003	2424	686	1854
湖南	550	42	99	81	328	3573	729	1437	397	1010
广东	2107	192	429	404	1082	14415	3256	7654	1416	2089
广西	385	21	108	62	194	3677	626	1816	390	845
海南	327	21	64	71	171	2018	230	794	369	625
重庆	438	18	73	58	289	3512	684	1521	369	938
四川	1012	66	188	146	612	8234	1786	3322	948	2178
贵州	180	6	40	29	105	2306	417	1236	186	467
云南	504	31	108	77	288	4002	642	1934	497	929
西藏	66	10	26	5	25	553	137	239	42	135
陕西	656	75	101	86	394	7202	1246	3645	669	1642
甘肃	316	18	60	49	189	2919	556	1659	203	501
青海	76	4	20	18	34	1410	258	803	176	173
宁夏	130	12	28	17	73	2888	639	1709	176	364
新疆	509	57	77	61	314	7735	2066	3906	619	1144

7-1 续表 3 单位：人

现住地	省外									
	山西					内蒙古				
	小计	乡	镇的村委会	镇的居委会	街道	小计	乡	镇的村委会	镇的居委会	街道
全国	**204443**	**40580**	**100808**	**19678**	**43377**	**155739**	**27339**	**66924**	**21109**	**40367**
北京	42797	7798	20464	4439	10096	26551	3930	10229	4046	8346
天津	8252	1252	4045	863	2092	7629	1006	3918	877	1828
河北	11326	2543	5375	1007	2401	15544	3356	7148	1993	3047
山西						8609	2479	3564	815	1751
内蒙古	20971	5448	12091	1368	2064					
辽宁	3095	451	1065	314	1265	26053	4547	13426	2471	5609
吉林	1730	280	572	196	682	7751	1356	3225	1009	2161
黑龙江	1656	190	460	230	776	7191	1318	2295	1220	2358
上海	12803	2530	5748	1548	2977	4644	707	1431	916	1590
江苏	18153	3724	10524	1484	2421	4494	841	1997	606	1050
浙江	10228	2345	5717	675	1491	4216	857	2008	547	804
安徽	2322	366	1284	214	458	1023	136	459	173	255
福建	3226	541	1702	263	720	1192	160	511	194	327
江西	1682	249	713	225	495	1102	174	334	190	404
山东	10001	1404	5480	879	2238	12281	1700	6055	1658	2868
河南	5465	1310	2577	439	1139	1691	320	603	188	580
湖北	3965	535	1471	531	1428	1820	238	572	338	672
湖南	2053	410	663	247	733	1115	213	294	165	443
广东	10586	2389	5292	1189	1716	5544	1135	2216	974	1219
广西	1963	364	798	221	580	1493	248	597	265	383
海南	1163	97	360	292	414	999	97	266	242	394
重庆	2004	309	735	264	696	971	137	304	150	380
四川	5019	897	1798	615	1709	2163	359	586	374	844
贵州	954	168	437	91	258	451	72	164	68	147
云南	2053	320	894	284	555	971	143	302	199	327
西藏	426	107	187	34	98	87	16	37	10	24
陕西	12615	2659	6336	1091	2529	4516	804	2052	567	1093
甘肃	1500	304	752	129	315	972	143	410	130	289
青海	655	158	331	66	100	270	45	112	44	69
宁夏	1505	326	890	94	195	2385	340	977	421	647
新疆	4275	1106	2047	386	736	2011	462	832	259	458

7-1　续表 4　　　　单位：人

现住地	省外									
	辽宁					吉林				
	小计	乡	镇的村委会	镇的居委会	街道	小计	乡	镇的村委会	镇的居委会	街道
全　国	**175050**	**24601**	**67191**	**21437**	**61821**	**207659**	**34011**	**90561**	**24773**	**58314**
北　京	33754	3874	11008	4334	14538	24816	3269	8797	3363	9387
天　津	7473	959	3667	762	2085	8402	1102	4278	954	2068
河　北	13814	2457	6559	1320	3478	11371	1996	5218	1427	2730
山　西	2193	243	870	222	858	1624	241	623	205	555
内蒙古	10549	1743	5177	1144	2485	8080	1510	3889	947	1734
辽　宁						43262	8012	20601	3740	10909
吉　林	14239	2327	5681	1248	4983					
黑龙江	7014	974	1857	945	3238	13962	2631	5423	1727	4181
上　海	12118	1340	3009	1990	5779	9978	1500	2818	1646	4014
江　苏	8224	1357	3400	1126	2341	9134	1626	4324	1149	2035
浙　江	8990	1484	3892	1011	2603	10033	1988	4905	972	2168
安　徽	1781	233	745	219	584	1838	254	858	242	484
福　建	2739	316	1168	297	958	2590	326	1251	313	700
江　西	1328	158	458	177	535	1048	177	343	151	377
山　东	15296	1939	7701	1525	4131	28676	4049	15431	3032	6164
河　南	2174	432	654	211	877	1753	349	573	159	672
湖　北	1935	220	490	298	927	1557	216	513	236	592
湖　南	1537	250	429	210	648	1410	228	441	189	552
广　东	12999	2063	4844	1959	4133	13066	2342	5194	2043	3487
广　西	2265	317	791	309	848	2342	345	851	327	819
海　南	1721	133	451	401	736	2142	173	526	524	919
重　庆	1227	149	346	173	559	985	139	312	114	420
四　川	3205	396	934	418	1457	2619	428	762	367	1062
贵　州	735	68	274	83	310	742	101	290	119	232
云　南	1863	203	586	341	733	1603	221	519	300	563
西　藏	238	49	98	28	63	143	33	54	15	41
陕　西	1956	258	733	257	708	1544	206	560	204	574
甘　肃	639	87	246	74	232	556	79	225	50	202
青　海	282	43	93	44	102	232	42	98	30	62
宁　夏	539	58	227	80	174	476	71	229	51	125
新　疆	2223	471	803	231	718	1675	357	655	177	486

7-1 续表 5

单位：人

现住地	省外									
	黑龙江					上海				
	小计	乡	镇的村委会	镇的居委会	街道	小计	乡	镇的村委会	镇的居委会	街道
全国	**449908**	**80938**	**198551**	**57712**	**112707**	**35932**	**1726**	**4902**	**6357**	**22947**
北京	50943	7290	17533	8053	18067	1972	67	88	247	1570
天津	23871	4074	13706	2315	3776	268	9	22	31	206
河北	36788	7338	16590	4657	8203	329	21	47	48	213
山西	2968	486	1008	428	1046	218	9	28	27	154
内蒙古	17078	3240	8657	2334	2847	140	5	9	31	95
辽宁	88827	18808	42064	7849	20106	434	12	19	40	363
吉林	27879	6541	12140	2579	6619	272	5	38	30	199
黑龙江						304	13	23	34	234
上海	18230	2893	5494	3406	6437					
江苏	17960	3368	8281	2628	3683	11105	489	1635	2486	6495
浙江	19335	3890	8973	2529	3943	6345	280	966	1209	3890
安徽	2632	382	1085	407	758	2503	72	372	406	1653
福建	4740	676	2021	770	1273	678	29	96	79	474
江西	1494	255	462	233	544	1358	80	185	224	869
山东	76188	11897	39630	8845	15816	934	36	201	113	584
河南	3360	763	1017	395	1185	768	136	188	59	385
湖北	2620	341	802	416	1061	942	35	70	128	709
湖南	1897	344	556	288	709	548	41	83	91	333
广东	24575	4558	9721	4267	6029	2320	146	247	394	1533
广西	4722	697	1751	750	1524	253	14	35	31	173
海南	5965	382	1270	1612	2701	201	6	17	44	134
重庆	1584	171	450	285	678	567	16	69	56	426
四川	4264	645	1089	733	1797	1194	79	163	180	772
贵州	1011	124	363	176	348	398	8	47	52	291
云南	3013	392	943	660	1018	527	30	65	108	324
西藏	176	25	81	12	58	15	3	4		8
陕西	2616	432	940	357	887	453	23	59	88	283
甘肃	783	110	272	109	292	222	12	34	22	154
青海	297	37	104	58	98	26	1	1	12	12
宁夏	873	122	359	120	272	71	1	15	9	46
新疆	3219	657	1189	441	932	567	48	76	78	365

7-1　续表 6　　　　单位：人

现住地	省外									
	江苏					浙江				
	小计	乡	镇的村委会	镇的居委会	街道	小计	乡	镇的村委会	镇的居委会	街道
全　国	**382655**	**61920**	**198908**	**48382**	**73445**	**206820**	**29360**	**99463**	**25335**	**52662**
北　京	15114	1896	6395	2052	4771	7409	762	2726	935	2986
天　津	3447	330	1797	427	893	2145	230	969	246	700
河　北	5188	894	2668	549	1077	3964	824	1902	358	880
山　西	3700	506	1885	412	897	2397	353	1251	202	591
内蒙古	2389	361	1259	294	475	1547	211	845	191	300
辽　宁	4311	569	2015	379	1348	2743	303	1115	248	1077
吉　林	2369	344	927	277	821	2097	304	801	198	794
黑龙江	1799	220	468	332	779	1249	131	315	156	647
上　海	161046	29099	82277	22985	26685	47140	6107	20351	6651	14031
江　苏						30737	4432	16942	3503	5860
浙　江	59013	10425	37410	4749	6429					
安　徽	21793	1941	10963	3109	5780	8008	872	4167	1017	1952
福　建	5662	627	3189	689	1157	8434	1102	4976	828	1528
江　西	4006	527	1674	653	1152	7036	1132	2974	981	1949
山　东	20631	2564	12358	1936	3773	6766	746	3678	622	1720
河　南	5336	1154	2304	518	1360	4560	987	2025	373	1175
湖　北	6904	818	2630	994	2462	7003	946	2703	964	2390
湖　南	3434	570	1241	496	1127	4531	840	1755	650	1286
广　东	18363	3283	9280	2589	3211	20320	3385	10763	2599	3573
广　西	2544	280	1175	335	754	3944	507	1985	517	935
海　南	1248	125	483	310	330	1425	149	683	221	372
重　庆	3280	378	1374	427	1101	3194	381	1375	395	1043
四　川	6403	1024	2640	885	1854	7173	1225	3156	872	1920
贵　州	2442	289	1229	323	601	4829	754	2654	517	904
云　南	3349	477	1486	578	808	6685	1014	3361	960	1350
西　藏	271	75	115	34	47	218	48	92	23	55
陕　西	5224	802	2446	593	1383	3937	469	2016	399	1053
甘　肃	2761	406	1626	257	472	2135	316	1206	146	467
青　海	1298	225	680	180	213	707	119	378	84	126
宁　夏	1455	170	873	161	251	1032	95	602	96	239
新　疆	7875	1541	4041	859	1434	3455	616	1697	383	759

7-1 续表 7

单位：人

现住地	省外									
	安徽					福建				
	小计	乡	镇的村委会	镇的居委会	街道	小计	乡	镇的村委会	镇的居委会	街道
全　　国	**1248932**	**289652**	**792753**	**74713**	**91814**	**228250**	**43501**	**128635**	**22180**	**33934**
北　　京	31561	5793	17965	2704	5099	6935	949	3239	774	1973
天　　津	10370	1515	6805	807	1243	2068	194	1192	204	478
河　　北	11082	2561	6344	774	1403	2914	509	1460	299	646
山　　西	5095	929	3060	358	748	2545	316	1588	207	434
内 蒙 古	3915	819	2348	294	454	1614	201	1042	142	229
辽　　宁	9344	1886	5224	654	1580	2552	369	1199	233	751
吉　　林	3274	701	1716	280	577	1259	191	617	109	342
黑 龙 江	3070	538	1237	419	876	964	90	286	130	458
上　　海	251554	67092	148109	17773	18580	25090	5032	12527	3098	4433
江　　苏	341260	74192	222557	21289	23222	17441	2909	10244	1868	2420
浙　　江	371733	88284	256969	12457	14023	26461	5941	16357	1554	2609
安　　徽						4061	526	2333	467	735
福　　建	30224	5805	21186	1582	1651					
江　　西	8034	1560	4133	965	1376	6532	1267	2944	893	1428
山　　东	21095	3097	13878	1427	2693	5792	694	3507	481	1110
河　　南	12165	3544	6070	770	1781	3523	813	1623	300	787
湖　　北	13044	2574	6089	1472	2909	6239	1147	2785	713	1594
湖　　南	5338	1272	2402	553	1111	4708	1023	2132	566	987
广　　东	63584	16633	37321	4989	4641	64090	14427	39704	5225	4734
广　　西	4847	811	2757	537	742	6701	971	3798	792	1140
海　　南	3507	516	1966	538	487	3195	387	1955	491	362
重　　庆	3348	640	1574	411	723	3528	545	1795	406	782
四　　川	6803	1481	2942	796	1584	6413	1301	3123	655	1334
贵　　州	3291	536	1962	352	441	5518	674	3203	590	1051
云　　南	4429	792	2304	611	722	8377	1393	4594	1064	1326
西　　藏	465	120	230	27	88	171	58	83	6	24
陕　　西	8066	1405	4706	603	1352	4052	575	2203	394	880
甘　　肃	2610	510	1634	171	295	1650	219	951	154	326
青　　海	1436	310	837	129	160	590	95	336	67	92
宁　　夏	2399	450	1651	112	186	531	73	330	34	94
新　　疆	11989	3286	6777	859	1067	2736	612	1485	264	375

7-1　续表 8

单位：人

现住地	省外									
	江西					山东				
	小计	乡	镇的村委会	镇的居委会	街道	小计	乡	镇的村委会	镇的居委会	街道
全　国	**767289**	**197723**	**451303**	**56224**	**62039**	**398556**	**68187**	**222365**	**32091**	**75913**
北　京	10245	1696	4003	1438	3108	61641	9006	32497	5393	14745
天　津	1920	285	973	221	441	28755	3529	19607	1592	4027
河　北	3108	669	1471	368	600	17568	3373	9714	1378	3103
山　西	1409	274	691	135	309	6174	865	3319	483	1507
内蒙古	1234	304	567	150	213	8110	1102	4412	961	1635
辽　宁	1546	283	657	173	433	14950	2418	7805	1074	3653
吉　林	1015	189	376	145	305	6296	1028	2900	515	1853
黑龙江	974	137	242	143	452	6281	876	2227	731	2447
上　海	52629	12505	25420	6749	7955	46605	8966	25765	3695	8179
江　苏	34836	7500	20230	3333	3773	58594	10906	36637	4416	6635
浙　江	210330	60040	132453	8137	9700	35879	7164	23631	1565	3519
安　徽	6762	1228	3934	670	930	7202	848	4378	569	1407
福　建	94328	21916	63989	4559	3864	6640	964	4085	494	1097
江　西						3635	488	1736	464	947
山　东	4863	704	2767	462	930					
河　南	3237	858	1363	299	717	10615	2948	4674	797	2196
湖　北	11636	2239	4872	1521	3004	6681	904	2603	822	2352
湖　南	12874	3183	6111	1295	2285	3382	588	1324	392	1078
广　东	270640	75200	158622	21078	15740	22745	4515	12693	1984	3553
广　西	6934	1163	3842	832	1097	3550	488	1768	350	944
海　南	4639	633	2698	731	577	1819	192	794	301	532
重　庆	3809	651	1872	464	822	3158	378	1332	322	1126
四　川	7723	1826	3434	910	1553	6859	1104	2658	780	2317
贵　州	5218	931	3029	528	730	2491	343	1235	268	645
云　南	8402	1775	4282	1136	1209	3681	497	1747	530	907
西　藏	309	77	148	26	58	467	122	181	40	124
陕　西	3025	645	1445	301	634	7327	1015	3575	712	2025
甘　肃	1060	201	578	127	154	2521	369	1343	189	620
青　海	373	77	187	57	52	1474	219	783	202	270
宁　夏	422	98	237	41	46	2145	294	1356	158	337
新　疆	1789	436	810	195	348	11311	2678	5586	914	2133

7-1 续表 9 单位：人

现住地	省外									
	河南					湖北				
	小计	乡	镇的村委会	镇的居委会	街道	小计	乡	镇的村委会	镇的居委会	街道
全国	**1277141**	**367304**	**740073**	**67305**	**102459**	**727869**	**158528**	**421230**	**61810**	**86301**
北京	87098	22206	47962	5534	11396	23014	3318	9857	2899	6940
天津	19360	3865	11862	1127	2506	5137	611	3163	415	948
河北	27997	8230	15534	1631	2602	7960	1760	4359	644	1197
山西	21866	5246	13306	1058	2256	4288	826	2429	265	768
内蒙古	9524	2611	5378	603	932	2361	455	1287	235	384
辽宁	14753	3712	7458	883	2700	2701	428	1203	237	833
吉林	5113	1377	2282	339	1115	1909	357	921	133	498
黑龙江	3893	740	1286	569	1298	1654	279	626	187	562
上海	115626	36849	62295	7012	9470	45954	9277	22082	5696	8899
江苏	161969	43577	101438	7687	9267	44380	9144	27137	3739	4360
浙江	248585	80362	153053	6272	8898	109184	24652	71748	5559	7225
安徽	22912	5288	14309	1481	1834	8200	1256	4700	843	1401
福建	43274	10910	28692	1619	2053	31881	5584	21895	1985	2417
江西	8687	2187	4410	850	1240	9744	1886	4952	1089	1817
山东	45330	9171	28747	2284	5128	10164	1181	6210	766	2007
河南						8940	2205	4048	757	1930
湖北	36935	8273	18027	3711	6924					
湖南	10110	2867	4668	899	1676	23122	5513	11041	2553	4015
广东	233819	75617	135867	11530	10805	310228	75895	184492	25066	24775
广西	7083	1529	3859	623	1072	7815	1226	4014	907	1668
海南	6423	1126	3429	921	947	6110	754	3215	1065	1076
重庆	6663	1508	3083	660	1412	9298	1721	4294	996	2287
四川	15022	3915	6450	1412	3245	13860	2733	6123	1657	3347
贵州	5664	1179	3072	521	892	7045	1128	3936	718	1263
云南	9613	2006	4863	1176	1568	10040	1807	4957	1412	1864
西藏	1995	694	837	167	297	925	230	454	78	163
陕西	25122	5525	13493	1820	4284	8057	1400	4321	787	1549
甘肃	9224	2570	5247	437	970	3501	518	2236	243	504
青海	5213	1414	2840	438	521	1724	300	1027	147	250
宁夏	6433	1779	3821	325	508	1168	178	713	88	189
新疆	61835	20971	32505	3716	4643	7505	1906	3790	644	1165

7-1　续表 10　　单位：人

现住地	省外									
	湖南					广东				
	小计	乡	镇的村委会	镇的居委会	街道	小计	乡	镇的村委会	镇的居委会	街道
全　国	**1002265**	**273195**	**587315**	**69980**	**71775**	**147986**	**16921**	**57628**	**21466**	**51971**
北　京	12069	1781	4312	1718	4258	7872	498	1484	1127	4763
天　津	1946	295	986	215	450	916	59	247	121	489
河　北	3365	782	1585	334	664	1633	232	531	196	674
山　西	1507	282	760	140	325	878	73	272	86	447
内蒙古	1244	233	592	140	279	553	49	128	99	277
辽　宁	1651	267	641	183	560	1589	75	290	183	1041
吉　林	1093	175	439	132	347	1246	57	175	113	901
黑龙江	905	138	223	109	435	1253	60	132	152	909
上　海	26287	6321	12399	3216	4351	11344	1239	3281	1853	4971
江　苏	24531	5583	14505	2072	2371	7488	941	2783	1196	2568
浙　江	102712	28486	66013	3943	4270	10323	1558	5289	1160	2316
安　徽	5060	875	3050	477	658	2478	230	838	404	1006
福　建	28665	6382	19085	1615	1583	9547	1005	5416	1150	1976
江　西	11615	2521	6105	1405	1584	7507	956	2535	1428	2588
山　东	4886	742	2762	405	977	3107	239	1123	385	1360
河　南	3738	996	1620	332	790	3291	597	952	318	1424
湖　北	17888	3524	8027	2240	4097	9091	756	2470	1342	4523
湖　南						12795	1753	4053	1970	5019
广　东	653335	192984	390404	40228	29719					
广　西	25337	5344	14783	2458	2752	18612	2374	10238	2389	3611
海　南	7706	1235	4431	1139	901	10782	1089	6171	1966	1556
重　庆	6374	1214	3201	712	1247	3650	345	1229	501	1575
四　川	10921	2490	5040	1342	2049	8351	1071	2837	1220	3223
贵　州	18206	3605	10247	1810	2544	3565	332	1598	491	1144
云　南	19038	4000	10300	2383	2355	5308	848	2232	925	1303
西　藏	840	256	347	65	172	134	16	47	13	58
陕　西	3252	583	1535	367	767	2207	201	593	315	1098
甘　肃	1597	302	848	155	292	717	55	196	96	370
青　海	799	138	417	110	134	200	20	50	31	99
宁　夏	608	137	342	41	88	254	27	68	28	131
新　疆	5090	1524	2316	494	756	1295	166	370	208	551

7-1 续表 11

单位：人

现住地	省外									
	广西					海南				
	小计	乡	镇的村委会	镇的居委会	街道	小计	乡	镇的村委会	镇的居委会	街道
全　国	**658458**	**180802**	**414761**	**32074**	**30821**	**42324**	**6293**	**18319**	**7365**	**10347**
北　京	3170	438	1040	473	1219	1256	82	221	223	730
天　津	1212	169	455	140	448	312	39	88	68	117
河　北	1108	252	494	103	259	523	58	139	98	228
山　西	486	67	240	39	140	459	31	119	58	251
内蒙古	319	54	135	43	87	189	9	44	39	97
辽　宁	1145	160	350	148	487	375	23	53	48	251
吉　林	699	109	231	80	279	578	48	160	82	288
黑龙江	814	87	257	109	361	509	23	58	55	373
上　海	7553	1605	3511	937	1500	1749	210	688	323	528
江　苏	7486	1573	3983	716	1214	1024	139	404	169	312
浙　江	21053	5583	13463	798	1209	1170	163	577	196	234
安　徽	1530	258	942	135	195	382	39	138	59	146
福　建	10249	2188	6752	570	739	1133	131	613	168	221
江　西	3117	662	1768	295	392	1118	131	404	250	333
山　东	2240	365	1073	199	603	719	79	194	107	339
河　南	1493	374	599	154	366	865	88	202	148	427
湖　北	5388	883	2301	642	1562	1332	123	423	267	519
湖　南	6158	1504	2946	648	1060	1523	234	466	235	588
广　东	558933	159823	360798	23257	15055	21804	4054	11432	3774	2544
广　西						1754	231	767	347	409
海　南	6481	994	4365	687	435					
重　庆	2233	416	1074	219	524	648	56	205	128	259
四　川	4120	916	1886	448	870	1099	148	341	179	431
贵　州	4137	774	2426	379	558	351	24	134	53	140
云　南	5077	1109	2661	617	690	565	50	211	143	161
西　藏	81	20	36	8	17	14	4	4	1	5
陕　西	980	142	444	115	279	416	40	108	72	196
甘　肃	383	64	182	37	100	160	6	42	30	82
青　海	85	12	37	11	25	24	1	9	7	7
宁　夏	183	43	87	20	33	66	2	18	13	33
新　疆	545	158	225	47	115	207	27	57	25	98

7-1　续表 12　　单位：人

现住地	省外									
	重庆					四川				
	小计	乡	镇的村委会	镇的居委会	街道	小计	乡	镇的村委会	镇的居委会	街道
全　国	**411979**	**91754**	**233807**	**33056**	**53362**	**1059584**	**278046**	**620741**	**69943**	**90854**
北　京	6085	821	2482	774	2008	21787	4745	10612	1866	4564
天　津	1354	183	728	119	324	4553	740	2520	439	854
河　北	3147	705	1590	264	588	8833	2479	4454	646	1254
山　西	2186	429	1098	171	488	7804	1919	4494	481	910
内蒙古	1048	205	526	117	200	3975	920	2220	324	511
辽　宁	1689	365	713	142	469	6031	1245	2869	456	1461
吉　林	764	101	292	66	305	1738	360	620	174	584
黑龙江	602	49	158	74	321	1891	287	579	240	785
上　海	18508	4531	9916	1600	2461	50927	14489	27156	3959	5323
江　苏	19115	4194	11744	1416	1761	66495	16247	41827	3935	4486
浙　江	65892	15931	43542	2580	3839	158735	41378	106568	4807	5982
安　徽	2767	494	1502	283	488	6870	1401	4093	612	764
福　建	38588	7836	27308	1656	1788	83192	20957	56611	3019	2605
江　西	2756	538	1345	289	584	6067	1498	3168	618	783
山　东	4045	586	2317	289	853	16450	3430	9974	958	2088
河　南	2843	673	1297	216	657	6224	1920	2915	393	996
湖　北	15420	3239	8156	1412	2613	13256	2772	6037	1557	2890
湖　南	4343	1008	1887	485	963	7721	2017	3450	857	1397
广　东	107231	28805	63721	7491	7214	300609	92718	178194	16518	13179
广　西	3581	619	1899	355	708	8815	1925	4697	916	1277
海　南	3314	404	1946	446	518	9901	1767	5967	1191	976
重　庆						106391	22700	55543	11186	16962
四　川	52290	9937	21150	6694	14509					
贵　州	15753	2228	8608	1688	3229	30146	5994	17772	2655	3725
云　南	19754	3510	10551	2546	3147	46485	10471	24961	5292	5761
西　藏	1714	451	688	137	438	13033	3572	5852	1214	2395
陕　西	2966	426	1452	328	760	14192	2950	7850	1134	2258
甘　肃	1400	239	756	142	263	6327	1487	3522	448	870
青　海	694	113	331	111	139	3772	1003	1889	422	458
宁　夏	771	119	437	75	140	2385	625	1365	167	228
新　疆	11359	3015	5667	1090	1587	44979	14030	22962	3459	4528

7-1 续表 13 单位：人

现住地	省外									
	贵州					云南				
	小计	乡	镇的村委会	镇的居委会	街道	小计	乡	镇的村委会	镇的居委会	街道
全　国	**600199**	**171998**	**370740**	**23936**	**33525**	**309163**	**89467**	**186541**	**14085**	**19070**
北　京	3681	626	1449	463	1143	3247	548	1371	409	919
天　津	1771	291	787	199	494	1215	190	608	107	310
河　北	2069	530	1053	154	332	1867	577	893	103	294
山　西	1239	376	644	55	164	1019	263	520	58	178
内蒙古	646	115	383	55	93	591	147	304	44	96
辽　宁	1933	296	712	207	718	965	130	366	110	359
吉　林	938	202	335	140	261	545	92	229	70	154
黑龙江	1541	278	525	186	552	686	74	234	97	281
上　海	15563	4478	8114	1111	1860	13003	3613	7396	769	1225
江　苏	34012	8750	21445	1448	2369	26039	7084	16356	1110	1489
浙　江	234681	72815	150877	4635	6354	89686	28039	57273	2089	2285
安　徽	4653	1047	3022	277	307	4091	967	2651	213	260
福　建	62268	14814	43901	1637	1916	23303	5658	16137	721	787
江　西	5701	1730	2971	452	548	3023	741	1603	275	404
山　东	5306	1070	3051	324	861	6042	1358	3579	325	780
河　南	2421	820	1113	132	356	1610	537	698	115	260
湖　北	7414	1555	3480	814	1565	4300	926	2099	442	833
湖　南	7684	2103	3950	642	989	3458	1040	1605	275	538
广　东	141501	44644	86807	5463	4587	83574	27853	50682	2989	2050
广　西	7619	1947	4332	611	729	4830	1233	2792	372	433
海　南	2763	486	1619	287	371	1986	414	1167	190	215
重　庆	15766	3241	9185	1283	2057	5695	1143	3023	588	941
四　川	11296	2686	5260	1172	2178	14656	3694	7424	1403	2135
贵　州						7964	1631	4573	759	1001
云　南	22908	5811	13199	1830	2068					
西　藏	351	104	151	31	65	1012	285	483	84	160
陕　西	1427	283	749	113	282	1087	185	513	101	288
甘　肃	673	160	392	42	79	659	169	349	50	91
青　海	167	35	86	18	28	258	57	149	19	33
宁　夏	697	244	399	15	39	363	106	211	23	23
新　疆	1510	461	749	140	160	2389	713	1253	175	248

7-1　续表 14　　　　单位：人

现住地	省外									
	西藏					陕西				
	小计	乡	镇的村委会	镇的居委会	街道	小计	乡	镇的村委会	镇的居委会	街道
全国	**12717**	**2650**	**2933**	**1769**	**5365**	**273316**	**55188**	**153339**	**21572**	**43217**
北京	296	77	83	45	91	15545	2146	6583	1733	5083
天津	188	35	74	13	66	3010	335	1752	257	666
河北	246	32	78	33	103	5788	1214	3042	469	1063
山西	82	27	10	6	39	7485	1318	3719	604	1844
内蒙古	24	3	8	6	7	16049	3955	9924	915	1255
辽宁	164	22	22	15	105	1740	259	717	127	637
吉林	168	54	61	19	34	1077	131	421	129	396
黑龙江	197	45	92	15	45	724	67	185	88	384
上海	216	61	35	24	96	17319	3338	8787	1777	3417
江苏	775	238	255	57	225	28516	5800	18367	1888	2461
浙江	194	76	57	16	45	30287	6034	20830	1326	2097
安徽	301	66	143	23	69	3429	536	1954	307	632
福建	179	28	61	29	61	7775	1250	5264	486	775
江西	283	97	80	24	82	2115	403	984	239	489
山东	336	34	98	53	151	7488	993	4379	604	1512
河南	419	79	71	68	201	6213	1263	2370	569	2011
湖北	539	170	188	44	137	5141	775	2468	632	1266
湖南	547	263	98	69	117	2848	562	1228	308	750
广东	195	55	62	31	47	51354	13440	30279	3503	4132
广西	66	11	24	13	18	2289	342	1111	273	563
海南	28	6	7	5	10	1181	108	491	236	346
重庆	677	61	95	121	400	3519	530	1705	414	870
四川	4584	533	659	835	2557	9359	1795	4102	1038	2424
贵州	129	14	23	15	77	1986	295	1124	182	385
云南	209	32	61	32	84	3182	487	1570	408	717
西藏						1009	236	479	90	204
陕西	838	263	206	84	285					
甘肃	392	98	132	32	130	8377	1236	3720	762	2659
青海	369	152	123	32	62	2484	416	1287	282	499
宁夏	25	9	10	2	4	8535	1731	5364	539	901
新疆	51	9	17	8	17	17492	4193	9133	1387	2779

7-1 续表 15

单位：人

现住地	省外									
	甘肃					青海				
	小计	乡	镇的村委会	镇的居委会	街道	小计	乡	镇的村委会	镇的居委会	街道
全　国	**284596**	**76393**	**150971**	**21262**	**35970**	**36228**	**7012**	**11976**	**7655**	**9585**
北　京	14603	3022	7446	1286	2849	1294	139	276	222	657
天　津	5419	962	2887	456	1114	543	77	212	81	173
河　北	4112	1112	1937	320	743	874	185	322	110	257
山　西	1794	389	894	156	355	526	95	223	68	140
内蒙古	12707	3509	7897	648	653	645	198	297	70	80
辽　宁	1873	302	663	152	756	498	99	125	70	204
吉　林	836	168	294	101	273	277	61	69	41	106
黑龙江	970	148	254	126	442	179	17	48	39	75
上　海	15469	3886	7944	1335	2304	918	145	300	166	307
江　苏	20361	5078	12040	1320	1923	2025	397	802	261	565
浙　江	17176	4540	10344	859	1433	1561	385	850	118	208
安　徽	2274	476	1295	180	323	479	48	202	87	142
福　建	4704	1020	2773	316	595	458	97	213	53	95
江　西	2375	636	1026	245	468	528	109	208	63	148
山　东	6510	1056	3545	523	1386	2127	313	907	270	637
河　南	2673	634	1185	228	626	1193	242	380	138	433
湖　北	4138	833	1694	540	1071	969	149	293	159	368
湖　南	2098	524	815	229	530	622	120	188	80	234
广　东	19524	5625	10774	1387	1738	2508	726	1213	231	338
广　西	1461	309	603	146	403	316	48	99	45	124
海　南	885	99	332	177	277	179	13	45	44	77
重　庆	2545	413	1050	338	744	665	86	164	105	310
四　川	8551	1873	3049	1059	2570	3491	475	636	742	1638
贵　州	810	167	395	97	151	181	25	78	32	46
云　南	1535	294	635	220	386	376	58	110	87	121
西　藏	3359	1215	1396	295	453	1367	501	563	114	189
陕　西	20526	4149	10633	1808	3936	2580	342	758	510	970
甘　肃						6135	993	1102	3438	602
青　海	9091	2847	4358	868	1018					
宁　夏	19924	5993	11979	853	1099	308	77	118	37	76
新　疆	76293	25114	40834	4994	5351	2406	792	1175	174	265

7-1　续表 16　　　　单位：人

现住地	省外									
	宁夏					新疆				
	小计	乡	镇的村委会	镇的居委会	街道	小计	乡	镇的村委会	镇的居委会	街道
全国	**33424**	**6923**	**13799**	**4032**	**8670**	**52271**	**9125**	**13941**	**8969**	**20236**
北京	2241	302	569	404	966	3779	421	662	684	2012
天津	547	81	167	93	206	1105	148	241	209	507
河北	649	99	233	90	227	1197	215	286	205	491
山西	366	59	129	44	134	392	72	99	51	170
内蒙古	4031	854	2053	451	673	344	73	90	55	126
辽宁	309	33	72	36	168	1331	177	318	155	681
吉林	260	31	73	42	114	789	128	213	115	333
黑龙江	165	17	33	17	98	555	68	174	80	233
上海	1640	245	501	269	625	3996	665	785	775	1771
江苏	1534	253	651	202	428	3862	732	1313	676	1141
浙江	1661	359	816	209	277	2926	671	976	449	830
安徽	311	50	135	33	93	858	180	292	120	266
福建	688	102	371	78	137	1161	280	485	129	267
江西	472	92	179	52	149	815	178	248	132	257
山东	1137	135	395	177	430	3200	592	994	437	1177
河南	640	142	181	71	246	1920	456	541	255	668
湖北	705	104	199	93	309	2456	522	650	382	902
湖南	538	88	186	68	196	1348	332	331	213	472
广东	1682	336	709	250	387	4145	876	1209	838	1222
广西	198	24	72	40	62	504	92	137	86	189
海南	127	4	36	44	43	768	46	152	224	346
重庆	499	55	145	58	241	2279	320	597	414	948
四川	1018	141	246	180	451	5861	713	1151	1167	2830
贵州	109	19	44	6	40	272	51	84	38	99
云南	270	29	95	36	110	604	86	168	128	222
西藏	44	15	13	5	11	89	17	33	14	25
陕西	3521	558	1514	440	1009	2851	405	712	519	1215
甘肃	1874	518	769	208	379	2115	411	775	301	628
青海	268	53	130	40	45	244	59	75	40	70
宁夏						505	139	150	78	138
新疆	5920	2125	3083	296	416					

7-1a 全国按现住地、户口登记地类型分的户口登记地在外乡镇街道人口(城市)

单位：人

现住地	合计					省内				
	合计	乡	镇的村委会	镇的居委会	街道	小计	乡	镇的村委会	镇的居委会	街道
全国	**29953158**	**4927373**	**13347877**	**3050700**	**8627208**	**21444720**	**2962123**	**8790703**	**2337655**	**7354239**
北京	1006767	109907	325727	117774	453359	413676	16488	77772	46075	273341
天津	426819	29074	148100	39923	209722	252851	4414	50484	24271	173682
河北	961715	194236	380934	79902	306643	834034	171085	330675	65927	266347
山西	647100	115203	241870	49109	240918	576634	101868	207001	43989	223776
内蒙古	557888	77237	226409	63223	191019	483794	62377	186563	56895	177959
辽宁	1124317	122966	341976	87778	571597	914116	83560	247837	69005	513714
吉林	543078	82943	163206	39198	257731	490100	72408	142114	34663	240915
黑龙江	554944	71563	138370	60044	284967	506629	65137	124604	54289	262599
上海	1139666	167093	429124	150314	393135	402729	6778	78946	63389	253616
江苏	1770036	253373	818076	231326	467261	1158214	115395	477255	178167	387397
浙江	1997914	383540	1106623	135673	372078	855694	85212	389093	85831	295558
安徽	824981	105867	380111	91893	247110	766003	96506	351624	85807	232066
福建	967078	139345	564025	79509	184199	646659	69115	355435	61560	160549
江西	675281	129848	273598	85717	186118	616928	119347	249730	78107	169744
山东	1859690	152865	971973	163412	571440	1613972	115275	840729	139982	517986
河南	1160274	271284	440388	87369	361233	1100632	258891	417671	81616	342454
湖北	1288124	161810	473617	162563	490134	1143584	136959	416667	144236	445722
湖南	969072	206201	350683	116344	295844	883485	188527	318210	106130	270618
广东	4843976	1027217	2679087	447562	690110	2240829	285689	1151392	274733	529015
广西	754679	107526	393381	78492	175280	663767	93298	347592	67648	155229
海南	201957	16203	109606	41521	34627	142638	8818	79903	30880	23037
重庆	961334	125445	421037	111486	303366	797662	93756	344956	93118	265832
四川	1688451	352018	645780	201951	488702	1526198	320996	589105	181381	434716
贵州	552504	84860	262856	54241	150547	478709	72452	223844	46723	135690
云南	642232	110913	300473	81425	149421	513326	87133	236475	64525	125193
西藏	40706	13461	14846	4308	8091	24944	8990	7746	2856	5352
陕西	729637	101634	330619	74907	222477	613527	80379	277039	63325	192784
甘肃	336769	64446	138645	27124	106554	301934	57871	121815	24160	98088
青海	104439	21575	36119	16891	29854	79021	16019	23217	14062	25723
宁夏	161266	24866	75213	20045	41142	129222	18038	57082	17556	36546
新疆	460464	102854	165405	49676	142529	273209	49342	68127	36749	118991

7-1a　续表 1　　　　单位：人

现住地	省外									
	小计					北京				
	小计	乡	镇的村委会	镇的居委会	街道	小计	乡	镇的村委会	镇的居委会	街道
全　国	**8508438**	**1965250**	**4557174**	**713045**	**1272969**	**32801**	**1121**	**2618**	**4245**	**24817**
北　京	593091	93419	247955	71699	180018					
天　津	173968	24660	97616	15652	36040	1601	41	166	214	1180
河　北	127681	23151	50259	13975	40296	6338	271	711	907	4449
山　西	70466	13335	34869	5120	17142	915	39	47	70	759
内蒙古	74094	14860	39846	6328	13060	665	18	50	72	525
辽　宁	210201	39406	94139	18773	57883	1398	27	55	101	1215
吉　林	52978	10535	21092	4535	16816	513	8	16	10	479
黑龙江	48315	6426	13766	5755	22368	705	18	19	54	614
上　海	736937	160315	350178	86925	139519	3340	77	127	384	2752
江　苏	611822	137978	340821	53159	79864	1392	51	128	261	952
浙　江	1142220	298328	717530	49842	76520	1255	62	130	176	887
安　徽	58978	9361	28487	6086	15044	396	10	26	39	321
福　建	320419	70230	208590	17949	23650	520	10	36	69	405
江　西	58353	10501	23868	7610	16374	353	10	28	64	251
山　东	245718	37590	131244	23430	53454	1965	44	230	270	1421
河　南	59642	12393	22717	5753	18779	801	47	81	76	597
湖　北	144540	24851	56950	18327	44412	962	22	42	91	807
湖　南	85587	17674	32473	10214	25226	762	24	61	106	571
广　东	2603147	741528	1527695	172829	161095	3479	161	278	537	2503
广　西	90912	14228	45789	10844	20051	329	10	15	31	273
海　南	59319	7385	29703	10641	11590	592	13	40	131	408
重　庆	163672	31689	76081	18368	37534	686	10	52	64	560
四　川	162253	31022	56675	20570	53986	1545	55	101	159	1230
贵　州	73795	12408	39012	7518	14857	240	8	16	36	180
云　南	128906	23780	63998	16900	24228	519	23	42	104	350
西　藏	15762	4471	7100	1452	2739	42	7	12	9	14
陕　西	116110	21255	53580	11582	29693	774	31	60	101	582
甘　肃	34835	6575	16830	2964	8466	157	5	7	20	125
青　海	25418	5556	12902	2829	4131	74	2	4	20	48
宁　夏	32044	6828	18131	2489	4596	147		7	29	111
新　疆	187255	53512	97278	12927	23538	336	17	31	40	248

7-1a 续表 2 单位：人

现住地	省外									
	天津					河北				
	小计	乡	镇的村委会	镇的居委会	街道	小计	乡	镇的村委会	镇的居委会	街道
全国	**57378**	**2844**	**7045**	**8421**	**39068**	**336644**	**62902**	**170710**	**32828**	**70204**
北京	24817	984	2733	4208	16892	144765	27001	72126	15597	30041
天津						41253	6083	24418	3324	7428
河北	11630	633	1252	1488	8257					
山西	1638	76	134	131	1297	12160	2713	6394	777	2276
内蒙古	726	33	113	82	498	10846	2329	6298	746	1473
辽宁	1332	63	173	116	980	9082	1579	3848	764	2891
吉林	397	28	67	32	270	2838	604	1139	214	881
黑龙江	741	18	55	69	599	3049	425	826	334	1464
上海	1984	86	224	315	1359	9430	1852	3956	1258	2364
江苏	1315	55	232	240	788	10118	2017	5068	1096	1937
浙江	841	69	177	126	469	8804	1899	4958	606	1341
安徽	263	16	47	48	152	2514	504	1272	241	497
福建	355	9	57	49	240	2324	363	1262	247	452
江西	490	42	53	73	322	1736	319	735	228	454
山东	2547	150	444	323	1630	19991	3297	11584	1466	3644
河南	1839	130	138	161	1410	4951	1288	2165	377	1121
湖北	621	37	91	53	440	4624	749	1743	561	1571
湖南	433	31	78	57	267	2730	519	1032	310	869
广东	1947	161	382	372	1032	12802	2887	6674	1303	1938
广西	277	14	71	44	148	2697	473	1338	270	616
海南	227	13	51	49	114	1191	135	463	238	355
重庆	391	14	65	46	266	3037	580	1280	332	845
四川	782	47	129	107	499	6212	1372	2402	712	1726
贵州	141	4	25	24	88	1437	248	786	124	279
云南	430	25	85	64	256	3021	484	1411	396	730
西藏	41	5	18	2	16	286	69	120	25	72
陕西	530	56	69	60	345	5300	940	2444	499	1417
甘肃	169	8	19	20	122	1836	369	974	131	362
青海	59	2	10	17	30	1136	198	639	150	149
宁夏	66	5	9	11	41	1533	349	840	110	234
新疆	349	30	44	34	241	4941	1257	2515	392	777

7-1a　续表 3　　单位：人

现住地	省外									
	山西					内蒙古				
	小计	乡	镇的村委会	镇的居委会	街道	小计	乡	镇的村委会	镇的居委会	街道
全　国	**143277**	**26826**	**66310**	**15095**	**35046**	**108758**	**17543**	**42900**	**15733**	**32582**
北　京	34894	5890	15628	4008	9368	21694	2906	7565	3618	7605
天　津	7265	1114	3418	814	1919	6250	789	3031	770	1660
河　北	5791	1169	2511	542	1569	7188	1184	2854	1073	2077
山　西						5891	1603	2413	521	1354
内蒙古	12123	2985	7101	719	1318					
辽　宁	2740	386	917	287	1150	19820	3458	9485	1991	4886
吉　林	799	128	273	85	313	4028	676	1564	486	1302
黑龙江	1416	145	369	184	718	4393	671	1308	703	1711
上　海	9768	1860	3994	1322	2592	3800	549	1082	784	1385
江　苏	11530	2432	6155	1092	1851	3020	545	1188	442	845
浙　江	6714	1451	3526	503	1234	2888	552	1235	417	684
安　徽	977	176	470	66	265	478	65	171	89	153
福　建	1970	335	957	198	480	784	100	295	149	240
江　西	1053	162	412	149	330	726	118	205	121	282
山　东	6924	916	3693	639	1676	8252	1118	3788	1201	2145
河　南	2825	646	1235	270	674	1013	165	345	121	382
湖　北	3227	422	1133	437	1235	1501	168	444	288	601
湖　南	1544	291	438	200	615	905	154	227	142	382
广　东	9302	2072	4600	1066	1564	4989	994	1988	888	1119
广　西	1412	255	566	162	429	1127	193	459	196	279
海　南	770	79	238	201	252	650	61	171	164	254
重　庆	1728	269	602	233	624	865	113	259	136	357
四　川	3628	641	1229	457	1301	1711	287	400	302	722
贵　州	575	87	245	54	189	294	35	116	42	101
云　南	1392	199	597	190	406	779	98	229	170	282
西　藏	210	57	101	16	36	34	8	11	7	8
陕　西	8315	1636	3735	842	2102	2444	439	875	354	776
甘　肃	936	195	418	87	236	506	74	164	77	191
青　海	511	119	259	52	81	199	30	77	33	59
宁　夏	932	210	526	54	142	1503	176	545	305	477
新　疆	2006	499	964	166	377	1026	214	406	143	263

7-1a 续表 4 单位：人

现住地	省外									
	辽宁					吉林				
	小计	乡	镇的村委会	镇的居委会	街道	小计	乡	镇的村委会	镇的居委会	街道
全国	**127070**	**16449**	**44117**	**16374**	**50130**	**154524**	**23880**	**62641**	**19434**	**48569**
北京	28744	3012	8358	3938	13436	20737	2516	6564	3056	8601
天津	6697	846	3189	703	1959	7400	906	3632	893	1969
河北	7858	1326	3288	825	2419	6313	1066	2509	860	1878
山西	1407	146	524	131	606	1181	152	436	160	433
内蒙古	4837	704	2359	527	1247	4046	621	1897	450	1078
辽宁						35783	6500	16230	3203	9850
吉林	8408	1356	3189	672	3191					
黑龙江	4679	513	1090	518	2558	8864	1406	3122	1015	3321
上海	10463	1103	2363	1747	5250	8348	1174	2165	1411	3598
江苏	5560	919	2001	799	1841	5957	1018	2573	827	1539
浙江	6253	941	2497	747	2068	6698	1206	3080	743	1669
安徽	856	118	262	118	358	882	136	353	111	282
福建	1765	171	678	225	691	1771	216	762	250	543
江西	864	93	264	125	382	704	107	203	97	297
山东	10654	1286	5149	1104	3115	19351	2608	9912	2228	4603
河南	1321	220	340	146	615	1084	201	321	111	451
湖北	1579	163	339	250	827	1238	163	349	197	529
湖南	1199	174	305	174	546	1095	165	337	150	443
广东	11875	1860	4341	1833	3841	11848	2122	4641	1871	3214
广西	1830	246	622	269	693	1942	259	699	291	693
海南	1166	82	293	293	498	1450	111	368	387	584
重庆	1015	113	260	144	498	845	117	247	99	382
四川	2335	300	549	279	1207	2079	357	527	302	893
贵州	508	46	173	61	228	539	77	210	86	166
云南	1379	140	384	267	588	1255	145	378	250	482
西藏	110	27	47	5	31	68	20	25	6	17
陕西	1462	202	451	198	611	1151	162	358	182	449
甘肃	378	45	138	49	146	309	43	98	38	130
青海	238	38	74	39	87	181	21	79	27	54
宁夏	321	24	118	50	129	293	51	116	38	88
新疆	1309	235	472	138	464	1112	234	450	95	333

7-1a　续表 5　　　　　　　　　　　　　　　　　　　　　　　　单位：人

现住地	省外									
	黑龙江					上海				
	小计	乡	镇的村委会	镇的居委会	街道	小计	乡	镇的村委会	镇的居委会	街道
全　国	**328028**	**56144**	**134817**	**44672**	**92395**	**25551**	**931**	**2283**	**4364**	**17973**
北　京	41812	5425	12973	7065	16349	1889	64	72	236	1517
天　津	17319	2646	9249	1954	3470	252	5	18	31	198
河　北	19909	3466	7577	2859	6007	219	7	21	31	160
山　西	1890	307	591	269	723	179	4	17	23	135
内蒙古	9055	1386	4696	1112	1861	101	3	2	18	78
辽　宁	74518	15553	33778	6959	18228	401	11	12	34	344
吉　林	17220	4111	7220	1499	4390	144	3	7	9	125
黑龙江						231	4	14	17	196
上　海	14952	2296	4115	2827	5714					
江　苏	11740	2162	4859	1881	2838	7223	283	728	1721	4491
浙　江	13442	2519	5868	1919	3136	4226	144	489	755	2838
安　徽	1236	184	418	200	434	1447	21	86	155	1185
福　建	3235	402	1286	571	976	504	12	56	57	379
江　西	941	163	252	132	394	908	36	81	132	659
山　东	51082	7803	25377	6309	11593	630	20	83	84	443
河　南	2049	386	586	237	840	379	28	42	40	269
湖　北	2096	259	567	349	921	779	18	34	93	634
湖　南	1406	224	381	227	574	389	19	39	53	278
广　东	22292	4072	8701	3961	5558	2133	128	216	352	1437
广　西	3969	562	1459	669	1279	194	12	18	19	145
海　南	4440	253	909	1357	1921	151	5	11	34	101
重　庆	1405	155	377	243	630	505	6	50	46	403
四　川	3403	502	788	598	1515	907	31	60	146	670
贵　州	741	81	252	137	271	313	2	19	43	249
云　南	2487	324	742	562	859	413	16	40	82	275
西　藏	87	14	43	5	25	9		4		5
陕　西	2010	321	612	296	781	385	14	28	76	267
甘　肃	483	67	148	72	196	166	7	4	19	136
青　海	222	28	63	43	88	21	1	1	9	10
宁　夏	530	67	194	76	193	49		1	8	40
新　疆	2057	406	736	284	631	404	27	30	41	306

7-1a 续表 6 单位：人

现住地	省外									
	江苏					浙江				
	小计	乡	镇的村委会	镇的居委会	街道	小计	乡	镇的村委会	镇的居委会	街道
全　国	**276479**	**43466**	**135218**	**37388**	**60407**	**153085**	**20398**	**69661**	**19512**	**43514**
北　京	12560	1399	4903	1840	4418	6633	636	2335	854	2808
天　津	3114	300	1590	406	818	1955	198	875	229	653
河　北	3231	549	1543	369	770	2693	502	1222	249	720
山　西	2145	311	1059	218	557	1696	217	838	130	511
内蒙古	1305	185	641	182	297	967	136	495	114	222
辽　宁	3804	501	1731	336	1236	2331	261	875	217	978
吉　林	1198	186	471	125	416	1081	182	383	91	425
黑龙江	1345	148	314	215	668	1038	92	248	118	580
上　海	126960	21878	61161	19618	24303	39338	4739	15957	5916	12726
江　苏						21651	3182	11196	2589	4684
浙　江	37780	6448	22766	3401	5165					
安　徽	9397	867	4176	1202	3152	4020	428	1888	494	1210
福　建	3554	376	1896	446	836	4862	551	2800	546	965
江　西	2365	289	894	375	807	3536	511	1365	471	1189
山　东	14620	1843	8507	1436	2834	5319	598	2784	505	1432
河　南	2848	492	1156	304	896	2330	331	1028	233	738
湖　北	5063	526	1755	738	2044	5407	694	1951	745	2017
湖　南	2475	376	804	352	943	3290	563	1224	467	1036
广　东	16271	2835	8086	2361	2989	17851	2933	9294	2374	3250
广　西	1754	175	780	229	570	2876	334	1418	349	775
海　南	827	61	317	215	234	935	89	428	158	260
重　庆	2775	310	1072	364	1029	2708	300	1136	331	941
四　川	4602	769	1614	654	1565	5102	857	2020	604	1621
贵　州	1341	133	596	184	428	2433	281	1327	245	580
云　南	2277	296	940	412	629	4407	591	2136	669	1011
西　藏	162	50	65	25	22	133	29	56	19	29
陕　西	3953	616	1748	457	1132	3264	389	1597	327	951
甘　肃	1772	294	1003	157	318	1500	201	849	95	355
青　海	1018	176	517	137	188	565	91	292	70	112
宁　夏	812	107	438	111	156	668	54	395	64	155
新　疆	5151	970	2675	519	987	2496	428	1249	239	580

7-1a　续表 7　　　　单位：人

现住地	省外									
	安徽					福建				
	小计	乡	镇的村委会	镇的居委会	街道	小计	乡	镇的村委会	镇的居委会	街道
全　国	**832033**	**193307**	**505833**	**57666**	**75227**	**174768**	**32970**	**96164**	**17370**	**28264**
北　京	25018	4495	13429	2439	4655	6141	804	2771	713	1853
天　津	9168	1332	5904	747	1185	1900	181	1068	192	459
河　北	6214	1445	3264	483	1022	2013	345	958	206	504
山　西	3422	562	2125	206	529	1768	195	1075	163	335
内蒙古	2013	395	1213	135	270	1073	113	700	89	171
辽　宁	8344	1722	4570	598	1454	2165	301	987	209	668
吉　林	2061	478	1089	152	342	798	130	422	47	199
黑龙江	2441	436	943	323	739	837	74	239	107	417
上　海	170223	44397	95324	14484	16018	20381	4022	9689	2630	4040
江　苏	215413	48631	131245	16164	19373	11914	2073	6515	1386	1940
浙　江	235698	55909	160334	8897	10558	18261	3889	11113	1135	2124
安　徽						2245	275	1239	230	501
福　建	19038	3763	12913	1127	1235					
江　西	4520	836	2114	548	1022	3856	648	1617	543	1048
山　东	15183	2310	9650	1108	2115	4498	534	2673	386	905
河　南	6142	1516	3175	482	969	1871	406	786	190	489
湖　北	9797	1919	4298	1131	2449	4726	861	1928	557	1380
湖　南	3733	855	1588	381	909	3332	673	1469	383	807
广　东	56180	14690	32660	4553	4277	56832	12852	34893	4713	4374
广　西	3638	566	2065	411	596	4464	577	2446	541	900
海　南	2515	389	1400	390	336	2057	201	1267	349	240
重　庆	2698	493	1218	346	641	2901	437	1415	339	710
四　川	4901	1083	1954	594	1270	4352	891	1931	434	1096
贵　州	1839	291	1067	214	267	3259	393	1850	332	684
云　南	3017	497	1511	433	576	5499	811	2970	778	940
西　藏	265	75	131	17	42	108	41	52	3	12
陕　西	6165	1132	3429	478	1126	3588	522	1924	339	803
甘　肃	1673	354	1005	116	198	1137	157	628	104	248
青　海	1205	269	699	100	137	504	70	291	59	84
宁　夏	1219	233	804	62	120	361	53	220	26	62
新　疆	8290	2234	4712	547	797	1927	441	1028	187	271

7-1a 续表 8 单位：人

现住地	省外									
	江西					山东				
	小计	乡	镇的村委会	镇的居委会	街道	小计	乡	镇的村委会	镇的居委会	街道
全国	**580757**	**150019**	**333500**	**45617**	**51621**	**279872**	**45745**	**148101**	**24116**	**61910**
北京	8581	1252	3112	1320	2897	49071	6509	24078	4900	13584
天津	1700	245	838	210	407	25583	3036	17289	1491	3767
河北	1696	327	733	227	409	9454	1679	4820	766	2189
山西	1072	191	511	114	256	3260	444	1656	221	939
内蒙古	820	207	370	101	142	3180	545	1684	256	695
辽宁	1348	241	564	157	386	13242	2108	6814	984	3336
吉林	533	110	209	69	145	3320	562	1473	240	1045
黑龙江	814	114	182	107	411	4415	527	1402	433	2053
上海	39834	9129	17933	5691	7081	34843	6404	18046	3101	7292
江苏	23452	5243	12700	2463	3046	35596	6919	20468	2982	5227
浙江	141841	39927	88310	6087	7517	22266	4234	14085	1184	2763
安徽	3090	564	1639	338	549	3445	418	1902	268	857
福建	65353	15488	43565	3348	2952	4161	618	2429	337	777
江西						2206	292	939	274	701
山东	3731	536	2049	364	782					
河南	1620	376	656	158	430	5830	1419	2455	508	1448
湖北	8520	1565	3391	1135	2429	5135	650	1817	689	1979
湖南	7813	1859	3313	882	1759	2518	387	913	292	926
广东	238379	66744	138149	19104	14382	20432	4035	11211	1831	3355
广西	4811	757	2621	599	834	2715	331	1348	287	749
海南	3262	435	1884	552	391	1210	114	518	227	351
重庆	3057	502	1416	382	757	2762	351	1110	272	1029
四川	5410	1309	2251	640	1210	5018	793	1831	598	1796
贵州	3116	588	1739	287	502	1388	169	665	138	416
云南	5940	1227	2984	764	965	2635	322	1207	393	713
西藏	154	41	74	13	26	251	69	98	25	59
陕西	2383	507	1120	233	523	4968	701	2217	521	1529
甘肃	626	117	330	75	104	1602	217	792	128	465
青海	301	60	153	48	40	1181	192	624	127	238
宁夏	247	60	131	20	36	1237	173	746	96	222
新疆	1253	298	573	129	253	6948	1527	3464	547	1410

7-1a 续表 9

单位：人

现住地	省外									
	河南					湖北				
	小计	乡	镇的村委会	镇的居委会	街道	小计	乡	镇的村委会	镇的居委会	街道
全国	**882482**	**256310**	**493282**	**50540**	**82350**	**554830**	**121399**	**312500**	**49407**	**71524**
北京	65427	15968	34129	4943	10387	18937	2512	7367	2612	6446
天津	16821	3288	10231	1016	2286	4664	560	2842	380	882
河北	14457	4434	7318	866	1839	4227	849	2169	368	841
山西	14061	3297	8490	670	1604	2705	492	1472	168	573
内蒙古	4821	1246	2665	354	556	1262	218	653	141	250
辽宁	13160	3354	6576	793	2437	2293	364	970	208	751
吉林	2863	804	1290	170	599	1310	241	707	65	297
黑龙江	3038	551	941	421	1125	1368	228	488	136	516
上海	79971	24949	41087	5707	8228	34546	6645	15190	4836	7875
江苏	88489	25386	50558	5267	7278	25974	5578	14524	2609	3263
浙江	158500	52019	95521	4324	6636	71375	16004	46098	3947	5326
安徽	10257	2500	6009	639	1109	3540	505	1786	416	833
福建	27355	6957	17860	1146	1392	20054	3650	13299	1372	1733
江西	4550	1118	2064	505	863	5814	992	2788	660	1374
山东	30535	6237	19046	1614	3638	6758	779	4029	543	1407
河南						4545	928	1929	430	1258
湖北	27629	6003	12867	2983	5776					
湖南	6233	1645	2678	548	1362	16004	3710	7501	1690	3103
广东	204312	66982	117015	10457	9858	276855	67899	163389	22664	22903
广西	4924	1012	2599	457	856	5227	720	2585	618	1304
海南	4461	758	2433	650	620	4365	527	2266	808	764
重庆	5455	1216	2396	553	1290	6703	1138	2900	780	1885
四川	10591	2828	4332	970	2461	9916	2066	3935	1185	2730
贵州	3272	676	1732	302	562	3851	617	1926	443	865
云南	6618	1305	3277	832	1204	6570	1026	3152	991	1401
西藏	1081	339	501	88	153	525	145	265	44	71
陕西	20342	4469	10723	1469	3681	6133	1111	3118	591	1313
甘肃	5997	1720	3261	285	731	2114	296	1309	146	363
青海	4025	1098	2197	335	395	1269	232	727	103	207
宁夏	3575	948	2168	164	295	719	122	439	50	108
新疆	39662	13203	21318	2012	3129	5207	1245	2677	403	882

7-1a 续表 10 单位：人

现住地	省外									
	湖南					广东				
	小计	乡	镇的村委会	镇的居委会	街道	小计	乡	镇的村委会	镇的居委会	街道
全国	**775060**	**215580**	**444225**	**55740**	**59515**	**101708**	**9962**	**34132**	**15183**	**42431**
北京	10334	1415	3412	1566	3941	7217	397	1254	1026	4540
天津	1686	257	817	190	422	846	51	221	115	459
河北	1751	390	730	179	452	1060	131	276	121	532
山西	1004	171	479	91	263	668	45	180	57	386
内蒙古	694	123	342	79	150	401	23	92	63	223
辽宁	1420	215	529	171	505	1356	52	233	164	907
吉林	599	107	227	58	207	768	39	74	54	601
黑龙江	758	114	166	93	385	1062	48	91	125	798
上海	19904	4631	8715	2671	3887	9915	1015	2651	1636	4613
江苏	14168	3374	7475	1498	1821	5443	676	1807	891	2069
浙江	60458	16603	38067	2687	3101	7831	1180	3802	926	1923
安徽	2187	349	1197	241	400	1398	112	373	218	695
福建	17700	4028	11426	1116	1130	6111	582	3257	822	1450
江西	5925	1235	2803	782	1105	3824	390	998	715	1721
山东	3507	554	1882	309	762	2435	196	828	303	1108
河南	1857	443	731	200	483	1702	187	327	183	1005
湖北	12348	2329	4959	1654	3406	6592	435	1386	990	3781
湖南						7335	758	1660	1159	3758
广东	557312	166871	328269	35343	26829					
广西	16995	3267	9914	1589	2225	10988	1060	5433	1568	2927
海南	4969	782	2771	791	625	6985	715	3896	1357	1017
重庆	4684	919	2169	563	1033	2965	259	885	389	1432
四川	6990	1616	2821	880	1673	5255	581	1269	791	2614
贵州	9049	1858	4833	856	1502	1966	150	696	269	851
云南	10783	2140	5687	1344	1612	3887	546	1575	712	1054
西藏	366	101	162	24	79	73	11	24	9	29
陕西	2521	459	1113	285	664	1804	159	390	253	1002
甘肃	899	151	485	77	186	508	29	107	75	297
青海	554	86	293	84	91	170	15	41	25	89
宁夏	412	94	226	24	68	186	11	42	22	111
新疆	3226	898	1525	295	508	957	109	264	145	439

7-1a　续表 11　　　　单位：人

现住地	省外									
	广西					海南				
	小计	乡	镇的村委会	镇的居委会	街道	小计	乡	镇的村委会	镇的居委会	街道
全　国	**527355**	**147933**	**327285**	**26324**	**25813**	**33910**	**4978**	**14276**	**5997**	**8659**
北　京	2765	348	835	440	1142	1148	68	201	190	689
天　津	1048	140	365	128	415	277	34	77	61	105
河　北	614	114	238	64	198	400	42	88	77	193
山　西	346	39	159	25	123	413	24	108	48	233
内蒙古	194	33	65	27	69	151	5	29	33	84
辽　宁	1014	142	294	135	443	342	23	46	42	231
吉　林	305	48	89	32	136	238	17	37	24	160
黑龙江	664	72	194	79	319	419	19	43	41	316
上　海	5756	1228	2460	785	1283	1487	170	563	285	469
江　苏	4706	1024	2203	512	967	710	106	256	111	237
浙　江	12438	3124	7807	579	928	865	109	404	144	208
安　徽	568	107	297	57	107	188	17	55	26	90
福　建	5525	1157	3466	399	503	669	66	335	114	154
江　西	1416	275	707	162	272	669	76	226	133	234
山　东	1645	238	745	160	502	524	63	131	75	255
河　南	712	152	263	80	217	527	55	96	95	281
湖　北	3927	588	1542	500	1297	1068	82	332	211	443
湖　南	3216	745	1321	354	796	1059	122	283	179	475
广　东	467112	136044	297398	20286	13384	18805	3476	9747	3330	2252
广　西						1173	156	442	252	323
海　南	3074	433	2083	303	255					
重　庆	1695	305	742	170	478	606	52	187	116	251
四　川	2618	556	1030	316	716	810	88	215	137	370
贵　州	1651	268	899	166	318	232	11	68	41	112
云　南	2847	499	1471	389	488	429	40	144	116	129
西　藏	41	14	17	5	5	6	3	2		1
陕　西	774	121	308	95	250	364	34	89	59	182
甘　肃	164	25	64	20	55	96	3	14	18	61
青　海	76	11	30	10	25	22	1	8	7	6
宁　夏	130	25	58	17	30	54	2	16	10	26
新　疆	314	58	135	29	92	159	14	34	22	89

7-1a 续表 12

单位：人

现住地	省外									
	重庆					四川				
	小计	乡	镇的村委会	镇的居委会	街道	小计	乡	镇的村委会	镇的居委会	街道
全国	**283209**	**63262**	**155160**	**23592**	**41195**	**752215**	**199418**	**426808**	**52784**	**73205**
北京	5161	629	1953	710	1869	17179	3491	7774	1662	4252
天津	1073	128	545	106	294	3886	590	2134	370	792
河北	1603	334	704	136	429	4280	1074	1912	382	912
山西	1146	172	572	85	317	4513	1007	2569	259	678
内蒙古	571	112	281	61	117	1936	398	1071	152	315
辽宁	1460	314	599	128	419	5305	1131	2412	415	1347
吉林	445	59	173	35	178	874	190	303	91	290
黑龙江	487	42	113	47	285	1415	219	381	142	673
上海	11846	2625	5810	1271	2140	33843	9140	16926	3223	4554
江苏	10108	2235	5530	972	1371	35106	8958	20099	2637	3412
浙江	41609	10020	27090	1742	2757	94770	24841	62465	3183	4281
安徽	1145	216	515	148	266	2666	508	1425	276	457
福建	23998	4903	16771	1083	1241	54803	14200	36720	2099	1784
江西	1379	230	596	157	396	2886	682	1364	320	520
山东	2746	369	1520	213	644	11330	2341	6689	753	1547
河南	1518	345	649	118	406	3052	842	1326	238	646
湖北	10551	2124	5329	1007	2091	9204	1848	3801	1173	2382
湖南	2676	603	1016	310	747	4806	1270	1852	588	1096
广东	88109	23897	51504	6390	6318	254167	79893	148240	14382	11652
广西	2213	318	1125	243	527	5819	1181	2994	654	990
海南	2257	235	1367	315	340	7499	1300	4573	911	715
重庆						90454	19645	45502	9723	15584
四川	36747	7195	13662	4467	11423					
贵州	9962	1415	5349	1064	2134	20109	4057	11580	1766	2706
云南	13655	2460	7136	1734	2325	29701	6377	15897	3288	4139
西藏	858	234	325	86	213	7248	2005	3258	698	1287
陕西	1989	300	885	201	603	10415	2258	5488	787	1882
甘肃	679	127	329	72	151	3234	792	1628	247	567
青海	497	73	220	88	116	2595	628	1333	284	350
宁夏	465	62	244	65	94	1300	301	734	103	162
新疆	6256	1486	3248	538	984	27820	8251	14358	1978	3233

7-1a 续表 13

单位：人

现住地	省外									
	贵州					云南				
	小计	乡	镇的村委会	镇的居委会	街道	小计	乡	镇的村委会	镇的居委会	街道
全国	**351164**	**100937**	**209116**	**16421**	**24690**	**171442**	**50254**	**97927**	**9215**	**14046**
北京	2975	439	1066	427	1043	2642	368	1055	367	852
天津	1515	249	624	179	463	1046	158	500	98	290
河北	975	203	436	102	234	859	231	357	58	213
山西	670	159	354	36	121	428	71	186	36	135
内蒙古	323	46	176	32	69	281	43	134	27	77
辽宁	1690	263	595	186	646	796	106	274	104	312
吉林	366	92	112	54	108	238	46	86	24	82
黑龙江	1246	234	396	123	493	576	57	183	76	260
上海	9126	2414	4358	846	1508	7541	1990	3939	583	1029
江苏	14275	3896	7772	919	1688	11100	3154	6179	674	1093
浙江	114570	35394	73031	2458	3687	39202	12389	24460	1006	1347
安徽	1507	365	870	95	177	1089	280	608	66	135
福建	33406	7900	23306	958	1242	11153	2623	7613	425	492
江西	2375	738	1062	218	357	1283	288	572	154	269
山东	3272	630	1748	243	651	3389	834	1778	225	552
河南	968	296	409	70	193	630	179	239	59	153
湖北	4945	962	2097	643	1243	2453	442	988	344	679
湖南	3537	954	1588	353	642	1749	431	705	176	437
广东	113562	36675	68263	4654	3970	64877	22227	38412	2511	1727
广西	3928	819	2136	431	542	2272	453	1256	223	340
海南	1435	247	819	186	183	737	138	423	82	94
重庆	11149	2402	5933	1000	1814	3978	782	1864	476	856
四川	6069	1407	2313	710	1639	7270	1818	3079	829	1544
贵州						3460	612	1880	381	587
云南	14838	3601	8425	1275	1537					
西藏	151	53	65	12	21	380	83	211	34	52
陕西	1018	198	486	92	242	804	123	353	76	252
甘肃	179	40	87	20	32	164	34	68	21	41
青海	111	20	60	13	18	127	25	76	7	19
宁夏	232	41	142	14	35	168	24	105	19	20
新疆	751	200	387	72	92	750	245	344	54	107

7-1a 续表 14 单位：人

现住地	省外									
	西藏					陕西				
	小计	乡	镇的村委会	镇的居委会	街道	小计	乡	镇的村委会	镇的居委会	街道
全国	**9503**	**1774**	**1795**	**1324**	**4610**	**183989**	**36593**	**97879**	**15497**	**34020**
北京	278	70	76	43	89	13131	1681	5102	1565	4783
天津	180	33	68	13	66	2605	293	1464	229	619
河北	171	19	56	22	74	3091	601	1484	282	724
山西	59	26	5	2	26	3898	517	1714	293	1374
内蒙古	17	1	6	3	7	5947	1283	3776	312	576
辽宁	155	20	21	15	99	1424	206	551	108	559
吉林	71	29	15	9	18	541	78	197	56	210
黑龙江	139	16	76	11	36	590	42	136	67	345
上海	189	56	22	21	90	12719	2337	5874	1463	3045
江苏	561	170	138	46	207	17035	3568	10293	1290	1884
浙江	132	31	49	11	41	17212	3384	11404	879	1545
安徽	126	52	24	13	37	1395	228	678	128	361
福建	125	17	45	22	41	4911	784	3222	350	555
江西	210	77	49	13	71	1170	201	500	146	323
山东	253	30	63	44	116	5180	725	2859	444	1152
河南	258	33	36	35	154	3490	583	1095	394	1418
湖北	490	158	169	35	128	3447	478	1414	488	1067
湖南	360	169	59	49	83	1855	354	694	193	614
广东	164	35	56	28	45	46090	12178	26862	3166	3884
广西	47	10	13	10	14	1490	182	700	189	419
海南	18	5	4	3	6	773	88	320	147	218
重庆	602	55	74	103	370	2788	423	1252	330	783
四川	3633	319	405	645	2264	6608	1227	2616	759	2006
贵州	93	8	16	11	58	1086	131	588	105	262
云南	151	18	42	26	65	1962	279	868	276	539
西藏						512	120	256	37	99
陕西	574	178	104	55	237					
甘肃	193	44	41	8	100	4436	642	1959	336	1499
青海	203	84	47	19	53	1994	304	1010	224	456
宁夏	22	9	9	2	2	4613	846	2799	366	602
新疆	29	2	7	7	13	11996	2830	6192	875	2099

7-1a 续表 15 单位：人

现住地	省外									
	甘肃					青海				
	小计	乡	镇的村委会	镇的居委会	街道	小计	乡	镇的村委会	镇的居委会	街道
全国	**188024**	**48063**	**96459**	**15067**	**28435**	**21991**	**3828**	**7155**	**3342**	**7666**
北京	12052	2400	5857	1160	2635	1104	114	223	207	560
天津	4835	876	2497	419	1043	478	66	182	76	154
河北	2004	470	834	182	518	484	97	136	57	194
山西	1057	220	482	99	256	354	54	140	53	107
内蒙古	4201	1299	2323	254	325	259	77	97	30	55
辽宁	1613	249	560	132	672	447	87	106	62	192
吉林	386	91	123	41	131	166	44	36	26	60
黑龙江	831	116	205	93	417	143	12	40	33	58
上海	11088	2740	5305	1095	1948	743	113	213	135	282
江苏	13041	3337	7190	946	1568	1393	283	455	188	467
浙江	11476	2897	6772	635	1172	1112	242	603	99	168
安徽	901	203	459	66	173	214	12	78	37	87
福建	2809	604	1570	231	404	297	61	137	35	64
江西	1439	353	577	159	350	356	76	130	41	109
山东	4670	766	2462	394	1048	1429	205	545	195	484
河南	1423	313	590	150	370	635	100	185	71	279
湖北	3229	578	1276	464	911	836	132	246	137	321
湖南	1446	307	520	174	445	407	61	84	57	205
广东	17694	5102	9697	1284	1611	2202	647	1039	209	307
广西	1022	179	442	102	299	242	31	68	41	102
海南	624	66	235	141	182	108	9	17	32	50
重庆	2168	328	844	302	694	609	76	141	94	298
四川	6130	1241	1962	743	2184	2521	202	390	556	1373
贵州	529	101	242	63	123	116	16	42	18	40
云南	1061	168	399	189	305	260	36	68	59	97
西藏	1878	609	860	180	229	611	227	270	45	69
陕西	16260	3289	8060	1496	3415	2138	264	572	431	871
甘肃						1176	195	352	207	422
青海	5971	1602	2929	637	803					
宁夏	9787	2689	5912	500	686	178	28	71	27	52
新疆	46399	14870	25275	2736	3518	973	261	489	84	139

7-1a 续表 16 单位：人

现住地	省外									
	宁夏					新疆				
	小计	乡	镇的村委会	镇的居委会	街道	小计	乡	镇的村委会	镇的居委会	街道
全国	**21137**	**3951**	**7774**	**2872**	**6540**	**39394**	**6463**	**9483**	**6905**	**16543**
北京	1994	257	463	372	902	3391	369	541	617	1864
天津	507	78	144	92	193	1044	137	220	202	485
河北	388	53	107	63	165	770	140	151	131	348
山西	259	39	84	28	108	261	42	55	36	128
内蒙古	1094	270	476	128	220	185	23	41	29	92
辽宁	285	31	62	35	157	1133	138	272	119	604
吉林	127	17	32	17	61	343	71	69	48	155
黑龙江	146	12	30	14	90	465	53	152	57	203
上海	1294	167	347	242	538	3305	529	582	638	1556
江苏	1131	188	453	148	342	2701	515	833	508	845
浙江	1313	279	635	168	231	2390	562	754	358	716
安徽	144	28	45	12	59	407	97	119	49	142
福建	438	64	222	62	90	869	220	349	96	204
江西	269	45	96	39	89	530	99	174	74	183
山东	890	106	288	151	345	2408	454	708	341	905
河南	376	73	89	48	166	1046	213	244	168	421
湖北	601	88	167	81	265	1945	388	495	303	759
湖南	346	47	90	51	158	934	184	213	157	380
广东	1527	301	629	228	369	3747	755	1061	778	1153
广西	147	15	53	28	51	390	61	104	72	153
海南	84	4	26	27	27	487	37	112	143	195
重庆	471	53	133	55	230	1967	266	500	337	864
四川	767	99	178	130	360	4341	485	682	866	2308
贵州	74	17	28	2	27	181	28	47	24	82
云南	216	19	72	30	95	478	68	129	105	176
西藏	24	9	8	2	5	48	6	19	11	12
陕西	1955	325	690	300	640	2327	299	534	429	1065
甘肃	919	207	357	113	242	827	117	192	131	387
青海	200	37	94	30	39	189	43	55	32	59
宁夏						285	64	76	46	99
新疆	3151	1023	1676	176	276					

7-1b　全国按现住地、户口登记地类型分的户口登记地在外乡镇街道人口(镇)

单位：人

现住地	合计					省内				
	合计	乡	镇的村委会	镇的居委会	街道	小计	乡	镇的村委会	镇的居委会	街道
全国	**11006529**	**2696461**	**5821192**	**1183845**	**1305031**	**9091620**	**2266789**	**4688258**	**1025272**	**1111301**
北京	79028	14884	37936	7123	19085	20396	1226	6515	2921	9734
天津	25069	3533	15013	1929	4594	6603	436	3454	641	2072
河北	656927	195789	342817	52751	65570	574820	179281	300053	43616	51870
山西	336025	107609	167257	30045	31114	316759	103645	156805	28098	28211
内蒙古	348925	88126	180518	40697	39584	303825	77454	155869	35954	34548
辽宁	162172	29219	82329	17827	32797	143988	26057	72279	16025	29627
吉林	219658	39812	84444	28375	67027	195157	35553	74965	25608	59031
黑龙江	214656	61348	79096	34062	40150	203397	59524	75223	31545	37105
上海	150046	28376	79421	18709	23540	27323	639	8858	6663	11163
江苏	704331	114160	411130	91343	87698	461640	63259	251788	74775	71818
浙江	684174	160077	424126	39531	60440	283874	50950	163209	24886	44829
安徽	700623	110556	428053	89825	72189	647283	102926	397147	83495	63715
福建	421202	95213	262277	32917	30795	309410	72773	184327	27612	24698
江西	492089	157094	228641	68518	37836	457028	150443	210852	63486	32247
山东	720260	83380	441267	50038	145575	644074	71875	398071	43186	130942
河南	937629	394321	346466	68246	128596	901405	384731	331114	65281	120279
湖北	334122	64120	180633	48176	41193	307128	59452	167441	44357	35878
湖南	582848	161323	267990	81309	72226	548812	152816	252330	76785	66881
广东	552266	90084	359628	62890	39664	337282	36294	221606	49187	30195
广西	309831	80810	175007	35578	18436	284595	75468	161387	32322	15418
海南	50270	4796	28795	10549	6130	34905	2830	21316	8118	2641
重庆	202079	47429	103840	24105	26705	183227	43948	92799	21905	24575
四川	612039	161210	295966	91603	63260	577536	154677	281225	85707	55927
贵州	334743	65973	193206	29621	45943	305155	61445	176081	26127	41502
云南	338100	94288	174229	38409	31174	298328	86440	152786	32706	26396
西藏	17315	8083	5211	1258	2763	10986	6242	2580	789	1375
陕西	284873	43258	183819	30030	27766	267059	40311	173563	27927	25258
甘肃	189818	59858	101362	16756	11842	172206	56957	93996	12103	9150
青海	60418	27548	22922	7461	2487	54197	25794	19759	6708	1936
宁夏	94034	29759	47178	7185	9912	79131	26261	38058	6296	8516
新疆	190959	74425	70615	26979	18940	134091	57082	42802	20443	13764

7-1b 续表 1 单位：人

现住地	省外									
	小计					北京				
	小计	乡	镇的村委会	镇的居委会	街道	小计	乡	镇的村委会	镇的居委会	街道
全国	**1914909**	**429672**	**1132934**	**158573**	**193730**	**8804**	**549**	**1615**	**1808**	**4832**
北京	58632	13658	31421	4202	9351					
天津	18466	3097	11559	1288	2522	439	2	44	40	353
河北	82107	16508	42764	9135	13700	3927	249	838	948	1892
山西	19266	3964	10452	1947	2903	192	7	49	36	100
内蒙古	45100	10672	24649	4743	5036	264	19	40	52	153
辽宁	18184	3162	10050	1802	3170	99	4	15	19	61
吉林	24501	4259	9479	2767	7996	246	5	30	45	166
黑龙江	11259	1824	3873	2517	3045	136	9	12	28	87
上海	122723	27737	70563	12046	12377	151		15	26	110
江苏	242691	50901	159342	16568	15880	428	18	59	86	265
浙江	400300	109127	260917	14645	15611	153	8	30	33	82
安徽	53340	7630	30906	6330	8474	229	11	36	36	146
福建	111792	22440	77950	5305	6097	87	4	20	16	47
江西	35061	6651	17789	5032	5589	128	16	26	18	68
山东	76186	11505	43196	6852	14633	713	34	108	104	467
河南	36224	9590	15352	2965	8317	317	58	68	25	166
湖北	26994	4668	13192	3819	5315	114	13	16	35	50
湖南	34036	8507	15660	4524	5345	180	19	28	43	90
广东	214984	53790	138022	13703	9469	109	15	24	24	46
广西	25236	5342	13620	3256	3018	44	1	7	9	27
海南	15365	1966	7479	2431	3489	185	7	11	37	130
重庆	18852	3481	11041	2200	2130	62	4	16	8	34
四川	34503	6533	14741	5896	7333	192	13	31	45	103
贵州	29588	4528	17125	3494	4441	62	5	16	9	32
云南	39772	7848	21443	5703	4778	63	5	13	11	34
西藏	6329	1841	2631	469	1388	12	1	2		9
陕西	17814	2947	10256	2103	2508	85	8	25	10	42
甘肃	17612	2901	7366	4653	2692	80	7	25	14	34
青海	6221	1754	3163	753	551	7		1	3	3
宁夏	14903	3498	9120	889	1396	30	3	2	7	18
新疆	56868	17343	27813	6536	5176	70	4	8	41	17

7-1b　续表 2

单位：人

现住地	省外									
	天津					河北				
	小计	乡	镇的村委会	镇的居委会	街道	小计	乡	镇的村委会	镇的居委会	街道
全　国	**12075**	**863**	**2966**	**2252**	**5994**	**64338**	**14108**	**35891**	**5122**	**9217**
北　京	1653	125	399	296	833	16702	4035	9991	919	1757
天　津						4344	744	2769	271	560
河　北	5906	412	1553	1196	2745					
山　西	306	18	36	64	188	3290	727	1915	287	361
内蒙古	278	20	75	59	124	5149	1465	2634	483	567
辽　宁	87	6	16	17	48	998	169	517	120	192
吉　林	355	35	80	29	211	1494	239	591	151	513
黑龙江	131	5	25	31	70	689	78	179	200	232
上　海	157	9	42	29	77	1472	300	781	167	224
江　苏	330	29	81	54	166	3472	733	2013	272	454
浙　江	154	16	33	40	65	2410	617	1464	130	199
安　徽	152	9	40	24	79	2040	330	1113	198	399
福　建	105	3	22	16	64	824	161	443	65	155
江　西	110	5	32	16	57	824	152	407	108	157
山　东	849	44	221	99	485	8127	1540	4829	496	1262
河　南	517	44	86	64	323	3137	936	1456	217	528
湖　北	92	2	27	23	40	615	101	273	82	159
湖　南	96	9	10	22	55	681	173	312	81	115
广　东	104	13	26	27	38	825	171	496	68	90
广　西	76	5	23	15	33	592	108	283	73	128
海　南	63	1	11	16	35	469	60	155	66	188
重　庆	23	3	5	3	12	230	46	120	21	43
四　川	133	14	21	28	70	966	179	382	162	243
贵　州	20	1	6	5	8	412	72	228	37	75
云　南	45	5	9	9	22	582	84	308	73	117
西　藏	13	4	3	2	4	126	30	64	8	24
陕　西	71	8	17	21	25	718	118	432	81	87
甘　肃	113	3	26	24	60	604	103	358	49	94
青　海	9	1	5	1	2	191	38	120	21	12
宁　夏	49	3	19	4	23	871	204	537	44	86
新　疆	78	11	17	13	32	1484	395	721	172	196

7-1b 续表 3

单位：人

现住地	省外									
	山西					内蒙古				
	小计	乡	镇的村委会	镇的居委会	街道	小计	乡	镇的村委会	镇的居委会	街道
全国	**35699**	**7517**	**19339**	**3244**	**5599**	**27732**	**5294**	**13225**	**3839**	**5374**
北京	3505	854	1987	237	427	2104	440	995	221	448
天津	763	121	437	45	160	805	117	496	83	109
河北	4169	873	2198	415	683	6098	1474	3095	774	755
山西						1245	323	535	143	244
内蒙古	4662	1259	2625	394	384					
辽宁	171	27	66	18	60	2843	443	1704	300	396
吉林	588	97	170	65	256	2210	368	905	336	601
黑龙江	155	22	57	41	35	1733	318	488	419	508
上海	1680	355	876	173	276	525	104	171	100	150
江苏	3982	740	2495	326	421	1042	197	535	147	163
浙江	2342	602	1427	135	178	829	190	474	92	73
安徽	1013	136	595	121	161	432	54	218	71	89
福建	824	111	482	52	179	264	33	128	32	71
江西	513	63	229	73	148	301	40	98	62	101
山东	2213	328	1191	198	496	2673	359	1351	383	580
河南	1922	437	956	136	393	533	105	186	62	180
湖北	441	61	172	65	143	188	34	68	37	49
湖南	390	97	166	39	88	168	44	50	22	52
广东	676	171	328	77	100	303	67	122	53	61
广西	226	44	91	34	57	156	23	51	36	46
海南	272	13	69	67	123	190	14	38	47	91
重庆	127	22	54	22	29	58	16	23	7	12
四川	667	114	238	101	214	253	36	79	53	85
贵州	154	27	81	15	31	82	17	22	15	28
云南	298	53	121	49	75	115	21	44	20	30
西藏	116	28	43	8	37	19	3	6	1	9
陕西	1934	487	1156	130	161	1112	186	675	117	134
甘肃	292	45	174	30	43	282	28	142	39	73
青海	92	20	50	10	12	54	11	27	7	9
宁夏	296	48	192	22	34	550	96	257	73	124
新疆	1216	262	613	146	195	565	133	242	87	103

7-1b 续表 4

单位：人

现住地	省外									
	辽宁					吉林				
	小计	乡	镇的村委会	镇的居委会	街道	小计	乡	镇的村委会	镇的居委会	街道
全国	**29122**	**4509**	**13281**	**3663**	**7669**	**32061**	**5469**	**16079**	**3920**	**6593**
北京	2307	389	1060	218	640	1908	344	923	152	489
天津	493	52	297	50	94	550	96	335	47	72
河北	4588	773	2530	431	854	3974	631	2130	510	703
山西	388	48	146	56	138	256	43	112	28	73
内蒙古	2890	542	1400	420	528	2420	499	1149	346	426
辽宁						3330	536	1872	354	568
吉林	3452	511	1323	403	1215					
黑龙江	1355	233	363	327	432	2816	544	1242	502	528
上海	1134	131	401	193	409	1051	162	374	192	323
江苏	1976	306	969	286	415	2231	426	1128	279	398
浙江	1645	293	829	182	341	2212	555	1157	160	340
安徽	690	74	339	84	193	770	79	403	109	179
福建	587	97	271	40	179	555	69	336	48	102
江西	395	51	164	45	135	263	47	102	47	67
山东	3193	401	1660	338	794	6125	863	3477	628	1157
河南	649	152	230	44	223	536	108	197	42	189
湖北	164	24	62	30	48	165	16	85	29	35
湖南	280	57	102	32	89	266	50	83	36	97
广东	647	107	268	85	187	742	145	286	116	195
广西	188	32	67	25	64	150	21	58	16	55
海南	295	25	73	60	137	366	31	68	74	193
重庆	110	9	43	20	38	88	13	42	14	19
四川	398	41	137	88	132	245	30	90	35	90
贵州	115	9	42	15	49	75	8	24	15	28
云南	207	24	69	51	63	185	25	70	37	53
西藏	45	6	14	6	19	26	3	10	2	11
陕西	257	24	139	39	55	161	24	79	12	46
甘肃	166	26	61	19	60	147	20	66	10	51
青海	33	4	14	4	11	27	11	8	3	5
宁夏	102	11	47	19	25	113	9	74	10	20
新疆	373	57	161	53	102	308	61	99	67	81

7-1b 续表 5

单位：人

现住地	省外									
	黑龙江					上海				
	小计	乡	镇的村委会	镇的居委会	街道	小计	乡	镇的村委会	镇的居委会	街道
全国	**74499**	**14267**	**36715**	**9685**	**13832**	**7067**	**403**	**1341**	**1603**	**3720**
北京	4076	826	1787	503	960	54	3	7	7	37
天津	3620	742	2401	266	211	12	3	1		8
河北	13079	2858	6852	1572	1797	83	11	18	12	42
山西	547	81	201	106	159	24	4	5	4	11
内蒙古	4724	1095	2114	899	616	30	2	2	12	14
辽宁	6316	1315	3511	563	927	14		3	4	7
吉林	6520	1370	2851	748	1551	107		24	20	63
黑龙江						51	4	5	15	27
上海	2005	296	717	459	533					
江苏	4323	826	2213	609	675	2754	140	506	607	1501
浙江	3717	797	1876	464	580	1408	72	243	352	741
安徽	1071	136	486	173	276	754	15	145	210	384
福建	984	159	472	150	203	116	10	17	20	69
江西	431	67	147	93	124	344	35	60	88	161
山东	16609	2495	8728	2045	3341	191	5	45	26	115
河南	1038	268	323	139	308	215	32	67	11	105
湖北	283	49	115	43	76	103	11	15	26	51
湖南	405	101	131	56	117	118	13	22	35	48
广东	1419	299	583	231	306	129	8	16	25	80
广西	254	57	102	34	61	37	1	11	8	17
海南	749	46	188	134	381	30		3	5	22
重庆	88	5	40	21	22	42	5	12	8	17
四川	400	72	106	74	148	116	7	23	28	58
贵州	150	17	59	26	48	56	3	16	7	30
云南	334	48	115	78	93	76	4	13	22	37
西藏	33	4	7	2	20	4	1			3
陕西	324	61	155	41	67	41	3	16	11	11
甘肃	171	20	68	23	60	30	1	13	3	13
青海	45	2	25	11	7	5			3	2
宁夏	204	33	98	26	47	10		3	1	6
新疆	580	122	244	96	118	113	10	30	33	40

7-1b　续表 6

单位：人

现住地	省外									
	江苏					浙江				
	小计	乡	镇的村委会	镇的居委会	街道	小计	乡	镇的村委会	镇的居委会	街道
全国	**61000**	**9430**	**34142**	**8204**	**9224**	**34326**	**5047**	**18046**	**4547**	**6686**
北京	1123	276	505	121	221	432	76	187	50	119
天津	268	23	163	16	66	140	16	73	11	40
河北	1600	242	911	173	274	1033	240	553	99	141
山西	617	89	304	109	115	370	61	214	44	51
内蒙古	636	99	369	70	98	392	56	231	54	51
辽宁	251	39	127	33	52	207	32	122	26	27
吉林	659	90	227	89	253	628	89	250	62	227
黑龙江	252	38	80	70	64	152	26	41	32	53
上海	17333	3059	10073	2466	1735	4863	749	2570	564	980
江苏						6100	754	3718	780	848
浙江	11857	2234	7848	961	814					
安徽	9188	676	4678	1628	2206	2820	236	1530	437	617
福建	1249	143	713	177	216	2215	321	1303	208	383
江西	1245	157	563	238	287	2597	393	1152	445	607
山东	4102	470	2490	393	749	940	86	514	94	246
河南	1550	354	606	181	409	1330	297	549	116	368
湖北	1087	127	480	207	273	934	118	390	163	263
湖南	755	137	324	135	159	922	212	346	167	197
广东	1173	249	625	155	144	1416	213	808	176	219
广西	538	78	247	77	136	734	104	372	144	114
海南	238	45	64	63	66	176	24	88	17	47
重庆	312	43	178	46	45	308	58	134	48	68
四川	821	106	389	158	168	974	173	419	192	190
贵州	502	57	261	85	99	1323	190	697	198	238
云南	615	85	304	113	113	1493	237	803	200	253
西藏	45	7	17	4	17	40	9	18	1	12
陕西	542	82	288	80	92	432	57	262	44	69
甘肃	562	50	341	79	92	438	70	244	42	82
青海	220	35	120	41	24	104	17	68	13	6
宁夏	321	36	204	27	54	275	28	153	26	68
新疆	1339	304	643	209	183	538	105	237	94	102

7-1b 续表 7

单位：人

现住地	省外									
	安徽					福建				
	小计	乡	镇的村委会	镇的居委会	街道	小计	乡	镇的村委会	镇的居委会	街道
全国	**226237**	**50895**	**152224**	**12362**	**10756**	**33738**	**6254**	**19801**	**3634**	**4049**
北京	2525	579	1554	129	263	366	59	190	39	78
天津	649	82	492	36	39	129	9	95	11	14
河北	3829	833	2426	256	314	780	128	431	87	134
山西	738	129	432	104	73	344	64	229	20	31
内蒙古	987	198	580	114	95	251	48	138	36	29
辽宁	512	67	350	41	54	215	45	116	16	38
吉林	726	147	339	63	177	277	41	111	25	100
黑龙江	397	59	176	74	88	98	12	32	19	35
上海	34159	8617	21513	2299	1730	3171	641	1847	379	304
江苏	71978	14619	51052	3913	2394	4155	635	2727	411	382
浙江	77731	18833	54284	2488	2126	5276	1309	3321	321	325
安徽						1447	174	868	208	197
福建	6068	1094	4422	317	235					
江西	2701	509	1512	373	307	1930	374	937	309	310
山东	3978	503	2757	258	460	909	94	555	76	184
河南	4135	1336	1858	251	690	1168	256	561	90	261
湖北	1718	290	843	254	331	766	118	394	114	140
湖南	1239	323	586	156	174	1029	254	449	174	152
广东	3789	916	2358	292	223	3975	823	2574	356	222
广西	797	187	409	90	111	1372	220	818	169	165
海南	540	74	275	98	93	433	59	237	75	62
重庆	378	89	192	47	50	317	49	183	45	40
四川	861	192	406	120	143	952	167	493	140	152
贵州	841	119	516	90	116	1358	150	787	182	239
云南	853	159	472	138	84	1778	309	1019	199	251
西藏	112	23	55	5	29	31	9	16		6
陕西	753	111	488	67	87	246	22	147	33	44
甘肃	588	95	377	35	81	323	36	191	29	67
青海	191	34	112	25	20	50	19	19	7	5
宁夏	507	99	349	25	34	125	16	81	5	23
新疆	1957	579	1039	204	135	467	114	235	59	59

7-1b　续表 8　　　　单位：人

现住地	省外									
	江西					山东				
	小计	乡	镇的村委会	镇的居委会	街道	小计	乡	镇的村委会	镇的居委会	街道
全　国	**109514**	**26294**	**68456**	**7709**	**7055**	**68338**	**12446**	**41377**	**5544**	**8971**
北　京	732	197	328	68	139	4766	1016	2816	246	688
天　津	159	26	94	11	28	2035	299	1448	82	206
河　北	1175	260	614	130	171	6568	1259	3988	571	750
山　西	189	52	86	11	40	961	122	556	83	200
内蒙古	273	74	119	35	45	2101	260	1142	282	417
辽　宁	103	29	38	12	24	773	97	455	64	157
吉　林	299	61	81	50	107	1770	255	734	179	602
黑龙江	133	17	47	35	34	1001	135	367	233	266
上　海	6435	1405	3634	786	610	5740	1098	3571	429	642
江　苏	7284	1420	4620	703	541	15974	2695	10907	1241	1131
浙　江	39658	11265	25632	1436	1325	7654	1621	5265	283	485
安　徽	2861	482	1773	296	310	2837	309	1834	262	432
福　建	17251	3474	12365	849	563	1521	202	998	113	208
江　西						1150	141	631	174	204
山　东	744	111	438	68	127					
河　南	1159	300	497	108	254	3657	1145	1625	219	668
湖　北	1815	306	825	268	416	840	111	366	93	270
湖　南	4023	1051	2154	360	458	713	159	335	95	124
广　东	16941	4235	10553	1298	855	1270	250	790	99	131
广　西	1407	256	813	175	163	479	73	242	47	117
海　南	739	87	424	113	115	343	52	142	29	120
重　庆	466	73	283	67	43	187	18	89	29	51
四　川	1308	303	625	198	182	816	184	340	97	195
贵　州	1358	174	890	154	140	477	65	249	40	123
云　南	1757	357	918	303	179	501	57	270	92	82
西　藏	83	22	37	5	19	96	26	39	7	24
陕　西	365	72	174	55	64	834	102	448	100	184
甘　肃	303	57	163	46	37	462	55	276	33	98
青　海	62	13	31	6	12	168	19	77	51	21
宁　夏	121	25	68	18	10	500	66	331	32	71
新　疆	311	90	132	45	44	2144	555	1046	239	304

7-1b 续表 9 单位：人

现住地	省外									
	河南					湖北				
	小计	乡	镇的村委会	镇的居委会	街道	小计	乡	镇的村委会	镇的居委会	街道
全国	**216449**	**59281**	**132779**	**11881**	**12508**	**97857**	**19862**	**59611**	**8705**	**9679**
北京	7208	2146	4220	248	594	1712	409	876	143	284
天津	1515	349	944	84	138	319	27	220	27	45
河北	10680	2807	6623	655	595	2574	568	1502	236	268
山西	3878	897	2401	275	305	739	141	446	46	106
内蒙古	2474	655	1447	174	198	614	108	349	68	89
辽宁	694	126	397	50	121	186	27	106	24	29
吉林	1370	347	566	81	376	380	63	134	39	144
黑龙江	537	99	209	116	113	162	33	55	44	30
上海	14408	4223	8430	907	848	5497	1077	3035	613	772
江苏	44185	11363	29542	1934	1346	11098	2167	7256	872	803
浙江	51183	16547	31868	1369	1399	21193	4658	14279	1041	1215
安徽	9231	1912	6062	679	578	3262	480	1990	333	459
福建	9461	2269	6459	325	408	7081	1105	5185	378	413
江西	3007	682	1725	311	289	2754	612	1472	347	323
山东	10001	1893	6342	553	1213	2271	293	1335	186	457
河南						2920	764	1349	260	547
湖北	4325	910	2295	502	618					
湖南	3056	956	1504	321	275	5464	1339	2612	784	729
广东	14222	3977	9016	700	529	16838	3724	10496	1510	1108
广西	1148	306	614	98	130	1545	278	811	234	222
海南	1098	222	477	167	232	874	97	453	153	171
重庆	609	158	316	63	72	1421	343	717	128	233
四川	1836	458	729	242	407	1798	293	887	303	315
贵州	1216	220	677	132	187	1549	212	955	155	227
云南	1625	365	862	216	182	1947	367	1028	304	248
西藏	384	156	147	25	56	185	41	95	14	35
陕西	2128	432	1208	228	260	945	89	598	147	111
甘肃	1641	437	961	94	149	801	154	481	77	89
青海	805	189	458	82	76	325	45	217	35	28
宁夏	1600	457	896	109	138	236	36	134	25	41
新疆	10924	3723	5384	1141	676	1167	312	538	179	138

7-1b　续表 10　　　　单位：人

现住地	省外									
	湖南					广东				
	小计	乡	镇的村委会	镇的居委会	街道	小计	乡	镇的村委会	镇的居委会	街道
全　　国	**122845**	**29686**	**75259**	**9879**	**8021**	**27004**	**3310**	**12043**	**4778**	**6873**
北　　京	908	201	417	93	197	393	61	106	64	162
天　　津	194	32	115	20	27	57	4	18	6	29
河　　北	1254	297	659	137	161	434	53	190	66	125
山　　西	238	57	106	42	33	145	13	69	22	41
内 蒙 古	335	57	154	53	71	100	13	20	28	39
辽　　宁	110	24	50	11	25	139	10	34	14	81
吉　　林	301	53	107	40	101	339	10	44	42	243
黑 龙 江	114	16	39	15	44	130	3	16	21	90
上　　海	3325	752	1797	413	363	959	140	363	180	276
江　　苏	6158	1351	3920	442	445	1452	159	644	259	390
浙　　江	21789	6170	14075	817	727	1574	203	949	170	252
安　　徽	2115	391	1336	186	202	806	74	315	155	262
福　　建	6587	1355	4640	332	260	2252	278	1370	230	374
江　　西	4125	830	2423	533	339	2669	334	975	645	715
山　　东	967	131	588	81	167	486	23	183	70	210
河　　南	1361	385	594	112	270	937	206	280	115	336
湖　　北	2964	568	1584	413	399	1460	117	512	288	543
湖　　南						3438	543	1192	696	1007
广　　东	44974	11704	28622	2967	1681					
广　　西	5849	1459	3318	728	344	3634	476	2072	653	433
海　　南	1522	266	859	224	173	1943	154	1154	332	303
重　　庆	987	167	561	108	151	402	48	170	92	92
四　　川	2077	426	1086	336	229	1229	151	461	272	345
贵　　州	6422	1147	3803	713	759	721	49	377	124	171
云　　南	5581	1134	3177	779	491	693	126	305	127	135
西　　藏	242	83	105	13	41	31	1	13	1	16
陕　　西	444	57	272	56	59	199	15	90	36	58
甘　　肃	474	88	253	54	79	131	5	43	19	64
青　　海	175	42	84	22	27	18	2	4	6	6
宁　　夏	129	23	76	13	17	41	13	17		11
新　　疆	1124	420	439	126	139	192	26	57	45	64

7-1b 续表 11　　　　单位：人

现住地	省外									
	广西					海南				
	小计	乡	镇的村委会	镇的居委会	街道	小计	乡	镇的村委会	镇的居委会	街道
全　国	**65904**	**15073**	**43730**	**3833**	**3268**	**5245**	**721**	**2246**	**1034**	**1244**
北　京	227	53	96	22	56	64	10	10	20	24
天　津	119	18	58	12	31	34	5	10	7	12
河　北	292	61	149	34	48	98	7	39	18	34
山　西	67	13	38	10	6	37	5	9	10	13
内蒙古	73	13	39	10	11	28	3	10	6	9
辽　宁	65	8	29	7	21	22		3	4	15
吉　林	235	42	61	26	106	217	22	60	35	100
黑龙江	121	8	49	28	36	62		6	11	45
上　海	995	208	515	116	156	191	25	85	29	52
江　苏	1786	319	1080	165	222	228	24	91	51	62
浙　江	4457	1252	2895	145	165	188	31	97	41	19
安　徽	660	92	421	70	77	152	15	57	27	53
福　建	2862	585	1980	125	172	283	35	167	41	40
江　西	1083	201	662	119	101	374	42	136	107	89
山　东	374	83	181	29	81	154	16	42	27	69
河　南	563	143	217	66	137	307	20	96	50	141
湖　北	769	134	352	97	186	144	11	49	36	48
湖　南	1853	448	972	250	183	338	76	108	53	101
广　东	43874	10400	30719	1857	898	1595	282	852	302	159
广　西						282	35	127	71	49
海　南	1406	168	982	180	76					
重　庆	274	57	164	30	23	26	1	8	11	6
四　川	672	157	343	74	98	155	30	58	35	32
贵　州	1287	196	798	123	170	52	7	26	4	15
云　南	1363	320	727	190	126	81	3	45	16	17
西　藏	23	1	14	2	6	3		1		2
陕　西	98	13	55	14	16	29	5	12	5	7
甘　肃	169	31	80	16	42	55	2	24	12	17
青　海	6		5	1		2		1		1
宁　夏	31	11	17	2	1	12		2	3	7
新　疆	100	38	32	13	17	32	9	15	2	6

7-1b　续表 12

单位：人

现住地	省外									
	重庆					四川				
	小计	乡	镇的村委会	镇的居委会	街道	小计	乡	镇的村委会	镇的居委会	街道
全　国	**68806**	**14169**	**40704**	**6486**	**7447**	**164067**	**40332**	**101283**	**11936**	**10516**
北　京	456	99	222	41	94	1954	614	1059	101	180
天　津	170	31	108	9	22	474	121	234	63	56
河　北	986	190	586	103	107	3282	957	1833	227	265
山　西	442	108	224	43	67	1686	413	1023	139	111
内蒙古	259	48	127	35	49	1008	223	566	115	104
辽　宁	126	22	67	11	26	296	44	183	24	45
吉　林	189	28	55	14	92	551	113	197	45	196
黑龙江	77	5	28	22	22	309	41	117	79	72
上　海	2128	519	1198	203	208	6172	1662	3544	462	504
江　苏	5099	1068	3410	361	260	16629	3953	10928	1008	740
浙　江	12014	2931	7975	479	629	33224	8745	22454	1059	966
安　徽	1054	167	621	99	167	2769	524	1728	283	234
福　建	8543	1658	6211	356	318	16336	3696	11529	648	463
江　西	945	176	512	108	149	2182	504	1214	259	205
山　东	888	121	543	62	162	3316	595	2120	154	447
河　南	914	193	417	80	224	1906	641	870	133	262
湖　北	2496	503	1452	287	254	2036	382	1085	292	277
湖　南	1184	307	561	147	169	1971	482	1000	245	244
广　东	10430	2678	6498	730	524	25570	6867	16337	1432	934
广　西	667	132	379	64	92	1583	388	893	158	144
海　南	520	82	262	77	99	1122	191	610	177	144
重　庆						8269	1607	4998	969	695
四　川	7923	1215	3271	1559	1878					
贵　州	3388	434	1811	431	712	5646	922	3492	619	613
云　南	4036	600	2293	623	520	10399	2330	5547	1513	1009
西　藏	395	85	170	29	111	2438	640	1069	207	522
陕　西	514	50	286	97	81	1898	295	1162	254	187
甘　肃	394	45	230	49	70	1556	361	868	154	173
青　海	120	33	63	13	11	760	223	338	124	75
宁　夏	165	25	100	6	34	624	179	359	43	43
新　疆	2284	616	1024	348	296	8101	2619	3926	950	606

7-1b 续表 13

单位：人

现住地	省外									
	贵州					云南				
	小计	乡	镇的村委会	镇的居委会	街道	小计	乡	镇的村委会	镇的居委会	街道
全　国	**121878**	**34115**	**77784**	**4772**	**5207**	**65751**	**18069**	**41694**	**3029**	**2959**
北　京	352	119	152	19	62	343	121	151	25	46
天　津	178	27	104	19	28	122	29	68	9	16
河　北	656	152	387	40	77	587	151	340	31	65
山　西	219	83	115	8	13	192	62	103	9	18
内蒙古	128	27	77	12	12	116	42	57	10	7
辽　宁	134	20	63	15	36	72	9	33	2	28
吉　林	304	75	101	36	92	168	26	71	22	49
黑龙江	226	30	102	58	36	77	7	37	19	14
上　海	2301	695	1206	180	220	1844	470	1139	104	131
江　苏	9549	2329	6393	389	438	7219	1805	4805	326	283
浙　江	58174	18472	37175	1172	1355	26597	8577	16807	680	533
安　徽	1828	341	1253	138	96	1782	378	1189	108	107
福　建	15599	3497	11300	395	407	6811	1465	4976	180	190
江　西	1949	491	1124	191	143	1064	235	623	91	115
山　东	1105	286	622	43	154	1179	206	758	59	156
河　南	846	305	365	45	131	507	153	228	37	89
湖　北	1198	236	603	125	234	518	87	308	62	61
湖　南	2449	711	1273	249	216	936	343	446	71	76
广　东	12685	3486	8370	528	301	7412	2023	4957	266	166
广　西	1655	544	912	116	83	955	279	554	82	40
海　南	564	87	290	50	137	589	131	343	54	61
重　庆	2437	383	1764	173	117	822	132	573	73	44
四　川	2277	478	1156	312	331	2808	664	1477	348	319
贵　州						1732	346	976	217	193
云　南	4081	954	2391	378	358					
西　藏	78	14	31	6	27	248	72	110	24	42
陕　西	164	35	106	8	15	116	15	78	13	10
甘　肃	252	62	134	19	37	225	48	121	16	40
青　海	28	8	7	5	8	48	6	28	9	5
宁　夏	72	40	30		2	47	12	31	3	1
新　疆	390	128	178	43	41	615	175	307	79	54

7-1b　续表 14

单位：人

现住地	省外									
	西藏					陕西				
	小计	乡	镇的村委会	镇的居委会	街道	小计	乡	镇的村委会	镇的居委会	街道
全　国	**1986**	**483**	**583**	**350**	**570**	**50924**	**10414**	**30634**	**4098**	**5778**
北　京	11	6	3	1	1	1075	221	595	78	181
天　津	8	2	6			260	26	170	23	41
河　北	66	12	18	10	26	1901	385	1097	153	266
山　西	18	1	2	3	12	1536	283	800	180	273
内蒙古	4		1	3		6799	1894	4076	417	412
辽　宁	2	1	1			150	15	80	10	45
吉　林	89	20	44	9	16	295	31	111	30	123
黑龙江	58	29	16	4	9	81	16	22	17	26
上　海	24	4	12	3	5	2288	437	1349	242	260
江　苏	207	63	116	10	18	6922	1388	4630	471	433
浙　江	49	44	2	3		8182	1724	5775	312	371
安　徽	77	14	21	10	32	1488	207	912	147	222
福　建	42	9	9	5	19	1586	253	1138	78	117
江　西	71	20	29	11	11	670	144	323	68	135
山　东	66	3	21	8	34	1399	150	833	124	292
河　南	86	21	17	11	37	1869	427	843	148	451
湖　北	21	2	5	3	6	770	132	444	97	97
湖　南	85	35	14	13	23	728	146	366	104	112
广　东	13	6	3	3	1	2496	573	1590	196	137
广　西	10	1	3	3	3	428	106	205	39	78
海　南	4		1	1	2	230	9	100	46	75
重　庆	57	5	11	14	27	341	47	193	47	54
四　川	605	128	110	158	209	1125	235	522	156	212
贵　州	25	1	3	3	18	333	35	208	37	53
云　南	32	3	12	4	13	605	94	326	96	89
西　藏						226	44	102	22	58
陕　西	61	7	20	17	17					
甘　肃	128	25	55	24	24	1992	284	802	282	624
青　海	54	18	20	11	5	267	43	164	41	19
宁　夏	2				2	2151	397	1487	104	163
新　疆	11	3	8			2731	668	1371	333	359

7-1b 续表 15 单位：人

现住地	省外									
	甘肃					青海				
	小计	乡	镇的村委会	镇的居委会	街道	小计	乡	镇的村委会	镇的居委会	街道
全　国	**56545**	**15815**	**31544**	**4421**	**4765**	**10277**	**2055**	**2888**	**3961**	**1373**
北　京	1181	304	665	70	142	134	15	21	7	91
天　津	461	72	298	27	64	54	9	22	5	18
河　北	1627	465	862	126	174	309	69	144	42	54
山　西	347	62	199	28	58	107	34	44	11	18
内蒙古	5882	1473	3957	290	162	277	87	141	29	20
辽　宁	158	27	61	16	54	32	6	15	4	7
吉　林	272	61	76	28	107	71	14	15	9	33
黑龙江	112	23	38	29	22	21	4	6	6	5
上　海	1931	470	1063	177	221	109	14	46	25	24
江　苏	4513	1090	2810	320	293	463	77	247	60	79
浙　江	3716	1121	2248	177	170	308	104	164	11	29
安　徽	1080	198	644	106	132	220	25	97	48	50
福　建	1273	274	801	66	132	93	17	43	6	27
江　西	698	203	337	69	89	134	28	53	17	36
山　东	1336	205	743	92	296	578	89	293	65	131
河　南	912	204	434	62	212	453	107	155	56	135
湖　北	542	144	242	53	103	71	5	20	16	30
湖　南	536	191	228	53	64	199	54	99	18	28
广　东	838	242	461	63	72	187	37	120	13	17
广　西	304	94	103	34	73	40	11	13	3	13
海　南	169	14	59	24	72	40	2	14	4	20
重　庆	200	52	96	27	25	28	5	10	6	7
四　川	1298	333	519	225	221	643	199	136	128	180
贵　州	132	28	71	21	12	33	6	15	7	5
云　南	238	59	124	17	38	86	14	29	25	18
西　藏	900	363	316	57	164	333	152	112	15	54
陕　西	2109	358	1312	188	251	228	35	92	53	48
甘　肃						4240	539	372	3206	123
青　海	2277	900	1061	183	133					
宁　夏	5537	1573	3494	218	252	91	34	32	5	20
新　疆	15966	5212	8222	1575	957	695	263	318	61	53

7-1b　续表 16

单位：人

现住地	省外									
	宁夏					新疆				
	小计	乡	镇的村委会	镇的居委会	街道	小计	乡	镇的村委会	镇的居委会	街道
全　国	**6799**	**1410**	**3219**	**820**	**1350**	**8022**	**1532**	**2435**	**1454**	**2601**
北　京	123	22	37	17	47	238	38	62	47	91
天　津	35	2	19	1	13	60	11	20	7	22
河　北	194	31	88	21	54	358	60	110	62	126
山　西	68	10	28	14	16	80	14	25	12	29
内蒙古	1858	367	985	225	281	88	26	25	12	25
辽　宁	12	2	4	1	5	67	12	12	22	21
吉　林	88	8	22	12	46	301	38	99	34	130
黑龙江	9	3	2	1	3	64	7	17	21	19
上　海	184	27	75	21	61	491	88	121	109	173
江　苏	284	39	126	48	71	870	168	321	138	243
浙　江	243	56	130	34	23	363	80	141	58	84
安　徽	139	19	73	18	29	373	72	129	66	106
福　建	166	30	86	13	37	167	33	64	24	46
江　西	148	30	57	13	48	256	69	64	54	69
山　东	185	16	72	22	75	515	62	156	71	226
河　南	189	49	62	17	61	591	144	160	68	219
湖　北	74	13	18	12	31	281	43	92	62	84
湖　南	173	38	89	15	31	361	139	98	52	72
广　东	81	13	47	13	8	251	96	77	41	37
广　西	29	7	8	7	7	57	16	14	14	13
海　南	26		5	10	11	170	5	24	31	110
重　庆	14	1	4	3	6	169	22	42	50	55
四　川	134	22	20	40	52	821	113	187	189	332
贵　州	17	2	4	2	9	50	9	15	13	13
云　南	29	2	14	3	10	74	4	15	17	38
西　藏	12	5	3	1	3	30	8	12	2	8
陕　西	759	121	390	89	159	247	55	74	57	61
甘　肃	484	133	201	60	90	509	71	216	96	126
青　海	49	13	23	9	4	29	8	13	6	2
宁　夏						91	21	30	19	21
新　疆	993	329	527	78	59					

7-1c 全国按现住地、户口登记地类型分的户口登记地在外乡镇街道人口(乡村)

单位：人

现住地	合计					省内				
	合计	乡	镇的村委会	镇的居委会	街道	小计	乡	镇的村委会	镇的居委会	街道
全　国	**4021247**	**994633**	**2324479**	**253676**	**448459**	**2475016**	**600471**	**1332932**	**190974**	**350639**
北　京	105411	20625	65823	6759	12204	19584	1143	9388	2888	6165
天　津	14675	2417	10201	566	1491	3865	324	2486	224	831
河　北	105850	34039	52992	6646	12173	80608	26552	39410	5444	9202
山　西	146675	47430	68830	9523	20892	124100	41689	56266	8179	17966
内蒙古	130343	34662	72133	9262	14286	97061	26748	53149	6871	10293
辽　宁	97727	18527	50928	5071	23201	75750	13651	37958	4117	20024
吉　林	115827	25596	50542	9683	30006	99893	22505	42744	7993	26651
黑龙江	122300	39459	51386	11220	20235	114735	37480	47975	10486	18794
上　海	155271	43788	97272	6395	7816	9294	466	4057	1830	2941
江　苏	265402	50275	186608	11554	16965	99368	14738	66080	7414	11136
浙　江	423760	105419	280806	12408	25127	92615	16094	55869	5274	15378
安　徽	99301	17291	60896	9557	11557	78774	13210	47495	8309	9760
福　建	154792	33097	102826	7294	11575	74549	14390	47344	4747	8068
江　西	67109	19683	34421	5488	7517	53425	15764	26730	4743	6188
山　东	130115	17326	83850	7446	21493	93867	10730	59280	5777	18080
河　南	114626	39669	54453	5587	14917	98357	33985	45980	4921	13471
湖　北	138430	26605	73859	11156	26810	112739	20212	59232	9692	23603
湖　南	79322	21480	41160	5926	10756	66104	17950	33310	5362	9482
广　东	383580	84334	254548	22005	22693	162247	22492	109313	14296	16146
广　西	91613	21081	56270	5955	8307	71449	16524	44151	4716	6058
海　南	39120	4849	23293	6005	4973	23914	2488	14711	4127	2588
重　庆	71958	11796	42779	6421	10962	55191	8545	32099	5293	9254
四　川	309722	84432	163609	26424	35257	271024	76164	141669	23452	29739
贵　州	132996	31124	77968	8843	15061	109165	26084	63786	6979	12316
云　南	131563	40754	69909	8230	12670	105202	33823	55589	6133	9657
西　藏	18922	8306	6259	1311	3046	11374	6113	3016	602	1643
陕　西	105198	19194	66230	6303	13471	84998	15288	54257	5036	10417
甘　肃	67294	19303	36305	4031	7655	55280	16606	29181	3380	6113
青　海	12619	4795	5455	1365	1004	9651	3849	3943	1180	679
宁　夏	55155	17238	28879	4173	4865	42832	13601	21551	3641	4039
新　疆	134571	50039	53989	11069	19474	78001	31263	24913	7868	13957

7-1c　续表 1　　　　　　　　　　　　　　　　　　　　　　　　　　单位：人

现住地	省外									
	小计					北京				
	小计	乡	镇的村委会	镇的居委会	街道	小计	乡	镇的村委会	镇的居委会	街道
全　国	**1546231**	**394162**	**991547**	**62702**	**97820**	**3946**	**714**	**1480**	**313**	**1439**
北　京	85827	19482	56435	3871	6039					
天　津	10810	2093	7715	342	660	137	12	59	11	55
河　北	25242	7487	13582	1202	2971	1543	356	548	121	518
山　西	22575	5741	12564	1344	2926	134	28	40	9	57
内蒙古	33282	7914	18984	2391	3993	116	17	37	11	51
辽　宁	21977	4876	12970	954	3177	98	7	19	9	63
吉　林	15934	3091	7798	1690	3355	124	26	43	8	47
黑龙江	7565	1979	3411	734	1441	83	19	32	7	25
上　海	145977	43322	93215	4565	4875	34	1	11	7	15
江　苏	166034	35537	120528	4140	5829	105	11	45	8	41
浙　江	331145	89325	224937	7134	9749	86	2	30	19	35
安　徽	20527	4081	13401	1248	1797	69	8	29	7	25
福　建	80243	18707	55482	2547	3507	74	4	26	7	37
江　西	13684	3919	7691	745	1329	26	5	9		12
山　东	36248	6596	24570	1669	3413	258	29	134	10	85
河　南	16269	5684	8473	666	1446	294	98	151	9	36
湖　北	25691	6393	14627	1464	3207	70	5	35	3	27
湖　南	13218	3530	7850	564	1274	34	7	15	2	10
广　东	221333	61842	145235	7709	6547	80	9	27	14	30
广　西	20164	4557	12119	1239	2249	39	10	7		22
海　南	15206	2361	8582	1873	2385	110	6	13	13	78
重　庆	16767	3251	10680	1128	1708	36	2	9	7	18
四　川	38698	8268	21940	2972	5518	154	18	75	7	54
贵　州	23831	5040	14182	1864	2745	28	6	10	5	7
云　南	26361	6931	14320	2097	3013	34	3	7	5	19
西　藏	7548	2193	3243	709	1403	13	1	2	3	7
陕　西	20200	3906	11973	1257	3054	54	3	26	7	18
甘　肃	12014	2697	7124	651	1542	46	5	24	3	14
青　海	2968	946	1512	185	325	8	1	1	1	5
宁　夏	12323	3637	7328	532	826	17	2	5		10
新　疆	56570	18776	29076	3201	5517	42	13	11		18

7-1c 续表 2

单位：人

现住地	省外									
	天津					河北				
	小计	乡	镇的村委会	镇的居委会	街道	小计	乡	镇的村委会	镇的居委会	街道
全国	**4129**	**557**	**1782**	**405**	**1385**	**58710**	**14289**	**37070**	**2656**	**4695**
北京	990	81	397	166	346	27848	6833	18812	948	1255
天津						2282	403	1678	64	137
河北	1322	222	677	74	349					
山西	98	17	29	7	45	4265	1242	2398	196	429
内蒙古	133	12	55	10	56	4422	1199	2615	247	361
辽宁	96	6	23	1	66	1308	332	731	55	190
吉林	222	15	99	27	81	1013	208	496	114	195
黑龙江	98	22	23	11	42	505	140	182	62	121
上海	48	3	20	8	17	1112	323	641	63	85
江苏	66	8	39	6	13	1771	420	1205	64	82
浙江	55	10	23	3	19	1518	367	982	67	102
安徽	48	6	20	2	20	614	109	367	42	96
福建	34	2	15	2	15	613	117	390	31	75
江西	33	7	10	4	12	220	83	106	14	17
山东	178	33	102	9	34	1914	346	1324	88	156
河南	106	23	60	4	19	1043	403	494	49	97
湖北	81	13	22	9	37	728	153	408	43	124
湖南	21	2	11	2	6	162	37	93	6	26
广东	56	18	21	5	12	788	198	484	45	61
广西	32	2	14	3	13	388	45	195	47	101
海南	37	7	2	6	22	358	35	176	65	82
重庆	24	1	3	9	11	245	58	121	16	50
四川	97	5	38	11	43	1056	235	538	74	209
贵州	19	1	9		9	457	97	222	25	113
云南	29	1	14	4	10	399	74	215	28	82
西藏	12	1	5	1	5	141	38	55	9	39
陕西	55	11	15	5	24	1184	188	769	89	138
甘肃	34	7	15	5	7	479	84	327	23	45
青海	8	1	5		2	83	22	44	5	12
宁夏	15	4		2	9	484	86	332	22	44
新疆	82	16	16	9	41	1310	414	670	55	171

7-1c 续表 3

单位：人

现住地	省外									
	山西					内蒙古				
	小计	乡	镇的村委会	镇的居委会	街道	小计	乡	镇的村委会	镇的居委会	街道
全国	**25467**	**6237**	**15159**	**1339**	**2732**	**19249**	**4502**	**10799**	**1537**	**2411**
北京	4398	1054	2849	194	301	2753	584	1669	207	293
天津	224	17	190	4	13	574	100	391	24	59
河北	1366	501	666	50	149	2258	698	1199	146	215
山西						1473	553	616	151	153
内蒙古	4186	1204	2365	255	362					
辽宁	184	38	82	9	55	3390	646	2237	180	327
吉林	343	55	129	46	113	1513	312	756	187	258
黑龙江	85	23	34	5	23	1065	329	499	98	139
上海	1355	315	878	53	109	319	54	178	32	55
江苏	2641	552	1874	66	149	432	99	274	17	42
浙江	1172	292	764	37	79	499	115	299	38	47
安徽	332	54	219	27	32	113	17	70	13	13
福建	432	95	263	13	61	144	27	88	13	16
江西	116	24	72	3	17	75	16	31	7	21
山东	864	160	596	42	66	1356	223	916	74	143
河南	718	227	386	33	72	145	50	72	5	18
湖北	297	52	166	29	50	131	36	60	13	22
湖南	119	22	59	8	30	42	15	17	1	9
广东	608	146	364	46	52	252	74	106	33	39
广西	325	65	141	25	94	210	32	87	33	58
海南	121	5	53	24	39	159	22	57	31	49
重庆	149	18	79	9	43	48	8	22	7	11
四川	724	142	331	57	194	199	36	107	19	37
贵州	225	54	111	22	38	75	20	26	11	18
云南	363	68	176	45	74	77	24	29	9	15
西藏	100	22	43	10	25	34	5	20	2	7
陕西	2366	536	1445	119	266	960	179	502	96	183
甘肃	272	64	160	12	36	184	41	104	14	25
青海	52	19	22	4	7	17	4	8	4	1
宁夏	277	68	172	18	19	332	68	175	43	46
新疆	1053	345	470	74	164	420	115	184	29	92

7-1c 续表 4　　　　单位：人

现住地	省外									
	辽宁					吉林				
	小计	乡	镇的村委会	镇的居委会	街道	小计	乡	镇的村委会	镇的居委会	街道
全　国	**18858**	**3643**	**9793**	**1400**	**4022**	**21074**	**4662**	**11841**	**1419**	**3152**
北　京	2703	473	1590	178	462	2171	409	1310	155	297
天　津	283	61	181	9	32	452	100	311	14	27
河　北	1368	358	741	64	205	1084	299	579	57	149
山　西	398	49	200	35	114	187	46	75	17	49
内蒙古	2822	497	1418	197	710	1614	390	843	151	230
辽　宁						4149	976	2499	183	491
吉　林	2379	460	1169	173	577					
黑龙江	980	228	404	100	248	2282	681	1059	210	332
上　海	521	106	245	50	120	579	164	279	43	93
江　苏	688	132	430	41	85	946	182	623	43	98
浙　江	1092	250	566	82	194	1123	227	668	69	159
安　徽	235	41	144	17	33	186	39	102	22	23
福　建	387	48	219	32	88	264	41	153	15	55
江　西	69	14	30	7	18	81	23	38	7	13
山　东	1449	252	892	83	222	3200	578	2042	176	404
河　南	204	60	84	21	39	133	40	55	6	32
湖　北	192	33	89	18	52	154	37	79	10	28
湖　南	58	19	22	4	13	49	13	21	3	12
广　东	477	96	235	41	105	476	75	267	56	78
广　西	247	39	102	15	91	250	65	94	20	71
海　南	260	26	85	48	101	326	31	90	63	142
重　庆	102	27	43	9	23	52	9	23	1	19
四　川	472	55	248	51	118	295	41	145	30	79
贵　州	112	13	59	7	33	128	16	56	18	38
云　南	277	39	133	23	82	163	51	71	13	28
西　藏	83	16	37	17	13	49	10	19	7	13
陕　西	237	32	143	20	42	232	20	123	10	79
甘　肃	95	16	47	6	26	100	16	61	2	21
青　海	11	1	5	1	4	24	10	11		3
宁　夏	116	23	62	11	20	70	11	39	3	17
新　疆	541	179	170	40	152	255	62	106	15	72

7-1c 续表 5

单位：人

现住地	省外									
	黑龙江					上海				
	小计	乡	镇的村委会	镇的居委会	街道	小计	乡	镇的村委会	镇的居委会	街道
全国	**47381**	**10527**	**27019**	**3355**	**6480**	**3314**	**392**	**1278**	**390**	**1254**
北京	5055	1039	2773	485	758	29		9	4	16
天津	2932	686	2056	95	95	4	1	3		
河北	3800	1014	2161	226	399	27	3	8	5	11
山西	531	98	216	53	164	15	1	6		8
内蒙古	3299	759	1847	323	370	9		5	1	3
辽宁	7993	1940	4775	327	951	19	1	4	2	12
吉林	4139	1060	2069	332	678	21	2	7	1	11
黑龙江						22	5	4	2	11
上海	1273	301	662	120	190					
江苏	1897	380	1209	138	170	1128	66	401	158	503
浙江	2176	574	1229	146	227	711	64	234	102	311
安徽	325	62	181	34	48	302	36	141	41	84
福建	521	115	263	49	94	58	7	23	2	26
江西	122	25	63	8	26	106	9	44	4	49
山东	8497	1599	5525	491	882	113	11	73	3	26
河南	273	109	108	19	37	174	76	79	8	11
湖北	241	33	120	24	64	60	6	21	9	24
湖南	86	19	44	5	18	41	9	22	3	7
广东	864	187	437	75	165	58	10	15	17	16
广西	499	78	190	47	184	22	1	6	4	11
海南	776	83	173	121	399	20	1	3	5	11
重庆	91	11	33	21	26	20	5	7	2	6
四川	461	71	195	61	134	171	41	80	6	44
贵州	120	26	52	13	29	29	3	12	2	12
云南	192	20	86	20	66	38	10	12	4	12
西藏	56	7	31	5	13	2	2			
陕西	282	50	173	20	39	27	6	15	1	5
甘肃	129	23	56	14	36	26	4	17		5
青海	30	7	16	4	3					
宁夏	139	22	67	18	32	12	1	11		
新疆	582	129	209	61	183	50	11	16	4	19

7-1c 续表 6 单位：人

现住地	省外									
	江苏					浙江				
	小计	乡	镇的村委会	镇的居委会	街道	小计	乡	镇的村委会	镇的居委会	街道
全　国	**45176**	**9024**	**29548**	**2790**	**3814**	**19409**	**3915**	**11756**	**1276**	**2462**
北　京	1431	221	987	91	132	344	50	204	31	59
天　津	65	7	44	5	9	50	16	21	6	7
河　北	357	103	214	7	33	238	82	127	10	19
山　西	938	106	522	85	225	331	75	199	28	29
内蒙古	448	77	249	42	80	188	19	119	23	27
辽　宁	256	29	157	10	60	205	10	118	5	72
吉　林	512	68	229	63	152	388	33	168	45	142
黑龙江	202	34	74	47	47	59	13	26	6	14
上　海	16753	4162	11043	901	647	2939	619	1824	171	325
江　苏						2986	496	2028	134	328
浙　江	9376	1743	6796	387	450					
安　徽	3208	398	2109	279	422	1168	208	749	86	125
福　建	859	108	580	66	105	1357	230	873	74	180
江　西	396	81	217	40	58	903	228	457	65	153
山　东	1909	251	1361	107	190	507	62	380	23	42
河　南	938	308	542	33	55	900	359	448	24	69
湖　北	754	165	395	49	145	662	134	362	56	110
湖　南	204	57	113	9	25	319	65	185	16	53
广　东	919	199	569	73	78	1053	239	661	49	104
广　西	252	27	148	29	48	334	69	195	24	46
海　南	183	19	102	32	30	314	36	167	46	65
重　庆	193	25	124	17	27	178	23	105	16	34
四　川	980	149	637	73	121	1097	195	717	76	109
贵　州	599	99	372	54	74	1073	283	630	74	86
云　南	457	96	242	53	66	785	186	422	91	86
西　藏	64	18	33	5	8	45	10	18	3	14
陕　西	729	104	410	56	159	241	23	157	28	33
甘　肃	427	62	282	21	62	197	45	113	9	30
青　海	60	14	43	2	1	38	11	18	1	8
宁　夏	322	27	231	23	41	89	13	54	6	16
新　疆	1385	267	723	131	264	421	83	211	50	77

7-1c　续表 7　　　　　　　　　　　　　　　　　　　　　　　　　　　　　　　　　　　单位：人

现住地	省外									
	安徽					福建				
	小计	乡	镇的村委会	镇的居委会	街道	小计	乡	镇的村委会	镇的居委会	街道
全　国	**190662**	**45450**	**134696**	**4685**	**5831**	**19744**	**4277**	**12670**	**1176**	**1621**
北　京	4018	719	2982	136	181	428	86	278	22	42
天　津	553	101	409	24	19	39	4	29	1	5
河　北	1039	283	654	35	67	121	36	71	6	8
山　西	935	238	503	48	146	433	57	284	24	68
内蒙古	915	226	555	45	89	290	40	204	17	29
辽　宁	488	97	304	15	72	172	23	96	8	45
吉　林	487	76	288	65	58	184	20	84	37	43
黑龙江	232	43	118	22	49	29	4	15	4	6
上　海	47172	14078	31272	990	832	1538	369	991	89	89
江　苏	53869	10942	40260	1212	1455	1372	201	1002	71	98
浙　江	58304	13542	42351	1072	1339	2924	743	1923	98	160
安　徽						369	77	226	29	37
福　建	5118	948	3851	138	181					
江　西	813	215	507	44	47	746	245	390	41	70
山　东	1934	284	1471	61	118	385	66	279	19	21
河　南	1888	692	1037	37	122	484	151	276	20	37
湖　北	1529	365	948	87	129	747	168	463	42	74
湖　南	366	94	228	16	28	347	96	214	9	28
广　东	3615	1027	2303	144	141	3283	752	2237	156	138
广　西	412	58	283	36	35	865	174	534	82	75
海　南	452	53	291	50	58	705	127	451	67	60
重　庆	272	58	164	18	32	310	59	197	22	32
四　川	1041	206	582	82	171	1109	243	699	81	86
贵　州	611	126	379	48	58	901	131	566	76	128
云　南	559	136	321	40	62	1100	273	605	87	135
西　藏	88	22	44	5	17	32	8	15	3	6
陕　西	1148	162	789	58	139	218	31	132	22	33
甘　肃	349	61	252	20	16	190	26	132	21	11
青　海	40	7	26	4	3	36	6	26	1	3
宁　夏	673	118	498	25	32	45	4	29	3	9
新　疆	1742	473	1026	108	135	342	57	222	18	45

7-1c 续表 8 单位：人

现住地	省外									
	江西					山东				
	小计	乡	镇的村委会	镇的居委会	街道	小计	乡	镇的村委会	镇的居委会	街道
全国	**77018**	**21410**	**49347**	**2898**	**3363**	**50346**	**9996**	**32887**	**2431**	**5032**
北京	932	247	563	50	72	7804	1481	5603	247	473
天津	61	14	41		6	1137	194	870	19	54
河北	237	82	124	11	20	1546	435	906	41	164
山西	148	31	94	10	13	1953	299	1107	179	368
内蒙古	141	23	78	14	26	2829	297	1586	423	523
辽宁	95	13	55	4	23	935	213	536	26	160
吉林	183	18	86	26	53	1206	211	693	96	206
黑龙江	27	6	13	1	7	865	214	458	65	128
上海	6360	1971	3853	272	264	6022	1464	4148	165	245
江苏	4100	837	2910	167	186	7024	1292	5262	193	277
浙江	28831	8848	18511	614	858	5959	1309	4281	98	271
安徽	811	182	522	36	71	920	121	642	39	118
福建	11724	2954	8059	362	349	958	144	658	44	112
江西						279	55	166	16	42
山东	388	57	280	30	21					
河南	458	182	210	33	33	1128	384	594	70	80
湖北	1301	368	656	118	159	706	143	420	40	103
湖南	1038	273	644	53	68	151	42	76	5	28
广东	15320	4221	9920	676	503	1043	230	692	54	67
广西	716	150	408	58	100	356	84	178	16	78
海南	638	111	390	66	71	266	26	134	45	61
重庆	286	76	173	15	22	209	9	133	21	46
四川	1005	214	558	72	161	1025	127	487	85	326
贵州	744	169	400	87	88	626	109	321	90	106
云南	705	191	380	69	65	545	118	270	45	112
西藏	72	14	37	8	13	120	27	44	8	41
陕西	277	66	151	13	47	1525	212	910	91	312
甘肃	131	27	85	6	13	457	97	275	28	57
青海	10	4	3	3		125	8	82	24	11
宁夏	54	13	38	3		408	55	279	30	44
新疆	225	48	105	21	51	2219	596	1076	128	419

7-1c 续表 9

单位：人

现住地	省外									
	河南					湖北				
	小计	乡	镇的村委会	镇的居委会	街道	小计	乡	镇的村委会	镇的居委会	街道
全国	**178210**	**51713**	**114012**	**4884**	**7601**	**75182**	**17267**	**49119**	**3698**	**5098**
北京	14463	4092	9613	343	415	2365	397	1614	144	210
天津	1024	228	687	27	82	154	24	101	8	21
河北	2860	989	1593	110	168	1159	343	688	40	88
山西	3927	1052	2415	113	347	844	193	511	51	89
内蒙古	2229	710	1266	75	178	485	129	285	26	45
辽宁	899	232	485	40	142	222	37	127	5	53
吉林	880	226	426	88	140	219	53	80	29	57
黑龙江	318	90	136	32	60	124	18	83	7	16
上海	21247	7677	12778	398	394	5911	1555	3857	247	252
江苏	29295	6828	21338	486	643	7308	1399	5357	258	294
浙江	38902	11796	25664	579	863	16616	3990	11371	571	684
安徽	3424	876	2238	163	147	1398	271	924	94	109
福建	6458	1684	4373	148	253	4746	829	3411	235	271
江西	1130	387	621	34	88	1176	282	692	82	120
山东	4794	1041	3359	117	277	1135	109	846	37	143
河南						1475	513	770	67	125
湖北	4981	1360	2865	226	530					
湖南	821	266	486	30	39	1654	464	928	79	183
广东	15285	4658	9836	373	418	16535	4272	10607	892	764
广西	1011	211	646	68	86	1043	228	618	55	142
海南	864	146	519	104	95	871	130	496	104	141
重庆	599	134	371	44	50	1174	240	677	88	169
四川	2595	629	1389	200	377	2146	374	1301	169	302
贵州	1176	283	663	87	143	1645	299	1055	120	171
云南	1370	336	724	128	182	1523	414	777	117	215
西藏	530	199	189	54	88	215	44	94	20	57
陕西	2652	624	1562	123	343	979	200	605	49	125
甘肃	1586	413	1025	58	90	586	68	446	20	52
青海	383	127	185	21	50	130	23	83	9	15
宁夏	1258	374	757	52	75	213	20	140	13	40
新疆	11249	4045	5803	563	838	1131	349	575	62	145

7-1c 续表 10

单位：人

现住地	省外									
	湖南					广东				
	小计	乡	镇的村委会	镇的居委会	街道	小计	乡	镇的村委会	镇的居委会	街道
全　国	**104360**	**27929**	**67831**	**4361**	**4239**	**19274**	**3649**	**11453**	**1505**	**2667**
北　京	827	165	483	59	120	262	40	124	37	61
天　津	66	6	54	5	1	13	4	8		1
河　北	360	95	196	18	51	139	48	65	9	17
山　西	265	54	175	7	29	65	15	23	7	20
内蒙古	215	53	96	8	58	52	13	16	8	15
辽　宁	121	28	62	1	30	94	13	23	5	53
吉　林	193	15	105	34	39	139	8	57	17	57
黑龙江	33	8	18	1	6	61	9	25	6	21
上　海	3058	938	1887	132	101	470	84	267	37	82
江　苏	4205	858	3110	132	105	593	106	332	46	109
浙　江	20465	5713	13871	439	442	918	175	538	64	141
安　徽	758	135	517	50	56	274	44	150	31	49
福　建	4378	999	3019	167	193	1184	145	789	98	152
江　西	1565	456	879	90	140	1014	232	562	68	152
山　东	412	57	292	15	48	186	20	112	12	42
河　南	520	168	295	20	37	652	204	345	20	83
湖　北	2576	627	1484	173	292	1039	204	572	64	199
湖　南						2022	452	1201	115	254
广　东	51049	14409	33513	1918	1209					
广　西	2493	618	1551	141	183	3990	838	2733	168	251
海　南	1215	187	801	124	103	1854	220	1121	277	236
重　庆	703	128	471	41	63	283	38	174	20	51
四　川	1854	448	1133	126	147	1867	339	1107	157	264
贵　州	2735	600	1611	241	283	878	133	525	98	122
云　南	2674	726	1436	260	252	728	176	352	86	114
西　藏	232	72	80	28	52	30	4	10	3	13
陕　西	287	67	150	26	44	204	27	113	26	38
甘　肃	224	63	110	24	27	78	21	46	2	9
青　海	70	10	40	4	16	12	3	5		4
宁　夏	67	20	40	4	3	27	3	9	6	9
新　疆	740	206	352	73	109	146	31	49	18	48

7-1c　续表 11

单位：人

现住地	省外									
	广西					海南				
	小计	乡	镇的村委会	镇的居委会	街道	小计	乡	镇的村委会	镇的居委会	街道
全　国	**65199**	**17796**	**43746**	**1917**	**1740**	**3169**	**594**	**1797**	**334**	**444**
北　京	178	37	109	11	21	44	4	10	13	17
天　津	45	11	32		2	1		1		
河　北	202	77	107	5	13	25	9	12	3	1
山　西	73	15	43	4	11	9	2	2		5
内蒙古	52	8	31	6	7	10	1	5		4
辽　宁	66	10	27	6	23	11		4	2	5
吉　林	159	19	81	22	37	123	9	63	23	28
黑龙江	29	7	14	2	6	28	4	9	3	12
上　海	802	169	536	36	61	71	15	40	9	7
江　苏	994	230	700	39	25	86	9	57	7	13
浙　江	4158	1207	2761	74	116	117	23	76	11	7
安　徽	302	59	224	8	11	42	7	26	6	3
福　建	1862	446	1306	46	64	181	30	111	13	27
江　西	618	186	399	14	19	75	13	42	10	10
山　东	221	44	147	10	20	41		21	5	15
河　南	218	79	119	8	12	31	13	10	3	5
湖　北	692	161	407	45	79	120	30	42	20	28
湖　南	1089	311	653	44	81	126	36	75	3	12
广　东	47947	13379	32681	1114	773	1404	296	833	142	133
广　西						299	40	198	24	37
海　南	2001	393	1300	204	104					
重　庆	264	54	168	19	23	16	3	10	1	2
四　川	830	203	513	58	56	134	30	68	7	29
贵　州	1199	310	729	90	70	67	6	40	8	13
云　南	867	290	463	38	76	55	7	22	11	15
西　藏	17	5	5	1	6	5	1	1	1	2
陕　西	108	8	81	6	13	23	1	7	8	7
甘　肃	50	8	38	1	3	9	1	4		4
青　海	3	1	2							
宁　夏	22	7	12	1	2					
新　疆	131	62	58	5	6	16	4	8	1	3

7-1c 续表 12

单位：人

现住地	省外									
	重庆					四川				
	小计	乡	镇的村委会	镇的居委会	街道	小计	乡	镇的村委会	镇的居委会	街道
全国	**59964**	**14323**	**37943**	**2978**	**4720**	**143302**	**38296**	**92650**	**5223**	**7133**
北京	468	93	307	23	45	2654	640	1779	103	132
天津	111	24	75	4	8	193	29	152	6	6
河北	558	181	300	25	52	1271	448	709	37	77
山西	598	149	302	43	104	1605	499	902	83	121
内蒙古	218	45	118	21	34	1031	299	583	57	92
辽宁	103	29	47	3	24	430	70	274	17	69
吉林	130	14	64	17	35	313	57	120	38	98
黑龙江	38	2	17	5	14	167	27	81	19	40
上海	4534	1387	2908	126	113	10912	3687	6686	274	265
江苏	3908	891	2804	83	130	14760	3336	10800	290	334
浙江	12269	2980	8477	359	453	30741	7792	21649	565	735
安徽	568	111	366	36	55	1435	369	940	53	73
福建	6047	1275	4326	217	229	12053	3061	8362	272	358
江西	432	132	237	24	39	999	312	590	39	58
山东	411	96	254	14	47	1804	494	1165	51	94
河南	411	135	231	18	27	1266	437	719	22	88
湖北	2373	612	1375	118	268	2016	542	1151	92	231
湖南	483	98	310	28	47	944	265	598	24	57
广东	8692	2230	5719	371	372	20872	5958	13617	704	593
广西	701	169	395	48	89	1413	356	810	104	143
海南	537	87	317	54	79	1280	276	784	103	117
重庆						7668	1448	5043	494	683
四川	7620	1527	4217	668	1208					
贵州	2403	379	1448	193	383	4391	1015	2700	270	406
云南	2063	450	1122	189	302	6385	1764	3517	491	613
西藏	461	132	193	22	114	3347	927	1525	309	586
陕西	463	76	281	30	76	1879	397	1200	93	189
甘肃	327	67	197	21	42	1537	334	1026	47	130
青海	77	7	48	10	12	417	152	218	14	33
宁夏	141	32	93	4	12	461	145	272	21	23
新疆	2819	913	1395	204	307	9058	3160	4678	531	689

7-1c 续表 13

单位：人

现住地	省外									
	贵州					云南				
	小计	乡	镇的村委会	镇的居委会	街道	小计	乡	镇的村委会	镇的居委会	街道
全国	**127157**	**36946**	**83840**	**2743**	**3628**	**71970**	**21144**	**46920**	**1841**	**2065**
北京	354	68	231	17	38	262	59	165	17	21
天津	78	15	59	1	3	47	3	40		4
河北	438	175	230	12	21	421	195	196	14	16
山西	350	134	175	11	30	399	130	231	13	25
内蒙古	195	42	130	11	12	194	62	113	7	12
辽宁	109	13	54	6	36	97	15	59	4	19
吉林	268	35	122	50	61	139	20	72	24	23
黑龙江	69	14	27	5	23	33	10	14	2	7
上海	4136	1369	2550	85	132	3618	1153	2318	82	65
江苏	10188	2525	7280	140	243	7720	2125	5372	110	113
浙江	61937	18949	40671	1005	1312	23887	7073	16006	403	405
安徽	1318	341	899	44	34	1220	309	854	39	18
福建	13263	3417	9295	284	267	5339	1570	3548	116	105
江西	1377	501	785	43	48	676	218	408	30	20
山东	929	154	681	38	56	1474	318	1043	41	72
河南	607	219	339	17	32	473	205	231	19	18
湖北	1271	357	780	46	88	1329	397	803	36	93
湖南	1698	438	1089	40	131	773	266	454	28	25
广东	15254	4483	10174	281	316	11285	3603	7313	212	157
广西	2036	584	1284	64	104	1603	501	982	67	53
海南	764	152	510	51	51	660	145	401	54	60
重庆	2180	456	1488	110	126	895	229	586	39	41
四川	2950	801	1791	150	208	4578	1212	2868	226	272
贵州						2772	673	1717	161	221
云南	3989	1256	2383	177	173					
西藏	122	37	55	13	17	384	130	162	26	66
陕西	245	50	157	13	25	167	47	82	12	26
甘肃	242	58	171	3	10	270	87	160	13	10
青海	28	7	19		2	83	26	45	3	9
宁夏	393	163	227	1	2	148	70	75	1	2
新疆	369	133	184	25	27	1024	293	602	42	87

7-1c 续表 14

单位：人

现住地	省外									
	西藏					陕西				
	小计	乡	镇的村委会	镇的居委会	街道	小计	乡	镇的村委会	镇的居委会	街道
全国	**1228**	**393**	**555**	**95**	**185**	**38403**	**8181**	**24826**	**1977**	**3419**
北京	7	1	4	1	1	1339	244	886	90	119
天津						145	16	118	5	6
河北	9	1	4	1	3	796	228	461	34	73
山西	5		3	1	1	2051	518	1205	131	197
内蒙古	3	2	1			3303	778	2072	186	267
辽宁	7	1			6	166	38	86	9	33
吉林	8	5	2	1		241	22	113	43	63
黑龙江						53	9	27	4	13
上海	3	1	1		1	2312	564	1564	72	112
江苏	7	5	1	1		4559	844	3444	127	144
浙江	13	1	6	2	4	4893	926	3651	135	181
安徽	98		98			546	101	364	32	49
福建	12	2	7	2	1	1278	213	904	58	103
江西	2		2			275	58	161	25	31
山东	17	1	14	1	1	909	118	687	36	68
河南	75	25	18	22	10	854	253	432	27	142
湖北	28	10	14	1	3	924	165	610	47	102
湖南	102	59	25	7	11	265	62	168	11	24
广东	18	14	3		1	2768	689	1827	141	111
广西	9		8		1	371	54	206	45	66
海南	6	1	2	1	2	178	11	71	43	53
重庆	18	1	10	4	3	390	60	260	37	33
四川	346	86	144	32	84	1626	333	964	123	206
贵州	11	5	4	1	1	567	129	328	40	70
云南	26	11	7	2	6	615	114	376	36	89
西藏						271	72	121	31	47
陕西	203	78	82	12	31					
甘肃	71	29	36		6	1949	310	959	144	536
青海	112	50	56	2	4	223	69	113	17	24
宁夏	1		1			1771	488	1078	69	136
新疆	11	4	2	1	4	2765	695	1570	179	321

7-1c　续表 15　　　　单位：人

现住地	省外									
	甘肃					青海				
	小计	乡	镇的村委会	镇的居委会	街道	小计	乡	镇的村委会	镇的居委会	街道
全　国	**40027**	**12515**	**22968**	**1774**	**2770**	**3960**	**1129**	**1933**	**352**	**546**
北　京	1370	318	924	56	72	56	10	32	8	6
天　津	123	14	92	10	7	11	2	8		1
河　北	481	177	241	12	51	81	19	42	11	9
山　西	390	107	213	29	41	65	7	39	4	15
内蒙古	2624	737	1617	104	166	109	34	59	11	5
辽　宁	102	26	42	4	30	19	6	4	4	5
吉　林	178	16	95	32	35	40	3	18	6	13
黑龙江	27	9	11	4	3	15	1	2		12
上　海	2450	676	1576	63	135	66	18	41	6	1
江　苏	2807	651	2040	54	62	169	37	100	13	19
浙　江	1984	522	1324	47	91	141	39	83	8	11
安　徽	293	75	192	8	18	45	11	27	2	5
福　建	622	142	402	19	59	68	19	33	12	4
江　西	238	80	112	17	29	38	5	25	5	3
山　东	504	85	340	37	42	120	19	69	10	22
河　南	338	117	161	16	44	105	35	40	11	19
湖　北	367	111	176	23	57	62	12	27	6	17
湖　南	116	26	67	2	21	16	5	5	5	1
广　东	992	281	616	40	55	119	42	54	9	14
广　西	135	36	58	10	31	34	6	18	1	9
海　南	92	19	38	12	23	31	2	14	8	7
重　庆	177	33	110	9	25	28	5	13	5	5
四　川	1123	299	568	91	165	327	74	110	58	85
贵　州	149	38	82	13	16	32	3	21	7	1
云　南	236	67	112	14	43	30	8	13	3	6
西　藏	581	243	220	58	60	423	122	181	54	66
陕　西	2157	502	1261	124	270	214	43	94	26	51
甘　肃						719	259	378	25	57
青　海	843	345	368	48	82					
宁　夏	4600	1731	2573	135	161	39	15	15	5	4
新　疆	13928	5032	7337	683	876	738	268	368	29	73

7-1c 续表 16

单位：人

现住地	省外									
	宁夏					新疆				
	小计	乡	镇的村委会	镇的居委会	街道	小计	乡	镇的村委会	镇的居委会	街道
全国	**5488**	**1562**	**2806**	**340**	**780**	**4855**	**1130**	**2023**	**610**	**1092**
北京	124	23	69	15	17	150	14	59	20	57
天津	5	1	4			1		1		
河北	67	15	38	6	8	69	15	25	12	17
山西	39	10	17	2	10	51	16	19	3	13
内蒙古	1079	217	592	98	172	71	24	24	14	9
辽宁	12		6		6	131	27	34	14	56
吉林	45	6	19	13	7	145	19	45	33	48
黑龙江	10	2	1	2	5	26	8	5	2	11
上海	162	51	79	6	26	200	48	82	28	42
江苏	119	26	72	6	15	291	49	159	30	53
浙江	105	24	51	7	23	173	29	81	33	30
安徽	28	3	17	3	5	78	11	44	5	18
福建	84	8	63	3	10	125	27	72	9	17
江西	55	17	26		12	29	10	10	4	5
山东	62	13	35	4	10	277	76	130	25	46
河南	75	20	30	6	19	283	99	137	19	28
湖北	30	3	14		13	230	91	63	17	59
湖南	19	3	7	2	7	53	9	20	4	20
广东	74	22	33	9	10	147	25	71	19	32
广西	22	2	11	5	4	57	15	19		23
海南	17		5	7	5	111	4	16	50	41
重庆	14	1	8		5	143	32	55	27	29
四川	117	20	48	10	39	699	115	282	112	190
贵州	18		12	2	4	41	14	22	1	4
云南	25	8	9	3	5	52	14	24	6	8
西藏	8	1	2	2	3	11	3	2	1	5
陕西	807	112	434	51	210	277	51	104	33	89
甘肃	471	178	211	35	47	779	223	367	74	115
青海	19	3	13	1	2	26	8	7	2	9
宁夏						129	54	44	13	18
新疆	1776	773	880	42	81					

7-2　全国按现住地、职业和性别分的户口登记地在本省其他乡镇街道人口

单位：人

现住地	合计			党的机关、国家机关、群众团体和社会组织、企事业单位负责人		
	合计	男	女	小计	男	女
全　国	**15514879**	**8994181**	**6520698**	**497863**	**363413**	**134450**
北　京	193811	104904	88907	9766	6854	2912
天　津	105561	58295	47266	6152	4341	1811
河　北	635854	363042	272812	22554	16643	5911
山　西	414714	269900	144814	11665	8892	2773
内蒙古	391683	239560	152123	10526	7836	2690
辽　宁	508644	293027	215617	16800	11590	5210
吉　林	345516	198074	147442	7680	5496	2184
黑龙江	363815	214152	149663	10888	7448	3440
上　海	200988	107695	93293	10643	7638	3005
江　苏	882316	515686	366630	39390	29322	10068
浙　江	647911	365874	282037	33931	25036	8895
安　徽	682543	405075	277468	25243	18959	6284
福　建	548928	323793	225135	13711	10865	2846
江　西	500231	288473	211758	17956	12881	5075
山　东	1078130	636709	441421	44178	32530	11648
河　南	905339	516300	389039	29341	20956	8385
湖　北	772915	449766	323149	21069	15512	5557
湖　南	672699	383230	289469	24439	16846	7593
广　东	1476884	870960	605924	57234	42065	15169
广　西	473680	260574	213106	12031	8339	3692
海　南	99367	53439	45928	2838	1969	869
重　庆	492209	282537	209672	8749	6211	2538
四　川	1220209	681383	538826	18273	13469	4804
贵　州	365385	208590	156795	10965	7791	3174
云　南	464228	261351	202877	8606	6094	2512
西　藏	19714	10721	8993	781	562	219
陕　西	425825	263498	162327	9302	7153	2149
甘　肃	221048	133945	87103	3413	2718	695
青　海	60901	35743	25158	1639	1235	404
宁　夏	112911	69101	43810	2487	1943	544
新　疆	230920	128784	102136	5613	4219	1394

7-2 续表 1

单位：人

现住地	专业技术人员			办事人员和有关人员			社会生产服务和生活服务人员		
	小计	男	女	小计	男	女	小计	男	女
全　国	**2431344**	**1024489**	**1406855**	**1548822**	**903075**	**645747**	**6836412**	**3757329**	**3079083**
北　京	66277	28219	38058	43997	24028	19969	62014	36981	25033
天　津	25572	10421	15151	24011	13439	10572	35740	20271	15469
河　北	108936	41799	67137	69175	41488	27687	281112	154729	126383
山　西	64237	26281	37956	47823	29488	18335	168530	104446	64084
内蒙古	60118	24833	35285	42313	25863	16450	174074	99639	74435
辽　宁	76723	31036	45687	52022	30430	21592	229204	126699	102505
吉　林	52860	19932	32928	37802	22857	14945	156824	86294	70530
黑龙江	38491	16047	22444	27727	17548	10179	164459	90258	74201
上　海	62931	26254	36677	39889	20278	19611	70391	40764	29627
江　苏	142144	64309	77835	83486	46585	36901	349271	193815	155456
浙　江	115714	46043	69671	61354	35489	25865	285569	156296	129273
安　徽	102449	45877	56572	60942	37189	23753	287184	158274	128910
福　建	84746	36436	48310	57120	33728	23392	256140	148086	108054
江　西	63524	27915	35609	41635	25863	15772	198079	105179	92900
山　东	181835	77177	104658	106054	65396	40658	442585	250985	191600
河　南	137814	56182	81632	83888	51795	32093	423252	227820	195432
湖　北	113481	50762	62719	66309	38638	27671	351598	185161	166437
湖　南	100403	42092	58311	63906	38182	25724	309121	162692	146429
广　东	217430	96919	120511	136131	69797	66334	693789	413428	280361
广　西	67119	25006	42113	40956	22884	18072	208827	108917	99910
海　南	14220	5524	8696	10255	6100	4155	52667	27530	25137
重　庆	65487	27682	37805	45955	25127	20828	225082	115667	109415
四　川	158779	67403	91376	104759	58020	46739	590206	296601	293605
贵　州	57145	23887	33258	40516	25055	15461	155007	79992	75015
云　南	70236	29047	41189	41043	25088	15955	196497	102260	94237
西　藏	4151	1846	2305	5083	3115	1968	6297	3056	3241
陕　西	73611	32569	41042	43810	26928	16882	192400	111634	80766
甘　肃	37798	17561	20237	21342	13190	8152	98843	55050	43793
青　海	11647	5116	6531	7117	4274	2843	24992	13959	11033
宁　夏	15794	6222	9572	8627	4728	3899	47699	26761	20938
新　疆	39672	14092	25580	33775	20485	13290	98959	54085	44874

7-2　续表 2

单位：人

现住地	农、林、牧、渔业生产及辅助人员			生产制造及有关人员			不便分类的其他从业人员		
	小计	男	女	小计	男	女	小计	男	女
全　国	**628372**	**344610**	**283762**	**3529098**	**2575015**	**954083**	**42968**	**26250**	**16718**
北　京	573	376	197	10946	8295	2651	238	151	87
天　津	890	528	362	12626	8930	3696	570	365	205
河　北	26226	13171	13055	126230	94206	32024	1621	1006	615
山　西	20871	13549	7322	100427	86440	13987	1161	804	357
内蒙古	27090	17018	10072	76083	63411	12672	1479	960	519
辽　宁	29481	15224	14257	101979	76516	25463	2435	1532	903
吉　林	35318	19185	16133	54809	44169	10640	223	141	82
黑龙江	68856	40937	27919	52423	41301	11122	971	613	358
上　海	384	264	120	16564	12367	4197	186	130	56
江　苏	17419	10063	7356	248016	170028	77988	2590	1564	1026
浙　江	11506	7709	3797	139378	95004	44374	459	297	162
安　徽	16163	8742	7421	189201	135199	54002	1361	835	526
福　建	16282	10711	5571	120461	83665	36796	468	302	166
江　西	17401	10433	6968	159494	104865	54629	2142	1337	805
山　东	31975	17045	14930	267324	190896	76428	4179	2680	1499
河　南	22993	12223	10770	204618	145105	59513	3433	2219	1214
湖　北	22392	12195	10197	195526	145973	49553	2540	1525	1015
湖　南	16688	9346	7342	152541	110708	41833	5601	3364	2237
广　东	20013	12612	7401	350087	234995	115092	2200	1144	1056
广　西	29479	14612	14867	113543	79824	33719	1725	992	733
海　南	6518	2903	3615	12160	9015	3145	709	398	311
重　庆	10612	5450	5162	135427	101907	33520	897	493	404
四　川	55480	24373	31107	291044	220662	70382	1668	855	813
贵　州	15161	6534	8627	85408	64613	20795	1183	718	465
云　南	45052	21769	23283	102180	76729	25451	614	364	250
西　藏	1400	712	688	1836	1352	484	166	78	88
陕　西	13494	8485	5009	92265	76101	16164	943	628	315
甘　肃	13878	8073	5805	45303	37033	8270	471	320	151
青　海	4765	2774	1991	10456	8206	2250	285	179	106
宁　夏	9692	5591	4101	28453	23783	4670	159	73	86
新　疆	20320	12003	8317	32290	23717	8573	291	183	108

7-3 全国按现住地、职业和性别分的户口登记地在外省人口

单位：人

现住地	合计			党的机关、国家机关、群众团体和社会组织、企事业单位负责人		
	合计	男	女	小计	男	女
全　国	**8255720**	**5266672**	**2989048**	**210649**	**159805**	**50844**
北　京	507929	298533	209396	18224	12602	5622
天　津	121642	80490	41152	4875	3571	1304
河　北	126602	81079	45523	4774	3687	1087
山　西	63827	48915	14912	2334	1903	431
内蒙古	93816	68100	25716	2514	2027	487
辽　宁	128342	79540	48802	3948	2865	1083
吉　林	38103	23724	14379	964	745	219
黑龙江	25178	15952	9226	1118	841	277
上　海	737762	446269	291493	25345	18679	6666
江　苏	705765	447326	258439	18008	13688	4320
浙　江	1468958	927836	541122	18250	14009	4241
安　徽	82897	55159	27738	3361	2674	687
福　建	384469	244883	139586	3809	3047	762
江　西	59209	39906	19303	2619	2044	575
山　东	207978	138602	69376	6418	4839	1579
河　南	59152	39212	19940	2535	1996	539
湖　北	95815	60503	35312	2895	2234	661
湖　南	70209	43956	26253	2399	1762	637
广　东	2311025	1475865	835160	58510	44409	14101
广　西	79704	53840	25864	3687	2892	795
海　南	49794	34158	15636	2080	1591	489
重　庆	111718	70124	41594	2322	1818	504
四　川	131479	82506	48973	2838	2291	547
贵　州	78562	53626	24936	3930	3126	804
云　南	126188	87616	38572	4003	3125	878
西　藏	24014	16831	7183	939	711	228
陕　西	81072	56188	24884	2207	1772	435
甘　肃	35386	24975	10411	732	612	120
青　海	22862	16214	6648	936	803	133
宁　夏	34463	24155	10308	801	701	100
新　疆	191800	130589	61211	3274	2741	533

7-3 续表 1

单位：人

现住地	专业技术人员			办事人员和有关人员			社会生产服务和生活服务人员		
	小计	男	女	小计	男	女	小计	男	女
全　国	**733798**	**405178**	**328620**	**391263**	**225991**	**165272**	**3130123**	**1888061**	**1242062**
北　京	103232	47115	56117	47586	24014	23572	263979	153771	110208
天　津	10480	5673	4807	8649	5161	3488	50558	30386	20172
河　北	13712	7225	6487	7459	4478	2981	55480	32947	22533
山　西	4823	3177	1646	3016	2095	921	22511	14639	7872
内蒙古	7438	4917	2521	4225	2967	1258	40059	25060	14999
辽　宁	9608	4761	4847	5118	3111	2007	60209	34561	25648
吉　林	4294	2115	2179	2400	1457	943	19331	11233	8098
黑龙江	2468	1279	1189	1537	998	539	12054	6938	5116
上　海	108039	52659	55380	49904	25804	24100	355630	205600	150030
江　苏	50049	28983	21066	23498	12769	10729	244328	144737	99591
浙　江	68204	39993	28211	27127	17054	10073	452897	277507	175390
安　徽	9114	5653	3461	4813	2994	1819	26917	15586	11331
福　建	19154	11396	7758	13754	8531	5223	119604	70961	48643
江　西	6477	3953	2524	3315	2042	1273	19017	10891	8126
山　东	16792	9271	7521	7887	4929	2958	73987	43586	30401
河　南	6729	3785	2944	3644	2273	1371	24479	14598	9881
湖　北	12067	6623	5444	5085	2964	2121	43784	25337	18447
湖　南	8037	4576	3461	4050	2410	1640	30530	17635	12895
广　东	171767	102894	68873	110721	62144	48577	779402	488616	290786
广　西	7095	4338	2757	4405	2888	1517	33600	20233	13367
海　南	3991	2146	1845	2475	1592	883	20131	12335	7796
重　庆	14086	7647	6439	8268	4809	3459	50998	29202	21796
四　川	17984	10344	7640	9900	5871	4029	60499	34979	25520
贵　州	7901	4816	3085	5210	3548	1662	35644	21681	13963
云　南	9765	6446	3319	5380	3780	1600	62680	39304	23376
西　藏	2389	1565	824	2095	1588	507	11093	6794	4299
陕　西	9169	5220	3949	3931	2513	1418	38641	24362	14279
甘　肃	3466	2165	1301	1588	1058	530	15372	9650	5722
青　海	2130	1351	779	1010	681	329	11527	7514	4013
宁　夏	2651	1496	1155	1232	836	396	15775	9733	6042
新　疆	20687	11596	9091	11981	8632	3349	79407	47685	31722

7-3 续表 2

单位：人

现住地	农、林、牧、渔业生产及辅助人员			生产制造及有关人员			不便分类的其他从业人员		
	小计	男	女	小计	男	女	小计	男	女
全　国	**129332**	**72033**	**57299**	**3648610**	**2507874**	**1140736**	**11945**	**7730**	**4215**
北　京	3434	2142	1292	71148	58703	12445	326	186	140
天　津	1444	897	547	44312	33895	10417	1324	907	417
河　北	3365	1470	1895	41419	31023	10396	393	249	144
山　西	1163	637	526	29824	26356	3468	156	108	48
内蒙古	3886	2206	1680	35475	30769	4706	219	154	65
辽　宁	7639	4505	3134	41098	29268	11830	722	469	253
吉　林	2553	1230	1323	8539	6928	1611	22	16	6
黑龙江	2506	1421	1085	5403	4413	990	92	62	30
上　海	5486	3253	2233	192828	139956	52872	530	318	212
江　苏	8695	4784	3911	359867	241569	118298	1320	796	524
浙　江	11874	7907	3967	889943	570929	319014	663	437	226
安　徽	2420	948	1472	36171	27234	8937	101	70	31
福　建	5389	3337	2052	222297	147306	74991	462	305	157
江　西	1510	752	758	26102	20121	5981	169	103	66
山　东	6676	3852	2824	95520	71616	23904	698	509	189
河　南	1394	505	889	20204	15951	4253	167	104	63
湖　北	3867	1750	2117	27870	21433	6437	247	162	85
湖　南	2000	833	1167	22849	16531	6318	344	209	135
广　东	16854	10063	6791	1171857	766562	405295	1914	1177	737
广　西	2406	1058	1348	28262	22272	5990	249	159	90
海　南	3897	2398	1499	16754	13774	2980	466	322	144
重　庆	1699	590	1109	34171	25942	8229	174	116	58
四　川	4625	1557	3068	35477	27366	8111	156	98	58
贵　州	1950	714	1236	23769	19630	4139	158	111	47
云　南	5143	2874	2269	39071	31990	7081	146	97	49
西　藏	502	305	197	6863	5775	1088	133	93	40
陕　西	832	491	341	26180	21748	4432	112	82	30
甘　肃	942	503	439	13236	10947	2289	50	40	10
青　海	458	287	171	6750	5538	1212	51	40	11
宁　夏	1845	1009	836	12058	10337	1721	101	43	58
新　疆	12878	7755	5123	63293	51992	11301	280	188	92

7-4　全国按现住地、户口登记地类型、受教育程度分的户口登记地在本省其他乡镇街道人口

单位：人

现住地	合计					未上过学				
	合计	乡	镇的村委会	镇的居委会	街道	小计	乡	镇的村委会	镇的居委会	街道
全　国	**32293296**	**5703500**	**14464500**	**3483559**	**8641737**	**510965**	**122376**	**253549**	**44842**	**90198**
北　京	444221	18512	91119	50704	283886	4346	227	1245	511	2363
天　津	258552	5096	54870	24683	173903	2516	64	710	247	1495
河　北	1453894	367708	652495	112506	321185	13349	3896	6341	934	2178
山　西	995150	241667	410287	78740	264456	9440	3334	3763	511	1832
内蒙古	864466	162849	384915	97914	218788	21729	5915	11263	1672	2879
辽　宁	1115104	120941	351127	87846	555190	10015	1346	3526	673	4470
吉　林	772324	128260	254899	67415	321750	8662	1588	3247	791	3036
黑龙江	816040	160295	244921	95383	315441	10171	2320	3543	1187	3121
上　海	433496	7796	90827	70716	264157	5290	183	1648	838	2621
江　苏	1688545	190235	780518	255759	462033	25758	3604	12927	3521	5706
浙　江	1207008	149414	595750	113744	348100	24635	4288	13572	1672	5103
安　徽	1454136	207354	774929	173243	298610	37331	6429	21647	3742	5513
福　建	1007943	152936	574833	91796	188378	18652	3566	11982	1131	1973
江　西	1104286	279512	477011	143515	204248	12996	4092	5765	1341	1798
山　东	2280334	192406	1253855	184339	649734	35525	3393	22158	2427	7547
河　南	2053652	662896	776598	148529	465629	18614	6827	6744	1156	3887
湖　北	1532938	212232	629549	194913	496244	17591	2686	8350	1795	4760
湖　南	1470938	352609	592689	185010	340630	11286	3333	4637	1335	1981
广　东	2681558	338405	1451769	331097	560287	30230	3878	18144	3609	4599
广　西	994668	180642	539243	102203	172580	11694	3304	6066	1026	1298
海　南	196373	13815	113051	42009	27498	2418	184	1548	466	220
重　庆	1015728	143269	459964	118266	294229	12005	2125	6147	1211	2522
四　川	2326669	539776	990027	285597	511269	46324	16159	19958	4428	5779
贵　州	865683	155189	449253	77365	183876	28285	6908	16251	1717	3409
云　南	894561	202125	433983	100988	157465	22644	7460	11193	1718	2273
西　藏	46364	20821	13114	4174	8255	8358	4566	2544	511	737
陕　西	943855	132858	492851	94370	223776	15862	3396	9619	996	1851
甘　肃	515467	127960	238130	38661	110716	17249	6029	8461	922	1837
青　海	139685	44628	45870	21499	27688	10879	5842	3361	929	747
宁　夏	243604	56023	112850	26755	47976	10168	3328	4948	870	1022
新　疆	476054	135271	133203	63820	143760	6943	2106	2241	955	1641

7-4　续表 1　　　　单位：人

现住地	学前教育					小学				
	小计	乡	镇的村委会	镇的居委会	街道	小计	乡	镇的村委会	镇的居委会	街道
全　国	**1132173**	**209607**	**547913**	**109863**	**264790**	**5198424**	**1158688**	**2669707**	**458816**	**911213**
北　京	13497	483	3389	1605	8020	33610	1744	9744	3885	18237
天　津	6602	119	1930	615	3938	23142	562	7395	2114	13071
河　北	54488	14324	26556	3885	9723	206644	62701	99801	13100	31042
山　西	34494	9137	14968	2350	8039	144459	46083	65518	8175	24683
内蒙古	29612	5834	15430	2505	5843	159102	39370	84483	12446	22803
辽　宁	26714	3316	9793	1928	11677	131834	19715	55369	9178	47572
吉　林	17960	3343	6935	1168	6514	112150	25864	48639	7584	30063
黑龙江	14352	3324	4807	1479	4742	129441	34436	50646	13235	31124
上　海	9866	102	1721	1908	6135	33282	753	9728	5844	16957
江　苏	53422	5648	25549	8090	14135	235470	30994	123942	31410	49124
浙　江	36849	4388	18049	3219	11193	210571	32930	115576	16202	45863
安　徽	56856	8288	31792	6494	10282	262169	43035	156624	25338	37172
福　建	40399	6398	22960	3491	7550	201676	39114	125831	13174	23557
江　西	40630	11031	18347	4849	6403	213433	64430	101809	21517	25677
山　东	106739	8494	65386	7185	25674	302510	28751	187236	20366	66157
河　南	81172	26707	31174	5642	17649	284744	108704	108206	18310	49524
湖　北	48062	6864	22227	5374	13597	219048	36954	109511	23850	48733
湖　南	49753	12526	20725	5680	10822	210419	58664	93261	22655	35839
广　东	93675	10412	50581	11049	21633	376996	49158	231504	40752	55582
广　西	43788	8548	24544	4028	6668	174046	40883	100826	13995	18342
海　南	8337	540	4912	1734	1151	26720	1909	16960	4973	2878
重　庆	31860	4715	15383	3145	8617	203454	34754	107815	19958	40927
四　川	72368	18323	33037	7578	13430	483853	135546	231230	48262	68815
贵　州	36800	6566	19952	3055	7227	193357	41699	112665	12722	26271
云　南	30860	7410	14890	3377	5183	191691	55271	99541	15593	21286
西　藏	1668	877	438	116	237	11252	5466	3421	905	1460
陕　西	35929	5467	20231	3081	7150	147057	25639	91718	10216	19484
甘　肃	20793	5723	10141	1338	3591	105201	33806	53620	5273	12502
青　海	4872	1750	1677	628	817	34768	14571	13245	3500	3452
宁　夏	9384	2398	4632	813	1541	52870	16404	26828	4182	5456
新　疆	20372	6552	5757	2454	5609	83455	28778	27015	10102	17560

7-4　续表 2　　　　单位：人

现住地	初中					高中				
	小计	乡	镇的村委会	镇的居委会	街道	小计	乡	镇的村委会	镇的居委会	街道
全　国	**9594692**	**1944729**	**4880510**	**892785**	**1876668**	**7150096**	**1196712**	**3157508**	**803623**	**1992253**
北　京	64937	3913	20615	7366	33043	84655	3700	19547	9810	51598
天　津	58109	1296	16200	5450	35163	60345	1155	11523	5707	41960
河　北	434973	126458	212339	28100	68076	364676	90815	163430	27515	82916
山　西	332655	94802	157006	20774	60073	217436	49178	89650	17886	60712
内蒙古	274793	59137	136862	26885	51909	156581	24884	63175	20666	47856
辽　宁	425250	55163	164294	32668	173125	211530	20306	58414	17458	115352
吉　林	276395	56349	110389	22704	86953	168853	22307	47507	16362	82677
黑龙江	343511	80293	122876	38616	101726	152587	23708	36952	19838	72089
上　海	84907	2232	25351	13783	43541	94318	1508	17234	14751	60825
江　苏	488742	65241	264068	63907	95526	350997	37039	160052	56115	97791
浙　江	301721	44027	166306	23394	67994	253504	29873	127870	23030	72731
安　徽	442724	68546	254984	48029	71165	290030	37486	151967	35458	65119
福　建	290332	50837	185442	19984	34069	195969	26124	110492	19821	39532
江　西	358611	100484	170446	38699	48982	242499	57465	101029	34763	49242
山　东	626411	59505	383208	45235	138463	543355	46599	294488	44787	157481
河　南	583729	214808	236183	37754	94984	540509	171675	209468	38979	120387
湖　北	456470	73335	224305	51006	107824	383744	50968	153644	51932	127200
湖　南	413718	111778	185237	45785	70918	399044	92643	164667	50238	91496
广　东	815118	129366	522407	76158	87187	660197	82587	361630	86362	129618
广　西	315608	63069	190187	27286	35066	224921	35421	121967	24311	43222
海　南	64856	5327	43475	10914	5140	45501	3021	25086	10505	6889
重　庆	304873	47628	154026	32457	70762	222662	28261	99085	27274	68042
四　川	705890	173376	339132	77191	116191	481513	102273	203191	62688	113361
贵　州	258374	47989	146371	20274	43740	156879	25248	77834	15123	38674
云　南	239686	58811	124615	23518	32742	178847	37235	88365	20322	32925
西　藏	5405	2607	1603	413	782	7529	3577	2383	503	1066
陕　西	258977	42255	156820	20683	39219	196338	23896	100077	21413	50952
甘　肃	140128	38398	73028	7940	20762	99482	21999	44259	8115	25109
青　海	30801	9856	11709	3938	5298	22834	6192	7183	3829	5630
宁　夏	74831	18069	39983	6605	10174	43205	8872	18734	5371	10228
新　疆	122157	39774	41043	15269	26071	99556	30697	26595	12691	29573

7-4 续表 3

单位：人

现住地	大学专科					大学本科				
	小计	乡	镇 的 村委会	镇 的 居委会	街道	小计	乡	镇 的 村委会	镇 的 居委会	街道
全　国	**4440968**	**627440**	**1729079**	**582898**	**1501551**	**3875871**	**421061**	**1164884**	**541169**	**1748757**
北　京	73896	3312	17181	8997	44406	126576	4203	17838	14383	90152
天　津	40775	840	8211	3974	27750	58907	973	8505	5773	43656
河　北	209043	41252	86263	20186	61342	159017	26922	55053	17427	59615
山　西	133853	23768	47463	14895	47727	113389	14534	30326	13170	55359
内蒙古	117111	16287	43965	16821	40038	98097	10855	28368	15739	43135
辽　宁	152093	12612	36342	12784	90355	143671	8005	22275	12137	101254
吉　林	85392	10037	21058	8482	45815	94392	8361	16436	9543	60052
黑龙江	79398	8846	14191	10684	45677	79711	7121	11358	9753	51479
上　海	71094	1263	15617	11606	42608	108452	1435	18064	17770	71183
江　苏	264047	26758	109398	44668	83223	243380	19377	79322	43879	100802
浙　江	180363	19253	84673	19895	56542	181810	13760	66014	23935	78101
安　徽	190072	23683	88359	27507	50523	160939	18638	65694	24728	51879
福　建	120561	14551	62118	14744	29148	130594	11877	53756	18124	46837
江　西	130578	25688	48711	22110	34069	98071	15495	29291	18811	34474
山　东	354130	25961	178099	32774	117296	282127	18328	114117	28461	121221
河　南	301146	80797	107767	24786	87796	225897	50589	72933	20327	82048
湖　北	212258	24031	67577	32456	88194	175219	16302	41062	25872	91983
湖　南	216886	44567	77105	32147	63067	157237	27712	44679	25170	59676
广　东	377159	40543	172837	58783	104996	297775	21395	91315	49808	135257
广　西	121115	16730	56772	16930	30683	98094	12337	37811	14003	33943
海　南	25623	1615	12727	6672	4609	21699	1179	8173	6390	5957
重　庆	127643	14731	46695	18649	47568	105077	10633	29498	14639	50307
四　川	295684	58344	102219	45845	89276	221623	34053	58656	37034	91880
贵　州	93213	13438	39807	11595	28373	94349	13017	35473	12318	33541
云　南	116793	20151	52494	16724	27424	108060	15402	41701	18573	32384
西　藏	5336	1722	1312	807	1495	6595	1970	1386	888	2351
陕　西	150522	18749	67563	19108	45102	125500	12641	44360	17126	51373
甘　肃	67129	12247	27457	6969	20456	60753	9313	20194	7592	23654
青　海	17496	3820	4511	3999	5166	17257	2520	4091	4484	6162
宁　夏	28525	4177	10835	4482	9031	23227	2688	6713	4209	9617
新　疆	82034	17667	19752	12819	31796	58376	9426	10422	9103	29425

7-4 续表 4

单位：人

现住地	硕士研究生					博士研究生				
	小计	乡	镇的村委会	镇的居委会	街道	小计	乡	镇的村委会	镇的居委会	街道
全国	**348079**	**21105**	**57349**	**44869**	**224756**	**42028**	**1782**	**4001**	**4694**	**31551**
北京	35538	798	1391	3539	29810	7166	132	169	608	6257
天津	7294	80	369	732	6113	862	7	27	71	757
河北	10869	1259	2590	1272	5748	835	81	122	87	545
山西	8757	783	1506	928	5540	667	48	77	51	491
内蒙古	6925	525	1294	1111	3995	516	42	75	69	330
辽宁	12719	440	1059	918	10302	1278	38	55	102	1083
吉林	7507	366	646	717	5778	1013	45	42	64	862
黑龙江	5912	226	503	529	4654	957	21	45	62	829
上海	22668	277	1289	3694	17408	3619	43	175	522	2879
江苏	23836	1436	4897	3810	13693	2893	138	363	359	2033
浙江	15877	810	3411	2137	9519	1678	85	279	260	1054
安徽	12837	1162	3639	1785	6251	1178	87	223	162	706
福建	8725	437	2082	1206	5000	1035	32	170	121	712
江西	6885	787	1539	1290	3269	583	40	74	135	334
山东	26978	1292	8703	2794	14189	2559	83	460	310	1706
河南	16229	2603	3877	1447	8302	1612	186	246	128	1052
湖北	18103	987	2665	2393	12058	2443	105	208	235	1895
湖南	11167	1266	2153	1811	5937	1428	120	225	189	894
广东	27489	956	3100	4164	19269	2919	110	251	412	2146
广西	5035	343	1002	605	3085	367	7	68	19	273
海南	1126	38	156	334	598	93	2	14	21	56
重庆	7348	390	1242	855	4861	806	32	73	78	623
四川	17321	1560	2408	2339	11014	2093	142	196	232	1523
贵州	4069	312	861	522	2374	357	12	39	39	267
云南	5412	356	1113	1067	2876	568	29	71	96	372
西藏	212	35	26	31	120	9	1	1		7
陕西	12003	759	2276	1573	7395	1667	56	187	174	1250
甘肃	4253	405	926	466	2456	479	40	44	46	349
青海	722	75	91	176	380	56	2	2	16	36
宁夏	1301	84	171	217	829	93	3	6	6	78
新疆	2962	258	364	407	1933	199	13	14	20	152

7-5 全国按现住地、户口登记地类型、受教育程度分的户口登记地在外省人口

单位：人

现住地	合计					未上过学				
	合计	乡	镇的村委会	镇的居委会	街道	小计	乡	镇的村委会	镇的居委会	街道
全国	**11817149**	**2754935**	**6594737**	**922217**	**1545260**	**147838**	**40877**	**88279**	**8179**	**10503**
北京	728252	125225	331772	78620	192635	6495	1394	3607	480	1014
天津	201026	29546	115412	17106	38962	2462	396	1650	151	265
河北	231858	46535	105076	24017	56230	2260	564	1154	166	376
山西	110871	22768	57136	8288	22679	1078	283	596	68	131
内蒙古	150114	32938	82090	13279	21807	3633	1029	2245	185	174
辽宁	247799	46959	115838	21325	63677	2816	646	1536	163	471
吉林	92428	17679	37928	8917	27904	925	236	441	74	174
黑龙江	66614	10131	20881	8934	26668	705	155	313	90	147
上海	990858	228050	506348	101864	154596	14610	4237	8762	846	765
江苏	1007944	221655	612855	72975	100459	13123	3346	8221	730	826
浙江	1848161	490209	1186657	70667	100628	30835	9144	20057	756	878
安徽	130693	20784	71614	13416	24879	1660	372	957	123	208
福建	506632	110139	338012	25552	32929	6215	1536	4278	195	206
江西	105864	20854	48796	13216	22998	657	153	325	77	102
山东	353827	55059	196428	31625	70715	4368	794	2545	372	657
河南	110425	27286	45798	9255	28086	1080	310	488	70	212
湖北	195084	35540	83749	23366	52429	1716	418	908	151	239
湖南	131323	29389	55326	15129	31479	793	217	377	85	114
广东	3007579	848515	1791836	192091	175137	25987	7828	15573	1502	1084
广西	134052	23717	70274	15106	24955	1320	308	699	126	187
海南	88665	11529	45078	14764	17294	982	139	606	119	118
重庆	196470	37855	96289	21441	40885	1920	483	1088	142	207
四川	232210	45123	91986	29044	66057	2606	749	1197	244	416
贵州	124441	21513	68730	12638	21560	1970	429	1163	167	211
云南	191365	37843	97749	24282	31491	3069	735	1716	292	326
西藏	29534	8474	12928	2622	5510	975	402	418	54	101
陕西	152354	27793	74842	14783	34936	1683	332	959	134	258
甘肃	63281	11950	30762	8111	12458	1128	301	578	114	135
青海	33988	8097	17249	3709	4933	1232	534	559	59	80
宁夏	57959	13660	33745	3843	6711	2030	693	1185	73	79
新疆	295478	88120	151553	22232	33573	7505	2714	4078	371	342

7-5　续表 1

单位：人

现住地	学前教育					小学				
	小计	乡	镇的村委会	镇的居委会	街道	小计	乡	镇的村委会	镇的居委会	街道
全　国	**253458**	**57130**	**144517**	**20530**	**31281**	**1874144**	**494439**	**1155113**	**99726**	**124866**
北　京	12174	1560	4882	1602	4130	61576	12767	33479	4708	10622
天　津	3792	522	2521	276	473	28253	4839	19336	1556	2522
河　北	5354	1017	2611	559	1167	34195	8628	18079	2510	4978
山　西	2643	538	1469	187	449	16840	4250	9732	990	1868
内蒙古	3715	849	2161	268	437	29773	8042	18079	1711	1941
辽　宁	4164	811	2215	294	844	41179	9855	23686	2328	5310
吉　林	1544	284	773	98	389	11654	3105	6103	737	1709
黑龙江	835	140	274	113	308	7424	1634	3337	908	1545
上　海	21305	4370	10713	2669	3553	118056	32165	69159	8257	8475
江　苏	23565	5257	14724	1574	2010	163540	39336	106854	8480	8870
浙　江	40943	10717	26622	1605	1999	421141	119053	279903	9959	12226
安　徽	3289	470	1802	371	646	18718	3421	11722	1512	2063
福　建	10937	2478	7434	454	571	107019	25756	74977	3382	2904
江　西	2174	437	978	291	468	11269	2726	6078	1081	1384
山　东	7717	1071	4590	653	1403	55529	10031	34783	3744	6971
河　南	3048	705	1351	267	725	13420	3872	6422	936	2190
湖　北	3974	722	1915	467	870	22895	5216	12350	1948	3381
湖　南	2785	597	1244	332	612	12915	3423	6190	1282	2020
广　东	56396	15516	33354	4037	3489	420721	125304	258852	21059	15506
广　西	4088	718	2243	461	666	19878	4281	11705	1812	2080
海　南	2266	303	1277	356	330	12544	1954	7852	1550	1188
重　庆	4202	844	2252	382	724	28780	6546	16296	2503	3435
四　川	5365	1118	2357	631	1259	32579	8141	16035	3149	5254
贵　州	4232	684	2417	432	699	23861	4820	14501	1933	2607
云　南	6040	1210	3239	728	863	40269	9246	22968	4006	4049
西　藏	207	52	97	21	37	6007	1910	2884	427	786
陕　西	3399	639	1844	292	624	17409	3570	10114	1278	2447
甘　肃	1725	313	884	241	287	10523	2581	5873	964	1105
青　海	1012	244	545	97	126	6902	2162	3681	504	555
宁　夏	1869	424	1169	99	177	13038	3817	7954	546	721
新　疆	8699	2520	4560	673	946	66237	21988	36129	3966	4154

7-5 续表 2

单位：人

现住地	初中					高中				
	小计	乡	镇的村委会	镇的居委会	街道	小计	乡	镇的村委会	镇的居委会	街道
全　国	**4811756**	**1251591**	**2997143**	**259036**	**303986**	**2119861**	**485954**	**1174451**	**189656**	**269800**
北　京	192510	43951	118679	11265	18615	125192	23023	63470	13013	25686
天　津	77771	12446	51481	5067	8777	32200	4188	17532	3217	7263
河　北	83802	20466	44797	6579	11960	40660	7287	17705	5096	10572
山　西	44583	10548	26268	2555	5212	19160	3865	9893	1555	3847
内蒙古	60789	13976	36448	4571	5794	24081	4827	12223	2624	4407
辽　宁	101718	21995	54972	7583	17168	38098	6297	15826	4145	11830
吉　林	27820	6519	14130	2191	4980	12453	2171	5013	1342	3927
黑龙江	19004	3845	7609	2647	4903	9010	1230	2365	1408	4007
上　海	343352	94274	207616	21407	20055	167877	40251	88050	18164	21412
江　苏	430161	99927	285125	22414	22695	179324	39110	107914	15059	17241
浙　江	911605	251064	605697	25140	29704	255751	63710	160511	13720	17810
安　徽	44815	8144	28270	3729	4672	24450	3659	13826	2759	4206
福　建	240375	55105	168966	8622	7682	78624	15750	51520	5294	6060
江　西	31320	7685	17697	2601	3337	18699	3648	9081	2337	3633
山　东	138569	24333	86421	10273	17542	60939	8792	32472	6372	13303
河　南	33682	10435	16480	2151	4616	19779	4925	8542	1763	4549
湖　北	50173	11239	27090	4592	7252	32409	5979	15097	4010	7323
湖　南	37016	9879	19473	3227	4437	27523	6546	12375	3272	5330
广　东	1400794	419916	873824	64036	43018	669763	185334	392836	49781	41812
广　西	48952	9942	29289	4649	5072	25565	4074	13068	3409	5014
海　南	32871	4877	19872	4450	3672	16972	1861	7906	3339	3866
重　庆	54461	11444	30840	5011	7166	42688	8056	21957	4890	7785
四　川	63453	14795	31405	6577	10676	43250	8329	17481	5764	11676
贵　州	48940	9211	29571	4243	5915	20318	3217	10702	2406	3993
云　南	71639	15685	39965	8013	7976	31842	5746	15557	4654	5885
西　藏	10351	3201	4909	807	1434	5189	1443	2272	488	986
陕　西	47050	9892	27730	3260	6168	26345	4509	13288	2753	5795
甘　肃	21673	4660	12598	2117	2298	10130	1732	4846	1530	2022
青　海	12460	3000	7174	1110	1176	5087	1018	2533	675	861
宁　夏	20933	5128	13217	1091	1497	8548	1825	4808	713	1202
新　疆	109114	34009	59530	7058	8517	47935	13552	23782	4104	6497

7-5　续表 3

单位：人

现住地	大学专科					大学本科				
	小计	乡	镇的村委会	镇的居委会	街道	小计	乡	镇的村委会	镇的居委会	街道
全　国	**1164667**	**222327**	**551387**	**143402**	**247551**	**1247756**	**179104**	**431782**	**175079**	**461791**
北　京	112319	17830	47915	14744	31830	176421	20067	51464	27141	77749
天　津	23914	3209	11622	2888	6195	28542	3446	9963	3481	11652
河　北	27827	4086	10283	4141	9317	34286	4162	9670	4503	15951
山　西	9417	1351	3950	1098	3018	15708	1770	4886	1683	7369
内蒙古	14986	2476	6642	2023	3845	11832	1605	3901	1684	4642
辽　宁	20678	2860	7416	2369	8033	34494	3901	9015	3966	17612
吉　林	8566	1317	3034	911	3304	25869	3613	7500	3086	11670
黑龙江	7043	724	1610	1094	3615	19510	2181	4636	2398	10295
上　海	124841	25246	56751	17266	25578	164648	23848	56599	27727	56474
江　苏	100372	19868	52649	11401	16454	83738	12762	32700	11407	26869
浙　江	104005	22873	57962	9325	13845	73880	12376	32533	8901	20070
安　徽	15539	2132	7394	1999	4014	19100	2263	6681	2598	7558
福　建	29850	5074	17057	3087	4632	29441	3910	12223	4017	9291
江　西	14785	2468	6095	2476	3746	24511	3426	7830	3882	9373
山　东	37165	4608	17853	4360	10344	44819	5017	16430	5230	18142
河　南	13530	2775	4995	1360	4400	23821	4029	7077	2500	10215
湖　北	28912	4736	11216	4489	8471	46571	6213	12855	6493	21010
湖　南	18722	3730	6961	2819	5212	27918	4439	7726	3611	12142
广　东	263338	61742	141340	29000	31256	154699	30528	71107	20474	32590
广　西	14196	1959	6263	2077	3897	17508	2134	6214	2304	6856
海　南	10369	948	3859	2366	3196	11815	1345	3523	2424	4523
重　庆	30242	5511	13137	3959	7635	29706	4366	9381	4021	11938
四　川	32378	5318	10600	4820	11640	45695	5829	11550	7059	21257
贵　州	12030	1627	5496	1638	3269	11412	1352	4355	1605	4100
云　南	17010	2639	7208	2810	4353	18499	2205	6229	3336	6729
西　藏	3112	723	1140	387	862	3370	692	1126	406	1146
陕　西	23471	4332	10022	2905	6212	27632	3787	9288	3525	11032
甘　肃	6204	824	2225	1194	1961	10177	1325	3224	1747	3881
青　海	3427	597	1435	588	807	3375	466	1202	587	1120
宁　夏	5377	894	2831	577	1075	5617	819	2405	671	1722
新　疆	31042	7850	14426	3231	5535	23142	5228	8489	2612	6813

7-5 续表 4

单位：人

现住地	硕士研究生					博士研究生				
	小计	乡	镇的村委会	镇的居委会	街道	小计	乡	镇的村委会	镇的居委会	街道
全国	**176860**	**21115**	**47271**	**24075**	**84399**	**20809**	**2398**	**4794**	**2534**	**11083**
北京	37779	4079	7464	5269	20967	3786	554	812	398	2022
天津	3566	444	1173	398	1551	526	56	134	72	264
河北	3175	310	733	416	1716	299	15	44	47	193
山西	1323	149	326	137	711	119	14	16	15	74
内蒙古	1208	125	373	201	509	97	9	18	12	58
辽宁	4223	542	1064	434	2183	429	52	108	43	226
吉林	3124	384	818	430	1492	473	50	116	48	259
黑龙江	2623	194	650	234	1545	460	28	87	42	303
上海	32993	3360	7870	5133	16630	3176	299	828	395	1654
江苏	12315	1797	4167	1700	4651	1806	252	501	210	843
浙江	9003	1204	3105	1113	3581	998	68	267	148	515
安徽	2659	277	858	273	1251	463	46	104	52	261
福建	3656	480	1385	437	1354	515	50	172	64	229
江西	2257	293	675	421	868	192	18	37	50	87
山东	4138	375	1235	541	1987	583	38	99	80	366
河南	1859	214	422	184	1039	206	21	21	24	140
湖北	7178	817	2090	1015	3256	1256	200	228	201	627
湖南	3213	515	878	440	1380	438	43	102	61	232
广东	14031	2066	4480	1984	5501	1850	281	470	218	881
广西	2376	286	761	244	1085	169	15	32	24	98
海南	774	100	170	146	358	72	2	13	14	43
重庆	4053	577	1239	494	1743	418	28	99	39	252
四川	5954	750	1221	714	3269	930	94	140	86	610
贵州	1490	161	480	190	659	188	12	45	24	107
云南	2742	352	806	405	1179	255	25	61	38	131
西藏	293	46	79	29	139	30	5	3	3	19
陕西	4712	662	1444	556	2050	653	70	153	80	350
甘肃	1511	185	490	192	644	210	29	44	12	125
青海	459	75	112	77	195	34	1	8	12	13
宁夏	511	57	169	70	215	36	3	7	3	23
新疆	1662	239	534	198	691	142	20	25	19	78

7-6　全国按现住地和出生地分的人口

单位：人

现住地	出生地							
	合计	省内		省外				
		本县市区	本省其他县市区	北京	天津	河北	山西	内蒙古
全　国	**138657945**	**107314771**	**17083837**	**64648**	**59185**	**639809**	**276931**	**212416**
北　京	2090903	963594	173155		19025	234975	56599	34701
天　津	1221778	750305	155810	4836		88620	14428	12181
河　北	7372048	6401919	641874	13861	12384		17383	23192
山　西	3440439	2853963	450064	1713	1385	27126		9753
内蒙古	2339123	1656209	449756	1733	1734	35408	28556	
辽　宁	4078397	3122971	584263	2103	1853	22277	4739	35691
吉　林	2199788	1714740	337639	919	909	8644	2172	10052
黑龙江	2935686	2364787	420154	789	891	9696	1962	10908
上　海	2415605	955310	311500	3781	2581	15730	16367	6585
江　苏	8197063	6121359	916424	2795	1786	19801	20758	6495
浙　江	6467791	3986075	551524	3048	1254	16080	12927	5812
安　徽	6038744	5120023	715687	2139	748	6700	3268	1498
福　建	3933085	2771527	611314	1177	569	4712	4306	1748
江　西	4810312	4282622	383437	706	398	3202	1900	1254
山　东	10099105	8653812	1030914	3268	2328	33570	11537	14226
河　南	9725229	8644491	932270	2037	1145	12252	7343	2179
湖　北	6092610	5018394	794234	1927	967	8810	5493	2672
湖　南	6978116	6064888	752432	1017	519	4044	2401	1305
广　东	11946820	6665423	2014738	5923	2667	21235	16387	8943
广　西	4618519	3914668	544480	609	397	4155	2218	1723
海　南	927418	692396	121603	822	312	2588	1687	1324
重　庆	3293962	2522620	500075	969	489	4690	3095	1348
四　川	8866931	7169560	1380144	2706	1231	10764	7549	3099
贵　州	3646503	3054205	424920	649	288	3036	1261	588
云　南	4822267	4033318	580784	703	497	4528	2700	1167
西　藏	329292	263166	35384	162	50	644	484	95
陕　西	3682045	2963916	501203	1980	978	10976	16744	5422
甘　肃	2372848	2011526	266647	759	591	5425	2805	1453
青　海	569733	430214	83603	222	134	2862	1276	515
宁　夏	710449	460963	154894	547	373	5621	2453	4169
新　疆	2435336	1685807	262911	748	702	11638	6133	2318

7-6 续表 1

单位：人

现住地	出生地								
	省外								
	辽宁	吉林	黑龙江	上海	江苏	浙江	安徽	福建	江西
全　国	**296612**	**313859**	**614422**	**69712**	**516219**	**263816**	**1324461**	**246490**	**837785**
北　京	48935	35064	67400	4746	24461	10852	37696	9160	14896
天　津	13232	12627	31429	806	5754	2857	12487	2540	3109
河　北	22088	18231	53866	627	7040	3983	12618	3001	3849
山　西	4179	2614	4215	407	4115	2248	5149	2319	1403
内蒙古	23169	16020	28402	224	3373	1532	4433	1551	1331
辽　宁		66957	119493	817	6774	3075	10547	2869	2074
吉　林	24498		36946	420	3264	1995	3560	1245	1075
黑龙江	22579	25450		395	3976	1264	5410	940	1047
上　海	16827	13448	24843		201696	67576	255754	26073	58959
江　苏	12250	13094	24911	14833		34028	370864	19420	42349
浙　江	11907	13087	25395	10414	70523		370182	29165	215346
安　徽	3102	2805	3887	9916	35354	12516		4720	8997
福　建	3908	3791	6760	2094	8407	11685	30914		98744
江　西	1847	1363	1922	2496	6393	11984	11032	7955	
山　东	19410	35409	91036	1637	25498	6519	21640	5713	5010
河　南	4436	2851	5940	1299	6800	3987	13202	3107	3409
湖　北	4478	3054	4589	2434	10772	8981	15661	6813	14563
湖　南	2273	1811	2573	921	4136	4858	5753	4620	14987
广　东	21690	22253	38205	3812	25762	23135	71438	68689	298624
广　西	2851	2902	5748	623	3082	3777	4890	6238	7369
海　南	2368	2944	7567	228	1827	1553	3958	3452	5284
重　庆	2137	1594	2655	1619	4504	5477	4195	5004	4731
四　川	8063	4732	7194	2803	9125	9479	8160	7429	8633
贵　州	2487	1268	1992	1371	4095	10482	3796	6935	5786
云　南	2396	2145	3976	962	3993	7122	4486	7983	8308
西　藏	287	179	196	13	280	238	472	164	319
陕　西	5458	2813	4724	1456	7710	4221	9349	3933	3442
甘　肃	3162	1413	1914	796	4200	2244	3318	1538	1147
青　海	1276	688	663	151	2068	866	2037	627	455
宁　夏	2284	948	1748	437	2938	1383	3331	618	511
新　疆	3035	2304	4233	955	18299	3899	18129	2669	2028

7-6 续表 2

单位：人

现住地	出生地								
	省外								
	山东	河南	湖北	湖南	广东	广西	海南	重庆	四川
全　国	**643352**	**1446884**	**843011**	**1102095**	**187490**	**693794**	**49952**	**436294**	**1220563**
北　京	88568	101063	32094	19641	6800	5035	1227	8288	29352
天　津	41355	26390	7841	3413	1210	1795	363	1730	6633
河　北	28297	34904	10944	5307	1895	3311	494	3595	18814
山　西	8717	25443	4538	2193	673	735	361	2075	9615
内蒙古	17448	11511	2698	1497	534	414	126	1138	6044
辽　宁	38256	18234	4516	2820	1566	1406	354	1925	9374
吉　林	30210	6158	2352	1348	872	740	450	818	2470
黑龙江	42934	6596	2147	1289	947	878	268	627	3514
上　海	55659	119740	52514	30559	10389	8752	1836	19474	55422
江　苏	71320	168409	55163	30125	7954	9012	1397	20131	76452
浙　江	42419	246493	114519	104603	11725	23856	1618	63240	159977
安　徽	11870	29811	11663	6757	3679	2412	514	3702	12012
福　建	9818	44436	34549	30326	14045	12006	1462	36725	83858
江　西	4823	10167	14141	16858	10961	4649	1112	3068	8152
山　东		46666	11575	5763	2861	2657	723	4449	19607
河　南	18453		12588	4983	3076	2001	616	2893	10564
湖　北	10605	52848		27603	11589	7386	1402	18829	23167
湖　南	4297	11511	25466		17333	9016	1497	4528	10562
广　东	33193	246155	347333	686497		565466	27587	104430	303379
广　西	4367	8231	9175	29608	22922		1950	3468	9552
海　南	2743	7709	7474	9928	15738	9173		3423	10983
重　庆	4676	9062	13289	8173	8059	3059	794		139749
四　川	10574	19136	17667	13595	13819	5805	1315	67689	
贵　州	4323	7234	8109	20678	8080	5724	532	16677	36002
云　南	4907	10541	10405	20470	5638	5236	601	18696	49094
西　藏	706	2246	905	876	116	78	26	1801	12954
陕　西	12228	36457	10295	4612	2295	1456	505	3335	18184
甘　肃	6209	14255	3774	2175	693	500	186	1734	8014
青　海	3771	9378	1993	1110	251	131	48	851	4889
宁　夏	5058	10600	1480	969	297	230	89	933	3507
新　疆	25548	105500	11804	8319	1473	875	499	16022	78667

7-6 续表 3　　单位：人

现住地	出生地								
	省外								港澳台或国外
	贵州	云南	西藏	陕西	甘肃	青海	宁夏	新疆	
全　国	**620068**	**343273**	**9321**	**337653**	**389029**	**43575**	**43584**	**88768**	**24266**
北　京	5150	4887	368	21657	18302	1902	3132	6965	1213
天　津	2278	1396	192	4597	7314	742	891	2415	202
河　北	4104	3672	118	9030	6968	1307	884	2282	206
山　西	1647	1752	53	7831	2397	618	394	659	85
内蒙古	827	816	30	19023	17179	761	5044	497	105
辽　宁	2254	1200	128	2899	2894	666	411	2143	848
吉　林	990	624	148	1264	1022	300	270	937	737
黑龙江	1564	706	188	1110	1407	192	171	660	240
上　海	17130	14381	291	19741	17719	1335	2096	10111	1426
江　苏	38648	28736	732	31828	23466	2780	1996	7248	499
浙　江	225677	88584	230	31749	19114	1895	2092	4704	2557
安　徽	7320	6916	241	4664	3070	714	422	1449	168
福　建	60595	23467	156	8528	5343	588	774	1828	2925
江　西	7015	3368	234	2522	2610	528	470	952	171
山　东	6290	8973	247	9511	8684	2660	1304	5090	518
河　南	3361	2809	228	7835	4149	1227	690	2780	228
湖　北	9248	5832	518	8427	5370	1126	821	3701	296
湖　南	10676	5164	451	3370	2410	652	561	1890	194
广　东	139908	83410	253	57685	23752	3386	2592	7758	5112
广　西	9046	5432	49	2445	1654	389	235	787	3479
海　南	2882	2050	30	1618	1237	257	167	1000	1093
重　庆	19640	8772	381	4604	3494	835	598	3465	110
四　川	14623	21952	2249	12334	11950	3718	1197	8381	256
贵　州		11504	64	2423	1090	217	142	451	94
云　南	23387		132	3479	1884	431	287	802	1209
西　藏	416	1084		1140	3250	1420	50	89	2
陕　西	1866	1482	669		31619	3001	4273	5319	124
甘　肃	773	795	418	13201		5116	3018	3016	33
青　海	210	291	424	5127	12771		366	454	11
宁　夏	730	369	24	14371	27071	551		935	17
新　疆	1813	2849	75	23640	119839	4261	8236		108

7-7　全国按现住地和五年前常住地分的人口

单位：人

现住地	五年前常住地							
	合计	省内		省外				
		本县市区	本省其他县市区	北京	天津	河北	山西	内蒙古
全　国	**131271202**	**120349169**	**5761821**	**126748**	**40762**	**193487**	**112519**	**63224**
北　京	1999554	1662103	78135		6809	60188	17719	8200
天　津	1171334	1039160	38766	7417		21018	5354	3278
河　北	6972806	6650589	206162	23741	5064		6023	5240
山　西	3269645	3082645	134953	2959	1065	7134		2454
内蒙古	2235917	2069480	104482	2970	937	6552	6866	
辽　宁	3947605	3693885	162323	4003	1317	5158	1897	7685
吉　林	2129913	1992534	84342	2147	1013	3285	1400	3221
黑龙江	2863445	2747310	78690	1718	991	2475	1289	2369
上　海	2336212	1873784	112957	7415	2003	5168	6761	1960
江　苏	7840932	7093599	319388	5062	1687	8566	11729	2478
浙　江	6184250	5255654	248409	7723	2040	7696	6457	2515
安　徽	5682190	5186273	286099	9029	2564	4583	2312	913
福　建	3698335	3248827	223460	2877	919	2841	2586	849
江　西	4537741	4251958	164306	1917	538	2077	1459	922
山　东	9465460	8947838	345889	7010	2578	13714	5688	4604
河　南	9138976	8723923	338740	4972	1283	4950	3573	1033
湖　北	5791892	5329432	282625	5920	1640	4456	3351	1459
湖　南	6618793	6236915	252419	2584	563	2298	1463	791
广　东	11246861	9692504	671535	8754	2113	6140	5284	2349
广　西	4286459	4027298	170279	853	380	2071	1282	873
海　南	870132	799894	30503	927	256	1301	794	623
重　庆	3142559	2822982	187176	2079	494	2168	1381	661
四　川	8449504	7795856	437127	6837	1498	5150	3854	1553
贵　州	3362478	3116527	160298	998	335	1405	664	278
云　南	4517026	4208581	221566	1175	509	1992	1293	559
西　藏	302307	270662	14683	166	80	428	265	46
陕　西	3483231	3247919	151683	2358	716	3901	7182	2528
甘　肃	2219318	2099930	84073	1094	545	1517	987	870
青　海	534082	490404	26905	271	126	670	329	226
宁　夏	662524	595016	42313	636	202	1296	718	1344
新　疆	2309721	2095687	101535	1136	497	3289	2559	1343

7-7 续表 1 单位：人

现住地	五年前常住地								
	省外								
	辽宁	吉林	黑龙江	上海	江苏	浙江	安徽	福建	江西
全　国	**94028**	**82816**	**158960**	**126968**	**230606**	**211463**	**340874**	**116332**	**232674**
北　京	13080	8214	16134	2241	6327	3181	8262	2494	3514
天　津	3792	3129	7121	383	1907	1000	3003	723	1008
河　北	5921	4466	11763	499	2822	1670	3947	1198	1524
山　西	1256	777	1209	496	2024	936	1669	959	674
内蒙古	4847	3239	4956	292	1294	693	1239	534	490
辽　宁		13076	21716	783	2042	1264	2528	982	667
吉　林	6807		8464	540	1646	1466	1287	675	652
黑龙江	3820	3929		402	1108	739	1093	453	623
上　海	6442	4232	7381		51515	20287	55181	7234	15219
江　苏	5081	4712	8834	24079		17520	98552	6359	12839
浙　江	6186	5539	10303	20522	36047		94481	13802	59815
安　徽	2638	1581	1693	33343	43509	38356		4834	4225
福　建	2107	1721	2628	4376	5646	8937	8195		25175
江　西	1024	748	971	4269	5140	18156	4492	10023	
山　东	7785	9970	25877	2484	11019	3577	7832	2303	2136
河　南	1551	1020	1595	2256	4769	4473	5148	1903	1908
湖　北	1643	1146	1661	5425	8477	15640	6923	6028	6658
湖　南	1138	864	1040	2175	3511	7818	2803	3486	6418
广　东	6622	5440	9935	6537	10595	14222	15285	20187	70550
广　西	1384	1321	2426	648	1754	2306	1824	2747	2766
海　南	1013	1335	3417	303	762	767	1308	1101	1576
重　庆	1056	657	949	2914	3762	7785	1651	5788	1828
四　川	2930	1721	2526	6829	9547	16141	3238	9708	3438
贵　州	693	460	651	1335	2979	12793	1424	5298	2425
云　南	1200	765	1494	1128	2853	6155	1730	3820	3114
西　藏	163	102	119	76	236	151	213	112	238
陕　西	1269	862	1431	1028	3170	2123	3115	1456	1415
甘　肃	562	404	513	547	1522	968	867	673	585
青　海	179	167	166	150	542	288	412	204	219
宁　夏	345	268	414	231	877	450	555	234	233
新　疆	1494	951	1573	677	3204	1601	2617	1014	742

7-7　续表 2　　单位：人

现住地	五年前常住地								
	省外								
	山东	河南	湖北	湖南	广东	广西	海南	重庆	四川
全　国	**174043**	**461571**	**235899**	**295464**	**315294**	**212397**	**27115**	**136652**	**326792**
北　京	21008	28004	7460	4671	4164	1635	650	2682	7991
天　津	8357	8077	1776	967	733	1030	271	729	2412
河　北	7418	10851	3646	1568	1345	756	423	1567	4275
山　西	3231	7463	1899	798	753	347	323	1267	4151
内蒙古	4101	3539	1148	586	551	229	110	521	2172
辽　宁	4908	4647	1131	920	1396	986	268	675	2277
吉　林	3527	2623	887	798	1190	644	460	511	1228
黑龙江	3537	2275	882	573	937	716	269	377	1342
上　海	16398	41313	14618	9386	10478	3621	1163	5940	14080
江　苏	23865	65453	16325	9715	8109	4253	811	6778	21849
浙　江	15376	84863	33241	30908	21928	8150	1140	17350	40745
安　徽	6539	13252	5687	3127	9167	1376	744	1728	4216
福　建	4204	17681	10458	10256	18257	4957	1186	9805	21056
江　西	2735	5609	5723	6443	27604	2477	1266	1733	3827
山　东		19564	4552	2563	2743	1585	554	2310	9198
河　南	5579		4472	2117	5139	1027	583	1636	3589
湖　北	5384	16972		10491	35226	4396	1564	5715	7317
湖　南	2352	4835	8720		48646	4753	1552	2442	3966
广　东	8907	66226	79842	163177		156922	8218	25140	65674
广　西	2106	3388	3374	7646	31144		1227	1785	4073
海　南	1063	2820	2218	2583	4564	1967		1185	2821
重　庆	2188	3643	5130	3050	16676	1517	781		41562
四　川	5222	7717	6385	5047	39354	2764	1768	24853	
贵　州	1580	2563	3356	6703	11833	2430	450	6252	10356
云　南	2053	3827	3905	5496	7174	2218	552	5940	14334
西　藏	382	1189	494	495	242	48	8	887	6795
陕　西	4107	9360	3267	1595	3014	778	353	1611	6249
甘　肃	1498	3142	1437	794	842	296	161	892	3190
青　海	762	1978	742	436	290	80	32	362	1588
宁　夏	993	1905	591	354	357	136	51	439	984
新　疆	4663	16792	2533	2101	1438	303	177	3540	13475

7-7 续表 3 单位：人

现住地	五年前常住地								
	省外								港澳台或国外
	贵州	云南	西藏	陕西	甘肃	青海	宁夏	新疆	
全　国	**239983**	**164402**	**10562**	**122380**	**135437**	**19517**	**20028**	**54194**	**77021**
北　京	1867	2055	274	6301	5666	541	1005	2306	4673
天　津	1389	925	179	1326	2912	382	384	1292	1134
河　北	1299	1317	89	2785	1951	463	427	949	948
山　西	836	721	64	3960	1132	350	315	424	401
内蒙古	434	415	25	5179	4825	388	1991	399	433
辽　宁	1652	828	125	946	1241	283	243	1319	4434
吉　林	803	501	153	832	659	215	233	817	4353
黑龙江	1315	591	182	482	760	117	129	569	1383
上　海	6519	7064	251	7869	6976	437	882	2974	8704
江　苏	15297	13284	709	13293	11431	1208	1124	3570	3373
浙　江	78843	36871	289	12577	8559	905	1126	3339	10851
安　徽	2856	3096	294	2989	1771	431	382	1548	1035
福　建	23043	12901	194	4027	3121	387	544	1521	13593
江　西	3811	2594	262	1595	1816	458	449	837	502
山　东	3525	3782	203	3935	3434	1059	793	2472	2884
河　南	1709	1250	195	3012	1648	544	506	1778	1095
湖　北	5726	3752	567	3422	3035	833	676	2866	1466
湖　南	5019	3389	485	1873	1372	445	398	1365	895
广　东	49157	37873	279	16367	7618	1215	883	3336	7975
广　西	4025	3132	48	1425	881	232	143	443	1175
海　南	1528	1132	21	687	538	114	99	609	303
重　庆	9989	5683	584	2260	1643	539	467	2911	605
四　川	7688	11223	3255	6930	5645	2301	954	8773	1672
贵　州		5630	140	1276	506	138	135	264	303
云　南	8437		317	1769	896	262	197	596	1119
西　藏	227	645		737	1517	747	43	96	15
陕　西	990	952	670		10695	1605	2251	2979	599
甘　肃	535	582	333	4220		1465	1462	2600	212
青　海	131	231	254	1311	4061		175	334	57
宁　夏	536	294	32	2872	6571	269		908	100
新　疆	797	1689	89	6123	32557	1184	1612		729

第二部分 长表数据资料

第八卷 老年人口

8-1　各地区分性别、健康状况的60岁及以上老年人口

单位：人

地区	60岁及以上人口			健康		
	合计	男	女	小计	男	女
全　国	**25523101**	**12312008**	**13211093**	**13946479**	**7084568**	**6861911**
北　京	428002	201396	226606	265572	129309	136263
天　津	276745	131947	144798	153242	75801	77441
河　北	1441053	690432	750621	755909	380836	375073
山　西	641115	315685	325430	294765	156393	138372
内蒙古	458505	222262	236243	208250	108419	99831
辽　宁	1053493	502283	551210	572796	286220	286576
吉　林	508469	241775	266694	239949	120199	119750
黑龙江	676647	321317	355330	314887	157095	157792
上　海	569165	273188	295977	351729	176468	175261
江　苏	1768129	855251	912878	1081481	546452	535029
浙　江	1176613	581439	595174	764948	394258	370690
安　徽	1115044	545996	569048	571624	298620	273004
福　建	635334	308421	326913	400957	203959	196998
江　西	761001	369323	391678	462082	236030	226052
山　东	2068666	978025	1090641	1223362	606391	616971
河　南	1707479	807575	899904	963865	477490	486375
湖　北	1181529	575416	606113	589925	304492	285433
湖　南	1305917	640531	665386	611680	320608	291072
广　东	1443501	693938	749563	871659	437371	434288
广　西	794598	375621	418977	407856	205958	201898
海　南	136158	64999	71159	68766	35442	33324
重　庆	693072	343078	349994	414146	212797	201349
四　川	1817836	890745	927091	891240	461612	429628
贵　州	575342	274049	301293	364939	179584	185355
云　南	692031	329187	362844	375159	189132	186027
西　藏	28527	12919	15608	10271	5213	5058
陕　西	714762	348700	366062	357395	185268	172127
甘　肃	410723	201303	209420	166419	90491	75928
青　海	69612	33372	36240	29259	15423	13836
宁　夏	96276	47098	49178	42315	22824	19491
新　疆	277757	134737	143020	120032	64413	55619

8-1 续表 单位：人

地区	基本健康			不健康，但生活能自理			不健康，生活不能自理		
	小计	男	女	小计	男	女	小计	男	女
全国	**8322635**	**3763391**	**4559244**	**2655869**	**1202575**	**1453294**	**598118**	**261474**	**336644**
北京	122493	54331	68162	27755	12459	15296	12182	5297	6885
天津	96376	43601	52775	20302	9283	11019	6825	3262	3563
河北	463083	209215	253868	179381	81982	97399	42680	18399	24281
山西	231573	107725	123848	96102	43363	52739	18675	8204	10471
内蒙古	163337	75043	88294	72460	32249	40211	14458	6551	7907
辽宁	334574	149622	184952	124049	56101	67948	22074	10340	11734
吉林	175558	78890	96668	76471	34973	41498	16491	7713	8778
黑龙江	260751	117873	142878	86759	39524	47235	14250	6825	7425
上海	162465	73297	89168	36910	16194	20716	18061	7229	10832
江苏	518292	232296	285996	133259	61258	72001	35097	15245	19852
浙江	311544	139522	172022	76120	36729	39391	24001	10930	13071
安徽	384914	174964	209950	129741	60167	69574	28765	12245	16520
福建	178859	78689	100170	44566	20920	23646	10952	4853	6099
江西	229013	101054	127959	57342	26647	30695	12564	5592	6972
山东	577766	253199	324567	214761	96244	118517	52777	22191	30586
河南	516161	229731	286430	185452	83056	102396	42001	17298	24703
湖北	428454	197540	230914	139816	63178	76638	23334	10206	13128
湖南	508937	235755	273182	156517	71332	85185	28783	12836	15947
广东	444845	199916	244929	98741	44471	54270	28256	12180	16076
广西	279965	122927	157038	86643	37813	48830	20134	8923	11211
海南	48800	21674	27126	15256	6437	8819	3336	1446	1890
重庆	210369	97818	112551	54947	26237	28710	13610	6226	7384
四川	674854	314267	360587	209097	95926	113171	42645	18940	23705
贵州	157235	69575	87660	42272	19742	22530	10896	5148	5748
云南	227818	101163	126655	73249	32172	41077	15805	6720	9085
西藏	11563	5043	6520	5391	2162	3229	1302	501	801
陕西	261156	120827	140329	81267	36190	45077	14944	6415	8529
甘肃	169596	78896	90700	65469	28041	37428	9239	3875	5364
青海	27560	12582	14978	10571	4478	6093	2222	889	1333
宁夏	36400	16805	19595	15026	6388	8638	2535	1081	1454
新疆	108324	49551	58773	40177	16859	23318	9224	3914	5310

8-1a　各地区分性别、健康状况的60岁及以上老年人口(城市)

单位：人

地　区	60岁及以上人口			健　康		
	合计	男	女	小计	男	女
全　国	**8584585**	**4062662**	**4521923**	**5406542**	**2658736**	**2747806**
北　京	344108	160417	183691	222790	107103	115687
天　津	213288	100740	112548	126318	61672	64646
河　北	356967	167667	189300	224753	109323	115430
山　西	187513	91073	96440	112651	57559	55092
内蒙古	148513	69693	78820	88137	43358	44779
辽　宁	571739	266932	304807	353959	171483	182476
吉　林	200049	91300	108749	108894	51637	57257
黑龙江	292587	134763	157824	155725	74711	81014
上　海	457907	219209	238698	283945	141569	142376
江　苏	661838	317281	344557	442888	219823	223065
浙　江	466286	227955	238331	339035	171427	167608
安　徽	230548	110447	120101	131905	66688	65217
福　建	199623	95393	104230	140609	69692	70917
江　西	181880	87946	93934	121653	61180	60473
山　东	618713	288488	330225	417034	201306	215728
河　南	353467	163787	189680	227793	108859	118934
湖　北	408224	194031	214193	233981	116072	117909
湖　南	275222	133004	142218	155359	78541	76818
广　东	685043	322775	362268	477597	232674	244923
广　西	171786	79832	91954	104718	50821	53897
海　南	38698	18565	20133	24340	12253	12087
重　庆	268156	127347	140809	180151	88327	91824
四　川	493467	234614	258853	308038	151559	156479
贵　州	114813	53374	61439	78250	37417	40833
云　南	151993	72427	79566	91547	45338	46209
西　藏	5099	2475	2624	2894	1487	1407
陕　西	211563	100940	110623	117608	58506	59102
甘　肃	99219	47309	51910	47848	24589	23259
青　海	26723	12688	14035	13965	7117	6848
宁　夏	36580	17269	19311	18770	9542	9228
新　疆	112973	52921	60052	53387	27103	26284

8-1a 续表 单位：人

地区	基本健康			不健康，但生活能自理			不健康，生活不能自理		
	小计	男	女	小计	男	女	小计	男	女
全国	**2459980**	**1087503**	**1372477**	**540745**	**237495**	**303250**	**177318**	**78928**	**98390**
北京	94037	41327	52710	18351	8107	10244	8930	3880	5050
天津	70781	31596	39185	11526	5182	6344	4663	2290	2373
河北	100118	44068	56050	24199	10717	13482	7897	3559	4338
山西	57717	25982	31735	13206	5697	7509	3939	1835	2104
内蒙古	44389	19309	25080	12211	5263	6948	3776	1763	2013
辽宁	164602	71687	92915	42535	18752	23783	10643	5010	5633
吉林	64459	27654	36805	20225	8921	11304	6471	3088	3383
黑龙江	107537	47301	60236	24219	10341	13878	5106	2410	2696
上海	130589	59050	71539	29010	12801	16209	14363	5789	8574
江苏	174228	77491	96737	32379	14613	17766	12343	5354	6989
浙江	101033	44647	56386	17738	8131	9607	8480	3750	4730
安徽	73187	32413	40774	19255	8596	10659	6201	2750	3451
福建	47442	20574	26868	8562	3843	4719	3010	1284	1726
江西	48338	21424	26914	9021	4073	4948	2868	1269	1599
山东	150300	64621	85679	38281	16788	21493	13098	5773	7325
河南	94798	41372	53426	23495	10300	13195	7381	3256	4125
湖北	135093	60635	74458	31360	13795	17565	7790	3529	4261
湖南	94667	43126	51541	20078	8921	11157	5118	2416	2702
广东	171950	74953	96997	25296	10798	14498	10200	4350	5850
广西	52642	22774	29868	10693	4544	6149	3733	1693	2040
海南	11349	5020	6329	2285	965	1320	724	327	397
重庆	68258	30100	38158	14840	6699	8141	4907	2221	2686
四川	147836	66374	81462	28005	12401	15604	9588	4280	5308
贵州	28062	12126	15936	6350	2856	3494	2151	975	1176
云南	46124	20779	25345	11324	4968	6356	2998	1342	1656
西藏	1733	792	941	396	168	228	76	28	48
陕西	73766	33648	40118	16531	7183	9348	3658	1603	2055
甘肃	38338	17337	21001	10866	4423	6443	2167	960	1207
青海	9567	4239	5328	2552	1069	1483	639	263	376
宁夏	12952	5678	7274	3904	1641	2263	954	408	546
新疆	44088	19406	24682	12052	4939	7113	3446	1473	1973

8-1b　各地区分性别、健康状况的60岁及以上老年人口(镇)

单位：人

地　区	60岁及以上人口			健　康		
	合计	男	女	小计	男	女
全　国	**5101636**	**2446408**	**2655228**	**2793938**	**1409911**	**1384027**
北　京	22031	10613	11418	12798	6463	6335
天　津	12694	6179	6515	6234	3205	3029
河　北	370556	175720	194836	200142	99321	100821
山　西	121108	59180	61928	57259	30044	27215
内蒙古	107009	50548	56461	48662	24640	24022
辽　宁	118006	55672	62334	61449	30455	30994
吉　林	85983	39731	46252	44025	21288	22737
黑龙江	129595	60630	68965	57764	28422	29342
上　海	44528	21560	22968	29625	14933	14692
江　苏	419776	202736	217040	255417	128832	126585
浙　江	219707	109052	110655	147803	76370	71433
安　徽	280107	135610	144497	148718	76426	72292
福　建	159969	76925	83044	103659	52277	51382
江　西	191830	93238	98592	115317	58623	56694
山　东	419425	196596	222829	252313	123278	129035
河　南	390670	184405	206265	221468	108954	112514
湖　北	212913	103648	109265	107984	55567	52417
湖　南	355208	173332	181876	169400	88082	81318
广　东	218497	104746	113751	127058	63954	63104
广　西	174381	81763	92618	92166	46041	46125
海　南	33342	15986	17356	16420	8524	7896
重　庆	117357	57388	59969	69226	35100	34126
四　川	317689	152674	165015	158687	80382	78305
贵　州	120418	56488	63930	73602	35809	37793
云　南	148464	70767	77697	78234	39606	38628
西　藏	2823	1306	1517	984	522	462
陕　西	147271	72428	74843	71058	37095	33963
甘　肃	73809	35898	37911	30389	16381	14008
青　海	14387	6918	7469	5555	2977	2578
宁　夏	18014	8762	9252	7676	4137	3539
新　疆	54069	25909	28160	22846	12203	10643

8-1b 续表 单位：人

地区	基本健康			不健康，但生活能自理			不健康，生活不能自理		
	小计	男	女	小计	男	女	小计	男	女
全　国	**1677363**	**752300**	**925063**	**511782**	**231388**	**280394**	**118553**	**52809**	**65744**
北　京	6721	2978	3743	1774	847	927	738	325	413
天　津	4673	2160	2513	1416	646	770	371	168	203
河　北	116071	51645	64426	43428	19944	23484	10915	4810	6105
山　西	43777	20100	23677	16847	7606	9241	3225	1430	1795
内蒙古	39216	17443	21773	15667	6886	8781	3464	1579	1885
辽　宁	39672	17496	22176	14342	6477	7865	2543	1244	1299
吉　林	28378	12268	16110	10821	4902	5919	2759	1273	1486
黑龙江	52525	23449	29076	16326	7329	8997	2980	1430	1550
上　海	10832	4883	5949	2540	1129	1411	1531	615	916
江　苏	124255	55697	68558	32046	14682	17364	8058	3525	4533
浙　江	55245	24641	30604	12311	6056	6255	4348	1985	2363
安　徽	94269	42308	51961	29781	13711	16070	7339	3165	4174
福　建	43073	18543	24530	10424	4844	5580	2813	1261	1552
江　西	59519	26692	32827	13813	6405	7408	3181	1518	1663
山　东	115131	50246	64885	41406	18521	22885	10575	4551	6024
河　南	120647	53819	66828	39836	17941	21895	8719	3691	5028
湖　北	77982	35902	42080	22938	10355	12583	4009	1824	2185
湖　南	139559	64332	75227	38910	17611	21299	7339	3307	4032
广　东	71353	31827	39526	15656	6997	8659	4430	1968	2462
广　西	59476	25719	33757	18135	7927	10208	4604	2076	2528
海　南	12180	5454	6726	3933	1652	2281	809	356	453
重　庆	36809	16902	19907	8831	4232	4599	2491	1154	1337
四　川	119021	54143	64878	32549	14731	17818	7432	3418	4014
贵　州	34861	15155	19706	9386	4308	5078	2569	1216	1353
云　南	50275	22307	27968	16271	7246	9025	3684	1608	2076
西　藏	1140	508	632	545	209	336	154	67	87
陕　西	55850	26152	29698	17281	7825	9456	3082	1356	1726
甘　肃	30386	13915	16471	11442	4896	6546	1592	706	886
青　海	5978	2737	3241	2378	1020	1358	476	184	292
宁　夏	7021	3246	3775	2867	1187	1680	450	192	258
新　疆	21468	9633	11835	7882	3266	4616	1873	807	1066

8-1c 各地区分性别、健康状况的60岁及以上老年人口(乡村)

单位：人

地　区	60岁及以上人口			健　康		
	合计	男	女	小计	男	女
全　国	**11836880**	**5802938**	**6033942**	**5745999**	**3015921**	**2730078**
北　京	61863	30366	31497	29984	15743	14241
天　津	50763	25028	25735	20690	10924	9766
河　北	713530	347045	366485	331014	172192	158822
山　西	332494	165432	167062	124855	68790	56065
内蒙古	202983	102021	100962	71451	40421	31030
辽　宁	363748	179679	184069	157388	84282	73106
吉　林	222437	110744	111693	87030	47274	39756
黑龙江	254465	125924	128541	101398	53962	47436
上　海	66730	32419	34311	38159	19966	18193
江　苏	686515	335234	351281	383176	197797	185379
浙　江	490620	244432	246188	278110	146461	131649
安　徽	604389	299939	304450	291001	155506	135495
福　建	275742	136103	139639	156689	81990	74699
江　西	387291	188139	199152	225112	116227	108885
山　东	1030528	492941	537587	554015	281807	272208
河　南	963342	459383	503959	514604	259677	254927
湖　北	560392	277737	282655	247960	132853	115107
湖　南	675487	334195	341292	286921	153985	132936
广　东	539961	266417	273544	267004	140743	126261
广　西	448431	214026	234405	210972	109096	101876
海　南	64118	30448	33670	28006	14665	13341
重　庆	307559	158343	149216	164769	89370	75399
四　川	1006680	503457	503223	424515	229671	194844
贵　州	340111	164187	175924	213087	106358	106729
云　南	391574	185993	205581	205378	104188	101190
西　藏	20605	9138	11467	6393	3204	3189
陕　西	355928	175332	180596	168729	89667	79062
甘　肃	237695	118096	119599	88182	49521	38661
青　海	28502	13766	14736	9739	5329	4410
宁　夏	41682	21067	20615	15869	9145	6724
新　疆	110715	55907	54808	43799	25107	18692

8-1c 续表 单位：人

地区	基本健康			不健康，但生活能自理			不健康，生活不能自理		
	小计	男	女	小计	男	女	小计	男	女
全国	**4185292**	**1923588**	**2261704**	**1603342**	**733692**	**869650**	**302247**	**129737**	**172510**
北京	21735	10026	11709	7630	3505	4125	2514	1092	1422
天津	20922	9845	11077	7360	3455	3905	1791	804	987
河北	246894	113502	133392	111754	51321	60433	23868	10030	13838
山西	130079	61643	68436	66049	30060	35989	11511	4939	6572
内蒙古	79732	38291	41441	44582	20100	24482	7218	3209	4009
辽宁	130300	60439	69861	67172	30872	36300	8888	4086	4802
吉林	82721	38968	43753	45425	21150	24275	7261	3352	3909
黑龙江	100689	47123	53566	46214	21854	24360	6164	2985	3179
上海	21044	9364	11680	5360	2264	3096	2167	825	1342
江苏	219809	99108	120701	68834	31963	36871	14696	6366	8330
浙江	155266	70234	85032	46071	22542	23529	11173	5195	5978
安徽	217458	100243	117215	80705	37860	42845	15225	6330	8895
福建	88344	39572	48772	25580	12233	13347	5129	2308	2821
江西	121156	52938	68218	34508	16169	18339	6515	2805	3710
山东	312335	138332	174003	135074	60935	74139	29104	11867	17237
河南	300716	134540	166176	122121	54815	67306	25901	10351	15550
湖北	215379	101003	114376	85518	39028	46490	11535	4853	6682
湖南	274711	128297	146414	97529	44800	52729	16326	7113	9213
广东	201542	93136	108406	57789	26676	31113	13626	5862	7764
广西	167847	74434	93413	57815	25342	32473	11797	5154	6643
海南	25271	11200	14071	9038	3820	5218	1803	763	1040
重庆	105302	50816	54486	31276	15306	15970	6212	2851	3361
四川	407997	193750	214247	148543	68794	79749	25625	11242	14383
贵州	94312	42294	52018	26536	12578	13958	6176	2957	3219
云南	131419	58077	73342	45654	19958	25696	9123	3770	5353
西藏	8690	3743	4947	4450	1785	2665	1072	406	666
陕西	131540	61027	70513	47455	21182	26273	8204	3456	4748
甘肃	100872	47644	53228	43161	18722	24439	5480	2209	3271
青海	12015	5606	6409	5641	2389	3252	1107	442	665
宁夏	16427	7881	8546	8255	3560	4695	1131	481	650
新疆	42768	20512	22256	20243	8654	11589	3905	1634	2271

8-2 全国分年龄、性别、健康状况的60岁及以上老年人口

单位：人

年 龄	60岁及以上人口			健 康		
	合计	男	女	小计	男	女
总 计	**25523101**	**12312008**	**13211093**	**13946479**	**7084568**	**6861911**
60-64岁	**7212331**	**3611534**	**3600797**	**5069528**	**2600001**	**2469527**
60	1265735	630443	635292	938902	477758	461144
61	1191490	601597	589893	858066	442764	415302
62	1519108	765643	753465	1070123	552207	517916
63	1696369	853241	843128	1169678	603042	566636
64	1539629	760610	779019	1032759	524230	508529
65-69岁	**7261013**	**3557071**	**3703942**	**4416838**	**2246174**	**2170664**
65	1601607	794038	807569	1041440	532330	509110
66	1597292	784337	812955	1005996	511029	494967
67	1436603	701663	734940	868775	440302	428473
68	1425277	695588	729689	829991	422691	407300
69	1200234	581445	618789	670636	339822	330814
70-74岁	**4813647**	**2341892**	**2471755**	**2363882**	**1212406**	**1151476**
70	1132641	552550	580091	603937	308778	295159
71	1091505	537267	554238	550280	284485	265795
72	927034	450625	476409	449697	230228	219469
73	874817	425034	449783	407401	209653	197748
74	787650	376416	411234	352567	179262	173305
75-79岁	**2980508**	**1409194**	**1571314**	**1182539**	**597563**	**584976**
75	690748	328485	362263	296253	150569	145684
76	652501	312625	339876	267179	136759	130420
77	574487	271017	303470	225309	113378	111931
78	537691	252314	285377	204052	102054	101998
79	525081	244753	280328	189746	94803	94943
80-84岁	**1897750**	**856619**	**1041131**	**593207**	**288988**	**304219**
80	462344	214196	248148	159161	79063	80098
81	387427	175529	211898	123628	60114	63514
82	395095	179490	215605	121649	59681	61968
83	343475	153187	190288	101201	48898	52303
84	309409	134217	175192	87568	41232	46336
85-89岁	**973818**	**398907**	**574911**	**245672**	**109998**	**135674**
85	264740	111113	153627	71469	32698	38771
86	227319	93574	133745	58821	26407	32414
87	204932	84218	120714	50673	22639	28034
88	154282	61448	92834	36639	16009	20630
89	122545	48554	73991	28070	12245	15825
90-94岁	**312846**	**115437**	**197409**	**62758**	**25438**	**37320**
90	106074	41051	65023	23121	9898	13223
91	72886	27037	45849	14454	5841	8613
92	60934	21980	38954	11754	4652	7102
93	42736	15095	27641	7876	3038	4838
94	30216	10274	19942	5553	2009	3544
95-99岁	**63626**	**19576**	**44050**	**10965**	**3732**	**7233**
95	23449	7523	15926	4170	1439	2731
96	16489	5063	11426	2813	973	1840
97	10967	3306	7661	1894	631	1263
98	7293	2148	5145	1188	387	801
99	5428	1536	3892	900	302	598
100岁及以上	**7562**	**1778**	**5784**	**1090**	**268**	**822**

8-2 续表

单位：人

年 龄	基本健康			不健康，但生活能自理			不健康，生活不能自理		
	小计	男	女	小计	男	女	小计	男	女
总 计	**8322635**	**3763391**	**4559244**	**2655869**	**1202575**	**1453294**	**598118**	**261474**	**336644**
60-64岁	**1733385**	**798413**	**934972**	**351838**	**181589**	**170249**	**57580**	**31531**	**26049**
60	265601	120491	145110	52459	27312	25147	8773	4882	3891
61	270843	125755	145088	53719	28169	25550	8862	4909	3953
62	363991	168760	195231	73073	38075	34998	11921	6601	5320
63	425726	197540	228186	86936	45033	41903	14029	7626	6403
64	407224	185867	221357	85651	43000	42651	13995	7513	6482
65-69岁	**2233206**	**1011028**	**1222178**	**526764**	**255677**	**271087**	**84205**	**44192**	**40013**
65	447496	204439	243057	97459	48933	48526	15212	8336	6876
66	470075	212865	257210	104560	51503	53057	16661	8940	7721
67	445798	201495	244303	105170	51122	54048	16860	8744	8116
68	463165	209186	253979	113876	54266	59610	18245	9445	8800
69	406672	183043	223629	105699	49853	55846	17227	8727	8500
70-74岁	**1809334**	**829847**	**979487**	**548156**	**253895**	**294261**	**92275**	**45744**	**46531**
70	400761	182858	217903	110052	51763	58289	17891	9151	8740
71	404411	187481	216930	117661	55687	61974	19153	9614	9539
72	352483	161763	190720	106991	49741	57250	17863	8893	8970
73	339999	156448	183551	108913	49856	59057	18504	9077	9427
74	311680	141297	170383	104539	46848	57691	18864	9009	9855
75-79岁	**1227840**	**558128**	**669712**	**476043**	**210248**	**265795**	**94086**	**43255**	**50831**
75	277850	125665	152185	98587	43781	54806	18058	8470	9588
76	267149	122494	144655	99472	44527	54945	18701	8845	9856
77	237988	108206	129782	92996	41147	51849	18194	8286	9908
78	223905	101778	122127	90995	39952	51043	18739	8530	10209
79	220948	99985	120963	93993	40841	53152	20394	9124	11270
80-84岁	**792825**	**353122**	**439703**	**404604**	**170782**	**233822**	**107114**	**43727**	**63387**
80	193582	87661	105921	88678	38354	50324	20923	9118	11805
81	163175	72718	90457	80728	34333	46395	19896	8364	11532
82	165630	74409	91221	85325	36221	49104	22491	9179	13312
83	143080	63343	79737	77349	32306	45043	21845	8640	13205
84	127358	54991	72367	72524	29568	42956	21959	8426	13533
85-89岁	**389836**	**161833**	**228003**	**244247**	**94265**	**149982**	**94063**	**32811**	**61252**
85	108205	45496	62709	63875	25237	38638	21191	7682	13509
86	92078	38268	53810	55980	21780	34200	20440	7119	13321
87	81743	34168	47575	52207	20113	32094	20309	7298	13011
88	60531	24595	35936	39882	15046	24836	17230	5798	11432
89	47279	19306	27973	32303	12089	20214	14893	4914	9979
90-94岁	**113469**	**43742**	**69727**	**85128**	**30279**	**54849**	**51491**	**15978**	**35513**
90	39837	15911	23926	28450	10572	17878	14666	4670	9996
91	26468	10256	16212	20102	7100	13002	11862	3840	8022
92	21851	8298	13553	16714	5810	10904	10615	3220	7395
93	15035	5595	9440	11625	4007	7618	8200	2455	5745
94	10278	3682	6596	8237	2790	5447	6148	1793	4355
95-99岁	**20523**	**6678**	**13845**	**17182**	**5379**	**11803**	**14956**	**3787**	**11169**
95	7698	2564	5134	6464	2136	4328	5117	1384	3733
96	5390	1728	3662	4494	1403	3091	3792	959	2833
97	3497	1141	2356	2902	865	2037	2674	669	2005
98	2285	716	1569	1880	588	1292	1940	457	1483
99	1653	529	1124	1442	387	1055	1433	318	1115
100岁及以上	**2217**	**600**	**1617**	**1907**	**461**	**1446**	**2348**	**449**	**1899**

8-2a　全国分年龄、性别、健康状况的60岁及以上老年人口(城市)

单位：人

年　龄	60岁及以上人口			健　康		
	合计	男	女	小计	男	女
总　计	**8584585**	**4062662**	**4521923**	**5406542**	**2658736**	**2747806**
60-64岁	**2676434**	**1312078**	**1364356**	**2033653**	**1008524**	**1025129**
60	496804	244003	252801	390219	193538	196681
61	457353	226321	231032	352561	176076	176485
62	567369	280033	287336	431732	215595	216137
63	610508	298808	311700	457741	226674	231067
64	544400	262913	281487	401400	196641	204759
65-69岁	**2412918**	**1152613**	**1260305**	**1666426**	**814574**	**851852**
65	552187	266636	285551	399252	196051	203201
66	546437	262024	284413	386249	189030	197219
67	472987	224786	248201	325103	158079	167024
68	455395	216570	238825	304968	149130	155838
69	385912	182597	203315	250854	122284	128570
70-74岁	**1495476**	**709144**	**786332**	**878161**	**434512**	**443649**
70	363158	173889	189269	227308	112742	114566
71	338471	161266	177205	202655	100297	102358
72	284091	133779	150312	164807	81164	83643
73	269219	127412	141807	152019	75342	76677
74	240537	112798	127739	131372	64967	66405
75-79岁	**910660**	**416427**	**494233**	**447546**	**218934**	**228612**
75	207742	96318	111424	109242	53940	55302
76	194742	89951	104791	98637	48549	50088
77	174028	79231	94797	84989	41287	43702
78	169156	76536	92620	80101	38811	41290
79	164992	74391	90601	74577	36347	38230
80-84岁	**631454**	**280897**	**350557**	**247748**	**120430**	**127318**
80	150750	68106	82644	65019	31878	33141
81	130465	57594	72871	52414	25296	27118
82	131082	58352	72730	50590	24543	26047
83	114534	51225	63309	42571	20870	21701
84	104623	45620	59003	37154	17843	19311
85-89岁	**329421**	**140447**	**188974**	**102891**	**48391**	**54500**
85	90072	38207	51865	30085	14130	15955
86	77015	32526	44489	24808	11566	13242
87	69018	29716	39302	21156	9996	11160
88	52205	22189	30016	15222	7145	8077
89	41111	17809	23302	11620	5554	6066
90-94岁	**105560**	**43216**	**62344**	**25631**	**11662**	**13969**
90	35704	15195	20509	9495	4550	4945
91	24917	10180	14737	5965	2685	3280
92	20487	8263	12224	4823	2142	2681
93	14279	5679	8600	3131	1366	1765
94	10173	3899	6274	2217	919	1298
95-99岁	**20495**	**7225**	**13270**	**4148**	**1605**	**2543**
95	7614	2779	4835	1595	621	974
96	5460	1915	3545	1127	438	689
97	3496	1210	2286	671	253	418
98	2284	772	1512	415	154	261
99	1641	549	1092	340	139	201
100岁及以上	**2167**	**615**	**1552**	**338**	**104**	**234**

8-2a 续表 单位：人

年 龄	基本健康			不健康，但生活能自理			不健康，生活不能自理		
	小计	男	女	小计	男	女	小计	男	女
总 计	**2459980**	**1087503**	**1372477**	**540745**	**237495**	**303250**	**177318**	**78928**	**98390**
60-64岁	**546800**	**251790**	**295010**	**80025**	**42080**	**37945**	**15956**	**9684**	**6272**
60	90608	41560	49048	13404	7311	6093	2573	1594	979
61	89231	41718	47513	12986	6941	6045	2575	1586	989
62	115433	53454	61979	16772	8875	7897	3432	2109	1323
63	130097	60010	70087	18893	9878	9015	3777	2246	1531
64	121431	55048	66383	17970	9075	8895	3599	2149	1450
65-69岁	**624224**	**277177**	**347047**	**101076**	**48754**	**52322**	**21192**	**12108**	**9084**
65	129450	58328	71122	19571	9898	9673	3914	2359	1555
66	135104	60294	74810	20756	10184	10572	4328	2516	1812
67	123532	54724	68808	20163	9644	10519	4189	2339	1850
68	124887	54940	69947	21062	9975	11087	4478	2525	1953
69	111251	48891	62360	19524	9053	10471	4283	2369	1914
70-74岁	**495448**	**218868**	**276580**	**98370**	**43574**	**54796**	**23497**	**12190**	**11307**
70	111202	49376	61826	20039	9260	10779	4609	2511	2098
71	109769	48813	60956	21162	9565	11597	4885	2591	2294
72	95828	42050	53778	19084	8330	10754	4372	2235	2137
73	92923	41182	51741	19493	8481	11012	4784	2407	2377
74	85726	37447	48279	18592	7938	10654	4847	2446	2401
75-79岁	**349216**	**149799**	**199417**	**87953**	**35830**	**52123**	**25945**	**11864**	**14081**
75	76319	32931	43388	17567	7237	10330	4614	2210	2404
76	73353	31629	41724	17743	7440	10303	5009	2333	2676
77	67290	28836	38454	16762	6844	9918	4987	2264	2723
78	66253	28308	37945	17466	6998	10468	5336	2419	2917
79	66001	28095	37906	18415	7311	11104	5999	2638	3361
80-84岁	**260871**	**112234**	**148637**	**88581**	**34558**	**54023**	**34254**	**13675**	**20579**
80	61104	26265	34839	18286	7269	11017	6341	2694	3647
81	53966	22950	31016	17734	6803	10931	6351	2545	3806
82	54773	23745	31028	18528	7278	11250	7191	2786	4405
83	47614	20798	26816	17291	6725	10566	7058	2832	4226
84	43414	18476	24938	16742	6483	10259	7313	2818	4495
85-89岁	**135592**	**57794**	**77798**	**58376**	**22585**	**35791**	**32562**	**11677**	**20885**
85	37583	15681	21902	15121	5799	9322	7283	2597	4686
86	31893	13379	18514	13240	5081	8159	7074	2500	4574
87	28493	12375	16118	12385	4789	7596	6984	2556	4428
88	21223	9120	12103	9706	3802	5904	6054	2122	3932
89	16400	7239	9161	7924	3114	4810	5167	1902	3265
90-94岁	**40281**	**17012**	**23269**	**21587**	**8430**	**13157**	**18061**	**6112**	**11949**
90	14153	6134	8019	6983	2758	4225	5073	1753	3320
91	9425	3977	5448	5214	1994	3220	4313	1524	2789
92	7745	3232	4513	4240	1668	2572	3679	1221	2458
93	5326	2221	3105	2968	1157	1811	2854	935	1919
94	3632	1448	2184	2182	853	1329	2142	679	1463
95-99岁	**6921**	**2609**	**4312**	**4340**	**1562**	**2778**	**5086**	**1449**	**3637**
95	2671	1021	1650	1628	623	1005	1720	514	1206
96	1843	705	1138	1177	401	776	1313	371	942
97	1163	440	723	732	254	478	930	263	667
98	718	260	458	487	173	314	664	185	479
99	526	183	343	316	111	205	459	116	343
100岁及以上	**627**	**220**	**407**	**437**	**122**	**315**	**765**	**169**	**596**

8-2b　全国分年龄、性别、健康状况的60岁及以上老年人口(镇)

单位：人

年　龄	60岁及以上人口			健　康		
	合计	男	女	小计	男	女
总　计	**5101636**	**2446408**	**2655228**	**2793938**	**1409911**	**1384027**
60-64岁	**1462803**	**728783**	**734020**	**1021791**	**522002**	**499789**
60	253856	125957	127899	187192	95097	92095
61	241938	121816	120122	173125	89225	83900
62	309487	155299	154188	216754	111526	105228
63	345472	172822	172650	236855	121400	115455
64	312050	152889	159161	207865	104754	103111
65-69岁	**1457114**	**707032**	**750082**	**884757**	**445334**	**439423**
65	323358	158767	164591	209480	105928	103552
66	321288	156024	165264	201479	101046	100433
67	287787	139133	148654	173703	87310	86393
68	286449	138416	148033	167005	84070	82935
69	238232	114692	123540	133090	66980	66110
70-74岁	**959183**	**463018**	**496165**	**471777**	**240078**	**231699**
70	225284	109188	116096	120155	60932	59223
71	217821	106175	111646	109851	56381	53470
72	184770	89072	95698	90133	45542	44591
73	173463	83665	89798	80889	41474	39415
74	157845	74918	82927	70749	35749	35000
75-79岁	**593940**	**279960**	**313980**	**237893**	**119788**	**118105**
75	137545	65322	72223	59694	30259	29435
76	130710	62237	68473	54030	27427	26603
77	113807	53433	60374	45074	22653	22421
78	107094	50068	57026	40998	20401	20597
79	104784	48900	55884	38097	19048	19049
80-84岁	**370403**	**166553**	**203850**	**116065**	**56270**	**59795**
80	91552	42331	49221	31851	15889	15962
81	75363	34270	41093	23788	11396	12392
82	77283	34828	42455	23755	11665	12090
83	66612	29506	37106	19734	9481	10253
84	59593	25618	33975	16937	7839	9098
85-89岁	**184996**	**75227**	**109769**	**47119**	**20845**	**26274**
85	50491	20802	29689	13750	6151	7599
86	43229	17638	25591	11289	4969	6320
87	38898	16051	22847	9654	4318	5336
88	29079	11489	17590	7046	3038	4008
89	23299	9247	14052	5380	2369	3011
90-94岁	**59357**	**21811**	**37546**	**12157**	**4839**	**7318**
90	20193	7816	12377	4472	1882	2590
91	13787	5097	8690	2795	1112	1683
92	11571	4093	7478	2211	849	1362
93	8152	2874	5278	1559	594	965
94	5654	1931	3723	1120	402	718
95-99岁	**12346**	**3688**	**8658**	**2149**	**698**	**1451**
95	4543	1420	3123	797	267	530
96	3116	913	2203	528	173	355
97	2166	636	1530	399	126	273
98	1438	420	1018	244	82	162
99	1083	299	784	181	50	131
100岁及以上	**1494**	**336**	**1158**	**230**	**57**	**173**

8-2b 续表

单位：人

年 龄	基本健康			不健康，但生活能自理			不健康，生活不能自理		
	小计	男	女	小计	男	女	小计	男	女
总 计	**1677363**	**752300**	**925063**	**511782**	**231388**	**280394**	**118553**	**52809**	**65744**
60-64岁	**358073**	**163465**	**194608**	**70952**	**36702**	**34250**	**11987**	**6614**	**5373**
60	54224	24327	29897	10620	5521	5099	1820	1012	808
61	55983	25739	30244	10982	5794	5188	1848	1058	790
62	75592	34753	40839	14687	7668	7019	2454	1352	1102
63	88294	40775	47519	17440	9070	8370	2883	1577	1306
64	83980	37871	46109	17223	8649	8574	2982	1615	1367
65-69岁	**452286**	**202367**	**249919**	**102697**	**50067**	**52630**	**17374**	**9264**	**8110**
65	91486	41382	50104	19283	9712	9571	3109	1745	1364
66	95769	42842	52927	20596	10255	10341	3444	1881	1563
67	90172	40049	50123	20436	9948	10488	3476	1826	1650
68	93509	41776	51733	22111	10581	11530	3824	1989	1835
69	81350	36318	45032	20271	9571	10700	3521	1823	1698
70-74岁	**363154**	**164796**	**198358**	**105615**	**48804**	**56811**	**18637**	**9340**	**9297**
70	80198	36291	43907	21355	10088	11267	3576	1877	1699
71	81542	37233	44309	22626	10669	11957	3802	1892	1910
72	70468	32114	38354	20469	9521	10948	3700	1895	1805
73	67932	30865	37067	20862	9440	11422	3780	1886	1894
74	63014	28293	34721	20303	9086	11217	3779	1790	1989
75-79岁	**246954**	**111915**	**135039**	**90188**	**39541**	**50647**	**18905**	**8716**	**10189**
75	55615	25080	30535	18568	8276	10292	3668	1707	1961
76	53913	24655	29258	19024	8388	10636	3743	1767	1976
77	47705	21462	26243	17422	7678	9744	3606	1640	1966
78	45109	20472	24637	17267	7493	9774	3720	1702	2018
79	44612	20246	24366	17907	7706	10201	4168	1900	2268
80-84岁	**156321**	**69465**	**86856**	**76822**	**32052**	**44770**	**21195**	**8766**	**12429**
80	38693	17411	21282	16706	7105	9601	4302	1926	2376
81	32242	14554	17688	15297	6586	8711	4036	1734	2302
82	32790	14583	18207	16290	6794	9496	4448	1786	2662
83	27812	12232	15580	14774	6079	8695	4292	1714	2578
84	24784	10685	14099	13755	5488	8267	4117	1606	2511
85-89岁	**74441**	**30694**	**43747**	**45652**	**17418**	**28234**	**17784**	**6270**	**11514**
85	20753	8613	12140	11996	4591	7405	3992	1447	2545
86	17495	7221	10274	10511	4066	6445	3934	1382	2552
87	15628	6532	9096	9681	3736	5945	3935	1465	2470
88	11448	4621	6827	7394	2763	4631	3191	1067	2124
89	9117	3707	5410	6070	2262	3808	2732	909	1823
90-94岁	**21637**	**8273**	**13364**	**16153**	**5688**	**10465**	**9410**	**3011**	**6399**
90	7572	3027	4545	5387	2001	3386	2762	906	1856
91	5126	1943	3183	3812	1333	2479	2054	709	1345
92	4117	1540	2577	3259	1103	2156	1984	601	1383
93	2885	1065	1820	2183	730	1453	1525	485	1040
94	1937	698	1239	1512	521	991	1085	310	775
95-99岁	**4039**	**1209**	**2830**	**3340**	**1033**	**2307**	**2818**	**748**	**2070**
95	1509	460	1049	1264	416	848	973	277	696
96	1081	309	772	821	253	568	686	178	508
97	654	209	445	575	157	418	538	144	394
98	457	127	330	376	122	254	361	89	272
99	338	104	234	304	85	219	260	60	200
100岁及以上	**458**	**116**	**342**	**363**	**83**	**280**	**443**	**80**	**363**

8-2c　全国分年龄、性别、健康状况的60岁及以上老年人口(乡村)

单位：人

年　龄	60岁及以上人口			健　康		
	合计	男	女	小计	男	女
总　计	**11836880**	**5802938**	**6033942**	**5745999**	**3015921**	**2730078**
60-64岁	**3073094**	**1570673**	**1502421**	**2014084**	**1069475**	**944609**
60	515075	260483	254592	361491	189123	172368
61	492199	253460	238739	332380	177463	154917
62	642252	330311	311941	421637	225086	196551
63	740389	381611	358778	475082	254968	220114
64	683179	344808	338371	423494	222835	200659
65-69岁	**3390981**	**1697426**	**1693555**	**1865655**	**986266**	**879389**
65	726062	368635	357427	432708	230351	202357
66	729567	366289	363278	418268	220953	197315
67	675829	337744	338085	369969	194913	175056
68	683433	340602	342831	358018	189491	168527
69	576090	284156	291934	286692	150558	136134
70-74岁	**2358988**	**1169730**	**1189258**	**1013944**	**537816**	**476128**
70	544199	269473	274726	256474	135104	121370
71	535213	269826	265387	237774	127807	109967
72	458173	227774	230399	194757	103522	91235
73	432135	213957	218178	174493	92837	81656
74	389268	188700	200568	150446	78546	71900
75-79岁	**1475908**	**712807**	**763101**	**497100**	**258841**	**238259**
75	345461	166845	178616	127317	66370	60947
76	327049	160437	166612	114512	60783	53729
77	286652	138353	148299	95246	49438	45808
78	261441	125710	135731	82953	42842	40111
79	255305	121462	133843	77072	39408	37664
80-84岁	**895893**	**409169**	**486724**	**229394**	**112288**	**117106**
80	220042	103759	116283	62291	31296	30995
81	181599	83665	97934	47426	23422	24004
82	186730	86310	100420	47304	23473	23831
83	162329	72456	89873	38896	18547	20349
84	145193	62979	82214	33477	15550	17927
85-89岁	**459401**	**183233**	**276168**	**95662**	**40762**	**54900**
85	124177	52104	72073	27634	12417	15217
86	107075	43410	63665	22724	9872	12852
87	97016	38451	58565	19863	8325	11538
88	72998	27770	45228	14371	5826	8545
89	58135	21498	36637	11070	4322	6748
90-94岁	**147929**	**50410**	**97519**	**24970**	**8937**	**16033**
90	50177	18040	32137	9154	3466	5688
91	34182	11760	22422	5694	2044	3650
92	28876	9624	19252	4720	1661	3059
93	20305	6542	13763	3186	1078	2108
94	14389	4444	9945	2216	688	1528
95-99岁	**30785**	**8663**	**22122**	**4668**	**1429**	**3239**
95	11292	3324	7968	1778	551	1227
96	7913	2235	5678	1158	362	796
97	5305	1460	3845	824	252	572
98	3571	956	2615	529	151	378
99	2704	688	2016	379	113	266
100岁及以上	**3901**	**827**	**3074**	**522**	**107**	**415**

8-2c 续表

单位：人

年 龄	基本健康			不健康，但生活能自理			不健康，生活不能自理		
	小计	男	女	小计	男	女	小计	男	女
总 计	**4185292**	**1923588**	**2261704**	**1603342**	**733692**	**869650**	**302247**	**129737**	**172510**
60-64岁	**828512**	**383158**	**445354**	**200861**	**102807**	**98054**	**29637**	**15233**	**14404**
60	120769	54604	66165	28435	14480	13955	4380	2276	2104
61	125629	58298	67331	29751	15434	14317	4439	2265	2174
62	172966	80553	92413	41614	21532	20082	6035	3140	2895
63	207335	96755	110580	50603	26085	24518	7369	3803	3566
64	201813	92948	108865	50458	25276	25182	7414	3749	3665
65-69岁	**1156696**	**531484**	**625212**	**322991**	**156856**	**166135**	**45639**	**22820**	**22819**
65	226560	104729	121831	58605	29323	29282	8189	4232	3957
66	239202	109729	129473	63208	31064	32144	8889	4543	4346
67	232094	106722	125372	64571	31530	33041	9195	4579	4616
68	244769	112470	132299	70703	33710	36993	9943	4931	5012
69	214071	97834	116237	65904	31229	34675	9423	4535	4888
70-74岁	**950732**	**446183**	**504549**	**344171**	**161517**	**182654**	**50141**	**24214**	**25927**
70	209361	97191	112170	68658	32415	36243	9706	4763	4943
71	213100	101435	111665	73873	35453	38420	10466	5131	5335
72	186187	87599	98588	67438	31890	35548	9791	4763	5028
73	179144	84401	94743	68558	31935	36623	9940	4784	5156
74	162940	75557	87383	65644	29824	35820	10238	4773	5465
75-79岁	**631670**	**296414**	**335256**	**297902**	**134877**	**163025**	**49236**	**22675**	**26561**
75	145916	67654	78262	62452	28268	34184	9776	4553	5223
76	139883	66210	73673	62705	28699	34006	9949	4745	5204
77	122993	57908	65085	58812	26625	32187	9601	4382	5219
78	112543	52998	59545	56262	25461	30801	9683	4409	5274
79	110335	51644	58691	57671	25824	31847	10227	4586	5641
80-84岁	**375633**	**171423**	**204210**	**239201**	**104172**	**135029**	**51665**	**21286**	**30379**
80	93785	43985	49800	53686	23980	29706	10280	4498	5782
81	76967	35214	41753	47697	20944	26753	9509	4085	5424
82	78067	36081	41986	50507	22149	28358	10852	4607	6245
83	67654	30313	37341	45284	19502	25782	10495	4094	6401
84	59160	25830	33330	42027	17597	24430	10529	4002	6527
85-89岁	**179803**	**73345**	**106458**	**140219**	**54262**	**85957**	**43717**	**14864**	**28853**
85	49869	21202	28667	36758	14847	21911	9916	3638	6278
86	42690	17668	25022	32229	12633	19596	9432	3237	6195
87	37622	15261	22361	30141	11588	18553	9390	3277	6113
88	27860	10854	17006	22782	8481	14301	7985	2609	5376
89	21762	8360	13402	18309	6713	11596	6994	2103	4891
90-94岁	**51551**	**18457**	**33094**	**47388**	**16161**	**31227**	**24020**	**6855**	**17165**
90	18112	6750	11362	16080	5813	10267	6831	2011	4820
91	11917	4336	7581	11076	3773	7303	5495	1607	3888
92	9989	3526	6463	9215	3039	6176	4952	1398	3554
93	6824	2309	4515	6474	2120	4354	3821	1035	2786
94	4709	1536	3173	4543	1416	3127	2921	804	2117
95-99岁	**9563**	**2860**	**6703**	**9502**	**2784**	**6718**	**7052**	**1590**	**5462**
95	3518	1083	2435	3572	1097	2475	2424	593	1831
96	2466	714	1752	2496	749	1747	1793	410	1383
97	1680	492	1188	1595	454	1141	1206	262	944
98	1110	329	781	1017	293	724	915	183	732
99	789	242	547	822	191	631	714	142	572
100岁及以上	**1132**	**264**	**868**	**1107**	**256**	**851**	**1140**	**200**	**940**

8-3　全国分性别、婚姻状况、健康状况的60岁及以上老年人口

单位：人

婚姻状况	60岁及以上人口			健康		
	合计	男	女	小计	男	女
总　计	**25523101**	**12312008**	**13211093**	**13946479**	**7084568**	**6861911**
未　婚	421981	380502	41479	145693	125724	19969
有配偶	19196877	10247778	8949099	11564017	6301433	5262584
离　婚	337462	187367	150095	193449	101756	91693
丧　偶	5566781	1496361	4070420	2043320	555655	1487665

8-3　续表

单位：人

婚姻状况	基本健康			不健康，但生活能自理			不健康，生活不能自理		
	小计	男	女	小计	男	女	小计	男	女
总　计	**8322635**	**3763391**	**4559244**	**2655869**	**1202575**	**1453294**	**598118**	**261474**	**336644**
未　婚	159264	146771	12493	98925	92736	6189	18099	15271	2828
有配偶	5829720	2967273	2862447	1497115	805499	691616	306025	173573	132452
离　婚	103759	59042	44717	34473	22719	11754	5781	3850	1931
丧　偶	2229892	590305	1639587	1025356	281621	743735	268213	68780	199433

8-3a　全国分性别、婚姻状况、健康状况的60岁及以上老年人口(城市)

单位：人

婚姻状况	60岁及以上人口			健康		
	合计	男	女	小计	男	女
总　计	**8584585**	**4062662**	**4521923**	**5406542**	**2658736**	**2747806**
未　婚	68948	48101	20847	33178	21451	11727
有配偶	6723641	3556631	3167010	4555717	2428573	2127144
离　婚	202357	94142	108215	125165	55494	69671
丧　偶	1589639	363788	1225851	692482	153218	539264

8-3a　续表

单位：人

婚姻状况	基本健康			不健康，但生活能自理			不健康，生活不能自理		
	小计	男	女	小计	男	女	小计	男	女
总　计	**2459980**	**1087503**	**1372477**	**540745**	**237495**	**303250**	**177318**	**78928**	**98390**
未　婚	20505	14763	5742	10739	8557	2182	4526	3330	1196
有配偶	1771556	904944	866612	309778	170215	139563	86590	52899	33691
离　婚	58248	27680	30568	15791	8982	6809	3153	1986	1167
丧　偶	609671	140116	469555	204437	49741	154696	83049	20713	62336

8-3b 全国分性别、婚姻状况、健康状况的60岁及以上老年人口(镇)

单位：人

婚姻状况	60岁及以上人口			健康		
	合计	男	女	小计	男	女
总　计	**5101636**	**2446408**	**2655228**	**2793938**	**1409911**	**1384027**
未　婚	74236	66337	7899	24300	20696	3604
有配偶	3855975	2056844	1799131	2327623	1265024	1062599
离　婚	51247	29368	21879	27979	15480	12499
丧　偶	1120178	293859	826319	414036	108711	305325

8-3b 续表

单位：人

婚姻状况	基本健康			不健康，但生活能自理			不健康，生活不能自理		
	小计	男	女	小计	男	女	小计	男	女
总　计	**1677363**	**752300**	**925063**	**511782**	**231388**	**280394**	**118553**	**52809**	**65744**
未　婚	27807	25419	2388	17991	16699	1292	4138	3523	615
有配偶	1179751	599932	579819	288363	157324	131039	60238	34564	25674
离　婚	16419	9486	6933	5870	3740	2130	979	662	317
丧　偶	453386	117463	335923	199558	53625	145933	53198	14060	39138

8-3c 全国分性别、婚姻状况、健康状况的60岁及以上老年人口(乡村)

单位：人

婚姻状况	60岁及以上人口			健康		
	合计	男	女	小计	男	女
总　计	**11836880**	**5802938**	**6033942**	**5745999**	**3015921**	**2730078**
未　婚	278797	266064	12733	88215	83577	4638
有配偶	8617261	4634303	3982958	4680677	2607836	2072841
离　婚	83858	63857	20001	40305	30782	9523
丧　偶	2856964	838714	2018250	936802	293726	643076

8-3c 续表

单位：人

婚姻状况	基本健康			不健康，但生活能自理			不健康，生活不能自理		
	小计	男	女	小计	男	女	小计	男	女
总　计	**4185292**	**1923588**	**2261704**	**1603342**	**733692**	**869650**	**302247**	**129737**	**172510**
未　婚	110952	106589	4363	70195	67480	2715	9435	8418	1017
有配偶	2878413	1462397	1416016	898974	477960	421014	159197	86110	73087
离　婚	29092	21876	7216	12812	9997	2815	1649	1202	447
丧　偶	1166835	332726	834109	621361	178255	443106	131966	34007	97959

8-4　全国分性别、主要生活来源、健康状况的60岁及以上老年人口

单位：人

主要生活来源	60岁及以上人口			健　康		
	合计	男	女	小计	男	女
总　计	**25523101**	**12312008**	**13211093**	**13946479**	**7084568**	**6861911**
劳动收入	5607355	3544006	2063349	4051826	2605009	1446817
离退休金/养老金	8848883	4519244	4329639	5436310	2829051	2607259
最低生活保障金	1095475	589557	505918	251530	133311	118219
失业保险金	1420	686	734	691	321	370
财产性收入	225698	119468	106230	113463	61854	51609
家庭其他成员供养	8335312	2867844	5467468	3376848	1111307	2265541
其　他	1408958	671203	737755	715811	343715	372096

8-4　续表

单位：人

主要生活来源	基本健康			不健康，但生活能自理			不健康，生活不能自理		
	小计	男	女	小计	男	女	小计	男	女
总　计	**8322635**	**3763391**	**4559244**	**2655869**	**1202575**	**1453294**	**598118**	**261474**	**336644**
劳动收入	1424436	859161	565275	125882	76865	49017	5211	2971	2240
离退休金/养老金	2687597	1321115	1366482	561025	283727	277298	163951	85351	78600
最低生活保障金	403393	217404	185989	366334	202205	164129	74218	36637	37581
失业保险金	471	228	243	206	104	102	52	33	19
财产性收入	81150	41014	40136	28162	14990	13172	2923	1610	1313
家庭其他成员供养	3220367	1089837	2130530	1419177	547777	871400	318920	118923	199997
其　他	505221	234632	270589	155083	76907	78176	32843	15949	16894

8-4a 全国分性别、主要生活来源、健康状况的60岁及以上老年人口(城市)

单位：人

主要生活来源	60岁及以上人口			健康		
	合计	男	女	小计	男	女
总　计	**8584585**	**4062662**	**4521923**	**5406542**	**2658736**	**2747806**
劳动收入	629030	435245	193785	511345	358008	153337
离退休金/养老金	5994356	2939432	3054924	3843902	1932807	1911095
最低生活保障金	130290	58845	71445	43677	18691	24986
失业保险金	282	141	141	149	71	78
财产性收入	55212	29199	26013	35782	19380	16402
家庭其他成员供养	1484248	468687	1015561	795808	248506	547302
其　他	291167	131113	160054	175879	81273	94606

8-4a 续表

单位：人

主要生活来源	基本健康			不健康，但生活能自理			不健康，生活不能自理		
	小计	男	女	小计	男	女	小计	男	女
总　计	**2459980**	**1087503**	**1372477**	**540745**	**237495**	**303250**	**177318**	**78928**	**98390**
劳动收入	109927	72166	37761	7208	4734	2474	550	337	213
离退休金/养老金	1722162	803341	918821	319615	150135	169480	108677	53149	55528
最低生活保障金	45060	19774	25286	32874	16371	16503	8679	4009	4670
失业保险金	81	39	42	39	22	17	13	9	4
财产性收入	15659	7787	7872	3239	1731	1508	532	301	231
家庭其他成员供养	481185	147726	333459	156320	55064	101256	50935	17391	33544
其　他	85906	36670	49236	21450	9438	12012	7932	3732	4200

8-4b 全国分性别、主要生活来源、健康状况的60岁及以上老年人口(镇)

单位：人

主要生活来源	60岁及以上人口			健康		
	合计	男	女	小计	男	女
总　计	**5101636**	**2446408**	**2655228**	**2793938**	**1409911**	**1384027**
劳动收入	1003583	649289	354294	753540	494244	259296
离退休金/养老金	1619901	874900	745001	968515	532167	436348
最低生活保障金	211687	108905	102782	54442	26624	27818
失业保险金	398	189	209	179	85	94
财产性收入	43510	23304	20206	23637	12927	10710
家庭其他成员供养	1895337	634872	1260465	823953	263293	560660
其　他	327220	154949	172271	169672	80571	89101

8-4b 续表

单位：人

主要生活来源	基本健康			不健康，但生活能自理			不健康，生活不能自理		
	小计	男	女	小计	男	女	小计	男	女
总　计	**1677363**	**752300**	**925063**	**511782**	**231388**	**280394**	**118553**	**52809**	**65744**
劳动收入	230793	143110	87683	18403	11422	6981	847	513	334
离退休金/养老金	513969	268078	245891	109071	58432	50639	28346	16223	12123
最低生活保障金	78677	40175	38502	64469	34940	29529	14099	7166	6933
失业保险金	155	68	87	51	26	25	13	10	3
财产性收入	15034	7728	7306	4324	2368	1956	515	281	234
家庭其他成员供养	722333	239251	483082	281925	107535	174390	67126	24793	42333
其　他	116402	53890	62512	33539	16665	16874	7607	3823	3784

8-4c 全国分性别、主要生活来源、健康状况的60岁及以上老年人口(乡村)

单位：人

主要生活来源	60岁及以上人口			健康		
	合计	男	女	小计	男	女
总　计	**11836880**	**5802938**	**6033942**	**5745999**	**3015921**	**2730078**
劳动收入	3974742	2459472	1515270	2786941	1752757	1034184
离退休金/养老金	1234626	704912	529714	623893	364077	259816
最低生活保障金	753498	421807	331691	153411	87996	65415
失业保险金	740	356	384	363	165	198
财产性收入	126976	66965	60011	54044	29547	24497
家庭其他成员供养	4955727	1764285	3191442	1757087	599508	1157579
其　他	790571	385141	405430	370260	181871	188389

8-4c 续表

单位：人

主要生活来源	基本健康			不健康，但生活能自理			不健康，生活不能自理		
	小计	男	女	小计	男	女	小计	男	女
总　计	**4185292**	**1923588**	**2261704**	**1603342**	**733692**	**869650**	**302247**	**129737**	**172510**
劳动收入	1083716	643885	439831	100271	60709	39562	3814	2121	1693
离退休金/养老金	451466	249696	201770	132339	75160	57179	26928	15979	10949
最低生活保障金	279656	157455	122201	268991	150894	118097	51440	25462	25978
失业保险金	235	121	114	116	56	60	26	14	12
财产性收入	50457	25499	24958	20599	10891	9708	1876	1028	848
家庭其他成员供养	2016849	702860	1313989	980932	385178	595754	200859	76739	124120
其　他	302913	144072	158841	100094	50804	49290	17304	8394	8910

8-5　全国分性别、居住状况、健康状况的60岁及以上老年人口

单位：人

居住状况	60岁及以上人口			健　康		
	合计	男	女	小计	男	女
总　计	**25523101**	**12312008**	**13211093**	**13946479**	**7084568**	**6861911**
与配偶和子女同住	5900248	3219972	2680276	3792087	2104246	1687841
与配偶同住	11154108	5940542	5213566	6420603	3504214	2916389
与子女同住	4229595	1209487	3020108	1860836	558093	1302743
独居(有保姆)	46243	20583	25660	13316	6555	6761
独居(无保姆)	3011811	1293425	1718386	1301183	602421	698762
养老机构	185511	106605	78906	24207	14699	9508
其　他	995585	521394	474191	534247	294340	239907

8-5　续表

单位：人

居住状况	基本健康			不健康，但生活能自理			不健康，生活不能自理		
	小计	男	女	小计	男	女	小计	男	女
总　计	**8322635**	**3763391**	**4559244**	**2655869**	**1202575**	**1453294**	**598118**	**261474**	**336644**
与配偶和子女同住	1607527	834281	773246	408768	227196	181572	91866	54249	37617
与配偶同住	3605757	1829862	1775895	950163	506790	443373	177585	99676	77909
与子女同住	1539432	424805	1114627	636615	176638	459977	192712	49951	142761
独居(有保姆)	14442	6657	7785	8607	3787	4820	9878	3584	6294
独居(无保姆)	1181721	477293	704428	489048	199528	289520	39859	14183	25676
养老机构	56939	35885	21054	54859	33713	21146	49506	22308	27198
其　他	316817	154608	162209	107809	54923	52886	36712	17523	19189

8-5a 全国分性别、居住状况、健康状况的60岁及以上老年人口(城市)

单位：人

居住状况	60岁及以上人口			健康		
	合计	男	女	小计	男	女
总 计	**8584585**	**4062662**	**4521923**	**5406542**	**2658736**	**2747806**
与配偶和子女同住	2277265	1241579	1035686	1629727	895183	734544
与配偶同住	3595840	1917938	1677902	2330980	1256189	1074791
与子女同住	1435897	369587	1066310	788546	209244	579302
独居(有保姆)	24649	10662	13987	6856	3203	3653
独居(无保姆)	856996	326313	530683	442318	183253	259065
养老机构	73884	31719	42165	7673	3219	4454
其 他	320054	164864	155190	200442	108445	91997

8-5a 续表

单位：人

居住状况	基本健康			不健康，但生活能自理			不健康，生活不能自理		
	小计	男	女	小计	男	女	小计	男	女
总 计	**2459980**	**1087503**	**1372477**	**540745**	**237495**	**303250**	**177318**	**78928**	**98390**
与配偶和子女同住	528318	276746	251572	92745	52833	39912	26475	16817	9658
与配偶同住	1035747	532874	502873	184139	101189	82950	44974	27686	17288
与子女同住	467004	115299	351705	128479	32028	96451	51868	13016	38852
独居(有保姆)	7760	3484	4276	4388	1946	2442	5645	2029	3616
独居(无保姆)	314549	109350	205199	90948	30884	60064	9181	2826	6355
养老机构	19040	8547	10493	19031	8745	10286	28140	11208	16932
其 他	87562	41203	46359	21015	9870	11145	11035	5346	5689

8-5b　全国分性别、居住状况、健康状况的60岁及以上老年人口(镇)

单位：人

居住状况	60岁及以上人口			健　　康		
	合计	男	女	小计	男	女
总　计	**5101636**	**2446408**	**2655228**	**2793938**	**1409911**	**1384027**
与配偶和子女同住	1245734	679165	566569	794709	439966	354743
与配偶同住	2137405	1139910	997495	1241642	676765	564877
与子女同住	896592	253825	642767	392769	116545	276224
独居(有保姆)	8891	4043	4848	2533	1330	1203
独居(无保姆)	556188	230995	325193	242790	109997	132793
养老机构	46560	29833	16727	6504	4286	2218
其　他	210266	108637	101629	112991	61022	51969

8-5b　续表　　单位：人

居住状况	基本健康			不健康，但生活能自理			不健康，生活不能自理		
	小计	男	女	小计	男	女	小计	男	女
总　计	**1677363**	**752300**	**925063**	**511782**	**231388**	**280394**	**118553**	**52809**	**65744**
与配偶和子女同住	346037	179483	166554	85522	48257	37265	19466	11459	8007
与配偶同住	689810	350535	339275	172462	93400	79062	33491	19210	14281
与子女同住	333451	90977	242474	130911	35934	94977	39461	10369	29092
独居(有保姆)	2764	1321	1443	1670	698	972	1924	694	1230
独居(无保姆)	220620	85855	134765	85615	32691	52924	7163	2452	4711
养老机构	15668	10732	4936	14482	9757	4725	9906	5058	4848
其　他	69013	33397	35616	21120	10651	10469	7142	3567	3575

8-5c　全国分性别、居住状况、健康状况的60岁及以上老年人口(乡村)

单位：人

居住状况	60岁及以上人口			健　康		
	合计	男	女	小计	男	女
总　计	**11836880**	**5802938**	**6033942**	**5745999**	**3015921**	**2730078**
与配偶和子女同住	2377249	1299228	1078021	1367651	769097	598554
与配偶同住	5420863	2882694	2538169	2847981	1571260	1276721
与子女同住	1897106	586075	1311031	679521	232304	447217
独居(有保姆)	12703	5878	6825	3927	2022	1905
独居(无保姆)	1598627	736117	862510	616075	309171	306904
养老机构	65067	45053	20014	10030	7194	2836
其　他	465265	247893	217372	220814	124873	95941

8-5c　续表

单位：人

居住状况	基本健康			不健康，但生活能自理			不健康，生活不能自理		
	小计	男	女	小计	男	女	小计	男	女
总　计	**4185292**	**1923588**	**2261704**	**1603342**	**733692**	**869650**	**302247**	**129737**	**172510**
与配偶和子女同住	733172	378052	355120	230501	126106	104395	45925	25973	19952
与配偶同住	1880200	946453	933747	593562	312201	281361	99120	52780	46340
与子女同住	738977	218529	520448	377225	108676	268549	101383	26566	74817
独居(有保姆)	3918	1852	2066	2549	1143	1406	2309	861	1448
独居(无保姆)	646552	282088	364464	312485	135953	176532	23515	8905	14610
养老机构	22231	16606	5625	21346	15211	6135	11460	6042	5418
其　他	160242	80008	80234	65674	34402	31272	18535	8610	9925

8-6　各地区分性别、主要生活来源的60岁及以上老年人口

单位：人

地　区	60岁及以上人口			劳动收入		
	合计	男	女	小计	男	女
全　国	**25523101**	**12312008**	**13211093**	**5607355**	**3544006**	**2063349**
北　京	428002	201396	226606	17760	13069	4691
天　津	276745	131947	144798	20589	15016	5573
河　北	1441053	690432	750621	376418	240293	136125
山　西	641115	315685	325430	140499	97483	43016
内蒙古	458505	222262	236243	87306	58070	29236
辽　宁	1053493	502283	551210	187902	117513	70389
吉　林	508469	241775	266694	105399	65300	40099
黑龙江	676647	321317	355330	108078	68317	39761
上　海	569165	273188	295977	18184	13866	4318
江　苏	1768129	855251	912878	373274	234969	138305
浙　江	1176613	581439	595174	238243	165713	72530
安　徽	1115044	545996	569048	285148	186686	98462
福　建	635334	308421	326913	153411	100825	52586
江　西	761001	369323	391678	191033	125434	65599
山　东	2068666	978025	1090641	606981	369616	237365
河　南	1707479	807575	899904	515491	310204	205287
湖　北	1181529	575416	606113	306520	189071	117449
湖　南	1305917	640531	665386	271425	182777	88648
广　东	1443501	693938	749563	190066	134950	55116
广　西	794598	375621	418977	180812	107092	73720
海　南	136158	64999	71159	25089	15188	9901
重　庆	693072	343078	349994	132474	81514	50960
四　川	1817836	890745	927091	484580	286843	197737
贵　州	575342	274049	301293	114499	67418	47081
云　南	692031	329187	362844	181944	102867	79077
西　藏	28527	12919	15608	4543	2704	1839
陕　西	714762	348700	366062	154027	99713	54314
甘　肃	410723	201303	209420	69867	46121	23746
青　海	69612	33372	36240	7372	5079	2293
宁　夏	96276	47098	49178	12927	9297	3630
新　疆	277757	134737	143020	45494	30998	14496

8-6 续表 1　　单位：人

地　区	离退休金/养老金			最低生活保障金			失业保险金		
	小计	男	女	小计	男	女	小计	男	女
全　国	**8848883**	**4519244**	**4329639**	**1095475**	**589557**	**505918**	**1420**	**686**	**734**
北　京	358222	170072	188150	5747	2664	3083	3	1	2
天　津	195045	94417	100628	3978	2181	1797	9	5	4
河　北	345196	191493	153703	75396	40500	34896	48	26	22
山　西	188276	112136	76140	45211	22478	22733	20	10	10
内蒙古	184561	91310	93251	62930	28899	34031	136	60	76
辽　宁	585959	284664	301295	35887	18875	17012	60	30	30
吉　林	223600	107299	116301	24954	12180	12774	35	17	18
黑龙江	358171	169100	189071	25390	12368	13022	33	11	22
上　海	535386	253747	281639	2037	920	1117	4	4	
江　苏	741918	378264	363654	58634	31547	27087	81	36	45
浙　江	548826	268612	280214	37337	19717	17620	200	98	102
安　徽	250160	136589	113571	72329	41150	31179	52	23	29
福　建	157036	85404	71632	15047	8572	6475	34	14	20
江　西	217554	114092	103462	30214	15811	14403	46	23	23
山　东	505144	274808	230336	90590	48254	42336	71	41	30
河　南	309627	170900	138727	73691	40320	33371	58	36	22
湖　北	421708	212605	209103	50418	28745	21673	53	20	33
湖　南	330169	173438	156731	49555	29357	20198	70	36	34
广　东	492644	249944	242700	38341	24443	13898	25	12	13
广　西	180751	94475	86276	36768	21717	15051	26	17	9
海　南	54001	27405	26596	5351	2856	2495	3	1	2
重　庆	283503	141500	142003	28497	17742	10755	18	11	7
四　川	613019	305958	307061	77215	43757	33458	139	66	73
贵　州	109143	59877	49266	39644	20467	19177	47	22	25
云　南	137014	76929	60085	29994	14464	15530	36	15	21
西　藏	3757	2073	1684	1092	446	646	1	1	
陕　西	200422	109366	91056	29523	16017	13506	21	9	12
甘　肃	105784	58457	47327	20877	10678	10199	30	15	15
青　海	23652	12718	10934	3877	1729	2148	7	2	5
宁　夏	49412	24547	24865	8428	3872	4556	12	6	6
新　疆	139223	67045	72178	16523	6831	9692	42	18	24

8-6　续表 2　　　　单位：人

地　区	财产性收入			家庭其他成员供养			其　他		
	小计	男	女	小计	男	女	小计	男	女
全　国	**225698**	**119468**	**106230**	**8335312**	**2867844**	**5467468**	**1408958**	**671203**	**737755**
北　京	1776	878	898	35938	11036	24902	8556	3676	4880
天　津	769	391	378	44674	14343	30331	11681	5594	6087
河　北	10075	5437	4638	551314	173414	377900	82606	39269	43337
山　西	3193	1808	1385	216720	59235	157485	47196	22535	24661
内蒙古	7973	4226	3747	85152	25587	59565	30447	14110	16337
辽　宁	7687	3873	3814	188981	56166	132815	47017	21162	25855
吉　林	17497	8824	8673	121714	40833	80881	15270	7322	7948
黑龙江	31988	16233	15755	122555	40963	81592	30432	14325	16107
上　海	360	201	159	11868	3848	8020	1326	602	724
江　苏	19153	9568	9585	475915	155677	320238	99154	45190	53964
浙　江	9770	5452	4318	288318	96059	192259	53919	25788	28131
安　徽	11234	6013	5221	435891	146611	289280	60230	28924	31306
福　建	5213	3117	2096	288189	102353	185836	16404	8136	8268
江　西	2453	1385	1068	282082	95356	186726	37619	17222	20397
山　东	16486	8397	8089	711950	215512	496438	137444	61397	76047
河　南	15801	8339	7462	655456	213450	442006	137355	64326	73029
湖　北	3330	1844	1486	348199	118544	229655	51301	24587	26714
湖　南	7153	4052	3101	552818	204289	348529	94727	46582	48145
广　东	11668	6513	5155	643303	244575	398728	67454	33501	33953
广　西	3822	2121	1701	342237	126085	216152	50182	24114	26068
海　南	1176	635	541	40723	14279	26444	9815	4635	5180
重　庆	1930	1172	758	210773	82094	128679	35877	19045	16832
四　川	6538	3761	2777	544720	203771	340949	91625	46589	45036
贵　州	4318	2256	2062	271659	106751	164908	36032	17258	18774
云　南	6802	3511	3291	301203	114744	186459	35038	16657	18381
西　藏	815	374	441	12212	4501	7711	6107	2820	3287
陕　西	7999	4261	3738	266247	91709	174538	56523	27625	28898
甘　肃	2796	1544	1252	181190	69506	111684	30179	14982	15197
青　海	707	408	299	28983	11025	17958	5014	2411	2603
宁　夏	918	493	425	19567	6523	13044	5012	2360	2652
新　疆	4298	2381	1917	54761	19005	35756	17416	8459	8957

8-6a 各地区分性别、主要生活来源的60岁及以上老年人口(城市)

单位：人

地区	60岁及以上人口			劳动收入		
	合计	男	女	小计	男	女
全　国	**8584585**	**4062662**	**4521923**	**629030**	**435245**	**193785**
北　京	344108	160417	183691	8608	6211	2397
天　津	213288	100740	112548	5142	3906	1236
河　北	356967	167667	189300	31941	21280	10661
山　西	187513	91073	96440	11575	8676	2899
内蒙古	148513	69693	78820	8816	6767	2049
辽　宁	571739	266932	304807	22621	15207	7414
吉　林	200049	91300	108749	9123	5966	3157
黑龙江	292587	134763	157824	13410	8703	4707
上　海	457907	219209	238698	10236	7782	2454
江　苏	661838	317281	344557	57453	39136	18317
浙　江	466286	227955	238331	55641	40515	15126
安　徽	230548	110447	120101	19426	13982	5444
福　建	199623	95393	104230	22827	15775	7052
江　西	181880	87946	93934	17986	12647	5339
山　东	618713	288488	330225	64500	44468	20032
河　南	353467	163787	189680	37397	23933	13464
湖　北	408224	194031	214193	36729	24494	12235
湖　南	275222	133004	142218	20274	14365	5909
广　东	685043	322775	362268	56899	42137	14762
广　西	171786	79832	91954	13145	8376	4769
海　南	38698	18565	20133	3225	2200	1025
重　庆	268156	127347	140809	15210	10618	4592
四　川	493467	234614	258853	38543	25012	13531
贵　州	114813	53374	61439	6687	4316	2371
云　南	151993	72427	79566	13427	8333	5094
西　藏	5099	2475	2624	616	389	227
陕　西	211563	100940	110623	13637	9587	4050
甘　肃	99219	47309	51910	3935	2934	1001
青　海	26723	12688	14035	1276	979	297
宁　夏	36580	17269	19311	1510	1178	332
新　疆	112973	52921	60052	7215	5373	1842

8-6a 续表 1 单位：人

地区	离退休金/养老金			最低生活保障金			失业保险金		
	小计	男	女	小计	男	女	小计	男	女
全国	**5994356**	**2939432**	**3054924**	**130290**	**58845**	**71445**	**282**	**141**	**141**
北京	309830	146111	163719	1883	779	1104	3	1	2
天津	186808	89356	97452	1581	689	892	6	3	3
河北	220659	112055	108604	5006	2260	2746	9	4	5
山西	121330	66714	54616	2996	1274	1722	2	1	1
内蒙古	111586	53056	58530	4522	1941	2581	8	3	5
辽宁	481650	228576	253074	7002	3174	3828	23	12	11
吉林	153240	71632	81608	4991	2208	2783	22	8	14
黑龙江	240692	111827	128865	4350	1929	2421	8	3	5
上海	435851	207254	228597	1498	676	822	3	3	
江苏	466891	230874	236017	14636	6383	8253	28	14	14
浙江	320629	154463	166166	7442	3337	4105	25	11	14
安徽	141387	72907	68480	8948	3958	4990	8	4	4
福建	105260	54093	51167	2142	1015	1127	4	3	1
江西	120315	59755	60560	3195	1436	1759	9	6	3
山东	344461	177077	167384	11101	5090	6011	13	10	3
河南	191331	97652	93679	5905	2663	3242	8	5	3
湖北	292964	142413	150551	5809	2724	3085	7	3	4
湖南	177892	88699	89193	4456	2236	2220	12	8	4
广东	385241	188969	196272	5337	2689	2648	10	5	5
广西	108145	53228	54917	2144	1048	1096	3	1	2
海南	24221	12176	12045	523	251	272	1		1
重庆	195606	94807	100799	4460	2201	2259	5	3	2
四川	364078	175977	188101	6508	2951	3557	13	7	6
贵州	68015	34367	33648	2630	1263	1367	13	7	6
云南	87080	44979	42101	3001	1368	1633	11	5	6
西藏	1961	1112	849	121	56	65			
陕西	135189	69350	65839	3026	1323	1703	11	4	7
甘肃	69276	36358	32918	2023	697	1326	10	4	6
青海	17234	8946	8288	733	284	449	2	1	1
宁夏	29129	14138	14991	784	339	445			
新疆	86405	40511	45894	1537	603	934	5	2	3

8-6a 续表 2

单位：人

地区	财产性收入			家庭其他成员供养			其他		
	小计	男	女	小计	男	女	小计	男	女
全国	**55212**	**29199**	**26013**	**1484248**	**468687**	**1015561**	**291167**	**131113**	**160054**
北京	812	401	411	18854	5278	13576	4118	1636	2482
天津	425	220	205	14080	4125	9955	5246	2441	2805
河北	1486	792	694	82943	24580	58363	14923	6696	8227
山西	1294	700	594	40390	9295	31095	9926	4413	5513
内蒙古	690	347	343	17682	5343	12339	5209	2236	2973
辽宁	1512	771	741	43621	12672	30949	15310	6520	8790
吉林	2374	1181	1193	27185	8844	18341	3114	1461	1653
黑龙江	2790	1429	1361	24102	7646	16456	7235	3226	4009
上海	288	159	129	8982	2887	6095	1049	448	601
江苏	2410	1210	1200	92890	27938	64952	27530	11726	15804
浙江	5360	2986	2374	63618	20329	43289	13571	6314	7257
安徽	1022	541	481	50832	15302	35530	8925	3753	5172
福建	2993	1760	1233	62329	20791	41538	4068	1956	2112
江西	737	416	321	33079	10712	22367	6559	2974	3585
山东	3114	1603	1511	164617	46850	117767	30907	13390	17517
河南	1898	959	939	95947	29130	66817	20981	9445	11536
湖北	1108	595	513	61265	19050	42215	10342	4752	5590
湖南	2632	1394	1238	55494	19380	36114	14462	6922	7540
广东	8519	4641	3878	204545	72541	132004	24492	11793	12699
广西	1483	819	664	39435	13059	26376	7431	3301	4130
海南	339	192	147	8322	2770	5552	2067	976	1091
重庆	522	286	236	44513	15680	28833	7840	3752	4088
四川	1579	856	723	69633	23588	46045	13113	6223	6890
贵州	1680	800	880	30321	10194	20127	5467	2427	3040
云南	3235	1631	1604	39311	13440	25871	5928	2671	3257
西藏	92	47	45	1540	515	1025	769	356	413
陕西	3514	1778	1736	44899	13683	31216	11287	5215	6072
甘肃	498	267	231	19714	5424	14290	3763	1625	2138
青海	168	85	83	6372	2002	4370	938	391	547
宁夏	84	46	38	3950	1089	2861	1123	479	644
新疆	554	287	267	13783	4550	9233	3474	1595	1879

8-6b　各地区分性别、主要生活来源的60岁及以上老年人口(镇)

单位：人

地　区	60岁及以上人口			劳动收入		
	合计	男	女	小计	男	女
全　国	**5101636**	**2446408**	**2655228**	**1003583**	**649289**	**354294**
北　京	22031	10613	11418	1675	1279	396
天　津	12694	6179	6515	2081	1646	435
河　北	370556	175720	194836	87048	56746	30302
山　西	121108	59180	61928	20581	14647	5934
内蒙古	107009	50548	56461	12567	8952	3615
辽　宁	118006	55672	62334	21134	13351	7783
吉　林	85983	39731	46252	8441	5546	2895
黑龙江	129595	60630	68965	13451	8816	4635
上　海	44528	21560	22968	2267	1746	521
江　苏	419776	202736	217040	89426	57361	32065
浙　江	219707	109052	110655	41179	29057	12122
安　徽	280107	135610	144497	60544	40924	19620
福　建	159969	76925	83044	36797	24331	12466
江　西	191830	93238	98592	38501	25858	12643
山　东	419425	196596	222829	113754	70183	43571
河　南	390670	184405	206265	99619	61960	37659
湖　北	212913	103648	109265	47027	29757	17270
湖　南	355208	173332	181876	65082	44020	21062
广　东	218497	104746	113751	28091	20391	7700
广　西	174381	81763	92618	34766	20944	13822
海　南	33342	15986	17356	5927	3663	2264
重　庆	117357	57388	59969	16660	10557	6103
四　川	317689	152674	165015	59987	35874	24113
贵　州	120418	56488	63930	17573	10670	6903
云　南	148464	70767	77697	32168	18598	13570
西　藏	2823	1306	1517	429	281	148
陕　西	147271	72428	74843	27995	18672	9323
甘　肃	73809	35898	37911	9024	6370	2654
青　海	14387	6918	7469	1502	1044	458
宁　夏	18014	8762	9252	1673	1305	368
新　疆	54069	25909	28160	6614	4740	1874

8-6b 续表 1 单位：人

地区	离退休金/养老金			最低生活保障金			失业保险金		
	小计	男	女	小计	男	女	小计	男	女
全　国	**1619901**	**874900**	**745001**	**211687**	**108905**	**102782**	**398**	**189**	**209**
北　京	14700	7210	7490	734	329	405			
天　津	3198	1751	1447	437	240	197			
河　北	80232	46874	33358	17219	8957	8262	14	9	5
山　西	37894	24006	13888	6468	3088	3380			
内蒙古	51100	26327	24773	10793	4747	6046	31	16	15
辽　宁	57231	28900	28331	4317	2160	2157	4	2	2
吉　林	50334	24466	25868	3798	1667	2131	3	2	1
黑龙江	80910	38448	42462	4163	1918	2245	5	2	3
上　海	40136	19046	21090	182	93	89			
江　苏	149484	79038	70446	15373	8042	7331	11	3	8
浙　江	106762	53133	53629	6848	3354	3494	80	37	43
安　徽	70726	39630	31096	17332	9320	8012	31	13	18
福　建	32889	19647	13242	4043	2119	1924	3	1	2
江　西	65827	35550	30277	6714	3374	3340	27	11	16
山　东	90996	52790	38206	19898	10239	9659	14	7	7
河　南	76074	44068	32006	15709	8119	7590	15	10	5
湖　北	74018	39858	34160	7880	4186	3694	24	7	17
湖　南	100563	54974	45589	12133	6763	5370	38	17	21
广　东	54469	30821	23648	5378	3185	2193	2	1	1
广　西	41279	22864	18415	6804	3801	3003	8	8	
海　南	12016	6291	5725	1384	701	683			
重　庆	48978	25274	23704	4387	2535	1852	8	5	3
四　川	130982	66966	64016	11307	6087	5220	29	14	15
贵　州	21512	13060	8452	7698	3894	3804	6	2	4
云　南	30426	18821	11605	6424	3063	3361	15	5	10
西　藏	425	259	166	218	102	116			
陕　西	36195	21828	14367	6318	3346	2972	5	4	1
甘　肃	17785	11373	6412	3132	1500	1632	8	5	3
青　海	3471	2154	1317	946	414	532	4	1	3
宁　夏	9721	5029	4692	1227	556	671	8	3	5
新　疆	29568	14444	15124	2423	1006	1417	5	4	1

8-6b　续表 2　　单位：人

地区	财产性收入			家庭其他成员供养			其他		
	小计	男	女	小计	男	女	小计	男	女
全国	**43510**	**23304**	**20206**	**1895337**	**634872**	**1260465**	**327220**	**154949**	**172271**
北京	283	134	149	3733	1234	2499	906	427	479
天津	57	28	29	5542	1828	3714	1379	686	693
河北	2736	1488	1248	159272	50157	109115	24035	11489	12546
山西	587	325	262	45204	12118	33086	10374	4996	5378
内蒙古	1262	633	629	22632	6218	16414	8624	3655	4969
辽宁	1115	560	555	27239	7608	19631	6966	3091	3875
吉林	1899	960	939	19020	5937	13083	2488	1153	1335
黑龙江	3768	1922	1846	21762	6970	14792	5536	2554	2982
上海	28	16	12	1758	581	1177	157	78	79
江苏	5060	2580	2480	133596	43397	90199	26826	12315	14511
浙江	2045	1117	928	51969	17232	34737	10824	5122	5702
安徽	2650	1438	1212	113825	37134	76691	14999	7151	7848
福建	1439	857	582	80070	27579	52491	4728	2391	2337
江西	700	401	299	69416	23104	46312	10645	4940	5705
山东	3948	1996	1952	160147	47631	112516	30668	13750	16918
河南	3356	1769	1587	152095	52638	109457	33802	15841	17961
湖北	869	491	378	71666	23883	47783	11429	5466	5963
湖南	2193	1285	908	147162	52661	94501	28037	13612	14425
广东	1349	838	511	116952	43494	73458	12256	6016	6240
广西	871	486	385	79650	28432	51218	11003	5228	5775
海南	192	110	82	11005	3836	7169	2818	1385	1433
重庆	302	167	135	39557	15044	24513	7465	3806	3659
四川	1039	612	427	97983	35027	62956	16362	8094	8268
贵州	1277	675	602	63308	23882	39426	9044	4305	4739
云南	1328	699	629	70028	25712	44316	8075	3869	4206
西藏	70	27	43	1049	348	701	632	289	343
陕西	1472	812	660	61000	20675	40325	14286	7091	7195
甘肃	741	399	342	36669	13111	23558	6450	3140	3310
青海	182	106	76	6940	2542	4398	1342	657	685
宁夏	101	51	50	4174	1293	2881	1110	525	585
新疆	591	322	269	10914	3566	7348	3954	1827	2127

8-6c 各地区分性别、主要生活来源的60岁及以上老年人口(乡村)

单位：人

地区	60岁及以上人口			劳动收入		
	合计	男	女	小计	男	女
全国	**11836880**	**5802938**	**6033942**	**3974742**	**2459472**	**1515270**
北京	61863	30366	31497	7477	5579	1898
天津	50763	25028	25735	13366	9464	3902
河北	713530	347045	366485	257429	162267	95162
山西	332494	165432	167062	108343	74160	34183
内蒙古	202983	102021	100962	65923	42351	23572
辽宁	363748	179679	184069	144147	88955	55192
吉林	222437	110744	111693	87835	53788	34047
黑龙江	254465	125924	128541	81217	50798	30419
上海	66730	32419	34311	5681	4338	1343
江苏	686515	335234	351281	226395	138472	87923
浙江	490620	244432	246188	141423	96141	45282
安徽	604389	299939	304450	205178	131780	73398
福建	275742	136103	139639	93787	60719	33068
江西	387291	188139	199152	134546	86929	47617
山东	1030528	492941	537587	428727	254965	173762
河南	963342	459383	503959	378475	224311	154164
湖北	560392	277737	282655	222764	134820	87944
湖南	675487	334195	341292	186069	124392	61677
广东	539961	266417	273544	105076	72422	32654
广西	448431	214026	234405	132901	77772	55129
海南	64118	30448	33670	15937	9325	6612
重庆	307559	158343	149216	100604	60339	40265
四川	1006680	503457	503223	386050	225957	160093
贵州	340111	164187	175924	90239	52432	37807
云南	391574	185993	205581	136349	75936	60413
西藏	20605	9138	11467	3498	2034	1464
陕西	355928	175332	180596	112395	71454	40941
甘肃	237695	118096	119599	56908	36817	20091
青海	28502	13766	14736	4594	3056	1538
宁夏	41682	21067	20615	9744	6814	2930
新疆	110715	55907	54808	31665	20885	10780

8-6c　续表 1　　单位：人

地　区	离退休金/养老金			最低生活保障金			失业保险金		
	小计	男	女	小计	男	女	小计	男	女
全　国	**1234626**	**704912**	**529714**	**753498**	**421807**	**331691**	**740**	**356**	**384**
北　京	33692	16751	16941	3130	1556	1574			
天　津	5039	3310	1729	1960	1252	708	3	2	1
河　北	44305	32564	11741	53171	29283	23888	25	13	12
山　西	29052	21416	7636	35747	18116	17631	18	9	9
内蒙古	21875	11927	9948	47615	22211	25404	97	41	56
辽　宁	47078	27188	19890	24568	13541	11027	33	16	17
吉　林	20026	11201	8825	15165	8305	7860	10	7	3
黑龙江	36569	18825	17744	15877	8521	8356	20	6	14
上　海	59399	27447	31952	357	151	206	1	1	
江　苏	125543	68352	57191	28625	17122	11503	42	19	23
浙　江	121435	61016	60419	23047	13026	10021	95	50	45
安　徽	38047	24052	13995	46049	27872	18177	13	6	7
福　建	18887	11664	7223	8862	5438	3424	27	10	17
江　西	31412	18787	12625	20305	11001	9304	10	6	4
山　东	69687	44941	24746	59591	32925	26666	44	24	20
河　南	42222	29180	13042	52077	29538	22539	35	21	14
湖　北	54726	30334	24392	36729	21835	14894	22	10	12
湖　南	51714	29765	21949	32966	20358	12608	20	11	9
广　东	52934	30154	22780	27626	18569	9057	13	6	7
广　西	31327	18383	12944	27820	16868	10952	15	8	7
海　南	17764	8938	8826	3444	1904	1540	2	1	1
重　庆	38919	21419	17500	19650	13006	6644	5	3	2
四　川	117959	63015	54944	59400	34719	24681	97	45	52
贵　州	19616	12450	7166	29316	15310	14006	28	13	15
云　南	19508	13129	6379	20569	10033	10536	10	5	5
西　藏	1371	702	669	753	288	465	1	1	
陕　西	29038	18188	10850	20179	11348	8831	5	1	4
甘　肃	18723	10726	7997	15722	8481	7241	12	6	6
青　海	2947	1618	1329	2198	1031	1167	1		1
宁　夏	10562	5380	5182	6417	2977	3440	4	3	1
新　疆	23250	12090	11160	12563	5222	7341	32	12	20

8-6c 续表 2 单位：人

地区	财产性收入			家庭其他成员供养			其他		
	小计	男	女	小计	男	女	小计	男	女
全国	**126976**	**66965**	**60011**	**4955727**	**1764285**	**3191442**	**790571**	**385141**	**405430**
北京	681	343	338	13351	4524	8827	3532	1613	1919
天津	287	143	144	25052	8390	16662	5056	2467	2589
河北	5853	3157	2696	309099	98677	210422	43648	21084	22564
山西	1312	783	529	131126	37822	93304	26896	13126	13770
内蒙古	6021	3246	2775	44838	14026	30812	16614	8219	8395
辽宁	5060	2542	2518	118121	35886	82235	24741	11551	13190
吉林	13224	6683	6541	75509	26052	49457	9668	4708	4960
黑龙江	25430	12882	12548	76691	26347	50344	17661	8545	9116
上海	44	26	18	1128	380	748	120	76	44
江苏	11683	5778	5905	249429	84342	165087	44798	21149	23649
浙江	2365	1349	1016	172731	58498	114233	29524	14352	15172
安徽	7562	4034	3528	271234	94175	177059	36306	18020	18286
福建	781	500	281	145790	53983	91807	7608	3789	3819
江西	1016	568	448	179587	61540	118047	20415	9308	11107
山东	9424	4798	4626	387186	121031	266155	75869	34257	41612
河南	10547	5611	4936	397414	131682	265732	82572	39040	43532
湖北	1353	758	595	215268	75611	139657	29530	14369	15161
湖南	2328	1373	955	350162	132248	217914	52228	26048	26180
广东	1800	1034	766	321806	128540	193266	30706	15692	15014
广西	1468	816	652	223152	84594	138558	31748	15585	16163
海南	645	333	312	21396	7673	13723	4930	2274	2656
重庆	1106	719	387	126703	51370	75333	20572	11487	9085
四川	3920	2293	1627	377104	145156	231948	62150	32272	29878
贵州	1361	781	580	178030	72675	105355	21521	10526	10995
云南	2239	1181	1058	191864	75592	116272	21035	10117	10918
西藏	653	300	353	9623	3638	5985	4706	2175	2531
陕西	3013	1671	1342	160348	57351	102997	30950	15319	15631
甘肃	1557	878	679	124807	50971	73836	19966	10217	9749
青海	357	217	140	15671	6481	9190	2734	1363	1371
宁夏	733	396	337	11443	4141	7302	2779	1356	1423
新疆	3153	1772	1381	30064	10889	19175	9988	5037	4951

8-7　全国分年龄、性别、主要生活来源的人口

单位：人

年　龄	15岁及以上人口			劳动收入		
	合计	男	女	小计	男	女
总　计	**114261590**	**57861957**	**56399633**	**66173046**	**39351185**	**26821861**
45岁以下	**55545868**	**28769662**	**26776206**	**37675681**	**21753109**	**15922572**
45-49岁	**11286279**	**5774455**	**5511824**	**9064701**	**5199419**	**3865282**
45	2006712	1029558	977154	1647180	935842	711338
46	2197494	1123949	1073545	1790803	1017936	772867
47	2298050	1176498	1121552	1854060	1060223	793837
48	2354836	1202544	1152292	1874814	1078545	796269
49	2429187	1241906	1187281	1897844	1106873	790971
50-54岁	**11926180**	**6019802**	**5906378**	**8256812**	**5139904**	**3116908**
50	2564829	1298030	1266799	1887971	1142744	745227
51	2404959	1216599	1188360	1701632	1052369	649263
52	2575521	1298846	1276675	1776587	1108834	667753
53	2059446	1034436	1025010	1383137	869962	513175
54	2321425	1171891	1149534	1507485	965995	541490
55-59岁	**9980162**	**4986030**	**4994132**	**5568497**	**3714747**	**1853750**
55	2276177	1144496	1131681	1379621	906162	473459
56	2223387	1111081	1112306	1277065	849069	427996
57	2567550	1290317	1277233	1410836	954315	456521
58	1879095	935259	943836	999737	672021	327716
59	1033953	504877	529076	501238	333180	168058
60-64岁	**7212331**	**3611534**	**3600797**	**2481664**	**1579435**	**902229**
60	1265735	630443	635292	484632	307806	176826
61	1191490	601597	589893	423165	271939	151226
62	1519108	765643	753465	519067	331517	187550
63	1696369	853241	843128	567013	362706	204307
64	1539629	760610	779019	487787	305467	182320
65-69岁	**7261013**	**3557071**	**3703942**	**1949125**	**1217850**	**731275**
65	1601607	794038	807569	482631	302943	179688
66	1597292	784337	812955	449471	281151	168320
67	1436603	701663	734940	384691	239456	145235
68	1425277	695588	729689	358757	223966	134791
69	1200234	581445	618789	273575	170334	103241

8-7 续表 1

单位：人

年 龄	15岁及以上人口			劳动收入		
	合计	男	女	小计	男	女
70-74岁	**4813647**	**2341892**	**2471755**	**803789**	**511131**	**292658**
70	1132641	552550	580091	227195	142394	84801
71	1091505	537267	554238	195257	124934	70323
72	927034	450625	476409	150732	95970	54762
73	874817	425034	449783	127663	82127	45536
74	787650	376416	411234	102942	65706	37236
75-79岁	**2980508**	**1409194**	**1571314**	**275360**	**177297**	**98063**
75	690748	328485	362263	81112	52193	28919
76	652501	312625	339876	67414	43762	23652
77	574487	271017	303470	51445	33086	18359
78	537691	252314	285377	41318	26562	14756
79	525081	244753	280328	34071	21694	12377
80-84岁	**1897750**	**856619**	**1041131**	**72605**	**45071**	**27534**
80	462344	214196	248148	24125	15190	8935
81	387427	175529	211898	15544	9742	5802
82	395095	179490	215605	13943	8741	5202
83	343475	153187	190288	10572	6411	4161
84	309409	134217	175192	8421	4987	3434
85-89岁	**973818**	**398907**	**574911**	**20346**	**11202**	**9144**
85	264740	111113	153627	6600	3828	2772
86	227319	93574	133745	5029	2794	2235
87	204932	84218	120714	4018	2175	1843
88	154282	61448	92834	2719	1404	1315
89	122545	48554	73991	1980	1001	979
90-94岁	**312846**	**115437**	**197409**	**3738**	**1737**	**2001**
90	106074	41051	65023	1482	707	775
91	72886	27037	45849	839	390	449
92	60934	21980	38954	653	289	364
93	42736	15095	27641	436	202	234
94	30216	10274	19942	328	149	179
95-99岁	**63626**	**19576**	**44050**	**657**	**263**	**394**
95	23449	7523	15926	249	95	154
96	16489	5063	11426	156	72	84
97	10967	3306	7661	98	33	65
98	7293	2148	5145	80	37	43
99	5428	1536	3892	74	26	48
100岁及以上	**7562**	**1778**	**5784**	**71**	**20**	**51**

8-7　续表 2　　　　单位：人

年　龄	离退休金/养老金			最低生活保障金			失业保险金		
	小计	男	女	小计	男	女	小计	男	女
总　计	**11525075**	**5004420**	**6520655**	**1752313**	**979954**	**772359**	**41948**	**24489**	**17459**
45岁以下	**2985**	**1446**	**1539**	**253745**	**145913**	**107832**	**20884**	**10722**	**10162**
45-49岁	**73077**	**3808**	**69269**	**114559**	**68701**	**45858**	**10058**	**4501**	**5557**
45	4931	375	4556	18542	10976	7566	1510	727	783
46	7761	471	7290	21213	12634	8579	1657	816	841
47	11545	709	10836	23332	13943	9389	1971	886	1085
48	16721	942	15779	24829	14981	9848	2291	966	1325
49	32119	1311	30808	26643	16167	10476	2629	1106	1523
50-54岁	**919490**	**96859**	**822631**	**141551**	**87755**	**53796**	**6231**	**5390**	**841**
50	145715	9207	136508	27856	17203	10653	1673	1101	572
51	179002	15077	163925	27546	17262	10284	1178	1101	77
52	205367	20652	184715	30209	18854	11355	1275	1208	67
53	168945	20162	148783	25707	15784	9923	979	926	53
54	220461	31761	188700	30233	18652	11581	1126	1054	72
55-59岁	**1680640**	**383063**	**1297577**	**146983**	**88028**	**58955**	**3355**	**3190**	**165**
55	306223	55978	250245	30776	18914	11862	1163	1132	31
56	354110	73740	280370	31530	19061	12469	482	446	36
57	455917	102707	353210	37373	22912	14461	696	643	53
58	333770	81886	251884	29424	17027	12397	592	563	29
59	230620	68752	161868	17880	10114	7766	422	406	16
60-64岁	**2469105**	**1226566**	**1242539**	**188251**	**108954**	**79297**	**324**	**159**	**165**
60	429212	206017	223195	25790	14551	11239	55	29	26
61	415555	206488	209067	28067	16102	11965	55	24	31
62	527990	264568	263422	39639	23435	16204	65	27	38
63	573142	287165	285977	48021	28226	19795	75	43	32
64	523206	262328	260878	46734	26640	20094	74	36	38
65-69岁	**2454456**	**1247666**	**1206790**	**278247**	**155246**	**123001**	**442**	**205**	**237**
65	541443	274340	267103	53424	30345	23079	96	51	45
66	549944	278079	271865	56901	32047	24854	92	44	48
67	480539	243519	237020	56353	31550	24803	82	39	43
68	474434	242441	231993	59293	32709	26584	101	37	64
69	408096	209287	198809	52276	28595	23681	71	34	37

8-7　续表 3　　　　　　　　　　　　　　　　　　　　　　　　　　　　　　单位：人

年　龄	离退休金/养老金			最低生活保障金			失业保险金		
	小计	男	女	小计	男	女	小计	男	女
70-74岁	**1670789**	**879821**	**790968**	**249995**	**136416**	**113579**	**326**	**162**	**164**
70	394458	206607	187851	53185	28895	24290	76	40	36
71	375735	197991	177744	54931	30358	24573	76	49	27
72	319182	167387	151795	48881	26719	22162	65	25	40
73	305265	161799	143466	48299	26346	21953	63	28	35
74	276149	146037	130112	44699	24098	20601	46	20	26
75-79岁	**1057567**	**553163**	**504404**	**179745**	**96356**	**83389**	**174**	**90**	**84**
75	238405	125596	112809	40679	21701	18978	47	25	22
76	227500	119719	107781	39279	21500	17779	37	20	17
77	202949	105721	97228	34945	18676	16269	33	19	14
78	196580	102089	94491	32489	17277	15212	28	13	15
79	192133	100038	92095	32353	17202	15151	29	13	16
80-84岁	**716565**	**369848**	**346717**	**116390**	**58840**	**57550**	**96**	**49**	**47**
80	175206	91862	83344	28597	14891	13706	23	13	10
81	148177	75541	72636	23956	12372	11584	19	11	8
82	149124	76774	72350	24328	12425	11903	17	7	10
83	128270	66738	61532	20932	10267	10665	22	13	9
84	115788	58933	56855	18577	8885	9692	15	5	10
85-89岁	**352954**	**178881**	**174073**	**58782**	**25626**	**33156**	**41**	**17**	**24**
85	97824	48831	48993	16024	7502	8522	10	3	7
86	82863	41481	41382	13751	6055	7696	9	5	4
87	74123	37938	36185	12411	5295	7116	8	3	5
88	55016	27960	27056	9226	3857	5369	8	3	5
89	43128	22671	20457	7370	2917	4453	6	3	3
90-94岁	**106755**	**53956**	**52799**	**19087**	**6773**	**12314**	**13**	**2**	**11**
90	37266	19484	17782	6405	2458	3947	4	1	3
91	25364	12666	12698	4445	1606	2839	5	1	4
92	20336	10122	10214	3689	1285	2404	3		3
93	13921	6880	7041	2628	842	1786			
94	9868	4804	5064	1920	582	1338	1		1
95-99岁	**18891**	**8638**	**10253**	**4287**	**1210**	**3077**	**4**	**2**	**2**
95	7268	3374	3894	1549	483	1066	1		1
96	4949	2242	2707	1079	277	802	2	2	
97	3205	1466	1739	788	225	563			
98	2010	906	1104	512	135	377			
99	1459	650	809	359	90	269	1		1
100岁及以上	**1801**	**705**	**1096**	**691**	**136**	**555**			

8-7　续表 4

单位：人

年龄	财产性收入			家庭其他成员供养			其他		
	小计	男	女	小计	男	女	小计	男	女
总计	**881568**	**467538**	**414030**	**27940394**	**9182235**	**18758159**	**5947246**	**2852136**	**3095110**
45岁以下	**317647**	**163621**	**154026**	**14503411**	**5362440**	**9140971**	**2771515**	**1332411**	**1439104**
45-49岁	**109563**	**56353**	**53210**	**1338672**	**173864**	**1164808**	**575649**	**267809**	**307840**
45	18543	9497	9046	217538	26305	191233	98468	45836	52632
46	20648	10631	10017	245693	30401	215292	109719	51060	58659
47	22132	11459	10673	267456	34637	232819	117554	54641	62913
48	23566	12101	11465	290335	38273	252062	122280	56736	65544
49	24674	12665	12009	317650	44248	273402	127628	59536	68092
50-54岁	**121413**	**66490**	**54923**	**1842592**	**318487**	**1524105**	**638091**	**304917**	**333174**
50	25400	13624	11776	342971	51109	291862	133243	63042	70201
51	24095	13209	10886	345152	56916	288236	126354	60665	65689
52	26234	14405	11829	397597	68638	328959	138252	66255	71997
53	21296	11744	9552	346576	62142	284434	112806	53716	59090
54	24388	13508	10880	410296	79682	330614	127436	61239	66197
55-59岁	**107247**	**61606**	**45641**	**1920407**	**459600**	**1460807**	**553033**	**275796**	**277237**
55	23900	13684	10216	410142	87781	322361	124352	60845	63507
56	23432	13373	10059	414247	94381	319866	122521	61011	61510
57	27283	15877	11406	493993	122108	371885	141452	71755	69697
58	20909	12170	8739	388032	98368	289664	106631	53224	53407
59	11723	6502	5221	213993	56962	157031	58077	28961	29116
60-64岁	**69933**	**36746**	**33187**	**1625479**	**477157**	**1148322**	**377575**	**182517**	**195058**
60	12854	6778	6076	248904	64808	184096	64288	30454	33834
61	11654	6086	5568	251785	71213	180572	61209	29745	31464
62	14019	7389	6630	339680	100459	239221	78648	38248	40400
63	16222	8603	7619	402300	122697	279603	89596	43801	45795
64	15184	7890	7294	382810	117980	264830	83834	40269	43565
65-69岁	**74532**	**38914**	**35618**	**2092187**	**698216**	**1393971**	**412024**	**198974**	**213050**
65	16337	8475	7862	419473	134936	284537	88203	42948	45255
66	16190	8412	7778	435970	141942	294028	88724	42662	46062
67	14928	7806	7122	417687	139538	278149	82323	39755	42568
68	14751	7688	7063	435430	148772	286658	82511	39975	42536
69	12326	6533	5793	383627	133028	250599	70263	33634	36629

8-7 续表 5

单位：人

年 龄	财产性收入			家庭其他成员供养			其 他		
	小计	男	女	小计	男	女	小计	男	女
70-74岁	**45218**	**24362**	**20856**	**1761014**	**652705**	**1108309**	**282516**	**137295**	**145221**
70	11488	6099	5389	380271	136544	243727	65968	31971	33997
71	10594	5730	4864	390635	146444	244191	64277	31761	32516
72	8620	4580	4040	344808	129206	215602	54746	26738	28008
73	7852	4295	3557	334344	125519	208825	51331	24920	26411
74	6664	3658	3006	310956	114992	195964	46194	21905	24289
75-79岁	**21642**	**12063**	**9579**	**1275942**	**488375**	**787567**	**170078**	**81850**	**88228**
75	5536	3077	2459	284254	106217	178037	40715	19676	21039
76	4973	2782	2191	275508	106375	169133	37790	18467	19323
77	4177	2309	1868	248375	95563	152812	32563	15643	16920
78	3561	1991	1570	233524	89996	143528	30191	14386	15805
79	3395	1904	1491	234281	90224	144057	28819	13678	15141
80-84岁	**9613**	**5128**	**4485**	**884166**	**333205**	**550961**	**98315**	**44478**	**53837**
80	2694	1478	1216	206863	79208	127655	24836	11554	13282
81	2038	1107	931	177487	67524	109963	20206	9232	10974
82	1993	1065	928	185465	71224	114241	20225	9254	10971
83	1579	805	774	164686	61240	103446	17414	7713	9701
84	1309	673	636	149665	54009	95656	15634	6725	8909
85-89岁	**3621**	**1778**	**1843**	**489292**	**161962**	**327330**	**48782**	**19441**	**29341**
85	1092	549	543	129713	44795	84918	13477	5605	7872
86	939	488	451	113390	38218	75172	11338	4533	6805
87	713	355	358	103512	34371	69141	10147	4081	6066
88	491	217	274	79141	25109	54032	7681	2898	4783
89	386	169	217	63536	19469	44067	6139	2324	3815
90-94岁	**950**	**414**	**536**	**166654**	**47061**	**119593**	**15649**	**5494**	**10155**
90	329	154	175	55271	16321	38950	5317	1926	3391
91	213	97	116	38446	11026	27420	3574	1251	2323
92	196	78	118	33031	9132	23899	3026	1074	1952
93	138	55	83	23421	6379	17042	2192	737	1455
94	74	30	44	16485	4203	12282	1540	506	1034
95-99岁	**169**	**57**	**112**	**36063**	**8364**	**27699**	**3555**	**1042**	**2513**
95	67	25	42	13086	3173	9913	1229	373	856
96	42	12	30	9312	2182	7130	949	276	673
97	26	8	18	6250	1390	4860	600	184	416
98	23	8	15	4228	949	3279	440	113	327
99	11	4	7	3187	670	2517	337	96	241
100岁及以上	**20**	**6**	**14**	**4515**	**799**	**3716**	**464**	**112**	**352**

8-7a　全国分年龄、性别、主要生活来源的人口(城市)

单位：人

年　龄	15岁及以上人口			劳动收入		
	合计	男	女	小计	男	女
总　计	**47137961**	**23640996**	**23496965**	**26441939**	**15531353**	**10910586**
45岁以下	**25943948**	**13233841**	**12710107**	**17872324**	**10010374**	**7861950**
45-49岁	**4587791**	**2334395**	**2253396**	**3665748**	**2088143**	**1577605**
45	848652	431117	417535	697005	390704	306301
46	903909	459040	444869	736152	414060	322092
47	939505	478435	461070	754837	428524	326313
48	939905	479252	460653	743188	426186	317002
49	955820	486551	469269	734566	428669	305897
50-54岁	**4346645**	**2185928**	**2160717**	**2723325**	**1804604**	**918721**
50	984007	496031	487976	680268	428661	251607
51	906605	457274	449331	586725	384744	201981
52	939420	472675	466745	583494	389507	193987
53	713093	356765	356328	423178	287331	135847
54	803520	403183	400337	449660	314361	135299
55-59岁	**3674992**	**1824170**	**1850822**	**1551512**	**1192987**	**358525**
55	815220	407633	407587	398285	295563	102722
56	823835	410114	413721	367811	280705	87106
57	972681	484461	488220	400911	313265	87646
58	672413	332002	340411	258866	203669	55197
59	390843	189960	200883	125639	99785	25854
60-64岁	**2676434**	**1312078**	**1364356**	**357873**	**252364**	**105509**
60	496804	244003	252801	82991	58980	24011
61	457353	226321	231032	65673	46594	19079
62	567369	280033	287336	74406	52690	21716
63	610508	298808	311700	75203	52871	22332
64	544400	262913	281487	59600	41229	18371
65-69岁	**2412918**	**1152613**	**1260305**	**192426**	**131020**	**61406**
65	552187	266636	285551	54179	37282	16897
66	546437	262024	284413	46972	32163	14809
67	472987	224786	248201	36659	24751	11908
68	455395	216570	238825	31804	21598	10206
69	385912	182597	203315	22812	15226	7586

8-7a 续表 1

单位：人

年 龄	15岁及以上人口			劳动收入		
	合计	男	女	小计	男	女
70-74岁	**1495476**	**709144**	**786332**	**56031**	**37400**	**18631**
70	363158	173889	189269	17541	11662	5879
71	338471	161266	177205	13819	9312	4507
72	284091	133779	150312	10075	6731	3344
73	269219	127412	141807	8239	5514	2725
74	240537	112798	127739	6357	4181	2176
75-79岁	**910660**	**416427**	**494233**	**16096**	**10475**	**5621**
75	207742	96318	111424	4984	3329	1655
76	194742	89951	104791	3783	2484	1299
77	174028	79231	94797	2856	1839	1017
78	169156	76536	92620	2447	1559	888
79	164992	74391	90601	2026	1264	762
80-84岁	**631454**	**280897**	**350557**	**4658**	**2902**	**1756**
80	150750	68106	82644	1480	935	545
81	130465	57594	72871	960	603	357
82	131082	58352	72730	915	568	347
83	114534	51225	63309	732	450	282
84	104623	45620	59003	571	346	225
85-89岁	**329421**	**140447**	**188974**	**1517**	**860**	**657**
85	90072	38207	51865	455	272	183
86	77015	32526	44489	363	197	166
87	69018	29716	39302	309	170	139
88	52205	22189	30016	218	123	95
89	41111	17809	23302	172	98	74
90-94岁	**105560**	**43216**	**62344**	**341**	**175**	**166**
90	35704	15195	20509	121	61	60
91	24917	10180	14737	74	41	33
92	20487	8263	12224	71	35	36
93	14279	5679	8600	37	16	21
94	10173	3899	6274	38	22	16
95-99岁	**20495**	**7225**	**13270**	**79**	**45**	**34**
95	7614	2779	4835	26	14	12
96	5460	1915	3545	16	11	5
97	3496	1210	2286	12	6	6
98	2284	772	1512	13	9	4
99	1641	549	1092	12	5	7
100岁及以上	**2167**	**615**	**1552**	**9**	**4**	**5**

8-7a　续表 2　　单位：人

年　龄	离退休金/养老金			最低生活保障金			失业保险金		
	小计	男	女	小计	男	女	小计	男	女
总　计	**8014992**	**3303557**	**4711435**	**277545**	**143705**	**133840**	**31281**	**18152**	**13129**
45岁以下	**2167**	**1045**	**1122**	**50963**	**27632**	**23331**	**16088**	**8060**	**8028**
45-49岁	**56234**	**2730**	**53504**	**28519**	**15231**	**13288**	**7758**	**3399**	**4359**
45	3761	272	3489	4294	2181	2113	1144	539	605
46	5970	343	5627	4993	2677	2316	1257	608	649
47	8838	494	8344	5948	3124	2824	1531	676	855
48	12785	676	12109	6414	3464	2950	1778	734	1044
49	24880	945	23935	6870	3785	3085	2048	842	1206
50-54岁	**694688**	**70796**	**623892**	**33694**	**20493**	**13201**	**4577**	**4033**	**544**
50	112616	6673	105943	6951	4152	2799	1214	822	392
51	137243	11141	126102	6864	4232	2632	905	856	49
52	155866	15184	140682	7332	4512	2820	948	910	38
53	125698	14586	111112	5713	3463	2250	695	667	28
54	163265	23212	140053	6834	4134	2700	815	778	37
55-59岁	**1267547**	**289554**	**977993**	**34079**	**21504**	**12575**	**2576**	**2519**	**57**
55	228232	42016	186216	7115	4391	2724	833	820	13
56	267251	55960	211291	7399	4641	2758	372	354	18
57	347574	78778	268796	8938	5805	3133	537	524	13
58	249049	60963	188086	6560	4075	2485	484	474	10
59	175441	51837	123604	4067	2592	1475	350	347	3
60-64岁	**1787884**	**870889**	**916995**	**28351**	**14690**	**13661**	**85**	**46**	**39**
60	321972	152971	169001	4751	2570	2181	22	15	7
61	304595	148731	155864	4596	2424	2172	15	7	8
62	382123	187751	194372	5837	3017	2820	10	2	8
63	409539	200601	208938	6757	3508	3249	15	7	8
64	369655	180835	188820	6410	3171	3239	23	15	8
65-69岁	**1671558**	**822348**	**849210**	**34018**	**16138**	**17880**	**77**	**31**	**46**
65	377345	185931	191414	6987	3430	3557	18	12	6
66	380382	186554	193828	7151	3466	3685	17	8	9
67	326998	160553	166445	6845	3180	3665	10	1	9
68	315427	155457	159970	6936	3185	3751	21	5	16
69	271406	133853	137553	6099	2877	3222	11	5	6

8-7a 续表 3 单位：人

年 龄	离退休金/养老金			最低生活保障金			失业保险金		
	小计	男	女	小计	男	女	小计	男	女
70-74岁	**1070197**	**536522**	**533675**	**27232**	**12265**	**14967**	**62**	**29**	**33**
70	259268	130337	128931	5790	2662	3128	13	6	7
71	240520	120543	119977	6068	2760	3308	16	10	6
72	202874	101058	101816	5346	2379	2967	11	3	8
73	193868	97460	96408	5281	2340	2941	13	6	7
74	173667	87124	86543	4747	2124	2623	9	4	5
75-79岁	**665007**	**324951**	**340056**	**18522**	**7967**	**10555**	**33**	**20**	**13**
75	148960	73839	75121	4221	1799	2422	3	3	
76	140850	69213	71637	4107	1823	2284	8	3	5
77	127518	62060	65458	3500	1510	1990	6	4	2
78	125455	60637	64818	3353	1418	1935	6	3	3
79	122224	59202	63022	3341	1417	1924	10	7	3
80-84岁	**472578**	**228108**	**244470**	**12256**	**4766**	**7490**	**20**	**13**	**7**
80	113160	55160	58000	2927	1183	1744	3	2	1
81	97886	46504	51382	2536	1017	1519	5	3	2
82	98217	47327	50890	2542	990	1552	5	3	2
83	85560	41834	43726	2202	840	1362	6	4	2
84	77755	37283	40472	2049	736	1313	1	1	
85-89岁	**240131**	**115195**	**124936**	**6785**	**2239**	**4546**	**2**	**1**	**1**
85	66696	31345	35351	1793	667	1126			
86	56540	26693	29847	1577	494	1083	1		1
87	50102	24349	25753	1474	501	973			
88	37574	18197	19377	1041	312	729			
89	29219	14611	14608	900	265	635	1	1	
90-94岁	**73016**	**35305**	**37711**	**2439**	**637**	**1802**	**2**		**2**
90	25351	12566	12785	780	236	544			
91	17455	8342	9113	572	148	424			
92	13947	6694	7253	483	128	355	1		1
93	9532	4570	4962	334	69	265			
94	6731	3133	3598	270	56	214	1		1
95-99岁	**12825**	**5655**	**7170**	**597**	**128**	**469**	**1**	**1**	
95	4904	2201	2703	212	50	162			
96	3437	1499	1938	161	34	127	1	1	
97	2153	940	1213	112	22	90			
98	1358	597	761	67	12	55			
99	973	418	555	45	10	35			
100岁及以上	**1160**	**459**	**701**	**90**	**15**	**75**			

8-7a 续表 4

单位：人

年 龄	财产性收入			家庭其他成员供养			其 他		
	小计	男	女	小计	男	女	小计	男	女
总 计	**349962**	**188072**	**161890**	**10029281**	**3466204**	**6563077**	**1992961**	**989953**	**1003008**
45岁以下	**146933**	**74216**	**72717**	**6769224**	**2581065**	**4188159**	**1086249**	**531449**	**554800**
45-49岁	**53095**	**27043**	**26052**	**550477**	**87971**	**462506**	**225960**	**109878**	**116082**
45	9040	4585	4455	93946	13919	80027	39462	18917	20545
46	10055	5063	4992	102552	15519	87033	42930	20770	22160
47	10750	5530	5220	111034	17562	93472	46567	22525	24042
48	11308	5811	5497	116861	19157	97704	47571	23224	24347
49	11942	6054	5888	126084	21814	104270	49430	24442	24988
50-54岁	**51710**	**30249**	**21461**	**623786**	**139892**	**483894**	**214865**	**115861**	**99004**
50	11314	6354	4960	123706	24203	99503	47938	25166	22772
51	10660	6241	4419	120020	26183	93837	44188	23877	20311
52	11238	6677	4561	134113	30488	103625	46429	25397	21032
53	8800	5205	3595	113032	26088	86944	35977	19425	16552
54	9698	5772	3926	132915	32930	99985	40333	21996	18337
55-59岁	**43012**	**27365**	**15647**	**601546**	**188589**	**412957**	**174720**	**101652**	**73068**
55	9810	6095	3715	131308	36454	94854	39637	22294	17343
56	9494	5954	3540	132010	39622	92388	39498	22878	16620
57	11317	7283	4034	157437	51452	105985	45967	27354	18613
58	8104	5277	2827	117049	38727	78322	32301	18817	13484
59	4287	2756	1531	63742	22334	41408	17317	10309	7008
60-64岁	**20404**	**11144**	**9260**	**391469**	**119090**	**272379**	**90368**	**43855**	**46513**
60	3982	2230	1752	66361	19022	47339	16725	8215	8510
61	3626	1971	1655	63678	19074	44604	15170	7520	7650
62	4185	2288	1897	82109	25084	57025	18699	9201	9498
63	4585	2515	2070	93545	29322	64223	20864	9984	10880
64	4026	2140	1886	85776	26588	59188	18910	8935	9975
65-69岁	**18111**	**9425**	**8686**	**412148**	**134460**	**277688**	**84580**	**39191**	**45389**
65	4273	2246	2027	90217	28744	61473	19168	8991	10177
66	3959	2036	1923	89283	29112	60171	18673	8685	9988
67	3581	1844	1737	82251	26748	55503	16643	7709	8934
68	3523	1835	1688	81319	26954	54365	16365	7536	8829
69	2775	1464	1311	69078	22902	46176	13731	6270	7461

8-7a 续表 5

单位：人

年 龄	财产性收入			家庭其他成员供养			其 他		
	小计	男	女	小计	男	女	小计	男	女
70-74岁	**9543**	**5016**	**4527**	**279385**	**94228**	**185157**	**53026**	**23684**	**29342**
70	2522	1294	1228	65227	22080	43147	12797	5848	6949
71	2252	1204	1048	63670	21906	41764	12126	5531	6595
72	1791	910	881	53939	18234	35705	10055	4464	5591
73	1593	868	725	50764	16995	33769	9461	4229	5232
74	1385	740	645	45785	15013	30772	8587	3612	4975
75-79岁	**4283**	**2299**	**1984**	**176386**	**57911**	**118475**	**30333**	**12804**	**17529**
75	1104	599	505	41087	13545	27542	7383	3204	4179
76	1003	543	460	38325	13034	25291	6666	2851	3815
77	821	441	380	33657	10989	22668	5670	2388	3282
78	681	374	307	31837	10317	21520	5377	2228	3149
79	674	342	332	31480	10026	21454	5237	2133	3104
80-84岁	**1852**	**897**	**955**	**121539**	**37221**	**84318**	**18551**	**6990**	**11561**
80	472	231	241	28145	8804	19341	4563	1791	2772
81	393	187	206	24812	7767	17045	3873	1513	2360
82	403	200	203	25185	7878	17307	3815	1386	2429
83	311	148	163	22468	6734	15734	3255	1215	2040
84	273	131	142	20929	6038	14891	3045	1085	1960
85-89岁	**754**	**322**	**432**	**70399**	**18546**	**51853**	**9833**	**3284**	**6549**
85	232	96	136	18263	4912	13351	2633	915	1718
86	188	84	104	16065	4292	11773	2281	766	1515
87	145	64	81	14930	3949	10981	2058	683	1375
88	112	50	62	11717	3011	8706	1543	496	1047
89	77	28	49	9424	2382	7042	1318	424	894
90-94岁	**222**	**85**	**137**	**26051**	**5963**	**20088**	**3489**	**1051**	**2438**
90	75	32	43	8264	1948	6316	1113	352	761
91	39	17	22	5976	1382	4594	801	250	551
92	56	12	44	5243	1194	4049	686	200	486
93	27	14	13	3834	859	2975	515	151	364
94	25	10	15	2734	580	2154	374	98	276
95-99岁	**38**	**9**	**29**	**6087**	**1161**	**4926**	**868**	**226**	**642**
95	19	7	12	2137	416	1721	316	91	225
96	8	1	7	1600	316	1284	237	53	184
97	6		6	1080	204	876	133	38	95
98	5	1	4	738	130	608	103	23	80
99				532	95	437	79	21	58
100岁及以上	**5**	**2**	**3**	**784**	**107**	**677**	**119**	**28**	**91**

8-7b　全国分年龄、性别、主要生活来源的人口(镇)

单位：人

年　龄	15岁及以上人口			劳动收入		
	合计	男	女	小计	男	女
总　计	**25800086**	**12946456**	**12853630**	**14629732**	**8729017**	**5900715**
45岁以下	**13139581**	**6696011**	**6443570**	**8489232**	**4891236**	**3597996**
45-49岁	**2654223**	**1345844**	**1308379**	**2099429**	**1213105**	**886324**
45	479660	243159	236501	388170	221328	166842
46	521669	264140	257529	418847	239406	179441
47	539304	273691	265613	428350	246861	181489
48	551608	279184	272424	432032	250668	181364
49	561982	285670	276312	432030	254842	177188
50-54岁	**2729012**	**1373962**	**1355050**	**1854645**	**1170001**	**684644**
50	592821	299641	293180	431772	264078	167694
51	549665	277296	272369	383879	239665	144214
52	589737	296798	292939	399266	252743	146523
53	470254	236099	234155	307987	197634	110353
54	526535	264128	262407	331741	215881	115860
55-59岁	**2175634**	**1084231**	**1091403**	**1182843**	**805386**	**377457**
55	509066	255152	253914	300376	201090	99286
56	487532	243610	243922	272634	185606	87028
57	555616	278496	277120	299250	206034	93216
58	409961	203271	206690	210584	144782	65802
59	213459	103702	109757	99999	67874	32125
60-64岁	**1462803**	**728783**	**734020**	**473081**	**309613**	**163468**
60	253856	125957	127899	94513	61920	32593
61	241938	121816	120122	81611	53979	27632
62	309487	155299	154188	99129	65161	33968
63	345472	172822	172650	107207	70408	36799
64	312050	152889	159161	90621	58145	32476
65-69岁	**1457114**	**707032**	**750082**	**344376**	**220521**	**123855**
65	323358	158767	164591	87303	56203	31100
66	321288	156024	165264	80390	51492	28898
67	287787	139133	148654	67704	43314	24390
68	286449	138416	148033	62131	39617	22514
69	238232	114692	123540	46848	29895	16953

8-7b 续表 1

单位：人

年龄	15岁及以上人口			劳动收入		
	合计	男	女	小计	男	女
70-74岁	**959183**	**463018**	**496165**	**128818**	**83002**	**45816**
70	225284	109188	116096	37551	24078	13473
71	217821	106175	111646	31176	20100	11076
72	184770	89072	95698	23983	15474	8509
73	173463	83665	89798	20134	13069	7065
74	157845	74918	82927	15974	10281	5693
75-79岁	**593940**	**279960**	**313980**	**42080**	**27179**	**14901**
75	137545	65322	72223	12645	8188	4457
76	130710	62237	68473	10170	6620	3550
77	113807	53433	60374	7741	4994	2747
78	107094	50068	57026	6230	4006	2224
79	104784	48900	55884	5294	3371	1923
80-84岁	**370403**	**166553**	**203850**	**11196**	**6850**	**4346**
80	91552	42331	49221	3818	2378	1440
81	75363	34270	41093	2328	1438	890
82	77283	34828	42455	2155	1331	824
83	66612	29506	37106	1600	956	644
84	59593	25618	33975	1295	747	548
85-89岁	**184996**	**75227**	**109769**	**3260**	**1768**	**1492**
85	50491	20802	29689	1032	577	455
86	43229	17638	25591	815	449	366
87	38898	16051	22847	654	347	307
88	29079	11489	17590	439	242	197
89	23299	9247	14052	320	153	167
90-94岁	**59357**	**21811**	**37546**	**653**	**306**	**347**
90	20193	7816	12377	262	119	143
91	13787	5097	8690	151	73	78
92	11571	4093	7478	105	47	58
93	8152	2874	5278	75	39	36
94	5654	1931	3723	60	28	32
95-99岁	**12346**	**3688**	**8658**	**108**	**49**	**59**
95	4543	1420	3123	36	17	19
96	3116	913	2203	28	12	16
97	2166	636	1530	17	8	9
98	1438	420	1018	16	8	8
99	1083	299	784	11	4	7
100岁及以上	**1494**	**336**	**1158**	**11**	**1**	**10**

8-7b　续表 2　　　　单位：人

年　龄	离退休金/养老金			最低生活保障金			失业保险金		
	小计	男	女	小计	男	女	小计	男	女
总　计	**2118112**	**967592**	**1150520**	**351158**	**188853**	**162305**	**5685**	**3319**	**2366**
45岁以下	**602**	**288**	**314**	**53754**	**30113**	**23641**	**2593**	**1394**	**1199**
45-49岁	**13924**	**862**	**13062**	**25386**	**14546**	**10840**	**1364**	**611**	**753**
45	939	78	861	4134	2355	1779	216	110	106
46	1490	106	1384	4764	2674	2090	234	117	117
47	2241	170	2071	5073	2912	2161	259	111	148
48	3256	209	3047	5478	3157	2321	313	127	186
49	5998	299	5699	5937	3448	2489	342	146	196
50-54岁	**175528**	**20341**	**155187**	**29928**	**17940**	**11988**	**898**	**743**	**155**
50	26415	1967	24448	5966	3585	2381	256	153	103
51	32865	3104	29761	5869	3530	2339	135	127	8
52	38886	4285	34601	6361	3867	2494	185	168	17
53	33334	4338	28996	5436	3233	2203	147	137	10
54	44028	6647	37381	6296	3725	2571	175	158	17
55-59岁	**308157**	**71201**	**236956**	**30403**	**17349**	**13054**	**432**	**382**	**50**
55	59386	10883	48503	6389	3798	2591	189	178	11
56	65724	13729	51995	6556	3747	2809	58	53	5
57	81015	18391	62624	7630	4440	3190	83	62	21
58	62137	15720	46417	6147	3399	2748	60	53	7
59	39895	12478	27417	3681	1965	1716	42	36	6
60-64岁	**439592**	**227968**	**211624**	**37650**	**20654**	**16996**	**89**	**42**	**47**
60	73339	36267	37072	5169	2749	2420	10	4	6
61	73719	38373	35346	5577	3030	2547	19	12	7
62	94932	49693	45239	7850	4401	3449	21	7	14
63	103029	54093	48936	9707	5421	4286	20	13	7
64	94573	49542	45031	9347	5053	4294	19	6	13
65-69岁	**451650**	**240360**	**211290**	**53636**	**28741**	**24895**	**123**	**58**	**65**
65	98754	52306	46448	10580	5723	4857	23	12	11
66	99790	52978	46812	11061	5991	5070	29	13	16
67	88420	46758	41662	10797	5825	4972	31	16	15
68	89421	47830	41591	11394	6029	5365	26	10	16
69	75265	40488	34777	9804	5173	4631	14	7	7

8-7b 续表 3

单位：人

年龄	离退休金/养老金			最低生活保障金			失业保险金		
	小计	男	女	小计	男	女	小计	男	女
70-74岁	**319675**	**177293**	**142382**	**47547**	**24932**	**22615**	**103**	**51**	**52**
70	74018	40738	33280	9953	5226	4727	24	10	14
71	72399	40123	32276	10596	5592	5004	21	13	8
72	61240	33761	27479	9286	4880	4406	21	8	13
73	58321	32693	25628	9070	4753	4317	24	14	10
74	53697	29978	23719	8642	4481	4161	13	6	7
75-79岁	**204232**	**114234**	**89998**	**34181**	**17649**	**16532**	**48**	**22**	**26**
75	46166	25964	20202	7659	3932	3727	16	8	8
76	44651	25106	19545	7502	3926	3576	11	8	3
77	38974	21647	17327	6632	3438	3194	9	4	5
78	37493	20766	16727	6198	3209	2989	8	2	6
79	36948	20751	16197	6190	3144	3046	4		4
80-84岁	**128294**	**71959**	**56335**	**22318**	**10635**	**11683**	**21**	**9**	**12**
80	32977	18744	14233	5405	2642	2763	6	3	3
81	26526	14744	11782	4558	2280	2278	3	3	
82	26589	14786	11803	4642	2249	2393	3		3
83	22392	12705	9687	4094	1866	2228	4	2	2
84	19810	10980	8830	3619	1598	2021	5	1	4
85-89岁	**56850**	**32094**	**24756**	**11579**	**4756**	**6823**	**10**	**4**	**6**
85	15983	8777	7206	3163	1349	1814	5	2	3
86	13354	7467	5887	2680	1112	1568	2	2	
87	12060	6905	5155	2469	1009	1460			
88	8511	4810	3701	1821	731	1090	2		2
89	6942	4135	2807	1446	555	891	1		1
90-94岁	**16540**	**9438**	**7102**	**3779**	**1279**	**2500**	**3**	**2**	**1**
90	5902	3502	2400	1254	460	794	2	1	1
91	3889	2196	1693	871	297	574	1	1	
92	3144	1770	1374	754	240	514			
93	2123	1146	977	538	174	364			
94	1482	824	658	362	108	254			
95-99岁	**2787**	**1438**	**1349**	**862**	**238**	**624**	**1**	**1**	
95	1084	557	527	329	100	229			
96	681	347	334	210	54	156	1	1	
97	505	275	230	149	39	110			
98	298	154	144	107	29	78			
99	219	105	114	67	16	51			
100岁及以上	**281**	**116**	**165**	**135**	**21**	**114**			

8-7b　续表 4　　单位：人

年龄	财产性收入			家庭其他成员供养			其他		
	小计	男	女	小计	男	女	小计	男	女
总　计	**182485**	**97462**	**85023**	**7072476**	**2280269**	**4792207**	**1440438**	**679944**	**760494**
45岁以下	**68006**	**35045**	**32961**	**3839081**	**1414031**	**2425050**	**686313**	**323904**	**362409**
45-49岁	**22392**	**11825**	**10567**	**351820**	**40272**	**311548**	**139908**	**64623**	**75285**
45	3883	2012	1871	57883	6000	51883	24435	11276	13159
46	4307	2313	1994	65139	7085	58054	26888	12439	14449
47	4553	2376	2177	70368	8063	62305	28460	13198	15262
48	4840	2553	2287	75947	8801	67146	29742	13669	16073
49	4809	2571	2238	82483	10323	72160	30383	14041	16342
50-54岁	**26090**	**14383**	**11707**	**487591**	**78457**	**409134**	**154332**	**72097**	**82235**
50	5449	2973	2476	90768	12103	78665	32195	14782	17413
51	5063	2794	2269	91241	13764	77477	30613	14312	16301
52	5674	3099	2575	105656	16895	88761	33709	15741	17968
53	4587	2555	2032	91723	15511	76212	27040	12691	14349
54	5317	2962	2355	108203	20184	88019	30775	14571	16204
55-59岁	**22487**	**12905**	**9582**	**498647**	**112637**	**386010**	**132665**	**64371**	**68294**
55	5129	2914	2215	107378	21811	85567	30219	14478	15741
56	5016	2929	2087	107914	23108	84806	29630	14438	15192
57	5686	3283	2403	128044	29649	98395	33908	16637	17271
58	4380	2548	1832	101235	24432	76803	25418	12337	13081
59	2276	1231	1045	54076	13637	40439	13490	6481	7009
60-64岁	**14041**	**7432**	**6609**	**408276**	**119574**	**288702**	**90074**	**43500**	**46574**
60	2483	1305	1178	63159	16343	46816	15183	7369	7814
61	2314	1207	1107	63997	18148	45849	14701	7067	7634
62	2900	1559	1341	85795	25364	60431	18860	9114	9746
63	3267	1767	1500	100787	30561	70226	21455	10559	10896
64	3077	1594	1483	94538	29158	65380	19875	9391	10484
65-69岁	**14556**	**7738**	**6818**	**496934**	**163689**	**333245**	**95839**	**45925**	**49914**
65	3241	1673	1568	102558	32678	69880	20899	10172	10727
66	3264	1748	1516	105989	33928	72061	20765	9874	10891
67	2907	1537	1370	98797	32617	66180	19131	9066	10065
68	2763	1464	1299	101580	34247	67333	19134	9219	9915
69	2381	1316	1065	88010	30219	57791	15910	7594	8316

8-7b 续表 5 单位：人

年 龄	财产性收入			家庭其他成员供养			其 他		
	小计	男	女	小计	男	女	小计	男	女
70-74岁	**8286**	**4591**	**3695**	**390642**	**142171**	**248471**	**64112**	**30978**	**33134**
70	2105	1159	946	86435	30666	55769	15198	7311	7887
71	1975	1097	878	87099	32010	55089	14555	7240	7315
72	1598	879	719	76240	28060	48180	12402	6010	6392
73	1417	773	644	73018	26902	46116	11479	5461	6018
74	1191	683	508	67850	24533	43317	10478	4956	5522
75-79岁	**3979**	**2216**	**1763**	**270804**	**100329**	**170475**	**38616**	**18331**	**20285**
75	1001	575	426	60917	22294	38623	9141	4361	4780
76	868	472	396	58846	21943	36903	8662	4162	4500
77	776	419	357	52388	19465	32923	7287	3466	3821
78	706	372	334	49470	18422	31048	6989	3291	3698
79	628	378	250	49183	18205	30978	6537	3051	3486
80-84岁	**1746**	**897**	**849**	**184006**	**66037**	**117969**	**22822**	**10166**	**12656**
80	486	274	212	43134	15684	27450	5726	2606	3120
81	339	176	163	36852	13496	23356	4757	2133	2624
82	392	189	203	38780	14103	24677	4722	2170	2552
83	303	138	165	34114	12059	22055	4105	1780	2325
84	226	120	106	31126	10695	20431	3512	1477	2035
85-89岁	**700**	**345**	**355**	**101414**	**31820**	**69594**	**11183**	**4440**	**6743**
85	216	107	109	26978	8707	18271	3114	1283	1831
86	174	96	78	23634	7479	16155	2570	1033	1537
87	128	71	57	21319	6816	14503	2268	903	1365
88	103	32	71	16397	5011	11386	1806	663	1143
89	79	39	40	13086	3807	9279	1425	558	867
90-94岁	**171**	**76**	**95**	**34614**	**9404**	**25210**	**3597**	**1306**	**2291**
90	54	30	24	11495	3231	8264	1224	473	751
91	47	26	21	8023	2215	5808	805	289	516
92	23	7	16	6849	1786	5063	696	243	453
93	30	9	21	4871	1318	3553	515	188	327
94	17	4	13	3376	854	2522	357	113	244
95-99岁	**28**	**9**	**19**	**7693**	**1676**	**6017**	**867**	**277**	**590**
95	6	1	5	2805	653	2152	283	92	191
96	10	4	6	1948	421	1527	238	74	164
97	3	1	2	1339	261	1078	153	52	101
98	5	1	4	903	195	708	109	33	76
99	4	2	2	698	146	552	84	26	58
100岁及以上	**3**		**3**	**954**	**172**	**782**	**110**	**26**	**84**

8-7c 全国分年龄、性别、主要生活来源的人口(乡村)

单位：人

年 龄	15岁及以上人口			劳动收入		
	合计	男	女	小计	男	女
总 计	**41323543**	**21274505**	**20049038**	**25101375**	**15090815**	**10010560**
45岁以下	**16462339**	**8839810**	**7622529**	**11314125**	**6851499**	**4462626**
45-49岁	**4044265**	**2094216**	**1950049**	**3299524**	**1898171**	**1401353**
45	678400	355282	323118	562005	323810	238195
46	771916	400769	371147	635804	364470	271334
47	819241	424372	394869	670873	384838	286035
48	863323	444108	419215	699594	401691	297903
49	911385	469685	441700	731248	423362	307886
50-54岁	**4850523**	**2459912**	**2390611**	**3678842**	**2165299**	**1513543**
50	988001	502358	485643	775931	450005	325926
51	948689	482029	466660	731028	427960	303068
52	1046364	529373	516991	793827	466584	327243
53	876099	441572	434527	651972	384997	266975
54	991370	504580	486790	726084	435753	290331
55-59岁	**4129536**	**2077629**	**2051907**	**2834142**	**1716374**	**1117768**
55	951891	481711	470180	680960	409509	271451
56	912020	457357	454663	636620	382758	253862
57	1039253	527360	511893	710675	435016	275659
58	796721	399986	396735	530287	323570	206717
59	429651	211215	218436	275600	165521	110079
60-64岁	**3073094**	**1570673**	**1502421**	**1650710**	**1017458**	**633252**
60	515075	260483	254592	307128	186906	120222
61	492199	253460	238739	275881	171366	104515
62	642252	330311	311941	345532	213666	131866
63	740389	381611	358778	384603	239427	145176
64	683179	344808	338371	337566	206093	131473
65-69岁	**3390981**	**1697426**	**1693555**	**1412323**	**866309**	**546014**
65	726062	368635	357427	341149	209458	131691
66	729567	366289	363278	322109	197496	124613
67	675829	337744	338085	280328	171391	108937
68	683433	340602	342831	264822	162751	102071
69	576090	284156	291934	203915	125213	78702

8-7c 续表 1 单位：人

年 龄	15岁及以上人口			劳动收入		
	合计	男	女	小计	男	女
70-74岁	**2358988**	**1169730**	**1189258**	**618940**	**390729**	**228211**
70	544199	269473	274726	172103	106654	65449
71	535213	269826	265387	150262	95522	54740
72	458173	227774	230399	116674	73765	42909
73	432135	213957	218178	99290	63544	35746
74	389268	188700	200568	80611	51244	29367
75-79岁	**1475908**	**712807**	**763101**	**217184**	**139643**	**77541**
75	345461	166845	178616	63483	40676	22807
76	327049	160437	166612	53461	34658	18803
77	286652	138353	148299	40848	26253	14595
78	261441	125710	135731	32641	20997	11644
79	255305	121462	133843	26751	17059	9692
80-84岁	**895893**	**409169**	**486724**	**56751**	**35319**	**21432**
80	220042	103759	116283	18827	11877	6950
81	181599	83665	97934	12256	7701	4555
82	186730	86310	100420	10873	6842	4031
83	162329	72456	89873	8240	5005	3235
84	145193	62979	82214	6555	3894	2661
85-89岁	**459401**	**183233**	**276168**	**15569**	**8574**	**6995**
85	124177	52104	72073	5113	2979	2134
86	107075	43410	63665	3851	2148	1703
87	97016	38451	58565	3055	1658	1397
88	72998	27770	45228	2062	1039	1023
89	58135	21498	36637	1488	750	738
90-94岁	**147929**	**50410**	**97519**	**2744**	**1256**	**1488**
90	50177	18040	32137	1099	527	572
91	34182	11760	22422	614	276	338
92	28876	9624	19252	477	207	270
93	20305	6542	13763	324	147	177
94	14389	4444	9945	230	99	131
95-99岁	**30785**	**8663**	**22122**	**470**	**169**	**301**
95	11292	3324	7968	187	64	123
96	7913	2235	5678	112	49	63
97	5305	1460	3845	69	19	50
98	3571	956	2615	51	20	31
99	2704	688	2016	51	17	34
100岁及以上	**3901**	**827**	**3074**	**51**	**15**	**36**

8-7c　续表 2　　　　　　　　　　　　　　　　　　　　　　　　　　　　　　　　　　单位：人

年　龄	离退休金/养老金			最低生活保障金			失业保险金		
	小计	男	女	小计	男	女	小计	男	女
总　计	**1391971**	**733271**	**658700**	**1123610**	**647396**	**476214**	**4982**	**3018**	**1964**
45岁以下	**216**	**113**	**103**	**149028**	**88168**	**60860**	**2203**	**1268**	**935**
45-49岁	**2919**	**216**	**2703**	**60654**	**38924**	**21730**	**936**	**491**	**445**
45	231	25	206	10114	6440	3674	150	78	72
46	301	22	279	11456	7283	4173	166	91	75
47	466	45	421	12311	7907	4404	181	99	82
48	680	57	623	12937	8360	4577	200	105	95
49	1241	67	1174	13836	8934	4902	239	118	121
50-54岁	**49274**	**5722**	**43552**	**77929**	**49322**	**28607**	**756**	**614**	**142**
50	6684	567	6117	14939	9466	5473	203	126	77
51	8894	832	8062	14813	9500	5313	138	118	20
52	10615	1183	9432	16516	10475	6041	142	130	12
53	9913	1238	8675	14558	9088	5470	137	122	15
54	13168	1902	11266	17103	10793	6310	136	118	18
55-59岁	**104936**	**22308**	**82628**	**82501**	**49175**	**33326**	**347**	**289**	**58**
55	18605	3079	15526	17272	10725	6547	141	134	7
56	21135	4051	17084	17575	10673	6902	52	39	13
57	27328	5538	21790	20805	12667	8138	76	57	19
58	22584	5203	17381	16717	9553	7164	48	36	12
59	15284	4437	10847	10132	5557	4575	30	23	7
60-64岁	**241629**	**127709**	**113920**	**122250**	**73610**	**48640**	**150**	**71**	**79**
60	33901	16779	17122	15870	9232	6638	23	10	13
61	37241	19384	17857	17894	10648	7246	21	5	16
62	50935	27124	23811	25952	16017	9935	34	18	16
63	60574	32471	28103	31557	19297	12260	40	23	17
64	58978	31951	27027	30977	18416	12561	32	15	17
65-69岁	**331248**	**184958**	**146290**	**190593**	**110367**	**80226**	**242**	**116**	**126**
65	65344	36103	29241	35857	21192	14665	55	27	28
66	69772	38547	31225	38689	22590	16099	46	23	23
67	65121	36208	28913	38711	22545	16166	41	22	19
68	69586	39154	30432	40963	23495	17468	54	22	32
69	61425	34946	26479	36373	20545	15828	46	22	24

8-7c 续表 3　　单位：人

年龄	离退休金/养老金			最低生活保障金			失业保险金		
	小计	男	女	小计	男	女	小计	男	女
70-74岁	**280917**	**166006**	**114911**	**175216**	**99219**	**75997**	**161**	**82**	**79**
70	61172	35532	25640	37442	21007	16435	39	24	15
71	62816	37325	25491	38267	22006	16261	39	26	13
72	55068	32568	22500	34249	19460	14789	33	14	19
73	53076	31646	21430	33948	19253	14695	26	8	18
74	48785	28935	19850	31310	17493	13817	24	10	14
75-79岁	**188328**	**113978**	**74350**	**127042**	**70740**	**56302**	**93**	**48**	**45**
75	43279	25793	17486	28799	15970	12829	28	14	14
76	41999	25400	16599	27670	15751	11919	18	9	9
77	36457	22014	14443	24813	13728	11085	18	11	7
78	33632	20686	12946	22938	12650	10288	14	8	6
79	32961	20085	12876	22822	12641	10181	15	6	9
80-84岁	**115693**	**69781**	**45912**	**81816**	**43439**	**38377**	**55**	**27**	**28**
80	29069	17958	11111	20265	11066	9199	14	8	6
81	23765	14293	9472	16862	9075	7787	11	5	6
82	24318	14661	9657	17144	9186	7958	9	4	5
83	20318	12199	8119	14636	7561	7075	12	7	5
84	18223	10670	7553	12909	6551	6358	9	3	6
85-89岁	**55973**	**31592**	**24381**	**40418**	**18631**	**21787**	**29**	**12**	**17**
85	15145	8709	6436	11068	5486	5582	5	1	4
86	12969	7321	5648	9494	4449	5045	6	3	3
87	11961	6684	5277	8468	3785	4683	8	3	5
88	8931	4953	3978	6364	2814	3550	6	3	3
89	6967	3925	3042	5024	2097	2927	4	2	2
90-94岁	**17199**	**9213**	**7986**	**12869**	**4857**	**8012**	**8**		**8**
90	6013	3416	2597	4371	1762	2609	2		2
91	4020	2128	1892	3002	1161	1841	4		4
92	3245	1658	1587	2452	917	1535	2		2
93	2266	1164	1102	1756	599	1157			
94	1655	847	808	1288	418	870			
95-99岁	**3279**	**1545**	**1734**	**2828**	**844**	**1984**	**2**		**2**
95	1280	616	664	1008	333	675	1		1
96	831	396	435	708	189	519			
97	547	251	296	527	164	363			
98	354	155	199	338	94	244			
99	267	127	140	247	64	183	1		1
100岁及以上	**360**	**130**	**230**	**466**	**100**	**366**			

8-7c　续表 4　　　　单位：人

年　龄	财产性收入			家庭其他成员供养			其　他		
	小计	男	女	小计	男	女	小计	男	女
总　计	**349121**	**182004**	**167117**	**10838637**	**3435762**	**7402875**	**2513847**	**1182239**	**1331608**
45岁以下	**102708**	**54360**	**48348**	**3895106**	**1367344**	**2527762**	**998953**	**477058**	**521895**
45-49岁	**34076**	**17485**	**16591**	**436375**	**45621**	**390754**	**209781**	**93308**	**116473**
45	5620	2900	2720	65709	6386	59323	34571	15643	18928
46	6286	3255	3031	78002	7797	70205	39901	17851	22050
47	6829	3553	3276	86054	9012	77042	42527	18918	23609
48	7418	3737	3681	97527	10315	87212	44967	19843	25124
49	7923	4040	3883	109083	12111	96972	47815	21053	26762
50-54岁	**43613**	**21858**	**21755**	**731215**	**100138**	**631077**	**268894**	**116959**	**151935**
50	8637	4297	4340	128497	14803	113694	53110	23094	30016
51	8372	4174	4198	133891	16969	116922	51553	22476	29077
52	9322	4629	4693	157828	21255	136573	58114	25117	32997
53	7909	3984	3925	141821	20543	121278	49789	21600	28189
54	9373	4774	4599	169178	26568	142610	56328	24672	31656
55-59岁	**41748**	**21336**	**20412**	**820214**	**158374**	**661840**	**245648**	**109773**	**135875**
55	8961	4675	4286	171456	29516	141940	54496	24073	30423
56	8922	4490	4432	174323	31651	142672	53393	23695	29698
57	10280	5311	4969	208512	41007	167505	61577	27764	33813
58	8425	4345	4080	169748	35209	134539	48912	22070	26842
59	5160	2515	2645	96175	20991	75184	27270	12171	15099
60-64岁	**35488**	**18170**	**17318**	**825734**	**238493**	**587241**	**197133**	**95162**	**101971**
60	6389	3243	3146	119384	29443	89941	32380	14870	17510
61	5714	2908	2806	124110	33991	90119	31338	15158	16180
62	6934	3542	3392	171776	50011	121765	41089	19933	21156
63	8370	4321	4049	207968	62814	145154	47277	23258	24019
64	8081	4156	3925	202496	62234	140262	45049	21943	23106
65-69岁	**41865**	**21751**	**20114**	**1183105**	**400067**	**783038**	**231605**	**113858**	**117747**
65	8823	4556	4267	226698	73514	153184	48136	23785	24351
66	8967	4628	4339	240698	78902	161796	49286	24103	25183
67	8440	4425	4015	236639	80173	156466	46549	22980	23569
68	8465	4389	4076	252531	87571	164960	47012	23220	23792
69	7170	3753	3417	226539	79907	146632	40622	19770	20852

8-7c 续表 5

单位：人

年　龄	财产性收入			家庭其他成员供养			其　他		
	小计	男	女	小计	男	女	小计	男	女
70-74岁	**27389**	**14755**	**12634**	**1090987**	**416306**	**674681**	**165378**	**82633**	**82745**
70	6861	3646	3215	228609	83798	144811	37973	18812	19161
71	6367	3429	2938	239866	92528	147338	37596	18990	18606
72	5231	2791	2440	214629	82912	131717	32289	16264	16025
73	4842	2654	2188	210562	81622	128940	30391	15230	15161
74	4088	2235	1853	197321	75446	121875	27129	13337	13792
75-79岁	**13380**	**7548**	**5832**	**828752**	**330135**	**498617**	**101129**	**50715**	**50414**
75	3431	1903	1528	182250	70378	111872	24191	12111	12080
76	3102	1767	1335	178337	71398	106939	22462	11454	11008
77	2580	1449	1131	162330	65109	97221	19606	9789	9817
78	2174	1245	929	152217	61257	90960	17825	8867	8958
79	2093	1184	909	153618	61993	91625	17045	8494	8551
80-84岁	**6015**	**3334**	**2681**	**578621**	**229947**	**348674**	**56942**	**27322**	**29620**
80	1736	973	763	135584	54720	80864	14547	7157	7390
81	1306	744	562	115823	46261	69562	11576	5586	5990
82	1198	676	522	121500	49243	72257	11688	5698	5990
83	965	519	446	108104	42447	65657	10054	4718	5336
84	810	422	388	97610	37276	60334	9077	4163	4914
85-89岁	**2167**	**1111**	**1056**	**317479**	**111596**	**205883**	**27766**	**11717**	**16049**
85	644	346	298	84472	31176	53296	7730	3407	4323
86	577	308	269	73691	26447	47244	6487	2734	3753
87	440	220	220	67263	23606	43657	5821	2495	3326
88	276	135	141	51027	17087	33940	4332	1739	2593
89	230	102	128	41026	13280	27746	3396	1342	2054
90-94岁	**557**	**253**	**304**	**105989**	**31694**	**74295**	**8563**	**3137**	**5426**
90	200	92	108	35512	11142	24370	2980	1101	1879
91	127	54	73	24447	7429	17018	1968	712	1256
92	117	59	58	20939	6152	14787	1644	631	1013
93	81	32	49	14716	4202	10514	1162	398	764
94	32	16	16	10375	2769	7606	809	295	514
95-99岁	**103**	**39**	**64**	**22283**	**5527**	**16756**	**1820**	**539**	**1281**
95	42	17	25	8144	2104	6040	630	190	440
96	24	7	17	5764	1445	4319	474	149	325
97	17	7	10	3831	925	2906	314	94	220
98	13	6	7	2587	624	1963	228	57	171
99	7	2	5	1957	429	1528	174	49	125
100岁及以上	**12**	**4**	**8**	**2777**	**520**	**2257**	**235**	**58**	**177**

8-8　全国分性别、婚姻状况、主要生活来源的60岁及以上老年人口

单位：人

婚姻状况	60岁及以上人口			劳动收入		
	合计	男	女	小计	男	女
总　计	**25523101**	**12312008**	**13211093**	**5607355**	**3544006**	**2063349**
未　婚	421981	380502	41479	72281	67119	5162
有配偶	19196877	10247778	8949099	4910096	3187774	1722322
离　婚	337462	187367	150095	54412	43065	11347
丧　偶	5566781	1496361	4070420	570566	246048	324518

8-8　续表 1

单位：人

婚姻状况	离退休金/养老金			最低生活保障金			失业保险金		
	小计	男	女	小计	男	女	小计	男	女
总　计	**8848883**	**4519244**	**4329639**	**1095475**	**589557**	**505918**	**1420**	**686**	**734**
未　婚	50548	35062	15486	197809	191722	6087	42	39	3
有配偶	7034740	3953842	3080898	554104	287807	266297	1035	553	482
离　婚	197472	91229	106243	21610	16760	4850	18	11	7
丧　偶	1566123	439111	1127012	321952	93268	228684	325	83	242

8-8　续表 2

单位：人

婚姻状况	财产性收入			家庭其他成员供养			其　他		
	小计	男	女	小计	男	女	小计	男	女
总　计	**225698**	**119468**	**106230**	**8335312**	**2867844**	**5467468**	**1408958**	**671203**	**737755**
未　婚	3713	3337	376	28237	22962	5275	69351	60261	9090
有配偶	183086	102383	80703	5495217	2199541	3295676	1018599	515878	502721
离　婚	2430	1585	845	45576	24526	21050	15944	10191	5753
丧　偶	36469	12163	24306	2766282	620815	2145467	305064	84873	220191

8-8a 全国分性别、婚姻状况、主要生活来源的60岁及以上老年人口(城市)

单位：人

婚姻状况	60岁及以上人口			劳动收入		
	合计	男	女	小计	男	女
总　计	**8584585**	**4062662**	**4521923**	**629030**	**435245**	**193785**
未　婚	68948	48101	20847	8861	7206	1655
有配偶	6723641	3556631	3167010	562815	401766	161049
离　婚	202357	94142	108215	12675	8525	4150
丧　偶	1589639	363788	1225851	44679	17748	26931

8-8a 续表 1

单位：人

婚姻状况	离退休金/养老金			最低生活保障金			失业保险金		
	小计	男	女	小计	男	女	小计	男	女
总　计	**5994356**	**2939432**	**3054924**	**130290**	**58845**	**71445**	**282**	**141**	**141**
未　婚	31498	18414	13084	12327	11210	1117	7	5	2
有配偶	4789152	2599649	2189503	71820	35121	36699	223	127	96
离　婚	163323	72072	91251	6746	4572	2174	9	4	5
丧　偶	1010383	249297	761086	39397	7942	31455	43	5	38

8-8a 续表 2

单位：人

婚姻状况	财产性收入			家庭其他成员供养			其　他		
	小计	男	女	小计	男	女	小计	男	女
总　计	**55212**	**29199**	**26013**	**1484248**	**468687**	**1015561**	**291167**	**131113**	**160054**
未　婚	485	336	149	5962	4149	1813	9808	6781	3027
有配偶	46530	26535	19995	1035516	384577	650939	217585	108856	108729
离　婚	902	490	412	13280	5427	7853	5422	3052	2370
丧　偶	7295	1838	5457	429490	74534	354956	58352	12424	45928

8-8b　全国分性别、婚姻状况、主要生活来源的60岁及以上老年人口(镇)

单位：人

婚姻状况	60岁及以上人口			劳动收入		
	合计	男	女	小计	男	女
总　计	**5101636**	**2446408**	**2655228**	**1003583**	**649289**	**354294**
未　婚	74236	66337	7899	11090	9948	1142
有配偶	3855975	2056844	1799131	889190	593194	295996
离　婚	51247	29368	21879	9642	7311	2331
丧　偶	1120178	293859	826319	93661	38836	54825

8-8b　续表 1

单位：人

婚姻状况	离退休金/养老金			最低生活保障金			失业保险金		
	小计	男	女	小计	男	女	小计	男	女
总　计	**1619901**	**874900**	**745001**	**211687**	**108905**	**102782**	**398**	**189**	**209**
未　婚	6815	5344	1471	33766	32354	1412	8	7	1
有配偶	1303496	767810	535686	110604	56852	53752	294	155	139
离　婚	23266	11790	11476	3867	2796	1071	3	3	
丧　偶	286324	89956	196368	63450	16903	46547	93	24	69

8-8b　续表 2

单位：人

婚姻状况	财产性收入			家庭其他成员供养			其　他		
	小计	男	女	小计	男	女	小计	男	女
总　计	**43510**	**23304**	**20206**	**1895337**	**634872**	**1260465**	**327220**	**154949**	**172271**
未　婚	509	442	67	6057	4884	1173	15991	13358	2633
有配偶	36034	20435	15599	1278405	497658	780747	237952	120740	117212
离　婚	443	274	169	10423	5069	5354	3603	2125	1478
丧　偶	6524	2153	4371	600452	127261	473191	69674	18726	50948

8-8c 全国分性别、婚姻状况、主要生活来源的60岁及以上老年人口(乡村)

单位：人

婚姻状况	60岁及以上人口			劳动收入		
	合计	男	女	小计	男	女
总 计	**11836880**	**5802938**	**6033942**	**3974742**	**2459472**	**1515270**
未 婚	278797	266064	12733	52330	49965	2365
有配偶	8617261	4634303	3982958	3458091	2192814	1265277
离 婚	83858	63857	20001	32095	27229	4866
丧 偶	2856964	838714	2018250	432226	189464	242762

8-8c 续表 1

单位：人

婚姻状况	离退休金/养老金			最低生活保障金			失业保险金		
	小计	男	女	小计	男	女	小计	男	女
总 计	**1234626**	**704912**	**529714**	**753498**	**421807**	**331691**	**740**	**356**	**384**
未 婚	12235	11304	931	151716	148158	3558	27	27	
有配偶	942092	586383	355709	371680	195834	175846	518	271	247
离 婚	10883	7367	3516	10997	9392	1605	6	4	2
丧 偶	269416	99858	169558	219105	68423	150682	189	54	135

8-8c 续表 2

单位：人

婚姻状况	财产性收入			家庭其他成员供养			其 他		
	小计	男	女	小计	男	女	小计	男	女
总 计	**126976**	**66965**	**60011**	**4955727**	**1764285**	**3191442**	**790571**	**385141**	**405430**
未 婚	2719	2559	160	16218	13929	2289	43552	40122	3430
有配偶	100522	55413	45109	3181296	1317306	1863990	563062	286282	276780
离 婚	1085	821	264	21873	14030	7843	6919	5014	1905
丧 偶	22650	8172	14478	1736340	419020	1317320	177038	53723	123315

8-9 全国分性别、居住状况、主要生活来源的60岁及以上老年人口

单位：人

居住状况	60岁及以上人口			劳动收入		
	合计	男	女	小计	男	女
总　计	**25523101**	**12312008**	**13211093**	**5607355**	**3544006**	**2063349**
与配偶和子女同住	5900248	3219972	2680276	1450827	965337	485490
与配偶同住	11154108	5940542	5213566	2947744	1866612	1081132
与子女同住	4229595	1209487	3020108	462159	221874	240285
独居(有保姆)	46243	20583	25660	3516	2174	1342
独居(无保姆)	3011811	1293425	1718386	498415	314901	183514
养老机构	185511	106605	78906	2908	1740	1168
其　他	995585	521394	474191	241786	171368	70418

8-9 续表 1

单位：人

居住状况	离退休金/养老金			最低生活保障金			失业保险金		
	小计	男	女	小计	男	女	小计	男	女
总　计	**8848883**	**4519244**	**4329639**	**1095475**	**589557**	**505918**	**1420**	**686**	**734**
与配偶和子女同住	2133656	1219020	914636	132608	70608	62000	259	138	121
与配偶同住	4203060	2370432	1832628	379442	195836	183606	679	366	313
与子女同住	1201035	361694	839341	171677	49921	121756	212	60	152
独居(有保姆)	26441	12778	13663	2164	1197	967	7	1	6
独居(无保姆)	964422	395650	568772	296576	184638	111938	216	89	127
养老机构	66403	29186	37217	40551	34090	6461	12	10	2
其　他	253866	130484	123382	72457	53267	19190	35	22	13

8-9 续表 2

单位：人

居住状况	财产性收入			家庭其他成员供养			其　他		
	小计	男	女	小计	男	女	小计	男	女
总　计	**225698**	**119468**	**106230**	**8335312**	**2867844**	**5467468**	**1408958**	**671203**	**737755**
与配偶和子女同住	46998	27585	19413	1878554	800578	1077976	257346	136706	120640
与配偶同住	121629	66685	54944	2901892	1138982	1762910	599662	301629	298033
与子女同住	22133	7984	14149	2181947	510182	1671765	190432	57772	132660
独居(有保姆)	279	154	125	12334	3650	8684	1502	629	873
独居(无保姆)	27895	13195	14700	1048335	307575	740760	175952	77377	98575
养老机构	710	475	235	45091	18130	26961	29836	22974	6862
其　他	6054	3390	2664	267159	88747	178412	154228	74116	80112

8-9a 全国分性别、居住状况、主要生活来源的60岁及以上老年人口(城市)

单位：人

居住状况	60岁及以上人口			劳动收入		
	合计	男	女	小计	男	女
总　计	**8584585**	**4062662**	**4521923**	**629030**	**435245**	**193785**
与配偶和子女同住	2277265	1241579	1035686	194861	142441	52420
与配偶同住	3595840	1917938	1677902	254793	177273	77520
与子女同住	1435897	369587	1066310	53548	26620	26928
独居(有保姆)	24649	10662	13987	529	319	210
独居(无保姆)	856996	326313	530683	58406	40773	17633
养老机构	73884	31719	42165	624	260	364
其　他	320054	164864	155190	66269	47559	18710

8-9a 续表 1

单位：人

居住状况	离退休金/养老金			最低生活保障金			失业保险金		
	小计	男	女	小计	男	女	小计	男	女
总　计	**5994356**	**2939432**	**3054924**	**130290**	**58845**	**71445**	**282**	**141**	**141**
与配偶和子女同住	1531757	854982	676775	22185	11356	10829	56	36	20
与配偶同住	2775627	1513007	1262620	42168	20598	21570	149	81	68
与子女同住	831571	229471	602100	26542	6149	20393	32	4	28
独居(有保姆)	19978	9147	10831	334	134	200			
独居(无保姆)	615133	230148	384985	27916	13200	14716	36	13	23
养老机构	47461	19219	28242	3868	2869	999			
其　他	172829	83458	89371	7277	4539	2738	9	7	2

8-9a 续表 2

单位：人

居住状况	财产性收入			家庭其他成员供养			其　他		
	小计	男	女	小计	男	女	小计	男	女
总　计	**55212**	**29199**	**26013**	**1484248**	**468687**	**1015561**	**291167**	**131113**	**160054**
与配偶和子女同住	18153	10844	7309	440572	184768	255804	69681	37152	32529
与配偶同住	23686	13235	10451	396176	141796	254380	103241	51948	51293
与子女同住	6768	2166	4602	466072	91767	374305	51364	13410	37954
独居(有保姆)	107	50	57	3201	838	2363	500	174	326
独居(无保姆)	4865	2041	2824	121061	29734	91327	29579	10404	19175
养老机构	103	45	58	16910	6333	10577	4918	2993	1925
其　他	1530	818	712	40256	13451	26805	31884	15032	16852

8-9b　全国分性别、居住状况、主要生活来源的60岁及以上老年人口(镇)

单位：人

居住状况	60岁及以上人口			劳动收入		
	合计	男	女	小计	男	女
总　计	**5101636**	**2446408**	**2655228**	**1003583**	**649289**	**354294**
与配偶和子女同住	1245734	679165	566569	302019	205884	96135
与配偶同住	2137405	1139910	997495	484514	316843	167671
与子女同住	896592	253825	642767	88765	42413	46352
独居(有保姆)	8891	4043	4848	644	406	238
独居(无保姆)	556188	230995	325193	79794	49937	29857
养老机构	46560	29833	16727	546	319	227
其　他	210266	108637	101629	47301	33487	13814

8-9b　续表 1

单位：人

居住状况	离退休金/养老金			最低生活保障金			失业保险金		
	小计	男	女	小计	男	女	小计	男	女
总　计	**1619901**	**874900**	**745001**	**211687**	**108905**	**102782**	**398**	**189**	**209**
与配偶和子女同住	364947	218764	146183	29488	15581	13907	79	41	38
与配偶同住	804480	471156	333324	71261	36485	34776	191	101	90
与子女同住	207218	70805	136413	35904	9825	26079	64	20	44
独居(有保姆)	4455	2372	2083	444	214	230	2		2
独居(无保姆)	180792	79550	101242	49263	27329	21934	50	21	29
养老机构	10317	5473	4844	12747	10757	1990	3	2	1
其　他	47692	26780	20912	12580	8714	3866	9	4	5

8-9b　续表 2

单位：人

居住状况	财产性收入			家庭其他成员供养			其　他		
	小计	男	女	小计	男	女	小计	男	女
总　计	**43510**	**23304**	**20206**	**1895337**	**634872**	**1260465**	**327220**	**154949**	**172271**
与配偶和子女同住	10229	6084	4145	474373	198474	275899	64599	34337	30262
与配偶同住	22771	12657	10114	624369	237265	387104	129819	65403	64416
与子女同住	4326	1592	2734	514030	115393	398637	46285	13777	32508
独居(有保姆)	44	25	19	2959	875	2084	343	151	192
独居(无保姆)	4899	2241	2658	204865	57365	147500	36525	14552	21973
养老机构	152	105	47	12943	5498	7445	9852	7679	2173
其　他	1089	600	489	61798	20002	41796	39797	19050	20747

8-9c 全国分性别、居住状况、主要生活来源的60岁及以上老年人口(乡村)

单位：人

居住状况	60岁及以上人口			劳动收入		
	合计	男	女	小计	男	女
总　计	**11836880**	**5802938**	**6033942**	**3974742**	**2459472**	**1515270**
与配偶和子女同住	2377249	1299228	1078021	953947	617012	336935
与配偶同住	5420863	2882694	2538169	2208437	1372496	835941
与子女同住	1897106	586075	1311031	319846	152841	167005
独居(有保姆)	12703	5878	6825	2343	1449	894
独居(无保姆)	1598627	736117	862510	360215	224191	136024
养老机构	65067	45053	20014	1738	1161	577
其　他	465265	247893	217372	128216	90322	37894

8-9c 续表 1

单位：人

居住状况	离退休金/养老金			最低生活保障金			失业保险金		
	小计	男	女	小计	男	女	小计	男	女
总　计	**1234626**	**704912**	**529714**	**753498**	**421807**	**331691**	**740**	**356**	**384**
与配偶和子女同住	236952	145274	91678	80935	43671	37264	124	61	63
与配偶同住	622953	386269	236684	266013	138753	127260	339	184	155
与子女同住	162246	61418	100828	109231	33947	75284	116	36	80
独居(有保姆)	2008	1259	749	1386	849	537	5	1	4
独居(无保姆)	168497	85952	82545	219397	144109	75288	130	55	75
养老机构	8625	4494	4131	23936	20464	3472	9	8	1
其　他	33345	20246	13099	52600	40014	12586	17	11	6

8-9c 续表 2

单位：人

居住状况	财产性收入			家庭其他成员供养			其　他		
	小计	男	女	小计	男	女	小计	男	女
总　计	**126976**	**66965**	**60011**	**4955727**	**1764285**	**3191442**	**790571**	**385141**	**405430**
与配偶和子女同住	18616	10657	7959	963609	417336	546273	123066	65217	57849
与配偶同住	75172	40793	34379	1881347	759921	1121426	366602	184278	182324
与子女同住	11039	4226	6813	1201845	303022	898823	92783	30585	62198
独居(有保姆)	128	79	49	6174	1937	4237	659	304	355
独居(无保姆)	18131	8913	9218	722409	220476	501933	109848	52421	57427
养老机构	455	325	130	15238	6299	8939	15066	12302	2764
其　他	3435	1972	1463	165105	55294	109811	82547	40034	42513

8-10 各地区分性别、居住状况的60岁及以上老年人口

单位：人

地区	60岁及以上人口			与配偶和子女同住		
	合计	男	女	小计	男	女
全国	**25523101**	**12312008**	**13211093**	**5900248**	**3219972**	**2680276**
北京	428002	201396	226606	128572	67534	61038
天津	276745	131947	144798	57101	30054	27047
河北	1441053	690432	750621	284865	149318	135547
山西	641115	315685	325430	105071	58145	46926
内蒙古	458505	222262	236243	54046	29333	24713
辽宁	1053493	502283	551210	175760	93315	82445
吉林	508469	241775	266694	81977	43382	38595
黑龙江	676647	321317	355330	104501	55517	48984
上海	569165	273188	295977	156020	84243	71777
江苏	1768129	855251	912878	418538	225575	192963
浙江	1176613	581439	595174	281365	159788	121577
安徽	1115044	545996	569048	179514	99292	80222
福建	635334	308421	326913	190497	108316	82181
江西	761001	369323	391678	205333	116000	89333
山东	2068666	978025	1090641	275581	145204	130377
河南	1707479	807575	899904	452152	234334	217818
湖北	1181529	575416	606113	290715	158058	132657
湖南	1305917	640531	665386	323878	182167	141711
广东	1443501	693938	749563	542522	302168	240354
广西	794598	375621	418977	257009	140654	116355
海南	136158	64999	71159	50950	28352	22598
重庆	693072	343078	349994	143298	79196	64102
四川	1817836	890745	927091	385708	211327	174381
贵州	575342	274049	301293	144003	78830	65173
云南	692031	329187	362844	232476	128523	103953
西藏	28527	12919	15608	11195	6091	5104
陕西	714762	348700	366062	168046	90877	77169
甘肃	410723	201303	209420	100652	56045	44607
青海	69612	33372	36240	21280	12126	9154
宁夏	96276	47098	49178	14667	8263	6404
新疆	277757	134737	143020	62956	37945	25011

8-10 续表 1 单位：人

地区	与配偶同住			与子女同住			独居(有保姆)		
	小计	男	女	小计	男	女	小计	男	女
全国	**11154108**	**5940542**	**5213566**	**4229595**	**1209487**	**3020108**	**46243**	**20583**	**25660**
北京	173235	90773	82462	66966	16895	50071	2632	1182	1450
天津	147427	76337	71090	31501	8388	23113	474	210	264
河北	747003	387603	359400	198833	57305	141528	2288	1145	1143
山西	346201	187178	159023	75872	22422	53450	1255	607	648
内蒙古	272660	146630	126030	56232	14951	41281	945	406	539
辽宁	568614	298138	270476	132529	36051	96478	2245	1199	1046
吉林	270165	142962	127203	78956	22180	56776	1080	559	521
黑龙江	351544	185785	165759	95505	26725	68780	1416	627	789
上海	252742	132755	119987	72141	17774	54367	1845	711	1134
江苏	822604	434804	387800	257633	71425	186208	2360	1020	1340
浙江	539714	293853	245861	153453	40774	112679	2920	1210	1710
安徽	551768	293397	258371	154845	44906	109939	1386	568	818
福建	226823	125036	101787	117303	30139	87164	1446	615	831
江西	288322	157996	130326	140118	38725	101393	1168	488	680
山东	1197814	618509	579305	232671	61662	171009	3270	1529	1741
河南	687284	353760	333524	298586	90879	207707	2321	1147	1174
湖北	486018	260121	225897	198528	58386	140142	1884	832	1052
湖南	507007	278007	229000	242701	71084	171617	2455	1132	1323
广东	370895	203988	166907	319962	84904	235058	3473	1325	2148
广西	215774	116633	99141	196860	57220	139640	936	388	548
海南	38503	20922	17581	29064	7327	21737	177	81	96
重庆	291259	157448	133811	118959	35093	83866	1050	487	563
四川	742439	400102	342337	332904	101836	231068	2691	1200	1491
贵州	210259	113178	97081	131548	41361	90187	665	265	400
云南	189778	103900	85878	186534	58666	127868	919	368	551
西藏	2412	1354	1058	10022	3146	6876	20	5	15
陕西	307374	165293	142081	123107	37184	85923	1302	617	685
甘肃	160665	89083	71582	88428	28052	60376	410	191	219
青海	20416	11351	9065	18744	5859	12885	108	42	66
宁夏	53582	29392	24190	14125	3946	10179	151	65	86
新疆	113807	64254	49553	54965	14222	40743	951	362	589

8-10　续表 2

单位：人

地　区	独居(无保姆)			养老机构			其　他		
	小计	男	女	小计	男	女	小计	男	女
全　国	**3011811**	**1293425**	**1718386**	**185511**	**106605**	**78906**	**995585**	**521394**	**474191**
北　京	36915	14651	22264	3799	1657	2142	15883	8704	7179
天　津	29106	11376	17730	1746	837	909	9390	4745	4645
河　北	164598	70835	93763	7855	4569	3286	35611	19657	15954
山　西	89874	34743	55131	3186	2101	1085	19656	10489	9167
内蒙古	57643	21540	36103	3591	2132	1459	13388	7270	6118
辽　宁	133924	52883	81041	7744	4434	3310	32677	16263	16414
吉　林	61243	24847	36396	5610	3072	2538	9438	4773	4665
黑龙江	88979	35986	52993	6334	3415	2919	28368	13262	15106
上　海	55682	22675	33007	11159	3766	7393	19576	11264	8312
江　苏	200513	84658	115855	12344	6512	5832	54137	31257	22880
浙　江	152257	60162	92095	12545	5405	7140	34359	20247	14112
安　徽	172272	77229	95043	10793	7180	3613	44466	23424	21042
福　建	75370	32000	43370	3277	1548	1729	20618	10767	9851
江　西	80868	33582	47286	5833	3297	2536	39359	19235	20124
山　东	295383	115408	179975	13129	7966	5163	50818	27747	23071
河　南	183390	81910	101480	12367	8835	3532	71379	36710	34669
湖　北	139345	62755	76590	8994	5641	3353	56045	29623	26422
湖　南	154209	69728	84481	7189	4615	2574	68478	33798	34680
广　东	130524	61369	69155	7570	3214	4356	68555	36970	31585
广　西	85721	41298	44423	2933	1798	1135	35365	17630	17735
海　南	11168	5039	6129	446	255	191	5850	3023	2827
重　庆	92851	46233	46618	6759	4106	2653	38896	20515	18381
四　川	231783	110121	121662	15858	10774	5084	106453	55385	51068
贵　州	60283	26355	33928	2127	1575	552	26457	12485	13972
云　南	56286	24313	31973	2145	1344	801	23893	12073	11820
西　藏	1216	541	675	451	218	233	3211	1564	1647
陕　西	81574	36165	45409	4454	3426	1028	28905	15138	13767
甘　肃	43111	18694	24417	1204	852	352	16253	8386	7867
青　海	5863	2392	3471	399	201	198	2802	1401	1401
宁　夏	10446	3746	6700	523	301	222	2782	1385	1397
新　疆	29414	10191	19223	3147	1559	1588	12517	6204	6313

8-10a 各地区分性别、居住状况的60岁及以上老年人口(城市)

单位：人

地区	60岁及以上人口			与配偶和子女同住		
	合计	男	女	小计	男	女
全国	**8584585**	**4062662**	**4521923**	**2277265**	**1241579**	**1035686**
北京	344108	160417	183691	106870	56216	50654
天津	213288	100740	112548	44523	23380	21143
河北	356967	167667	189300	83534	43718	39816
山西	187513	91073	96440	39974	22101	17873
内蒙古	148513	69693	78820	20532	11212	9320
辽宁	571739	266932	304807	96920	51848	45072
吉林	200049	91300	108749	31006	16456	14550
黑龙江	292587	134763	157824	50071	26644	23427
上海	457907	219209	238698	137069	74142	62927
江苏	661838	317281	344557	181393	98430	82963
浙江	466286	227955	238331	125313	71010	54303
安徽	230548	110447	120101	47430	26560	20870
福建	199623	95393	104230	73940	41690	32250
江西	181880	87946	93934	58615	33058	25557
山东	618713	288488	330225	114786	60524	54262
河南	353467	163787	189680	108648	56730	51918
湖北	408224	194031	214193	117799	63976	53823
湖南	275222	133004	142218	76466	43012	33454
广东	685043	322775	362268	280895	154880	126015
广西	171786	79832	91954	64561	35792	28769
海南	38698	18565	20133	16304	9153	7151
重庆	268156	127347	140809	81398	45035	36363
四川	493467	234614	258853	135675	74170	61505
贵州	114813	53374	61439	32461	18135	14326
云南	151993	72427	79566	45660	25343	20317
西藏	5099	2475	2624	1572	866	706
陕西	211563	100940	110623	51170	27550	23620
甘肃	99219	47309	51910	19946	11227	8719
青海	26723	12688	14035	5939	3399	2540
宁夏	36580	17269	19311	5218	2908	2310
新疆	112973	52921	60052	21577	12414	9163

8-10a　续表 1

单位：人

地　区	与配偶同住			与子女同住			独居(有保姆)		
	小计	男	女	小计	男	女	小计	男	女
全　国	**3595840**	**1917938**	**1677902**	**1435897**	**369587**	**1066310**	**24649**	**10662**	**13987**
北　京	135672	71097	64575	55248	13590	41658	2359	1050	1309
天　津	112880	58462	54418	23920	5952	17968	403	176	227
河　北	174945	91130	83815	51334	13606	37728	881	452	429
山　西	96878	52047	44831	23494	6514	16980	526	243	283
内蒙古	85941	45856	40085	18681	4548	14133	507	199	308
辽　宁	296281	156035	140246	72918	17910	55008	1390	724	666
吉　林	103030	54614	48416	31575	7359	24216	657	340	317
黑龙江	137731	72848	64883	44698	11344	33354	839	370	469
上　海	192087	101097	90990	60941	14807	46134	1654	631	1023
江　苏	289548	153838	135710	103065	26955	76110	1302	529	773
浙　江	204817	110983	93834	64069	16124	47945	1491	602	889
安　徽	111179	60063	51116	35087	8944	26143	462	166	296
福　建	59249	32580	26669	40401	9630	30771	603	259	344
江　西	65005	35660	29345	33680	8864	24816	341	136	205
山　东	328741	170884	157857	82740	20503	62237	1548	747	801
河　南	133301	69693	63608	65369	17904	47465	852	415	437
湖　北	160469	85935	74534	70517	18562	51955	959	411	548
湖　南	102942	56537	46405	50700	13979	36721	787	378	409
广　东	155782	85486	70296	159715	40260	119455	2259	837	1422
广　西	43209	23979	19230	43270	10904	32366	371	149	222
海　南	9530	5249	4281	8583	2096	6487	75	35	40
重　庆	91976	50109	41867	56842	15179	41663	616	260	356
四　川	186683	100845	85838	95653	25660	69993	1318	557	761
贵　州	39761	21848	17913	26937	7109	19828	320	102	218
云　南	51444	28153	23291	33367	9378	23989	511	198	313
西　藏	1015	605	410	1227	374	853	12	4	8
陕　西	93894	50174	43720	34661	9544	25117	667	297	370
甘　肃	46918	25592	21326	16854	4507	12347	235	103	132
青　海	11272	6194	5078	5456	1489	3967	71	28	43
宁　夏	20733	11242	9491	4846	1172	3674	111	48	63
新　疆	52927	29103	23824	20049	4820	15229	522	216	306

8-10a 续表 2

单位：人

地区	独居(无保姆)			养老机构			其他		
	小计	男	女	小计	男	女	小计	男	女
全国	**856996**	**326313**	**530683**	**73884**	**31719**	**42165**	**320054**	**164864**	**155190**
北京	28660	10886	17774	2393	996	1397	12906	6582	6324
天津	22306	8261	14045	1443	687	756	7813	3822	3991
河北	33505	12410	21095	2502	1272	1230	10266	5079	5187
山西	20158	6820	13338	870	454	416	5613	2894	2719
内蒙古	18013	5563	12450	1137	556	581	3702	1759	1943
辽宁	78096	28130	49966	4930	2486	2444	21204	9799	11405
吉林	26843	9392	17451	2736	1335	1401	4202	1804	2398
黑龙江	41727	15624	26103	2667	1287	1380	14854	6646	8208
上海	41021	16548	24473	8390	2759	5631	16745	9225	7520
江苏	60286	23584	36702	6440	2677	3763	19804	11268	8536
浙江	49425	18177	31248	6478	2497	3981	14693	8562	6131
安徽	27009	9999	17010	2104	950	1154	7277	3765	3512
福建	17685	7372	10313	1276	468	808	6469	3394	3075
江西	15394	5887	9507	1367	560	807	7478	3781	3697
山东	67786	23748	44038	5380	2635	2745	17732	9447	8285
河南	30748	12010	18738	2113	1015	1098	12436	6020	6416
湖北	39061	15377	23684	2967	1260	1707	16452	8510	7942
湖南	27317	10659	16658	1711	755	956	15299	7684	7615
广东	49250	21784	27466	5040	1703	3337	32102	17825	14277
广西	13216	5572	7644	992	408	584	6167	3028	3139
海南	2345	1102	1243	122	46	76	1739	884	855
重庆	22235	9350	12885	3031	1311	1720	12058	6103	5955
四川	43138	17513	25625	4407	2015	2392	26593	13854	12739
贵州	10804	3985	6819	409	201	208	4121	1994	2127
云南	15452	6554	8898	806	366	440	4753	2435	2318
西藏	389	180	209	71	33	38	813	413	400
陕西	22548	9045	13503	615	324	291	8008	4006	4002
甘肃	12026	4266	7760	259	137	122	2981	1477	1504
青海	3138	1162	1976	113	50	63	734	366	368
宁夏	4441	1343	3098	238	113	125	993	443	550
新疆	12974	4010	8964	877	363	514	4047	1995	2052

8-10b　各地区分性别、居住状况的60岁及以上老年人口(镇)

单位：人

地　区	60岁及以上人口			与配偶和子女同住		
	合计	男	女	小计	男	女
全　国	**5101636**	**2446408**	**2655228**	**1245734**	**679165**	**566569**
北　京	22031	10613	11418	5425	2838	2587
天　津	12694	6179	6515	2707	1454	1253
河　北	370556	175720	194836	79442	41293	38149
山　西	121108	59180	61928	21913	12100	9813
内蒙古	107009	50548	56461	11919	6420	5499
辽　宁	118006	55672	62334	17243	9084	8159
吉　林	85983	39731	46252	13004	6836	6168
黑龙江	129595	60630	68965	16510	8673	7837
上　海	44528	21560	22968	9377	5053	4324
江　苏	419776	202736	217040	106726	57030	49696
浙　江	219707	109052	110655	54870	31204	23666
安　徽	280107	135610	144497	51863	28745	23118
福　建	159969	76925	83044	52466	29957	22509
江　西	191830	93238	98592	59720	33674	26046
山　东	419425	196596	222829	57216	29702	27514
河　南	390670	184405	206265	117187	60584	56603
湖　北	212913	103648	109265	56419	30801	25618
湖　南	355208	173332	181876	94901	53199	41702
广　东	218497	104746	113751	87365	48512	38853
广　西	174381	81763	92618	61873	33845	28028
海　南	33342	15986	17356	13124	7293	5831
重　庆	117357	57388	59969	24667	13646	11021
四　川	317689	152674	165015	73074	40021	33053
贵　州	120418	56488	63930	33578	18455	15123
云　南	148464	70767	77697	49984	27781	22203
西　藏	2823	1306	1517	887	488	399
陕　西	147271	72428	74843	35378	19291	16087
甘　肃	73809	35898	37911	19614	10960	8654
青　海	14387	6918	7469	4442	2549	1893
宁　夏	18014	8762	9252	2651	1514	1137
新　疆	54069	25909	28160	10189	6163	4026

8-10b 续表 1

单位：人

地区	与配偶同住			与子女同住			独居(有保姆)		
	小计	男	女	小计	男	女	小计	男	女
全国	**2137405**	**1139910**	**997495**	**896592**	**253825**	**642767**	**8891**	**4043**	**4848**
北京	9729	5093	4636	3185	837	2348	100	43	57
天津	6539	3394	3145	1660	507	1153	14	6	8
河北	185532	95840	89692	54286	15249	39037	664	339	325
山西	63931	34491	29440	15292	4538	10754	272	134	138
内蒙古	63968	34182	29786	13372	3301	10071	273	118	155
辽宁	67216	35048	32168	14604	3826	10778	280	158	122
吉林	46762	24666	22096	13100	3236	9864	235	108	127
黑龙江	72815	38332	34483	17067	4354	12713	257	108	149
上海	22128	11624	10504	5388	1388	4000	89	42	47
江苏	188158	99237	88921	63957	18020	45937	443	197	246
浙江	97698	53679	44019	30191	8069	22122	616	271	345
安徽	130787	69915	60872	43791	12241	31550	408	174	234
福建	52656	29150	23506	31520	7901	23619	385	161	224
江西	64521	35487	29034	38371	10825	27546	336	154	182
山东	241204	123928	117276	48626	12658	35968	569	243	326
河南	139857	72215	67642	74070	22377	51693	556	278	278
湖北	82068	44235	37833	37732	10993	26739	372	167	205
湖南	129230	71148	58082	68981	19678	49303	768	350	418
广东	51701	28446	23255	50783	13584	37199	404	164	240
广西	43368	23644	19724	44614	12471	32143	202	76	126
海南	9058	4935	4123	6860	1726	5134	42	15	27
重庆	46872	25423	21449	22059	6697	15362	179	96	83
四川	117700	63919	53781	65274	19468	45806	542	231	311
贵州	38096	20752	17344	31118	9500	21618	153	73	80
云南	40361	22296	18065	39613	12141	27472	221	86	135
西藏	303	180	123	926	276	650	2		2
陕西	60533	32686	27847	26440	8163	18277	271	148	123
甘肃	26830	14857	11973	16596	5185	11411	64	39	25
青海	3868	2163	1705	3957	1228	2729	14	7	7
宁夏	9910	5426	4484	2878	802	2076	21	8	13
新疆	24006	13519	10487	10281	2586	7695	139	49	90

8-10b　续表 2　　　　单位：人

地　区	独居(无保姆)			养老机构			其　他		
	小计	男	女	小计	男	女	小计	男	女
全　国	**556188**	**230995**	**325193**	**46560**	**29833**	**16727**	**210266**	**108637**	**101629**
北　京	2215	977	1238	562	275	287	815	550	265
天　津	1261	527	734	145	65	80	368	226	142
河　北	38326	16034	22292	3187	1951	1236	9119	5014	4105
山　西	15003	5313	9690	846	599	247	3851	2005	1846
内蒙古	13196	4277	8919	1037	652	385	3244	1598	1646
辽　宁	14544	5402	9142	1156	752	404	2963	1402	1561
吉　林	10460	3680	6780	884	518	366	1538	687	851
黑龙江	16861	6264	10597	1787	994	793	4298	1905	2393
上　海	4989	2165	2824	1418	551	867	1139	737	402
江　苏	44291	18852	25439	3005	1895	1110	13196	7505	5691
浙　江	26730	10477	16253	2438	1112	1326	7164	4240	2924
安　徽	38209	16341	21868	3452	2308	1144	11597	5886	5711
福　建	16668	6562	10106	986	489	497	5288	2705	2583
江　西	16778	6892	9886	1701	953	748	10403	5253	5150
山　东	57413	21709	35704	3966	2642	1324	10431	5714	4717
河　南	36479	16208	20271	3963	2867	1096	18558	9876	8682
湖　北	23007	10136	12871	2020	1411	609	11295	5905	5390
湖　南	38743	17382	21361	2108	1365	743	20477	10210	10267
广　东	16990	7846	9144	1072	672	400	10182	5522	4660
广　西	15800	7429	8371	873	575	298	7651	3723	3928
海　南	2631	1134	1497	199	127	72	1428	756	672
重　庆	14173	6490	7683	1426	1035	391	7981	4001	3980
四　川	35988	16001	19987	3702	2692	1010	21409	10342	11067
贵　州	10424	4311	6113	821	664	157	6228	2733	3495
云　南	12137	5208	6929	717	536	181	5431	2719	2712
西　藏	160	90	70	219	104	115	326	168	158
陕　西	16191	7221	8970	1456	1134	322	7002	3785	3217
甘　肃	7019	2833	4186	375	290	85	3311	1734	1577
青　海	1163	487	676	156	95	61	787	389	398
宁　夏	1894	658	1236	166	111	55	494	243	251
新　疆	6445	2089	4356	717	399	318	2292	1104	1188

8-10c 各地区分性别、居住状况的60岁及以上老年人口(乡村)

单位：人

地区	60岁及以上人口			与配偶和子女同住		
	合计	男	女	小计	男	女
全国	**11836880**	**5802938**	**6033942**	**2377249**	**1299228**	**1078021**
北京	61863	30366	31497	16277	8480	7797
天津	50763	25028	25735	9871	5220	4651
河北	713530	347045	366485	121889	64307	57582
山西	332494	165432	167062	43184	23944	19240
内蒙古	202983	102021	100962	21595	11701	9894
辽宁	363748	179679	184069	61597	32383	29214
吉林	222437	110744	111693	37967	20090	17877
黑龙江	254465	125924	128541	37920	20200	17720
上海	66730	32419	34311	9574	5048	4526
江苏	686515	335234	351281	130419	70115	60304
浙江	490620	244432	246188	101182	57574	43608
安徽	604389	299939	304450	80221	43987	36234
福建	275742	136103	139639	64091	36669	27422
江西	387291	188139	199152	86998	49268	37730
山东	1030528	492941	537587	103579	54978	48601
河南	963342	459383	503959	226317	117020	109297
湖北	560392	277737	282655	116497	63281	53216
湖南	675487	334195	341292	152511	85956	66555
广东	539961	266417	273544	174262	98776	75486
广西	448431	214026	234405	130575	71017	59558
海南	64118	30448	33670	21522	11906	9616
重庆	307559	158343	149216	37233	20515	16718
四川	1006680	503457	503223	176959	97136	79823
贵州	340111	164187	175924	77964	42240	35724
云南	391574	185993	205581	136832	75399	61433
西藏	20605	9138	11467	8736	4737	3999
陕西	355928	175332	180596	81498	44036	37462
甘肃	237695	118096	119599	61092	33858	27234
青海	28502	13766	14736	10899	6178	4721
宁夏	41682	21067	20615	6798	3841	2957
新疆	110715	55907	54808	31190	19368	11822

8-10c　续表 1　　　　单位：人

地　区	与配偶同住			与子女同住			独居(有保姆)		
	小计	男	女	小计	男	女	小计	男	女
全　国	**5420863**	**2882694**	**2538169**	**1897106**	**586075**	**1311031**	**12703**	**5878**	**6825**
北　京	27834	14583	13251	8533	2468	6065	173	89	84
天　津	28008	14481	13527	5921	1929	3992	57	28	29
河　北	386526	200633	185893	93213	28450	64763	743	354	389
山　西	185392	100640	84752	37086	11370	25716	457	230	227
内蒙古	122751	66592	56159	24179	7102	17077	165	89	76
辽　宁	205117	107055	98062	45007	14315	30692	575	317	258
吉　林	120373	63682	56691	34281	11585	22696	188	111	77
黑龙江	140998	74605	66393	33740	11027	22713	320	149	171
上　海	38527	20034	18493	5812	1579	4233	102	38	64
江　苏	344898	181729	163169	90611	26450	64161	615	294	321
浙　江	237199	129191	108008	59193	16581	42612	813	337	476
安　徽	309802	163419	146383	75967	23721	52246	516	228	288
福　建	114918	63306	51612	45382	12608	32774	458	195	263
江　西	158796	86849	71947	68067	19036	49031	491	198	293
山　东	627869	323697	304172	101305	28501	72804	1153	539	614
河　南	414126	211852	202274	159147	50598	108549	913	454	459
湖　北	243481	129951	113530	90279	28831	61448	553	254	299
湖　南	274835	150322	124513	123020	37427	85593	900	404	496
广　东	163412	90056	73356	109464	31060	78404	810	324	486
广　西	129197	69010	60187	108976	33845	75131	363	163	200
海　南	19915	10738	9177	13621	3505	10116	60	31	29
重　庆	152411	81916	70495	40058	13217	26841	255	131	124
四　川	438056	235338	202718	171977	56708	115269	831	412	419
贵　州	132402	70578	61824	73493	24752	48741	192	90	102
云　南	97973	53451	44522	113554	37147	76407	187	84	103
西　藏	1094	569	525	7869	2496	5373	6	1	5
陕　西	152947	82433	70514	62006	19477	42529	364	172	192
甘　肃	86917	48634	38283	54978	18360	36618	111	49	62
青　海	5276	2994	2282	9331	3142	6189	23	7	16
宁　夏	22939	12724	10215	6401	1972	4429	19	9	10
新　疆	36874	21632	15242	24635	6816	17819	290	97	193

8-10c 续表 2 单位：人

地区	独居(无保姆)			养老机构			其他		
	小计	男	女	小计	男	女	小计	男	女
全 国	**1598627**	**736117**	**862510**	**65067**	**45053**	**20014**	**465265**	**247893**	**217372**
北 京	6040	2788	3252	844	386	458	2162	1572	590
天 津	5539	2588	2951	158	85	73	1209	697	512
河 北	92767	42391	50376	2166	1346	820	16226	9564	6662
山 西	54713	22610	32103	1470	1048	422	10192	5590	4602
内蒙古	26434	11700	14734	1417	924	493	6442	3913	2529
辽 宁	41284	19351	21933	1658	1196	462	8510	5062	3448
吉 林	23940	11775	12165	1990	1219	771	3698	2282	1416
黑龙江	30391	14098	16293	1880	1134	746	9216	4711	4505
上 海	9672	3962	5710	1351	456	895	1692	1302	390
江 苏	95936	42222	53714	2899	1940	959	21137	12484	8653
浙 江	76102	31508	44594	3629	1796	1833	12502	7445	5057
安 徽	107054	50889	56165	5237	3922	1315	25592	13773	11819
福 建	41017	18066	22951	1015	591	424	8861	4668	4193
江 西	48696	20803	27893	2765	1784	981	21478	10201	11277
山 东	170184	69951	100233	3783	2689	1094	22655	12586	10069
河 南	116163	53692	62471	6291	4953	1338	40385	20814	19571
湖 北	77277	37242	40035	4007	2970	1037	28298	15208	13090
湖 南	88149	41687	46462	3370	2495	875	32702	15904	16798
广 东	64284	31739	32545	1458	839	619	26271	13623	12648
广 西	56705	28297	28408	1068	815	253	21547	10879	10668
海 南	6192	2803	3389	125	82	43	2683	1383	1300
重 庆	56443	30393	26050	2302	1760	542	18857	10411	8446
四 川	152657	76607	76050	7749	6067	1682	58451	31189	27262
贵 州	39055	18059	20996	897	710	187	16108	7758	8350
云 南	28697	12551	16146	622	442	180	13709	6919	6790
西 藏	667	271	396	161	81	80	2072	983	1089
陕 西	42835	19899	22936	2383	1968	415	13895	7347	6548
甘 肃	24066	11595	12471	570	425	145	9961	5175	4786
青 海	1562	743	819	130	56	74	1281	646	635
宁 夏	4111	1745	2366	119	77	42	1295	699	596
新 疆	9995	4092	5903	1553	797	756	6178	3105	3073

8-11 全国分年龄、性别、居住状况的60岁及以上老年人口

单位：人

年龄	60岁及以上人口			与配偶和子女同住		
	合计	男	女	小计	男	女
总计	**25523101**	**12312008**	**13211093**	**5900248**	**3219972**	**2680276**
60-64岁	**7212331**	**3611534**	**3600797**	**2187737**	**1155928**	**1031809**
60	1265735	630443	635292	400311	209721	190590
61	1191490	601597	589893	372507	197578	174929
62	1519108	765643	753465	466931	248004	218927
63	1696369	853241	843128	505810	268725	237085
64	1539629	760610	779019	442178	231900	210278
65-69岁	**7261013**	**3557071**	**3703942**	**1890696**	**1000068**	**890628**
65	1601607	794038	807569	449329	237346	211983
66	1597292	784337	812955	432217	226607	205610
67	1436603	701663	734940	373109	196564	176545
68	1425277	695588	729689	353344	188144	165200
69	1200234	581445	618789	282697	151407	131290
70-74岁	**4813647**	**2341892**	**2471755**	**1002348**	**559411**	**442937**
70	1132641	552550	580091	257139	140550	116589
71	1091505	537267	554238	236233	131959	104274
72	927034	450625	476409	190718	106429	84289
73	874817	425034	449783	171385	97074	74311
74	787650	376416	411234	146873	83399	63474
75-79岁	**2980508**	**1409194**	**1571314**	**483932**	**287154**	**196778**
75	690748	328485	362263	122502	70754	51748
76	652501	312625	339876	110656	65675	44981
77	574487	271017	303470	92400	54829	37571
78	537691	252314	285377	82425	49435	32990
79	525081	244753	280328	75949	46461	29488
80-84岁	**1897750**	**856619**	**1041131**	**233868**	**148800**	**85068**
80	462344	214196	248148	64180	39699	24481
81	387427	175529	211898	49683	31287	18396
82	395095	179490	215605	48319	31028	17291
83	343475	153187	190288	38976	25443	13533
84	309409	134217	175192	32710	21343	11367
85-89岁	**973818**	**398907**	**574911**	**82013**	**54730**	**27283**
85	264740	111113	153627	25198	16440	8758
86	227319	93574	133745	20033	13210	6823
87	204932	84218	120714	16671	11285	5386
88	154282	61448	92834	11597	7865	3732
89	122545	48554	73991	8514	5930	2584
90-94岁	**312846**	**115437**	**197409**	**17329**	**12269**	**5060**
90	106074	41051	65023	6735	4745	1990
91	72886	27037	45849	4201	2932	1269
92	60934	21980	38954	3130	2237	893
93	42736	15095	27641	2018	1450	568
94	30216	10274	19942	1245	905	340
95-99岁	**63626**	**19576**	**44050**	**2158**	**1518**	**640**
95	23449	7523	15926	850	613	237
96	16489	5063	11426	573	402	171
97	10967	3306	7661	360	244	116
98	7293	2148	5145	218	155	63
99	5428	1536	3892	157	104	53
100岁及以上	**7562**	**1778**	**5784**	**167**	**94**	**73**

8-11 续表 1

单位：人

年 龄	与配偶同住			与子女同住			独居(有保姆)		
	小计	男	女	小计	男	女	小计	男	女
总 计	**11154108**	**5940542**	**5213566**	**4229595**	**1209487**	**3020108**	**46243**	**20583**	**25660**
60-64岁	**3343072**	**1693465**	**1649607**	**763341**	**233751**	**529590**	**4597**	**2520**	**2077**
60	578818	290120	288698	125420	37399	88021	783	421	362
61	545163	277476	267687	122263	37620	84643	726	404	322
62	696892	354536	342356	161294	49929	111365	924	505	419
63	791812	403452	388360	183357	56917	126440	1115	614	501
64	730387	367881	362506	171007	51886	119121	1049	576	473
65-69岁	**3527342**	**1794776**	**1732566**	**873022**	**264984**	**608038**	**5331**	**2706**	**2625**
65	768968	389486	379482	179383	55688	123695	1059	566	493
66	771708	390991	380717	184992	57018	127974	1148	590	558
67	698199	354214	343985	173138	52524	120614	1013	503	510
68	697895	356852	341043	178587	53694	124893	1082	542	540
69	590572	303233	287339	156922	46060	110862	1029	505	524
70-74岁	**2268912**	**1220559**	**1048353**	**755438**	**217810**	**537628**	**5357**	**2501**	**2856**
70	549832	287910	261922	158246	46579	111667	1064	505	559
71	522852	280108	242744	162214	48013	114201	1155	558	597
72	437115	235410	201705	146676	42343	104333	1048	487	561
73	404674	221810	182864	147044	42052	104992	1047	456	591
74	354439	195321	159118	141258	38823	102435	1043	495	548
75-79岁	**1204896**	**699367**	**505529**	**655326**	**178536**	**476790**	**6330**	**2581**	**3749**
75	300720	168241	132479	132675	36135	96540	1088	446	642
76	274019	157701	116318	134558	37039	97519	1171	487	684
77	230695	134115	96580	128185	34895	93290	1203	493	710
78	206894	122662	84232	127159	34604	92555	1304	508	796
79	192568	116648	75920	132749	35863	96886	1564	647	917
80-84岁	**576718**	**369780**	**206938**	**586417**	**158043**	**428374**	**9324**	**3772**	**5552**
80	160175	99477	60698	125187	33631	91556	1562	651	911
81	124350	78400	45950	114069	30475	83594	1724	697	1027
82	118248	76867	41381	123485	33687	89798	2002	806	1196
83	95289	62877	32412	114519	30893	83626	2009	821	1188
84	78656	52159	26497	109157	29357	79800	2027	797	1230
85-89岁	**193957**	**133246**	**60711**	**396191**	**105742**	**290449**	**9290**	**3888**	**5402**
85	61524	41105	20419	99039	26330	72709	2096	817	1279
86	48037	32626	15411	89827	23772	66055	1906	742	1164
87	39001	27275	11726	84919	22910	62009	2077	894	1183
88	26357	18519	7838	66849	17777	49072	1722	762	960
89	19038	13721	5317	55557	14953	40604	1489	673	816
90-94岁	**35373**	**26391**	**8982**	**157910**	**41031**	**116879**	**4744**	**2113**	**2631**
90	14715	10785	3930	50263	13375	36888	1471	655	816
91	8480	6261	2219	36359	9490	26869	1106	495	611
92	6036	4626	1410	31750	8133	23617	960	432	528
93	3794	2914	880	22905	5859	17046	666	287	379
94	2348	1805	543	16633	4174	12459	541	244	297
95-99岁	**3616**	**2795**	**821**	**37040**	**8675**	**28365**	**1097**	**443**	**654**
95	1542	1183	359	13423	3246	10177	410	170	240
96	959	746	213	9560	2247	7313	274	113	161
97	538	431	107	6520	1506	5014	188	74	114
98	318	240	78	4348	1002	3346	129	53	76
99	259	195	64	3189	674	2515	96	33	63
100岁及以上	**222**	**163**	**59**	**4910**	**915**	**3995**	**173**	**59**	**114**

8-11　续表 2　　单位：人

年　龄	独居(无保姆)			养老机构			其　他		
	小计	男	女	小计	男	女	小计	男	女
总　计	**3011811**	**1293425**	**1718386**	**185511**	**106605**	**78906**	**995585**	**521394**	**474191**
60-64岁	**567356**	**317243**	**250113**	**17355**	**13328**	**4027**	**328873**	**195299**	**133574**
60	94820	53167	41653	2245	1650	595	63338	37965	25373
61	91646	52549	39097	2456	1853	603	56729	34117	22612
62	118954	67613	51341	3854	2938	916	70259	42118	28141
63	135444	75730	59714	4396	3434	962	74435	44369	30066
64	126492	68184	58308	4404	3453	951	64112	36730	27382
65-69岁	**674385**	**329207**	**345178**	**26522**	**20382**	**6140**	**263715**	**144948**	**118767**
65	135688	71357	64331	4906	3879	1027	62274	35716	26558
66	142048	71703	70345	5289	4083	1206	59890	33345	26545
67	133532	65052	68480	5440	4172	1268	52172	28634	23538
68	139164	65481	73683	5758	4394	1364	49447	26481	22966
69	123953	55614	68339	5129	3854	1275	39932	20772	19160
70-74岁	**595258**	**242216**	**353042**	**28999**	**20276**	**8723**	**157335**	**79119**	**78216**
70	123191	53503	69688	5695	4164	1531	37474	19339	18135
71	127606	54027	73579	5970	4359	1611	35475	18243	17232
72	115869	46935	68934	5690	3948	1742	29918	15073	14845
73	116301	45662	70639	5755	3907	1848	28611	14073	14538
74	112291	42089	70202	5889	3898	1991	25857	12391	13466
75-79岁	**497675**	**176795**	**320880**	**30532**	**18051**	**12481**	**101817**	**46710**	**55107**
75	105220	38482	66738	5777	3682	2095	22766	10745	12021
76	104232	37883	66349	6013	3641	2372	21852	10199	11653
77	96326	34184	62142	5936	3568	2368	19742	8933	10809
78	94907	33011	61896	6194	3563	2631	18808	8531	10277
79	96990	33235	63755	6612	3597	3015	18649	8302	10347
80-84岁	**382822**	**129246**	**253576**	**34594**	**16446**	**18148**	**74007**	**30532**	**43475**
80	87290	29793	57497	6768	3454	3314	17182	7491	9691
81	76536	25491	51045	6428	3105	3323	14637	6074	8563
82	80650	27427	53223	7237	3450	3787	15154	6225	8929
83	71750	24312	47438	7021	3280	3741	13911	5561	8350
84	66596	22223	44373	7140	3157	3983	13123	5181	7942
85-89岁	**216410**	**72485**	**143925**	**30069**	**12038**	**18031**	**45888**	**16778**	**29110**
85	58416	19299	39117	7023	2912	4111	11444	4210	7234
86	50532	16723	33809	6642	2700	3942	10342	3801	6541
87	45791	15610	30181	6516	2612	3904	9957	3632	6325
88	34613	11581	23032	5423	2107	3316	7721	2837	4884
89	27058	9272	17786	4465	1707	2758	6424	2298	4126
90-94岁	**65162**	**22223**	**42939**	**13891**	**5021**	**8870**	**18437**	**6389**	**12048**
90	22783	7798	14985	4222	1574	2648	5885	2119	3766
91	15416	5292	10124	3184	1173	2011	4140	1394	2746
92	12508	4244	8264	2885	1006	1879	3665	1302	2363
93	8528	2911	5617	2090	757	1333	2735	917	1818
94	5927	1978	3949	1510	511	999	2012	657	1355
95-99岁	**11699**	**3726**	**7973**	**3188**	**963**	**2225**	**4828**	**1456**	**3372**
95	4429	1486	2943	1141	345	796	1654	480	1174
96	3044	928	2116	862	248	614	1217	379	838
97	2008	636	1372	534	174	360	819	241	578
98	1267	385	882	382	122	260	631	191	440
99	951	291	660	269	74	195	507	165	342
100岁及以上	**1044**	**284**	**760**	**361**	**100**	**261**	**685**	**163**	**522**

8-11a 全国分年龄、性别、居住状况的60岁及以上老年人口(城市)

单位：人

年龄	60岁及以上人口			与配偶和子女同住		
	合计	男	女	小计	男	女
总计	**8584585**	**4062662**	**4521923**	**2277265**	**1241579**	**1035686**
60-64岁	**2676434**	**1312078**	**1364356**	**885876**	**469166**	**416710**
60	496804	244003	252801	167680	88753	78927
61	457353	226321	231032	154390	82035	72355
62	567369	280033	287336	189002	100671	88331
63	610508	298808	311700	200486	106290	94196
64	544400	262913	281487	174318	91417	82901
65-69岁	**2412918**	**1152613**	**1260305**	**722527**	**381232**	**341295**
65	552187	266636	285551	174530	91951	82579
66	546437	262024	284413	168540	88096	80444
67	472987	224786	248201	141536	74174	67362
68	455395	216570	238825	131752	70101	61651
69	385912	182597	203315	106169	56910	49259
70-74岁	**1495476**	**709144**	**786332**	**365924**	**204089**	**161835**
70	363158	173889	189269	96266	53013	43253
71	338471	161266	177205	86436	47913	38523
72	284091	133779	150312	68561	38041	30520
73	269219	127412	141807	61774	34882	26892
74	240537	112798	127739	52887	30240	22647
75-79岁	**910660**	**416427**	**494233**	**171287**	**101002**	**70285**
75	207742	96318	111424	43173	25012	18161
76	194742	89951	104791	38331	22578	15753
77	174028	79231	94797	32364	18971	13393
78	169156	76536	92620	30066	17865	12201
79	164992	74391	90601	27353	16576	10777
80-84岁	**631454**	**280897**	**350557**	**89916**	**57067**	**32849**
80	150750	68106	82644	24196	14895	9301
81	130465	57594	72871	19130	11899	7231
82	131082	58352	72730	18439	11738	6701
83	114534	51225	63309	15069	9920	5149
84	104623	45620	59003	13082	8615	4467
85-89岁	**329421**	**140447**	**188974**	**33492**	**22927**	**10565**
85	90072	38207	51865	10096	6661	3435
86	77015	32526	44489	8104	5444	2660
87	69018	29716	39302	6903	4823	2080
88	52205	22189	30016	4791	3373	1418
89	41111	17809	23302	3598	2626	972
90-94岁	**105560**	**43216**	**62344**	**7317**	**5422**	**1895**
90	35704	15195	20509	2818	2072	746
91	24917	10180	14737	1796	1298	498
92	20487	8263	12224	1341	1017	324
93	14279	5679	8600	844	638	206
94	10173	3899	6274	518	397	121
95-99岁	**20495**	**7225**	**13270**	**880**	**641**	**239**
95	7614	2779	4835	353	267	86
96	5460	1915	3545	242	175	67
97	3496	1210	2286	142	98	44
98	2284	772	1512	84	58	26
99	1641	549	1092	59	43	16
100岁及以上	**2167**	**615**	**1552**	**46**	**33**	**13**

8-11a　续表 1　　　　单位：人

年　龄	与配偶同住			与子女同住			独居(有保姆)		
	小计	男	女	小计	男	女	小计	男	女
总　计	**3595840**	**1917938**	**1677902**	**1435897**	**369587**	**1066310**	**24649**	**10662**	**13987**
60-64岁	**1133967**	**579394**	**554573**	**325293**	**87636**	**237657**	**1918**	**960**	**958**
60	206683	104869	101814	56818	14821	41997	332	164	168
61	190942	97925	93017	53957	14670	39287	321	153	168
62	238844	122772	116072	69461	19022	50439	403	192	211
63	260806	133338	127468	76063	20674	55389	452	234	218
64	236692	120490	116202	68994	18449	50545	410	217	193
65-69岁	**1088878**	**554473**	**534405**	**319722**	**86145**	**233577**	**1994**	**922**	**1072**
65	243762	123928	119834	70140	19218	50922	393	184	209
66	244223	124417	119806	70533	19350	51183	456	222	234
67	213471	108525	104946	62651	16734	45917	370	162	208
68	207784	105871	101913	62612	16839	45773	383	181	202
69	179638	91732	87906	53786	14004	39782	392	173	219
70-74岁	**686951**	**365340**	**321611**	**239301**	**61178**	**178123**	**2088**	**925**	**1163**
70	168552	88058	80494	53095	14011	39084	412	179	233
71	156061	82159	73902	52348	13679	38669	419	198	221
72	130397	69045	61352	45992	11758	34234	391	172	219
73	123493	66866	56627	45206	11290	33916	426	181	245
74	108448	59212	49236	42660	10440	32220	440	195	245
75-79岁	**381005**	**216373**	**164632**	**191990**	**45373**	**146617**	**3025**	**1203**	**1822**
75	91569	50474	41095	39237	9446	29791	492	212	280
76	83612	46875	36737	39191	9401	29790	541	216	325
77	72745	41278	31467	37053	8676	28377	538	217	321
78	68421	39541	28880	37567	8748	28819	672	245	427
79	64658	38205	26453	38942	9102	29840	782	313	469
80-84岁	**212054**	**135219**	**76835**	**179003**	**42242**	**136761**	**5482**	**2160**	**3322**
80	56586	34545	22041	37910	8851	29059	856	332	524
81	45983	28575	17408	35506	8140	27366	999	387	612
82	43335	27928	15407	37636	8973	28663	1172	454	718
83	35833	23841	11992	34599	8292	26307	1185	494	691
84	30317	20330	9987	33352	7986	25366	1270	493	777
85-89岁	**76571**	**54133**	**22438**	**120700**	**30704**	**89996**	**6107**	**2623**	**3484**
85	24029	16271	7758	30491	7339	23152	1352	540	812
86	18874	13153	5721	27498	6808	20690	1229	492	737
87	15341	11112	4229	25931	6608	19323	1363	598	765
88	10637	7773	2864	20231	5365	14866	1154	515	639
89	7690	5824	1866	16549	4584	11965	1009	478	531
90-94岁	**14955**	**11793**	**3162**	**47677**	**13139**	**34538**	**3219**	**1511**	**1708**
90	6153	4732	1421	15136	4234	10902	997	462	535
91	3595	2810	785	11147	3054	8093	748	354	394
92	2606	2121	485	9439	2581	6858	647	310	337
93	1621	1316	305	6877	1910	4967	457	207	250
94	980	814	166	5078	1360	3718	370	178	192
95-99岁	**1404**	**1166**	**238**	**10925**	**2876**	**8049**	**715**	**319**	**396**
95	621	507	114	3942	1062	2880	274	124	150
96	371	305	66	2913	760	2153	181	86	95
97	209	183	26	1931	512	1419	124	45	79
98	118	98	20	1243	316	927	77	40	37
99	85	73	12	896	226	670	59	24	35
100岁及以上	**55**	**47**	**8**	**1286**	**294**	**992**	**101**	**39**	**62**

8-11a 续表 2 单位：人

年 龄	独居(无保姆)			养老机构			其 他		
	小计	男	女	小计	男	女	小计	男	女
总 计	**856996**	**326313**	**530683**	**73884**	**31719**	**42165**	**320054**	**164864**	**155190**
60-64岁	**197124**	**98157**	**98967**	**4958**	**3202**	**1756**	**127298**	**73563**	**53735**
60	37451	19054	18397	738	484	254	27102	15858	11244
61	34041	17608	16433	774	501	273	22928	13429	9499
62	41484	20827	20657	1131	742	389	27044	15807	11237
63	44141	21699	22442	1132	714	418	27428	15859	11569
64	40007	18969	21038	1183	761	422	22796	12610	10186
65-69岁	**188959**	**81197**	**107762**	**6635**	**4185**	**2450**	**84203**	**44459**	**39744**
65	40860	18885	21975	1230	805	425	21272	11665	9607
66	41608	18430	23178	1314	840	474	19763	10669	9094
67	37222	15753	21469	1344	826	518	16393	8612	7781
68	36446	15078	21368	1418	887	531	15000	7613	7387
69	32823	13051	19772	1329	827	502	11775	5900	5875
70-74岁	**150257**	**52514**	**97743**	**8089**	**4354**	**3735**	**42866**	**20744**	**22122**
70	32345	12278	20067	1498	868	630	10990	5482	5508
71	31811	11569	20242	1567	906	661	9829	4842	4987
72	29173	10041	19132	1579	797	782	7998	3925	4073
73	29241	9872	19369	1658	861	797	7421	3460	3961
74	27687	8754	18933	1787	922	865	6628	3035	3593
75-79岁	**127233**	**36734**	**90499**	**10626**	**4697**	**5929**	**25494**	**11045**	**14449**
75	25754	7773	17981	1774	824	950	5743	2577	3166
76	25701	7639	18062	2025	910	1115	5341	2332	3009
77	24497	7083	17414	2021	921	1100	4810	2085	2725
78	25366	7155	18211	2267	978	1289	4797	2004	2793
79	25915	7084	18831	2539	1064	1475	4803	2047	2756
80-84岁	**108983**	**30524**	**78459**	**15978**	**5922**	**10056**	**20038**	**7763**	**12275**
80	24054	6652	17402	2758	1045	1713	4390	1786	2604
81	21923	5974	15949	2884	1055	1829	4040	1564	2476
82	23002	6424	16578	3289	1213	2076	4209	1622	2587
83	20656	5941	14715	3435	1325	2110	3757	1412	2345
84	19348	5533	13815	3612	1284	2328	3642	1379	2263
85-89岁	**62607**	**19491**	**43116**	**16933**	**5928**	**11005**	**13011**	**4641**	**8370**
85	17105	4957	12148	3830	1317	2513	3169	1122	2047
86	14731	4353	10378	3645	1272	2373	2934	1004	1930
87	12996	4286	8710	3683	1288	2395	2801	1001	1800
88	10077	3258	6819	3100	1083	2017	2215	822	1393
89	7698	2637	5061	2675	968	1707	1892	692	1200
90-94岁	**18441**	**6458**	**11983**	**8438**	**2796**	**5642**	**5513**	**2097**	**3416**
90	6354	2172	4182	2524	859	1665	1722	664	1058
91	4411	1545	2866	1921	638	1283	1299	481	818
92	3596	1229	2367	1768	576	1192	1090	429	661
93	2422	886	1536	1271	428	843	787	294	493
94	1658	626	1032	954	295	659	615	229	386
95-99岁	**3153**	**1153**	**2000**	**1998**	**577**	**1421**	**1420**	**493**	**927**
95	1193	444	749	743	215	528	488	160	328
96	871	305	566	522	151	371	360	133	227
97	532	200	332	330	99	231	228	73	155
98	333	122	211	236	71	165	193	67	126
99	224	82	142	167	41	126	151	60	91
100岁及以上	**239**	**85**	**154**	**229**	**58**	**171**	**211**	**59**	**152**

8-11b　全国分年龄、性别、居住状况的60岁及以上老年人口(镇)

单位：人

年　龄	60岁及以上人口			与配偶和子女同住		
	合计	男	女	小计	男	女
总　计	**5101636**	**2446408**	**2655228**	**1245734**	**679165**	**566569**
60-64岁	**1462803**	**728783**	**734020**	**469263**	**247015**	**222248**
60	253856	125957	127899	83897	43663	40234
61	241938	121816	120122	79530	42110	37420
62	309487	155299	154188	100840	53434	47406
63	345472	172822	172650	109464	57892	51572
64	312050	152889	159161	95532	49916	45616
65-69岁	**1457114**	**707032**	**750082**	**403978**	**213777**	**190201**
65	323358	158767	164591	96708	50988	45720
66	321288	156024	165264	92749	48521	44228
67	287787	139133	148654	79672	42034	37638
68	286449	138416	148033	75565	40195	35370
69	238232	114692	123540	59284	32039	27245
70-74岁	**959183**	**463018**	**496165**	**208619**	**117003**	**91616**
70	225284	109188	116096	53874	29477	24397
71	217821	106175	111646	49279	27642	21637
72	184770	89072	95698	39745	22245	17500
73	173463	83665	89798	35270	20253	15017
74	157845	74918	82927	30451	17386	13065
75-79岁	**593940**	**279960**	**313980**	**98840**	**59242**	**39598**
75	137545	65322	72223	25204	14651	10553
76	130710	62237	68473	22879	13761	9118
77	113807	53433	60374	18698	11230	7468
78	107094	50068	57026	16611	10053	6558
79	104784	48900	55884	15448	9547	5901
80-84岁	**370403**	**166553**	**203850**	**45551**	**29114**	**16437**
80	91552	42331	49221	12786	7932	4854
81	75363	34270	41093	9711	6257	3454
82	77283	34828	42455	9315	5983	3332
83	66612	29506	37106	7490	4886	2604
84	59593	25618	33975	6249	4056	2193
85-89岁	**184996**	**75227**	**109769**	**15647**	**10357**	**5290**
85	50491	20802	29689	4837	3140	1697
86	43229	17638	25591	3813	2492	1321
87	38898	16051	22847	3188	2134	1054
88	29079	11489	17590	2213	1479	734
89	23299	9247	14052	1596	1112	484
90-94岁	**59357**	**21811**	**37546**	**3394**	**2345**	**1049**
90	20193	7816	12377	1294	901	393
91	13787	5097	8690	849	582	267
92	11571	4093	7478	624	427	197
93	8152	2874	5278	395	270	125
94	5654	1931	3723	232	165	67
95-99岁	**12346**	**3688**	**8658**	**410**	**296**	**114**
95	4543	1420	3123	164	117	47
96	3116	913	2203	107	82	25
97	2166	636	1530	63	46	17
98	1438	420	1018	42	28	14
99	1083	299	784	34	23	11
100岁及以上	**1494**	**336**	**1158**	**32**	**16**	**16**

8-11b 续表 1

单位：人

年龄	与配偶同住			与子女同住			独居(有保姆)		
	小计	男	女	小计	男	女	小计	男	女
总　计	**2137405**	**1139910**	**997495**	**896592**	**253825**	**642767**	**8891**	**4043**	**4848**
60-64岁	**653857**	**333369**	**320488**	**164432**	**49622**	**114810**	**918**	**494**	**424**
60	113311	57154	56157	26309	7765	18544	157	84	73
61	107398	55166	52232	26325	8009	18316	147	82	65
62	137230	70458	66772	34627	10438	24189	182	96	86
63	154462	79172	75290	39932	12287	27645	216	123	93
64	141456	71419	70037	37239	11123	26116	216	109	107
65-69岁	**672823**	**341707**	**331116**	**191678**	**57199**	**134479**	**1081**	**559**	**522**
65	147918	74884	73034	39490	12019	27471	216	116	100
66	147745	74718	73027	40448	12164	28284	229	112	117
67	132709	67182	65527	38119	11378	26741	205	105	100
68	132940	67758	65182	39447	11767	27680	220	118	102
69	111511	57165	54346	34174	9871	24303	211	108	103
70-74岁	**430896**	**231287**	**199609**	**163094**	**46374**	**116720**	**1170**	**576**	**594**
70	104247	54573	49674	34290	9970	24320	207	102	105
71	99287	53051	46236	35161	10214	24947	274	138	136
72	83017	44500	38517	31815	9106	22709	222	113	109
73	76409	41839	34570	31647	8815	22832	243	117	126
74	67936	37324	30612	30181	8269	21912	224	106	118
75-79岁	**230252**	**134461**	**95791**	**138610**	**37502**	**101108**	**1355**	**564**	**791**
75	57589	32428	25161	28132	7583	20549	221	80	141
76	52322	30154	22168	28804	7867	20937	246	104	142
77	43803	25529	18274	27051	7362	19689	272	120	152
78	39628	23714	15914	26880	7226	19654	267	116	151
79	36910	22636	14274	27743	7464	20279	349	144	205
80-84岁	**107606**	**69687**	**37919**	**120236**	**32303**	**87933**	**1856**	**798**	**1058**
80	30369	19154	11215	26021	6965	19056	317	150	167
81	23092	14651	8441	23384	6369	17015	347	150	197
82	22116	14529	7587	25365	6809	18556	410	178	232
83	17666	11757	5909	23309	6227	17082	422	171	251
84	14363	9596	4767	22157	5933	16224	360	149	211
85-89岁	**34928**	**24121**	**10807**	**78916**	**20884**	**58032**	**1574**	**659**	**915**
85	10989	7326	3663	19915	5168	14747	346	129	217
86	8654	5894	2760	17833	4701	13132	352	138	214
87	7023	4959	2064	16872	4638	12234	366	162	204
88	4740	3354	1386	13273	3449	9824	279	126	153
89	3522	2588	934	11023	2928	8095	231	104	127
90-94岁	**6394**	**4790**	**1604**	**31092**	**8028**	**23064**	**741**	**327**	**414**
90	2699	2006	693	9881	2597	7284	232	101	131
91	1570	1153	417	7062	1798	5264	182	90	92
92	1025	771	254	6383	1627	4756	141	61	80
93	679	527	152	4496	1172	3324	102	38	64
94	421	333	88	3270	834	2436	84	37	47
95-99岁	**610**	**462**	**148**	**7552**	**1739**	**5813**	**166**	**57**	**109**
95	259	195	64	2745	659	2086	54	19	35
96	153	115	38	1893	447	1446	49	14	35
97	101	78	23	1356	293	1063	27	15	12
98	60	45	15	895	198	697	18	5	13
99	37	29	8	663	142	521	18	4	14
100岁及以上	**39**	**26**	**13**	**982**	**174**	**808**	**30**	**9**	**21**

8-11b 续表 2

单位：人

年龄	独居(无保姆)			养老机构			其他		
	小计	男	女	小计	男	女	小计	男	女
总计	**556188**	**230995**	**325193**	**46560**	**29833**	**16727**	**210266**	**108637**	**101629**
60-64岁	**102436**	**56089**	**46347**	**4738**	**3751**	**987**	**67159**	**38443**	**28716**
60	17105	9560	7545	581	434	147	12496	7297	5199
61	16464	9295	7169	654	511	143	11420	6643	4777
62	21270	11869	9401	1058	837	221	14280	8167	6113
63	24593	13413	11180	1250	998	252	15555	8937	6618
64	23004	11952	11052	1195	971	224	13408	7399	6009
65-69岁	**122974**	**57589**	**65385**	**7555**	**6012**	**1543**	**57025**	**30189**	**26836**
65	24477	12317	12160	1376	1135	241	13173	7308	5865
66	25762	12537	13225	1499	1198	301	12856	6774	6082
67	24230	11286	12944	1543	1225	318	11309	5923	5386
68	25655	11539	14116	1699	1341	358	10923	5698	5225
69	22850	9910	12940	1438	1113	325	8764	4486	4278
70-74岁	**112420**	**44150**	**68270**	**8261**	**6093**	**2168**	**34723**	**17535**	**17188**
70	22908	9664	13244	1600	1230	370	8158	4172	3986
71	24252	9812	14440	1732	1330	402	7836	3988	3848
72	21659	8530	13129	1648	1236	412	6664	3342	3322
73	21963	8316	13647	1604	1137	467	6327	3188	3139
74	21638	7828	13810	1677	1160	517	5738	2845	2893
75-79岁	**94395**	**32420**	**61975**	**8265**	**5282**	**2983**	**22223**	**10489**	**11734**
75	19793	7094	12699	1658	1133	525	4948	2353	2595
76	20049	6997	13052	1607	1057	550	4803	2297	2506
77	17993	6099	11894	1598	1025	573	4392	2068	2324
78	17966	6006	11960	1658	1031	627	4084	1922	2162
79	18594	6224	12370	1744	1036	708	3996	1849	2147
80-84岁	**71391**	**23311**	**48080**	**8392**	**4595**	**3797**	**15371**	**6745**	**8626**
80	16601	5417	11184	1757	1007	750	3701	1706	1995
81	14222	4647	9575	1577	896	681	3030	1300	1730
82	15115	4958	10157	1772	969	803	3190	1402	1788
83	13243	4376	8867	1642	874	768	2840	1215	1625
84	12210	3913	8297	1644	849	795	2610	1122	1488
85-89岁	**38796**	**12841**	**25955**	**6091**	**2814**	**3277**	**9044**	**3551**	**5493**
85	10683	3428	7255	1464	715	749	2257	896	1361
86	9076	2962	6114	1413	679	734	2088	772	1316
87	8212	2775	5437	1279	587	692	1958	796	1162
88	5981	2012	3969	1078	475	603	1515	594	921
89	4844	1664	3180	857	358	499	1226	493	733
90-94岁	**11556**	**3941**	**7615**	**2592**	**1058**	**1534**	**3588**	**1322**	**2266**
90	4105	1423	2682	826	338	488	1156	450	706
91	2734	944	1790	589	256	333	801	274	527
92	2163	738	1425	544	210	334	691	259	432
93	1550	498	1052	392	168	224	538	201	337
94	1004	338	666	241	86	155	402	138	264
95-99岁	**2024**	**601**	**1423**	**590**	**210**	**380**	**994**	**323**	**671**
95	787	250	537	206	73	133	328	107	221
96	516	134	382	171	53	118	227	68	159
97	343	107	236	91	35	56	185	62	123
98	205	60	145	78	31	47	140	53	87
99	173	50	123	44	18	26	114	33	81
100岁及以上	**196**	**53**	**143**	**76**	**18**	**58**	**139**	**40**	**99**

8-11c 全国分年龄、性别、居住状况的60岁及以上老年人口(乡村)

单位：人

年 龄	60岁及以上人口			与配偶和子女同住		
	合计	男	女	小计	男	女
总 计	**11836880**	**5802938**	**6033942**	**2377249**	**1299228**	**1078021**
60-64岁	**3073094**	**1570673**	**1502421**	**832598**	**439747**	**392851**
60	515075	260483	254592	148734	77305	71429
61	492199	253460	238739	138587	73433	65154
62	642252	330311	311941	177089	93899	83190
63	740389	381611	358778	195860	104543	91317
64	683179	344808	338371	172328	90567	81761
65-69岁	**3390981**	**1697426**	**1693555**	**764191**	**405059**	**359132**
65	726062	368635	357427	178091	94407	83684
66	729567	366289	363278	170928	89990	80938
67	675829	337744	338085	151901	80356	71545
68	683433	340602	342831	146027	77848	68179
69	576090	284156	291934	117244	62458	54786
70-74岁	**2358988**	**1169730**	**1189258**	**427805**	**238319**	**189486**
70	544199	269473	274726	106999	58060	48939
71	535213	269826	265387	100518	56404	44114
72	458173	227774	230399	82412	46143	36269
73	432135	213957	218178	74341	41939	32402
74	389268	188700	200568	63535	35773	27762
75-79岁	**1475908**	**712807**	**763101**	**213805**	**126910**	**86895**
75	345461	166845	178616	54125	31091	23034
76	327049	160437	166612	49446	29336	20110
77	286652	138353	148299	41338	24628	16710
78	261441	125710	135731	35748	21517	14231
79	255305	121462	133843	33148	20338	12810
80-84岁	**895893**	**409169**	**486724**	**98401**	**62619**	**35782**
80	220042	103759	116283	27198	16872	10326
81	181599	83665	97934	20842	13131	7711
82	186730	86310	100420	20565	13307	7258
83	162329	72456	89873	16417	10637	5780
84	145193	62979	82214	13379	8672	4707
85-89岁	**459401**	**183233**	**276168**	**32874**	**21446**	**11428**
85	124177	52104	72073	10265	6639	3626
86	107075	43410	63665	8116	5274	2842
87	97016	38451	58565	6580	4328	2252
88	72998	27770	45228	4593	3013	1580
89	58135	21498	36637	3320	2192	1128
90-94岁	**147929**	**50410**	**97519**	**6618**	**4502**	**2116**
90	50177	18040	32137	2623	1772	851
91	34182	11760	22422	1556	1052	504
92	28876	9624	19252	1165	793	372
93	20305	6542	13763	779	542	237
94	14389	4444	9945	495	343	152
95-99岁	**30785**	**8663**	**22122**	**868**	**581**	**287**
95	11292	3324	7968	333	229	104
96	7913	2235	5678	224	145	79
97	5305	1460	3845	155	100	55
98	3571	956	2615	92	69	23
99	2704	688	2016	64	38	26
100岁及以上	**3901**	**827**	**3074**	**89**	**45**	**44**

8-11c　续表 1　　　　　　　　　　　　　　　　　　　单位：人

年　龄	与配偶同住			与子女同住			独居(有保姆)		
	小计	男	女	小计	男	女	小计	男	女
总　计	**5420863**	**2882694**	**2538169**	**1897106**	**586075**	**1311031**	**12703**	**5878**	**6825**
60-64岁	**1555248**	**780702**	**774546**	**273616**	**96493**	**177123**	**1761**	**1066**	**695**
60	258824	128097	130727	42293	14813	27480	294	173	121
61	246823	124385	122438	41981	14941	27040	258	169	89
62	320818	161306	159512	57206	20469	36737	339	217	122
63	376544	190942	185602	67362	23956	43406	447	257	190
64	352239	175972	176267	64774	22314	42460	423	250	173
65-69岁	**1765641**	**898596**	**867045**	**361622**	**121640**	**239982**	**2256**	**1225**	**1031**
65	377288	190674	186614	69753	24451	45302	450	266	184
66	379740	191856	187884	74011	25504	48507	463	256	207
67	352019	178507	173512	72368	24412	47956	438	236	202
68	357171	183223	173948	76528	25088	51440	479	243	236
69	299423	154336	145087	68962	22185	46777	426	224	202
70-74岁	**1151065**	**623932**	**527133**	**353043**	**110258**	**242785**	**2099**	**1000**	**1099**
70	277033	145279	131754	70861	22598	48263	445	224	221
71	267504	144898	122606	74705	24120	50585	462	222	240
72	223701	121865	101836	68869	21479	47390	435	202	233
73	204772	113105	91667	70191	21947	48244	378	158	220
74	178055	98785	79270	68417	20114	48303	379	194	185
75-79岁	**593639**	**348533**	**245106**	**324726**	**95661**	**229065**	**1950**	**814**	**1136**
75	151562	85339	66223	65306	19106	46200	375	154	221
76	138085	80672	57413	66563	19771	46792	384	167	217
77	114147	67308	46839	64081	18857	45224	393	156	237
78	98845	59407	39438	62712	18630	44082	365	147	218
79	91000	55807	35193	66064	19297	46767	433	190	243
80-84岁	**257058**	**164874**	**92184**	**287178**	**83498**	**203680**	**1986**	**814**	**1172**
80	73220	45778	27442	61256	17815	43441	389	169	220
81	55275	35174	20101	55179	15966	39213	378	160	218
82	52797	34410	18387	60484	17905	42579	420	174	246
83	41790	27279	14511	56611	16374	40237	402	156	246
84	33976	22233	11743	53648	15438	38210	397	155	242
85-89岁	**82458**	**54992**	**27466**	**196575**	**54154**	**142421**	**1609**	**606**	**1003**
85	26506	17508	8998	48633	13823	34810	398	148	250
86	20509	13579	6930	44496	12263	32233	325	112	213
87	16637	11204	5433	42116	11664	30452	348	134	214
88	10980	7392	3588	33345	8963	24382	289	121	168
89	7826	5309	2517	27985	7441	20544	249	91	158
90-94岁	**14024**	**9808**	**4216**	**79141**	**19864**	**59277**	**784**	**275**	**509**
90	5863	4047	1816	25246	6544	18702	242	92	150
91	3315	2298	1017	18150	4638	13512	176	51	125
92	2405	1734	671	15928	3925	12003	172	61	111
93	1494	1071	423	11532	2777	8755	107	42	65
94	947	658	289	8285	1980	6305	87	29	58
95-99岁	**1602**	**1167**	**435**	**18563**	**4060**	**14503**	**216**	**67**	**149**
95	662	481	181	6736	1525	5211	82	27	55
96	435	326	109	4754	1040	3714	44	13	31
97	228	170	58	3233	701	2532	37	14	23
98	140	97	43	2210	488	1722	34	8	26
99	137	93	44	1630	306	1324	19	5	14
100岁及以上	**128**	**90**	**38**	**2642**	**447**	**2195**	**42**	**11**	**31**

8-11c 续表 2

单位：人

年 龄	独居(无保姆)			养老机构			其 他		
	小计	男	女	小计	男	女	小计	男	女
总 计	**1598627**	**736117**	**862510**	**65067**	**45053**	**20014**	**465265**	**247893**	**217372**
60-64岁	**267796**	**162997**	**104799**	**7659**	**6375**	**1284**	**134416**	**83293**	**51123**
60	40264	24553	15711	926	732	194	23740	14810	8930
61	41141	25646	15495	1028	841	187	22381	14045	8336
62	56200	34917	21283	1665	1359	306	28935	18144	10791
63	66710	40618	26092	2014	1722	292	31452	19573	11879
64	63481	37263	26218	2026	1721	305	27908	16721	11187
65-69岁	**362452**	**190421**	**172031**	**12332**	**10185**	**2147**	**122487**	**70300**	**52187**
65	70351	40155	30196	2300	1939	361	27829	16743	11086
66	74678	40736	33942	2476	2045	431	27271	15902	11369
67	72080	38013	34067	2553	2121	432	24470	14099	10371
68	77063	38864	38199	2641	2166	475	23524	13170	10354
69	68280	32653	35627	2362	1914	448	19393	10386	9007
70-74岁	**332581**	**145552**	**187029**	**12649**	**9829**	**2820**	**79746**	**40840**	**38906**
70	67938	31561	36377	2597	2066	531	18326	9685	8641
71	71543	32646	38897	2671	2123	548	17810	9413	8397
72	65037	28364	36673	2463	1915	548	15256	7806	7450
73	65097	27474	37623	2493	1909	584	14863	7425	7438
74	62966	25507	37459	2425	1816	609	13491	6511	6980
75-79岁	**276047**	**107641**	**168406**	**11641**	**8072**	**3569**	**54100**	**25176**	**28924**
75	59673	23615	36058	2345	1725	620	12075	5815	6260
76	58482	23247	35235	2381	1674	707	11708	5570	6138
77	53836	21002	32834	2317	1622	695	10540	4780	5760
78	51575	19850	31725	2269	1554	715	9927	4605	5322
79	52481	19927	32554	2329	1497	832	9850	4406	5444
80-84岁	**202448**	**75411**	**127037**	**10224**	**5929**	**4295**	**38598**	**16024**	**22574**
80	46635	17724	28911	2253	1402	851	9091	3999	5092
81	40391	14870	25521	1967	1154	813	7567	3210	4357
82	42533	16045	26488	2176	1268	908	7755	3201	4554
83	37851	13995	23856	1944	1081	863	7314	2934	4380
84	35038	12777	22261	1884	1024	860	6871	2680	4191
85-89岁	**115007**	**40153**	**74854**	**7045**	**3296**	**3749**	**23833**	**8586**	**15247**
85	30628	10914	19714	1729	880	849	6018	2192	3826
86	26725	9408	17317	1584	749	835	5320	2025	3295
87	24583	8549	16034	1554	737	817	5198	1835	3363
88	18555	6311	12244	1245	549	696	3991	1421	2570
89	14516	4971	9545	933	381	552	3306	1113	2193
90-94岁	**35165**	**11824**	**23341**	**2861**	**1167**	**1694**	**9336**	**2970**	**6366**
90	12324	4203	8121	872	377	495	3007	1005	2002
91	8271	2803	5468	674	279	395	2040	639	1401
92	6749	2277	4472	573	220	353	1884	614	1270
93	4556	1527	3029	427	161	266	1410	422	988
94	3265	1014	2251	315	130	185	995	290	705
95-99岁	**6522**	**1972**	**4550**	**600**	**176**	**424**	**2414**	**640**	**1774**
95	2449	792	1657	192	57	135	838	213	625
96	1657	489	1168	169	44	125	630	178	452
97	1133	329	804	113	40	73	406	106	300
98	729	203	526	68	20	48	298	71	227
99	554	159	395	58	15	43	242	72	170
100岁及以上	**609**	**146**	**463**	**56**	**24**	**32**	**335**	**64**	**271**

8-12 全国分性别、婚姻状况、居住状况的60岁及以上老年人口

单位：人

居住状况	60岁及以上人口			未婚		
	合计	男	女	小计	男	女
总计	**25523101**	**12312008**	**13211093**	**421981**	**380502**	**41479**
与配偶和子女同住	5900248	3219972	2680276			
与配偶同住	11154108	5940542	5213566			
与子女同住	4229595	1209487	3020108	10861	8512	2349
独居(有保姆)	46243	20583	25660	1971	1608	363
独居(无保姆)	3011811	1293425	1718386	225760	210746	15014
养老机构	185511	106605	78906	57888	53104	4784
其他	995585	521394	474191	125501	106532	18969

8-12 续表

单位：人

居住状况	有配偶			离婚			丧偶		
	小计	男	女	小计	男	女	小计	男	女
总计	**19196877**	**10247778**	**8949099**	**337462**	**187367**	**150095**	**5566781**	**1496361**	**4070420**
与配偶和子女同住	5900248	3219972	2680276						
与配偶同住	11154108	5940542	5213566						
与子女同住	1030085	420807	609278	115931	51923	64008	3072718	728245	2344473
独居(有保姆)	8082	4481	3601	1751	1087	664	34439	13407	21032
独居(无保姆)	579682	359063	220619	167760	102338	65422	2038609	621278	1417331
养老机构	34167	18132	16035	4471	3246	1225	88985	32123	56862
其他	490505	284781	205724	47549	28773	18776	332030	101308	230722

8-12a　全国分性别、婚姻状况、居住状况的60岁及以上老年人口(城市)

单位：人

居住状况	60岁及以上人口			未婚		
	合计	男	女	小计	男	女
总　计	**8584585**	**4062662**	**4521923**	**68948**	**48101**	**20847**
与配偶和子女同住	2277265	1241579	1035686			
与配偶同住	3595840	1917938	1677902			
与子女同住	1435897	369587	1066310	2044	1207	837
独居(有保姆)	24649	10662	13987	556	335	221
独居(无保姆)	856996	326313	530683	31078	22352	8726
养老机构	73884	31719	42165	6970	5573	1397
其　他	320054	164864	155190	28300	18634	9666

8-12a　续表

单位：人

居住状况	有配偶			离婚			丧偶		
	小计	男	女	小计	男	女	小计	男	女
总　计	**6723641**	**3556631**	**3167010**	**202357**	**94142**	**108215**	**1589639**	**363788**	**1225851**
与配偶和子女同住	2277265	1241579	1035686						
与配偶同住	3595840	1917938	1677902						
与子女同住	451308	162645	288663	70479	23905	46574	912066	181830	730236
独居(有保姆)	3985	2090	1895	1131	670	461	18977	7567	11410
独居(无保姆)	194034	115589	78445	98653	51229	47424	533231	137143	396088
养老机构	19639	10222	9417	2397	1615	782	44878	14309	30569
其　他	181570	106568	75002	29697	16723	12974	80487	22939	57548

8-12b　全国分性别、婚姻状况、居住状况的60岁及以上老年人口(镇)

单位：人

居住状况	60岁及以上人口			未　婚		
	合计	男	女	小计	男	女
总　计	**5101636**	**2446408**	**2655228**	**74236**	**66337**	**7899**
与配偶和子女同住	1245734	679165	566569			
与配偶同住	2137405	1139910	997495			
与子女同住	896592	253825	642767	2025	1596	429
独居(有保姆)	8891	4043	4848	308	249	59
独居(无保姆)	556188	230995	325193	31929	29677	2252
养老机构	46560	29833	16727	18186	16695	1491
其　他	210266	108637	101629	21788	18120	3668

8-12b　续表

单位：人

居住状况	有 配 偶			离　婚			丧　偶		
	小计	男	女	小计	男	女	小计	男	女
总　计	**3855975**	**2056844**	**1799131**	**51247**	**29368**	**21879**	**1120178**	**293859**	**826319**
与配偶和子女同住	1245734	679165	566569						
与配偶同住	2137405	1139910	997495						
与子女同住	229765	93285	136480	18057	8710	9347	646745	150234	496511
独居(有保姆)	1682	965	717	263	162	101	6638	2667	3971
独居(无保姆)	119042	73834	45208	25379	15783	9596	379838	111701	268137
养老机构	7179	3939	3240	877	664	213	20318	8535	11783
其　他	115168	65746	49422	6671	4049	2622	66639	20722	45917

8-12c 全国分性别、婚姻状况、居住状况的60岁及以上老年人口(乡村)

单位: 人

居住状况	60岁及以上人口			未婚		
	合计	男	女	小计	男	女
总　计	**11836880**	**5802938**	**6033942**	**278797**	**266064**	**12733**
与配偶和子女同住	2377249	1299228	1078021			
与配偶同住	5420863	2882694	2538169			
与子女同住	1897106	586075	1311031	6792	5709	1083
独居(有保姆)	12703	5878	6825	1107	1024	83
独居(无保姆)	1598627	736117	862510	162753	158717	4036
养老机构	65067	45053	20014	32732	30836	1896
其　他	465265	247893	217372	75413	69778	5635

8-12c 续表

单位: 人

居住状况	有配偶			离婚			丧偶		
	小计	男	女	小计	男	女	小计	男	女
总　计	**8617261**	**4634303**	**3982958**	**83858**	**63857**	**20001**	**2856964**	**838714**	**2018250**
与配偶和子女同住	2377249	1299228	1078021						
与配偶同住	5420863	2882694	2538169						
与子女同住	349012	164877	184135	27395	19308	8087	1513907	396181	1117726
独居(有保姆)	2415	1426	989	357	255	102	8824	3173	5651
独居(无保姆)	266606	169640	96966	43728	35326	8402	1125540	372434	753106
养老机构	7349	3971	3378	1197	967	230	23789	9279	14510
其　他	193767	112467	81300	11181	8001	3180	184904	57647	127257

第二部分 长表数据资料

第九卷 住房

9-1　各地区按建筑层数、承重类型分的家庭户户数

单位：户

地　区	合　计	建筑层数				承重类型				
		平房	多层(7层及以下)	高层(8-33层)	超高层(34层及以上)	钢及钢筋混凝土结构	混合结构	砖木结构	竹草土坯结构	其他结构
全　国	**45791305**	**12797543**	**24193815**	**8506652**	**293295**	**24154579**	**14683420**	**6221894**	**310104**	**421308**
北　京	772865	142296	333180	296022	1367	487369	208163	75900	137	1296
天　津	448523	92891	205957	146355	3320	266364	118736	61917	423	1083
河　北	2416146	1400555	632272	374189	9130	865199	933688	597984	9947	9328
山　西	1188728	529874	472793	182034	4027	452760	451303	242744	14784	27137
内蒙古	868558	361978	383742	122180	658	400062	202514	243694	13893	8395
辽　宁	1628448	541100	715048	359558	12742	822419	490710	306655	2010	6654
吉　林	857737	305152	395392	154438	2755	447354	180446	221037	6367	2533
黑龙江	1172755	384904	579388	205497	2966	689813	189100	266707	16626	10509
上　海	901732	52401	576163	268385	4783	538169	301422	61441	26	674
江　苏	2743393	548539	1592572	578487	23795	1511107	956665	269063	520	6038
浙　江	2279907	235593	1676891	361003	6420	1279681	793480	186113	9513	11120
安　徽	2005193	478960	1181502	323686	21045	1070671	691892	233257	2241	7132
福　建	1266971	113292	870304	271630	11745	759242	386145	68909	15710	36965
江　西	1340608	154987	1016084	167025	2512	836789	421808	74213	4014	3784
山　东	3465782	1791836	1164213	501568	8165	1435845	1063765	925642	21127	19403
河　南	2975955	1126186	1458169	373794	17806	1222880	1425552	315188	2794	9541
湖　北	1894974	318963	1176249	374448	25314	931761	768404	173962	12699	8148
湖　南	2162386	438807	1451980	262011	9588	941986	953214	239447	4576	23163
广　东	3752057	429646	2273835	1015231	33345	3053160	561669	125547	2060	9621
广　西	1445879	277141	983530	177298	7910	862926	523897	48346	3284	7426
海　南	264959	100832	115408	48580	139	188421	46331	28638	69	1500
重　庆	1136063	145221	519498	454043	17301	665170	328037	113478	17019	12359
四　川	2947695	718896	1601935	601619	25245	1460817	927771	435651	75088	48368
贵　州	1145420	331980	627165	170963	15312	676419	326591	110248	2226	29936
云　南	1413050	432022	840873	129142	11013	734239	357883	230738	31656	58534
西　藏	76553	32348	41131	3068	6	32983	11294	20189	3153	8934
陕　西	1275990	453828	532371	281869	7922	642457	520952	74101	13813	24667
甘　肃	764771	386102	249332	124909	4428	350538	168844	209648	19500	16241
青　海	174934	72584	68718	32083	1549	90895	41004	40705	622	1708
宁　夏	233945	77207	115665	40724	349	97625	77994	56622	489	1215
新　疆	769328	321422	342455	104813	638	339458	254146	164110	3718	7896

注：本表数据为居住在普通住宅的家庭户，下表同。

9-1a 各地区按建筑层数、承重类型分的家庭户户数(城市)

单位：户

地区	合计	建筑层数				承重类型				
		平房	多层(7层及以下)	高层(8-33层)	超高层(34层及以上)	钢及钢筋混凝土结构	混合结构	砖木结构	竹草土坯结构	其他结构
全国	**19072613**	**1157608**	**10866627**	**6780735**	**267643**	**13677887**	**4821248**	**524395**	**7228**	**41855**
北京	628559	57893	290005	279299	1362	429308	164948	33452	20	831
天津	354208	14493	195646	140750	3319	246650	97253	9365	60	880
河北	717527	104711	353269	251785	7762	433188	250178	32946	169	1046
山西	432175	35995	254581	137736	3863	251492	163322	14803	216	2342
内蒙古	336029	25742	217545	92091	651	234418	85827	15111	296	377
辽宁	1011006	65186	604429	328690	12701	661553	314655	32405	185	2208
吉林	383735	11105	265379	105596	1655	288427	87146	7920	103	139
黑龙江	559548	22370	366663	167778	2737	460517	83732	14537	280	482
上海	703263	21147	438953	238387	4776	458653	211261	32929	12	408
江苏	1280141	79675	731260	447286	21920	922644	322688	32949	48	1812
浙江	1181505	92975	782685	299703	6142	788699	335702	53483	301	3320
安徽	524214	26273	291619	192595	13727	386321	126930	9834	56	1073
福建	548807	16840	323379	197721	10867	405694	126311	9543	413	6846
江西	381802	12951	245148	121450	2253	294894	81260	5001	82	565
山东	1309033	182014	741498	378180	7341	870638	346039	88489	1456	2411
河南	771058	59742	459208	239594	12514	449767	309791	10361	95	1044
湖北	787315	25892	425755	310747	24921	520776	250946	14230	167	1196
湖南	589972	24385	363287	194270	8030	368003	207166	13712	135	956
广东	2506122	111259	1431512	930541	32810	2208993	260656	32837	151	3485
广西	432679	13561	264643	146894	7581	337317	90328	4148	49	837
海南	102402	6545	54237	41506	114	92045	8133	1637	6	581
重庆	550087	6849	145647	381743	15848	447681	97613	3874	284	635
四川	1029606	25352	507810	471772	24672	754607	258007	13978	1011	2003
贵州	301957	14885	147723	124306	15043	236278	61940	3138	22	579
云南	400877	25132	265352	99515	10878	291979	95451	10401	1118	1928
西藏	19563	3630	14082	1846	5	16087	2829	372	28	247
陕西	512801	32062	245445	227528	7766	350122	157429	4325	54	871
甘肃	235019	12922	126823	91126	4148	163973	64657	5327	255	807
青海	71065	3419	38971	27168	1507	55229	14999	693	8	136
宁夏	101321	3091	68331	29805	94	56813	42545	1697	13	253
新疆	309217	19512	205742	83327	636	195121	101506	10898	135	1557

9-1b　各地区按建筑层数、承重类型分的家庭户户数(镇)

单位：户

地　区	合　计	建筑层数				承重类型				
		平房	多层(7层及以下)	高层(8-33层)	超高层(34层及以上)	钢及钢筋混凝土结构	混合结构	砖木结构	竹草土坯结　构	其他结构
全　国	**9876749**	**2288880**	**6020699**	**1544998**	**22172**	**5606408**	**3161249**	**1016411**	**32908**	**59773**
北　京	45863	13317	20871	11674	1	26472	12491	6808	9	83
天　津	22397	11970	6200	4226	1	9930	4305	8064	32	66
河　北	683001	352404	209996	119241	1360	285781	248651	145626	1587	1356
山　西	273164	92661	140480	39873	150	122326	106608	39787	1530	2913
内蒙古	238796	65227	146727	26838	4	132432	59394	43987	1900	1083
辽　宁	194463	72456	94326	27677	4	102076	48717	42849	209	612
吉　林	171930	27341	102930	40941	718	116566	34284	20350	561	169
黑龙江	241590	52887	160293	28181	229	156283	44423	38719	1255	910
上　海	85888	6002	53796	26083	7	58160	23689	4003	2	34
江　苏	694323	136293	437634	118754	1642	396670	234814	61233	122	1484
浙　江	453638	40133	359327	53922	256	261970	159690	29424	1115	1439
安　徽	595803	96673	367534	124381	7215	376386	173902	43560	255	1700
福　建	330340	26577	235931	67086	746	203809	102083	13094	1961	9393
江　西	373488	29494	300542	43197	255	264251	96205	11864	346	822
山　东	771997	353446	299215	118512	824	365433	225486	173470	3851	3757
河　南	789061	216918	446087	122140	3916	395696	336578	54568	317	1902
湖　北	372457	43592	275402	53265	198	202565	147346	20879	851	816
湖　南	621937	93620	460882	65883	1552	301782	271879	44783	731	2762
广　东	428831	64904	290684	72751	492	335616	69478	22285	190	1262
广　西	325048	45957	251022	27796	273	192154	123908	7729	325	932
海　南	57574	21191	30724	5636	23	39912	11448	5941	17	256
重　庆	204517	15185	126341	61578	1413	122719	70064	9502	1255	977
四　川	573301	71353	391327	110431	190	333754	190558	39217	5395	4377
贵　州	283253	49039	192331	41783	100	194537	72082	13390	240	3004
云　南	326427	82841	215708	27748	130	194264	77840	41505	4295	8523
西　藏	10968	3371	7308	289		6874	1692	1457	160	785
陕　西	284965	88323	148425	48065	152	158684	106012	13596	2094	4579
甘　肃	166626	55861	81134	29354	277	103658	32843	26634	1617	1874
青　海	40464	13556	22130	4736	42	24727	8831	6461	110	335
宁　夏	52972	8697	36285	7990		27116	19629	5974	43	210
新　疆	161667	37591	109107	14967	2	93805	46319	19652	533	1358

9-1c 各地区按建筑层数、承重类型分的家庭户户数(乡村)

单位：户

地区	合计	建筑层数				承重类型				
		平房	多层(7层及以下)	高层(8-33层)	超高层(34层及以上)	钢及钢筋混凝土结构	混合结构	砖木结构	竹草土坯结构	其他结构
全国	**16841943**	**9351055**	**7306489**	**180919**	**3480**	**4870284**	**6700923**	**4681088**	**269968**	**319680**
北京	98443	71086	22304	5049	4	31589	30724	35640	108	382
天津	71918	66428	4111	1379		9784	17178	44488	331	137
河北	1015618	943440	69007	3163	8	146230	434859	419412	8191	6926
山西	483389	401218	77732	4425	14	78942	181373	188154	13038	21882
内蒙古	293733	271009	19470	3251	3	33212	57293	184596	11697	6935
辽宁	422979	403458	16293	3191	37	58790	127338	231401	1616	3834
吉林	302072	266706	27083	7901	382	42361	59016	192767	5703	2225
黑龙江	371617	309647	52432	9538		73013	60945	213451	15091	9117
上海	112581	25252	83414	3915		21356	66472	24509	12	232
江苏	768929	332571	423678	12447	233	191793	399163	174881	350	2742
浙江	644764	102485	534879	7378	22	229012	298088	103206	8097	6361
安徽	885176	356014	522349	6710	103	307964	391060	179863	1930	4359
福建	387824	69875	310994	6823	132	149739	157751	46272	13336	20726
江西	585318	112542	470394	2378	4	277644	244343	57348	3586	2397
山东	1384752	1256376	123500	4876		199774	492240	663683	15820	13235
河南	1415836	849526	552874	12060	1376	377417	779183	250259	2382	6595
湖北	735202	249479	475092	10436	195	208420	370112	138853	11681	6136
湖南	950477	320802	627811	1858	6	272201	474169	180952	3710	19445
广东	817104	253483	551639	11939	43	508551	231535	70425	1719	4874
广西	688152	217623	467865	2608	56	333455	309661	36469	2910	5657
海南	104983	73096	30447	1438	2	56464	26750	21060	46	663
重庆	381459	123187	247510	10722	40	94770	160360	100102	15480	10747
四川	1344788	622191	702798	19416	383	372456	479206	382456	68682	41988
贵州	560210	268056	287111	4874	169	245604	192569	93720	1964	26353
云南	685746	324049	359813	1879	5	247996	184592	178832	26243	48083
西藏	46022	25347	19741	933	1	10022	6773	18360	2965	7902
陕西	478224	333443	138501	6276	4	133651	257511	56180	11665	19217
甘肃	363126	317319	41375	4429	3	82907	71344	177687	17628	13560
青海	63405	55609	7617	179		10939	17174	33551	504	1237
宁夏	79652	65419	11049	2929	255	13696	15820	48951	433	752
新疆	298444	264319	27606	6519		50532	106321	133560	3050	4981

9-2　各地区按住房建成时间分的家庭户住房状况

单位：户、间、平方米

地　区	合　计			1949年以前		
	户数	间数	面积	户数	间数	面积
全　国	**45791305**	**146151912**	**5099336367**	**167148**	**403990**	**11767401**
北　京	772865	1777895	62759882	4568	7541	118702
天　津	448523	1068237	38618247	1286	2162	45622
河　北	2416146	7978278	257073774	4892	14517	343345
山　西	1188728	3486074	110903166	11332	28433	674631
内蒙古	868558	1941829	72984564	561	1106	32514
辽　宁	1628448	3734098	131283618	3672	9962	244398
吉　林	857737	1885691	69211044	397	779	25434
黑龙江	1172755	2512514	90526521	1049	2026	59845
上　海	901732	1834289	68267460	17294	22357	475461
江　苏	2743393	8511474	340523087	5750	12739	419051
浙　江	2279907	6127358	248475045	25188	47360	1699442
安　徽	2005193	6508346	245603565	1781	4847	167968
福　建	1266971	4369041	169578698	12445	31828	931319
江　西	1340608	5637487	222437041	2684	8305	275144
山　东	3465782	11419053	368758009	13113	41421	929484
河　南	2975955	12568010	402126772	2888	10117	293198
湖　北	1894974	6339914	242587312	3078	7679	255111
湖　南	2162386	8258652	280623494	4725	13731	415201
广　东	3752057	10317155	334867164	16595	37466	1115752
广　西	1445879	5868731	201126755	2677	7223	225394
海　南	264959	766672	28411273	691	1702	58231
重　庆	1136063	3499823	118792114	4932	14335	472674
四　川	2947695	9573532	327369892	12313	35155	1180621
贵　州	1145420	4573670	143999299	3744	12043	352826
云　南	1413050	5069219	178479451	6186	19529	658232
西　藏	76553	311785	12191084	246	1066	53450
陕　西	1275990	3886046	144216393	2087	4835	154371
甘　肃	764771	2915171	74618703	534	2254	47471
青　海	174934	549102	18096590	162	584	16350
宁　夏	233945	620295	22879588	15	46	1428
新　疆	769328	2242471	71946762	263	842	24731

9-2 续表 1

单位：户、间、平方米

地区	1949-1959年			1960-1969年		
	户数	间数	面积	户数	间数	面积
全国	**159811**	**406401**	**11825978**	**369506**	**1021313**	**29727764**
北京	9667	16749	384443	8772	17808	430365
天津	2325	4034	95516	3054	7375	193401
河北	6838	20133	515700	22820	68834	1768579
山西	7803	18928	452133	17053	45186	1045461
内蒙古	1978	3768	105647	4921	9968	282068
辽宁	6525	15826	408670	17769	47662	1230713
吉林	1428	2843	87909	3743	7926	244588
黑龙江	4297	7906	236479	10624	21007	635013
上海	7958	10557	274557	5957	8548	223828
江苏	5683	13958	489529	14326	36597	1289059
浙江	11792	23412	854452	24896	51391	1892003
安徽	2536	6215	197625	7557	19290	629975
福建	6926	19233	598611	15490	46371	1449323
江西	2631	7848	257667	6987	21707	720628
山东	18453	58861	1362728	49156	160778	3778309
河南	5657	19338	556785	14629	52884	1472579
湖北	4663	11454	383878	11553	31850	1088409
湖南	7106	21093	648964	20080	59737	1811524
广东	11390	25124	762226	25598	59402	1801245
广西	2587	7080	207658	6971	18929	554584
海南	701	1656	56968	1858	4221	141974
重庆	4141	11773	380146	10100	28680	927184
四川	9888	28823	955018	25612	75945	2465969
贵州	5313	17244	499401	13640	43834	1255843
云南	5838	17894	611183	13779	41102	1396715
西藏	235	935	47092	314	1288	58538
陕西	3660	8429	264955	7716	18454	579002
甘肃	1160	3478	77320	2975	9934	217739
青海	201	569	15881	474	1245	40743
宁夏	72	169	5680	215	542	16813
新疆	359	1071	31157	867	2818	85590

9-2　续表 2

单位：户、间、平方米

地　区	1970-1979年			1980-1989年			1990-1999年		
	户数	间数	面积	户数	间数	面积	户数	间数	面积
全　国	**1226986**	**3462247**	**101907447**	**4692907**	**13859299**	**430563859**	**9411190**	**29933139**	**1006559821**
北　京	23315	53737	1319162	100708	245330	6688733	158113	370039	12117279
天　津	20014	53371	1333743	76465	190437	5085411	94889	221597	7537454
河　北	102398	309096	8158180	351726	1130573	31038998	542297	1885579	56246167
山　西	52798	146870	3485947	175168	505475	12830288	243629	744082	21373053
内蒙古	18999	39639	1145476	77172	167265	5107502	147486	333253	11047880
辽　宁	71183	181032	4872666	268543	629668	18382567	373207	861824	28550282
吉　林	18286	40178	1223423	96129	218695	6812743	185617	427179	14503573
黑龙江	38618	80035	2423291	139774	298449	9026836	252831	562031	18811144
上　海	21471	35986	1009382	148999	280065	8654270	252646	516270	18347192
江　苏	66263	174206	6256806	343526	993970	37426282	644124	2109247	82996417
浙　江	69234	151295	5656012	258965	652627	25403124	527248	1486582	59805533
安　徽	28826	75370	2419301	142454	406417	13186366	403140	1269252	44145626
福　建	38772	124782	4084616	117465	405640	14215186	266239	951788	36204910
江　西	23255	73741	2499987	91850	318171	11220813	239096	962626	37320467
山　东	150436	502095	12336436	488399	1671795	44859406	746965	2563861	76997361
河　南	56701	204763	5675770	268837	1043240	29730761	633884	2610096	78955802
湖　北	43892	116872	3943965	191017	573617	20284539	382651	1281844	48325917
湖　南	62384	187204	5771796	205658	676266	21752512	498387	1893257	63388340
广　东	75290	183308	5638976	308508	845344	26655895	920518	2531877	80639094
广　西	20317	55789	1641213	78847	254741	7888489	243994	954658	31722062
海　南	5378	12223	415032	19561	47799	1635974	45484	121506	4360575
重　庆	25811	75367	2414897	79315	239825	7700418	211957	694382	22903281
四　川	81839	247366	7946244	266086	824351	27347268	550698	1805313	62291014
贵　州	29525	97862	2805854	70717	238600	6966212	138162	501553	15333079
云　南	35166	107727	3646049	112239	357453	11885060	210948	697779	23285189
西　藏	602	2618	121416	1843	7495	330781	5284	19987	843019
陕　西	27779	69814	2215303	107527	304542	10043409	227977	721307	25762706
甘　肃	12438	43408	946049	62088	221734	5065254	131056	476977	11586759
青　海	1575	3850	115720	7087	17452	519920	16209	46288	1412698
宁　夏	950	2264	69577	7491	18406	580052	29851	77529	2538600
新　疆	3471	10379	315158	28743	73857	2238790	86603	233576	7207348

9-2 续表 3

单位：户、间、平方米

地区	2000-2009年			2010-2014年			2015年以后		
	户数	间数	面积	户数	间数	面积	户数	间数	面积
全国	**13891612**	**45437920**	**1640038412**	**9825538**	**31922707**	**1165394214**	**6046607**	**19704896**	**701551471**
北京	252700	594526	24463375	135291	290774	10897398	79731	181391	6340425
天津	116385	278765	11569710	87905	198704	8264178	46200	111792	4493212
河北	680251	2368722	79324668	472794	1464510	53449585	232130	716314	26228552
山西	315308	967121	33154064	230484	657665	24289591	135153	372314	13597998
内蒙古	257571	587001	23091414	222900	498575	20653706	136970	301254	11518357
辽宁	448931	1016391	39118115	299874	660421	26310417	138744	311312	12165790
吉林	257737	566509	21684886	197516	413858	16360377	96884	207724	8268111
黑龙江	301377	665904	25061201	299867	616805	24234918	124318	258351	10037794
上海	260105	576007	24341812	112368	228256	9006694	74934	156243	5934264
江苏	845240	2671006	109682339	536246	1637987	67183271	282235	861764	34780333
浙江	687286	1859772	76932950	384074	1045776	43585070	291224	809143	32646459
安徽	642452	2164927	83669121	488018	1642482	65635914	288429	919546	35551669
福建	409279	1384341	55148889	252516	885723	36121790	147839	519335	20824054
江西	472215	2075775	83761358	331340	1462320	58389033	170550	706994	27991944
山东	969106	3228262	110683833	643864	2006724	73565813	386290	1185256	44244639
河南	938566	4114268	133927411	676057	2946457	98583331	378736	1566847	52931135
湖北	593024	2104623	82742479	415302	1418229	55683781	249794	793746	29879233
湖南	659070	2597289	90251303	430266	1712635	59247604	274710	1097440	37336250
广东	1313437	3406474	109980786	674374	1983548	66210089	406347	1244612	42063101
广西	466066	1955978	68085157	370978	1586502	55181966	253442	1027831	35620232
海南	67106	192452	7180459	73675	223586	8466963	50505	161527	6095097
重庆	372005	1180328	41552318	271665	793023	27209826	156137	462110	15231370
四川	930193	3112478	109930684	643634	2063364	70658741	427432	1380737	44594333
贵州	333704	1378961	44272534	312675	1313816	41959448	237940	969757	30554102
云南	335413	1187111	42724521	327771	1224179	44552714	365710	1416445	49719788
西藏	28623	126811	5206581	18076	69718	2707239	21330	81867	2822968
陕西	406527	1302475	49334540	323209	971948	37571166	169508	484242	18290941
甘肃	230510	902077	23346095	190538	732868	19632741	133472	522441	13699275
青海	45316	147529	4896381	64168	206999	6843515	39742	124586	4235382
宁夏	71714	194129	7211419	77235	201108	7702886	46402	126102	4753133
新疆	184395	529908	17708009	260858	764147	25234449	203769	625873	19101530

9-2a　各地区按住房建成时间分的家庭户住房状况(城市)

单位：户、间、平方米

地　区	合　计			1949年以前		
	户数	间数	面积	户数	间数	面积
全　国	**19072613**	**47517485**	**1754140408**	**53627**	**96799**	**2542496**
北　京	628559	1322527	48800530	4411	7043	106636
天　津	354208	737994	29384848	1101	1639	32490
河　北	717527	1934711	72621884	520	1366	35503
山　西	432175	1088462	40846394	590	1363	35315
内蒙古	336029	734697	29786844	132	241	7955
辽　宁	1011006	2115344	78991799	1271	2839	70982
吉　林	383735	777914	30191279	131	223	6596
黑龙江	559548	1153238	43272953	432	721	20388
上　海	703263	1386730	51831955	16417	20954	438820
江　苏	1280141	3482570	138116847	3537	7161	207924
浙　江	1181505	2714007	101669041	6582	10966	346309
安　徽	524214	1388366	52096452	225	523	18611
福　建	548807	1399382	50973357	2802	5963	174601
江　西	381802	1136095	44208764	436	1156	36859
山　东	1309033	3631810	134472103	2523	6849	169087
河　南	771058	2431143	90960129	445	1397	43089
湖　北	787315	2179998	85923249	1375	2352	65402
湖　南	589972	1769328	65308290	435	1153	35447
广　东	2506122	5443981	175707457	6626	13305	388967
广　西	432679	1278984	45530404	375	891	30670
海　南	102402	252999	9256045	138	317	10529
重　庆	550087	1391498	49542459	281	665	23600
四　川	1029606	2653831	96048980	1190	3004	91903
贵　州	301957	868586	30517301	211	613	19675
云　南	400877	1136489	40759157	677	2173	70024
西　藏	19563	64777	2098358	52	168	4962
陕　西	512801	1256631	49351118	439	968	28863
甘　肃	235019	562005	20704483	98	282	6577
青　海	71065	179752	7135650	6	20	635
宁　夏	101321	246715	9772336	1	2	58
新　疆	309217	796921	28259942	168	482	14019

9-2a 续表 1 单位：户、间、平方米

地　区	1949-1959年			1960-1969年		
	户数	间数	面积	户数	间数	面积
全　国	**55146**	**102531**	**2816007**	**85926**	**180774**	**5140723**
北　京	9267	15635	353506	7825	14447	346226
天　津	1956	2831	62707	1657	2855	71652
河　北	861	2216	63117	2149	6230	170530
山　西	1798	3342	87057	1628	3424	90327
内蒙古	989	1707	48913	1041	1842	53075
辽　宁	2817	5175	136871	4631	10295	261297
吉　林	369	637	18383	738	1315	38708
黑龙江	2319	3807	109735	2641	4664	139250
上　海	7591	9915	256847	5061	7022	177021
江　苏	2575	5581	171518	5258	11638	364077
浙　江	2819	4662	146307	6227	10591	328697
安　徽	881	1803	52999	1999	4376	135918
福　建	1119	2509	74106	2392	5846	179339
江　西	909	2006	61309	1673	3935	122691
山　东	2701	7489	201746	6292	17945	488159
河　南	1271	3275	95583	2854	8292	237294
湖　北	2251	3980	116422	3921	7840	241724
湖　南	1198	2799	86306	3073	7272	215176
广　东	5105	9611	285526	10950	21205	627829
广　西	562	1238	37764	1632	3757	109895
海　南	168	343	10218	369	812	25039
重　庆	549	1047	29108	1485	2996	81821
四　川	1339	2926	88504	3085	6451	194888
贵　州	585	1408	39193	2019	4373	120738
云　南	729	1778	53831	1550	3578	107720
西　藏	48	79	2371	88	268	9982
陕　西	1581	3001	82358	2040	3837	103523
甘　肃	539	1113	25118	1024	2134	51402
青　海	36	79	2309	178	307	10544
宁　夏	20	38	1186	94	210	5626
新　疆	194	501	15089	352	1017	30555

9-2a 续表 2 单位：户、间、平方米

地区	1970-1979年			1980-1989年			1990-1999年		
	户数	间数	面积	户数	间数	面积	户数	间数	面积
全国	**340125**	**746786**	**21679124**	**1686619**	**3931952**	**121117272**	**3871119**	**9534444**	**328379621**
北京	18741	36590	885676	81580	171593	4706793	135020	287465	9684090
天津	11135	22382	569411	49382	94201	2670302	73193	142926	5411631
河北	17465	45260	1253140	79110	205536	5933006	138676	387514	13042488
山西	7490	16480	443847	44183	101848	2971677	83138	207321	6821235
内蒙古	3876	7179	208876	24864	49461	1503061	55779	116453	3980298
辽宁	23367	49297	1293207	130001	254584	7387965	219031	445570	15235796
吉林	4326	7893	226509	31047	61071	1867479	76029	156200	5561998
黑龙江	9819	18656	539628	63061	126251	3613685	116264	241946	8060820
上海	15117	23907	617529	93802	157515	4421407	210910	410629	14496795
江苏	25464	58116	1912029	122990	300283	10363361	235495	649280	24798504
浙江	21169	38603	1243539	102290	215053	7134526	252361	581748	20720070
安徽	7994	17711	532965	36315	88493	2752089	83119	219110	7551574
福建	8394	21125	650721	41194	110073	3573134	120171	322212	11550523
江西	6138	14839	466621	26816	70119	2351983	70642	202529	7580567
山东	26456	75006	2054626	123156	347456	10200855	245963	695082	22868504
河南	13639	38116	1105437	68343	213206	6633830	159547	520366	18171680
湖北	19314	40420	1263499	82351	204351	7053355	149006	413375	15998936
湖南	13642	31950	986587	50796	134997	4367762	126446	381056	13451410
广东	35462	73191	2227485	176930	413241	12952879	639069	1402925	44440562
广西	6757	14758	429235	30459	80340	2473738	80245	238688	8200333
海南	1170	2566	79680	6993	16335	532331	23246	57618	2022563
重庆	5034	10432	293029	24541	57150	1701060	75859	194725	6592575
四川	12867	27525	841694	64183	152160	4847500	170814	432836	15263267
贵州	5005	11781	334482	19362	47757	1395069	48361	127863	4073818
云南	5330	11980	365034	27356	68201	2006144	76569	207540	6464295
西藏	128	378	10610	750	2347	73294	2410	7128	211842
陕西	8131	16331	459890	36625	84018	2590825	78717	194702	6877316
甘肃	3949	8068	198034	20270	43370	1189920	46238	104205	3377751
青海	893	1719	53225	4717	9685	299121	9276	20704	698135
宁夏	427	847	25205	3937	7860	248284	14681	32321	1076921
新疆	1426	3680	107674	19215	43397	1300837	54844	132407	4093324

9-2a 续表 3

单位：户、间、平方米

地区	2000-2009年			2010-2014年			2015年以后		
	户数	间数	面积	户数	间数	面积	户数	间数	面积
全国	**6266977**	**15860184**	**614867845**	**4227704**	**10642640**	**414174044**	**2485370**	**6421375**	**243423276**
北京	217046	484194	20968865	102670	204946	8073185	51999	100614	3675553
天津	98404	214354	9656271	77120	164263	7083374	40260	92543	3827010
河北	199390	563331	22395917	187962	484377	19938045	91394	238881	9790138
山西	129942	340073	13263065	104016	262771	10889456	59390	151840	6244415
内蒙古	115725	257247	10814823	86424	193480	8509183	47199	107087	4660660
辽宁	318931	679490	27300821	212753	453643	18612054	98204	214451	8692806
吉林	126683	257314	10399701	98816	197497	8079157	45596	95764	3992748
黑龙江	146891	311622	12457477	151930	309022	12743483	66191	136549	5588487
上海	217273	481139	20615803	86815	174006	6910815	50277	101643	3896918
江苏	440281	1233397	51153988	281830	766206	31409994	162711	450908	17735452
浙江	400278	927770	36265459	216051	503414	19777100	173728	421200	15707034
安徽	172237	475628	18710630	135058	350972	13699318	86386	229750	8642348
福建	205977	507683	18955906	102565	258718	9746336	64193	165253	6068691
江西	129152	402108	16516485	89799	272379	10681752	56237	167024	6390497
山东	408576	1149742	44831462	299498	804158	32483271	193868	528083	21174393
河南	239539	791921	31038249	175070	532939	21080416	110350	321631	12554551
湖北	232714	687165	28575724	178274	499311	20117556	118109	321204	12490631
湖南	191225	594559	22954670	129853	392817	14902527	73304	222725	8308405
广东	953720	1934639	62245546	425574	963880	32110793	252686	611984	20427870
广西	140121	422456	15767122	101179	301991	10991490	71349	214865	7490157
海南	30164	74326	2809747	27697	67724	2521271	12457	32958	1244667
重庆	195205	512199	19406901	161165	392779	13989579	85968	219505	7424786
四川	342652	899388	34748461	273275	703672	25471541	160201	425869	14501222
贵州	91619	276670	10150503	78040	231009	8419360	56755	167112	5964463
云南	125460	366633	13620101	97514	282601	10835390	65692	192005	7236618
西藏	7486	26334	861536	4196	13761	462736	4405	14314	461025
陕西	159567	400338	16331624	147247	359122	14921716	78454	194314	7955003
甘肃	73383	181909	6992451	55352	134611	5404860	34166	86313	3458370
青海	20249	53517	2120880	22820	61137	2515924	12890	32584	1434877
宁夏	35166	88260	3509987	30495	74783	3111072	16500	42394	1793997
新疆	101921	264778	9427670	86646	230651	8681290	44451	120008	4589484

9-2b　各地区按住房建成时间分的家庭户住房状况(镇)

单位：户、间、平方米

地区	合计			1949年以前		
	户数	间数	面积	户数	间数	面积
全国	**9876749**	**32343461**	**1168291403**	**28555**	**71453**	**2195704**
北京	45863	111260	3847902	33	93	2279
天津	22397	69716	2165100	12	38	863
河北	683001	2254199	75358208	937	2908	67569
山西	273164	783476	26433309	1902	4463	99599
内蒙古	238796	524303	21113128	110	216	6677
辽宁	194463	444669	15951104	463	1189	30057
吉林	171930	366268	14132757	73	140	4321
黑龙江	241590	495762	18385207	267	508	15078
上海	85888	185400	7065874	604	983	24009
江苏	694323	2205894	89006127	1161	2879	105804
浙江	453638	1256512	50428811	4987	9232	322918
安徽	595803	1817019	69505290	624	1655	56470
福建	330340	1187785	47492565	2935	7228	224692
江西	373488	1458775	58356278	778	2348	76271
山东	771997	2558791	84900137	1531	4816	112284
河南	789061	3152726	108223577	607	2047	64111
湖北	372457	1261639	50141624	281	816	30472
湖南	621937	2342114	82464577	984	2770	87794
广东	428831	1442081	49571095	2949	6490	195467
广西	325048	1373630	50226231	646	1772	61890
海南	57574	180269	7148342	213	555	19991
重庆	204517	639682	21689907	754	2068	67544
四川	573301	1808351	63066223	2655	7489	243108
贵州	283253	1087461	35420307	609	1841	54528
云南	326427	1155724	42158023	1709	4800	160772
西藏	10968	36624	1307579	19	64	2327
陕西	284965	873120	31985677	500	1159	37885
甘肃	166626	573584	16860263	117	594	10961
青海	40464	120401	4090286	60	182	6392
宁夏	52972	132679	5056377	2	6	240
新疆	161667	443547	14739518	33	104	3331

9-2b 续表 1 单位：户、间、平方米

地区	1949-1959年			1960-1969年		
	户数	间数	面积	户数	间数	面积
全　国	**24943**	**66374**	**2035926**	**63445**	**172563**	**5242756**
北　京	121	243	6832	207	583	15464
天　津	45	139	4430	232	783	21012
河　北	1304	3978	104543	4563	13951	375135
山　西	1058	2583	60237	2513	6041	147948
内蒙古	245	474	14201	1074	2080	62248
辽　宁	754	1900	51136	2212	5203	145302
吉　林	546	1044	33172	719	1382	42834
黑龙江	717	1379	42215	2412	4536	136275
上　海	189	284	6727	393	626	17015
江　苏	1129	2906	106015	3463	9259	334109
浙　江	2133	4247	143149	4397	8892	316508
安　徽	689	1726	56444	1918	4712	155103
福　建	1618	4135	133180	3088	8526	282109
江　西	668	2147	68862	1701	5284	167682
山　东	2751	8578	204668	7707	24733	607616
河　南	1375	4709	156863	3465	12450	383588
湖　北	446	1264	47977	1477	4112	150993
湖　南	1334	3914	126244	4064	11611	365477
广　东	2058	4832	151033	4161	10148	318997
广　西	525	1400	44380	1402	3818	120506
海　南	204	527	19791	523	1194	41148
重　庆	642	1757	54514	1285	3376	107254
四　川	1535	4230	142459	3492	9778	312554
贵　州	664	2058	61720	1743	5370	152364
云　南	1313	3646	125560	3039	8373	281559
西　藏	7	41	1599	15	75	2911
陕　西	586	1413	45059	1439	3298	109263
甘　肃	138	427	10018	369	1236	29817
青　海	75	163	5921	171	461	17903
宁　夏	8	26	841	10	25	647
新　疆	66	204	6136	191	647	21415

9-2b 续表 2

单位：户、间、平方米

地区	1970-1979年			1980-1989年			1990-1999年		
	户数	间数	面积	户数	间数	面积	户数	间数	面积
全国	**211886**	**597612**	**18239515**	**812441**	**2517957**	**81074693**	**1817447**	**6187078**	**214992026**
北京	1113	3227	84854	3550	11369	331416	6330	18703	633335
天津	1316	4765	117549	4738	16361	402891	4283	14550	412800
河北	21486	65247	1782408	78039	260517	7331333	137734	492470	14919748
山西	8455	22046	554696	28281	80832	2125519	47436	142879	4270586
内蒙古	4331	8580	268318	16056	33675	1101966	28236	61533	2136150
辽宁	8687	21167	604952	29047	70074	2119803	38422	92464	3131314
吉林	3039	6348	191871	13356	28762	882945	24893	54582	1884755
黑龙江	7761	15045	466174	20117	41254	1294675	35382	76818	2717661
上海	1706	2787	78272	9699	19086	612555	14523	33710	1191477
江苏	14581	40412	1461748	59138	209323	8066784	149876	508384	20238774
浙江	12394	27297	982483	49293	128340	4878463	106979	312670	12384131
安徽	7327	18592	616321	33409	95059	3241054	102808	316236	11576543
福建	8497	26601	915446	29434	105864	3899368	69819	273179	10788085
江西	4896	15066	509938	20190	70493	2525770	63553	252820	9931318
山东	23654	79305	1974139	83049	290488	7800135	149834	524884	15694871
河南	11935	43005	1290246	53107	206420	6308301	142385	581259	18774813
湖北	6460	17107	609124	29828	92061	3429372	71732	245253	9649892
湖南	13308	39439	1257365	51155	168929	5654212	139408	528148	18270453
广东	11484	29855	946592	42454	131628	4303828	98945	346247	11704539
广西	4141	11798	373636	18279	64326	2174506	60106	253602	9212996
海南	1433	3278	112413	4745	12353	449039	9028	26945	1047067
重庆	3213	8912	281838	11705	34340	1108635	36428	116472	3872125
四川	10404	29614	959760	41137	119467	3963172	106035	333632	11717437
贵州	4549	14211	410034	13407	45846	1354818	31492	118582	3731122
云南	7571	21889	736285	24082	75831	2553443	47299	160574	5485125
西藏	59	299	11708	137	528	22931	606	2108	83362
陕西	5127	12490	393036	19521	56317	1838028	48246	152453	5344718
甘肃	1705	5624	135642	9730	32176	802681	24564	84755	2268093
青海	403	1091	35142	1391	3881	117491	3095	9660	295082
宁夏	112	300	8455	928	2274	69835	4685	11941	392491
新疆	739	2215	69070	3439	10083	309724	13285	39565	1231163

9-2b 续表 3

单位：户、间、平方米

地区	2000-2009年			2010-2014年			2015年以后		
	户数	间数	面积	户数	间数	面积	户数	间数	面积
全国	**3006268**	**10200107**	**377837425**	**2543363**	**8099774**	**302996573**	**1368401**	**4430543**	**163676785**
北京	11976	28962	1117649	12782	26972	936891	9751	21108	719182
天津	4320	13615	452484	5228	13429	519745	2223	6036	233326
河北	198140	686700	23556180	163116	492930	18380528	77682	235498	8840764
山西	80322	239402	8464648	66821	185351	6929572	36376	99879	3780504
内蒙古	72452	161248	6559181	85627	187286	8025255	30665	69211	2939132
辽宁	46817	105999	4063735	49744	106633	4214533	18317	40040	1590272
吉林	51323	109799	4412261	53118	109983	4428000	24863	54228	2252598
黑龙江	60256	125880	4776568	86949	172863	6636938	27729	57479	2299623
上海	26410	58600	2401309	16024	34447	1410903	16340	34877	1323607
江苏	221045	708558	29100868	163721	506680	20753468	70209	217493	8838557
浙江	138826	389755	16002732	81891	226769	9359645	52738	149310	6038782
安徽	191862	607272	23847536	163134	493073	19414741	94032	278694	10541078
福建	98198	361812	14965860	76499	259249	10593823	40252	141191	5690002
江西	138877	556905	22878767	98163	380350	15269050	44662	173362	6928620
山东	215926	726285	24878420	180008	566212	20993986	107537	333490	12634018
河南	249682	1034882	36070140	213567	842205	29912799	112938	425749	15262716
湖北	122849	431081	17424471	96840	327854	13203927	42544	142091	5595396
湖南	197653	765891	27470988	135261	515093	18419309	78770	306319	10812735
广东	123693	421519	14642230	89715	303982	10689198	53372	187380	6619211
广西	104933	463595	17293339	80770	350807	12851794	54246	222512	8093184
海南	13794	44223	1763169	16657	54351	2178211	10977	36843	1517513
重庆	75557	244191	8450716	50563	157153	5323208	24370	71413	2424073
四川	190595	624908	22418179	147567	458688	15893809	69881	220545	7415745
贵州	84524	339668	11289734	81023	316664	10529209	65242	243221	7836778
云南	78849	286454	10776831	85283	305418	11445618	77282	288739	10592830
西藏	3188	12022	462386	3216	9638	341709	3721	11849	378646
陕西	88826	285983	10678424	78617	238319	9004674	42103	121688	4534590
甘肃	50844	181929	5328231	49664	165135	5105580	29495	101708	3169240
青海	9917	31467	1073483	16457	46921	1605376	8895	26575	933496
宁夏	16559	42818	1628930	21324	51672	2033540	9344	23617	921398
新疆	38055	108684	3587976	74014	193647	6591534	31845	88398	2919169

9-2c 各地区按住房建成时间分的家庭户住房状况(乡村)

单位：户、间、平方米

地区	合计			1949年以前		
	户数	间数	面积	户数	间数	面积
全国	**16841943**	**66290966**	**2176904556**	**84966**	**235738**	**7029201**
北京	98443	344108	10111450	124	405	9787
天津	71918	260527	7068299	173	485	12269
河北	1015618	3789368	109093682	3435	10243	240273
山西	483389	1614136	43623463	8840	22607	539717
内蒙古	293733	682829	22084592	319	649	17882
辽宁	422979	1174085	36340715	1938	5934	143359
吉林	302072	741509	24887008	193	416	14517
黑龙江	371617	863514	28868361	350	797	24379
上海	112581	262159	9369631	273	420	12632
江苏	768929	2823010	113400113	1052	2699	105323
浙江	644764	2156839	96377193	13619	27162	1030215
安徽	885176	3302961	124001823	932	2669	92887
福建	387824	1781874	71112776	6708	18637	532026
江西	585318	3042617	119871999	1470	4801	162014
山东	1384752	5228452	149385769	9059	29756	648113
河南	1415836	6984141	202943066	1836	6673	185998
湖北	735202	2898277	106522439	1422	4511	159237
湖南	950477	4147210	132850627	3306	9808	291960
广东	817104	3431093	109588612	7020	17671	531318
广西	688152	3216117	105370120	1656	4560	132834
海南	104983	333404	12006886	340	830	27711
重庆	381459	1468643	47559748	3897	11602	381530
四川	1344788	5111350	168254689	8468	24662	845610
贵州	560210	2617623	78061691	2924	9589	278623
云南	685746	2777006	95562271	3800	12556	427436
西藏	46022	210384	8785147	175	834	46161
陕西	478224	1756295	62879598	1148	2708	87623
甘肃	363126	1779582	37053957	319	1378	29933
青海	63405	248949	6870654	96	382	9323
宁夏	79652	240901	8050875	12	38	1130
新疆	298444	1002003	28947302	62	256	7381

9-2c 续表 1 单位：户、间、平方米

地区	1949-1959年			1960-1969年		
	户数	间数	面积	户数	间数	面积
全国	**79722**	**237496**	**6974045**	**220135**	**667976**	**19344285**
北京	279	871	24105	740	2778	68675
天津	324	1064	28379	1165	3737	100737
河北	4673	13939	348040	16108	48653	1222914
山西	4947	13003	304839	12912	35721	807186
内蒙古	744	1587	42533	2806	6046	166745
辽宁	2954	8751	220663	10926	32164	824114
吉林	513	1162	36354	2286	5229	163046
黑龙江	1261	2720	84529	5571	11807	359488
上海	178	358	10983	503	900	29792
江苏	1979	5471	211996	5605	15700	590873
浙江	6840	14503	564996	14272	31908	1246798
安徽	966	2686	88182	3640	10202	338954
福建	4189	12589	391325	10010	31999	987875
江西	1054	3695	127496	3613	12488	430255
山东	13001	42794	956314	35157	118100	2682534
河南	3011	11354	304339	8310	32142	851697
湖北	1966	6210	219479	6155	19898	695692
湖南	4574	14380	436414	12943	40854	1230871
广东	4227	10681	325667	10487	28049	854419
广西	1500	4442	125514	3937	11354	324183
海南	329	786	26959	966	2215	75787
重庆	2950	8969	296524	7330	22308	738109
四川	7014	21667	724055	19035	59716	1958527
贵州	4064	13778	398488	9878	34091	982741
云南	3796	12470	431792	9190	29151	1007436
西藏	180	815	43122	211	945	45645
陕西	1493	4015	137538	4237	11319	366216
甘肃	483	1938	42184	1582	6564	136520
青海	90	327	7651	125	477	12296
宁夏	44	105	3653	111	307	10540
新疆	99	366	9932	324	1154	33620

9-2c　续表 2　　　　　　　　　　　　　　　　　　　　　　　　单位：户、间、平方米

地　区	1970-1979年			1980-1989年			1990-1999年		
	户数	间数	面积	户数	间数	面积	户数	间数	面积
全　国	**674975**	**2117849**	**61988808**	**2193847**	**7409390**	**228371894**	**3722624**	**14211617**	**463188174**
北　京	3461	13920	348632	15578	62368	1650524	16763	63871	1799854
天　津	7563	26224	646783	22345	79875	2012218	17413	64121	1713023
河　北	63447	198589	5122632	194577	664520	17774659	265887	1005595	28283931
山　西	36853	108344	2487404	102704	322795	7733092	113055	393882	10281232
内蒙古	10792	23880	668282	36252	84129	2502475	63471	155267	4931432
辽　宁	39129	110568	2974507	109495	305010	8874799	115754	323790	10183172
吉　林	10921	25937	805043	51726	128862	4062319	84695	216397	7056820
黑龙江	21038	46334	1417489	56596	130944	4118476	101185	243267	8032663
上　海	4648	9292	313581	45498	103464	3620308	27213	71931	2658920
江　苏	26218	75678	2883029	151398	484364	18996137	258753	951583	37959139
浙　江	35671	85395	3429990	107382	309234	13390135	167908	592164	26701332
安　徽	13505	39067	1270015	72730	222865	7193223	217213	733906	25017509
福　建	21881	77056	2518449	46837	189703	6742684	76249	356397	13866302
江　西	12221	43836	1523428	44844	177559	6343060	104901	507277	19808582
山　东	100326	347784	8307671	282194	1033851	26858416	351168	1343895	38433986
河　南	31127	123642	3280087	147387	623614	16788630	331952	1508471	42009309
湖　北	18118	59345	2071342	78838	277205	9801812	161913	623216	22677089
湖　南	35434	115815	3527844	103707	372340	11730538	232533	984053	31666477
广　东	28344	80262	2464899	89124	300475	9399188	182504	782705	24493993
广　西	9419	29233	838342	30109	110075	3240245	103643	462368	14308733
海　南	2775	6379	222939	7823	19111	654604	13210	36943	1290945
重　庆	17564	56023	1840030	43069	148335	4890723	99670	383185	12438581
四　川	58568	190227	6144790	160766	552724	18536596	273849	1038845	35310310
贵　州	19971	71870	2061338	37948	144997	4216325	58309	255108	7528139
云　南	22265	73858	2544730	60801	213421	7325473	87080	329665	11335769
西　藏	415	1941	99098	956	4620	234556	2268	10751	547815
陕　西	14521	40993	1362377	51381	164207	5614556	101014	374152	13540672
甘　肃	6784	29716	612373	32088	146188	3072653	60254	288017	5940915
青　海	279	1040	27353	979	3886	103308	3838	15924	419481
宁　夏	411	1117	35917	2626	8272	261933	10485	33267	1069188
新　疆	1306	4484	138414	6089	20377	628229	18474	61604	1882861

9-2c 续表 3 单位：户、间、平方米

地区	2000-2009年			2010-2014年			2015年以后		
	户数	间数	面积	户数	间数	面积	户数	间数	面积
全国	**4618367**	**19377629**	**647333142**	**3054471**	**13180293**	**448223597**	**2192836**	**8852978**	**294451410**
北京	23678	81370	2376861	19839	58856	1887322	17981	59669	1945690
天津	13661	50796	1460955	5557	21012	661059	3717	13213	432876
河北	282721	1118691	33372571	121716	487203	15131012	63054	241935	7597650
山西	105044	387646	11426351	59647	209543	6470563	39387	120595	3573079
内蒙古	69394	168506	5717410	50849	117809	4119268	59106	124956	3918565
辽宁	83183	230902	7753559	37377	100145	3483830	22223	56821	1882712
吉林	79731	199396	6872924	45582	106378	3853220	26425	57732	2022765
黑龙江	94230	228402	7827156	60988	134920	4854497	30398	64323	2149684
上海	16422	36268	1324700	9529	19803	684976	8317	19723	713739
江苏	183914	729051	29427483	90695	365101	15019809	49315	193363	8206324
浙江	148182	542247	24664759	86132	315593	14448325	64758	238633	10900643
安徽	278353	1082027	41110955	189826	798437	32521855	108011	411102	16368243
福建	105104	514846	21227123	73452	367756	15781631	43394	212891	9065361
江西	204186	1116762	44366106	143378	809591	32438231	69651	366608	14672827
山东	344604	1352235	40973951	164358	636354	20088556	84885	323683	10436228
河南	449345	2287465	66819022	287420	1571313	47590116	155448	819467	25113868
湖北	237461	986377	36742284	140188	591064	22362298	89141	330451	11793206
湖南	270192	1236839	39825645	165152	804725	25925768	122636	568396	18215110
广东	236024	1050316	33093010	159085	715686	23410098	100289	445248	15016020
广西	221012	1069927	35024696	189029	933704	31338682	127847	590454	20036891
海南	23148	73903	2607543	29321	101511	3767481	27071	91726	3332917
重庆	101243	423938	13694701	59937	243091	7897039	45799	171192	5382511
四川	396946	1588182	52764044	222792	901004	29293391	197350	734323	22677366
贵州	157561	762623	22832297	153612	766143	23010879	115943	559424	16752861
云南	131104	534024	18327589	144974	636160	22271706	222736	935701	31890340
西藏	17949	88455	3882659	10664	46319	1902794	13204	55704	1983297
陕西	158134	616154	22324492	97345	374507	13644776	48951	168240	5801348
甘肃	106283	538239	11025413	85522	433122	9122301	69811	334420	7071665
青海	15150	62545	1702018	24891	98941	2722215	17957	65427	1867009
宁夏	19989	63051	2072502	25416	74653	2558274	20558	60091	2037738
新疆	44419	156446	4692363	100198	339849	9961625	127473	417467	11592877

9-3　各地区按住房设施状况分的家庭户户数

单位：户

地　区	合　计	住房所在建筑有无电梯		主要炊事燃料				
		有	无	燃气	电	煤炭	柴草	其他
全　国	**45791305**	**9013370**	**36777935**	**30779730**	**8241757**	**1587386**	**4500446**	**681986**
北　京	772865	329644	443221	673455	85038	659	812	12901
天　津	448523	159453	289070	422585	17204	419	2182	6133
河　北	2416146	426032	1990114	1812739	442707	54691	88396	17613
山　西	1188728	202071	986657	594554	352558	183742	49123	8751
内蒙古	868558	137915	730643	376608	195417	132218	154100	10215
辽　宁	1628448	363595	1264853	1048944	155436	48291	347726	28051
吉　林	857737	166120	691617	484092	104782	17902	250706	255
黑龙江	1172755	186888	985867	501441	343014	42442	275227	10631
上　海	901732	294596	607136	831554	58113	126	2863	9076
江　苏	2743393	652249	2091144	2359736	243492	9274	92975	37916
浙　江	2279907	429061	1850846	1948365	208398	5547	62685	54912
安　徽	2005193	369571	1635622	1397205	230718	19627	302393	55250
福　建	1266971	284921	982050	740291	459535	1690	40318	25137
江　西	1340608	177559	1163049	1054574	94393	24108	146619	20914
山　东	3465782	560790	2904992	2379064	550911	164795	328726	42286
河　南	2975955	456448	2519507	1987018	779827	23773	137166	48171
湖　北	1894974	377637	1517337	1511927	93402	27444	231470	30731
湖　南	2162386	292663	1869723	1613603	178237	110806	222498	37242
广　东	3752057	932799	2819258	3023785	533109	8611	92801	93751
广　西	1445879	192488	1253391	1039803	178177	5743	206937	15219
海　南	264959	48592	216367	204702	37482	2393	12406	7976
重　庆	1136063	404028	732035	823267	104096	6576	197663	4461
四　川	2947695	614268	2333427	1953757	364447	16254	590585	22652
贵　州	1145420	169260	976160	191280	790268	87840	72874	3158
云　南	1413050	155608	1257442	193486	970913	44492	194399	9760
西　藏	76553	6019	70534	26509	5294	3539	17155	24056
陕　西	1275990	307524	968466	652206	371477	62978	179185	10144
甘　肃	764771	117055	647716	269835	162653	199549	123427	9307
青　海	174934	34818	140116	55891	51317	45539	8765	13422
宁　夏	233945	45431	188514	142553	55833	31830	1887	1842
新　疆	769328	118267	651061	464901	23509	204488	66377	10053

9-3 续表 1

单位：户

地区	住房内有无管道自来水		住房内有无厨房			住房内有无厕所	
	有	无	独立使用	与其他户合用	无	水冲式卫生厕所	水冲式非卫生厕所
全　国	**41822672**	**3968633**	**43560918**	**618611**	**1611776**	**35934662**	**1304461**
北　京	734458	38407	701903	22767	48195	702370	7513
天　津	432475	16048	436519	3523	8481	420316	4191
河　北	2242176	173970	2326745	14519	74882	1530930	75276
山　西	1020264	168464	1023096	22018	143614	629251	15865
内蒙古	724896	143662	806148	9679	52731	539416	3494
辽　宁	1392170	236278	1599237	7331	21880	1111293	7165
吉　林	767335	90402	848633	3905	5199	564331	3088
黑龙江	1119249	53506	1158479	4671	9605	801956	6477
上　海	891176	10556	796833	62571	42328	857405	3888
江　苏	2690125	53268	2642358	43386	57649	2415328	61116
浙　江	2221680	58227	2000717	117022	162168	2132752	20524
安　徽	1880135	125058	1947930	14857	42406	1493925	74111
福　建	1163548	103423	1187289	23282	56400	1226130	14875
江　西	1141679	198929	1310588	10062	19958	1279668	21051
山　东	3224896	240886	3352089	19062	94631	2468929	132979
河　南	2685237	290718	2888882	12370	74703	2004238	205598
湖　北	1793286	101688	1856122	11809	27043	1642844	65715
湖　南	1761417	400969	2097229	23740	41417	1784462	113005
广　东	3543693	208364	3545623	35920	170514	3604270	80100
广　西	1271114	174765	1375848	25827	44204	1346870	37085
海　南	226576	38383	238830	4926	21203	241143	7155
重　庆	1084894	51169	1120953	7626	7484	978588	31853
四　川	2377927	569768	2871525	34487	41683	2251165	140878
贵　州	1084924	60496	1047555	20750	77115	836519	29710
云　南	1316971	96079	1294370	20160	98520	939257	42948
西　藏	48552	28001	52213	6582	17758	28938	1224
陕　西	1191439	84551	1201566	11138	63286	844630	60196
甘　肃	677993	86778	720135	8651	35985	392287	10903
青　海	138472	36462	148308	3748	22878	97327	2320
宁　夏	226112	7833	224420	3484	6041	174358	3048
新　疆	747803	21525	738775	8738	21815	593766	21110

9-3　续表 2　　　　单位：户

地　区	住房内有无厕所			住房内有无洗澡设施			
	卫生旱厕	普通旱厕	无	统　一 供热水	家庭自装 热水器	其他	无
全　国	**3134314**	**3839428**	**1578440**	**880603**	**37496019**	**2109278**	**5305405**
北　京	8043	4982	49957	48763	661531	8751	53820
天　津	2459	2836	18721	17800	400302	11171	19250
河　北	470493	247889	91558	35634	1901612	162171	316729
山　西	134629	296270	112713	21463	727388	38444	401433
内蒙古	39684	154327	131637	13314	535329	13894	306021
辽　宁	94590	280878	134522	19232	1115748	30166	463302
吉　林	46001	235943	8374	8579	511168	6353	331637
黑龙江	47026	221969	95327	23302	717597	21884	409972
上　海	1481	1623	37335	15286	811511	6740	68195
江　苏	122411	83374	61154	41027	2486394	111468	104504
浙　江	8553	11640	106438	32036	1955706	64835	227330
安　徽	170215	198419	68523	16287	1701401	116644	170861
福　建	4824	5273	15859	10044	1201233	22082	33612
江　西	9969	9123	20797	12324	1240871	46654	40759
山　东	472103	327495	64276	72573	2802749	256131	334329
河　南	384279	306405	75435	44918	2479173	168880	282984
湖　北	81006	69102	36307	24604	1723498	74669	72203
湖　南	98339	136442	30138	25814	1912665	143259	80648
广　东	18933	20683	28071	130899	3387769	119550	113839
广　西	15704	19054	27166	11717	1274052	98443	61667
海　南	2064	3124	11473	6337	219378	15468	23776
重　庆	64495	54168	6959	19042	982943	66479	67599
四　川	251941	269084	34627	38141	2455413	193267	260874
贵　州	101566	128548	49077	5880	857746	73019	208775
云　南	118233	189016	123596	84456	1048977	97234	182383
西　藏	6860	21542	17989	3342	17288	2119	53804
陕　西	145568	179832	45764	30570	987773	54778	202869
甘　肃	113128	214919	33534	11180	431903	44678	277010
青　海	19218	39308	16761	4231	102862	5219	62622
宁　夏	12452	37597	6490	9179	200659	8157	15950
新　疆	68047	68563	17842	42629	643380	26671	56648

9-3a 各地区按住房设施状况分的家庭户户数(城市)

单位：户

地区	合计	住房所在建筑有无电梯		主要炊事燃料				
		有	无	燃气	电	煤炭	柴草	其他
全国	**19072613**	**6993711**	**12078902**	**16345589**	**2213781**	**130905**	**76774**	**305564**
北京	628559	309435	319124	562845	55046	267	7	10394
天津	354208	152790	201418	345124	5974	99	99	2912
河北	717527	276091	441436	662033	43820	3006	1024	7644
山西	432175	148463	283712	359009	63939	5634	145	3448
内蒙古	336029	100647	235382	244997	73808	13037	648	3539
辽宁	1011006	330290	680716	870491	87847	16219	15941	20508
吉林	383735	111518	272217	319724	56778	4424	2693	116
黑龙江	559548	144841	414707	390554	150589	9894	2669	5842
上海	703263	260105	443158	657255	40037	69	141	5761
江苏	1280141	500556	779585	1204922	55776	2173	5493	11777
浙江	1181505	345908	835597	1003311	140319	1711	1621	34543
安徽	524214	214554	309660	484560	22342	2002	4959	10351
福建	548807	203612	345195	364054	164781	514	521	18937
江西	381802	120224	261578	349910	20976	2183	1235	7498
山东	1309033	414686	894347	1189475	71580	19478	15324	13176
河南	771058	273164	497894	693611	67678	1315	527	7927
湖北	787315	308628	478687	752591	12992	4844	3919	12969
湖南	589972	205351	384621	545117	25054	7597	1935	10269
广东	2506122	834247	1671875	2007800	411472	4449	2297	80104
广西	432679	149409	283270	395081	30761	1043	1745	4049
海南	102402	39561	62841	85734	12067	866	209	3526
重庆	550087	346350	203737	535535	10971	101	2907	573
四川	1029606	484222	545384	978174	40519	598	5879	4436
贵州	301957	119555	182402	140686	156662	3205	81	1323
云南	400877	116359	284518	161771	228780	912	2865	6549
西藏	19563	3781	15782	15077	1789	950	388	1359
陕西	512801	244571	268230	427537	75020	4285	837	5122
甘肃	235019	80634	154385	182033	43213	5113	314	4346
青海	71065	29385	41680	40529	26231	3271	73	961
宁夏	101321	32734	68587	88633	10285	1215	35	1153
新疆	309217	92040	217177	287416	6675	10431	243	4452

9-3a　续表 1　　　　单位：户

地　区	住房内有无管道自来水		住房内有无厨房			住房内有无厕所	
	有	无	独立使用	与其他户合用	无	水冲式卫生厕所	水冲式非卫生厕所
全　国	**18652106**	**420507**	**18221391**	**266718**	**584504**	**18157174**	**196849**
北　京	602348	26211	573175	19613	35771	580883	2573
天　津	345874	8334	346910	3153	4145	345559	1117
河　北	707428	10099	708751	2188	6588	657807	7350
山　西	419364	12811	414393	2552	15230	395072	3002
内蒙古	324094	11935	322175	1587	12267	311814	693
辽　宁	986714	24292	1003463	2977	4566	946935	2571
吉　林	377875	5860	381146	1373	1216	372629	689
黑龙江	551076	8472	555731	1938	1879	536926	2137
上　海	696099	7164	629220	48915	25128	678338	2336
江　苏	1265664	14477	1235882	23765	20494	1236071	7965
浙　江	1156461	25044	1009496	70142	101867	1117760	5820
安　徽	511428	12786	513190	3024	8000	495063	5315
福　建	539257	9550	501304	10862	36641	539720	3278
江　西	371487	10315	377640	1683	2479	375655	2745
山　东	1272886	36147	1287496	6472	15065	1195737	19751
河　南	744015	27043	760334	2761	7963	720720	13858
湖　北	777218	10097	772725	6201	8389	765118	8299
湖　南	562303	27669	582748	2508	4716	570627	10188
广　东	2479094	27028	2354597	19891	131634	2434427	47008
广　西	423939	8740	426196	2242	4241	425299	4337
海　南	99997	2405	95231	1209	5962	99637	1467
重　庆	546987	3100	543954	3292	2841	541057	3426
四　川	1008337	21269	1003988	12049	13569	997101	12022
贵　州	294239	7718	282499	3258	16200	281164	4734
云　南	389832	11045	357425	5578	37874	372638	6131
西　藏	16676	2887	16695	739	2129	16289	388
陕　西	485188	27613	477923	3108	31770	470299	10207
甘　肃	223261	11758	218745	1161	15113	214550	3493
青　海	68015	3050	67384	396	3285	66206	948
宁　夏	100158	1163	99278	394	1649	98806	306
新　疆	304792	4425	301697	1687	5833	297267	2695

9-3a 续表 2 单位：户

地 区	住房内有无厕所			住房内有无洗澡设施			
	卫生旱厕	普通旱厕	无	统 一 供热水	家庭自装 热水器	其他	无
全 国	**180417**	**198960**	**339213**	**604590**	**17217809**	**334524**	**915690**
北 京	2369	1905	40829	45853	542382	4594	35730
天 津	380	405	6747	16355	328911	1557	7385
河 北	27871	13745	10754	19412	653617	18824	25674
山 西	7969	13786	12346	13438	357756	8049	52932
内蒙古	1399	5361	16762	6764	285639	2606	41020
辽 宁	11641	33427	16432	16071	894644	6769	93522
吉 林	987	7545	1885	5495	328451	1257	48532
黑龙江	2667	9681	8137	15050	470572	3687	70239
上 海	489	989	21111	12343	658028	3163	29729
江 苏	8597	5412	22096	27333	1206921	18477	27410
浙 江	1459	2002	54464	20849	1024494	27441	108721
安 徽	5734	8287	9815	8333	491310	9023	15548
福 建	452	547	4810	6178	516188	9835	16606
江 西	611	821	1970	5744	369231	3061	3766
山 东	48955	34418	10172	47148	1173222	50386	38277
河 南	15972	10456	10052	27023	703523	16195	24317
湖 北	3563	3846	6489	18106	747667	8135	13407
湖 南	2696	3241	3220	12576	565761	6849	4786
广 东	8162	9742	6783	112005	2243037	73043	78037
广 西	836	610	1597	6484	417510	5782	2903
海 南	277	340	681	4209	92101	2878	3214
重 庆	2001	1446	2157	13323	528953	2522	5289
四 川	5620	5527	9336	23926	977576	9364	18740
贵 州	3702	3060	9297	2218	272006	3756	23977
云 南	3033	4020	15055	59135	310104	14698	16940
西 藏	509	587	1790	2050	9826	580	7107
陕 西	7509	6871	17915	21459	436891	9328	45123
甘 肃	2593	4046	10337	6221	191051	5516	32231
青 海	545	1241	2125	3050	56427	1557	10031
宁 夏	254	1048	907	4825	91250	2104	3142
新 疆	1565	4548	3142	21614	272760	3488	11355

9-3b 各地区按住房设施状况分的家庭户户数(镇)

单位：户

地区	合计	住房所在建筑有无电梯		主要炊事燃料				
		有	无	燃气	电	煤炭	柴草	其他
全国	**9876749**	**1714578**	**8162171**	**6874451**	**2160573**	**303309**	**407709**	**130707**
北京	45863	13763	32100	35218	9750	74	74	747
天津	22397	4847	17550	19104	2316	37	142	798
河北	683001	144020	538981	517544	139823	11644	9943	4047
山西	273164	47297	225867	136191	106835	26121	2232	1785
内蒙古	238796	33248	205548	108197	83488	30361	13735	3015
辽宁	194463	29683	164780	106483	34093	12268	36340	5279
吉林	171930	45415	126515	121358	28864	4995	16624	89
黑龙江	241590	31542	210048	75929	126420	12356	25056	1829
上海	85888	29403	56485	78463	5700	27	315	1383
江苏	694323	133346	560977	597581	67064	2626	16670	10382
浙江	453638	66312	387326	405550	30954	1205	5383	10546
安徽	595803	141130	454673	470652	64612	5693	36726	18120
福建	330340	69638	260702	192258	131384	562	2936	3200
江西	373488	47558	325930	326176	22930	5333	13253	5796
山东	771997	136705	635292	545609	137618	35277	45212	8281
河南	789061	157183	631878	557469	204601	4248	11110	11633
湖北	372457	52940	319517	324913	19588	4846	17977	5133
湖南	621937	74574	547363	508186	50126	26698	26030	10897
广东	428831	76105	352726	383287	32926	1065	6301	5252
广西	325048	32010	293038	248905	52083	1296	19720	3044
海南	57574	6802	50772	44530	9668	618	1697	1061
重庆	204517	45327	159190	170118	20662	812	11824	1101
四川	573301	103032	470269	454031	84900	2482	28425	3463
贵州	283253	42147	241106	36512	225384	16018	4687	652
云南	326427	32094	294333	21841	280903	7329	14860	1494
西藏	10968	624	10344	5045	1307	981	1283	2352
陕西	284965	53774	231191	145451	95034	15856	26416	2208
甘肃	166626	31165	135461	66318	56113	32791	9226	2178
青海	40464	5148	35316	12303	16105	9344	646	2066
宁夏	52972	9091	43881	36029	13436	3138	53	316
新疆	161667	18655	143012	123200	5886	27208	2813	2560

9-3b 续表 1 单位：户

地区	住房内有无管道自来水		住房内有无厨房			住房内有无厕所	
	有	无	独立使用	与其他户合用	无	水冲式卫生厕所	水冲式非卫生厕所
全国	**9285754**	**590995**	**9503015**	**105132**	**268602**	**8225644**	**258981**
北京	43315	2548	41977	699	3187	41240	1010
天津	20693	1704	21299	116	982	18404	575
河北	650772	32229	664434	3393	15174	464641	20929
山西	250804	22360	244674	3891	24599	171938	4104
内蒙古	218217	20579	225952	1786	11058	180031	831
辽宁	169921	24542	191551	921	1991	125172	1361
吉林	164531	7399	170175	886	869	145475	599
黑龙江	233141	8449	239520	556	1514	190199	1982
上海	85143	745	76108	5524	4256	82247	308
江苏	680790	13533	671513	9293	13517	613808	16135
浙江	443742	9896	402658	22121	28859	431196	4000
安徽	566334	29469	578793	6194	10816	500091	17230
福建	307542	22798	314293	5006	11041	322662	3165
江西	345353	28135	367918	2398	3172	363348	4133
山东	725369	46628	749558	3551	18888	557686	29066
河南	725822	63239	771705	2954	14402	620080	47072
湖北	361448	11009	368358	1187	2912	345624	9825
湖南	540432	81505	609075	5154	7708	555786	25161
广东	409010	19821	412704	3601	12526	411997	9040
广西	295118	29930	314095	4608	6345	310531	7080
海南	50310	7264	53518	1101	2955	53172	1463
重庆	199660	4857	201639	1237	1641	189883	4359
四川	535538	37763	562617	4166	6518	507783	17108
贵州	274652	8601	265354	3873	14026	240956	5570
云南	312012	14415	304529	4019	17879	247739	9379
西藏	7702	3266	8830	440	1698	6052	375
陕西	271583	13382	271003	1995	11967	206418	10227
甘肃	153683	12943	156209	1563	8854	112398	3274
青海	33855	6609	35059	931	4474	25976	800
宁夏	51952	1020	51261	380	1331	46289	609
新疆	157310	4357	156636	1588	3443	136822	2211

9-3b　续表 2　　　　单位：户

地　区	住房内有无厕所			住房内有无洗澡设施			
	卫生旱厕	普通旱厕	无	统　一供热水	家庭自装热水器	其他	无
全　国	**549287**	**586769**	**256068**	**183085**	**8514957**	**370626**	**808081**
北　京	913	747	1953	1424	39901	666	3872
天　津	293	765	2360	793	17741	1956	1907
河　北	119141	56817	21473	12928	558801	41481	69791
山　西	27374	50286	19462	5536	191727	9005	66896
内蒙古	5849	25642	26443	5651	172896	2848	57401
辽　宁	12485	39150	16295	2333	127742	5153	59235
吉　林	3542	20687	1627	2148	132272	741	36769
黑龙江	6659	29186	13564	5906	173995	3093	58596
上　海	160	187	2986	1777	77446	700	5965
江　苏	28253	21520	14607	9563	627557	30941	26262
浙　江	1327	1481	15634	6450	393337	13278	40573
安　徽	29607	32918	15957	5368	531067	25448	33920
福　建	853	807	2853	2236	319495	3481	5128
江　西	1695	1503	2809	3777	357415	6820	5476
山　东	99582	73480	12183	20051	639104	53085	59757
河　南	63919	45484	12506	12702	701482	31561	43316
湖　北	7733	6398	2877	3635	352293	9463	7066
湖　南	16149	19412	5429	7777	577440	24712	12008
广　东	2812	2542	2440	10290	404205	7938	6398
广　西	1981	2325	3131	2293	301266	14051	7438
海　南	464	581	1894	1034	50161	2864	3515
重　庆	5262	3922	1091	3367	188426	6105	6619
四　川	22386	20030	5994	7669	527294	16681	21657
贵　州	13332	16278	7117	1709	238408	11800	31336
云　南	19974	28187	21148	19580	258184	20571	28092
西　藏	726	1779	2036	627	2580	322	7439
陕　西	27519	31938	8863	7030	228060	11720	38155
甘　肃	16446	28679	5829	3610	115827	7633	39556
青　海	2816	8284	2588	1011	26121	923	12409
宁　夏	1506	3637	931	2873	45816	1358	2925
新　疆	8529	12117	1988	11937	136898	4228	8604

9-3c 各地区按住房设施状况分的家庭户户数(乡村)

单位：户

地区	合计	住房所在建筑有无电梯		主要炊事燃料				
		有	无	燃气	电	煤炭	柴草	其他
全国	**16841943**	**305081**	**16536862**	**7559690**	**3867403**	**1153172**	**4015963**	**245715**
北京	98443	6446	91997	75392	20242	318	731	1760
天津	71918	1816	70102	58357	8914	283	1941	2423
河北	1015618	5921	1009697	633162	259064	40041	77429	5922
山西	483389	6311	477078	99354	181784	151987	46746	3518
内蒙古	293733	4020	289713	23414	38121	88820	139717	3661
辽宁	422979	3622	419357	71970	33496	19804	295445	2264
吉林	302072	9187	292885	43010	19140	8483	231389	50
黑龙江	371617	10505	361112	34958	66005	20192	247502	2960
上海	112581	5088	107493	95836	12376	30	2407	1932
江苏	768929	18347	750582	557233	120652	4475	70812	15757
浙江	644764	16841	627923	539504	37125	2631	55681	9823
安徽	885176	13887	871289	441993	143764	11932	260708	26779
福建	387824	11671	376153	183979	163370	614	36861	3000
江西	585318	9777	575541	378488	50487	16592	132131	7620
山东	1384752	9399	1375353	643980	341713	110040	268190	20829
河南	1415836	26101	1389735	735938	507548	18210	125529	28611
湖北	735202	16069	719133	434423	60822	17754	209574	12629
湖南	950477	12738	937739	560300	103057	76511	194533	16076
广东	817104	22447	794657	632698	88711	3097	84203	8395
广西	688152	11069	677083	395817	95333	3404	185472	8126
海南	104983	2229	102754	74438	15747	909	10500	3389
重庆	381459	12351	369108	117614	72463	5663	182932	2787
四川	1344788	27014	1317774	521552	239028	13174	556281	14753
贵州	560210	7558	552652	14082	408222	68617	68106	1183
云南	685746	7155	678591	9874	461230	36251	176674	1717
西藏	46022	1614	44408	6387	2198	1608	15484	20345
陕西	478224	9179	469045	79218	201423	42837	151932	2814
甘肃	363126	5256	357870	21484	63327	161645	113887	2783
青海	63405	285	63120	3059	8981	32924	8046	10395
宁夏	79652	3606	76046	17891	32112	27477	1799	373
新疆	298444	7572	290872	54285	10948	166849	63321	3041

9-3c　续表 1　　　　单位：户

地　区	住房内有无管道自来水		住房内有无厨房			住房内有无厕所	
	有	无	独立使用	与其他户合用	无	水冲式卫生厕所	水冲式非卫生厕所
全　国	**13884812**	**2957131**	**15836512**	**246761**	**758670**	**9551844**	**848631**
北　京	88795	9648	86751	2455	9237	80247	3930
天　津	65908	6010	68310	254	3354	56353	2499
河　北	883976	131642	953560	8938	53120	408482	46997
山　西	350096	133293	364029	15575	103785	62241	8759
内蒙古	182585	111148	258021	6306	29406	47571	1970
辽　宁	235535	187444	404223	3433	15323	39186	3233
吉　林	224929	77143	297312	1646	3114	46227	1800
黑龙江	335032	36585	363228	2177	6212	74831	2358
上　海	109934	2647	91505	8132	12944	96820	1244
江　苏	743671	25258	734963	10328	23638	565449	37016
浙　江	621477	23287	588563	24759	31442	583796	10704
安　徽	802373	82803	855947	5639	23590	498771	51566
福　建	316749	71075	371692	7414	8718	363748	8432
江　西	424839	160479	565030	5981	14307	540665	14173
山　东	1226641	158111	1315035	9039	60678	715506	84162
河　南	1215400	200436	1356843	6655	52338	663438	144668
湖　北	654620	80582	715039	4421	15742	532102	47591
湖　南	658682	291795	905406	16078	28993	658049	77656
广　东	655589	161515	778322	12428	26354	757846	24052
广　西	552057	136095	635557	18977	33618	611040	25668
海　南	76269	28714	90081	2616	12286	88334	4225
重　庆	338247	43212	375360	3097	3002	247648	24068
四　川	834052	510736	1304920	18272	21596	746281	111748
贵　州	516033	44177	499702	13619	46889	314399	19406
云　南	615127	70619	632416	10563	42767	318880	27438
西　藏	24174	21848	26688	5403	13931	6597	461
陕　西	434668	43556	452640	6035	19549	167913	39762
甘　肃	301049	62077	345181	5927	12018	65339	4136
青　海	36602	26803	45865	2421	15119	5145	572
宁　夏	74002	5650	73881	2710	3061	29263	2133
新　疆	285701	12743	280442	5463	12539	159677	16204

9-3c 续表 2　　　　单位：户

地　区	住房内有无厕所			住房内有无洗澡设施			
	卫生旱厕	普通旱厕	无	统　一供热水	家庭自装热水器	其他	无
全　国	**2404610**	**3053699**	**983159**	**92928**	**11763253**	**1404128**	**3581634**
北　京	4761	2330	7175	1486	79248	3491	14218
天　津	1786	1666	9614	652	53650	7658	9958
河　北	323481	177327	59331	3294	689194	101866	221264
山　西	99286	232198	80905	2489	177905	21390	281605
内蒙古	32436	123324	88432	899	76794	8440	207600
辽　宁	70464	208301	101795	828	93362	18244	310545
吉　林	41472	207711	4862	936	50445	4355	246336
黑龙江	37700	183102	73626	2346	73030	15104	281137
上　海	832	447	13238	1166	76037	2877	32501
江　苏	85561	56442	24461	4131	651916	62050	50832
浙　江	5767	8157	36340	4737	537875	24116	78036
安　徽	134874	157214	42751	2586	679024	82173	121393
福　建	3519	3919	8206	1630	365550	8766	11878
江　西	7663	6799	16018	2803	514225	36773	31517
山　东	323566	219597	41921	5374	990423	152660	236295
河　南	304388	250465	52877	5193	1074168	121124	215351
湖　北	69710	58858	26941	2863	623538	57071	51730
湖　南	79494	113789	21489	5461	769464	111698	63854
广　东	7959	8399	18848	8604	740527	38569	29404
广　西	12887	16119	22438	2940	555276	78610	51326
海　南	1323	2203	8898	1094	77116	9726	17047
重　庆	57232	48800	3711	2352	265564	57852	55691
四　川	223935	243527	19297	6546	950543	167222	220477
贵　州	84532	109210	32663	1953	347332	57463	153462
云　南	95226	156809	87393	5741	480689	61965	137351
西　藏	5625	19176	14163	665	4882	1217	39258
陕　西	110540	141023	18986	2081	322822	33730	119591
甘　肃	94089	182194	17368	1349	125025	31529	205223
青　海	15857	29783	12048	170	20314	2739	40182
宁　夏	10692	32912	4652	1481	63593	4695	9883
新　疆	57953	51898	12712	9078	233722	18955	36689

9-4　各地区按住房来源分的家庭户户数

单位：户

地　区	合　计	租赁廉租住房/公租房	租　赁其他住房	购买新建商品房	购　买二手房	购买原公有住房	购买经济适用房/两限房	自建住房	继承或赠　予	其　他
全　国	**45791305**	**1075507**	**5605091**	**9554510**	**3125007**	**1831655**	**1179957**	**21076481**	**449641**	**1893456**
北　京	772865	39712	234215	128444	81010	90312	45529	84393	7518	61732
天　津	448523	12455	57968	145227	68380	37267	17641	82677	7168	19740
河　北	2416146	25810	112178	499481	107005	84484	27033	1450063	34380	75712
山　西	1188728	17169	92195	266260	54965	89483	44437	532978	27401	63840
内蒙古	868558	16107	89821	251441	109393	39544	29698	280830	8131	43593
辽　宁	1628448	17945	101463	503107	259007	121344	33026	472821	22271	97464
吉　林	857737	13372	70488	272180	149256	40981	27853	262970	7156	13481
黑龙江	1172755	15286	75296	372355	212975	72516	68515	302511	13762	39539
上　海	901732	33614	315692	220185	153923	77195	8352	69911	2822	20038
江　苏	2743393	46409	306149	685553	239506	81078	184632	1085126	17576	97364
浙　江	2279907	98751	668355	326908	197866	36859	91174	798177	24098	37719
安　徽	2005193	34276	143302	386009	106445	55228	21026	1126003	12573	120331
福　建	1266971	34555	286603	220750	74516	23390	12734	569702	14440	30281
江　西	1340608	38604	71505	280286	54962	45629	14801	787554	12647	34620
山　东	3465782	30677	188495	800795	184144	133704	59649	1857667	29815	180836
河　南	2975955	38267	122444	527559	100637	105535	54583	1922142	16704	88084
湖　北	1894974	29924	132184	419563	98586	111054	39798	948096	12932	102837
湖　南	2162386	33528	111603	389756	58369	81596	39194	1367514	24774	56052
广　东	3752057	190996	1364487	571492	208868	81585	25167	1174820	37488	97154
广　西	1445879	29285	125807	188834	35107	50524	17807	950038	9242	39235
海　南	264959	6402	41826	24953	7185	15739	8027	146393	2400	12034
重　庆	1136063	43604	97341	352022	110308	26622	42179	409259	10793	43935
四　川	2947695	47677	266369	667699	179058	74034	71731	1444691	30578	165858
贵　州	1145420	18417	99411	179193	30982	25812	35582	690969	13974	51080
云　南	1413050	52823	143969	151985	54975	40082	19498	898006	12598	39113
西　藏	76553	9454	6478	2412	2307	1596	1072	41510	1956	9768
陕　西	1275990	31702	139332	275521	36436	82795	41282	598504	9427	60991
甘　肃	764771	12159	55463	148202	36277	46418	31492	403782	6044	24934
青　海	174934	8322	11767	42324	13999	8136	6422	70583	3028	10353
宁　夏	233945	10254	20268	70812	26090	8460	9559	68686	2003	17813
新　疆	769328	37951	52617	183201	72470	42653	50464	178105	13942	137925

9-4a 各地区按住房来源分的家庭户户数(城市)

单位：户

地区	合计	租赁廉租住房/公租房	租赁其他住房	购买新建商品房	购买二手房	购买原公有住房	购买经济适用房/两限房	自建住房	继承或赠予	其他
全国	**19072613**	**712666**	**4164265**	**6552696**	**2308368**	**1492933**	**776128**	**1919282**	**157120**	**989155**
北京	628559	36233	185766	119343	77552	89291	43752	17248	6711	52663
天津	354208	11529	53731	138837	65934	36808	16833	8226	5461	16849
河北	717527	16485	69581	295103	76725	71942	18774	112677	11080	45160
山西	432175	9807	55582	161140	31702	72968	29341	33598	5521	32516
内蒙古	336029	8028	49641	144308	61482	28554	16187	9576	2725	15528
辽宁	1011006	15017	87350	423984	212239	113499	26744	41675	12914	77584
吉林	383735	9514	45293	173930	90060	31583	16515	6366	3082	7392
黑龙江	559548	9464	44603	237872	131352	54847	41797	11584	6380	21649
上海	703263	27928	224430	191973	142136	75624	6813	14108	2468	17783
江苏	1280141	27568	191379	470630	186934	69096	121091	143112	10712	59619
浙江	1181505	61777	442725	242142	144212	30050	70095	163455	6096	20953
安徽	524214	15534	71974	211327	66088	38647	8987	52003	4530	55124
福建	548807	23245	211642	142877	53766	18410	7656	72435	3152	15624
江西	381802	22730	43864	155183	34670	33421	8526	61353	3714	18341
山东	1309033	21564	140923	566545	141050	102701	39237	179755	12348	104910
河南	771058	18386	74017	302983	70695	87023	33652	135392	6222	42688
湖北	787315	19522	103521	303301	71317	88112	27716	109549	5335	58942
湖南	589972	18213	71491	244054	36912	56479	25848	106291	4775	25909
广东	2506122	162444	1224585	478614	186680	70645	21230	278588	14073	69263
广西	432679	19098	99716	139636	27266	39302	12167	77916	2128	15450
海南	102402	3580	36334	19507	5919	8421	4164	18282	724	5471
重庆	550087	33915	70344	263561	88039	20799	28765	21758	2868	20038
四川	1029606	29931	190789	434651	118977	53550	45475	61086	8288	86859
贵州	301957	9748	64567	113772	18636	19593	19568	37279	2482	16312
云南	400877	27951	106656	107148	39621	27889	13151	65094	2292	11075
西藏	19563	4148	4881	1778	1662	1392	691	3146	221	1644
陕西	512801	20552	103603	186812	24129	69365	19776	46020	3957	38587
甘肃	235019	7650	34960	83488	25306	38274	20961	11690	2377	10313
青海	71065	2959	9173	31879	9363	6845	2316	4305	824	3401
宁夏	101321	5193	12160	44144	17190	6361	5759	1858	925	7731
新疆	309217	12953	38984	122174	50754	31442	22541	13857	2735	13777

9-4b　各地区按住房来源分的家庭户户数(镇)

单位：户

地　区	合　计	租赁廉租住房/公租房	租　赁其他住房	购买新建商品房	购　买二手房	购买原公有住房	购买经济适用房/两限房	自建住房	继承或赠　予	其　他
全　国	**9876749**	**283294**	**960531**	**2695759**	**627700**	**285145**	**313777**	**4154831**	**94380**	**461332**
北　京	45863	1439	18217	6959	2760	602	1362	9688	340	4496
天　津	22397	609	2099	5230	1523	350	578	10613	399	996
河　北	683001	8660	37759	197832	25724	11732	7339	365581	7552	20822
山　西	273164	5980	26644	91191	15540	13705	11282	90619	4394	13809
内蒙古	238796	6630	29339	97735	35803	8682	11170	35281	2240	11916
辽　宁	194463	2362	9413	71981	28866	6515	5002	58248	2164	9912
吉　林	171930	2631	17751	78729	35751	6942	8944	17486	1232	2464
黑龙江	241590	3685	19783	99932	46678	9565	21523	28436	2638	9350
上　海	85888	2929	34481	25377	10553	1189	1302	8407	196	1454
江　苏	694323	12470	69102	196553	46131	10832	51434	274860	4303	28638
浙　江	453638	21913	123928	77984	46403	5962	15391	148768	4429	8860
安　徽	595803	16715	62878	163913	35590	15040	10196	238930	4622	47919
福　建	330340	9119	55631	72071	18516	4356	4089	153145	3902	9511
江　西	373488	14878	24492	119166	18115	11120	5112	167562	2803	10240
山　东	771997	7713	38134	214982	34372	27923	16588	375567	5911	50807
河　南	789061	18208	40825	207191	27168	17247	17850	427836	4946	27790
湖　北	372457	8695	21369	102312	18167	20375	7556	173355	2335	18293
湖　南	621937	14221	36530	140026	18811	23882	12035	352934	5973	17525
广　东	428831	16930	74152	83423	19676	9252	3023	203554	7705	11116
广　西	325048	9026	23301	46569	7065	10018	5145	207066	2484	14374
海　南	57574	2327	3641	3887	783	3293	3008	37155	625	2855
重　庆	204517	6132	21422	73461	17763	5256	9129	54588	2799	13967
四　川	573301	14938	51272	200337	47749	17371	18228	181881	5727	35798
贵　州	283253	6953	28701	60615	10058	5657	12618	130563	3772	24316
云　南	326427	21533	31283	43362	13659	9832	5561	180603	3828	16766
西　藏	10968	3830	841	152	340	57	107	3522	415	1704
陕　西	284965	9602	26570	79363	8876	11875	16456	117736	1920	12567
甘　肃	166626	3771	15092	54904	9494	7245	7707	59140	1549	7724
青　海	40464	4941	2228	10073	4295	1101	2317	11867	834	2808
宁　夏	52972	3818	5261	21684	6901	1686	2188	6730	501	4203
新　疆	161667	20636	8392	48765	14570	6483	19537	23110	1842	18332

9-4c 各地区按住房来源分的家庭户户数(乡村)

单位：户

地 区	合 计	租赁廉租住房/公租房	租 赁其他住房	购买新建商品房	购 买二手房	购买原公有住房	购买经济适用房/两限房	自建住房	继承或赠 予	其 他
全 国	**16841943**	**79547**	**480295**	**306055**	**188939**	**53577**	**90052**	**15002368**	**198141**	**442969**
北 京	98443	2040	30232	2142	698	419	415	57457	467	4573
天 津	71918	317	2138	1160	923	109	230	63838	1308	1895
河 北	1015618	665	4838	6546	4556	810	920	971805	15748	9730
山 西	483389	1382	9969	13929	7723	2810	3814	408761	17486	17515
内蒙古	293733	1449	10841	9398	12108	2308	2341	235973	3166	16149
辽 宁	422979	566	4700	7142	17902	1330	1280	372898	7193	9968
吉 林	302072	1227	7444	19521	23445	2456	2394	239118	2842	3625
黑龙江	371617	2137	10910	34551	34945	8104	5195	262491	4744	8540
上 海	112581	2757	56781	2835	1234	382	237	47396	158	801
江 苏	768929	6371	45668	18370	6441	1150	12107	667154	2561	9107
浙 江	644764	15061	101702	6782	7251	847	5688	485954	13573	7906
安 徽	885176	2027	8450	10769	4767	1541	1843	835070	3421	17288
福 建	387824	2191	19330	5802	2234	624	989	344122	7386	5146
江 西	585318	996	3149	5937	2177	1088	1163	558639	6130	6039
山 东	1384752	1400	9438	19268	8722	3080	3824	1302345	11556	25119
河 南	1415836	1673	7602	17385	2774	1265	3081	1358914	5536	17606
湖 北	735202	1707	7294	13950	9102	2567	4526	665192	5262	25602
湖 南	950477	1094	3582	5676	2646	1235	1311	908289	14026	12618
广 东	817104	11622	65750	9455	2512	1688	914	692678	15710	16775
广 西	688152	1161	2790	2629	776	1204	495	665056	4630	9411
海 南	104983	495	1851	1559	483	4025	855	90956	1051	3708
重 庆	381459	3557	5575	15000	4506	567	4285	332913	5126	9930
四 川	1344788	2808	24308	32711	12332	3113	8028	1201724	16563	43201
贵 州	560210	1716	6143	4806	2288	562	3396	523127	7720	10452
云 南	685746	3339	6030	1476	1695	2361	786	652309	6478	11272
西 藏	46022	1476	756	482	305	147	274	34842	1320	6420
陕 西	478224	1548	9159	9346	3431	1555	5050	434748	3550	9837
甘 肃	363126	738	5411	9810	1477	899	2824	332952	2118	6897
青 海	63405	422	366	372	341	190	1789	54411	1370	4144
宁 夏	79652	1243	2847	4984	1999	413	1612	60098	577	5879
新 疆	298444	4362	5241	12262	7146	4728	8386	141138	9365	105816

9-5 各地区按月租房费用分的家庭户户数

单位：户

地 区	合 计	200元以下	200-499元	500-999元	1000-1999元
全 国	**6680598**	**755791**	**1929470**	**1796716**	**1387591**
北 京	273927	26118	23051	44053	52982
天 津	70423	13430	6023	13076	28792
河 北	137988	19407	30996	32761	48054
山 西	109364	28316	32106	23555	19940
内蒙古	105928	23169	27720	24600	24986
辽 宁	119408	25556	24523	32912	29372
吉 林	83860	15534	13155	28386	22598
黑龙江	90582	20783	19140	27202	17019
上 海	349306	24681	38752	66102	82013
江 苏	352558	26143	91375	86924	97878
浙 江	767106	51219	255147	258239	128756
安 徽	177578	26861	41305	48957	49106
福 建	321158	25168	119283	87741	52876
江 西	110109	24768	32875	30580	17427
山 东	219172	19735	42189	60958	75608
河 南	160711	26533	43062	32831	42244
湖 北	162108	23088	40137	41228	38203
湖 南	145131	28552	38398	36081	30701
广 东	1555483	78742	561071	481226	268289
广 西	155092	24401	64530	40567	18806
海 南	48228	3167	7515	21305	11131
重 庆	140945	19821	41582	40787	30818
四 川	314046	45969	86445	81471	74358
贵 州	117828	19358	39900	30146	20258
云 南	196792	33084	84945	43341	24815
西 藏	15932	7653	1386	3077	2177
陕 西	171034	25172	61035	32242	38300
甘 肃	67622	11626	25684	12749	13671
青 海	20089	4973	5401	3994	4636
宁 夏	30522	8731	8171	8210	4525
新 疆	90568	24033	22568	21415	17252

9-5 续表 单位：户

地 区	2000-2999元	3000-3999元	4000-5999元	6000-7999元	8000-9999元	10000元及以上
全 国	**408728**	**170166**	**132723**	**51840**	**20423**	**27150**
北 京	31927	28974	35522	18807	6198	6295
天 津	6661	1472	696	134	49	90
河 北	4476	809	565	224	212	484
山 西	2987	870	603	351	222	414
内 蒙 古	2732	621	597	442	336	725
辽 宁	4855	993	562	279	111	245
吉 林	2917	595	279	168	109	119
黑 龙 江	2160	675	1087	1224	716	576
上 海	46624	36289	34269	10031	4298	6247
江 苏	35091	9107	3951	1029	382	678
浙 江	40965	17627	10309	2380	816	1648
安 徽	7561	1682	893	422	256	535
福 建	23758	7818	3214	756	268	276
江 西	2984	782	389	147	52	105
山 东	14136	3012	1504	624	511	895
河 南	11429	2474	1150	383	201	404
湖 北	13924	3373	1353	411	142	249
湖 南	7763	1773	1011	422	164	266
广 东	85955	36389	27090	10051	3399	3271
广 西	4510	1228	584	186	81	199
海 南	3437	1047	383	114	49	80
重 庆	5541	1148	572	284	169	223
四 川	16821	4530	2070	1086	559	737
贵 州	4496	1356	983	455	297	579
云 南	6311	1714	1124	536	258	664
西 藏	849	415	199	76	24	76
陕 西	10841	1786	820	288	178	372
甘 肃	2540	556	291	180	82	243
青 海	699	172	94	48	17	55
宁 夏	456	134	164	52	40	39
新 疆	3322	745	395	250	227	361

9-5a　各地区按月租房费用分的家庭户户数(城市)

单位：户

地　区	合　计	200元以下	200-499元	500-999元	1000-1999元
全　国	**4876931**	**408021**	**1240388**	**1340820**	**1168348**
北　京	221999	24686	10954	27229	41469
天　津	65260	12628	3981	11647	28030
河　北	86066	9071	15285	22062	35396
山　西	65389	10957	15856	16908	17760
内蒙古	57669	8321	12069	14822	19244
辽　宁	102367	19613	19391	28865	28125
吉　林	54807	8273	8277	19448	16294
黑龙江	54067	9323	10736	16477	13692
上　海	252358	20345	7534	34030	62360
江　苏	218947	12802	36469	52434	75298
浙　江	504502	24084	133553	175943	105528
安　徽	87508	10400	15162	23404	31760
福　建	234887	13298	80810	65550	42034
江　西	66594	11561	18710	19347	13689
山　东	162487	11602	27704	43450	62854
河　南	92403	10672	18926	19524	31058
湖　北	123043	14064	25838	31044	34258
湖　南	89704	13495	19436	22807	25232
广　东	1387029	59778	469279	439271	257287
广　西	118814	14361	51173	31794	16175
海　南	39914	1698	4911	19098	9841
重　庆	104259	9716	27263	31919	28523
四　川	220720	21707	51664	59081	66190
贵　州	74315	9359	24098	20099	15834
云　南	134607	15215	56989	33725	21058
西　藏	9029	2725	861	2633	1735
陕　西	124155	12493	39572	25231	34338
甘　肃	42610	4995	15319	8390	11012
青　海	12132	1231	2999	3074	4075
宁　夏	17353	3819	4100	5398	3499
新　疆	51937	5729	11469	16116	14700

9-5a 续表 单位：户

地　区	2000-2999元	3000-3999元	4000-5999元	6000-7999元	8000-9999元	10000元及以上
全　国	**361992**	**152518**	**120140**	**46156**	**17270**	**21278**
北　京	27434	25687	33644	18628	6129	6139
天　津	6597	1442	688	129	45	73
河　北	3349	394	174	77	83	175
山　西	2482	551	314	211	112	238
内 蒙 古	1997	321	241	177	152	325
辽　宁	4629	923	459	161	73	128
吉　林	1748	366	175	94	68	64
黑 龙 江	1609	410	581	619	331	289
上　海	40222	34281	33377	9823	4237	6149
江　苏	29850	7716	3123	710	213	332
浙　江	35783	16241	9448	2108	662	1152
安　徽	5138	926	344	117	75	182
福　建	21782	7375	2935	672	227	204
江　西	2370	578	215	60	19	45
山　东	12321	2461	1031	311	270	483
河　南	9369	1843	683	169	60	99
湖　北	13053	3110	1124	287	100	165
湖　南	6592	1297	506	163	71	105
广　东	82921	35484	26607	9915	3333	3154
广　西	3817	892	371	101	44	86
海　南	3019	894	286	83	29	55
重　庆	5176	917	357	171	97	120
四　川	15572	3822	1362	611	306	405
贵　州	3468	729	346	132	91	159
云　南	5202	1131	603	214	146	324
西　藏	579	236	143	50	14	53
陕　西	10090	1457	526	144	101	203
甘　肃	2215	368	136	62	23	90
青　海	563	102	44	15	9	20
宁　夏	316	77	87	21	17	19
新　疆	2729	487	210	121	133	243

9-5b　各地区按月租房费用分的家庭户户数(镇)

单位：户

地　区	合　计	200元以下	200-499元	500-999元	1000-1999元
全　国	**1243825**	**246730**	**444201**	**312402**	**169693**
北　京	19656	597	2641	5169	5339
天　津	2708	283	828	917	607
河　北	46419	8609	13608	9829	12067
山　西	32624	12029	12453	5376	1630
内蒙古	35969	9590	11685	8298	4690
辽　宁	11775	3008	3683	3517	1025
吉　林	20382	3600	3320	6816	5296
黑龙江	23468	6396	5538	7377	2343
上　海	37410	1390	4807	10515	12888
江　苏	81572	7244	27928	21515	18011
浙　江	145841	12667	63289	47685	16413
安　徽	79593	13705	22486	23135	16187
福　建	64750	8124	27487	17849	9060
江　西	39370	12260	12603	10105	3345
山　东	45847	5353	10540	15011	11712
河　南	59033	14069	20825	11661	9171
湖　北	30064	7412	11902	7331	2203
湖　南	50751	13653	17353	12211	5063
广　东	91082	8971	46819	24338	7429
广　西	32327	8679	12224	7917	2181
海　南	5968	1150	2150	1384	843
重　庆	27554	8011	11113	5787	1730
四　川	66210	17864	24209	16180	5276
贵　州	35654	8119	12748	8420	3641
云　南	52816	14315	24529	8481	3056
西　藏	4671	3591	340	307	197
陕　西	36172	10151	16666	4970	3051
甘　肃	18863	4824	7682	3477	2119
青　海	7169	3489	2073	815	508
宁　夏	9079	3338	2692	2051	779
新　疆	29028	14229	7980	3958	1833

9-5b 续表

单位：户

地 区	2000-2999元	3000-3999元	4000-5999元	6000-7999元	8000-9999元	10000元及以上
全 国	**36202**	**13378**	**9576**	**4503**	**2496**	**4644**
北 京	2483	2081	1109	109	47	81
天 津	37	14	5	1	2	14
河 北	1037	390	348	130	114	287
山 西	361	228	201	117	90	139
内 蒙 古	519	204	273	229	148	333
辽 宁	167	57	84	109	32	93
吉 林	944	176	80	66	37	47
黑 龙 江	399	205	374	398	237	201
上 海	5145	1662	723	169	48	63
江 苏	4319	1177	683	272	148	275
浙 江	3697	938	555	170	101	326
安 徽	2207	661	469	270	162	311
福 建	1573	311	204	64	24	54
江 西	561	183	154	83	30	46
山 东	1599	446	358	240	212	376
河 南	1792	549	405	188	104	269
湖 北	647	201	174	95	39	60
湖 南	1092	435	471	242	91	140
广 东	2324	639	364	89	43	66
广 西	622	314	197	73	24	96
海 南	243	86	58	20	10	14
重 庆	274	187	188	104	68	92
四 川	808	520	523	366	208	256
贵 州	835	523	553	274	181	360
云 南	886	478	422	295	96	258
西 藏	125	33	36	16	10	16
陕 西	598	253	221	89	46	127
甘 肃	228	142	127	105	48	111
青 海	125	52	46	23	8	30
宁 夏	98	33	43	19	17	9
新 疆	457	200	128	78	71	94

9-5c　各地区按月租房费用分的家庭户户数(乡村)

单位：户

地　区	合　计	200元以下	200-499元	500-999元	1000-1999元
全　国	**559842**	**101040**	**244881**	**143494**	**49550**
北　京	32272	835	9456	11655	6174
天　津	2455	519	1214	512	155
河　北	5503	1727	2103	870	591
山　西	11351	5330	3797	1271	550
内蒙古	12290	5258	3966	1480	1052
辽　宁	5266	2935	1449	530	222
吉　林	8671	3661	1558	2122	1008
黑龙江	13047	5064	2866	3348	984
上　海	59538	2945	26411	21557	6765
江　苏	52039	6097	26978	12975	4569
浙　江	116763	14463	58305	34611	6815
安　徽	10477	2755	3657	2418	1159
福　建	21521	3746	10986	4342	1782
江　西	4145	947	1562	1128	393
山　东	10838	2780	3945	2497	1042
河　南	9275	1792	3311	1646	2015
湖　北	9001	1612	2397	2853	1742
湖　南	4676	1404	1609	1063	406
广　东	77372	9993	44973	17617	3573
广　西	3951	1361	1133	856	450
海　南	2346	309	454	823	447
重　庆	9132	2094	3206	3081	565
四　川	27116	6398	10572	6210	2892
贵　州	7859	1880	3054	1627	783
云　南	9369	3554	3427	1135	701
西　藏	2232	1337	185	137	245
陕　西	10707	2528	4797	2041	911
甘　肃	6149	1807	2683	882	540
青　海	788	253	329	105	53
宁　夏	4090	1574	1379	761	247
新　疆	9603	4075	3119	1341	719

9-5c 续表

单位：户

地区	2000-2999元	3000-3999元	4000-5999元	6000-7999元	8000-9999元	10000元及以上
全国	**10534**	**4270**	**3007**	**1181**	**657**	**1228**
北京	2010	1206	769	70	22	75
天津	27	16	3	4	2	3
河北	90	25	43	17	15	22
山西	144	91	88	23	20	37
内蒙古	216	96	83	36	36	67
辽宁	59	13	19	9	6	24
吉林	225	53	24	8	4	8
黑龙江	152	60	132	207	148	86
上海	1257	346	169	39	13	35
江苏	922	214	145	47	21	71
浙江	1485	448	306	102	53	170
安徽	216	95	80	35	19	42
福建	403	132	75	20	17	18
江西	53	21	20	4	3	14
山东	216	105	115	73	29	36
河南	268	82	62	26	37	36
湖北	224	62	55	29	3	24
湖南	79	41	34	17	2	21
广东	710	266	119	47	23	51
广西	71	22	16	12	13	17
海南	175	67	39	11	10	11
重庆	91	44	27	9	4	11
四川	441	188	185	109	45	76
贵州	193	104	84	49	25	60
云南	223	105	99	27	16	82
西藏	145	146	20	10		7
陕西	153	76	73	55	31	42
甘肃	97	46	28	13	11	42
青海	11	18	4	10		5
宁夏	42	24	34	12	6	11
新疆	136	58	57	51	23	24

9-6 各地区按住房来源分的同时拥有厨房和厕所的家庭户户数

单位：户

地 区	合 计	租赁廉租住房/公租房	租赁其他住房	购买新建商品房	购买二手房	购买原公有住房	购买经济适用房/两限房	自建住房	继承或赠予	其 他
全 国	**43160174**	**985495**	**4838640**	**9542702**	**3068273**	**1796820**	**1175315**	**19570691**	**394722**	**1787516**
北 京	705793	30558	187870	128187	80678	89823	45522	78785	6255	58115
天 津	427047	11744	52433	145069	67933	36912	17636	69491	6693	19136
河 北	2272909	25413	102053	499157	104203	82509	26976	1328123	31104	73371
山 西	987180	15194	67424	265182	49709	87616	44181	383251	17782	56841
内蒙古	715243	15041	59665	249954	99911	36714	29231	183992	6074	34661
辽 宁	1483109	17498	93648	502658	250785	119445	32892	352379	19585	94219
吉 林	844551	13300	68028	271996	147789	40334	27795	255253	6944	13112
黑龙江	1072597	14928	70348	371795	199671	67533	68276	231644	11867	36535
上 海	844369	27989	267126	220077	153716	76953	8349	68820	2660	18679
江 苏	2648270	40177	266413	684830	238550	79407	184304	1043182	16618	94789
浙 江	2062263	76274	510299	326440	196909	36576	91001	773999	19955	30810
安 徽	1912540	33160	129875	385329	105418	53456	20890	1056615	11469	116328
福 建	1200678	30806	244034	220423	74022	23164	12715	556380	12577	26557
江 西	1305458	37989	69013	280079	54659	44848	14769	759600	11126	33375
山 东	3338559	29355	175608	800224	182920	132110	59547	1752620	28493	177682
河 南	2863136	37150	114611	527015	99937	104189	54487	1824969	15508	85270
湖 北	1840464	29060	124359	419244	97812	109919	39724	908318	12082	99946
湖 南	2104090	32444	107581	389414	58030	80150	39122	1322325	21630	53394
广 东	3564018	172729	1242886	570992	208463	81275	25142	1140826	33911	87794
广 西	1386384	28467	121378	188667	34969	50279	17788	900093	7793	36950
海 南	240039	6109	36429	24908	7116	15324	8000	129482	1958	10713
重 庆	1123988	43390	93173	351823	110021	26176	42127	403918	10302	43058
四 川	2888004	45955	249364	667337	177971	72716	71535	1413785	28762	160579
贵 州	1043222	17394	78707	179074	30464	25256	35468	615651	12295	48913
云 南	1226432	49635	99156	151638	53817	37256	19245	772354	9206	34125
西 藏	51482	8234	4488	2281	1906	1392	1025	25477	1098	5581
陕 西	1191433	29850	99464	275128	35393	82070	41223	561723	8445	58137
甘 肃	712996	10933	32354	147916	35746	45865	31388	379863	5484	23447
青 海	145597	7817	8385	42225	13438	7922	5613	52805	1831	5561
宁 夏	223597	10136	17134	70698	25726	8295	9513	62924	1875	17296
新 疆	734726	36766	45334	182942	70591	41336	49831	162044	13340	132542

9-6a 各地区按住房来源分的同时拥有厨房和厕所的家庭户户数(城市)

单位：户

地区	合计	租赁廉租住房/公租房	租赁其他住房	购买新建商品房	购买二手房	购买原公有住房	购买经济适用房/两限房	自建住房	继承或赠予	其他
全国	**18321684**	**651894**	**3639510**	**6546655**	**2296138**	**1478064**	**775158**	**1831540**	**149130**	**953595**
北京	576861	27744	150495	119160	77255	88813	43745	14773	5505	49371
天津	346315	11093	49731	138682	65718	36469	16829	6224	5205	16364
河北	703274	16337	65785	294946	76218	70688	18758	105030	10776	44736
山西	411586	8773	44679	160925	30893	72230	29303	28282	5162	31339
内蒙古	314363	7614	36690	143668	59833	27764	16145	5418	2538	14693
辽宁	991717	14787	81591	423667	210431	112497	26719	32774	12583	76668
吉林	380818	9491	43955	173813	89726	31352	16499	5612	3044	7326
黑龙江	550178	9382	42711	237681	129587	53768	41736	8119	6129	21065
上海	669600	23617	197389	191885	141980	75439	6811	13462	2339	16678
江苏	1246448	24669	170732	470248	186535	68015	120968	136767	10264	58250
浙江	1055018	47889	337605	241788	143741	29913	69984	160939	5544	17615
安徽	510039	15097	65202	211105	65877	37922	8964	47538	4311	54023
福建	510312	20869	179516	142656	53503	18310	7653	71157	2916	13732
江西	377896	22408	42274	155066	34595	33102	8509	60386	3607	17949
山东	1288625	20696	130771	566190	140587	101865	39218	173458	12101	103739
河南	756717	17874	69486	302674	70399	86120	33639	128647	5965	41913
湖北	775162	18874	97023	303077	71092	87337	27686	107315	5148	57610
湖南	583368	17545	68939	243806	36818	55889	25800	104880	4573	25118
广东	2371543	147161	1116710	478216	186394	70486	21217	275784	13094	62481
广西	427484	18579	97026	139523	27204	39149	12160	76829	2045	14969
海南	96240	3425	31539	19480	5888	8402	4161	17581	686	5078
重庆	546072	33803	67727	263434	87894	20470	28732	21527	2789	19696
四川	1012256	28920	178653	434469	118664	52885	45348	60070	8008	85239
贵州	283705	9141	50179	113704	18569	19308	19523	35390	2314	15577
云南	355718	25895	71795	106921	39315	27326	13075	59337	1990	10064
西藏	16764	3572	3506	1755	1507	1223	685	2872	190	1454
陕西	476923	19219	74758	186654	23800	68920	19758	42853	3779	37182
甘肃	218266	6835	21254	83439	25184	38003	20953	10506	2239	9853
青海	67265	2760	6699	31836	9332	6787	2310	3870	772	2899
宁夏	99280	5102	10880	44077	17106	6286	5756	1614	867	7592
新疆	301871	12723	34210	122110	50493	31326	22514	12526	2647	13322

9-6b　各地区按住房来源分的同时拥有厨房和厕所的家庭户户数(镇)

单位：户

地　　区	合　计	租赁廉租住房/公租房	租　赁其他住房	购买新建商品房	购　买二手房	购买原公有住房	购买经济适用房/两限房	自建住房	继承或赠　予	其　他
全　　国	**9444097**	**265671**	**819895**	**2691927**	**608324**	**273793**	**312498**	**3947734**	**84630**	**439625**
北　　京	42121	1351	15163	6912	2748	599	1362	9249	325	4412
天　　津	19661	459	1569	5229	1450	347	577	8690	368	972
河　　北	651806	8454	32312	197687	24460	11178	7315	343302	6878	20220
山　　西	238374	5328	16764	90601	13699	13028	11166	72270	3032	12486
内 蒙 古	207754	6166	18236	97117	31864	7368	11027	23674	1849	10453
辽　　宁	177273	2266	8333	71905	26661	5880	4943	45984	1796	9505
吉　　林	169517	2596	16984	78670	35210	6735	8917	16857	1167	2381
黑 龙 江	227260	3565	18043	99737	42765	8147	21443	22488	2295	8777
上　　海	80368	2505	29672	25359	10505	1137	1301	8338	175	1376
江　　苏	671753	10406	59661	196282	45739	10297	51275	266005	4059	28029
浙　　江	416905	17087	97326	77902	46182	5884	15360	145976	3896	7292
安　　徽	573796	16190	57196	163622	35103	14266	10127	226455	4331	46506
福　　建	317511	8159	47915	71986	18386	4282	4077	150787	3388	8531
江　　西	368186	14622	23755	119099	17990	10766	5106	164426	2557	9865
山　　东	747177	7374	36139	214835	34053	27330	16542	355226	5696	49982
河　　南	768438	17673	38142	207059	26915	16893	17809	412222	4723	27002
湖　　北	367450	8549	20499	102259	18000	20170	7547	170428	2220	17778
湖　　南	611098	13848	35292	139962	18667	23176	12024	346095	5398	16636
广　　东	414979	15290	66525	83344	19605	9164	3015	200735	7125	10176
广　　西	316842	8808	21821	46528	7014	9965	5140	201508	2242	13816
海　　南	53835	2230	3272	3373	768	3227	3003	34420	505	2537
重　　庆	202250	6048	20189	73408	17673	5159	9120	54201	2713	13739
四　　川	563605	14379	47888	200211	47281	16804	18181	179052	5441	34368
贵　　州	265565	6649	23634	60576	9837	5434	12573	119660	3418	23784
云　　南	294383	20711	23263	43283	13157	8685	5460	161522	2969	15333
西　　藏	8365	3429	460	119	195	40	103	2641	268	1110
陕　　西	269091	9215	18586	79186	8418	11654	16436	112125	1674	11797
甘　　肃	155626	3428	8370	54766	9218	7088	7681	56328	1421	7326
青　　海	35034	4700	1486	10051	3910	1052	2227	9561	451	1596
宁　　夏	51181	3800	4195	21666	6787	1668	2179	6299	482	4105
新　　疆	156893	20386	7205	48693	14064	6370	19462	21210	1768	17735

9-6c 各地区按住房来源分的同时拥有厨房和厕所的家庭户户数(乡村)

单位：户

地　区	合　计	租赁廉租住房/公租房	租　赁其他住房	购买新建商品房	购　买二手房	购买原公有住房	购买经济适用房/两限房	自建住房	继承或赠　予	其　他
全　国	**15394393**	**67930**	**379235**	**304120**	**163811**	**44963**	**87659**	**13791417**	**160962**	**394296**
北　京	86811	1463	22212	2115	675	411	415	54763	425	4332
天　津	61071	192	1133	1158	765	96	230	54577	1120	1800
河　北	917829	622	3956	6524	3525	643	903	879791	13450	8415
山　西	337220	1093	5981	13656	5117	2358	3712	282699	9588	13016
内蒙古	193126	1261	4739	9169	8214	1582	2059	154900	1687	9515
辽　宁	314119	445	3724	7086	13693	1068	1230	273621	5206	8046
吉　林	294216	1213	7089	19513	22853	2247	2379	232784	2733	3405
黑龙江	295159	1981	9594	34377	27319	5618	5097	201037	3443	6693
上　海	94401	1867	40065	2833	1231	377	237	47020	146	625
江　苏	730069	5102	36020	18300	6276	1095	12061	640410	2295	8510
浙　江	590340	11298	75368	6750	6986	779	5657	467084	10515	5903
安　徽	828705	1873	7477	10602	4438	1268	1799	782622	2827	15799
福　建	372855	1778	16603	5781	2133	572	985	334436	6273	4294
江　西	559376	959	2984	5914	2074	980	1154	534788	4962	5561
山　东	1302757	1285	8698	19199	8280	2915	3787	1223936	10696	23961
河　南	1337981	1603	6983	17282	2623	1176	3039	1284100	4820	16355
湖　北	697852	1637	6837	13908	8720	2412	4491	630575	4714	24558
湖　南	909624	1051	3350	5646	2545	1085	1298	871350	11659	11640
广　东	777496	10278	59651	9432	2464	1625	910	664307	13692	15137
广　西	642058	1080	2531	2616	751	1165	488	621756	3506	8165
海　南	89964	454	1618	1555	460	3695	836	77481	767	3098
重　庆	375666	3539	5257	14981	4454	547	4275	328190	4800	9623
四　川	1312143	2656	22823	32657	12026	3027	8006	1174663	15313	40972
贵　州	493952	1604	4894	4794	2058	514	3372	460601	6563	9552
云　南	576331	3029	4098	1434	1345	1245	710	551495	4247	8728
西　藏	26353	1233	522	407	204	129	237	19964	640	3017
陕　西	445419	1416	6120	9288	3175	1496	5029	406745	2992	9158
甘　肃	339104	670	2730	9711	1344	774	2754	313029	1824	6268
青　海	43298	357	200	338	196	83	1076	39374	608	1066
宁　夏	73136	1234	2059	4955	1833	341	1578	55011	526	5599
新　疆	275962	3657	3919	12139	6034	3640	7855	128308	8925	101485

9-7　全国按户主的受教育程度、住房来源分的家庭户户数

单位：户

受教育程度	合　计	租赁廉租住房/公租房	租　赁其他住房	购买新建商品房	购　买二手房	购买原公有住房	购买经济适用房/两限房	自建住房	继承或赠　予	其　他
总　计	**43326315**	**1058145**	**5522131**	**9362419**	**3049617**	**1761894**	**1150777**	**19165212**	**421356**	**1834764**
未上过学	1152820	18329	53702	59921	28219	27335	22238	847275	20650	75151
学前教育	46533	832	2282	3316	1368	1174	872	33773	783	2133
小　学	9798996	154040	701208	750679	315741	213780	188556	6927682	108884	438926
初　中	17747554	439501	2365484	2793092	996332	583887	428395	9221827	180543	738493
高　中	6946757	226528	1118477	2141184	659280	480582	247293	1702389	64326	306698
大学专科	3907386	112064	674331	1757361	472269	245224	142538	323175	27595	152329
大学本科	3279013	91240	524079	1658374	482812	185562	107494	105327	16944	107181
硕士研究生	393129	12969	73418	178046	82425	19208	11090	3378	1373	11222
博士研究生	54127	2642	9150	20446	11171	5142	2301	386	258	2631

9-7a　全国按户主的受教育程度、住房来源分的家庭户户数(城市)

单位：户

受教育程度	合　计	租赁廉租住房/公租房	租　赁其他住房	购买新建商品房	购　买二手房	购买原公有住房	购买经济适用房/两限房	自建住房	继承或赠　予	其　他
总　计	**18653194**	**700911**	**4103360**	**6427233**	**2253974**	**1433013**	**759892**	**1852964**	**152348**	**969499**
未上过学	202557	10434	30408	33867	13446	20254	12167	57789	3541	20651
学前教育	9937	503	1472	2080	848	878	450	2755	168	783
小　学	2055204	87757	429624	413750	161977	160727	102178	524486	22915	151790
初　中	6293836	283347	1636755	1677562	648316	460356	258296	884836	57909	386459
高　中	4187395	163772	886904	1510463	518723	404457	179853	275154	36394	211675
大学专科	2856347	78284	576011	1299290	393912	202083	106728	74313	17836	107890
大学本科	2640021	63361	464981	1312293	427918	161082	87685	32137	12181	78383
硕士研究生	357695	11006	68582	159262	78135	18258	10349	1334	1185	9584
博士研究生	50202	2447	8623	18666	10699	4918	2186	160	219	2284

9-7b 全国按户主的受教育程度、住房来源分的家庭户户数(镇)

单位：户

受教育程度	合　计	租赁廉租住房/公租房	租　赁其他住房	购买新建商品房	购　买二手房	购买原公有住房	购买经济适用房/两限房	自建住房	继承或赠　予	其　他
总　计	**9506196**	**279369**	**946994**	**2648970**	**615732**	**277566**	**306353**	**3892073**	**89964**	**449175**
未上过学	228801	6213	15876	21968	9447	5242	6803	139799	4253	19200
学前教育	8887	231	530	1017	321	213	311	5647	148	469
小　学	2037473	49981	172399	284610	96659	40661	60508	1194427	23261	114967
初　中	4245298	119326	464599	981857	259344	99566	131387	1958830	39546	190843
高　中	1571596	50878	164641	582793	122147	68105	57166	446496	13575	65795
大学专科	823766	27729	76041	430743	71773	39768	31507	106993	5724	33488
大学本科	556017	23042	48452	327065	51584	22937	17899	38938	3298	22802
硕士研究生	30934	1782	4009	17291	4020	863	668	859	126	1316
博士研究生	3424	187	447	1626	437	211	104	84	33	295

9-7c 全国按户主的受教育程度、住房来源分的家庭户户数(乡村)

单位：户

受教育程度	合　计	租赁廉租住房/公租房	租　赁其他住房	购买新建商品房	购　买二手房	购买原公有住房	购买经济适用房/两限房	自建住房	继承或赠　予	其　他
总　计	**15166925**	**77865**	**471777**	**286216**	**179911**	**51315**	**84532**	**13420175**	**179044**	**416090**
未上过学	721462	1682	7418	4086	5326	1839	3268	649687	12856	35300
学前教育	27709	98	280	219	199	83	111	25371	467	881
小　学	5706319	16302	99185	51819	57105	12392	25870	5208769	62708	172169
初　中	7208420	36828	264130	133673	88672	23965	38712	6378161	83088	161191
高　中	1187766	11878	66932	47928	18410	8020	10274	980739	14357	29228
大学专科	227273	6051	22279	27828	6584	3373	4303	141869	4035	10951
大学本科	82975	4837	10646	19016	3310	1543	1910	34252	1465	5996
硕士研究生	4500	181	827	1493	270	87	73	1185	62	322
博士研究生	501	8	80	154	35	13	11	142	6	52

9-8　全国按户主的受教育程度、月租房费用分的家庭户户数

单位：户

受教育程度	合　计	200元以下	200-499元	500-999元	1000-1999元
总　计	**6580276**	**742766**	**1909467**	**1773068**	**1362990**
未上过学	72031	21593	25354	14410	7634
学前教育	3114	745	1193	641	357
小　学	855248	167225	343324	210509	96990
初　中	2804985	342732	1023950	836551	435897
高　中	1345005	128508	347176	401311	316837
大学专科	786395	44082	111425	197155	270568
大学本科	615319	33996	52656	104317	209716
硕士研究生	86387	3277	3810	7091	22198
博士研究生	11792	608	579	1083	2793

9-8　续表

单位：户

受教育程度	2000-2999元	3000-3999元	4000-5999元	6000-7999元	8000-9999元	10000元及以上
总　计	**399566**	**166251**	**129488**	**50382**	**19859**	**26439**
未上过学	1561	669	468	163	65	114
学前教育	99	32	26	12	5	4
小　学	19860	7763	5238	1996	901	1442
初　中	90510	34313	23191	8290	3775	5776
高　中	84000	31520	21675	7345	2813	3820
大学专科	89209	34196	24565	8567	2916	3712
大学本科	96427	46275	40982	16888	6379	7683
硕士研究生	15924	10196	11781	6167	2612	3331
博士研究生	1976	1287	1562	954	393	557

9-8a 全国按户主的受教育程度、月租房费用分的家庭户户数(城市)

单位：户

受教育程度	合 计	200元以下	200-499元	500-999元	1000-1999元
总 计	**4804271**	**399820**	**1229199**	**1324704**	**1148204**
未上过学	40842	9848	13487	9376	5874
学前教育	1975	392	695	458	289
小 学	517381	76262	197299	142285	74370
初 中	1920102	184751	654106	603833	347110
高 中	1050676	83251	246424	316165	270853
大学专科	654295	24684	78641	160801	239365
大学本科	528342	17597	35206	84792	187774
硕士研究生	79588	2488	2864	6016	19995
博士研究生	11070	547	477	978	2574

9-8a 续表

单位：户

受教育程度	2000-2999元	3000-3999元	4000-5999元	6000-7999元	8000-9999元	10000元及以上
总 计	**353877**	**149009**	**117180**	**44813**	**16771**	**20694**
未上过学	1200	499	348	108	44	58
学前教育	78	27	20	9	4	3
小 学	15357	5822	3612	1178	506	690
初 中	73812	27784	17902	5579	2215	3010
高 中	74954	28386	19471	6297	2200	2675
大学专科	81988	31761	23213	8065	2642	3135
大学本科	89720	43752	39542	16507	6179	7273
硕士研究生	14932	9742	11542	6122	2591	3296
博士研究生	1836	1236	1530	948	390	554

9-8b　全国按户主的受教育程度、月租房费用分的家庭户户数(镇)

单位：户

受教育程度	合　计	200元以下	200-499元	500-999元	1000-1999元
总　计	**1226363**	**243559**	**438960**	**307777**	**166655**
未上过学	22089	8231	8337	3613	1329
学前教育	761	234	333	119	48
小　学	222380	60529	92885	45366	16284
初　中	583925	108734	229276	153703	65881
高　中	215519	35938	68415	60746	36708
大学专科	103770	15809	24588	27543	25775
大学本科	71494	13337	14226	15728	18528
硕士研究生	5791	693	804	875	1909
博士研究生	634	54	96	84	193

9-8b　续表

单位：户

受教育程度	2000-2999元	3000-3999元	4000-5999元	6000-7999元	8000-9999元	10000元及以上
总　计	**35457**	**13111**	**9399**	**4432**	**2455**	**4558**
未上过学	257	128	96	44	12	42
学前教育	17	3	3	2	1	1
小　学	3180	1431	1210	641	289	565
初　中	12169	4805	3940	2085	1202	2130
高　中	7179	2440	1760	865	514	954
大学专科	5980	1895	1057	406	239	478
大学本科	5675	2002	1123	342	177	356
硕士研究生	870	367	185	41	18	29
博士研究生	130	40	25	6	3	3

9-8c 全国按户主的受教育程度、月租房费用分的家庭户户数(乡村)

单位：户

受教育程度	合 计	200元以下	200-499元	500-999元	1000-1999元
总 计	**549642**	**99387**	**241308**	**140587**	**48131**
未上过学	9100	3514	3530	1421	431
学前教育	378	119	165	64	20
小 学	115487	30434	53140	22858	6336
初 中	300958	49247	140568	79015	22906
高 中	78810	9319	32337	24400	9276
大学专科	28330	3589	8196	8811	5428
大学本科	15483	3062	3224	3797	3414
硕士研究生	1008	96	142	200	294
博士研究生	88	7	6	21	26

9-8c 续表

单位：户

受教育程度	2000-2999元	3000-3999元	4000-5999元	6000-7999元	8000-9999元	10000元及以上
总 计	**10232**	**4131**	**2909**	**1137**	**633**	**1187**
未上过学	104	42	24	11	9	14
学前教育	4	2	3	1		
小 学	1323	510	416	177	106	187
初 中	4529	1724	1349	626	358	636
高 中	1867	694	444	183	99	191
大学专科	1241	540	295	96	35	99
大学本科	1032	521	317	39	23	54
硕士研究生	122	87	54	4	3	6
博士研究生	10	11	7			

9-9　全国按户主的职业、住房来源分的家庭户户数

单位：户

职业大类	合　计	租赁廉租住房/公租房	租　赁其他住房	购买新建商品房	购　买二手房
总　计	**28571765**	**695407**	**4505643**	**6301741**	**2037976**
党的机关、国家机关、群众团体和社会组织、企事业单位负责人	808348	14252	116825	361639	95220
专业技术人员	2670553	84388	456219	1143169	356019
办事人员和有关人员	2135711	65693	243771	938888	242109
社会生产服务和生活服务人员	9263655	288935	2118571	2454043	859580
农、林、牧、渔业生产及辅助人员	6202823	15125	69784	193247	99908
生产制造及有关人员	7434614	225372	1493253	1193948	380998
不便分类的其他从业人员	56061	1642	7220	16807	4142

9-9　续表

单位：户

职业大类	购买原公有住房	购买经济适用房/两限房	自建住房	继承或赠　予	其　他
总　计	**621660**	**629303**	**12541484**	**236712**	**1001839**
党的机关、国家机关、群众团体和社会组织、企事业单位负责人	20944	19613	150402	4574	24879
专业技术人员	119219	84676	310112	16093	100658
办事人员和有关人员	114932	80151	332732	17813	99622
社会生产服务和生活服务人员	218675	241128	2635490	79250	367983
农、林、牧、渔业生产及辅助人员	21819	40681	5558524	56631	147104
生产制造及有关人员	124410	161216	3534497	61802	259118
不便分类的其他从业人员	1661	1838	19727	549	2475

9-9a　全国按户主的职业、住房来源分的家庭户户数(城市)

单位：户

职业大类	合　计	租赁廉租住房/公租房	租　赁其他住房	购买新建商品房	购　买二手房
总　计	**12024583**	**448892**	**3380100**	**4237152**	**1514259**
党的机关、国家机关、群众团体和社会组织、企事业单位负责人	532311	9696	94489	272605	78935
专业技术人员	1859648	55306	387538	837480	301878
办事人员和有关人员	1408325	41223	201004	673794	199002
社会生产服务和生活服务人员	5169257	199048	1659544	1674285	657787
农、林、牧、渔业生产及辅助人员	276128	3637	20015	59733	19324
生产制造及有关人员	2751706	138966	1012275	707740	254398
不便分类的其他从业人员	27208	1016	5235	11515	2935

9-9a　续表

单位：户

职业大类	购买原公有住房	购买经济适用房/两限房	自建住房	继承或赠　予	其　他
总　计	**463825**	**395963**	**1020005**	**72386**	**492001**
党的机关、国家机关、群众团体和社会组织、企事业单位负责人	16027	13917	28382	2258	16002
专业技术人员	93892	62154	49571	8867	62962
办事人员和有关人员	89927	57968	72361	10066	62980
社会生产服务和生活服务人员	170218	160764	393110	33399	221102
农、林、牧、渔业生产及辅助人员	3363	6674	151197	2040	10145
生产制造及有关人员	89174	93250	322884	15559	117460
不便分类的其他从业人员	1224	1236	2500	197	1350

9-9b　全国按户主的职业、住房来源分的家庭户户数(镇)

单位：户

职业大类	合　计	租赁廉租住房/公租房	租　赁其他住房	购买新建商品房	购　买二手房
总　计	**6303404**	**185987**	**723833**	**1864826**	**407209**
党的机关、国家机关、群众团体和社会组织、企事业单位负责人	177570	3622	16484	83279	14731
专业技术人员	576098	23612	52709	287554	49044
办事人员和有关人员	507336	20882	31907	250519	39326
社会生产服务和生活服务人员	2232455	71567	319558	708767	170573
农、林、牧、渔业生产及辅助人员	974352	7144	27777	100272	32304
生产制造及有关人员	1821013	58646	273984	429614	100262
不便分类的其他从业人员	14580	514	1414	4821	969

9-9b　续表

单位：户

职业大类	购买原公有住房	购买经济适用房/两限房	自建住房	继承或赠　予	其　他
总　计	**130367**	**181281**	**2492281**	**52536**	**265084**
党的机关、国家机关、群众团体和社会组织、企事业单位负责人	4466	4852	42865	1113	6158
专业技术人员	22969	19638	89506	3983	27083
办事人员和有关人员	23108	19467	94074	4311	23742
社会生产服务和生活服务人员	41897	65048	743133	19905	92007
农、林、牧、渔业生产及辅助人员	7586	19432	740312	8004	31521
生产制造及有关人员	29954	52330	777355	15063	83805
不便分类的其他从业人员	387	514	5036	157	768

9-9c 全国按户主的职业、住房来源分的家庭户户数(乡村)

单位：户

职业大类	合　计	租赁廉租住房/公租房	租　赁其他住房	购买新建商品房	购　买二手房
总　计	**10243778**	**60528**	**401710**	**199763**	**116508**
党的机关、国家机关、群众团体和社会组织、企事业单位负责人	98467	934	5852	5755	1554
专业技术人员	234807	5470	15972	18135	5097
办事人员和有关人员	220050	3588	10860	14575	3781
社会生产服务和生活服务人员	1861943	18320	139469	70991	31220
农、林、牧、渔业生产及辅助人员	4952343	4344	21992	33242	48280
生产制造及有关人员	2861895	27760	206994	56594	26338
不便分类的其他从业人员	14273	112	571	471	238

9-9c　续表

单位：户

职业大类	购买原公有住房	购买经济适用房/两限房	自建住房	继承或赠　予	其　他
总　计	**27468**	**52059**	**9029198**	**111790**	**244754**
党的机关、国家机关、群众团体和社会组织、企事业单位负责人	451	844	79155	1203	2719
专业技术人员	2358	2884	171035	3243	10613
办事人员和有关人员	1897	2716	166297	3436	12900
社会生产服务和生活服务人员	6560	15316	1499247	25946	54874
农、林、牧、渔业生产及辅助人员	10870	14575	4667015	46587	105438
生产制造及有关人员	5282	15636	2434258	31180	57853
不便分类的其他从业人员	50	88	12191	195	357

9-10　全国按户主的职业、月租房费用分的家庭户户数

单位：户

职业大类	合　计	200元以下	200-499元	500-999元	1000-1999元
总　计	**5201050**	**441781**	**1560276**	**1459444**	**1101998**
党的机关、国家机关、群众团体和社会组织、企事业单位负责人	131077	4949	16016	28318	41164
专业技术人员	540607	35161	80305	120651	164899
办事人员和有关人员	309464	33058	61215	71837	82660
社会生产服务和生活服务人员	2407506	165685	584649	704101	614191
农、林、牧、渔业生产及辅助人员	84909	24748	30688	19397	6991
生产制造及有关人员	1718625	177119	784766	512857	189994
不便分类的其他从业人员	8862	1061	2637	2283	2099

9-10　续表

单位：户

职业大类	2000-2999元	3000-3999元	4000-5999元	6000-7999元	8000-9999元	10000元及以上
总　计	**323778**	**134329**	**103385**	**39745**	**15482**	**20832**
党的机关、国家机关、群众团体和社会组织、企事业单位负责人	17929	8418	7187	2985	1341	2770
专业技术人员	64531	29988	25982	10823	4000	4267
办事人员和有关人员	29408	12483	10182	4401	1814	2406
社会生产服务和生活服务人员	178056	72695	53206	18719	6858	9346
农、林、牧、渔业生产及辅助人员	1227	572	446	353	218	269
生产制造及有关人员	32162	10043	6288	2416	1231	1749
不便分类的其他从业人员	465	130	94	48	20	25

9-10a 全国按户主的职业、月租房费用分的家庭户户数(城市)

单位：户

职业大类	合 计	200元以下	200-499元	500-999元	1000-1999元
总 计	**3828992**	**218042**	**1019089**	**1097602**	**928856**
党的机关、国家机关、群众团体和社会组织、企事业单位负责人	104185	2386	10748	21263	33763
专业技术人员	442844	16114	53871	95941	145613
办事人员和有关人员	242227	16939	41380	56145	71549
社会生产服务和生活服务人员	1858592	90358	398341	545779	525499
农、林、牧、渔业生产及辅助人员	23652	3391	7928	7597	3518
生产制造及有关人员	1151241	88292	505244	369196	147173
不便分类的其他从业人员	6251	562	1577	1681	1741

9-10a 续表

单位：户

职业大类	2000-2999元	3000-3999元	4000-5999元	6000-7999元	8000-9999元	10000元及以上
总 计	**286640**	**120377**	**93653**	**35535**	**13138**	**16060**
党的机关、国家机关、群众团体和社会组织、企事业单位负责人	15576	7495	6571	2762	1226	2395
专业技术人员	59739	28299	25041	10493	3819	3914
办事人员和有关人员	26842	11602	9692	4191	1691	2196
社会生产服务和生活服务人员	157795	64734	47635	16389	5557	6505
农、林、牧、渔业生产及辅助人员	584	245	126	112	71	80
生产制造及有关人员	25678	7888	4511	1549	759	951
不便分类的其他从业人员	426	114	77	39	15	19

9-10b　全国按户主的职业、月租房费用分的家庭户户数(镇)

单位：户

职业大类	合　计	200元以下	200-499元	500-999元	1000-1999元
总　计	**909820**	**150276**	**331399**	**239933**	**132680**
党的机关、国家机关、群众团体和社会组织、企事业单位负责人	20106	1917	3588	5110	5913
专业技术人员	76321	14909	19716	18895	15968
办事人员和有关人员	52789	13319	14689	11835	9282
社会生产服务和生活服务人员	391125	56409	125187	109936	68192
农、林、牧、渔业生产及辅助人员	34921	10423	13529	7634	2209
生产制造及有关人员	332630	52924	153976	86061	30821
不便分类的其他从业人员	1928	375	714	462	295

9-10b　续表

单位：户

职业大类	2000-2999元	3000-3999元	4000-5999元	6000-7999元	8000-9999元	10000元及以上
总　计	**28690**	**10502**	**7375**	**3333**	**1865**	**3767**
党的机关、国家机关、群众团体和社会组织、企事业单位负责人	1838	719	469	174	95	283
专业技术人员	4025	1301	750	287	161	309
办事人员和有关人员	2137	688	385	172	109	173
社会生产服务和生活服务人员	15767	6139	4307	1860	1037	2291
农、林、牧、渔业生产及辅助人员	358	183	203	165	95	122
生产制造及有关人员	4532	1457	1246	667	363	583
不便分类的其他从业人员	33	15	15	8	5	6

9-10c 全国按户主的职业、月租房费用分的家庭户户数(乡村)

单位：户

职业大类	合　计	200元以下	200-499元	500-999元	1000-1999元
总　计	**462238**	**73463**	**209788**	**121909**	**40462**
党的机关、国家机关、群众团体和社会组织、企事业单位负责人	6786	646	1680	1945	1488
专业技术人员	21442	4138	6718	5815	3318
办事人员和有关人员	14448	2800	5146	3857	1829
社会生产服务和生活服务人员	157789	18918	61121	48386	20500
农、林、牧、渔业生产及辅助人员	26336	10934	9231	4166	1264
生产制造及有关人员	234754	35903	125546	57600	12000
不便分类的其他从业人员	683	124	346	140	63

9-10c　续表

单位：户

职业大类	2000-2999元	3000-3999元	4000-5999元	6000-7999元	8000-9999元	10000元及以上
总　计	**8448**	**3450**	**2357**	**877**	**479**	**1005**
党的机关、国家机关、群众团体和社会组织、企事业单位负责人	515	204	147	49	20	92
专业技术人员	767	388	191	43	20	44
办事人员和有关人员	429	193	105	38	14	37
社会生产服务和生活服务人员	4494	1822	1264	470	264	550
农、林、牧、渔业生产及辅助人员	285	144	117	76	52	67
生产制造及有关人员	1952	698	531	200	109	215
不便分类的其他从业人员	6	1	2	1		

9-11　全国按户主的职业分的家庭户住房状况

职业大类	户　数（户）	人　数（人）	平均每户住房间数（间/户）	人均住房建筑面积（平方米/人）	人均住房间　数（间/人）
总　计	**28571765**	**84496418**	**3.18**	**37.76**	**1.07**
党的机关、国家机关、群众团体和社会组织、企事业单位负责人	808348	2465413	3.08	40.24	1.01
专业技术人员	2670553	7209014	2.70	37.77	1.00
办事人员和有关人员	2135711	6011130	2.86	38.98	1.01
社会生产服务和生活服务人员	9263655	26441296	2.88	36.14	1.01
农、林、牧、渔业生产及辅助人员	6202823	19586010	3.90	40.14	1.23
生产制造及有关人员	7434614	22621833	3.23	36.97	1.06
不便分类的其他从业人员	56061	161722	3.12	38.85	1.08

9-11a　全国按户主的职业分的家庭户住房状况(城市)

职业大类	户　数（户）	人　数（人）	平均每户住房间数（间/户）	人均住房建筑面积（平方米/人）	人均住房间　数（间/人）
总　计	**12024583**	**32314836**	**2.45**	**33.61**	**0.91**
党的机关、国家机关、群众团体和社会组织、企事业单位负责人	532311	1589235	2.79	38.23	0.93
专业技术人员	1859648	4916112	2.48	35.93	0.94
办事人员和有关人员	1408325	3874007	2.62	37.27	0.95
社会生产服务和生活服务人员	5169257	13653200	2.37	32.45	0.90
农、林、牧、渔业生产及辅助人员	276128	884737	3.51	41.01	1.09
生产制造及有关人员	2751706	7325049	2.31	30.35	0.87
不便分类的其他从业人员	27208	72496	2.60	36.71	0.98

9-11b 全国按户主的职业分的家庭户住房状况(镇)

职业大类	户 数 (户)	人 数 (人)	平均每户 住房间数 (间/户)	人均住房 建筑面积 (平方米/人)	人均住房 间 数 (间/人)
总 计	**6303404**	**19484550**	**3.28**	**38.64**	**1.06**
党的机关、国家机关、群众团体和社会组织、企事业单位负责人	177570	554311	3.30	42.17	1.06
专业技术人员	576098	1608675	2.95	40.39	1.06
办事人员和有关人员	507336	1464765	3.05	40.90	1.06
社会生产服务和生活服务人员	2232455	6814378	3.18	38.27	1.04
农、林、牧、渔业生产及辅助人员	974352	3179926	3.78	39.55	1.16
生产制造及有关人员	1821013	5818229	3.31	37.18	1.04
不便分类的其他从业人员	14580	44266	3.22	38.43	1.06

9-11c 全国按户主的职业分的家庭户住房状况(乡村)

职业大类	户 数 (户)	人 数 (人)	平均每户 住房间数 (间/户)	人均住房 建筑面积 (平方米/人)	人均住房 间 数 (间/人)
总 计	**10243778**	**32697032**	**3.98**	**41.34**	**1.25**
党的机关、国家机关、群众团体和社会组织、企事业单位负责人	98467	321867	4.24	46.89	1.30
专业技术人员	234807	684227	3.81	44.86	1.31
办事人员和有关人员	220050	672358	3.92	44.64	1.28
社会生产服务和生活服务人员	1861943	5973718	3.93	42.16	1.22
农、林、牧、渔业生产及辅助人员	4952343	15521347	3.94	40.21	1.26
生产制造及有关人员	2861895	9478555	4.07	41.96	1.23
不便分类的其他从业人员	14273	44960	4.02	42.69	1.28

9-12　全国按户主的职业、人均住房建筑面积分的家庭户户数

单位：户

职业大类	合　计	人均住房建筑面积(平方米)			
		8及以下	9-12	13-16	17-19
总　计	**28571765**	**628468**	**1153882**	**1721670**	**1032245**
党的机关、国家机关、群众团体和社会组织、企事业单位负责人	808348	9760	18331	32542	27948
专业技术人员	2670553	27527	67812	124422	104475
办事人员和有关人员	2135711	21778	48599	89792	74761
社会生产服务和生活服务人员	9263655	242559	438684	621986	381334
农、林、牧、渔业生产及辅助人员	6202823	40479	133239	311816	176968
生产制造及有关人员	7434614	285628	445666	538361	264896
不便分类的其他从业人员	56061	737	1551	2751	1863

9-12　续表

单位：户

职业大类	人均住房建筑面积(平方米)					
	20-29	30-39	40-49	50-59	60-69	70及以上
总　计	**6402724**	**5272556**	**3869302**	**2111120**	**1957817**	**4421981**
党的机关、国家机关、群众团体和社会组织、企事业单位负责人	175121	160908	122449	61623	56637	143029
专业技术人员	606066	538086	413737	202039	173236	413153
办事人员和有关人员	458822	433713	345565	172495	151444	338742
社会生产服务和生活服务人员	2213988	1690428	1168806	625276	550100	1330494
农、林、牧、渔业生产及辅助人员	1248547	1145965	920444	539412	551724	1134229
生产制造及有关人员	1687763	1292883	890302	505976	470762	1052377
不便分类的其他从业人员	12417	10573	7999	4299	3914	9957

9-12a 全国按户主的职业、人均住房建筑面积分的家庭户户数(城市)

单位：户

职业大类	合　计	人均住房建筑面积(平方米)			
		8及以下	9-12	13-16	17-19
总　计	**12024583**	**428253**	**698185**	**895372**	**563961**
党的机关、国家机关、群众团体和社会组织、企事业单位负责人	532311	7523	13551	23341	21312
专业技术人员	1859648	22146	54009	97243	83579
办事人员和有关人员	1408325	17034	36071	64495	56679
社会生产服务和生活服务人员	5169257	183715	313891	413592	260066
农、林、牧、渔业生产及辅助人员	276128	3124	6886	13235	9864
生产制造及有关人员	2751706	194252	272875	282003	131383
不便分类的其他从业人员	27208	459	902	1463	1078

9-12a　续表

单位：户

职业大类	人均住房建筑面积(平方米)					
	20-29	30-39	40-49	50-59	60-69	70及以上
总　计	**2979908**	**2197962**	**1518422**	**729426**	**591904**	**1421190**
党的机关、国家机关、群众团体和社会组织、企事业单位负责人	122233	107722	81358	38514	32640	84117
专业技术人员	445230	374770	285676	132042	106724	258229
办事人员和有关人员	319210	288916	228103	107669	88974	201174
社会生产服务和生活服务人员	1331568	927749	615224	298563	236688	588201
农、林、牧、渔业生产及辅助人员	60139	50084	37673	22769	21358	50996
生产制造及有关人员	695148	443525	266623	128024	103894	233979
不便分类的其他从业人员	6380	5196	3765	1845	1626	4494

9-12b　全国按户主的职业、人均住房建筑面积分的家庭户户数(镇)

单位：户

职业大类	合　计	人均住房建筑面积(平方米)			
		8及以下	9-12	13-16	17-19
总　计	**6303404**	**87855**	**179941**	**300165**	**197642**
党的机关、国家机关、群众团体和社会组织、企事业单位负责人	177570	1147	2431	5076	4459
专业技术人员	576098	2846	7714	16663	15364
办事人员和有关人员	507336	2440	7005	14851	12864
社会生产服务和生活服务人员	2232455	30284	64597	108905	72923
农、林、牧、渔业生产及辅助人员	974352	7966	21374	47207	28978
生产制造及有关人员	1821013	43000	76488	106787	62623
不便分类的其他从业人员	14580	172	332	676	431

9-12b　续表

单位：户

职业大类	人均住房建筑面积(平方米)					
	20-29	30-39	40-49	50-59	60-69	70及以上
总　计	**1416992**	**1249787**	**897617**	**496567**	**464466**	**1012372**
党的机关、国家机关、群众团体和社会组织、企事业单位负责人	36123	37327	28119	14474	14714	33700
专业技术人员	118686	123739	95885	49564	45629	100008
办事人员和有关人员	100323	108422	87191	45574	42567	86099
社会生产服务和生活服务人员	515953	443851	307653	170097	156428	361764
农、林、牧、渔业生产及辅助人员	208500	182627	141213	83837	82736	169914
生产制造及有关人员	434123	350899	235398	131890	121347	258458
不便分类的其他从业人员	3284	2922	2158	1131	1045	2429

9-12c 全国按户主的职业、人均住房建筑面积分的家庭户户数(乡村)

单位：户

职业大类	合 计	人均住房建筑面积(平方米)			
		8及以下	9-12	13-16	17-19
总 计	**10243778**	**112360**	**275756**	**526133**	**270642**
党的机关、国家机关、群众团体和社会组织、企事业单位负责人	98467	1090	2349	4125	2177
专业技术人员	234807	2535	6089	10516	5532
办事人员和有关人员	220050	2304	5523	10446	5218
社会生产服务和生活服务人员	1861943	28560	60196	99489	48345
农、林、牧、渔业生产及辅助人员	4952343	29389	104979	251374	138126
生产制造及有关人员	2861895	48376	96303	149571	70890
不便分类的其他从业人员	14273	106	317	612	354

9-12c 续表

单位：户

职业大类	人均住房建筑面积(平方米)					
	20-29	30-39	40-49	50-59	60-69	70及以上
总 计	**2005824**	**1824807**	**1453263**	**885127**	**901447**	**1988419**
党的机关、国家机关、群众团体和社会组织、企事业单位负责人	16765	15859	12972	8635	9283	25212
专业技术人员	42150	39577	32176	20433	20883	54916
办事人员和有关人员	39289	36375	30271	19252	19903	51469
社会生产服务和生活服务人员	366467	318828	245929	156616	156984	380529
农、林、牧、渔业生产及辅助人员	979908	913254	741558	432806	447630	913319
生产制造及有关人员	558492	498459	388281	246062	245521	559940
不便分类的其他从业人员	2753	2455	2076	1323	1243	3034

9-13　各地区按拥有全部家用汽车总价分的家庭户户数

单位：户

地　区	合　计	不满10万元	10万元以上，不满20万元	20万元以上，不满30万元	30万元以上，不满50万元	50万元以上，不满100万元	100万元及以上	没有汽车
全　国	**45791305**	**7386999**	**8137273**	**2042278**	**990019**	**401120**	**124715**	**26708901**
北　京	772865	64678	149345	84622	51470	19809	5567	397374
天　津	448523	94163	87994	23610	10871	3886	1120	226879
河　北	2416146	695884	389708	71870	29138	10239	2785	1216522
山　西	1188728	312003	143923	27257	9600	3226	929	691790
内蒙古	868558	198771	131110	33372	16074	5789	1391	482051
辽　宁	1628448	276463	202453	49913	21046	7523	2493	1068557
吉　林	857737	162957	94519	21653	9903	3464	974	564267
黑龙江	1172755	174324	109768	23303	8339	2585	910	853526
上　海	901732	46875	166185	86796	57365	23949	7263	513299
江　苏	2743393	264789	754549	214601	107886	45610	13602	1342356
浙　江	2279907	195663	536189	195754	125924	62902	22486	1140989
安　徽	2005193	259895	416187	76563	34214	12622	3393	1202319
福　建	1266971	126473	240748	71476	35683	15914	5867	770810
江　西	1340608	173468	293568	59011	25501	9170	2545	777345
山　东	3465782	938837	610350	122659	54166	21221	6077	1712472
河　南	2975955	647865	543362	89877	33802	10963	3286	1646800
湖　北	1894974	219893	399574	84942	32224	11515	3352	1143474
湖　南	2162386	249306	397729	87744	35254	12747	3534	1376072
广　东	3752057	380062	688365	214822	110014	48098	16374	2294322
广　西	1445879	238982	193953	38707	15891	5738	1763	950845
海　南	264959	22872	41769	10685	4466	1665	562	182940
重　庆	1136063	138862	203671	47141	19910	7451	2479	716549
四　川	2947695	431050	504513	111026	51866	19362	6046	1823832
贵　州	1145420	187049	168866	38779	18092	6382	1788	724464
云　南	1413050	263649	207819	49521	24413	10199	3045	854404
西　藏	76553	15287	9372	3669	2559	1251	272	44143
陕　西	1275990	232715	194911	39258	15196	5282	1585	787043
甘　肃	764771	140968	85186	17549	7164	2524	621	510759
青　海	174934	44603	25801	7663	3354	1041	261	92211
宁　夏	233945	47900	36216	9072	4014	1552	386	134805
新　疆	769328	140693	109570	29363	14620	7441	1959	465682

9-13a 各地区按拥有全部家用汽车总价分的家庭户户数(城市)

单位：户

地区	合计	不满10万元	10万元以上，不满20万元	20万元以上，不满30万元	30万元以上，不满50万元	50万元以上，不满100万元	100万元及以上	没有汽车
全国	**19072613**	**2584501**	**4051863**	**1282319**	**666860**	**279158**	**88616**	**10119296**
北京	628559	40044	120734	76270	47338	18195	5046	320932
天津	354208	62087	77725	22001	10225	3659	1034	177477
河北	717527	172668	164449	36913	14676	5214	1362	322245
山西	432175	104313	84048	18927	6714	2385	651	215137
内蒙古	336029	68075	67550	19398	9369	3514	879	167244
辽宁	1011006	154371	156985	42077	17986	6412	2142	631033
吉林	383735	64151	53986	13178	5971	2077	548	243824
黑龙江	559548	75041	68178	15797	5733	1797	584	392418
上海	703263	28116	121386	74713	50565	21296	6540	400647
江苏	1280141	109494	381349	130796	70363	30093	9164	548882
浙江	1181505	88887	275180	117737	81450	42231	15676	560344
安徽	524214	65592	125292	30474	14921	5745	1593	280597
福建	548807	44013	110830	39144	21158	10065	3935	319662
江西	381802	48373	95783	23303	10721	4208	1272	198142
山东	1309033	342812	325156	79407	36860	14702	4215	505881
河南	771058	159750	173714	36527	15080	5334	1525	379128
湖北	787315	84200	187741	51020	21069	7757	2225	433303
湖南	589972	67096	145743	42008	18528	7316	2015	307266
广东	2506122	203198	475368	171165	91824	41050	14326	1509191
广西	432679	71126	80331	19611	8981	3670	1171	247789
海南	102402	8948	21687	6401	2781	1153	390	61042
重庆	550087	65469	117924	34062	15488	5725	1976	309443
四川	1029606	146852	228921	66148	34435	13468	4163	535619
贵州	301957	46717	61732	20136	10768	4226	1156	157222
云南	400877	66035	88531	27032	14339	6324	1954	196662
西藏	19563	2623	3352	1543	875	443	91	10636
陕西	512801	78777	100477	25595	10543	3675	1070	292664
甘肃	235019	30390	37872	10371	4034	1442	397	150513
青海	71065	11469	14292	5159	2283	742	174	36946
宁夏	101321	16342	20788	6253	2797	1096	276	53769
新疆	309217	57472	64759	19153	8985	4144	1066	153638

9-13b 各地区按拥有全部家用汽车总价分的家庭户户数(镇)

单位：户

地 区	合 计	不 满 10万元	10万元以上，不满20万元	20万元以上，不满30万元	30万元以上，不满50万元	50万元以上，不满100万元	100万元及以上	没有汽车
全 国	**9876749**	**1760544**	**1835626**	**393331**	**173099**	**66437**	**19048**	**5628664**
北 京	45863	5691	9158	3464	1768	777	304	24701
天 津	22397	6764	3490	675	288	101	35	11044
河 北	683001	209353	119196	21935	9304	3297	841	319075
山 西	273164	81117	31670	4905	1655	496	139	153182
内蒙古	238796	57572	41756	10984	5425	1843	406	120810
辽 宁	194463	37089	20786	4204	1540	514	125	130205
吉 林	171930	33219	24807	6092	2882	1012	285	103633
黑龙江	241590	35637	22952	4868	1657	488	171	175817
上 海	85888	7585	20614	6766	4228	1742	524	44429
江 苏	694323	76703	190081	46303	21914	9447	2752	347123
浙 江	453638	41543	111544	36438	21840	10585	3641	228047
安 徽	595803	82759	129509	24521	10959	3985	972	343098
福 建	330340	34553	63785	17062	7647	3147	1016	203130
江 西	373488	50828	84012	15787	6408	2405	640	213408
山 东	771997	226971	139137	25665	10831	4113	1028	364252
河 南	789061	180259	155325	25858	9781	2953	769	414116
湖 北	372457	43018	76747	14487	4868	1674	465	231198
湖 南	621937	73362	119571	25140	8898	3009	790	391167
广 东	428831	55349	82942	18684	8290	3472	987	259107
广 西	325048	56464	46295	8489	3408	1095	288	209009
海 南	57574	4774	8673	1940	759	219	84	41125
重 庆	204517	24921	34917	6791	2312	922	222	134432
四 川	573301	81745	91637	18388	7316	2358	718	371139
贵 州	283253	46856	45001	9825	4199	1197	335	175840
云 南	326427	62041	54048	12345	5801	2242	630	189320
西 藏	10968	1576	1577	836	533	152	46	6248
陕 西	284965	54441	42303	7253	2574	806	219	177364
甘 肃	166626	32588	22707	4136	1796	545	103	104751
青 海	40464	10581	6332	1804	795	190	46	20716
宁 夏	52972	11846	9005	1843	798	294	74	29112
新 疆	161667	33339	26044	5843	2625	1357	393	92066

9-13c 各地区按拥有全部家用汽车总价分的家庭户户数(乡村)

单位：户

地区	合计	不满10万元	10万元以上，不满20万元	20万元以上，不满30万元	30万元以上，不满50万元	50万元以上，不满100万元	100万元及以上	没有汽车
全国	**16841943**	**3041954**	**2249784**	**366628**	**150060**	**55525**	**17051**	**10960941**
北京	98443	18943	19453	4888	2364	837	217	51741
天津	71918	25312	6779	934	358	126	51	38358
河北	1015618	313863	106063	13022	5158	1728	582	575202
山西	483389	126573	28205	3425	1231	345	139	323471
内蒙古	293733	73124	21804	2990	1280	432	106	193997
辽宁	422979	85003	24682	3632	1520	597	226	307319
吉林	302072	65587	15726	2383	1050	375	141	216810
黑龙江	371617	63646	18638	2638	949	300	155	285291
上海	112581	11174	24185	5317	2572	911	199	68223
江苏	768929	78592	183119	37502	15609	6070	1686	446351
浙江	644764	65233	149465	41579	22634	10086	3169	352598
安徽	885176	111544	161386	21568	8334	2892	828	578624
福建	387824	47907	66133	15270	6878	2702	916	248018
江西	585318	74267	113773	19921	8372	2557	633	365795
山东	1384752	369054	146057	17587	6475	2406	834	842339
河南	1415836	307856	214323	27492	8941	2676	992	853556
湖北	735202	92675	135086	19435	6287	2084	662	478973
湖南	950477	108848	132415	20596	7828	2422	729	677639
广东	817104	121515	130055	24973	9900	3576	1061	526024
广西	688152	111392	67327	10607	3502	973	304	494047
海南	104983	9150	11409	2344	926	293	88	80773
重庆	381459	48472	50830	6288	2110	804	281	272674
四川	1344788	202453	183955	26490	10115	3536	1165	917074
贵州	560210	93476	62133	8818	3125	959	297	391402
云南	685746	135573	65240	10144	4273	1633	461	468422
西藏	46022	11088	4443	1290	1151	656	135	27259
陕西	478224	99497	52126	6410	2079	801	296	317015
甘肃	363126	77990	24607	3042	1334	537	121	255495
青海	63405	22553	5177	700	276	109	41	34549
宁夏	79652	19712	6423	976	419	162	36	51924
新疆	298444	49882	18767	4367	3010	1940	500	219978

第三部分 附录

附录1 中国人民解放军现役军人主要数据

1-1 中国人民解放军现役军人的年龄构成

单位：人

年 龄	合计	男	女
总 计	**2000000**	**1923562**	**76438**
18岁以下	31	19	12
18岁	3197	3138	59
19岁	47006	46355	651
20岁	142168	139325	2843
21岁	191401	186972	4429
22岁	208306	203179	5127
23岁	199195	193700	5495
24岁	164566	159708	4858
25岁	137827	133517	4310
26岁	110184	105911	4273
27岁	89993	86356	3637
28岁	80033	76751	3282
29岁	73135	70337	2798
30岁	76185	73569	2616
31岁	71603	69204	2399
32岁	61967	59855	2112
33岁	60883	59081	1802
34岁	52650	51147	1503
35岁	34524	33191	1333
36岁	24863	23303	1560
37岁	20461	18658	1803
38岁	20785	18689	2097
39岁	16563	14832	1731
40岁	13751	12178	1573
41岁	13211	11696	1515
42岁	11060	9595	1465
43岁	9061	7851	1210
44岁	8893	7766	1127
45岁	7751	6686	1065
46岁	7078	6069	1009
47岁	6744	5621	1123
48岁	6417	5354	1063
49岁	4937	4073	864
50岁	3394	2738	656
51岁	2725	2267	458
52岁	2764	2292	472
53岁	2163	1862	301
54岁	2741	2350	391
55岁	2672	2267	405
56岁	2308	1940	368
57岁	2436	2081	355
58岁	1277	1117	160
59岁	542	471	71
60岁及以上	548	491	57

1-2 中国人民解放军现役军人的民族构成

单位：人

民　族	人口数	民　族	人口数
总　计	**2000000**	柯尔克孜族	113
汉　族	1864945	土　族	558
蒙古族	10815	达斡尔族	293
回　族	11818	仫佬族	214
藏　族	7487	羌　族	799
维吾尔族	3813	布朗族	116
苗　族	10016	撒拉族	48
彝　族	10534	毛南族	18
壮　族	16372	仡佬族	1005
布依族	2798	锡伯族	500
朝鲜族	694	阿昌族	50
满　族	22712	普米族	110
侗　族	3749	塔吉克族	82
瑶　族	2807	怒　族	25
白　族	3072	乌孜别克族	12
土家族	15189	俄罗斯族	24
哈尼族	1598	鄂温克族	67
哈萨克族	1096	德昂族	0
傣　族	890	保安族	3
黎　族	1865	裕固族	38
傈僳族	499	京　族	55
佤　族	434	塔塔尔族	6
畲　族	1035	独龙族	4
高山族	11	鄂伦春族	16
拉祜族	239	赫哲族	14
水　族	349	门巴族	39
东乡族	73	珞巴族	6
纳西族	673	基诺族	29
景颇族	173		

1-3　中国人民解放军现役军人的受教育程度构成

单位：人

受教育程度	人口数
总　计	**2000000**
小　学	91
初　中	68474
高　中	795328
大学专科	538168
大学本科	494195
硕士研究生	78757
博士研究生	24987

第三部分 附录

附录 2 第七次全国人口普查港澳台居民和外籍人员数据

2-1 按地区分的港澳台居民和外籍人员

单位：人

地 区	合计	香港特别行政区居民	澳门特别行政区居民	台湾地区居民	外籍人员
全 国	**1430695**	**371380**	**55732**	**157886**	**845697**
北 京	62812	10365	1130	6320	44997
天 津	9167	646	114	733	7674
河 北	6434	424	57	476	5477
山 西	1720	198	44	136	1342
内蒙古	1717	211	12	89	1405
辽 宁	20562	921	106	797	18738
吉 林	6790	333	56	181	6220
黑龙江	3153	354	39	137	2623
上 海	163954	23631	1740	38388	100195
江 苏	58201	4278	489	23627	29807
浙 江	46189	7694	431	7154	30910
安 徽	11585	871	66	2374	8274
福 建	106248	46403	5465	18731	35649
江 西	9700	1171	115	1060	7354
山 东	21829	1582	100	1797	18350
河 南	7475	748	88	783	5856
湖 北	14081	2241	327	2009	9504
湖 南	8079	1940	253	1416	4470
广 东	418509	254989	43856	41177	78487
广 西	26043	1929	189	1347	22578
海 南	5902	2401	132	634	2735
重 庆	9540	2163	224	2774	4379
四 川	16589	2786	194	3670	9939
贵 州	3498	988	51	507	1952
云 南	379281	1294	332	966	376689
西 藏	405	1	1	1	402
陕 西	7750	407	82	392	6869
甘 肃	1373	105	12	55	1201
青 海	245	34	2	20	189
宁 夏	537	96	3	36	402
新 疆	1327	176	22	99	1030

2-2 按年龄、性别分的

年龄	合计			香港特别行政区居民		
	合计	男	女	小计	男	女
总计	**1430695**	**736286**	**694409**	**371380**	**202296**	**169084**
0-4岁	56852	29984	26868	14643	7899	6744
5-9岁	104179	55159	49020	48326	26894	21432
10-14岁	103275	54641	48634	58924	32689	26235
15-19岁	87785	42624	45161	23813	12274	11539
20-24岁	158095	73421	84674	19825	10242	9583
25-29岁	157171	71426	85745	14068	7521	6547
30-34岁	149536	69002	80534	16340	7820	8520
35-39岁	124800	60178	64622	19001	8417	10584
40-44岁	112414	57843	54571	21917	9595	12322
45-49岁	103252	55016	48236	26945	12624	14321
50-54岁	87632	50639	36993	25488	14002	11486
55-59岁	68444	43506	24938	22807	14863	7944
60-64岁	46294	30545	15749	18877	13195	5682
65-69岁	30196	19128	11068	15346	9907	5439
70-74岁	18771	11485	7286	10972	6800	4172
75-79岁	9238	5327	3911	5713	3365	2348
80岁及以上	12761	6362	6399	8375	4189	4186

港澳台居民和外籍人员

单位：人

澳门特别行政区居民			台湾地区居民			外籍人员		
小计	男	女	小计	男	女	小计	男	女
55732	**29067**	**26665**	**157886**	**102897**	**54989**	**845697**	**402026**	**443671**
3012	1613	1399	5882	3111	2771	33315	17361	15954
3237	1691	1546	9645	5012	4633	42971	21562	21409
2895	1504	1391	8733	4495	4238	32723	15953	16770
4635	2347	2288	9914	4850	5064	49423	23153	26270
5457	2792	2665	8494	4228	4266	124319	56159	68160
3345	1781	1564	9156	5125	4031	130602	56999	73603
4023	2048	1975	10275	6505	3770	118898	52629	66269
3895	1870	2025	13216	8913	4303	88688	40978	47710
3972	1803	2169	17790	12750	5040	68735	33695	35040
4692	2172	2520	17884	12955	4929	53731	27265	26466
3898	1897	2001	16360	12062	4298	41886	22678	19208
3596	2122	1474	13144	9977	3167	28897	16544	12353
2983	1969	1014	8639	6655	1984	15795	8726	7069
2583	1568	1015	4820	3604	1216	7447	4049	3398
1705	1000	705	2027	1411	616	4067	2274	1793
767	435	332	754	502	252	2004	1025	979
1037	455	582	1153	742	411	2196	976	1220

2-3 按来内地(大陆)或来华目的分的港澳台居民和外籍人员

单位：人

来内地(大陆)或来华目的	合计	香港特别行政区居民	澳门特别行政区居民	台湾地区居民	外籍人员
总 计	**1430695**	**371380**	**55732**	**157886**	**845697**
商 务	77008	13809	1993	17242	43964
就 业	444336	40282	4919	65539	333596
学 习	219761	77119	9804	27127	105711
定 居	419517	166842	28347	29550	194778
探 亲	74735	24786	2362	6724	40863
其 他	195338	48542	8307	11704	126785

2-4 按已在内地(大陆)或在华居住时间分的港澳台居民和外籍人员

单位：人

居住时间	合计	香港特别行政区居民	澳门特别行政区居民	台湾地区居民	外籍人员
总 计	**1430695**	**371380**	**55732**	**157886**	**845697**
不满三个月	40659	13268	3588	5806	17997
三个月以上，不满半年	56342	15075	3447	8085	29735
半年以上，不满一年	166884	33210	4951	13984	114739
一年以上，不满二年	248174	36313	6364	17901	187596
二年以上，不满五年	314954	54118	10786	32754	217296
五年以上	603682	219396	26596	79356	278334

2-5 按受教育程度分的港澳台居民和外籍人员

单位：人

受教育程度	合计	香港特别行政区居民	澳门特别行政区居民	台湾地区居民	外籍人员
总 计	**1402108**	**363521**	**54006**	**155169**	**829412**
未上过学	124262	3313	628	916	119405
学前教育	45293	10556	1910	4948	27879
小 学	370446	94087	7828	13136	255395
初 中	193343	69544	10695	10411	102693
高 中	163177	76522	13870	22382	50403
大学专科	105681	37593	6023	24626	37439
大学本科	291134	59828	11601	55515	164190
硕士研究生	86250	10303	1257	20048	54642
博士研究生	22522	1775	194	3187	17366

2-6 按国籍分的外籍人员

单位：人

国 籍	人口数	国 籍	人口数	国 籍	人口数
合计	**845697**	比利时	1076	塞内加尔	297
缅甸	351248	土耳其	1041	巴勒斯坦	295
越南	79212	叙利亚	1040	非洲其他国家(地区)	290
韩国	59242	阿富汗	1016	博茨瓦纳	285
美国	55226	刚果(金)	1013	捷克	281
日本	36838	爱尔兰	1012	希腊	278
加拿大	21309	肯尼亚	985	国(地)别不详	260
澳大利亚	12777	蒙古	979	乍得	253
英国	12513	摩洛哥	969	沙特阿拉伯	251
德国	11236	奥地利	935	马拉维	238
老挝	9469	哥伦比亚	885	斯洛伐克	237
法国	9196	马里	876	纳米比亚	226
马来西亚	8974	智利	839	多米尼加共和国	222
朝鲜	8740	乌干达	785	莫桑比克	215
新加坡	8290	丹麦	760	阿塞拜疆	201
巴基斯坦	7742	厄瓜多尔	758	冈比亚	197
俄罗斯联邦	7590	利比里亚	756	突尼斯	193
阿根廷	7167	塞尔维亚	735	巴布亚新几内亚	190
印度	7062	波兰	732	文莱	189
柬埔寨	5842	巴拿马	731	毛里求斯	180
委内瑞拉	5527	苏丹	721	南苏丹共和国	177
菲律宾	5303	瑞士	681	黎巴嫩	174
南非	4811	秘鲁	674	保加利亚	173
尼日利亚	4590	马达加斯加	663	科摩罗	166
巴西	4479	几内亚	611	布基纳法索	156
意大利	4274	塔吉克斯坦	608	斐济	154
也门	3956	赤道几内亚	569	巴林	146
泰国	3730	以色列	549	中非	146
乌克兰	3551	科特迪瓦	545	利比亚	143
新西兰	3496	牙买加	544	格鲁吉亚	133
孟加拉国	3395	古巴	540	伯利兹	130
印度尼西亚	3392	吉尔吉斯斯坦	538	苏里南	130
加纳	3028	芬兰	521	圣多美和普林西比	126
津巴布韦	2725	索马里	511	克罗地亚	125
西班牙	2692	布隆迪	436	吉布提	118
荷兰	2288	伊拉克	426	摩尔多瓦	118
坦桑尼亚	1864	葡萄牙	410	阿尔巴尼亚	117
喀麦隆	1721	约旦	394	多民族玻利维亚国	117
白俄罗斯	1713	罗马尼亚	379	洪都拉斯	117
哈萨克斯坦	1687	安哥拉	371	莱索托	116
赞比亚	1644	尼日尔	365	特立尼达和多巴哥	111
埃塞俄比亚	1599	加蓬	362	立陶宛	109
墨西哥	1482	挪威	362	不丹	104
乌兹别克斯坦	1460	阿尔及利亚	345	厄立特里亚	103
卢旺达	1323	哥斯达黎加	341	佛得角	103
埃及	1306	亚美尼亚	338	拉脱维亚	103
瑞典	1299	斯里兰卡	334	瓦努阿图	103
尼泊尔联邦民主共和国	1263	贝宁	320	几内亚比绍	102
伊朗	1219	塞拉利昂	320	其他国家	2240
刚果(布)	1164	匈牙利	306		
土库曼斯坦	1093	多哥	305		

第三部分　附录

附录 3　2020 年第七次全国人口普查主要数据公报

第七次全国人口普查公报[1]（第一号）

——第七次全国人口普查工作基本情况

国家统计局

国务院第七次全国人口普查领导小组办公室

2021 年 5 月 11 日

根据《中华人民共和国统计法》《全国人口普查条例》规定和《国务院关于开展第七次全国人口普查的通知》（国发〔2019〕24 号）要求，我国进行了第七次全国人口普查[2]。一年多以来，在以习近平同志为核心的党中央坚强领导下，在各地区各有关部门的大力支持下，在全国各级普查机构和普查人员的共同努力下，在广大普查对象的积极配合下，第七次全国人口普查圆满完成普查现场登记和普查主要数据的汇总评估工作，取得重大成果和显著成效。

一、领导高度重视

习近平总书记参加人口普查现场登记并发表重要讲话，明确指出第七次全国人口普查是新时代开展的一次重大国情国力调查，是党和国家工作中的一件大事。李克强、栗战书、汪洋、王沪宁、赵乐际、韩正、王岐山等中央领导同志在中南海分别参加人口普查登记。李克强总理对人口普查工作作出重要指示。国务院成立了由韩正副总理担任组长的第七次全国人口普查领导小组，领导小组办公室设在国家统计局，由 25 个部门组成，全国乡镇、街道和县以上各级人民政府均建立普查机构，为普查工作开展提供了坚实的组织保障。地方各级政府全面加强组织领导，精心组织实施，确保人员到位、措施到位、经费到位。各成员单位积极主动履职，充分发挥各自职能，提供多方保障，确保了普查的顺利实施。

二、科学制定方案

按照“科学与可行、需要与可能、继承与创新”的原则，国务院第七次全国人口普查领导小组办公室（以下简称领导小组办公室）借鉴历次普查经验，广泛征求多方意见，切实加强顶层设计。在全国组织开展了 6 项专项试点和 1 项综合试点，着力提高普查的科学性、规范性和可操作性。研究制定了《第七次全国人口普查方案》和 7 项工作实施细则，对普查内容、普查方法，以及普查各个环节的工作流程、工作任务和工作要求作了明确规定，为人口普查工作有序开展提供了制度性保障。

三、坚持依法普查

把依法依规普查贯穿于人口普查全过程各方面，深入贯彻《关于深化统计管理体制改革提高统计数据真实性的意见》《统计违纪违法责任人处分处理建议办法》《防范和惩治统计造假弄虚作假督察工作规定》，认真实施《全国人口普查条例》，严格落实普查方案的各项要求，严肃普查纪律。将人口普查工作落实情况作为统计督察重要内容，加大统计执法监督力度，依法查处普查违法违纪行为，确保普查数据真实准确。

四、着力普查创新

为提高普查工作质量和效率，领导小组办公室充分利用信息化技术手段，对普查内容和普查方式进行创新。全面采用电子化数据采集方式，由普查员使用电子设备采集，实时直接上报数据；实现普查对象通过互联网进行自主填报；强化部门行政记录和大数据的应用；充分利用互联网云技术、云服务和云应用完成数据处理工作，按照国家网络安全三级等保标准对普查数据采集、传输、存储进行安全管理，确保公民个人信息安全；首次对700多万普查人员实行线上集中统一管理。

五、精心组织登记

组织各级普查机构认真选聘普查人员，强化各级培训，确保“两员”经考试合格后上岗。按时完成软件开发、户口整顿、区划绘图、入户摸底等前期准备工作。新冠肺炎疫情发生后，领导小组办公室及时研究疫情对人口普查工作的影响，制定工作预案，调整工作进度，扎实推进普查工作。从2020年11月1日到12月10日，全国700多万普查人员严格执行普查方案，认真落实常态化疫情防控的各项要求，对全国所有家庭和人口进行了全面普查，圆满完成普查入户登记任务。

六、确保数据质量

第七次全国人口普查实行严格的质量控制制度，建立健全普查数据追溯和问责机制，确保普查数据可核查、可追溯、可问责。充分利用部门行政记录和企业大数据，对普查数据开展精细化比对核查。各级普查机构严格执行质量控制要求，认真开展质量验收，确保普查各阶段工作质量。为客观全面评价全国人口普查登记质量，领导小组办公室统一组织了事后质量抽查，结果显示，第七次全国人口普查人口漏登率为0.05%，普查结果真实可靠。

七、全面摸清家底

第七次全国人口普查全面查清了我国人口数量、结构、分布等方面情况，掌握了人口变化的趋势性特征，为完善我国人口发展战略和政策体系、制定经济社会发展规划、推动经济高质量发展提供了准确统计信息支持。这次普查，既摸清了我国人口总量，掌握了人口规模的变化趋势；也查清了人口结构和分布状况、人口迁移流动状况，反映了人口结构演变和人口社会变迁等情况。

注释：

[1] 本公报数据均为初步汇总数据。

[2] 普查标准时点为2020年11月1日零时，普查对象是普查标准时点在中华人民共和国境内的自然人以及在中华人民共和国境外但未定居的中国公民，不包括在中华人民共和国境内短期停留的境外人员。

第七次全国人口普查公报[1]（第二号）

——全国人口情况

国家统计局

国务院第七次全国人口普查领导小组办公室

2021 年 5 月 11 日

根据第七次全国人口普查结果，现将 2020 年 11 月 1 日零时我国人口的基本情况公布如下:

一、总人口

全国总人口[2]为 1443497378 人，其中:
普查登记的大陆 31 个省、自治区、直辖市和现役军人的人口共 1411778724 人;
香港特别行政区人口[3]为 7474200 人;
澳门特别行政区人口[4]为 683218 人;
台湾地区人口[5]为 23561236 人。

二、人口增长

全国人口[6]与 2010 年第六次全国人口普查的 1339724852 人相比，增加 72053872 人，增长 5.38%，年平均增长率为 0.53%。

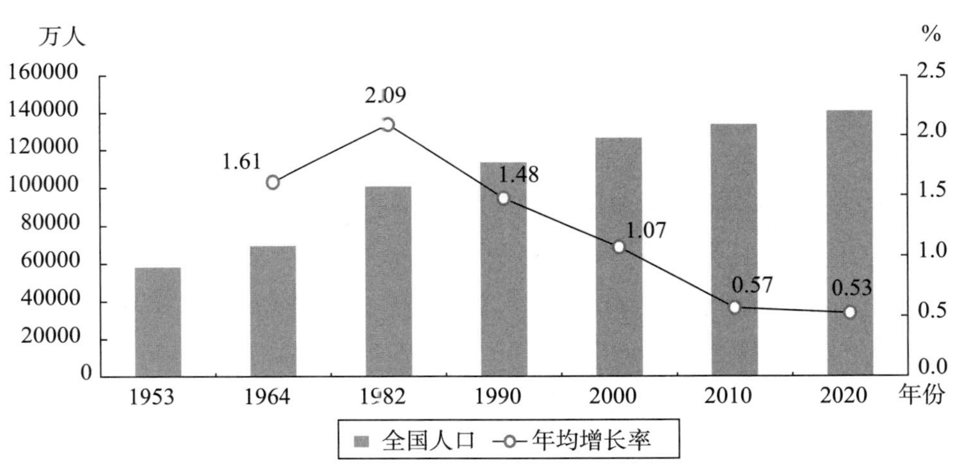

图 2-1 历次人口普查全国人口及年均增长率

三、户别人口

全国共有家庭户[7]494157423 户，集体户 28531842 户，家庭户人口为 1292809300 人，集体户人口为 118969424 人。平均每个家庭户的人口为 2.62 人，比 2010 年第六次全国人口普查的 3.10 人减少 0.48 人。

四、民族人口

全国人口中，汉族人口为 1286311334 人，占 91.11%；各少数民族人口为 125467390 人，占 8.89%。与

2010 年第六次全国人口普查相比，汉族人口增加 60378693 人，增长 4.93%；各少数民族人口增加 11675179 人，增长 10.26%。

注释：

[1] 本公报数据均为初步汇总数据。

[2] 全国总人口包括大陆 31 个省、自治区、直辖市和现役军人的人口、香港特别行政区人口、澳门特别行政区人口和台湾地区人口。

[3] 香港特别行政区的人口数为香港特别行政区政府提供的 2020 年底的数据。

[4] 澳门特别行政区的人口数为澳门特别行政区政府提供的 2020 年底的数据。

[5] 台湾地区的人口数为台湾地区有关主管部门公布的 2020 年底的户籍登记人口数据。

[6] 全国人口是指大陆 31 个省、自治区、直辖市和现役军人的人口，不包括居住在 31 个省、自治区、直辖市的港澳台居民和外籍人员。

[7] 家庭户是指以家庭成员关系为主、居住一处共同生活的人组成的户。

第七次全国人口普查公报[1]（第三号）

——地区人口情况

国家统计局
国务院第七次全国人口普查领导小组办公室
2021 年 5 月 11 日

根据第七次全国人口普查结果，现将 2020 年 11 月 1 日零时我国大陆 31 个省、自治区、直辖市（以下简称省份）的常住人口[2]有关数据公布如下:

一、地区人口

31 个省份中，人口超过 1 亿人的省份有 2 个，在 5000 万人至 1 亿人之间的省份有 9 个，在 1000 万人至 5000 万人之间的省份有 17 个，少于 1000 万人的省份有 3 个。其中，人口居前五位的省份合计人口占全国人口[3]比重为 35.09%。

分区域[4]看，东部地区人口为 563717119 人，占 39.93%；中部地区人口为 364694362 人，占 25.83%；西部地区人口为 382852295 人，占 27.12%；东北地区人口为 98514948 人，占 6.98%。

表 3-1 各地区人口

单位：人、%

地 区	人口数	比重[6]	
		2020 年	2010 年
全 国[5]	**1411778724**	**100.00**	**100.00**
北 京	21893095	1.55	1.46
天 津	13866009	0.98	0.97
河 北	74610235	5.28	5.36
山 西	34915616	2.47	2.67
内蒙古	24049155	1.70	1.84
辽 宁	42591407	3.02	3.27
吉 林	24073453	1.71	2.05
黑龙江	31850088	2.26	2.86
上 海	24870895	1.76	1.72
江 苏	84748016	6.00	5.87
浙 江	64567588	4.57	4.06
安 徽	61027171	4.32	4.44
福 建	41540086	2.94	2.75
江 西	45188635	3.20	3.33
山 东	101527453	7.19	7.15
河 南	99365519	7.04	7.02
湖 北	57752557	4.09	4.27
湖 南	66444864	4.71	4.90

续表

地　区	人口数	比重[6]	
		2020 年	2010 年
广　东	126012510	8.93	7.79
广　西	50126804	3.55	3.44
海　南	10081232	0.71	0.65
重　庆	32054159	2.27	2.15
四　川	83674866	5.93	6.00
贵　州	38562148	2.73	2.59
云　南	47209277	3.34	3.43
西　藏	3648100	0.26	0.22
陕　西	39528999	2.80	2.79
甘　肃	25019831	1.77	1.91
青　海	5923957	0.42	0.42
宁　夏	7202654	0.51	0.47
新　疆	25852345	1.83	1.63
现役军人	2000000		

二、地区人口变化

与2010年第六次全国人口普查相比，31个省份中，有25个省份人口增加。人口增长较多的5个省份依次为：广东、浙江、江苏、山东、河南，分别增加21709378人、10140697人、6088113人、5734388人、5341952人。

分区域看，与2010年第六次全国人口普查相比，东部地区人口所占比重上升2.15个百分点，中部地区人口所占比重下降0.79个百分点，西部地区人口所占比重上升0.22个百分点，东北地区人口所占比重下降1.20个百分点。

注释：

[1]本公报数据均为初步汇总数据。部分数据因四舍五入的原因，存在总计与分项合计不等的情况。

[2]常住人口包括：居住在本乡镇街道且户口在本乡镇街道或户口待定的人；居住在本乡镇街道且离开户口登记地所在的乡镇街道半年以上的人；户口在本乡镇街道且外出不满半年或在境外工作学习的人。

[3]全国人口是指大陆31个省、自治区、直辖市和现役军人的人口，不包括居住在31个省、自治区、直辖市的港澳台居民和外籍人员。

[4]东部地区是指北京、天津、河北、上海、江苏、浙江、福建、山东、广东和海南10省（市）；中部地区是指山西、安徽、江西、河南、湖北和湖南6省；西部地区是指内蒙古、广西、重庆、四川、贵州、云南、西藏、陕西、甘肃、青海、宁夏和新疆12省（区、市）；东北地区是指辽宁、吉林和黑龙江3省。

[5]本表全国合计不包括香港特别行政区、澳门特别行政区和台湾地区的人口数。

[6]指各省、自治区、直辖市的常住人口占全国人口的比重。

第七次全国人口普查公报[1]（第四号）

——人口性别构成情况

国家统计局

国务院第七次全国人口普查领导小组办公室

2021年5月11日

根据第七次全国人口普查结果，现将2020年11月1日零时我国大陆31个省、自治区、直辖市（以下简称省份）和现役军人的人口性别构成情况公布如下:

一、全国人口性别构成

全国人口[2]中，男性人口为723339956人，占51.24%；女性人口为688438768人，占48.76%。总人口性别比（以女性为100，男性对女性的比例）为105.07，与2010年第六次全国人口普查基本持平。

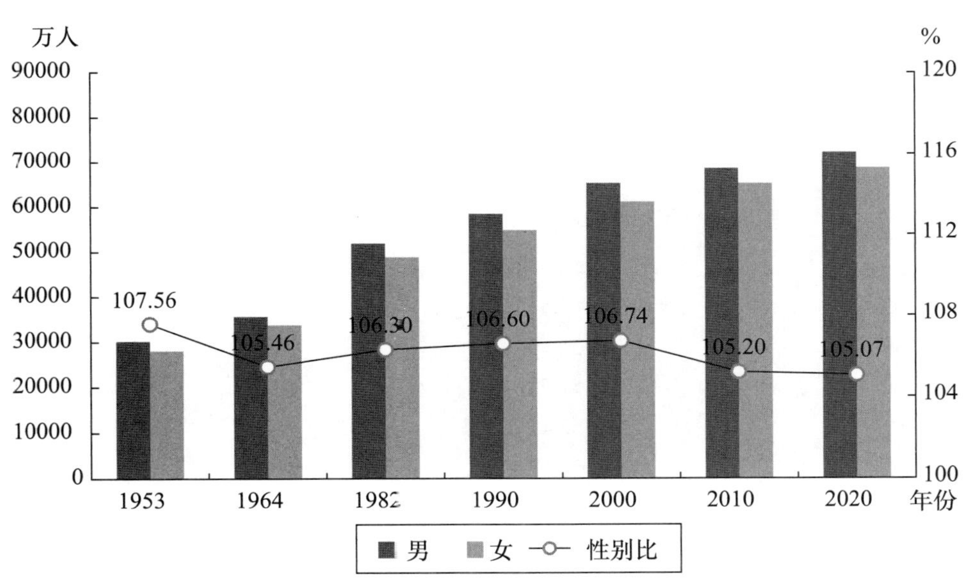

图4-1 历次人口普查人口性别构成

二、地区人口性别构成

31个省份中，总人口性别比在100以下的省份有2个，在100至105之间的省份有17个，在105至110之间的省份有9个，在110以上的省份有3个。

表 4-1 各地区人口性别构成

单位：%

地 区	比重		性别比
	男	女	
全 国	**51.24**	**48.76**	**105.07**
北 京	51.14	48.86	104.65
天 津	51.53	48.47	106.31
河 北	50.50	49.50	102.02
山 西	50.99	49.01	104.06
内蒙古	51.04	48.96	104.26
辽 宁	49.92	50.08	99.70
吉 林	49.92	50.08	99.69
黑龙江	50.09	49.91	100.35
上 海	51.77	48.23	107.33
江 苏	50.78	49.22	103.15
浙 江	52.16	47.84	109.04
安 徽	50.97	49.03	103.94
福 建	51.68	48.32	106.94
江 西	51.60	48.40	106.62
山 东	50.66	49.34	102.67
河 南	50.15	49.85	100.60
湖 北	51.42	48.58	105.83
湖 南	51.16	48.84	104.77
广 东	53.07	46.93	113.08
广 西	51.70	48.30	107.04
海 南	53.02	46.98	112.86
重 庆	50.55	49.45	102.21
四 川	50.54	49.46	102.19
贵 州	51.10	48.90	104.50
云 南	51.73	48.27	107.16
西 藏	52.45	47.55	110.32
陕 西	51.17	48.83	104.79
甘 肃	50.76	49.24	103.10
青 海	51.21	48.79	104.97
宁 夏	50.94	49.06	103.83
新 疆	51.66	48.34	106.85

注释：

[1]本公报数据均为初步汇总数据。

[2]全国人口指大陆31个省、自治区、直辖市和现役军人的人口，不包括居住在31个省、自治区、直辖市的港澳台居民和外籍人员。

第七次全国人口普查公报[1]（第五号）

——人口年龄构成情况

国家统计局

国务院第七次全国人口普查领导小组办公室

2021 年 5 月 11 日

根据第七次全国人口普查结果，现将 2020 年 11 月 1 日零时我国大陆 31 个省、自治区、直辖市（以下简称省份）和现役军人的人口年龄构成情况公布如下：

一、全国人口年龄构成

全国人口[2]中，0—14 岁[3]人口为 253383938 人，占 17.95%；15—59 岁人口为 894376020 人，占 63.35%；60 岁及以上人口为 264018766 人，占 18.70%，其中 65 岁及以上人口为 190635280 人，占 13.50%。与 2010 年第六次全国人口普查相比，0—14 岁人口的比重上升 1.35 个百分点，15—59 岁人口的比重下降 6.79 个百分点，60 岁及以上人口的比重上升 5.44 个百分点，65 岁及以上人口的比重上升 4.63 个百分点。

表 5-1 全国人口年龄构成

单位：人、%

年 龄	人口数	比重
总 计	**1411778724**	**100.00**
0—14 岁	253383938	17.95
15—59 岁	894376020	63.35
60 岁及以上	264018766	18.70
其中：65 岁及以上	190635280	13.50

二、地区人口年龄构成

31 个省份中，15—59 岁人口比重在 65%以上的省份有 13 个，在 60%—65%之间的省份有 15 个，在 60%以下的省份有 3 个。

除西藏外，其他 30 个省份 65 岁及以上老年人口比重均超过 7%，其中，12 个省份 65 岁及以上老年人口比重超过 14%。

表 5-2 各地区人口年龄构成

单位：%

地 区	比重			
	0—14 岁	15—59 岁	60 岁及以上	其中：65 岁及以上
全 国	**17.95**	**63.35**	**18.70**	**13.50**
北 京	11.84	68.53	19.63	13.30
天 津	13.47	64.87	21.66	14.75
河 北	20.22	59.92	19.85	13.92

续表

地　区	比重			
	0—14 岁	15—59 岁	60 岁及以上	其中：65 岁及以上
山　西	16.35	64.72	18.92	12.90
内蒙古	14.04	66.17	19.78	13.05
辽　宁	11.12	63.16	25.72	17.42
吉　林	11.71	65.23	23.06	15.61
黑龙江	10.32	66.46	23.22	15.61
上　海	9.80	66.82	23.38	16.28
江　苏	15.21	62.95	21.84	16.20
浙　江	13.45	67.86	18.70	13.27
安　徽	19.24	61.96	18.79	15.01
福　建	19.32	64.70	15.98	11.10
江　西	21.96	61.17	16.87	11.89
山　东	18.78	60.32	20.90	15.13
河　南	23.14	58.79	18.08	13.49
湖　北	16.31	63.26	20.42	14.59
湖　南	19.52	60.60	19.88	14.81
广　东	18.85	68.80	12.35	8.58
广　西	23.63	59.69	16.69	12.20
海　南	19.97	65.38	14.65	10.43
重　庆	15.91	62.22	21.87	17.08
四　川	16.10	62.19	21.71	16.93
贵　州	23.97	60.65	15.38	11.56
云　南	19.57	65.52	14.91	10.75
西　藏	24.53	66.95	8.52	5.67
陕　西	17.33	63.46	19.20	13.32
甘　肃	19.40	63.57	17.03	12.58
青　海	20.81	67.04	12.14	8.68
宁　夏	20.38	66.09	13.52	9.62
新　疆	22.46	66.26	11.28	7.76

注释：

[1] 本公报数据均为初步汇总数据。部分数据因四舍五入的原因，存在总计与分项合计不等的情况。

[2] 全国人口是指大陆 31 个省、自治区、直辖市和现役军人的人口，不包括居住在 31 个省、自治区、直辖市的港澳台居民和外籍人员。

[3] 0—15 岁人口为 268707162 人，16—59 岁人口为 879052796 人。

第七次全国人口普查公报[1]（第六号）

——人口受教育情况

国家统计局

国务院第七次全国人口普查领导小组办公室

2021 年 5 月 11 日

根据第七次全国人口普查结果，现将 2020 年 11 月 1 日零时我国大陆 31 个省、自治区、直辖市（以下简称省份）和现役军人的人口受教育基本情况公布如下:

一、受教育程度人口

全国人口[2]中，拥有大学（指大专及以上）文化程度的人口为 218360767 人；拥有高中（含中专）文化程度的人口为 213005258 人；拥有初中文化程度的人口为 487163489 人；拥有小学文化程度的人口为 349658828 人（以上各种受教育程度的人包括各类学校的毕业生、肄业生和在校生）。与 2010 年第六次全国人口普查相比，每 10 万人中拥有大学文化程度的由 8930 人上升为 15467 人；拥有高中文化程度的由 14032 人上升为 15088 人；拥有初中文化程度的由 38788 人下降为 34507 人；拥有小学文化程度的由 26779 人下降为 24767 人。

表 6-1 各地区每 10 万人口中拥有的各类受教育程度人数

单位：人/10 万人

地 区	大学（大专及以上）	高中（含中专）	初中	小学
全 国	**15467**	**15088**	**34507**	**24767**
北 京	41980	17593	23289	10503
天 津	26940	17719	32294	16123
河 北	12418	13861	39950	24664
山 西	17358	16485	38950	19506
内蒙古	18688	14814	33861	23627
辽 宁	18216	14670	42799	18888
吉 林	16738	17080	38234	22318
黑龙江	14793	15525	42793	21863
上 海	33872	19020	28935	11929
江 苏	18663	16191	33308	22742
浙 江	16990	14555	32706	26384
安 徽	13280	13294	33724	26875
福 建	14148	14212	32218	28031
江 西	11897	15145	35501	27514
山 东	14384	14334	35778	23693
河 南	11744	15239	37518	24557
湖 北	15502	17428	34280	23520

续表

地 区	大学（大专及以上）	高中（含中专）	初中	小学
湖 南	12239	17776	35636	25214
广 东	15699	18224	35484	20676
广 西	10806	12962	36388	27855
海 南	13919	15561	40174	19701
重 庆	15412	15956	30582	29894
四 川	13267	13301	31443	31317
贵 州	10952	9951	30464	31921
云 南	11601	10338	29241	35667
西 藏	11019	7051	15757	32108
陕 西	18397	15581	33979	21686
甘 肃	14506	12937	27423	29808
青 海	14880	10568	24344	32725
宁 夏	17340	13432	29717	26111
新 疆	16536	13208	31559	28405

二、平均受教育年限[3]

与 2010 年第六次全国人口普查相比，全国人口中，15 岁及以上人口的平均受教育年限由 9.08 年提高至 9.91 年。

31 个省份中，平均受教育年限在 10 年以上的省份有 13 个，在 9 年至 10 年之间的省份有 14 个，在 9 年以下的省份有 4 个。

表 6-2 各地区 15 岁及以上人口平均受教育年限

单位：年

地 区	2020 年	2010 年
全 国	**9.91**	**9.08**
北 京	12.64	11.71
天 津	11.29	10.38
河 北	9.84	9.12
山 西	10.45	9.52
内蒙古	10.08	9.22
辽 宁	10.34	9.67
吉 林	10.17	9.49
黑龙江	9.93	9.36
上 海	11.81	10.73
江 苏	10.21	9.32
浙 江	9.79	8.79
安 徽	9.35	8.28
福 建	9.66	9.02
江 西	9.70	8.86
山 东	9.75	8.97
河 南	9.79	8.95
湖 北	10.02	9.20
湖 南	9.88	9.16

续表

地 区	2020 年	2010 年
广 东	10.38	9.55
广 西	9.54	8.76
海 南	10.10	9.22
重 庆	9.80	8.75
四 川	9.24	8.35
贵 州	8.75	7.65
云 南	8.82	7.76
西 藏	6.75	5.25
陕 西	10.26	9.36
甘 肃	9.13	8.19
青 海	8.85	7.85
宁 夏	9.81	8.82
新 疆	10.11	9.27

三、文盲人口

全国人口中，文盲人口（15 岁及以上不识字的人）为 37750200 人，与 2010 年第六次全国人口普查相比，文盲人口减少 16906373 人，文盲率[4]由 4.08%下降为 2.67%，下降 1.41 个百分点。

注释：

[1] 本公报数据均为初步汇总数据。

[2] 全国人口是指大陆 31 个省、自治区、直辖市和现役军人的人口，不包括居住在 31 个省、自治区、直辖市的港澳台居民和外籍人员。

[3] 平均受教育年限是将各种受教育程度折算成受教育年限计算平均数得出的，具体的折算标准是：小学=6 年，初中=9 年，高中=12 年，大专及以上=16 年。

[4] 文盲率是指大陆 31 个省、自治区、直辖市和现役军人的人口中 15 岁及以上不识字人口所占比例。

第七次全国人口普查公报[1]（第七号）

——城乡人口和流动人口情况

国家统计局

国务院第七次全国人口普查领导小组办公室

2021 年 5 月 11 日

根据第七次全国人口普查结果，现将 2020 年 11 月 1 日零时我国大陆 31 个省、自治区、直辖市和现役军人的人口城乡分布及流动情况公布如下:

一、城乡[2]人口

全国人口[3]中，居住在城镇的人口为 901991162 人，占 63.89%(2020 年我国户籍人口城镇化率为 45.4%[4])；居住在乡村的人口为 509787562 人，占 36.11%。与 2010 年第六次全国人口普查相比，城镇人口增加 236415856 人，乡村人口减少 164361984 人，城镇人口比重上升 14.21 个百分点。

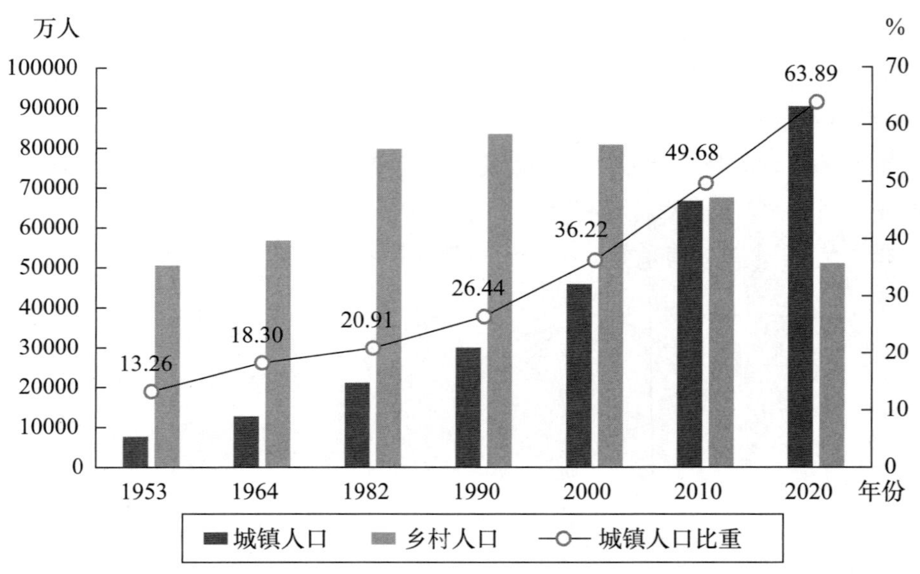

图 7-1 历次人口普查城乡人口

二、流动人口[5]

全国人口中，人户分离人口[6]为 492762506 人，其中，市辖区内人户分离[7]人口为 116945747 人，流动人口为 375816759 人。流动人口中，跨省流动人口为 124837153 人，省内流动人口为 250979606 人。

与 2010 年第六次全国人口普查相比，人户分离人口增加 231376431 人，增长 88.52%；市辖区内人户分离人口增加 76986324 人，增长 192.66%；流动人口增加 154390107 人，增长 69.73%。

注释:

[1] 本公报数据均为初步汇总数据。

[2]城镇、乡村是按国家统计局《统计上划分城乡的规定》划分的。

[3]全国人口是指大陆31个省、自治区、直辖市和现役军人的人口，不包括居住在31个省、自治区、直辖市的港澳台居民和外籍人员。

[4]此数据由公安部提供。

[5]流动人口是指人户分离人口中扣除市辖区内人户分离的人口。

[6]人户分离人口是指居住地与户口登记地所在的乡镇街道不一致且离开户口登记地半年以上的人口。

[7]市辖区内人户分离人口是指一个直辖市或地级市所辖的区内和区与区之间，居住地和户口登记地不在同一乡镇街道的人口。

第七次全国人口普查公报[1]（第八号）

——接受普查登记的港澳台居民和外籍人员情况

国家统计局

国务院第七次全国人口普查领导小组办公室

2021 年 5 月 11 日

根据第七次全国人口普查结果，现将 2020 年 11 月 1 日零时居住在我国大陆 31 个省、自治区、直辖市（以下简称省份）接受普查登记的港澳台居民和外籍人员主要数据公布如下:

一、人口数

居住在 31 个省份并接受普查登记的香港特别行政区居民 371380 人、澳门特别行政区居民 55732 人、台湾地区居民 157886 人，外籍人员 845697 人，合计 1430695 人。

二、性别构成

上述人员[2]中，男性 736286 人，女性 694409 人。

其中: 香港特别行政区居民，男性为 202296 人，女性为 169084 人。澳门特别行政区居民，男性为 29067 人，女性为 26665 人。台湾地区居民，男性为 102897 人，女性为 54989 人。外籍人员，男性为 402026 人，女性为 443671 人。

三、居住时间

上述人员中，居住时间三个月以下的 40659 人；居住时间三个月至半年的 56342 人；居住时间半年至一年的 166884 人；居住时间一年至两年的 248174 人；居住时间两年至五年的 314954 人；居住时间五年以上的 603682 人。

四、来内地（大陆）或来华目的

上述人员中，以商务为目的 77008 人；以就业为目的 444336 人；以学习为目的 219761 人；以定居为目的 419517 人；以探亲为目的 74735 人；其他目的 195338 人。

五、地区分布

上述人员按居住地分，人数排在前十位的省份是: 广东 418509 人，云南 379281 人，上海 163954 人，福建 106248 人，北京 62812 人，江苏 58201 人，浙江 46189 人，广西 26043 人，山东 21829 人，辽宁 20562 人。居住在其他省份的 127067 人。

注释:

[1] 本公报数据均为初步汇总数据。

[2] 上述人员指普查标准时点居住在我国大陆 31 个省、自治区、直辖市接受普查登记的港澳台居民和外籍人员，不包括因出差、旅游等原因短期停留的港澳台居民和外籍人员。

第三部分 附录

附录 4 国务院关于开展第七次全国人口普查的通知

国务院关于开展第七次全国人口普查的通知

国发〔2019〕24号

各省、自治区、直辖市人民政府，国务院各部委、各直属机构:

根据《中华人民共和国统计法》和《全国人口普查条例》规定，国务院决定于2020年开展第七次全国人口普查。现将有关事项通知如下:

一、总体要求

（一）指导思想。以习近平新时代中国特色社会主义思想为指导，全面贯彻党的十九大和十九届二中、三中、四中全会精神，认真落实党中央、国务院关于统计改革发展的决策部署，坚持实事求是、改革创新，科学设计、精心组织，周密部署、依法实施，确保第七次全国人口普查数据真实准确，全面客观反映我国人口发展状况。

（二）普查目的。第七次全国人口普查是在中国特色社会主义进入新时代开展的重大国情国力调查，将全面查清我国人口数量、结构、分布、城乡住房等方面情况，为完善人口发展战略和政策体系，促进人口长期均衡发展，科学制定国民经济和社会发展规划，推动经济高质量发展，开启全面建设社会主义现代化国家新征程，向第二个百年奋斗目标进军，提供科学准确的统计信息支持。

二、普查对象、内容和时间

普查对象是普查标准时点在中华人民共和国境内的自然人以及在中华人民共和国境外但未定居的中国公民，不包括在中华人民共和国境内短期停留的境外人员。

普查主要调查人口和住户的基本情况，内容包括：姓名、公民身份号码、性别、年龄、民族、受教育程度、行业、职业、迁移流动、婚姻生育、死亡、住房情况等。

普查标准时点是2020年11月1日零时。

三、组织实施

第七次全国人口普查涉及范围广、参与部门多、技术要求高、工作难度大，各地区、各部门要按照“全国统一领导、部门分工协作、地方分级负责、各方共同参与”的原则，认真做好普查的宣传动员和组织实施工作。

为加强组织领导，国务院决定成立第七次全国人口普查领导小组，负责普查组织实施中重大问题的研究和决策。普查领导小组办公室设在国家统计局，具体负责普查的组织实施。各成员单位要按照职能分工，各负其责、通力协作、密切配合，共同做好普查工作。对普查工作中遇到的困难和问题，要及时采取措施予以解决。

地方各级人民政府要设立相应的普查领导小组及其办公室，认真做好本地区普查工作。要充分发挥街道办事处和乡镇政府、居民委员会和村民委员会的作用，广泛引导、动员和组织社会力量积极参与并认真配合做好普查工作。

地方普查机构可根据工作需要，招聘或者从有关单位借调符合条件的普查指导员和普查员。为稳定普查工作队伍，确保普查工作顺利进行，应及时支付招聘人员的劳动报酬，保证借调人员在原单位的工资、福利及其他待遇不变，并保留其原有工作岗位。

四、经费保障

第七次全国人口普查所需经费，由中央和地方各级人民政府共同负担，并列入相应年度的财政预算，按时拨付、确保到位。

五、工作要求

（一）坚持依法普查。各地区、各部门要按照《中华人民共和国统计法》、《中华人民共和国统计法实施条例》、《全国人口普查条例》等法律法规要求，认真做好普查各项工作。普查取得的数据，严格限定用于普查目的，不得作为任何部门和单位对各级行政管理工作实施考核、奖惩的依据。普查中获得的能够识别或者推断单个普查对象身份的资料，不得作为对普查对象实施处罚等具体行政行为的依据。

（二）确保数据质量。建立健全普查数据质量追溯和问责机制，各级人民政府统计机构要加大对普查工作中违纪违法行为的查处和通报曝光力度，坚决杜绝人为干扰普查工作的现象，确保普查工作顺利进行和普查数据真实准确。对普查中发现应当给予党纪政务处分或组织处理的统计违纪违法责任人，由统计机构按规定提出处分处理建议并及时移送任免机关、纪检监察机关或组织（人事）部门。

（三）提升信息化水平。采取电子化方式开展普查登记，探索使用智能手机采集数据。广泛应用部门行政记录，推进大数据在普查中的应用，提高普查数据采集处理效能。全流程加强对公民个人信息的保护，各级普查机构及其工作人员必须严格履行保密义务，严禁向任何机构、单位、个人泄露或出售公民个人信息。

（四）加强宣传工作。各级普查机构要会同宣传部门认真做好普查宣传的策划和组织工作。采用多种手段，广泛深入宣传第七次全国人口普查的重要意义和要求，引导广大普查对象依法配合普查，如实申报普查项目，为普查工作顺利实施创造良好舆论环境。

附件：国务院第七次全国人口普查领导小组组成人员名单（略）

国务院

2019 年 10 月 31 日

（此件公开发布）

第三部分　附录

附录 5　全国人口普查条例

中华人民共和国国务院令

第 576 号

《全国人口普查条例》已经 2010 年 5 月 12 日国务院第 111 次常务会议通过，现予公布，自 2010 年 6 月 1 日起施行。

总理　温家宝

二〇一〇年五月二十四日

全国人口普查条例

第一章　总　　则

第一条　为了科学、有效地组织实施全国人口普查，保障人口普查数据的真实性、准确性、完整性和及时性，根据《中华人民共和国统计法》，制定本条例。

第二条　人口普查的目的是全面掌握全国人口的基本情况，为研究制定人口政策和经济社会发展规划提供依据，为社会公众提供人口统计信息服务。

第三条　人口普查工作按照全国统一领导、部门分工协作、地方分级负责、各方共同参与的原则组织实施。

国务院统一领导全国人口普查工作，研究决定人口普查中的重大问题。地方各级人民政府按照国务院的统一规定和要求，领导本行政区域的人口普查工作。

在人口普查工作期间，各级人民政府设立由统计机构和有关部门组成的人口普查机构（以下简称普查机构），负责人口普查的组织实施工作。

村民委员会、居民委员会应当协助所在地人民政府动员和组织社会力量，做好本区域的人口普查工作。

国家机关、社会团体、企业事业单位应当按照《中华人民共和国统计法》和本条例的规定，参与并配合人口普查工作。

第四条　人口普查对象应当按照《中华人民共和国统计法》和本条例的规定，真实、准确、完整、及时地提供人口普查所需的资料。

人口普查对象提供的资料，应当依法予以保密。

第五条　普查机构和普查机构工作人员、普查指导员、普查员（以下统称普查人员）依法独立行使调查、报告、监督的职权，任何单位和个人不得干涉。

地方各级人民政府、各部门、各单位及其负责人，不得自行修改普查机构和普查人员依法搜集、整理的人口普查资料，不得以任何方式要求普查机构和普查人员及其他单位和个人伪造、篡改人口普查资料，不得对依法履行职责或者拒绝、抵制人口普查违法行为的普查人员打击报复。

第六条　各级人民政府应当利用报刊、广播、电视、互联网和户外广告等媒介，开展人口普查的宣传动员工作。

第七条 人口普查所需经费，由国务院和地方各级人民政府共同负担，并列入相应年度的财政预算，按时拨付，确保足额到位。

人口普查经费应当统一管理、专款专用，从严控制支出。

第八条 人口普查每 10 年进行一次，尾数逢 0 的年份为普查年度，标准时点为普查年度的 11 月 1 日零时。

第九条 国家统计局会同国务院有关部门制定全国人口普查方案（以下简称普查方案），报国务院批准。

人口普查应当按照普查方案的规定执行。

第十条 对认真执行本条例，忠于职守、坚持原则，做出显著成绩的单位和个人，按照国家有关规定给予表彰和奖励。

第二章 人口普查的对象、内容和方法

第十一条 人口普查对象是指普查标准时点在中华人民共和国境内的自然人以及在中华人民共和国境外但未定居的中国公民，不包括在中华人民共和国境内短期停留的境外人员。

第十二条 人口普查主要调查人口和住户的基本情况，内容包括姓名、性别、年龄、民族、国籍、受教育程度、行业、职业、迁移流动、社会保障、婚姻、生育、死亡、住房情况等。

第十三条 人口普查采用全面调查的方法，以户为单位进行登记。

第十四条 人口普查采用国家统计分类标准。

第三章 人口普查的组织实施

第十五条 人口普查登记前，公安机关应当按照普查方案的规定完成户口整顿工作，并将有关资料提交本级人口普查机构。

第十六条 人口普查登记前应当划分普查区，普查区以村民委员会、居民委员会所辖区域为基础划分，每个普查区划分为若干普查小区。

第十七条 每个普查小区应当至少有一名普查员，负责入户登记等普查工作。每个普查区应当至少有一名普查指导员，负责安排、指导、督促和检查普查员的工作，也可以直接进行入户登记。

第十八条 普查指导员和普查员应当具有初中以上文化水平，身体健康，责任心强。

第十九条 普查指导员和普查员可以从国家机关、社会团体、企业事业单位借调，也可以从村民委员会、居民委员会或者社会招聘。借调和招聘工作由县级人民政府负责。

国家鼓励符合条件的公民作为志愿者参与人口普查工作。

第二十条 借调的普查指导员和普查员的工资由原单位支付，其福利待遇保持不变，并保留其原有工作岗位。

招聘的普查指导员和普查员的劳动报酬，在人口普查经费中予以安排，由聘用单位支付。

第二十一条 普查机构应当对普查指导员和普查员进行业务培训，并对考核合格的人员颁发全国统一的普查指导员证或者普查员证。

普查指导员和普查员执行人口普查任务时，应当出示普查指导员证或者普查员证。

第二十二条 人口普查登记前，普查指导员、普查员应当绘制普查小区图，编制普查小区户主姓名底册。

第二十三条 普查指导员、普查员入户登记时，应当向人口普查对象说明人口普查的目的、法律依据以及人口普查对象的权利和义务。

第二十四条　人口普查对象应当按时提供人口普查所需的资料，如实回答相关问题，不得隐瞒有关情况，不得提供虚假信息，不得拒绝或者阻碍人口普查工作。

第二十五条　人口普查对象应当在普查表上签字或者盖章确认，并对其内容的真实性负责。

第二十六条　普查人员应当坚持实事求是，恪守职业道德，拒绝、抵制人口普查工作中的违法行为。

普查机构和普查人员不得伪造、篡改普查资料，不得以任何方式要求任何单位和个人提供虚假的普查资料。

第二十七条　人口普查实行质量控制岗位责任制，普查机构应当对人口普查实施中的每个环节实行质量控制和检查，对人口普查数据进行审核、复查和验收。

第二十八条　国家统计局统一组织人口普查数据的事后质量抽查工作。

第四章　人口普查资料的管理和公布

第二十九条　地方各级普查机构应当按照普查方案的规定进行数据处理，并按时上报人口普查资料。

第三十条　人口普查汇总资料，除依法应当保密的外，应当予以公布。

全国和各省、自治区、直辖市主要人口普查数据，由国家统计局以公报形式公布。

地方人民政府统计机构公布本行政区域主要人口普查数据，应当报经上一级人民政府统计机构核准。

第三十一条　各级人民政府统计机构应当做好人口普查资料的管理、开发和应用，为社会公众提供查询、咨询等服务。

第三十二条　人口普查中获得的原始普查资料，按照国家有关规定保存、销毁。

第三十三条　人口普查中获得的能够识别或者推断单个普查对象身份的资料，任何单位和个人不得对外提供、泄露，不得作为对人口普查对象作出具体行政行为的依据，不得用于人口普查以外的目的。

人口普查数据不得作为对地方人民政府进行政绩考核和责任追究的依据。

第五章　法律责任

第三十四条　地方人民政府、政府统计机构或者有关部门、单位的负责人有下列行为之一的，由任免机关或者监察机关依法给予处分，并由县级以上人民政府统计机构予以通报；构成犯罪的，依法追究刑事责任:

（一）自行修改人口普查资料、编造虚假人口普查数据的;

（二）要求有关单位和个人伪造、篡改人口普查资料的;

（三）不按照国家有关规定保存、销毁人口普查资料的;

（四）违法公布人口普查资料的;

（五）对依法履行职责或者拒绝、抵制人口普查违法行为的普查人员打击报复的;

（六）对本地方、本部门、本单位发生的严重人口普查违法行为失察的。

第三十五条　普查机构在组织实施人口普查活动中有下列违法行为之一的，由本级人民政府或者上级人民政府统计机构责令改正，予以通报；对直接负责的主管人员和其他直接责任人员，由任免机关或者监察机关依法给予处分:

（一）不执行普查方案的;

（二）伪造、篡改人口普查资料的;

（三）要求人口普查对象提供不真实的人口普查资料的;

（四）未按照普查方案的规定报送人口普查资料的;

（五）违反国家有关规定，造成人口普查资料毁损、灭失的;

（六）泄露或者向他人提供能够识别或者推断单个普查对象身份的资料的。

普查人员有前款所列行为之一的，责令其停止执行人口普查任务，予以通报，依法给予处分。

第三十六条　人口普查对象拒绝提供人口普查所需的资料，或者提供不真实、不完整的人口普查资料的，由县级以上人民政府统计机构责令改正，予以批评教育。

人口普查对象阻碍普查机构和普查人员依法开展人口普查工作，构成违反治安管理行为的，由公安机关依法给予处罚。

第三十七条　县级以上人民政府统计机构应当设立举报电话和信箱，接受社会各界对人口普查违法行为的检举和监督。

第六章　附　　则

第三十八条　中国人民解放军现役军人、人民武装警察等人员的普查内容和方法，由国家统计局会同国务院有关部门、军队有关部门规定。

交通极为不便地区的人口普查登记的时间和方法，由国家统计局会同国务院有关部门规定。

第三十九条　香港特别行政区、澳门特别行政区的人口数，按照香港特别行政区政府、澳门特别行政区政府公布的资料计算。

台湾地区的人口数，按照台湾地区有关主管部门公布的资料计算。

第四十条　为及时掌握人口发展变化情况，在两次人口普查之间进行全国1%人口抽样调查。全国1%人口抽样调查参照本条例执行。

第四十一条　本条例自2010年6月1日起施行。

第三部分 附录

附录6 第七次全国人口普查方案

第七次全国人口普查方案

国家统计局
国务院第七次全国人口普查领导小组办公室

第一部分　总说明

根据《中华人民共和国统计法》《中华人民共和国统计法实施条例》《全国人口普查条例》和《国务院关于开展第七次全国人口普查的通知》，制定本方案。

一、普查目的

全面查清我国人口数量、结构、分布、城乡住房等方面情况，为完善人口发展战略和政策体系，促进人口长期均衡发展，科学制定国民经济和社会发展规划，推动经济高质量发展，开启全面建设社会主义现代化国家新征程，向第二个百年奋斗目标进军，提供科学准确的统计信息支持。

二、普查时点

普查的标准时点是 2020 年 11 月 1 日零时。

三、普查对象

普查对象是指普查标准时点在中华人民共和国境内的自然人以及在中华人民共和国境外但未定居的中国公民，不包括在中华人民共和国境内短期停留的境外人员。

四、普查内容和普查表

普查登记的主要内容包括：姓名、公民身份号码、性别、年龄、民族、受教育程度、行业、职业、迁移流动、婚姻生育、死亡、住房情况等。

根据不同的普查对象和普查内容，具体分为四种普查表。

（一）第七次全国人口普查短表

普查短表包括反映人口基本状况的项目，由全部住户（不包括港澳台居民和外籍人员）填报。

（二）第七次全国人口普查长表

普查长表包括所有短表项目和人口的经济活动、婚姻生育和住房等情况的项目，在全部住户中抽取 10% 的户（不包括港澳台居民和外籍人员）填报。

（三）第七次全国人口普查港澳台居民和外籍人员普查表

港澳台居民和外籍人员普查表包括反映人口基本状况的项目以及入境目的、居住时间、身份或国籍、就业情况等项目，由在境内居住的港澳台居民和外籍人员填报。

（四）第七次全国人口普查死亡人口调查表

死亡人口调查表包括死亡人口的基本信息，由 2019 年 11 月 1 日至 2020 年 10 月 31 日期间有死亡人口的户填报。

五、普查方法

普查采用全面调查的方法，以户为单位进行登记。

普查采用按现住地登记的原则，每个人必须在现住地进行登记。普查对象不在户口登记地居住的，户口登记地要登记相应信息。

普查登记采用普查员入户询问、当场填报，或由普查对象自主填报等方式进行。

普查数据采集原则上采用电子化的方式。采取普查员使用电子采集设备（PAD 或智能手机）登记普查对象信息并联网实时上报，或由普查对象通过互联网自主填报等方式进行。

普查员应按照工作要求，在户口整顿基础上对所负责普查小区进行全面摸底，掌握普查小区内的人口和居住情况，编制《户主姓名底册》，根据《户主姓名底册》进行入户登记工作，并参考部门行政记录等资料进行比对复查，确保普查登记真实准确、不重不漏。

六、普查数据处理

各级普查机构负责普查数据处理。国务院人口普查办公室统一编制数据采集、审核、编辑、汇总程序。

国务院人口普查办公室集中部署数据采集处理环境。各级普查机构应保障必要的数据处理办公环境和网络条件，采取必要的安全措施，确保数据处理工作安全、顺利地进行。

七、普查组织实施

（一）全国统一领导

国务院第七次全国人口普查领导小组负责普查组织实施中重大问题的研究和决策。普查领导小组办公室设在国家统计局，具体负责普查的组织实施。

（二）部门分工协作

领导小组各成员单位要按照职能分工，各负其责、通力协作、密切配合，共同做好普查工作。对普查工作中遇到的困难和问题，要及时采取措施予以解决。

（三）地方分级负责

地方各级人民政府设立相应的普查领导小组及其办公室，领导和组织实施本区域内的普查工作。村民委员会和居民委员会设立人口普查小组，协助街道办事处和乡镇政府动员和组织社会力量，做好本区域内的普查工作。

普查指导员和普查员可以从国家机关、社会团体、企业事业单位借调，也可以从村民委员会、居民委员会或者社会招聘。借调和招聘工作由县级人民政府负责。

（四）各方共同参与

国家机关、社会团体、企业事业单位应当按照《中华人民共和国统计法》《中华人民共和国统计法实施条例》和《全国人口普查条例》的规定，参与并配合普查工作。

八、普查质量控制

普查实行严格的质量控制制度，建立健全普查数据质量追溯和问责机制，确保普查数据可核查、可追溯、可问责。国务院人口普查办公室统一领导、统筹协调普查全过程质量控制的有关工作。地方各级普查机构主要负责人对本行政区域普查数据质量负总责，确保普查数据真实、准确、完整、及时。各级普查办公室必须严格执行各阶段工作要求，保证各阶段工作质量达到规定标准，确保普查工作质量与数据质量合格达标。

九、普查宣传

各级宣传部门和普查机构应制定宣传工作方案，深入开展普查宣传。

各级宣传部门应组织协调新闻媒体及有关部门，通过报刊、广播、电视、互联网、手机和户外广告等多种渠道，充分利用微博、微信、短视频等新媒体传播手段，宣传普查的重大意义、政策规定和工作要求，积极营造良好的普查氛围。

各级普查机构要组织开展形式多样的宣传活动，动员社会各界支持、参与普查。

十、普查法规与纪律要求

坚持依法普查，普查工作要严格按照《中华人民共和国统计法》《中华人民共和国统计法实施条例》《全国人口普查条例》《国务院关于开展第七次全国人口普查的通知》及相关规定组织开展。

普查对象应当依法履行普查义务，如实提供普查信息，不得虚报、瞒报、拒报。拒绝提供普查所需的资料，或者提供不真实、不完整的普查资料的，由县级以上人民政府统计机构责令改正，予以批评教育，情节严重的依法严肃处理。普查取得的数据，严格限定用于普查目的，不得作为任何部门和单位对各级行政管理工作实施考核、奖惩的依据。普查中获得的能够识别或者推断单个普查对象身份的资料，任何单位和个人不得对外提供、泄露，不得作为对普查对象实施处罚等具体行政行为的依据，不得用于普查以外的目的。各级普查机构及其工作人员，必须严格履行保密义务。

十一、普查主要工作阶段

普查工作分三个阶段进行:

一是准备阶段（2019 年 10 月—2020 年 10 月）。这一阶段的主要工作是：组建各级普查机构，制定普查方案和工作计划，进行普查试点，落实普查经费和物资，准备数据采集处理环境，开展普查宣传，选聘培训普查指导员和普查员，普查区域划分及绘图，进行户口整顿，开展摸底等。

二是普查登记阶段（2020 年 11 月—12 月）。这一阶段的主要工作是：普查员入户登记，进行比对复查，开展事后质量抽查等。

三是数据汇总和发布阶段（2020 年 12 月—2022 年 12 月）。这一阶段的主要工作是：数据处理、汇总、评估，发布主要数据公报，普查资料开发利用等。

十二、其他

（一）香港特别行政区、澳门特别行政区的人口数，按照香港特别行政区政府、澳门特别行政区政府公布的资料计算。

台湾地区的人口数，按照台湾地区有关主管部门公布的资料计算。

（二）因交通极为不便等特殊因素，需采用其他登记时间和方法的地区，须报请国务院人口普查办公室批准。

（三）对认真执行本方案，忠于职守，坚持原则，在普查工作中做出显著成绩的单位和个人，按照国家有关规定给予表彰奖励。

（四）本方案由国务院人口普查办公室负责解释。

第二部分　普查表式

第七次全国人口普查短表

经国务院批准进行第七次全国人口普查
人口普查的标准时点为2020年11月1日零时
人口普查的原始资料不向任何单位和个人提供，
仅供汇总使用
公民应履行如实申报普查项目的义务

表　　号：R 6 0 1 表
制定机关：国家统计局
国务院人口普查办公室
批准文号：国发（2019）24号
有效期至：2021年3月

地址：_____省（区、市）_____市（地、州、盟）_____县（市、区、旗）_____乡（镇、街道）_____普查区_____普查小区_____户编号

一、住户项目

H1. 户别
1. 家庭户
2. 集体户

H2. 本户应登记人数
2020年10月31日晚居住本户的人数_____人
户口在本户，2020年10月31日晚未住本户的人数_____人

H3. 本户2019年11月1日至2020年10月31日期间的出生人口
男_____人 女_____人

H4. 本户2019年11月1日至2020年10月31日期间的死亡人口
男_____人 女_____人

H5. 住所类型
1. 普通住宅
2. 集体住所
3. 工作地住所
4. 其他住房
5. 无住房

（选择2—5的，跳至个人项目。）

H6. 本户现住房建筑面积
_____平方米

H7. 本户现住房间数

_____间

二、个人项目

每个人都填报的项目

D1. 姓名

____

D2. 与户主关系

0. 户主
1. 配偶
2. 子女
3. 父母
4. 岳父母或公婆
5. 祖父母
6. 媳婿
7. 孙子女
8. 兄弟姐妹
9. 其他

D3. 公民身份号码

□□□□□□□□□□□□□□□□□□

D4. 性别

1. 男
2. 女

D5. 出生年月

出生于：________年________月

D6. 民族

________族

D7. 普查时点（2020年11月1日零时）居住地

1. 本普查小区
2. 本村（居）委会其他普查小区
3. 本乡（镇、街道）其他村（居）委会
4. 本县（市、区、旗）其他乡（镇、街道）
5. 其他县（市、区、旗），请在下面填写地址

______省（区、市）
______市（地、州、盟）
______县（市、区、旗）
6. 香港特别行政区、澳门特别行政区、台湾地区
7. 国外

D8. 户口登记地

1. 本村（居）委会
2. 本乡（镇、街道）其他村（居）委会
3. 本县（市、区、旗）其他乡（镇、街道）
4. 其他县（市、区、旗），请在下面填写地址

______省（区、市）
______市（地、州、盟）
______县（市、区、旗）

5. 户口待定→D11

D9. 离开户口登记地时间

1. 没有离开户口登记地→D11
2. 不满半年
3. 半年以上，不满一年
4. 一年以上，不满二年
5. 二年以上，不满三年
6. 三年以上，不满四年
7. 四年以上，不满五年
8. 五年以上，不满十年
9. 十年以上

D10. 离开户口登记地原因

0. 工作就业
1. 学习培训
2. 随同离开/投亲靠友
3. 拆迁/搬家
4. 寄挂户口
5. 婚姻嫁娶
6. 照料孙子女
7. 为子女就学
8. 养老/康养
9. 其他

3 周岁及以上（2017 年 10 月 31 日以前出生）的人填报的项目

D11. 受教育程度

1. 未上过学

2. 学前教育
3. 小学
4. 初中
5. 高中
6. 大学专科
7. 大学本科
8. 硕士研究生
9. 博士研究生

15 周岁及以上（2005 年 10 月 31 日以前出生）的人填报的项目

D12. 是否识字

1. 是
2. 否

第七次全国人口普查长表

经国务院批准进行第七次全国人口普查 人口普查的标准时点为 2020 年 11 月 1 日零时 人口普查的原始资料不向任何单位和个人提供， 仅供汇总使用 公民应履行如实申报普查项目的义务	表　　号：R　6　0　2　表 制定机关：国　家　统　计　局 国务院人口普查办公室 批准文号：国发〔2019〕24 号 有效期至：2 0 2 1　年　3　月

地址：_____省（区、市）_____市（地、州、盟）_____县（市、区、旗）_____乡（镇、街道）_____普查区_____普查小区_____户编号

一、住户项目

H1. 户别

1. 家庭户
2. 集体户

H2. 本户应登记人数

2020 年 10 月 31 日晚居住本户的人数_____人

户口在本户，2020 年 10 月 31 日晚未住本户的人数_____人

H3. 本户 2019 年 11 月 1 日至 2020 年 10 月 31 日期间的出生人口

男_____人　女_____人

H4. 本户 2019 年 11 月 1 日至 2020 年 10 月 31 日期间的死亡人口

男_____人　女_____人

H5. 住所类型

1. 普通住宅
2. 集体住所
3. 工作地住所
4. 其他住房
5. 无住房

（选择 2—5 的，跳至个人项目。）

H6. 本户现住房建筑面积

_____平方米

H7. 本户现住房间数

_____间

H8. 住房所在建筑的总层数

1. 平房
2. 多层（7 层及以下）
3. 高层（8—33 层）
4. 超高层（34 层及以上）

H9. 承重类型

1. 钢及钢筋混凝土结构
2. 混合结构
3. 砖木结构
4. 竹草土坯结构
5. 其他结构

H10. 住房建成年代

1. 1949 年以前
2. 1949—1959 年
3. 1960—1969 年
4. 1970—1979 年
5. 1980—1989 年
6. 1990—1999 年
7. 2000—2009 年
8. 2010—2014 年
9. 2015 年以后

H11. 住房所在建筑有无电梯

1. 有
2. 无

H12. 主要炊事燃料

1. 燃气
2. 电
3. 煤炭
4. 柴草
5. 其他

H13. 住房内有无管道自来水

1. 有
2. 无

H14. 住房内有无厨房

1. 独立使用
2. 与其他户合用

3. 无

H15. 住房内有无厕所

1. 水冲式卫生厕所
2. 水冲式非卫生厕所
3. 卫生旱厕
4. 普通旱厕
5. 无

H16. 住房内有无洗澡设施

1. 统一供热水
2. 家庭自装热水器
3. 其他
4. 无

H17. 住房来源

1. 租赁廉租房/公租房
2. 租赁其他住房
3. 购买新建商品房
4. 购买二手房
5. 购买原公有住房
6. 购买经济适用房/两限房
7. 自建住房
8. 继承或赠予
9. 其他

（选择 3—9 的，跳至 H19。）

H18. 月租房费用

0. 200 元以下
1. 200—499 元
2. 500—999 元
3. 1000—1999 元
4. 2000—2999 元
5. 3000—3999 元
6. 4000—5999 元
7. 6000—7999 元
8. 8000—9999 元
9. 10000 元以上

H19. 拥有全部家用汽车的总价

1. 不满 10 万元
2. 10 万元以上，不满 20 万元

3. 20万元以上，不满30万元
4. 30万元以上，不满50万元
5. 50万元以上，不满100万元
6. 100万元以上
7. 没有汽车

二、个人项目

每个人都填报的项目

C1. 姓名

____

C2. 与户主关系

0. 户主
1. 配偶
2. 子女
3. 父母
4. 岳父母或公婆
5. 祖父母
6. 媳婿
7. 孙子女
8. 兄弟姐妹
9. 其他

C3. 公民身份号码

□□□□□□□□□□□□□□□□□□

C4. 性别

1. 男
2. 女

C5. 出生年月

出生于：________年________月

C6. 民族

________族

C7. 普查时点（2020年11月1日零时）居住地

1. 本普查小区
2. 本村（居）委会其他普查小区
3. 本乡（镇、街道）其他村（居）委会
4. 本县（市、区、旗）其他乡（镇、街道）

5. 其他县（市、区、旗），请在下面填写地址
______省（区、市）
______市（地、州、盟）
______县（市、区、旗）
6. 香港特别行政区、澳门特别行政区、台湾地区
7. 国外

C8. 户口登记地
1. 本村（居）委会
2. 本乡（镇、街道）其他村（居）委会
3. 本县（市、区、旗）其他乡（镇、街道）
4. 其他县（市、区、旗），请在下面填写地址
______省（区、市）
______市（地、州、盟）
______县（市、区、旗）
5. 户口待定→C12

C9. 离开户口登记地时间
1. 没有离开户口登记地→C12
2. 不满半年
3. 半年以上，不满一年
4. 一年以上，不满二年
5. 二年以上，不满三年
6. 三年以上，不满四年
7. 四年以上，不满五年
8. 五年以上，不满十年
9. 十年以上

C10. 离开户口登记地原因
0. 工作就业
1. 学习培训
2. 随同离开/投亲靠友
3. 拆迁/搬家
4. 寄挂户口
5. 婚姻嫁娶
6. 照料孙子女
7. 为子女就学
8. 养老/康养
9. 其他

C11. 户口登记地类型
1. 乡

2. 镇的村委会
3. 镇的居委会
4. 街道

C12. 是否有农村土地承包经营权
1. 有
2. 无

C13. 出生地
1. 本县（市、区、旗）
2. 本省其他县（市、区、旗）
3. 省外：________省（区、市）

5 周岁及以上（2015 年 10 月 31 日以前出生）的人填报的项目
C14. 五年前常住地
2015 年 11 月 1 日常住地：
1. 本县（市、区、旗）
2. 其他地区，请在下面填写地址

______省（区、市）
______市（地、州、盟）
______县（市、区、旗）

3 周岁及以上（2017 年 10 月 31 日以前出生）的人填报的项目
C15. 受教育程度
1. 未上过学→C17
2. 学前教育→C17
3. 小学
4. 初中
5. 高中
6. 大学专科
7. 大学本科
8. 硕士研究生
9. 博士研究生

C16. 学业完成情况
1. 在校
2. 毕业
3. 肄业
4. 辍学
5. 其他

15 周岁及以上（2005 年 10 月 31 日以前出生）的人填报的项目

C17. 是否识字

1. 是
2. 否

C18. 工作情况

10 月 25—31 日是否为取得收入而工作了一小时以上（包括临时工、依托互联网平台灵活就业、家庭经营无酬帮工等）

1. 是，上周工作时间_______小时
2. 在职休假、在职学习培训、临时停工（保留工资）
3. 未做任何工作→C22

C19. 工作单位或生产经营活动所属类型

1. 企业、事业、机关或社会团体等法人单位
2. 个体经营户
3. 经营农村家庭承包地（家庭农林牧渔生产经营活动）
4. 自由职业/灵活就业

C20. 行业

单位详细名称: ____

主要产品或主要业务: ____________________________________

C21. 职业

本人从事的具体工作: ____________________________________→C23

C22. 未工作原因

1. 在校学习
2. 离退休
3. 料理家务
4. 丧失工作能力
5. 其他

C23. 主要生活来源

1. 劳动收入
2. 离退休金/养老金
3. 最低生活保障金
4. 失业保险金
5. 财产性收入
6. 家庭其他成员供养
7. 其他

C24. 婚姻状况

1. 未婚→C28
2. 有配偶
3. 离婚
4. 丧偶

C25. 初婚年月

_______年_______月

15 至 64 周岁（1955 年 11 月 1 日—2005 年 10 月 31 日出生）的妇女填报的项目

C26. 生育子女数

1. 未生育→C28
2. 有生育（请填报生育的子女数）

生过几个孩子:

男_______人

女_______人

其中现在存活几个孩子:

男_______人

女_______人

15 至 50 周岁（1969 年 11 月 1 日—2005 年 10 月 31 日出生）的妇女填报的项目

C27. 过去一年（2019 年 11 月 1 日—2020 年 10 月 31 日）的生育状况

1. 一年内未生育（结束）
2. 一年内有生育（请填报生育时间和孩子性别）

生育时间:

____月

婴儿性别:

1. 男
2. 女

一年内生育两个以上孩子的，请填报第二个孩子的状况。

生育时间:

____月

婴儿性别:

1. 男
2. 女

60 周岁及以上（1960 年 10 月 31 日以前出生）的人填报的项目

C28. 居住状况

1. 与配偶和子女同住
2. 与配偶同住

3. 与子女同住
4. 独居（有保姆）
5. 独居（无保姆）
6. 养老机构
7. 其他

C29. 身体健康状况

1. 健康
2. 基本健康
3. 不健康，但生活能自理
4. 不健康，生活不能自理

第七次全国人口普查港澳台居民和外籍人员普查表
The Seventh National Population Census Form for Residents from Hong Kong, Macao, Taiwan and from Foreign Countries

中国政府决定进行第七次全国人口普查
人口普查标准时点为 2020 年 11 月 1 日零时
我们将对您在普查表中填写的信息给予保密，敬请合作。

The Government of China has decided to conduct the 7th National Population Census, with zero hour on 1 November 2020 as the reference time.
Information provided will be kept confidential.
Your cooperation is highly appreciated.

表 号：R603 表
制定机关：国家统计局
国务院人口普查办公室
批准文号：国发〔2019〕24 号
有效期至：2021 年 3 月
Form number: R603
Form issued by: National Bureau of Statistics
Office of the State Council for the Seventh National Population Census
Approval number: 〔2019〕24
Valid until: March 2021

地址 Address:

_____省（区、市）Province

_____市（地、州、盟）City (prefecture)

_____县（市、区、旗）County (city, district)

_____乡（镇、街道）Town (township, street)

_____普查区 Enumeration area (village/community committee)

_____普查小区 Enumeration block

_____户编号 Household number

一、住户项目

Household Information

F1. 户别

Type of household

1. 家庭户 Family household
2. 集体户 Collective household

F2. 住所类型

Type of dwelling

1. 普通住宅 Conventional dwellings
2. 集体住所 Collective living quarters
3. 工作地住所 Living in work places
4. 其他住房 Other dwellings
5. 无住房 With no dwellings

（选择 2—5 的，跳至个人项目。）

(If the answer is 2-5, then skip to 'Individual Information'.)

F3. 本户现住房建筑面积
Floor space for this household
_____平方米 m^2

F4. 本户现住房间数
Number of rooms for this household
_____间 rooms

二、个人项目

Individual Information

R1. 姓名 Full name

____

R2. 与户主关系
Relationship with head of household
0. 户主 Head of household
1. 配偶 Spouse
2. 子女 Son or daughter
3. 父母 Parent
4. 岳父母或公婆 Parent-in-law
5. 祖父母 Grandparent
6. 媳婿 Son-in-law or daughter-in-law
7. 孙子女 Grandchild
8. 兄弟姐妹 Brother or sister
9. 其他 Other relationship

R3. 性别
Sex
1. 男 Male
2. 女 Female

R4. 出生年月
Date of birth
出生于 Born in: _______年 year_______月 month

R5. 来内地（大陆）或来华目的
Purpose for stay in the mainland of China
1. 商务 Business
2. 就业 Work
3. 学习 Study
4. 定居 Residence
5. 探亲 Visiting relatives

6. 其他 Others

R6. 已在内地（大陆）或在华居住时间

Duration of stay in the mainland of China

1. 不满三个月 Less than 3 months
2. 三个月以上，不满半年 3 months to less than 6 months
3. 半年以上，不满一年 6 months to less than 12 months
4. 一年以上，不满二年 1 year to less than 2 years
5. 二年以上，不满五年 2 years to less than 5 years
6. 五年以上 5 years or more

R7. 受教育程度

3 周岁及以上（2017 年 10 月 31 日以前出生）的人填报

Educational attainment

For persons aged 3 and over（Born before 31st Oct. 2017）

1. 未上过学 No schooling
2. 学前教育 Pre-primary education
3. 小学 Primary education
4. 初中 Junior secondary education
5. 高中 Senior secondary education
6. 大学专科 College
7. 大学本科 University
8. 硕士研究生 Master
9. 博士研究生 Doctor

R8. 身份或国籍

Citizenship

1. 香港特别行政区居民 Hong Kong SAR resident
2. 澳门特别行政区居民 Macao SAR resident
3. 台湾地区居民 Taiwan resident
4. 外国人 Foreigner: 国籍 Country_______（结束）(End)

15 周岁及以上（2005 年 10 月 31 日以前出生）港澳台居民填报的项目

For persons aged 15 and over (Born before 31st Oct. 2005) from Hong Kong, Macao and Taiwan

R9. 工作情况

10 月 25—31 日是否为取得收入而工作了一小时以上

1. 是
2. 在职休假、在职学习培训、临时停工（保留工资）
3. 未做任何工作→R12

R10. 行业

1. 农、林、牧、渔业

2. 采矿业
3. 制造业
4. 电力、热力、燃气及水生产和供应业
5. 建筑业
6. 批发和零售业
7. 交通运输、仓储和邮政业
8. 住宿和餐饮业
9. 信息传输、软件和信息技术服务业
10. 金融业
11. 房地产业
12. 租赁和商务服务业
13. 科学研究和技术服务业
14. 水利、环境和公共设施管理业
15. 居民服务、修理和其他服务业
16. 教育
17. 卫生和社会工作
18. 文化、体育和娱乐业
19. 公共管理、社会保障和社会组织
20. 国际组织

R11. 职业

1. 党的机关、国家机关、群众团体和社会组织、企事业单位负责人
2. 专业技术人员
3. 办事人员和有关人员
4. 社会生产服务和生活服务人员
5. 农、林、牧、渔业生产及辅助人员
6. 生产制造及有关人员
7. 不便分类的其他从业人员

R12. 婚姻状况

1. 未婚
2. 有配偶
3. 离婚
4. 丧偶

第七次全国人口普查死亡人口调查表

（2019 年 11 月 1 日至 2020 年 10 月 31 日死亡的人口登记）

经国务院批准进行第七次全国人口普查
人口普查的标准时点为 2020 年 11 月 1 日零时
人口普查的原始资料不向任何单位和个人提供，
仅供汇总使用
公民应履行如实申报普查项目的义务

表　　号：R　6　0　4　表
制定机关：国　家　统　计　局
国务院人口普查办公室
批准文号：国发（2019）24 号
有效期至：2 0 2 1　年　3　月

地址：_____省（区、市）_____市（地、州、盟）_____县（市、区、旗）_____乡（镇、街道）_____普查区_____普查小区_____户编号

每个死亡人口都登记的项目

S1. 姓名

____

S2. 公民身份号码

□□□□□□□□□□□□□□□□□□

S3. 性别

1. 男
2. 女

S4. 出生年月

出生于：_______年_______月

S5. 死亡时间

死亡于：_______月

S6. 民族

_______族

死亡时满 3 周岁的人登记的项目

S7. 受教育程度

1. 未上过学
2. 学前教育
3. 小学
4. 初中
5. 高中
6. 大学专科
7. 大学本科

8. 硕士研究生
9. 博士研究生

死亡时满15周岁的人登记的项目

S8. 婚姻状况

1. 未婚
2. 有配偶
3. 离婚
4. 丧偶

第三部分 普查表填写说明

一、普查表的种类

第七次全国人口普查表分为《第七次全国人口普查短表》《第七次全国人口普查长表》《第七次全国人口普查港澳台居民和外籍人员普查表》和《第七次全国人口普查死亡人口调查表》四种表。

二、标准时点

第七次全国人口普查的标准时点为2020年11月1日零时。

普查员在掌握普查标准时点时，应注意以下两点:

（一）2020年11月1日零时以后出生的人不登记；2020年11月1日零时以后死亡的人仍要在普查短表中登记。

（二）2020年11月1日零时以后居住地发生变化的人，仍在原居住地登记。

三、普查对象

普查对象是指普查标准时点在中华人民共和国境内的自然人以及在中华人民共和国境外但未定居的中国公民，不包括在中华人民共和国境内短期停留的境外人员。

（一）普查短表和普查长表的普查对象具体是指2020年10月31日晚住本普查小区的人，以及户口登记在本普查小区但2020年10月31日晚未住本普查小区的人。

1.2020年10月31日晚住本普查小区的人，无论其户口登记在何处。

2.户口登记在本普查小区，但2020年10月31日晚未住本普查小区的人，无论其外出时间长短、外出原因如何。

（二）港澳台居民和外籍人员普查表的普查对象具体是指2020年10月31日晚住本普查小区的港澳台居民和外籍人员。

（三）死亡人口调查表的登记对象具体是指2019年11月1日至2020年10月31日期间本普查小区的死亡人口。

四、登记原则

人口普查采用按现住地登记的原则，每个人必须在现住地进行登记。普查对象不在户口登记地居住的，户口登记地要登记相应信息。

人口普查以户为单位进行登记，户分为家庭户和集体户。集体户以一个住房单元为一户进行普查登记。

为便于理解登记对象，并考虑到普查中可能遇到的特殊情况，普查员在入户登记时可采取以下方式询问住户:

应在您家普查登记的人包括:

•2020年10月31日晚住在您家里的人。

•经常居住在您家，由于临时出差、探亲、旅游或值夜班等原因，2020年10月31日晚未住在您家的人（视为2020年10月31日晚住在您家）。

•幼儿园全托孩子，小学、初中住校生（视为2020年10月31日晚住在您家）。

•户口登记在现住房地址的其他人。

不包括:

•现役军人和武警。

•由于临时出差、探亲、旅游等原因，2020 年 10 月 31 日晚暂住在您家的人。

•2020 年 11 月 1 日零时以后出生的人。

五、普查项目

（一）普查短表

按户填报的项目有：户别、本户应登记人数、本户 2019 年 11 月 1 日至 2020 年 10 月 31 日期间的出生人口、本户 2019 年 11 月 1 日至 2020 年 10 月 31 日期间的死亡人口、住所类型、本户现住房建筑面积、本户现住房间数。

按人填报的项目有：姓名、与户主关系、公民身份号码、性别、出生年月、民族、普查时点（2020 年 11 月 1 日零时）居住地、户口登记地、离开户口登记地时间、离开户口登记地原因、受教育程度、是否识字。

（二）普查长表

按户填报的项目有：户别、本户应登记人数、本户 2019 年 11 月 1 日至 2020 年 10 月 31 日期间的出生人口、本户 2019 年 11 月 1 日至 2020 年 10 月 31 日期间的死亡人口、住所类型、本户现住房建筑面积、本户现住房间数、住房所在建筑的总层数、承重类型、住房建成年代、住房所在建筑有无电梯、主要炊事燃料、住房内有无管道自来水、住房内有无厨房、住房内有无厕所、住房内有无洗澡设施、住房来源、月租房费用、拥有全部家用汽车的总价。

按人填报的项目有：姓名、与户主关系、公民身份号码、性别、出生年月、民族、普查时点（2020 年 11 月 1 日零时）居住地、户口登记地、离开户口登记地时间、离开户口登记地原因、户口登记地类型、是否有农村土地承包经营权、出生地、五年前常住地、受教育程度、学业完成情况、是否识字、工作情况、经常工作单位或生产经营活动所属类型、行业、职业、未工作原因、主要生活来源、婚姻状况、初婚年月、生育子女数、过去一年（2019 年 11 月 1 日—2020 年 10 月 31 日）的生育状况、居住状况、身体健康状况。

（三）港澳台居民和外籍人员普查表

按户填报的项目有：户别、住所类型、本户现住房建筑面积、本户现住房间数。

按人填报的项目有：姓名、与户主关系、性别、出生年月、来内地（大陆）或来华目的、已在内地（大陆）或在华居住时间、受教育程度、身份或国籍、工作情况、行业、职业、婚姻状况。

（四）死亡人口调查表

填报的项目有：姓名、公民身份号码、性别、出生年月、死亡时间、民族、受教育程度、婚姻状况。

六、普查表的填写方法

（一）普查表以户为单位进行登记。普查短表、死亡人口调查表采用普查员入户询问、当场填报，或由普查对象通过互联网自主填报等方式进行。普查长表、港澳台居民和外籍人员普查表采用普查指导员和普查员入户询问、当场填报的登记方式。

（二）普查小区中的每一户有且只有一个户编号，为“001”开始的 3 位顺序码，在《户主姓名底册》编制完成后自动生成，普查表上的户编号与其一致，不可修改。

（三）普查表的填写顺序：先填写住户项目，再逐人填写个人项目。

普查员填写普查短表时，填写按人登记的项目时，表内第一人应填户主，然后依次填户主的配偶和其他关系的人。全户死亡的户，只填写“H4.本户 2019 年 11 月 1 日至 2020 年 10 月 31 日期间的死亡人口”，其他住户项目和个人项目均不再登记。

普查员填写普查长表时，与普查短表相同的项目直接代入短表信息，经向普查对象核实确认后，再填报其他项目。

（四）普查表每户最多可以填写 20 人。对于超过 20 人的大集体户，可酌情分成若干集体户填写。

（五）有标准选项的项目，根据实际情况选填，并且每个问题只能选择一个标准选项。民族、普查时点（2020 年 11 月 1 日零时）居住地、户口登记地、出生地、五年前常住地等项目可根据列表栏进行选择。没有标准选项的项目，用文字或阿拉伯数字据情填报。

（六）如果填写错误或发生逻辑关系异常，数据采集程序会给出审核提示。审核类型分为强制性审核和确认性审核，若为强制性审核错误，必须根据提示信息对错误项目进行修改；若为确认性审核提示，应根据提示信息对异常项目进行核实，确认无误后，继续进行填报。

（七）普查员每填完一户，应即刻进行审核，将通过审核的信息向申报人当面宣读，核对无误后，由申报人签字确认。

第四部分　指标解释

一、普查短表

（一）住户项目

H1.户别——按家庭户、集体户的类别填报。

1.家庭户：以家庭成员关系为主，居住一处共同生活的人口，作为一个家庭户。单身居住独自生活的，也作为一个家庭户。

2.集体户：相互之间没有家庭成员关系，集体居住共同生活的人口作为一个集体户。

H2.本户应登记人数——包括两个部分。一部分是 2020 年 10 月 31 日晚居住本户的人数，既包括户口在本户、2020 年 10 月 31 日晚居住本户的人数，也包括户口不在本户、2020 年 10 月 31 日晚居住本户的人数，填写 H2 的第一项；另一部分是户口在本户，2020 年 10 月 31 日晚未居住本户的人数，填写 H2 的第二项。

H3.本户 2019 年 11 月 1 日至 2020 年 10 月 31 日期间的出生人口——填写本户在 2019 年 11 月 1 日至 2020 年 10 月 31 日期间出生的人数。分别填写男、女的合计数。若本户在此期间没有出生人口，请填写“0”。

H4.本户 2019 年 11 月 1 日至 2020 年 10 月 31 日期间的死亡人口——填写本户在 2019 年 11 月 1 日至 2020 年 10 月 31 日期间死亡的人数。分别填写男、女的合计数。若本户在此期间没有死亡人口，请填写“0”。

填写 H3、H4 时应注意：

不要漏掉出生时有某种生命现象（如在胎儿脱离母体时，有呼吸或心跳，脐带搏动、随意肌收缩等）不久即死亡的婴儿，既要填写出生人数，也要填写死亡人数。

H5.住所类型——按居住的住所类型填报。

1.普通住宅：指人工建造的，有墙、顶、门、窗等结构，具有独立入口，专门供人居住的房屋或场所。如单元房、平房、四合院、独栋别墅、筒子楼、窑洞等传统意义上的住宅。

2.集体住所：指学生宿舍、职工宿舍、工棚、养老院、福利院、宗教场所等。

3.工作地住所：指居住在办公楼、发廊、商铺、餐馆等工作场所。

4.其他住房：指居住在上述场所以外的其他房屋或场所。

5.无住房：指本户没有住房，居无定所（如流动人口中那些睡在桥下、公园、车站或睡在运载货物、商品车辆上的人等）。

H6.本户现住房建筑面积——本户现住房的建筑面积以房屋所有权证（不动产权证）或租赁凭证上的相关信息为准。

若只知道使用面积的，可用使用面积乘以 1.33，换算成建筑面积。填写本项目时应注意：

1.在租借房屋居住的户，按租借住房的实际情况填写其住房建筑面积。

2.合住在同一所住房里的住户，其建筑面积为各户所独立使用的房间面积加上公共使用面积（包括厨房、厕所、门厅、阳台等）的分摊部分：两户合住的，各按二分之一计算；三户合住的，各按三分之一计算，依此类推。

3.建筑面积应填写整数，不为整数时四舍五入获得。

H7.本户现住房间数——指除厨房、厕所、过道和厅以外的所有自然间数（包括扩建的房间）。填写本项目时应注意：

1.在租借房屋居住的户，按租借住房的实际居住情况填写其住房间数。

2.合住同一所住房的，在填写住房间数时，填写其独立使用的房间数。

（二）个人项目

D1.姓名——填写被登记人的正式姓名。没有正式姓名的可填小名或某某氏，但不能填笔名、代号等。婴儿未起名的，可填“未取名”。

D2.与户主关系——指被登记人与本户户主的关系。申报人不是户主的，不要将被登记人与申报人的关系错填为与户主的关系。

0.户主：按家庭日常生活习惯确定户主。

1.配偶：指户主的妻子或丈夫。

2.子女：指户主的子女。

3.父母：指户主的父母或继父母、养父母。

4.岳父母或公婆：指户主配偶的父母或继父母、养父母。

5.祖父母：指户主或配偶的祖父母、外祖父母、曾祖父母、外曾祖父母。

6.媳婿：指户主子女的配偶。

7.孙子女：指户主的孙子女、外孙子女、孙媳婿、外孙媳婿、重孙子女、重孙媳婿、重外孙子女、重外孙媳婿。

8.兄弟姐妹：指户主及其配偶的兄弟姐妹以及他们的配偶。

9.其他：指以上九种人以外的成员。

在登记家庭户时，户主应登记为第一人，选填“0.户主”。如果户主的配偶也在本户登记，应登记为第二人，选填“1.配偶”，然后再登记该户的其他成员；如果户主没有配偶，或户主配偶不在本户登记，第二人登记本户其他成员。

在登记集体户时，任选一人登记为户主，选填“0.户主”，本户其他成员与户主关系一律登记为其他，选填“9.其他”。

D3.公民身份号码——指18位公民身份号码。无公民身份号码的填写18位0。

D4.性别——指被登记人的性别。

D5.出生年月——指被登记人的出生年、月。

出生年月按公历填写，只知道农历的，要换算成公历。按照一般的规律，农历的月份与公历的月份相差一个月左右，换算时农历的月份加1即可作为公历的月份，但要注意农历的12月应当是公历下一年的1月。

D6.民族——指被登记人的民族。

外国人加入中国籍，其民族和我国的某一民族相同的，就选填某一民族；没有相同民族的，按外国人加入中国籍填写，选填“入籍”。

D7.普查时点（2020年11月1日零时）居住地——指被登记人在普查标准时点居住的地址。

1.本普查小区：指普查时点居住在本普查小区的人。如果本户在本普查小区拥有一套以上的住房，可确定其中一处进行登记。

2.本村（居）委会其他普查小区：指户口登记地在本普查小区，普查时点居住在本村（居）委会其他普查小区的人。

3.本乡（镇、街道）其他村（居）委会：指户口登记地在本普查小区，普查时点居住在本乡（镇、街道）其他村（居）委会的人。

4.本县（市、区、旗）其他乡（镇、街道）：指户口登记地在本普查小区，普查时点居住在本县（市、区、旗）的其他乡（镇、街道）的人。

5.其他县（市、区、旗）：指户口登记地在本普查小区，普查时点居住在本县（市、区、旗）以外地区的人。填报本选项的人还需选填普查时点居住地所在省（区、市）、市（地、州、盟）、县（市、区、旗）

的具体名称。

6.香港特别行政区、澳门特别行政区、台湾地区：指户口登记地在本户，普查时点居住在香港特别行政区、澳门特别行政区、台湾地区的人。

7.国外：指户口登记地在本户，普查时点居住在国外的人。

D8.户口登记地——指被登记人的居民户口簿上的地址。

1.本村（居）委会：指户口登记地在本村（居）委会的人。

2.本乡（镇、街道）其他村（居）委会：指普查时点居住本普查小区，户口登记地在本乡（镇、街道）其他村（居）委会的人。

3.本县（市、区、旗）其他乡（镇、街道）：指普查时点居住本普查小区，户口登记地在本县（市、区、旗）的其他乡（镇、街道）的人。

4.其他县（市、区、旗）：指普查时点居住本普查小区，户口登记地在本县（市、区、旗）以外地区的人。填报本选项的人还需填写户口登记地所在省（区、市）、市（地、州、盟）、县（市、区、旗）的具体名称。

5.户口待定：指普查时点居住本普查小区，在任何地方都没有登记户口的人。包括手持户口迁移证、出生证、退伍证等情况。

D9.离开户口登记地时间——指到普查标准时点为止，被登记人离开户口登记地（居住地与户口登记地不一致）的时间。

没有离开户口登记地是指户口登记地在本村（居）委会，普查标准时点居住在本普查小区或本村（居）委会其他普查小区。

若常年外出的人由于农忙、节假日等原因偶尔回家的，或回家后因疫情原因推迟外出的，还应该从第一次离开户口登记地的时间开始计算。

D10.离开户口登记地原因——指被登记人离开户口登记地（居住地与户口登记地不一致）的原因。

0.工作就业：指十五周岁及以上因务工经商、工作招聘、调动等原因离开户口登记地的人。

1.学习培训：指六周岁及以上因考入各级各类学校或参加各种学习班、培训班而离开户口登记地的人。

2.随同离开/投亲靠友：指因跟随亲属、投亲靠友而离开户口登记地的人。

3.拆迁/搬家：指因房屋拆迁、改造或者搬家而离开户口登记地的人。

4.寄挂户口：指户口落在集体户或没有在户口登记地居住过、只落户口的人。

5.婚姻嫁娶：指十五周岁及以上因结婚而离开户口登记地的人。

6.照料孙子女：指为照料孙子女而离开户口登记地的人。

7.为子女就学：指为子女就学而离开户口登记地的人。

8.养老/康养：指因旅游（度假）养老/康养、候鸟式养老/康养、回籍贯地养老/康养、居住在养老院而离开户口登记地的人，不包括跟随子女养老。

9.其他：指上述几种以外的原因。

凡具有两种以上原因的，按其主要的原因选填一个标准选项。

D11.受教育程度——指按照国家教育体制，被登记人接受教育的情况。通过自学或成人学历教育经国家统一考试合格的，分别归入相应的受教育程度。

1.未上过学：指从未接受过各级各类学校教育。包括参加过各种扫盲班或成人识字班学习，且以后再没有接受过各级各类学校教育的人。

2.学前教育：指仅接受过或正在接受专门学前教育机构教育，即在幼儿园或附设幼儿班接受保育和教育。

3.小学：指接受的最高一级教育为小学，无论其是否在校、毕业、肄业或辍学。

4.初中：指接受的最高一级教育为初中，无论其是否在校、毕业、肄业或辍学。

5.高中：指接受的最高一级教育为普通高中、成人高中和中等职业学校，无论其是否在校、毕业、肄业或辍学。

6.大学专科：指接受的最高一级教育为大学专科。在普通高等学校学习大学专科的，无论其是否在校、毕业、肄业或辍学，都填报此项。

凡国家授权承认学历的开放大学、广播电视大学、职工大学等成人高校和普通高等学校举办的函授大学、夜大学和其他形式的大学，按教育部颁布的大学专科教学大纲进行授课的，其毕业生选填此项；其肄业生、在校生按原有受教育程度填报。含成人专科和网络专科。

通过自学，经国家统一举办的自学考试合格，并取得大学专科毕业证书的，也选填此项。

7.大学本科：指接受的最高一级教育为大学本科。在普通高等学校学习大学本科的，无论其是否在校、毕业、肄业或辍学，都填报此项。

凡国家授权承认学历的开放大学、广播电视大学、职工大学等成人高校和普通高等学校举办的函授大学、夜大学和其他形式的大学，按教育部颁布的大学本科教学大纲进行授课的，其毕业生选填此项；其肄业生、在校生按原有受教育程度填报。含成人本科和网络本科。

通过自学和进修大学课程，经考试合格，并取得大学本科毕业证书的，也选填此项。

8.硕士研究生：指接受的最高一级教育为硕士研究生，无论其是否在校、毕业、肄业或辍学。含 2016 年 12 月 1 日以后录取的非全日制硕士研究生。

在职接受硕士研究生教育的，其毕业生选填此项；肄业生和在校生按原有受教育程度填报。

9.博士研究生：指接受的最高一级教育为博士研究生，无论其是否在校、毕业、肄业或辍学。含 2016 年 12 月 1 日以后录取的非全日制博士研究生。

在职接受博士研究生教育的，其毕业生选填此项；肄业生和在校生按原有受教育程度填报。

凡是没有按教育部的教学大纲培养或只学单科的人，不能填报“大学专科”“大学本科”“硕士研究生”或“博士研究生”，一律按原有受教育程度填报。

D12.是否识字：指被登记人是否达到国家规定的脱盲标准（城镇居民和企、事业单位职工识字 2000 个，农村居民识字 1500 个）。登记时可询问，日常生活中是否能读懂简单的书信或书写简短的句子。如果能阅读通俗书报、能写便条就认为具有识字能力。

二、普查长表

（一）住户项目

H1.户别——与短表 H1 相同。

H2.本户应登记人数——与短表 H2 相同。

H3.本户 2019 年 11 月 1 日至 2020 年 10 月 31 日期间的出生人口——与短表 H3 相同。

H4.本户 2019 年 11 月 1 日至 2020 年 10 月 31 日期间的死亡人口——与短表 H4 相同。

H5.住所类型——与短表 H5 相同。

H6.本户现住房建筑面积——与短表 H6 相同。

H7.本户现住房间数——与短表 H7 相同。

H8.住房所在建筑的总层数——层数是指建筑物的自然层数，一般按室内地坪以上计算。

采光窗在室外地坪以上的半地下室，其室内层高在 2.20m 以上（不含 2.20m）的，计算自然层数；假层、附层（夹层）、插层、阁楼（暗楼）、装饰性塔楼，以及突出屋面的楼梯间、水箱间不计层数。

其中，平房是指只有一层的房子。

H9.承重类型——指在房屋建筑中，由各种构件（屋架、梁、板、柱等）组成的能够承受各种作用的体系。

1.钢及钢筋混凝土结构：指承重的主要构件是用钢及钢筋混凝土建造的。它包括“钢结构”“钢、钢筋混凝土”和“钢筋混凝土”三种结构类型。

钢结构：承重的主要构件是钢材料建成的，包括悬索结构。

钢、钢筋混凝土结构：承重的主要构件是用钢、钢筋混凝土建造的。如一幢房屋一部分梁柱采用钢、钢筋混凝土构架建成。

钢筋混凝土结构：承重的主要构件是用钢筋混凝土建造的。包括薄壳结构、大模板现浇结构及使用滑模、升板等建造的钢筋混凝土结构的建筑物。

2.混合结构：指承重的主要构件是用钢筋混凝土和砖木建造的。如一幢房屋的梁是用钢筋混凝土制成，以砖墙为承重墙，或者梁是用木材建造，柱是用钢筋混凝土建造。

3.砖木结构：指承重的主要构件是用砖、木材建造的。如一幢房屋是木制房架、砖墙、木柱建成的。

4.竹草土坯结构：指承重的主要构件是用竹、草、土坯等建造的。如竹楼、土窑洞等。

5.其他结构：指不属于上述类型的结构。

H10.住房建成年代——指本户住房所属建筑物的建成年份。

本户住房所属建筑物翻修过的，按翻修时的年份选填。经过改建的，如改建面积大于原面积的，按改建时的年份选填；如改建面积小于原面积的，按原建成年份选填。

H11.住房所在建筑有无电梯——指本户住房所属建筑物内部、外部是否安装电梯。

H12.主要炊事燃料——指本户用于炊事的主要燃料。

如果本户用于炊事的燃料有两种以上，选填主要的一种。

H13.住房内有无管道自来水——指本户住房内是否有经过公用设施净化处理的管道输送水。

在院子里自己打的机井不能算作有自来水。

H14.住房内有无厨房——指本户住房内是否有专供做饭使用的房间，无论是否装有上下水道及固定灶具。

在公用过道、客堂等处烧饭的和在庭院、路边搭建的、临时简陋设施中做饭的都不算有厨房。

H15.住房内有无厕所——指本户住房内是否有厕所。

1.水冲式卫生厕所：指有上下水系统，或厕间有备水桶（瓢冲），坐便或蹲便器有水封或无水封的厕所，且粪便及污水冲入到下水道、化粪池和厕坑，无蝇，不会造成环境污染。

2.水冲式非卫生厕所：指虽然是水冲式厕所，但是粪便被冲到开放的水渠、沟塘等开放水体或者不确定冲到何处，会污染环境。

3.卫生旱厕：指有固定盖板的厕所，粪便基本无暴露，保持无蝇。比如通风改良厕所、堆肥厕所、双坑交替厕所、粪尿分集厕所、阁楼厕所、深坑防冻厕所等。

4.普通旱厕：包括无盖板的敞开式旱厕，有或无防渗处理。通常粪便暴露、有蛆蝇。

5.无：指没有厕所。

H16.住房内有无洗澡设施——指住房内是否有固定浴缸（浴盆）或淋浴龙头等能使用的洗浴设施。

1.统一供热水：指本户洗浴用热水由社区、物业管理部门或其他公共设施统一供应。

2.家庭自装热水器：指本户洗浴用热水是由自己安装的各种热水器，如电热水器、燃气（罐装、管道）热水器等。

3.其他：指上述两种以外的洗浴设施。

4.无：指住房内没有洗浴设施。

H17.住房来源——指本户获取现住房的方式。

1.租赁廉租房/公租房：指向政府相关部门申请并租住廉租房、公租房。

2.租赁其他住房：指通过私人、单位或房屋中介等渠道租住住房。

3.购买新建商品房：指按市场价购买的新建商品房。

4.购买二手房：指购买那些进入房屋市场进行交易，第二次及以上进行产权登记的住房，包括二手商品房、允许上市交易的已售公房、经济适用房等。

5.购买原公有住房：指个人以成本价或优惠价购买的、原作为福利分配给本单位职工的住房。

6.购买经济适用房/两限房：指向政府相关部门申请并购买经济适用房、两限房。

7.自建住房：指个人建造的住房，其产权属于个人所有。

8.继承或赠予：指从亲属处继承而来或者受他人赠予而获取住房。

9.其他：指上述几种住房来源以外的情况。

H18.月租房费用——指最近用于交纳房租的单月金额，不包括水电费、物业费、取暖费等附加费用。月租房费用不为整数时，按四舍五入计算。

若多人合租作一户登记时，则需将每人月租费加总计算。

H19.拥有全部家用汽车的总价——是指住户拥有的全部供家庭生活使用的汽车价格之和。

汽车价格按汽车实际购买价格（含税）的方式计算。

若住户有多辆家用汽车，则按全部家用汽车的价格总和选填。

（二）个人项目

C1.姓名——与短表 D1 相同。

C2.与户主关系——与短表 D2 相同。

C3.公民身份号码——与短表 D3 相同。

C4.性别——与短表 D4 相同。

C5.出生年月——与短表 D5 相同。

C6.民族——与短表 D6 相同。

C7.普查时点（2020 年 11 月 1 日零时）居住地——与短表 D7 相同。

C8.户口登记地——与短表 D8 相同。

C9.离开户口登记地时间——与短表 D9 相同。

C10.离开户口登记地原因——与短表 D10 相同。

C11.户口登记地类型——指离开户口登记地（居住地与户口登记地不一致）时的户口登记地类型。

若离开时户口登记地的类型是“乡”，而现在已改成“镇”，应选填“1.乡”，不要填报“2.镇的村委会”或“3.镇的居委会”。

C12.是否有农村土地承包经营权——指被登记人户口所在的户是否有农村土地承包经营权。

户口所在的户应以被登记人的户口簿为准。拥有农村土地承包经营权是指被登记人户口登记地在农村地区或以前的农村地区，目前户口所在的户与集体经济组织签订了农村土地承包合同。

拥有农村土地承包经营权的户，目前可能实际经营承包地，也可能因各种原因不再经营承包地，包括以转包、出租、入股、托管等方式流转所承包土地经营权。

C13.出生地——指被登记人的出生地点。

1.本县（市、区、旗）：指出生在本县、县级市、区、旗。

2.本省其他县（市、区、旗）：指出生在本省的其他县、县级市、区、旗。

3.省外：指出生在本省（区、市）以外其他地区，并选填出生地所在省（区、市）的名称。在港、澳、台或国外出生的，根据实际情况选填 “香港特别行政区”“澳门特别行政区”“台湾地区”或“国外”。

C14.五年前常住地——指被登记人在普查标准时点的五年前，即 2015 年 11 月 1 日零时的常住地。

五年前居住在本县（市、区、旗）以外其他地区的人，还需选填五年前常住地的地址。

五年前居住在港、澳、台或国外的，根据实际情况选填“香港特别行政区”“澳门特别行政区”“台湾地区”或“国外”。

C15.受教育程度——与短表 D11 项相同。

C16.学业完成情况——指受教育程度为小学及以上的人完成学业的情况。

1.在校：正在接受各级各类学校教育并有学籍。

2.毕业：已修完全部课程，并经过考试鉴定合格。

3.肄业：修完全部课程，但考试不及格或因种种原因未取得毕业资格。

4.辍学：未能修完所规定的全部课程，中途退学。

5.其他：私塾、自学等其他方式。

C17.是否识字——与短表 D12 项相同。

C18.工作情况——指被登记人在 10 月 25—31 日期间，即普查标准时点前一周，是否为取得收入而工作了 1 小时以上，包括临时工、互联网灵活就业、家庭经营无酬帮工。

工作是指为获取工资、实物报酬或经营收入而从事的各种生产、经营或服务性活动，其目的是为了取得收入，无论实际是否取得。不包括义务劳动和公益性劳动。

1.是：指在 10 月 25—31 日期间，为取得收入而干过固定的、临时的或兼职的工作，并且工作时间超过 1 小时。在校学生利用课余或假期以及退休人员为取得收入而从事了工作，也选填此项。

家庭成员在自家或亲属经营的公司、企业、商铺或网店工作，即使本人没有劳动报酬，也选填此项。

选填“1.是”的人，还需填写工作时间。工作时间按在 10 月 25—31 日期间实际的工作时间填写，而不是按国家或企业规定的制度工作时间填写。

计算工作时间，要注意把握以下几种情况：

（1）从事一种以上有收入工作的，几项工作时间相加计算。

（2）在规定的工作时间以外加班工作的，加班时间一并计算在内。

（3）农村既干家务又从事农业或其他有收入工作的人，家务劳动时间除外。

2.在职休假、在职学习培训、临时停工（保留工资）：

在职休假是指在 10 月 25—31 日期间，因各种休假或请假临时未工作，包括公休假、年休假、空勤人员、船员、火车乘务人员的轮休假、病假、工伤假、产假、事假、探亲假、婚丧假等。个人档案、人事关系已在某单位，但因各种原因尚未到新单位报到上班，如军人转业或工作调动等，也视为休假。

在职学习培训是指有工作单位，在 10 月 25—31 日期间参加脱产学习或培训。

临时停工（保留工资）是指在 10 月 25—31 日期间，由于机械或电力故障、原料或燃料短缺、天气或其他灾害等原因导致的暂时未工作，但仍可以有工资收入。

打零工、计件工等临时就业或灵活就业的人，因为上述原因停工并且没有收入，不填此项，应填“3.未做任何工作”。

3.未做任何工作：指在 10 月 25—31 日期间，没有工作单位，也未从事过任何可以有收入的工作。

对于下岗、内退人员，如果未与原单位解除劳动合同，仍有工资性收入的，选填“2.在职休假、在职学习培训、临时停工”；如果没有工资性收入，选填“3.未做任何工作”。对于承包土地的农民，在 10 月 25—31 日期间，如果干农活或其他有收入的工作超过 1 小时，选填“1.是”；如果外出打工，未从事任何工作，选填“3.未做任何工作”；如果正处于农业生产季节，没有外出打工，期间临时没有干农活，选填“2.在职休假、在职学习培训、临时停工”。

对于从事季节性生产经营的人，如果生产经营仍在进行中，只是在 10 月 25—31 日期间没有工作，选填“2.在职休假、在职学习培训、临时停工”；如果正处于季节性歇业，选填“3.未做任何工作”。

C19.工作单位或生产经营活动所属类型——指普查标准时点前一周的主要工作单位或生产经营活动类型。

1.企业、事业、机关或社会团体等法人单位：法人单位指依法成立，有自己的名称、组织机构和场所，能够独立承担民事责任，独立拥有和使用（或授权使用）资产承担负债，有权与其他单位签订合同，会计上独立核算，能够编制资产负债表的单位。包括企业、事业、机关、社会团体、民办非企业单位、基金会、居委会、村委会、农民专业合作社、农村集体经济组织和其他组织机构。

2.个体经营户：指资产归个人所有，以个体劳动为基础，劳动成果归劳动者个人占有和支配的一种经济组织。既包括在各级工商行政管理机关登记注册、领取《营业执照》的个体工商户，也包括没有领取《营业执照》，但实际从事个体经营活动的人。

3.经营农村家庭承包地（家庭农林牧渔生产经营活动）：指在自家承包的耕地、林地、草地、池塘以及其他合法用于农业的土地上，从事农林牧渔业生产经营活动，也包括家庭在转包和租用他人农业用地上从事农林牧渔业生产经营活动，所从事的农业生产活动以自营劳动为主，不雇佣长期雇工，但可能雇佣临时短工。

农业生产季节在承包土地上从事农业生产，但上周未做任何工作的人，也选填此项。

普查标准时点前一周未在自家承包土地上工作而从事其他生产经营活动的人，或外出务工经商的人不填此项，选填上周实际工作单位或生产经营活动。

4.自由职业/灵活就业：指除个体经营户以外的自雇就业或自主型的个体就业。包括律师、自由撰稿人、歌手、模特等自主就业人员，也包括家庭自雇家政服务、街头小贩、其他类型打零工的临时就业人员，还包括依赖平台承接工作任务、不隶属于任何雇主的劳动者。

C20.行业——指普查标准时点前一周主要工作所在单位的生产经营活动。如果前一周从事两项不同工作，按工作时间长短确定主要工作；如果工作时间相同，再按报酬高低确定主要工作。

行业是按照经济活动的同一性进行分类的，不是按其所属的行政管理系统来分的。产业活动单位是划分行业的分类标准。产业活动单位是指：（1）具有一个场所、从事一种或主要从事一种经济活动；（2）单独组织生产、经营或业务活动；（3）掌握收入和支出的会计核算资料。

填写行业时要注意以下情况：

有工作单位的，既要填写单位名称，也要填写单位的主要产品或从事的主要业务。单位名称要具体到分厂、分公司或营业部，即产业活动单位，不能笼统地只填写总厂名称。最重要的是单位的主要产品或主要业务要详细填写，要用动宾词组表达，如“生产服装”或“销售服装”，不能简写为“服装”。保密单位，填写其公开使用的名称和公开的主要产品或主要业务。

没有工作单位的，只填写主要产品或主要业务，如“送外卖”“当滴滴司机”。务农人员不能笼统地填写“农业”，要根据其具体的农业生产活动或农户具体从事的主要业务填写。如“种粮食”“养猪”等。

C21.职业——指普查标准时点前一周主要工作具体是干什么。如果前一周从事两项不同工作，按工作时间长短确定主要工作；如果工作时间相同，再按报酬高低确定主要工作。

职业分类是以工作性质的同一性为基本原则。所谓“同一性”，是指不论其所在工作单位是什么经济类型，不论用工形式是固定工还是临时工，也不论其隶属于哪个行业，凡是从事同一性质工作的人都划分为同一类。

填写职业时应注意以下情况：

填写职业要具体、详细。不能笼统地写“工人”“农民”“公务员”“工程师”等，而应具体填写其实际工作种类，如“铸轧工”“捕鱼”“统计人员”“通信工程技术员”等。具有专业技术职称的行政领导人员，应按行政领导职务填写其职业；同时担任两个以上职务的领导干部，应按主要职务填写其职业。工种尚未确定，暂时又无具体工作岗位的，要填写“工种未定”。

C22.未工作原因——指被登记人在普查标准时点前一周没有工作的主要原因。

1.在校学习：指在各级各类学校学习，并有正式学籍的人员。不包括有工作单位，脱产学习的人员。

2.离退休：指已办理离休、退休手续，定期领取离退休生活费，且未从事任何有收入劳动的人。

3.料理家务：指主要在自己家里从事家务劳动，且没有劳动收入的人。离、退休人员从事家务劳动的，选填“2.离退休”。为自家经营的摊位、商店、门市部、工厂工作的人，农村中既料理家务又务农或从事家庭副业的人，在别人家干家务活的临时工或小时工，均属于有工作的人，不选填此项。

4.丧失工作能力：指经专门机构鉴定或虽未鉴定但本人或其法定监护人认为，其因生理或心理疾患已丧失了从事劳动的能力。包括年老体弱生活不能自理的人员，但不包括离休、退休人员，这些人不论是身体残疾还是年老体弱生活不能自理，均选填“2.离退休”。

5.其他：指上述几种以外的原因。

C23.主要生活来源——指被登记人主要依靠什么生活。

如果被登记人同时有几种生活来源，选填其认为最主要的一项。

1.劳动收入：指主要依靠劳动报酬、经营利润或家庭收益（包括现金和实物收入）生活。

2.离退休金/养老金：指办理了离休、退休或退职手续，主要依靠从原工作单位或社会保险经办机构领取的离退休金（包括退职费）生活。

3.最低生活保障金：指建立最低生活保障制度的地区，家庭人均收入低于当地规定的最低生活保障线，主要依靠从政府有关部门或集体领取最低生活保障金生活，以及依靠民政部门发放的烈军属、五保户、残疾人等的生活抚恤金生活。

4.失业保险金：指失业保险经办机构依法支付给符合条件的失业人员的基本生活费用，是对失业人员在失业期间失去工资收入的一种临时补偿。

5.财产性收入：指以资金储蓄、借贷入股以及财产运营、房屋租赁等所取得的利息、股息、红利、租金等收入。

6.家庭其他成员供养：指主要依靠家庭其他成员或亲属的供养和资助生活。

7.其他：指上述几种以外的情况。

C24.婚姻状况——指被登记人在普查标准时点的实际婚姻状况。

1.未婚：指从未结过婚。

2.有配偶：指有配偶，处于婚姻中。

3.离婚：指曾经结过婚，但已办理了离婚手续且没有再婚，或正在办理离婚手续。

4.丧偶：指配偶已去世，且没有再婚。

人口普查的婚姻是指事实婚姻，不是单指法律意义上的婚姻，对不到法定结婚年龄，或未办理结婚手续而同居、实际结婚的人，应根据其在普查标准时点的实际情况，按照被登记人的申报选填。

C25.初婚年月——指被登记人第一次结婚时的年、月。

C26.生育子女数——指截止到普查标准时点，15 至 64 周岁妇女的生育状况。

1.未生育：指被登记妇女没有生育过子女。

2.有生育：指被登记妇女生育过子女，需分别填写生过和存活的子女数。

生过几个孩子：指生育的活产男孩和女孩数，包括产后不久就死亡的婴儿。胎儿脱离母体时（不管孕期长短），凡有过呼吸或心跳、脐带搏动、随意肌收缩等生命现象的，都视为“活产”。这里所说的“子女”是指该妇女的亲生子女，不包括丈夫前妻的子女和领养的子女，但鉴于有些家庭不愿公开领养关系，可尊重申报人的意愿，按亲生子女填报。

其中现在存活几个孩子：指活产子女中，仍然存活的男孩和女孩数，无论是否与父母一起居住。在普查标准时点前已死亡的孩子不包括在内。无存活子女的填写“0”。

C27.过去一年（2019 年 11 月 1 日—2020 年 10 月 31 日）的生育状况——指普查标准时点前 12 个月内，15 至 50 周岁被登记妇女的生育状况。

1.一年内未生育：指过去一年内没有生育过子女。

2.一年内有生育：指过去一年内生育过子女，需选填生育时间和孩子性别。

一年内生育两个以上孩子的，包括两次生育或生育多胞胎，还需填报第二个孩子的状况，第三个或以上的孩子不用填报。

C28.居住状况——指普查标准时点前一个月，60 周岁及以上被登记人的主要居住状况。

1.与配偶和子女同住：指与配偶和子女住在一起。

2.与配偶同住：指子女不在身边，与配偶住在一起。

3.与子女同住：指配偶不在身边，与子女住在一起。

4.独居（有保姆）：指本户中只有老人和保姆。

5.独居（无保姆）：指独身一人居住。

6.养老机构：指在提供养老服务的场所，包括敬老院、老年公寓等居住的情况。凡在养老机构居住的老年人，不论与谁同住。

7.其他：指上述几种以外的状况。

C29.身体健康状况——指60周岁及以上被登记人根据自身健康状况，对普查标准时点前一个月能否保证正常生活做出的自我判断。

1.健康：指过去一个月健康状况良好，完全可以保证日常的生活。

2.基本健康：指过去一个月健康状况一般，可以保证日常的生活。

3.不健康，但生活能自理：指普查标准时点前一个月健康状况不是太好，但可以基本保证正常的生活。

4.不健康，生活不能自理：指普查标准时点前一个月健康状况较差，不能照顾自己日常的生活起居，如吃饭、穿衣、自行走动等。

三、港澳台居民和外籍人员普查表

（一）住户项目

F1.户别——与短表H1相同。

F2.住所类型——与短表H5相同。

F3.本户现住房建筑面积——与短表H6相同。

F4.本户现住房间数——与短表H7相同。

（二）个人项目

R1.姓名——填写被登记人的正式姓名。婴儿未起名的，可填“未取名”。外籍人员的姓名最好用中文填写，也可以用其它文字填写。

R2.与户主关系——与短表D2相同。

R3.性别——与短表D4相同。

R4.出生年月——与短表D5相同。

R5.来内地（大陆）或来华目的——指被登记人来中华人民共和国境内居住的原因。

1.商务：指进行各种商务活动的人。

2.就业：指已有工作或正在寻找工作的人。

3.学习：指已经或准备在各类学校学习的人。

4.定居：指在中华人民共和国境内定居但没有工作或上学的人。包括在中华人民共和国境内工作人士的家属。

5.探亲：指探望亲戚或朋友的人。

6.其他：指上述以外的其他原因。

R6.已在内地（大陆）或在华居住时间——指到普查标准时点为止，被登记人在中华人民共和国境内居住的时间。

R7.受教育程度——指被登记人接受教育情况。按照被登记人的申报选填。

R8.身份或国籍——指被登记人是香港特别行政区居民、澳门特别行政区居民还是台湾地区居民。如果是外国人，还应填写国籍。

R9.工作情况——参照长表C18。

R10.行业——指被登记人的工作单位主要生产的产品或提供的服务类别，参照《国民经济行业分类（GB/T4754—2017）》，按标准选项据情选填。

R11.职业——指被登记人所从事的工作类别，按标准选项据情选填。

1.党的机关、国家机关、群众团体和社会组织、企事业单位负责人：指在中国共产党机关，国家机关，民主党派和工商联，人民团体和群众团体、社会组织及其工作机构，基层群众自治组织，企业、事业单位中担任领导职务并具有决策、管理权的人员。

2.专业技术人员：指从事科学研究和专业技术工作的人员。

3.办事人员和有关人员：指在公共管理和社会组织机构中从事行政业务、行政事务、行政执法和仲裁、安全保卫、消防和应急救援等工作的人员。

4.社会生产服务和生活服务人员：指从事商品批发零售、交通运输、仓储、邮政和快递、信息传输、软件和信息技术、住宿和餐饮以及金融、房地产、租赁和商务技术辅助、生态保护、文化、体育和娱乐等社会生产服务与生活服务工作的人员。

5.农、林、牧、渔业生产及辅助人员：指从事农、林、牧、渔业生产活动及辅助生产的人员。

6.生产制造及有关人员：指从事产品生产及设备制造，矿产开采，工程施工和运输设备操作的人员及有关人员。

7.不便分类的其他从业人员。

R12.婚姻状况——参照长表 C24。

四、死亡人口调查表

凡在普查短表户记录 H4 中，登记了 2019 年 11 月 1 日至 2020 年 10 月 31 日期间有死亡人口的户，还要登记死亡人口的具体情况。

S1.姓名——与短表 D1 相同。

S2.公民身份号码——与短表 D3 相同。

S3.性别——与短表 D4 相同。

S4.出生年月——与短表 D5 相同。

S5.死亡时间——指死亡人口死亡时的月份。

S6.民族——与短表 D6 相同。

S7.受教育程度——与短表 D11 相同。

S8.婚姻状况——与长表 C24 相同。

为保证死亡人口的登记质量，普查员在入户登记时应注意以下几点:

1.登记死亡人口时，一般以死亡前的常住地为登记地，而不以死亡发生时的地点（如医院等）为登记地。

2.本户常住人口中有死亡的，不论其与该户有无亲属关系，都应作为该户死亡人口予以登记。

3.对于无法确定死亡人口常住地，或登记时与死亡人口常住地联系不上的，如孤寡老人、流动人口等，一律在死亡发生地登记。